U0678889

中華大典

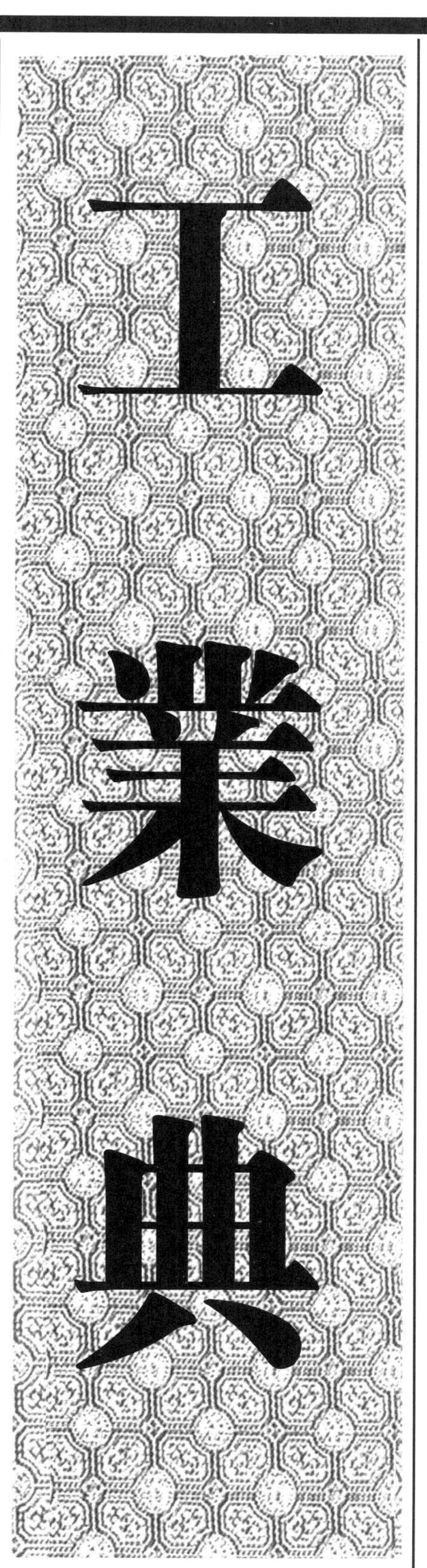

上海古籍出版社

中華人民共和國國務院批准的重大文化出版工程

國家文化發展綱要的重點出版工程項目

新聞出版總署列為「十一五」國家重大工程出版規劃之首

國家出版基金重點支持項目

《中華大典》工作委員會

《中華大典》編纂委員會

《中華大典》前言

《中華大典》是運用我國歷代漢文古籍編纂的一部大型工具書。其目的是爲學術界及願意瞭解中國古代珍貴文化典籍的人士提供準確詳實、便於檢索的漢文古籍分類資料。

中國是世界文明古國之一，幾千年來纂寫和聚集的文化典籍浩如烟海。我國歷代都有編纂類書的優良傳統，具有代表性的《永樂大典》等大多已佚失，現存《古今圖書集成》編就距今也已數百年。爲了適應今天和以後研究和檢索的需要，一九八八年海内外三百多位專家學者和各古籍出版社同仁倡議，在已有類書的基礎上，用現代科學方法編纂一部新的類書《中華大典》。

國務院在關於編纂《中華大典》問題的批覆中指出，編纂《中華大典》「是我國建國以來最大的一項文化出版工程」。本書所收漢文古籍上起先秦，下迄清末，約三萬種，達七億多字，分爲二十四個典，近百個分典，内容廣博，規模宏大，前所未有。

《中華大典》的編纂工作堅持科學態度和百花齊放、百家爭鳴方針。儘量採用古精校精刻本，優先採用我國建國後文獻學和考古學的優秀成果。對傳統文化中重要的不同學派的資料，兼收并蓄。運用現代圖書分類的方法，對收集到的資料，精選、精編，力求便於檢索、準確可信。

這項工作從開始起就受到中共中央、國務院和有關部門的重視和支持。國家主席江澤民、國務院總理李鵬分別爲《中華大典》題詞。江澤民的題詞是：「同心同德群策群力認真編好中華大典爲建設有中國特色的社會主義服務」。李鵬的題詞是：「繼承和弘揚民族優秀傳統文化」。全國政協主席李瑞環、國務委員李鐵映也作了重要指示，要求抓緊辦理。一九九零年五月，國務院批准《中華大典》爲國家重點古籍大典》工作、編纂會議。自此，《中華大典》的編纂工作由試點轉入正式啓動，逐步鋪開。

整理項目。一九九二年九月，正式成立了《中華大典》工作委員會和《中華大典》編纂委員會，召開了《中華

編纂《中華大典》，學術性很強，工作量很大，工程十分艱巨，全賴廣大專家學者和全國各有關高等院校、科研院所、圖書館、出版單位的鼎力支持與積極參與。大家本着弘揚中華民族優秀文化的心願，發揚奉獻精神，克服各種困難，團結協作，給這部巨大類書的出版提供了根本保證。在此謹表示誠摯的謝意。

對本書的批評與建議，我們將十分歡迎。

《中華大典》編纂委員會

一九九七年四月

二〇〇六年十一月修訂

《中華大典》編纂通則

一、性質：《中華大典》（以下簡稱《大典》）是對漢文古籍（含已翻譯成漢文的少數民族古籍）進行全面的、系統的、科學的分類整理和匯編總結的新型類書，是在繼承歷代類書優良傳統、考慮漢文古籍固有特點的基礎上，借鑒和參照近代編纂百科全書的經驗和方法編纂而成。編纂《大典》的目的，是爲學術界及願意瞭解中國古代珍貴文化典籍的人士提供各種分門別類的，準確詳細的古代漢文專題資料。

二、規模和體例：《大典》所收古籍的時限，上自先秦，下迄辛亥革命。全書共收各類漢文古籍三萬餘種，七億多字。全書體例，着重汲取清代《古今圖書集成》所採用的經目和緯目相交織這一統一框架結構的模式，同時參照現代科學的學科、目録分類方法，并根據各類學科内容的實際情況，一般將每一大類學科輯爲一典，也有將幾個相關學科共輯爲一典的。對各典名稱，均以現代學科命名，對於所收入的各種古籍資料，亦儘可能納入現代科學分類體系之中。

三、經目：大典共分二十四個典，即哲學典、宗教典、政治典、軍事典、經濟典、法律典、教育典、語言文字典、文學典、藝術典、歷史典、歷史地理典、民俗典、數學典、物理化學典、天文典、地學典、生物學典、醫藥衛生典、農業典、林業典、工業典、交通運輸典、文獻目録典。典以下以分典、總部、部、分部分級，分部之下的標目根據各學科特點由各典自行擬定。

四、緯目：共設置九項緯目，用以包容各級經目的具體内容：

①題解：對有關學科的名稱、概念、涵義、特點等作總體介紹的資料。

②論説：有關理論部份的資料。

③綜述：有關學科或事物的系統性資料，凡有關學科或事物的性狀、制度、範疇、特點及學科地位、發展情況等具體内容均編入此緯目中。

④傳記：有關人物的傳記資料。

⑤紀事：有關學科或事物的具體活動或事例的資料。

⑥著録：重要人物或文獻的有關著作資料，如專集介紹、序跋、藏書題記，以及有關著作的成書經過、版本源流等。

⑦藝文：有關屬於文學欣賞性的散文或韵文。

⑧雜録：凡未收入以上各緯目，而又有較高參考價值的資料，均入雜録。

⑨圖表：根據有關經目的内容需要，圖與表附於相關專題之下，或集中匯總於某級經目之後。

《大典》以内容分類安排各級緯目，各級緯目的正文，一般以原書爲單位，按時代順序排列。每一條資料前標明出處，包括書名或作者名、篇名或卷次，以利讀者核對原書。

五、書目：每分典後附有該分典所收書之書目，書目包括書名、作者、時(年)代、版本等内容。時代以成書時代爲準，成書時代不詳者，以作者主要活動時代爲準，并遵從歷史習慣。

六、版本：《大典》在選用版本時儘量採用古人的精校精刻本，亦採用學術界通用的近、現代整理圈點本及現代學者校點整理本。

七、校點：爲儘可能保存古籍原貌，《大典》祇對底本中明顯的脱、訛、衍、倒進行勘正。古本中的避諱字一般不作改動，祇對缺筆字補足筆畫。後人刻書時避當朝人諱而改動的字，據古本改回。《大典》採用新式標點法。

一九九六年八月

二〇〇六年十一月修訂

《中華大典·工業典》編纂委員會

主　編：魏明孔

編　委（以姓氏筆畫爲序）：

王興文　李紹强　范建鏻　林廣志

胡小鵬　高超群　郭遠英　陳文源

湯開建　趙利峰　趙連穩　蔡　鋒

鄧　堪　劉建麗　盧華語　魏正孔

《中華大典·工業典》序

《工業典》是《中華大典》的一個組成部分，系統地分類彙集上起先秦下迄清末有關中國工業的文獻資料。

中國傳統工業的歷史，可以説就是一部手工業的歷史。現代人類學研究中的一個主流觀點是，人類揖别猿類是從打製第一塊石質工具所體現的勞動開始的，而被打製出來的这第一塊石質工具就是人類的第一件手工業産品，手工業由此濫觴。因而，我們可以認爲，人類是與手工業同時步入歷史舞臺的，而且直到工業革命前，手工業一直是科技乃至生産力進步的主要推動者、承載者和傳播者，而科技和生産力進步對人類文明的綿延和提升的意義則是不言而喻的：農業生産的進步、商業活動半徑的擴大、交通運輸能力的提高、軍事實力的增强、文化内容的豐富、生活水平的提高、劳动强度的降低、居住环境的改善，等等，皆離不開手工業的發展。工業革命濫觴於英倫三島之前，中國之所以能成爲人類文明的主要輸出地之一，很大程度上與中國傳統手工業的領先地位密切相關。當然，當人類基本生産形態因工業革命而徹底換軌之後，雖然中國的手工業並未裹步不前，但是已經無力繼續承擔起助中華文明領先於世界文明之重任。

我國傳統社會的一個重要特點是耕織經濟發達，個體小生産農業及家庭副業手工業經濟構成了當時社會財富的基本來源，「男耕女織」或「晴耕雨織」是廣大農民的基本生産方式。另外一個特點是，官營手工業經濟一直比較活躍。上述特點，對中國傳統工業水準的提升、科學技術的進步乃至社會經濟的發展所造成的影響無疑是多方面的，但是，越到晚近，它的負面影響就越凸顯出來。這無疑決定了我國的國情，且影響深遠。

我國歷史上的手工業技術對於人類的影響是深刻的，「四大發明」對推動人類文明進步的作用是人人皆知的例子，而通過「絲綢之路」向中亞、西亞、歐洲乃至非洲輸送的由中國製造的絲綢、紙張等精美手工業品，更成爲中外文化交流的重要媒介。隨着海上絲綢之路的開通與延伸，我國輸出的手工業品的數量及品種在不斷增加，其中最重要的商品是瓷器，其對世界的影響巨大，以至於英語中「中國」（China）與「瓷器」是同一詞。當然，當時的手工業品的交流是雙向的，並非只是單一的輸出。

除此之外，我國歷史上的彩陶、採礦、冶金、鑄造、造船、漆器、紡織、印染等工藝，亦處於當時世界的領先水準，社會影響亦是具有國際性的。被譽爲古代建築「活化石」的唐代建築山西五臺山南禪寺、佛光寺、芮城廣仁王廟、平順天台庵等榫卯結構建築，經過千餘年的風雨滄桑，依然在向世人展示着中國古代工匠獨特的藝術神韻。《工業典》就是對包括上述內容在內的資料進行搜集和整理。

我國流傳至今的古籍可謂汗牛充棟，而在傳統的農本主義經濟形態下，在國家制度設計中，手工業作爲「末」而没有得到應有的重視，受此影響，史家對工業的記載或是只言片語，或是在記載其他內容時附帶提及。早在《史記·商君列傳》中就明確提出重本輕末的思想，唐代人司馬貞在《史記索隱》中指出，這里「『末』謂工商也」。一些時期甚至將手工業技術發明視作奇技淫巧而備受限制。正因爲如此，古籍中有關工業的記載非常零散，系統記載者可謂鳳毛麟角。受此影響，手工業方面的資料在後世缺乏必要的整理，即使今天，這種情況也並没有得到多大改觀。這無疑使《工業典》資料的搜集難度非常大，遠遠超過了我們的估計。當然，各種官修典籍和文獻對手工業的輕視，並不意味着手工業不重要。事實上，手工業生產從某種程度上早已成爲中國人文化因子的一部分。例如，中國古代的製陶和冶煉工藝曾被視爲最尖端的工藝，故而人們常用「陶冶情操」來形容提升思想、道德和情趣的艱難過程。另外，刻範是我國古代手工業生產活動中出現較早的工具，而且精準度和標準化應該達到了很高的水準，故而人們用「模範」一詞來指被大家廣泛認同的樣板。凡此種種，不勝枚舉。

《工業典》在編纂過程中，除了不遺餘力地利用傳世文獻外，對於新發現和整理的資料，也儘量給予關注，特別對最近發現和整理的資料費力較多，以體現編纂的時代特點。

《工業典》共計九個分典。根據現代工業主要行業且結合我國傳統手工業自身的特點，《工業典》設置了《陶瓷與其他燒製品工業分典》《金屬礦藏與冶煉工業分典》《製造工業分典》《造紙與印刷工業分典》《建築工業分典》《紡織與服裝工業分典》《食品工業分典》以及《綜合分典》。因爲傳統手工業發展到近代，在內外條件的變化下，出現了近代工業，這具有劃時代的意義。因此，在《中華大典》編委會領導的支持和上海古籍出版社專家的贊許下，《工業典》下設了《近代工業分典》。《近代工業分典》搜集材料時主要遵循兩個方面的原則：一是具有近代工業的生產形式，二是具有近代工業的管理與組織功能。這雖然與其他分典體例不盡一致，卻不失爲一種創新。這是需要説明的。

《工業典》的編纂，對瞭解中國傳統社會的工業佈局和經濟狀況，對發揚壯大手工業技術，對傳承和弘揚傳統文化，具有重要的意義。特别在將實現工業化和推進城鎮化作爲國家戰略的今天，挖掘整理這份文化遺産，無疑具有不可替代的歷史鏡鑒價值。

參加《工業典》編纂的學者分别來自重慶、廣州、蘭州、曲阜和北京以及澳門等地，均是手工業經濟史方面的專家。《工業典》自二〇〇六年啓動以來，已逾九載。《工業典》的編纂工作，自始至終得到了《中華大典》工作委員會和編纂委員會的指導，特别是《中華大典》辦公室的領導和工作人員付出心血頗多，各編纂者所在單位給予諸多方便，上海古籍出版社領導及編輯先生費心良多，在此一併深表謝忱。

我們從事《工業典》的編纂工作，限於水準和時間，難免存在掛一漏萬的問題，特别是在選材、整理方面的錯誤，需要方家和廣大讀者的批評指正。

魏明孔

二〇一五年十月

中華大典·工業典

建築工業分典

主編：陳文源　林廣志

《中華大典・工業典・建築工業分典》編纂説明

中國古代建築乃中華文明肇始、演進、發展的物化體現，在浩瀚的典籍中，保存着大量先民從事建築活動史料，它們不僅記録了建築技術的進步與建築制度的臻善，同時也藴涵了深邃的哲學、宗教與美學觀念，因此，人們譽之爲「時代的鏡子」「文化的縮影」。作爲世界建築文化的重要組成部分，中國建築文化包含着華夏祖先的無窮智慧，是一份極其豐贍、彌足珍貴的寶藏。《中華大典・工業典》下設《建築工業分典》，目的是爲了展現中國古代建築領域的成就。本分典内容主要包括四個方面：一是營建理念，二是建築管理，三是建築技術，四是建築物態。其中建築物態則簡略分爲都城、壇廟、宫殿、公宇、橋樑、園林第宅、寺觀、陵墓等。

在古代典籍中，與建築相關的史料卷帙浩繁，實難悉數蒐羅。因此，在編纂時，除遵循《中華大典》與《工業典》的相關規定外，對於材料的收録及部目的設置，會針對建築的學科特性與資料情況作出適當調整，以期展現古代中國建築發展真實情形與意藴。

一、史料收録

（一）取材範圍。本分典所收録的文獻材料，以一九一一年爲下限。在編纂過程中，盡量參考與吸收現代學者在古籍整理方面的成果，但對其相關的新注解則不予録用。

（二）取材原則。第一，堅持專業性，所收録之材料必須反映古代中國建築的相關理念、制度、技術工藝、事物形態，以及對營建活動的描述。第二，關注事物的歷史性，展現事物的淵源與歷史發展脈絡。第三，兼顧材料完整性與精簡性。同一事件，存在多種典籍記載，如果記録材料具有較大的互補性，則兼收並蓄；如果是内容大同小異，則擇取其較爲全面者；如果只是文字表述方式的差異，則視作者的知名度而定。

二、史料分類

（一）本分典之經目主要設置總部、部兩級。部以下不再設分部，但視情況，或以條目標識之。緯目設有題解、論説、綜述、傳記、紀事、藝文、雜録等，但各部的緯目設置，依照各部性質、資料的實際情況，或有增減，或有所變更，不强求一致。

（二）一條材料反映兩種或兩種以上不同類型的事物，爲了不影響整體性的理解，原則上不做分割，而視材料價值輕重，歸入主要的部類；　個别較重要者，可以重複列入另一部屬。　如果材料的獨立性較强，分割後對材料理解影響不大者則分割之，分置各部屬中。

（三）敘述性材料，有對某類事物發展進行總體敘述，有對某一事物歷史演化進行敘述，則前者録入綜述，後者録入紀事。凡以文學形式成文者（如詩、詞、賦、記、碑傳等），則完整地歸入藝文。

三、史料編排

史料的編排次序，原則上依照原典産生的朝代順序而定。　某些部類的條目需按地區排列，則參考現行地區排序（華北、東北、華東、華中、華南、西南、西北）的習慣。

（一）先秦典籍史料，首列經書，次及諸子。

（二）秦漢以後文獻史料，首列實録、正史、政書，次及方志、野史筆記等，然後對同類史料再作朝代順序排列。

（三）爲了展現建築物的歷史演變軌跡與地區差異，紀事部分史料編排酌情予以調整，或按朝代排列，如國都、宫殿、皇陵等；　或以地區爲序，如城池、衙署、橋樑、寺觀等。

本分典由暨南大學陳文源、澳門大學林廣志任主編，在《工業典》主編中國社會科學院魏明孔教授的指導下，全面統籌材料蒐集、標點、編纂及各項分工，依照《中華大典》編纂委員會的相關細則，擬定本分典的體例與結構，整理參引書目，統理全書。　華南師範大學覃赤子，暨南大學毛慶耆、陸勇强、張永春、馬建春、王桃，北京華文學院魏晉，廣東工業大學張中鵬，華南理工大學彭蕙，參與了部分資料檢索、標點與編排工作。　暨南大學圖書館莫俊全面負責《其他建築總部》的材料蒐集、校點、編排。　暨南大學研究生楊大衛、江振剛、李寧豔、張恩綀、李耀國、李苗、夏斌、林曉蕾、吴祖敏等先後參與了部分文獻的檢索、影印與核校工作。

《中華大典·工業典·建築工業分典》編纂委員會

二〇一五年十月

總目

建築管理總部

《建築管理總部》提要

有巢氏教人構木爲巢，改變我國先民的居住形態，具有劃時代意義。隨着生産力的提高，私有制逐漸形成，衍生出等級觀念與制度，統治者則通過「禮」對這種觀念與制度加以物化，並施行於人類社會各個領域。建築也不例外，人們透過建築形態即可判别相關機構的層級與業主身份的尊卑。從某種意義來説，規範建築形態成爲維護社會等級秩序的一種特殊手段，因此建築管理乃是歷代王朝行政的一項重要内容。

古代中國建築管理方面的成就主要表現：首先，管理機構的專業化。中國歷代王朝十分注重建築領域的行政管理，從早期的司空、司馬，到唐宋以後工部將作官銜的設置，均是王朝政權管理機構的重要組成部分，其專業化特徵相當明顯。其次，管理方式的法規化。通過禮、律、令等方式，規範各層級機構與個人的建築形制與裝飾風格，不得輕易踰越。對於官府相關工程的立項，用工、用料的監控，品質的保障等，也有規章明確其作業程序，主事者的角色與責任相當清晰，奬懲分明。再次，匠役徵調的制度化。匠役的徵用與管理，各王朝均有所規定，形成一個特殊的社會階層。總之，完善而縝密的管理制度，既推動了中國古代工程管理水平的提升與工程技術的進步，也在一定程度上爲維護封建秩序發揮了應有的作用。

本總部下設三個部：一、《管理機構部》，輯録歷朝建築管理機構設置及其職能的相關資料。二、《管理規制部》，輯録歷朝關於建築形制的規章以及工程管理具體細則與事例。三、《匠役部》，輯録歷朝匠役徵用、管理的相關法規與事例，以及歷朝名匠事蹟資料。

目録

匠役部

管理機構部

綜述

蘇天爵《元文類》卷四二《工典總叙》 有國家者，重民力，節國用，是以百工之事，尚儉樸而貴適時，用戒奢縱而慮傷人心。安危興亡之機係焉，故不可不慎也。六官之分，工居其一，請備事而書之：

一曰宫苑。朝廷崇高，正名定分，苑囿之作，以宴以怡。次二曰官府。百官有司，大小相承，各有次舍，以奉其職。次三曰倉庫。貢賦之入，出納有恒，慎其蓋藏，有司之事。次四曰城郭。建邦設都，有禦有禁，都鄙之章，君子是正。次五曰橋梁。川陸之通，以利行者，君子爲政，力不虛捐。次六曰河渠。四方萬國，達于京師，鑿渠通舟，輸載克敏。次七曰郊廟。辨方正位，以建皇都，郊廟祠祀，爰奠其所。次八曰僧寺。竺乾之祠，爲惠爲慈，曰可福民，寧不崇之。次九曰道宫。老上清净，流爲禱祈，有觀有宫，有壇有祠。次十曰廬帳。廬帳之作，比于宫室，于野于處，禁衛斯飭。次十一曰兵器。時既治平，乃韜甲兵，備于不虞，庀工有程。次十二曰鹵簿，國有大禮，鹵簿斯設，儀繁物華，萬夫就列。次十三曰玉工。次十四曰金工。次十五曰木工。次十六曰摶埴之工。次十七曰石工，天降六府，以足民用，貴賤殊制，法度見焉。次十八曰絲枲之工。次十九曰皮工。次二十曰氈罽之工，服用之備，有絲有枲，有皮有毛，各精厥能。次二十一曰畫塑之工。次二十二曰諸匠，像設之精，絺繪之文，百技效能，各有其屬。

章潢《圖書編》卷一二四《工曹總叙》 禹作司空，平水土，見諸《書》。乃召司空，俾立室家，見諸《詩》。《周禮·冬官》亡，漢時補以《考工記》。此後世工曹所由設。然平水土、立室家，工之意可見矣。夫冬官之職既不可考，亦豈待《考工記》補之而後爲冬官之全乎？大宰事典，以富邦國，以任百官，以生萬民。小宰事職，以富邦國，以養萬民，以生萬物。則事官之意在《周禮》可覩也。《周官》亦曰：司空掌邦土，居四民，時地利，則司空之意在周官可推也。況冬之爲言終也，萬物成終，畢歸其根，亶空土而已。命之曰司空，豈無意義而云然哉！惟藏而固之，富而生之，此所以爲冬之象也。任其官而職司其藏，斯無負于冬官司空之名也。漢唐以來，民曹、左民、起部、工部，設官分職，名各不同，其掌百工之事則一而已矣。我朝工部之設，即周《冬官》大、小司空，以營繕、虞衡、都水、營田分司其職，掌固有在焉。然孔子九經，來百工，財用足；《周禮》周官，富邦國，養萬民，生萬物，時地利；視今之工曹，同乎，異乎？建國分野，工匪細務，况浚兩河之漕渠，固九邊之城堡，通東南之水利，開西北之營屯，禁四方居室器用，毋作淫巧踰制，傷財而敗俗。今日足國富民，宜莫切於此者。若夫悦以使民，民忘其勞，龍見戒事，火見畢工，在《論語》使民以時，盡之矣。噫，司空執度，度地居民，無曠土，無游民，食節事時，民咸安其居，樂事勸工，尊君親上，然後興學。想王制非無稽之言也，會而通之，《考工記》曾足以補之哉。

章潢《圖書編》卷一二四《天象司空圖》

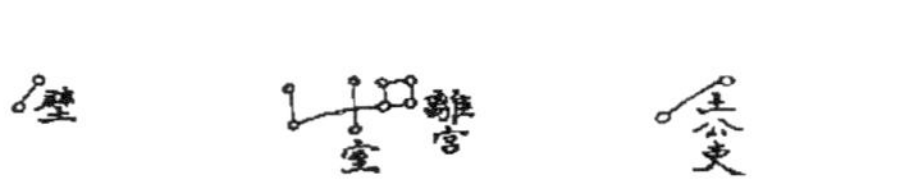

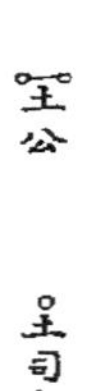

室：十月而農工已畢，此星昏而正中，故主營建宫室。《詩》云：定之方中，作于楚宫。是矣。離宫，天子之别館也。百工之事，惟土木爲大，土司空冬官主知水土殃咎，掌度地居民相景之職。土司公，執役之民也。蓋屋，主營建宫室、工師之事。土公吏，其屬也。

翼，天子之樂府。軫，主車騎任載。器府，百工居肆，以成其事者。司空掌邦土，翼、軫、器府皆其所掌，故土司空係焉。然工有大小不同，室下司空主工師、匠氏、上木、大役，軫下司空則梓人、輿人之事而已。

空之爲言空也，相天下之大勢，擇其空缺之處而修治補助之，故天文室、壁之（未）〔下〕有土司空一星、土公二星，主知水土殃咎。周官之職曰：司空掌邦土，居四民，時地利。《記》曰：司空度地居民，使地邑居民，必參相得，無曠土，無遊民。司空之職莫大于此。蓋司徒掌其圖數，而司空治其工程，司空建其始而司徒守其成，此其聯事若此，而後人遂欲以相併也。然則冬官之屬，當其掌大均之事，如地官之徒民，宗伯之聯衆，又當有善景相觀卜，以經營疆理于四方，如《詩》稱召伯之世執其工、燕師所完者。且天垂象，聖人則之。室壁閣道，星宿燦然，皆天之垂象也。如百工之事，惟土木爲大，故蓋屋二星，土(工)〔公〕吏二星，列象于營室之下。又百工居肆，以成其事，故土司空四星，列象軫、翼、器府之下。以冬官而言，當有工師，以統造諸工；又當有梓人，以統制器。百工是《考工記》之事，《虞書》所謂共工也。夫共工者，誠冬官之事，但其一屬耳，故取之以入冬官，則可用之，以補冬官則不可。兹以天象之有關于冬官者而參互之，亦可見其大端矣。

章潢《圖書編》卷一二四《工總考》 《舜典》：帝曰：疇若予工。僉曰：垂哉。帝曰：(予)〔俞〕咨垂，汝共工。垂拜稽首，讓于殳斨暨伯與。帝曰：俞，往哉汝諧。帝曰：疇若予上下草木鳥獸。僉曰：益哉。帝曰：俞，咨益，汝作朕虞。益拜稽首，讓于朱虎、熊羆。帝曰：俞，往哉汝諧。按：工之官缺，則民用不周；虞之官缺，則物生不遂。故舜視百工萬物皆予一體，故皆曰：予而虞工列于九官，自古重之矣。《周禮》屬虞衡于夏官，今則并山澤虞衡統屬之于工部，益垂猶且讓之，任是職者，可輕視之哉！

《周禮》冬官其屬有考工，掌百工之事，曰國有六職，百工是其一焉。漢成帝初置尚書，有民曹，主凡民上書。後漢光武改民曹主繕修、工作、鹽地、園囿。魏置左民尚書，亦領其職。晉宋以來，有起部尚書而不常置，每營宗廟宮室，則權置之，事畢則省，以其事分屬都官、左民二尚書。北齊起部郎亦掌工造，屬祠部尚書。後周有冬官大司空卿，掌五材九範之法，其屬工部中大夫，承司之事、百工之籍，而理其禁令。至隋乃有工部尚書，統工部、屯田二曹，蓋因後周工部之名，兼前代起部之職。唐龍朔二年，改工部尚書爲司平太常伯。咸亨元年，復舊。宋則工部判部事一人，以兩制已上充，凡城池土木工役，皆隸三司修造。案：本曹無所掌。元豐官制行，尚書工部掌天下城池、宮室、舟車、器械、符印、錢寶之事，與山澤、溝洫、屯田之政令焉。

紀事

遠古

《尚書・虞書・舜典》 帝曰：疇若予工？僉曰：垂哉！孔安國傳：問誰能順我百工事者，朝臣舉垂。垂，臣名。帝曰：俞。咨垂，汝共工。孔安國傳：共，謂供其職事。垂拜稽首，讓于殳斨暨伯與。孔安國傳：殳斨、伯與二臣名。帝曰：俞。往哉！汝諧。孔安國傳：汝能諧和此官。孔穎達等疏傳：正義曰：《考工記》云：國有六職，百工與居一焉。工即百工。故云：問誰能順我百工事者，直言。帝曰：無所偏咨，故知僉曰，是朝臣共舉垂也。《堯典傳》云：共工，官稱，即彼以「共工」二字爲官名。上云「疇若予工」，單舉工名，今命此人，云汝作共工，明是帝謂此人堪供此職，非是呼此官名爲共工也。其官或以共工爲名，要帝意言，共謂供此職也。

《史記》卷一《五帝本紀》 讙兜進言共工。堯曰：不可。而試之工師，正義：工師，若今大匠卿也。共工果淫辟。

《史記》卷二《夏本紀第二》 當帝堯之時，鴻水滔天，浩浩懷山襄陵，下民其憂。堯求能治水者，羣臣四嶽皆曰鯀可。堯曰：「鯀爲人負命毀族，不可。」四嶽曰：「等之未有賢於鯀者，願帝試之。」於是堯聽四嶽，用鯀治水。九年而水不息，功用不成。於是帝堯乃求人，更得舜。舜登用，攝行天子之政，巡狩。行視鯀之治水無狀，乃殛鯀於羽山以死。天下皆以舜之誅爲是。於是舜舉鯀子禹，而使續鯀之業。

堯崩，帝舜問四嶽曰：「有能成美堯之事者使居官？」皆曰：「伯禹爲司空，可成美堯之功。」舜曰：「嗟，然！」命禹：「女平水土，維是勉之。」禹拜稽首，讓於契、后稷、皋陶，舜曰：「女其往視爾事矣。」

禹爲人敏給克勤；其悳不違，其仁可親，其言可信；聲爲律，身爲度，稱以出，亹亹穆穆，爲綱爲紀。

禹乃遂與益、后稷奉帝命，命諸侯百姓興人徒以傅土，行山表木，定高山大川。禹傷先人父鯀功之不成受誅，乃勞身焦思，居外十三年，過家門不敢入。薄衣食，致孝于鬼神。卑宮室，致費於溝淢。陸行乘車，水行乘船，泥行乘橇，山行乘檋。左準繩，右規矩，載四時，以開九州，通九道，陂九澤，度九山。令益予衆庶稻，可種卑溼。命后稷予衆庶難得之食。食少，調有餘相給，以均諸侯。禹乃行相地宜所有以貢，及山川之便利。

沈約注《竹書紀年》卷上《黃帝軒轅氏》 元年，帝即位，居有熊。初制冕服。

〔黃帝軒轅氏〕二十年，景雲見，以雲紀官。

沈約注《竹書記年》卷上《帝堯陶唐氏》 帝堯陶唐氏七十五年，司空禹治河。

鄭樵《通志》卷二《五帝紀》 是時，龍門未開，吕梁未發，河出孟門，江淮通流，無有平原高阜。故曰：洪水滔天，懷山襄陵。堯憂民之憂，而求治水者。羣臣四嶽皆舉高陽氏之子伯鯀。堯封鯀爲崇伯，使之治水。鯀乃興徒役，而作九仞之城，訖無成功。

史浩《尚書講義》卷一《堯典》 帝曰：咨！四岳，湯湯洪水方割，蕩蕩懷山襄陵，浩浩滔天。下民其咨，有能俾乂。僉曰：於鯀哉！帝曰：吁！咈哉！方命圮族。岳曰：异哉！試可乃已。帝曰：往欽哉！九載，績用弗成。

魏了翁《尚書要義》卷一《堯典》 《周禮・大宰職》曰：歲終則令百官各正其治，而詔王廢置。三年則大計羣吏之治而誅賞。然則考課功績必在歲終，此言功用不成，是九年歲終三考也。下云：朕在位七十載，而求得虞舜。歷試三載，即數登用之年，至七十二年爲三載，即知七十載者與此異年。比時堯在位六十九年，鯀初治水之時，堯在位六十一年。

陳桱《通鑑續編》卷一《三皇》 〔太昊伏羲氏〕以龍紀官。 太昊因龍馬負圖出于河之瑞，始名官，而以龍紀，號曰龍師。命朱襄爲飛龍氏，造書契。昊英爲潛龍氏，造甲曆。大庭爲居龍氏，治屋廬。渾沌爲降龍氏，驅民害。陰康爲土龍氏，治田里。栗陸爲水龍氏，繁滋草木，疏導泉源。又命五官，春官爲青龍氏，又曰蒼龍。夏官爲赤龍氏，秋官爲白龍氏，冬官爲黑龍氏，中官爲黄龍氏。於是共工爲上相，柏皇爲下相，朱襄、昊英常居左右，栗陸居北，赫胥居南，昆連居西，葛天居東，陰康居下，分理宇内而政化大洽。

陳桱《通鑑續編》卷一《三皇》 〔黄帝有熊氏〕以雲紀官。 帝初受命，適有雲瑞，乃以雲名官，爲雲師。 立六相，帝舉風后力牧太山，稽常先大鴻以治民。 劉恕《外紀》曰：黄帝得六相而天地治，神明衣裳之制興。 作器用，帝命甯封爲陶正，赤將爲木正，以利器用。揮作弓，夷牟作矢，以威天下。 岐伯作鼓吹、鐃角、靈鞞、神鉦，以揚德建武。 作舟車。 帝命共鼓化狐刳木爲舟，剡木爲楫，以濟不通邑。

梅鼎祚《皇霸文紀》卷一《神農氏》 〔甲寅易二月〕天王升傳教臺，乃集生民。后女媧子無分臣工大小，甲日寅辰乃鳩衆於傳教臺，告民示，始甲寅易二月，無或失時。子其勿怠。陸曰：竭力於民，君其念哉。皇曰：大庭主我屋室，視民之未居者，喻之，借力同搆其居，無或寒凍。庭曰：順民之辭。皇曰：陰康子居水土，俾民居處無或漂流，勤於道達於下。康曰：順君之辭。

馬驌《繹史》卷三《太皞紀》 《三墳》：命臣飛龍氏造六書，命臣潛龍氏作甲曆，伏制犧牛，冶金成器，教民炮食，易九頭爲九牧，因尊事爲禮儀，因龍出而紀官，因鳳來而作樂，命降龍氏倡率萬民，命水龍氏平治水土，命火龍氏炮治器用，因居方而置城郭，天下之民號曰天皇太昊伏犧有庖升龍氏，本通姓氏之後也。

閻若璩《尚書古文疏證》卷二《第二十四》 舜曰：誰能馴予工？皆曰垂可。於是以垂爲共工。舜曰：誰能馴予上下草木鳥獸？皆曰益可。於是以益爲朕虞。益拜稽首，讓于諸臣朱、虎、熊、羆。舜曰：往矣，汝諧。遂以朱、虎、熊、羆爲佐。

余蕭客《古經解鈎沉》卷二〇《春秋左傳》 炎帝以火名官，春官爲大火，夏官爲鶉火，秋官爲西火，冬官爲北火，中官爲中火。

蔡沈《書經集傳》卷一《堯典》 舜曰：咨，四岳，有能奮庸熙帝之載，使宅百揆，亮采惠疇？僉曰：伯禹作司空。帝曰：俞。咨禹，汝平水土，惟時懋哉！禹拜稽首，讓于稷、契暨皋陶。帝曰：俞。汝往哉！

先秦

《尚書・周書・周官》 成王既黜殷命，滅淮夷，還歸在豐，作《周官》。惟周王撫萬邦，巡侯甸，四征弗庭，綏厥兆民。六服羣辟，罔不承德。歸于宗周，董正治官。

王曰：「若昔大猷，制治于未亂，保邦于未危。」曰：「唐虞稽古，建官惟百。内有百揆四岳，外有州牧侯伯。庶政惟和，萬國咸寧。夏商官倍，亦克用乂。明王立政，不惟其官，惟其人。今予小子，祗勤于德，夙夜不逮。仰惟前代時若，訓迪厥官。立太師、太傅、太保，兹惟三公。論道經邦，燮理陰陽。官不必備，惟其人。少師、少傅、少保，曰三孤。貳公弘化，寅亮天地，弼予一人。冢宰掌邦治，統百官，均四海。司徒掌邦教，敷五典，擾兆民。宗伯掌邦禮，治神人，和上下。司馬掌邦政，統六師，平邦國。司寇掌邦禁，詰姦慝，刑暴亂。司空掌邦土，居四民，時地利。六卿分職，各率其屬，以倡九牧，阜成兆民。六年，五服一朝。又六年，王乃時巡，考制度于四岳。諸侯各朝于方岳，大明黜陟。」

王曰：「嗚呼！凡我有官君子，欽乃攸司。慎乃出令，令出惟行，弗惟反。以公滅私，民其允懷。學古入官，議事以制，政乃不迷。其爾典常作之師，無以利口亂厥官。蓄疑敗謀，怠忽荒政。不學牆面，莅事惟煩。戒爾卿士：功崇惟志，業廣惟勤。惟克果斷，乃罔後艱。位不期驕，祿不期侈，恭儉惟德！無載爾僞，作德心逸日休，作僞心勞日拙。居寵思危，罔不惟畏，弗畏入畏。推賢讓能，庶官乃和，不和政厖。舉能其官，惟爾之能；稱匪其人，惟爾不任。」

王曰：「嗚呼！三事暨大夫：敬爾有官，亂爾有政，以佑乃辟，永康兆民；萬邦惟無斁。」

《周禮・天官・冢宰》　惟王建國，辨方正位，以爲民極。乃立天官冢宰，使帥其屬而掌邦治，以佐王均邦國。

《周禮・天官・大宰》　大宰，卿一人；小宰，中大夫二人；宰夫，下大夫四人，上士八人，中士十有六人，旅下士三十有二人。

大宰之職，掌建邦之六典，以佐王治邦國：一曰治典，以經邦國，以治官府，以紀萬民；二曰教典，以安邦國，以教官府，以擾萬民；三曰禮典，以和邦國，以統百官，以諧萬民；四曰政典，以平邦國，以正百官，以均萬民；五曰刑典，以詰邦國，以刑百官，以糾萬民；六曰事典，以富邦國，以任百官，以生萬民。以八灋治官府：一曰官屬，以舉邦治；二曰官職，以辨邦治；三曰官聯，以會官治；四曰官常，以聽官治；五曰官成，以經邦治；六曰官灋，以正邦治；七曰官刑，以糾邦治；八曰官計，以弊邦治。以八則治都鄙：一曰祭祀，以馭其神；二曰灋則，以馭其官；三曰廢置，以馭其吏；四曰禄位，以馭其士；五曰賦貢，以馭其用；六曰禮俗，以馭其民；七曰刑賞，以馭其威；八曰田役，以馭其衆。以八柄詔王馭羣臣：一曰爵，以馭其貴；二曰禄，以馭其富；三曰予，以馭其幸；四曰置，以馭其行；五曰生，以馭其福；六曰奪，以馭其貧；七曰廢，以馭其罪；八曰誅，以馭其過。以八統詔以馭萬民：一曰親親，二曰敬故，三曰進賢，四曰使能，五曰保庸，六曰尊貴，七曰達吏，八曰禮賓。以九職任萬民：一曰三農，生九穀；二曰園圃，毓草木；三曰虞衡，作山澤之材；四曰藪牧，養蕃鳥獸；五曰百工，飭化八材；六曰商賈，阜通貨賄；七曰嬪婦，化治絲枲；八曰臣妾，聚斂疏材；九曰閒民，無常職，轉移執事。以九賦斂財賄：一曰邦中之賦，二曰四郊之賦，三曰邦甸之賦，四曰家削之賦，五曰邦縣之賦，六曰邦都之賦，七曰關市之賦，八曰山澤之賦，九曰幣餘之賦。以九式均節財用：一曰祭祀之式，二曰賓客之式，三曰喪荒之式，四曰羞服之式，五曰工事之式，六曰幣帛之式，七曰芻秣之式，八曰匪頒之式，九曰好用之式。以九貢致邦國之用：一曰祀貢，二曰嬪貢，三曰器貢，四曰幣貢，五曰材貢，六曰貨貢，七曰服貢，八曰斿貢，九曰物貢。以九兩繫邦國之民：一曰牧，以地得民；二曰長，以貴得民；三曰師，以賢得民；四曰儒，以道得民；五曰宗，以族得民；六曰主，以利得民；七曰吏，以治得民；八曰友，以任得民；九曰藪，以富得民。正月之吉，始和布治于邦國都鄙，乃縣治象之灋于象魏，使萬民觀治象，挾日而斂之。乃施典于邦國，而建其牧，立其監，設其參，傅其伍，陳其殷，置其輔。乃施則于都鄙，而建其長，立其兩，設其伍，陳其殷，置其輔。乃施灋于官府，而建其正，立其貳，設其攷，陳其殷，置其輔。凡治，以典待邦國之治，以則待都鄙之治，以灋待官府之治，以官成待萬民之治，以禮待賓客之治。祀五帝，則掌百官之誓戒，與其具脩。前期十日，帥執事而卜日，遂戒。及納亨，贊王牲事。及祀之日，贊玉幣爵之事。祀大神，示亦如之。享先王亦如之，贊玉几玉爵。大朝覲會同，贊玉幣、玉獻、玉几、玉爵。大喪，贊贈玉、含玉。作大事，則戒于百官，贊王命。王眂治朝，則贊聽治。眂四方之聽朝，亦如之。凡邦之小治，則冢宰聽之。待四方之賓客之小治。歲終，則令百官府各正其治，受其會，聽其致事，而詔王廢置。三歲，則大計羣吏之治而誅賞之。

《周禮・天官・小宰》　小宰之職，掌建邦之宫刑，以治王宫之政令，凡宫之糾禁。掌邦之六典、八灋、八則之貳，以逆邦國、都鄙、官府之治。執邦之九貢、九賦、九式之貳，以均財節邦用。以官府之六敘正羣吏：一曰以敘正其位，二曰以敘進其治，三曰以敘作其事，四曰以敘制其食，五曰以敘受其會，六曰以敘聽其情。以官府之六屬舉邦治：一曰天官，其屬六十，掌邦治，大事則從其長，小事則專達；二曰地官，其屬六十，掌邦教，大事則從其長，小事則專達；三曰春官，其屬六十，掌邦禮，大事則從其長，小事則專達；四曰夏官，其屬六十，掌邦政，大事則從其長，小事則專達；五曰秋官，其屬六十，掌邦刑，大事則從其長，小事則專達；六曰冬官，其屬六十，掌邦事，大事則從其長，小事則專達。以官府之六職辨邦治：一曰治職，以平邦國，以均萬民，以節財用；二曰教職，以安邦國，以寧萬民，以懷賓客；三曰禮職，以和邦國，以諧萬民，以事鬼神；四曰政職，以服邦國，以正萬民，以聚百物；五曰刑職，以詰邦國，以糾萬民，以除盜賊；六曰事職，以富邦國，以養萬民，以生百物。以官府之六聯合邦治：一曰祭祀之聯事，二曰賓客之聯事，三曰喪荒之聯事，四曰軍旅之聯事，五曰田役之聯事，六曰斂弛之聯事。凡小事皆有聯。以官府之八成經邦治：一曰聽政役以比居，二曰聽師田以簡稽，三曰聽閭里以版圖，四曰聽稱責以傅別，五曰聽禄位以禮命，六曰聽取予以書契，七曰聽賣買以質劑，八曰聽出入以要會。以聽官府之六計，弊羣吏之治。一曰廉善，二曰廉能，三曰廉敬，四曰廉正，五曰廉灋，六曰廉辨。以灋掌祭祀、朝覲、會同、賓客之戒具，軍旅、田役、喪荒亦如之。七事者，令百官府共其財用，治其施舍，聽其治訟。凡祭祀，贊玉幣爵之事，祼將之事。凡賓客，贊祼，凡受爵之事，凡受幣之事。喪荒，受其含襚幣玉之事。月終，則以官府之敘受羣吏之要，贊冢宰受歲會。歲終，則令羣吏致事。正歲，帥治官之屬而觀治象之灋，徇以木鐸，曰：「不用灋者，國有常刑。」乃退，以宮刑憲禁于王宮。令于百官府曰：「各脩乃職，攷乃灋，待乃事，以聽王命。其有不共，則國有大刑。」

《周禮・天官・宰夫》 宰夫之職，掌治朝之灋，以正王及三公、六卿、大夫、羣吏之位，掌其禁令。敘羣吏之治，以待賓客之令，諸臣之復，萬民之逆。掌百官府之徵令，辨其八職：一曰正，掌官灋以治要；二曰師，掌官成以治凡；三曰司，掌官灋以治目；四曰旅，掌官常以治數；五曰府，掌官契以治藏；六曰史，掌官書以贊治；七曰胥，掌官敘以治敘；八曰徒，掌官令以徵令。掌治灋以攷百官府、羣都縣鄙之治，乘其財用之出入。凡失財用、物辟名者，以官刑詔冢宰而誅之。其足用、長財、善物者，賞之。以式灋掌祭祀之戒具與其薦羞，從大宰而眡滌濯。凡禮事，贊小宰比官府之具。凡朝覲、會同、賓客，以牢禮之灋，掌其牢禮、委積、膳獻、飲食、賓賜之飧牽，與其陳數。凡邦之弔事，掌其戒令，與其幣器財用凡所共者。大喪小喪，掌小官之戒令，帥執事而治之。三公、六卿之喪，與職喪帥官有司而治之。凡諸大夫之喪，使其旅帥有司而治之。歲終則令羣吏正歲會，月終則令正月要，旬終則令正日成，而以攷其治。治不以時舉者，以告而誅之。正歲，則以灋警戒羣吏，令脩宮中之職事。書其能者與其良者，而以告于上。

《周禮・天官・宮正》 宮正掌王宮之戒令、糾禁。以時比宮中之官府次舍之衆寡，爲之版以待，國有故，則令宿，其比亦如之。辨外內而時禁，稽其功緒，糾其德行，幾其出入，均其稍食，會其什伍而教之道藝。月終則會其稍食，歲終則會其行事。凡邦之大事，令于王宮之官府次舍，無去守而聽政令。春秋以木鐸脩火禁。凡邦之事蹕宮中廟中，則執燭。

《周禮・天官・宮伯》 宮伯掌王宮之士庶子凡在版者。掌其政令，行其秩敘，作其徒役之事，授八次八舍之職事。若邦有大事作，宮衆則令之。

《周禮・天官・掌舍》 掌舍掌王之會同之舍。設梐枑再重。設車宮、轅門，爲壇壝宮棘門。爲帷宮，設旌門。無宮則共人門。凡舍事，則掌之。

《周禮・天官・掌次》 掌次掌王次之灋，以待張事。王大旅上帝，則張氈案，設皇邸。朝日、祀五帝，則張大次、小次，設重帟重案。合諸侯亦如之。師田則張幕，設重帟重案。諸侯朝覲會同，則張大次、小次，師田則張幕設案。孤卿有邦事，則張幕設案。凡喪，王則張帟三重，諸侯再重，孤卿大夫不重。凡祭祀，張其旅幕，張尸次。射則張耦次。掌凡邦之張事。

《周禮・天官・大府》 大府掌九貢、九賦、九功之貳，以受其貨賄之入，頒其貨于受藏之府，頒其賄于受用之府。凡官府都鄙及吏及執事者，受財用焉。凡頒財，以式灋授之。關市之賦以待王之膳服，邦中之賦以待賓客，四郊之賦以待稍秣，家削之賦以待匪頒，邦甸之賦以待工事，邦縣之賦以待幣帛，邦都之賦以待祭祀，山澤之賦以待喪紀，幣餘之賦以待賜予。凡邦國之貢以待弔用，凡萬民之貢以充府庫，凡式貢之餘財以共玩好之用。凡邦之賦用，取具焉。歲終，則以貨賄之入出會之。

《周禮・天官・司會》 司會掌邦之六典、八灋、八則之貳，以逆邦國都鄙官府之治。以九貢之灋致邦國之財用，以九賦之灋令田野之財用，以九功之灋令民職之財用，以九式之灋均節邦之財用。掌國之官府、郊野、縣都之百物財用凡在書契版圖者之貳，以逆羣吏之治，而聽其會計。以參互攷日成，以月要攷月成，以歲會攷歲成，以周知四國之治，以詔王及冢宰廢置。

《周禮・天官・司書》 司書掌邦之六典、八灋、八則、九職、九正、九事邦中之版，土地之圖，以周知入出百物，以敘其財，受其幣，使入于職幣。【略】凡上之用財用，必攷于司會。三歲，則大計羣吏之治，以知民之財器械之數，以知田野夫家六畜之數，以知山林川澤之數，以逆羣吏之徵令。

《周禮・天官・內宰》 內宰掌書版圖之灋，以治王內之政令，均其稍食，分其人民以居之。【略】凡建國，佐后立市，設其次，置其敘，正其肆，陳其貨賄，出其度、量、淳、制，祭之以陰禮。

《春秋左傳・昭公十七年》 秋，郯子來朝，公與之宴。昭子問焉，曰：「少皞氏鳥名官，何故也？」郯子曰：「吾祖也，我知之。昔者黄帝氏以雲紀，故爲雲師而雲名；炎帝氏以火紀，故爲火師而火名；共工氏以水紀，故爲水師而水名；大皞氏以龍紀，故爲龍師而龍名。我高祖少皞摯之立也，鳳鳥適至，故紀於鳥，爲鳥師而鳥名：鳳鳥氏，歷正也；玄鳥氏，司分者也；伯趙氏，司至者也；青鳥氏，司啓者也；丹鳥氏，司閉者也。祝鳩氏，司徒也；鵙鳩氏，司馬也；鳲鳩氏，司空也；爽鳩氏，司寇也；鶻鳩氏，司事也。五鳩，鳩民者也。五雉爲五工正，利器用，正度量，夷民者也。九扈爲九農正，扈民無淫者也。

汪克寬《經禮補逸》卷三《吉禮》《春秋》：昭公二十九年，《左傳》：蔡墨曰：五行之官，是謂五官。實列受氏姓，封爲上公，祀爲貴神。社稷五祀，是尊是奉。木正曰句芒，火正曰祝融，金正曰蓐收，水正曰玄冥，土正曰后土。獻子曰：社稷五祀，誰氏之五官也？對曰：少皞氏有四叔：曰重，曰該，曰修，曰熙，實能金木及水。使重爲句芒，該爲蓐收，修及熙爲玄冥，世不失職，遂濟窮桑，此其三祀也。顓頊氏有子曰黎，爲祝融；共工氏有子曰勾龍，爲后土，此其二祀也。

司空

《禮記・曲禮下》 天子之五官曰：司徒、司馬、司空、司士、司寇，典司五衆。鄭玄注：衆，謂羣臣也。此亦殷時制也，周則司士屬司馬。大宰、司徒、宗伯、司馬、司寇、司空爲六官。天子之六府曰：司土、司木、司水、司草、司器、司貨，典司六職。鄭玄注：府，主藏六物之税者。此亦殷時制也，周則皆屬司徒、司土、土均也。

《禮記・曲禮下》 天子之六工曰：土工、金工、石工、木工、獸工、草工，典制六材。鄭玄注：此亦殷時制也，周則皆屬司空。土工，陶旊也。金工，築治梟㮚段桃也。石工，玉人磬人也。木工，輪輿弓廬匠車梓也。獸工，函鮑韗韋裘也。唯草工職亡，蓋謂作萑葦之器。

《史記》卷三五《管蔡世家》 周公舉康叔爲周司寇，冉季爲周司空，以佐成王治，皆有令名於天下。

孫逢吉《職官分紀》卷二《三公》 周官司空，掌邦土，居四民，時地利。冬官卿主國土以居民，士、農、工、商四人，使順天時，分地利，授之土，生百穀，故曰土。

衛湜《禮記集説》卷三二 司空執度，度地居民，山川，沮澤，時四時，量地遠近，興事任力。凡使民任老者之事，食壯者之食。

張虙《月令解》卷三《季春之月》 是月也，命司空曰：時雨將降，下水上騰，循行國邑，周視原野，脩利隄防，道達溝瀆，開通道路，毋有障塞。

王與之《周禮訂義》卷七〇《冬官・考工記》 趙氏曰：先王建官，始於天官，掌邦治。至冬官而經理之事終矣。名官以冬，此其旨也。工，百工也，考察也。以其精巧，工於制器，故謂之工。以其所制之器，從而察其善不善，故謂之考。小宰六曰，冬官其屬六十，掌邦事。則冬官之事，不止於制器，記者止謂之考工，何也？鄭注云：此篇，司空之官也。司空篇亡，漢興購求，千金弗得，此前世職其事者，記録以備大數爾。然秦火之後，司空居四民，時地利之事亡矣！先儒據所聞者記之而已。賈氏曰：周衰，諸侯惡典籍之害己，皆滅去之，《司空篇》亡已久。有人尊習舊典，録此三十。今觀所記，如營國爲溝洫等事，尚有居四民、時地利之遺意。但不若制器之爲詳，豈非當時諸儒於先王制器之法，聞之頗悉，故記之特備歟！至于有一二可疑者，意其古制，不可悉聞則間自爲説，以補其亡爾。苟於理未大戾，當尊經可也。

愚按：漢儒謂《冬官》亡，補以《考工記》，司空果亡乎？以《周官》司空之掌攷之，司空未可以爲亡也。夫《周官》言司空掌邦土，居四民，時地利。凡經言田萊溝洫，都邑涂巷者，非邦土而何？農工商賈、市井里室廬者，非居民而何？桑麻穀粟之所出，山澤林麓之所生，非地利而何？及攷《小宰》言：六官設屬，各有六十。今治官之屬六十有三，教官之屬七十有九，禮官之屬七十有一，政官之屬六十有六。意者，秦火之餘簡編，脱落，司空之屬，錯雜五官之中，先儒莫之能辨，遂以《考工記》補之，其實司空一官，未嘗亡也。夫《考工記》可以補《周官》者，非三十。工之制有合周之遺法也。獨《考工》之序，其議論有源委，非深於道者莫能之。夫論百工之事，不止於工，上立説上，而本於王公士大夫，則知工雖末伎，非王公發明乎？是理，士大夫推而行之。其藝固不能以自成。下而及於商旅農婦，則知工雖有巧，非商旅之懋遷貨賄，農夫之飭力地財，婦工之化治絲麻，其材於何而取給也？創此者有知，述此者有巧。業則傳於世守，功則歸于聖人。工何嘗獨立於天地間，能使器利用便乎？惟此等議論近古，足以發明聖經之秘，此所以取而爲補亡之書也。如捨此而索於制度之末，則論周人上輿，奚及乎上梓上匠之制？論周人明堂，奚取乎世室重屋之制？言溝洫澮川，非遂人之制也。言旂旗旟旐，非司馬司常巾車之制也。其他纖悉有不可盡信者甚多，槩以爲周家之制度，豈其然乎？

胡廣等《書經大全》卷六《周書・洪範》 八政：一曰食，二曰貨，三曰祀，四曰司空，五曰司徒，六曰司寇，七曰賓，八曰師。食者民之所急，貨者民之所資，故食爲首，而貨次之。食貨所以養生也，祭祀所以報本也。司空掌土，所以安其居也。司徒掌教，所以成其性也。司寇掌禁，所以治其姦也。賓者禮諸侯遠人，所以往來交際也。師者除殘禁暴也。兵非聖人之得已，故居末也。

顧起元《説略》卷六《官儀》 顓帝置五行之官：春官木正曰勾芒，夏官火正曰祝融，秋官金正曰蓐收，冬官水正曰玄冥，中官土正曰后土。唐制百揆四岳，州牧侯伯，置謁者，射官，弓正。虞置九官：曰司空，曰后稷，曰司徒，曰士，曰共工，曰虞，曰秩宗，曰典樂，曰納言。夏后氏置六卿，又有三公、九卿、二十七大夫、八十一元士。商制曰大宰、大宗、大史、大祝、大士、大卜，曰司徒、司馬、司空、司士、司寇，曰司土、司木、司水、司草、司器、司貨，曰土工、金工、石工、木工、獸工、草工。又五官之長曰伯。又設方伯。五國以爲屬，屬有長；十國以爲連，連有帥；三十國以爲率，率有正；二百一十國以爲州，州有伯。八州八伯，五十六正，百六十八帥，三百三十六長。八伯，各以其屬屬於天子之老。二人分天下，以爲左右，曰二伯。周官有成書，不具載。

大匠

《晏子春秋》卷六《内篇・雜下第六》 景公新成栢寢之室，使師開鼓琴。師開左撫宫，右彈商，曰：「室夕。」公曰：「何以知之？」師開對曰：「東方之聲薄，西方之聲揚。」公召大匠曰：「室何爲夕？」大匠曰：「立室以宫矩爲之。」于是召司空曰：「立宫何爲夕？」司空曰：「立宫以城矩爲之。」明日，晏子朝公，公曰：「先君太公以營丘之封立城，曷爲夕？」晏子對曰：「古之立國者，南望南斗，北戴樞星，彼安有朝夕哉？然而以今之夕者，周之建國，國之西方，以尊周也。」公蹵然曰：「古之臣乎！」

匠人

《周禮・冬官・考工記下・匠人》 匠人建國，水地以縣，置槷以縣，眡以景。爲規，識日出之景與日入之景。晝參諸日中之景，夜考之極星，以正朝夕。

匠人營國，方九里，旁三門。國中九經九緯，經涂九軌。左祖右社，面朝後市，市朝一夫。夏后氏世室，堂脩二七，廣四脩一，五室，三四步，四三尺，九階，四旁兩夾，窻，白盛，室，三之一。殷人重屋，堂脩七尋，堂崇三尺，四阿，重屋。周人明堂，度九尺之筵，東西九筵，南北七筵，堂崇一筵，五室，凡室二筵。室中度以几，堂上度以筵，宫中度以尋，野度以步，涂度以軌。廟門容大扃七个，闈門容小扃參个，路門不容乘車之五个，應門二徹參个。内有九室，九嬪居之。外有九室，九卿朝焉。九分其國以爲九分，九卿治之。王宫門阿之制五雉，宫隅之制七雉，城隅之制九雉。經涂九軌，環涂七軌，野涂五軌。門阿之制以爲都城之制。宫隅之制以爲諸侯之城制。環涂以爲諸侯經涂，野涂以爲都經涂。

百工

《周禮・冬官・考工記》 國有六職，百工與居一焉。鄭玄注：百工司空，事官之屬，於天地四時之職，亦處其一也。司空掌營城郭，建都邑，立社稷宗廟，造宫室、車服、器械，監百工者。唐虞已上曰共工。

張虙《月令解》卷三《季春之月》 是月也，命工師令百工審五庫之量，金、鐵、皮、革、筋、角、齒、羽、箭、幹、脂、膠、丹、漆，毋或不良。百工咸理，監工日號，毋悖于時，毋或作爲淫巧，以蕩人心。

司馬

量人

《周禮・夏官・量人》 量人掌建國之灋，以分國爲九州，營國城郭，營后宫，量市朝道巷門渠。造都邑亦如之。〔鄭玄注〕建，立也。立國有舊法式，若《匠人職》云。分國，定天下之國分也。后，君也。言君，容王與諸侯。賈公彦疏：釋曰：云「掌建國之法」者，以其建國，當先知遠近廣長之數故也。云「以分國爲九州」者，分國謂分諸侯之國爲九州，假令土廣萬里，中國七千，七七四十九，方千里者四十九，其一爲畿内，其餘四十八，八州各得方千里者六，是爲九州也。至於中平，通夷狄七千，中國五千，衰世通夷狄五千，中國三千，計皆可知，故分國爲九州。州各有疆界，故《詩》云「帝命式於九圍」，是州各有圍限也。云「營國城郭」者，即《匠人》云「營國方九里」之類也。云「營后宫」者，謂若《典命》注「公之宫方九百步，天子千二百步」之類也。云「量市朝道巷」者，謂若《匠人》云「市朝一夫」，「經涂九軌」。巷及門渠亦有尺數，謂若門容二轍三个之等。云「造都邑亦如之」者，謂造三等采地，亦有城郭、宫室、市朝之等，故云如之。但與之制度大小，未必身往耳。

掌固

《周禮・夏官・掌固》 掌固掌脩城郭、溝池、樹渠之固，頒其士庶子及其衆庶之守。〔鄭玄注〕樹謂枳棘之屬有刺者也。衆庶，民遞守固者也。鄭司農説樹以《國語》曰：「城守之木，於是乎用之。」〔賈公彦疏〕釋曰：云「掌脩城郭溝池」者，謂環城及郭皆有溝池。云「樹渠」者，非直溝池有樹，兼其餘渠上亦有樹也。云「之固」者，揔城郭已下數事，皆是牢固之事也。云「頒其士庶子」者，即《宫伯》所云，士謂卿大夫士之適子。庶子，其支庶。彼據宿衛王宫，此掌固所頒，亦據宿衛王宫而言。以其庶子不合城郭之處用之，以掌固是固守之官，故兼掌宿衛之事也。設其飾器，〔鄭玄注〕兵甲之屬。今城郭門之器亦然。〔賈公彦疏〕釋曰：鄭知經飾器是兵甲之屬者，以其掌器是防禦之器，故知是兵甲之屬也。云「今城郭門之器亦然」者，漢時城郭門守器所飾，亦若今城郭門傍所執矛戟，皆有幡飾之等是也。分其財用，均其稍食，〔鄭玄注〕財用，國以財所給守吏之用也。稍食，禄稟。〔賈公彦疏〕釋曰：云「財用」者，謂所用之財物分與之，明是以財所給守吏，爲守事之用者也。云「稍食禄稟」者，所守之處，官及民合受官食；月禄稟者，所守之處，守月給米稟與之，故謂之稍食也。任其萬民，用其材器。〔鄭玄注〕任謂以其任使之也。民之材器，其所用塹築及爲藩落。〔賈公彦疏〕釋曰：云「民之材器其所用塹築及爲藩落」者，對上文財用謂官之財物，此云民之材器，明材是材木，用爲楨榦，以掘塹築作所用，及不築處，即用材爲藩屏籬落以遮障也。凡守者受灋焉，以通守政，有移甲與其役財用，唯是得通，與國有司帥之，以贊其不足者。〔鄭玄注〕凡守者，士庶子及他要害之守吏。通守政者，兵甲役財，難易多少，轉移相給也。其他非是，不得妄離部署。國有司，掌固也。其移之者，又與掌固帥致之。〔賈公彦疏〕釋曰：云「凡守者，士庶子及他要害之守吏」者，此鄭還據上文士庶子及衆庶之守而言。云他要害者，謂城郭所守，是其常處，除此有要害之處，若殽、皋、河、漢要路之所，皆爲他要害也。云「通守政者，兵甲役財，難易多少，轉移相給」者，鄭據上文飾器而言，變材器言役材者，欲見材器是民役之材，非財用者。云「其他非是，不得妄離部署」者，此則釋經「唯是得通」之言，其餘非所通之外，皆不得離其本處也。晝三巡之，夜亦如之。〔鄭玄注〕巡，行也。行守者，爲衆庶之解惰。〔賈公彦疏〕釋曰：此乃掌固設法與所守之處，非是掌固自巡行之也。夜三鼜以號戒。〔鄭玄注〕杜子春云：「讀鼜爲造次之造，謂擊鼓行夜戒守也。《春秋傳》所謂『賓將趣』者與？趣與造音相近，故曰『終夕與燎』。」玄謂鼜，擊鼜，警守鼓也。三巡之間，又三擊鼜。〔賈公彦疏〕釋曰：此乃掌固設法與所守之處，言「以號戒」者，使擊鼜，有所以號呼，使戒守耳。若造都邑，則治其固，與其守灋。〔鄭玄注〕都邑亦爲城郭。〔賈公彦疏〕釋曰：謂三等采地，言亦爲城郭者，但戒守爲城郭而言，故亦如上王國然也。凡國都之竟有溝樹之固，郊亦如之。〔鄭玄注〕竟，界也。〔賈公彦疏〕釋曰：此經爲上經而設，仍兼見王國而言，故國、都雙言之。言王國及三等都邑所在境界之上，亦爲溝樹以爲阻固。「郊亦如之」，若據王國有近郊、遠郊，亦有溝遶樹以爲固。民皆有職焉。〔鄭玄注〕職，謂守與任。〔賈公彦疏〕釋曰：此亦兼上王國及都合守之處，其民皆職任，使勞逸遞守也。若有山川，則因之。〔鄭玄注〕山川，若殽、皋、河、漢。〔賈公彦疏〕釋曰：謂上諸有所造溝樹爲固之處，值有山川之處，則因之，不須别造。

司險

《周禮・夏官・司險》 司險掌九州之圖，以周知其山林川澤之阻，而達其道路。〔鄭玄注〕周，猶徧也。達道路者，山林之阻則開鑿之，川澤之阻則橋梁之。〔賈公彦疏〕釋曰：《序官》注「國曰固，野曰險」。是掌固掌在國城郭，則司險掌畿外阻固，故云「司險」也。設國之五溝五涂，而樹之林，以爲阻固，皆有守禁，而達其道路。〔鄭玄注〕五溝，遂、溝、洫、澮、川也。五涂，徑、畛、涂、道、路也。樹之林，作藩落也。〔賈公彦疏〕釋曰：此五溝五涂而言樹之林以爲阻固，皆有守禁，則非《遂人》田間五溝五涂。但溝涂所作，隨所須大小而爲之，皆準約田間五溝五涂。其溝上亦皆有道路以相湊，故以五溝五涂而言之也。國有故，則藩塞阻路而止行者，以其屬守之，唯有節者達之。〔鄭玄注〕有故，喪災及兵也。閉絶要害之道，備姦寇也。〔賈公彦疏〕釋曰：國有故之時，恐有姦寇，故藩塞阻路而止行者。云「以其屬守之」者，謂使司險之下胥徒四十人之屬守其要者，其餘使其地之民爲守也。云「有節者達之」者，節謂道路用旌節也。

漢

將作少府

《漢書》卷一九上《百官公卿表》 將作少府，秦官，掌治宫室，有兩丞、左右中候。景帝中六年更名將作大匠。屬官有石庫、東園主章、左右前後中校七令丞，如淳曰：「章謂大材也。舊將作大匠主材吏名章曹掾。」師古曰：「今所謂木鍾者，蓋章聲之轉耳。東園主章掌大材，以供東園大匠也。」又主章長丞。師古曰：「掌凡大木也。」武帝太初元年更名東園主章爲木工。成帝陽朔三年省中候及左右前後中校五丞。【略】

水衡都尉，武帝元鼎二年初置，掌上林苑，有五丞。屬官有上林、均輸、御羞、禁圃、輯濯、鍾官、技巧、六厩、辯銅九官令丞。又衡官、水司空、都水、農倉，又甘泉、上林、都水七官長丞皆屬焉。上林有八丞、十二尉，劉攽曰：都水官處處有之，按表：少府，三輔皆有焉。水衡屬官，先叙九官令丞矣，後列長丞。又云：上林計令長，不當並置。然則甘泉、上林長是一官，甘泉都水是一官，自衡官已下，凡六官，言七者誤也。均輸四丞，御羞兩丞，都水三丞，禁圃兩尉，甘泉、上林四丞。成帝建始二年，省技巧、六厩官。王莽改水衡都尉曰予虞。初，御羞、上林、衡官及鑄錢皆屬少府。

孫逢吉《職官分紀》卷二二《府監》 前漢《百官表》：少府，秦官，掌山海、池澤之稅，以給供養。應劭曰：名曰禁錢，以給私養，自别爲藏。少者，小也。故稱少府。師古曰：大司農供軍國之用，少府以養天子也。有六丞屬官有尚書、符節、太醫、太官、湯官、導官，樂府、若盧、考工室、左弋居室、甘泉居室、左右司空、東織、西織、東園匠十二官令丞。如淳曰：若盧，官名也，主藏兵器。又胞人都水均官三長丞。胞與庖同。又上林中十池監。未詳其數。又中書謁者，黄門鈎盾，尚方御府，永巷内者。宦者七官，令丞、諸僕射、署長、中黄門，皆屬焉。武帝太初元年，更名考工。

徐天麟《東漢會要》卷一九《職官一・少府》 上林苑令一人，六百石。本注曰：主苑中禽獸。頗有民居，皆主之。捕得其獸送太官。丞、尉各一人。

鈎盾令一人，六百石。本注曰：宦者。典諸近池苑囿遊觀之處。丞、永安丞各一人，三百石。本注曰：宦者。永安，北宫東北别小宫名，有園觀。苑中丞、果丞、鴻池丞、南園丞各一人，二百石。本注曰：苑中丞主苑中離宫，果丞主果園。鴻池，池名，在雒陽東二十里。南園在雒水南。濯龍監、直里監各一人，四百石。本注曰：濯龍亦園名，近北宫。直里亦園名也，在雒陽城西南角。

臣天麟按：元帝時，蕭望之領尚書事，建白以爲「尚書百官之本，國家樞機，宜以通明公正處之。武帝游宴後庭，故用宦者，非古制也。宜罷中書宦者，應古不近刑人之制」。方是時，弘恭、石顯相繼爲中書令，邪僻擅權。元帝溺於近習，不能有所改。至成帝建始四年，懲恭、顯之惡，遂罷中書宦官，置尚書員四人，分爲四曹。光武中興，稍更其制。按《晉書・職官志》云：「光武以三公曹主歲盡考課諸州郡事，改常侍曹爲吏部曹，主選舉祠祀事，民曹主繕修功作鹽池園苑事，客曹主護駕羌胡朝賀事，二千石曹主詞訟事，中郎官曹主水火盗賊事，合爲六曹。并令僕二人，謂之八座。」據此所載，與《范史》本注小有不同，然尚書雖有曹名，而未以名官，至靈帝以侍中梁鴻爲選郎尚書，於是始入銜矣。攷之於史，章帝世，韋彪上言：「天下樞要，皆在尚書，尚書之選，豈可不重？而間者多從郎官超升此位，雖曉習文法，長於應對，然察察少慧，類無大能。宜簡嘗歷州宰，素有名者。」順帝朝，李固上言：「陛下之有尚書，猶天之有北斗也。斗爲天喉舌，尚書亦爲陛下喉舌。斗斟酌元氣，運平四時，尚書出納王命，賦政四海。誠宜審擇其人，以毗聖政。」由此言之，尚書在東京權任之重，過於西漢，而選任之輕此，宜乎政理日以浸衰也。

將作大匠

《後漢書》卷二七《百官志四》 將作大匠一人，二千石。本注曰：承秦，曰將作少府，景帝改爲將作大匠。掌修作宗廟、路寢、宫室、陵園木土之功，并樹桐梓之類列于道側。《漢官篇》曰：「樹栗、漆、梓、桐。」胡廣曰：「古者列樹以表道，並以爲林囿。四者皆木名，治宫室並主之。」《毛詩傳》曰：「椅，梓屬也。」陸(機)〔璣〕《草木疏》曰：「梓實桐皮曰椅，今(民)〔人〕云梧桐是也。梓，今人所謂梓楸者是也。」丞一人，六百石。

左校令一人，六百石。本注曰：掌左工徒。丞一人。

右校令一人，六百石。本注曰：掌右工徒。丞一人。

右屬將作大匠。

司空

《後漢書》卷二四《百官志一》 司空，公一人。馬融曰：「掌管城郭，主司空土以居民。」本注曰：掌水土事。凡營城起邑、浚溝洫、修墳防之事，則議其利，建其功。凡四方水土功課，歲盡則奏其殿最而行賞罰。凡郊祀之事，掌掃除樂器，大喪則掌將校復土。凡國有大造大疑，諫争，與太尉同。《韓詩外傳》曰：「三公之得何？曰司馬、司空、司徒也。司馬主天，司空主土，司徒主人。故陰陽不和，四時不節，星辰失度，災變非常，則責之司馬。山陵崩阤，川谷不通，五穀不植，草木不茂，則責之司空。君臣不正，人道不和，國多盗賊，民怨其上，則責之司徒。故三公典其職，憂其分，舉其辨，明其得，此之謂三公之事。」世祖即位，爲大司空，應劭《漢官儀》曰：「綏和元年，罷御史大夫官，法周制，初置司空。議者又以縣道官獄司空，故覆加『大』，爲大司空，亦所以别大小之文。」建武二十七年，去「大」。《漢舊儀》曰：「御史大夫勑上計丞長史曰：『詔書殿下布告郡國：臣下承宜無狀，多不究，百姓不蒙恩被化，守長史到郡，與二千石同力爲民興利除害，務有以安之，稱詔書。郡國有茂才不顯者言〔上〕。殘民貪污煩擾之吏，百姓所苦，務勿任用。方察不稱者，刑罰務於得中，惡惡止其身。選舉民侈過度，務有以化之。問今歲善惡孰與往年，對上。問今年盗賊孰與往年，得無有羣輩大賊，對上。』」臣昭案：獻帝建安十三年，又罷司空，罷御史大夫。御史大夫郗慮，慮免，不得補。荀綽《晉百官表注》曰：「獻帝置御史大夫，職如司空，不領侍御史。」

屬長史一人，千石。掾屬二十九人。令史及御屬四十二人。

王應麟《玉海》卷一二〇《官制》 御史大夫，秦官，位上卿，應劭曰：侍御史之率，故稱大夫云。臣瓚曰：茂陵書御史大夫，秩中二千石。銀印青綬，掌副丞相，有兩丞，秩千石。一曰中丞，在殿中蘭臺，掌圖籍祕書，外督部刺史，內領侍御史員十五人，受公卿奏事舉劾。案：章成帝綏和元年，更名大司空，金印紫綬，祿比丞相。哀帝建平二年，復爲御史大夫。元壽二年，復爲大司空。御史中丞更名御史長史。

尚書民曹

《晉書》卷二四《職官志》 列曹尚書，案尚書本漢承秦置，及武帝遊宴後庭，始用宦者主中書，以司馬遷爲之，中間遂罷其官，以爲中書之職。至成帝建始四年，罷中書宦者，又置尚書五人，一人爲僕射，而四人分爲四曹，通掌圖書祕記章奏之事，各有其任。其一曰常侍曹，主丞相御史公卿事。其二曰二千石曹，主刺史郡國事。其三曰民曹，主吏民上書事。其四曰主客曹，主外國夷狄事。後成帝又置三公曹，主斷獄，是爲五曹。後漢光武以三公曹主歲盡考課諸州郡事，改常侍曹爲吏部曹，主選舉祠祀事，民曹主繕修功作、鹽池、園苑事，客曹主護駕，羌胡朝賀事，二千石曹主辭訟事，中都官曹主水火盜賊事，合爲六曹。并令僕二人，謂之八座。尚書雖有曹名，不以爲號。靈帝以侍中梁鵠爲選部尚書，於此始見曹名。

《通典》卷二三《職官五·尚書下》 漢成帝初置尚書，有民曹，主凡吏民上書。後漢光武改民曹，主繕修功作、鹽池、園苑。

孫逢吉《職官分記》卷九《列曹尚書》 《漢書·百官志》：成帝初置尚書四人，分爲四曹：常侍曹尚書，主公卿事；二千石曹尚書，主郡國；二千石事民曹尚書，主凡吏上書事；客曹尚書，主外國夷狄事。【略】《續漢書·百官志》：尚書秩六百石。

魏晉南北朝

司空

《晉書》卷二四《職官志》 太尉、司徒、司空並古官也。自漢歷魏置以爲三公。及晉受命，迄江左，其官相承不替。

《宋書》卷三九《百官志上》 司空，一人。掌水土事，郊祀掌掃除陳樂器，大喪掌將校復土。舜攝帝位，以禹爲司空。契玄孫之子曰冥，亦爲夏司空。殷湯以咎單爲司空。周時司空爲冬官，掌邦事。漢西京初不置。成帝綏和元年，更名御史大夫爲大司空；哀帝建平二年，復爲御史大夫；元壽二年，復爲大司空；光武建武二十七年去大字。獻帝建安十三年，又罷司空，置御史大夫。御史大夫郗慮免，不復補。魏初又置司空。【略】青龍二年有軍事，尚書令陳矯奏置都官、騎兵二曹郎，合爲二十五曹。晉西朝則直事、殿中、祠部、儀曹、吏部、三公、比部、金部、倉部、度支、都官、二千石、左民、右民、虞曹、屯田、起部、水部、左主客、右主客、駕部、車部、庫部、左中兵、右中兵、左外兵、右外兵、別兵、都兵、騎兵、左士、右士、北主客、南主客爲三十四曹郎；後又置運曹，凡三十五曹。晉江左初，無直事，右民、屯田、車部、別兵、都兵、騎兵、左士、右士、運曹十曹郎，而主客、中外兵各置一郎而已，所餘十七曹也。康、穆以來，又無虞曹、二千石二郎，猶有殿中、祠部、吏部、儀曹、三公、比部、金部、倉部、度支、都官、左民、起部、水部、主客、駕部、庫部、中兵、外兵十八曹郎。後又省主客、起部、水部，餘十五曹。宋高祖初，加置騎兵、主客、起部、水部四曹郎，合爲十九曹。太祖元嘉十年，又省儀曹、主客、比部、騎兵四曹郎。十一年，又並置。十八年，增删定曹郎，次在左民曹上，蓋魏世之定科郎也。三十年，又置功論郎，次都官之下，在删定之上。太宗世，省騎兵。今凡二十曹郎。以三公、比部主法制。度支主算。支，派也。度，景也。都官主軍事刑獄。其餘曹所掌，各如其名。

《南齊書》卷一六《百官志》 太尉、司徒、司空，三公舊爲通官。司徒府領天下州郡名數戶口簿籍。雖無，常置左右長史、左西曹屬、主簿、祭酒、令史以下。

朱銘盤《南朝宋會要·職官·太尉司徒司空》 司空，一人。掌水土事，郊祀掌掃除陳樂器，大喪掌將校復土。《百官志》上。

司空置掾二十九人，御屬一人，令史三十一人。司空別有道橋掾。

中兵參軍。劉琨之，見《營浦侯遵考傳》。

主簿。同上。

《歷代職官表》卷一四《歷代建置上》 《魏書·官氏志》太和十五年置司空虞曹官。【略】《太平御覽》、《後周書》曰：冬官謂之大司空，掌邦事，以五材九範之法佐皇帝富邦國。《文獻通考》：後周有工部，中大夫二人，承司空之事，掌百工之籍而理其禁令。《通典》：後周官品：正七命：大司空。正六命：小司空、上大夫。正五命：冬官工部匠師、司木、司土、司金、司水等中大夫。正四命：地官虞部下大夫，冬官小匠師、小司木、小司土、小司金、小司水、司玉、司皮、司色、司織、司卉等下大夫。正三命：地官小虞部上士，冬官工部小匠師、內匠、外匠、掌材、小司木、小司土、小司金、鍛工、函工、小司水、典瓾、小司玉、小司皮、小司色、小司織、小司卉等上士。正二命：地官山虞、澤虞、林衡、川衡等中士，冬官工部內匠、外匠、司量、司準、司度、掌材、車工、角工、彜工、器工、弓工、箭工、盧工、復工、陶工、塗工、典卝、冶工、鑄工、鍛工、函工、雕工、典瓾、掌津、舟工、典魚、典彘、瑻工、磬工、石工、裘工、履工、鞄工、韗工、韋工、織絲、織綵、織枲、織組、竹工、籍工、罟工、紙工等中士。正一命：地官山虞、澤虞、林衡、川衡等下士，冬官工部旅司量、司準、司度、掌材、車工、角工、彜工、器工、弓工、箭工、盧工、復工、陶工、塗工、典卝、冶工、鑄工、鍛工、函工、雕工、典瓾、掌津、舟工、典魚、典彘、瑻工、磬工、石工、裘工、履工、鞄工、韗工、韋工、膠工、毳工、繢工、漆工、油工、弁工、織絲、織綵、織枲、織組、竹工、籍工、罟工、紙工等下士。

謹案：後周仿《周禮》設官，其冬官之屬最爲繁冗，以今制準之，約畧可見者，如營繕司，本同司空之考，而在唐宋爲頭司，當有匠師工部之職。虞衡司本出虞部，而今制兼掌鼓鑄兵器、造車及作度量權衡之事，則又當有鍛工、函工、冶工、鑄工、車工、司量、司準、司度之職。都水司蓋即司水，而兼主船政織造，則又當有掌津、舟工、司織、司卉之職。屯田司今主匠役，則當有內匠、外匠之職。至司木、掌材如木倉監督，陶工如琉璃窑監督，而今之製造庫所掌工作較多，則凡司玉、司皮、司色、雕工、韋工、膠工、毳工、繢工之屬，皆其職矣。

起部尚書

《晉書》卷二四《職官志》 列曹尚書，案尚書本漢承秦置，及武帝遊宴後庭，始用宦者主中書，以司馬遷爲之，中間遂罷其官，以爲中書之職。至成帝建始四年，罷中書宦者，又置尚書五人，一人爲僕射，而四人分爲四曹，通掌圖書祕記章奏之事，各有其任。其一曰常侍曹，主丞相御史公卿事。其二曰二千石曹，主刺史郡國事。其三曰民曹，主吏民上書事。其四曰主客曹，主外國夷狄事。後成帝又置三公曹，主斷獄，是爲五曹。後漢光武以三公曹主歲盡考課諸州郡事，改常侍曹爲吏部曹，主選舉祠祀事，民曹主繕修功作鹽池園苑事，客曹主護駕羌胡朝賀事，二千石曹主辭訟事，中都官曹主水火盜賊事，合爲六曹。并令僕二人，謂之八座。尚書雖有曹名，不以爲號。靈帝以侍中梁鵠爲選部尚書，於此始見曹名。及魏改選部爲吏部，主選部事，又有左氏、客曹、五兵、度支，凡五曹尚書、二僕射、一令爲八座。及晉置吏部、三公、客曹、駕部、屯田、度支六曹，而無五兵。咸寧二年，省駕部尚書。四年，省一僕射，又置駕部尚書。太康中，有吏部、殿中及五兵、田曹、度支、左民爲六曹尚書，又無駕部、三公、客曹。惠帝世又有右民尚書，止於六曹，不知此時省何曹也。及渡江，有吏部、祠部、五兵、左民、度支五尚書。祠部尚書常與右僕射通職，不恒置，以右僕射攝之，若右僕射闕，則以祠部尚書攝知右事。

左右丞，自漢武帝建始四年置尚書，而便置丞四人。及光武始減其二，唯置左右丞，左右丞蓋自此始也。自此至晉不改。晉左丞主臺內禁令，宗廟祠祀，朝儀禮制，選用署吏，急假；右丞掌臺內庫藏廬舍，凡諸器用之物，及廩振人租布，刑獄兵器，督録遠道文書章表奏事。八座郎初拜，皆沿漢舊制，並集都座交禮，遷職又解交焉。

尚書郎，西漢舊置四人，以分掌尚書。其一人主匈奴單于營部，一人主羌夷吏民，一人主户口墾田，一人主財帛委輸。及光武分尚書爲六曹之後，合置三十四人，秩四百石，并左右丞爲三十六人。郎主作文書起草，更直五日於建禮門內。尚書郎初從三署詣臺試，守尚書郎，中歲滿稱尚書郎，三年稱侍郎，選有吏能者爲之。至魏，尚書郎有殿中、吏部、駕部、金部、虞曹、比部、南主客、祠部、度支、庫部、農部、水部、儀曹、三公、倉部、民曹、二千石、中兵、外兵、都兵、別兵、考功、定課，凡二十三郎。青龍二年，尚書陳矯奏置都官、騎兵，合凡二十五郎。每一郎缺，白試諸孝廉能結文案者五人，謹封奏其姓名以補之。及晉受命，武帝罷農部、定課，置直事、殿中、祠部、儀曹、吏部、三公、比部、金部、倉部、度支、都官、二千石、左民、右民、虞曹、屯田、起部、水部、左右主客、駕部、車部、庫部、左右中兵、左右外兵、別兵、都兵、騎兵、左右士、北主客、南主客，爲三十四曹郎。後又置運曹，凡三十五曹，置郎二十三人，更相統攝。及江左，無直事、右民、屯田、車部、別兵、都兵、騎兵、左右士、運曹十曹郎。康穆以後，又無虞曹、二千石二郎，但有殿中、祠部、吏部、儀曹、三公、比部、金部、食部、度支、都官、左民、起部、水部、主客、駕部、庫部、中兵、外兵十八曹郎。後又省主客、起部、水部，餘十五曹云。

《宋書》卷三九《百官志上》 尚書令任總機衡，僕射尚書分領諸曹。左僕射領殿中、主客二曹。吏部尚書領吏部、删定、三公、比部四曹。祠部尚書領祠部、儀曹二曹。度支尚書領度支、金部、倉部、起部四曹。左民尚書領左民、駕部二曹。都官尚書領都官、水部、庫部、功部四曹。五兵尚書領中兵、外兵二曹。昔有騎兵、别兵、都兵，故謂之五兵也。五尚書，二僕射，一令，謂之八坐。若營宗廟宮室，則置起部尚書，事畢省。

《南齊書》卷一六《百官志》　起部尚書，興立宮廟權置，事畢省。左丞一人，掌宗廟郊祠、吉慶瑞應、災異、立作格制、諸案彈、選用除置、吏補滿除遣注職。右丞一人，掌兵士百工補役死叛考代年老疾病解遣、其内外諸庫藏穀帛、刑辠創業諍訟、田地船乘、禀拘兵工死叛、考剔討補、差分百役、兵器諸營署人領、州郡租布、(人)民户移徙、州郡縣併帖、城邑民户割屬、刺史二千石令長(丞)尉被收及免贈、文武諸犯削官事。白案，右丞上署，左丞次署。黄案，左丞上署，[右丞次署]。諸立格制及詳讞大事宗廟朝廷儀體，左丞上署，右丞次署。自令僕以下五尚書八座二十曹，各置郎中令史以下，又置都令史分領之。僕射掌朝軌，尚書掌讞奏，都丞任碎，在彈違諸曹緣常及外詳讞事。應須命議相値者，皆郎先立意，應奏黄案及關事，以立意官爲議主。凡辭訴有漫命者，曹緣諮如舊。若命有諮，則以立意者爲議主。

《通典》卷二三《職官五》　工部尚書。侍郎、郎中、員外郎，屯田郎中、員外郎，虞部郎中、員外郎，水部郎中、員外郎。《周禮》冬官其屬有考工，掌百工之事，曰「國有六職，百工是其一焉」。漢成帝初置尚書，有民曹，主凡吏民上書。後漢光武改民曹主繕修功作、鹽池、園苑。魏置左民尚書，亦領其職。晉宋以來，有起部尚書而不常置，每營宗廟宮室則權置之，事畢則省，以其事分屬都官、左民二尚書。北齊起部亦掌工造，屬祠部尚書。後周有冬官大司空卿，掌五材九範之法；其屬工部中大夫二人，承司之事，掌百工之籍，而理其禁令。至隋乃有工部尚書，統工部、屯田二曹，蓋因後周工部之名，兼前代起部之職。大唐龍朔二年，改工部尚書爲司平太常伯，咸亨元年復舊。武太后改工部爲冬官，神龍初復舊。總判工部、屯田、虞部、水部事。

《歷代職官表》卷六《歷代建置》　《通典》漢有民曹主吏民上書，後漢光武改主繕修、工作、鹽池、苑囿。魏置左民尚書，晉又加置右民尚書。至於宋、齊、梁、陳皆有左民尚書，而後魏有左民、右民等尚書，多領工役，非今户部之例。而梁、陳兼掌户籍，此則畧同。自周隋有民部，始當今户部之職。

將作大匠

《晉書》卷二四《職官志》　太常、光禄勳、衛尉、太僕、廷尉、大鴻臚、宗正、大司農、少府、將作大匠、太后三卿、大長秋，皆爲列卿，各置丞、功曹、主簿、五官等員。【略】將作大匠，有事則置，無事則罷。

《宋書》卷三九《百官志上》　將作大匠，一人。丞一人。掌土木之役。秦世置將作少府，漢因之。景帝中六年，更名將作大匠。光武建武中元二年省，以謁者領之。章帝建初元年復置。晉氏以來，有事則置，無則省。

《南齊書》卷一六《百官志》　將作大匠、太僕、大鴻臚，三卿不常置。將作掌宮廟土木，太僕掌郊禮執轡，鴻臚掌導護贊拜，有事權置兼官，畢乃省。

材官將軍

《宋書》卷三九《百官志上》　材官將軍一人，司馬一人，主工匠土木之事。漢左右校令，其任也。魏右校又置材官校尉，主天下材木事。晉江左改材官校尉曰材官將軍，又罷左校令。今材官隸尚書起部及領軍。

《南齊書》卷一六《百官志》　材官將軍一人，司馬一人。屬起部，亦屬領軍。

朱銘盤《南朝宋會要·職官·將作大匠》　將作大匠一人，丞一人。掌土木之役。有事則置，無事則省。《百官志上》。大明四年，立明堂，廷尉張永兼將作大匠。七年，立宣貴妃廟，復以太子右衛率兼將作大匠。本《傳》。少帝景平中，太皇太后崩，顧琛除大匠丞。本《傳》。孝武崩，營景寧陵，徐爰以遊擊將軍兼將作大匠。本《傳》。

《歷代職官表》卷一四《歷代建置上》　《唐六典》：晉將作大匠置功曹、主簿、五官等員，掌土木之役，過江後不常置。少府屬官有左校，無右校，其職蓋并於左校。又改材官校尉爲將軍，後復罷左校令。又少府領甄官署令，掌磚瓦之任。又有甄官丞。

隋

《隋書》卷二六《百官志上》　尚書省，置令，左、右僕射各一人。又置吏部、祠部、度支、左户、都官、五兵等六尚書。左右丞各一人。吏部、删定、三公、比部、祠部、儀曹、虞曹、主客、度支、殿中、金部、倉部、左户、駕部、起部、屯田、都官、水部、庫部、功論、中兵、外兵、騎兵等郎二十三人。令史百二十人，書令史百三十人。【略】

諸卿，梁初猶依宋、齊，皆無卿名。天監七年，以太常爲太常卿，加置宗正卿，以大司農爲司農卿，三卿是爲春卿。加置太府卿，以少府爲少府卿，加置太僕卿，三卿是爲夏卿。以衛尉爲衛尉卿，廷尉爲廷尉卿，將作大匠爲大匠卿，三卿是爲秋卿。以光禄勳爲光禄卿，大鴻臚爲鴻臚卿，都水使者爲太舟卿，三卿是爲冬卿。凡十二卿，皆置丞及功曹、主簿。而太常視金紫光禄大夫，統明堂、二廟、太史、太祝、廩犧、太樂、鼓吹、乘黄、北館、典客館等令丞，及陵監、國學等。又置協律校尉、總章校尉監、掌故、樂正之屬，以掌樂事。太樂又有清商署丞，太史别有靈臺丞。詔以爲陵監之名，不出前誥，且宗廟憲章，既備典禮。園寢職司，理不容異，諸正陵先立監者改爲令，於是陵置令矣。【略】

大匠卿，位視太僕，掌土木之工。統左、右校諸署。【略】

太舟卿，梁初爲都水臺，使者一人，參軍事二人，河堤謁者八人。七年，改焉。位視中書郎，列卿之最末者也。主舟航堤渠。

《隋書》卷二七《百官志中》 後齊制官，多循後魏，置太師、太傅、太保，是爲三師，擬古上公，非勳德崇者不居。次有大司馬、大將軍，是爲二大，並典司武事。次置太尉、司徒、司空，是爲三公。【略】

尚書省，置令、僕射，吏部、殿中、祠部、五兵、都官、度支等六尚書。又有録尚書一人，位在令上，掌與令同，但不糾察。令則彈糾見事，與御史中丞更相廉察。僕射職爲執法，置曹。祠部統祠部、掌祠部醫藥，死喪贈賜等事。主客、掌諸蕃雜客等事。虞曹、掌地圖，山川遠近，園囿田獵，殽膳雜味等事。屯田、掌藉田、諸州屯田等事。起部掌諸興造工匠等事。五曹。【略】

都水臺，管諸津橋。使者二人，參事十人。又領都尉、合昌、坊城等三局。尉皆分司諸津橋。【略】

將作寺，掌諸營建。大匠一人，丞四人。亦有功曹、主簿、録事員。若有營作，則立將、副將、長史、司馬、主簿、録事各一人。又領軍主、副，幢主、副等。

《隋書》卷二八《百官志下》 高祖既受命，改周之六官，其所制名，多依前代之法。置三師、三公及尚書、門下、内史、祕書、内侍等省，御史、都水等臺，太常、光禄、衛尉、宗正、太僕、大理、鴻臚、司農、太府、國子、將作等寺，左右衛、左右武衛、左右武候、左右領、左右監門、左右領軍等府，分司統職焉。【略】

尚書省，事無不總。置令、左右僕射各一人，總吏部、禮部、兵部、都官、度支、工部等六曹事，是爲八座。屬官左、右丞各一人，都事八人，分司管轄。吏部尚書統吏部侍郎二人，主爵侍郎一人，司勳侍郎二人，考功侍郎一人。禮部尚書統禮部、祠部侍郎各一人，主客、膳部侍郎各二人。兵部尚書統兵部、職方侍郎各二人，駕部、庫部侍郎各一人。都官尚書統都官侍郎二人，刑部、比部侍郎各一人，司門侍郎二人。度支尚書統度支、户部侍郎各二人，金部、倉部侍郎各一人。工部尚書統工部、屯田侍郎各二人，虞部、水部侍郎各一人。凡三十六侍郎，分司曹務，直宿禁省，如漢之制。【略】

太常、光禄、衛尉、宗正、太僕、大理、鴻臚、司農、太府等九寺，並置卿、少卿各一人。太僕尋加少卿一人。各置丞，太常、衛尉、宗正、大理、鴻臚、將作二人，光禄、太僕各三人，司農五人，太府六人。主簿、太府四人。餘寺各二人。録事各二人。光禄則加至三人，司農、太府則各四人。等員。【略】

將作寺大匠、一人。丞、主簿、録事。各二人。統左右校署令、各二人。丞，左校四人，右校三人。各有監作左校十二人，右校八人。等員。【略】

行臺省，則有尚書令，僕射，左、右任置。兵部、兼吏部、禮部。度支兼都官、工部。尚書及丞左、右任置。各一人，都事四人。有考功、兼吏部、爵部、司勳。禮部、兼祠部、主客。膳部、兵部、兼職方。駕部、庫部、刑部、兼都官、司門。度支、兼倉部。户部、兼比部。金部、工部、屯田兼水部、虞部。侍郎，各一人。每行臺置食貨，農圃，武器，百工監，副監，各一人。各置丞、食貨四人，農圃六人，武器二人，百工四人。録事食貨、農圃、百工各二人，武器一人。等員。【略】

二十年，改將作寺爲監，以大匠爲大監。初加置副監。

煬帝即位，多所改革。三年定令，品自第一至于第九，唯置正從，而除上下階。罷諸總管，廢三師、特進官。分門下、太僕二司，取殿内監名，以爲殿内省，并尚書、門下、内史、祕書，以爲五省。增置謁者、司隷二臺，并御史爲三臺。分太府寺爲少府監。改内侍省爲長秋監，國子學爲國子監，將作寺爲將作監，并都水監，總爲五監。改左右衛爲左右翊衛，左右備身爲左右騎衛。左右武衛依舊名。改領軍爲左右屯衛，加置左右禦。【略】

將作監改大監、少監爲大匠、少匠，丞加爲從六品。統左右校及甄官署。五年，又改大匠爲大監，正四品，少匠爲少監，正五品。十三年，又改監、少監爲令、少令。丞加品至從五品。

唐

工部

《舊唐書》卷四三《職官志二》　工部尚書一員，正三品。南朝謂之起部。有所營造，則置起部尚書，畢則省之。隋初改置工部尚書。龍朔爲司平太常伯，光宅改爲冬官尚書，神龍復舊也。侍郎一員。正四品下。龍朔爲司平少常伯。尚書、侍郎之職，掌天下百工、屯田、山澤之政令。其屬有四：一曰工部，二曰屯田，三曰虞部，四曰水部。總其職務，而行其制命。凡中外百司之事，由於所屬，咸質正焉。

郎中一員，從五品上。龍朔爲司平大夫也。員外郎一員，從六品上。主事二人，從九品上。令史十二人，書令史二十一人，亭長六人，掌固八人。郎中、員外郎之職，掌經營興造之衆務。凡城池之修濬，土木之繕葺，工匠之程式，咸經度之。凡京師、東都有營繕，則下少府、將作，以供其事。

屯田郎中一員，從五品上。龍朔爲司田大夫也。員外郎一員，從六品上。主事二人，從九品上。令史七人，書令史十二人，計史一人，掌固四人。郎中、員外郎之職，掌天下屯田之政令。凡邊防鎮守，轉運不給，則設屯田，以益軍儲。其水陸腴瘠，播種地宜，功庸煩省，收率等級，咸取決焉。諸屯田役力，各有程數。凡天下諸軍州管屯，總九百九十有二。大者五十頃，小者二十頃。凡當屯之中，地有良薄，歲有豐儉，各定爲三等。凡屯皆有屯官、屯副。凡京文武職事官，有職分田。京兆、河南府及京縣官，亦準此。凡在京諸司，有公廨田，皆視其品命而審其分給。

虞部郎中一員，從五品上。龍朔爲司虞大夫。員外郎一員，從六品上。主事二人，從九品上。令史四人，書令史九人，掌固四人。郎中、員外郎之職，掌京城街巷種植，山澤苑囿，草木薪炭，供頓田獵之事。凡採捕漁獵，必以其時。凡京兆、河南二都，其近爲四郊，三百里皆不得弋獵採捕。殿中、太僕所管閑廐馬，兩都皆五百里内供其芻藁。其關内、隴右、西使、南使諸牧監馬牛駝羊，皆貯藁及茭草。其柴炭木橦進内及供百官蕃客，並於農隙納之。

水部郎中一員，從五品上。龍朔爲司川大夫。員外郎一員，從六品上。主事二人，從九品上。令史四人，書令史九人，掌固四人。郎中、員外郎之職，掌天下川瀆陂池之政令，以導達溝洫，堰決河渠。凡舟楫溉灌之利，咸總而舉之。凡天下水泉，三億二萬三千五百五十九。其在遐荒絶域，迨不可得而知矣。其江、河，自西極達于東溟，中國之大川者也。其餘百三十五水，是爲中川。其又千二百五十二水，斯爲小川也。若渭、洛、汾、濟、漳、淇、淮、漢，皆亘達方域，通濟舳艫，從有之無，利於生人者也。凡天下造舟之梁四，河則蒲津、大陽、河陽，洛則孝義也。石柱之梁四，洛則天津、永濟、中橋，灞則灞橋。木柱之梁三，皆渭川，便橋、中渭橋、東渭橋也。巨梁十有一，皆國工修之。其餘皆所管州縣隨時營葺。其大津無梁，皆給船人，量其大小難易，以定其差。

《新唐書》卷四六《百官志一》　工部。尚書一人，正三品；侍郎一人，正四品下。掌山澤、屯田、工匠、諸司公廨紙筆墨之事。其屬有四：一曰工部，二曰屯田，三曰虞部，四曰水部。

工部郎中、員外郎，各一人，掌城池土木之工役程式，爲尚書、侍郎之貳。凡京都營繕，皆下少府、將作共其用，役千功者先奏。凡工匠，以州縣爲團，五人爲火，五火置長一人。四月至七月爲長功，二月、三月、八月、九月爲中功，十月至正月爲短功。雇者，日爲絹三尺，内中尚巧匠，無作則納資。凡津梁道路，治以九月。

工部主事三人，屯田主事二人，虞部主事二人，水部主事二人。

武德三年，改起部曰工部，龍朔二年，曰司平，屯田曰司田，虞部曰司虞，水部曰司川。光宅元年，改工部曰冬官。天寶十一載，改虞部曰司虞，水部曰司水。工部有令史十二人，書令史二十一人，計史一人，亭長六人，掌固八人；屯田令史七人，書令史十二人，計史一人，掌固四人；虞部令史四人，書令史九人，掌固四人；水部令史四人，書令史九人，掌固四人。

屯田郎中、員外郎，各一人，掌天下屯田及京文武職田、諸司公廨田，以品給焉。

虞部郎中、員外郎，各一人，掌京都衢閧、苑囿、山澤草木及百官蕃客時蔬薪炭供頓、畋獵之事。每歲春，以户小兒、户婢仗内蒔種溉灌，冬則謹其蒙覆。凡郊祠神壇、五岳名山，樵採、芻牧皆有禁，距壝三十步外得耕種，春夏不伐木。京兆、河南府三百里内，正月、五月、九月禁弋獵。山澤有寶可供用者，以聞。

水部郎中、員外郎，各一人，掌津濟、船艫、渠梁、堤堰、溝洫、漁捕、運漕、碾磑之事。凡坑陷、井穴皆有標。京畿有渠長、斗門長。諸州堤堰，刺史、縣令以時檢行，而涖其決築。有埭，則以下户分牽，禁争利者。

《唐六典》卷七《尚書工部》 工部尚書一人，正三品；周之冬官卿也。漢五曹尚書，其三曰民曹。後漢以民曹兼主繕修、功作、鹽池、園苑之事。自晉、宋、齊、梁、陳，營宗廟則權置起部尚書，事畢省之。後周依《周官》，置大司空卿一人。隋開皇二年始置工部尚書，皇朝因之。龍朔二年改爲司平太常伯，咸亨元年復爲工部尚書。光宅元年改爲冬官尚書，神龍元年復故。侍郎一人，正四品下。蓋周之冬官小司空中大夫也。漢已來尚書侍郎，今郎中之任也。後周依《周官》。隋煬帝置工部侍郎，皇朝因之。龍朔二年改爲司平少常伯，咸亨、光宅、神龍並隨曹改復。

工部尚書、侍郎之職，掌天下百工、屯田、山澤之政令。其屬有四：一曰工部，二曰屯田，三曰虞部，四曰水部；尚書、侍郎總其職務而奉行其制命。凡中外百司之事，由於所屬，咸質正焉。

郎中一人，從五品上；蓋《周禮》大司空屬官下大夫，郎中之任也。晉、宋、齊、後魏、北齊皆有起部郎中，梁、陳改置起部侍郎，後周置冬官小司空下大夫。隋初爲工部侍郎，煬帝除「侍」字，又改工部爲起部，皇朝因之。武德三年改爲工部郎中。龍朔二年改爲司平大夫，咸亨元年復爲工部郎中。光宅、神龍並隨曹改復。員外郎一人，從六品上；後周依《周禮》，置小司空上士，蓋員外郎任也。隋開皇六年置工部員外郎，煬帝改爲起部承務郎，皇朝改爲工部員外郎。龍朔二年改爲司平員外郎，咸亨、光宅、神龍並隨曹改復。主事三人，從九品上。 郎中、員外郎掌經營興造之衆務，凡城池之修濬，土木之繕葺，工匠之程式，咸經度之。【略】

凡興建修築，材木、工匠，則下少府、將作，以供其事。少府監匠一萬九千八百五十人，將作監匠一萬五千人，散出諸州，皆取材力强壯、伎能工巧者，不得隱巧補拙，避重就輕。其驅役不盡及别有和雇者，徵資市輕貨，納于少府、將作監。其巧手供内省，不得納資，有闕則先補工巧業作之子弟。一入工匠後，不得别入諸色。其和雇鑄匠有名解鑄者，則補正功。凡計功程者，夏三月與秋七月爲長功，冬三月與春正月爲短功，春之二月、三月，秋之八月、九月爲中功。其役功則依《户部式》。

水部郎中一人，從五品上；魏置水部郎中。歷晉、宋、齊、後魏、北齊並有水部郎中，梁、陳爲侍郎。後周冬官府有司水中大夫，隋文帝爲水部侍郎，煬帝但曰水部郎。宋、齊、梁、陳、後魏、北齊並都官尚書領之，陳工部尚書領之，皇朝因焉。武德三年加「中」字。龍朔二年改爲司川大夫，咸亨元年復故。員外郎一人，從六品上；後周冬官府有小司水上士，則水部員外郎之任也。隋開皇六年置，煬帝改爲承務郎，皇朝復爲水部員外郎。龍朔、咸亨隨曹改復。主事二人，從九品上。 水部郎中、員外郎掌天下川瀆、陂池之政令，以導達溝洫，堰決河渠。凡舟檝、溉灌之利，咸總而舉之。凡天下水泉三億三萬三千五百五十有九，其在遐荒絶域，殆不可得而知矣。其江、河自西極達于東溟，中國之大川者也；其餘百三十有五水，是爲中川者也；桑欽《水經》所引天下之水百三十七，江、河在焉。其千二百五十有二水，斯爲小川者也。酈善長注《水經》引其枝流一千二百五十二。若渭、洛、汾、濟、漳、淇、淮、漢，皆亘達方域，通濟舳艫，從有之無，利於生人者矣。其餘陂澤，魚鼈、莞蒲、秔稻之利，蓋不可得而備云。

凡水有溉灌者，碾磑不得與争其利；自季夏及于仲春，皆閉斗門，有餘乃得聽用之。溉灌者又不得浸人廬舍，壞人墳隧。仲春乃命通溝瀆，立隄防，孟冬而畢。若秋、夏霖潦，泛溢衝壞者，則不待其時而修葺。凡用水自下始。

凡天下造舟之梁四，河三，洛一。河則蒲津；大陽；盟津，一名河陽。洛則孝義也。石柱之梁四，洛三，灞一。洛則天津、永濟、中橋，灞則灞橋也。木柱之梁三，皆渭川也。便橋、中渭橋、東渭橋，此舉京都之衝要也。巨梁十有一，皆國工修之。其餘皆所管州縣隨時營葺。河陽橋所須竹索，令宣、常、洪三州役工匠預支造，宣、洪二州各大索二十條，常州小索一千二百條。大陽、蒲津竹索，每年令司竹監給竹，令津家、水手自造。其供橋雜匠，料須多少，預申所司，其匠先配近橋人充。浮橋脚船，皆預備半副；自餘調度，預備一副。河陽橋船於潭、洪二州造送；大陽、蒲津橋於嵐、石、隰、勝、慈等州採木，送橋所造。河陽橋置水手二百五十人，大陽橋水手二百人，仍各置木匠十人，蒲津橋一十五人。孝義橋所須竹索，取河陽橋退者以充。其大津無梁，皆給船人，量其大小難易，以定其差等。白馬津船四艘，龍門、會寧、合河等關船並三艘，渡子皆以當處鎮防人充；渭津關船二艘，渡子取永豐倉防人充；渭水馮渡船四艘，涇水合涇渡、韓渡、劉柸坂渡、眭城坂渡、覆籬渡船各一艘，濟州津、平陰津、風陵津、興德津船各兩艘，洛水渡口船三艘，渡子皆取側近殘疾、中男解水者充。會寧船别五人，興德船别四人，自餘船别三人。蘄州江津渡、荆州洪亭松滋渡、江州馬頰檀頭渡船各一艘，船别六人；越州、杭州浙江渡、洪州城下渡、九江渡船各三艘，船别四人，渡子並須近江白丁便水者充，分爲五番，年别一替。

《通典》卷二三《職官五》 工部尚書。侍郎、郎中、員外郎，屯田郎中、員外郎，虞部郎中、員外郎，水部郎中、員外郎。【略】大唐龍朔二年，改工部尚書爲司平太常伯，咸亨元年復舊。武太后改工部爲冬官，神龍初復舊。總判工部、屯田、虞部、水部事。

侍郎一人。隋煬帝改置工部侍郎，大唐因之。龍朔二年，改爲司平少常伯，咸亨元年復舊。他時曹名或改，而官不易。掌興造、工匠、諸公廨屋宇、五行並紙筆墨等事。

郎中一人。晉尚書有起部曹。歷代皆有，具《尚書》中。隋初爲工部侍郎，煬帝除「侍」字，又改爲起部郎。武德三年，改爲工部郎中。龍朔二年改爲司平大夫，咸亨元年復舊。其後曹名改而官不易。所掌與侍郎同。員外郎一人。隋文帝置工部員外郎，煬帝改爲起部承務郎。武德三年，復爲工部員外郎。其後曹改而官不易。

屯田郎中一人。漢成帝置尚書郎四人，其一人掌户口、墾田，蓋尚書屯田郎之始也。至魏，尚書有農部郎，又其職也。至晉始有屯田尚書。及太康中，謂之田曹，後復爲屯田。江左及宋齊則左民郎中兼知屯田事，梁陳則曰侍郎，後魏、北齊並爲屯田郎。隋初爲屯田侍郎，兼以掌儀武之事，故《隋書》曰：「柳彧爲屯田侍郎。時制三品以上，門皆列戟，左僕射高熲子弘德，封應國公，申牒請戟。彧判曰：『僕射之子，更不異居。父之戟槊，已列門外。尊有厭卑之義，子有避父之禮，豈有外門既設，内閤又施。』事竟不行。熲聞而歎服。」煬帝除「侍」字。武德三年，加「中」字。龍朔二年，改爲司田大夫，咸亨元年復舊。掌屯田、官田、諸司公廨、官人職分、賜田及官園宅等事。員外郎一人。改置與户部員外郎同。

虞部郎中一人。虞部，蓋古虞人之遺職。至魏，尚書有虞曹郎中，晉因之。梁、陳曰侍郎。後魏、北齊虞曹掌地圖，山川，近遠園囿，田獵，雜味等，並屬虞部尚書。後周有虞部下大夫一人，掌山澤草木鳥獸而阜蕃之；又有小虞部，並屬大司馬。隋初爲虞部侍郎，屬工部。煬帝除「侍」字。武德中，加「中」字。龍朔二年，改爲司虞大夫，咸亨元年復舊。天寶十一年，又改虞部爲司虞，至德初復舊。掌京城街巷種植、山澤、苑囿、草木、薪炭供須、田獵等事。員外郎一人。隋初置，與户部員外郎同。龍朔以後，曹名改而官不易。

水部郎中一人。《周禮·夏官》有司險，掌設國之五溝、五塗而達其道路，蓋其職也。魏尚書有水部郎。歷代或置或否。後魏、北齊有水部，屬都官尚書，亦掌舟船津梁之事。後周有司水大夫。隋初爲水部侍郎，屬工部。煬帝除「侍」字。武德三年，加「中」字。龍朔二年，改爲司川大夫，咸亨元年復舊。天寶中，改水部爲司水，至德初復舊。掌川瀆、津濟、船艫、浮橋、渠堰、漁捕、運漕、水碾磑等事。員外郎一人。後周小司水上士。隋改置，與户部員外郎同。龍朔二年以後，曹名改而官不易。

王溥《唐會要》卷五九《尚書省諸司下·工部郎中》 隋爲起部郎。武德三年，改工部郎中。龍朔二年，改司平大夫。咸亨元年，復爲工部郎中。工部員外郎。改復與郎中同。

《歷代職官表》卷一四《歷代建置上》 謹案：工部自隋代始列六曹，而其時營建工作尚多領之少府、將作，少府如今内務府，將作則今營繕司。故以巧藝著名，如宇文愷、劉龍、閻毗、何稠、雲定興等皆嘗官將作監。而《宇文愷傳》又稱，其爲營宗廟副監、營新都副監、營東都副監，則皆因事特置，如今之欽定管理工程大臣，非常制也。又《何稠傳》稱，高祖爲丞相，以稠掌細作署，蓋即梁齊之細作令，而《隋志》無其官，殆後徑裁併歟。

《歷代職官表》卷一五《歷代建置下》 謹按：唐制凡興建修築材木工匠俱工部下少府、將作以供其事，與隋代相同。蓋將作未併入工部以前，工部所掌惟程式制度，其繕造之物固專屬之將作也。

《歷代職官表》卷一五《歷代建置下》 《五代史·本紀》：梁開平四年，工部侍郎杜曉。唐同光元年，工部郎中李塗。天成元年，工部尚書任圜。四年，趙鳳爲門下侍郎兼工部尚書。周顯德元年，工部侍郎景範。五年，水部員外郎韓彦卿。

《五代史·列傳》：張憲拜工部侍郎租庸使。憲本傳。范延光拜檢校工部尚書。延光本傳。崔協除工部郎中于鄴。盧文紀傳。中書舍人盧價爲工部侍郎。馮玉傳。賈緯爲太常博士改屯田員外郎。緯本傳。張允鎮累遷水部員外郎知制誥。允鎮本傳。王延拜補闕兼水部員外郎。延本傳。

謹案：五季工部官制並依唐制，而史文不詳，今採見於紀傳者以著其畧。

將作監

《舊唐書》卷四四《職官志三》 將作監。秦置將作，掌營繕宮室，歷代不改。隋爲將作寺，龍朔改爲繕工監，光宅改爲營繕監，神龍復爲將作監也。

大匠一員，從三品。大匠之名，漢景帝置。梁置十二卿，將作爲一卿。後周曰匠師中大夫。隋初爲將作寺，置大匠一人，又改爲監，以大匠爲監。煬帝改爲令，武德改爲大匠。龍朔、光宅，隨曹改易也。少匠二員。從四品下。

大匠掌供邦國修建土木工匠之政令，總四署三監百工之官屬，以供其職事。凡兩京宮殿宗廟城郭諸臺省監寺廨宇樓臺橋道，謂之内外作，皆委焉。

丞四人，從六品下。主簿二人，從七品下。録事二人，從九品下。府十四人，史二十八人，計史三人，亭長四人，掌固六人。

左校署：令二人，從八品下。丞四人，正九品下。府六人，史十二人，監作十人。從九品下。左校令掌供營構梓匠。凡宮室樂懸簨簴，兵仗器械，喪葬所須，皆供之。

右校署：令二人，從八品下。丞三人，正九品下。府五人，史十人，監作十人，從九品下。典事十四人。右校令掌供版築、塗泥、丹艧之事。

中校署：令一人，從八品下。丞三人，正九品下。府三人，史六人，監事四人，從九品下。典事八人，掌固二人。　中校令掌供舟車兵仗、厩牧雜作器用之事。凡行幸陳設供三梁竿柱，閑厩供剉碓行槽，祭祀供葛竹槧等。

甄官署：令一人，從八品下。丞二人，正九品下。府五人，史十人，監作四人，從九品下。典事十八人。　甄官令掌供琢石陶土之事。凡石磬碑碣、石人獸馬、碾磑塼瓦、瓶缶之器、喪葬明器，皆供之。

百工、就谷、庫谷、斜谷、太陰、伊陽等監：百工監在陳倉，就谷監在王屋，庫谷監在鄠縣，太陰監在陸渾，伊陽監在伊陽，皆在出材之所。監各一人，從七品下。丞一人，正八品下。府各一人，史三人，典事各二十一人，録事各一人，監事四人。從九品下。

百工等監掌採伐材木。

《新唐書》卷四八《百官志三》　將作監：監一人，從三品；少監二人，從四品下。掌土木工匠之政，總左校、右校、中校、甄官等署，百工等監。大明、興慶、上陽宮，中書、門下、六軍仗舍、閑厩，謂之内作；郊廟、城門、省、寺、臺、監、十六衛、東宮、王府諸廨，謂之外作。自十月距二月，休冶功；自冬至距九月，休土功。凡治宮廟，太常擇日以聞。

丞四人，從六品下。掌判監事。凡外營繕、大事則聽制敕，小事則須省符。功有長短，役有輕重。自四月距七月，爲長功；二月、三月、八月、九月，爲中功；自十月距正月，爲短功。長上匠，州率資錢以酬雇。軍器則勒歲月與工姓名。

武德初，改令曰大匠，少令曰少匠。龍朔二年，改將作監曰繕工監，大匠曰大監，少匠曰少監。咸亨元年，繕工監曰營繕監。天寶十一載，改大匠曰大監，少匠曰少監。有府十四人，史二十八人，計史三人，亭長四人，掌固六人，短蕃匠一萬二千七百四十四人，明資匠二百六十人。

主簿二人，從七品下。掌官吏糧料、俸食，假使必由之。諸司供署監物有闕，舉焉。録事二人，從九品上。

左校署　令二人，從八品下；丞一人，正九品下。掌梓匠之事。樂縣、簨簴、兵械、喪葬儀物皆供焉。宮室之制，自天子至士庶有等差，官脩者左校爲之。監作十人。

有府六人，史十二人，監作十二人。

右校署：令二人，正八品下；丞三人，正九品下。掌版築、塗泥、丹堊、匽厠之事。有所須，則審其多少而市之。監作十人。

有府五人，史十人，典事二十四人。

中校署：令一人，從八品下；丞三人，正九品下。掌供舟車、兵械、雜器。行幸陳設則供竿柱，閑厩繫秣則供行槽，禱祀則供棘葛，内外營作所須皆取焉。監牧車牛，有年支芻豆，則受之以給車坊。監事四人。

武后時，改曰營繕署。垂拱元年復舊，尋廢。開元初復置。有府三人，史六人，典事八人，掌固二人。

甄官署：令一人，從八品下；丞二人，正九品下。掌琢石、陶土之事，供石磬、人、獸、碑、柱、碾、磑、瓶、缶之器，敕葬則供明器。監作四人。

有府五人，史十人，典事十八人。

百工就谷、庫谷、斜谷、太陰、伊陽監：監各一人，正七品下；副監一人，從七品下；丞一人，正八品上。掌采伐材木。監作四人。

武德初，置百工監，掌舟車及營造雜作，有監、少監各一人，丞四人，主簿一人。又置就谷、庫谷、斜谷、太陰、伊陽五監。貞觀中，廢百工監。高宗置百工署，掌東都土木瓦石之功。開元十五年爲監。有録事一人，府一人，史三人，典事二十人。

《唐六典》卷二三《將作監》　將作監：大匠一人，從三品；《左傳》云：「少昊氏五雉爲五工正。」《周官》冬官掌百工之職。《漢書・百官表》云：「將作少府，秦官，掌治宮室，有兩丞，左、右中候。景帝改曰將作大匠，秩二千石。屬官有石庫、東園主章，左、右、前、後、中校七令、丞，又主章長、丞。武帝改東園主章曰木工。成帝省中候及左、右、前、後、中校五丞。」後漢光武中元二年省，常以謁者兼之；至章帝建初元年又置。魏因之。晉將作大匠置功曹、主簿、五官等員，掌土木之役。過江後及宋、齊並不常置。梁天監七年置十二卿，改將作大匠爲大匠卿，是爲秋卿，班第十，品正第五。陳因之。後魏太和初，將作大匠從第二品下；二十二年，降爲從三品。北齊因之。後周有匠師中大夫一人，掌城郭、宮室之制及諸器物度量；又有司木中大夫一人，掌木工之政令。隋將作寺置大匠一人，從三品；開皇二十年改爲將作監，以大匠爲大監。煬帝大業五年，正四品；十三年，又改大監爲令。皇朝改置大匠、少匠、丞、主簿等員。龍朔二年改爲繕工監，咸亨元年復舊。光宅元年改爲營繕監，神龍元年復舊。　少匠二人，從四品下。後周官有小匠師下大夫一人。隋初，將作無少匠；開皇二十年改寺爲監，大匠爲大監，始置副監一人。煬帝改副監爲少監；大業三年，改少監爲少匠；五年，又改少匠爲少監，正五品；十三年，又改爲少令。皇朝改置少匠二人。龍朔、咸亨、光宅、神龍隨監改復。　將作大匠之職，掌供邦國脩建土木工匠之政令，總四署、三監、百工之官屬，以供其職事；少匠貳焉。凡西京之大内、大明、興慶宮，東都之大内、上陽宮，其内外郭、臺、殿、樓、閣并仗舍等，苑内宮、亭，中書、門下、左、右羽林軍、左、右萬騎仗、十二閑廄屋宇等，謂之內作。凡山陵及京、都之太廟、郊社諸壇、廟，京、都諸城門，尚書、殿中、秘書、內侍省、御史臺、九寺、三監、十六衛、諸街使、弩坊、温湯、東宮諸司、王府官舍屋宇，諸街、橋、道等，並謂之外作。凡有建造營葺，分功度用，皆以委焉。凡修理宮廟，太常先擇日以聞，然後興作。

丞四人，從六品下；漢將作有丞二人，秩六百石。後漢置一人，魏、晉因之。東晉、宋、齊有事則置，無事則罷。梁天監七年置大匠丞一人，班第三。陳因之。後魏從五品中；太和二十二年，第七品下。北齊丞四人，從第七品上。後周匠師上士一人。隋將作丞二人，從六品，大業十三年加至從五品。皇朝加丞至四人，從六品下。主簿二人，從七品下；晉將作置主簿員。江左有事則置，無事則省。梁天監七年復置將作主簿一員，七班中第三。北齊將作寺有功曹、主簿員；若有營作，又別立長史、司馬、主簿各一員。隋將作主簿二人，皇朝因之。録事二人，從九品上。

丞掌判監事。凡內外繕造，百司供給，大事則聽制、敕，小事則俟省符，以諮大匠，而下於署、監，以供其職。凡諸州匠人長上者，則州率其資納之，隨以酬顧。凡功有長短，役有輕重。凡計功程者，四月、五月、六月、七月爲長功，二月、三月、八月、九月爲中功，十月、十一月、十二月、正月爲短功。凡啓塞之時，火土之禁，必辨其經制，而舉其條目。凡四時之禁：每歲十月以後，盡于二月，不得起治作；冬至以後，盡九月，不得興土工；春、夏不伐木。若臨事要行，理不可廢者，以從別式。凡營造修理，土木瓦石不出於所司者，總料其數，上于尚書省。凡營軍器，皆鐫題年月及工人姓名，辨其名物，而閱其虛實。主簿掌印，勾檢稽失。凡官吏之申請糧料，俸食，務在、假使，必由之以發其事。若諸司之應供四署、三監之財物器用違闕，隨而舉焉。録事掌受事發辰。

左校署：令二人，從八品下；《周官》有攻木之工七，謂輪、輿、弓、廬、匠、車、梓也。秦、漢有左、右、前、後、中校五令、丞。後漢唯置左、右校令、丞各一人，令六百石；又有材官校尉。魏并左校於材官。晉過江，省將作大匠，而左、右校隸少府；又改材官校尉爲將軍，罷左校令。宋、齊、梁、陳又有左校令、丞，別置材官將軍、司馬。北齊太府寺有左校署令、丞。後周有掌材上士。隋將作領左校署令二人，皇朝因之。丞四人，正九品下；漢成帝省左、右、前、後、中五校丞。後漢置左、右校丞各一人，秩三百石。魏因之。東晉隸少府。宋、齊、梁、陳、北齊皆有丞。後周有掌材中士二人。隋左校丞四人，皇朝因之。監作十人，從九品下。

左校令掌供營構梓匠之事，致其雜材，差其曲直，制其器用，程其功巧；丞爲之貳。凡宮室之制，自天子至于士庶，各有等差。天子之宮殿皆施重栱、藻井。王公、諸臣三品已上九架，五品已上七架，並廳厦兩頭；六品已下五架。其門舍三品已上五架三間，五品已上三間兩厦，六品已下及庶人一間兩厦。五品已上得制烏頭門。若官修者，左校爲之。私家自修者，制度准此。凡樂縣簨虡，兵仗器械，及喪葬儀制，諸司什物，皆供焉。簨虡謂鎛鍾、編鍾、編磬之屬。器械謂仗床、戟架、杻械之屬。喪儀謂棺槨、明器之屬。什物謂机案、櫃檻、勑函、行槽、剉碓之屬。

右校署：令二人，從八品下；後漢安帝延光三年，置左校令、右校丞，其後又置右校令。魏因之。晉少府屬官有左校，無右校，其職蓋并于左校矣。宋、齊、梁、陳皆無。北齊太府寺管左校，亦無右校。隋置右校署令、丞，掌營構工作之事。皇朝因之。丞三人，正九品下；漢右校丞一人，三百石。魏因之。宋、齊、梁、陳並置，北齊省。隋右校置丞三人，皇朝因之。監作十人，從九品下。

右校令掌供版築、塗泥、丹艧之事；丞爲之貳。凡料物支供皆有由屬，審其制度而經度之。凡修補之料，每歲京北、河南及諸州支送麥䴸三萬圍，麥麫一百車，麻擣二萬斤；其石灰、赤土之屬，須則市供，不恒其數。

中校署：令一人，從八品下；漢將作左、右、前、後、中五校皆有令、丞，自後不置，皇朝置之。丞三人，正九品下；漢成帝省，皇朝復置。監事四人，從九品下。

中校令掌供舟車、兵仗、廄牧、雜作器用之事。凡行幸陳設供三梁竿柱，閑廄繫飼則供剉碓、行槽、鞍架，禱祠祭祀則供棘葛、竹墼，內外營造應供給者，皆主守之；丞爲之貳。舊，將作寺百工署掌管棘葛、槍子、土塼、石作之事。開元十五年，改百工署爲監，其職掌各分入諸署：槍子入左校，石作入甄官，棘葛、土塼等入於此署。凡監、署役使車牛皆有年支草、豆，據其名簿，閱其虛實，受而藏之，以給於車坊。

甄官署：令一人，從八品下；《周禮》摶埴之工二，謂陶與旊也。後漢將作大匠屬官有前、後、中甄官令、丞。晉少府領甄官署，掌塼瓦之任。宋、齊有東、西陶官瓦署督令各一人。北齊太府寺統甄官署，甄官又別領石窟丞。後周有陶工中士一人，掌爲鏄、彝、簠、簋等器。隋太府寺統甄官署令、丞二人，皇朝改屬將作。丞二人，正九品下；後漢前、後、中三甄官各丞一人，晉有甄官丞，後周有陶工下士一人。隋甄官丞二人，皇朝因之。監作四人，從九品下。

甄官令掌供琢石、陶土之事；丞爲之貳。凡石作之類，有石磬、石人、石獸、石柱、碑碣、碾磑，出有方土，用有物宜。凡磚瓦之作，瓶缶之器，大小高下，各有程準。凡喪葬則供其明器之屬，別敕葬者供，餘並私備。三品以上九十事，五品以上六十事，九品已上四十事。當壙、當野、祖明、地軸、誕馬、偶人，其高各一尺；其餘音聲隊與僮僕之屬，威儀、服玩，各視生之品秩所有，以瓦、木爲之，其長率七寸。

百工、就谷、庫谷、斜谷、太陰、伊陽監：監各一人，正七品下；副監一人，從七品下；丞一人，正八品上；《周禮》：山虞、林衡並掌斬伐林木之事。歷代皆有其官，皇朝取其義而並置之。庫谷監在鄠縣，就谷監在盩厔縣，百工監在陳倉，太陰監在陸渾縣，伊陽監在伊陽縣。録事各一人；監作各四人，從九品下。太陰監、伊陽監各典事十人。百工等監，掌採伐材木之事，辨其名物而爲之主守。凡修造所須材幹之具，皆取之有時，用之有節。

王溥《唐會要》卷六六《將作監》 龍朔二年，改爲繕工監。咸亨元年，復爲將作監。光宅元年，爲營繕監。神龍元年，復爲將作監。

大監：本爲大匠，龍朔二年，爲大監。咸亨元年，爲大匠。天寶十一載，爲大監依舊。

少監：本一員，大足元年二月六日，加一員，以楊務廉爲之。

中校署：開元二年置。

天寶四載四月勅：「將作監所置，且合取當司本色人充直者，宜即簡擇發遣。內作使典，亦不得輒取外司人充。其諸司非本色直，及額外直者，亦一切並停。自今以後，更不得補置。如歲月深久，尚或因人，所由長官，量事貶降，其所應直，決一頓，配糴邊軍。」

建中元年九月，將作監上言：「宣政內廊有摧壞者，今當修之。准《陰陽書》，謂是歲孟冬爲魁罡，不利修作，請卜他時。」上曰：「《春秋》之義，啓塞從時。若修毀完敗，何時之擇。詭妄之書勿徵。」乃修。

《續通典》卷三一《職官》 唐制：將作監，監一人，少監二人，掌土木工匠之政，總左校、右校、中校、甄官等署，百工等監。大明、興慶、上陽宮，中書、門下、六軍仗舍、閑厩，謂之內作；郊廟、城門、省、寺、臺、監、十六衛、東宮、王府諸廨，謂之外作。自十月距二月，休治功；自冬至距九月，休土功。凡治宮廟，太常擇日以聞。

都水監

《舊唐書》卷四四《職官志三》 都水監：使者二人，正五品上。漢官有都水長，屬主爵，掌諸池沼，後改爲使者，後漢改爲河隄謁者。晉復置都水臺，立使者一人，掌舟楫之事。梁改爲太舟卿，北齊亦曰都水臺。隋改爲都水監，大業復爲使者，尋又爲監，復改監爲令，品第三。武德復爲監，貞觀改爲使者，從六品。龍朔改爲司津監，光宅爲水衡都尉，神龍復爲使者，正五品上，仍隸將作監。丞二人，從七品上。主簿二人，從八品下。録事一人，府五人，史十人，掌固三人。使者掌川澤津梁之政令，總舟楫、河渠二署之官屬，凡虞衡之採捕，渠堰陂池之壞決，水田斗門灌溉，皆行其政令。

舟楫署：令一人，正八品下。丞二人。正九品下。舟楫署令掌公私舟船運漕之事。

河渠署：令一人，正八品下。丞一人，正九品上。府三人，史六人。河隄謁者六人，掌修補堤堰漁釣之事。典事三人，掌固四人，長上漁師十人，短番漁師一百二十人，明資漁師一百二十人。河渠令掌供川澤魚醢之事。祭祀則供魚醢。諸司供給魚及冬藏者，每歲支錢二十萬，送都水，命河渠以時價市供之。

諸津：令一人，正九品上。丞一人。從九品下。津令各掌其津濟渡舟梁之事。

《舊唐書》四四《職官志三》 士曹、司士掌津梁、舟車、舍宅、百工衆藝之事。

《新唐書》卷四九下《百官志四下》 士曹、司士、參軍事，掌津梁、舟車、舍宅、工藝。

有府五人，史十一人。大都督府有府四人，史八人；中府、下府有府三人，史六人。上州有佐二人，史五人；中州有佐一人，史四人。

《唐六典》卷二三《都水監》 都水監：使者二人，正五品上。本《周官》川衡之職。漢太常、大司農、少府、內史、主爵中尉其屬官各有都水長、丞。武帝置水衡都尉，掌上林苑，有五丞，其屬官有上林、均輸、御羞、禁圃、輯濯、鍾官、辯銅令、丞；又衡官、水司空、都水、農倉，又甘泉上林、都水七官長、丞皆屬焉。至哀帝，罷之。王莽改水衡都尉曰予虞。至成帝，以都水官多，置左、右使者各一人，則劉向護左都水使者是也。後漢省都水以屬郡國，而置河隄謁者五人。魏因之，又兼有水衡都尉，主天下水軍舟船器械。晉置都水臺都水使者一人，掌舟檝之事，官品第四；又有左、右、前、後、中五水衡。《晉起居注》及《元康百官名》：陳慎、戴熊俱以都水使者領水衡都尉。宋孝武帝省都水臺，置水衡令。齊氏復置都水臺使者一人。梁武帝天監七年改爲太舟卿，爲冬卿，班第九，吏員依晉，又加當關四人。陳因之。後魏亦二官並置建，都水使者正第四品中，水衡都尉從五品中；太和二十二年，都水使者從五品，而省水衡。北齊都水臺使者二人，後周有司水中大夫一人。隋都水臺使者二人，從第五品，有丞、參軍、河隄謁者、録事，掌船局都水尉、諸津尉、丞、典作、津長等。開皇三年，省都水入司農，十三年復置。仁壽元年，改爲都水監；煬帝復爲使者，正五品，統舟檝、河渠二署。大業五年，又改使者爲監，加至四品；又置少監，爲五品。復改監爲令，從三品；少監爲少令，從四品。皇朝改爲都水署，隸將作，令從七品下。貞觀中，復改爲都水使者，從五品上。龍朔二年改爲司津監，咸亨元年復爲都水使者。光宅元年改爲水衡都尉，神龍元年復舊。都水使者掌川澤、津梁之政令，總舟檝、河渠二署之官屬，舟檝署開元二十三年省。辨其遠近，而歸其利害；凡漁捕之禁，衡虞之守，皆由其屬而總制之。凡獻享賓客，則供川澤之奠。凡京畿之内渠堰陂池之壞決，則下於所由而後修之。每渠及斗門置長各一人，以庶人年五十已上并勳官及停家職資有幹用者爲之。至溉田時，乃令節其水之多少，均其灌溉焉。每歲，府縣差官一人以督察之；歲終，録其功以爲考課。

丞二人，從七品上；《漢書》都水、水衡皆有丞。後漢省。晉初置都水使者，有參軍二人，蓋丞之職也。宋因之。孝武帝省都水臺，置水衡令，亦無丞。梁天監七年置太舟卿，始置丞一人，班第一。陳因之。後魏都水有參事六人，北齊有參事十人，並丞之任也。隋初，置都水臺，有丞二人，正第八品上；大業三年，加從七品。皇朝改爲都水署，丞從八品下。貞觀中，改爲使者，以署爲監，加丞秩至從七品上。主簿一人，從八品下。《晉令》：「水衡都尉置主簿一人。」又：「左、右、前、後、中五水衡皆有主簿。」梁天監七年，太舟主簿七班之中第三，與宗正主簿同。後魏、北齊並不置。大業中置主簿一員，皇朝因之。丞掌判監事。凡京畿諸水，禁人因灌溉而有費者，及引水不利而穿鑿者；其應入内諸水，有餘則任王公、公主、百官家節而用之。主簿掌印，勾檢稽失。凡運漕及漁捕之有程者，會其日月，而爲之糺舉。

舟檝署：令一人，正八品下；漢中尉屬官有都船令、丞，水衡都尉有輯濯令。晉水衡令各有舩曹吏。《齊職儀》有船官典軍一人。後周有舟工中士一人。隋都水使者領掌船局都尉二人，煬帝改爲舟檝署令一人，皇朝因之。丞二人，正九品下。漢有都船丞、輯濯丞。隋煬帝置舟檝署丞二人，皇朝因之。舟檝令掌公私舟船及運漕之事；丞爲之貳。諸州轉運至京、都者，則經其往來，理其隱失，使監漕監之。

河渠署：令一人，正八品下；秦及兩漢都水、水衡屬官有河隄謁者，則河渠署令也。隋煬帝取《史記・河渠書》之義以名署，置令一人，皇朝因之。領河隄謁者、魚師。丞一人，正九品下。隋煬帝置河渠署丞一人，皇朝因之。河渠令掌供川澤、魚醢之事；丞爲之貳。凡溝渠之開塞，漁捕之時禁，皆量其利害而節其多少。每日供尚食魚及中書門下官應給者。若大祭祀，則供其乾魚、魚醢，以充籩、豆之實。凡諸司應給魚及冬藏者，每歲支錢二十萬送都水，命河渠以時價市供之。

諸津：令一人，正九品上；《列女傳》有趙津吏女，自後無聞。《晉令》：「諸津渡二十四所，各置監津吏一人。」北齊三局尉皆分司諸津、橋之事。後周有掌津中士一人，掌津渡、川瀆之制，而爲之橋梁。隋都水領諸津：上津，每尉一人、丞二人；中津，尉、丞各一人；下津，尉一人。每津典作一人、津長四人。皇朝改置令、丞。丞一人，從九品下。皇朝因隋置。諸津在京兆、河南界者隸都水監，在外者隸當州界。諸津令各掌其津濟渡舟梁之事；丞爲之貳。

《唐會要》卷八六《橋梁》 〔開元〕十九年六月勅：兩京城内諸橋及當城門街者，並將作修營；餘，州縣料理。【略】大曆五年五月勅：承前府縣並差百姓修理橋梁，不逾旬月，即被毁折。又更差勒修造，百姓勞煩，常以爲弊。宜委左右街使勾當捉搦，勿令違犯。如歲月深久，橋木爛壞要修理者，左右街使與京兆府計會其事，申報中書門下，計料處置。其坊市橋，令當管修理；諸街橋，京兆府以當府利錢充修造。

宋

三司

《宋史》卷一六一《職官志一》 禮制局。討論古今宫室、車服、器用、冠昏、喪祭沿革制度。政和二年，置於編類御筆所，有詳議、同詳議官，宣和二年，詔與大晟府製造所協聲律官並罷。

《宋史》卷一六二《職官志二》 三司之職，國初沿五代之制，置使以總國計，應四方貢賦之入，朝廷不預，一歸三司。通管鹽鐵、度支、户部，號曰計省，位亞執政，目爲計相。其恩數廩禄，與參、樞同。太平興國八年，分置三使。淳化四年，復置使一員，總領三部。又分天下爲十道：曰河南，河東，關西，劍南，淮南，江南東、西，兩浙，廣南。在京東曰左計，京西曰右計，置使二員分掌。俄又置總計使判左、右計事，左、右計使判十道事，凡干涉計度者，三使通議之。五年，罷十道左右計使，復置三部使。咸平六年，罷三部使，復置三司一員。闕正使，則以給、諫以上權使事。

使　一人，以兩省五品以上及知制誥、雜學士、學士充，亦有輔臣罷政出外，召還充使者。使闕，則有權使事；又闕，則有權發遣公事。掌邦國財用之大計，總鹽鐵、度支、户部之事，以經天下財賦而均其出入焉。凡奏事及大事悉置案，奏牒常事止署案。太平興國初，以賈琰爲三司副使，七年，以侯陟、王明同判三司，遂省副使。

鹽鐵，掌天下山澤之貨，關市、河渠、軍器之事，以資邦國之用。　度支，掌天下財賦之數，每歲均其有無，制其出入，以計邦國之用。　户部，掌天下户口、税賦

之籍，榷酒、工作、衣儲之事，以供邦國之用。【略】

户部分掌五案：一曰户税案，掌夏税。二曰上供案，掌諸州上供錢帛。三曰修造案，掌京城工作及陶瓦八作、排岸作坊、諸庫簿帳，勾校諸州營壘、官廨、橋梁、竹木、簰筏。四曰麴案，掌榷酤、官麴。五曰衣糧案。掌勾校百官諸軍諸司奉料、春冬衣、禄粟、茶、鹽、鞵、醬、傔糧等。三部諸案，並與本部都孔目官以下分掌。

《宋史》卷一六七《職官七》　舊制，五岳、四瀆、東海、南海諸廟各置令、丞。廟之政令多統於本縣令。京朝知縣者稱管勾廟事，或以令、録老耄不治者爲廟令，判、司、簿、尉爲廟簿，掌葺治修飾之事。凡以財施於廟者，籍其名數而掌之。

《續資治通鑑長編》卷一七七《仁宗》〔至和元年九月〕乙丑詔：比聞差官繕修京師官舍，其初多廣計工料，既而指羨盈以邀賞，故所修不得完久。自今須實計工料，申三司。如七年内隳損者，其監修官吏及工匠並劾罪以聞。

徐松《宋會要輯稿》卷一一一九《職官三十・提舉修内司》　大中祥符二年六月詔：自今八作司凡有營造，並先定地圖，然後興工，不得隨時改革。若有不便，改作者皆須奏裁。先是遣使修吴國長公主院，使人互執所見，屢有改易，勞費頗甚，帝聞之，令劾罪而條約之。

工部

《宋史》卷一六三《職官志三》　工部。掌天下城郭、宫室、舟車、器械、符印、錢幣、山澤、苑囿、河渠之政。凡營繕，歲計所用財物，關度支和市；其工料，則飭少府、將作監檢計其所用多寡之數。凡百工，其役有程，而善否則有賞罰。兵匠有闕，則隨以緩急招募。籍坑冶歲入之數，若改用錢寶，先具模製進御請書。造度、量、權、衡則關金部，印記則關禮部。凡道路、津梁，以時修治。舊制，判部事一人，以兩制以上充。元豐並歸工部。其屬三：曰屯田，曰虞部，曰水部。設官十：尚書、侍郎各一人，工部、屯田、虞部、水部郎中、員外郎各一人。元祐元年，省水部郎官一員。紹聖元年，詔屯田、虞部互置郎官一員兼領。

尚書。掌百工水土之政令，稽其細緒以詔賞罰。總四司之事，侍郎爲之貳。若制作、營繕、計置、採伐所用財物，按其程式以授有司，郎中、員外郎參掌之。應官吏、兵民緣本曹事有功賞罪罰，則審實以上尚書省。大祭祀，則尚書薦俎與徹。若諸監鼓鑄錢寶，按年額而課其數，因其登耗以詔賞罰。凡車輦、飭器、印記之造，則少府監、文思院隸焉。甲兵器械之制，則軍器所隸焉。有合支物料工價，則申于朝，以屬户部。建炎併將作、少府、軍器監並歸工部。是時，營繕未遑，惟戎器方急。紹興二年，詔於行在别置作院造器甲，令工部長貳提點，郎官逐旬點校。少府監既歸工部，文思院上下界監官並從本部辟差。又詔御前軍器所隸工部，自是營造稍廣。宰臣議：「户部以給財爲務，工部以辦事爲能，誠非一體。」欲令户、工部兼領其事，卒未能合。隆興以後，宫室、器甲之造寖稀，且各分職掌，部務益簡，特提其綱要焉。分案六：曰工作，曰營造，曰材料，曰兵匠，曰檢法，曰知雜。又專立一案，以御前軍器案爲名。裁減吏額，共置四十二人。

侍郎。掌貳尚書之事。南渡初，長貳互置，隆興詔各置一員。

郎中。員外郎　舊制，凡制作、營繕、計置、採伐材物，按程式以授有司，則參掌之。建炎三年，詔：「工部郎官兼虞部，屯田郎官兼水部。」隆興元年，詔工部、屯田共一員兼領，自此四司合爲一矣。淳熙九年，以趙公廙爲屯田員外郎，自是不復省。

屯田郎中、員外郎。掌屯田、營田、職田、學田、官莊之政令，及其租入、種刈、興修、給納之事。凡塘濼以時增減，堤堰以時修葺，并有司修葺種植之事，以賞罰詔其長貳而行之。分案三，置吏八。

虞部郎中、員外郎。掌山澤、苑囿、場冶之事，辨其地産而爲之厲禁。凡金、銀、銅、鐵、鉛、錫、鹽、礬，皆計其所入登耗以詔賞罰。分案四，置吏七。

水部郎中、員外郎。掌溝洫、津梁、舟楫、漕運之事。凡堤防決溢，疏導壅底，以時約束而計度其歲用之物。修治不如法者，罰之；規畫措置爲民利者，賞之。分案六，置吏十有三。紹興累減吏額，四司通置三十三人。

軍器所。隸工部。　提點官二員，紹興三十二年，詔於邊臣内差。提轄、監造官各二員，幹辦、受給、監門官各一員。掌鳩工聚材，製造戎器之政令。舊就軍器監置，别差提舉官，以内侍領之。紹興中，改隸工部，罷提舉官、日輪工部郎官、軍器監官前去本所點驗監視；後復以中人典領。工部侍郎黄中以爲言，請復隸屬。從之。孝宗即位，有旨增置提點官，以内省都知李綽爲之，改稱提舉，免隸工部。後以御史張震力争，復隸工部。後改隸步軍司，尋復舊。紹熙元年，減省員額，如上制。

文思院。隸工部。　提轄官一員，監官三員，内置一員，文臣京朝官充。監門官一員。掌金銀、犀玉工巧及采繪、裝鈿之飾。凡儀物、器仗、權量、輿服所以供上方、給百司者，於是出焉。沿革附見榷貨務、都茶場提轄官。

六部監門。　六部監門官一員，掌司門鑰。紹興二年置。遷升朝文臣有才力人充，仍令六部踏逐奏差。序位、請給依寺、監丞，郎官有闕得兼之。初從吏部尚書沈與求之請也。

《文獻通考》卷五二《職官考六》　宋制：工部判部事一人，以兩制以上充。凡城池土木工役，皆隸三司修造。案：本曹無所掌，元豐官制行，尚書工部掌天下城池、宮室、舟車、器械、符印、錢寶之事，百工、山澤、溝洫、屯田之政令。是時，尚書猶未除人。紹興三年，并少府監歸工部，以文思院屬焉。建炎并省將作、少府、軍器監，並歸工部。是時，營繕未遑，惟戎器方急。紹興二年，詔於行在別置作院一所，專打造器甲，令工部長貳專一提點，郎官逐旬點檢。少府監既歸工部，文思院上下界監官並從本部辟差。又詔御前軍器所隸工部，自是營造稍廣。宰臣議：户部以給財爲務，工部以辦事爲能，誠非一體。欲令户部兼領其事。上雖然之，卒未能合。隆興以後，宮室、器甲之造寖稀，且各分職掌，而起部之務益簡，特提其綱要焉。分案六：曰工作，曰營造，曰材料，曰兵匠，曰檢法，曰知雜。舊又專立一案，以御前軍器案爲名。　侍郎：南渡初，長貳互置，隆興詔各置一員。　郎中：舊制，凡製作、營繕、計置、採伐材物，按程式以授有司，則郎中、員外郎參掌之。建炎三年，詔工部郎官兼虞部，屯田郎官兼水部。隆興元年，詔工部、屯田共一員兼領。自此四司合爲一矣。屯田掌凡屯田、營田、職田、學田、官莊、稻田、塘濼、隄堰之事。　虞部掌凡山澤、苑囿、畋獵、取伐木石、薪炭、藥物之屬，屏絶猛獸、毒藥及茶礬場，鹽池井、金銀銅鐵鉛錫坑冶廢置收採之事。　水部掌凡川瀆、河渠、津梁、舟楫、漕運、水碾磑。凡隄防疏瀹之政令，皆掌之。

將作監

《宋史》卷一六五《職官志五》　將作監。舊制，判監事一人，以朝官以上充。凡土木工匠之政，京都繕修隸三司修造案；本監但掌祠祀供省牲牌、鎮石、炷香、盥手、焚版幣之事。

元豐官制行，始正職掌。置監、少監各一人，丞、主簿各二人。監掌宮室、城郭、橋梁、舟車營繕之事；少監爲之貳，丞參領之。凡土木工匠板築造作之政令總焉。辨其才幹器物之所須，乘時儲積以待給用，庀其工徒而授以法式；寒暑蚤暮，均其勞逸作止之節。凡營造有計帳，則委官覆視，定其名數，驗實以給之。歲以二月治溝渠，通壅塞。乘輿行幸，則預戒有司潔除，均布黃道。凡出納籍帳，歲受而會之，上于工部。熙寧初，以嘉慶院爲監，其官屬職事，稽用舊典，已而盡追復之。元祐七年，詔放《將作監修成營造法式》。八年，又詔本監營造檢計畢，長貳隨事給限，丞、簿覆檢。元符元年，三省言：「將作監主簿二員，乞將先到任一員改充幹當公事，候成資替罷。」從之。崇寧五年，詔將作監，應承受前後特旨應副外，路并府、監修造差撥人工物料，遵執元豐條格，不得應副。宣和五年，詔罷營繕所歸將作監。

分案五，置吏二十有七。所隸官屬十：修内司，掌宮城、太廟繕修之事。　東西八作司，掌京城内外繕修之事。　竹木務，掌修諸路水運材植及抽算諸河商販竹木，以給内外營造之用。　事材場，掌計度材物，前期樸斲，以給内外營造之用。　麥麪場，掌受京畿諸縣夏租麪麩，以給圬墁之用。　窯務，掌陶爲塼瓦，以給繕營及缾缶之器。　丹粉所，掌燒變丹粉，以供繪飾。　作坊物料庫第三界，掌儲積材物，以備給用。　退材場，掌受京城内外退棄材木，掄其長短有差，其曲直中度者以給營造，餘備薪爨。　簾箔場，掌抽算竹木、蒲葦，以供簾箔内外之用。

建炎三年，詔將作監併歸工部。紹興三年，復置丞，仍兼總少府之事。十年，置主簿一員。十一年，詔依司農、太府寺，置長貳一員。隆興初，宮室無所營繕，職務簡省，百工器用屬之文思院，以隸工部；本監惟置丞一員，餘官虛而不除。乾道以後，人材甚多，監、少、丞、簿無闕，凡臺省之久次與郡邑之有聲者，悉寄徑于此，自是號爲儲才之地，而營繕之事，多俾府尹、畿漕分任其責焉。

《文獻通考》卷五七《將作監》　宋將作監：判監事一人，以朝官以上充。凡土木匠工之政隸三司修造案，本監但掌祠祀，供省牲牌、鎮石、炷香、焚販幣之事。元豐正官名，置監、少監各一人，丞、主簿各一人，掌宮室、城郭、舟車營繕之事。凡出納籍帳，歲受而會之，上於工部。所隸官屬十：修内司：掌宮城、太廟繕修之事。　監官二人，以朝官及内侍充。　東西八作司：掌京城内外繕修之事。　句當官各三人，以京朝官諸司使副充。　竹木務：掌受諸路水運材植，抽算商販竹以給營造。　句當官一人，以京朝官充。　簾事材場：掌計度財物，前期樸斲，以經營造。　監官二人，以京朝官三班使臣充。　麥麪場：掌受京畿諸縣夏租麪，以給圬墁。　監官一人，以三班使臣充。　窯務：掌陶土爲磚瓦，以給繕營及缾缶之用。監官三人，諸司使副充。　丹粉所：掌燒變丹粉，以供繪飾。監官一人，内侍充。　作坊物料庫：掌儲積財物，以備給用。監官三人，以京朝官及内侍三班使臣充。　退材場：掌受京城内外退棄材木，掄其長短曲直中度者，以給營造及薪爨。監官一人，以京朝官充。　簾箔場：掌抽算竹木，以供簾箔之用。監官二人，以京朝官充。

徐松《宋會要輯稿》卷一一一九《職官三十・將作監》　東西八作司舊分兩使，止一司。太平興國二年，分兩司。景德四年，併一司，監官通掌。天聖元年，始分置官局，東司在安仁坊，西司在安定坊，勾當官各三人，以諸司使副及内侍充。其八作曰：泥作，赤白作，桐油作，石作，瓦作，竹作，塼作，井作。又有廣備指揮主城之事，總二十一作，曰：大木作，鋸匠作，小木作，皮作，大爐作，小爐作，麻作，石作，塼作，泥作，井作，赤白作，桶作，瓦作，竹作，猛火油作，釘鉸作，火藥作，金火作，青窑作，窟子作。二坊領雜役廣備四指揮，工匠三指揮。　真宗景德四年六月，三司提舉司請以東西八作司、街道司併爲東西八作一司，選差使臣勾當。真宗曰：工作甚衆，事任非輕，若此併合，恐將來不濟。又却改更，宜令三司將逐日勾當事件相度，須久遠通濟。即可所奏。十月，詔八作司兵士功役，今後牆紙師木枚塹模並支係官動，使勿令斂掠置買。

徐松《宋會要輯稿》卷一一一九《職官三十・提舉修内司》　乾道元年八月十二日詔：皇子立爲皇太子，其宫室、官屬、儀物制度並令有司討論以聞。所有宫室下兩浙轉運司、臨安府同修内司踏逐地段，先次彩畫制度、間架圖樣，進呈訖，疾速差撥人匠，如法蓋造施行。

都水監

《宋史》卷一六五《職官志五》　都水監。舊隸三司河渠案，嘉祐三年，始專置監以領之。判監事一人，以員外郎以上充；同判監事一人，以朝官以上充；丞二人，主簿一人，並以京朝官充。輪遣丞一人出外治河埽之事，或一歲再歲而罷，其有諳知水政，或至三年。置司于澶州，號曰外監。

元豐正名，置使者一人，丞二人，主簿一人。使者掌中外川澤、河渠、津梁、堤堰疏鑿浚治之事，丞參領之。凡治水之法，以防止水，以溝蕩水，以澮寫水，以陂池瀦水。凡江、河、淮、海所經郡邑，皆頒其禁令。視汴、洛水勢漲涸增損而調節之。凡河防謹其法禁，歲計茭揵之數，前期儲積，以時頒用，各隨其所治地而任其責。興役以後月至十月止，民功則隨其先後毋過一月。若導水溉田及疏治壅積爲民利者，定其賞罰。凡修堤岸、植榆柳，則視其勤惰多寡以爲殿最。南、北外都水丞各一人，都提舉官八人，監埽官百三十有五人，皆分職涖事；即干機速，非外丞所能治，則使者行視河渠事。

元豐八年，詔提舉汴河堤岸司隸本監。先是，導洛入汴，專置堤岸司；至是，亦歸之有司。元祐四年，復置外都水使者。五年，詔南、北外都水丞並以三年爲任。七年，方議回河東流，乃詔河北、京西漕臣及開封府界提點，各兼南、北外都水事，紹聖元年罷。元符三年，詔罷北外都水丞，以河事委之漕臣；三年，復置。重和元年，工部尚書王詔言，乞選差曾任水官諳練者爲南、北兩外丞，從之。宣和三年，詔罷南、北外都水丞司，依元豐法，通差文武官一員。

分案七，置吏三十有七。所隸有：街道司，掌轄治道路人兵，若車駕行幸，則前期修治，有積水則疏導之。

建炎三年，詔都水監置使者一員。紹興九年，復置南、北外都水丞各一員，南丞于應天府，北丞于東京置司。十年，詔都水事歸于工部，不復置官。

《歷代職官表》卷一五《歷代建置下》　章俊卿《山堂考索》：嘉祐中，京師大水，始取三司之河渠案置都水監。元豐官制復以三司胄曹案歸之軍器監，修造案之事歸之將作監，三監皆隸工部。

陸游《老學庵筆記》：元祐初，蘇子由爲户部侍郎建言，都水監本三司之河渠案，將作監本三司之修造案，軍器監本三司之胄案，三司令户部，而三監乃屬工部，請三監皆兼隸户部，凡有所爲，户部定其事之可否，裁其費之多寡，而工部任其工之良楛，程其作之遲速。朝廷從其言，爲立法。及紹聖中以爲害，元豐官制罷之。建中靖國中，或欲復從元祐，已施行矣。時豐相之爲工部尚書，獨持不可，曰設如都水監塞河，軍器監造軍器，而户部以爲不可則已矣。若以爲可，則併任其事可也。今若户部吝其費裁損之，乃令工部任河之决塞、器之利鈍，爲工部者不亦難乎？議遂寢。

謹案：據章俊卿、陸游所紀，則宋之將作、都水二監，雖各置長貳，實爲工部所統屬，故都水後遂併入工部。將作雖復置，而歲會籍帳亦必上於工部也。至軍器一監，其職亦今虞衡司所有事，而當時御前軍器皆歸其造作，與今武備院所掌尤近，故列入内務府表内焉。

遼附西夏

宣徽院

《遼史》卷四五《百官志一》 契丹舊俗，事簡職專，官制朴實，不以名亂之，其興也勃焉。太祖神册六年，詔正班爵。至于太宗，兼制中國，官分南、北，以國制治契丹，以漢制待漢人。國制簡朴，漢制則沿名之風固存也。遼國官制，分北、南院。北面治宫帳、部族、屬國之政，南面治漢人州縣、租賦、軍馬之事。因俗而治，得其宜矣。

初，太祖分迭剌夷離堇爲北、南二大王，謂之北、南院。宰相、樞密、宣徽、林牙，下至郎君、護衛，皆分北、南，其實所治皆北面之事。語遼官制者不可不辨。

凡遼朝官，北樞密視兵部，南樞密視吏部，北、南二王視户部，夷離畢視刑部，宣徽視工部，敵烈麻都視禮部，北、南府宰相總之。惕隱治宗族，林牙修文告，于越坐而論議以象公師。朝廷之上，事簡職專，此遼所以興也。【略】

宣徽北院。太宗會同元年置，掌北院御前祗應之事。

北院宣徽使。

知北院宣徽事。

北院宣徽副使。

同知北院宣徽事。

宣徽南院。會同元年置，掌南院御前祗應之事。

南院宣徽使。

知南院宣徽事。

南院宣徽副使。

同知南院宣徽事。

《歷代職官表》卷三八《内務府下・歷代建置》 謹案：遼官分北面、南面，以上皆北面官也。其供御之官至爲繁多，職掌雖不盡可考，而以類求之，皆可得其彷彿。史言遼宣徽視工部，蓋以其專主工作言之，是猶唐宋少府也。奉宸祗候，在宋爲殿中省之屬，而承應諸職則服食寢處之事，皆備矣。

宣徽院，太宗會同元年置。宣徽使知宣徽院事，馬得臣統和初知宣徽院事。宣徽副使同知宣徽使事，同知宣徽院事。

工部

《續文獻通考》卷五三《職官三》 南面工部官有尚書、侍郎，所屬有郎中、員外郎。又中京有文思院，院有使。

臣等謹按《百官志》，文思院使不詳所掌，今以宋明二史考之，屬工部，故附載於此。

《歷代職官表》卷一五《歷代建置下》 《遼史・本紀》：聖宗統和元年，虞部員外郎崔祐分決滯獄。開泰二年，户部侍郎劉涇加工部尚書。興宗景福元年十月，工部尚書高德順使宋。重熙十七年，將作少監王全使夏。《遼史・文學傳》：李澣授翰林學士，穆宗即位，累遷工部侍郎。《遼史・百官志》：諸監職名有將作監、都水監。

謹案：遼北面官僚以宣徽視工部，而所司乃御前祗應之事，則當兼有漢、唐少府職事也。至南面官僚，史志不詳，今參考紀傳所載職名，畧著一二，以見當時工部及將作、都水二監設官之大概焉。

將作監　都水監

《遼史》卷四七《百官志三》 諸監職名總目：【略】太府監、少府監、將作監、都水監，已上文官。

《遼史》卷四七《百官志三》 南面朝官　遼有北面朝官矣，既得燕、代十有六州，乃用唐制，復設南面三省、六部、臺、院、寺、監、諸衛、東宮之官。誠有志帝王之盛制，亦以招徠中國之人也。【略】

三公府，先漢丞相、太尉、御史大夫，後漢更名大司徒、大司馬、大司空，唐太尉、司徒、司空，又名三司。太尉，太宗天顯十一年見太尉趙思温。司徒，世宗天禄元年見司徒劃設。司空，聖宗統和三十年見司空邢抱質。【略】

諸監職名總目：某太監，興宗景福元年見少府監馬憚。某少監，興宗重熙十七年見將作少監王企。

《西夏天盛律令》卷一〇《司序行文門》 上司：中書、樞密。

次等司：殿前司、御史、中興府、三司、僧人功德司、出家功德司、大都督府、皇城司、宣徽、內宿司、道士功德司、閤門司、御庖廚司、匭匣司、西涼府、府夷州、中府州。

中等司：大恒曆司、都轉運司、陳告司、都磨勘司、審刑司、群牧司、農田司、受納司、邊中監軍司、前宮侍司、磨勘軍案殿前司上管、鳴沙軍、卜算院、養賢務、資善務、回夷務、醫人院、華陽縣、治源縣、五原縣、京師工院、虎控軍、威地軍、大通軍、宣威軍、聖永地居。

下等司：行宮司、擇人司、南院行宮三司、馬院司、西院經治司、沙州經治司、定遠縣、懷遠縣、臨河縣、保靜縣、靈武郡、甘州城司、永昌城、開邊城。

三種工院：北院、南院、肅州。

邊中轉運司：沙州、黑水、官黑山、卓囉、南院、西院、肅州、瓜州、大都督府、寺廟山。

地邊城司：□□、真武縣、西寧、孤山、魅拒、末監、勝全、邊净、信同、應建、争止、龍州、遠攝、銀州、合樂、年晉城、定功城、衛邊城、富清縣、河西縣、安持寨。

末等司：刻字司、作房司、制藥司、織絹院、番漢樂人院、作首飾院、鐵工院、木工院、紙工院、磚瓦院、出車院、綏遠寨、西明寨、常威寨、鎮國寨、定國寨、涼州、宣德堡、安遠堡、訛泥寨、夏州、綏州。

金

工部

《金史》卷五五《百官志一》 工部。尚書一員，正三品；侍郎一員，正四品；郎中一員，從五品。

掌修造營建法式、諸作工匠、屯田、山林川澤之禁、江河隄岸、道路橋梁之事。員外郎一員，從六品。貞祐五年，兼覆實司官。天德三年，增二員。主事二員，從七品。令史十八人，内女直四人。譯史二人，通事一人。

覆實司

《金史》卷五五《百官志一》 覆實司。管勾一員，從七品，隸户、工部，掌覆實營造材物、工匠價直等事。大安元年，隸三司、工部，罷同管勾。貞祐五年併罷之，以二部主事兼。興定四年復設，從省擬，不令户、工部舉。

修内司

《金史》卷五六《百官志二》 修内司，大定七年設。使，從五品。副使，從六品。掌宮中營造事。兵匠一千六十五人，兵夫二千人，仍命少府監長官提控。直長二員，正八品。部役官四員，正八品。掌監督工役。受給官二員，正八品，掌支納諸物。

都城所，提舉，從六品。同提舉，從七品。掌修完廟社及城隍門鑰、百司公廨，係官舍屋并栽植樹木工役等事。左右廂官各二員，正八品，掌監督工役。受給官二員，正八品，掌支納諸物及埏埴等事。

祗應司，提點，從五品。令，從六品。丞，從七品。掌給宮中諸色工作。直長，正八品。收支庫都監、同監。泰和元年置。

甄官署，令，從六品。丞，從七品。直長，正八品。掌劖石及埏埴之事。

上林署，提點，從五品。泰和八年創，大安二年省。令，從六品。掌諸苑園池沼、種植花木果蔬及承奉行幸舟船事。丞，從七品。大定七年，增一員，分司南京，以勾判兼之。大安三年復省一員。

都水監

《金史》卷五六《百官志二》 都水監：街道司隸焉。分治監，專規措黄、沁河，衛州置司。監，正四品，掌川澤、津梁、舟楫、河渠之事。興定五年兼管勾沿河漕運事，作從五品，少監正六品以下皆同兼漕事。少監，從五品。明昌二年增一員，衛州分治。丞二員，正七品，内一員外監分治。貞元元年置。掾，正八品，掌與丞同，外監分治。大定二十七年添一員，明昌五年併罷之，六年復置二員。勾當官四員，準備分治監差委。明昌五年以罷掾設二員，興定五年設四員。

街道司。管勾，正九品，掌洒掃街道、修治溝渠。舊南京街道司，隸都水外監，貞元二年罷歸京城所。

中都木場

《金史》卷五七《百官志三》 中都木場。使一員，從八品。副使一員，判官一員，皆正九品。掌拘收材木諸物及出給之事。司吏一人，庫子四人，花料一人，木匠一人。

元

工部

《元史》卷八五《百官志一》 工部，尚書三員，正三品；侍郎二員，正四品；郎中二員，從五品；員外郎二員，從六品。掌天下營造百工之政令。凡城池之修濬，土木之繕葺，材物之給受，工匠之程式，銓注局院司匠之官，悉以任之。世祖中統元年，右三部置尚書二員，侍郎二員，郎中五員，員外郎五員，内二員專署工部事。至元元年，始分立工部。尚書四員，侍郎三員，郎中四員，員外郎五員。三年，復合爲右三部。七年，仍自爲工部。尚書二員，侍郎仍二員，郎中三員，員外郎如舊。二十三年，定尚書、侍郎、郎中、員外郎各以二員爲額。明年，以曹務繁冗，增尚書二員。二十八年，省尚書一員。首領官：主事五員。蒙古必闍赤六人，令史四十二人，回回令史四人，怯里馬赤一人，知印一人，奏差三十人，蒙古書寫一人，典吏七人。又司程官四員，右三部照磨一員，典吏七人。其屬附見：

左右部架閣庫，秩正八品。管勾二員，典吏十二人。掌六部文卷簿籍架閣之事。中統元年，左右部各置。二十三年，併爲左右部架閣庫。

諸色人匠總管府，秩正三品。掌百工之技藝。至元十二年始置，總管、同知、副總管各一員。十六年，置達魯花赤一員，增同知、副總管各一員。二十八年，省同知一員。三十年，省副總管一員。後定置達魯花赤一員，總管一員，同知二員，副總管二員，經歷一員，知事一員，提控案牘一員，令史五人，譯史一人，奏差四人。其屬十有一：

梵像提舉司，秩從五品。提舉一員，同提舉一員，副提舉一員，吏目一員。董繪畫佛像及土木刻削之工。至元十二年，始置梵像局。延祐三年，陞提舉司，設今官。

出蠟局提舉司，秩從五品。提舉一員，同提舉一員，副提舉一員，吏目一員。掌出蠟鑄造之工。至元十二年，始置局。延祐三年，陞提舉司，設今官。

鑄瀉等銅局，秩從七品。大使一員，副使一員。掌鑄瀉之工。至元十年，始置官三員。二十八年，省管勾一員，後定置二員。

銀局，秩從七品。大使一員，直長一員。掌金銀之工。至元十二年始置。

鑌鐵局，秩從八品。大使一員。掌鏤鐵之工。至元十二年始置。

瑪瑙玉局，秩從八品。直長一員。掌琢磨之工。至元十二年始置。

石局，秩從七品。大使一員，管勾一員。董攻石之工。至元十二年始置。

木局，秩從七品。大使一員，直長一員。董攻木之工。至元十二年始置。

油漆局，副使一員，用從七品印。董髹漆之工。至元十二年始置。

諸物庫，秩正九品。提領一員，副使一員。掌出納諸物之事。至元十二年始置。

管領隨路人匠都提領所，提領一員，大使一員，俱受省檄。掌工匠詞訟之事。至元十二年始置。【略】

提舉都城所，秩從五品。提舉二員，同提舉二員，副提舉二員，吏目一員，照磨一員。掌修繕都城内外倉庫等事。至元三年置。其屬一：

左右廂，官四員，用從九品印。至元十三年置。

受給庫，秩正八品。提領一員，大使一員，副使一員。掌京城内外營造木石等事。至元十三年置。【略】

平則門窑場，提領一員，大使一員，副使一員，給從六品印。至元十三年置。

光熙門窑場，提領一員，大使一員，副使一員，給從八品印。至元二十五年置。【略】

大名人匠提舉司，提舉一員，同提舉一員，副提舉一員，照略案牘一員。

興和路蕁麻林人匠提舉司，提舉一員，同提舉一員，副提舉一員，照略案牘一員。

【略】

《續文獻通考》卷五三《職官三》 元工部掌天下營造百工之政令。尚書三人，侍郎二人，凡城池之修濬、土木之繕葺、材物之給受、工匠之程式、銓注局院司匠之官，悉以任之。

所屬郎中、員外郎各二人，首領官主事五人。又司程官四人，右三部照磨一人。至元元年，始分立工部，尚書四人，侍郎三人，郎中四人，員外郎五人。三年，復合爲右三部。七年，仍自爲工部，尚書二人，侍郎仍三人，郎中三人，員外郎如舊。二十三年，尚書等官定以二人爲額。二十四年，以曹務繁冗，增尚書二人。二十八年，省尚書一人。

其屬有左右架閣庫，掌六部文卷簿籍架閣之事。管勾二人。中統元年，左右部各置二十。三年，併爲左右部架閣庫。又諸色人匠總管府，掌百工之技藝，有達嚕噶齊、總管各一人，同知、副總管各二人，經歷、知事、提控、案牘各一人，世祖至元十二年，始置總管同知、副總管各一人。十六年，置達嚕噶齊一人，增同知、副總管各一人。二十八年，省同知一人。三十年，省副總管一人。後定置如上。其屬十有一。梵像提舉司：(薰)〔董〕繪畫佛像及土木刻削之工。提舉、同提舉、副提舉、吏目各一人。　出蠟局提舉司：掌出蠟鑄造之工。官與梵像提舉司同。　鑄瀉等銅局：掌鑄瀉之工。大使、副使各一人。　銀局：掌金銀之工。大使、直長各一人。　鑌鐵局：掌鏤鐵之工。大使一人。　瑪瑙玉局：掌琢磨之工。直長一人。　石局：董攻石之工。大使、管勾各一人。　木局：董攻木之工。大使、直長各一人。　油漆局：董髹漆之工。副使一人。　諸物庫：掌出納諸物之事。提領、副提領各一人。　管領隨路人匠都提領所：掌工匠詞訟之事。提領、大使各一人，俱受省檄。

《歷代職官表》卷一五《工部下・歷代建置下》　其屬諸色人匠總管府：秩正三品，掌百工之技藝，置達嚕噶齊一員、總管一員、同知二員、副總管二員、經歷一員、知事一員、提控案牘一員、令史五人、譯史一人、奏差四人。提舉都城所：秩從五品，提舉二員，同提舉二員，副提舉二員，吏目一員，照磨一員，掌修繕都城内外倉庫等事，至元三年置。受給庫：秩正八品，提領一員，大使一員，副使一員，掌京城内外營造木石等事，至元十三年置。光熙門窑場：提領一員，大使一員，副使一員，給從八品印。至元二十五年置。

陶宗儀《南村輟耕録》卷二一《公宇》　工部：覆實司、提舉都城所、提舉右八作司、提舉左八作司、備章總院、大都人匠總管府、大都等路諸色民匠總管府、紋綉總院、繡局、諸路雜造總管府、茶迭兒局諸色人匠總管府、提舉諸司局、諸司局人匠總管府、大都金銀器盒局、大都氈局、織染局、花毯蠟布等局、簾局、撒答剌欺等局人匠提舉司、造船提舉司、諸物庫、符牌庫、受給庫、左右廂。

中政院　内正司　尚工署

《元史》卷八八《百官志四》　中政院，秩正二品。院使七員，正二品；同知二員，正三品；僉院二員，從三品；同僉二員，正四品；院判二員，正五品。掌中宫財賦營造供給，并番衛之士，湯沐之邑。元貞二年，始置中御府，秩正三品。大德四年，陞中(正)〔政〕院，秩正二品。至大三年，陞從一品，院使七員，同知、僉院、同僉、院判各二員。四年，省併入典内院。皇慶二年，復爲中政院，設官如舊。其幕職則司議二員，從五品；長史二員，正六品；照磨兼管勾承發架閣一員，正八品。吏屬：蒙古必闍赤四人，掾史十二人，回回掾史二人，怯里馬赤二人，知印二人，宣使十人。【略】

内正司，秩正三品。掌百工營繕之役，地産孳蓄之儲，以供膳服，備賜予。卿四員，正三品；少卿二員，正四品；丞二員，從五品；典簿二員，從七品；照磨兼管勾一員，正九品。吏屬各有差。領署二，提舉司一，及其司屬凡十有六。歲賦之額，工作之程，終歲則會其數以達焉。

尚工署，秩從五品。令一員，從五品；丞二員，從六品；書史一人，書吏四人。掌管繕雜作之役，凡百工名數，興造程式，與其材物，皆經度之，而責其成功。皇慶元年始置，隸内正司。

營繕司

《元史》卷八七《百官志三》　太禧宗禋院，秩從一品。掌神御殿朔望歲時諱忌日辰禋享禮典。天曆元年，罷會福、殊祥二院，改置太禧院以總制之。初，院官秩正二品，陞從一品，置參議二員，改令史爲掾史。二年，改太禧宗禋院，置院使六員，增副使二員，立諸總管府爲之屬。凡錢糧之出納，營繕之作輟，悉統之。定置院使都典制神御殿事六員，同知兼佐儀神御殿事二員，副使兼奉贊神御殿事二員，僉院兼祇承神御殿事二員，同僉兼肅治神御殿事二員，院判供應神御殿事二員，參議二員，經歷二員，都事二員，管勾、照磨各一員，掾史二十人，譯史四人，知印二人，怯里馬赤二人，宣使一十五人，斷事官四員，客省使大使、副使各二員。

隆禧總管府，秩正三品。至大元年，建立南鎮國寺，初立規運提點所。二年，改爲規運都總管府。三年，陞爲隆禧院。天曆元年，罷會福、殊祥二院，以隆禧、殊祥併立殊祥總管府，尋又改爲隆禧總管府。定置達嚕花赤一員，總管一員，副達嚕花赤一員，同知一員，治中一員，判官一員，經歷一員，知事、照磨各一員，令史六人，譯史、知印各一人，怯里馬赤一人，奏差四人。

福元營繕司，秩正五品。達魯花赤一員，司令一員，大使一員，副使一員，吏目一人，司吏一人。天曆元年，以南鎮國寺所立怯憐口事産提舉司，改爲崇恩福元提點所。三年，又改爲福元營繕司。

普安智全營繕司，秩五品。達魯花赤一員，司令一員，大使、副使各一員，吏目一人，司吏一人。天曆元年，以太玉山普安寺、大智全寺兩規運提點所併爲一，置提點二員。三年，又改爲營繕司。

祐國營繕都司，秩〔正〕（五）〔四〕品。達魯花赤一員，司令一員，大使、副使各一員，知事一員，提控案牘一員。天曆元年，初置萬聖祐國營繕提點所。三年，改爲營繕都司。

平松等處福元田賦提舉司，秩五品。置達魯花赤一員，提舉一員，同提舉、副提舉各一員。

田賦提舉司，秩五品。置提舉一員、同提舉一員、副提舉一員。

資用庫，提領一員，大使一員。

萬聖庫，提領一員，大使一員，副使一員。

會福總管府，秩正三品。至元十一年，建大護國仁王寺及昭應宮，始置財用規運所，秩正四品。十六年，改規運所爲總管府。至大元年，改都總管府，從二品。尋陞會福院，置院使五員。延祐三年，陞正二品。天曆元年，改爲會福總管府，正三品。定置達魯花赤一員，總管一員，同知一員，治中一員，府判一員，經歷、知事、提控案牘各一員，令史八人，譯史、通事、知印各一人，奏差四人。

仁王營繕司，正五品。至元八年，立護國仁王寺鎮遏提舉司。十九年，改鎮遏所。二十八年，併三提領所爲諸色人匠提領所。天曆元年，改爲鎮遏民匠提領所。三年，改爲仁王營繕司。置達魯花赤一員，司令一員、大使一員、副使一員。【略】

崇祥總管府，秩正三品。至大元年，立大承華普慶寺都總管府。二年，改延禧監，尋改崇祥監。四年，陞爲崇祥院，秩〔正〕二品。泰定四年，復改爲大承華普慶寺總管府。天曆元年，改爲崇祥總管府。定置達魯花赤一員，總管一員，副達魯花赤一員，同知、治中、府判各一員，經歷、知事、提控案牘兼照磨各一員，令史六人，譯史、知印各一人，怯里馬赤一人，奏差四人。

永福營繕司，秩正五品。延祐三年，以起建新寺，始置營繕提點所。天曆元年，改爲永福營繕提點所。三年，改營繕司。設達魯花赤一員、司令一員、大使一員、副使一員、都目一員。

昭孝營繕司，秩正五品。天曆元年，立壽安山規運提點所。三年，改昭孝營繕司。定置達魯花赤一員，司令一員，大使、副使各一員。

普慶營繕司，〔秩正五品〕。天曆元年，始置普慶營繕提點所。三年，改爲營繕司。定置達魯花赤一員，司令一員，大使、副使各一員。【略】

隆祥使司，秩正三品。天曆二年，中宮建大承天護聖寺，立隆祥總管府，設官八員。至順二年，陞爲隆祥使司，秩從二品。置官：司使四員，同知、副使、司丞各二員，經歷一員，都事二員，照磨兼架閣一員，令史十人，譯史、通事、知印各二人，宣使十人，典吏六人。

普明營繕都司，秩正四品。天曆元年，創大（龍興）〔興龍〕普明寺于海南，置規運提點所，設官六員。二年，撥隸（龍）〔隆〕祥總管府。三年，改爲都司，品秩仍舊，以掌營造出納錢糧之事。定置達魯花赤、司令、大使、副使各一員，知事一員，提控案牘一員。

集慶萬壽營繕都司，秩正四品。天曆二年，建龍翔、萬壽兩寺于建康，立龍翔萬壽營繕提點所，爲隆祥總管府屬。三年，改爲營繕都司，秩仍舊，以掌營造錢糧之事。定置達魯花赤、司令、大使、副使各一員，知事、提控案牘各一員。【略】

壽福總管府，掌祭共錢糧之事，秩正三品。至大四年，因建大聖壽萬安寺，置萬安規運提點所，秩正五品。延祐二年，陞都總管府，秩正三品。尋陞爲壽福院，正二品。天曆元年，改立總管府，仍正三品。定置官：達魯花赤、總管、副達魯花赤、同知、治中、府判各一員，經歷、知事、案牘照磨各一員，令史六人，知印、通事、譯史各一人，奏差四人，典吏二人。

萬安營繕司，秩正五品。〔天曆〕三年，以萬安規運提點所既廢，復立萬安營繕司。定置達魯花赤、司令、大使、副使、都目各一人。

萬寧營繕司，秩正四品。大德十年，始置萬寧規運提點所。天曆元年，改營繕司。定置達魯花赤，司令、大使、副使、都目各一員。

收支庫，提領一員，大使一員。

延聖營繕司，秩正五品。初立天源營繕提點所，天曆三年，改營繕司。定置達魯花赤、司令、大使、副使、都目各一員。

諸物庫，提領一員，大使一員。

大都留守司

《元史》卷九〇《百官志六》　大都留守司，秩正二品。掌守衛宫闕都城，調度本路供億諸務，兼理營繕内府諸邸、都宫原廟、尚方車服、殿廡供帳、内苑花木，及行幸湯沐宴游之所，門禁關鑰啓閉之事。留守五員，正二品；同知二員，正三品；副留守二員，正四品；判官二員，正五品；經歷一員，從六品；都事二員，從七品；管勾承發架閣庫一員，正八品；照磨兼覆料官一員，部役官兼壕寨一員，令史十八人，宣使十七人，典吏五人，知印二人，蒙古必闍赤三人，回回令史一人，通事一人。至元十九年，罷宫殿府行工部，置大都留守司，兼本路都總管，知少府監事。二十一年，別置大都路都總管府治民事，并少府監歸留守司。皇慶元年，別置少府監。延祐七年，罷少府監，復以留守兼監事。其屬附見：

修内司，秩從五品。領十四局人匠四百五十户，掌修建宫殿及大都造作等事。提點一員，大使一員，副使一員，直長五員，吏目一員，照磨一員，部役七員，司吏六人。中統二年置。至元中，增工匠，計一千二百七十有二户。其屬附見：

大木局，提領七員，管勾三員。掌殿閣營繕之事。中統二年置。

小木局，提領二員，同提領一員，副提領三員，管勾二員，提控四員。中統四年置。

泥厦局，提領八員，管勾二員。中統四年置。

車局，提領二員，管勾一員。中統五年置。

粧釘局，提領二員，同提領二員。中統四年置。

銅局，提領一員，同提領一員，管勾一員。中統四年置。以上六局，秩從八品。

竹作局，提領二員，提控一員。中統四年置。

繩局，提領二員。中統五年始置。

祗應司，秩從五品。掌内府諸王邸第異巧工作，修禳應辦寺觀營繕，領工匠七百户。大使一員，從五品；副使一員，正七品；直長三員，正八品；吏目一員，司吏二人。國初，建兩京殿宇，始置司以備工役。其屬附見：

油漆局，提領五員，同提領、副提領各一員。掌兩都宫殿髹漆之工。中統元年置。

畫局，提領五員，管勾一員。掌諸殿宇藻繪之工。中統元年置。

銷金局，提領一員，管勾二員。掌諸殿宇裝鋈之工。中統四年置。

裱褙局，提領一員。掌諸殿宇裝潢之工。中統二年置。

燒紅局，提領二員。掌諸宫殿所用心紅顔料。至元元年置。

器物局，秩從五品。掌内府宫殿、京城門户、寺觀公廨營繕，及御用各位下鞍轡、忽哥轎子、帳房車輛、金寶器物，凡精巧之藝，雜作匠户，無不隸焉。大使一員，從五品；副使一員，正七品；直長二員，正八品；吏目一員，司吏二人。中統四年，始立御用器物局，受省劄。至元七年，改爲器物局，秩如上。【略】

採石局，秩從七品。大使、副使各一員。掌夫匠營造内府殿宇寺觀橋牐石材之役。至元四年，置石局總管。十一年，發採石之夫二千餘户，常任工役，置大都等處採石提舉司。二十六年罷，立採石局。

山場，提領一員，管勾五員。至元四年置。【略】

大都四窰場，秩從六品。提領、大使、副使各一員。領匠夫三百餘户，營造素白玻璃磚瓦，隸少府監。至元十三年置。其屬三：

南窰場，大使、副使各一員。中統四年置。

西窰場，大使、副使各一員。至元四年置。

琉璃局，大使、副使各一員。中統四年置。

凡山採木提舉司，秩從五品。掌採伐車輛等雜作木植，及造只孫繫腰刀把諸物。達魯花赤、提舉各一員，並從五品；同提舉一員，正七品；副提舉一員，正八品；吏目一員，司吏六人。至元十四年置。

上都採山提領所，秩從八品。提領、副提領、提控各一員。至元九年，以採伐材木，鍊石爲灰，徵發夫匠一百六十三户，遂置官以統之。

凡山宛平等處管夫匠所，提領二員，同提領二員，管領催車材户提領一員。至元十五年置。【略】

上林署，秩從七品。署令、署丞各一員，直長一員。掌宫苑栽植花卉，供進蔬菓，種苜蓿以飼駝馬，備煤炭以給營繕。至元二十四年置。

養種園，提領二員。掌西山淘煤，羊山燒造黑白木炭，以供修建之用。中統三年置。

花園，管勾二員。掌花卉果木。至元二十四年置。【略】

木場，提領一員，大使一員，副使一員。掌受給營造宮殿材木。至元四年，置南東二木場。十七年，併爲一場。

大都路管領諸色人匠提舉司，秩從五品。掌大都諸色匠户理斷昏田詞訟等事。提舉一員，從五品；同提舉一員，正七品；副提舉一員，正八品；吏目一人，司吏二人。中統四年，置人匠奥魯總管府，秩從四品。至元十二年，改提舉司。十五年，兼管採石人户，秩如舊。

真定路、東平路管匠官，秩從七品。每路大使一員，副使一員，中統四年置。

保定路、宣德府管匠官，秩從七品。保定大使一員，副使一員，管匠官一員；宣德二員。中統四年置。

大名路管匠官，秩從七品。大使一員，管匠官三員。中統四年置。

晉寧、冀寧、大同、河間四路管匠官，秩從七品。每路大使、副使各一員。中統四年置。

收支庫，秩正九品。掌受給營繕。提點一員，大使一員，副使二員，直長二員，庫子二人。至元四年置。

諸色庫，秩從八品。掌修内材木，及江南徵索異樣木植，并應辦官寺齋事。大使一員，副使一員，司庫二人。至大四年置。

太廟收支諸物庫，秩從八品。大使、副使各一員，司庫四人。至治二年，以營治太廟始置。

南寺、北寺收支諸物二庫，秩從七品。提領、大使各一員，副使二員，司庫之屬凡十人。至治元年，以建壽安山寺始置。

廣誼司，秩正三品。司令二員，正三品；同知二員，正四品；副使二員，正五品；判官二員，正六品；經歷、知事各二員，照磨一員。總和顧和買、營繕織造工役、供億物色之務。至元十四年，改覆實司辨驗官，兼提舉市令司。大德五年，又分大都路總管府官屬，置供需府。至順二年罷之，立廣誼司。

文廷式《大元官制雜記》 修内司屬大都留守司，初隸宮殿府，置大使一員、副使一員、部役官三員、知事一人。四年，以石局、琉璃局并孛蘭奚官隸少府外，實領八局。至元中，營造内府宮室御用、諸王位下異樣精製造作、折疊帳房、大小車輛、寺院係官廨舍、應辦齋事。工役浩繁，增匠至千二百七十有二户，設提點一員、大使一員、副使三員、直長五員、部役官七人、吏目、照磨各一員，司吏六人，今定置提點一員、大使一員，副使一員，直長五員，吏目一員，照磨一員，部役官七人、司吏六人。又修内司，至元八年始置，秩從五品，鑄給銀印，掌營修内府之事。今定置大使一員、副使三員、直長三員。中統四年，立宮殿府，後改爲修内司。建公廨，凡用赤栝等木三百，口木二十，拖材十八，渾木三十五，椽四百五十五。正廳三間，長四丈五尺，深三丈五尺，高一丈八尺五寸一；納心栱東西司房各三間，長四丈二尺，深一丈八尺，高一丈六尺；庖室三間，門一間。

都水監

《元史》卷九〇《百官志六》 都水監，秩從三品。掌治河渠并隄防水利橋梁牐堰之事。都水監二員，從三品；少監一員，正五品；監丞二員，正六品；經歷、知事各一員，令史十人，蒙古必闍赤一人，回回令史一人，通事、知印各一人，奏差十人，壕寨十六人，典吏二人。至元二十八年置。二十九年，領河道提舉司。大德六年，陞正三品。延祐七年，仍從三品。

大都河道提舉司，秩從五品。提舉一員，從五品；同提舉一員，從六品；副提舉一員，從七品。

民匠都總管府

《元史》卷八九《百官志五》 儲(正)〔政〕院，秩正二品。至元十九年，立詹事院，備左右輔翼皇太子之任。置左、右詹事各一員，副詹事、詹事丞、院判各二員，吏屬六十有二人。別置宮臣賓客二員，左右諭德、左右贊善各一員，校書郎二員，中庶子、中允各一員。三十一年，太子裕宗既薨，乃以院之錢糧選法工役，悉歸太后位下，改爲徽政院以掌之。大德九年，復立詹事院，尋罷。十一年，更置詹事院，秩從一品，設官十二員。至大四年罷。延祐四年復立，七年罷。泰定元年，罷徽政院，改立詹事如前。天曆元年，改詹事院爲儲慶使司。二年罷，復立詹事院。未幾，改儲政院。院使六員，正二品；同知二員，正三品；僉院二員，從三品；同僉二員，正四品；院判二員，正五品；司議二員，從五品；長史二員，正六品；照磨二員，管勾二員，俱正八品；掾史一十二人，譯史四人，回回掾史二人，通事、知印各二人，宣使十人，典吏六人。其屬附見：【略】

延慶司，秩正三品。掌修建佛事。使二員，同知一員，副使、典簿各二員，照磨一員。至元二十一年始立，隸詹事院。三十一年，隸徽政院。大德十一年，立詹事院，別立延慶司，秩仍正三品，置卿、丞等員。泰定元年，改隸詹事院。天曆

元年罷,二年復立,增丞二員。【略】

管領怯憐口諸色民匠都總管府,秩正三品。達魯花赤一員,總管一員,並正三品;同知一員,正四品;副總管二員,正五品;經歷一員,從七品;知事一員,從八品;提控案牘、照磨、管勾各一員,令史十人,知印二人,通事一人,譯史二人,奏差六人,典吏四人。領怯憐口人匠造作等事。至大三年,立總管府。至治三年罷。天曆二年復立,隸儲政院。其屬附見:

管領大都怯憐口諸色人匠提舉司,秩正五品。達魯花赤一員,提舉一員,同提舉、副提舉各一員,首領官一員,司吏四人,部役二人。

管領上都怯憐口諸色人匠提舉司,秩正五品。達魯花赤一員,提舉一員,同提舉、副提舉各一員,首領官一員,司吏四人,部役二人。

典製局,秩從七品。大使、副使各一員,直長二員。

典設署,秩從五品。令丞各四員,書史一員,書吏四人。掌內府朮刺赤二百二十户。至元二十年置。三十一年,改掌儀署,隸內宰司。泰定元年,復爲典設。天曆二年,隸本府。

雜造人匠提舉司,秩從四品。達魯花赤一員,提舉一員,同提舉、副提舉各一員,都目一員,司吏二人,部役二人。至元八年置。初隸繕珍司,至大三年改隸章慶司。章慶罷,凡造作之事悉歸之。天曆二年,隸本府。

雜造局,秩正九品。院長一員,直長一員,管勾一員。

隨路諸色人匠都總管府,秩正三品。中統五年,命招集析居放良還俗僧道等户,習諸色匠藝,立管領怯憐口總管府,以司其造作,秩正四品。至元九年,陞正三品。大德十一年,改繕珍司。延祐六年,陞徽儀使司,秩正二品。七年,仍爲繕珍司,官屬如舊。至治三年,復改都總管府。達魯花赤一員,總管二員,並正三品;同知一員,正五品;副總管二員,從五品;經歷、知事、照磨、提控案牘各一員,令史四人,譯史一人,奏差二人,典吏一人。其屬附見:

上都諸色民匠提舉司,秩從五品。提舉一員,同提舉、副提舉、吏目各一員。至元十九年立。至大元年,增達魯花赤一員。至治三年,省增置之員,設官如舊。

金銀器盒局,秩從八品。大使一員,副使一員。至元七年置。

染局,秩正八品。大使一員,副使一員。至元七年置。

雜造局,正八品。大使、副使各一員。至元七年置。

泥瓦局,大使、副使各一員。至元七年置。

鐵局,大使一員,副使一員。至元七年置。

上都葫蘆局,大使一員,副使一員。至元七年置。

器物局,副使一員。中統五年置。

砑金局,大使一員。至元二十年置。

鞍子局,大使一員。至元七年置。

雲州管納色提領所,提領一員。掌納色人户。至元七年置。

大都等路諸色人匠提舉司,秩從五品。提舉、同提舉、副提舉各一員。至元十六年置。其屬附見:

雙線局,提領一員,副使一員。至元十八年置,受詹事院劄。

大小木局,大使一員,副使一員,直長一員。至元十八年置,受詹事院劄。元貞元年,併領皇后位下木局。

盒鉢局,大使一員,副使一員,直長一員。至元七年立,受府劄。

管納色提領一員,受府劄。管銅局、筋局、鎖兒局、粧釘局、雕木局。至元三十年置。【略】

上都奧魯提領所,提領一員。掌理人匠詞訟。至元十八年置,受詹事院劄。

上都奧魯提領所,提領一員,同提領一員。掌理人匠詞訟。至元十八年置,受詹事院劄。

上都異樣毛子局,大使一員,副使一員。至元二十年置,受詹事院劄。

上都氈局,大使一員,副使一員,直長二員。至元二十年置,受詹事院劄。

上都斜皮等局,大使一員,副使一員。至元二十年置,受詹事院劄。

蔚州定安等處山場採木提領所,秩正八品。提領一員,大使一員,副使二員。至元十二年置。

上都隆興等路雜造鞍子局,提領一員,大使一員,直長二員。至元二十三年置,受詹事院劄。

真定路冀州雜造局,大使一員,副使一員。掌造作之事。至元十九年置。

【略】

管領大都等路打捕鷹房臙粉人户總管府,秩正四品。至元十四年,打捕鷹房達魯花赤,招集平灤散逸人户。二十九年,立總管府。大德十一年,撥隸皇太后位下。延祐六年,陞正四品。置達魯花赤一員、總管一員、首領官一員、令史四人，譯史一人，奏差二人。

管領本投下大都等路怯憐口民匠總管府，國初招集怯憐口哈赤民匠一千一百餘户，中統元年，立總管府。二年，給六品印，掌户口錢帛差發等事。至元九年，撥隸安西王位下。皇慶元年，又屬公主皇后位下。延祐元年，改隸章慶司。天曆二年，又改隸儲政院。達魯花赤一員，總管一員，俱受御寶聖旨；同知一員，副總管一員，俱受安西王令旨；知事一員，令史二人。【略】

管民提領所，凡三。大都路兼奉聖州提領六員，曹州提領二員，河間路提領三員，受本府劄。

管地提領所，凡二。奉聖州提領三員，東安州提領三員，受本府劄。

管領諸路怯憐口民匠都總管府，秩正三品。至元七年，招集析居從良還俗僧道，編籍人户爲怯憐口，立總管府以領之。十四年，以所隸户口善造作，屬中宫。十六年，立織染、雜造二局以司造作，立提領所以司徭役。二十五年，改陞正三品。延祐六年，改繕用司，仍三品。七年，復改府。達魯花赤一員，總管一員，並正三品；同知二員，正五品；副總管二員，從五品；經歷、知事、提控案牘兼照磨各一員，令史五人，譯史一人。其屬附見：

各處管民提領所，秩正七品。

河間，益都，保定，冀寧，晉寧，大名，濟寧，衛輝，宣德。

以上九所，提領、副提領各一員，相副官二員，典史一人，司吏二人。

汴梁，曹州，大同，開元，大寧，上都，濟南，真定。

以上八所，提領、副提領、相副官各一員，典史一人，司吏一人。

大都，歸德，鄂漢。

以上三所，提領、同提領、副提領各一員，相副官一員，大都增一員，典史、司吏各一人。【略】

雜造局，秩正七品。大使、副使、相副官各一員，典史、司吏各一人。【略】

隨路諸色民匠打捕鷹房都總管府，秩正三品。總四斡耳朵位下户計民匠造作之事。達魯花赤二員，都總管一員，同知一員，副總管二員，經歷、知事、提控案牘各一員，令史四人，奏差二人。至元二十四年置。官吏不入常調，凡斡耳朵之事，復置四總管以分掌之。

管領保定等路阿哈探馬兒諸色人匠總管府，秩從三品。掌太祖大斡耳朵一切事務。達魯花赤、總管、同知、副總管各一員，知事一員，吏二人。至元十七年置。【略】

管領曹州東平等路民匠提舉司，秩從五品。達魯花赤、提舉、同提舉、副提舉各一員。至元十七年置。【略】

管領打捕鷹房民匠達魯花赤總管府，秩正四品。掌二皇后斡耳朵位下歲賜財物造作等事。達魯花赤、總管、同知、副總管、知事各一員，吏二人。至元二十一年置。

管領口子迤北長官司，秩從五品。掌領户計二百有六。達魯花赤、長官、副長官各一員。至元二十一年置。

管領隨路諸色民匠達魯花赤等官，秩正五品。統民匠一千五百二十有五户。達魯花赤、總管、同知、副總管各一員。至元二十一年置。【略】

管領大都民匠提舉司，秩正七品。掌民匠二百有二户。提舉、同提舉、副提舉各一員。至元二十一年置。【略】

管領隨路諸色民匠打捕鷹房等户總管府，秩從四品。掌太祖斡耳朵四季行營一切事務。達魯花赤、總管、同知、副總管、知事各一員，司吏二人。大德二年置。【略】

管領隨路打捕鷹房諸色民匠怯憐口總管府，秩從三品。掌太祖四皇后位下四季行營并歲賜造作之事。達魯花赤、總管、同知、副總管各一員，經歷、知事、提控案牘兼照磨各一員，司吏二人。延祐五年置。【略】

管領河間路清州人匠提舉司，秩從五品。掌户計二百三十有四户。達魯花赤、提舉各一員。延祐五年置。

隨路打捕鷹房諸色民匠總管府，秩正四品。掌北安王位下歲賜錢糧之事。達魯花赤、總管、同知、副總管、知事各一員。至元二十二年置。【略】

管領大都薊州等處打捕提舉司，秩從五品。掌打捕户及民匠六百餘户。達魯花赤、提舉、副提舉各一員。至元二十二年置。

雜造局，秩正六品。達魯花赤一員，提舉、同提舉、副提舉各一員。至元十六年置。

怯憐口諸色民匠達魯花赤并管領上都納綿提舉司，秩正五品。掌迭只斡耳朵位下怯憐口諸色民匠及歲賜錢糧等事。達魯花赤、長官、同知、副長官各一員，提控案牘一員。

上都人匠提領所，秩從七品。達魯花赤、提領、同提領、副提領各一員。至元二十四年置。

上都大都提領所，秩從七品。掌本位下怯憐口等事。達魯花赤、大使、副使各一員。至元二十七年置。

歸德長官司，秩從六品。達魯花赤、長官、副長官各一員。至治三年置。

管領上都大都諸色人匠納綿户提舉司，秩從五品。掌斡耳朵位下歲賜等事。達魯花赤、提舉、同提舉各一員。至元十七年置。

致用庫，秩從七品。提領、大使各一員，副使二員。至元二十七年置。

提領司，秩從八品。提領三員，副提領一員。至元十一年置。

上都人匠局，秩從七品。達魯花赤二員，副使二員。至元二十七年置。

明

工部

《（萬曆）明會典》卷一八一《工部一》 尚書、左右侍郎，掌天下百工營作、山澤、採捕、窯冶、屯種、榷税、河渠、織造之政令。其屬初曰營部，曰虞部，曰水部，曰屯部，後改營部爲營繕，虞部爲虞衡，水部爲都水，屯部爲屯田，俱稱清吏司。營繕清吏司，郎中、員外郎、主事分掌宫府、器仗、城垣、壇廟經營興造之事。

《明史》卷七二《職官志一》 工部。尚書一人，正二品。左、右侍郎各一人。正三品。其屬，司務廳，司務二人。從九品。營繕、虞衡、都水、屯田四清吏司，各郎中一人，正五品，後增設都水司郎中四人。員外郎一人，從五品，後增設營膳司員外郎二人，虞衡司員外郎一人。主事二人，正六品，後增設都水司主事五人，營繕司主事三人，虞衡司主事二人，屯田司主事一人。所轄，營繕所，所正一人，正七品，所副二人，正八品，所丞二人。正九品。文思院，大使一人，正九品，副使二人。從九品。皮作局，大使一人，正九品，副使二人。從九品，後革。鞍轡局，大使一人，正九品。副使一人。從九品，隆慶元年，大使、副使俱革。寶源局，大使一人，正九品，副使一人。從九品，嘉靖間革。顔料局，大使一人。正九品，後革。軍器局，大使一人，正九品。副使二人。後革一人。節慎庫，大使一人。從九品。嘉靖八年設。織染所、雜造局，大使一人，正九品。副使一人。從九品。廣積、通積、盧溝橋、通州、白河各抽分竹木局，大使各一人，副使各一人。大通關提舉司，提舉一人，正八品，萬曆二年革。副提舉二人，正九品。典史一人。後副提舉、典史俱革。柴炭司，大使一人，從九品。副使一人。

尚書掌天下百官、山澤之政令，侍郎佐之。

營繕清吏司

《（弘治）明會典》卷一四七《工部一》 營繕清吏司。諸司職掌：郎中、員外郎、主事，掌經營興造之衆務。

營造一：營繕所掌工役，有内府造作、王府制度及儀仗城垣等項，今備列于後。

内府造作。諸司職掌：凡内府宫殿門舍牆垣，如奉旨成造及修理者，必先委官督匠度量材料，然後興工。其工匠早晚出入姓名、數目，務要點閘關察機密。所計物料并各色人匠，明白呈禀本部，行移支撥。其合用竹木隸抽分竹木局，磚瓦石灰隸聚寶山等窑冶，硃漆彩畫隸營繕所，丁線等項隸寶源局。設若臨期輪班人匠不敷，奏聞起取撮工。

《（萬曆）明會典》卷一九〇《工部十・物料》 舊制：甎、瓦、石灰，俱隸虞衡司掌行，永樂後謂爲營繕所需，故歸本司。葦課，舊隸屯田司，今併歸本司。按營繕所需木植，甎瓦有大五廠：曰神木廠，曰大木廠，堆放木植，兼收葦席；曰黑窯廠；曰琉璃廠，燒造甎瓦及内府器用；曰臺基廠，堆放柴薪及蘆葦。又有小五廠：曰營繕所，木工；曰寶源局，金工；曰文思院，曰王恭廠，俱絲工；曰皮作局，革工，並隸管廠官。外修倉別設三廠：曰北窯廠，曰南窯廠，曰鐵廠，主範金合土之事。後廢。止計地徵租，每年共該銀四十五兩九錢二分，貯節慎庫，與料價同用。

《明史》卷七二《職官志一》 營繕典經營興作之事。凡宫殿、陵寢、城郭、壇場、祠廟、倉庫、廨宇、營房、王府邸第之役，鳩工會材，以時程督之。凡鹵簿、儀仗、樂器，移内府及所司，各以其職治之，而以時省其堅潔，而董其窳濫。凡置獄具，必如律。凡工匠二等：曰輪班，三歲一役，役不過三月，皆復其家；曰住坐，月役一旬，有稍食。工役二等，以處罪人輸作者，曰正工，曰雜工。雜工三日當正工一日，皆視役大小而撥節之。凡物料儲偫，曰神木廠，曰大木廠，以蓄材木；曰黑窯廠，曰琉璃廠，以陶瓦器；曰臺基廠，以貯薪葦，皆籍其數以供修作之用。

《續文獻通考》卷五三《職官考・吏部》 所轄營繕所，所正一人，所副、所丞各二人。文思院大使一人，副使二人。皮作局大使一人，副使二人。後革副使。鞍轡局大使，副使各一人。隆慶元年俱革。寶源局大使、副使各一人。嘉靖間革副使。顔料局大使一人。後革。軍器局大使一人，副使二人。後革副使一人。節慎庫大使一人。嘉靖八年設。織染所雜造局大使、副使各一人。廣積、通積、盧溝橋、通州、白河各抽分竹木局，大使各一人，副使各一人。大通關提舉司提舉一人，萬曆二年革。副提舉二人，典史一人。後副提舉、典史俱革。柴炭局大使，副使各一人。

孫承澤《天府廣記》卷二一《工部》 營繕掌經營興造之事。凡大内宮殿、陵寢、城濠、壇場、祠廟、廨署、倉庫、營房之役，鳩力會材而以時督程之，王邸亦如之。凡鹵簿儀仗樂器移内府及所司各以其職治之，而以時省其堅潔，董其窳濫。凡置獄具必如律。凡工匠二等，曰輪班，曰住作。凡工囚二等，曰正工，曰雜工。雜工三日當正工一日。凡省工，視役煩簡而節其財力，凡會有無，移内府。其分司爲三山大石窩，爲都重城，爲灣廠通惠河道，兼管爲琉璃黑窯廠，爲修理京倉廠，爲清匠司，爲繕工司，兼管小修爲神木廠兼磚廠，爲山西廠，爲臺基廠，爲見工灰石作。所屬爲營繕所，所正一員，所副二員，所丞二員，武功三衛經歷等官。

虞衡清吏司

《〔弘治〕明會典》卷一五五《工部九・虞衡清吏司》 郎中、員外郎、主事掌天下虞衡山澤之事，而辨其時禁採捕。虞衡掌採捕之事，野味以供賓祭，皮張翎毛以供軍器軍裝，皆不可缺者。至於禁令，亦本司所掌，今并載之。

《明史》卷七二《職官志一》 虞衡典山澤採捕、陶冶之事。凡鳥獸之肉、皮革、骨角、羽毛，可以供祭祀、賓客、膳羞之需，禮器、軍實之用，歲下諸司採捕。水課禽十八、獸十二，陸課獸十八、禽十二，皆以其時。冬春之交，罝罛不施川澤；春夏之交，毒藥不施原野。苗盛禁蹂躪，穀登禁焚燎。若害獸，聽爲陷穽獲之，賞有差。凡諸陵山麓，不得入斧斤、開窯冶、置墓墳。凡帝王、聖賢、忠義、名山、岳鎮、陵墓、祠廟有功德於民者，禁樵牧。凡山場、園林之利，聽民取而薄征之。凡軍裝、兵械，下所司造，同兵部省之，必程其堅緻。凡陶甄之事，有歲供，有暫供，有停減，籍其數，會其入，毋輕毀以費民。凡諸冶，飭其材，審其模範，付有司。錢必準銖兩，進於内府而頒之。牌符、火器，鑄於内府，禁其以法式洩於外。凡顔料，非其土産不以征。

孫承澤《天府廣記》卷二一《工部》 虞衡掌山澤採捕，厲禁陶冶，凡採捕禽獸及革骨羽毛，以供祭祀賓客之膳羞。凡軍器軍裝移内府及所司，歲造或三歲二造，必程其堅緻以給邊。凡畋獵以時，冬春之交，罝罛不施川澤，春夏之交，毒藥不施原野，苗盛禁蹂躪，穀登禁焚燎，若害苗稼獸，聽爲陷穽獲之，賞有差。凡諸陵山麓不得入斧斤、開窑冶、置墓墳。凡帝王、聖賢、忠義、名山、嶽鎮、陵墓、祠廟有功德於民者禁樵牧。凡山場園林之利聽民取而薄征。凡陶冶瓷甓籍其常造年造之數，計其入慎藏之，無輒毀以費民。凡鑄造審其模範，計銅鐵而鎔之，金牌信符鑄之内府。凡顔料徵土産，不强其所無，否則徵其直。其分司爲寶源局大使，皮作局大使，軍器局大使，副使。

都水清吏司

《〔弘治〕明會典》卷一五八《工部一二・都水清吏司》 諸司職掌：郎中、員外郎、主事掌天下陂池川瀆之政令。

河渠：國朝重水利，凡閘壩、陂池、橋道之事，具載諸司職掌。永樂遷都後，尤重漕運，故河道、洪泉等項，有關漕事者，事例甚詳，今具列於後。

諸司職掌：凡各處閘壩、陂池，引水可灌田畝以利農民者，務要時常整理疏浚。如有河水横流泛溢，損壞房屋、田地、禾稼者，須要設法隄防止遏，或所司呈稟，或人民告訴，即便定奪奏聞。若隸各布政司者，照會各司；直隸者，劄付各府州，或差官直抵處所踏勘丈尺闊狹，度量用工多寡。若本處人民足完其事，就便差遣。倘有不敷，著令隣近縣分添助人力。所用木石等項，於官見有去處支用，或發遣人夫於附近山場採取，務在農隙之時興工，毋妨民業。如水患急於害民，其功可卒成者，隨時修築，以禦其患。

《〔萬曆〕明會典》卷一九六《工部十六・都水清吏司》 郎中、員外郎、主事分掌川瀆、陂池、橋道、舟車、織造、衡量之事。内一員提督清江浦造船，隆慶六年加設。

《明史》卷七二《職官志一》 都水典川澤、陂池、橋道、舟車、織造、券契、量衡之事。水利曰轉漕，曰灌田。歲儲其金石、竹木、卷埽，以時修其閘壩、洪淺、堰圩、隄防，謹蓄洩以備旱潦，無使壞田廬、墳隧、禾稼。舟楫、磑碾者不得與灌田争利，灌田者不得與轉漕争利。凡諸水要會，遣京朝官專理，以督有司。役民必以農隙，不能至農隙，則僝功成之。凡道路、津梁，時其葺治。有巡幸及大喪、大禮，則修除而較比之。凡舟車之制，曰黄船，以供御用；曰遮洋船，以轉漕於海；曰淺船，以轉漕於河；曰馬船，曰風快船，以供送官物；曰備倭船，曰戰船，以禦寇賊；曰大車，曰獨轅車，曰戰車。皆會其財用，酌其多寡、久近、勞逸而均劑之。凡織造冕服、誥敕、制帛、祭服、浄衣諸幣布，移内府、南京、浙江諸處，周知其數而慎節之。凡公、侯、伯鐵券，差其高廣。制式詳《禮志》。凡祭器、册寶、乘輿、符牌、雜器皆會則於内府。凡度量、權衡，謹其校勘而頒之，懸式於市，而罪其不中度者。

孫承澤《天府廣記》卷二一《工部》 都水掌山澤、陂池、泉濼、洪淺、道路、橋梁、舟車、織造、券契、衡量之事。凡水利曰轉漕，曰灌漑，歲儲其金石木竹卷埽，以時修其閘壩洪淺堰圩隄防，謹蓄洩以備旱潦。舟楫磑碾不得與灌田争利，灌田者不得與轉漕争利。役以農隙，凡鱗介萑蒲之利，聽民取而薄征。凡道路塞其坑坎，上巡幸若大喪大禮，治而新之。凡橋梁，曰舟梁，曰石梁，計工力而創修。其大津不能梁，官給舟人，量其小大難易而食之。凡舟車曰大車，曰小車，曰戰車，凡三等。曰糧船，曰黄船，曰馬快船，曰海運船，曰鮮船，曰備倭船，曰戰船，凡七等。皆會其材下諸司酌多寡久近勞逸而均劑之。凡織造冕服、誥勅、制帛、祭服、浄衣諸幣布，移内府南京諸省，周知其數而慎節之。凡公侯伯鐵券，差其廣高。凡祭器、册寶、乘輿、牌符、雜器會則於内府。凡衡量謹校勘而頒之，懸式於市。其奉勅分理於外者爲北河差郎中，南河差郎中，中河差郎中，夏鎮閘差郎中，南旺泉閘差主事，荆州抽分差主事，杭州抽分差主事，清江廠差主事，通惠河、器皿廠、六科廊皆本司總理者。所屬爲文思院大使、副使，織染所大使、副使。

《歷代職官表》卷一五《工部下・歷代建置下》 謹按：將作監，明初改爲將作司，尋隸工部，爲營繕所。其都水監之職，亦於明初始廢，而改水部爲都水司。其宋元之外都水監、行都水監，則別置總河都御史以治其事，於是歷代將作、都水兩官，其職皆專屬於工部矣。

屯田清吏司

《〔萬曆〕明會典》卷二〇二《工部二十二・屯田清吏司》 郎中、員外郎、主事分掌屯種、墳塋、抽分、柴炭之事。

《〔萬曆〕明會典》卷二〇三《工部二十三・屯田清吏司》 山陵營建之事，俱本司掌行。其規制事宜畧載于後。凡陵工興建，勅武職大臣一員，工部堂上官一員，總督工程；禮部堂上官一員，總擬規制；兵部堂上官一員，總督官軍；科道官各一員，監視，仍於各衙門選取才幹官一員，協同工部堂上官兼理工程。又請勅内官、監官二三員，提督工程。嘉靖中，乃命閣臣知建造事，取石、採木，各勅大臣，其分管工程司屬十六員，外差司屬官四員。

《明史》卷七二《職官志一》 屯田典屯種、抽分、薪炭、夫役、墳塋之事。凡軍馬守鎮之處，其有轉運不給，則設屯以益軍儲。其規辦營造、木植、城磚、軍營、官屋及戰衣、器械、耕牛、農具之屬。凡抽分征諸商，視其財物各有差。凡薪炭，南取洲汀，北取山麓，或徵諸民，有本、折色，酌其多寡而撙節之。夫役伐薪、轉薪，皆僱役。凡墳塋及堂碑、碣獸之制，第宗室、勳戚、文武官之等而定其差。墳塋制度，詳《禮志》。

洪武初，置工部及官屬，以將作司隸焉。吴元年置將作司，卿，正三品，少卿，正四品，丞，正五品。左、右提舉司提舉，正六品，同提舉，從六品，司程、典簿、副提舉，正七品。軍需庫大使，從八品，副使，正九品。洪武元年以將作司隸工部。六年增尚書、侍郎各一人，設總部、虞部、水部并屯田爲四屬部。總部設郎中、員外郎各二人，餘各一人。總部主事八人，餘各四人。又置營造提舉司。洪武六年改將作司爲正六品，所屬提舉司，改正七品。尋更置營造提舉司及營造提舉分司，每司設正提舉一人，副提舉二人，隸將作司。八年增立四科，科設尚書、侍郎、郎中各一人，員外郎二人，主事五人，照磨二人。十年罷將作司。十三年定官制，設尚書一人，侍郎一人，四屬部以屯田部爲屯部，各郎中、員外郎一人，主事二人。十五年增侍郎一人。二十二年改總部爲營部。二十五年置營繕所。改將作司爲營繕所，秩正七品，設所正、所副、所丞各二人，以諸匠之精藝者爲之。二十九年又改四屬部爲營繕、虞衡、都水、屯田四清吏司。嘉靖後添設尚書一人，專督大工。

孫承澤《天府廣記》卷二一《工部》 屯田掌屯農、墳墓、抽分、薪炭、夫役之事。凡屯田，腹邊公田、閑田、没官田，給衛所耕，劑其地力人力而徵其子粒。凡在邊，牛犂鐵器官給之。凡墳塋、堂、碑碣、獸，第宗室、勛戚文武官之等而辨叙其差。凡抽分，征諸商，各有差。凡薪炭，南取洲汀，北取山麓，徵諸民有本折色，酌其多寡而撙節之。凡夫役，伐柴轉柴皆雇役，周知其數而時蠲之。

按司曰屯田，重農事也，制誠善矣。及其後也，徒存其名耳，而其司僅掌上供并監局柴炭與山陵之事。分司爲臺基柴炭廠，爲外差易州山廠，有陵工臨時委差。所屬爲柴炭司正使一員，副使二員。

内官監

《〔萬曆〕明會典》卷一八一《工部》 〔嘉靖〕二十九年題准：凡内府及在外各項大工，例應内官監估計。

《明史》卷七四《宦官》 宦官。十二監。每監各太監一員，正四品，左、右少監各一員，從四品，左、右監丞各一員，正五品，典簿一員，正六品，長隨、奉御無定員，從六品。此洪武舊制也。後漸更革，詳見各條下。【略】内官監。掌印太監一員，總理、管理、僉書、典簿、掌司、寫字、監工無定員，掌木、石、瓦、土、搭材、東行、西行、油漆、婚禮、火藥十作，及米鹽庫、營造庫、皇壇庫，凡國家營造宫室、陵墓，并銅錫粧奩、器用暨冰窨諸事。

吕毖《明宫史》卷二《内府職掌》 《皇明祖訓》所載，設立内府衙門，職掌品級，立法垂後，亦盡善盡美。惟是間有祖訓所未及載，或載而未詳者，謹譜次梗概於左。按内府十二監：曰司禮，曰御用，曰内官，曰御馬，曰司設，曰尚寶，曰神宫，曰尚膳，曰尚衣，曰印綬，曰直殿，曰都知。又四司：曰惜薪，曰寶鈔，曰鐘鼓，曰混堂。又八局：曰兵仗，曰巾帽，曰針工，曰内織染，曰酒醋麪，曰司苑，曰浣衣，曰銀作。已上總謂之曰「二十四衙門」也。此外，有内府供用庫、司鑰庫、内承運庫等處，亦臚列於後，以備考焉。

劉若愚《明宫史·内府職掌》 内官監：掌印太監一員，其所屬有總理、管理、僉書、典簿、掌司、寫字、監工。自典簿以下，分三班宫中過夜。每班掌司第一人曰掌案。所管十作，曰木作、石作、瓦作、搭材作、土作、東行（音杭）、西行、油漆作、婚禮作、火藥作，並米鹽庫、營造庫、皇壇庫、裏冰窨、金海等處。凡國家營建之事，董其役；御前所用銅、錫、木、鐵之器，日取給焉。外廠甚多，各有提督，掌廠等官。真定府設有抽印木植管理太監一員，則内官監之外差也。四年一撥，只有本監公文，無勅書關防。又，寶坻縣收籽粒，西湖河差，大石窩、石虎澗等處，各有提督，俱外差也。凡外方修建，分封藩王府第，亦是管理外差也，須數萬金營求，方能到手，領勅書關防前去，工竣即回。天啓元年，湖廣衡州府修桂藩府第，管理翟應魁遞銀四萬未能得，黄用費五萬即得之，餘差可以例其多寡矣。無惑乎桂藩地基不堅，殿宇傾塌也。凡大行帝后陵寢，妃嬪皇子女薨逝修造墳塋，及完姻修理府第，皆其職掌。天啓元年春，慶陵工興，御前所發帑銀五十萬，即有分侵八萬者矣，欲堅美完善，得乎？至七年春，今上大婚禮成，藩邸殿宇及陳設器具，俱塗飾草率，皆李永貞聽丁紹呂之言，貪其侵冒，包工了事，漫不加意之所致也。永貞伏法而紹呂漏網，謂非孔方之力，誰其信耶？

《歷代職官表》卷一五《工部下·歷代建置下·明一》 又按：明代興作之事，其初悉歸工部，厥後漸以宦官督理。蓋自永樂中，已遣太監阮安營北京城池、宫殿、諸司府廨，工部特奉行而已。嗣自内臣日益恣横，往往擅興工役，侵漁乾没，不可殫計。如成化時，李廣建顯靈宫及諸祠廟，至帑金七窖皆盡。他若炭廠、窑場，亦多以内豎爲提督，以致侵撓有司，刻剥閭里工匠。厮役傳奉得官，其弊皆由之而出。

清

工部

《清會典》卷七〇《工部》 尚書：滿、漢各一人。左右侍郎：滿、漢各二人。掌天下工虞器用，辨物庀材，以飭邦事。所屬有營繕、虞衡、都水、屯田四司。

《清朝文獻通考》卷八一《職官考·工部》 工部掌天下工虞器用，辨物庀材。其有陵寢、宫府、城垣、倉庫諸大事，則各率所司分督監理。尚書，滿洲、漢人各一人；左右侍郎，滿洲、漢人各一人，右侍郎兼管錢法。

其屬有四清吏司：曰營繕，曰虞衡，曰都水，曰屯田。營繕清吏司郎中：滿洲四人，蒙古、漢人各一人；員外郎：滿洲五人，漢人一人；主事：滿洲二人，蒙古一人，漢人二人，掌繕治壇廟、宫府、城郭、倉庫、廨宇、營房之役。凡物料各貯一廠，籍其數以供修作之用。【略】

都水清吏司：郎中，滿洲五人，漢人一人；員外郎，滿洲五人，漢人一人；主事，滿洲四人，漢人二人。掌水利、河防、橋道、舟車、券契、量衡之事。水利曰轉漕，曰灌田，以時修其閘壩圩堤，以謹畜洩備旱潦。

屯田清吏司：郎中，滿洲四人，漢人一人；員外郎，滿洲五人，漢人一人；主事，滿洲三人，漢人二人。掌修繕陵寢並屯種、抽分、夫役、墳塋之事。凡築

造、樹碑、開窑、鑿石，悉司其禁令。【略】

街道廳御史，滿洲、漢人各一人，本部司員一人，步軍統領衙門司員一人，掌平治道塗、經理溝洫。初制御史一人，參用滿漢。乾隆五十年定制，派滿洲、漢人各一人。

營繕清吏司

《清會典》卷七二《工部》 凡料估：京師工程無論大小皆豫爲營度，專設料估所，以量丈尺，權物價，計傭直，授成於督工之官。工竣覆覈，委滿、漢司官四人領其事。○直省工程，所司視其緩急按時確估，具其實申督撫報部。急工則隨估隨修。工在可緩，竢部覆準鳩舉，工竣均別委官勘實，具結題咨。其有增估續估者，皆先事報部，仍於報銷册内聲明待覈。

凡覈銷：在京修造，工竣委官察驗，與原估相符數在二百兩以下者彙疏，二百兩以上者，專案題銷。並令管工官備册移科道詳勘，有浮冒及侵蝕者，論。○直省報銷工程，造正副册達部。有應駁減者籤注副册，發還改造。如駁詰再三，終未清晰者，由部酌數覈減，疏請完結。若原估不敷，續增工料，未報請銷，不得藉稱捐墊，冀抵本案覈減之數。

虞衡清吏司

《清會典》卷七二《工部》 虞衡清吏司：郎中，滿四人，漢一人；員外郎，滿四人，蒙古一人，漢一人；主事，滿三人，漢二人。掌山澤採捕及陶冶器用，修造權衡武備。○寶源局：監督，滿、漢各一人；司官簡委，二年更代。大使，滿、漢各一人，掌鼓鑄泉布。

清水清吏司

《清會典》卷七二《工部》 都水清吏司：郎中，滿五人，漢一人；員外郎，滿五人，漢一人；主事，滿四人，漢二人。掌水利、河防、橋梁、道路。○街道廳：滿、漢各一人，司官簡委，歲一更代。掌平治道塗，清理溝洫。

屯田清吏司

《清會典》卷七二《工部》 屯田清吏司：郎中，滿四人，漢一人；員外郎，滿五人，漢一人；主事，滿三人，漢二人。掌修繕陵寢，供億薪炭。○柴薪監督：滿正副各一人，正監督一年期滿，以副作正，別簡司官副之。○煤炭監督：滿二人，一以本部司官兼攝，一以内務府司官兼攝，均歲一更代。掌採取薪炭以供。

内務府營造司

《清會典》卷八七《内務府》 總管無定員，於滿洲文武大臣或王公内簡用，掌内府一切事務，奉宸苑、武備院、上駟院並隸焉。所屬廣儲、會計、掌儀、都虞、慎刑、營造、慶豐七司。

《清會典》卷九一《内務府・營造司》 凡巡視皇城，歲簡本司員外郎與直年步軍協尉分班輪直，掌修城垣，肅清街道。凡恭遇車駕出入，皇太后、皇后、妃嬪出入，均移咨步軍統領、工部街道廳先期清蹕，司屬内監謹備步障。

凡匠役均有定額，内府所屬人在官執藝者，於佐領内管領下選取。召募民匠，於工部咨取，分隸於司。六庫及諸作，長以庫掌，承以庫守，又設司匠領催以督率之。均月給銀米。闕則取補，惰則革除。

凡修造紫禁城内工程，小修、大修、建造，皆會工部。大内繕完由内監匠人。皇城牆垣有應修理者，奏交工部，均由欽天監諏吉興工。

宫殿、苑囿，春季疏濬溝渠，夏月搭蓋涼棚，秋冬禁城牆垣芟除草棘，冬季掃除積雪，均移咨工部及各該處，隨時舉行。府屬公廨館厩及官用器物有應修造者，據各該處咨文修理成造，按則報銷。

凡直殿及營繕内監，太和殿、中和殿、保和殿、文華殿及内造匠作，各設首領内監、副首領内監、内監各有差。首領内監闕，於内監遴選充補。内監闕，移咨掌儀司撥補。均由司領月費，歲給裘帽，悉如定制。

《清朝文獻通考》卷八三《職官考七・内務府》 内務府掌内府財用出入、祭祀、宴饗、饍饈、衣服、賜予、刑法、工作教習之事。武備院、上駟院、奉宸苑皆隸焉。總管大臣無定員，於滿洲文武大臣或王公内簡用。其屬有七司：曰廣儲、曰會計、曰掌儀、曰都虞、曰慎刑、曰營造、曰慶豐。【略】營造司：郎中二人，内掌印一人。員外郎八人，主事一人，分掌繕修工作及煤炭陶冶之事。司匠二十人，筆帖式二十六人。初設郎中三人，康熙三十八年裁一人。

建築規制部

綜述

《周禮·春官·典命》　典命掌諸侯之五儀、諸臣之五等之命。上公九命爲伯，其國家宮室、車旗、衣服、禮儀，皆以九爲節；侯伯七命，其國家宮室、車旗、衣服、禮儀，皆以七爲節；子男五命，其國家宮室、車旗、衣服、禮儀，皆以五爲節。王之三公八命，其卿六命，其大夫四命。及其出封，皆加一等，其國家宮室、車旗、衣服、禮儀亦如之。凡諸侯之適子誓於天子，攝其君，則下其君之禮一等；未誓，則以皮帛繼子男。公之孤四命，以皮帛眡小國之君，其卿三命，其大夫再命，其士一命，其宮室、車旗、衣服、禮儀，各眡其命之數。侯伯之卿、大夫、士亦如之。子男之卿再命，其大夫壹命，其士不命，其宮室、車旗、衣服、禮儀，各眡其命之數。

《春秋左傳·宣公五年》　冬，十二月，「城諸及防」，書，時也。凡土功，龍見而畢，務戒事也。〔杜預注〕謂今九月，周十一月，龍星角、亢晨見東方，三務始畢。戒民以土功事。火見而致用，〔杜預注〕大火，心星，次角亢。見者，致築作之物。水昏正而栽，〔杜預注〕謂今十月，定星昏而中，於是樹板榦而興作。日至而畢。〔杜預注〕日南至，微陽始動，故土功息。

《春秋左傳·昭公三十二年》　冬，十一月，晉魏舒、韓不信如京師，合諸侯之大夫于狄泉，尋盟，且令城成周。魏子南面。衛彪傒曰：「魏子必有大咎。干位以令大事，非其任也。《詩》曰：『敬天之怒，不敢戲豫；敬天之渝，不敢馳驅。』況敢干位以作大事乎？」己丑，士彌牟營成周，計丈數，〔杜預注〕計所當城之丈數也。〔孔穎達〕正義曰：謂周迴遠近之丈數也。知者，下別云「揣高卑，度厚薄」故也。揣高卑，〔杜預注〕度高曰揣。度厚薄，仞溝洫，物土方，議遠邇，〔杜預注〕物，相也。相取土之方面，遠近之宜。量事期，〔杜預注〕知事幾時畢。計徒庸，〔杜預注〕知用幾人功。慮材用，〔杜預注〕知費幾材用。書餱糧，〔杜預注〕知用幾糧食。以令役於諸侯。屬役賦丈，〔杜預注〕付所當城尺丈。〔孔穎達〕正義曰：屬役，謂屬聚丁役也。賦丈，謂課付尺丈。上既號令丁役之事以告諸侯，令諸國國各出若干之役，築若干之丈，故云「屬役賦丈，書以授帥」也。書以授帥，〔杜預注〕帥諸侯之大夫。而效諸劉子。韓簡子臨之，以爲成命。〔杜預注〕臨履其事，以命諸侯。經所以不書魏舒。

《春秋穀梁傳·莊公二十有四年》　春，王三月，刻桓宮桷。禮，天子之桷，斲之礱之，加密石焉。諸侯之桷，斲之礱之。大夫斲之。士斲本。刻桷，非正也。夫人所以崇宗廟也，取非禮與非正而加之于宗廟，以飾夫人，非正也。刻桓宮桷、丹桓宮楹，斥言桓宮，以惡莊也。

《管子》卷一《立政第四·首事》　凡將舉事，令必先出，曰事將爲。其賞罰之數，必先明之。立事者謹守令以行賞罰，計事致令，復賞罰之所加。有不合于令之所謂者，雖有功利，則謂之專制，罪死不赦。首事既布，然後可以舉事。

《管子》卷一《立政第四·服制》　度爵而制服，量禄而用財。飲食有量，衣服有制，宮室有度，六畜人徒有數，舟車陳器有禁。脩生則有軒冕、服位、穀禄、田宅之分，死則有棺槨、絞衾、壙壟之度。雖有賢身貴體，毋其爵不敢服其服；雖有富家多資，毋其禄不敢用其財。天子服文有章，而夫人不敢以燕以饗廟。將軍大夫以朝，官吏以命，士止于帶緣。散民不敢服雜采，百工商賈不得服長鬈求圓反。貂，刑餘戮民不敢服絻，一本作絲。不敢畜連乘車。

《呂氏春秋》卷一〇《孟冬紀·孟冬》　是月也，天子始裘。命有司曰：「天氣上騰，地氣下降，天地不通，閉而成冬。」命百官，謹蓋藏。命司徒，循行積聚，無有不斂；附城郭，戒門閭，修楗閉，慎關籥，固封璽，備邊境，完要塞，謹關梁，塞蹊徑；飭喪紀，辨衣裳，審棺椁之厚薄，營丘壟之小大、高卑、薄厚之度，貴賤之等級。

賈誼《新書》卷二《階級》　人主之尊，辟無異堂。階陛九級者，堂高大幾六尺矣。若堂無陛級者，堂高治不過尺矣。天子如堂，羣臣如陛，衆庶如地，此其辟也。故陛九級上，廉遠地則堂高；陛亡級，廉近地則堂卑。高者難攀，卑者易陵，理勢然也。故古者聖王制爲列等，內有公、卿、大夫、士，外有公、侯、伯、子、男，然後有官師小吏，施及庶人，等級分明，而天子加焉，故其尊不可及也。

賈誼《新書》卷一《服疑》　制服之道，取至適至和以予民，至美至神進之帝。奇服文章，以等上下而差貴賤。是以高下異，則名號異，則權力異，則事勢異，則旗章異，則符瑞異，則禮寵異，則秩禄異，則冠履異，則衣帶異，則環珮異，則車馬異，則妻妾異，則澤厚異，則宮室異，則床席異，則器皿異，則食飲異，則祭祀異，則死喪異。故高則此品周高，下則此品周下。加人者品此臨之，埤人者品此承之。遷則品此者進，絀則品此者損。貴周豊，賤周謙；貴賤有級，服位有等。等級既設，各處其檢。人循其度，擅退則讓，上僭則誅。建法以習之，設官以牧之。是以天下見其服而知貴賤，望其章而知其勢，使人定其心，各著其目。

桓寬《鹽鐵論》卷六《散不足第二十九》 丞相曰：「願聞散不足。」賢良曰：「宮室輿馬，衣服器械，喪祭食飲，聲色玩好，人情之所不能已也，故聖人爲之制度以防之。間者士大夫務于權利，怠于禮義，故百姓仿傚，頗逾制度。今故陳之，曰：

古者，采椽茅茨，陶桴複穴，足禦寒暑，蔽風雨而已。及其後世，采椽不斲，茅茨不剪，無斲削之事、磨礱之功。大夫達稜楹，士穎首，庶人斧成木構而已。今〔遂〕富者井幹增梁，雕文檻（脩）〔楯〕，堊（憂）〔曼〕壁飾。【略】

古者，庶人魚菽之祭，春秋修其祖祠。士一廟，大夫三，以時有事于五祀，蓋無出門之祭。今富者祈名岳，望山川，椎牛擊鼓，戲倡儛像。中者南居當路，水上雲臺，屠羊殺狗，鼓瑟吹笙。貧者雞豕五芳，衛保散臘，傾蓋社場。【略】

古者，瓦棺容尸，木板堲周，足以收形骸，藏髮齒而已。及其後，桐棺不衣，采槨不斲。今富者繡牆題湊，中者梓棺楩槨，貧者畫荒衣袍，繒囊緹橐。【略】

古者，不封不樹，反虞祭于寢，無壇宇之居、廟堂之位。及其後則封之，庶人之墳半仞，其高可隱。今富者積土成山，列樹成林，臺榭連閣，集觀增樓；中者祠堂屏閣，垣闕罘罳。【略】

宮室奢侈，林木之蠹也。器械雕琢，財用之蠹也。衣服靡麗，布帛之蠹也。狗馬食人之食，五谷之蠹也。口腹從恣，魚肉之蠹也。用費不節，府庫之蠹也。漏積不禁，田野之蠹也。喪祭無度，傷生之蠹也。墮成變故傷功，工商上通傷農。故一杯棬用百人之力，一屏風就萬人之功，其爲害亦多矣！目脩于五色，耳營于五音，體極輕薄，口極甘脆。功積于無用，財盡于不急。口腹不可爲多。故國病聚不足即政怠，人病聚不足則身危。」

孫希旦《禮記集解》卷一五《月令第六之一》 〔孟春之月〕是月也，天氣下降，地氣上騰，天地和同，草木萌動。王命布農事：命田舍東郊，皆脩封疆，審端徑、術，善相丘陵、阪險、原隰土地所宜，五穀所殖，以教道民，必躬親之。田事既飭，先定準直，農乃不惑。

是月也，命樂正入學習舞。乃修祭典，命祀山林川澤，犧牲毋用牝。禁止伐木。毋覆巢，毋殺孩蟲、胎、夭、飛鳥，毋麛，毋卵。毋聚大衆，毋置城郭。掩骼埋胔。【略】

〔仲春之月〕是月也，日夜分，雷乃發聲，始電，蟄蟲咸動，啓户始出。【略】日夜分，則同度、量，鈞衡、石，角斗、甬，正權、概。是月也，耕者少舍，乃修闔，扇，寢、廟畢備。毋作大事，以妨農之事。【略】

〔季春之月〕是月也，命工師令百工審五庫之量，金、鐵、皮、革、筋、角、齒、羽、箭、幹、脂、膠、丹、漆，毋或不良。百工咸理，監工日號，毋悖于時，毋或作爲淫巧，以蕩上心。

孫希旦《禮記集解》卷一六《月令第六之二》 〔孟夏之月〕是月也，繼長增高，毋有壞墮。【略】

〔仲夏之月〕是月也，毋用火南方。可以居高明，可以遠眺望，可以升山陵，可以處臺榭。

〔季夏之月〕是月也，樹木方盛，乃命虞人入山行木，毋有斬伐。不可以興土功，不可以合諸侯，不可以起兵動衆，毋舉大事以摇養氣，毋發令而待，以妨神農之事也。水潦盛昌，神農將持功，舉大事則有天殃。

孫希旦《禮記集解》卷一七《月令第六之三》 〔孟秋之月〕是月也，命有司修法制，繕囹圄，具桎梏，禁止姦，慎罪邪，務搏執。命百官始收斂，完隄防，謹壅塞，以備水潦，修宫室，壞牆垣，補城郭。【略】

〔仲秋之月〕是月也，日夜分，雷始收聲，蟄蟲坏户，殺氣浸盛，陽氣日衰，水始涸。日夜分，則同度、量，平權、衡，正均、石，角斗、甬。【略】

〔季秋之月〕是月也，草木黄落，乃伐薪爲炭。蟄蟲咸俯在内，皆墐其户。乃趣獄刑，毋留有罪。收禄秩之不當，供養之不宜者。

〔孟冬之月〕是月也，天子始裘。命有司曰：「天氣上騰，地氣下降，天地不通，閉塞而成冬。」命百官謹蓋藏。命司徒循行積聚，無有不斂。坏城郭，戒門閭，修鍵閉，慎管籥，固封疆，備邊竟，完要塞，謹關梁，塞徯徑。飭喪紀，辨衣裳，審棺椁之薄厚，塋、丘壟之大小、高卑、厚薄之度，貴賤之等級。是月也，命工師效功，陳祭器，案度程，毋或作爲淫巧，以蕩上心，必功致爲上。物勒工名，以考其誠，功有不當，必行其罪，以窮其情。是月也，大飲烝。天子乃祈來年于天宗，大割祠于公社及門閭，臘先祖五祀，勞農以休息之。【略】

〔仲冬之月〕是月也，命奄尹申宫令，審門閭，謹房室，必重閉，省婦事，毋得淫。雖有貴戚近習，毋有不禁。【略】日短至，則伐木，則竹箭。是月也，可以罷官之無事，去器之無用者。涂闕廷門閭，築囹圄，此以助天地之閉藏也。

〔季冬之月〕是月也，日窮于次，月窮于紀，星回于天，數將幾終，歲且更始，專而農民，毋有所使。天子乃與公、卿、大夫共飭國典，論時令，以待來歲之宜。

紀事

先秦

宫室

《周禮·冬官·考工記》 夏后氏世室，堂修二七，廣四修一。五室，三四步，四三尺。九階。四旁兩夾，窗白盛。門堂，三之二；室，三之一。

殷人重屋，堂修七尋，堂崇三尺，四阿，重屋。

周人明堂，度九尺之筵，東西九筵，南北七筵，堂崇一筵。五室，凡室二筵。室中度以几，堂上度以筵，宫中度以尋，野度以步，涂度以軌。廟門容大扃七个，闈門容小扃參个，路門不容乘車之五个，應門二徹參个。內有九室，九嬪居之。外有九室，九卿朝焉。九分其國以爲九分，九卿治之。王宫門阿之制五雉，宫隅之制七雉，城隅之制九雉。經涂九軌，環涂七軌，野涂五軌。門阿之制，以爲都城之制。宫隅之制，以爲諸侯之城制。環涂以爲諸侯經涂，野涂以爲都經涂。

《禮記·禮器》 禮有以多爲貴者。天子七廟，諸侯五，大夫三，士一。天子之豆二十有六，諸公十有六，諸侯十有二，上大夫八，下大夫六。諸侯七介七牢，大夫五介五牢。天子之席五重，諸侯之席三重，大夫再重。天子崩，七月而葬，五重八翣；諸侯五月而葬，三重六翣；大夫三月而葬，再重四翣。此以多爲貴也。

《禮記·郊特牲》 臺門而旅樹，反坫，繡黼丹朱中衣，大夫之僭禮也。鄭玄注：此皆諸侯之禮也。旅，道也。屏謂之樹。禮，天子外屏，諸侯內屏，大夫以簾，士以帷。

《春秋公羊傳·昭公二十五年》 齊侯唁公于野井。唁公者何？昭公將弑季氏，告子家駒曰：「季氏爲無道，僭于公室久矣，吾欲弑之，何如？」子家駒曰：「諸侯僭于天子，大夫僭于諸侯久矣。」昭公曰：「吾何僭矣哉？」子家駒曰：「設兩觀，乘大路，朱干，玉戚，以舞《大夏》，八佾以舞《大武》，此皆天子之禮也。且夫牛馬，維婁季已者也而柔焉，季氏得民衆久矣，君無多辱焉。」昭公不從其言，終弑〔之〕而敗焉。

《春秋穀梁傳·莊公二十有四年》 春，王三月，刻桓宫桷。○禮：天子之桷，斲之礱之，加密石焉。諸侯之桷，斲之礱之。大夫斲之，士斲本。刻桷，非正也。夫人，所以崇宗廟也，取非禮與非正，而加之於宗廟，以飾夫人，非正也。刻桓宫桷，丹桓宫楹，斥言桓宫，以惡莊也。

陳祥道《禮書》卷四三《王及諸侯寢廟制》 《尚書大傳》曰：天子之堂廣九雉，三分其廣，以二爲內，五分內，以一爲高。東房、西房、北堂各三雉。公侯七雉，三分其廣，以二爲內，五分內，以一爲高。東房、西房、北堂各二雉。伯子男五雉，三分其廣，以二爲內，五分內，以一爲高。東房、西房、北堂各一雉。士三雉，三分其廣，以二爲內，五分內，以一爲高。有室無房堂。其桷：天子斲之，大夫達稜，士首本，庶人到加。天子賁庸，諸侯疏杼，士大夫有石材。庶人有石承。

城池

《逸周書·作雒解》 〔周公〕及將致政，乃作大邑成周于中土。城方千七百二十丈，郛方七十里。南係于洛水，北因于郟山，以爲天下之大湊。制郊甸方六百里。國西土爲方千里，分以百縣，縣有四郡，郡有四都。大縣城方王城三之一，小縣立城，方王城九之一。都鄙不過百室，以便野事。

《春秋左傳·隱公元年》 祭仲曰：「都城過百雉，國之害也。先王之制：大都，不過參國之一；中，五之一；小，九之一。今京不度，非制也，君將不堪。」公曰：「姜氏欲之，焉辟害？」對曰：「姜氏何厭之有？不如早爲之所，無使滋蔓！蔓，難圖也。蔓草猶不可除，况君之寵弟乎？」公曰：「多行不義必自斃，子姑待之。」

漢

第宅

《後漢書》卷四《和殤帝紀第四》〔永元五年〕二月戊戌，詔有司省減内外廄及涼州諸苑馬。自京師離宫果園上林廣成囿悉以假貧民，恣得采捕，不收其税。

《太平御覽》卷一八一《居處部九》《漢書》曰：高祖詔列侯食邑者皆賜大第室，二千石受小第室。注云：有甲、乙次第，故曰第。又曰：出不由里門，面大道者名曰第。

徐天麟《西漢會要》卷一七《禁踰侈》成帝永始四年詔曰：聖王明禮制以序尊卑，異車服以章有德。方今世俗奢僭罔極，靡有厭足，公卿列侯親屬近臣，四方所則，或迺奢侈逸豫，務廣第宅，治園池；多蓄奴婢，被服綺縠；設鐘鼓，備女樂，車服、嫁娶、葬埋過制，吏民慕效，浸以成俗，其申敕有司以漸禁之。青緑民所常服，且勿止，列侯近臣各自省改，司隸校尉察不變者。本紀。

陵墓

《漢書》卷六八《霍光傳》禹既嗣爲博陸侯，太夫人顯改光時所自造塋制而侈大之。起三出闕，築神道，北臨昭靈，南出承恩，盛飾祠室，輦閣通屬永巷，而幽良人婢妾守之。廣治第室，作乘輿輦，加畫繡絪馮，黄金塗，韋絮薦輪，侍婢以五采絲輓顯，游戲第中。初，光愛幸監奴馮子都，當與計事，及顯寡居，與子都亂。而禹、山亦並繕治第宅，走馬馳逐平樂館。雲當朝請，數稱病私出，多從賓客，張圍獵黄山苑中，使蒼頭奴上朝謁，莫敢譴者。而顯及諸女，晝夜出入長信宫殿中，亡期度。

《漢書》卷九三《董賢傳》董賢字聖卿，雲陽人也。父恭，爲御史，任賢爲太子舍人。哀帝立，賢隨太子官爲郎。【略】賞賜昭儀及賢妻亦各千萬數。遷賢父爲少府，賜爵關内侯，食邑，復徙爲衛尉。又以賢妻父爲將作大匠，弟爲執金吾。詔將作大匠爲賢起大第北闕下，重殿洞門，師古曰：「重殿謂有前後殿，洞門謂門門相當也。皆僭天子之制度者也。」木土之功窮極技巧，柱檻衣以綈錦。師古曰：「檻謂軒闌之板也。綈，厚繒也，音徒奚反。」下至賢家僮僕皆受上賜，及武庫禁兵，上方珍寶。其選物上弟盡在董氏，而乘輿所服乃其副也。及至東園祕器，珠襦玉柙，豫以賜賢，無不備具。又令將作爲賢起冢塋義陵旁，内爲便房，剛柏題湊，外爲徼道，周垣數里，門闕罘罳甚盛。

《後漢書》卷五《安帝紀》〔永初元年〕秋九月庚午，詔三公明申舊令，禁奢侈，無作浮巧之物，殫財厚葬。

《後漢書》卷七八《侯覽傳》建寧二年，喪母還家，大起塋冢。督郵張儉因舉奏覽貪侈奢縱，前後請奪人宅三百八十一所，田百一十八頃。起立第宅十有六區，皆有高樓池苑，堂閣相望，飾以綺畫丹漆之屬，制度重深，僭類宫省。又豫作壽冢，石椁雙闕，高廡百尺，破人居室，發掘墳墓。虜奪良人，妻略婦子，及諸罪釁，請誅之。而覽伺候遮截，章竟不上。儉遂破覽冢宅，藉没資財，具言罪狀。又奏覽母生時交通賓客，干亂郡國。復不得御。覽遂誣儉爲鉤黨，及故長樂少府李膺、太僕杜密等，皆夷滅之。

徐天麟《東漢會要》卷三〇《民政下・禁厚葬》建武七年，詔曰：「世以厚葬爲德，薄終爲鄙，至于富者奢僭，貧者殫財，法令不能禁，禮義不能止。其布告天下，令知忠臣、孝子、慈兄、悌弟薄葬送終之義。」《紀》。下同。

明帝永平十二年，詔曰：「喪貴致哀，禮存寧儉。今百姓送終之制，競爲奢靡。生者無擔石之儲，而財力盡于墳土。伏臘無糟糠，而牲牢兼于一奠。豈祖考之意哉！有司其申明科禁，宜于今者，宣下郡國。」

和帝永元十一年七月，詔曰：「吏民踰僭，厚死傷生，是以舊令節之制度。頃者貴戚近親，百僚師尹，莫肯率從，有司不舉，怠放日甚。其在位犯者，當先舉正。市道小民，但且申明憲綱，勿因科令，加虐羸弱。」

安帝永初元年，禁殫財厚葬。

王符著書以譏當時，號《潛夫論》，曰：「古之葬者，厚衣之以薪，葬之中野，不封不樹。後世聖人易之以棺槨，桐木爲棺，葛采爲緘。中世以後，轉用楸梓槐柏杶樗之屬，各因方土，裁用膠漆。今者京師貴戚，必欲江南檽梓豫章之木，伐之高山，引之窮谷，入海乘淮，逆河泝洛。古者墓而不墳，中世墳而不崇。文帝葬芷陽，明帝葬洛南，皆不藏珠寶，不起山陵，墓雖卑而德最高。今京師貴戚，郡縣豪家，生不極養，死乃崇喪。或至金縷玉匣，檽梓楩柟，多埋珍寶、偶人、車馬，造起大冢，廣種松柏，廬舍祠堂，務崇華侈。昔晉靈公多賦以雕牆，《春秋》以爲不君；華元、樂舉厚葬文公，君子以爲不臣。況于羣司士庶，乃可僭侈過天道乎？」《王符傳》。

永元十六年，司徒張酺薨。酺病困，敕其子曰：「顯節陵掃地露祭，欲率天下以儉也。吾爲三公，不能使從制，豈可犯之乎？無起祠堂，露祭而已。」袁宏《紀》。

趙咨遺書敕其子曰：「『古之葬者，衣以薪，藏之中野，後世聖人易之以棺槨。』棺槨之造，自黄帝始。爰自陶唐，逮于虞、夏，猶尚簡樸，或瓦或木，及至殷人而有加焉。周室因之，復重以牆翣之飾，表以旌銘之儀，招復含斂之禮，殯葬宅兆之期，棺槨周重之制，衣衾稱襲之數，其事煩而害實，品物碎而難備。然而秩爵異級，貴賤殊等。自成、康以下，其典稍乖。至於戰國，漸至穨陵，法度衰毁，上下僭雜。終使晉侯請隧，秦伯殉葬，陳大夫設參門之木，宋司馬造石椁之奢。爰暨暴秦，違道廢德，滅三代之制，興淫邪之法，國貲糜於三泉，人力單於驪墓，玩好窮於糞土，伎巧費於窀穸。華夏之士，争相陵尚，并棺合槨，以爲孝愷，豐貲重襚，以昭惻隱，吾所不取也。昔舜葬蒼梧，二妃不從；王孫裸葬，墨夷露骸，皆達於性理，貴於速變。況我鄙闇，不德不敏，薄意内昭，志有所慕，上同古人，下不爲咎。果必行之，勿生疑異。恐爾等目厭所見，耳諱所議，故遠采古聖，近揆行事，以悟爾心。但欲制坎，令容棺槨，棺歸即葬，平地無墳。勿卜時日，葬無設奠，勿留墓側，無起封樹。於戲小子，其勉之哉！」

范冉一作「丹」臨終勅其子曰：「吾生於昏闇之世，值乎淫侈之俗，生既不得匡世濟時，死何忍自同於世！氣絶便斂，斂以時服，衣足蔽形，棺足周身，斂畢便穿，穿畢便埋。其明堂之奠，幹飯寒水，飲食之物，勿有所下。墳封高下，令足自隱。勿令鄉人宗親有所加也。」並本《傳》。

張奂遺命曰：「吾前後仕進，十要銀艾。通塞命也，始終常也。但地底冥冥，長無曉期，而復纏以纊綿，牢以釘密，吾不喜耳。幸有前窀，朝殞夕下，幅巾而已。奢非晉文，儉非王孫，推情從意，庶無咎吝。」諸子從之。本《傳》。

臣天麟按：竭資用以奉窀穸，西都雖未設禁，然觀貢禹言于元帝曰：「衆庶埋葬，皆虚地上以實地下，過自上生。」楊王孫報鄭侯書亦曰：「厚葬誠無益於死者，而俗人競以相高，糜財單幣，腐之地下。」由此觀之，則末俗浮侈，自西京已濫觴矣。中興以後，蔑禮違制，日以甚。故自建武、永平，詔書數下，明立禁防。而王符著論，深譏當世：「生不極養，死乃崇喪。」往往貴戚豪右，莫能易華返質，獨高人達識，不爲流俗之所遷染，如楊震、鄭弘、王堂、鄭玄輩，皆遺令薄葬，以矯愚俗。周磐勅其子曰：「命終之日，桐棺足以周身，外槨足以周棺，斂形懸封，濯衣幅巾。編二尺四寸簡，寫《堯典》一篇，并刀筆各一，示不忘聖道。」趙咨將終，亦告其故吏，使薄斂素棺，籍以黄壤，欲令速朽，不聽子孫改之。噫！若數子者，其特立獨行，不展轉於流俗者歟！

魏晉南北朝

宫室

《通典》卷七一《諸王公城國宫室章服車旗議》 晉博士孫毓、段暢等議曰：《周禮》上公九命爲伯，其國家、宫室、車旗、衣服、禮儀，皆以九爲節；侯伯七命以七爲節；子、男五命，以五爲節。公之城蓋方九里，宫方九百步；侯伯之城方七里，宫方七百步；子、男之城方五里，宫方五百步。又曰：王之三公八命，其卿六命，及其出封，皆加一等。其國家、宫室、車旗、衣服、禮儀，亦如之。又如《禮》，諸侯之城隅高七丈，門阿皆五丈。又《禮》，諸侯以爲殿屋。今諸王封國，雖有大小，而所理舊城，不如古制，皆宜仍舊。其造立宫室，當有大小之差。然周典奢大，異於今儀，步數之限，宜隨時制。又諸侯三重門，内曰路門，中門曰雉門，外門曰庫門。雉門之外設罘罳，高五丈。其正寢與廟同制，皆殿屋四阿，堂崇三尺。此其舊典，略可依也。餘皆稱事取供而已。

城市

《太平御覽》卷一九五《居處部二十三》 陸機《洛陽記》曰：官門及城中大道皆分作三，中央御道，兩邊築土牆，高四尺餘，外分之。唯公卿尚書章服道從中道，凡人皆行左右，左入右出。夾道種榆槐樹。此三道四道五達也。

園囿

朱銘盤《南朝宋會要・方域・苑囿》 文帝以覆舟山南爲樂遊苑。《禮志》一。孝武孝建二年八月丙子，詔：「諸苑禁制綿遠，有妨肄業。可詳所開弛，假與貧民。」《本紀》。大明三年九月壬辰，於玄武湖北立上林苑。《本紀》。六年十月丁卯，詔上林苑内民庶丘墓欲還合葬者，勿禁。《本紀》。

張鵬一《晉令輯存》卷四《王公侯令第二十四》 名山大澤不以封，鹽、鐵、金、銀、銅、錫，始平之竹園，别都宫室園囿，皆不屬國。其仕在天朝者，與之國同，皆自選其文武官。其王公已下，茅社、符、璽、車旂、命服，一如泰始初故事。冊拜三公，皆設小會。

第宅

《晉書》卷二六《食貨志》 及平吴之後，有司又奏：「詔書『王公以國爲家，京城不宜復有田宅。今未暇作諸國邸，當使城中有往來處，近郊有芻藁之田』。今可限之，國王公侯，京城得有一宅之處。近郊田，大國田十五頃，次國十頃，小國七頃。城内無宅城外有者，皆聽留之。」

又制户調之式：【略】其官品第一至于第九，各以貴賤占田，品第一者占五十頃，第二品四十五頃，第三品四十頃，第四品三十五頃，第五品三十頃，第六品二十五頃，第七品二十頃，第八品十五頃，第九品十頃。而又各以品之高卑蔭其親屬，多者及九族，少者三世。宗室、國賓、先賢之後及士人子孫亦如之。

《北齊書》卷一三《王岳傳》 岳自討寒山、長社及出隨、陸，並有功績，威名彌重。而性華侈，尤悦酒色，歌姬舞女，陳鼎擊鐘，諸王皆不及也。初，高歸彦少孤，高祖令岳撫養，輕其年幼，情禮甚薄。歸彦内銜之而未嘗出口。及歸彦爲領軍，大被寵遇，岳謂其德己，更倚賴之。歸彦密構其短。岳於城南起宅，聽事後開巷。歸彦奏帝曰：「清河造宅，僭擬帝宫，制爲永巷，但唯無闕耳。」顯祖聞而惡之，漸以疏岳。

《周書》卷四五《樂遜傳》 武成元年六月，以霖雨經時，詔百官上封事。遜陳時宜一十四條，其五條切於政要。【略】其二，省造作，曰：頃者魏都洛陽，一時殷盛，貴勢之家，各營第宅，車服器玩，皆尚奢靡。世逐浮競，人習澆薄，終使禍亂交興，天下喪敗。比來朝貢，器服稍華，百工造作，務盡奇巧。臣誠恐物逐好移，有損政俗。如此等事，頗宜禁省。《記》言「無作淫巧，以蕩上心」。《傳》稱「宫室崇侈，民力彫弊」。漢景有云：「黄金珠玉，饑不可食，寒不可衣。」「彫文刻鏤，傷農事者也。錦繡纂組，害女功者也。」以二者爲饑寒之本源矣。然國家非爲軍戎器用、時事要須而造者，皆徒費功力，損國害民。未如廣勸農桑，以衣食爲務，使國儲豐積，大功易舉。

《通典》卷一《食貨一·田制上》 晉武帝泰始八年，司徒石苞奏：「州郡農桑未有殿最之制，宜增掾屬令史，有所循行。」帝從之。苞既明勸課，百姓安之。平吴之後，有司奏：「王公以國爲家，京城不宜復有田宅。今未暇作諸國邸，當使城中有往來之處，近郊有芻稾之田。今可限之，國王公侯，京城得有宅一處。近郊田，大國十五頃，次國十頃，小國七頃。城内無宅城外有者，皆聽留之。」男子一人占田七十畝，女子三十畝。其丁男課田五十畝，丁女二十畝，次丁男半之，女則不課。其官第一品五十頃，每品減五頃以爲差，第九品十頃。而又各以品之高卑蔭其親屬，多者及九族，少者三代。宗室、國賓、先賢之後士人子孫亦如之。而又得蔭人以爲衣食客及佃客，量其官品以爲差降。

《通典》卷二《食貨二·田制下》 後周文帝霸政之初，創置六官，司均掌田里之政令。凡人口十以上宅五畝，口七以上宅四畝，口五以下宅三畝。有室者田百四十畝，丁者田百畝。

《太平御覽》卷一八五《居處部十三·塾》 魏武制度，奏曰：三公列侯門施内、外塾，方十步。

朱銘盤《南朝齊會要·刑·雜禁令·禁出家舍宅》 武帝永明十一年七月戊寅，詔「自今公私皆不得出家爲道，及起立塔寺，以宅爲精舍，竝嚴斷之」。

陵墓

《太平御覽》卷五八九《文部五·碑》 《晉令》曰：諸葬者皆不得立祠堂、石碑、石表、石獸。

錢儀吉《三國會要》卷一〇《禮四·陵》 建安二十三年，爲壽陵，因高爲基，不封不樹。黄初三年，文帝作終制曰：「禮，國君即位爲椑，存不忘亡也。壽陵因山爲體，無爲封樹，無立寢殿，造園邑，通神道。其皇后及貴人以下不隨王之國者，終没皆葬澗西，前以表其處矣。」薛收《元經傳》曰：「漢故事，陵上祭殿；至魏以爲古不墓祭，自有廟設，于是園邑寢殿遂廢。」《通鑑》：唐嚴善思言漢諸陵，皇后多不合葬，魏、晉始有合者。《開元禮》亦云。

朱銘盤《南朝梁會要·凶禮·葬制》 天監六年，申明葬制，凡墓不得造石人獸碑，唯聽作石柱，記名位而已。

張鵬一《晉令輯存》卷三《喪葬令第十七》 三公大司馬大將軍葬，給節幢麾曲蓋、追鋒車、鼓吹介士大車，策謚，賜葬地。《石苞傳》、《羊祜傳》賜近陵葬地。魏舒葬妻，賜葬地一頃，錢五十萬。《滕修傳》：太康九年卒，葬京師，賜墓田一頃。《王沈傳》：賜墓田一頃。《周處傳》：賜葬地一頃。《嵇紹傳》：賜墓田一頃。《山濤傳》：將葬賜錢四十萬，布百匹。晉賜傅嘏夫人鮑葬錢，詔曰：故太常傅嘏，昔以令德賢才爲先帝所接，登龍之際，有翼贊盡忠之勳，早代殞没，不終功業，每念其遺績，常存於心。今傅嘏夫人鮑葬，賜錢十萬，給作藏人功嘏墓開祭以少牢。《御覽》五五六引《嵇紹傳》：王師敗績於蕩陰，紹被害於帝側。東海王越屯許，路徑滎陽過紹墓，哭之悲慟，刊石立碑，又表贈官爵。帝乃遣使册贈侍中光禄大夫，加金章紫綬，進爵爲侯，賜墓田一頃，客十户，祠以少牢。元帝爲左丞相承制，以紹死節事重，更表贈太尉，祠以太牢。及帝即位，賜謚曰忠穆，復加太牢之祠。《魯芝傳》：徵爲光禄光禄大夫。泰始九年卒，年八十四。帝爲舉哀，賵贈有加，謚曰貞，賜塋田百畝。

獎懲

《晉書》卷七五《范寧傳》 初，寧之出，非帝本意，故所啓多合旨。寧在郡又大設庠序，遣人往交州採磬石，以供學用，改革舊制，不拘常憲。遠近至者千餘人，資給衆費，一出私禄。并取郡四姓子弟，皆充學生，課讀《五經》。又起學臺，功用彌廣。江州刺史王凝之上言曰：「豫章郡居此州之半。太守臣寧入參機省，出宰名郡，而肆其奢濁，所爲狼籍。郡城先有六門，寧悉改作重樓，復更開二門，合前爲八。私立下舍七所。臣伏尋宗廟之設，各有品秩，而寧自置家廟。又下十五縣，皆使左宗廟，右社稷，準之太廟，皆資人力，又奪人居宅，工夫萬計。寧若以古制宜崇，自當列上，而敢專輒，惟在任心。州既聞知，即符從事，制不復聽。而寧嚴威屬縣，惟令速立。願出臣表下太常，議之禮典。」詔曰：「漢宣云：『可與共治天下者，良二千石也。』若范寧果如凝之所表者，豈可復宰郡乎！」以此抵罪。子泰時爲天門太守，棄官稱訴。帝以寧所務惟學，事久不判。會赦，免。

隋唐五代

宗廟

《新唐書》卷一三《禮樂志三》 若諸臣之享其親，廟室、服器之數，視其品。開元十二年著令，一品、二品四廟，三品三廟，五品二廟，嫡士一廟，庶人祭於寢。及定禮，二品以上四廟，三品三廟，三品以上不須爵者亦四廟，四廟有始封爲五廟，四品、五品有兼爵亦三廟，六品以下達于庶人，祭於寢。天寶十載，京官正員四品清望及四品、五品清官，聽立廟，勿限兼爵。雖品及而建廟未逮，亦聽寢祭。

廟之制，三品以上九架，厦兩旁。三廟者五間，中爲三室，左右厦一間，前後虚之，無重栱、藻井。室皆爲石室一，於西墉三之一近南，距地四尺，容二主。廟垣周之，爲南門、東門，門屋三室，而上間以廟，增建神廚於廟東之少南，齋院於東門之外少北，制勿逾於廟。三品以上有神主，五品以上有几筵。牲以少牢，羊、豕一，六品以下特豚，不以祖禰貴賤，皆子孫之牲。牲闕，代以野獸。五品以上室異牲，六品以下共牲。二品以上室以籩豆十，三品以八，四品、五品以六。五品以上室皆簠二、簋二、甄二、鈃二、俎三、尊二、罍二、勺二、爵六、盤一、坫一、篚一、牙盤胙俎一。祭服，三品以上玄冕，五品以上爵弁，六品以下進賢冠，各以其服。

《宋史》卷一〇六《禮志九・宗廟之制》 太平興國二年，有司言：「唐制，長安太廟，凡九廟，同殿異室。其制：二十一間皆四柱，東西夾室各一，前後面各三階，東西各二側階。本朝太廟四室，室三間。今太祖升祔，共成五室，請依長安之制，東西留夾室外，餘十間分爲五室，室二間。」從之。四月己卯，奉神主祔廟，以孝明皇后王氏配。

城池

王溥《唐會要》卷五九《尚書省諸司下・工部尚書》 大曆六年十二月十一日敕：「京城内諸坊市宅舍，輒不得毁拆，有犯聞奏。」十四年六月一日敕：「諸坊市邸店樓屋，皆不得起樓閣臨市人家，勒百日内毁拆。」至九月二十日，京兆尹嚴郢奏：「坊市邸店舊樓請不毁。」

王溥《唐會要》卷八六《街巷》 開元十九年六月敕：「京、洛兩都，是惟帝宅，街衢坊市，固須修築，城内不得穿掘爲窯，燒造磚瓦。其有公私修造，不得於街巷穿坑取土。」【略】

大曆二年五月敕：「諸坊市街曲，有侵街打牆、接簷造舍等，先處分一切不許，並令毁拆，宜委李勉常加勾當。如有犯者，科違勅罪，兼須重罰。其種樹栽植，如聞並已滋茂，亦委李勉勾當處置，不得使有斵伐，致令死損，並諸橋道，亦須勾當。」

貞元四年二月勅：「京城内莊宅使界諸街坊牆有破壞，宜令取兩税錢和雇工匠修築，不得科斂民户。」

十二年，官街樹缺，所司植榆以補之。京兆尹吴湊曰：「榆非九衢之玩。」亟命易之以槐。

大和五年七月，左右巡使奏：「伏准令式及至德、長慶年中前後勅文，非三品以上，及坊内三絶，不合輒向街開門，各逐便宜，無所拘限，因循既久，約勒甚難。或鼓未動即先開，或夜已深猶未閉，致使街司巡檢，人力難周，亦令奸盗之徒，易爲逃匿。伏見諸司所有官宅，多是雜賃，尤要整齊，如非三絶者，請勒坊内開門，向街門户，悉令閉塞，請准前後除准令式各合開外，一切禁斷。餘依。」其月，左街使奏：「伏見諸街鋪近日多被雜人及百姓、諸軍諸使官健起造舍屋，侵占禁街，切慮停止奸人，難爲分别。今除先有勅文，百姓及諸街鋪守捉官健等舍屋外，餘雜人及諸軍諸使官健舍屋，並令除拆，所冀禁街整肅，以絶奸民。」勅旨：「所拆侵街舍，宜令三個月限移拆。如不礙勅文者，仍委本街使看便宜處分。」

九年八月勅：「諸街添補樹，並委左右街使栽種，價折領於京兆府，仍限八月栽畢，其分析聞奏。」

大中三年六月，右巡使奏：「義成軍節度使韋讓，前任宫苑使日，故違勅文，于懷真坊西南角亭子西侵街造舍九間。」勅旨：「韋讓侵街造舍，頗越舊章，宜令毁拆。」

景龍元年十一月勅：「諸非州縣之所，不得置市。其市當以午時擊鼓二百下，而衆大會；日入前七刻擊鉦三百下，散。其州縣領務少處，不欲設鉦鼓，聽之。車駕行幸處，即於頓側立市，官差一人權檢校市事。」其月，「兩京市諸行，自有正鋪者，不得于鋪前更造偏鋪，各聽用尋常一樣偏廂，諸行以濫物交易者没官，諸在市及人衆中相驚動令擾亂者，杖八十。」【略】

〔大曆〕十四年七月，令王公百官及天下長吏，無得與人争利，先于揚州置邸肆貿易者，罷之。先是，諸道節度、觀察使，以廣陵當南北大衝，百貨所集，多以軍儲貨販，列置邸肆，名託軍用，實私其利息，至是乃絶。貞元以後，京都多中官市物于廛肆，謂之宫市。不持文牒，口含勅命，皆以監估不中衣服、絹帛、雜紅紫之物，倍高其估，尺寸裂以酬價。市之經商，皆匿名深居；陳列廛閈，唯羸弱苦窳。市後又强驅于禁中，傾車乘，罄輦驢，已而酬以丈尺帛絹，少不甘，毆致血流者。中人之出，雖沽漿賣餅之家，無不徹業塞門，以伺其去。蒼頭女奴，輕車名馬，惴惴衢巷，得免捕爲幸。京師之人嗟愁，叫閽訴闕，則左右前後，皆其人也。

王溥《五代會要》卷二六《城郭》 後唐天成元年四月敕：「京都之内，古無郡城。本朝多事已來，諸侯握兵自保，張全義士功斯設，李罕之砦地猶存，時已擴清，固宜除剗。若特差夫役，又恐擾人，宜令河南府先分劈出舊日街巷，其城壕許占射平填，便任蓋屋宇。其城基内舊有巷道處，便爲巷道，不得因循，妄有侵射。仍請射後，限一月，如無力平剗，許有力人户占射平填。」【略】

顯德二年四月，詔曰：「惟王建國，實曰京師，度地居民，固有前則。東京華夷輻輳，水陸會通，時向隆平，日增繁盛。而都城因舊，制度未恢，諸衛軍營，或多窄狹，百司公署，無處興修。加以坊市之中，邸店有限，工商外至，絡繹無窮。僦賃之資，增添不定，貧乏之户，供辦實難。而又屋宇交連，街衢湫隘，入夏有暑濕之苦，居常多烟火之憂。將便公私，須廣都邑。宜令所司於京城四面，别築羅城，先立標識，候將來冬末春初，農務閑時，即量差近甸人夫，漸次修築，春作纔動，便令放散。或土功未畢，即次年修築。今後凡有營葬及興窑竈并章市，並須去標識七里外。其標識内，候官中劈畫，定軍營、街巷、倉場、諸司公廨院，務了，即任百姓營造。」

王溥《五代會要》卷二六《街巷》 周顯德三年六月詔：「輦轂之下，謂之浩穰，萬國駿奔，四方繁會。此地比爲藩翰，近建京都，人物喧闐，閭巷隘陋，雨雪則有泥濘之患，風旱則多火燭之憂，每遇炎熱相蒸，易生疾沴。近者開廣都邑，展引街坊，雖然暫勞，終獲大利。朕自淮上，迴及京師，周覽康衢，更思通濟。千門萬户，靡存安逸之心；盛暑隆冬，倍減燠寒之苦。其京城内街道闊五十步者，許兩邊人户，各於五步内取便種樹掘井，修蓋涼棚。其三十步已下至二十五步者，各與三步，其次有差。」

王溥《五代會要》卷二五《道路》 長興二年八月敕：「準《儀制令》，道路街巷，賤避貴，少避長，輕避重，去避來。宜令三京、諸道州府各遍下縣鎮，準舊儀制于道路分明刻牌，于要會坊門及諸橋柱，曉示路人，委本界所由官司，共加巡察。有違犯者，科違敕之罪。」

《全唐文》卷三〇《修整街衢坊市詔》 京雒兩都，是唯帝宅，街衢坊市，固須修整。比聞取土穿掘，因作穢污阬塹。四方遠近，何以瞻矚？頃雖處分，仍或有違。宜令所司，申明前勅，更不得於街巷穿坑及取土。其舊溝渠，令當界乘閑整頓疏決。牆宇橋道，亦當界漸修，不得廣有勞役。

第宅

《唐六典》卷二三《將作都水監》 凡宮室之制，自天子至於士庶，各有等差。天子之宮殿，皆施垂拱、藻井；王公諸臣三品已上，九架；五品已上，七架，並廳厦兩頭；六品已下，五架。其門舍：三品已上，五架三間；五品已上，三間兩厦；六品已下及庶人，一間兩厦。五品已上得制烏頭門。若官修者，左捩爲之；私家自修者，制度准此。

《通典》卷二《食貨二・田制下》 〔大唐開元二十五年令〕應給園宅地者，良口三口以下給一畝，每三口加一畝；賤口五口給一畝，每五口加一畝，並不入永業口分之限。其京城及州郡縣郭下園宅，不在此例。

王溥《唐會要》卷三一《輿服上・雜録》 〔大和六年〕又奏：「准《營繕令》，王公已下，舍屋不得施重栱、藻井。三品已上，堂舍不得過五間九架，廳厦兩頭，門屋不得過五間五架。五品已上，堂舍不得過五間七架，廳厦兩頭，門屋不得過三間兩架，仍通作烏頭大門。勳官各依本品。六品、七品已下，堂舍不得過三間五架，門屋不得過一間兩架。非常參官，不得造軸心舍，及施懸魚、對鳳、瓦獸、通袱、乳梁裝飾。其祖父舍宅，門廕子孫，雖廕盡，聽依仍舊居住。其士庶公私第宅，皆不得造樓閣，臨視人家。近者或有不守勅文，因循制造，自今以後，伏請禁斷。又庶人所造堂舍，不得過三間四架，門屋一間兩架，仍不得輒施裝飾。又準律，諸營造舍宅，於令有違者，杖一百。雖會赦令，皆令改正。其物可賣者聽賣。若經赦百日不改去及不賣者，論如律。」

王溥《五代會要》卷二六《街巷》 後唐同光二年八月敕：「在京應有空閒地，任諸色人請射蓋造。藩方侯伯、內外臣僚，於京邑之中，無安居之所，亦可請射，各自修營。其空閒有主之地，仍限半年本主須自修蓋，如過限不見屋宇，亦許他人占射。」其月敕：「諸道節度觀察防禦團練等使、刺史，出司土宇，入覲朝廷，將壯宸居，須崇甲第，宜於洛京修宅一區。」

長興二年六月八日，據左右軍巡使奏：「諸廂界內，多有人户侵占官街及坊曲內田地，蓋造舍屋，又不經官中判押憑據，廂界不敢懸便止絶，切恐久後別有人户，更於街坊占射，轉有侵占，不惟窄狹，兼恐久後別有人户，及致人户争競。近日人户係税田地，多被軍人百姓作空閒田地，便立封疆，修築牆壁占射，又無判押憑據。及本主或有文契典賣，兼云占射年深。或有税額，及無税空閒，攔恡不令修蓋。以此致有争競，廂界難以止絶者。」

其在京諸坊曲，應有空閒田地，先降敕命，許人户請射蓋造。及見種蒔公私田地，如是本主自有力，便令蓋造舍屋；若無力，即許人請射修蓋。自後相次諸色人陳狀，委河南府勘逐。如實是閒田，及不侵占官街，然後指揮劈畫交付。今所稱諸色人侵占街坊，及於見有主税地內占射蓋造，必慮有妨車牛過往，及恐百姓互有争論，須定規繩，各令稟守。京城應天街內有人户見蓋造得屋宇外，此後並不得更有蓋造。其諸坊巷道兩邊，常須通得車牛，如有小小街巷，亦須通得車馬來往，此外並不得輒有侵占。應諸街坊通車牛外，即日或有越衆迴然出頭，牽蓋舍屋棚閣等，並須畫時毀折，仍據撙截外，具留街道闊狹尺丈，一一分析申奏。此後或更敢侵占，不計多少，宜委地分官司量罪科斷。其街道內除水渠外，不得穿掘取土。若已有穿掘，各勒逐地分人户速速填平。

京城內諸坊曲，除見定園林、池亭外，其餘種蒔及充菜園，并空閒田地，除本主量力自要修造外，並許人收買。見定已有居人諸坊曲內有空閒田地，及種蒔并菜園等，如是臨街堪蓋店處田地，每一間破明間七椽，其每間地價，宜委河南府估價收買。除堪蓋店外，其餘若是連店田地，每畝宜定價錢七千，更以次五千。其未曾有蓋造處，宜令御史臺、兩街使、河南府依已前街坊田地，分劈畫出大街及逐坊界分，各立坊門，兼挂名額。先定街巷闊狹尺丈後，其坊內空閒，及見種田苗，并充菜園等田地，亦據本主自要量力修蓋外，並許諸色人收買，修蓋舍屋地宅。如是臨街堪蓋店處，田地每一間破明間七椽，其每間地價，亦委河南府估價准前收買。除堪蓋店外，其餘連店田地，每畝宜定價錢七千。以次近外，每畝五千，更以次三千。未有人買處，且勒仍舊。遠僻處或欲置菜園，任取穩便，兼應本主所留，諸色人置到田地等，並限三箇月內修築蓋造，須見次第，仍不得兩處收買田地。其地祇許修造宅院，并其間小小栽植竹木外，不得廣作園圃，及種植田苗，仍令御史臺常加覺察。如有故違，仰具姓名申奏，當行嚴斷。

其所置田地，如是本主種田苗及見菜園，候收刈及冬藏畢，方許交割。據交割日限後修蓋，其已定田地內所有苗税等，宜令據畝數出除，其所買田地，除本主自要修蓋外，有合賣數目，如妄託形勢，輒有逗留，分外邀頡，固心占恡者，許買地人經臺論訴。勘逐不虛，所犯之人，當行重斷，其地仍准價例，畫時交與所買之人。其所買賣田地，仍令御史臺委本處巡按御史，旋旋給與公憑，仍免税契。右宜令御史臺、兩街使、河南府專切依次第劈畫曉示，或有利便，亦可臨時詳奪奏聞。

其月敕：「京城坊市人户菜園，許人收買，切慮本主占佃年多，以鬻蔬爲業，固多貧窶，豈辦蓋造，恐資豪猾，轉傷貧民。若是有力人户，及形勢職掌曹司等，已有居地外，於别處及連宅買菜園，令人主把，或典賃于人，並准前敕價例出賣。如貧窮之人，買得菜園，自賣菜供衣食者，即等第特添價值，仍賣者不得多悋田土，買者不得廣占田地，各量事力，須議修營。」

王溥《五代會要》卷二六《市》 周廣順二年十二月，開封府奏：「商賈及諸色人訴稱，被牙人店主引領百姓，賒買財貨，違限不還，甚亦有將物去後，便與牙人設計公然隱没。又莊宅牙人，亦多與有物業人通情重疊，將産宅立契典當，或虚指别人産業，及浮造屋舍，僞稱祖父所置。更有卑幼骨肉，不問家長，衷私典賣，及將倚當取債，或是骨肉物業，自己不合有分，倚彊凌弱，公行典賣。牙人、錢主，通同蒙昧，致有争訟。起今後欲乞明降指揮，應有諸色牙人、店主人引致買賣，並須錢物交相分付。或還錢未足，祇仰牙行人、店主明立期限，勒定文字，遞相委保。如數内有人前卻及違限，别無抵當，更仰連署契人同力填還。如諸色牙行人，内有貧窮無信行者，恐已後悮累，即卻衆狀集出，如是客旅自與人商量交易，其店主人、牙行人，並不得邀難遮占，稱須依行店事例引致。如有此色人，亦加深罪。

其有典質倚當物業，仰官牙人、業主及四鄰同署文契，委不是曾將物業。印税之時，于税務内納契白一本，務司點檢，須有官牙人、鄰人押署處，及委不是重疊倚當，方得與印。如有故違，關連人押行科斷，仍徵還錢物。如業主别無抵當，仰同署契行保鄰人，均分代納。如是卑幼不問家長，便將物業典賣倚當，或雖是骨肉物業，自己不合有分，輒敢典賣倚當者，所犯人重行科斷。其牙人錢主，並當深罪。所有物業，請准格律指揮。

如有典賣莊宅，准例，房親鄰人合得承當。若是親人不要，及著價不及，方得别處商量，不得虚擡價例，蒙昧公私。有發覺，一任親人論理。勘責不虚，業主、牙保人並行重斷，仍改正物業。或親鄰人不收買，妄有遮悋阻滯交易者，亦當深罪。」從之。

王溥《五代會要》卷一五《户部》 應順元年正月敕：「諸州府籍没田宅，並屬户部，除賜功臣外，禁請射。」

周廣順二年正月敕：「應諸處户部營田人户租税課利，除京兆府莊宅務、贍軍國榷監人户、兩京行從莊外，其餘並割屬州縣，所徵租税課利，官中祇營户部營田舊徵課額，其户部營田職員，一切停廢。

一、應有客户元佃係省莊田，桑土、舍宇，便令充爲永業。自立户名，仍具元佃桑土、舍宇、牛具動用實數，經縣陳狀，縣司給與憑由，仍放户下三年差遣。若不願立户名，許召主卸佃，不得有失元額租課。其車牛動用、屋舍、樹木，亦各宣賜，官中更不管係。

一、諸州鎮郭，下及草市，見管屬省店宅、水磑，委本處常切管句，其徵納課利，不得虧失。若有人收買，具見直價例申省，仍仰本户承認元本税錢。如是元本税錢重大，即減價出賣。如無税錢，亦仰量事出税，管認輸納。其空閑倒塌店宅及空地，亦准此指揮。所有貨賣宅舍，仍先問見居人，若不買，次問四隣。不買，方許衆人收買。其元隨宅舍諸般物色，亦仰隨本業貨賣。其兩京城内及草市屋宅店舍，不在此例。宜令諸道州府准此。」

其年九月敕：「京兆府耀州莊宅，三白渠使所管莊宅，宜並屬州縣。其本務職員節級，一切停廢。除見管水磑及州縣鎮郭下店宅外，應有係官桑土、屋宇、園林、車牛動用，並賜見佃人充本業。如已有莊田，自來被本務或形勢影占，令出課利者，並勒見佃人爲主，依例納租。條理未盡，委三司區分。仍差尚書刑部員外郎曹匪躬專往點檢，割屬州縣。」

《新五代史》卷三四《李自倫傳》 李自倫者，深州人也。天福四年正月，尚書户部奏：「深州司功參軍李自倫六世同居，奉敕准格。按格，孝義旌表，必先加按驗，孝者復其終身，義門仍加旌表。得本州審到鄉老程言等稱，自倫高祖訓，訓生粲，粲生則，則生忠，忠生自倫，自倫生光厚，六世同居不妄。」敕以所居飛鳧鄉爲孝義鄉，匡聖里爲仁和里，准式旌表門閭。九月丙子，户部復奏：「前登州義門王仲昭六世同居，其旌表有聽事、步欄，前列屏，樹烏頭正門，閥閲一丈二尺，烏頭二柱端冒以瓦桶，築雙闕一丈，在烏頭之南三丈七尺，夾樹槐柳，十有五步，請如之。」敕曰：「此故事也，令式無之。其量地之宜，高其外門，門安綽楔，左右建臺，高一丈二尺，廣狹方正稱焉，圬以白而赤其四角，使不孝不義者見之，可以悛心而易行焉。」

《稽古定制·房屋》 唐制：一、凡王公以下，屋舍不得施重栱藻井。重栱，謂四鋪作、五鋪作，及六鋪、七鋪、八鋪作者，即今之疊栱是也。藻井，謂天花板，井口内盡以水藻者是也。三品以上，堂舍不得過五間九架，廈兩頭；門屋不得過三間五架。

五品以上，堂舍不得過五間七架，廈兩頭，門屋不得過三間兩架，仍通作烏頭大門。烏頭大門，即今之綽楔門是也。六品、七品以下，堂舍不得過三間五架，門屋不得過一間兩架。非常參官不得造抽心舍，及施懸魚、瓦獸、乳梁裝飾。抽心舍，即今之穿廊也。懸魚，謂殿宇屋山頭博風板舍尖下所垂之物是也。瓦獸，謂官府屋上所設獸頭，及殿宇轉角上飛仙海馬之類。乳梁，謂短梁也。在壓槽方之上。其祖父舍宅，門廕子孫雖廕盡，聽依仍舊居住。其王公以下，及庶人弟宅，皆不得造樓閣臨人家。庶人所造房舍，不得過三間四架，門屋一間兩架，不得輒施。裝飾。

陵墓

《隋書》卷三《煬帝本紀上》〔大業二年〕十二月庚寅，詔曰：「前代帝王，因時創業，君民建國，禮尊南面。而歷運推移，年世永久，丘壠殘毀，樵牧相趨，塋兆堙蕪，封樹莫辨。興言淪滅，有愴于懷。自古已來，帝王陵墓可給隨近十戶，蠲其雜役，以供守視。」

王溥《唐會要》卷二一《陪陵名位》 舊制，凡功臣密戚，請陪陵葬者，聽之。以文武分爲左右而列。墳高四丈以下，三丈以上。若父祖陪陵，子孫從葬者，亦如之。若宮人陪葬，則陵戶爲之成墳。凡諸陵皆置留守，領甲士，與陵令相知，巡警左右。兆域內，禁人無得葬埋。古墳則不毀之。【略】

貞觀八年，詔曰：「佐命功臣，義深舟楫，或定謀帷幄，或推身行陣，同濟艱危，克成鴻業；追念在昔，何日忘之？漢氏將相陪陵，又給東園祕器，篤終之義，恩意深厚。自今以後，功臣密戚，及德業佐時者，如有薨亡，宜賜塋地一所，及賜以祕器，使窀穸之時，喪事無闕。」十一年十月二日，又詔曰：「諸侯列葬，周文創陳其禮；大臣陪陵，魏武重申其制。去病佐漢，還奉茂鄉之塋；夷吾相齊，終託牛山之墓。斯蓋往聖垂範，前賢遺則，存曩昔之宿心，篤始終之大義也。皇運之初，時逢交泰，謀臣武將等，先朝特蒙顧遇者，自今以後，身薨之日，所司宜即以聞，並於獻陵左側賜以墓地，並給東園祕器。」二十三年八月二十八日，詔曰：「周室姬公陪於畢陌，漢廷蕭相附彼高園。寵錫墳塋，聞諸前代，從窆陵邑，信有舊章。蓋以懿戚宗臣，類同本之枝幹；元功上宰，猶在身之股肱。今宜聿遵故實，取譬拱辰，庶在烏耘之地，無虧魚水之道。宜令所司於昭陵南左右廂，封量取地，仍即標志疆域，擬爲葬所，以賜功臣。其有父祖陪陵，子孫欲來從葬者，亦宜聽許。」

永徽六年詔：「其祖父先陪獻陵，子孫欲隨葬，亦宜聽許。」

元和九年五月，左金吾衛大將軍郭釗奏：「亡祖故尚父子儀，陪葬建陵，欲於墳所種植楸松。」勅：「如遇年月通便，陵寢修營，宜令所司，許其栽種。」

王溥《唐會要》卷三八《葬》 舊制，銘旌，三品以上長九尺，五品以上長八尺，六品以下七尺，皆書云某官封姓名之柩。舊制，凡詔喪，大臣一品則鴻臚卿護其喪事。二品則少卿，三品丞。人往皆命司儀示以制。舊制，應給鹵簿，職事四品以上、散官二品以上及京官職事五品以上，本身婚葬皆給之。舊制，碑碣之制，五品以上立碑，螭首龜趺，上高不過九尺。七品以上立(碑)〔碣〕。圭首方趺，趺上不過四尺。若隱淪道素，孝義著聞，雖不仕亦立碣。凡石人、石獸之類，三品以上用六，五品以上用四。【略】

太極元年六月，右司郎中唐紹上疏曰：「臣聞王公以下，送終明器等物，具標格令，品秩高下，各有節文。孔子曰：『明器者，備物而不可用，以芻靈者善，爲俑者不仁。』《傳》曰：『俑者謂有面目機發，似于生人者也。以此而葬，殆將于殉，故曰不仁。』比者，王公百官競爲厚葬，偶人象馬，雕飾如生，徒以炫燿路人，本不因心致禮，更相扇動，破産傾資。風俗流行，下兼士庶，若無禁制，奢侈日增。望請王公以下送葬明器，皆依令式，竝陳于墓所，不得衢路舁行。」

開元二年六月二日勅：「緣喪葬事，非崇舊德，別有處分，不得輒請官供。」

四年七月，王仁皎葬，其子駙馬都尉守一，請同昭成皇后父竇孝諶故事，墳高五丈一尺。侍中宋璟、中書侍郎蘇頲上表曰：「臣聞儉，德之恭；侈，惡之大。高墳乃昔賢所誡，厚葬實君子所非，則知奢侈過度，故非達識。故周、孔設齊斬緦免之差，衣衾、棺槨之度，賢者俯就，不肖者企及。或云竇太尉墳最高，取則不遠者。縱令往日無極言者，其事偶行，令出一時，故非常式。豈若韋庶人父追加王位，擅作酆陵，禍不旋踵，爲天下笑。況令之所設，先作于紀綱；情既無窮，故爲之制度。不因人以搖動，不變法以愛憎。所謂金科玉條，蓋以此也。儻中宮情不可奪，陛下不能苦違，即准令，一品合陪陵葬者，墳高三丈以上，四丈以下，降勅使同陪陵之例，即極是高下得宜。臣參樞近，不敢不奏。」

二十九年正月十五日勅：「古之送終，所尚乎儉。其明器墓田等，令于舊數內遞減。三品以上明器，先是九十事，請減至七十事；五品以上先是七十事，請減至四十事；九品以上先是四十事，請減至二十事；庶人先無文，請限十五事。皆以素瓦爲之，不得用木及金、銀、銅、錫。其衣不得用羅錦繡畫。其下帳不得有珍禽奇獸，魚龍化生。其園宅不得廣作院宇，多列侍從。其輀車不得用金銀花、結綵爲龍鳳及垂流蘇、畫雲氣。其別勑優厚官供者，准本品數十分加三等，不得別爲華飾。其墓田，一品塋地，先方九十步，今減至七十步；墳先高一丈八尺，減至一丈六尺。二品先方八十步，減至六十步；墳先高一丈六尺，減至一丈四尺。三品墓田先方七十步，減至五十步；墳先高一丈四尺，減至一丈二尺。其四品墓田先方六十步，減至四十步；墳高一丈二尺，減至一丈一尺。五品墓田先方五十步，減至三十步；墳先高一丈，減至九尺。六品以下墓田，先方二十步，減至十五步；墳高八尺，減至七尺。其庶人先無步數，請方七步，墳四尺。其送葬祭盤，不得作假花果及樓閣，數不得過一牙盤。」

大曆五年五月十五日勑：「應准勑供百官喪葬人夫、幔幕等，三品以上，給夫一百人；四品、五品，五十人；六品以下，三十人。應給夫須和雇，價直委中書門下文計處置。其幔幕，鴻臚、衛尉等供者，須所載幔幕張設人，竝合本司自備。如特有處分，定人夫數，不在此限。」【略】

元和三年五月，京兆尹鄭元修奏：「王公士庶喪葬節制，一品、二品、三品爲一等，四品、五品爲一等，六品至九品爲一等。凡命婦各准本品，如夫、子官高，聽從夫、子。其無邑號者，准夫、子品。廕子孫未有官者，降損有差。其凶器悉請以瓦木爲之。」是時厚葬成俗久矣，雖詔命頒下，事竟不行。

六年十二月，條流文武官及庶人喪葬：「三品以上，明器九十事，四神、十二時在內，園宅方五尺，下帳高方三尺，共置五十舁，挽三十六人。輀車用開轍車，油幰，朱絲網絡，兩廂畫龍，幰竿末請用流蘇四，披六，鐸左右各八，黼翣二，黻翣一，畫翣二。士皆布幘深衣。輴車、志石車，任畫雲氣，不得置幰竿、額帶等。方相車除載方相外，及魂車除幰網裙簾外，不得更別加裝飾，竝用合轍車。纛竿九尺，不得安火珠，貼金銀、立鳥獸旗旛等。五品以上，明器六十事，四神、十二時在內，園宅方四尺，下帳高方二尺，共置三十舁，減志石車，幰竿減四尺，流蘇減二十道，帶減一重，披、引、鐸、翣各減二，挽歌一十六人，竝無朱絲網絡，方相用魌頭車，纛竿減一尺，魂車准前。九品以上，明器四十事，四神、十二時在內，園宅方三尺，下帳高方一尺，共置一十舁，減輴車、輀車，幰竿減三尺，流蘇減一十五道，披、引、鐸、翣各減二，帶減一重，挽歌十人，纛竿減一尺，幃額、魌頭、魂車准前。以前明器，竝用瓦木爲之，四神不得過一尺，餘人物等不得過七寸，竝不得用金銀雕鏤，帖毛髮裝飾。其散、試官，但取散官次第，如散官品卑者，即據試官品第。五品以上，遞降一等，六品以下，依本官制度。內侍省品秩高，各隨本秩。有章服者，紫同三品，緋同五品以上，緑及應官竝同九品以上。命婦及文武官母、妻，無邑號命婦，各准本品；如夫、子官高，聽從夫、子；無邑號者，各准夫、子品。輀車准令合用緑及紫色。有品廕家子孫未有官品者，三品以上降三等，五品以上降二等，九品以上降一等，所用品廕，以祖父爲日升降。庶人明器一十五事，共置三舁，喪車用合轍車，幰竿減三尺，流蘇減十道，帶減一重，幃額、魌頭車、魂車准前，挽歌、鐸、翣、四神、十二時各儀請不置。所造明器，竝令用瓦，不得過七寸。以前刑部尚書、兼京兆尹鄭元修，詳定品官葬給，素有章程。歲月滋深，名數差異，使人知禁，須重發明制，庶可經久。伏以喪葬條件明示所司，如五作及工匠之徒捉搦之後，自合准前後勑文科繩，所司不得更之。喪孝之家，妄有捉搦，只坐工人，亦不得句留，令過時日。」勑旨：「宜依。」【略】

會昌元年十一月，御史臺奏請條流京城文武百寮及庶人喪葬事：「三品以上，輀用闊轍車，方相、魂車、志石車，竝須合轍；油幰、流蘇等任准令式；挽歌三十六人；六鐸、六翣；明器竝用木爲之，不得過一百事，數內四神不得過一尺五寸，餘人物等不得過一尺，舁止七十舁。內外官同。五品以上，輀車及方相、魂車等同三品，不得置志石車；其油幰等任准令式；挽歌十六人；四鐸、四翣；明器不得過七十事，數內四神不得過一尺二寸，餘人物不得過八寸，舁止五十舁。內外官同。九品以上，輀車、魂車等竝同合轍車，其方相、魌頭竝不得用楯車及志石車；其輀車除油幰、流蘇等各准令式外，不得用繒綵結絡兼銀器裝飾；挽歌一十人；一鐸、二翣；明器不得過五十事，四神不得過一尺，餘人物不得過七寸，舁止三十舁。內外官同。散試官等，任于階官之中取最高品，第五品以上遞降一等，六品以下依令品。有品廕家子孫未有官者，用三品以上廕者降三等，用五品以上廕者降二等，用八品以上廕者降一等，用九品者不降，仍竝須是祖父母廕。內外官同。工商百姓諸色人吏無官者，諸軍人無職掌者，喪車魌頭同用合轍車；喪車不用油幰、流蘇等飾，兼不得以繒綵結絡及金銀飾；挽歌、鐸、翣，竝不得置；喪車之前不得以鞍馬爲儀；其明器任以瓦木爲之，不得過二十五事，四神十二時竝在內，每事不得過七寸，舁十舁。伏以喪葬之禮，素有等差，士庶之家，近罕遵守，逾越既甚，糜費滋多。臣忝職憲司，理當禁止。雖每令舉察，亦怨謗隨生；苟全廢糾繩，又譏責立至。總以承前令式及制勑，皆務從儉省。減刻過多，遂令人情易逾禁，將求不犯，實在稍寬。臣酌量舊儀，創立新制，所有高卑得體，豐約合宜，免令無知之人，更懷不足之意。伏乞聖恩，宣下京兆府，令准此條流，宣示一切供作行人，散榜城市及諸城門，令知所守。如有違犯，先罪供造行人賈售之罪，庶其明器竝用瓦木，永無僭差。以前條件，臣尋欲陳論，伏候進止，承前已于延英具奏訖。」勅旨：「宜依。」

王溥《五代會要》卷八《喪葬上》　後唐天成元年十二月二十七日，御史臺奏：「凡棺槨不計有官品，並不得於棺槨上雕鏤畫飾，施戶牖欄檻楹等。官至四品已上使方相，七品已上使魌頭，四目，玄衣朱裳，執戈揚楯如常制，七品已下及無官品者勿用。凡明器等，三品已上不得過九十事，五品已上不得過六十事，九品已上不得過四十事。當廣地軸輒馳馬及執役人，高不得過一尺，其餘音聲隊馬威儀之屬，各准平生品秩所司，仍以木瓦爲之，不得過七寸，及別加畫飾。諸纛今謂之鵝毛五纛，五品已上竿長七尺，五品已下長五尺，無官品者勿用。諸三品已上引、披、鐸、翣，輓歌六行，每行六人。五品已上二引，二披，四鐸，四翣，輓歌四行，行四人。九品已上二翣。無官者勿用。諸車轝，三品已上油幰、朱絲絡網，施襈，兩廂畫龍虎，幰竿朱末，垂六旒蘇，今之纓帶也。七品已上油幰，襈，兩廂畫雲氣，垂四旒蘇。九品已上無旒蘇。車轝上有結絡，三品已上及將相有鳳臺，自諸品官及郡守升朝者，羚羊山華，餘並平幰。百姓喪葬，衹合使鼈甲車，無幰、襈、畫飾，並無已前儀。」【略】

二年六月三十日，御史中丞盧文紀奏：「奉四月十四日敕：喪葬之儀，本防踰僭，若用錦繡，難抑奢豪。但人情皆重於送終，格令當存於通理，宜令御史臺除錦繡外，并庶人喪葬，更檢詳前後敕格，仔細一一條件，分析奏聞。冀合人情，永著常令者。」令臺司再舉令文及故實條件如後。凡銘旌，三品已上長九尺，五品已上長八尺，六品已上長七尺。諸輀車，三品已上許使油幰，施襈，兩廂畫龍虎；七品已上祇許使油幰，施襈，兩廂畫雲氣。男子幰、襈、流蘇皆使素，婦人使綵。又諸官五品已上許使三梁六柱轝車，轝上有結絡；三品已上帶將相者有鳳臺。自諸品官及郡守升朝官者，羚羊山華，餘平幰。諸棺槨不得雕鏤彩畫，施戶牖欄檻，棺內不得有金寶珠玉。諸喪葬不得備禮者，貴得同賤，賤不得同貴。」

准元和六年十二月刑部兼京兆尹鄭元狀奏：【略】

准長慶三年十二月浙西觀察使李德裕奏：「應百姓厚葬，及於道途盛陳祭奠，兼設音樂等。閭里編甿，罕知教義，生無孝養可紀，没以厚葬相矜，器仗僭差，祭奠奢靡，仍以音樂榮其送終，或結社相資，或息利自辦，生産儲蓄爲之皆空，習以爲常，不敢自廢。人戶貧破，抑此之由。今百姓等喪葬祭奠，並請不許以金銀錦繡爲飾。其陳設音樂者，其葬物稍涉僭越者，並勒毀除。結社之類，任充死亡喪服、糧食等用使。如有人犯者，並准法律科罪。其官吏已上，不能糾察，請加懲責，仍請委出使郎官御史察訪。」

臺司伏請令文及故實不載者，令更條。檢校官令文不載，令請檢校官一品、二品請同五品，三品已下請並同九品。如有曾任正官，依本官品第儀則。其准敕試官，亦同九品儀。如升朝官者，請據本官品第升降則例。凡喪葬皆有品第，恐或無知之人，妄稱官秩，自今後除升朝官見任官亡歿外，餘官去事前五日，須將告誥或敕牒於本巡使呈過判押文狀，行人方可供應。佐命殊功，當朝立功，名傳遐邇，特敕優旨，准《會要》例，本品數十分加三分，不得別爲華飾。右具本朝舊本例如前，今後令兩巡使，衹據官秩品級與判狀，其餘一物已上，不得增加，兼勒驅使官，與金吾司并門司同力轄鈐。如有大段踰越，即請據罪科斷行人，兼不得追領喪葬之家，別有勘責。

奉敕：「如過制度，不計尺寸事數，其假賃行人徒二年，喪葬之家即不問罪，仍付所司。」

王溥《五代會要》卷九《喪葬下》　後唐長興二年十二月二十六日，御史臺奏：「先奉敕，前守亳州譙縣主簿盧茂謙進策内一事。竊見京城内偶遭凶喪者，身不居於爵禄，葬有礙於條流，須使鼈甲車殯送者，事雖該於往制，敕已著於前文。或值炎鬱所拘，偶緣留駐，利便須期於時日，貧窮旋俟於告投，停日既多，塋園又遠，伏乞特付所司，別令詳定，權免鼈甲車送葬者。

奉敕：送葬之儀，雖防越制；令文之設，亦許便時。其或候歷炎天，事從遠日，停留既久，遷送有期，車中便苦于撼搖，陌上可量于凶穢。人情所病，物議僉同，宜在酌中，庶成惻隱。應喪葬自五品已下至庶人，自春夏秋，宜並許第等置轝，其餘儀式，一切仍舊。兼喪車亦不全廢，如要令陳於靈輿之前，其轝大小制度及結絡遮蔽，所使疋帛顏色并擎舁人數次第，仍令御史臺詳核，據品秩等級，士庶高低，各定規制施行。兼空城内，舊制比無居人，近日許人戶逐便居止，或有喪死，旋須遷送。其出時并舁遺次第，亦可穩便制置，務在得宜者。

今臺司准敕追到兩市葬作行人白望、李温等四十七人，責得狀稱：一件，於梁開平年中，應京城海例，不以高例及庶人使錦繡車轝，並是行人自將狀於臺巡判押。一件，至同光三年中，有敕著斷錦繡，衹使常式素車轝。其轝，稍有力百姓之家，十二人至八人，魂車、虛喪車、小轝子不定人數。或是貧下，四人至兩人。迴使素紫白絹帶額遮幃，轝上使白粉埽木珠節子，上使白絲，其引魂車、小轝子使結麻網幕。後至天成三年中有敕，條流庶人斷使轝，祇令別制造鼈甲車載，亦是紫油素物，至今行内見使者。今臺司按葬作行人李温等通到狀，并於令内及天成四年六月敕内詳，穩便制置，定到五品至八品升朝官，六品至九品不升朝官等，及庶人喪葬儀制，謹具逐件如後：

五品至六品升朝官，使二十人舁轝車，竿高七尺，長一丈三尺，闊五尺，以白絹全幅爲帶額，婦人以紫絹爲帶額，並畫雲氣，周迴遮蔽，上安白粉埽木珠節子二十道。魂車一，小香轝子一，並使結麻網幕。魌頭車一，輓歌八人，練布深衣，披、引、鐸、翣各一，不得著錦繡。明器三十事，四神十二時在内，四神不得過一尺，餘不得過七寸。園宅一，方三尺。其明器物，不得以金銀毛髮裝飾。共置八轝，内許兩箇紗籠，已上並不得使結絡錦繡裝飾。如事力不辦，任自取便。

七品至八品升朝官，使一十六人舁轝車，竿高七尺，長一丈三尺，闊五尺，以白絹全幅爲帶額，婦人以紫絹全幅爲帶額，周迴遮蔽，上安白粉埽木珠節子二十道。魂車、香轝子各一，並使結麻網幕。魌頭車一，明器二十事，以木爲之，四神十二時在内，四神不得過一尺，餘不得過七寸，不得使金銀雕鏤、帖毛髮裝飾。園宅一，方二尺五寸，共置六舁。輓歌一十六人，練布深衣，披、引、鐸、翣各一，已上並不得著錦繡結絡裝飾。如事力不辦，任從所便。

六品至九品不升朝官，使一十二人舁轝車，竿高六尺，長一丈一尺，闊四尺，以白絹全幅爲帶額，婦人以紫絹爲帶額，周迴遮蔽，上安白粉埽木珠節子一十六道。魂車一，香轝子一，並使結麻網幕。明器一十五事，並不得過七寸，以木爲之，不得使金銀雕鏤、帖毛髮裝飾，共置五轝。輓歌四人，練布深衣，鐸、翣各一，不得著錦繡及別有結絡裝飾。如事力不辦，任自取便。檢校兼試官並依此例。

庶人使八人舁轝車，竿高五尺五寸，長一丈，闊四尺，男子以白絹半幅爲帶額，婦人以紫絹半幅爲帶額，周迴遮蔽。魂車一，香轝子一，並使結麻網幕。明器一十四事，以木爲之，不得過五寸，共置五轝，不得使紗籠、金銀、帖毛髮裝飾。除此外，已上不得使結絡錦繡等物色。如人户事力不便，八人已下，任自取便。其喪轝車已准敕不全廢，任陳靈轝之前者。

已上每有喪葬，行人具所供行李單狀，申知臺巡，不使別給判狀。如所供賃不依狀内及踰制度，仍委兩巡御史勒驅使官與金吾司并門司所由，同加覺察。如有違犯，追勘行人。請依天成二年六月三十日敕文，行人徒二年，喪葬之家即不問罪者。皇城内近已降敕命指揮，每有喪葬，以色服蓋身，出城外任自逐便，如迴來不得立引魂旛子，卻著孝衣入皇城内者。今請再降敕命，指揮皇城内此後每有人户喪葬，令至晚浄後取便出門，不得取内外諸色趨朝官。右謹具定到五品至八品升朝官、六品至九品不升朝官及檢校兼試官，并庶人喪葬儀制如右。」

奉敕：「宜依。」

四年五月二十五日，御史中丞龍敏奏：「京城士庶喪葬，近有起請條流，臣等參詳，恐未允當。伏見天成二年敕内，事節分明。凡有喪葬，行人須稟定規，據其官秩高卑，合使人數物色，先經本巡使判狀，自後別有更改，不令巡使判狀，祇遣行人具其則例申臺巡。今欲卻勒行人，依舊先經兩巡使判狀，其品秩物色定制，不得輒違。別欲指揮行人，於喪葬之家，除已得本分工價錢外，保無内外邀難，乞覓文狀，送到臺巡，如有故違，必加懲責。」敕：「從之。」

王溥《五代會要》卷四《雜録》 後唐同光二年三月，以尚書工部郎中李途爲長安兩路檢視諸陵使。其年五月二十四日，敕宗正寺：「嚴切指揮諸陵臺令、丞，不得輒令影占人户。其諸陵舊例合破巡人，仍令酌量額定數目，自本州縣于中等人户内差遣，交付陵所。切不得自招，影占人户，攪擾鄉村，致妨縣司差遣色役使。仰密具本官姓名申奏，當行朝典，仍具條約，曉示諸陵臺及本州縣訖聞奏。」其年八月，中書門下奏：「諸陵臺令、丞，並請停廢，以本縣令兼知陵臺事。」從之。

三年六月敕：「關内諸陵，頃因喪亂，例遭穿廢，多未掩修。其下宫殿宇法物等，各令奉陵州縣府據所管陵園修製，仍四時各依例薦享。逐陵各差近陵百姓二十户放雜差役，充陵户，以備灑埽。其壽陵等一十陵，亦一例修掩，量置陵户。仍授尚書工部郎中李途京兆少尹，充奉修諸陵使。」

周廣順元年正月赦文：「唐莊宗、明宗、晉高祖，宜各置守陵十户，以近陵人户充。」五月，宗正寺奏：「準故事，諸陵有令、丞各一員，近令、丞不置，便委本縣令兼之。今緣河南洛陽是京邑，恐兼令、丞不便。伏候敕旨。」敕：「特置令、丞各一員。」

《稽古定制・墳塋》 唐制：一品方九十步，墳高一丈八尺。二品方八十步，墳高一丈六尺。三品方七十步，墳高一丈四尺。四品方六十步，墳高一丈二尺。五品方五十步，墳高一丈。六品以下並方二十步，墳高不過八尺。

宋制與唐制同。

《稽古定制·碑碣石獸》 唐制：五品以上立碑，螭首龜趺，高不過九尺。七品以上立碣，圭首方趺，趺上高四尺。其石獸等，三品以上六事，五品以上四事。

宋制與唐制同。

徐乾學《讀禮通考》卷一〇〇《喪具六》 墓田之制：一品，塋先方九十步，今減至七十步；墳先高丈八尺，減至丈六尺。二品，先方八十步，減至六十步；墳先高丈六尺，減至丈四尺。三品，先方七十步，減至五十步；墳先高丈四尺，減至丈二尺。四品，先方六十步，減至四十步；墳先高丈二尺，減至丈一尺。五品，先方五十步，減至四十步；墳先高一丈，減至九尺。六品以下，先方二十步，減至十五步；墳先高八尺，減至七尺。庶人，先無文，其地七步，墳高四尺。其送葬祭盤，不許作假花果及樓閣，數不得過一牙盤。

奬懲

《唐律疏議》卷一六《擅興》 【疏】議曰：依《軍防令》：「防人在防，守固之外，唯得修理軍器、城隍、公廨、屋宇。各量防人多少，於當處側近給空閑地，逐水陸所宜，斟酌營種，并雜蔬菜，以充糧貯及充防人等食。」此非正役，不責全功，自須苦樂均平，量力驅使。鎮、戍官司使不以理，致令逃走者，一人杖六十，五人加一等，罪止徒一年半。若使不以理，而防人雖不逃走，仍從「違令」科斷。

諸有所興造，應言上而不言上，應待報而不待報，各計庸，坐贓論減一等。【疏】議曰：修城郭，築堤防，興起人功，有所營造，依《營繕令》：「計人功多少，申尚書省聽報，始合役功。」或不言上及不待報，各計所役人庸，坐贓論減一等。其庸倍論，罪止徒二年半。

即料請財物及人功多少違實者，笞五十；若事已損費，各併計所違贓庸重者，坐贓論減一等。本料不實，料者坐；請者不實，請者坐。【疏】議曰：「即料請財物及人功多少違實者」，謂官有營造，應須市買，料請所須財物及料用人功多少，故不以實者，笞五十。「若事已損費」，或已損財物，或已費人功，各併計所費功、庸，準贓重者，坐贓論減一等。重者，謂重於笞五十，即五疋一尺以上，坐贓論減一等，合杖六十者爲贓重。本料不實，止坐元料之人。若由請人不實，即請者合坐。失者，各減三等。依《名例律》：「以贓致罪，頻犯者，各倍論。」此既因贓獲罪，功、庸出衆人之上，并通官物，即合累而倍論。若直費官財物，不損庸直，止據所費財科，不在倍限。雖費人功，倍併不重於官物，止從官物科斷，即是「累併不加重者，止從重論」。

諸非法興造及雜徭役，十庸以上，坐贓論。謂爲公事役使而非法令所聽者。【疏】議曰：「非法興造」，謂法令無文；雖則有文，非時興造亦是，若作池、亭、賓館之屬。「及雜徭役」，謂非時科喚丁夫。驅使十庸以上，坐贓論。既準衆人爲庸，亦須累而倍折。故注云「謂爲公事役使而非法令所聽者」。因而率斂財物者，亦併計坐贓論，仍亦倍折。以其非法贓斂，不自入己，得罪故輕。

諸工作有不如法者，笞四十；不任用及應更作者，併計所不任贓、庸，坐贓論減一等。其供奉作者，加二等。工匠各以所由爲罪。監當官司，各減三等。【疏】議曰：「工作」，謂在官司造作。輒違樣式，有不如法者，笞四十。「不任用」，謂造作不任時用，及應更作者，併計所不任贓、庸，累倍坐贓論減一等，十疋杖一百，十疋加一等，罪止徒二年半。其供奉作加二等者，供奉之義，已於《職制》解訖，若不如法，杖六十；不任用及應更作，坐贓論加一等，罪止流二千里。其併倍訖，不重費官物者，並直計官物科之，其贓不倍。工匠各以所由爲罪。監當官司各減三等者，謂親監當造作，若有不如法，減工匠三等，笞十；不任用及應更作，減坐贓四等，罪止徒一年；供奉作，罪止徒二年之類。

諸役功力，有所採取而不任用者，計所欠庸，坐贓論減一等。【疏】議曰：謂官役功力，若採藥，或取材之類，而不任用者。若全不任用，須計全庸；若少不任用，準其欠庸，併倍坐贓論減一等。

若有所造作及有所毀壞，備慮不謹，而誤殺人者，徒一年半；工匠、主司各以所由爲罪。【疏】議曰：謂有所繕造營作及有所毀壞崩撤之類，不先備慮謹慎，而誤殺人者，徒一年半。「工匠、主司各以所由爲罪」，或由工匠指撝，或是主司處分，各以所由爲罪，明無連坐之法。律既但稱「殺人」，即明傷者無罪。

諸應差丁夫，而差遣不平及欠剩者，一人笞四十，五人加一等，罪止徒一年。即丁夫在役，日滿不放者，一日笞四十，一日加一等，罪止杖一百。各坐其所由。【疏】議曰：差遣之法，謂先富强，後貧弱；先多丁，後少丁。凡丁分番上役者，家有兼丁，要月；家貧單身，閑月之類。違此不平及令人數欠剩者，一人笞四十，五人加一等，罪止徒一年。「即丁夫在役」，謂在役之人，日滿不放者，一日笞四十，一日加一等，罪止杖一百。注云「各坐其所由」，謂止坐不放者所由之人，明無連坐之法。

諸被差充丁夫、雜匠，而稽留不赴者，一日笞三十，三日加一等，罪止杖一百；將領主司加一等。防人稽留者，各加三等。即由將領者，將領者獨坐。餘條將領稽留者，準此。【疏】議曰：丁夫、雜匠，被官差遣，不依程限而稽留不赴者，一日笞三十，三日加一等，罪止杖一百。「將領主司加一等」，主司謂親領監當者，一日笞四十，三日加一等，罪止徒一年。其「防人稽留者，各加三等」，一日杖六十，三日加一等，罪止徒二年。其將領主司亦加一等。若由將領主司稽留，丁夫、雜匠、防人不合得罪，唯罪將領之人，故云「將領者獨坐」。注云「餘條將領稽留者，準此」，餘條謂征人等，但是差行有主司將領，本條無將領罪名，事由將領者，皆將領者獨坐。

《唐律疏議》卷二六《雜律上・舍宅車服器物》 諸營造舍宅、車服、器物及墳塋、石獸之屬，於令有違者，杖一百。雖會赦，皆令改去之。墳則不改。【疏】議曰：營造舍宅者，依《營繕令》：「王公已下，凡有舍屋，不得施重拱、藻井。」車者，《儀制令》：「一品青油纁，通幰，虛偃。」服者，《衣服令》：「一品衮冕，二品鷩冕。」器物者，「一品以下，食器不得用純金、純玉」。墳塋者，「一品方九十步，墳高一丈八尺」。石獸者，「三品以上，六；五品以上，四」。此等之類，具在令文。若有違者，各杖一百。雖會赦，皆令除去，唯墳不改。稱「之屬」者，碑、碣等是。若有犯者，並同此坐。

其物可賣者，聽賣。若經赦後百日，不改去及不賣者，論如律。【疏】議曰：舍宅以下，違犯制度，堪賣者，須賣；不堪賣者，改去之。若赦後百日，不改及不賣者，還杖一百，故云「論如律」。

《舊唐書》卷一三五《盧杞傳》 （建中四年）六月，趙贊又請稅間架、算除陌。凡屋兩架爲一間，分爲三等：上等每間二千，中等一千，下等五百。所由吏秉筆執籌，入人第舍而計之。凡没一間，杖六十，告者賞錢五十貫文。除陌法，天下公私給與貿易，率一貫舊算二十，益加算爲五十，給與物或兩換者，約錢爲率算之。市主人牙子各給印紙，人有買賣，隨自署記，翌日合算之。有自貿易不用市牙子者，驗其私簿，投狀自其有私簿投狀。其有隱錢百，没入，二千杖六十，告者賞錢十千，出於其家。法既行，主人市牙得專其柄，率多隱盜，公家所入，百不得半，怨讟之聲，囂然滿於天下。及十月，涇師犯闕，亂兵呼於市曰：「不奪汝商户僦質矣！不稅汝間架除陌矣！」是時人心愁怨，涇師乘間謀亂，奉天之奔播，職杞之由。故天下無賢不肖，視杞如讎。

宋遼金

總則

《天聖令》卷二八《營繕令》 諸計功程者，四月、五月、六月、七月爲長功，二月、三月、八月、九月爲中功，十月、十一月、十二月、正月爲短功。春夏不得伐木。必臨時要須，不可廢闕者，不用此令。

諸新造州鎮城郭(後)〔役〕功者，具科申奏，聽報營造。

諸別奉勑令有營造，及和(顧)〔雇〕造作之類，未定用物數者，所司支(科)〔料〕，皆先録所須總數奏聞。

(大)〔太〕廟及宮殿皆四阿，施鴟尾，〔社〕門、觀、寺、神祠亦如之。其(官)〔宮〕內及京城諸門、外州(鎮)〔正〕牙門等，竝施鴟尾。自外不合。

諸王公以下，舍屋不得施(行)〔重〕拱、藻井。三品以上不得過九架，五品以上不得過七架，並(聽)〔廳〕厦兩頭。六品以下不得過五架。其門舍，三品以上不〔得〕過五架三間，五品以上不得過三間兩厦，六品以下及庶人不得過一間兩厦。五品以上仍(連)〔通〕作烏頭大門。父、祖舍宅及門，子孫雖(陰)〔蔭〕盡，仍聽依舊居住。

諸公私(弟)〔第〕宅，皆不得起樓閣，臨視人家。

宮城內有大營造及修理，皆(不)〔令〕司天監擇日奏聞。

自對料。在京者，所須調度人〔功〕，(再)申三司處分。其須大作者，送司修理。在外〔者〕，役當處鎮遏兵防(防)，調度出當州官物供。若無兵防及調度，申三司處分，聽用官物，及(後)〔役〕工匠，當州無，出比州。

諸用瓦器之處，經用損壞，一年之内，十分聽除二分，〔以〕外追填。

京城内諸橋及道，當城門街者，並分作司修營，自餘州縣料理。

三京營造及貯備雜物，每年諸司總(科)〔料〕來年一周所須，申三司，本司量校，豫定出所(料)〔科〕備、營造期限，總奏聽報。若依法先有定(科)〔料〕，不須增減者，得本司處分。其年常支料供用不足，及支料之外，更有別須，應科料者，亦申奏聽報。

諸在外有合營造之處，皆豫具（録）造作色目（録）、料請來年所須人功調度、丁匠集期，附遞申三司處分。諸雜匠，如有別項和（顧）〔雇〕者，日給米二（昇）〔升〕。

諸州縣公廨舍破（者壞）〔壞者〕，皆以雜役兵人修理。無兵人處，量於門內户均融物力，縣皆申州候報。如自新創造，功役大者，皆具奏聽旨。

諸近河及陂塘大水，有堤堰之處，州縣長吏以時檢行。若須修理，每秋收訖，勸募衆力，官爲總領。或諸津橋道路，每年起九月半，當界修理，十月使訖。若有阬、渠、井、穴，並立標記。其要路陷壞、停水，交廢行旅者，不拘時月，量差人夫修理。非當司能辦者，申請。

諸堰穴漏，造絙及供堰雜用，年終豫料（後）〔役〕功多少，隨處供修。其功力大者，檢計申奏，聽旨修完。

諸營造雜作，應須女功者，皆令諸司户婢等造。

其應供奉古陂可溉田利民，及停水須疏决之處，亦准此。至春末使訖。其官自興功，即從別勑。若暴水（沉）〔汎〕溢，毁壞隄防，交爲人患者，先即修營，不拘時限。應役人多，且役且申。若有急，有軍營之兵士，亦得充役。若不時經始致爲人害者，所轄官司訪察，申奏推科。

請別勑有所修造，令量給人力者，計滿千功以上，皆須奏聞。

諸傍水（陡）〔隄〕內，不得造小隄及人居。其隄內外各五步並隄上，多種榆柳雜樹。若隄內窄狹，隨地量種，擬充隄堰（內）〔之〕用。

《天聖令》卷三〇《雜令》 諸度，以北方秬黍中者，一黍之廣爲分，十分爲寸，十寸爲尺，一尺二寸爲大尺一尺。十尺爲丈。

諸積秬黍爲度、量、權〔衡〕者，調鍾律、測晷景、合湯藥、造制冕，及官私皆用之。

太府寺造秤、斗、升、合等樣，皆以銅爲之；尺以鐵。

諸度地，五尺爲步，三百六十步爲里。

諸知山澤有異寶、異木及金、玉、銅、銀、彩色雜物處，堪供國用者，皆具以狀聞。

諸竹木爲暴水漂失有能接得者，並積於岸上，明立標牓，於隨近官司申牒。有主識認者，江、河五分賞二，餘水五分賞一。非官物，限三十日外，無主認者，入所得人。官失者不在賞限。

諸州縣及關津所有浮橋及貯船之處，并大堰斗門須開閉者，若遭水汎漲并淩澌欲至，所掌官司急（司急）備人功救助。量力不足者，申牒。所屬州縣隨給軍人并船，共相救助，勿使停壅。其橋漂破，所失舡木即仰當所官司，先牒水過之處兩岸州縣，量差人收接，遞送本所。

諸訴田宅、婚姻、債負，起十月一日官司受理，至正月三十日住接詞狀，至三月三十日斷畢。停滯者以狀聞。若先有文案，及交相侵奪者，隨時受理。

諸州縣學舘牆宇頹壞、（壯）〔牀〕席几案須修理者，用當處州縣公廨物充。

諸犯罪人被戮，其緣坐應配没者，不得配在禁苑内供奉，及東宮、親王所左右驅使。

諸外任官人，不得於部内置莊園、店宅，又不得將親屬、賓客往任所請占田宅，營造邸店、碾磑，與百姓争利。雖非親屬、賓客，但因官人、形勢請受造立者，悉在禁限。

《續資治通鑑長編》卷七一《真宗》 （大中祥符二年六月）丙申，詔：「自今凡有營造，並先定地圖，然後興功，不得隨時改革。若事有不便須改作者，並奏裁。」先是，遣使修吴國長公主院，使人互執所見，屢有改易，故勞費頗甚，上聞之，令劾罪而約束焉。

《續資治通鑑長編》卷一〇五張知白《乞罷不急營造奏》 （天聖五年六月）按《五行志》，宫室盛則有火災，近者洞真、壽寧觀相繼火，此皆土木太盛之證也。請自今罷諸不急營造，以答天戒。

徐松《宋會要輯稿》卷一一一九《職官三十・將作監》 大中祥符二年六月，詔：自今八作司凡有營造，並先定地圖，然後興工，不得隨時改革。若有不便改作者，皆須奏裁。先是，遣使修吴國長公主院，使人互執所見，屢有改易，勞費頗甚。帝聞之，令劾罪而條約之。

三年二月，詔八作司見管押司官、前後行曹司等，自今不得抽差及割名糧隸它處。

四年八月，詔八作司官，揀諳會書筭勾當得事殿侍十人，分擘應副監修。如不足，即旋於殿前司抽取。若一月內修及五十間，支食直錢三千；只添修及五十間，即支一千五百。各置功課歷，每日抄上赴提點修造官通押。候三年，勾當無不了。下三司比較磨勘，申奏興改，轉酬獎。

五年九月，詔：抽差殿侍在八作司監修勾當，合給食直錢者。若填疊道路，修殿宇樓臺，難計功料者，亦令比類支給。

六年二月，詔八作司製造竹作家事，收到竹白竹梢每斤估錢六分，令貨市充公使之費。四月，詔八作司父兄子弟會作藝者聽相承，於本司射糧充工匠，仍許取便同居。若差出向外監修，只將帶逐色作頭往彼，不得更抽工匠。自外抽來役兵有疾患者，速差醫官治療。

七年三月，八作司言，當司先差殿侍五十人，分監在京修造，率多曠慢，望委本司按罪笞責。帝曰：殿侍緣係諸班，本司區斷事理非便。自今如小有過犯，取狀戒爲放免。若初犯情理難恕及再犯者，奏裁。四月，八作司言，本司工匠，自今應將帶出外望不定名抽取，免令僥幸妨役。從之。六月，詔八作司指揮使差當直兵士二人，員僚一人，於効役雜役指揮内抽差，逐季一替，不得影占工匠。十月，詔：八作司諸處修造，先差人員檢計，據合銷工匠作分，逐旋差那應副，不得一併抽占人數。九年七月，詔：八作司應在京修造，自八月朔悉權罷之，以郊禮在近，供億繁多故也。

仁宗天聖元年正月，勾當八作司田承説言，本司所轄廣備兵士及八作司長行内有善工藝匠人，多本司監官占充當員。欲乞自今後，監官當直兵士依數下步軍司，於借事六軍内差破更，不得就本司轄下抽差。從之。二月，三司言，虎翼水軍昨營房雨浸，踏移高阜，其舊房屋六百五十間，合拆材植磚瓦四十一萬，稱準本司劄子六十五道取射支使，切緣在京修造。三司並依八作檢計到合使物料應副，其八作司又將别窠名官物直撥支使，提點修造司無憑關防。欲乞今後應係修造所使物料，須計料申省，撥支下數，請領供使，其合納物色，並令入納，不得直取射支。使如違，官吏科違制之罪。從之。三月，詔：自今應陳乞及傳宣修蓋，並須下三司檢計，合銷人功、材料數支，候見三司文字，方得支付。時仁宗宣諭，宫中近逐急修屋，多内臣直傳宣諸處，不由三司勘會，大破工料採木之處，山谷漸深，宜與約束，勿令枉費，故有此詔。

五月，田承説言，本司修造四百三十餘處，累年不結絶，監修人員請出官物破耗侵欺，今點檢到殿侍蘇玉等一十人並盗官物逃走。檢會元併兩司爲一之時，計有左右廂橋道、提點堤河、城壕、街渠都大管勾修造，窠坐兵士凡六處，監官十六人，以爲冗食，便以三人代其勾當，監官元食錢不過三五千，今五人月請錢百千，殿侍八十四人，月百二十六千；更有非時差三司大將軍將使臣添給衣服，若比未併合之時，備見虧官太甚。每檢計提點，並無新收，舊管官物已支，見在文帳。欲乞將東西兩司却分管勾，每司只差諸司使副使或閤門祇候一員、内臣一員，添支錢十五千，日輪一員在司點檢文字，一員諸處點檢脩蓋。請到官物别置歷具，日逐提點次第，同共僉押，逐月具修蓋已、未功課上三司，所有殿侍八十四人，乞催促了當覆檢訖，逐旋歸班。事下三司與提舉司定奪，經久利害以聞。三司言，承説所乞，分爲二司，今若每旬只差二員，亦恐管勾不逮。今請分爲兩司，以正陽門、景龍門直南北爲界，每司選差監官三員，内二員諸司使副或閤門祇應，一員内臣逐月添支錢十三千。疾患差出即權差官，每日一員在司點檢，二員出外催促，逐司置歷具巡歷催促，過去處抄上簽押，每月終申三司。更令比較舉行，如監官弛慢，信縱拖延，及致欺盗，從三司申奏勘罪，重寘於法。

又所請諸軍營，只令指揮使點檢，所責監修人員畏懼，不與匠人盗官物。如出軍營，即殿前馬步軍司差人點檢，軍營班直更令本軍軍廂主都虞侯點檢催促。今詳所請，未窮弊源，只如諸軍營房一指揮，各及五七百間。近年凡乞添修並以全指揮計料，或小可墊漏，一齊拆修甃蓋。今請應諸軍班營房廨宇損墊合行添脩，先令指揮使等躬親閲視詣實，保明狀上殿前馬步軍軍頭司、庫務司。庫務倉場、坊院、園苑、舍屋等處，即令本庫務監專人員具詣實狀上提舉庫務倉場司。應騏驥院、馬監、親從親事營、院子營等處，即令本處監專人員具詣實狀上羣牧、皇城司。應寺院宫觀，除不係官修殿院外，其合官修者，即本寺綱維具詣實狀，上僧道録寺務司點檢保明，上開封府。應南宫北宅，即本宅勾當使臣具詣實狀上管勾司宅所。並逐處委不干礙官覆行點檢，具無虚誑，狀上本司，移牒三司。檢修應内侍諸班院自來逐人直申三司，今後如合係官修舍屋廨宇，即令本班勾當使臣相度，具結罪狀上本，屬入内内侍省。内侍省再行勘會，如得詣實，即牒三司，檢修仍下八作司。

今後應檢計去處，須監官躬親部押諸作點檢修蓋，如有堪好者夾帶在内，即檢舉劾罪。若修未久便有不堪，即鞫治元監官作匠。其檢計文帳，三司點檢，却有大計料者，申勘奏科罰，並以違制論。先是，修蓋舍屋，每聞在處多不牢固，今緣添差監官點檢，須要牢固。仍令各司將見修三五間舍屋，以所破功料，須委監修相度日用功力，計定功限，永爲定式。

今後所修舍屋、橋道，舊條若修後一年墊限，元修都料作頭定罪，止杖一百；二年内減一等，未滿三年又減一等。監修者又減一等。如歲月未久，具名聞奏嚴斷，雖差出改轉及經赦恩，亦仰根逐劾罪以聞。今差監官點檢催促，須是盡料修蓋，久遠牢壯。今後應修蓋舍屋、橋道等才了，書寫記號板訖，如修後未五年墊陷，並以前條年分下逐年遞減一等斷遣，遇赦不原。

又，舊來一司管勾，故多積壓拖延，今八作司每至年終，將一年印歷内應修造去處間架已、未數，及催過功役有無剩役減料狀上三司，將兩司修造去處比並，如剩功有餘，減理爲勞績；若全然曠職，舉奏勘責衝替歸班，降等差遣。

又八作司諸處修蓋，各量事差撥兵匠，今後須其已修、未了及全然未修處，以元檢計日月俟排資次，置簿拘管，尅日了當。除傳宣緊急及營房外，並以三司帖到司月日，依次置簿抄上結絶，須一處畢手，方撥以次。如官吏一事有違，並以違制論。應公主郡縣主宅自來合係官修者，如廳堂舍屋等損墊，合行添修，即勾當使臣相度，具結罪畫圖進呈，依得旨，即下入内、内侍省差内臣管勾修蓋，方計間數。其勾當使臣並乞依上奏，不以實條斷罪，候修蓋了，具料例帳上三司，別差内臣點檢保明申三司。

又據所奏，乞依舊差使臣三司軍大將監修，二十間已下，只差本處人員監官監修點檢；二十間已上至一二百間，差三司大將軍將；一二百間已上，差使臣三司檢會。淳化四年閏十月，詔：監修舍屋若數不多，只委監官專副計料添修。大中祥符四年九月，詔：又令揀抽殿侍應副監修，不足，即於殿前司抽取。九年五月，詔：八作司監修殿侍，每人主處三五處，令每人專監一處，仍從三司給與印紙歷子抄上，候三年滿，別無違礙，官吏保明申奏，第一等與班行，第二等與三班差使，第三等與外江押運。

天禧二年正月，樞密院劄子：在京監修，依殿侍例，每月支食直錢一千五百，守凍申功不支；如監五十間，相如食直錢三千。今詳承説所定間同，其二十間已上至一二百間，差大將軍將監修。伏緣間例數多，材料不少，今除將軍班在營者依舊例人員監修外，更不差殿行；二十間已下及泥飾甃砌，只委本處監官人員管勾，更不差軍大將。如無監官人員，即合近便監管使臣相兼管勾。二十間已上至百間，差三司軍大將，三年一替，至滿日，八作司磨勘，如無員闕，保明申奏。若三年都修五百間之上，與轉一資；三百間已上至五百間，與第一等優輕差遣；一百間已上至三百間，與第二等優輕差遣。若稍有過犯，拖延偷減，劾罪施行外，送衝衙與第一等重難差遣。百間已上於三班差借奉職殿直，監修了日，八作司磨勘，無偷盜少欠不依得元限了當。百間已上至三百間，與免短使，依例在程差遣。三百間已上，不計多少，與免短使，合入遠者與近地，合入近者與家便。如信縱偷減，不依功科，即劾罪申奏，與小可邊遠差使。

所有軍大將食錢依殿侍例，修造月支五百，如一月内修及五間，及支三千；使臣修造月日支二年，如一月修及五十間，亦支四千。

其八作司北營使令東八作司監官居，仍於右廂内踏逐空閑廨宇充西八作司監官居。所有見今監修四百五十三處。三司近奏，差内殿崇班李知常、閤門祇候杜敏管勾提點，催促立限，津般退材，攢造文帳上三司。若是南郊大禮，即令兩司共同祇應。並從之。遂令兩司監官各三員：東司差崇儀副使田承説，禮賓副使張承渥，内殿崇班石帷清；西司差禮賓副使李德明，内殿崇班王中立，閤門祇應張士寧。仁宗天聖元年九月二十一日，詔：近分東西八作司爲兩司，各定差監官三人，内有疾患差出，並權差監官。康定二年七月二十二日，權知開封府賈昌朝言，昨差内臣二人以司乘輿出入除道；近胥吏掠取民錢，已行科斷。乞依舊止令東西八作司管勾，每遇乘輿出，令所差使臣即時關報，八作司及左右軍巡院祇應除道。從之。

嘉祐七年十月，三司言，乞應係脩造監修官吏，如要兵匠人數，並須申三司乞差，不得直具申奏，或申中書樞密院。如違，所乞事理更不施行，官吏並從三司劾罪，官員使臣具案以聞，乞行朝典。從之。英宗治平二年二月六日，三司言，東西八作司使臣各一員，大使臣各二員，内朝臣已係三司舉外，大使臣不係三司舉，並二年一替，滿日無遺闕與指射差遣，乞依朝臣例，委本司保舉，仍乞更不差内臣勾當。從之。神宗熙寧二年三月，三司言，東西八作司監官舊六員，頃因霖雨，添差使臣八員，省司既已編排緊慢，今作番次修造，則以自八作司正監官六員，準備專大將二十員，提點修造司官二員，分巡勾當。上件使臣欲乞兩司各留二員，餘並廢罷。如後有大段修造，即自臨時奏乞下三班院選差所有，兩司依條幫各輪一員在司外，餘各二員逐日躬親提點催督修造及諸處檢計，仍今後五日一次，具已、未修間數投過，及未了工限單狀申省，以憑點檢行遣。其點檢司官二員，亦令逐日躬親提點催促。如稍違慢，劾奏，乞行朝典。從之。十月二日，以修感慈塔，都計料楊琰爲茶酒班殿侍，三班差使，減三年磨勘，充八作司指揮使。初，八作司度修感慈塔用工三十四萬六千八百六十，琰度減十八，至是畢功，上以其材可用，故命之。四年十一月二日，詔選差諸會修造臣六員，勾當東西八作司，不得差兼他處職局。

宗廟宫室

《宋史》卷一〇六《禮志九》 乾興元年十月，奉真宗神主祔廟，以章穆皇后郭氏配。康定元年，直秘閣趙希言奏：「太廟自來有寢無廟，因堂爲室，東西十六間，内十四間爲七室，兩首各一夾室。按禮，天子七廟，親廟五、祧廟二。據古則僖、順二祖當遷。國家道觀佛寺，並建别殿，奉安神御，豈若每主爲一廟一寢。或前立一廟，以今十六間爲寢，更立一祧廟，逐室各題廟號。釦寶神御物，宜銷毁之。」同判太常寺宋祁言：「周制有廟有寢，以象人君前有朝後有寢也。廟藏木主，寢藏衣冠。至秦乃出寢於墓側，故陵上更稱寢殿，後世因之。今宗廟無寢，蓋本於兹。鄭康成謂周制立二昭二穆，與太祖、文、武共爲七廟，此一家之説，未足援正。自荀卿、王肅等皆云天子七廟，諸侯五，大夫三，士一，降殺以兩，則國家七世之數，不用康成之説也。僖祖至真宗方及六世，不應便立祧廟。自周、漢每帝各立廟，晉、宋以來多同殿異室，國朝以七室代七廟，相承已久，不可輕改。《周禮》：『天府掌祖廟之守藏。』寶物世傳者皆在焉。其神御法物、寶盝、釦床，請别爲庫藏之。」自是室題廟號，而建神御庫焉。【略】

崇寧二年，祧宣祖與昭憲皇后神主藏西夾室，居翼祖、簡穆皇后石室之次。五年，詔曰：「去古既遠，諸儒之説不同。鄭氏謂：『太祖及文、武不祧之廟與親廟四，爲七。』是不祧之宗，在七廟之内。王氏謂：『非太祖而不毁，不爲常數。』是不祧之宗，在七廟之外。本朝今已五宗，則七廟當祧者，二宗而已。遷毁之禮，近及祖考，殆非先王尊祖之意，宜令有司復議。」禮官言：「先王之制，廟止於七，後王以義起禮，乃有增置九廟者。」禮部尚書徐鐸又言：「唐之獻祖、中宗、代宗與本朝僖祖，皆嘗祧而復。今存宣祖於當祧之際，復翼祖於已祧之後，以備九廟，禮無不稱。」乃命鐸爲脩奉使，增太廟殿爲十室。四年十二月，復翼祖、宣祖廟，行奉安禮，惟不用前期誓戒及亞、終獻之樂舞焉。

高宗建炎二年，奉太廟神主于揚州壽寧寺。三年，幸杭州，奉安于温州。紹興五年，司封郎中林待聘言：「太廟神主，宜在國都。今新邑未奠，當如古行師載主之義，遷之行闕，以彰聖孝。」於是始建太廟于臨安，奉迎安置。

《宋史》卷一五四《輿服志六》 宫室。汴宋之制，侈而不可以訓。中興，服御惟務簡省，宫殿尤朴。皇帝之居曰殿，總曰大内，又曰南内，本杭州治也。紹興初，創爲之。休兵後，始作崇政、垂拱二殿。久之，又作天章等六閣。寢殿曰福寧殿。淳熙初，孝宗始作射殿，謂之選德殿。八年秋，又改後殿擁舍爲别殿，取舊名，謂之延和殿，便坐視事則御之。他如紫宸、文德、集英、大慶、講武，惟隨時所御，則易其名。紫宸殿，遇朔受朝則御焉；文德殿，降赦則御焉；集英殿，臨軒策士則御焉；大慶殿，行册禮則御焉；講武殿，閲武則御焉。其實垂拱、崇政二殿，權更其號而已。二殿雖曰大殿，其脩廣僅如大郡之設廳。淳熙再修，止循其舊。每殿爲屋五間，十二架，脩六丈，廣八丈四尺。殿南簷屋三間，脩一丈五尺，廣亦如之。兩朵殿各二間，東西廊各二十間，南廊九間。其中爲殿門，三間六架，脩三丈，廣四丈六尺。殿後擁舍七間，即爲延和，其制尤卑，陛階一級，小如常人所居而已。

奉太上則有德壽宫、重華宫、壽康宫，奉聖母則有慈寧宫、慈福宫、壽慈宫。德壽宫在大内北望僊橋，故又謂之北内，紹興三十二年所造，宫成，詔以德壽宫爲名，高宗爲上皇御之。重華宫即德壽宫也，孝宗遜位御之。壽康宫即寧福殿也。初，丞相趙汝愚議以秘書省爲泰寧宫，已而不果行，以慈懿皇后外第爲之。上皇不欲遷，因以舊寧福殿爲壽康宫，光宗遜位御之。

大内苑中，亭殿亦無增，其名稱可見者，僅有復古殿、損齋、觀堂、芙蓉閣、翠寒堂、清華閣、櫸木堂、隱岫、澄碧、倚桂、隱秀、碧琳堂之類，此南内也。北内苑中，則有大池，引西湖水注之，其上疊石爲山，象飛來峯。有樓曰聚遠，禁籞周回，四分之。東則香遠、清深、月臺、梅坡、松菊三徑、清妍、清新、芙蓉岡，南則載忻、欣欣、射廳、臨賦、燦錦、至樂、半丈紅、清曠、瀉碧，西則冷泉、文杏館、静樂、浣溪，北則絳華、旱船、俯翠、春桃、盤松。

皇太子宫曰東宫。其未出閤，但聽讀于資善堂，堂在宫門内。已受册，則居東宫，宫在麗正門内。紹興三十二年始置，孝宗居之；莊文太子立，復居之。光宗爲太子，孝宗謂輔臣曰：「今後東宫不須創建，朕宫中宫殿，多所不御，可移修之。」自是皆不别建。

淳熙二年，始創射堂一，爲游藝之所，圃中有榮觀、玉淵、清賞等堂，鳳山樓，皆宴息之地也。

幕殿，即《周官》大、小次也。東都時，郊壇大次謂之青城，祀前一日宿齋詣焉。其制，中有二殿，外有六門：前曰泰禋，後曰拱極，東曰祥曦，西曰景曜，東偏曰承和，西偏曰迎禧。大殿曰端誠，便殿曰熙成。中興後，以事天尚質，屢詔郊壇不得建齋宮，惟設幕屋而已。其制，架木而以葦爲障，上下四旁周以幄帟，以象宮室，謂之幕殿。及行事，又於壇所設小次。大、小次之外，又有望祭殿；遇雨則行事於中。東都時爲瓦屋五間，周圍重廊。中興後，惟設葦屋，蓋倣清廟茅屋之制也。

臣庶室屋制度。宰相以下治事之所曰省、曰臺、曰部、曰寺、曰監、曰院，在外監司、州郡曰衙。在外稱衙而在内之公卿、大夫、士不稱者，按唐制，天子所居曰衙，故臣下不得稱。後在外藩鎮亦僭曰衙，遂爲臣下通稱。今帝居雖不曰衙，而在内省部、寺監之名，則仍唐舊也。然亦在内者爲尊者避，在外者遠君無嫌歟？私居，執政、親王曰府，餘官曰宅，庶民曰家。

諸道府公門得施戟，若私門則爵位穹顯經恩賜者，許之。在内官不設，亦避君也。

凡公宇，棟施瓦獸，門設梐枑。諸州正牙門及城門，並施鴟尾，不得施拒鵲。六品以上宅舍，許作烏頭門。父祖舍宅有者，子孫許仍之。凡民庶家，不得施重栱、藻井及五色文采爲飾，仍不得四鋪飛簷。庶人舍屋，許五架，門一間兩廈而已。

彭百川《太平治跡統類》卷四《真宗祥符》 凡宫觀之制，皆南開三門，二重，東西兩廊，中建正殿，連接寢殿。又置道院、齋坊。其觀宇之數，差減於宮。

城池

《天聖令》卷二一《關市令》 諸關門竝日出開，日入閉。管鑰，關司官長者執之。諸市四面不得侵占官道以爲賈舍，每肆各摽（標）行名，市司每行準平貨物時價爲三等。

《續資治通鑑長編》卷五一《真宗》 〔咸平五年二月〕京城衢巷狹隘，詔右侍禁、閤門祇候謝德權廣之。德權既受詔，則先撤貴要邸舍，羣議紛然。有詔止之，德權面請曰：「今沮事者皆權豪輩，吝屋室僦資耳，非有它也。臣死不敢奉詔。」上不得已，從之。德權因條上衢巷廣袤及禁鼓昏曉，皆復長安舊制。乃詔開封府街司約遠近置籍立表，令民自今無復侵占。

《續資治通鑑長編》卷一一五《仁宗》 〔景祐元年十一月〕詔京舊城内侵街民舍在表柱外者，皆毁撤之，遣入内押班岑守素與開封府一員專其事。權知開封府王博文請之也。

徐松《宋會要輯稿》第一四七册《食貨五五・宅店務》 神宗治平四年九月，三司言：左右廂店宅務見管蓆屋子合盡去拆，今後更不令修蓋。乞今街道司常切覺察，兩廂店宅務今後不得將街坊白地出賃及復令人搭蓋蓆棚屋子，妨礙車馬過往。如稍違犯，申乞根勘逐務。官吏仍每季一度具委得遵守條貫事狀申省，如本司不申舉，省司覺察彰露，其干繫官吏，亦乞刻罪嚴斷。從之。

第宅

《天聖令》卷二一《田令》 一、諸田廣一步、長二百四十步爲畝，畝百爲頃。【略】十七、諸〔應〕給園宅地者，良口三口以下給一畝，每三口加一畝；賤口五口給一畝，每五口加一畝，並不入永業、口分之限。其京城及州縣郭下園宅地，不在此例。【略】三十、諸官人、百姓，並不得將田宅捨施及賣易與寺觀。違者，錢物及田宅並没官。

《續資治通鑑長編》卷八六曹瑋《秦州營造營屋奏》 〔大中祥符九年三月〕秦州管戍兵多闕營屋，至有寓民舍者，頗或擾人。臣今役卒采木陶瓦，爲屋千四百區，今并畢功。

《稽古定制・房屋》 宋制：一、凡公宇棟施瓦獸，門設梐枑，諸州正衙門及城門，並施鴟尾，不得施拒鵲。梐枑謂官府門首拒馬叉子。鴟尾謂殿宇屋脊兩頭吻獸是也。拒鵲謂屋脊瓦獸上鐵，又以拒烏鵲者也。六品以上，宅舍許作烏頭門，父祖宅舍有者，子孫許仍之。凡民庶家，不得施重栱藻井，及五色文采爲飾，仍不得四鋪飛簷。庶人屋舍，許五架門，一門兩厦而已。

一、凡屋舍非邸殿閣臨街市之處，毋得爲四鋪作鬧鬭八。制鬭八謂天花設上闘八角，井口内畫水藻者是也。非品官，毋得起門屋。非宮室寺觀，毋得彩畫棟宇，及朱黝漆梁柱窗牖，雕鏤柱礎。

一、太祖詔：自今觀察防禦團練使、刺史、知州、通判等罷任日，具官舍有無破損，及增脩文帳，以次交付其幙職。州縣官得替日具曾脩葺，及創造屋宇曆子，方許給由。如損壞不完者，殿一選。

一、承平時，在京官多無廨宇，外任官有廨舍，而新舊交承，不容他官居占。今後職事官，並以見占屋宇爲廨舍，更不許移易。

一、英宗詔：官員廨宇，不得種植蔬菜出賣，止許供家食用而已。如有犯者，即重行降黜，雖經赦不得叙用。

李攸《宋朝事實》卷一三《儀注三》　仁宗景祐三年詔曰：儉守則固，約失則鮮，典籍之格訓也。貴不逼下，賤不擬上，臣庶之定分也。如聞輦轂之間，士民之衆罔遵矩度，争尚僭奢。服翫纖華，務極珠金之飾；室居宏麗，交窮土木之工。倘懲誡之弗嚴，恐因循而滋甚。況歷代之制，甲令備存，宜命攸司參爲令式，庶幾成俗，靡蹈非彝。其令兩制與太常禮院同詳定制度以聞。及羣臣議上，因詔天下：士庶之家凡屋宇，非邸店、樓閣臨街市之處，毋得爲四鋪作及鬭八；非品官，毋得起門屋；非宫室、寺觀，毋得彩繪棟宇及間朱漆梁柱、牕牖，雕鏤柱礎。【略】違者，物主、工匠論違制，工匠黥隸他州。

徐松《宋會要輯稿》第一六五册《刑法二》（紹興）二年十二月十二日，尚書省言：臨安府近來累經遺火，至焚燒官司舍屋，間有存在，皆是瓦屋。今措置朝天門以南除諸軍營寨外，應官司舍屋舊用茅草搭蓋者，限十日改造瓦屋，限滿差官點檢。詔依，尚書省出榜曉諭。二年十二月三十日詔：行在榷貨務火禁并行在省倉草料場火禁，並依皇城法。三年十二月九日詔：臨安府官司已改造瓦屋，開通瓦巷，各有專降指揮。今後如有違犯之人，依條根治，命官降一官，民户徒一年，當職官奉行滅裂，亦從降官行遣。

陵墓

《天聖令》卷二九《營繕令》　一、先代帝王陵，並不得耕牧樵採。

一、先皇陵，去陵一里内不得葬(理)〔埋〕。

一、諸葬，不得以石爲棺槨及石室。其棺槨皆不得雕鏤彩畫、施方牖欄檻，棺内又不得有金寶珠玉。【略】

一、諸墓田，一品方九十步，墳高一丈八尺；二品方八十步，墳高一丈六尺；三品方七十步，墳高一丈四尺；四品方六十步，墳高一丈二尺；五品方五十步，墳高一丈；六品以下並方二十步，墳高不得過八尺。其葬地欲博買者，聽之。

一、諸墓域門及四隅，三品以上築闕，五品以上立土堠，餘皆封塋而已。

一、諸碑碣，其文皆須實録，不得濫有褒飾。五品以上立碑，螭首龜趺，趺上高不得過九尺；七品以上立碣，圭首方趺，趺上高四尺。若隱淪道素、孝義著聞者，雖無官品，亦得立碣。其石獸，三品以上六，五品以上四。【略】

一、諸去京城七里内，不得葬埋。

一、諸庶人以上在城有宅，將尸柩入者，皆聽之。

《慶元條法事類》卷七七《服制門》　准都省劄子，敕令所申庶人墓田，依法置方一十八步，若有已置墳墓步數元少，不及上件步數，其禁地内有他人已蓋屋舍，開成田園，種植桑果竹木之類，如不願賣，自從其便，止是不得於某地内再步墳墓。敕令所看詳：四方各相去一十八步，即係東西南北共七十二步，户部共依太常寺體例，四面去心各九步，即是東西十八步，南北十八步，自合以四圍相去各十八步稱説爲定。

《宋史》卷一二四《禮志二七》　詔葬。《禮院例册》：諸一品、二品喪，敕備本品鹵簿送葬者，以少牢贈祭於都城外，加璧，束帛深青三、纁二。【略】諸葬：五品已上，其竿長九尺；已下，五尺已上。諸葬不得以石爲棺槨及石室，其棺槨皆不得雕鏤彩畫、施方牖欄檻，棺内不得藏金寶珠玉。

又按《會要》：勳戚大臣薨卒，多命詔葬，遣中使監護，官給其費，以表一時之恩。凡凶儀皆有買道、方相、引魂車，香、蓋、紙錢、鵝毛、影輿，錦繡虚車，大輿，銘旌；儀棺，行幕，各一；挽歌十六。其明器、牀帳、衣輿、結綵牀皆不定數。墳所有石羊虎，望柱各二，三品以上加石人二人。入墳有當壙、當野、祖思、祖明、地軸、十二時神、志石、券石、鐵券各一。殯前一日對靈柩，及至墳所下事時，皆設敕祭，監葬官行禮。熙寧初，又著新式，頒于有司。

乾德三年六月，中書令、秦國公孟昶薨，其母李氏繼亡，命鴻臚卿范禹偁監護喪事，仍詔禮官議定吉凶儀仗禮例以聞。太常禮院言：「檢詳故事，晉天福十二年葬故魏王，周廣順元年葬故樞密使楊邠、侍衛使史弘肇、三司使王章例，並用一品禮。墓方圓九十步，墳高一丈八尺，明器九十事，石作六事，音身隊二十人，當壙、當野、祖明、祖思、地軸、十二時神。【略】」詔並令排列祗應，仍俟導引至城外，分半導至西京墳下。及葬，命供奉官周貽慶押奉議軍士二指揮防護至洛陽。又賜子玄喆墳莊一區。

獎懲

竇儀等《宋刑統》卷一六《興造料請工作不如法》　諸有所興造，應言上而不言上，應待報而不待報，各計庸坐贜論，減一等。即料請財物及人功，多少違實者，笞五十。若事已損費，各併計所違，贜庸重者坐贜論，減一等。本料不實，料者坐。請者不實，請者坐。疏：諸有所興造，應言上而不言上，應待報而不待報，各計庸坐贓論，減一等。議曰：修城郭，築隄防，興起人功，有所營造，依《營繕令》，計人功多少，申尚書省聽報，始合役功。或不言上，及不待報，各計所役人庸，坐贓論，減一等，其庸倍論，罪止徒二年半。

又云，即料請財物及人功，多少違實者，笞五十。若事已損費，各併計所違，贓庸重者坐贓論，減一等。注云，本料不實，料者坐。請者不實，請者坐。議曰：即料請財物及人功，多少違實者，謂官有營造，應須市買，料請所須財物，及料用人功，多少故不以實者，笞五十。若事已損費，或已損財物，或已費人功，各併計所費功庸，准贓重者，坐贓論，減一等。重者謂重於笞五十，即五匹一尺以上坐贓論，減一等，合杖六十者，爲贓重。本料不實，止坐元料之人。若由請人不實，即請者合坐，失者各減三等。依《名例律》，以贓致罪，類犯者各倍論。此既因贓獲罪，功庸出衆人之上，并通官物，即合累而倍論。若直費官財，不損庸直，止據所費財料，不在倍限。雖費人功，倍併不重官物，止從官物科斷，即是累併不加重者，止從重論。

諸非法興造，及雜徭役十庸以上，坐贓論。謂爲公事役使，而非法令所聽者。疏議曰：非法興造，謂法令無文，雖則有文，非時興造亦是，若作池亭賓館之屬。及雜徭役，謂非時科喚丁夫，驅使十庸以上，坐贓論。既准衆人爲庸，亦須累而倍折，故注云，謂爲公事役使，而非法令所聽者。因而率斂財物者，亦併計坐贓論，仍亦倍折。以其非法賦斂，不自入己，得罪故輕。

諸工作有不如法者，笞四十，不任用及應更作者，併計所不任贓庸坐贓論，減一等，其供奉作者加二等。工匠各以所由爲罪，監當官司各減三等。【疏議曰】工作謂在宮造作，輒違樣式，有不如法者，笞四十。不任用謂造作不任時用，及應更作者，併計所不任贓庸，累倍坐贓論，減一等，十匹杖一百，十匹加一等，罪止徒二年半。其供奉作加二等者，供奉之義，已於《職制》解訖，若不如法，杖六十。不任用及應更作，坐贓論，加一等，罪止流二千里。其併倍訖，不重費官物者，並直計官物科之，其贓不倍。工匠各以所由爲罪，監當官司各減三等者，謂親監當造作，若有不如法，減工匠三等，笞十，不任用及應更作，減坐贓四等，罪止徒一年，供奉作罪止徒二年之類。

竇儀等《宋刑統》卷二六《雜律・營造舍宅車服違令》　諸營造舍宅、車服、器物及墳塋、石獸之屬，於令有違者，杖一百，雖會赦皆令改去之。墳則不改。其物可賣者聽賣。若經赦後百日不改去，及不賣者，論如律。【疏】諸營造舍宅、車服、器物及墳塋、石獸之屬，於令有違者，杖一百，雖會赦皆令改去之。注云，墳則不改。【議曰】營造舍宅者，依《營繕令》：「王公已下，凡有舍屋，不得施重栱、藻井。」車者，《儀制令》：「一品青油纁通幰虛偃。」服者，《衣服令》：「一品衮冕，二品鷩冕。」器物者，「一品以下食器不得用純金、純玉。」墳塋者，「一品方九十步，墳高一丈八尺。」石獸者，「三品以上六，五品以上四。」此等之類，具在令文。若有違者，各杖一百，雖會赦皆令除去，唯墳不改。稱之屬者，碑碣等是。釋曰：墳塋、石獸具《喪葬令》。若有犯者，並同此坐。

諸侵巷街阡陌者，杖七十，若種植墾食者，笞五十，各令復故。雖種植無所妨廢者，不坐。其穿垣出穢汙者，杖六十，出水者勿論。主司不禁與同罪。【疏】諸侵巷街阡陌者，杖七十，若種植墾食者，笞五十，各令復故。雖種植無所妨廢者，不坐。【議曰】侵巷街阡陌，謂公行之所，若許私侵，便有所廢，故杖七十。若種植墾食，謂於巷街阡陌種物及墾食者，笞五十。各令依舊。若巷陌寬閑，雖有種植，無所妨廢者，不坐。

又云，其穿垣出穢汙者，杖六十，出水者勿論。主司不禁與同罪。【議曰】其有穿穴垣牆以出穢汙之物於街巷，杖六十。直出水者無罪。主司不禁與同罪，謂侵巷街以下，主司並合禁約，不禁者，與犯罪人同坐。

元

總則

《通制條格》卷三〇《營繕・造作》　至元二十八年六月，中書省奏准《至元新格》：

諸營造皆須視其時月，計其工程，日驗月考，毋使有廢。惟夫匠病疾、雨雪妨工者除之。其監造官仍須置簿常切拘檢，當該上司時至點校，不致虛延日月，久占夫工。

諸造作物料須選信實通曉造作人員，審校相應，方許申索，當該官司體覆者亦如之。有冒破不實，計其多少爲罪，已入己者驗數追償。

諸造作官物，工畢之日，其元給物料雖經覆實而但有所餘者，須限拾日呈解還官。限外不納者，從隱盜官錢法科。

諸局分課定合造物色，不許輒自變移。有上位處分改造者，即以見造生活比算元關物料，少則從實關撥，多則依數還官。

諸局分造作局官每日躬親遍歷巡視，工部每月委官點檢，務要造作如法，工程不虧，違者隨即究治。其在外局分，本路正官依上提點，每季各具工程次第，申宣慰司，移關工部照會。工部通行比較，季一呈省，比及年終，俱要了畢，毋致虧欠。行省管下局分准此。

諸營建官舍，其所委監造人員皆須躬親指畫，必要每事如法，一切完牢。若歲月不多，未應損壞而有損壞者，並將監造人員、當該工匠檢舉究治。

諸官司器物損壞不堪修理者，差官相驗是實，方許易換。若已給新物，其故物拾日以裏即須還官，發下合屬隨宜備用。不堪作數者，赴官呈驗，不須開寫名色，虛掛文籍。銅鐵之器作銅鐵收，竹木之器作柴薪用。

諸造作支破錢物，工畢之日，其親臨總司即須拘集當該官吏一一照算完備，本司檢勘無差，合除破者依例開申除破，合還官者從實解納還官，毋使隔越歲時，致難理算。

諸營造合用諸物，先儘官有見在，其不足之數，有可代支而價不虧官者，申禀折支。

諸隨路如遇横造軍器諸物，其一切所須，必要明立案驗，選差好人，置簿掌管。工畢之日，隨即照算元收。已支、見在數目，本路正官體校是實，開申合干部分照會。

諸隨路每年該值水害，凡可疏通閉塞修完去處，當該上司須於農隙之時，委官預爲踏視，相其地宜，料其工物。若役人數少，不動官錢，聽差近民隨即修理。必支錢動衆者，速申合屬上司，比至來年春作之前，併工須要了畢。其餘修作應動民力者，亦准此。其事須事差，不拘此例。

至元十四年三月，中書省工部呈：欽奉聖旨節該，諸局分生活，今年爲頭闕了物料的，衹教當年納足生活，休教拖欠。生活歹呵，要罪過者。欽此。本部議到下項事理，擬合遍行隨路，以誡違慢。都省准擬。

一、各路局院額造弓甲箭弦哈兒雜帶鐶刀一切軍器、段疋、雜造、鞍轡生活，合用物料，除在都放支外，餘者年例各路應付，中間多致違慢造作。今擬自至元十四年二月一日爲例，責在各路官司，凡支上項物料，自承受符文月日爲始，須管限染日交付數足造作，若有違限怠慢去處，即將本路總管府官、首領官，不分長次，一例擬罰俸半月，當行司吏的決壹拾柒下。如過期懸遠躭誤造作，至日驗事輕重，別議處決。事急不拘此限，晝時應副，任滿日於解由內開寫，臨時定奪黜降。

一、欽奉聖旨節該：匠人每的糧，納了生活後頭與糧呵，匠人每生受。上下半年的糧預先支與呵，不做生活，更推甚麼。欽此。局院倉官斗脚人等，如遇放支工糧，仰隨處提調官吏用心關防，無致剋落。如有違犯，就便追問斷罪。

一、禁約在局人匠，不得妄稱飾詞，恐嚇官吏，扇惑人匠推故不肯入局，躭悮工程。及一等不畏公法閑雜人等輒入局院沮擾造作者，仰提調官常切禁治。如有違犯之人，痛行斷罪。其提調官亦不得差無職役人指稱計點工程，非理搔擾，取要飲食錢物。許各局徑直申部，嚴行究問。

一、各處管匠官吏、頭目、堂長人等，每日絶早入局監臨人匠造作，抵暮方散。提調官常切點視，如無故輒離者，隨即究治。【略】

提渠橋道

至元七年九月，中書省近欽奉聖旨節該：都水監所管河渠、隄岸、道路、橋梁，每歲修理。欽此。照得九月間平治道路，合監督附近居民修理，十月一日修畢。其要路陷壞停水，阻礙行旅，不拘時月，量差本地分人夫修理。仍委按察司以時檢察。

至元二十一年七月，欽奉聖旨條畫內一款：津梁渠道路，仰當該官司常切修完，不致陷壞停水，阻礙宣使車馬客旅經行。如違，仰提刑按察司究治。

官舍

大德十一年正月，中書省工部呈：都城所申大都裏外諸處倉庫、局院、百司公廨、會同館驛並一切係官房舍，連年損壞，去失磚瓦木植等物，下年又行添補，虛費官錢，勞役軍匠。蓋是看守軍官、頭目人等不爲用心，縱令諸人拴繫牧放頭疋，踏踐損壞磚瓦木植，又有不畏公法之人通同暗遞偷盜，合行禁治。本部參詳，如准所擬，令看守軍官人等常川巡禁，毋致損壞。當該官員得代之日，明白交割，儻有不完去處，驗事輕重究治。都省准呈。

嶽祠

至元二十九年三月，中書省御史臺呈：近爲東嶽廟宇荒廢不曾修理，合從朝省選差年高有德清潔道士主管祠事，仍與本處官司一同收管每歲香錢公支使用，其餘污濫道衆悉皆遣退。行據集賢院備道教所呈，除差廉幹道官充提點及將不應道士遣退外，據香錢一節，累奉聖旨節該，令本廟住持提點道官管領，就

用增修廟宇。【略】

判署提調

至元九年六月，中書工部照得：各路局院倂入總管府管領，其各路官吏爲有管匠人員，往往不爲用心提點催辦，以致拖兌工程。今後各路管下局院額造常課、横造段疋等工程，仰判署官吏常切用心提調催辦，每月計點。合造工程，須要趁迭額數。若有拖工去處，即將提舉司管局大使副使取招申部，以次管勾頭目就便取招斷遣。

驛路船渡

至元二十年七月中書省議得：各處驛路河道，若有山水泛溢衝斷橋梁去處，仰所在官司預爲計置船隻，擺渡過往使臣客旅，毋致停滯。伺候水落，將所損橋梁依例搭蓋。

宗廟

《通制條格》卷二七《雜令·文廟褻瀆》 中統二年六月，欽奉聖旨：道與平陽等路宣撫司並達魯花赤、管民官、管人匠打捕諸頭目，及諸軍馬使臣人等，宣聖廟國家歲時致祭，諸儒月朔釋奠，宜恒令洒掃修潔。今後禁約諸官員使臣軍馬，無得於廟宇内安下，或聚集理問詞訟及褻瀆飲宴，管工匠官不得於其中營造，違者治罪。管内凡有書院，亦不得令諸人搔擾，使臣安下。欽此。

《元史》卷七四《祭祀志三》 廟制：至元十七年，新作于大都。前廟後寢。正殿東西七間，南北五間，内分七室。殿陛二成三階，中曰泰階，西曰西階，東曰阼階。寢殿東西五間，南北三間。環以宮城，四隅重屋，號角樓。正南、正東、正西宮門三，門各五門，皆號神門。殿下道直東西神門曰横街，直南門曰通街，甓之。通街兩旁井二，皆覆以亭。宮城外，繚以崇垣。饌幕殿七間，在宮城南門之東，南向。齊班廳五間，在宮城之東南，西向。省饌殿一間，在(東)〔宮〕城東門少北，南向。初獻齋室，在宮城之東，東垣門内少北，西向。其南爲亞終獻、司徒、大禮使、助奠、七祀獻官等齋室，皆西向。雅樂庫在宮城西南，東向。法物庫、儀鸞庫在宮城之東北，皆南向。都監局在其東少南，西向。東垣之内，環築牆垣爲别院。内神厨局五間，在北，南向。井在神厨之東北，有亭。酒庫三間，在井亭南，西向。祠祭局三間，對神厨局，北向。院門西向。百官厨五間，在神厨院南，西向。宮城之南，復爲門，與中神門相值，左右連屋六十餘間，東掩齊班廳，西值雅樂庫，爲諸執事齋房。築崇墉以環其外，東西南開櫺星門三，門外馳道，抵齊化門之通衢。

至治元年，詔議增廣廟制。三年，别建大殿一十五間於今廟前，用今廟爲寢殿，中三間通爲一室，餘十間各爲一室，東西兩旁際牆各留一間，以爲夾室。室皆東西横闊二丈，南北入深六間，每間二丈。宮城南展後，鑿新井二于殿南，作亭。東南隅、西南隅角樓，南神門、東西神門，饌幕殿、省饌殿、獻官百執事齋室，中南門、齊班廳、雅樂庫、神厨、祠祭等局，皆南徙。建大次殿三間於宮城之西北，東西櫺星門亦南徙。東西櫺星門之内，鹵簿房四所，通五十間。

城池

《元典章》卷五九《工部·造作二·橋道》 道傍等處栽樹。延祐元年正月，江浙行省准中書省咨大司農司呈：會驗欽奉聖旨節該：隨路達魯花赤、管民官、管軍官、管站官、人匠、打捕鷹房、僧道、醫儒、也里可温、荅失蠻諸色人等，自大都隨路州縣城廓周圍并河渠兩渠、急遞鋪道店側畔，各隨地宜，官民栽植榆柳槐樹，令本處正官提調，點護成樹。係官栽到者，營修堤岸橋道等用度；百姓自力栽到者，各家使用。委自州縣正官提點，春首栽植，務要生成，禁約蒙古漢軍探馬赤權豪諸色人等，不得恣縱頭疋咽咬，亦不得非理斫伐。違者，各路達魯花赤管民官依條治罪。欽此。

《元典章》卷五九《工部·造作二·置庫收係官物》 至元二十一年十一月，行御史臺劄付監察呈：體知得亡宋歸附之後，所在府州司縣係官廨宇、館驛、園圃、亭閣，各有什物，不移而具。近年以來，遷轉官員履任之初，因而借用，及去任之日，私載而歸，以致十去八九，闕用不敷。或因公宴及使臣安歇，一床一卓，未免假動四隅，科擾百姓。乞照詳憲臺仰體覆，在前遷轉官員使臣人等，將各處府州司縣係官廨宇、館驛、園圃、亭閣應頓物件，若有借使或私載還家，就便追理施行。仍行移合屬官司，將應有係官房舍原有什物查照舊來數目，委自正官提調置立文簿拘籍，别立什物庫，分于上刊寫字號，令人專一掌管，依理公用，相沿交割，不得似前搬移，時有損壞。奉此合下，仰照驗施行。

《通制條格》卷二七《雜令·侵占官街》 中統四年七月内，欽奉聖旨：在京權豪勢要回回漢兒軍站民匠僧道諸色人等，起蓋房舍，修築垣牆，因而侵占官街，乞禁約事，准奏。今後再不得似前侵占，如違即便將侵街垣牆房屋折毁，仍將犯人斷罪。欽此。

《通制條格》卷二七《雜令·前代遺迹》 至元十三年正月，諭江南詔書條畫內一款：名山大川寺觀廟宇並前代名人遺跡，不許毁拆。

于敏中等《日下舊聞考》卷三八《京城總紀》 街制：自南以至于北謂之經，自東至西謂之緯。大街二十四步濶，小街十二步濶。三百八十四火巷，二十九街通。衖通二字本方言。《析津志》

第宅

《元典章》卷五九《工部·造作二·見任官住官舍自合修理》 大德七年閏五月二十四日，准中書省咨河南行省咨江陵路申：遷轉見任官員住坐係官房舍損壞，自備工物修理，迤漸倒塌，實爲可惜。若與各衙公廨、倉庫、局院等房一例，于係官房地錢内支撥修理，實爲相應。咨請定奪。准此，送户部照擬得，見任官員住坐官房，若有損壞，合令各官自備工物修理，須要堅完，任滿相沿交割。如蒙准呈，遍行照會相應都省。准擬咨請，依上施行。

《通制條格》卷二七《雜令》 中統四年六月十三日，欽奉聖旨：據燕京路總管府同知郭汝梅奏告，本路官員百姓富家子弟，不問尊長，暗與財主作弊，取借債負及冒賣田宅，虚錢實契，一同非理使用，意望尊長亡殁歸還，以致臨時破壞家業，乞行禁約事。准奏。仰尊長在日，卑幼不得私借錢債及典賣田宅人口，財主亦不得與富家通同故行借與錢債。如違，其借錢人並借與錢人、牙保人等一例斷罪，及將元借錢物追没入官。仍仰中書省遍行隨路一體禁斷施行。欽此。

《元史》卷一三《世祖本紀》 （至元二十二年二月）詔舊城居民之遷京城者，以貲高及居職者爲先，仍定制以地八畝爲一分；其或地過八畝及力不能作室者，皆不得冒據，聽民作室。

《元史》卷一〇五《刑法志·禁令》 諸小民房屋，安置鵝項銜脊，有鱗爪瓦獸者，笞三十七，陶人二十七。諸職官居見任，雖有善政，不許立碑，已立而犯贓汚者毁之，無治狀以虚譽立碑者毁之。

陵墓

《元典章》卷三〇《禮制三·葬禮》 墓地禁步之圖，按儀制式：一品九十步，二品八十步，三品七十步，四品六十步，五品五十步，六品四十步，七品以下二十步，庶人九步。庶人墓田四面去心各九步，即是四圍相去十八步。按式度地，五尺爲步，則是官尺每一向合得四丈五尺。以今俗營造尺論之，即五丈四小尺是也。

《至元雜令》 官民墳地：一品，四面各三百步。二品，二百五十步。三品，二百步。四品五品，一百五十步。六品下，一百步。庶人及寺觀各三十步。若地内安坑墳塋，並免税賦。品官葬儀：一品以上石人四事，石柱二事，石虎二事，石羊二事。三品以上石人二事，石柱二事，石虎二事，石羊二事。五品以上石人二事，石虎二事，石羊二事。

《元史》卷一〇五《刑法志》 諸爲子行孝，輒以割肝、刲股、埋兒之屬爲孝者，並禁止之。諸民間喪葬，以紙爲屋室，金銀爲馬，雜綵衣服帷帳者，悉禁之。諸墳墓以甎瓦爲屋其上者，禁之。

獎懲

《元史》卷八二《選舉志》 管匠官，其造作有好惡虧少，勿令遷轉。

《元史》卷一〇五《刑法志四·禁令》 諸城郭人民，鄰甲相保，門置水甕，積水常盈，家設火具，每物須備，大風時作，則傳呼以徇于路。有司不時點視，凡救火之具不備者，罪之。諸遺火延燒係官房舍，杖七十七；延燒民房舍，笞五十七；因致傷人命者，杖八十七；所毁房舍財畜，公私俱免徵償。燒自己房舍者，笞二十七，止坐失火之人。諸煎鹽草地，輒縱野火延燒者，杖八十七；因致闕用者，奏取聖裁。隣接管民官，專一關防禁治。諸縱火圍獵，延燒民房舍錢穀者，斷罪勒償，償未盡而會赦者，免徵。諸故燒太子諸王房舍者，處死。諸故燒官府廨宇，及有人居止宅舍，無問舍宇大小，財物多寡，比同强盜，免刺，杖一百七，徒三年；因傷人命，同殺人。其無人居止空房，并損壞財物，及田場積聚之物，同竊盜，免刺，計贜斷罪。因盜取財物者，同强盜，刺斷，並追陪所燒物價；傷人命者，仍徵燒埋銀。再犯者決配，役滿，徙千里之外。諸挾仇放火，隨時撲滅，不曾延燎者，比强盗不曾傷人不得財，杖七十七，徒一年半，免刺，雖親屬相犯，比同常人。

明

總則

《洪武永樂榜文·工部》 一榜：爲禁約事，永樂二年二月二十一日奉聖旨：朕自即位之初，首詔不急之務，一切停罷，不得一毫妄用民力，期在休息，以臻太平。今後軍民大小衙門，非奉朝廷明文，敢有妄興造作，擅用一軍一民，及科斂財物者，處以極刑，家遷化外。

《憲綱事類·巡歷事例》 凡巡歷所至之處，所有按治事例，合用申明，仰令本府州縣衙門并守禦官，依上施行，各另回報：

一、古聖帝明王、先師、先賢陵墓，山川社稷，祀典祠壇，仰本府州縣提調所屬，常須潔淨。有損壞者，即爲脩理。仍禁牧放樵採。

一、原設旌善亭、申明亭，但有損壞，仰本府州縣嚴督所屬，即便併工脩理，榜示姓名行實，使善惡知所勸懲，毋得視爲文具因而廢弛。先將坊、都設亭處所，及善惡姓名具報。

一、橋梁路道，仰本府州縣提調官常加點視，但有損壞，隨即脩理，務要堅完，毋致阻礙經行。

一、倉庫房屋，仰本府州縣提調官常加點視，若有損壞，即便脩理，及嚴加關防官吏、斗級、庫子人等收支作弊，仍將見在錢糧等物，分豁新舊，收除實在備細數目繳報。

一、上司收買一應物料，仰本府州縣照依按月時估，兩平收買，隨即給價，毋致虧官損民，及縱令吏胥、里甲、鋪户人等，因而尅落作弊。

《諸司職掌》（下）《工部·營部·營造》 內府造作：凡內府宮殿門舍牆垣，如奉旨成造及修理者，必先委官督匠度量材料，然後興工。其工匠早晚出入姓名數目，務要點閘，關察機密。所計物料并各色人匠，明白呈稟本部，行移支撥。其合用竹木隸抽分竹木局，磚瓦石灰隸聚寶山等窑冶，硃漆彩畫隸營繕所，丁線等項隸寶源局，設若臨期輪班人匠不敷，奏聞起取撮工。

城垣：凡皇城京城牆垣，遇有損壞，即便丈量明白見數計料，所用磚灰行下聚寶山黑窑等處關支。其合用人工，咨呈都府行移留守五衛，差撥軍士修理。若在外藩鎮府州城隍，但有損壞係干緊要去處者，隨即度量彼處軍民工料多少，入奏修理。如係腹裏去處，於農隙之時興工。

壇場：凡天地壇場，若有損壞去處合修理者，督工計料修整。合漆飾者，行下營繕所，差工漆飾。所用木石磚灰顔料等項，行下抽分竹木局等衙門，照數關支。

廟宇：凡歷代聖帝明王、忠臣烈士及名山嶽鎮，應合祭祀神祇廟宇，務要時常整理，如遇新創，及奉旨起造功臣享堂，須要委官督工計料，依制建造。

公廨：凡在京文武衙門公廨，如遇起蓋及修理者，所用竹木磚瓦灰石人匠等項，或官爲出辦，或移咨刑部、都察院差撥囚徒，着令自辦物料人工修造，果有係于動衆，奏聞施行。

倉庫：凡在京各衙門倉庫，如有損壞應合脩理者，即便移文取索人匠物料修整。如本處倉庫不敷應合添蓋者，須要相擇地基，計料如式營造。所用竹木磚石灰瓦丁線等項，行下抽分竹木局等衙門關支。如是工匠物料不敷，預爲措辦足備，以俟應用。

營房：凡在京各衛軍人營房，及駝馬象房，如有起蓋修理，所用物料，官爲支給。若合用人工，隸各衛者，各衛自行定奪差軍；隸有司者，定奪差撥囚徒，或用人夫修造。果有係干動衆，奏聞施行。

土牆營房每間合用：

桁條五根，椽木五十根，蘆柴一束半，釘二十五枚，瓦一千五百片，石灰五斤。

《諸司職掌》（下）《刑部·司門科·營造》 凡本衙門并司獄司堂廳，門廳，書案、卓椅、傘杖鐵架、案衣、坐褥等項，并官吏公廨、牆垣、牢房，遇有損壞不堪，及應有營造，俱係四川部掌行。案呈本部，移咨工部，量撥囚人修造，係干重務者奏。

《諸司職掌》（下）《都察院·出巡》 凡至地方，所有合行事件，着令首領官吏抄案承行。

一、科差賦役，仰本府凡有一應差役，須於黃册丁糧相應人户內，周而復始，從公點差，毋得放富差貧，那移作弊，重擾於民。先具見役里長姓名，同重甘結罪文狀，并依准回報。

一、橋梁道路，仰令提調官常加點視。但有損壞去處，即於農閑時月，并工修理。務要堅完，毋致阻礙經行，具依准回報。

一、學校，仰提調官凡遇廟學損壞，即爲修理完備。敦請明師，教訓生徒，務要作養成材，以備擢用。毋致因循弛廢，仍將見在師生員名繳報。

一、原設申明旌善亭，但有損壞，仰本府嚴督所屬，即便併工修理，條列榜示，使善惡知所勸懲。毋得視爲文具，因而廢弛。先將都隅處所，同善惡人數回報。

一、倉庫房屋，仰行本府提調官常川點視，若有損壞，即便修理，及設法關防斗級人等作弊。仍將見在錢糧等物，分豁上年舊管，今歲收除，實在備細數目，同官吏結罪文狀繳報。

《皇明成化二十三年條例・踐祚詔條》 一、京營官軍，拱護朝廷，所係甚重。近年多因做工疲勞已極，合候修陵畢日，專一操練。敢有擅便奏討做工者，聽科道官（騰）〔劾〕奏。

一、騰驤等四衛餘丁，今後不許泛濫投充勇士、正軍，虚費糧（賞）〔餉〕。其各衛所餘丁，止許投本衛所軍，不許妄投各監局。人匠脱免祖籍及内外正軍，不許投充將軍。其舍餘民匠人等投充將軍，試量身力不及者，發回當差，不許收充校尉。違者罪之。

一、各衙門住坐軍民人匠，有因事故在逃並輪班人匠先爲災傷流移、出贅、過繼，年幼，記録埋没並遺失（各）〔勘合〕等，以致拖欠班次者，詔書到日，限三個月以裏，許於所在官司首告，給與明文赴部，免其問罪。住坐者，送原役衙門上工。輪班者，自今年八月以前，俱免罰班。是當該罰班者，一體宥免。俱止當正工三個月。

一、近年以來，天下軍民財力困竭，各處一應造作，除城垣、墩臺、關隘、倉廒、運河等項例該修理及有修理未完者，所司指實具奏定奪外，其餘内外衙門修建寺塔、庵觀、廟宇、房屋、牆垣等項，一應不急之務，悉皆停止，不許擅自移文興工。差去蓋造襄府内外官員，著同巡撫官、提督、布按二司委官照舊制修蓋。其在外軍衛有司，非奉朝廷明文，一夫不許擅役，一錢不許擅科。違者治以重罪。

一、慶豐等四（關）〔閘〕事簡官多，今後慶豐閘官吏止留各一人，通管四閘，其餘送吏部調撥。内懷慶人夫八十名，路遠應役不便，每名一年許辦銀七兩，（數）〔類〕解工部交收，雇夫應用。

一、内外官員、軍民、僧道人等，今後不許指以古蹟，奏討修蓋寺觀名（額）〔類〕護敕，因而佔奪軍民地土。如有已經奏准未修蓋者，即便停止。違者治以重罪。

一、各處帝王陵寢及（民）〔名〕臣賢士墳墓，有被人毁發者，所在有司即時修理如舊，令附近民人一丁看護，免其差役。其餘墳墓但有露棺暴骨者，〔悉與掩埋〕。

《〔弘治〕問刑條例》 一、凡軍民諸色人役，及舍餘審有力者，與文武官吏、監生、生員、冠帶官、知印、承差、陰陽生、醫生、老人、舍人，不分笞杖徒流、雜犯死罪，俱令運炭、運灰、運磚、納料、納米等項贖罪。若官吏人等，例該革去職役，與軍民人等審無力者，笞杖罪的決；徒流雜犯死罪，各做工、擺站、哨瞭、發充儀從，情重者煎鹽炒鐵。死罪五年，流罪四年，徒罪照徒年限。其在京軍丁人等無差占者，與例難的決之人，笞杖亦令做工。

一、内府匠作，犯該監守常人盗、竊盗、掏摸、搶奪者，俱問罪，送發工部做工，鈔鐵等項。其餘有犯徒流罪者，拘役，住支月糧。笞杖准令納鈔。

一、在京軍民各色匠役，犯該雜犯死罪，無力做工，徒流罪拘役，俱住支月糧，笞杖納鈔，或的決。若犯竊盗、掏摸、搶奪，一應情重者，亦擬炒鐵等項發落，不在拘役之限。民匠仍刺字充警。

一、兩京工部各色作頭，犯該雜犯死罪，無力做工，與侵盗、誆騙、受財枉法，徒罪以上者，依律拘役滿日，俱革去作頭，止當本等匠役。若累犯不悛，情犯重者，監候奏請發落。杖罪以下與别項罪犯，拘役滿日，仍當作頭。

一、先犯徒流罪，運炭、做工等項未曾完滿，又犯雜犯死罪，除去先犯罪名，止擬後犯死罪，運炭、做工等項。若又犯徒流罪者，依已徒而又犯徒，將所犯杖數，或的決，或納鈔，仍總徒不得過四年。又犯笞杖者，將後犯笞杖，或的決，或納鈔，仍照先擬發落。

一、先犯笞杖，運炭、做工等項未曾完滿，又犯徒流罪，將先犯罪名或的決，或納鈔，止擬後犯徒流罪。又犯雜犯死罪，除去先犯笞杖，止擬後犯死罪，各運炭、做工等項。又犯笞杖罪，或先重後輕，或先輕後重，將輕者或的決，或納鈔，仍將重者，令其運炭、做工等項發落。

一、凡王府旗軍舍餘匠校人等，犯該笞杖者納鈔，及徒罪以上無力者，在京俱做工，在外俱發將軍中尉儀賓府，充當儀從。

一、京城内外街道，若有作踐，掘成坑坎、淤塞溝渠、蓋房侵佔，或傍城使車、撒放牲口，損壞城脚，及大明門前御道棋盤，並護門栅欄，正陽門外御橋南北、本門月城，將軍樓、觀音堂、關王廟等處作踐損壞者，俱問罪，枷號一個月發落。

一、東西公生門、朝房、官吏人等，或帶住家小，或做造酒食，或寄放貨櫃、開設卜肆、停放馬贏、取土作坯、撒穢等項作踐，問罪，枷號一個月發落。

一、成化十年九月十八日，節該欽奉憲宗皇帝聖旨：都城外四圍沿河居住軍民人等，越入牆垣，偷魚割草，竊取磚石等項，輕則量情懲治，重則參奏拿問，枷號示衆。若該城徇情，縱容不理，及四鄰知而不首的，都治以罪。其守門官軍，亦不許於城外河邊栽種蔬菜，牧放頭畜，因而引惹外人入内作踐。違者，一體治罪。欽此。

《(萬曆)明會典》卷一八一《工部一·營造一·内府造作》 凡内府造作。洪武二十六年定：凡宫殿、門舍、牆垣，如奉旨成造及修理者，必先委官督匠，度量材料，然後興工。其工匠早晚出入，姓名、數目，務要點閘，關察機密。所計物料并各色匠人，明白呈稟本部，行移支撥。其合用竹木，隸抽分竹木局，甎瓦石灰隸聚寶山等窯冶，硃漆彩畫隸營繕所，丁線等項隸寶源局。設若臨期輪班人匠不敷，奏聞起取撮工。宣德九年，勑内府各監局内官内使等，凡在内各衙門修造，必明白具奏。有擅爲者，悉處重罪。嘉靖八年奏准，内府監局凡有工作，俱要該衙門先期上請，勑下工部奏差科道官會同内外委官，從公估計，料無冒破，事非得已，方會本具題，仍聽工部斟酌議覆，然後派行天下。二十九年題准，凡内府及在外各項大工，例應内官監估計，工部扣留三分之一者，遇有工程嚴禁官匠從實估計，不得恣意加增，以俟扣留。仍行監工科道及工部委官，凡驗收物料，嚴加稽查，足用即止。

《(萬曆)明會典》卷一八七《工部七·廟宇》 凡修建廟宇，洪武二十六年定：歷代聖帝明王、忠臣烈士及名山嶽鎮應合祭祀神祇廟宇，務要時常整理。如遇新創及奉旨起造功臣享堂，須要委官督工計料，依制建造。正統八年勑：凡嶽鎮海瀆祠廟屋宇牆垣或有損壞，及府州縣社稷、山川、文廟、城隍，一應祀典神祇壇廟，頹廢者即令各該官司修理，合用物料，酌量所在官錢内支給收買，或分派所屬殷實人户備辦，於秋成時月起倩夫匠修理。不許指此多派，虚費民財，及修蓋淫祠，妄用民力。若嶽鎮海瀆廟宇焚毁不存，用工多者，布、按二司同該府官斟酌民力，量宜起蓋。仍先畫圖，奏來定奪。凡修完應祀壇廟，皆選誠實之人看守，所司時加提督，遇有損壞即依例修整，不許廢壞。仍令巡按御史、按察司官按臨巡視。成化十五年，令天下祀典神祇祠廟應修理者，務要申達合干上司，勘實斟酌定奪。弘治十二年，曲阜孔廟火，題准取旁近各省及各抽分廠銀重修。嘉靖三十八年，以先牧廟建自永樂，歲久頹敝，題准重修。

宫室

《(萬曆)明會典》卷一四七《工部一·親王府制》 明祖訓：凡諸王宫室，並依已定格式起蓋，不許犯分。凡諸王宫室，並不許有離宫別殿及臺榭遊翫去處。

事例　洪武四年議定：凡王城高二丈九尺，下濶六丈，上濶二丈，女牆高五尺五寸。城河濶十五丈，深三丈。正殿基高六尺九寸，月臺高五尺九寸。正門臺高四尺九寸五分，廊房地高二尺五寸，王宫門地高三尺二寸五分，後宫地高三尺二寸五分。正門、前後殿、四門城樓飾以青緑點金，廊房飾以青(黑)〔黛〕。四門正門以紅漆，金塗銅釘。宫殿窠拱攢頂，中畫蟠螭，飾以金，邊畫八吉祥花。前後殿座用紅漆金蟠螭，帳用紅銷金蟠螭。座後壁則畫蟠螭、彩雲。立社稷山川壇于王城内之西南，宗廟于王城内之東南。後改蟠螭爲龍。七年定：親王所居前殿名承運，中曰圜殿，後曰存心。四城門南曰端禮，北曰廣智，東曰體仁，西曰遵義。九年定：親王宫殿、門廡及城門樓皆覆以青色琉璃瓦。十一年定：親王宫城周圍三里三百九步五寸，東西一百五十丈二寸五分，南北一百九十七丈二寸五分。弘治八年定王府制：前門五間，門房十間，廊房一十八間。端禮門五間，門房六間。承運門五間，前殿七間，周圍廊房八十二間，穿堂五間，後殿七間。家廟一所，正房五間，廂房六間，門三間。書堂一所，正房五間，廂房六間，門三間，左右盝頂房六間。宫門三間，廂房一十間，前寢宫五間，穿堂七間，後寢宫五間，周圍廊房六十間。宫後門三間，盝頂房一間。東西各三所，每所正房三間，後房五間，廂房六間，多人房六連，共四十二間。漿糨房六間，净房六間，庫十間。山川壇一所，正房三間，廂房六間。社稷壇一所，正房三間，廂房六間。宰牲亭一座，宰牲房五間。儀仗庫正房三間，廂房六間。退殿門三間，正房五間，後房五間，廂房十二間，茶房二間，净房一間。世子府一所，正房三間，後房五間，廂房十六間。典膳所正房五間，穿堂三間，後房五間，廂房二十四間，庫房三連二十五間。馬房三十二間，盝頂房三間，後房五間，廂房六間，養馬房一十八間。承奉司：正房三間，廂房六間。承奉歇房二所：每所正房三間，厨房三間，廂房六間。六局：共房一百二間，每局正房三間，後房五間，廂房六間，厨房三間。内使歇房：二處，每處正房三間，厨房六間，歇房二十四間。禄米倉：三連，共二十九間。收糧廳：正房三間，廂房六間。東西北三門：每門三間，門房六間。大小門樓四十六座，牆門七十八處，井一十六口。寢宫等處周圍磚徑牆通長一千八十九丈，裏外蜈蚣木築土牆共長一千三百一十五丈。成化十四年奏准：各處王府以工完日爲始，至五十年後，除有儀衛司群牧所并侍衛護衛千户軍校者，令自修；餘果人力俱乏，該府具奏，行勘給價，自行修理。

郡王府制　事例　天順四年定：郡王每位蓋府屋共四十六間：前門樓三間五架，中門樓一間五架，前廳房五間七架，廂房十間五架，後廳房五間七架，廂房十間五架，厨房三間五架，庫房三間五架，米倉三間五架，馬房三間五架。成化十四年奏准：各處自郡王以下，至鄉君出府之日，奏請勘報無房屋者，有司給價，自行起蓋。

《（萬曆）明會典》卷一八一《工部一・王府》　故王府營建規制，悉如國初所定。後以宗庶日蕃，始議給價自造，不領于有司。

《明史》卷六八《輿服志四》　親王府制。洪武四年定，城高二丈九尺，正殿基高六尺九寸，正門、前後殿、四門城樓，飾以青緑點金，廊房飾以青黛。四城正門，以丹漆，金塗銅釘。宫殿窠栱攢頂，中畫蟠螭，飾以金，邊畫八吉祥花。前後殿座，用紅漆金蟠螭，帳用紅銷金蟠螭。座後壁則畫蟠螭、彩雲，後改爲龍。立山川、社稷、宗廟於王城内。七年定親王所居殿，前曰承運，中曰圜殿，後曰存心；四城門，南曰端禮，北曰廣智，東曰體仁，西曰遵義。太祖曰：「使諸王覩名思義，以藩屏帝室。」九年定親王宫殿、門廡及城門樓，皆覆以青色琉璃瓦。又命中書省臣，惟親王宫得飾朱紅、大青緑，其他居室止飾丹碧。十二年，諸王府告成。其制，中曰承運殿十一間，後爲圜殿，次曰存心殿，各九間。承運殿兩廡爲左右二殿，自存心、承運，周迴兩廡，至承運門，爲屋百三十八間。殿後爲前、中、後三宫，各九間。宫門兩廂等室九十九間。王城之外，周垣、四門、堂庫等室在其間，凡爲宫殿室屋八百間有奇。弘治八年更定王府之制，頗有所增損。

郡王府制。天順四年定。門樓、廳廂、廚庫、米倉等，共數十間而已。

公主府第。洪武五年，禮部言：「唐、宋公主視正一品，府第並用正一品制度。今擬公主第，廳堂九間，十一架，施花樣獸脊，梁、棟、斗栱、簷桷彩色繪飾，惟不用金。正門五間，七架。大門，緑油，銅環。石礎、牆甎，鐫鑿玲瓏花樣。」從之。

城池

《諸司職掌》（下）《兵部・職方部・城隍》　凡天下都司并衛所城池軍馬數目，必合周知。【略】或遇所司移文修築，須要奏聞，差人相度，准令守禦軍士或所在民人築造，然後施行。

《皇明成化二十三年條例・禁肅城池門禁及軍三民七修城》　成化二十三年六月二十四日，兵部太子太保尚書余等題，爲效言事。准禮部咨，御馬監左監丞郭鏞題。伏覩《祖訓》條章内一款：凡廣耳目，不偏聽，所以防壅蔽而通下情也。今後大小官員並百工技藝之人，應有可（告）〔言〕之事，許至御前開奏。其言當理，即付所司施行，諸衙門毋得阻滯。違者，即同奸論。欽此。臣以中官識見短淺，不能行文。荷蒙先皇差臣管莊，數年之間，鄉言俗語，官民利病，頗知一二。近知五事，條陳略節，上瀆聖聽。乞敕廷臣計議，可行者，潤色條件行之。不可行者，不以臣枉妄加諸行戮。亦是買千里馬首，以彰聖明求言之意。臣不勝（戰）〔顫〕慄之至。該本部官奏。奉聖旨：該部看了來説。欽此。欽遵。參照左監丞官鏞所奏，皆有於時宜，理合逐一議擬，開立前件，伏乞聖裁。具題。本月二十三日，奉聖旨：准議。欽此。欽遵。計開：

一、振軍威。臣聞連年修造土木之工，軍士頗疲弊，未暇操練，逃竄數多。當今初登寶位，倘或（四）〔夷〕侵擾邊界，不無有誤隄備。乞敕總兵等官，摘發官軍如法操揀，教演進止，以防不虞。前件，看得京營（如）〔妨〕廢操練，委因土木工役頻繁所致，其（地）〔他〕各邊卻不在此。鎮守、分守、守備、内外官員清謹著聲者固有，其間多佔操軍，强而擅作威福，柔而委靡不振，私令耕種田地，包納月錢，攬納糧草，經營買賣，捕獵牲口等項，一方之利，網盡不遺。甚至同列所有，巧取必得乃已。宜其操練，有名無實。合無申明成化二十三年九月初六日詔書，及欽遵内外官員跟用伴當禁例。敢有（便）〔擅使〕、擬討操軍做工及分外多佔如前營幹，科道、巡撫、巡按等官着實糾舉，方致國威大振，捍患有具。

一、謹城池。臣見各城有衛（縣）〔分〕去處，官不得人，俱各推調，以致城垣坍塌，門無防禁。賊盜生發，尚不能治，或遇警急，將何措手？乞敕該部每城設把總指揮一員，專一掌把鎖鑰，修理城池，操練人馬，捕捉盜賊。仍立守備、提督等官，其守備、提督（守）〔官〕量署一職，不時鈐束。無衛所去處，責令掌印官主行。前件，看得自古重門擊柝，所以防暴。（客）〔容〕思患預設防，所以能善後。不〔能〕此之圖，鮮不誤事。今之軍衛有司，同一城池去處，（修）〔循〕理工科，明有軍三民七之例；夜巡器具，又有官降銅牌之類，（彼）〔被〕其互相推托，苟延歲月，略不舉行。除要添設把總官員，恐致官多人〔擾〕；量署一職，又於禁例有違。合無有鎮守、總（部）〔兵〕、巡撫官統屬去處，從各官照例督理；無處，從府州縣衛所掌印官整理。違慢誤事者，從巡撫、巡按等官糾察，應拿問者拿問，應奏請者參奏。（無）〔毋〕視虛文，必臻實效。

《皇明條法事類纂》卷四九《工部類・擅造作》 修築城垣。成化十四年二月二十五日，工部尚書王等題，爲地方事。該鎮守湖廣太監王題一件：繕城（隍）〔防〕以備不虞。竊惟履霜知堅冰之至，防微迺備禦之皆。昔顔真卿當天寶全〔盛〕之時，修城竣池，卒遇羯胡爲患，平原居民得以保障。今天下承平日久，所在城隍見在者故當加葺，未創者亦當修築。況湖廣邊方，苗夷諸種類多，兼又北接川、陜，西通交、道、廣、六，有山之阻、水有重之險，逋逃所聚，在在有之。雖有豐年樂歲，巨盜不時竊發，劫殺官吏剽刦縣治。倘遇多難之秋，又將奚若？合無靖州、銅鼓、五開、天柱、平溪、清浪、鎮遠、偏橋，往年築立軍堡屯堡，着令左右參將、守備、都指揮躬親省視。如有城垣矮窄，易於攻打者，就令本部知會，令相度如壕塹。有壅塞者，亦令流通開深。城垣未創者，如此焚、波浪江、黄茅等寨者，令該縣官相度地勢，各立城堡，以備苗寇。仍行巡撫、巡按等官，督同邊山帶湖府縣正官，若武昌等府、瀏陽等縣賊人出没處所，若有守備官軍去處，軍民相兼。無守備官軍去所，本州縣人夫，或修築土城，或壘砌牆垣，俱於農隙之時分定，陸續用工，量留門禁出入，就令原設官軍民伕火甲，分投守把，遇有不知〔來〕歷可疑之人，一體盤詰。於此，則人有保障，盜無容隱。

前件，查得先該齊經奏，山西太原府、密雲等處，及各臨邊衛所州縣坍倒城池，及應立堡去處，設法修築，量置器具以爲保障等因。爲照齊經所言，係干禦寇防患事理。本部議擬題准，通行欽遵去後，今太監等奏，雖稱有例見行。緣即今湖廣地方，賊盜竊發，剽掠盛行，防微慮患之方不可少緩。況又訪得各該原有城池去後，今多被官豪勢要之家及（雖）〔强〕粱無籍之徒，幫城裏外擅自築打壇垣，立房屋。或挑掘池塘，或開墾園圃，取利肥己，阻塞道路，致使官軍人等，莫能沿城往來巡視。該管軍衛有司，遇有坍塌，又不隨即修理，縱令軍民人等取便往來，踐踏成路。但遇盜賊往來，不能防禦，坐受其患，深爲未便。合無行移湖廣等處及直隸府州縣鎮守、巡按等官，着落都布按三司並分巡、分守官員，各照原議事理，將應築城池屯堡，於農隙之時分定地方，從宜斟酌工料，選委所以公勤廉能官員，督令軍夫，如法修築。務在高原深潤，用人守把保障。不許因而科擾軍民，虛應故事。工完之日，將修築工程，丈量造册繳報，以備查考。其各該城垣坍塌阻塞去處，若衛所府州縣軍政掌印正官不行嚴加禁約折毁，及不催督該管官軍人等，隨即修補，致使居人往來，取便經行，及豪强官員軍民仍前侵占城塞，阻障巡視，許分巡、分守官員參提究治。如守巡官巡歷到處不行親自點視，縱令下人蹈襲前弊，聽巡撫、巡按官員參奏拏問。如此庶使城池不致坍塌，而軍民有所保障。奉聖旨：是。欽此。

修築城垣保固地方。弘治元年三月二十三日，工部尚書賈等題，爲陳言地方等事。該欽差禮科給事中李孟暘題，内開：一、修城垣以御寇患。乞敕該部轉行各該地方巡撫、巡按官員，督委分巡、分守等官，遍歷所屬府州縣，一一相視。原無城垣者，酌量民人多寡，事之緩急，如工程浩大，難以遽成，合先於周圍修築城垣，或七八尺，或一丈，務在堅完，待候次年農隙之日，再行添築。如此三年之後，工亦可完，民亦可見其勞矣。其近河去處，難以修築城垣者，亦要修造栅，往來令人巡視，亦禦之一策也。具本該本官奏，奉聖旨：該衙門看了來説。欽此。欽遵。看得都給事中李孟暘奏稱，各處原無城垣者，要行修築，以禦盜賊一節，誠爲保固地方禦〔寇〕重事。但恐各處地方防災傷缺食，或賦役繁重，一時民力不堪，要在上之人處置何如耳？合無准其所言，本部行移都察院，轉行各處巡撫、巡按，從公查勘各處地方。除有城垣外，其原無城垣者，酌量地方，如果豐熟民不窮迫，或於農隙量起丁夫，或於在官人役不拘以歲月，不責以速效，逐漸修築。久而不廢，亦可完工。仍將年終修過丈尺，申報巡撫、巡按等官，以憑查考勤惰。及巡撫、巡按官，亦要嚴加禁約官吏人等，不許指此爲由，侵漁擾害。如此，則不告勞而工亦可成矣。具題。奉聖旨：是。欽此。

《皇明條法事類纂》卷四九《工部類・侵占街道》 官吏解人違限折納條石

則例並禁約官街掘坑取土例：成化元年九月十七日，工部尚書白等題，爲乞恩憐憫事。都水清吏司案呈，該中兵馬指揮手本，准本司委官副指揮楊澤關依文前去，顧泰等所奏，處所拘集火甲于成等公同看得：居住軍民之家，委被水浸，牆壁倒塌，街道低窪是實。及看垸瑠廠暗溝，東西有五十餘丈，高深七尺有餘，舊開氣眼三個，委因溝淤泥草滓壅塞不通，係干官廠放堆垛官料，經行車輛難開明溝，止是添開氣眼三個，共該氣眼六個。將溝內淤泥挑出，路通濬水城外，填墊低窪街道。緣土數多，看得廠內大溝，西東兩岸地勢高阜堪以取土，工程浩大，人力不敷，伏乞撥囚人與火甲相兼填墊。又該西城兵馬指揮司等官張中等呈，勘得鳴王思城等街道，俱各低窪聚水，應該填墊等因。手本繳結到司，案照先節該工科抄出順天府宛平縣民匠等籍顧信等奏：天順七年八月初六日，將臣等遷撥本縣大時雍坊新填水塘空地內。各家自蓋房屋住居，未經一年，被天雨連綿，街道積水，房屋俱各浸倒，已經倩人修理居住。成化元年六月，日期不等，又被天雨連綿，街道淹三日，積水約有三尺，牆壁房屋盡行倒塌。切緣舊有水清，年久淤泥壅塞不通，街道之水止。吏並解料物軍匠等項解人，過違批限，該送問者不爲常例，免其送問，酌量事情輕重，違限久近，定立則例，折納條石，不計歲月，逐漸墁砌前項街道。其崇文、宣武、江米巷等處大街，石料積有之日，一體墁砌。本部仍行都察院，轉行巡城御史並錦衣衛，着落巡城官校，各照地方巡視。禁約官吏、旗校、軍民人等，不許於官街掘坑取土。敢有故違者，就將正犯並兩鄰火甲人等通行拿問。應奏請者，照例奏請。如此庶使人知警懼，不惟街衢平整，而水道得通；抑且壯觀京都，而聳人瞻仰。緣係開墊溝街及奉欽依該部知道事理，未敢擅便。今將擬定折納石料丈尺則例開立具題。〔奉〕聖旨：是。欽此。

計開：

給由省祭公差襲替等項官吏，違限(三)〔二〕月之上者；納條石一丈，三月之上者，納條石二丈。每月加一丈，多不過八丈。解折糧銀兩並絹布解人違限二月之上者，納條石八尺；三月之上者，納條石一丈二尺。每月加四尺，多不過五(尺)〔丈〕。解皮鐵藥材者臘等項物料，並解軍匠等項解人，違限二月之上者，納條石四尺；三月之上者納條石六尺，每月加二尺，多不過二丈。俱闊一尺五寸，厚五寸。【略】

有力囚犯相兼用工砌造街道例：成化四年三月十四日，工部尚書王等題，爲砌造街道事。(榮)〔營〕膳清吏司案呈，據膳所等衙門申准，委官所丞等官田俊等牒督，據木匠等作頭顧玉等匠，該造鋹鎚水桶等件合用物料，逐一會計明白會有會無，同人匠數目結申送司。案查，奉本部送於內府抄出內府監太監黃順等題，成化四年二月二十八日，該司禮監太監懷恩等傳奉聖旨：正陽門外玉石橋南起至天地壇西天門外止，大街中一路墁砌街石。欽此。欽遵傳奉到監督，據管工工部左侍郎陸祥等呈：丈量前項街道，通長九百八十六丈，闊三丈五尺。合用石料、石灰、鐵木器家火等件；並搭蓋廠房，在內做料，頓放物件，該用鷹架木、蘆(麻)〔蓆〕、白麻、黃麻、木炭等件。除本監見有鷹架木放支外，缺少蘆席、白麻、黃麻、木炭、鐵木器家火等件，着工部會關造辦。本部委堂上官一員催辦物料，就帶官匠及撥輪班人匠，相兼用工。所有石料石灰，於馬安山等處山場，開塘燒灰搬運。人力不敷，合無着伍(運)〔軍〕、神機、三千等營，摘撥官軍一萬五千員，各要武職大臣一員，鈐束運料，前去彼處，堆垛做料砌造。本監石匠數少，照例於騰驤四衛借石匠一千名前來，撮工完日，仍舊着役，開坐具題。成化四年二月二十九日，本部尚書王等於奉天門欽奉聖旨：是。再撥官軍三十員名運料，石匠只借五百名來用。該衙門知道。欽此。欽遵抄出到部送司。已經通行會議去後，今該前因，案呈到部。除鷹架木本監徑自放支外，欲將會計有黃麻、白麻先行丁字庫照數關支，該填勘合後補備照。鋹鎚屑手等件，該用生(執)〔熟〕銅鐵，行順天府，差人於遵化鐵廠本部委官主事蕭鼎處支領，沿途運衛有司應付夫軍拽運。蘆席、水和炭，行本部委官主事張達處支放，及撥囚於西山齊堂廠搬運。會無松木等料，分派河南等布政司並順天、直隸大(明)〔名〕等府支給官錢照數買(辨)〔辦〕解用。石料石灰行馬安山等處委官王慶等開塘採打燒造。運料人力，行後軍都督府，轉行五軍、神機、三千等營總兵官處，摘撥官軍(般)〔搬〕運。就委武職大臣一員，管領鈐束運料。石匠行騰驤四衛借撥，木炭行欽差通政司右參議王處撥夫採燒。運用人匠於本部輪班匠內摘撥，及行法司量撥有力囚人相兼用工。本部仍行委官左侍郎彭公同督理墁砌。工完之日，仍將鋹鎚等件退送本部收貯，以備別用。緣係關支派辦物料，借發官軍等料墁砌街道，及節奉欽依該衙門知道事理，未敢擅便，具題。奉聖旨：是。欽此。

作踐城垣街道枷號例：成化八年八月十日，工部尚書王等題，爲禁約事。據本部委官主事趙杲呈，照得先奉本部劄付備仰本職，於京內外提督各該兵馬指揮司，各照地方逐一相勘，街道低窪者填墊平坦，溝渠壅塞者挑濬疏通，務俾水道流通，有備無患。除親詣各城，督同各該兵馬指揮司，分管官吏火甲，各地方街道溝渠陸續修添挑濬外。看得正陽等門裡傍城一帶地方，多被居住官校軍民人等掘土托坯，致成流坑。稍遇陰雨，穢水如池。其平坦之處，堆積糞多高城基，或行(使)〔駛〕車輛碾踏低窪，致將雨水流積城下，浸灌城脚，損壞城牆。甚至撒放牲口，拴養馬驢，曬糞打線等項，作踐多端。雖常往來提督省諭省令，遵依聖旨榜文事理，柰緣小人玩法，全不知戒。近該欽命内臣管領官軍，修理牆垣。若不具呈奏請嚴加禁約，誠恐無籍之徒，仍前作踐，損壞城脚，未便動衆勞人，重爲彼患等因，具呈到部送司。案查，先准兵部咨爲禁治作踐街道等事。成化五年二月十八日，該太監許安傳奉聖旨：如今京城街道多被人作踐挖掘侵占及雍塞溝渠，好生不便，着錦衣衛官校並五城兵馬，時常巡視禁治。如有怠慢不理者，許巡街御史參奏拿問。若御史容情不言，一體治罪不饒。欽此。已經通行遵守外，成化六年十一月二十四日，本部尚書王等於奉天門欽奉聖旨：皇城周圍及東西長安街，並京城内外大小街道，近來多被官民人等作踐，或掘成坑坎，或淤塞溝渠，或蓋房侵佔，甚至傍城駕(使)〔駛〕(軍)〔車〕輛，撒放牲口，損壞城脚，好生不便。恁部裏便出榜禁約，嚴革前弊。今後但遇城垣少損，就令各門守衛官軍隨即修補；街道低窪，橋梁損壞，督令地方火甲人等併力填修。巡城御史、五城兵馬時常往來巡視，俱不似前怠慢，如違一體治罪。欽此。欽遵已將聖旨事意備榜行令各門五城兵馬指揮司領給前去張掛，曉諭禁約，及行都察院轉行各該巡城監察御史，一體欽遵去後，今擬前因，案呈到部。臣等伏惟京師乃天下都會重地，所宜〔城〕郭(元)〔完〕美，街道清肅，庶足以聳四方之觀瞻，而示朝廷(遵)〔尊〕嚴。近年以來，内外居住人等，罔遵禮法，肆爲作踐。本部累經查照舊例，申明奏准通行曉諭禁約。其各該兵馬司官吏，職專巡管城池街道，正當遵依聖旨榜文事理，嚴督火甲人等，常川往來巡視。但有違法不遵禁約，就便捉拿懲治。卻乃因循怠慢，略不經意。視聖旨榜文爲虛文，沉匿而不張掛，以奏准事例爲常事，高(閣)〔擱〕而不奉行。遂使玩法之徒全無忌憚，任其抛積糞穢，取土掘坑，溝渠爲壅塞，街道爲之不平。甚至(榜)〔傍〕城作踐，損壞城基，低窪聚水，浸灌城脚。以致連年修理，動勞人衆。伏蒙欽命内臣，帶領官匠，起撥官軍，修葺完工。若不申明榜例，嚴加禁治，誠恐各該兵馬官吏人等似前怠慢不理，巡城御史容情不行(料)〔糾〕察，縱令無藉小人，仍復作踐，日積月漸，損壞難保。合無本部仍行都察院轉行巡城御史，務要遵奉欽依榜文事理，申明禁約，嚴督五城兵馬時常巡視。今後敢有故違不遵者，不分官校、軍民人等，拿送法司問罪明白，枷號示衆。其各該兵馬司及巡城御史怠慢不理，容情不言者，照依節奉欽依内事理，一體治罪。如此，官無玩法，人知警懼。緣係申明禁約事理，未敢擅便，具題。奉聖旨：是。欽此。

在京軍民人等作踐街道損壞城牆等項九門枷號例：成化八年九月十八日，大理卿王等奏，爲巡捕事。該刑部四川清吏司發審犯人祁旺，犯該違例減等，杖九十，照例納鈔完日着役，審擬合律。查得近該工部奏稱，京城街道連年修理，有勞人衆。今後故違者，拿送法司問罪明白枷號等因，具題。奉聖旨：是。欽此。今問祁旺前罪，欲照前例枷號示衆。但無奏定枷號日期，合無將本犯及今後有犯者，俱各問罪，押赴掘坑處所枷號示衆一個月，滿日仍照常例做工等項發落。奉聖旨：是。錦衣衛着一百五十斤枷，枷號九門號令，每門五日，滿了照原擬發落。欽此。

禁約作踐毁壞長安街左右門外及鑾駕庫等處街道溝渠例：成化十四年正月二十四日，本部尚書王等題，爲禁約等事。都水司案呈，查得先准兵部咨，成化二年五月十八日，該司禮監太監許安傳奉聖旨：如今京城街道多被人作踐挖掘侵佔，及壅塞溝渠，好生不便。着錦衣衛官校並五城兵馬，時常巡視禁治。如有怠慢不理者，許巡街御史參奏拿問。若御史容情不言，一體治罪不饒。欽此。已經通行遵守外，本年六月初六日，該太監許安傳奉聖旨：説與工部，長安門南鋪起，至西長安門西鋪止，多有損壞。皇城周圍公生〔門〕左右一帶，街道低窪，溝渠壅塞。便都修理。欽此。又經通行外。成化六年十一月二十四日，本部尚書王等欽奉聖旨：皇城周圍及東西長安街並京城在外大小街道，近年多被官民人等作踐。或掘成坑坎，淤塞溝渠，或房後侵佔；甚者傍城駕(使)〔駛〕車輛，撒放牲口，損壞城脚，好生不便。恁部裏便出榜禁約，嚴加革弊。今後遇城垣少損，就令各衙門守衛官軍隨即修補，街〔道〕低窪、橋梁損壞，督令地方火甲人等併力填修。巡城御史、五城兵馬時常往來巡視，俱不許似前怠慢。如違，一體治罪。欽此。欽遵已將聖旨事意備榜，行令各門五城兵馬指揮司領捧前去，張掛曉諭禁約，及行都察院轉行各該巡城御史，一體欽遵去後。看得近日以來，長安左右門外磚街牌樓東西大街，並鑾駕庫門前輦路及公生門朝房夾道，宗人府五府各部前後街道溝渠，多被居住閑雜人等掘土打坯，致成坑坎。撒抛糞穢，百般作踐，貨賣物件，引惹人衆，歌唱聚戲，全無忌憚。所據中城兵馬公管官吏，故違節奉旨意榜文事理，縱容作踐，怠慢不理，合當拿送法司問罪。仍令督併地方火甲，追究磚石下落。候疏濬城河將完，會同摘撥軍夫修理。本部仍行都察院轉行各該巡城御史，務要查照節奉欽依內事理，嚴加禁約。庶使官無玩法，人知警懼。緣係參問京職整理街道事理，未敢擅便，具題。奉聖旨：是。累有榜文禁約不許損壞街道，該管官員都不奉行，致將門東西作踐穢物，又拔去欄杆，好生無禮。中城兵馬司官吏並該巡御史官校，着刑部提了問罪明白來說。欽此。

【略】

工部差官巡視街道例：成化十三年四月二十一日，工部尚書王等題，爲巡視門禁事。該答應長隨馬剛題稱，看得兵仗局外廠，擅砌牆垣，侵占街道，具題。奉聖旨：先前已有禁約，不許侵占官街。今兵仗局外廠擅砌牆垣，復占官街。該衙門不行禁阻，又不來説。砌的牆便拆了。還着兵仗局、工部、錦衣衛、該城兵馬，都從實回將話來。欽此。欽遵。成化十三年四月初八日，本部備情查照，具本回話認罪。次日奉聖旨：恁本部職掌城池街道，如何不行時常嚴加禁約，以致侵占官街。本當究治，既認罪且饒這遭。欽此。欽遵。查得成化二年五月十八日，該本監許安傳奉聖旨：如今京城街道多被人作踐，挖掘侵占，及壅塞溝渠，好生不便。着錦衣衛官校，並五城兵馬，時常巡視禁治。如有怠慢不理者，許巡街御史參奏拿問。若御史容情不言，一体治罪不饒。欽此。欽遵轉行各官，一體巡視禁約外，成化六年十一月二十四日本部尚書王等於奉天門奉聖旨：皇城周圍及東西長安街，並京城內外大小街道，近來多被官民人等作踐，或掘挖坑坎，或淤塞溝渠，或蓋房侵佔，甚者傍城駕(使)〔駛〕車輛，撒放牲口，損壞城角，好生不便。恁部裏便出榜禁約，嚴革前弊。今後俱遇城垣小損，就令各門守衛官軍隨即修補；街道低窪，橋梁損壞，督令地方火甲人等並力填修。巡城御史、五城兵馬時常往來巡視，俱不許似前怠慢。如違，一體治罪。欽此。欽遵備云出榜禁約外，成化十年九月十八日，本部尚書王等於奉天門欽奉聖旨：都城外四面城壕，近年挑濬通疏，築立城垣，整理閘壩，修砌堤岸，俱已完備。但恐沿河居住軍民人等，不守法度，仍似此先作踐毀壞，徒費前功。恁部裏便出榜通行張掛，嚴加禁約。今後就着提督九門內官，同巡街錦衣衛指揮並巡城監察御史，提督該城兵馬司，各照地方，嚴督火甲人等，時常往來巡視，曉諭周圍臨近諸色人等，不許傍城行(使)〔駛〕車輛，拴繫馬驢，喂養牲畜，掘土脱坯，抛糞穢及越入城垣偷魚割草、竊取磚石等項。敢有違了的，着就地方火甲，提送巡視內官處，輕則量情懲治，重則參奏拿問，枷號示衆。若該城兵馬徇情縱容不理，及四鄰知而不首的，都治以罪。但遇城垣坍塌，該管地方隨即修補。其沿河柵欄門鎖鑰匙，令提督內官收拿，遇有公務方許開放。其守門官軍，亦不許於城外河邊栽種蔬菜，牧放頭畜，因而引惹外人入內作踐。違者一體治罪。欽此。欽遵。又經備云聖旨事意，出榜禁約張掛外，查得先爲預防民患事。本部竊照京城乃天下之都會，大小衙門，分佈錯(例)〔列〕，倉場庫廠，積畜浩繁，比屋相連，軍民雜處。近來街道市井之間，多被失火沿燒房屋。經火者蕩覆無餘，鄰居者踏毀殆盡。雖稱人煙集輳，事出不測，實由防備不謹，倉卒警惶失錯之所致也。及照城內城外，街巷街渠，近年多被雨水爲患，房屋淹漫，牆壁傾頽撥厥。所由，皆因無知之徒，掘坑取土，抛撒糞穢，以致街道坑坎不平，溝渠湮塞。甚至壘牆之房，積漸侵占官街，壓蓋陰溝。若不通行預防禁約，深爲未便。欲行五城兵馬指揮司，各照該管地方，嚴督火甲，曉諭住居人等，不分官員、軍民之家，務要排門挨户設置水缸水桶，更鋪之內整飭麻搭(釣)〔鈎〕索合用器具，晝則互相謹省，夜則提鈴坐更，各要謹懼火燭。但遇大風，不許夤夜張燈燒紙，縱狂飲酒。一有風火事情，速即走報該城兵馬司官吏，卒領兵牌火甲人等，務要隨即撲滅。如果勢大，各城兵馬官吏火甲俱要協心齊力救護，不許推托坐視。違者，一體治罪。及行巡城御史同本部委官，不時往來巡視，督令該城兵馬司，各照地方逐一相看。街道低窪者，務要墊平；城垣溝渠壅塞者，務要挑濬疏通；壘牆蓋厦侵占街道壓遮溝渠者，悉照先次奏奉欽依內事理，就便督令(折)〔拆〕去。敢有愚頑小人，仍前玩法，(坑)〔抗〕拒不服；及該城兵馬司徇情縱容，不行嚴督整理者，許巡城御史本部委官指實參究問罪等因，具題。(奉)成化八年三月二十六日本部官於奉天門奏，奉聖旨：是。欽此。欽遵。成化十年八月初十日，該欽差內官監左監丞等官張瑞等題：率領官軍，將各城壅塞溝渠，侵佔街道逐一疏通改正，修理完備。乞照天順年間事例，命點差錦衣衛堂上官一員，與同巡城御史，提督各城兵馬火甲人等，時常往來巡視。若有勢豪奸頑之徒，仍前作踐街道，填塞溝渠，與在街巷作踐者，聽令該管官員徑自參奏問罪枷號示衆等因，本部依擬具題。奉聖旨：是。着趙能提督。欽此。欽遵轉行提督外，今該前因，案呈到部。及照皇城裏外各門周圍更鋪，京城九門上直守衛官軍，原關盔甲槍刀，三年一次光換鮮明者，(披)〔彼〕中間有將盛水打飯鋪地坐臥等項作踐，以臻損壞，甚失觀瞻。例該本部委官一員，往來點視防範，欲便照依節次欽奉聖旨榜文事理，差官一員通行提督。緣本部四司官員，俱各差點，無官可委。合無行移吏部，於所遷延官内，選才能幹濟、明達有爲者一人，除授本部屬官職事，令其專一提督五城兵馬司吏火甲各照地方，時常往來巡視。如有侵占街道，壅塞溝渠及榜牆(使)〔駛〕車、臨街養畜等項，作踐損壞街道城池者，着令該兵馬〔司〕即便拆毁改正，疏濬潔淨。各處更鋪俱要置(辨)〔辦〕麻搭鉤索水桶。不拘大街小巷，排門挨户，各備水缸水桶，以防不測。其各該兵馬司官吏，敢有循情怠慢，不行用心巡視整理，以致誤事；及有勢豪奸頑之徒，填塞侵佔仍前作踐，及不置前項器物，不行改正者，悉(所)〔聽〕指實參奏。本部仍通行都察院、錦衣衛、五城兵馬司，轉行各該提督委官，一體欽遵巡視禁約。其各門更鋪上直守衛軍士所領軍器，如有不行愛惜披執作踐損壞，宜從本部委官將本軍所該管官旗，輕則量情罰，重則通行參奏拿問，就於本官名下追賠物料修理。如此，使奸頑知懼，有備無患。具題。次日，奉聖旨：是。屬官不必添設，只於見在内輪流差委，往來巡視。欽此。

第宅

朱元璋《大誥續編・居處僭分第七十》 民有不安分者，僭用居處器皿、服色、首飾之類，以致禍生遠近，有不可逃者。《誥》至，一切臣民所用居處器皿、服色、首飾之類，毋得僭分。敢有違者，用銀而用金，本用布絹而用綾錦紵絲紗羅；房舍棟梁，不應彩色而彩色，不應金飾而金飾；民之寢牀舡隻，不應彩色而彩色，不應金飾而金飾；民床毋敢有暖閤而雕鏤者，違《誥》而爲之，事發到官，工技之人與物主各各坐以重罪。嗚呼！天尊地卑，理勢之必然。富貴貧賤，神明之鑒焉。有德有行者至於貴，陰隲無疵者至於富，德行俱無，陰隲杳然，刁頑奸詐至於賤，此數説也，宰在天地鬼神，馭在馭世之君。所以官有等差，民有富貧，而至賤者也，豈得易爲而用之乎！

李善長《大明令・禮令》 凡官民服色、冠帶、房舍、鞍馬貴賤，各有等第。上可以兼下，下不可以僭上。官員任滿致仕，與現任同。其父、祖有官身殁，非犯除名不叙，子孫許居父、祖房舍，衣服、車馬，比父祖同。有官者，依品級。其御賜者及軍官、軍人服色，不在禁例。

房舍並不得施用重栱、重簷，樓房不在重簷之限。職官一品、二品，廳堂七間九架，屋脊許用花様獸吻，梁棟、斗栱、簷桷綵色繪飾；正門三間五架，門綵油及獸面銅鐶。三品至五品，廳堂五間七架，許用獸吻，梁棟、斗栱、簷桷青碧繪飾；正門三間三架，其門黑油，獸面擺錫鐶。六品至九品，廳屋三間七架，梁棟止用土黄刷飾；正門一間三架，黑門鐵鐶。庶民所居堂舍，不過三間五架，不用斗栱彩色彫飾。【略】

民間房舍，須要並依令内定式。其有僭越雕飾者，剷平；彩粧青碧者，塗土黄；其斗栱、梁架成造歲久，不須改毁。今後蓋造違禁者，依律論罪。

《稽古定制・房屋》 今定制：一、凡官民房屋，並不許蓋造九五間數，及歇山轉角，重簷重栱，繪畫藻井，硃紅門窗。其樓房不在重簷之例。

公侯前廳、中堂、後堂各七間，門屋三間，俱用黑版瓦蓋，屋脊用瓦獸，梁棟、斗栱、簷桷綵色繪飾，門窗、枋柱俱用黑漆油飾，及門用獸面，擺錫鐶。家廟三間，俱用黑版瓦，蓋屋脊用花樣瓦獸，梁棟、斗栱、簷桷綵色繪飾，門窗、枋柱用黑漆，或黑油飾。其餘廊、廡、庫廚、從屋等房，從宜蓋造，俱不得過廳堂正屋制度。

一品二品廳堂各七間，屋脊許用瓦獸，梁棟、斗栱、簷桷青碧繪飾；門屋三間，門用緑油，獸面，擺錫鐶。

二品至五品廳堂各七間，屋脊許用瓦獸，梁棟、斗栱、簷桷青碧繪飾；門屋三間，門用黑油，擺錫鐶。

六品至九品廳堂各三間，梁棟止用粉青刷飾；正門一間，門用黑油，鐵鐶。

一、凡品官房屋，除正廳外，其餘房舍，許從宜蓋造，北正屋制度，務要減小，不許大過。其門窗户牖，並不許用硃紅油漆。

一、在京功臣宅舍，地勢寬者，住宅後許留空地十丈，住宅左邊右邊，各許留空地五丈。若見住舊居所在地勢窄隘已有年矣，左右前後皆是軍民所居，止仍舊居，不許那移軍民，以留空地。

一、京城係人烟輻輳去處，其地有限。設使官員之家，往往窺覷住宅左右前後空地，日侵月占，圍在牆内作園種植蔬菜，及爲遊翫處所，甚妨軍民居住。且京城官員不下數千，若一槩倣傚，京城内地多爲菜園，百千萬軍民何處居住？今後官員住宅，照依前定丈尺，不許多留空地。如有過此，即便追出與軍民居住，令子孫赴官告給園地，另於城外量撥。

一、在京文職官員所居房屋，臨時奏請，量撥居住。

一、凡庶民所居房舍，不得過三間五架，不許用斗栱及綵色裝飾，其餘從屋雖十所、二十所，隨宜蓋造，但不得過三間。

《稽古定制・食禄之家不得與民争利》 浙江等處承宣布政使司承准，行在工部堂字壹千陸百陸拾玖號勘合，爲民情等事，准行在禮部，咨行在禮科，抄出浙江嚴州府知府萬觀奏一件：故官房屋事。臣近見已故官員之家，先前有因父祖伯叔仕官之時，遵奉國朝《稽古定制》，照品級造屋居住，以後祖父伯叔病故，多被小人訟其子孫僭住違式房屋，其受理官司亦不究其造屋原因，輒便依告提問如律，房屋斷没入官。臣竊稽諸唐制，其祖父舍宅門蔭子孫，雖蔭盡聽依仍舊居住。前件如蒙准奏，乞勑工部行移内外衙門，但有故官之家，曾依品級起造房屋者，除因貪污黜罷着令改拆外，其能守法奉公，終于本等職事，許令子孫永遠居住。如此不惟厲仕者廉謹之心，亦祖父舍宅門蔭子孫之盛典也。前件會官議得，合准所言，宜從行在工部施行，未敢擅便具本。正統三年三月二十日早，各官於奉天門奉。奉聖旨：是。欽此。除欽遵外，移咨到部，擬合通行除外，合行本司轉屬，照依奏奉欽依内事理，一體欽遵施行。

李原《禮儀定式・宣德四年榜》 已上官民服舍、器用，務要照依等第。上可以兼下，下不可以僭上。其服色器用之類，如有違僭者，令出一月之内，許令改正。若蓋造房舍，各遵禮制榜册定式。其廊廡、庫厨等房，許從宜添蓋，但比正屋制度減小，不可太過。如有故行違式僭分，及工匠不依定式成造者，並許諸人首告。

黄訓編《名臣經濟録》卷二七汪鋐《欽遵聖訓嚴禁奢侈事》 今之官民房屋，違式者甚多。合無行令巡按御史督同府州縣掌印官嚴加禁約，凡以前造過違式房屋，責限半年内改正。自文書到日以後，違式新造者，許地方里老鄰佑指實呈首，即將本犯并工匠依律問罪，房屋拆卸入官。如是地方狥情不舉，事發一體究治。年終府州縣各將改正追問過緣由，造册繳報巡按御史，轉報都察院查考。其奉欽賜第宅亭院，不在禁限。

俞汝楫《禮部志稿》卷一〇〇《雜行備考》 萬曆三十四年，署部左侍郎李堂規二欵。官房：

一、銀八百兩買宅二所，修理銀四百兩。其一所在龍驤衚衕南，三層，四十七間，爲正堂宅。其一所在雙塔寺後衚衕北，三層，三十三間，爲左堂宅。

一、銀三百九十兩買宅一所，三層，三十間，在李閣老衚衕，爲儀司宅。

一、銀二百八十兩買宅一所，修理銀八十七兩，四層，二十間，在長安街南，爲祠司宅。

一、銀三百兩買宅一所，修理銀十兩，四層，二十一間，在長安街南，爲客司宅。

一、銀三百兩買宅一所，修理七十餘兩，四層，二十八間，在長安街南，爲膳司宅。

一、銀三百五十兩買宅一所，四層，二十一間，在龍驤衚衕北，爲司廳宅。

《〔萬曆〕明會典》卷五九《禮部一六・稽古定制》 一、在京功臣宅舍，地勢寬者，住宅後許留空地十丈，住宅左邊右邊各許留空地五丈。若見住舊居所在地勢窄隘，已有年矣，左右前後皆是軍民所居，止仍舊居，不許（那）〔挪〕移軍民以留地。

一、京城係人煙輻輳去處，其地有限，設使官員之家往往窺覷住宅左右前後空地，日侵月占，圍在牆内，作園種植菜蔬及爲游玩處所，甚妨軍民居住。且京城官員不下數千，若一槩倣傚，京城内地多爲菜園，百十萬軍何處居住？今後官員住宅照依前定丈尺，不許多留空地；如有過此，即便退出與軍民居住，令子孫赴告，官給園地，另于城外量撥。

一、在京文職官員所居房屋，臨時奏請量撥居住。凡公侯内外文武四品以上官，不得令子孫家人奴僕於市肆開張鋪店，生放錢債，及出外行商、中鹹、興販物貨，以給家用。器物之類，遣人於外賣買以給家用。不係商賈取利者，不在禁例。

一、古先哲王之制，大邑不過三國之一，中五之一，小九之一，且如國王所居之城九里，公侯所居之城止得三里，伯止得二里（伯）〔百〕八十步，子男止得一里。古人尊卑之分如此，今已往功臣之家不守分限，往往於住宅前後左右多占地丈，蓋造亭館，或開掘池塘，以爲游翫。似此越禮犯法，所以不能保守前功，共享太平之福。

一、古人於地有王氣之處，往往埋金以厭之，或井其地以洩之。前代帝王如此用心，今京城已故各官，多有不諳道理，於住宅内自行開挑池塘，養魚種蓮，以爲玩好，非惟洩斷地脈，實于本家不利，以致身亡家破。今後京城内官員宅院，不許開挑池塘，亦不得于内取土築牆，掘成坑坎。

《〔萬曆〕明會典》卷五九《禮部一六・諸司職掌》 一、凡官員蓋造房屋，並不許歇山、轉角、重簷、重栱、繪畫藻井。其樓房不係重簷之例，聽從自便。公侯，前廳七間或五間，兩厦九架；造中堂七間九架；後堂七間七架，門屋三間五架。門用金漆及獸面，擺錫環。家廟三間五架，俱用黑板瓦蓋，屋脊用花樣瓦獸。梁棟、斗栱、簷桷綵色繪飾，牕、房、柱用金漆或黑油飾。其餘廊廡、庫厨、從屋等房，從宜蓋造，俱不得過五間七架。

一品、二品，廳堂五間九架，屋脊許用瓦獸。梁棟、斗栱、簷桷青碧繪飾。門屋三間五架，門用緑油及獸面，擺錫環。三品至五品，廳堂五間七架，屋脊用瓦獸。梁棟、簷桷青碧繪飾。正門三間三架，門用黑油擺錫環。六品至九品，廳堂三間七架，梁棟止用土黄刷。正門一間三架，黑門鐵環。

一、品官房舍除正廳外，其餘房舍許從宜蓋造，比正屋制度務度減小，不許太過。其門牕、户牖，並不許用朱紅油漆。

一、庶民所居房舍不過三間五架，不許用斗栱及綵色裝飾。【略】

一、已上服色、器皿、房屋等項，並不許雕刻刺繡古帝王、后妃、聖賢人物故事，及日月、龍鳳、獅子、麒麟、犀象等形。

《（萬曆）明會典》卷五九《禮部一六・事例》〔洪武〕三十五年，申明軍民房屋，不許蓋造九五間數。一品、二品廳堂各七間。六品至九品，廳堂梁棟止用粉青刷飾。庶民所居房舍從屋，雖十所二十所，隨所宜蓋，但不得過三間。【略】正統十二年，令庶民房屋架多而間少者，不在禁限。

《明史》卷六八《輿服四・宮室制度・臣庶室屋制度》百官第宅。明初，禁官民房屋，不許雕刻古帝后、聖賢人物及日月、龍鳳、狻猊、麒麟、犀象之形。凡官員任滿致仕，與見任同。其父祖有官，身殁，子孫許居父祖房舍。洪武二十六年定制，官員營造房屋，不許歇山轉角，重簷重栱，及繪藻井，惟樓居重簷不禁。公侯，前廳七間、兩厦，九架。中堂七間，九架。後堂七間，七架。門三間，五架，用金漆及獸面錫環。家廟三間，五架。覆以黑板瓦，脊用花樣瓦獸，梁、棟、斗栱、簷桷綵繪飾。門窗、枋柱金漆飾。廊、廡、庖、庫從屋，不得過五間，七架。一品、二品，廳堂五間，九架，屋脊用瓦獸，梁、棟、斗栱、簷桷青碧繪飾。門三間，五架，緑油，獸面錫環。三品至五品，廳堂五間，七架，屋脊用瓦獸，梁、棟、簷桷青碧繪飾。門三間，三架，黑油，錫環。六品至九品，廳堂三間，七架，梁、棟飾以土黄。門一間，三架，黑門，鐵環。品官房舍，門窗、户牖不得用丹漆。功臣宅舍之後，留空地十丈，左右皆五丈。不許那移軍民居止，更不許於宅前後左右多占地，構亭館，開池塘，以資遊眺。三十五年申明禁制，一品、三品廳堂各七間，六品至九品廳堂梁棟祇用粉青飾之。

庶民廬舍，洪武二十六年定制，不過三間，五架，不許用斗栱，飾彩色。三十五年復甲禁飭，不許造九五間數，房屋雖至一二十所，隨其物力，但不許過三間。正統十二年令稍變通之，庶民房屋架多而間少者，不在禁限。

陵墓

《明太祖實録》卷二二七〔洪武二十六年五月〕丁卯，詔工部：自今凡功臣卒，不建享堂，其墳塋葬具皆令自備。惟殁于戰陣者，官給之。

《大明令・禮令》職官一品，塋地九十步，墳高一丈八尺；二品，塋地八十步，墳高一丈四尺；三品，塋地七十步，墳高一丈二尺；以上石獸並六。四品，塋地六十步；五品，塋地五十步，墳高八尺，以上石獸並四。六品，塋地四十步，七品以下二十步，墳高六尺。以上去步皆從塋心各數至邊。五品以上，許用碑，龜趺螭首，六品以下，許用碣方趺圓首。庶人塋地九步，穿心一十八步，止用壙志。

《皇明條法事類纂》卷四九《工部類・擅造作》禁約修墳攬買攬賣例：弘治二年　月　日，工部爲建言民情事等。屯田清吏司案呈，該直隸保定府雄縣知縣王夢賢等奏前事，奉聖旨：該衙門知道。欽此。欽遵。看得知縣王夢賢所奏，查得大臣造墳，原兼出與價銀事例，案呈到部。看得知縣王夢賢所(奉)〔奏〕餘價銀無例難准外，所據攬買、攬賣之人，合當禁約。爲此合咨貴院，煩爲轉行各該巡撫、巡按官員，如有修造大臣墳塋，中間若有攬買、攬賣之人，嚴加禁約施行。計開：

一、省民財。凡奉旨修墳，合用物料，上司估定價值，分派該管州縣，支給官錢買辦，送墳交納。中間多被攬買、攬賣之人通同收料人等，他處買求，刁蹬不堪。如椽一根值銀一錢，多要四分，蘆席一束值銀三分多要一錢，比原定官價不勾十分之二三。其餘物料率多類此。每州縣陪一二百兩者有之，四五百兩者有之。此奸之弊，臣遠處京師，實所不知。經歲不完，逼民逃竄。合無今後計算每墳物料用銀若干，匠作工價用銀若干，交付本主，自行買用。如果家下無人，就令本處掌印正官，公同差委進士收價量撥鄰近人夫領買修理。庶事得易成，民財不至妄費矣。

《諸司職掌》（下）《祠部・喪葬》一、公侯亡故，不分病故陣亡，止給麻布一百疋。本部奏輟朝三日，仍具手本，行移在京衙門知會。將引本官家人赴内府，給與布疋。咨工部造辦冥器、棺槨，及撥與人匠、磚石造墳安葬。劄付欽天監選擇墳地。

一、都督至都指揮亡故，本部奏輟朝二日，移咨工部造辦棺槨等項。

一、衛所鎮撫千百户亡故，本部移咨工部造墳安葬。止二次遣官致祭安靈，下葬，照例優給追贈。

一、公侯及在京一品、二品父母妻喪，三品、四品父母喪，曾授封贈及致仕者，各照品級造墳安葬，在外止祭祀；未封贈者無。

一、在外都指揮使至指揮僉事止是本部，遣人往祭一次。若回京安葬，則照例祭祀、造墳。千、百户别照祭葬例。

《〔萬曆〕明會典》卷一六二《工部十六》 禮部喪葬項内有咨工部造墳安葬之條，而本部職掌所載職官墳塋止開武職。今以王府墳塋制度具列於前，而文職事例附見於後。

王府墳塋　事例：

永樂八年定親王墳塋：享堂七間，廣十丈九尺五寸，高二丈九尺，深四丈三尺五寸。中門三間，廣四丈五尺八寸，高二丈一尺，深二丈五尺五寸。外門三間，廣四丈一尺九寸，高深與中門同。神厨五間，廣六丈七尺五寸，高一丈六尺二寸五分，深二丈一尺五寸。神庫同東西廂及宰牲房各三間，廣四丈一尺二寸，高、深與神厨同。焚帛亭一，方七尺，高一丈一尺。祭器亭一，方八尺，高與焚帛亭同。碑亭一，方二丈一尺，高三丈四尺五寸，周圍牆二百九十丈，牆外爲奉祠等房十有二間。正統十三年定，王府墳塋：親王地五十畝，房十五間。郡王地三十畝，房九間。郡王之子地二十畝，房三間。郡主、縣主地十畝，房三間。天順二年奏准，親王以下依文武大臣例。或王或妃有先故者，並造其壙。後葬者止令所在官司起倩夫匠開壙安葬。繼妃則附葬其旁，同一享堂，不許另造。成化十三年令：親王并妃照舊差官開壙，郡王以下止令所在官司量備工料開壙。十八年定：王府造墳夫匠物料價銀：郡王并妃三百五十兩，鎮國將軍并夫人二百四十五兩，輔國將軍并夫人、郡主各二百二十五兩，縣主二百一十五兩，郡君一百九十六兩，縣君一百八十五兩，分派有司辦納自造。又令：王府擅奏重修墳塋者，先將輔導官參。十九年定將軍以下造墳價銀：奉國將軍一百四十七兩一錢二釐二毫，中尉一百二十三兩七錢二分五釐八毫，郡王并妃冥器八十兩，郡主六十兩。二十一年定：郡王并妃開壙價銀一百兩，鎮國將軍并夫人八十兩，輔國將軍并夫人七十兩。自開安葬。弘治五年令：親王、郡王、鎮國將軍各於始封父祖塋序昭穆葬，郡縣等主於儀賓父祖塋安葬。六年令：王府自郡王以下造墳并開壙，悉照修府事例，價銀減半送用。十三年奏准：凡發掘王府、將軍夫人、郡主、縣主及歷代帝王、名臣、先賢墳塚，開棺爲從及發見棺槨者，不分首從，俱發邊衛；發而未至棺槨者，首者發附近各充軍。十四年奏准：郡王開壙價銀五十兩，止送四十兩，餘皆遞減。其鎮國將軍以下墳塋，仍照房價事例行勘明白，方與請給，親王及世子、郡王、鎮國將軍至郡王長子齋糧，麻布通革免。

職官墳塋　諸司職掌：

凡武職官員，或歿於矢石或死於任所，先由禮部定奪應合造墳者，移咨知會，仍審安葬去處。若在京者，與擇墳地會計工程，照例應撥囚徒、磚灰造墳。中間有公、侯、伯合用硃紅槨、冥器、志石、磚灰、人工，别無定例，審度支撥。其槨具、冥器，行下寶源、軍器、營繕、針工、鞍轡局所，依例料造應付。若有旨許令祖墳或就任所安葬及造享堂者，臨期定奪施行。

造槨并冥器、磚灰：

公、侯、伯。

造槨無冥器：

都督同知僉事、指揮使：紅漆槨、志石、磚四千五百箇、石灰四千五百斤、囚五十名。

指揮同知僉事，黑漆槨、誌石、磚三千四百五十箇、石灰三千四百五十斤、囚二十名。

正副致仕千户衛鎮撫，磚一千五百箇，石灰一千五百斤，囚一十二名。

百户所鎮撫，磚二百四十箇，石灰二百四十斤。

墳塋石獸：

職官一品塋地九十步，墳高一丈八尺。二品塋地八十步，墳高一丈四尺。三品塋地七十步，墳高一丈二尺。以上石獸並六。四品、五品塋地六十步，墳高八尺。以上石獸並四。六品塋地四十步。七品以下二十步，墳高六尺。以上步法皆從塋心各數至邊。五品以上許用碑，龜趺螭首，六品以下許用碣方，趺圓碣。庶人塋地九步，穿心一十八步，止用壙志。

稽古定制

墳塋：

公、侯塋地周圍一百步，墳高二丈，圍牆高一丈。一品塋地周圍九十步，墳高一丈八尺，圍牆高九尺。二品塋地周圍八十步，墳高一丈六尺，圍牆高八尺。三品塋地周圍七十步，墳高一丈四尺，圍牆高七尺。四品塋地周圍六十步，墳高一丈二尺，圍牆高六尺。五品塋地周圍五十步，墳高一丈，圍牆高四尺。六品塋地周圍四十步，墳高八尺。七品以下塋地周圍三十步，墳高六尺。

碑碣石獸：

公、侯石碑螭首高三尺二寸。碑身高九尺，濶三尺六寸。龜趺高三尺八寸。石人二，石馬二，石羊二，石虎二，石望柱二。一品石碑螭首高三尺。碑身高八尺五寸，濶三尺四寸。龜趺高三尺六寸。

石人二，石馬二，石羊二，石虎二，石望柱二。二品石碑，蓋用麒麟，高二尺八寸。碑身高八尺，濶三尺二寸。龜趺高三尺二寸。石人二，石虎二，石羊二，石馬二，石望柱二。三品石碑蓋用天禄辟邪，高二尺六寸。碑身高七尺五寸，濶三尺。龜趺高三尺二寸。石虎二，石羊二，石馬二，石望柱二。四品石碑，圓首，高二尺四寸。碑身高七尺，濶二尺八寸。方趺高三尺。石虎二，石馬二，石望柱二。五品石碑，圓首，高二尺二寸。碑身高六尺五寸，濶二尺六寸。方趺高二尺八寸。石羊二，石馬二，石望柱二。六品石碑，圓首，高二尺。碑身高六尺，濶六尺四寸。方趺高一尺六寸。七品石碑，圓首，高一尺八寸。碑身高五尺五寸，濶二尺二寸。方趺高二尺四寸。

寺觀

俞汝楫編《禮部志稿》卷一八《儀制司職掌》 凡寺觀菴院，洪武三年令：除殿宇、梁棟、門窻、神座、案桌許用紅色，其餘僧道自居房舍，並不許起造斗栱、彩畫梁棟，及僭用紅色什物、牀榻、椅子。

六年令：凡各處僧道寺觀，金彩妝飾神佛龍鳳等像，除舊有外，不許再造。

天順八年詔：京城内外寺觀，今後不許增修請額。

獎懲

朱元璋《大誥續編・造作買辦第七十七》 朝廷凡有諸色造作，文書明下有司，止許官鈔買辦，毋得指名要物，實不與價。果有違吾令者，許被科之民，或千，或百，或十，賫《大誥》拿該吏赴京，物照時估給鈔，將該吏斬首，以快吾良民之心。

《重修問刑條例》(嘉靖) 凡鳳陽皇陵、泗州祖陵、南京孝陵、天壽山列聖陵寢、承天府顯陵、山前山後，各有禁限。若有盜砍樹株者，驗實真正樁楂，比照盜大祀神御物斬罪，奏請定奪。爲從者，發邊衛充軍。取土取石，開窑燒造，放火燒山者，俱照前擬斷。其孝陵神烈山鋪舍以外，去牆二十里，敢有開山取石，安插墳墓，築鑿臺池者，枷號一個月，發邊衛充軍。若於鳳陽皇城内外耕種牧放，安歇作踐者，問罪，枷號一個月發落。各該巡守人役，拾柴打草，不在禁限。但有科歛銀兩饋送，不行用心巡視，及守備、留守等官不行嚴加約束，以致下人恣肆作弊者，各從重究治。天壽山仍照舊例，錦衣衛輪差的當官校，往來巡視。若差去官校，賣放作弊及託此妄拏不入騙害者，一體治罪。

《(萬曆)明會典》卷一八一《工部一》 凡王府違制：嘉靖二十九年以伊王府多設門樓三層，新築重城，侵占官民房屋、街道，奏准勘實，于典制有違，俱行拆毁。

《大明律》卷五《户律二・田宅》 盜賣田宅 凡盜賣換易及冒認，若虚錢實契典買及侵佔他人田宅者，田一畝、屋一間以下，笞五十。每田五畝、屋三間，加一等，罪止杖八十，徒二年。係官者，各加二等。若强佔官民山場、湖泊、茶園、蘆蕩及金銀銅場、鐵冶者，杖一百，流三千里。若將互争及他人田産妄作己業，朦朧投獻官豪勢要之人，與者、受者，各杖一百，徒三年。田産及盜賣過田價，并遞年所得花利，各還官給主。若功臣初犯免罪附過；再犯，住支俸給一半；三犯，全不支給；四犯，與庶人同罪。

任所置買田宅 凡有司官吏，不得於現任處所置買田宅。違者，笞五十，解任，田宅入官。

典買田宅 凡典買田宅不税契者，笞五十。仍追田宅價錢一半入官。不過割者，一畝至五畝，笞四十；每五畝加一等，罪止杖一百。其田入官。若將已典賣與人田宅，朦朧重復典賣者，以所得價錢計贜，准竊盜論，免刺，追價還主，田宅從原典賣主爲業。若重復典買之人，及牙保知情者，與犯人同罪，追價入官。不知者不坐。其所典田宅、園林、碾磨等物，年限已滿，業主備價取贖。若典主託故不肯放贖者，笞四十，限外遞年所得花利，追徵給主，依價取贖。其年限雖滿，業主無力取贖者，不拘此律。

《大明律》卷一一《禮律一・祭祀》 歷代帝王陵寢 凡歷代帝王陵寢，及忠臣烈士、先聖先賢墳墓，不許於上樵採耕種及放牧牛羊等畜。違者，杖八十。

《大明律》卷一二《禮律二・儀制》　服舍違式　凡官民房舍車服器物之類，各有等第。若違式僭用，有官者，杖一百，罷職不叙。（舞）〔無〕官者，笞五十，罪坐家長。工匠並笞五十。若僭用違禁龍鳳紋者，官民各杖一百，徒三年。工匠杖一百，連當房家小，起發赴京，藉充局匠。違禁之物並入官。首告者，官給賞銀五十兩，若工匠能自首者，免罪，一體給賞。

《大明律》卷一八《刑律一・賊道》　盜園陵樹木　凡盜園陵內樹木者，皆杖一百，徒三年。若盜他人墳塋內樹木者，杖八十。若計贓重於本罪者，各加盜罪一等。

《大明律》卷二六《刑律九・雜犯》　失火　凡失火燒自己房屋者，笞四十；延燒官民房屋者，笞五十；因而致傷人命者，杖一百，罪坐失火之人。若延燒宗廟及宮闕者，絞；社，減一等。若於山陵兆域內失火者，杖八十，徒二年；延燒林木者，杖一百，流二千里。若於官府公廨及倉庫內失火者，亦杖八十，徒二年。主守之人，因而侵欺財物者，計贓，以監守自盜論。其外失火而延燒者，各減三等。若於庫藏及倉廒內燃火者，杖八十。其守衛宮殿及倉庫，若掌囚者，但見火起，皆不得離所守。違者，杖一百。

放火故燒人房屋　凡放火故燒自己房屋者，杖一百。若延燒官民房屋及積聚之物者，杖一百，徒三年。因而盜取財物者，斬。殺傷人者，以故殺傷論。若放火故燒官民房屋及公廨、倉庫，係官積聚之物者，皆斬。須於放火處捕獲，有顯跡證驗明白者，乃坐。其故燒人空閑房屋及田場積聚之物者，各減一等。並計所燒之物，減價，儘犯人財產，折剉賠償，還官、給主。

《大明律》卷二九《工律一・營造》　擅造作　凡軍民官司，有所營造，應申上而不申上，應待報而不待報，而擅起差人工者，各計所役人僱工錢，坐贓論。若非法營造，及非時起差人工營造者，罪亦如之。其城垣坍倒，倉庫、公廨損壞，一時起差丁夫軍人修理者，不在此限。若營造計料、申請財物及人工多少不實者，笞五十。若已損財物，或已費人工，各併計所損物價及所費僱工錢，重者，坐贓論。

虛費工力采取不堪用　凡役使人工，採取木石材料，及燒造磚瓦之類，虛費工力而不堪用者，計所費僱工錢，坐贓論。若有所造作，及有所毀壞，備慮不謹而誤殺人者，以過失殺人論。工匠、提調官，各以所由爲罪。

造作不如法　凡造作不如法者，笞四十。若成造軍器不如法，及織造緞疋麤糙、紕薄者，各笞五十。若不堪用及應改造者，各併計所損財物及所費僱工錢，重者，坐贓論。其應供奉御用之物，加二等；工匠各以所由爲罪，局官減工匠一等。提調官吏，又減局官一等，並均償物價、工錢還官。

《大明律》卷三〇《工律二・河防》　侵占街道　凡侵佔街巷道路而起蓋房屋及爲園圃者，杖六十，各令復舊。其穿牆而出穢污之物於街巷者，笞四十。出水者，勿論。

《明史》卷二二三《朱衡傳》　衡性强直，遇事不撓，不爲張居正所喜。萬曆二年，給事中林景暘劾衡剛愎。衡再疏乞休。詔加太子太保，馳驛歸。其年夏，大雨壞昭陵祾恩殿，追論督工罪，奪宮保。卒年七十三。

王世貞《弇山堂別集》卷八〇《賞功考下》　永樂十一年，營建長陵功，武義伯王通進封成山侯，食禄千二百石，子孫世襲侯爵，散官勳號如故，賞綵幣六表裏，鈔四百錠。掌金吾右衛事、都指揮僉事許亨陞都指揮同知，金吾右衛指揮僉事李旺陞指揮同知，羽林前衛指揮同知吴剛陞指揮使，亨賞綵幣四表裏，鈔二百錠，旺、剛各賞綵幣三表裏，鈔百六十錠。營繕所正蔡信陞工部營繕清吏司郎中，不視司事，賞綵幣三表裏，鈔二百錠。其營繕所正王寧等并督工官吏及軍民工匠，賞各有差。復論初卜告之功，陞知縣王侃州同知，賞綵幣三表裏，鈔二百錠。陞給事中馬文素、太常寺博士陰陽訓術曾從政、陰陽人劉玉淵皆欽天監漏刻博士，食禄不視事。五官靈臺郎吴永始以僧授官，改陞僧録司右闡教。各賞綵幣二表裏，鈔百六十錠。

正統六年，三殿二宮成功，賜太監阮安、僧保各金五十兩，銀一百兩，紵絲八表裏；鈔一萬貫。都督同知沈清陞修武伯，食禄一千石，子孫世襲。少保、工部尚書吴中陞少師，尚書如故。各賜紵絲五表裏，鈔五千貫。太僕寺少卿馮春、楊青俱陞工部左侍郎，各賜紵絲二表裏，鈔二千貫。所正工作人等，各賞絹鈔有差。

于敏中《日下舊聞考》卷九二《郊坰西二》　弘治三年五月，修築盧溝橋成，内官監太監李興乞陞文思院副使潘俊等官。吏部尚書王恕謂官匠營造乃其職分，自成化初年以前，修河築堤，並無陞官事例。比者營先帝山陵，所役軍匠至四萬人，亦未有陞職者。此役較之山陵不及三之一，顧欲妄濫陞官，甚失輕重之序。上從其言，命給賞有差。

清

總則

《清會典》卷七〇《工部・營繕清吏司・宮殿》 凡營建宮殿，皆先期上請，欽命大臣會部督建。至午門以內，乾清門以外，及皇城、紫禁城有應修葺者，報部會估。如工鉅，則冬庀材，春舉工，事竣題銷。其隨時修繕，銀數至百兩以上者，管工官具其工直之實於御史，御史赴工勘驗，會部覈銷。不符者劾之。

凡皇城垣，部遣官以時巡視，補其闕損與丹雘之剝落者，去草之蔓生者，其南歲一茀治，東、西、北五歲一茀治。

凡修建宮殿所需物材，攻石煉灰皆於京西山麓，楠木採於湖南、福建、四川、廣東，杉木採於江南、江西、浙江、湖北，金甎取備於江蘇，城甎取備於臨清，琉璃甎甓取備於京窰；五金之用，采色之需，悉取給於户部。工竣，皆由部覈實題銷。凡宮殿工成，在工員役均別久暫，敘賞有差。

《清會典》卷七一《工部・營繕清吏司・壇廟》 凡建造壇廟，由部營度，或内務府，或太常寺委官會同計費以聞，動支户、工二部庫帑，公同監造，覈實奏銷。如恭遇皇帝視學，釋奠及六師奏凱，勒石於國學大成殿之前。每科進士題名勒石於戟門外兩旁，均由部委官料估興修，工竣題銷。

凡修葺壇廟工程，由部會太常寺估修，循例奏銷。至每屆祭期先時整飾，及歲修祭器各工，均由太常寺官經理，計一歲所需豫請，由户部支給，年終奏銷。如有工鉅費繁者，繪圖上請，選官任事，欽命大臣督率，動支户部庫帑，工竣奏銷，在工官議敘有差。

凡禁令：各壇廟十有五步之内，禁止開渠、栽種。如有附近瘞埋，令該城御史察勘督遷，其無力者，報部酌給以銀。至各壇廟遇有應修，所司不即具報，以致損失木石等物者，題參議處。

凡直省壇廟，各督撫飭守土官，察其境内之應修者，計費申報，咨部動項葺治，工竣請銷。其祭器未備，以及歲久殘闕者，亦飭有司按數修造，以供祀事。文廟、學宮均動帑修葺，如有薦紳、生監等願修者聽，仍列名以聞，交部議敘。嶽鎮海瀆神廟及先聖先賢名臣忠烈祠宇有傾圮應修者，地方有司動本省公項葺治，報部覈銷。

《清會典》卷九一《内務府・營造司》 凡修造紫禁城内工程，小修、大修、建造，皆會工部；大内繕完，由内監匠人。

皇城牆垣有應修理者，奏交工部，均由欽天監諏吉興工。

宮殿苑囿，春季疏濬溝渠，夏月搭蓋涼棚，秋冬紫城牆垣芟除草棘，冬季掃除積雪，均移咨工部及各該處，隨時舉行。

府屬公廨館厩及官用器物，有應修造者，據各該處咨文修理成造，按則報銷。

凡直殿及營繕内監，太和殿、中和殿、保和殿、文華殿及内造匠作，各設首領内監、副首領内監。内監各有差，首領内監闕，於内監遴選充補；内監闕，移咨掌儀司撥補；均由司領月費，歲給裘帽，悉如定制。

《清會典則例》卷一二六《工部・營繕清吏司・監修宮殿》 順治十二年覆準：凡建造宮殿，所司先期具工程上請，勅下工部會同科道估計，以防侵冒。【略】康熙十年題準：内廷應用匠夫、物料，據内務府印文照數給發。其紫禁城、皇城内一應工程，由部確估，具題修理。如不及千兩，由部酌定修理，開明物料及需用錢糧，行文内務府，委官會部監修。十八年諭：修建宮殿，工程緊要，每處應差官五人監造。工部官員不敷差遣，於五部各取賢能官五人及少卿科員，開列引見。欽此。雍正九年奉旨：修理紫禁城等工，欽點王大臣督率内務府工部官員監造。

《清會典則例》卷一二七《工部・營繕清吏司・城垣》 一、修繕京城。崇德年定：城垣、房屋、衙門工完，令部臣察驗堅否，工作不堪者，即令原管工官修理。如果堅固，仍定限，三年内塌壞者，責令賠修。順治十七年題準：由部委官不時巡視内外城垣，凡有損壞，即行修葺。康熙五年題準：内城下護城河岸，遇有水衝處，由部委官修築；外城河岸，順天府及五城官修築。又題準：凡城上遇有窪漏之處，步軍統領即會同本部委官，察驗修補，堆築堅緻，俾水道流通，無致浸齧。二十八年題準：外羅城東便門起至西便門止，水關倒壞之處，本部侍郎會同府尹監修。三十九年議準：嗣後八旗城上火藥房遇有傾圮，由部會同步軍統領察驗，覈算奏聞，令步軍營官兵修理。其餘由部修理。雍正八年覆準：内外城牆除土心之外，舊趾濶五六尺，頂濶三四五尺不等，今議以趾濶六尺，頂潤四尺，著爲定例。城頂海墁堅築，灰土鋪墊平坦，毋使積水。向來城垣遇有坍塌始行修葺，不惟城甎破損，而牽連坍塌者必多。嗣後著步軍統領會同本部各委官一人，不時巡視，於雨水之前修葺堅固。一年任滿，委官更代。

一、直省城垣。順治十一年論：各省城垣傾圮，橋梁毀壞，地方官能設法修葺，不致累民者，該督撫具題敘録。欽此。十五年覆準：各官捐修城垣，務將丈尺及用過工料逐一詳勘，方準具題。如藉端科斂累民，即行指參。又題準：修完邊牆五十丈至百丈者，紀録一次。十六年覆準：禁止有司罰百姓修築城樓雉堞。康熙元年題準：捐修城垣，務照舊式堅築，取結報部。如不合舊式，並三年内塌壞者，管工官役，該督撫指名參處。三年定：凡捐修城垣、譙樓、雉堞、房屋等項，督撫親身察驗保題。若三年内損壞者，監工員及該督撫皆降級賠修。四年奉旨：捐修城垣，令附近道員驗看，取具堅固印結，督撫具題議敘。七年議準：停止見任官捐修城垣事例。十五年題準：城池不豫先修理以致傾圮者，罰俸六月。二十四年題準：各省倒壞城垣，令督撫稽察，速行修築堅固，彙數報部。如仍漫不修理，將該督撫交部議處。三十三年覆準：提鎮及專城副將參游，每年量捐工食，給與步戰守兵，修理邊牆至二百丈者，紀録一次，八百丈者加一級；多者照數遞加。各將弁量捐銀數修理丈尺，每年造册具報兵部，察覈具題，照例議敘。三十四年議準：修築邊牆，每兵日給銀四分。邊汛武官捐銀至六百兩者，準隨帶加一級；三百兩者，不隨帶加一級；百兩者，紀録一次。五十五年覆準：修築邊牆議敘之處，著永行停止。如有傾圮，令各鎮同地方官及時修補。雍正五年議準：行令直省督撫，察所屬各處城垣，如些小坍塌，令地方官及時修補。如漫不經心以致坍塌過多，即行參奏。其原坍已多者，地方官量行捐修，工完，詳報委勘，工程堅固，量予議敘。如興工未竣，遇有升遷事故，將所修城垣造入交盤册内，移交接任官續修。工完，分别新舊，造册報部。倘地方官因循怠忽，或未修捏報，並藉修城名色科斂民間者，督撫題參治罪。七年定：外省新修城垣，地方官遇有升轉離任，將有無坍塌之處交代與接任官。交代不明致有坍壞，仍著前任官修補。八年覆準：晉省坍塌邊牆，該地方文武各官不時修築。果能堅固如式，百丈以上者，該撫提勘確，年終題請議敘，準予紀録一次；多者以次計算；不及百丈者，該撫提酌量獎勵。倘捏報修築，照妄冒軍功例治罪。乾隆元年覆準：各處城垣遇有些小坍塌，令地方官於農隙時修補。如有任其坍塌者，即行參奏。其坍塌已多，需費浩繁者，該督撫分别緩急報部。有必應急修者，一并妥議具題。二年諭：今年春夏之交，直隸山東雨澤愆期，二麥歉收，雖屢降諭旨，蠲振平糶，恐閭閻尚有艱食之虞。著巡撫悉心計議，開渠築堤，修葺城垣等事，酌量舉行，使貧民傭工就食兼贍家口，庶免流離。再，年歲豐歉難定，而工程之修理者，必先有成局，然後可以隨時興舉。一省之中，工程之最大者，莫如城郭，而地方以何處爲最要，又以何處爲當先，應令各督撫確察，分别緩急，豫爲估計造册報部。將來如有水旱，欲以工代振，即可按籍速爲辦理，於民生殊有裨益。欽此。九年奏準：州縣城垣雖年久難免損壞，亦由於地方有司未能隨時修葺，以致日益傾圮，有曾經題咨估需工料僅數百金至千餘金者，嗣又陸續坍塌，估至一二萬金不等。是前估未修續坍，又至何所底止？應就見在坍塌之處報有段落丈尺，及已經勘估報有工料銀數者爲準造册，由府州覈明，詳撫存案，飭令加謹防範。嗣後，凡有續坍處所，除猝遇暴水衝壞，以及積雨淋坍、實在工程浩大者，據實詳明，委該管府州親詣確勘，出結造册，咨部存案。俟歉歲以工代振外，其餘些小坍塌，均責令州縣，於農隙時酌撥本地就近民夫，徐爲修補。不得濫請動項，亦不許請留代振，致滋推諉。仍責令該管府州，於每年盤察所屬時攜帶原估册籍，親加勘驗，果無未經補修之工程，即加結備考。倘有續坍未經修整，即酌定限期，勒令修理完固。如延玩不修，該府州即以玩視城工詳參。倘通同徇隱，即令該府州分認賠修。至見在已坍者，亦應分别工料多寡，次第修舉。州縣原設有存公銀，地方公事孰大於城垣？即以此項購料興築，並非捐墊，其估需千金者，除土方小工酌用民力外，所需料價，均令各州縣即在額設存公項下動用，按年分修完固。如遇升遷離任，著接署之官驗明工段；設有短少，詳令修足。倘通同徇隱，著落署官賠修。十三年覆準：令各省督撫將所屬城垣，周若干里，高厚若干丈尺，並見在坍塌長濶厚各若干，逐一造册報明，以備稽察。其或别有些小坍塌之處，責令地方官及時修補。倘玩視不修，致令日漸傾圮，即著賠修，仍照例參處。如遇新舊交代，著新任官照册察明，令前任官賠修。倘徇隱不報，著新任官賠修。又議準：陝省邊牆，在河套内者二千里，在河西者三千里。套内之地，沙浮無土而輕颺，牆當浮沙之上，坍塌者多；河西之沙兼土而實，坍塌者少。套内舊建十有二堡，見在居人八百十有九；砦七十八，小墩十有五，大墩尚有堅完可觀者。其牆雖傳浮沙，亦可爲中外之限，一切甎石自不應聽其倒塌，爲閒人取去。若河西之牆，則尤不可使之漸壞。令陝西督撫將見在邊牆，飭令該管官弁加意保護，其有坍塌甎石，收貯備用，毋許聽人竊取。

如漫不經心，即將該管官弁照例指參。凡有邊牆，各省均照此例辦理。

一、城垣禁令。順治二年定：內外城樓及城上堆舖，不許閒人登視，違者交部治罪。十七年題準：內外城垣，凡有頑民竊甎盜賣者，送刑部依律治罪。雍正八年奏準：令步軍統領嚴飭該管營弁，不許附近居民於城根取土。乾隆九年諭：各省城垣自應加謹防範，以資保障。其殘闕處所修理，雖有緩急，若地方官果能隨時補葺，自不至介然成路，豈可縱容民人登陟，不爲察禁整理。朕從前經過地方，見有殘闕之處聽民人踰越，漸成路徑者，令各省督撫董率有司留心整飭，毋得仍前玩視。欽此。

鐘鼓樓附：鼓樓在皇城地安門北。趾高一丈二尺，廣十六丈七尺有奇，縱減三之一。四面有階，上建樓五間，重檐。前後券門六，左右券門二，磴道門一。繞以圍廊，甎垣周匝。鐘樓在鼓樓北，制相埒。建樓三間，柱梲榱題，悉制以石。舊制用木。乾隆十年，改建以石，十二年告成。

《清會典則例》卷一六五《內務府・營造司》 一、修造。順治十八年定：凡乾清門以外，紫禁城以內，有修理工程物價在二百兩以上，工價在五十緡以上者，奏交工部；不及此數者，呈堂轉咨工部辦理，仍會同本司官監修。其葺補小修，仍由內工部即今之營造司。辦理。又定：大內有葺補之處，令內監匠人修理。又定：凡雜項修理，按佐領內管領下地畝勻分，壯丁佐領下一分，內管領下二分。又定：內管領所分厩館房舍應隨時修理者，令其所屬服役人丁承應其雜修各項，匠役不給飯錢。若遇大工聚集夫役委官監修者，匠役及雇工領催驍騎等，均給飯錢。康熙二年定：皇城牆垣及御河橋梁有應修理者，奏交工部修理。又奏準：凡一應工程，均咨欽天監擇吉奏聞興工。十六年定：凡三殿所懸門簾雨搭，並舖設氈毯等物，有應修補者，由司呈堂，移咨工部辦理。【略】又奏準：每年三月，奏交工部，於內左門、內右門等處搭蓋涼棚，至九月拆卸。宮門各處涼棚，由司移咨工部，將應用物料運送到時，知會總管內監定期，本司官率領人役搭蓋；拆卸時，仍知會工部，收回原料。【略】雍正八年奉旨：嗣後凡紫禁城內蓋造小房，均用甌瓦。乾隆十一年奏準：凡夏月，宮內搭蓋涼棚，並養心殿造辦處需用舁送什物托板架木等項，停其移咨工部，即交該司辦理，除所需席箔竹竿麻繩照定價辦買應用外，其杉槁架木，量其足用，咨取工部貯庫備用。本司食糧搭材匠役，遇有搭造涼棚，定爲每名給制錢三十文。如食糧搭材匠不敷，準其雇覓民匠，照例每名日給工價銀一錢四分。其所需銀錢，於官房租內動支，並令該司將涼棚長濶丈尺豫行開報，呈堂察覈，所需物料與例相符，方準支領。再，搭造涼棚，除不及一月即行拆卸者毋庸置議外，其一月以外至三四月者，拆卸時該司官察驗，揀選底席尚堪應用者，仍留於次年作面席用；其面席雖經風雨色變損壞，亦未可即行開除，仍令收貯，遇有外項搭蓋遮陽之處應用。至杉槁架木竹竿長短不齊，用時必須鋸截，席片麻繩久經風雨不免傷耗，應按用過次數日期，並如何鋸截傷耗若干之處，亦令該司分晰呈堂，照例覈銷。

《清律例》卷三八《工律・營造・擅造作》 凡軍民官司有所營造，應申上而不申上、應待報而不待報而擅起差人工者，即不科斂財物。各計所役人雇工錢，每日八分五釐五毫。以坐贓致罪論。若非法所當爲而輒行。營造及非時所可爲而輒行。起差人工營造者，雖已申請得報，其計役坐贓之罪亦如不申上待報者坐。之。其軍民官司如遇。城垣坍倒，倉庫、公廨損壞，事勢所不容緩。一時起差丁夫、軍人修理者，雖不申上待報，不爲擅專。不在此坐贓論罪之。限。若營造計料，申請合用。財物及人工多少之數於上而不實者，笞五十。若因申請不實，以少計多，而於合用本數之外，或已損財物，或已費人工，各併計所損物價及所費雇工錢罪有重於笞五十者，以坐贓致罪。論。罪止杖一百，徒三年。贓不入己，故不還官。

《清律例》卷三八《工律・營造・條例》

一、凡在京各處修理工程，工價銀五十兩以內，物料銀二百兩以內者，照依各處印文，准其修理。其工價銀五十兩以上、物料銀二百兩以上者，著該處料估啓奏，工部差官覆核，會同該處官員首領監修，將用過錢糧，著管工官名下銷算。如多用錢糧，不行啓奏，即便承修者，將行文與承修堂司官，交與該部議處。若物料工價甚多，而分爲幾段，陸續行文，俱稱五十兩以內不奏者，查出，亦交與該部議處。

一、凡修理行宮并各省倉厫等項工程，一應動用錢糧事件，令該督撫奏聞，該部議覆，再行修理。工完之日，督撫親自查明，倘有開報浮多，據實核減，造册具題，該部詳核題銷。如有不行啓奏，擅自咨部請(鎖)〔銷〕，而該部據咨完結者，即行題參，交該部議處。

一、凡各省修建一應工程，如物料價銀五百兩以上、工價銀二百兩以上者，該督撫將動支銀兩及工料細數，預行確估題報。工部查明定議，會同户部指定欵項題覆，准其動用興修。俟工竣之日，督撫親自查核，造册題報。工部核明，准銷。仍知照户部查核。其物料價銀五百兩以下、工價銀二百兩以下者，該督撫咨明工部定議，知照户部，令其動項興修，工竣逐一造册題銷。倘有需用物料工價甚多，而分爲幾處，陸續咨報，並未題明輒行修建者，查出題參。其有應動用存公銀兩者，該督撫將確估工料細數，咨報工部查明，知照户部，准其動用。工完造報，工部將准銷銀數，造入該年存公册内，咨送户部查核。

一、緊急工程，不及先行料估核算者，酌量工程之大小，預發錢糧，派員修造，俱以領銀之日起限。如物料工價二百兩以内者，限一箇月；五百兩以内者，限兩箇月；一千兩至二千兩以内者，限三箇月；三千兩至五千兩以内者，限四箇月，如式完竣。工竣之後，限十日内呈遞銷算清册，限十五日該司核算呈堂。如不遵定限完工，及工竣之日不照限呈遞清册，或已遞清册，該司不據實核算者，照例分别議處。如管工官或有限期已届，修理未完，而因避處分捏報工竣者，另行指參，交部議處。其工竣核銷，如有應繳銀兩，不即交庫完結者，將該員參革，照例勒限催追。限内全完，准其開復。逾限不完，照侵蝕正項錢糧例治罪，仍著落家産追賠還庫。該司官員扶同徇隱，並交部議處。

一、各省委員修理城工，督、撫、布、按每人各管一處。若城工有數處者則令分管，一二處者則令挨管。如有修築不堅，三年之内傾圮者，著承修之員與專管之上司分賠。倘上司因干係己身賠修故意隱匿者，一經發覺，責令專修，並交部治罪。

一、凡遇工程核減，除浮冒侵欺，仍按本律定擬外，如實係核減，本身現在無力完交，請豁銀數在一千兩以上者，照知府分賠屬員侵欺不完治罪之例治罪。以十分爲率，如未完之數在五分以内者，杖一百；至六分者，杖六十，徒一年。每一分加一等。十分無完者，杖一百，徒三年。均不准納贖。如數不及一千兩者，仍照舊例請豁免其治罪。如本身已故而子孫無力完繳者，仍照例請豁，毋庸議罪。至核減欵内，採買水脚等項應追核減銀兩，如果力不能完，自應照例請豁免其治罪。其餘經費項下，若長支濫領、誤發以及分賠之，非由屬員侵欺并代賠着賠之項，若欠項零星，不及一千兩者，果係力不能完，照例豁免；如數在一千兩以上者，請豁時應令該旗籍於本摺内聲明，或將本身照現定工程核減治罪之例，酌減一等問擬，或免其治罪之處，請旨定奪。

《清律例》卷三八《工律・營造》　虚費工力採取不堪用：凡官司役使人工，採取木石材料及燒造磚瓦之類，虚費工力而不堪用者，其役使之官司及工匠人役並。計所費雇工錢坐贜論。罪止杖一百，徒三年。若有所造作及有所毁壞，如拆屋壞牆之類。備慮不謹而誤殺人者，官司、人役並。以過失殺人論，採取不堪造毁不備。工匠提調官各以所由經手管掌之人。爲罪。不得濫及也。若誤傷，不坐。

冒破物料：凡造作局院頭目、工匠有於合用數外虚冒。多破物料而侵欺。入己者，計入己。贜，以監守自盜論。不分首從，併贜論罪。至四十兩，斬。追物還官。若未入己，只坐以計料不實之罪。局官並承委。覆實官吏，知情扶同捏報不舉者，與冒破同罪；至死減一等失覺察者，減三等，罪止杖一百。

一、凡各省修建工程所需物料，該督撫等轉飭承辦各員，不必拘泥各省從前造報物料定價，悉照時價確估造報。工竣之日，另行委員查勘并取具、並無捏飾，印結詳報。該督撫等確訪時價，詳細核明，據實題咨工部，再行核銷。倘承辦各員浮開捏報，即照冒銷錢糧例指參。所委各員查驗不實，照扶同徇隱例參處。

一、京城物料價值，經工部會同内務府確訪時價，酌中更定。一應採辦，工部遵照定例給發。如有嬴餘，並無别項需用，承辦官竟行侵蝕，查出，照例參究。倘其中有匠作搬運等費，許承辦官將緣由呈明核奪。如該員並不呈報，照應申上而不申上例議處。

等級規範

《清會典》卷七二《工部・營繕清吏司・府第》　凡親王府制，正門五間，啓門三，繚以崇垣，基高三尺。正殿七間，基高四尺五寸。翼樓各九間。前墀環護石闌，臺基高七尺二寸。其上後殿五間，基高二尺。後寢七間，基高二尺五寸。後樓七間，基高尺有八寸。共屋五重。正殿設座，基高尺有五寸，廣十有一尺，修九尺。後列屏三，高八尺，繪金雲龍。雕龍有禁。凡正門殿寢，均覆緑琉璃，脊安吻獸，門柱丹雘，飾以五采金雲龍文，禁雕刻龍首，壓脊七種，門釘縱九横七。樓屋旁廡，均用甋瓦。其爲府庫、爲倉廩、爲厨廐，及典司執事之屋，分列左右，皆版瓦，黑油門柱。

世子府制：正門五間，啓門三，繚以崇垣，基高二尺五寸。正殿五間，基高三尺五寸。翼樓各五間。前墀環護石闌，臺基高四尺五寸。其上後殿五間，基高二尺。後寢五間，基高二尺五寸。後樓五間，基高一尺四寸。共屋五重。殿不設屏座。梁棟繪金采花卉、四爪雲蟒。金釘、壓脊，各減親王七之二。餘與親王府同。

郡王府制與世子府同。

貝勒府制：基高三尺，正門一，啓門一。堂屋五重，各廣五間。甋瓦，壓脊五種，門柱紅青油漆，梁棟貼金采，畫花草。餘與郡王府同。

貝子府制：基高二尺，正門一重。堂屋四重，各廣五間。脊用望獸。餘與貝勒府同。

鎮國公、輔國公制與貝子府同。

凡第宅，公侯以下至三品官，基高二尺；四品以下高一尺。門柱飾黝堊，中梁飾金，旁繪五采雜花。二品以上，房脊得立望獸。公門釘縱横皆七，侯以下至男，遞減至五五，均以鐵。士庶人惟油漆，與職官同。餘各有禁。逾制者罪之。

凡賜宅，以秩之崇卑，定宅之大小。其折價，以宅之大小，酌價之等差。若賜侍衛等宅，與視文職差等同。

凡八旗官兵分定居址，禁毋逾越。如遇調旗更地，或仍居舊土，或置宅遷移，各隨其便。隨所調旗分築室徙居者，該都統酌給本旗官地。

凡衢市廬舍，如有力不能修漸至傾圮者，或酌貸官銀，旗民自爲修繕；或給價置買，動帑葺治，均區別緩急先後完整。其不告官司，私行折售者，依律科罪。

凡直省會試，舉人至蘆溝橋，於橋西北税局旁築室以待其止宿，俾行李不與客商相雜，以免稽察之擾。

凡棲流所，分設京師五城，交司坊官經管，俾流寓窮民無所棲止者歸焉，以免失所。

《清會典》卷七二《工部・營繕清吏司・公廨》 凡公廨，國史館在午門内熙和門西南，内閣在協和門東南，誥勑房在午門内東廊，起居注館在西廊，六科中書科在午門外東西兩廊，内務府在右翼門外，内鑾儀衛在東華門内。宗人府、吏部、户部、禮部、兵部、工部、翰林院、鴻臚寺、欽天監、太醫院在長安左門外，刑部、都察院、通政使司、大理寺、太常寺、鑾儀衛在長安右門外。理藩院、詹事府在御河橋東。順天府、國子監在安定門内。光禄寺在東安門内。太僕寺在正陽門内之東。四譯館在正陽門外河南道。察院在大理寺後。中城、東城、北城察院在正陽門内迤西，南城察院在宣武門内迤東，西城察院在刑部後。步軍統領署在地安門外。其制均築圍牆一重，門二重。前堂五間，左、右分曹兩廡列屋，穿堂三間，後堂三間，左右政事廳各三間。基高二尺，門柱飾黝堊，棟梁施五采。觀象臺在崇文門内之東。

紫微殿五間，官廳十有二間，繚以兩廡。臺高五十尺，磴道百級。上設儀器。入北爲貢院，圍牆布棘，東西門各一，南嚮門三。内爲龍門樓曰明遠堂，在外曰至公，在内曰聚奎。執事有所，號舍萬間。鎖院試廳六十有一。宗學分建左右翼，官學、義學按旗分置。八旗教場在崇文、宣武、朝陽、阜成、東直、西直、安定、德勝等門外，各有演武廳。至於刑有犴獄，財用、器械有庫，百官各居其所，以治事焉。

凡修葺公廨，由該部院衙門照例咨部，委官覈估會修，工竣別委官察覈奏銷，定限保固。如違例行文及工有浮冒者，論。

凡直省文武官廨，小修，各官隨時苫補；大修及有增建者，均由督撫疏請，部覆，動帑興修，工竣奏銷。前後官接任，入册交代。如督、撫、提鎮、監司及州縣守禦等官，涖任有抑勒所屬修治衙署，致累及兵民者，文官以科歛律，武官以尅減律論。

《清會典》卷七二《工部・營繕清吏司・倉廒》 凡倉廒之制，京師倉十有三，通州倉二，均每間廣丈有四尺，縱五丈三尺，檐高丈五尺有奇。下藉青甎，上加木版，牆址留下孔以洩其濕，廒頂建氣樓以散其蒸，門用棧版。聯五間或四間、六間爲一廒，統數十廒或百餘廒爲一倉。中建官舍，四旁鑿井，外環圍牆。

京師禄米倉建於朝陽門内，凡五十七廒。内二廒四間，餘各五間，共二百八十三間。井六。南新倉建於朝陽門内，凡七十六廒。内二廒六間，餘各五間，共三百八十二間。井九。舊太倉建於朝陽門内，凡八十九廒。内三廒六間，餘各五間，共四百四十八間。井九。海運倉建於東直門内，凡百廒。内四廒六間，餘各五間，共五百有四間。井十。北新倉建於東直門内，凡八十五廒。每廒五間，共四百二十五間。井十。富新倉建於朝陽門内，凡六十四廒。每廒五間，共三百二十間。井十。興平倉建於朝陽門内，凡八十一廒。每廒五間，共四百有五間。井八。太平倉建於朝陽門外，凡八十六廒。每廒五間，共四百三十間。運水門三。萬安東西二倉建於朝陽門外，凡九十三廒。每廒五間，共四百六十五間。西倉運水門五，東倉井四。裕豐倉建於東便門外，凡六十三廒。每廒五間，共三百十有五間。儲濟倉建於東便門外，凡百有八廒。每廒五間，共五百四十間。井三。本裕倉建於德勝門外清河橋，凡三十廒。每廒五間，共一百五十間。

井三。豐益倉建於德勝門外安河橋，凡三十厫。每厫五間，共一百五十間。隸内務府。

通州西倉建於新城，凡二百有三厫。内一厫六間，餘各五間，共一千十有六間。井九。中倉建於舊城南門内，凡一百十有九厫。内一厫四間，二厫六間，餘各五間，共五百九十六間。井五。

凡漕糧輸運入倉，所經之處曰土壩，曰石壩。及通州之南門，各建屯屋，以免露積。大通橋爲督催舟運稽察盤糧之要津。屯屋之外，更建監督官舍、吏胥屋宇。其各倉鋪藉席版，放米後藏諸別屋，以防朽蠹。

凡倉門外均開水道，跨以橋梁。每歲春秋仲月監督巡視疏濬。

凡各倉歲修倉場，侍郎豫領户部庫帑，每倉歲以百金爲率，隨時修葺，年終彙報，由部察覈題銷。其數逾歲修定數者，倉場侍郎咨部會都統御史覈計領帑，各委官會修，工竣報部覈銷。

凡直省有漕州縣及積貯備荒米穀，均設有倉厫，如不敷收貯，或有寄貯寺觀及露積者，許詳督撫題建新倉。其應建不建者，守土官論如法。

《清會典》卷七六《工部・屯田清吏司・山陵》 凡山陵規制，甃石爲地宫，築以黄土，環以寶城。前起方城，覆以崇樓，上題陵名，内碑一，鐫廟號。方城階下設祭臺，上陳石香鑪一，燭臺、花缾各二。祭臺前二石柱，一門，朱櫺。又前琉璃花門三，爲陵寢門。前爲隆恩殿，重檐五間，殿中設暖閣。寢室如太廟制，東西廡各五間，左、右燎鑪各一，前爲隆恩門五間，三門，繚以朱垣。門外東、西廂各五間，守護官軍班房東、西各三間。前爲神道碑，備鐫尊謚廟號，覆以亭，皆繪五采，飾金。亭前石橋三，橋左、右下馬石牌各一，宰牲亭、神廚、神庫、井亭皆繪采。橋南神路，正中龍鳳門，門外兩旁班房各三間，文臣武士及麒麟獅象馬駝等石像左右序列，前爲望柱二。又前石橋一，橋前聖德神功碑，覆以崇樓，擎天柱前、後各二。

神路前爲大紅門，門三，繪采，脊四，下左右角門二。門南石坊一，東、西石坊二，左、右下馬石牌一。大紅門内，左爲具服殿三間，繚以周垣，門一、殿三間均西嚮，皆覆以黄琉璃，爲乘輿更衣之所。

凡神路兩旁封以樹，十株爲行，各間二丈。周垣之外，植紅柱以爲界限，禁樵採耕種。

凡園寢規制，妃、皇太子均以石，嬪、貴人以甎爲壙，均砌月臺，上築土爲塚，各以位次序列。前爲琉璃花門三，前饗殿五間，東、西廡各五間，燎鑪一。前爲門三間，均覆緑琉璃，繪五采，飾金，繚以周垣。大門外東、西廂各五間，官軍班房各三間，朱飾。門前石橋一。

凡陵寢，工部設郎中員外郎專司歲時祭饗之事，先期赴部請領庫帑，覈給供應，事竣報銷。

凡陵工修葺，總理貝勒大臣等歲以冬十月察明應修之所，彙疏下部，委官確勘計費以聞。春融，部遣官會修，工竣，覈實題銷。其有急需葺治者，隨時專案疏請，部遣官估修，亦如之。

凡陵工歲需甎瓦灰石，悉於去山遥遠、無關龍脈之地，酌定處所燒造採取，以資修造之用。

凡陵寢廨舍營房，昭西陵、孝陵、孝東陵、景陵、孝賢皇后陵寢及妃園寢守衛貝勒公官員執事人役，共府第舍宇三千八百三十三間，八旗官兵營房千三百五十九間，馬蘭鎮官兵營房三百有八間；泰陵及妃園寢守衛貝子公官員執事人役，共府第舍宇千二百七十八間，八旗官兵營房三百七十三間，泰寧鎮官兵營房二千有五十五間；遇有應修，兩鎮由直督，餘由皇陵工部，皆確估咨部，工竣覈銷。

《清會典》卷七六《工部・屯田清吏司・墳塋》 凡墳塋饗堂，親王五間，世子以下至輔國公皆三間。親王、世子、郡王門三，貝勒以下門一。親王繪五采，飾以金，覆以緑琉璃，世子、郡王止繪五采，皆覆緑琉璃瓦；貝勒以下施朱，不繪，用甋瓦。凡墓碑，親王至輔國公皆交龍首龜趺，惟郡王以上得建碑亭；鎮國將軍螭首，輔國將軍麒麟首，奉國將軍天禄辟邪首，皆龜趺；奉恩將軍圓首方趺。

凡墳院，親王周百丈，世子、郡王八十丈，貝勒、貝子七十丈，鎮國、輔國公六十丈，鎮國、輔國將軍三十五丈，奉國、奉恩將軍均三十丈。

凡守塚人，親王十户，世子、郡王八户，貝勒、貝子六户，鎮國、輔國公四户，鎮國、輔國將軍二户。

凡固倫公主墳塋規制，視世子、郡王；和碩公主、郡主，視貝勒、貝子；縣主、郡君、縣君，視鎮國公。

凡公、侯、伯墓碑視鎮國將軍，墳院四十丈，守塚人視輔國公。一品官墓碑視鎮國將軍，二品官視輔國將軍；墳院、守塚均視鎮國將軍。三品官墓碑視奉國將軍，四、五品視奉恩將軍；墳院同，守塚皆一户。

凡建墳立碑，自宗室、王公、將軍、五等世爵至一二品官，皆給費，由本家營造，以爵秩爲差。三品官以下歿於王事者，視加贈官品給與。

凡古昔帝王、聖賢、忠烈陵墓，令直省督撫飭所在州縣官防護修葺，歲終冊報，由部覆覈以聞。

《清會典則例》卷一二七《工部・營繕清吏司・府第》 一、府第規制：崇德年間，定親王府制：正屋一座，廂房二座，臺基高十尺。內門一重，在臺基之外。均綠瓦，門柱朱髹。大門一重，兩層樓一座，及其餘房屋均於平地建造。樓、大門用瓴瓦，餘屋用版瓦。郡王府制：大門一重，正屋一座，廂房二座，臺基高八尺。內門一重，在臺基之上。正屋、內門均綠瓦，門柱朱髹。廂房用瓴瓦。餘與親王府同。貝勒府制，大門一重，正屋一座，廂房二座，臺基高六尺。內門一重，在臺基之上。均瓴瓦，門柱朱髹。餘與郡王府同。貝子府制：大門一重，正屋一座，廂房二座，均於平地建造。用版瓦，門柱朱髹。順治九年題準：親王府基高十尺，外周圍牆。正門廣五間，啓門三。正殿廣七間，前墀周衛石闌。左右翼樓，各廣九間。後殿廣五間。寢室二重，各廣五間。後樓一重，上下各廣七間。自後殿至樓，左右均列廣廡。正門、殿寢均綠色琉璃瓦，後樓、翼樓、旁廡均本色瓴瓦。正殿上安螭吻壓脊，仙人以次，凡七種。餘屋用五種。凡有正屋、正樓，門柱均紅青油飾，每門金釘六十有三，梁棟貼金，繪畫五爪雲龍及各色花草。正殿中設座，高八尺，廣十有一尺，修九尺，座基高尺有五寸，朱髹彩繪五色雲龍。座後屏三開，上繪金雲龍，均五爪。雕刻龍首有禁。凡旁廡樓屋，均丹楹朱户。其府庫倉廩廚厩，及祗候各執事房屋，隨宜建置於左右，門柱黑油，屋均版瓦。世子府制：基高八尺，正門一重，正屋四重，正樓一重。其間數、修廣及正門金釘、正屋壓脊，均減親王七分之二。梁棟貼金，繪畫四爪雲蟒、各色花卉。正屋不設座。餘與親王府同。郡王府制與世子府同。貝勒府制：基高六尺，正門三間，啓門一，堂屋五重，各廣五間。均用瓴瓦。壓脊二：獅子，海馬。門柱紅青油飾，梁棟貼金，彩畫花草。餘與郡王府同。貝子府制：基高二尺，正房三間，啓門一，堂屋四重，各廣五間。脊安望獸。餘與具勒府同。鎮國公、輔國公府制均與貝子府同。又題準：公侯以下官民房屋臺階高一尺，梁棟許繪五彩雜花，柱用素油，門用黑飾。官員住屋中梁貼金，二品以上官正房得立望獸，餘不得擅用。十八年題準：公侯以下，三品官以上，房屋臺階高二尺。四品官以下至士民，房屋臺階高一尺。

一、賜宅額數：順治五年題準：一品官給屋二十間，二品官十有五間，三品官十有二間，四品十間，五品七間，六品、七品四間，八、九品官三間，護軍、領催、驍騎各一間。十六年題準：一品官給屋十有四間，二品十有二間，三品十間，四品八間，五品六間，六、七品各四間，八、九品各三間，護軍、領催給屋二間，驍騎、步軍一間。或買或造，照數撥給。又定：侍衛等給屋數目均照文官例，一等侍衛照三品官，二等侍衛照四品官，三等侍衛照五品官，藍翎侍衛照六、七品官，其護軍、前鋒、領催等各給屋二間，驍騎、閒散人等各給屋一間。

一、屋價：順治五年題準：一等屋每間折給銀百二十兩，二等屋每間百兩，三等屋每間八十兩，四等屋六十兩，五等屋四十兩，六等屋二十兩。侍衛等屋折價亦如之。九年議準：六等屋每間折給銀三十兩。又定：凡由內城遷徙外城，官民照原住屋數給銀，爲拆蓋之費。仍令部同五城御史，察南城官地並民間空地，給與營造。康熙七年題準：盛京後來兵丁未得房屋者，該旗咨部照每人給屋一間例，折給價銀三十兩，令其自行建造。八年題準：自一等屋至六等屋各減銀十兩。嗣後，各處投誠人員給與官地建屋，均照此例給價。

一、八旗房屋：順治十一年議準：八旗官員兵丁均照分定地方居住，若遇調旗更地，仍準住原處。有情願買屋遷移者，聽從其便，該都統等不許强令遷移。如欲自蓋房屋者，該都統察給本旗空地，準令自造。至外來歸附之人應得房屋，照所撥旗分，買屋安插。若無房屋，由部於本旗空地蓋給。乾隆六年議準：旗民傾圮房屋，情願自行修理者，勒限令其苫蓋。力不能修者，酌量借給官銀修理。若力不能修，情願交官修理者，照例給與房價動帑修補。並分别緩急，先將通衢大街房屋基地情願交官修理者，給與價直，委官估修。借銀自修者，借給官銀，分限扣還，及時辦理。其巷內臨街房屋，統於次年借給官銀，陸續興修。

一、禁令：順治初年定：王府營建，悉遵定制，如基址過高或多蓋房屋者，皆治以罪。四年，鄭親王建造王府，殿基踰制，又擅用銅獅龜鶴，罰銀二千兩。雍正十二年議準：京師重地，房舍屋廬自應聯絡整齊，方足壯觀瞻，而資防範。嗣後，旗民等房屋完整堅固，不得無端拆賣，倘有勢在迫需，萬不得已，止許拆賣院內奇零之房，其臨街房屋一槩不許拆賣。乾隆八年奏準：兵民人等臨街房屋皆其恒産，非有急故，誰肯輕棄？或因年久傾圮，修整無力，即欲變價，苦無售主；又礙禁令，不敢違例拆賣，勢必日就坍倒，甎瓦木植盡歸無用。嗣後，除旗人指俸認買官房、扣限未滿私行拆賣者照例治罪外，其已清帑項、作爲本人産業，或因傾頹無力修整，或有萬不得已拆賣濟急情由，城内報明該地方步軍尉，城外報明司坊官存案，準其拆賣。其有不告官司，將認買官房私行拆賣者，察出照例治罪。至於兵丁自置産業，無論院内臨街，均聽自便，番役人等不得藉端勒索。又奏準：京城廬舍，觀瞻所繫，今旗民臨街房屋準其拆賣，雖屬便民之舉，但不爲設法辦理，恐將來拆毁過多，不足以肅觀瞻。嗣後，旗民人等臨街房屋，實在拆賣濟急者，呈明該地方官察看，果繫僻巷，尚可建築牆垣，令其拆賣，即行築牆遮蔽，聯絡整齊。其餘臨街房屋，不可建築牆垣者，仍一槩不準拆毁。十九年諭：京師爲萬方輻輳之地，街衢廬舍，理應整齊周密，以肅觀瞻。乃近來京城内外，多有拆舊房屋者，行户等亦藉以居奇射利，此陋習也。見因八旗人衆居住不敷，特發帑金增置，以資棲止。該管大員秖圖近便，率購舊料，致將已成之屋輾轉拆蓋，料物必多耗折，是因增而轉減，於生計亦屬無益。著工部步軍統領、順天府尹、五城御史，出示嚴行禁止。欽此。

一、優卹：順治十年，京城霪雨，倒塌房屋。奉旨發内帑銀八萬兩，撫卹滿漢兵民。又覆準：令五城御史察造空舖火房，安息窮民。所用錢糧，於工部支取。又覆準：每城造棲流所屋二十間，交五城察管，俾窮民得所。康熙十八年，以京師地震，傾倒房屋，奉旨發内帑銀十萬兩，振卹兵民。雍正三年諭：今年雨水過多，人家屋漏，牆垣倒塌，貧乏兵丁不能修葺。朕深加憐念，所宜特沛恩施，務令咸得安居。著發户部庫帑九萬兩，賞與八旗，每旗萬兩，上三旗内府佐領萬兩，俾貧乏兵丁修理房屋，得有裨益。欽此。五年諭：邇來頻雨，想八旗兵丁房屋牆垣必有坍塌者，將户部庫銀賞給滿洲旗下，每佐領百兩。蒙古漢軍人數較少，蒙古旗下每佐領七十兩，漢軍旗下每佐領五十兩。上三旗内府佐領内管領，及五旗諸王之府屬佐領，照滿洲旗例賞給，諸王之管領下人等不必賞給。將所賞銀交與各旗，該佐領察屋垣倒壞應賞者賞之。如該佐領下無屋垣倒壞者，即均勻賞給。欽此。又諭：來京考試舉子等，朕加恩體卹，屢諭崇文門監督不必檢其行李，致滋勒索。但恐巡役人等未必奉行盡善，且恐日久弊生，或有不肖之徒假冒舉子名色，夾帶貨物，亦未可定。可於蘆溝橋收税之所設立店房，務期寬展，可容多人。令考試舉子等，即於店内安放行李，其行李内有無應行上税之項，著人驗看，看畢給與照單，令其入城，廣寧門不必重驗。如此則舉子行裝不致狼籍，亦可免宵小假冒之弊。即尋常商賈在内歇宿，亦屬甚便。此事可否舉行之處，詳加酌議具奏。欽此。遵旨，議準於蘆溝橋之西北近税局處，建造房屋三所，共八十八間。乾隆二年，奉旨賞給公産地價銀十有六萬七千餘兩，建立官房，分給旗人居住。十六年奏準：先經直督奏請八旗正户人等，有願下屯種地者，上地撥給百畝，中地百五十畝，下地二百畝，並給與房屋牛具銀，令其下屯耕種，以裨生計。今乃不惟無益，且有不肖之徒冒領花消逃回京者，應令直督察緝逃户，依律治罪。嗣後，旗人停其下屯種地，但八旗生齒日繁，無業旗人難免不敷居住之虞。

京畿重地，空隙之處理宜修建整齊，請將分給八旗屯種人户。存退餘絶地畝租銀，及直屬見存續行入官，與未賣公産等地歲入租銀，令步軍統領檢出。

京城空隙地基給價置買，交與工部估建官房，賞給貧乏旗人居住。其臨街房屋或有坍塌，詢明原業情願售賣者，照例給價置買，一例修建。仍將用過工料銀按年題銷。各旗該管官不時稽察，或有私相典售者，將房屋徹出價銀入官，照律治罪。該管官不能察出，亦照例議處。再，乾隆二年分給旗人官房，迄今十有五年，或有坍塌不堪居住及不肖人私相典售者，令各旗嚴察，毋得徇隱。如有坍塌之處，覈明報部，確估興修，彙案題銷。隨按八旗地界，檢點出空隙地基五百三十八處，内情願自己修葺者二百七十八處，無庸建造者五十四處，其餘空地二百六處，約可蓋房三千九百六十一間。委官估計，俟辦料齊備，陸續興修。再，八旗所報官修地基内，此際如有復報自修者，準其自行修理。見報自修地基内倘不能自修，復行報官修理者，亦準其呈報，官爲修理。見在旗人居住官房，如有坍塌，俟各旗送齊，一例興修。十八年，先將八旗空地一百三十七處，增蓋官房四百四所，計二千六百六十四間，門樓千二百六十一間，垣牆三千四百五十一丈。官買地基一百十有八處，折見方丈七千三百六十餘丈。共約估物料工價銀十有四萬一千五百餘兩，陸續由户部支領，工竣，覈實題銷。

《清會典則例》卷一三七《工部·屯田清吏司·墳塋》

一、墳塋規制。順治初年定：親王：饗堂五間，門三，飾硃紅，油繪五彩金花。茶飯房左右各三間，碑亭一座，圍牆百丈。守塚人十户。世子郡王：饗堂三間，門三，飾硃紅，油繪五彩小花，茶飯房三間，碑亭一座，圍牆八十丈。守塚人八户。固倫公主同貝勒、貝子：饗堂三間，門一，飾硃紅，油不繪彩。茶飯房三間，碑一通，圍牆七十丈。守塚人六户。和碩公主、郡主同鎮國、輔國公：饗堂、門制同貝勒、貝子。碑一通，圍牆六十丈。守塚人四户。縣主、郡君同鎮國、輔國將軍：碑一通，圍牆三十五丈。守塚人二户。民公侯伯：碑一通，圍牆四十丈，守塚人四户。一、二品官：制同鎮國將軍。三品官：碑一通，圍牆三十丈。守塚人一户。四品、五品官同。六品以下官：碑一通，圍牆十有二丈。

一、造墳工價。順治十年題準：親王給銀五千兩，世子四千兩，郡王三千兩，貝勒二千兩，貝子一千兩，鎮國公五百兩，輔國公同。十八年議準：民公六百五十兩，侯六百兩，伯五百五十兩。一品官五百兩，二品官四百兩，三品官三百兩，四品官二百兩，五品官至七品官一百兩，皆給價令其自造。康熙十四年議準：鎮國將軍與一品官同，輔國將軍與二品官同。

一、碑制。順治十年議準：親王至輔國公：碑身均高九尺，用交龍首，龜趺。親王：碑廣三尺八寸七分，首高四尺五寸，趺稱之。世子、郡王：碑廣三尺八寸，首高三尺九寸，趺高四尺三寸。貝勒：碑廣三尺七寸三分，首高三尺六寸，趺高四尺一寸。貝子：碑廣三尺六寸六分，首高三尺四寸，趺高四尺。鎮國公：碑廣三尺六寸三分，首高三尺三寸，趺高三尺九寸。輔國公同。康熙十四年議準，鎮國將軍：碑身高八尺五寸，廣三尺四寸。螭首龜趺，首高三尺，趺高三尺六寸。輔國將軍：碑身高八尺，廣三尺二寸。麒麟首，龜趺。首高二尺八寸，趺高三尺四寸。民公侯伯：碑身高九尺，廣三尺六寸。螭首龜趺，首高三尺二寸，趺高三尺八寸。一品官：碑制與鎮國將軍同。二品官：碑制與輔國將軍同。三品官：碑制身高七尺五寸，廣三尺。天禄辟邪首，龜趺，首高二尺六寸，趺高三尺二寸。四品官至七品官：碑皆圓首方趺。四品官碑身高七尺，廣二尺八寸。首高二尺四寸，趺高三尺。五品官：碑身高六尺五寸，廣二尺六寸。首高二尺二寸，趺高二尺八寸。六品官：碑身高六尺，廣二尺四寸。首高二尺，趺高二尺六寸。七品官：碑身高五尺五寸，廣二尺二寸。首高一尺八寸，趺高二尺四寸。

一、碑價。順治十年題準：親王：給銀三千兩，世子二千五百兩，郡王二千兩，貝勒千兩，貝子七百兩，鎮國公四百五十兩。輔國公同。十八年題準：鎮國將軍五百兩，輔國將軍四百兩。康熙二年定：官員曾經與謚者，工部差官立碑。十四年題準：鎮國將軍三百五十兩，輔國將軍三百兩，與謚大臣停其差官立碑，皆給價令其自立。民公、侯、伯各四百兩。一品官與鎮國將軍同，二品官與輔國將軍同。三品官二百五十兩。

一、造墳立碑。一、二品官病故，禮部題請，如止給半葬，即無碑價。三品以下歿於王事者，禮部始行題請。凡工價銀，旗員由部節慎庫給發，在外直省藩庫給發。

一、石像生。民公、侯、伯、一、二品官皆用石人二，石馬二，石虎二，石羊二，石望柱二。三品官減石人。四品官減石人、石羊。五品官減石人、石虎。

《清文獻通考》卷一二四《羣廟考六》 親王世子郡王家廟儀：立廟七間，南嚮。中五間爲堂，左右二間隔以牆，爲夾室。後堂楣以北分五室，中奉始封之王，世世不祧，高曾祖禰，依世次爲二昭二穆，昭東穆西，親盡則祧。由昭祧者藏主於東夾室，升昭之二位於一室，以二室奉升祔之主。由穆祧者藏主於西夾室，升祧亦如之。庭燎以垣，南爲中門，以南爲廟門，左右各設側門。庭東西廡各三間，東藏遺衣冠，西藏祭器、樂器。廟重簷丹楹，采桷緑瓦，紅堊壁。階凡三出陛，各七級。門繪五色花草，出陛如之。焚帛鑪在中門之内、庭東南隅。封牲房在中門之外，西嚮。歲以四時仲月諏吉，祭其始封祖及高曾祖禰五世。仲春之際，並出祧，主合食。

《清文獻通考》卷一二四《羣廟考六》 貝勒貝子宗室公家廟儀：立廟五間，南嚮。中三間爲堂，後楣以北分五室，奉始封祖暨高曾祖禰，兩旁爲夾室，奉始封而下親盡祧主，如前位。廟及大門均緑瓦，紅堊壁，階五(品)〔級〕。廟不重檐，門不備采。餘如前制。

《清文獻通考》卷一二四《羣廟考六》 品官家廟儀：立家廟于居室之東。一品至三品官，廟五間，中三間爲堂，左右各一間，隔以牆，北爲夾室，南爲房。堂南檐三(門)〔間〕。房南檐各一(門)〔間〕。階五級。庭東西廡各三間，東藏遺衣物，西藏祭器。庭燎以垣，南爲中門。又南爲外門，左右各設側門。四品至七品，廟宇三間，中爲堂，左右爲夾室，爲房。階三級。東西廡各一間。餘制與三品以上同。世爵公侯伯子視一品，男以下按品爲差等。八、九品，廟三間，中廣，左右狹。階一級。堂及垣皆一門，庭無廡。以篋分藏遺衣物，祭器陳于東西房。餘與七品以上同。在籍進士舉人視七品，恩拔歲副貢生視八品。堂後楣北設四室，奉高曾祖禰四世，皆昭左穆右。

工程監管

《聖祖仁皇帝聖訓》卷四六 康熙四十八年九月甲午，上諭大學士等曰：工部、光禄寺每年所用銀兩奏請預爲儲備，赴户部支領，用完復奏。一年之中，光禄寺用二十餘萬兩，工部用四五十萬兩以至百萬兩不等，俱造黄册奏閱。所用數目雖較前署省，而動工之處，奉委官員於未估計之先即已領銀備用，以致浮支肥己之弊不絶。嗣後工部、光禄寺著十日一次，將所委官員姓名及支給銀數具摺奏聞，如是則事務清而奢用之端絶矣。又：凡督工人員，於工竣後銷算延挨時日，至十年銷算者有之，至二十年銷算者亦有之。凡工作物料俱登册籍，何事稽遲若此，此不過欲從中作弊耳。工程所用錢糧，朕常核算，極其簡易，數日可畢。嗣後官員銷算，如有踰年者，立即奏聞罷斥。

《清代匠作則例》 內庭遵宫殿定例核算，外工照工部定例核算。至圓明園工程，按現行則例核算，並未刊刻頒行。乾隆陸年修理內工奏明，照圓明園則例辦理。但各項工作物料條目繁多，槩難畫一，其園工例未及遍載者，倣照宫殿部司則例核算。至各工無例可指欵項，擬例呈明，核算奏銷。今將曾經奏銷比擬則例，繕造成册，計拾有陸本，庶將來工務取証允平、引援有據矣。

《清會典》卷七二《工部·營繕清吏司·報銷》 凡料估京師工程，無論大小，皆豫爲營度，專設料估所，以量丈尺，權物價，計傭直，授成於督工之官。工竣覆覈。委滿、漢司官四人領其事。直省工程，所司視其緩急，按時確估，具其實申督撫報部。急工則隨估隨修；工在可緩，竢部覆準鳩舉。工竣均別委官勘實，具結題咨。其有增估續估者，皆先事報部，仍於報銷册內聲明待覈。

凡覈銷在京修造，工竣委官察驗，與原估相符。數在二百兩以下者彙疏，二百兩以上者專案題銷，並令管工官備册移科道詳勘。有浮冒及侵蝕者，論。直省報銷工程，造正副册達部。有應駮減者，籤注副册，發還改造。如駁詰再三，終未清晰者，由部酌數覈減，疏請完結。若原估不敷，續增工料，未報請銷，不得藉稱捐墊，冀抵本案覈減之數。

《清會典則例》卷一二八《工部·營繕清吏司·物材》 一、琉璃窰燒造各色琉璃甎瓦。順治初年定，專差漢司官，一年更代。康熙元年，差滿、漢官各一人，筆帖式二人。滿官掣籤，漢官論俸。十五年，改爲三年更代。十八年，仍照舊例一年更代。二十年議準：琉璃甎瓦大小不等，共有十樣，除第一樣與第十樣向無需用處，毋庸置議，其餘甎瓦如各工需用，令管工官先將應用實數覈算具呈，該監督照數請領錢糧黑鉛，豫行備辦。除冬三月及正月嚴寒，停止燒造，餘月均以文到日爲始，定限三月燒造，送往工所。管工官親身驗看，隨到隨收，給發實收，完日將實用過數目及餘剩數目同實收送部覈銷。二十五年題準：各處工程需用甎瓦同時並造，應用物料恐不能齊，其奇零工程所用甎瓦，交與本工買辦。三十三年覆準：大小工程需用甎瓦，仍交與窰户等備辦。又覆準：凡窰户，均令該監督擇身家殷實之人承充，仍取具地方官保結著役。四十年議準：琉璃廠、亮瓦廠房屋向例徵收地租，今改爲按間徵租，交與大興縣徵解户部，免其徵收地租。又覆準：琉璃廠房租，官員有力之家徵銀，貧窮小民準其按季徵錢。四十一年覆準：琉璃、亮瓦二廠官地房租，官員富户照常起租，其徵錢房屋量免一半；隻身貧寒之人免徵房租，仍以官地起租。雍正二年諭：琉璃、亮瓦廠官地，每月按間計檁徵租，相沿已久。朕念兩廠多繫流寓賃住經營，小民情可憫惻。嗣後止徵地租，免其按間計檁逐月輸納。欽此。八年議準：燒造琉璃物件，第二樣至第九樣件數繁多，定例内未曾備細開載尺寸式樣，燒造之法未免參差。應每樣燒造一件，上鐫年月日期並式樣名色，永存窰廠，飭令窰户照依定式造辦。其各工取用物料，向來運送時不將開運日期及數目若干，報部察驗存案。嗣後，於初造泥坯之時，即將某年月日某工取用字樣印記在旁，再行燒造，竢辦齊呈明察驗，始運往工所，該衙門出具印文實收，知會過部，本部管工官亦照例出具實收，以備稽察。至正數應用之外所餘物料，必開明數目報部。倘有奇零苦補處，即可給發應用。其運價仍照例準給。再，各處咨取瓦料印文到部，該司於十日内覈算呈堂，給發印領，該監督親領錢糧，封貯公所，設一堂印號簿，令該監督將每日所用若干，逐一填明細數，完日將印簿呈繳待覈。再，吻獸一項，向例隨所用瓦片樣數覈給錢糧，但殿宇丈尺各有高低廣狹之分，所用吻獸大小不一，不必隨瓦片覈算，宜按其應用尺寸，分晰價直，給發燒造。十年題準：琉璃窰滿、漢監督一年差滿，如一同更代，新委之人恐一時未能諳練。請將滿、漢監督留任一年，仍增委滿監督一人協同辦理，竢一年期滿，舊滿、漢監督令其回任，再選漢監督一人同辦。嗣後，每年新舊監督互相更代。乾隆三年奏準：琉璃瓦料若造坯時即用某工印記，則此工之料不得用之，彼工未用者存貯在廠，需用者燒造不及，轉致遲誤，即所餘物料欲給奇零之用，又因有印記不便給發。嗣後，瓦料應免用印記。又奏準：各工物料既令彼此通融，若某工所領錢糧拘定給發，則彼工之銀尚未用完，此工之銀又未領到，難以支應。請嗣後給發錢糧，令該監督封貯公所，每月各工所用銀數以次發填於堂印簿内，彙總稽察，不必泥於某工之銀，定爲某工之用。十九年奉旨：琉璃窰滿、漢監督均著一年更代。

一、山東臨清窰燒造細甎。順治二年，部委司官一人，提督臨清甎廠，兼理牐務，歲支額設甎料銀二萬四千兩，燒造城甎六十萬，斧刃甎四十萬。七年題準：額設甎料銀自本年起，歲發銀萬兩，照銀數豫辦，以備帶運。八年奉旨：臨清廠燒甎費帑累民，應行停止，原委官(徹)[撤]回，其造過坯片所費工本，並民船長短帶載納價，槩行豁免。十四年，復差本部司官前往臨清，會同該道燒造水澄細甎，應用工料於本省司庫支用，工完，造册報部覈銷。十八年題準：停止臨清甎差。康熙十八年，復差本部司官，會同山東巡撫，動正項錢糧二萬兩，燒造滚子甎，運價即於本項錢糧内銷算。二十八年覆準：陵寢需用臨清甎，行令山東巡撫豫行燒造二萬塊，交糧船帶運。五十八年題準：山東臨清甎停其燒運，於温泉地方，令鋪户照臨清甎式樣燒造。如遇有必需之處，報部定數咨取。

一、蘇州窰燒造金甎。順治十二年，修造乾清宮等宮，需用二尺、一尺七寸鋪地金甎，部委官至蘇州，會同巡撫估計，交地方官動支本省解部正雜改折等銀造辦。又題準：舊例二尺金甎燒造一正一副，尺七金甎燒造一正一副，料價繁費。每副甎十塊内應減去七塊，準造三塊。十五年覆準：金甎各準一正一副開銷。康熙十八年題準：令江寧巡撫動支正項，燒造二尺、一尺七寸金甎萬五十四塊，每正甎十，準造副甎三。二十九年題準：令江寧巡撫動正項銀，燒造二尺金甎一千四百九十塊，一尺七寸金甎千一百五十九塊，每正甎十，燒造副甎一。雍正三年題準：令江寧巡撫動正項銀，燒造一尺七寸金甎萬塊。乾隆四年覆準：一尺七寸、二尺及二尺二寸金甎，均照順治十二年、康熙十八年正十副三例燒造。

一、木倉收貯各省辦解木植。順治初年，定專委滿司官一人監督，一年更代。六年題準：各工需用架木，部委官詣江南，會同地方官召買。八年題準：各工需用木植，令正定、山西、江西、浙江、湖廣五處地方購買。十五年題準：各工需用架木，水路不能速到，行文江寧巡撫，自本年起，動支正項，歲解二千根備用。仍將木植長徑尺寸及用過錢糧數目，報部覈銷。康熙六年，修造太和殿，令江西、浙江、湖廣、四川督撫訪有採就大柟木，或山中見産大柟木，將長徑尺寸根數並所需錢糧，確估報部。凡産於民間住屋内及墳塋内之木不得採，非柟木及柟木長徑尺寸不中度者不得採。七年題準：太和殿工程需用杉木，委官會同江南督撫動支正項錢糧，照時價買辦運工應用。八年諭：修理宫殿所用柟木不敷，量將松木間用，停止各省地方採取。欽此。十四年題準：停止江寧採買架木。十九年題準：江寧巡撫動支正項，先買架木六千根解部。嗣後，仍照舊例，每歲辦解二千根。二十一年，具奏重建太和殿，委官分往江南、江西、福建、浙江、湖廣、四川、廣東、廣西等省，會同督撫，尋取合式柟木、杉木，及運費一并估報。其官弁商民土司人等有捐助柟木者，視所捐多寡大小，交部議敘。奉旨，該委官及地方官毋藉端生事，苦累土司，擾害民人，通行禁飭。二十三年議準：採運木植工價脚費，該地方官捐輸運京，如有不敷，督撫具題，户部撥給正項。其江南等省公署柟木，並商販杉木，停其運送。二十六年，奉旨：四川酉陽柟木産於崇山懸巖，若必令其挽運，恐致有累土司，著免解送。又諭：向來各省捐銀輸木，名爲急公，不過先報虚數，並無交庫，即行具題，希圖利己。及至實在支用之時，皆繫科斂民財以充原數，甚至用少徵多，仍侵漁肥己。即此一事，他皆可知，總因沿習陋弊，視爲固然，以致滋累民生，殊非實心急公之誼。著通行嚴飭。欽此。又題準：令江南、江西、湖南動支正項，每歲各辦解桅木二十根，杉木三百八十根，江南解架木二千四百根。江西、湖南各一千四百根。每省各解桐皮杉槁二百根。浙江省捐辦架木一千四百根，桐皮杉槁二百根。又議準：房山縣額存楸棍山地，每歲應解楸棍十有九萬千二百九十八根解部，以備各工取用。二十七年覆準：嗣後採買竹木等項，準動正項錢糧採買，年終奏銷。三十四年，重建太和殿應用木料，奉旨停免採取，一應工料發帑購買。三十五年題準：桅木、杉木、架木存貯者足用，停其辦解。三十八年題準，令江南、江西、浙江、湖南仍照舊例，每年辦解桅木、杉木、架木。六十年題準：木倉監督委本部滿漢司官各一人管理，一年更代。又題準：木倉見貯楸棍十萬有奇，嗣後，令各管工官於工竣時按數繳回，足敷各工取用，房山縣額徵楸棍，停其辦解。雍正五年覆準：行令步軍統領，嗣後凡有官房拆卸柟木，驗明報部，委官運貯木倉，以備各工應用。十一年題準：木倉滿漢監督一年差滿，如一同更代，恐新委之人一時未能諳練，嗣後一年期滿，新舊滿漢監督互相更代。

一、木廠。順治初年，定通州、張灣二處各設木廠，每廠差筆帖式二人，驗收運京木植。康熙二十六年題準：通州木廠停差筆帖式，將潘桃、古北等口運解木植，歸通惠河分司管理，造册報部。其張家灣木廠，於本部司官内選一人監督管理，一年更代。凡江南、江西、浙江、湖南辦解桅、杉、架、槁等木到日，部委官丈量記印斧號後，交該監督如數暫行收貯，俟部委運木官到廠，即將木植照數點驗，交運木倉。額設廠役八名，以資看守。四十年題準：裁通惠河分司，通州木廠歸通永道管理。

一、灰石。順治初年，定大工需用石灰，委本部官開採燒造，於大石窩採白玉石、青白石，馬鞍山採青砂石、紫石，白虎澗採豆渣石，牛欄山採青砂石，石景山採青砂石、青砂柱頂階條等石。其青白石灰，於馬鞍山、磁家務、周口、懷柔等處置廠燒造，運京應用。十六年覆準：石灰二差并爲一差。康熙三十五年，奉旨：辦買石灰，著照户部例，專設監督一人管理。四十五年題準：大工需用石灰，選本部司官請領工運價直，開採燒造，册報覈銷，事竣徹回。

一、琉璃物件價直。順治初年，定每件給銀一錢。九年，增定每件給銀二錢二分五釐八毫。十年題準：每件減定爲二錢一分。十五年題準：每件減定一錢八分。康熙二年，增定每件銀一錢九分五釐。六年，定每件給銀一錢九分。二十年議準：琉璃甎瓦大小不等，共有十樣，内除第一樣與第十樣原無需用之處，不議價直外，今將燒造所需工料，令窑户各分别大小，詳確估算，公同酌減，照例給發。二樣甎瓦並照牆等處需用琉璃花樣，每件各給銀一錢九分；三樣一錢七分五釐，四樣一錢六分九釐，五樣一錢四分七釐，六樣一錢三分三釐，七樣一錢一分九釐，八樣一錢五釐，九樣每件銀九分。雍正元年議準：琉璃甎瓦照時確估。吻：二樣銀一百八十一兩三錢三分三釐，鉛六百五十兩；自三樣銀一百十有五兩二錢七分二釐，鉛六百二十兩，遞減至九樣銀八兩五錢八分六釐，鉛六十五兩。劍把：二樣銀二兩三錢，鉛十有五兩；自三樣銀一兩七錢五分，鉛十有四兩，遞減至九樣銀一錢七分，鉛一兩五錢。背獸：二樣銀六錢四分，鉛五兩；自三樣銀五錢，鉛四兩，遞減至九樣銀一錢六分，鉛七錢。吻座：二樣銀一兩四錢五分，鉛十有七兩；自三樣銀一兩一錢，鉛十有五兩，遞減至九樣銀三錢，鉛一兩五錢。獸頭：二樣銀四兩，鉛二十一兩；自三樣銀三兩三錢，鉛二十兩，遞減至九樣銀一兩二錢，鉛六兩。蓮座：二樣銀一兩五錢，鉛二十一兩；自三樣銀一兩四錢，鉛二十兩，遞減至九樣銀二錢五分，鉛二兩五錢。仙人：二樣銀一兩一錢，鉛七兩五錢；自三樣銀七錢五分，鉛七兩二錢二分，遞減至九樣銀二錢，鉛二兩五錢。走獸：二樣銀五錢五分，鉛七兩五錢；自三樣銀三錢五分，鉛七兩二錢五分，遞減至九樣銀一錢六分，鉛二兩五錢。通脊：每塊節二樣銀二兩九錢五分，鉛二十六兩六錢；自三樣銀二兩二錢，鉛二十五兩五錢，遞減至九樣銀七錢，鉛八兩。黄道：每件二樣銀一兩七錢，鉛十有三兩；三樣銀一兩五錢，鉛十有二兩五錢。大羣色條：二樣銀一兩四錢五分，鉛十有三兩；三樣銀一兩四錢，鉛十有二兩五錢。垂脊：二樣銀一兩五錢，鉛十有四兩六錢；自三樣銀一兩二錢五分，鉛十有四兩，遞減至七樣銀四錢七分，鉛八兩。擸頭：二樣銀六錢，鉛三兩二錢；自三樣銀四錢五分，鉛三兩一錢，遞減至九樣銀一錢六分，鉛二兩二錢三分。攩頭：二樣銀六錢，鉛三兩二錢；自三樣銀四錢五分，鉛三兩一錢，遞減至九樣銀一錢六分，鉛二兩二錢三分。大連甎：二樣銀七錢，鉛三兩二錢；三樣銀五錢，鉛三兩一錢；四樣銀四錢六分，鉛三兩。套獸：二樣銀九錢九分，鉛十兩；自三樣銀七錢五分，鉛八兩，遞減至九樣銀一錢六分，鉛二兩二錢三分。吻下當勾：二樣銀六錢，鉛三兩二錢；三樣銀五錢，鉛三兩一錢；四樣銀三錢八分，鉛三兩。博通脊：二樣銀一兩七錢，鉛十有三兩；三樣銀一兩四錢五釐，鉛十有二兩；四樣銀七錢五分，鉛十有一兩。滿面黄甎：二樣銀三錢二分，鉛三兩；自三樣銀二錢六分，鉛三兩，遞減至九樣銀一錢六分，鉛二兩二錢三分。合角吻：二樣銀五兩五錢，鉛二十八兩；三樣銀五兩三錢，鉛二十四兩；四樣銀三兩五錢，鉛二十兩。合角劍把：二樣銀一錢九分，鉛八兩；三樣銀一錢九分，鉛七兩；四樣銀一錢九分，鉛六兩。羣色條：二樣銀三錢五分，鉛二兩；三樣、四樣、五樣銀均一錢九分，鉛二兩；六樣、七樣銀均一錢六分，鉛二兩。勾頭：二樣鉛三兩八錢五分，三樣鉛三兩七錢七分；遞減至五樣，鉛三兩五錢一分；銀均一錢九分。自六樣鉛三兩三錢三分，遞減至九樣鉛二兩九錢四分；銀均一錢六分。滴水：二樣至九樣，銀、鉛與勾頭同。甋瓦：二樣鉛三兩二錢七分；自三樣鉛三兩二錢，遞減至五樣鉛三兩；銀均一錢九分。自六樣鉛二兩八錢五分，遞減至九樣鉛二兩五錢五分；銀均一錢六分。版瓦：二樣鉛二兩七錢三分；自三樣鉛二兩七錢，遞減至五樣鉛二兩四錢九分，銀均一錢九分；自六樣鉛二兩三錢五分，遞減至九樣鉛二兩五分，銀均一錢六分。正當勾：二、三、四樣，銀、鉛同版瓦；五樣銀一錢九分，鉛二兩五錢；七樣至九樣，銀、鉛同版瓦。斜當勾：二樣銀一錢九分，鉛三兩二錢四分；三樣至九樣，銀、鉛與甋瓦同。壓帶條：二樣鉛九錢七分；自三樣鉛九錢二分，遞減至九樣鉛四錢，銀均一錢六分。平口條：二樣至九樣，銀、鉛與壓帶條同。擸攩頭：四樣銀三錢八分，鉛三兩；五樣銀二錢四分，鉛二兩九錢。博脊甎：五樣銀三錢，鉛三兩。博脊瓦：五樣銀三錢，鉛三兩；六樣鉛二兩五錢六分五釐，七樣鉛二兩四錢四分一釐，銀均一錢六分。三連甎：五樣銀三錢，鉛二兩九錢；六樣銀二錢五分，鉛二兩八錢。博縫：六樣銀九錢，鉛十有二兩；七樣銀八錢，鉛十有一兩。承縫甎：六樣銀三錢二分，鉛三兩；七樣銀二錢五分，鉛二兩四錢四分一釐。隨山半渾：六樣銀一錢七分，鉛二兩；七樣銀一錢六分，鉛二兩。墀頭甎：六樣銀四錢五分，鉛三兩。戧檐：六樣銀一兩七錢，鉛八兩。披水：六樣鉛三兩，七樣鉛二兩四錢四分一釐，九樣鉛二兩二錢三分，銀均一錢六分。托泥當勾：六樣鉛二兩五錢六分六釐，七樣鉛二兩四錢四分一釐，銀均一錢六分。箍頭脊：六樣銀一錢八分，鉛二兩五錢六分六釐；七樣鉛二兩四錢四分一釐，八樣鉛二兩四錢一分六釐，銀均一錢六分。由戧：六樣銀一錢六分，鉛二兩五錢六分六釐。博脊連甎：六樣鉛二兩六錢六分六釐，七樣鉛二兩四錢四分一釐，九樣鉛二兩二錢三分，銀均一錢六分。檐子甎：七樣銀二錢六分，鉛二兩；八樣銀二錢二分，鉛二兩。連脚版：七樣鉛二兩四錢四分一釐，八樣鉛二兩四錢一分六釐，九樣鉛二兩二錢三分，銀均一錢六分。線甎：七樣鉛二兩四錢四分一釐，八樣鉛二兩四錢一分六釐，銀均一錢六分。承縫連甎：七樣銀三錢，鉛三兩；八樣銀四錢，鉛三兩。戧檐甎：七樣銀四錢四分，鉛二兩四錢四分一釐；八樣銀一錢六分，鉛二兩四錢一分六釐。水溝：七樣鉛二兩四錢四分一釐，八樣鉛二兩四錢一分六釐，九樣鉛二兩二錢三分，銀均一錢六分。蒙頭脊：七樣、九樣，銀、鉛與水溝同。三色甎：八樣鉛二兩八錢，九樣鉛二兩五錢，銀均一錢六分。滿山紅：八樣銀二錢五分，鉛四兩；九樣銀二錢一分，鉛三兩五錢。花方：八樣銀五錢，鉛三兩。圓渾甎：八樣鉛一兩一錢，九樣鉛一兩，銀均一錢六分。博縫甎：八樣銀一錢六分，鉛二兩四錢一分六釐。半渾甎：八樣銀、鉛與博縫甎同。隨脊：八樣銀、鉛與半渾甎同；九樣銀同，鉛二兩二錢三分。連甎：九樣銀一錢六分，鉛二兩五錢。版椽：九樣銀一兩，鉛四兩。斗科：九樣銀四錢，鉛二兩五錢。角科：九樣銀六錢，鉛二兩五錢。槅扇：九樣銀三兩，鉛五兩。扇面甎：九樣銀二兩七錢，鉛八兩。岔角甎：九樣銀一兩九錢，鉛六兩。箍頭連甎：九樣銀一錢六分，鉛二兩二錢三分。寶頂：九樣銀一兩，鉛二兩二錢三分。頂座：銀四錢，鉛二兩二錢三分。奇零物件：二樣鉛三兩；自三樣鉛二兩九錢五分五釐，遞減至五樣鉛二兩七錢三分四釐；銀均一錢九分。自六樣鉛二兩五錢六分六釐，遞減至九樣鉛二兩二錢三分；銀均一錢六分。花樣琉璃門檔花扇面：每件銀一兩，鉛十有八兩。穿花龍扇面：銀一兩一錢，鉛十有六兩。穿花龍岔角：銀四錢五分，鉛八兩。花槅扇：銀二錢二分，鉛三兩。花歡門：銀五錢九分，鉛十有五兩。花角梁：銀二錢二分，鉛六兩。奇零物件：銀一錢九分，鉛三兩。

乾隆元年題準：雍正七年本部以從前九卿所定物料價直內，有未經議定之項，及見行條例內有過多過少者，奏請逐細採訪，酌定平價。今會同九卿，按款詳覈，損益均平。凡一應辦買各項物料管工官及商窰鋪户，皆照定例準給，刊版貯庫，通行各衙門畫一遵照。因覈定琉璃瓦料，照雍正元年定例，價在一錢九分以上者，自二樣至四樣，銀減一成，鉛減二成；五樣至七樣，銀減一成半，鉛減二成；八樣九樣，銀、鉛均減二成。價在一錢九分以下者，二樣至四樣，銀、鉛均減一成；五樣至七樣，銀減一成半，鉛以二成減定。至無定例物件，山子上小景人物，博連甎，博脊，掛尖，博通脊，吻下當勾，托泥當勾，列角攛攢，扣脊，高背瓻瓦，博連帶瓦，三色甎，扣脊瓻瓦，帶垂脊，垂脊連甎，列角盤羅鍋，垂脊羅鍋，承縫垂脊羅鍋，三連垂脊羅鍋，披水羅鍋，半渾，博縫，扇面，岔角門檔，花門檔，草岔角花頭，方圓柱子，方圓磉科坎甎，方圓柱頭，長耳子，方耳子，替莊花方，線方，墊版素方，平版方頭，平版方斗，科角壓屑機，方機，方頭，至公版花，素桁條花，素桁條頭，素方圓柱頭，版椽，斜椽，角梁起翹，虛錯角，大花素杌方，滿山紅暈版槅扇，方圓歡門土襯，花素圭角，花素圭角頭，花線甎，方圓花吞口，花線甎頭，花蓮瓣，花蓮瓣頭，花素束腰，花結帶，方圓盆花，花間柱，花脊瓜柱，花柁梁，花柁梁頭，花瓜柱，花斗金柱，一斗二升荷葉墩，花檁頭，一斗帶升花柁方，花榱題，三面護朽平面掛落，護朽四面起線套，護朽雷公柱，連檐倒砌石甎，倒砌石磉科，大方圓獨根椽，大散裝斗科牐檔甎，緊角角科，漫角角科，大面堦，大地伏闌版，斜闌版，踏蹈甎，踏蹈牆甎，壇角甎，梏枯壇面中甎，大壇面甎，壇面條甎，鼓面龜紋錦圓印葉甎，圓印葉卧立八字龜紋甎，龍線甎，龍線甎頭，龍線甎柱子，龍線卧立八字龜紋錦花線卧立八字垂柱，花托，圓花圭角，方圓花線甎，方圓花蓮瓣，圓花束腰，圓當勾，圓素圭角，圓素壓帶，圓素線甎，圓素蓮瓣，圓素束腰，圓素花雞子，渾圓素花圓渾花素戧檐，番經字甎，杌子甎，出入角杌子甎，鐙籠甎，鐙籠甎頭，塔門番草甎，塔門腰帶連珠甎，塔門番經字寶塔，塔門雲草甎，隨塔花圓蓮瓣塔券線甎，鐙籠甎頭，鐙籠出入角甎，龜紋錦槅方甎，圓通脊蒙頭脊，寶兒通脊，寶兒垂脊，花牆甎，走龍通脊，花牆扒頭甎，花牆甎頭，花牆出入角甎，廡扇瓦頭，廡扇瓦中，廡扇瓦尾，圓線甎，花圭角，中方圓壓面甎，臺堦線甎，臺堦角甎，毘盧帽甎，毘盧帽甎頭，花素冰盤色蓋梁瓦，蓋梁瓦攛頭，金甎扒頭，扒頭合角花寶餅鑪科，鑪科頭，囂兒，囂兒頭，半渾，半渾頭，墀頭甎，披水頭，隨山半渾，隨散裝斗科，大小斗兒承縫連甎，大連甎，小連甎，三連甎，滿面緣三博連甎，承縫博連甎，三空四柱牌樓龍供器，如意獨版甎，墜山隨闌版柱子，花素頂座，水溝頭，檐子甎，三雲甎，雀替斗科柱頭，斗科窑頂甎，地面甎，週圍凸面番經字線甎，槅梃甎，花版甎，八角柱子尖色，龍，鳳，獅子，天馬，海馬，狻猊，押魚，獬豸，斗牛，行什，抱頭獅子，合角吻，義子獸，象鼻套獸，雲礶荷葉，蓮座，香草甎頂子，火焰頂，朝天吼，象鼻吻龍，扇面龍，岔角垂脊，倒吞獸面，羅鍋瓻瓦，折腰版瓦，扣脊登角瓻瓦，螳螂勾吻，下鏡頭扭頭勾，半正半斜喬麥稜合角，十字水勾吻，下鏡面攢角，半正半斜滴水，正斜飛檐版瓦，花色版瓦，羊蹄瓦，旗杆頂，琵琶過水羅鍋，水當勾羅鍋，平口羅鍋，壓帶油餅蔸，行子瓦。以上內除瓦料仍隨各樣瓻版瓦料價直準給，其餘物件，尺寸大小輕重不一，應以二樣版瓦之長濶較對，相同者，照二樣版瓦價給發；短小者，隨各樣瓻版瓦價遞減。有比二樣版瓦長濶至見方二尺內外者，均照七樣博縫例折算價直。雕刻花卉等項，照應給價銀外加十分之三，有模式印作者不加。

一、甎瓦價直。順治初年定：城甎每塊給銀四分三釐，二尺方甎每塊銀一錢四分，尺七寸方甎銀九分，尺二寸方甎銀四分，減角甎銀五釐，頭號版瓦每片銀五釐。康熙五年題準：城甎每塊銀四分一釐，二尺方甎一錢二分五釐，尺七寸方甎八分五釐，尺二寸方甎三分七釐，減角甎四釐，頭號版瓦每片銀四釐。官窑、民窑一例減給。十三年題準：新樣城甎每塊銀六分五釐，舊樣城甎銀四分，二尺方甎銀一錢二分，尺七寸方甎銀一錢，尺二寸料半方甎銀三分三釐，尺二寸方甎銀二分一釐，滾子甎銀一分，減角甎銀三釐五毫，斧刃甎銀四釐。頭號瓻瓦、勾滴、獅、獸、花邊瓦、香草甎每件給銀四釐，二號同，三號每件給銀三釐二毫。頭號版瓦每片銀三釐，二號銀二釐，三號銀一釐六毫。二十二年題準：新樣城甎每塊銀六分，舊樣城甎銀三分六釐，停泥滾子甎銀九釐，沙滾子甎銀六釐，斧刃甎銀三釐五毫，減角甎銀二釐二毫。餘照十三年定價。三十三年覆準：新樣城甎每塊銀五分五釐，二尺方甎銀一錢一分，一尺七寸方甎銀九分五釐，頭號版瓦銀二釐五毫。雍正元年議準：新樣城甎每塊銀五分，舊樣銀三分，一尺四寸方甎銀五分，一尺七寸銀九分，二尺銀一錢四分，二尺二寸銀一錢五分四釐，二尺四寸銀一錢八分四釐，沙滾子甎銀三釐五毫。頭號獅每件銀八分五釐，二號至四號每件遞減銀一分。頭號獸每件銀八錢，二號至四號每件遞減銀二錢。頭號勾頭每件銀六釐，三號四釐。二號瓻瓦每片銀三釐三毫。乾隆元年題準：長一尺五寸、濶七寸五分、厚四寸新樣細泥城甎，每塊銀三分五釐；舊樣二分一釐。一尺二寸方甎，厚一寸八分，每塊銀一分七釐一毫。一尺二寸料半方甎銀二分九釐七毫。一尺四寸方甎，厚二寸，銀三分三釐。一尺七寸方甎，厚二寸五分，銀七分八釐。二尺銀一錢二分；二尺二寸銀一錢三分八釐；二尺四寸銀一錢六分六釐。長九寸五分、濶四寸七分、厚二寸停泥滾子甎，每塊銀七釐。沙滾子甎銀三釐三毫。沙斧刃甎，長九寸、濶四寸五分、厚一寸八分，銀二釐。減角甎銀一釐八毫。頭號瓻瓦，長一尺一寸、濶四寸五分，每片銀四釐；二號長九寸五分、濶三寸八分，銀三釐；三號長七寸五分、濶三寸二分，銀二釐。頭號版瓦，長九寸、濶八寸，銀一釐六毫；二號長八寸、濶七寸，銀一釐三毫；三號長七寸、濶六寸，銀一釐一毫。頭號勾滴每片銀五釐，二號銀三釐七毫，三號銀三釐。二號羅鍋瓦銀三釐七毫，三號銀三釐。二號折腰瓦銀一釐六毫。頭號獸頭，一尺八寸至三尺五寸，每箇銀七錢；二號一尺四寸至一尺六寸，銀五錢；三號一尺二寸，銀三錢五分；四號六寸至八寸，銀一錢五分。頭號獅子，每件銀七分；二號六分五釐；三號五分五釐；四號四分九釐五毫。土坯，每塊舊例銀八毫，今加二毫。煤土每車重二百斤，舊例銀一錢，今減一分。黃土，見方一丈，高二尺五寸，每方舊例銀一兩三錢，今減銀一錢三分。無舊例甎瓦素通脊，長一尺七寸，高九寸，銀一分；長一尺五寸，高八寸，銀一錢。花通脊，長一尺六寸五分，高八寸，銀一錢二分。花垂脊，長一尺二寸，高六寸，銀九分。垂獸，長一尺至八寸，銀一錢五分。素垂脊，長一尺一寸五分至一尺二寸，高六寸，每件銀八分。頭號花邊瓦，銀四釐；二號銀三釐。頭號折腰瓦，銀一釐九毫。劍把，脊獸，每件銀六分。十號瓻瓦，長四寸五分，口濶二寸五分，每片銀一釐五毫。十號版瓦，長四寸三分，濶三寸八分，每片銀一釐。十號羅鍋瓦，勾滴，銀二釐。十號折腰瓦，銀一釐二毫。獅子，海馬，每件銀四分。

一、臨清甎價直。順治四年題準：臨清城甎每塊給銀二分七釐，斧刃甎每二塊折城甎一塊。十五年題準：水澄細甎每塊給銀六分八釐。十七年覆準：臨清甎料騰貴，窑户苦累，每塊量增銀五釐。康熙十九年覆準：滾子甎每塊價銀二分二釐，備用城甎每塊準銀二分七釐。水澄、斧刃、滾子等甎，今皆不取用。乾隆元年議準：温泉燒造臨清式樣甎，每塊舊例銀一錢八分，今覈定一錢四分四釐。六年，覆準修理太廟奉先殿所用城甎，每塊準銷銀二分七釐。其選用啞聲之甎，每塊減銀一分。

一、金甎價直。順治十四年覆準：江蘇等七府二尺金甎，每塊工料銀五錢八分八毫，一尺七寸金甎四錢八分二釐七毫。蘇州府二尺副金甎，每塊工料銀三錢三分三釐八毫八絲，一尺七寸副金甎二錢七分七釐。江寧池太常鎮等六府二尺副金甎，每塊工料銀四錢三分七釐三毫二絲，一尺七寸副金甎三錢一分六釐。乾隆三年覆準：燒造二尺二寸金甎，正甎每塊準銷銀九錢一分，副甎準銷銀六錢三分七釐。二尺正甎，每塊銀四錢九分四釐八毫；副甎三錢三分三釐八毫八絲。一尺七寸正甎，每塊銀四錢八釐三毫；副甎二錢七分七釐。其副甎價直照十正三副定例，於存公項内動給。六年覆準：懷親王園寢二尺金甎，每塊準銷廠具稻草包索等項銀八分六釐。

一、木價。康熙二十二年題準：各項木植按四時貴賤合算定價。二十四年，定木植隨時低昂，若豫行減定，有累商民，著照時價估給。二十六年，定江南、江西、湖廣辦解桅木，長六丈，大徑一尺五寸，小徑七寸，每根價銀二十四兩；杉木，長三丈，大徑一尺三寸，小徑七寸，每根銀十兩八錢二分二釐；架木，長三丈，圍圓一尺四五寸，每根銀二錢四分；桐皮杉槁，長二丈五尺，圍圓一尺二三寸，每根錢一錢六分。浙江照舊例行。又定：各工需用苗竹，令江西辦解，每咨取以四千五百根爲定數，徑三寸五百根，每根價銀三分；徑三寸五分千根，每根價銀四分；徑四寸、四寸五分、五寸各千根，各遞增銀一分。動用正項採買，輸部存貯，無多，再行照數咨取。乾隆元年議準：松木：長三丈五尺至一丈一尺，徑二尺二寸至一尺三寸，黄松銀自八十六兩四錢至二兩三錢八分九釐；紅松銀自七十六兩八錢至二兩二錢六分三釐。長三丈五尺至一丈，徑一尺二寸至一尺一寸，黄松銀自十兩四錢四分九釐至一兩七錢三分一釐，紅松銀自九兩八錢九分九釐至一兩六錢四分。長三丈五尺至七尺，徑一尺，黄松銀自五兩四錢九分六釐至七錢九分二釐，紅松銀自五兩二錢六釐至七錢五分一釐。長三丈至八尺，徑九寸至六寸，黄松銀自四兩九錢至四錢一分，紅松銀自三兩七錢九分八釐至三錢八分九釐。長一丈五尺至五尺，徑五寸，黄松銀自九錢三分至二錢七分，紅松銀自八錢八分三釐至二錢五分六釐。均分別徑寸大小，按尺遞減。桅木：長七丈五尺，徑一尺七八寸，每根銀六十八兩。長七丈，徑一尺七八寸，每根銀五十四兩四錢；徑一尺五寸減銀十二兩八錢，一尺三寸減銀三十六兩七錢二分。長六丈五尺，徑一尺五寸，每根銀四十一兩六錢；一尺四寸減十三兩四錢四分，一尺三寸減十八兩八錢四分。長六丈，徑一尺四寸，每根銀三十五兩二錢；一尺三寸減十七兩二錢八分，一尺一寸減十九兩二錢。長五丈八尺，徑一尺，每根銀十有四兩四錢。長五丈五尺，徑一尺三寸，每根銀十有六兩八錢；一尺二寸減一兩八錢，一尺一寸減三兩六錢。長五丈，徑一尺二寸，每根銀十有四兩；一尺一寸減八錢，一尺減二兩八錢。長四丈，徑一尺，每根銀十兩。松墩木：濶一尺，厚七寸，長一丈，每料銀一兩五錢；長九尺至七尺，每料遞減銀一錢五分。榆木：長一丈四尺，徑五寸，每根銀一兩六錢二分；長一丈，徑一尺，每根銀三兩一錢五分；徑八寸減四錢五分，徑六寸減一兩七錢九分一釐，徑四寸減二兩二錢二分五釐；長七尺，徑七寸，每根銀一兩六錢二分。長五尺，徑四寸，每根銀四錢五分；徑三寸每根銀三錢六分。長三尺五寸，徑二尺，每根銀二兩五錢二分。椴木：長一丈五尺，徑一尺一寸，每根銀一兩六錢二分，徑一尺減九分；長一丈三尺，徑一尺二寸，每根銀一兩四錢四分。長一尺，徑一尺，每根銀一錢二釐。紫椴木：長一丈，徑一尺二寸，每根銀二兩六錢一釐；徑一尺減六錢五分。栢木：小徑一尺六寸，長一丈七尺，每根銀九十五兩二錢六分二釐；一丈四尺五寸減二十兩四錢二分五釐；一丈三尺減三十兩四錢四釐。小徑一尺四寸，長一丈一尺，每根銀二十六兩三錢二分八釐。小徑一尺二寸，長一丈二尺五寸，每根銀十有四兩二錢八分七釐；長一丈一尺減一兩八錢二釐。小徑一尺，長一丈，每根銀七兩三錢四分四釐。小徑九寸，長一丈四尺，每根銀九兩二錢九分五釐；長一丈減三兩四錢六分二釐。長一丈一尺，徑八寸，每根銀六兩四錢六分二釐。如屬北栢，照南栢減價五成。栢木椿釘：長一丈，徑五寸，每根銀二錢四分三釐。架木：長四丈，大徑七寸，每根銀一兩七錢二分八釐；大徑六寸減七錢二分。長三丈，大徑四寸，每根銀六錢三分三釐。杉木：長二丈三尺，大徑一尺三寸，小徑七寸，每根銀七兩四錢七分。柳木：長二丈五尺，徑二尺，每根銀一兩四錢四分。楊木：長一丈，徑九寸，每根銀五錢四分。檀木：長六尺，徑六寸，每根銀三錢六分。如南檀木每根銀一兩二錢。槐木：長五尺，徑一尺二寸，每根銀九錢九分。樺木：長五尺，徑八寸，每根銀一兩三錢五分。椵木：長六尺，徑一尺，每根銀五兩四錢。樠榆木：長六尺五寸，徑五寸，每根銀六錢八分二釐。花梨木：長一尺三寸，徑一尺，每根銀四兩四錢六分四釐。桐木：長七尺，徑二尺，每根銀十兩四錢九分九釐。紫檀木：每斤銀二錢四分。見方一尺桐木銀九錢，槐木銀七錢二分，香椿木銀一兩一錢三分三釐。柳木版：濶一尺，厚一寸，長一丈，每塊銀四錢三分二釐；長五尺，二錢一分六釐。長一丈，濶一尺，厚一寸，杉木版每塊銀二兩一分六釐，栢木版每塊銀一兩一錢三分三釐。楊木版：長七尺，濶一尺二寸，厚二寸，每塊銀四錢五分。鐵梨木：長二尺八寸，濶一尺九寸，厚三寸，每塊銀七兩二錢。棗木：長三尺，徑四寸，每塊銀三錢七分八釐。花梨木：長二尺五寸，見方二尺，每塊銀一兩九錢八分。見方一尺柟木版，每塊銀三兩五錢九分六釐，花梨版四兩八錢七釐，銀杏版二兩一分六釐，樟木版銀九錢，椵木版一錢一分八釐，榆木版五錢八分五釐，梨木版一兩四錢五分八釐，紫椵木版四錢九分，杉木版四錢九分九釐。通梢架木：每根長一丈七尺至二丈，銀二錢二分；一丈八九尺至二丈三尺，銀二錢六分；三丈至二丈四五尺，銀三錢五分。架木：每根長二丈一二尺，徑三寸，銀四錢五分；三丈二三尺至二丈一尺，徑五六寸至三四寸，銀五錢。爲配搭架木之用桐皮槁：每根長一丈五尺至一丈八九尺，銀七分；一丈六尺至一丈九尺，銀八分；一丈七尺至二丈，銀九分；一丈八九尺至二丈一二尺，銀一錢一分；一丈六尺至二丈四五尺，徑三寸，銀一錢八分；二丈八尺至三丈二三尺太湖槁銀四錢。十二年覆準：浙江辦解架木一千四百根，照江南例給木價銀二錢四分；桐皮槁二百根，每根給木價銀一錢六分。按年於司庫備用款内支銷。

一、灰石價。順治初年，定青白灰每百斤給銀一錢一分六釐。康熙十九年題準：青白灰每百斤準給價一錢二分六釐。二十二年題準：採石價直每見方一尺折算，長一丈至四丈五尺，每丈銀二兩八錢；五丈至九丈五尺，每丈銀五兩；十丈至十九丈五尺，每(文)〔丈〕銀八兩；二十丈至三十九丈五尺，每丈銀十兩；四十丈五十丈以上，每丈銀十有五兩。雍正元年議準：大石窩青白石，折濶厚一尺，長一丈至四丈五尺，每丈銀二兩七錢；五丈至五丈九尺，每丈銀四兩五錢；十丈至十九丈五尺，每丈銀七兩；二十丈至三十九丈九尺，每丈銀九兩；四十丈至五十丈一尺以上，每丈銀十有四兩。折濶厚一尺，長一丈西山旱白玉石，每丈銀五兩七錢。馬鞍山青砂石、盤山青白石、鮎魚口豆渣石，每丈銀均二兩七錢。採辦奇零石料，折濶厚一尺，長一丈，青白石每丈採運銀五兩九錢二分九釐，旱白玉石每丈九兩五錢二分，青砂石每丈三兩七錢五分，豆渣石每丈二兩九錢二分，紫石每丈十有六兩三錢，白道石每丈三兩一錢二分七釐。虎皮石，見方一丈，高二尺五寸，每方銀四兩九錢二分八釐。青白灰，每百斤給銀一錢五分。禪房峪燒造白灰，每百斤給銀一兩九錢。乾隆元年議準：大石窩、西山、盤山等處採石價直，照雍正元年舊例因時確估，槩以九成減定。其奇零石料，青白石每丈減銀五錢九分二釐九毫，旱白王石每丈減九錢五分二釐，青砂石每丈減九錢五分，豆渣石每丈減六錢二分，紫石每丈減一兩六錢三分，白道石每丈減五錢二分七釐，虎皮石每方減二兩九錢二分八釐。青白灰每千斤減三錢二分四釐三毫，如泥濘止減銀一錢五分；禪房峪燒造白灰每千斤減一錢九分。

《清會典則例》卷一二八《工部・營繕清吏司・運價》 順治四年題準：臨清甎用漕船帶運抵，通例無脚價；自通州五牐轉運至大通橋廠，每塊於輕齎銀内支給一分；又自廠車運至各工所，每塊給脚價銀一分一釐五毫。又覆準：令經過臨清糧船，每船帶甎四十五塊，官民船每梁頭一尺帶甎十有二塊，均給批運，交通惠河監督照數驗收。其官民船抵天津務關、張家灣、通州者，名爲長載，例應給批帶運；不到天津等處者，名爲短載，免其帶運，每梁頭一尺納價銀一錢七分。又，鹽貨船每船納紙價銀六錢。均收貯解部。若船到通無甎，即繫抛棄，該監督報部究處。回船過臨清不繳甎批者，治罪；如地方官縱容不行申報，一并題參。十四年覆準，蘇州金甎水陸運價及損墊等費，每塊給銀六錢七分四釐八毫。康熙九年題準，起解金甎及木料，如不選擇精美，以不堪用者解送，或折損，或遲延，由部覈參，地方官罰俸一年，撫司各罰俸六月。十九年覆準，滾子甎每塊陸路脚價銀一分四釐，水路銀一分三釐。備用城甎每塊陸路脚價銀二分八釐，水路銀二分六釐。又奏準：城甎、滾子甎需用緊急，令山東巡撫雇船委官運送。三十八年題準：臨清甎著山東糧船五月起至九月，暫給水脚銀運送。雍正元年議準：運送灰石，該管官動支錢糧，照時價雇車裝運。間遇工程緊急，雇覓艱難，暫於近京地方酌量撥取，仍照時價給發。十一年題準：蘇州金甎由糧船搭解抵通，每塊運價銀一分六釐。乾隆元年議準：一應瓦料運送，各工如在京城内，不準運價；離京城十里以外者，無論脊料瓦料，均四十件用小車一，每十里給脚價銀六分，按里增減。裹吻獸等類及鋪墊拴車，舊例每千件用裹麻縆二十斤，稻草七百二十斤。今覈定每千件用裹麻縆二十斤，稻草三百斤。如監修宮殿等工應用，照例覈給；尋常廟宇及王府城樓各工，照見定例減半成準給。木料，每一千三百斤一車，自通州運至京城，計四十里，每車春冬銀八錢，夏秋銀一兩八釐。自張灣運至京城，計五十里，每車春冬銀一兩一錢，夏秋銀一兩三錢八釐。大石窩青白石，每折長二丈七尺一車用贏一，日給銀二兩一錢；四丈六尺以外用贏二，五丈二尺以外用贏三，六丈及六丈七尺以外用贏四；不及四丈六尺、五丈二尺、六丈及七丈一尺以外者，均照應加贏數得半覈給；七丈五尺及八丈二尺以外用贏五，八丈八尺以外用贏六，九丈四尺以外用贏七，十丈以外用贏八，十丈五尺以外用贏九，十一丈以外用贏十，十二丈三尺以外用贏十，十三丈三尺以外用贏十，十四丈以外用贏十一。西山旱白玉石，每二丈四尺三寸一車；馬鞍山青砂石，每二丈七尺一車；盤山青白石，每二丈七尺一車；鮎魚口豆渣石，每三丈七尺一車，車各用贏一。各項物料，鮎魚頭架木以十有二根，通梢架木以二十根，桐皮槁以四十根；長短架木，頭號長二丈至三丈以四十根，二號長一丈五尺至一丈九尺以五十根，三號長一丈至一丈三尺以六十根，四號長五尺至八九尺以七十根；栢木椿釘松椽以七十根；各裝一車。臨清甎、新樣城甎均三十三塊一車。大方碎甎一方折整城甎五百五十五塊，每塊運價錢三文。以上各物，如按件裝載，仍照數覈給。或計斤兩給價，每一千三百斤一車。

京城内不論里數，每車制錢二百文；出城十里之内，錢三百文；十里外，均每里銀二分，計算給價。四年覆準：燒造金甎，令該撫將副甎選擇尚繫純全者，一并解部，委官驗收。除正甎務須體質堅膩，稜角完好，慎重揀選，其副甎亦擇純全堪用者，準其開銷運價。如繫窳裂難以應用，即將運價扣除。六年覆準：太廟奉先殿取用臨清甎四十九萬四千一百六十二塊，又選用啞聲者三萬八千塊，由糧船帶運者不給運價。其五次雇覓民船載運，每塊準銷水脚銀二分六釐。十一年覆準：太廟奉先殿取用金甎由糧船搭運抵通，照雍正十一年辦解一尺七寸金甎每塊準給運銀一分六釐例折算，二尺金甎準銀二分二釐一毫四絲四忽，二尺二寸金甎準銀二分六釐八毫。

《清會典則例》卷一二八《工部・營繕清吏司・禁令》 順治四年題準：禁止馬鞍等山樵牧，以山内柴草供燒石灰之用。十五年覆準：京城北面一帶地方，不許燒窰掘坑，勒石永禁。違者指名參處。康熙二年覆準：凡築甎瓦窰，均令於離城五里，不近大路之處燒造，違者治罪。十二年題準：内廷工所，如在工匠役偷盜物料，監工官罰俸六月；外人偷盜者，罰俸一月。不應内廷行走之人偷盜者，守門官罰俸六月；應行走之人偷盜者，罰俸一月。二十一年覆準：工程所需大木，如樹在寺廟中及墳塋内者，不許溷報封採；其近於寺廟墳塋者，亦不得藉口隱匿。違者治罪。二十二年題準：交送物料若不精好，將舖户匠役懲處換送。如堪用物料，管工官役抑勒不收，繫内務府者，部會内務府總管覈參；繫在外者，由部題參，書役皆交該部治罪。又題準：驗收物料，不必等候全完，隨到隨收，給發實收。若逾限不給，事發，交部議處。又題準：看管物料被人盜去者，該管官罰俸一年。二十七年議準：官民房屋牆垣，不許擅用琉璃瓦、城甎。如違，嚴行治罪，其該管官一并議處。又覆準：採買解送竹木等項，經收人員若藉端抑勒，令解送官役指告，由部確察題參，嚴加治罪。三十三年覆準：管窰監督新舊交代，將庫銀及燒造物料驗明注册，不許外賣。三十九年覆準：建造備辦木植，酌定工程大小，定限催完。如有遲延，即照定例處分。又題準：各處工程，舖户所送物料，在工官員勒索不收，被舖户出首，即題參治罪。四十年奉旨：桅杉架木槁木植解到日，著司官即行驗收。若藉端勒索以致遲誤，經朕察出，或被科道糾參，定行嚴加議處。又題準：各工所需木植等項應發錢糧，由部取具監督，印領發銀，限定日期運收。違限，將該監督題參，照例處分。五十二年題準：紅石口蝎子山自青龍橋往北，高兒山、破頭山、楊家頂一帶，行文順天府，大興、宛平二縣，五城三營八旗及内務府管領等，通行嚴禁，毋許採伐。如有將禁止處所私行偷採石料者，拏交該部嚴加治罪。嗣後，如有修造處應用物料，仍著欽天監官前往踏看，果無關風水之山，方許採用。五十八年題準：工程應用架木，管工官於工完日，將領過通梢架木，近處限四十日，遠處限八十日，交回木倉。除損壞鋸截外，於限内交回十分之九者，免議；逾限全不交者，參處。如木倉監督該司滿漢官等徇情不行舉出，一并題參。再，關繫内廷工程，内務府官與部官彼此推諉，不於限内繳回木料者，部會内務府總管一同題參，交部議處。雍正三年覆準：各處取用物料，部委司官筆帖式監令商人舖户備送，將收過物料數目，該處給發印文會同察覈，毋許私行銷算給發錢糧。如交送遲延，及揑稱已交竟不交送者，將監送官交部察議，商人等從重治罪。其物料交完，而該處抑勒不出收領，許監送官及商人等呈明，題參察議。五年諭：各省採辦木植等項，著該督撫遴選賢員辦理，照民間價直給發，不許絲毫扣剋，務令均沾實惠。仍著該督撫等時刻留心察訪，俾屬官敬謹遵奉。倘不遵諭旨，將該督撫一並從重治罪。欽此。又奏請，各處工程應用器具，設一收納公所，委官監督。工程報完，即將準給器具，該管工官照數繳工，以三次爲限，方準換給。奉旨，凡一應工程，日期多寡不等，所用器具，若槩以三次爲限，然後換給，轉難辦理。嗣後，工完時可將所用器具詳察收貯，果有損壞，於再用時酌量換給。如此則於事有益，而亦易於辦理。

《清會典則例》卷一二八《工部・營繕清吏司・報銷》 一、營建工程。康熙十二年題準：各部院衙門修理建造需用錢糧，由部詳加確估，令各該衙門自行修理。三十五年題準：一應修理之處，令各衙門具題，始行修理。三十九年議準：各衙門於工部移取物料，價直百兩以上，該衙門具題支給；不及百兩者，照該衙門印文支給，仍於每月奏銷册内，逐一開明具題。又題準：内外緊要工程需用錢糧，有具題動用者，有照印領用者，皆繫四司官員覈算。嗣後，每司選賢能郎中一人、員外郎一人、主事二人引見，坐司辦事。除奉旨差遣外，一應工程皆不差委，則錢糧册籍不致舛錯。如有舛錯不清及侵蝕扣剋者，即行題參。六十年題準：一應興修工程工價，五十兩以内，物料價直二百兩以内，照依各處印文，部準修理。其工價五十兩以上，物料價直二百兩以上者，著該修理處料估啓奏，部委官覈估，會同該處官員監修，將用過錢糧，著落該管工官名下銷算。其一二奇零工程，仍照常委官修理。如有錢糧數多，不奏明即便行文，及分作數起指稱，五十兩以内不奏明而行文者，題參治罪。雍正十三年奏準：凡有修建工程動支正項錢糧者，確估物料價銀五百兩以上，工價銀二百兩以上，督撫題報，由部察覈覆準興修，工竣，造册題銷。其物料價銀五百兩以下，工價銀二百兩以下，咨部定議，動項興修，工完，亦造册題銷。倘物料工價銀數應行題報，而設法分爲幾處陸續咨報，不行題明輒自修建者，該上司察出，即行題參議處。再，各省如有修建工程應動存公銀者，令該督撫將確估工料細册，咨部動用，仍於工竣後，報部覈銷。乾隆六年覆準：直屬工程，有按原估之數八折先行給發之事。嗣後，工程令督撫轉飭承辦官據實確估，部覆到日，如需費無多，即照數全給；若工程浩大，未能刻期告竣，該督撫計算銀數酌量批定，陸續給發，工完找領。如該管衙門胥吏於找領時藉端需索，或故意駁詰，承修官即據實呈報，將書吏嚴加治罪。倘徇隱不報，即照與受同罪例議處。九年奏準，壇廟工程，物料銀二百兩，工價錢五十(串)〔兩〕以上者，太常寺自行奏明咨部，委官會同估修；其銀不及二百兩，錢不及五十串者咨部，即行會同辦理，照例奏銷。

一、監工官員。康熙二十二年題準：修理工程管工官員筆帖式估計浮冒者，題參議處；匠役交刑部治罪。三十九年諭：工部每遇工程，或瞻徇情面，委官監工多由請託，其具題册籍止開總數，並不詳開細數，且修造不堅，於三年内倒壞，亦未定有監修官賠修之例，是以官員皆苟且塞責，虚糜錢糧。此後，凡遇工程，必簡賢能司官引見委用，務令堅固修造，三年内倒壞，定例令其賠修，每月具題册籍，將監管工程司官職名，及物料估計支用錢糧，逐件詳明，分晰細數，造册具奏。倘有估計浮多、支取扣剋等弊，察出，定行重處。欽此。遵旨，議奏，一應工程匠役，工價銀百兩以上者，部簡賢能司官引見候旨，令其監造。如工程不堅，三年内倒壞，將監造官革職，戴罪勒限賠修，工完開復，不完革任，著落家産賠補。奇零工程，仍照舊委官，會同該處官員監造；用過錢糧，每月逐一開明，具題料估。浮多者，官員交部議處，作管交刑部治罪。奉旨：從前完過工程，若三年内倒壞者，亦照此例令其賠修。五十八年奏準：一應工程，部選賢能官料估覈算，再掣籤別委司官筆帖式作管修工，不必交與原估官承修，以杜冒銷。雍正二年覆準：一應修理工程，令該修理處委官會部公同料估監修，工完，仍別行委官察驗。如有浮冒，即行參處，其浮冒錢糧催追繳庫。七年奏準：各司案件，必廉敏練達之人專司坐辦，則大小事件始末原委得以詳盡，若槩令兼辦工程，轉恐顧此失彼。請於滿漢司官内，選才具優長勤敏辦事者司各二人，責令坐辦，並將善於繙譯之筆帖式酌量選委以供繙譯校對。其餘各官，量其才之短長，分別工程大小，輪流經理。凡銀數在百兩以下工程，量選勤敏之筆帖式分辦。至各項解送差委，司官不敷，亦擇才能筆帖式委署主事，同見任司官一同分委。

一、料估。康熙十九年定：各處工程，經都察院察覈者，停其豫估具題；同内務府修理者，仍照例題報。四十三年奏準：凡一應修理，匠夫工價銀至五十兩以上者，各該處料估具題，會部公同監修。三年内倒壞者，令其賠修。至奇零工程，仍照常委官修理。雍正七年奏準：向來一應工程，皆委出之承修官自行料估，是以易起浮冒。嗣後，專設料估所，凡有工程，皆先期料估覈定，別委能員承辦。俟工竣日，仍令該所協同承修官據實詳覈，按工銷算。其應需官吏，即於四司内簡選滿漢司官四人，筆帖式四人，書辦六名。如二年内所估工程，一一詳明確當，別行奏聞，量予議敘。如通同徇私作弊，或經察出，或因首告，即行題參，將該所官吏交部嚴加治罪。八年奏準：各省題銷事件、工程作法、物料價直，未有一定成規；令各該將軍督撫，將工程緩急、物料貴賤，確訪本處市價，造册具題，以備稽察。乾隆四年諭：百工物料價直，原屬隨時增減，各省不同，即一省之中，各郡縣亦不畫一。今豫定數目，永遠一例遵行，則價賤之年，必有餘資，以飽官吏之私橐，弊在侵漁錢糧，爲害尚小。若價貴之年，採辦不敷，勢必科斂閭閻，弊在苦累百姓，爲害甚大。惟在各省督撫，遇有辦理物料之處，留心訪察，詳確綜覈，既不使承辦之人恣意浮冒，虚糜國帑；又不至苛刻從事，過於減少，致滋賠累，庶爲公平之道，又豈豫定程式所能杜絕弊端乎？欽此。遵旨議準，價直定例，誠難遵行，但所需物料均照時價估報，倘承辦各官，有未能實力奉行，轉藉時價低昂，任意輕重，在部既無成案足憑，又無成規可照，恐滋弊端。請將各省所造物料價直冊籍，仍存部以備參考。嗣後，一切修建，不必拘泥定價，令該督撫轉飭承辦各官，悉照時價確估造報；工竣，別委官察勘取具，並無揑飾，印結詳報。該督撫等確訪時價，詳細覈明，據實題咨，由部覈銷。倘承辦官浮開揑報，照冒銷錢糧例指參；委官察勘不實，亦以扶同徇隱例參處。至京城物料等項價直，定例有年，復於乾隆元年，由部會同內務府確訪時價，酌中更定，似無過寬過刻之處。即時價偶有低昂，亦令承辦官據實聲明，聽部就近察訪，酌量辦理。五年奏準：由部將用工用料作法定例，陸續頒發各直省。七年奏準：各省估報冊籍，仍不能按照作法造報，恐用工用料款項繁多，未諳者不免遺漏舛錯，復頒發簡明作法冊式，使修建一切工程，易於遵守。十六年議準：各省一應工程緩急不同，河工隄岸關繫民生，應修之工固難稽遲時日；而城垣倉庫修坍補闕，若必竢估冊覆定，方準鳩工，則坍塌愈多，滲漏愈甚，其事實有難行。至其餘工在可緩而估冊違例者，原可先行指駁。嗣後，各處工程於題估時，即悉心酌覈，如繫緊工，則令其一面興修，於題銷時察覈；若屬緩工而估冊違例者，則就估冊指駁，竢估冊覈定，始準興工。工完報銷之日，如悉與原估相符，按例準銷，無庸駁減。或工程改易，有增估續估之處，令其先行報部，於報銷冊內詳細聲明，聽部察覈。十八年議準：直省修建工程，有緩急之分，緊工一面估報，一面興工，工竣，據實覈銷；緩工，先照估冊覈定，然後興工。今本省估冊合式者甚少，一經部駁，動逾歲月，不特案牘滋繁，抑且工程遲緩。嗣後，緊急工程照舊辦理，其餘一應工程，於興工之前，皆令先造估冊送部，竢部覆準修理，即行興修，完竣之後，別造實用工料清冊，委官察勘，具結報銷。

一、覈銷。康熙十年議準：凡建造工完，將原估、覈減、實用、存剩錢糧數目，分爲四條，繕造黃冊具題。四十年題準：嗣後如有大工程，需用銀萬兩至數萬兩者，其柴炭繩席鐵料等項需用萬兩至數萬兩者，均令專冊奏銷，不得彙於雜項一并造冊。雍正十三年覆準：各省工程報銷冊內有洗補增注字，均用印鈐蓋，并於冊尾將用印數目登注；其錢糧總數亦一槩鈐印。倘有遺漏，將造冊官題參議處，謄繕書吏按律治罪。乾隆五年奏準：在京工程採辦物料，各承辦官遵照定例發銀。如有贏餘，並無別項需用，竟行侵蝕入己者，一經察出，照冒銷例參處。倘其間或有匠作搬移等費，許將緣由呈明，以聽覈奪。如該員並不呈報，竟行開銷，經部察出，即將情由察明參奏，交吏部照應申上而不申上律，罰俸九月。九年奏準：各項工程，原估修十丈者，工完止有九丈，即應將少修工料扣除。辦買物料，向例直銀一兩，今按時價止需銀九錢，即應照依時價扣除，均不得謂之節省。至如所用匠夫，原估見行作法應需匠十名，今工竣止開九名；應需夫十名，工竣止開八名，此乃實在節省。嗣後，工程凡有覈減，其實非節省者，應仍照數著追。若實繫節省，方準其照數抵銷。至於自行墊銀一案，各省報銷冊內開報甚多，著該督撫等飭令承修官，照原估興修，據實造報。如原估工料實有不敷，必需加增者，亦必先事估報。即或工程緊急，勢難緩待，亦應一面興修，一面委官確估報部，不得任承修官浮開墊用。如有續估工料不豫行報部，遽於報銷冊內聲稱捐墊，完竣，即本項內有覈減銀，亦不準抵銷。十六年議準：各省報銷冊，有有意浮冒違例多開者，亦有不諳冊式分晰未明者，向來由部按款開單指駁，令其別造妥冊報銷。但冊籍繁多，所開之單不得不歸簡要，而外省官吏或自護前非，計圖塞責；或不能細心理會，以此例彼，按單減造，故續造之冊仍有未妥，勢必往返駁詰，致多塵案。嗣後，報銷冊到部，如駁款繁多，開單不能詳盡者，就原冊將應駁之款多黏浮籤，詳細指示，即將原冊發回，令其照籤改正，別造妥冊，同原冊一并繳部察覈。如駁款無多，易於聲説者，仍照舊開單指駁，令其照單聲明，無庸別行造冊，並覈明各冊，除開單黏籤之外，如餘款並無牽制，即可先爲銷算，應準者即準銷給發，應減者即覈減著追餘，竢別冊聲明到日，再行覈結。至有工程本小，銀數無多者，款項雖未清晰，自可酌量覈算。如有浮多即覈減，令其追繳，不必往返駁詰，躭延時日。十七年覆準：各省工程，向來報銷止造細冊一本，覈算之後，將冊存部備案，是以止將覈減數目開單行知，或有仍難理會之處。嗣後，直省報銷工程，均令各該督撫等造具正、副二冊，送部覈算。有應行覈減者，即將覈減款項數目，於副冊內逐一注明，鈐印，飭發該省備案。遇有別工造報，即照式畫一辦理。又題準：凡在外各處修造，百兩以下者，由部注冊，年終奏銷；百兩以上者，工完日，開明工料數目，送科道詳勘。如有浮冒，即行題參。又議準：各部院遇有修造，由部委官，估計覈定工料具題，交管工官修理。工完日，將實用過銀錢物料，及節省餘剩銀錢物料數目，具題造冊，送部銷算。

一、報銷期限。康熙二十八年覆準：內工所用錢糧，萬兩以下、千兩以上者，自完工日起，限八十日內，令管工官覈明報部。外工所用錢糧，科道官稽察相符到日，萬兩以下限八十日，五萬兩以下限百二十日，十萬兩以下限百六十日，十有五萬以下限二百日，二十萬以下限二百四十日，覈明報部。銀數多者，照前加限。其清册到部，由部察所用銀，繫萬兩以下、千兩以上之册，限五十日具題；五萬以下限七十日，十萬以下限九十日，十有五萬兩以下限百有十日，二十萬兩以下限百三十日。錢糧多者，亦照前增限，具題完結。如管工及銷算各官不能如限完結，皆交部議處。五十九年題準：凡遇緊急工程，給發管工官清字文卷，完工之日，令管工官於四十日内呈遞料估，該司官於四十日内覈減銷算；有應繳錢糧者，亦於四十日内繳庫。倘有逾限不繳，及限内不徹清字文卷者，即行題參。雍正七年奏準：嗣後遇奉旨修理緊急工程，不及先行料估覈算者，酌量工程之大小，部給錢糧，委官速行修竣呈報。自工竣起，限十日内呈遞銷算清册，限十五日内該司覈算呈堂。如有應繳錢糧，限五日内交庫。其銷算清册或有違限，照事件遲延例交部議處。應交錢糧，不依限交庫，照侵蝕例治罪。該司官不據實呈明，照承追虧空不力例察議。至一應尋常工程，所需物料工價銀二百兩以内者，定限一月；五百兩以内，定限二月；自千兩至二千兩以内者，定限三月；三千兩至五千兩以内者，定限四月；如五千兩以外，再有加多至三千兩以上者，加限一月，均令按限如式完工，亦於十日内呈遞清册。或有續估之處，則按請領錢糧日期，逐案報銷，不得前後牽溷。至銷算日期及應繳錢糧，亦照前議定限，如所用錢糧至二千兩以上者，準於十五日外加限五日；萬兩以上，再加限十日，覈算明白，即行照例題銷。其二百兩以上者，彙册題銷。凡一應工程，除盛暑隆冬，奏明暫行停止外，或有不依定限完工者，照玩誤工程例議處。倘修理未完，限期已迫，而規避處分捏報工竣，察出，别行指參。其有應繳銀，不遵定限交庫，即將該員參奏革職；勒限四月，移咨各該處嚴行催追，限内完者，準其開復；逾限不完，照侵蝕正項錢糧例治罪，仍著落家産追完。此外，或有工程浩繁，辦料維艱，數至三萬兩以上，别行具奏定限。又奏準：各項工程，例應於工竣日繳餘剩銀，向皆因循怠忽，致多積欠，雖已立定限，催追不完參處之例，但工程繁多，若無專司催工之官，恐積久怠玩，仍蹈故習。請增設一督催所，鑄給關防以領其事，應需官吏，在於四司内選勤敏公直滿漢司官各一人，筆帖式二人，書辦二名，令其照依奏準之例，分别督催，一有逾限，即呈堂參處。二年之内，果能實心任事，請旨議敘，以示鼓勵。倘有瞻徇怠忽，即行指參，交部議處。乾隆五年奏準：各省工程，均令該督撫酌量工程大小，修造難易，定以限期，於估報案内聲明，委官督催，逾限參處。倘有他故不能依限告竣，分别題咨展限。工竣，照例造册詳報，該管司道覈對報銷。如有駁覈，即按款按限補造。逾限不覆，以及駁覈再三，不行據實造報者，該督撫覈明指參，并將該管之司道附參。六年覆準：凡應追覈減銀，照依雜項錢糧例，計以年限著追。如限滿不完，將承追官初參，降俸二級，戴罪督催完納；復參，罰俸一年。如承辦官遇有升遷事故，於任所原籍催追，限滿不完，亦令該督撫等指名糾參，交部分别議處。十五年議準：一應工程，覈減報銷脚價及一應欠項，向照雜項錢糧之例察議，此等亦帑項攸關，不便任其遲延日月。應將三百兩以下之案，減爲半年追完。十九年諭：外省動用錢糧及工程報銷，應駁應準，均有定例。乃督撫往往於部駁後，輾轉行文詰問，不即刻期辦結；或據屬官詳禀，輾轉聲覆請銷，而該部仍復往返駁詰，以致塵案纍積，迨經年久遠，官吏迭更，徒滋拖累。此向來相沿陋習，殊非敬事勤政之道。嗣後，報銷之案符例者，該部不得濫行駁詰。例應駁詰者，至三次後，該部聲明具奏，或按例覈減，飭交該督撫覈令經手官員，照數追賠完案；或據情酌予豁銷，務令刻期速結。仍著於每歲終，將未完各案彙摺奏聞。其見有從前未結各案，予限一年，令户、工二部察明，分别辦理。欽此。

《清宣宗實録》卷八二 〔道光五年五月癸卯〕諭内閣：福綿奏，前發各商生息銀兩，展限提還，請仍舊生息，以資公用一摺。晉省動撥社義息穀變價銀二萬兩，交商生息，接濟滿營公費及應修工程，前經奏准，將本銀展限提還，支賸息銀，留充公用。兹據該撫奏稱，現存司庫息銀一萬二千一百七十餘兩，今展限已滿，應行提還原本。惟平陽、蒲州二府各廟宇並省城祠壇、廟宇、城壕、書院等項，均應次第興修，且滿營官兵尚須調劑，所有此項生息銀兩，著照所請，毋庸提還，仍照舊生息，每年所得息銀二千四百兩，遇閏加增銀二百兩，除給發滿營酌添官員馬乾、兵丁操演、紅白賞卹等項，歲需銀一千兩外，餘賸息銀，即留爲本省工程及一切工用之需。遇有動用，於年底彙册報部，仍俟將來司庫積存銀足敷二萬兩之數，即將息銀歸還原本，以清款項。該部知道。

中國第一歷史檔案館編《圓明園》（上）第一三六號《英廉等奏銷算海嶽開襟等處工程銀兩摺》 奴才英廉、福隆安、和珅、德保、金簡、中敏謹奏，爲奏聞銷算銀兩事。

乾隆四十三年四月二十日經奴才等估奏，長春園内海嶽開襟樓座、殿宇、平臺、遊廊油畫見新，並四出軒三覆簷大殿一座，中層週圍添安擎簷廊，拆修牌樓四座，除行取木植、顔料、錫片、紙張、紗絹外，估需工料銀七千六百四十八兩八錢九分四釐。等因奏准在案。隨派苑丞常安等監看修理。嗣據該員等呈稱，遵照原估行取户部顏料應用，嗣據該部咨覆，本庫現存桐油、黄丹、銀硃等十一項，其餘金青顏料二十八項，現在無存，按照部例核值銀六千五十五兩一錢九分八釐，令該工自行辦買。等因咨覆在案。相應將此項銀兩歸入估内核銷。又續經奉旨加堆土山，修縫氈、竹簾、雨搭等項，呈明交總理處，約估工料銀三百八十六兩四錢一分五釐。以上統計原估續估共銀一萬四千九十兩五錢七釐，業經修理完竣。

今呈報修理得：海嶽開襟三覆簷四出軒正樓一座，下簷四面，每面各顯五間，中層四面，每面各顯三間，上層四面，每面各顯三間，三重簷，二廡座，安斗科天花，頭停十字脊。

四面重簷抱廈四座，每座二重簷，一廡座，安斗科天花，歇山成造。今中層週圍添做廡座擎簷廊，添安同柱、抹角梁、大額枋、平板枋、斗科、擎簷柱、簾籠枋、摺柱、花板，原舊廡座拆換大承重楞木，挑換裏圍斗科，抱廈大木挑牮撥正，墩接簷柱，俱拆宼頭停，挑換椽望、山花、博縫，樓板中層換安琵琶欄杆。

牌樓四座，每座三間，換安柱子四根，挑換額枋、機拽枋、斗科、椽望、花板、雀替，拆安夾杆、鑲杆、噙口等石，拆宼頭停，添補琉璃脊瓦料一成。

重簷穿堂配殿二座，每座計三間，重簷方亭四座，遊廊四座，每座計九間，俱頭停夾隴捉節，添錠引板，穿堂配殿拆調正脊。

以上樓座、殿宇、遊廊共十四座，計八十九間，下架柱木裝修，並上架枋、梁、大木俱鑿砍，找補灰麻地仗，照舊式油飾彩畫見新，以及内裏裱糊，各座舊有槽活拆錠，鋄銀見新，回打錫片，各作拆工、運遠，拉運木植車脚等項，共請銷工料銀一萬四千二百十六兩一錢三分一釐。等因呈報前來。

奴才等率同員外郎陳政前赴該工逐細查丈，詳加斟算，内有不符之處，應減工料銀五百八十三兩四錢七釐，應銷銀一萬三千六百三十二兩七錢二分四釐。又拉運架木，出運渣土，清理地面，呈明實用銀三百九十九兩七錢四分七釐，二共應銷銀一萬四千三十二兩四錢七分一釐外，領用官廠木植核值銀三千五百十六兩一錢九分九釐。又估外遵旨油畫罨畫溪、流香渚、蘿溪煙月、蘭林翠幄等座殿宇、方亭五座，照舊式油畫見新，所需工料銀兩於估内通融辦理，未經開銷，合併聲明。

謹將用過工料銀兩細數另繕黄册、清單，一併恭呈御覽。仍請交與總管内務府大臣再行查覈。謹此奏聞。

乾隆四十六年十二月初二日奏，奉旨：知道了。欽此。

中國第一歷史檔案館編《圓明園》下之五《内務府黄册・長春仙館等處加堆土山山高水長開挖水泡銷算銀兩通總》 乾隆四十二年八月二十日

長春仙館東、北二面，並南大橋南面東邊加堆土山，山高水長南山根開挖水泡，東西長十九丈三尺，寬十八丈七尺，所挖之土除加堆長春仙館土山外，逐次加堆前湖南面、東南，韶景軒東邊，圓明園殿前兩邊，並天地一家春東邊，及菜園嶺等處土山，俱加堆長高。再，山高水長樓南邊新堆土山，湊長二十二丈五尺。加堆舊山，並水泡西面開挖進水河，添砌雲步石平橋一座，西南門内添墊甬路，湊長三十七丈。前湖南面二角清淤，就近加山，並各處拍山潑水，清理地面，實用現工等項銷算用過工料銀兩數目開後。計開：

扎縛繩三十一斤，每斤銀二分二釐，繩斤銀六錢八分二釐，内除回殘麻刀銀二錢四分七釐，净銀四錢三分五釐。刨深四尺土方一百四十四方九分三釐，每方銀四錢五分，計銀六十五兩二錢一分八釐。刨深四尺河方一百四十四方九分三釐，每方銀五錢六分，計銀八十一兩一錢六分。刨深四尺河底水方一百四十四方九分三釐，每方銀一兩二錢八分，計銀一百八十五兩五錢一分。以上共計土方四百三十四方七分九釐，内六十六方七分八釐，此土自水泡運至山高水長南邊新堆土山，折中均遠二十五丈，除本身十丈，净遠十五丈，每丈銀六釐，每方運價銀九分，計銀六兩一分；三十三方五分，此土自水泡運至山高水長南邊加堆舊山，折中均遠三十六丈五尺，除本身十丈，净遠二十六丈五尺，每丈銀六釐，每方運價銀一錢五分九釐，計銀五兩三錢二分六釐；三百十四方二分三釐，此土自水泡運至長春仙館東、北二面，並南大橋南面東邊，前湖南面、東面，及菜園嶺韶景軒東邊，圓明園殿前兩邊，天地一家春東邊等處，舊山加堆長高，折中均遠一百八十五丈，除本身十丈，净遠一百七十五丈，每丈銀六釐，每方運價銀一兩五分，計銀三百二十九兩九錢四分一釐。西南門内添墊甬路，運土九方六分二釐，此土自西南門外值房南邊運至本工，折中均遠四十八丈，除本身十丈，净遠三十八丈，每丈銀六釐，每方並運遠銀六錢七分八釐，計銀六兩五錢二分二釐。刨深四尺清底水方十八方三分四釐，每方銀一兩二錢八分，計銀二十三兩四錢七分五釐。行硪見方丈二十九丈六尺，每丈銀九分，計銀二兩六錢六分四釐。搥下長五尺栢木地丁三百六十二根，每根工價銀三釐六毫，計銀一兩三錢三釐。砍丁尖木匠二工半，每工銀一錢五分四釐，計銀三錢八分五釐。堆山夫九百六名，壯夫七十名半，共夫九百七十六名半，每名銀八分，計銀七十八兩一錢二分。

以上土作工價並繩斤銀七百八十六兩六分九釐外，堆做雲步石橋，拍山潑水，清理地面等項，實用現工銀一百八十三兩二錢九分。二共銷算銀九百六十九兩三錢五分九釐。領用廠存長五尺栢木地丁二百二十三根。

中國第一歷史檔案館編《圓明園》下之五《內務府黃册・蓬島瑤臺日日平安報好音改建樓亭大殿地面銷算銀兩通總》 乾隆四十六年十二月初七日

蓬島瑤臺日日平安報好音方亭一座，四面各顯三間，通見方一丈四尺，柱高九尺，今改蓋方亭樓一座，將原舊頭停挪在上層安設，添安支窗九槽、板牆三槽，內裏頂槅頭停拆宼七樣琉璃脊瓦料。大殿西邊原舊平臺遊廊七間，今改建遊廊樓七間，前簷安橫楣欄桿，上層添安板牆，頭停宼九樣琉璃瓦料。南面拆蓋遊廊樓一間，舊有兩捲房二間，今改偏廈頭停，以及油畫、裱糊、修縫雨褡。再，兩捲大殿七間，內裏地面換安東安石磚；留春殿三間，內裏地面換安庫貯金磚，將大殿換下地面方磚在含韻齋三捲殿內換墁地面，以及各作拆工運遠，堆做山石高峯，拘抿油灰，加堆土山，出運渣土，清理地面，實用現工等項，按例銷算用過物料工價銀兩數目開後。計開：

望、連簷、瓦口，下層添安承重間枋、楞木、鋪板、掛簷板，上簷添安柱木、額枋，挑換椽

領用官廠：徑一尺六寸、長一丈九尺松木四根，每根銀十八兩六分，木值銀七十二兩二錢四分。加二八值銀二十兩二錢二分七釐，領用官廠木值共銀九十二兩四錢六分七釐。

辦買：徑一尺、長九尺松木十二根，每根銀九錢九分二釐，計銀十一兩九錢四釐；徑九寸、長一丈八尺五寸松木八根，每根銀二兩二錢二分，計銀十七兩七錢六分；長一丈七尺五寸松木一根，計銀二兩四分三釐；徑八寸、長一丈四尺松木二根，每根銀一兩一錢七釐，計銀二兩二錢一分四釐；徑五寸、長九尺五寸松木三根，每根銀四錢七分五釐，計銀一兩四錢二分五釐；長九尺松木二根，每根銀四錢四分，計銀八錢八分；長八尺五寸松木二根，每根銀四錢五釐，計銀八錢一分；長八尺松木二根，每根銀三錢七分，計銀七錢四分；長七尺松木三根，每根銀三錢三分，計銀九錢九分；長六尺五寸松木六根，每根銀三錢一分五釐，計銀一兩八錢九分；長一丈檄木六十三料九分六釐，每料銀一兩五錢，計銀九十五兩九錢四分；長七尺檄木一百九十料五分八釐，每料銀一兩五分，計銀二百兩一錢九釐。木植共銀三百三十六兩七錢五釐。加二八值銀九十四兩二錢七分七釐，辦買木植共銀四百三十兩九錢八分二釐。尺四方磚二十四個，每個銀三分八釐，計銀九錢一分二釐。停滾子磚八十四個，每個銀六釐，計銀五錢四釐。沙滾子磚一千九百五十六個，每個銀三釐六毫，計銀七兩四分一釐。磚塊銀八兩四錢五分七釐。七樣紫色琉璃：斜當溝十件，每件銀一錢六分、琉璃料一兩八錢，計銀一兩六錢，計紫色玻璃料十八兩；押帶條十四件，每件銀一錢六分、玻璃料五錢，計銀二兩二錢四分，計紫色玻璃料七兩；垂脊三件，每件銀四錢七分、玻璃料八兩，計銀一兩四錢一分，計紫色玻璃料二十四兩；獅馬二件，每件銀一錢六分、玻璃料三兩，計銀三錢二分，計紫色玻璃料六兩；筒瓦一百一件，每件銀一錢六分、玻璃料一兩八錢，計銀十六兩一錢六分，計紫色玻璃料一百八十一兩八錢；勾頭十一件，每件銀一錢六分、玻璃料二兩二錢，計銀一兩七錢六分，計紫色玻璃料二十四兩一錢；滴水十件，每件銀一錢六分、玻璃料二兩二錢，計銀一兩六錢，計紫色玻璃料二十二兩；板瓦一百三十一件，每件銀一錢六分、玻璃料一兩七錢，計銀二十兩九錢六分，計紫色玻璃料二百二十二兩七錢；翡翠色筒瓦八十八件，每件銀一錢六分、玻璃料一兩八錢，計銀十四兩八分，計翡翠玻璃料一百五十八兩四錢。綠色琉璃：勾頭六件，每件銀一錢六分、鉛三兩二錢，計銀九錢六分，計鉛十九兩二錢；滴水三件，每件銀一錢六分、鉛件銀一錢六分、鉛三兩二錢，計銀九錢六分，計鉛十九兩二錢；滴水三件，每件銀一錢六分、鉛三兩二錢，計銀四錢八分，計鉛九兩六錢；板瓦三件，每件銀一錢六分、鉛二兩二錢五分，計銀四錢八分，計鉛六兩七錢五分；押帶條八件，每件銀一錢六分、鉛五錢五分，計銀一兩二錢八分，計鉛四兩四錢；掛落磚六十六件，每件銀八錢、鉛十一兩，計銀五十二兩八錢，計鉛七百二十六兩；馬槽溝十件，每件銀五錢六分、鉛七兩七錢，計銀五兩六錢，計鉛七十七兩。九樣紫色琉璃：筒瓦五百五十三件，每件銀一錢六分、玻璃料一兩六錢，計銀八十八兩四錢八分，計紫色玻璃料八百八十四兩八錢；板瓦一千一百八十八件，每件銀一錢六分、玻璃料一兩五錢，計銀一百九十兩八分，計紫色玻璃料一千七百八十二兩。綠色琉璃：筒瓦二十六件，鑼鍋二百三十七件，每件銀一錢六分、鉛二兩五錢五分，計銀四十二兩八分，計鉛六百七十兩六錢；勾頭一百二十四件，滴水一百二十六件，每件銀一錢六分、鉛二兩九錢四分，計銀四十兩，計鉛七百三十五

兩；折腰二百十二件、板瓦二百十件，每件銀一錢六分、鉛二兩五分，計銀六十七兩五錢二分，計鉛八百六十五兩一錢。坯價共銀五百四十九兩八錢九分七扣，浄銀三百八十四兩九錢二分三釐。大件鉛八百三十一兩八錢八扣，小件鉛二千二百八十一兩八錢五分九扣，浄重一百六十九斤十五兩一錢，每斤銀六分，計銀十兩一錢九分六釐。紫色玻璃料一百九十八斤四兩五錢，每斤銀二錢四分，計銀四十七兩五錢八分七釐；翡翠玻璃料九斤十四兩四錢，每斤銀二錢二分，計銀二兩一錢七分八釐。琉璃並玻璃料、鉛共銀四百四十四兩八錢八分四釐。白灰三萬三千六十一斤，每千斤銀一兩四錢，灰斤銀四十六兩二錢八分五釐。扎縛繩三百四十一斤，每斤銀二分二釐，計銀七兩五錢二釐。連二繩三十四斤，每斤銀二分六釐，計銀八錢八分四釐。蔴刀浄三百三十四斤，每斤銀一分六釐，計銀五兩三錢四分四釐。竹竿一百七十二根，每根銀三分三釐，計銀五兩六錢七分六釐。丈蓆五十一領半，每領銀一錢一分，計銀五兩六錢六分五釐。桐油六十三斤九兩二錢，每斤銀五分，計銀三兩一錢七分八釐。白麵六十一斤九兩二錢，每斤銀一分二釐，計銀七錢三分八釐。魚膠三斤九兩，每斤銀二錢二分，計銀七錢八分三釐。頭號紅土三十九斤二兩四錢，每斤銀一分，計銀三錢九分一釐。二號紅土三百九十一斤，每斤銀五釐，計銀一兩九錢五分五釐。江米六升四合四勺，每石銀七兩，計銀四錢五分。白礬六斤六兩一錢，每斤銀二分，計銀一錢二分七釐。松香三斤十五兩三錢，每斤銀二分五釐，計銀九分八釐。黑炭一千六百三十五斤一錢，每斤銀七釐，計銀十一兩四錢四分五釐。繩斤、雜料銀四十四兩二錢三分六釐，内除竹竿、丈蓆、繩斤四錢，並糟朽木植折作木柴抵銀十五兩九錢二分三釐，浄銀二十八兩三錢一分三釐。三號拉扯：拐字九十六道，計重三百八十四斤；平面八道，計重八斤。四號拉扯：三岔六十道，計重三百六十斤；人字五道，計重十一斤四兩；一字八道，計重二十斤；平面十一道，計重八斤四兩。長一尺四寸、見方一寸二分角梁釘四根，計重二十一斤二兩六錢；長一尺二寸、見方一寸拐角釘四根，計重十二斤九兩六錢；長三尺、徑五分挺勾四根，計重八斤七兩；長四寸鍋三十六道，計重十三斤八兩；長三寸蘑菇釘四百個，計重二十八斤九兩一錢。熟鐵料共重八百七十五斤十二兩三錢，每斤銀五分五釐，計銀四十八兩一錢六分七釐。長八寸釘八個，計重二斤；長七寸釘十二個，計重二斤；長六寸釘二十六個，計重三斤十一兩四錢；長五寸釘五百四十四個，計重三十八斤十三兩六錢；長四寸釘九百個，計重五十斤；長三寸釘二千四百四十六個，計重一百一斤十四兩六錢；長八寸至三寸釘共重一百九十八斤七兩六錢，每斤銀三分一釐，計銀六兩一錢五分二釐。長二寸釘三百六十六個，計重十斤二兩，每斤銀三分五釐，計銀三錢五分四釐。頭號雨點釘二千五百六十六個，計重十四斤四兩，每斤銀六分，計銀八錢五分五釐。黃米條鐵絲二斤五兩二錢，每斤銀一錢四分，計銀三錢二分五釐。亮鐵槽活：長三寸鈎搭二十八副，每副銀四分，計銀一兩一錢二分；徑一寸圈十八個，每個銀一分五釐，計銀二錢七分；徑五分圈三十六個，每個銀一分，計銀三錢六分。鋄銀槽活：鵝項二件，每件銀一錢二分、銀絲葉一錢一分二釐，計銀二錢四分，計銀絲葉二錢二分四釐；長四寸折鐐錦一副，計銀四分，計銀絲葉五分；撥浪一副，計銀一錢，計銀絲葉三分；鈾頞一件，計銀三釐，計銀絲葉一分。共銀絲葉三錢一分四釐，每兩銀一兩二錢，計銀三錢七分六釐。鐵料並鍛銀槽活銀五十八兩三錢六分二釐，内除回殘銀九錢三分八釐，浄銀五十七兩四錢二分四釐。大木匠二百二十四工，鋸匠五十一工，雕匠七工，拆卸木匠七工半，共匠二百八十九工半，每工銀一錢五分四釐，計銀四十四兩五錢八分三釐。壯夫四十九名，拆卸壯夫七名半，運夫六十二名半，共夫一百十九名，每名銀八分，計銀九兩五錢二分。大木作工價銀五十四兩一錢三釐。南木匠三百三十一工半，鋸匠五十四工，雕匠二十三工半，拆卸木匠三工，共匠四百十二工，每工銀一錢五分四釐，計銀六十三兩四錢四分八釐。壯夫二名，運夫二十七名，共夫二十九名，每名銀八分，計銀二兩三錢二分。南木作工價銀六十五兩七錢六分八釐。石匠一萬二千一百八十工，鐵匠二百三十六工，共匠一萬二千四百十六工，每工銀一錢五分四釐，計銀一千九百十二兩六分四釐。壯夫三千五百十八名半，運夫一百五十六名半，共夫三千六百七十五名，每名銀八分，計銀二百九十四兩。石作工價銀二千二百六兩六分四釐。砍磚匠七十工半，瓦匠二百二十四工半，共匠二百九十五工，每工銀一錢五分四釐，計銀四十五兩四錢三分；壯夫四百四十九名半，拆夫五十三名，清理堆碼夫二十七名半，運夫二百五十六名，共夫七百八十六名，每名銀八分，計銀六十二兩八錢八分；黃土六分二釐，每方並運遠銀三兩三錢九分，計銀二兩一錢一釐；瓦作工價銀一百十兩四錢一分一釐。搭彩匠二十二工，每工銀一錢五分四釐，計銀三兩三錢八分八釐；壯夫十一名半，運夫二十八名，共夫三十九名半，每名銀八分，計銀三兩一錢六分。搭彩作工價銀六兩五錢四分八釐。窑匠十工半，每工銀一錢五分四釐，窑匠工價銀一兩六錢一分七釐。錫匠五十一工，每工銀一錢五分四釐，錫作工價銀七兩八錢五分四釐。

物料共銀一千一百八兩八錢一分二釐，工價共銀二千四百五十三兩三錢六分五釐，油畫工料銀二百七十五兩六錢一分六釐，裱糊工料銀十三兩五錢三分九釐，修縫雨落工價銀五兩，拉運木植車脚銀四十五兩，拆堆山石高峯、拘抿油灰、加堆土山、出運渣土、清理地面實用過現工料銀七百七十兩四錢九分九釐，通共銀四千六百七十兩八錢三分一釐。內除領用官廠木植銀九十二兩四錢六分七釐，净銷算工料銀四千五百七十八兩三錢六分四釐。

行取：六錫七百五十五斤一錢，三號高麗紙二百五十六張，寬二尺綠絹净四丈八尺六寸五分，寶鈔九百二十二斤一錢，黃臘一百五十五斤七兩九錢，白布二十三丈三寸六分，藍尤敦布見方尺净一百九十五尺三寸，金黃絨重十七斤二兩五錢，桐油七百三十八斤四兩，黃丹五十斤十一兩四錢，廣靛花十七斤一兩八錢，天二青四兩二錢，白絲六兩七錢，銀硃四十五斤八兩七錢，山西絹一尺七寸八分，線蔴一百二十七斤二兩。領用：楠木見方尺五寸五分，栢木見方尺一寸三分一釐，楠木方窗大框一扇，隨栢木花心一扇，暖牀五張，東安石磚六百九塊，內見方二尺四百三十九塊，長二尺、寬一尺九寸五分三塊，長二尺、寬一尺八寸五分七塊，長二尺、寬一尺八寸二塊，長二尺、寬一尺七寸五分二塊，長二尺、寬一尺五寸五分六塊，長二尺、寬一尺五寸十塊，長二尺、寬一尺四寸、五分四塊，長二尺、寬一尺四寸九塊，長二尺、寬一尺三寸五分五塊，長二尺、寬一尺三寸十三塊，長二尺、寬一尺二寸五分七塊，長二尺、寬一尺二寸十六塊，長二尺、寬九寸五分二十塊，長二尺、寬九寸三塊，長二尺、寬四寸二十五塊，長一尺九寸、寬五寸二塊，長一尺七寸五分、寬一尺二寸一塊，長一尺五寸五分、寬一尺九寸五分一塊，長一尺三寸、寬九寸五分一塊，長一尺三寸、寬三寸五分一塊，長一尺二寸五分、寬四寸一塊，長一尺二寸五分、寬三寸五分三塊，長一尺二寸、寬五寸二塊，長一尺一寸、寬一尺九寸五分一塊，長一尺一寸、寬四寸十塊，長一尺五分、寬四寸二塊，長九寸五分、寬九寸十塊，長九寸、寬四寸一塊，長八寸、寬三寸五分一塊，長七寸五分、寬九寸五分一塊，庫貯尺七金磚一百三十二個半。

中國第一歷史檔案館編《圓明園》下之五《內務府黃册・坐石臨流改建亭宇房間拆做甬路等工銷算銀兩通總》 乾隆朝

坐石臨流改建八方重簷亭一座，添建六方草亭一座，四方竹式亭一座，草房一座，計二間，青由石寶座牀一分，插屏一座。北邊土山內舊有山石明溝，改做豆渣石暗溝一道，並東面新開挖河泡一個，週圍泊岸堆做雲步山石，刨槽下丁。河西岸舊有稻田週圍開寬，文源閣東面南面舊有稻田開寬，澹泊寧靜東面舊稻田改挖水泡一個，以及亭座房間油飾彩畫，拆做甬路等項，銷算工料銀兩數目開列於後。計開：

清净地舊料：徑一尺二寸松木，長一丈二尺三根，每根銀二兩八錢四分七釐，計銀八兩五錢四分一釐；徑九寸松木，長九尺六根，每根銀八錢二分，計銀四兩九錢二分；徑八寸松木長一丈五寸十根，每根銀七錢五分八釐，計銀七兩五錢八分；長八尺五寸半根，每根銀五錢八分八釐，計銀二錢九分四釐；徑七寸松木　長九尺半根，每根銀五錢四分，計銀二錢七分；徑六寸松木：長一丈五寸二根，每根銀六錢五釐，計銀一兩二錢一分；長九尺五寸四根，每根銀五錢三分，計銀二兩一錢二分；長一丈墩木十八料九分三釐，每料銀一兩五錢，計銀二十八兩三錢九分五釐；長七尺墩木三十五料一分三釐，每料銀一兩五分，計銀三十六兩八錢八分六釐。木植共銀九十兩二錢一分六釐，舊木植連加二成八分，共銀一百十五兩四錢七分六釐。青砂石折寬厚一尺、長六丈四寸七分四釐，每丈銀二兩四錢五分，計銀十四兩八錢一分六釐；豆渣石折寬厚一尺、長三十四丈七尺九寸，每丈銀一兩五錢，計銀五十二兩一錢八分五釐；虎皮石一方三分八釐，每方銀三兩，計銀四兩一錢四分。舊石料共銀七十一兩一錢四分一釐。尺四方磚十個，每個銀三分八釐，計銀三錢八分；新樣城磚四十八個，每個銀四分二釐，計銀二兩一分六釐；舊樣城磚四十七個，每個銀二分八釐，計銀一兩三錢一分六釐；停滾子磚五十四個，每個銀六釐，計銀三錢二分四釐；沙滾子磚一千五百五十二個半，每個銀三釐六毫，計銀五兩五錢八分九釐；碎磚四分九釐，每方銀四兩，計銀一兩九錢六分；二號筒瓦六十二件，每件銀三釐五毫，計銀二錢一分七釐；勾頭四件，每件銀三釐七毫，計銀一分四釐；折腰一百三十五片，每片銀二釐，計銀二錢七分；板瓦一千二百四十八片，每片銀一釐五毫，計銀一兩八錢七分二釐；石子重一千七百八十觔，每千觔銀三錢五分，計銀六錢二分三釐。舊磚瓦共銀十四兩五錢八分一釐。清净地舊木石磚瓦料銀二百一兩一錢九分八釐。

木工舊料：徑一尺五寸松木，長二丈一尺五寸四根，每根銀十六兩六錢八分三釐，計銀六十六兩七錢三分二釐；徑一尺四寸松木，長一丈五寸一根半，每根銀四兩四錢八釐，計銀六兩六錢一分二釐；徑一尺三寸松木，長一丈四根，每根銀二兩一錢七分一釐，計銀八兩六錢八分四釐；長一丈橔木十八料一分七釐，每料銀一兩五錢，計銀二十七兩二錢五分五釐。木植共銀一百九兩二錢八分三釐，舊木植連加二成八分，值銀一百三十九兩八錢八分二釐。青砂石折寬厚一尺、長八丈一尺九寸二分，每丈銀二兩四錢五分，計銀二十兩七分；豆渣石折寬厚一尺、長十丈四尺六寸四分，每丈銀一兩五錢，計銀十五兩六錢九分六釐。舊石料銀三十五兩七錢六分六釐。頭號筒瓦二千二百三件，每件銀四釐，計銀八兩八錢一分二釐；勾頭二百五十六件，滴水二百四十件，俱每件銀六釐，計銀二兩九錢七分六釐；板瓦四千三百十三片，每片銀二釐五毫，計銀十兩七錢八分二釐。舊磚瓦銀二十二兩五錢七分。本工舊木石磚瓦料共銀一百九十八兩二錢一分八釐。

安瀾園舊料：尺四方磚一百二個，每個銀三分八釐，計銀三兩八錢七分六釐；碎磚一分四釐，每方銀四兩，計銀五錢六分。安瀾園舊磚塊銀四兩四錢三分六釐。

京内三殿舊料：大件青白石一件，折寬厚一尺、長三丈一寸八分六釐，每丈銀二兩七錢，計銀八兩一錢五分；小件青白石折寬厚一尺、長一丈八寸，每丈銀五兩五錢，計銀五兩九錢四分。京内三殿舊石料共銀十四兩九分。

新料：徑二尺一寸松木，長二丈一尺五寸四根，每根銀三十六兩三錢八分三釐，計銀一百四十五兩五錢三分二釐；徑二尺松木，長一丈七尺五寸二根，每根銀二十五兩一錢五分七釐，計銀五十兩三錢一分四釐；徑一尺九寸松木，長一丈二尺五寸二根，每根銀十四兩七錢九分三釐，計銀二十九兩五錢八分六釐；徑一尺六寸松木，長一丈五尺五寸八根，每根銀十二兩八錢一分八釐，計銀一百二兩五錢四分四釐；徑一尺五寸松木，長一丈一尺八根，每根銀五兩八錢一分四釐，計銀四十六兩五錢一分二釐；長八尺八根，每根銀四兩二錢二分八釐，計銀三十三兩八錢二分四釐；徑一尺四寸松木，長一丈二尺五寸半根，每根銀五兩五錢五釐，計銀二兩七錢五分二釐；長一丈二尺十六根，每根銀五兩二錢，計銀八十三兩二錢；長一丈一尺八根，每根銀四兩六錢一分八釐，計銀三十六兩九錢四分四釐；長一丈五寸二根半，每根銀四兩四錢八釐，計銀十一兩二分；徑一尺二寸松木，長一丈一尺五寸二根，每根銀二兩六錢八分八釐，計銀五兩三錢七分六釐；徑一尺松木，長一丈二尺四根，每根銀一兩四錢三分五釐，計銀五兩七錢四分；長一丈橔木三百二十三料七分一釐，每料銀一兩五錢，計銀四百八十五兩五錢六分五釐；長七尺橔木二百一料四分七釐，每料銀一兩五分二釐，計銀二百十一兩五錢四分三釐。木植共銀一千二百五十兩四錢五分二釐，加二成八分，共值銀一千六百兩五錢七分八釐，内領用官廠木植銀九百七十七兩七錢九分四釐，存剩舊料抵銀一百六十九兩二錢一分，辦買木植浄銀四百五十三兩五錢七分四釐。大件青白石八件，每件折寬厚一尺、長三丈三尺二寸八分，每丈銀二兩七錢，計銀七十一兩八錢八分四釐；小件旱白玉石折寬厚一尺、長一尺八分，每丈銀八兩五錢，計銀九錢一分八釐；小件青白石折寬厚一尺、長九丈二尺九寸三分八釐，每丈銀五兩五錢，計銀五十一兩一錢一分五釐；豆渣石折寬厚一尺、長一百四十三丈三尺，每丈銀一兩五錢，計銀二百十四兩九錢五分。大件青白石八件，每件折長三丈三尺二寸八分，每件用騾一掛半，行八日，計騾九十六掛；領用京内舊大件青白石一件，折長三丈四寸八分，每件用騾一掛半，行八日，計騾十二掛，按大石窩三扣計騾三掛半。共用騾九十九掛半，每掛銀二兩三錢，計銀二百二十八兩八錢五分。虎皮石二方六分三釐，每方銀三兩，計銀七兩八錢九分；冰紋石重四百十三觔，每觔銀二釐，計銀八錢二分六釐。石料並騾掛銀五百七十六兩四錢三分三釐。尺四方磚三十六個，每個銀三分八釐，計銀一兩三錢六分八釐；尺二方磚七十五個，每個銀二分，計銀一兩五錢；新樣城磚三十三個，每個銀四分二釐，計銀一兩三錢八分六釐；舊樣城磚一千五十七個，每個銀二分八釐，計銀二十九兩五錢九分六釐；停滾子磚十個，每個銀六釐，計銀六分；沙滾子磚九百三十五個，每個銀三釐六毫，計銀三兩三錢六分六釐；頭號筒瓦二百四件，每件銀四釐，計銀八錢一分六釐；板瓦七百八十二片，每片銀二釐五毫，計銀一兩九錢五分五釐；套獸十六件，每件銀五錢，計銀八兩。磚瓦料銀四十八兩四分六釐。南灰五萬七百五十觔，每千觔一兩三錢，計銀六十五兩九錢七分五釐；北灰六萬八千五百七十四觔，每千觔銀一兩二錢，計銀八十二兩二錢八分八釐。灰觔銀一百四十八兩二錢六分三釐。長一丈栢木地丁九百九十九根，每根銀一錢七分，計銀一百六十九兩八錢三分；長八尺栢木地丁一千六百四十九根，每根銀八分五釐，計銀一百四十兩一錢六分五釐；長七尺栢木地丁二千九百八十七根，每根銀五分，計銀一百四十九兩三錢五分。栢木地丁銀四百五十九兩三錢四分五釐。綵蔴大繩：長八丈、徑二寸二條，計重二百八十八觔；長六丈、徑二寸四條，計重四百三十二觔；長四丈、徑一寸五分十條，計重五百四十觔；長一丈五尺、徑一寸五分八條，計重一百六十二觔；長三丈、徑一寸四條，計重一百八觔。大繩共重一千五百三十觔，每觔銀二分四釐，計銀三十六兩七錢二分。扎縛繩一千六百二十二觔，每觔銀二分二釐，計銀三十五兩六錢八分四釐；蔴刀一千一百九十一觔，每觔銀一分六釐，計銀十九兩五分六釐；掛蔴十兩五錢，每觔銀一分八釐，計銀一分一釐；江米二斗一升九合七勺，每石銀七兩，計銀一兩五錢三分七釐；白礬二十一觔十五兩五錢，每觔銀二分，計銀四錢三分九釐；魚膠三觔九兩，每觔銀二錢二分，計銀七錢八分三釐；桐油六觔六兩，每觔銀五分，計銀三錢一分八釐；白麵六斤六兩，每觔銀一分六釐，計銀一錢二釐；徑五寸杉槁：長二丈一尺九根，長九尺六根，長八尺五寸六根，共湊長二十丈四寸，折長二丈五尺八根，每根銀六錢五分，計銀五兩二錢；桐皮槁一百二十四根，每根銀一錢四分，計銀十七兩三錢六分；黃花竹竿一百十二根，每根銀一分二釐，計銀一兩三錢四分四釐；長一丈五寸至一丈、徑三寸毛竹四十九根，每根銀一錢三分五釐，計銀六兩六錢一分五釐；長八尺毛竹片三十四片，每片銀一分，計銀三錢四分；竹片見方尺一百九十一尺七寸，每尺銀一分五釐，計銀二兩八錢七分五釐；丈蓆五領，每領銀一錢一分，計銀五錢五分；長一丈荆笆四塊，每塊銀一錢八分，計銀七錢二分；葦子三百四十觔，每觔銀四釐二毫，計銀一兩四錢二分八釐；山黃草二千九百四觔，每觔銀二釐，計銀五兩八錢八釐；石子重九千七百十七觔，每千觔銀三錢五分，計銀三兩四錢。繩觔雜料銀一百四十兩二錢九分，內除回殘繩觔銀二十五兩二錢一分六釐，净銀一百十五兩七分四釐。寬二寸五分、厚二分纏箍，長六尺一寸二十四道，計重四百十一觔十二兩；長六尺十六道，計重二百七十觔。角梁釘：長二尺四寸、見方一寸四分十六根，計重一百九十七觔八兩；長八寸、見方八分八根，計重十觔十二兩；長二尺、見方一寸拐角釘十六根，計重八十四觔；長一尺六寸、寬一寸五分、厚三分拉扯鍋十二道，計重三十二觔六兩四錢；長一尺二寸、寬一寸五分、厚三分拉扯鍋十二道，計重二十四觔四兩八錢；長一尺、寬二寸二分、厚四分拉扯鍋八道，計重二十六觔六兩四錢；長一尺、寬一寸五分、厚三分拉扯鍋三十二道，計重五十四觔；長一尺、寬一寸二分、厚四分拉扯鍋十二道，計重二十一觔九兩六錢；長一尺、寬一寸、厚三分拉扯鍋三十一道，計重三十四觔十四兩；長六寸鍋一百三道，計重七十七觔四兩；長四寸鍋三十二道，計重十二觔；長三寸鍋七十二道，計重十八觔；長四寸蘑菇釘五十個，計重五觔；長三寸蘑菇釘四百九十二個，計重三十五觔二兩二錢；徑三寸提環十一副，計重十一觔。熟鐵料共重一千三百二十五觔十五兩四錢，每觔銀五分五釐，計銀七十二兩九錢二分七釐。長八寸釘一千八個，計重二百五十二觔；長六寸釘四百九十六個，計重七十觔十三兩七錢；長五寸釘三百十七個，計重二十六觔十兩二錢；長四寸釘一千一百八十二個，計重六十五觔十兩六錢；長八寸至四寸釘共重四百十五觔二兩五錢，每觔銀三分一釐，計銀十二兩八錢六分九釐；長二寸釘七百六十八個，計重二十一觔五兩三錢，每觔銀三分五釐，計銀七錢四分六釐；頭號雨點釘一萬五千八百四十二個，計重八十八觔一兩七錢，每觔銀六分，計銀五兩二錢八分；二號雨點釘二百二十五個，計重十一兩，每觔銀七分五兩，計銀五分一釐；生鐵銀定六十四個，每個銀一錢六分，計銀十兩二錢四分；細亮鐵槽活，古檻八件，每件銀八分，計銀六錢四分；簾架搯絆四道，每道銀七分五釐，計銀三錢；葵花合扇四塊，每塊銀一錢二分，計銀四錢八分；雲頭合扇四塊，每塊銀一錢，計銀四錢；長四寸紗帽捎子十二副，每副銀二分五釐，計銀三錢；長一尺五寸挺鈎四根，每根銀八分，計銀三錢二分；長三寸直鐐錦三副，每副銀五分，計銀一錢五分；長二寸背後鈎二副，每副銀四分，計銀八分；徑一寸圈子二個，每個銀一分五釐，計銀三分；長三寸鎖一把，計銀三錢。鐵料共銀一百五兩一錢一分二釐，內除回殘銀七兩六分，净銀九十八兩五分二釐。

大木匠六百十六工，鋸匠一百四十一工半，雕匠十六工，共匠七百七十三工半，每工銀一錢五分四釐，計銀一百十九兩一錢一分九釐；壯夫一百五名，運夫一百二十名，共夫二百二十五名，每名銀八分，計銀十八兩。大木作工價銀一百三十七兩一錢一分九釐。南木匠一百二十九工半，鋸匠十四工半，雕匠六工，共匠一百五十工，每工銀一錢五分四釐，計銀二十三兩一錢；運夫六名，每名銀八分，計銀四錢八分。南木作工價銀二十三兩五錢八分。石匠二千二百六十八人，每工銀一錢五分四釐，計銀三百四十九兩二錢七分二釐；壯夫一千九百三十七名，運夫三千九百六十六名，共夫五千九百三名，每名銀八分，計銀四百七十二兩二錢四分。石作工價銀八百二十一兩五錢一分二釐。鏨花匠三十二工，砍磚匠十一工半，瓦匠一百四十九工，共匠一百九十二工半，每工銀一錢五分四釐，計銀二十九兩六錢四分五釐；壯夫四百十九名半，漿夫二十名，搯當夫十六名半，拆夫二十四名半，清理堆碼夫十二名，運夫四百七十七名，共夫九百六十九名半，每名銀八分，計銀七十七兩五錢六分；黄土五方一分七釐，運遠五百五十丈，除本身十丈，淨遠五百四十丈，每丈銀六釐，每方連坐方核銀三兩六錢九分，計銀十九兩七分七釐。瓦作工價銀一百二十六兩二錢八分一釐。搭彩匠二百二十八工，每工銀一錢五分四釐，計銀三十五兩一錢一分二釐；壯夫四百九十六名半，運夫二十六名半，共夫五百二十三名，每名銀八分，計銀四十一兩八錢四分。搭彩作工價銀七十六兩九錢五分二釐。刨深四尺河底四十六方七分九釐，每方銀一兩二錢八分，計銀五十九兩八錢九分一釐；刨深四尺稻地方一百五十四方八分，每方銀五錢六分，計銀八十六兩六錢八分八釐；刨深四尺河方四十六方九分一釐，每方銀五錢六分，計銀二十六兩二錢六分九釐；刨深四尺土方五十一方五分，每方銀四錢五分，計銀二十三兩一錢七分五釐；以上共方三百方，內除無運五十一方三分，其餘二百四十八方七分運遠三百四十五丈，除本身十丈，淨遠三百三十五丈，每丈銀六釐，核銀二兩一分，計銀四百九十九兩八錢八分七釐；高四尺黄土方十方七分五釐，運遠五百五十丈，除本身十丈，淨遠五百四十丈，每丈銀六釐，每方連坐方核銀三兩六錢九分，計銀三十九兩六錢六分七釐；大夯硪灰土見方丈八十六丈四尺一寸五分，每丈銀六錢八分，計銀五十八兩七錢六分二釐；砍丁尖木匠三十七工，硪搭彩匠十四工，共匠五十一工，每工銀一錢五分四釐，計銀七兩八錢五分四釐；壯夫七名，刨夫五名半，堆山夫五百八十八名，收拾泊岸壯夫三十二名，運夫二百十名，共夫八百四十二名半，每名銀八分，計銀六十七兩四錢；硪下長一丈栢木地丁九百九十九根，每根銀三分，計銀二十九兩九錢七分；硪下長八尺栢木地丁一千六百四十九根，每根銀二分二釐五毫，計銀三十七兩一錢二釐；捶下長七尺栢木地丁二千九百八十七根，每根銀六釐，計銀十七兩九錢二分二釐；炙下舊丁七十一根，每根銀一釐二毫五絲，計銀八分八釐。土作工價銀九百五十四兩五錢八分八釐。葦子匠三十一工，每工銀一錢五分四釐，葦子匠工價銀四兩七錢七分四釐。錠鉸匠二十九工半，每工銀一錢五分四釐，錠鉸匠工價銀四兩五錢四分三釐。劈刮匠二十七工半，每工銀一錢五分四釐，劈刮匠工價銀四兩二錢三分五釐。

物料共銀三千二百九十四兩五錢二分三釐，工價共銀二千一百五十三兩五錢八分五釐，油畫工料銀二百七十四兩三錢九分九釐，裱糊工料銀一兩七錢五分九釐，擦漆工料銀十五兩一錢五分四釐，拉運木植車脚銀四十八兩八錢，通共銀五千七百八十八兩二錢二分。內除領用官廠木植銀九百七十七兩七錢九分四釐，木工舊木植石料磚瓦共銀一百九十八兩二錢一分八釐，清淨地舊木植石料磚瓦共銀二百一兩一錢九分八釐，安瀾園舊磚塊銀四兩四錢三分六釐，三殿舊料銀十四兩九分，淨銷算工料銀四千三百九十二兩四錢八分四釐。堆做雲步山石、栽種樹株、出運渣土、清理地面實用銀一千六百六十五兩七錢六分一釐。銷算並實用共銀六千五百八十八兩二錢四分五釐。

領用：南進竹蓆見方尺五十六尺二寸五分。户部顔料：桐油六百三觔六兩九錢，廣靛花三十二觔八兩二錢，黄丹四十二觔八兩，銀硃三十四觔十四兩五錢，山西絹四寸四分，白絲五兩九錢八分，線蔴九十九觔十二兩。

獎懲

《世宗憲皇帝上諭內閣》卷六四 〔雍正五年十二月〕又太常寺奏：朝日壇景升街牌樓倒壞，應將原監督工部郎中藏珠等議處。奉上諭：工部官員等，向來侵盜浮冒錢糧，弊端種種。此奏內修理牌樓一事，即冒銷銀兩至千餘金之多，方及三年，即便頽壞。此皆阿其那以國家公事曲市私恩、藐忽典禮之所致。藏珠著革職，枷號於工部之門，俟其應賠銀兩全完之日，著工部堂官請旨。

《清高宗實録》卷七九 〔乾隆三年十月戊申〕署理蘇州巡撫許容奏報：查明藩司書辦、經管金山衛城工之薛昌禄，經管海州城工之朱炳文等，假公濟私，先後得過多銀。即督臣與臣衙門書辦薛錫疇等，亦各染指。伏查書吏舞文婪贜，固爲長技，工程侵冒尤多，承辦之員，藉端浮估，通同朋分，積習已久。現今各屬災歉，方將寓賑於工，若不懲既往，難儆將來。除將各犯發交布按兩司，再加研鞫，審擬追贜。該州縣一併揭參外，仍令該司，以乾隆元年爲始，通查凡有工程各屬，一切與受銀兩，令據實自首，姑免治罪。其所侵之帑，追繳還庫。得旨：可嘉之至，勉力爲之。方今之人，無不以姑息爲寛仁，殊不知養奸之爲大害也；且釣譽者，亦未見其受益也。

《清高宗實録》卷一二〇 〔乾隆五年閏六月丙午〕諭：昨令查審正白旗漢軍副都統石勇參奏該旗承修儲濟倉之參領遲維璧等冒銷作弊一案。其冒銷作弊情節，係該都統佟時茂明知故行者，今日該旗帶人引見，朕面詢之下，佟時茂仍行掩飾，不據實陳奏。若果無私弊，奏銷之事，本係公事，乃不於公處辦理。

佟時茂身爲大臣，偏歷章京家計算，有是理乎？此奏銷一案，亦因驍騎校金承詔倡揚此事浮冒開銷，始行復查。是修築地基等工浮冒開銷之處，已經查出，乃並不參奏，希圖息事，顯有私弊。現今金承詔雖供出行賄查工人等銀兩，內有由佟時茂家給銀四百兩之處，若仍著佟時茂留任，現今承審官俱係伊屬員，未免瞻徇改供，不將實情審出，著離任候審。至於副都統馬元熙，身爲大臣，一應旗務，並不實心辦理，惟務瞻徇附和佟時茂，苟且完事。再，石勇參奏不將另記檔案人員，遵例辦理，朦混具奏一案，現今亦交部察核。似此工程，伊身爲都統，並未參奏，今日詢問，仍支吾推諉，反牽連石勇具奏。若仍著留任，承審人員，亦致掣肘，馬元熙亦著離任，俟石勇所參二事明白後，該部請旨具奏。此際正白旗漢軍都統事務，著哈達哈暫行署理。

《清高宗實録》卷二一七〔乾隆九年五月丙午，川陝總督公慶〕又奏覆：已故參革寧夏道阿炳安在莊浪道任內，侵冒寧夏城工帑項，已據伊弟納英阿認贓二萬餘兩。至彼時督撫有無染指之處，現據榆葭道王凝稟稱，前奉委承辦莊浪滿城，實用工料銀十萬一百六兩九錢零，較原估題報數目，節省甚多，曾將總册面稟前撫元展成。乃元展成竟加呵斥，勒令回任，將餘銀剩料，交阿炳安收領，任憑造册報銷。苟非袒庇營私，焉肯若此？即查督院奏加匠工食米，盈千累萬，阿參道恣其侵扣，豈無訪聞？是督撫斷無不勾串染指之理。但阿炳安生前奸詭，實不能知，及至被參，所侵銀兩，俱已吐交。其是否自交，或係督撫幫交，在當日毫無憑據。得旨：所奏具悉，朕亦不欲窮追。但查郎阿之獲庇阿炳安，實非爲大臣之所應有。阿炳安欠項若清則已，若有不完，可著落原舉之查郎阿代賠耳。

《清高宗實録》卷二五二〔乾隆十年十一月戊辰〕諭軍機大臣等：從前阿炳安辦理寧夏城工一案，恣意扣減侵蝕，經督撫等先後查出贓私五六萬兩，現在著落追賠。今又據巡撫黄廷桂奏稱，該員當日尅減土方、磚灰等項銀一萬三千餘兩；又舊基土牛，並未遵估刨運，冒銷銀一萬二千餘兩；以及經修之城牆、倉厫，均有閃裂損壞，應令勒限重修等語。阿炳安當寧夏被震之後，乘此災傷，肆其侵噬，貪狡百出，情殊可惡。可寄信西安將軍傅第、巡撫陳宏謀，委員將伊家産嚴查，不得稍容隱匿，以備將來賠修公項之用。

《清高宗實録》卷三四〇〔乾隆十四年五月戊申〕又諭：雲南永昌守劉樵，前據圖爾炳阿以貪黷卑鄙、私税勒借題參，今又據愛必達將該員前在古州同知任內，侵帑誤公續參，已降旨令該督嚴審究追。查此案城工，原估三萬二千八百餘兩，而劉樵現在應行追賠之項，多至二萬九百餘兩。外省劣員貪黷侵漁，肆無忌憚，乃至於此，誠國法所難容。著傳諭總督張允隨，速行究訊，按律定擬，入於本年秋審册內具題。毋得姑縱遲延，俾此等劣員，僥倖漏網。如此旨到日，秋審册已經題出，即行補題。

《清高宗實録》卷三四〇〔乾隆十四年五月甲寅〕諭軍機大臣等：原參革寧夏道阿炳安侵冒城工一案，查原估寧夏等三城工費，共一百二十餘萬，而阿炳安開銷僅及其半，即云出於撙節，亦斷無節省過半之理。如係他人估計，而阿炳安承辦，則節省實多。如即係阿炳安所估，則是有意浮開，轉借節省之名，以爲冒銷之地，其居心狡詐，殆不可問。況該省官員甚多，委辦自不乏人，何以三處城工，皆委阿炳安一人辦理？其中不無情弊。著傳諭總督尹繼善、巡撫鄂昌，令其查明原案，并將寧夏等城工原估何人，及該撫等疏內所稱多有損裂之處，現在情形若何，是否堅固，逐一具摺奏聞。至阿炳安業經身故，其應賠之項，亦已交清，朕不過欲悉其顛末，以見外省工員藐法營私之弊。且陝省現有應辦城工，該督撫等，亦當以是爲鑒，留心稽察。

《清高宗實録》卷三四九〔乾隆十四年九月甲戌〕諭軍機大臣等：據尚書舒赫德等奏，黔省古州城工，原任同知劉樵侵冒銀兩至二萬有餘，應令歷任該管上司分賠。從前該督等原定分賠單內，只及撫藩，未將臬司算入，殊非綜核名實之道，應令一并分賠等語。古州分賠一案，前已據張允隨奏到，現在交議，未便復行降旨。孫紹武等，已令分賠，介錫周，罪猶有間，尚可從寬。惟宋厚一員，在黔二十載，古州建城，又係伊條奏，乃屢將劉樵請題陞任，委以大工，以致侵冒如此之多。且擢任四川臬司，軍興之際，全不實心任事，自有應得之罪，不可少恕。已將舒赫德等所奏之摺，令抄寄總督策楞，與宋厚閲看，將伊照高越之例，派修城工，效力贖罪。可并傳諭舒赫德、新柱知之。

《清高宗實録》卷三五一〔乾隆十四年十月乙巳，陝甘總督尹繼善、西安巡撫陳宏謀〕又奏：遵查參革寧夏道阿炳安侵冒城工一案。緣寧夏、涼州、莊浪三處城工，共原估續估銀一百二十六萬五千五百餘兩，除未經動用銀二十五萬六千四百餘兩外，實在節省銀四十萬六千餘兩。雖三處城工，俱非阿炳安原估，而一切工程，勒令匠夫併日趕辦，又剋扣脚價，科派里民，巧取節省之名，陰爲自私之計，皆出之阿炳安一人。內莊浪城工，雖係榆葭道王凝分辦，亦係阿炳安主持。今阿炳安業經參革病故，所有三處城工損裂之處，一併著落伊弟納英阿修補。其工價，即在阿炳安家產變價餘剩銀内支給。得旨：覽奏俱悉。又批：此節不無所謂併案罪歸一人之意乎。

《清高宗實録》卷六四九 〔乾隆二十六年十一月壬戌〕大學士等議奏：據内務府郎中戴保住控侍郎吉慶、前署殺虎口監督傅察納承辦西直門石道工程，浮銷八千九百餘兩。審係傅察納代吉慶彌補賠修之項，輒於奏銷時浮開。吉慶係總理大員，明知冒銷，不行查問，均罪無可寬。應將吉慶、傅察納照監守自盜例，擬斬監候秋後處決。副都統傅景接管石工，訊不知情，但扶同吉慶參奏戴保住，應照都統、將軍貪婪，副都統不行糾參，發覺審實例，降三級調用，不准抵銷。得旨：吉慶、傅察納俱依擬應斬，著監候秋後處決。傅景現派駐藏，著加恩照所降之級，縱寬留任，俟差竣回京，視其如何奮勉出力之處，再降諭旨。

《清高宗實録》卷九九三 〔乾隆四十年十月丁酉〕又諭曰：據軍機大臣議覆，西安將軍傅良等奏，西安滿營原辦馬棚、船隻、栽種苜蓿等項銀兩，俟詳細確查到日，另行覈議一摺，已依議行矣。該處建造房屋、船隻，未及十年，估變竟不及十分之一，原辦時浮冒情弊，已所不免。至栽種苜蓿一項，不過墾地布種，無須費工力，何竟用至三千三百餘兩之多？且歸於有名無實。此必當年承辦之員，藉此爲名，任意冒銷，其弊不可不徹底查究。軍機大臣初議此摺，俱係照覆，經朕面爲指示，始如此改議。恐傅良等視爲尋常駁查案件，仍以顢頇了事，則大不可。著傳諭傅良、畢沅，即將其中情弊，秉公逐一確查，務令水落石出，據實覆奏，毋得稍涉瞻徇。將此遇軍報之便諭令知之。

《清高宗實録》卷一一四〇 〔乾隆四十六年九月甲寅〕諭：前因王廷贊、楊士璣等七犯，侵貪不法，業經降旨，查明該犯等之子，革去官職，俱發往伊犁，充當苦差。今閲阿桂等查奏，各犯贓數單内，蔣重熹侵冒銀四萬七千四百兩；宋學淳侵冒銀四萬七千二百兩；又詹耀璘侵冒銀三萬四千五百六十兩外，復開銷添建倉廒銀六千二百五十兩；陳澍侵冒銀二萬五千三百兩外，復開銷添建倉廒銀一萬八千四百六十兩，均在四萬兩以上。覈其侵冒銀兩數，伊等之子，亦應照王廷贊等之子，一律辦理，著交刑部查明該四犯之子，如有官職者，即行革去並著發往伊犁充當苦差，以示懲儆。

《清仁宗實録》卷一九一 〔嘉慶十三年正月〕丁巳，諭内閣：金光悌奏請修省會城垣，仰懇捐辦一摺。據稱，江西省城工，自乾隆四十九年修葺之後，城身多有坍塌傾卸，並有應修護城城樓及添砌排垛等處，估需工料銀二萬四千五百餘兩，勘明實無浮冒，並稱此項城工從前失於培護，原應分别著賠，是以不敢復請開銷，懇先於司庫減半平餘項下照數動借，在於該撫及兩司道府養廉内分作六年攤捐還墊等語。所奏殊未明晰。城垣保障居民，省城更爲觀瞻所繫，既有坍塌等事，自應修理整齊。但向來辦理城工，均有一定年限，如在限内坍塌，自應著落賠修；如在限外興修，即應動支公項。其賠修者，並當查明承修查驗各員，照例分别辦理。今金光悌摺内，但云此項城工從前失於培護，應行分别著賠，並未將限内、限外切實聲明，殊屬含混。至捐廉辦公，久經飭禁。此項城工，如果查明係在限内塌損，即應查明從前經手各員，並近在同城不行查察之巡撫、司道、知府等員，分别賠出。即本員身故，亦有代賠、分賠各定例。如金光悌到任未久之員，即可不必攤賠。其餘不同城之道府，更無關涉，又何得派令一體捐廉，有乖政體。所有此項城工應需工料銀兩，著先在司庫減半平餘項下動支，交該撫遴委妥員，一面興辦，仍著該撫一面確實查明，究係限内、限外坍損，及應否著落賠修之處，詳悉奏明，分别覈辦。

《清仁宗實録》卷一九七 〔嘉慶十三年六月己未〕諭内閣：前據巡城御史喜敬等奏，輙商孫興邦控告筆帖式雙福等，於吉地工程銀兩任意侵冒等情，連日派軍機大臣會同刑部堂官，嚴加審鞫。昨據鶴齡等供稱，自嘉慶四年開工之後，灰斤例價不敷，兼以六年大雨衝壞，一切運費增多。彼時盛住等管工，奏准按照易州時價採辦，並奏明將四、五兩年辦過灰斤，於從前發過例價之外，一體照奏准加價銀數找給。盛住即將應補發各監督四、五兩年灰斤加價銀五萬餘兩扣存不發，交雙福收存，另作貼補之用等語。又於查抄雙福家産時，搜出伊所存舊帳一紙，内開從前辦理練山石應領價十六萬餘兩，計扣成銀六萬五千二百兩，内有四萬兩亦係盛住收用。是盛住前後侵用工程銀兩入己，共有九萬兩之多，可恨已極，實出情理之外。辦理一切工程，款項腳價均當覈實支給，嚴杜弊竇。況萬年吉地工程，何等重大，所有收支款項，豈容朦混侵蝕，恣意分肥？盛住受恩優渥，從前屢經獲咎，皆經格外保全，使其稍有天良，當如何實心圖報。乃伊以管工大臣中居首之員，竟敢侵用加價銀兩並暗扣成數多至九萬，以致工員等相率效尤，弊端百出，是此案盛住實屬罪魁。伊前年又因開採山石案内身獲罪譴，問擬大辟，經朕格外寬宥，僅止發往新疆。伊果知感激免死厚恩，彼時即應將此二項侵扣之銀據實首繳，則其罪猶可末減。乃伊不惟不行首出，轉於陝西途次，帶信伊子達林，向雙福處將交存之五萬兩討回用度，是直將官帑作爲私蓄，喪心昧良至於此極。伊係孝淑皇后之兄，更應格外報恩，加倍謹慎小心，今所爲如此，實堪痛恨。國法所在，朕豈能曲爲寬貰？設使其身尚存，必當鎖拏廷訊，加以刑夾，明正典刑，即行處斬，斷不能倖逃法網。現在既已身故，無可追論，著將前賞副都統銜斥革，並追回所得卹典。其所遺家産，著派托津、多慶，即行前往嚴密查抄。伊子吏部郎中達林，整儀尉慶林，候補筆帖式豐林，伊孫候補筆帖式崇喜、崇恩，俱著一併革職，交刑部暫行圈禁，俟定案時再行問擬罪名，請旨辦理，以示懲儆。其案内分用扣成銀之三品卿銜成文、長蘆鹽政李如枚、苑副延福、催長鶴齡，均著革職拏問，查抄家産。其筆帖式福承額、前充書算手分發福建鹽大使來學章、分發廣東鹽大使林振宇、前在工程處辦事人候選通判張景耀，俱著一併革職拏問。並派侍郎穆克登額，同乾清門侍衛色布徵額，前赴天津，將李如枚任所貲財一併查抄，並將李如枚先交色布徵額押解來京，歸案辦理。長蘆鹽政，著穆克登額暫行署理，俟簡放有人，再行交代回京。

《清仁宗實録》卷一九八 〔嘉慶十三年七月癸酉〕諭内閣：慶桂等奏，審明盛住與雙福等通同侵扣帑項，恣意分肥，分别定擬一摺。萬年吉地，係朕即位之初，仰蒙皇考高宗純皇帝所賜，一切鳩工庀材事宜，特派大臣經理。朕於嘉慶四年親政後，復簡派盛住總司其事。……現在派員赴工，逐一詳查，其從前辦理草率偷減情弊，已屬顯然。乃於灰斤加價項下，扣存銀五萬兩，練山石項下，收用銀四萬兩，侵蝕官項入己至九萬兩之多。

《清仁宗實録》卷二〇二 〔嘉慶十三年十月戊午〕諭内閣：本日朝審勾到情實官犯，内成文、李如枚、延福一起，因承辦吉地工程，冒銷官項，分肥入己；又雙保、尚玉梅、海紹、詩蒙額一起，因充當吉地瓦作監督，少用多銷，侵蝕銀數三千餘兩。該部均照侵盜錢糧一千兩以上例問擬大辟，實係罪所應得。惟念吉地工程，從容經理，爲日方長，彼時盛住總司其事，亦明恃限期久遠，不致及身敗露，起意舞弊營私，於灰斤加價項下扣存銀五萬兩，練山石項下收用銀四萬兩，侵蝕官項入已至九萬兩之多。伊係管工大臣中居首之員，先自骫法昧良，以致工員等相率效尤，罔知顧忌，是盛住實爲此案罪魁，較之雙福、鶴齡情節尤重。假使其身尚在，朕必親爲廷訊，加以刑夾板責，立正刑誅。今伊早經身故，倖逃憲典，而伊之任意侵扣帑金，總緣雙福、鶴齡扶同舞弊，狼狽爲奸。雙福、鶴齡各分用正項帑銀三千兩，又將練山石項下扣存銀五萬兩支用，雖訊明衹有此數，其未經查明私肥入己者，正不知凡幾，是以立置典刑，並加以夾責，即與懲治盛住無異。至成文、李如枚、延福侵蝕帑銀均在一千兩以上，但其侵冒之項，皆由盛住分給，自係按官秩之大小，定分肥之多寡，而該犯等罔知大義，亦遂聽從收受朋分，竟視爲分所應得。設使侵扣冒銷，實由該犯等首先慫慂，釀成巨案，或係承修先朝陵寢，有此藐法私肥情事，其罪孽斷無可逭，朕亦不敢廢法，雖係從犯，亦必予勾。姑念伊等恣意侵吞帑項，禍首實惟盛住，其從而附和者，則惟雙福、鶴齡二犯，並非由成文等主謀；且所辦係吉地工程，朕亦不忍因萬年吉祥之事，將伊等駢首就戮。是以於法無可貸之中，稍寬一線。成文、李如枚、延福著加恩免其予勾。其雙保等四犯，充當瓦作監督，公同侵蝕銀三千餘兩，其中本有因公支用，亦有私肥入己，因該犯等並無帳目可稽，無從分析，是以併贓問擬，較之成文等，罪狀又覺稍輕。雙保、尚玉相、海紹、詩蒙額並著加恩免其予勾，以示朕執法持平之至意。此旨另録一道，存貯上書房，仍通諭知之。

《清德宗實録》卷五二九 〔光緒三十年四月己酉〕以監造學堂坍塌釀命，革江蘇直隸州知州章邦直職，勒令賠修。

《清德宗實録》卷五八〇 〔光緒三十三年九月丙辰〕以監修正陽門城樓要工告成，賞前浙江按察使王仁寶一品封典，道員尹家楣交軍機處存記。

《清會典》卷七二《工部・營繕清吏司・公廨》 凡修葺公廨，由該部院衙門照例咨部，委官覈估會修。工竣，別委官察覈奏銷。定限保固。如違例行文及工有浮冒者，論。凡直省文武官廨小修，各官隨時苫補；大修及有增建者，均由督撫疏請部覆，動帑興修，工竣奏銷。前後官接任，入册交代。如督撫、提鎮、監司及州縣守禦等官涖任，有抑勒所屬修治衙署，致累及兵民者，文官以科歛律、武官以剋減律論。

《清會典則例》卷二八《吏部・考功清吏司・修造》 順治初年定，官員將通衢大路緊要隄橋不行豫修，以致衝決損壞者，將府州縣官各罰俸一年，該撫罰俸六月。如有城池不豫先修理以致倒壞者，罰俸六月。康熙三年議準：官員捐資修理城郭樓臺房寨器械等項，該督撫親身詳加察驗保奏後，若有不堅固不如式，三年内坍壞者，仍令該督撫並督工官賠修，本工捐資紀録銷去，免其處分。若限内坍壞，該府州縣官隱匿不報，被傍人出首者，將該管官革職。如該管官申報督撫，督撫隱匿不報，將該督撫各降二級留任。九年題準：官員解送一應匠役，或名數短少，或不擇良工，以老病不諳之人塞責者，皆罰俸六月。又題準：官員解送金甎杉木，不選擇精美，以不堪用者解送，或折損，或遲延，皆罰俸一年；布政使、巡撫各罰俸六月。又題準：官員將安插官兵居住房屋不行修理安插，以致占住民房者，罰俸一年。又議準：官員修造礮臺邊界烽墩，不速行修造完結者，降一級留任。修完之日，仍還其所降之級。不行催之上司罰俸一年。二十六年題準：古北口徵收木植，該差官以任滿日期計，四月内交完；潘家桃林徵收木植，以任滿日期計，八月内交完。如限内不完者，照拖欠銅斤之例，勒限議處。如差官不收大木而收小木，察出題參，將該差官照徇情例降二級調用。差滿交代，備造清册報部。如有遺漏舛錯，照造册遺漏例罰俸一年。六十年題準：在京各處修理工程，工價五十兩以内，物料價直二百兩以内者，照依各處印文，準其修理。其工價五十兩以上，物料價直二百兩以上者，著該修理處料估啓奏工部，差官覆覈，會同該處官員首領監修，將用過錢糧著管工官名下銷算。如多用錢糧不行啓奏即便承修者，將行文與承修堂司官，皆照應奏不奏例，降三級調用。雍正元年覆準：各省修理行宫並直省倉廒等項工程，一應動用錢糧事件，皆令該督撫奏聞工部議覆，再行修理。工完之日，該督撫察明造册具題，工部詳加覈算題銷。如有關繫錢糧應啓奏事件不行啓奏，擅自咨部請銷，而該部據咨完結者，即行題參，照修理工程不行奏請例議處。五年議準：各省城垣督撫驗明新舊倒塌，如城垣本屬修整，偶有些小坍塌，令地方官於農隙及時修補，務令堅固。若漫不經心致坍塌過多，該督撫察參，將該地方官照修造礮臺等項遲延例降一級留任。修完之日，仍還其所降之級。其原坍塌已多必須備辦物料者，該地方官量行捐修，工竣後，將丈尺詳報督撫，委官勘明，具結申報。如果工程堅固，將捐修各官造册具題，交部議敘。如各地方官正在興修，尚未竣工，遇有升遷事故，將所修城垣丈尺報明督撫，造入交盤册内，移交接任之人，竢續修完竣，將修理之工程丈尺數目，分别新舊造具總册報部。倘地方官因循怠忽，不實心任事，將未修城垣揑報修完者，照修造戰船未經修完揑報完工例革職。甚至借修城名色科派民間者，照私派例革職治罪。七年議準：一應工程該管工官不依定限完工者，工部察參，照玩誤工程例議處。如不照限呈遞銷算清册，而該司亦不依限據實覈銷者，皆照遲延事件例參處。如該管工官或有因限期已届修理未完，而規避處分揑報工竣者，察出别行指參，按所得之罪議處。其有應繳銀不遵定限繳庫完結者，即將該員參奏革職，勒限催追，限内全完，準其開復；逾限不完，交部照侵蝕正項錢糧例治罪，仍著落家産追還。如該司官員通同遮掩者，亦照承追虧空不力例議處。此外，或有工程浩繁，辦料維艱，其工料銀數至三萬兩以上，難以依限完工者，繕摺奏聞，再行定限修竣。又議準：京師城牆上下，應令步軍統領會同工部各委官一人，凡有應行葺補修理之處，勘明報部，務於雨水之前堅固修葺。其所委之官，竢一年任滿，再委官更代。倘官員不加謹修理，及不實力察勘者，一經察出，即行題參，照造作遲延例議處。乾隆二年覆準：各省墩臺營房如有坍塌傾圮之處，倘武職不行詳報，照承察遲延例議處；文員不行修造，照修造遲延例議處。四年，遵旨議準：凡修建工程所需物料，不必拘泥從前造報物料定價，悉照時價確估造報。工竣之日，該管上司委官驗勘，並取印結詳報，該督撫等確訪時價，覈明題咨到日，工部再行覈銷。倘承辦各官浮開揑報，該督撫即照冒銷錢糧例指參。如委官驗看不實，即以扶同徇隱例參處。五年覆準：採買一切物料，工部照定例發價。如承辦官侵蝕入己者，察出，照冒銷例參處。倘有匠作搬運等費，許承辦官將緣由呈明，以聽覈奪。如該員並不呈報，經工部察出參奏，照應申上而不申上律，罰俸九月。

《清會典則例》卷一二六《工部・營繕清吏司・修葺壇廟》〔雍正五年〕又諭：各處修理壇廟，從前皆交與工部修理，嗣後不必交與工部。如有應行修理處，或令太常寺會同工部官估計，交與太常寺修理，或即交與太常寺估計，具題修理。其動用何處錢糧，並用過錢糧應於何處奏銷，著大學士會同太常寺議奏。欽此。遵旨議準：壇廟地方繫太常寺經管，嗣後應大修者，由太常寺會同工部估計具題，交太常寺委官修理，該管官不時稽察。倘工程不堅，冒銷錢糧，即指名題參。如有徇隱，經科道察出，將堂官一并議處。其應用錢糧，均由部支取，工竣即繕黄册具題。至每歲祭祀前期小修，交太常寺詳計，一年需用錢糧若干，先期題請，由户部給發，年終亦繕黄册具題。

《清會典則例》卷一二六《工部・營繕清吏司・工成恩賚》　順治三年太和殿告成，在事滿漢官員各加職銜，在工人員各賞朝衣、皮裘、韡帽、銀幣有差。十年，以慈寧宫告成，照例叙賞有差。十三年，以乾清宫、坤寧宫告成，在事滿、漢官員各加職銜。康熙九年，重修太和殿、乾清宫告成，滿、漢各官分别在工久暫，賞給鞍馬、蟒段、表裏，匠役賞給銀布有差。三十七年，重建太和殿告成，照九年例，官員、匠役賞給有差。雍正十年，修理紫禁城工竣，監造王大臣官員紀録有差。乾隆三年，重修奉先殿告成，在工王大小官員加級紀録，各有差；匠役由内務府、工部量加賞給。

匠役部

綜述

《國語・齊語》 令夫工，群萃而州處，審其四時，辨其功苦，權節其用，論比協材。旦暮從事，施于四方，以飭其子弟，相語以事，相示以巧，相陳以功。少而習焉，其心安焉，不見異物而遷焉。是故其父兄之教不肅而成，其子弟之學不勞而能。夫是，故工之子恒爲工。

王符《潛夫論》卷一《讚學第一》 天地之所貴者人也，聖人之所尚者義也，德義之所成者智也，明智之所求者學問也。雖有至聖，不生而智；雖有至材，不生而能。故志曰：黄帝師風後，顓頊師老彭，帝嚳師祝融，堯師務成，舜師紀後，禹師墨如，湯師伊尹，文、武師姜尚，周公師庶秀，孔子師老聃。若此言之而信，則人不可以不就師矣。夫此十一君者，皆上聖也，猶待學問，其智乃博，其德乃碩，而况于凡人乎？

是故工欲善其事，必先利其器；王欲宣其義，必先讀其智。《易》曰：「君子以多志前言往行以畜其德。」是以人之有學也，猶物之有治也。故夏后之璜，楚和之璧，雖有玉璞、卞和之資，不琢不錯，不離礫石。夫瑚簋之器、朝祭之服，其始也，乃山野之木、蠶繭之絲耳，使巧倕加繩墨而制之以斤斧，女工加五色而制之以機杼，則皆成宗廟之器、黼黻之章，可羞于鬼神，可御于王公。而况君子敦貞之質，察敏之才，攝之以良朋，教之以明師，文之以《禮》、《樂》，導之以《詩》、《書》，贊之以《周易》，明之以《春秋》，其有不濟乎？

《詩》云：「題彼鶺鴒，載飛載鳴。我日斯邁，而月斯征。夙興夜寐，無忝爾所生。」是以君子終日乾乾進德修業者，非直爲博己而已也，蓋乃思述祖考之令問而以顯父母也。

孔子曰：「吾嘗終日不食，終夜不寢。以思，無益，不如學也。」「耕也，餒在其中；學也，禄在其中矣。君子憂道不憂貧。」箕子陳六極，《國風》歌《北門》，故所謂不憂貧也，豈好貧而弗之憂邪？蓋志有所專，昭其重也。是故君子之求豐厚也，非爲嘉饌、美服、淫樂、聲色也，乃將以底其道而邁其德也。

夫道成于學而藏于書，學進于振而廢于窮。是故董仲舒終身不問家事，景君明經年不出户庭，得鋭精其學而顯昭其業者，家富也。富佚若彼而能勤精若此者，材子也。倪寬賣力于都巷，匡衡自鬻于保徒者，身貧也。貧阨若彼而能進學若此者，秀士也。當世學士恒以萬計，而究涂者無數十焉。其故何也？其富者則以賄玷精，貧者則以乏易計，或以喪亂期其年歲，此其所以逮初、喪功而及其童蒙者也。是故無董、景之才，倪、匡之志，而欲强捐家出身、曠日師門者，必無幾矣。夫此四子者，耳目聰明，忠信廉勇，未必無儔也。而及其成名立績，德音令問不已。而有所以然。夫何故哉？徒以其能自托于先聖之典經，結心于夫子之遺訓也。

是故造父疾趨，百步而廢，而托乘輿，坐致千里；水師泛軸，解維則溺，自托舟楫，坐濟江河。是故君子者，性非絶世，善自托于物也。人之情性，未能相百；而其明智，有相萬也。此非其真性之材也，必有假以致之也。君子之性，未必盡照，及學也，聰明無蔽，心智無滯，前紀帝王，顧定百世。此則道之明也，而君子能假之以自彰爾。

夫是故道之于心也，猶火之于人目也。中阱深室，幽黑無見，及設盛燭，則百物彰矣。此則火之耀也，非目之光也，而目假之則爲明矣。天地之道，神明之爲，不可見也；學問聖典，心思道術，則皆來睹矣。此則道之材也，非心之明也，而人假之則爲已知矣。

是故索物于夜室者，莫良于火；索道於當世者，莫良于典。典者，經也，先聖之所制。先聖得道之精者，以行其身；欲賢人自勉，以入于道。故聖人之制經以遺後賢也，譬猶巧倕之爲規矩準繩以遺後工也。

昔倕之巧，目茂圓方，心定平直，又造規繩矩墨以誨後人。試使奚仲、公班之徒釋此四度而效倕自製，必不能也。凡工妄匠，執規秉矩，錯準引繩，則巧同于倕也。是倕以心來制規矩，後工以規矩往合倕心也，故循度之工，幾于倕矣。

先聖之智，心達神明，性直道德，又造經典以遺後人。試使賢人君子釋于學問，抱質而行，必弗具也。及使從師就學，按經而行，聰達之明，德義之理亦庶矣。是故聖人以其心來造經典，後人以經典往合聖心，故脩經之賢，德近于聖矣。

《詩》云：「高山仰止，景行行止。」「日就月將，學有緝熙于光明。」是故凡欲顯勳績、揚光烈著，莫良于學矣。

祝穆《古今事文類聚前集》卷三六《梓匠者》 《羣書要語》：伐木丁丁。《詩》。爲巨室，則必使工師求大木。工師得大木則王喜，以爲能勝其任矣。匠人斲而小之則王怒，以爲不勝其任矣。《孟子》。般倕棄其剞劂兮，王𧂐一作爾。投其鉤繩。注：剞劂，鑿也。鈎，曲尺。繩以準直。《甘泉賦》。審方面勢，覆量高深遠近，筭家謂之叀一作專。術。叀又象形，如繩木所用墨斗也。《筆談》。大木爲宗，細木爲桷，欂櫨侏儒，椳闑扂楔，各得其宜，以成屋室者，匠氏之工。韓文不善爲斲，血指汗顔。巧匠旁觀，縮手袖間。韓文。

圬墁者若作室家，既勤垣墉，惟其塗塈茨。若作梓材，既勤樸斲，惟其塗丹雘。《梓材》。孟子曰：有人於此，毁瓦畫墁，其志將以求食也，則子食之乎？曰：否。曰：然則子非食志也，食功也。《孟子·滕文》。

丘濬《大學衍義補》卷一五《固邦本·寬民之力》 《易·兑》之彖曰：説以先民，民忘其勞。説以犯難，民忘其死。説之大，民勸矣哉。

程頤曰：君子之道，其説于民，如天地之施感于其心，而説服無斁。故以之先民，則民心説，隨而忘其勞。率之以犯難，則民心説服于義，而不恤其死。説道之大，民莫不知勸。勸謂信之，而勉力順從。人君之道，以人心説服爲本，故聖人贊其大。

臣按：此兑卦之彖辭。兑之義，説也。兑上爲君，兑下爲民，有君民相説之象。人君之用民力，必以説服爲本。有事而欲與民趨之，則思曰：此民所説乎，不説乎？苟民心説也，則先以趨之。則民知上之勞我，所以逸我也。咸忘其爲勞矣。有難而欲與民犯之，則民知上之死我，所以生我也，咸忘其爲死矣。人君之欲用民力，察夫事之理而得其正，體夫民之心而同其欲。必爲天下而不爲一家，必爲衆人而不爲一己。然後爲之，則民無不勸勉順從者矣。

《節》之彖曰：節以制度，不傷財，不害民。

《詩·靈臺》之一章曰：經始靈臺，經之營之。庶民攻之，不日成之。經始勿亟，庶民子來。

朱熹曰：國之有臺，所以望氛祲，察災祥，時觀游，節勞佚也。文王之臺，方其經度營表之際，而庶民已來作之。所以不終日而成也。雖文王心恐煩民，戒令勿亟，而民心樂之，如子趨父事，不召自來也。孟子曰：文王以民力爲臺，爲沼，而民歡樂之。謂其臺曰「靈臺」，謂其沼曰「靈沼」。此之謂也。

臣按：人君之用民力以興土木之工，必若文王之作靈臺。將以望氛祲，察災祥，時觀游，節勞佚，然後爲之。是其所以爲此臺者，非專以適己，蓋不得已不得不爲者也。故其雖用民力，民反歡樂之。若秦之阿房，漢之長楊、五柞，則是勞民以奉己也。民安得而不怨恨之哉？民怨則國不安，危亡之兆也。

《周禮》小司徒之職，乃均土地以稽其人民，而周知其數。上地家七人，一夫受田百畝。七口以上，授以上等之地。可任也者，家三人。〔可任力役者，每家三人。〕中地家六人，可任也者，二家五人。二家共五人。下地家五人，可任也者，家二人。凡起徒役，毋過家一人。以其餘爲羡。正卒之外，皆爲羡卒。惟田與追胥竭作。惟田獵與逐捕寇盜，則正卒、羡卒皆作。

臣按：成周盛時，其役民也，因其受田之高下，以定其力役之多寡，故其事力相稱。而其爲役也，適乎，及其徒役之起，又不過家用一人。非田獵與追胥，不至于并行也。非若後世，不復考其人之數，不復量其人之産，一切徵發，乃至于盡室而行焉。

鄉大夫之職，以歲時登其夫家之衆寡，辨其可任者。國中自七尺以及六十，七尺年二十。野自六尺以及六十有五，六尺年十五。皆征之。其舍者，謂不征者。國中貴者、賢者、能者，服公事者，老者、疾者皆舍。

旅師，凡新甿新徒來者。之治，皆聽之，使無征役。

臣按：成周力役之征，必稽考其版籍之數，以辨其事力之任否。地近而役多者，則征之遲，而舍之早。地遠而役少者，則征之早而舍之遲。非若後世役民，往往勞近而寬遠，政與古人相反也。是以古之明王，尤軫念畿甸之民，無事之時，常加寬恤。蓋以有事之時，必賴其用故也。然不獨寬其國中之民而已，凡國之中，貴而有爵者，賢而有德者，能而有才者，服勞公事者，老者、疾者，皆復除之。與夫新甿之治，則無征役。凶札之歲，則無力政。凡此皆先王行役民之義，而存仁民之心。

均人凡均力役之政。以歲上下，豐年則公旬音均。用三日焉。中年則公旬用二日焉。無年則公旬用一日焉。凶札凶謂饑荒，札謂疾疫。則無力政。并與力政免之。

臣按：此即《王制》所謂「用民之力，歲不過三日」者也。然又因歲時之豐歉，以定役數之多寡。是以三代盛時之民，以一人之身，八口之家，于三百有六旬有六日之間，無一日而不自營其私也。所以爲公者，僅三日焉耳。後世驅民于鋒鏑，起民于繇戍，聚民以工作，蓋有一歲之間，在官之日多，而家居之日少。

甚者，乃至于終歲勤苦，而無一日休者。嗚呼，民亦不幸而不生于三代之前哉。雖然，萬古此疆界，萬古此人民也，上之人誠能清心省事，不窮奢而極欲，不好大而喜功，庶幾人民享太平之福哉。

《春秋》僖公二十年春，新作南門。

胡安國曰：書「新作南門」，譏用民力于所不當爲也。《春秋》凡用民力，得其時制者，猶書于策，以見勞民爲重事，而况輕用于所不當爲者乎？

臣按：人君之用民力，非不得已，不可用也。蓋君以養民爲職，所以養之者，非必人人而食之，家家而給之也，惜民之力，而使之得以盡其力于私家，而有以爲仰事俯育之資，養生送死之具，則君之職盡矣。孔子作《春秋》，于魯僖之作頖宫則不書，復閟宫則不書，而于作南門則書之。不徒書之，而且加以「新作」之辭，以見頖宫、閟宫乃魯國之舊制，有以舉之，則不可廢，雖欲不修，不可得也。如此而用民力亦不爲過。若夫南門，魯國舊所無也。雖不作之，亦無所加損，何必勞民力以爲此無益之事？此聖人所以譏之歟。

《左傳》昭公十九年，楚人城州來。沈尹戌曰：「楚人必敗。昔吴滅州來，在昭十三年。子旗請伐之。王楚平王。曰：吾未撫吾民。今謂城州來也。亦如之，而城州來以挑吴，能無敗乎？」侍者戌之侍者。曰：「王施施恩德。舍舍逋負。不倦，息民五年，可謂撫之矣。」戌曰：「吾聞民樂其性，而無寇仇。今宫室無量，民人日駭，勞罷音疲。死轉，忘寢與息，非撫之也。」

臣按：沈尹戌此言，人君之欲用民力，必先有以撫之。所以撫之之道，在乎節用于內，而樹德于外。蓋用不節，則必美衣食，厚用度，營宫室，廣廟宇，財費于內，力疲于外，而民不安其居，不遂其生，勞苦罷困，死亡轉徙，而林林而生，總總而處者，皆不得樂其性，而且爲吾之寇仇矣。爲人上者，可不畏哉。

《王制》：用民之力，歲不過三日。

孔穎達曰：《周禮》均人，豐年旬用三日，中年旬用二日，無年旬用一日。年歲不同，雖豐不得過三日也。

臣按：用民力如治城廓、涂巷、溝渠、宫廟之類，若師旅之事，則不拘此制。

又曰：凡使民，任老者之事，食壯者之食。

臣按：先儒謂，老者食少而功亦少。壯者功多而食亦多。今之使民，雖少壯，但責以老者之功程，雖老者，亦食以少者之飲食，寬厚之至也。

八十者，一子不從政。從政，謂給公家之力役。九十者，其家不從政。廢疾，非人不養者，一人不從政。父母之喪，三年不從政。齊衰、大功之喪，三月不從政。將從欲去者。于諸侯，三月不從政。自諸侯來徙已來者。家，期不從政。

臣按：昔人有言，夫人莫衰于老，莫苦于疾，莫憂于喪，莫勞于徙，此王政之宜恤者，故皆不使之從政焉。如是則老耄者得以終其天年，廢疾者得以全其身體，居喪者盡送終之禮，遷徙者無失所之虞，是亦仁政之一端也。

孔子曰：張張弓弦也。而不馳，落弓弦也。文武弗能也。弛而不張，文武弗爲也。一張一弛，文武之道也。

臣按：此章，孔子因子貢觀蜡之問，而以弓喻民以答之。謂弓之爲器，久張而不弛，則力必絶，如民久勞苦而不休息，則其力必憊。久弛而不張，則體必變，如民久休息而不勞苦，則其志必逸。弓必有時而張，如民必有時而勞。弓必有時而弛，如民必有時而息。一于勞苦，民將不堪。雖文王、武王，有所不能治也。一于逸樂，則民將廢業，則文王、武王，必不爲此也。然則，果如之何而可？曰：不久張以著其仁，不久弛以著其義。

子曰：使民以時。

朱熹曰：時，謂農隙之時也。

臣按：朱熹解此章，謂時爲農隙之時。至《孟子》不違農時章，則又解曰：農時，謂春耕、夏耘、秋收之時，凡有興作，不違此時。至冬乃役之也。臣竊以謂，歲時有早晚，氣候有寒暑，農事有劇易，事體有緩急，人君遇有興作，必當順天之時，量事之勢，適民之願。苟墮指裂肌之時、爍石流金之候、農務方殷、飢寒切體而欲有所營爲，可乎？所謂時者，非但謂農時，各隨時而量其可否可也。

魯人爲長府。閔子騫曰：仍舊貫如之何？何必改作。

王安石曰：改作，勞民傷財，在于得已，則不如仍舊貫之善。

臣按：古人必不得已而後改作。非甚不得已，必不肯快一己之私意，廢前人之成功。安石能爲此言，至其爲相，乃變祖宗之法，何哉？

魯定公問于顔回曰：「子亦聞東野畢之善御乎？」對曰：「善則善矣，然其馬將必佚。」公曰：「何以知之？」對曰：「以政知之。昔者，帝舜巧于使民。造父巧于使馬。舜不窮其民力，造父不窮其馬力，是以舜無佚民，造父無佚馬。今東野畢之御也，升馬執轡，銜體正矣，步驟馳騁，朝禮畢矣，歷險致遠，馬力盡矣，然而猶乃求馬不已。臣以此知之。」公曰：「吾子之言，其義大矣。願少進乎？」回曰：「鳥窮則啄，獸窮則攫，人窮則詐，馬窮則佚。自古及今，未有窮其下而無危者也。」

臣按：《家語》此章，顔子謂舜不窮其民，是以無佚民。由是推之，則桀紂窮其民，所以有佚民，而致危亡之禍也，可知已。後世人主，其尚無以苛政虐刑，以窮其民哉。

漢高祖七年，民産子，復勿事二歲。

宣帝地節四年，諸有大父母，父母喪者，勿繇事，使得收斂送終，盡其子道。

臣按：地節之詔，即推廣《王制》父母之喪，三年不從政之意。高帝七年，令民産子，復勿事二歲，豈非古人保胎息之遺意歟。漢世去古未遠，愛養元元之心，猶有三代餘風。已死也，而憫其喪；未生也，而保其胎。人君以此爲政，則其國祚之長，豈不宜哉。

以上論寬民之力。

傳記

先秦

有巢氏

《韓非子》卷一九《五蠹》 上古之世，人民少而禽獸衆，人民不勝禽獸蟲蛇。有聖人作，搆木爲巢，以避羣害，而民悦之，使王天下，號曰有巢氏。

倕

尸佼《尸子》卷下 古者倕爲規矩、準繩，使天下倣焉。

《吕氏春秋》卷一《孟春紀第一・重巳》 三曰：倕至巧也。人不愛倕之指而愛巳之指，有之利故也。倕，堯之巧工也。雖巧無益於巳，故不愛之也。巳指雖不如倕指巧，猶自爲用，故言有之利故也。

王逸注《楚辭》卷四《九章章句第四離騷・抽思》 巧倕不斲兮，倕，堯巧工也。斲，斫也。《史記》作巧匠。斲，一作劉，一作斷。補曰：倕，音垂。《書》曰：垂汝共工。《莊子》曰：工倕旋而蓋規矩。《淮南》曰：周鼎著，倕使銜其指。《説文》云：斲，斫也，劉殺也。作斲者是。孰察其撥正。察，知也。撥，治也。言倕不以斤斧斲斫，則曲木不治，誰知其工巧者乎。以言君子不居爵位，衆亦莫知其賢能也。《史記》作揆正。補曰：《説文》曰：撥，治也。比末切。揆，度也。

羅泌《路史》卷二一《後紀十二・有虞氏》 垂爲宗工，辨材楛，利器用。宗工，司空之職，使之代禹。垂有創物之巧舉，極其精，故竹矢猶爲後世寳。

郭璞《山海經傳》卷一八《海内經第十八》 又有不距之山，巧倕葬其西。倕，堯巧工也。

鯀

《淮南子》卷一《原道訓》 昔者夏鯀作三仞之城，諸侯背之，海外有狡心。

《史記》卷二《夏本紀》 夏禹，名曰文命。禹之父曰鯀，鯀之父曰帝顓頊，顓頊之父曰昌意，昌意之父曰黄帝。禹者，黄帝之玄孫而帝顓頊之孫也。禹之曾大父昌意及父鯀皆不得在帝位，爲人臣。當帝堯之時，鴻水滔天，浩浩懷山襄陵，下民其憂。堯求能治水者，羣臣四嶽皆曰鯀可。堯曰：「鯀爲人負命毁族，不可。」四嶽曰：「等之未有賢於鯀者，願帝試之。」於是堯聽四嶽，用鯀治水。九年而水不息，功用不成。於是帝堯乃求人，更得舜。舜登用，攝行天子之政，巡狩。行視鯀之治水無狀，乃殛鯀於羽山以死。天下皆以舜之誅爲是。於是舜舉鯀子禹，而使續鯀之業。

禹

《論語・泰伯》 子曰：禹，吾無間然矣。菲飲食而致孝乎鬼神，惡衣服而致美乎黻冕，卑宫室而盡力乎溝洫。

《莊子・雜篇・天下》 墨子稱道曰：昔者禹之湮洪水，决江河而通四夷九州也，名山三百，支川三千，小者無數。禹親自操槖耜而九雜天下之川，腓無胈，脛無毛，沐甚風，櫛疾雨，置萬國。禹，大聖也，而形勞天下也如此。

《吕氏春秋》卷二一《開春論第一・愛類》 聖王通士，不出于利民者無有。昔上古龍門未開，吕梁未發，河出孟門，大溢逆流，無有丘陵沃衍、平原高阜，盡皆滅之，名曰「鴻水」。禹于是疏河决江，爲彭蠡之障，干東土，所活者千八百國。此禹之功也。勤勞爲民，無苦乎禹者矣。

《淮南子》卷一九《修務訓》 或曰：「無爲者，寂然無聲，漠然不動，引之不來，推之不往。如此者乃得道之像。」吾以爲不然，嘗試問之矣：若夫神農、堯、舜、禹、湯，可謂聖人乎？有論者必不能廢。以五聖觀之，則莫得無爲明矣。古者，民茹草飲水，采樹木之實，食蠃蛖之肉，時多疾病毒傷之害。於是神農乃始教民播植五穀，相土地宜燥濕肥墝高下，嘗百草之滋味，水泉之甘苦，令民知所避就。當此之時，一日而遇七十毒。堯立孝慈仁愛，使民如子弟，西教沃民，東至黑齒，北撫幽都南道交趾。放讙兜於崇山，竄三苗於三危，流共工於幽州，殛鯀於羽山。舜作室，築牆茨屋，辟地樹穀，令民皆知去巖穴，各有家室。南征三苗，道死蒼梧。禹沐浴霪雨，櫛扶風，決江疏河，鑿龍門，闢伊闕，脩彭蠡之防，乘四載，隨山栞木，平治水土，定千八百國。湯夙興夜寐，以致聰明；輕賦薄斂，以寬民氓；布德施惠，以振困窮；弔死問疾，以養孤孀。百姓親附，政令流行。乃整兵鳴條，困夏南巢，譙以其過，放之歷山。此五聖者，天下之盛主，勞形盡慮，爲民興利除害而不懈。奉一爵酒不知於色，挈一石之尊則白汗交流，又況贏天下之憂而〔任〕海内之事者乎？其重於尊亦在房心之間，地其動乎？」太卜曰：「然。」晏子出，太卜走往見公曰：「臣非能動地，地固將動也。」田子陽聞之，曰：「晏子默然不對者，不欲太卜之死；往見太卜者，恐公之欺也。晏子可謂忠於上而惠於下矣。」故老子曰：「方而不割，廉而不劌。」

《淮南子》卷二一《要略》 墨子學儒者之業，受孔子之術。以爲其禮煩擾而不悦，厚葬靡財而貧民，〔久〕服傷生而害事，故背周道而用夏政。禹之時，天下大水，禹身執虆臿，以爲民先，剔河而道九岐，鑿江而通九路，辟五湖而定東海。當此之時，燒不暇撌，濡不給扢，死陵者葬陵，死澤者葬澤，故節財、薄葬、閒服生焉。

奚仲

《管子・形勢》 山高而不崩，則祈羊至矣。淵深而不涸，則沉玉極矣。天不變其常，地不易其則，春秋冬夏，不更其節，古今一也。蛟龍得水，而神可立也；虎豹得幽，而威可載也。風雨無鄉，而怨怒不及也。貴有以行令，賤有以忘卑，壽夭貧富，無徒歸也。銜命者，君之尊也；受辭者，名之運也。上無事，則民自試。抱蜀不言而廟堂既修。鴻鵠鏘鏘，唯民歌之；濟濟多士，殷民化之，紂之失也。飛蓬之間，不在所賓；燕雀之集，道行不顧。犧牲圭璧，不足以饗鬼神。主功有素，寶幣奚爲？羿之道，非射也；造父之術，非馭也；奚仲之巧，非斲削也。召遠者使無爲焉，親近者言無事焉，唯夜行者獨有也。

《淮南子》卷二《俶真訓》 今夫善射者有儀表之度，如工匠有規矩之數，此皆所得以至於妙。然而奚仲不能爲逢蒙，造父不能爲伯樂者，是皆諭於一曲而不通于萬方之際也。

王應麟《玉海》卷七八《車服》 《左傳》定元年正月，薛宰曰：薛之皇祖奚仲居薛，以爲夏車正。注：爲禹掌車服大夫。《淮南子》胡曹爲衣，奚仲爲車。注：《易》曰：黄帝垂衣裳，胡曹黄帝臣也。《荀子・解蔽篇》：奚仲作車，杜作乘馬。注：黄帝已有車服，奚仲亦改制耳。《世本》曰：相土作乘馬，契孫也。四馬駕車起於相土，故曰作，以其作乘馬之法。《世本》：奚仲始作車。劉昭以爲誤，史考所説是也。《吕氏春秋》胡曹作衣，乘雅作駕，寒哀作御，奚仲作車。

士彌

《春秋左氏傳・昭公三十二年》 士彌牟營成周，計丈數，揣高卑，度厚薄，仞溝洫，物土方，議遠邇，量事期，計徒庸，慮財用，書餱糧，以令役於諸侯。屬役賦丈書，以授帥而效諸劉子。

輪扁

《莊子・天道》 桓公讀書于堂上，輪扁斲輪于堂下，釋椎鑿而上，問桓公曰：「敢問公之所讀者，何言邪？」公曰：「聖人之言也。」曰：「聖人在乎？」公曰：「已死矣。」曰：「然則君之所讀者，古之糟魄已夫！」桓公曰：「寡人讀書，輪人安得議乎！有説則可，無説則死！」輪扁曰：「臣也以臣之事觀之。斲輪，徐則甘而不固，疾則苦而不入。不徐不疾，得之于手而應之于心，口不能言，有數存焉于其間。臣不能以喻臣之子，臣之子亦不能受之于臣，是以行年七十而老斲輪。古之人與其不可傳也死矣，然則君之所讀者，古之糟魄已夫！」

工師翰

程敏政《明文衡》卷五〇《雜著・燕書》 齊路寢壞，桓公欲新之，召工師翰具材。工師翰伐巨木于營丘山中，若䉖、若杉、若魄旄、若豫章，無疵，取而泛之河，蔽流而下。工師翰麾衆徒，操剞劂斲之，運繩尺劇之，閣閣然，橐橐然，聲達乎臨淄之郊。越五月，路寢成，桓公環視之，東阿之楹有用樗者，桓公讓工師翰曰：「樗，散木也，膚理不密，瀋液弗固，嗅之腥，爪之不知所窮，爲柣爲棖且不可，况爲負任器耶？」工師翰對曰：「臣之作斯寢也，嘉木以爲桯，文碣以薦址，畫藻以奠井，堅堊以厚墉，陶甓以飾黝，臣竊以爲盡善矣。雖東阿之楹缺，以一樗足之，不虞君之見讓也。」桓公曰：「寢之聳者在宎畱，承宎者在桴，藉桴唯楹耳。一楹蠹則寢隳，奈何不讓？」工師翰曰：「臣聞國猶寢也，一楹蠹則無寢，若衆壬進尚可有國乎？」桓公曰：「不可也。」工師翰曰：「君既知不可，何爲察其小，而遺其大也？」桓公曰：「不知也。」工師翰曰：「臣請爲君言之。擅執國柄者有雍巫焉，成內食之奸者有夷鼓初焉，長君之欲者有寺人貂焉，外惡諸侯而凶德弗革者有開方焉，是衆楹皆蠹矣，路寢能獨存耶？」桓公悟曰：「敬諾。」于是解四子政，而召管敬仲任之，齊國大治。君子曰：工執藝事以諫忠矣，斷而行之者非勇歟？宜其上下相親，伯業底定。《書》曰：「從諫弗咈。」桓公有焉。《易》曰「納約自牖。」工師翰近之矣。

奚斯

《詩·魯頌·閟宮》 徂來之松，新甫之柏，是斷是度，是尋是尺，松桷有舄，路寢孔碩。新廟奕奕，奚斯所作。毛亨傳：桷，榱也。舄，大貌。路寢，正寢也。新廟，閔公廟也。有大夫公子奚斯者作是廟也。鄭玄箋云：孔，甚碩大也。奕奕，姣美也。脩舊曰新，新者姜嫄廟也。僖公承衰亂之政，脩周公伯禽之教，故治正寢上新姜嫄之廟。姜嫄之廟，廟之先也。奚斯作者，教護，屬功課章程也。至文公之時，大室屋壞。孔曼且碩，萬民是若。

匠慶

《春秋左傳·襄公四年》 秋，定姒薨。不殯于廟，無櫬，不虞。匠慶謂季文子曰：「子爲正卿，而小君之喪不成，不終君也。君長，誰受其咎？」初，季孫爲己樹六檟于蒲圃東門之外，匠慶請木，季孫曰：「略。」匠慶用蒲圃之檟，季孫不御。君子曰：「志所謂『多行無禮，必自及也』，其是之謂乎！」

《國語·魯語》 莊公丹桓宫之楹，而刻其桷。匠師慶言于公曰：「臣聞聖王公之先封者，遺後之人法，使無陷于惡。其爲後世昭前之令聞也，使長監于世，故能攝固不解以久。今先君儉而君侈，令德替矣。」公曰：「吾屬欲美之。」對曰：「無益于君，而替前之令德，臣故曰庶可已矣。」公弗聽。

匠石

《莊子·內篇·人間世》 匠石之齊，至於曲轅，見櫟社樹。其大蔽數千牛，絜之百圍，其高臨山，十仞而後有枝，其可以爲舟者旁十數。觀者如市，匠伯不顧，遂行不輟。弟子厭觀之，走及匠石，曰：「自吾執斧斤以隨夫子，未嘗見材如此其美也。先生不肯視，行不輟，何邪？」曰：「已矣，勿言之矣！散木也。以爲舟則沈，以爲棺槨則速腐，以爲器則速毁，以爲門户則液樠，以爲柱則蠹。是不材之木也，無所可用，故能若是之壽。」匠石歸，櫟社見夢曰：「女將惡乎比予哉？若將比予於文木邪？夫柤梨橘柚，果蓏之屬，實熟則剥，剥則辱；大枝折，小枝泄。此以其能苦其生者也，故不終其天年而中道夭，自掊擊於世俗者也。物莫不若是。且予求無所可用久矣，幾死，乃今得之，爲予大用。使予也而有用，且得有此大也邪？且也若與予也皆物也，奈何哉其相物也？而幾死之散人，又惡知散木！」匠石覺而診其夢。弟子曰：「趣取無用，則爲社何邪？」曰：「密！若無言！彼亦直寄焉，以爲不知己者詬厲也。不爲社者，且幾有翦乎！且也彼其所保與衆異，而以義喻之，不亦遠乎！」

《莊子·雜篇·徐無鬼》 莊子送葬，過惠子之墓，顧謂從者曰：「郢人堊慢其鼻端若蠅翼，使匠石斲之。匠石運斤成風，聽而斲之，盡堊而鼻不傷，郢人立不失容。宋元君聞之，召匠石曰：『嘗試爲寡人爲之。』匠石曰：『臣則嘗能斲之，雖然，臣之質死久矣！』自夫子之死也，吾無以爲質矣，吾無與言之矣！」

蔿艾獵

《春秋左傳·宣公十一年》 令尹蔿艾獵城沂，使封人慮事，以授司徒。量功命日，分財用，平板榦，稱畚築，程土物，議遠邇，略基趾，具餱糧，度有司，事三旬而成，不愆于素。

公輸班

《吕氏春秋》卷二一《開春論第一·愛類》 公輸般爲高雲梯，欲以攻宋。墨子聞之，自魯往，裂裳裹足，日夜不休，十日十夜而至于郢。見荆王曰：「臣北方之鄙人也，聞大王將攻宋，信有之乎？」王曰：「然。」墨子曰：「必得宋乃攻之乎？亡其不得宋且不義猶攻之乎？」王曰：「必不得宋且有不義，則曷爲攻之？」墨子曰：「甚善。臣以宋必不可得。」王曰：「公輸般，天下之巧工也，已爲攻宋之械矣。」墨子曰：「請令公輸般試攻之，臣請試守之。」于是公輸般設攻宋之械，墨子設守宋之備。公輸般九攻之，墨子九却之，不能入。故荆輟不攻宋。墨子能以術御荆免宋之難者，此之謂也。

《文選》卷二張衡《西京賦》 命般爾之巧匠。般，魯般，一云公輸之子，魯哀公時巧人。爾，王爾皆古之巧者也。善曰：《淮南子》曰：魯般以木爲鳶而飛之。般，音班。又曰：王爾無所錯其剞劂。盡變態乎其中。

《魯班經》卷一《魯班仙師源流》 師諱班，姓公輸，字依智。魯之賢勝路，東平村人也。其父諱賢，母吴氏。師生於魯定公三年甲戌五月初七日午時。是日白鶴羣集，異香滿室，經月弗散，人咸奇之。甫七歲，嬉戲不學，父母深以爲憂。迨十五歲，忽幡然，從遊於子夏之門人端木起，不數月，遂妙理融通，度越時流。憤諸侯僭稱王號，因遊説列國。志在尊周，而計不行，迺歸而隱于泰山之南小和山焉，晦迹幾一十三年。偶出而遇鮑老董，促膝讌譚，竟受業其門，注意雕鏤刻畫，欲令中華文物焕爾一新。故嘗語人曰：「不規而圓，不矩而方，此乾坤自然之象也。規以爲圓，矩以爲方，實人官兩象之能也。矧吾之明，雖足以盡製作之神，亦安得必天下萬世咸能師心而如吾明耶？明不如吾，則吾之明窮，而吾之技亦窮矣。」爰是既竭目力，復繼之以規矩準繩。俾公私欲經營宫室，駕造舟車與置設器皿，以前民用者，要不超吾一成之法，已試之方矣，然則師之。緣物盡制，緣制盡神者，顧不良且鉅哉。而其淑配雲氏，又天授一段神巧，所制器物固難枚舉，第較之於師，殆有佳處，内外贊襄，用能享大名而垂不朽耳。裔是年躋四十，復隱于歴山，卒遘異人授秘訣，雲遊天下，白日飛昇，止留斧鋸在白鹿仙巖，迄今古迹昭然如睹，故戰國大義贈爲「永成待詔義士」。後三年，陳侯加贈「智惠法師」，歴漢、唐、宋，猶能顯蹤助國，屢膺封號。明朝永樂間，鼎剏北京龍聖殿，役使萬匠，莫不震悚，賴師降靈指示，方獲洛成，爰建廟祀之扁曰「魯班門」，封「待詔輔國大師北成侯」，春秋二祭，禮用太牢。今之工人，凡有祈禱，靡不隨叩隨應，忱懸象著明而萬古仰照者。

王爾

《韓非子》卷四《姦劫弑臣第十四》 無規矩之法、繩墨之端，雖王爾不能以成方圓。無威嚴之勢、賞罰之法，雖堯舜不能以爲治。

《淮南子》卷八《本經訓》 乃至夏屋宫駕，縣聯房植，橑檐榱題，雕琢刻鏤，喬枝菱阿，芙蓉芰荷，五采争勝，流漫陸離，脩掞曲校，夭矯曾橈，芒繁紛挐，以相交持，公輸、王爾無所錯其剞劂削鋸，高誘注：公輸，巧者。一曰魯班之號也。王爾，古之巧匠也。剞，巧刺畫盡頭黑邊箋也。劂，錭尺。削，兩刃句刀也。剞讀技尺之技也。劂讀《詩》「蹶角」之蹶。削讀綃頭之綃也。，然猶未能贍人主之欲也。是以松柏箘露夏槁，江河三川，絶而不流，夷羊在牧，飛蛩滿野，天旱地坼，鳳凰不下，句爪、居牙、戴角、出距之獸，於是鷙矣。民之專室蓬廬，無所歸宿，凍餓飢寒，死者相枕席也。

梓慶

《莊子・外篇・達生》 梓慶削木爲鐻，鐻成，見者驚猶鬼神。魯侯見而問焉，曰：子何術以爲焉？對曰：臣工人，何術之有？雖然，有一焉。臣將爲鐻，未嘗敢以耗氣也，必齊以静心。齊三日，而不敢懷慶賞爵禄；齊五日，不敢懷非譽巧拙；齊七日，輒然忘吾有四枝形體也。當是時也，無公朝，其巧專而外骨消。然後入山林，觀天性，形軀至矣，然後成見鐻，然後加手焉；不然則已，則以天合天，器之所以疑神者，其是與！

召公

《詩・大雅・崧高》 崧高維岳，駿極于天。維岳降神，生甫及申。維申及甫，維周之翰。四國于蕃，四方于宣。

亹亹申伯，王纘之事。于邑于謝，南國是式。王命召伯，定申伯之宅。登是南邦，世執其功。

王命申伯，式是南邦。因是謝人，以作爾庸。王命召伯，徹申伯土田。王命傅御，遷其私人。

申伯之功，召伯是營。有俶其城，寢廟既成。既成藐藐，王錫申伯。四牡蹻蹻，鈎膺濯濯。

皇國父

《春秋左傳・襄公十七年》 〔十一月〕宋皇國父爲大宰，爲平公築臺，妨于農收。子罕請俟農功之畢，公弗許。築者謳曰：「澤門之皙，實興我役。邑中之黔，實慰我心。」子罕聞之，親執朴以行築者，而抶其不勉者，曰：「吾儕小人，皆有闔廬以辟燥濕寒暑。今君爲一臺而不速成，何以爲役？」謳者乃止。或問其故，子罕曰：「宋國區區，而有詛有祝，禍之本也。」

敬君

歐陽詢《藝文類聚》卷三二《人部》　《説苑》曰：齊王起九重之臺，募國中能畫者，賜之錢。有敬君居常飢寒，其妻妙色。敬君工畫（臺），貪賜畫（臺）〔錢〕。去家日久，思憶其妻，畫像向之而笑。傍人見以白王，王召問之。對曰：有妻如此，去家日久，心常念之。竊畫其像，以慰離心，不悟上聞。

龍賈

吕祖謙《大事記解題》卷三　魏龍賈帥師築長城于西邊。《解題》曰：按《水經注·濟瀆》又東逕陽武縣，故城北又東絶長城。《竹書紀年》：梁惠成王十二年，龍賈帥師築長城于西邊。《郡國志》曰：長城自卷逕陽武到密者是矣，今屬開封府陽武縣。

蒙恬

《史記》卷八八《蒙恬傳》　蒙恬者，其先齊人也。恬大父蒙驁，自齊事秦昭王，官至上卿。秦莊襄王元年，蒙驁爲秦將，伐韓，取成皋、滎陽，作置三川郡。二年，蒙驁攻趙，取三十七城。始皇三年，蒙驁攻韓，取十三城。五年，蒙驁攻魏，取二十城，作置東郡。始皇七年，蒙驁卒。驁子曰武，武子曰恬。恬嘗書獄典文學。始皇二十三年，蒙武爲秦裨將軍，與王翦攻楚，大破之，殺項燕。二十四年，蒙武攻楚，虜楚王。蒙恬弟毅。始皇二十六年，蒙恬因家世得爲秦將，攻齊，大破之，拜爲内史。秦已并天下，乃使蒙恬將三十萬衆北逐戎狄，收河南。築長城，因地形，用制險塞，起臨洮，至遼東，延袤萬餘里。於是渡河，據陽山，逶蛇而北。暴師於外十餘年，居上郡。是時蒙恬威振匈奴。始皇甚尊寵蒙氏，信任賢之。而親近蒙毅，位至上卿，出則參乘，入則御前。恬任外事而毅常爲内謀，名爲忠信，故雖諸將相莫敢與之争焉。

漢

胡寬

劉歆《西京雜記》卷二《作新豐移舊社》　太上皇徙長安，居深宫，悽愴不樂。高祖竊因左右問其故，以平生所好，皆屠販少年，酤酒賣餅，鬭鷄蹴踘，以此爲歡，今皆無此，故以不樂。高祖乃作新豐，移諸故人實之，太上皇乃悦。故新豐多無賴，無衣冠子弟故也。高祖少時，常祭枌榆之社。及移新豐，亦還立焉。高帝既作新豐，並移舊社，衢巷棟宇，物色惟舊。士女老幼，相携路首，各知其室。放犬羊鷄鴨於通塗，亦競識其家。其匠人胡寬所營也。移者皆悦其似而德之，故競加賞贈，月餘，致累百金。

公玉帶

《漢書》卷二五下《郊祀志》　初，天子封泰山，泰山東北阯古時有明堂處，處險不敞。上欲治明堂奉高旁，未曉其制度。濟南人公玉帶上黄帝時明堂圖。明堂中有一殿，四面無壁，以茅蓋，通水，水圜宫垣，爲復道，上有樓，從西南入，名曰昆侖，天子從之入，以拜祀上帝焉。於是上令奉高作明堂汶上，如帶圖。及是歲修封，則祠泰一、五帝於明堂上坐，合高皇帝祠坐對之。祠后土於下房，以二十太牢。天子從昆侖道入，始拜明堂如郊禮。畢，尞堂下。而上又上泰山，自有祕祠其顛。而泰山下祠五帝，各如其方，黄帝并赤帝所，有司侍祠焉。山上舉火，下悉應之。還幸甘泉，郊泰畤。春幸汾陰，祠后土。

丁緩

劉歆《西京雜記》卷一《昭陽殿》　趙飛鷰女弟居昭陽殿，中庭彤朱，而殿上丹漆，砌皆銅沓黄金塗，白玉階。壁帶往往爲黄金釭，含藍田璧，明珠、翠羽飾之。上設九金龍，皆銜九子金鈴。五色流蘇，帶以緑文紫綬金銀花鑷。每好風日，幡旄光影，照耀一殿。鈴鑷之聲，驚動左右。中設木畫屏風，文如蜘蛛絲縷。玉几、玉牀、白象牙簟、緑熊席。席毛長二尺餘，人眠而擁毛自蔽，望之不能見，坐則没膝其中。雜熏諸香，一坐此席，餘香百日不歇。有四玉鎮，皆達照無瑕缺。窗扉多是緑琉璃，亦皆達照，毛髮不得藏焉。椽桷皆刻作龍蛇，縈繞其間，鱗甲分明，見者莫不兢慄。匠人丁緩、李菊巧爲天下第一，締構既成，向其姊子樊延年説之，而外人稀知，莫能傳者。

仇延

《漢書》卷九九下《王莽傳》〔地皇元年〕望氣爲數者多言有土功象，莽又見四方盜賊多，欲視爲自安能建萬世之基者，乃下書曰：「予受命遭陽九之戹，百六之會，府帑空虚，百姓匱乏，宗廟未修，且袷祭於明堂太廟，夙夜永念，非敢寧息。深惟吉昌莫良於今年，予乃卜波水之北，郎池之南，惟玉食。予又卜金水之南，明堂之西，亦惟玉食。予將（新）〔親〕築焉。」於是遂營長安城南，提封百頃。九月甲申，莽立載行視，親舉築三下。司徒王尋、大司空王邑持節，及侍中常侍執法杜林等數十人將作。崔發、張邯説莽曰：「德盛者文縟，宜崇其制度，宣視海內，且令萬世之後無以復加也。」莽乃博徵天下工匠諸圖畫，以望法度算，及吏民以義入錢穀助作者，駱驛道路。壞徹城西苑中建章、承光、包陽、大臺、儲元宫及平樂、當路、陽禄館，凡十餘所，取其材瓦，以起九廟。是月，大雨六十餘日。令民入米六百斛爲郎，其郎吏增秩賜爵至附城。九廟：一曰黄帝太初祖廟，二曰帝虞始祖昭廟，三曰陳胡王統祖穆廟，四曰齊敬王世祖昭廟，五曰濟北愍王王祖穆廟，凡五廟不墮云；六曰濟南伯王尊禰昭廟，七曰元城孺王尊禰穆廟，八曰陽平頃王戚禰昭廟，九曰新都顯王戚禰穆廟。殿皆重屋。太初祖廟東西南北各四十丈，高十七丈，餘廟半之。爲銅薄櫨，飾以金銀琱文，窮極百工之巧。帶高增下，功費數百鉅萬，卒徒死者萬數。【略】三年正月，九廟蓋構成，納神主。莽謁見，大駕乘六馬，以五采毛爲龍文衣，著角，長三尺。華蓋車，元戎十乘在前。因賜治廟者司徒、大司空錢各千萬，侍中、中常侍以下皆封。封都匠仇延爲邯淡里附城。

魏霸

《後漢書》卷二五《魏霸傳》　魏霸字喬卿，濟陰句陽人也。世有禮義。霸少喪親，兄弟同居，州里慕其雍和。建初中，舉孝廉，八遷，和帝時爲鉅鹿太守。以簡朴寬恕爲政。掾史有過，（要）〔霸〕先誨其失，不改者乃罷之。吏或相毁訴，霸輒稱它吏之長，終不及人短，言者懷慙，譖訟遂息。永元十六年，徵拜將作大匠。明年，和帝崩，典作順陵。時盛冬地凍，中使督促，數罰縣吏以厲霸。霸撫循而已，初不切責，而反勞之曰：「令諸卿被辱，大匠過也。」吏皆懷恩，力作倍功。延平元年，代尹勤爲太常。明年，以病致仕，爲光禄大夫。永初五年，拜長樂衛尉，以病乞身，復爲光禄大夫，卒於官。

陳球

《後漢書》卷五六《陳球傳》　陳球字伯真，下邳淮浦人也。歷世著名。父亹，廣漢太守。球少涉儒學，善律令。陽嘉中，舉孝廉，稍遷繁陽令。時魏郡太守諷縣求納貨賄，球不與之，太守怒而撾督郵，欲令逐球。督郵不肯，曰：「魏郡十五城，獨繁陽有異政，今受命逐之，將致議於天下矣。」太守乃止。徵拜將作大匠，作桓帝陵園，所省巨萬以上。遷南陽太守，以糾舉豪右，爲執家所謗，徵詣廷尉抵罪。會赦，歸家。

章文

《〔雍正〕江西通志》卷六六《人物》　章文，豫章人。高帝五年，灌嬰定吴豫章五十二縣。文以南昌當諸道之衝，進計於嬰築郡城。嬰然之，使文董其役，勞來版築，經畫居多，郡民德焉。及卒，祠而祀之於江濱，歷代不廢。宋大觀二年，賜額霑澤廟。今城北章江廟是也。

陽城延

《文獻通考》卷二六七《封建考》　梧齊侯陽城延以軍匠從。入漢爲少府，作長樂、未央，築長安城，侯五百户。

李翕

洪適《隸釋》卷四《武都太守李翕西狹頌》　漢武都太守漢陽阿陽李君，諱翕，字伯龍。天姿明敏，敦詩悦禮，膺禄美厚，繼世郎吏，幼而宿衛，弱冠典城，有阿鄭之化，是以三葥符守，致黄龍、嘉禾、木連、甘露之瑞，動順經古。先之以博愛，陳之以德義，示之以好惡，不肅而成，不嚴而治。朝中惟静，威儀抑抑，督郵部職，不出府門，政約令行，强不暴寡，知不詑愚，屬縣趨教，無對會之事。儌外來庭，面縛二千餘人。年穀屢登，倉庾惟億，百姓有蓄，粟麥五錢。郡西狹中道，危難阻峻，緣崖俾閣，兩山壁立，隆崇造雲，下有不測之谿，阨芒促迫，財容車騎，進不能濟，息不得駐，數有顛覆霣隧之(周)〔害〕。過者創楚，惴惴其慄。君踐其險，若涉淵水。嘆曰：《詩》所謂如集於木，如臨於谷，斯其殆哉！困其事則爲設備，今不圖之，爲患無已。勑衡官有秩李瑾，掾仇審，因常繇道徒，鐉燒破折，刻臽確嵬，減高就埤，平夷正曲，柙致土石，堅固廣大，可以夜涉，四方無雍。行人歡悀，民歌德惠，穆如清風，乃刊斯石，曰：赫赫明后，柔嘉惟則。克長克君，牧守三國。三國清平，詠歌懿德。瑞降豐稔，民以貨植。威恩竝隆，遠人賓服。鐉山浚瀆，路以安直。繼禹之迹，亦世賴福。建寧四年六月十三日壬寅造。

蕭何

《史記》卷八《高祖本紀》　〔八年〕蕭丞相營作未央宮，立東闕、北闕、前殿、武庫、太倉。高祖還，見宮闕壯甚，怒，謂蕭何曰：「天下匈匈苦戰數歲，成敗未可知，是何治宮室過度也？」蕭何曰：「天下方未定，故可因遂就宮室。且夫天子以四海爲家，非壯麗無以重威，且無令後世有以加也。」高祖乃說。

《史記》卷五三《蕭相國世家》　蕭相國何者，沛豐人也。以文無害爲沛主吏掾。**【略】**漢王引兵東定三秦，何以丞相留收巴蜀，填撫諭告，使給軍食。漢二年，漢王與諸侯擊楚，何守關中，侍太子，治櫟陽。爲法令約束，立宗廟社稷宮室縣邑，輒奏上，可，許以從事；即不及奏上，輒以便宜施行，上來以聞。關中事計户口轉漕給軍，漢王數失軍遁去，何常興關中卒，輒補缺。上以此專屬任何關中事。

《漢書》卷一下《高帝紀下》　〔五年〕後九月，徙諸侯子關中。治長樂宮。**【略】**〔七年〕二月，至長安。蕭何治未央宮，立東闕、北闕、前殿、武庫、大倉。上見其壯麗，甚怒，謂何曰：「天下匈匈，勞苦數歲，成敗未可知，是何治宮室過度也！」何曰：「天下方未定，故可因以就宮室。且夫天子以四海爲家，非令壯麗亡以重威，且亡令後世有以加也。」上説。自櫟陽徙都長安。置宗正(宮)〔官〕以序九族。夏四月，行如雒陽。

劉歆《西京雜記》卷一　漢高帝七年，蕭相國營未央宮。因龍首山製前殿，建北闕。未央宮周迴二十二里九十五步五尺，街道周迴七十里，臺殿四十三，其三十二在外，其十一在後宮，池十三，山六，池一，山一，亦在後宮。門闥凡九十五。

馬憲

酈道元《水經注》卷一六《穀水》　城西臨穀水，故縣取名焉穀水。又東逕穀城南，不歷其北，又東洛水枝流入焉，今無水也。又東過河南縣北東南入于洛。袁本初挂節處也，橋首建兩石柱。橋之右柱銘云：陽嘉四年乙酉壬申，詔書以城下漕渠東通河濟，南引江淮，方貢委輸所由而至，使中謁者魏郡清淵馬憲監作石橋梁柱，敦敕工匠盡要妙之巧，攢立重石，累高周距，橋工路博，流通萬里云云。

魏晉南北朝

陳勰

《晉書》卷二七《五行志》　武帝太康五年五月，宣帝廟地陷，梁折。八年正月，太廟殿又陷，改作廟，築基及泉。其年九月，遂更營新廟，遠致名材，雜以銅柱，陳勰爲匠，作者六萬人。至十年四月乃成，十一月庚寅梁又折。天戒若曰，地陷者分離之象，梁折者木不曲直也。明年帝崩，而王室遂亂。

王彬

《晉書》卷七六《王廙傳》　彬字世儒。少稱雅正，弱冠，不就州郡之命。光禄大夫傅祇辟爲掾。後與兄廙俱渡江，爲揚州刺史劉機建武長史。元帝引爲鎮東賊曹參軍，轉典兵參軍。豫討華軼功，封都亭侯。愍帝召爲尚書郎，以道險不就。遷建安太守，徙義興内史，未之職，轉軍諮祭酒。蘇峻平後，改築新宮，彬爲大匠。以營創勳勞，賜爵關内侯，遷尚書右僕射。卒官，年五十九。

高堂隆

歐陽詢《藝文類聚》卷六二《居處部》　王隱《晉書》曰：高堂隆，刻鄴宮屋材，云：後若干年，當有天子居此宮。惠帝止鄴宮，治屋者土剥更泥，始見刻字，計年正合。

任汪

《晉書》卷一〇五《石勒載記下》 勒下令曰：去年水出巨材，所在山積，將皇天欲孤繕修宮宇也。其擬洛陽之太極起建德殿，遣從事中郎任汪帥使工匠五千，採木以供之。【略】明堂、辟雍、靈臺于襄國城西。時大雨霖中山西北暴水，流漂巨木百餘萬根，集于堂陽。勒大悦，謂公卿曰：諸卿知不此非爲災也，天意欲吾營鄴都耳。於是令少府任汪、都水使者張漸等監營鄴宮，勒親授規模。

《晉書》卷一〇六《石季龍載記上》 季龍荒游廢政，多所營繕。使邃省可尚書奏事，選牧守祀郊廟，惟征伐、刑斷乃親覽之。觀省臺崩殺，典匠少府任汪復使脩之，倍於常度。

邴輔

董斯張《廣博物志》卷三六 邴輔，櫟陵人也。好學多才藝，巧思機智，妙于當時。襄國宮殿臺榭，皆輔所營也。

毛安之

劉義慶《世説新語》卷中之上《方正》 太極殿始成。徐廣晉紀曰：孝武寧康二年，尚書令王彪之等啓改作新宮。太元三年二月，内外軍六千人，始營築，至七月而成。太極殿高八丈，長二十七丈，廣十丈。尚書謝萬監視。賜爵關内侯大匠毛安之關中侯。

任射

段龜龍《凉州記》 吕光時，有任射者得罪，自匿爲王欣家奴，發覺應死。射有奇巧，王爾、魯般之儔也，故赦之。及大殿歲久傾敗，任射運巧致思，土木俱正。

叱干阿利

《晉書》卷一三〇《赫連勃勃載記》 改元爲鳳翔。以叱干阿利領將作大匠，發嶺北夷夏十萬人，于朔方水北、黑水之南營起都城。勃勃自言：「朕方統一天下，君臨萬邦，可以統萬爲名。」阿利性尤工巧，然殘忍刻暴，乃蒸土築城，錐入一寸，即殺作者而并築之。勃勃以爲忠，故委以營繕之任。又造五兵之器，精鋭尤甚。既成呈之，工匠必有死者：射甲不入即斬弓人；如其入也，便斬鎧匠。又造百鍊剛刀，爲龍雀大環，號曰「大夏龍雀」，銘其背曰：「古之利器，吴楚湛盧。大夏龍雀，名冠神都。可以懷遠，可以柔邇。如風靡草，威服九區。」世甚珍之。復鑄銅爲大鼓，飛廉、翁仲、銅駝、龍獸之屬，皆以黄金飾之，列于宮殿之前。凡殺工匠數千，以是器物莫不精麗。

桓温

劉義慶《世説新語》卷上之上《言語》 《世説》曰：桓宣武移鎮南州，制街衢平直，人謂王東亭曰：「丞相初營建康，無所因陳，而制置紆曲方，此爲劣。」東亭曰：「此丞相乃所以爲巧。江左地促，不如中國，若使阡陌條暢，則一覽而盡，故紆餘委曲，故不可測。」

曇翼

釋慧皎《高僧傳》卷五《釋曇翼》 釋曇翼，姓姚，羌人也。或云冀州人。年十六出家，事安公爲師。少以律行見稱，學通三藏，爲門人所推，經遊蜀郡，刺史毛璩深重之，爲設中食，躬自瞻奉。見翼於飯中得一粒穀，先取食之。璩密以敬異，知必不孤信施。得後餉米千斛，翼受而分施。翼嘗隨安在檀溪寺，晉長沙太守滕含。於江陵捨宅爲寺，告安求一僧爲綱領。安謂翼曰：荆楚士庶始欲師宗，成其化者非爾而誰？翼遂杖錫南征，締構寺宇，即長沙寺是也。【略】翼常歎：寺立僧足，而形像尚少。阿育王所造容儀神瑞皆多，布在諸方，何其無感不能招致。乃專精懇惻，請求誠應。以晉太元十九年甲午之歲二月八日，忽有一像現于城北，光相衝天。時白馬寺僧衆先往迎接，不能令動，翼乃往祇禮，謂衆人曰：當是阿育王像降我長沙寺焉，即令弟子三人捧接，飄然而起，迎還本寺。道俗奔赴，車馬轟填。後罽賓禪師僧伽難陀，從蜀下，入寺禮拜，見像光上有梵字，便曰：是阿育王像，何時來此？時人聞者，方知翼之不謬。年八十二而終。終日像圓光奄然靈化，莫知所之。道俗咸謂翼之通感焉。

釋道世《法苑珠林》卷五二《伽藍篇》 秦時，桓仲爲荆牧，邀翼法師度江造東寺，安長沙寺僧；西寺，安四層寺僧。苻堅殁後，北岸諸地還屬晉家，長沙四層諸僧各還本寺。西東二寺因舊廣立。自晉、宋、齊、梁、陳氏，僧徒常數百人。

陳末隋初，有名者三千五百人，淨人數千，大殿一十三間，惟兩行柱通梁長五十五尺，欒櫨重疊，國中京冠。即彌天釋道安使弟子翼法師之所造也。自晉至唐，曾無虧損。殿前四鐵鑊各受十餘斛，以種蓮華。【略】寺房五重，並皆七架，別院大小今有十所，般舟方等二院莊嚴最勝。夏別常有千人，四周廊廡，咸一萬間。寺開三門，兩重七間兩廈，殿宇橫設並不重，安約准地數，取其久故所以殿宇至今三百年餘，無有損敗，東川大寺唯此爲高，映耀川原，實稱壯觀也。

康絢

《梁書》卷一八《康絢傳》〔永元十三年〕時魏降人王足陳計，求堰淮水以灌壽陽。足引北方童謡曰：「荆山爲上格，浮山爲下格，潼沱爲激溝，併灌鉅野澤。」高祖以爲然，使水工陳承伯、材官將軍祖晅視地形，咸謂淮内沙土漂輕，不堅實，其功不可就。高祖弗納，發徐、揚人，率二十户取五丁以築之。假絢節、都督淮上諸軍事，並護堰作，役人及戰士，有衆二十萬。於鍾離南起浮山，北抵巉石，依岸以築土，合脊於中流。十四年，堰將合，淮水漂疾，輒復決潰，衆患之。或謂江、淮多有蛟，能乘風雨決壞崖岸，其性惡鐵，因是引東西二冶鐵器，大則釜鬵，小則鋘鋤，數千萬斤，沉于堰所。猶不能合，乃伐樹爲井幹，填以巨石，加土其上。緣淮百里内，岡陵木石，無巨細必盡，負擔者肩上皆穿。夏日疾疫，死者相枕，蠅蟲晝夜聲相合。高祖愍役人淹久，遣尚書右僕射袁昂、侍中謝舉假節慰勞之，并加蠲復。是冬又寒甚，淮、泗盡凍，士卒死者十七八，高祖復遣賜以衣袴。十一月，魏遣將楊大眼揚聲決堰，絢命諸軍撤營露次以待之。遣其子悦挑戰，斬魏咸陽王府司馬徐方興，魏軍小却。十二月，魏遣其尚書僕射李曇定督衆軍來戰，絢與徐州刺史劉思祖等距之。高祖又遣右衛將軍昌義之、太僕卿魚弘文、直閤曹世宗、徐元和相次距守。十五年四月，堰乃成。其長九里，下闊一百四十丈，上廣四十五丈，高二十丈，深十九丈五尺。夾之以堤，并樹杞柳，軍人安堵，列居其上。其水清潔，俯視居人墳墓，了然皆在其下。或人謂絢曰：「四瀆，天所以節宣其氣，不可久塞。若鑿湫東注，則游波寬緩，堰得不壞。」絢然之，開湫東注。又縱反間於魏曰：「梁人所懼開湫，不畏野戰。」魏人信之，果鑿山深五丈，開湫北注，水日夜分流，湫猶不減。其月，魏軍竟潰而歸。水之所及，夾淮方數百里地。魏壽陽城戍稍徙頓於八公山，此南居人散就岡壟。

初，堰起於徐州界，刺史張豹子宣言於境，謂己必尸其事。既而絢以他官來監作，豹子甚慚。俄而敕豹子受絢節度，每事輒先諮焉，由是遂譖絢與魏交通，高祖雖不納，猶以事畢徵絢。尋以絢爲持節、都督司州諸軍事、信武將軍、司州刺史，領安陸太守，增封二百户。絢還後，豹子不脩堰，至其秋八月，淮水暴長，堰悉壞決，奔流于海，祖晅坐下獄。絢在州三年，大脩城隍，號爲嚴政。十八年，徵爲員外散騎常侍，領長水校尉，與護軍韋叡、太子右衛率周捨直殿省。普通元年，除衛尉卿，未拜，卒，時年五十七。輿駕即日臨哭。贈右衛將軍，給鼓吹一部。賻錢十萬，布百匹。謚曰壯。

沈衆

《陳書》卷二《高祖本紀下》〔永定二年〕初，侯景之平也，火焚太極殿，承聖中議欲營之，獨闕一柱，至是有樟木大十八圍，長四丈五尺，流泊陶家後渚，監軍鄒子度以聞。詔中書令沈衆兼起部尚書，少府卿蔡儔兼將作大匠，起太極殿。【略】甲寅，太極殿成，匠各給復。

李沖

《魏書》卷五三《李沖傳》李沖，字思順，隴西人，敦煌公寶少子也。少孤，爲長兄滎陽太守承所攜訓。承常言：「此兒器量非恒，方爲門户所寄。」沖沉雅有大量，隨兄至官。是時牧守子弟多侵亂民庶，輕有乞奪，沖與承長子韶獨清簡皎然，無所求取，時人美焉。沖機敏有巧思，北京明堂、圓丘、太廟，及洛都初基，安處郊兆，新起堂寢，皆資於沖。勤志强力，孜孜無怠，旦理文簿，兼營匠制，几案盈積，剞劂在手，終不勞厭也。然顯貴門族，務益六姻，兄弟子姪，皆有爵官，一家歲禄，萬匹有餘，是其親者，雖復癡聾，無不超越官次。時論亦以此少之。【略】詔曰：「昔軒皇誕御，垂棟宇之構；爰歷三代，興宫觀之式。然茅茨土堦，昭德於上代；層臺廣厦，崇威於中葉。良由文質異宜，華樸殊禮故也。是以周成繼業，營明堂於東都；漢祖聿興，建未央於咸鎬。蓋所以尊嚴皇威，崇重帝德，豈好奢惡儉，苟弊民力者哉？我皇運統天，協纂乾曆，鋭意四方，未遑建制，宫室之度，頗爲未允。太祖初基，雖粗有經式，自茲厥後，復多營改。至於三元慶饗，萬國充庭，觀光之使，具瞻有闕。朕以寡德，猥承洪緒，運屬休期，事鍾昌運，宜遵遠度，式茲宫宇。指訓規模，事昭於平日；明堂、太廟，已成於昔年。又因往歲之豐資，藉民情之安逸，將以今春營改正殿。違犯時令，行之惕然。但朔土多寒，事殊南夏，自非裁度當春，興役徂暑，則廣制崇基，莫由克就。成功立事，非委賢莫可；改制規模，非任能莫濟。尚書沖器懷淵博，經度明遠，可領將作大匠；司空、長樂公亮，可與大匠共監興繕。其去故崇新之宜，修復太極之制，朕當別加指授。」

蔣少游

《魏書》卷九一《崔彧傳》　蔣少游，樂安博昌人也。慕容白曜之平東陽，見俘入於平城，充平齊户，後配雲中爲兵。性機巧，頗能畫刻。有文思，吟咏之際，時有短篇。遂留寄平城，以傭寫書爲業，而名猶在鎮。

後被召爲中書寫書生，與高聰俱依高允。允愛其文用，遂並薦之，與聰俱補中書博士。自在中書，恒庇李沖兄弟子姪之門。始北方不悉青州蔣族，或謂少游本非人士，又少游微因工藝自達，是以公私人望不至相重。唯高允、李沖曲爲體練，由少游舅氏崔光與李沖從叔衍對門婚姻也。高祖、文明太后常因密宴，謂百官曰：「本謂少游作師耳，高允老公乃言其人士。」眷識如此。然猶驟被引命，屑屑禁闈，以規矩刻繢爲務，因此大蒙恩賜，超等備位，而亦不遷陟也。

及詔尚書李沖與馮誕、游明根、高閭等議定衣冠於禁中，少游巧思，令主其事，亦訪於劉昶。二意相乖，時致諍競，積六載乃成，始班賜百官。冠服之成，少游有效焉。後於平城將營太廟、太極殿，遣少游乘傳詣洛，量準魏晉基趾。後爲散騎侍郎，副李彪使江南。高祖修船乘，以其多有思力，除都水使者，遷前將軍、兼將作大匠，仍領水池湖泛戲舟楫之具。及華林殿、沼修舊增新，改作金墉門樓，皆所措意，號爲妍美。

雖有文藻，而不得伸其才用，恒以剞劂繩尺，碎劇怱怱，徒倚園湖城殿之側，識者爲之歎慨。而乃坦爾爲己任，不告疲耻。又兼太常少卿，都水如故。景明二年卒，贈龍驤將軍、青州刺史，謚曰質。有《文集》十卷餘。少游又爲太極立模範，與董尒、王遇等參建之，皆未成而卒。

郭善明

《魏書》卷九一《崔彧傳》　初，高宗時，郭善明甚機巧，北京宫殿，多其製作。高祖時，青州刺史侯文和亦以巧聞，爲要舟，水中立射。滑稽多智，辭説無端，尤善淺俗委巷之語，至可玩笑。

王遇

《魏書》卷九四《王遇傳》　王遇，字慶時，本名他惡，馮翊李潤鎮羌也。與雷、党、不蒙俱爲羌中强族。自云其先姓王，後改氏鉗耳，世宗時復改爲王焉。自晉世已來，恒爲渠長。父守貴，爲郡功曹，卒。遇既貴，追贈安西將軍、秦州刺史、澄城公。【略】世宗初，兼將作大匠。【略】遇性巧，强於部分。北都方山、靈泉道俗居宇，及文明太后陵廟，洛京東郊馬射壇殿，修廣文昭太后墓園，太極殿及東西兩堂、内外諸門制度，皆遇監作。雖年在耆老，朝夕不倦，跨鞍驅馳，與少壯者均其勞逸。又長於人事，留意酒食之間，每逢僚舊，具設餚果，觴膳精豐。然競於榮利，趨求勢門。趙脩之寵也，遇往還宗承，受敕爲之監作第宅，增於本旨，笞擊作人，莫不嗟怨。卒于官。初，遇之疾也，太傅、北海王與太妃俱往臨問，視其危惙，爲之泣下。其善奉諸貴，致相悲悼如此。贈使持節、鎮西將軍、雍州刺史，侯如故。

郭安興

《魏書》卷九一《崔彧傳》　世宗、肅宗時，豫州人柳儉、殿中將軍關文備、郭安興並機巧。洛中製永寧寺九層佛圖，安興爲匠也。

王椿

《魏書》卷九三《王叡傳》　叡弟椿，字元壽。少以父任拜祕書中散，尋以父憂去職。後除羽林監、謁者僕射，母喪解任。正始初，拜中散，出爲太原太守，加鎮遠將軍，坐事免。椿僮僕千餘，園宅華廣，聲妓自適，無乏於時。或有勸椿仕者，椿笑而不答。雅有巧思，凡所營製，可爲後法。由是正光中，元叉將營明堂、辟雍，欲徵椿爲將作大匠，椿聞而以疾固辭。

《北史》卷九二《王叡傳》　天平末，更滿還鄉。初，椿於宅構起廳事，極爲高壯。時人忽云：「此乃太原王宅，豈是王太原宅？」椿往爲本郡，世皆呼爲王太原。未幾，尒朱榮居椿之宅，榮封太原王焉。至於齊神武之居晉陽，霸朝所在，人士輻湊。椿禮敬親知，多所拯接。後以老病辭疾，客居趙郡之西鯉魚祠山。卒，贈尚書左僕射、太尉公、冀州刺史，謚曰文恭。及葬，齊神武親自弔送。

李業興

《魏書》卷八四《李業興傳》 李業興，上黨長子人也。祖虬，父玄紀，並以儒學舉孝廉。【略】遷鄴之始，起部郎中辛術奏曰：「今皇居徙御，百度創始，營構一興，必宜中制。上則憲章前代，下則模寫洛京。今鄴都雖舊，基址毁滅，又圖記參差，事宜審定。臣雖曰職司，學不稽古，國家大事非敢專之。通直散騎常侍李業興碩學通儒，博聞多識，萬門千户，所宜訪詢。今求就之披圖案記，考定是非，參古雜今，折中爲制，召畫工并所須調度，具造新圖，申奏取定。庶經始之日，執事無疑。」詔從之。天平二年，除鎮南將軍，尋爲侍讀。於時尚書右僕射、營構大將高隆之被詔繕治三署樂器、衣服及百戲之屬，乃奏請業興共參其事。

馮亮

《魏書》卷九〇《馮亮傳》 馮亮，字靈通，南陽人，蕭衍平北將軍蔡道恭之甥也。少博覽諸書，又篤好佛理。隨道恭至義陽，會中山王英平義陽而獲焉。英素聞其名，以禮待接。亮性清浄，至洛，隱居崧高，感英之德，以時展勤。及英亡，亮奔赴，盡其哀慟。世宗嘗召以爲羽林監，領中書舍人，將令侍講《十地》諸經，固辭不拜。又欲使衣幘入見，亮苦求以幅巾就朝，遂不强逼。還山數年，與僧徒禮誦爲業，蔬食飲水，有終焉之志。會逆人王敞事發，連山中沙門，而亮被執赴尚書省，十餘日，詔特免雪。亮不敢還山，遂寓居景明寺。敕給衣食及其從者數人。後思其舊居，復還山室。亮既雅愛山水，又兼巧思，結架巖林，甚得栖游之適，頗以此聞。世宗給其工力，令與沙門統僧暹、河南尹甄琛等，周視崧高形勝之處，遂造閑居佛寺。林泉既奇，營製又美，曲盡山居之妙。

茹皓

《魏書》卷九三《茹皓傳》 茹皓，字禽奇，舊吴人也。父讓之，本名要，隨劉駿巴陵王休若爲將，至彭城。【略】雖起微細，爲守乃清簡寡事。世宗幸鄴講武，皓啓求朝趨，解郡，授左中郎將，領直閤。寵待如前。皓既官達，自云本出雁門，雁門人諂附者乃因薦皓於司徒，請爲肆州大中正。府、省以聞，詔特依許。遷驃騎將軍，領華林諸作。皓性微工巧，多所興立。爲山於天淵池西，採掘北邙及南山佳石。徙竹汝潁，羅蒔其間；經構樓館，列於上下。樹草栽木，頗有野致。世宗心悦之，以時臨幸。遷冠軍將軍，仍驍騎將軍。

賈三德

《〔雍正〕陝西通志》卷九〇王遠《石門銘並序》 此門蓋漢永平中所穿，經數百載，世代綿迴，戎夷遞作，乍開乍閉，通塞不恒。自晉氏南遷，斯路廢矣。其崖岸崩淪，澗閣湮圮，南北各數十里，車馬不通者久之。攀蘿捫葛，然後可至。皇魏正始元年，漢中獻地，褒斜始開。至於門北一里，西上鑿山爲道，峭岨盤迂，九折無以加，徑途窒礙，行者苦之。梁秦初，附實仗才賢朝難其人，裒簡良牧三年，詔假節龍驤將軍梁秦二州刺史，秦山羊公建旗嶓嵱，撫境綏遐，蓋有叔子之風焉。以天險難升，轉輸艱阻，表求自迴萬以東，開創道路，釋負擔之勞，就方軌之逸。詔遣左核令賈三德領徒一萬人，將帥百人，共成其事。三德巧思機發，情解意會，雖元凱之梁、河德衡之損，躡未足以偶其奇。起(至正)〔正始〕四年十一月十日，訖永平二年正月畢工。閣廣四丈，路廣六丈，皆塡谿棧壑，砰險梁危，自迴萬至谷口三百餘里，連輈併轡而進。往哲所不工，前賢所輟思，莫不疏而通焉。王生履之，可無臨深之歎。葛氏若存，幸息木牛之勞。於是蓄産爐鐵之利，紈綿罽氈之饒，充牣川内，四民富貴，百姓息肩壯矣。自非思埒班爾，籌等張蔡，忠公忘私，何能成其事哉。乃作銘曰：

龍門斯鑿，大禹所彰。兹巖乃穴，肇自漢皇。道由國中，以宣四方。其功伊何，既逸且康。去深去阻，匪閣匪良。西帶汧隴，東控樊襄。河山雖險，漢德是强。昔爲畿甸，今則關疆。永懷古烈，跡在人亡。不逢殊績，何用再光。水眺收畠，林望幽長。夕凝晚露，晝涵曙霜。秋風夏起，寒鳥春傷。穹窿高閣，有車轔轔。成夷古道，駟牡其駰。千載絶軌，百兩更新。敢刊巖曲，以紀鴻塵。

李崇祖

《北史》卷八一《李崇祖傳》 崇祖字子述。文襄集朝士，命盧景裕講《易》，崇祖時年十一，論難往復，景裕憚之。業興助成其子，至於忿鬩。文襄色甚不平。姚文安難服虔《左傳解》七十七條，名曰《駁妄》。崇祖申明服氏，名曰《釋謬》。齊文宣營構三臺，材瓦工程，皆崇祖所算也。封屯留縣侯。遵祖，齊天保初難宋景業曆甚精。崇祖爲元子武卜葬地，醉而告之曰：「改葬後，當不異孝文。」武成。或告之，兄弟伏法。

馮子琮

《北齊書》卷四〇《馮子琮傳》 馮子琮，信都人，北燕主馮跋之後也。父靈紹，度支郎中。子琮性聰敏，涉獵書傳，爲。肅宗除領軍府法曹，典機密，攝庫部。肅宗曾閱簿領，試令口陳，子琮闇對，無有遺失。子琮妻，胡皇后妹也。遷殿中郎，加東宫管記。又奉别詔，令共胡長粲輔導太子，輔庶子。天統元年，世祖禪位後主。世祖御正殿，謂子琮曰：「少君左右宜得正人，以卿心存正直，今以後事相委。」除給事黄門侍郎，領主衣都統。世祖在晉陽，既居舊殿，少帝未有别所，詔子琮監造大明宫。宫成，世祖親自巡幸，怪其不甚宏麗。子琮對曰：「至尊幼年，纂承大業，欲令敦行節儉，以示萬邦。兼此北連天闕，不宜過復崇峻。」世祖稱善。

崔士順

納新《河朔訪古記》卷中《魏郡部》 至高齊武成間，增飾華林苑，若神仙所居，改曰仙都苑。苑中封土爲嶽，皆隔水相望，分流爲四瀆，因爲四海，匯爲大池，曰大海。海中置龍舟六艘，其行舟處，或廿五里。又爲殿十二間於海中。五嶽各有樓觀堂殿，四海中亦有宫殿洲浦。其最知名者，則北嶽之飛鸞殿，北海之密作堂也。飛鸞殿十六間，以青石爲基，珉石爲礎，鐫刻蓮花，内垂五色珠簾，緣以麒麟錦，楹柱皆金龍盤繞，以七寶飾之，柱上懸鏡。又用孔雀、山雞、白鷺毛當鏡作七寶金鳳，高一尺七寸，口銜金鈴，光彩奪目，人不能久視也。密作堂周迴廿四架，以大船浮之，以水爲激輪，堂爲三層，下層刻木人七，彈箏、琵琶、箜篌、胡鼓、銅鈸、拍板，弄盤等，衣以錦繡，進退俯仰莫不中節。中層刻木僧七人，一僧執香奩立東南角，一僧執香爐立東北角，五僧左轉行道至香奩，所以手拈香至香爐所，其僧授香爐於行道僧，僧以香置爐中，遂至佛前作禮，禮畢整衣而行。周而復始，與人無異。上層作佛堂，旁列菩薩，衛士，帳上作飛仙右轉，又刻紫雲，左轉往來交錯，終日不絶。皆黄門侍郎博陵崔士順所製。奇巧機妙，自古罕有。其苑中樓觀山池臺殿自周平齊之後，皆廢毁矣。今其基趾，詢之故老，猶能記其萬一。余以載記可考者，録叙如右。

竇熾

《周書》卷三〇《竇熾傳》 竇熾字光成，扶風平陵人也。漢大鴻臚章十一世孫。章子統，靈帝時，爲鴈門太守，避竇武之難，亡奔匈奴，遂爲部落大人。後魏南徙，子孫因家於代，賜姓紇豆陵氏。累世仕魏，皆至大官。父畧，平遠將軍。以熾著勳，贈少保、柱國大將軍、建昌公。【略】

宣政元年，兼雍州牧。及宣帝營建東京，以熾爲京洛營作大監。宫苑制度，皆取決焉。大象初，改食樂陵縣，邑户如舊。隋文帝輔政，停洛陽宫作，熾請入朝。屬尉遲迥舉兵，熾乃移入金墉城，簡練關中軍士得數百人，與洛州刺史、平涼公元亨同心固守，仍權行洛州鎮事。相州平，熾方入朝。屬隋文帝初爲相國，百官皆勸進。熾自以累代受恩，遂不肯署牋，時人高其節。

高隆之

《北齊書》卷一八《高隆之傳》 高隆之，字延興，本姓徐氏，云出自高平金鄉。【略】及大司馬、清河王亶承制，拜隆之侍中、尚書右僕射，領御史中尉。廣費人工，大營寺塔，爲高祖所責。天平初，丁母艱解任，尋詔起爲并州刺史，入爲尚書右僕射。時初給民田，貴勢皆占良美，貧弱咸受瘠薄。隆之啓高祖，悉更反易，乃得均平。又領營構大將，京邑製造，莫不由之。增築南城，周迴二十五里。以漳水近於帝城，起長隄以防汎溢之患。又鑿渠引漳水周流城郭，造治水碾磑，並有利於時。

辛術

《北齊書》卷三八《辛術傳》 辛術，字懷哲，少明敏，有識度。解褐司空胄曹參軍，與僕射高隆之共典營構鄴都宫室，術有思理，百工克濟。再遷尚書右丞。出爲清河太守，政有能名。追授并州長史，遭父憂去職。清河父老數百人詣闕請立碑頌德。文襄嗣事，與尚書左丞宋遊道、中書侍郎李繪等並追詣晉陽，俱爲上客。累遷散騎常侍。

隋

高熲

《隋書》卷四一《高熲傳》 高祖受禪，拜尚書左僕射，兼納言，進封渤海郡公，朝臣莫與爲比，上每呼爲獨孤而不名也。熲深避權勢，上表遜位，讓於蘇威。上欲成其美，聽解僕射。數日，上曰：「蘇威高蹈前朝，熲能推舉。吾聞進賢受上賞，寧可令去官！」於是命熲復位。俄拜左衛大將軍，本官如故。時突厥屢爲寇患，詔熲鎮遏緣邊。及還，賜馬百餘匹，牛羊千計。領新都大監，制度多出於熲。熲每坐朝堂北槐樹下以聽事，其樹不依行列，有司將伐之。上特命勿去，以示後人。其見重如此。又拜左領軍大將軍，餘官如故。母憂去職，二旬起令視事。熲流涕辭讓，優詔不許。

楊俊

《隋書》卷四五《文四子傳》 秦孝王俊字阿祇，高祖第三子也。開皇元年立爲秦王。二年春，拜上柱國、河南道行臺尚書令、洛州刺史，時年十二。加右武衛大將軍，領關東兵。三年，遷秦州總管，隴右諸州盡隸焉。俊仁恕慈愛，崇敬佛道，請爲沙門，上不許。六年，遷山南道行臺尚書令。伐陳之役，以爲山南道行軍元帥，督三十總管，水陸十餘萬，屯漢口，爲上流節度。陳將周羅睺、荀法尚等，以勁兵數萬屯鸚鵡洲，總管崔弘度請擊之。俊慮殺傷，不許。羅睺亦相率而降。於是遣使奉章詣闕，垂泣謂使者曰：「謬當推轂，愧無尺寸之功，以此多慚耳。」上聞而善之。授揚州總管四十四州諸軍事，鎮廣陵。歲餘，轉并州總管二十四州諸軍事。初，頗有令問，高祖聞而大悦，下書獎勵焉。其後俊漸奢侈，違犯制度，出錢求息，民吏苦之。上遣使按其事，與相連坐者百餘人。俊猶不悛，於是盛治宫室，窮極侈麗。俊有巧思，每親運斤斧，工巧之器，飾以珠玉。爲妃作七寶冪羅，又爲水殿，香塗粉壁，玉砌金堦，梁柱楣棟之間，周以明鏡，間以寶珠，極榮飾之美。每與賓客妓女，絃歌於其上。俊頗好内，妃崔氏性妬，甚不平之，遂於瓜中進毒。俊由是遇疾，徵還京師。上以其奢縱，免官，以王就第。

項昇

陶宗儀《説郛》卷一一〇下 煬帝晚年，尤沉迷女色。他日，顧詔近侍曰：人主享天下之富，亦欲極當年之樂，自快其意。今天下安富，外内無事。此吾得以遂其樂也。今宫殿雖壯麗顯敞，苦無曲房小室，幽軒短檻，若得此，則吾期老于其中也。近侍高昌奏曰：「臣有友項昇，浙人也。自言能構宫室。」翌日，詔而問之，昇曰：「臣乞先進圖本。」後數日，進圖。帝覽大悦，即日詔有司供具材木，凡役夫數萬，經歲而成。樓閣高下，軒窗掩映。幽房曲室，玉欄朱楯，互相連屬，回環四合，曲屋自通。千門萬牖，上下金碧。金虬伏於棟下，玉獸蹲于户傍。壁砌生光，瑣窗射日。工巧之極，自古無有也。費用金玉，帑庫爲之一虚。人誤入者，雖終日不能出。帝幸之，大喜，顧左右曰：「使真仙遊其中，亦當自迷也。可目之曰迷樓。」詔以五品官賜昇，仍給内庫帛千疋賞之。詔選後宫良家女數千，以居樓中，每一幸有經月而不出。

楊素

《隋書》卷四八《楊素傳》 楊素字處道，弘農華陰人也。祖暄，魏輔國將軍、諫議大夫。父敷，周汾州刺史，没於齊。素少落拓，有大志，不拘小節，世人多未之知，唯從叔祖魏尚書僕射寬深異之，每謂子孫曰：「處道當逸羣絶倫，非常之器，非汝曹所逮也。」後與安定牛弘同志好學，研精不倦，多所通涉。善屬文，工草隸，頗留意於風角。美鬚髯，有英傑之表。周大冢宰宇文護引爲中外記室，後轉禮曹，加大都督。武帝親總萬機，素以其父守節陷齊，未蒙朝命，上表申理。帝不許，至於再三。帝大怒，命左右斬之。素乃大言曰：「臣事無道天子，死其分也。」帝壯其言，由是贈敷爲大將軍，謚曰忠壯。拜素爲車騎大將軍、儀同三司，漸見禮遇。帝命素爲詔書，下筆立成，詞義兼美。帝嘉之，顧謂素曰：「善自勉之，勿憂不富貴。」素應聲答曰：「臣但恐富貴來逼臣，臣無心圖富貴。」【略】上方圖江表，先是，素數進取陳之計，未幾，拜信州總管，賜錢百萬、錦千段、馬二百匹而遣之。素居永安，造大艦，名曰五牙，上起樓五層，高百餘尺，左右前後置六拍竿，並高五十尺，容戰士八百人，旗幟加於上。次曰黄龍，置兵百人。自餘平乘、舴艋等各有差。及大舉伐陳，以素爲行軍元帥，引舟師趣三硤。軍至流頭灘，陳將戚欣，以青龍百餘艘、屯兵數千人守狼尾灘，以遏軍路。其地險峭，諸將患之。素曰：「勝負大計，在此一舉。若晝日下船，彼則見我，灘流迅激，制不由人，則吾失其便。」乃以夜掩之。素親率黄龍數千艘，銜枚而下，遣開府王長襲引步卒從南岸擊欣别柵，令大將軍劉仁恩率甲騎趣白沙北岸，遲明而至，擊之，欣敗走。悉虜其衆，勞而遣之，秋毫不犯，陳人大悦。素率水軍東下，舟艫被江，旌甲曜日。素坐平乘大船，容貌雄偉，陳人望之懼曰：「清河公即江神也。」陳南康内史吕仲肅屯岐亭，正據江峽，於北岸鑿岩，綴鐵鎖三條，橫截上流，以遏戰船。素與仁恩登陸俱發，先攻其柵。仲肅軍夜潰，素徐去其鎖。仲肅復據荆門之延洲。素遣巴蜑卒千人，乘五牙四艘，以柏檣碎賊十餘艦，遂大破之，俘甲士二千餘人，仲肅僅以身免。陳主遣其信州刺史顧覺，鎮安蜀城，荆州刺史陳紀鎮公安，皆懼而退走。巴陵以東，無敢守者。湘州刺史、岳陽王陳叔慎遣使請降。素下至漢口，與秦孝王會。及還，拜荆州總管，進爵郢國公，邑三千户，真食長壽縣千户。以其子玄感爲儀同，玄獎爲清河郡公。賜物萬段，粟萬石，加以金寶，又賜陳主妹及女妓十四人。素言於上曰：「里名勝母，曾子不入，逆人王誼，前封於郢，臣不願與之同。」於是改封越國公。尋拜納言。歲餘，轉内史令。【略】尋令素監營仁壽宫，素遂夷山堙谷，督役嚴急，作者多死，宫側時聞鬼哭之聲。及宫成，上令高熲前視，奏稱頗綺麗，大損人丁，高祖不悦。素憂懼，計無所出，即於北門啓獨孤皇后曰：「帝王法有離宫别館，今天下太平，造此一宫，何足損費！」后以此理諭上，上意乃解。於是賜錢百萬，錦絹三千段。【略】及獻皇后崩，山陵制度，多出於素。上善之，下詔曰：

《隋書》卷二四《食貨志》　煬帝即位，是時户口益多，府庫盈溢，乃除婦人及奴婢部曲之課。男子以二十二成丁。始建東都，以尚書令楊素爲營作大監，每月役丁二百萬人。徙洛州郭内人及天下諸州富商大賈數萬家，以實之。新置興洛及迴洛倉。又於皁澗營顯仁宫，苑囿連接，北至新安，南及飛山，西至澠池，周圍數百里。課天下諸州，各貢草木花果，奇禽異獸於其中。開渠，引穀、洛水，自苑西入，而東注于洛。又自板渚引河，達于淮海，謂之御河。河畔築御道，樹以柳。又命黄門侍郎王弘、上儀同於士澄，往江南諸州採大木，引至東都。所經州縣，遞送往返，首尾相屬，不絶者千里。而東都役使促迫，僵仆而斃者，十四五焉。每月載死丁，東至城皐，北至河陽，車相望於道。

住力

釋道世《法苑珠林》卷三三《興福篇》　唐揚州長樂寺釋住力，姓褚氏，河南陽翟縣人。器宇凝峻，虚懷接悟，聲第之高，有聞緇俗。於本寺四部王公共造高閣并二挾樓，妙盡奇工。即年成。立寺衆三百，同皆歡喜。至大業十年，自竭身資，以栴檀香木，模寫瑞像，并二菩薩。不久尋成，同安閣内。至十四年，隋室喪亂，道俗流亡，骸若萎朽，充諸衢市，誓以身命守護殿閣。寺居狐兔，顧影爲儔。啜菽飲水，再離寒暑。雖耆年暮齒，而心力逾壯。泥塗褫落，周市火燒，口誦不輟，手行治葺。賊徒雪泣，見者哀歎。往往革心，相佐修補。皇唐受命，弘宣大法。舊僧餘衆，並造相投。邑屋雖焚，此寺猶在。武德六年，江表賊師輔公祏負阻繕兵，潛圖反叛。凡百寺觀，撤送江南。力乃致書再請，願在閣前燒身，以留寺宇。祏僞號稱尊，志在傾殄。雖得其書，全不顧遂。力謂弟子曰：「吾無量劫來，積習貪愛，不能捐捨形命，以報法恩。今欲自於佛前取盡，決不忍見像濟江宜齊。可積乾薪，自燒供養。吾滅之後，像必南渡。衣資什物，並入尊像。泣服施靈，理宜改革。」便以香湯沐浴，跏趺面西，引火自燒，卒於炭聚。時年八十，即武德六年十月八日也。

慧達

釋道世《法苑珠林》卷三三《興福篇》　隋天台山瀑布寺釋慧達，姓王氏，襄陽人。幼年出家，繕修成務。或登山臨水，或遊履聚落。但據形勝之處，皆措心營造，安處寺宇，爲僧行道。至仁壽年中，於揚州白塔寺建七層木浮圖。材石既充，付後營立。乃渡江西上，至鄱陽豫章諸郡，觀撿功德，願與衆生同此福緣。故至所到村邑，見有坊寺禪宇，靈塔神儀，無問金木土石，並即率化成造，其數非一。晚爲沙門惠雲邀請，遂上廬岳造西林寺，重閣七間，欒櫨重疊，光耀鮮華。初造之日，誓用黄楠，闔境推求，了無一樹。皆欲改用餘木，達曰：「誠心在此，豈更餘求。必其有徵，松變爲楠。若也無感，閣成無日。」衆懼其言，四出追求。乃於境内下巢山感得一谷，並是黄楠，而在窮澗幽深，無由可出。達尋行崖壁，忽見一處晃有光明，窺見其中，可得通道，唯有五尺，餘並天崖。遂牽曳木石，至於江首。途中灘覆，簰筏並壞。及至廬阜，不失一根。閣遂得成，宏冠前搆。後忽偏斜，向南三尺，工匠設計，取正無方。有石門澗當于閣南，忽有猛風北吹還正，于今尚存。達形服羸弊，殆不可覩。傍觀沈伏，似不能言，而指撝應附，立有成遂。斯即變繁不撓，固其人也。大業六年七月晦日，舊疾忽增，七日倚臥，異香入室，則旋繞如雲。閣中尊像，並汗流地。衆見此瑞，審達當終。官人撿驗，具以聞奏。達神志如常，累以餘業，奄爾長逝，年八十七矣。

宇文愷

《隋書》卷六八《宇文愷傳》　宇文愷字安樂，杞國公忻之弟也。在周，以功臣子，年三歲，賜爵雙泉伯，七歲，進封安平郡公，邑二千户。愷少有器局。家世武將，諸兄並以弓馬自達，愷獨好學，博覽書記，解屬文，多伎藝，號爲名父公子。

初爲千牛，累遷御正中大夫、儀同三司。

高祖爲丞相，加上開府中大夫。及踐阼，誅宇文氏，愷初亦在殺中，以其與周本别，兄忻有功於國，使人馳赦之，僅而得免。後拜營宗廟副監、太子左庶子。廟成，别封甑山縣公，邑千户。及遷都，上以愷有巧思，詔領營新都副監。高熲雖總大綱，凡所規畫，皆出於愷。後決渭水達河，以通運漕，詔愷總督其事。後拜萊州刺史，甚有能名。兄忻被誅，除名於家，久不得調。會朝廷以魯班故道久絶不行，令愷修復之。既而上建仁壽宫，訪可任者，右僕射楊素言愷有巧思，上然之，於是檢校將作大匠。歲餘，拜仁壽宫監，授儀同三司，尋爲將作少監。文獻皇后崩，愷與楊素營山陵事，上善之，復爵安平郡公，邑千户。

煬帝即位，遷都洛陽，以愷爲營東都副監，尋遷將作大匠。愷揣帝心在宏侈，於是東京制度窮極壯麗。帝大悦之，進位開府，拜工部尚書。及長城之役，詔愷規度之。時帝北巡，欲誇戎狄，令愷爲大帳，其下坐數千人。帝大悦，賜物千段。又造觀風行殿，上容侍衛者數百人，離合爲之，下施輪軸，推移倏忽，有若神功。戎狄見之，莫不驚駭。帝彌悦焉，前後賞賚不可勝紀。

自永嘉之亂，明堂廢絶，隋有天下，將復古制，議者紛然，皆不能決。博考羣籍，奏《明堂議表》曰：【略】

帝可其奏。會遼東之役，事不果行。以渡遼之功，進位金紫光禄大夫。其年卒官，時年五十八。帝甚惜之，謚曰康。撰《東都圖記》二十卷、《明堂圖議》二卷、《釋疑》一卷，見行於世。

何稠

《隋書》卷六八《何稠傳》 何稠字桂林，國子祭酒妥之兄子也。父通，善斲玉。稠性絶巧，有智思，用思精微。年十餘歲，遇江陵陷，隨妥入長安。仕周御飾下士。及高祖爲丞相，召補參軍，兼掌細作署。

開皇初，授都督，累遷御府監，歷太府丞。稠博覽古圖，多識舊物。波斯嘗獻金緜錦袍，組織殊麗，上命稠爲之。稠錦既成，踰所獻者，上甚悦。時中國久絶瑠璃之作，匠人無敢厝意，稠以緑瓷爲之，與真不異。尋加員外散騎侍郎。【略】

仁壽初，文獻皇后崩，與宇文愷參典山陵制度。稠性少言，善候上旨，由是漸見親昵。及上疾篤，謂稠曰：「汝既曾葬皇后，今我方死，宜好安置。屬此何益，但不能忘懷耳。魂其有知，當相見於地下。」上因攬太子頸謂曰：「何稠用心，我付以後事，動静當共平章。」

大業初，煬帝將幸揚州，謂稠曰：「今天下大定，朕承洪業，服章文物，闕略猶多。卿可討閲圖籍，營造輿服羽儀，送至江都也。」其日，拜太府少卿。稠於是營黄麾三萬六千人仗，及車輿輦輅、皇后鹵簿、百官儀服，依期而就，送于江都。所役工十萬餘人，用金銀錢物鉅億計。帝使兵部侍郎明雅、選部郎薛邁等勾覈之，數年方竟，毫釐無舛。稠參會今古，多所改創。魏、晉以來，皮弁有纓而無笄導。稠曰：「此古田獵之服也。今服以入朝，宜變其制。」故弁施象牙簪導，自稠始也。又從省之服，初無佩綬。稠曰：「此乃晦朔小朝之服。安有人臣謁帝而去印綬，兼無佩玉之節乎？」乃加獸頭小綬及佩一隻。舊制，五輅於轅上起箱，天子與參乘同在箱内。稠曰：「君臣同所，過爲相逼。」乃廣爲盤輿，别構欄楯，侍臣立於其中。於内復起須彌平坐，天子獨居其上。自餘麾幢文物，增損極多，事見《威儀志》。帝復令稠造戎車萬乘，鉤陳八百連，帝善之，以稠守太府卿。

後三歲，兼領少府監。遼東之役，攝右屯衛將軍，領御營弩手三萬人。時工部尚書宇文愷造遼水橋不成，師不得濟，右屯衛大將軍麥鐵杖因而遇害。帝遣稠造橋，二日而就。初，稠制行殿及六合城，至是，帝於遼左與賊相對，夜中施之。其城周迴八里，城及女垣合高十仞，上布甲士，立仗建旗，四隅置闕，面别一觀，觀下三門，遲明而畢。高麗望見，謂若神功。是歲，加金紫光禄大夫。明年，攝左屯衛將軍，從至遼左。

十二年，加右光禄大夫，從幸江都。遇宇文化及作亂，以爲工部尚書。化及敗，陷于竇建德，建德復以爲工部尚書、舒國公。建德敗，歸于大唐，授將作少匠，卒。

劉龍

《隋書》卷六八《何稠傳》 開皇時，有劉龍者，河間人也。性强明，有巧思。齊後主知之，令修三爵臺，甚稱旨，因而歷職通顯。及高祖踐阼，大見親委，拜右衛將軍，兼將作大匠。遷都之始，與高熲參掌制度，代號爲能。

黄亘

《隋書》卷六八《何稠傳》 大業時，有黄亘者，不知何許人也，及其弟衮，俱巧思絶人。煬帝每令其兄弟直少府將作。于時改創多務，亘、衮每參典其事。凡有所爲，何稠先令亘、衮立樣，當時工人皆稱其善，莫能有所損益。亘官至朝散大夫，衮官至散騎侍郎。

閻毗

《隋書》卷六八《閻毗傳》 閻毗，榆林盛樂人也。祖進，魏本郡太守。父慶，周上柱國、寧州總管。毗七歲，襲爵石保縣公，邑千户。及長，儀貌矜嚴，頗好經史。受《漢書》於蕭該，略通大旨。能篆書，工草隸，尤善畫，爲當時之妙。周武帝見而悦之，命尚清都公主。宣帝即位，拜儀同三司，授千牛左右。

高祖受禪，以技藝侍東宫，數以琱麗之物取悦於皇太子，由是甚見親待，每稱之於上。尋拜車騎，宿衛東宫。上嘗遣高熲大閲於龍臺澤，諸軍部伍多不齊整，唯毗一軍，法制肅然。熲言之於上，特蒙賜帛。俄兼太子宗衛率長史，尋加上儀同。太子服玩之物，多毗所爲。及太子廢，毗坐杖一百，與妻子俱配爲官奴婢。後二歲，放免爲民。

煬帝嗣位，盛修軍器，以毗性巧，諳練舊事，詔典其職。尋授朝請郎。毗立議，輦輅車輿，多所增損，語在《輿服志》。擢拜起部郎。

帝嘗大備法駕，嫌屬車太多，顧謂毗曰：「開皇之日，屬車十有二乘，於事亦得。今八十一乘，以牛駕車，不足以益文物。朕欲減之，從何爲可？」毗對曰：「臣初定數，共宇文愷參詳故實，據漢胡伯始、蔡邕等議，屬車八十一乘，此起於秦，遂爲後式。故張衡賦云『屬車九九』是也。次及法駕，三分減一，爲三十六乘。此漢制也。又據宋孝建時，有司奏議，晋遷江左，惟設五乘，尚書令、建平王宏曰：『八十一乘，議兼九國，三十六乘，無所準憑。江左五乘，儉不中禮。但帝王文物，旂旒之數，爰及冕玉，皆同十二。今宜準此，設十二乘。』開皇平陳，因以爲法。今憲章往古，大駕依秦，法駕依漢，小駕依宋，以爲差等。」帝曰：「何用秦法乎？大駕宜三十六，法駕宜用十二，小駕除之。」毗研精故事，皆此類也。

長城之役，毗總其事。及帝有事恒岳，詔毗營立壇場。尋轉殿内丞，從幸張掖郡。高昌王朝于行所，詔毗持節迎勞，遂將護入東都。尋以母憂去職。未朞，起令視事。將興遼東之役，自洛口開渠，達於涿郡，以通運漕。毗督其役。明年，兼領右翊衛長史，營建臨朔宫。及征遼東，以本官領武賁郎將，典宿衛。時衆軍圍遼東城，帝令毗詣城下宣諭，賊弓弩亂發，所乘馬中流矢，毗顔色不變，辭氣抑揚，卒事而去。尋拜朝請大夫，遷殿内少監，又領將作少監事。後復從帝征遼東，會楊玄感作逆，帝班師，兵部侍郎斛斯政奔遼東，帝令毗率騎二千追之，不及。政據高麗柏崖城，毗攻之二日，有詔徵還。從至高陽，暴卒，時年五十。帝甚悼惜之，贈殿内監。

唐

閻讓

《新唐書》卷一〇〇《閻讓傳》 閻讓字立德，以字行，京兆萬年人。父毗，爲隋殿内少監，本以工藝進，故立德與弟立本皆機巧有思。武德初，爲秦王府士曹參軍，從平東都。遷尚衣奉御，制衮冕六服、腰輿、傘扇咸有典法。貞觀初，歷將作少匠、大安縣男。護治獻陵，拜大匠。文德皇后崩，攝司空，營昭陵，坐弛職免。起爲博州刺史。太宗幸洛陽，詔立德按爽塏建離宫清暑，乃度地汝州西山，控汝水，睨廣成澤，號襄城宫，役凡百餘萬。宫成，煩燠不可居，帝廢之，以賜百姓，坐免官。

未幾，復爲大匠，即洪州造浮海大航五百艘，遂從征遼，攝殿中監，規築土山，破安市城。師還，至遼澤，亘二百里，淖不可通，立德築道爲橋梁，無留行。帝悦，賜予良厚。又營翠微、玉華二宫，擢工部尚書。帝崩，復攝司空，典陵事，以勞進爵大安縣公。永徽五年，高宗幸萬年宫，留守京師，領徒四萬治京城。卒，贈吏部尚書、并州都督，陪葬昭陵，謚曰康。

竇璡

《新唐書》卷九五《竇威傳》 抗弟璡，字之推，性沈厚。隋大業末，爲扶風太守。唐兵起，以郡歸，歷民部尚書。從秦王平薛仁杲，賜錦袍。尋鎮益州，時蜀盜賊多，皆討平之。與皇甫無逸不協，數相訴毁，因請入朝，至半道，詔還之。璡内憂恐。會使者至，璡引宴卧内，厚餉遺。無逸以聞，坐免官。未幾，授祕書監，封鄧國公。貞觀初，遷將作大匠，詔脩洛陽宫，鑿池起山，務極侈浮，費不勝算。太宗怒，詔毁之，免其官。以酆王納璡女爲妃，復位。卒，贈禮部尚書，謚曰安。璡有巧思，工書。武德中，與太常少卿祖孝孫受詔定雅樂，是正鍾律云。

韋弘機

《新唐書》卷一〇〇《韋弘機傳》 韋弘機，京兆萬年人。祖元禮，隋淅州刺史。弘機仕貞觀時爲左千牛胄曹參軍，使西突厥，册拜同俄設爲可汗。會石國叛，道梗，三年不得歸。裂裾録所過諸國風俗、物産，爲《西征記》。比還，太宗問外國事，即上其書。帝大悦，擢朝散大夫。累遷殿中監。顯慶中，爲檀州刺史，以邊人陋僻，不知文儒貴，乃脩學官，畫孔子、七十二子、漢晉名儒象，自爲贊，敦勸生徒，繇是大化。契苾何力討高麗，次灤水，會暴漲，師留三日。弘機輸給資糧，軍無飢，高宗善之，擢司農少卿，主東都營田苑。宦者犯法，杖乃奏，帝嗟賞，賜絹五十匹，曰：「後有犯，治之，毋奏。」遷司農卿。

太子弘薨，詔蒲州刺史李沖寂治陵，成而玄堂陿，不容終具，將更爲之。役者過期不遣，衆怨，夜燒營去。帝詔弘機嗣作，弘機令開程左右爲四便房，撙制禮物，裁工程，不多改作，如期而辦。帝嘗言：「兩都，我東西宅，然因隋宫室日仆不完，朕將更作，奈財用何？」弘機即言：「臣任司農十年，省惜常費，積三十萬緡，以治宫室，可不勞而成。」帝大悦。詔兼將作、少府二官，督營繕。初作宿羽、高山等宫，徙洛中橋於長夏門，廢利涉橋，人便之。天子乃登洛北絶岸，延眺良久，歎其美，詔即其地營宫，所謂上陽者。尚書左僕射劉仁軌謂侍御史狄仁傑曰：「古天子陂池臺榭皆深宫複禁，不欲百姓見之，恐傷其心。而今列岸謻廊亘王城外，豈愛君哉？」弘機猥曰：「天下有道，百官奉職，任輔弼者，則思獻替事。我乃府藏臣，守官而已。」仁傑非之。俄坐家人犯盜，劾免官。

姜確

《新唐書》卷九一《姜謩傳》 確字行本，以字顯。貞觀中，爲將作少匠，護作九成、洛陽宫及諸苑籞，以幹力稱，多所賚賞，游幸無不從，遷宣威將軍。太宗選趫才，衣五色袍，乘六閑馬，直屯營，宿衛仗内，號曰「飛騎」，每出幸，即以從，拜行本左屯衛將軍，分典之。高昌之役，爲行軍副總管，出伊州，距柳谷百里，依山造攻械，增損舊法，械益精。其處有漢班超紀功碑，行本磨去古刻，更刊頌陳國威靈。遂與侯君集進平高昌，戰有功，璽書尉勞。【略】行本性格敏。所居官，雖祁寒烈暑無懈容，加有巧思，凡朝之營繕，所司必諮而後行。

薛懷義

《舊唐書》卷一八三《薛懷義傳》 薛懷義者，京兆鄠縣人，本姓馮，名小寶。以鬻臺貨爲業，偉形神，有膂力，爲市於洛陽，得幸於千金公主侍兒。公主知之，入宫言曰：「小寶有非常材用，可以近侍。」因得召見，恩遇日深。則天欲隱其迹，便於出入禁中，乃度爲僧。又以懷義非士族，乃改姓薛，令與太平公主壻薛紹合族，令紹以季父事之。自是與洛陽大德僧法明、處一、惠儼、稜行、盛德、盛知、静軌、宣政等在内道場念誦。懷義出入乘廐馬，中官侍從，諸武朝貴，匍匐禮謁，人間呼爲薛師。

垂拱初，説則天於故洛陽城西修故白馬寺，懷義自護作，寺成，自爲寺主。頗恃恩狂蹶，其下犯法，人不敢言。右臺御史馮思勗屢以法劾之，懷義遇勗於途，令從者毆之，幾死。又於建春門内敬愛寺別造殿宇，改名佛授記寺。垂拱四年，拆乾元殿，於其地造明堂，懷義充使督作。凡役數萬人，曳一大木千人，置號頭，頭一嚾，千人齊和。明堂大屋凡三層，計高三百尺。又於明堂北起天堂，廣袤亞於明堂。懷義以功拜左威衛大將軍，封梁國公。永昌中，突厥默啜犯邊，以懷義爲清平道大總管，率軍擊之，至單于臺，刻石紀功而還。加輔國大將軍，進右衛大將軍，改封鄂國公、柱國，賜帛二千段。

《資治通鑑》卷二〇四《唐紀》 太宗、高宗之世，屢欲立明堂，諸儒議其制度，不決而止。及太后稱制，獨與北門學士議其制，不問諸儒。諸儒以爲明堂當在國陽丙巳之地，三里之外，七里之内。太后以爲去宫太遠。二月，庚午，毁乾元殿，於其地作明堂，以僧懷義爲之使，凡役數萬人。辛亥，明堂成，高二百九十四尺，方三百尺。凡三層：下層法四時，各隨方色；中層法十二辰；上爲圓蓋，九龍捧之，上施鐵鳳，高一丈，飾以黄金。中有巨木十圍，上下通貫，栭櫨撑橇藉以爲本。下施鐵渠，爲辟雍之象。號曰萬象神宫。宴賜羣臣，赦天下，縱民入觀。改河南爲合宫縣。又於明堂北起天堂五級以貯大像；至三級，則俯視明堂矣。僧懷義以功拜左威衛大將軍、梁國公。侍御史王求禮上書曰：「古之明堂，茅茨不翦，采椽不斲。今者飾以珠玉，塗以丹青，鐵鷟入雲，金龍隱霧，昔殷辛瓊臺，夏癸瑶室，無以加也。」太后不報。

毛婆羅

《資治通鑑》卷二〇五《唐紀》 武三思帥四夷酋長請鑄銅鐵爲天樞，立於端門之外，銘紀功德，黜唐頌周，以姚璹爲督作使。諸胡聚錢百萬億，買銅鐵不能足，賦民間農器以足之。夏，四月，天樞成，天樞，其制若柱。高一百五尺，徑十二尺，八面，各徑五尺。下爲鐵山，周百七十尺，以銅爲蟠龍麒麟縈繞之；上爲騰雲承露盤，徑三丈，四龍人立捧火珠，高一丈。工人毛婆羅造模，武三思爲文，刻百官及四夷酋長名，太后自書其榜曰「大周萬國頌德天樞」。

康䛒素

《舊唐書》卷二二《禮儀志》 〔開元〕十年，復題乾元殿爲明堂，而不行享祀之禮。二十五年，駕在西京，詔將作大匠康䛒素往東都毀之。䛒素以毀拆勞人，乃奏請且拆上層，卑於舊制九十五尺。又去柱心木，平座上置八角樓，樓上有八龍，騰身捧火珠。又小於舊制，周圍五尺，覆以真瓦，取其永逸。依舊爲乾元殿。

楊潛

卞永譽《書畫匯考》卷一七《書》 裴封叔之第，在光德里。有梓人欵其門，願傭隙宇而處焉。所職尋引規矩繩墨，家不居礱斲之器。問其能，曰：「吾善度材。視棟宇之制，高深圓方短長之宜，吾指使而羣工役焉。捨我衆莫能就一宇。故食於官府，吾受祿三倍；作於私家，吾收其直大半焉。」他日入其室，其牀闕足而不能理，曰：「將求他工。」余甚笑之，謂其無能而貪利嗜貨者。其後京兆尹將飾署。余往過焉。委羣材，會衆工，或執斧斤，或執刀鋸，皆環立嚮之。梓人左持引，右執杖，而中處焉。量棟宇之任，視木之能舉，揮其杖曰：「斧！」彼執斧者奔而右。顧而指曰：「鋸！」彼執鋸者趨而左。俄而斤者斲，刀者削，皆視其色，俟其言，莫敢自斷者。其不勝任者，怒而退之，亦莫敢愠焉。畫宫於堵，盈尺，而曲盡其制。計其毫釐而構大厦，無進退焉。既成書於上棟曰：「某年某月某日某建。」則姓字也。則執用之工不在列。余圜視大駭，然後知其術之工大矣。繼而嘆曰：彼將捨其手藝，專其心志而能知體要者歟。吾聞勞心者役人，勞力者役於人，彼其勞心者歟。能者用而智者謀，彼其智者歟。是足爲佐天子相天下法矣，物莫近乎此也。或曰：彼主爲室，倘或發其私智，牽制梓人之慮，奪其世守而道謀是用，雖不能成功，豈其罪耶？亦在任之而已。余曰：不然。夫繩墨誠陳，規矩誠設，高者不可抑而下也，狹者不可張而廣也。由我則固，不由我則圮。彼將樂去固而就圮也，則卷其術，默其智，悠爾而去，不屈吾道，是誠良梓人耳。其或嗜其貨利，忍而不能捨也，喪其制量屈而不能守也。棟撓屋壞，則曰：非我罪也。可乎哉！可乎哉！余謂：梓人之道，類於相，故書而藏之。梓人蓋古之審曲直面勢者，今謂之都料匠云。余原蹟余字旁註所遇者楊氏，潛其名。

田仁汪

《册府元龜》卷一四《帝王部》 顯慶元年，勅司農少卿田仁汪，因事東都舊殿餘址，修乾元殿，高一百二十尺，東西三百四十五尺，南北一百七十六尺。

韋機

《舊唐書》卷一八五上《韋機傳》 韋機，雍州萬年人。祖元禮，隋浙州刺史。父恪，洛州别駕。機，貞觀中爲左千牛胄曹，充使往西突厥，册立同俄設爲可汗。會石國反叛，路絶，三年不得歸。機裂裳録所經諸國風俗物産，名爲《西征記》。及還，太宗問蕃中事，機因奏所撰書，太宗大悦，擢拜朝散大夫，累遷至殿中監。顯慶中爲檀州刺史。邊州素無學校，機敦勸生徒，創立孔子廟，圖七十二子及自古賢達，皆爲之贊述。會契苾何力東討高麗，軍衆至檀州，而灤河泛漲，師不能進，供其資糧，數日不乏。何力全師還，以其事聞。高宗以爲能，超拜司農少卿，兼知東都營田，甚見委遇。有宦者於苑中犯法，機杖而後奏，高宗嗟賞，賜絹數十疋，謂曰：「更有犯者，卿即鞭之，不煩奏也。」上元中，遷司農卿，檢校園苑，造上陽宫，并移中橋從立德坊曲徙於長夏門街，時人稱其省功便事。有道士朱欽遂爲天后所使，馳傳至都，所爲横恣。機因之，因密奏曰：「道士假稱中宫驅使，依倚形勢，臣恐虧損皇明，爲禍患之漸。」高宗特發中使慰諭機，而欽遂配流邊州，天后由是不悦。儀鳳中，機坐家人犯盗，爲憲司所劾，免官。永淳中，高宗幸東都，至芳桂宫驛，召機，令白衣檢校園苑。將復本官，爲天后所擠而止，俄令檢校司農少卿事，會卒。

李昭德

《舊唐書》卷八七《李昭德傳》 李昭德，京兆長安人也。父乾祐，貞觀初爲殿中侍御史。【略】昭德，即乾祐之孽子也。强幹有父風，少舉明經，累遷至鳳閣侍郎。長壽二年，增置夏官侍郎三員，時選昭德與婁師德、侯知一爲之。是歲，又遷鳳閣鸞臺平章事，尋加檢校内史。長壽中，神都改作文昌臺及定鼎、上東諸門，又城外郭，皆昭德創其制度，時人以爲能。初，都城洛水天津之東，立德坊西南隅，有中橋及利涉橋，以通行李。上元中，司農卿韋機始移中橋置于安衆坊之左街，當長夏門，都人甚以爲便，因廢利涉橋，所省萬計。然歲爲洛水衝注，常勞治葺。昭德創意積石爲脚，鋭其前以分水勢，自是竟無漂損。

路旻

羅願《新安志》卷四　路旻，不知何郡人，元和中爲令。鑿武陵嶺石爲盤道。又闐門灘善覆舟，旻開斗門，以平其隘，號路公溪。後斗門廢。咸通三年令陳甘節以俸募民冗石積水爲横梁。因山派渠，餘波入于乾溪，舟行乃安。

梁孝仁

宋敏求《長安志》卷六《宫室》　東内大明宫在禁苑之東南，南接京城之北面，西接宫城之東北隅，南北五里，東西三里。貞觀八年，置爲永安宫，後改名曰大明宫，以備太上皇清暑。百官獻貲財以助役。龍朔三年，大加興造，號曰蓬萊宫。咸亨元年，改曰含光宫，尋復大明宫。初，高宗命司農少卿梁孝仁製造此宫，北據高原，南望爽塏。每天晴日朗，南望終南山如指掌，京城坊市街陌俯視如在檻内，蓋其高爽也。

楊務廉

《舊唐書》卷九一《袁恕己傳》　袁恕己，滄州東光人也。長安中，歷遷司刑少卿，兼知相王府司馬事。敬暉等將誅張易之兄弟，恕己預其謀議，又從相王統率南衙兵仗，以備非常。及事定，加銀青光禄大夫，行中書侍郎、同中書門下三品，封南陽郡公，食實封五百户。將作少匠楊務廉素以工巧見用，中興初，恕己恐其更啓遊娱侈靡之端，言於中宗曰：「務廉致位九卿，積有歲年，苦言嘉謀，無足可紀。每宫室營構，必務其侈，若不斥之，何以廣昭聖德？」由是左授務廉陵州刺史。

《新唐書》卷八三《中宗八女傳》　長寧公主，韋庶人所生，下嫁楊慎交。造第東都，使楊務廉營總。第成，府財幾竭，乃擢務廉將作大匠。又取西京高士廉第、左金吾衛故營合爲宅，右屬都城，左頫大道，作三重樓以馮觀，築山浚池。帝及后數臨幸，置酒賦詩。又并坊西隙地廣鞠場。東都慶永昌縣，主丐其治爲府，以地瀕洛，築鄣之，崇臺、蜚觀相聯屬，無慮費二十萬。魏王泰故第，東西盡一坊，瀦沼三百畝，泰薨，以與民。至是，主丐得之，亭閣華詭埒西京。内倚母愛，寵傾一朝，與安樂宜城二主、后娼郕國崇國夫人争任事，賕謁紛紜。東都第成，不及居，韋氏敗，斥慎交絳州别駕，主偕往，乃請以東都第爲景雲祠，而西京鬻第，評木石直，爲錢二十億萬。

胡我琨《錢通》卷一四《捐輸》　將作大匠楊務廉，甚有巧思，常於泗州市中刻木作僧，手執一椀，自能行乞，椀中滿錢，關鍵忽發，自然作聲，云布施，市人競觀，欲其作聲，施錢日盈數千。

毛順

陶宗儀《説郛》卷六九下《建燈樓》　〔元宗〕在東都，遇正月望夜移仗上陽宫，大陳燈影，設庭燎。自禁至於殿庭，皆設蠟炬，連屬不絶。時有方都匠毛順，巧思結創，繒綵爲燈樓二十間，高一百五十尺，懸珠玉金銀，微風一至，鏘然成韻。

王鉷

《新唐書》卷一三四《王鉷傳》　王鉷，中書舍人瑨側出子也。初爲鄠尉，遷監察御史，擢累户部郎中。數按獄深文，玄宗以爲才，進兼和市和糴、長春宫、户口色役使，拜御史中丞、京畿關内採訪黜陟使。

林甫方興大獄，撼東宫，誅不附己者，以鉷險刻，可動以利，故倚之，使鷙擊狼噬。鉷所摧陷，多抵不道。又厚誅斂，嚮天子意，人雖被蠲貸，鉷更奏取脚直，轉異貨，百姓間關輸送，乃倍所賦。又取諸郡高户爲租庸脚士，大抵貲業皆破，督責連年，人不賴生。帝在位久，妃御服玩脂澤之費日侈，而横與别賜不絶于時，重取於左右藏。故鉷迎帝旨，歲進錢鉅億萬，儲禁中，以爲歲租外物，供天子私帑。帝以鉷有富國術，寵遇益厚，以户部侍郎仍御史中丞，加檢察内作、閑廄使，苑内、營田、五坊、宫苑等使，隴右羣牧、支度營田使。【略】鉷賜死三衛廚。晁請國忠，以其尸歸斂葬之。諸子悉誅，家屬徙遠方。有司籍第舍，數日不能徧，至以寶鈿爲井幹，引泉激霤，號「自雨亭」，其奢侈類如此。

《〔雍正〕陝西通志》卷一〇〇《拾遺》　天寶中，御史大夫王鉷有罪，賜死。縣官簿録鉷太平坊宅，數日不能遍。宅内有自雨亭，從簷上飛流四注，當夏處之，凛若高秋。又有寶鈿井欄，不知其價，他物稱是。

崔損

《舊唐書》卷一三六《崔損傳》　崔損，字至無，博陵人。高祖行功已後，名位卑替。損大曆末進士擢第，登博學宏詞科，授秘書省校書郎，再授咸陽尉。外舅王翃爲京兆尹，改大理評事，累遷兵部郎中。貞元十一年，遷右諫議大夫。會門下侍郎平章事趙憬卒，中書侍郎平章事盧邁風病請告，户部尚書裴延齡素與損善，乃薦之於德宗。十二年，以本官同中書門下平章事，與給事中趙宗儒同日知政事，並賜金紫。初，二相有故，旬日中外顒望名德，損比無聲實，及制下之日，中外失望。性齷齪謹慎，每延英論事，未嘗有言。十四年秋，轉門下侍郎平章事。是歲，以昭陵舊宫爲野火所焚，所司請修奉。「昭陵舊宫在山上，置來歲久，曾經野火燒爇，摧毀略盡，其宫尋移在瑶臺寺左側。今屬通年，欲議修置，緣供水稍遠，百姓勞弊，今欲於見住行宫處修創，冀久遠便人。又爲移改舊制，恐禮意未周，宜令宰臣百僚集議。」議者多云：「舊宫既焚，宜移就山下。」上意不欲遷移，只於山上重造，命損爲八陵修奉使。於是獻、昭、乾、定、泰五陵造屋五百七十間，橋陵一百四十間，元陵三十間，唯建陵仍舊，但修葺而已。所緣陵寢中牀蓐帷幄一事以上，帝親自閲視，然後授損送於陵所。

《舊唐書》卷一三《德宗本紀下》　〔貞元十四年〕夏四月乙丑，以左諫議大夫、平章事崔損爲修奉八陵使。先是昭陵寢殿爲火所焚，至是獻、昭、乾、定、泰五陵各造屋三百八十間，橋、元、建三陵據闕補造。

五代

張全義

《新五代史》卷四五《張全義傳》　張全義，字國維，濮州臨濮人也。少以田家子役于縣，縣令數困辱之，全義因亡入黄巢賊中。巢陷長安，以全義爲吏部尚書、水運使。巢賊敗，去事諸葛爽于河陽。爽死，事其子仲方。是時，河南遭巢、儒兵火之後，城邑殘破，户不滿百，全義披荆棘，勸耕殖，躬載酒食，勞民畎畝之間，築南、北二城以居之。數年，人物完盛，民甚賴之。及梁太祖劫唐昭宗東遷，繕理宫闕、府廨、倉庫，皆全義之力也。

智暉

釋贊寧《宋高僧傳》卷二八《興福篇》　釋智暉，姓高氏，咸秦人也。【略】洎梁乾化四年，自江表來於帝京，顧諸梵宫，無所不備，唯温室洗雪塵垢事有闕焉。居於洛汭，鑿户爲室，界南北岸，葺數畝之宫，示以標牓。召其樂福業者占之，未朞漸構，欲閏皆周浴具僧坊，奂焉有序。由是洛城緇伍道觀上流至者如歸，來者無阻，每以合朔後五日，一開洗滌，曾無間然，一歲則七十有餘會矣，一浴，則遠近都集三二千僧矣。暉躬執役，未嘗言倦。又以木鳥承足，枲麻縫衣，彼迦葉波相去幾何哉。其或供僧，向暇吟詠，餘閒則命筆墨也。緬想嘉陵碧浪，太華蓮峯，凝神邈然得趣，乃作五溪煙景，四壁寒林，移在目前，暑天凛冽矣。加復運思奇巧，造輪汲水，神速無比。復構應真浴室西廡中，十六形像并觀自在堂，彌年完備。

周景

釋文瑩《玉壺野史》卷三　周世宗顯德中，遣周景大濬汴口，又自鄭州導西郭濠達中牟。景心知汴口既濬，舟楫無壅，將有淮浙巨商貿糧斛賈萬貨臨汴，無委泊之地。諷世宗乞令許京城民環汴栽榆柳，起臺榭，以爲都會之壯。世宗許之。景率先應詔踞汴流中要，起巨樓十二間。方運斤，世宗輦輅過，因問之，知景所造，頗喜，賜酒犒其功，不悟其規利也。景後邀巨貨於樓，山積波委，歲入數萬計，今樓竟存。

宋

李懷義

葉夢得《石林燕語》卷一　太祖建隆初，以大内制度草創，乃詔圖洛陽宫殿。展皇城東北隅，以鐵騎都尉李懷義與中貴人董役按圖營建。初命懷義等凡諸門與殿須相望，無得輒差，故垂拱、福寧、柔儀、清居四殿正重，而左右掖與昇龍、銀臺等諸門皆然。惟大慶殿與端門少差。爾宮成，太祖坐福寧寢殿，令闢門前後，召近臣入觀。諭曰：我心端直，正如此有少偏曲處，汝曹必見之矣。羣臣皆再拜，後雖嘗經火屢修，率不敢易其故處矣。

陳承昭

釋文瑩《玉壺清話》卷三 太祖欲開惠民、五丈二河，以便運載。吏督治有陳丞昭者，江南人，諳水利，使董其役。丞昭先以絙都量河勢長短，計其廣深，次量鍤之闊狹，以鍤累尺，以尺累丈，定一夫自早達暮合運若干鍤，計鑿若干土，總其都數，合用若干夫，以目奏上。太祖歎曰：「不如所料，當斬於河。」至訖役，止衍九夫，上嘉之。又令督諸軍子弟濬池於朱明門外，以習水戰。後以防禦使從征太原，晉人嬰城堅拒，遂議攻討。以革内壯士，蒙之爲洞而入，雖力攻不陷，師已老。上深憫之，且將親幸其洞，攜藥劑果餌慰撫士卒。時李漢瓊爲攻城總管，挽御衣以諫，曰：「孤壘之危，何啻累卵，矢石如雨，陛下宜以社稷自重。」遂罷其幸，止行頒賚而已。既不克，又欲增兵，丞昭奏曰：「陛下有不語兵千餘萬在左右，胡不用之？」上不悟，丞昭以馬策指汾，太祖遂曉，大笑曰：「從何取土？」丞昭云：「紉布囊括其口投上流以塞之，不設板築，可成巨防。」用其策，投土將半，水起一尋，城中危蹙。會大暑，復晉人閒道求契丹援兵適至，遂議班師。

《宋史》卷二六一《陳承昭》 陳承昭，江表人。始事李景爲保義軍節度，周世宗征淮南，景以承昭爲濠、泗、楚、海水陸都應援使。世宗既拔泗州，引兵東下，命太祖領甲士數千爲先鋒，遇承昭於淮上擊敗之，追至山陽北，太祖親禽承昭以獻。世宗釋之，授右監門衛上將軍，賜錦袍、銀帶，改右領軍衛上將軍，分司西京。

宋初入朝，太祖以承昭習知水利，督治惠民、五丈二河以通漕運，都人利之。建隆二年，河成，賜錢三十萬。承昭言其壻王仁表在南唐，帝爲致書於李景，令遣歸闕，歷左右神武統軍。

四年春，大發近甸丁壯數萬，修畿内河堤，命承昭董其役。又令督諸軍子弟數千，鑿池於朱明門外，以習水戰。從征太原，承昭獻計請壅汾水灌城，城危甚，會班師，功不克就。乾德五年，遷右龍武軍統軍。開寶二年，卒，年七十四。贈太子太師，中使護喪。大中祥符元年，録其孫宗義爲三班借職。

樊知古

釋文瑩《玉壺清話》卷八 知古，江南人，無鄉里之愛，舉於鄉，不獲第，因謀北歸，獻伐於朝。以釣竿漁於采石江凡數年，橫長絙量江水之廣深，絙或中沈，陰有物波低助起，心知其國之亡，遂仗策謁太祖，奏曰：「可造舟爲梁，以濟王師，如履坦途。」送學士院，本科及第，遣湖南督匠造黃黑龍船於荆南，破竹爲索，數千艦由荆南而下。舟既集，就采石磯試焉，密若胼脅，不差尺寸。知古舊名若冰，太祖以其聲近「弱兵」之厭，故改之。江南平，爲侍御史，邦人怨之，累世丘木悉斬焉。

喻皓

歐陽修《歸田録》卷一 開寶寺塔在京師諸塔中最高，而制度甚精，都料匠預浩所造也。塔初成，望之不正而勢傾西北。人恠而問之，浩曰：「京師地平無山，而多西北風，吹之不百年，當正也。」其用心之精蓋如此。國朝以來木工，一人而已。至今木工皆以預都料爲法。有《木經》三卷行於世。世傳浩惟一女，年十餘歲，每卧則交手於胸爲結構狀，如此踰年，撰成《木經》三卷，今行於世者是也。

沈括《夢溪筆談》卷一八《技藝》 錢氏據兩浙時，於杭州梵天寺建一木塔，方兩三級，錢帥登之，患其塔動。匠師云：未瓦，上輕，故如此。乃以瓦布之，而動如初。無可奈何，密使其妻見喻皓之妻，賂以金釵，問塔動之因。皓笑曰：此易耳，但逐層布板訖，便實釘之，則定不動矣。匠師如其言，塔遂定。蓋釘板，上下彌束，六幕相聯如胠篋，人履其板，六幕相持自不能動。人皆服其精練。

陳師道《後山談叢》卷二 東都相國寺樓門，唐人所造，國初木工喻浩曰：「他皆可能，惟不解卷檐爾。」每至其下，仰而觀焉，立極則坐，坐極則卧，求其理而不得。門内兩井亭，近代木工亦不解也。寺有十絶，此爲二耳。

陶宗儀《説郛》卷一〇九上《太乙經》 營舍之法，謂之《木經》，或云喻皓所撰。凡屋有三分，自梁以上爲上分，地以上爲中分，階爲下分。凡梁長幾何，則配極幾何，以爲榱等。如梁長八尺，配極三尺五寸，則廳法堂也。此謂之上分。楹若干尺，則配堂基若干尺，以爲榱等。若楹一丈一尺，則階基四尺五寸之類，以至承拱、榱桷，皆有定法，謂之中分。階級有峻、平、慢三等，宮中則以御輦爲法，凡自下而登，前竿垂盡臂，後竿展盡臂爲峻道。荷輦十二人，前二人曰前竿，次二人曰前條，又次曰前會，後二人曰後脇，又後曰後條，末後曰後竿，輦前隊長一人曰傳唱，後一人曰報賽。前竿平肘，後竿平肩爲慢道；前竿垂手，後竿平肩爲平道，此之爲下分。其書三卷。近歲土木之工，益爲嚴善，舊木經多不用，未有人重爲之，亦良工之一業也。

《（乾隆）浙江通志》卷二七九《雜記》 文公《談苑》錢鏐目：釋迦真身舍利塔見於明州鄞縣，即阿育王所造。八萬四千而此震旦得十九之一也。鏐造南塔，以奉安俶在國，天火屢作，延燒此塔。一人奮身穿烈焰，登第二級，持之而下。太平興國初，太宗命取塔禁中，度開寶寺北地，造浮圖十一級，以葬舍利。初造塔得浙東匠人喻浩。浩不食葷，先作塔式以獻。凡一月而一級成，其有梁柱齟齬未安者，浩周旋視之，持挺撞擊數十，即皆牢整。自云：此可七百年無傾動。人或問其北面稍高，曰：此數十步乃大河，潤氣津浹，經一百年則北隅微墊，而塔正矣。浩既而求度爲僧，數月死，世頗疑其異。

郭忠恕

釋文瑩《玉壺清話》卷二 郭忠恕畫殿閣重複之狀，一作「樓閣」。梓人較之，毫釐無差。太宗聞其名，詔授監丞。將建開寶寺塔，「建」一作「造」。浙匠喻皓料一十三層，郭以所造小樣末底一級折而計之，至上層餘一尺五寸，殺去聲。收不得，一作「收殺不得」。謂皓曰：「宜審之。」皓因數夕不寐，以尺較之，果如其言。黎明，叩其門，長跪以謝。尤工篆籀詩筆，惟縱酒無檢，多突忤於善人。聶崇義建隆初拜學官，河、洛之師儒也，趙韓王嘗拜之。郭使酒詠其姓，玩之曰：「近貴全爲聵，攀龍即是聾，雖然三箇耳，其柰不成聰。」崇義應聲，反以「忠恕」二字解其嘲曰：「勿笑有三耳，全勝畜二心。」忠恕大慚，終亦以此敗檢，坐謗時政，擅貨官物，流登州。中途卒，藁葬於官道之旁。他日親友與斂葬，發土視之，輕若蟬蜕，殆非區中之物也。李留臺建中以書學名家，手寫忠恕《汗簡集》以進，皆科蚪文字。太宗深悼惜之，詔付秘閣。

《宋史》卷四四二《郭忠恕傳》 郭忠恕，字恕先，河南洛陽人。【略】尤善畫，所圖屋室重復之狀，頗極精妙。多游王侯公卿家，或待以美醖，豫張紈素倚於壁，乘興即畫之，苟意不欲而固請之，必怒而去，得者藏以爲寶。太宗即位，聞其名，召赴闕，授國子監主簿，賜襲衣、銀帶、錢五萬，館於太學，令刊定歷代字書。

佚名《宣和畫譜》卷八《宫室叙論》 上古之世，巢居穴處，未有宫室，後世有作，乃爲宫室，臺榭户牖，以待風雨，人不復營巢窟以居。蓋嘗取易之大壯，故宫室有量，臺門有制，而山節藻棁。雖文仲不得以濫也。畫者取此而備之，形容豈徒爲是臺榭户牖之壯觀者哉。雖一點一筆必求諸繩矩，比他畫爲難工，故自晉宋迄于梁、隋未聞其工者。粤三百年之唐，歷五代以還，僅得衛賢以畫宫室得名，本朝郭忠恕既出，視衛賢輩，其餘不足數矣。然忠恕之畫高古亦未易，世俗所能知其不見而大笑者亦鮮焉。【略】郭忠恕，字國寶，不知何許人。柴世宗朝以明經中科第，歷官，迄國朝太宗喜忠恕名節，特遷國子博士。忠恕作篆隸凌轢。晉魏以來字學，喜畫樓觀臺榭，皆高古置之康衢，世目未必售也。頃錢塘有沈姓者，收忠恕畫，每以示人，則人輒大笑。歷數年而後，方有知音者，謂忠恕筆也。

張君平

《宋史》卷三二六《張君平傳》 張君平字士衡，磁州滏陽人。以父承訓與契丹戰死，補三班差使殿侍、黔州指揮使。獠兵屢入寇，君平引兵擊破之，以功遷奉職，除駐泊監押，徙容、白等州巡檢。又以捕賊功，遷右班殿直。謝德權薦君平河陰窖務，擢閤門祗候，管勾汴口。建言：歲開汴口，當擇其地；得其地，則水湍駛而無留沙，歲可省功百餘萬。又請沿河縣植榆柳，爲令佐、使臣課最，及瘞汴河流屍。悉從其言。天聖初，議塞滑州決河，以君平習知河事，命以左侍禁簽書滑州事兼修河都監。既而河未塞，召同提點開封府界縣鎮公事。以嘗護滑州隄有功，特遷内殿崇班。君平以京師數罹水災，請委官疏鑿近畿諸州古溝洫，久之，稍完，遂詔畿内及近畿州縣長吏，皆兼管勾溝洫河道。自畿至泗州，道路多羣寇，君平請兩驛增置使臣，專主捕盜，而罷夾河巡檢，於是行者無患。復爲滑州修河都監，遷供備庫副使。河平，改西作坊使，就遷鈐轄，卒。君平有吏材，尤明於水利，自議塞河，朝廷每訪以利害。河平，君平且死，論者惜之。

僧懷丙

《宋史》卷四六二《僧懷丙傳》 僧懷丙，真定人。巧思出天性，非學所能至也。真定構木爲浮圖十三級，勢尤孤絕。既久而中級大柱壞，欲西北傾，他匠莫能爲。懷丙度短長，別作柱，命衆工維而上。已而却衆工，以一介自從，閉户良久，易柱下，不聞斧鑿聲。趙州洨河鑿石爲橋，鎔鐵貫其中。自唐以來相傳數百年，大水不能壞。歲久，鄉民多盜鑿鐵，橋遂欹倒，計千夫不能正。懷丙不役衆工，以術正之，使復故。河中府浮梁用鐵牛八維之，一牛且數萬斤。後水暴漲絶梁，牽牛没于河，募能出之者。懷丙以二大舟實土，夾牛維之，用大木爲權衡狀鉤牛，徐去其土，舟浮牛出。轉運使張燾以聞，賜紫衣。尋卒。

符惟忠

《宋史》卷四六三《符惟忠傳》　符惟忠字正臣，彦卿曾孫也。以外祖母賢靖大長公主廕，爲三班奉職，後擢閤門通事舍人，勾當東排岸司。三司使寇瑊繩下急，漕米數不足綱，吏卒率論以自盜。惟忠争曰：「在法，欠不滿四百者不坐，若以自盜論，則計直八百即當坐徒矣。」瑊怒曰：「敢抗三司使邪？」惟忠曰：「職有當辨，非抗也。」瑊益怒，惟忠争愈力，如所議乃已。【略】惠民河與刁河合流，歲多決溢，害民田，惟忠自宋樓鎮碾灣、横隴村置二斗門殺水勢，以接鄭河、圭河，自是無復有水害。陝西用兵，除涇原路兵馬鈐轄兼知涇州。三司使鄭戩奏留都大管勾汴河使，建議以爲渠有廣狹，若水闊而行緩，則沙伏而不利於舟，請即其廣處束以木岸。三司以爲不便，後卒用其議。再遷西上閤門副使。契丹遣使求地，惟忠副富弼往報使，遷閤門使，至武彊縣，疽發背卒。贈客省使、眉州防禦使。

楊佐

《宋史》卷三三三《楊佐傳》　楊佐字公儀，本唐靖恭諸楊後，至佐，家于宣。及進士第，爲陵州推官。州有鹽井深五十丈，皆石也，底用柏木爲榦，上出井口，垂綆而下，方能及水。歲久榦摧敗，欲易之，而陰氣騰上，入者輒死；惟天有雨，則氣隨以下，稍能施工，晴則亟止。佐教工人以木盤貯水，穴竅灑之，如雨滴然，謂之「雨盤」。如是累月，井榦一新，利復其舊。累遷河陰發運判官，幹當河渠司。皇祐中，汴水殺溢不常，漕舟不能屬。佐度地鑿瀆以通河流，於是置都水監，命佐以鹽鐵判官同判。京城地勢南下，涉夏秋則苦霖潦，佐開永通河，疏溝澮出野外，自是水患息。又議治孟陽河，議者謂不便。佐言：「國初歲轉京東粟數十萬，今所致亡幾，儻不濬復舊跡，後將廢矣。」乃從其策。出爲江、淮發運使。孟陽之役，調民七、八千，夷丘墓百數，怨聲盈塞。詔開封鞫治，官吏獨捨佐不問。糾察刑獄劉敞請加貶黜，不聽。召爲鹽鐵副使，拜天章閣待制，復判都水，知審官院，權發遣開封府。嘗使契丹，虜饋以方物，書獨稱名。英宗升遐，奉遺留物再往使，卒于道，年六十一。詔護喪歸，賻以黄金，恤其家。

韓琦

何良俊《續世説新語》卷下　韓魏公，喜營造，所臨之郡，必有改作，皆宏壯雄深，稱其度量。在大名，於正寢後稍西爲堂五楹，其間洞然，不爲房屋，號善養堂，蓋平日宴息之地。

宋用臣

《宋史》卷四六七《宋用臣傳》　宋用臣字正卿，開封人。爲人有精思彊力，以父廕隸職内省。神宗建東、西府，築京城，建尚書省，起太學，立原廟，導洛通汴，凡大工役，悉董其事。性敏給，善傳詔令，故多訪以外事。同列悉籍以進，朝士之乏廉節者，往往諂附之，權勢震赫一時。積勞至登州防禦使，加宣政使。元祐初，言者論其罪，降爲皇城使，謫監滁州、太平州酒税。四年，主管靈仙觀。紹聖初，召爲内侍押班，進瀛州刺史。徽宗即位，遷蔡州觀察使、入内副都知。爲永泰陵修奉鈐轄，卒陵下，贈安化軍節度使，謚僖敏。

曾孝廣

《宋史》卷三一二《曾公亮傳》　孝廣字仲錫。元豐末，爲北外都水丞。元祐中，大臣議復河故道，召孝廣問之，言不可，出通判保州。久之，復爲都水丞。前此，班行使臣部木栰至者，須校驗無所失亡，乃得送銓，監吏須賕謝，不時遣。孝廣治籍疏姓名，謹其去留，一歲中，歸選者百輩。除京西轉運判官，入爲水部員外郎。河決内黄，詔孝廣行視，遂疏蘇村，鑿鉅野，導河北流，紓澶、滑、深、瀛之害。遷都水使者。洛水頻歲溢涌，浸齧北岸，孝廣按河隄，得廢澾口遺迹，曰：「此昔人所以殺水勢也。」即日濬決之，累石爲防，自是無水患。出提點永興路刑獄，陝西、京西轉運副使，還爲左司郎中，擢户部侍郎，進尚書。坐錢帛不給費，罷爲天章閣待制、知杭州。又以前聘契丹失奉使體，奪職。尋復之，移知潭州，加顯謨閣直學士、知鄆州。

莊柔正

凌迪知《萬姓統譜》卷五〇 莊柔正，莆田人。元符間，知福清。嘗改築天寶陂，陂之旁有大榕，柔正日聽訟其下，以董役，凡投牒者，人負一石，理之曲者輸石以贖罪。陂疊石爲基，而計鐵以錮之。數月訖工，改名元符陂。

李誠

程俱《北山集》卷三三《勸農使賜紫金魚袋李公墓志銘》 大觀四年二月丁丑，今龍圖閣直學士李公譓對垂拱，上問弟誠所在。龍圖言，方以中散大夫知虢州。有旨趨召。後十日，龍圖復奏事殿中。既以虢州不禄聞，上嗟惜久之，詔别官其一子。公之卒二月壬申也。越四月丙子，其孤葬公鄭州管城縣之梅山，從先尚書之塋。

公諱某，字某，鄭州管城縣人。曾祖諱惟寅，故尚書虞部員外郎，贈金紫光禄大夫。祖諱惇裕，故尚書祠部員外郎、秘閣校理，贈司徒。父諱南公，故龍圖閣直學士、太中大夫，贈左正議大夫。元豐八年，哲宗登大位，正議時爲河北轉運副使，以公奉表致方物，恩補郊社齋郎，調曹州濟陰縣尉。濟陰故盗區，公至則練卒，除器明賞罰，廣方略，得劇賊數十人，縣以清浄。遷承務郎。元祐七年，以承奉郎爲將作監主簿。紹興三年，以承事郎爲將作監丞。元符中，建五王邸成，遷宣義郎。時公在將作且八年。其考工庀事，必究利害，堅窳之致，堂構之方，與繩墨之運，皆已了然于心。遂被旨著《營造法式》。書成，凡二十四卷，詔頒之天下。已而丁母安康郡夫人某氏喪。崇寧元年，以宣德郎爲將作少監。二年冬，請外以便養，以通直郎爲京西轉運判官。不數月，復召入將作爲少監。辟雍成，遷將作監，再入將作又五年，其遷奉議郎，以尚書省；其遷承議郎，以龍德宫、棣華宅；其遷朝奉郎，賜五品服，以朱雀門；其遷朝奉大夫，以景龍門、九成殿；其遷朝散大夫，以開封府廨；其遷右朝議大夫，賜三品服，以修奉太廟；其遷中散大夫，以欽慈太后佛寺成。大抵自承務郎至中散大夫，凡十六等，其以吏部年格遷者七官而已。大觀某年，丁正議公喪。初正議疾病，公賜告歸，又許挾國醫以行，至是上特賜錢百萬。公曰：敦匠事，治穿具力，足以自竭。然上賜不敢辭，則以與浮屠氏爲其所謂釋迦佛像者，以侈上恩，而報罔極云。服除知虢州，獄有留繫彌年者，公以立談判，未幾，疾作，遂不起。吏民懷之，如久被其澤者。蓋享年若干。公資孝友，樂善赴義，喜周人之急。又博學多技能。家藏書數萬卷，其手鈔者數千卷。工篆籀草隸，皆入能品。嘗纂《重修朱雀門記》，以小篆書丹以進，有旨勒石朱雀門下。善畫，得古人筆法。上聞之，遣中貴人諭旨，公以五馬圖進，睿鑒稱善。公喜著書，有《續山海經》十卷、《續同姓名録》二卷、《琵琶録》三卷、《馬經》三卷、《六博經》三卷、《古篆説文》十卷。公配王氏封奉國郡君子，男若干人，女若干人云云某觀虞舜命九官而垂共工居其一，疇咨而後命之。蓋其慎且重如此，誠以授法庶士，使棟宇器用不離于軌，物此豈小夫之所能知哉？及觀周之《小雅·斯干》之篇，其言考室之盛，至于庭户之端，楹桷之美，且又嗟咏騫揚，涣散之狀，而實本宣王之德政。魯僖公能復周公之宇，作爲寢廟，是斷是度，是尋是尺，而奚斯實授法于庶工。方紹聖、崇寧中，聖天子在上，政之流行，德之高遠，巍然沛然，與山川其侔大也。而後以先王之制，施之寢廟官寺棟宇之間。當是時，地不愛材，工獻其巧，而公獨膺垂奚斯之任者十有三年，以結睿知致顯位，所謂君子攸寧、孔曼且碩者，視宣王僖公之世爲甚陋，而公實尸其勞，可謂盛矣。某初爲鄭圃治中，始從公遊，及代還京師，久困不得官，遇公領大匠，遂見取爲屬，寖以微勞，竊資秩，緊公德是賴。既日夕後，先熟公治身臨政之美，泣而爲銘。銘曰：

維仕慕君，不有其躬。何適非安，唯命之從。譬之庀材，唯匠之爲。爾極而極爾，榱而榱亦，譬在鎔不竭而擇，爲利則斷，爲堅則擊，垂在九官，世載厥賢。曰汝共工，没齒不遷。匪食之志，緊職則然。公爲一尉，羣盗斯得。公在將作，寢廟奕奕。爲垂奚斯，以奂帝績。仕無小大，必見其賢。無不自盡，以虔所天。帝以爲能，世以爲才。勞能實多，福禄具來。有生會終，公有貽憲。竅辭貞銘，盡力之勸。

宋昇

《宋史》卷三五六《宋喬年傳》 昇字景裕。崇寧初，由譙縣尉爲敕令删定官，數年，至殿中少監。時喬年尹京，父子依憑蔡氏，陵轢士大夫，陰交諫官蔡居厚，使爲鷹犬。以徽猷閣待制知陳州。喬年貶，昇亦謫少府少監，分司南京，未幾，知應天府。喬年卒，起復爲京西都轉運使，涖葺西宫及修三山新河，擢至顯謨閣學士。方是時，徽宗議謁諸陵，有司預爲西幸之備。昇治宫城，廣袤十六里，創廊屋四百四十間，費不可勝。會髹漆，至灰人骨爲胎，斤直錢數千。盡發洛城外二十里古冢，凡衣冠壟兆，大抵遭暴掘。用是遷正議大夫、殿中監，又奉命補治三陵泄水坑澗，計役四百九十萬工。未幾，卒，贈金紫光禄大夫、延康殿學士，謚曰恭敏。

《宋史》卷八五《地理志一》　京城周五十二里九十步。隋大業元年築，唐長壽二年增築。南三門：中曰定鼎，東曰長夏，西曰厚載。東三門：中曰羅門，南曰建春，北曰上東。西一門，曰闕門。北二門：東曰安喜，西曰徽安。政和元年十一月，重修大内，至六年九月畢工。朱勝非言：「政和間，議朝謁諸陵，敕有司預爲西幸之備，以蔡攸妻兄宋昇爲京西都漕，修治西京大内，合屋數千間，盡以真漆爲飾，工役甚大，爲費不貲。而漆飾之法，須骨灰爲地，科買督迫，灰價日增，一斤至數千。於是四郊塚墓，悉被發掘，取人骨爲灰矣。」

王㬇

王鏊《姑蘇志》卷三九《宦迹》　王㬇，字顯道，華陽人，太師岐國公珪之孫也。爲秦檜妻之兄。或云妻弟。紹興中知郡事，時兵火之餘，公署學校靡不興葺，又録入城，小舟出，必載瓦礫以培塘，人以爲便。石之碎者，積而焚之，以泥官舍。不賦於民而用有餘，其規爲多可取者。

方回《古今考》卷一五《祀天地總考下》　建炎南渡，紹興十三年正月，以禮部太常寺申請命殿前都指揮使楊存中知臨安府。王㬇依國朝禮制，建郊丘於國之東南，及建青城齋宫在嘉會門外南四里，龍華寺西，爲壇四成，上成從廣七丈，再成十二丈，三成十七丈，四成二十二丈，分十二陛，陛七十二級，壇及内壝七百九十步，中外壝通二十五步，燎壇方一丈，高一丈二尺。在壇南二十步，内地餘四十步，以列仗衛。惟青城齋宫及望祭殿，詔勿營，臨事則爲幕屋，略倣汴京制度。大殿曰端誠，便殿爲熙成，其外爲泰禋門。

李嵩

王毓賢《繪事備考》卷六　李嵩，錢塘人，少爲木工，頗達繩墨。後爲李從訓養子，盡得其父之傳。畫釋道人物皆有至理，固非品地所能限也。光、寧、理三朝畫院待詔。

秦九韶

周密《癸辛雜識續集》卷下　秦九韶，字道古，秦鳳間人。年十八在鄉里爲義兵首，豪宕不羈。嘗隨其父守郡，父方宴客，忽有彈丸出父後，衆賓駭愕，莫知其由。頃加物色，乃九韶與一妓狎時亦抵筵，此彈之所以來也。既出東南，多交豪富。性極機巧，星象、音律、算術以至營造等事，無不精究。邇嘗從李梅亭學駢儷、詩詞、遊戲、毬馬、弓劒，莫不能知。性喜奢好大，嗜進謀身，或以歷學薦於朝，得對有奏藁。及所述教學大略，與吴履齋交尤稔。吴有地在湖州西門外，地名曾上，正當苕水所經入城，面勢浩蕩，乃以術攫取之。遂建堂其上，極其宏敞。堂中一間横亘七丈，求海桅之奇材爲前楣，位置皆自出心匠。凡屋脊、兩翬、搏風，皆以塼爲之。堂成七間，後爲列屋，以處秀姬。管絃、製樂、度曲，皆極精妙。

吕拙

劉道醇《宋朝名畫評》卷三　吕拙，京師人，善丹青，亦爲樓觀之畫。至道中，召入圖畫院祇候太宗。方營玉清，拙畫鬱羅蕭臺樣上進。上覽圖，嘉嘆，下匠氏營臺於宫。遷拙待詔，拙不受，願爲本宫道士，上賜紫衣。今樂游坊蘇守素家有拙畫，其精巧審細，觀者無倦。能廓落地勢，映帶池塘，但於人物傷繁耳。

蔡襄

《宋史》卷三二〇《蔡襄傳》　蔡襄字君謨，興化仙遊人。舉進士，爲西京留守推官、館閣校勘。范仲淹以言事去國，余靖論救之，尹洙請與同貶，歐陽脩移書責司諫高若訥，由是三人者皆坐譴。襄作《四賢一不肖詩》，都人士爭相傳寫，鬻書者市之，得厚利。契丹使適至，買以歸，張於幽州館。【略】以樞密直學士再知福州。郡士周希孟、陳烈、陳襄、鄭穆以行義著，襄備禮招延，誨諸生以經學。俗重凶儀，親亡或祕不舉，至破産飯僧，下令禁止之。徙知泉州，距州二十里萬安渡，絶海而濟，往來畏其險。襄立石爲梁，其長三百六十丈，種蠣於礎以爲固，至今賴焉。又植松七百里以庇道路，閩人刻碑紀德。【略】襄工於書，爲當時第一，仁宗尤愛之，製《元舅隴西王碑》文命書之。及令書《温成后父碑》，則曰：「此待詔職耳。」不奉詔。於朋友尚信義，聞其喪，則不御酒肉，爲位而哭。嘗飲會靈東園，坐客誤射矢傷人，遽指襄。他日帝問之，再拜愧謝，終不自辨。

祝穆《古今事文類聚續集》卷一〇《居處部》　泉州萬安渡石橋，始造於皇祐五年四月庚寅，以嘉祐四年二月辛未訖，功索址于淵釃水，爲四十七道梁空以行。其長三千六百尺，廣丈有五尺，翼以扶欄，如其長之數而兩之。靡金錢一千四百萬，求諸施者。渡實支海，舍舟而徒，易危以安，民莫不利。職其事盧錫、王寔，許忠、浮圖義波、宗善等十有五人。既成，太守蒲陽蔡襄爲之樂合燕飲而落之。明年秋，蒙召還京，道繇是出，因記所作，勒于岸左。

蘇慶文

《宋史》卷四五六《蘇慶文傳》 蘇慶文、臺亨，皆夏縣人。慶文事父母以孝聞。【略】亨工畫，元豐中，朝廷修景靈宫，調天下畫工詣京師，選試其優者待詔翰林，畀以官禄，亨名第一。以父老固辭歸養，閭里賢之。

向拱

《宋史》卷二五五《向拱傳》 向拱字星民，懷州河内人。始名訓，避周恭帝諱改焉。少倜儻負氣。弱冠，聞漢祖在晉陽招致天下士，將往依之。【略】拱尹河南十餘年，專治園林第舍，好聲妓，縱酒爲樂，府政廢弛，羣盜晝劫。太祖聞之怒，移鎮安州，命左武衛上將軍焦繼勳代之，謂繼勳曰：「洛久不治，選卿代之，無復效拱爲也。」

《宋史》卷九四《河渠志四》 洛水貫西京，多瀑漲，漂壞橋梁。建隆二年，留守向拱重修天津橋成。甃巨石爲脚，高數丈，鋭其前以疏水勢，石縱縫以鐵鼓絡之。其制甚固。四月，具圖來上，降詔褒美。開寶九年，郊祀西京。詔發卒五千自洛城菜市橋鑿渠抵漕口三十五里，饋運便之。其後導以通汴。

韓重贇

《宋史》卷二五〇《韓重贇傳》 韓重贇，磁州武安人。少以武勇隸周太祖麾下。廣順初，補左班殿直副都知。從世宗戰高平，以功遷鐵騎指揮使。從征淮南，先登中流矢，轉都虞候。俄遷控鶴軍都指揮使、領虔州刺史。【略】建隆二年，改殿前都指揮使、領義成軍節度。三年，發京畿丁壯數千，築皇城東北隅，且令有司繪洛陽宫殿，按圖修之，命重贇董其役。乾德三年秋，河決澶州，命重贇督丁壯數十萬塞之。【略】重贇信奉釋氏，在安陽六七年，課民採木爲寺，郡内苦之。

焦繼勳

《宋史》卷二六一《焦繼勳傳》 焦繼勳字成績，許州長社人。少讀書有大志，嘗謂人曰：「大丈夫當立功異域，取萬户侯，豈能孜孜事筆硯哉？」遂棄其業，游三晉間爲輕俠，以飲博爲務。晉祖鎮太原，繼勳以儒服謁見，晉祖與語，悦之，留帳下。天福初，授皇城兼宫苑使，遷武德使。【略】宋初，召爲右金吾衛上將軍，改右武衛上將軍。乾德三年，權知延州。四年，判右街仗杜審瓊卒，命繼勳代之。時向拱爲西京留守，多飲燕，不省府事，羣盜白日入都市劫財，拱被酒不出捕逐。太祖選繼勳代之，月餘，京城肅然。太祖將幸洛，遣莊宅使王仁珪、内供奉官李仁祚部修洛陽宫，命繼勳董其役。車駕還，嘉其幹力，召見褒賞，以爲彰德軍節度，仍知留府事。仁珪領義州刺史，仁祚爲八作副使。繼勳以太平興國三年卒，年七十八，贈太尉。

丁謂

沈括《補筆談》卷下 祥符中，禁中火，時丁晉公主營復宫室，患取土遠，公乃令鑿通衢取土，不日皆成巨塹，乃決汴水入塹中，引諸道竹木簰筏及船運雜材，盡自塹中入至公門。事畢，却以斥棄瓦礫灰壤實于塹中，復爲街衢。一舉而三役濟，計省費以億萬計。

劉延世《孫公談圃》卷中 玉清昭應宫，丁晉公領其使監造土木之工，極天下之巧，繪畫無不用黄金，四方古名畫，皆取置壁龕廡下。以其餘材建五岳觀，世猶謂之木天，則玉清之宏壯可知。玉清宫道院則今萬壽觀是也。後玉清、五岳皆焚，獨道院在。丁之董役也，晝夜不息，每畫一栱，燃臘炬一枝。儲祥宫，太宗建之，爲民祈福。神宗以其地屬震，欲新之，至元祐初落成，宫人陳衍領其事，凡當用黄金處，皆以丹朱代之。宫成，兩宫臨幸肆赦。

洪邁《容齋三筆》卷一一 大中祥符間，姦佞之臣罔真宗以符瑞，大興土木之役，以爲道宫玉清昭應之建。丁謂爲修宫使，凡役工日至三四萬。所用有秦、隴、岐同之松，嵐石汾陰之栢，潭衡道永鼎吉之梌枏櫧，温、台、衢、吉之檮，永、澧、處之槻樟，潭、柳、明、越之杉，鄭、淄之青石，衡州之碧石，萊州之白石，絳州之斑石，吴越之奇石，洛水之石卵，宜聖庫之銀朱，桂州之丹砂，河南之赭土，衢州之朱土，梓、信之石青、石緑，磁、相之黛，秦、階之雌黄，廣州之藤黄，孟澤之槐華，虢州之鉛丹，信州之土黄，河南之胡粉，衛州之白堊，鄆州之蚌粉，兖、澤之墨，歸、歙之漆，萊蕪、興國之鐵。其木石皆遣所在官部兵民入山谷伐取。又於京師置局化銅爲鍮，治金薄鍛鐵以給用。凡東西三百一十步，南北百四十三步。地多黑土疏惡，於京東北取良土易之，自三尺至一丈有六等。起二年四月，至七年十一月宮成，總二千六百一十區。不及二十年，天火，一夕焚爇，但存一殿。是時役偏天下，而至尊無窮兵黷武、聲色苑囿、嚴刑峻法之舉，故民間樂從，無一違命，視秦、隋二代萬萬不侔矣。然一時賢識之士，猶爲盛世惜之。國史志載其事，欲以爲夸，然不若掩之之爲愈也。

《宋史》卷二八三《丁謂傳》 丁謂字謂之，後更字公言，蘇州長洲人。少與孫何友善，同袖文謁王禹偁，禹偁大驚重之，以爲自唐韓愈、柳宗元後，二百年始有此作。世謂之「孫、丁」。淳化三年，登進士甲科，爲大理評事、通判饒州。踰年，直史館，以太子中允爲福建路採訪。還，上茶鹽利害，遂爲轉運使，除三司户部判官。峽路蠻擾邊，命往體量。還奏稱旨，領峽路轉運使，累遷尚書工部員外郎，會分川峽爲四路，改夔州路。

允恭方爲山陵都監，與判司天監邢中和擅易皇堂地。夏守恩領工徒數萬穿地，土石相半，衆議日喧，懼不能成功，中作而罷，奏請待命。謂庇允恭，依違不決。內侍毛昌達自陵下還，以其事奏，詔問謂，謂始請遣使按視。既而咸謂復用舊地，乃詔馮拯、曹利用等就謂第議，遣王曾覆視，遂誅允恭。

謂機敏有智謀，憸狡過人，文字累數千百言，一覽輒誦。在三司，案牘繁委，吏久難解者，一言判之，衆皆釋然。善談笑，尤喜爲詩，至於圖畫、博奕、音律，無不洞曉。每休沐會賓客，盡陳之，聽人人自便，而謂從容應接於其間，莫能出其意者。

真宗朝營造宮觀，奏祥異之事，多謂與王欽若發之。初，議營昭應宮，料功須二十五年，謂令以夜繼晝，每繪一壁給二燭，七年乃成。真宗崩，議草遺制，軍國事兼取皇太后處分，謂乃增以「權」字；及太后稱制，又議月進錢充宮掖之用，由是太后深惡之，因雷允恭遂併録謂前後欺罔事竄之。

馮琦《宋史紀事本末》卷四《天書封祀》 〔大中祥符七年〕十一月乙酉，玉清昭應宮成。初議營宮，料工須十五年。修宮使丁謂，令以夜繼晝，每繪一壁，給二燭，故七年而成。凡二千六百一十楹，制度宏麗。屋宇少不中程式，雖金碧已具，劉承珪必令毀而更造，有司莫敢較其費。

潘永因《宋稗類鈔》卷七 真宗建玉清宮，自經始及告成，凡十四年。其宏大壞麗，不可名似，遠而望之，但見碧瓦淩空，聳耀京國。每曦光上浮，翠彩照射，則不可正視。其中諸天殿外，二十八宿亦各一殿。楩柟杞梓，搜窮山谷，璇題金榜，不能殫紀。朱碧藻綉，工色巧絶，甍栱欒楹，全以金飾。入見驚悅褫魄，迷其方向。所費鉅億萬。雖用金之數，亦不能會計，天下珍樹怪石，內府奇寶異物，充牣襞積，窮極侈大。餘材始及景靈、會靈二宮觀，然亦足冠古今之壯麗矣。議者以爲，玉清之盛，開闢以來未之有也，阿房、建章固虚語爾。

劉文通

朱謀垔《畫史會要》卷二《北宋》 劉文通，京師人，善畫樓臺屋木。真宗時，入圖畫院爲藝學。大中祥符初，上將營玉清昭應宮，勅文通先立小圖樣，然後成葺。丁朱厓命移寫道士呂拙鬱羅蕭臺，仍加飛閣於上，以待風雨。畫畢，下匠氏爲準，謂之七賢閣者是也，天下目爲壯觀。

劉承規

《宋史》卷四六六《劉承規傳》 劉承規字大方，楚州山陽人。父延韜，內班都知。承規，建隆中補高班，太宗即位，超拜北作坊副使。時泉帥陳洪進歸朝，遣承規疾置封其府庫。會士民嘯聚爲寇，承規與知州喬維岳率兵討定之。太平興國四年，命與內衣庫使張紹勍等六人率師屯定州，以備契丹，又護滑州決河。雍熙中，勾當內藏庫兼皇城司，出爲鄜延路排陣都監，改崇儀使，遷洛苑使。至道中，與周瑩同簽書提點樞密、宣徽諸房公事，仍加六宅使。承規懇辭，帝雖不許而嘉其退讓。大中祥符初，議封泰山，以掌發運使遷昭宣使、長州防禦使。會修玉清昭應宮，以承規爲副使。祀汾陰，復命督運。議者以自京至河中，由陸則山險，具舟則湍悍，承規決議水運，凡百供應，悉安流而達。自朝陵、東封及是皆留掌大內。禮成，當進秩，表求休致，手詔敦勉，仍作七言詩賜之。拜宣政使、應州觀察使。五年，以疾求致仕。修宮使丁謂言承規領宮職，藉其督轄，望勿許所請，第優賜告詔，特置景福殿使名以寵之，班在客省使上。仍改新州觀察使，上作歌以賜。承規以廉使月稟歸於有司，手詔褒美，復定殿使奉以給之。本名承珪，以久疾羸瘵，上爲取道家易名度厄之義，改珪爲規。疾甚，請解務還私第，聽之。仍許皇城常務上印曰，內藏庫有創制，就取商度。又再表求罷，官檢校太傅、左驍衛上將軍、安遠軍節度觀察留後致仕。七月卒，年六十四。廢朝，贈左衛上將軍、鎮江軍節度，謚曰忠肅。

鄧守恩

《宋史》卷四六八《鄧守恩傳》 鄧守恩，并州人。十歲以黃門事太宗。【略】

大中祥符初，按獄于濮州，雪冤人十餘。預監修玉清昭應宮、會靈觀。七年，又兼修真遊殿、景靈宮。累遷入内高品、供奉官。宫成，遷内殿承制。八年，預修大内，改西京作坊副使。九年，營造皆畢，授東染院使，充會靈觀都監。天禧二年，掌軍頭引見司，又修祥源觀成，遷崇儀使。三年，授入内押班。河決滑州，命爲修河鈐轄。郊祀，召爲行宫使，改如京使，復還本任。四年春，河復故道，遷文思院使。歸朝，加領昭州刺史。是秋，掌皇城、國信二司，整肅禁衛，遷入内副都知。會建天章閣，命領其事。又勾當資善堂兼太子左右春坊司。

林特

《宋史》卷二八三《王若欽傳》 林特字士奇。祖揆，仕閩爲南劍州順昌令，因家順昌。特少穎悟，十歲，謁江南李景，獻所爲文，景奇之，命作賦，有頃而成，授蘭臺校書郎。江南平，僞官皆入見，特袖文以進。太宗以爲長葛尉，改遂州録事參軍。代還，命中書引對，授大理寺丞、通判隴州，有治狀。【略】封泰山，祀汾陰，皆爲行在三司副使。以右諫議大夫權三司使、修玉清昭應宫副使。將祀太清宫，遣特儲供具，爲行在三司使。禮成，進給事中，爲修景靈宫副使兼修兖州景靈宫、太極觀。昭應宫成，遷尚書工部侍郎，真拜三司使。樞密使寇準言特姦邪，又數與爭事，帝爲出準，特在職如故。後罷三司，以户部侍郎同玉清昭應宫副使。兖州宫觀成，遷吏部侍郎。天禧元年，爲修上《聖祖實册》副使，轉尚書右丞。時天下完富，丁謂以符瑞、土木迎帝意，而以特有心計，使幹財利佐之。然特亦天性邪險，善附會，故謂始終善特，當時與陳彭年等號「五鬼」，語在《王欽若傳》。仁宗在東宫，以工部尚書兼太子賓客，改詹事。丁謂欲引爲樞密副使，而李迪執不可。仁宗即位，進刑部尚書、翰林侍讀學士。謂貶，特亦落職知許州。還朝，以户部尚書知通進銀臺司、判尚書都省、勾當三班院。特體素羸，然未嘗一日謁告，及得疾，纔五日而卒。贈尚書左僕射。太后遣中使祀奠。

陳希亮

王闢之《澠水燕談録》卷八《事志》 青州城西南皆山，中貫洋水，限爲二城。先時，跨水植柱爲橋，每至六七月間，山水暴漲，水與柱鬭，率常壞橋，州以爲患。明道中，夏英公守青，思有以捍之，會得牢城廢卒，有智思，疊巨石固其岸，取大木數十相貫，架爲飛橋，無柱。至今五十餘年，橋不壞。慶曆中，陳希亮守宿，以汴橋屢壞，率嘗損官舟，害人，乃命法青州所作飛橋。至今沿汴皆飛橋，爲往來之利，俗曰虹橋。

《宋史》卷二九八《陳希亮傳》 陳希亮字公弼，其先京兆人。唐廣明中，違難遷眉州青神之東山。希亮幼孤好學，年十六，將從師，其兄難之，使治錢息三十餘萬，希亮悉召取錢者，焚其券而去。業成，乃召兄子庸、諭使學，遂俱中天聖八年進士第，里人表其閭曰「三儁」。【略】代還，執政欲以爲大理少卿，希亮曰：「法吏守文，非所願，願得一郡以自效。」乃以爲宿州。州跨汴爲橋，水與橋爭，常壞舟。希亮始作飛橋，無柱，以便往來。詔賜縑以褒之，仍下其法，自畿邑至于泗州，皆爲飛橋。

李虞卿

《〔雍正〕陝西通志》卷九一雷簡夫《新開白水路記》 至和二年冬，利州路轉運使、主客郎中李虞卿，以蜀道青泥嶺舊路高峻，請開白水路，自鳳州河池驛至長舉驛五十里有半，以便公私之行。具上未報，即預畫材費，以待其可。明年春，迺與州巡轄馬遞鋪、殿直喬達，領橋閣並郵兵五百餘人，因山伐木，積於路處，遂藉其人，用訖是役。又請知興州軍州事、虞部員外郎劉拱總護督作，一切仰給，悉令爲長。命藉署興州判官廳公事、太子中舍李良祐，權知長舉縣事、順政令商應，程度遠近，按事險易，同督斯衆。知鳳州河池縣事、殿中丞王令圖首建路議，路古縣地且十五餘里，部屬陝西，即移文令圖，通幹其事。至秋七月始可其奏，然八月行者已走斯路矣。十二月諸功告畢，作閣二千三百九間，郵亭、營屋、綱院三百八十三間。減舊路二十三里，廢青泥一驛，除郵兵、驛馬一百五十六人騎，歲省驛廪鋪糧五千石、畜草一萬束，故事役夫三十餘人。路未成，會李遷東川路，今轉運使、工部郎中、集賢校理田諒至，審其績狀可成，故喜猶己出，事益不懈。於是斯役實肇於李，而遂成於田也。嘉祐二年三月，田以狀上，且曰：虞卿以至和二年仲春興是役，仲夏移去。其經營建樹之狀，本與令圖同。臣雖承乏，在臣何力？願朝廷旌虞卿、令圖之勞，用勸來者。又拱之督役應用，良祐、應之按視修創，達之採造監領，皆有著效，亦已陞擢。至軍士什長而下，並望賜與，以慰遠心。朝廷議依其請初，景德元年，嘗通此路，未幾而復廢者，蓋青泥土豪輩唧唧巧語，以疑行路。且驛廢，則客邸酒壚爲棄物矣，浮食遊手，安所仰耶？小人居常嘗爭半分之利，或睚眦抵死，況望要路，無有在家，遲行人一切之急，射一日十倍之資，顧肯默默耶？造作百端，理當然爾。嚮使愚者不怖其誕說，賢者不惑其風聞，則斯路初亦不廢也。大抵蜀道之難，自昔青泥嶺稱首。一旦避險即安，寬民費，斯利害斷然易曉，烏用聽其悠悠之談耶！而後之人見已成之易，不念始成之難。苟念其難，則斯路永期不廢矣。簡夫之文雖磨崖鏤石，亦恐不足其請。

韓通

《宋史》卷四八四《周三臣傳》 世宗征淮南，命通爲京城都巡檢。世宗以都城狹小，役畿甸民築新城，又廣舊城街道，命左龍武統軍薛可信、右衛上將軍史佺、右監門衛上將軍蓋萬、右羽林將軍康彥環分督四面，通總領其役。功未就，世宗幸淮上，留通爲在京內外都巡檢、權點檢侍衛司。是役也，期以三年，纔半歲而就。三年，追敍秦、鳳功，改領忠武軍節度、檢校太傅，又改侍衛馬步軍都虞候。世宗幸壽春，爲京城內外都巡檢。淮南平，爲歸德軍節度。

蔡奇

陶穀《清異録》卷三《居室》 洛下公卿第宅棊布，而郭從義爲(符)〔第〕，巧匠蔡奇獻樣，起竹節洞，通貫明窈，人以爲神工。然從義亦不甚以爲佳，終往他所。

李宏

雷應龍《木蘭陂集》卷二《祀典》 本縣維新里木蘭山下，原未有陂。水源自永春、德化、僊遊三縣，計三百六十澗壑合瀉於海。雖有湖塘六所，豬水淺涸，不足以備旱暵，田地盡爲斥鹵，人民困於流移【略】宋熙寧八年，侯官縣李長者宏承詔募而至，按二人遺跡，皆非地脉，乃相度於木蘭山下，遂傾家資七萬餘緡，命工伐石，布石柱三十二間於溪底橫石之上，犬牙相入，鎔銅固址，互相鈎鎖，疊石成陂，深三丈五尺，闊二十五丈有奇，爲閘板屹立如山，浪不能嚙。上障諸溪之水而下截海潮，使溪海各循其道，疏鑿大溝七條，深三丈，廣一十丈，各四十里許，小溝不計其數，灌溉南北二洋田土萬有餘頃。又設抵海斗門四所，木涵二十九所，石涵一所，以備蓄洩。遂廢五塘爲田，以給貧民耕種。自是水旱不能爲災，斥鹵變爲沃壤，民食賴之以足，國賦賴之以供。後宏卒於連江里，莆民追念，建立昇仙廟祀之。

姚文崇、李嗣岱《續刻木蘭陂集》卷上 木蘭陂在府城西南惟新里木蘭山下，溪源自永春，仙遊西南下合澗壑之水三百有六十，會流東注於海。宋治平初，長樂錢氏女始議堰陂於將軍巖前，據溪上流。陂成輒壞，既而同邑林從世復來相溪，下流，改築於上杭溫泉山口，將成，潮勢衝激，亦壞。熙寧八年，侯官李長者宏實應詔募而來，始相地於今址。會有馮仙智日者授以規摹，率衆錢七萬餘緡，疊石創陂三十二間。間各樹石柱二，而置閘其中，以時縱閉。陂深二丈五尺，闊三十五丈，即陂之右疏渠導水，障東流而南注者三十餘里。爲大溝七，小溝無數，溉南洋上中下三段民田。上段惟新南匿胡公三里，爲水泄九，塘四，溝圳八，水辨斗門一。中段莆田南匿國清三里，爲水泄一，溝四，林墩、洋城斗門二。下段莆田、連江、興福三里，爲水泄二，溝四合之。凡溉田萬餘頃，歲輸軍儲三萬七千斛。

《〔乾隆〕福建通志》卷一五《祠祀》 李長者廟，在木蘭陂上，先是莆城南有水自永春、德化、仙遊會澗壑之流六十有六，東趨入海，宋治平初，長樂錢氏女築陂成而輒壞，錢女憤投水死。縣遣主簿黎軫往視，波猝至，亦隨溺。已而同邑進士林從世復攜數萬緡相下流，定址於溫泉口，而水更湍悍，復決去。熙寧八年，特詔募修陂，於是侯官李長者宏應詔至。宏家居時有異僧智日常從宏貰酒，宏不責償。一日，謂宏曰：當與子會木蘭山前。既而宏來，僧已先在。乃相與涉水涯求地脈，插竹定基於錢林二遺址上下流間。宏遂傾家貲七萬緡，疊石成陂，布石柱三十三間於溪底，犬牙相入，互相鈎鎖。陂立水中，屹如岡阜。深二丈五尺，廣三十五丈有奇，上障諸溪，下截海潮，即陂之右疏渠導水障東流，而南注者三十餘里，溉南洋田萬有餘頃。

遼

蕭菩薩哥

《遼史》卷七一《后妃列傳》 聖宗仁德皇后蕭氏，小字菩薩哥，睿智皇后弟隗因之女。年十二，美而才，選入掖庭。統和十九年，册爲齊天皇后。嘗以草莛爲殿式，密付有司，令造清風、天祥、八方三殿。既成，益寵異。所乘車置龍首鴟尾，飾以黃金。又造九龍輅諸子車，以白金爲浮圖，各有巧思。夏秋從行山谷間，花木如繡，車服相錯，人望之以爲神仙。

金

孔彥舟

范成大《攬轡録》 丙戌，至燕山城外燕賓館。燕至畢，與館伴使副並馬行柳堤，緣城過新石橋，中以杈子隔絶。道左邊過橋，入豐宜門，即外城門也。過石玉橋。燕石，色如玉，橋上分三道，皆以欄隔之，雕刻極工。中爲御路，亦欄以杈子。兩傍有小亭，中有碑曰「龍津橋」。入宣陽門，金書額，兩旁有小四角亭，即登門路也。樓下分三門，中門爲御路，常闔，皆畫龍。兩旁門通行，皆畫鳳。入門，北望其闕。由西御廊下，轉西，至會同館。

戊子，早入見。上馬出館，復循西御廊，至横道，至東御廊首，轉北，循簷行，幾二百間。廊分三節，每節一門，路東出第一門通街，第二門通毬場，第三門通太廟。廟中有樓，將至宮城廊，即東轉，又百許間，其西亦有三間，出門，但不知所通何處，望之皆民居。東西廊之中，馳道甚闊，兩旁有溝，溝上植柳，兩廊屋脊皆覆以青琉璃瓦，宮闕門户即純用之。馳道之北即端門十一間，曰應天之門，舊嘗名通天。亦開兩挾，有樓，如左右昇龍之制。東西兩角樓，每樓次第攢三簷，與挾樓接，極工巧。端門之内，有左、右翔龍門，日華、月華門，前殿曰大安殿，使人入左掖門，直北，循大安殿東廊後壁行，入敷德門，自側門入，又東北行直東，有殿宇，門曰東宮，牆内亭觀甚多。直北面南列三行門。中曰集英門，云是故壽康殿母后所居。西曰會通門，自會通東小門，北入承明門，又北則昭慶門。東則集禧門，尚書省在門外。又西則有右嘉會門，四門正相對。入右嘉會門，門有樓，與左嘉會門相對，即大安殿後門之後。至幕次，黑布拂廬，待班有頃，入宣明門，即常朝後殿門也。門内庭中列衛士二百許人，貼金雙鳳幞頭，團花紅錦衫，散手立。入仁政門，門蓋隔門也。至仁政殿下，大花氈可半庭，中團雙鳳。兩旁各有朵殿。朵殿之上，有兩高樓，曰東、西上閤門，兩傍悉有簾幙，中有甲士。東西御廊，循簷，各列甲士。東立者，紅茸甲，金纏桿鎗，黄旂畫青龍。西立者，碧茸甲，金纏桿鎗，白旂畫黄龍。直至殿下皆然。惟立於門下者，皂袍，持弓矢。殿兩階雜立儀物幢節之屬，如道士醮壇威儀之類。使入由殿下東行，上東階，却轉南，由露臺北行入殿闕，謂之欄子。虜主幞頭，紅袍玉帶，坐七寶榻。背有龍水大屏風，四壁帟幙皆紅，繡龍拱斗，皆有繡衣。兩楹間，各有大出香金師蠻，地鋪禮佛毯，可一殿。兩傍玉帶金魚，或金帶者，十四五人，相對列立。遥望前後殿屋，崛起處甚多。制度不經，工巧無遺力，所謂窮奢極侈者。煬王亮始營此都，規模多出於孔彥舟。役民夫八十萬，兵夫四十萬，作治數年，死者不可勝計。地皆古墳冢，悉掘而棄之。虜既蹂躪中原，國之制度，强慕華風，往往不遺餘力，而終不近似。虜主既端坐得國，其徒益治文，爲以眩飾之。

《金史》卷七九《孔彥舟傳》 孔彥舟字巨濟，相州林慮人。亡賴，不事生產，避罪之汴，占籍軍中。坐事繫獄，説守者解其縛，乘夜踰城遁去。已而殺人，亡命爲盗。宋靖康初，應募，累官京東西路兵馬鈐轄。聞大軍將至山東，遂率所部，刼殺居民，燒廬舍，掠財物，渡河南去。宋人復招之，以爲沿江招捉使。彥舟暴横，不奉約束，宋人將以兵執之，彥舟走之齊，從劉麟伐宋，爲行軍都統，改營左總管。齊國廢，累知淄州。從宗弼取河南，克鄭州，擒其守劉政，破孟邦傑於登封，授鄭州防禦使。討平太行車轅嶺賊。從征江南，渡淮破孫暉兵萬餘人，下安豐、霍丘。及攻濠州，以彥舟爲先鋒，順流薄城，擒其水軍統制邵青，遂克濠州。師還，累官工、兵部尚書，河南尹，封廣平郡王。正隆例降金紫光禄大夫，改西京留守。彥舟有疾，朝臣有傳彥舟死者，而彥舟尚無恙，海陵盡杖妄傳彥舟死者，以激勵之。無何竟死於汴，年五十五。遺表言「伐宋當先取淮南」云。

張浩

《金史》卷八三《張浩傳》 張浩字浩然，遼陽渤海人。本姓高，東明王之後。曾祖霸，仕遼而爲張氏。天輔中，遼東平，浩以策干太祖，太祖以浩爲承應御前文字。天會八年，賜進士及第，授秘書郎。太宗將幸東京，浩提點繕修大内，超遷衛尉卿，權簽宣徽院事，管勾御前文字，初定朝儀。求養親，去職。起爲趙州刺史。官制行，以中大夫爲大理卿。天眷二年，詳定内外儀式，歷户、工、禮三部侍郎，遷禮部尚書。田瑴黨事起，臺省一空，以浩行六部事。簿書叢委，決遣無留，人服其才。以疾求外，補除彰德軍節度使，遷燕京路都轉運使。俄改平陽尹。平陽多盗，臨汾男子夜掠人婦，浩捕得，榜殺之，盗遂衰息。近郊有淫祠，郡人頗事之。廟祝、田主争香火之利，累年不決。浩撤其祠屋，投其像水中。强宗點吏屏迹，莫敢犯者，郡中大治。乃繕葺堯帝祠，作擊壤遺風亭。海陵召爲户部尚書，拜參知政事。天德二年，丁母憂。起復參知政事，進拜尚書右丞。天德三年，廣燕京城，營建宫室。浩與燕京留守劉筈、大名尹盧彦倫監護工作，命浩就擬差除。既而暑月，工役多疾疫。詔發燕京五百里内醫者，使治療，官給藥物，全活多者與官，其次給賞，下者轉運司舉察以聞。

蘇保衡

《金史》卷八九《蘇保衡傳》 蘇保衡字宗尹，雲中天成人。父京，遼進士，爲西京留守。宗翰兵至西京，京出降。久之，京病篤，以保衡屬宗翰。京死，宗翰薦之於朝。賜進士出身，補太子洗馬，調解州軍事判官。左監軍撒离喝駐軍陝西，辟幕府，參議軍事，累官同知興中尹。天德間，繕治中都，張浩舉保衡分督工役。改大興少尹，督諸陵工役。再遷工部尚書。海陵治兵伐宋，與徐文等造舟於通州，海陵獵近郊，因至通州視工作。兵興，保衡爲浙東道水軍都統制，率舟師泛海，徑趨臨安。宋兵來襲，敗于海中，副統制鄭家死之。

張中彦

《金史》卷七九《張中彦傳》 張中彦字才甫，中孚弟。少以父任仕宋，爲涇原副將，知德順軍事。睿宗經略陝西，中彦降，除招撫使。從下熙、河、階、成州，授彰武軍承宣使，爲本路兵馬鈐轄，遷都總管。【略】正隆營汴京新宫，中彦採運關中材木。青峰山巨木最多，而高深阻絶，唐、宋以來不能致。中彦使構崖駕壑，起長橋十數里，以車運木，若行平地，開六盤山水洛之路，遂通汴梁。明年，作河上浮梁，復領其役。舟之始製，匠者未得其法，中彦手製小舟纔數寸許，不假膠漆而首尾自相鉤帶，謂之「鼓子卯」，諸匠無不駭服，其智巧如此。浮梁巨艦畢功，將發旁郡民曳之就水。中彦召役夫數十人，治地勢順下傾瀉于河，取新秫稭密布於地，復以大木限其旁，凌晨督衆乘霜滑曳之，殊不勞力而致諸水。

盧彦倫

《金史》卷七五《盧彦倫傳》 盧彦倫，臨潢人。遼天慶初，蕭貞一留守上京，置爲吏，以材幹稱。是時，臨潢之境多盜，而城中兵無統屬者，府以彦倫爲材，薦之於朝，即授殿直、勾當兵馬公事。【略】天會二年，知新城事。城邑初建，彦倫爲經畫，民居、公宇皆有法。改静江軍節度留後，知咸州煙火事。未幾，遷静江軍節度使。天眷初，行少府監兼都水使者，充提點京城大内所，改利涉軍節度使。未閲月，還，復爲提點大内所。彦倫性機巧，能迎合悼后意，由是頗見寵用。歲餘，遷侍衛親軍馬步軍都指揮使，爲宋國歲元使。改禮部尚書，加特進，封郇國公。天德二年，出爲大名尹。明年，詔彦倫營造燕京宫室，以疾卒，年六十九。

元

石抹按只

《元史》卷一五四《石抹按只傳》 石抹按只，契丹人，世居太原。父大家奴，率漢軍五百人歸太祖。歲戊午，按只代領其軍，從都元帥紐璘攻成都。時宋兵聚於(虚)〔靈〕泉，按只以所部兵與戰，大敗之，殺其將韓都統。又從都元帥按敦攻瀘州，按只以戰艦七十艘至馬湖江，宋軍先以五百艘控扼江渡，按只擊敗之。時宋兵於沿江撤橋據守，按只相地形，造浮橋，師至無留行。宋欲撓其役，兵出輒敗，自馬湖以達合江、涪江、清江，凡立浮橋二十餘所。及四川平，浮橋之功居多。己未，宋以巨艦載甲士數萬，屯清(河)〔江〕浮橋，相距七十日。水暴漲，浮橋壞，西岸軍多漂溺，按只軍東岸，急撤浮橋，聚舟岸下，士卒得不死，又援出别部軍五百餘人。先鋒奔察火魯赤以聞，憲宗遣使慰諭，賞賜甚厚。敍州守將横截江津，軍不得渡，按只聚軍中牛皮，作渾脱及皮船，乘之與戰，破其軍，奪其渡口，爲浮橋以濟師。中統三年，授河中府船橋水手軍總管，佩金符，以立浮橋功也。

伊克德勒

歐陽玄《圭齋文集》卷九《元贈效忠宣力功臣太傅開府儀同三司上柱國追封趙國公謚忠靖瑪哈穆特實克碑》 按伊克德勒系出西域，唐爲大食國人。世祖居潛，已見親任。己未南征，還幸其第。伊克德勒聞乘輿至，衣地金繝，以藉馬蹄。尋裂金繝分，惠從官。上深納其勤欵，庚申即祚，命董察卜達爾局。凡潛邸民匠、隸是局者，悉以屬之。察卜達爾云者，國言廬帳之名也。是年九月，錫金虎符護以璽書。至元三年，定都於燕。八月，授嘉議大夫，佩已賜虎符，領察卜達爾局諸色人匠，總管府達嚕噶齊，兼領監宮殿。時方用兵江南，金甲未息，土木嗣興，屬以大業甫定，國勢方張，宮室城邑，非鉅麗宏深，無以雄視八表。伊克德勒受任勞勩，夙夜不遑。心講目算，指授肱麾，咸有成畫。太史練日，圭臬斯陳。少府命匠，冬卿掄材。取貲地官，賦力車騎。教護屬功，其麗不億。魏闕端門，正朝路寢，便殿掖庭，承明之署，受釐之祠，宿衛之舍，衣食器御，百執事臣之居，以及池塘、苑囿、游觀之所，崇樓阿閣，縵廡飛簷，具以法。故役不厲民，財不靡國，慈足使衆。惠足勞人，功成落之，貤賞稱首。歲十二月有旨，命光禄大夫安肅張公柔、工部尚書段天祐暨伊克德勒同行工部，脩築宮城。乃具畚鍤，乃樹楨榦，伐石運甓，縮版覆簣。兆人子來，厥基阜崇，厥址矩方，其直引繩，其堅凝金。又大稱旨，自是寵遇日隆，而筋力老矣。

高源

《元史》卷一七〇《高源傳》 高源字仲淵，晉州人。**【略】**至元二十四年，爲江東道勸農營田使。二十八年，遷都水監。開通惠河，由文明門東七十里，與會通河接，置閘七、橋十二，人蒙其利。授同知湖南道宣慰司事。卒，年七十七。

王振鵬

虞集《道園學古録》卷一〇《題跋》 世祖皇帝在藩，以開平爲分地，即爲城郭宮室，取故宋熙春閣材于汴，稍損益之，以爲此閣，名曰大安。既登大寶，以開平爲上都。宮城之內，不作正衙，此閣巍然，遂爲前殿矣。規制尊穩秀傑，後世誠無以加也。王振鵬受知仁宗皇帝，其精藝名世，非一時僥倖之倫。此圖當時甚稱上意。觀其位置，經營之意，寧無堂構之諷乎，止以藝言則不足盡振鵬之惓惓矣。

妥歡帖睦爾

《元史》卷四三《順帝本紀》 〔至順十四年〕帝於內苑造龍船，委內官供奉少監塔思不花監工。帝自製其樣，船首尾長一百二十尺，廣二十尺，前瓦簾棚、穿廊、兩暖閣，後吾殿樓子，龍身並殿宇用五彩金粧，前有兩爪。上用水手二十四人，身衣紫衫，金荔枝帶，四帶頭巾，於船兩旁下各執篙一。自後宮至前宮山下海子內，往來游戲，行時，其龍首眼口爪尾皆動。又自製宮漏，約高六七尺，廣半之，造木爲匱，陰藏諸壺其中，運水上下。匱上設西方三聖殿，匱腰立玉女捧時刻籌，時至，輒浮水而上。左右列二金甲神人，一懸鐘，一懸鉦，夜則神人自能按更而擊，無分毫差。當鐘鉦之鳴，獅鳳在側者皆翔舞。匱之西東有日月宮，飛僊六人立宮前，遇子午時，飛僊自能耦進，度僊橋，達三聖殿，已而復退立如前。其精巧絶出，人謂前代所鮮有。時帝怠於政事，荒于游宴，以宮女三聖奴、妙樂奴、文殊奴等一十六人按舞，名爲十六天魔，首垂髮數辮，戴象牙佛冠，身被纓絡、大紅綃金長短裙、金雜襖、雲肩、合袖天衣、綬帶鞋襪，各執加巴剌般之器，內一人執鈴杵奏樂。又宮女一十一人，練槌髻，勒帕，常服，或用唐帽、窄衫。所奏樂用龍笛、頭管、小鼓、筝、纂、琵琶、笙、胡琴、響板、拍板。以宦者長安迭不花管領，遇宮中讚佛，則按舞奏樂。宮官受祕密戒者得入，餘不得預。

權衡《庚申聞見録》 帝嘗爲近幸臣建宅，自畫屋樣。又自削木構宮，高尺餘，棟梁楹檻，宛轉皆具，付匠者按此式爲之。京師遂稱魯班天子。內侍利其金珠之飾，告帝曰：此房屋比某人家殊陋劣，帝輒命易之，內侍由此刮金珠而去。二后見帝造作不已，嘗挽帝衣極諫，且曰：勞心造作。又惑天魔隊舞女，何其不自愛聖躬也。帝艴然怒曰：古今只我一人耶。由此兩月不到後宮。

高觿

《元史》卷一六九《高觿傳》 高觿字彦解，渤海人。世仕金，祖彝，徙居上黨。父守忠，國初爲千户。太宗九年，從親王口温不花攻黄州，歿于兵。觿事世祖，備宿衛，頗見親幸。至元初，立燕王爲皇太子，詔選才儁士充官屬，以觿掌藝文，兼領中醖，宮衛監門事，又監作皇太子宮，規制有法，帝嘉之，錫以金幣、厩馬，因賜名失剌。十八年，授中議大夫、工部侍郎，行同知王府都總管府事。十九年春，皇太子從帝北幸。時丞相阿合馬留守大都，專權貪恣，人厭苦之。益都千户王著與高和尚等，因構變謀殺之。

劉秉忠

《元史》卷一五七《劉秉忠傳》 劉秉忠字仲晦，初名侃，因從釋氏，又名子聰，拜官後始更今名。其先瑞州人也，世仕遼，爲官族。曾大父仕金，爲邢州節度副使，因家焉，故自大父澤而下，遂爲邢人。庚辰歲，木華黎取邢州，立都元帥府，以其父潤爲都統。事定，改署州録事，歷鉅鹿、內丘兩縣提領，所至皆有惠愛。【略】初，帝命秉忠相地於桓州東灤水北，建城郭于龍岡，三年而畢，名曰開平。繼升爲上都，而以燕爲中都。四年，又命秉忠築中都城，始建宗廟宮室。八年，奏建國號曰大元，而以中都爲大都。他如頒章服，舉朝儀，給俸禄，定官制，皆自秉忠發之，爲一代成憲。〔至元〕十一年，扈從至上都，其地有南屏山，嘗築精舍居之。秋八月，秉忠無疾端坐而卒，年五十九。帝聞驚悼，謂羣臣曰：「秉忠事朕三十餘年，小心慎密，不避艱險，言無隱情，其陰陽術數之精，占事知來，若合符契，惟朕知之，他人莫得聞也。」出内府錢具棺斂，遣禮部侍郎趙秉温護其喪還葬大都。十二年，贈太傅，封趙國公，謚文貞。成宗時，贈太師，謚文正。仁宗時，又進封常山王。

郭守敬

《元史》卷一六四《郭守敬傳》　郭守敬字若思，順德邢臺人。生有異操，不爲嬉戲事。大父榮，通五經，精於算數、水利。時劉秉忠、張文謙、張易、王恂，同學於州西紫金山，榮使守敬從秉忠學。

中統三年，文謙薦守敬習水利，巧思絶人。世祖召見，面陳水利六事：其一，中都舊漕河，東至通州，引玉泉水以通舟，歲可省雇車錢六萬緡。通州以南，於蘭榆河口徑直開引，由蒙村跳梁務至楊村還河，以避浮雞淘盤淺風浪遠轉之患。其二，順德達泉引入城中，分爲三渠，灌城東地。其三，順德(灃)〔澧〕河東至古任城，失其故道，没民田千三百餘頃。此水開修成河，其田即可耕種，自小王村(徑)〔經〕滹沱，合入御河，通行舟栰。其四，磁州東北滏、漳二水合流處，引水由滏陽、邯鄲、洺州、永年下經雞澤，合入(澧)〔灃〕河，可灌田三千餘頃。其五，懷、孟沁河，雖澆灌，猶有漏堰餘水，東與丹河餘水相合。引東流，至武陟縣北，合入御河，可灌田二千餘頃。其六，黄河自孟州西開引，少分一渠，經由新、舊孟州中間，順河古岸下，至温縣南復入大河，其間亦可灌田二千餘頃。每奏一事，世祖歎曰：「任事者如此，人不爲素餐矣。」授提舉諸路河渠。四年，加授銀符、副河渠使。

至元元年，從張文謙行省西夏。先是，古渠在中興者，一名唐來，其長四百里，一名漢延，長二百五十里，它州正渠十，皆長二百里，支渠大小六十八，灌田九萬餘頃。兵亂以來，廢壞淤淺。守敬更立牐堰，皆復其舊。

二年，授都水少監。守敬言：「舟自中興沿河四晝夜至東勝，可通漕運，及見查泊、兀郎海古渠甚多，宜加修理。」又言：「金時，自燕京之西麻峪村，分引盧溝一支東流，穿西山而出，是謂金口。其水自金口以東，燕京以北，灌田若干頃，其利不可勝計。兵興以來，典守者懼有所失，因以大石塞之。今若按視故蹟，使水得通流，上可以致西山之利，下可以廣京畿之漕。」又言：「當於金口西預開減水口，西南還大河，令其深廣，以防漲水突入之患。」帝善之。十二年，丞相伯顔南征，議立水站，命守敬行視河北、山東可通舟者，爲圖奏之。

初，秉忠以《大明曆》自遼、金承用二百餘年，浸以後天，議欲修正而卒。十三年，江左既平，帝思用其言，遂以守敬與王恂，率南北日官，分掌測驗推步於下，而命文謙與樞密張易爲之主領裁奏於上，左丞許衡參預其事。守敬首言：「曆之本在於測驗，而測驗之器莫先儀表。今司天渾儀，宋皇祐中汴京所造，不與此處天度相符，比量南北二極，約差四度；表石年深，亦復欹側。」守敬乃盡考其失而移置之。既又別圖高爽地，以木爲重棚，創作簡儀、高表，用相比覆。又以爲天樞附極而動，昔人嘗展管望之，未得其的，作候極儀。極辰既位，天體斯正，作渾天象。象雖形似，莫適所用，作玲瓏儀。以表之矩方，測天之正圜，莫若以圜求圜，作仰儀。古有經緯，結而不動，守敬易之，作立運儀。日有中道，月有九行，守敬一之，作證理儀。表高景虚，罔象非真，作景符。月雖有明，察景則難，作闚几。曆法之驗，在於交會，作日月食儀。天有赤道，輪以當之，兩極低昂，標以指之，作星晷定時儀。又作正方案、(九)〔丸〕表、懸正儀、座正儀，爲四方行測者所用。又作《仰規覆矩圖》、《異方渾蓋圖》、《日出入永短圖》，與上諸儀互相參考。

二十八年，有言灤河自永平挽舟踰山而上，可至開平；有言瀘溝自麻峪可至尋麻林。朝廷遣守敬相視，灤河既不可行，瀘溝舟亦不通，守敬因陳水利十有一事。其一，大都運糧河，不用一畝泉舊原，別引北山白浮泉水，西折而南，經瓮山泊，自西水門入城，環匯於積水潭，復東折而南，出南水門，合入舊運糧河。每十里置一牐，比至通州，凡爲牐七，距牐里許，上重置斗門，互爲提閼，以過舟止水。帝覽奏，喜曰：「當速行之。」於是復置都水監，俾守敬領之。帝命丞相以下皆親操畚(牐)〔鍤〕倡工，待守敬指授而後行事。

先是，通州至大都，陸運官糧，歲若干萬石，方秋霖雨，驢畜死者不可勝計，至是皆罷之。三十年，帝還自上都，過積水潭，見舳艫敝水，大悦，名曰通惠河，賜守敬鈔萬二千五百貫，仍以舊職兼提調通惠河漕運事。守敬又言：於澄清牐稍東，引水與北壩河接，且立牐麗正門西，令舟楫得環城往來。志不就而罷。三十一年，拜昭文館大學士、知太史院事。

大德二年，召守敬至上都，議開鐵幡竿渠，守敬奏：「山水頻年暴下，非大爲渠堰，廣五七十步不可。」執政吝於工費，以其言爲過，縮其廣三之一。明年大雨，山水注下，渠不能容，漂没人畜廬帳，幾犯行殿。成宗謂宰臣曰：「郭太史神人也，惜其言不用耳。」七年，詔内外官年及七十，並聽致仕，獨守敬不許其請。自是翰林太史司天官不致仕，定著爲令。延祐三年卒，年八十六。

阿尼哥

《元史》卷二〇三《阿尼哥傳》 阿尼哥，尼波羅國人也，其國人稱之曰八魯布。幼敏悟異凡兒，稍長，誦習佛書，期年能曉其義。同學有爲繪畫粧塑業者，讀《尺寸經》，阿尼哥一聞，即能記。長善畫塑，及鑄金爲像。

中統元年，命帝師八合斯巴建黄金塔于吐蕃，尼波羅國選匠百人往成之，得八十人，求部送之人未得。阿尼哥年十七，請行，衆以其幼，難之。對曰：「年幼心不幼也。」乃遣之。帝師一見奇之，命監其役。明年，塔成，請歸，帝師勉以入朝，乃祝髮受具爲弟子，從帝師入見。帝視之久，問曰：「汝來大國，得無懼乎？」對曰：「聖人子育萬方，子至父前，何懼之有。」又問：「汝來何爲？」對曰：「臣家西域，奉命造塔吐蕃，二載而成。見彼士兵難，民不堪命，願陛下安輯之，不遠萬里，爲生靈而來耳。」又問：「汝何所能？」對曰：「臣以心爲師，頗知畫塑鑄金之藝。」帝命取明堂針灸銅像示之曰：「此(安)〔宣〕撫王(襺)〔檝〕使宋時所進，歲久闕壞，無能修完之者，汝能新之乎？」對曰：「臣雖未嘗爲此，請試之。」至元二年，新像成，關鬲脈絡皆備，金工歎其天巧，莫不愧服。凡兩京寺觀之像，多出其手。爲七寶鑌鐵法輪，車駕行幸，用以前導。原廟列聖御容，織錦爲之，圖畫弗及也。

至元十年，始授人匠總管，銀章虎符。十五年，有詔返初服，授光禄大夫、大司徒，領將作院事，寵遇賞賜，無與爲比。卒。贈太師、開府儀同三司、涼國公、上柱國，謚敏慧。

劉元

《元史》卷二〇三《劉元傳》 有劉元者，嘗從阿尼哥學西天梵相，亦稱絶藝。元字秉元，薊之寶坻人。始爲黄冠，師事青州把道録，傳其藝非一。至元中，凡兩都名刹，塑土、範金、摶换爲佛像，出元手者，神思妙合，天下稱之。其上都三皇尤古粹，識者以爲造意得三聖人之微者。由是兩賜宫女爲妻，命以官長其屬，行幸必從。

仁宗嘗敕元非有旨不許爲人造他神像。後大都南城作東嶽廟，元爲造仁聖帝像，巍巍然有帝王之度，其侍臣像，乃若憂深思遠者。始元欲作侍臣像，久之未措手，適閲祕書圖畫，見唐魏徵像，矍然曰：「得之矣，非若此，莫稱爲相臣者。」遽走廟中爲之，即日成，士大夫觀者，咸歎異焉。其所爲西番佛像多祕，人罕得見者。

高士奇《金鰲退食筆記》卷下 元都勝境在宏仁寺之西。建于元，相傳爲劉元塑像。正殿乃玉皇大帝。右殿塑三清像，儀容肅穆，道氣深沉。左殿塑三元帝君像，上元執簿側首而問，若有所疑；一吏跪而答，甚戰慄；一堂之中，皆若悚聽嚴肅者。神情動止，恍如聞其聲欬。真稱絶藝。禮旃檀佛者，無不便道看劉蘭塑云。蓋悞元爲蘭也。【略】元官爲昭文館大學士、正奉大夫、秘書監卿，以壽終。《輟耕録》亦載其事。

張柔

《元史》卷一四七《張柔傳》 張柔字德剛，易州定興人，世力農。柔少慷慨，尚氣節，善騎射，以豪俠稱。金貞祐間，河北盜起，柔聚族黨保西山東流寨，選壯士，結隊伍以自衛，盜不敢犯。郡人張信，假柔聲勢，納流人女爲妻，柔鞭信百，而還其女。信憾之，謀結黨害柔。未幾，信有罪當誅，柔救之得免，於是驍勇之士，多慕義從之。【略】丁亥，移鎮保州。保自兵火之餘，荒廢者十五年，盜出没其間。柔爲之畫市井，定民居，置官廨，引泉入城，疏溝渠以瀉卑濕，通商惠工，遂致殷富；遷廟學于城東南，增其舊制。【略】辛亥，憲宗即位，换授金虎符，仍軍民萬户。甲寅，移鎮亳州。環亳皆水，非舟楫不達，柔甃城壁爲橋梁屬汴堤，以通商賈之利；復建孔子廟，設校官弟子員。【略】〔至元〕二年，以《金實録》獻諸朝，且請致仕，封安肅公，命第八子弘略襲職。

弘略字仲傑，柔第八子也。有謀略，通經史，善騎射。嘗從柔鎮杞徙亳。【略】至元三年，城大都，佐其父爲築宫城總管。八年，授朝列大夫、同行工部事，兼領宿衛親軍、儀鸞等局。十三年，城成，賜内帑金釦、瑇瑁卮，授中奉大夫、淮東道宣慰使。十四年，宋廣王昺據閩、廣，時東海縣儲粟數萬，行省檄弘略將兵二千戍之，仍命造舟運粟入淮安。弘略顧民舟，有能載粟十石者與一石，人争趨之，一月而畢。

楊瓊

《〔光緒〕重修曲陽縣志》卷一三《金石録下・贈宏農伯判大都留守司兼少府監楊瓊神道碑銘》　公姓楊氏，諱瓊，世居保定路之曲陽縣。【略】公生而魁顔修幹，幼年與其叔榮同藝玢豳文磷，每自出新意，天巧層出，人莫能及焉。名聞世祖皇帝，詔公等來都。時中統初元也。所經城市，獨不與羣輩戲，日取二玉石，斲一獅一鼎，成持以覲獻。帝曰：此絶藝也。丞相段公葉孫不花傳旨，命公管領燕南諸路石匠。自中統二年至至元丁卯，建兩都宫殿及城郭諸營造，於是三遷領大都等處山場石局總管。時西京有丘總管者聯事，上賜銀符一，莫擇所授，二相語曰：若輩爲楊氏者東列，爲丘氏者西列，羣趨而東，乃以符授，以此見衆工之所心服者公也。歲壬申建朝閣大殿等，於近畿撥户五千爲役，較之前此可免官錢五十萬緡。遺十八字從公請也。甲戌董工玉泉山，剖黑玉石，中得壽龜焉，因以奏獻。是年冬，錫金符。此其爲瑞，何必良相張顯哉。一日，侍段、相二公宴，立標的，命衆射。公挽强引滿，一舉而中，信乎公之所長不屬於石工也。乙亥，拜璽書採玉石提舉，以白玉石盆貢。上顧其美髯，喜，賜鈔爲定百。明年丙子，架週橋，或繪以圖進，多不可上意，獨允公議，因命督之。時段貞尚書疾，董入奉御代主管造等事，段語董曰：是橋當責成於楊，勿撓之。訖工，上悦賜黄金滿衿，上尊二。以酒爲母壽，盡以金置地。於齊化門之外，洎房山縣之北，皆沃壤，宜農圃，爲畝千餘，其爲子孫久遠計類此。迹其平生工力，如兩都中外及涿郡等寺，察罕腦兒宫殿、涼亭、石洞、門石、浴堂、北嶽神、尖鼎爐、山西三清神像，獨樹山等廟宇，難以件數。雖錫賚數數，然精力亦瘁於此。丁亥，除武略將軍判大都留守司兼少府少監。明年戊子，積痾不痛，劬悴滋甚，謙適扈從之野馬川日，心痛形瘵，諸執政詰其故，曰：思親耳。亟遣其歸。侍公曰：吾忍死，遲子來，汝其以忠謹報國家。越一日而逝。【略】

嗚呼！當國家混一之初，相宅經始，百工子來，必有魁然智巧之士，獨能人所不能者出焉，布衣而見知於萬乘，一日而致富於千金，此豈偶然之故哉！且夫名一藝者，皆可致身，著微顯幽，亦理之宜，況銖寸計而鞠躬盡瘁。其視持空言蹤榮顯者爲何如？夫天之生才也難，才之遇於世也又難；才者必慧，慧之麗於福也爲尤難。才與世不相候，福與慧適相遭，吾於今之弘農伯楊公見之。雖然，造物於公似若少靳，然公之子聞益著，位益穹，足以顯揚其親，與方伯列等，亦可以無憾矣。公平生嗜欲之心泊如，食不兼味，服必純素，所賜金繡之衣，遇大會嘉禮則服之，餘不敢褻也。都人至今稱爲楊佛子，則其爲賢厚長者，從可知哉！銘曰：

天補五色，地鎮九光。剖而獲印，忠孝之祥。匪石則然，緊德爲良。獅距丹闕，龍盤紫梁。年千世百，巋然成章。人奚異旦，氣秉貞剛。既勤既成，三十雨霜。昔焉業此，今其可忘。見謂神人，有髯戟張。帝曰嘉止，金幣實筐。期永所賜，它費弗遑。龍洲之橘，成都之桑。寶以世守，是爲一莊。爵胡不穹，年胡不長。謙也鈑銑，諶也琳琅。錫封告弟，衣錦焚黄。繼繼承承，公亡不亡。義門四葉，見所未嘗。英靈戀嫪，徘徊故鄉。卜歸于吉，黄山之陽。弘農燕奇，何可比方。所可比方，關西之楊。太史繫詩，以壽斯藏。

張顯祖

《〔乾隆〕江南通志》卷一一三《職官志》　張顯祖，泰定初爲吴江判官，重建長橋，以石易木，爲竇六十有二，每竇用鐵錮八條，仍布杪枋於水底築址，以防傾圮。遂爲永利。

《〔同治〕蘇州府志》卷七二《名宦五》　張顯祖，泰定元年爲吴江州判官，重建長橋，撤去木柱，爲石竇六十二。每竇用鐵錮八條，長丈有三尺，重四斤。仍布杪枋於水底築址，以防傾圮。畢功，晏犒工人甚厚。《姑蘇志》。今列名宦祠。《松陵文獻》

王浩

《〔光緒〕重修曲陽縣志》卷一八上《工藝傳七》　王道弟浩，居曲陽之閻家疃。其先以户籍戍軍，改侍衛軍。道幼嫻吏業，爲曲陽諸軍奥魯案牘官。浩本石工，時京城營繕方興，改隸少府監石局，遂除軍籍。浩以藝業精妙，充採石局提控轉提領。至元十二年卒官，有司復以道充石局提控，改提領，屢賜金帛寶鈔。以年老辭職。卒，子祐等皆襲其職。

明

單安仁

《明史》卷一三八《單安仁傳》 單安仁，字德夫，濠人。少爲府吏。元末江淮兵亂，安仁集義兵保鄉里，授樞密判官。從鎮南王孛羅普化守揚州。時羣雄四起，安仁歎曰：「此輩皆爲人驅除耳。王者之興，當自有別。」鎮南王爲長槍軍所逐，安仁無所屬，聞太祖定集慶，乃曰：「此誠是已。」率衆歸附。太祖悦，即命將其軍守鎮江。嚴飭軍伍，敵不敢犯。移守常州，其子叛降張士誠，太祖知安仁忠謹，弗疑也。久之，遷浙江副使。悍帥横斂民，名曰寨糧，安仁置於法。進按察使，徵爲中書左司郎中，佐李善長裁斷。調瑞州守禦千户，入爲將作卿。洪武元年擢工部尚書，仍領將作事。安仁精敏多智計，諸所營造，大小中程，甚稱帝意。逾年改兵部尚書，請老歸。賜田三千畝，牛七十角，歲給尚書半俸。六年起山東參政。懇辭，許之。家居，嘗奏請濬儀真南壩至朴樹灣以便官民輸輓，疏轉運河江都深港以防淤淺，移瓜州倉廒置揚子橋西，免大江風潮之患。帝善其言。再授兵部尚書，致仕。初，尚書階正三品。十三年，中書省罷，始進爲正二，而安仁致仕在前。帝念安仁勳舊，二十年特授資善大夫。其年十二月卒，年八十五。

陸祥

《〔弘治〕重修無錫縣志》卷二〇《人物四》 陸祥，字景祥。兄景賢，營繕所丞。祥有才藝，初授鄭府工副。宣德間，召爲營繕所丞。朝廷凡有營建，必命祥調度，無不稱旨。累遷至太僕少卿、工部左侍郎。卒，賜葬祭。子榮，營繕所丞；華，光禄署正；貴，鴻臚主簿；從姪寬，鑄印局副使。

柏叢桂

《〔隆慶〕寶應縣志》卷四 石工之興，昉于洪武九年，柏叢貴建言朝廷，令知州趙原督甃之，計四十餘里。永樂七年，平江伯陳瑄仲甃爲長堤，以度牽道，所以捍風濤、防衝擊也。歷年既久，水浸石圮，岸土疏，惡水嚙其半。還築還廢，莫可止息。近年司水利者，得請補脩，運石陶甓，分程布工，甚盛舉也。但部使者遷代靡常，弛張不一。

《〔萬曆〕寶應縣志》卷九《人物下》 柏叢桂，素以梗直服其鄉人。洪武二十八年，建言邑中水利，請築塘岸四十里，以備衝決。先是言於有司，寢不行。乃相度，地多淤泥草莽，不可行以牛步，準程無甚差爽，經理會計，陳説利害，畫圖奏于朝。詔許發淮揚丁夫五萬六千餘人，令叢桂董其役，期月而成。今自槐樓至界首是矣。邑人至今以爲美談，曰柏氏舊堰也。

《〔雍正〕揚州府志》卷三二《人物五》 柏叢桂，寶應人。洪武時，建言請築塘岸，起槐樓達界首四十里，以備水患，有司寢不行。叢桂更相度地形畫圖，上疏陳利害甚悉。詔發淮揚丁夫五萬六千，俾叢桂董其役。期月工成，鄉人呼爲柏家堰。

李新

《明史》卷一三二《李新傳》 李新，濠州人。從渡江，數立功。戰龍灣，授管軍副千户。取江陵，進龍驤衛正千户。克平江，遷神武衛指揮僉事，調守茶陵衛，屢遷至中軍都督府僉事。十五年，以營孝陵，封崇山侯，歲禄千五百石。二十二年命改建帝王廟於雞鳴山。新有心計，將作官吏視成畫而已。明年遣還鄉，頒賜金帛田宅。時諸勳貴稍僭肆，帝頗嫉之，以黨事緣坐者衆。新首建言，公、侯家人及儀從户各有常數，餘者宜歸有司。帝是之，悉發鳳陽隸籍爲民，命禮部纂《稽制録》，嚴公侯奢侈踰越之禁。於是武定侯英還佃户輸税，信國公和還儀從户，曹國公景隆還莊田，皆自新發之。二十六年，督有司開胭脂河於溧水，西達大江，東通兩浙，以濟漕運。河成，民甚便之。二十八年以事誅。

高鐸

《〔康熙〕絳州志》卷二《職官》 明高鐸，字鳴道。少有異質，每夜行見二燈籠導前，人皆神之。舉鄉試第一，登進士，歷任刑部侍郎，調僉都御史。舉師李彦英爲本州訓導，舉友陳行義知蘇、潁二州，築留都城，開三山街，奏遷金臺驛爲侯馬驛。才識明敏，望重朝野。卒，贈尚書。

嚴震直

《明史》卷一五一《嚴震直傳》 嚴震直，字子敏，烏程人。洪武時以富民擇糧長，歲部糧萬石至京師，無後期，帝才之。二十三年特授通政司參議，再遷爲工部侍郎。二十六年六月進尚書。時朝廷事營建，集天下工匠於京師，凡二十餘萬户。震直請户役一人，書其姓名所業於官，有役則按籍更番召之，役者稱便。鄉民訴其弟姪不法，帝付震直訊。具獄上，帝以爲不欺，赦其弟姪。已，坐事降御史，數雪冤獄。二十八年討龍州。使震直偕尚書任亨泰諭安南。還，條奏利病，稱旨。尋命修廣西興安縣靈渠。審度地勢，導湘、灕二江，浚渠五千餘丈，築渼潭及龍母祠土堤百五十餘丈，又增高中江石堤，建陡閘三十有六，鑿去灘石之礙舟者，漕運悉通。歸奏，帝稱善。三十年二月疏言：「廣東舊運鹽八十五萬餘引於廣西，召商中買。今終年所運，纔十之一。請分三十萬八千餘引貯廣東，別募商入粟廣西乏糧衛所，支鹽廣東，鬻之江西南安、贛州、吉安、臨江四府便。」帝從之。廣鹽行於江西自此始。其年四月擢右都御史，尋復爲工部尚書。建文中，嘗督餉山東，已而致仕。成祖即位，召見，命以故官巡視山西。至澤州，病卒。

袁義

《明史》卷一三四《甯正傳》　袁義，廬江人，本張姓，德勝族弟也。初爲雙刀趙總管，守安慶，敗趙同僉、丁普郎於沙子港。左君弼招之，弗從。德勝戰死，始來附，爲帳前親軍元帥，賜姓名。數從征伐，積功爲興武衛指揮僉事。從大將軍北征，敗元平章俺普達等於通州，走賀宗哲、詹同於澤、潞，功最。復從定陝西，敗元豫王兵。與諸將合攻慶陽。張良臣兵驟薄義營，義堅壁不爲動，俟其懈，力擊破之。走擴廓軍於定西，南取興元，進本衛同知，調羽林衛，移鎮遼東。已，從沐英征雲南，克普定諸城，留鎮楚雄。蠻人屢叛，義積糧高壘，且守且戰，以功遷楚雄衛指揮使。嘗入朝，帝厚加慰勞。以其老，命醫爲染鬚鬢，俾還任以威遠人，且特賜銀印寵異之。歷二十年，墾田築堰，治城郭橋梁，規畫甚備。軍民德之。建文元年征還，爲右軍都督府僉事，進同知，卒官。

陳珪

《明史》卷一四六《陳珪傳》　陳珪，泰州人。洪武初，從大將軍徐達平中原，授龍虎衛百户，改燕山中護衛。從成祖出塞爲前鋒，進副千户。已，從起兵，積功至指揮同知，還佐世子居守。累遷都督僉事，封泰寧侯，禄千二百石，佐世子居守如故。永樂四年董建北京宫殿，經畫有條理，甚見獎重。八年，帝北征，偕駙馬都尉袁容輔趙王留守北京。十五年命鑄繕工印給珪，並設官屬，兼掌行在後府。十七年四月卒，年八十五。贈靖國公，謚忠襄。

吴中

《明史》卷一五一《吴中傳》　吴中，字思正，武城人。洪武末，爲營州後屯衛經歷。成祖取大寧，迎降。以轉餉捍禦功，累遷至右都御史。永樂五年改工部尚書。從北征，艱歸。起復，改刑部。十九年與夏原吉、方賓等同以言北征餉絀，忤旨繫獄。仁宗即位，出之，復其官，兼詹事，加太子少保。宣德元年從征樂安。三年坐以官木石遺中官楊慶作宅，下獄，落宫保，奪禄一年。正統六年，殿工成，進少師。明年卒，年七十。追封茌平伯，謚榮襄。中勤敏多計算。先後在工部二十餘年，北京宫殿，長、獻、景三陵，皆中所營造。職務填委，規畫井然。然不恤工匠，又湛於聲色，時論鄙之。

毛鳳彩

《（雍正）四川通志》卷四二陳以勤《順慶府西溪新修廣恩橋記》　順慶治左大江而右西溪，溪發源西充崇禮山，逶迤百折而來，並城西面距大江不能里許，若拱若翼，若爲之綰束，演漾渟滀而乃南下，稍迴遠滙於江。當綰束處，舊有石橋跨溪，載郡乘曰：西橋相傳宋嘉定間建，至嘉靖初始頹塌云。其址接北郛闉外，爲走省府孔道。輶軒瑞節之使相望，牓篋擔負者趾踵交也。夏秋霖潦滂溢，溪流扼於江，無所洩，莽莽成巨浸。傳使坐稽王程，征夫弛肩而嘆。馮絶衝濤者，往往委魚腹。霜降水涸，揭洗逗淖中，龜瘃不可忍。官或爲之架木設杠，彴歲歲庀飾疲費矣。於是郡人争言復舊橋便，以用詘作勢，未暇也。

隆慶庚午，余謝政府歸里，目擊阽危狀，嘆曰：橋之弗圖害哉。昔野廬氏掌達國，道路行舟車鑿互者，萍氏禁民毋川遊。本朝都水令若曰：諸通達驛道以時葺治，河津合置橋梁者，所在起造。蓋遵用周典云。且斯橋也，亦其廢墜，是爲將蠲民疾而非厲之也。夫以起利則仁，以興墜則誼。奉憲令則恪，稽古典則順，豈其不可哉。會大參静齋梁公分守吾郡，娓娓詢民所便苦。余首舉爲言，且請以上一歲夫廩之賜，稍捐田穀百石，佐工費什一。梁公曰：「嘻！美意哉。」顧道路津梁，責在長吏，其孰若飾厨傳急也，而令鄉之先生長者職其畫乎。」遂偕分巡僉憲王公議符合函聞之，大中丞雲澤王公、侍御允吾虞公咸相與嘉獎厥成，下之府若縣，商計經費，而耑委西充簿毛鳳彩者董其事。毛有局幹稱，經始之日，四顧周環，視土藏制，曰：溪流長而深濶，橋非高廣無以壓水衡，即高廣非壯厥基，且遠之圮。兩岸壖岸善崩，非厚布之堤以扞湍湲射齧，而橋不可規固。夫語有之，堅樹在始矣。於是揆日鳩徒，首築堤。堤東西衡七丈有奇，甃石爲之，樹櫸柳以護石，而後釃流劃波，疏瀹溪底，植巨樁密揵其下，叢臥碇石，槩亘蟉結爲墩，離立水中者八，從墩絫石，犬牙函錯，魚鱗雜襲，攢扶而上，鎔銕液注其中。旁設鉤環爲空以行水者七，而後成橋。橋高三丈，中稍窿起，而兩撱平翼之欄楯，表之石坊。其修踰高九倍，廣減其高三之一。其址移舊橋上流二十丈許。其夫役取之十一里，若境内寺觀。其匠直若木銕膏堊之需，則兩臺各圻贖金三百兩，道各百金，太守鄭公選、大尹段君公袞各五十金，洎余夫廩之助爲千金，而羡者什之二，復歸之公帑。其始事以萬曆六年六月十三日，其訖工以八年四月十四日。蓋橋成而睎昔規橅閎傑，巍壯有加，爛若星梁之架漢，蜿若玉虹之臥波。雖復狂瀾砰湃，暴浸蕩軋，恬然付諸履舄之下，而不知於休績哉。

是役也，余實首其議，諸大夫謨謀僉同，而梁公慫惥尤力。若乃目揣心營，無靡財，無窳工，以垂永利不泐，毛簿有焉。當役始作，多齰舌謂成工難猝睹，比畚挶具飭，民乃大龢，會載經載營，靡僭厥素，一日而嗚湍長津化爲夷陸砥道，行旅如歸，無褰裳失檝之虣，邦人士女，黧老黄孺，扶攜來觀，謳謡祝佛之聲，鏘洋塞耳。非夫佚道使民，民所曹好，鮮其弗濟者與！至夫輦石嶔巖，縋之淖淵，工故不細矣。一無斷絙刓膚之恐，若鞭若叱，神來相之，無亦天之有意新斯橋久矣，姑藉人力成之耶！橋既落成，諸大夫問所以名之，余請以廣恩名，諸大夫曰：公之業在《卷阿》之七八矣，處隴畝而猶然不忘主上，推所爲隆輔優耇者，以媚其鄉之人，斯名允哉！余曰：非，然也。諸大夫分虎竹，綰銀艾，祇宣明天子美澤，起民墊溺，登諸枕蓆，維不佞若驂之從靷焉，而何敢自爲名。於是橋成二年，以潮陽周公來守郡，始謀瑑石紀成績，屬筆於予，謹撰次其事之顛委若此。

秦逵

《明史》卷一三八《薛祥傳》 逵，字文用，宣城人。洪武十八年進士。歷事都察院。奉檄清理囚徒，寬嚴得宜。帝嘉其能，擢工部侍郎。時營繕事繁，部中缺尚書，凡興作事皆逵領之。初，議籍四方工匠，驗其丁力，定三年爲班，更番赴京，三月交代，名曰「輪班匠」，未及行。至是逵議量地遠近爲班次，置籍，爲勘合付之，至期齎至部，免其家徭役，著爲令。帝念逵勤勩，詔有司復其家。二十二年進尚書。明年改兵部。未幾，復改工部。帝以學校爲國儲材，而士子巾服無異胥吏，宜更易之，命逵製式以進。凡三易，其製始定。賜監生藍衫絛各一，以爲天下先。明代士子衣冠，蓋創自逵云。

趙翥

《明史》卷一三八《薛祥傳》 有趙翥者，永寧人。有志節，以學行聞。由訓導舉賢良，擢贊善大夫，拜工部尚書。奏定天下歲造軍器之數，及議定藩王宮城制度。

陳瑄

《明史》卷一五三《陳瑄傳》 陳瑄，字彦純，合肥人。父聞，以義兵千户歸太祖，累官都指揮同知。瑄代父職。父坐事戍遼陽，瑄伏闕請代，詔併原其父子。瑄少從大將軍幕，以射雁見稱。**【略】**

永樂元年命瑄充總兵官，總督海運，輸粟四十九萬餘石，餉北京及遼東。遂建百萬倉於直沽，城天津衛。先是，漕舟行海上，島人畏漕卒，多閉匿。瑄招令互市，平其直，人交便之。運舟還，會倭寇沙門島。瑄追擊至金州白山島，焚其舟殆盡。

九年命與豐城侯李彬統浙、閩兵捕海寇。海溢隄圮，自海門至鹽城凡百三十里。命瑄以四十萬卒築治之，爲捍潮隄萬八千餘丈。明年，瑄言：「嘉定瀕海地，江流衝會。海舟停泊於此，無高山大陵可依。請於青浦築土山，方百丈，高三十餘丈，立堠表識。」既成，賜名寶山，帝親爲文記之。

宋禮既治會通河成，朝廷議罷海運，仍以瑄董漕運。議造淺船二千餘艘，初運二百萬石，寖至五百萬石，國用以饒。時江南漕舟抵淮安，率陸運過壩，踰淮達清河，勞費甚鉅。十三年，瑄用故老言，自淮安城西管家湖，鑿渠二十里，爲清江浦，導湖水入淮，築四閘以時宣洩。又緣湖十里築隄引舟，由是漕舟直達於河，省費不訾。其後復濬徐州至濟寧河。又以吕梁洪險惡，於西別鑿一渠，置二閘，蓄水通漕。又築沛縣刁陽湖、濟寧南旺湖長隄，開泰州白塔河通大江。又築高郵湖隄，於隄内鑿渠四十里，避風濤之險。又自淮至臨清，相水勢置閘四十有七，作常盈倉四十區於淮上，及徐州、臨清、通州皆置倉，便轉輸。慮漕舟膠淺，自淮至通州置舍五百六十八，舍置卒，導舟避淺。復緣河隄鑿井樹木，以便行人。凡所規畫，精密宏遠，身理漕河者三十年，舉無遺策。

仁宗即位之九月，瑄上疏陳七事。【略】帝覽奏曰：「瑄言皆當。」令所司速行。遂降敕獎諭，尋賜券，世襲平江伯。

宣宗即位，命守淮安，督漕運如故。宣德四年言：「濟寧以北，自長溝至棗林淤塞，計用十二萬人疏濬，半月可成。」帝念瑄久勞，命尚書黃福往同經理。六年，瑄言：「歲運糧用軍十二萬人，頻年勞苦。乞於蘇、松諸郡及江西、浙江、湖廣別僉民丁，又於軍多衛所僉軍，通爲二十四萬人，分番迭運。又江南之民，運糧赴臨清、淮安、徐州，往返一年，失誤農業，而湖廣、江西、浙江及蘇、松、安慶軍士，每歲以空舟赴淮安載糧。若令江南民撥糧與附近衛所，官軍運載至京，量給耗米及道里費，則軍民交便。」帝命黃福及侍郎王佐議行之。更民運爲兌運，自此始也。八年十月卒於官，年六十有九。追封平江侯，贈太保，謚恭襄。

宋禮

《明史》卷一五三《宋禮傳》 宋禮，字大本，河南永寧人。洪武中，以國子生擢山西按察司僉事，左遷户部主事。建文初，薦授陝西按察僉事，復坐事左遷刑部員外郎。成祖即位，命署禮部事，以敏練擢禮部侍郎。永樂二年拜工部尚書。嘗請給山東屯田牛種，又請犯罪無力准工者徙北京爲民，並報可。七年丁母憂，詔留視事。

九年命開會通河。會通河者，元至元中，以壽張尹韓仲暉言，自東平安民山鑿河至臨清，引汶絕濟，屬之衛河，爲轉漕道，名曰會通。然岸狹水淺，不任重載，故終元世海運爲多。明初輸餉遼東、北平，亦專用海運。洪武二十四年，河決原武，絕安山湖，會通遂淤。永樂初，建北京，河海兼運。海運險遠多失亡，而河運則由江、淮達陽武，發山西、河南丁夫，陸輓百七十里入衛河，歷八遞運所，民苦其勞。至是濟寧州同知潘叔正上言：「舊會通河四百五十餘里，淤者乃三之一，濬之便。」於是命禮及刑部侍郎金純、都督周長往治之。禮以會通之源，必資汶水。乃用汶上老人白英策，築堽城及戴村壩，橫亘五里，遏汶流，使無南入洸而北歸海。匯諸泉之水，盡出汶上，至南旺，中分之爲二道，南流接徐、沛者十之四，北流達臨清者十之六。南旺地勢高，決其水，南北皆注，所謂水脊也。因相地置閘，以時蓄洩。自分水北至臨清，地降九十尺，置閘十有七，而達於衛；南至沽頭，地降百十有六尺，置閘二十有一，而達於淮。凡發山東及徐州、應天、鎮江民三十萬，蠲租一百一十萬石有奇，二十旬而工成。又奏濬沙河入馬常泊，以益汶。語詳《河渠志》。是年，帝復用工部侍郎張信言，使興安伯徐亨、工部侍郎蔣廷瓚會金純，濬祥符魚王口至中灤下，復舊黄河道，以殺水勢，使河不病漕，命禮兼董之。八月還京師，論功第一，受上賞。潘叔正亦賜衣鈔。

明年，以御史許堪言衛河水患，命禮往經畫。禮請自魏家灣開支河二，泄水入土河，復自德州西北開支河一，泄水入舊黄河，使至海豐大沽河入海。帝命俟秋成後爲之。禮還言：「海運經歷險阻，每歲船輒損敗，有漂没者。有司修補，迫於期限，多科斂爲民病，而船亦不堅。計海船一艘，用百人而運千石，其費可辦河船容二百石者二十，船用十人，可運四千石。以此而論，利病較然。請撥鎮江、鳳陽、淮安、揚州及兗州糧，合百萬石，從河運給北京。其海道則三歲兩運。」已而平江伯陳瑄治江、淮間諸河功，亦相繼告竣。於是河運大便利，漕粟益多。十三年遂罷海運。

初，帝將營北京，命禮取材川蜀。禮伐山通道，奏言：「得大木數株，皆尋丈。一夕，自出谷中抵江上，聲如雷，不偃一草。」朝廷以爲瑞。及河工成，復以採木入蜀。十六年命治獄江西。明年造番舟，自蜀召還。以老疾免朝參，有奏事令侍郎代。二十年七月卒於官。

禮性剛，馭下嚴急，故易集事，以是亦不爲人所親。卒之日，家無餘財。洪熙改元，禮部尚書吕震請予葬祭如制。弘治中，主事王寵始請立祠。詔祀之南旺湖上，以金純、周長配。隆慶六年贈禮太子太保。

阮安

葉盛《水東日記》卷一一《阮太監修營勞績》 太監阮安，一名阿留，交阯人。爲人清苦介潔，善謀畫，尤長於工作之事。其修營北京城池，九門、兩宫、三殿，五府、六部諸司公宇，及治塞楊村驛諸河，皆大著勞績。工曹諸屬，一受成説而已。詳見東里文集。晚歲張秋河決，久不治，復承命，行道卒。平生賜予，悉出私帑上之官，不遺一毫，蓋中官中之甚不易得者。嘗刻《營建紀成》詩，一時名人顯官，無不有作。將傳布間，以王振一言而止。振於他役皆有碑，獨靳此者，要不可以不矜一善歸之，則亦娼嫉之云耳。

《明史》卷三〇四《阮安傳》 阮安有巧思，奉成祖命營北京城池宫殿及百司府廨，目量意營，悉中規制，工部奉行而已。正統時，重建三殿，治楊村河，並有功。景泰中，治張秋河，道卒，囊無十金。

蒯祥

沈德符《萬曆野獲編》卷一九　嘉靖間，徐杲以木匠至工部尚書。當時在事諸公，亦有知其非者，以世宗膡之，不敢諫。然先固已有之。宣德初，有石匠陸祥者，直隸無錫人。以鄭王之國，選工副以出，後升營繕所丞，擢工部主事，以至工部左侍郎。祥有母老病，至命光禄寺日給酒饌，且錫鈔爲養，尤爲異數。正統間，有木匠蒯祥者，直隸吴縣人。亦起營繕所丞，歷工部左侍郎，食正二品俸，年八十四卒于位，賜祭葬有加。二人皆吴人，爲尤異。

馬大壯《天都載》卷一　陸延枝《説聽》載：吴有蒯祥者，以木工累官至工部左侍郎，食一品禄。而王元美《異典述》載：文臣異途，有工部左侍郎蒯義、右侍郎蒯鋼，蔡信、郭文英，俱以木工，工部左侍郎陸祥以石工，並無蒯祥名，豈偶遺之耶？

《〔康熙〕吴縣志·人物志·藝術》　明蒯祥，吴縣香山木工也，能主大營繕。永樂十五年建北京宫殿，正統中重作三殿及文武諸司，天順末作裕陵，皆其營度，能以兩手握筆，畫雙龍合之如一。每宫中有所修繕，中使導以入，祥略用尺準度，若不經意，既造成，以置原所，不差毫釐。指使群工，有違其教者，輒不稱旨。初授職營繕所丞，累官至工部左侍郎，食從一品俸，至憲宗時，年八十餘，仍執技供奉，上每以蒯魯班呼之。

《〔乾隆〕江南通志》卷一七〇《人物志》　蒯祥，吴縣人。爲木工，能主大營繕。永樂十五年建北京宫殿，正統中重作三殿及文武諸司，天順末作裕陵，皆其營度。能以兩手畫龍，合之如一。每宫中有修繕，中使導以入，祥略用尺準度，若不經意。既成，以置原所，不差毫釐。初爲營繕所丞，累官至工部左侍郎，食從一品俸。憲宗時，年八十一，猶執技供奉。上每以蒯魯班呼之。

《歷代通鑑輯覽》卷一〇四《明英宗皇帝》　以工匠蒯祥、陸祥爲工部侍郎。蒯祥以木工，陸祥以石工，俱累擢太僕寺少卿，至侍郎，仍督工匠，時稱爲匠官。

楊嚴平

《〔同治〕宜春縣志》卷一〇《雜類志》　永樂間，慈化寺被火災，後寺僧首錫募化重建。賃萬載匠楊嚴平屬圖稿，不成。明日，忽遇一人授以書，乃寺圖稿也。後依書豎造，高七丈九尺，内爲堂屋三進，外觀止一棟脊。其法柱頭加太枋板，板上又安柱頭。如是者三，故能高至如是。後明末，忽一柱傾壞，仍請楊姓入修治，亦照其書改造。至今楊姓子孫尚留其書在。

葉宗行

《〔光緒〕重修奉賢縣志》卷一〇《人物志一》　葉宗行，名宗人，以字行。葉家行人，宋太學生李後讀書尚氣節。永樂中，東吴大水，松江以黄浦壅塞，水無所歸，被害尤甚，上書請棄故道，浚范家浜，引浦水以歸於海，禁瀕海居民無得私築壩堰，以遏其流。上善其言，命從夏尚書原吉來相度治水，功成患息。原吉薦其才，擢知錢塘縣。錢塘劇邑，民困於徭賦，宗行爲定役法，俾民自占甲乙，書於册，循次而召之，役遂以均，訟亦衰息。不踰年，翕然稱治。一日，廳事前有蛇蜿來，若有所訴。宗行諭之曰：「若豈有冤，吾爲汝驗之。」蛇返入餅肆中罏下，發之得死屍，乃肆主人利其財殺之也。嘗江行，忽舟重不能進，視之，一死人挂於柁，腰下有石，捕獲殺人者，正其罪。縣故多虎暴，爲文祭之，虎遂斂迹。仁宗在東宫聞其治行，戒所司不得挫辱。按察司周新風采嚴峻，尤重之，嘗候宗行出，潛至其舍，視厨中惟笠澤銀魚乾一裹，新歎息，攜稍許去。明日，召以食，曰：「此君家物也。」飲之至醉，出三品儀仗導之歸，中行辭不許，曰：此位可至，奚辭爲？時呼爲錢塘一葉青。會朝廷有營建事，宗行率兩浙工匠赴北京，道病卒。新愴懷累日，爲文以祭。錢塘人至今稱之。

沈清

王士禛《香祖筆記》卷六　康熙四十二年三月，西城外有盗發古冢，視其誌銘，乃明特進榮禄大夫柱國食禄一千一百石修武伯沈清墓也。清字永清，滁州人。洪武壬申，嗣其父爲燕山前衛百户，守禦開平。永樂間，五從車駕北征有功，累陞本衛世襲指揮同知。洪熙中，陞後軍都督府僉事，賜蟒龍衣，充參將，鎮守大同，尋命爲總兵官，鎮居庸。宣德中，征樂安州，破兀良哈，北狩洗馬嶺，皆扈從，陞都督同知，總督官軍匠作修造京師城垣、濠塹、橋道。正統中，陞左都督，敕諭提督營建奉天、華蓋、謹身三殿，乾清、坤寧二宫。正統辛酉告成，特陞今爵，錫誥券，子孫世襲。以八年夏四月戊戌薨，年六十七，葬阜城關北原。

汪洪

《〔乾隆〕重修蒲圻縣志》卷一一《人物志》　汪洪，字克容。厥考勝爲訾縉所丞，英宗試其能，特授順天府經歷，錫之敕命。成化元年，洪舉京闈第一人。明年，登羅倫榜進士，授户部主事，歷員外郎、郎中。值北朝兵至，羽檄旁午，遣中官汪直、威寧伯王鉞統帥出征，動調主客軍馬不下數十萬。時邊鄙歲饑，糧餉數匱，乃敕洪往同都御史何喬新督理轉輸。直倚勢開釁，而鉞亦喜功，洪處之裕如，斟酌損益，區畫攸當，本兵上其績。憲宗嘉之，曰：「爾洪持廉秉公，夙夜匪懈，勞勩迭著，朕用爾。褒錫賚有差。」乃陟爲山東參議。時冢宰尹旻縱子貪賄，洪力拒之。旻乃譖之，汪直遂左遷知蜀綿州。州歲大旱，暴骸遍野，洪捐己俸，設爲湯粥，陳之四門。又多方勸賑，賴以全活者甚衆。既乃躬視土宜，疏濬水源，創修石磐七堰，溉田數千頃。自是旱潦攸濟，民庇其利，爲立生祠。先都御史張瓚開置壩底諸堡，以通茂州。洪至，往理戎務，歸至石泉，土官突出，洪倚塹控弦，與之交射，爲流矢所中，墜偏橋之懸巖而死。是日，閭王陂居人每于陰雨月夕見其乘馬如生，立祠祀之。

柴世需

《〔康熙〕陽穀縣志》卷三《名宦》　柴世需，字元功，忠之子也。中鄉試亞元，有文名，尤長詞賦，善真草隸篆。初授中書，纂修國史。書成，遷工部司務，督修内苑，綜理詳密。爲時所重，陞本部員外郎。祀鄉賢祠。

朱方正

《〔嘉慶〕四川通志》卷三三《輿地志・津梁・王用才《重修忠孝橋記》》　彭山衝要邑也。邑北五里許，有龍門河，其派上接蒲江大邑邛州，三河之水合注而至，新津通濟堰，東北而入大江。江有繫龍潭，故名。其旁流爲龍門，其源遠，其流不竭，其路爲四通五達之區。先時，常以木爲杠，杠小而易腐，水泛而易深，居者病於頻修，行者病於徒涉。宣德丙戌，邑人朱成架巨木爲梁，横鋪以版。越二十餘祀，至正德己卯，復傾圮。成之子鑑乃甃以石，竪以木，六架五洞，高二丈有奇，横九丈十二武，上覆瓦房七間，護以闌楯，設以坐凳，規模宏整。丙申，鑑之子方正又加修葺。腐者易之，舊者更之，重致一新。年久，橋復將壞。己亥冬，州守許公經是橋而告於令，曰：橋之將圮，責將疇歸。邑令馬君馴曰：是橋之廢興，實有司之責也，況勤以太守之命乎。於是捐己俸謂方正曰：若前人既成其始，可不成其終乎？遂令方正督工，勸募義者助之。邑人忻然樂助。於是輦磐山之石，市梗楠之木，仍架以梁，增設重板，造屋以間計者九，設凳以條計者十，傍竪二坊，視前堅整，不啻倍蓰矣。橋東建觀音堂，以爲行人休息之所。經始於庚子夏，成於冬十一月。役民而民忘其勞，募民而民不以爲費，亦可見其悦以使民也。橋舊名龍門，今易以忠孝。以漢都尉晉太守墓在橋之東北，矚眺爲近，則是橋也，非特濟人之往來，而俾行道之人觀，張李二賢之偉行亦可以奮起矣。况生於斯、長於斯者，其興感當何如耶，則其有聞於世教者，不甚大乎？太守許公之政，能存其大，所以士安於庠序，農安於田畝，商安於市井，其今之賢守乎！大令馬公履任朞歲，政興事舉。是役也，更能承太守之心爲心，亦可爲相得而益彰矣。方正心公而勤，邁前人之跡，不隳守令之命，成兹偉績，利濟無窮，賢守令亦能任人也哉。邑人曰：是舉也，賢守令之愛民敬事也宜書，父子祖孫之好善急公也宜書，非僅曰徒杠成、輿梁成也。

萬恭

《明史》卷二二三《萬恭傳》　萬恭，字肅卿，南昌人。嘉靖二十三年進士。授南京文選主事，歷考功郎中。壽王喪過南京，中貴欲令朝王妃，恭厲聲曰：「禮不朝后，況妃乎！」遂止。就遷光禄少卿，入改大理。隆慶初，給事中岑用賓等拾遺及恭。吏部尚書楊博議，仍用之邊方。暨服闋，恭遂不出。六年春，給事中劉伯燮薦恭異才。會河決邳州，運道大阻，已遣尚書朱衡經理，復命恭以故官總理河道。恭與衡築長堤，北自磨臍溝迄邳州直河，南自離林迄宿遷小河口，各延三百七十里。費帑金三萬，六十日而成。高、寶諸河，夏秋汎濫，歲議增堤，而水益漲。恭緣堤建平水閘二十餘，以時洩蓄，專令濬湖，不復增堤，河遂無患。恭强毅敏達，一時稱才臣。治水三年，言者劾其不職，竟罷歸。家居垂二十年卒。

徐杲

沈德符《萬曆野獲編》卷二《工匠見知》　世宗既以創改大禮，得愉快於志，故委毗春曹特重，如言、如嵩、如階爲宗伯時，其寄託已埒輔相。又以掀翻大獄，疑刑官皆比周撓法，立意摧抑之，即賢者多不以善去。至末年土木繁興，冬卿尤難稱職，一切優游養高，及遲鈍不趨事者，最所切齒，誅譴不踰時刻。最後趙文華爲分宜義子，歐陽必進爲分宜妻弟，特以貪戾與闒茸相繼見逐，權臣毫不能庇，而雷豐城禮以勤敏獨爲上所眷倚，即帝堯則哲之明，何以過之。終上之世，雷長冬曹，無事不倚辦，即永壽宫再建，雷總其成。而木匠徐杲，以一人拮据經營，操斤指示。聞其相度時，第四顧籌算，俄頃即出，而斵材長短大小，不爽錙銖。上暫居玉熙，並不聞有斧鑿聲。不三月而新宫告成，上大喜，以故尚書之峻加金吾之世廕，上猶以爲慊也。杲亦謙退，不敢以士大夫自居，然其才自加人數等，以視文華、必進，直樸樕下材耳。按：奉天等三殿並奉天門災，在嘉靖三十六年四月，時上迫欲先成門工，以便朝謁，而文華不能鳩僝，屢疏遷延，上大怒。盡奇其官，而用必進。甫匝歲，門成，必進得一品，則督工侍郎雷禮有勞，而躬自操作，則徐杲一人力也。又三年而殿工無完期，必進以司空爲苦海，營改左都，而上怒矣。甫一月，分宜又勸上改必進吏部，而聖怒遂不可解，先革孤卿并兼官，未幾，並尚書奪之。其去工部半歲耳，明年而三殿告成矣。然先一年，永壽宫已災，旋奏工完，不特禮得一品，杲得正卿，而華亭亦因以進少師，乃子尚寶丞璠，躐拜太常少卿，識者不無代爲恧焉。時分宜以子世蕃官工部侍郎，反不得監工，求與璠同事，而上峻却不許，退而父子相泣，不兩月禍起矣。比三殿落成時，徐杲已稱尚書，上欲以太子太保寵之，而徐華亭力沮，謂無故事，得中止，僅支正一品俸，雷亦僅以宫保轉宫傅。其他在事諸臣，陞賞亦止不行，僅拜銀幣之賜，以較永壽宫加恩，百不及一矣。時上愛念杲不已，倘再有營建，杲必峻加，即華亭亦不能尼也。

謝肇淛《五雜俎》卷五　今人語工程之巧者，必曰魯班所造。然魯班之後世，固未乏巧工，而班之製造傳于世者，未數見也。漢之胡寬、丁緩、李菊，唐之毛順，俱載史册。宋時木工喻皓，以工巧蓋一時，爲都料匠，著有《木經》三卷，識者謂宋三百年一人而已。國朝徐杲以木匠起家，官至大司空，其巧侔前代，而不動聲色。常爲内殿易一棟，審視良久，于外另作一棟，至日，斷舊易新，分毫不差，都不聞斧鑿聲也。又魏國公大第傾斜，欲正之，計非數百金不可。徐令人囊沙千餘石，置兩旁，而自與主人對飲，酒闌而出，則第已正矣。亦近代之公輸也。以伎倆致位九列，固不偶然。國朝徐杲之外，又有蒯義、蒯剛、蔡信、郭文英，俱以木工，官至工部侍郎，而能名不甚著。梓匠輪輿，能與人規矩，不能使人巧。然巧一也，至于窮妙入神，在人自悟。分量有限，即幾希之間，難于登天。若曹元理、趙逵算術，再傳之後，漸失玄妙，非不傳也，後人聰明無企及之故也。它如管輅之卜，華陀之醫，郭璞之地，一行之天，積薪之奕，僧繇之畫，莫不皆然。後人失其分數，思議不及，遂加傅會，以爲神授。此政不可知之謂神耳，豈真有鬼神哉！

《〔萬曆〕順天府志》卷六《敕修盧溝河隄記》　户部尚書大學士袁煒奉敕撰文。我皇上受命於穆清，湛恩汪濊，羣生澍濡，暢垓沂埏，淪浹乎無外，百神效職，川岳奠位，天下晏如矣。然聖心以博施濟衆，治化之極功也，而一夫其咨一區或墊罔不時恫而俾義焉。維此盧溝河者，源深流衍，襟帶都城之西橋亘周行，四方輻輳並至，而會頃年沙洲突起，下流填閼，水失其故道，潰隄而決，衢殫爲河，觸山阜，漂田廬，走西南百餘里，行者病涉，耕者釋耒，居者無寧宇。事聞，皇上意惻然之，若曰：「朕祇承上帝大德，利濟元元，顧此河在輦轂之下，盍亟治之，以弭民患。」爰遣工部尚書雷禮暨掌禮部尚書徐杲等相度規畫，上其事宜，皇上發帑銀三萬五千兩有餘，而勑太監張崇、侍郎吕先洵、指揮同知張鐸、御史雷稽古董其役，仍令禮月一往視。經始于嘉靖壬戌秋九月，報成於癸亥夏四月。凡爲隄延袤一千二百丈，高一丈有奇，廣倍之，崇基密揵，累石重甃，鱗鱗比吐，翼如屹如，較昔所修築，堅固什百矣。於是臣禮請立石紀其事，以宣揚休烈，垂示永久，乃命臣煒爲之記。臣惟大禹之治水，疏江道河，濬川灑澤，東歸之於海。既而攸同攸宅，諸夏乂安。功施於無極，若漢之治決河，沉璧馬，興人徒，從官負薪，歷數歲弗能塞。蓋讀瓠子之詞，而成功之難，猶可想見。今我皇上福民拯世之心，昭格穹昊，乃神明助順，臣庶協勤，河伯川祇，顯著靈應。甫及半載，而隄鞏拆築，水循舊流，皓旰復爲，辱禮總涉，先爲險分，旅歌載途，農謳溢野，而登降移徙之民，胥慶於室。是皇上利濟之鴻仁，與大禹平成之丕績，侔盛比隆，萬世永賴，天壤俱流矣。其視漢人之宣房，堇堇補葺一時者，何可埒語耶！是役也，財出諸御府，夫取諸營雜而貲不給者工部以羨餘佐之，官不知費，民不知勞，而通觀厥成焉。若水之源委及頻年修治之蹟，語在諸臣碑記中，臣不復論著云。嘉靖四十六年立。

郭文英

《〔萬曆〕韓城縣志》卷五　文英，韓人也。少爲人牧羊，以户匠乏人至京抵役，朝夕肄規矩，黽黽繩繩，久之以巧力聞，爲作頭，自是見知世廟。每一工竣，則序勞晉秩，累階至工部右侍郎，賜二品服色，是爲鄉邑光寵矣。而韓之人尚，嗟山川之氣毓不爲皐夔而爲工垂亞流云。

《〔雍正〕陝西通志》卷六四《人物》 郭文英，韓城人。少爲人牧羊，以户匠乏人，至京抵役。久之，以巧力聞，見知世廟。每一工竣，則序勞晉秩，累階至工部右侍郎，賜二品服。文英聰慧善詼諧，嘗會諸搢紳談及發科經書，輒笑。自謂不佞，起家木經，衆爲絶倒。

羅拱辰

來集之《倘湖樵書二編》卷一〇 《閩書》：羅拱辰，馬平人。隆慶中，任漳南府同知，時郡守羅青霄議敵臺以備敵，即城垣造威鎮閣以興文章，知拱辰有精思，悉委成焉。閣創城垣，因濠爲基，至孤峻。拱辰取繿綆縛，臺式樓櫓雉堞，儼然而具。較量木入地若干尺，四維支柱，層累爲臺，銖量悉稱。其後郡每遭颶風、地震之患，所在傾圮，而臺閣巍然。漳人皆稱羅公非獨廉且能也，倕工般巧，若天授焉。

夏言

王世貞《嘉靖以來首輔傳》卷三《夏言傳》 以督南郊特加太子太保，尋進加少保，加俸一級。督建皇史宬，加兼太子太傅。重書《寶訓實録》成，進少傅。再以監建宗廟工成，加兼太子太師。

王世貞《弇山堂別集》卷七《輔宰臣督工》 閣臣於興造工役，規畫則有之，未有躬履其事者，若吏、禮二部臣，則絶不之及矣。惟嘉靖九年建南北郊大工，少傅、大學士張孚敬知建造，少保、大學士桂萼，大學士翟鑾同知建造。十四年，少師、大學士孚敬，少保、大學士李時知建造，太子太保、吏部尚書汪鋐，少保、禮部尚書夏言同知建造。於工部爲侵官，於閣臣爲失職。

葛鏡

田雯《黔書上・葛鏡橋》 平越東五里，兩山側塞，岸高澗深，下通麻哈江，水黝如膠，有風不波。人佃居於石壁間，接手猨飲，霧幂山昏，寡見星日，少禽多鬼怪。昔人鑿石疏道，縣緪以渡，九驛所絶。漢之張騫甘英皆不至也。今有橋，蓋里人葛鏡縛長虹，駕蹲鴟，而思卒業焉。既建旋圮，再建復傾，於是齋戒百日，告黎峨之神，徙黿鼉之窟，率妻子刑牲，釃酒於江上，作誓詞以明志曰：「橋之不成，有如此水。」其言悲，其眥張，如包胥之入秦庭，慶卿之離易水也。衣履穿決，形容枯槁，般倕爲之感動流涕。如是者垂三十年而橋成而葛鏡以名。異哉，鏡也，當治橋之難也，窳窳呰呰者衆矣，而矢死靡移，蕩其家室之所藏，一國非之不顧。雖事無足道，然亦可謂豪傑之士，其生平志意豈不偉哉！嗚呼！濟民利涉，國橋無聞，反不若草野一善之行傳世而久遠，是又葛鏡之羞矣。

《〔乾隆〕貴州通志》卷二九《人物志》 葛鏡，平越衛指揮，樂善好義。郡城東五里，兩山陡峻，中亘麻哈江。江深不可測，行人過渡每遭覆溺。萬曆間，鏡捐千金建橋，後爲水所圮。天啓六年，鏡復傾家産重建者再，亘若長虹，堅緻牢實，至今行人利賴，名曰葛鏡橋。

朱由校

劉若愚《酌中志》卷一四《客魏始末紀略》 先帝好馳馬，好看武戲，又極好作水戲。用大木桶、大銅缸之類，鑿孔創機，啓閉灌輸，或湧瀉如噴珠，或澌流如瀑布。或使伏機於下，借水力沖擁圓木毬如核桃大者，於水湧之，大小盤旋宛轉，隨高隨下，久而不墮，視爲戲笑，皆出人意表。逆賢、客氏喝采贊美之，天縱聰明，非人力也。聖性又好蓋房，凡自操斧鋸鑿削，即巧工不能及也。又好油漆匠，凡手使器具皆御用監、内官監辦用。先帝與親暱近臣如涂文輔、葛九思、杜永明，王秉恭、胡明佐、齊良臣、李本忠、張應詔、高永壽等朝夕營造，成而喜，喜不久而棄，棄而又成，不厭倦也。且不愛成器，不惜天物，任暴殄改毁，惟快聖意片時之適。當其斤斲刀削，解服盤礴，非素暱近者，不得窺視。或有緊切本章，體乾等奏文書，一邊經營鄙事，一邊傾耳注聽。奏請畢，玉音即曰：「爾們用心行去，我知道了。」所以太阿之柄下移，南樂、薊州、東光輩及在京之徐大化等，一派線索，如枹鼓之捷應也。先帝每營造得意，即膳飲可忘，寒暑罔覺，可惜玉體之心思精力，盡費於此。然皇極等三殿落成於天啓之年，肯堂肯構，先帝之好土木，豈亦天啓其朕兆耶？抑逆賢之幹濟才智，刻意督催之跡，或藉此以難泯耶？按萬曆中年，乾清、坤寧兩宫告成，神廟令正一真人張國祥率道侶數十人於宫中啓建黄籙大醮，聖德格天，曾感羣鶴飛鳴旋繞之瑞。至皇極等三殿告成，逆賢等只圖蔭賚爲己榮耳。

吴陳琰《曠園雜志》卷下　熹宗性至巧，多藝能，尤喜起造。嘗於庭院中，蓋小宫殿，玲瓏高三四尺許，其磚瓦則勑琉璃廠所另製也。

田雯《古歡堂集》卷三八《鐵鎖橋記》　唐明皇作橋於蒲坂，夏陽津鑄鐵牛八，植柱纜二十四，連鎖十二山，架八牧人入於中流，分立亭亭，如虹蜺之狀，稱奇絶焉。然此乃安流通津，作之者易，不若盤江鐵鎖橋之難且奇也。盤江之源出自金沙，入烏撒，繞曲靖，西道畢節七星關，而注於安南，入滇所必經也。兩山夾峙，一水中絶，斷岸千尺，湍激迅悍，類天設以界滇黔。不知莊蹻當日何以飛渡也。往以舟濟，多墮溺。明天啓間，監司朱家民擬建橋，而不可以石，乃彷瀾滄之制，冶鐵爲絚，三十有六，長數百丈，貫兩崖之石而懸之。覆以板，類於蜀之棧，而道始通，其功偉矣。然絚長則力弱，人行其上，足左右下，絚輒因之升降，身亦爲之撼摇，眩掉不自持，車馬必前者陟岸，後者始登，若相躡則愈震，其險也不可名狀。邇乃濟之以木，擇材之巨者數百排比之，卧於兩崖水次，鎮以巨石，拄以强幹，層壘而加，參差以出，鐍其本，使固及兩木之末，不屬者僅三十尺有四，則又選圍可丈之木，交其上，而後行者可方軌聯鑣，貫魚逐隊而不驚也。猶且施之以欄楯，幬之以版屋，塗之以丹雘，梵宇琳宫，鱗次於崖之左右，輝煌掩映，如小李將軍圖畫，遂爲西黔勝概焉。以視十二之連鎖，直緯索耳，况於沉江之陋耶。

張寧

《〔同治〕蘇州府志》卷一四六《雜記三》　張寧，洞庭東山人。元末遊金陵，李韓公善長未貴，相與善。及韓公爲國元勳，以監修京城薦寧。太祖召見，以白衣領役。寧長於土工，設置有力，太祖雅任用之。一日，登城見工毁棄瓦石之不全者，欲誅之。寧叩頭曰：「臣以缺物不宜玷我金城，故特棄置，非羣工罪，罪實在臣。」韓公亦爲請，太祖善其對，釋之。

胡瓚

《明史》卷二二三《胡瓚傳》　胡瓚，字伯玉，桐城人。萬曆二十三年進士。授都水主事。分司南旺司兼督泉閘，駐濟寧。泗水所注，瓚修金口壩遏之。造舟汶上，爲橋於寧陽，民不病涉。河決黄堌，瓚憂之。會劉東星來總河漕，瓚與往復論難。謂黄堌不杜，勢且易黄而漕；漕南北七百里，以涓涓之泉，安能運萬千有奇之艘，使及期飛渡。贊東星濬賈魯河故道，益治汶、泗間泉數百。尋源競委，著《泉河史》上之。瓚治泉，一夫濬一泉，各有分地，省其勤惰而賞罰之。冬則養其餘力，不征於官。以疏濬運道有功，增秩一等。二十七年督修琉璃河橋。三年橋成，省費七萬有奇。累官江西左參政。予告歸，久之卒。

馮巧

王士禎《居易録》卷二七　康熙三十四年乙亥二月，暫停經筵，重建太和殿，自二月二十五日鳩工，李少司空貞孟言，有老工師梁九者，董將作，年七十餘矣。自前代及本朝初年，大内興造，梁皆董其事。一日，手製木殿一區，以寸准尺，以尺准丈，不踰數尺許，而四阿重室，規模悉具，殆絶技也。初明之季，京師有工師馮巧者，董造宫殿，自萬曆至崇禎末，老矣。九往執役門下數載，終不得其傳，而服事左右，不懈益恭。一日，九獨侍，巧顧曰：「子可教矣。」於是，盡傳其奥。巧死，九遂隸籍冬官，代執營造之事。一技之必有師承，不妄授受如此。柳子厚作《梓人傳》，謂畫宫於堵，盈尺而曲盡其制，計其毫釐而構大厦無進退焉，殆類是與。

倪元璐

《〔雍正〕浙江通志》卷二八〇《雜記》　《静志居詩話》：倪元璐，尚書，晚築室於紹興府城南隅，牕檻法式，皆手自繪畫。巧匠見之束手，既成，始嘆其精工。時方患目疾，取程君房方于魯所製墨塗壁，默坐其中。堂東飛閣二層，扁曰「衣雲」。憑闌則萬壑千嵒，皆在舄下。適石齋黄公至越，施以錦帷，張燈四照，黄公不怡，謂公國步多艱，吾輩不宜宴樂。尚書曰：會與公訣爾。既北行，遂殉寇難。

趙得秀

《〔雍正〕畿輔通志》卷八三《藝術》　趙得秀，肥鄉木工，多巧思，人呼爲魯般。南遊武夷，得異人傳修真秘訣。歸至林慮，愛其山水陡絶，練藤葛爲繩，横以木欖，轆轤拾級而升，置三清等殿，精巧如法，人跡罕到，遂遁跡頤養其中。徵造州南石橋，百丈一甃，而無斧鑿痕。又於西崖絶渡處，懸木以通。鑿石函，將死，語其徒曰：幸葬我函中。及死，如言葬之。甫出數步而懸石下，人皆稱爲魯般壑。

盧學禮

《〔乾隆〕兗州府志》卷二六于慎行《重修闕里林廟碑》 聖上膺籙御天二十有二祀，歲在甲午，山東巡按御史潁川連公格奉命省方，至於闕里，祗謁孔廟，拜于杏壇之墀，仰視者三。繼謁孔林，拜於洙泗之陽，環視者三。乃揖諸大夫而諏曰：「惟天子祗若典訓，經緯八埏，毖祀於先師孔子。我二三執事，胥受簡書以來，敷化於東土。茲惟聖作之邑，亦越廟庭林域。自弘治鼎新，以迄於今，歷載滋久，無乃有所頽敝，以褻大觀。若在先聖周公，宏啓國宇，以開厥緒。若在復聖顏子，潛心道奥，以衍厥傳。咸有蒸嘗於茲，亦其何可弗飭？時惟我二三執事之責。」乃白於巡撫都御史括蒼鄭公汝璧。鄭公曰：「咨，時惟予責，中丞奉上明命，撫有大東，罔不惟肅，若聖靈翊襄，文化是圖，曷敢曰執事之不閑，以須異日。」乃相與下記所司，是相厥工，計當用金三千，以兩臺之贖鍰，當三之一，以嶽祠之香稅與將作之餘，當三之一，以筦庫之羡金，當三之一。於是策日揆景，庀徒鳩林，以其十之三營於孔廟，乃新殿閣，乃飾廊廡，乃立重城臯門，以象朝闕，楣楶甓甃之有朽者易之，丹雘髹漆之，有墁者塗之。煌煌如也，耽耽如也。以其十之五營於孔林，乃恢享祠，乃刱齋室，乃立石闕六楹，以廣神路。繚垣十里，壖垣千步，有版築焉。嶢嶢如也，鬱鬱如也。則以其一營於周廟，坊諸其閎，牓曰元聖。則以其一營於顏廟，坊諸其閭，牓曰陋巷。巘巘如也，翼翼如也。經始於四月二十六日，至十一月三日，厥功告成。霞駮雲蔚，鼎立星羅，埒如鈞天之宮，帝者之宇，於都哉鳧繹之岑，若增而峻，洙泗之流，若濬而深矣。宗子上公，三姓之裔，以春秋執豆籩於斯。魯之父老諸生，瞻仰絃歌於斯，四方之學士大夫，躡屩停軌，展禮於斯。咸曰：偉哉！聖里之榮觀，以流耀四方。是惟二公之績，亦曰：鑠哉，熙朝之盛典，以昭垂萬世，亦惟二公之績。二公不自居也，曰：不腆司工之役，賴諸大夫之成，何勞之與？有諸大夫乃礱石闕里，使魯人于慎行爲記。辭不獲命，爰拜手稽首而稱曰：

粵自昊穹之初，肇立人紀，聖神代作，咸克左右。上帝綏猶兆人，以逮我先師孔子，乘百王之運，闢六藝之塗，用能集厥大成，陶鑄萬世，與天無極。厥后英君誼辟，罔不尊用其道，以建化原。亦罔不恪修厥祀，以報本始。皇綱帝絃之不墜，至於今是賴。於戲，盛哉！洪惟聖朝受命，尊師重道，圖臻上理，褒崇之典，有加在昔，用致重熙累洽之休。以及我聖上，儲精三五，潤色大業，亦惟先師之道，是訓是行，罔敢軼於成憲。矧茲聖作之邑，風教所闕，廟貌寢園，肅焉如在。而使榱桷之屬，一有或闕，以弗稱昭代精禋之禮，安所曰執事之不閑，以須異日也。而二公祗承大命，照臨魯國，既已綏輯萌隸，防遏疆圉，庶政畢康，彝文咸秩。又儼然景仰聖哲，以崇大此役也，允可謂帝臣之上績，人文之景運矣。於戲，懋哉！惟魯建國，實終始蓋孔子之道，得統於周公，而顏氏之子，能發其藴，以教萬世。自漢永平以來，典制代更，或奉周公爲先聖，孔子爲先師，亦或奉孔子爲先聖，顏子爲先師。匪不溯厥源流，以昭統緒，而揆之秩叙，亦少斁焉。我朝參稽前代，更正典禮。既薦聖師之號以尊孔子，首配享之位以宗顏氏。復以二帝、三王並稱先聖，周公、孔子並稱先師，而別祀於文華之左室。於是道統益明，倫叙不紊，而聖師之所從授與所由傳，可考而陳矣。今是役也，新廟貌以致嚴，飭寢園以妥祀，因而標廣魯之圖，揚紹聖之懿，使天下後世明於斯道之授受，而求諸六經之藴，以永太平之烈，所以恢宏聖迹而對揚天子之丕赫命，實惟萬世無疆之庥。於戲，遠哉！役之興也，度支經費，則左布政使中山王公藻、右布政使晉陽田公疇。綜理工程，則分守參政四明楊公德政，攝守參議貴陽邵公以仁，分巡副使汝南趙公壽祖，而河道參政梅公淳、分巡僉事李公天植、兵備僉事戴公燝，咸樂觀其成，而立石焉。至於贊襄謀畫，則兗州府知府盧侯學禮。專董工役，則兗州府通判王侯俁吾。而署曲阜縣事運司同知孔宏復，泗水知縣尤應魯，會計於先。鄒縣縣丞張東暘，滋陽典史儲明善，分督於下。法皆得書。

清

張南垣

吳偉業《梅村集》卷三八《張南垣傳》 張南垣名漣，南垣其字，華亭人，徙秀州，又爲秀州人。少學畫，好寫人像，兼通山水，遂以其意壘石，故他藝不甚著，其壘石最工，在他人爲之莫能及也。百餘年來，爲此技者類學嶄巖嵌特，好事之家羅取一二異石，標之曰峰，皆從他邑輂致，决城闉，壞道路，人牛喘汗，僅而得至。絡以巨絙，錮以鐵汁；刑牲下拜，劚顏刻字；鉤填空青，穹窿巖巖，若在喬嶽，其難也如此。而其旁又架危梁，梯鳥道，游之者鉤巾棘履，拾級數折，傴僂入深洞，捫壁投罅，瞪盻駭栗。南垣過而笑曰：「是豈知爲山者耶！今夫羣峰造天，深巖蔽日，此夫造物神靈之所爲，非人力可得而致也。況其地輒跨數百里，而吾以盈丈之址，五尺之溝，尤而効之，何異市人摶土以欺兒童哉！惟夫平岡小坂，陵阜陂陁，板築之功，可計日以就，然後錯之以石，碁置其間，繚以短垣，翳以密篠，若似乎奇峰絶嶂，纍纍乎牆外，而人或見之也。其石脉之所奔注，伏而起，突而怒，爲獅蹲，爲獸攫，口鼻含呀，牙錯距躍，決林莽，犯軒楹而不去，若似乎處大山之麓，截谿斷谷，私此數石者爲吾有也。方塘石洫，易以曲岸沙；邃闥雕楹，改爲青扉白屋。樹取其不凋者，松杉檜栝，雜植成林；石取其易致者，太湖堯峰，隨宜布置。有林泉之美，無登頓之勞，不亦可乎！」華亭董宗伯玄宰、陳徵君仲醇亟稱之曰：「江南諸山，土中戴石，黄一峰、吴仲圭常言之，此知夫畫脉者也。」羣公交書走幣，歲無慮數十家。有不能應者，用爲大恨，顧一見君，驚喜歡笑如初。

君爲人肥而短黑，性滑稽，好舉里巷諧媟以爲撫掌之資，或陳語舊聞，反以此受人啁弄，亦不顧也。與人交，好談人之善，不擇高下，能安異同，以此游於江南諸郡者五十餘年。自華亭、秀州外，於白門、於金沙、於海虞、於婁東、於鹿城，所過必數月，其所爲園，則李工部之横雲、虞觀察之預園、王奉常之樂郊，皆備極奇巧，與吴吏部之竹亭爲最著。經營粉本，高下濃淡，早有成法。初立土山，樹木未添，巖壑已具，隨皴隨改，烟雲渲染，補入無痕。即一花一竹，疏密欹斜，妙得俯仰。山未成，先思着屋；屋未就，又思其中之所施設。牕櫺几榻，不事雕飾，雅合自然。主人解事者，君不受促迫，次第結構，其或任情自用，不得已骫骳曲隨，後有過者，輒歎惜曰：「此必非南垣意也。」君爲此技既久，土石草木，咸能識其性情。每創手之日，亂石林立，或卧或倚，君躊躇四顧，正勢側峰，横支竪理，皆默識在心，借成衆手。常高坐一室，與客談笑，呼役夫曰：某樹下某石可置某處。目不轉視，手不再指，若金在冶，不假斧鑿。甚至施竿結頂，懸而下縋，尺寸勿爽，觀者以此服其能矣。人有學其數者，以爲曲折變化，此君生平之所長，盡其心力以求彷彿，初見或似，久觀輒非。而君獨規模大勢，使人於數日之内，尋丈之間，落落難合，及其既就，則天墮地出，得未曾有。曾於友人齋前作荆、關老筆，對峙平礒，已過五(旬)〔尋〕，不作一折，忽於其顛，將數石盤互得勢，則全體飛動，蒼然不羣。所謂他人爲之莫能及者，蓋以此也。

君有四子，能傳父術。晚歲辭涿鹿相國之聘，遣其仲子行，退老於鴛湖之側，結廬三楹。余過之，謂余曰：「自吾以此術游江以南也，數十年來，名園别墅，易其故主者，比比是矣。蕩於兵火，没於荆榛，奇花異石，他人輦取以去，吾仍爲之營置者，輒數見焉。吾懼石之不足留吾名，而欲得子文以傳之也。」余曰：「柳宗元爲《梓人傳》，謂有得於經國治民之旨。今觀張君之術，雖庖丁解牛，公輸刻鵠，無以復過，其藝而合於道者歟！君子不作無益，穿池築臺，《春秋》所戒，而王公貴人，歌舞般樂，侈欲傷財，獨此爲耳目之觀，稍有合於清净。且張君因深就高，合自然，惜人力，此學愚公之術而變焉者也，其可傳也已。」作《張南垣傳》。

戈裕良

錢泳《履園叢話》一二《堆假山》 堆假山者，國初以張南垣爲最。康熙中則有石濤和尚，其後則仇好石、董道士、王天于、張國泰皆爲妙手。近時有戈裕良者，常州人，其堆法尤勝于諸家，如儀徵之樸園，如臯之文園，江寧之五松園，虎邱之一榭園，又孫古雲家書廳前山子一座，皆其手筆。嘗論獅子林石洞，皆界以條石，不算名手。余詰之曰：「不用條石，易于傾頽奈何？」戈曰：「只將大小石鉤帶聯絡，如造環橋法，可以千年不壞。要如真山洞壑一般，然後方稱能事。」余始服其言。至造亭臺池館，一切位置裝修，亦其所長。

阮葵生《茶餘客話》卷九 華亭張漣，字南垣，少寫人物，兼通山水。能以意叠石爲假山，悉仿營邱、北苑、大痴畫法爲之。巒嶼澗瀨，曲洞遠峰，巧奪天工。其爲園，則李工部之横雲，盧觀察之預園，王奉常之樂郊，錢蒙叟之拂水，吴吏部之竹亭爲最有名。漣既死，子然繼之。在國初時，游京師，如瀛臺、玉泉、暢春苑皆其所布置。先是米太仆友石有勺園，在西海淀，與武靖侯清華園相望，亦曰風烟裏。今暢春苑即兩園舊址。王宛平怡園亦然所作。吴梅村爲南垣作傳，而世遂謂假山創自南垣，非也。唐人詩中咏假山者甚多。晉會稽王道子開東第，築山于府城内，武帝嫌其修飾太過，道子甚懼。晉武陵王貪有怨心，名其後堂曰首陽山。其由來久矣，不獨宋之花石綱也。梅村傳中述漣語云：「吾以此術遊江南，數十年中，名園别墅，屢易其主。名花奇石，經吾架構，未幾而他人輦去，吾復爲位置者亦多矣。」昔人詩云：「終年累石如愚叟，倏忽移山是化人。」又云：

「荷杖有兒扶薄醉。」謂南垣父子也。

梁九

王士禛《帶經堂集》卷八〇《梁九傳》 康熙三十四年，重建太和殿，有老工師梁九者董匠作，年七十餘矣。自前代及本朝初年，大内興造，梁皆董其事。一日手製木殿一區，以寸準尺，以尺準丈，不踰數尺許，而四阿重廊，規模悉具，殆絶技也。初明之季，京師有工師馮巧者，董造宫殿，自萬曆至崇禎末，老矣。九往執役門下數載，不得其傳，而服事左右，不懈益恭。一日，九獨侍，巧顧曰：「子可教矣。」於是盡傳其奥。巧死，九遂隸籍冬官，代執營造之事。予因歎。夫一技之必有師承，不妄授受，如此矧道德文章之大者乎。柳子厚作《梓人傳》，謂畫宫於堵，盈尺而曲盡其制，計其毫釐而構大厦無進退焉，殆類是歟，乃爲之傳。

杜士元

錢泳《履園叢話》一二《雕工》 雕工隨處有之，寧國、徽州、蘇州最盛，亦最巧。乾隆中，高宗皇帝六次南巡，江、浙各處名勝俱造行宫，俱列陳設，所雕象牙紫檀，花梨屏座，並銅磁玉器架墊，有龍鳳水雲漢紋雷紋洋花洋蓮之奇，至每件有費千百工者，自此雕工日益盛云。乾隆初年，吴郡有杜士元號爲鬼工，能將橄欖核或桃核雕刻成舟，作東坡遊赤壁，一方篷快船，兩面窗槅，桅杆兩，櫓頭稍篷及柁篙帆檣畢具，俱能移動。舟中坐三人，其巾袍而鬚者爲東坡先生，著禪衣冠坐而若對談者爲佛印，旁有手持洞簫啓窗外望者則相從之客也。船頭上有童子持扇烹茶，旁置一小盤，盤中安茶杯三盞。舟師三人，兩坐一卧，細逾毛髮。每成一舟，好事者争相購得，值白金五十兩。然士元好酒，終年遊宕，不肯輕易出手，惟貧困極時始能鏤刻，如暖衣飽食，雖以千金，不能致也。高宗聞其名，召至啓祥宫，賞賜金帛甚厚，輒以换酒。士元在禁垣中，終日悶悶，欲出不可。忽詐癡逸入圓明園，將園中紫竹伐一枝，去頭尾而爲洞簫，吹于一大松頂上。守衛者大驚，具以狀奏。高宗曰：「想此人瘋矣。」命出之。自此回吴，好飲如故。余幼時識一段翁者，猶及見之，爲余詳述如此。余嘗見士元製一象牙臂擱，刻《十八羅漢渡海圖》，數寸間有山海、樹木、島嶼、波濤掀動翻天之勢，真鬼工也。

賈漢復

錢儀吉纂《碑傳集》卷六二陳錫嘏《兵部尚書兼都察院右副都御史賈公漢復墓志銘陳錫嘏代某》 自古一代之興，必有偶儻奇偉之材乘時拔起，俾功在斯人，名垂天壤，爲旂常鐘鼎之光。然開創之初，其人率慷慨多大略，未必明習吏事或善於撫御綏輯，宣布恩威，至若文章儒雅、潤色太平之事，每謙讓未遑也。我國家定鼎垂三紀，一時攀鱗附翼之臣霞蔚雲蒸，指殆不可以一二屈，然數十年來敭歷中外，功烈卓卓可紀述，天下無問知與不知，聞其名或傾心歎服以爲異人者，則莫過於吾晉賈公。

公諱漢復，字膠侯，别號静菴，曲沃縣大莊里人。明季時爲淮安副將，順治二年豫王下江南，歸命入京，隸籍正藍旗，爲牛录章京。甲午，簡授都察院理事官，掌京畿道事。丙申，陞工部右侍郎。丁酉，以兵部右侍郎、都察院右副都御史巡撫河南，晉兵部尚書。庚子謝事。康熙壬寅，以原官再起，巡撫陝西。戊申改用，回京候補。丁巳七月十五日，卒于私第，享年七十有二。

公之在工部也，方修治關左諸陵。公於風雪中馳數千里，經營相度，告厥成功。復由喜峯、古北口巡視邊牆，爲綢繆固圉之計，僕夫告痛弗顧也。適三殿大工並興，公潔己釐奸，省金錢鉅萬計。有昌平灰户挾私請以西山老虎洞爲煅地者，奉旨命公往畫地界。公至其地，大驚曰：「此爲玉泉山，迺都城龍脈，何物奸民妄言敢爾！」與主其事者力争，上卒從公言，事得已。

中州當四方之衝，兵燹孑遺，凋殘未復。公一意與民休息，平刑簡賦，拊循而噢咻之。然念安民必先察吏，飭有司懲胥役，齗齗持三尺法。由是民樂公之寬，而吏憚公之嚴。驛遞久困，疏請與東省分路，民得以息肩。勸墾荒地至一萬八千餘頃。温旨優敍。然衛輝實荒地一千四百餘頃，積歲賠累者，則又未嘗不題請豁免也。

撫秦七載，民安吏肅，如其撫豫時。民力稍暇，以其時修廢舉墜。漢南棧道爲寇所毁，公捐資募工，授以開鑿之法。自寶至褒六百餘里間，補葺如舊，公私便之。濬長安龍首、通濟二渠，以爲民利。昔人所稱且溉且糞長我禾黍者，迄於公再見焉。

尤留意文學事，其在豫省，以私錢創造貢院。延儒開館，各成兩省通志全書，嗣後衛文清相國奏請天下通行修輯，實自公啓之。又補刻西安學宫《孟子》

石經，重葺關中書院。

予嘗聞公少時闊達不羈，以任俠雄閭里間，瀕危獲濟。一旦擁旄仗節，當官涖政，顧悉心吏治，擘畫周詳乃爾。且公嘗補武庠弟子員，彎弓躍馬，往來行陣，從韜鈐起家。乃不欲效武夫悍將長鎗大劍之爲，而篤好儒術，羅一方之文獻，續千載之遺經，其有功于名教甚大。賢者固不可測如此。此則公之度越羣材，而卓然爲一代從龍翼運之冠者也。予因之竊有感焉。

公在明季，嘗從秦督白谷孫公幕下，與李自成轉戰郟、鄏間。公方先登陷陣，餘衆無故自潰，公於亂軍中掖孫公北渡河，收散卒，保潼關。又嘗奉同邑閣部李公檄責高傑兵勤王，公疾馳至邗江上見傑，洒泣陳大義，驕弁爲色動，而燕京已早破。其時明運方衰，又上下好持文墨議論，不能破格用人，如公之才足倚辦天下事，顧尺寸無所建豎。自公入國朝，不次登用，內佐冬官，外控兩省，乃得一發抒其胸中之奇，功業彪炳，聲施爛然。由此知大丈夫雖負過人之略，非遭時遇主，無由自表見，而國家用人循資按格，引繩批根，可以得常材而不可以得度外之士者，皆於公一人之身見之矣。

公歸自秦，憩所築之雨翠莊，澆花種樹，彈碁讀書，與二三同志爲笑樂，雅不問仕宦事。然聞西南用兵，廟堂宵旰，則撫掌躍起，據鞍顧盼，有馬文淵、趙翁孫之思。當其酒酣耳熱，嗚劍慨慷，爲歌「烈士暮年」之句，意氣横厲，望之如三四十歲許人，而忽溘焉捐賓客矣。鼓鼙在耳，壯志未酬，公報國之心老而彌篤，其必有不能恝然于泉壤者哉！

予以桑梓之誼，嘗從公遊，習公生平。公没數月，嗣君國楗、國彬、國棟、國櫺等，將奉公喪以葬，而屬予爲墓表。予惟公生平美不勝書，其生時世系詳志銘中，不具述，而但表其服官之大節足爲後世法者，俾刻石而列於其阡。彼過公之墓，讀予之文，想見公之爲人，九原可作，其以公爲隨武子乎，是又吾晉之勝事也。

王明頒

《〔光緒〕江西通志》卷一四〇《列傳・王明頒》 王明頒，字三錫，諸生武寧人。里中羊腸灘，石險壞舟，人多溺。明頒輸金鑿之，夜夢神人戒止，不聽，神復降於庭，獸面狰獰，圍屋作金鐵聲，家人震駭。明頒不爲動，督工鑿益急，竟平其險，又鑿洋坑石棧數里。府志

吳學成

《〔同治〕南昌府志》卷五〇《人物・吳學成》 吳學成，太學生，州西燕子崖路十餘里甚崎嶇，其沿河最險者仄不踰尺，上臨絶壁，俯瞰深淵，行者危之。學成鳩工伐石闢爲坦途，往來稱便。兄徒梁捐修梅店石礄，姪儀賓亦於要津修橋培路，所費不下數千金而道旁不豎碑碣，是可謂真好善者。州志

僧祖印

《〔嘉慶〕四川通志》卷三三《輿地・津梁・王我師〈重修洪塔橋記〉》 乾隆丙子秋，余涖彭庠之九越月，邑侯張公治彭之六載也。凡關國計民生，綱維備舉，惟彭志未修，以草創委余，因攜庠弟子一人爲鄉導，徧觀夫橋梁道路山川名勝，已見除道成梁，收場畚挶，不蔑民功，有優無匱矣。十月有金剛山之遊，至洪塔橋羣功負石，喧聲四達，一僧科頭跣足，策杖指揮於其間。余已心異之。橋工未畢，馬不能渡，因溯堰溝而上，但見沿溝傍塍者争開渠道。余曰：「當此築場納稼，正宜朋酒爲歡，何由亟亟如是也。」弟子曰：「自邑侯新開通濟堰，以故水得導引，是以如是其急也。」是夜，宿文子莊，具燈火扶伊父拜於前。余見是叟也，吐屬清朗，叙及所見修橋事，叟曰：「是僧也，是橋也，是僧之橋也，是僧之修也，自經營始度，一絲一粟，不仰於衆，一木一石，不假於人，必期堅固完好，可垂久遠而後已。余曰：「僧何故而發此大願力也。」叟曰：「僧殆悟徹菩提，於見聞中而得冥慧者也。余曰：僧名祖印，本洪雅縣祝氏子，家世甲科，以業儒不就，棄而爲僧。洪塔寺爲前僧敗，鄉人接祖印爲香火主甫一稔積所獲爲合殿莊嚴。至今金碧流輝，佛光高耀，依然一古刹也。厥後博遊城市，歸則瞑目跏趺，錙銖必謹，出納愈。慎詰者曰僧欲攜貲上西天也。印曰：吾始以刻木塑泥爲功德府，吾今而後乃知利物利人爲功德梯航也。自歷忠孝雙江橋上見奔流浩浩，來往嬉嬉，坐可避風日，行無憚褰裳，此宰官身先事於民者也，吾何舍此而他求哉。因是悉出所蓄，鳩工選材，八越月而長橋落成矣。」余不禁興嘆曰：古必擇二千石賢牧令者，爲其呼吸相通，好惡相同耳，不意浮屠氏一經感觸，如影隨形，逃墨歸儒，所謂豚魚吉，不言而信，存乎德行誠不虛矣。異日侯爲霖雨舟楫，僧將甘露垂滋，一葦西渡，理有然也。次日，立馬金剛山頂，舉頭放眼，動盪空明，俯視全邑，瞭如指掌，第見村莊籬落桑麻鷄犬宛然作息，天民遺風未遠，愈識賢侯之六載辛勤

治化翔洽也，而彭山之志稿已半脱於心目間矣。茲於黄鐘月廿四日，鄉人魏雲龍以修橋碑記請，余録此以應，謂爲余之遊記也可，謂爲碑記也可，俾勒諸石。

高第

《〔光緒〕畿輔通志》卷二三七《列傳・高第》 高第，順治二年由拔貢授鞏昌府同知理刑推官。時陝右初定，訟牒紛紜，第部決如流，民情悦服。三年大兵入川平賊，奉檄開秦州至漢中棧道七百里。親裹糧入山，懸立賞示，勸慰交至，夫役踴躍，一月而工竣。復造三百餘舟，以資挽運，餉糈賴以無誤。叙勞遷河南彰德府同知，踏勘西華荒田五千餘頃，詳請蠲免，百姓感之。

李毓德

《〔光緒〕樂亭縣志》卷六《建置・寺觀》 大慈寺在縣西南三十里馬頭營。張作霖記畧曰：樂邑之坤隅三十里，曰馬頭營，營之南一里許，舊有東西兩寺，西寺入於河，觀音浮歸南海，東大慈寺，厥昉不可考。稽諸弘治四年碑記，僧人真良等嘗於天順、成化時，重加繕葺云。今歲幾三百，瓦礫傾頹，惟正殿一間，摇落僅存。李公毓德見而憫之，謀及住持，圖爲恢宏之計，儲磚瓦構木石，一切腐物槩置不用，迺於其左廣數丈許，合觀音寺建之。層基亘地，高閣摩空，歷年於茲，積費數千金，往返督監，年踰古稀不倦。即謂今之須達長者可也。雖然，此地濱於河，素患湍湃，自爲招提勝境，當必遣庚辰驅支祁，永作一方保障，則斯寺之建，公其尤有深心乎。余客茲土，聞其事，最悉爰備誌之，以垂不朽。乾隆五十年因灤河逼近，形將冲塌，李君維藩移建於營東。維藩，毓德子。

黄氏兄弟

李斗《揚州畫舫録》卷一二《橋東録》 四橋烟雨，一名黄園，黄氏別墅也，上賜名趣園。御製詩云：多有名園緑水濱，清游不事羽林紛。何曾日涉原成趣，恰值雲開亦覺欣。得句便前無繫戀，遇花且止足芳芬。問予喜處誠奚託，宜雨宜暘利種耘。黄氏兄弟好構名園，嘗以千金購得秘書一卷，爲造製宫室之法。故每一造作，雖淹博之才，亦不能攷其所從出。是園接江園環翠樓，入錦鏡閣，飛檐重屋，架夾河中。閣西爲竹間水際下，閣東爲迴環林翠，其中有小山逶迤，築叢桂亭。下爲四照軒，上爲金粟庵。入漣漪閣，循小廊出，爲澄碧堂。左築高樓，下開曲室，暗通光霽堂。堂右爲面水層軒，軒後爲詞臺。軒旁築曲室，爲雲錦淙，出爲河邊方塘，上賜名半畝塘。由竹中通樓下大門。

黄氏本徽州歙縣潭渡人，寓居揚州。兄弟四人以鹽筴起家，俗有四元寶之稱。晟，字東曙，號曉峯，行一，謂之大元寶。家康山南，築有易園。刻《太平廣記》、《三才圖會》二書。易園中三層臺，稱傑構。履暹，字仲昇，號星宇，行二，謂之二元寶。家倚山南，有十間房花園。延蘇醫葉天士于其家，一時座中如王晉三、楊天池、黄瑞雲諸人，攷訂藥性，于倚山旁開青芝堂藥舖，城中疾病賴之。刻《聖濟總録》。又爲天士刻《葉氏指南》一書。四橋煙雨、水雲勝槩二段，其北郊別墅也。履昊，字昆華，行四，謂之四元寶。由刑部官至武漢黄德道。家闕口門，有容園。履昴，字中荷，行六，謂之六元寶。家闕口門，有別圃。改虹橋爲石橋。其子爲蒲築長堤春柳一段，爲荃築桃花塢一段。

谷麗成

李斗《揚州畫舫録》卷一二《橋東録》 谷麗成，蘇州人。精宫室之製。凡内府裝修由兩淮製造者，圖樣尺寸，皆出其手。

潘承烈

李斗《揚州畫舫録》卷一二《橋東録》 潘承烈，字蔚谷，亦精宫室裝修之製，而畫得董巨天趣。

文起

李斗《揚州畫舫録》卷一二《橋東録》 文起，字鴻舉，江都人。博學，精于工程做法。所見古器極多，稱賞鑑家。

俞兆岳

錢儀吉《碑傳集》卷二九李文藻《吏部左侍郎俞公兆岳傳》 俞公，諱兆岳，字岱禎，浙江海寧人。父宣琅，官大竹知縣。公生十一歲而孤，母吴知書，有志節，陳説古事教督公。公循蹈義法，童而知方。康熙中，由廩生捐貢，肄業國子監，期滿，授宣平教諭，選大田知縣。喜曰：「庶幾乎少白吾母之教乎！」則徒步微服抵縣，一童襆被隨，寓逆旅中，訪利病數十日，始出片紙召胥隸，一縣大驚。

自是無留獄，縣以治。調臺灣縣。臺灣，海外巖邑，多武弁，率恃功驕虐，民不堪則相聚爲盜。公以計捕其魁，得一册，脅從者姓名盡載焉，武弁欲取功，要窮治之。公乃置酒召弁飲，熾炭行炙，出不意，投册炭中，立燼。弁大詬，公好語曰：「殺人邀賞，仁者不爲也。」大吏聞之，以公爲長者，卒聽公誅其魁數人，而餘不株問也。遷開州知州，遭母憂去官。服闋，補松江同知，蘇、松賦額溢他郡，公力言於布政使西林鄂公，轉請怡賢親王入告，得豁免浮糧四十餘萬石。又言海塘易潰，宜易土以石，上官是其言，俾督其役。大學士高安朱公出視海塘，奇公才，特疏薦之。且曰：「兆岳如苦行頭陀，年向衰矣，及早用之，猶可得其死力。」有旨召見，入對，上甚壯之，授青州知府，是時雍正五年也。其年山東旱，公以事至省城，謁大府，大府召優觴公。公曰：「久不雨，天子減膳撤樂矣。爲人臣子，忍對歌舞安坐終讌乎？」立飲三爵，趨而出。大府怒，思中傷之。公即引疾去。疏入，召詣闕，上望見公曰：「强項吏，上官所不便，朕知其非病也。」顧宰相曰：「此人可何官？」宰相據例對。上曰：「俞兆岳非常士也，亦拘以例乎？」授通政司參議。適江南海水溢，決壞海塘數處，惟公所築塘，屹如舊。督撫言諸朝，特擢公太僕寺卿，總理海塘。時崇明湮没，死者相枕籍，公出賞格，募人掩胔骼，招流民赴工就食。閱七載，成石塘七千一百二十八丈，自柘林城至金山城凡四十五里，復于金山漴缺險要地，捐俸築片石小塘五百五十丈以衛之，民得安堵。

乾隆改元，今上即位，擢都察院右副都御史，巡撫江西。陛見，陳母苦節，且曰：「臣母三十餘而寡，又受封，例不得旌。然臣孤苦無狀，非母不能有今日，乞省臣所例得覃恩，破格旌臣母。」上命建坊，祀節孝祠，而公仍授階如制。公之撫江西也，謹身察吏，廉民之疾苦，七十二州縣無不達。得請免浮糧十餘萬兩，革九江、贛州二關額外濫税如干款。除積害十有七事，勒之石，置石府縣官之門，示永禁。七閱月，而召爲吏部左侍郎。疏請便省墓，至里，招故人雅飲論敘，出公俸贈族黨置義田百畝，族人婚喪祭葬取給焉。時海寧方大築塘，閣部無錫嵇公總其事，公爲嵇門生，聞公至，使使候公。公進使者曰：「天子發內府錢築塘，而派夫擾及七縣，沿隄取土，壞民田墓，怨聲流道路，吾厭聞之矣。今日吾不言于師，則負師；不言于朝，則負君，其何以處我？」使者兼程返告，厥明則馬上傳箭，諸不便事悉罷。到部未久，江西巡撫岳公奏公前解關税較常年缺額九萬餘兩，下刑部鞫之，實浮減免銀二萬五千兩，除賞官兵其無款可銷者，才三百八十兩。事在赦前，得免議。奉特旨昭雪，而公已卒，年七十有七。

公天性耿介，能勞苦，勇於有爲。未至大田時，大田民有送妹嫁而失所在者，其家訟之官，官疑其妹之婿也，拷掠自誣服。核尸所在，云在某所；發之無有，則盡繫兩姓迎送者。公至，盡釋去，而宿禱於城隍廟，誓曰：「罪人不得，則吾當斲廟而去官。」夜則夢神示以小旗，書葦字，旦即廟召前所釋人問之，曰：「某以肩輿行乎？」曰：「然。」曰：「神已告我矣，殺人者輿夫也。」時有二人在廟竊瞰，伏泥鬼後，觀者衆，推泥鬼仆，適當二人頸，二人面如土，即輿夫也。鞫之吐實，果得尸。其折疑獄，誠心推求，多類此。而築海塘，則功在蘇、松，其法：疊層石而中穿之，貫以鐵筍，其横犬牙相銜，鎔鐵灌之，膠結衆石爲一。水即甚怒，不可動。先後督撫如李公衛、尹公繼善，皆奏上其法爲築海塘式。公之既葬也，有數十人詣祠焚香楮，誦佛經，守者詰之，流涕曰：「吾儕海塘夫耳。」酌以茶，泥首公像前，曰：「力非不能具牲牢，釀錢，恐傷公心；公不要民一錢者也。」如是十數年不絕。【略】

李文藻曰：予少時聞人言公守郡遺事，惟恐其辭之盡也。公嘗冒雪過鄉宦憑協一家索飲，協一爲言民害數事，立除之。或布袍棉鞵行市井，民所苦樂無弗知。既引疾，僦居府治南民宅，父老獻蔬米者，日闐于門。被召赴都，民罷市遮留，三易期而不得行，乃夜從二僕，自持鑰啓東城門去。質明，民爭追之，無及矣。當時肖像范公祠之後樂序，蹟久圮；而北郭汪公喬年祠前，公之去思碑在焉。予讀碑，略得公名實，近客濟南，復交公之孫濟陽知縣調元，悉其世。調元出家傳，俾予第之。嗚呼！吾郡之民，猶然俞公之民也，今往往以事控臺使，擊登聞鼓矣。或者謂青州民悍黠，樂訟無仁恩，乃當俞公時，何其彬彬然有情禮哉？

張自德

錢儀吉《碑傳集》卷六二毛際可《張中丞公自德傳》 公諱自德，字元公，姓張氏，潔源其別號也，世爲順天豐潤人。少穎異，讀書寒暑無間。年十六，補博士弟子員。十九，隨王師而東，遂隸籍藩下。尋從龍入關，由丁亥貢士授慶都令。地瘠而衝，公整飭郵驛乘傳，使客無敢需索以逞者。邑多吏胥爲姦，完欠混淆，公盡法繩之，逋賦釐然畢清。更以餘力修葺學宮，數載後風化丕振，公庭不聞捶楚聲也。報最，奉旨行取，補貴州道御史，視鹺兩淮。時秦、楚軍需旁午，多取給于淮。刻期轉解，士馬得以飽騰，而豪右斂手，課額培增，商民交口頌焉。旋入掌河南道，管京察大計。執法不阿，風清弊絶。內陞太僕寺少卿，協理督捕堂事，歷通政司左、右參政，大理寺正卿，以右副都御史巡撫陝西。尋罷官家居。

今上御極，仍起復原官，巡撫河南。大梁自闖逆灌河，城郭墟莽，諸大吏皆暫駐雍丘。公倡議捐輸，晝夜巡行板築間，不數月，樓櫓屹然，且公署重建，宏麗甲于諸省，不費民間半菽。晨起坐堂皇，以伸理冤抑爲己任。如房有才輩十有三人，爰書久定大辟，公廉得其枉，疏請原宥，復得齒于平民。其他如叛案之株連，藩產之蔓引，一經訊鞫，圜室爲空。性伉直，不能容人過，以此得嚴厲聲。然遇廉能之吏，則殷勤獎掖，未嘗見其疾言遽色也。丁未，循例自陳，溫旨慰留。屢以捐助城工，墾荒賑穀，漕運全完諸政績，特晉工部尚書，加正一品，又加五級。奉旨巡歷郡邑，勞瘁遘疾，享年六十而終。崇祀河南名宦。

公留心國計民生，章奏尤爲剴切。往者西山搆亂，夫役協濟，豫省爲之騷動。公抗疏爭之，謂「西山隸楚境，向因所屬房、竹諸邑爲賊盤踞，道路梗塞，不得已令豫省雇募以濟軍興。今房、竹已通，而雇募如故，民不堪命，敢代爲呼籲以請」。事下部議，淅川、鎮平各屬得以息肩。又茶馬院請將監馬分給河南各驛，公謂「八九千里外，牽領煩費，且領馬必償價。豫省蠲荒後，驛站現在之額銀尚不足以養舊定之額馬，更以何者充新馬之價乎」？議遂中寢。公又諳習河務，所著《四要六弊》諸篇，與涖任時修築遥堤縷堤之屬，所言若合符契，工程省什之三，帑金省什之一，允爲治河之準的云。贊曰：

際可司李鄴郡，蒙公國士之知。竊謂從來封疆大臣，以實心任事府勞任怨者爲難，惟公庶無媿焉。二十年豐功偉績，照耀貞珉。謹按長君見陽行述，略爲詮次，猶未足以盡公之生平也。

張衡

徐世昌《大清畿輔先哲傳》卷一九《文學・張衡》 張衡，字友石，又字羲文，號晴峰，景州人。父培貞，字存之。順治三年舉人，有孝行，母喪，三年不履中門，不茹葷酒，居堊室，顏曰負疚，作鮮民之生文述哀，讀者流涕。衡年十二，通經史，能詩文，尤精鍾、王筆法。順治十八年，成進士，授內閣中書舍人。康熙十一年，典試山西，稱得士。由户部主事歷陞工部郎中，以才能薦督窑廠。時造築陵工瀛台內殿門觀約百餘所，衡親勘督建，費少而功倍。事竣，詔從優議敘。視學浙江，以講明儒術、振拔寒俊爲務。嘗曰：節費以養親，省事以却謗，忍氣以養和。讀聖賢書，近直諒友，以無忝所生。浙人咸嘆服，刻文教録諸書以紀其盛。二十七年，補陝西榆林道。疏通茶引，建廛舍，中外互市，部署整肅。墾邊外閒田，獲粟數萬斛，邊氓頓饒。三十一年，歲大饑，巡視長安、咸陽諸縣，散穀賑荒，全活者數十萬。三十五年，聖祖北征噶爾丹，沿邊徵調，衡修防禦，明戰法，戎衣介馬，烽火不驚。年七十，乞休，歸。四十年，卒，年七十四。衡篤學嗜古，官工部時，貧不能舉火，貸錢過慈仁寺，購書歸，讀之忘饑。偶游燕市，得古琴，開腹見大唐雷氏斲及宣和字，驚爲雷琴，作歌記事，名流屬和者數十人。時宣城施閏章、新城王士禎、宜興陳維崧、任丘龐塏以詩文名海內，皆慕與之交。著有褉亭詩稿、聽虞閣集。周在建曰：衡之詩過人者三，曰典，由學問之博也；識，由閱歷之精也；品，由涵養之深也。識者以爲知言。

程兆彪

李桓輯《國朝耆獻類徵初編》卷一四四《郎署・程兆彪》 予年三十識君於筍里，又十餘年識君子仁於澄江，又二十餘年識君孫樹於秦淮。是年，君卒於溪，樹自亳奔喪，以死悲夫。三世之交，頓失其二也。明年，予往弔，孤仁捧手哭泣，以墓銘請。又明年銘成，而誌之。君姓程氏，諱兆彪，字慰書，徽之休寧人，曾祖祖以、贈父以，封皆光禄大夫。妣皆贈一品夫人。封公始卜居松江之上海，娶洪夫人，生二子。長兆麟，陝西分巡道撫察司僉事，次即君也。君幼受業於楊中翰，幨其外舅王玠石先生器君不凡，命中翰以女妻。君弱冠入太學，遭母喪，服除，鄉舉不遇，因謁選授兵部司務，擢刑部雲南清吏司主事，所至以才著，曹長咸器之，時年未三十也。念父大耋而兄遠仕陝，遂請急省親歸里，生養病醫，死葬盡其孝。當是時，相國遂寧張公方督治河，請於朝，擇才以佐，遂舉君兄弟。君自服闋莅事，在河工先後二十餘年，淮黄利害，多所贊畫。每興築，與河卒均勞苦，暑雨凍雪，指麾河壖，竣工如期，堅緻不壞。若高堰石工、安東汛土埽工、搶護安山、宿虹、陳灣、蔡道口諸險工，挑山清口河築柳園范莊諸土埽工，隤竹楗石以丈計，且逾萬。積勞久至，手顫耳鳴，病歸於吴，以老可惜也。然自仁皇帝視河，召君傍輦，行五六里，顧問詳備，賜宸翰寵之。以至河督大臣，相次奏君功績，爲河員最。因數增秩，不爲不知君矣。嘗攝懷慶河防。通判不以部曹貴輕倅事曰：爲人臣安往不可盡職，且吏治吾好也。於是葺學校、清鹺法、整捕務、罷供給擾民者，修壖堳以利輓輸而資灌溉。甫三月，以大工旋，河上民思之若習久安之，一旦失之者。事兄謹終，兄身不析箸於河。於家事必諮兄。兄殁後，爲同官詿累，君命子仁鋭身白冤，卒得白。昔誠親王書「孝友」二字詒君，爲不愧云。既宦而貧不能歸，寓吴養病，受子養以卒，雍正十年冬也，年六十又三，距楊安人之殁三十三年矣。安人十五歸，君賢且孝，姑疾，侍湯藥，姑亡，視含殮禮哀俱至。君宦京師，安人念舅老，遣姬媵隨任而已，留家奉甘旨賓祭，以腆潔婣戚，以厚臧獲，以慈喪舅，執禮如喪姑，勞於家政，年二十八而卒。君終身不復娶，曰：「疇若安人賢者，今年月日，諸孤奉君柩歸葬於休寧之先壠，安人祔焉。」而予誌其仕宦孝弟之大者於石，其餘言行詳行狀。子八人，仁爲長，女五人，孫十人，嫁娶咸名族。仁試北闈，大臣賞其遺卷，呈御覽，名著都邑。少子佩、孫樹，皆髫丱能文，稱黌校間，樹尤俊拔，善詩，爲予詠小山。其卒也，甫冠聘婦宋未婚，歸夫家守節，其教子孫又如此。君所著《治河書》十八卷，《黄運兩河圖》二卷，皆適於用。予既悲君之才而位未顯，壽未多，又悲孤仁連喪其父子也，故不辭銘，銘曰：少登於朝，老未罄其用兮；淮黄湯湯，工則可頌兮；祖之長逝，孫則送兮。鬱鬱其封，與婦共兮。予差長而銘其幽，恍若夢兮；他日車過，腹不其痛兮。右墓誌銘錢陳羣撰。

黄攀龍

李桓輯《國朝耆獻類徵初編》卷四八一《方技》　黄攀龍，桂東人，精於攻木。康熙初，武昌黄鶴樓勢傾倚，攀龍舁整如舊，省費萬計，人皆神之。桂陽下濠有橋，地峻水急，植木爲基，不旋踵毁，延攀龍至，橋遂就。邑泉溪，有田資灌，上堰，屢修輒壞，攀龍親鑿石架木，出人意表，至今永固。

馬鳴蕭

《（光緒）重修天津府志》卷四四《人物》　馬鳴蕭，字和鑾。順治乙酉舉人四年進士，官浙江湖州府推官。辛卯分校十一年，内授工部主事。前志監修乾清宫，暴身烈日中，得賜御用雨蓋。又表裏銀馬有差，後監督蕪湖關，抽分溢額二萬一千六百餘兩，商民懷之，立去思碑，陞員外郎，三年告歸。優游林泉，惟嗜吟詠，人服其清尚，著有《惕齋詩草》一卷。

姚之夔

《（乾隆）宣化府志》卷二九《人物》　姚之夔，字龍友，宣化人。由廪生入國學，授柳州判州，灘河名三十六斗，七十二灘者，水石衝激，屢壞舟之夔。奉檄往視，築堤鑿石，險者以平。上官知其才，屢委署篆。在南寧詳免省餉遠解，在東蘭親詣蠻洞諭輸積逋。丙寅調任太平，按僞劄時多脅從之，夔力言于上官令自首付火，保全者衆。尋陞廣東提舉，親理場竈，疏通脚引，商民便之。以丁艱歸不復出，居家以孝友稱。

紀事

漢

《文獻通考》卷二六七《封建考八》　梧齊侯陽城延，以軍匠從，入漢爲少府，作長樂、未央，築長安城，侯五百户。

魏晉南北朝

《周書》卷五《武帝紀》　〔建德元年三月癸亥〕詔曰：「民亦勞止，則星動於天；作事不時，則石言於國。故知爲政欲静，静在寧民；爲治欲安，安在息役。頃興造無度，徵發不已，加以頻歲師旅，農畝廢業。去秋災蝗，年穀不登，民有散亡，家空杼軸。朕每旦恭己，夕惕兢懷。自今正調以外，無妄徵發。庶時殷俗阜，稱朕意焉。」

《周書》卷四〇《樂運傳》　運乃輿櫬詣廟堂，陳帝八失：【略】六曰：都下之民，徭賦稍重。必是軍國之要，不敢憚勞。豈容朝夕徵求，唯供魚龍爛漫，士民從役，祇爲俳優角觝。紛紛不已，財力俱竭，業業相顧，無復聊生。凡此無益之事，請並停罷。

朱銘盤《南朝宋會要・民政・徭役》 二十三年，築北堤，立玄武湖於樂遊苑北，興景陽山於華林園，役重人怨。《南史》本紀。 上欲於湖中立方丈、蓬萊、瀛洲三神山，右僕射何尚之固諫乃止。時又造華林園，並盛暑役人工，尚之又諫，宜加休息，上不許。《尚之傳》。

孝武鎮歷陽，行征虜參軍沈亮啓文帝陳府事曰：「伏見西府兵士，或年幾八十，而猶伏隸；或年始七歲，而已從役。衰耗之體，氣用湮微，兒弱之軀，肌膚未實，而使伏勤昏稚，騖苦傾晚，於理既薄，爲益實輕。書制休老以六十爲限，役少以十五爲制，若力不周務，故當粗存優減。」詔曰：「前已令卿兄改革，尋值遷回，竟是不施行耶，今更勅西府也。」時營創城府，功課嚴促，亮又陳之曰：「經始城宇，莫非造創，基築既廣，夫課又嚴，不計其勞，苟務其速，以歲月之事，求不日之成。比見役人未明上作，閉鼓乃休，呈課既多，理有不逮。至於息日，拘備關限，方涉暑雨，多有死病，頃日所承，亦頗有逃逸。竊惟此既內藩，事殊外鎮，撫莅之宜，無繫早晚。若得少寬其工課，稍均其優劇，徒隸既苦，易以悅加，考其卒功，廢關無幾。臣聞不居其職，不謀其事，庖割有主，尸不越樽，豈臣疎小，所當預議。但臣泳恩歲厚，服義累世，苟是所懷，忘其常體。」詔答曰：「啓之甚佳，此亦由來常患，比屢敕之，猶復如此，甚爲無理。近復令孟休宣旨，想當不同，卿可比密觀其優劇也。」《自序》。

元嘉中，衛將軍王弘上言：「舊制，人年十三半役，十六全役。今四方無事，應存消息。請以十五至十六爲半丁，十七爲全丁。」從之。《南史》本傳。

隋唐

長孫無忌等《唐律疏議》卷七《衛禁》 諸因事得入宮殿而輒宿及容止者，各減闌入二等。

【疏】議曰：因事得入宮殿者，謂朝參、辭見、迎輸、造作之類。不合宿者而輒宿，及容止所宿之人，各減闌入罪二等：在宮內，徒一年；殿內，徒一年半。

即將領人入宮殿內，有所迎輸、造作，門司未受文牒而聽入及人數有剩者，各以闌入論；至死者加役流。

【疏】議曰：將領人入宮殿，有所迎出；有所輸送，「造作」，謂宮內營造：門司皆須得牒，然後聽入。若未受文牒而輒聽入，及所入人數有剩者，門司各以闌入論。若入上閤內及御在所，應至死者，門司各加役流。

將領主司知者，各減闌入罪一等。入者知，又減五等；不知者，不坐。

【疏】議曰：將領主司，謂領人迎輸、造作。知門司未受文牒及人數有剩，而領入者，各減闌入罪一等：宮內，徒一年半；殿內，徒二年；入上閤內及至御在所，流三千里。「入者知，又減五等」，稱「又」者，謂減將領者罪五等。不知情入者，不坐。

問曰：「將領主司知者，減闌入罪一等。」不言不知。若有不知而領入者，合得何罪？

答曰：上條：「冒名相代，各以闌入罪論，主司不覺減二等。」注云：「餘條主司準此。」明將領主司不知，得減知情二等。上既有例，故不生文。

諸在宮殿內作罷而不出者，宮內，徒一年；殿內，徒二年；御在所者，絞。闌仗應出而不出者，亦同。

【疏】議曰：在宮殿內作罷者，丁夫、雜匠之徒作了。其有應出不出者，宮內，徒一年；殿內，徒二年；御在所者，絞。若有闌仗應出者，並即須出，有不出者，得罪與御在所同。

問曰：在宮殿內及御在所，作罷不出，律有正文。若在上閤內不出，律既無文，若爲處斷？

答曰：上閤之內，例與闌仗所同。應出不出，此條無文者，爲上文注云：「闌仗應出不出，與御在所同。」上閤內有宮人，同御在所，合絞；御不在，又無宮人，減二等。

不覺及迷誤者，上請。

【疏】議曰：營作之所，院宇或別，不覺衆出，或迷誤失道，錯向別門，非故不出，皆得將領主司知者，與同罪；不知者，各減一等。闌仗主司搜人不盡者，各準此。

【疏】議曰：將領主司，謂領人入者。若知有人不出，不即言者，與不出人同罪。其不知有人不出者，各減一等，謂御所、宮殿內各得減一等。「闌仗主司」，謂領人搜索闌仗者。其闌仗內有人不出，各準將領主司之罪，故云「各準此」。

長孫無忌等《唐律疏議》卷第一一《職制》 諸監臨之官，私役使所監臨，及借奴婢、牛馬駝騾驢、車船、碾磑、邸店之類，各計庸、賃，以受所監臨財物論。

【疏】議曰：監臨之官，私役使所部之人，及從所部借奴婢、牛馬駝騾驢、車船、碾磑、邸店之類，稱奴婢者，部曲、客女亦同，各計庸、賃之價，人、畜、車計庸，船以下準賃，以受所監臨財物論。强者，加二等。其借使人功，計庸一日絹三尺。人有强弱、力役不同，若年十六以上、六十九以下，犯罪徒役，其身庸依丁例；其十五以下、七十以上及廢疾，既不任徒役，庸力合減正丁，宜準當鄉庸作之價。若準價不充絹三尺，即依減價計贓科罪；其價不減者，還依丁例。即役使非供己者，非供己，謂流外官及雜任應供官事者。計庸坐贓論，罪止杖一百。其應供己驅使而收庸直者，罪亦如之。供己求輸庸直者，不坐。

【疏】議曰：非供己，謂流外官者，謂諸司令史以下，有流外告身者。「雜任」，謂在官供事，無流外品。爲其合在公家驅使，故得罪輕於凡人不合供官人之身，計庸坐贓致罪，一尺笞二十，一疋加一等，罪止杖一百。其應供己驅使者，謂執衣、白直之類，止合供身驅使，據法不合收庸，而收庸直，亦坐贓論，罪止杖一百，故云「亦如之」。注云「供己求輸庸直」，謂有公案者，不坐。别格聽收庸直者，不拘此例。

若有吉凶，借使所監臨者，不得過二十人，人不得過五日。其於親屬，雖過限及受饋、乞貸，皆勿論。親屬，謂緦麻以上及大功以上婚姻之家。餘條親屬準此。

【疏】議曰：吉，謂冠婚或祭享家廟。凶，謂喪葬或舉哀及殯殮之類。聽許借使監臨部内，所使總數不得過二十人，每人不得過五日。「其於親屬雖過限」，謂親屬别於數限外驅使及受饋餉財物、飲食，或有乞貸，皆勿論。親屬，謂本服緦麻以上親及大功以上親共爲婚姻之家，並通受饋餉、借貸、役使，依法無罪。餘條親屬準此者，謂一部律内，稱「親屬」處，悉據本服内外緦麻以上及大功以上共爲婚姻之家，故云「準此」。

營公廨借使者，計庸、賃，坐贓論減二等。即因市易剩利及懸欠者，亦如之。

【疏】議曰：借使所監臨奴婢、牛馬、車船、碾磑、邸店之類，爲營公廨使者，各計庸、賃，坐贓論減二等。即爲公廨市易剩利及懸欠其價不還者，亦計所剩及懸欠，坐贓論減二等，故云「亦如之」。

諸監臨之官家人，於所部有受乞、借貸、役使、賣買有剩利之屬，各減官人罪二等；官人知情與同罪，不知情者各減家人罪五等。

【疏】議曰：「臨統案驗爲監臨。」注云：「謂州、縣、鎮、戍折衝府等判官以上，總爲監臨。自餘唯據臨統本司及有所案驗者。」此等之官家人，於其部内有受財、乞物、借貸、役使、賣買有剩利之屬者，各減官人身犯二等。若官人知情者，並與家人同罪。其「不知情者，各減家人罪五等」，謂準身自犯，得減七等。

其在官非監臨及家人有犯者，各減監臨及監臨家人一等。

【疏】議曰：在官非監臨者，謂非州、縣、鎮、戍、折衝府判官以上，其諸州參軍事及小録事，於所部不得常爲監臨，此爲「在官非監臨」。若有事在手，便爲有所案驗，即是監臨主司。無所案驗者，有所受乞、借貸、役使、賣買及假賃有剩利之屬，知情、不知情，各減監臨之官罪一等。家人有犯，亦減監臨家人罪一等。

問曰：州、縣、鎮、戍、折衝府判官以上，於所部總爲監臨，自餘唯據臨統本司及有所案驗者。里正、坊正既無官品，於所部内有犯，得作監臨之官以否？答曰：有所請求及枉法、不枉法，律文皆稱監臨主司，明爲臨統案驗之人，不限有品、無品，但職掌其事，即名監臨主司。其里正、坊正，職在驅催，既無官品，並不同監臨之例。止從「在官非監臨」，各減監臨之官罪一等。

長孫無忌等《唐律疏議》卷二五《詐僞》 諸詐自復除，若詐死及詐去工、樂、雜户名者，徒二年。

【疏】議曰：「詐自復除」，復除之條，備在格、令，謂詐云落番新還，或詐云放賤之類，以得復除；若詐作死狀；及詐去工、樂及雜户等名字者：徒二年。其太常音聲人，州縣有貫，詐去音聲人名者，亦同工、樂之罪。

即所詐得復役使者，徒一年。其見供作使，而詐自脱及脱之者，杖六十。計所詐庸重者，各坐贓論。

【疏】議曰：謂詐爲雜任之類，而得復免役使者，徒一年。「其見供作使」，謂權充雜役，而詐自脱及知情脱之者，各杖六十。計其詐庸重者，各坐贓論。

長孫無忌等《唐律疏議》卷二六《雜律》 諸丁匠在役及防人在防，若官户、奴婢疾病，主司不爲請給醫藥救療者，笞四十；以故致死者，徒一年。

【疏】議曰：丁匠在作役之所，防人在鎮守之處，若官户、奴婢在本司上者，而有疾病，所管主司不爲請，雖請而主醫藥官司不給，闕於救療者，笞四十。「以故致死者」，謂不請給醫藥救療，以故致死者，各徒一年。

諸營造舍宅、車服、器物及墳塋、石獸之屬，於令有違者，杖一百。雖會赦，皆令改去之；墳則不改。

【疏】議曰：營造舍宅者，依《營繕令》：「王公已下，凡有舍屋，不得施重拱、藻井。」車者，《儀制令》：「一品青油纁，通幰，虛偃。」服者，《衣服令》：「一品衮冕，二品鷩冕。」器物者，「一品以下，食器不得用純金、純玉。」墳塋者，「一品方九十步，墳高一丈八尺。」石獸者，「三品以上，六；五品以上，四。」此等之類，具在令文。若有違者，各杖一百。雖會赦，皆令除去，唯墳不改。稱「之屬」者，碑、碣等是。若有犯者，並同此坐。

其物可賣者，聽賣。若經赦後百日，不改去及不賣者，論如律。

【疏】議曰：舍宅以下，違犯制度，堪賣者，須賣；不堪賣者，改去之。若赦後百日，不改及不賣者，還杖一百，故云「論如律」。

王溥《唐會要》卷五〇《雜記》〔元和二年〕三月詔：「男丁女工，耕織之本；雕牆峻宇，耗蠹之源。天下百姓或冒爲僧道士，苟避徭役，有司宜備爲科制，條例聞奏。」

《册府元龜》卷五一五《憲官部・剛正第二》 李乾祐，貞觀初爲殿中侍御史。時有鄃令裴仁軌私役門夫，太宗欲斬之。乾祐奏曰：法令者，陛下制之於上，率土遵之於下，與天下共之，非陛下獨有也。仁軌犯輕罪而致極刑，是乖畫一之理。刑罰不中，則民無所措手足，臣忝憲司，不敢奉制。太宗意解，仁軌竟免。

《册府元龜》卷一八一《帝王部・惡直》 梁毗爲刑部尚書并攝御史大夫事，奏劾字文述私役部兵。煬帝議免述罪，毗固諍。因忤旨，遂令張衡代爲大夫。毗憂憤，數月而卒。

《舊唐書》卷八七《李昭德傳》 李昭德，京兆長安人也。父乾祐，貞觀初爲殿中侍御史。時有鄃令裴仁軌私役門夫，太宗欲斬之，乾祐奏曰：「法令者，陛下制之於上，率土尊之於下，與天下共之，非陛下獨有也。仁軌犯輕罪而致極刑，是乖畫一之理。刑罰不中，則人無所措手足。臣忝憲司，不敢奉制。」太宗意解，仁軌竟免。乾祐尋遷侍御史。

宋

《宋刑統》卷三《名例律・犯流徒罪》 【准】《獄官令》，諸犯徒應配居作者，在京送將作監，婦人送少府監縫作。在外者，供當處官役。當處無官作者，聽留當州修理城隍、倉庫及公廨雜使。配流應住居作者亦准此。婦人亦留當州□□□配春。又條，諸流徒罪居作者，皆著鉗，若無鉗著盤枷，病及有保者聽脫。不得著巾帶。每旬給假一日，臘、寒食各給二日，不得出所役之院。患假者陪日役滿，遞送本屬。

【准】唐元和八年正月二十二日敕節文，自中及外徒□□□及年月滿日，並令奏知，並申牒臺省及□□寺，其徒人便任遞歸本管。

趙汝愚《宋名臣奏議》卷一二八王曾《上真宗乞罷營玉清昭應宫》 所謂五者之目，請爲陛下陳之。且今來所創立宫，規制宏大，凡用材木，莫非梗楠。切聞天下出産之處，收市至多，般運赴宫，尤傷人力。雖云只役軍匠，寧免煩擾平民，況復軍人亦是黎庶，此未便之事一也。

佚名《靖康要録》卷七 〔靖康元年五月〕二十一日，檢會五月十六日聖旨：「高俅率領軍兵，敗壞紀律，累有言章，可與追除，子孫倖冒，亦與降等授官，以戒後來者。」吏部供到：高俅已身亡，前係檢校太保、奉國軍節度、開府儀同三司、簡國公；子堯卿見係岳陽軍承宣使，堯輔安國軍承宣使，堯唐桂州觀察使。十八日，奉聖旨：「高俅追檢校太保、開府儀同三司，堯卿、堯輔並與右武大夫，堯康與右武大夫，並遥郡刺史，餘官追奪；諸孫特免。」臣僚上言：「謹按高俅初由胥吏遭遇，夤緣幸會，致位使相，檢校、三公，不思竭力圖報，乃敢自恃昵幸，無所忌憚。身總軍政，而侵奪軍營以廣私第，多占禁軍以充力役。其所占募，多是技藝工匠，既供私役，復借軍伴，軍人能出錢貼助軍匠者，與免校閱。凡私家修造磚瓦泥土之類，盡出軍營。諸軍請給既不以時，而俅率斂又多，無以存活，往往別營他業，雖禁軍亦皆僦力取直，以苟衣食，全廢教閱，曾不顧恤。夫出錢者既私令免教，無錢者又營生廢教，所以前日緩急之際，人不知兵，無一可用。朝廷不免屈己夷狄，實俅恃寵營私所致。貪財誤國之姦，不減蔡攸，偶有司失刑，遂免遠竄，得終牖下。今來止追前官，不惟不足以厭公論，亦無以誡後來。」奉聖旨：高俅更追節度、簡國公。

李心傳《建炎以來繫年要録》卷一七五 〔紹興二十六年十月〕癸丑，詔：見任官於所部私役工匠營造己物者，依律計庸，準盜論。若緣公興造，即申所屬，輪差，優償工直，著爲令。先是大理少卿陳章在司農有請，至是行下。

李心傳《建炎以來繫年要録》卷二〇〇 又曰：昔太祖剏業之初，親制軍政，以遺後世。如南北倉請糧之制，平時固欲習其筋力，以戒驕惰。然禁約私役，至爲嚴切。《承明集》曰：自今諸軍，除繕築城壁、立寨栅、打造戰具、搬請糧草、應干工役外，不許私役戰士蓋造私第，營葺房廊，修築園圃及興販工作等。《承明集》曰：

太上皇帝略降指揮約束。如敢更有違犯，委御史臺彈奏，當重寘典憲，庶幾仰合祖宗優養士卒之意。臣留正等曰：夫兵不可使太勞，亦不可使太逸。太勞則瘁，太逸則惰。是故役於公可也，役於私不可也。太祖皇帝命軍士於南北倉請糧，使之舍近而就遠，欲以習其筋力，是所謂役之於公也。至於將帥私役，則禁之甚嚴。今壽皇首舉此以戒諸軍，深得藝祖之意，既重減尅之令，又申私役之禁。想夫三軍之士，知上之所以撫存之者如此，莫不感激奮勵，人百其勇矣。

章如愚編《羣書考索・後集》卷四一《兵制門》 國朝以備戰衛爲禁軍，以給徒役爲廂軍，各隸其州之本城，内總於侍衛，而兵部掌其政令。又以廂軍教閲者始號廂禁軍，後以爲下禁軍。熙寧三年詔：以禁軍分五都法以撿治廂軍。熙寧、元豐之間，廂軍之數視祖宗時益衆。以自三代後，凡國之役，皆調之民，故民以勞弊。宋有天下，悉役廂軍，凡役作、工徒、營繕，民無與焉。故民力全固，永平百年。

《宋史》卷三一《高宗本紀》〔紹興二十八年〕冬十月丁亥朔，遣沈介使金賀正旦，黄中賀金主生辰。辛丑，禁監司、帥、守私役軍匠。

《宋史》卷一八七《兵志一》 宋之兵制，大概有三：天子之衛兵，以守京師，備征戍，曰禁軍；諸州之鎮兵，以分給役使，曰廂軍；選於户籍或應募，使之團結訓練，以爲在所防守，則曰鄉兵。又有蕃兵，其法始於國初，具籍塞下，團結以爲藩籬之兵；其後分隊伍，給旗幟，繕營堡，備器械，一律以鄉兵之制；今因舊史纂脩《兵志》，特置于熙寧保甲之前，而附之鄉兵焉。

《宋史》卷一八九《兵志三》 廂兵者，諸州之鎮兵也。内總于侍衛司。一軍之額有分隸數州者，或一州之管兼屯數州者。在京諸司之額五，隸宣徽院，以分給畜牧繕修之役，而諸州則各以其事屬焉。建隆初，選諸州募兵之壯勇者部送京師，以備禁衛；餘留本城，雖無戍更，然罕教閲，類多給役而已。【略】

政和五年，廣固四指揮各增五百人，以備京城之役。六年三月，增置通濟兵士二千人，備御前牽挽綱運。於是工役日興，增募益廣矣。【略】建炎而後，兵制靡定，逮乾道中，四川廂軍二萬九百七十二人，禁軍二萬七千九百九十二人。厥後廢置損益，隨時不同，摭其可考者以附見焉。

秦蕙田《五禮通考》卷二四〇《軍禮八》 蕙田案：南宋自慶元、嘉泰以後，禁衛之訓練，猶間行之，而外郡之兵多爲州軍官所占役，謂之軍匠。甚至雕鏤、組繡、攻金、設色之事，皆兵爲之。蓋光、寧怠廢，重以韓、賈諸姦姑息之習，成虚糜之政煩也。

西夏

《西夏天盛律令》卷五《季校門》 諸首領下屬人披、甲、馬、雜物、武器因校驗缺短而已革官軍職，服勞役時，其代替人自其屬軍中派。其法：軍一種以同司院中有先越敵城頭、斬殺敵軍、有大功，有記録者任之。若無如此者，則以屬下小首領、舍監、末驅中有七種以上功及屬下舍□有超十次以上功者，何人功階高當任之。若其二種人互相功階相等，則由何人勇健强勁族父樂意者任之。若無如此者，則在同城溜舊首領中有五次以上功者任之。若其功階相同，亦應選其何人勇健族父樂意者任之。此外，其他各部類革軍職代替者，當派其屬下按自己本職相同順序，何人有功，勇健强勁及有匠作工巧堪任之首領。

金

《金史》卷一二《章宗本紀四》〔泰和閏四月〕甲戌，制諸州府司縣造作，不得役諸色人匠。違者準私役之律，計傭以受所監臨財物論。

元

《通制條格》卷二《户令・搔擾工匠》 至元二十八年十月十九日，中書省奏：「運糧的南人的孩兒張萬户説有，「江南官人每影占着匠人每，梯己的勾當裏使用有，又科要錢有。如今取見匠人每數目，各局院裏合造的額數造了呵，放還教做他每的勾當養喉嗉吃呵，怎生？」麼道説有。有體例一般有，前者夏裏，「不揀是誰局院裏，休教造梯己的勾當有，官人每、有氣力的富户每根底休影占着行者。」麼道聖旨行了來。如今也依着他的言語行呵，怎生？麼道，奏呵，「您的不是有，尚自這裏局院裏有的匠人每根底，桑哥等賊每梯己的勾當裏使用來，不收拾放了呵，開與做賊的門户一般。自由的不拏着使那甚麽？再商量者麽道。聖旨了也。欽此。」送工部照得近欽奉聖旨節該：「元省部文字，無投下官人每印信文字，下次委的官吏每，下頭不揀甚麽要有，自己勾當裏軍匠夫役當有，官司局院裏梯己段疋諸般生活雜造有，私下百姓每根底不揀甚麽科要有，麽道奏來。如今這勾當行的時分，不揀誰其間休入去者，私下百姓每根底不揀甚麽休科要者，官司局院自己生活休教造作者，軍匠夫役休差占者，道來。這般道了，這勾當别了的人每有罪過者。又這打算的要肚皮，覥面情呵，無體例的百姓生受行呵，他每更不怕那？聖旨了也。欽此。」議得：江南人匠擬合常川入局，驗周歲定到額造工程造作。若有匠官人等影占人匠，科要錢物，擬合欽依已降聖旨事意禁治。如有違犯，從肅政廉訪司體察。都省准擬。

《通制條格》卷六《選舉・匠官》 皇慶元年十二月二十六日，中書省奏准減繁事内一件節該：行省所咨考滿匠官，都省判送吏部比對勘合，移關工部定擬，似涉文繁。今後行省别置匠官，勘合文簿發付工部收掌，就行判送比對完備，定擬窠闕，移關吏部，依例施行。

《通制條格》卷七《軍防・擅差》 大德四年七月初八日，樞密院奏：雲南行省官、江西行省官每各差了伍佰名軍修蓋省工役來。常例差工役軍呵，上位不奏了不差有來。這的每不曾奏着差了有，臺官每也道無體例，麽道説將來。不奏了差軍的他每無體例者，雖是那般呵，自己的勾當裏不曾差來，修蓋省來，皇帝識者。麽道。奏呵，如今已修蓋了也，後底那般休差者。今後不商量着差軍呵，有罪過者。各處行文書者。麽道聖旨了也。欽此。

《通制條格》卷七《軍防・私役》 至元二十八年七月二十四日，樞密院奏：奉聖旨，軍官每休教使軍者説的上頭，俺商量來，在先不曾説的上頭，軍官每多占使軍有來。如今没出征的其間，多不教使，萬户每根底捌箇、千户鎮撫肆箇、百户彈壓每兩箇人教使者。今已後多使軍人呵，軍官每根底要罪過者。商量來。麽道。奏呵，不索尋思，那般者。麽道聖旨了也。欽此。

《通制條格》卷一三《禄令・工糧》 至元二十年七月，中書省奏：火兒赤每俺根底與將文書來，「匠人每生受有，驗家口給糧呵，怎生？奏呵，奉聖旨：那般者麽道。」俺商量得，人匠喫糧的體例，已先月哥歹皇帝定奪來的體例有，匠人每造作呵，驗工程與糧有來。如今若依家口與糧呵，無體例。只依先體例驗工程與糧呵，怎生？商量來。奏呵，奉聖旨：是也。火兒赤每理會得甚麽那般者。

延祐元年九月，中書省奏：「興和路有的局院人匠，教你咱馬丁尚書等官分揀了，勾當都完備了來呵，久遠怎生，與糧的共間，定擬了奏者。」聖旨有來。「如今這分揀定的二十六局人匠每，每歲總支着口糧貳萬肆仟叁佰餘石計，他每造作的工程呵，該支着四千捌拾餘石糧有。當間爲是支請口糧的上頭，僥倖的人每教不應的軍站民匠人的奴婢詭名入來的，多支糧的緣故是這般有。驗工支與糧呵，每年省減官糧貳萬餘石，匠人也不虧損有，又除了奸弊麽道，他每與了俺文書有。俺商量來，他每説的是有。依着他每定擬來的教行呵，怎生？奏呵，那般者麽道。聖旨了也。欽此。

《通制條格》卷一三《禄令・工糧則例》 至元二十四年七月，尚書省奏：相哥平章爲頭尚書省官人每奏將來，「請糧的匠人當着壹分差發，貳拾口家糧請的也有。又則當着一分差發，兩三口請糧的也有。這的每都一般與糧呵，多了的一般有。」俺商量得，口數多的與四口糧，四口以下的驗口數與呵，怎生？奏呵，那般者麽道。聖旨了也。欽此。

至元二十五年三月，尚書省户部呈：分揀到各衙門應支鹽糧人口，除請錢住支外，不曾請錢人户擬四口，並隻身人口，除已分揀定四口爲則外，驗户請糧户數亦合一體，每户多者不過四口，少者驗實有口數，正身月支米三斗、鹽半斤，家屬大口月支米貳斗伍升，家屬小口並驅大口月支米一斗伍升，驅口小口月支米七升伍合。並印鈔抄紙人匠、壩河倒壩人夫，每年俱有住閑月日，擬合實役月日，每名月支米三斗、鹽半斤。都官准擬。

皇慶元年九月，中書省奏：留守司管的八剌哈赤每，在前四口爲則與糧來。今春宣徽院官憑着留守司官奏來的，省裏不與文書，徑直行了文書，陸口爲則與糧米。肆口爲則喫糧二十餘年也。前者他每根底也與了錢物來。只依舊四口爲則與糧呵，怎生？奏呵，那般者。聖旨了也。欽此。

《元史》卷一一《世祖本紀八》 〔至元十七年十二月〕乙酉，敕民避役竄名匠户者復爲民。

《元史》卷二一《成宗本紀四》 〔大德九年〕二月癸未，敕軍匠等户元隸東宫者，有司毋得奪之。

《元史》卷二三《武宗本紀》 〔至大三年四月〕丙子，立管領軍匠千户所，秩正五品，割左都威衛軍匠八百隸之，備興聖宫營繕。

《元史》卷八三《選舉三》　十六年，部擬：「管匠官止於管匠官内遷用。其身故匠官之子，若依管民官品級承廕，緣匠官至正九品以下，止有院長、同院務，例不入流品，似難一例廕用。比附承廕例，量擬正從五品子於九品匠官内敘，六品、七品子於院長内敘。凡儤直曾當怯薛身役，已經歷仕及止有一子，五十以上者，並免。」

《元史》卷八九《百官志五》　左都威衛使司，秩正三品。使三員，副使二員，僉事二員，經歷、知事、照磨各一員。至元十六年，以侍衛親軍一萬户撥屬東宫，立侍衛都指揮使司。三十一年，改隆福宫左都威衛使司，隸中宫。至大三年，選造作軍士八百人，立千户所一、百户翼八以領之，而分局造作。延祐二年，置教授二。至治三年，罷軍匠千户所。

《元史》卷九〇《百官志六》　大都路管領諸色人匠提舉司，秩從五品。掌大都諸色匠户理斷昏田詞訟等事。提舉一員，從五品；同提舉一員，正七品；副提舉一員，正八品；吏目一人，司吏二人。中統四年，置人匠奥魯總管府，秩從四品。至元十二年，改提舉司。十五年，兼管採石人户，秩如舊。

真定路、東平路管匠官，秩從七品。每路大使一員，副使一員，中統四年置。

保定路、宣德府管匠官，秩從七品。保定大使一員，副使一員，管匠官一員；宣德二員。中統四年置。

《元史》卷九九《兵志二》　武衛：至元二十五年，尚書省奏，那海那的以漢軍一萬人，如上都所立虎賁司，營屯田，修城隍。二十六年，樞密院官暗伯奏，以六衛六千人，塔剌海孛可所掌大都屯田三千人，及近路迤南萬户府一千人，總一萬人，立武衛親軍都指揮使司，掌修治城隍及京師内外工役之事。

《元史》卷一〇二《刑法志》　諸行省擅役軍人營繕，雖公廨，不奏請，猶議罪。諸行省差使軍官，非軍情者，禁之。

《續文獻通考》卷一六《職役》　文宗天曆二年正月敕：回回人户與民俱當差役。先是，成宗大德中，四川廉訪司僉事多羅台上疏言：回回户計多富商大賈，宜與民一體應役。至是復有是敕。至順三年正月，罷諸建造工役，惟城郭河渠橋道倉庫勿禁。【略】〔至元〕十七年正月詔：毋以侍衛軍供工匠役。

臣等謹按：世祖雖有是詔，然考本紀，是年二月即發侍衛軍三千浚通州運河。《博勒呼傳》言，二十八年開漕渠，欲其亟成，又不欲役細民，敕四集賽人及諸府人專其役。蓋未設武衛軍以前，凡修浚興作之事，五衛軍咸受役焉。既設五衛軍後，間有急需，侍衛諸軍亦未嘗盡免。本紀又言，五衛軍舊例，十人爲率，七人、三人分爲二番。十月放七人者還，正月復役；正月放三人者還，四月復役，更休息之。【略】〔至元〕二十六年，立武衛親軍都指揮使司，掌修治城隍及京師内外工役之事。《吴元珪傳》曰：至元二十六年，元珪參議樞密院事。時繕修宫城，尚書省奏役軍士萬人，留守司主之。元珪亟陳其不便，乃立武衛，繕營理宫城，以留守段天祐兼都指揮使。凡有興作，必以聞於樞府。尋陞樞密院判官，奏定萬户用軍士八人，千户四人，百户二人。多役者有罰。

《續文獻通考》卷一二一《兵考一》　〔大德〕四年六月，詔各省，自今非奉命，毋擅役軍。至十一年六月，武宗樞密院請以軍二千五百人繕治上都鷹坊及諸官廨，有旨：自今非奉旨，軍勿輒役。至至大四年正月，仁宗禁百官役軍人營造及守護私第。【略】泰定帝泰定元年八月，敕樞密院：役軍凡三百人以上，奏聞。【略】〔至正〕三十一年正月，禁管軍官差撥造作局院軍匠充軍。

明

朱元璋《大誥三編・工匠頂替第三十》　工作人匠，將及九萬。往者爲創造之初，百工技藝盡在京城，人人上不得奉養父母，下不得歡妻撫子，如此者二十六七年。邇年以來，工多成就，人匠應合省差。朕爲事繁，一時不能打點。其所任工部官吏，惟務貪饕，本無大工，假此作爲由，將近九萬人設計勾差。一千、二千方勾到京，文案明立到京月日，實不與上工，待一月後、半月後方許上工。及至關安家鈔并月支食錢，照依文案所立月日，一槩關支鈔錠出庫。及其賞匠也，或萬或千，或數千人，止論上工之日准工。餘虚半月一月，鈔雖關出，諸色匠人不得，如此姦弊。諸匠雖關食錢、安家錢，工滿應放回還，不即與批，又行刁蹬留難，直至將安家錢、每月食錢勒要賄賂，方纔放歸，諸匠所得甚少。近年以來，愈見工減甚多，無處役使匠人。其工部官吏設計，將諸色匠人勾至便賣，得錢便放。來者方到，有錢賄賂即歸。未到者，連日發批勾取。被賣去者，到家都無半月，親戚鄰里雖欲面會，不能完全，又乃起程。似如此者，九萬工技之人，年年在途者有之，暫到京者有之，方到家者亦有之，無錢買囑終年被徵工所役者有之。嗚呼！九萬工技之人，年年在途、在京、在家，皆無寧息，上廢朝廷之供，下殃百工技藝，惟工部官吏肥己爲奇，智人君子深察至此，豈不恨哉！九萬工技之人，至如此艱難跋涉，不得休息。朕命進士秦逵職工部侍郎，掌行其事。本官到任未久，識此姦詭甚多，躬親來奏。其辭曰：「創造已定，工技有勞甚久。雖有些須未完，所用人匠甚不須多。臣將應用數目，立定限期，編成班次，使輪流而相代之。其九萬之人，一班諸色匠人不滿五千，以此輪之，四年有餘，方輪一交。」朕見其詞善，可其奏，不月編成。除當該赴工者在京，餘有八萬五千盡皆寧家，各奉父母，保守妻子。嗚呼甚矣哉！秦逵爲諸色匠人造福有如此乎！此係良謀良政，公當無移。如此者將一年餘，第四班人匠心生姦計，侮慢朝廷，自取禍殃。朝廷既除多人徒勞汎濫工役，減省用人，其諸技藝人等必躬親赴工者乃當。人匠減少，所來者技藝不精，工有所誤，事多遲滯，責罰焉。人匠沈添二等二百七名，中有三名乃親身赴役，餘皆以老羸不堪，幼懦難用以代正身，致使工不能就。點出姦頑，將幼丁老者盡發廣西充軍，復於家下，務必要正身赴官。如此者自取不寧，又何恨哉！今後諸色匠人敢有不親身赴工者，遷發雲南。

《大明律》卷一《名例律・工樂户及婦人犯罪》 凡工匠、樂户犯流罪者，三流並決杖一百，留住拘役四年。若欽天監天文生習業已成，能專其事，犯流及徒者，各決杖一百，餘罪收贖。犯謀反、逆叛、緣坐應流及造畜蠱毒、採生拆割人，殺一家二人，家口會赦猶流及犯竊盜者，不在流住之限。餘罪收贖，謂犯杖一百、流三千里者，決杖一百，贖銅錢三十貫。杖一百、徒三年者，決杖一百，贖銅錢一十八貫之類。餘條准此。其婦人犯罪應決杖者，姦罪去衣受刑，餘罪單衣決罰，皆免刺字。若犯徒流者，決杖一百，餘罪收贖。

《大明律》卷四《户律一・户役・丁夫差遣不平》 凡應差丁夫雜匠，而差遣不均平者，一人笞二十，每五人加一等，罪止杖六十。若丁夫雜匠承差，而稽留不着役，及在役日滿，而所司不放回者，一日笞一十，每三日加一等，罪止笞五十。

《大明律》卷四《户律一・户役・逃避差役》 凡民户，逃往鄰境州縣躲避差役者，杖一百，發還原籍當差。其親管里長、提調官吏故縱，及鄰境人户隱蔽在己者，各與同罪。若里長知而不逐遣，及原管官司不移文起取，若移文起取，而所在官司佔吝不發者，各杖六十。其在洪武七年十月以前流移他郡，曾經附籍當差者，勿論。限外逃者，論如律。若丁夫雜匠在役，及工樂雜户逃者，一日笞一十，每五日加一等，罪止笞五十。提調官吏故縱者，各與同罪。受財者，計贓以枉法從重論。不覺逃者，五人笞二十，每五人加一等，罪止笞四十。不及五名者，免罪。

《大明律》卷一三《兵律一・宮衛・内府工作人匠替役》 凡諸色工匠行人，差撥赴内府及承運庫工作，若不親身關牌入内應役，僱人冒名私自代替，及替之人，各杖一百，僱工錢入官。

《大明律》卷一三《兵律一・宮衛・宮殿造作罷不出》 凡在宮殿内造作，所司具工匠姓名，報門官及守衛官，就於所入門首，逐一點視，放入工作。至申時分，仍須相視形貌，照數點出。其不出者，絞。監工及提調内使監官、門官、守衛官軍點視。如名數短少，就便搜捉，隨即奏聞。知而不舉者，與犯人同罪；失覺察者，減三等。罪止杖一百。

《大明律》卷二六《刑律九・雜犯・夫將軍士病給醫藥》 凡軍士在鎮守之處，丁夫雜匠在工役之所，而有疾病，當該官司不爲請給醫藥救療者，笞四十；因而致死者，杖八十。若已行移所司，而不差撥良醫，及不給對證藥餌醫治者，罪同。

《明太祖實録》卷八〇 〔洪武六年三月己未〕燕相府言：先嘗奉詔以土木之工，勞民動衆。除修城池外，其餘王府、公廨造作，可暫停罷。今社稷、山川壇望殿未覆，王城門未甓，恐爲風雨所壞，乞以保定等府宥罪輸作之人完之。上以社稷、山川望殿嚴潔之地，用工匠爲之；命輸作之人但甓城門。

《明太祖實録》卷之一〇六 〔洪武九年五月〕壬戌，命工部給物故工匠棺櫝。上諭之曰：今所作宮殿，不事華飾，不築苑囿，不建臺榭。如此經營，費已鉅萬，乘危負重，工匠甚勞。有不幸而死者，憂懸朕心。爾工部可各給棺櫝，令國子生送致其家，賜鈔以葬，蠲其家徭役三年。復爲文，遣官即龍光山祭之，曰：「昔君天下者務在安民。然有不得已而勞民者，營造之類是也。比者營建宮殿，工匠有因疾而死者，有被傷而死者，有冒危險而死者，已勅官爲棺櫝，送之於家。今復設壇遣官，以牲醴賜祭。爾等有知，咸諭朕意。」仍賜見役工匠鈔，凡六萬三百六十餘錠。

《明太祖實録》卷一五〇 〔洪武十五年十一月〕丁巳，上諭五軍都督府臣曰：近福建行都司及建寧左衛守禦官不奉朝命，輒役軍士伐木，修建城樓，因而私營居室，極其侈靡。軍士富者責其納錢免役，貧者重役不休。今軍士忿抑來訴，已令法司逮問。五軍都督府宜榜諭天下都司，自今非奉命，不得擅興營造，私役軍士。違者或事覺，或廉得其狀，必罪之，削其職。

《明太祖實録》卷二二七　〔洪武二十六年夏四月乙亥〕命凡栅公宇、修城隍，惟以軍士供役，不許勞民。

《明太祖實録》卷二五四　〔洪武三十年八月〕丁未，上以在外諸王非時興作，擅役工匠，諭工部臣曰：天下人匠，編成班次赴工，各有定期。然諸王府每有興造，臨期之際，趨此違彼，艱莫甚焉。夫勞民動衆，《春秋》所戒。方今諸王在國，宫室各有定制，皆宜守禮安分，勿擾於民可也。朕嘗聞：元時廬州太子爲修宫室，今民冒雪舁木，監司版圖兒見其苦，即釋之。又如威順王在武昌，因怒小吏，械擊之于市，廉訪司官言：比小事，王宜勿預。立即釋之。此二王皆知禮奉法，聽納正言，所以能保其富貴也。今諸王府宜各守定制，不得私有興造，勞吾民匠。若有應須造作而不可已者，必奏請方許。爾可移文各王府知之。

《明孝宗實録》卷三八　〔弘治三年五月〕壬戌，修築盧溝橋成，内官監太監李興乞陞文思院副使潘俊等官。吏部尚書王恕言：官匠營造，乃其職分，自成化初年以前，修河築堤並無陞官事例。至十九年以後，修築盧溝橋决口、恭夫人墳墓、大慈恩寺殿宇，始濫陞匠官，并欽天監太醫院等衙門官，日增月益，大壞名器。比因科道之言一切罷去，識者以爲太平盛事。今一旦復濫陞如舊，人其謂何？比者營先帝山陵，所役軍匠至四萬人，亦未有陞職者。此役較之山陵，不及三分之一，顧欲妄濫陞官，甚失輕重之序。况修城等役，今方並興，若俱照例，其爲冗濫又復如前，豈不爲新政之累？上從其言，命給賞有差。

《明英宗實録》卷一五三　〔正統十二年閏四月丙戌〕福建福州府閩縣知縣陳敏政言四事：【略】一、輪班諸匠，正班雖止三月，然路程寫遠者，往還動經三四餘月，則是每應一班，須六七月方得寧家。其三年一班者，常得二年休息。二年一班者，亦得一年休息。惟一年一班者，奔走道路，盤費罄竭。乞令改作二年或三年一班，如有修造，將二年一班者上工四箇半月，一年一班者上工六箇月，庶各匠皆得休息。

《〔弘治〕明會典》卷二二《户部七》　永樂八年，令各處軍衛、有司，軍匠在京充役者，免家下雜泛差役。

《〔弘治〕明會典》卷一三四《刑部九・私役部民夫匠》　凡有司官私役使部民，及監工官私役使夫匠出百里之外，及久占在家使唤者，一名笞四十，每五名加一等，罪止杖八十。每名計一日追給雇工錢六十文。若有吉凶及在家借使雜役者，勿論。其所使人數不得過五十名，每名不得使過三日，違者以私役論。

《〔弘治〕明會典》卷一四七《工部・事例》　洪武十一年，令凡在京工匠上工者，日給柴米鹽菜，歇工者停給。二十四年，令工匠役作内府者，量其勞力，日給鈔貫。永樂四年，營建北京宫殿，遣大臣詣四川、湖廣、江西、浙江、山西，督軍民採木及督北京軍民匠造磚瓦。徵天下諸色匠作，在京諸衛及河南、山東、陝西、山西都司，中都留守司，直隸各衛選軍士，河南、山東、陝西、山西等布政司、直隸鳳陽、淮安、揚州、廬州、安慶、徐州、和州選民丁，俱限明年五月赴北京聽役，半年更代。五年，令各處上工人匠俱照舊印綬監起牌上工，不許擅自撥取。八年，令内府上工人匠一牌上止寫一人名字，不許雙名相合。十九年，令内府尚衣、司禮、司設等監，織染、針工、銀作等局南京帶來人匠，每月支糧三斗，無工住支。宣德七年，令各衛軍匠内府上工者，分爲兩班，月支糧五斗。九年，勑内府各監局内官、内使等，凡在内各衙門修造，必明白具奏。有擅爲者，悉處重罪。又令内官監工匠月支糧五斗，上工之日，光禄寺仍給飯食。正統元年，令巾帽局撮工人匠月支米三斗，工完住支。五年，令各處起取營造軍匠月支口糧三斗外，其原籍月糧一石内又扣除三斗，於見役處添支。景泰元年，令在京各監局及各廠上工軍匠，光禄寺不關飯者，月支米一石；關飯者五斗。三年，令兵仗局攢造軍器，軍匠仍支米五斗，民匠四斗。天順元年，令司設監，各色軍匠月支米五斗。令燕山前等衛人匠，於尚衣監上工者，添支月糧一斗。令御馬監軍匠添支月糧一斗，民匠餘丁月支糧三斗。二年，令錦衣等衛及順天府軍匠添支月糧爲五斗。本年，令内官監軍匠添支月糧一斗；民匠餘丁，上工日關與飯食。又令司禮監軍匠月支糧三斗。成化九年，令錦衣衛鎮撫司高手軍匠月支糧一石。十年，令内承運庫人匠鋪户月支糧二斗。十二年，令軍器鞍轡局軍匠月支米五斗。又令修理城，軍匠每月添支口糧二斗，民匠三斗，旗軍并不係食糧陰陽生一斗。令留守等衛餘丁印綬監習學匠藝者，月支米三斗。

《〔弘治〕明會典》卷一五四《工部八・輪班匠人》　諸司職掌：凡天下各色人匠，編成班次，輪流將齎原編勘合爲照上工。以一季爲滿，完日隨即查原勘合及工程明白，就便放回。週而復始。如是，造作數多，輪班之數不敷，定奪奏聞，起取撮工本户差役定例，與免二丁餘丁，一體當差。設若單丁重役及一年一輪者，開除一名；年老殘疾户無丁者，相視揭籍明白，疎放其在京各色人匠。例應一月上工一十日，歇二十日。若工少人多，量加歇役。如是輪班各匠，無工可造，聽令自行趂作。

計各色人匠一十二萬九千九百七十七名。

五年一班：

木匠三萬三千九百二十八名，裁縫匠四千六百五十二名。

四年一班：

鋸匠九千六百七十九名，瓦匠七千五百九十名，油漆匠五千一百三十七名，竹匠一萬二千七百八名，五墨匠二千七百五十三名，粧鑾匠五百七十三名，雕鑾匠五百二名，鐵匠四千五百四十一名，雙線匠一千八百九十九名。

三年一班：

土工匠一千三百七十六名，熟銅匠一千二百四名，穿甲匠二千五十七名，搭材匠一千一百一十二名，筆匠一百二十名，織匠一千四十三名，絡絲匠二百四十名，挽花匠二百九十一名，染匠六百名。

二年一班：

石匠六千一十七名，艌匠九千三百六十名，船木匠一萬五百六名，箬篷匠四百七十七名，櫓匠三十九名，蘆篷匠二十二名，戧金匠五十四名，絛匠一百四十九名，刊字匠一百五十名，熟皮匠九百九十二名，扇匠六十六名，魫燈匠七十五名，氊匠二百九十九名，毯匠一百五十八名，捲胎匠一百九名，鼓匠一百二名，削藤匠四十八名，木桶匠九十四名，鞍匠一十三名，銀匠九百一十四名，銷金匠五十九名，索匠二百五十五名，穿珠匠一百四名。

一年一班：

表褙匠三百一十二名，黑窰匠二千三百七十三名，鑄匠一千六十名，繡匠一百五十名，蒸籠匠二十三名，箭匠四百二十一名，銀硃匠八十四名，刀匠一十二名，琉璃匠一千七百一十四名，剉磨匠一千一百二十五名，弩匠一百一十二名，黄丹匠二十二名，藤枕匠三十四名，刷印匠五十八名，弓匠一百六十二名，旋匠四十六名，紅窰匠一百九名，洗白匠三十名，羅帛花匠六十九名。

事例：

洪武二十六年，本部奏准：各照諸司役作繁簡，更定班次，率三年或二年輪，當給與勘合，凡二十三萬二千八十九名。宣德元年詔：凡工匠户有二丁、三丁者，留一丁；四丁、五丁者，留二丁；六丁以上者，留三丁。餘皆放回，俟後更代。單丁量年久近次第放回，殘疾老幼及無本等工程者，皆放回。五年奏准：南京及浙江等處工匠起至北京者，俱未有定籍，許令附籍大興、宛平二縣。六年奏准：差官查理浙江、南直隸蘇松等府州失班工匠，惟造軍器及織造者存留。若單丁以營造放回者，令當後班。其丁多失班一次者，赴部補班二次。三次以上并從前不當班者，送問罰班。其廣東、江西二布政司，令南京工部照例遣官查理。又令：今後逃匠，初來者皆優容一月，俟居止定然後供役。十年詔：民匠先因在逃編充武成三衛軍匠者，待山陵畢日，仍充民匠，令在京居住，依例輪班。景泰五年，奏准輪班工匠二年、三年者，俱令四年一班，重編勘合給付。天順元年勅：外府輪班人匠，照永樂間定制差撥，不許内官兼管。成化七年議准：各監局軍匠有逃故者，行該部查補，不許徑拘京衛所官杖併逼要出錢雇人買免。二十一年奏准：輪班工匠有願出銀價者，每名每月，南匠出銀九錢免赴京，所司類齎勘合赴部批工；北匠出銀六錢到部，隨即批放。不願者仍舊當班。弘治元年奏准：添設主事，清理内外衙門軍民住坐、輪班工匠。其輪班者，做工納價等項清查，年終類奏。其住坐者，軍匠行移兵部施行，民匠轉行清軍御史督併各該衙門，具備細脚色造册，繳部查考。其内府監局行逃，務要依式開具，從實貫址及上工處所。違者先行法司提問經該吏典及識字人役。十三年奏准：内府匠作犯該監守常人盜竊盜掏摸搶奪者，俱問罪，送發工部做工炒鐵等項。其餘有犯徒流罪者，拘役，住支月糧；笞杖，准令納鈔。兩京工部各色作頭，犯該雜犯死罪，無力做工，與侵盜、誆騙、受財、枉法徒罪以上者，依律拘役，滿日俱革去作頭，止當本等匠役。若累犯不悛，情犯重者，監候奏請發落。杖罪以下，與別項罪犯，拘役滿日，仍當作頭。

《〔弘治〕明會典》卷一五四《工部八・工役囚人》 諸司職掌：

凡在京犯法，囚徒或免死，工役終身；或免徒流、笞杖，罰役准折。如遇造作去處，度量所用多寡。若重務者，用重罪囚徒；細務者，用笞杖之數。臨期奏聞，移咨法司，差撥差人監管督工。其當該法司造勘合文册，一本發本部收掌，一本發内府收貯。如遇囚徒工完，委官查理工程無欠，行移原問衙門。再查犯由明白，於内府銷號。合疎放者，發應天府給引寧家；合充軍者，咨呈都府照地方編發。若在工有逃竄之數，即便差人勾提。果有病故等項，相視明白，埋瘞，移咨原問衙門銷號。如是缺工未完，移文撥補。

則例：

每徒一年蓋房一間，餘罪三百六十日，准徒一年，共蓋房一間，杖罪不拘杖數，每三名共蓋房一間。

每正工一日：

鈔買物料等項八百文爲准。雜工三日爲准。挑土并磚瓦，附近三百擔，每擔重六十斤爲准。半里二百擔，一里一百擔，二里五十擔，三里三十五擔，四里二十五擔，五里二十擔，六里一十七擔，七里一十五擔，八里一十三擔，九里一十一擔，十里一十擔。

打牆，每牆高一丈、厚三尺、闊一尺，就本處取土爲准。

《皇明條法事類纂》卷一六《工部類・造作不如法》 該班人匠許雇應役及補償工價例。成化十二年三月十五日，工部尚書王題，爲陳言修省事。營膳清吏司案呈，奉本部送禮科抄出禮科等科都給事中張謙等題。該南京户科等科並四川等道各奏前事，節該欽奉聖旨：南京根本重地，災異之來，必有所自，君臣上下務在同加修省政事缺失。各衙門便須奉行，不許自前(用)〔因〕循玩愒，荒廢職務。欽此。欽遵。臣等用竭愚悃，條陳數事上〔呈〕睿覽，伏望皇上採納，天下幸甚！生民幸甚！今將所言事件開坐具題等因，節該欽奉聖旨：策免大臣，不必劾山東鎮守官，朝廷自有處置。災荼造答已准了罷。內外問刑衙門，今後止依律條科斷。其餘的該衙門知道。欽此。欽遵。內開：照得各處京班諸色人匠，該班之日，朝廷凡有與作，專以應役。近年以來，該班人匠(技)〔持〕文到部，撥在作頭名下，照依上班年月勒要銀兩，隨即放回。及有興作，因無人匠，只得摘撥官軍應役，致使武役廢弛，鋭氣耗散。乞敕工部，今後人匠到部，務在存留在班，不許似前賣放，庶不靠損軍士。抄出送司。查得工部職掌，額設輪班人匠二十八萬一千三百六十八名。舊例木匠等匠五年一班，瓦匠等匠四年一班，土工等〔匠〕一年一班，(等)〔石〕匠(石)〔等〕匠二年一班，黑窑等匠一年一班。景泰六年，爲因建言歸併，一概俱作四年一班。天順八年遇蒙詔書事例，一户但有住坐又輪班者，不拘七八名以上，盡皆除豁。及陸續户絶事故等項，共計六萬八千四百三十六名，實在止有二十一萬二千九百二十二名。內除江西、福建、湖廣三布政司七萬四千九百二十四名一分去南京工部輪班，本部所管止計十三萬八十八名，數內又除淮安等府存留清河衛二提舉司打造糧船，浙江、蘇州等司府存留三分本處織染局織造改疋，順天、永平摘撥遵化鐵治上工，若有見在之數算之，每歲輪班人匠該二萬五百餘名，每季輪班人匠六千名。於內又存留運數拽筏蓋造王府等項估及，以致赴工投班在常不及數。又因水旱災傷，瘟疫事故，失班不到者極〔多〕。及到部之日，照依定例，以十分爲率，內官監清撥六分，內外各監局衙門共該四分，本部所屬營膳所、器物廠、文思院、寶源局、皮作軍器物者，每季人匠多不過二分之數，日逐成造供應器皿，縫造賞賜衣服靴韈，鑄造打各樣鐵鍋鐵器，修理蓋造房屋牆垣等項，未嘗停息。其足福寺日逐隨用器皿，比常加添數倍。因是原無該管住坐人匠，每廠止有作頭數名，提督輪班就工。緣由輪班人匠諳曉本等藝業者絶少，老幼貧窮不能應役者常多。照依成化四年奏准事例，如果不精不等匠級，聽從在〔外〕出辦工錢，雇高手匠藝。或有老疾貧難者，就令看廠把門巡風直堂，俱候工滿執放。仍禁約作匠頭人等，不許認錢隱占賣放。隨行遵守去後。緣各匠中間，貧難不能自存者，雖是到部，隨撥隨逃。若輪定工派數，雖有其名，日逐畫卯點名，十無三四。本部節次行文挨提，經年累歲，鮮有解到。各作恐誤工程，只得預寫文約，雇覓街市慣熟人匠成造，答應待候撥有殷實班匠出錢補償工價。行之年久，公私便益。今都給事中張謙等建言，該班人匠到部撥在作頭名下，勒要銀兩，隨即放回，及有興作，只得摘撥官軍，要將今後存留在班做工一節，案呈到部。臣等竊(許)〔惟〕各處輪班人匠，正統年間以前每季不下一二萬之衆，尚且止是分撥內外監局，相兼使用。但有營造，俱是撥軍做工。即今每季人匠，(及)〔多〕不過三千名，少則七八百名，赴部撥工下勘，合在部及監局差人等候，就便領去十分之八。本部各作分撥上工，常不夠用。或親身應役，或出錢雇人，隨其本心情願。但有淩逼受苦，未滿三月批放，輒便脱逃。若依所言存留運料做工，不惟數少，抑且有誤修營重事。合無照依見行事例，仍將輪班人匠，按季照例分撥內外衙門領用，親當雇人，從其本願，不許管工人員侵欺。若官私役賣放，事發問罪。今後凡有修理營造，如果工程浩大，請旨定奪。其餘不係緊要，聽從本衙門官，設法措辦修理。緣係陳言修省，及節奉欽依「其餘該衙門知(到)〔道〕」事理，未敢擅便，具題。奉聖旨：是。欽此。

《續文獻通考》卷一六《職役考》 〔洪武〕十九年四月，定工匠班。初，工部籍諸工匠，驗其丁力，定以三年爲班，更番赴京輸作三月，如期交代，名曰輪班匠。議而未行。至是工部侍郎秦逵復議舉行，量地遠近，以爲班次，且置籍爲勘合付之，至期賫至工部聽撥，免其家他役，著爲令，於是諸工匠便之。

《續文獻通考》卷一二二《兵考・兵制》 〔洪武十五年〕十一月，榜諭天下：

都司不得擅興營建，私設軍士。臣等謹按：至十七年正月，詔天下城隍，俱令軍士修理，勿得役民。二十六年四月又詔：凡有刱修，須奏聞，差人相度，准令守禦或所在人民築造。蓋以公事營建，則以兵代民，惟不得私役耳。然其端既開，安得盡以公而不以私。厥後，京營兵既困於工役，而在外者亦多役軍士矣。

《重修問刑條例・户律一・户役・賦役不均條例》 布按二司分巡分守官、直隸巡按御史，嚴督府、州、縣掌印正官，審編均徭，從公查照歲額差使，於該年均徭人户丁糧有力之家，止編本等差役，不許分外加增餘剩銀兩；貧難下户並逃亡之數，聽其空閑，不許徵銀及額外濫設聽差等項差科。違者，聽撫按等官糾參問罪，奏請改調。若各官容情不舉，各治以罪。

各布政司并直隸府、州、縣掌印官，如遇各部派到物料，從公斟酌所屬大小豐歉坐派。若豪猾規利之徒，買囑吏書，妄稟編派下屬承攬害民者，俱問發附近衛所充軍。各該掌印官聽從者，參究治罪。

俞汝楫編《禮部志稿》卷八九《欽天備考・私自簪剃禁約》 嘉靖十年閏六月，禮部題：該監生萬民奏稱，天下軍民逃避差役，却乃私自簪剃，投入寺院爲僧道，乞要立法，但有一童私自簪剃，全户連坐等因。本部議，擬通行緝事衙門巡視御史轉行該各府州縣，嚴加禁約。寺觀不許仍收行童私自簪剃，寄名出家，逃避差役。如有私刱寺觀庵院，即與拆毁入官，亦不許與人修齋設醮。

《明史》卷七四《職官志三》 成祖亦嘗云：「朕一遵太祖訓，無御寶文書，即一軍一民，中官不得擅調發。」有私役應天工匠者，立命錦衣逮治。顧中官四出，實始永樂時。

《明史》卷七八《食貨志二》 凡軍、匠、竈户，役皆永充。軍户死若逃者，於原籍勾補。匠户二等：曰住坐，曰輪班。住坐之匠，月上工十日。不赴班者，輸罰班銀月六錢，故謂之輸班。監局中官，多占匠役，又括充幼匠，動以千計，死若逃者，勾補如軍。竈户有上、中、下三等。每一正丁，貼以餘丁。上、中户丁力多，或貼二三丁，下户概予優免。他如陵户、園户、海户、廟户、膳夫、庫役，瑣末不可勝計。

明初，工役之繁，自營建兩京宗廟、宮殿、闕門、王邸，採木、陶甓，工匠造作，以萬萬計。所在築城、濬陂，百役具舉。迄於洪、宣，郊壇、倉庾猶未迄工。正統、天順之際，三殿、兩宮、南内、離宮，次第興建。弘治時，大學士劉吉言：「近年工役，俱摘發京營軍士，内外軍官禁不得估工用大小多寡。本用五千人，奏請至一二萬，無所稽覈。」禮部尚書倪岳言：「諸役費動以數十萬計，水旱相仍，乞少停止。」南京禮部尚書童軒復陳工役之苦。吏部尚書林瀚亦言：「兩畿頻年凶災，困於百役，窮愁怨嘆。山、陝供億軍興，雲南、廣東西征發剿叛。山東、河南、湖廣、四川、江西興造王邸，財力不贍。浙江、福建辦物料，視舊日增多。庫藏空匱，不可不慮。」帝皆納其言，然不能盡從也。武宗時，乾清宮役尤大。以太素殿初制樸儉，改作雕峻，用銀至二千萬餘兩，役工匠三千餘人，歲支工食米萬三千餘石。又修凝翠、昭和、崇智、光霽諸殿，御馬監、鐘鼓司、南城豹房新房、火藥庫皆鼎新之。權倖閹宦莊園祠墓香火寺觀，工部復竊官銀以媚焉。給事中張原言：「工匠養父母妻子，尺籍之兵禦外侮，京營之軍衛王室，今奈何令民無所賴，兵不麗伍，利歸私門，怨叢公室乎？」疏入，謫貴州新添驛丞。世宗營建最繁，十五年以前，名爲汰省，而經費已六七百萬。其後增十數倍，齋宮、秘殿並時而興。工場二三十處，役匠數萬人，軍稱之，歲費二三百萬。其時宗廟、萬壽宮災，帝不之省，營繕益急。經費不敷，乃令臣民獻助；獻助不已，復行開納。勞民耗財，視武宗過之。萬曆以後，營建織造，溢經制數倍，加以征調、開採，民不得少休。迨閹人亂政，建第營墳，僭越亡等，功德私祠遍天下。蓋二百餘年，民力殫殘久矣。其以職役優免者，少者一二丁，多者至十六丁。萬曆時，免田有至二三千者。

《明史》卷八九《兵志一》 明以武功定天下，革元舊制，自京師達於郡縣，皆立衛所。外統之都司，内統於五軍都督府，而上十二衛爲天子親軍者不與焉。征伐則命將充總兵官，調衛所軍領之；既旋則將上所佩印，官軍各回衛所。蓋得唐府兵遺意。文皇北遷，一遵太祖之制，然内臣觀兵，履霜伊始。洪、宣以後，狃於治平，故未久而遂有土木之難。于謙創立團營，簡精鋭，一號令，兵將相習，其法頗善。憲、孝、武、世四朝，營制屢更，而威益不振。衛所之兵疲於番上，京師之旅困於占役。馴至末造，尺籍久虚，行伍衰耗，流盗蜂起，海内土崩。宦豎降於闕門，禁軍潰於城下，而國遂以亡矣。

《明史》卷九〇《兵志二》 萬曆二年，科臣言，班軍非爲工作設。下兵部，止議以小工不得概派而已。時積弊已久，軍士苦役甚，多愆期不至。故事，失班脱逃者，罰工銀，追月糧。其後額外多徵，軍益逃，中都尤甚。自嘉靖四十三年後，積逋工銀至五十餘萬兩。巡撫都御史張翀乞蠲額外工價，軍三犯者，不必罰工，竟調邊衛。而巡視京營給事中王道成則言：「凡軍一班不到，即係一年脱伍，盡扣月糧。本軍仍如例解京，罰補正班。三年脱班，仍調邊衛。衛軍益大困。

後二十九年，帝以班軍多老弱雇倩，令嚴飭之。職方主事沈朝焕給班軍餉，皆傭諸丐，因言：「班軍本處有大糧，到京有行糧，又有鹽斤銀，所費十餘萬金，今皆虚冒。請解大糧貯庫，有警可召募，有工可雇役。」部議請先申飭，俟大工竣行之。是時專以班軍爲役夫，番上之初意盡失矣。

又五年，内庭有小營繕，中官陳永壽請仍用班軍，可節省。給事中宋一韓争之，謂：「班軍輪操即三大營軍，所係甚重。今邊鄙多事，萬一闗吏不謹，而京師團練之軍多召募，游徼之役多役占，皇城宿衛多白徒，四衛扈從多厮役。即得三都司健卒三萬，猶不能無恐，況動以興作朘削，名存實亡，緩急何賴哉？」不聽。四十年，給事中麻僖請恤班操之苦。後六年，順天巡撫都御史劉曰梧言班軍無濟實用，因陳募兵十利。是時，法益弛，軍不營操，皆居京師爲商販、工藝，以錢入班將。

啓、禎時，邊事洶洶，乃移班軍於邊，築垣、負米無休期，而糗糧缺，軍多死，班將往往逮革。特敕兵部右侍郎專督理，鑄印給之，然已無及。

《明史》卷一五七《張本傳》 宣德初，工部侍郎蔡信乞徵軍匠家口隸錦衣衛。本言：「軍匠二萬六千人，屬二百四十五衛所，爲匠者暫役其一丁。若盡取以來，家以三四丁計之，數近十萬。軍伍既缺，人情驚駭，不可。」帝善本言。

龍文彬《明會要》卷五〇《民政一・户口》 凡户三等：曰民，曰軍，曰匠。民，有儒，有醫，有陰陽；軍，有校尉，有力士，弓鋪兵；匠，有廚役，裁縫，馬，船之類。瀕海有鹽竈，寺有僧，觀有道士，畢以其業著籍。人户以籍爲斷，禁數姓合户附籍。漏口脱户許自實。

太祖當兵燹之後，户口顧極盛。其後，承平日久，反不及焉。靖難兵起，淮以北鞠爲茂草，其時民數反增於前。後乃遞減，至天順間爲最衰。成、宏繼盛。正德以後又減。户口所以減者，周忱謂：投倚於豪門，或冒匠竄兩京，或冒引賈四方，舉家舟居，莫可蹤跡也。已上《食貨志》。【略】

弘治十八年二月戊辰，帝御奉天門，諭户兵工三部曰：「方今生齒日繁，而户口軍伍日就耗損。此皆官司撫恤無方，因循苟且所致。其悉議弊政以聞。」於是户部尚書韓文等上言：「耗損之故有二：有因災傷斂重，逼迫逃移者；有因懼充軍匠諸役，賄里長匿報者。若不加招撫之恩，嚴稽查之法，則逃移者永無復業之望，匿報者别無清理之術。乞敕撫按等官，招撫復業。若逃避軍匠等役，許首報更正。違者罪之。」上從其議。《通紀》。

龍文彬《明會要》卷五〇《民政一・逃户》 正統元年六月，令各府、州、縣，造《逃户周知册》。【略】八年，令逃軍、逃匠、逃囚人等，自首免罪。《會典》。

龍文彬《明會要》卷五〇《民政一・附籍》 英宗初，山西參政王來言：「流民所在成家，及招還故土，每以失產復逃去。乞請隨在附便。」《王來傳》。

正統十三年，令：老疾致仕事故官家屬，離本籍千里者，許收附；不及千里者，發還。

景泰三年，令：民籍者收附。軍、匠、竈、役，冒民籍者，發還。已上《食貨志》。

嘉靖六年，詔巡城御史，嚴督該兵馬司官，查勘京師附住軍民人等。其年久置立產業者，附籍宛、大二縣，一體當差。仍暫免三年，以示存恤。《會典》。

四十四年九月，編畿南流户入籍。《大政記》。

龍文彬《明會要》卷五二《民政三・優免・匠役》 秦逵爲工部侍郎，定工匠更番力役之制，置籍，爲勘合付之，至期齎驗，免其家徭役。《薛祥傳》。

龍文彬《明會要》卷五四《食貨二・力役》 洪武元年二月乙丑，命中書省定役法。於是省臣議：田一頃出丁夫一人，不及頃者以他田足之，名曰「均工」。夫每歲農隙赴京，供役三十日遣歸。田多丁少者，以佃人充夫，而田主出米一石資其用。非佃人而計畝出夫者，畝資米二升五合。又諭省臣曰：「民力有限，而徭役無窮。自今凡有興作，不獲已者，暫借民力。至於不急之務，浮泛之役，宜悉罷之。」《昭代典則》。

十三年，帝以徭役不均，命户部尚書范敏編造黄册。敏議：百一十户爲里。丁多者十人爲里長，鳩一里之事以供歲役，十年一周。餘百户爲十甲。後遂仍其制不廢。《范敏傳》。

十七年，令各處賦役，必驗丁糧多寡，以均其力。《會典》。

十八年，令有司第民户上中下三等，爲賦役册。凡遇徭役取驗，以革吏弊。同上。

二十六年，定各處三等人户，仍開軍、民、竈、匠等籍。除排年里甲依次充當外，其大小雜泛差役，各照所分上中下三等人户點差。《世法録》。

宣德八年三月，李信圭言：「自江、淮達京師，沿河郡縣悉令軍民輓舟。若無衛軍，則民夫盡出有司。州縣歲發二三千人，晝夜以俟。而上官又不分别雜泛差役，一體派及，致土田荒蕪，民無蓄積，稍遇歉歲，輒老稚相屬，緣道乞食，實可憫傷。請自儀真抵通州，盡免其雜徭，俾得盡力農田，兼供夫役。」從之。《李信圭傳》。

正統五年，令各府州縣每歲查見在人户。凡有糧而産去及有丁而家貧者，爲貧難户，止聽輕役。王圻《通考》。

葉宗人爲錢塘知縣。縣爲浙江省會，徭重，豪有力往往搆黠吏得財役貧民。宗人令民自占甲乙，書於册，以次簽差，役乃均。《葉宗人傳》。

景泰元年，令里長户下空閒人丁，與甲首户下人丁，一體當差。若隱占者，許甲首首告。《世法録》。

成化十五年，令各處差徭，户分九等，門分三甲，務因上司所派，定民輸納。《會典》。

束鹿徭役不均，知縣盛顒爲立「九則法」，繼者莫能易。成化十九年，巡撫山東，又推行「九則法」於諸府，民甚德之。《楊瑄傳》。

孔鏞知都昌縣，分户九等以定役。《孔鏞傳》。

朱英爲廣東參議，立「均徭法」，十歲一更，民稱便。後歷福建、陝西左右布政使，皆推行「均徭法」。《朱英傳》。

正德中，歐陽鐸爲福州知府，議均徭，曰：「郡多士大夫，其士大夫又多田産，民有産者無幾耳，而役則盡責之民。請分民半役。」士大夫率不便。巡按御史汪珊力持之。議乃行。《歐陽鐸傳》。

凡均徭，解户上供，爲京谿，主納。爲中官留難，不易中納，往復改貿，率至傾産。且役民自里中正辦外，如糧長、解户，名色甚繁，因事編僉，歲有增益。嘉、隆後行一條鞭法，通計一省丁糧，均派一省徭役，於是均徭里甲與兩税爲一，小民得無擾，而事亦易集。然糧長、里長，名罷實存。諸役卒至復僉農氓。條鞭法行十餘年，規制漸紊，不能盡遵也。《食貨志》。

龐嵩攝應天府尹，留都民苦役重，力爲調劑。凡優免户及寄居客户詭稱官户、寄莊户、女户、神帛堂匠户，俾悉出以供役。民困大蘇。《龐嵩傳》。

嘉靖十五年，令：今後審編徭役，務查照律例，申明禁約，分爲三等九則，隨其丁産，量差輕重。務使貧富適均，毋致偏累。違者問罪。

十七年，令：遼東各衛所徭役，照腹裏地方，五年一次審編。

四十四年，議准：江南行「十段錦」册法，總計十甲之田，派爲定則。如一甲有餘，則留二三甲用。不足，即提二甲補之。鄉宦免田，十年之内止免一年，一年之内止於本户。寄莊田畝已經原籍優免者，不許再免。

隆慶四年，題准：江西府州縣各項差役，逐一較量輕重，照依丁糧編派，立限徵收。有丁無糧者爲下户，仍納丁銀。有丁有糧者爲中户，及丁多糧少與丁糧俱多者爲上户，俱照丁糧併納。著爲定例。已上《世法録》。

崇禎三年，河南巡撫范景文言：「民所患苦，莫如差役。錢糧有收户、解户，驛遞有馬户，供應有行户，皆僉有力之家充之，名曰『大户』。究之所僉非富民，中人之産，輒爲之傾。自變爲條鞭法，以境内之役，均於境内之民，宜少甦矣。乃民間仍歲奔走，罄資津帖。是條鞭行而大户未嘗革也。」《食貨志》。

清

《清高宗實録》卷二一四〔乾隆九年四月戊申〕直隸總督高斌奏覆，臣前於正月内，面奏築城燒甎，僅有益於工匠，無益於貧民者，陳奏未能明晰。伏思以工代賑最有益於貧民者，首惟挑河，次築堤，次修土城，又次修甎城。蓋挑河無論丁壯、老幼、男婦，均可赴工擡土；築隄有夯硪潑水等工，多須丁壯；城工則土城雇用夫工爲多；甎城備辦灰甎、料物，工匠爲多。雖所用夫工於窮民亦有益，但未若挑河擡土，民易趨赴。再永定河石景山興隆廟前，應修石工，挑挖引河，以及南岸修滚水草壩，北岸建滚水草壩，并永定河下口疏濬引河，挑挖淤墊工程，俱現在興工辦理。得旨：統計現今工程可以稍濟窮民幾何？若所費不甚過多，河間城工亦應議修耳。尋奏覆河間府城分別拆修、補修等工，估需銀七萬七千四百餘兩，即於司庫正項内先撥銀五萬兩，備辦興工。報可。

《清高宗實録》卷二二二〔乾隆九年七月戊戌〕左僉都御史嵇璜奏，直省、河間、天津等處，現估修城垣、舉行水利，以工代賑，加惠窮黎。請諭督臣轉飭地方承修各官，凡諸工力應取無業窮民，散給工價，務必親臨查驗，勿任奸蠹侵蝕冒銷。得旨：著照所請行。

《清高宗實録》卷二六〇〔乾隆十一年三月戊辰〕禮科給事中劉方藹奏，前因直省城垣多缺，諭各督撫留心整飭。據撫臣碩色奏請，分別工程一千兩以上者，俟以工代賑之年，動項興修；一千兩以内者，令該州縣分年修補。除土方小工酌用民力外，餘於公費項下支修。大同此城垣，同爲編户，固當一視同仁。乃彼縣工程多者給以夫直，此縣工程少者俾任空勞，明明歧視。此疆彼界，何以平其心而使之帖然服役。且地方官以酌用民力之呼應艱難，或寬估以就千兩以上之興修動項，則工程轉至多費。碩色所奏，原未能周詳允協，各督撫難於照辦，不得已而開捐土方，或官捐養廉。又請按田起夫，暫借税息，紛紛摺奏。在各督撫皆熟計土方小工，酌用民力，必不免偏累佃田之家。傭力之民，於勞則未均，於勢則難强，於事則難濟，所以合羣策而不得一用民勿累民之善術也。臣愚以爲，酌用民力又窘於無法可設，勢必至增征力役。可否將州縣城垣，無論工程千兩上下，統令動項修補，俾天下佃田食力之窮民勿致苦累。得旨：劉方藹所奏是，著照所請行。該部知道。

《清高宗實録》卷二六二　〔乾隆十一年閏三月庚戌〕諭軍機大臣等：山西大、朔等屬，去年被災，朕特降諭旨，於賑恤之外加賑閏三月一個月，續據阿里衮摺奏，大、朔兩府與内地不同，所種春麥，須遲至六月終旬方能收穫，除加賑及借給倉糧外，請將大、朔二府所屬應修城垣八處，以工代賑，一面具題，一面備料興修，等語。但朕念此十二州縣，遠處邊陲，民貧土瘠，今歲雨澤稀少，所種二麥不廣，惟恃夏田一次收成，不知現在布種齊全否？或後此得雨，尚可普種否？著傳諭阿里衮將彼地情形據實奏聞，并令伊留心體察，有應行籌畫辦理之處，隨時具奏。

《大清律例》卷八《户律》　私役部民夫匠：凡有司官私役使部民，及監工官私役使夫匠出百里之外，及久占在家使喚者，有司官使一名，笞四十，每五名加一等，罪止杖八十。監工官，照名各加二等，私役罪小，誤工罪大。每名計一日，追給雇工銀八分五釐五毫。若有吉兇及在家借使雜役者，勿論。監工官仍論。其所使人數不得過五十名，每名不得使過三日，違者以私役論。

《清會典》卷七六《匠役》　凡内廷工程需用匠役監工，官選樸實有身家者爲夫頭，召募匠夫，責令具結備案，人給腰牌，稽察出入。不奉法者懲逐，有竊匪隱藏工所，夫頭不舉者，論如法。

凡匠役之留部待用者，遇有營造，量予工直。閒日按月給米。夫役廩食於各司及庫廠者，月給銀米，皆按季關支，各有差。若臨時召募工匠及暫雇夫役，計日給直，均有定價。

凡食糧匠役，設有定數，營繕司九十七名，虞衡司五十九名，都水司百有八名，屯田司十有六名，各司庫局隸役七十九名。其支領銀米，均會覈應給之數造册，移户部關支。虞衡司庫、硝黄庫、濯靈廠庫丁二十四名，每三歲各給羊裘，由製造庫辦給。

《清會典則例》卷一六五《内務府營造司》　乾隆五年議準：司屬南木匠、雕鑾匠、石匠、搭材匠，共一百五名，内召募六十三名，選取四十二名。嗣後此四項匠役闕，停止各佐領内管領下選取，均召募民匠應役。

藝文

楊雄《揚雄集》卷六《將作大匠箴》　侃侃將作，經構宫室。牆以禦風，宇以蔽日。寒暑攸除，鳥鼠攸去。王有宫殿，民有宅居。昔在帝世，茅茨土階，夏卑宫觀，在彼溝洫。桀作瑶臺，紂爲琁室。人力不堪，而帝業不卒。《詩》詠宣王，由儉改奢。觀《豐》上六，大屋小家。《春秋》譏刺，書彼泉臺。兩觀雉門，而魯以不恢。或作長府，而閔子不仁。秦築驪阿，嬴姓以顛。故人君無云我貴，榱題是遂，毋云我富，淫作極遊。在彼牆屋，而忘其國戮。作臣司匠，敢告執猷。

白居易《白居易集》卷三八《大巧若拙賦》　巧之小者有爲，可得而闚；巧之大者無迹，不可得而知。蓋取之於《巽》，授之以《隨》；動而有度，舉必合規。故曰：「大巧若拙」，其義在斯。爾乃掄材於山木，審器於軌物；將務乎心匠之忖度，不在乎手澤之翦拂。故爲棟者，資其自天之端；爲輪者，取其因地之屈。其公也，於物無情；其正也，依法有程。既游藝而功立，亦居肆而事成。大小存乎目擊，材無所棄；取捨資乎指顧，物莫能争。然後任道弘用，隨形制器；信無爲而爲，因所利而利。不凝滯於物，必簡易於事。亦猶善從政者，物得其宜；能官人者，才適其位。嘉其尺度有則，繩墨無撓。工非刳劂，自得不矜之能；器靡雕鎪，誰識無心之巧？衆謂之拙，以其因物不改；我爲之巧，以其成功不宰。不改故物全，不宰故功倍。遇以神也，郢人之術攸同；合乎道焉，老氏之言斯在。噫！舟車器異，杞梓材殊；罔枉枘以鑿，罔破圓爲觚。必將考廣狹以分寸，審刓方以規模。則物不能以長短隱，材不能以曲直誣。是謂心之術也，豈慮手之傷乎？且夫大盈若冲，大明若蒙，是以大巧，棄其末工。則知巧在乎不違天真，非勞形於木人之内；巧在乎無枉物情，非役神於棘刺之中。豈徒與班倕之輩，騁技而校功哉？

《全唐文新編》卷七五七魏式《工先利器賦》 工有習藝求名，志在不朽。乃言曰：藝未達不可求諸己，器未精從勞措其手。安得輕進，自貽伊醜。于是磨礪爲先，動用爲後。試旨趣之可尚，實果決之不苟。所謂作事謀始，本立道生。繩墨盡索，斤斧畢呈。慮妍媸之稍違，而或愆規矩。審鋒鋩以求鋭，必取專精。懃懃不怠，矻矻有營。欲盡心於鎪鏤，用度木於林衡。亦如舟楫良，然後可思濟涉；耒耜利，始得議及耦耕。於其發硎，可視以精爲貴，不然何以能久用之不旣。驗樸斲之有辭，懼剞劂之猶未。爰究爰度，無或不良。揣八材之質，淬百鍊之鋼。然後切磨效奇，成至寶之美；剞劂中度，用巨材之長。呈機巧以盡善，豈濫竊之是將。且斟酌不撓，矜名嘗巧；雕鐫非他，施功幾何。旣適心而便手，因投刃以攢柯。向使因循爲心，則器必殘缺；若苟且從事，則人亦詆訶。安得不分班、倕之元妙，就玉石之琢磨。以觀夫欲展而能先礪其器，以工立喻則人不二可。庶事之規寧比匹夫之志，故曰用藝者儆戒不遠，立身者得失由斯。若幸而濫進，則人必爾窺。是以君子不容易於所爲。

韓愈《韓愈全集》卷一二《圬者王承福傳》 圬之爲技，賤且勞者也，有業之，其色若自得者。聽其言，約而盡。問之，王其姓，承福其名，世爲京兆長安農夫。天寶之亂，發人爲兵，持弓矢十三年，有官勳，棄之來歸，喪其土田，手鏝衣食，餘三十年，舍于市之主人，而歸其屋食之當焉，視時屋食之貴賤，而上下其圬之傭以償之，有餘，則以與道路之廢疾餓者焉。

又曰：粟，稼而生者也，若布與帛，必蠶績而後成者也，其他所以養生之具，皆待人力而後完也，吾皆賴之。然人不可徧爲，宜乎各致其能以相生也。故君者，理我所以生者也，而百官者，承君之化者也。任有小大，惟其所能，若器皿焉。食焉而怠其事，必有天殃，故吾不敢一日舍鏝以嬉。夫鏝易能可力焉，又誠有功，取其直，雖勞無愧，吾心安焉。夫力易强而有功也，心難强而有智也，用力者使于人，用心者使人，亦其宜也，吾特擇其易爲而無愧者取焉。

嘻！吾操鏝以入貴富之家有年矣，有一至者焉，又往過之，則爲墟矣；有再至三至者焉，而往過之，則爲墟矣。問之其鄰，或曰：噫！刑戮也。或曰：身既死，而其子孫不能有也。或曰：死而歸之官也。吾以是視之，非所謂食焉怠其事，而得天殃者邪！非强心以智而不足，不擇其才之稱否，而冒之者邪！非多行可愧，知其不可，而强爲之者邪！將貴富難守，薄功而厚享之者邪！抑豐悴有時，一去一來，而不可常者邪！吾之心憫焉，是故擇其力之可能者行焉，樂富貴而悲貧賤，我豈異于人哉！

又曰：功大者其所以自奉也博，妻與子皆養于我者也，吾能薄而功小，不有之可也。又吾所謂勞力者，若立吾家而力不足，則心又勞也，一身而二任焉，雖聖者不可能也。

愈始聞而惑之，又從而思之，蓋賢者也，蓋所謂「獨善其身者」也。然吾有譏焉，謂其自爲也過多，其爲人也過少，其學楊朱之道者邪？楊之道，不肯拔我一毛而利天下，而夫人以有家爲勞心，不肯一動其心以蓄其妻子，其肯勞其心以爲人乎哉！雖然，其賢于世之患不得之而患失之者、以濟其生之欲貪邪而亡道以喪其身者，其亦遠矣！又其言有可以警余者，故余爲之傳，而自鑒焉。

柳宗元《柳河東集》卷一七《梓人傳》 裴封叔之第在光德里。有梓人款其門，願傭隙宇而處焉。所職尋引、規矩、繩墨，家不居礱斲之器。問其能，曰：「吾善度材，視棟宇之制，高深、圓方、短長之宜，吾指使而群工役焉。捨我，衆莫能就一宇。故食于官府，吾受禄三倍；作于私家，吾收其直大半焉。」他日，入其室，其牀闕足而不能理，曰：「將求他工。」余甚笑之，謂其無能而貪禄嗜貨者。

其後京兆尹將飾官署，余往過焉。委羣材，會衆工。或執斧斤，或執刀鋸，皆環立向之。梓人左持引，右執杖而中處焉。量棟宇之任，視木之能舉，揮其杖曰：「斧！」彼執斧者奔而右；顧而指曰：「鋸！」彼執鋸者趨而左。俄而斤者斲，刀者削，皆視其色，俟其言，莫敢自斷者。其不勝任者，怒而退之，亦莫敢愠焉。畫宮于堵，盈尺而曲盡其制，計其毫釐而構大廈，無進退焉。既成，書于上棟，曰「某年某月某日某建」，則其姓字也。凡執用之工不在列。余圜視大駭，然後知其術之工大矣。

繼而歎曰：「彼將捨其手藝，專其心智，而能知體要者歟？吾聞勞心者役人，勞力者役于人，彼其勞心者歟？能者用而智者謀，彼其智者歟？是足爲佐天子、相天下法矣！物莫近乎此也。

彼爲天下者，本于人。其執役者，爲徒隸，爲鄉師、里胥；其上爲下士；又其上爲中士、爲上士；又其上爲大夫、爲卿、爲公。離而爲六職，判而爲百役。外薄四海，有方伯、連率。郡有守，邑有宰，皆有佐政。其下有胥吏，又其下皆有嗇夫、版尹，以就役焉，猶衆工之各有執技以食力也。彼佐天子、相天下者，舉而加焉，指而使焉，條其綱紀而盈縮焉，齊其法制而整頓焉，猶梓人之有規矩、繩墨以定制也。擇天下之士，使稱其職；居天下之人，使安其業。視都知野，視野知國，視國知天下，其遠邇細大，可手據其圖而究焉，猶梓人畫宮于堵而績于成也。能者進而由之，使無所德；不能者退而休之，亦莫敢慍。不衒能，不矜名，不親小勞，不侵衆官，日與天下之英才討論其大經，猶梓人之善運衆工而不伐藝也。夫然後相道得而萬國理矣。相道既得，萬國既理，天下舉首而望曰：「吾相之功也。」後之人循迹而慕曰：「彼相之才也。」士或談殷周之理者，曰伊、傅、周、召，其百執事之勞勤而不得紀焉，猶梓人自名其功而執用者不列也。大哉相乎！通是道者，所謂相而已矣。

其不知體要者反此：以恪勤爲功，以簿書爲尊，衒能矜名，親小勞，侵衆官，竊取六職百役之事，听听于府庭，而遺其大者遠者焉，所謂不通是道者也。猶梓人而不知繩墨之曲直、規矩之方圓、尋引之短長，姑奪衆工之斧斤刀鋸以佐其藝，又不能備其工，以至敗績用而無所成也。不亦謬歟？

或曰：「彼主爲室者，儻或發其私智，牽制梓人之慮，奪其世守而道謀是用，雖不能成功，豈其罪耶？亦在任之而已。」余曰：不然。夫繩墨誠陳，規矩誠設，高者不可抑而下也，狹者不可張而廣也。由我則固，不由我則圮。彼將樂去固而就圮也，則卷其術，默其智，悠爾而去，不屈吾道，是誠良梓人耳。其或嗜其貨利，忍而不能舍也；喪其制量，屈而不能守也；棟撓屋壞，則曰「非我罪也」。可乎哉？可乎哉！

余謂梓人之道類于相，故書而藏之。梓人，蓋古之審曲面勢者，今謂之都料匠云。余所遇者，楊氏，潛其名。

陳襄《古靈先生文集》卷二《百工由聖人作賦》　統爾六職，良哉百工。何藝事以斯作，由聖人而是崇。辨器成能，自乃神而立制；化材適用，本惟睿以興功。賾姬旦之明文，見冬官之盛典。謂夫智之出也，始創物以興制；工之立也，乃成器而盡善。嘉衆藝之勃興，本聖謀而不闡。攻金攻木，資濬哲以裁成；作舟作車，由靈機而洞顯。自茲立器爲利，因材究奇。雖大匠之述作，皆往哲之規爲。既執技而紛若，誠取法以宜其。所以梟氏成鐘，自高辛而立範；車人作耒，本炎帝以垂規。且夫國有四民，工分百事，或居肆以成業，或飭材而興利。率皆因上聖以資始，致宏規而綽備。依於法而游於藝，肇自神謨；智者憂而巧者勞，出由睿意。豈不以工之立事者，蓋本於前修；事之經始者，必資於善謀？伊衆制之雖盛，非聖作以奚由？網罟以畋，實庖羲之肇用；杵臼之利，因熊氏以垂休。自然衆技靡紛，大模率正。雖云平代守其業，但見乎作者之聖。亦由五聲兆黃鍾之律，節奏爰彰；大輅起椎輪之姿，雕幾彌盛。此則藝能交舉，物用具陳。祖述雖資於匠者，經營率自於古人。案乃度程，實聰明之製作；勤乎樸斲，資睿哲之經綸。噫，夫世變澆漓，時躅樸略。高曾之矩交喪，器用之資惟錯。今上方稽古道而復淳源，立是工也，體聖明之所作。

陳舜俞《都官集》卷一《説工》　説曰：工者，天下之末作也。不爲其末，不可以養本；不制其末，本亦從而害矣。古者百工之屬有六，曰陶旊之工，曰築冶之工，曰玉石之工，曰車梓之工，曰韋革之工，曰萑葦之工。工雖多，不過是六者，天下之用蔑不濟矣。先王知後世不能無亂，故分之以不易業，制之以不雜處，禁之以不作淫巧。故《記》曰：「異服奇技淫巧以疑衆者，殺無赦。」然猶患其未也，不美宮室，不侈黻冕，車不雕幾，器不刻鏤。當是時也，百工之人，持度量繩墨以事其上，無一不在於禮，其爲衣食之道，皆才足以自贍。三代之所以務農重穀者，由斯道也。然三代衰世之君，皆不顧先王之法，窮天下之侈麗以奉一時之欲，末作者從而利之，浸以無已。以至秦漢之君，池臺塗金碧之飾，衣冠增文繡之美，皿器施珠玉之華。君好於上，民好於下，君爲其一，民爲其二，天下紛然，蓋不可禁已。嗚呼，民之不幸，其亦甚矣乎！三代之時，其君義而有刑，其民儉而有禮，其求作僅足以相生養。後世其君侈而無度，其民縱而無節，其末作顧已如何矣。然而浮屠老子者，何居而來也。其爲衣食棟宇之費，皆非取諸已，是以用而不惜，窮奢靡而無所厭。古之工居民之一，今之工居民之百。古之財君取其一，民食其九。今之財，君取之，浮屠老子者又取之，轉以衣食於百工，是以百工日富而農日貧。噫，先王務農重穀之道亡矣。今山林斧斤無有休日，天下之財聚於宮塔，而生民之居有暴露者；文繡纂組有被於土木，而生民之衣有藍縷者；金玉雕靡施於服器，而生民之食有蒲葦者。今之所市，古之所禁也。今之所以獲養於上者，古之所殺也。木不得蓄於林，珠不得藏於淵，金玉不得蘊於山，其餘翡翠玳瑁象貝之屬，皆不得遂其生。今之所忽，古之所重也。故曰：「唯天下至誠，爲能盡物之性。」夫百工要利而日僞，上焉者不設經制，又從而好之，求盡其性，不可得也。臣伏以陛下恭儉之德，雖漢之孝文未能及也。惟是承平以來，經國之人不著法度以杜機巧，浮屠老子又從而招之，所以末游盛而風俗靡，今其可謂甚矣，不可不止也。朝廷以純素之化，先之於六宮，次之於大臣，後之於天下。天下以畫一之制始之於浮屠，次之於郡縣，後之於生民，使人人以約易侈，以質易文。百工之巧無所爲，自然民富而農勸，王道之本立矣。臣愚不佞，故爲《工説》。

劉敞《公是集》卷四二《百工説》　百工之事，聖人智也；百子之術，聖人治也。百工殊智而同巧，百子殊術而同治。作車以行陸，作舟以行水，鑠金以爲刃，凝土以爲器，鞣革以爲韋，合異以爲績。甲欲其堅也，刃欲其利也，弓欲其規也，矢欲其直也。其意舛馳，其務相反，其智不一。能並而容之、並而任之者，司空也。或爲楊，或爲墨，或爲刑名，或爲縱横，或爲道德，或爲法術，爲人欲其棄己也，爲己欲其忘人也，其意亦舛馳，其務亦相反，其智亦不一。能並而容之、並而任之者，聖人也。故司空氏得其人，百工者咸安其職，勉其業，居其次。司空失其人，百工者起而相時之好惡，以巧相傾，以利相排，以説相勝。聖人在上，百子者各輸其術，陳其力，守其官。聖人隱，王道廢，百子者不得其用，起而察時之治亂，深念而遠慮之，以智相多，以學相非，以法相厲，天下於是大亂，人自爲教，家自爲治。則上無聖王，而使人不得其材，賢者在下，而業不試故也。著之其書，傳之其徒，以謂若己而治矣，此一官之事，一器之用，譬猶鼎之可烹，罍之可盛，使相易而不能行矣。其淺深度量，規矩措置，適其所宜而已矣。楊氏思天下之亂，以謂亂生於利，彼也故爲我。墨氏思天下之亂，以謂亂生於私己也，故兼愛。申、韓思天下之亂，以謂亂生於民分之定也，故尚刑名。蘇秦、張儀之徒思天下之亂，以謂亂生於患難之不排，紛揉之不解也，故爲縱横。莊、老思天下之亂，以謂亂生於多欲也，故教以清净。陳仲、史鰌思天下之亂，以謂生於貪曲也，故教以廉直。許行、陳相思天下之亂，以謂亂生於逐末也，故教以稼穡。孫武、吴起思天下之亂，以謂亂生於不教民戰，故立兵法。此皆其美者也。是以言之或相擯也，或相尚也。雖然，尚之非也，擯之又不是也。聖人者立，數子者得其欲而言止矣。故言者生於不用也，術者生於不試也。言而皆得其用，天下安有言；術而皆得其試，天下安有術？故仲尼之門，德行顔淵、閔子騫、冉伯牛、仲弓，言語宰我、子貢，政事冉有、季路，文學子游、子夏。聖人之能盡人之材也，知人之能，止其分也。使治天下，亦若是矣。使世而無仲尼，德行者或爲老、莊，或爲陳、史。言語者或爲秦、儀，或爲惠施。政事者或爲刑名，或爲法術。故曰：非百子之害也，無聖人之害也。聖人不息，王政不滅，百子者不起。夏有天下四百餘歲，傳之商。商有天下六百餘歲，傳之周。聖人治之，仁人接之，百子者不得作。周有天下八百餘歲，文敝極矣，仲尼生而無位，百子者紛然而起。由是言之，百子出於周衰也，周之前固未有也。及至今之時，道無所主，治無所出，學者喪其性，而萬物失其體，而欲復三五之治，何可得哉？故曰：世之敝，必鄉原也。相悦以名，相飾以利而已矣。世之所向而爲之，世之所背而去之，因主爲操，因俗爲度，因僞爲禮，滑稽而無法，誕漫而無家。世之敝，必鄉原也。鄉原不及百子，百子不及中庸。中庸者，聖人之治也。堯舜所以君也，周公所以臣也，仲尼所以師也，子思、孟軻所以救敝也。惟仁人能知聖人，子思、孟軻之謂也。

歐陽修《居士集・外集》卷二四《斲雕爲樸賦》　除去文飾，歸彼淳樸。　德以儉而爲本，器有文而可除。爰斲載雕之飾，將全至樸之餘。篆刻未銷，見背僞歸真之始；鏤章咸滅，知去華務實之初。稽史牒之前聞，述政風而遐舉。懿淳儉之攸尚，斥浮華而可沮。謂乎防世僞者在塞其源，全物性者必反其所。素以爲貴，將抱樸而是思；焕乎有文，俾運斤而悉去。誠由淳自澆散，器隨樸分，騁匠巧而傷本，掩天真而蔑聞。故我反淳風而矯正，杜末作之紛紜。剖刻桷之形，復采椽而不琢；滅鏤簋之僭，反木器於無文。則知工巧盡捐，浮淫是抑，道尚取乎反本，理何求於外飾！圭磨嶽鎮，歸璞玉以全真；罍去山雲，表瓦罇而務德。是則遵乎樸者，將反始而臻極；斲乎雕者，惡亂真而飾非。約澆風於一變，矯治古以同歸。礲而錯諸，盡滅雕蟲之巧；質爲貴者，寧慚朽木之譏？用能杜文彩之焕然，返淳和而遵彼。雕雖著，則尚可磨也；樸其復，則在其中矣。棄末反本，小巧之工盡捐；革故取新，見素之風可美。彼琢玉然後成器，命工列乎雕人，務以文而勝質，徒散朴以還淳。曷若剞劂之功靡施，大巧若拙；刻鏤之華盡滅，其德乃真。懿之隆者，非假飾以爲資；儉之至者，匪奇淫而是覺。但期乎去泰去甚，寧患乎匪雕匪斲？有以知一變至道之風，由是而復歸乎樸。

歐陽修《居士集・外集》卷二四《大匠誨人以規矩賦》　良匠之誨人以規矩。　工善其事，器無不良。用準繩而相誨，由規矩以爲常。度木隨形，俾不欺於曲直；運斤取法，必先正於圓方。載考前文，爰稽哲匠，伊作器以祖善，必誨人而攸尚。有模有範，俾從教之克精；中矩中規，貴任材而必當。誠以人於道也，非學而弗至；匠之能也，在器而攸施。既諄諄而誨爾，俾拳拳而服之。默受以全，曲則輪而直則軫；動皆有法，梡爲鞠而斷爲棋。然則道不可以弗知，人不可以無誨。苟審材之義失，則教人之理昧。規矩有取，爲圭爲璧以異宜；制度可詢，象地象天以是配。匠之心也，本乎大巧；工之事也，作于聖人。因從繩而取諭，彰治材而有倫。學在其中，辨蓋輿之異狀；藝成而下，明鑿枘之殊陳。義不徒云，道皆有以，將博我而斯在，寧小巧而專美？殊玉工之作器，惟求磨琢之精；

異扁人之斵輪，但述苦甘之旨。是知直在其中者謂之矩，曲盡其妙者本乎規。然工藝以斯下，俾後來之可師。道或相營，引圓生方生而作諭；言如未達，譬周旋折旋而可知。是何樸斵爲工，剞劂斯主，翫其役以雖未，聽乃言而可取。故孟子謂學者之誨人，亦必由於規矩。

馬文升《端肅奏議》卷七《修飭武備以防不虞事》 至正統年間，天下無事，民不知兵，而武備尤廢，所以十四年有土木之厄，至今讐耻未雪。邇來軍士消耗，十去四五。雖嘗差官前去清理，亦多上下因循，虛應故事，終不能充足原數。矧京衛軍士，内府各衙門匠役占去數萬之上，見在者不滿七八萬。江南之兵，大半運糧，其餘多在沿海備倭。江北之兵，亦有運糧之數，其餘俱各來京操備。而陝西、山西之兵，亦多戍守各邊所。以腹裏衛所，城池空虛，無軍防守，一遇小寇，多不能支。往年京師之兵，俱在五軍、三千、神機三大營操練，後因征調，一時不能齊足，所以設立團營，常有精兵十二萬，分爲十二營，不許别項差役，專一蓄養鋭氣，遇有征進，就便啓行。此外天下再無兵馬可調，重加優恤，尚以爲遲。近年以來，多撥做工，每占一二萬之上。其工有一年不完者，甚至二三年不完者。每名僱工等項，月用銀一兩一二錢，行糧糶賣，不得食用，負累疲弊，率多逃亡，見在者强弱相半。在京軍士疲困，未有甚於此時也。且武備之修，固在乎軍，尤藉乎馬。【略】伏望皇上處常思變，居安慮危，念京師軍馬，乃朝廷自將之兵，居重馭輕，防奸禦侮，所係甚重。今後凡有興造，各該衙門官員，不許奏討團營軍士做工。敢有故違，許科道官指實劾奏，置之于法。更乞天語丁寧，著爲定例。其坐營把總等官，務要曲加撫恤，不許擅役科害。敢有不遵事發，照依内外提督大臣欽奉勑諭内事理發落。其三大營做工官軍，各該管工内外官員，亦要督令作急修完，不許似前遷延，因而私役賣放，以致軍士受害，往往逃亡。

黃訓編《名臣經濟録》卷四八龔煇《星變陳言疏》 題爲應詔陳言，蘇民困以弭天變事。奉本部，劄付該貴州道監察御史郭弘化題，該本部查議，内開合候命下之日，一面通行。原差買木燒甎郎中等官張淑、龔煇、劉悌、張問之等，各查原派木板若干，甎料若干，曾經採買燒造已完若干，未完若干，各以三分爲率，果勾二分，其餘一分未完，即行停免。差去各官務將已完甎木，督同各該司府等官，選差的當官員，支給雇覓水手並水陸車船盤費，押發起運，方許回京。先將起運過數目星馳奏報等因，題奉欽依，備劄到臣。奉此，案照先該臣欽勑，兹以營建仁壽宫及先蠶壇殿，命爾前去四川地方並貴州西路收買楠、杉大木。爾可會同彼處鎮巡官選委司府佐貳官員，動支應解本部銀兩，照數收買；或諭土官進貢，或照事例召商，作急起運赴京，以濟急用。務要多方訪求，從長計處。木必擇其圍長合式，堅實不空；價必定擬兩平，不致虧官損民。以致僉解委官押運等項事宜，一一議處，務令停當。承委官員中間果有盡心所事，得木數多，地方不擾者，具奏旌擢。違慢沮撓，推托誤事，不服調度者，五品以上官參奏處治，六品以下徑自提問。各該地方敢有官豪勢要並貪利之徒，包攬害人者，聽爾處治禁革，不許寬縱，有妨大事。其餘俱照該部題准事理施行。爾爲部屬，受兹任使，宜持廉秉公，著實幹辦，安静行事。務使木以時至，而工不遲誤；價從官辦，而民不怨嗟。斯爲爾能。如或處置乖方，事誤民怨，責有所歸。爾其欽承之，故勑。欽此。」欽遵。並奉本部劄付：爲營建宫殿事，内開會同鎮巡等官，先行選委素有才力守巡等官各一員，分定某官於某處收買，仍各奏疏知，不許别項差委。各官各照分定地方住劄，專一督同府衛州縣掌印等官，查照先年事體召商，差人多方訪求，從長計處，照數收買，運各水次。每月近則三次，遠則二次，開報郎中處驗勘合式及無空腐，隨便印記編號，定委能幹府州佐貳官員，陸續解運接濟。鎮巡郎中等官每三箇月將買過木植數目、日期奏報；遇有二號以上大木，並圍圓六尺以上中材，截長補短、堅實可用者，折數充解，等因。計開四川布政司收買三號楠木五千根，各長四丈五尺至四丈，徑三尺五寸至三尺；三號杉木一千五百根，各長四丈五尺至四丈，徑二尺五寸至二尺；四號杉木一千五百根，各長五丈至四丈五尺，徑二尺至一尺七寸；楠杉木連二板枋各二千五百塊；杉木單料板枋一千五百塊；栢木一百二十根，各長三丈，徑三尺；柚木一百五十根，各長三丈，徑二尺五寸。貴州布政司西路收買三號楠木五百根，各長四丈五尺至四丈，徑三尺五寸至三尺；三號杉木五百根，各長四丈五尺至四丈，徑二尺五寸至二尺；四號杉木五百根，各長五丈至四丈五尺，徑二尺至一尺七寸；楠杉木連貳板枋各五百塊，杉木單料板枋五百塊；栢木三十根，各長三丈，徑三尺；柚木五十根，各長三丈，徑二尺五寸。備劄到臣，已經會行四川、貴州都、布、按三司各掌印官查議應行事宜，並委司府佐貳督木官員職名，及查見在買木銀兩不敷支用，乞要開例納銀並請内帑銀兩接濟等項。及據四川布政司經歷司呈報，僨完上年楠、杉大木一千三百三十八根，板枋三百八十五塊，於嘉靖九年十月十五日，差委重慶府衛同知趙淮、知事王經綸、劍州判官楊著、黔江縣主簿戈環領解赴京交納各緣由前來，會本具題外，又奉本部劄付：爲傳奉事。計開四川收買楠木七十五根，各長四丈五尺至三丈五尺，徑二尺五寸至二尺；杉木二百五十根，各長四丈至三丈五尺，徑一尺五寸至一尺二寸；楠木連貳板枋九十塊，連三板枋二十八塊，杉木連二板枋六十塊，單料板枋五十五塊。備劄到臣。又，經案行四川布政司派屬買補，呈報類解。又奉本部劄付：該本部題，除請給內帑查無舊例借取，惟開納各項事例相應舉行。內開陝西布政司並廬、鳳、淮揚、等府開納事例銀兩，協濟四川買木等因，題奉欽依，備劄到臣。俱經會行四川布政司通行所屬召納，及差官分投催解接濟，去後。續該四川布、按二司督木左參議何鰲、僉事李文忠各陸續呈報買完，堪解大木板枋數目前來。已於嘉靖十年十一月十八日，差委夔州府通判黃圖，宜賓、昭化二縣主簿劉秉、俞傑，領解楠、杉大木七百一十七根，板枋四百三十塊。嘉靖十一年六月二十二日，差委重慶府通判潘雍，富順、銅梁二縣主簿馬總、王九皋，領解楠、杉、柏木七百六十一根，板枋八百六十六塊。本年十二月十一日，差委嘉定州同知姚廷用，江安、大昌二縣主簿許侃、于龍，領解楠、杉、柏木一千一十六根，板枋四百七十八塊。連前趙淮等領運共四次，實解過楠、杉、柏木三千八百三十二根，板枋二千一百五十九塊，俱經各起具數會題。除貴州布政司已經奏有欽依，案行該省欽遵施行外，臣復親詣各該買木衙門往來督併。節據敘州等府木商周洪川等訴稱，先年採木脣齒之下，今次採木俱在深山曠野、懸崖絶澗、人跡罕到之處，洪川等各領官銀不一，雇募夫米不等，各於烏蒙、忙部、馬湖等處採運，每廠用夫不下三五百名，每月食米不下百十餘石，抓架天橋，勞苦萬端，方得一木出水。先次取木八千，因是接濟遷延，故使累年未結。今次取木尤多，二年不能一濟，何以得完等情。又經備行四川布政司通查庫銀，解發接濟，隨據該司經歷司呈奉本司劄付，奉撫、按衙門案驗，據接管承行典吏張宣、庫吏徐翺吊到卷簿，查得本省原議買木，減用價銀共七十一萬六千七百三十八兩。先該本司致仕左布政使徐鈺查報，本司廣濟庫貯先次大木支剩及順慶敘雅三處解到，夔州、嘉定二處解司未收發回原買木銀，並嘉靖元年起至九年止，各州縣解到工部料價等項銀兩，共一十四萬一千五百四十六兩九錢五分九厘六毫有零，續因放支不敷，呈允撫、按衙門借支庫貯户、禮二部並南京工部料銀五萬九十四兩，督木何參議呈借本司解發重慶府軍餉銀一萬兩，督木李僉事呈借重慶府賞功銀二千四百一十九兩一錢二分七厘五毫，共銀二十萬四千六十兩八分七厘五毫。嘉靖十年七月起，本省開例續收，並陝西、廬、鳳、淮揚、兩淮都轉鹽運使司等處解到例銀，及保寧府解還借過大木銀兩，共四萬二千二百五十六兩八錢九厘七毫七絲七忽。以上通共銀二十四萬六千三百一十六兩八錢九分六厘八毫七絲七忽，尚少四十七萬四百二十一兩有零。該本司左右布政使侯位、劉淑相，會同按察使楊淳、署都指揮僉事余承恩看議得，除收支前項銀兩外，近蒙督木工部郎中龔案驗，奉本部劄付，動支司庫贓罰缺官柴薪銀兩共一萬六千八百四十九兩六錢七分五厘八毫，通共止有二十六萬三千一百六十六兩五錢，尚少銀四十五萬三千五百七十一兩三錢有零。及查司庫鹽糧二價僅足備邊，茶價備賞貢番，况原開各項事例已經年終停止，再無別項儲積。又查得往年採買大木，俱有借支料價贓罰之例。今司庫止有收貯户、禮二部並南京工部料價，自嘉靖五年起至嘉靖十一年六月終止，所屬陸續解到銀三萬九千二百五十三兩三分六厘六毫四絲七忽四微，並先前支剩各部料價銀四萬六千三百八十九兩，共八萬五千六百四十二兩；及所屬府州縣庫貯，嘉靖八年、九年、十年，分儲積贓罰金六十七兩五錢九分六厘，銀九萬一千七百一十一兩有零。請降明旨，動支給商，方克濟事等因到臣。今奉前因，行據敘州等府，備將各商採木山場履歷事宜申送前來，委果山川險惡，蠻烟瘴雨之所毒害，虎狼蛇虺之所傷殘，係于民命數多，誠可流涕。臣會同巡撫四川等處都察院右副都御史宋、巡按四川監察御史朱議得，營建大木，乃皇上仁孝至情，及修復古制，以一新天下耳目，敢不竭力盡心。但四川僻處一隅，非若他省商販湊集，今名雖召商，實皆土民給領官銀入山拖運。正德以來，節奉採取，相近水次木植，砍伐罄盡。今次採運，俱在深山窮谷，人跡不到之處，吊崖懸橋，艱難萬倍。比至溪澗，必待夏秋洪水泛漲，方抵大江。使夏秋無水，雖竭力殫財，窮年歷歲，必不可得。查得永樂初年，勑差尚書宋禮等到蜀採取大木，踰尋丈許者僅得數株，然猶以爲賴山川之靈，立祠歲祀，以彰殊異。嘉靖六年，又該工部侍郎黃奉勑前來四川，督買楠、杉、柏木八千一百三十五根，板枋六千七百一十塊，兩年以上止得大木五百根，板枋五百塊起解。隨該廷臣建議，以爲勞民傷財，即行停止。今甫及二年，共解過木板五千九百九十一根塊，率皆梁棟美材，踰尋丈許者不下五百根數。此豈人力所能？實由皇上聖德格天，雨澤時降，山川協靈，草木協用，故自昔所不可得之材，一時盡出。雖蜀中父老，以爲目所未見，歡聲動地，相慶更生。而臣等亦仰賴聖德之休，自以爲可少逭不職之罪，正欲俯順下情，具奏定奪。今若必欲務足二分之數，則更生之喜且復，囂然喪其樂生之心矣。何者？雨澤由天，僥倖難再，似此曠世奇絶之遇，似不可以復得。况該省連年兵荒相仍，民窮財盡，遠近徬徨，朝不謀夕，公私俱竭，將何取辦？徒坐困一方之民而已。且天下之事有緩有急，而民生休戚係國家安危理亂之機，竊計郊壇、蠶室漸次落成，其仁壽一宮當亦無幾，解過木植亦足應用，兵革之禍止於一方，且或出於不得已者，聖人猶慎用之，重民命也。土木興作派及天下，使前項宮殿財用既敷，而徒以紛紛不急之故，上困公家，下敝萬民，是猶廢日用飲食之養，以侈冠裳之飾，儀觀雖美，元氣恐竭，固不待有識者亦爲之寒心矣。臣等觀漢文帝欲作露臺，其費百金，以爲中人十家之産，遂止不爲，古今以爲美談。臣等又見邸報，該講官吳惠進講節蒙聖諭，輔臣李時等曰省無益之費，停不已之役，令其所將指者開陳，以救時務急。臣等稽首仰而嘆曰：聖天子明見萬里。無益之費無過磚木，不已之役無過營造。我皇上聖學之功，仁民之念一至於此，真與唐堯夏禹儉德相同，而漢文又不足言矣。海隅蒼生亦復何幸！臣敢倣鄭俠故事繪圖隨進，伏望陛下軫念民生困苦，採運艱難，合無通查各廠堆放，並今各省買完起解未到木植數目，約筭有無，足彀應用。其一應各衙門修造不急之務，俟民生少甦，財用少給，然後徐爲之處，將未完之數暫行停止。再照善經理者更政而政愈行，善使民者勞民而民不怨，亦惟在不失民信，不拂民情而已。前項已解大木，因無接濟錢糧，尚未得領前價，商人日夜懸望，以需補給。又有已領價銀三分之一，見在追併砍伐在山，將至水次者。若一槩追銀還官，棄其木則可惜，轉相賣則無主。往年拖欠木銀，至今未完可監，仍將前項料銀贓罰，准其照例借支補給，以全民信。此後欠木商人有木則委官驗量，陸續起解，無木則照舊追銀盡數還官，以順民情。似爲官民兩便，情法無失。大工以成，地方攸賴，財無不給之虞，民有更生之樂矣。如蒙乞勅該部再加查議，以俟遵行，惟復別有定奪。緣係應詔陳言，以蘇民困，以弭天變事理。爲此具本，專差承差劉徵親賫，謹題請旨。

黄訓編《名臣經濟録》卷四八龔煇《採運圖前説》 謹按：全蜀古梁益之地，險阨四塞，獨冠天下。唐杜、李二子形諸咏歌，至稱天以擬之，固以見非人世所宜有也。乃若採取所由，特異内壤，人跡不到，魑魅魍魎之區。其山則有若青岡、黑蕩、古嘴、磨角、偏脚、坎頂、薄刀、棺木、殺人、剮腦、猿猴、菩薩、峻虎、陷鬼、蛇退、馬鞍之類，其水則有若龍吼、魚牮、羊角、雞肝、臊虎、喂賊、落眉、結髮、雷鳴、混陣、甕柄、剪刀、閻王、老虎、帚節、鬼門；以至眼號穿錢，路名鬼錯，灘成八害，崖目萬人之類；顧名思義，險實與俱。第不幸而不遇二子，寂寥無聞；其亦幸而未經品題，不拒人於千里，自分終棄之材，猶得以登廟堂之用也。作山川險惡，寒巖水壑，崎嶇萬狀，攀木緣崖，索橋傴僂，升之則躋於九天之上，降之則入於九地之下，怵目駭心，神魂飛越。作《跋涉艱危》。嘗聞蚺蛇吞象，三年而出其骨，禽獸傴人，自古爲然，而況深山窮谷，老箐荒林，固其所窟穴哉。作《蛇虎縱横》。道里之遠，程以千計；夫役之衆，日以百計；供頓之繁，歲以萬計；櫛風沐雨，水陸疲勞，雖雞犬亦有所不寧者。作《採運困頓》。斷岸千尺，下臨無際，結構重疊，綿亘數里。作《飛橋度險》。梁棟美材，天地固秘藏之，重以頻年採取之故，所遺無幾，崇岡疊巘，限隔高下，其爲力且百倍於曩時。作《懸木吊崖》。人日食米一升，一夫負米五斗，往返之期有七日，自給之外，僅足以給二人；萬一變生不測，趨赴少後，緩急何所濟？作《飢餓流離》。輕生嗜利，夷虜之常以逸待勞，以衆暴寡，昏夜乘間，將何所不至哉。作《焚刧暴戾》。天災流行，勢所必有，加以蠻烟瘴雨之所侵淫，飢渴勞瘁之所摇奪，鮮不及矣。作《疫癘時行》。至若灘高水落，爲力尤難，築堤壅泉，架木飛輓，若轆轤之汲井，然游移前却，日不能以一里。作天車越澗，波濤泛漲，衝激四出，挽留無計，仰天太息，要之水旱俱病，惟川蜀爲然。作《巨浸飄流》。上自藩臬，以至若府州縣，轉相督責，撫字之心誠勞，而職業固然，不敢怠廢，矧無知犯法，小民之恒性哉。作《追呼逮治》。山林材木，初不必其皆良，兼之天時人事，參錯不齊，外直而中空者十之八，毁折而遺棄者什之九，僥倖苟且，百纔一二。宿負未償，新逋是急；稱貸不足，繼以田宅；田宅不敷，繼以子女；子女不給，隨以妻妾。夫人孰不欲有宫室之奉，夫妻子母之屬哉？自全之道固如是也。作《鬻賣償官》。驗收登記，比次成筏，連筋捩頂雇募器用之類，種種各備，每筏爲木凡六百有四，爲竹凡四千四百有五，爲銀以兩計者凡百四十有八，公私耗斁，莫可勝記。作《驗收找運》。自蜀至京，不下萬里，每運爲筏，以二十、三十爲率，每筏運夫四十，每夫日計直十分之五，大約三年，其爲直殆且六萬。要皆生民膏血，日朘月削，其存幾何！父往子來，曾無寧歲，出萬死於一生。作《轉輸疲弊》。噫！不身膏野草，則葬於江魚之腹，隨其所在，動若陷穽。彼青黄雕刻，木之災也；梗楠杞梓，獨非生民之災乎！夫梗楠杞梓，愛護而保全之，徒以應營建所需之故；而陛下赤子，曾梗楠杞梓之所不若。三復《萇楚》之詩，爲之於邑。

黄訓編《名臣經濟録》卷四八龔煇《採運圖後説》 蜀省採買，其爲府者凡六，其爲州者凡十，其爲縣者凡六十有四，其爲衛者凡七，其爲宣慰宣撫長官司者凡八。臣煇謹按採運履歷，舉見凡例，繪爲一十五圖如右。其山川險惡，未暇覼縷，所謂存十一於千百焉耳。按圖索迹，觸類引伸，可想而見也。其跋涉艱危，採運困頓，飛橋吊崖，飢寒疫癘，蛇虎傷殘，焚刼暴戾，巨浸飄流，壅泉越澗，皆出於人言之所稱述，畫工之所想像。使身親歷之，復身親圖之，則一時議擬形容，臣不識又當何如。其追呼逮治，鬻妻賣子，以致驗收找運，轉輸疲弊之狀，臣目可得而見，口可得而言，第恨手不可得而圖耳。要之，苦心惟良工也，彼繪畫者流，烏足以與此哉？雖然，所可圖者迹而已矣，抑末也。昔孔子繫《易》之辭有曰：天地之大德曰生，聖人之大寶曰(位)〔仁〕；何以守(位)〔仁〕曰人，何以聚人曰財。是財者，民之心；民者，邦之本；非細故也。傷財病民，元氣陰耗，雖苦心良工，不能措手，可以意得，不可以迹求也。古今天下之瑞無踰於人，今嘉祥殊祉莫不畢集，所乏惟人瑞耳。凡以土木之役未息故也，此役誠息，則財裕民安，元氣充實，太平斯有象矣。臣當更上人瑞之圖，以足當今之所未備。仰惟皇上聖德好生，與天地相爲流通，顧臣奉使無狀，不能宣揚德意，無所逃罪，復以不識忌諱，致勤陛下宵旰之思，臣雖萬死何以自贖。臣不勝戰慄待罪之至，稽首頓首，謹志。

黃訓《名臣經濟録》卷四八蔣珤《題欽奉勅諭事》 營繕清吏司案呈，案查先奉本部送准户部咨，開太倉銀庫，見在銀二百一十六萬兩有零，不勾支用，要將事故官庫銀兩通行裁減；及行兵部，將外衛已到並在營各項官軍，量撥一號發山陵等處做工；脱或有礙，聞太僕寺馬價見有一百九十餘萬兩，亦可動支接濟等因，題奉聖旨：「是這事故，官軍折糧銀兩着便停止，兵部即查各項見在官軍，分撥各工應用，以節省國儲。欽此。到部送司。該本部議得，停止大運，係該兵部掌行其雇匠辦料之費，應該本部措處，合行總督工程，及各該科道等官會議；缺欠銀兩，合於何衙門借支，作何處辨，通議停當，會題候旨，施行等因。奉聖旨：「是，國家營建舊規，止是派撥官匠官軍做工，户部支與糧賞，比緣崇建郊壇，工程重急，權議動支兵部馬價銀兩，添雇大匠，以速告成，原非常例。今各項工程延緩累歲，乃至雇直之費縻耗無紀，況中間侵冒無稽，程督不嚴，奸弊滋深，以至庫藏空虛，工無就緒，各該職掌督理監視等官，都好生玩法欺蔽。待工完之日，驗閱工程巨細，比量支費多寡，一併追治。即今措處錢糧，掣停大運，你部裏便會同户、兵二部，逐一悉心查議，區畫停當來説。欽此。」備行到司。查得嘉靖十五年五月，内該内官監開稱啓建兩宮，修飭七陵，預建壽宮，並建行宮，合用官軍做工，隨該武定侯郭等議，將團營該補京衛事故官軍内，摘造三萬員名在於兩宮，三大營撥四萬員名在於山陵，俱支月糧，行糧賞米冬衣布花每各折支銀五兩九錢九分，通行户部扣送各該工所應用。節奉聖旨：「依擬。欽此。」續該户部議稱，拽木官軍止支行糧、賞米，並無支給月糧、布花，每名止該銀一兩八錢。又該武定侯郭題稱，兩宮山陵等處做工官軍七萬員名，每名該支月糧行糧賞米冬衣布花銀五兩九錢九分，共該銀二十萬九千六百五十兩，扣送工所應用；及原題户、兵二部歷年拖欠皇莊子粒銀一十三萬八千九百兩，馬房子粒銀二十二萬七千五百兩，各營草場子粒銀七萬七千三百兩，大約總計四十五萬兩，合令該部將見在太倉糧銀馬價内，先行照數借支。户部每年漕運脚價及抄關鹽引餘銀，亦當查出，送工部接濟應用等因題奉聖旨：「是。修建諸陵，建造兩宮，皆非得已，工程重大，該用銀兩數多，摘造官軍月糧布衣等項，都照前旨扣送；拖欠子粒銀兩，着於太倉馬價内借支；漕運脚價等項餘銀，即便查出，送工部接濟。户部朦朧覆奏，顯是推托怠慢，堂上官且不查究，該司官罰俸三箇月。欽此。」又查得建造廟制，該同知建造事吏部尚書等官汪鋐等，題爲嚴查點，慎出納，以圖大工完美事，節奉聖旨：「這所奏各項營建，委多奸弊，匠役官軍私行賣放，虛支糧價入己，物料止憑官匠開報，濫無紀極。今後匠役官軍着科並差，委官員分派工所，逐一查點物料，也着科道官會同該部委官公同收支。如有仍前勒措分例銀兩，一應作弊的指實參奏，其餘都依擬行。欽此。」又查得嘉靖十八年閏七月内，爲急缺大工銀兩，俯從區處，以裨聖政事。該本部，查得户部拖欠事故官軍折糧等項銀兩數多。即今工程緊急，合行該部將事故官軍折糧銀三十五萬九千四百兩，並通惠河扣省脚價三十萬兩，即日兑送工所應用。其皇莊子粒並馬房草場子粒共三十四萬一千六十七兩，兵部各營子粒銀七萬七千三百二十六兩七錢二分，合照前旨，於太倉銀庫並馬價銀内兑送接濟等因。奉聖旨：「户部看了來説。欽此。」該户部覆題事故官軍銀兩，節差主事彭大有等，並大峪山扣省脚價，差主事陳天資運送十萬兩外，及子粒銀兩先儘見在貯庫五千三百三十四兩九錢，其餘移咨總督倉場左侍郎李廷相，查南京户部近解銀内委官秤兑交納接濟，奉聖旨：「是。都依擬行。欽此。」俱經通行，欽遵。去後除户部事故官軍折銀先後陸續解過，及扣省脚價内解十萬兩外，其餘扣省銀二十萬兩，各須子粒銀三十四萬一千六十七兩，共銀五十四萬一千六十七兩，并兵部各營子粒銀七萬七千三百二十六兩七錢六分，節催未見解到。又查得先年工程興作，各色匠役，該内官監做工運料，該兵部各撥官匠官軍應用，户部關支賞糧，工部止是辦料，各有職守，故費省而工速成。自四郊之興，兵部權議，自支馬價雇募人夫，以補軍數之不足，後令夫匠盡出工部，是以雇直之費支給不敷。又查得先年内監料計各工錢糧合用之外，不過量寬一分，本部仍以三分爲率，處辦二分送用，其扣留一分，止是節損舊規，原無錢糧存部聽取。近年計料愈增，比時二分之數，且或未滿，而工亦告成。如近時神庫、神厨，原派石灰九百萬斤，止用四百萬斤。城垣木柴原派一千三百餘萬斤，止用一百三十餘萬斤。一號等殿原派紅黄等銅八萬一千九百斤，後又添派四萬五千餘斤；生漆原派一十三萬三千斤，後又開取一十三萬二千斤。壽宫奉祀房神宫監開派木植，動以數十萬計。監視科道等官，比照長陵式樣間數，計筭比之，原料不過十之二三。餘可例見。所以曠歲遷延，縻費無紀，致使庫藏空虚。又查得慈慶慈寧等宫，崇先奉先一號等殿，在外山陵壽宫行宫，及沙河行宫各處，已完未完工程，前後共用過銀六百三十四萬七千八百九十餘兩，俱係借支户部太倉并太僕光禄等寺各項銀兩，並本部召納事例各項料價，及事故官軍折糧銀兩支出之數。其西苑、仁壽宫、皷樓、六聖碑亭、景皇帝碑及涇簡等王、端妃等妃墳所各項支費，不下數十萬兩，又皆本部那支柴炭等項料銀從權支給，又不在於前項支過銀内之數。及查得各處司府題派額派柴炭葦課皮料軍器折銀等項銀兩，歷年拖欠數多，雖有解到者俱已放支，並前項那借殆盡，其未完者俱各不行解發，後有前項興作，别無權宜區處。今户部因見慈慶宫完，議將山陵等處事故官軍折糧銀兩通行停止，行令兵部撥軍做工運料，已有明旨，無容别議外，但本部應該放支工匠銀，並節慎庫應該放支商人料價二十餘萬兩。見今庫貯不滿五六萬，應給之數將欠幾倍，將來之費又未可已，逆料失今不處，何以支持，以上俱應計議停當，庶免後艱等因，通查案呈到部。臣等會同太子少保户部尚書臣梁，右侍郎臣王，太子太保兵部尚書臣張等議，照國家營建，必資于財力，財力不足，則營建何由而成。國家財力莫患於縻費，縻費不除，則財力何由而足。今據該司所呈，内外併興工程二十三處，每日雇覓夫匠九萬四千七百餘工，一年則費銀一百八十七萬五千三百餘兩。又每年雇車脚價銀三十四萬五千餘兩，鋪商料價一百餘萬兩。又匠官計料數目過多，即前數項可以類推。此錢糧之不足一也。本部在京工程已極繁重，而承天工程又復一十餘處。扣除本省及河南事例銀七十萬兩，加之江浙川湖南直隸貴州各省扣除買辦木料銀五百餘萬兩，蘇州府臨清州磚廠扣除磚價運價百萬餘兩，兵部沙河城池工程借用杉木及各該撫按借留軍器折色銀共十餘萬兩，且各項事例開納已久，近來上納者稀，每日畸零數人而已。此錢糧之不足二也。本部料價匠價葦課及軍器折色各項事例銀兩，各該司府或借支不還，或扣留不解，甚則轉解侵欺，不行追究，本部屢經催解，視如故紙，卒有緊急，無處那支。此錢糧之不足三也。如此，欲弊之革，利之興，得乎？欲財力之足，營建之速成，得乎？爲今之計，除已前做過夫匠本部那借補支外，其餘自命下爲始，兵部查照舊規，分撥官軍，酌量前項内外工程廠作大小做工，及琉璃、黑窑、臺基、山西等廠般運磚瓦木植等料，本部食糧民匠，各衛食糧軍匠，通行查出，照前酌量工程廠作分撥做工。其前雇覓夫匠，遵奉明旨，各行停掣。如皇穹宇、慈慶宫、沙河行宫，即今工完，分撥各工併力湊用。若果工程重大，官軍官匠不敷，兵部自行動支太僕寺馬價，本部動支節慎庫銀兩，各雇覓添補，二部委官各照職掌，會同科道逐一查照。如官匠官軍不行赴工，各管工人員賣放影射及私占等項，着實追問參究。其餘物料及各處載運木石磚灰等項脚價，本部支給，緣今錢糧缺乏，容本部請勅就近齎與採辦，抽分郎中等官會同彼處撫按分投委官，將前項料價、匠價、葦課、軍器折色各項事例銀兩，儘其見在查出，截數解來接濟。有侵欺者追完，問罪發落，干礙職官一併參究。然目今欠少工食、料價、脚價大約數十萬兩，翊國公郭等於臺基廠屢次無銀支給，請告紛紛，無以措手。況以後逐月放支其數尚多，又無從處辦，若待前項催解銀兩，動經歲月，緩不濟事。議將户部原欠前項銀六十一萬兩，兵部七萬兩，作速照數動支解發，以濟前急。該户部尚書臣梁説稱，太倉銀兩，自興工以來，本部借過事故，旗軍及未到上班官軍共支過二百九十三萬四千七百餘兩，今太倉止有二百一十萬兩，軍國重事，豈宜再支，扣省脚價俱已用盡，皇莊子粒止有五千餘兩，其餘俱奉詔蠲免。職掌關係，義難緘默。兵部尚書臣張説稱，太僕寺銀兩，自興工以來，支過五十萬兩，倘各邊有事用馬，何以措手；草場子粒銀止有一萬兩，似難動支。臣等回稱，太倉糧銀、太僕寺馬價固軍國重事，然營運亦朝廷重事，既已興工，勢難中輟。況户部今年、明年尚有扣省脚價，又今年漕運間有議徵折銀，兵部馬價及缺官柴薪銀兩尚多，俱堪動支。且事有經權，時有緩急，均乞聖明裁處。爲照工程重大，物料浩繁，該監監工收料委官三百三十餘員，耗費寖廣，樂于遲延，拔本塞源，尤在於此。除總督大臣總其大綱外，若夫仰承德意，督率屬官嚴速工程，惜財省費，此臣等與内官監掌印官之責也。以朝廷之心爲心，以國家之事爲事，同舟共濟，勿分彼此，此臣等與户、兵二部堂上官之責也。點查軍匠，稽考工程，有弊即言，無益即革，此臣等與科道官之責也。若使内外羣工體國奉公，各任其責，各蠲其私，則大工可完，諸費亦少節矣。再，照工興日久，財用已殫，問之府庫則空虚，無計可借，問之生民則疲憊，無處可徵，臣等日切驚憂，不遑寢食，仰惟皇上敬天尊祖，光前裕後之作俱已周全，正堯舜垂拱之日，與民休息之時也。伏望天語戒飭羣工，早畢諸役，以紓聖慮，以迓天休。臣等待罪工曹，荷恩深重，豈敢緘默，依違從事，伏乞聖明亮察，臣等無任恐懼祈望之至。緣係欽奉勅諭，及奉聖旨「是。國家營建舊規停當，來説事理等因」，嘉靖十九年五月二十四日具題，二十六日奉聖旨：「這各項工程，皆朝廷重事，乃祖制未及舊典，或遺與今日爲民事神之弗獲已者，若所司能竭忠奉公，自能工完費省。今軍匠歇閒，歲費雇直百萬，兼以虚名實數冒支糧賞，徒手幼孩濫充雇覓，每一放支銀兩，利歸私室，富却奸徒，上下蒙蔽，曾無一人舉正。及有旨督責，方纔説出縻費，又不明白指陳。除掣雇覓夫匠，依擬太倉銀兩，今後再不許動支。見今各工合用銀兩，軍匠數目，並應該釐正事宜，你每還遵照前旨，會同盡心議處，畫一停當來説，務要共任其責，不許自分彼此。欽此。」

王士翹《西關志・居庸》卷六《邊倉十分空虚計處以節冗食疏》 正德十六年八月日 巡按直隸監察御史臣孫元謹題：爲邊倉十分空虚，計處以節冗食事。奉都察院勘合劄付，前事准户部咨。該本部題，據委官主事林應驄呈，查得弘治年間隆慶衛蜂、漆、窯户、醫獸等匠在於京城各監局幹辦，仍在本衛支糧，其數不多。近年以來，但有殷實之家，素無一藝之長，朝去夤緣，暮來取用，計有五六百名，不經撫按點閘，不隨隊伍差操，俱支糧一石，比之隨操官軍、墩臺哨瞭人等支糧相同，勞逸懸絶，相應查革。等因到部。爲照居庸隆慶等倉歲派舊有定數，往年軍士支給尚有積餘，近年以來每每告乏，多方處置，益見不足，皆因冗食太多所致。今主事林應驄所呈，相應依擬。但前項軍匠未曾開有的確名數，難便議處。合無移咨都察院轉行巡關御史，吊取該衛文册，除額設蜂、窯等户外，其餘但係近年投充人匠逐一查見的數，追究是何年月、奉何事例投充、見在何處當差，備查明白。如果冒濫是實，徑自具奏裁革等因。題奉聖旨：是近年投充寄名人匠既不經撫按點閘，不隨隊伍差操，月支邊糧，好生冒濫。著巡關御史備查明白來説。欽此。欽遵。移咨備劄到臣。依奉行據直隸隆慶衛經歷司呈，蒙本衛案令，行據左等五千户所申備百户王佾等申，查得本衛各所見在各監局軍人共二百六名，内弘治年以前陸續取去軍人一百六十名，正德年以來取去軍人四十六名，備開到衛。查得本衛别無册籍，止於節年軍士食糧册内查對相同。及拘左等所百户周英等下軍人王杲到官審據供稱，杲與在官軍人孟顯等四十三名併在逃軍人柳開方珏俱係祖户軍役及爲事充發。在逃軍人李福各不合畏懼在關操練辛苦，於正德七年以後、年月日不等，假以匠藝名色，投入内官等監局，坐名行文本衛取用。遇蒙正德十六年四月二十二日恩宥。外及有未到左等所正軍田黑厮等，先年亦各投充監局匠役以避差操。見有内官監蜂、漆户軍人田黑厮等九十名、御馬監醫獸軍人楊玉等九名、兵仗局軍人于因加兒等六十一名，連杲等共二百六名，俱係正軍，夤緣在各監局包納月錢。中間亦有逃亡冒名在衛食糧，並無額設及奉事例投充，委的避勞就逸等情，備由回報到臣。臣時在於地方巡歷，將該衛造到文册照名取審，止有軍人王杲等四十三名到臣，查審相同。其田黑厮等拘提未到。爲照居庸乃邊關重地，軍衛之設專以預防邊患，非爲匠役而設也。各軍先年私自投充，原非額設，況食糧同於衆軍而勞逸大相懸絶，且屢經上司拘唤不出，中間逃亡冒糧者甚多，委實虚費邊儲，誠有如主事林應驄所呈者。緣各軍俱係正軍，難以裁革，相應改正取回。如蒙乞勅該部查議，合無將前項投充匠役二百六名俱係正軍，盡數發回該衛，編入隊伍。先將見在王杲等四十三名照舊食糧、差操；未到田黑厮等一百六十名月糧盡行開除，待其正身投首到衛，解臣查審明白，方許著伍收糧。其間逃亡者併柳開、方珏、李福，照例清勾，不許冒名頂補。庶邊儲不致妄費，而行伍不致空缺矣。緣係邊倉十分空虚，計處以節冗食，及奉欽依：「是近年投充寄名人匠既不經撫按點閱，不隨隊伍差操，月支邊糧，好生冒濫。著巡關御史備查明白來説。」事理未敢擅便。

張居正《張太岳先生文集》卷四〇《請停止内工疏》 該文書官邱得用口傳聖旨「慈慶、慈寧兩宫，著該衙門修理見新，只做迎面。欽此。」臣等再三商榷未敢即便傳行。

竊惟治國之道，節用爲先，耗財之原，工作爲大。然亦有不容已者，或居處未寧，規制當備；或歷歲已久，敝壞當新。此事之不容已者也。于不容已者而已之，謂之陋；于其可已而不已，謂之侈。二者皆非也。

恭惟慈慶、慈寧，乃兩宫聖母常御之所。若果規制有未備，敝壞所當新，則臣等仰體皇上竭情盡物之孝，不待聖諭之及，已即請旨修建矣。今查慈慶、慈寧，俱以萬曆二年興工，本年告完。當其落成之日，臣等嘗恭偕閲視，伏睹其巍崇隆固之規，彩絢輝煌之狀，竊以爲天宫月宇，不是過矣。今未踰三年，壯麗如故，乃欲壞其已成，更加藻飾，是豈規制有未備乎，抑亦敗壞所當新乎？此事之可已者也。

況昨該部該科，屢以工役繁興，用度不給爲言。已奉明旨，以後不急工程，一切停止。今無端又興此役，是明旨不信于人，而該部科必且紛紛執奏，徒彰朝廷之過舉，滋臣下之煩言耳。

方今天下，民窮財盡，國用屢空，加意撙節，猶恐不足。若浪費無已，後將何以繼之？臣等灼知兩宫聖母，欲皇上祈天永命，積福愛民，亦必不以此爲孝也。臣等備員輔導，凡可將順，豈敢抗違。但今事在可已，因此省一分，則百姓受一分之賜。使天下黎民萬口同聲，祝聖母之萬壽，亦所以成皇上之大孝也。

伏望聖慈，俯鑒愚忠，將前項工程，暫行停止。俟數年之後，稍有敝壞，然後重修未晚。臣等干冒宸嚴，無任悚慄之至。

萬曆五年五月二十一日上。隨該文書官口傳聖旨：「先生忠言，已奏上。聖母停止了。」

張潮《虞初新志》卷一六宋起鳳《核工記》 季弟獲桃墜一枚，五分許，横廣四分。全核向背皆山，山坳插一城，雉歷歷可數。城巔具層樓，樓門洞敞，中有人，類司更卒，執桴鼓，若寒凍不勝者。枕山麓一寺，老松隱蔽三章，松下鑿雙户，可開合；户内一僧，側首傾聽。户虚掩如應門，洞開如延納狀，左右度之，無不宜。松外東來一衲，負卷帙踉蹌行，若爲佛事夜歸者。對林一小陀，似聞足音僕僕前。核側出浮屠七級，距灘半黍。近灘維一舟，篷窗短舷間，有客憑几假寐，形若漸寤然。舟尾一小童，擁爐噓火，蓋供客茗飲也。艤舟處當寺陰，高阜鐘閣踞焉。叩鐘者貌爽爽自得，睡足徐興乃爾。山頂月晦半規，雜疏星數點，下則波紋漲起，作潮來候，取詩「姑蘇城外寒山寺，夜半鐘聲到客船」之句。

計人凡七：僧四，客一，童一，卒一。宫室器具凡九：城一，樓一，招提一，浮屠一，閣一，爐竈一，鐘鼓各一。景凡七：山、水、林木、灘石四，星、月、燈火三。而人事如傳更、報曉、候門、夜歸、隱几、煎茶，統爲六。各殊致殊意，且並其愁苦、寒懼、疑思諸態，俱一一肖之。語云「納須彌于芥子」，殆謂是與？然聞之：「尺綃綉經而唐微，水戲薦酒而隋替。」器之淫也，吾滋懼矣！先王著《考工》，蓋早辨之焉。

李鴻章《李鴻章全集·奏議六·新城工程請獎片》 再，查新城地方，前于雍正年間建立水師都統衙署，築有土城，嗣因員缺裁撤，城署久廢。此次周盛傳承辦要工，馳往相度，舊城基址，已不可辨識，另行審擇地段扼要興修。當其版築之初，一片荒墟，事事皆同創始。濱海之地，暑溼侵蒸，易生疾疫，斥鹵卑下，土質松浮，尤難措手。所築城垣、砲臺，係參用西洋做法，與内地建造成法迥不相同，工力亦相去倍蓰。該軍自分認地段後，闔營哨弁兵夫，負土加硪，争先并力，登憑邪許之聲，往往更定月明，猶相應和。盛暑烈日，旁午弗休，竭萬人之力，逾兩年十閲月之久，胼胝經營，不辭况瘁，成此鉅工，逬衛海疆。核其勞苦勛績，實較身臨前敵、衛旨鋒刃者，難易攸殊。城臺竣後，各國洋人往來查探，争相傳播新聞紙，于北洋海防聲勢增壯。

周盛傳係現任總兵實缺大員，主持全工，獨爲其難，于餉需竭絀之際，既督弁勇以力作，復捐欠餉以圖成，體國之公忠，辦事之認真，布置之精密，皆非諸將所及。雖據稱不敢仰邀議叙，應請旨交軍機處另行存記，遇有提督缺出，先行簡放，以爲專閫出力者勸。

至該軍統帶記名提督直隸通永鎮總兵唐仁廉，記名提督貴州安義鎮總兵周壽昌，記名提督署直隸通永鎮總兵吴殿元，記名提督衛汝貴、賈起勝，均謀勇兼優，堪勝專閫。擬請旨交部從優議叙。吴殿元，衛汝貴，賈起勝三員，並請旨存記簡放實缺。提督銜記名總兵陳連昇、初發祥、孫顯寅，均擬請俟得總兵實缺後，以提督記名簡放。記名總兵姚禮士、張兆海、宋冠軍、鄭才盛、周家瑞，均擬請賞加提督銜。總兵銜兩江補用副將周盛佑、杜萬青、周家泰，均擬請旨交部從優議叙。按察使銜山東候補道吴秉權，擬請賞加布政使銜。五品銜直隸試用知縣戴宗騫，擬請俟補缺後，以直隸州知州補用，並賞加運同銜，以示鼓勵。其餘實在出力文武員弁，可否由臣查明，擇萬保奬，俾勵戎行。

伏乞聖鑒，訓示。謹附片具奏。

建築技術總部

《建築技術總部》提要

據考古資料顯示，我國自殷商時代即出現了木樑柱框架結構的建築，隨着磚瓦的發明，逐漸形成以木石磚瓦爲材料、以木構樑柱爲特徵的建築技術體系。經歷漢、唐時期的發展，一些重要的建築設計施工已經實行標準化與定型化作業，但遲至宋朝，才由李誡整編《營造法式》，首次對我國建築技術與理論進行總結，成爲後世建築界的圭臬。清朝雍正年間，由果親王允禮等奉敕編纂《工程做法》。此書在詳細察訪的基礎上，將各項營建技術、用工、用料分門別類，據實造册，從而確立之後工程建設、修繕及工程管理的典則。以上兩書基本反映了我國古代建築技術的總體水平。

本總部依據資料的特點，在經目設置上進行調整，除保留題解、論説、綜述、藝文、雜録外，綜述部分以《營造法式》《工程做法》的内容爲主，輔以其他典籍資料，如《魯班經》《揚州畫舫録·工段營造録》等，並參照《營造法式》的編纂架構，分置「建築技術綜合」「工程做法」「用工規範」「工程用料」四個大類。在大類下再析分大木作技術、小木作技術、石作技術、泥作技術、磚瓦作技術、雕作技術、鋸作技術、旋作技術、竹作技術、彩畫技術等小類。資料排列，在條目下先録《營造法式》，次及《工程做法》，其他典籍資料附後。

目録

題解

工

許慎《説文解字》卷五上《工部》 工，巧飾也。象人有規榘也。與巫同意。凡工之屬，皆从工。徐鍇曰：爲巧必遵規矩法度，然後爲工，否則目巧也。巫事無形，失在於詭，亦當遵規矩，故曰與巫同意。古紅切。

巧，技也。从工丂聲，苦絞切。

顧野王《玉篇》卷一八《工部第二七四》 工，古紅切。官也，善其事。巧，口卯切。巧，技也，好也。

趙撝謙《六書本義》卷四《工部第一一五》 工，沽紅切。工，匠也。二衡象規巨形，一縱象繩墨形。古作𢀜。

《康熙字典》卷八《寅集中・工部》 工，古文巨。𢀜，剤。《唐韻》：古紅切。《集韻》：沽紅切，丛音公。《説文》：巧飾也。象人有規榘也。《廣韻》：巧也。《玉篇》：善其事也。《詩・小雅》：工祝致告。傳：善其事曰工。疏：工者，巧於所能。又《玉篇》：官也。《書・堯典》：允釐百工。又：共工，官名。《書・堯典》：共工方鳩僝功。又《韻會》：匠也。《禮・曲禮》：天子之六工，曰土工、金工、石工、木工、獸工、草工。《周禮・冬官・考工記》：審曲面勢以飭五材，以辨民器，謂之百工。又《正韻》：事任也。《書・臯陶謨》：無曠庶官，天工人其代之。《集傳》庶官所治，無非天事。又：射工，蟲名。《博物志》射工蟲口中有弩形，氣射人影，隨所著處發瘡。又通作功。《魏志・管輅傳》注：輅弟辰曰：與輅辨人物，析臧否，説近義，彈曲直，拙而不功也。

棟

許慎《説文解字》卷六上《木部》 棟，極也。从木，東聲。多貢切。 極，棟也。从木，亟聲。渠力切。

檼，棼也。从木，㥯聲。於靳切。

棼，複屋棟也。从林，分聲。符分切。

許慎《説文解字》卷一二下《瓦部》 甍，屋棟也。从瓦，夢省聲。徐鍇曰：所以承瓦，故从瓦。莫耕切。

劉熙《釋名》卷五《釋宫室》 檼，隱也，所以隱桷也。或謂之望，言高可望也。或謂之棟。棟，中也，居屋之中也。屋脊曰甍。甍，蒙也，在上覆蒙屋也。

梁

《詩・大雅・蕩》 孔穎達疏曰：彊梁者，任威使氣之貌。

《爾雅・釋宫第五》 宋廇謂之梁。郭璞注：屋大梁也。

劉熙《釋名》卷五《釋宫室》 梁，强梁也。

陳元龍《格致鏡原》卷二〇《宫室二》 《爾雅》：宋廇謂之梁。疏：梁即屋大梁也，一名宋。棟，屋檼也，一名桴，今屋脊也。漢《天文志》：流星下燕萬載宫極，東去。注：李奇曰：極，屋梁也。《三輔間》：名爲極，或曰極棟也。《三輔間》名棟爲極。《事物紺珠》：駝梁，大梁，棒鈎梁木。桁條，屋横木。乳梁，枋上短梁。《卓氏藻林》：欂櫨，曲短梁也。邢昺《爾雅疏》：楣，即梁也。召伯雍云：門樞之横梁也。郭云：門户上横梁。《鄉射記》云「堂則物當楣」是也。《逸雅》：楣，眉也。近前若面之有眉也。《昇庵外集》：懸楣，横木，施於前後兩楹之間，下不裝構，如偏橋棧道之勢。今人謂之掛楣。

古梁：《風俗通》：夏禹廟中有梅梁，忽一表生枝葉。孟熙《霏雪録》：禹廟梅梁，乃大梅山所産梅樹也。山在鄞縣東南七十里，蓋梅子真隱處，石洞、仙井、丹竈、藥罏，猶在山頂大梅樹，其上則爲會稽禹祠之梁，其下則爲他山堰之梁。禹祠之梁，唐張僧繇圖龍其上，夜大風雨，嘗飛入鏡湖，與龍斗。人見梁上水淋漓濕，萍藻滿焉，始駭異之，乃以鐵索鎖于柱。他山堰之梁，長二丈許，去岸數尺，歲久不朽，大水不漂，因刀墜悮傷之，出血不止。今禹廟以他梅樹代之，不斲不削，存故事耳，非舊物也。《玉笥山録》：漢武帝時，玉笥山置一觀，既搆殿，缺中梁一條，將選奇材，未獲，忽一夜晴天降白玉梁一條，因號爲玉梁觀。至魏武帝時，遣使取之，雷電大震，裂殿脊，化爲白龍而去。晉永嘉中，有戴氏子入山，見兩座青石撦一條白玉梁于岩下，上有赤書五行，敲之聲如鐘，鱗甲張起，戴氏驚走告人，再尋之，不復見。《三輔黄圖》：柏梁臺，武帝元鼎二年春起。此臺在長安城中北闕内。《三輔舊事》云：以香柏爲梁也。《朝野僉載》：宗楚客造一宅，新成，皆是文柏爲梁。《金陵覽古》：晉孝武太元三年，僕射謝安作新宫太極殿，欠一梁，有海木流至石頭城下，取用之，畫梅花於梁上表瑞，因名梁殿。《廣州記》：州廳梁上畫五羊，又作五穀囊隨羊懸之。云昔高固爲楚相，五羊銜穀萃於庭，故圖其象爲瑞。六國時，廣州屬楚。

柱礎

許慎《說文解字》卷六上《木部》 櫍，柎也。从木，質聲。之日切。柎，闌足也。从木，付聲。甫無切。榰，柱砥。古用木，今以石。从木，耆聲。《易》曰：榰，恒兇。章移切。

張揖《廣雅》卷七《釋室》 楹謂之柱。礎，楚。磌，真，又徒年。礩，質也。

陳元龍《格致鏡原》卷二〇《宫室二》 柱礎：《事物考》：石礎，古謂之質礎。《卓氏藻林》：玉舄，即玉礩也，以承柱者。見《文選》。《尚書大傳》：大夫有石材，庶人有石承。注：石材，柱下質也；石承，當柱下而已，不外出，以爲飾也。《述異記》：吴王夫差射堂，柱礎皆如伏鼉。《續高僧傳》：隋相州刺史内陽公薛胄所居堂，礎忽變爲玉，胄謂爲善徵也，設齋慶之。釋靈裕云：斯琉璃耳。

柱

《爾雅·釋宫第五》 其上楹謂之梲。郭璞注：侏儒柱也。

許慎《說文解字》卷六上《木部》 楹，柱也。从木，盈聲。《春秋傳》曰：丹桓宫楹。以成切。樘，衺柱也。从木，堂聲。臣鉉等曰：今俗別作撐，非是。丑庚切。

劉熙《釋名》卷五《釋宫室》 柱，住也。楹，亭也。亭亭然孤立，旁無所依也。齊魯讀曰輕。輕，勝也。孤立獨處，能勝任上重也。棳，儒也，梁上短柱也。棳儒猶侏儒短，故以名之也。

陳元龍《格致鏡原》卷二〇《宫室二》 邢昺《爾雅疏》：楹，柱也。其梁上短柱名梲。《禮器》云：藻梲者，謂畫梁上柱爲藻文也。一名侏儒柱，以其短小故也。閞者，柱上木名也。又謂之槉，又名欂，亦名枅，柱上方木是也。又曰榙。是一物五名也。栭，一名楶，即櫨也，皆謂斗栱也。《禮器》云：「管仲山節」者，謂刻柱頭爲斗栱，形如山也。《禮記》鄭注：邊栭謂之節，梁上楹謂之梲。宫室之飾，士首本，大夫達稜，諸侯斲而礱之，天子加密石焉，無畫山藻之禮也。《逸雅》棳儒，梁上短柱也。棳儒猶侏儒短，故以名之也。《藻林》：栭，梁上短柱也。芝栭，畫芝於上。《王莽傳》：爲銅薄櫨。注：薄櫨，柱上枅，今所謂榙也。《昇庵外集》、《唐韻》：榙，音塔，柱榙頭也。今俗名護朽。《事物紺珠》：欒，攣也。其體上曲攣拳。斗在欒兩頭負上員穩。《演繁露》：春秋莊公丹桓宫楹，非禮也。在《禮》：楹，天子丹，諸侯黝堊，大夫蒼，士黈。黈，黄色也。案：此即自士以上，屋楹方許循等級用采色，庶人則不許。夫是以謂爲白屋也。後世諸王皆朱其邸，今世凡官寺皆施朱，存古也。

古柱：《大戴禮》：周時，德澤和洽，蒿茂大，以爲宫柱。《三輔黄圖》：漢未央宫以文杏爲柱。甘泉宫南有昆明池，池中有靈波殿，皆以桂爲柱，風來自香。《魏畧》：大秦國城中有五宫，相去各五十里，宫室皆以水精爲柱。《南史》：何胤於波若寺内立明珠柱，柱乃七日七夜放光。《珍珠船》：王元寶以錦石爲柱。《清異録》：廣府劉龑僭大號，晚年亦事奢靡，作南薰殿，柱皆通透，刻鏤礎石，各置爐燃香，故有氣無形。上謂左右：隋帝論車燒沈(水)〔木〕，却成精疎，争似我二十四箇藏用仙人。《神異經》：崑崙有銅柱焉，其高入天，所謂天柱也。圍三千里，圓周如削。《漢武故事》：上起神屋，鑄銅爲柱，黄金塗之，大五圍。《晉書》：太始二年七月，營太廟，致荆山之木，采華山之石，鑄銅柱十二，塗以黄金，鏤以百物，綴以明珠。《焦氏筆乘》：銅柱不止馬援。吴黄武二年，程普闕侯分界，鑄銅柱爲誓，在衡山縣。又唐御史唐九征立銅柱於點蒼之湍溪。又五代晉與楚王馬希範立銅柱爲界，學士李皐銘在辰州。《山堂肆考》：江西省城内，宫前有井，水黑色，其深莫測，與江水相消長，有鐵柱立其中。相傳晉許真君旌陽所鑄，以息蛟害者。《博物志》：江陵有臺甚大，而惟有一柱，衆梁皆共此柱。《渚宫故事》：宋臨川王義慶鎮江陵，于羅公洲立觀，甚大，而惟一柱。《山堂肆考》：樟柱殿在臺城内，陳高祖作太極殿，少一柱，忽有樟木大十圍，長四丈餘，自流於陶家渚，遂取以造殿。《酉陽雜俎》：齊建元二年夏，廬陵長溪水衝擊山麓，崩長六七(尺)〔丈〕。下得柱千餘根，皆十圍，長者一丈，短者八九尺，頭題古文字，不可識。江淹以問王儉，儉云：江東不閑隸書，秦漢時柱也。盛弘之《荆州記》：巴東有一折柱，孤直，高三丈，大可十圍。傳云是公孫述樓柱，破之，血出，枯而不朽。《古今注》：漢和帝時，江夏民舍，柱生兩枝，其一長尺五寸，分爲八枝；一長尺六寸，分爲五枝。《白六帖》：朱偓始家第堂柱，生槐枝，茸而茂，既而偓秉政。《廣古今五行記》：唐懷州凝真觀東廊柱，已九十餘年，道士往往聞柱中有蝦蟇聲，不知的處。後因柱朽壞，易之，厨人砍以爲薪，柱中得一蝦蟇，其柱先無孔也。唐《五行志》：如意中濟源路敬淳家水碾柱壞，易之爲薪，中有鮎魚，長尺餘，猶生。

檐

許慎《説文解字》卷六上《木部》 楣，秦名屋櫋聯也，齊謂之檐，楚謂之梠。从木，眉聲。武悲切。

許慎《説文解字》卷七下《宀部》 宇，屋邊也。从宀，于聲。《易》曰上棟下宇。玉榘切。

許慎《説文解字》卷九下《广部》 庌，廡也。从广，牙聲。《周禮》曰：夏庌馬。五下切。

劉熙《釋名》卷五《釋宮室》 梠，旅也，連旅旅也。或謂之槾。槾，緜也，緜連榱，榱頭使齊平也。

楣，眉也，近前若面之有眉也。

陳元龍《格致鏡原》卷二〇《宮室二》 簷：附廊、霤、鐵馬。邢昺《爾雅疏》：屋梠謂之屋檐，一名槾，一名屋梠，又名宇，皆屋之四垂也。檐同簷。《方言》：屋梠謂之櫺。郭注：雀梠，即屋檐，亦曰連綿。《禮·明堂位》：復廟重檐。注：復廟上下重屋也。檐下復有板檐，免風(兩)[雨]壞壁。《子虛賦》：暴於南榮。注：榮，屋南檐也。《事物紺珠》：榮，屋翼梠兩頭起者。《西域記》：西域重堂殿，梁檐皆以七寶飾之。

廊：《子虛賦》：步櫩周流。注：步櫩，言其下可行步，即今步廊也。漢《張敞傳》：得之殿屋重轑中。注：蘇林曰：轑，椽也。重轑，重棼中。師古曰：重棼，即今之廊舍也。一邊虛爲兩廈者也。《周書·作雒》：五宮明堂，咸有重廊。《演繁露》：李試《義訓》曰：屋垂謂之宇，宇下謂之廡，步檐謂之廊，峻廊謂之巖。漢《竇嬰傳》：陳廊廡下。注：廊，堂下周屋也。廡，門屋也。《古今事物考》：走馬廊自秦有之，謂房外出簷一楹，可以乘馬而行。

霤：《逸雅》：霤，流也，水從屋上流下也。漢《宣帝紀》：金芝産於函德殿銅池中。顔師古注：銅池，承霤也，以銅爲之。《席上腐談》：古之承霤，以木爲之，用行水。即今之承落也。

簷馬：《芸窻私志》：元帝時，臨池觀竹既枯，後每思其響，不能寢。帝爲作薄玉龍數十枚，以縷線懸於簷外，夜中因風相擊，聽之與竹無異。民間效之，不敢用龍，以什駿代。今之鐵馬，是其遺制。《丹鉛總録》：古人殿閣簷稜間有風琴、風箏，皆因風動成音，自諧宮商。

椽

許慎《説文解字》卷六上《木部》 榱，秦名爲屋椽，周謂之榱，齊魯謂之桷。从木，衰聲。所追切。

桷，榱也，椽方曰桷。从木，角聲。《春秋傳》曰：刻桓宮之桷。古岳切。

劉熙《釋名》卷五《釋宮室》 桷，确也。其形細而疏确也。或謂之椽。椽，傳也，相傳次而布列也。或謂之榱，在檼旁下列衰，衰然垂也。

陳元龍《格致鏡原》卷二〇《宮室二》 《爾雅》：桷謂之榱，桷直而遂謂之閱，直不受檐謂之交。疏：桷，屋椽也。一名榱梠，齊魯名桷，周人名榱。《易》曰：鴻漸於木，或得其桷。《左傳》：子産曰「棟折榱崩，僑將壓焉」是也。屋椽長直而遂，達五架屋際者名閱。郭云：謂五架屋際椽正相當。若其椽直不上於檐者名交，言相交於檼上也。郭云：謂五架屋際椽不直上檐，交於檼上。《逸雅》：桷，确也。其形細而疎确也。或謂之椽。椽，傳也，相傳次而布列也。或謂之榱，在檼旁下列衰衰然垂也。《説文》：員者爲榱，方者爲桷。何宴《景福殿賦》：承以陽馬，接以圓方。注：陽馬，屋四角引出以承短椽者。《三輔黄圖》：孝武營未央宮，以木蘭爲棼橑。注：棼橑，棟椽也。《事物紺珠》：禁楄，音駢。短方椽。笮篖，椽上竹。又：梠，旅也。又曰：櫋，綿也。榱頭使平上入曰爵頭。《賢奕編》：結屋枋凑合處，必有牝牡筍，俗呼爲公牡筍是也。《甘泉賦》：旋題玉英。注：題，頭也，榱椽之頭，以玉飾，言其英華相燭也。《卓氏藻林》：當椽頭也，以彩飾之曰文璫。

拱

劉熙《釋名》卷五《釋宮室》 欒，攣也。其體上曲攣拳然也。

張揖《廣雅》卷七《釋室》 欂謂之枅，曲枅謂之欒。

戴侗《六書故》卷二一 《考工記》曰：鍾兩角謂之欒。又左思賦「欒櫨疊施」。注：欒，曲枅也。又曰：「琱欒鏤楶。」注：欒，拱也。張平子賦「結重欒以相承」，謂栱者是。

枓

許慎《説文解字》卷六上《木部》 栭，屋枅上標也。从木，而聲。《爾雅》曰：栭謂之格。如之切。

櫨，柱上柎也。从木，盧聲。伊尹曰：果之美者，箕山之東，青鳧之所，有櫨橘焉，夏孰也。一曰宅櫨木出弘農山也。落胡切。

枅，屋櫨也。从木，開聲。古兮切。

劉熙《釋名》卷五《釋宮室》 盧在柱端，都盧負屋之重也。斗在欒兩頭，如斗也。斗負上員穩也。

爵頭

劉熙《釋名》卷五《釋宮室》 梠，旅也。連旅，旅也。或謂之槾。槾，緜也。緜連榱，榱頭使齊平也。上入曰爵頭，形似爵頭也。

飛昂

許慎《説文解字》卷六上《木部》 櫼，楔也。从木，韱聲。子廉切。

楔，櫼也。从木，契聲。先結切。

《文選》卷一一何晏《景福殿賦》 櫼櫨各落以相承，欒栱天蟜而交結。李善注：櫼，即枊也。櫼，子兼切。《説文》曰：櫨，柱上枅也。薛綜《西京賦》注曰：欒，柱上曲木兩頭受櫨者，栱欒類而曲也。天蟜欒栱長壯之貌。蟜，其天切。

鴟吻

陳元龍《格致鏡原》卷二〇《宮室二》 《類要》：東海有魚似鴟，噴浪即降雨。唐以來，設其象於屋脊。《蘇氏演義》：蚩，海獸也。漢武作柏梁殿，以蚩尾水之精能郤火災，因置其象於上。《墨客揮犀》：漢以宮殿多災，術者言天上有魚尾星，宜爲其象冠于室，以禳之。今自有唐以來，寺觀舊殿宇尚有爲飛魚形尾指上者，不知何時易名爲鴟吻，狀亦不類魚尾。《名義考》、《椒園雜記》：螭蚴形似獸，立於屋角上。又云蠑蛇似龍，鰲魚亦似龍，皆立於屋上者。今殿庭曰蚴，衙舍曰獸頭，大抵皆蚩也。殿庭爲龍形，衙舍爲獸形，或爲魚形，以別於宮殿，皆以意爲之，非其本則然也。

陽馬

《文選》卷一一何晏《景福殿賦》 承以陽馬，接以員方。李善注：陽馬，四阿長桁也。禁楄列布，承以陽（焉）〔馬〕，衆材相接，或員方也。馬融《梁將軍西第賦》曰：騰極受檐，陽馬承阿。

徐鍇《説文繫傳》卷一一 柧，稜，從木，瓜聲。又柧稜，殿堂上最高之處也。臣鍇按：《史記》曰：漢興破柧爲圜。《字書》曰：三稜爲柧木。此字假借觚字。又班固《西都賦》曰：設璧門之鳳闕上，柧稜而棲金雀。臣鍇以爲最高轉角處也。古呼反。棱，柧也。從木，夌聲。婁登反。

摶風

許慎《説文解字》卷六上《木部》 榮，桐木也。从木，熒省聲。一曰屋梠之兩頭起者爲榮。永兵切。

沈括《夢溪筆談》卷一《辯證一》 予見人爲文章，多言前榮。榮者，夏屋東西序之外屋翼也，謂之東榮、西榮。四注屋則謂之東霤、西霤，未知前榮安在？

沈括《夢溪筆談・補筆談》卷上 今人多以廊屋爲廡，按《廣雅・堂下》曰：廡，蓋堂下屋簷所覆處，故曰立於廡下。凡屋基皆謂之堂，屋簷之下亦得謂之廡，但廡非廊耳。至如今人謂兩廊爲東西序，亦非也。序乃堂上東西壁在室之外者，序之外謂之榮。榮，屋翼也。今謂之兩徘徊，又謂之兩厦四注。屋則謂之東西霤，今謂之金廂道者是也。

藻井

陳元龍《格致鏡原》卷二〇《宮室二》 《西京賦》：蔕倒茄於藻井，披紅葩之狎獵。注：藻井，當棟中交木方爲之，如井幹也。茄，藕莖也，以其莖倒植於藻井，其花下向反披。狎獵，花葉參差貌。《風俗通》：殿堂象東井形，刻爲荷、菱、藻，三者皆水物，所以厭火災。《埤雅》：説者以爲藻取其文。蓋藻非特爲取其文，亦以禳火，今屋上覆橑謂之藻井，取象於此。亦曰綺井，又謂之覆海，亦謂之罳頂。楊慎《外集》：綺井謂之鬬八，又曰藻井，今俗曰天花板也。《事物紺珠》：閗鬬八，天花板上鬬八角。井口内畫藻曰藻井。

承塵

劉熙《釋名》卷六《釋牀帳》 承塵，施於上承塵土也。

陳元龍《格致鏡原》卷二〇《宮室二》 《逸雅》：承塵，施於上承塵土也。《事物紺珠》：承塵，施於上，俗名仰塵，伊尹制。《楚辭》：經堂入奧，朱塵筵些。注：塵，承塵也。言昇殿過堂入房，至室奧處，上則有朱畫承塵，下則有簟筵好席，可以休息也。支僧載《外國事》：斯訶條國有大富長者條三彌，與佛作金箔承塵，一佛作兩重承塵。

屏風

《禮記・明堂位》 天子自斧（依）〔扆〕南鄉而立。鄭玄注：天子，周公也。負之言偝也。斧（依）〔扆〕爲斧文屏風，於户牖之間，周公於前立焉。

《爾雅・釋宮第五》 牖户之間謂之扆。郭璞注：牕東户西也。《禮》云：斧扆者，以其所在處名之，其内謂之家。注：今人稱家，義出於此。

劉熙《釋名》卷六《釋牀帳》 屏風，言可以屏障風也。

罘罳

陳元龍《格致鏡原》卷二〇《宮室二》 《古今注》：罘罳，伏思也。入朝行至内屏思惟，故曰罘罳。《中華古今注》：漢西京罘罳，合板爲之，亦築土爲之，每門闕殿舍皆有焉。如今郡國廳前亦樹之也。漢《文帝紀》：未央宮東闕罘罳災。師古注：罘罳，謂連闕曲閣也，以覆重刻垣墉之處，其形罘罳然，一曰屏也。《禮》疏：屏，天子之廟飾也。鄭注：屏謂之樹，今浮思也。刻之爲雲氣蟲獸，如今闕上之爲矣。《演繁露》：漢人釋罘爲復，釋罳爲思，義取臣朝君，至罘罳下而復思。至王莽劚去漢陵之罘罳，曰使人無復思漢也。《演繁露》：罘罳云者，刻鏤物象著之板上，取其疏通連綴之狀而罘罳然，故曰浮思也。以此刻鏤施於廟屏，則其屏爲疏屏；施諸宮禁之門，則爲某門罘罳，而在屏則爲某屏罘罳；覆諸宮寢闕閣之上，則爲某闕之罘罳，非其別有一物，元無附著而獨名罘罳也。至其不用合板鏤刻，而結網代之，以蒙冒户牖，使蟲雀不得穿入，則別名絲網。《蘇鶚演義》：罘罳，字象形。罘，浮也。罳，絲也。謂織絲之文輕疏浮虚之貌。蓋宮殿牕户之間網也。杜寶《大業雜記》：乾陽殿南軒垂以朱絲網絡，下不至地，七尺，以防飛鳥。周祈《名義考》：罘罳，《博雅》謂之屏。顔師古曰：連闕，曲閣也。二説往嘗疑之，求之字義，亦不合。今宮殿檐栱之間，有銅絲網以避飛鳥，初疑即此，亦未是。後見夏月以黄絲爲網，自檐及階張之，遇視朝則捲，朝罷復設，此即罘罳之遺制。唐文宗甘露之變，出殿北門，裂斷罘罳而去。温庭筠《補陳武帝書》「罘罳晝捲」，此皆可證。若屏與曲閣，則字不當從網，又豈可裂斷、可捲耶？《釋文》請事復思之説，爲尤謬。

階

許慎《説文解字》卷六上《木部》 梯，木階也。从木，弟聲。土雞切。

劉熙《釋名》卷五《釋宮室》 階，梯也，如梯之有等差也。

張揖《廣雅》卷七《釋室》 豊梯，階也。

王應麟《漢制攷》卷二 堂涂。注：謂階前，若今令甓裓也。疏：漢時名堂涂，爲令甓裓。令甓，則今之塼也。裓，則塼道也。

高承《事物紀原》卷八《城市藩御部》 《釋名》云：階，梯也，言有等差。《書》稱舜舞干羽於兩階。《墨子》稱堯土階三尺，茅茨不剪。《韓詩外傳》則云：鳳蔽日而至，黄帝降於東階。則階陛之制，自黄帝爲棟宇則設之也。

陳元龍《格致鏡原》卷二〇《宮室二》 《墨子》：堯之土堦三尺。《尚書》：舞干羽於兩堦。《周書》：夾兩堦阼。《昇庵外集》：古者堂之前無堦，惟左右設兩堦，右爲賓堦，左爲阼階。天子之尊亦惟兩階。《書》曰「舞干羽于兩階」是也。至秦時，中爲甬道，亢然自尊。今佛寺道觀，猶有古制。《摯虞決疑要》注：凡大殿乃有陛，堂則有階無陛也。左墄右平者，以文塼相亞，次墄者爲階級也。九錫之禮，納陛以登，謂受此陛以上。《漢官儀》：尚書奏事於明光殿，省中以丹朱漆地，故曰丹墀。尚書伏其下奏事。《漢書》注：丹墀上之堦曰螭頭。王仁裕《入洛記》：含元殿玉階三級，其第一級可高二丈許，每間引出一石螭頭，東西鱗次而排，一一皆存，猶不傾墊。第二、三級，各高五尺許，蓮花石，頂亦存階，兩面龍尾道，各上六七十步，方達第一級，皆花磚，微有虧損。《演繁露》：龍尾道夾殿階旁上，而玉階正在道中，階凡三大層，每層又自疏爲小級，其下二大層，兩旁雖皆設扶欄，欄柱之上但刻爲蓮花形，無壓頂横石。其上一大層者，每小級固皆有欄，欄柱頂更有横石，通亘壓之，而刻其端爲螭首，溢出柱外。《漢武故事》：玉堂去地十二丈，基階皆用玉也。《藻林》：釦砌，以玉飾階砌也。見《文選》。《朝野僉載》：宗楚客造一宅，磨文石爲階砌，著吉莫鞾者，行則仰仆。楊儀《壟起雜事》：陽山産白墻，膩滑精細，張士誠取之作堦面之飾，和以脂膠，久而不變。有水雲、白雪、浪花、玉鱗墀等，各以形製名也。

陛

《文選》卷三五潘元茂《册魏公九錫文》 是用錫君，納陛以登。《漢書》音義如淳注曰：刻殿基以爲陛，以有兩旁上下安也。孟康曰：謂鑿殿基際爲陛，不使露也。孟説是也。尊者不欲露而昇陛，故内之霤也。

門

《爾雅・釋宫》 柣謂之閾，郭璞注：閾，門限。棖謂之楔，郭璞注：門兩旁木。楣謂之梁，郭璞注：門户上横梁。樞謂之椳。郭璞注：門户扉樞。樞達北方謂之落時，郭璞注：門持樞者，或達北檼以爲固也。落時謂之戹。郭璞注：道二名也。

閍謂之門，郭璞注：《詩》曰：「祝祭于祊。」正門謂之應門，郭璞注：朝門。觀謂之闕，郭璞注：宫門雙闕。宫中之門謂之闈，謂相通小門也。其小者謂之閨，小閨謂之閤。郭璞注：大小異名。衖門謂之閎。郭璞注：《左傳》曰：「盟諸僖閎。」閎，衖頭門。門側之堂謂之塾。郭璞注：夾門堂也。橛謂之闑。郭璞注：門閫。闔謂之扉。郭璞注：《公羊傳》曰：「齒著于門闔。」所以止扉謂之閎。郭璞注：門辟旁長橛也。《左傳》曰：「高其閈閎。」閎，長杙，即門橜也。

許慎《説文解字》卷一二上《門部》 門，聞也。从二户，象形。凡門之屬皆从門。莫奔切。

周伯琦《説文字原・右第六》 門，門，合兩户謂之門。居室所由出入以開闔者也。象形。謨昆切。

劉熙《釋名》卷五《釋宫室》 門，捫也。在外爲人所捫摸也。户，護也。所以謹護閉塞也。

賈思勰《齊民要術》卷一 仲春之月，耕者少舍，乃修闔扇。舍猶止也。蟄蟲啓户，耕事少閑而治門户。用木曰闔，用竹葦曰扇。

朱熹《詩經集傳》卷三 衡門之下，可以棲遲。衡門，横木爲門也。門之深者有阿塾堂宇。此惟横木爲之。棲遲，遊息也。此隱居自樂而無求者之辭，言衡門雖淺陋，然亦可以遊息。

嚴粲《詩緝》卷一六 塞向墐户。墐，音覲。《傳》曰：向北出牖也，墐塗也，庶人華户。疏曰：華户，以荆竹織門，以其荆竹通風，故泥之也。

彭大翼《山堂肆考》卷一一〇 《禮・儒行》：儒有一畝之宅，環堵之室。篳門圭窬，蓬户甕牖。易衣而出，併日而食。上答之，不敢以疑；上不答，不敢以諂。其仕有如此者。注云：篳門，以荆竹織門也。圭窬，穿窬爲之，門旁小户也，上鋭下方，狀如圭。蓬户，編蓬爲户也。

梅鼎祚《東漢文紀》卷一四《門銘》 門之設張，爲宅表會。納善閉邪，擊柝防害。

徐炬《新鐫古今事物原始全書》卷一二《門户》 《説文》曰：半門曰户。其門扉刻爲方月，如羅網狀，即今時之亮格子也。《皇圖要記》曰：軒轅造門户。按《易》曰：神農氏殁，黄帝堯舜氏作重門，擊柝以待暴客，蓋取諸豫。豫先防之意。

李誡《營造法式》卷一《總釋上》 《白虎通義》：門必有闕者何？闕者，所以釋門别尊卑也。

徐堅《初學記》卷二四《居處部・門第十》 《釋名》曰：門，捫也，言在外爲人所捫摸也。又《説文》曰：門，從二户象形也。閶闔，天門也。《説文》曰：楚人名門曰閶闔。角亦天門也。見韓楊《天文要集》。臯門、庫門、雉門、應門、路門，天子門也。鄭玄《禮記注》云：天子五門，臯、雉、庫、應、路，魯有庫、雉、路，則諸侯三門。一曰王之正門曰應門、郭門，曰臯門。見《爾雅》及《毛萇詩注》。内至禁省爲殿門，外出大道爲掖門。見應劭《漢書注》。掖者，言在司馬門之旁掖。王行幸設車宫轅門、帷宫旌門，無宫則供人門。見《周官》。鄭玄注曰：次車爲藩，則仰車以其轅表門。張帷爲宫，則樹旌以表門。陳列周衛，則立長人以表門。司門掌授管鍵以啓閉國門，見《周官》。閈城外郭，內之里門也。見《風俗通》。閈，扞也。言爲人蓄屏以扞難也。閭，里中門也。闠，市外門也。見説文長安有宣平門、萬秋門、横門，東都有宣德門、禮成門、青綺門、章義門、仁壽門、壽城門，見《漢宮殿名》。又有章城門、直城門、洛城門。見《三輔黄圖》。洛陽有上西門、廣陽門、津門、小苑門、開陽門、中東門、上東門、司馬門、北闕門、玄武門、南掖門、北掖門、東掖門、西掖門、止車門、南端門、金門、九龍門、白虎門、春興門、青瑣門、金商門、雲龍門、神武門、宜秋門，見《洛陽故宮記》。又有大夏門、長春門、朱明門、青陽門。見《晉宮閣名》夫重門擊柝以待暴客，蓋取諸豫。見《周易》又曰：艮爲門闕。大夫士出入君門由闑右，不踐閾。凡與客入者，每門讓於客。客至於寢門，則主人請入爲席。主人入門而右，客入門而左。見《禮記》。其門名有正門、重門、通門、衡門、壁門、禁門。《毛詩》曰：衡門之下可以棲遲。《淮南子》曰：周文王作玉門，言以玉飾也。《漢書》曰：太液池南有壁門、禁門。已見上。

陳元龍《格致鏡原》卷二〇《宮室二》 總論：《皇圖要記》：軒轅造門户。《説文》：門從二户，象形也。《釋名》：門，捫也，在外爲人所捫摸也。《易説卦》：艮爲門闕。《禮・月令》：仲春乃修闔扇。注：治門户也。木曰闔，竹葦曰扇，或曰雙，曰闔；單曰扇。《白虎通》：秋祭門門以閉藏，自固也。秋亦萬物成熟，內備自守也。《白澤圖》：故門之精名野，狀如侏儒，見人則拜，呼之宜飲食。

名類：《類雋禮》云：天子門曰臯門、庫門、雉門、應門、路門。又鄭玄云：天子五門，魯有庫、雉、路，則諸侯三門。又《外傳》云：自外及內，第一臯門，次庫門，中雉門，其四應門，極內即路門，爲五也。《周禮》王行幸設車宮轅門、帷宮旌門，無宮則供人門。鄭注：次車爲藩，則(卬)〔仰〕車轅以表門。張帷爲宮，則樹旌以表門。陳列周衛，則立長人以表門。漢《武帝紀》：掖門。注：服虔曰，正門之旁小門，如人臂掖也。《長安志》：宣政門內有宣政殿，東有東上閤門，西有西上閤門，故以掖稱。《儀禮》注：闈門，如今東西掖門。賈誼《書》：天子宮門曰司馬門。《漢書》：高后贊不出房闥。注：闥，宮中小門。漢《獻帝紀》注：禁門曰黄闥。前《五行志》：宮正門曰端門。《漢書》：孝成皇帝，元帝太子也。初居桂宮，上嘗忽召，太子出龍樓門。張晏注：門樓上有銅龍。《史記》：金馬門者，宦者署門也。門傍有銅馬，故謂之曰金馬門。《漢書・元后傳》：赤墀青瑣。注：孟康曰，以青畫户邊鏤中，天子制也。如淳曰：門楣格再重，如人衣領再重。裏者青名曰青瑣，天子門制也。師古曰：青瑣者，刻爲連瑣文而青塗也。《水經注》：磁石門在阿房前，悉以磁石爲之，故專其目。《神異經》：南方有宮，以赤石爲牆，赤銅爲門。《漢書》：陳平家負郭窮巷，蓆以爲門，然門外多長者車轍。《禮記》：儒有蓽門圭竇。注：圭竇者，牆上鑿門，上鋭下方，如圭之狀。《詩義問》：横一木作門，而上無屋謂之衡門。《爾雅》：閍謂之門，正門謂之應門，宮中之門謂之闈，謂相通小門也。其小者謂之閨，小閨謂之閤。衖門謂之閎，闔謂之扉。《説文》：閻，里中門也。闠，市外門也。閌閬，高門也。闟，門響也。閭，里門也。闍，門豎也，門昏也。門常昏閉，故曰闍，即守門隸也。閈，門也。汝南平輿里門曰閈。閶闔，天門也。楚人名門皆曰閶闔。《名義考》：古者建大牙旗立於帳前，謂之牙門。《公孫瓚傳》：拔其牙門是也。後通謂官府爲衙門，乃牙門之訛。《毛詩》：出其闉闍。注：闍城，上重門也。闉城，內重門也。

門鋪：《演繁露》、《風俗通義》：門户鋪首，昔公輸班見水中蠡引門其户，終不可開，遂象之立於門户。案今門上排立而突起者，公輸班所飾之蠡也。《義訓》曰：門飾金謂之鋪，鋪謂之鏂，音歐。今俗謂之浮。漚，釘也。案：此漚者水上浮漚，狀亦類蠡也。《丹鉛總録》：鋪字從金，宮門銅環，所謂金鋪也。其制不始於漢，三代以來有之。或以葦索，或以螺蚌，或以金銅，各隨其所王之德。今俗，歲節以葦索懸門，亦此意。《佛經》：金摩竭魚，裝飾門柱，亦金鋪之象。《甘泉賦》：排玉户而揚金鋪兮。注：李奇曰鋪門首也。《三輔黄圖》：金鋪，扉上有金，華中作獸及龍蛇，鋪首以啣環也。漢《哀帝紀》：孝元廟殿門銅龜形蛇鋪首鳴。注：如淳曰：門鋪首作龜蛇之形。師古曰：門之鋪首，門以啣環者也。《留青日札》：楊烱《青苔賦》曰：闇瓊鋪，謂扉上有金王龍獸以啣環者。我明公侯一二品，門用獸面，擺錫環；三品至五品，惟擺錫環；六品至九品，用鐵環。漢《五行志》：童謡曰：木門倉琅根。注：師古曰：門之鋪首及銅鍰也。銅色青，故曰倉琅。鋪首啣環，故謂之根。《名義考》：京師人謂門鐶曰曲須，當是屈膝。蓋門鐶雙曰金鋪，單曰屈膝。言形如膝之屈也。古烏栖曲作屈戌。《研北雜志》：李長吉《宮娃歌》云：屈膝金鋪鎖阿甄。金鋪，門飾也。屈膝，蓋鉸鍊上二乘者爲鉅，下三衡爲鉞云。《留青日札》，屈戌，一作屈膝，即今之蝴蝶，扇鉸也，可以屈申摺疊。《山堂肆考》：今人家牕户設鉸具，或鐵或銅，名曰環紐，即古金鋪遺意。北方謂之屈戌，其稱甚古。

門樞：漢《五行志》：視門樞下。注：樞門，扇所由開閉者也。《爾雅疏》：樞者，門扇開闔之所由也，一名椳。《易》曰：樞，機之發是也。其持樞之木，或達北檼以爲牢固者，名落時檼，即楝也。落時，又名戹，是持樞一木而有此二名也。丘光庭《兼明書》：孔潁達曰：樞，户臼。明曰：樞是門闑，非户臼也。何以知之？樞是門闑，闑發即扉開，則是門之開閉，由闑不由臼也。且臼非能動轉，安得謂之發乎？道書云：流水不腐，户樞不蠹。蓋以門闑來去，故不蠹敗。户臼何謂不蠹乎？是知潁達之説謬也。賈誼《過秦論》：陳涉甕牖繩樞之子。注：以繩係户樞也。

門限：《爾雅》：柣謂之閾。邢昺疏：柣者。孫炎云：門，限也。經傳諸注皆以閾爲門限，謂門下橫木爲内外之限也。俗謂之地柣，一名閾。《曲禮》云：不履閾是也。《名義考》：門限之制有三。有一定者，今宮府及南人門多用之；有起落者，有不設者。蓋古者多乘車，入門必脱限。《漢書・趙後傳》：切皆銅沓冒，黄金塗。注：切，門限也。沓冒，其頭也。《尚書故實》：永公住吴興永欣寺，人來覓書並請題額者如市，所居户限爲穿穴，乃用鐵葉裹之，謂爲鐵門限。《明興雜記》：南京國子監内號房皆無門限，蓋太祖之意，謂士人當出用不宜限隔，故門皆無限。

棖闑：邢昺《爾雅疏》：棖者，門兩傍長木，一名楔。李巡曰：棖，謂梱上兩傍木。《禮記・玉藻》云：君入門上介拂棖。鄭箋云：棖，門楔。《漢書・馮唐傳》：闑以外，將軍制之。注：門中橛爲闑。《爾雅》：所以止扉謂之閎。注：門辟旁長橛也。長杙，即門橛也。《名義考》：棖，門兩旁斜柱，兩木中爲容以受限，耑以便起落也。橛，門中所竪短木以礙扉，此不設限者也。二者今驛舍、城門及北人門多用之。

門闗：《顔氏家訓・百里奚詞》：烹伏雌，炊扊扅。聲類作扊，又作扂。案：蔡邕《月令章句》曰：鍵，闗也，所以止扉。或謂之剡移。然則當時貧困，並以門牡木作薪炊耳。漢《五行志》：成帝元延元年，長安章城門門牡自亡，函谷闗次門牡亦自亡。谷永曰：城門闗，守國之固，國將去，故牡飛也。注：牡，所以下門者也。《名義考》、《老子》：善閉者，無闗楗而不可開。按《説文》，闗以横木，持門户也。《廣雅》：楗，拒門木。是知闗即今門櫎，楗爲闗之入牝處，總曰拒門木也。《談苑》：以皁角木作門闗者兇。《事物紺珠》：櫎，音拴。閉門機。

《芝田録》：門鑰必以魚者，取其不瞑目守夜之義。

門神：《荆楚歲時記》：繪二神貼户左右，左神荼，右鬱壘，俗謂之門神。《楓牕小牘》：靖康已前，汴中家户，門神多番様，戴虎頭盔，而王公之門，至以渾金飾之。説者謂，虎頭闢邪，殆祖桃板之意，而易制改觀也。《風俗通》：東海度朔山有大桃樹，蟠屈三千里。其卑枝向東北，曰鬼門，萬鬼出入也。有二神：一曰神荼，一曰鬱壘，主閲領衆鬼之出入者，執以飼虎，於是黄帝法而象之，因立桃板於門户上，畫神荼、鬱壘以御兇鬼。此則桃板之制也，蓋制起自黄帝故。今世畫神像於板上，猶於其下書左神荼，右鬱壘。《白六帖》：元日造桃板著户，謂之仙木，象鬱壘山桃，百鬼所畏。《事物紺珠》：桃符門旁二板。《典術》：桃者，五木之精。其精生鬼門，制百鬼。故今作桃人著門以厭邪。《藝苑・雌黄》：古人以正旦畫雞於門，七日貼人於帳。《天中記》：江淮間，寒食家家折柳插門。後漢《禮儀志》：五月五日，用朱索連五色剛卯爲門户飾，以止惡氣。《歲時記》：荆楚人端午采艾，結爲人，懸門户上，以禳毒氣。洛陽人家除夜以銅刀刻門。

閥閲：《事物紺珠》：閥閲，明其等曰閥在門左，明其功曰閲在門右。《册府元龜》：石晉天福二年閏七月壬申，尚書户部奏：李自倫義居七世，準敕旌表門閭。先有登州義門王仲昭六代同居，其旌表，有廳事步欄，前列屏樹，烏頭正門，閥閲一丈二尺，二柱相去一丈，柱端安瓦桶，墨染，號爲烏頭染。雙闕一丈，在烏頭之南二丈七尺夾街十有五步，槐柳成列。今舉此爲例，則令式不該，宜從令式，只表門閭於李自倫所居之前，量地之宜，高其外門。門安綽楔，門外左右各建一臺，高一丈二尺，廣狹方正，稱臺之形，圬以白泥，四隅染赤。其行列樹植，隨其事力。其同籍課役，一準令式。

陳元龍《格致鏡原》卷二〇《宮室二》

《文子》：聖人法蠡蚌而閉户。《説文》：半門曰户。《白虎通》：春祭户。户者，人所出入，亦春萬物始觸户而出也。《説文》：窬者，穿木以爲户也。一曰鑿板爲户。《爾雅疏》：植，謂户之維持鎖者也。植木爲之，因名。又名傳，又名突。《大戴禮・明堂》：四户八牖，赤綴户，白綴牖。《列士傳》：吴王闔閭畏王僚之子慶忌，作石室銅户以備之。《莊子・原憲》居魯，蓬户不全。漢《册魏公九錫文》：以君翼宣風化，華夏充實，是用錫君朱户赤户以居。宋玉《招魂》：網户朱綴，刻方連些。王逸注：網户，綺文鏤也。横木闗柱爲連，言門户之楣皆刻鏤綺文，朱丹其緣，雕鏤其木，使方好也。《卓氏藻林》：網户，以木爲門，刻爲方目，使如羅網之狀也。

牆

許慎《説文解字》卷一三下《土部》 壁，垣也。从土，辟聲。比激切。堵，垣也。五版爲一堵。从土，者聲。當古切。垣，牆也。从土，亘聲。雨元切。墉，城垣也。从土，庸聲。餘封切。堞，城上女垣也。从土，枼聲。徒叶切。埒，卑垣也。从土，寽聲。力輟切。

許慎《説文解字》卷六上《木部》 榦，築牆耑木也。从木，倝聲。臣鉉等曰：今别作幹，非是。矢榦亦同。古案切。栽，築牆長版也。从木，𢦏聲。《春秋傳》曰：楚圍蔡里而栽。昨代切。

劉熙《釋名》卷五《釋宫室》 壁，辟也。辟御風寒也。牆，障也。所以自障蔽也。垣，援也。人所依阻以爲援衛也。墉，容也。所以蔽隱形容也。

陳元龍《格致鏡原》卷二〇《宫室二》 《物原》：舜作牆。《淮南子》：舜作室。築牆茨屋，令人皆知去巖穴，有家室。《説文》：垣蔽曰牆。《爾雅》：牆謂之墉。《逸雅》：牆，障也，所以自障蔽也。墉，容也，所以蔽隱形容也。垣，援也，人所依阻以爲援衛者也。《尚書大傳》：天子賁墉，諸侯疏杼。注：賁，大也，言大牆正直也。疏：衰也。杼亦牆也，言衰殺其上，下不得正直。劉向《新序》：諸侯垣牆有黝堊之色，無丹青之彩。《古今注》：闤者，市牆也。《清異録》：穆宗喜華麗，所建殿閣，以紙膏膠水調粉飾牆，名雪花泥。又一等鰾清和丹砂末，謂之長慶赤。朱弁《曲洧舊聞》：河東見所在酒壚，皆飾以紅牆，詢之父老，云：相沿襲如此，不知其所始也。《南州異物志》：大秦國以瑠璃爲牆。《神異經》：西北裔外大夏山有宫，以黄金爲牆。南方裔外岡明山有宫，以赤石爲牆。西南裔外老壽山有宫，以黄銅爲牆。東南裔外闐清山有宫，以青石爲牆。西方裔外西明山有宫，以白石爲牆。《海録閣》：皁山僧勤種植，收芋甚多，杵之如泥，造塹爲牆。後遇饑，數十口俱活。楊慎《外集》：蔡衡仲一日舉温庭筠《華清宫詩》「澁浪浮瓊砌，晴陽上綵斿」之句問予曰：澁浪，何語也？予曰：子不觀《營造法式》乎？宫牆基自地上一丈餘，疊石凹入，如崖隒狀，謂之疊澁，石多作水紋，謂之澁浪。《事物原始》：榦，《説文》云築牆兩旁之木也。用以制板以春牆者，今之舂牆柱也。柱下横木名曰地尺。《事物紺珠》：楨幹，植木以築牆，俗謂之司頭。

陳元龍《格致鏡原》卷二〇《宫室二》 《物原》：周公作壁。《逸雅》：壁，辟也，辟禦風寒也。《洞冥記》：元狩三年，帝復起凌霞觀，去地九十丈，累白玉爲壁，以八分篆寫羲皇以來，訖周成王封禪之事，所謂事登壁文，蓋帝王之本績也。漢《車千秋傳》：未央椒房。師古注：椒房，皇后所居，以椒和泥塗壁，取其温而芳也。《西京雜記》：趙婕妤居昭陽殿中，壁帶往往爲黄金釭，含藍田璧，明珠翠羽飾之。《漢書》注，服虔曰：釭，壁中之横帶也。晉灼曰：以金環飾之也。師古曰：壁帶，壁之横木露出如帶者也。於帶之中，以金爲釭，若車釭之形也。釭，音工，俗讀音江。非。《後漢書》：琅琊王京都莒好修宫室，窮極伎巧，殿館壁帶，皆飾以金銀。《女紅志》：魏文帝宫人田尚衣，能歌舞，多病。文帝用硃砂塗四壁以闢邪，謂之紅壁。《陳書》：後主起臨春、結綺、望仙三閣，壁帶縣楣，皆以沈檀爲之。《世説》：石崇以椒爲泥泥壁，王君夫以赤石脂泥壁。《圖書會粹》：羲之爲會稽子敬出戲，見北館新白土壁，白浄可愛，子敬令取掃帚沾泥汁，中以書壁，爲「方丈」二字，晻曖斐亹，極有勢。《錦繡萬花谷》：唐宗楚客造新第，沉香紅粉以泥壁，開門則香氣蓬勃。《南康記》魚朝恩有洞房，四壁夾安琉璃板，中貯江水及萍藻諸色魚蝦，號藻洞。《杜陽編》：元載造芸暉堂於私地。芸暉，香草也，出于闐國。其香潔白如玉，入土不朽，爲屑以塗壁，故號芸暉焉。蔡質《漢官典職》：省中皆以胡粉塗壁，紫素界之，畫古烈士也。《藻林》：《楚辭》「砥室」，謂以砥石爲壁，使其平而滑澤也。王逸《楚辭》注：紅壁沙板，言堂上四壁皆堊之令紅白，又以丹沙畫飾軒板。楊慎《外集》：楊惠之塑佛壁，爲天下第一。郭熙見之，又出新意，遂令圬者不泥掌，今云泥抹。止以手搶泥，或凹或凸，乾則以墨隨其形迹暈成峯巒林谷，加之樓閣人物，宛然天成，謂之影壁。今衙門屏牆亦曰影壁。

窗

《儀禮義疏》卷首下 《説文》曰：户，半門也。牖穿壁以木爲交，窗也。《月令》疏曰：古者窟居，開其上取明，雨因霤之，是以後人名室爲中霤。開牖者，象中霤之取明也。牖一名鄉，其扇在内。案《士虞·祝闔牖户》：如食閑啓户啓牖。鄉，注曰：牖先闔後啓，扇在内也。鄉牖一名是也。

許慎《説文解字》卷一〇下《囱部》 囱，在牆曰牖，在屋曰囱。象形，凡囱之屬皆从囱。

劉熙《釋名》卷五《釋宫室》 窻，聰也。於内窺外爲聰明也。

班固《白虎通義》卷上 明堂上圓下方，八窻四闥。

顧野王《玉篇》卷一一《穴部第一五四》 窻，初雙切。助户明也。在牆曰牖，在屋曰窻。

彭大翼《山堂肆考》卷一一〇《人品》 《禮·儒行》儒有一畝之宅，環堵之室。篳門圭窬，蓬户甕牖。【略】注云：【略】甕牖，牕牖圓如甕口也，一説以敗甕口爲牖。

楊慎《升庵集》卷七七 凡山洞岩穴有竅通明，小者曰星牖，大者曰月窻。

陳元龍《格致鏡原》卷二〇《宫室二》 總論：《逸雅》：牕，聰也，於内窺外爲聰明也。《説文》：在牆曰牖，在室曰牕。《周禮》：夏后氏世室，四旁兩夾牕。《孝經》注：明堂之制，八牕四達。《爾雅》：牖户之間謂之扆。郭注：牕東户西也。邢疏：牖者，户西牕也。《禮記》：刮楹達鄉。注：達，通也。鄉，牕牖也。每室四户八牕，牕户相對，故云達鄉。《説文》：牕，穿壁以木爲交牕也。徐鉉曰：但穿明則爲牕牖者，更以木爲交櫺。古者一室一户一牖，室闇，故設牖以通明也。《丹鉛總録》：《木經》云，爻者，交疏之牕也。其字象牕形。今之象眼牕也。一牕之孔六十四，六牕之孔凡三百八十四也。《名義考》：《魏都賦》「皎皎白間，離離列錢」，張説注：白間，牕也，以白塗之，畫以錢文猶綺。疏：青瑣之類。青瑣，即今門之有亮隔者。刻鏤爲連瑣文。本注是。白間，即今菱花牕，隔文如列錢，自生虚白，非以白塗爲錢文也。《丹鉛總録》：《左傳》「同官爲寮」，《文選》注：寮，小牕也。宋王聖求號初寮，高似孫號疎寮，謝伋號靈石山藥寮，唐詩「綺寮河漢在鍼樓」，皆指牕也。古人謂同官爲寮，指其齋署同牕爲義。今士子同業曰同牕。官先事，士先志，官之同寮，亦士之同牕也。昇庵《外集》：罘罳，花蒂牕也。象天上櫺星。《營造法式》名柿蒂牕。《韻會》：麗廔，綺牕也。《朝野僉載》：陽滔爲中書舍人，時促命制敕，令史持庫鑰他適，無舊本檢尋，乃斲牕取得之，時人號爲斲牕舍人。

古人牕：《過秦論》：陳涉甕牖繩樞。注：瓦甕爲牕也。《漢武故事》：西王母降東方朔於朱鳥，牖中窺之。《漢武故事》：帝起神屋，有雲母牕、珊瑚牕。陸機《洛陽地記》：宫中有臨高、凌雲、宣曲、廣望、閬風、萬世、修齡、總章、聽訟，凡九觀，皆高十七六七丈，以雲母著牕裏，日曜之，煒煒有光輝。《西京雜記》：趙昭儀所居昭陽殿，牕扉多是緑琉璃，亦皆達照，毛髮不得藏焉。《世説》：滿奮畏風，在武帝琉璃牕内坐，實密似疎，奮有疑，帝問之，答曰：臣猶吴牛，見月而喘。《鄴中記》：西臺高十六七丈，上作銅鳳牕，日之初出，流光照曜。《南部煙花記》：煬帝觀書處，牕户玲瓏相望，金鋪玉觀，輝映溢目，號爲閃電牕。《鳳池編》：楊炎在中書後閣糊牕，用桃花紙塗以冰油，取明也。《清異録》：韓熙載家過縱姬侍，第側建横牕，絡以絲繩，爲觀覘之地。初惟市物，後或調戲贈與，所欲如意。時人目爲自在牕。《暇日記》：邵先生堯夫雍於所居作便坐，曰安樂窩，兩傍開牕，曰日月牖。《偃曝談餘》：賽瑪爾堪古罽賓地，人多巧藝，善治宫室，門楹皆雕文刻鏤，牕牖綴以瑟瑟。

欄檻

陳元龍《格致鏡原》卷二〇《宫室二》 漢《袁盎傳》：百金之子不騎衡。注：如淳曰：騎，倚也。衡，樓殿邊欄楯也。《史記》：建章宫後閣重櫟中，有物狀似麋。注：重櫟，欄楯下有重欄處也。《演繁露》：欄檻之版爲蘭。《子虚賦》云：宛虹拖於楯軒。注云，楯軒，軒之蘭版也。張平子《西都賦》曰：伏櫺檻而俯聽。薛綜曰：櫺，臺上欄也，爲軒檻可以限隔高下，故名之爲欄，是皆闌干之闌也。《名義考》：階際木勾欄曰欄杆，亦作闌干。蓋闌干以横斜爲義，勾欄木縱横爲之，故曰闌干。以木爲之，故字從木。李濟翁《資暇録》：今園庭中藥欄。欄即藥，藥即欄。猶言圍援，非花藥之欄也。有不悟者，以爲藤架蔬圃，堪作切對，是不知其由，乖之矣。按：漢宣帝詔曰：池藥未御幸者，假與貧民。蘇林注云：以竹繩連綿爲禁藥，使人不得往來爾。《漢書》闌入宫禁字，多作草下闌。則藥欄作藥蘭，尤分明易悟也。按：漢詔池籞非藥字，濟翁此説大謬。吴志《建昌侯》：孫慮於堂前作斗鴨欄，頗施小巧，陸遜正色曰：君侯勤覽經典，用此何爲？慮即毁之。《玉塵録》：穆宗每宫中花香，則以重頂蒙蔽欄檻，置惜春御史掌之，號曰括香。《夢華録》：京師七月七夕，城市悉以雕木彩裝，欄坐或用紅碧紗籠，或飾以金珠牙翠，有一對直數千者。玉逸《楚辭注》：檻，楯也。縱曰檻，横曰楯。漢《史丹傳》：天子自臨軒檻上。師古注：軒檻，闌版也。漢《朱雲傳》：雲攀殿檻。師古注：檻，軒前欄也。班倢伃賦：房櫳虚兮風泠泠。注：

欞，疏檻也。《天寶遺事》：楊國忠子弟，每春至之時，求名花異木，植于檻中，以板爲底，以木爲輪，使人牽之自轉，所至之處，檻在目前，而便即歡賞，目之爲移春檻。李義山詩注：鏡檻，水檻也。《甘泉賦》：據軨軒而周流兮。注：軨軒，謂前軒之軨。軨者，軒間小木。軨字與櫺同。

瓦

許慎《説文解字》卷一二下《瓦部》 㼾，土器，已燒之總名。象形。凡瓦之屬皆从瓦。

劉熙《釋名》卷五《釋宮室》 瓦，踝也。踝，确堅貌也，亦言腂也，在外腂見也。

曾慥編《類説》卷二九《縹瓦》 瑠璃，名縹瓦。劉陶詩云：「縹碧以爲瓦。」

李誡《營造法式》卷二 《博物志》：桀作瓦。義訓：瓦謂之㼹。音穀。半瓦謂之㼽，音浹。㼽謂之𤬪。音爽。牝瓦謂之㼧，音敢。㼧謂之㽍。音還。牡瓦謂之㼰，音皆。㼰謂之𤭬。音雷。小瓦謂之㽀。音横。

高承《事物紀原》卷八 《説文》曰：瓦，土器也，燒者之總名也。《禮記》曰：後聖修火之利，範金合土，此瓦之始也。《周書》曰：神農作瓦器。《博物志》曰：桀作瓦。今以覆屋者也。《古史考》曰：夏后氏昆吾氏作瓦。《史記・龜策傳》載宋元君之臣衛平曰：桀作瓦室。注云：昆吾氏作陶，蓋爲桀作也。今屋之覆以瓦，夏桀始也。

陳元龍《格致鏡原》卷二〇《宮室二》 《古史考》：夏后時，昆吾氏作瓦，以代茅茨之始。《洞冥記》：商王無道，使兆人入地千丈，求青堅之土以作瓦。《七修類藁》：淘瓦之泥曰坏細泥也。《禮・儒行》：毁方而瓦合。注：吕氏曰：陶者爲瓦，必圓而割分之，則瓦合之則圓，而不失其瓦之質。《事物紺珠》：瓦獸，屋上獸頭。《六書故》：瓴，牝瓦仰蓋者，仰瓦受覆瓦之流，所謂瓦溝也。《漢書・武五子傳》：以屋版瓦覆。注：版瓦，大瓦也。《漢武故事》：神神屋，以銅爲瓦，漆其外。《道山清話》：世傳銅爵瓦，驗之有三，錫花、雷斧、鮮疵三者是也。然皆風雨雕鎸，不可得而僞。五色綫鴛鴦瓦，見《魏志》，魏文帝夢兩瓦落地爲鴛鴦。《穀山筆麈》：唐時明堂制度，其宇上圜覆以清陽玉葉。清陽，色也。玉葉亦瓦之類。今大享殿及圜丘闌干皆用回青瓦，亦清陽玉葉之類。《明皇雜録》：虢國夫人恩傾一時，奪韋嗣，立宅以廣其居。後復歸韋氏，因大風折木墜，堂上不損，視之，瓦皆堅木也。孟熙《霏雪録》：宋朝以文德殿爲正衙，元以大明殿爲正衙，有延春閣，俱有玻璃瓦飾簷脊。王禹偁《竹樓記》：黄岡之地多竹，竹工破之，刳去其節，用代陶瓦。王世懋《閩部疏》：泉漳間燒山土爲瓦，皆黄色。郡人以海風能飛瓦，奏請用筒瓦，民居皆儼似黄屋。吴《外國傳》：大秦國王宮殿，水晶爲瓦。《王縉傳》：五臺山祠，鑄銅爲瓦，金塗之。《孔六帖》：南蠻婆賄伽盧國，廚覆銀瓦。《夷事畧》：三佛齊以椰葉爲瓦，扶南以大箬葉爲瓦，拔悉彌以樺皮爲瓦，暹羅以茭草爲瓦。《孔六帖》：楊於陵出爲嶺南節度使，教民陶瓦易蒲，屋以絶火患。王曾《筆録》：竇侍郎儼善聽聲音，世宗常令陶人應二十四氣燒瓦二十四片，各題識其節氣，遂隔簾敲響，令辨之，一無差謬。《春明退朝録》：王侍郎子融言，天聖中，青州盛冬濃霜，屋瓦皆成百花之狀，以紙摹之，其家尚餘數幅。《夢溪筆談》：宋元豐末，秀州人家瓦上冰成花，每瓦一枝。如折枝，有大花似牡丹、芍藥者，細花如海棠、萱草者，皆有枝葉，以紙搨之，無異石刻。《酉陽雜俎》：術士王瓊取一瓦片，畫作龜甲，懷之少頃，出置地，成真龜，經數日成瓦。《南部新書》：西京壽安縣有墨石山，神祠頗靈，祠前有兩瓦子，過客投之以卜。《丹鉛總録》：宋世寒食有抛堶之戲，兒童飛瓦石爲戲，若今之打瓦也。梅都官《禁煙詩》：窈窕踏歌相把袂，輕浮賭勝各飛堶。堶，七和切，或云起於堯民之擊壤。

磚

《爾雅・釋宫》 瓴甋謂之甓。郭璞注：甂甎也。今江東呼瓴甓。邢昺疏：「瓴甋謂之甓」。釋曰：瓴甋一名甓。郭云：「甂，甎也。今江東呼瓴甓。」《詩・陳風》云「中唐有甓」是也。

陳元龍《格致鏡原》卷二〇《宫室二》 《古史考》：夏后氏時烏曹作磚。同甎。《爾雅》：瓴甋謂之甓。郭注：甂，甎也。今江東呼瓴甓。漢《尹賞傳》：致令闢爲郭。師古注：令辟，甂甎也。令音零。辟，避歷反。《名義考》：陶侃運甓。甓，甎也。《詩》：「中唐有甓」，謂廟中路甎也。今繪圖者作抱甕之狀，誤矣。《貧士傳》：扈累，字伯重，嘉平中獨居道側，以甂甎爲障，施一廚，床食，宿其中。《南史》：狼牙修國累塼爲城，重門樓閣。李肇《翰林志》：内朝北廳前堦有花塼道，冬中日及五塼爲入直之候，李程性懶，好晚入，恒過八塼，乃至，衆呼爲八塼學士。《後山談叢》：光禄李卿先築宅，于廬甃皆用塼，歲夏大雨，闠門及竇皆積水數尺，内外一洗，而發去之。《永新志譚》：節婦趙氏被元兵併其子殺之，血漬禮殿間，八磚上宛然一婦人抱嬰兒狀，或磨以沙石不滅，又煅以火益顯。《括異志》：庚子歲，夏旱，湖間可以通軌，有魚舟夜艤水滸，遥見有光燭人，意謂必窖藏，遂于中夜掘之，得一井磚片，長六七寸，兩首各有方竅相入，兩面皆有手掌紋，極細，宛然可見，不知此磚始於何時，竊意當時陶人手法爲之耳，兒童争鬻于市，或取以爲硯，清潤細膩可愛。余嘗得片磚，爲好事取去。《格古要論》：琴卓面用郭公磚最佳，嘗見郭公磚灰白色，中空，面上有象眼花紋，相傳云出河南鄭州泥水中者絶佳。磚長五尺，闊一尺有餘。此磚駕琴，撫之有清聲，泠泠可愛。《太平清話》：宋開封張堯夫墓銘，以其葬之速也，不能刻石，乃得金谷古甎，以丹爲隸書，納于壙中。《語録》：南嶽懷讓禪師，一日在馬祖庵前磨磚，祖問要作甚麽，讓曰：欲得成鏡。祖云：磨磚豈得成鏡？讓曰：磨磚既不成鏡，坐禪豈得作佛耶。

論説

《禮記・少儀》 工依於法，游於説。注：法，謂規矩尺寸之數也。説，謂鴻殺之意所宜也。《考工記》曰：薄厚之所震動，清濁之所由出，多弇之所由興有説。説或爲申。

《孟子・離婁章句上》 孟子曰：「離婁之明，公輸子之巧，不以規矩，不能成方員。師曠之聰，不以六律，不能正五音。堯、舜之道，不以仁政不能平治天下。今有仁心仁聞，而民不被其澤，不可法於後世者，不行先王之道也。故曰：徒善不足以爲政，徒法不能以自行。《詩》云：『不衍不忘，率由舊章。』遵先王之法而過者，未之有也。聖人既竭目力焉，繼之以規矩準繩，以爲方員平直，不可勝用也。既竭耳力焉，繼之以六律，正五音，不可勝用也。既竭心思焉，繼之以不忍人之政，而仁覆天下矣。故曰：爲高必因丘陵，爲下必因川澤，爲政不因先王之道，可謂智乎？

《墨子・法儀》 子墨子曰：天下從事者，不可以無法儀。無法儀而其事能成者，無有。雖至士之爲將相者皆有法，雖至百工從事者亦皆有法。百工爲方以矩，爲圓以規，直以繩，衡以水，正以縣。無巧工不巧，工皆以此五者爲法。巧者能中之，不巧者雖不能中，放依以從事，猶逾已。故百工從事，皆有法所度。今大者治天下，其次治大國，而無法所度，此不若百工辯也。

《墨子・節用中》 是故古者聖王制爲節用之法，曰：「凡天下群百工：輪車、鞼匏、陶冶、梓匠，使各從事其所能。」曰：「凡足以奉給民用，則止。」諸加費不加民利者，聖王弗爲。

《墨子・天志上》 子墨子言曰：我有天志，譬若輪人之有規，匠人之有矩。輪匠執其規矩，以度天下之方圜，曰中者是也，不中者非也。今天下之士君子之書不可勝載，言語不可盡計，上説諸侯，下説列士，其於仁義則大相遠也。何以知之？曰：我得天下之明法以度之。

《墨子・天志中》 是故子墨子之有天之辟之，無以異乎輪人之有規、匠人之有矩也。今夫輪人操其規，將以量度天下之圜與不圜也。曰：「中吾規者謂之圜，不中吾規者謂之不圜。」是以圜與不圜皆可得而知也。此其故何？則圜法明也。匠人亦操其矩，將以量度天下之方與不方也。曰：「中吾矩者謂之方，不中吾矩者謂之不方。」是以方與不方皆可得而知之。此其故何？則方法明也。故子墨子之有天之意也，上將以度天下之王公大人之爲刑政也，下將以量天下之萬民爲文學、出言談也。觀其行，順天之意，謂之善意行；反天之意，謂之不善意行。觀其言談，順天之意，謂之善言談；反天之意，謂之不善言談。觀其刑政，順天之意，謂之善刑政；反天之意，謂之不善刑政。故置此以爲法，立此以爲儀，將以量度天下之王公大人卿大夫之仁與不仁，譬之猶分黑白也。

《墨子・經説上》 同：捷與狂之同長也，心中自是往相若也。厚：惟無所大。圜：規寫攴也。方：矩見攴也。倍：二尺與尺，但去一。端：是無同也。有間：謂夾之者也。間：謂夾者也。尺：前于區穴，而後于端，不夾于端與區内。及：及非齊之，及也。纑間虚也者，兩木之間，謂其無木者也。盈：無盈無厚。于尺，無所往而不得。得二，堅異處不相盈，相非，是相外也。攖：尺與尺俱不盡，端與端俱盡。尺與或盡或不盡。堅白之攖相盡，體攖不相盡。端。仳：兩有端而後可。次：無厚而後可。法：意、規、員三也，俱可以爲法。佴：然也者，民若法也。彼：凡牛樞，非牛，兩也，無以非也。辯：或謂之牛，謂之非牛，是争彼也，是不俱當。不俱當，必或不當，不若當犬。

《墨子・經説下》 無堅得白，必相盈也。在堯善治，自今在諸古也。自古在之今，則堯不能治也。景：光至，景亡；若在，盡古息。景：二光夾一光，一光者景也。景：光之人煦若射，下者之人也高，高者之人也下。足敝下光，故成景于上；首敝上光，故成景于下。在遠近有端，與于光，故景障内也。景：日之光反燭人，則景在日與人之間。景：木柂，景短大；木正，景長小。大小于木，則景大于木。非獨小也，遠近臨正鑒，景寡。貌能白黑、遠近柂正，異于光。鑒、景當俱就，去亦當俱。俱用北。鑒者之臭，于鑒無所不鑒，景之臭無數，而必過正。故同處其體俱，然鑒分。鑒：中之内，鑒者近中，則所鑒大，景亦大；遠中，則所鑒小，景亦小。而必正，起于中，緣正而長其直也。中之外，鑒者近中，則所鑒大，景亦大；遠中，則所鑒小，景亦小。而必易，合于中，而長其直也。鑒：鑒者近，則所鑒大，景亦大；其遠，所鑒小，景亦小。而必正，景過正。

故招負衡木，加重焉而不撓，極勝重也。右校交繩，無加焉而撓，極不勝重也。衡，加重于其一旁，必捶，權重相若也。相衡，則本短標長，兩加焉重相若，則標必下，標得權也。挈：有力也；引，無力也，不正。所挈之止于施也，繩制挈之也，若以銀刺之。挈，長重者下，短輕者上，上者愈得，下下者愈亡。繩直權重相若，則正矣。收，上者愈喪，下者愈得；上者權重盡，則遂挈。兩輪高，兩輪爲輲，車梯也。重其前，弦其前，載弦其前，載弦其軲，而縣重于其前，是梯。挈且挈則行。凡重，上弗挈，下弗收，旁弗劫，則下直；扡，或害之也。流，梯者不得流，直也。今也廢尺于平地，重，不下，無跨也。若夫繩之引軲也，是猶自舟中引横也。倚：倍拒堅，䠶，倚焉則不正。

《**莊子・外篇・天道第十三**》 天道運而無所積，故萬物成；帝道運而無所積，故天下歸；聖道運而無所積，故海内服。明于天，通于聖，六通四辟于帝王之德者，其自爲也，昧然無不静者矣。聖人之静也，非曰静也善，故静也；萬物無足以鐃心者，故静也。水静則明燭鬚眉，平中準，大匠取法焉。水静猶明，而況精神！聖人之心静乎！天地之鑒也，萬物之鏡也。

《**老子・體道**》 道可道，非常道。名可名，非常名。無名，天地之始；有名，萬物之母。故常無欲以觀其妙，常有欲以觀其徼。此兩者同出而異名，同謂之玄。玄之又玄，衆妙之門。

《**老子・養身**》 天下皆知美之爲美，斯惡矣；皆知善之爲善，斯不善矣。故有無相生，難易相成，長短相形，高下相傾，音聲相和，前後相隨。是以聖人處無爲之事，行不言之教，萬物作焉而不爲始；生而不有，爲而不恃，功成而弗居。夫唯弗居，是以不去。

《**老子・歸根**》 致虚極，守静篤，萬物並作，吾以觀其復。夫物蕓蕓，各復歸其根。歸根曰静，静曰復命。復命曰常，知常曰明。不知常，妄作，兇。知常容，容乃公，公乃王，王乃天，天乃道，道乃久，殁身不殆。

《**老子・益謙**》 曲則全，枉則直，洼則盈，敝則新，少則得，多則惑。是以聖人抱一爲天下式。不自見故明，不自是故彰，不自伐故有功，不自矜故長。夫唯不争，故天下莫能與之争。古之所謂曲則全者，豈虚言哉？誠全而歸之。

《**老子・同異**》 上士聞道，勤而行之；中士聞道，若存若亡；下士聞道，大笑之。不笑不足以爲道。故建言有之，明道若昧，進道若退，夷道若纇，上德若谷，大白若辱，廣德若不足，建德若偷，質真若渝，大方無隅，大器晚成，大音希聲，大象無形。道隱無名。大唯道，善貸且成。

《**老子・道化**》 道生一，一生二，二生三，三生萬物。萬物負陰而抱陽，冲氣以爲和。人之所惡，唯孤、寡、不穀，而王公以爲稱。故物或損之而益，或益之而損。人之所教，我亦教之。强梁者不得其死，吾將以爲教父。

《**老子・徧用**》 天下之至柔，馳騁天下之至堅。無有入無間。吾以是知無爲之有益。不言之教，無爲之益，天下希及之。

《**老子・洪德**》 大成若缺，其用不敝。大盈若冲，其用不窮。大直若屈，大巧若拙，大辯若訥。躁勝寒，静勝熱。清静爲天下正。

《**老子・養德**》 道生之，德畜之。物形之，勢成之。是以萬物莫不尊道而貴德。道之尊，德之貴，夫莫之命而常自然。故道生之，德畜之，長之，育之，亭之，毒之，養之，覆之。生而不有，爲而不恃，長而不宰，是謂玄德。

《**老子・歸元**》 天下有始，以爲天下母。既得其母，以知其子；即知其子，復守其母，殁身不殆。塞其兑，閉其門，終身不勤。開其兑，濟其事，終身不救。見小曰明，守柔曰强。用其光，復歸其明，無遺身殃，是謂習常。

《**老子・天道**》 天之道，其猶張弓與！高者抑之，下者舉之；有餘者損之，不足者補之。天之道，損有餘而補不足。人之道則不然，損不足以奉有餘。孰能有餘以奉天下？唯有道者。是以聖人爲而不恃，功成而不處，其不欲見賢。

《老子・任信》 天下莫柔弱于水，而攻堅强者莫之能勝，其無以易之。弱之勝强，柔之勝剛，天下莫不知，莫能行。是以聖人云：受國之垢，是謂社稷主；受國不祥，是爲天下王。正言若反。

《韓非子・姦劫弑臣》 無規矩之法、繩墨之端，雖王爾不能以成方圓。無威嚴之勢、賞罰之法，雖堯舜不能以爲治。今世主皆輕釋重罰嚴誅，行愛惠，而欲霸王之功，亦不可幾也。故善爲主者，明賞設利以勸之，使民以功賞，而不以仁義賜；嚴刑重罰以禁之，使民以罪誅，而不以愛惠免。是以無功者不望，而有罪者不幸矣。托於犀車良馬之上，則可以陸犯阪阻之患。乘舟之安，持檝之利，則可以水絶江河之難。操法術之數，行重罰嚴誅，則可以致霸王之功。治國之有法術賞罰，猶若陸行之有犀車良馬也，水行之有輕舟便檝也，乘之者遂得其成。

《韓非子・有度》 故曰：巧匠目意中繩，然必先以規矩爲度；上智捷舉中事，必以先王之法爲比。故繩直而枉木斲，準夷而高科削，權衡縣而重益輕，斗石設而多益少。故以法治國，舉措而已矣。法不阿貴，繩不撓曲。

《韓非子・用人》 釋法術而任心治，堯不能正一國。去規矩而妄意度，奚仲不能成一輪。廢尺寸而差長短，王爾不能半中。使中主守法術，拙匠執規矩尺寸，則萬不失矣。君人者能去賢巧之所不能，守中拙之所萬不失，則人力盡而功名立。

《文子・自然篇》 老子曰：樸至大者無形狀，道至大者無度量。故天圓不中規，地方不中矩。往古來今謂之宙，四方上下謂之宇，道在其中而莫知其所，故其見不遠者，不可與言大；其知不博者，不可與論至。夫禀道與物通者，無以相非。故三皇五帝，法籍殊方，其得民心一也。若夫規矩勾繩，巧之具也，而非所以爲巧也。

《文子・上德篇》 水雖平，必有波；衡雖正，必有差；尺雖齊，必有危。非規矩不能定方員，非準繩無以正曲直，用規矩者，亦有規矩之心。

《淮南子・主術訓》 人主之居也，如日月之明也，天下之所同。側目而視，側耳而聽，延頸舉踵而望也。是故非淡漠無以明德，非寧静無以致遠，非寬大無以兼覆，非慈厚無以懷衆，非平正無以制斷。是故賢主之用人也，猶巧工之制木也，大者以爲舟航柱梁，小者以爲楫楔，修者以爲櫚榱，短者以爲朱儒枅櫨。無大小脩短，各得其所宜；規矩方圓，各有所施。天下之物，莫凶於雞毒，然而良醫橐而藏之，有所用也。是故林莽之材，猶無可棄者，而況人乎！今夫朝廷之所不舉，鄉曲之所不譽，非其人不肖也，其所以官之者非其職也。鹿之上山，獐不能跂也，及其下，牧豎能追之，才有所脩短也。是故有大略者不可責以捷巧，有小智者不可任以大功。人有其才，物有其形，有任一而太重，或任百而尚輕。是故審豪釐之計者，必遺天下之大數；不失小物之選者，或於大事之舉。譬猶狸之不可使搏牛，虎之不可使搏鼠也。今人之才，或欲平九州，並方外，存危國，繼絶世，志在直道正邪，決煩理挐，而乃責之以閨閤之禮、陾窔之間；或佞巧小具，諂進愉説，隨鄉曲之俗卑，下衆人之耳目，而乃任之以天下之權、治亂之機，是猶以斧劗毛，以刀抵木也，皆失其宜矣。

桓寬《鹽鐵論》卷一一《論鄒第五三》 大夫曰：鄒子疾晚世之儒墨，不知天地之弘、昭曠之道，將一曲而欲道九折，守一隅而欲知萬方，猶無準平而欲知高下，無規矩而欲知方圓也。于是推大聖終始之運，以喻王公，先列中國名山通谷，以至海外。所謂中國者，天下八十一分之一，名曰赤縣神州，而分爲九州。絶陵陸不通，乃爲一州，有大瀛海圜其外。此所謂八極，而天地際焉。《禹貢》亦著山川高下原隰，而不知大道之徑。故秦欲達九州而方瀛海，牧胡而朝萬國。諸生守畦畝之慮，閭巷之固，未知天下之義也。

蘇軾《蘇東坡全集》卷四四《思治論》 夫所貴于立者，以其規摹先定也。古之君子，先定其規摹而後從事，故其應也有候，而其成也有形。衆人以爲是汗漫不可知，而君子以爲理之必然，如炊之無不熟，種之無不生也。是故其用力省而成功速。昔者子太叔問政于子產。子產曰：「政如農功，日夜以思之，思其始而圖其終，朝夕而行之，行無越思，如農之有畔。」子產以爲不思而行，與凡行而出于思之外者，如農之無畔也，其始雖勤，而終必棄之。今夫富人之營宫室也，必先料其資財之豐約，以制宫室之大小，既内决于心，然後擇工之良者而用一人焉，必告之曰：「吾將爲屋若干，度用材幾何？役夫幾人？幾日而成？土石材葦，吾于何取之？」其工之良者必告之曰：「某所有木，某所有石，用材役夫若干，某日而成。」主人率以聽焉。及朝而成，既成而不失富，則規摹之先定也。

方孝孺《遜志齋集》卷一《雜誡》 人孰爲重？身爲重。身孰爲大？學爲大。天命之全，天爵之貴，備乎心身，不亦重乎？不學則淪乎物，學則可以守身，可以治民，可以立教。學不亦大乎？學者聖人所以助乎天也，天設其倫，非學莫能敦。人有恒紀，非學莫能序。故賢者由學以明，不賢者廢學以昏。大匠成室，材木盈前，程度去取，沛然不亂者，繩墨素定也。君子臨事而不眩，制變而不擾者，非學安能定其心哉？學者君子之繩墨也，治天下如一室，發于心，見于事，出而不匱，繁而不紊。不學者其猶盲乎？手揣足行，物至而莫之應。

王與之《周禮訂義》卷七〇《冬官・考工記》 趙氏曰：此段是推原制器本末先後之序，無所不通之謂智。惟智者明物燭理，所以世間原無此器，智者以心思之妙，理致之精，自我創出來。巧，謂工之巧者，見智者之創，體立而不備，法具而未詳，以其心術之巧，又依舊制上繼述而增脩之。創，是開端造始之意；述，是繼述不作之意。如弧矢之利取諸睽，耒耨之利取諸益，棟宇取諸《大壯》，棺椁取諸《大過》。前人只創得大槩，後來如考工爲弓矢、耒耜、宮室等制度，添了許多節目。又如智者觀轉蓬則以爲輪，觀雲氣則以爲旗，而巧者述之則爲軹，爲較，爲轛，爲輿，不止於輪；爲熊、虎、龜、蛇、九斿、七斿之類，不止於旗，皆是巧者因仍增益之功。至於自祖及孫，世世守而弗失，如函人之子常爲甲，弓人之子常爲弓之流，傳愈久則技藝愈精，然後謂之工焉。

綜述

建築技術綜合

《詩・小雅・鴻鴈》 之子于垣，百堵皆作。毛亨傳：一丈爲板，五板爲堵。鄭玄箋云：侯伯卿士又於壞滅之國，征民起屋舍，築牆壁，百堵同時而起，言趨事也。《春秋傳》曰：五板爲堵，五堵爲雉。雉長三丈，則板六尺。雖則劬勞，其究安宅。毛亨傳：究，窮也。鄭玄箋云：此勸萬民之辭。女今雖病勞，終有安居。孔穎達正義曰：板堵之數，《經》無其事，毛氏以義言耳。五板爲堵自是。《公羊傳》文公羊在毛氏之後，非其所據。五板爲堵，謂累五板也。板廣二尺，故《周禮》說一堵之牆長丈，高一丈，是板廣二尺也。箋、正義曰：《傳》以一丈爲板，鄭欲易之，故引《傳》文而證板之長短。《春秋傳》曰：五板爲堵，五堵爲雉，定十二年《公羊傳》文也。《公羊》雖非正典，其言傳諸先達，故鄭據之以破毛也。言五堵爲雉，謂接五堵成一雉。既引其文，約出其義，故云雉長三丈，則板六尺也。雉長三丈，《經》亦無文，故《周禮》說雉高一丈長三丈。《韓詩》說八尺爲板，五板爲堵，五堵爲雉。何休注《公羊》，取《韓詩傳》云：堵四十尺，雉二百尺，以板長八尺，接五板而爲堵，接五堵而爲雉也。二說不同，故鄭氏駁異義辨之云。《左氏傳》說鄭莊公弟段居京城。蔡仲曰：都城過百雉，國之害也。先王之制，大都不過三國之一，中五之一，小九之一。今京不度，非制也。古之雉制，書、傳各不得其詳。今以左氏說，鄭伯之城方五里，積千五百步也。大都三國之一，則五百步也。五百步爲百雉，則知雉五步。五步於度長三丈，則雉長三丈也。雉之度量於是定可知矣，是鄭計雉所據之丈也。王愆期注：《公羊》云：諸儒皆以爲雉長三丈，堵長一丈，疑五誤當爲三，如是大通諸儒，唯與鄭板六尺不合耳。

《周禮・冬官・攷工記・總叙》 國有六職，百工與居一焉。或坐而論道，或作而行之，或審曲面勢，以飭五材，以辨民器，或通四方之珍異以資之，或飭力以長地財，或治絲麻以成之。

坐而論道，謂之王公；作而行之，謂之士大夫；審曲面勢，以飭五材，以辨民器，謂之百工；通四方之珍異以資之，謂之商旅；飭力以長地財，謂之農夫；治絲麻以成之，謂之婦功。

粵無鎛，燕無函，秦無廬，胡無弓車。粵之無鎛也，非無鎛也，夫人而能爲鎛也；燕之無函也，非無函也，夫人而能爲函也；秦之無廬也，非無廬也，夫人而能爲廬也；胡之無車也，非無弓車也，夫人而能爲弓車也。知者創物，巧者述之，守之世，謂之工。

百工之事，皆聖人之作也。爍金以爲刃，凝土以爲器，作車以行陸，作舟以行水，此皆聖人之所作也。

天有時，地有氣，材有美，工有巧，合此四者，然後可以爲良。材美工巧，然而不良，則不時，不得地氣也。橘逾淮而北爲枳，鸜鵒不逾濟，貉逾汶則死，此地氣然也；鄭之刀，宋之斤，魯之削，吳粵之劍，遷乎其地而弗能爲良，地氣然也。燕之角，荆之干，妢胡之笴，吳粵之金錫，此材之美者也。天有時以生，有時以殺；草木有時以生，有時以死；石有時以泐；水有時以凝，有時以澤：此天時也。

凡攻木之工七，攻金之工六，攻皮之工五，設色之工五，刮摩之工五，搏埴之工二。

攻木之工：輪、輿、弓、廬、匠、車、梓；攻金之工：築、冶、鳧、栗、㮚、段、桃；攻皮之工：函、鮑、韗、韋、裘；設色之工：畫、繢、鍾、筐、㡛；刮摩之工：

玉、櫛、雕、矢、磬；摶埴之工：陶、旊。

有虞氏上陶，夏后氏上匠，殷人上梓，周人上輿。故一器而工聚焉者，車爲多。

《周禮・冬官・攷工記・輪人》 輪人爲輪。斬三材必以其時。三材既具，巧者和之。轂也者，以爲利轉也。輻也者，以爲直指也。牙也者，以爲固抱也。輪敝，三材不失職，謂之完。

望而視其輪，欲其幎爾而下迆也。進而視之，欲其微至也。無所取之，取諸圜也。望其輻，欲其掣爾而纖也。進而視之，欲其肉稱也。無所取之，取諸易直也。望其轂，欲其眼也，進而視之，欲其幬之廉也。無所取之，取諸急也。視其綆，欲其蚤之正也，察其菑蚤不齵，則輪雖敝不匡。

凡斬轂之道，必矩其陰陽。陽也者，稹理而堅；陰也者，疏理而柔。是故以火養其陰，而齊諸其陽，則轂雖敝不藃。

轂小而長則柞，大而短則摯。是故六分其輪崇，以其一爲之牙圍，三分其牙圍而漆其二。椁其漆內而中詘之。以爲之轂長，以其長爲之圍，以其圍之防捎其藪。

五分其轂之長，去一以爲賢，去三以爲軹。容轂必直，陳篆必正，施膠必厚，施筋必數，幬必負干。既摩，革色青白，謂之轂之善。三分其轂長，二在外，一在內，以置其輻。

凡輻，量其鑿深以爲輻廣。輻廣而鑿淺，則是以大扤，雖有良工，莫之能固。鑿深而輻小，則是固有餘而强不足也，故竑其輻廣以爲之弱，則雖有重任，轂不折。三分其輻之長而殺其一，則雖有深泥，亦弗之溓也。三分其股圍，去一以爲骹圍。揉輻必齊，平沈必均，直以指牙。牙得，則無槷而固；不得，則有槷必足見也。六尺有六寸之輪，綆三分寸之二，謂之輪之固。

凡爲輪，行澤者欲杼，行山者欲侔。杼以行澤，則是刀以割涂也，是故涂不附。侔以行山，則是摶以行石也，是故輪雖敝，不甐于鑿。

凡揉牙，外不廉而內不挫，旁不勝，謂之用火之善。是故規之以視其圜也，矩之以視其匡也。縣之以視其輻之直也，水之以視其平沉之均也，量其藪以黍，以視其同也，權之以視其輕重之侔也。故可規、可矩、可水、可縣、可量、可權也，謂之國工。

輪人爲蓋，達常圍三寸；桯圍倍之，六寸。信其桯圍以爲部廣，部廣六寸。部長二尺，桯長倍之，四尺者二。十分寸之一謂之枚，部尊一枚，弓鑿廣四枚，鑿上二枚，鑿下四枚，鑿深二寸有半，下直二枚，鑿端一枚。

弓長六尺謂之庇軹，五尺謂之庇輪，四尺謂之庇軫，三分弓長而揉其一，三分其股圍，去一以爲蚤圍。三分弓長，以其一爲之尊，上欲尊而宇欲卑，上尊而宇卑，則吐水疾而霤遠。蓋已崇，則難爲門也；蓋已卑，是蔽目也。是故蓋崇十尺。良蓋弗冒弗紘，殷畝而馳，不墜，謂之國工。

《周禮・冬官・攷工記・輈人》 輈人爲輈。輈有三度，軸有三理。國馬之輈，深四尺有七寸；田馬之輈，深四尺；駑馬之輈，深三尺有三寸。軸有三理：一者，以爲媺也；二者，以爲久也；三者，以爲利也。軓前十尺，而策半之。

凡任木：任正者，十分其輈之長，以其一爲之圍。衡任者，五分其長，以其一爲之圍。小于度，謂之無任。五分其軫間，以其一爲之軸圍。十分其輈之長，以其一爲之當兔之圍。參分其兔圍，去一以爲頸圍。五分其頸圍，去一以爲踵圍。

凡揉輈，欲其孫而無弧深。今夫大車之轅摯，其登又難。既克其登，其覆車也必易。此無故，唯轅直且無橈也。是故大車，平地既節軒摯之任，及其登阤，不伏其轅，必縊其牛。此無故，唯轅直且無橈也。故登阤者，倍任者也，猶能以登；及其下阤也，不援其邸，必緧其牛後。此無故，唯轅直且無橈也。

是故輈欲頎典，輈深則折，淺則負。輈注則利準，利準則久，和則安。輈欲弧而折，經而無絶。進則與馬謀，退則與人謀。終日馳騁，左不楗；行數千裏，馬不契需；終歲御，衣衽不敝。此唯輈之和也。勸登馬力，馬力既竭，輈猶能一取焉。良輈環灂，自伏兔不至軓七寸，軓中有灂，謂之國輈。

軫之方也，以象地也；蓋之圜也，以象天也；輪輻三十，以象日月也；蓋弓二十有八，以象星也；龍旗九斿，以象大火也；鳥旟七斿，以象鶉火也；熊旗六斿，以象伐也；龜蛇四斿，以象營室也；弧旌枉矢，以象弧也。

《周禮・冬官・攷工記・梓人》 梓人爲筍虡，天下之大獸五：脂者、膏者、羸者、羽者、鱗者。宗廟之事，脂者、膏者以爲牲，羸者、羽者、鱗者以爲筍虡。外骨、内骨，却行、仄行、連行、紆行，以脰鳴者、以注鳴者、以旁鳴者、以翼鳴者、以股鳴者、以胸鳴者，謂之小蟲之屬，以爲雕琢。

厚唇弇口，齣目短耳，大胸燿後，大體短脰，若是者謂之羸屬。恒有力而不能走，其聲大而宏。有力而不能走，則于任重宜；大聲而宏，則于鐘宜。若是者以爲鐘虡，是故擊其所縣，而由其虡鳴。

銳喙決吻，數目顧脰，小體騫腹，若是者謂之羽屬。恒無力而輕，其聲清陽而遠聞。無力而輕，則于任輕宜；其聲清陽而遠聞，于磬宜。若是者以爲磬虡，故擊其所縣而由其虡鳴。

小首而長，摶身而鴻，若是者謂之鱗屬，以爲筍。

凡攫閷、振簎之類，必深其爪，出其目，作其鱗之而，則于視必撥爾而怒。苟撥爾而怒，則于任重宜，且其匪色必似鳴矣。爪不深，目不出，鱗之而不作，則必頹爾如委爾。苟頹爾如委，則加任焉，則必如將廢措，其匪色必似不鳴矣。

梓人爲飲器，勺一昇，爵一昇，觚三昇。獻以爵而酬以觚。一獻而三酬，則一豆矣；食一豆肉，飲一豆酒，中人之食也。凡試梓飲器，鄉衡而實不足，梓師罪之。

梓人爲侯，廣與崇方。參分其廣，而鵠居一焉。上兩個，與其身三；下兩個，半之。上綱與下綱出舌尋，縜寸焉。張皮侯而栖鵠，則春以功；張五采之侯，則遠國屬；張獸侯，則王以息燕。

祭侯之禮，以酒、脯、醢。其辭曰：「惟若寧侯，毋或若女不寧侯，不屬于王所。故抗而射女，强飲强食，詒女曾孫諸侯百福。」

《周禮・冬官・攷工記・匠人》 匠人建國，水地以縣，置槷以縣，視以景。爲規，識日出之景與日入之景。晝參諸日中之景，夜考之極星，以正朝夕。

匠人營國，方九里，旁三門。國中九經九緯，經塗九軌。左祖右社，面朝後市，市朝一夫。

夏后氏世室，堂修二七，廣四修一。五室，三四步，四三尺，九階。四旁兩夾窗，白盛。門堂三之二，室三之一。

殷人重屋，堂修七尋，堂崇三尺，四阿重屋。

周人明堂，度九尺之筵，東西九筵，南北七筵，堂崇一筵。五室，凡室二筵。室中度以几，堂上度以筵，宮中度以尋，野度以步，涂度以軌。廟門容大扃七個，闈門容小扃三個，路門不容乘車之五個，應門二徹參個。內有九室，九嬪居之。外有九室，九卿朝焉。九分其國，以爲九分，九卿治之。王宮門阿之制五雉，宮隅之制七雉，城隅之制九雉。經塗九軌，環塗七軌，野塗五軌。門阿之制，以爲都城之制。宮隅之制，以爲諸侯之城制。環塗以爲諸侯經塗，野塗以爲都經塗。

匠人爲溝洫。耜廣五寸，二耜爲耦。一耦之伐，廣尺，深尺，謂之畎；田首倍之，廣二尺，深二尺，謂之遂。九夫爲井，井間廣四尺，深四尺，謂之溝。方十裏爲成，成間廣八尺、深八尺，謂之洫；方百里爲同，同間廣二尋，深二仞，謂之澮。專達于川，各載其名。

凡天下之地勢，兩山之間，必有川焉；大川之上，必有塗焉。凡溝逆地防，謂之不行；水屬不理孫，謂之不行。梢溝三十里，而廣倍。凡行奠水，磬折以參伍。欲爲淵，則句于矩。凡溝必因水勢，防必因地勢。善溝者，水漱之；善防者，水淫之。凡爲防，廣與崇方，其閷三分去一，大防外閷。凡溝防，必一日先深之以爲式。裏爲式，然後可以傳衆力。凡任，索約大汲其版，謂之無任。

葺屋三分，瓦屋四分。囷、窌、倉、城，逆牆六分。堂塗十有二分。竇，其崇三尺。牆厚三尺，崇三之。

《周禮・冬官・攷工記・弓人》 弓人爲弓。取六材必以其時。六材既聚，巧者和之。

干也者，以爲遠也；角也者，以爲疾也；筋也者，以爲深也；膠也者，以爲和也；絲也者，以爲固也；漆也者，以爲受霜露也。凡取干之道七：柘爲上，檍次之，檿桑次之，橘次之，木瓜次之，荆次之，竹爲下。凡相干，欲赤黑而陰聲，赤黑則鄉心，陽聲則遠根。凡析干，射遠者用勢，射深者用直。居干之道，菑栗不迆，則弓不發。

凡相角，秋閷者厚，春閷者薄，稚牛之角直而澤，老牛之角紾而昔。疢疾，險中。瘠牛之角無澤。角欲青白而豐末。夫角之本，蹙于腦而休于氣，是故柔，柔故欲其勢也；白也者，勢之征也。夫角之中，恒當弓之畏，畏也者必橈。橈，故欲其堅也；青也者，堅之征也。夫角之末，遠于腦而不休于氣，是故脆，脆故欲其柔也；豐末也者，柔之征也。角長二尺有五寸，三色不失理，謂之牛戴牛。

凡相膠，欲朱色而昔。昔也深，深瑕而澤，紾而摶廉。鹿膠青白，馬膠赤白，牛膠火赤，鼠膠黑，魚膠餌，犀膠黃。凡昵之類不能方。

凡相筋，欲小簡而長，大結而澤。小簡而長，大結而澤，則其爲獸必剽。以爲弓，則豈異于其獸？筋欲敝之敝。漆欲測，絲欲沈，得此六材之全，然後可以爲良。

凡爲弓，冬析干而春液角，夏治筋，秋合三材，寒奠體，冰析灂。冬析干則易，春液角則合，夏治筋則不煩，秋合三材則合，寒奠體則張不流，冰析灂則審環，春被弦則一年之事。析干必倫，析角無邪，斲目必荼。斲目不荼，則及其大修也，筋代之受病。夫目也者必强，强者在內而摩其筋，夫筋之所由幨，恒由此作，故角三液而干再液。厚其帤則木堅，薄其帤則需，是故厚其液而節其帤。約之不皆約，疏數必侔，斲摯必中，膠之必均。斲摯不中，膠之不均，則及其大修也，角代之受病，夫懷膠于內而摩其角，夫角之所由挫，恒由此作。

凡居角，長者以次需，恒角而短，是謂逆橈。引之則縱，釋之則不校。恒角而達，譬如終紲，非弓之利也。今夫茭解中有變焉，故校；于挺臂中有柎焉，故剽。恒角而達，引如終紲，非弓之利。撟干欲孰于火而無贏，撟角欲孰于火而無燂，引筋欲盡而無傷其力，鬻膠欲孰而水火相得，然則居旱亦不動，居濕亦不動。苟有賤工，必因角干之濕以爲之柔，善者在外，動者在內。雖善于外，必動于內，雖善亦弗可以爲良矣。

凡爲弓，方其峻而高其柎，長其畏而薄其敝，宛之無已，應。下柎之弓，末應將興。爲柎而發，必動于閷，弓而羽閷，末應將發。弓有六材焉，維干强之。强如流水，維體防之，引之中參。維角堂之，欲宛而無負弦，引之如環，釋之無失體，如環。材美，工巧，爲之時，謂之三均。角不勝干，干不勝筋，謂之三均。量其力，有三均。均者三，謂之九和。九和之弓，角與干權，筋三侔，膠三鋝，絲三邸，漆三斞。上工以有餘，下工以不足。

爲天子之弓，合九而成規；爲諸侯之弓，合七而成規；大夫之弓，合五而成規；士之弓，合三而成規。

弓長六尺有六寸，謂之上制，上士服之；弓長六尺有三寸，謂之中制，中士服之；弓長六尺，謂之下制，下士服之。

凡爲弓，各因其君之躬志慮血氣，豐肉而短，寬緩以荼。若是者爲之危弓，危弓爲之安矢；骨直以立，貧執以奔。若是者爲之安弓，安弓爲之危矢。其人安，其弓安，其矢安，則莫能以速中，且不深；其人危，其弓危，其矢危，則莫能以愿中。往體多，來體寡，謂之夾臾之屬，利射侯與弋。往體寡，來體多，謂之王弓之屬，利射革與質。往體來體若一，謂之唐弓之屬，利射深。

大和無灂，其次筋角皆有灂而深，其次有灂而疏，其次角無灂。合灂若背手文。角環灂，牛筋蕡灂，麋筋斥蠖灂。和弓擊摩，覆之而角至，謂之句弓。覆之而干至，謂之侯弓。覆之而筋至，謂之深弓。

《魏書》卷一七上《律曆志上》 景明四年，并州獲古銅權，詔付崇以爲鍾律之準。永平中，崇更造新尺，以一黍之長，累爲寸法。尋太常卿劉芳受詔修樂，以秬黍中者一黍之廣即爲一分，而中尉元匡以一黍之廣度黍二縫，以取一分。三家紛競，久不能決。太和十九年，高祖詔，以一黍之廣，用成分體，九十黍之長，以定銅尺。有司奏從前詔，而芳尺同高祖所制，故遂典修金石。迄武定末，未有諳律者。

《晉書》卷一六《律曆志上・審度》 起度之正，《漢志》言之詳矣。武帝泰始九年，中書監荀勖校太樂，八音不和，始知後漢至魏，尺長於古四分有餘。勖乃部著作郎劉恭依《周禮》制尺，所謂古尺也。依古尺更鑄銅律呂，以調聲韻。以尺量古器，與本銘尺寸無差。又，汲郡盜發六國時魏襄王冢，得古周時玉律及鍾、磬，與新律聲韻闇同。于時郡國或得漢時故鍾，吹律命之皆應。勖銘其尺曰：「晉泰始十年，中書考古器，揆校今尺，長四分半。所校古法有七品：一曰姑洗玉律，二曰小呂玉律，三曰西京銅望臬，四曰金錯望臬，五曰銅斛，六曰古錢，七曰建武銅尺。姑洗微强，西京望臬微弱，其餘與此尺同。」銘八十二字。此尺者勖新尺也，今尺者杜夔尺也。

荀勖造新鍾律，與古器諧韻，時人稱其精密。惟散騎侍郎陳留阮咸譏其聲高，聲高則悲，非興國之音，亡國之音。亡國之音哀以思，其人困。今聲不合雅，懼非德正至和之音，必古今尺有長短所致也。會咸病卒，武帝以勖律與周漢器合，故施用之。後始平掘地得古銅尺，歲久欲腐，不知所出何代，果長勖尺四分，時人服咸之妙，而莫能厝意焉。

史臣案：勖於千載之外，推百代之法，度數既宜，聲韻又契，可謂切密，信而有徵也。而時人寡識，據無聞之一尺，忽周漢之兩器，雷同臧否，何其謬哉！《世說》稱「有田父於野地中得周時玉尺，便是天下正尺，荀勖試以校己所治金石絲竹，皆短校一米」。又，漢章帝時，零陵文學史奚景於泠道舜祠下得玉律，度以爲尺，相傳謂之漢官尺。以校荀勖尺，勖尺短四分；漢官、始平兩尺，長短度同。又，杜夔所用調律尺，比勖新尺，得一尺四分七氂。魏景元四年，劉徽注《九章》云：王莽時劉歆斛尺弱於今尺四分五釐，比魏尺其斛深九寸五分五釐；即荀勖所謂今尺長四分半是也。元帝後，江東所用尺，比荀勖尺一尺六分二釐。趙劉曜光初四年鑄渾儀，八年鑄土圭，其尺比荀勖尺一尺五分。荀勖新尺惟以調音律，至於人間未甚流布，故江左及劉曜儀表，並與魏尺略相依準。

《隋書》卷一六《律曆志上》 《史記》曰：「夏禹以身爲度，以聲爲律。」《禮記》曰：「丈夫布手爲尺。」《周官》云：「璧羨起度。」鄭司農云：「羨，長也。此璧徑尺，以起度量。」《易緯通卦驗》：「十馬尾爲一分。」《淮南子》云：「秋分而禾蔈定，蔈定而禾熟。律數十二蔈而當一粟，十二粟而當一寸。」蔈者，禾穗芒也。《說苑》云：「度量權衡以粟生，一粟爲一分。」《孫子算術》云：「蠶所生吐絲爲忽，十忽爲秒，十秒爲毫，十毫爲釐，十釐爲分。」此皆起度之源，其文舛互。唯《漢志》：「度者，所以度長短也，本起黄鍾之長。以子穀秬黍中者，一黍之廣度之，九十黍爲黄鍾之長。一黍爲一分，十分爲一寸，十寸爲一尺，十尺爲一丈，十丈爲一引，而五度審矣。」後之作者，又憑此説，以律度量衡，並因秬黍，散爲諸法。其率可通故也。黍有大小之差，年有豐耗之異，前代量校，每有不同，又俗傳訛替，漸致增損。今略諸代尺度一十五等，並異同之説如左。

一、周尺

《漢志》王莽時劉歆銅斛尺。

後漢建武銅尺。

晉泰始十年荀勖律尺，爲晉前尺。

祖冲之所傳銅尺。

徐廣、徐爰、王隱等《晉書》云：「武帝泰始九年，中書監荀勖，校太樂八音，不和，始知爲後漢至魏，尺長於古四分有餘。勖乃部著作郎劉恭，依《周禮》制尺，所謂古尺也。依古尺更鑄銅律吕，以調聲韻。以尺量古器，舉本銘尺寸無差。又汲郡盜發魏襄王冢，得古周時玉律及鍾磬，與新律聲韻闇同。于時郡國或得漢時故鍾，吹新律命之，皆應。」梁武《鍾律緯》云：「祖冲之所傳銅尺，其銘曰：『晉泰始十年，中書考古器，揆校今尺，長四分半。所校古法有七品：一曰姑洗玉律，二曰小吕玉律，三曰西京銅望臬，四曰金錯望臬，五曰銅斛，六曰古錢，七曰建武銅尺。姑洗微强，西京望臬微弱，其餘與此尺同。』銘八十二字。此尺者，勖新尺也。今尺者，杜夔尺也。雷次宗、何胤之二人作《鍾律圖》，所載荀勖校量古尺文，與此銘同。而蕭吉《樂譜》，謂爲梁朝所考七品，謬也。今以此尺爲本，以校諸代尺」云。

二、晉田父玉尺

梁法尺，實比晉前尺一尺七釐。

《世説》稱，有田父於野地中得周時玉尺，便是天下正尺。荀勖試以校尺，所造金石絲竹，皆短校一米。梁武帝《鍾律緯》稱，主衣從上相承，有周時銅尺一枚，古玉律八枚。檢主衣周尺，東昏用爲章信，尺不復存。玉律一□蕭，餘定七枚夾鍾，有昔題刻。迺制爲尺，以相參驗。取細毫中黍，積次訓定，今之最爲詳密，長祖冲之尺校半分。以新尺制爲四器，名爲通。又依新尺爲笛，以命古鍾，按刻夷則，以笛命飲和韻，夷則定合。案此兩尺長短近同。

三、梁表尺　實比晉前尺一尺二分二釐一毫有奇。

蕭吉云：「出於《司馬法》。梁朝刻其度於影表，以測影。」案此即奉朝請祖暅所算造銅圭影表者也。經陳滅入朝。大業中，議以合古，乃用之調律，以制鍾磬等八音樂器。

四、漢官尺　實比晉前尺一尺三分七毫。

晉時始平掘地得古銅尺。

蕭吉《樂譜》云：「漢章帝時，零陵文學史奚景，於泠道縣舜廟下得玉律，度爲此尺。」傅暢《晉諸公贊》云：「荀勖造鍾律，時人並稱其精密，唯陳留阮咸，譏其聲高。後始平掘地，得古銅尺，歲久欲腐，以校荀勖今尺，短校四分。時人以咸爲解。」此兩尺長短近同。

五、魏尺　杜夔所用調律，比晉前尺一尺四分七釐。

魏陳留王景元四年，劉徽注《九章》云，王莽時劉歆斛尺，弱於今尺四分五釐，比魏尺，其斛深九寸五分五釐。即晉荀勖所云「杜夔尺長於今尺四分半」是也。

六、晉後尺　實比晉前尺一尺六分二釐。

蕭吉云，晉氏江東所用。

七、後魏前尺　實比晉前尺一尺二寸七釐。

八、中尺　實比晉前尺一尺二寸一分一釐。

九、後尺　實比晉前尺一尺二寸八分一釐。即開皇官尺及後周市尺。

後周市尺，比玉尺一尺九分三釐。

開皇官尺，即鐵尺，一尺二寸。

此後魏初及東西分國，後周未用玉尺之前，雜用此等尺。甄鸞《算術》云：「周朝市尺，得玉尺九分二釐。」或傳梁時有志公道人作此尺，寄入周朝，云與多鬚老翁。周太祖及隋高祖，各自以爲謂已。周朝人間行用。及開皇初，著令以爲官尺，百司用之，終于仁壽。大業中，人間或私用之。

十、東後魏尺　實比晉前尺一尺五寸八毫。

此是魏中尉元延明，累黍用半周之廣爲尺，齊朝因而用之。魏收《魏史·律曆志》云：「公孫崇永平中，更造新尺，以一黍之長，累爲寸法。尋太常卿劉芳，受詔修樂，以秬黍中者一黍之廣，即爲一分。而中尉元匡，以一黍之廣，度黍二縫，以取一分。三家紛競，久不能決。太和十九年高祖詔，以一黍之廣，用成分體，九十之黍，黃鍾之長，以定銅尺。有司奏從前詔，而芳尺同高祖所制，故遂典修金石。迄武定未有論律者。」

十一、蔡邕銅籥尺

後周玉尺，實比晉前尺一尺一寸五分八釐。

從上相承，有銅籥一，以銀錯題，其銘曰：「籥，黃鍾之宮，長九寸，空圍九分，容秬黍一千二百粒，稱重十二銖，兩之爲一合。三分損益，轉生十二律。」祖孝孫云：「相承傳是蔡邕銅籥。」

後周武帝保定中，詔遣大宗伯盧景宣、上黨公長孫紹遠、岐國公斛斯徵等，累黍造尺，從橫不定。後因修倉掘地，得古玉斗，以爲正器，據斗造律度量衡。因用此尺，大赦，改元天和，百司行用，終於大象之末。其律黃鍾，與蔡邕古籥同。

十二、宋氏尺　實比晉前尺一尺六分四釐。

錢樂之渾天儀尺。

後周鐵尺。

開皇初調鍾律尺及平陳後調鍾律水尺。

此宋代人間所用尺，傳入齊、梁、陳，以制樂律。與晉後尺及梁時俗尺、劉曜渾天儀尺，略相依近。當由人間恒用，增損訛替之所致也。

周建德六年平齊後，即以此同律度量，頒于天下。其後宣帝時，達奚震及牛弘等議曰：

竊惟權衡度量，經邦懋軌，誠須詳求故實，考校得衷。謹尋今之鐵尺，是太祖遣尚書故蘇綽所造，當時檢勘，用爲前周之尺。驗其長短，與宋尺符同，即以調鍾律，並用均田度地。今以上黨羊頭山黍，依《漢書·律曆志》度之。若以大者稠累，依數滿尺，實於黃鍾之律，須撼乃容。若以中者累尺，雖復小稀，實於黃鍾之律，不動而滿。計此二事之殊，良由消息未善，其於鐵尺，終有一會。且上黨之黍，有異他鄉，其色至烏，其形圓重，用之爲量，定不徒然。正以時有水旱之差，地有肥瘠之異，取黍大小，未必得中。案許慎解，秬黍體大，本異於常。疑今之大者，正是其中，累百滿尺，即是會古。實籥之外，纔剩十餘，此恐圍徑或差，造律未妙。就如撼動取滿，論理亦通。

今勘周漢古錢，大小有合，宋氏渾儀，尺度無舛。又依《淮南》，累粟十二成寸。明先王制法，索隱鉤深，以律計分，義無差異。《漢書·食貨志》云：「黃金方寸，其重一斤。」今鑄金校驗，鐵尺爲近。依文據理，符會處多。且平齊之始，已用宣佈，今因而爲定，彌合時宜。至於玉尺累黍，以廣爲長，累既有剩，實復不滿。尋訪古今，恐不可用。其晉、梁尺量，過爲短小，以黍實管，彌復不容，據律調聲，必致高急。且八音克諧，明王盛範，同律度量，哲後通規。臣等詳校前經，斟量時事，謂用鐵尺，於理爲便。

未及詳定，高祖受終，牛弘、辛彥之、鄭譯、何妥等，久議不決。既平陳，上以江東樂爲善，曰：「此華夏舊聲，雖隨俗改變，大體猶是古法。」祖孝孫云：「平陳後，廢周玉尺律，便用此鐵尺律，以一尺二寸即爲市尺。」

十三、開皇十年萬寶常所造律呂水尺　實比晉前尺一尺一寸八分六釐。

今太樂庫及內出銅律一部，是萬寶常所造，名水尺律。說稱其黃鍾律當鐵尺南呂倍聲。南呂，黃鍾羽也，故謂之水尺律。

十四、雜尺　趙劉曜渾天儀土圭尺，長於梁法尺四分三釐，實比晉前尺一尺五分。

十五、梁朝俗間尺　長於梁法尺六分三釐、於劉曜渾儀尺二分，實比晉前尺一尺七分一釐。

梁武《鍾律緯》云：「宋武平中原，送渾天儀土圭，云是張衡所作。驗渾儀銘題，是光初四年鑄，土圭是光初八年作。並是劉曜所制，非張衡也。制以爲尺，長今新尺四分三釐，短俗間尺二分。」新尺謂梁法尺也。

《隋書》卷一九《天文志上》　蓋圖

晉侍中劉智云：「顓頊造渾儀，黄帝爲蓋天。」然此二器，皆古之所制，但傳説義者，失其用耳。昔者聖王正曆明時，作圓蓋以圖列宿。極在其中，迴之以觀天象。分三百六十五度、四分度之一，以定日數。日行於星紀，轉回右行，故圓規之，以爲日行道。欲明其四時所在：故於春也，則以青爲道；於夏也，則以赤爲道；於秋也，則以白爲道；於冬也，則以黑爲道。四季之末，各十八日，則以黄爲道。蓋圖已定，仰觀雖明，而未可正昏明，分晝夜，故作渾儀，以象天體。今案自開皇已後，天下一統，靈臺以後魏鐵渾天儀，測七曜盈縮，以蓋圖列星坐，分黄赤二道距二十八宿分度，而莫有更爲渾象者矣。

仁壽四年，河間劉焯造《皇極曆》，上啓於東宫。論渾天云：「璿璣玉衡，正天之器，帝王欽若，世傳其象。漢之孝武，詳考律曆，糾落下閎、鮮于妄人等，共所營定。逮于張衡，又尋述作，亦其體制，不異閎等。雖閎制莫存，而衡造有器。至吴時，陸績、王蕃，並要修鑄。績小有異，蕃乃事同。宋有錢樂之，魏初晁崇等，總用銅鐵。小大有殊，規域經模，不異蕃造。觀蔡邕《月令章句》，鄭玄注《考靈曜》，勢同衡法，迄今不改。

焯以愚管，留情推測，見其數制，莫不違爽。失之千里，差若毫釐，大象一乖，餘何可驗。況赤黄均度，月無出入，至所恒定，氣不別衡。分刻本差，輪迴守故。其爲疎謬，不可復言。亦既由理不明，致使異家間出。蓋及宣夜，三説並驅，平、昕、安、穹，四天騰沸。至當不二，理唯一揆，豈容天體，七種殊説？又影漏去極，就渾可推，百骸共體，本非異物。此真已驗，彼僞自彰，豈朗日未暉，爝火不息，理有而闕，詎不可悲者也？昔蔡邕自朔方上書曰：『以八尺之儀，度知天地之象，古有其器，而無其書。常欲寢伏儀下，案度成數，而爲立説。』邕以負罪朔裔，書奏不許。邕若蒙許，亦必不能。邕才不踰張衡，衡本豈有遺思也？則有器無書，觀不能悟。焯今立術，改正舊渾。又以二至之影，定去極晷漏，並天地高遠，星辰運周，所宗有本，皆有其率。祛今賢之巨惑，稽往哲之羣疑，豁若雲披，朗如霧散。爲之錯綜，數卷已成，待得影差，謹更啓送。」

又云：「《周官》夏至日影，尺有五寸。張衡、鄭玄、王蕃、陸績先儒等，皆以爲影千里差一寸。言南戴日下萬五千里，表影正同，天高乃異。考之算法，必爲不可。寸差千里，亦無典説，明爲意斷，事不可依。今交、愛之州，表北無影，計無萬里，南過戴日。是千里一寸，非其實差。焯今説渾，以道爲率，道里不定，得差乃審。既大聖之年，昇平之日，釐改羣謬，斯正其時。請一水工，並解算術士，取河南、北平地之所，可量數百里，南北使正。審時以漏，平地以繩，隨氣至分，同日度影。得其差率，里即可知。則天地無所匿其形，辰象無所逃其數，超前顯聖，効象除疑。請勿以人廢言。」不用。至大業三年，敕諸郡測影，而焯尋卒，事遂寢廢。

地中

《周禮·大司徒職》：「以土圭之法，測土深，正日景，以求地中。」此則渾天之正説，立儀象之大本。故云：「日南則景短多暑，日北則景長多寒，日東則景夕多風，日西則景朝多陰。日至之景，尺有五寸，謂之地中。天地之所合也，四時之所交也，風雨之所會也，陰陽之所和也。然則百物阜安，乃建王國焉。」又《考工記·匠人》：「建國，水地以縣。置槷以縣，眂以景。爲規，識日出之景與日入之景。晝參諸日中之景，夜考之極星，以正朝夕。」案土圭正影，經文闕略，先儒解説，又非明審。祖暅錯綜經注，以推地中。其法曰：「先驗昏旦，定刻漏，分辰次。乃立儀表於準平之地，名曰南表。漏刻上水，居日之中，更立一表於南表影末，名曰中表。夜依中表，以望北極樞，而立北表，令參相直。三表皆以懸準定，乃觀。三表直者，其立表之地，即當子午之正。三表曲者，地偏僻。每觀中表，以知所偏。中表在西，則立表處在地中之西，當更向東求地中。若中表在東，則立表處在地中之東也，當更向西求地中。取三表直者，爲地中之正。又以春秋二分之日，旦始出東方半體，乃立表於中表之東，名曰東表。令東表與日及中表參相直。(是)〔視〕日之夕，日入西方半體，又立表於中表之西，名曰西表。亦從中表西望西表及日，參相直。乃觀三表直者，即地南北之中也。若中表差近南，則所測之地在卯酉之南。中表差在北，則所測之地在卯酉之北。進退南北，求三表直正東西者，則其地處中，居卯酉之正也。」

晷影

昔者周公測晷影於陽城，以參考曆紀。其於《周禮》，在《大司徒之職》：「以土圭之法，測土深，正日景，以求地中。日至之景，尺有五寸，則天地之所合，四時之所交。百物阜安，乃建王國。」然則日爲陽精，玄象之著然者也。生靈因之動息，寒暑由其遞代。觀陰陽之升降，揆天地之高遠，正位辨方，定時考閏，莫近於兹也。古法簡略，旨趣難究，術家考測，互有異同。先儒皆云：「夏至立八尺表於陽城，其影與土圭等。」案《尚書·考靈曜》稱：「日水，景尺五寸；日短，景尺三寸。」《易通卦驗》曰：「冬至之日，樹八尺之表，日中視其晷景長短，以占和否。夏至景一尺四寸八分，冬至一丈三尺。」《周髀》云：「成周土中，夏至景一尺六寸，冬至景一丈三尺五寸。」劉向《鴻範傳》曰：「夏至景長一尺五寸八分，冬至一丈三尺一寸四分，春秋二分，景七尺三寸六分。」後漢《四分歷》、魏《景初曆》、宋《元嘉歷》、大明祖沖之曆，皆與《考靈曜》同。漢、魏及宋，所都皆別，四家曆法，候影則齊。且緯候所陳，恐難依據。劉向二分之影，直以率推，非因表候，定其長短。然尋晷影尺丈，雖有大較，或地域不改，而分寸參差，或南北殊方，而長短維一。蓋術士未能精驗，馮古所以致乖。今删其繁雜，附於此云。

梁天監中，祖暅造八尺銅表，其下與圭相連。圭上爲溝，置水，以取平正。揆測日晷，求其盈縮。至大同十年，太史令虞劆，又用九尺表，格江左之影。夏至一尺三寸二分，冬至一丈三尺七分，立夏、立秋二尺四寸五分，春分、秋分五尺三寸九分。陳氏一代，唯用梁法。齊神武以洛陽舊器，並徙鄴中。以暨文宣受終，竟未考驗。至武平七年，訖干景禮始薦劉孝孫、張孟賓等於後主。劉、張建表測影，以考分至之氣。草創未就，仍遇朝亡。周自天和以來，言曆者紛紛復出。亦驗二至之影，以考曆之精粗。

及高祖踐極之後，大議造曆。張胄玄兼明揆測，言日長之瑞。有詔司存，而莫能考決。至開皇十九年，袁充爲太史令，欲成胄玄舊事，復表曰：「隋興已後，日景漸長。開皇元年冬至之影，長一丈二尺七寸二分，自爾漸短。至十七年冬至影，一丈二尺六寸三分。四年冬至，在洛陽測影，長一丈二尺八寸八分。二年夏至影，一尺四寸八分，自爾漸短。至十六年夏至影，一尺四寸五分。其十八年冬至，陰雲不測。元年、十七年、十八年夏至，亦陰雲不測。《周官》以土圭之法正日影，日至之影，尺有五寸。鄭玄云：『冬至之景，一丈三尺。』今十六年夏至之影，短於舊五分，十七年冬至之影，短於舊三寸七分。日去極近，則影短而日長；去極遠，則影長而日短。行内道則去極近，行外道則去極遠。《堯典》云：『日短星昴，以正仲冬。』據昴星昏中，則知堯時仲冬，日在須女十度。以曆數推之，開皇以來冬至，日在斗十一度，與唐堯之代，去極俱近。謹案《元命包》云：『日月出内道，琁璣得其常，天帝崇靈，聖王初功。』京房《别對》曰：『太平日行上道，昇平日行次道，霸代日行下道。』伏惟大隋啓運，上感乾元，影短日長，振古希有。」是時廢庶人勇，晉王廣初爲太子，充奏此事，深合時宜。上臨朝謂百官曰：「景長之慶，天之祐也。今太子新立，當須改元，宜取日長之意，以爲年號。」由是改開皇二十一年爲仁壽元年。此後百工作役，並加程課，以日長故也。皇太子率百官，詣闕陳賀。案日徐疾盈縮無常，充等以爲祥瑞，大爲議者所貶。

又《考靈曜》、《周髀》、張衡《靈憲》及鄭玄注《周官》，並云：「日影於地，千里而差一寸。」案宋元嘉十九年壬午，使使往交州測影。夏至之日，影出表南三寸二分。何承天遥取陽城，云夏至一尺五寸。計陽城去交州，路當萬里，而影實差一尺八寸二分。是六百里而差一寸也。又梁大同中，二至所測，以八尺表率取之，夏至當一尺一寸七分强。後魏信都芳注《周髀四術》，稱永平元年戊子，當梁天監之七年，見洛陽測影，又見公孫崇集諸朝士，共觀祕書影。同是夏至日，其中影皆長一尺五寸八分。以此推之，金陵去洛，南北略當千里，而影差四寸。則二百五十里而影差一寸也。况人路迂迴，山川登降，方於鳥道，所校彌多，則千里之言，未足依也。其揆測參差如此，故備論之。

長孫無忌等《唐律疏議》卷二六《雜律》 諸校斛斗秤度不平，杖七十。監校者不覺，減一等；知情，與同罪。【疏】議曰：「校斛斗秤度」，依《關市令》：「每年八月，詣太府寺平校，不在京者，詣所在州縣平校，並印署，然後聽用。」其校法，《雜令》：「量，以北方秬黍中者，容一千二百爲龠，十龠爲合，十合爲昇，十昇爲斗，三斗爲大斗一斗，十斗爲斛。秤權衡，以秬黍中者，百黍之重爲銖，二十四銖爲兩，三兩爲大兩一兩，十六兩爲斤。度，以秬黍中者，一黍之廣爲分，十分爲寸，十寸爲尺，一尺二寸爲大尺一尺，十尺爲丈。」有校勘不平者，杖七十。監校官司不覺，減校者罪一等，合杖六十；知情，與同罪。

《新五代史》卷五八《司天考第一》 古者，植圭於陽城，以其近洛也。蓋尚慊其中，乃在洛之東偏。開元十二年，遣使天下候影，南距林邑，北距横野，中得浚儀之岳臺，應南北弦，居地之中。大周建國，定都於汴。樹圭置箭，測岳臺晷漏，以爲中數。晷漏正，則日之所至，氣之所應，得之矣。

李復《潏水集》卷五《書牘·又答曹鉞秀才》 某啓：周人建都，以偏於東西南北，有寒暑風陰之異，而求於陽城，以爲天地之中，而測景焉。說者以謂地形西北高，東南下，極星在北，斗亦在北，如此則陽城非天地之中也，極星乃天之中也。天之中即地之中。陽城，前人有謂取朝貢道里之均，此或近之。測影立表八尺，冬至景長一丈三尺，夏至景長一尺五寸，伏地而望表端，以日去表遠近揆之，可以約其日去地之里數。但不曾親至陽城驗之，又不知捨陽城，他處測之其景如何。算表景與日之相去，乃九章勾股法，閱之可見。

王與之《周禮訂義》卷一五《地官・司徒上》 史氏曰：虞以璿璣玉衡齊七政，求天之中。周以土圭正日景，求地之中。中於天地者爲中國，先王之建國所以致意焉。然必以玉爲之，以其溫潤廉潔，受天地之中氣，以類而求類也。

鄭康成曰：土圭所以致四時日月之景。測，猶度也。不知廣深故曰測。鄭司農曰：測土深，謂南北東西之深。王氏曰：土圭之法所以度天之高，四方之廣，測土之深，舉測土深則天與四方可知矣。鄭鍔曰：凡地之遠近，裏數侵入，則謂之深。土圭尺有五寸耳，日景於地，千里而差一寸。尺有五寸之土圭，則可以探一萬五千里。而地與星辰四游昇降於三萬里之中，故以半三萬里之法而測之也。愚嘗聞土圭測日之法於師，今載於此。冬夏二至，晝漏正中，立一表以爲中，東西南北各立一表。其取中表皆以千里爲率，其表則各以八尺爲度，於表之傍立一尺五寸之土圭焉。日南者，南表也。晝漏正而中表之景已與土圭等，其南方之表則於表南得一尺四寸之景，不及土圭之長，是其地於日爲近南，故其景短。南方偏乎陽，則知其地之多暑日。北者，北表也。晝漏正而中表之景已與土圭等，其北方之表則於表北得一尺六寸之景，有過乎土圭之長，是其地於日爲近北，故其景長。北方偏乎陰，則知其地之多寒日。東者，東表也。晝漏正而中表景正矣，東表之景已跌，是其地於日爲近東，故晝而得夕時之景也。箕者，東方之宿箕，星好風，則知其地之多風日。西者，西表也。晝漏正而中表景正矣，西表之景猶未中，是其地於日爲近西，故晝而得朝時之景也。畢者，西方之宿畢，宿好雨，故知其地之多陰。陰雖未必雨，然陰則雨意也。凡此皆偏於一方，非建王國之所也。

王與之《周禮訂義》卷五七《夏官・司馬下》 掌土圭之灋，以致日景。以土地相宅，而建邦國都鄙。

黃氏曰：地形廣遠不可度量，故有土圭之法。今《九章》猶有鈎股存焉。鄭鍔曰：冬夏至潁川、陽城，晝漏半立八尺之表，夏至於表北得尺五寸之景，冬至於表北得丈三尺之景，皆爲地中，此建國所用也。若建諸侯國，則不用此。何則？景一寸差千里，一分則百里。封侯國之大者，不過五百里。何取於土圭之寸耶？亦取其分而已。若建小國，又取其分，以爲小分也。一分百里，男國也，亦大都也。二分二百里，子國也。若小都五十里，則爲小分五分。大夫二十五里，則爲小分二分半。所謂建邦國都鄙也。鄭康成曰：土地，猶度地，知東西南北之深，而相其可居者。宅，居也。

王與之《周禮訂義》卷七八《冬官・考工記下》 匠人建國。

鄭鍔曰：「梓匠輪輿皆工之巧，而梓人與輪輿只能爲器、爲車而已。至於爲工而從事於斧斤者，匠也。攻木攻土，無所不能，是以謂之匠。」陳用之曰：「大司徒以土圭之法求地中，王天地之中而言焉。匠人建國，水地眡景。晝參夜考，又將求王國之中。」

水地以縣。音玄。

趙氏曰：「縣者，謂於造城之處，四角立四柱，於柱四畔垂繩以正柱。柱正，然後去柱，遠以水平之法望，柱高下定，即知地之高下，然後平高就下，地乃平也。蓋地高則柱高，柱高則映於水之影短。水地者，於柱四角之中掘地貯水，以望柱也。」毛氏曰：「謂於地之四邊，掘而爲溝，以圍繞之，而注水於其中。水之淺深相似不偏，則雖不平，高下依水以爲平矣。然水所注須臾乾焉，故既依水，以得其平，又以繩依水而縣之。水雖乾而繩存，則不復資於水也。以繩爲正足矣。此縣宜以繩相牽連，而縣於水之上也。」鄭鍔曰：「天下之至平莫如水，將以知地之高下，則用水而視之。天下之至直莫如繩，將以知槷之邪正，則用繩而視之。謂之水地以縣者，既度地而築之，未知其高下，乃用水以望之也。然水可以望高下，必以繩而驗之。用水以平地，立柱以懸繩，觀水矣，而又觀繩，則平與直皆可知也。」

置槷以縣眡以景。

毛氏曰：「水地之縣，求地之平也。既得平矣，宜辨方，以正東西南北之所在。正之，如何置槷，以縣而已。鄭鍔曰：「八尺之表謂之槷，槷與書所謂臬司之臬同，皆法也。八尺之表則法之所在也。」夫立槷以致日景，而正四方。槷或不正，則景從而差。先王垂其繩，以正其槷。而後眡其所致之景焉。上言水地以縣，以依水而橫縣之也。此言置槷以縣，則直縣之而已。」趙氏曰：「唯置槷平直，則冬至、夏至日出入景，或尺五寸，或一丈三尺，皆可眡矣。置水於地，置槷於地，必假繩而後正，故皆以縣焉。」陳用之曰：「謂之水與司徒所謂土其地者同，以測其土之深，故謂之土。以求諸水之平，故謂之水。」

爲規，識日出之景與日入之景。

毛氏曰：「識，謂記之也。此申明上文眡景之義。大抵平地宜以水，水在地而近人，審之爲易。辨方宜以日日，在天而遠人審之爲難。故置縣槷，以致其景而眡之也。然日不暫停，晷亦隨之。槷雖能致其景而又隨其出入之景，而規識之。如是，則日雖在槷，而槷所以得之者，規畫之識而已。此言規猶輪人之言，矩其陰陽也。矩與規，方圓不同，皆爲刻畫之稱。」○鄭鍔曰：「記景之法，必畫爲規者。蓋規圓而矩方，惟因其圜，然後中屈之。」○鄭康成曰：「度兩交之，間中屈之，以指槷規之，交處則東、西正也。於兩交之，間中屈之，指槷又知南北正也。」易氏曰：「又於四旁之地，爲規圜之勢，畫以識之。日出於東，其景在西，則識其出景之端。日入於西，其景在東，則識其入景之端。景之兩端既定，中屈其所量之繩，而兩者相合，則地中可驗。」

晝參諸日中之景，夜考之極星，以正朝夕。

趙氏曰：「晝是晝漏半正午時。此時日正行在天之中，雖不正，在天中行然必在極旁。行及夜候，極星則日去，極遠近可驗。夜正，是夜半三更正子之時，極星謂北辰，正當天極中，以居天之中，衆星所拱者，謂之極，極言中也。」○易氏曰：「又慮所規之不正也，復以出入之景與日中之景，三者相參，故曰參。又慮所參之或偏也，復以日中之景與極星之度兩者相考，故曰考。具極星之度何與？於日月之景，凡以驗日景之中而已。蓋夏至日，在南陸躔於東，並去極六十六度有奇，而其景尺有五寸。冬至日，在北陸躔於牽牛，去極一百一十六度有奇，而其景丈有三尺。春分日，在西陸躔於婁，秋分日，在東陸躔於角，去極九十一度有奇，而其景均焉。觀日躔去極之遠近，以驗四時。考四時日景之短長，以求地中，則東西可正。」

李籍《九章算術音義》　嘉量，音亮。《周禮・考工記》㮚氏爲量，鬴深尺，内方尺而圓其外。其實一鬴，其臀一寸。其實一豆，其耳三寸。其實一昇，重一鈞，其聲中黄鍾，槩而不稅。其銘曰：「時文思索，允臻其極。嘉量既成，以觀四國。永啓厥後，兹器維。」則《春秋左氏傳》曰：「齊舊四量，豆、區、鬴、鍾。四昇曰豆，各自其四，以登於鬴。」六斗四昇也。鬴十則鍾，六十四斗也。鄭康成以爲方尺積千寸，比九章粟米法少二昇八十一分昇之二十二。祖冲之以算術考之，積凡一千五百六十二寸半。方尺而圓其外，減旁一釐八毫，其徑一尺四寸一分四釐七秒二忽有奇而深尺，即古斛之制也。王莽作銅斛，名曰律嘉量，其意蓋本于此。銅斛之法，方尺而圓其外，旁有庣焉。其上爲斛，其下爲斗；左耳爲昇，右耳爲合。龠其狀似爵，以縻爵禄。上三下二，參天兩地，圓而函方；左一右二，陰陽之象也。圓象規，其重二鈞，備氣物之數，各萬有一千五百二十也。聲中黄鍾，始於黄鍾而反覆焉。角斛銘曰：律嘉量斛，方尺而圓外，庣旁九釐五毫，冪百六十二寸，深一尺，積一千六百二十寸，容十斗。祖冲之以圓率考之，此斛當徑一尺四寸三分六釐一毫九秒二忽，庣旁一分九毫有奇。劉歆，庣旁少一釐四毫有奇。歆數術不精之所致也。魏陳留王景元四年，劉徽注《九章・商功》曰：當今大司農斛圓徑一尺三寸五分五釐，深一尺，積一千四百四十一寸十分寸之三。王莽銅斛于今尺爲深九寸五分五釐，徑一尺三寸六分八釐七毫。以術計之，于今斛爲容九斗七昇四合有奇。此魏斛大而尺長，王莽斛小而尺短也。

李誠《營造法式》卷二九《總例圖樣・圜方方圜圖》

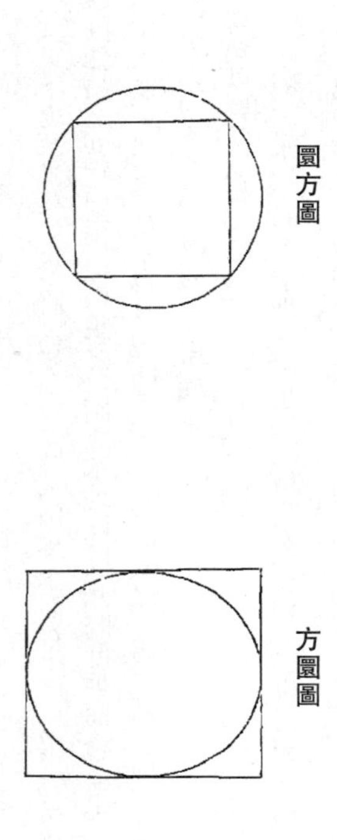

李誠《營造法式》卷二九《壕寨制度圖樣・景表版等第一》

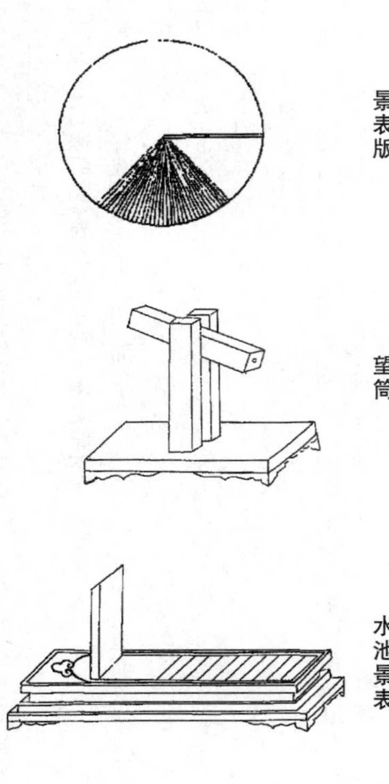

李誠《營造法式》卷二九《壕寨制度圖樣・水平真尺第二》

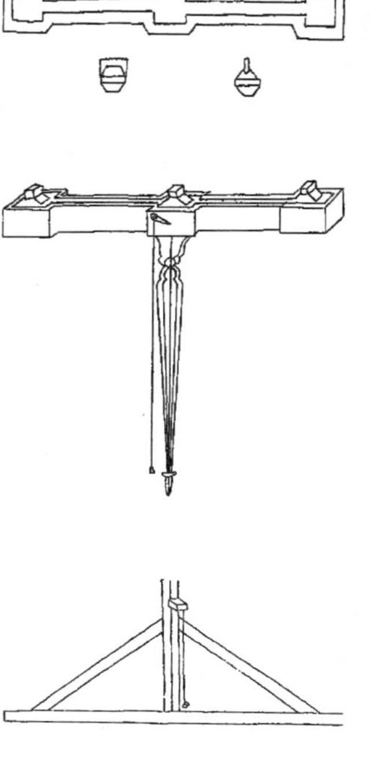

沈括《夢溪筆談》卷一八《技藝》 造舍之法，謂之《木經》，或云喻皓所撰。凡屋有三分：去聲自梁以上爲上分，地以上爲中分，階爲下分。凡梁長幾何，則配極幾何，以爲榱等。如梁長八尺，配極三尺五寸，則廳堂法也，此謂之上分。楹若干尺，則配堂基若干尺，以爲榱等。若楹一丈一尺，則階基四尺五寸之類。以至承拱榱桷，皆有定法，謂之中分。階級有峻、平、慢三等。宮中則以御輦爲法，凡自下而登，前竿垂盡臂，後竿展盡臂爲峻道；荷輦十二人：前二人曰前竿，次二人曰前絛，又次曰前脅，後二人曰後脅，又後曰後絛，末後曰後竿。輦前隊長一人曰傳倡，後一人曰報賽。前竿平肘，後竿平肩爲慢道；前竿垂手，後竿平肩爲平道，此之謂下分。其書三卷。近歲土木之工，益爲嚴善，舊《木經》多不用，未有人重爲之，亦良工之一業也。

《宋史》卷四八《天文志一》 《景表議》曰：步景之法，惟定南北爲難。古法置槷爲規，識日出之景，與日入之景。晝參諸日中之景，夜考之極星。極星不當天中，而候景之法取晨夕景之最長者規之，兩表相去中折以參驗，最短之景爲日中。然測景之地，百里之間，地之高下東西不能無偏；其間又有邑屋山林之蔽，倘在人目之外，則與濁氛相雜，莫能知其所蔽；而濁氛又繫其日之明晦風雨，人間煙氣塵坌變作不常。臣在本局候景，入濁出濁之節，日日不同，此又不足以考見出没之實，則晨夕景之短長未能得其極數。

參考舊聞，別立新術。候景之表三，其崇八尺，博三寸三分，殺一以爲厚者。圭首剡其南使偏銳。其趺方厚各二尺，環趺刻渠受水以爲準。以銅爲之。表四方志墨以爲中刻之，綴四繩，垂以銅丸，各當一方之墨。先約定四方，以三表南北相重，令趺相切，表別相去二尺，各使端直。四繩皆附墨，三表相去左右上下以度量之，令相重如一。自日初出，則量西景三表相去之度，又量三表之端景之所至，各別記之。至日欲入，候東景亦如之。長短同，相去之疎密又同，則以東西景端隨表景規之，半折以求最短之景。五者皆合，則半折最短之景爲北，表南墨之下爲南，東西景端爲東西。五候一有不合，未足以爲正。既得四方，則惟設一表，方首，表下爲石席，以水平之，植表于席之南端。席廣三尺，長如九服。冬至之景，自表趺刻以爲分，分積爲寸，寸積爲尺。爲密室以棲表，當極爲霤，以下午景使當表端。副表並趺崇四寸，趺博二寸，厚五分，方首，剡其南，以銅爲之。凡景表景薄不可辨，即以小表副之，則景墨而易度。

《宋史》卷六八《律曆志一》 昔黄帝作律吕，以調陰陽之聲，以候天地之氣。堯則欽若曆象，以授人時，以成歲功，用能綜三才之道，極萬物之情，以成其政化者也。至司馬遷、班固敍其指要，著之簡策。自漢至隋，歷代祖述，益加詳悉。暨唐貞觀迄周顯德，五代隆替，踰三百年，博達之士頗亦詳緝廢墜，而律志皆闕。宋初混一寓内，能士畢舉，國經王制，悉復古道。《漢志》有備數、和聲、審度、嘉量、權衡之目，後代因之，今亦用次序以志于篇：【略】曰審度者，本起於黄鍾之律，以秬黍中者度之，九十黍爲黄鍾之長，而分、寸、尺、丈、引之制生焉。宋既平定四方，凡新邦悉頒度量於其境，其僞俗尺度踰於法制者去之。乾德中，又禁民間造者。由是尺度之制盡復古焉。

《宋史》卷七一《律曆志四》 初，馮元等上《新修景祐廣樂記》時，鄧保信、阮逸、胡瑗等奏造鍾律，詔翰林學士丁度、知制誥胥偃、右司諫高若訥、韓琦，取保信、逸、瑗等鍾律詳考得失。度等上議曰：「保信所製尺，用上黨秬黍圓者一黍之長，累而成尺。律管一，據尺裁九十黍之長，空徑三分，空圍九分，容秬黍千二百。遂用黍長爲分，再累成尺，校保信尺、律不同。其龠、合、升、斗深闊，推以算法，類皆差舛，不合周、漢量法。逸、瑗所製，亦上黨秬黍中者累廣求尺，製黄鍾之律。今用再累成尺，比逸、瑗所製，又復不同。至於律管、龠、合、升、斗、斛、豆、區、鬴亦率類是。蓋黍有圓長、大小，而保信所用者圓黍，又首尾相銜，逸等止用大者，故再攷之即不同。尺既有差，故難以定鍾、磬。謹詳古今之製，自晉至隋，累黍之法，但求尺裁管，不以權量參校，故歷代黄鍾之管容黍之數不同。

惟後周掘地得古玉斗，據斗造律，兼制權量，亦不同周、漢制度。故《漢志》有備數、和聲、審度、嘉量、權衡之説，悉起於黄鐘。今欲數器之制參互無失，則《班志》積分之法爲近。逸等以大黍累尺、小黍實龠，自戾本法。保信黍尺以長爲分，雖合後魏公孫崇所説，然當時已不施用。況保信今尺以圓黍累之，及首尾相銜，有與實龠之黍再累成尺不同。其量器，分寸既不合古，即權衡之法不可獨用。」詔悉罷之。

又詔度等詳定太府寺並保信、逸、瑗所制尺，度等言：尺度之興尚矣，《周官》璧羨以起度，廣徑八寸，袤一尺。《禮記》布手爲尺，《淮南子》十二粟爲一寸，《孫子》十氂爲分，十分爲寸，雖存異説，莫可適從。《漢志》，元始中，召天下通知鐘律者百餘人，使劉歆典領之。是時，周滅二百餘年，古之律度當有考者。以歆之博貫藝文，曉達曆算，有所製作，宜不凡近。其審度之法云：「一黍之廣爲分，十分爲寸，十寸爲尺。」先儒訓解經籍，多引以爲義，歷世祖襲，著之定法。然而歲有豐儉，地有磽肥，就令一歲之中，一境之内，取以校驗，亦復不齊。是蓋天物之生，理難均一，古之立法，存其大概爾。故前代制尺，非特累黍，必求古雅之器以雜校焉。晉泰始十年，荀勗等校定尺度，以調鐘律，是爲晉之前尺。勗等以古物七品勘之，一曰姑洗玉律，二曰小吕玉律，三曰西京銅望臬，四曰金錯望臬，五曰銅斛，六曰古錢，七曰建武銅尺。當時以勗尺揆校古器，與本銘尺寸無差，前史稱其用意精密。《隋志》所載諸代尺度，十有五等，皆以晉之前尺爲本，以其與姬周之尺、劉歆銅斛尺、建武銅尺相合。

竊惟周、漢二代，享年永久，聖賢製作，可取則焉。而隋氏銷燬金石，典正之物，罕復存者。夫古物之有分寸，明著史籍，可以酬驗者，惟有法錢而已。周之圜法，歷載曠遠，莫得而詳。秦之半兩，實重八銖；漢初四銖，其文亦曰半兩。孝武之世始行五銖，下暨隋朝，多以五銖爲號。既歷代尺度屢改，故大小輕重鮮有同者，惟劉歆置銅斛。世之所鑄錯刀並大泉五十，王莽天鳳元年改鑄貨布、貨泉之類，不聞後世復有兩者。臣等檢詳《漢志》、《通典》、《唐六典》云：「大泉五十，重十二銖，徑一寸二分。錯刀環如大泉，身形如刀，長二寸。貨布重二十五銖，長二寸五分，廣一寸，首長八分有奇，廣八分，足股長八分，間廣二分，圍好徑二分半。貨泉重五銖，徑一寸。」今以大泉、錯刀、貨布、貨泉四物相參校，分寸正同。或有大小輕重與本志微差者，蓋當時盜鑄既多，不必皆中法度，但當較其首足、肉好、長廣、分寸，皆合正史者用之，則銅斛之尺從可知矣。況經籍制度皆起周世，以劉歆術業之博，祖冲之算數之妙，荀勗揆較之詳密，校之既合周尺，則最爲可法。兼詳隋牛弘等議，稱後周太祖敕蘇綽造鐵尺，與宋尺同，以調中律，以均田度地。唐祖孝孫云，隋平陳之後，廢周玉尺，用此鐵尺律，然比晉前尺長六分四氂。今司天監影表尺，和峴所謂西京銅望臬者，蓋以其洛都舊物也。晉荀勗所用西京銅望臬者，蓋西漢之物，和峴謂洛陽爲西京，乃唐東都爾。今以貨布、錯刀、貨泉、大泉等校之，則景表尺長六分有奇，略合宋、周、隋之尺。由此論之，銅斛、貨布等尺寸昭然可驗。有唐享國三百年，其間製作法度，雖未逮周、漢，然亦可謂治安之世矣。

今朝廷必求尺之中，當依漢錢分寸。若以爲太祖膺圖受禪，創制垂法，嘗詔和峴等用影表尺與典修金石，七十年間，薦之郊廟，稽合唐制，以示詒謀，則可且依影表舊尺，俟有妙達鐘律之學者，俾考正之，以從周、漢之制。王朴律準尺比漢錢尺寸長二分有奇，比影表尺短四分，既前代未嘗施用，復經太祖朝更易。其逸、瑗、保信及照所用太府寺等尺，其制彌長，出古遠甚。又逸進《周禮度量法議》，欲且鑄嘉量，然後取尺度權衡，其説疏舛，不可依用。謹考舊文，再造影表尺一、校漢錢尺二並大泉、錯刀、貨布、貨泉總十七枚上進。

詔度等以數尺、影表尺各造律管，比驗逸、瑗並太常新舊鐘磬，考定音之高下以聞。

度等言：「前承詔考太常等四尺，定可用者，止按典故及以《漢志》古錢分寸參校影表尺，略合宋、周、隋之尺，謂宜準影表尺施用。今被旨造律管驗音高下，非素所習，乞别詔曉音者總領校定。」詔乃罷之。而若訥卒用漢貨泉度尺寸，依《隋書》定尺十五種上之，藏于太常寺：一、周尺，與《漢志》劉歆銅斛尺、後漢建武中銅尺、晉前尺同；二、晉田父玉尺，與梁法尺同，比晉前尺爲一尺七氂；三、梁表尺，比晉前尺爲一尺二分二氂一毫有奇；四、漢官尺，比晉前尺爲一尺三分七毫；五、魏尺，杜夔之所用也，比晉前尺爲一尺四分七氂；六、晉後尺，晉江東用之，比晉前尺爲一尺六分二氂；七、魏前尺，比晉前尺爲一尺一寸七氂；八、中尺，比晉前尺爲一尺二寸一分一氂；九、後尺，同隋開皇尺、周市尺，比晉前尺爲一尺二寸八分一氂；十、東魏後尺，比晉前尺爲一尺三寸八毫；十一、蔡邕銅龠尺，同後周玉尺，比晉前尺爲一尺一寸五分八氂；十二、宋氏尺，與錢樂之渾天儀尺、後周鐵尺同，比晉前尺爲一尺六分四氂；十三、太府寺鐵尺，制大樂所裁造尺也；十四、雜尺，劉曜渾儀土圭尺也，比晉前尺爲一尺五分；十五、梁朝俗尺，比晉前尺爲一尺七分一氂。太常所掌，又有後周王朴律準尺，比晉前尺長二分一氂，比梁表尺短一氂；有司天監影表尺，比晉前尺長六分三氂，同晉後尺；有中黍尺，亦制樂所新造也。

其後宋祁、田況薦益州進士房庶曉音，祁上其《樂書補亡》三卷，召詣闕。庶自言：「嘗得古本《漢志》，云：『度起於黄鐘之長，以子穀秬黍中者一黍之起，積一千二百黍之廣，度之九十分，黄鐘之長，一爲一分。』今文脱『之起積一千二百黍』八字，故自前世以來，累黍爲尺以製律，是律生於尺，尺非起於黄鐘也。且《漢志》『一爲一分』者，蓋九十分之一，後儒誤以一黍爲分，其法非是。當以秬黍中者一千二百實管中，黍盡，得九十分，爲黄鐘之長，九寸加一以爲尺，則律定矣。」直祕閣范鎮是之，乃爲言曰：「照以縱黍累尺，管空徑三分，容黍千七百三十；瑗以横黍累尺，管容黍一千二百，而空徑三分四氂六毫：是皆以尺生律，不合古法。今庶所言，實千二百黍於管，以爲黄鐘之長，就取三分以爲空徑，則無容受不合之差，校前二説爲是。蓋累黍爲尺，始失之於《隋書》，當時議者以其容受不合，棄而不用。及隋平陳，得古樂器，高祖聞而歎曰：『華夏舊聲也！』遂傳用之。至唐祖孝孫、張文收，號稱知音，亦不能更造尺律，止沿隋之古樂，制定聲器。朝廷久以鐘律未正，屢下詔書，博訪羣議，冀有所獲。今庶所言，以律生尺，誠衆論所不及，請如其法，試造尺律，更以古器參考，當得其真。」乃詔王洙與鎮同於修制所如庶説造律、尺、龠：律徑三分，圍九分，長九十分；龠徑九分，深一寸；尺起黄鐘之長加十分，而律容千二百黍。初，庶言太常樂高古樂五律，比律成，才下三律，以爲今所用黍，非古所謂一稃二米黍也。尺比横黍所累者，長一寸四分。【略】是時瑗、逸制樂有定議，乃補庶試祕書省校書郎，遣之。鎮爲論於執政曰：

今律之與尺所以不得其真，累黍爲之也。累黍爲之者，史之脱文也。古人豈以難曉不合之法，書之於史，以爲後世惑乎？殆不然也。易曉而必合也，房庶之法是矣。今庶自言其法，依古以律而起尺，其長與空徑、與容受、與一千二百黍之數，無不合之差。誠如庶言，此至真之法也。

且黄鐘之實一千二百黍，積實分八百一十，於算法圓積之，則空徑三分，圍九分，長九十分，積實八百一十分，此古律也。律體本圓，圓積之是也。今律方積之，則空徑三分四釐六毫，比古大矣。故圍十分三釐八毫，而其長止七十六分二釐，積實亦八百一十分。律體本不方，方積之，非也。其空徑三分，圍九分，長九十分，積實八百一十分，非外來者也，皆起於律也。以一黍而起於尺，與一千二百黍之起於律，皆取於黍。今議者獨於律則謂之索虚而求分，亦非也。其空徑三分，圍九分，長九十分之起於律，與空徑三分四釐六毫，圍十分三釐八毫，長七十六分二釐之起於尺，古今之法，疏密之課，其不同較然可見，何所疑哉？

【略】四年，鎮又上書曰：陛下制樂，以事天地、宗廟，以揚祖宗之休，兹盛德之事也。然自下詔以來，及今三年，有司之論紛然未決，蓋由不議其本而争其末也。竊惟樂者，和氣也。發和氣者，聲音也。聲音之生，生於無形，故古人以有形之物傳其法，俾後人參考之，然後無形之聲音得而和氣可道也。有形者，秬黍也，律也，尺也，龠也，鬴也，斛也，算數也，權衡也，鐘也，磬也，是十者必相合而不相戾，然後爲得，今皆相戾而不相合，則爲非是矣。有形之物非是，而欲求無形之聲音和，安可得哉？謹條十者非是之驗，惟裁擇焉！【略】

又按先儒皆言律空徑三分，圍九分，長九十分，容千二百黍，積實八百一十分。今律空徑三分四氂六毫，圍十分二氂八毫，是爲九分外大其一分三氂八毫，而後容千二百黍，除其圍廣，則其長止七十六分二氂矣。説者謂四氂六毫爲方分，古者以竹爲律，竹形本圓，今以方分置算，此律之爲非是，二也。

又按《漢書》，分、寸、尺、丈、引本起黄鐘之長，又云九十分黄鐘之長者，據千二百黍而言也。千二百黍之施於量，則曰黄鐘之龠；施於權衡，則曰黄鐘之重；施於尺，則曰黄鐘之長。今遺千二百之數，而以百黍爲尺，又不起於黄鐘，此尺之爲非是，三也。

又按《漢書》言龠，其狀似爵，爵謂爵琖，其體正圓。故龠當圓徑九分，深十分，容千二百黍，積實八百一十分，與律分正同。今龠乃方一寸，深八分一氂，容千二百黍，是亦以方分置算者，此龠之非是，四也。

又按《周禮》鬴法：方尺，圓其外；深尺，容六斗四昇。方尺者，八寸之尺也；深尺者，十寸之尺也。何以知尺有八寸、十寸之别？按《周禮》：「璧羨度尺，好三寸以爲度。」璧羨之制，長十寸，廣八寸，同謂之度尺。以爲尺，則八寸、十寸俱爲尺矣。又《王制》云：「古者以周尺八尺爲步，今以六尺四寸爲步。」八尺者，八寸之尺也；六尺四寸者，十寸之尺也。同謂之周尺者，是周用八寸、十寸尺明矣。故知八寸尺爲鬴之方，十寸尺爲鬴之深，而容六斗四昇，千二百八十龠也。積實一百三萬六千八百分。今鬴方尺，積千寸，此鬴之非是，五也。

又按《漢書》斛法：方尺，圓其外，容十斗，旁有庣焉。當隋時，漢斛尚在，故《隋書》載其銘曰：「律嘉量斛，方尺圓其外，庣旁九釐五毫，冪百六十二寸，深尺，容一斛。」今斛方尺，深一尺六寸二分，此斛之非是，六也。

又按算法，圓分謂之徑圍，方分謂之方斜，所謂「徑三、圍九、方五、斜七」，是也。今圓分而以方法算之，此算數非是，七也。【略】前此者，皆有形之物也，可見者也。使其一不合，則未可以爲法，況十者之皆相戾乎？臣固知其無形之聲音不可得而和也。請以臣章下有司，問黍之二米與一米孰是？

律之空徑三分與三分四釐六毫孰是？律之起尺與尺之起律孰是？龠之圓制與方制孰是？鬴之方尺圓其外，深尺與方尺孰是？斛之方尺圓其外，庣旁九釐五毫與方尺深尺六寸二分孰是？算數之以圓分與方分孰是？權衡之重以二米秬黍與一米孰是？鐘磬依古法有大小、輕重、長短、薄厚而中律孰是？是不是定，然後制龠、合、升、斗、鬴、斛以校其容受；容受合，然後下詔以求真黍；真黍至，然後可以爲量、爲鐘磬；量與鐘磬合於律，然後可以爲樂也。今尺律本末未定，而詳定、修制二局工作之費無慮千萬計矣，此議者所以云云也。然議者不言有司論議依違不決，而顧謂作樂爲過舉，又言當今宜先政令而禮樂非所急，此臣之所大惑也。儻使有司合禮樂之論，是其所是，非其所非，陛下親臨決之，顧於政令不已大乎。

昔漢儒議鹽鐵，後世傳《鹽鐵論》。方今定雅樂以求廢墜之法，而有司論議不著盛德之事，後世將何考焉？願令有司，人人各以經史論議條上，合爲一書，則孰敢不自竭盡，以副陛下之意？如以臣議爲然，伏請權罷詳定、修制二局，俟真黍至，然後爲樂，則必得至當而無事於浮費也。

詔送詳定所。鎮説自謂得古法，後司馬光數與之論難，以爲弗合。世鮮鐘律之學，卒莫辯其是非焉。

《宋史》卷七六《律曆志九》 觀天地陰陽之體，以正位辨方、定時考閏，莫近乎圭表。宋何承天始立表候日景，十年間，知冬至比舊用《景初曆》常後天三日。又唐一行造《大衍曆》，用圭表測知舊曆氣節常後天一日。今司天監圭表乃石晉時天文參謀趙延乂所建，表既欹傾，圭亦墊陷，其於天度無所取正。皇祐初，詔周琮、于淵、舒易簡改製之，乃考古法，立八尺銅表，厚二寸，博四寸，下連石圭一丈三尺，以盡冬至景長之數，面有雙水溝爲平準，於溝雙刻尺寸分數，又刻二十四氣岳臺晷景所得尺寸，置於司天監。候之三年，知氣節比舊曆後天半日。因而成書三卷，命曰《岳臺晷景新書》，論前代測候是非、步算之法頗詳。既上奏，詔翰林學士范鎮爲序以識。琮以謂二十四氣所得尺寸，比顯德《欽天曆》王朴算爲密。今載氣之盈縮，備採用焉。

王與《無冤録・檢驗用營造尺》 《虞書》曰：同律度量衡，所以齊遠近，立民信也。孔子述古帝王之政，以示後世，則謹權量審法度，四方之政行焉。國朝權衡度尺，已有定制。至若檢驗屍傷，度然後知長短。夫何州縣閑捨官尺而用營造尺乎？考之古制度者，分寸尺丈引也。分，别也。寸，付也。尺，蒦也。丈，張也。引，信天下也。讀曰伸蒦音約。以北方秬黍即黑黍也，音鉅。中者一黍之廣爲分，十分爲寸，十寸爲尺，一尺二寸爲大尺，往往即營造尺耳。省部所降官尺，比古尺計一尺六寸六分有畸，天下通行，公私一體。曩見麗水、開化仵作檢屍，並用營造尺，思之既非法物，校勘毫釐有差，孟康曰：毫，兔毫也，十毫爲釐。短長無準，況明有禁例。若官府緣公行使，而責民閑私用，是不揣其本而齊其末，遂毁而棄之，即取官尺打量。初則行吏仵作久習舊弊，相顧不安，終焉結案無駮，始以爲是。大抵理當更張者，改之則正，豈徒尺有所短，寸有可長哉！

胡廣等《禮記大全》卷二〇《雜記下》 孔子曰：管仲鏤簋而朱紘，旅樹而反坫，山節而藻棁，賢大夫也，而難爲上也。鏤簋，簋有雕鏤之飾也。紘，冕之飾。天子朱，諸侯青，大夫士緇。旅，道也。樹，屏也。立屏當所行之路，以蔽内外也。反坫，反爵之坫也，土爲之，在兩楹間。山節，刻山於柱頭之斗栱也。藻，水草。藻棁，畫藻於梁上之短柱也。難爲上言，僭上也。

《大明律》卷十《户律七・市廛》 私造斛斗秤尺：凡私造斛斗秤尺不平，在市行使，及將官降斛斗秤尺，作弊增減者，杖六十，工匠同罪。若官降不如法者，杖七十。提調官失於較勘者，減一等；知情與同罪。其在市行使斛斗秤尺雖平，而不經官司較勘印烙者，笞四十。若倉庫官吏，私自增減官降斛斗秤尺，收支官物而不平者，杖一百。以所增減物計贜重者，坐贜論；因而得物入己者，以監守自盜論。工匠杖八十；監臨官知而不舉者，與犯人同罪；失覺察者，減三等，罪止杖一百。

章潢《圖書編》卷一二四 定北方之宿，營室星也。此星昏而正中，夏正十月也。建亥月小雪，中氣之時。玄是時，可以營制宫室，故謂之營室。衛爲狄所滅，文公徙居楚丘，營立宫室，樹八尺臬，而度其日出入之景，以定東西，又參日中之景，以正南北也。歷代立八尺之表以量日景，故表短而晷景短，尺寸易以差。元朝立四丈之表，於二丈折中開竅以量日景，故表長而晷景長，尺寸縱有毫秒之差，則少矣。元朝立簡儀，爲圓室一間，平置地盤，二十四位於其下，屋背中開一圓竅，以漏日光，可以不出户而知天運矣。古法以五表求地中。以今思之，惟用一表，其表與人齊高，當午日中，畫其短景於地，以爲指北準繩。置窺筩於表首，隨準繩以窺北極，若見北極當筒心，則其處爲得東西之正。或窺見北極之東，則其地偏東，窺見北極之西，則其地偏西矣。既得東西之正，乃於二分之前十日內，就其處置壺漏定十二時，以兩日午中短景求與時參合。於春分前二日或秋分後二日，日正當赤道之際，於卯酉中刻視其表景，畫地以定東西準繩。若卯酉兩景相直而不偏，平衡成一字，則南北正中矣。兩景或曲而向南，則其地偏南，或曲而向北，則其地向北矣。此法蓋以午景與北極定東西之偏正，又以東西之景定南北之偏正，測驗之最精者也。

楚丘定之方中圖

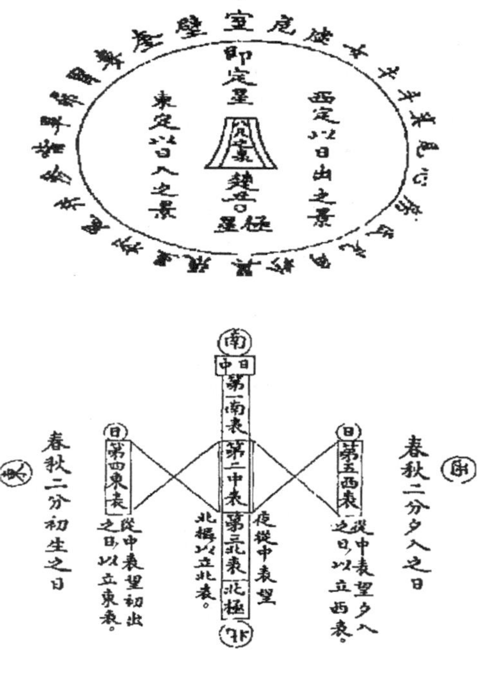

公劉相陰陽圖

章潢《圖書編》卷一二四　凡地，偏於南多暑，偏於北多寒，偏於東多風，偏於西多陰，唯中得天地之正，陰陽之和。《大司徒》：以土圭之法測土深，正日景，以求地中。日至之景，尺有五寸，謂之地中。天地之所合也，四時之所交也，風雨之所會也，陰陽之所和也。然則百物阜安，乃建王國焉，制其畿，方千里而封樹之。

按：《洛誥》所謂自服于土中，蓋以自三代以前，則洛爲中國之中。以今天下觀之，則南北袤而東西蹙，則其所謂中者，蓋在荆襄之間也。朱子曰：豈非天旋地轉，閩浙反居天地之中？閩浙乃東南海盡處，難以爲中，朱子蓋以聲明文物，通論天下，非論地勢也。

召誥土中圖

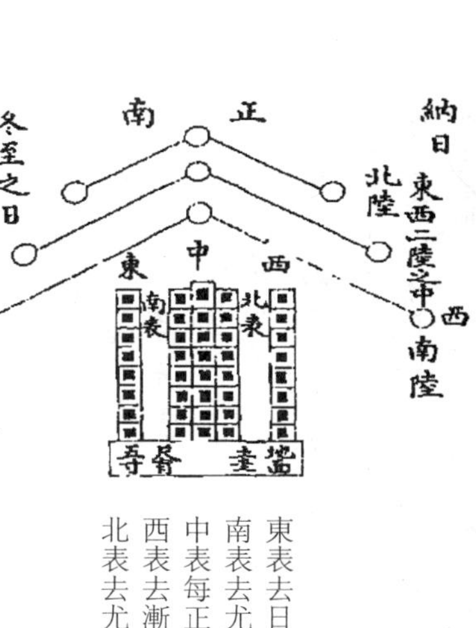

東表去日近，每日後，景方中。

南表去尤近，正晝臨表上，故景短。

中表每正晝，景與土圭等。

西表去漸遠，每日未中，景已中。

北表去尤遠，每日中，景已過。

章潢《圖書編》卷一二四　《周禮·匠人》：置臬以度日影，辨方正位之法。水地以垂，謂先以水平也，高下四方皆平，乃于營造處四角立四柱，于四柱用垂繩以正柱，柱正，然後以水平之法遥視柱高下。高下定，則知地之高下，然後平高就下，則地乃平也。

周土圭式樹臬圖

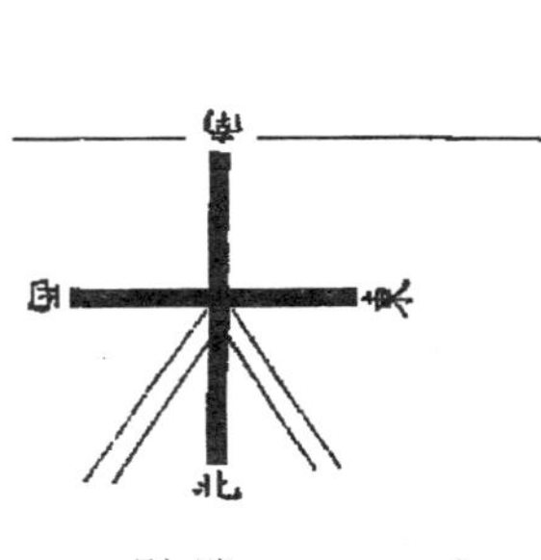

《大司徒》：以土圭之法測土深，正日景，尺有五謂之地中。凡建國，以土圭正其地而制其域。

《典瑞》：土圭以致四時日月，封國則以土地。

候日出之影，度其臬端，以知西。

候日入之景，度其臬端，以知東。

晝日參其臬影之最短處爲日中，以望其臬端，則是正南。夜于臬南以望臬端，考之極星，則是正北。蓋極星居北不移，故取正北。

置臬以垂，眡以景臬，柱也。于所平之地中央樹八尺之木，以爲表。表界其四面之中，又四稜垂八繩以等之，繩皆附表則正，然後視表之景。表必八尺者，日從上向下八萬里，故以八尺爲法。

歷代立八尺之表以量日景，表短而晷景短，尺寸易以差。元朝立四丈之表，于二丈折中開竅以量日景，故表長而晷景長，尺寸縱有毫秒之差，則少矣。

元朝立簡儀，爲圓室一間，平置地盤，二十四位于其下，屋背中開一圓竅以漏日光，可以不出户而知天運矣。

章潢《圖書編》卷一二四《土圭法》 自伏羲造蓋天，而土圭之制已寓。至周公稽日景，而土圭之名始立。迨虞氏用九尺表，而土圭之用始驗。其所謂土圭者，所以求土地之中，而稽日景之永短也，是故掌以司徒，崇地官也。縣以陽城辨中域也。立表於夏至之日，示相等也。置圭於晝漏之半，取中正也。然則天地之所合，四時之所交，風雨之所會，陰陽之所和，不以土圭驗之，其可哉？要必置中圭而後可以測日之中，置南圭而後可以測日之南，置北圭而後可以測日之北，置東圭而後可以測日之東，置西圭而後可以測日之西。否則不足以辨千里之景也。必於平地立南表，而後可以測南土之深。望北極立北表，而後可以測北土之深。於東方立東表，而後可以測東土之深。於西地立西表，而後可以測西土之深。於南表影末立中表，而後可以測中土之深。否則不足以辨五方之正也。由是而推證之，於天則爲春、爲夏、爲秋、爲冬；驗之於地，則或東、或西、或南、或北；質之於人，則多暑、多寒、多風、多陰。舉造化之大，皆不外於尺有五寸之制，又奚必候氣於緹室，占象於渾天，定晦朔於蓂莢哉。蓋天地之昇降，不過三萬里，自地以至日，不過一萬五千里，圭之景苟差一寸，則地差千里宜矣。故古人置五土圭，而皆以千里爲證，是必有高天下之見。今之地中與古已不同，漢時陽城是地之中，宋朝岳臺是地之中，岳臺在浚儀，屬開封府。已自差許多。

宋應星《天工開物》卷中《錘鍛第十·斤斧》 凡鐵兵薄者爲刀劍，背厚而面薄者爲斧斤。刀劍豔美者以百煉鋼包裹其外，其中仍用無鋼鐵爲骨。若非鋼表鐵里，則勁力所施，即成折斷。其次尋常刀斧，止嵌鋼于其面。即重價寶刀，可斬釘截凡鐵者，終數千遭磨礪，則鋼盡而鐵現也。倭國刀背闊不及二分許，架于手指之上，不復欹倒，不知用何錘法，中國未得其傳。

凡健刀斧皆嵌鋼、包鋼，整齊而後入水淬之，其快利則又在礪石成功也。凡匠斧與椎，其中空管受柄處，皆先打冷鐵爲骨，名曰羊頭。然後熱鐵包裹，冷者不黏，自成空隙。凡攻石椎，日久四面皆空，熔鐵補滿平填，再用無弊。

宋應星《天工開物》卷中《錘鍛第十·鋤、鎛》 凡治地生物用鋤、鎛之屬，熟鐵鍛成，熔化生鐵淋口，入水淬健，即成剛勁。每鍬、鋤重一斤者，淋生鐵三錢爲率。少則不堅，多則過剛而折。

宋應星《天工開物》卷中《錘鍛第十·銼》 凡鐵銼，純鋼爲之，未健之時鋼性亦軟。以已健鋼鏨劃成縱斜紋理，劃時斜向入，則紋方成焰。劃後燒紅，退微冷，入水健。久用乖平，入火退去健性，再用鏨劃。凡銼開鋸齒用茅葉銼，後用快弦銼，治銅錢用方長牽銼，鎖鑰之類用方條銼，治骨角用劍面銼。朱注所謂鑢錫。治木末用錐成圓眼，不用縱斜文者，名曰香銼。劃銼紋時，用芊角末和鹽、醋先涂。

宋應星《天工開物》卷中《錘鍛第十·錐》 凡錐，熟鐵錘成，不入鋼和。治書編之類用圓鑽，攻皮革用扁鑽。梓人轉索通眼、引釘合木者，用蛇頭鑽。其制穎上二分許，一面圓，一面剜入，旁起兩稜，以便轉索。治銅葉用雞心鑽，其通身三稜者名旋鑽，通身四方而末鋭者名打鑽。

宋應星《天工開物》卷中《錘鍛第十·鋸》 凡鋸，熟鐵鍛成薄條，不鋼，亦不淬健。出火退燒後，頻加冷錘堅性，用銼開齒。兩頭銜木爲梁，糾篾張開，促緊使直。長者刮木，短者截木，齒最細者截竹。齒鈍之時，頻加銼鋭而後使之。

宋應星《天工開物》卷中《錘鍛第十·刨》 凡鉋，磨礪嵌鋼寸鐵，露刃秒忽，斜出木口之面，所以平木，古名曰「準」。巨者卧準露刃，持木抽削，名曰推刨，圓桶家使之。尋常用者橫木爲兩翅，手持前推。梓人爲細功者，有起綫刨，刃闊二分許。又刮木使極光者名蜈蚣刨，一木之上銜十餘小刀，如蜈蚣之足。

宋應星《天工開物》卷中《錘鍛第十·鑿》 凡鑿，熟鐵鍛成，嵌鋼于口，其本空圓以受木柄（先打鐵骨爲模，名曰羊頭，勺柄同用）。斧從柄催，入木透眼。其末粗者闊寸許，細者三分而止。需圓眼者則制成剜鑿爲之。

高濂《遵生八箋》卷一四《論定窑》 高子曰：定窑者，乃宋北定州造成。其色白，間有紫，有黑，然俱白骨，加以泑水，有如淚痕者爲最。故蘇長公詩云：「定州花磁琢如玉。」其紋有畫花、有綉花、有印花紋三種，多用牡丹、萱草、飛鳳時制。其所造器皿，式多工巧，至佳者，如獸面彝爐、子父鼎爐、獸頭雲板脚桶爐、膽瓶、花尊、花觚，皆略似古制，多用己意，此爲定之上品。餘如盒子，有內子口者，有内替盤者，自三四寸以至寸許，式亦多甚。枕有長三尺者，制甚可頭。餘得一枕，用哇哇手持荷葉覆身葉形，前偃後仰，枕首適可，巧莫與並。瓶式之巧百出，而碟制萬狀。餘有數碟，長樣兩角如錠翹起，旁作四折。又如方式四角聳若蓮瓣，而旁若蓮卷。或中作水池，旁作闊邊，可作筆洗、筆覘。此皆上古所無。亦燒人物，仙人哇子居多。而兜頭觀音、羅漢、彌勒，相貌形體眉目衣折之美，克肖生動。其小物，如水中丞，各色瓶罐，自五寸以至三二寸高者，餘見何止百十，而制無雷同。更有燈檠，大小碗甆，酒壺、茶注，式有多種，巧者俱心思不及。其水注，用蟾蜍，用瓜茄，用鳥獸，種種入神。若巨觥、承盤、卮匜、盂斝、柳斗、柳昇，柳巴，其編條穿綫模塑，絲毫不斷。又如菖蒲盆底、大小水底，盡有可觀。更有坐墩式雅花囊，圓腹口坦如囊盤，中孔徑二寸許，用插多花。灑囊，圓腹敞口如一小碟，光淺，中穿一孔，用以勸酒。式類數多，莫可名狀，諸窑無與比勝。

雖然，但制出一時工巧，殊無古人遺意。以巧惑今則可，以制勝古則未也。如宣和、政和年者，時爲官造，色白質薄，上色如玉，物價甚高。其紫黑者亦少，餘見僅一二種。色黄質厚者，下品也。又若骨色青渾如油灰者，彼地俗名后土窑，又其下也。他如高麗窑，亦能綉花，盞甌式有可觀。但質薄而脆，色如月白，甚不佳也。近如新燒文王鼎爐，獸面戟耳彝爐，不減定人制法，可用亂真。若周丹泉，初燒爲佳，亦須磨去滿面火色，可玩。若玉蘭花杯雖巧，似入惡道，且輪迴甚速。又若繼周而燒者，合爐、桶爐，以鎖子甲球、門錦龜紋穿挽爲花地者，製作極工，不入清賞，且質較丹泉之造遠甚。元時，彭君寶燒于霍州者，名曰霍窑，又曰彭窑。效古定折腰制者，甚工。土骨細白，凡口皆滑，惟欠潤澤，且質極脆，不堪真賞，往往爲牙行指作定器，得索高資，可發一哂。

高濂《遵生八箋》卷一四《論官哥窑器》 高子曰：論窑器必曰柴、汝、官、哥，然柴則餘未之見，且論制不一，有云「青如天，明如鏡，薄如紙，聲如磬」，是薄磁也。而曹明仲則曰：「柴窑足多黄土。」何相懸也？

汝窑，餘嘗見之，其色卵白，汁水瑩厚如堆脂然，汁中棕眼，隱若蟹爪，底有芝麻花細小掙釘。餘藏一蒲蘆大壺，圓底，光若僧首，圓處密排細小掙釘數十，上如吹埙收起，嘴若筆帽，僅二寸，直槊向天，壺口徑四寸許，上加罩蓋，腹大徑尺，制亦奇矣。又見碟子大小數枚，圓淺瓮腹，磬口，釉足底有細釘。以官窑較之，質制滋潤。

官窑品格，大率與哥窑相同，色取粉青爲上，淡白次之，油灰色，色之下也。紋取冰裂鱔血爲上，梅花片墨紋次之，細碎紋，紋之下也。論制如商庚鼎、純素鼎、葱管空足冲耳乳爐、商貫耳弓壺、大獸面花紋周貫耳壺、漢耳環壺、父己尊、祖丁尊，皆法古圖式進呈物也。俗人凡見兩耳壺式，不論式之美惡，咸指曰：「茄袋瓶也。」孰知有等短矮肥腹無矩度者，似亦俗惡。若上五制，與啟姬壺樣，深得古人銅鑄體式，當爲官窑第一妙品，豈可概以茄袋言之？

又如葱管脚鼎爐、環耳汝爐、小竹節雲板脚爐、冲耳牛奶足小爐、戟耳彝爐、盤口束腰桶肚大瓶、子一觚、立戈觚、周之小環觚、素觚、紙槌瓶、膽瓶、雙耳匙箸瓶、筆筒、筆格、元葵筆洗、桶樣大洗、瓮肚盂鉢、二種水中丞、二色雙桃水注、立瓜、卧瓜、卧茄水注、扁淺磬口橐盤、方印色池、四入角委角印色池、有紋圖書戟耳彝爐、小方蓍草瓶、小制漢壺、竹節段壁瓶，凡此皆官哥之上乘品也。桶爐、六稜瓶、盤口紙槌瓶、大蓍草瓶、鼓爐、菱花壁瓶、多嘴花罐、肥腹漢壺、大碗、中碗、茶盞、茶托、茶洗、提包茶壺、六稜酒壺、瓜壺、蓮子壺、方圓八角酒甆、酒杯、各制勸杯、大小圓碟、河西碟、荷葉盤淺碟、桶子箍碟、絲環小池、中大酒海、方圓花盆、菖蒲盆底、龜背絲環六角長盆、觀音彌勒、洞賓神像、鷄頭罐、楂斗、圓硯、箸搠，二色文篆隸書象棋子、齊箸小碟、螭虎鎮紙，凡此皆二窑之中乘品也。

又若大雙耳高瓶、徑尺大盤、夾底骰盆、大撞梅花瓣春勝盒、棋子罐、大扁獸耳彝敦、鳥食罐、編籠小花瓶、大小平口藥壇、眼藥各制小罐、肥皂罐、中果盒子、蟋蟀盆内中事件、佛前供水碗、束腰六脚小架、各色酒案盤碟，凡此皆二窑之下乘品也。

要知古人用意，無所不到，此餘概論如是。其二窑燒造種種，未易悉舉，例此可見。

所謂官者，燒于宋修内司中，爲官家造也。窑在杭之鳳凰山下，其土紫，故足色若鐵，時云紫口鐵足。紫口，乃器口上仰，釉水流下，比周身較淺，故口微露紫痕。此何足貴？惟尚鐵足，以他處之土咸不及此。哥窑燒于私家，取土俱在此地。官窑質之隱紋如蟹爪，哥窑質之隱紋如魚子，但汁料不如官料佳耳。二窑燒出器皿，時有窑變，狀類蝴蝶禽魚麟豹等象，布于本色，釉外變色，或黄黑，或紅緑，形肖可愛。是皆火之文明幻化，否則理不可曉，似更難得。

後有董窑、烏泥窑，俱法官窑，質粗不潤，而釉水燥暴，混入哥窑，今亦傳世。後若元末新燒，宛不及此。近年諸窑美者，亦有可取，惟紫骨與粉青色不相似耳。

若今新燒，去諸窑遠甚。亦有粉青色者，乾燥無華，即光潤者，變爲緑色，且索大價愚人。更有一種復燒，取舊官哥磁器，如爐欠足耳，瓶損口稜者，以舊補舊，加以釉藥，裹以泥合，入窑一火燒成，如舊制無異。但補處色渾而本質乾燥，不甚精采，得此更勝新燒。

奈何二窑如葱脚鼎爐，在海内僅存一二，乳爐、花觚，存計十數，彝爐或以百計，四品爲鑒家至寶。無怪價之忘值，日就增重，後此又不知凋謝如何。故餘每得一睹，心目爽朗，神魂爲之飛動，頓令腹飽。豈果耽玩痼癖使然？更傷後人聞有是名，而不得見是物也，慨夫！

高濂《遵生八箋》卷一四《論諸品窑器》 龍泉窑、章窑、古磁窑、大食窑、吉州窑、建窑、均州窑、玻璃窑 定窑之下，而龍泉次之。古宋龍泉窑器，上細質薄，色甚葱翠，妙者與官窑争艷，但少紋片紫骨鐵足耳。其制若瓶，若觚，若蓍草方瓶、若鬲爐、桶爐，有耳束腰小爐。菖蒲盆底有圓者、八角者、葵花菱花者。各樣酒甓骰盆，其冰盤之式，有百棱者，有大圓徑二尺者，外此與菖蒲盆式相同。有深腹單邊盥盆，有大乳鉢，有葫蘆瓶，有酒海，有大小藥瓶，上有凸起花紋，甚精。有坐鼓高墩，有大獸蓋香爐，燭臺花瓶，並立地插梅大瓶，諸窑所無，但制不甚雅，僅可適用。種種器具，制不法古，而工匠亦拙。然而器質厚實，極耐磨弄，不易茅蔑，行語，以開路曰蔑，損失些少曰茅。但在昔，色已不同，有粉青、有深青、有淡青之别。今則上品僅有葱色，餘盡油青色矣。制亦愈下。

有等用白土造器，外塗釉水翠淺，影露白痕，此較龍泉制度，更覺細巧精緻，謂之章窑。因姓得名者也。

有吉州窑，色紫與定相似，質粗不佳。

建窑器多甓口碗盞，色黑而滋潤，有黄兔毫斑滴珠大者爲真，但體極厚，薄者少見。有大食窑，銅身，用藥料燒成五色，有香爐、花瓶、盒子之類，窑之至下者也。又若玻璃窑，出自島夷，惟粤中有之。其制不一，奈無雅品，惟瓶之小者有佳趣。他如酒盅、高罐、盤盂、高脚勸杯等物，無一可取。色有白纏絲、鴨緑天青、黄鎖口，三種俱可觀，但不耐用耳，非鑒賞佳器。

若均州窑，有朱砂紅、葱翠青，俗謂鸚哥緑、茄皮紫。紅若胭脂，青若葱翠，紫若墨黑。三者色純，無少變露者，爲上品。底有一二數目字號爲記。猪肝色，火裏紅，青緑錯雜，若垂涎色，皆上三色之燒不足者，非别有此色樣。俗即取作鼻涕涎、猪肝等名，是可笑耳。此窑惟種蒲盆底佳甚。其他如坐墩爐盒、方瓶罐子，俱以黄沙泥爲坯，故器質粗厚不佳，雜物人多不尚。近年新燒此窑，皆以宜興沙土爲骨，釉水微似，制有佳者，但不耐用，俱無足取。

高濂《遵生八箋》卷一四《論燒器新窑古窑》 古之燒器，進御用者，體薄而潤，色白花青，較定少次。元燒小足印花，内有樞府字號者，價重且不易得。若我明永樂年造壓手杯，坦口折腰，沙足滑底，中心畫有雙獅滚球，球内篆書「永樂年制」四字，細若粒米，爲上品。鴛鴦心者，次之；花心者，又其次也。杯外青花深翠，式樣精妙，傳用可久，價亦甚高。若近時倣效，規制蠢厚，火底火足，略得形似，殊無可觀。宣德年造紅魚把杯，以西紅寶石爲末，圖畫魚形，自骨内燒出凸起，寶光鮮紅奪目。若紫黑色者，火候失手，似稍次矣。青花如龍松梅茶把杯、人物海獸酒把杯、朱砂小壺、大碗，色紅如日，用白鎖口。又如竹節把罩蓋滷壺小壺，此等發古未有。他如妙用種種，惟小巧之物最佳，描畫不苟。而爐、瓶、盤、碟最多，制如常品。若罩蓋扁罐、敞口花尊、蜜漬桶罐，甚美，多五彩燒色。他如心有壇字白甌，所謂壇盞是也，質細料厚，式美足用，真文房佳器。又等細白茶盞，較壇盞少低，而瓮肚釜底綫足，光瑩如玉，内有絶細龍鳳暗花，底有「大明宣德年制」暗款，隱隱橘皮紋起，雖定磁何能比方，真一代絶品，惜乎外不多見。又若坐墩之美，如漏空花紋，填以五色，華若雲錦。有以五彩實填花紋，絢艷恍目。二種皆深青地子。有藍地填畫五彩，如石青剔花，有青花白地，有冰裂紋者，種種樣式，似非前代曾有。成窑上品，無過五彩葡萄甓口扁肚把杯，式較宣杯妙甚。次若草蟲可口子母鷄勸杯、人物蓮子酒盞、五供養淺盞、草蟲小盞、青花紙薄酒盞、五彩齊筋小碟、香盒，各制小罐，皆精妙可人。餘意青花成窑不及宣窑，五彩宣廟不如憲廟。宣窑之青，乃蘇浡泥青也，後俱用盡，至成窑時，皆平等青矣。宣窑五彩，深厚堆垜，故不甚佳。而成窑五彩，用色淺淡，頗有畫意。此餘評似確然允哉！

世宗青花五彩二窑，制器悉備。奈何饒土入地漸惡，較之二窑往時，代不相侔。有小白甌，内燒「茶」字、「酒」字、「棗湯」、「薑湯」字者，乃世宗經篆醮壇用器，亦曰「壇盞」，制度質料，迥不及茂陵矣。嘉窑如磬口饅心圓足外燒三色魚扁盞，紅鉛小花盒子，其大如錢，二品亦爲世珍。小盒子花青畫美，向後恐官窑不能有此物矣，得者珍之。

顧起元《説畧》卷二〇《居室》 前世載罘罳之制凡五出，鄭康成引漢闕以明古屏，而謂其上刻爲雲氣蟲獸者，是禮疏屏天子之廟飾也。鄭之釋曰：屏，謂之樹，今浮思也，刻木爲雲氣蟲獸，如今闕上之爲矣，此其一也，顔師古正本鄭説，兼屏闕言之，而於闕閣加詳。《漢書》：文帝七年，未央宫東闕罘罳災。顔釋曰：罘罳，謂連屏曲閣也，以覆重刻垣墉之處，其形罘罳，一曰屏也。罘音浮，此其二也。漢人釋罘爲復，釋罳爲思，雖無其制，而特附之。或曰：臣朝君，至罘罳下，而復思王莽斸去漢陵之罘罳，曰：使人無復思漢，此其三也。崔豹《古今注》依鄭義而不能審知其詳，遂折以爲二，闕自闕，罘罳自罘罳，其言曰：漢西京，罘罳合板爲之，亦築土爲之。詳豹之意，以築土者爲闕，以合板者爲屏也。至其釋闕，又曰：其上皆丹堊，其下皆畫雲氣、仙靈、奇禽、異獸，以昭示四方，此其四也。唐蘇鶚謂爲網户，其演義之言曰：罘罳，字象形。罘，浮也，罳，絲也，謂織絲之文輕疎浮虚之貌，蓋宫殿窻户之間網也，此其五也。凡此五者，雖參差不齊，而其制其義互相發明，皆不可廢。罘罳云者，刻鏤物象，著之板上，取其疏通連綴之狀而罘罳然，故曰浮思也。以此刻鏤施於廟屏，則其屏爲疏屏；施諸宫禁之門，則爲某門罘罳；而其在屏，則爲某屏罘罳；覆諸宫寢闕閣之上，則爲某闕之罘罳，非其別有一物，元無附著而獨名罘罳也。至其不用合板鏤刻而結網代之，以矇冒户牖，使蟲雀不得穿入，則別立絲網。凡此數者，雖施寘之地不同，而罘罳之所以爲罘罳，則未始或異也。鄭康成所引雲氣、蟲獸刻鏤，以明古之疏屏者，蓋本其所見漢制爲之言，而予於先秦有考也。宋玉之語曰：高堂邃宇檻層軒，曾臺累榭臨高山，網户朱綴刻方連，此之謂網户者，時雖未以罘罳名之，而實罘罳之制也。釋者曰：織網於户上，以朱色綴之，又刻鏤横木爲文章連於上，使之方好。此誤也。網户朱綴刻方連者，以木爲户，其上刻爲方文，互相連綴。朱，其色也；網，其狀也，若真謂此户以網不以木，則其下文何以云刻也。以網户綴刻之語而想像其制，則罘罳形狀如在耳目前矣。宋玉之謂網綴，漢人以爲罘罳，其義一也。世有一事絶相類者，夕郎入拜之門名爲青鎖，取其門扉之上刻爲文瑣以青塗之，見王后傳注，故以爲名，稱謂既熟，後人不綴門闥，單言青瑣，世亦知其爲禁中之門，此正遺屏闕不言而獨取罘罳爲稱，義例同也。然鄭能指漢闕以明古屏，而不能明指屏闕之上何者之爲罘罳，故崔豹不能曉解，而析以爲二，顔師古亦不敢堅决，兩著而兼存之，所以起議者之疑也。且豹謂合板爲之，則是可以刻綴而應罘罳之義矣。若謂築土所成，直繪物象其上，安得有輕疎罘罳之象乎？况文帝東闕罘罳常災矣，若果畫諸實土之上，火安得而災之也？於是乃知顔師古謂爲連屏曲閣以覆垣墉者，其説可據也。崔豹曰闕亦連觀，謂其上可以觀覽，則是顔謂闕之有閣者，審而可信。闕既有閣，則户牖之有罘罳，其制又以明矣。杜甫曰：毁廟天飛雨，焚宫夜徹明。罘罳朝共落，楄桷夜同傾。正與漢闕之災罘罳者相應也。蘇鶚引《子虚賦》罘網彌山，因證罘當爲網，且引文宗甘露之變出殿北門裂斷罘罳而去，又引温廷筠補陳武帝書曰罘罳畫捲、閶闔夜開，遂斷謂古來罘罳皆爲網。此誤以唐制一偏而臆度古事也，杜寶《大業雜記》：乾陽殿南軒，垂以朱絲網絡，下不至地七尺，以防飛鳥，則真置網於牖而可捲可裂也。此唐制之所因也，非古來屏闕刻鏤之制也。唐雖借古罘罳語以名網户，然罘罳二字，因其借喻而形狀，益以著明也。又按，《越絶書》：巫門外罘罳者，春申君去君，假君所思處也。此其來又自古矣。

李斗《揚州畫舫録》卷一七《工段營造録》 造屋者先平地盤，平地盤又先(於)〔以〕畫屋樣。尺幅中畫出闊狹淺深高低尺寸，搭籤註明，謂之圖説。又以紙裱使厚，按式做紙屋樣，令工匠依格放綫，謂之燙樣。工匠守成法，中立一方表，下作十字，拱頭蹄脚，上横過一方，分作三分，〔中〕開水池。中表安二綫垂下，將小石墜正中心。水池中立水鴨子三個，所以定木端正。壓尺十字，以平正四方也。

于敏中《日下舊聞考》卷一四八 京師冬月，既以紙糊窻，格間用琉璃片畫作花艸、人物嵌之。由室中視外，無微不矚。從外而觀，則無所見。此歐陽楚公十二月《漁家傲》詞所云花户油窻也。蓋元時習俗已尚之。《蒓斂詞話》。

錢泳《履園叢話》一二《營造》 凡造屋必先看方向之利不利，擇吉既定，然後運土平基。基既平，當酌量該造屋幾間，堂幾進，衖幾條，廊廡幾處，然後定石脚，以夯石深，石脚平爲主。基址既平，方知丈尺方圓，而始畫屋樣，要使尺幅中繪出闊狹淺深，高低尺寸，貼籤註明，謂之圖説。然圖説者僅居一面，難于領略，而又必以紙骨按畫，仿製屋幾間，堂幾進，衖幾條，廊廡幾處，謂之燙樣。蘇、杭、揚人皆能爲之，或燙樣不合意，再爲商改，然後令工依樣放線，該用若干丈尺，若干高低，一目了然，始能斷木料，動工作，則省許多經營，許多心力，許多錢財。余每見鄉村富户，胸無成竹，不知造屋次序，但擇日起工，一憑工匠隨意建造，非高即低，非闊即狹。或主人之意不適，而又重拆，或工匠之見不定，而又添改，爲主人者竟無一定主見。種種周章，比比皆是。至屋未成而囊錢已罄，或屋既造而木料尚多，此皆不畫圖不燙樣之過也。

屋既成矣，必用裝修，而門窗槅扇最忌雕花。古者在牆爲牖，在屋爲窗，不過渾邊浄素而已，如此做法，最爲堅固。試看宋、元人圖畫宫室，並無有人物、龍鳳、花卉、翎毛諸花様者。又吾鄉造屋，大廳前必有門樓，磚上雕刻人馬戲文，玲瓏剔透，尤爲可笑，此皆主人無成見，聽憑工匠所爲，而受其愚耳。

造屋之工，當以揚州爲第一，如作文之有變换，無雷同，雖數間小築，必使門窗軒豁，曲折得宜，此蘇、杭工匠斷斷不能也。蓋廳堂要整齊，如臺閣氣象，書房密室要參錯，如園亭布置，兼而有之，方稱妙手。今蘇、杭庸工皆不知此義，惟將磚瓦木料搭成空架子，千篇一律，既不明相題立局，亦不知隨方逐圓，但以塗汰作生涯，雕花爲能事，雖經主人指示，日日叫呼，而工匠自有一種老筆主意，總不能得心應手者也。

裝修非難，位置爲難，各有才情，各有天分，其中款奥雖無定法，總要看主人之心思，工匠之巧妙，不必拘于一格也。修改舊屋，如改學生課藝，要將自己之心思而貫入彼之詞句，俾得完善成篇，略無痕蹟，較造新屋者似易而實難。然亦要看學生之筆下何如，有改得出，有改不出。如僅茅屋三間，梁朽棟折，雖有善手，吾末如之何也已矣。汪春田觀察有《重葺文園》詩云：「换却花籬補石闌，改園更比改詩難。果能字字吟來穩，小有亭臺亦耐看。」

錢泳《履園叢話》一二《刻碑》 自漢、魏、六朝、唐、宋、元、明以來，碑板不下千萬種，其書丹之人，有大家書，有名家書，亦有並不以書名而隨手屬筆者。總視刻人之優劣，以分書之高下，雖姿態如虞、褚，嚴勁如歐、顔，若刻手平常，遂成惡札。至如《唐騎都尉李文墓志》，其結體用筆，全與《磚塔銘》相似，王虚舟云必是敬客一手書，而刻手惡劣，較《磚塔銘》竟有天壤之隔。又《西平王李晟碑》是裴晉公撰文，在柳誠懸當日書碑時，自然極力用意之作，乃如市儈村夫之筆，與《玄秘塔》截然兩途，真不可解也。唐人碑版如此類者甚多，其實皆刻手優劣之故。

大凡刻手優劣，如作書作畫，全仗天分。天分高則姿態横溢，如劉雨若之刻《快雪堂帖》，管一虬之刻《洛神十三行》是也。文氏《停雲館帖》，章簡甫所刻也。然惟刻晉、唐小楷一卷最爲得筆，其餘皆俗工所爲，了無意趣。

書法一道，一代有一代之名人，而刻碑者亦一時有一時之能手，需其人與書碑者日相往來，看其用筆，如爲人寫照，必親見其人而後能肖其面目、精神，方稱能事，所謂下真蹟一等也。世所傳兩晉、六朝、唐、宋碑刻，其面目尚有存者，至於各種法帖，大率皆由搨本贋本轉轉模勒，不特對照寫照，且不知其所寫何人，又烏能辨其面目、精神耶？吾故曰：藏帖不如看碑，與其臨帖之假精神，不如看碑之真面目。

刻手不可不知書法，又不可工於書法。假如其人能書，自然胸有成見，則恐其將他人之筆法，改成自己之面貌；如其人不能書，胸無成見，則又恐其依様胡蘆，形同木偶，是與石工木匠雕刻花紋何異哉？刻行楷書似難而實易，刻篆隸書似易而實難。蓋刻人自幼先從行楷入手，未有先刻篆隸者，猶童蒙學書，自然先習行楷，行楷工深，再進篆隸。今人刻行楷尚不精，況篆隸乎？

錢泳《履園叢話》一二《銅匠》 鑄銅之法，三代已備，鼎鐘彝器，制度各殊，漢、魏而下，鐵木並用。至唐、宋始有磁器，磁器行而銅器廢矣。鮑照詩云：「洛陽名工鑄爲金博山，千斲復萬鏤，上刻秦女攜手仙。」則知古人之精于此技者，代不乏人，如梁之開皇、唐之開元鑄有造像，宋之宣和、明之宣德鑄有爐瓶，則去古法漸遠矣。近吴門有甘、王兩姓，能仿造三代彝器，可以亂真。又嘉定有錢大田者，能仿造壺爵，與古無異；子秉田亦傳其法，嘗爲吴盤齋大令鑄祭器十種，爲余鑄金塗塔鐵券。又有江寧人馮錫與者，爲余鑄如意百柄，蟾鐙一具，及帶鉤銅璧，靈鐘清磬，銕簫、銕笛，書鎮之屬，亦能仿商、周之嵌金銀，此又甘、王、錢三家所不及也。【略】

測十二時者，古來惟有漏壺，而後世又作日晷、月晷，日晷用于日中，月晷用于夜中，然是日有風雨，則不可用矣。嘗見京師天主堂又有寒暑表、陰晴表，其法不傳于中國，惟自鳴鐘錶不論日夜風雨，皆可用。推此法而行之，故測天象又作渾天儀，以南北定極，衆星旋轉，玩二十八宿于股掌之間，法妙矣。而近時婺源齊梅麓員外又倩工作中星儀，外盤分天度爲二十四氣，每一氣分十五日，内盤分十二時爲三百六十刻，無論日夜，能知某時某刻某星在某度，毫髮不爽，令天星旋轉，時刻運行，一望而知，是開千古以來未有之能事，誠精微之極至矣。其法日間開鐘對定時刻，然後移星盤之節氣，線與時針切，如立春第一日，則將時針切立春第一線，則得真正中星；如夜間開鐘對定中星，然後移時針與星盤之節氣線切，則得真正時刻。

錢泳《履園叢話》一二《裝潢》 裝潢以本朝爲第一，各省之中以蘇工爲第一。然而雖有好手，亦要取科浄，運帚匀，用漿宿，工夫深，方稱善也。乾隆中，高宗深于賞鑒，凡海内得宋、元、明人書畫者，必使蘇工裝潢。其時海内收藏家有畢秋帆尚書、陳望之中丞、吴杜村觀察爲之提獎，故秦長年、徐名揚、張子元、戴彙昌諸工，皆名噪一時。今書晝久不行，不過好事士大夫家略有所藏，亦不精究裝法，故工于此者日漸日少矣。

工程做法

城壕技術

李誡《營造法式》卷三《壕寨制度》 取正

取正之制：先於基址中央，日内置圜版，徑一尺三寸六分。當心立表，高四寸，徑一分。晝表景之端，記日中最短之景。次施望筒於其上，望日星以正四方。

望筒長一尺八寸，方三寸。用版合造。兩罨頭開圜眼，徑五分。筒身當中，兩壁用軸安於兩立頰之内。其立頰自軸至地高三尺，廣三寸，厚二寸。晝望以筒指南，令日景透北；夜望以筒指北，於筒南望，令前後兩竅内正見北辰極星，然後各垂繩墜下，記望筒兩竅心於地以爲南，則四方正。

若地勢偏衺，既以景表、望筒取正四方，或有可疑處，則更以水池景表較之。其立表高八尺，廣八寸，厚四寸，上齊，後斜向下三寸。安於池版之上。其池版長一丈三尺，中廣一尺。於一尺之内，隨表之廣，刻線兩道；一尺之外，開水道環四周。廣深各八分。用水定平，令日景兩邊不出刻線，以池版所指及立表心爲南，則四方正。安置令立表在南，池版在北。其景夏至順線長三尺，冬至長一丈二尺。其立表内向池版處，用曲尺較令方正。

定平

定平之制：既正四方，據其位置，於四角各立一表，當心安水平。其水平長二尺四寸，廣二寸五分，高二寸；下施立椿，長四尺；安鐏在内。上面横坐水平，兩頭各開池，方一寸七分，深一寸三分。或中心更開池者，方深同。身内開槽子，廣深各五分，令水通過。於兩頭池子内，各用水浮子一枚，用三池者，水浮子或亦用三枚。方一寸五分，高一寸二分；刻上頭令側薄，其厚一分，浮於池内。望兩頭水浮子之首，遥對立表處，於表身内畫記，即知地之高下。若槽内如有不可用水處，即於椿子當心施墨線一道，上垂繩墜下，令繩對墨線心，則上槽自平，與用水同。其槽底與墨線兩邊，用曲尺較令方正。

凡定柱礎取平，須更用真尺較之。其真尺長一丈八尺，廣四寸，厚二寸五分。當心上立表，高四尺。廣厚同上。於立表當心，自上至下施墨線一道，垂繩墜下，令繩對墨線心，則其下地面自平。其真尺身上平處，與立表上墨線兩邊，亦用曲尺校令方正。

立基

立基之制：其高與材五倍。材分。在「大木作制度」内。如東西廣者，又加五分至十分。若殿堂中庭修廣者，量其位置，隨宜加高。所加雖高，不過與材六倍。

築基

築基之制：每方一尺，用土二檐。隔層用碎塼瓦及石札等，亦二檐。每次布土厚五寸，先打六杵，二人相對，每窩子内各打三杵。次打兩杵，二人相對，每窩子内各打一杵。以上並各打平土頭，然後碎用杵輾躡令平，再攢杵扇撲，重細輾躡。每布土厚五寸，築實厚三寸。每布碎塼瓦及石札等厚三寸，築實厚一寸五分。

凡開基址，須相視地脉虚實。其深不過一丈，淺止於五尺或四尺，並用碎塼瓦石札等。每土三分内添碎塼瓦等一分。

城

築城之制：每高四十尺，則厚加高二十尺；其上斜收減高之半。若高增一尺，則其下厚亦加一尺；其上斜收亦減高之半，或高減者亦如之。

城基開地深五尺，其廣隨城之厚。每城身長七尺五寸，栽永定柱、長視城高，徑一尺至一尺二寸。夜(義)〔叉〕木徑同上，其長比上減四尺。各二條。每築高五尺，横用紝木一條，長一丈至一丈二尺，徑五寸至七寸，護門甕城及馬面之類準此。每膊椽長三尺，用草葽一條，長五尺，徑一寸，重四兩，木橛子一枚。頭徑一寸，長一尺。

牆其名有五：一曰牆，二曰墉，三曰垣，四曰墂，五曰壁。

築牆之制：每牆厚三尺，則高九尺；其上斜收，比厚減半。若高增三尺，則厚加一尺，減亦如之。

凡露牆，每牆高一丈，則厚減高之半。其上收面之廣，比高五分之一。若高增一尺，其厚加三寸，減亦如之。其用葽、橛，並準「築城制度」。

凡抽紝牆，高厚同上。其上收面之廣，比高四分之一。若高增一尺，其厚加二寸五分。如在屋下，只加二寸。剗削並準「築城制度」。

築臨水基

凡開臨流岸口修築屋基之制：開深一丈八尺，廣隨屋間數之廣。其外分作兩擺手，斜隨馬頭，布柴梢，令厚一丈五尺。每岸長五尺，釘椿一條。長一丈七尺，徑五寸至六寸皆可用。梢上用膠土打築令實。若造橋，兩岸馬頭準此。

《魯班經》卷一　斷水平法

莊子云：「夜静水平。」俗云：水從平則止。造此法中立一方表，下作十字拱頭，蹄脚上横過一方，分作三分，中開水池，中表安二線垂下，將一小石頭墜正中心水池，中立三個水鴨子，實要匠人定得木頭端正，壓尺十字不可分毫走失，若依此例，無不平正也。

大木作技術

李誠《營造法式》卷四《大木作制度一》　材其名有三：一曰章，二曰材，三曰方桁。

凡構屋之制，皆以材爲祖。材有八等，度屋之大小，因而用之。

第一等：廣九寸，厚六寸。以六分爲一分。

右殿身九間至十一間則用之。若副階並殿挾屋，材分減殿身一等；廊屋減挾屋一等。餘准此。

第二等：廣八寸二分五釐，厚五寸五分。以五分五釐爲一分。

右殿身五間至七間則用之。

第三等：廣七寸五分，厚五寸。以五分爲一分。

右殿身三間至殿五間，或堂七間則用之。

第四等：廣七寸二分，厚四寸八分。以四分八釐爲一分。

右殿三間，廳堂五間則用之。

第五等：廣六寸六分，厚四寸四分。以四分四釐爲一分。

右殿小三間，廳堂大三間則用之。

第六等：廣六寸，厚四寸。以四分爲一分。

右亭榭或小廳堂皆用之。

第七等：廣五寸二分五釐，厚三寸五分。以三分五釐爲一分。

右小殿及亭榭等用之。

第八等：廣四寸五分，厚三寸。以三分爲一分。

右殿内藻井或小亭榭施鋪作多則用之。

栔廣六分，厚四分。材上加栔者，謂之足材。施之栱眼内兩枓之間者謂之暗栔。各以其材之廣，分爲十五分，以十分爲其厚。凡屋宇之高深，名物之短長，曲直舉折之勢，規矩繩墨之宜，皆以所用材之分，以爲制度焉。凡分寸之「分」皆如字，材分之「分」，音符問切。餘準此。

栱其名有六：一曰閞，二曰槉，三曰欂，四曰曲枅，五曰欒，六曰栱。

造栱之制有五：

一曰華栱。或謂之(抄)〔杪〕栱，又謂之卷頭，亦謂之跳頭。足材栱也。若補間鋪作，則用單材。兩卷頭者，其長七十二分。若鋪作多者，裏跳減長二分。七鋪作以上，即第二裏外跳各減四分。六鋪作以下不減。若八鋪作下，兩跳偷心，則減第三跳，令上下跳上交互枓畔相對。若平坐出跳，杪栱並不減。其第一跳於櫨枓口外添令與上跳相應。四瓣卷殺，每瓣長四分。如裏跳減多，不及四瓣者，祇用三瓣，每瓣長四分。與泥道栱相交，安於櫨枓口内。若累鋪作數多，或内外俱勻，或裏跳減一鋪至兩鋪，其騎槽檐栱，皆隨所出之跳加之。每跳之長，心不過三十分。傳跳雖多，不過一百五十分。若造廳堂，裏跳承梁出楷頭者，長更加一跳。其楷頭或謂之壓跳。交角内外，皆隨鋪作之數，斜出跳一縫。栱謂之角栱，昂謂之角昂。其華栱則以斜長加之。假如跳頭長五寸，則加二寸五釐之類。後稱斜長者準此。若丁頭栱，其長三十三分，出卯長五分。若只裏跳轉角者，謂之蝦須栱，用股卯到心，以斜長加之。若入柱者，用雙卯，長六分或七分。

二曰泥道栱。其長六十二分。若枓口跳及鋪作全用單栱造者，只用令栱。每頭以四瓣卷殺，每瓣長三分半。與華栱相交，安於櫨枓口内。

三曰瓜子栱。施之於跳頭。若五鋪作以上重栱造，即於令栱内，泥道栱外用之。四鋪作以下不用。其長六十二分。每頭以四瓣卷殺，每瓣長四分。

四曰令栱。或謂之單栱。施之於裏外跳頭之上，外在撩檐方之下，内在算桯方之下。與耍頭相交，亦有不用耍頭者。及屋内槫縫之下。其長七十二分。每頭以五瓣卷殺，每瓣長四分。若裏跳騎栿，則用足材。

五曰慢栱。或謂之腎栱。施之於泥道、瓜子栱之上。其長九十二分。每頭以四瓣卷殺，每瓣長三分。騎栿及至角，則用足材。

凡栱之廣厚並如材。栱頭上留六分，下殺九分。其九分勻分爲四大分，又從栱頭順身量爲四瓣。瓣又謂之胥，亦謂之棖，或謂之生。各以逐分之首自下而至上。與逐瓣之末，自內而至外。以直尺對斜畫定，然後斲造。用五瓣及分數不司者準比。若栱兩頭及中心，各留坐枓處，餘並爲栱眼，深三分。如造足材栱，則更加一栔，隱出心枓及栱眼。

凡栱至角相交出跳，則謂之列栱。其過角栱或角昂處，栱眼外長內小，自心向外量出一材分，又栱頭量一枓底，餘並爲小眼。

泥道栱與華栱出跳相列。

瓜子栱與小栱頭出跳相列。小栱頭從心出，其長二十三分，以三瓣卷殺，每瓣長三分，上施散枓。若平坐鋪作，即不用小栱頭，却與華栱頭相列。其華栱之上，皆累跳至令栱，於每跳當心上施耍頭。

慢栱與切几頭相列。切几頭微刻材下作兩卷瓣。如角內足材下昂造，即與華頭子出跳相列。華頭子承昂者，在昂制度內。

令栱與瓜子栱出跳相列。乘替木頭或橑檐方頭。

凡開栱口之法：華栱於底面開口，深五分，角華栱深十分。廣二十分。包櫨枓耳在內。口上當心兩面，各開子廕通栱身，各廣十分，若角華栱連隱枓通開。深一分。餘栱謂泥道栱、瓜子栱、令栱、慢栱也。上開口，深十分，廣八分。其騎栿，絞昂栿者，各隨所用。若角內足材列栱，則上下各開口，上開口深十分，連栔。下開口深五分。

凡栱至角相連長兩跳者，則當心施枓，枓底兩面相交，隱出栱頭，如令栱只用四瓣。謂之鴛鴦交手栱。裏跳上栱，同。

飛昂其名有五：一曰櫼，二曰飛昂，三曰英昂，四曰斜角，五曰下昂。

造昂之制有二：

一曰下昂。自上一材，垂尖向下，從枓底心下取直，其長二十三分。其昂身上徹屋內。自枓外斜殺向下，留厚二分，昂面中顱二分，令顱勢圜和。亦有於昂面上隨顱加一分，訛殺至兩棱者，謂之琴面昂。亦有自枓外斜殺至尖者，其昂面平直，謂之批竹昂。

凡昂安枓處，高下及遠近皆準一跳。若從下第一昂，自上一材下出，斜垂向下，枓口內以華頭子承之。華頭子自枓口外長九分，將昂勢盡處勻分，刻作兩卷瓣，每瓣長四分。如至第二昂以上，只於枓口內出昂，其承昂枓口及昂身下，皆斜開鐙口，令上大下小，與昂身相銜。

凡昂上坐枓，四鋪作、五鋪作並歸平；六鋪作以上，自五鋪作外，昂上枓並再向下二分至五分。如逐跳計心造，即於昂身開方斜口，深二分；兩面各開子廕，深一分。

若角昂，以斜長加之。角昂之上，別施由昂。長同角昂，廣或加一分至二分。所坐枓上安角神，若寶藏神或寶瓶。

若昂身於屋內上出，（皆）〔即〕至下平槫。若四鋪作用插昂，即其長斜隨跳頭。插昂，又謂之挣昂，亦謂之矮昂。

凡昂栓，廣四分至五分，厚二分。若四鋪作，即於第一跳上用之；五鋪作至八鋪作，並於第二跳上用之，並上徹昂背，自一昂至三昂，秖用一栓，徹上面昂之背。下入栱身之半或三分之一。

若屋內徹上明造，即用挑斡，或只挑一枓，或挑一材兩栔。謂一栱上下皆有枓也。若不出昂而用挑斡者，即騎束闌方下昂桯。如用平棊，即自槫安蜀柱以（義）〔叉〕昂尾，如當柱頭，即以草栿或丁栿壓之。

二曰上昂。頭向外留六分。其昂頭外出，昂身斜收向裏，並通過柱心。

如五鋪作單（抄）〔杪〕上用者，自櫨枓心出，第一跳華栱心長二十五分；第二跳上昂心長二十二分。其第一跳上，枓口內用鞾楔。其平棊方至櫨枓口內，共高五材四栔。其第一跳重栱計心造。

如六鋪作重（抄）〔杪〕上用者，自櫨枓心出，第一跳華栱心長二十七分；第二跳華栱心及上昂心共長二十八分。華栱上用連珠枓其枓，口內用鞾楔。七鋪作、八鋪作同。其平棊方至櫨枓口內，共高六材五栔。於兩跳之內，當中施騎（科）〔枓〕栱。

如七鋪作於重（抄）〔杪〕上用上昂兩重者，自櫨枓心出，第一跳華栱心長二十三分；第二跳華栱心長一十五分；華栱上用連珠枓。第三跳上昂心，兩重上昂共此一跳。長三十五分。其平棊方至櫨枓口內，共高七材六栔。其騎枓栱與六鋪作同。

如八鋪作於三（抄）〔杪〕上用上昂兩重者，自櫨枓心出，第一跳華栱心長二十六分，第二跳、第三跳並華栱心各長一十六分，於第三跳華栱上用連珠枓。第四跳上昂心兩重上昂共此一跳。長二十六分。其平棊方至櫨枓口內，共高八材七

(梁)〔栔〕。其騎料栱與七鋪作同。

凡昂之廣厚並如材。其下昂施之於外跳，或單栱或重栱，或偷心或計心造。上昂施之裏跳之上及平坐鋪作之內；昂背斜尖，皆至下料底外；昂底於跳頭料口內出，其料口外用鞾楔。刻作三卷瓣。

凡騎料栱，宜單用，其下跳並偷心造。凡鋪作計心、偷心，並在「總鋪作次序制度」之內。

爵頭其名有四：一曰爵頭，二曰耍頭，三曰胡孫頭，四曰蜉蜒頭。

造耍頭之制：用足材自料心出，長二十五分，自上稜斜殺向下六分，自頭上畫五分，斜殺向下二分。謂之鵲臺。兩面留心，各斜抹五分，下隨尖各斜殺向上二分，長五分。下大稜上，兩面開龍牙口，廣半分，斜稍向尖。又謂之錐眼。開口與華栱同，與令栱相交，安於齊心料下。

若累鋪作數多，皆承所出之跳加長，若角內用，則以斜長加之。於裏外令栱兩出安之。如上下有礙昂處，即隨昂勢斜殺，放過昂身。或有不出耍頭者，皆於裏外令栱之內，安到心股卯。只用單材。

料其名有五：一曰楶，二曰栭，三曰櫨，四曰楷，五曰料。

造料之制有四：

一曰櫨料。施之於柱頭。其長與廣皆三十二分。若施於角柱之上者，方三十六分，如造圜料，則面徑三十六分，底徑二十八分。高二十分。上八分爲耳，中四分爲平，下八分爲敧。今俗謂之溪者，非。開口廣十分，深八分。出跳則十字開口，四耳。如不出跳，則順身開口，兩耳。底四面各殺四分，敧䫜一分。如柱頭用圜料，即補間鋪作用訛角料。

二曰交互料。亦謂之長開料。施之于華栱出跳之上。十字開口，四耳。如施之于替木下者，順身開口，兩耳。其長十八分，廣十六分。若屋內梁栿下用者，其長二十四分，廣十八分，厚十二分半，謂之交栿料，於梁栿頭橫用之。如梁栿項歸一材之厚者，只用交互料。如柱大小不等，其料量柱材隨宜加減。

三曰齊心料。亦謂之華心料。施之於栱心之上。順身開口，兩耳。若施之於平坐出頭木之下，則十字開口，四耳。其長與廣皆十六分。如施之於田昂及內外轉角出跳之上，則不用耳，謂之平盤料，其高六分。

四曰散料。亦謂之小料，或謂之順桁料，又謂之騎互料。施之於栱兩頭。橫開口，兩耳，以廣爲面。如鋪作偷心，則施之於華栱出跳之上。其長十六分，廣十四分。

凡交互料、齊心料、散料，皆高十分。上四分爲耳，中二分爲平，下四分爲敧。開口皆廣十分，深四分。底四面各殺二分，敧䫜半分。

凡四耳料，於順跳口內前後裏壁，各留隔口包耳，高二分，厚一分半。櫨料則倍之。角內櫨料，於出角栱口內留隔口包耳，其高隨耳。抹角內䫜入半分。

總鋪作次序

總鋪作次序之制：凡鋪作自柱頭上櫨料口內出一栱或一昂，皆謂之一跳。傳至五跳止。

出一跳謂之四鋪作。或用華頭子，上出一昂。

出兩跳謂之五鋪作。下出一卷頭，上施一昂。

出三跳謂之六鋪作。下出一卷頭，上施兩昂。

出四跳謂之七鋪作。下出兩卷頭，上施兩昂。

出五跳謂之八鋪作。下出兩卷頭，上施三昂。

自四鋪作至八鋪作，皆於上跳之上，橫施令栱與耍頭相交，以承撩檐方。至角，各於角昂之上，別施一昂，謂之由昂，以坐角神。

凡於闌額上坐櫨料安鋪作者，謂之補間鋪作。今俗謂之步間者，非。當心間須用補間鋪作兩朵，次間及梢間各用一朵。其鋪作分佈，令遠近皆勻。若逐間皆用雙補間，則每間之廣，丈尺皆同。如只心間用雙補間者，假如心間用一丈五尺，則次間用一丈之類。或間廣不勻，即每補間鋪作一朵，不得過一尺。

凡鋪作逐跳上下昂之上亦同。安栱，謂之計心。若逐跳上不安栱，而再出跳或出昂者，謂之偷心。凡出一跳，南中謂之出一枝，計心謂之轉葉，偷心謂之不轉葉，其實一也。

凡鋪作逐跳計心，每跳令栱上，只用素方一重，謂之單栱，素方在泥道栱上者謂之柱頭方，在跳上者謂之羅(漫)〔漢〕方，方上斜安遮椽版。即每跳上安兩材一栔。令栱、素方爲兩材，令栱上料一爲栔。

若每跳瓜子栱上至撩檐方下，用令栱。施慢栱，慢栱上用素方，謂之重栱，方上斜施遮椽版。即每跳上安三材兩梁。瓜子栱、慢栱、素方爲三材。瓜子栱上料、慢栱上料爲兩栔。

凡鋪作並外跳出昂，裏跳及平坐，只用卷頭。若鋪作數多，裏跳恐太遠，即裏跳減一鋪或兩鋪，或平棊低，即於平棊方下更加慢栱。

凡轉角鋪作，須與補間鋪作勿令相犯，或梢間近者，須連栱交隱；補間鋪作不可移遠，恐間內不匀。或於次角補間近角處，從上減一跳。

凡鋪作當柱頭壁栱，謂之影栱。又謂之扶壁(栱)〔拱〕。

如鋪作重栱全計心造，則於泥道重栱上施素方。方上斜安遮椽版。

五鋪作一(抄)〔杪〕一昂，若下一(抄)〔杪〕偷心，則泥道重栱上施素方，方上又施令栱，栱上施承椽方。

單栱七鋪作兩(抄)〔杪〕兩昂及六鋪作一(抄)〔杪〕兩昂或兩(抄)〔杪〕一昂，若下一(抄)〔杪〕偷心，則於櫨枓之上施兩令栱兩素方。方上平鋪遮椽版。或只於泥道重栱上施素方。

單栱八鋪作兩(抄)〔杪〕三昂，若下兩(抄)〔杪〕偷心，則泥道栱上施素方，方上又施重栱、素方。方上平鋪遮椽版。

凡樓閣上屋鋪作，或減下屋一鋪。其副階纏腰鋪作，不得過殿身，或減殿身一鋪。

平坐其名有五：一曰閣道，二曰墱道，三曰飛陛，四曰平坐，五曰鼓坐。

造平坐之制：其鋪作減上屋一跳或兩跳。其鋪作宜用重栱及逐跳計心造作。

凡平坐鋪作，若(義)〔叉〕柱造，即每角用櫨枓一枚，其柱根(義)〔叉〕於櫨枓之上。若纏柱造，即每角於柱外普拍方上安櫨枓三枚。每面互見兩枓，亦附角枓上，各別加鋪作一縫。

凡平坐鋪作下用普拍方，厚隨材廣，或更加一栔。其廣盡所用方木。若纏柱造，即於普拍方裏用柱脚方，廣三材，厚二材，上坐柱脚卯。

凡平坐先自地立柱，謂之永定柱。柱上安搭頭木，木上安普拍方，方上坐枓栱。

凡平坐四角生起，比角柱減半。生角柱法在「柱制度」內。

平坐之內，逐間下草栿，前後安地面方，以拘前後鋪作。鋪作之上安鋪版方，用一材。四周安雁翅版，廣加材一倍，厚四分至五分。

李誡《營造法式》卷五《大木作制度二》

梁其名有三：一曰梁，二曰宋廇，三曰欐。

造梁之制有五：

一曰檐栿。如四椽及五椽栿，若四鋪作以上至八鋪作，並廣兩材兩(梁)〔栔〕，草栿廣三材。如六椽至八椽以上栿，若四鋪作至八鋪作，廣四材，草栿同。

二曰乳栿。若對大梁用者，與大梁廣同。三椽栿，若四鋪作、五鋪作，廣兩栔，草栿廣兩材。六鋪作以上，廣兩材兩栔，草栿同。

三曰劄牽。若四鋪作至八鋪作出跳，廣兩材。如不出跳，並不過一材一栔。草牽梁准此。

四曰平梁。若四鋪作、五鋪作，廣加材一倍。六鋪作以上，廣兩材一栔。

五曰廳堂梁栿。五椽、四椽，廣不過兩材一栔；三椽廣兩材。餘屋量椽數，準此法加減。

凡梁之大小，各隨其廣分爲三分，以二分爲厚。凡方木小，須繳貼令大；如方木大，不得裁減，即於廣厚加之。如礙槫及替木，即于梁上角開抱傳口。若直梁狹，即兩面安槫栿版。如月梁狹，即上架繳背，下貼兩頰，不得剜刻梁面。

造月梁之制：明栿，其廣四十二分，如徹上明造。其乳栿，三椽栿各廣四十二分，四椽栿廣五十分，五椽栿廣五十五分，六椽栿以上，其廣並至六十分止。梁首謂出跳者。不以大小從，下高二十一分。其上餘材，自枓裏平之上，隨其高匀分作六分。其上以六瓣卷殺，每瓣長十分。其梁下當中顱六分。自枓心下量三十八分爲斜項。如下兩跳者長六十八分。斜項外，其下起顱，以六瓣卷殺，每瓣長十分。第六瓣盡處下顱五分。去三分，留二分作琴面。自第六瓣盡處漸起至心，又加高一分，令顱勢圜和。梁尾謂入柱者。上背下顱，皆以五瓣卷殺。餘並同梁首之制。梁底面厚二十五分，其項入枓口處。厚十分。枓口外兩肩各以四瓣卷殺，每瓣長十分。

若平梁，四椽、六椽上用者，其廣三十五分。如八椽至十椽上用者，其廣四十二分。不以大小從，下高二十五分，上背下顱皆以四瓣卷殺，兩頭並同。其下第四瓣盡處顱四分。去二分，留一分作琴面。自第四瓣盡處漸起至心，又加高一分。餘並同月梁之制。

若劄牽，其廣三十五分。不以大小從，下高一十五分，上至枓底。牽首上以六瓣卷殺，每瓣長八分。下同。牽尾上以五瓣。其下顱，前後各以三瓣。斜項同月梁法。顱內去留同平梁法。

凡屋內徹上明造者，梁頭相疊處須隨舉勢高下用駝峯。其駝峯長加高一倍，厚一材。枓下兩肩或作入瓣，或作出瓣，或圜訛兩肩，兩頭卷尖。梁頭安替木處並作隱枓，兩頭造耍頭或切几頭，切几頭刻梁上角作一入瓣。與令栱或襻間相交。

凡屋内若施平棊平闇亦同。在大梁之上，平棊之上又施草栿，乳栿之上亦施草乳栿，並在壓槽方之上，壓槽方在柱頭方之上。其草栿長同下梁，直至撩檐方止。若在兩面，則安丁栿。丁栿之上，别安抹角栿，與草栿相交。

凡角梁下又施隱襯角栿在明梁之上，外至撩檐方，内至角後栿項，長以兩椽斜長加之。

凡襯方頭施之於梁背耍頭之上，其廣厚同材。前至撩檐方，後至昂背或平棊方。如無鋪作，即至托脚木止。若騎槽，即前後各隨跳，與方栱相交，開子廕以壓枓上。

凡平棊之上須隨槫栿用方木及矮柱敦㮇，隨宜(拄)〔柱〕(撐)〔橕〕固濟，並在草栿之上。凡明梁只閣平棊，草栿在上承屋蓋之重。

凡平棊方在梁背上，其廣厚並如材，長隨間廣。每架下平棊方一道，平闇同。又隨架安椽以遮版縫。其椽，若殿宇，廣二寸五分，厚一寸五分。餘屋廣二寸二分，厚一寸三分。如材小，即隨宜加減。絞井口並隨補間。令縱横分佈方正。若用峻脚，即於四闌内安版貼華。如平闇，即安峻脚椽，廣厚並與平闇椽同。

闌額

造闌額之制：廣加材一倍，厚減廣三分之一，長隨間廣，兩頭至柱心。入柱卯減厚之半，兩肩各以四瓣卷殺，每瓣長八分。如不用補間鋪作，即厚取廣之半。

凡(擔)〔檐〕額兩頭並出柱口，其廣兩材一栔至三材。如殿閣即廣三材一栔，或加至三材三栔。(擔)〔檐〕額下綽幕方，廣減(擔)〔檐〕額三分之一，出柱長至補間，相對作楷頭或三瓣頭。如角梁。

凡由額施之於闌額之下，廣減闌額二分至三分。出卯，卷殺並同闌額法。如有副階，即於峻脚椽下安之；如無副階，即隨宜加減，令高下得中。若副階額下，即不須用。

凡屋内額，廣一材三分至一材一栔，厚取廣三分之一，長隨間廣，兩頭至柱心或駝峯心。

凡地栿，廣加材二分至三分，厚取廣三分之二，至角出柱一材。上角或卷殺作梁切几頭。

柱其名有二：一曰楹，二曰柱。

凡用柱之制：若殿閣，即徑兩材兩栔至三材；若廳堂柱，即徑兩材一栔，餘屋即徑一材一栔至兩材。若廳堂等屋内柱，皆隨舉勢定其短長，以下檐柱爲則。若副階廊舍，下檐柱雖長，不越間之廣。至角則隨間數生起角柱。若十三間殿堂，則角柱比平柱生高一尺二寸。平柱謂當心間兩柱也。自平柱疊進向角漸次生起，令勢圜和。如逐間大小不同，即隨宜加減，他皆倣此。十一間生高一尺，九間生高八寸，七間生高六寸，五間生高四寸，三間生高二寸。

凡殺梭柱之法：隨柱之長，分爲三分，上一分又分爲三分，如栱卷殺，漸收至上徑比櫨枓底四周各出四分。又量柱頭四分，緊殺如覆盆樣，令柱項與櫨枓底相副。其柱身下一分，殺令徑圍與中一分同。

凡造柱下櫍，徑周各出柱三分，厚十分，下三分爲平，其上並爲敧。上徑四周各殺三分，令與柱身通上匀平。

凡立柱，並令柱首微收向内，柱脚微出向外，謂之側脚。每屋正面，謂柱首東西相向者。隨柱之長，每一尺即側脚一分。若側面謂柱首南北相向者。每長一尺，即側脚八釐。至角柱，其柱首相向各依本法。如長短不定，隨此加減。

凡下側脚墨，於柱十字墨心裏再下直墨，然後截柱脚柱首，各令平正。若樓閣柱側脚，秖以柱上爲則，側脚上更加側脚，逐層倣此。塔同。

陽馬其名有五：一曰觚稜，二曰陽馬，三曰闕角，四曰角梁，五曰梁抹。

造角梁之制：大角梁，其廣二十八分至加材一倍，厚十八分至二十分，頭下斜殺長三分之二。或於叙面上留二分，外餘直，卷爲三瓣。子角梁，廣十八分至二十分，厚減大角梁三分，頭殺四分，上折深七分。

隱角梁，上下廣十四分至十六分，厚同大角梁，或減二分。上兩面隱廣各三分，深各一椽分。餘隨逐架接續，隱法皆倣此。

凡角梁之長，大角梁自下平槫至下架檐頭，子角梁隨飛檐頭外至小連檐下，斜至柱心；安於大角梁内。隱角梁隨架之廣，自下平槫至子角梁尾，安于大角梁中，皆以斜長加之。

凡造四阿殿閣，若四椽、六椽五間及八椽七間，或十椽九間以上，其角梁相續，直至脊槫，各以逐架斜長加之。如八椽五間至十椽七間，並兩頭增出，即槫各三尺。隨所加脊槫盡處，別施角梁一重。俗謂之吴殿，亦曰五脊殿。

凡堂廳若厦兩頭造，則兩梢間用角梁轉過兩椽。亭榭之類轉一椽。今亦用此制爲殿閣者，俗謂之曹殿，又曰漢殿，亦曰九脊殿。按《唐六典》及《營繕令》云：王公以下居第並廳厦兩頭者，此制也。

侏儒柱其名有六：一曰棁，二曰侏儒柱，三曰浮柱，四曰棳，五曰上楹，六曰蜀柱。斜柱附其名有五：一曰斜柱，二曰梧，三曰迕，四曰枝摚，五曰義手。

造蜀柱之制：於平梁上，長隨舉勢高下，殿閣徑一材半，餘屋量栿厚加減。兩面各順平栿，隨舉勢斜安義手。

造義手之制：若殿閣，廣一材一栔，餘屋廣隨材或加二分至三分，厚取廣三分之一。蜀柱下安合楷者，長不過梁之半。

凡中下平槫縫，並於梁首向裏斜安托脚，其廣隨材，厚三分之一，從上梁角過抱槫，出卯以托向上槫縫。

凡屋如徹上明造，即於蜀柱之上安枓。若義手上角内安栱，兩面出耍頭者，謂之丁華抹頦栱。枓上安隨間襻間，或一材，或兩材。襻間廣厚並如材，長隨間廣，出半栱在外，半栱連身對隱。若兩材造，即每間各用一材，隔間上下相閃，令慢栱在上，瓜子栱在下。若一材造，只用令栱，隔間一材。如屋内遍用襻間一材或兩材，並與梁頭相交。或於兩際隨槫作楷頭以乘替木。

凡襻間如在平棊上者，謂之草襻間，並用全條方。

凡蜀柱量所用長短，於中心安順脊串，廣厚如材，或加三分至四分；長隨間隔間用之。若梁上用短柱者，徑隨相對之柱，其長隨舉勢高下。

凡順栿串，並出柱作丁頭栱，其廣一足材；或不及，即作楷頭，厚如材。在牽梁或乳栿下。

棟其名有九：一曰棟，二曰桴，三曰檼，四曰棼，五曰甍，六曰極，七曰槫，八曰檩，九曰櫋。兩際附。

用槫之制：若殿閣，槫徑一材一栔，或加材一倍；廳堂，槫徑加材三分至一栔；餘屋，槫徑加材一分至二分。長隨間廣。

凡正屋用槫，若心間及西間者，皆頭東而尾西；如東間者，頭西而尾東。其廊屋面東西者皆頭南而尾北。

凡出際之制：槫至兩梢間，兩際各出柱頭。又謂之屋廢。如兩椽屋，出二尺至二尺五寸；四椽屋，出三尺至三尺五寸；六椽屋，出三尺五寸至四尺；八椽至十椽屋，出四尺五寸至五尺。若殿閣轉角造，即出際長隨架。於丁栿上隨架立夾際柱子，以柱槫梢，或更於丁栿背上，添闟頭栿。

凡撩檐方，更不用撩風槫及替木。當心間之廣加材一倍，厚十分。至角隨宜取圜，貼生頭木，令裏外齊平。

凡兩頭梢間，槫背上並安生頭木，廣厚並如材，長隨梢間。斜殺向裏，令生勢圜和，與前後撩檐方相應。其轉角者，高與角梁背平，或隨宜加高，令椽頭背低角梁頭背一椽分。

凡下昂作第一跳心之上，用槫承椽，以代承椽方。謂之牛脊槫。安於草栿之上，至角即抱角梁，下用矮柱敦㮮。如七鋪作以上，其牛脊槫於前跳内更加一縫。

搏風版其名有二：一曰榮，二曰搏風。

造搏風版之制：於屋兩際出槫頭之外安搏風版，廣兩材至三材，厚三分至四分；長隨架道。中、上架兩面各斜出搭掌，長二尺五寸至三尺；下架隨椽與瓦頭齊。轉角者至曲脊内。

柎其名有三：一曰柎，二曰複棟，三曰替木。

造替木之制：其厚十分，高一十二分。單枓上用者，其長九十六分；令栱上用者，其長一百四分；重栱上用者，其長一百二十六分。

凡替木兩頭，各下殺四分，上留八分，以三瓣卷殺，每瓣長四分。若至出際，長與槫齊。隨槫齊處更不卷殺。其栱上替木，如補間鋪作相近者，即相連用之。

椽其名有四：一曰桷，二曰椽，三曰榱，四曰橑。短椽，其名有二：一曰棟，二曰禁褊。

用椽之制：椽每架平不過六尺。若殿閣，或加五寸至一尺五寸，徑九分至十分；若廳堂，椽徑七分至八分；餘屋，徑六分至七分，長隨架斜。至下架，即加長出檐。每槫上爲縫，斜批相搭釘之。凡用椽，皆令椽頭向下而尾在上。

凡布椽，令一間當間心。若有補間鋪作者，令一間當耍頭心；若四裹回轉角者，並隨角梁分佈，令椽頭疎密得所，過角歸間，至次角補間鋪作心。並隨上中架取直。其稀密以兩椽心，相去之廣爲法。殿閣，廣九寸五分至九寸；副階，廣九寸至八寸五分；廳堂，廣八寸五分至八寸；廊庫屋，廣八寸至七寸五分。

若屋內有平棊者，即隨椽長短，令一頭取齊，一頭放過上架，當榑釘之，不用裁截。謂之雁脚釘。

檐其名有十四：一曰宇，二曰檐，三曰樀，四曰楣，五曰屋垂，六曰梠，七曰櫺，八曰聯櫋，九曰橝，十曰房，十一曰廡，十二曰槾，十三曰槐，十四曰庮。

造檐之制：皆從橑檐方心出，如椽徑三寸，即檐出三尺五寸；椽徑五寸，即檐出四尺至四尺五寸。檐外別加飛檐，每檐一尺，出飛子六寸。其檐自次角柱補間鋪作心，椽頭皆生出向外，漸至角梁，若一間生四寸，三間生五寸，五間生七寸。五間以上，約度隨宜加減。其角柱之內，檐身亦令微殺向裏。不爾，恐檐圜而不直。

凡飛子，如椽徑十分，則廣八分，厚七分。大小不同，約此法量宜加減。各以其廣厚分爲五分，兩邊各斜殺一分，底面上留三分，下殺二分，皆以三瓣卷殺。上一瓣長五分，次二瓣各長四分。此瓣分謂廣厚所得之分。尾長斜隨檐。凡飛子須兩條通造，先除出兩頭於飛魁內出者，後量身內，令隨檐長，結角解開。若近角飛子，隨勢上曲，令背與小連檐平。

凡飛魁，又謂之大連檐。廣厚並不越材。小連檐廣加栔二分至三分，厚不得越栔之厚。並交斜解造。

舉折其名有四：一曰陠，二曰峻，三曰陠峭，四曰舉折。

舉折之制：先以尺爲丈，以寸爲尺，以分爲寸，以氂爲分，以毫爲氂，側畫所建之屋於平正壁上，定其舉之峻慢，折之圜和，然後可見屋內梁柱之高下，卯眼之遠近。今俗謂之定側樣，亦曰點草架。

舉屋之法：如殿閣樓臺，先量前後橑檐方心相去遠近，分爲三分。若餘屋柱頭作或不出跳者，則用前後檐柱心。從橑檐方背至脊榑背舉起一分。如屋深三丈，即舉起一丈之類。如甋瓦廳堂，即四分中舉起一分，又通以四分所得丈尺，每一尺加八分。若甋瓦廊屋及瓪瓦廳堂，每一尺加五分，或瓪瓦廊屋之類，每一尺加三分。若兩椽屋，不加。其副階或纏腰，並二分中舉一分。

折屋之法：以舉高尺丈，每尺折一寸，每架自上遞減半爲法。如舉高二丈，即先從脊榑背上取平，下屋橑檐方背，其上第一縫折二尺，又從上第一縫榑背取平，下至橑檐方背，於第二縫折一尺。若椽數多，即逐縫取平，皆下至橑檐方背，每縫並減上縫之半。如第一縫二尺，第二縫一尺，第三縫五寸，第四縫二寸五分之類。如取平，皆從榑心抨繩令緊爲則。如架道不勻，即約度遠近，隨宜加減。以脊榑及橑檐方爲準。

若八角或四角鬬尖亭榭，自橑檐方背舉至角梁底，五分中舉一分，至上簇角梁，即兩分中舉一分。若亭榭只用瓪瓦者，即十分中舉四分。

簇角梁之法：用三折，先從大角背自橑檐方心，量向上至棖桿卯心，取大角梁背一半，立上折簇梁，斜向棖桿舉分盡處；其簇角梁上下並出卯，中下折簇梁同。次從上折簇梁盡處，量至橑檐方心，取大角梁背一半，立中折簇梁，斜向上折簇梁當心之下；又次從橑檐方心立下折簇梁，斜向中折簇梁當心近下，令中折簇角梁上一半與上折簇梁一半之長同。其折分並同折屋之制。唯量折以曲尺於絃上取方量之，用瓪瓦者同。

愛新覺羅・允禮等《工程做法》卷一《玖檩廡殿大木》　玖檩單簷廡殿周圍廊單翹重昂斗科斗口貳寸伍分大木做法開後，計開：

凡面濶、進深，以斗科攢數而定，每攢以口數拾壹分定寬。每斗口壹寸，隨身加壹尺壹寸，爲拾壹分。如斗口貳寸伍分，以科中分算，得斗科每攢寬貳尺柒寸伍分。如面濶用平身斗科陸攢，加兩邊柱頭科各半攢，共斗科柒攢，得面濶壹丈玖尺貳寸伍分。如次間收分壹攢，得面濶壹丈陸尺伍寸。稍間同，或再收壹攢，臨期酌定。如廊內用平身斗科壹攢，兩邊柱頭科各半攢，共斗科貳攢，得廊子面濶伍尺伍寸，如進深每山分間，各用平身斗科叁攢，兩邊柱頭科各半攢，共斗科肆攢，明間、次間各得面濶壹丈壹尺。再加前後廊各深伍尺伍寸，得通進深肆丈肆尺。

凡檐柱，以斗口柒拾分定高每斗口壹寸，隨身加柒尺爲柒拾分。如斗口貳寸伍分得簷柱連平板枋斗科通高壹丈柒尺伍寸。內除平板枋、斗科之高，即得簷柱淨高尺寸。如平板枋高伍寸，斗科高貳尺捌寸，得簷柱淨高壹丈肆尺貳寸。每柱徑壹尺再加上、下榫各長叁寸。如柱徑壹尺伍寸，得榫長各肆寸伍分。以斗口陸分定徑寸。每斗口壹寸。隨身加陸寸。爲陸分。如斗口貳寸伍分，得簷柱徑壹尺伍寸。兩山簷柱做法同。

凡金柱，以出廊並正心桁中至挑簷桁中之拽架尺寸加舉定高。如廊深伍尺伍寸，正心桁中至挑簷桁中叁拽架，每斗口叁分爲壹拽架，得柒寸伍分。叁拽架得貳尺貳寸伍分，連廊共深柒尺柒寸伍分。按伍舉加之，得高叁尺捌寸柒分，並簷柱連斗科之通高壹丈柒尺伍寸，得金柱高貳丈壹尺叁寸柒分。每柱徑壹尺，再加上、下榫各長叁寸。如柱徑壹尺柒寸，得上、下榫各長伍寸壹分。兩山並肆角金柱，加平木壹分，高壹尺，再加桁條徑叁分之壹作桁椀。如桁條徑壹尺得桁椀高叁寸叁分。以簷柱徑加貳寸定徑寸。如柱徑壹尺伍寸，得金柱徑壹尺柒寸。

凡小額枋，以面濶定長。如面濶壹丈玖尺貳寸伍分，兩頭共除柱徑壹分，壹尺伍寸，得淨面濶壹丈柒尺柒寸伍分，即長壹丈柒尺柒寸伍分。外加兩頭入榫分位，各按簷柱徑肆分之壹。如柱徑壹尺伍寸，得榫長各叁寸柒分伍釐。其廊子小額枋，壹頭加柱徑半分，又照本身之高加半分得出榫分位。如本身高壹尺，得出榫長伍寸；壹頭除柱徑半分，外加入榫分位，亦按柱徑肆分之壹。以斗口肆分定高。如斗口貳寸伍分，得小額枋高壹尺。以本身高收貳寸定厚，得厚捌寸。兩山小額枋做法同。

凡由額墊板，以面濶定長。如面濶壹丈玖尺貳寸伍分，兩頭共除柱徑壹分，壹尺伍寸，得淨面濶壹丈柒尺柒寸伍分，即長壹丈柒尺柒寸伍分。外加兩頭入榫分位，各按柱徑拾分之貳。如柱徑壹尺伍寸，得榫長各叁寸。以斗口貳分定高，壹分定厚。如斗口貳寸伍分，得出額墊板高伍寸，厚貳寸伍分。兩山由額墊板做法同。

凡大額枋，長與小額枋同。其廊子大額枋，壹頭加柱徑壹分，得霸王拳分位壹頭除柱徑半分，外加入榫分位，按柱徑肆分之壹。以斗口陸分定高。如斗口貳寸伍分，得大額枋高壹尺伍寸，以本身高收貳寸定厚，得厚壹尺叁寸。兩山大額枋做法同。

凡平板枋，以面濶定長。如面濶壹丈玖尺貳寸伍分，即長壹丈玖尺貳寸伍分。每寬壹尺，外加扣榫長叁寸。如平板枋寬柒寸伍分，得扣榫長貳寸貳分。其廊子平板枋，壹頭加柱徑壹分，得搭交出頭分位。如柱徑壹尺伍寸，得出頭長壹尺伍寸。以斗口叁分定寬，貳分定高。如斗口貳寸伍分，得平板枋寬柒寸伍分，高伍寸。兩山平板枋做法同。

凡桃尖梁，以廊子進深並正心桁中至挑簷桁中定長。如廊深伍尺伍寸，正心桁中至挑簷桁中長貳尺貳寸伍分，共長柒尺柒寸伍分，又加貳拽架尺寸長壹尺伍寸，得桃尖梁通長玖尺貳寸伍分。外加金柱徑半分，又加出榫照隨梁枋之高半分。如隨梁枋高壹尺，得出榫長伍寸。以拽架加舉定高。如單翹重昂得叁拽架深貳尺貳寸伍分。按伍舉加之，得高壹尺壹寸貳分。又加螞蚱頭，撑頭木各高伍寸。得桃尖梁高貳尺壹寸貳分。螞蚱頭撑頭木，詳載斗科做法。以斗口陸分定厚。如斗口貳寸伍分，得桃尖梁厚壹尺伍寸。以斗口肆分定桃尖梁頭之厚，得厚壹尺。兩山桃尖梁做法同。

凡桃尖隨梁枋，以出廊定長。如出廊深伍尺伍寸，即長伍尺伍寸。外壹頭加簷柱徑半分，壹頭加金柱徑半分。又兩頭出榫照本身之高加半分，如本身高壹尺，得出榫各長伍寸。高、厚與小額枋同。兩山桃尖隨梁枋做法同。

凡挑簷桁，以面濶定長。如面濶壹丈玖尺貳寸伍分，即長壹丈玖尺貳寸伍分。每徑壹尺，外加扣榫長叁寸，如徑捌寸，得扣榫長貳寸肆分。其廊子挑檐桁壹頭加叁拽架長貳尺貳寸伍分，又加搭交出頭分位，按本身之徑壹分半。如本身徑捌寸得交角出頭壹尺貳寸。以正心桁之徑收貳寸定徑寸。如正心桁徑壹尺，得挑簷桁徑捌寸。兩山挑簷桁做法同。

凡挑簷枋，以面濶定長。如面濶壹丈玖尺貳寸伍分，內除桃尖梁頭之厚壹尺，得淨面濶壹丈捌尺貳寸伍分。即挑簷枋長壹丈捌尺貳寸伍分。外加兩頭入榫分位，各按本身厚壹分。如本身厚貳寸伍分，得榫長各貳寸伍分。其廊子挑簷枋，壹頭加叁拽架長貳尺貳寸伍分，又加搭交出頭分位，按挑簷桁之徑壹分半。如挑簷桁徑捌寸，得出頭長壹尺貳寸。壹頭除桃尖梁頭之厚半分，外加入榫分位，按本身厚壹分，如本身厚貳寸伍分，得榫長貳寸伍分。以斗口貳分定高，壹分定厚。如斗口貳寸伍分，得挑簷枋高伍寸，厚貳寸伍分。兩山挑簷枋做法同。

凡正心桁，以面濶定長。如面濶壹丈玖尺貳寸伍分，即長壹丈玖尺貳寸伍分。每徑壹尺，外加搭交榫長叁寸。如徑壹尺，得榫長叁寸。其廊子正心桁，壹頭加搭交出頭分位，按本身之徑壹分。如本身徑壹尺，得出頭長壹尺。以斗口肆分定徑，如斗口貳寸伍分，得正心桁徑壹尺。兩山正心桁做法同。

凡正心枋，計肆層，以面濶定長。如面濶壹丈玖尺貳寸伍分，內除桃尖梁頭厚壹尺，得淨面濶壹丈捌尺貳寸伍分。外加兩頭入榫分位各按本身之高半分，如本身高伍寸，得榫長各貳寸伍分。其廊子正心枋，壹頭除桃尖梁頭之厚半分，外加入榫分位，按本身高半分，得榫長貳寸伍分。第壹層，壹頭帶正貳昂長叁尺柒分伍釐，第貳層，帶螞蚱頭長叁尺，第叁層，帶正撑頭木長貳尺貳寸伍分，第肆層，照面濶除桃尖梁頭之厚壹分，外加兩頭入榫分位，各按本身高半分。以斗口貳分定高。如斗口貳寸伍分，得正心枋高伍寸。以斗口壹分，外加包掩定厚。如斗口貳寸伍分，加包掩陸分，得正心枋厚叁寸壹分。兩山正心枋做法同。

凡裏外拽枋，以面闊定長。如面闊壹丈玖尺貳寸伍分，裏拽枋除桃尖梁身厚壹尺伍寸，得長壹丈柒尺柒寸伍分，外拽枋除桃尖梁頭厚壹尺，得長壹丈捌尺貳寸伍分。裏、外拽枋各外加兩頭入榫分位，按本身厚壹分。如本身厚貳十伍分，得榫長各貳寸伍分。其廊子拽枋，裏壹根壹頭除桃尖梁身厚半分，外壹根壹頭除桃尖梁頭厚半分。各加入榫分位，按本身厚壹分。如本身厚貳寸伍分，得榫長貳寸伍分。外壹根壹頭帶螞蚱頭長叁尺，裏壹根收壹拽架，柒寸伍分。高、厚與挑簷枋同。兩山拽枋做法同。

凡裏、外機枋，長、高、厚俱與拽枋同。其廊子機枋，外壹根壹頭帶撑頭木長貳尺貳寸伍分，裏壹根收貳拽架壹尺伍寸。兩山機枋做法同。

凡井口枋之長，與裏面拽枋同。外加兩頭入榫分位，分各按本身厚壹分。如本身厚貳寸伍分，得榫長各二寸五分。其廊子井口枋，壹頭收叁拽架長貳尺貳寸伍分，壹頭除桃尖梁之厚半分，外加入榫按本身厚壹分。以挑簷桁之徑定高，如挑簷桁徑捌寸，井口枋即高捌寸。厚與拽枋同。兩山井口枋做法同。

凡老簷桁，以面濶定長。如面濶壹丈玖尺貳寸伍分，老簷桁即長壹丈玖尺貳寸伍分。每徑壹尺，外加搭交榫長叁寸。稍間並山稍間老簷桁壹頭加交角出頭分位，按本身徑壹分，如本身徑壹尺，得出頭長壹尺。徑與正心桁同。

凡老簷墊板，以面濶定長。如面濶壹丈玖尺貳寸伍分，內除柒架梁頭厚壹尺玖寸，得淨面濶壹丈柒尺叁寸伍分，即長壹丈柒尺叁寸伍分。外加兩頭入榫分位，照梁頭之厚每尺加入榫貳寸。如梁頭厚壹尺玖寸，得榫長各叁寸捌分。其稍間老簷墊板，壹頭除梁頭厚半分，壹頭除金柱徑半分。加榫仍照前法。兩山老簷墊板，隨山間面濶，除金柱徑壹分得長。外加兩頭入榫分位，各按柱徑拾分之貳。如金柱徑壹尺柒寸，得榫長各叁寸肆分。以斗口肆分定高，壹分定厚。如斗口貳寸伍分，得老簷墊板高壹尺，厚貳寸伍分。

凡老簷枋，以面濶定長。如面濶壹丈玖尺貳寸伍分，內除金柱徑壹分，壹尺柒寸，得淨面濶壹丈柒尺伍寸伍分，即長壹丈柒尺伍寸伍分。外加兩頭入榫分位，各按柱徑肆分之壹。如柱徑壹尺柒寸，得榫長各肆寸貳分。高、厚俱與小額枋同。兩山老簷枋做法同。

凡天花墊板，以舉架定高。如舉架高叁尺捌寸柒分，內除老簷枋之高壹尺，桃尖梁高貳尺壹寸貳分，得天花墊板淨高柒寸伍分。長、厚與老簷墊板同。

凡天花枋之長，與老簷枋同，以小額枋之高加貳寸定高。如小額枋高壹尺，得天花枋高壹尺貳寸，以本身高收貳寸定厚，得天花枋厚壹尺。

凡柒架梁，以步架陸分定長。如步架陸分共深叁丈叁尺，兩頭各加桁條徑壹分，得柁頭分位。如桁條徑壹尺，得柒架梁通長叁丈伍尺。以金柱徑加貳寸定厚。如金柱徑壹尺，柒寸，得柒架梁厚壹尺玖寸。以本身厚每尺加貳寸定高，得高貳尺貳寸捌分。

凡柒架隨梁枋，以步架陸分定長。如步架陸分深叁丈叁尺，內除金柱徑壹分壹尺柒寸，得柒架隨梁枋長叁丈壹尺叁寸。外加兩頭入榫分位，各按柱徑肆分之壹。如柱徑壹尺柒寸，得榫長各肆寸貳分。高、厚與大額枋同。

凡天花梁，以進深除廊定長，如進深叁丈叁尺，內除金柱徑壹分壹尺柒寸，得淨進深叁丈壹尺叁寸，即長叁丈壹尺叁寸。外加兩頭入榫分位，各按柱徑肆分之壹，得榫長各肆寸貳分。以金柱徑加貳寸定高，得天花梁高壹尺玖寸。以本身高收貳寸定厚，得厚壹尺柒寸。

凡柁墩，以步架加舉定高。如步架深伍尺伍寸。按柒舉加之，得高叁尺捌寸伍分。內除柒架梁高貳尺貳寸捌分，得柁墩淨高壹尺伍寸柒分。以伍架梁之厚，每尺收滾楞貳寸定寬。如伍架梁厚壹尺柒寸，得柁墩寬壹尺叁寸陸分，以桁條徑貳分定長。如桁條徑壹尺，得柁墩長貳尺。

凡下金枋，以面濶定長。如面濶壹丈玖尺貳寸伍分，內除柁墩寬壹分壹尺叁寸陸分，得淨面闊壹丈柒尺捌寸玖分，即長壹丈柒尺捌寸玖分。外加兩頭入榫分位，各按柁墩寬肆分之壹。如柁墩寬壹尺叁寸陸分，得榫長各叁寸肆分。其稍間下金枋之長，於淨面濶內收步架壹分得長。壹頭除交金墩寬半分。外加入榫分位，仍照前法。高、厚與小額枋同。

凡兩山下金枋，以步架肆分定長。如步架肆分深貳丈貳尺。交金墩寬壹尺肆寸，除交金墩之寬壹分，得下金枋長貳丈陸寸。外加兩頭入榫分位，各按交金墩寬肆分之壹。如交金墩寬壹尺肆寸，得榫長各叁寸伍分。高、厚與小額枋同。

凡下金順扒梁，以稍間面濶定長。如稍間面濶壹丈陸尺伍寸，壹頭加桁條脊面半分，如桁條徑壹尺。有面壹寸伍分，得順扒梁長壹丈陸尺陸寸伍分。高、厚與伍架梁同。

凡肆角交金墩，以柁頭貳分定長。如柁頭長壹尺，得交金墩長貳尺。以平水之高定高。如平水高壹尺，交金墩即高壹尺。外加桁條徑叁分之壹作桁椀。如桁條徑壹尺，得桁椀高叁寸叁分。以順扒梁之厚定寬。如順扒梁厚壹尺柒寸，兩邊各收壹寸伍分，得交金墩寬壹尺肆寸。

凡下金墊板，長與老簷墊板同，稍間收步架壹分得長。兩山之長隨兩山下金枋，其高、厚與老簷墊板同。

凡伍架梁，以步架肆分定長。如步架肆分共深貳丈貳尺，兩頭各加桁條徑壹分，得柁頭分位。如桁條徑壹尺，得伍架梁通長貳丈肆尺。以柒架梁之高、厚各收貳寸定高、厚。如柒架梁高貳尺貳寸捌分，厚壹尺玖寸，得伍架梁高貳尺捌分，厚壹尺柒寸。

凡下金桁，以面濶定長。如面濶壹丈玖尺貳寸伍分，下金桁即長壹丈玖尺貳寸伍分。稍間收壹步架尺寸，壹頭加搭交出頭分位。兩山以進深收貳步架尺寸。如進深叁丈叁尺，得長貳丈貳尺。外加兩頭搭交出頭分位，照桁條徑壹分。如桁條徑壹尺，得搭交出頭長壹尺。徑寸與老簷桁同。

凡上金瓜柱，以步架壹分加舉定高。如步架壹分深伍尺伍寸，按捌舉加之，得高肆尺肆寸。內除伍架梁高貳尺捌分，得上金瓜柱淨高貳尺叁寸貳分。每寬壹尺，外加上下榫各長叁寸。如本身寬壹尺肆寸，得上下榫各長肆寸貳分。以叁架梁之厚每尺收滾楞貳寸定厚。如叁架梁厚壹尺伍寸，得上金瓜柱厚壹尺貳寸。以本身厚加貳寸定寬，得寬壹尺肆寸。

凡角背，以步架壹分定長。如步架壹分深伍尺伍寸，即長伍尺伍寸。以瓜柱之寬定高。如瓜柱寬壹尺肆寸，角背即高壹尺肆寸。以瓜柱厚叁分之壹定高。如瓜柱厚壹尺貳寸，得角背厚肆寸。

凡上金交金瓜柱，其高隨本步枋、墊之高，再加桁條徑叁分之壹作桁椀。如上金枋、墊各高壹尺，即瓜柱高貳尺，如桁條徑壹尺，得桁椀高叁寸叁分。每寬壹尺外加上、下榫各長叁寸。寬、厚與上金瓜柱同。

凡上金枋之長、高、厚，俱與老簷枋同，稍間上金枋收貳步架尺寸得長。

凡兩山上金枋，以進深定長。如進深叁丈叁尺，收肆步架尺寸。得長壹丈壹尺。內除瓜柱厚壹尺貳寸，得兩山上金枋長玖尺捌寸。外加兩頭入榫分位，各按瓜柱厚肆分之壹，得榫長各叁寸。高、厚與上金枋同。

凡上金順扒梁，以稍間面濶定長。如稍間面濶壹丈陸尺伍寸，收壹步架伍尺伍寸，得長壹丈壹尺，即長壹丈壹尺。外加桁條脊面半分壹寸伍分。高、厚與叁架梁同。

凡上金墊板之長、高、厚，俱與老簷墊板同，稍間收步架貳分得長。其兩山上金墊板之長，與兩山上金枋同。

凡三架梁，以步架二分定長。如步架貳分深壹丈一尺，即長一丈一尺，兩頭各加桁條徑壹分得柁頭分位，如桁條徑壹尺，得通長壹丈叁尺。以伍架梁高、厚各收貳寸定高、厚。如伍架梁高貳尺捌分，厚壹尺柒寸，得叁架梁高壹尺捌寸捌分，厚壹尺伍寸。

凡上金桁，以面濶定長。如面濶壹丈玖尺貳寸伍分，即長壹丈玖尺貳寸伍分。稍間收貳步架尺寸。外加壹頭搭交出頭分位。兩山以進深收肆步架尺寸得長。外加兩頭搭交出頭分位。俱照桁條徑加壹分。如桁條徑壹尺，得出頭長壹尺。徑寸與下金桁同。

凡脊瓜柱，以步架加舉定高。如步架深伍尺伍寸，按玖舉加之，得高肆尺玖寸伍分。內除叁架梁高壹尺捌寸捌分，得脊瓜柱淨高叁尺柒分。外加平水高壹尺，又加桁條徑叁分之壹作桁椀，得叁寸叁分。又以本身每寬壹尺加下榫長叁寸，如本身寬壹尺肆寸，得下榫長肆寸貳分。寬、厚與上金瓜柱同。

凡脊角背，以步架壹分定長。如步架壹分深伍尺伍寸，脊角背即長伍尺伍寸。以脊瓜柱之淨高、厚叁分之壹定高、厚。如脊瓜柱除桁椀淨高肆尺柒分，厚壹尺貳寸，得脊角背高壹尺叁寸伍分，厚肆寸。

凡脊枋長、高、厚，俱與老簷枋同。

凡脊墊板長、高、厚，俱與老簷墊板同。

凡脊桁，以面濶定長。如面濶壹丈玖尺貳寸伍分，即長壹丈玖尺貳寸伍分。稍間壹頭外加出頭分位，照桁條徑加壹分。如桁條徑壹尺，得出頭壹尺。徑寸與上金桁同。

凡扶脊木，長短徑寸俱與脊桁同。脊椿，照通脊之高，再加扶脊木徑壹分，桁條徑肆分之壹得長。寬照椽徑壹分，厚按本身之寬減半。

凡仔角梁，以出廊並出簷各尺寸用方伍斜柒加舉定長。如出廊深五尺五寸，出簷七尺五寸，出照斗口之數加算。如斗口單昂，每斗口壹寸，出簷貳尺肆寸。如斗口重昂並單翹單昂，每斗口壹寸，出簷貳尺柒寸。如單翹重昂。每斗口壹寸，出簷叁尺。如重翹重昂，每斗口壹寸，出簷叁尺叁寸。得長壹丈叁尺。用方伍斜柒之法加長，又按壹壹伍加舉，共長貳丈玖寸叁分，再加翼角斜出椽徑叁分。如椽徑叁寸伍分，並得長貳丈壹尺玖寸捌分，再加套獸榫照角梁本身厚壹分。如角梁厚柒寸，套獸榫即長柒寸，得仔角梁通長貳丈貳尺陸寸捌分。以椽徑叁分定高，貳分定厚。如椽徑叁寸伍分，得仔角梁高壹尺伍分，厚柒寸。

凡老角梁，以仔角梁之長，除飛簷頭並套獸榫定長。如仔角梁長貳丈貳尺陸寸捌分，内除飛簷頭長肆尺貳分，並套獸榫長柒寸，得長壹丈柒尺玖寸陸分。外加後尾叁岔頭照金柱徑壹分。如金柱徑壹尺柒寸，得老角梁通長壹丈玖尺陸寸陸分。高、厚與仔角梁同。

凡下花架由戧，以步架壹分定長。如步架一分深伍尺伍寸，即長五尺五寸，用方五斜七之法加斜長，又按壹貳伍加舉，得長玖尺陸寸貳分。再加搭交按柱徑半分。如下交金墩寬壹尺肆寸，得搭交長柒寸，得下花架由戧通長壹丈叁寸貳分。高、厚與仔角梁同。

凡上花架由戧，以步架壹分定長。如步架壹分深伍尺伍寸，即長伍尺伍寸，用方伍斜柒之法加斜長，又按壹叁加舉，得長壹丈壹分。再加搭交按柱徑半分。如上交金墩厚壹尺貳寸，得搭交長陸寸，得上花架由戧通長壹丈陸寸壹分。高、厚與仔角梁同。

凡脊由戧，以步架壹分定長。如步架壹分深伍尺伍寸，即長伍尺伍寸，用方伍斜柒之法加斜長，又按壹叁伍加舉，得脊由戧通長壹丈叁寸玖分。高、厚與仔角梁同。以上由戧每根外加搭交榫按本身厚壹分，如本身厚柒寸，得榫長柒寸。

凡枕頭木，以出廊定長。如出廊深伍尺伍寸，即長伍尺伍寸。外加叁拽架尺寸，内除角梁厚半分，得枕頭木長柒尺肆寸。以挑簷桁徑拾分之叁定寬。如挑簷桁徑捌寸，得枕頭木寬貳寸肆分。正心桁上枕頭木以出廊定長。如出廊深伍尺伍寸，即長伍尺伍寸。内除角梁厚半分，得正心桁上枕頭木淨長伍尺壹寸伍分。以正心桁徑拾分之叁定寬。如正心桁徑壹尺，得枕頭木寬叁寸。以椽徑貳分半定高。如椽徑叁寸伍分，得枕頭木壹頭高捌寸柒分；壹頭斜尖與桁條平。兩山枕頭木做法同。

凡椽椀、椽中板，以面濶定長。如面濶壹丈玖尺貳寸伍分，即長壹丈玖尺貳寸伍分。以椽徑壹分再加椽徑叁分之壹定高。如椽徑叁寸伍分，得椽椀並椽中板高肆寸陸分。以椽徑叁分之壹定厚，得厚壹寸壹分。兩山椽椀、椽中板做法同。

凡簷椽，以出廊並出簷加舉定長。如出廊深伍尺伍寸，又加出簷照單翹重昂斗科叁拾分，斗口貳寸伍分。得柒尺伍寸，共長壹丈叁尺。又按壹壹伍加舉，得通長壹丈肆尺玖寸伍分。内除飛簷頭長貳尺捌寸柒分，得簷椽淨長壹丈貳尺捌分。以桁條徑每尺用叁寸伍分定徑。如桁條徑壹尺，得椽徑叁寸伍分。兩山簷椽做法同。每椽空檔，隨椽徑壹分，每間椽數俱應成雙，檔之寬窄，隨數均匀。

凡下花架椽，以步架加舉定長。如步架深伍尺伍寸，按壹貳伍加舉，得下花架椽長陸尺捌寸柒分。徑寸與簷椽同。稍間短椽壹步架，兩山短椽貳步架，折半核算。

凡上花架椽，以步架加舉定長。如步架深伍尺伍寸，按壹叁加舉，得上花架椽長柒尺壹寸伍分。徑與簷椽同。稍間收壹步架，又短椽壹步架。兩山收貳步架。又短椽貳步架。俱折半核算。

凡腦椽，以步架加舉定長。如步架深伍尺伍寸，按壹叁伍加舉，得腦椽長柒尺肆寸貳分。徑與簷椽同。稍間以壹步架定椽根數。兩山以貳步架定椽根數。俱係短椽，折半核算。以上簷腦椽，壹頭加搭交尺寸，花架椽兩頭各加搭交尺寸，俱照椽徑壹分。如椽徑叁寸伍分，得搭交長叁寸伍分。

凡飛簷椽，以出簷定長。如出簷柒尺伍寸，按壹壹伍加舉，得長捌尺陸寸貳分，叁分分之，出頭壹分，得長貳尺捌寸柒分。後尾貳分半，得長柒尺壹寸柒分，加之，得飛簷椽通長壹丈肆分。見方與簷椽徑寸同。

凡翼角翹椽，長、徑俱與平身簷椽同。其起翹之處，以挑簷桁中出簷尺寸，用方伍斜柒之法，再加廊深並正心桁中至挑簷桁中之拽架各尺寸定翹數。如挑簷桁中出簷長伍尺貳寸伍分，方伍斜柒加之，得長柒尺叁寸伍分。再加廊深伍尺伍寸，並叁拽架長貳尺貳寸伍分，共長壹丈伍尺壹寸，内除角梁厚半分，得淨長壹丈肆尺柒寸伍分，即係翼角椽檔分位。翼角翹椽以成單爲率，如逢雙數，應改成單。

凡翹飛椽，以平身飛簷椽之長，用方伍斜柒之法定長。如飛簷椽長壹丈肆分，用方伍斜柒加之，第壹翹，得長壹丈肆尺伍分。其餘以所定翹數每根遞減長伍分伍釐。其高比飛簷椽加高半分。如飛簷椽高叁寸伍分，得翹椽高伍寸貳分伍釐，厚仍叁寸伍分。

凡順望板，以椽檔定寬。如椽徑叁寸伍分，檔寬叁寸伍分，共寬柒寸，順望板每塊即寬柒寸。長隨各椽净長尺寸，内除裏口分位。以椽徑叁分之壹定厚。如椽徑叁寸伍分，得順望板厚壹寸壹分。

凡裏口，以面濶定長。如面濶壹丈玖尺貳寸伍分，即長壹丈玖尺貳寸伍分。以椽徑壹分，再加望板厚壹分半定高。如椽徑叁寸伍分，望板之厚壹分半，壹寸陸分，得裏口高伍寸壹分。厚與椽徑同。兩山裏口做法同。

凡閘檔板，以翹檔分位定長。如椽檔寬叁寸伍分，即閘檔板寬叁寸伍分。外加入槽，每寸壹分。高隨椽徑尺寸。以椽徑拾分之貳定厚。如椽徑叁寸伍分，得閘檔板厚柒分。其小連簷自起翹處至老角梁得長。寬隨椽徑壹分。厚照望板之厚壹分半，得厚壹寸陸分。兩山閘檔板、小連簷做法同。

凡連簷，以面濶定長。如面濶壹丈玖尺貳寸伍分，即長壹丈玖尺貳寸伍分。其廊子連簷，以出廊伍尺伍寸，出簷柒尺伍寸，共長壹丈叁尺。除角梁之厚半分，净長壹丈貳尺陸寸伍分。兩山同。以每尺加翹壹寸，共長壹丈叁尺玖寸壹分。高厚與簷椽徑寸同。

凡瓦口之長，與連簷同，以椽徑半分定高。如椽徑叁寸伍分，得瓦口高壹寸柒分。以本身之高折半定厚，得厚捌分。

凡翹飛翼角橫望板，以出廊並出簷加舉折見方丈定長、寬。飛簷壓尾橫望板俱以面濶飛簷尾之長折見方丈核算。以椽徑拾分之貳定厚。如椽徑叁寸伍分，得橫望板厚柒分。

以上俱係大木做法，其餘斗科及裝修等件並各項工料，逐欵分別，另册開載。

愛新覺羅・允禮等《工程做法》卷二《玖檩歇山轉角大木》 玖檩歇山轉角前後廊單翹重昂斗科斗口三寸大木做法開後，計開：

凡面濶、進深，以斗科攢數定，每攢以口數拾壹分定寬。每斗口壹寸，隨身加壹尺壹寸，爲拾壹分。如斗口叁寸，以科中分算，得斗科每攢寬叁尺叁寸。如面濶用平身斗科肆攢，加兩邊柱頭科各半攢，共斗科伍攢，得面濶壹丈陸尺伍寸。如次間收分壹攢，得面濶壹丈叁尺貳寸。稍間同，或再收壹攢，臨期酌定。如進深用平身斗科別攢，加兩邊柱頭科各半攢，共斗科玖攢，並之，得進深貳丈玖尺柒寸。如廊内用平身斗科壹攢，加兩邊柱頭科各半攢，共斗科貳攢，並之，得前、後廊各進深陸尺陸寸，加之，得通進深肆丈貳尺玖寸。

凡簷柱，以斗口柒拾分，除平板枋、斗科高分位定高。每斗口壹寸，隨身加柒尺，爲柒拾分。如斗口叁寸，得簷柱連平板枋斗科通高貳丈壹尺。内除平板枋高六寸，斗科高貳尺柒寸陸分，得簷柱净高壹丈柒尺六寸肆分。外每柱徑壹尺，加上、下榫各長叁寸。如柱徑壹尺捌寸，得榫長各伍寸肆分。以斗口陸分定徑寸。每斗口壹寸，隨身加陸寸，爲陸分。如斗口叁寸，得簷柱徑壹尺捌寸。兩山簷柱做法同。

凡金柱，以出廊並正心桁中至挑簷桁中拽架尺寸用架舉定高。如廊深陸尺陸寸，正心桁中至挑簷桁中貳拽架壹尺捌寸。每拽架以斗口叁分爲壹拽架，得玖寸。共深捌尺肆寸，按伍舉加之，得高肆尺貳寸。並簷柱、平板枋、斗科通高貳丈壹尺，得金柱高貳丈伍尺貳寸。外每柱徑壹尺，加上、下榫各長叁寸。如柱徑貳尺，得榫長各陸寸。以簷柱徑加貳寸定徑寸。如簷柱徑壹尺捌寸，得金柱徑貳尺。

凡小額枋，以面濶定長。如面濶壹丈陸尺伍寸，兩頭共除柱徑壹分壹尺捌寸，得净面濶壹丈肆尺柒寸，即長壹丈肆尺柒寸。外加兩頭入榫分位，各按柱徑肆分之壹。如柱徑壹尺捌寸，得榫長各肆寸伍分。廊子小額枋一頭加柱徑半分，又照本身高加半分，得出榫分位。如本身高壹尺貳寸，得出榫長陸寸。壹頭除柱徑半分，外加入榫分位，亦按柱徑肆分之壹。以斗口肆分定高。如斗口叁寸，得小額枋高壹尺貳寸。以本身高收貳寸定厚，得厚壹尺。兩山小額枋做法同。

凡由額墊板，以面濶定長。如面濶壹丈陸尺伍丈，兩頭共除柱徑壹分壹尺捌寸，得净面濶壹丈肆尺柒寸，即長壹丈肆尺柒寸。外加兩頭入榫分位，各按柱徑拾分之貳。如柱徑壹尺捌寸，得榫長各叁寸陸分。以斗口貳分定高，壹分定厚。如斗口叁寸，得由額墊板高陸寸，厚叁寸。兩山由額墊板做法同。

凡大額枋之長，俱與小額枋同。其廊子大額枋，壹頭加簷柱徑壹分，得霸王拳分位。壹頭除柱徑半分，外加入榫分位，按柱徑肆分之壹。以斗口陸分定高。如斗口叁寸，得大額枋高壹尺捌寸。以本身高收貳寸定厚，得大額枋厚一尺六寸。兩山大額枋做法同。

凡平板枋，從面闊定長。如面濶壹丈陸尺伍寸，即長一丈六尺伍寸。外每寬壹尺，加扣榫長叁寸。如平板枋寬玖寸，得扣榫長貳寸柒分。其廊子平板枋，壹頭加柱徑壹分，得交角出頭分位。如柱徑壹尺捌寸，得出頭長壹尺捌寸。以斗口叁分定寬，貳分定高。如斗口叁寸，得平板枋寬玖寸，高陸寸。兩山平板枋做法同。

凡桃尖梁，以廊子進深並正心桁中至挑簷桁中定長。如廊深陸尺陸寸，正心桁中至挑簷桁中長壹尺捌寸，共長捌尺肆寸，又加貳拽架尺寸長壹尺捌寸，得桃尖梁通長壹丈貳寸。外加金柱徑半分，又出榫照隨梁枋高半分。如隨梁枋高壹尺貳寸，得出榫長陸寸。以拽架加舉定高如單翹單昂得貳拽架深壹尺捌寸，按伍舉加之，得高玖寸。又加螞蚱頭、撐頭木各高陸寸，得桃尖梁高貳尺壹寸。螞蚱頭，撐頭木。詳載斗科做法。以斗口陸分定厚。如斗口叁寸，得桃尖梁厚壹尺捌寸。以斗口肆分定桃尖梁頭之厚，得厚壹尺貳寸。

凡桃尖隨梁枋，以出廊定長。如出廊深陸尺陸寸，即長陸尺陸寸。外壹頭加簷柱徑半分，壹頭加金柱徑半分。又兩頭出榫照本身高加半分。如本身高壹尺貳寸，得出榫各長陸寸。高、厚與小額枋同。

凡順桃尖梁，以稍間面濶並正心桁中至挑簷桁中定長。如稍間面濶壹丈叁尺貳寸，正心桁中至挑簷桁中長壹尺捌寸，共長壹丈伍尺。又加貳拽架尺寸，得順桃尖梁通長壹丈陸尺捌寸。外加金柱徑半分，又出榫照順隨梁枋高半分。如順隨梁枋高壹尺貳寸，得出榫長陸寸。高、厚與桃尖梁做法同。

凡順隨梁枋，以稍間面濶定長。如稍間面濶壹丈叁尺貳寸，即長壹丈叁尺貳寸。外壹頭加簷柱徑半分，壹頭加金柱徑半分。又兩頭出榫照本身高加半分。如本身高壹尺貳寸，得出榫各長陸寸。高、厚與小額枋同。

凡挑簷桁，以面濶定長。如面濶壹丈陸尺伍寸，即長壹丈陸尺伍寸。外每徑壹尺，加扣榫長叁寸，如徑壹尺，得扣榫長叁寸。其廊子挑簷桁，壹頭加貳拽架長壹尺捌寸，又加交角出頭分位，按本身徑壹分半。如本身徑壹尺，得交角出頭壹尺伍寸。以正心桁之徑收貳寸定徑寸，如正心桁徑壹尺貳寸，得挑簷桁徑壹尺。兩山挑簷桁做法同。

凡挑簷枋，以面濶定長。如面濶壹丈陸尺伍寸，內除桃尖梁頭之厚壹尺貳寸，得淨面濶壹丈伍尺叁寸，即挑簷枋長壹丈伍尺叁寸。外加兩頭入榫分位，各按本身厚壹分。如本身厚叁寸，得榫長各叁寸。其廊子挑簷枋，壹頭加貳拽架長壹尺捌寸，又加交角出頭分位，按挑簷桁徑壹分半，如挑簷桁徑壹尺，得出頭長壹尺伍寸。壹頭除桃尖梁頭之厚半分，外加入榫分位，按本身厚壹分，如本身厚叁寸，得榫長叁寸。以斗口貳分定高，壹分定厚。如斗口叁寸，得挑簷枋高陸寸，厚叁寸。兩山挑簷枋做法同。

凡正心桁，以面濶定長。如面濶壹丈陸尺伍寸，即長壹丈陸尺伍寸。外每徑壹尺，加搭交榫長叁寸陸分。如徑壹尺貳寸，得榫長叁寸陸分。其廊子正心桁，壹頭加交角出頭分位，按本身徑壹分。如本身徑壹尺貳寸，得出頭長壹尺貳寸。以斗口肆分定徑。如斗口叁寸，得正心桁徑壹尺貳寸。兩山正心桁做法同。

凡正心枋，計叁層，以面濶定長。如面濶壹丈陸尺伍寸，內除桃尖梁頭之厚壹尺貳寸，得淨面濶壹丈伍尺叁寸。外加兩頭入榫分位，各按本身之厚半分。如本身高陸寸，得榫長各叁寸。其廊子正心枋，壹頭除桃尖梁頭之厚半分，外加入榫分位，按本身高半分，得榫長叁寸。第壹層壹頭帶螞蚱頭長貳尺柒寸，第貳層壹頭帶撐頭木長壹尺捌寸。以斗口貳分定高。如斗口叁寸，得正心枋高陸寸。以斗口壹分，外加色掩定厚。如斗口叁寸，加包掩陸分，得正心枋厚叁寸陸分。兩山正心枋做法同。

凡裏、外拽枋，以面濶定長。如面濶壹丈陸尺伍寸，裏面除桃尖梁身厚壹尺捌寸，得長壹丈肆尺柒寸，外面除桃尖梁頭厚壹尺貳寸，得長壹丈伍尺叁寸。裏、外拽枋外加兩頭入榫分位，各按本身厚壹分。如本身厚叁寸，得榫長各叁寸。其廊子拽枋，裏壹根，壹頭除桃尖梁身之厚半分，外壹根，壹頭除桃尖梁頭之厚半分。各加入榫分位，按本身厚壹分，如本身厚叁寸，得榫長叁寸。外壹根壹頭帶撐頭木長壹尺捌寸，裏壹根收壹拽架長玖寸。高、厚與挑簷枋同。兩山拽枋做法同。

凡井口枋之長，與裏面拽枋同，外加兩頭入榫分位，各按本身厚壹分。如本身厚叁寸，得榫長各叁寸。其廊子井口枋，壹頭收貳拽架長壹尺捌寸，壹頭除桃尖梁之厚半分，外加入榫按本身厚壹分。以挑簷桁之徑定高，如挑簷桁徑壹尺，井口枋即高壹尺。厚與拽枋同。兩山井口枋做法同。

凡老簷桁，以面濶定長。如面濶壹丈陸尺伍寸，老簷桁即長壹丈陸尺伍寸。外每徑壹尺，加搭交榫長叁寸。其稍間老簷桁，按面濶內除安博脊分位得長。徑與正心桁同。

凡老簷墊板，以面濶定長。如面濶壹丈陸尺伍寸，內除柒架梁頭厚貳尺貳寸，得淨面濶壹丈肆尺叁寸，老簷墊板即長壹丈肆尺叁寸。外加兩頭入榫分位，照梁頭之厚每尺加入榫貳寸。如梁頭厚貳尺貳寸，得榫長各肆寸肆分。其稍間墊板，壹頭除梁頭厚半分，壹頭除金柱徑半分。加榫仍照前法。以斗口肆分定高，壹分定厚。如斗口叁寸，得老簷墊板高壹尺貳寸，厚叁寸。

凡老簷枋，以，面濶定長。如面濶壹丈陸尺伍寸，內除柱徑壹分貳尺，得淨面濶壹丈肆尺伍寸，即長壹丈肆尺伍寸。外加兩頭入榫分位，各按柱徑肆分之壹。如柱徑貳尺，得榫長各伍寸。高、厚與小額枋同。

凡天花墊板，以舉架定高。如舉架高肆尺貳寸，內除老簷枋之高壹尺貳寸，桃尖梁高貳尺壹寸，得天花墊板高玖寸。長厚與老簷墊板同。

凡天花枋之長，與老簷枋同，以小額枋之高加貳寸定高。如小額枋高壹尺貳寸，得天花枋高壹尺肆寸。以本身高收貳寸定厚，得天花枋厚壹尺貳寸。

凡採步金枋，以進深定長。如進深貳丈玖尺柒寸，除金柱徑壹分貳尺，得淨進深貳丈柒尺柒寸，即長貳丈柒尺柒寸。外加兩頭入榫分位，各按柱徑肆分之壹。如柱徑貳尺，得椎長各伍寸。高、厚與小額枋同。

凡採步金，以進深定長。如進深貳丈玖尺柒寸。兩頭加假桁條頭各按桁條徑壹分半。如桁條徑壹尺貳寸，得假桁條頭各長壹尺捌寸，得採步金長叁丈叁尺叁寸。以金柱徑加貳寸定厚。如柱徑貳尺，得採步金厚貳尺貳寸。以本身厚每尺加貳寸定高，得採步金高貳尺陸寸肆分。

凡柒架梁，以步架陸分定長。如步架陸分共深貳丈玖尺柒寸，兩頭各加桁條徑壹分得柁頭分位。如桁條徑壹尺貳寸，得柒架梁通長叁丈貳尺壹寸。高、厚與採步金同。

凡柒架隨梁枋，以步架陸分定長。如步架陸分深貳丈玖尺柒寸，內除金柱徑壹分貳尺，得柒架隨梁枋長貳丈柒尺貳寸。外加丙頭入榫分位，各按柱徑肆分之壹。如柱徑貳尺，得榫長各伍寸。高、厚與大額枋同。

凡天花梁之長，與柒架隨梁枋同，以金柱徑加貳寸定高。如金柱徑貳尺，得天花梁高貳尺貳寸。以本身高收貳寸定厚，得厚貳尺。

凡採步金下交金橔，以出廊並正心桁中至挑簷桁中之拽架尺寸用加舉定高。如廊深陸尺陸寸，正心桁中至挑簷桁中貳拽架壹尺捌寸，共深捌尺肆寸，按伍舉加之，得高肆尺貳寸，內除順桃尖梁之高貳尺壹寸，得交金橔淨高貳尺壹寸。每寬壹尺加下榫長叁寸。如本身寬壹尺玖寸陸分，得榫長伍寸捌分。以採步金之厚每尺收滾楞貳寸定厚。如採步金厚貳尺貳寸，得交金橔厚壹尺柒寸陸分。以本身厚加貳寸定寬，得寬壹尺玖寸陸分。

凡下金瓜柱，以步架加舉定高。如步架深肆尺玖寸伍分，按柒舉加之，得高叁尺肆寸陸分，內除柒架梁之高貳尺陸寸肆分，得瓜柱淨高捌寸貳分。外每寬壹尺，加上、下榫各長叁寸。如本身寬壹尺捌寸，得榫長各伍寸肆分。以伍架梁之厚每尺收滾楞貳寸定厚。如伍架梁厚貳尺，得瓜柱厚壹尺陸寸。以本身厚加貳寸定寬，得寬壹尺捌寸。

凡伍架梁，以步架肆分定長。如步架肆分深壹丈玖尺捌寸，兩頭各加桁條徑壹分得柁頭分位。如桁條徑壹尺貳寸，得伍架梁通長貳丈貳尺貳寸。以柒架梁之高、厚各收貳寸定高、厚。如柒架梁高貳尺陸寸肆分，厚貳尺貳寸，得伍架梁高貳尺肆寸肆分，厚貳尺。

凡上金瓜柱，以步架加舉定高。如步架深肆尺玖寸伍分，按捌舉加之，得高叁尺玖寸陸分，內除伍架梁之高貳尺肆寸肆分，得上金瓜柱淨高壹尺伍寸貳分。外每寬壹尺，加上、下榫各長叁寸。如本身寬壹尺陸寸肆分，得上、下榫各長肆寸玖分。以叁架梁之厚每尺收滾楞貳寸定厚。如叁架梁厚壹尺捌寸，得上金瓜柱厚壹尺肆寸肆分。以本身厚每尺加貳寸定寬，得寬壹尺陸寸肆分。

凡角背，以步架定長。如步架深肆尺玖寸伍分，角背即長肆尺玖寸伍分。以瓜柱之淨高折半定高。如瓜柱高壹尺伍寸貳分，得角背高柒寸陸分。以瓜柱厚叁分之壹定厚。如瓜柱厚壹尺肆寸肆分，得角背厚肆寸捌分。

凡金脊桁之長、徑做法，俱與老簷桁同。

凡金脊枋之長、寬、厚做法，俱與老簷枋同。除瓜柱之徑壹分，外加入榫分位，各按柱徑肆分之壹。

凡金脊墊板之長、寬、厚做法，俱與老簷墊板同。除梁頭或脊瓜柱，外加入榫尺寸。

凡叁架梁，以步架貳分定長。如步架貳分深玖尺玖寸，兩頭各加桁條徑壹分得柁頭分位。如桁條徑壹尺貳寸，得叁架梁通長壹丈貳尺叁寸。以伍架梁之高、厚各收貳寸定高、厚。如伍架梁高貳尺肆寸肆分，厚貳尺，得叁架梁高貳尺貳寸肆分，厚壹尺捌寸。

凡脊瓜柱，以步架加舉定高。如步架深肆尺玖寸伍分，按玖舉加之，得高肆尺肆寸伍分，又加平木高壹尺貳寸，得共高伍尺陸寸伍分。內除叁架梁之高貳尺貳寸肆分，得脊瓜柱淨高叁尺肆寸壹分。外加桁條徑叁分之壹作上桁椀。如桁條徑壹尺貳寸，得桁椀肆寸。又每寬壹尺加下榫長叁寸。如本身寬壹尺陸寸肆分，得下榫長肆寸玖分。寬、厚與上金瓜柱同。

凡脊角背，以步架定長。如步架深肆尺玖寸伍分，角背即長肆尺玖寸伍分。以脊瓜柱之高、厚叁分之壹定高、厚。如脊瓜柱除桁椀淨高叁尺肆寸壹分，厚壹尺肆寸肆分，得脊角背高壹尺壹寸叁分，厚肆寸捌分。

凡扶脊木長、徑做法，俱與脊桁同。脊椿照通脊之高，再加扶脊木之徑壹分，桁條徑肆分之壹得長。寬照椽徑壹分，厚按本身之寬折半。

凡仔角梁，以出廊並出簷各尺寸，用方伍斜柒舉架定長。如出廊深陸尺陸寸，出簷捌尺壹寸，出簷照斗口加算。如斗口單昂，每斗口壹寸，出簷貳尺肆寸。如斗口重昂並單翹單昂每斗口壹寸出簷貳尺柒寸。如單翹重昂，每斗口壹寸，出簷叁尺；如雙翹重昂，每斗口壹寸，出簷叁尺叁寸。得長壹丈肆尺柒寸。用方伍斜柒之法加長，又按壹壹伍加舉，共長貳丈叁尺陸寸陸分。再加翼角斜出椽徑叁分，如椽徑肆寸貳分，得並長貳丈肆尺玖寸貳分。再加套獸榫照角梁本身之厚壹分，如角梁厚捌寸肆分，即套獸榫長捌寸肆分，得仔角梁通長貳丈伍尺柒寸陸分。以椽徑叁分定高，貳分定厚。如椽徑肆寸貳分。得仔角梁高壹尺貳寸陸分，厚捌寸肆分。

凡老角梁，以仔角梁之長，除飛簷頭並套獸榫定長。如仔角梁長貳丈伍尺柒寸陸分，內除飛簷頭長肆尺叁寸肆分，並套獸榫長捌寸肆分，得長貳丈伍寸捌分。外加後尾叁岔頭，照金柱徑壹分，如金柱徑貳尺，得老角梁通長貳丈貳尺伍寸捌分。高、厚與仔角梁同。

凡枕頭木，以出廊定長。如出廊深陸尺陸寸。即長陸尺陸寸。外加貳拽架長壹尺捌寸，內除角梁之厚半分，得枕頭木長柒尺玖寸捌分。以挑簷桁徑拾分之叁定寬。如挑簷桁徑壹尺，得枕頭木寬叁寸。正心桁上枕頭木以出廊定長。如出廊深陸尺陸寸，即長陸尺陸寸。內除角梁之厚半分，得正心桁上枕頭木淨長陸尺壹寸捌分。以正心桁徑拾分之叁定寬。如正心桁徑壹尺貳寸，得枕頭木寬叁寸陸分。以椽徑貳分半定高。如椽徑肆寸貳分，得枕頭木壹頭高壹尺伍分，壹頭斜尖與桁條平。兩山枕頭木做法同。

凡椽椀、椽中板，以面濶定長。如面濶壹丈陸尺伍寸，即長壹丈陸尺伍寸。以椽徑壹分，再加椽徑叁分之壹定高。如椽徑肆寸貳分，得椽椀、椽中板高伍寸陸分。以椽徑叁分之壹定厚，得厚壹寸肆分。兩山椽椀做法同。

凡簷椽，以出廊並出簷加舉定長。如出廊深陸尺陸寸，又加出簷照單翹單昂斗科貳拾柒分，斗口叁寸，得捌尺壹寸，共長壹丈肆尺柒寸。又按壹壹伍加舉，得通長壹丈陸尺玖寸。內除飛簷頭長叁尺壹寸，得簷椽淨長壹丈叁尺肆寸。以桁條徑每尺叁寸伍分定徑。如桁條徑壹尺貳寸，得椽徑肆寸貳分。兩山簷椽做法同。每椽空檔隨椽徑壹分。每間椽數俱應成雙，檔之寬窄，隨數均勻。

凡下花架椽，以步架加舉定長。如步架深肆尺玖寸伍分，按壹貳伍加舉，得下花架椽長陸尺壹寸捌分。徑與簷椽同。

凡上花架椽，以步架加舉定長。如步架深肆尺玖寸伍分，按壹叁加舉，得上花架椽長陸尺肆寸叁分。徑與簷椽同。

凡腦椽，以步架加舉定長。如步架深肆尺玖寸伍分，按壹叁伍加舉，得腦椽長陸尺陸寸捌分。徑與簷椽同。以上簷、腦椽，壹頭加搭交尺寸，花架椽兩頭各加搭交尺寸，俱照椽徑加壹分。如椽徑肆寸貳分，得搭交長肆寸貳分。

凡兩山出稍啞叭花架、腦椽，俱與正花架、腦椽同。啞叭簷椽以挑山檩之長得長，係短椽，折半核算。

凡飛簷椽，以出簷定長。如出簷捌尺壹寸，按壹壹伍加舉，得長玖尺叁寸壹分，叁分分之。出頭壹分得長叁尺壹寸，後尾貳分半，得長柒尺柒寸伍分。得飛簷椽通長壹丈捌寸伍分。見方與簷椽徑寸同。

凡翼角翹椽，長、徑俱與平身簷椽同。其起翹之處，以拱簷桁中出簷尺寸，用方伍斜柒之法，再加廊深並正心桁中至桁簷桁中拽架各尺寸定翹數。如挑簷桁中出簷陸尺叁寸，方伍斜柒加之，得長捌尺捌寸貳分，再加廊深陸尺陸寸，並貳拽架長壹尺捌寸，共長壹丈柒尺貳寸貳分。內除角梁之厚半分，得淨長壹丈陸尺捌寸，即係翼角椽檔分位。但翼角翹椽以成單爲率，如逢雙數，應改成單。

凡翹飛椽，以平身飛簷椽之長，用方伍斜柒之法定長。如飛簷椽長壹丈捌寸伍分，用方伍斜柒加之，第壹翹得長壹丈伍尺貳寸，其餘以所定翹數，每根遞減長伍分伍釐。其高比飛簷椽加高半分。如飛簷椽高肆寸貳分，得翹椽高陸寸叁分，厚仍肆寸貳分。

凡裏口，以面濶定長。如面濶壹丈陸尺伍寸，即長壹丈陸尺伍寸。以椽徑壹分再加望板之厚壹分半定高。如椽徑肆寸貳分，望板之厚壹分半貳寸壹分，得裏口高陸寸叁分。厚與椽徑同。兩山裏口做法同。

凡閘檔板，以翹檔分位定長。如椽檔寬肆寸貳分，即閘檔板寬肆寸貳分。外加入槽每寸壹分。高隨椽徑尺寸，以椽徑拾分之貳定厚。如椽徑肆寸貳分，得閘檔板厚捌分肆釐。其小連簷自起翹處至老角梁得長。寬隨椽徑壹分。厚照望板之厚壹分半，得厚貳寸壹分。兩山閘檔板、小連簷做法同。

凡順望板，以椽檔定寬。如椽徑肆寸貳分，檔寬肆寸貳分，共寬捌寸肆分，順望板每塊即寬捌寸肆分。長隨各椽淨長尺寸。以椽徑叁分之壹定厚。如椽徑肆寸貳分，得順望板厚壹寸貳分。

凡翹飛翼角橫望板，以出廊並出簷加舉折見方丈定長寬。飛簷壓尾橫望板俱以面闊飛簷尾之長折見方丈核算。以椽徑拾分之貳定厚。如椽徑肆寸貳分，得橫望板厚捌分肆釐。

凡連簷，以面闊定長。如面闊壹丈陸尺伍寸，即長壹丈陸尺伍寸。其廊子連簷以出廊陸尺陸寸，出簷捌尺壹寸，共長壹丈肆尺柒寸。除角梁之厚半分，淨長壹丈肆尺貳寸捌分。兩山同。從每尺加翹壹寸，共長壹丈伍尺柒寸。高厚與簷椽徑寸同。

凡瓦口，長與連簷同。以椽徑半分定高。如椽徑肆寸貳分，得瓦口高貳寸壹分。以本身高折半定厚，得厚壹寸伍釐。

凡榻腳木，以步架陸分，外加桁條之徑貳分定長。如步架陸分長貳丈玖尺柒寸，外加兩頭桁條之徑各壹分。如桁條徑壹尺貳寸，得榻腳木通長叁丈貳尺壹寸。見方與桁條之徑同。

凡草架柱子，以步架加舉定高。如步架深肆尺玖寸伍分，第壹步架按柒舉加之，得高叁尺肆寸陸分；第貳步架按捌舉加之，得高叁尺玖寸發，貳步架共高柒尺肆寸貳分，上金桁下草架柱子即高柒尺肆寸貳分；第叁步架按玖舉加之，得高肆尺肆寸五分。叁步架共高壹丈壹尺捌寸柒分，脊桁下草架柱子即高壹丈壹尺捌寸柒分。外兩頭俱加入榫分位，按本身之寬、厚折半，如本身寬、厚陸寸，得榫長各叁寸。以榻腳木見方尺寸折半定寬、厚。如榻腳木見方壹尺貳寸，得草架柱子見方陸寸。其穿貳根。內下金壹根，以步架肆分定長。如步架肆分共長壹丈玖尺捌寸，即穿長壹丈玖尺捌寸。上金壹根，以步架貳分定長。如步架貳分長玖尺玖寸，即穿長玖尺玖寸。寬、厚與草架柱子同。

凡山花，以進深定寬。如進深肆丈貳尺玖寸，前後廊各收陸尺陸寸，得山花通寬貳丈玖尺柒寸。以脊中草架柱子之高加扶脊木並桁條之徑定高。如草架柱子高壹丈壹尺捌寸柒分，扶脊木、脊桁各徑壹尺貳寸，加之得山花中高壹丈肆尺貳寸柒分。係尖高做法，均折核算。以桁條徑肆分之壹定厚。如桁條徑壹尺貳寸，得山花厚叁寸。

凡博縫板，隨各椽之長得長。如下花架椽長陸尺壹寸捌分，即下花架博縫板長陸尺壹寸捌分。如上花架椽長陸尺肆寸叁分，即上花架博縫板長陸尺肆寸叁分。如腦椽長陸尺陸寸捌分，即腦博縫板長陸尺陸寸捌分。每博縫板外加搭岔分位，照本身之寬加長。如本身寬貳尺伍寸貳分，每塊即加長貳尺伍寸貳分。以椽徑陸分定寬。如椽徑肆寸貳分，得博縫板寬貳尺伍寸貳分。厚與山花板之厚同。

以上俱係大木做法，其餘斗科及裝修等件並各項工料，逐款分別，另冊開載。

愛新覺羅・允禮等《工程做法》卷三《柒檁歇山轉角大木》

柒檁歇山轉角周圍廊斗口重昂斗科斗口貳寸伍分大木做法開後，計開：

凡面闊、進深，以斗科攢數定，每攢以口數拾壹分定寬。每斗口壹寸，隨身加壹尺壹寸，爲拾壹分。如斗口貳寸伍分，以科中分算，得斗科每攢寬貳尺柒寸伍分。如面闊用平身斗科陸攢，再加兩邊柱頭科各半攢，共斗科柒攢，得面闊壹丈玖尺貳寸伍分。如次間收分壹攢，得面闊壹丈陸尺伍寸。稍間同，或再收壹攢，臨期酌定。如廊內用平身半科壹攢，兩邊柱頭科各半攢，共貳攢，得廊子面闊伍尺伍寸。如進深用平身斗科捌攢，再加兩邊柱頭科各半攢，共斗科玖攢，得進深貳丈肆尺柒寸伍分。外加前後廊各深伍尺伍寸，得通進深叁丈伍尺柒寸伍分。

凡簷柱，以斗口柒拾分，除平板枋，斗科高分位定高。每斗口壹寸，隨身加柒尺，爲柒拾分。如斗口貳寸伍分，得簷柱連平板枋，斗科通高壹丈柒尺伍寸。內除平板枋高伍寸，斗科高貳尺叁寸，得簷柱淨高壹丈肆尺柒寸。外每柱徑壹尺，加上、下榫各長叁寸。如柱徑壹尺伍寸，得榫長各肆寸伍分。以寸口陸分定徑寸。每斗口壹寸，隨身加陸寸，爲陸分。如斗口貳寸伍分，得簷柱徑壹尺伍寸。兩山簷柱做法同。

凡金柱，以出廊並正心桁中至挑簷桁中拽架尺寸用加舉定高。如廊深伍尺伍寸，正心桁中至挑簷桁中貳拽架壹尺伍寸，每拽架以斗口叁分爲壹拽架，得柒寸伍分。共深柒尺，按伍舉加之，得高叁尺伍寸，並簷柱、平板枋、斗科通高壹丈柒尺伍寸，得金柱高貳丈壹尺。外每柱徑壹尺，加上、下榫各長叁寸。如柱徑壹尺柒寸，得榫長各伍寸壹分。其採步金柱，加平水壹分之高，如平水高壹尺，即採步金柱加高壹尺，再加桁條徑叁分之壹作桁椀。如桁條徑壹尺，得桁椀高叁寸叁分。以簷柱徑加貳寸定徑寸。如簷柱徑壹尺伍寸，得金柱徑壹尺柒寸。

凡小額枋，以面闊定長。如面闊壹丈玖尺貳寸伍分，兩頭共除柱徑壹分壹尺伍寸，得净面闊一丈柒尺柒寸伍分，即長壹丈柒尺柒寸伍分。外加兩頭入榫分位，各按柱徑肆分之壹。如柱徑壹尺伍寸，得榫長各叁寸柒分。其廊子小額枋壹頭加柱徑半分，又照本身高加半分得出榫分位。如本身高壹尺，得出榫長伍寸；壹頭除柱徑半分，外加入榫分位亦按柱徑肆分之壹。以斗口肆分定高。如斗口貳寸伍分，得小額枋高壹尺，以本身高收貳寸定厚，得厚捌寸。兩山小額枋做法同。

凡由額墊板，以面闊定長。如面闊壹丈玖尺貳寸伍分，兩頭共除柱徑壹分壹尺伍寸，得净面潤壹丈柒尺柒寸伍分，即由額墊板長壹丈柒尺柒寸伍分。外加兩頭入榫分位，各按柱徑拾分之貳。如柱徑壹尺伍寸，得榫長各叁寸。以斗口貳分定高，壹分定厚。如斗口貳寸伍分，得由額墊板高伍寸，厚貳寸伍分。兩山由額墊板做法同。

凡大額枋之長，俱與小額枋同。其廊子大額枋壹頭加簷柱徑壹分，得覇王拳分位；壹頭除柱徑半分，外加入榫分位，亦按柱徑肆分之壹。以斗口陸分定高。如斗口貳寸伍分，得大額枋高壹尺伍寸。以本身高收貳寸定厚，得大額枋厚壹尺叁寸。兩山大額枋做法同。

凡平板枋，以面潤定長。如面潤壹丈玖尺貳寸伍分，即長壹丈玖尺貳寸伍分。外每寬壹尺加扣榫長叁寸。如平板枋寬柒寸伍分，得扣榫長貳寸貳分。其廊子平板枋，壹頭加柱徑壹分得交角出頭分位。如柱徑壹尺伍寸，得出頭長壹尺伍寸。以斗口叁分定寬，貳分定高。如斗口貳寸伍分，得平板枋寬柒寸伍分，高伍寸。兩山平板枋做法同。

凡桃尖梁，以廊子進深並正心桁中至挑簷桁中定長。如廊深伍尺伍寸，正心桁中至挑簷桁中長壹尺伍寸，共長柒尺。又加貳拽架尺寸長壹尺伍寸，得桃尖梁通長捌尺伍寸。外加金柱徑半分，交出榫照隨梁枋高半分，如隨梁枋高壹尺，得出榫長伍寸。以拽架加舉定高。如斗口重昂得貳拽架深壹尺伍寸，按伍舉加之，得高柒寸伍分。又加螞蚱頭、撑頭木各高伍寸，得桃尖梁高壹尺柒寸伍分。螞蚱頭、撑頭木。詳載斗科做法。以斗口陸分定厚。如斗口貳寸伍分，得桃尖梁厚壹尺伍寸。以斗口肆分定桃尖梁頭之厚，得厚壹尺。兩山桃尖梁做法同。

凡桃尖隨梁枋，以出廊定長。如出廊深伍尺伍寸，即長伍尺伍寸。外壹頭加簷柱徑半分，壹頭加金柱徑半分，又兩頭出榫照本身高加半分。如本身高壹尺。得出榫各長伍寸。高、厚與小額枋同。兩山隨梁枋做法同。

凡挑簷桁，以而潤定長。如面潤壹丈玖尺貳寸伍分，即長壹丈玖尺貳寸伍分。外每徑壹尺加扣榫長叁寸。如徑捌寸，得扣榫長貳寸肆分。其廊子挑簷桁，壹頭加貳拽架長壹尺伍寸，又加交角出頭分位，按本身徑壹分半。如本身徑捌寸，得交角出頭壹尺貳寸。以正心桁之徑收貳寸定徑寸。如正心桁徑壹尺，得挑簷桁徑捌寸。兩山挑簷桁做法同。

凡挑簷枋，以面潤定長。如面潤壹丈玖尺貳寸伍分，内除桃尖梁頭之厚壹尺，得净面潤壹丈捌尺貳寸伍分，即挑簷枋長壹丈捌尺貳寸伍分。外加兩頭入榫分位，各按本身厚壹分。如本身厚貳寸伍分，得榫長各貳寸伍分。其廊子挑簷枋，壹頭加貳拽架長壹尺伍寸，又加交角出頭分位，按挑簷桁徑壹分半。如挑簷桁徑捌寸，得出頭長壹尺貳寸，壹頭除桃尖梁頭之厚半分，外加入榫分位，按本身厚壹分，如本身厚貳寸伍分，得榫長貳寸伍分。以斗口貳分定高，壹分定厚。如斗口貳寸伍分，得挑簷枋高伍寸，厚貳寸伍分。兩山挑簷枋做法同。

凡正心桁，以面潤定長。如面潤壹丈玖尺貳寸伍分，即長壹丈玖尺貳寸伍分。外每徑壹尺，加搭交榫長叁寸。如徑壹尺，得榫長叁寸。其廊子正心桁，壹頭加交角出頭分位，按本身徑壹分。如本身徑壹尺，得出頭長壹尺。以斗口肆分定徑。如斗口貳寸伍分，得正心桁徑壹尺。兩山正心桁做法同。

凡正心枋，計叁層，以面潤定長。如面潤壹丈玖尺貳寸伍分，内除桃尖梁頭之厚壹尺，得净面潤壹丈捌尺貳寸伍分。外加兩頭入榫分位，各按本身之高半分。如本身高伍寸，得榫長各貳寸伍分。其廊子正心枋，壹頭除桃尖梁頭之厚半分，外加入榫分位，按本身高半分，得榫長二寸伍分。第壹層，壹頭帶螞蚱頭長貳尺貳寸伍分；第貳層，壹頭帶撑頭木長壹尺伍寸。以斗口貳分定高。如斗口貳寸伍分，得正心枋高伍寸。從斗口壹分，外加包掩定厚。如斗口貳寸伍分，加包掩陸分，得正心枋厚叁寸壹分。兩山正心枋做法同。

凡裏外拽枋，以面潤定長。如面潤壹丈玖尺貳寸伍分；裏面拽枋除桃尖梁身厚一尺五寸，得長壹丈柒尺柒寸伍分；外面拽枋除桃尖梁頭厚壹尺，得長壹丈捌尺貳寸伍分。裏、外拽枋外加兩頭入榫分位，各按本身厚壹分。如本身厚貳寸伍分，得榫長各貳寸伍分。其廊子拽枋，裏壹根，壹頭除桃尖梁身之厚半分；外壹根，壹頭除桃尖梁頭之厚半分，各加入榫分位，按本身厚壹分，如本身厚貳寸伍分，得榫長貳寸伍分。外壹根，壹頭帶撑頭木長壹尺伍寸；裏壹根，收壹拽架長柒寸伍分。高、厚與挑簷枋同。兩山拽枋做法同。

凡井口枋之長，與裏面拽枋同，外加兩頭入榫分位，各按本身厚壹分。如本身厚貳寸伍分，得榫長各貳寸伍分。其廊子井口枋，壹頭收貳拽架長壹尺伍寸，壹頭除桃尖梁身之厚半分，外加入榫，按本身厚壹分。以挑簷桁之徑定高。如挑簷桁徑捌寸，井口枋即高捌寸，厚與拽枋同。兩山井口枋做法同。

凡老簷桁，以面濶定長。如面濶壹丈玖尺貳寸伍分，老簷桁即長壹丈玖尺貳寸伍分。外每徑壹尺，加搭交榫長叁寸。其稍問老簷桁，按面濶內除安博脊分位，得長。徑與正心桁同。

凡老簷墊板，以面濶定長。如面濶壹丈玖尺貳寸伍分，內除伍架梁頭之厚壹尺玖寸，得淨面濶壹丈柒尺叁寸伍分，老簷墊板即長壹丈柒尺叁寸伍分。外加兩頭入榫分位，照梁頭之厚每尺加入榫貳寸。如梁頭厚壹尺玖寸，得榫長各叁寸捌分。其稍間墊板，壹頭除梁頭厚半分，壹頭除金柱徑半分。加榫仍照前法。兩山除金柱徑壹分，外加入榫分位，按柱徑拾分之貳。以斗口肆分定高，壹分定厚。如斗口貳寸伍分，得老簷墊板高壹尺，厚貳寸伍分。

凡老簷枋，以面濶定長。如面濶壹丈玖尺貳寸伍分，內除柱徑壹分壹尺柒寸，得淨面濶壹丈柒尺伍寸伍分，即長壹丈柒尺伍寸伍分。外加兩頭入榫分位，各按柱徑肆分之壹。如柱徑壹尺柒寸，得榫徑各肆寸貳分。高、厚俱與小額枋同。

凡天花墊板，以舉架定高。如舉架高叁尺伍寸，內除老簷枋之高壹尺，桃尖梁高壹尺柒寸伍分，得天花墊板高柒寸伍分。長、厚與老簷墊板同。

凡天花枋之長，與老簷枋同。以小額枋之高加貳寸定高。如小額枋高壹尺，得天花枋高壹尺貳寸。以本身高收貳寸定厚，得天花枋厚壹尺。

凡採步金枋，以進深定長。如進深貳丈肆尺柒寸伍分，除金柱徑壹分壹尺柒寸，得淨進深貳丈叁尺伍分，即長貳丈叁尺伍分。外加兩頭入榫分位，各按柱徑肆分之壹。如柱徑壹尺柒寸，得榫長各肆寸貳分。高、厚與小額枋同。

凡採步金，以進深定長。如進深貳丈肆尺柒寸伍分，兩頭加假桁條頭，各按桁條徑壹分半，如桁條徑壹尺，得假桁條頭各長壹尺伍寸，得採步金長貳丈柒尺柒寸伍分。以金柱徑加貳寸定厚。如柱徑壹尺柒寸，得採步金厚壹尺玖寸。以本身厚每尺加貳寸定高，得採步金高貳尺貳寸捌分。

凡五架梁，以步架肆分定長。如步架肆分深貳丈肆尺柒寸伍分，兩頭各加桁條徑壹分，得柁頭分位，如桁條徑壹尺得伍架梁通長貳丈陸尺柒寸伍分。高、厚與採步金同。

凡伍架隨梁枋，以步架肆分定長。如步架肆分深貳丈肆尺柒寸伍分，內除金柱徑壹分壹尺柒寸，得伍架隨梁枋長貳丈叁尺伍分。外加兩頭入榫分位，各按柱徑肆分之壹。如柱徑壹尺柒寸，得榫長各肆寸貳分。高、厚與大額枋同。

凡天花梁之長，與伍架隨梁枋同。以金柱徑加貳寸定高。如金柱徑壹尺柒寸，得天花梁高壹尺玖寸。以本身之高收貳寸定厚，得厚壹尺柒寸。

凡金瓜柱，以步架加舉定高。如步架深陸尺壹寸捌分，按柒舉加之，得高肆尺叁寸貳分。內除伍架梁之高貳尺貳寸捌分，得金瓜柱淨高貳尺肆分。外每寬壹尺加上、下榫各長叁寸。如本身寬壹尺伍寸陸分，得榫長各肆寸陸分。以叁架梁之厚每尺收滚楞貳寸定厚。如叁架梁厚壹尺柒寸，得金瓜柱厚壹尺叁寸陸分。以本身厚加貳寸定寬，得寬壹尺伍寸陸分。

凡採步金上柁橔，以桁條徑尺寸加倍定寬。如桁條徑壹尺，得柁橔寬貳尺。高與金瓜柱同，得高四尺叁寸貳分，內除採步金之高貳尺貳寸捌分並採步金枋之高壹尺，得柁橔淨高壹尺肆分。厚與金瓜柱同。

凡角背，以步架定長。如步架深陸尺壹寸捌分，角背即長陸尺壹寸捌分。以瓜柱之淨高折半定高。如瓜柱高貳尺肆分，得角背高壹尺貳分。以瓜柱厚叁分之壹定厚。如瓜柱厚壹尺叁寸陸分，得角背厚肆寸伍分。

凡金脊桁之長、徑做法，俱與老簷桁同。

凡金脊枋之長、寬、厚做法，俱與老簷枋同。除瓜柱之徑壹分，外加入榫分位，各按柱徑肆分之壹。

凡金脊墊板之長、寬、厚做法，俱與老簷墊板同。除梁頭或脊瓜柱，外加入榫尺寸。

凡叁架梁，以步架貳分定長。如步架貳分深壹丈二尺三寸六分，兩頭各加桁條徑壹分得柱頭分位。如桁條徑壹尺，得叁架梁通長壹丈肆尺叁寸陸分。以伍架梁之高、厚各收貳寸定高、厚。如伍架梁高貳尺貳寸捌分，厚壹尺玖寸，得叁架梁高貳尺捌分，厚壹尺柒寸。

凡脊瓜柱，以步架加舉定高。如步架深陸尺壹寸捌分，按玖舉加之，得高伍尺伍寸陸分，又加平水高壹尺，得共高陸尺伍寸陸分。內除叁架梁之高貳尺捌分，得脊瓜柱淨高肆尺肆寸捌分，外加桁條徑叁分之壹作上桁椀，如桁條徑壹尺，得桁椀叁寸叁分。每寬壹尺，加下榫長叁寸。如本身寬壹尺伍寸陸分，得下榫長肆寸陸分。寬、厚與金瓜柱同。

凡脊角背，以步架定長。如步架深陸尺壹寸捌分，脊角背即長陸尺壹寸捌分。以脊瓜柱之高、厚叁分之壹定高、厚。如脊瓜柱浄高肆尺肆寸捌分，厚壹尺叁寸陸分，得脊角背高壹尺肆寸玖分，厚肆寸伍分。

凡扶脊木，長、徑做法俱與脊桁同。脊樁照通脊之高，再加扶脊木之徑壹分，桁條徑肆分之壹得長。寬照椽徑壹分，厚按本身之寬折半。

凡仔角梁，以出廊並出簷各尺寸用方伍斜柒舉架定長。如出廊深伍尺伍寸，出簷陸尺柒寸伍分，出簷照斗口加算。如斗口單昂。每斗口壹寸。出簷貳尺肆寸，如斗口重昂並單翹單昂，每斗口壹寸，出簷貳尺柒寸；如單翹重昂，每斗口壹寸，出簷叁尺；如雙翹重昂，每斗口壹寸，出簷叁尺叁寸。得長壹丈貳尺貳寸伍分，用方伍斜柒之法加長，又按壹壹伍加舉，共長壹丈玖尺柒寸貳分。再加翼角斜出椽徑叁分，如椽徑叁寸伍分，得並長貳丈柒寸柒分。再加套獸榫照角梁本身之厚壹分，如角梁厚柒寸，即套獸榫長柒寸，得仔角梁通長貳丈壹尺肆寸柒分。以椽徑叁分定高，貳分定厚。如椽徑叁寸伍分，得仔角梁高壹尺伍分，厚柒寸。

凡老角梁，以仔角梁之長，除飛簷頭並套獸榫定長。如仔角梁長貳丈壹尺肆寸柒分，内除飛簷頭長叁尺陸寸貳分，並套獸榫長柒寸，得長壹丈柒尺壹寸伍分。外加後尾叁岔頭照金柱徑壹分。如金柱徑壹尺柒寸，得老角梁通長壹丈捌尺捌寸伍分。高、厚與仔角梁同。

凡枕頭木，以出廊定長。如出廊深伍尺伍寸，即長伍尺伍寸。外加貳拽架長壹尺伍寸，内除角梁之厚半分，得枕頭木長陸尺陸寸伍分。以挑簷桁徑拾分之叁定寬。如挑簷桁徑捌寸，得枕頭木寬貳寸肆分。正心桁上枕頭木以出廊定長。如出廊深伍尺伍寸，即長伍尺伍寸，内除角梁之厚半分，得正心桁上枕頭木浄長伍尺壹寸伍分。以正心桁徑拾分之叁定寬。如正心桁徑壹尺，得枕頭木寬叁寸。以椽徑貳分半定高。如椽徑叁寸伍分，得枕頭木壹頭高捌寸柒分，壹頭斜尖與桁條平。兩山枕頭木做法同。

凡椽椀、椽中板，以面濶定長。如面濶壹丈玖尺貳寸伍分，即長壹丈玖尺貳寸伍分。以椽徑壹分，再加椽徑叁分之壹定高。如椽徑叁寸伍分，得椽椀、椽中板高肆寸陸分。以椽徑叁分之壹定厚，得厚壹寸壹分。兩山椽中板、椽椀做法同。

凡簷椽，以出廊並出簷加舉定長。如出廊深伍尺伍寸，又加出簷照斗口重昂斗科貳拾柒分。如斗口貳寸伍分，得陸尺柒寸伍分，共長壹丈貳尺貳寸伍分。又按壹壹伍加舉，得通長壹丈肆尺捌分。内除飛簷頭長貳尺伍寸捌分，得簷椽浄長壹丈壹尺伍寸。以桁條徑每尺叁寸伍分定徑寸。如桁條徑壹尺，得椽徑叁寸伍分。兩山簷椽做法同。每椽空檔，隨椽徑壹分。每間椽數俱應成雙，檔之寬窄隨數均勻。

凡花架椽，以步架加舉定長。如步架深陸尺壹寸捌分，按壹貳伍加舉，得花架椽長柒尺柒寸貳分。徑與簷椽同。

凡腦椽，以步架加舉定長。如步架深陸尺壹寸捌分，按壹叁伍加舉，得腦椽長捌尺叁寸肆分。徑與簷椽同。以上簷、腦椽壹頭加搭交尺寸，花架椽兩頭各加搭交尺寸，俱照椽徑加壹分。如椽徑叁寸伍分，得搭交長叁寸伍分。

凡兩山出稍啞叭腦椽、花架椽，俱與正腦椽、花架椽同。啞叭簷椽以挑山檩之長得長，係短椽折半核算。

凡飛簷椽，以出簷定長。如出簷陸尺柒寸伍分，按壹壹伍加舉，得長柒尺柒寸陸分，叁分分之，出頭壹分，得長貳尺伍寸捌分，後尾貳分半，得長陸尺肆寸伍分，得飛簷椽通長玖尺叁分。見方與簷椽徑寸同。

凡翼角翹椽，長、徑俱與平身簷椽同。其起翹之處，以挑簷桁中之出簷尺寸用方伍斜柒之法，再加廊深並正心桁中至挑簷桁中拽架各尺寸定翹數。如挑簷桁中出簷長伍尺貳寸伍分，方伍斜柒加之，得長柒尺叁寸伍分，再加廊深伍尺伍寸，並貳拽架長壹尺伍寸，共長壹丈肆尺叁寸伍分，内除角梁之厚半分，得浄長壹丈肆尺，即係翼角椽檔分位。但翼角翹椽以成單爲率，如逢雙數應改成單。

凡翹飛椽，以平身飛簷椽之長，用方伍斜柒之法定長。如飛簷椽長九尺叁分，用方伍斜柒加工，第壹翹得長壹丈貳尺陸寸肆分。其餘以所定翹數每根遞減長伍分伍釐。其高比飛簷椽加高半分。如飛簷椽高叁寸伍分。得翹飛椽高伍寸貳分，厚仍叁寸伍分。

凡裏口，以面濶定長。如面濶壹丈玖尺貳寸伍分，即長壹丈玖尺貳寸伍分。以椽徑壹分，再加望板之厚壹分半定高。如椽徑叁分伍分，望板之厚壹分半壹寸陸分，得裏口高伍寸壹分。厚與椽徑同。兩山裏口做法同。

凡閘檔板，以翹檔分位定長。如椽檔寬叁寸伍分，即閘檔板寬叁寸伍分。外加入槽每寸壹分。高隨椽徑尺寸，以椽徑拾分之貳定厚。如椽徑叁寸伍分，得閘檔板厚柒分。其小連簷自起翹處至老角梁得長。寬隨椽徑壹分。厚照望板之厚壹分半，得厚壹寸陸分。兩山閘檔板、小連簷做法同。

凡順望板，以椽檔定寬。如椽徑叁寸伍分，檔寬叁寸伍分，共寬柒寸，即順望板每塊寬柒寸。長隨各椽净長尺寸，内除裏口分位。以椽徑叁分之壹定厚。如椽徑叁寸伍分，得順望板厚壹寸壹分。

凡翹飛翼角横望板，以出廊並出簷加舉折見方丈定長寬。飛簷壓尾横望板俱以面濶飛簷尾之長折見方丈核算。以椽徑拾分之貳定厚。如椽徑叁寸伍分，得横望板厚柒分。

凡連簷，以面濶定長。如面濶壹丈玖尺貳寸伍分，即長壹丈玖尺貳寸伍分。其廊子連簷，以出廊伍尺伍寸，出簷陸尺柒寸伍分，共長壹丈貳尺貳寸伍分，除角梁之厚半分，净長壹丈壹尺玖寸。兩山同。以每尺加翹壹寸，共長壹丈叁尺玖分。高、厚與簷椽徑寸同。

凡瓦口之長，與連簷同，以椽徑半分定高。如椽徑叁寸伍分，得瓦口高壹寸柒分。以本身之高折半定厚，得厚捌分。

凡榻脚木，以步架肆分，外加桁條之徑貳分定長。如步架肆分長貳丈肆尺柒寸伍分，外加兩頭桁條之徑各壹分。如桁條徑壹尺，得榻脚木通長貳丈陸尺柒寸伍分。見方與桁條之徑同。

凡草架柱子，以步架加舉定高。如步架深陸尺壹寸捌分，第壹步架按柒舉加之，得高肆尺叁寸貳分，第貳步架按玖舉加之，得高伍尺伍寸陸分，貳步架共高玖尺捌寸捌分。得脊桁下草架柱子，即高玖尺捌寸捌分。外兩頭俱加入榫分位，按本身之寬厚折半。如本身寬厚伍寸得榫長各貳寸伍分。以榻脚木見方尺寸折半定寬、厚。如榻脚木見方壹尺，得草架柱子見方伍寸。其穿以步架定長。如步架貳分長壹丈貳尺叁寸柒分，即長壹丈貳尺叁寸柒分。寬、厚與草架柱子同。

凡山花，以進深定寬。如進深叁丈伍尺柒寸伍分，前後各收壹廊深伍尺伍寸，得山花通寬貳丈肆尺柒寸伍分。以脊中草架柱子之高，加扶脊木、並桁條之徑定高。如草架柱子高玖尺捌寸捌分，扶脊木、脊桁各徑壹尺，加工，得山花中高壹丈壹尺捌寸捌分。係尖高做法，均折核算。以桁條之徑肆分之壹定厚，如桁條徑壹尺，得山花厚貳寸伍分。

凡博縫板，隨各椽之長得長。如花架椽長柒尺柒寸貳分，即花架博縫板長柒尺柒寸貳分。如腦椽長捌尺叁寸肆分，即腦博縫板長捌尺叁寸肆分。每博縫板外加搭岔分位，照本身之寬加長。如本身寬貳尺壹寸，每塊即加長貳尺壹寸。以椽徑陸分定寬。如椽徑叁寸伍分，得博縫板寬貳尺壹寸。厚與山花板厚同。

以上俱係大木做法，其餘斗科及裝修等件並各項工料，逐欵分別，另册開載。

愛新覺羅・允禮等《工程做法》卷四《玖檁樓房大木》　玖檁樓房大木做法開後，計開：

凡下簷柱，以面濶拾分之捌定高低，拾分之柒定徑寸，如面濶壹丈叁尺，得柱高壹丈肆寸，徑玖寸壹分。如次間、稍間面濶比明間窄小者，其柱、檁、柁、枋等木徑寸仍照明間，其面濶臨期酌奪地勢定尺寸。

凡通柱，以上簷面濶拾分之柒定高低。如面濶壹丈叁尺，上簷柱高玖尺壹寸，並下簷柱高壹丈肆寸，得通長壹丈玖尺伍寸。以簷柱徑加貳寸定徑寸。如柱徑玖寸壹分，得徑壹尺壹寸壹分。以上柱子，每徑壹尺，外加榫長叁寸。

凡抱頭梁，以出廊定長短。如出廊深肆尺，壹頭加檁徑壹分，得柁頭分位。如檁徑玖寸壹分，得通長肆尺玖寸壹分。以簷柱徑加貳寸定厚。如柱徑玖寸壹分，得厚壹尺壹寸壹分。高按本身之厚，每尺加叁寸，得高壹尺肆寸肆分。

凡穿插枋，以出廊定長短。如出廊深肆尺，壹頭加簷柱徑半分。壹頭加金柱徑半分，又兩頭出榫照簷柱徑壹分，得通長伍尺玖寸貳分。高、厚與簷枋同。

凡下簷枋，以面濶定長短。如面濶壹丈叁尺，内除柱徑壹分，外加兩頭入榫分位，各按柱徑肆分之壹，得長壹丈貳尺伍寸肆分。以簷柱徑寸定高。如柱徑玖寸壹分，即高玖寸壹分。厚接本身之高收貳寸，得厚柒寸壹分。

凡簷墊板，以面濶定長短。如面濶壹丈叁尺，内除柁頭分位壹分，外加兩頭入榫尺寸，照柁頭之厚每尺加滚楞貳寸，得長壹丈貳尺壹寸壹分。以簷枋之高收壹寸定高。如簷枋高玖寸壹分，得高捌寸壹分。以檁徑拾分之叁定厚。如檁徑玖寸壹分，得厚貳寸柒分。高陸寸以上者，照簷枋之高收分壹寸，陸寸以下者不收分。

凡承重，以進深定長短。如進深貳丈肆尺，即長貳丈肆尺以通柱徑加貳寸定高。如柱徑壹尺壹寸壹分，得高壹尺叁寸壹分。厚按本身之高收貳寸，得厚壹尺壹寸壹分。

凡間枋，以面濶定長短。如面濶壹丈叁尺，内除柱徑壹分，外加兩頭入榫分位，各按柱徑肆分之壹，得長壹丈貳尺肆寸肆分。高、厚與簷枋同。

凡承椽枋，以面濶定長短。如面濶壹丈叁尺，即長壹丈叁尺。以通柱徑寸定高，如柱徑壹尺壹寸壹分，即高壹尺壹寸壹分。厚按本身之高收貳寸，得厚玖寸壹分。

凡棋枋板，以間枋之厚拾分之貳定厚。如間枋厚柒寸壹分，得厚壹寸肆分。寬按面濶，內除柱徑壹分。以出廊加舉定高低。如出廊肆尺，按伍舉加之，得高貳尺，內除承椽枋之高壹尺壹寸壹分，得高捌寸玖分。

凡博脊枋，以面濶定長短。如面濶壹丈叁尺，內除柱徑壹分，外加兩頭入榫分位，各按柱徑肆分之壹，得長壹丈貳尺肆寸肆分。以通柱徑減半定高。如柱徑壹尺壹寸壹分，得高伍寸伍分。厚按本身之高收貳寸，得厚叁寸伍分。如博脊高大，再加棋枋板，以承椽枋之厚拾分之貳定厚如承椽枋厚玖寸壹分，得厚壹寸捌分。寬按面濶，內除柱徑壹分。

凡楞木，以面濶定長短。如面濶壹丈叁尺，即長壹丈叁尺。以承重之厚拾分之陸定高。如承重厚壹尺壹寸壹分，得高陸寸陸分。厚按本身之高每寸收貳分，得厚伍寸叁分。

凡樓板，以進深、面濶定長短塊數。內除樓梯分位，按門口尺寸，臨期擬定。厚按楞木之厚叁分之壹定厚。如楞木厚伍寸叁分，得厚壹寸柒分。如墁磚以楞木之厚減半得厚。

凡簷椽，以出廊並出簷加舉定長短。如出廊深肆尺，又加出簷尺寸，照簷柱高拾分之叁，得叁尺壹寸貳分，共長柒尺壹寸貳分。又按壹壹伍加舉，得通長捌尺壹寸捌分。如用飛簷椽，以出簷尺寸分叁分，去長壹分作飛簷頭。以檁徑拾分之叁定徑寸。如檁徑玖寸壹分，得徑貳寸柒分。每椽空檔，隨椽徑壹分。每間椽數俱應成雙，檔之寬窄隨數均勻。

凡上簷金柱，以步架加舉定高低。如步架深肆尺，按肆舉加之，得高壹尺陸寸，並上簷柱高玖尺壹寸，得通長壹丈柒寸。徑寸與通柱同。每徑壹尺，外加榫長叁寸。

凡上簷抱頭梁，以出廊定長短。如出廊深肆尺，壹頭加檁徑壹分，得柁頭分位，壹頭加金柱徑半分，又出榫照通柱徑加半分，得通長陸尺壹分。以通柱徑加貳寸定厚。如柱徑壹尺壹寸壹分，得厚壹尺叁寸壹分。高按本身之厚每尺加叁寸，得高壹尺柒寸。

凡上簷合頭穿插枋，以出廊定長短。如出廊深肆尺，內除柱徑各半分，外加兩頭入榫分位，各按柱徑肆分之壹，得長叁尺肆寸肆分。高、厚與承椽枋同。

凡伍架梁，以進深定長短。如通進深貳丈肆尺，內除前後廊捌尺，進深得壹丈陸尺，兩頭各加檁徑壹分，得柁頭分位。如檁徑玖寸壹分，得通長壹丈柒尺捌寸貳分。高、厚與承椽枋同。

凡隨梁枋，以進深定長短。如進深壹丈陸尺，內除柱徑壹分，外加兩頭入榫分位，各按柱徑肆分之壹，得長壹丈伍尺肆寸肆分。其高、厚比簷柱各加貳寸。

凡金瓜柱，以步架加舉定高低。如步架深肆尺，按陸舉加之，得高貳尺肆寸，內除伍架梁高壹尺柒寸，得淨高柒寸。以叁架梁之厚收貳寸定厚，如叁架梁厚壹尺壹寸壹分，得厚玖寸壹分。寬按本身之厚加貳寸，得寬壹尺壹寸壹分。每寬壹尺外加上下榫各長叁寸。

凡叁架梁，以步架貳分定長短。如步架貳分深捌尺，兩頭各加檁徑壹分，得柁頭分位。如檁徑玖寸壹分，得通長玖尺捌寸貳分。以伍架梁高、厚各收貳寸定高、厚。如伍架梁高壹尺柒寸，厚壹尺叁寸壹分，得高壹尺伍寸，厚壹尺壹寸壹分。

凡脊瓜柱，以步架加舉定高低。如步架深肆尺按捌舉加之，得高叁尺貳寸，又加平水高捌寸壹分，再加檁徑叁分之壹作桁椀，得長叁寸，共高肆尺叁寸壹分。內除叁架梁高壹尺伍寸，得淨高貳尺捌寸壹分。寬、厚同金瓜柱。每徑壹尺，外加下榫長叁寸。

凡上簷枋墊，俱與下簷同。如金、脊枋不用墊板，照簷枋高、厚各收貳寸。

凡檁木，以面濶定長短。如面濶壹丈叁尺，即長壹丈叁尺。每徑壹尺外加搭交榫長叁寸。如硬山做法，獨間成造者，應兩頭照柱徑各加半分。如有稍間者，應壹頭照柱徑加半分。徑寸俱與下簷柱同。

凡上簷簷椽，以出廊並出簷加舉定長短。如出廊深肆尺，又加出簷尺寸照簷柱高拾分之叁，得貳尺柒寸叁分，共長陸尺柒寸叁分，又按壹壹加舉，得通長柒尺肆寸。如用飛簷椽，以出簷尺寸分叁分，去長壹分作飛簷頭。以檁徑拾分之叁定徑寸。如檁徑玖寸壹分，得徑貳寸柒分。每椽空檔隨椽徑壹分。每間椽數，俱應成雙，檔之寬窄，隨數均勻。

凡花架椽，以步架加舉定長短。如步架深肆尺，又按壹貳加舉，得通長肆尺捌寸。徑寸與簷椽同。

凡腦椽，以步架加舉定長短。如步架深肆尺，又按壹叁加舉，得通長伍尺貳寸。徑寸與簷椽同。以上簷、腦椽壹頭加搭交尺寸，花架椽兩頭各加搭交尺寸，俱照椽徑加壹分。

凡飛簷椽，以出簷定長短。如出簷貳尺柒寸叁分，叁分分之，出頭壹分得長玖寸壹分，後尾貳分得長壹尺捌寸貳分，共長貳尺柒寸叁分，又按壹壹加舉，得通長叁尺。見方與簷椽徑寸同。

凡連簷，以面闊定長短。如面闊壹丈叁尺，即長壹丈叁尺。稍間應加墀頭分位。寬、厚同簷椽。

凡瓦口，長短隨連簷，以所用瓦料定高、厚。如頭號板瓦中高貳寸，叁分均開，貳分作底臺，壹分作山子，又加板瓦本身高貳寸，得頭號瓦口淨高肆寸。如貳號板瓦中高壹寸柒分，叁分均開，貳分作底臺，壹分作山子，又加板瓦本身之高壹寸柒分，得貳號瓦口淨高叁寸肆分。如叁號板瓦中高壹寸伍分，叁分均開，貳分作底臺，壹分作山子，又加板瓦本身高壹寸伍分，得叁號瓦口淨高叁寸。其厚，俱按瓦口淨高尺寸肆分之壹，得頭號瓦口厚壹寸，貳號瓦口厚捌分，叁號瓦口厚柒分。如用筒瓦即隨頭貳、叁號板瓦之瓦口，應除山子壹分之高。厚與板瓦瓦口同。

凡裏口，以面闊定長短。如面闊壹丈叁尺，即長壹丈叁尺。高、厚與飛簷椽同。再加望板之厚壹分半，得裏口之加高數目。

凡椽椀，長短隨裏口，以椽徑定高、厚。如椽徑貳寸柒分，再加椽徑叁分之壹，共得高叁寸陸分。以椽徑叁分之壹定厚，得厚玖分。

凡扶脊木，長短徑寸俱同脊檩。脊樁照斗板之高，再加扶脊木壹分，檩徑肆分之壹得高。寬照椽徑壹分，厚按本身之寬減半。清木脊不用此款。

凡橫望板、壓飛簷尾橫望板，以面闊、進深加舉折見方丈定長寬，以椽徑拾分之貳定厚。如椽徑貳寸柒分，得厚伍分。

凡雀替，以面闊定長短。如面闊壹丈叁尺，除簷柱經壹分，淨面闊壹丈貳尺玖分，分爲肆分，雀替兩邊各得壹分，長叁尺貳分，壹頭加入榫分位，按柱徑半分，共得長叁尺肆寸柒分。以簷枋之高定高，如簷枋高玖寸壹分，即高玖寸壹分。以柱徑拾分之叁定厚，如柱徑玖寸壹分，得厚貳寸柒分。

凡叁伏雲子，以簷枋之厚叁分得長。如簷枋厚柒寸壹分，得長貳尺壹寸叁分。高同雀替。厚按雀替之厚去包掩陸分，得厚貳寸壹分。

凡拱子，以口數陸寸貳分定長短。如口數貳寸壹分，陸貳加之，得長壹尺叁寸，減半得長陸寸伍分，外加入榫分位，按柱徑半分，共得長壹尺壹寸。高以斗口貳分，得高肆寸貳分。厚與雀替同。

凡拾捌斗，以雀替之厚壹捌定長短。如雀替厚貳寸柒分，壹捌加之，得長肆寸捌分。以叁伏雲之厚得寬。如叁伏雲厚貳寸壹分，外加包掩陸分，得寬貳寸柒分。高與叁伏雲之厚同。

凡樓梯，以柱高定長短。如下簷柱高壹丈肆寸，外加承重壹分，楞木半分，樓板壹分，共高壹丈貳尺貳寸壹分，按加舉之法定長，臨期擬定。寬按門口尺寸。

凡樓梯兩幫，以踹板之寬定寬。如踹板寬捌寸，外加金邊貳寸，得寬壹尺。厚按本身之寬拾分之叁，得厚叁寸。踹板按兩幫之厚拾分之肆定厚，踢板拾分之叁定厚，得踹板厚壹寸貳分，踢板厚玖分。

以上俱係大木做法，其餘各項工料及裝修等件，逐欵分別，另册開載。

愛新覺羅・允禮等《工程做法》卷五《柒檩轉角大木》 柒檩轉角大木做法開後，計開：

凡轉角房，俱係見方，以兩邊房之進深，即得轉角之面闊、進深。其柱高、徑寸，俱與兩邊房屋相同。

凡簷柱，以面闊拾分之捌定高低，拾分之柒定徑寸。如面闊壹丈壹尺，得柱高捌尺捌寸，徑柒寸柒分。

凡假簷柱，照簷柱定高低。如簷柱高捌尺捌寸，外加干水高陸寸柒分，又加檩徑叁分之壹作桁椀，共長玖尺柒寸貳分。徑寸與簷柱同。分間用此。如用代梁頭，高、徑俱與簷柱同。

凡裏金柱，以進深加舉定高低。如進深貳丈壹尺，分爲陸步架，每坡得叁步架，每步架深叁尺伍寸，以貳步架加舉，第壹步架按伍舉加之得高壹尺柒寸伍分。第貳步架按柒舉加之，得高貳尺肆寸伍分，並簷柱之高捌尺捌寸，得通長壹丈叁尺。以簷柱徑加貳寸定徑寸。如柱徑柒寸柒分，得徑玖寸柒分。以上柱子，每徑壹尺，外加榫長叁寸。

凡斜雙步梁，以步架貳分定長短。如步架貳分深柒尺，用方伍斜柒之法加斜長，壹頭加檩徑壹分，得柁頭分位，壹頭加裏金柱徑半分，又出榫照簷柱徑半分，得通長壹丈壹尺肆寸叁分。以簷柱徑加貳寸定厚。如柱徑柒寸柒分，得厚玖寸柒分。高按本身之厚，每尺加叁寸，得高壹尺貳寸陸分。

凡斜合頭枋，以步架貳分定長短。如步架貳分深柒尺，用方伍斜柒之法加斜長，得玖尺捌寸。內除柱徑各半分，外加兩頭入榫分位，各按柱徑肆分之壹，共長玖尺叁寸陸分。其高、厚比簷枋各加貳寸。

凡金瓜柱，以步架加舉定高低。如步架深叁尺伍寸，按伍舉加之，得高壹尺柒寸伍分。內除雙步梁之高壹尺貳寸陸分，得淨高肆寸玖分。以雙步梁之厚收貳寸定厚。如雙步梁厚玖寸柒分，得厚柒寸柒分。寬按本身之厚加貳寸，得寬玖寸柒分。

凡斜單步梁，以步架壹分定長短。如步架壹分深叁尺伍寸，即長叁尺伍寸，用方伍斜柒之法加斜長，壹頭加檁徑壹分，得柁頭分位，如檁徑柒寸柒分，得通長伍尺陸寸柒分。以雙步梁高、厚各收貳寸定高、厚。如雙步梁高壹尺貳寸陸分，厚玖寸柒分，得高壹尺陸分，厚柒寸柒分。

凡斜叁架梁，以步架貳分定長短。如步架貳分深柒尺，用方伍斜柒之法加斜長，兩頭各加檁徑壹分，得柁頭分位，如檁徑柒寸柒分，得通長壹丈壹尺叁寸肆分。以裏金柱徑加貳寸定厚。如柱徑玖寸柒分，得厚壹尺壹寸柒分。高按本身之厚，每尺加叁寸，得高壹尺伍寸貳分。

凡脊瓜柱，以步架加舉定高低。如步架深叁尺伍寸，按玖舉加之，得高叁尺壹寸伍分，又加平水高陸寸柒分，共高叁尺捌寸貳分，再加檁徑叁分之壹作桁椀，得長貳寸伍分，內除叁架梁之高壹尺伍寸貳分，得淨高貳尺伍寸伍分。以叁架梁之厚收貳寸定厚。如叁架梁厚壹尺壹寸柒分，得厚玖寸柒分。寬按本身之厚加貳寸，得寬壹尺壹寸柒分。每寬壹尺，外加下榫長叁寸。

凡脊角背，以步架壹分定長短。如步架深叁尺伍寸，即長參尺伍寸。以瓜柱之高、厚叁分之壹定寬、厚。如瓜柱淨高貳尺伍寸伍分，厚玖寸柒分，得寬捌寸伍分，厚叁寸貳分。

凡簷枋，以兩邊房之進深郎轉角之面濶定長。如進深貳丈壹尺，分間做法，各長壹丈伍寸。內除柱徑壹分，外加兩頭入榫分位，各按柱徑肆分之壹，得長壹丈壹寸壹分。內壹根壹頭照柱徑尺寸加壹分，得箍頭分位。以簷柱徑寸定高，如柱徑柒寸柒分，即高柒寸柒分。厚按本身之高收貳寸，得厚伍寸柒分。金、脊枋各遞收壹步架，亦除柱徑，外加入榫分位得長。寬、厚與簷枋同。如不用墊板，照簷枋之寬、厚各收貳寸。

凡簷墊板，長短隨面濶，分間做法，各長壹丈伍寸，內除柁頭分位壹分，外加兩頭入榫尺寸，照柁頭之厚每尺加滾楞貳寸，得長玖尺柒寸貳分。以簷枋之高收壹寸定寬。如簷枋高柒寸柒分，得寬陸寸柒分。以檁徑拾分之叁定厚。如檐徑柒寸柒分，得厚貳寸叁分。金、脊墊板各遞收壹步架，亦除柱徑外加入榫分值得長。寬、厚與簷墊板同。寬陸寸以上，照簷枋之高收分壹寸，陸寸以下不收分。其脊墊板照面濶除脊瓜柱徑壹分，外加兩頭入榫尺寸，各按瓜柱徑肆分之壹。

凡簷檁，以面濶定長短。如面濶貳丈壹尺，即長貳丈壹尺。分間做法，各長壹丈伍寸。內壹根外加壹頭交角出頭分位，按本身之徑壹分，又加柱徑半分，得通長壹丈壹尺陸寸伍分。徑寸俱與簷柱同。

凡金檁，以步架伍分定長短。如步架伍分深壹丈柒尺伍寸，即長壹丈柒尺伍寸。外加壹頭交角出頭分值，按本身之徑壹分，又加柱徑半分，得通長壹丈捌尺陸寸伍分。裏掖角金檁步架壹分得長。如步架壹分深叁尺伍寸，即長叁尺伍寸。外加斜交尺寸，按本身之徑半分，得通長叁尺捌寸捌分。徑寸俱與簷檁同。

凡裏金檁，以步架肆分定長短。如步架肆分深壹丈肆尺，即長壹丈肆尺。外加壹頭交角出頭分位，按本身之徑壹分，又加柱徑半分，得通長壹丈伍尺壹寸伍分。裏掖角裏金檁步架貳分得長。如步架貳分深柒尺，即長柒尺。外加斜交尺寸，按本身之徑半分，得通長柒尺叁寸捌分。徑寸俱與簷檁同。

凡脊檁，以步架叁分定長短。如步架叁分深壹丈伍寸，即長壹丈伍寸。外加壹頭交角出頭分位，按本身之徑壹分，又加柱徑半分，得通長壹丈壹尺陸寸伍分。徑寸俱與簷檁同。以上檁木，每徑壹尺外加搭交榫長叁寸。

凡仔角梁，以步架井出簷加舉定長短。如步架深叁尺伍寸，出簷照柱高拾分之叁，得貳尺陸寸肆分，共長陸尺壹寸肆分。用方伍斜柒之法加斜長，又按壹壹伍加舉，得通長玖尺捌寸捌分。外加翼角斜出叁椽尺寸，共得長壹丈伍寸柒分。再加套獸榫，照本身之厚加壹分，得通長壹丈壹尺叁分。以椽徑叁分定高，貳分定厚。如椽徑貳寸叁分，得高陸寸玖分，厚肆寸陸分。

凡老角梁，長短隨仔角梁，內除飛簷椽頭露明尺寸，用方伍斜柒之法加斜長，又按壹壹伍加舉，得壹尺肆寸壹分，並套獸榫肆寸陸分，共長壹尺捌寸柒分，扣除外，淨長玖尺壹寸陸分。外加後尾叁岔頭，照金瓜柱寬壹分，共得長壹丈壹寸叁分。高、厚與仔角梁同。如無飛簷椽，不用此欵。

凡花架由戧，以步架壹分定長短。如步架壹分深叁尺伍寸，用方伍斜柒之法加斜長，又按壹貳伍加舉，得通長陸尺壹寸貳分。再加搭交按柱徑半分，高、厚與仔角梁同。

凡脊由戧，以步架壹分定長短。如步架壹分深叁尺伍寸，用方伍斜柒之法加斜長，又按壹叁伍加舉，得通長陸尺陸寸壹分。再加搭交按柱徑半分，高、厚與仔角梁同。

凡裏掖角花架、脊由戧同前。

凡裏掖角角梁，以步架並出簷加舉定長短。如步架深叁尺伍寸，出簷照簷柱高拾分之叁，得貳尺陸寸肆分，共長陸尺壹寸肆分。用方伍斜柒之法加斜長，又按壹壹伍加舉，得通長玖尺捌寸捌分。外加搭交按柱徑半分。高、厚與仔角梁同。

凡裏掖角仔角梁，以出簷定長短。如出簷貳尺陸寸肆分，用方伍斜柒之法加斜長，又按壹壹伍加舉，得通長肆尺貳寸伍分。外加套獸榫照本身之厚壹分。以椽徑貳分定高、厚。如椽徑貳寸叁分，得高、厚肆寸陸分。如無飛簷椽，不用此欵。

凡枕頭木，以步架定長短。如步架深叁尺伍寸，即長叁尺伍寸。内除角梁之厚半分，得淨長叁尺貳寸柒分。以椽徑定高。如椽徑貳寸叁分，壹頭高椽子貳分半，得高伍寸柒分，壹頭斜尖與檁木平。以檁徑拾分之叁定寬。如檁徑柒寸柒分，得寬貳寸叁分。不起翹，不用此欵。

凡簷椽，以步架並出簷加舉定長短。如步架深叁尺伍寸，又加出簷尺寸，照簷柱高拾分之叁，得貳尺陸寸肆分，共長陸尺壹寸肆分。又按壹壹伍加舉，得通長柒尺陸分。如用飛簷椽，以出簷尺寸分叁分，去長壹分作飛簷頭。以檁徑拾分之叁定徑寸。如檁徑柒寸柒分，得徑貳寸叁分。以面濶貳丈壹尺，收壹步架尺寸深叁尺伍寸爲起翹之數，餘壹丈柒尺伍寸，得平身椽。每椽空檔隨椽徑壹分。每間椽數俱應成雙，檔之寬窄，隨數均勻。至掖角丙邊房簷椽，照出簷尺寸分短椽根數，折半核算。

凡花架椽，以步架加舉定長短。如步架深叁尺伍寸，按壹貳伍加舉，得通長肆尺叁寸柒分。徑寸與簷椽同。以面濶貳丈壹尺，收貳步架尺寸深柒尺，餘壹丈肆尺，得平身椽數。内有短椽壹步架，照長椽均半核算。

凡腦椽，以步架加舉定長短。如步架深叁尺伍寸，按壹叁伍加舉得通長肆尺柒寸貳分。徑寸與簷椽同。以面濶貳丈壹尺，收叁步架尺寸深壹丈伍寸，餘壹丈伍寸，得平身椽數。内有短椽壹步架，照前折算。

凡裏掖角簷椽，以步架加舉定長短。如步架深叁尺伍寸，加檁徑半分，其長叁尺捌寸捌分，又按壹壹伍加舉，得通長肆尺肆寸陸分。徑寸與前簷椽同。以壹步架定椽根數，俱係短椽，折半核算。

凡裏掖角花架椽、腦椽，長短徑寸俱與前簷花架、腦椽同。花架椽以貳步架定椽根數，内有短椽壹步架，折半核算。腦椽以叁步架定椽根數，内有短椽壹步架，折半核算。以上簷、腦椽，壹頭加搭交尺寸。花架椽兩頭各加搭交尺寸，俱照椽徑加壹分。

凡飛簷椽，以出簷定長短。如出簷貳尺陸寸肆分，叁分分之，出頭壹分得長捌寸捌分，後尾貳分得長壹尺柒寸陸分，其長貳尺陸寸肆分，又按壹壹伍加舉，得通長叁尺叁分。見方與簷椽徑寸同。

凡翼角椽，以步架出簷定翹數。如步架深叁尺伍寸，出簷貳尺陸寸肆分，其長陸尺壹寸肆分，内除角梁之厚半分，淨長伍尺玖寸壹分。以每尺加翹壹寸，其長陸尺伍寸。椽數俱係成單。長、徑俱與簷椽同。

凡翹飛椽，長短、徑寸俱與飛簷椽同，外加斜長叁椽尺寸。

凡連簷，以面濶定長短。如面濶貳丈壹尺，内除壹步架深叁尺伍寸，得長壹丈柒尺伍寸。壹步架深叁尺伍寸，並出簷貳尺陸寸肆分，共長陸尺壹寸肆分，除角梁之厚半分，淨長伍尺玖寸壹分，以每尺加翹壹寸，共長陸尺伍寸。再將壹丈柒尺伍寸並之，壹面得通長貳丈肆尺。寬、厚同簷椽。

凡瓦口，長短隨連檐，以所用瓦料定高、厚。如頭號板瓦中高貳寸，叁分均開，貳分作底臺，壹分作山子，又加板瓦本身高貳寸，得頭號瓦口淨高肆寸。如貳號板瓦中高壹寸柒分，叁分均開，貳分作底臺，壹分作山子，又加板瓦本身高壹寸柒分，得貳號瓦口淨高叁寸肆分。如叁號板瓦中高壹寸伍分，叁分均開，貳分作底臺，壹分作山子，又加板瓦本身高壹寸伍分，得叁號瓦口淨高叁寸。其厚俱按瓦口淨高尺寸肆分之壹，得頭號瓦口厚壹寸，貳號瓦口厚捌分，叁號瓦口厚柒分。如用筒瓦，即隨頭貳叁號板瓦之瓦口，應除山子壹分之高。厚與板瓦瓦口同。

凡裏口，以面濶定長短。如面濶貳丈壹尺，内除壹步架深叁尺伍寸作起翹之處，得淨長壹丈柒尺伍寸。高、厚與飛簷椽同。再加望板之厚壹分半，得裏口之加高尺寸。

凡閘檔板，以翹檔分位定長短。如壹椽壹檔得長貳寸叁分，外加入槽每寸壹分。高隨簷椽徑寸。以椽徑拾分之貳定厚。如椽徑貳寸叁分得厚肆分。其小連簷之長，自起翹處至老角梁得長。其寬隨椽徑壹分。厚照望板之厚尺寸壹分半，得厚陸分。

凡椽椀，以面濶定長短。如面濶貳丈壹尺，內除壹步架深叁尺伍寸作起翹之處，得淨長壹丈柒尺伍寸。以椽徑定高、厚。如椽徑貳寸叁分，再加椽徑叁分之壹，共高叁寸。以椽徑叁分之壹定厚，得厚柒分。

凡橫望板、壓飛簷尾橫望板，以面濶、進深加舉折見方丈定長、寬，以椽徑拾分之貳定厚。如椽徑貳寸叁分，得厚肆分。

以上俱係大木做法，其餘各項工料及裝修等件，逐欵分別，另册開載。

如特將面濶、進深、柱高改放寬廠高矮，其木植徑寸等項，照所加高矮尺寸加算；耳房、配房、羣廊等房，照正房配合高寬。其木植徑寸，亦照加高核算。以下硬山、懸山各册做法，按柱高加叁出簷。柱高壹丈以外，如用加叁叁出簷者，臨期酌定。

愛新覺羅・允禮等《工程做法》卷六《陸檁前山廊轉角大木》 陸檁前出廊轉角大木做法開後，計開：

凡轉角房，俱係見方，以兩邊房之進深，即得轉角之面濶、進深。其柱高、徑寸，俱與兩邊房屋相同。

凡簷柱，以面濶拾分之捌定高低，拾分之柒定徑寸。如面濶玖尺，得柱高柒尺貳寸，徑陸寸叁分。

凡金柱，以出廊加舉定高低。如出廊深叁尺陸寸，按伍舉加之，得高壹尺捌寸。並簷柱高柒尺貳寸，得通長玖尺。以簷柱徑加貳寸定徑寸。如簷柱徑陸寸叁分，得金柱徑捌寸叁分。以上柱子，每徑壹尺外加榫長叁寸。後簷柱與金柱同長。

凡斜抱頭梁，以出廊定長短。如出廊深叁尺陸寸，用方伍斜柒之法加斜長。壹頭加檁徑壹分，得柁頭分位。壹頭加金柱徑半分，又出榫照簷柱徑半分，得通長陸尺肆寸。以簷柱徑加貳寸定厚。如柱徑陸寸叁分，得厚捌寸叁分。高按本身之厚，每尺加叁寸，得高壹尺柒分。

凡斜穿插枋，以出廊定長短。如出廊深叁尺陸寸，用方伍斜柒之法加斜長，壹頭加簷柱徑半分，壹頭加金柱徑半分，又兩頭出榫照簷柱徑壹分，得通長陸尺肆寸。高、厚與簷枋同。

凡遞角梁，以進深定長短。如通進深壹丈捌尺，內除前廊叁尺陸寸，進深得壹丈肆尺肆寸，用方伍斜柒之法如斜長。兩頭各加檁徑壹分得柁頭分位。如檁徑陸寸叁分，得通長貳丈壹尺肆寸貳分。以金柱徑加貳寸定厚。如金柱徑捌寸叁分，得厚壹尺叁分。高按本身之厚，每尺加叁寸，得高壹尺叁寸叁分。

凡遞角隨梁枋，以進深定長短。如進深壹丈肆尺肆寸，用方伍斜柒之法加斜長，得貳丈壹寸陸分。內除柱徑壹分，外加兩頭入榫分位，各按柱徑肆分之壹，淨長壹丈玖尺柒寸肆分。其高、厚比簷枋各加貳寸。

凡裏金瓜柱，以步架加舉定高低。如步架深叁尺陸寸。按柒舉加之，得高貳尺伍寸貳分。內除遞角梁高壹尺叁寸叁分，得淨高壹尺壹寸玖分。以叁架梁之厚收貳寸定厚。如叁架梁厚捌寸叁分，得厚陸寸叁分。寬按本身之厚加貳寸，得寬捌寸叁分。每寬壹尺，外加上下榫各長叁寸。

凡斜叁架梁，以步架貳分定長短。如步架貳分深柒尺貳寸，用方伍斜柒之法加斜長。兩頭各加檁徑壹分得柁頭分位。如檁徑陸寸叁分，得通長壹丈壹尺叁寸肆分。以遞角梁高、厚各收貳寸定高、厚。如遞角梁高壹尺叁寸叁分，厚壹尺叁分，得高壹尺壹寸叁分，厚捌寸叁分。

凡脊瓜柱，以步架加舉定高低。如步架深叁尺陸寸，按玖舉加之，得高叁尺貳寸肆分。又加平水高伍寸叁分，再加檁徑叁分之壹作桁椀，得長貳寸壹分，共高叁尺玖寸捌分。內除叁架梁高壹尺壹寸叁分，得淨高貳尺捌寸伍分。寬、厚同裏金瓜柱。每寬壹尺外加上榫長叁寸。

凡簷枋，以兩邊房之進深，即轉角之面濶。如進深連廊壹丈捌尺，內除前廊叁尺陸寸，進深得長壹丈肆尺肆寸。內除柱徑壹分，外加兩頭入榫分位各按柱徑肆分之壹，得長壹丈肆尺捌分。以簷柱徑寸定高。如柱徑陸寸叁分，即高陸寸叁分。厚按本身之高收貳寸，得厚肆寸叁分。金脊枋各遞收壹步架，亦除柱徑，外加入榫分位得長。高、厚與簷枋同。如不用墊板，照簷枋高、厚各收貳寸。

凡簷墊板，長短隨面濶，內除柁頭分位壹分，外加兩頭入榫尺寸，照柁頭之厚，每尺加滾楞貳寸，得長壹丈叁尺柒寸叁分。以簷枋之高收壹寸定高。如簷枋高陸寸叁分，得高伍寸叁分。以檁徑拾分之叁定厚。如檁徑陸寸叁分，得厚壹寸捌分。金、脊墊板各遞收壹步架，亦除柱徑，外加入榫分位得長。高、厚與簷墊板同。高陸寸以上者，照簷枋之高收分壹寸，陸寸以下不收分。其脊墊板，照面濶除脊瓜柱徑壹分，外加兩頭入榫尺寸，各按瓜柱徑肆分之壹。

凡簷檩，以面濶定長短。如面濶連廊壹丈捌尺，即長壹丈捌尺，如出廊深叁尺陸寸，得長壹丈肆尺肆寸，即長壹丈肆尺肆寸，出廊檩子長叁尺陸寸，即長叁尺陸寸。外加壹頭交角出頭分位，按本身徑壹分，又加柱徑半分，得通長肆尺伍寸肆分。徑寸俱與簷柱同。

凡金檩，以步架肆分定長短。如步架肆分深壹丈肆尺肆寸，即長壹丈肆尺肆寸。外加壹頭交角出頭分位，按本身徑壹分，又加金柱徑半分，得通長壹丈伍尺肆寸肆分。徑寸俱與簷檩同。

凡裏金檩，以步架叁分定長短。如步架叁分深壹丈捌寸，即長壹丈捌寸。外加壹頭交角出頭分位按本身徑壹分，又加柱徑半分，得通長壹丈壹尺柒寸肆分。裏掖角金檩以步架壹分得長。如步架壹分深叁尺陸寸，即長叁尺陸寸。外加斜交尺寸按本身徑半分，得通長叁尺玖寸壹分。徑寸俱與簷檩同。

凡脊檩，以步架貳分定長短。如步架貳分深柒尺貳寸，即長柒尺貳寸。外加壹頭交角出頭分位按本身徑壹分，又加柱徑半分，得通長捌尺壹寸肆分。徑寸俱與簷檩同。以上檩木每徑壹尺，外加搭交榫長叁寸。

凡仔角梁，以步架並出簷加舉定長短。如步架深叁尺陸寸，出簷照前簷柱高拾分之叁，得貳尺壹寸陸分，共長伍尺柒寸陸分。用方伍斜柒之法加斜長，又按壹壹伍加舉，共長玖尺貳寸柒分。外加翼角斜出叁椽尺寸，再加套獸榫照本身之厚加壹分，得通長壹丈壹寸柒分。以椽徑叁分定高，貳分定厚。如椽徑壹寸捌分，得高伍寸肆分，厚叁寸陸分。

凡老角梁，長短隨仔角梁，内除飛簷椽頭露明尺寸，用方伍斜柒之法加斜長，又按壹壹伍加舉得壹尺壹寸伍分，並套獸榫叁寸陸分，共長壹尺伍寸壹分，扣除外，净長捌尺陸寸陸分。外加後尾叁岔頭，照金柱徑壹分，共得長玖尺肆寸玖分。高、厚與仔角梁同。如無飛簷椽，不用此欵。

凡花架由戧，以步架壹分定長短。如步架壹分深叁尺陸寸，用方伍斜柒之法加斜長，又按壹貳伍加舉，得通長陸尺叁寸。再加搭交按柱徑半分。高、厚與仔角梁同。

凡脊由戧，由步架壹分定長短。如步架壹分深叁尺陸寸，用方伍斜柒之法加斜長，又按壹叁伍加舉，得通長陸尺捌寸。再加搭交按柱徑半分。高、厚與仔角梁同。

凡裏掖角、脊由戧同前。

凡裏掖角角梁，以步架並出簷加舉定長短。如步架深叁尺陸寸，出簷照後簷柱高拾分之叁得貳尺柒寸，共長陸尺叁寸。用方伍斜柒之法加斜長，又按壹貳伍加舉，得通長壹丈壹尺貳分。再加搭交按柱徑半分。高、厚與仔角梁同。

凡裏掖角仔角梁，以出簷定長短。如出簷貳尺柒寸，用方伍斜柒之法加斜長，又按壹貳伍加舉，得通長肆尺柒寸貳分。外加套獸榫照本身之厚壹分。以椽徑貳分定高、厚。如椽徑壹寸捌分，得高、厚叁寸陸分。如無飛簷椽，不用此欵。

凡枕頭木，以步架定長短。如步架深叁尺陸寸，内除角梁之厚半分，得净長叁尺肆寸貳分。以椽徑定高。如椽徑壹寸捌分，壹頭高椽子貳分半，得高肆寸伍分。壹頭斜尖與檩木平。以檩徑拾分之叁定寬。如檩徑陸寸叁分，得寬壹寸捌分。不起翹不用此欵。

凡前簷椽，以出廊並出簷加舉定長短。如出廊深叁尺陸寸，又加出簷尺寸照前簷柱高拾分之叁，得貳尺壹寸陸分，共長伍尺柒寸陸分，又按壹壹伍加舉，得通長陸尺陸寸貳分。如用飛簷椽，以出簷尺寸分叁分，去長壹分作飛簷頭。如後簷椽步架深叁尺陸寸，再加檩徑半分，共長叁尺玖寸壹分，又按壹貳伍加舉，得通長肆尺捌寸捌分。以檩徑拾分之叁定徑寸。如檩徑陸寸叁分，得徑壹寸捌分。以面濶壹丈捌尺，收出廊叁尺陸寸爲起翹之數，餘壹丈肆尺肆寸得平身椽。每椽空檔，隨椽徑壹分。每間椽數俱應成雙，檔之寬窄隨數均匀。至掖角兩邊房簷椽，照出簷尺寸分短椽根數，折半核算。

凡花架椽以步架加舉定長短。如步架深叁尺陸寸，按壹貳伍加舉，得通長肆尺伍寸。徑寸與簷椽同。以面濶壹丈捌尺收壹步架尺寸深叁尺陸寸，餘壹丈肆尺肆寸，得平身椽數。内有短椽壹步架，照長椽均半核算。

凡腦椽，以步架加舉定長短。如步架深叁尺陸寸，按壹叁伍加舉，得通長肆尺捌寸陸分。徑寸與簷椽同。以面濶壹丈捌尺，收貳步架尺寸深柒尺貳寸，餘壹丈捌寸，得平身椽數，内有短椽壹步架，照前折算。

凡裏掖角簷椽以步架加舉定長短。如步架深叁尺陸寸，按豈貳伍加舉，得通長肆尺伍寸。徑寸與前簷椽同。以壹步架定椽根數，俱係短椽折半核算。

凡裏腦椽，長短、徑寸俱與前腦椽同。以貳步架定椽根數，内有短椽壹步架，折半核算。以上簷、腦椽，壹頭加搭交尺寸，花架椽兩頭各加搭交尺寸，俱照椽徑加壹分。

凡飛簷椽，以出簷定長短。如前出簷貳尺壹寸陸分，叁分分之，出頭壹分得長柒寸貳分，後尾貳分得長壹尺肆寸肆分，共長貳尺壹寸陸分。又按壹壹伍加舉，得通長貳尺肆寸捌分。如後出簷貳尺柒寸，叁分分之，出頭壹分得長玖寸，後尾貳分得長壹尺捌寸，共長貳尺柒寸，又按壹貳伍加舉，得通長叁尺叁寸柒分。見方與簷椽徑寸同。

凡翼角椽，以步架出簷定翹數。如步架深叁尺陸寸，出簷貳尺壹寸陸分，共長伍尺柒寸陸分，內除角梁之厚半分，淨長伍尺伍寸捌分，以每尺加翹壹寸，共長陸尺壹寸叁分。椽數俱係成單。長徑俱與簷椽同。

凡翹飛椽，長短、徑寸俱與飛簷椽同，外加斜長貳椽尺寸。

凡連簷，以面濶定長短。如面濶連廊長壹丈捌尺，內除出廊深叁尺陸寸，得長壹丈肆尺肆寸，即長壹丈肆尺肆寸。出廊深叁尺陸寸，並出簷貳尺壹寸陸分，共長伍尺柒寸陸分，內除角梁之厚半分，淨長伍尺伍寸捌分。以每尺加翹壹寸，共長陸尺壹寸叁分。再將壹丈肆尺肆寸並之，壹面得通長貳丈伍寸叁分。寬、厚同簷椽。

凡瓦口，長短隨連簷，以所用瓦料定高、厚。如頭號板瓦中高貳寸，叁分均開，貳分作底臺，壹分作山子，又加板瓦本身高貳寸，得頭號瓦口淨高肆寸。如貳號板瓦中高壹寸柒分，貳分作底臺，壹分作山子，又加板瓦本身高壹寸柒分，得貳號瓦口淨高叁寸肆分。如叁號板瓦中高壹寸伍分，叁分均開，貳分作底臺，壹分作山子，又加板瓦本身高壹寸伍分，得叁號瓦口淨高叁寸。其厚俱按瓦口淨高尺寸肆分之壹，得頭號瓦口厚壹寸，貳號瓦口厚捌分，叁號瓦口厚柒分。如用筒瓦，即隨頭貳叁號板瓦之瓦口，應除山子壹分之高。原與板瓦瓦口同。

凡裏口，以面濶定長短。如面濶壹丈捌尺，內除出廊深叁尺陸寸作起翹之處，得淨長壹丈肆尺肆寸。高、厚與飛簷椽同。再加望板之厚壹分半，得裏口之加高數目。

凡閘檔板，以翹檔分位定長短。如壹椽壹檔，得長壹寸捌分。外加入槽每寸壹分，高隨簷椽徑寸，以椽徑拾分之貳定厚，如椽徑壹寸捌分，得厚叁分。其小連簷之長，自起翹處至老角梁得長，其寬隨椽徑壹分，厚照望板之厚尺寸壹分半，得厚肆分。

凡椽椀，以面濶定長短。如面濶連廊長壹丈捌尺，內除出廊深叁尺陸寸作起翹，得淨長壹丈肆尺肆寸。以椽徑定高。如椽徑壹寸捌分，再加椽徑叁分之壹，共高貳寸肆分，以椽徑叁分之壹定厚，得厚陸分。

凡橫望板、壓飛簷尾橫望板，以面濶、進深加舉折見方丈定長、寬，以椽徑拾分之貳定厚。如椽徑壹寸捌分，得厚叁分。

以上俱係大木做法。其餘各項工料及裝修等件，逐欵分別，另册開載。

如特將面濶、進深、柱高改放寬廠高矮，其木植徑寸等項，照所加高矮尺寸加算；耳房、配房、羣廊等房，照正房配合高、寬，其木植徑寸，亦照加高核算。

愛新覺羅·允禮等《工程做法》卷七《玖檩大木》 玖檩大木做法開後，計開：

凡簷柱，以面濶拾分之捌定高低，拾分之柒定徑寸。如面闊壹丈叁尺，得柱高壹丈肆寸，徑玖寸壹分。如次間、稍間面濶，比明間窄小者，其柱、檩柁、枋等木徑寸，仍照明間。至次間、稍間而濶，臨期酌奪地勢定尺寸。

凡金柱，以出廊加舉定高低。如出廊深肆尺，按伍舉加之，得高貳尺，並簷柱之高壹丈肆寸，得通長壹丈貳尺肆寸。以簷柱徑加貳寸定徑寸。如簷柱徑玖寸壹分，得金柱徑壹尺壹寸壹分，以上柱子每徑壹尺，外加榫長叁寸。

凡抱頭梁，以出廊定長短。如出廊深肆户，壹頭加檩徑壹分，得柁頭分位，壹頭加金柱徑半分，又出榫照簷柱徑半分，得通長伍尺玖寸貳分。如用天花梁，壹頭加柁頭分位，不出榫。以簷柱徑加貳寸定厚。如簷柱徑玖寸壹分，得厚壹尺壹寸壹分。高按本身之厚每尺加叁寸，得高壹尺陸寸肆分。

凡穿插枋，以出廊定長短。如出廊深肆尺，壹頭加簷柱徑半分，壹頭加金柱徑半分。又兩頭出榫，照簷柱徑壹分。得通長伍尺玖寸貳分。高、厚與簷枋同。

凡柒架梁，以進深除廊定長短。如通進深貳丈玖尺，內除前後廊捌尺，得貳丈壹尺。兩頭各加檩徑壹分，得柁頭分位。如檩徑玖寸壹分，得通長貳丈貳尺捌寸貳分。以金柱徑加貳寸定厚。如金柱徑壹尺壹寸壹分，得厚壹尺叁寸壹分。高按本身厚每尺加叁寸，得高壹尺柒寸。

凡隨梁枋，以進深定長短。如進深貳丈壹尺，內除金柱徑壹分。外兩頭加入榫分位，各按金柱徑肆分之壹，得長貳丈肆寸肆分。其高、厚俱按簷枋各加貳寸。

凡柁橔，以步架加舉定高低。如步架深叁尺伍寸，按陸舉加之，得高貳尺壹寸。內除柒架梁高壹尺柒寸，得淨高肆寸。以伍架梁之厚收貳寸定寬。如伍架梁厚壹尺壹寸壹分，得寬玖寸壹分。以柁頭貳分定長。如柁頭貳分長壹尺捌寸貳分，即長壹尺捌寸貳分。

凡伍架梁，以步架肆分定長短。如步架肆分深壹丈肆尺，兩頭各加檁徑壹分，得柁頭分位。如檁徑玖寸壹分，得通長壹丈伍尺捌寸貳分。以柒架梁高、厚各收貳寸定高、厚。如柒架梁高壹尺柒寸，厚壹尺叁寸壹分，得高壹尺伍寸，厚壹尺壹寸壹分。

凡上金瓜柱，以步架加舉定高低。如步架深叁尺伍寸，按柒舉加之，得高貳尺肆寸伍分。內除伍架梁高壹尺伍寸，得淨高玖寸伍分。以伍架梁之厚收貳寸定寬。如伍架梁厚壹尺壹寸壹分，得厚玖寸壹分。寬按本身厚加貳寸，得寬壹尺壹寸壹分。每寬壹尺，外加上、下榫各長叁寸。

凡叁架梁，以步架貳分定長短。如步架貳分深柒尺，兩頭各加檁徑壹分，得柁頭分位。如檁徑玖寸壹分，得通長捌尺捌寸貳分。以伍架梁高、厚各收貳寸定高、厚。如伍架梁高壹尺伍寸，厚壹尺壹寸壹分，得高壹尺叁寸，厚玖寸壹分。

凡脊瓜柱，以步架加舉定高低。如步架深叁尺伍寸，按玖舉加之，得高叁尺壹寸伍分。又加平水高捌寸壹分，再加檁徑叁分之壹作桁椀，得長叁寸，得通高肆尺貳寸陸分。內除叁架梁高壹尺叁寸，得淨高貳尺玖寸陸分。寬、厚同上金瓜柱。每寬壹尺，外加下榫長叁寸。

凡角背，以步架壹分定長短。如步架深叁尺伍寸，即長叁尺伍寸。以瓜柱高、厚叁分之壹定寬、厚。如瓜柱淨高貳尺玖寸陸分，厚玖寸壹分，得寬玖寸捌分，厚叁寸。

凡簷枋、老簷枋、金脊枋，以面濶定長短。如面濶壹丈叁尺，內除柱徑壹分，外加兩頭入榫分位，各按柱徑肆分之壹，得長壹丈貳尺伍寸肆分。以簷柱徑寸定高。如柱徑玖寸壹分，即高玖寸壹分。厚按本身高收貳寸，得厚柒寸壹分。其懸山做法，梢間簷枋應照柱徑尺寸加壹分，得箍頭分位。寬、厚與簷枋同。如金、脊枋不用墊板，照簷枋寬、厚各取貳寸。

凡金脊簷墊板，以面濶定長短。如面濶壹丈叁尺，內除柁頭分位壹分，外加兩頭入榫尺寸照柁頭之厚每尺加滚楞貳寸，得長壹丈貳尺壹寸壹分。以簷枋之高收壹寸定寬。如簷枋高玖寸壹分，得寬捌寸壹分。以檁徑拾分之叁定厚。如檁徑玖寸壹分，得厚貳寸柒分。寬陸寸以上者照簷枋之高收分壹寸，陸寸以下者不收分。其脊墊板，照面濶除脊瓜柱徑壹分，外加兩頭入榫尺寸，各按柱徑肆分之壹。

凡檁木，以面濶定長短。如面濶壹丈叁尺，即長壹丈叁尺。每徑壹尺，外加搭交榫長叁寸。如硬山做法獨間成造者，應兩頭照山柱徑各加半分。如有次間、稍間者，應壹頭照山柱徑加半分。其懸山做法，應照出簷之法加長。徑寸俱與簷柱同。

凡懸山桁條下皮用燕尾枋，以出簷之法得長。如出簷叁尺壹寸貳分，即長叁尺壹寸貳分。以檁徑拾分之叁定厚。如檁徑玖寸壹分。得厚貳寸柒分。寬按本身厚加貳寸，得寬肆寸柒分。

凡簷椽，以出廊並出簷加舉定長短。如出廊深肆尺，又加出簷尺寸，照簷柱高拾分之叁，得叁尺壹寸貳分，共長柒尺壹寸貳分。又按壹壹伍加舉，得通長捌尺壹寸捌分。如用飛簷椽，以出簷尺寸分叁分，去長壹分作飛簷頭。以檁徑拾分之叁定徑寸。如檁徑玖寸壹分，得徑貳寸柒分。每椽空檔，隨椽徑壹分。每間椽數，俱應成雙。檔之寬窄，隨數均匀。

凡下花架椽，以步架加舉定長短。如步架深叁尺伍寸，按壹貳加舉得通長肆尺貳寸。徑寸與簷椽同。

凡上花架椽，以步架加舉定長短。如步架深叁尺伍寸，按壹貳伍加舉，得通長肆尺叁寸柒分。徑寸與簷椽同。

凡腦椽，以步架加舉定長短。如步架深叁尺伍寸，按壹叁伍加舉得通長肆尺柒寸貳分，徑寸與簷椽同。以上簷、腦椽，壹頭加搭交尺寸；花架椽，兩頭各加搭交尺寸，俱照椽徑壹分。

凡飛簷椽，以出簷定長短。如出簷叁尺壹寸貳分，叁分分之，出頭壹分得長壹尺肆分，後尾貳分得長貳尺零捌分，共長叁尺壹寸貳分。又按壹壹伍加舉，得通長叁尺伍寸捌分。見方與簷椽徑同。

凡連簷，以面濶定長短。如面濶壹丈叁尺，即長壹丈叁尺。稍間應加墀頭分位。如懸山做法，隨挑山之長。寬、厚同簷椽。

凡瓦口，長短隨連簷。以所用瓦料定高、厚。如頭號板瓦中高貳寸，叁分均開，貳分作底臺，壹分作山子，又加板瓦本身高貳寸，得頭號瓦口淨高肆寸。如貳號板瓦中高壹寸柒分，叁分均開，貳分作底臺，壹分作山子，又加板瓦本身高壹寸柒分，得貳號瓦口淨高叁寸肆分。如叁號板瓦中高壹寸伍分，叁分均開，貳分作底臺，壹分作山子，又加板瓦本身高壹寸伍分，得叁號瓦口淨高叁寸。其厚俱按瓦口淨高尺寸肆分之壹，得頭號瓦口厚壹寸，貳號瓦口厚捌分，叁號瓦口厚柒分。如用筒瓦，即隨頭貳叁號板瓦瓦口應除山子壹分之高。厚與板瓦瓦口同。

凡裏口，以面闊定長短。如面闊壹丈叁尺，即長壹丈叁尺。如懸山做法，隨挑山之長。高、厚與飛簷椽同。再加望板厚壹分半，得裏口加高尺寸。

凡椽椀長短隨裏口。以椽徑定高、厚。如椽徑貳寸柒分，再加椽徑叁分之壹，共得高叁寸陸分。以椽徑叁分之壹定厚，得厚玖分。

凡博縫板，照椽子淨長尺寸，外加斜搭交之長，按本身寬尺寸。以椽徑柒根定寬。如椽徑貳寸柒分，得寬壹尺捌寸玖分。以椽徑拾分之柒定厚。如椽徑貳寸柒分，得厚壹寸捌分。

凡扶脊木，長短、徑寸俱同脊檁。

凡用橫望板、壓飛簷尾橫望板，以面闊、進深加深折見方丈定長、寬。以椽徑拾分之貳定厚。如椽徑貳寸柒分，得厚伍分。

凡天花梁，以進深定長短。如進深貳丈壹尺，內除金柱徑壹分，外加兩頭入榫分位，各按金柱徑肆分之壹，得通長貳丈肆寸肆分。以柱徑加貳寸定高。如柱徑壹尺壹寸壹分，得高壹尺叁寸壹分。厚按本身高收貳寸，得厚壹尺壹寸壹分。

凡天花枋，以面闊定長短。如面闊壹丈叁尺，內除金柱徑壹分，外加兩頭入榫分位，各按金柱徑肆分之壹，得通長壹丈貳尺肆寸肆分。其高、厚俱按簷枋各加貳寸。

凡帽兒梁，以面闊定長短。如面闊壹丈叁尺，內除柁厚壹分，得長壹丈壹尺陸寸玖分。以枝條叁分定徑寸。如枝條寬、厚貳寸貳分，得徑陸寸陸分。

凡貼梁，長隨面闊、進深，內除枋、梁之厚各壹分，以簷枋高肆分之壹定寬、厚。如簷枋高玖寸壹分，得寬、厚各貳寸貳分。

凡連貳枝條，以天花板尺寸定長短。如天花見方壹尺捌寸，得長叁尺陸寸。再每井加安天花板分位柒分，得連貳枝條通長叁尺柒寸肆分。寬、厚與貼梁同。

凡單枝條，以天花板尺寸定長短。如天花見方壹尺捌寸，再每井加安天花板分位柒分，得長壹尺捌寸柒分。寬、厚與連貳枝條同。

凡天花板，按面闊、進深，除枋梁分位得井數之尺寸，以枝條叁分之壹定厚。如枝條厚貳寸貳分，得厚柒分。

以上俱係大木做法。其餘各項工料及裝修等件，逐欵分別，另册開載。如特將面闊、進深、柱高改放寬廠高矮，其木植徑寸等項照所加高矮尺寸加算；耳房、配房、羣廊等房，照正房配合高寬。其木植徑寸，亦照加高核算。

愛新覺羅・允禮等《工程做法》卷八《捌檁大木》 捌檁卷棚大木做法開後，計開：

凡簷柱，以面闊拾分之捌定高低，拾分之柒定徑寸。如面闊壹丈貳尺，得柱高玖尺陸寸，徑捌寸肆分。如次間、稍間面闊比明間窄小者，其柱、檁、柁、枋等木徑寸，仍照明間。至次間、稍間面闊，臨期酌奪地勢定尺寸。

凡金柱，以出廊加舉定高低。如出廊深肆尺伍寸，按伍舉加之，得高貳尺貳寸伍分，並簷柱之高玖尺陸寸，得通長壹丈壹尺捌寸伍分。以簷柱徑加貳寸定徑寸。如簷柱徑捌寸肆分，得金柱徑壹尺肆分。以上柱子每徑壹尺，外加榫長叁寸。

凡抱頭梁，以出廊定長短。如出廊深肆尺伍寸，壹頭加檁徑壹分，得柁頭分位。壹頭加金柱徑半分，又出榫照簷柱徑半分，得通長陸尺貳寸捌分。以簷柱徑加貳寸定厚。如柱徑捌寸肆分，得厚壹尺肆分。高按本身之厚每尺加叁寸，得高壹尺叁寸伍分。

凡穿插枋，以出廊定長短。如出廊深肆尺伍寸，壹頭加簷柱徑半分，壹頭加金柱徑半分，又兩頭出榫照簷柱徑壹分，得通長陸尺貳寸捌分。高、厚與簷枋同。

凡陸架梁，以進深定長短。如通進深貳丈玖尺，內除前後廊玖尺，進深得貳丈。兩頭各加檁徑壹分，得柁頭分位。如檁徑捌寸肆分，得通長貳丈壹尺陸寸捌分。以金柱徑加貳寸定厚。如柱徑壹尺肆分，得厚壹尺貳寸肆分。高按本身之厚每尺加叁寸，得高壹尺陸寸壹分。

凡隨梁枋，以進深定長短。如進深貳丈，內除柱徑壹分，外加兩頭入榫分位，各按柱徑肆分之壹，得長壹丈玖尺肆寸捌分。其高、厚俱按簷枋各加貳寸。

凡柁墩，以步架加舉定高低。如進深貳丈，除月梁貳尺伍寸貳分，其餘尺寸肆步架分之，每步架得長肆尺叁寸柒分。按陸舉加之，得高貳尺陸寸貳分。內除陸架梁之高壹尺陸寸壹分，得淨高壹尺壹分。以肆架梁之厚收貳寸定寬。如肆架梁厚壹尺肆分，得寬捌寸肆分。以柁頭貳分定長。如柁頭貳分長壹尺陸寸捌分，即長壹尺陸寸捌分。

凡肆架梁，以進深定長短。如進深貳丈，以貳步架得長捌尺柒寸肆分。再加月梁分位貳尺伍寸貳分。兩頭各加檩徑壹分得柁頭分位。如檩徑捌寸肆分，得通長壹丈貳尺玖寸肆分。以陸架梁高、厚各收貳寸定高、厚。如陸架梁高壹尺陸寸壹分，厚壹尺貳寸肆分，得高壹尺肆寸壹分，厚壹尺肆分。

凡頂瓜柱，以步架加舉定高低。如進深貳丈，除月梁貳尺伍寸貳分，其餘尺寸肆步架分之，每步架得長肆尺叁寸柒分。按柒舉加之，得高叁尺陸分。內除肆架梁高壹尺肆寸壹分，得淨高壹尺陸寸伍分。以肆架梁厚收貳寸定厚。如肆架梁厚壹尺肆分，得厚捌寸肆分。寬按本身厚加貳寸，得寬壹尺肆分。每寬壹尺，外加上、下榫各長叁寸。

凡月梁，以檩徑叁分定長短。如檩徑捌寸肆分，叁分得長貳尺伍寸貳分。兩頭各加檩徑壹分得柁頭分位。如檩徑捌寸肆分，得通長肆尺貳寸。以肆架梁高、厚各收貳寸定高、厚。如肆架梁高壹尺肆寸壹分，厚壹尺肆分，得高壹尺貳寸壹分，厚捌寸肆分。

凡角背，長按月梁尺寸，兩頭各加半步架，得通長陸尺捌寸玖分。以瓜柱之高、厚叁分之壹定寬、厚。如瓜柱淨高壹尺陸寸伍分，厚捌寸肆分，得寬伍寸伍分，厚貳寸捌分。

凡簷枋、老簷枋、金脊枋，以面濶定長短。如面濶壹丈貳尺，內除柱徑壹分，外加兩頭入榫分位，各按柱徑肆分之壹，得長壹丈壹尺伍寸捌分。以簷柱徑寸定高。如柱徑捌寸肆分，即高捌寸肆分。厚按本身高收貳寸，得厚陸寸肆分。其懸山做法，稍間簷枋應照柱徑尺寸加壹分，得箍頭分位。寬、厚與簷枋同。如金、脊枋不用墊板，照簷枋寬、厚各收貳寸。

凡金脊簷墊板，以面濶定長短。如面濶壹丈貳尺，內除柁頭分位壹分，外加兩頭入榫尺寸，照柁頭之厚每尺加滚楞貳寸，得長壹丈壹尺壹十陸分。以簷枋高收壹寸定高。如簷枋高捌寸肆分，得高柒寸肆分。以檩徑拾分之參定厚，如檩徑捌寸肆分，得厚貳寸伍分。高陸寸以上者，照簷枋之高收分壹寸，陸寸以下者不收分。其脊墊板，照面濶除脊瓜柱徑壹分，外加兩頭入榫尺寸，各按瓜柱徑肆分之壹。

凡檩木，以面濶定長短。如面濶壹丈貳尺，即長壹丈貳尺。每徑壹尺外加搭交榫長叁寸。如硬山做法，獨間成造者，應兩頭照柱徑各加半分。如有次間、稍間、者，應壹頭照柱徑加半分。其懸山做法，應照出簷之法加長。徑寸俱與簷柱同。

凡機枋條子，長隨檩木，以檩徑拾分之叁定寬。如檩徑捌寸肆分，得寬貳寸伍分，以椽徑叁分之壹定厚。如椽徑貳寸伍分，得厚捌分。

凡懸山桁條下皮用燕尾枋，以出簷之法得長。如出簷貳尺捌寸捌分，即長貳尺捌寸捌分。以檩徑拾分之叁定厚。如檩徑捌寸肆分，得厚貳寸伍分。寬按本身之厚加貳寸，得寬肆寸伍分。

凡簷椽，以出廊並出簷加舉定長短。如出廊深肆尺伍寸，又加出簷尺寸，照簷柱高拾分之叁，得貳尺捌寸捌分，共長柒尺叁寸捌分。又按壹壹加舉，得通長捌尺壹寸壹分。如用飛簷椽，以出簷尺寸分叁分，去長壹分作飛簷頭。以檩徑拾分之叁定徑寸。如檩徑捌寸肆分，得徑貳寸伍分。每椽空檔，隨椽徑壹分。每間椽數，俱應成雙。檔之寬窄，隨數均勻。

凡下花架椽，以步架加舉定長短。如步架深肆尺叁寸柒分，按壹貳加舉，得通長伍尺貳寸肆分。徑寸與簷椽同。

凡上花架椽，以步架加舉定長短。如步架深肆尺叁寸柒分，按壹叁加舉，得通長伍尺陸寸捌分。徑寸與簷椽同。以上簷椽壹頭加搭交尺寸，花架椽兩頭各加搭交尺寸，俱照椽徑加壹分。

凡頂椽，以月梁定長短。如月梁長貳尺伍寸貳分，兩頭各加檩徑半分，得通長叁尺叁寸陸分。徑寸與簷椽徑寸同。

凡飛簷椽，以出簷定長短。如出簷貳尺捌寸捌分，叁分分之，出頭壹分得長玖寸陸分，後尾貳分得長壹尺玖寸貳分，共長貳尺捌寸捌分。又按壹壹加舉，得通長叁尺壹寸陸分。見方與簷椽徑同。

凡連簷，以面濶定長短。如面濶壹丈貳尺，即長壹丈貳尺。稍間應加墀頭分位。如懸山做法，隨挑山之長。寬、厚同簷椽。

凡瓦口，長短隨連簷。以所用瓦料定高、厚。如頭號板瓦中高貳寸，叁分均開，貳分作底臺，壹分作山子，又加板瓦木身高貳寸，得頭號瓦口淨高肆寸。如貳號板瓦中高壹寸柒分，叁分均開，貳分作底臺，壹分作山子，又加板瓦本身高壹寸柒分，得貳號瓦口淨高叁寸肆分。如叁號板瓦中高壹寸伍分，叁分均開，貳分作底臺，壹分作山子，又加板瓦本身高壹寸伍分，得叁號瓦口淨高叁寸。其厚俱按瓦口淨高尺寸肆分之壹，得頭號瓦口厚壹寸，貳號瓦口厚捌分，叁號瓦口厚柒分。如用筒瓦，即隨頭貳叁號板瓦之瓦口，應除山子壹分之高。厚與板瓦瓦口同。

凡裏口，以面濶定長短。如面濶壹丈貳尺，即長壹丈貳尺。如懸山做法，隨挑山之長。高、厚與飛簷椽同，再加望板之厚壹分半，得裏口之加高尺寸。

凡椽椀，長短隨裏口，以椽徑定高、厚。如椽徑貳寸伍分，再加椽徑叁分之壹，共得高叁寸叁分。以椽徑叁分之壹定厚，得厚捌分。

凡博縫板，照椽子淨長尺寸，外加斜搭交之長按本身寬尺寸，以椽徑柒根定寬。如椽徑貳寸伍分，得寬壹尺柒寸伍分。以椽徑拾分之柒定厚，如椽徑貳寸伍分，得厚壹寸柒分。

凡用橫望板、壓飛簷尾橫望板，以面濶、進深加舉近見方丈定長、寬。以椽徑拾分之貳定厚，如椽徑貳寸伍分，得厚伍分。

以上俱係大木做法，其餘各項工料及裝修等件，逐欵分別，另册開載。

如特將面濶、進深、柱高改放寬廠高矮，其木植徑寸等項，照所加高矮尺寸加算；耳房、配房、羣廊等房，照正房配合高寬。其木植徑寸，亦照加高核算。

愛新覺羅·允禮等《工程做法》卷九《柒檩大木》 柒檩大木做法開後，計開：

凡簷柱，以面濶拾分之捌定高低，拾分之柒定徑寸。如面濶壹丈貳尺，得柱高玖尺陸寸，徑捌寸肆分。如次間、稍間面濶比明間窄小者，其柱、檩、柁、枋等木徑寸，仍照明間。至次間、稍間面濶，臨期酌奪地勢定尺寸。

凡金柱，以出廊加舉定高低。如出廊深叁尺，按伍舉加之，得高壹尺伍寸，並簷柱之高玖尺陸寸，得通長壹丈壹尺壹寸。以簷柱徑加貳寸定徑寸，如簷柱徑捌寸肆分，得金柱徑壹尺肆分。以上柱子每徑壹尺，外加榫長叁寸。

凡山柱，以進深加舉定高低。如通進深壹丈捌尺，內除前後廊陸尺，進深得壹丈貳尺，分爲肆步架，每坡得貳步架，每步架深叁尺。第壹步架按柒舉加之，得高貳尺壹寸。第貳步架按玖舉加之，得高貳尺柒寸。又加平水高柒寸肆分，再加檩徑叁分之壹作桁椀，得長貳寸捌分，並金柱高壹丈壹尺壹寸，得通長壹丈陸尺玖寸貳分。徑寸與金柱同。每徑壹尺，外加榫長叁寸。

凡抱頭梁，以出廊定長短。如出廊深叁尺，壹頭加檩徑壹分，得柁頭分位。壹頭加金柱徑半分，又出榫照簷柱徑半分，得通長肆尺柒寸捌分。以簷柱徑加貳寸定厚。如簷柱徑捌寸肆分，得厚壹尺肆分。高按本身之厚每尺加叁寸，得高壹尺叁寸伍分。

凡穿插枋，以出廊定長短。如出廊深叁尺，壹頭加簷柱徑半分，壹頭加金柱徑半分，又兩頭出榫照簷柱徑壹分，得通長肆尺柒寸捌分。高、厚與簷枋同。

凡伍架梁，以進深除廊定長短。如通進深壹丈捌尺，內除前後廊陸尺，進深得壹丈貳尺。兩頭各加檩徑壹分得柁頭分位。如檩徑捌寸肆分，得通長壹丈叁尺陸寸捌分。以金柱徑加貳寸定厚。如柱徑壹尺肆分，得厚壹尺貳寸肆分。高按本身之厚每尺加叁寸，得高壹尺陸寸壹分。

凡隨梁枋以進深定長短。如進深壹丈貳尺，內除柱徑壹分，外加兩頭入榫分位，各按柱徑肆分之壹，得長壹丈壹尺肆寸捌分。其高、厚俱按簷枋各加貳寸。

凡柁墩，以步架加舉定高低。如步架深叁尺，按柒舉加之，得高貳尺壹寸。內除伍架梁高壹尺陸寸壹分，得淨高肆寸玖分。以叁架梁之厚收貳寸定寬。如叁架梁厚壹尺肆分，得寬捌寸肆分。以柁頭貳分定長。如柁頭貳分長壹尺陸寸捌分，即長壹尺陸寸捌分。

凡叁架梁，以步架貳分定長短。如步架貳分深陸尺，兩頭各加檩徑壹分，得柁頭分位。如檩徑捌寸肆分，得通長柒尺陸寸捌分。以伍架梁高、厚各收貳寸定高、厚。如伍架梁高壹尺陸寸壹分，厚壹尺貳寸肆分，得高壹尺肆寸壹分，厚壹尺肆分。

凡雙步梁，以步架貳分定長短。如步架貳分深陸尺，壹頭加檩徑壹分，得柁頭分位。如檩徑捌寸肆分，得通長陸尺捌寸肆分。高、厚與伍架梁同。

凡合頭枋，以步架貳分定長短。如步架貳分深陸尺，內除柱徑各半分，外加兩頭入榫分位，各按簷柱徑肆分之壹，得長伍尺肆寸捌分。其高、厚俱按簷枋各加貳寸。

凡單步梁，以步架壹分定長短。如步架壹分深叁尺，壹頭加檩徑壹分得柁頭分位，如檩徑捌寸肆分，得通長叁尺捌寸肆分。高、厚與叁架梁同。

凡簷枋、老簷枋、金脊枋，以面濶定長短。如面濶壹丈貳尺，內除柱徑壹分，外加兩頭入榫分位，各按簷柱徑肆分之壹，得長壹丈壹尺伍寸捌分。以簷柱徑寸定高。如柱徑捌寸肆分，即高捌寸肆分。厚按本身之高收貳寸，得厚陸寸肆分。其懸山做法，稍間簷枋應照柱徑尺寸加壹分，得箍頭分位。寬、厚與簷枋同。如金脊枋不用墊板，照簷枋之寬、厚各收貳寸。

凡金、脊、簷墊板，以面濶定長短。如面濶壹丈貳尺，內除柁頭分位壹分，外加兩頭入榫尺寸，照柁頭之厚每尺加滚楞貳寸，得長壹丈壹尺壹寸陸分。以簷枋之高收壹寸定高。如簷枋高捌寸肆分，得高柒寸肆分。以檁徑拾分之叁定厚。如檁徑捌寸肆分，得厚貳寸伍分。寬陸寸以上者，照簷枋之高收分壹寸，陸寸以下者不收分。其脊墊板，照面闊除脊瓜柱徑壹分，外加兩頭入榫尺寸，各按瓜柱徑肆分之壹。

凡脊瓜柱，以步架加舉定高低。如步架深叁尺，按玖舉加之，得高貳尺柒寸。又加平水高柒寸肆分，再加檁徑叁分之壹作桁椀，得長貳寸捌分，得通高叁尺柒寸貳分。內除叁架樑高壹尺肆寸壹分，得淨高貳尺叁寸壹分。以叁架樑之厚收貳寸定厚。如叁架樑厚壹尺肆分，得厚捌寸肆分。寬按本身之厚加貳寸，得寬壹尺肆分。每寬壹尺，外加下榫長叁寸。

凡檁木，以面闊定長短。如面闊壹丈貳尺，即長壹丈貳尺。每徑壹尺，外加搭交榫長叁寸。如硬山做法，獨間成造，應兩頭照山柱徑各加半分。如有次間、稍間，應壹頭照山柱徑加半分。其懸山做法，應照出簷之法加長。徑寸俱與簷柱同。

凡懸山桁條下皮用燕尾枋，以出簷之法得長。如出簷貳尺捌寸捌分，即長貳尺捌寸捌分。以檁徑拾分之叁定厚。如檁徑捌寸肆分，得厚貳寸伍分。寬按本身之厚加貳寸，得寬肆寸伍分。

凡簷椽，以出廊並出簷加舉定長短。如出廊深叁尺，又加出簷尺寸，照簷柱高拾分之叁，得貳尺捌寸捌分，共長伍尺捌寸捌分。又按壹壹伍加舉，得通長陸尺柒寸陸分。如用飛簷椽，以出簷尺寸分叁分，去長壹分作飛簷頭。以檁徑拾分之叁定徑寸。如檁徑捌寸肆分，得徑貳寸伍分。每椽空檔，隨椽徑壹分。每間椽數，俱應成雙。檔之寬窄，隨數均勻。

凡花架椽，以步架加舉定長短。如步架深叁尺，按壹貳伍加舉，得通長叁尺柒寸伍分。徑寸與簷椽同。

凡腦椽，以步架加舉定長短。如步架深叁尺，按壹叁伍加舉，得通長肆尺伍分。徑寸與椽簷同。以上簷、腦椽壹頭加搭交尺寸。花架椽兩頭各加搭交尺寸，俱照椽徑加壹分。

凡飛簷椽，以出簷定長短。如出簷貳尺捌寸捌分，叁分分之，出頭壹分得長玖寸陸分，後尾貳分得長壹尺玖寸貳分，共長貳尺捌寸捌分。又按壹壹伍加舉，得通長叁尺叁寸壹分。見方與簷椽徑寸同。

凡連簷，以面闊定長短。如面闊壹丈貳尺，即長壹丈貳尺。稍間應加墀頭分位。如懸山做法，隨挑山之長。寬、厚同簷椽。

凡瓦口，長短隨連簷，以所用瓦料定高、厚。如頭號板瓦中高貳寸，叁分均開，貳分作底臺，壹分作山子，又加板瓦本身之高貳寸，得頭號瓦口淨高肆寸。如貳號板瓦中高壹寸柒分，叁分均開，貳分作底臺，壹分作山子，又加板瓦本身之高壹寸柒分，得貳號瓦口淨高叁寸肆分。如叁號板瓦中高壹寸伍分，叁分均開，貳分作底臺，壹分作山子，又加板瓦本身之高壹寸伍分，得叁號瓦口淨高叁寸。其厚俱按瓦口淨高尺寸肆分之壹，得頭號瓦口厚壹寸，貳號瓦口厚捌分，叁號瓦口厚柒分。如用筒瓦，即隨頭貳叁號板瓦之瓦口，應除山子壹分之高。厚與板瓦瓦口同。

凡裏口，以面闊定長短。如面闊壹丈貳尺，即長壹丈貳尺。如懸山做法，隨挑山之長。高、厚與飛簷椽同，再加望板之厚壹分半，得裏口之加高尺寸。

凡椽椀，長短隨裏口，以椽徑定高、厚。如椽徑貳寸伍分，再加椽徑叁分之壹，共得高叁寸叁分。以椽徑叁分之壹定厚，得厚捌分。

凡扶脊木，長短徑寸俱同脊檁。

凡博縫板，照椽子淨長尺寸，外加斜搭交之長，按本身寬尺寸。以椽徑柒根定寬。如椽徑貳寸伍分，得寬壹尺柒寸伍分。以椽徑拾分之柒定厚。如椽徑貳寸伍分，得厚壹寸柒分。

凡用橫望板、壓飛簷尾橫望板，以面闊、進深加舉折見方丈定長、寬，以椽徑拾分之貳定厚。如椽徑貳寸伍分，得厚伍分。

以上俱係大木做法，其餘各項工料及裝修等件，逐欵分別，另册開載。

如特將面闊、進深、柱高改放寬廠高矮，其木植徑寸等項，照所加高矮尺寸加算；耳房、配房、羣廊等房，照正房配合高寬。其木植徑寸，亦照加高核算。

愛新覺羅・允禮等《工程做法》卷一〇《陸檁大木》 陸檁大木做法開後，計開：

凡簷柱，以面闊拾分之捌定高低，拾分之柒定徑寸。如面闊壹丈壹尺，得柱高捌尺捌寸，徑柒寸柒分。如次間、稍間面闊比明間窄小者，其柱、檁、柁、枋等木徑寸，仍照明間。至次間，稍間面闊，臨期酌奪地勢定尺寸。

凡金柱，以出廊加舉定高低。如出廊深叁尺貳寸，按伍舉加之，得高壹尺陸寸，並簷柱高捌尺捌寸，得通長壹丈肆寸。以簷柱徑加貳寸定徑寸。如簷柱徑柒寸柒分，得金柱徑玖寸柒分。以上柱子，每根徑壹尺，外加榫長叁寸。

凡山柱，以進深加舉定高低。如通進深壹丈陸尺，內除前廊叁尺貳寸，進深得壹丈貳尺捌寸。分爲肆步架，每坡得貳步架，每步架深叁尺貳寸。第壹步架按柒舉加之，得高貳尺貳寸肆分。第貳步架按玖舉加之，得高貳尺捌寸捌分。又加平水高陸寸柒分，再加檁徑叁分之壹作桁椀，得長貳寸伍分。並金柱之柱壹丈肆寸，得通長壹丈陸尺肆寸肆分。徑寸與金柱同。前落金做法，後簷柱高低、徑寸俱與前金柱同。每徑壹尺，加榫長叁寸。

凡抱頭梁，以出廊定長短。如出廊深叁尺貳寸，壹頭加檁徑壹分，得柁頭分位。壹頭加金柱徑半分，又出榫照簷柱徑半分，得通長肆尺捌寸肆分。以簷柱徑加貳寸定厚。如柱徑柒寸柒分，得厚玖寸柒分。高按本身之厚每尺加叁寸，得高壹尺貳寸陸分。

凡穿插枋，以出廊定長短。如出廊深叁尺貳寸，壹頭加簷柱徑半分，壹頭加金柱徑半分，又兩頭出榫照簷柱徑壹分，得通長肆尺捌寸肆分。高、厚與簷枋同。

凡伍架梁，以進深除廊定長短。如通進深壹丈陸尺，內除前廊叁尺貳寸，進深得壹丈貳尺捌寸。兩頭各加檁徑壹分，得柁頭分位。如檁徑柒寸柒分，得通長壹丈肆尺叁寸肆分。以金柱徑加貳寸定厚。如柱徑玖寸柒分，得厚壹尺壹寸柒分。高按本身之厚每尺加叁寸，得高壹尺伍寸貳分。

凡隨梁枋，以進深定長短。如進深壹丈貳尺捌寸，內除柱徑壹分，外加兩頭入榫分位，各按柱徑肆分之壹，得長壹丈貳尺叁寸壹分。其高、厚俱按簷枋各加貳寸。

凡金瓜柱，以步架加舉定高低。如步架深叁尺貳寸，按柒舉加之，得高貳尺貳寸肆分。內除伍架梁之高壹尺伍寸貳分，得淨高柒寸貳分。以叁架梁之厚收貳寸定厚。如叁架梁厚玖寸柒分，得厚柒寸柒分。寬按本身之厚加貳寸，得寬玖寸柒分。每寬壹尺，外加上、下榫各長叁寸。

凡叁架梁，以步架貳分定長短。如步架貳分深陸尺肆寸，兩頭各加檁徑壹分，得柁頭分位。如檁徑柒寸柒分，得通長柒尺玖寸肆分。以伍架梁高、厚各收貳寸定高、厚。如伍架梁高壹尺伍寸貳分，厚壹尺壹寸柒分，得高壹尺叁寸貳分，厚玖寸柒分。

凡雙步檁，以步架貳分定長短。如步架貳分深陸尺肆寸，壹頭加檁徑壹分得柁頭分位。如檁徑柒寸柒分，得通長柒尺壹寸柒分。高厚與伍架梁同。

凡合頭枋，以步架貳分定長短。如步架貳分深陸尺肆寸，內除柱徑各半分，外加兩頭入榫分位，各按柱徑肆分之壹，得長伍尺玖寸壹分。其高、厚俱按簷枋各加貳寸。

凡單步梁，以步架壹分定長短。如步架壹分深叁尺貳寸，壹頭加檁徑壹分，得柁頭分位。如檁徑柒寸柒分，得通長叁尺玖寸柒分。高、厚與叁架梁同。

凡簷枋、老簷枋、金脊枋，以面濶定長短。如面濶壹丈壹尺，內除柱徑壹分，外加兩頭入榫分位，各按柱徑肆分之壹，得長壹丈陸寸壹分。以簷柱徑寸定高。如柱徑柒寸柒分，即高柒寸柒分。厚按本身之高收貳寸，得厚伍寸柒分。如金、脊枋不用墊板，照簷枋寬厚各收貳寸。

凡金脊簷墊板，以面濶定長短。如面濶壹丈壹尺，除柁頭分位壹分，外加兩頭入榫尺寸，照柁頭之厚每尺加滾楞貳寸，得長壹丈貳寸貳分。以簷枋之高收壹寸定高。如簷枋高柒寸柒分，得高陸寸柒分。以檁徑拾分之叁定厚。如檁徑柒寸柒分，得厚貳寸叁分。高陸寸以上者，照簷枋之高收分壹寸，陸寸以下者不收分。其脊墊板，照面濶除脊瓜柱徑壹分，外加兩頭入榫尺寸各按瓜柱徑肆分之壹。

凡脊瓜柱，以步架加舉定高低。如步架深叁尺貳寸，按玖舉加之，得高貳尺捌寸捌分。又加平水高陸寸柒分，再加檁徑叁分之壹作桁椀，得長貳寸伍分。內除叁架梁高壹尺叁寸貳分，得淨高貳尺肆寸捌分。寬、厚同金瓜柱。每寬壹尺，外加下榫長叁寸。

凡檁木，以面濶定長短。如面濶壹丈壹尺，即長壹丈壹尺。每徑壹尺，外加搭交榫長叁寸。如硬山做法，獨間成造者，應兩頭照山柱徑各加半分。如有次間、稍間者，應壹頭照山柱徑加半分。徑寸俱與簷柱同。

凡前簷椽，以出廊並出簷加舉定長短。如出廊深叁尺貳寸，又加出簷尺寸照前簷柱高拾分之叁，得貳尺陸寸肆分，共長伍尺捌寸肆分。又按壹壹伍加舉，得通長陸尺柒寸壹分。如後簷椽步架深叁尺貳寸，又加出簷尺寸照後簷柱高拾分之叁，得叁尺壹寸貳分，共長陸尺叁寸貳分。又按壹貳伍加舉，得通長柒尺玖寸。如用飛簷椽，以出簷尺寸分叁分，去長壹分作飛簷頭。以檁徑拾分之叁定徑寸。如檁徑柒寸柒分，得徑貳寸叁分。每椽空檔，隨椽徑壹分。每間椽數，俱應成雙。檔之寬窄，隨數均匀。

凡後簷封護簷椽，以步架加舉定長短。如步架深叁尺貳寸，再加檁徑半分，共長叁尺伍寸捌分。又按壹貳伍加舉，得通長肆尺肆寸柒分。徑寸與前簷椽同。

凡前簷花架椽，以步架加舉定長短。如步架深叁尺貳寸，按壹貳伍加舉，得通長肆尺。徑寸與簷椽同。

凡腦椽，以步架加舉定長短。如步架深叁尺貳寸，按壹叁伍加舉，得通長肆尺叁寸貳分。徑寸與簷椽同。以上簷、腦椽壹頭加搭交尺寸，花架椽兩頭各加搭交尺寸，俱照椽徑加壹分。

凡飛簷椽，以出簷定長短。如前出簷貳尺陸寸肆分，叁分分之。出頭壹分得長捌寸捌分，後尾貳分得長壹尺柒寸陸分，共長貳尺陸寸肆分。又按壹壹伍加舉，得通長叁尺叁分。如後出簷叁尺壹寸貳分，叁分分之。出頭壹分得長壹尺肆分，後尾貳分得長貳尺捌分，共長叁尺壹寸貳分。又按壹貳伍加舉，得通長叁尺玖寸。見方與簷椽徑寸同。

凡連簷，以面濶定長短。如面濶丈壹尺，即長壹丈壹尺。稍間應加墀頭分位。寬，厚同簷椽。

凡瓦口，長短隨連簷，以所用瓦料定高、厚。如頭號板瓦中高貳寸，叁分均開，貳分作底臺，壹分作山子，又加板瓦本身高貳寸，得頭號瓦口净高肆寸。如貳號板瓦中高壹寸柒分，叁分均開，貳分作底臺，壹分作山子，又加板瓦本身高壹寸柒分，得貳號瓦口净高叁寸肆分。如叁號板瓦中高壹寸伍分，叁分均開，貳分作底臺，壹分作山子，又加板瓦本身高壹寸伍分，得叁號瓦口净高叁寸。其厚俱按瓦口净高尺寸肆分之壹，得頭號瓦口厚壹寸，貳號瓦口厚捌分，叁號瓦口厚柒分。如用筒瓦，即隨頭貳叁號板瓦之瓦口，應除山子壹分之高。厚與板瓦瓦口同。

凡裏口，以面濶定長短。如面濶堂丈壹尺，即長壹丈壹尺。高、厚與飛簷椽同，再加望板之厚壹分半，得裏口之加高數目。

凡椽椀，長短隨裏口，以椽徑定高、厚。如椽徑貳寸叁分，再加椽徑叁分之壹，共得高叁寸。以椽徑叁分之壹定厚，得厚柒分。

凡扶脊木，長短、徑寸俱同脊檁。

凡用横望板、壓飛簷尾横望板，在面濶、進深加舉折見方丈定長、寬，以椽徑拾分之貳定厚。如椽徑貳寸叁分，得厚肆分。

以上俱係大木做法，其餘各項工料及裝修等件，逐欵分別，另册開載。

如特將面濶、進深、柱高改放寬廠高矮，其木植徑寸等項，照所加高矮尺寸加算；耳房、配房、羣廊等房，照正房配合高寬。其木植徑寸，亦照加高核算。

愛新覺羅・允禮等《工程做法》卷一一《伍檁大木》 伍檁大木做法開後，計開：

凡簷柱，以面濶拾分之捌定高低，拾分之柒定徑寸。如面濶壹丈，得柱高捌尺，徑柒寸。每徑壹尺，外加榫長叁寸。如次間、稍間面濶比明間窄小者，其柱、檁、柁、枋等木徑寸，仍照明間。至次間、稍間面濶，臨期酌奪地勢定尺寸。

凡山柱，以進深加舉定高低。如進深壹丈貳尺，分爲肆步架，每坡得貳步架，每步架深叁尺。第壹步架按伍舉加之，得高壹尺伍寸。第貳步架按柒舉加之，得高貳尺壹寸。又加平水高陸寸，再加檁徑叁分之壹作桁椀，長貳寸叁分，並簷柱之高捌尺，得通長壹丈貳尺肆寸叁分。以簷柱徑加貳寸定徑寸。如柱徑柒寸，得徑玖寸。每徑壹尺，外加椎長叁寸。

凡伍架梁，以進深定長短。如進深壹丈貳尺，兩頭各加檁徑壹分，得柁頭分位。如檁徑柒寸，得通長壹丈叁尺肆寸。以簷柱徑加貳寸定厚。如柱徑柒寸，得厚玖寸。高按本身之厚每尺加叁寸，得高壹尺壹寸柒分。

凡隨梁枋，以進深定長短。如進深壹丈貳尺，内除柱徑壹分，外加兩頭入榫分位，各按柱徑肆分之壹，得長壹丈壹尺陸寸伍分。其高、厚俱按簷枋各加貳寸。

凡柁橔，以步架加舉定高低。如步架深叁尺，按伍舉加之，得高壹尺伍寸。内除伍架梁高壹尺壹寸柒分，得净高叁寸叁分。以叁架梁之厚收貳寸定寬。如叁架梁厚柒寸，得寬伍寸。以柁頭貳分定長。如柁頭貳分長壹尺肆寸，即長壹尺肆寸。

凡叁架梁，以步架貳分定長短。如步架貳分深陸尺，兩頭各加檁徑壹分，得柁頭分位。如檁徑柒寸，得通長柒尺肆寸。以伍架梁高、厚各收貳寸定高、厚。如伍架梁高壹尺壹寸柒分，厚玖寸，得高玖寸柒分，厚柒寸。

凡雙步梁，以步架貳分定長短。如步架貳分深陸尺，壹頭加檁徑壹分得柁頭分位，如檁徑柒寸，得通長陸尺柒寸。高、厚與伍架梁同。

凡合頭枋，以步架貳分定長短。如步架貳分深陸尺，内除柱徑各半分，外加兩頭入榫分位，各按簷柱徑肆分之壹，得長伍尺陸寸。其高、厚俱按簷枋各加貳寸。

凡單步梁，以步架壹分定長短。如步架壹分深叁尺，壹頭加檩徑壹分，得柁頭分位。如檩徑柒寸，得通長叁尺柒寸。高、厚與叁架梁同。

凡金脊簷枋，以面濶定長短。如面濶壹丈，內除柱徑壹分，外加兩頭入榫分位，各按柱徑肆分之壹，得長玖尺陸寸伍分。以簷柱徑寸定高。如柱徑柒寸，即高柒寸。厚按本身之高收貳寸，得厚伍寸。其懸山做法，稍間簷枋應照柱徑尺寸加壹分，得箍頭分位。高、厚與簷枋同。如金、脊枋不用墊板，照簷枋之高，厚各收貳寸。

凡金脊簷墊板，以面濶定長短。如面濶壹丈，內除柁頭分位壹分，外加兩頭入榫尺寸，照柁頭之厚每尺加滚楞貳寸，得長玖尺貳寸捌分。以簷枋之高收壹寸定高。如簷枋高柒寸，得高陸寸。以檩徑拾分之叁定厚。如檩徑柒寸，得厚貳寸壹分。高陸寸以上者，照簷枋之高收分壹寸，陸寸以下者不收分。其脊墊板，除脊瓜柱徑壹分，外加兩頭入榫尺寸，俱按瓜柱徑肆分之壹。

凡脊瓜柱，以步架加舉定高低。如步架深叁尺，按柒舉加之，得高貳尺壹寸。又加平水高陸寸，再加檩徑叁分之壹作桁椀，得長貳寸叁分。內除叁架梁高玖寸柒分，得淨高壹尺玖寸陸分。以叁架梁之厚收分貳寸定厚。如叁架梁厚柒寸，得厚伍寸。寬按本身之厚加貳寸，得寬柒寸。每寬壹尺，外加下榫長叁寸。

凡脊角背，以步架壹分定長短。如步架深叁尺，即長叁尺。以瓜柱之高、厚叁分之壹定寬、厚。如瓜柱淨高壹尺玖寸陸分，厚伍寸，得寬陸寸伍分，厚壹寸陸分。

凡檩木，以面濶定長短。如面濶壹丈，即長壹丈。每徑壹尺，外加搭交榫長叁寸。如硬山做法，獨間成造者，應兩頭照山柱徑各加半分。如有次間、稍間者，應壹頭照山柱徑半分。其懸山做法，應照出簷之法加長，徑寸與簷柱同。

凡懸山桁條下皮用燕尾枋，以出簷之法得長。如出簷貳尺肆寸，即長貳尺肆寸。以檩徑拾分之叁定厚。如檩徑柒寸，得厚貳寸壹分。寬按本身之厚加貳寸，得寬肆寸壹分。

凡簷椽，以步架並出簷加舉定長短。如步架深叁尺，又加出簷尺寸照簷柱高拾分之叁，得貳尺肆寸，共長伍尺肆寸。又按壹壹伍加舉，得通長陸尺貳寸壹分。如用飛簷椽，以出簷尺寸分叁分，去長壹分作飛簷頭。以檩徑拾分之參定徑寸。如檩徑柒寸，得徑貳寸壹分。每椽空檔，隨椽徑壹分。每間椽數，俱應成雙。檔之寬窄，隨數均勻。

凡腦椽，以步架加舉定長短。如步架深叁尺，按壹貳伍加舉，得通長叁尺柒寸伍分。徑寸與簷椽同。

凡飛簷椽，以出簷定長短。如出簷貳尺肆寸，叁分分之。出頭壹分得長捌寸，厚尾貳分得長壹尺陸寸，共長貳尺肆寸。又按壹壹伍加舉，得通長貳尺柒寸陸分。見方與簷椽徑寸同。

凡連簷，以面濶定長短。如面濶壹丈，即長壹丈。稍間應加墀頭分位。如懸山做法，隨挑山之長寬厚同簷椽。

凡瓦口，長短隨連簷，以所用瓦料定高、厚。如頭號板瓦中高貳寸，叁分均開，貳分作底臺，壹分作山子，又加板瓦本身高貳寸，得頭號瓦口淨高肆寸。如貳號板瓦中高壹寸柒分，叁分均開，貳分作底臺，壹分作山子，又加板瓦本身高壹寸柒分，得貳號瓦口淨高叁寸肆分。如叁號板瓦中高壹寸伍分，叁分均開，貳分作底臺，壹分作山子，又加板瓦本身高壹寸伍分，得叁號瓦口淨高叁寸。其厚俱按瓦口淨高尺寸肆分之壹，得頭號瓦口厚壹寸，貳號瓦口厚捌分，叁號瓦口厚柒分。如用筒瓦，即隨頭貳叁號板瓦之瓦口，應除山子壹分之高。厚與板瓦瓦口同。

凡裏口，以面濶定長短。如面濶壹丈，即長壹丈。如懸山做法，隨挑山之長。高、厚與飛簷椽同，再加望板之厚壹分半，得裏口之加高數目。

凡椽椀，長短隨裏口，以椽徑定高、厚。如椽徑貳寸壹分，再加椽徑叁分之壹，共得高貳寸捌分。以椽徑叁分之壹定厚，得厚柒分。

凡博縫板，照樣子淨長尺寸，外加斜搭交之長，按本身寬尺寸。以椽徑柒根定寬。如椽徑貳寸壹分，得寬壹尺肆寸柒分。以椽徑拾分之柒定厚。如椽徑貳寸壹分，得厚壹寸肆分。

凡用橫望板、壓飛簷尾橫望板，以面濶、進深加舉折見方丈定長、寬，以椽徑拾分之貳定厚。如椽徑貳寸壹分，得厚肆分。

以上俱係大木做法，其餘各項工料及裝修等件，逐欵分別，另册開載。如特將面濶、進深、柱高改放寬廠高矮，其木植徑寸等項，照所加高矮尺寸加算；耳房、配房、羣廊等房，照正房配合高寬，其木植徑寸，亦照加高核算。

愛新覺羅・允禮等《工程做法》卷一二《肆檩卷棚大木》 肆檩卷棚大木做

法開後，計開：

凡簷柱，以面濶拾分之捌定高低。拾分之柒定徑寸。如面濶壹丈，得柱高捌尺，徑柒寸。每徑壹尺，外加榫長叁寸。如次間、稍間面濶比明間窄小者，其柱、檁、柁、枋等不徑寸，仍照明間。至次間、稍間面濶，臨期酌奪地勢定尺寸。

凡肆架梁，以進深定長短。如進深壹丈貳尺，兩頭各加檁徑壹分，得柁頭分位。如檁徑柒寸，得通長壹丈叁尺肆寸。以簷柱徑加貳寸定厚。如柱徑柒寸，得厚玖寸。高按本身厚，每尺加叁寸，得高壹尺壹寸柒分。

凡隨梁枋，以進深定長短。如進深壹丈貳尺，內除柱徑壹分，外加兩頭入榫分位，各按柱徑肆分之壹，得長壹丈壹尺陸寸伍分。其高、厚俱按簷枋各加貳寸。

凡頂瓜柱，以步架加舉定高低。如進深壹丈貳尺，除月梁貳尺肆寸，前後步架各得肆尺捌寸，按伍舉加之，得高貳尺肆寸。內除肆架梁高壹尺壹寸柒分，得淨高壹尺貳寸叁分。以月梁之厚收貳寸定厚。如月梁厚柒寸，得厚伍寸。寬按本身厚加貳寸，得寬柒寸。每寬壹尺，外加上、下榫各長叁寸。

凡月梁，以進深定長短。如進深壹丈貳尺，伍分分之，居中壹分深貳尺肆寸，兩頭各加檁徑壹分，得柁頭分位。如檁徑柒寸，得通長叁尺捌寸。以肆架梁高、厚各收貳寸定高、厚。如肆架梁高壹尺壹寸柒分，厚玖寸，得高玖寸柒分，厚柒寸。

凡角背，長按月梁尺寸除柁頭，加倍定長短。如月梁除柁頭淨長貳尺肆寸，角背慶長肆尺捌寸。以瓜柱高、厚叁分之壹定寬、厚。如瓜柱淨高壹尺貳寸叁分，厚伍寸，得寬肆寸壹分，厚壹寸陸分。

凡簷脊枋，以面濶定長短。如面濶壹丈內除柱徑壹分，外加兩頭入榫分位，各按柱徑肆分之壹，得長玖尺陸寸伍分。以簷柱徑寸定高。如柱徑柒寸，即高柒寸。厚按本身高收貳寸，得厚伍寸。其懸山做法，稍間簷枋應照柱徑尺寸加壹分，得箍頭分位。高、厚與簷枋同。如脊枋不用墊板，照簷枋高、厚各收貳寸。

凡簷脊墊板，以面濶定長短。如面濶壹丈，內除柁頭分位壹分，外加兩頭入榫尺寸，照柁頭厚每尺加滚楞貳寸，得長玖尺貳寸捌分。以簷枋之高收壹寸定高。如簷枋高柒寸，得高陸寸。以檁徑拾分之叁定厚。如檁徑柒寸，得厚貳寸壹分。高陸寸以上者，照簷枋之高收分壹寸，陸寸以下者不收分。其脊墊板，照面濶除脊瓜柱徑壹分，外加兩頭入榫尺寸，各按瓜柱徑肆分之壹。

凡檁木，以面濶定長短。如面濶壹丈，即長壹丈。每徑壹尺，外加搭交榫長叁寸。如硬山做法，獨間成造者，應兩頭照柱徑尺寸各加半分。若有次間、稍間者，應壹頭照柱徑尺寸加半分。其懸山做法，照出簷之法加長。徑寸俱與簷柱同。

凡機枋條子，長隨檁木，以檁徑拾分之叁定高。如檁徑柒寸，得高貳寸壹分。以椽徑叁分之壹定厚。如椽徑貳寸壹分，得厚柒分。

凡懸山桁條下皮用燕尾枋，以出簷之法得長。如出簷貳尺肆寸，即長貳尺肆寸。以檁徑拾分之叁定厚。如檁徑柒寸，得厚貳寸壹分。高按本身之厚加貳寸，得高肆寸壹分。

凡簷椽，以步架並出簷加舉定長短。如步架深肆尺捌寸，又加出簷尺寸，照簷柱高拾分之叁，得貳尺肆寸，共長柒尺貳寸。又按壹壹伍加舉，得通長捌尺貳寸捌分。如用飛簷椽，以出簷尺寸分叁分，去長壹分作飛簷頭以檁徑拾分之叁定徑寸。如檁徑柒寸，得徑貳寸壹分。壹頭加搭交尺寸，照椽徑壹分，每椽空檔，隨椽徑壹分。每間椽數，俱應成雙。檔之寬窄，隨數均匀。

凡頂椽，以月梁定長短。如月梁長貳尺肆寸，兩頭各加檁徑半分，得通長叁尺壹寸。見方與簷椽同。

凡飛簷椽，以出簷定長短。如出簷貳尺肆寸，叁分分之。出頭壹分得長捌寸，後尾貳分得長壹尺陸寸，共長貳尺肆寸。又按壹壹伍加舉，得通長貳尺柒寸陸分。見方與簷椽同。

凡連簷，以面濶定長短。如面濶壹丈，即長壹丈。稍間應加墀頭分位。如懸山做法，隨挑山之長，寬、厚同簷椽。

凡瓦口，長短隨連簷，以所用瓦料定高、厚。如頭號板瓦中高貳寸，叁分均開，貳分作底臺，壹分作山子，又加板瓦本身高貳寸，得頭號瓦口淨高肆寸。如貳號板瓦中高壹寸柒分，叁分均開，貳分作底臺，臺分作山子，又加板瓦本身之高壹寸柒分，得貳號瓦口淨高叁寸肆分。如叁號板瓦中高壹寸伍分，叁分均開，貳分作底臺，壹分作山子，又加板瓦本身之高壹寸伍分，得叁號瓦口淨高叁寸。其厚俱按瓦口淨高尺寸肆分之壹。得頭號瓦口厚壹寸，貳號瓦口厚捌分，叁號瓦口厚柒分。如用筒瓦，即隨頭、貳、叁號板瓦瓦口，應除山子壹分之高，厚與板瓦瓦口同。

凡裏口，以面濶定長短。如面濶壹丈，即長壹丈。如懸山做法，隨挑山之長。高、厚與飛簷椽同，再加望板之厚壹分半，得裏口加高尺寸。

凡椽椀，長短隨裏口，以椽徑定高、厚。如椽徑貳寸壹分，再加椽徑叁分之壹，共得高貳寸捌分。以椽徑叁分之壹定厚，得厚柒分。

凡博縫板，照椽子净長尺寸，外加斜搭交之長，按本身寬尺寸，以椽徑柒根定寬。如椽徑貳寸壹分，得寬壹尺肆寸柒分。以椽徑拾分之柒定厚。如椽徑貳寸壹分，得厚壹寸肆分。

凡用橫望板、壓飛簷尾橫望板，以面闊進深加舉折見方丈定長、寬，以椽徑拾分之貳定厚。如椽徑貳寸壹分，得厚肆分。

以上俱係大木做法，其餘各項工料及裝修等件，逐欵分別，另册開載。

如特將面闊、進深、柱高改放寬敞高矮，其木植徑寸等項，照所加高矮尺寸加算；耳房、配房、羣廊等房，照正房配合高、寬。其木植徑寸，亦照加高核算。

愛新覺羅・允禮等《工程做法》卷一三《伍檁川堂大木》 伍檁川堂大木做法開後，計開：

凡簷柱，高低隨前後房之柱高。如前後房簷柱高壹丈，即長壹丈。以面闊拾分之柒定徑寸。如面闊壹丈，得徑柒寸。如次間、稍間面闊比明間窄小者，其柱、檁、柁、枋等木徑寸，仍照明間而闊，臨期酌奪地勢定尺寸。

凡伍架梁，以前後房明間而闊定長短。如前後房面闊壹丈肆尺，兩頭各加檁徑壹分，得柁頭分位。如檁徑柒寸，得通長壹丈伍尺肆寸。以簷柱徑加貳寸定厚。如柱徑柒寸，得厚玖寸。高按本身厚每尺加叁寸，得高壹尺壹寸柒分。

凡隨梁枋，以進深定長短。如進深壹丈肆尺，內除柱徑壹分，外加兩頭入榫分位，各按柱徑肆分之壹，得長壹丈叁尺陸寸伍分。其高、厚照簷枋各加貳寸。

凡金瓜柱，以步架壹分加舉定高低。如步架壹分深叁尺伍寸，按伍舉架之，得高壹尺柒寸伍分。內除伍架梁高壹尺壹寸柒分，得净高伍寸捌分。以叁架梁厚收貳寸定厚。如叁架梁厚柒寸，得厚伍寸。寬按本身厚加貳寸，得寬柒寸。每寬壹尺，外加上、下榫各長叁寸。

凡叁架梁，以步架貳分定長短。如步架貳分深柒尺，兩頭各加檁徑壹分，得柁頭分位。如檁徑柒寸，得通長捌尺肆寸。以伍架梁高、厚各收貳寸定高、厚。如伍架梁高壹尺壹寸柒分，厚玖寸，得高玖寸柒分，厚柒寸。

凡脊瓜柱，以步架壹分加舉定高低。如步架壹分深叁尺伍寸，按柒舉加之，得高貳尺肆寸伍分。又加平水高陸寸，再加檁徑叁分之壹作桁椀，長貳寸叁分，得通長叁尺貳寸捌分。內除叁架梁高玖寸柒分，得净高貳尺叁寸壹分。寬、厚同金瓜柱，每寬壹尺，外加下榫長叁寸。

凡兩山柁墩，以步架壹分加舉定高低。如步架壹分深叁尺伍寸，按伍舉加之，得高壹尺柒寸伍分。內除伍架梁高壹尺壹寸柒分，又除前後房簷檁徑半分，得净高貳寸叁分。以叁架梁厚收貳寸定寬。如叁架梁厚柒分寸，得寬伍寸。以柁頭貳分定長。如柁頭兩分長壹尺肆寸，即長壹尺肆寸。

凡金脊簷枋，以面闊定長短。如面闊壹丈，內除柱徑壹分，外加兩頭入榫分位，各按柱徑肆分之壹，得通長玖尺陸寸伍分。以簷柱徑寸定高。如柱徑柒寸，即高柒寸。厚按本身高收貳寸，得厚伍寸。如金、脊枋不用墊板，照簷枋高厚各收貳寸。

凡金脊簷墊板，以面闊定長短。如面闊壹丈，內除柁頭分位壹分，外加兩頭入榫尺寸，照柁頭厚，每尺加滚楞貳寸，得通長玖尺貳寸捌分。以簷枋之高收壹寸定高。如簷枋高柒寸，得高柒寸。以檁徑拾分之叁定厚。如檁徑柒寸，得厚貳寸壹分。寬陸寸以上者照簷枋之高收分壹寸，陸寸以下者不收分。其脊墊板，照面闊除脊瓜柱徑壹分，外加兩頭入榫尺寸，各按瓜柱徑肆分之壹。

凡檁木，在面闊定長短。如面闊壹丈，即長壹丈。每徑壹尺，外加搭交榫長叁寸。稍間金檁壹頭加壹步架，脊檁加貳步架。徑寸俱與簷柱同。

凡角梁，以步架並出簷加舉定長短。如步架深叁尺伍寸，出簷照簷柱高拾分之叁，得叁尺，共長陸尺伍寸，用方伍斜柒之法得斜長，又按壹壹伍加舉，得通長壹丈肆寸陸分。以椽徑叁分定高，貳分定厚。如椽徑貳寸壹分，得高陸寸叁分，厚肆寸貳分。

凡掖角仔角梁，以出簷加舉定長短。如出簷叁尺，用方伍斜柒之法加斜長，又按壹壹伍加舉，共長肆尺捌寸叁分。外加套獸榫照本身厚壹分，得通長伍尺貳寸伍分。以椽徑貳分定高、厚。如椽徑貳寸壹分，得高、厚肆寸貳分。如無飛簷椽，不用此欵。

凡簷椽，以步架並出簷加舉定長短。如步架深叁尺伍寸，又加出簷尺寸照簷柱高拾分之叁，得叁尺，共長陸尺伍寸。又按壹壹伍加舉，得通長柒尺肆寸柒分。如用飛簷椽，以出簷尺寸分叁分，去長壹分作飛簷頭。以檁徑拾分之叁定徑寸。如檁徑柒寸，得徑貳寸壹分。每椽空檔，隨椽徑壹分。每間椽數，俱應成雙。檔之寬窄，隨數均勻。稍間面闊之外，加短椽壹步架，折半核算。

凡腦椽，以步架加舉定長短。如步架深叁尺伍寸，按壹貳伍加舉，得通長肆尺叁寸柒分。徑寸與簷椽同。稍間面濶之外，加椽貳步架，内有短椽壹步架，折半核算。

凡飛簷椽，以出簷加舉定長短。如出簷叁尺，叁分分之，出頭壹分得長壹尺，後尾貳分得長貳尺，共長叁尺。又按壹壹伍加舉，得通長叁尺肆寸伍分。見方與簷椽徑同。

凡兩山山花板，以步架貳分定寬。如步架貳分深柒尺，即寬柒尺，内除柁墩壹分，淨寬伍尺陸寸。高隨柁墩淨高尺寸。如柁墩高貳寸叁分，即高貳寸叁分。厚伍分。

凡象眼板，以步架壹分定寬。如步架壹分深叁尺伍寸，即寬叁尺伍寸，内除柁墩半分，淨寬貳尺捌寸。以步架加舉定高低。如步架深叁尺伍寸，按伍舉加之，得高壹尺柒寸伍分。内除伍架梁高壹尺壹寸柒分，外加平水高陸寸，檁徑柒寸，淨得高壹尺捌寸捌分。厚伍分。

凡脊象眼板，以步架貳分定寬。如步架貳分深柒尺，内除瓜柱徑壹分，淨寬陸尺叁寸。以步架壹分加舉定高低。如步架壹分深叁尺伍寸，按柒舉加之，得高貳尺肆寸伍分。内除叁架梁高玖寸柒分，外加平水高陸寸，檁徑柒寸，得淨高貳尺柒寸捌分。厚伍分。以上貳項，繫象眼做法，折半核算。

凡連簷，以面濶定長短。如面濶壹丈，即長壹丈。稍間應收出簷分位。寬、厚同簷椽。

凡瓦口，長短隨連簷，以所用瓦料定高、厚。如頭號板瓦中高貳寸，叁分均開，貳分作底臺，壹分作山子，又加板瓦本身之高貳寸，得頭號瓦口淨高肆寸。如貳號板瓦中高壹寸柒分，叁分均開，貳分作底臺，壹分作山子，又加板瓦本身之高壹寸柒分，得貳號瓦口淨高叁寸肆分。如叁號板瓦中高壹寸伍分，叁分均開，貳分作底臺，壹分作山子，又加板瓦本身之高壹寸伍分，得叁號瓦口淨高叁寸。其厚俱按瓦口淨高尺寸肆分之壹。得頭號瓦口厚壹寸，貳號瓦口厚捌分，叁號瓦口厚柒分。如用筒瓦，即隨頭貳叁號板瓦瓦口，應除山子壹分之高。厚與板瓦瓦口同。

凡裏口，以面濶定長短。如面濶壹丈，即長壹丈。稍間應收出簷分位，外加飛簷椽頭壹分。高、厚與飛簷椽同，再加望板之厚壹分半，得裏口加高尺寸。

凡椽椀，以面濶定長短。如面濶壹丈，即長壹丈。稍間應除檁徑壹分。以椽徑定高、厚。如椽徑貳寸壹分，再加椽徑叁分之壹，共得高貳寸捌分。以椽徑叁分之壹定厚，得厚柒分。

凡用橫望板、壓飛簷尾橫望板，以面濶、進深加舉折見方丈定長、寬。以椽徑拾分之貳定厚。如椽徑貳寸壹分，得厚肆分。

以上俱係大木做法，其餘各項工料及裝修等件，逐欵分别，另册開載。

如特將面濶、進深、柱高改成寬廠高矮，其木植徑寸等項，照所加高矮尺寸加算；耳房、配房、羣廊等房，照正房配合高寬。其木植徑寸，亦照加高核算。

愛新覺羅・允禮等《工程做法》卷一四《柒檁叁滴水歇山正樓大木》

上簷柒檁叁滴水歇山正樓壹座、下簷斗口單昂斗科斗口肆寸大木做法開後，計開：

凡明間，以城門洞之寬定面濶。如門洞寬壹丈捌尺，每邊各加叁尺，得面濶貳丈肆尺。

凡次稍間，以斗科攢數定面濶。如斗口肆寸，以科中分算，得斗科每攢寬肆尺捌寸。如面濶用平身斗科貳攢，加兩邊柱頭科各半攢，共斗科叁攢，並之，得面濶壹丈肆尺肆寸。

凡進深，以城牆頂之寬，前後各收壹廊尺寸定進深。如牆頂寬陸丈肆尺，廊深捌尺，前後共收回水壹丈陸尺，得通進深肆丈捌尺。

凡下簷柱，以斗口叁拾伍分定高。如斗口肆寸，得簷柱高壹丈肆尺。每徑壹尺，外加上、下榫各長叁寸。如柱徑壹尺陸寸，得榫長各肆寸捌分。以斗口肆分定徑。如斗口肆寸，得徑壹尺陸寸。兩山簷柱做法同。

凡外金柱，以下簷柱之高定高。如下簷柱高壹丈肆尺，再加平板枋捌寸，斗口單昂斗科高貳尺捌寸捌分，桐柱高柒尺，平臺平板枋捌寸，品字科高貳尺捌寸捌分，間枋貳尺壹分，樓板貳丈，上簷露明高壹丈伍寸，得通高肆丈壹尺柒分。每徑壹尺外加上下榫各長叁寸。以簷柱徑定徑。如簷柱徑壹尺陸寸，加貳寸，得徑壹尺捌寸，再以每長壹丈，加徑壹寸，共徑貳尺貳寸壹分。

凡裏金柱，以外金柱之高定高。如外金柱高肆丈壹尺柒分，再加中簷平板枋捌寸，斗口重昂斗科高叁尺陸寸捌分，桐柱高柒尺，上簷平板枋玖寸，斗口重昂斗科高肆尺壹寸肆分，得通高伍丈柒尺伍寸玖分。每徑壹尺，外加上下榫各長叁寸。以外金柱徑定徑。如外金柱徑貳尺貳寸壹分，加貳寸，得徑貳尺肆寸壹分，再以外金柱加長尺寸每長壹丈加徑壹寸，共徑貳尺伍寸柒分。

凡下簷大額枋，以面濶定長。如面濶貳丈肆尺，内除簷柱徑壹分壹尺陸寸，得淨長貳丈貳尺肆寸。外加兩頭入榫分位，各按柱徑肆分之壹。如簷柱徑壹尺陸寸，得榫長各肆寸。其廊子大額枋，壹頭加簷柱徑壹分，得霸王拳分位，壹頭除柱徑半分，外加入榫分位，亦按柱徑肆分之壹。以斗口肆分半定高。如斗口肆寸，得大額枋高壹尺捌寸。以本身之高每尺收叁寸定厚，得厚壹尺貳寸陸分。兩山大額枋做法同。

凡平板枋，以面濶定長。如面濶貳丈肆尺，即長貳丈肆尺。每寬壹尺，外加扣榫長叁寸。如平板枋寬壹尺貳寸，得扣榫長叁寸陸分。其廊子平板枋，壹頭加簷柱徑壹分，得交角出頭分位。如簷柱徑壹尺陸寸，得出頭長壹尺陸寸。以斗口叁分定寬，貳分定高。如斗口肆寸，得平板枋寬壹尺貳寸，高捌寸。兩山平板枋做法同。

凡採步梁，以廊子進深並正心桁中至挑簷桁中定長。如廊深捌尺，正心桁中至挑簷桁中長壹尺貳寸，又加壹拽架長壹尺貳寸，得出頭分位，再加昇底半分，貳寸陸分，得通長壹丈陸寸陸分。以簷柱徑定厚。如簷柱徑壹尺陸寸，即厚壹尺陸寸。以本身之厚每尺加叁寸定高。如本身厚壹尺陸寸，得高貳尺捌分。兩山採步梁做法同。

凡穿插枋，以廊子定長。如廊子深捌尺，壹頭加簷柱徑半分，又出榫照簷柱徑加半分，共長玖尺陸寸。以斗口貳分半定高。如斗口肆寸，得高壹尺。以本身之高減貳寸定厚。如本身高壹尺，得厚捌寸。兩山穿插枋做法同。

凡斜採步梁，以正採步梁之長，用方伍斜柒之法定長。如正採步梁淨長壹丈肆寸，得長壹丈肆尺伍寸陸分。寬、厚與正採步梁同。

凡隨梁，以廊子定長。如廊子深捌尺，用方伍斜柒之法，得長壹丈壹尺貳寸。外加貳拽架長貳尺肆寸，再加昂嘴壹寸貳分，共得長壹丈叁尺柒寸貳分。以斗口貳分定高。如斗口肆寸，得高捌寸。以本身之高收貳寸定厚，得厚陸寸。

凡承椽枋，以面濶定長。如面濶貳丈肆尺，內除外金柱徑壹分貳尺貳寸壹分，得淨長貳丈壹尺柒寸玖分。外加兩頭入榫分位，各按柱徑肆分之壹，加柱徑貳尺貳寸壹分，得榫長各伍寸伍分。以椽徑肆分定高，叁分定厚。如椽徑肆寸陸分，得高壹尺捌寸肆分，厚壹尺叁寸捌分。兩山承椽枋做法同。

凡仔角梁，以出廊並出簷加舉定長。如出廊深捌尺，出簷捌尺，共長壹丈陸尺。用方伍斜苛之法加長，又按壹壹伍加舉，得長貳丈伍尺柒寸陸分，再加翼角斜出椽徑叁分。如椽徑肆寸陸分，得並長貳丈柒尺壹寸肆分，再加套獸榫照角梁本身之厚壹分。如角梁厚玖寸貳分，即套獸榫長玖寸貳分，得仔角梁通長貳丈捌尺陸寸。以椽徑叁分定高，貳分定厚。如椽徑肆寸陸分，得仔角梁高壹尺叁寸捌分，厚玖寸貳分。

凡老角梁，以仔角梁之長除飛簷頭並套獸榫定長。如仔角梁長貳丈捌尺陸分，內除飛簷頭長肆尺貳寸捌分，並套獸榫長玖寸貳分，得淨長貳丈貳尺捌寸陸分。高、厚與仔角梁同。

凡正心枋，以面濶定長。如面濶貳丈肆尺，即長貳丈肆尺。其廊子正心桁，壹頭加交角出頭分位，按本身之徑壹分。如本身徑壹尺肆寸，得出頭長壹尺肆寸。以斗口叁分半定徑。如斗口肆寸，得正心桁徑壹尺肆寸。每徑壹尺，外加搭交榫長叁寸，如徑壹尺肆寸，得榫長肆寸貳分。兩山正心桁做法同。

凡正心枋，以面濶定長。如面濶貳丈肆尺，內除採步梁厚壹尺陸寸，外加兩頭入榫分位各按本身之高半分，如本身高捌寸，得榫長各肆寸，得通長貳丈叁尺貳寸。其廊子正心枋，照面濶壹頭除採步梁之厚半分，外加入榫分位，仍照前法。以斗口貳分定高。如斗口肆寸，得正心枋高捌寸。以斗口壹分外加包掩定厚。如斗口肆寸，加包掩陸分，得正心枋厚肆寸陸分。兩山正心枋做法同。

凡挑簷桁，以面濶定長。如面濶貳丈肆尺，即長貳丈肆尺。每徑壹尺，外加扣榫長叁寸。其廊子挑簷桁，壹頭加壹拽架長壹尺貳寸，又加交角出頭分位，按本身之徑壹分半。如本身徑壹尺貳寸，得交角出頭壹尺捌寸。以正心桁之徑收貳寸定徑寸。如正心桁徑壹尺肆寸，得挑簷桁徑壹尺貳寸。兩山挑簷桁做法同。

凡挑簷枋，以面濶定長。如面濶貳丈肆尺，內除採步梁厚壹尺陸寸，外加兩頭入榫分位，各按本身之厚壹分。如本身厚肆寸，得榫長各肆寸，得通長貳丈叁尺貳寸。其廊子挑簷枋，照面濶壹頭加壹拽架長壹尺貳寸，又加交角出頭分位，按挑簷桁之徑壹分半。如挑簷桁徑壹尺貳寸，得出頭長壹尺捌寸。壹頭除採步梁之厚半分，外加入榫分位，仍照前法。以斗口貳分定高，壹分定厚。如斗口肆寸，得高捌寸，厚肆寸。兩山挑簷枋做法同。

凡簷椽，以出廊並出簷加舉定長。如出廊深捌尺，出簷捌尺，共長壹丈陸尺，內除飛簷椽頭長貳尺陸寸陸分，淨長壹丈叁尺叁寸肆分，按壹壹伍加舉，得通長壹丈伍尺叁寸肆分。以桁條之徑叁分之壹定徑。如桁條徑壹尺肆寸，得徑肆寸陸分。兩山簷椽做法同。每椽空檔隨椽徑壹分。每間椽數，俱應成雙，檔之寬窄隨數均勻。

凡飛簷椽，以出簷定長。如出簷捌尺，叁分分之。出頭壹分得長貳尺陸寸陸分，後尾貳分半，得長陸尺陸寸伍分，又按壹壹伍加舉，得飛簷椽通長壹丈柒寸。見方與簷椽徑寸同。

凡翼角翹椽，長、徑俱與平身簷椽同。其起翹處，以挑簷桁中至出簷尺寸，用方伍斜柒之法，再加廊深並正心桁中至挑簷桁中之拽架各尺寸定翹數。如挑簷桁中出簷陸尺捌寸，方伍斜柒加之，得長玖尺伍寸貳分，再加廊深捌尺，壹拽架長壹尺貳寸，共長壹丈捌尺柒寸貳分。內除角梁之厚半分，用淨長壹丈捌尺貳寸陸分，即係翼角椽檔分位。翼角翹椽以成單爲率，如逢雙數，應改成單。

凡翹飛椽，以平身飛簷椽之長，用方伍斜柒之法定長。如飛簷椽長壹丈柒寸，用方伍斜柒加之，第壹翹得長壹丈肆尺玖寸捌分，其餘以所定翹數每根遞減長伍分伍釐。其高比飛簷椽加高半分，如飛簷椽高肆寸陸分，得翹飛椽高陸寸玖分，厚仍肆寸陸分。

凡順望板，以椽檔定寬。如椽徑肆寸陸分，檔寬肆寸陸分，共寬玖寸貳分，即順望板每塊寬玖寸貳分。長隨各椽淨長尺寸。以椽徑叁分之壹定厚。如椽徑肆寸陸分，得順望板厚壹寸伍分。

凡翹飛翼角橫望板，以起翹處並出簷加舉折見方丈。飛簷壓尾橫望板，俱以面濶並飛簷尾之長折見方丈核算。以椽徑拾分之貳定厚。如椽徑肆寸陸分，得橫望板厚玖分。

凡裏口，以面濶定長。如面濶貳丈肆尺，即長貳丈肆尺。以椽徑壹分，再加望板之厚壹分半定高。如椽徑肆寸陸分，望板之厚壹分半壹寸叁分，得裏口高伍寸玖分。厚與椽徑同。

凡閘檔板，以翹檔分位定寬。如翹椽檔寬肆寸陸分，即閘檔板寬肆寸陸分。外加入槽每寸壹分。高隨椽徑尺寸，以椽徑拾分之貳定厚。如椽徑肆寸陸分，得閘檔板厚玖分。其小連簷，自起翹處至老角梁得長。寬隨椽徑壹分。厚照望板之厚壹分半，得厚壹寸叁分。

凡連簷，以面濶定長。如面濶貳丈肆尺，即長貳丈肆尺。其廊子連簷以出廊捌尺，出簷捌尺，共長壹丈陸尺，內除角梁之厚半分，淨長壹丈伍尺伍寸肆分。兩山同。以起翹處每尺加翹壹寸，共長壹丈柒尺玖分。高、厚與簷椽徑寸同。

凡瓦口之長，與連簷同，以椽徑半分定高。如椽徑肆寸陸分，得瓦口高貳寸叁分。以本身之高折半定厚。如本身高貳寸叁分，得厚壹寸壹分。

凡椽椀、椽中板，以面濶定長。如面濶貳丈肆尺，即長貳丈肆尺。以椽徑壹分再加椽徑叁分之壹定高。如椽徑肆寸陸分，得椽椀並椽中板高陸寸壹分。以椽徑叁分之壹定厚，得厚壹寸伍分。兩山椽椀並椽中板做法同。

凡枕頭木，以出廊定長。如出廊深捌尺，即長捌尺。外加壹拽架長壹尺貳寸，內除角梁之厚半分，得枕頭木長捌尺柒寸肆分。以挑簷桁之徑拾分之叁定寬，如挑簷桁徑壹尺貳寸，得枕頭木寬叁寸陸分。正心桁上枕頭木，以出廊定長。如出廊深捌尺，內除角梁之厚半分，得正心桁上枕頭木淨長柒尺伍寸肆分。以正心桁之徑拾分之叁定寬。如正心桁徑壹尺肆寸，得枕頭木寬肆寸貳分。以椽徑貳分半定高。如椽徑肆寸陸分，得枕頭木壹頭高壹尺壹寸伍分，壹頭斜尖與桁條平。兩山枕頭木做法同。

平臺品字科斗口肆寸大木做法：

凡平臺海墁，下桐柱，即平臺簷柱，以出廊半分並正心桁中至挑簷桁中壹拽架尺寸加舉定高。如出廊捌尺，得深肆尺，正心桁中至挑簷桁中壹拽架深壹尺貳寸，共深伍尺貳寸。按伍舉加之，得高貳尺陸寸。再加椽徑壹分肆寸陸分，順望板壹分壹寸伍分，上頭大額枋壹尺捌寸，博脊分位高壹尺玖寸玖分，共得通高柒尺。每柱徑壹尺，外加上下榫各長叁寸。以簷柱徑收叁寸定徑。如簷柱徑壹尺陸寸，得徑壹尺叁寸。

凡大額枋，以面濶定長。如面濶貳丈肆尺，內除桐柱徑壹分壹尺叁寸，得淨長貳丈貳尺柒寸，外加兩頭入榫分位，各按柱徑肆分之壹。如柱徑壹尺叁寸，得榫長各叁寸貳分。其廊子大額枋，照出廊尺寸，壹頭加桐柱徑壹分，得霸王拳分位。壹頭除桐柱徑半分，外加入榫分位，按柱徑肆分之壹。以斗口肆分半定高。如斗口肆寸，得大額枋高壹尺捌寸。以本身之高每尺收叁寸定厚，得厚壹尺貳寸陸分。兩山大額枋做法同。

凡平板枋，以面濶定長。如面濶貳丈肆尺，即長貳丈肆尺，每寬壹尺外加扣榫長叁寸。其廊子平板坊，壹頭加柱徑壹分得交角出頭分位。如桐柱徑壹尺叁寸，得出頭長壹尺叁寸。以斗口叁分定寬，貳分定高。如斗口肆寸，得平板枋寬壹尺貳寸，高捌寸。兩山平板枋做法同。

凡採步梁，以廊子半分並正心桁中至挑簷桁中定長。如廊子半分深肆尺，外加貳拽架長貳尺肆寸，再加昇底半分貳寸陸分，共得長陸尺陸寸陸分。以桐柱徑定厚。如柱徑壹尺叁寸，即厚壹尺叁寸。以本身之厚每尺加叁寸定高。如本身厚壹尺叁寸，得高壹尺陸寸玖分。兩山採步梁做法同。

凡斜採步梁，以正採步梁之長，用方伍斜柒之法定長。如正採步梁長陸尺陸寸陸分，得長玖尺叁寸貳分。寬、厚與正採步梁同。

凡隨梁，以廊子半分得長。如廊子半分深肆尺，即得肆尺，外加貳拽架長貳尺肆寸，再加昇底半貳寸陸分，共得長陸尺陸寸陸分。肆角隨梁，以正隨梁之長用方伍斜柒之法，得長玖尺叁寸貳分。以斗口貳分定高、厚。如斗口肆寸，得高捌寸，厚捌寸。兩山隨梁做法同。

凡採梁枋，以廊子半分定長。如廊子半分深肆尺，外加貳拽架長貳尺肆寸，再加昇底半分貳寸陸分，共得長陸尺陸寸陸分。以斗口貳分定高，壹分定厚。如斗口肆寸，得高捌寸，厚肆寸。兩山採梁枋做法同。

凡正心枋，以面濶定長。如面濶貳丈肆尺，內除採步梁之厚壹尺叁寸，外加兩頭入榫分位，各按本身之高半分。如本身高捌寸，得榫長各肆寸，得通長貳丈叁尺伍寸。其廊子正心枋，照出廊尺寸，壹頭除採步梁之厚半分，外加入榫分位，按本身之高半分，得榫長肆寸。以斗口貳分定高。如斗口肆寸，得高捌寸。以斗口壹分，外加包掩定厚。如斗口肆寸，加包掩陸分，得正心枋厚肆寸陸分。兩山正心枋做法同。

凡機枋，以面濶定長。如面濶貳丈肆尺，內除採步梁之厚壹尺叁寸，外加兩頭入榫分位，各按本身之厚壹分。如本身厚肆寸，得榫長各肆寸，通長貳丈叁尺伍寸。其廊子機枋，照出廊尺寸，壹頭除採步梁厚半分，外加入榫分位，仍照前法。壹頭加壹拽架長壹尺貳寸。以斗口貳分定高，壹分定厚。如斗口肆寸，得高捌寸，厚肆寸。兩山機枋做法同。

凡掛落枋，以面濶定長。如面濶貳丈肆尺，即長貳丈肆尺。其廊子掛落枋，照出廊尺寸，壹頭帶貳拽架長貳尺肆寸，再加本身之厚壹分，得通長陸尺捌寸。以斗口壹分定見方。如斗口肆寸，得見方肆寸。兩山掛落枋做法同。

凡沿邊木，以面濶定長。如面濶貳丈肆尺，即長貳丈肆尺。其廊子沿邊木，照出廊尺寸，壹頭加貳拽架貳尺肆寸，再加掛落枋之厚壹分肆寸，得長陸尺捌寸。以樓板之厚伍分定寬。如樓板厚貳寸，得寬壹尺。以本身之寬減貳寸定厚。如本身寬壹尺，得厚捌寸。兩山沿邊木做法同。

凡滴珠板，以面濶定長。如面濶貳丈肆尺，即寬貳丈肆尺。其廊子滴珠板，照出廊尺寸，壹頭加貳拽架長貳尺肆寸，再加掛落枋之厚壹分肆寸，又加本身之厚壹分，得寬柒尺陸分。以斗科之高定高。如品字科高貳尺肆寸，又加斗底肆寸捌分，共高貳尺捌寸捌分，即高貳尺捌寸捌分。以沿邊木之厚叁分之壹定厚。如沿邊木厚捌寸，得厚貳寸陸分。兩山滴珠板做法同。

凡間枋，以面濶定長。如面濶貳丈肆尺，內除外金柱徑貳尺貳寸壹分，得長貳丈壹尺柒寸玖分，外加兩頭入榫分位，按柱徑肆分之壹。如柱徑貳尺貳寸壹分，得榫長各伍寸伍分。以金柱徑收貳寸定高。如柱徑貳尺貳寸壹分，得高貳尺壹分。以本身之高每尺收叁寸定厚。如本身高貳尺壹分，得厚壹尺肆寸壹分。

凡承重，以進深定長。如山明間壹丈陸尺，即長壹丈陸尺，山稍間捌尺，即長捌尺。高、厚與間枋同。

凡楞木，以面濶定長。如面濶貳丈肆尺，即長貳丈肆尺。以承重之高折半定高。如承重高貳尺壹分，得楞木高壹尺。以本身之高收貳寸定厚。如本身高壹尺，得厚捌寸。

凡樓板，以進深面濶定長短塊數。內除樓梯分位，按門口尺寸臨期擬定。以楞木之厚肆分之壹定厚。如楞木厚捌寸，得厚貳寸。如墁磚，以楞木之厚減半得厚。

中覆簷斗口重昂斗科斗口肆寸大木做法：

凡擎簷柱，以簷高除舉架定長。如簷柱露明壹丈伍寸，平板枋捌寸，斗科貳尺捌寸捌分，桁條壹尺肆寸，枕頭木壹尺壹寸伍分，望板玖分，通高壹丈陸尺捌寸貳分。以出簷捌尺，內除正心桁中至挑簷桁中貳拽架貳尺肆寸，得長伍尺陸寸，按伍舉核算，應除長貳尺捌寸，净得擎簷柱長壹丈肆尺貳分。以角梁之厚拾分之捌定見方。如角梁厚玖寸貳分，得見方柒寸叁分。

凡中覆簷大額枋，以面濶定長。如面濶貳丈肆尺，內除外金柱徑貳尺貳寸壹分，得長貳丈壹尺柒寸玖分，外加兩頭入榫分位，各按柱徑肆分之壹。如柱徑貳尺貳寸壹分，得榫長各伍寸伍分。其稍間大額枋，壹頭加上簷柱徑壹分，得霸王拳分位。壹頭除柱徑半分，外加入榫分位，按柱徑肆分之壹。以斗口肆分半定高。如斗口肆寸，得大額枋高壹尺捌寸。以本身之高每尺收叁寸定厚，得厚壹尺貳寸陸分。兩山大額枋做法同。

凡平板枋，以面濶定長。如面濶貳丈肆尺，即長貳丈肆尺。每寬壹尺，外加扣榫長叁寸。其稍間平板枋，壹頭加柱徑壹分，得交角出頭分位，如柱徑貳尺貳寸壹分，即出頭長貳尺貳寸壹分。以斗口叁分定寬，貳分定高。如斗口肆寸，得平板枋寬壹尺貳寸，高捌寸。兩山平板枋做法同。

凡採步梁，以廊子進深並正心桁中至挑簷桁中定長。如廊深捌尺，正心桁中至挑簷桁中貳拽架長貳尺肆寸，又加壹拽架長壹尺貳寸，得出頭分位。再加昇底半分貳寸陸分，得通長壹丈壹尺捌寸陸分。以簷柱徑拾分之捌定厚。如柱徑貳尺貳寸壹分，得厚壹尺柒寸陸分。以本身之厚每尺加肆寸定高。如本身厚壹尺柒寸陸分，得高貳尺肆寸陸分。

凡順梁，以稍間面濶定長。如稍間面濶壹丈肆尺肆寸，外加正心桁中至挑簷桁中貳拽架長貳尺肆寸，又加壹拽架長壹尺貳寸，得出頭分位。再加昇底半分貳寸陸分，得通長壹丈捌尺貳寸陸分。高、厚與採步梁同。

凡仔角梁，以出廊並出簷加舉定長。如出廊深捌尺，出簷捌尺，共長壹丈陸尺，用方伍斜柒之法加長，又按壹壹伍加舉，得長貳丈伍尺柒寸陸分。再加翼角斜出椽徑叁分，如椽徑肆寸陸分，共長貳丈柒尺壹寸肆分。再加套獸榫照角梁本身之厚壹分，如角梁厚玖寸貳分，即套獸榫長玖寸貳分，得仔角梁通長貳丈捌尺陸分。以椽徑叁分定高，貳分定厚。如椽徑肆寸陸分，得仔角梁高壹尺叁寸捌分，厚玖寸貳分。

凡老角梁，以仔角梁之長，除飛簷頭並套獸榫定長。如仔角梁長貳丈捌尺陸分，内除飛簷頭長肆尺貳寸捌分，並套獸榫長玖寸貳分，得淨長貳丈貳尺捌寸陸分。高、厚與仔角梁同。

凡正心桁，以面濶定長。如面濶貳丈肆尺，即長貳丈肆尺。其稍間正心桁，壹頭加交角出頭分位，按本身之徑壹分。如本身徑壹尺肆寸，得出頭長壹尺肆寸。以斗口叁分半定徑。如斗口肆寸，得正心桁徑壹尺肆寸。外每桁條徑壹尺，加搭交榫長叁寸，如徑壹尺肆寸，得榫長肆寸貳分。兩山正心桁做法同。

凡正心枋，計叁層，以面濶定長。如面濶貳丈肆尺，内除採步梁之厚壹尺柒寸陸分，得長貳丈貳尺貳寸肆分。外加兩頭入榫分位，各按本身之高半分。如本身高捌寸，得榫長各肆寸。其稍間正心枋，壹頭除採步梁之厚半分，外加入榫分位按本身之高半分，得榫長肆寸。第壹層，壹頭帶螞蚱頭長叁尺陸寸。第貳層，壹頭帶撑頭木長貳尺肆寸。第叁層，照面濶之長，除梁頭之厚，加入榫分位按本身之高各半分。以斗口貳分定高。如斗口肆寸，得正心枋高捌寸。以斗口壹分，外加包掩定厚。如斗口肆寸，加包掩陸分，得正心枋厚肆寸陸分。兩山正心枋做法同。

凡挑簷桁，以面濶定長。如面濶貳丈肆尺，即長貳丈肆尺。每徑壹尺外加扣榫長叁寸。其稍間挑簷桁，壹頭加貳拽架長貳尺肆寸，又加交角出頭分位，按本身之徑壹分半，如本身徑壹尺貳寸，得交角出頭壹尺捌寸。以正心桁之徑收貳寸定徑寸。如正心桁徑壹尺肆寸，得挑簷桁徑壹尺貳寸。兩山挑簷桁做法同。

凡挑簷枋，以面濶定長。如面濶貳丈肆尺，内除採步梁之厚壹尺柒寸陸分，得長貳丈貳尺貳寸肆分。外加兩頭入榫分位，按本身之高各半分。如本身高捌寸，得榫長各肆寸。其稍間挑簷枋，壹頭加貳拽架長貳尺肆寸，又加交角出頭分位，按挑簷桁之徑壹分半。如挑簷桁徑壹尺貳寸，得出頭長壹尺捌寸。壹頭除採步梁頭之厚半分，外加入榫分位，仍照前法。以斗口貳分定高，壹分定厚。如斗口肆寸，得高捌寸，厚肆寸。兩山挑簷枋做法同。

凡拽枋，以面濶定長。如面濶貳丈肆尺，内除採步梁之厚壹尺柒寸陸分，得長貳丈貳尺貳寸肆分，外加兩頭入榫分位，按本身之高各半分。如本身高捌寸，得榫長各肆寸。其稍間拽枋，壹頭除採步梁之厚半分，外加入榫分位，仍照前法。壹頭加貳拽架長貳尺肆寸。高、厚與挑簷枋同。兩山拽枋做法同。

凡簷椽，以出廊並出簷加舉定長。如出廊深捌尺，出簷捌尺，共長壹丈陸尺，内除飛簷椽頭貳尺陸寸陸分，淨長壹丈叁尺叁寸肆分。按壹壹伍加舉，得通長壹丈伍尺叁寸肆分。徑與下簷簷椽同。兩山簷椽做法同。每椽空檔隨椽徑壹分。每間椽數俱應成雙，檔之寬窄，隨數均勻。

凡飛簷椽，以出簷定長。如出簷捌尺，叁分分之。出頭壹分得長貳尺陸寸陸分，後尾貳分半，得長陸尺陸寸伍分。又按壹壹伍加舉，得飛簷椽通長壹丈柒寸。見方與簷椽徑寸同。

凡翼角翹椽，長徑與平身簷椽同。其起翹處，以挑簷桁中至出簷尺寸用方伍斜柒之法，再加廊深並正心桁中至挑簷桁中之拽架各尺寸定翹數。如挑簷桁中至出簷長伍尺陸寸，方伍斜柒加之，得柒尺捌寸肆分。再加廊深捌尺，又加貳拽架長貳尺肆寸，共長壹丈捌尺肆寸肆分。內除角梁之厚半分，得淨長壹丈柒尺柒寸捌分，即係翼角椽檔分位。翼角翹椽以成單爲率。如逢雙數，應改成單。

凡翹飛椽，以平身飛簷椽之長，用方伍斜柒之法定長。如飛簷椽長壹丈柒寸，用方伍斜柒加之。第壹翹得長壹丈肆尺玖寸捌分，其餘以所定翹數每根遞減長伍分伍釐。其高比飛簷椽加高半分。如飛簷椽高肆寸陸分，得翹飛椽高陸寸玖分，厚仍肆寸陸分。

凡橫望板、壓飛簷尾橫望板，以面濶、進深並出簷加舉折見方丈定長寬，以椽徑拾分之貳定厚。如椽徑肆寸陸分，得橫望板厚玖分。

凡裏口，以面濶定長。如面濶貳丈肆尺，即長貳丈肆尺。以椽徑壹分再加望板之厚壹分半定高。如椽徑肆寸陸分，望板厚壹分半壹寸叁分，得裏口高伍寸玖分。厚與椽徑同。兩山裏口做法同。

凡閘檔板，以翹檔分位定寬。如翹椽檔寬肆寸陸分，即閘檔板寬肆寸陸分，外加入槽每寸壹分。高隨椽徑尺寸。以椽徑拾分之貳定厚。如椽徑肆寸陸分，得閘檔板厚玖分。其小連簷，自起翹處至老角梁得長。寬隨椽徑壹分，厚照望板之厚壹分半，得厚壹寸叁分。兩山閘檔板、小連簷做法同。

凡連簷，以面濶定長。如面濶貳丈肆尺，即長貳丈肆尺。其廊子連簷以出廊捌尺，出簷捌尺，共長壹丈陸尺，除角梁厚半分，淨長壹丈伍尺伍寸肆分，以每尺加翹壹寸，得通長壹丈柒尺玖分。高、厚與簷椽徑寸同。兩山連簷做法同。

凡瓦口，長與連簷同，以椽徑半分定高。如椽徑肆寸陸分，得瓦口高貳寸叁分。以本身之高折半定厚。得厚壹寸壹分。

凡椽椀、椽中板，以面濶定長。如面濶貳丈肆尺，即長貳丈肆尺。以椽徑壹分，再加椽徑叁分之壹定高。如椽徑肆寸陸分，得椽椀並椽中板高陸寸壹分。以椽徑叁分之壹定厚，得厚壹寸伍分。兩山椽中板並椽椀做法同。

凡枕頭木，以出廊定長。如出廊深捌尺，外加貳拽架長貳尺肆寸，內除角梁厚半分，得枕頭木通長玖尺玖寸肆分。以挑簷桁徑拾分之叁定寬。如挑簷桁徑壹尺貳寸，得枕頭木寬叁寸陸分。正心桁上枕頭木，以出廊定長。如出廊深捌尺，內除角梁之厚半分。得正心桁上枕頭木淨長柒尺伍寸肆分。以正心桁徑拾分之叁定寬。如正心桁徑壹尺肆寸，得枕頭木寬肆寸貳分。以椽徑貳分半定高，如椽徑肆寸陸分，得枕頭木壹頭高壹尺壹寸伍分，壹頭斜尖與桁條平。兩山枕頭木做法同。

凡天花梁，以進深定長。如進深壹丈陸尺，內除裏金柱徑貳尺伍寸柒分，得長壹丈叁尺肆寸叁分。外加兩頭入榫分位，各按柱徑肆分之壹。如柱徑貳尺伍寸柒分，得榫長陸寸肆分。以裏金柱徑拾分之陸定厚，拾分之捌定高。如裏金柱徑貳尺伍寸柒分，得厚壹尺伍寸肆分，高貳尺伍分。

凡天花枋，以面濶定長。如面濶貳丈肆尺，內除柱徑貳尺伍寸柒分，得淨長貳丈壹尺肆寸叁分。外加兩頭入榫分位，各按柱徑肆分之壹。如柱徑貳尺伍寸柒分，得榫各長陸寸肆分。高、厚與天花梁同。

凡貼梁，長隨面濶、進深，內除枋、梁之厚各半分。以天花梁之高伍分之壹定寬。如天花梁高貳尺伍分，得寬肆寸壹分。以本身之寬收壹寸定厚，得厚叁寸壹分。

凡海墁天花，每間按面濶、進深，除枋梁各半分得長寬。如面濶貳丈肆尺，內除天花梁之厚壹尺伍寸肆分，得長貳丈貳尺肆寸陸分。如進深除廊壹丈陸尺，內除天花枋之厚壹尺伍寸肆分，得長壹丈肆尺肆寸陸分。以貼梁之厚叁分之壹定厚。如貼梁厚叁寸壹分，得厚壹寸。

凡肆角頂柱，以桐柱之高定高。如桐柱高柒尺，再加上簷平板枋玖寸，斗科肆尺壹寸肆分，正心桁之徑壹尺伍寸柒分，得共高壹丈叁尺陸寸壹分。以上簷順梁之厚拾分之柒定寬。如順梁厚壹尺捌寸貳分，得寬壹尺貳寸柒分。以本身之寬拾分之柒定厚。如本身寬壹尺貳寸柒分，得厚捌寸捌分。

凡承椽枋，以面濶定長。如面濶貳丈肆尺，即長貳丈肆尺。以椽徑肆分定高，叁分定厚。如椽徑肆寸陸分，得高壹尺捌寸肆分，厚壹尺叁寸捌分。

上覆簷斗口重昂斗科斗口肆寸伍分大木做法：

凡桐柱，以出廊半分並正心桁中至挑簷桁中貳拽架尺寸加舉定高。如出廊深捌尺，得深肆尺，正心桁中至挑簷桁中貳拽架深貳尺柒寸，共深陸尺柒寸。按伍舉加之，得高叁尺叁寸伍分。再加椽徑肆寸陸分，望板玖分，共高叁尺玖寸，上頭大額枋貳尺貳分，共得伍尺玖寸貳分。博脊分位高壹尺捌分，共得高柒尺。徑與平臺桐柱徑寸同。

凡大額枋，以面濶定長。如面濶貳丈肆尺，兩頭共除柱徑壹分壹尺叁寸，得長貳丈貳尺柒寸。外加兩頭入榫分位，各按柱徑肆分之壹。如柱徑壹尺叁寸，得榫長各叁寸貳分。其稍間大額枋，照面濶收壹步架深肆尺，得長壹丈肆寸，壹頭加桐柱徑壹分，得霸王拳分位。壹頭除柱徑半分，外加入榫分位，仍照前法。以斗口肆分半定高。如斗口肆寸伍分，得大額枋高貳尺貳分。以本身之高每尺收叁寸定厚，得厚壹尺肆寸貳分。

凡平板枋，以面濶定長。如面濶貳丈肆尺，即長貳丈肆尺。每寬壹尺外加扣榫長叁寸。其稍間平板枋，照面濶收壹步架深肆尺，得長壹丈肆寸。壹頭加柱徑壹分，得交角出頭分位。如桐柱徑壹尺叁寸，得出頭長壹尺叁寸。以斗口叁分定寬，貳分定高。如斗口肆寸伍分，得平板枋寬壹尺叁寸伍分，高玖寸。兩山平板枋做法同。

凡順梁，以稍間面濶定長。如面濶壹丈肆尺肆寸，收壹步架深肆尺，得長壹丈肆寸，壹頭加叁拽架長肆尺伍分，又加昇底半分貳寸玖分，共得長壹丈肆尺柒寸肆分。以斗口肆分半定高。如斗口肆寸伍分，得高貳尺貳分。以本身之高減貳寸定厚。如本身高貳尺貳分，得厚壹尺捌寸貳分。

凡柒架梁，以進深定長。如進深貳丈肆尺，兩頭各加叁拽架肆尺伍分，再加昇底半分貳寸玖分，共長叁丈貳尺陸寸捌分。以斗口伍分半定高，肆分定寬。如斗口肆寸伍分，得高貳尺肆寸柒分，得寬壹尺捌寸。

凡採步金，以進深定長。如山明間進深壹丈陸尺，兩頭各加桁條之徑壹分半，得假桁條頭分位。如桁條徑壹尺伍寸柒分，各得長貳尺叁寸伍分，得通長貳丈柒寸。以柒架梁之高收叁寸定高。如柒架梁高貳尺肆寸柒分，得高貳尺壹寸柒分。以柒架梁之寬定寬，如柒架梁寬壹尺捌寸，即寬壹尺捌寸。

凡伍架梁，以步架肆分定長。如步架肆分深壹丈陸尺，兩頭各加桁條徑壹分，得柁頭分位。如桁條徑壹尺伍寸柒分，得通長壹丈玖尺壹寸肆分。高、厚與採步金同。

凡叁架梁，以步架貳分定長。如步架貳分深捌尺，兩頭各加桁條徑壹分，得柁頭分位。如桁條徑壹尺伍寸柒分，得通長壹丈壹尺壹寸肆分。以伍架梁之高每尺收叁寸定高。如伍架梁高貳尺壹寸柒分，得高壹尺伍寸貳分。以伍架梁之寬收陸寸定寬。如伍架梁寬壹尺捌寸，得寬壹尺貳寸。

凡下金柁墩，以步架加舉定高。如步架深肆尺，再加貳拽架貳尺柒寸，共深陸尺柒寸，按伍舉加之，得高叁尺叁寸伍分。內除柒架梁高貳尺肆寸柒分，得淨高捌寸捌分。以伍架梁之寬，每尺收滚楞貳寸定寬。如伍架梁寬壹尺捌寸，得寬壹尺肆寸肆分。以柁頭貳分定長。如柁頭長壹尺伍寸柒分，得長叁尺壹寸肆分。

凡上金柁墩，以步架加舉定高。如步架深肆尺，按柒舉加之，得高貳尺捌寸，內除伍架梁高貳尺壹寸柒分，得淨高陸寸叁分。以叁架梁之寬每尺收滚楞貳寸定厚。如叁架梁寬壹尺貳寸，得厚玖寸陸分。以本身之厚加貳寸定寬。如本身厚玖寸陸分，得寬壹尺壹寸陸分。以柁頭貳分定長。如柁頭長壹尺伍寸柒分，得長叁尺壹寸肆分。

凡脊瓜柱，以步架加舉定高。如步架深肆尺，按玖舉加之，得高叁尺陸寸，又加平水壹尺叁寸伍分，得共高肆尺玖寸伍分。內除叁架梁高壹尺伍寸貳分，淨高叁尺肆寸叁分。外加桁條徑叁分之壹作上桁椀。如桁條徑壹尺伍寸柒分，得桁椀伍寸貳分，又以本身每寬壹尺加下榫長叁寸。如本身寬壹尺壹寸陸分，得下榫長叁寸肆分。以叁架梁之寬，每尺收滚楞貳寸定厚。如叁架梁寬壹尺貳寸，得厚玖寸陸分。以本身之厚加貳寸定寬。如本身厚玖寸陸分，得寬壹尺壹寸陸分。

凡正心桁，以面濶定長。如面濶貳丈肆尺，即長貳丈肆尺。其稍問桁條，壹頭收壹步架定長。如稍間面濶壹丈肆尺肆寸，收壹步架深肆尺，得長壹丈肆寸，外加壹頭交角出頭分位，按本身徑壹分。如本身徑壹尺伍寸柒分，得長壹丈壹尺玖寸柒分。以斗口叁分半定徑。如斗口肆寸伍分，得徑壹尺伍寸柒分。每徑壹尺，外加搭交榫長叁寸。兩山正心桁做法同。

凡正心枋，叁層，以面濶定長。如面濶貳丈肆尺，內除柒架梁頭厚壹尺捌寸，外加兩頭入榫分位，各按本身高半分。如本身高玖寸，得榫長各肆寸伍分，得通長貳丈叁尺壹寸。其稍間正心枋，照面濶壹頭收壹步架，又除柒架梁頭厚半分，外加入榫分位，按本身高半分。如本身高玖寸，得榫長肆寸伍分。第壹層，壹頭外帶螞蚱頭長肆尺伍分。第貳層，壹頭外帶撐頭木長貳尺柒寸。第叁層，照面濶之長，除梁頭之厚壹分，外加入榫分位，按本身之高各半分。以斗口貳分定高。如斗口肆寸伍分，得高玖寸。以斗口壹分，外加包掩定厚。如斗口肆寸伍分，加包掩陸分，得正心枋厚伍寸壹分。兩山正心枋做法同。

凡挑簷桁，以面濶定長。如面濶貳丈肆尺，即長貳丈肆尺。每徑壹尺外加扣榫長叁寸。其稍間挑簷桁，照面濶，壹頭收壹步架肆尺，壹頭加貳拽架長貳尺柒寸，又加交角出頭分位，按本身徑壹分半。如本身徑壹尺壹寸柒分，得交角出頭壹尺柒寸伍分。以正心桁之徑收肆寸定徑寸。如正心桁徑壹尺伍寸柒分，得挑簷桁徑壹尺壹寸柒分。兩山挑簷桁做法同。

凡挑簷枋，以面濶定長。如面濶貳丈肆尺，内除柒架梁頭厚壹尺捌寸，得淨長貳丈貳尺貳寸。外加兩頭入榫分位，各按本身高半分。如本身高玖寸，得榫長各肆寸伍分。其稍間挑簷枋，照面濶，壹頭收壹步架，又除柒架梁頭厚半分，外加入榫分位，仍照前法。壹頭帶貳拽架長貳尺柒寸，又加交角出頭分位，按挑簷桁之徑壹分半。如挑簷桁徑壹尺壹寸柒分，得交角出頭壹尺柒寸伍分。以斗口貳分定高，壹分定厚。如斗口肆寸伍分，得高玖寸，厚肆寸伍分。

凡拽枋，以面濶定長。如面濶貳丈肆尺，内除柒架梁頭厚壹尺捌寸，得淨長貳丈貳尺貳寸，外加兩頭入榫分位，各按本身高半分。如本身高玖寸伍分，得榫長各肆寸伍分。其稍間拽枋，照面濶，壹頭收壹步架，又除柒架梁頭厚半分，外加入榫分位，仍照前法。壹頭加貳拽架長貳尺柒寸。高、厚與挑簷枋同。兩山拽枋做法同。

凡金脊桁，以面濶定長。如面濶貳丈肆尺，即長貳丈肆尺。每徑壹尺外加扣榫長叁寸。其稍間桁條，壹頭收正心桁之徑壹分定長。如稍間面濶壹丈肆尺肆寸，壹頭收正心桁徑壹尺伍寸柒分，得淨長壹丈貳尺捌寸叁分。徑寸與正心桁同。

凡金脊枋，以面濶定長。如面濶貳丈肆尺，兩頭共除柁橔、瓜柱之厚壹分，外加兩頭入榫分位，各按柁橔、瓜柱之厚肆分之壹。其稍間壹頭收壹步架定長。如稍間面濶壹丈肆尺肆寸，收壹步架深肆尺，得長壹丈肆寸，除柁橔、瓜柱半分，外加入榫，仍照前法。以斗口叁分定高，貳分定百。如斗口肆寸伍分，得高壹尺叁寸伍分，厚玖寸。

凡後尾壓科枋，以面濶定長。如面濶貳丈肆尺，内除柒架梁厚壹尺捌寸，外加兩頭入榫分位，各按本身厚半分。其稍間並兩山壓科枋，照面濶，壹頭除柒架梁厚半分，壹頭收貳拽架長貳尺柒寸，外加斜交分位，按本身厚壹分。如本身厚玖寸，即長玖寸。以斗口貳分半定高，貳分定厚。如斗口肆寸伍分，得高壹尺壹寸貳分，厚玖寸。

凡金脊墊板，以面濶定長。如面濶貳丈肆尺，内除柱徑壹分，外加兩頭入榫分位，各按柱徑拾分之貳。以斗口叁分定高，半分定厚。如斗口肆寸伍分，得厚貳寸貳分，高壹尺叁寸伍分。其脊墊板，照面濶除脊瓜柱之厚壹分，外加兩頭入榫，各按脊瓜柱之厚肆分之壹。

凡仔角梁，以步架並出簷加舉定長。如步架深肆尺，挑簷桁中至正心桁中貳拽架長貳尺柒寸，出簷肆尺，外加出水貳分，得捌寸，共長壹丈壹尺伍寸，用方伍斜柒之法加長，又按壹壹伍加舉，得長壹丈捌尺伍寸壹分，再加翼角斜出椽徑叁分，如椽徑肆寸陸分，得並長壹丈玖尺捌寸玖分。再加套獸榫，照角梁厚壹分，如角梁厚玖寸貳分，即套獸榫長玖寸貳分，得仔角梁通長貳丈捌寸壹分。以椽徑叁分定高，貳分定厚。如椽徑肆寸陸分，得高壹尺叁寸捌分，厚玖寸貳分。

凡老角梁，以仔角梁之長，除飛簷頭並套獸榫定長。如仔角梁長貳丈捌寸壹分，内除飛簷頭長貳尺伍寸柒分，並套獸榫長玖寸貳分，得淨長壹丈柒尺叁寸貳分。外加後尾叁岔頭，照桁條之徑壹分，如桁條徑壹尺伍寸柒分，共得長壹丈捌尺捌寸玖分。高、厚與仔角梁同。

凡枕頭木，以步架定長。如步架深肆尺，即長肆尺。外加貳拽架長貳尺柒寸，共長陸尺柒寸。内除角梁厚半分，得枕頭木長陸尺貳寸肆分。以挑簷桁徑拾分之叁定寬。如挑簷桁徑壹尺壹寸柒分，得寬叁寸伍分。正心桁上枕頭木，以步架定長。如步架深肆尺，即長肆尺。内除角梁厚半分，得正心桁上枕頭木淨長叁尺伍寸肆分。以正心桁徑拾分之叁定寬。如正心桁徑壹尺伍寸柒分，得寬肆寸柒分。以椽徑貳分半定高。如椽徑肆寸陸分，得枕頭木壹頭高壹尺壹寸伍分，壹頭斜尖與桁條平。兩山枕頭木做法同。

凡椽椀、椽中板，以面濶定長。如面濶貳丈肆尺，即長貳丈肆尺。以椽徑壹分，再加椽徑叁分之壹定高。如椽徑肆寸陸分，得椽椀並椽中板高陸寸壹分。以椽徑叁分之壹定厚，得厚壹寸伍分。兩山椽椀並椽中板做法同。

凡簷椽，以步架並出簷加舉定長。如步架深肆尺，正心桁中至挑簷桁中貳拽架貳尺柒寸，出簷肆尺，又加出水捌寸，共長壹丈壹尺伍寸。内除飛簷頭壹尺陸寸，淨長玖尺玖寸，按壹壹伍加舉，得通長壹丈壹尺叁寸捌分。外加壹頭搭交尺寸，按本身徑壹分，如本身徑肆寸陸分，即長肆寸陸分。徑與下簷簷椽徑寸同。兩山簷椽做法同。每椽空檔，隨椽徑壹分。每間椽數，俱應成雙，檔之寬窄，隨數均匀。

凡飛簷椽，以出簷定長。如出簷肆尺捌寸，叁分分之。出頭壹分得長壹尺陸寸，後尾貳分半得長肆尺，又按壹壹伍加舉，得飛簷椽通長陸尺肆寸肆分。見方與簷椽徑寸同。

凡翼角翹椽，長、徑俱與平身簷椽同。其起翹處以挑簷桁中至出簷尺寸，用方伍斜柒之法，再加步架並正心桁中至挑簷桁中之拽架各尺寸定翹數。如挑簷桁中出簷肆尺捌寸，方伍斜柒加之，得長陸尺柒寸貳分，再加步架深肆尺，貳拽架長貳尺柒寸，共長壹丈叁尺肆寸貳分。內除角梁厚半分，肆寸陸分，得净長壹丈貳尺玖寸陸分，即係翼角椽檔分位。翼角翹椽以成單爲率，如逢雙數，應改成單。

凡翹飛椽，以平身飛簷椽之長，用方伍斜柒之法定長。如飛簷椽長陸尺肆寸肆分，用方伍斜柒加之，第壹翹得長玖尺壹分，其餘以所定翹數每根遞減長伍分伍釐。其高比飛簷椽加高半分。如飛簷椽高肆寸陸分，得翹飛椽高陸寸玖分，厚仍肆寸陸分。

凡花架椽，以步架加舉定長。如步架深肆尺，按壹貳伍加舉，得長伍尺，兩頭各加搭交尺寸，按本身徑壹分。徑與簷椽同。

凡腦椽，以步架加舉定長。如步架深肆尺，按壹叁伍加舉，得長伍尺肆寸，壹頭加搭交尺寸，按本身徑壹分。徑與簷椽同。

凡兩山出稍啞叭花架、腦椽，俱與正花架、腦椽同。啞叭簷椽以挑山檩之長得長，係短椽折半核算。

凡橫望板、壓飛簷尾橫望板，俱以面闊、進深加舉折見方丈定長寬。以椽徑拾分之貳定厚。如椽徑肆寸陸分，得厚玖分。

凡裏口，以面闊定長。如面闊貳丈肆尺，即長貳丈肆尺。以椽徑壹分，再加望板厚壹分半定高。如椽徑肆寸陸分，望板厚壹寸叁分，得裏口高伍寸玖分。厚與椽徑同。兩山裏口做法同。

凡閘檔板，以椽檔分位定寬。如椽檔寬肆寸陸分，即閘檔板寬肆寸陸分。外加入槽每寸壹分。高隨椽徑尺寸。以椽徑拾分之貳定厚。如椽徑肆寸陸分，得閘檔板厚玖分。其小連簷自起翹處至老角梁得長。寬隨椽徑壹分，厚照望板厚壹分半，得厚壹寸叁分。兩山閘檔板、小連簷做法同。

凡連簷，以面闊定長。如面闊貳丈肆尺，即長貳丈肆尺。其稍間連簷，照面闊，壹頭收壹步架肆尺，净長壹丈肆寸，外加出簷肆尺並出水捌寸，又加正心桁中至挑簷桁中貳拽架貳尺柒寸，共長壹丈柒尺玖寸，除角梁厚半分，净長壹丈柒尺肆寸肆分。其起翹處起至仔角梁，每尺加翹壹寸。高厚與簷椽徑寸同。兩山連簷做法同。

凡瓦口，長與連簷同，以椽徑半分定高。如椽徑肆寸陸分，得瓦口高貳寸叁分。以本身之高折半定厚，得厚壹寸壹分。

凡扶脊木，長、徑俱與脊桁同。脊樁，照通脊之高，再加扶脊木之徑壹分，桁條之徑肆分之壹得長。寬照椽徑壹分，厚按本身之寬折半。

凡榻脚木，以步架肆分，外加桁條徑貳分定長。如步架肆分長壹丈陸尺，外加兩頭桁條之徑各壹分，如桁條徑壹尺伍寸柒分，得榻脚木通長壹丈玖尺壹寸肆分。見方與桁條徑寸同。

凡草架柱子，以步架加舉定高。如步架深肆尺，第壹步架按柒舉加之，得高貳尺捌寸。第貳步架按玖舉加之，得高叁尺陸寸。貳步架共高陸尺肆寸，脊桁下柱子即高陸尺肆寸。外加兩頭入榫分位，按本身之寬、厚折半。如本身寬、厚柒寸捌分，得榫長各叁寸玖分。以榻脚木見方尺寸折半定寬、厚。如榻脚木見方壹尺伍寸柒分，得草架柱子見方柒寸捌分。其穿以步架貳分定長。如步架貳分共長捌尺，即長捌尺。寬、厚與草架柱子同。

凡出花板，以進深定寬。如進深貳丈肆尺，前後各收壹步架深肆尺，得山花板通寬壹丈陸尺。以脊中草架柱子之高，加扶脊木並桁條之徑定高。如草架柱子高陸尺肆寸，扶脊木脊桁各徑壹尺伍寸柒分，得山花板定高玖尺伍寸肆分。係尖高做法，均折核算。以桁條之徑肆分之壹定厚。如桁條徑壹尺伍寸柒分，得山花板厚叁寸玖分。

凡博縫板，隨各椽之長得長。如花架椽長伍尺，花架博縫板即長伍尺。如腦椽長伍尺肆寸，腦博縫板即長伍尺肆寸。每博縫板外加搭岔方位，照本身之寬加長。如本身寬貳尺柒寸陸分，即每塊加長貳尺柒寸陸分。以椽徑陸分定寬。如椽徑肆寸陸分，得博縫板寬貳尺柒寸陸分。厚與山花板之厚同。

以上俱係大木做法，其餘斗科及裝修等件並各項工料，逐款分別，另册開載。

愛新覺羅・允禮等《工程做法》卷一五《柒檩重簷歇山角樓大木》 重簷柒檩歇山轉角樓壹座，計肆層下簷壹斗叁升斗口肆寸大木做法開後，計開：

凡面闊、進深，以斗科攢數而定，每攢以口數拾貳分定寬。如斗口肆寸，以科中分算，得斗科每攢寬肆尺捌寸。如面闊用平身科貳攢，加兩邊柱頭科各半攢，共斗科叁攢，得面闊壹丈肆尺肆寸。稍間如收半攢，即「連瓣科」，得面闊壹丈貳尺，如進深共用斗科伍攢，得進深貳丈肆尺。

凡下簷柱，以樓叁層之高定高。如樓叁層每層捌尺，內上層加平板枋捌寸，壹斗叁升斗科貳尺捌寸捌分，共高壹丈捌寸捌分，得簷柱通高貳丈陸尺捌寸捌分。每徑壹尺，外加上、下榫各長叁寸。如柱徑壹尺陸寸，得榫長各肆寸捌分。以斗口肆分定徑。如斗口肆寸，得徑壹尺陸寸。

凡前簷金柱，以下簷柱之高定高。如下簷柱通高貳丈陸尺捌寸捌分，再加承重壹尺陸寸。上簷露明柱高捌尺，大額枋壹尺捌寸，得通長叁丈捌尺貳寸捌分。每徑壹尺，外加上、下榫各長叁寸。以簷柱徑定徑寸。如簷柱徑壹尺陸寸，加貳寸，得徑壹尺捌寸。再以每長壹丈，加徑壹寸，共徑貳尺壹寸捌分。

凡山柱，長與金柱同，以簷柱徑加貳寸定徑寸。如簷柱徑壹尺陸寸，得徑壹尺捌寸。每徑壹尺，外加上、下榫各長叁寸。

凡轉角房山柱，以兩山山柱之長定長。如山柱長叁丈捌尺貳寸捌分，再加平板枋捌寸，斗科貳尺捌寸捌分，得長肆丈壹尺玖寸陸分。每徑壹尺，外加上、下榫各長叁寸。以金柱徑加貳寸定徑。如金柱徑貳尺壹寸捌分，得徑貳尺叁寸捌分。

凡下、中貳層承重，以進深定長。如進深貳丈肆尺，即長貳丈肆尺。兩山分間承重，得長壹丈貳尺。以簷柱徑定高。如簷柱徑壹尺陸寸，即高壹尺陸寸。以本身之高收貳寸定厚。如本身高壹尺陸寸，得厚壹尺肆寸。

凡轉角斜承重，以進深定長。如轉角房見方貳丈肆尺，分間得長壹丈貳尺，用方伍斜柒之法得斜承重長壹丈陸尺捌寸。高、厚與正承重同。

凡下層間枋，以面濶定長。如面濶壹丈肆尺肆寸，前簷除前金柱徑壹尺壹寸捌分，後簷除簷柱徑壹尺陸寸，外加兩頭入榫分位，各按柱徑肆分之壹。如轉角分間得長壹丈貳尺。以簷柱徑收叁寸定高。如簷柱徑壹尺陸寸，得高壹尺叁寸。以本身之高每尺收叁寸定厚。如本身高壹尺叁寸，得厚玖寸壹分。

凡中、上層間枋，長與下層間枋同，以簷柱徑折半定見方。如簷柱徑壹尺陸寸，得見方捌寸。

凡上、中、下叁層楞木，以面濶定長。如面濶壹丈肆尺肆寸，即長壹丈肆尺肆寸。以承重之高折半定高。如承重高壹尺陸寸，得高捌寸。以本身之高收貳寸定厚。如本身高捌寸，得厚陸寸。

凡上層挑簷承重梁，以進深定長。如進深貳丈肆尺，即長貳丈肆尺。壹頭外加壹步架長肆尺，又加壹拽架長壹尺貳寸，再加出頭分位照挑簷桁之徑壹分。如挑簷桁徑壹尺貳寸，即出壹尺貳寸，共長叁丈肆寸。兩山分間承重，每根得壹丈貳尺。壹頭外加壹步架長肆尺，又加壹拽架長壹尺貳寸，再加出頭分位，照挑簷桁之徑壹分，共長壹丈捌尺肆寸。高、厚與下層承重同。

凡斜挑簷承重，以正挑簷承重之長定長。如正挑簷承重長壹丈捌尺肆寸，用方伍斜柒加之，得長貳丈伍尺柒寸陸分。高、厚與正承重同。

凡間枋楞木，長寬厚俱與下層間枋楞木同。

凡樓板叁層，俱以面濶、進深定長短塊數。內除樓梯分位，按門口尺寸，臨期酌定。以楞木厚肆分之壹定厚。如楞木厚陸寸，得厚壹寸伍分。如墁磚，以楞木之厚折半得厚。

凡兩山挑簷採步梁，以步架定長。如步架深肆尺，又加壹拽架長壹尺貳寸，再加出頭分位照挑簷桁之徑壹分。如挑簷桁徑壹尺貳寸，即出壹尺貳寸，共長陸尺肆寸。以山柱徑定高。如山柱徑壹尺捌寸，即高壹尺捌寸。以本身之高每尺收叁寸定厚。如本身高壹尺捌寸，得厚壹尺貳寸陸分。

凡肆角斜挑簷採步梁，以正挑簷採步梁之長定長。如正挑簷採步梁長陸尺肆寸，用方伍斜柒之法，得長捌尺玖寸陸分。高、厚與正挑簷採步梁同。

凡正心桁，以面濶定長。如面濶壹丈肆尺肆寸，即長壹丈肆尺肆寸。其稍間及轉角正心桁，照面濶，後簷壹頭加壹步架，又加交角出頭分位，按本身之徑壹分，共長壹丈柒尺肆寸。前簷照稍間面濶加兩頭交角出頭分位，俱按本身之徑壹分。如本身徑壹尺肆寸，即出頭長壹尺肆寸。兩山正心桁，前後各加壹步架，又加交角出頭分位按本身之徑壹分。以斗口叁分半定徑寸。如斗口肆寸，得徑壹尺肆寸。每徑壹尺，外加搭交榫長叁寸，如徑壹尺肆寸，得榫長肆寸貳分。

凡正心枋，以面濶定長。如面濶壹丈肆尺肆寸，內除挑簷採步梁厚壹尺貳寸肆分，得淨長壹丈叁尺壹寸肆分，外加兩頭入榫分位各按本身高半分，如本身高捌寸，得榫長各肆寸，通長壹丈叁尺玖寸肆分。其稍間及轉角，照面濶。兩山按進深各折半尺寸。壹頭加壹步架，壹頭除挑簷採步梁厚半分，外加入榫分位，仍照前法。以斗口貳分定高。如斗口肆寸，得正心枋高捌寸。以斗口壹分，外加包掩定厚。如斗口肆寸，加包掩陸分，得正心枋厚肆寸陸分。

凡挑簷桁，以面濶定長。如面濶壹丈肆尺肆寸，即長壹丈肆尺肆寸。每徑壹尺，外加扣榫長叁寸。其稍間及轉角後簷挑簷桁，壹頭加壹步架，又加壹拽架，再加交角出頭分位按本身之徑壹分半。如稍間及轉角分間做法，得長壹丈貳尺，壹步架深肆尺，壹拽架長壹尺貳寸，交角出頭壹尺捌寸，共長壹丈玖尺。前簷照稍間面濶，壹頭加交角分位，按壹拽架尺寸。壹頭加壹拽架，又加交角出頭分位。按本身之徑壹分半。兩山挑簷桁，前後各加壹步架並壹拽架及交角出頭分位。按本身之徑壹分半。以正心桁之徑收貳寸定徑。如正心桁徑壹尺肆寸，得挑簷桁徑壹尺貳寸。

凡挑簷枋，以面濶定長。如面濶壹丈肆尺肆寸，內除挑簷採步梁厚壹尺貳寸陸分，得淨長壹丈叁尺壹寸肆分。外加兩頭入榫分位，各按本身高半分，如本身高捌寸，得榫長各肆寸，得通長壹丈叁尺玖寸肆分。其稍間及轉角後簷，壹頭加壹步架，又加壹拽架，再加交角出頭分位按挑簷桁之徑壹分半，如挑簷桁徑壹尺貳寸，得出頭長壹尺捌寸，壹頭除採步梁厚半分，外加入榫分位，仍照前法。轉角前簷照面濶尺寸。兩山挑簷枋與稍間後簷尺寸同。以斗口貳分定高，壹分定厚。如斗口肆寸，得高捌寸，厚肆寸。

凡坐斗枋，以面濶定長。如面濶壹丈肆尺肆寸，即長壹丈肆尺肆寸。每寬壹尺，外加扣榫長叁寸。如坐斗枋寬壹尺貳寸，得扣榫長叁寸陸分。其稍間及轉角後簷並稍間前簷坐斗枋，壹頭俱加壹步架。兩山兩頭各加壹步架長肆尺，再加本身寬壹分得斜交分位，如本身寬壹尺貳寸，即加長壹尺貳寸，得通長叁丈肆尺肆寸。以斗口叁分定寬，貳分定高。如斗口肆寸，得寬壹尺貳寸，高捌寸。

凡採斗板，以面濶定長。如面濶壹丈肆尺肆寸，即長壹丈肆尺肆寸。其稍間及轉角後簷並稍間前簷採斗板，壹頭俱加壹步架，兩山兩頭各加壹步架，再加本身厚壹分得搭交尺寸。以斗口貳分，再加斗底伍分之叁定高。如斗口肆寸，得高捌寸，斗底肆寸捌分，共高壹尺貳寸捌分。以斗口壹分定厚。如斗口肆寸，即厚肆寸。

凡仔角梁，以步架並出簷加舉定長。如步架深肆尺，拽架長壹尺貳寸，出簷肆尺，共長玖尺貳寸，用方伍斜柒之法加長，又按壹壹伍加舉，得長壹丈肆尺捌捌寸壹分。再加翼角斜出椽徑叁分，如椽徑肆寸陸分，得並長壹丈陸尺壹寸玖分。再加套獸榫，照角梁本身之厚壹分，如角梁厚玖寸貳分，即套獸榫長玖寸貳分，得仔角梁通長壹丈柒尺壹寸壹分。以椽徑叁分定高，貳分定厚。如椽徑肆寸陸分，得仔角梁高壹尺叁寸捌分，厚玖寸貳分。轉角角梁同。

主老角梁，以仔角梁之長，除飛簷頭並套獸榫定長。如仔角梁長壹丈柒尺壹寸壹分，內除飛簷頭長貳尺壹寸肆分，並套獸榫長玖寸貳分，得淨長壹丈肆尺伍分。高、厚與仔角梁同。轉角角梁同。

凡枕頭木，以步架定長。如步架深肆尺，即長肆尺，外加壹拽架長壹尺貳寸，內除角梁厚半分肆寸陸分，得枕頭木長肆尺柒寸肆分。以挑簷桁徑拾分之叁定寬。如挑簷桁徑壹尺貳寸，得枕頭木寬叁寸陸分。正心桁上枕頭木以步架定長。如步架深肆尺，內除角梁厚半分，得正心桁上枕頭木長叁尺伍寸肆分。以正心桁徑拾分之叁定寬。如正心桁徑壹尺肆寸，得枕頭木寬肆寸貳分。以椽徑貳分半定高。如椽徑肆寸陸分，得枕頭木壹頭高壹尺壹寸伍分，壹頭斜尖與桁條平。兩山枕頭木做法同。

凡承椽坊，以面濶定長。如面濶壹丈肆尺肆寸，前簷除金柱徑壹分，後簷除簷柱徑壹分，兩山壹頭除山柱徑半分，壹頭除簷柱徑半分，外加兩頭入榫分位，各按柱徑肆分之壹。以簷柱徑收貳寸定高。如簷柱徑壹尺陸寸，得高壹尺肆寸。以本身之高每尺收叁寸定厚。如本身高壹尺肆寸，得厚玖寸捌分。

凡簷椽，以步架並出簷加舉定長。如步架深肆尺，壹拽架長壹尺貳寸，出簷肆尺，共長玖尺貳寸。內除飛簷椽頭壹尺叁寸叁分，淨長柒尺捌寸柒分。按壹壹伍加舉，得通長玖尺伍分。以桁條徑叁分之壹定徑寸。如桁條徑壹尺肆寸，得徑肆寸陸分。兩山簷椽做法同。每椽空檔隨椽徑壹分。每間椽數俱應成雙，檔之寬窄，隨數均匀。

凡飛簷椽，以出簷定長。如出簷肆尺，叁分分之。出頭壹分得長壹尺叁寸叁分，後尾貳分半，得長叁尺叁寸貳分。又按壹壹伍加舉，得飛簷椽通長伍尺叁寸肆分。見方與簷椽徑寸同。

凡翼角翹椽，長、徑俱與平身簷椽同。其起翹處以挑簷桁中至出簷尺寸，用方伍斜柒之法，再加壹步架並正心桁中至挑簷桁中之拽架各尺寸定翹數。如挑簷桁中出簷肆尺，方伍斜柒加之，得長伍尺陸寸，再加壹步架深肆尺，壹拽架長壹尺貳寸，共長壹丈捌寸。內除角梁厚半分，得淨長壹丈叁寸肆分，即係翼角椽檔分位。翼角翹椽以成單爲率，如逢雙數，應改成單。

凡翹飛椽，以平身飛簷椽之長，用方伍斜柒之法定長。如飛簷椽長伍尺叁寸肆分，用方伍斜柒加之，第壹翹得長柒尺肆寸柒分。其餘以所定翹數每根遞減長伍分伍釐。其高比飛簷椽加高半分。如飛簷椽高肆寸陸分，得翹飛椽高陸寸玖分，厚仍肆寸陸分。

凡横望板、壓飛簷尾横望板，以面濶、進深加舉折見方丈定長寬。以椽徑拾分之貳定厚。如椽徑肆寸陸分，得厚玖分。

凡裏口，以面濶定長。如面濶壹丈肆尺肆寸，即長壹丈肆尺肆寸。以椽徑壹分再加望板厚壹分半定高。如椽徑肆寸陸分，望板厚壹分半壹寸叁分，得裏口高伍寸玖分。厚與椽徑同。兩山裏口做法同。

凡閘檔板，以翹椽檔分位定寬。如翹椽檔寬肆寸陸分，即閘檔板寬肆寸陸分，外加捌槽每寸壹分。高隨椽徑尺寸。以椽徑拾分之貳定厚，如椽徑肆寸陸分，得閘檔板厚玖分。其小連簷自起翹處至老角梁得長。寬隨椽徑壹分。厚照望板之厚壹分半，得厚壹寸叁分。兩山閘檔板、小連簷做法同。

凡連簷，以面濶定長。如面濶壹丈肆尺肆寸，即長壹丈肆尺肆寸。其稍間及轉角連簷，壹頭加壹步架並出簷尺寸，又加正心桁中至挑簷桁中壹拽架，共長貳丈壹尺貳寸，内除角梁之厚半分，净長貳丈柒寸肆分。其起翹處起至仔角梁，每尺加翹壹寸。高、厚與簷椽徑寸同。兩山連簷做法同。

凡瓦口，長與連簷同，以椽徑半分定高。如椽徑肆寸陸分，得瓦口高貳寸叁分。以本身之高折半定厚。如本身高貳寸叁分，得厚壹寸壹分。

凡椽椀、椽中板，以面濶定長。如面濶壹丈肆尺肆寸，即長壹丈肆尺肆寸。以椽徑壹分，再加椽徑叁分之壹定高。如椽徑肆寸陸分，得椽椀並椽中板高陸寸壹分。以椽徑叁分之壹定厚，得厚壹寸伍分。兩山椽椀並椽中板做法同。

凡週圍榻脚木，以面濶定長。如面濶壹丈肆尺肆寸，即長壹丈肆尺肆寸。以椽徑壹分半定寬，壹分定厚。如椽徑肆寸陸分，得寬陸寸玖分，厚肆寸陸分。

上簷單翹單昂斗科斗口肆寸大木做法：

凡上覆簷桐柱之高，以步架尺寸加舉定高。如步加深肆尺，按伍舉加之得高貳尺，露明簷柱高捌尺，額枋壹尺捌寸，共高壹丈壹尺捌寸。每徑壹尺，外加上下榫各長叁寸。徑與簷柱徑寸同。

凡大額枋，以面濶定長。如面濶壹丈肆尺肆寸，内除桐柱徑壹尺陸寸，得淨長壹丈貳尺捌寸。外加兩頭入榫分位，各按柱徑肆分之壹，如柱徑壹尺陸寸，得榫長各肆寸，共長壹丈叁尺陸寸。前簷除金柱徑壹分，外加入榫仍照前法。其稍間及轉角並兩山大額枋，壹頭加桐柱徑壹分得霸王拳分位。如柱徑壹尺陸寸，即出壹尺陸寸。壹頭除柱徑半分，外加入榫分位，仍照前法。以斗口肆分半定高。如斗口肆寸，得高壹尺捌寸。以本身之高每尺收叁寸定厚。如本身高壹尺捌寸，得厚壹尺貳寸陸分。

凡平板枋，以面濶定長。如面濶壹丈肆尺肆寸，即長壹丈肆尺肆寸。每寬壹尺，外加扣榫長叁寸。其稍間及轉角照面濶，壹頭加桐柱徑壹分。兩山按進深兩頭各加桐柱徑壹分，得交角出頭分位。如柱徑壹尺陸寸，得出頭長壹尺陸寸。以斗口叁分定寬，貳分定高。如斗口肆寸，得平板枋寬壹尺貳寸，高捌寸。

凡柒架梁，以進深定長。如進深貳丈肆尺，兩頭各加叁拽架叁尺陸寸，再加口底半分貳寸陸分，共得長叁丈壹尺柒寸貳分。以斗口柒分定高，肆分半定厚。如斗口肆寸，得高貳尺捌寸，厚壹尺捌寸。以斗口肆分定梁頭之厚。如斗口肆寸，得梁頭厚壹尺陸寸。

凡隨梁枋，以進深定長。如進深貳丈肆尺，内除前後柱徑各半分，外加入榫分位，各按柱徑肆分之壹，得通長貳丈叁尺伍分。以簷柱徑定高。如柱徑壹尺陸寸，即高壹尺陸寸。以本身之高每尺收貳寸定厚。如本身高壹尺陸寸，得厚壹尺貳寸捌分。

凡兩山代梁頭，以拽架定長。如單翹單昂裏外各貳拽架長貳尺肆寸，再加螞蚱頭長壹尺貳寸，又加昇底半分貳寸陸分，裏外共長柒尺柒寸貳分。高、厚與柒架梁同。

凡兩山由額枋，以進深定長。如進深貳丈肆尺，分間得壹丈貳尺，内除柱徑各半分，外加入榫分位，各按柱徑肆分之壹，得通長壹丈壹尺伍分。以大額枋之高收貳寸定高。如大額枋高壹尺捌寸，得高壹尺陸寸。以大額枋之厚每尺收滚楞貳寸定厚。如大額枋厚壹尺貳寸陸分，得厚壹尺壹分。

凡扒梁，以稍間面濶定長。如稍間面濶壹丈貳尺，即長壹丈貳尺。以柒架梁之高折半定高。如柒架梁高貳尺捌寸，得高壹尺肆寸。以本身之高收貳寸定厚。如本身高壹尺肆寸，得厚壹尺貳寸。

凡採步金，以步架肆分定長。如步架肆分深壹丈陸尺，兩頭各加桁條徑壹分半，得假桁條頭分位。如桁條徑壹尺肆寸，各加長貳尺壹寸，得通長貳丈貳寸。高、厚與叁架梁同。

凡採步金枋，以步架肆分定長。如步架肆分深壹丈陸尺，内除上金柁墩之厚壹分，外加入榫分位，按本身厚肆分之壹，得通長壹丈伍尺伍寸叁分。以柒架隨梁之厚定高。如柒架隨梁厚壹尺貳寸捌分，即高壹尺貳寸捌分。以採步金之厚每尺收滚楞貳寸定厚。如採步金厚壹尺壹寸陸分，得厚玖寸叁分。

凡遞角梁，以進深並拽架定長。如進深貳丈肆尺，兩頭各加叁拽架長叁尺陸寸，共長叁丈壹尺貳寸，用方伍斜柒之法，得長肆丈叁尺陸寸捌分。以轉角山柱徑定厚。如山柱徑貳尺叁寸捌分，即厚貳尺叁寸捌分。以本身之厚每尺加貳寸定高。如本身厚貳尺叁寸捌分，得高貳尺捌寸伍分。

凡隨梁，以進深定長。如進深貳丈肆尺，分間得壹丈貳尺，用方伍斜柒加之，得長壹丈陸尺捌寸。高、厚與柒架隨梁同。

凡伍架梁，以步架肆分定長。如步架肆分深壹丈陸尺，兩頭各加桁條徑壹分得柁頭分位，如桁條徑壹尺肆寸，得通長壹丈捌尺捌寸。以柒架梁之厚定高。如柒架梁厚壹尺捌寸，即高壹尺捌寸。以本身之高每尺收貳寸定厚。如本身高壹尺捌寸，得厚壹尺肆寸肆分。

凡叁架梁，以步架貳分定長。如步架貳分深捌尺，兩頭各加桁條徑壹分得柁頭分位。如桁條徑壹尺肆寸，即各加長壹尺肆寸，得通長壹丈壹尺。以伍架梁之厚定高。如伍架梁厚壹尺肆寸肆分，即高壹尺肆寸肆分。以本身之高每尺收貳寸定厚。如本身高壹尺肆寸肆分，得厚壹尺壹寸陸分。

凡下金柁橔，以步架加舉定高。如步架深肆尺，再加貳拽架貳尺肆寸，共深陸尺肆寸，按伍舉加之。得高叁尺貳寸。內除柒架梁之高貳尺捌寸，淨高肆寸。以柁頭貳分定長。如柁頭長壹尺肆寸，得長貳尺捌寸。以伍架梁之厚每尺收滾楞貳寸定寬。如伍架梁厚壹尺肆寸肆分，得寬壹尺壹寸陸分。

凡上金柁墩，以步架加舉定高。如步架深肆尺，按柒舉加之，得高貳尺捌寸，內除伍架梁高壹尺捌寸，得淨高壹尺。以叁架梁之厚每尺收滾楞貳寸定厚。如叁架梁厚壹尺壹寸陸分，得厚玖寸叁分。以柁頭貳分定長。如柁頭長壹尺肆寸，得長貳尺捌寸。

凡肆角瓜柱，以步架加舉定高。如步架深肆尺，再加貳拽架貳尺肆寸，共陸尺肆寸。按伍舉加之，得高叁尺貳寸。內除扒梁高半分柒寸，採步金壹尺肆寸肆分，淨長壹尺陸分。每寬壹尺外加下榫長叁寸。以伍架梁之厚每尺收滾楞貳寸定厚。如伍架梁厚壹尺肆寸肆分，得厚壹尺壹寸陸分。以本身之厚加貳寸定寬。如身厚壹尺壹寸陸分，得寬壹尺叁寸陸分。

凡脊瓜柱，以步架加舉定高。如步架深肆尺，按玖舉加之，得高叁尺陸寸，內除叁架梁高壹尺肆寸肆分，得淨高貳尺壹寸陸分。外加平水高捌寸，桁條徑叁分之壹作上桁椀。如桁條徑壹尺肆寸，得桁椀高肆寸陸分。又以本身每寬壹尺外加下榫長叁寸。如本身寬壹尺壹寸叁分，得下榫長叁寸叁分。以叁架梁之厚每尺收滾楞貳寸定厚。如叁架梁寬壹尺壹寸陸分，得厚玖寸叁分。以本身之厚加貳寸定寬。如本身厚玖寸叁分，得寬壹尺壹寸叁分。

凡正心桁，以面濶定長。如面濶壹丈肆尺肆寸，即長壹丈肆尺肆寸。其稍間及轉角正心桁，外加壹頭交角出頭分位，按本身徑壹分。如本身徑壹尺肆寸，即加長壹尺肆寸。以斗口叁分半定徑寸。如斗口肆寸，得徑壹尺肆寸。每徑壹尺，外加搭交榫長叁寸。兩山正心桁做法同。

凡正心枋，叁層，以面濶定長。如面濶壹丈肆尺肆寸，內除柒架梁頭厚壹尺陸寸，得淨長壹丈貳尺捌寸。外加兩頭入榫分位。各按本身高半分。如本身高捌寸，得榫長各肆寸。其稍間及轉角照面濶，兩山按進深各折半尺寸，壹頭除柒架梁頭厚半分，外加入榫分位，按本身高半分。第壹層，壹頭帶螞蚱頭長叁尺陸寸。第貳層，壹頭帶撑頭木長貳尺肆寸。第叁層，照面濶之長，除梁頭之厚，加入榫分位，仍照前法。以斗口貳分定高。如斗口肆寸，得高捌寸。以斗口壹分，外加包掩定厚。如斗口肆寸，加包掩陸分，得厚肆寸陸分。

凡挑簷桁，以面濶定長。如面濶壹丈肆尺肆寸，即長壹丈肆尺肆寸。每徑壹尺，外加扣榫長叁寸。其稍間及轉角並兩山挑簷桁，壹頭加貳拽架長貳尺肆寸，又加交角出頭分位，按本身之徑壹分半。如本身徑壹尺貳寸，得交角出頭壹尺捌寸。以正心桁之徑收貳寸定徑。如正心桁徑壹尺肆寸，得挑簷桁徑壹尺貳寸。

凡挑簷枋，以面濶定長。如面濶壹丈肆尺肆寸，內除柒架梁頭厚壹尺陸寸，得淨長壹丈貳尺捌寸。外加兩頭入榫分位，各按本身高半分。如本身高捌寸，得榫長各肆寸。其稍間及轉角並兩山挑簷枋，壹頭除柒架梁頭厚半分，外加入榫分位，按本身之厚壹分。壹頭外帶貳拽架長貳尺肆寸，又加交角出頭分位，按挑簷桁之徑壹分半。如挑簷桁徑壹尺貳分，得交角出頭壹尺捌寸。以斗口貳分定高，壹分定厚。如斗口肆寸，得高捌寸，得肆寸。

凡拽枋，以面濶定長。如面濶壹丈肆尺肆寸，內除柒架梁頭厚壹尺陸寸，得長壹丈貳尺捌寸。外加兩頭入榫分位，各按本身高半分。如本身高捌寸，得榫長各肆寸。其稍間及轉角並兩山拽枋，壹頭加貳拽架尺寸，壹頭除柒架梁頭厚半分。外加入榫，仍照前法，得通長壹丈肆尺。高、厚與挑簷枋同。

凡後尾壓科枋，以面濶定長。如面濶壹丈肆尺肆寸，內除柒架梁之厚壹尺捌寸，外加兩頭入榫分位，各按本身厚半分。如本身厚捌寸，得榫長各肆寸。其稍間及轉角並兩山壓科枋，壹頭收貳拽架長貳尺肆寸，外加斜交分位按本身之厚壹分，如本身厚捌寸，即長捌寸。壹頭除柒架梁厚壹分，外加入榫，仍照前法。以斗口貳分半定高，貳分定厚。如斗口肆寸，得高壹尺，厚捌寸。

凡斜伍架梁，以步架肆分定長。如步架肆分長壹丈陸尺，兩頭各加桁條之徑壹分，得柁頭分位。如桁條徑壹尺肆寸，得通長壹丈捌尺捌寸，用方伍斜柒之法，得長貳丈陸尺叁寸貳分。以遞角梁之厚定高。如遞角梁厚貳尺叁寸捌分，即高貳尺叁寸捌分，以本身之高每尺收貳寸定厚。如本身高貳尺叁寸捌分，得厚壹尺玖寸壹分。

凡轉角採步金，以面闊定長。如通面闊貳丈肆尺，內收桁條之徑壹分，如桁條徑壹尺肆寸，得長貳丈貳尺陸寸。高、厚與伍架梁同。即轉角下金桁。

凡下金柁橔，以步架加舉定高。如步架肆尺，再加貳拽架貳尺肆寸，共深陸尺肆寸，按伍舉加之，得高叁尺貳寸。內除遞角梁之高貳尺捌寸伍分，得淨高叁寸伍分。以柁頭貳分定長。如柱頭長壹尺肆寸，得長貳尺捌寸。以斜伍架梁之厚每壹尺收滾楞貳寸定寬。如伍架梁厚壹尺玖寸壹分，得寬壹尺伍寸叁分。

凡斜叁架梁，以步架壹分定長。如步架貳分，深捌尺，兩頭各加桁條之徑壹分，得柁頭分位。如桁條徑壹尺肆寸，得通長壹丈捌寸，用方伍斜柒之法，得長壹丈伍尺壹寸貳分。以斜伍架梁之厚定高。如伍架梁厚壹尺玖寸壹分，即高壹尺玖寸壹分。以本身之高每尺收貳寸定厚。如本身高壹尺玖寸壹分，得厚壹尺伍寸叁分。

凡上金柁橔，以步架加舉定長。如步架深肆尺，按柒舉加之，得高貳尺捌寸。內除斜伍架梁之高貳尺叁寸捌分，得淨高肆寸貳分。以斜叁架梁之厚每尺收滾楞貳寸定寬。如叁架梁厚壹尺伍寸叁分，得寬壹尺貳寸叁分。以柁頭貳分定長。如柁頭長壹尺肆寸，得長貳尺捌寸。

凡脊瓜柱，以步架加舉定高。如步架肆尺，按玖舉加之，得高叁尺陸寸。內除斜叁架梁之高壹尺玖寸壹分，得淨高壹尺陸寸玖分。外加平木高捌寸桁條徑叁分之壹作上桁椀。如桁條徑壹尺肆寸，得桁椀高肆寸陸分。又以本身每徑壹尺加下榫長叁寸。如本身徑壹尺貳寸叁分，得下榫長叁寸陸分。以斜叁架梁之厚每尺收滾楞貳寸定徑。如叁架梁厚壹尺伍寸叁分，得徑壹尺貳寸叁分。

凡金脊枋，以面闊定長。如面闊壹丈肆尺肆寸，內除柁橔或瓜柱之厚壹分，外加兩頭入榫分位，各按柁橔、瓜柱厚肆分之壹。其稍間，壹頭收壹步架定長。如稍間面闊壹丈貳尺，收壹步架深肆尺，得長捌尺。除柁橔、瓜柱壹分，外加入榫，仍照前法。以斗口叁分定高，貳分定厚。如斗口肆寸，得高壹尺貳寸，厚捌寸。

凡金脊墊板，以面闊定長。如面闊壹丈肆尺肆寸，內除柁頭或瓜柱之厚壹分，外加兩頭入榫分位，各按柁頭或瓜柱之厚每尺加入榫貳寸。其稍間墊板，壹頭收壹步架，再除柁頭或瓜柱之厚，外加入榫，仍照前法。以斗口貳分定高，半分定厚。如斗口肆寸，得高捌寸，厚貳寸。

凡金脊桁，以面闊定長。如面闊壹丈肆尺肆寸，即長壹丈肆尺肆寸。其稍間桁條，壹頭收正心桁之徑壹分。如稍間面闊壹丈貳尺，壹頭收正心桁徑壹尺肆寸，得淨長壹丈陸寸。徑寸與正心桁同。每徑壹尺，外加扣榫長叁寸。

凡轉角下金枋，以面闊定長。如通面闊貳丈肆尺，內除壹步架深肆尺，得長貳丈。兩頭共除柁橔、瓜柱之厚壹分，外加兩頭入榫分位，各按柁橔、瓜柱厚肆分之壹。內有短枋壹步架長肆尺，兩頭共除柁橔、瓜柱之厚壹分，外加兩頭入榫分位，仍照前法。高、厚與金脊枋同。即採步隨梁枋。

凡轉角上金枋，以面闊定長。如通面闊貳丈肆尺，內除壹步架深肆尺，得長貳丈。兩頭共除柁橔、瓜柱之厚壹分，外加兩頭入榫分位，各按柁橔、瓜柱厚肆分之壹。內有短枋壹步架長肆尺，兩頭共除柁橔、瓜柱之厚壹分，外加兩頭入榫分位，仍照前法。高、厚與下金枋同。

凡轉角脊枋，以面闊定長。如面闊貳丈肆尺，內除壹步架深肆尺，得長貳丈。兩頭共除柁墩、瓜柱之厚壹分，外加兩頭入榫分位，各按柁橔、瓜柱厚肆分之壹。內有短枋貳步架長捌尺，兩頭共除柁橔、瓜柱之厚壹分，外加兩頭入榫分位，仍照前法。高、厚與下金枋同。

凡轉角裏上金枋，以貳步架得長，下金枋壹步架得長。兩頭共除柁橔、瓜柱之厚壹分，外加兩頭入榫分位，仍照前法。高、厚與金、脊枋同。

凡轉角外面上、下金脊墊板，長與金脊枋之淨長同，裏面上、下金墊板與內裏上、下金枋之淨長同。外加兩頭入榫分位，各按柁頭之厚每尺加入榫貳寸。高、厚俱與金脊墊板同。

凡轉角外上金脊桁，以面闊定長。如通面闊貳丈肆尺，內壹頭收桁條徑壹分。如桁條徑壹尺肆寸，得長貳丈貳尺陸寸。裏下金桁壹步架得長肆尺，上金桁貳步架得長捌尺，壹頭外加本身之徑各壹分，得交角出頭分位之長。徑與正心桁之徑同。

凡轉角外面假桁條頭，以步架走長。如下金桁條頭壹步架長肆尺，内壹頭收桁條徑壹分壹尺肆寸，壹頭收桁條徑半分長柒寸，外加入榫按本身徑肆分之壹。上金桁條頭貳步架長捌尺，内壹頭收桁條徑壹分壹尺肆寸，得長陸尺陸寸。徑與金脊桁之徑同。

凡仔角梁，以步架並出簷加舉定長。如步架深肆尺，貳拽架長貳尺肆寸，出簷肆尺，外加出水貳分，得捌寸，共長壹丈壹尺貳寸。用方伍斜柒之法加長，又按壹壹伍加舉，共長壹丈捌尺叁分。再加翼角斜出椽徑叁分。如椽徑肆寸陸分得並長壹丈玖尺肆寸壹分。再加套獸榫照角梁本身之厚壹分，如角梁厚玖寸貳分，即套獸榫長玖寸貳分，得仔角梁通長貳丈叁寸叁分。以椽徑叁分定高，貳分定厚。如椽徑肆寸陸分，得仔角梁高壹尺叁寸捌分，厚玖寸貳分。

凡老角梁，以仔角梁之長除飛簷頭並套獸榫定長。如仔角梁長貳丈叁寸叁分，内除飛簷頭長貳尺伍寸柒分，並套獸榫長玖寸貳分，得淨長壹丈陸尺捌寸肆分。外加後尾叁岔頭照桁條之徑壹分，如桁條徑壹尺肆寸，共得長壹丈捌尺貳寸肆分。高、厚與仔角梁同。

凡轉角裏掖角角梁，以步架定長。如步架深肆尺，用方伍斜柒之法，又按壹壹伍加舉，得通長陸尺肆寸肆分。高、厚與仔角梁同。

凡轉角肆面花架由戧，以步架壹分定長。如步架壹分深肆尺，用方伍斜柒之法，又按壹貳伍加舉，得通長柒尺。高、厚與仔角梁同。貳面貳根，以椽徑貳分定高、厚。如椽徑肆寸陸分，得高厚玖寸貳分。

凡轉角肆面脊由戧，以步架壹分定長。如步架壹分深肆尺，用方伍斜柒之法，又按壹叁伍加舉，得通長柒尺伍寸陸分。高、厚與仔角梁同。貳面貳根，以椽徑貳分定高、厚。如椽徑肆寸陸分，得高、厚玖寸貳分。以上由戧，每根壹頭加斜搭交尺寸，按本身之厚壹分。

凡外面枕頭木，以步架定長。如步架深肆尺，即長肆尺，外加貳拽架長貳尺肆寸，内除角梁之厚半分肆寸陸分，得枕頭木長伍尺玖寸肆分。以挑簷桁徑拾分之叁定寬。如挑簷桁徑壹尺貳寸，得寬叁寸陸分。正心桁上枕頭木以步架定長。如步架深肆尺，内除角梁厚半分肆寸陸分，得正心桁上枕頭木淨長叁尺伍寸肆分。以正心桁徑拾分之叁定寬。如正心桁徑壹尺肆寸，得寬肆寸貳分。以椽徑貳分半定高。如椽徑肆寸陸分，得枕頭木壹頭高壹尺壹寸伍分，壹頭斜尖與桁條平。兩山枕頭木做法同。

凡簷椽，以步架並出簷加舉定長。如步架深肆尺，貳拽架長貳尺肆寸，出簷肆尺，又加出水捌寸，共長壹丈壹尺貳寸。内除飛簷頭長壹尺陸寸，淨長玖尺陸寸，按壹壹伍加舉，得通長壹丈壹尺肆分。再加壹頭搭交尺寸，按本身之徑壹分。如本身徑肆寸陸分，即長肆寸陸分。徑與下簷簷椽同。兩山簷椽做法同。每椽空檔，隨椽徑壹分。每間椽數，俱應成雙，檔之寬窄，隨數均勻。裏簷轉角之處，以出簷尺寸見方分短椽根數折半核算。

凡飛簷椽，以出簷定長。如出簷並出水共肆尺捌寸，叁分分之。出頭壹分得長壹尺陸寸，後尾貳分半得長肆尺。又按壹壹伍加舉，得飛簷椽通長陸尺肆寸肆分。見方與簷椽徑寸同。

凡翼角翹椽，長、徑俱與平身簷椽同。其起翹處，以挑簷桁中至出簷尺寸，用方伍斜柒之法，再加貳步架，並正心桁中至挑簷桁中之拽架各尺寸定翹數。如挑簷桁中出簷肆尺捌寸，方伍斜柒加之，得長陸尺柒寸貳分，再加步架深肆尺，貳拽架長貳尺肆寸，共長壹丈叁尺壹寸貳分。内除角梁厚半分肆寸陸分，得淨長壹丈貳尺陸寸陸分，即係翼角椽檔分位。翼角翹椽以成單爲率，如逢雙數，應改成單。

凡翹飛椽，以平身飛簷椽之長，用方伍斜柒之法定長。如飛簷椽長陸尺肆寸肆分，用方伍斜柒加之，第壹翹得長玖尺壹分，其餘以所定翹數每根遞減長伍分伍釐。其高比飛簷椽加高半分。如飛簷椽高肆寸陸分，得翹飛椽高陸寸玖分。厚仍肆寸陸分。以上椽子轉角同。

凡花架椽，以步架加舉定長。如步架深肆尺，按壹貳伍加舉，得長伍尺。兩頭各加搭交尺寸，按本身徑壹分。如本身徑肆寸陸分，即加長肆寸陸分。徑與簷椽徑寸同。

凡腦椽，以步架加舉定長。如步架深肆尺，按壹叁伍加舉，得長伍尺肆寸，壹頭加搭交尺寸，按本身徑壹分。徑與簷椽徑寸同。

凡轉角裏簷椽，以步架加舉定長。如步架深肆尺，按壹壹伍加舉，得長肆尺陸寸。徑與前簷椽同。壹步架，得短椽根數，折半核算。

凡轉角裏花架椽，以步架加舉定長。如步架深肆尺，按壹貳伍加舉，得長伍尺。徑與前簷花架椽同。貳步架得椽根數，内有短椽壹步架，折半核算。

凡轉角裏腦椽以步架加舉定長。如步架深肆尺，按壹叁伍加舉，得長伍尺肆寸。徑與前簷腦椽同。叁步架得椽根數，内有短椽壹步架，折半核算。

凡轉角外陸面花架椽，以步架加舉定長。如步架深肆尺，按壹貳伍加舉，得長伍尺。内貳面，每面貳步架有短椽壹步架；肆面，每面壹步架俱係短椽，折半核算。徑與簷椽徑寸同。

凡轉角外陸面腦椽，以步架加舉定長。如步架深肆尺，按壹叁伍加舉，得長伍尺肆寸。内貳面，每面叁步架；肆面，每面貳步架得平身椽數，俱有短椽壹步架，折半核算。徑與簷椽徑寸同。

凡兩山及轉角兩山啞叭花架、腦椽，俱與正花架、腦椽同。以壹步架尺寸，除桁條之徑壹分得椽根數，如步架肆尺，除桁條徑壹尺肆寸，淨得貳尺陸寸，分椽根數。花架有短椽，折半核算。

凡横望板、壓飛簷尾横望板，俱以面濶、進深加舉折見方丈定長、寬。以椽徑拾分之貳定厚。如椽徑肆寸陸分，得厚玖分。

凡連簷，以面濶定長。如面濶壹丈肆尺肆寸，即長壹丈肆尺肆寸。其稍間及轉角並兩山連簷，壹頭加出簷並出水尺寸，又加正心桁中至挑簷桁中貳拽架，共長壹丈玖尺貳寸。内除角梁之厚半分，淨長壹丈捌尺柒寸肆分。其起翹處起至仔角梁，每尺加翹壹寸。高、厚與簷椽徑寸同。

凡瓦口，長與連簷同，以椽徑半分定高。如椽徑肆寸陸分，得瓦口高貳寸叁分。以本身之高折半定厚。如本身高貳寸叁分，得厚壹寸壹分。

凡裏口，以面濶定長。如面濶壹丈肆尺肆寸，即長壹丈肆尺肆寸。稍間及轉角照面濶壹頭收壹步架。兩山兩頭各收壹步架分位。以椽徑壹分再加望板厚壹分半定高。如椽徑肆寸陸分，望板之厚壹分半壹寸叁分，得裏口高伍寸玖分。厚與椽徑同。

凡閘檔板，以翹椽檔分位定寬。如翹椽檔寬肆寸陸分，即閘檔板寬肆寸陸分。外加入槽每寸壹分。高隨椽徑尺寸，以椽徑拾分之貳定厚。如椽徑肆寸陸分，得閘檔板厚玖分。其小連簷，自起翹處至老角梁得長。寬隨椽徑壹分。厚照望板之厚壹分半，得厚壹寸叁分。兩山閘檔板小連簷做法同。

凡椽椀、椽中板，以面濶定長。如面濶壹丈肆尺肆寸，即長壹丈肆尺肆寸。稍間及轉角照面濶壹頭收壹步架，兩山兩頭各收壹步架分位。以椽徑壹分再加椽徑叁分之壹定高。如椽徑肆寸陸分，得椽椀並椽中板高陸寸壹分。以椽徑叁分之壹定厚，得厚壹寸伍分。

凡扶脊木，長、徑俱與脊桁同。脊樁照通脊之高再加扶脊木之徑壹分，桁條徑肆分之壹得長。寬照椽徑壹分，厚按本身之寬折半。

凡榻脚木，以步架肆分，外加桁條之徑貳分定長。如步架肆分長壹丈陸尺，外加兩頭桁條徑各壹分，如桁條徑壹尺肆寸，得榻脚木通長壹丈捌尺捌寸。見方與桁條徑寸同。

凡草架柱子，以步深加舉定高。如步架深肆尺，第壹步架按柒舉加之，得高貳尺捌寸。第貳步架按玖舉加之，得高叁尺陸寸，貳步架共高陸尺肆寸。脊桁下草架柱子，即高陸尺肆寸。外加兩頭入榫分位，按本身之寬厚折半。如本身寬厚柒寸，得榫長各叁寸伍分。以榻脚木見方尺寸折半定寬厚。如榻脚木見方壹尺肆寸，得草架柱子見方柒寸。其穿以步架貳分定長。如步架貳分共長捌尺，即長捌尺。寬、厚與草架柱子同。

凡山花板，以進深定寬。如進深貳丈肆尺，前後各收壹步架深肆尺，得山花板通寬壹丈陸尺。以脊中草架柱子之高，加扶脊木並桁條之徑定高。如草架柱子高陸尺肆寸，扶脊木、脊桁各徑壹尺肆寸，得山花板中高玖尺貳寸，係尖高做法，折半核算。以桁條徑肆分之壹定厚。如桁條徑壹尺肆寸，得山花板厚叁寸伍分。

凡博縫板，隨各椽之長得長。如花架椽長伍尺，花架博縫板即長伍尺。如腦椽長伍尺肆寸，腦博縫板即長伍尺肆寸。每博縫板外加搭岔分位，照本身之寬加長。如本身寬貳尺柒寸陸分，每塊即加長貳尺柒寸陸分。以椽徑陸分定寬。如椽徑肆寸陸分，得博縫板寬貳尺柒寸陸分。厚與山花板之厚同。

凡轉角貳面榻脚木、山花、博縫、草架柱子、穿，長、高厚俱與兩山同。

前接簷壹檁轉角雨搭壹座大木做法：

凡進深，以正樓面濶定進深。如正樓面濶壹丈肆尺肆寸，雨搭連廡座，即進深壹丈肆尺肆寸，内貳分均之，得雨搭進深柒尺貳寸。

凡桐柱，以正樓前金柱之高定高。如前金柱上層露明柱高捌尺，大額柱壹尺捌寸，平板枋捌寸，斗科貳尺捌寸捌分，正心桁壹尺肆寸，共高壹丈肆尺捌寸捌分。内以壹步架柒尺貳寸，按伍舉核算，除叁尺陸寸，又除叁架梁高壹尺玖寸，淨得桐柱高玖尺叁寸捌分。再加桁條徑叁分之壹作桁椀，如桁條徑壹尺貳寸，得桁椀高肆寸，共長玖尺柒寸捌分。每徑壹尺加下椽長叁寸。以叁架梁之厚收貳寸定徑。如叁架梁厚壹尺貳寸，得徑壹尺。

凡簷桁，以面濶定長。如面濶壹丈肆尺肆寸，即長壹丈肆尺肆寸。每徑壹尺，外加搭交椽長叁寸。其稍間桁條壹頭加壹步架長肆尺，內收本身徑壹分，如本身徑壹尺貳寸，即收壹尺貳寸，得長壹丈柒尺貳寸。轉角壹頭加交角出頭分位，按本身之徑壹分。以挑簷桁之徑定徑。如挑徑桁徑壹尺貳寸，即徑壹尺貳寸。

凡簷枋，以面濶定長。如面濶壹丈肆尺肆寸，內除桐柱徑壹分。外加入榫分位，各按柱徑肆分之壹。以斗口貳分半定高，貳分定厚。如斗口肆寸，得高壹尺，厚捌寸。

凡簷墊板，以面濶定長。如面濶壹丈肆尺肆寸，內除桐柱徑壹分，外加入榫分位，各按柱徑拾分之貳。以簷枋之厚定高。如簷枋厚捌寸，得高捌寸。以本身高肆分之壹定厚。如本身高捌寸，得厚貳寸。

凡靠背走馬板，以面濶定寬。如面濶壹丈肆尺肆寸，內除桐柱徑壹尺，淨寬壹丈肆尺肆寸。以桐柱淨高尺寸定高。如桐柱淨高玖尺叁寸捌分，折半得肆尺陸寸玖分，內除簷枋壹尺，墊板捌寸，得淨高貳尺捌寸玖分。其厚壹寸。

凡下檻並引條已於裝修册內聲明。

凡穿插枋，以步架定長。如步架深柒尺貳寸，即長柒尺貳寸，外加兩頭出頭尺寸，各按桐柱徑壹分。如柱徑壹尺，得通長玖尺貳寸。高、厚與簷枋同。

凡轉角斜穿插枋，以正穿插枋之長定長。如正穿插枋長玖尺貳寸，用方伍斜柒之法得長壹丈貳尺捌寸捌分。高、厚與正穿插枋同。

凡裏角梁，以步架並出簷加舉定長。如步架深柒尺貳寸，出簷以步架折半得叁尺陸寸，出水貳分，得柒寸貳分，共長壹丈壹尺伍寸貳分。又按壹壹伍加舉，得通長壹丈叁尺貳寸肆分，外加套獸榫照本身之厚壹分。如本身厚玖寸貳分，即出玖寸貳分。以椽徑伍分定高，貳分定厚。如椽徑肆寸陸分，得高貳尺叁寸，厚玖寸貳分。

凡博縫板，以步架並出簷定長。如步架深柒尺貳寸，內除貳拽架貳尺肆寸，外加博脊壹尺伍寸，又加出簷並出水尺寸，共長壹丈陸寸貳分。按壹壹伍加舉，得通長壹丈貳尺貳寸壹分。以椽徑肆分定寬。如椽徑肆寸陸分，得寬壹尺捌寸肆分。以桁條徑肆分之壹定厚。如桁條徑壹尺貳寸，得厚叁寸。

凡山花板，以步架定寬。如步架柒尺貳寸，內除貳拽架貳尺肆寸，淨寬肆尺捌寸。外加挑簷桁徑半分陸寸，共寬伍尺肆寸。以金柱定高。如金柱上簷露明捌尺，大額枋壹尺捌寸，平板枋捌寸，斗科貳尺捌寸捌分，挑簷桁壹尺貳寸，椽徑肆寸陸分，共高壹丈伍尺壹寸肆分。內除博縫板壹尺捌寸肆分，淨高壹丈叁尺叁寸。外加椽徑壹分得搭頭分位，係貳斜做法，叁分均之，得高肆尺肆寸叁分。以椽徑肆分之壹定厚。如椽徑肆寸陸分，得厚壹寸壹分。

凡簷椽，以步架並出簷加舉定長。如步架深柒尺貳寸，博脊壹尺伍寸，再加出簷照步架半分叁尺陸寸，出水柒寸貳分，共長壹丈叁尺貳分。內除飛簷出頭壹尺陸寸，淨長壹丈壹尺肆寸貳分。按壹壹伍加舉，得通長壹丈叁尺壹寸叁分。壹頭外加搭交尺寸，按本身之徑壹分。徑與正樓簷椽徑寸同。

凡轉角簷椽，以出簷尺寸定長。如出簷肆尺叁寸貳分，其簷椽根數俱係短椽，折半核算。徑寸與簷椽同。

雨搭前接簷叁檩轉角廡座大木做法：

凡面濶，與正樓面濶同。

凡簷柱，長、徑俱與正樓簷柱同。

凡大額枋，以面濶定長。如面濶壹丈肆尺肆寸，兩頭共除柱徑壹尺陸寸，得淨長壹丈貳尺捌寸。外加兩頭入榫分位，各按柱徑肆分之壹。如柱徑壹尺陸寸，得榫長各肆寸。其稍間及轉角並兩山大額枋，壹頭加柱徑壹分得箍頭分位。如柱徑壹尺陸寸，即出壹尺陸寸。壹頭除柱徑半分，外加入榫分位，按柱徑肆分之壹。以斗口肆分半定高。如斗口肆寸，得高壹尺捌寸。以本身之高每尺收叁寸定厚。如本身高壹尺捌寸，得厚壹尺貳寸陸分。

凡承重，以進深定長。如廡座連雨搭通進深壹丈肆尺肆寸，外加壹頭出榫照簷柱徑加壹分。如簷柱徑壹尺陸寸，即長壹尺陸寸，通長壹丈陸尺。高、厚與正樓承重同。

凡斜承重，以正承重之長定長。如正承重長壹丈陸尺，用方伍斜柒之法，得長貳丈貳尺肆寸。高、厚與正承重同。

凡伍架梁，以進深定長。如通進深壹丈肆尺肆寸，壹頭加貳拽架長貳尺肆寸，通長壹丈陸尺捌寸。以斗口伍分定高。如斗口肆寸，得高貳尺。以本身之高每尺收叁寸定厚。如本身高貳尺，得厚壹尺肆寸。

凡伍架遞角梁，以正伍架梁之長定長。如正伍架梁長壹丈陸尺捌寸，用方伍斜柒之法，得通長貳丈叁尺伍寸貳分。高、厚與正伍架梁同。

凡柁墩，以步架加舉定高。如步架貳尺捌寸伍分，按伍舉加之，得壹尺肆寸貳分，應除伍架梁高貳尺，但伍架梁之高過於加舉，此欵不用。

凡叁架梁，以步架定長。如步架貳尺柒寸，雨搭壹步架長柒尺貳寸，又加博脊分位壹尺伍寸，再壹頭加桁條徑壹分，得柁頭分位。如桁條徑壹尺貳寸，即加長壹尺貳寸，得通長壹丈貳尺柒寸伍分。以伍架梁之高、厚各收貳寸定高、厚。如伍架梁高貳尺，厚壹尺肆寸，得高壹尺捌寸，厚壹尺貳寸。

凡斜叁架梁，以正叁架梁之長定長。如正叁架梁長壹丈貳尺柒寸伍分，用方伍斜柒之法，得通長壹丈柒尺捌寸伍分。高、厚與正叁架梁同。

凡脊瓜柱，以步架加舉定長。如步架貳尺捌寸伍分，按柒舉加之，得高壹尺玖寸玖分。内除叁架梁高壹尺捌寸，得淨高壹寸玖分。再加桁條徑叁分之壹作桁椀。如桁條徑壹尺貳寸，得高肆寸，共高伍寸玖分。每徑壹尺外加下榫長叁尺。以叁架梁之厚收貳寸定徑。如叁架梁厚壹尺貳寸，得徑壹尺。

凡金脊枋，以面濶定長。如面濶壹丈肆尺肆寸，内除柁墩、瓜柱各壹分，外加入榫分位，各按柁墩、瓜柱厚肆分之壹。以斗口貳分半定高，貳分定厚。如斗口肆寸，得高壹尺，厚捌寸。

凡金脊墊板，以面濶定長。如面濶壹丈肆尺肆寸，内除柁墩、瓜柱各壹分，外加入榫分位，各按柁墩、瓜柱厚每尺加入榫貳寸。以金枋之厚定高。如金枋厚捌寸，得高捌寸。以本身之高肆分之壹定厚。如本身高捌寸，得厚貳寸。

凡金脊桁，以面濶定長。如面濶壹丈肆尺肆寸，即長壹丈肆尺肆寸。每徑壹尺，外加扣榫長叁寸。其稍間桁條，壹頭加壹步架長肆尺，内收本身徑壹分。如本身徑壹尺貳寸，得長壹丈柒尺貳寸。徑與正心桁同。

凡坐斗枋，以面濶定長。如面濶壹丈肆尺肆寸，即長壹丈肆尺肆寸。其稍間坐斗枋，壹頭加壹步架長肆尺，又加合角尺寸按本身之寬壹分。兩山按進深收壹步架，兩頭各加搭角尺寸，按本身之寬壹分。轉角壹頭加搭交尺寸，亦按本身之寬壹分。以斗口叁分定寬，貳分定厚。如斗口肆寸，得寬壹尺貳寸，厚捌寸。

凡採斗板，以面濶定長。如面濶壹丈肆尺肆寸，即長壹丈肆尺肆寸。其稍間採斗板，壹頭加壹步架長肆尺，又加合角尺寸按本身之厚壹分。兩山收壹步架，兩頭各加合角尺寸。轉角壹頭加合角尺寸，俱按本身之厚壹分。以斗口肆分定高。如斗口肆寸，得高壹尺陸寸，再加斗底伍分之叁得肆寸捌分，其高貳尺捌分。以斗口壹分定厚。如斗口肆寸，即厚肆寸。

凡正心桁，以面濶定長。如面濶壹丈肆尺肆寸，即長壹丈肆尺肆寸。其稍間正心桁，壹頭加壹步架深肆尺，再加交角出頭分位，按本身之徑壹分。如本身徑壹尺貳寸，得出頭長壹尺貳寸，通長壹丈玖尺陸寸。兩山收壹步架，兩頭各加交角出頭分位。轉角壹頭加交角出頭分位，仍照前法。徑與雨搭簷桁之徑同。每桁條徑壹尺加搭交榫長叁寸。如桁條徑壹尺貳寸，得榫長叁寸陸分。

凡挑簷桁，以面濶定長。如面濶壹丈肆尺肆寸，即長壹丈肆尺肆寸。每徑壹尺，外加扣榫長叁寸。其稍間挑簷桁，壹頭加壹步架，又加壹拽架，再加交角出頭分位，按本身之徑壹分半。如稍間面濶壹丈肆尺肆寸，壹步架深肆尺，壹拽架長壹尺貳寸，交角出頭壹尺捌寸，共長貳丈壹尺肆寸。兩山照進深，裏壹頭收壹步架深肆尺，外加合角尺寸，按本身之徑半分。外壹頭加壹拽架長壹尺貳寸，又加交角出頭分位，按本身之徑壹分半。轉角壹頭加交角尺寸，按本身之徑壹分半。徑與正樓下簷挑簷桁徑寸同。

凡挑簷枋，以面濶定長。如面濶壹丈肆尺肆寸，内除伍架梁厚壹尺肆寸，得淨長壹丈叁尺。外加兩頭入榫分位，各按本身高半分。如本身高捌寸，得榫長各肆寸。其稍間，壹頭除伍架梁厚半分，外加入榫分位，仍照前法。壹頭加壹步架，又加壹拽架，再加交角出頭分位，按挑簷桁之徑壹分半。如挑簷桁徑壹尺貳寸，得出頭長壹尺捌寸。兩山壹頭收壹步架，壹頭加壹拽架。轉角壹頭加壹拽架得長。以斗口貳分定高，壹分定厚。如斗口肆寸，得高捌寸，厚肆寸。

凡仔角梁，以步架並出簷加舉定長。如步架深貳尺捌寸伍分，出簷肆尺，拽架長壹尺貳寸，共長捌尺伍分。用方伍斜柒之法加長，又按壹壹伍加舉，得長壹丈貳尺玖寸陸分。再加翼角斜出椽徑叁分，如椽徑肆寸陸分，得並長壹丈肆尺叁寸肆分。再加套獸榫照角梁本身之厚壹分，如角梁厚玖寸貳分，即套獸榫長玖寸貳分，得仔角梁通長壹丈伍尺貳寸陸分。以椽徑叁分定高，貳分定厚。如椽徑肆寸陸分，得仔角梁高壹尺叁寸捌分，厚玖寸貳分。

凡老角梁，以仔角梁之長除飛簷頭並套獸榫定長。如仔角梁長壹丈伍尺貳寸陸分，内除飛簷頭長貳尺壹寸肆分，並套獸榫長玖寸貳分，得淨長壹丈貳尺貳寸。外加後尾叁岔頭照桁條徑壹分，如桁條徑壹尺貳寸，即長壹尺貳寸。高、厚與仔角梁同。

凡裏角梁並轉角裏角梁之長，與老角梁同，內除後尾叁岔頭尺寸。以椽徑肆分定高。如椽徑肆寸陸分，得高壹尺捌寸肆分。厚與老角梁厚同。

凡枕頭木，以步架定長。如步架深肆尺，即長肆尺。外加壹拽架長壹尺貳寸，內除角梁之厚半分，得枕頭木長肆尺柒寸肆分。以挑簷桁徑拾分之叁定寬。如挑簷桁徑壹尺貳寸，得寬叁寸陸分。正心桁上枕頭木以步架定長。如步架深肆尺，內除角梁之厚半分，得正心桁上枕頭木淨長叁尺伍寸肆分。以正心桁徑拾分之叁定寬。如正心桁徑壹尺貳寸，得寬叁寸陸分。以椽徑貳分半定高。如椽徑肆寸陸分，得枕頭木壹頭高壹尺壹寸伍分，壹頭斜尖與桁條平。兩山枕頭木做法同。

凡簷椽，以步架並出簷加舉定長。如步架深貳尺捌寸伍分，壹拽架長壹尺貳寸，出簷肆尺，共長捌尺伍分。內除飛簷頭壹尺叁寸叁分，淨長陸尺柒寸貳分。按壹壹伍加舉，得通長柒尺柒寸貳分。再加壹頭搭交尺寸，按本身徑壹分。如本身徑肆寸陸分，即長肆寸陸分。徑與上簷簷椽同。兩山簷椽做法同。每椽空檔，隨椽徑壹分。每間椽數，俱應成雙。檔之寬窄，隨數均勻。

凡飛簷椽，以出簷定長。如出簷肆尺，叁分分之。出頭壹分得長壹尺叁寸叁分，後尾貳分半得長叁尺叁寸貳分，又按壹壹伍加舉，得飛簷椽通長伍尺叁寸肆分。見方與簷椽徑寸同。

凡翼角翹椽，長、徑俱與平身簷椽同。其起翹處，以挑簷桁中至出簷尺寸，用方伍斜柒之法，再加壹步架，並正心桁中至挑簷桁中之拽架各尺寸定翹數。如挑簷桁中出簷肆尺，方伍斜柒加之，得長伍尺陸寸。再加步架深肆尺，壹拽架壹尺貳寸，共長壹丈捌寸。內除角梁厚半分，得淨長壹丈叁寸肆分，即係翼角椽檔分位。翼角翹椽以成單爲率，如逢雙數，應改成單。

凡翹飛椽，以平身飛簷椽之長，用方伍斜柒之法定長。如飛簷椽長伍尺叁寸肆分，用方伍斜柒加之，第壹翹得長柒尺肆寸柒分。其餘以所定翹數，每根遞減長伍分伍釐。其高比飛簷椽加高半分。如飛簷椽高肆寸陸分，得翹飛椽高陸寸玖分，厚仍肆寸陸分。

凡腦椽，以步架加舉定長。如步架深貳尺捌寸伍分，按壹貳伍加舉，得長叁尺伍寸陸分。壹頭加搭交尺寸，按本身徑壹分。如本身徑肆寸陸分，即加長肆寸陸分。徑與簷椽徑寸同。

凡橫望板、壓飛簷尾橫望板，俱以面闊、進深加舉折見方丈定長、寬。以椽徑拾分之貳定厚。如椽徑肆寸陸分，得厚玖分。

凡連簷，以面闊定長。如面闊壹丈肆尺肆寸，即長壹丈肆尺肆寸。其稍間連簷，壹頭加壹步架深肆尺，壹拽架壹尺貳寸，出簷肆尺，共長貳丈叁尺陸寸。內除角梁厚半分，淨長貳丈叁尺壹寸肆分。其起翹處起至仔角梁，每尺加翹壹寸。高、厚與簷椽徑寸同。兩山連簷做法同。

凡瓦口，長與連簷同，以椽徑半分定高。如椽徑肆寸陸分，得瓦口高貳寸叁分。以本身之高折半定厚。如本身高貳寸叁分，得厚壹寸壹分。

凡裏口，以面闊定長。如面闊壹丈肆尺肆寸，即長壹丈肆尺肆寸。兩山收壹步架尺寸。以椽徑壹分，再加望板厚壹分半定高。如椽徑肆寸陸分，望板厚壹分半壹寸叁分，得裏口高伍寸玖分。厚與椽徑同。

凡閘檔板，以翹椽檔分位定寬。如翹椽檔寬肆寸陸分，即閘檔板寬肆寸陸分。外加入槽每寸壹分。高隨椽徑尺寸。以椽徑拾分之貳定厚。如椽徑肆寸陸分，得閘檔板厚玖分。其小連簷，自起翹處至老角梁得長。寬隨椽徑壹分。厚照望板之厚壹分半，得厚壹寸叁分。兩山閘檔板、小連簷做法同。

凡椽椀、椽中板，以面闊定長。如面闊壹丈肆尺肆寸，即長壹丈肆尺肆寸。兩山收壹步架尺寸，以椽徑壹分，再加椽徑叁分之壹定高。如椽徑肆寸陸分，得椽椀並椽中板高陸寸壹分。以椽徑叁分之壹定厚，得厚壹寸伍分。

凡山花板，以步架定寬。如前簷步架壹分貳尺捌寸伍分，後簷步架壹分柒尺貳寸，內除柱徑半分壹尺玖分，得陸尺壹寸壹分。再加博脊壹尺伍寸，共寬壹丈肆寸陸分。以步架加舉定高。如前簷步架深貳尺捌寸伍分，按柒舉加之，得高壹尺玖寸玖分。再加桁條之徑壹分壹尺貳寸，共高叁尺壹寸玖分，係斜尖做法。以桁條徑肆分之壹定厚。如桁條徑壹尺貳寸，得山花板厚叁寸。

凡博縫板，以步架加舉定長。如前坡壹步架深貳尺捌寸伍分，博脊分位壹尺伍寸，按壹貳伍加舉，得通長伍尺肆寸叁分。後坡陸尺壹寸，按壹壹伍加舉，得通長柒尺壹分。以椽徑陸分定寬。如椽徑肆寸陸分，得博縫寬貳尺柒寸陸分。厚與山花板之厚同。

以上俱係大木做法，其餘斗科及裝修等件並各項工料，逐(寬)〔款〕分別另册開載。

愛新覺羅・允禮等《工程做法》卷一六《柒檩歇山箭樓大木》 重簷柒檩歇

山箭樓壹座計肆層，下簷壹斗叁升斗口肆寸大木做法開後，計開：

凡面濶、進深，以斗科攢數而定。每攢以口數拾貳分定寬。如斗口肆寸，以科中分算，得斗科每攢寬壹尺捌寸。如面濶用平身科貳攢，加兩邊柱頭科各半攢，共斗科叁攢，得面濶壹丈肆尺肆寸。稍間如收半攢，即連瓣科，得面濶壹丈貳尺。如進深共用斗科伍攢，得進深貳丈肆尺。

凡下簷柱，以樓叁層之高定高。如樓叁層，每層捌尺，內貳層加平板枋捌寸，壹斗叁昇斗科貳尺捌分，共高壹丈捌寸捌分，得簷柱通高貳丈陸尺捌寸捌分。每徑壹尺，外加上、下榫各長叁寸。如柱徑壹尺陸寸，得榫長各肆寸捌分。以斗口肆分定徑。如斗口肆寸，得徑壹尺陸寸。

凡前簷金柱，以下簷柱之高定高。如下簷柱通高貳丈陸尺捌寸捌分，再以步架肆尺按伍舉加之，得承椽枋分位高貳尺，承重壹尺陸寸，上簷露明柱高捌尺，額枋壹尺捌寸，得金柱通長肆丈貳寸捌分。每徑壹尺，外加上、下榫各長叁寸。以簷柱徑定徑寸。如簷柱徑壹尺陸寸，加貳寸得壹尺捌寸。再以每長壹丈加徑壹寸，共徑貳尺貳寸。

凡山柱，長與金柱同，以簷柱徑加貳寸定徑。如簷柱徑壹尺陸寸，得徑壹尺捌寸。每徑壹尺，外加上、下榫各長叁寸。

凡下、中貳層承重，以進深定長。如進深貳丈肆尺，即長貳丈肆尺。兩山分間承重得長壹丈貳尺。以簷柱徑定高。如簷柱徑壹尺陸寸，即高壹尺陸寸。以本身之高收貳寸定厚。如本身高壹尺陸寸，得厚壹尺肆寸。

凡下、中貳層間枋，以面濶定長。如面濶壹丈肆尺肆寸，前簷除前金柱徑貳尺貳寸，後簷除簷柱徑壹尺陸寸，外加兩頭入榫分位，各按柱徑肆分之壹。以簷柱徑收叁寸定高。如簷柱徑壹尺陸寸，得高壹尺叁寸。以本身之高每尺收叁寸定厚。如本身高壹尺叁寸，得厚玖寸壹分。

凡下、中貳層楞木，以面濶定長。如面濶壹丈肆尺肆寸，即長壹丈肆尺肆寸。以承重之高折半定高。如承重高壹尺陸寸，得高捌寸。以本身之高收貳寸定厚。如本身高捌寸，得厚陸寸。

凡上層挑簷承重梁，以進深定長。如進深貳丈肆尺。即長貳丈肆尺。壹頭外加壹步架長肆尺，又加壹拽架長壹尺貳寸，再加出頭分位照挑簷桁之徑壹分。如挑簷桁徑壹尺貳寸，即出壹尺貳寸，共長叁丈肆寸。兩山分間承重，每根得壹丈貳尺。壹頭外加壹步架長肆尺，又加壹拽架長壹尺貳寸，再加出頭分位，照挑簷桁之徑壹分，共長壹丈捌尺肆寸。高、厚與下層承重同。

凡間枋、楞木，長、寬、厚俱與下層間枋、楞木同。

凡樓板，叁層，俱以面濶、進深定長短、塊數。內除樓梯分位，按門口尺寸，臨期酌定。以楞木厚肆分之壹定厚。如楞木厚陸寸，得厚壹寸伍分。如墁磚，以楞木之厚折半得厚。

凡兩山挑簷採步梁，以步架定長。如步架深肆尺，又加壹拽架長壹尺貳寸，再加出頭分位，照挑簷桁之徑壹分。如挑簷桁徑壹尺貳寸，即出壹尺貳寸，共長陸尺肆寸。以山柱徑定高。如山柱徑壹尺捌寸，即高壹尺捌寸。以本身之高每尺收叁寸定厚。如本身高壹尺捌寸，得厚壹尺貳寸陸分。

凡肆角斜挑簷採步梁，以正挑簷採步梁定長。如正挑簷採步梁長陸尺肆寸，用方伍斜柒之法，得長捌尺玖寸陸分。高、厚與正挑簷採步梁同。

凡正心桁，以面濶定長。如面濶壹丈肆尺肆寸，即長壹丈肆尺肆寸。其稍間，正心桁照面濶。後簷壹頭加壹步架，又加交角出頭分位，按本身之徑壹分，共長壹丈柒尺肆寸。前簷照稍間面濶加兩頭交角出頭分位，俱按本身之徑壹分。如本身徑壹尺肆寸，即出頭長壹尺肆寸。兩山正心桁前後各加壹步架，又加交角出頭分位，按本身之徑壹分。以斗口叁分半定徑寸。如斗口肆寸，得徑壹尺肆寸。每徑壹尺，外加搭交榫長叁寸。如徑壹尺肆寸，得榫長肆寸貳分。

凡正心枋，以面濶定長。如面濶壹丈肆尺肆寸，內除挑簷採步梁厚壹尺貳寸陸分，得淨長壹丈叁尺壹寸肆分。外加兩頭入榫分位，各按本身高半分，如本身高捌寸，得榫長各肆寸，通長壹丈叁尺玖寸肆分。其稍間照面濶。兩山按進深各折半尺寸，壹頭加壹步架，壹頭除挑簷採步梁厚半分，外加入榫分位，仍照前法。以斗口貳分定高。如斗口肆寸，得正心枋高捌寸。以斗口壹分，外加包掩定厚。如斗口肆寸，加包掩陸分，得正心枋厚肆寸陸分。

凡挑簷桁，以面濶定長。如面濶壹丈肆尺肆寸，即長壹丈肆尺肆寸。每徑壹尺，外加扣榫長叁寸。其稍間後簷挑簷桁壹頭加壹步架，又加壹拽架，再加交角出頭分位，按本身之徑壹分半。如稍間面濶壹丈貳尺，壹步架深肆尺，壹拽架長壹尺貳寸，交角出頭壹尺捌寸，共長壹丈玖尺。前簷照稍間面濶，壹頭加交角分位，按壹拽架尺寸，壹頭加壹拽架，又加交角出頭分位，按本身之徑壹分半。兩山挑簷桁前後各加壹步架，並壹拽架及交角出頭分位，按本身之徑壹分半。以正心桁徑壹尺肆寸，得挑簷桁徑壹尺貳寸。

凡挑簷枋，以面濶定長。如面濶壹丈肆尺肆寸，內除挑簷採步梁厚壹尺貳寸陸分，得浄長壹丈叁尺壹寸肆分。外加兩頭入榫分位，各按本身高半分。如本身高捌寸，得榫長各肆寸。得通長壹丈叁尺玖寸肆分。其稍間後簷壹頭加壹步架，又加壹拽架，再加交角出頭分位，按挑簷桁之徑壹分半，如挑簷桁徑壹尺貳寸，得出頭長壹尺捌寸。壹頭除採步梁厚半分，外加入榫分位，仍照前法。前簷加壹拽架，再加交角出頭分位，得長壹丈肆尺柒寸柒分。兩山挑簷枋與稍間後簷尺寸同。以斗口貳分定高，壹分定厚。如斗口肆寸，得高捌寸，厚肆寸。

凡坐斗枋，以面濶定長。如面濶壹丈肆尺肆寸，即長壹丈肆尺肆寸。每寬壹尺，外加扣榫長叁寸。如坐斗枋寬壹尺貳寸，得扣榫長叁寸陸分。其稍間後簷坐斗枋壹頭加壹步架。兩山兩頭各加壹步架長肆尺，再加本身寬壹分，得斜交分位。如本身寬壹尺貳寸，即加長壹尺貳寸，得通長叁丈肆尺肆寸。以斗口叁分定寬，貳分定高。如斗口肆寸，得寬壹尺貳寸，高捌寸。

凡採斗板，以面濶定長。如面濶壹丈肆尺肆寸，即長壹丈肆尺肆寸。其稍間後簷採斗板壹頭加壹步架，兩山兩頭各加壹步架，再加本身厚壹分得搭交尺寸。以斗口貳分，再加斗底伍分之叁定高。如斗口肆寸，得高捌寸，斗底肆寸捌分，共高壹尺貳寸捌分。以斗口壹分定厚，如斗口肆寸，即厚肆寸。

凡仔角梁，以步架并出簷加舉定長。如步架深肆尺，拽架長壹尺貳寸，出簷肆尺，共長玖尺貳寸。用方伍斜柒之法加長，又按壹壹伍加舉，得長壹丈肆尺捌寸壹分。再加翼角斜出椽徑叁分，如椽徑肆寸陸分，得並長壹丈陸尺壹寸玖分。再加套獸榫照角梁本身之厚壹分，如角梁厚玖寸貳分，即套獸榫長玖寸貳分，得仔角梁通長壹丈柒尺壹寸壹分。以椽徑叁分定高，貳分定厚。如椽徑肆寸陸分，得仔角梁高壹尺貳寸捌分，厚玖寸貳分。

凡老角梁，以仔角梁之長除飛簷頭並套獸榫定長。如仔角梁長壹丈柒尺壹寸壹分，內除飛簷頭長貳尺壹寸肆分，並套獸榫玖寸貳分，得浄長壹丈肆尺伍分。高、厚與仔角梁同。

凡枕頭木，以步架定長。如步架深肆尺，即長肆尺。外加壹拽架長壹尺貳寸，內除角梁厚半分肆寸陸分，得枕頭木長肆尺柒寸肆分。以挑簷桁徑拾分之叁定寬。如挑簷桁徑壹尺貳寸，得枕頭木寬叁寸陸分。正心桁上枕頭木以步架定長。如步架深肆尺，內除角梁厚半分，得正心桁上枕頭木浄長叁尺伍寸肆分。以正心桁徑拾分之叁定寬。如正心桁徑壹尺肆寸，得枕頭木寬肆寸貳分。以椽徑貳分半定高。如椽徑肆寸陸分，得枕頭木壹頭高壹尺壹寸伍分，壹頭斜尖與桁條平。兩山枕頭木做法同。

凡承椽枋，以面濶定長。如面濶壹丈肆尺肆寸，前簷除金柱徑壹分，後簷除簷柱徑壹分，兩山壹頭除山柱徑半分，壹頭除簷柱徑半分，外加兩頭入榫分位，各按柱徑肆分之壹。以簷柱徑收貳寸定高。如簷柱徑壹尺陸寸，得高壹尺肆寸。以本身之高每尺收叁寸定厚。如本身高壹尺肆寸，得厚玖寸捌分。

凡簷椽，以步架並出簷加舉定長。如步架深肆尺，壹拽架長壹尺貳寸，出簷肆尺，共長玖尺貳寸。內除飛簷椽頭壹尺叁寸叁分，浄長柒尺捌寸柒分，按壹壹伍加舉，得通長玖尺伍分。以桁條徑叁分之壹定徑寸。如桁條徑壹尺肆寸，得徑肆寸陸分。兩山簷椽做法同。每椽空檔，隨椽徑壹分。每間椽數，俱應成雙。檔之寬窄，隨數均匀。

凡飛簷椽，以出簷定長。如出簷肆尺，叁分分之。出頭壹分得長壹尺叁寸叁分，後尾貳分半得長叁尺叁寸貳分。又按壹壹伍加舉，得飛簷椽通長伍尺叁寸肆分。見方與簷椽徑寸同。

凡翼角翹椽，長、徑俱與平身簷椽同。其起翹處以挑簷桁中至出簷尺寸，用方伍斜柒之法，再加壹步架，並正心桁中至挑簷桁中之拽架各尺寸定翹數。如挑簷桁中出簷肆尺，方伍斜柒加之，得長伍尺陸寸，再加壹步架深肆尺，壹拽架長壹尺貳寸，共長壹丈捌寸。內除角梁厚半分，得浄長壹丈叁寸肆分，即係翼角椽檔分位。翼角翹椽以成單爲率，如逢雙數，應改成單。

凡翹飛椽，以平身飛簷椽之長用方伍斜柒之法定長。如飛簷椽長伍尺叁寸肆分，用方伍斜柒加之，第壹翹得長柒尺肆寸柒分。其餘以所定翹數，每根遞減長伍分伍釐。其高比飛簷椽加高半分。如飛簷椽高肆寸陸分，得翹飛椽高陸寸玖分，厚仍肆寸陸分。

凡横望板、壓飛簷尾横望板，以面濶、進深加舉折見方丈定長寬。以椽徑拾分之貳定厚。如椽徑肆寸陸分，得厚玖分。

凡裏口，以面濶定長。如面濶壹丈肆尺肆寸，即長壹丈肆尺肆寸。以椽徑壹分，再加望板厚壹分半定高。如椽徑肆寸陸分，望板厚壹分半壹寸叁分，得裏口高伍寸玖分。厚與椽徑同。兩山裏口做法同。

凡閘檔板，以翹椽檔分位定寬。如翹椽檔寬肆寸陸分，即閘檔板寬肆寸陸分，外加入槽，每寸壹分。高隨椽徑尺寸。以椽徑拾分之貳定厚。如椽徑肆寸陸分，得閘檔板厚玖分。其小連簷自起翹處至老角梁得長，寬隨椽徑壹分，厚照望板之厚壹分半，得厚壹寸叁分。兩山閘檔板、小連簷做法同。

凡連簷，以面濶定長。如面濶壹丈肆尺肆寸，即長壹丈肆尺肆寸。其稍間連簷，壹頭加壹步架並出簷尺寸，又加正心桁中至挑簷桁中壹拽架，共長貳丈壹尺貳寸。內除角梁厚半分，净長貳丈柒寸肆分。其起翹處起至仔角梁，每尺加翹壹寸。高、厚與簷椽徑寸同。兩山連簷做法同。

凡瓦口，長與連簷同。以椽徑半分定高。如椽徑肆寸陸分，得瓦口高貳寸叁分。以本身之高折半定厚。如本身高貳寸叁分，得厚壹寸壹分。

凡椽椀、椽中板，以面濶定長。如面濶壹丈肆尺肆寸，即長壹丈肆尺肆寸。以椽徑壹分，再加椽徑叁分之壹定高。如椽徑肆寸陸分，得椽椀並椽中板高陸寸壹分。以椽徑叁分之壹定厚，得厚壹寸伍分。兩山椽椀並椽中板做法同。

凡周圍榻脚木，以面濶定長。如面濶壹丈肆尺肆寸，即長壹丈肆尺肆寸。以椽徑壹分半定寬，壹分定厚。如椽徑肆寸陸分，得寬陸寸玖分，厚肆寸陸分。

上簷斗口單昂斗科斗口肆寸大木做法：

凡上伏簷桐柱之高，以步架尺寸加舉定高。如步架深肆尺，按伍舉加之，得高貳尺。露明簷柱高捌尺，額枋壹尺捌寸，得共高壹丈壹尺捌寸。每徑壹尺，外加上、下榫各長叁寸。徑與簷柱徑寸同。

凡大額枋，以面濶定長。如面濶壹丈肆尺肆寸，內除桐柱徑壹尺陸寸，得淨長壹丈貳尺捌寸。外加兩頭入榫分位，各按柱徑肆分之壹。如柱徑壹尺陸寸，得榫長各肆寸，共長壹丈叁尺陸寸。前簷除金柱徑壹分，外加入榫，仍照前法。其稍間並兩山大額枋，壹頭加桐柱徑壹分，得霸王拳分位。如柱徑壹尺陸寸，即出壹尺陸寸。壹頭除柱徑半分，外加入榫分位，仍照前法。以斗口肆分半定高。如斗口肆寸，得高壹尺捌寸。以本身之高每尺收叁寸定厚。如本身高壹尺捌寸，得厚壹尺貳寸陸分。

凡平板枋，以面濶定長。如面濶壹丈肆尺肆寸，即長壹丈肆尺肆寸。每寬壹尺，外加扣榫長叁寸。其稍間，照面濶壹頭加桐柱徑壹分。兩山按進深兩頭各加桐柱徑壹分，得交角出頭分位。如柱徑壹尺陸寸，得出頭長壹尺陸寸。以斗口叁分定寬，貳分定高。如斗口肆寸，得平板枋寬壹尺貳寸，高捌寸。

凡柒架梁，以進深定長。如進深貳丈肆尺，兩頭共加貳拽架長貳尺肆寸，再加昇底半分貳寸陸分，共得長貳丈玖尺叁寸貳分。以斗口柒分定高，肆分半定厚。如斗口肆寸，得高貳尺捌寸，厚壹尺捌寸。以斗口肆分定梁頭之厚。如斗口肆寸，得梁頭厚壹尺陸寸。

凡隨梁，以進深定長。如進深貳丈肆尺，內除前後柱徑各半分，外加入榫分位，各按柱徑肆分之壹，得通長貳丈叁尺伍分。以簷柱徑定高。如柱徑壹尺陸寸，即高壹尺陸寸。以本身之高每尺收貳寸定厚。如本身高壹尺陸寸，得厚貳尺貳寸捌分。

凡兩山代梁頭，以拽架定長。如斗口單昂，裏外各壹拽架長壹尺貳寸，再加螞蚱頭長壹尺貳寸，又加昇底半分貳寸陸分，裏外共長伍尺叁寸貳分。高、厚與柒架梁同。

凡兩山由額枋，以進深定長。如進深貳丈肆尺，分間得壹丈貳尺，內除柱徑各半分，外加入榫分位，各按柱徑肆分之壹，得通長壹丈壹尺壹寸伍分。以大額枋之高收貳寸定高。如大額枋高壹尺捌寸，得高壹尺陸寸。以大額枋之厚每尺收滾楞貳寸定厚。如大額枋厚壹尺貳寸陸分，得厚壹尺壹分。

凡扒梁，以稍間面濶定長。如稍間面濶壹丈貳尺，即長壹丈貳尺。以柒架梁之高折半定高。如柒架梁高貳尺捌寸，得高壹尺肆寸。以本身之高收貳寸定厚。如本身高壹尺肆寸，得厚壹尺貳寸。

凡伍架梁，以步架肆分定長。如步架肆分深壹丈陸尺，兩頭各加桁條徑壹分，得柁頭分位。如桁條徑壹尺肆寸，得通長壹丈捌尺捌寸。以柒架梁之厚定高。如柒架梁厚壹尺捌寸，即高壹尺捌寸。以本身之高每尺收貳寸定厚。如本身高壹尺捌寸，得厚壹尺肆寸肆分。

凡叁架梁，以步架貳分定長。如步架貳分深捌尺，兩頭各加桁條徑壹分，得柁頭分位。如桁條徑壹尺肆寸，即各加長壹尺肆寸，得通長壹丈捌寸。以伍架梁之厚定高。如伍架梁厚壹尺肆寸肆分，即高壹尺肆寸肆分。以本身之高每尺收貳寸定厚。如本身高壹尺肆寸肆分，得厚壹尺壹寸陸分。

凡採步金，以步架肆分定長。如步架肆分深壹丈陸尺，兩頭各加桁條徑壹分半，得假桁條頭分位。如桁條徑壹尺肆寸，各加長貳尺壹寸，得通長貳丈貳寸。高、厚與叁架梁同。

凡採步金枋，以步架肆分定長。如步架肆分深壹丈陸尺，內除上金柱檄之厚壹分，外加入榫分位按本身厚肆分之壹，得通長壹丈伍尺伍寸叁分。以柒架隨梁之厚定高。如柒架隨梁厚壹尺貳寸捌分，即高壹尺貳寸捌分。以採步金之厚每尺收滾楞貳寸定厚。如採步金厚壹尺壹寸陸分，得厚玖寸叁分。

凡下金柁檄，以步架加舉定高。如步架深肆尺，再加壹拽架壹尺貳寸，共深伍尺貳寸，按伍舉加之，得高貳尺陸寸。應除柒架梁高貳尺捌寸，但柒架梁之高過於舉架尺寸，此欸不用。

凡上金柁檄，以步架加舉定高。如步架深肆尺，按柒舉加之，得高貳尺捌寸。內除伍架梁高壹尺捌寸，得淨高壹尺。以叁架梁之厚每尺收滾楞貳寸定厚。如叁架梁厚壹尺壹寸陸分，得厚玖寸叁分。以柁頭貳分定長。如柁頭長壹尺肆寸，得長貳尺捌寸。

凡肆角瓜柱，以步架加舉定高。如步架深肆尺，再加壹拽架壹尺貳寸，共伍尺貳寸，按伍舉加之，得高貳尺陸寸。內除扒梁高半分柒寸，採步金壹尺肆寸肆分，淨長肆寸陸分。每寬壹尺，外加下榫長叁寸。以伍架梁之厚每尺收滾楞貳寸定厚。如伍架梁厚壹尺肆寸肆分，得厚壹尺壹寸陸分。以本身之厚加貳寸定寬。如本身厚壹尺壹寸陸分，得寬壹尺叁寸陸分。

凡脊瓜柱，以步架加舉定高。如步架深肆尺，按玖舉加之，得高叁尺陸寸。內除叁架梁高壹尺肆寸肆分，淨高貳尺壹寸陸分。外加平水高捌寸，桁條徑叁分之壹作上桁椀，如桁條徑壹尺肆寸，得桁椀高肆寸陸分。又以本身每寬壹尺外加下榫長叁寸。如本身寬壹尺壹寸叁分，得下榫長叁寸叁分。以叁架梁之厚每尺收滾楞貳寸定厚。如叁架梁寬壹尺壹寸陸分，得厚玖寸叁分。以本身之厚加貳寸定寬。如本身厚玖寸叁分，得寬壹尺壹寸叁分。

凡正心桁，以面濶定長。如面濶壹丈肆尺肆寸，即長壹丈肆尺肆寸。其稍間正心桁外加壹頭交角出頭分位，按本身徑壹分。如本身徑壹尺肆寸，即加長壹尺肆寸。以斗口叁分半定徑寸。如斗口肆寸，得徑壹尺肆寸。每徑壹尺，外加搭交榫長叁寸。兩山正心桁做法同。

凡正心枋，貳層，以面濶定長。如面濶壹丈肆尺肆寸，內除柒架梁頭厚壹尺陸寸，得淨長壹丈貳尺捌寸。外加兩頭入榫分位，各按本身高半分。如本身高捌寸，得榫長各肆寸。其稍間照面濶，兩山按進深各折半尺寸。壹頭除柒架梁頭厚半分，外加入榫分位按本身高半分。第壹層壹頭帶撑頭木長壹尺貳寸，第貳層照面濶之長除梁頭之厚，加入榫分位，仍照前法。以斗口貳分定高。如斗口肆寸，得高捌寸。以斗口壹分外加包掩定厚。如斗口肆寸，加包掩陸分，得厚肆寸陸分。

凡挑簷桁，以面濶定長。如面濶壹丈肆尺肆寸，即長壹丈肆尺肆寸。每徑壹尺，外加扣榫長叁寸。其稍間並兩山挑簷桁，壹頭加壹拽架長壹尺貳寸，又加交角出頭分位，按本身之徑壹分半。如本身徑壹尺貳寸，得交角出頭壹尺捌寸。以正心桁之徑收貳寸定徑。如正心桁徑壹尺肆寸，得挑簷桁徑壹尺貳寸。

凡挑簷枋，以面濶定長。如面濶壹丈肆尺肆寸，內除柒架梁頭厚壹尺陸寸，得淨長壹丈貳尺捌寸。外加兩頭入榫分位，各按本身高半分。如本身高捌寸，得榫長各肆寸。其稍間並兩山挑簷枋，壹頭除柒架梁頭厚半分，外加入榫分位，按本身之厚壹分，壹頭外帶壹拽架長壹尺貳寸。又加交角出頭分位，按挑簷桁之徑壹分半。如挑衡桁徑壹尺貳寸，得交角出頭壹尺捌寸。以斗口貳分定高，壹分定厚。如斗口肆寸，得高捌寸，厚肆寸。

凡後尾壓科枋，以面濶定長。如面濶壹丈肆尺肆寸，內除柒架梁厚壹尺捌寸，外加兩頭入榫分位，各按本身厚半分，如本身厚捌寸，得榫長各肆寸。其稍間並兩山壓科枋，壹頭收壹拽架長壹尺貳寸，外加斜交分位，按本身之厚壹分。如本身厚捌寸，即長捌寸。壹頭除柒架梁厚半分，外加入榫，仍照前法。以斗口貳分半定高，貳分定厚。如斗口肆寸，得高壹尺，厚捌寸。

凡金脊枋，以面濶定長。如面濶壹丈肆尺肆寸，內除柁檄或瓜柱之厚壹分，外加兩頭入榫分位，各按柁檄、瓜柱厚肆分之壹。其稍間壹頭收壹步架定長。如稍間面濶壹丈貳尺，收壹步架深肆尺，得長捌尺。除柁檄、瓜柱壹分，外加入榫，仍照前法。以斗口叁分定高，貳分定厚。如斗口肆寸，得高壹尺貳寸，厚捌寸。

凡金脊墊板，以面濶定長。如面濶壹丈肆尺肆寸，內除柁頭或瓜柱之厚壹分，外加兩頭入榫分位，各按柁頭或瓜柱之厚每尺加入榫貳寸。其稍間墊板，壹頭收壹步架，再除柁頭或瓜柱之厚，外加入榫，仍照前法。以斗口貳分定高，半分定厚。如斗口肆寸，得高捌寸，厚貳寸。

凡金脊桁，以面濶定長。如面濶壹丈肆尺肆寸，即長壹丈肆尺肆寸。其稍間桁條壹頭收正心桁之徑壹分。如稍間面濶壹丈貳尺，壹頭收正心桁徑壹尺肆寸，得淨長壹丈陸寸。徑寸與正心桁同。每徑壹尺，外加扣榫長叁寸。

凡仔角梁，以步架並出簷加舉定長。如步架深肆尺，挑簷桁中至正心桁中壹拽架長壹尺貳寸，出簷肆尺，外加出水貳分得捌寸，共長壹丈。用方伍斜柒之法加長，又按壹壹伍加舉，得長壹丈陸尺壹寸。再加翼角斜出椽徑叁分，如椽徑肆寸陸分，得並長壹丈柒尺肆寸捌分。再加套獸榫照角梁本身之厚壹分，如角梁厚玖寸貳分，即套獸榫長玖寸貳分，得仔角梁通長壹丈捌尺肆寸。以椽徑叁分定高，貳分定厚。如椽徑肆寸陸分，得高壹尺叁寸捌分，厚玖寸貳分。

凡老角梁，以仔角梁之長除飛簷頭並套獸榫定長。如仔角梁長壹丈捌尺肆寸，內除飛簷頭長貳尺伍寸柒分，並套獸榫長玖寸貳分，得長壹丈肆尺玖寸壹分。外加後尾叁岔頭，照桁條徑壹分，如桁條徑壹尺肆寸，即長壹尺肆寸，得通長壹丈陸尺叁寸壹分。高、厚與仔角梁同。

凡枕頭木，以步架定長。如步架深肆尺，外加壹拽架長壹尺貳寸，內除角梁厚半分肆寸陸分，得枕頭木長肆尺柒寸肆分。以挑簷桁徑拾分之叁定寬。如挑簷桁徑壹尺貳寸，得寬叁寸陸分。正心桁上枕頭木以步架定長。如步架深肆尺，內除角梁厚半分，得正心桁上枕頭木淨長叁尺伍寸肆分。以正心桁徑拾分之叁定寬。如正心桁徑壹尺肆寸，得寬肆寸貳分。以椽徑貳分半定高。如椽徑肆寸陸分，得枕頭木壹頭高壹尺壹寸伍分，壹頭斜尖與桁條平。兩山枕頭木做法同。

凡簷椽，以步架並出簷加舉定長。如步架深肆尺，壹拽架長壹尺貳寸，出簷肆尺，又加出水捌寸，共長壹丈，內除飛簷頭壹尺陸寸，淨長捌尺肆寸。按壹壹伍加舉，得通長玖尺陸寸陸分。外加壹頭搭交尺寸，按本身徑壹分。如本身徑肆寸陸分，即長肆寸陸分。徑與下簷簷椽同。兩山簷椽做法同。每椽空檔，隨椽徑壹分。每間椽數，俱應成雙。檔之寬窄，隨數均勻。

凡飛簷椽，以出簷定長。如出簷並出水共肆尺捌寸，叁分分之。出頭壹分得長壹尺陸寸，後尾貳分半得長肆尺，又按壹壹伍加舉，得飛簷椽通長陸尺肆寸肆分。見方與簷椽徑寸同。

凡翼角翹椽，長、徑俱與平身簷椽同。其起翹處以挑簷桁中至出簷尺寸，用方伍斜柒之法，再加壹步架，並正心桁中至挑簷桁中之拽架各尺寸定翹數。如挑簷桁中出簷並出水共肆尺捌寸，方伍斜柒加之，得長陸尺柒寸貳分。再加步架深肆尺，壹拽架長壹尺貳寸，共長壹丈壹尺玖寸貳分。內除角梁厚半分，得淨長壹丈壹尺肆寸陸分，即係翼角椽檔分位。翼角翹椽以成單爲率，如逢雙數，應改成單。

凡翹飛椽，以平身飛簷椽之長，用方伍斜柒之法定長。如飛簷椽長陸尺肆寸肆分，用方伍斜柒加之，第壹翹得長玖尺壹分，其餘以所定翹數每根遞減長伍分伍厘。其高比飛簷椽加高半分。如飛簷椽高肆寸陸分，得翹飛椽高陸寸玖分。厚仍肆寸陸分。

凡花架椽，以步架加舉定長。如步架深肆尺，按壹貳伍加舉，得長伍尺，兩頭各加搭交尺寸，按本身徑壹分，如本身徑肆寸陸分，即加長肆寸陸分。徑與簷椽徑寸同。

凡前簷下花架椽，以步架加舉定長。如步架深肆尺，按壹壹伍加舉，得長壹尺陸寸。兩頭各加搭交尺寸，近本身徑壹分。徑與簷椽徑寸同。

凡腦椽，以步架加舉定長。如步架深肆尺，按壹叁伍加舉，得長伍尺肆寸。壹頭加搭交尺寸，按本身徑壹分。徑與簷椽徑寸同。

凡兩山出稍啞叭花架、腦椽，俱與正腦椽、花架椽同。啞叭簷椽以挑山檁之長得長，係短椽折半核算。

凡橫望板、壓飛簷尾橫望板，俱以面闊、進深加舉折見方丈定長寬。以椽徑拾分之貳定厚。如椽徑肆寸陸分，得厚玖分。

凡連簷，以面闊定長。如面闊壹丈肆尺肆寸，即長壹丈肆尺肆寸。其稍間並兩山連簷，壹頭加出簷並出木尺寸，又加正心桁中至挑簷桁中壹拽架，共長壹丈捌尺。內除角梁厚半分，淨長壹丈柒尺伍寸肆分。其起翹處起至仔角梁，每尺加翹壹寸。高、厚與簷椽徑寸同。

凡瓦口，長與連簷同。以椽徑半分定高。如椽徑肆寸陸分，得瓦口高貳寸叁分。以本身之高折半定厚。如本身高貳寸叁分，得厚壹寸壹分。

凡裏口，以面闊定長。如面闊壹丈肆尺肆寸，即長壹丈肆尺肆寸。稍間照面闊壹頭收壹步架，兩山兩頭各收壹步架分位。以椽徑壹分，再加望板厚壹分半定高。如椽徑肆寸陸分，望板厚壹分半壹寸叁分，得裏口高伍寸玖分，厚與椽徑同。兩山裏口做法同。

凡閘檔板，以翹椽檔分位定寬。如翹椽檔寬肆寸陸分，即閘檔板寬肆寸陸分。外加入槽，每寸壹分。高隨椽徑尺寸。以椽徑拾分之貳定厚。如椽徑肆寸陸分，得閘檔板厚玖分。其小連簷自起翹處至老角梁得長。寬隨椽徑壹分。厚照望板之厚壹分半，得厚壹寸叁分。兩山閘檔板、小連簷做法同。

凡椽椀、椽中板，以面闊定長。如面闊壹丈肆尺肆寸，即長壹丈肆尺肆寸。稍間照面闊壹頭收壹步架，兩山兩頭各收壹步架分位。以椽徑壹分，再加椽徑叁分之壹定高。如椽徑肆寸陸分，得椽椀並椽中板高陸寸壹分。以椽徑叁分之壹定厚，得厚壹寸伍分。

凡扶脊木，長、徑俱與脊桁同。脊樁照通脊之高再加扶脊木之徑壹分，桁條徑肆分之壹得長。寬照椽徑壹分，厚按本身之寬折半。

凡榻脚木，以步架肆分外加桁條之徑貳分定長。如步架肆分長壹丈陸尺，外加兩頭桁條徑各壹分，如桁條徑壹尺肆寸，得榻脚木通長壹丈捌尺捌寸。見方與桁條徑寸同。

凡草架柱子，以步架加舉定高。如步架深肆尺，第壹步架按柒舉加之，得高貳尺捌寸。第貳步架按玖舉加之，得高叁尺陸寸。貳步架共高陸尺肆寸，脊桁下草架柱子即高陸尺肆寸。外加兩頭入榫分位，按本身之寬、厚折半。如本身寬、厚柒寸，得榫長各叁寸伍分。以榻脚木見方尺寸折半定寬、厚。如榻脚木見方壹尺肆寸，得草架柱子見方柒寸。其穿以步架貳分定長。如步架貳分共長捌尺。即長捌尺。寬、厚與草架柱子同。凡山花板，以進深定寬。如進深貳丈肆尺，前後各收壹步架深肆尺，得山花板通寬壹丈陸尺。以脊中草架柱子之高，加扶脊木並桁條之徑定高。如草架柱子高陸尺肆寸，扶脊木、脊桁各徑壹尺肆寸，得山花板中高玖尺貳寸。係尖高做法，折半核算。以桁條徑肆分之壹定厚。如桁條徑壹尺肆寸，得山花板厚叁寸伍分。

凡博縫板，隨各椽之長得長。如花架椽長伍尺，花架博縫板即長伍尺。如腦椽長伍尺肆寸，即腦博縫板即長伍尺肆寸。每博縫板外加搭岔分位，照本身之寬加長。如本身寬貳尺柒寸陸分，每塊即加長貳尺柒寸陸分。以椽徑陸分定寬。如椽徑肆寸陸分，得博縫板寬貳尺柒寸陸分。厚與山花板之厚同。

前接簷貳檩雨搭壹座大木做法：

凡桐柱，以正樓前金柱之高定高。如前金柱上層露明柱高捌尺，大額枋壹尺捌寸，平板枋捌寸，斗科貳尺捌寸捌分，正心桁壹尺肆寸，共高壹丈肆尺捌寸捌分。內以貳步架玖尺伍寸，按伍舉核算，除肆尺柒寸伍分，又除參架梁壹分高壹尺柒寸，净得桐柱高捌尺肆寸叁分。外加桁條徑叁分之壹作桁椀，如桁條徑壹尺貳寸，得桁椀高肆寸，共長捌尺捌寸叁分。每徑壹尺，加下榫長叁寸。以叁架梁之厚收貳寸定徑。如叁架梁厚壹尺叁寸，得徑壹尺壹寸。

凡金簷桁，以面潤定長。如面潤壹丈肆尺肆寸，即長壹丈肆尺肆寸。每徑壹尺，外加搭交榫長叁寸。其稍間桁條壹頭加壹步架長肆尺，內收本身徑壹分，如本身徑壹尺貳寸，即收壹尺貳寸，得長壹丈柒尺貳寸。以挑簷桁之徑定徑。如挑簷桁徑壹尺貳寸，即徑壹尺貳寸。

凡金簷枋，以面潤定長。如面潤壹丈肆尺肆寸，內除桐柱、瓜柱徑各壹分，外加入榫分位，各按柱徑肆分之壹。以斗口貳分半定高，貳分定厚。如斗口肆寸，得高壹尺，厚捌寸。

凡金簷墊板，以面潤定長。如面潤壹丈肆尺肆寸，內除桐柱、瓜柱徑各壹分，外加入榫分位，各按柱徑拾分之貳。以金簷枋之厚定高。如金簷枋厚捌寸，得高捌寸。以本身高肆分之壹定厚。如本身高捌寸，得厚貳寸。

凡瓜柱，以桐柱之高折半定長。如桐柱高捌尺肆寸叁分，得金瓜柱長肆尺貳寸壹分。再加桁條徑叁分之壹作桁椀。如桁條徑壹尺貳寸，得桁椀高肆寸。每寬壹尺，外加下榫長叁寸。以貳穿梁之厚每尺收滾楞貳寸定厚。如貳穿梁厚壹尺，得厚捌寸。以本身之厚加貳寸定寬，得寬壹尺。

凡角背，以步架壹分定長。如步架壹分深肆尺柒寸伍分，即長肆尺柒寸伍分。以瓜柱之净高、厚叁分之壹定高、厚。如瓜柱除桁椀净高肆尺貳寸壹分，厚玖寸陸分，得角背高壹尺肆寸，厚叁寸貳分。

凡靠背走馬板，以面潤定長。如面潤壹丈肆尺肆寸，內除桐柱徑壹尺壹寸，净寬壹丈叁尺叁寸。以桐柱之净高尺寸定高。如桐柱净高捌尺肆寸叁分，折半得肆尺貳寸壹分，內除簷枋壹尺，墊板捌寸，得净高貳尺肆寸壹分。其厚壹寸。

凡下檻並引條，已於裝修册內聲明。

凡博縫板，以步架並出簷定長。如步架深玖尺伍寸，內除壹拽架長壹尺貳寸，外加博脊壹尺伍寸，又加出簷照半步架貳尺叁寸柒分，出水照正樓捌寸，共長壹丈貳尺玖寸柒分。按壹壹伍加舉，得通長壹丈肆尺玖寸壹分。以椽徑肆分定寬。如椽徑肆寸陸分，得寬壹尺捌寸肆分。以桁條徑肆分之壹定厚。如桁條徑壹尺貳寸，得厚叁寸。

凡山花板，以步架定寬。如步架玖尺伍寸，內除壹拽架壹尺貳寸，净高捌尺叁寸。外加挑簷桁徑半分陸寸，共寬捌尺玖寸。以金柱定高。如金柱上簷露明捌尺，大額枋壹尺捌寸，平板枋捌寸，斗科貳尺捌寸捌分，挑簷桁壹尺貳寸，椽徑肆寸陸分，共高壹丈伍尺壹寸肆分。內除博縫板壹尺捌寸肆分，净高壹丈叁尺叁寸。外加椽徑壹分得搭頭分位，係貳斜做法。叁分均之，得高肆尺肆寸叁分。

以椽徑肆分之壹定厚。如椽徑肆寸陸分，得厚壹寸壹分。

凡簷椽，以步架並出簷加舉定長。如步架深玖尺伍寸，博脊壹尺伍寸，再加出簷照步架半分貳尺叁寸柒分，出水捌寸，共長壹丈貳尺伍寸柒分。內除飛簷出頭壹尺陸寸，净長壹丈貳尺伍寸柒分。按壹壹伍加舉，得通長壹丈肆尺肆寸伍分。壹頭外加搭交尺寸，按本身之徑壹分。徑與箭樓簷椽徑寸同。

雨搭前接簷肆檁廡座大木做法：

凡面濶與箭樓面濶同。

凡簷柱長徑俱與箭樓簷柱同。

凡承重枋，以進深定長。如廡座連雨搭通進深貳丈伍寸，壹頭除柱徑半分，外加入榫分位按柱徑肆分之壹。壹頭外加出榫照簷柱徑加壹分，加簷柱徑壹尺陸寸，即長壹尺陸寸，通長貳丈壹尺柒寸。高、寬與箭樓承重同。

凡間枋，以面濶定長。如面濶壹丈肆尺肆寸，內除柱徑壹分，外加入榫分位，按柱徑肆分之壹。如柱徑壹尺陸寸，得榫各長肆寸。高、寬與箭樓間枋同。

凡柒架梁，以進深定長。如通進深貳丈伍寸，壹頭加壹步架長肆尺，又加貳拽架長貳尺肆寸，得通長貳丈陸尺玖寸。以斗口伍分定高。如斗口肆寸，得高貳尺。以本身之高每尺收叁寸定厚。如本身高貳尺，得厚壹尺肆寸。

凡伍架梁，以步架並博脊分位定長。如步架肆分長壹丈玖尺，再加博脊壹尺伍寸，壹頭加桁條徑壹分得柁頭分位。如桁條徑壹尺貳寸，即加長壹尺貳寸，得通長貳丈壹尺柒寸。以柒架梁之高收貳寸定高。如柒架梁高貳尺，得高壹尺捌寸。厚與柒架梁厚同。

凡叁架梁，以步架並博脊分位定長。如步架叁分長壹丈肆尺貳寸伍分，再加博脊壹尺伍寸，壹頭加桁條徑壹分，得柁頭分位。如桁條徑壹尺貳寸，即加長壹尺貳寸，得通長壹丈陸尺玖寸伍分。以伍架梁之高、厚各收壹寸定高、厚。如伍架梁高壹尺捌寸，得高壹尺柒寸，厚壹尺叁寸。

凡貳穿梁，以步架定長。如步架貳分深玖尺伍寸，壹頭加檁徑壹分，得出榫分位。如檁徑壹尺貳寸，即加長壹尺貳寸，得通長壹丈柒寸。以叁架梁之厚收壹寸定高。如叁架梁厚壹尺叁寸，得高壹尺貳寸，以本身之高收貳寸定厚，得厚壹尺。

凡兩山採步梁，以步架定長。如步架深肆尺，壹頭加壹拽架長壹尺貳寸，再加出頭分位，照挑簷桁之徑壹尺貳寸，共長陸尺肆寸。高、厚與柒架梁同。

凡兩山斜採步梁，以正採步梁之長定長。如正採步梁長陸尺肆寸，用方伍斜柒之法，得長捌尺玖寸陸分。高、厚與正採步梁同。

凡金脊桁，以面濶定長。如面濶壹丈肆尺肆寸，即長壹丈肆尺肆寸。每徑壹尺，外加搭交榫長叁寸。其稍間桁條，壹頭加壹步架長肆尺，內收本身徑壹分，如本身徑壹尺貳寸，得長壹丈柒尺貳寸。徑與正心桁同。

凡金脊枋，以面濶定長。如面濶壹丈肆尺肆寸，內除柁墩、瓜柱各壹分，外加入榫分位，各按柁墩、瓜柱厚肆分之壹。以斗口貳分半定高，貳分定厚。如斗口肆寸，得高壹尺，厚捌寸。

凡金脊墊板，以面濶定長。如面濶壹丈肆尺肆寸，內除柁頭、瓜柱各壹分，外加入榫分位，各按柁頭、瓜柱厚每尺加入榫貳寸。以金枋之厚定高。如金枋厚捌寸，得高捌寸。以本身之高肆分之壹定厚。如本身高捌寸，得厚貳寸。

凡坐斗枋，以面濶定長。如面濶壹丈肆尺肆寸，即長壹丈肆尺肆寸。其稍間坐斗枋，壹頭加壹步架長肆尺，再加本身之寬壹分，得斜交分位。如本身寬壹尺，即加長壹尺。兩山以進深得長。外加斜交分位，仍照前法。以斗口叁分定寬，貳分定高。如斗口肆寸，得寬壹尺貳寸，高捌寸。

凡正心桁，以面濶定長。如面濶壹丈肆尺肆寸，即長壹丈肆尺肆寸。每徑壹尺，外加搭交榫長叁寸。其稍間正心桁，壹頭加壹步架深肆尺，再加交角出頭分位，按本身之徑壹分。如本身徑壹尺貳寸，得出頭長壹尺貳寸，通長壹丈玖尺陸寸。兩山以進深得長。外兩頭各加交角出頭分位，仍照前法。徑與雨搭簷桁之徑同。

凡正心枋，以面濶定長。如面濶壹丈肆尺肆寸，內除柒架梁頭厚壹尺肆寸，得正心枋净長壹丈叁尺。外加兩頭入榫分位，各按本身之高半分。如本身高捌寸，得榫長各肆寸。其稍間正心枋，壹頭加壹步架長肆尺，壹頭除柒架梁頭厚半分，外加入榫分位，仍照前法。以斗口貳分定高，壹分定厚。如斗口肆寸，得高捌寸，厚肆寸。兩山正心枋做法同。

凡挑簷桁，以面濶定長。如面濶壹丈肆尺肆寸，即長壹丈肆尺肆寸。每徑壹尺，外加扣榫長叁寸。其稍間挑簷桁，壹頭加壹步架深肆尺，再加壹拽架長壹尺貳寸，又加交角出頭分位，按本身之徑壹分半。如本身徑壹尺貳寸，得交角出頭壹尺捌寸，通長貳丈壹尺肆寸。兩山照進深收壹步架深肆尺。壹頭加壹拽架長壹尺貳寸，又加交角尺寸按本身之徑壹分半。徑與正樓下簷挑簷桁徑寸同。

凡挑簷枋，以面濶定長。如面濶壹丈肆尺肆寸，內除柒架梁厚壹尺肆寸，得淨長壹丈叁尺。外加兩頭入榫分位，各按本身高半分。如本身高捌寸，得榫長各肆寸。其稍間壹頭除柒架梁厚半分，外加入榫分位，仍照前法。壹頭加壹步架，又加壹拽架，又加交角出頭分位，按挑簷桁之徑壹分半，得通長貳丈壹尺壹寸。以斗口貳分定高，壹分定厚。如斗口肆寸，得高捌寸，厚肆寸。

凡採斗板，以面濶定長。如面濶壹丈肆尺肆寸，即長壹丈肆尺肆寸。其稍間採斗板，壹頭加壹步架長肆尺，又加合角尺寸，按本身之厚壹分。以斗口貳分定高。如斗口肆寸，得高捌寸。又加斗底肆寸捌分，共得高壹尺貳寸捌分。以斗口壹分定厚。如斗口肆寸，即厚肆寸。兩山採斗板做法同。

凡仔角梁，以步架並出簷加舉定長。如步架深肆尺，拽架長壹尺貳寸，出簷肆尺，共長玖尺貳寸，用方伍斜柒之法加長，又按壹壹伍加舉，得長壹丈肆尺捌寸壹分。再加翼角斜出椽徑叁分，如椽徑肆寸陸分，並長壹丈陸尺壹寸玖分。再加套獸榫照角梁本身之厚壹分，如角梁厚玖寸貳分，即套獸榫長玖寸貳分，得仔角梁通長壹丈柒尺壹寸壹分。以椽徑叁分定高，貳分定厚。如椽徑肆寸陸分，得仔角梁高壹尺叁寸捌分，厚玖寸貳分。

凡老角梁，以仔角梁之長，除飛簷頭並套獸榫定長。如仔角梁長壹丈柒尺壹寸壹分，內除飛簷頭長貳尺壹寸肆分，並套獸榫玖寸貳分，得淨長壹丈肆尺伍分。外加後尾叁岔頭照桁條徑壹分。如桁條徑壹尺貳寸，即長壹尺貳寸。高、厚與仔角梁同。

凡裏角梁之長，與老角梁同，內除後尾叁岔頭尺寸。以椽徑肆分定高。如椽徑肆寸陸分，得高壹尺捌寸肆分。厚與老角梁厚同。

凡枇橔，以步架加舉定高。如步架深肆尺，壹拽架長壹尺貳寸，共長伍尺貳寸。按伍舉加之，得高貳尺陸寸。內除柒架梁高貳尺，得淨高陸寸。以伍架梁之厚每尺收滾楞貳寸定寬。如伍架梁厚壹尺肆寸，得寬壹尺壹寸貳分。以枇頭貳分定長。如枇頭長壹尺貳寸，得長貳尺肆寸。

凡上金瓜柱，以步架加舉定高。如步架深肆尺柒寸伍分，按柒舉加之，得高叁尺叁寸貳分。內除伍架梁高壹尺捌寸，淨高壹尺伍寸貳分。以叁架梁之厚每尺收滾楞貳寸定厚。如叁架梁厚壹尺叁寸，得厚壹尺肆分。以本身之厚加貳寸定寬。如本身厚壹尺肆分，得寬壹尺貳寸肆分。每寬壹尺，加上、下榫各長叁寸。

凡脊瓜柱，以步架加舉定高。如步架深肆尺柒寸伍分，按玖舉加之，得高肆尺貳寸柒分。內除叁架梁高壹尺柒寸，淨高貳尺伍寸柒分，外加平水捌寸，桁條徑叁分之壹作上桁椀，如桁條徑壹尺貳寸，得桁椀高肆寸。每寬壹尺加下榫長叁寸。以叁架梁之厚每尺收滾楞貳寸定厚。如叁架梁厚壹尺叁寸，得厚壹尺肆分。以本身之厚加貳寸定寬。如本身厚壹尺肆分，得寬壹尺貳寸肆分。

凡枕頭木，以步架定長。如步架深肆尺，外加壹拽架長壹尺貳寸，內除角梁厚半分，得枕頭木長肆尺柒寸肆分。以挑簷桁徑拾分之叁定寬。如挑簷桁徑壹尺貳寸，得寬叁寸陸分。正心桁上枕頭木以步架定長。如步架深肆尺，內除角梁厚半分，得正心桁上枕頭木淨長叁尺伍寸肆分。以正心桁徑拾分之叁定寬。如正心桁徑壹尺貳寸，得寬叁寸陸分。以椽徑貳分半定高。如椽徑肆寸陸分，得枕頭木壹頭高壹尺壹寸伍分，壹頭斜尖與桁條平。兩山枕頭木做法同。

凡簷椽，以步架並出簷加舉定長。如步架深肆尺，壹拽架長壹尺貳寸，出簷肆尺，共長玖尺貳寸。內除飛簷椽頭壹尺叁寸叁分，淨長柒尺捌寸柒分。按壹壹伍加舉，得通長玖尺伍分。再加壹頭搭交尺寸，按本身之徑壹分。如本身徑肆寸陸分，即長肆寸陸分。兩山簷椽不加搭交尺寸。徑與上簷簷椽同。每椽空檔，隨椽徑壹分。每間椽數，俱應成雙。檔之寬窄，隨數均勻。

凡飛簷椽，以出簷定長。如出簷肆尺，叁分分之。出頭壹分得長壹尺叁寸叁分，後尾貳分半得長叁尺叁寸貳分。又按壹壹伍加舉，得飛簷椽通長伍尺叁寸肆分。見方與簷椽徑寸同。

凡翼角翹椽，長、徑俱與平身簷椽同。其起翹處以挑簷桁中至出簷尺寸，用方伍斜柒之法，再加壹步架，並正心桁中至挑簷桁中之拽架各尺寸定翹數。如挑簷桁中出簷肆尺，方伍斜柒加之，得長伍尺陸寸，再加步架深肆尺，壹拽架長壹尺貳寸，共長壹丈捌寸。內除角樑厚半分，得淨長壹丈叁寸肆分，即係翼角椽檔分位。翼角翹椽以成單爲率，如逢雙數，應改成單。

凡翹飛椽，以平身飛簷椽之長用方伍斜柒之法定長。如飛簷椽長伍尺叁寸肆分，用方伍斜柒加之，第壹翹得長柒尺肆寸柒分。其餘以所定翹數每根遞減長伍分伍釐，其高比飛簷椽加高半分。如飛簷椽高肆寸陸分，得翹飛椽高陸寸玖分，厚仍肆寸陸分。

凡花架椽，以步架加舉定長。如步架深肆尺柒寸伍分，按壹貳伍加舉，得長伍尺玖寸叁分。兩頭各加搭交尺寸，按本身之徑壹分。如本身徑肆寸陸分，即長肆寸陸分。徑與簷椽徑寸同。

凡腦椽，以步架加舉定長。如步架肆尺柒寸伍分，按壹叁伍加舉，得長陸尺肆寸壹分，壹頭加搭交尺寸，按本身之徑壹分。如本身徑肆寸陸分，即長肆寸陸分。徑與簷椽同。

凡橫望板、壓飛簷尾橫望板，俱以面濶、進深加舉折見方丈定長寬，以椽徑拾分之貳定厚。如椽徑肆寸陸分，得橫望板厚玖分。

凡連簷，以面濶定長。如面濶壹丈肆尺肆寸，即長壹丈肆尺肆寸。其稍間連簷，壹頭加壹步架深肆尺，壹拽架長壹尺貳寸，出簷肆尺，共長貳丈叁尺陸寸。內除角樑厚半分，淨長貳丈叁尺壹寸肆分。兩山以進深尺寸，壹頭加壹拽架並出簷，除角樑厚半分得長。其起翹處起至仔角樑。每尺加翹壹寸。高、厚與簷椽徑寸同。

凡瓦口，長與連簷同，以椽徑半分定高。如椽徑肆寸陸分，得瓦口高貳寸叁分。以本身之高折半定厚。如本身高貳寸叁分，得厚壹寸壹分。

凡裏口，以面濶定長。如面濶壹丈肆尺肆寸，即長壹丈肆尺肆寸。兩出以進深收壹步架長肆尺。以椽徑壹分再加望板厚壹分半定高。如椽徑肆寸陸分，望板厚壹分半壹寸叁分，得裏口高伍寸玖分，厚與椽徑同。

凡閘檔板，以翹椽檔分位定寬。如翹椽檔寬肆寸陸分，即閘檔板寬肆寸陸分。外加入槽每寸壹分。高隨椽徑尺寸。以椽徑拾分之貳定厚。如椽徑肆寸陸分，得閘檔板厚玖分。其小連簷自起翹處至老角樑得長。寬隨椽徑壹分。厚照望板之厚壹分半，得厚壹寸叁分。兩山閘檔板做法同。

凡椽椀、椽中板，以面濶定長。如面濶壹丈肆尺肆寸，即長壹丈肆尺肆寸。以椽徑壹分，再加椽徑叁分之壹定高。如椽徑肆寸陸分，得椽椀並椽中板高陸寸壹分。以椽徑叁分之壹定厚，得厚壹寸伍分。兩山椽椀、椽中板做法同。

凡山花板，以步架定寬。如前坡步架貳分玖尺伍寸，後坡步架貳分玖尺伍寸。內除柱徑半分壹尺壹寸，得捌尺肆寸。再加博脊壹尺伍寸，共寬壹丈玖尺肆寸。以步架加舉定高。如前坡步架深肆尺柒寸伍分，第壹步架按柒舉加之，得高叁尺叁寸貳分。第貳步架按玖舉加之，得高肆尺貳寸柒分。貳步架共得尖高柒尺伍寸玖分。再加桁條徑壹尺貳寸，共高捌尺捌寸，係斜長做法。以桁條徑肆分之壹定厚。如桁條徑壹尺貳寸，得山花板厚叁寸。

凡博縫板，以步架加舉定長。如步架深肆尺柒寸伍分，前坡第壹步架按壹貳伍加舉，得長伍尺玖寸叁分，即長伍尺玖寸叁分。第貳步架按壹叁伍加舉，得長陸尺肆寸壹分，即長陸尺肆寸壹分。後坡壹步架並博脊分位，按壹壹伍加舉，得通長柒尺壹寸捌分。以椽徑陸分定寬。如椽徑肆寸陸分，得博縫板寬貳尺柒寸陸分。厚與山花板之厚同。

以上俱係大木做法，其餘斗科及裝修等件，並各項工料，逐欵分別，另冊開載。

愛新覺羅・允禮等《工程做法》卷一七《伍檁歇山轉角閘樓大木》 伍檁歇山轉角閘樓大木做法開後，計開：

凡明間，以門洞之寬定面濶。如外門洞寬壹丈叁尺肆寸，每邊各加壹尺捌寸，得面濶壹丈柒尺。

凡稍間，以明間面濶拾分之柒定面濶。如明間面濶壹丈柒尺，得面濶壹丈壹尺玖寸。

凡進深，以甕城牆之頂寬折半定進深。如牆頂除牆皮中寬叁丈肆尺，折半得進深壹丈柒尺。

凡下簷柱，以城牆高拾分之貳定高。如城牆高叁丈伍尺，得高柒尺。內除柱頂石陸寸，得簷柱淨高陸尺肆寸。以稍間面濶拾分之柒定徑寸。如稍間面濶壹丈壹尺玖寸，得徑捌寸叁分。

凡上簷柱，以下簷柱之高定高。如下簷柱高柒尺，再加簷枋之高壹分捌寸叁分，共高柒尺捌寸叁分。徑與下簷柱徑寸同。每徑壹尺，外加上、下榫各長叁寸。

凡承重枋，以進深定長。如進深壹丈柒尺，再加兩頭出頭照簷柱徑各壹分半，如柱徑捌寸叁分，得長貳尺肆寸玖分，共長壹丈玖尺肆寸玖分。以簷柱徑加貳寸定厚。如柱徑捌寸叁分，得厚壹尺叁分。以本身之厚每尺加肆寸定高。如本身厚壹尺叁分，得高壹尺肆寸肆分。

凡楞木，以面濶定長。如面濶壹丈柒尺，即長壹丈柒尺。以承重枋之高折半定徑寸。如承重枋高壹尺肆寸肆分，得厚柒寸貳分。

凡樓板，以進深、面濶定長短、塊數。內除樓梯分位，按門口尺寸，臨期酌定。以楞木之厚肆分之壹定厚。如楞木厚柒寸貳分，得厚壹寸捌分。如墁磚，以楞木之厚，折半得厚。

凡墜千金棧轉柱，以下簷柱定高。如下簷柱高陸尺肆寸，又加柱頂陸寸，共高柒尺，即高柒尺。以簷柱之徑加貳寸定徑。如柱徑捌寸叁分，得徑壹尺叁分。

凡轉杆，以進深壹分定長。如進深壹丈柒尺，叁分分之，得長伍尺陸寸陸分。以轉柱之徑叁分之壹定徑。如柱徑壹尺叁分，得徑叁寸肆分。

凡轉柱頂，以轉柱徑加倍定見方。如柱徑壹尺叁分，得見方貳尺陸分。以本身之見方折半定高。如見方貳尺陸分，得高壹尺叁分。

凡千金棧兩傍承重柱，以下簷柱之高定高。如下簷柱淨高陸尺肆寸，即高陸尺肆寸。徑與簷柱同。

凡土簷順扒樑，以進深定長。如稍間進深壹丈柒尺，即長壹丈柒尺。外加桁條脊面半分，如桁條徑捌寸叁分，得脊面貳寸肆分，加長壹寸貳分。以簷柱徑加貳寸定厚。如柱徑捌寸叁分，得厚壹尺叁分。以本身之厚每尺加叁寸定高。如本身厚壹尺叁分，得高壹尺叁寸叁分。

凡採步金，以步架定長。如步架貳分長捌尺伍寸，兩頭各加桁條之徑壹分半，得假桁條頭分位。如桁條徑捌寸叁分，各得長壹尺貳寸肆分，通長壹丈玖寸捌分。以扒樑之高、厚，各收貳寸定高、厚。如扒樑高壹尺叁寸叁分，厚壹尺叁分。得採步金高壹尺壹寸叁分，厚捌寸叁分。

凡採步金枋，以步架貳分定長。如步架貳分長捌尺伍寸，內除交金墩之寬壹分陸寸伍分，淨長柒尺捌寸伍分。外加兩頭入榫分位，各按交金墩寬肆分之壹。高與金枋同。厚與交金墩之寬同。

凡肆角交金墩，以步架定高。如步架深肆尺貳寸伍分，按伍舉加之，得高貳尺壹寸貳分。內除扒樑之高半分陸寸陸分，淨高壹尺肆寸陸分。以採步金之厚定寬。如採步金厚捌寸叁分，每尺收滚楞貳寸，得寬陸寸陸分。以假桁條頭長貳分定長。如假桁條頭長壹尺貳寸肆分，得長貳尺肆寸捌分。

凡伍架樑，以進深定長。如進深壹丈柒尺，即長壹丈柒尺，兩頭各加桁條之徑壹分，得柁頭分位。如桁條徑捌寸叁分，得伍架樑通長壹丈捌尺陸寸陸分。高、厚與順扒樑同。

凡隨樑，以進深定長。如進深壹丈柒尺，內除柱徑壹分，外加兩頭入榫分位，各按柱徑肆分之壹。以簷柱之徑定厚。如柱徑捌寸叁分，即厚捌寸叁分。以本身之厚加貳寸定高。如本身厚捌寸叁分，得高壹尺叁分。

凡叁架樑，以步架貳分定長。如步架貳分深捌尺伍寸，即長捌尺伍寸。兩頭各加桁條徑壹分得柁頭分位，如桁條徑捌寸叁分，得叁架樑通長壹丈壹寸陸分。高、厚與採步金同。

凡金瓜柱，以步架加舉定高。如步架深肆尺貳寸伍分，按伍舉加之，得高貳尺壹寸貳分。內除伍架樑之高壹尺叁寸叁分，得淨高柒寸玖分。以叁架樑之厚每尺收滚楞貳寸定厚。如叁架樑厚捌寸叁分，得厚陸寸陸分。寬按本身之厚加貳寸，得寬捌寸陸分。每寬壹尺，外加上、下榫各長叁寸。

凡脊瓜柱，以步架加舉定高。如步架深肆尺貳寸伍分，按柒舉加之，得高貳尺玖寸陸分，又加平水高柒寸叁分，共高叁尺柒寸。再加桁條徑叁分之壹作桁椀，得貳寸柒分。內除叁架樑之高壹尺壹寸叁分，得淨高貳尺捌寸肆分。寬、厚同金瓜柱。每寬壹尺，外加下榫長叁寸。

凡簷枋，以面濶定長。如面濶壹丈柒尺，內除柱徑壹分，外加入榫分位，各按柱徑肆分之壹。其稍間照面濶，壹頭加柱徑壹分，得箍頭分位，壹頭除柱徑半分，外加入榫分位，按柱徑肆分之壹。兩山兩頭各加柱徑壹分。以簷柱徑寸定高。如柱徑捌寸叁分，即高捌寸叁分。厚按本身之高收貳寸，得厚陸寸叁分。

凡金脊枋，以面濶定長。如面濶壹丈柒尺，內除瓜柱、柁墩各壹分，外加入榫分位，各按瓜柱、柁墩寬、厚肆分之壹。其稍間金、脊枋照面濶，壹頭收壹步架深肆尺貳寸伍分，壹頭除柱徑半分，外加入榫分位，按柱徑肆分之壹。高、厚與簷枋同。如不用墊板，照簷枋高、厚各收貳寸。

凡簷墊板，以面濶定長。如面濶壹丈柒尺，內除柁頭壹分，外加兩頭入榫分位，各按柁頭拾分之貳。兩山與進深同。以簷枋之高收壹寸定寬。如簷枋高捌寸叁分，得寬柒寸叁分。以桁條徑拾分之叁定厚。如桁條徑捌寸叁分，得厚貳寸肆分。寬陸寸以上收分壹寸，陸寸以下不收分。

凡金脊墊板，以面濶定長。如面濶壹丈柒尺，內除瓜柱、柁墩之寬、厚各壹分，外加入榫分位，各按瓜柱、柁墩寬厚拾分之貳。其稍間墊板照面濶，壹頭收壹步架尺寸深肆尺貳寸伍分，壹頭除柁頭半分，外加入榫，照柁頭之厚每尺加滚楞貳寸。寬、厚與簷墊板同。採步金墊板之寬照交金墩之高。內除採步金枋之高得寬。其脊墊板照面濶除脊瓜柱徑壹分，外加兩頭入榫尺寸，各按瓜柱徑肆分之壹。

凡簷桁，以面濶定長。如面濶壹丈柒尺，即長壹丈柒尺。其稍間桁條照面濶，壹頭加交角出頭分位，按本身之徑壹分，如本身徑捌寸叁分，得出頭長捌寸叁分。兩山兩頭各加交角出頭分位，按本身之徑壹分得長。每徑壹尺，外加搭交榫長叁寸，徑寸與簷柱同。

凡金脊桁，以面闊定長。如面闊壹丈柒尺，即長壹丈柒尺。其稍間桁條照面闊，壹頭收桁條之徑壹分。如面闊壹丈壹尺玖寸，內除桁條之徑捌寸叁分，得淨長壹丈壹尺柒分。徑與簷桁同。每徑壹尺，外加搭交榫長叁寸。

凡兩山代樑頭，以桁條之徑叁分定長。如桁條徑捌寸叁分，得長貳尺肆寸玖分。以平水壹分半定高。如平水高柒寸叁分，得高壹尺玖分。厚與伍架樑同。分間做法用此。

凡四角花樑頭，以代樑頭之長定長。如代樑頭長貳尺肆寸玖分，用方伍斜柒之法，得通長叁尺肆寸捌分。高、厚與代樑頭同。

凡仔角樑，以步架並出簷加舉定長。如步架深肆尺貳寸伍分，出簷照簷柱高拾分之叁，得貳尺叁寸肆分，得長陸尺伍寸玖分。用方伍斜柒之法加長，又按壹壹伍加舉，共長壹丈陸寸壹分。再加翼角斜出椽徑叁分，如椽徑貳寸肆分，得並長壹丈壹尺叁寸叁分。再加套獸榫照角樑本身之厚壹分，如角樑厚肆寸捌分，即套獸榫長肆寸捌分，得仔角樑通長壹丈壹尺捌寸壹分。以椽徑叁分定高，貳分定厚。如椽徑貳寸肆分，得仔角樑高柒寸貳分，厚肆寸捌分。

凡老角樑，以仔角樑之長，除飛簷頭並套獸榫定長。如仔角樑長壹丈壹尺捌寸壹分，內除飛簷頭長壹尺貳寸伍分，並套獸榫長肆寸捌分，得長壹丈捌分。高、厚與仔角樑同。

凡枕頭木，以步架定長。如步架深肆尺貳寸伍分，內除角樑之厚半分，得枕頭木長肆尺壹分。以桁條之徑拾分之叁定寬。如桁條徑捌寸叁分，得枕頭木寬貳寸肆分。以椽徑貳分半定高。如椽徑貳寸肆分，得枕頭木壹頭高陸寸，壹頭斜尖與桁條平。兩山枕頭木做法同。

凡簷椽，以步架並出簷加舉定長。如步架深肆尺貳寸伍分，又加出簷尺寸照上簷柱高拾分之叁，得貳尺叁寸肆分，共長陸尺伍寸玖分。內除飛簷椽頭壹分柒寸捌分，淨長伍尺捌寸壹分。又按壹壹伍加舉，得通長陸尺陸寸捌分。以桁條之徑拾分之叁定徑寸。如桁條徑捌寸叁分，得徑貳寸肆分。兩山簷椽做法同。每椽空檔，隨椽徑壹分。每間椽數，俱應成雙。檔之寬窄，隨數均勻。

凡飛簷椽，以出簷定長。如出簷貳尺叁寸肆分，叁分分之。出頭壹分得長柒寸捌分，後尾貳分半得長壹尺玖寸伍分，又按壹壹伍加舉，得飛簷椽通長叁尺壹寸叁分。見方與簷椽徑寸同。

凡翼角翹椽，長、徑俱與平身簷椽同。其起翹之處以出簷尺寸，用方伍斜柒之法，再加步架尺寸定翹數。如出簷貳尺叁寸肆分，方伍斜柒加之，得長叁尺貳寸柒分。再加步架肆尺貳寸伍分，共長柒尺伍寸貳分。內除角樑之厚半分，得淨長柒尺貳寸捌分，即係翼角椽檔分位。但翼角翹椽以成單爲率，如逢雙數，應改成單。

凡翹飛椽，以平身飛簷椽之長，用方伍斜柒之法定長。如飛簷椽長叁尺壹寸叁分，用方伍斜柒加之，第壹翹得長肆尺叁寸捌分。其餘以所定翹數每根遞減長伍分伍釐。其高比飛簷椽加高半分。如飛簷椽高貳寸肆分，得翹飛椽高叁寸陸分，厚仍貳寸肆分。

凡腦椽，以步架加舉定長。如步架深肆尺貳寸伍分，按壹貳伍加舉，得長伍尺叁寸壹分。徑與簷椽同。以上簷、腦椽外加壹頭搭交尺寸，按本身之徑壹分。如本身徑貳寸肆分，即加長貳寸肆分。

凡兩山出稍啞叭腦椽，與正腦椽長、徑同。啞叭簷椽以挑山檩之長得長。係短椽，折半核算。

凡橫望板、壓飛簷尾橫望板，俱以面闊進深加舉折見方丈核算。以椽徑拾分之貳定厚。如椽徑貳寸肆分，得厚肆分。

凡連簷，以面闊定長。如面闊壹丈柒尺，即長壹丈柒尺。其稍間連簷，面闊壹丈壹尺玖寸，出簷貳尺叁寸肆分，共長壹丈肆尺貳寸肆分。內除角樑之厚半分，淨長壹丈肆尺。以起翹處每尺加翹壹寸，共長壹丈伍尺肆寸。兩山同。高、厚與簷椽徑寸同。

凡瓦口之長，與連簷同，以椽徑半分定高。如椽徑貳寸肆分，得瓦口高壹寸貳分。以本身之高折半定厚，得厚陸分。

凡裏口，以面闊定長。如面闊壹丈柒尺，即長壹丈柒尺。其稍間照面闊，壹頭收壹步架深肆尺貳寸伍分。兩山兩頭各收壹步架尺寸得長。以椽徑壹分，再加望板之厚壹分半定高。如椽徑貳寸肆分，望板之厚壹分半陸分，得裏口高叁寸。厚與椽徑同。

凡閘檔板，以翹檔分位定寬。如翹椽檔寬貳寸肆分，即閘檔板寬貳寸肆分。外加入槽每寸壹分。高隨椽徑尺寸。以椽徑拾分之貳定厚。如椽徑貳寸肆分，得閘檔板厚肆分。其小連簷自起翹處至老角樑得長。寬隨椽徑壹分。厚照望板之厚壹分半，得厚陸分。兩山閘檔板做法同。

凡椽椀，長隨裏口，以椽徑壹分，再加椽徑叁分之壹定高。如椽徑貳寸肆分，得椽椀高叁寸貳分。以椽徑叁分之壹定厚，得厚捌分。兩山椽椀做法同。

凡榻脚木，以步架貳分，外加桁條之徑貳分定長。如步架貳分長捌尺伍寸，外加兩頭桁條之徑各壹分，如桁條徑捌寸叁分，得榻脚木通長壹丈壹寸陸分。見方與桁條之徑同。

凡草架柱子，以步架加舉定高。如步架深肆尺貳寸伍分，按柒舉加之，得高貳尺玖寸柒分。脊桁下草架柱子即高貳尺玖寸柒分。外加兩頭入榫分位，按本身之寬、厚折半。如本身寬、厚肆寸壹分，得榫長貳寸。以榻脚木見方尺寸折半定寬、厚。如榻脚木見方捌寸叁分，得草架柱子見方肆寸壹分。

凡山花板，以步架定寬。如步架貳分深捌尺伍寸，即寬捌尺伍寸。以脊中草架柱子之高，加桁條之徑定高。如草架柱子高貳尺玖寸柒分，桁條徑捌寸叁分，得山花板中高叁尺捌寸，係尖高做法，均折核算。以桁條之徑肆分之壹定厚。如桁條徑捌寸叁分，得山花板厚貳寸。

凡博縫板，隨各椽之長得長。如腦椽長伍尺叁寸壹分，即長伍尺叁寸壹分。外加斜尖分位照本身之寬加長，如本身寬壹尺肆寸肆分，每塊即加長壹尺肆寸肆分。以椽徑陸分定寬。如椽徑貳寸肆分，得博縫板寬壹尺肆寸肆分。厚與山花板之厚同。

以上俱係大木做法，其餘各項工料及裝修等件，逐欵分別，另册開載。

愛新覺羅・允禮等《工程做法》卷一八《伍檁硬山閘樓大木》 伍檁硬山閘樓大木做法開後，計開：

凡明間，以門洞之寬定面濶。如外門洞寬壹丈叁尺肆寸，每邊各加壹尺捌寸，得面濶壹丈柒尺。

凡稍間，以明間面濶拾分之柒定面濶。如明間壹丈柒尺，得面濶壹丈壹尺玖寸。

凡進深，以城牆之頂寬折半定進深。如牆頂除牆皮中寬叁丈肆尺，折半得進深壹丈柒尺。

凡下簷柱，以城牆高拾分之貳定高。如城牆高叁丈伍尺，得高柒尺。內除柱頂石陸寸，簷柱淨高陸尺肆寸。每徑壹尺，外加上、下榫各長叁寸。以稍間面濶拾分之柒定徑寸。如稍間面濶壹丈壹尺玖寸，得徑捌寸叁分。

凡上簷柱，以下簷柱之高定高。如下簷柱高柒尺，再加簷枋之高壹分捌寸叁分，共高柒尺捌寸叁分。每徑壹尺，外加上、下榫各長叁寸。徑與下簷柱之徑同。

凡山柱，以步架加舉定高。如進深壹丈柒尺，每步架得深肆尺貳寸伍分。第壹步架按伍舉加之，得高貳尺壹寸貳分。第貳步架按柒舉加之，得高貳尺玖寸柒分，再加簷柱高柒尺捌寸叁分，得通高壹丈貳尺玖寸貳分。再加平水壹分柒寸叁分，又加桁條徑叁分之壹作桁椀，如桁條徑捌寸叁分，得桁椀貳寸柒分，共高壹丈叁尺玖寸貳分。每徑壹尺，外加下榫長叁寸。以簷柱徑加貳寸定徑。如簷柱徑捌寸叁分，得徑壹尺叁分。

凡承重枋，以進深定長。如進深壹丈柒尺，再加兩頭出頭照簷柱徑各壹分半，如柱徑捌寸叁分，得長貳尺肆寸玖分，共長壹丈玖尺肆寸玖分。以簷柱徑加貳寸定厚。如柱徑捌寸叁分，得厚壹尺叁分。以本身之厚每尺加肆寸定高。如本身厚壹尺叁分，得高壹尺肆寸肆分。

凡楞木，以面濶定長。如面濶壹丈柒尺，即長壹丈柒尺。以承重枋之高折半定徑寸。如承重枋高壹尺肆寸肆分，得徑柒寸貳分。

凡樓板，以進深、面濶定長短、塊數。內除樓梯分位，按門口尺寸，臨期酌定。以楞木厚肆分之壹定厚。如楞木厚柒寸貳分，得厚壹寸捌分。如墁磚，以楞木之厚折半得厚。

凡墜千金棧轉柱，以下簷柱定高。如下簷柱高陸尺肆寸，又加柱頂陸寸，共高柒尺，即高柒尺。以簷柱之徑加貳寸定徑。如柱徑捌寸叁分，得徑壹尺叁分。

凡轉杆，以進深叁分之壹定長。如進深壹丈柒尺，叁分分之，得長伍尺陸寸陸分。以轉柱之徑叁分之壹定徑。如柱徑壹尺叁分，得徑叁寸肆分。

凡轉柱頂，以轉柱徑加倍定見方。如柱徑壹尺叁分，得見方貳尺陸分。以本身之見方折半定高。如見方貳尺陸分，得高壹尺叁分。

凡千金棧兩傍承重柱，以下簷柱之高定高。如下簷柱淨高陸尺肆寸，即高陸尺肆寸。徑與簷柱同。

凡伍架樑，以進深定長。如進深壹丈柒尺，即長壹丈柒尺，外加兩頭桁條徑各壹分，得柁頭分位。如桁條徑捌寸叁分，共長壹丈捌尺陸寸陸分。以簷柱徑加貳寸定厚。如柱徑捌寸叁分，得厚壹尺叁分。以本身之厚每尺加叁寸定高。如本身厚壹尺叁分，得高壹尺叁寸叁分。

凡隨樑，以進深定長。如進深壹丈柒尺，內除柱徑壹分，外加兩頭入榫分位，各按柱徑肆分之壹。以簷柱徑定厚。如柱徑捌寸叁分，即厚捌寸叁分。以本身之厚加貳寸定高。如本身厚捌寸叁分，得高壹尺叁分。

凡叁架樑，以步架貳分定長。如步架貳分深捌尺伍寸，即長捌尺伍寸。兩頭各加桁條徑壹分得柁頭分位。如桁條徑捌寸叁分，共長壹丈壹寸陸分。以伍架樑之高、厚各收貳寸定高、厚。如伍架樑高壹尺叁寸叁分，厚壹尺叁分，得叁架樑高壹尺壹寸叁分，厚捌寸叁分。

凡雙步樑，以步架貳分定長。如步架貳分長捌尺伍寸，即長捌尺伍寸。外加壹頭桁條之徑壹分，得柁頭分位。如桁條徑捌寸叁分，共長玖尺叁寸叁分。高、厚與伍架樑同。

凡單步樑，以步架壹分定長。如步架壹分定肆尺貳寸伍分，即長肆尺貳寸伍分，壹頭加桁條徑壹分，得柁頭分位。如桁條徑捌寸叁分，共長伍尺捌分。高、厚與叁架樑同。

凡合頭枋，以步架貳分定長。如步架貳分長捌尺伍寸，內除前後柱徑各半分，外加入榫分位，各按柱徑肆分之壹。高、厚與隨樑枋同。

凡金瓜柱，以步架加舉定高。如步架深肆尺貳寸伍分，按伍舉加之，得高貳尺壹寸貳分。內除伍架樑之高壹尺叁寸叁分，得淨高柒寸玖分。以叁架樑之厚每尺收滚楞貳寸定厚。如叁架樑厚捌寸叁分，得厚陸寸陸分。寬按本身之厚加貳寸，得寬捌寸陸分，每寬壹尺，外加上、下榫各長叁寸。

凡脊瓜柱，以步架加舉定高。如步架深肆尺貳寸伍分，按柒舉加之，得高貳尺玖寸柒分，又加平水高柒寸叁分，共高叁尺柒寸。再加桁條徑叁分之壹作桁椀，得貳寸柒分，內除叁架樑之高壹尺壹寸叁分，得淨高貳尺捌寸肆分。寬、厚同金瓜柱。每寬壹尺，外加下榫長叁寸。

凡金脊簷枋，以面濶定長。如面濶壹丈柒尺，內除柱徑壹分，外加入榫分位，各按柱徑肆分之壹。以簷柱之徑定高。如柱徑捌寸叁分，即高捌寸叁分。以厚按本身之高收貳寸，得厚陸寸叁分。如金脊枋不用墊板，照簷枋寬厚各收貳寸。

凡金脊簷墊板，以面濶定長。如面濶壹丈柒尺，內除柁頭之厚壹分，外加入榫，照柁頭之厚每尺加滚楞貳寸。以簷枋之高收壹寸定寬。如簷枋高捌寸叁分，得寬柒寸叁分。以桁條之徑拾分之叁定厚。如桁條徑捌寸叁分，得厚貳寸肆分。寬陸寸以上照簷枋之高收分壹寸，陸寸以下不收分。其脊墊板照面濶除脊瓜柱徑壹分，外加兩頭入榫尺寸，各按瓜柱徑肆分之壹。

凡桁條，以面濶定長。如面濶壹丈柒尺，即長壹丈柒尺。其稍間桁條壹頭照山柱徑加半分。每徑壹尺外加搭交榫長叁寸。徑與簷柱同。

凡前簷椽，以步架並出簷加舉定長。如步架深肆尺貳寸伍分，又加出簷尺寸，照上簷柱高拾分之叁，得貳尺叁寸肆分，共長陸尺伍寸玖分。又按壹壹伍加舉，得通長柒尺伍寸柒分。如用飛簷椽，以出簷尺寸分叁分，去長壹分作飛簷頭。以桁條徑拾分之叁定徑寸。如桁條徑捌寸叁分，得徑貳寸肆分。每椽空檔，隨椽徑壹分。每間椽數，俱應成雙。檔之寬窄，隨數均匀。

凡後簷椽，以步架加舉定長。如步架深肆尺貳寸伍分，按壹壹伍加舉，得通長肆尺捌寸捌分，再加桁條之徑半分，得肆寸壹分，共長伍尺貳寸玖分。徑寸與前簷椽同。

凡飛簷椽，以出簷定長。如出簷貳尺叁寸肆分，叁分分之。出頭壹分得長柒寸捌分，後尾貳分得長壹尺伍寸陸分，共長貳尺叁寸肆分。又按壹壹伍加舉，得通長貳尺陸寸玖分。見方與簷椽之徑同。

凡腦椽，以步架加舉定長。如步架深肆尺貳寸伍分，即長肆尺貳寸伍分。又按壹貳伍加舉，得通長伍尺叁寸壹分。徑寸與簷椽同。以上簷腦椽壹頭加搭交尺寸，俱照椽徑加壹分。

凡連簷，以面濶定長。如面濶壹丈柒尺，即長壹丈柒尺。稍間應加墀頭分位。寬、厚與簷椽徑寸同。

凡瓦口，長隨連簷，以所用瓦料定高、厚。如頭號板瓦中高貳寸，叁分均開，貳分作底臺，壹分作山子，又加板瓦本身之高貳寸，得頭號瓦口淨高肆寸。如貳號板瓦中高壹寸柒分，叁分均開，貳分作底臺，壹分作山子，又加板瓦本身之高壹寸柒分，得貳號瓦口淨高叁寸肆分。如叁號板瓦中高壹寸伍分，叁分均開，貳分作底臺，壹分作山子，又加板瓦本身之高壹寸伍分，得叁號瓦口淨高叁寸。其厚俱按瓦口淨高尺寸肆分之壹，得頭號瓦口厚壹寸，貳號瓦口厚捌分，叁號瓦口厚柒分。如用筒瓦，即隨頭、貳、叁號板瓦瓦口，應除山子壹分之高。厚與板瓦瓦口同。

凡裏口，以面濶定長。如面濶壹丈柒尺，即長壹丈柒尺。高、厚與飛簷椽同。再加望板之厚壹分半，得裏口之加高尺寸。

凡椽椀，長短隨裏口，以椽徑定高。如椽徑貳寸肆分，再加椽徑叁分之壹，共得高叁寸貳分。以椽徑叁分之壹定厚，得厚捌分。

凡横望板、壓飛簷尾横望板，以面濶、進深加舉折見方丈核算。以椽徑拾分之貳定厚。如椽徑貳寸肆分，得厚肆分。

以上俱係大木做法，其餘各項工料及裝修等件，逐欵分别，另册開載。

愛新覺羅・允禮等《工程做法》卷一九《拾壹檁挑山倉房大木》 拾壹檁挑山倉房面濶壹丈叁尺、進深肆丈伍尺，簷柱高壹丈貳尺伍寸、徑壹尺所有大木做法開後，計開：

凡裏金柱，以進深加舉定高低如進深肆丈伍尺，分爲叁分，每分得進深壹丈伍尺，内貳分各得叁步架，每步架深伍尺。第壹步架按肆舉加之，得高貳尺；第貳步架按伍舉加之，得高貳尺伍寸；第叁步架按陸舉加之，得高叁尺，共高柒尺伍寸。並簷柱高壹丈貳尺伍寸，得通長貳丈。以簷柱徑加肆寸定徑寸。如柱徑壹尺，得徑壹尺肆寸。以上柱子，每徑壹尺，外加榫長叁寸。

凡叁穿樑，以通進深叁分之壹定長短。如通進深肆丈伍尺，壹分得長壹丈伍尺，即長壹丈伍尺。壹頭加檁徑壹分得柁頭分位，壹頭加裏金柱徑半分，又出榫照簷柱徑半分，得通長壹丈柒尺貳寸，徑壹尺伍寸。瓜柱以步架加舉定高低。如步架深伍尺，按肆舉加之，得高貳尺。内除叁穿樑頭下皮做平分位高壹尺叁寸伍分，得淨高陸寸伍分，徑壹尺。

凡雙步樑，以步架貳分定長短。如步架貳分深壹丈，壹頭加檁徑壹分得柁頭分位，壹頭加金柱徑半分，又出榫照簷柱徑半分，得通長壹丈貳尺貳寸，徑壹尺叁寸。瓜柱以步架加舉定高低。如步架深伍尺，按伍舉加之，得高貳尺伍寸。内除雙步樑頭下皮做平分位高壹尺壹寸伍分，得淨高壹尺叁寸伍分，徑壹尺。

凡單步樑，以步架壹分定長短。如步架壹分深伍尺，壹頭加檁徑壹分得柁頭分位，壹頭加金柱徑半分，又出榫照簷柱徑半分，得通長柒尺貳寸，徑壹尺壹寸。

凡伍架樑，以通進深叁分之壹定長短。如通進深肆丈伍尺，壹分得壹丈伍尺，兩頭各加檁徑壹分得柁頭分位。如檁徑壹尺，得通長壹丈柒尺，徑壹尺伍寸。瓜柱以步架加舉定高低。如步架深叁尺柒寸伍分，按柒舉加之，得高貳尺陸寸貳分，内除伍架樑頭下皮做平分位高壹尺叁寸伍分，得淨高壹尺貳寸柒分，徑壹尺。以上瓜柱，每徑壹尺，外加上、下榫各長叁寸。

凡叁架樑，以步架貳分定長短。如步架貳分深柒尺伍寸，兩頭各加檁徑壹分得柁頭分位。如檁徑壹尺，得通長玖尺伍寸，徑壹尺叁寸。瓜柱以步架加舉定高低。如步架深叁尺柒寸伍分，按捌舉加之，得高叁尺，又加平水高捌寸，再加檁徑叁分之壹作桁椀，長叁寸叁分，得通高肆尺壹寸叁分。内除叁架樑頭下皮做平分位高壹尺壹寸伍分，得淨高貳尺玖寸捌分，徑壹尺。每徑壹尺，外加下榫長叁寸。

凡簷枋，以面濶定長短。如面濶壹丈叁尺，内除柱徑壹分，外加兩頭入榫分位各按柱徑肆分之壹，得長壹丈貳尺伍寸。以簷柱徑寸定高。如柱徑壹尺，即高壹尺。厚按本身高收叁寸，得厚柒寸。如金脊枋不用墊板，照簷枋寬、厚各收貳寸。

凡墊板，以面濶定長短。如面濶壹丈叁尺，内除柁頭分位壹分，外加兩頭入榫尺寸，照柁頭之厚每尺加滚楞貳寸，得長壹丈貳尺肆分。以簷枋高收貳寸定寬。如簷枋高壹尺，得寬捌寸。以檁徑拾分之叁定厚。如檁徑壹尺，得厚叁寸。

凡檁木，以面濶定長短。如面濶壹丈叁尺，即長壹丈叁尺。每徑壹尺，外加搭交榫長叁寸。懸山做法，稍間應照出簷之法加長。徑寸俱與簷柱同。

凡簷椽，以步架並出簷加舉定長短。如步架深伍尺，又加出簷尺寸照簷柱高拾分之叁，得叁尺柒寸伍分，共長捌尺柒寸伍分，又按壹壹加舉，得通長玖尺陸寸貳分，再加搭頭分位，照檁徑壹分。廒門口壹間，簷椽不加出簷尺寸。

凡下花架椽，以步架加舉定長短。如步架深伍尺，按壹壹伍加舉，得通長伍尺柒寸伍分。

凡中花架椽，以步架加舉定長短。如步架深伍尺，按壹貳加舉，得通長陸尺。

凡上花架椽，以步架加舉定長短。如步架深叁尺柒寸伍分，按壹貳伍加舉，得通長肆尺陸寸捌分。

凡腦椽，以步架加舉定長短。如步架深叁尺柒寸伍分，按壹叁加舉，得通長肆尺捌寸柒分。以上椽子俱見方叁寸。簷腦椽壹頭加搭頭尺寸，花架椽兩頭各加搭頭尺寸，俱照檁徑壹分。

凡連簷，以面濶定長短。如面濶壹丈叁尺，即長壹丈叁尺。懸山做法隨挑山之長。寬、厚同簷椽。

凡瓦口，長短隨連簷，以所用瓦料定高、厚。如頭號板瓦中高貳寸，叁分均開，貳分作底臺，壹分作山子，又加板瓦本身之高貳寸，得頭號瓦口淨高肆寸。如貳號板瓦中高壹寸柒分，叁分均開，貳分作底臺，壹分作山子，又加板瓦本身之高壹寸柒分，得貳號瓦口淨高叁寸肆分。俱厚壹寸。

凡博縫板，照椽子淨長尺寸，外加斜搭交之長按本身寬尺寸。以椽徑柒根定寬。如椽徑叁寸，得寬貳尺壹寸。以椽徑拾分之柒定厚，得厚貳寸壹分。

凡山牆上象眼窻，以脊瓜柱定高低。如脊瓜柱除桁椀高壹尺捌寸伍分，再加檩徑、平水各壹分，共得高叁尺陸寸伍分，折半核算。以步架壹分除瓜柱徑定長短。如步架壹分深叁尺柒寸伍分，內除瓜柱徑壹分，得淨長貳尺柒寸伍分。每扇直楞厚壹寸，寬壹寸伍分，每空貳寸得捌根伍分，橫穿伍根，寬與直楞之厚同。厚以直楞厚減半，得厚伍分。週圍邊檔抹頭寬厚，俱與直楞同。

凡廒門下檻，以面濶定長短。如面濶壹丈叁尺，內除柱徑壹分，外加兩頭榫木各貳寸，得長壹丈肆尺肆寸。以柱徑拾分之捌定寬。如柱徑壹尺，得下檻寬捌寸。以本身寬折半定厚，得厚肆寸。

凡間抱柱，以簷柱定長短。如簷柱高壹丈貳尺伍寸，內除簷枋高壹尺，下檻寬捌寸，得間抱柱淨長壹丈柒寸，外加兩頭榫木各貳寸。寬、厚與下檻同。

凡閘板之高，同抱柱淨長尺寸。長按淨面濶，內除間抱柱分位，兩頭各加入槽尺寸照本身厚各壹分，以抱柱肆分之壹定厚。如抱柱厚肆寸，得厚壹寸。

叁檩氣樓面濶玖尺，進深柒尺伍寸，柱高貳尺柒寸、寬陸寸、厚伍寸，所有大木做法開後，計開：

凡榻角木，以面濶定長短。如面濶玖尺，兩頭各加壹尺，得通長壹丈壹尺。寬、厚同簷枋。

凡叁架樑，以進深定長短。如進深柒尺伍寸，兩頭各加檩徑壹分得柁頭分位，如檩徑陸寸，得通長捌尺柒寸。以簷柱徑加壹寸定厚。如柱寬陸寸，得厚柒寸。高按本身厚每尺加貳寸，得高捌寸肆分。

凡簷枋，以面濶定長短。如面濶玖尺，即長玖尺。兩頭應照柱徑尺寸加壹分得箍頭分位。以簷柱徑寸定高。如柱寬陸寸，即高陸寸。厚按本身高收貳寸，得厚肆寸。

凡脊枋，以面濶定長短。如面濶玖尺，內除柱徑壹分，外加兩頭入榫分位各按柱徑肆分之壹，得長捌尺伍寸貳分。寬、厚照簷枋各收貳寸。

凡墊板，以面濶定長短。如面濶玖尺，內除柁頭分位壹分，外加兩頭入榫尺寸，照柁頭之厚每尺加滾楞貳寸，得長捌尺肆寸肆分。以簷枋之高收壹寸定寬。如簷枋高陸寸，得寬伍寸。以檩徑拾分之叁定厚。如檩徑陸寸，得厚壹寸捌分。

凡脊瓜柱，以步架加舉定高低。如步架深叁尺柒寸伍分，按伍舉加之，得高壹尺捌寸柒分。再加檩徑叁分之壹作桁椀，得長貳寸，內除叁架樑之高捌寸肆分，得淨高壹尺貳寸叁分。以叁架樑之厚收壹寸定徑寸。如叁架樑厚柒寸，得徑陸寸。每徑壹尺，外加下榫長叁寸。

凡檩木，以面濶定長短。如面濶玖尺，兩頭各加挑山壹尺，共得長壹丈壹尺。徑寸同簷柱之寬。如簷柱寬陸寸，即徑陸寸。

凡簷椽，以步架並出簷加舉定長短。如步架深叁尺柒寸伍分，又加出簷尺寸，以柱高並榻角木拾分之陸得壹尺捌寸陸分，共長伍尺陸寸壹分。又按壹壹伍加舉，得通長陸尺肆寸伍分。以檩徑拾分之叁定徑寸。如檩徑陸寸，得見方壹寸捌分。

凡連簷、瓦口做法同前。

凡博縫板，照椽子淨長尺寸，外加斜搭交之長按本身寬尺寸。以椽徑伍根定寬。如椽徑壹寸捌分，得寬玖寸。以椽徑拾分之柒定厚，得厚壹寸貳分。

凡前、後風窻，以面濶定長短。如面濶玖尺，內除柱寬壹分，得淨長捌尺肆寸。高按簷柱高尺寸，除簷枋分位，得淨高貳尺壹寸。做法與山牆象眼窻同。

凡兩山上、下象眼窻，以進深定長短。如進深柒尺伍寸，內除柱厚壹分，得淨長柒尺。以脊瓜柱之高定高。如脊瓜柱高壹尺捌寸柒分，內除叁架樑高捌寸肆分，再加檩徑壹分得高，折半核算。其做法與廒房山牆象眼窻同。

抱厦面濶壹丈叁尺，進深柒尺伍寸，柱高玖尺伍寸、徑捌寸，所有大木做法開後，計開：

凡抱頭樑，以進深定長短。如進深柒尺伍寸，壹頭加檩徑壹分得柁頭分位，壹頭加簷柱徑半分，又出榫照抱厦簷柱徑半分，得通長玖尺貳寸，徑壹尺貳寸。

凡隨樑枋，以進深定長短。如進深柒尺伍寸，內除柱徑各半分，外加兩頭入榫分位，各按柱徑肆分之壹，得長柒尺伍分。其高、厚比簷枋各收貳寸。

凡簷枋，以面濶定長短。如面濶壹丈叁尺，兩頭應照柱徑各加壹分得箍頭分位，得通長壹丈肆尺陸寸。以簷柱徑寸定高。如柱徑捌寸，即高捌寸。厚按本身高收貳寸，得厚陸寸。

凡墊板，以面濶定長短。如面濶壹丈叁尺，即長壹丈叁尺。內除柁頭分位壹分，外加兩頭入榫尺寸，照柁頭之厚每尺加滚楞貳寸。以簷枋之高收貳寸定寬。如簷枋高捌寸，得寬陸寸。以檩徑拾分之叁定厚。如檩徑捌寸，得厚貳寸肆分。

凡檩木，以面濶定長短。如面濶壹丈叁尺，兩頭各加挑山壹尺，共得長壹丈伍尺。徑寸與簷柱同。

凡簷椽，以步架定長短。如步架長柒尺伍寸，又加出簷尺寸照簷柱高拾分之叁，得貳尺捌寸伍分，共長壹丈叁寸伍分。又按壹壹加舉，得通長壹丈壹尺叁寸捌分，見方叁寸。

凡連簷、瓦口做法同前。

凡博縫板，照椽子淨長尺寸。如椽子通長壹丈壹尺叁寸捌分，即長壹丈壹尺叁寸捌分。以椽徑伍根定寬。如椽徑叁寸，得寬壹尺伍寸。以椽徑拾分之柒定厚。如椽徑叁寸，得厚貳寸壹分。

愛新覺羅・允禮等《工程做法》卷二〇《柒檩硬山庫房大木》 柒檩硬山封護簷庫房大木做法開後，計開：

凡簷柱，以面濶拾分之捌定高低、徑寸。如面濶壹丈肆尺，得柱高壹丈壹尺貳寸，徑壹尺壹寸貳分。如次間、稍間面濶比明間窄小者，其柱檩柁枋等木徑寸，仍照明間，其面濶臨期酌奪地勢定尺寸。

凡金柱，以出廊加舉定高低。如出廊深柒尺，按伍舉加之，得高叁尺伍寸，并簷柱高壹丈壹尺貳寸，得通長壹丈肆尺柒寸。以簷柱之徑加貳寸定徑寸。如簷柱徑壹尺壹寸貳分，得金柱徑壹尺叁寸貳分。以上柱子，每徑壹尺，外加榫長叁寸。

凡抱頭樑，以出廊定長短。如出廊深柒尺，壹頭加檩徑壹分得柁頭分位，壹頭加金柱徑半分，又出榫照簷柱徑半分，得通長玖尺叁寸肆分。以簷柱徑加貳寸定厚。如柱徑壹尺壹寸貳分，得厚壹尺叁寸貳分。高按本身之厚每尺加叁寸，得高壹尺柒寸壹分。

凡穿插枋，以出廊定長短。如出廊深柒尺，壹頭加簷柱徑半分，壹頭加金柱徑半分，又兩頭出榫照簷柱徑壹分，得通長玖尺叁寸肆分。高、厚與簷枋同。

凡伍架樑，以進深定長短。如通進深叁丈肆尺，內除前後廊壹丈肆尺，進深得貳丈。兩頭各加檩徑壹分得柁頭分位。如檩徑壹尺壹寸貳分，得通長貳丈貳尺貳寸肆分。以金柱徑加貳寸定厚。如柱徑壹尺叁寸貳分，得厚壹尺伍寸貳分，高按本身之厚每尺加叁寸，得高壹尺玖寸柒分。

凡隨樑枋，以進深定長短。如進深貳丈，內除柱徑壹分，外加兩頭入榫分值，各按柱徑肆分之壹，得長壹丈玖尺叁寸肆分。其高、厚比簷枋各加貳寸。

凡金瓜柱，以步架加舉定高低。如步架深伍尺，按柒舉加之，得高叁尺伍寸，內除伍架樑高壹尺玖寸柒分，得淨高壹尺伍寸叁分。以叁架樑之厚收貳寸定徑寸。如叁架樑厚壹尺叁寸貳分，得金瓜柱徑壹尺壹寸貳分。每徑壹尺，外加上下榫各長叁寸。

凡叁架樑，以步架貳分定長短。如步架貳分深壹丈，兩頭各加檩徑壹分得柁頭分位。如檩徑壹尺壹寸貳分，得通長壹丈貳尺貳寸肆分。以伍架樑高、厚各收貳寸定高、厚。如伍架樑高壹尺玖寸柒分，厚壹尺伍寸貳分，得高壹尺柒寸柒分，厚壹尺叁寸貳分。

凡脊瓜柱，以步架加舉定高低。如步架深伍尺，按玖舉加之，得高肆尺伍寸。又按平水高壹尺貳分，再加檩徑叁分之壹作桁椀，得長叁寸柒分，共高伍尺捌寸玖分。內除叁架樑高壹尺柒寸柒分，淨高肆尺壹寸貳分。徑寸同金瓜柱。每徑壹尺，外加下榫長叁寸。

凡簷金脊枋，以面濶定長短。如面濶壹丈肆尺，內除柱徑壹分，外加兩頭入榫分位，各按柱徑肆分之壹，得長壹丈叁尺肆寸肆分。以簷柱徑寸定高。如柱徑壹尺壹寸貳分，即高壹尺壹寸貳分。厚按本身之高收貳寸，得厚玖寸貳分。

凡金脊簷墊板，以面濶定長短。如面濶壹丈肆尺，內除柁頭分位壹分，外加兩頭入榫尺寸，照柁頭之厚，每尺加滚楞貳寸，得長壹丈貳尺玖寸肆分。以簷枋之高收壹寸定高。如簷枋高壹尺壹寸貳分，得高壹尺貳分。以檩徑拾分之叁定厚。如檩徑壹尺壹寸貳分，得厚叁寸叁分。高陸寸以上者，照簷枋之高收分壹寸；陸寸以下者不收分。其脊墊板，照面濶除脊瓜柱徑壹分，外加兩頭入榫尺寸，各按瓜柱徑肆分之壹。

凡檩木，以面濶定長短。如面濶壹丈肆尺，即長壹丈肆尺。每徑壹尺，外加搭交榫長叁寸。稍間，應壹頭照柱徑加半分。徑寸俱與簷柱同。

凡板椽，以面濶、進深加舉，前、後簷各加檩徑半分，折見方丈定長、寬。以檩徑拾分之叁定厚。如檩徑壹尺壹寸貳分，得厚叁寸叁分。

凡橫望板，亦以面濶、進深加舉，前、後簷各加檁徑半分，折見方丈定長、寬。以檁徑拾分之壹定厚。如檁徑壹尺壹寸貳分，得厚壹寸壹分。

以上俱係大木做法，其餘各項工料及裝修等件，逐欵分別，另册開載。

愛新覺羅・允禮等《工程做法》卷二一《叁檁垂花門大木》 叁檁垂花門大木做法開後，計開：

凡中柱，以面濶之外每丈加肆尺定長短。如面濶壹丈，得高壹丈肆尺。以面濶拾分之壹定見方。如面濶壹丈，得見方壹尺。如稍間面濶比明間窄小者，其柱檁柁枋等木徑寸，仍照明間。稍間面濶，臨期酌奪地勢定尺寸。

凡邊柱，以中柱定長短。如中柱高壹丈肆尺，內除脊檁壹分，計陸寸，正心枋壹分，計叁寸，斗科肆寸捌分，坐斗枋壹分，計捌寸，共貳尺壹寸捌分，得淨長壹丈壹尺捌寸貳分。徑寸與中柱同。以上柱子，每見方壹尺，加榫長叁寸。

凡垂蓮柱，以中柱高叁分之壹定長短。如中柱壹丈肆尺，得長肆尺陸寸陸分。邊間以中間垂蓮柱高尺寸，內除檁枋、斗科、坐斗枋分位，得高貳尺肆寸捌分。以中柱見方尺寸拾分之陸定徑寸。如中柱見方壹尺，得徑陸寸。

凡脊額枋，以面濶定長短。如面濶壹丈，即長壹丈。以中柱徑寸收貳寸定高。如中柱見方壹尺，得高捌寸。厚按本身高收貳寸，得厚陸寸。

凡棋枋板，以面濶定寬。如面濶壹丈，內除柱徑壹分，得淨寬玖尺。以額枋厚拾分之貳定厚。如額枋厚陸寸，得厚壹寸貳分。高按中柱之高，內除檁枋、斗科、吉門口上、下檻各分位得高，臨期擬定。

凡坐斗枋，長、寬、厚俱與脊額枋同。

凡正心簷脊枋，以面濶定長短。如面濶壹丈，即長壹丈。以斗口貳分定高，壹分定厚。如斗口壹寸伍分，得高叁寸，厚壹寸伍分。

凡懸山桁條下皮用燕尾枋，以挑山之長定長短。如挑山長壹尺，即長壹尺。外壹頭加柱徑半分。以檁徑拾分之叁定厚。如檁徑陸寸，得厚壹寸捌分。寬按本身厚加貳寸，得寬叁寸捌分。

凡簷脊檁木，以面濶定長短。如面濶壹丈，即長壹丈。外加兩頭柱徑各半分，再加挑山長各壹尺，得通長壹丈叁尺。稍間，按面濶，壹頭加挑山之長。以斗口肆分定徑寸。如斗口壹寸伍分，得徑陸寸。

凡蔴葉抱頭樑，以進深定長短。如進深陸尺，兩頭各按本身高加壹分得蔴葉頭分位。如本身高壹尺，得通長捌尺。以中柱見方尺寸定寬。如中柱見方壹尺，即高壹尺。以柱寬拾分之陸定厚。如柱寬壹尺，得厚陸寸。

凡蔴葉穿插枋，以進深定長短。如進深陸尺，兩頭各按本身之高加壹分得蔴葉頭分位。如本身高柒寸，得通長柒尺肆寸。以抱頭樑寬拾分之柒定寬。如抱頭樑寬壹尺，得寬柒寸。厚按本身寬收貳寸，得厚伍寸。

凡簷額枋，以面濶定長短。如面濶壹丈，兩頭各加檁徑壹分得箍頭分位。如檁徑陸寸，得通長壹丈壹尺貳寸。稍間，壹頭加檁徑壹分得箍頭分位。以垂柱徑寸定高。如柱徑陸寸，即高陸寸。厚按本身高收貳寸，得厚肆寸。

凡簷椽，以步架壹分並出簷加舉定長短。如步架壹分深叁尺，出簷以中柱之高，內除舉架尺寸並蔴葉抱頭樑之高壹分，淨高壹丈壹尺伍寸。出簷照柱高拾分之叁得叁尺肆寸伍分。簷不過步，如步架深叁尺，出簷不過叁尺，共長陸尺，又按壹壹伍加舉，得通長陸尺玖寸。如用飛簷椽，以出簷尺寸分叁分，去長壹分作飛簷頭。以檁徑拾分之叁定徑寸，如檁徑陸寸，得徑壹寸捌分。每椽空檔，隨椽徑壹分。每間椽數，俱應成雙，檔之寬窄，隨數均勻。

凡飛簷椽，以出簷定長短。如出簷叁尺，叁分分之，出頭壹分得長壹尺，後尾貳分得長貳尺，共長叁尺。又按壹壹伍加舉，得通長叁尺肆寸伍分。見方與簷椽徑同。

凡連簷，以面濶定長短。如面濶壹丈，即長壹丈。兩頭各加挑山之長。稍間，壹頭加挑山之長。寬、厚同簷椽。

凡瓦口，長短隨連簷，以所用瓦料定高、厚。如貳號板瓦中高壹寸柒分，叁分均開，貳分作底臺，壹分作山子，又加板瓦本身高壹寸柒分，得貳號瓦口淨高叁寸肆分。如叁號板瓦中高壹寸伍分，叁分均開，貳分作底臺，壹分作山子，又加板瓦本身高壹寸伍分，得叁號瓦口淨高叁寸。如拾樣板瓦中高壹寸，叁分均開，貳分作底臺，壹分作山子，又加板瓦本身高壹寸，得拾樣瓦口淨高貳寸。其厚，俱按瓦口淨高尺寸肆分之壹，得貳號瓦口厚捌分，叁號瓦口厚柒分，拾樣瓦口厚伍分。如用筒瓦，即隨貳、叁號、拾樣板瓦瓦口，應除山子壹分之高。厚與板瓦瓦口同。

凡裏口，以面濶定長短。如面濶壹丈，兩頭各加挑山之長，得通長壹丈貳尺。稍間，壹頭加挑山之長。高、厚與飛簷椽同。再加望板厚壹分半，得裏口加高尺寸。

凡椽椀，長短隨裏口，以椽徑定高、厚。如椽徑壹寸捌分，再加椽徑叁分之壹，共得高貳寸肆分。以椽徑叁分之壹定厚，得厚陸分。

凡博縫板，照椽子淨長尺寸，外加斜搭交之長按本身寬尺寸。以椽徑柒根定寬。如椽徑壹寸捌分，得寬壹尺貳寸陸分。以椽徑拾分之柒定厚。如椽徑壹寸捌分，得厚壹寸貳分。

凡稍間靠明間兩山博縫頭，以出簷定長。如出簷叁尺，按壹壹伍加舉，得通長叁尺肆寸伍分。寬、厚與長博縫同。

凡用橫望板、壓飛簷尾橫望板，以面濶、進深加舉折見方丈定長、寬，以椽徑拾分之貳定厚。如椽徑壹寸捌分，得厚叁分。

凡抱鼓石上壺瓶牙子，以抱鼓石高定高。如抱鼓石高叁尺叁分，即高叁尺叁分。以抱鼓石長減半定寬。如抱鼓石長貳尺伍寸，得寬壹尺貳寸伍分。以中柱徑拾分之叁定厚。如中柱徑壹尺，得厚叁寸。其石鼓高、寬尺寸，載於石作册内。

凡兩山穿插枋下雲拱雀替，以進深定長短。如通進深陸尺，内除垂柱徑陸寸，中柱見方壹尺外，得長肆尺肆寸。每坡得貳尺貳寸，肆分之，雀替得叁分，長壹尺陸寸伍分，再加壹倍尺寸，並中柱徑壹分，得通長肆尺叁寸。以穿插枋之寬定高。如穿插枋寬柒寸，即高柒寸。以柱徑拾分之叁定厚。如柱徑壹尺，得厚叁寸。

凡叁伏雲子，以穿插枋厚叁分定長。如穿插枋厚伍寸，得長壹尺伍寸。高同雀替。厚按雀替之厚去包掩陸分，如雀替厚叁寸，得厚貳寸肆分。

凡拱子，以口數陸寸貳分定長短。如口數貳寸肆分，陸貳加之，得長壹尺肆寸捌分捌釐，外加入榫分位按中柱徑壹分，共得長貳尺肆寸捌分捌釐。以斗口貳分定高。如斗口貳寸肆分，得高肆寸捌分。厚與雀替同。

凡拾捌斗，以雀替之厚壹捌定長短。如雀替厚叁寸，壹捌加之，得長伍寸肆分。以叁伏雲厚得寬。如叁伏雲厚貳寸肆分，外加包掩陸分，得寬叁寸。高與叁伏雲厚同。

凡廂穿插檔，用假素雀替連墊拱板，以進深定長短。如進深陸尺，内除兩頭垂柱徑各半分，得長伍尺肆寸，外加兩頭入榫尺寸照垂柱徑肆分之壹，得通長伍尺柒寸。以穿插檔之寬定寬。如穿插檔寬柒寸，即寬柒寸。以穿插枋厚叁分之壹定厚。如穿插枋厚陸寸，得厚貳寸。

凡廂象眼，用角背或象眼板，臨期擬定。如用角背，以步架壹分定長短。如步架壹分深叁尺，即長叁尺。以中柱舉架高叁分之壹定寬。如舉架高壹尺伍寸，得寬伍寸。以中柱見方叁分之壹定厚。如柱見方壹尺，得厚叁寸叁分。如用象眼板，以步架貳分定寬。如步架貳分深陸尺，内除中柱徑壹分，淨寬伍尺。以步架壹分加舉定高低。如步架壹分深叁尺，按伍舉加之，得高壹尺伍寸。外加檁徑陸寸，共得高貳尺壹寸，厚伍分。係象眼做法，折半核算。

凡簷脊檁安壹斗叁升斗科，以斗口捌分定攢數。如明間面濶壹丈，斗口壹寸伍分，得平身科捌攢。每攢大斗壹個，以斗口叁分定長、寬，貳分定高。如斗口壹寸伍分，得長、寬各肆寸伍分，高叁寸。正心瓜拱壹件，以口數陸寸貳分定長短。如斗口壹寸伍分，陸貳加之，得長玖寸叁分。以斗口每寸加貳分肆釐定厚。如斗口壹寸伍分，貳肆加之，得叁分陸釐，如斗口壹分，得厚壹寸捌分陸釐。明間斗科攢數，俱應成雙，檔之寬窄，隨數均匀。

凡柱頭科，大斗以斗口肆分定長，叁分定寬，貳分定高。如斗口壹寸伍分，得長陸寸，寬肆寸伍分，高叁寸。正心瓜拱壹件，長、高、厚俱與平身科瓜拱同。

凡斗科，每攢槽升叁件，每件以斗口之數外加拾分之叁定長短。如斗口壹寸伍分，壹叁加之，得長壹寸玖分伍釐。以斗口之數外加拾分之柒貳定寬，如斗口壹寸伍分，柒貳加之，得寬貳寸伍分捌釐。以斗口壹分定高，如斗口壹寸伍分，即高壹寸五分。

以上俱係大木做法，其條各項工料及裝修等件，逐款分別，另册開載。

愛新覺羅・允禮等《工程做法》卷二二《方亭大木》 肆角攢尖方亭大木做法開後，計開：

凡簷柱，以面濶拾分之捌定高，拾分之柒定徑寸。如面濶壹丈，得柱高捌尺，徑柒寸。每柱徑壹尺，加榫長叁寸。

凡箍頭簷枋，以面濶定長。如面濶壹丈，外加兩頭箍頭分位，各按簷柱徑壹分，如柱徑柒寸，得通長壹丈壹尺肆寸。以柱徑定高，即高柒寸。厚按本身之高收貳寸，得厚伍寸。

凡墊板，以面濶定長。如面濶壹丈，内除花梁頭厚壹分，如花梁頭厚玖寸，除之，得長玖尺壹寸。外加兩頭入榫分位，照花梁頭之厚每尺加入榫貳寸，得榫長壹寸捌分。以簷枋之高收壹寸定高。如簷枋高柒寸，得高陸寸。以桁條徑拾分之叁定厚。如桁條徑柒寸，得厚貳寸壹分。

凡肆角花梁頭，以桁條之徑叁分定長。如桁條徑叁分，共長貳尺壹寸，用方伍斜柒加之，得通長貳尺玖寸肆分。以平水壹分半定高。如平水高陸寸，得高玖寸。以簷柱徑加貳寸定厚，得厚玖寸。

凡桁條，以面濶定長。如面濶壹丈，即長壹丈。外加兩頭搭交出頭各按本身徑壹分半。如本身徑柒寸，得搭交出頭各長壹尺伍分。徑與簷柱同。

凡抹角樑，以面濶半分，桁條脊面壹分，用方伍斜柒定長。如面濶半分寬伍尺，桁條脊面寬貳寸壹分，方伍斜柒加之，得通長柒尺貳寸玖分。以簷柱徑加貳寸定厚，得厚玖寸。以本身之厚每尺加貳寸定高，得高壹尺捌分。

凡肆角交金墩，以步架加舉定高。如步架深貳尺伍寸，按伍舉加之，得高壹尺貳寸伍分，又加桁椀高貳寸叁分，共高壹尺肆寸捌分。內除抹角樑之高壹尺捌分，得交金墩淨高肆寸。以桁條徑叁分定長，得長貳尺壹寸。以抹角樑之厚收貳寸定厚，得厚柒寸。

凡金枋，以面濶半分定長。如面濶半分寬伍尺，即長伍尺。不用墊板，照簷枋高、厚各收貳寸定高、厚，得高伍寸，厚叁寸。

凡金桁，以面濶半分定長。如面濶半分寬伍尺，即長伍尺。外加兩頭搭交出頭各按本身徑壹分半，如本身徑柒寸，得搭交出頭各長壹尺伍分。徑與簷桁同。

凡雷公柱，以簷柱徑壹分半定徑。如簷柱徑柒寸，得徑壹尺伍分。以本身之徑柒分定長，得長柒尺叁寸伍分。

凡仔角樑，以步架壹分，並出簷各尺寸，用方伍斜柒舉架定長。如步架深貳尺伍寸，出簷貳尺肆寸，得長肆尺玖寸。用方伍斜柒之法加長，又按壹壹伍加舉，共長柒尺捌寸捌分。再加翼角斜出椽徑叁分，如椽徑貳寸壹分，並得長捌尺伍寸壹分。再加套獸榫照角樑本身厚壹分，如角樑厚肆寸貳分，即套獸榫長肆寸貳分，得仔角樑通長捌尺玖寸叁分。以椽徑叁分定高，貳分定厚，得高陸寸叁分，厚肆寸貳分。

凡老角樑，以仔角樑之長，除飛簷頭並套獸榫定長。如仔角樑長捌尺玖寸叁分，內除飛簷頭長壹尺貳寸捌分，並套獸榫長肆寸貳分，得長柒尺貳寸叁分。外加後尾叁岔頭照交金墩厚壹分，如交金墩厚柒寸，得老角樑通長柒尺玖寸叁分。高、厚與仔角樑同。

凡由戧，以步架壹分定長。如步架壹分深貳尺伍寸，用方伍斜柒之法加斜長，又按壹貳伍加舉，得長肆尺叁寸柒分。高、厚與仔角樑同。

凡枕頭木，以步架壹分定長。如步架深貳尺伍寸，內除角樑厚半分，得枕頭木長貳尺貳寸玖分。以桁條徑拾分之叁定寬。如桁條徑柒寸，得寬貳寸壹分。以椽徑貳分半定高。如椽徑貳寸壹分，得高伍寸貳分。壹頭斜尖與桁條平。

凡簷椽，以步架並出簷加舉定長。如步架深貳尺伍寸，又加出簷照柱高拾分之叁得貳尺肆寸，共長肆尺玖寸。又按壹壹伍加舉，得通長伍尺陸寸叁分。如用飛簷椽，內除飛簷頭長玖寸貳分，得簷椽淨長肆尺柒寸壹分。以桁條徑拾分之叁定徑寸。如桁條徑柒寸，得徑貳寸壹分。每椽空檔，隨椽徑壹分。但椽數應成雙，檔之寬窄，隨數均勻。

凡翼角翹椽，長、徑俱與平身簷椽同。其起翹之處，以出簷尺寸用方伍斜柒之法，再加步架尺寸定翹數。如出簷貳尺肆寸，方伍斜柒加之，得長叁尺叁寸陸分。再加步架壹分，深貳尺伍寸，共長伍尺捌寸陸分，內除角樑之厚半分，得淨長伍尺陸寸伍分，即係翼角椽檔分位。翼角翹椽以成單爲率，如逢雙數，應改成單。

凡飛簷椽，以出簷定長。如出簷貳尺肆寸，按壹壹伍加舉，得長貳尺柒寸陸分，叁分分之。出頭壹分得長玖寸貳分，後尾貳分半得長貳尺叁寸，加之，得飛簷椽通長叁尺貳寸貳分。見方與簷椽徑寸同。

凡翹飛椽，以平身飛簷椽之長，用方伍斜柒之法定長。如飛簷椽長叁尺貳寸貳分，方伍斜柒加之，第壹翹得長肆尺伍寸，其餘以第壹翹之長逐根減短。其高比飛簷椽加高半分。如飛簷椽高貳寸壹分，得翹椽高叁寸壹分。厚與飛簷椽同。

凡腦椽，以面濶半分定根數，以步架加舉定長。如步架深貳尺伍寸，按壹貳伍加舉，得居中腦椽貳根，長叁尺壹寸貳分，其餘長短椽折半核算。徑與簷椽同。

凡連簷，以面濶定長。如面濶壹丈，即長壹丈。外加翼角之長得連簷通長之數。高、厚與飛簷椽見方同。

凡瓦口之長，與連簷同，以椽徑半分定高，如椽徑貳寸壹分，得瓦口高壹寸。以本身之高折半定厚，得厚伍分。

凡閘檔板，以椽檔分位定長。如椽檔寬貳寸壹分，即閘檔板長貳寸壹分，外加入槽每寸壹分。高隨椽徑尺寸。以椽徑拾分之貳定厚。如椽徑貳寸壹分，得閘檔板厚伍分。

凡小連簷，以通面寬得長，其寬隨椽徑壹分，厚照望板之厚壹分半。

凡横望板，以面濶、進深、出簷並加舉折見方丈核算。以椽徑拾分之貳定厚。如椽徑貳寸壹分，得望板厚伍分。

以上俱係大木做法，內由戧、腦椽或按壹叁加舉，或壹叁伍加舉核算，臨期酌定。其餘斗科及裝修等件並各項工料，逐欵分別，另册開載。

愛新覺羅·允禮等《工程做法》卷二三《圓亭大木》 陸柱圓亭大木做法開後，計開：

凡進深，以面濶加倍定丈尺。如每面濶伍尺，得進深壹丈。

凡每面濶，以進深減半定丈尺。如進深壹丈，得每面濶伍尺。

凡簷柱，以進深拾分之捌定高，拾分之柒定徑寸。如進深壹丈，得簷柱高捌尺，徑柒寸。每柱徑壹尺，加榫長叁寸。

凡圓簷枋，以每面濶定長。如每面濶伍尺，內除簷柱徑柒寸，淨長肆尺叁寸。外加兩頭入榫分位，各按柱徑肆分之壹。以柱徑定高，即高柒寸。厚按本身之高收貳寸，得厚伍寸。

凡圓墊板，以每面濶定長。如每面濶伍尺，內除花梁頭之厚壹分，如花梁頭厚玖寸，除之，得長肆尺壹寸。外加兩頭入榫分位，照花梁頭之厚每尺加入榫貳寸，得榫長壹寸捌分。以簷枋之高收壹寸定高。如簷枋高柒寸，得高陸寸。以桁條徑拾分之叁定厚。如桁條徑柒寸，得厚貳寸壹分。

凡花梁頭，以桁條之徑叁分定長。如桁條叁分，共長貳尺壹寸，即花梁頭長貳尺壹寸。以平水壹分半定高。如平水高陸寸，得高玖寸。以簷柱徑（如）〔加〕貳寸定厚，得厚玖寸。

凡圓桁條，以每面濶定長。如每面濶伍尺，即長伍尺。每徑壹尺，外加搭交榫長叁寸。徑與簷柱徑同。

凡扒梁，以進深捌伍定長。如進深壹丈，得扒梁長捌尺伍寸。外加桁條徑脊面壹分，如脊面寬貳寸壹分，並之，得扒梁通長捌尺柒寸壹分。以簷柱徑加貳寸定厚，得厚玖寸。以本身之厚每尺加貳寸定高，得高壹尺捌分。

凡井口扒梁，以每面濶定長。如每面濶伍尺，即長伍尺。高、厚與扒梁同。

凡交金墩，以步架加舉定高。如步架深貳尺伍寸，按伍舉加之，得高壹尺貳寸伍分，又加桁椀高貳寸叁分，共高壹尺肆寸捌分，內除扒梁之高壹尺捌分。得交金墩淨高肆寸。以桁條徑叁分定長，得長貳尺壹寸。以扒梁之厚收貳寸定厚，得厚柒寸。

凡金枋，以每面濶半分定長。如每面濶伍尺，即金枋長貳尺伍寸。不用墊板，照簷枋高、厚各收貳寸定高、厚。

凡金桁，以每面濶半分定長。如每面濶伍尺，即長貳尺伍寸。每徑壹尺，外加搭交榫長叁寸。徑與簷桁同。

凡由戧，以步架壹分定長。如步架壹分，深貳尺伍寸，用方伍斜柒之法加斜長，又按壹貳伍加舉，得長肆尺叁寸柒分。以椽徑叁分定高，貳分定厚，得高陸寸叁分，厚肆寸貳分。

凡雷公柱，以簷柱徑壹分半定徑。如簷柱徑柒寸，得徑壹尺伍分。以本身之徑柒分定長，得長柒尺叁寸伍分。

凡陸面簷椽，以步架並出簷加舉定長。如步架深貳尺伍寸，又加出簷，照柱高拾分之叁得貳尺肆寸，共長肆尺玖寸。又按壹壹伍加舉，得通長伍尺陸寸叁分。如用飛簷椽，內除飛簷頭長玖寸貳分，得簷椽子淨長肆尺柒寸壹分。以桁條徑拾分之叁定徑寸。如桁條徑柒寸，得徑貳寸壹分。每椽空檔隨椽徑壹分，但椽數應成雙，檔之寬窄，隨數均勻。

凡陸面飛簷椽，以出簷定長。如出簷貳尺肆寸，按壹壹伍加舉，得長貳尺柒寸陸分，叁分分之。出頭壹分，得長玖寸貳分，後尾貳分半得長貳尺叁寸，加之，得飛簷椽通長叁尺貳寸貳分。見方與簷椽徑寸同。

凡腦椽，以面濶半分定根數，以步架加舉定長。如步架深貳尺伍寸，按壹貳伍加舉，得腦椽長叁尺壹寸貳分。每面長椽貳根，其餘長短椽折半核算。徑與簷椽同。

凡連簷，以每面濶定長。如每面濶伍尺，即長伍尺。高、厚與飛簷椽見方同。

凡瓦口之長，與連簷同，以椽徑半分定高。如椽徑貳寸壹分，得瓦口高壹寸。以本身之高折半定厚，得厚伍分。

凡閘檔板，以椽檔分位定長。如椽檔寬貳寸壹分，即閘檔板長貳寸壹分。外加入槽每寸壹分。高隨椽徑尺寸。以椽徑拾分之貳定厚。如椽徑貳寸壹分，得閘檔板厚伍分。

凡小連簷，以每面濶得長。其寬隨椽徑壹分，厚照望板之厚壹分半。

凡望板，以面濶、進深、出簷並加舉折見方丈核算。以椽徑拾分之貳定厚。如椽徑貳寸壹分，得望板厚肆分。

凡圓枋、墊板、桁條木料，應加貳倍核算，每淨厚壹寸，得厚叁寸，其鋸下木料，量材選用。

以上俱係大木做法。內由戧腦椽，或按壹叁加舉，或壹叁伍加舉核算，臨期酌定。其餘斗科及裝修等件並各項工料，逐欵分別，另册開載。

凡肆柱、陸柱、捌柱圓亭，俱按所定進深，以徑壹圍叁分算面濶尺寸。如進深壹丈，得徑叁丈，肆柱每面濶柒尺伍寸，捌柱每面濶叁尺柒寸伍分。

愛新覺羅·允禮等《工程做法》卷二四《柒檩小式大木》　柒檩小式大木做法開後，計開：

凡簷柱，以面濶拾分之捌定高低，拾分之柒定徑寸。如面濶壹丈伍寸，得柱高捌尺肆寸，徑柒寸叁分。如次間、稍間面濶比明間窄小者，其柱、檩、柁、枋等木徑寸，仍照明間。至次間、稍間面濶，臨期酌奪地勢定尺寸。

凡金柱，以出廊加舉定高低。如出廊深叁尺，按伍舉加之，得高壹尺伍寸，並簷柱高捌尺肆寸，得通長玖尺玖寸。以簷柱徑加壹寸定徑寸。如簷柱徑柒寸叁分，得金柱徑捌寸叁分。以上柱子，每徑壹尺，外加榫長壹寸伍分。

凡山柱，以進深加舉定高低。如通進深壹丈捌尺，內除前、後廊陸尺，得進深壹丈貳尺。分爲肆步架，每坡得貳步架，每步架深叁尺。第壹步架按柒舉加之，得高貳尺壹寸。第貳步架按玖舉加之，得高貳尺柒寸，又加平水高陸寸叁分，再加檩徑叁分之壹作指椀，長貳寸肆分，共高伍尺陸寸柒分。並金柱之高玖尺玖寸，得通長壹丈伍尺伍寸柒分。徑寸與金柱同。每徑壹尺，外加榫長壹寸伍分。

凡抱頭樑，以出廊定長短。如出廊深叁尺，壹頭加檩徑壹分得柁頭分位，壹頭加金柱徑半分，又出榫照簷柱徑半分，得通長肆尺伍寸壹分。以簷柱徑加壹寸定厚。如柱徑柒寸叁分，得厚捌寸叁分。高按本身厚每尺加貳寸，得高玖寸玖分。

凡穿插枋，以出廊定長短。如出廊深叁尺，壹頭加簷柱徑半分，壹頭加金柱徑半分，又兩頭出榫照簷柱徑壹分，得通長肆尺伍寸壹分。高、厚與簷枋同。

凡伍架樑，以進深定長短。如通進深壹丈捌尺，內除前、後廊陸尺，得進深壹丈貳尺。兩頭各加檩徑壹分，得柁頭分位，如檩徑柒寸叁分，得通長壹丈叁尺肆寸陸分。以金柱徑加壹寸定厚。如柱徑捌寸叁分，得厚玖寸叁分。高按本身厚加貳寸，得高壹尺壹寸叁分。

凡金瓜柱，以步架壹分加舉定高低。如步架壹分深叁尺，按柒舉加之，得高貳尺壹寸，內除伍架樑高壹尺壹寸叁分，得淨高玖寸柒分。以叁架樑之厚收壹寸定徑寸，如叁架樑厚柒寸叁分，得徑陸寸叁分。外上、下加榫長叁寸。

凡叁架樑，以步架貳分定長短。如步架貳分深陸尺，兩頭各加檩徑壹分得柁頭分位，如檩徑柒寸叁分，得通長柒尺肆寸陸分。以伍架樑高、厚各收貳寸定高、厚。如伍架樑高壹尺壹寸叁分，厚玖寸叁分，得高玖寸叁分，厚柒寸叁分。

凡脊瓜柱，以步架壹分加舉定高低。如步架壹分深叁尺，按玖舉加之，得高貳尺柒寸。又加平水高陸寸叁分，再加檩徑叁分之壹作桁椀，長貳寸肆分，共高叁尺伍寸柒分。內除叁架樑之高玖寸叁分，得淨高貳尺陸寸肆分。徑寸與金瓜柱同。外加下榫長壹寸伍分。

凡雙步樑，以步架貳分定長短。如步架貳分深陸尺，壹頭加檩徑壹分得柁頭分位，如檩徑柒寸叁分，得通長陸尺柒寸叁分。以金柱徑加壹寸定厚。如柱徑捌寸叁分，得厚玖寸叁分。高按本身厚每尺加貳寸，得高壹尺壹寸壹分。

凡單步樑，以步架壹分定長短。如步架壹分深叁尺，壹頭加檩徑壹分得柁頭分位，如檩徑柒寸叁分，得通長叁尺柒寸叁分。以雙步樑高、厚各收貳寸定高、厚。如雙步樑高壹尺壹寸壹分，厚玖寸叁分，得高玖寸壹分，厚柒寸叁分。

凡金脊簷枋，以面濶定長短。如面濶壹丈伍寸，內除柱徑壹分，外加兩頭入榫分位，各按柱徑肆分之壹，得長壹丈壹寸叁分。以簷柱徑寸定高。如柱徑柒寸叁分，即高柒寸叁分。厚按本身高收貳寸，得厚伍寸叁分。如金脊枋不用墊板，照簷枋寬、厚各收貳寸。

凡墊板，以面濶定長短。如面濶壹丈伍寸，內除柁頭分位壹分，外加兩頭入榫尺寸，照柁頭之厚每尺加滚楞貳寸，得長玖尺捌寸叁分。以簷枋之高收壹寸定寬。如簷枋高柒寸叁分，得寬陸寸叁分。以檩徑拾分之叁定厚。如檩徑柒寸叁分，得厚貳寸壹分。寬陸寸以上者，照簷枋高收分壹寸；陸寸以下者不收分。其脊墊板，照面濶除脊瓜柱徑壹分，外加兩頭入榫尺寸，各按瓜柱徑肆分之壹。

凡檩木，以面濶定長短。如面濶壹丈伍寸，即長壹丈伍寸。如獨間成造者，應兩頭照柱徑各加半分。若有次間、稍間者，應壹頭加山柱徑半分。徑寸俱與簷柱同。

凡前、後簷椽，以出廊並出簷加舉定長短。如出廊深叁尺，又加出簷尺寸，照簷柱高拾分之叁，得貳尺伍寸貳分，共長伍尺伍寸貳分。又按壹壹伍加舉，得通長陸尺叁寸肆分。以檩徑拾分之叁定見方。如檩徑柒寸叁分，得見方貳寸壹分。每丈用椽貳拾根，每間椽數，俱應成雙。

凡花架椽，以步架壹分加舉定長短。如步架壹分深叁尺，按壹貳伍加舉，得通長叁尺柒寸伍分。見方與簷椽同。

凡腦椽，以步架壹分加舉定長短。如步架壹分深叁尺，按壹叁伍加舉，得通長肆尺伍分。見方與簷椽同。以上簷、腦椽壹頭加搭交尺寸，花架椽兩頭各加搭交尺寸，俱照椽徑壹分。

凡連簷，以面濶定長短。如面濶壹丈，即長壹丈。稍間應加墀頭分位。寬、厚同簷椽。

凡瓦口，長短隨連簷，以所用瓦料定高、厚。如頭號板瓦中高貳寸，叁分均開，貳分作底臺，壹分作山子，又加板瓦本身高貳寸，得頭號瓦口淨高肆寸。如貳號板瓦中高壹寸柒分，叁分均開，貳分作底臺，壹分作山子，又加板瓦本身高壹寸柒分，得貳號瓦口淨高叁寸肆分。如叁號板瓦中高壹寸伍分，叁分均開，貳分作底臺，壹分作山子，又加板瓦本身高壹寸伍分，得叁號瓦口淨高叁寸。其厚，俱按瓦口淨高尺寸肆分之壹，得頭號瓦口厚壹寸，貳號瓦口厚捌分，叁號瓦口厚柒分。如用筒瓦，即隨頭、貳、叁號板瓦瓦口，應除山子壹分之高。厚與板瓦瓦口同。

以上俱係大木做法，其餘各項工料及裝修等件，逐欵分別，另册開載。

如特將面濶、進深、柱高改成寬廠高矮，其木植徑寸等項，照所加高矮尺寸加算。耳房、配房、羣廊等房，照正房配合高寬。其木植徑寸，亦照加高核算。

愛新覺羅・允禮等《工程做法》卷二五《陸檩小式大木》 陸檩小式大木做法開後，計開：

凡簷柱，以面濶拾分之柒伍定高低，拾分之陸定徑寸。如面濶壹丈，得柱高柒尺伍寸，徑陸寸。如次間、稍間面濶比明間窄小者，其柱、檩、柁、枋等木徑寸，仍照明間。至次間、稍間面濶，臨期酌奪地勢定尺寸。

凡金柱，以出廊加舉定高低。如出廊深叁尺，按伍舉加之，得高壹尺伍寸，並簷柱高柒尺伍寸，得通長玖尺。以簷柱徑加壹寸定徑寸。如柱徑陸寸，得徑柒寸。以上柱子，每徑壹尺，外加榫長壹寸伍分。

凡山柱，以進深加舉除廊定高低。如通進深壹丈伍尺，内除前廊叁尺，進深得壹丈貳尺，分爲肆步架，每坡得貳步架，每步架深叁尺。第壹步架按柒舉加之，得高貳尺壹寸，第貳步架按玖舉加之，得高貳尺柒寸，又加平水高伍寸，再加檩徑叁分之壹作桁椀，得長貳寸，並金柱高玖尺，得通長壹丈肆尺伍寸。徑寸與金柱同。每徑壹尺，外加榫長壹寸伍分。

凡抱頭樑，以出廊定長短。如出廊深叁尺，壹頭加檩徑壹分得柁頭分位，壹頭加金柱徑半分，又出榫照簷柱徑半分，得通長肆尺貳寸伍分。以簷柱徑加壹寸定厚。如柱徑陸寸，得厚柒寸。高按本身厚每尺加貳寸，得高捌寸肆分。

凡穿插枋，以出廊定長短。如出廊深叁尺，壹頭加簷柱徑半分，壹頭加金柱徑半分，又兩頭出榫照簷柱徑壹分，得通長肆尺貳寸伍分。高、厚與簷枋同。

凡伍架樑，以進深除廊定長短。如通進深壹丈伍尺，内除前廊叁尺，進深得壹丈貳尺，兩頭各加檩徑壹分得柁頭分位。如檩徑陸寸，得通長壹丈叁尺貳寸。以金柱徑加壹寸定厚。如柱徑柒寸，得厚捌寸。高按本身厚加貳寸，得高壹尺。

凡金瓜柱，以步架壹分加舉定高低。如步架壹分深叁尺，按柒舉加之，得高貳尺壹寸，内除伍架樑高壹尺，得淨高壹尺壹寸。以叁架樑之厚收壹寸定徑寸。如叁架樑厚陸寸，得徑伍寸。每徑壹尺，外加上、下榫長叁寸。

凡叁架樑，以步架貳分定長短。如步架貳分深陸尺，兩頭各加檩徑壹分得柁頭分位。如檩徑陸寸，得通長柒尺貳寸。以伍架樑高、厚各收貳寸定高、厚。如伍架樑高壹尺，厚捌寸，得高捌寸，厚陸寸。

凡脊瓜柱，以步架壹分加舉定高低。如步架壹分深叁尺，按玖舉加之，得高貳尺柒寸。又加平水高伍寸，再加檩徑叁分之壹作桁椀，得長貳寸，通高叁尺肆寸。内除叁架樑高捌寸，得淨高貳尺陸寸。徑寸與金瓜柱同。每徑壹尺，外加下榫長壹寸伍分。

凡雙步樑，以步架貳分定長短。如步架貳分深陸尺，壹頭加檩徑壹分得柁頭分位，如檩徑陸寸，得通長陸尺陸寸。以金柱徑加壹寸定厚。如柱徑柒寸，得厚捌寸。高按本身厚每尺加貳寸，得高玖寸陸分。

凡單步樑，以步架壹分定長短。如步架壹分深叁尺，壹頭加檩徑壹分得柁頭分位。如檩徑陸寸，得通長叁尺陸寸。以雙步樑高、厚各收貳寸定高、厚。如雙步樑高玖寸陸分，厚捌寸，得高柒寸陸分，厚陸寸。

凡金脊簷枋，以面濶定長短。如面濶壹丈，内除柱徑壹分，外加兩頭入榫分位，各按柱徑肆分之壹，得長玖尺柒寸。以簷柱徑寸定高。如簷柱徑陸寸，即高陸寸。厚按本身高收貳寸，得厚肆寸。如金脊枋不用墊板，照簷枋寬、厚各收貳寸。

凡墊板，以面濶定長短。如面濶壹丈，内除柁頭分位壹分，外加兩頭入榫尺寸，照抱頭樑厚每尺加滾楞貳寸，得長玖尺肆寸肆分。以簷枋之高收壹寸定寬。如簷枋高陸寸，得寬伍寸。以檩徑拾分之叁定厚。如檩徑陸寸，得厚壹寸捌分。寬陸寸以上者，照簷枋高收分壹寸；陸寸以下者不收分。其脊墊板，照面濶除脊瓜柱徑壹分，外加兩頭入榫尺寸，各按瓜柱徑肆分之壹。

凡檩木，以面濶定長短。如面濶壹丈，即長壹丈。如獨間成造者，應兩頭照柱徑各加半分，若有次間、稍間者，應壹頭加山柱徑半分。徑寸俱與簷柱同。

凡前簷椽，以出廊並出簷加舉定長短。如出廊深叁尺，又加出簷尺寸，照前簷柱高拾分之叁得貳尺貳寸伍分，共長伍尺貳寸伍分。又按壹伍加舉，得通長陸尺叁分。如後簷椽步架深叁尺，即長叁尺，又加出簷尺寸，照後簷柱高拾分之叁得貳尺柒寸，共長伍尺柒寸。又按壹貳伍加舉，得通長柒尺壹寸貳分。以檩徑拾分之叁定見方。如檩徑陸寸，得見方壹寸捌分。每丈用椽貳拾根，每間椽數，俱應成雙。

凡後簷封護簷椽，以步架加舉定長短。如步架深叁尺，再加檩徑半分，共長叁尺叁寸，又按壹貳伍加舉，得通長肆尺壹寸貳分。見方與簷椽同。

凡前簷花架椽以步架加舉定長短。如步架深叁尺，按壹貳伍加舉，得通長叁尺柒寸伍分。見方與簷椽同。

凡腦椽，以步架加舉定長短。如步架深叁尺，按壹叁伍加舉，得通長肆尺伍分。見方與簷椽同。以上簷、腦椽，壹頭加搭交尺寸，花架椽兩頭各加搭交尺寸，俱照椽徑壹分。

凡連簷，以面濶定長短。如面濶壹丈，即長壹丈。稍間應加墀頭分位。寬、厚同簷椽。

凡瓦口，長短隨連簷，以所用瓦料定高厚。如貳號板瓦中高壹寸柒分，叁分均開，貳分作底臺，壹分作山子，又加板瓦本身高壹寸柒分，得貳號瓦口淨高叁寸肆分。如叁號板瓦中高壹寸伍分，叁分均開，貳分作底臺，壹分作山子，又加板瓦本身高壹寸伍分，得叁號瓦口淨高叁寸。其厚，俱按瓦口淨高尺寸肆分之壹，得貳號瓦口厚捌分，叁號瓦口厚柒分。如用筒瓦，即隨貳、叁號板瓦瓦口，應除山子壹分之高。厚與板瓦瓦口同。

以上俱係大木做法，其餘各項工料及裝修等件，逐欵分別，另册開載。

如特將面濶、進深、柱高改放寬廠高矮，其木植徑寸等項，照所加高矮尺寸加算。耳房、配房、羣廊等房，照正房配合高寬。其木植徑寸，亦照加高核算。

愛新覺羅・允禮等《工程做法》卷二六《伍檩小式大木》　伍檩小式大木做法開後，計開：

凡簷柱，以面濶拾分之柒定高低，拾分之伍定徑寸。如面濶壹丈，得柱高柒尺，徑伍寸。每徑壹尺，外加榫長壹寸伍分。如次間、稍間面濶比明間窄小者，其柱檩柁枋等木徑寸仍照明間。至次間、稍間面濶，臨期酌奪地勢定尺寸。

凡山柱，以進深加舉定高低。如進深壹丈貳尺，分爲肆步架，每坡得貳步架，每步架深叁尺。第壹步架按伍舉加之，得高壹尺伍寸；第貳步架按柒舉加之，得高貳尺壹寸，又加平水高伍寸，再加檩徑叁分之壹作桁椀，得長貳寸，並簷柱高柒尺，得通長壹丈壹尺叁寸。以簷柱徑加壹寸定徑寸。如柱徑伍寸，得徑陸寸。每徑壹尺，外加榫長壹寸伍分。

凡伍架樑，以進深定長短。如進深壹丈貳尺，兩頭各加檩徑壹分得柁頭分位。如檩徑陸寸，得通長壹丈叁尺貳寸。以簷柱徑加貳寸定厚。如柱徑伍寸，得厚柒寸。高按本身厚加貳寸，得高玖寸。

凡金瓜柱，以步架加舉定高低。如步架深叁尺，按伍舉加之，得高壹尺伍寸，內除伍架樑高玖寸，得淨高陸寸。以叁架樑厚收壹寸定徑寸。如叁架樑厚伍寸，得徑肆寸。每徑壹尺，外加上、下榫長叁寸。

凡叁架樑，以步架貳分定長短。如步架貳分深陸尺，兩頭各加檩徑壹分得柁頭分位，如檩徑陸寸，得通長柒尺貳寸。以伍架樑高、厚各收貳寸定高、厚。如伍架樑高玖寸，厚柒寸，得高柒寸，厚伍寸。

凡雙步樑，以步架貳分定長短。如步架貳分深陸尺，壹頭加檩徑壹分得柁頭分位，如檩徑陸寸，得通長陸尺陸寸。以簷柱徑加壹寸定厚。如柱徑伍寸，得厚陸寸。高按本身厚每尺加貳寸，得高柒寸貳分。

凡單步樑，以步架壹分定長短。如步架壹分深叁尺，壹頭加檩徑壹分得柁頭分位，如檩徑陸寸，得通長叁尺陸寸。以雙步樑高、厚各收壹寸定高、厚。如雙步樑高柒寸貳分，厚陸寸，得高陸寸貳分，厚伍寸。

凡脊瓜柱，以步架加舉定高低。如步架深叁尺，按柒舉加之，得高貳尺壹寸。又加平水高伍寸，再加檩徑叁分之壹作桁椀，長貳寸，得通高貳尺捌寸。內除叁架樑高柒寸，得淨高貳尺壹寸。徑寸與金瓜柱同。每徑壹尺，外加下榫長壹寸伍分。

凡金脊簷枋，以面濶定長短。如面濶壹丈，內除柱徑壹分，外加兩頭入榫分位，各按柱徑肆分之壹，得長玖尺柒寸伍分。以簷柱徑寸定高。如簷柱徑伍寸，即高伍寸。厚按本身高收貳寸，得厚叁寸。如金脊枋不用墊板，按檩徑拾分之叁定厚。如檩徑陸寸，得厚壹寸捌分。寬按本身厚加貳寸，得寬叁寸捌分。

凡墊板，以面濶定長短。如面濶壹丈，内除柁頭分位壹分，外加兩頭入榫尺寸，照柁頭之厚每尺加滚楞貳寸，得長玖尺肆寸肆分。以簷枋高定寬。如簷枋高伍寸，即寬伍寸。以檩徑拾分之叁定厚。如檩徑陸寸，得厚壹寸捌分。其脊墊板，照面濶除脊瓜柱徑壹分，外加兩頭入榫尺寸，各按瓜柱徑肆分之壹。

凡檩木，以面濶定長短。如面濶壹丈，即長壹丈。如獨間成造者，應兩頭照柱徑各加半分。若有次間、稍間者，應壹頭加山柱徑半分。徑按簷柱徑加壹寸。如柱徑伍寸，得檩徑陸寸。

凡前、後簷椽，以步架並出簷加舉定長短。如步架深叁尺，又加出簷尺寸，照簷柱高拾分之叁，得貳尺壹寸，共長伍尺壹寸。又按壹壹伍加舉，得通長伍尺捌寸陸分。以檩徑拾分之叁定見方。如檩徑陸寸，得見方壹寸捌分。每丈用椽貳拾根。每間椽數，俱應成雙。

凡腦椽，以步架加舉定長短。如步架深叁尺，按壹貳伍加舉，得通長叁尺柒寸伍分。見方與簷椽同。以上簷、腦椽，壹頭加搭交尺寸，照椽徑壹分。

凡連簷，以面濶定長短。如面濶壹丈，即長壹丈。稍間應加墀頭分位。寬、厚同簷椽。

凡瓦口，長短隨連簷，以所用瓦料定高、厚。如貳號板瓦中高壹寸柒分，叁分均開，貳分作底臺，壹分作山子，又加板瓦本身高壹寸柒分，得貳號瓦口淨高叁寸肆分。如叁號板瓦中高壹寸伍分，叁分均開，貳分作底臺，壹分作山子，又加板瓦本身高壹寸伍分，得叁號瓦口净高叁寸。其厚，俱按瓦口淨高尺寸肆分之壹，得貳號瓦口厚捌分，叁號瓦口厚柒分。如用筒瓦，即隨貳、叁號板瓦瓦口，應除山子壹分之高。厚與板瓦瓦口同。

凡無金脊枋墊，用替木，以柱徑定長。如柱徑伍寸，即長伍寸。以柱徑拾分之叁定寬、厚。如柱徑伍寸，得寬、厚各壹寸伍分。

以上俱係大木做法，其餘各項工料及裝修等件，逐欵分別，另册開載。

愛新覺羅・允禮等《工程做法》卷二七《肆檩小式大木》　肆檩捲棚小式大木做法開後，計開：

凡簷柱，以面濶拾分之柒定高低，拾分之伍定徑寸。如面濶壹丈，得柱高柒尺，徑伍寸。如次間、稍間面濶比明間窄小者，其柱、檩、柁、枋等木徑寸仍照明間。至次間、稍間面濶，臨期酌奪地勢定尺寸。

凡肆架樑，以進深定長短。如進深壹丈貳尺，兩頭各加檩徑壹分，得柁頭分位。如檩徑陸寸，得通長壹丈叁尺貳寸。以簷柱徑加貳寸定厚。如簷柱徑伍寸，得厚柒寸。高按本身之厚加貳寸，得高玖寸。

凡頂瓜柱，以舉架定高低。如進深壹丈貳尺，前後得步架各肆尺捌寸，按伍舉加之，得高貳尺肆寸，内除肆架樑高玖寸，得淨高壹尺伍寸。以月樑之厚收壹寸定徑寸。如月樑厚伍寸，得徑肆寸。外加上、下榫長叁寸。

凡月樑，以進深定長短。如進深壹丈貳尺，伍分分之，居中壹分深貳尺肆寸，兩頭各加檩徑壹分，得柁頭分位。如檩徑陸寸，得通長叁尺陸寸。以肆架樑之高、厚各收貳寸定高、厚。如肆架樑高玖寸，厚柒寸，得高柒寸，厚伍寸。

凡脊簷枋，以面濶定長短。如面濶壹丈，内除柱徑壹分，外加兩頭入榫分位，各按柱徑肆分之壹，得長玖尺柒寸伍分。以簷柱徑寸定高。如柱徑伍寸，即高伍寸。厚按本身之高收貳寸，得厚叁寸。如脊枋不用墊板，按檩徑拾分之叁定厚。如檩徑陸寸，得厚壹寸捌分。寬按本身之厚加貳寸，得寬叁寸捌分。

凡墊板，以面濶定長短。如面濶壹丈，内除柁頭分位壹分，外加兩頭入榫尺寸，照柁頭之厚每尺加滚楞貳寸，得長玖尺肆寸肆分。以簷枋之高定高。如簷枋高伍寸，即高伍寸。以檩徑拾分之叁定厚。如檩徑陸寸，得厚壹寸捌分。其脊墊板，照面濶除脊瓜柱徑壹分，外加兩頭入榫尺寸，各按瓜柱徑肆分之壹。

凡檩木，以面濶定長短。如面濶壹丈，即長壹丈。如獨間成造，應兩頭照柱徑各加半分。如有次間、稍間，應壹頭加柱徑半分。徑按簷柱徑加壹寸。如柱徑伍寸，得檩徑陸寸。

凡機枋條子，長隨檩木，以檩徑拾分之叁定寬。如檩徑陸寸，得寬壹寸捌分。以椽徑叁分之壹定厚。如椽方壹寸捌分，得厚陸分。

凡前、後簷椽，以步架並出簷加舉定長短。如步架深肆尺捌寸，又加出簷尺寸，照簷柱高拾分之叁，得貳尺壹寸，共長陸尺玖寸。又按壹壹伍加舉，得通長柒尺玖寸叁分。以檩徑拾分之叁定見方。如檩徑陸寸，得見方壹寸捌分。壹頭加搭交尺寸，照椽方加壹分。每丈用椽貳拾根，每間椽數俱應成雙。

凡頂椽，以月樑定長短。如月樑長貳尺肆寸，兩頭各加檩徑半分，得通長叁尺。見方與簷椽徑寸同。

凡連簷，以面濶定長短。如面濶壹丈，即長壹丈。稍間應加墀頭分位。寬厚同簷椽。

凡瓦口，長短隨連簷，以所用瓦料定高、厚。如貳號板瓦中高壹寸柒分，叁分均開，貳分作底臺，壹分作山子，又加板瓦本身之高壹寸柒分，得貳號瓦口淨高叁寸肆分。如叁號板瓦中高壹寸伍分，叁分均開，貳分作底臺，壹分作山子，又加板瓦本身之高壹寸伍分，得叁號瓦口淨高叁寸。其厚俱按瓦口淨高尺寸肆分之壹，得貳號瓦口厚捌分，叁號瓦口厚柒分。如用筒瓦，即隨貳、叁號板瓦之瓦口，應除山子壹分之高。厚與板瓦瓦口同。

凡無脊枋墊，用替木，以柱徑定長。如柱徑伍寸，即長伍寸。以柱徑拾分之叁定寬、厚。如柱徑伍寸，得寬、厚壹寸伍分。

以上俱係大木做法，其餘各項工料及裝修等件，逐欵分別，另册開載。

如特將面濶、進深、柱高改放寬敞高矮，其木植徑寸等項照所加高矮尺寸加算；耳房、配房、羣廊等房，照正房配合高寬。其木植徑寸，亦照加高核算。

愛新覺羅・允禮等《工程做法》卷二八《斗科做法》 斗科各項尺寸做法開後，計開：

凡算斗科，上升、斗、拱、翹等件長短、高厚尺寸，俱以平身科迎面安翹昂斗口寬尺寸爲法核算。斗口有頭等才、貳等才，以至拾壹等才之分。頭等才迎面安翹昂斗口寬陸寸，貳等才斗口寬五寸伍分，自叁等才以至拾壹等才，各遞減伍分，即得斗口尺寸。

凡算桁椀之高，以正心枋中至挑簷枋中尺寸爲實，按加舉之數爲法乘之，即得桁椀高之尺寸。

凡頭昂後帶翹頭，每斗口壹寸，從拾捌斗底中線以外加長伍分肆釐。惟單翹單昂者後帶菊花頭，不加拾捌斗底。

凡貳昂後帶菊花頭，每斗口壹寸，其菊花頭應長叁寸。

凡螞蚱頭後帶陸分頭，每斗口壹寸，從拾捌斗外皮以後再加長陸分。惟斗口單昂者後帶麻葉頭，其加長照撐頭木上麻葉頭之法。

凡撐頭木後帶麻葉頭，其麻葉頭除壹拽架分位外，每斗口壹寸，再加長伍分肆釐。惟斗口單昂者後不帶菊花頭。

凡昂，每斗口壹寸，俱從昂嘴中線以外再加昂嘴長叁分。

凡斗科分檔尺寸，每斗口壹寸，應檔寬壹尺壹寸。從兩斗底中線算，如斗口貳寸伍分，每壹檔應寬貳尺柒寸伍分。

平身科：

大斗壹個，每斗口寬壹寸，大斗應長叁寸，寬叁寸，高貳寸。斗口高捌分，斗底寬貳寸貳分，長貳寸貳分，底高捌分，腰高肆分。

單翹，每斗口寬壹寸，應長柒寸壹分，高貳寸，寬壹寸。

重翹，每斗口寬壹寸，應長壹尺叁寸壹分，高寬與單翹同。

正心瓜拱，每斗口寬壹寸，應長陸寸貳分，寬壹寸貳分肆釐，高貳寸。

正心萬拱，每斗口寬壹寸，應長玖寸貳分，高、寬與正心瓜拱同。

頭昂，每斗口壹寸，應前高叁寸，中高貳寸，寬壹寸。其長如斗口單昂、斗口重昂者，應長玖寸捌分伍釐。單翹單昂者，長壹尺伍寸叁分。單翹重昂者，長壹尺伍寸捌分伍釐。重翹重昂者，長貳尺壹寸捌分伍釐。

貳昂，高厚與頭昂尺寸同。如斗口重昂者，應長壹尺伍寸叁分。單翹重昂者，長貳尺壹寸叁分。重翹重昂者，長貳尺柒寸叁分。

螞蚱頭，每斗口壹寸，應高貳寸，寬壹寸。如斗口單昂者，應長壹尺貳寸伍分肆釐。單翹單昂並斗口重昂者，長壹尺伍寸陸分。單翹重昂者，長貳尺壹寸陸分。重翹重昂者，長貳尺柒寸陸分。

撐頭木，每斗口壹寸，應高貳寸，寬壹寸。如斗口單昂者，應長陸寸。單翹單昂並斗口重昂者，長壹尺伍寸伍分肆釐。單翹重昂者，長貳尺壹寸伍分肆釐。重翹重昂者，長貳尺柒寸伍分肆釐。

單才瓜拱，每斗口壹寸，應高壹寸肆分，寬壹寸，長陸寸貳分。

單才萬拱，每斗口壹寸，應長玖寸貳分，高壹寸肆分，寬壹寸。

廂拱，每斗口壹寸，應長柒寸貳分，高壹寸肆分，寬壹寸。

桁椀，每斗口壹寸，應寬壹寸。如斗口單昂者，應長陸寸。單翹單昂並斗口重昂者，長壹尺貳寸。單翹重昂者，長壹尺捌寸。重翹重昂者，長貳尺肆寸。高按拽架加舉。

拾捌斗，每斗口寬壹寸，拾捌斗應長壹寸捌分，寬壹寸肆分捌釐，高壹寸。斗底寬壹寸壹分，長壹寸肆分。口高肆分，腰高貳分，底高肆分。

叁才升，每斗口寬壹寸，叁才升應長壹寸叁分，寬壹寸肆分捌釐，高壹寸。升底寬壹寸壹分，長玖分。口高肆分，腰高貳分，底高肆分。

槽升，每斗口寬壹寸，槽升應長壹寸叁分，寬壹寸柒分貳釐，高壹寸。升底寬壹寸叁分貳釐，長玖分。口高肆分，腰高貳分，底高肆分。

柱頭科：

大斗壹個，每斗口壹寸，大斗應長肆寸，寬叁寸，高貳寸。迎面安翹、昂，斗口寬貳寸，高捌分。按正心瓜拱之斗口寬壹寸貳分伍釐，高捌分。

單翹，每斗口寬壹寸，單翹應長柒寸壹分，高柒寸，寬貳寸。

重翹，每斗口寬壹寸，重翹應長壹尺叁寸壹分，高貳寸，寬已於桃尖樑上聲明。

桃尖樑頭應寬尺寸，按平身科迎面斗口加肆倍。如斗口寬壹寸，桃尖樑頭得寬肆寸。

翹昂，本身之寬，俱與單翹同。至通寬尺寸，按桃尖樑頭之寬尺寸折半。除斗口單昂，單翹不加外，如斗口重昂者，將桃尖樑頭折半尺寸貳分均之，貳昂得壹分。單翹單昂者，亦貳分均之，單昂得壹分。單翹重昂者，叁分均之，頭昂得壹分，貳昂得貳分。重翹重昂者，肆分均之，貳翹得壹分，頭昂得貳分，貳昂得叁分，再加本身之寬，即得通寬之數。

頭昂，每斗口寬壹寸。頭昂應前高叁寸，中高貳寸，寬已於桃尖樑上聲明，長與平身科頭昂規矩尺寸同。

貳昂，每斗口寬壹寸，貳昂應前高叁寸，中高貳寸，寬已於桃尖樑上聲明，長與平身科貳昂規矩尺寸同。

螞蚱頭、撐頭木、桁椀分位，俱係桃尖樑本身連做。

桶子拾捌斗，每斗口寬壹寸，拾捌斗應高壹寸，寬壹寸肆分捌釐，其長在單翹重昂下者，按單翹重昂寬之尺寸；頭昂下者，按頭昂寬之尺寸；貳昂下者，按貳昂寬之尺寸；桃尖樑下者，按桃尖樑頭寬之尺寸。外每斗口壹寸，各加長捌分，即得通長之數。斗底之長寬，按拾捌斗通長寬之尺寸。每斗高壹寸，兩頭各收貳分，即得斗底長寬尺寸。

正心瓜拱、正心萬拱，單才瓜拱、單才萬拱，廂拱、槽升、叁才升等件之長短、高寬尺寸，俱與平身科算法尺寸同。

角科：

大斗壹個，長、寬、高並兩面斗口尺寸，俱與平身科同。其安斜翹斗口，每平身科斗口壹寸，應寬壹寸伍分，高柒分。

斜頭翹，每斗口壹寸，應高貳寸，寬壹寸伍分，長按平身科頭翹共長尺寸，每壹尺加長肆寸，即得通長之數。

搭角正頭翹後帶正心瓜拱，每斗口壹寸，頭翹應寬壹寸，長叁寸伍分伍釐，瓜拱寬壹寸貳分肆釐，長叁寸壹分，各高貳寸。

斜貳翹，每斗口壹寸，應高貳寸，長按平身科貳翹共長尺寸，每壹尺加長肆寸，即得通長之數，寬已於老角樑上聲明。

搭角正貳翹後帶正心萬拱，每斗口壹寸，正貳翹應長陸寸伍分伍釐，高貳寸，寬壹寸。正心萬拱長肆寸陸分，寬壹寸貳分肆釐，高貳寸。

搭角鬧貳翹後帶單才瓜拱，每斗口壹寸，鬧貳翹應長陸寸伍分伍釐，高貳寸，寬壹寸。單才瓜拱應長叁寸壹分，寬壹寸，高壹寸肆分。

斜角頭昂後帶翹頭，每斗口壹寸，應前高叁寸，中高貳寸。長按平身科頭昂共長尺寸，每壹尺加長肆寸，即得通長之數。寬已於老角樑上聲明。

搭角正頭昂後帶正心瓜拱，或正心萬拱，或帶正心枋，每斗口壹寸，正頭昂應前高叁寸，中高貳寸，寬壹寸。其長，如斗口單昂、斗口重昂者，其頭昂應長陸寸叁分；單翹單昂、翹重昂者，長玖寸叁分；重翹重昂者，長壹尺貳寸叁分。正心瓜拱長叁寸壹分，高寬同正心萬拱。正心萬拱長肆寸陸分，寬壹寸貳分肆釐，高貳寸。正心枋壹頭接正頭昂，長按出廊面濶尺寸，高寬與萬拱同。

搭角鬧頭昂後帶單才瓜拱，或帶單才萬拱，每斗口壹寸。鬧頭昂應前高叁寸，中高貳寸，寬壹寸，長與搭角正頭昂尺寸同。單才瓜拱長叁寸壹分，單才萬拱長肆寸陸分，俱寬壹寸，高壹寸肆分。

斜角貳昂後帶菊花頭，每斗口壹寸，應前高叁寸，中高貳寸，長按平身科貳昂共長尺寸，每壹尺外加長肆寸，即得通長之數。寬已於老角樑上聲明。

搭角正貳昂後帶正心萬拱，或帶正心枋，每斗口壹寸。正貳昂應前高叁寸，中高貳寸，寬壹寸。其長，如斗口重昂者，其貳昂應長玖寸叁分；單翹重昂者，長壹尺貳寸叁分，重翹重昂者，長壹尺伍寸叁分。正心萬拱長肆寸陸分，寬壹寸貳分肆釐，高貳寸。正心枋壹頭接貳昂，長按出廊面濶尺寸，高貳寸，寬壹寸貳分伍釐。

搭角鬧貳昂後帶單才瓜拱，或單才萬拱，每斗口壹寸。鬧貳昂應前高叁寸，中高貳寸，寬壹寸。長與搭角正貳昂尺寸同。單才瓜拱長叁寸壹分，寬壹寸，高壹寸肆分。如單才萬拱長肆寸陸分，寬壹寸，高壹寸肆分。

由昂上帶斜螞蚱頭、斜撐頭木、斜挑簷桁椀，後帶陸分頭、蔴葉頭，每斗口壹寸，應高伍寸伍分。寬已於老角樑上説明。其長，如斗口單昂者，應長貳尺壹寸柒分肆釐；斗口重昂並單翹單昂者，長叁尺叁分；單翹重昂者，長叁尺捌寸捌分陸釐；重翹重昂者，長肆尺柒寸肆分貳釐。

搭角正螞蚱頭後帶正心萬拱，或正心枋，每斗口壹寸。正螞蚱頭應高貳寸，寬壹寸。其長，如斗口單昂者，應長陸寸；斗口重昂、單翹單昂者，長玖寸；單翹重昂者，長壹尺貳寸；重翹重昂者，長壹尺伍寸。正心萬拱長肆寸陸分，寬壹寸貳分肆釐，高貳寸。正心枋壹頭接正螞蚱頭，長按出廊面濶尺寸算，高貳寸，厚壹寸貳分伍釐。

搭角鬧螞蚱頭後帶拽枋，或單才萬拱，每斗口壹寸。鬧螞蚱頭應高貳寸，寬壹寸，長與正螞蚱頭尺寸同。後拽枋壹頭接鬧螞蚱頭，長按出廊面濶尺寸算，高貳寸，寬壹寸。如帶單才萬拱，每斗口壹寸，應高壹寸肆分，寬壹寸，長肆寸陸分。

搭角正撐頭木後帶正心枋，每斗口壹寸。正撐頭木應高貳寸，寬壹寸。其長，如斗口單昂者，應長叁寸；斗口重昂並單翹單昂者，長陸寸；單翹重昂者，長玖寸；重翹重昂者，長壹尺貳寸。後正心枋壹頭接正撐頭木，長按出廊面濶尺寸算，高貳寸，厚壹寸貳分伍釐。

搭角鬧撐頭木後帶拽枋，每斗口壹寸，應高貳寸，寬壹寸，長與正撐頭木尺寸同。拽枋壹頭接鬧撐頭木，長按出廊面濶尺寸算，高貳寸，厚壹寸。

裏連頭合角單才瓜拱，如斗口重昂、單翹單昂者，用貳件。每斗口壹寸，每件應長伍寸肆分。單翹重昂者，用肆件，內貳件各長伍寸肆分，貳件各長貳寸貳分。重翹重昂者，用肆件，內貳件各長伍寸肆分，貳件各長貳寸貳分。其高、寬俱與平身科單才瓜拱尺寸同。

裏連頭合角單才萬拱，如斗口重昂、單翹單昂者，用貳件。每斗口壹寸，每件應長叁寸捌分。單翹重昂者，用肆件。內貳件各長叁寸捌分，貳件各長玖分。重翹重昂者，用肆件。內貳件各長叁寸捌分，貳件各長玖分。其高、寬俱與平身科單才萬拱尺寸同。

搭角把臂廂拱，每斗口壹寸，裏頭高壹寸肆分，寬壹寸，搭角出頭處高貳寸，寬壹寸。其長，如斗口單昂者，應長壹尺壹寸肆分；斗口重昂並單翹單昂者，應長壹尺肆寸肆分；單翹重昂者，應長壹尺柒寸肆分；重翹重昂者，應長貳尺肆分。

裏連頭合角廂拱，每斗口壹寸，應高壹寸肆分，寬壹寸。其長，如斗口單昂者，應長壹寸貳分；斗口重昂並單翹單昂者，長壹寸伍分；單翹重昂者，長壹寸捌分；重翹重昂者，長貳寸壹分。

斜正心桁椀，如斗口單昂者，每斗口壹寸，應長陸寸。單翹單昂並斗口重昂者，長壹尺貳寸。單翹重昂者，長壹尺捌寸。重翹重昂者，長貳尺肆寸。再以壹肆乘之，即得通長之數。厚與由昂之寬同，高按平身科桁椀之法核算。

拾捌斗、槽升、叁才升之長、高、寬尺寸，俱與平身科同。

貼斜翹昂升耳，每斗口壹寸，應高陸分，寬貳分肆釐。其長，在斜單翹者，按單翹之寬；重翹者，按重翹之寬；斜頭昂者，按斜頭昂之寬；貳昂者，按貳昂之寬；在由昂者，按由昂之寬。外每斗口壹寸，再加長肆分捌釐，即得升耳通長之數。

蓋斗板，每斗口壹寸，應厚肆分，寬貳寸，長按斗科分檔尺寸算。

斗槽板，每斗口壹寸，應厚肆分，高伍寸肆分，長按斗科分檔尺寸算。

斜蓋斗板，每斗口壹寸，應厚肆分，寬貳寸捌分，長按斗科分檔尺寸算。

正心枋，每斗口壹寸，應厚壹寸貳分伍釐，高貳寸，長按每間面濶尺寸算。內除桃尖樑之厚壹分，外加入榫，兩頭各按本身之厚壹分。

機枋，拽枋、挑簷枋，每斗口壹寸，應高貳寸，寬壹寸，長俱按每間面濶尺寸算。內除桃尖樑之厚壹分，外加入榫，兩頭各按本身之厚壹分。

井口枋，每斗口壹寸，應厚壹寸，高隨挑簷桁之徑，長與機拽枋同，稍間按斗科收拽架尺寸。

斜角翹昂本身之寬，俱按斜角斗口寬尺寸算。至通寬尺寸，按老角樑寬尺寸，內除單翹之寬，下餘尺寸若干。除單昂、單翹照口數不加外，如斗口單昂者，將老角樑寬餘剩尺寸貳分均之，由昂得壹分。斗口重昂者叁分均之，貳昂得壹分，由昂得貳分。單翹單昂者叁分均之，單昂得壹分，由昂得貳分。單翹重昂者肆分均之，頭昂得壹分，貳昂得貳分，由昂得叁分。重翹重昂者伍分均之，貳翹得壹分，頭昂得貳分，貳昂得叁分，由昂得肆分，即得通寬之數。

寶瓶，每斗口壹寸，應高叁寸伍分，徑與斜角由昂之寬同。

挑金溜金平身斗科，其所用升、斗、拱、翹、昂等件，按中線外面，俱同各樣平身科，裏面翹、昂亦同平身科，不用拱升安蔴葉雲、叁福雲。其螞蚱頭裏面陸分頭，以拽架加舉，下接菊花頭。撐頭木裏面以步架加舉起秤桿。桁椀裏面以拽架加舉，雕夔龍尾。

蔴葉雲，每斗口壹寸，應高貳寸，寬壹寸，長柒寸陸分。

叁福雲，每斗口壹寸，應高叁寸，寬壹寸，長捌寸。

螞蚱頭後帶舉陸分頭，每斗口壹寸，應寬壹寸，按中線外面同平身科。中線裏面，如斗口單昂者、斗口重昂者、單翹單昂者，陸分頭應舉長壹尺肆寸捌分，下接菊花頭應舉高柒寸肆分；如單翹重昂者、重翹重昂者，裏面陸分頭應舉長壹尺捌寸壹分，下接菊花頭應舉高玖寸伍釐。

撐頭木後帶秤桿，每斗口壹寸，應寬壹寸，高貳寸。按中線外面同平身科。按中線裏面秤桿，以廊子步架加舉，再加長壹寸陸分伍釐。溜金斗科秤桿頭鑲入花臺科大斗內，則以步架加舉核算。秤桿頭下面帶菊花頭，應高肆寸。

桁椀後帶夔龍尾，每斗口壹寸，應寬壹寸，按中線外面同平身科。按中線裏面，如斗口單昂者、斗口重昂者、單翹單昂者，應舉長壹尺柒寸陸分；如單翹重昂者、重翹重昂者，應舉長貳尺玖分。

伏蓮稍，每斗口壹寸，應通長捌寸。雕做伏蓮頭，應長壹寸陸分，見方壹寸。

挑金溜金柱頭科，其所用升、斗、拱、翹、昂、槺等件，外面俱同各樣柱頭科。惟裏面翹，槺上不用拱、升，安蔴葉雲、叁福雲。

蔴葉雲尺寸同前。

叁福雲尺寸同前。

挑金溜金角科，其所用升、斗、拱、翹、昂並斜翹、昂等件，外面俱同各樣角科。惟裏面從由昂後帶陸分頭下舉高與平身科陸分頭下接菊花頭之舉高同。其秤桿以步架科數加舉得長，内除金柱徑半分外，每柱徑壹尺加入榫壹寸。斜翹、昂上所用裏連頭合角、蔴葉雲、叁福雲，係帶連平身科裏挑金蔴葉雲、叁福雲上。

桁椀後帶夔龍尾，亦按平身科裏挑金桁椀數目，斜長即是其伏蓮捎。每斗口壹寸，應通長壹尺。雕做代蓮頭應長貳寸貳分，見方壹寸肆分。

廊子貳面挑金平身斗科，裏面陸分頭、秤桿、桁椀俱按步架尺寸折半核算。

壹斗貳升交蔴葉並壹斗叁升斗科

平身科：

大斗壹個，每斗口壹寸，大斗應長叁寸，寬叁寸，高貳寸。斗口高捌分，斗底寬貳寸貳分，長貳寸貳分，高捌分。

蔴葉雲，每斗口壹寸，應長壹尺貳寸，高伍寸叁分叁釐，寬壹寸。

正心瓜拱，每斗口壹寸，應長陸寸貳分，高貳寸，寬壹寸貳分肆釐。

柱頭科：

大斗壹個，每斗口壹寸，應長伍寸，寬叁寸，高貳寸。

正心瓜拱，每斗口壹寸，應長陸寸貳分，高貳寸，寬壹寸貳分肆釐。

翹頭係抱頭槺或柁頭連做，自正心枋中以前得長。其壹斗貳升交蔴葉者，每斗口壹寸，應長捌寸。壹斗叁升者，應長陸寸，俱寬肆寸，高隨柁槺。

角科：

大斗壹個，長、寬、高并兩面斗口尺寸俱與平身科同。其安科昂斗口，每平身科斗口壹寸，應寬壹寸伍分，高柒分。

斜昂後連帶蔴葉雲子，每斗口壹寸，應長壹尺陸寸捌分，高陸寸叁分，寬壹寸伍分。

搭角正心瓜拱，每斗口壹寸，應長捌寸玖分，高貳寸，寬壹寸貳分肆釐。

槽升，每斗口壹寸，應長壹寸叁分，寬壹寸柒分貳釐，高壹寸。斗底寬壹寸叁分貳釐，長玖分，口高肆分。

叁才升，每斗口壹寸，應長壹寸叁分，寬壹寸肆分捌釐，高壹寸。

貼斜昂升耳，每斗口壹寸，應高陸分，寬貳分肆釐，其長按斜昂之寬，外每斗口壹寸，再加長肆分捌釐。

貼翹頭正升耳，每斗口壹寸，應長壹寸叁分，高壹寸，寬貳分肆釐。

斗槽板，每斗口壹寸，應厚肆分，高叁寸肆分，長按斗科分檔尺寸算。

斗科分檔尺寸，每斗口壹寸，應檔寬捌寸，從兩斗底中線算，如斗口貳寸伍分，每壹檔應寬貳尺。

叁滴水品字斗科

平身科：

大斗壹個，每斗口壹寸，應長叁寸，寬叁寸，高貳寸。

頭翹，每斗口壹寸，應長柒寸壹分，寬貳寸，高壹寸。

貳翹，每斗口壹寸，應長壹尺叁寸壹分，高、寬與頭翹同。

撐頭木後帶蔴葉雲，每斗口壹寸，應長壹尺伍寸，高、寬與翹同。

正心瓜拱，每斗口壹寸，應長陸寸貳分，高貳寸，寬壹寸貳分肆釐。

正心萬拱，每斗口壹寸，應長玖寸貳分，高、寬與正心瓜拱同。

單才瓜拱，每斗口壹寸，應長陸寸貳分，高壹寸肆分，寬壹寸。

廂拱，每斗口壹寸，應長柒寸貳分，高壹寸肆分，寬壹寸。

拾捌斗，每斗口壹寸，應長壹寸捌分，高壹寸，寬壹寸肆分捌釐。

槽升，每斗口壹寸，應長壹寸叁分，高壹寸，寬壹寸柒分貳釐。

叁才升，每斗口壹寸，應長壹寸叁分，高壹寸，寬壹寸肆分捌釐。

柱頭科：

大斗壹個，每斗口壹寸，應長肆寸，寬叁寸，高貳寸。頭翹，每斗口壹寸，應長柒寸壹分，寬貳寸，高貳寸。貳翹、撐頭木，俱係採步樑連做。

貼斗耳，每斗口壹寸，應長壹寸肆分捌釐，高壹寸，寬貳分肆釐。

正心瓜拱、正心高拱、單才瓜拱、廂拱、槽升、叁才升等件之長、短、高、寬尺寸俱與平身科算法尺寸同。

桶子拾捌斗，每斗口壹寸，應高壹寸，寬壹寸肆分捌釐，其長按翹之寬，外每斗口壹寸加長捌分，即得通長之數。

角科：

大斗壹個，每斗口壹寸，應長叁寸，寬叁寸，高貳寸。

斜頭翹，每斗口壹寸，應高貳寸，寬壹寸伍分，長按平身科頭翹共長尺寸，每壹尺加長肆寸，即得通長之數。

搭角正頭翹後帶正心瓜拱，每斗口壹寸，頭翹應長叁寸伍分伍釐，寬壹寸。瓜拱長叁寸壹分，寬壹寸貳分肆釐，俱高貳寸。

斜貳翹，係斜採步樑連做。

搭角正貳翹後帶正心萬拱，每斗口壹寸，正貳翹應長陸寸伍分伍釐，寬壹寸。正心萬拱長肆寸陸分，寬壹寸貳分肆釐，俱高貳寸。

搭角鬧貳翹後帶單才瓜拱，每斗口壹寸，鬧貳翹應長陸寸伍分伍釐，寬壹寸，高貳寸。單才瓜拱長叁寸壹分，寬壹寸，高壹寸肆分。

裏連頭合角單才瓜拱，每斗口壹寸，應長伍寸肆分，寬壹寸，高壹寸肆分。

裏連頭合角廂拱，每斗口壹寸，應長壹寸伍分，高壹寸肆分，寬壹寸。

貼斜頭翹升耳，每斗口壹寸，應高陸分，寬貳分肆釐，長按頭翹之寬，外每斗口壹寸，加長肆分捌釐，即得升耳通長之數。

拾捌斗、槽升、叁才升之長、高、寬尺寸，俱與平身科同。

斗槽板，每斗口壹寸，應厚肆分，高伍寸肆分，長按斗科分檔尺寸算，每斗口壹寸，應檔寬壹尺壹寸。

内裏棋盤板上安裝品字科：

大斗壹個，每斗口壹寸，應長叁寸，寬壹寸伍分，高貳寸。

頭翹，每斗口壹寸，應長叁寸伍分伍釐，高貳寸，寬壹寸。

貳翹，每斗口壹寸，應長陸寸伍分伍釐，高、寬與頭翹同。

撐頭木帶蔴葉雲，每斗口壹寸，應長玖寸伍分伍釐，高寬與翹同。

正心瓜拱，每斗口壹寸，應長陸寸貳分，寬陸分貳釐，高貳寸。

正心萬拱，每斗口壹寸，應長玖寸貳分，高、寬與正心瓜拱同。

蔴葉雲，每斗口壹寸，應長捌寸貳分，高貳寸，寬壹寸。

叁福雲，每斗口壹寸，應長柒寸貳分，高叁寸，寬壹寸。

拾捌斗，每斗口壹寸，應長壹寸捌分，高壹寸，寬壹寸肆分捌釐。

槽升，每斗口壹寸，應長壹寸叁分，寬捌分陸釐，高壹寸。

隔架科：

荷葉，每斗口壹寸，應長玖寸，寬貳寸，高貳寸。

拱，每斗口壹寸，應長陸寸貳分，寬貳寸，高貳寸。

雀替，每斗口壹寸，應長貳尺，寬貳寸，高肆寸。

貼大斗耳，每斗口壹寸，應長叁寸，高貳寸，厚捌分捌釐。

貼槽升耳，每斗口壹寸，應長壹寸叁分，高壹寸，寬貳分肆釐。

愛新覺羅・允禮等《工程做法》卷二九《斗科安裝》 各項斗科安裝之法按次第開後，計開：

斗口單昂

平身科：

第壹層：大斗壹個。

第貳層：安頭昂壹件，中拾字扣正心瓜拱壹件，頭昂上前安拾捌斗壹個，後安叁才升壹個，正心瓜拱上兩頭安槽升貳個。

第叁層：安螞蚱頭壹件，中拾字扣正心萬拱壹件前扣廂拱壹件。螞蚱頭後安拾捌斗壹個，正心萬拱上兩頭安槽升貳個，廂拱上兩頭安叁才升貳個。

第肆層：安撐頭木壹件，中拾字扣正心枋壹根，前扣挑簷枋壹根，後扣廂拱壹件，廂拱上兩頭當中安叁才升叁個。

第伍層：安桁椀壹件，中拾字扣正心枋壹根，後扣井口枋壹根。

柱頭科：

第壹層：大斗壹個。

第貳層：安頭昂壹件，中拾字扣正心瓜拱壹件，桶子拾捌斗壹個，安槽升貳個。

第叁層：桃尖樑壹件，中拾字扣正心萬拱壹件，廂拱貳件，槽升貳個，叁才升肆個。

角科：

第壹層：大斗壹個。

第貳層：搭角正頭昂貳件，各後帶正心瓜拱。斜頭昂壹件，後帶翹。正頭昂上各安拾捌斗壹個，正心瓜拱上各按槽升壹個。

第叁層：搭角正螞蚱頭貳件，各後帶正心萬拱，搭角把臂廂拱貳件。由昂壹件，後帶蔴葉頭。正心萬拱上各安槽升壹個。廂拱上各安叁才升貳個，由昂上前貼升耳貳個。由昂並第肆層挑簷桁椀係壹木連做。

第肆層：搭角正撐頭木貳件，各後帶正心枋，裏連頭合角廂拱貳件。斜桁椀壹件。廂拱上各安叁才升壹個。

斗口重昂

平身科：

第壹層：大斗壹個。

第貳層：安頭昂壹件，中拾字扣正心瓜拱壹件，頭昂上兩頭安拾捌斗貳個，正心瓜拱上兩頭安槽升貳個。

第叁層：安貳昂壹件，中拾字扣正心萬拱壹件，兩頭扣單才瓜拱貳件，貳昂上安拾捌斗壹個，正心萬拱上兩頭安槽升貳個，單才瓜拱上兩頭安叁才升肆個。

第肆層：安螞蚱頭壹件，中拾字扣正心枋壹根，兩邊扣單才萬拱貳件，前扣廂拱壹件。螞蚱頭上後安拾捌斗壹個，單才萬拱上兩頭安叁才升肆個，廂拱上兩頭安叁才升貳個。

第伍層：安撐頭木壹件，中拾字扣正心枋壹根，兩邊扣拽枋貳根，前扣挑簷枋壹根，後扣廂拱壹件，廂拱上兩頭安叁才升貳個。

第陸層：安桁椀壹件，中拾字扣正心枋壹根，後帶井口枋壹根。

柱頭科：

第壹層：大斗壹個。

第貳層：頭昂壹件，中拾字扣正心瓜拱壹件，桶子拾捌斗貳個，槽升貳個。

第叁層：貳昂壹件，中拾字扣正心萬拱壹件，單才瓜拱貳件，桶子拾捌斗壹個，槽升貳個，叁才升肆個。

第肆層：挑尖樑壹件，單才萬拱貳件，廂拱貳件，叁才升捌個。

角科：

第壹層：大斗壹個。

第貳層：搭角正頭昂貳件，各後帶正心瓜拱，斜頭昂壹件，後帶翹。正頭昂上各安拾捌斗壹個，正心瓜拱上各安槽升壹個，斜頭昂上前後貼升耳肆個。

第叁層：搭角正貳昂貳件，各後帶正心萬拱，閣貳昂貳件，各後帶單才瓜拱，裏連頭合角單才瓜拱貳件，斜貳昂壹件，後帶菊花頭。正貳昂上各安拾捌斗壹個，正心萬拱上各安槽升壹個，閣貳昂上各安拾捌斗壹個，單才瓜拱上各安叁才升壹個，合角單才瓜拱上各安叁才升壹個。斜貳昂上前貼升耳貳個。

第肆層：搭角正螞蚱頭貳件，各後帶正心枋，搭角閣螞蚱頭貳件，各後帶單才萬拱。搭角把臂廂拱貳件。裏連頭合角單才萬拱貳件。由昂壹件，後帶陸分頭、蔴葉頭。閣螞蚱頭所帶萬拱上各安叁才升壹個，把臂廂拱上各安叁才升貳個，裏連頭合角萬拱上各安叁才升壹個，由昂上前後貼升耳肆個，由昂與伍層撐頭木挑簷桁椀係壹木連做。

第伍層：搭角撐頭木貳件，各後帶正心枋，搭角閣撐頭木貳件，各後帶拽枋。裏連頭合角廂拱貳件，斜桁椀壹件，裏連頭合角廂拱上各安叁才升壹個。

單翹單昂

平身科：

第壹層：大斗壹個。

第貳層：安單翹壹件，中拾字扣正心瓜拱壹件，單翹上兩頭安拾捌斗貳個，正心瓜拱上兩頭安槽升貳個。

第叁層：安頭昂壹件，中拾字扣正心萬拱壹件，兩鍵扣單才瓜拱貳件，頭昂上前安拾捌斗壹個，正心萬拱上兩頭安槽升貳個，單才瓜拱上兩頭安叁才升肆個。

第肆層：安螞蚱頭壹件，中拾字扣正心枋壹根，兩邊扣單才萬拱貳件，前扣廂拱壹件。螞蚱頭上後安拾捌斗壹個，單才萬拱上兩頭安叁才升肆個，廂拱上兩頭安叁才升貳個。

第伍層：安撐頭木壹件，中拾字扣正心枋壹根，兩邊扣拽枋貳根，前帶挑簷枋壹根，後扣廂拱壹件，廂拱上兩頭安叁才升貳個。

第陸層：安桁椀壹件，中拾字扣正心枋壹根，後帶井口枋壹根。

柱頭科：

第壹層：大斗壹個。

第貳層：安單翹壹件，中拾字扣正心瓜拱壹件，桶子拾捌斗貳個，槽升貳個。

第叁層：安頭昂壹件，中拾字扣正心萬拱壹件，單才瓜拱貳件，桶子拾捌斗壹個，槽升貳個，叁才升肆個。

第肆層：桃尖樑壹件，單才萬拱貳件，廂拱貳件，叁才升捌個。

角科：

第壹層：大斗壹個。

第貳層：搭角正翹貳件，各後帶正心瓜拱，斜翹壹件。正翹上各安拾捌斗壹個，正心瓜拱上各安槽升壹個。

第叁層：搭角正頭昂貳件，各後帶正心萬拱，搭角鬧昂貳件，各後帶單才瓜拱。裏連頭合角單才瓜拱貳件。斜頭昂壹件，後帶菊花頭。正頭昂上各安拾捌斗壹個，正心萬拱上各安槽升壹個，鬧昂上各安拾捌斗壹個，鬧昂所帶單才瓜拱上各安叁才升壹個，裏連頭單才瓜拱上各安叁才升壹個。

第肆層：搭角正螞蚱頭貳件，各後帶正心枋，搭角鬧螞蚱頭貳件，各後帶單才萬拱，搭角把臂廂拱貳件，裏連頭合角單才萬拱貳件，由昂壹件，後帶陸分頭蘇葉頭。鬧螞蚱頭所帶單才萬拱上各安叁才升壹個，把臂廂拱上各安叁才升壹個，裏連頭單才萬拱上各安叁才升壹個，由昂前後貼升耳肆個。由昂並挑簷桁椀係壹木連做。

第伍層：搭角正撐頭木貳件，各後帶正心枋，搭角鬧撐頭木貳件，各後帶拽枋，裏連頭合角廂拱貳件，斜桁椀壹件，裏連頭廂拱上各安叁才升壹個。

單翹重昂

平身科：

第壹層：大斗壹個。

第貳層：安單翹壹件，兩頭各安拾捌斗壹個，中扣正心瓜拱壹件，兩頭各安槽升壹個。

第叁層：安頭昂壹件，兩頭各安拾捌斗壹個，中扣正心萬拱壹件，兩頭各安槽升壹個。按正心萬拱中線裏外俱隔壹拽架分位扣單才瓜拱貳件，每件兩頭各安叁才升壹個。

第肆層：安貳昂壹件，前頭安拾捌斗壹個，中扣正心枋壹根。按正心枋中線裏外俱隔壹拽架分位扣單才萬拱貳件，隔貳拽架分位扣單才瓜拱貳件。每件兩頭各安叁才升壹個。

第伍層：安螞蚱頭壹件，後頭安拾捌斗壹個，中扣正心枋壹根。按正心枋中線裏外俱隔壹拽架分位扣拽枋貳根，隔貳拽架分位扣單才萬拱貳件，隔叁拽架分位前扣廂拱壹件。其單才萬拱、廂拱，每件兩頭各安叁才升壹個。

第陸層：安撐頭木壹件，中拾字扣正心枋壹根。按正心枋中線裏外俱隔貳拽架分位扣機枋貳根，隔叁拽架分位外扣挑簷枋壹根，內扣廂拱壹件，其廂拱兩頭各安叁才升壹個。

第柒層：安桁椀壹件，頂扣正心枋壹根，其後隔叁拽架分位緊接井口枋。

柱頭科：

第壹層：大斗壹個。

第貳層：安單翹壹件，中拾字扣正心瓜拱壹件，桶子拾捌斗貳個，槽升貳個。

第叁層：安頭昂壹件，中拾字扣正心萬拱壹件，單才瓜拱貳件，桶子拾捌斗貳個，槽升貳個，叁才升肆個。

第肆層：安貳昂壹件，單才萬拱貳件，單才瓜拱貳件，桶子拾捌斗壹個，叁才升捌個。

第伍層：桃尖樑壹件，單才萬拱貳件，廂拱貳件，叁才升捌個。

角科：

第壹層：大斗壹個。

第貳層：搭角正翹貳件，各後帶正心瓜拱，斜翹壹件。正翹上各安拾捌斗壹個，拱上各安槽升壹個，斜翹上前後貼升耳肆個。

第叁層：搭角正頭昂貳件，各後帶正心萬拱，鬧頭昂貳件，各後帶單才瓜拱，裏連頭合角單才瓜拱貳件，斜角頭昂壹件，後帶翹。正昂上各安拾捌斗壹個，正心萬拱上各安槽升壹個，鬧頭昂上各安拾捌斗壹個，鬧昂後帶單才瓜拱上各安叁才升壹個，斜角頭昂前後貼升耳肆個。

第肆層：搭角正貳昂貳件，各後帶正心枋，鬧貳昂肆件，內貳件各後帶單才瓜拱，貳件各後帶單才萬拱，裏連頭合角單才萬拱貳件，裏連頭合角單才瓜拱貳件，斜角貳昂壹件，後帶菊花頭。正貳昂上各安拾捌斗壹個，鬧貳昂上各安拾捌斗壹個，鬧昂後帶單才瓜拱、萬拱上各安叁才升壹個，裏連頭合角萬拱上各安叁才升壹個，斜角貳昂上前貼升耳貳個。

第伍層：搭角正螞蚱頭貳件，各後帶正心枋，鬧螞蚱頭肆件，內貳件各後帶單才萬拱，貳件各後帶拽枋，把臂廂拱貳件，裏連頭合角單才萬拱貳件，由昂壹件，後帶麻葉頭、陸分頭。把臂廂拱上各安叁才升貳個，鬧螞蚱頭後帶單才萬拱上各安叁才升壹個，裏連頭合角單才萬拱上各安叁才升壹個，由昂前後貼升耳肆個。螞蚱頭由昂並陸層撐頭木係壹木連做。

第陸層：搭角正撐頭木貳件，各後帶正心枋，鬧撐頭木肆件，各後帶拽枋，裏合角廂拱貳件。

第柒層，斜桁椀壹件。

重翹重昂

平身科：

第壹層：大斗壹個。

第貳層：安單翹壹件，兩頭各安拾捌斗壹個，中扣正心瓜拱壹件，兩頭各安槽升壹個。

第叁層：安重翹壹件，兩頭各安拾捌斗壹個，中扣正心萬拱壹件，兩頭各安槽升壹個。按正心萬拱中線裏外俱隔壹拽架分位扣單才瓜拱貳件，每件兩頭各安叁才升壹個。

第肆層：安頭昂壹件，兩頭各安拾捌斗壹個，中扣正心枋壹根。按正心枋中線裏外俱隔壹拽架分位扣單才萬拱貳件，隔貳拽架分位扣單才瓜拱貳件，單才萬拱、單才瓜拱每件兩頭各安叁才升壹個。

第伍層：安貳昂壹件，兩頭各安拾捌斗壹個，中扣正心枋壹根。按正心枋中線裏外俱隔壹拽架分位扣拽枋貳根，隔貳拽架分位扣單才萬拱貳件，隔叁拽架分位扣單才瓜拱貳件。單才萬拱、瓜拱，每件兩頭各安叁才升壹個。

第陸層：安螞蚱頭壹件，中扣正心枋壹根，按正心枋中線裏外俱隔貳拽架分位扣機枋貳根，隔叁拽架分位扣單才萬拱貳件，隔肆拽架分位外扣廂拱壹件。單才萬拱、廂拱，每件兩頭各安叁才升壹個。

第柒層：安撐頭木壹件，中扣正心枋壹根，按正心枋中線裏外俱隔肆拽架分位扣拽枋貳根，隔伍拽架分位外扣挑簷枋壹根，裏扣廂拱壹件，兩頭各安叁才升壹個。

第捌層：安桁椀壹件，頂扣正心枋貳根半，其後隔肆拽架分位緊接井口枋。

柱頭科：

第壹層：大斗壹個。

第貳層：安頭翹壹件，中拾字扣正心瓜拱壹件，桶子拾捌斗貳個，槽升貳個。

第叁層：安重翹壹件，中拾字扣正心萬拱壹件，單才瓜拱貳件，桶子拾捌斗貳個，槽升貳個，叁才升肆個。

第肆層：安頭昂壹件，單才萬拱貳件，單才瓜拱貳件，桶子拾捌斗貳個，叁才升捌個。

第伍層：安貳昂壹件，單才萬拱貳件，單才瓜拱貳件，桶子拾捌斗壹個，叁才升捌個。

第陸層：桃尖樑壹件，單才萬拱貳件，廂拱貳件，叁才升捌個。

角科：

第壹層：大斗壹個。

第貳層：搭角正頭翹貳件，各後帶正心瓜拱，斜頭翹壹件。正翹上各安拾捌斗壹個，拱上各安槽升壹個，斜翹上前後貼升耳肆個。

第叁層：搭角正貳翹貳件，各後帶正心萬拱，搭角鬧貳翹貳件，各後帶單才瓜拱，裏連頭合角單才瓜拱貳件，斜貳翹壹件。正貳翹上各安拾捌斗壹個，正心萬拱上各安槽升壹個，鬧貳翹上各安拾捌斗壹個，單才瓜拱上各安叁才升壹個，斜翹上前後貼升耳肆個。

第肆層：搭角正頭昂貳件，各後帶正心枋，搭角鬧頭昂肆件，內貳件各後帶單才萬拱，貳件各後帶單才瓜拱。裏連頭合角單才萬拱貳件，裏連頭合角單才瓜拱貳件，斜頭昂壹件。正頭昂上各安拾捌斗壹個，鬧頭昂上各安拾捌斗壹個，鬧頭昂後帶萬拱、瓜拱上各安叁才升壹個，裏連頭萬拱、瓜拱上各安叁才升壹個，斜頭昂上前後貼升耳肆個。

第伍層：搭角正貳昂貳件，各後帶正心枋，搭角鬧貳昂陸件，內貳件各後帶單才瓜拱，貳件各後帶單才萬拱，貳件各後帶拽枋。裏連頭合角單才萬拱貳件，裏連頭合角單才瓜拱貳件。斜貳昂壹件，後帶菊花頭。正貳昂上各安拾捌斗壹個，鬧貳昂上各安拾捌斗壹個，鬧昂後帶萬拱瓜拱上各安叁才升壹個，裏連頭萬拱上各安叁才升壹個，斜貳昂上前貼升耳貳個。

第陸層：搭角正螞蚱頭貳件，各後帶正心枋，搭角鬧螞蚱頭陸件，內貳件各後帶單才萬拱，肆件各後帶拽枋。把臂廂拱貳件，裏連頭合角單才萬拱貳件。由昂壹件，後帶蔴葉頭、陸分頭。螞蚱頭後帶萬拱上各安叁才升壹個，把臂廂拱上各安叁才升貳個，由昂上前後貼升耳肆個。

第柒層：搭角正撐頭木貳件，各後帶正心枋。鬧撐頭木陸件，各後帶拽枋。裏連頭合角廂拱貳件。

第捌層：桁椀壹件。

重翹重昂裏挑金

平身科：

第壹層：大斗壹個。

第貳層：安單翹壹件，兩頭各安拾捌斗壹個，中扣正心瓜拱壹件，兩頭各安槽升壹個。

第叁層：安重翹壹件，兩頭各安拾捌斗壹個，中扣正心萬拱壹件，兩頭各安槽升壹個。按正心萬拱中線裏外俱隔壹拽架分位外加單才瓜拱壹件，兩頭各安叁才升壹個，裏扣蔴葉雲壹件。

第肆層：安頭昂壹件，兩頭各安拾捌斗壹個，中扣正心枋壹根。按正心枋中線外隔壹拽架分位扣單才萬拱壹件，裏外俱隔貳拽架分位外扣單才瓜拱壹件，裏扣蔴葉雲壹件。單才萬拱、單才瓜拱，每件兩頭各安叁才升壹個。

第伍層：安貳昂壹件，兩頭各安拾捌斗壹個，中扣正心枋壹根。按正心枋中線外隔壹拽架分位扣拽枋壹根，隔貳拽架分位扣單才萬拱壹件，裏外隔叁拽架分位外扣單才瓜拱壹件，裏扣蔴葉雲壹件。單才萬拱、單才瓜拱，每件兩頭各安叁才升壹個。

第陸層：安螞蚱頭壹件，中扣正心枋壹根。按正心枋中線外隔壹拽架分位扣機枋壹根，裏外俱隔貳拽架分位外扣機枋壹根，裏扣叁福雲壹件，外隔叁拽架分位扣單才萬拱壹件，隔肆拽架分位扣廂拱壹件。單才萬拱、廂拱，每件兩頭各安叁才升壹個。裏面陸分頭下舉高接菊花頭上安拾捌斗貳個，鑿通眼穿伏蓮捎壹根。

第柒層：安撐頭木壹件，中扣正心枋壹根。按正心枋中線外隔壹拽架分位扣拽枋壹根，隔貳拽架分位扣拽架壹根，裏外俱隔叁拽架分位外扣拽枋壹根，裏扣叁福雲壹件，外隔肆拽架分位扣簷枋壹根，裏隔伍拽架分位扣叁福雲壹件，裏面秤桿舉高下帶菊花頭，上面做陸分頭，安花臺科，鑿通眼穿伏蓮捎壹根。

第捌層：安桁椀壹件，中扣正心枋貳根半。按正心枋中線，裏隔伍拽架分位，鑿通眼穿伏蓮稍後雕做夔龍尾。

柱頭科：

第壹層：大斗壹個。

第貳層：安頭翹壹件，中拾字扣正心瓜拱壹件，桶子拾捌斗貳個，槽升貳個。

第叁層：安重翹壹件，中拾字扣正心方拱壹件，單才瓜拱壹件，蔴葉雲壹件，桶子拾捌斗貳個，槽升貳個，叁才升貳個。

第肆層：安頭昂壹件，單才萬拱壹件，單才瓜拱壹件，蔴葉雲壹件，桶子拾捌斗貳個，叁才升肆個。

第伍層：安貳昂壹件，單才萬拱壹件，單才瓜拱壹件，蔴葉雲壹件，桶子拾捌斗壹個，叁才升肆個，升耳貳個。

第陸層：桃尖樑壹件，單才萬拱壹件，廂拱壹件，叁才升肆個，升耳貳個，叁福雲貳件。

角科：

第壹層：大斗壹個。

第貳層：搭角正頭翹貳件，各後帶正心瓜拱，斜頭翹壹件。正頭翹上各安拾捌斗壹個，正心瓜拱上各安槽升壹個，斜頭翹上前後貼升耳肆個。

第叁層：搭角正貳翹貳件，各後帶正心萬拱，搭角鬧貳翹貳件，各後帶單才瓜拱，裏連頭合角蔴葉雲貳件，斜貳翹壹件。正貳翹上各安拾捌斗壹個，正心萬拱上各安槽升壹個，鬧貳翹上各安拾捌斗壹個，單才瓜拱上各安叁才升壹個，斜貳翹上前後貼升耳肆個。

第肆層：搭角正頭昂貳件，各後帶正心枋，搭角鬧頭昂肆件，內貳件各後帶單才萬拱，貳件各後帶單才瓜拱，裏連頭合角蔴葉雲貳件，斜頭昂壹件。正頭昂、鬧頭昂上各安拾捌斗壹個。單才萬拱、瓜拱上各安叁才升壹個，斜頭昂上前後貼升耳肆個。

第伍層：搭角正貳昂貳件，各後帶正心枋，搭角鬧貳昂陸件，內貳件各後帶拽枋，貳件各後帶單才萬拱，貳件各後帶單才瓜拱。裏連頭合角蔴葉雲貳件，斜貳昂壹件，後帶菊花頭。正貳昂上各安拾捌斗壹個，鬧貳昂上各安拾捌斗壹個。單才瓜拱、萬拱上各安叁才升壹個，斜貳昂上前貼升耳貳個。

第陸層：搭角正螞蚱頭貳件，各後帶正心枋，搭角鬧螞蚱頭陸件，內貳件各後帶單才萬拱，肆件各後帶拽枋。把臂廂拱貳件，裏連頭合角叁福雲貳件，由昂壹件後帶舉高陸分頭，下接菊花頭，上並秤桿鑲入金柱。單才萬拱上各安叁才升壹個，把臂廂拱上各安叁才升貳個，由昂上前後貼升耳肆個，由昂裏面陸分頭上錠叁福雲貳件，中穿伏蓮捎壹根。

第柒層：搭角正撐頭木貳件，各後帶正心枋，鬧撐頭木陸件，各後帶拽枋。

第捌層：斜桁椀壹件，後帶夔龍尾。

壹斗貳升交蔴葉並壹斗叁升

平身科：

第壹層：大斗壹個。

第貳層：安蔴葉雲壹件，中拾字扣正心瓜拱壹件。正心瓜拱上兩頭各安槽升壹個。其壹斗叁升去蔴葉雲，中添槽升壹個。

柱頭科：

第壹層：大斗壹個。

第貳層：安正心瓜拱壹件，翹頭壹件。正心瓜拱上兩頭各安槽升壹個。其翹頭係抱頭樑或柁頭連做。壹斗叁升兩邊各貼正升耳壹個。

角科：

第壹層：大斗壹個。

第貳層：搭角正心瓜拱貳件，斜昂壹件，後帶蔴葉雲。正心瓜拱上，前各安叁才升壹個，後各安槽升壹個，斜昂上前貼升耳貳個。

叁滴水品字

平身科：

第壹層：大斗壹個。

第貳層：安頭翹壹件，前後各安拾捌斗壹個，中扣正心瓜拱壹件，兩頭各安槽升壹個。

第叁層：安貳翹壹件，後安拾捌斗壹個，中扣正心萬拱壹件，兩頭各安槽升壹個，前後各安單才瓜拱壹件。每件兩頭各安叁才升壹個。

第肆層：安撐頭木壹件，後帶蔴葉雲。後安廂拱壹件，兩頭各安叁才升壹個。

柱頭科：

第壹層：大斗壹個。

第貳層：安頭翹壹件，前安桶子拾捌斗壹個，後貼斗耳貳個，中扣正心瓜拱壹件，兩頭各安槽升壹個。

第叁層：貳翹係採步樑頭連做，前後各安單才瓜拱壹件，兩頭各安叁才升壹個，中扣正心萬拱壹件，兩頭各安槽升壹個。

第肆層：撐頭木係採步樑頭連做，後安廂拱壹件，兩頭各安叁才升壹個。

角科：

第壹層：大斗壹個。

第貳層：搭角正頭翹貳件，各後帶正心瓜拱，斜頭翹壹件。正頭翹上各安拾捌斗壹個，正心瓜拱上各安槽升壹個，斜頭翹上前後貼升耳肆個。

第叁層：搭角正貳翹貳件，各後帶正心萬拱，搭角鬧貳翹貳件，各後帶單才瓜拱，裏連頭合角單才瓜拱貳件。斜貳翹係斜採步樑頭連做。正心萬拱上各安槽升壹個，單才瓜拱上各安叁才升壹個，合角單才瓜拱上各安叁才升壹個。

第肆層：撐頭木係斜採步樑頭連做，後安裏連頭合角廂拱貳件，每件上安叁才升壹個。

內裏品字科：

第壹層：大斗壹個。

第貳層：安頭翹壹件，前安拾捌斗壹個，後廂正心瓜拱壹件，兩頭各安槽升壹個。

第叁層：安貳翹壹件，前安拾捌斗壹個，中扣蔴葉雲壹件，後廂正心萬拱壹件，兩頭各安槽升壹個。再，此項品字科之翹向無定數，係按棋盤板高低增減，每增壹翹加長壹拽架，再加拾捌斗、叁福雲、蔴葉雲各壹件，以此遞增，其減法與增法同。

第肆層：撑頭木壹件，後帶蔴葉雲，後廂叁福雲貳件。

隔架科：

第壹層：荷葉壹件，兩邊貼大斗耳各壹個。

第貳層：瓜拱壹件，兩邊貼槽升耳各叁個。

第叁層：雀替壹件。

愛新覺羅・允禮等《工程做法》卷三〇《斗科斗口壹寸尺寸》　斗口單昂平身科、柱頭科、角科斗口壹寸名件尺寸開後，計開：

平身科：

大斗壹個，見方叁寸，高貳寸。

單昂壹件，長玖寸捌分伍釐，高叁寸，寬壹寸。

螞蚱頭壹件，長壹尺貳寸伍分肆釐，高貳寸，寬壹寸。

撑頭木壹件，長陸寸，高貳寸，寬壹寸。

正心瓜拱壹件，長陸寸貳分，高貳寸，寬壹寸貳分肆釐。

正心萬拱壹件，長玖寸貳分，高貳寸，寬壹寸貳分肆釐。

廂拱貳件，各長柒寸貳分，高壹寸肆分，寬壹寸。

桁椀壹件，長陸寸，高壹寸伍分，寬壹寸。

拾捌斗貳個，各長壹寸捌分，高壹寸，寬壹寸肆分捌釐。

槽升肆個，各長壹寸叁分，高壹寸，寬壹寸柒分貳釐。

叁才升陸個，各長壹寸叁分，高壹寸，高壹寸肆分捌釐。

柱頭科：

大斗壹個，長肆寸，高貳寸，寬叁寸。

單昂壹件，長玖寸捌分伍釐，高叁寸，寬貳寸。

正心瓜拱壹件，長陸寸貳分，高貳寸，寬壹寸貳分肆釐。

正心萬拱壹件，長玖寸貳分，高貳寸，寬壹寸貳分肆釐。

廂拱貳件，各長柒寸貳分，高壹寸肆分，寬壹寸。

桶子拾捌斗壹個，長肆寸捌分，高壹寸，寬壹寸肆分捌釐。

槽升貳個，各長壹寸叁分，高壹寸，寬壹寸柒分貳釐。

叁才升伍個，各長壹寸叁分，高壹寸，寬壹寸肆分捌釐。

角科：

大斗壹個，見方叁寸，高貳寸。

斜昂壹件，長壹尺叁寸柒分玖釐，高叁寸，寬壹寸伍分。

搭角正昂帶正心瓜拱貳件，各長玖寸肆分，高叁寸，寬壹寸貳分肆釐。

由昂壹件，長貳尺壹寸柒分肆釐，高伍寸伍分，寬壹寸玖分伍釐。

搭角正螞蚱頭帶正心萬拱貳件，各長壹尺陸分，高貳寸，寬壹寸貳分肆釐。

搭角正撑頭木貳件，各長叁寸，高貳寸，寬壹寸。

把臂廂拱貳件，各長壹尺壹寸肆分，高貳寸，寬壹寸。

裏連頭合角廂拱貳件，各長壹寸貳分，高壹寸肆分，寬壹寸。

斜桁椀壹件，長捌寸肆分，高壹寸伍分，寬壹寸玖分伍釐。

拾捌斗貳個、槽升肆個、叁才升陸個，俱與平身科尺寸同。

斗口重昂平身科、柱頭科、角科斗口壹寸名件尺寸開後，計開：

平身科：

大斗壹個，見方叁寸，高貳寸。

頭昂壹件，長玖寸捌分伍釐，高叁寸，寬壹寸。

貳昂壹件，長壹尺伍寸叁分，高叁寸，寬壹寸。

螞蚱頭壹件，長壹尺伍寸陸分，高貳寸，寬壹寸。

撑頭木壹件，長壹尺伍寸伍分肆釐，高貳寸，寬壹寸。

正心瓜拱壹件，長陸寸貳分，高貳寸，寬壹寸貳分肆釐。

正心萬拱壹件，長玖寸貳分，高貳寸，寬壹寸貳分肆釐。

單才瓜拱貳件，各長陸寸貳分，高壹寸肆分，寬壹寸。

單才萬拱貳件，各長玖寸貳分，高壹寸肆分，寬壹寸。

廂拱貳件，各長柒寸貳分，高壹寸肆分，寬壹寸。

桁椀壹件，長壹尺貳寸，高叁寸，寬壹寸。

拾捌斗肆個，各長壹寸捌分，高壹寸，寬壹寸肆分捌釐。

槽升肆個，各長壹寸叁分，高壹寸，寬壹寸柒分貳釐。

叁才升拾貳個，各長壹寸叁分，高壹寸，寬壹寸肆分捌釐。

柱頭科：

大斗壹個，長肆寸，高貳寸，寬叁寸。

頭昂壹件，長玖寸捌分伍釐，高叁寸，寬貳寸。

貳昂壹件，長壹尺伍寸叁分，高叁寸，寬叁寸。

正心瓜拱壹件，長陸寸貳分，高貳寸，寬壹寸貳分肆釐。

正心萬拱壹件，長玖寸貳分，高貳寸，寬壹寸貳分肆釐。

單才瓜拱貳件，各長陸寸貳分，高壹寸肆分，寬壹寸。

單才萬拱貳件，各長玖寸貳分，高壹寸肆分，寬壹寸。

廂拱貳件，各長柒寸貳分，高壹寸肆分，寬壹寸。

桶子拾捌斗叁個，內貳個各長叁寸捌分，壹個長肆寸捌分，俱高壹寸，寬壹寸肆分捌釐。

槽升肆個，各長壹寸叁分，高壹寸，寬壹寸柒分貳釐。

叁才升拾貳個，各長壹寸叁分，高壹寸，寬壹寸肆分捌釐。

角科：

大斗壹個，見方叁寸，高貳寸。

斜頭昂壹件，長壹尺叁寸柒分玖釐，高叁寸，寬壹寸伍分。

搭角正頭昂帶正心瓜拱貳件，各長玖寸肆分，高叁寸，寬壹寸貳分肆釐。

斜貳昂壹件，長貳尺壹寸肆分貳釐，高叁寸，寬壹寸捌分。

搭角正貳昂帶正心萬拱貳件，各長壹尺叁寸玖分，高叁寸，寬壹寸貳分肆釐。

搭角鬧貳昂帶單才瓜拱貳件，各長壹尺貳寸肆分，高叁寸，寬壹寸。

由昂壹件，長叁尺叁分，高伍寸伍分，寬貳寸壹分。

搭角正螞蚱頭貳件，各長玖寸，高貳寸，寬壹寸。

搭角鬧螞蚱頭帶單才萬拱貳件，各長壹尺叁寸陸分，高貳寸，寬壹寸。

把臂廂拱貳件，各長壹尺肆寸肆分，高貳寸，寬壹寸。

裏連頭合角單才瓜拱貳件，各長伍寸肆分，高壹寸肆分，寬壹寸。

裏連頭合角單才萬拱貳件，各長叁寸捌分，高壹寸肆分，寬壹寸。

搭角正撐頭木貳件、鬧撐頭木貳件，各長陸寸，高貳寸，寬壹寸。

裏連頭合角廂拱貳件，各長壹寸伍分，高壹寸肆分，寬壹寸。

斜桁椀壹件，長壹尺陸寸捌分，高叁寸，寬貳寸壹分。

貼升耳拾個，內肆個各長壹寸玖分捌釐，貳個各長貳寸肆分捌釐，肆個各長貳寸玖分捌釐，俱高陸分，寬貳分肆釐。

拾捌斗陸個、槽升肆個、叁才升拾貳個，俱與平身科尺寸同。

單翹單昂平身科、柱頭科、角科斗口壹寸名件尺寸開後，計開：

平身科：

單翹壹件，長柒寸壹分，高貳寸，寬壹寸。

其餘各件，俱與斗口重昂平身科尺寸同。

柱頭科：

單翹壹件，長柒寸壹分，高貳寸，寬貳寸。

其餘各件，俱與斗口重昂柱頭科尺寸同。

角科：

斜翹壹件，長玖寸玖分肆釐，高貳寸，寬壹寸伍分。

搭角正翹帶正心瓜拱貳件，各長陸寸陸分伍釐，高貳寸，寬壹寸貳分肆釐。

其餘各件，俱與斗口重昂角科尺寸同。

單翹重昂平身科、柱頭科、角科斗口壹寸名件尺寸開後，計開：

平身科：

大斗壹個，見方叁寸，高貳寸。

單翹壹件，長柒寸壹分，高貳寸，寬壹寸。

頭昂壹件，長壹尺伍寸捌分伍釐，高叁寸，寬壹寸。

貳昂壹件，長貳尺壹寸叁分，高叁寸，寬壹寸。

螞蚱頭壹件，長貳尺壹寸陸分，高貳寸，寬壹寸。

撐頭木壹件，長貳尺壹寸伍分肆釐，高貳寸，寬壹寸。

正心瓜拱壹件，長陸寸貳分，高貳寸，寬壹寸貳分肆釐。

正心萬拱壹件，長玖寸貳分，高貳寸，寬壹寸貳分肆釐。

單才瓜拱肆件，各長陸寸貳分，高壹寸肆分，寬壹寸。

單才萬拱肆件，各長玖寸貳分，高壹寸肆分，寬壹寸。

廂拱貳件，各長柒寸貳分，高壹寸肆分，寬壹寸。
桁椀壹件，長壹尺捌寸，高肆寸伍分，寬壹寸。
拾捌斗陸個，各長壹寸捌分，高壹寸，寬壹寸肆分捌釐。
槽升肆個，各長壹寸叁分，高壹寸，寬壹寸柒分貳釐。
叁才升貳拾個，各長壹寸叁分，高壹寸，寬壹寸肆分捌釐。

柱頭科：

大斗壹個，長肆寸，高貳寸，寬叁寸。
單翹壹件，長柒寸壹分，高貳寸，寬貳寸。
頭昂壹件，長壹尺伍寸捌分伍釐，高叁寸，寬貳寸陸分陸釐陸毫。
貳昂壹件，長貳尺壹寸叁分，高叁寸，寬叁寸叁分叁釐叁毫。
正心瓜拱壹件，長陸寸貳分，高貳寸，寬壹寸貳分肆釐。
正心萬拱壹件，長玖寸貳分，高貳寸，寬壹寸貳分肆釐。
單才瓜拱肆件，各長陸寸貳分，高壹寸肆分，寬壹寸。
單才萬拱肆件，各長玖寸貳分，高壹寸肆分，寬壹寸。
廂拱貳件，各長柒寸貳分，高壹寸肆分，寬壹寸。
桶子拾捌斗伍個，內貳個各長叁寸肆分陸釐陸毫，貳個各長肆寸壹分叁釐叁毫，壹個長肆寸捌分，俱高壹寸，寬壹寸肆分捌釐。
槽升肆個，各長壹寸叁分，高壹寸，寬壹寸柒分貳釐。
叁才升貳拾個，各長壹寸叁分，高壹寸，寬壹寸肆分捌釐。

角科：

大斗壹個，見方叁寸，高貳寸。
斜翹壹件，長玖寸玖分肆釐，高貳寸，寬壹寸伍分。
搭角正翹帶正心瓜拱貳件，各長陸寸陸分伍釐，高貳寸，寬壹寸貳分肆釐。
斜頭昂壹件，長貳尺貳寸壹分玖釐，高叁寸，寬壹寸柒分貳釐伍毫。
搭角正頭昂帶正心萬拱貳件，各長壹尺叁寸玖分，高叁寸，寬壹寸貳分肆釐。
搭角鬧頭昂帶單才瓜拱貳件，各長壹尺貳寸肆分，高叁寸，寬壹寸。
裏連頭合角單才瓜拱貳件，各長伍寸肆分，高壹寸肆分，寬壹寸。
斜貳昂壹件，長貳尺玖寸捌分貳釐，高叁寸，寬壹寸玖分伍釐。
搭角正貳昂貳件，各長壹尺貳寸叁分，高叁寸，寬壹寸。
搭角鬧貳昂帶單才萬拱貳件，各長壹尺陸寸玖分，高叁寸，寬壹寸。
搭角鬧貳昂帶單才瓜拱貳件，各長壹尺伍寸肆分，高叁寸，寬壹寸。
裏連頭合角單才萬拱貳件，各長叁寸捌分，高壹寸肆分，寬壹寸。
裏連頭合角單才瓜拱貳件，各長貳寸貳分，高壹寸肆分，寬壹寸。
由昂壹件，長叁尺捌寸捌分陸釐，高伍寸伍分，寬貳寸壹分柒釐伍毫。
搭角正螞蚱頭貳件，各長壹尺貳寸，高貳寸，寬壹寸。
搭角鬧螞蚱頭帶單才萬拱貳件，各長壹尺陸寸陸分，高貳寸，寬壹寸。
裏連頭合角單才萬拱貳件，各長玖分，高壹寸肆分，寬壹寸。
把臂廂拱貳件，各長壹尺柒寸肆分，高貳寸，寬壹寸。
搭角正撐頭木貳件、鬧撐頭木肆件，各長玖寸，高貳寸，寬壹寸。
裏連頭合角廂拱貳件，各長壹寸捌分，高壹寸肆分，寬壹寸。
斜桁椀壹件，長貳尺伍寸貳分，高肆寸伍分，寬貳寸壹分柒釐伍毫。
貼升耳拾肆個，內肆個各長壹寸玖分捌釐，肆個各長貳寸貳分伍毫，貳個各長貳寸肆分叁釐，肆個各長貳寸陸分伍釐伍毫，俱高陸分，寬貳分肆釐。
拾捌斗拾貳個、槽升肆個、叁才升拾陸個，俱與平身科尺寸同。

重翹重昂平身科、柱頭科、角科斗口壹寸名件尺寸開後，計開：

平身科：

大斗壹個，見方叁寸，高貳寸。
頭翹壹件，長柒寸壹分，高貳寸，寬壹寸。
重翹壹件，長壹尺叁寸壹分，高貳寸，寬壹寸。
頭昂壹件，長壹尺壹寸捌分伍釐，高叁寸，寬壹寸。
貳昂壹件，長貳尺柒寸叁分，高叁寸，寬壹寸。
螞蚱頭壹件，長貳尺柒寸陸分，高貳寸，寬壹寸。
撐頭木壹件，長貳尺柒寸伍分肆釐，高貳寸，寬壹寸。
正心瓜拱壹件，長陸寸貳分，高貳寸，寬壹寸貳分肆釐。
正心萬拱壹件，長玖寸貳分，高貳寸，寬壹寸貳分肆釐。
單才瓜拱陸件，各長陸寸貳分，高壹寸肆分，寬壹寸。
單才萬拱陸件，各長玖寸貳分，高壹寸肆分，寬壹寸。
廂拱貳件，各長柒寸貳分，高壹寸肆分，寬壹寸。
桁椀壹件，長貳尺肆寸，高陸寸，寬壹寸。

拾捌斗捌個，各長壹寸捌分，高壹寸，寬壹寸肆分捌釐。

槽升肆個，各長壹寸叁分，高壹寸，寬壹寸柒分貳釐。

叁才升貳拾捌個，各長壹寸叁分，高壹寸，寬壹寸肆分捌釐。

柱頭科：

大斗壹個，長肆寸，高貳寸，寬叁寸。

頭翹壹件，長柒寸壹分，高貳寸，寬貳寸。

重翹壹件，長壹尺叁寸壹分，高貳寸，寬貳寸伍分。

頭昂壹件，長貳尺壹寸捌分伍釐，高叁寸，寬叁寸。

貳昂壹件，長貳尺柒寸叁分，高叁寸，寬叁寸伍分。

正心瓜拱壹件，長陸寸貳分，高貳寸，寬壹寸貳分肆釐。

正心萬拱壹件，長玖寸貳分，高貳寸，寬壹寸貳分肆釐。

單才瓜拱陸件，各長陸寸貳分，高壹寸肆分，寬壹寸。

單才萬拱陸件，各長玖寸貳分，高壹寸肆分，寬壹寸。

廂拱貳件，各長柒寸貳分，高壹寸肆分，寬壹寸。

桶子拾捌斗柒個，内貳個各長叁寸叁分，貳個各長叁寸捌分，貳個各長肆寸叁分，壹個長肆寸捌分，俱高壹寸，寬壹寸肆分捌釐。

槽升肆個，各長壹寸叁分，高壹寸，寬壹寸柒分貳釐。

叁才升貳拾個，各長壹寸叁分，高壹寸，寬壹寸肆分捌釐。

角科：

大斗壹個，見方叁寸，高貳寸。

斜頭翹壹件，長玖寸玖分肆釐，高貳寸，寬壹寸伍分。

搭角正頭翹帶正心瓜拱貳件，各長陸寸陸分伍釐，高貳寸，寬壹寸貳分肆釐。

斜貳翹壹件，長壹尺捌寸叁分肆釐，高貳寸，寬壹寸陸分捌釐。

搭角正貳翹帶正心萬拱貳件，各長壹尺壹寸壹分伍釐，高貳寸，寬壹寸貳分肆釐。

搭角鬧貳翹帶單才瓜拱貳件，各長玖寸陸分伍釐，高貳寸，寬壹寸。

裏連頭合角單才瓜拱貳件，各長伍寸肆分，高壹寸肆分，寬壹寸。

斜頭昂壹件，長叁尺伍分玖釐，高叁寸，寬壹寸捌分陸釐。

搭角正頭昂貳件，各長壹尺貳寸叁分，高叁寸，寬壹寸。

搭角鬧頭昂帶單才萬拱貳件，各長壹尺伍寸肆分，高叁寸，寬壹寸。

搭角鬧頭昂帶單才萬拱貳件，各長壹尺陸寸玖分，高叁寸，寬壹寸。

裏連頭合角單才萬拱貳件，各長叁寸捌分，高壹寸肆分，寬壹寸。

裏連頭合角單才瓜拱貳件，各長貳寸貳分，高壹寸肆分，寬壹寸。

斜貳昂壹件，長叁尺捌寸貳分貳釐，高叁寸，寬貳寸肆釐。

搭角正貳昂貳件、鬧貳昂貳件，各長壹尺伍寸叁分，高叁寸，寬壹寸。

搭角鬧貳昂帶單才萬拱貳件，各長壹尺玖寸玖分，高叁寸，寬壹寸。

搭角鬧貳昂帶單才瓜拱貳件，各長壹尺捌寸肆分，高叁寸，寬壹寸。

裏連頭合角單才萬拱貳件，各長玖分，高壹寸肆分，寬壹寸。

由昂壹件，長肆尺柒寸肆分貳釐，高伍寸伍分，寬貳寸貳分貳釐。

搭角正螞蚱頭貳件，鬧螞蚱頭肆件，各長壹尺伍寸，高貳寸，寬壹寸。

搭角鬧螞蚱頭帶單才萬拱貳件，各長壹尺玖寸陸分，高貳寸，寬壹寸。

把臂廂拱貳件，各長貳尺肆分，高貳寸，寬壹寸。

搭角正撐頭木貳件、鬧撐頭木陸件，各長壹尺貳寸，高貳寸，寬壹寸。

裏連頭合角廂拱貳件，各長貳寸壹分，高壹寸肆分，寬壹寸。

斜桁椀壹件，長叁尺叁寸陸分，高陸寸，寬貳寸貳分貳釐。

貼升耳拾捌個，内肆個各長壹寸玖分捌釐，肆個各長貳寸壹分陸釐，肆個各長貳寸叁分肆釐，貳個各長貳寸伍分貳釐，肆個各長貳寸柒分，俱高陸分，寬貳分肆釐。

拾捌斗貳拾個、槽升肆個、叁才升貳拾個，俱與平身科尺寸同。

壹斗貳升交蔴葉並壹斗叁升平身科、柱頭科、角科俱斗口壹寸名件尺寸開後，計開：

平身科：其壹斗叁升去蔴葉雲，中加槽升壹個。

大斗壹個，見方叁寸，高貳寸。

蔴葉雲壹件，長壹尺貳寸，高伍寸叁分叁釐，寬壹寸。

正心瓜拱壹件，長陸寸貳分，高貳寸，寬壹寸貳分肆釐。

槽升貳個，各長壹寸叁分，高壹寸，寬壹寸柒分貳釐。

柱頭科：

大斗壹個，長伍寸，高貳寸，寬叁寸。

正心瓜拱壹件，長陸寸貳分，高貳寸，寬壹寸貳分肆釐。

槽升貳個，各長壹寸叁分，高壹寸，寬壹寸柒分貳釐。

貼正升耳貳個，各長壹寸叁分，高壹寸，寬貳分肆釐。

角科：

大斗壹個，見方叁寸，高貳寸。

斜昂壹件，長壹尺陸寸捌分，高陸寸叁分，寬壹寸伍分。

搭角正心瓜拱貳件，各長捌寸玖分，高貳寸，寬壹寸貳分肆釐。

槽升貳個，各長壹寸叁分，高壹寸，寬壹寸柒分貳釐。

叁才升貳個，各長壹寸叁分，高壹寸，寬壹寸肆分捌釐。

貼斜升耳貳個，各長壹寸玖分捌釐，高陸分，寬貳分肆釐。

叁滴水品字平身科、柱頭科、角科斗口壹寸名件尺寸開後，計開：

平身科：

大斗壹個，見方叁寸，高貳寸。

頭翹壹件，長柒寸壹分，高貳寸，寬壹寸。

貳翹壹件，長壹尺叁寸壹分，高貳寸，寬壹寸。

撑頭木壹件，長壹尺伍寸，高貳寸，寬壹寸。

正心瓜拱壹件，長陸寸貳分，高貳寸，寬壹寸貳分肆釐。

正心萬拱壹件，長玖寸貳分，高貳寸，寬壹寸貳分肆釐。

單才瓜拱貳件，各長陸寸貳分，高壹寸肆分，寬壹寸。

廂拱壹件，長柒寸貳分，高壹寸肆分，寬壹寸。

拾捌斗叁個，各長壹寸捌分，高壹寸，寬壹寸肆分捌釐。

槽升肆個，各長壹寸叁分，高壹寸，寬壹寸柒分貳釐。

叁才升陸個，各長壹寸叁分，高壹寸，寬壹寸肆分捌釐。

柱頭科：

大斗壹個，長伍寸，高貳寸，寬叁寸。

頭翹壹件，長柒寸壹分，高貳寸，寬貳寸。

正心瓜拱壹件，長陸寸貳分，高貳寸，寬壹寸貳分肆釐。

正心萬拱壹件，長玖寸貳分，高貳寸，寬壹寸貳分肆釐。

單才瓜拱貳件，各長陸寸貳分，高壹寸肆分，寬壹寸。

廂拱壹件，長柒寸貳分，高壹寸肆分，寬壹寸。

桶子拾捌斗壹個，長肆寸捌分，高壹寸，寬壹寸肆分捌釐。

槽升肆個，各長壹寸叁分，高壹寸，寬壹寸柒分貳釐。

叁才升陸個，各長壹寸叁分，高壹寸，寬壹寸肆分捌釐。

貼斗耳貳個，各長壹寸肆分捌釐，高壹寸，寬貳分肆釐。

角科：

大斗壹個，見方叁寸，高貳寸。

斜頭翹壹件，長玖寸玖分肆釐，高貳寸，寬壹寸伍分。

搭角正頭翹帶正心瓜拱貳件，各長陸寸陸分伍釐，高貳寸，寬壹寸貳分肆釐。

搭角正貳翹帶正心萬拱貳件，各長壹尺壹寸壹分伍釐，高貳寸，寬壹寸貳分肆釐。

搭角鬧貳翹帶單才瓜拱貳件，各長玖寸陸分伍釐，高貳寸，寬壹寸。

裏連頭合角單才瓜拱貳件，各長伍寸肆分，高壹寸肆分，寬壹寸。

裏連頭合角廂拱貳件，各長壹寸伍分，高壹寸肆分，寬壹寸。

貼升耳肆個，各長壹寸玖分捌釐，高陸分，寬貳分肆釐。

拾捌斗貳個、槽升肆個、叁才升陸個，俱與平身科尺寸同。

内裏品字科斗口壹寸名件尺寸開後，計開：

大斗壹個，長叁寸，高貳寸，寬壹寸伍分。

頭翹壹件，長叁寸伍分伍釐，高貳寸，寬壹寸。

貳翹壹件，長陸寸伍分伍釐，高貳寸，寬壹寸。

撑頭木壹件，長玖寸伍分伍釐，高貳寸，寬壹寸。

正心瓜拱壹件，長陸寸貳分，高貳寸，寬陸分貳釐。

正心萬拱壹件，長玖寸貳分，高貳寸，寬陸分貳釐。

麻葉雲壹件，長捌寸貳分，高貳寸，寬壹寸。

叁福雲貳件，各長柒寸貳分，高叁寸，寬壹寸。

拾捌斗貳個，各長壹寸捌分，高壹寸，寬壹寸肆分捌釐。

槽升肆個，各長壹寸叁分，高壹寸，寬捌分陸釐。

隔架科斗口壹寸名件尺寸開後，計開：

貼大斗耳貳個，各長叁寸，高貳寸，厚捌分捌釐。
荷葉壹件，長玖寸，高貳寸，寬貳寸。
拱壹件，長陸寸貳分，高貳寸，寬貳寸。
雀替壹件，長貳尺，高肆寸，寬貳寸。
貼槽升耳陸個，各長壹寸叁分，高壹寸，寬貳分肆釐。

愛新覺羅・允禮等《工程做法》卷三一《斗科斗口壹寸伍分尺寸》 斗口單昂平身科、柱頭科、角科斗口壹寸伍分各件尺寸開後，計開：

平身科：
大斗壹個，見方肆寸伍分，高叁寸。
單昂壹件，長壹尺肆寸柒分柒釐伍毫，高肆寸伍分，寬壹寸伍分。
螞蚱頭壹件，長壹尺捌寸捌分壹釐，高叁寸，寬壹寸伍分。
撑頭木壹件，長玖寸，高叁寸，寬壹寸伍分。
正心瓜拱壹件，長玖寸叁分，高叁寸，寬壹寸捌分陸釐。
正心萬拱壹件，長壹尺叁寸捌分，高叁寸，寬壹寸捌分陸釐。
廂拱貳件，各長壹尺捌分，高貳寸壹分，寬壹寸伍分。
桁椀壹件，長玖寸，高貳寸貳分伍釐，寬壹寸伍分。
拾捌斗貳個，各長貳寸柒分，高壹寸伍分，寬貳寸貳分貳釐。
槽升肆個，各長壹寸玖分伍釐，高壹寸伍分，寬貳寸伍分捌釐。
叁才升陸個，各長壹寸玖分伍釐，高壹寸伍分，寬貳寸貳分貳釐。

柱頭科：
大斗壹個，長陸寸，高叁寸，寬肆寸伍分。
單昂壹件，長壹尺肆寸柒分柒釐伍毫，高肆寸伍分，寬叁寸。
正心瓜拱壹件，長玖寸叁分，高叁寸，寬壹寸捌分陸釐。
正心萬拱壹件，長壹尺叁寸捌分，高叁寸，寬壹寸捌分陸釐。
廂拱貳件，各長壹尺捌分，高貳寸壹分，寬壹寸伍分。
桶子拾捌斗壹個，長柒寸貳分，高壹寸伍分，寬貳寸貳分貳釐。
槽升貳個，各長壹寸玖分伍釐，高壹寸伍分，寬貳寸伍分捌釐。
叁才升肆個，各長壹寸玖分伍釐，高壹寸伍分，寬貳寸貳分貳釐。

角科：
大斗壹個，見方肆寸伍分，高叁寸。
斜昂壹件，長貳尺陸分捌釐伍毫，高肆寸伍分，寬貳寸貳分伍釐。
搭角正昂帶正心瓜拱貳件，各長壹尺肆寸壹分，高肆寸伍分，寬壹寸捌分陸釐。
由昂壹件，長叁尺貳寸陸分壹釐，高捌寸貳分伍釐，寬叁寸壹分貳釐伍毫。
搭角正螞蚱頭帶正心萬拱貳件，各長壹尺伍寸玖分，高肆寸伍分，寬壹寸捌分陸釐。
搭角正撑頭木貳件，各長肆寸伍分，高叁寸，寬壹寸伍分。
把臂廂拱貳件，各長壹尺柒寸壹分，高叁寸，寬壹寸伍分。
裏連頭合角廂拱貳件，各長壹寸捌分，高貳寸壹分，寬壹寸伍分。
斜桁椀壹件，長壹尺貳寸陸分，高貳寸貳分伍釐，寬叁寸壹分貳釐伍毫。
拾捌斗貳個、槽升肆個、叁才升陸個，俱與平身科尺寸同。

斗口重昂平身科、柱頭科、角科斗口壹寸伍分各件尺寸開後，計開：

平身科：
大斗壹個，見方肆寸伍分，高叁寸。
頭昂壹件，長壹尺肆寸柒分柒釐伍毫，高肆寸伍分，寬壹寸伍分。
貳昂壹件，長貳尺貳寸玖分伍釐，高肆寸伍分，寬壹寸伍分。
螞蚱頭壹件，長貳尺叁寸肆分，高叁寸，寬壹寸伍分。
撑頭木壹件，長貳尺叁寸叁分壹釐，高叁寸，寬壹寸伍分。
正心瓜拱壹件，長玖寸叁分，高叁寸，寬壹寸捌分陸釐。
正心萬拱壹件，長壹尺叁寸捌分，高叁寸，寬壹寸捌分陸釐。
單才瓜拱貳件，各長玖寸叁分，高貳寸壹分，寬壹寸伍分。
單才萬拱貳件，各長壹尺叁寸捌分，高貳寸壹分，寬壹寸伍分。
廂拱貳件，各長壹尺捌分，高貳寸壹分，寬壹寸伍分。
桁椀壹件，長壹尺捌寸，高肆寸伍分，寬壹寸伍分。
拾捌斗肆個，各長貳寸柒分，高壹寸伍分，寬貳寸貳分貳釐。
槽升肆個，各長壹寸玖分伍釐，高壹寸伍分，寬貳寸伍分捌釐。
叁才升拾貳個，各長壹寸玖分伍釐，高壹寸伍分，寬貳寸貳分貳釐。

柱頭科：
大斗壹個，長陸寸，高叁寸，寬肆寸伍分。
頭昂壹件，長壹尺肆寸柒分柒釐伍毫，高肆寸伍分，寬叁寸。

貳昂壹件，長貳尺貳寸玖分伍釐，高肆寸伍分，寬伍寸伍分。

正心瓜拱壹件，長玖寸叁分，高叁寸，寬壹寸捌分陸釐。

正心萬拱壹件，長壹尺叁寸捌分，高叁寸，寬壹寸捌分陸釐。

單才瓜拱貳件，各長玖寸叁分，高貳寸壹分，寬壹寸伍分。

單才萬拱貳件，各長壹尺叁寸捌分，高貳寸壹分，寬壹寸伍分。

廂拱貳件，各長壹尺捌分，高貳寸壹分，寬壹寸伍分。

桶子拾捌斗叁個，内貳個各長伍寸柒分，壹個長柒寸貳分，俱高壹寸伍分，寬貳寸貳分貳釐。

槽升肆個，各長壹寸玖分伍釐，高壹寸伍分，寬貳寸伍分捌釐。

叁才升拾貳個，各長壹寸玖分伍釐，高壹寸伍分，寬貳寸貳分貳釐。

角科：

大斗壹個，見方肆寸伍分，高叁寸。

斜頭昂壹件，長貳尺陸分捌釐伍毫，高肆寸伍分，寬貳寸貳分伍釐。

搭角正頭昂帶正心瓜拱貳件，各長壹尺肆寸壹分，高肆寸伍分，寬壹寸捌分陸釐。

斜貳昂壹件，長叁尺貳寸壹分叁釐，高肆寸伍分，寬貳寸捌分叁釐叁毫。

搭角正貳昂帶正心萬拱貳件，各長貳尺捌分伍釐，高肆寸伍分，寬壹寸捌分陸釐。

搭角鬧貳昂帶單才瓜拱貳件，各長壹尺捌寸陸分，高肆寸伍分，寬壹寸伍分。

由昂壹件，長肆尺伍寸肆分伍釐，高捌寸貳分伍釐，寬叁寸肆分壹釐陸毫。

搭角正螞蚱頭貳件，各長壹尺叁寸伍分，高叁寸，寬壹寸伍分。

搭角鬧螞蚱頭帶單才萬拱貳件，各長貳尺肆分，高叁寸，寬壹寸伍分。

把臂廂拱貳件，各長貳尺壹寸陸分，高叁寸，寬壹寸伍分。

裏連頭合角單才瓜拱貳件，各長捌寸壹分，高貳寸壹分，寬壹寸伍分。

裏連頭合角單才萬拱貳件，各長伍寸柒分，高貳寸壹分，寬壹寸伍分。

搭角正撑頭木貳件、鬧撑頭木貳件，各長玖寸，高叁寸，寬壹寸伍分。

裏連頭合角廂拱貳件，各長貳寸貳分伍釐，高貳寸壹分，寬壹寸伍分。

斜桁椀壹件，長貳尺伍寸貳分，高肆寸伍分，寬叁寸肆分壹釐陸毫。

貼升耳拾個，内肆個各長貳寸玖分柒釐，貳個各長叁寸伍分伍釐叁毫。肆個各長肆寸壹分叁釐陸毫，俱高玖分，寬叁分陸釐。

拾捌斗陸個、槽升肆個、叁才升拾貳個，俱與平身科尺寸同。

單翹單昂平身科、柱頭科、角科斗口壹寸伍分名件尺寸開後，計開：

平身科：

單翹壹件，長壹尺陸分伍釐，高叁寸，寬壹寸伍分。其餘各件俱與斗口重昂平身科尺寸同。

柱頭科：

單翹壹件，長壹尺陸分伍釐，高叁寸，寬叁寸。

其餘各件俱與斗口重昂柱頭科尺寸同。

角科：

斜翹壹件，長壹尺肆寸玖分壹釐，高叁寸，寬貳寸貳分伍釐。

搭角正翹帶正心瓜拱貳件，各長玖寸玖分柒釐伍毫，高叁寸，寬壹寸捌分陸釐。

其餘各件俱與斗口重昂角科尺寸同。

單翹重昂平身科、柱頭科、角科斗口壹寸伍分名件尺寸開後，計開：

平身科：

大斗壹個，見方肆寸伍分，高叁寸。

單翹壹件，長壹尺陸分伍釐，高叁寸，寬壹寸伍分。

頭昂壹件，長貳尺叁寸柒分柒釐伍毫，高肆寸伍分，寬壹寸伍分。

貳昂壹件，長叁尺壹寸玖分伍釐，高肆寸伍分，寬壹寸伍分。

螞蚱頭壹件，長叁尺貳寸肆分，高叁寸，寬壹寸伍分。

撑頭木壹件，長叁尺貳寸叁分壹釐，高叁寸，寬壹寸伍分。

正心瓜拱壹件，長玖寸叁分，高叁寸，寬壹寸捌分陸釐。

正心萬拱壹件，長壹尺叁寸捌分，高叁寸，寬壹寸捌分陸釐。

單才瓜拱肆件，各長玖寸叁分，高貳寸壹分，寬壹寸伍分。

單才萬拱肆件，各長壹尺叁寸捌分，高貳寸壹分，寬壹寸伍分。

廂拱貳件，各長壹尺捌分，高貳寸壹分，寬壹寸伍分。

桁椀壹件，長貳尺柒寸，高陸寸柒分伍釐，見壹寸伍分。

拾捌斗陸個，各長貳寸柒分，高壹寸伍分，寬貳寸貳分貳釐。

槽升肆個，各長壹寸玖分伍釐，高壹寸伍分，寬貳寸伍分捌釐。

叁才升貳拾個，各長壹寸玖分伍釐，高壹寸伍分，寬貳寸貳分貳釐。

柱頭科：

大斗壹個，長陸寸，高叁寸，寬肆寸伍分。

單翹壹件，長壹尺陸分伍釐，高叁寸，寬叁寸。

頭昂壹件，長貳尺叁寸柒分柒釐伍毫，高肆寸伍分，寬肆寸。

貳昂壹件，長叁尺壹寸玖分伍釐，高肆寸伍分，寬伍寸。

正心瓜拱壹件，長玖寸叁分，高叁寸，寬壹寸捌分陸釐。

正心萬拱壹件，長壹尺叁寸捌分，高叁寸，寬壹寸捌分陸釐。

單才瓜拱肆件，各長玖寸叁分，高貳寸壹分，寬壹寸伍分。

單才萬拱肆件，各長壹尺叁寸捌分，高貳寸壹分，寬壹寸伍分。

廂拱貳件，各長壹尺捌分，高貳寸壹分，寬壹寸伍分。

桶子拾捌斗伍個，內貳個各長肆寸貳分，貳個各長伍寸貳分，壹個長陸寸貳分，俱高壹寸伍分，寬貳寸貳分貳釐。

槽升肆個，各長壹寸玖分伍釐，高壹寸伍分，寬貳寸伍分捌釐。

叁才升貳拾個，各長壹寸玖分伍釐，高壹寸伍分，寬貳寸貳分貳釐。

角科：

大斗壹個，見方肆寸伍分，高叁寸。

斜翹壹件，長壹尺肆寸玖分壹釐，高叁寸，寬貳寸貳分伍釐。

搭角正翹帶正心瓜拱貳件，各長玖寸玖分柒釐伍毫，高叁寸，寬壹寸捌分陸釐。

斜頭昂壹件，長叁尺叁寸貳分捌釐伍毫，高肆寸伍分，寬貳寸陸分捌釐柒毫伍絲。

搭角正頭昂帶正心萬拱貳件，各長貳尺捌分伍釐，高肆寸伍分，寬壹寸捌分陸釐。

搭角鬧頭昂帶單才瓜拱貳件，各長壹尺捌寸陸分，高肆寸伍分，寬壹寸伍分。

裏連頭合角單才瓜拱貳件，各長捌寸壹分，高貳寸壹分，寬壹寸伍分。

斜貳昂壹件，長肆尺肆寸柒分叁釐，高肆寸伍分，寬叁寸壹分貳釐伍毫。

搭角正貳昂貳件，各長壹尺捌寸肆分伍釐，高肆寸伍分，寬壹寸伍分。

搭角鬧貳昂帶單才萬拱貳件，各長貳尺伍寸叁分伍釐，高肆寸伍分，寬壹寸伍分。

搭角鬧貳昂帶單才瓜拱貳件，各長貳尺叁寸壹分，高肆寸伍分，寬壹寸伍分。

裏連頭合角單才萬拱貳件，各長伍寸柒分，高貳寸壹分，寬壹寸伍分。

裏連頭合角單才瓜拱貳件，各長叁寸叁分，高貳寸壹分，寬壹寸伍分。

由昂壹件，長伍尺捌寸貳分玖釐，高捌寸貳分伍釐，寬叁寸伍分陸釐貳毫伍絲。

搭角正螞蚱頭貳件，鬧螞蚱頭貳件，各長壹尺捌寸，高叁寸，寬壹寸伍分。

搭角鬧螞蚱頭帶單才萬拱貳件，各長貳尺肆寸玖分，高叁寸，寬壹寸伍分。

裏連頭合角單才萬拱貳件，各長壹寸叁分伍釐，高貳寸壹分，寬壹寸伍分。

把臂廂拱貳件，各長貳尺陸寸壹分，高叁寸，寬壹寸伍分。

搭角正撐頭木貳件，鬧撐頭木肆件，各長壹尺叁寸伍分，高叁寸，寬壹寸伍分。

裏連頭合角廂拱貳件，各長貳寸柒分，高貳寸壹分，寬壹寸伍分。

斜桁椀壹件，長叁尺柒寸捌分，高陸寸柒分伍釐，寬叁寸伍分陸釐貳毫伍絲。

貼升耳拾肆個，內肆個各長貳寸玖分柒釐，肆個各長叁寸肆分，肆個各長叁寸捌分肆釐伍毫，貳個各長肆寸貳分捌釐貳毫伍絲，俱高玖分，寬叁分陸釐。

拾捌斗拾貳個，槽升肆個，叁才升拾陸個，俱與平身科尺寸同。

重翹重昂平身科、柱頭科、角科斗口壹寸伍分名件尺寸開後，計開：

平身科：

大斗壹個，見方肆寸伍分，高叁寸。

頭翹壹件，長壹尺陸分伍釐，高叁寸，寬壹寸伍分。

重翹壹件，長壹尺玖寸陸分伍釐，高叁寸，寬壹寸伍分。

頭昂壹件，長叁尺貳寸柒分柒釐伍毫，高肆寸伍分，寬壹寸伍分。

貳昂壹件，長肆尺玖分伍釐，高肆寸伍分，寬壹寸伍分。

螞蚱頭壹件，長肆尺壹寸肆分，高叁寸，寬壹寸伍分。

撐頭木壹件，長肆尺壹寸叁分壹釐，高叁寸，寬壹寸伍分。

正心瓜拱壹件，長玖寸叁分，高叁寸，寬壹寸捌分陸釐。

正心萬拱壹件，長壹尺叁寸捌分，高叁寸，寬壹寸捌分陸釐。

單才瓜拱陸件，各長玖寸叁分，高貳寸壹分，寬壹寸伍分。

單才萬拱陸件，各長壹尺叁寸捌分，高貳寸壹分，寬壹寸伍分。

廂拱貳件，各長壹尺捌分，高貳寸壹分，寬壹寸伍分。

桁椀壹件，長叁尺陸寸，高玖寸，寬壹寸伍分。

拾捌斗捌個，各長貳寸柒分，高壹寸伍分，寬貳寸貳分貳釐。

槽升肆個，各長壹寸玖分伍釐，高壹寸伍分，寬貳寸伍分捌釐。

叁才升貳拾捌個，各長壹寸玖分伍釐，高壹寸伍分，寬貳寸貳分貳釐。

柱頭科：

大斗壹個，長陸寸，高叁寸，寬肆寸伍分。

頭翹壹件，長壹尺陸分伍釐，高叁寸，寬叁寸。

重翹壹件，長壹尺玖寸陸分伍釐，高叁寸，寬叁寸柒分伍釐。

頭昂壹件，長叁尺貳寸柒分柒釐伍毫，高肆寸伍分，寬肆寸伍分。

貳昂壹件，長肆尺玖分伍釐，高肆寸伍分，寬伍寸貳分伍釐。

正心瓜拱壹件，長玖寸叁分，高叁寸，寬壹寸捌分陸釐。

正心萬拱壹件，長壹尺叁寸捌分，高叁寸，寬壹寸捌分陸釐。

單才瓜拱陸件，各長玖寸叁分，高貳寸壹分，寬壹寸伍分。

單才萬拱陸件，各長壹尺叁寸捌分，高貳寸壹分，寬壹寸伍分。

廂拱貳件，各長壹尺捌分，高貳寸壹分，寬壹寸伍分。

桶子拾捌斗柒個，內貳個各長肆寸玖分伍釐，貳個各長伍寸柒分，貳個各長陸寸肆分伍釐，壹個長柒寸貳分，俱高壹寸伍分，寬貳寸貳分貳釐。

槽升肆個，各長壹寸玖分伍釐，高壹寸伍分，寬貳寸伍分捌釐。

叁才升貳拾個，各長壹寸玖分伍釐，高壹寸伍分，寬貳寸貳分貳釐。

角科：

大斗壹個，見方肆寸伍分，高叁寸。

斜頭翹壹件，長壹尺肆寸玖分壹釐，高叁寸，寬貳寸貳分伍釐。

搭角正頭翹帶正心瓜拱貳件，各長玖寸玖分柒釐伍毫，高叁寸，寬壹寸捌分陸釐。

斜貳翹壹件，長貳尺柒寸伍分壹釐，高叁寸，寬貳寸陸分。

搭角正貳翹帶正心萬拱貳件，各長壹尺陸分柒分貳釐伍毫，高叁寸，寬壹寸捌分陸釐。

搭角鬧貳翹帶單才瓜拱貳件，各長壹尺肆寸肆分柒釐伍毫，高叁寸，寬壹寸伍分。

裏連頭合角單才瓜拱貳件，各長捌寸壹分，高貳寸壹分，寬壹寸伍分。

斜頭昂壹件，長肆尺伍寸捌分捌釐伍毫，高肆寸伍分，寬貳寸玖分伍釐。

搭角正頭昂貳件，各長壹尺捌寸肆分伍釐，高肆寸伍分，寬壹寸伍分。

搭角鬧頭昂帶單才瓜拱貳件，各長貳尺叁寸壹分，高肆寸伍分，寬壹寸伍分。

搭角鬧頭昂帶單才萬拱貳件，各長貳尺伍寸叁分伍釐，高肆寸伍分，寬壹寸伍分。

裏連頭合角單才萬拱貳件，各長伍寸柒分，高貳寸壹分，寬壹寸伍分。

裏連頭合角單才瓜拱貳件，各長叁寸叁分，高貳寸壹分，寬壹寸伍分。

斜貳昂壹件，長伍尺柒寸叁分叁釐，高肆寸伍分，寬叁寸叁分。

搭角正貳昂貳件，鬧貳昂貳件，各長貳尺貳寸玖分伍釐，高肆寸伍分，寬壹寸伍分。

搭角鬧貳昂帶單才萬拱貳件，各長貳尺玖寸捌分伍釐，高肆寸伍分，寬壹寸伍分。

搭角鬧貳昂帶單才瓜拱貳件，各長貳尺柒寸陸分，高肆寸伍分，寬壹寸伍分。

裏連頭合角單才萬拱貳件，各長壹寸叁分伍釐，高貳寸壹分，寬壹寸伍分。

由昂壹件，長柒尺壹寸壹分叁釐，高捌寸貳分伍釐，寬叁寸陸分伍釐。

搭角正螞蚱頭貳件，鬧螞蚱頭肆件，各長貳尺貳寸伍分，高叁寸，寬壹寸伍分。

搭角鬧螞蚱頭帶單才萬拱貳件，各長貳尺玖寸肆分，高叁寸，寬壹寸伍分。

把臂廂拱貳件，各長叁尺陸分，高叁寸，寬壹寸伍分。

搭角正撑頭木貳件、鬧撑頭木陸件，各長壹尺捌寸，高叁寸，寬壹寸伍分。

裏連頭合角廂拱貳件，各長叁寸壹分伍釐，高貳寸壹分，寬壹寸伍分。

斜桁椀壹件，長伍尺肆分，高玖寸，寬叁寸陸分伍釐。

貼升耳拾捌個，內肆個各長貳寸玖分柒釐，肆個各長叁寸叁分貳釐，肆個各長叁寸陸分柒釐，肆個各長肆寸貳釐，貳個各長肆寸叁分柒釐，俱高玖分，寬叁分陸釐。

拾捌斗貳拾個、槽升肆個、叁才升貳拾個，俱與平身科尺寸同。

壹斗貳升交蔴葉並壹斗叁升平身科、柱頭科、角科俱斗口壹寸伍分名件尺寸開後，計開：

平身科：其壹斗叁升去蔴葉雲，中加槽升壹個。

大斗壹個，見方肆寸伍分，高叁寸。

蔴葉雲壹件，長壹尺捌寸，高柒寸玖分玖釐伍毫，寬壹寸伍分。

正心瓜拱壹件，長玖寸叁分，高叁寸，寬壹寸捌分陸釐。

槽升貳個，各長壹寸玖分伍釐，高壹寸伍分，寬貳寸伍分捌釐。

柱頭科：

大斗壹個，長柒寸伍分，高叁寸，寬肆寸伍分。

正心瓜拱壹件，長玖寸叁分，高叁寸，寬壹寸捌分陸釐。

槽升貳個，各長壹寸玖分伍釐，高壹寸伍分，寬貳寸伍分捌釐。

貼正升耳貳個，各長壹寸玖分伍釐，高壹寸伍分，寬叁分陸釐。

角科：

大斗壹個，見方肆寸伍分，高叁寸。

斜昂壹件，長貳尺伍寸貳分，高玖寸肆分伍釐，寬貳寸貳分伍釐。

搭角正心瓜拱貳件，各長壹尺叁寸叁分伍釐，高叁寸，寬壹寸捌分陸釐。

槽升貳個，各長壹寸玖分伍釐，高壹寸伍分，寬貳寸伍分捌釐。

叁才升貳個，各長壹寸玖分伍釐，高壹寸伍分，寬貳寸貳分貳釐。

貼斜升耳貳個，各長貳寸玖分柒釐，高玖分，寬叁分陸釐。

叁滴水品字平身科、柱頭科、角科斗口壹寸伍分名件尺寸開後，計開：

平身科：

大斗壹個，見方肆寸伍分，高叁寸。

頭翹壹件，長壹尺陸分伍釐，高叁寸，寬壹寸伍分。

貳翹壹件，長壹尺玖寸陸分伍釐，高叁寸，寬壹寸伍分。

撑頭木壹件，長貳尺貳寸伍分，高叁寸，寬壹寸伍分。

正心瓜拱壹件，長玖寸叁分，高叁寸，寬壹寸捌分陸釐。

正心萬拱壹件，長壹尺叁寸捌分，高叁寸，寬壹寸捌分陸釐。

單才瓜拱貳件，各長玖寸叁分，高貳寸壹分，寬壹寸伍分。

廂拱壹件，長壹尺捌分，高貳寸壹分，寬壹寸伍分。

拾捌斗叁個，各長貳寸柒分，高壹寸伍分，寬貳寸貳分貳釐。

槽升肆個，各長壹寸玖分伍釐，高壹寸伍分，寬貳寸伍分捌釐。

叁才升陸個，各長壹寸玖分伍釐，高壹寸伍分，寬貳寸貳分貳釐。

柱頭科：

大斗壹個，長柒寸伍分，高叁寸，寬肆寸伍分。

頭翹壹件，長壹尺陸分伍釐，高叁寸，寬叁寸。

正心瓜拱壹件，長玖寸叁分，高叁寸，寬壹寸捌分陸釐。

正心萬拱壹件，長壹尺叁寸捌分，高叁寸，寬壹寸捌分陸釐。

單才瓜拱貳件，各長玖寸叁分，高貳寸壹分，寬壹寸伍分。

廂拱壹件，長壹尺捌分，高貳寸壹分，寬壹寸伍分。

桶子拾捌斗壹個，長柒寸貳分，高壹寸伍分，寬貳寸貳分貳釐。

槽升肆個，各長壹寸玖分伍釐，高壹寸伍分，寬貳寸伍分捌釐。

叁才升陸個，各長壹寸玖分伍釐，高壹寸伍分，寬貳寸貳分貳釐。

貼斗耳貳個，各長貳寸貳分貳釐，高壹寸伍分，寬叁分陸釐。

角科：

大斗壹個，見方肆寸伍分，高叁寸。

斜頭翹壹件，長壹尺肆寸玖分壹釐，高叁寸，寬貳寸貳分伍釐。

搭角正頭翹帶正心瓜拱貳件，各長玖寸玖分柒釐伍毫，高叁寸，寬壹寸捌分陸釐。

搭角正貳翹帶正心萬拱貳件，各長壹尺陸寸柒分貳釐伍毫，高叁寸，寬壹寸捌分陸釐。

搭角鬧貳翹帶單才瓜拱貳件，各長壹尺肆寸肆分柒釐伍毫，高叁寸，寬壹寸伍分。

裏連頭合角單才瓜拱貳件，各長捌寸壹分，高貳寸壹分，寬壹寸伍分。

裏連頭合角廂拱貳件，各長貳寸貳分伍釐，高貳寸壹分，寬壹寸伍分。

貼升耳肆個，各長貳寸玖分柒釐，高玖分，寬叁分陸釐。

拾捌斗貳個、槽升肆個、叁才升陸個，俱與平身科尺寸同。

內裏品字科斗口壹寸伍分名件尺寸開後，計開：

大斗壹個，長肆寸伍分，高叁寸，寬貳寸貳分伍釐。

頭翹壹件，長伍寸叁分貳釐伍毫，高叁寸，寬壹寸伍分。

貳翹壹件，長玖寸捌分貳釐伍毫，高叁寸，寬壹寸伍分。

撑頭木壹件，長壹尺肆寸叁分貳釐伍毫，高叁寸，寬壹寸伍分。

正心瓜拱壹件，長玖寸叁分，高叁寸，寬玖分叁釐。

正心萬拱壹件，長壹尺叁寸捌分，高叁寸，寬玖分叁釐。

蔴葉雲壹件，長壹尺貳寸叁分，高叁寸，寬壹寸伍分。

叁福雲貳件，各長壹尺捌分，高肆寸伍分，寬壹寸伍分。

拾捌斗貳個，各長貳寸柒分，高壹寸伍分，寬貳寸貳分貳釐。

槽升肆個，各長壹寸玖分伍釐，高壹寸伍分，寬壹寸貳分玖釐。

隔架科斗口壹寸伍分名件尺寸開後，計開：

貼大斗耳貳個，各長肆寸伍分，高叁寸，厚壹寸叁分貳釐。

荷葉壹件，長壹尺叁寸伍分，高叁寸，寬叁寸。

拱壹件，長玖寸叁分，高叁寸，寬叁寸。

雀替壹件，長叁尺，高陸寸，寬叁寸。

貼槽升耳陸個，各長壹寸玖分伍釐，高壹寸伍分，寬叁分陸釐。

愛新覺羅・允禮等《工程做法》卷三一《斗科斗口貳寸尺寸》 斗口單昂平身科、柱頭科、角科斗口貳寸名件尺寸開後，計開：

平身科：

大斗壹個，見方陸寸，高肆寸。

單昂壹件，長壹尺玖寸柒分，高陸寸，寬貳寸。

螞蚱頭壹件，長貳尺伍寸捌釐，高肆寸，寬貳寸。

撑頭木壹件，長壹尺貳寸，高肆寸，寬貳寸。

正心瓜拱壹件，長壹尺貳寸肆分，高肆寸，寬貳寸肆分捌釐。

正心萬拱壹件，長壹尺捌寸肆分，高肆寸，寬貳寸肆分捌釐。

廂拱貳件，各長壹尺肆寸肆分，高貳寸捌分，寬貳寸。

桁椀壹件，長壹尺貳寸，高叁寸，寬貳寸。

拾捌斗貳個，各長叁寸陸分，高貳寸，寬貳寸玖分陸釐。

槽升肆個，各長貳寸陸分，高貳寸，寬叁寸肆分肆釐。

叁才升陸個，各長貳寸陸分，高貳寸，寬貳寸玖分陸釐。

柱頭科：

大斗壹個，長捌寸，高肆寸，寬陸寸。

單昂壹件，長壹尺玖寸柒分，高陸寸，寬肆寸。

正心瓜拱壹件，長壹尺貳寸肆分，高肆寸，寬貳寸肆分捌釐。

正心萬拱壹件，長壹尺捌寸肆分，高肆寸，寬貳寸肆分捌釐。

廂拱貳件，各長壹尺肆寸肆分，高貳寸捌分，寬貳寸。

桶子拾捌斗壹個，長玖寸陸分，高貳寸，寬貳寸玖分陸釐。

槽升貳個，各長貳寸陸分，高貳寸，寬叁寸肆分肆釐。

叁才升肆個，各長貳寸陸分，高貳寸，寬貳寸玖分陸釐。

角科：

大斗壹個，見方陸寸，高肆寸。

斜昂壹件，長貳尺柒寸伍分捌釐，高陸寸，寬叁寸。

搭角正昂帶正心瓜拱貳件，各長壹尺捌寸捌分，高陸寸，寬貳寸肆分捌釐。

由昂壹件，長肆尺叁寸肆分柒釐，高壹尺壹寸，寬肆寸伍分。

搭角正螞蚱頭帶正心萬拱貳件，各長貳尺壹寸貳分，高肆寸，寬貳寸肆分捌釐。

搭角正撑頭木貳件，各長陸寸，高肆寸，寬貳寸。

把臂廂拱貳件，各長貳尺貳寸捌分，高肆寸，寬貳寸。

裏連頭合角廂拱貳件，各長貳寸肆分，高貳寸捌分，寬貳寸。

斜桁椀壹件，長壹尺陸寸捌分，高叁寸，寬肆寸伍分。

拾捌斗貳個、槽升肆個、叁才升陸個，俱與平身科尺寸同。

斗口重昂平身科、柱頭科、角科斗貳寸名件尺寸開後，計開：

平身科：

大斗壹個，見方陸寸，高肆寸。

頭昂壹件，長壹尺玖寸柒分，高陸寸，寬貳寸。

貳昂壹件，長叁尺陸分，高陸寸，寬貳寸。

螞蚱頭壹件，長叁尺壹寸貳分，高肆寸，寬貳寸。

撑頭木壹件，長叁尺壹寸捌釐，高肆寸，寬貳寸。

正心瓜拱壹件，長壹尺貳寸肆分，高肆寸，寬貳寸肆分捌釐。

正心萬拱壹件，長壹尺捌寸肆分，高肆寸，寬貳寸肆分捌釐。
單才瓜拱貳件，各長壹尺貳寸肆分，高貳寸捌分，寬貳寸。
單才萬拱貳件，各長壹尺捌寸肆分，高貳寸捌分，寬貳寸。
廂拱貳件，各長壹尺肆寸肆分，高貳寸捌分，寬貳寸。
桁椀壹件，長貳尺肆寸，高陸寸，寬貳寸。
拾捌斗肆個，各長貳寸陸分，高貳寸，寬貳寸玖分陸釐。
槽升肆個，各長叁寸陸分，高貳寸，寬叁寸肆分肆釐。
叁才升拾貳個，各長貳寸陸分，高貳寸，寬貳寸玖分陸釐。

柱頭科：
大斗壹個，長捌寸，高肆寸，寬陸寸。
頭昂壹件，長壹尺玖寸柒分，高陸寸，寬肆寸。
貳昂壹件，長叁尺陸分，高陸寸，寬陸寸。
正心瓜拱壹件，長壹尺貳寸肆分，高肆寸，寬貳寸肆分捌釐。
正心萬拱壹件，長壹尺捌寸肆分，高肆寸，寬貳寸肆分捌釐。
單才瓜拱貳件，各長壹尺貳寸肆分，高貳寸捌分，寬貳寸。
單才萬拱貳件，各長壹尺捌寸肆分，高貳寸捌分，寬貳寸。
廂拱貳件，各長壹尺肆寸肆分，高貳寸捌分，寬貳寸。
桶子拾捌斗叁個，内貳個各長柒寸陸分，壹個長玖寸陸分，俱高貳寸，寬貳寸玖分陸釐。
槽升肆個，各長貳寸陸分，高貳寸，寬叁寸肆分肆釐。
叁才升拾貳個，各長貳寸陸分，高貳寸，寬貳寸玖分陸釐。

角科：
大斗壹個，見方陸寸，高肆寸。
斜頭昂壹件，長貳尺柒寸伍分捌釐，高陸寸，寬叁寸。
搭角正頭昂帶正心瓜拱貳件，各長壹尺捌寸捌分，高陸寸，寬貳寸肆分捌釐。
斜貳昂壹件，長肆尺貳寸捌分肆釐，高陸寸，寬肆寸。
搭角正貳昂帶正心萬拱貳件，各長貳尺柒寸捌分，高陸寸，寬貳寸肆分捌釐。
搭角鬧貳昂帶單才瓜拱貳件，各長貳尺肆寸捌分，高陸寸，寬貳寸。
由昂壹件，長陸尺陸分，高壹尺壹寸，寬伍寸。
搭角正螞蚱頭貳件，各長壹尺捌寸，高肆寸，寬貳寸。
搭角鬧螞蚱頭帶單才萬拱貳件，各長貳尺柒寸貳分，高肆寸，寬貳寸。
把臂廂拱貳件，各長貳尺捌寸捌分，高肆寸，寬貳寸。
裏連頭合角單才瓜拱貳件，各長壹尺捌分，高貳寸捌分，寬貳寸。
裏連頭合角單才萬拱貳件，各長柒寸陸分，高貳寸捌分，寬貳寸。
搭角正撑頭木貳件、鬧撑頭木貳件，各長壹尺貳寸，高肆寸，寬貳寸。
裏連頭合角廂拱貳件，各長叁寸，高貳寸捌分，寬貳寸。
斜桁椀壹件，長叁尺叁寸陸分，寬陸寸叁分叁釐叁毫，高陸寸。
貼斜升耳拾個，内肆個各長肆寸陸分，貳個各長陸寸貳分陸釐陸毫，肆個各長柒寸玖分叁釐叁毫，俱高壹寸貳分，寬肆分捌釐。
拾捌斗陸個、槽升肆個、叁才升拾貳個，俱與平身科尺寸同。

單翹單昂平身科、柱頭科、角科斗口貳寸名件尺寸開後，計開：

平身科：
單翹壹件，長壹尺肆寸貳分，高肆寸，寬貳寸。
其餘各件俱與斗口重昂平身科尺寸同。

柱頭科：
單翹壹件，長壹尺肆寸貳分，高肆寸，寬肆寸。
其餘各件俱與斗口重昂柱頭科尺寸同。

角科：
斜翹壹件，長壹尺玖寸捌分捌釐，高肆寸，寬叁寸。
搭角正翹帶正心瓜拱貳件，各長壹尺叁寸叁分，高肆寸，寬貳寸肆分捌釐。
其餘各件俱與斗口重昂角科尺寸同。

單翹重昂平身科、柱頭科、角科斗口貳寸名件尺寸開後，計開：

平身科：
大斗壹個，見方陸寸，高肆寸。
單翹壹件，長壹尺肆寸貳分，高肆寸，寬貳寸。
頭昂壹件，長叁尺壹寸柒分，高陸寸，寬貳寸。

貳昂壹件，長肆尺貳寸陸分，高陸寸，寬貳寸。
螞蚱頭壹件，長肆尺叁寸貳分，高肆寸，寬貳寸。
撑頭木壹件，長肆尺叁寸，高肆寸，寬貳寸。
正心瓜拱壹件，長壹尺貳寸肆分，高肆寸，寬貳寸肆分捌釐。
正心萬拱壹件，長壹尺捌寸肆分，高肆寸，寬貳寸肆分捌釐。
單才瓜拱肆件，各長壹尺貳寸肆分，高貳寸捌分，寬貳寸。
單才萬拱肆件，各長壹尺捌寸肆分，高貳寸捌分，寬貳寸。
廂拱貳件，各長壹尺肆寸肆分，高貳寸捌分，寬貳寸。
桁椀壹件，長叁尺陸寸，高玖寸，寬貳寸。
拾捌斗陸個，各長叁寸陸分，高貳寸，寬貳寸玖分陸釐。
槽升肆個，各長貳寸陸分，高貳寸，寬叁寸肆分肆釐。
叁才升貳拾個，各長貳寸陸分，高貳寸，寬肆寸玖分陸釐。

柱頭科：

大斗壹個，長捌寸，高肆寸，寬陸寸。
單翹壹件，長壹尺肆寸貳分，高肆寸，寬肆寸。
頭昂壹件，長叁尺壹寸柒分，高陸寸，寬伍寸叁分叁釐叁毫。
貳昂壹件，長肆尺貳寸陸分，高陸寸，寬陸寸陸分陸釐陸毫。
正心瓜拱壹件，長壹尺貳寸肆分，高肆寸，寬貳寸肆分捌釐。
正心萬拱壹件，長壹尺捌寸肆分，高肆寸，寬貳寸肆分捌釐。
單才瓜拱肆件，各長壹尺貳寸肆分，高貳寸捌分，寬貳寸。
單才萬拱肆件，各長壹尺捌寸肆分，高貳寸捌分，寬貳寸。
廂拱貳件，各長壹尺肆寸肆分，高貳寸捌分，寬貳寸。
桶子拾捌斗伍個，内貳個各長陸寸玖分叁釐叁毫，貳個各長捌寸貳分陸釐陸毫，壹個長玖寸捌分，俱高貳寸，寬貳寸玖分陸釐。
槽升肆個，各長貳寸陸分，高貳寸，寬叁寸肆分肆釐。
叁才升貳拾個，各長貳寸陸分，高貳寸，寬貳寸玖分陸釐。

角科：

大斗壹個，見方陸寸，高肆寸。
斜翹壹件，長壹尺玖寸捌分捌釐，高肆寸，寬叁寸。
搭角正翹帶正心瓜拱貳件，各長壹尺叁寸叁分，高肆寸，寬貳寸肆分捌釐。
斜頭昂壹件，長肆尺肆寸叁分捌釐，高陸寸，寬叁寸柒分伍釐。
搭角正頭昂帶正心萬拱貳件，各長貳尺柒寸捌分，高陸寸，寬貳寸肆分捌釐。
搭角鬧頭昂帶單才瓜拱貳件，各長貳尺肆寸捌分，高陸寸，寬貳寸。
裏連頭合角單才瓜拱貳件，各長壹尺捌分，高貳寸捌分，寬貳寸。
斜貳昂壹件，長伍尺玖寸陸分肆釐，高陸寸，寬肆寸伍分。
搭角正貳昂貳件，各長貳尺肆寸陸分，高陸寸，寬貳寸。
搭角鬧貳昂帶單才萬拱貳件，各長叁尺叁寸捌分，高陸寸，寬貳寸。
搭角鬧貳昂帶單才瓜拱貳件，各長叁尺捌分，高陸寸，寬貳寸。
裏連頭合角單才萬拱貳件，各長柒寸陸分，高貳寸捌分，寬貳寸。
裏連頭合角單才瓜拱貳件，各長肆寸肆分，高貳寸捌分，寬貳寸。
由昂壹件，長柒尺柒寸柒分貳釐，高壹尺壹寸，寬伍寸貳分伍釐。
搭角正螞蚱頭貳件、鬧螞蚱頭貳件，各長貳尺肆寸，高肆寸，寬貳寸。
搭角鬧螞蚱頭帶單才萬拱貳件，各長叁尺叁寸貳分，高肆寸，寬貳寸。
裏連頭合角單才萬拱貳件，各長壹寸捌分，高貳寸捌分，寬貳寸。
搭角正撑頭木貳件、鬧撑頭木肆件，各長壹尺捌寸，高肆寸，寬貳寸。
裏連頭合角廂拱貳件，各長伍寸陸分，高貳寸捌分，寬貳寸。
把臂廂拱貳件，各長叁尺肆寸捌分，高肆寸，寬貳寸。
斜桁椀壹件，長伍尺肆分，高玖寸，寬伍寸貳分伍釐。
貼斜升耳拾肆個，内肆個各長叁寸玖分陸釐，肆個各長肆寸柒分壹釐，肆個各長伍寸肆分陸釐，貳個各長陸寸貳分壹釐，俱高貳寸，寬肆分捌釐。
拾捌斗拾貳個、槽升肆個、叁才升拾陸個，俱與平身科尺寸同。

重翹重昂平身科、柱頭科、角科斗口貳寸名件尺寸開後，計開：

平身科：

大斗壹個，見方陸寸，高肆寸。
單翹壹件，長壹尺肆寸貳分，高肆寸，寬貳寸。
重翹壹件，長貳尺陸寸貳分，高肆寸，寬貳寸。
頭昂壹件，長肆尺叁寸柒分，高陸寸，寬貳寸。
貳昂壹件，長伍尺肆寸陸分，高陸寸，寬貳寸。

螞蚱頭壹件，長伍尺伍寸貳分，高肆寸，寬貳寸。
撑頭木壹件，長伍尺伍寸捌釐，高肆寸，寬貳寸。
正心瓜拱壹件，長壹尺貳寸肆分，高肆寸，寬貳寸肆分捌釐。
正心萬拱壹件，長壹尺捌寸肆分，高肆寸，寬貳寸肆分捌釐。
單才瓜拱陸件，各長壹尺貳寸肆分，高貳寸捌分，寬貳寸。
單才萬拱陸件，各長壹尺捌寸肆分，高貳寸捌分，寬貳寸。
廂拱貳件，各長壹尺肆寸肆分，高貳寸捌分，寬貳寸。
桁椀壹件，長肆尺捌寸，高壹尺貳寸，寬貳寸。
拾捌斗捌個，各長叁寸陸分，高貳寸，寬貳寸玖分陸釐。
槽升肆個，各長貳寸陸分，高貳寸，寬叁寸肆分肆釐。
叁才升貳拾捌個，各長貳寸陸分，高貳寸，寬貳寸玖分陸釐。

柱頭科：

大斗壹個，長捌寸，高肆寸，寬陸寸。
頭翹壹件，長壹尺肆寸貳分，高肆寸，寬肆寸。
重翹壹件，長貳尺陸寸貳分，高肆寸，寬伍寸。
頭昂壹件，長肆尺叁寸柒分，高陸寸，寬陸寸。
貳昂壹件，長伍尺肆寸陸分，高陸寸，寬柒寸。
正心瓜拱壹件，長壹尺貳寸肆分，高肆寸，寬貳寸肆分捌釐。
正心萬拱壹件，長壹尺捌寸肆分，高叁寸，寬貳寸肆分捌釐。
單才瓜拱陸件，各長壹尺貳寸肆分，高貳寸捌分，寬貳寸。
單才萬拱陸件，各長壹尺捌寸肆分，高貳寸捌分，寬貳寸。
廂拱貳件，各長壹尺肆寸肆分，高貳寸捌分，寬貳寸。
桶子拾捌斗柒個，內貳個各長陸寸陸分，貳個各長柒寸陸分，貳個各長捌寸陸分，壹個長玖寸陸分，俱高貳寸，寬貳寸玖分陸釐。
槽升肆個，各長叁寸貳分伍釐，高貳寸伍分，寬肆寸叁分。
叁才升貳拾個，各長叁寸貳分伍釐，高貳寸伍分，寬叁寸柒分。

角科：

大斗壹個，見方陸寸，高肆寸。
斜頭翹壹件，長壹尺玖寸捌分捌釐，高肆寸，寬叁寸。
搭角正頭翹帶正心瓜拱貳件，各長壹尺叁寸叁分，高肆寸，寬貳寸肆分捌釐。
斜貳翹壹件，長叁尺陸寸陸分捌釐，高肆寸，寬叁寸陸分。
搭角正貳翹帶正心萬拱貳件，各長貳尺貳寸叁分，高肆寸，寬貳寸肆分捌釐。
搭角鬧貳翹帶單才瓜拱貳件，各長壹尺玖寸叁分，高肆寸，寬貳寸。
裏連頭合角單才瓜拱貳件，各長壹尺捌分，高貳寸捌分，寬貳寸。
斜頭昂壹件，長陸尺壹寸壹分捌釐，高陸寸，寬肆寸貳分。
搭角正頭昂貳件，各長貳尺肆寸陸分，高陸寸，寬貳寸。
搭角鬧頭昂帶單才瓜拱貳件，各長叁尺捌分，高陸寸，寬貳寸。
搭角鬧頭昂帶單才萬拱貳件，各長叁尺叁寸捌分，高陸寸，寬貳寸。
裏連頭合角單才萬拱貳件，各長柒寸陸分，高貳寸捌分，寬貳寸。
裏連頭合角單才瓜拱貳件，各長肆寸肆分，高貳寸捌分，寬貳寸。
斜貳昂壹件，長柒尺陸寸肆分肆釐，高陸寸，寬肆寸捌分。
搭角正貳昂貳件，鬧貳昂貳件，各長叁尺，高陸寸，寬貳寸。
搭角鬧貳昂帶單才萬拱貳件，各長叁尺玖寸貳分，高陸寸，寬貳寸。
搭角鬧貳昂帶單才瓜拱貳件，各長叁尺陸寸貳分，高陸寸，寬貳寸。
裏連頭合角單才萬拱貳件，各長壹寸捌分，高貳寸捌分，寬貳寸。
由昂壹件，長玖尺肆寸捌分肆釐，高壹尺壹寸，寬伍寸肆分。
搭角正螞蚱頭貳件，鬧螞蚱頭肆件，各長叁尺，高肆寸，寬貳寸。
搭角鬧螞蚱頭帶單才萬拱貳件，各長叁尺玖寸貳分，高肆寸，寬貳寸。
把臂廂拱貳件，各長貳尺捌分，高肆寸，寬貳寸。
搭角正撑頭木貳件，鬧撑頭木陸件，各長貳尺肆寸，高肆寸，寬貳寸。
裏連頭合角廂拱貳件，各長肆寸貳分，高貳寸捌分，寬貳寸。
斜桁椀壹件，長陸尺柒寸貳分，高壹尺貳寸，寬伍寸肆分。
貼升耳拾捌個，內肆個各長叁寸玖分陸釐，肆個各長肆寸伍分陸釐，肆個各長伍寸壹分陸釐，肆個各長伍寸柒分陸釐，貳個各長陸寸叁分陸釐，俱高壹寸貳分，寬肆分捌釐。
拾捌斗貳拾個、槽升肆個、叁才升貳拾個，俱與平身科尺寸同。

壹斗貳升交蔴葉並壹斗叁升平身科、柱頭科、角科俱斗口貳寸名件尺寸開後，計開：

平身科：其壹斗叁升去蘇葉雲，中加槽升壹個。

大斗壹個，見方陸寸，高肆寸。

蘇葉雲壹件，長貳尺肆寸，高壹尺陸分陸釐，寬貳寸。

正心瓜拱壹件，長壹尺貳寸肆分，高肆寸，寬貳寸肆分捌釐。

槽升貳個，各長貳寸陸分，高貳寸，寬叁寸肆分肆釐。

柱頭科：

大斗壹個，長壹尺，高肆寸，寬陸寸。

正心瓜拱壹件，長壹尺貳寸肆分，高肆寸，寬貳寸肆分捌釐。

槽升貳個，各長貳寸陸分，高貳寸，寬叁寸肆分肆釐。

貼正升耳貳個，各長貳寸陸分，高貳寸，寬肆分捌釐。

角科：

大斗壹個，見方陸寸，高肆寸。

斜昂壹件，長叁尺叁寸陸分，高壹尺貳寸陸分，寬叁寸。

搭角正心瓜拱貳件，各長壹尺柒寸捌分，高肆寸，寬貳寸肆分捌釐。

槽升貳個，各長貳寸陸分，高貳寸，寬叁寸肆分肆釐。

叁才升貳個，各長貳寸陸分，高貳寸，寬貳寸玖分陸釐。

貼斜升耳貳個，各長叁寸玖分陸釐，高壹寸貳分，寬肆分捌釐。

叁滴水品字平身科、柱頭科、角科斗口貳寸名件尺寸開後，計開：

平身科：

大斗壹個，見方陸寸，高肆寸。

頭翹壹件，長壹尺肆寸貳分，高肆寸，寬貳寸。

貳翹壹件，長貳尺陸寸貳分，高肆寸，寬貳寸。

撑頭木壹件，長叁尺，高肆寸，寬貳寸。

正心瓜拱壹件，長壹尺貳寸肆分，高肆寸，寬貳寸肆分捌釐。

正心萬拱壹件，長壹尺捌寸肆分，高肆寸，寬貳寸肆分捌釐。

單才瓜拱貳件，各長壹尺貳寸肆分，高貳寸捌分，寬貳寸。

廂拱壹件，長壹尺肆寸肆分，高貳寸捌分，寬貳寸。

拾捌斗叁個，各長叁寸陸分，高貳寸，寬貳寸玖分陸釐。

槽升肆個，各長貳寸陸分，高貳寸，寬叁寸肆分肆釐。

叁才升陸個，各長貳寸陸分，高貳寸，寬貳寸玖分陸釐。

柱頭科：

大斗壹個，長壹尺，高肆寸，寬陸寸。

頭翹壹件，長壹尺肆寸貳分，高肆寸，寬肆寸。

正心瓜拱壹件，長壹尺貳寸肆分，高肆寸，寬貳寸肆分捌釐。

正心萬拱壹件，長壹尺捌寸肆分，高肆寸，寬貳寸肆分捌釐。

單才瓜拱貳件，各長壹尺貳寸肆分，高貳寸捌分，寬貳寸。

廂拱壹件，長壹尺肆寸肆分，高貳寸捌分，寬貳寸。

桶子拾捌斗壹個，長玖寸陸分，高貳寸，寬貳寸玖分陸釐。

槽升肆個，各長貳寸陸分，高貳寸，寬叁寸肆分肆釐。

叁才升陸個，各長貳寸陸分，高貳寸，寬貳寸玖分陸釐。

貼斗耳貳個，各長貳寸玖分陸釐，高貳寸，寬肆分捌釐。

角科：

大斗壹個，見方陸寸，高肆寸。

斜頭翹壹件，長壹尺玖寸捌分捌釐，高肆寸，寬叁寸。

搭角正頭翹帶正心瓜拱貳件，各長壹尺叁寸叁分，高肆寸，寬貳寸肆分捌釐。

搭角正貳翹帶正心萬拱貳件，各長貳尺貳寸叁分，高肆寸，寬貳寸肆分捌釐。

搭角鬧貳翹帶單才瓜拱貳件，各長壹尺玖寸叁分，高肆寸，寬貳寸。

裏連頭合角單才瓜拱貳件，各長壹尺捌分，高貳寸捌分，寬貳寸。

裏連頭合角廂拱貳件，各長叁寸，高貳寸捌分，寬貳寸。

貼升耳肆個，各長叁寸玖分陸釐，高壹寸貳分，寬肆分捌釐。

拾捌斗貳個、槽升肆個、叁才升陸個，俱與平身科尺寸同。

內裏品字科斗口貳寸名件尺寸開後，計開：

大斗壹個，長陸寸，高肆寸，寬叁寸。

頭翹壹件，長柒寸壹分，高肆寸，寬貳寸。

貳翹壹件，長壹尺叁寸壹分，高肆寸，寬貳寸。

撑頭木壹件，長壹尺玖寸壹分，高肆寸，寬貳寸。
正心瓜拱壹件，長壹尺貳寸肆分，高肆寸，寬壹寸貳分肆釐。
正心萬拱壹件，長壹尺捌寸肆分，高肆寸，寬壹寸貳分肆釐。
蘇葉雲壹件，長壹尺陸寸肆分，高肆寸，寬貳寸。
叁福雲貳件，各長壹尺肆寸肆分，高陸寸，寬貳寸。
拾捌斗貳個，各長叁寸陸分，高貳寸，寬貳寸玖分陸釐。
槽升肆個，各長貳寸陸分，高貳寸，寬壹寸柒分貳釐。

隔架科斗口貳寸名件尺寸開後，計開：
貼大斗耳貳個，各長陸寸，高肆寸，厚壹寸柒分陸釐。
荷葉壹件，長壹尺捌寸，高肆寸，寬肆寸。
拱壹件，長壹尺貳寸肆分，高肆寸，寬肆寸。
雀替壹件，長肆尺，高捌寸，寬肆寸。
貼槽升耳陸個，各長貳寸陸分，高貳寸，寬肆分捌釐。

愛新覺羅・允禮等《工程做法》卷三三《斗科斗口貳寸伍分尺寸》 斗口重昂平身科、柱頭科、角科斗口貳寸伍分名件尺寸開後，計開：

平身科：
大斗壹個，見方柒寸伍分，高伍寸。
單昂壹件，長貳尺肆寸陸分貳釐伍毫，高柒寸伍分，寬貳寸伍分。
螞蚱頭壹件，長叁尺壹寸叁分伍釐，高伍寸，寬貳寸伍分。
撑頭木壹件，長壹尺伍寸，高伍寸，寬貳寸伍分。
正心瓜拱壹件，長壹尺伍寸，高伍寸，寬叁寸壹分。
正心萬拱壹件，長貳尺叁寸，高伍寸，寬叁寸壹分。
廂拱貳件，各長壹尺捌寸，高叁寸伍分，寬貳寸伍分。
桁椀壹件，長壹尺伍寸，高叁寸柒分伍釐，寬貳寸伍分。
拾捌斗貳個，各長肆寸伍分，高貳寸伍分，寬叁寸柒分。
槽升肆個，各長叁寸貳分伍釐，高貳寸伍分，寬肆寸叁分。
叁才升陸個，各長叁寸貳分伍釐，高貳寸伍分，寬叁寸柒分。

柱頭科：
大斗壹個，長壹尺，高伍寸，寬柒寸伍分。
單昂壹件，長貳尺肆寸陸分貳釐伍毫，高柒寸伍分，寬伍寸。
正心瓜拱壹件，長壹尺伍寸伍分，高伍寸，寬叁寸壹分。
正心萬拱壹件，長貳尺叁寸，高伍寸，寬叁寸壹分。
廂拱貳件，各長壹尺捌寸，高叁寸伍分，寬貳寸伍分。
桶子拾捌斗壹個，長壹尺貳寸，高貳寸伍分，寬叁寸柒分。
槽升貳個，各長叁寸貳分伍釐，高貳寸伍分，寬肆寸叁分。
叁才升伍個，各長叁寸貳分伍釐，高貳寸伍分，寬叁寸柒分。

角科：
大斗壹個，見方柒寸五分，高五寸。
斜昂壹件，長叁尺肆寸肆分柒釐伍毫，高柒寸伍分，寬叁寸柒分伍釐。
搭角正昂帶正心瓜拱貳件，各長貳尺叁寸伍分，高柒寸伍分，寬叁寸壹分。
由昂壹件，長伍尺肆寸叁分伍釐，高壹尺叁寸柒分伍釐，寬伍寸叁分柒釐伍毫。
搭角正螞蚱頭帶正心萬拱貳件，各長叁尺肆寸，高伍寸，寬叁寸壹分。
搭角正撑頭木貳件，各長壹尺伍寸，高伍寸，寬貳寸伍分。
把臂廂拱貳件，各長貳尺捌寸伍分，高伍寸，寬貳寸伍分。
裏連頭合角廂拱貳件，各長叁寸，高叁寸伍分，寬貳寸伍分。
斜桁椀壹件，長貳尺壹寸，高叁寸柒分伍釐，寬伍寸叁分柒釐伍毫。
拾捌斗貳個、槽升肆個、叁才升陸個，俱與平身科尺寸同。

斗口重昂平身科、柱頭科、角科斗口貳寸伍分名件尺寸開後，計開：
平身科：
大斗壹個，見方柒寸伍分，高伍寸。
頭昂壹件，長貳尺肆寸陸分貳釐伍毫，高柒寸伍分，寬貳寸伍分。
貳昂壹件，長叁尺捌寸貳分伍釐，高柒寸伍分，寬貳寸伍分。
螞蚱頭壹件，長叁尺玖寸，高伍寸，寬貳寸伍分。
撑頭木壹件，長叁尺捌寸捌分伍釐，高伍寸，寬貳寸伍分。
正心瓜拱壹件，長壹尺伍寸伍分，高伍寸，寬叁寸壹分。
正心萬拱壹件，長貳尺叁寸，高伍寸，寬叁寸壹分。
單才瓜拱貳件，各長壹尺伍寸伍分，高叁寸伍分，寬貳寸伍分。

單才萬拱貳件，各長貳尺叁寸，高叁寸伍分，寬貳寸伍分。
廂拱貳件，各長壹尺捌寸，高叁寸伍分，寬貳寸伍分。
桁椀壹件，長叁尺，高柒寸伍分，寬貳寸伍分。
拾捌斗肆個，各長肆寸伍分，高貳寸伍分，寬叁寸柒分。
槽升肆個，各長叁寸貳分伍釐，高貳寸伍分，寬肆寸叁分。
叁才升拾貳個，各長叁寸貳分伍釐，高貳寸伍分，寬叁寸柒分。

柱頭科：

大斗壹個，長壹尺，高伍寸，寬柒寸伍分。
頭昂壹件，長貳尺肆寸陸分貳釐伍毫，高柒寸伍分，寬伍寸。
貳昂壹件，長叁尺捌寸貳分伍釐，高柒寸伍分，寬柒寸伍分。
正心瓜拱壹件，長壹尺伍寸伍分，高伍寸，寬叁寸壹分。
正心萬拱壹件，長貳尺叁寸，高伍寸，寬叁寸壹分。
單才瓜拱貳件，各長壹尺伍寸伍分，高叁寸伍分，寬貳寸伍分。
單才萬拱貳件，各長貳尺叁寸，高叁寸伍分，寬貳寸伍分。
廂拱貳件，各長壹尺捌寸，高叁寸伍分，寬貳寸伍分。
桶子拾捌斗叁個，內貳個各長玖寸伍分，壹個長壹尺貳寸，俱高貳寸伍分，寬叁寸柒分。
槽升肆個，各長叁寸貳分伍釐，高貳寸伍分，寬肆寸叁分。
叁才升拾貳個，各長叁寸貳分伍釐，高貳寸伍分，寬叁寸柒分。

角科：

大斗壹個，見方柒寸伍分，高伍寸。
斜頭昂壹件，長叁尺肆寸肆分柒釐伍毫，高柒寸伍分，寬叁寸柒分伍釐。
搭角正頭昂帶正心瓜拱貳件，各長貳尺叁寸伍分，高柒寸伍分，寬叁寸壹分。
斜貳昂壹件，長伍尺叁寸伍分伍釐，高柒寸伍分，寬肆寸捌分叁釐。
搭角正貳昂帶正心萬拱貳件，各長叁尺肆寸柒分伍釐，高柒寸伍分，寬叁寸壹分。
搭角鬧貳昂帶單才瓜拱貳件，各長叁尺壹寸，高柒寸伍分，寬貳寸伍分。
由昂壹件，長柒尺伍寸柒分伍釐，高壹尺叁寸柒分伍釐，寬伍寸玖分貳釐。
搭角正螞蚱頭貳件，各長貳尺貳寸伍分，高伍寸，寬貳寸伍分。
搭角鬧螞蚱頭帶單才萬拱貳件，各長叁尺肆寸，高伍寸，寬貳寸伍分。
把臂廂拱貳件，各長叁尺陸寸，高伍寸，寬貳寸伍分。
裏連頭合角單才瓜拱貳件，各長壹尺叁寸伍分，高叁寸伍分，寬貳寸伍分。
裏連頭合角單才萬拱貳件，各長玖寸伍分，高叁寸伍分，寬貳寸伍分。
搭角正撐頭木貳件，鬧撐頭木貳件，各長壹尺柒寸，高伍寸，寬貳寸伍分。
裏連頭合角廂拱貳件，各長叁寸柒分伍釐，高叁寸伍分，寬貳寸伍分。
斜桁椀壹件，長肆尺貳寸，高柒寸伍分，寬伍寸肆分貳釐。
貼升耳拾個，內肆個各長肆寸玖分伍釐，貳個各長陸寸叁釐，肆個各長柒寸壹分貳釐，俱高壹寸伍分，寬陸分。
拾捌斗陸個、槽升肆個、叁才升拾貳個，俱與平身科尺寸同。

單翹單昂平身科、柱頭科、角科斗口貳寸伍分名件尺寸開後，計開：

平身科：

單翹壹件，長壹尺柒寸柒分伍釐，高伍寸，寬貳寸伍分。
其餘各件，俱與斗口重昂平身科尺寸同。

柱頭科：

單翹壹件，長壹尺柒寸柒分伍釐，高伍寸，寬伍寸。
其餘各件，俱與斗口重昂柱頭科尺寸同。

角科：

斜翹壹件，長貳尺肆寸捌分伍釐，高伍寸，寬叁寸柒分伍釐。
搭角正翹帶正心瓜拱貳件，各長壹尺陸寸陸分貳釐伍毫，高伍寸，寬叁寸壹分。
其餘各件，俱與斗口重昂角科尺寸同。

單翹重昂平身科、柱頭科、角科斗口貳寸伍分名件尺寸列後，計開：

平身科：

大斗壹個，見方柒寸伍分，高伍寸。
單翹壹件，長壹尺柒寸柒分伍釐，高伍寸，寬貳寸伍分。
重昂壹件，長叁尺玖寸陸分貳釐伍毫，高柒寸伍分，寬貳寸伍分。
貳昂壹件，長伍尺叁寸貳分伍釐，高柒寸伍分，寬貳寸伍分。

螞蚱頭壹件，長伍尺肆寸，高伍寸，寬貳寸伍分。
撐頭木壹件，長伍尺叁寸捌分伍釐，高伍寸，寬貳寸伍分。
正心瓜拱壹件，長壹尺伍寸伍分，高伍寸，寬叁寸壹分。
正心萬拱壹件，長貳尺叁寸，高伍寸，寬叁寸壹分。
單才瓜拱肆件，各長壹尺伍寸伍分，高叁寸伍分，寬貳寸伍分。
單才萬拱肆件，各長貳尺叁寸，高叁寸伍分，寬貳寸伍分。
廂拱貳件，各長壹尺捌寸，高叁寸伍分，寬貳寸伍分。
桁椀壹件，長肆尺伍寸，高壹尺壹寸貳分伍釐，寬貳寸伍分。
拾捌斗陸個，各長肆寸伍分，高貳寸伍分，寬叁寸柒分。
槽升肆個，各長叁寸貳分伍釐，高貳寸伍分，寬肆寸叁分。
叁才升貳拾個，各長叁寸貳分伍釐，高貳寸伍分，寬叁寸柒分。

柱頭科：

大斗壹個，長壹尺，高伍寸，寬柒寸伍分。
單翹壹件，長壹尺柒寸柒分伍釐，高伍寸，寬伍寸。
頭昂壹件，長叁尺玖寸陸分貳釐伍毫，高柒寸伍分，寬陸寸陸分陸釐陸毫。
貳昂壹件，長伍尺叁寸貳分伍釐，高柒寸伍分，寬捌寸叁分叁釐叁毫。
正心瓜拱壹件，長壹尺伍寸伍分，高伍寸，寬叁寸壹分。
正心萬拱壹件，長貳尺叁寸，高伍寸，寬叁寸壹分。
單才瓜拱肆件，各長壹尺伍寸伍分，高叁寸伍分，寬貳寸伍分。
單才萬拱肆件，各長貳尺叁寸，高叁寸伍分，寬貳寸伍分。
廂拱貳件，各長壹尺捌寸，高叁寸伍分，寬貳寸伍分。
桶子拾捌斗伍個，內貳個各長捌寸陸分陸釐陸毫，貳個各長壹尺叁分叁釐叁毫，壹個長壹尺貳寸，俱高貳寸伍分，寬叁寸柒分。
槽升肆個，各長叁寸貳分伍釐，高貳寸伍分，寬肆寸叁分。
叁才升貳拾個，各長叁寸貳分伍釐，高貳寸伍分，寬叁寸柒分。

角科：

大斗壹個，見方柒寸伍分，高伍寸。
斜翹壹件，長貳尺肆寸捌分伍釐，高伍寸，寬叁寸柒分伍釐。
搭角正翹帶正心瓜拱貳件，各長壹尺陸寸陸分貳釐伍毫，高伍寸，寬叁寸壹分。
斜頭昂壹件，長伍尺伍寸肆分柒釐伍毫，高柒寸伍分，寬肆寸伍分陸釐貳毫伍絲。
搭角正頭昂帶正心萬拱貳件，各長叁尺肆寸柒分伍釐，高柒寸伍分，寬叁寸壹分。
搭角鬧頭昂帶單才瓜拱貳件，各長叁尺壹寸，高柒寸伍分，寬貳寸伍分。
裏連頭合角單才瓜拱貳件，各長壹尺叁寸伍分，高叁寸伍分，寬貳寸伍分。
斜貳昂壹件，長柒尺肆寸伍分伍釐，高柒寸伍分，寬伍寸叁分柒釐伍毫。
搭角正昂貳件，各長叁尺柒寸伍釐，高柒寸伍分，寬貳寸伍分。
搭角鬧貳昂帶單才萬拱貳件，各長肆尺貳寸貳分伍釐，高柒寸伍分，寬貳寸伍分。
搭角鬧貳昂帶單才瓜拱貳件，各長叁尺捌寸伍分，高柒寸伍分，寬貳寸伍分。
裏連頭合角單才萬拱貳件，各長玖寸伍分，高叁寸伍分，寬貳寸伍分。
裏連頭合角單才瓜拱貳件，各長伍寸伍分，高叁寸伍分，寬貳寸伍分。
由昂壹件，長玖尺柒寸壹分伍釐，高壹尺叁寸柒分伍釐，寬陸寸壹分捌釐柒毫伍絲。
搭角正螞蚱頭貳件、鬧螞蚱頭貳件，各長叁尺，高伍寸，寬貳寸伍分。
搭角鬧螞蚱頭帶單才萬拱貳件，各長肆尺壹寸伍分，高伍寸，寬貳寸伍分。
裏連頭合角單才萬拱貳件，各長貳寸貳分伍釐，高叁寸伍分，寬貳寸伍分。
把臂廂拱貳件，各長肆尺叁寸伍分，高伍寸，寬貳寸伍分。
搭角正撐頭木貳件、鬧撐頭木肆件，各長貳尺貳寸伍分，高伍寸，寬貳寸伍分。
裏連頭合角廂拱貳件，各長肆寸伍分，高叁寸伍分，寬貳寸伍分。
斜桁椀壹件，長陸尺叁寸，高壹尺壹寸貳分伍釐，寬陸寸壹分捌釐柒毫伍絲。
貼升耳拾肆個，內肆個各長肆寸玖分伍釐，肆個各長伍寸柒分陸釐貳毫伍絲，貳個各長陸寸伍分柒釐伍毫，肆個各長柒寸叁分捌釐柒毫伍絲，俱高壹寸伍分，寬陸分。
拾捌斗拾貳個、槽升肆個、叁才升拾陸個，俱與平身科尺寸同。

重翹重昂平身科、柱頭科、角科斗口貳寸伍分名件尺寸開後，計開：

平身科：

大斗壹個，見方柒寸伍分，高伍寸。

頭翹壹件，長壹尺柒寸柒分伍釐，高伍寸，寬貳寸伍分。

重翹壹件，長叁尺貳寸柒分伍釐，高伍寸，寬貳寸伍分。

頭昂壹件，長伍尺肆寸陸分貳釐伍毫，高柒寸伍分，寬貳寸伍分。

貳昂壹件，長陸尺捌寸貳分伍釐，高柒寸伍分，寬貳寸伍分。

螞蚱頭壹件，長陸尺玖寸，高伍寸，寬貳寸伍分。

撐頭木壹件，長陸尺捌寸捌分伍釐，高伍寸，寬貳寸伍分。

正心瓜拱壹件，長壹尺伍寸伍分，高伍寸，寬叁寸壹分。

正心萬拱壹件，長貳尺叁寸，高伍寸，寬叁寸壹分。

單才瓜拱陸件，各長壹尺伍寸伍分，高叁寸伍分，寬貳寸伍分。

單才萬拱陸件，各長貳尺叁寸，高叁寸伍分，寬貳寸伍分。

廂拱貳件，各長壹尺捌寸，高叁寸伍分，寬貳寸伍分。

桁椀壹件，長陸尺，高壹尺伍寸，寬貳寸伍分。

拾捌斗捌個，各長肆寸伍分，高貳寸伍分，寬叁寸柒分。

槽升肆個，各長叁寸貳分伍釐，高貳寸伍分，寬肆寸叁分。

叁才升貳拾捌個，各長叁寸貳分伍釐，高貳寸伍分，寬叁寸柒分。

柱頭科：

大斗壹個，長壹尺，高伍寸，寬柒寸伍分。

頭翹壹件，長壹尺柒寸柒分伍釐，高伍寸，寬伍寸。

貳翹壹件，長叁尺貳寸柒分伍釐，高伍寸，寬陸寸貳分伍釐。

頭昂壹件，長伍尺肆寸陸分貳釐伍毫，高柒寸伍分，寬柒寸伍分。

貳昂壹件，長陸尺捌寸貳分伍釐，高柒寸伍分，寬捌寸柒分伍釐。

正心瓜拱壹件，長壹尺伍寸伍分，高伍寸，寬叁寸壹分。

正心萬拱壹件，長貳尺叁寸，高伍寸，寬叁寸壹分。

單才瓜拱陸件，各長壹尺伍寸伍分，高叁寸伍分，寬貳寸伍分。

單才萬拱陸件，各長貳尺叁寸，高叁寸伍分，寬貳寸伍分。

廂拱貳件，各長壹尺捌寸，高叁寸伍分，寬貳寸伍分。

桶子拾捌斗柒個，內貳個各長捌寸貳分伍釐，貳個各長玖寸伍分，貳個各長壹尺柒分伍釐，壹個長壹尺貳寸，俱高貳寸伍分，寬叁寸柒分。

槽升肆個，各長叁寸貳分伍釐，高貳寸伍分，寬肆寸叁分。

叁才升貳拾個，各長叁寸貳分伍釐，高貳寸伍分，寬叁寸柒分。

角科：

大斗壹個，見方柒寸伍分，高伍寸。

斜頭翹壹件，長貳尺肆寸捌分伍釐，高伍寸，寬叁寸柒分伍釐。

搭角正頭翹帶正心瓜拱貳件，各長壹尺陸寸陸分貳釐伍毫，高伍寸，寬叁寸壹分。

斜貳翹壹件，長肆尺伍寸捌分伍釐，高伍寸，寬肆寸肆分。

搭角正貳翹帶正心萬拱貳件，各長貳尺柒寸捌分柒釐伍毫，高伍寸，寬叁寸壹分。

搭角鬧貳翹帶單才瓜拱貳件，各長貳尺肆寸壹分貳釐伍毫，高伍寸，寬貳寸伍分。

裏連頭合角單才瓜拱貳件，各長壹尺叁寸伍分，高叁寸伍分，寬貳寸伍分。

斜頭昂壹件，長柒尺陸寸肆分柒釐伍毫，高柒寸伍分，寬伍寸伍釐。

搭角正頭昂貳件，各長叁尺柒分伍釐，高柒寸伍分，寬貳寸伍分。

搭角鬧頭昂帶單才瓜拱貳件，各長叁尺捌寸伍分，高柒寸伍分，寬貳寸伍分。

搭角鬧頭昂帶單才萬拱貳件，各長肆尺貳寸貳分伍釐，高柒寸伍分，寬貳寸伍分。

裏連頭合角單才萬拱貳件，各長玖寸伍分，高叁寸伍分，寬貳寸伍分。

裏連頭合角單才瓜拱貳件，各長伍寸伍分，高叁寸伍分，寬貳寸伍分。

斜貳昂壹件，長玖尺伍寸伍分伍釐，高柒寸伍分，寬伍寸柒分。

搭角正貳昂貳件，鬧貳昂貳件，各長叁尺捌寸貳分伍釐，高柒寸伍分，寬貳寸伍分。

搭角鬧貳昂帶單才萬拱貳件，各長肆尺玖寸柒分伍釐，高柒寸伍分，寬貳寸伍分。

搭角鬧貳昂帶單才瓜拱貳件，各長肆尺陸寸，高柒寸伍分，寬貳寸伍分。

裏連頭合角單才萬拱貳件，各長貳寸貳分伍釐，高叁寸伍分，寬貳寸伍分。

由昂壹件，長拾壹尺捌寸伍分伍釐，高壹尺叁寸柒分伍釐，寬陸寸叁分伍釐。

搭角正螞蚱頭貳件、鬧螞蚱頭肆件，各長叁尺柒寸伍分，高伍寸，寬貳寸伍分。

搭角鬧螞蚱頭，帶單才萬拱貳件，各長肆尺玖寸，高伍寸，寬貳寸伍分。

把臂廂拱貳件，各長伍尺壹寸，高伍寸，寬貳寸伍分。

搭角正撐頭木貳件、鬧撐頭木陸件，各長叁尺，高伍寸，寬貳寸伍分。

裹連頭合角廂拱貳件，各長伍寸肆分伍釐，高叁寸伍分，寬貳寸伍分。

斜桁椀壹件，長捌尺肆寸，高壹尺伍寸，寬陸寸叁分伍釐。

貼升耳拾捌個，内肆個各長肆寸玖分伍釐，肆個各長伍寸陸分，肆個各長陸寸貳分伍釐，貳個各長陸寸玖分，肆個各長柒寸伍分伍釐，俱高壹寸伍分，寬陸分。

拾捌斗貳拾個、槽升肆個、叁才升貳拾個，俱與平身科尺寸同。

壹斗貳升交蔴葉並壹頭叁升平身科、柱頭科、角科俱斗口貳寸伍分名件尺寸開後，計開：

平身科：其壹斗叁升去蔴葉雲，中加槽升壹個。

大斗壹個，見方柒寸伍分，高伍寸。

蔴葉雲壹件，長叁尺，高壹尺叁寸叁分貳釐伍毫，寬貳寸伍分。

正心瓜拱壹件，長壹尺伍寸伍分，高伍寸，寬叁寸壹分。

槽升貳個，各長叁寸貳分伍釐，高貳寸伍分，寬肆寸叁分。

柱頭科：

大斗壹個，長壹尺貳寸伍分，高伍寸，寬柒寸伍分。

正心瓜拱壹件，長壹尺伍寸伍分，高伍寸，寬叁寸壹分。

槽升貳個，各長叁寸貳分伍釐，高貳寸伍分，寬肆寸叁分。

貼正升耳貳個，各長叁寸貳分伍釐，高貳寸伍分，寬陸分。

角科：

大斗壹個，見方柒寸伍分，高伍寸。

斜昂壹件，長肆尺貳寸，高壹尺伍寸柒分伍釐，寬叁寸柒分伍釐。

搭角正心瓜拱貳件，各長貳尺貳寸貳分伍釐，高伍寸，寬叁寸壹分。

槽升貳個，各長叁寸貳分伍釐，高貳寸伍分，寬肆寸叁分。

叁才升貳個，各長叁寸貳分伍釐，高貳寸伍分，寬叁寸柒分。

貼斜升耳貳個，各長肆寸玖分伍釐，高壹寸伍分，寬陸分。

叁滴水品字平身科、柱頭科、角科斗口貳寸伍分名件尺寸開後，計開：

平身科：

大斗壹個，見方柒寸伍分，高伍寸。

頭翹壹件，長壹尺柒寸柒分伍釐，高伍寸，寬貳寸伍分。

貳翹壹件，長叁尺貳寸柒分伍釐，高伍寸，寬貳寸伍分。

撐頭木壹件，長叁尺柒寸伍分，高伍寸，寬貳寸伍分。

正心瓜拱壹件，長壹尺伍寸伍分，高伍寸，寬叁寸壹分。

正心萬拱壹件，長貳尺叁寸，高伍寸，寬叁寸壹分。

單才瓜拱貳件，各長壹尺伍寸伍分，高叁寸伍分，寬貳寸伍分。

廂拱壹件，長壹尺捌寸，高叁寸伍分，寬貳寸伍分。

拾捌斗叁個，各長肆寸伍分，高貳寸伍分，寬叁寸柒分。

槽升肆個，各長叁寸貳分伍釐，高貳寸伍分，寬肆寸叁分。

叁才升陸個，各長叁寸貳分伍釐，高貳寸伍分，寬叁寸柒分。

柱頭科：

大斗壹個，長壹尺貳寸伍分，高伍寸，寬柒寸伍分。

頭翹壹件，長壹尺柒寸柒分伍釐，高伍寸，寬伍寸。

正心瓜拱壹件，長壹尺伍寸伍分，高伍寸，寬叁寸壹分。

正心萬拱壹件，長貳尺叁寸，高伍寸，寬叁寸壹分。

單才瓜拱貳件，各長壹尺伍寸伍分，高叁寸伍分，寬貳寸伍分。

廂拱壹件，長壹尺捌寸，高叁寸伍分，寬貳寸伍分。

桶子拾捌斗壹個，長壹尺貳寸，高貳寸伍分，寬叁寸柒分。

槽升肆個，各長叁寸貳分伍釐，高貳寸伍分，寬肆寸叁分。

叁才升陸個，各長叁寸貳分伍釐，高貳寸伍分，寬叁寸柒分。

貼斗耳貳個，各長叁寸柒分，高貳寸伍分，寬陸分。

角科：

大斗壹個，見方柒寸伍分，高伍寸。

斜頭翹壹件，長貳尺肆寸捌分伍釐，高伍寸，寬叁寸柒分伍釐。

搭角正頭翹帶正心瓜拱貳件，各長壹尺陸寸陸分貳釐伍毫，高伍寸，寬叁寸壹分。

搭角正貳翹帶正心萬拱貳件，各長貳尺柒寸捌分柒釐伍毫，高伍寸，寬叁寸壹分。

搭角鬧貳翹帶單才瓜拱貳件，各長貳尺肆寸壹分貳釐伍毫，高伍寸，寬貳寸伍分。

裹連頭合角單才瓜拱貳件，各長壹尺叁寸伍分，高叁寸伍分，寬貳寸伍分。

裹連頭合角廂拱貳件，各長叁寸柒分伍釐，高叁寸伍分，寬貳寸伍分。

貼升耳肆個，各長肆寸玖分伍釐，高壹寸伍分，寬陸分。

拾捌斗貳個、槽升肆個、叁才升陸個，俱與平身科尺寸同。

內裹品字科斗口貳寸伍分名件尺寸開後，計開：

大斗壹個，長柒寸伍分，高伍寸，寬叁寸柒分伍釐。

頭翹壹件，長捌寸捌分柒釐伍毫，高伍寸，寬貳寸伍分。

貳翹壹件，長壹尺陸寸叁分柒釐伍毫，高伍寸，寬貳寸伍分。

撐頭木壹件，長貳尺叁寸捌分柒釐伍毫，高伍寸，寬貳寸伍分。

正心瓜拱壹件，長壹尺伍寸伍分，高伍寸，寬壹寸伍分伍釐。

正心萬拱壹件，長貳尺叁寸，高伍寸，寬壹寸伍分伍釐。

蘇葉雲壹件，長貳尺伍分，高伍寸，寬貳寸伍分。

叁福雲貳件，各長壹尺捌寸，高柒寸伍分，寬貳寸伍分。

拾捌斗貳個，各長肆寸伍分，高貳寸伍分，寬叁寸柒分。

槽升肆個，各長叁寸貳分伍釐，高貳寸伍分，寬貳寸壹分伍釐。

隔架科斗口貳寸伍分名件尺寸開後，計開：

貼大斗耳貳個，各長柒寸伍分，高伍寸，厚貳寸貳分。

荷葉壹件，長貳尺貳寸伍分，高伍寸，寬伍寸。

拱壹件，長壹尺伍寸伍分，高伍寸，寬伍寸。

雀替壹件，長伍尺，高壹尺，寬伍寸。

貼槽升耳陸個，各長叁寸貳分伍釐，高貳寸伍分，寬陸分。

愛新覺羅・允禮等《工程做法》卷三四《斗科斗口叁寸尺寸》 斗口單昂平身科、柱頭科、角科斗口叁寸名件尺寸開後，計開：

平身科：

大斗壹個，見方玖寸，高陸寸。

單昂壹件，長貳尺玖寸伍分伍釐，高玖寸，寬叁寸。

螞蚱頭壹件，長叁尺柒寸陸分貳釐，高陸寸，寬叁寸。

撐頭木壹件，長壹尺捌寸，高陸寸，寬叁寸。

正心瓜拱壹件，長壹尺捌寸陸分，高陸寸，寬叁寸柒分貳釐。

正心萬拱壹件，長貳尺柒寸陸分，高陸寸，寬叁寸柒分貳釐。

廂拱貳件，各長貳尺壹寸陸分，高肆寸貳分，寬叁寸。

桁椀壹件，長壹尺捌寸，高肆寸伍分，寬叁寸。

拾捌斗貳個，各長伍寸肆分，高叁寸，寬肆寸肆分肆釐。

槽升肆個，各長叁寸玖分，高叁寸，寬伍寸壹分陸釐。

叁才升陸個，各長叁寸玖分，高叁寸，寬肆寸肆分肆釐。

柱頭科：

大斗壹個，長壹尺貳寸，高陸寸，寬玖寸。

單昂壹件，長貳尺玖寸伍分伍釐，高玖寸，寬陸寸。

正心瓜拱壹件，長壹尺捌寸陸分，高陸寸，寬叁寸柒分貳釐。

正心萬拱壹件，長貳尺柒寸陸分，高陸寸，寬叁寸柒分貳釐。

廂拱貳件，各長貳尺壹寸陸分，高肆寸貳分，寬叁寸。

桶子拾捌斗壹個，長壹尺肆寸肆分，高叁寸，寬肆寸肆分肆釐。

槽升貳個，各長叁寸玖分，高叁寸，寬伍寸壹分陸釐。

叁才升伍個，各長叁寸玖分，高叁寸，寬肆寸肆分肆釐。

角科：

大斗壹個，見方玖寸，高陸寸。

斜昂壹件，長肆尺壹寸叁分柒釐，高玖寸，寬肆寸伍分。

搭角正昂帶正心瓜拱貳件，各長貳尺捌寸貳分，高玖寸，寬叁寸柒分貳釐。

由昂壹件，長陸尺伍寸貳分貳釐，高壹尺陸寸伍分，寬陸寸貳分伍釐。

搭角正螞蚱頭帶正心萬拱貳件，各長叁尺壹寸捌分，高陸寸，寬叁寸柒分貳釐。

搭角正撐頭木貳件，各長玖寸，高陸寸，寬叁寸。

把臂廂拱貳件，各長叁尺肆寸貳分，高陸寸，寬叁寸。

裏連頭合角廂拱貳件，各長叁寸陸分，高肆寸貳分，寬叁寸。
斜桁椀壹件，長貳尺伍分貳分，高肆寸伍分，寬陸寸貳分伍釐。
拾捌斗貳個、槽升肆個、叁才升陸個，俱與平身科尺寸同。

斗口重昂平身科、柱頭科、角科斗口叁寸名件尺寸開後，計開：

平身科：
大斗壹個，見方玖寸，高陸寸。
頭昂壹件，長貳尺玖寸伍分伍釐，高玖寸，寬叁寸。
貳昂壹件，長肆尺伍寸玖分，高玖寸，寬叁寸。
螞蚱頭壹件，長肆尺陸寸捌分，高陸寸，寬叁寸。
撐頭木壹件，長肆尺陸寸陸分貳釐，高陸寸，寬叁寸。
正心瓜拱壹件，長壹尺捌寸陸分，高陸寸，寬叁寸柒分貳釐。
正心萬拱壹件，長貳尺柒寸陸分，高陸寸，寬叁寸柒分貳釐。
單才瓜拱貳件，各長壹尺捌寸陸分，高肆寸貳分，寬叁寸。
單才萬拱貳件，各長貳尺柒寸陸分，高肆寸貳分，寬叁寸。
廂拱貳件，各長貳尺壹寸陸分，高肆寸貳分，寬叁寸。
桁椀壹件，長叁尺陸寸，高玖寸，寬叁寸。
拾捌斗肆個，各長伍寸肆分，高叁寸，寬肆寸肆分肆釐。
槽升肆個，各長叁寸玖分，高叁寸，寬伍寸壹分陸釐。
叁才升拾貳個，各長叁寸玖分，高叁寸，寬肆寸肆分肆釐。

柱頭科：
大斗壹個，長壹尺貳寸，高陸寸，寬玖寸。
頭昂壹件，長貳尺玖寸伍分伍釐，高玖寸，寬陸寸。
貳昂壹件，長肆尺伍寸玖分，高玖寸，寬玖寸。
正心瓜拱壹件，長壹尺捌寸陸分，高陸寸，寬叁寸柒分貳釐。
正心萬拱壹件，長貳尺柒寸陸分，高陸寸，寬叁寸柒分貳釐。
單才瓜拱貳件，各長壹尺捌寸陸分，高肆寸貳分，寬叁寸。
單才萬拱貳件，各長貳尺柒寸陸分，高肆寸貳分，寬叁寸。
廂拱貳件，各長貳尺壹寸陸分，高肆寸貳分，寬叁寸。
桶子拾捌斗叁個，内貳個各長壹尺壹寸肆分，壹個長壹尺肆寸肆分，俱高叁寸，寬肆寸肆分肆釐。
槽升肆個，各長叁寸玖分，高叁寸，寬伍寸壹分陸釐。
叁才升拾貳個，各長叁寸玖分，高叁寸，寬肆寸肆分肆釐。

角科：
大斗壹個，見方玖寸，高陸寸。
斜頭昂壹件，長肆尺壹寸叁分柒釐，高玖寸，寬肆寸伍分。
搭角正頭昂帶正心瓜拱貳件，各長貳尺捌寸貳分，高玖寸，寬叁寸柒分貳釐。
斜貳昂壹件，長陸尺肆寸貳分陸釐，高玖寸，寬伍寸陸分陸釐。
搭角正貳昂帶正心萬拱貳件，各長肆尺壹寸柒分，高玖寸，寬叁寸柒分貳釐。
搭角鬧貳昂帶單才瓜拱貳件，各長叁尺柒寸貳分，高玖寸，寬叁寸。
由昂壹件，長玖尺玖分，高壹尺陸寸伍分，寬陸寸捌分。
搭角正螞蚱頭貳件，各長貳尺柒寸，高陸寸，寬叁寸。
搭角鬧螞蚱頭帶單才萬拱貳件，各長肆尺捌分，高陸寸，寬叁寸。
把臂廂拱貳件，各長肆尺叁寸貳分，高陸寸，寬叁寸。
裏連頭合角單才瓜拱貳件，各長壹尺陸寸貳分，高肆寸貳分，寬叁寸。
裏連頭合角單才萬拱貳件，各長壹尺壹寸肆分，高肆寸貳分，寬叁寸。
搭角正撐頭木貳件、鬧撐頭木貳件，各長壹尺捌寸，高陸寸，寬叁寸。
裏連頭合角廂拱貳件，各長肆寸伍分，高肆寸貳分，寬叁寸。
斜桁椀壹件，長伍尺肆分，高玖寸，寬陸寸捌分。
貼升耳拾個，内肆個各長伍寸玖分肆釐，貳個各長柒寸壹分，肆個各長陸寸捌分，俱高壹寸捌分，寬柒分貳釐。
拾捌斗陸個、槽升肆個、叁才升拾貳個，俱與平身科尺寸同。

單翹單昂平身科、柱頭科、角科斗口叁寸名件尺寸開後，計開：

平身科：
單翹壹件，長貳尺壹寸叁分，高陸寸，寬叁寸。
其餘各件俱與斗口重昂平身科尺寸同。

柱頭科：

單翹壹件，長貳尺壹寸叁分，高陸寸，寬陸寸。

其餘各件俱與斗口重昂柱頭科尺寸同。

角科：

斜翹壹件，長貳尺玖寸捌分貳釐，高陸寸，寬肆寸伍分。

搭角正翹帶正心瓜(供)〔拱〕貳件，各長壹尺玖寸玖分伍釐，高陸寸，寬叁寸柒分貳釐。

其餘各件俱與斗口重昂角科尺寸同。

單翹重昂平身科、柱頭科、角科斗口叁寸名件尺寸開後，計開：

平身科：

大斗壹個，見方玖寸，高陸寸。

單翹壹件，長貳尺壹寸叁分，高陸寸，寬叁寸。

頭昂壹件，長肆尺柒寸伍分伍釐，高玖寸，寬叁寸。

貳昂壹件，長陸尺叁寸玖分，高玖寸，寬叁寸。

螞蚱頭壹件，長陸尺肆寸捌分，高陸寸，寬叁寸。

撑頭木壹件，長陸尺肆寸陸分貳釐，高陸寸，寬叁寸。

正心瓜拱壹件，長壹尺捌寸陸分，高陸寸，寬叁寸柒分貳釐。

正心萬拱壹件，長貳尺柒寸陸分，高陸寸，寬叁寸柒分貳釐。

單才瓜拱肆件，各長壹尺捌寸陸分，高肆寸貳分，寬叁寸。

單才萬拱肆件，各長貳尺柒寸陸分，高肆寸貳分，寬叁寸。

廂拱貳件，各長貳尺壹寸陸分，高肆寸貳分，寬叁寸。

桁椀壹件，長伍尺肆寸，高壹尺叁寸伍分，寬叁寸。

拾捌斗陸個，各長伍寸肆分，高叁寸，寬肆寸肆分肆釐。

槽升肆個，各長叁寸玖分，高叁寸，寬伍寸壹分陸釐。

叁才升貳拾個，各長叁寸玖分，高叁寸，寬肆寸肆分肆釐。

柱頭科：

大斗壹個，長壹尺貳寸，高陸寸，寬玖寸。

單翹壹件，長貳尺壹寸叁分，高陸寸，寬陸寸。

頭昂壹件，長肆尺柒寸伍分伍釐，高玖寸，寬捌寸。

貳昂壹件，長陸尺叁寸玖分，高玖寸，寬壹尺。

正心瓜拱壹件，長壹尺捌寸陸分，高陸寸，寬叁寸柒分貳釐。

正心萬拱壹件，長貳尺柒寸陸分，高陸寸，寬叁寸柒分貳釐。

單才瓜拱肆件，各長壹尺捌寸陸分，高肆寸貳分，寬叁寸。

單才萬拱肆件，各長貳尺柒寸陸分，高肆寸貳分，寬叁寸。

廂拱貳件，各長貳尺壹寸陸分，高肆寸貳分，寬叁寸。

桶子拾捌斗伍個，内貳個各長捌寸肆分，貳個各長壹尺肆分，壹個長壹尺肆寸肆分，俱高叁寸，寬肆寸肆分肆釐。

槽升肆個，各長叁寸玖分，高叁寸，寬伍寸壹分。

叁才升貳拾個，各長叁寸玖分，高叁寸，寬肆寸肆分肆釐。

角科：

大斗壹個，見方玖寸，高陸寸。

斜翹壹件，長貳尺玖寸捌分貳釐，高陸寸，寬肆寸伍分。

搭角正翹帶正心瓜拱貳件，各長壹尺玖寸玖分伍釐，高陸寸，寬叁寸柒分貳釐。

斜頭昂壹件，長陸尺陸寸伍分柒釐，高玖寸，寬伍寸叁分柒釐伍毫。

搭角正頭昂帶正心萬拱貳件，各長肆尺壹寸柒分，高玖寸，寬叁寸柒分貳釐。

搭角鬧頭昂帶單才瓜拱貳件，各長叁尺柒寸貳分，高玖寸，寬叁寸。

裏連頭合角單才瓜拱貳件，各長壹尺陸寸貳分，高肆寸貳分，寬叁寸。

斜貳昂壹件，長捌尺玖寸肆分陸釐，高玖寸，寬陸寸貳分伍釐。

搭角正貳昂貳件，各長叁尺陸寸玖分，高玖寸，寬叁寸。

搭角鬧貳昂帶單才瓜拱貳件，各長肆尺陸寸貳分，高玖寸，寬叁寸。

搭角鬧貳昂帶單才萬拱貳件，各長伍尺柒分，高玖寸，寬叁寸。

裏連頭合角單才萬拱貳件，各長壹尺壹寸肆分，高肆寸貳分，寬叁寸。

裏連頭合角單才瓜拱貳件，各長陸寸陸分，高肆寸貳分，寬叁寸。

由昂壹件，長拾壹尺陸寸伍分捌釐，高壹尺陸寸伍分，寬柒寸壹分貳釐伍毫。

搭角正螞蚱頭貳件、鬧螞蚱頭貳件，各長叁尺陸寸，高陸寸，寬叁寸。

搭角鬧螞蚱頭帶單才萬拱貳件，各長肆尺玖寸捌分，高陸寸，寬叁寸。

裏連頭合角單才萬拱貳件，各長貳寸柒分，高肆寸貳分，寬叁寸。

把臂廂拱貳件，各長伍尺貳寸貳分，高陸寸，寬叁寸。
搭角正撐頭木貳件，鬧撐頭木肆件，各長貳尺柒寸，高陸寸，寬叁寸。
裹連頭合角廂拱貳件，各長伍寸肆分，高肆寸貳分，寬叁寸。
斜桁椀壹件，長柒尺伍寸陸分，高壹尺叁寸伍分，寬柒寸壹分貳釐伍毫。
貼升耳拾肆個，内肆個各長伍寸玖分肆釐，肆個各長陸寸捌分壹釐伍毫，肆個各長柒寸陸分玖釐，貳個各長捌寸伍分陸釐伍毫，俱高壹寸捌分，寬柒分貳釐。
拾捌斗拾貳個、槽升肆個、叁才升拾陸個，俱與平身科尺寸同。

重翹重昂平身科、柱頭科、角科斗口叁寸名件尺寸開後，計開：

平身科：
大斗壹個，見方玖寸，高陸寸。
頭翹壹件，長貳尺壹寸叁分，高陸寸，寬叁寸。
重翹壹件，長叁尺玖寸叁分，高陸寸，寬叁寸。
頭昂壹件，長陸尺伍寸伍分伍釐，高玖寸，寬叁寸。
貳昂壹件，長捌尺壹寸玖分，高玖寸，寬叁寸。
螞蚱頭壹件，長捌尺貳寸捌分，高陸寸，寬叁寸。
撐頭木壹件，長捌尺貳寸陸分貳釐，高陸寸，寬叁寸。
正心瓜拱壹件，長壹尺捌寸陸分，高陸寸，寬叁寸柒分貳釐。
正心萬拱壹件，長貳尺柒寸陸分，高陸寸，寬叁寸柒分貳釐。
單才瓜拱陸件，各長壹尺捌寸陸分，高肆寸貳分，寬叁寸。
單才萬拱陸件，各長貳尺柒寸陸分，高肆寸貳分，寬叁寸。
廂拱貳件，各長貳尺壹寸陸分，高肆寸貳分，寬叁寸。
桁椀壹件，長柒尺貳寸，高壹尺捌寸，寬叁寸。
拾捌斗捌個，各長伍寸肆分，高叁寸，寬肆寸肆分肆釐。
槽升肆個，各長叁寸玖分，高叁寸，寬伍寸壹分陸釐。
叁才升貳拾捌個，各長叁寸玖分，高叁寸，寬肆寸肆分肆釐。

柱頭科：
大斗壹個，長壹尺貳寸，高陸寸，寬玖寸。
頭翹壹件，長貳尺壹寸叁分，高陸寸，寬陸寸。
重翹壹件，長叁尺玖寸叁分，高陸寸，寬柒寸伍分。
頭昂壹件，長陸尺伍寸伍分伍釐，高玖寸，寬玖寸。
貳昂壹件，長捌尺壹寸玖分，高玖寸，寬壹尺伍分。
正心瓜拱壹件，長壹尺捌寸陸分，高陸寸，寬叁寸柒分貳釐。
正心萬拱壹件，長貳尺柒寸陸分，高陸寸，寬叁寸柒分貳釐。
單才瓜拱陸件，各長壹尺捌寸陸分，高肆寸貳分，寬叁寸。
單才萬拱陸件，各長貳尺柒寸陸分，高肆寸貳分，寬叁寸。
廂拱貳件，各長貳尺壹寸陸分，高肆寸貳分，寬叁寸。
桶子拾捌斗柒個，内貳個各長玖寸玖分，貳個各長壹尺壹寸肆分，貳個各長壹尺貳寸玖分，壹個長壹尺肆寸肆分，俱高叁寸，寬肆寸肆分肆釐。
槽升肆個，各長叁寸玖分，高叁寸，寬伍寸壹分陸釐。
叁才升貳拾個，各長叁寸玖分，高叁寸，寬肆寸肆分肆釐。

角科：
大斗壹個，見方玖寸，高陸寸。
斜頭翹壹件，長貳尺玖寸捌分貳釐，高陸寸，寬肆寸伍分。
斜貳翹壹件，長伍尺伍寸貳釐，高陸寸，寬伍寸貳分。
搭角正頭翹帶正心瓜拱貳件，各長壹尺玖寸玖分伍釐，高陸寸，寬叁寸柒分貳釐。
搭角正貳翹帶正心萬拱貳件，各長叁尺叁寸肆分伍釐，高陸寸，寬叁寸柒分貳釐。
搭角鬧貳翹帶單才瓜拱貳件，各長貳尺捌寸玖分伍釐，高肆寸貳分，寬叁寸。
裹連頭合角單才瓜拱貳件，各長壹尺陸寸貳分，高肆寸貳分，寬叁寸。
斜頭昂壹件，長玖尺壹寸柒分柒釐，高玖寸，寬伍寸玖分。
搭角正頭昂貳件，各長叁尺陸寸玖分，高玖寸，寬叁寸。
搭角鬧頭昂帶單才瓜拱貳件，各長肆尺陸寸貳分，高玖寸，寬叁寸。
搭角鬧頭昂帶單才萬拱貳件，各長伍尺柒寸，高玖寸，寬叁寸。
裹連頭合角單才萬拱貳件，各長壹尺壹寸肆分，高肆寸貳分，寬叁寸。
裹連頭合角單才瓜拱貳件，各長陸寸陸分，高肆寸貳分，寬叁寸。
斜貳昂壹件，長拾壹尺肆寸陸分陸釐，高玖寸，寬陸寸陸分。

搭角正貳昂貳件、鬧貳昂貳件，各長肆尺伍寸玖分，高玖寸，寬叁寸。

搭角鬧貳昂帶單才萬拱貳件，各長伍尺玖寸柒分，高玖寸，寬叁寸。

搭角鬧貳昂帶單才瓜拱貳件，各長伍尺伍寸貳分，高玖寸，寬叁寸。

裏連頭合角單才萬拱貳件，各長貳寸柒分，高肆寸貳分，寬叁寸。

由昂壹件，長拾肆尺肆寸貳分陸釐，高玖寸，寬柒寸叁分。

搭角正螞蚱頭貳件、鬧螞蚱頭肆件，各長肆尺伍寸，高陸寸，寬叁寸。

搭角鬧螞蚱頭帶單才萬拱貳件，各長伍尺捌寸捌分，高陸寸，寬叁寸。

把臂廂拱貳件，各長陸尺壹寸貳分，高陸寸，寬叁寸。

搭角正撐頭木貳件，鬧撐頭木陸件，各長叁尺陸寸，高陸寸，寬叁寸。

裏連頭合角廂拱貳件，各長陸寸叁分，高肆寸貳分，寬叁寸。

斜桁椀壹件，長拾尺捌分，高壹尺捌寸，寬柒寸叁分。

貼升耳拾捌個，内肆個各長伍寸玖分肆釐，肆個各長陸寸陸分肆釐，肆個各長柒寸叁分肆釐，肆個各長捌寸肆釐，貳個各長捌寸柒分肆釐，俱高壹寸捌分，寬柒分貳釐。

拾捌斗貳拾個、槽升肆個、叁才升貳拾個，俱與平身科尺寸同。

壹斗貳升交蔴葉並壹斗叁升平身科、柱頭科、角科俱斗口叁寸名件尺寸開後，計開：

平身科：其壹斗叁升去蔴葉雲，中加槽升壹個。

大斗壹個，見方玖寸，高陸寸。

蔴葉雲壹件，長叁尺陸寸，高壹尺伍寸玖分玖釐，寬叁寸。

正心瓜拱壹件，長壹尺捌寸陸分，高陸寸，寬叁寸柒分貳釐。

槽升貳個，各長叁寸玖分，高叁寸，寬伍寸壹分陸釐。

柱頭科：

大斗壹個，長壹尺伍寸，高陸寸，寬玖寸。

正心瓜拱壹件，長壹尺捌寸陸分，高陸寸，寬叁寸柒分貳釐。

槽升貳個，各長叁寸玖分，高叁寸，寬伍寸壹分陸釐。

貼正升耳貳個，各長叁寸玖分，高叁寸，寬柒分貳釐。

角科：

大斗壹個，見方玖寸，高陸寸。

斜昂壹件，長伍尺肆分，高壹尺捌寸玖分，寬肆寸伍分。

搭角正心瓜拱貳件，各長貳尺陸寸柒分，高陸寸，寬叁寸柒分貳釐。

槽升貳個，各長叁寸玖分，高叁寸，寬伍寸壹分陸釐。

叁才升貳個，各長叁寸玖分，高叁寸，寬肆寸肆分肆釐。

貼斜升耳貳個，各長伍寸玖分肆釐，高壹寸捌分，寬柒分貳釐。

叁滴水品字平身科、柱頭科、角科斗口叁寸名件尺寸開後，計開：

平身科：

大斗壹個，見方玖寸，高陸寸。

頭翹壹件，長貳尺壹寸叁分，高陸寸，寬叁寸。

貳翹壹件，長叁尺玖寸叁分，高陸寸，寬叁寸。

撐頭木壹件，長肆尺伍寸，高陸寸，寬叁寸。

正心瓜拱壹件，長壹尺捌寸陸分，高陸寸，寬叁寸柒分貳釐。

正心萬拱壹件，長貳尺柒寸陸分，高陸寸，寬叁寸柒分貳釐。

單才瓜拱貳件，各長壹尺捌寸陸分，高肆寸貳分，寬叁寸。

廂拱壹件，長貳尺壹寸陸分，高肆寸貳分，寬叁寸。

拾捌斗叁個，各長伍寸肆分，高叁寸，寬肆寸肆分肆釐。

槽升肆個，各長叁寸玖分，高叁寸，寬伍寸壹分陸釐。

叁才升陸個，各長叁寸玖分，高叁寸，寬肆寸肆分肆釐。

柱頭科：

大斗壹個，長壹尺伍寸，高陸寸，寬玖寸。

頭翹壹件，長貳尺壹寸叁分，高陸寸，寬陸寸。

正心瓜拱壹件，長壹尺捌寸陸分，高陸寸，寬叁寸柒分貳釐。

正心萬拱壹件，長貳尺柒寸陸分，高陸寸，寬叁寸柒分貳釐。

單才瓜拱貳件，各長壹尺捌寸陸分，高肆寸貳分，寬叁寸。

廂拱壹件，長貳尺壹寸陸分，高肆寸貳分，寬叁寸。

桶子拾捌斗壹個，長壹尺肆寸肆分，高叁寸，寬肆寸肆分肆釐。

槽升肆個，各長叁寸玖分，高叁寸，寬伍寸壹分陸釐。

叁才升陸個，各長叁寸玖分，高叁寸，寬肆寸肆分肆釐。

貼斗耳貳個，各長肆寸肆分肆釐，高叁寸，寬柒分貳釐。

角科：

大斗壹個，見方玖寸，高陸寸。

斜頭翹壹件，長貳尺玖寸捌分貳釐，高陸寸，寬肆寸伍分。

搭角正頭翹帶正心瓜拱貳件，各長壹尺玖寸玖分伍釐，高陸寸，寬叁寸柒分貳釐。

搭角正貳翹帶正心萬拱貳件，各長叁尺叁寸肆分伍釐，高陸寸，寬叁寸柒分貳釐。

搭角鬧貳翹帶單才瓜拱貳件，各長貳尺捌寸玖分伍釐，高陸寸，寬叁寸。

裹連頭合角單才瓜拱貳件，各長壹尺陸寸貳分，高肆寸貳分，寬叁寸。

裹連頭合角廂拱貳件，各長肆寸伍分，高肆寸貳分，寬叁寸。

貼升耳肆個，各長伍寸玖分肆釐，高壹寸捌分，寬柒分貳釐。

拾捌斗貳個、槽升肆個、叁才升陸個，俱與平身科尺寸同。

内裹品字科斗口叁寸名件尺寸開後，計開：

大斗壹個，長玖寸，高陸寸，寬肆寸伍分。

頭翹壹件，長壹尺陸分伍釐，高陸寸，寬叁寸。

貳翹壹件，長壹尺玖寸陸分伍釐，高陸寸，寬叁寸。

撑頭木壹件，長貳尺捌寸陸分伍釐，高陸寸，寬叁寸。

正心瓜拱壹件，長壹尺捌寸陸分，高陸寸，寬壹寸捌分陸釐。

正心萬拱壹件，長貳尺柒寸陸分，高陸寸，寬壹寸捌分陸釐。

蔴葉雲壹件，長貳尺肆寸陸分，高陸寸，寬叁寸。

叁福雲貳件，各長貳尺壹寸陸分，高玖寸，寬叁寸。

拾捌斗貳個，各長伍寸肆分，高叁寸，寬肆寸肆分肆釐。

槽升肆個，各長叁寸玖分，高叁寸，寬貳寸伍分捌釐。

隔架科斗口叁寸名件尺寸開後，計開：

貼大斗耳貳個，各長玖寸，高陸寸，厚貳寸陸分肆釐。

荷葉壹件，長貳尺柒寸，高陸寸，寬陸寸。

拱壹件，長壹尺捌寸陸分，高陸寸，寬陸寸。

雀替壹件，長陸尺，高壹尺貳寸，寬陸寸。

貼槽升耳陸個，各長叁寸玖分，高叁寸，寬柒分貳釐。

愛新覺羅・允禮等《工程做法》卷三五《斗科斗口叁寸伍分尺寸》 斗口單昂平身科、柱頭科、角科斗口叁寸伍分名件尺寸開後，計開：

平身科：

大斗壹個，見方壹尺伍分，高柒寸。

單昂壹件，長叁尺肆寸肆分柒釐伍毫，高壹尺伍分，寬叁寸伍分。

螞蚱頭壹件，長肆尺叁寸捌分玖釐，高柒寸，寬叁寸伍分。

撑頭木壹件，長貳尺壹寸，高柒寸，寬叁寸伍分。

正心瓜拱壹件，長貳尺壹寸柒分，高柒寸，寬肆寸叁分肆釐。

正心萬拱壹件，長叁尺貳寸貳分，高柒寸，寬肆寸叁分肆釐。

廂拱貳件，各長貳尺伍寸貳分，高肆寸玖分，寬叁寸伍分。

桁椀壹件，長貳尺壹寸，高伍寸貳分伍釐，寬叁寸伍分。

拾捌斗貳個，各長陸寸叁分，高叁寸伍分，寬伍寸壹分捌釐。

槽升肆個，各長肆寸伍分伍釐，高叁寸伍分，寬陸寸貳釐。

叁才升陸個，各長肆寸伍分伍釐，高叁寸伍分，寬伍寸壹分捌釐。

柱頭科：

大斗壹個，長壹尺肆寸，高柒寸，寬壹尺伍分。

單昂壹件，長叁尺肆寸肆分柒釐伍毫，高壹尺伍分，寬柒寸。

正心瓜拱壹件，長貳尺壹寸柒分，高柒寸，寬肆寸叁分肆釐。

正心萬拱壹件，長叁尺貳寸貳分，高柒寸，寬肆寸叁分肆釐。

廂拱貳件，各長貳尺伍寸貳分，高肆寸玖分，寬叁寸伍分。

桶子拾捌斗壹個，長壹尺陸寸捌分，高叁寸伍分，寬伍寸壹分捌釐。

槽升貳個，各長肆寸伍分伍釐，高叁寸伍分，寬陸寸貳釐。

叁才升伍個，各長肆寸伍分伍釐，高叁寸伍分，寬伍寸壹分捌釐。

角科：

大斗壹個，見方壹尺伍分，高柒寸。

斜昂壹件，長肆尺捌寸貳分陸釐伍毫，高壹尺伍分，寬伍寸貳分伍釐。

搭角正昂帶正心瓜拱貳件，各長叁尺貳寸玖分，高壹尺伍分，寬肆寸叁分肆釐。

由昂壹件，長柒尺陸寸玖釐，高壹尺玖寸貳分伍釐，寬柒寸壹分壹釐伍毫。

搭角正螞蚱頭帶正心萬拱貳件，各長叁尺柒寸壹分，高柒寸，寬肆寸叁分肆釐。

搭角正撐頭木貳件，各長壹尺伍分，高柒寸，寬叁寸伍分。

把臂廂拱貳件，各長叁尺玖寸玖分，高柒寸，寬叁寸伍分。

裏連頭合角廂拱貳件，各長肆寸貳分，高肆寸玖分，寬叁寸伍分。

斜桁椀壹件，長貳尺玖寸肆分，高伍寸貳分伍釐，寬柒寸壹分壹釐伍毫。

拾捌斗貳個、槽升肆個、叁才升陸個，俱與平身科尺寸同。

斗口重昂平身科、柱頭科、角科斗口叁寸伍分名件尺寸開後，計開：

平身科：

大斗壹個，見方壹尺伍分，高柒寸。

頭昂壹件，長叁尺肆寸肆分柒釐伍毫，高壹尺伍分，寬叁寸伍分。

貳昂壹件，長伍尺叁寸伍分伍釐，高壹尺伍分，寬叁寸伍分。

螞蚱頭壹件，長伍尺肆寸陸分，高柒寸，寬叁寸伍分。

撐頭木壹件，長伍尺肆寸叁分玖釐，高柒寸，寬叁寸伍分。

正心瓜拱壹件，長貳尺壹寸柒分，高柒寸，寬肆寸叁分肆釐。

正心萬拱壹件，長叁尺貳寸貳分，高柒寸，寬肆寸叁分肆釐。

單才瓜拱貳件，各長貳尺壹寸柒分，高肆寸玖分，寬叁寸任分。

單才萬拱貳件，各長叁尺貳寸貳分，高肆寸玖分，寬叁寸伍分。

廂拱貳件，各長貳尺伍寸貳分，高肆寸玖分，寬叁寸伍分。

桁椀壹件，長肆尺貳寸，高壹尺伍分，寬叁寸伍分。

拾捌斗肆個，各長陸寸叁分，高叁寸伍分，寬伍寸壹分捌釐。

槽升肆個，各長肆寸伍分伍釐，高叁寸伍分，寬陸寸貳釐。

叁才升拾貳個，各長肆寸伍分伍釐，高叁寸伍分，寬伍寸壹分捌釐。

柱頭科：

大斗壹個，長壹尺肆寸，高柒寸，寬壹尺伍分。

頭昂壹件，長叁尺肆寸肆分柒釐伍毫，高壹尺伍分，寬柒寸。

貳昂壹件，長伍尺叁寸伍分伍釐，高壹尺伍分，寬壹尺伍分。

正心瓜拱壹件，長貳尺壹寸柒分，高柒寸，寬肆寸叁分肆釐。

正心萬拱壹件，長叁尺貳寸貳分，高柒寸，寬肆寸叁分肆釐。

單才瓜拱貳件，各長貳尺壹寸柒分，高肆寸玖分，寬叁寸伍分。

單才萬拱貳件，各長叁尺貳寸貳分，高肆寸玖分，寬叁寸伍分。

廂拱貳件，各長貳尺伍寸貳分，高肆寸玖分，寬叁寸伍分。

桶子拾捌斗叁個，內貳個各長壹尺叁寸叁分，壹個長壹尺陸寸捌分，俱高叁寸伍分，寬伍寸壹分捌釐。

槽升肆個，各長肆寸伍分伍釐，高叁寸伍分，寬陸寸貳釐。

叁才升拾貳個，各長肆寸伍分伍釐，高叁寸伍分，寬伍寸壹分捌釐。

角科：

大斗壹個，見方壹尺伍分，高柒寸。

斜頭昂壹件，長肆尺捌寸貳分陸釐伍毫，高壹尺伍分，寬伍寸貳分伍釐。

搭角正頭昂帶正心瓜拱貳件，各長叁尺貳寸玖分，高壹尺伍分，寬肆寸叁分肆釐。

斜貳昂壹件，長柒尺肆寸玖分柒釐，高壹尺伍分，寬陸寸伍分。

搭角正貳昂帶正心萬拱貳件，各長肆尺捌寸陸分伍釐，高壹尺伍分，寬肆寸叁分柒釐。

搭角鬧貳昂帶單才瓜拱貳件，各長肆尺叁寸肆分，高壹尺伍分，寬叁寸伍分。

由昂壹件，長拾尺陸寸伍釐，高壹尺玖寸貳分伍釐，寬柒寸柒分五釐。

搭角正螞蚱頭貳件，各長叁尺壹寸伍分，高柒寸，寬叁寸伍分。

搭角鬧螞蚱頭帶單才萬拱貳件，各長肆尺柒寸陸分，高柒寸，寬叁寸伍分。

把臂廂拱貳件，各長伍尺肆分，高柒寸，寬叁寸伍分。

裏連頭合角單才瓜拱貳件，各長壹尺捌寸玖分，高肆寸玖分，寬叁寸伍分。

裏連頭合角單才萬拱貳件，各長壹尺叁寸叁分，高肆寸玖分，寬叁寸伍分。

搭角正撐頭木貳件、鬧撐頭木貳件，各長貳尺壹寸，高柒寸，寬叁寸伍分。

裏連頭合角廂拱貳件，各長伍寸貳分伍釐，高肆寸玖分，寬叁寸伍分。

斜桁椀壹件，長伍尺捌寸捌分，高壹尺伍分，寬壹尺柒寸伍分。

貼斜升耳拾個，內肆個各長陸寸玖分叁釐，貳個各長捌寸壹分捌釐，肆個各長玖寸肆分叁釐，俱高貳寸壹分，寬捌分肆釐。

拾捌斗陸個、槽升肆個、叁才升拾貳個，俱與平身科尺寸同。

單翹單昂平身科、柱頭科、角科斗口叁寸伍分名件尺寸開後，計開：

平身科：

單翹壹件，長貳尺肆寸捌分伍釐，高柒寸，寬叁寸伍分。

其餘各件俱與斗口重昂平身科尺寸同。

柱頭科：

單翹壹件，長貳尺肆寸捌分伍釐，高柒寸，寬柒寸。

其餘各件俱與斗口重昂柱頭科尺寸同。

角科：

斜翹壹件，長叁尺肆寸柒分玖釐，高柒寸，寬伍寸貳分伍釐。

搭角正翹帶正心瓜拱貳件，各長貳尺叁寸貳分柒釐伍毫，高柒寸，寬肆寸叁分肆釐。

其餘各件俱與斗口重昂角科尺寸同。

單翹重昂平身科、柱頭科、角科斗口叁寸伍分名件尺寸開後，計開：

平身科：

大斗壹個，見方壹尺伍分，高柒寸。

單翹壹件，長貳尺肆寸捌分伍釐，高柒寸，寬叁寸伍分。

頭昂壹件，長伍尺伍寸肆分柒釐伍毫，高壹尺伍分，寬叁寸伍分。

貳昂壹件，長柒尺肆寸伍分伍釐，高壹尺伍分，寬叁寸伍分。

螞蚱頭壹件，長柒尺伍寸陸分，高柒寸，寬叁寸伍分。

撐頭木壹件，長柒尺伍寸叁分玖釐，高柒寸，寬叁寸伍分。

正心瓜拱壹件，長貳尺壹寸柒分，高柒寸，寬肆寸叁分肆釐。

正心萬拱壹件，長叁尺貳寸貳分，高柒寸，寬肆寸叁分肆釐。

單才瓜拱肆件，各長貳尺壹寸柒分，高肆寸玖分，寬叁寸伍分。

單才萬拱肆件，各長叁尺貳寸貳分，高肆寸玖分，寬叁寸伍分。

廂拱貳件，各長貳尺伍寸貳分，高肆寸玖分，寬叁寸伍分。

桁椀壹件，長陸尺叁寸，高壹尺伍寸柒分伍釐，寬叁寸伍分。

拾捌斗陸個，各長陸寸叁分，高叁寸伍分，寬伍寸壹分捌釐。

槽升肆個，各長肆寸伍分伍釐，高叁寸伍分，寬陸寸貳釐。

叁才升貳拾個，各長肆寸伍分伍釐，高叁寸伍分，寬伍寸壹分捌釐。

柱頭科：

大斗壹個，長壹尺肆寸，高柒寸，寬壹尺伍分。

單翹壹件，長貳尺肆寸捌分伍釐，高柒寸，寬柒寸。

頭昂壹件，長伍尺伍寸肆分柒釐伍毫，高壹尺伍分，寬玖寸叁分叁釐。

貳昂壹件，長柒尺肆寸伍分伍釐，高壹尺伍分，寬壹尺壹寸陸分陸釐。

正心瓜拱壹件，長貳尺壹寸柒分，高柒寸，寬肆寸叁分肆釐。

正心萬拱壹件，長叁尺貳寸貳分，高柒寸，寬肆寸叁分肆釐。

單才瓜拱肆件，各長貳尺壹寸柒分，高肆寸玖分，寬叁寸伍分。

單才萬拱肆件，各長叁尺貳寸貳分，高肆寸玖分，寬叁寸伍分。

廂拱貳件，各長貳尺伍寸貳分，高肆寸玖分，寬叁寸伍分。

桶子拾捌斗伍個，內貳個各長玖寸捌分，貳個各長壹尺貳寸壹分叁釐，壹個長壹尺肆寸肆分陸釐，俱高叁寸伍分，寬伍寸壹分捌釐。

槽升肆個，各長肆寸伍分伍釐，高叁寸伍分，寬伍寸壹分捌釐。

叁才升貳拾個，各長肆寸伍分伍釐，高叁寸伍分，寬伍寸壹分捌釐。

角科：

大斗壹個，見方壹尺伍分，高柒寸。

斜翹壹件，長叁尺肆寸柒分玖釐，高柒寸，寬伍寸貳分伍釐。

搭角正翹帶正心瓜拱貳件，各長貳尺叁寸貳分柒釐伍毫，高柒寸，寬肆寸叁分肆釐。

斜頭昂壹件，長柒尺柒寸陸分陸釐伍毫，高壹尺伍分，寬陸寸壹分捌釐柒毫伍絲。

搭角正頭昂帶正心萬拱貳件，各長肆尺捌寸陸分伍釐，高壹尺伍分，寬肆寸叁分肆釐。

搭角鬧頭昂帶單才瓜拱貳件，各長肆尺叁寸肆分，高壹尺伍分，寬叁寸伍分。

裏連頭合角單才瓜拱貳件，各長壹尺捌寸玖分，高肆寸玖分，寬叁寸伍分。

斜貳昂壹件，長拾尺肆寸叁分柒釐，高壹尺伍分，寬柒寸壹分貳釐伍毫。

搭角正貳昂貳件，各長肆尺叁寸伍釐，高壹尺伍分，寬叁寸伍分。

搭角鬧貳昂帶單才萬拱貳件，各長伍尺玖寸壹分伍釐，高壹尺伍分，寬叁寸伍分。

搭角鬧貳昂帶單才瓜拱貳件，各長肆尺叁寸肆分，高壹尺伍分，寬叁寸伍分。

裏連頭合角單才萬拱貳件，各長壹尺叁寸叁分，高肆寸玖分，寬叁寸伍分。

裏連頭合角單才瓜拱貳件，各長柒寸柒分，高肆寸玖分，寬叁寸伍分。

由昂壹件，長拾叁尺陸寸壹釐，高壹尺玖寸貳分伍釐，寬捌寸陸釐貳毫伍絲。

搭角正螞蚱頭貳件、鬧螞蚱頭貳件，各長肆尺貳寸，高柒寸，寬叁寸伍分。

搭角鬧螞蚱頭帶單才萬拱貳件，各長伍尺捌寸壹分，高柒寸，寬叁寸伍分。

裏連頭合角單才萬拱貳件，各長叁寸壹分伍釐，高肆寸玖分，寬叁寸伍分。

把臂廂拱貳件，各長陸尺玖分，高柒寸，寬叁寸伍分。

搭角正撐頭木貳件、鬧撐頭木肆件，各長叁尺壹寸伍分，高柒寸，寬叁寸伍分。

裏連頭合角廂拱貳件，各長陸寸叁分，高肆寸玖分，寬叁寸伍分。

斜桁椀壹件，長捌尺捌寸貳分，高壹尺伍寸柒分伍釐，寬捌寸陸釐貳毫伍絲。

貼升耳拾肆個，內肆個各長陸寸玖分叁釐，肆個各長柒寸捌分陸釐柒毫伍絲，貳個各長捌寸捌分伍釐，肆個各長玖寸柒分肆釐貳毫伍絲，俱高貳寸壹分，寬捌分肆釐。

拾捌斗拾貳個、槽升肆個、叁才升拾陸個，俱與平身科尺寸同。

重翹重昂平身科、柱頭科、角科斗口叁寸伍分名件尺寸開後，計開：

平身科：

大斗壹個，見方壹尺伍分，高柒寸。

頭翹壹件，長貳尺肆寸捌分伍釐，高柒寸，寬叁寸伍分。

重翹壹件，長肆尺伍寸捌分伍釐，高柒寸，寬叁寸伍分。

頭昂壹件，長柒尺陸寸肆分柒釐伍毫，高壹尺伍分，寬叁寸伍分。

貳昂壹件，長玖尺伍寸伍分伍釐，高壹尺伍分，寬叁寸伍分。

螞蚱頭壹件，長玖尺陸寸陸分，高柒寸，寬叁寸伍分。

撐頭木壹件，長玖尺陸寸叁分玖釐，高柒寸，寬叁寸伍分。

正心瓜拱壹件，長貳尺壹寸柒分，高柒寸，寬肆寸叁分肆釐。

正心萬拱壹件，長叁尺貳寸貳分，高柒寸，寬肆寸叁分肆釐。

單才瓜拱陸件，各長貳尺壹寸柒分，高肆寸玖分，寬叁寸伍分。

單才萬拱陸件，各長叁尺貳寸貳分，高肆寸玖分，寬叁寸伍分。

廂拱貳件，各長貳尺伍寸貳分，高肆寸玖分，寬叁寸伍分。

桁椀壹件，長捌尺肆寸，高貳尺壹寸，寬叁寸伍分。

拾捌斗捌個，各長陸寸叁分，高叁寸伍分，寬伍寸壹分捌釐。

槽升肆個，各長肆寸伍分伍釐，高叁寸伍分，寬陸寸貳釐。

叁才升貳拾捌個，各長肆寸伍分伍釐，高叁寸伍分，寬伍寸壹分捌釐。

柱頭科：

大斗壹個，長壹尺肆寸，高柒寸，寬壹尺伍分。

頭翹壹件，長貳尺肆寸捌分伍釐，高柒寸，寬柒寸。

重翹壹件，長肆尺伍寸捌分伍釐，高柒寸，寬捌寸柒分伍釐。

頭昂壹件，長柒尺陸寸肆分柒釐伍毫，高壹尺伍分，寬壹尺伍分。

貳昂壹件，長玖尺伍寸伍分伍釐，高壹尺伍分，寬壹尺貳寸貳分伍釐。

正心瓜拱壹件，長貳尺壹寸柒分，高柒寸，寬肆寸叁分肆釐。

正心萬拱壹件，長叁尺貳寸貳分，高柒寸，寬肆寸叁分肆釐。

單才瓜拱陸件，各長貳尺壹寸柒分，高肆寸玖分，寬叁寸伍分。

單才萬拱陸件，各長叁尺貳寸貳分，高肆寸玖分，寬叁寸伍分。

廂拱貳件，各長貳尺伍寸貳分，高肆寸玖分，寬叁寸伍分。

桶子拾捌斗柒個，內貳個各長壹尺壹寸伍分伍釐，貳個各長壹尺叁寸叁分，貳個各長壹尺伍寸伍釐，壹個長壹尺陸寸捌分，俱高叁寸伍分，寬伍寸壹分捌釐。

槽升肆個，各長肆寸伍分伍釐，高叁寸伍分，寬陸寸貳釐。

叁才升貳拾個，各長肆寸伍分伍釐，高叁寸伍分，寬伍寸壹分捌釐。

角科：

大斗壹個，見方壹尺伍分，高柒寸。

斜頭翹壹件，長叁尺肆寸柒分玖釐，高柒寸，寬伍寸貳分伍釐。

搭角正頭翹帶正心瓜拱貳件，各長貳尺叁寸貳分柒釐伍毫，高柒寸，寬肆寸叁分肆釐。

斜貳翹壹件，長陸尺肆寸壹分玖釐，高壹尺伍分，寬陸寸。

搭角正貳翹帶正心萬拱貳件，各長叁尺玖寸貳釐伍毫，高柒寸，寬肆寸叁分肆釐。

搭角鬧貳翹帶單才瓜拱貳件，各長叁尺叁寸柒分柒釐伍毫，高柒寸，寬叁寸伍分。

裏連頭合角單才瓜拱貳件，各長壹尺捌寸玖分，高肆寸玖分，寬叁寸伍分。

斜頭昂壹件，長拾尺柒寸陸釐伍毫，高壹尺伍分，寬陸寸柒分伍釐。

搭角正頭昂貳件，各長肆尺叁寸伍釐，高壹尺伍分，寬叁寸伍分。

搭角鬧頭昂帶單才瓜拱貳件，各長伍尺叁寸玖分，高壹尺伍分，寬叁寸伍分。

搭角鬧頭昂帶單才萬拱貳件，各長伍尺玖寸壹分伍釐，高壹伍分，寬叁寸伍分。

裏連頭合角單才萬拱貳件，各長壹尺叁寸叁分，高肆寸玖分，寬叁寸伍分。

裏連頭合角單才瓜拱貳件，各長柒寸柒分，高肆寸玖分，寬叁寸伍分。

斜貳昂壹件，長拾叁尺叁寸柒分柒釐，高壹尺伍分，寬柒寸伍分。

搭角正貳昂貳件、鬧貳昂貳件，各長伍尺叁寸伍分伍釐，高壹尺伍分，寬叁寸伍分。

搭角鬧貳昂帶單才萬拱貳件，各長陸尺玖寸陸分伍釐，高壹尺伍分，寬叁寸伍分。

搭角鬧貳昂帶單才瓜拱貳件，各長陸尺肆寸陸分，高壹尺伍分，寬叁寸伍分。

裏連頭合角單才萬拱貳件，各長叁寸壹分伍釐，高肆寸玖分，寬叁寸伍分。

由昂壹件，長拾陸尺伍寸玖分柒釐，高壹尺玖寸貳分伍釐，寬捌寸貳分伍釐。

搭角正螞蚱頭貳件、鬧螞蚱頭肆件，各長伍尺貳寸伍分，高柒寸，寬叁寸伍分。

搭角鬧螞蚱頭帶單才萬拱貳件，各長陸尺捌寸陸分，高柒寸，寬叁寸伍分。

把臂廂拱貳件，各長柒尺壹寸肆分，高柒寸，寬叁寸伍分。

搭角正撐頭木貳件、鬧撐頭木陸件，各長肆尺貳寸，高柒寸，寬叁寸伍分。

裏連頭合角廂拱貳件，各長柒寸叁分伍釐，高肆寸玖分，寬叁寸伍分。

斜桁椀壹件，長拾壹尺柒寸陸分，高貳尺壹寸，寬捌寸貳分伍釐。

貼升耳拾捌個，内肆個各長陸寸玖分捌釐，肆個各長柒寸陸分捌釐，肆個各長捌寸肆分肆釐，貳個各長玖寸壹分捌釐，肆個各長玖寸玖分叁釐，俱高貳寸壹分，寬捌分肆釐。

拾捌斗貳拾個、槽升肆個、叁才升貳拾個，俱與平身科尺寸同。

壹斗貳升交蔴葉並壹斗叁升平身科、柱頭科、角科俱斗口叁寸伍分名件尺寸開後，計開：

平身科：其壹斗叁升去蔴葉雲，中加槽升壹個。

大斗壹個，見方壹尺伍分，高柒寸。

蔴葉雲壹件，長肆尺貳寸，高壹尺捌寸陸分伍釐伍毫，寬叁寸伍分。

正心瓜拱壹件，長貳尺壹寸柒分，高柒寸，寬肆寸叁分肆釐。

槽升貳個，各長肆寸伍分伍釐，高叁寸伍分，寬陸寸貳釐。

柱頭科：

大斗壹個，長壹尺柒寸伍分，高柒寸，寬壹尺伍分。

正心瓜拱壹件，長貳尺壹寸柒分，高柒寸，寬肆寸叁分肆釐。

槽升貳個，各長肆寸伍分伍釐，高叁寸伍分，寬陸寸貳釐。

貼正升耳貳個，各長肆寸伍分伍釐，高叁寸伍分，寬捌分肆釐。

角科：

大斗壹個，見方壹尺伍分，高柒寸。

斜昂壹件，長伍尺捌寸捌分，高貳尺貳寸伍釐，寬伍寸貳分伍釐。

搭角正心瓜拱貳件，各長叁尺壹寸壹分伍釐，高柒寸，寬肆寸叁分肆釐。

槽升貳個，各長肆寸伍分伍釐，高叁寸伍分，寬陸寸貳釐。

叁才升貳個，各長肆寸伍分伍釐，高叁寸伍分，寬伍寸壹分捌釐。

貼斜升耳貳個，各長陸寸玖分叁釐，高貳寸壹分，寬捌分肆釐。

叁滴水品字平身科、柱頭科、角科斗口叁寸伍分名件尺寸開後，計開：

平身科：

大斗壹個，見方壹尺伍分，高柒寸。

頭翹壹件，長貳尺肆寸伍分伍釐，高柒寸，寬叁寸伍分。

貳翹壹件，長肆尺伍寸捌分伍釐，高柒寸，寬叁寸伍分。

撐頭木壹件，長伍尺貳寸伍分，高柒寸，寬叁寸伍分。
正心瓜拱壹件，長貳尺壹寸柒分，高柒寸，寬肆寸叁分肆釐。
正心萬拱壹件，長叁尺貳寸貳分，高柒寸，寬肆寸叁分肆釐。
單才瓜拱貳件，各長貳尺壹寸柒分，高肆寸玖分，寬叁寸伍分。
廂拱壹件，長貳尺伍寸貳分，高肆寸玖分，寬叁寸伍分。
拾捌斗叁個，各長陸寸叁分，高叁寸伍分，寬伍寸壹分捌釐。
槽升肆個，各長肆寸伍分伍釐，高叁寸伍分，寬陸寸貳釐。
叁才升陸個，各長肆寸伍分伍釐，高叁寸伍分，寬伍寸壹分捌釐。

柱頭科：
大斗壹個，長壹尺柒寸伍分，高柒寸，寬壹尺伍分。
頭翹壹件，長貳尺肆寸捌分伍釐，高柒寸，寬柒寸。
正心瓜拱壹件，長貳尺壹寸柒分，高柒寸，寬肆寸叁分肆釐。
正心萬拱壹件，長叁尺貳寸貳分，高柒寸，寬肆寸叁分肆釐。
單才瓜拱貳件，各長貳尺壹寸柒分，高肆寸玖分，寬叁寸伍分。
廂拱壹件，長貳尺伍寸貳分，高肆寸玖分，寬叁寸伍分。
桶子拾捌斗壹個，長壹尺陸寸捌分，高叁寸伍分，寬伍寸壹分捌釐。
槽升肆個，各長肆寸伍分伍釐，高叁寸伍分，寬陸寸貳釐。
叁才升陸個，各長肆寸伍分伍釐，高叁寸伍分，寬伍寸壹分捌釐。
貼升耳貳個，各長伍寸壹分捌釐，高叁寸伍分，寬捌分肆釐。

角科：
大斗壹個，見方壹尺伍分，高柒寸。
斜頭翹壹件，長叁尺肆寸柒分玖釐，高柒寸，寬伍寸貳分伍釐。
搭角正頭翹帶正心瓜拱貳件，各長貳尺叁寸貳分柒釐伍毫，高柒寸，寬肆寸叁分肆釐。
搭角正貳翹帶正心萬拱貳件，各長叁尺玖寸貳釐伍毫，高柒寸，寬肆寸叁分肆釐。
搭角鬧貳翹帶單才瓜拱貳件，各長叁尺叁寸柒分柒釐伍毫，高柒寸，寬叁寸伍分。
裏連頭合角單才瓜拱貳件，各長壹尺捌寸玖分，高肆寸玖分，寬叁寸伍分。
裏連頭合角廂拱貳件，各長伍寸貳分伍釐，高肆寸玖分，寬叁寸伍分。
貼升耳肆個，各長陸寸玖分叁釐，高貳寸壹分，寬捌分肆釐。
拾捌斗貳個、槽升肆個、叁才升陸個，俱與平身科尺寸同。

內裏品字科斗口叁寸伍分名件尺寸開後，計開：
大斗壹個，長壹尺伍分，高柒寸，寬伍寸貳分伍釐。
頭翹壹件，長壹尺貳寸肆分貳釐伍毫，高柒寸，寬叁寸伍分。
貳翹壹件，長貳尺貳寸柒分伍釐，高柒寸，寬叁寸伍分。
撐頭木壹件，長叁尺叁寸肆分貳釐伍毫，高柒寸，寬叁寸伍分。
正心瓜拱壹件，長貳尺壹寸柒分，高柒寸，寬貳寸壹分柒釐。
正心萬拱壹件，長叁尺貳寸貳分，高柒寸，寬貳寸壹分柒釐。
蔴葉雲壹件，長貳尺捌寸柒分，高柒寸，寬叁寸伍分。
叁福雲貳件，各長貳尺伍寸貳分，高壹尺伍分，寬叁寸伍分。
拾捌斗貳個，各長陸寸叁分，高叁寸伍分，寬伍寸壹分捌釐。
槽升肆個，各長肆寸伍分伍釐，高叁寸伍分，寬叁寸壹釐。

隔架科斗口叁寸伍分名件尺寸開後，計開：
貼大斗耳貳個，各長壹尺伍分，高柒寸，寬叁寸捌釐。
荷葉壹件，長叁尺壹寸伍分，高柒寸，寬柒寸。
拱壹件，長貳尺壹寸柒分，高柒寸，寬柒寸。
省替壹件，長柒尺，高壹尺肆寸，寬柒寸。
貼槽升耳陸個，各長肆寸伍分伍釐，高叁寸伍分，寬捌分肆釐。

愛新覺羅・允禮等《工程做法》卷三六《斗科斗口肆寸尺寸》 斗口單昂平身科、柱頭科、角科斗口肆寸名件尺寸開後，計開：

平身科：
大斗壹個，見方壹尺貳寸，高捌寸。
單昂壹件，長叁尺玖寸肆分，高壹尺貳寸，寬肆寸。
螞蚱頭壹件，長伍尺壹分陸釐，高捌寸，寬肆寸。
撐頭木壹件，長貳尺肆寸，高捌寸，寬肆寸。
正心瓜拱壹件，長貳尺肆寸捌分，高捌寸，寬肆寸玖分陸釐。
正心萬拱壹件，長叁尺陸寸捌分，高捌寸，寬肆寸玖分陸釐。

廂拱貳件，各長貳尺捌寸捌分，高伍寸陸分，寬肆寸。
桁椀壹件，長貳尺肆寸，高陸寸，寬肆寸。
拾捌斗貳個，各長柒寸貳分，高肆寸，寬伍寸玖分貳釐。
槽升肆個，各長伍寸貳分，高肆寸，寬陸寸捌分捌釐。
叁才升陸個，各長伍寸貳分，高肆寸，寬伍寸玖分貳釐。

柱頭科：

大斗壹個，長壹尺陸寸，高捌寸，寬壹尺貳寸。
單昂壹件，長叁尺玖寸肆分，高壹尺貳寸，寬捌寸。
正心瓜拱壹件，長貳尺肆寸捌分，高捌寸，寬肆寸玖分陸釐。
正心萬拱壹件，長叁尺陸寸捌分，高捌寸，寬肆寸玖分陸釐。
廂拱貳件，各長貳尺捌寸捌分，高伍寸陸分，寬肆寸。
桶子拾捌斗壹個，長壹尺玖寸貳分，高肆寸，寬伍寸玖分貳釐。
槽升貳個，各長伍寸貳分，高肆寸，寬陸寸捌分捌釐。
叁才升伍個，各長伍寸貳分，高肆寸，寬伍寸玖分貳釐。

角科：

大斗壹個，見方壹尺貳寸，高捌寸。
斜昂壹件，長伍尺伍寸壹分陸釐，高壹尺貳寸，寬陸寸。
搭角正昂帶正心瓜拱貳件，各長叁尺柒寸陸分，高壹尺貳寸，寬肆寸玖分陸釐。
由昂壹件，長捌尺陸寸玖分陸釐，高貳尺貳寸，寬捌寸。
搭角正螞蚱頭帶正心萬拱貳件，各長肆尺貳寸肆分，高壹尺貳寸，寬肆寸玖分陸釐。
搭角正撐頭木貳件，各長壹尺貳寸，高捌寸，寬肆寸。
把臂廂拱貳件，各長肆尺伍寸陸分，高捌寸，寬肆寸。
裏連頭合角廂拱貳件，各長肆寸捌分，高伍寸陸分，寬肆寸。
斜桁椀壹件，長叁尺叁寸陸分，高陸寸，寬捌寸。
拾捌斗貳個、槽升肆個、叁才升陸個，俱與平身科尺寸同。

斗口重昂平身科、柱頭科、角科斗口肆寸名件尺寸開後，計開：

平身科：

大斗壹個，見方壹尺貳寸，高捌寸。
頭昂壹件，長叁尺玖寸肆分，高壹尺貳寸，寬肆寸。
貳昂壹件，長陸尺壹寸貳分，高壹尺貳寸，寬肆寸。
螞蚱頭壹件，長陸尺貳寸肆分，高捌寸，寬肆寸。
撐頭木壹件，長陸尺貳寸壹分陸釐，高捌寸，寬肆寸。
正心瓜拱壹件，長貳尺肆寸捌分，高捌寸，寬肆寸玖分陸釐。
正心萬拱壹件，長叁尺陸寸捌分，高捌寸，寬肆寸玖分陸釐。
單才瓜拱貳件，各長貳尺肆寸捌分，高伍寸陸分，寬肆寸。
單才萬拱貳件，各長叁尺陸寸捌分，高伍寸陸分，寬肆寸。
廂拱貳件，各長貳尺捌寸捌分，高伍寸陸分，寬肆寸。
桁椀壹件，長肆尺捌寸，高壹尺貳寸，寬肆寸。
拾捌斗肆個，各長柒寸貳分，高肆寸，寬伍寸玖分貳釐。
槽升肆個，各長伍寸貳分，高肆寸，寬陸寸捌分捌釐。
叁才升拾貳個，各長伍寸貳分，高肆寸，寬伍寸玖分貳釐。

柱頭科：

大斗壹個，長壹尺陸寸，高捌寸，寬壹尺貳寸。
頭昂壹件，長叁尺玖寸肆分，高壹尺貳寸，寬捌寸。
貳昂壹件，長陸尺壹寸貳分，高壹尺貳寸，寬壹尺貳寸。
正心瓜拱壹件，長貳尺肆寸捌分，高捌寸，寬肆寸玖分陸釐。
正心萬拱壹件，長叁尺陸寸捌分，高捌寸，寬肆寸玖分陸釐。
單才瓜拱貳件，各長貳尺肆寸捌分，高伍寸陸分，寬肆寸。
單才萬拱貳件，各長叁尺陸寸捌分，高伍寸陸分，寬肆寸。
廂拱貳件，各長貳尺捌寸捌分，高伍寸陸分，寬肆寸。
桶子拾捌斗叁個，內貳個各長壹尺伍寸貳分，壹個長壹尺玖寸貳分，俱高肆寸，寬伍寸玖分貳釐。
槽升肆個，各長伍寸貳分，高肆寸，寬陸寸捌分捌釐。
叁才升拾貳個，各長伍寸貳分，高肆寸，寬伍寸玖分貳釐。

角科：

大斗壹個，見方壹尺貳寸，高捌寸。
斜頭昂壹件，長伍尺伍寸壹分陸釐，高壹尺貳寸，寬陸寸。

搭角正頭昂帶正心瓜拱貳件，各長叁尺柒寸陸分，高壹尺貳寸，寬肆寸玖分陸釐。

斜貳昂壹件，長捌尺伍寸陸分捌釐，高壹尺貳寸，寬柒寸叁分叁釐。

搭角正貳昂帶正心萬拱貳件，各長伍尺伍寸陸分，高壹尺貳寸，寬肆寸玖分陸釐。

搭角鬧貳昂帶單才瓜拱貳件，各長肆尺玖寸陸分，高壹尺貳寸，寬肆寸。

由昂壹件，長拾貳尺壹寸貳分，高貳尺貳寸，寬捌寸陸分陸釐。

搭角正螞蚱頭貳件，各長叁尺陸寸，高捌寸，寬肆寸。

搭角鬧螞蚱頭帶單才萬拱貳件，各長伍尺肆寸肆分，高捌寸，寬肆寸。

把臂廂拱貳件，各長伍尺柒寸陸分，高捌寸，寬肆寸。

裏連頭合角單才瓜拱貳件，各長貳尺壹寸陸分，高伍寸陸分，寬肆寸。

裏連頭合角單才萬拱貳件，各長壹尺伍寸貳分，高伍寸陸分，寬肆寸。

搭角正撐頭木貳件，鬧撐頭木貳件，各長貳尺肆寸，高捌寸，寬肆寸。

裏連頭合角廂拱貳件，各長陸寸，高伍寸陸分，寬肆寸。

斜桁椀壹件，長陸尺柒寸貳分，高壹尺貳寸，寬捌寸陸分陸釐。

貼斜升耳拾個，內肆個各長柒寸玖分貳釐，貳個各長玖寸貳分伍釐，肆個各長壹尺伍分捌釐，俱高貳寸肆分，寬玖分陸釐。

拾捌斗陸個、槽升肆個、叁才升拾貳個，俱與平身科尺寸同。

單翹單昂平身科、柱頭科、角科斗口肆寸名件尺寸開後，計開：

平身科：

單翹壹件，長貳尺捌寸肆分，高捌寸，寬肆寸。

其餘各件俱與斗口重昂平身科尺寸同。

柱頭科：

單翹壹件，長貳尺捌寸肆分，高捌寸，寬捌寸。

其餘各件俱與斗口重昂柱頭科尺寸同。

角科：

斜翹壹件，長叁尺玖寸柒分陸釐，高捌寸，寬陸寸。

搭角正翹帶正心瓜拱貳件，各長貳尺陸寸陸分，高捌寸，寬肆寸玖分陸釐。

其餘各件俱與斗口重昂角科尺寸同。

單翹重昂平身科、柱頭科、角科斗口肆寸名件尺寸開後，計開：

平身科：

大斗壹個，見方壹尺貳寸，高捌寸。

單翹壹件，長貳尺捌寸肆分，高捌寸，寬肆寸。

頭昂壹件，長陸尺叁寸肆分，高壹尺貳寸，寬肆寸。

貳昂壹件，長捌尺伍寸貳分，高壹尺貳寸，寬肆寸。

螞蚱頭壹件，長捌尺陸寸肆分，高捌寸，寬肆寸。

撐頭木壹件，長捌尺陸寸壹分陸釐，高捌寸，寬肆寸。

正心瓜拱壹件，長貳尺肆寸捌分，高捌寸，寬肆寸玖分陸釐。

正心萬拱壹件，長叁尺陸寸捌分，高捌寸，寬肆寸玖分陸釐。

單才瓜拱肆件，各長貳尺肆寸捌分，高伍寸陸分，寬肆寸。

單才萬拱肆件，各長叁尺陸寸捌分，高伍寸陸分，寬肆寸。

廂拱貳件，各長貳尺捌寸捌分，高伍寸陸分，寬肆寸。

桁椀壹件，長柒尺貳寸，高壹尺捌寸，寬肆寸。

拾捌斗陸個，各長柒尺貳分，高肆寸，寬伍寸玖分貳釐。

槽升肆個，各長伍寸貳分，高肆寸，寬陸寸捌分捌釐。

叁才升貳拾個，各長伍寸貳分，高肆寸，寬伍寸玖分貳釐。

柱頭科：

大斗壹個，長壹尺陸寸，高捌寸，寬壹尺貳寸。

單翹壹件，長貳尺捌寸肆分，高捌寸，寬捌寸。

頭昂壹件，長陸尺叁寸肆分，高壹尺貳寸，寬壹尺陸分陸釐。

貳昂壹件，長捌尺伍寸貳分，高壹尺貳寸，寬壹尺叁寸叁分叁釐。

正心瓜拱壹件，長貳尺肆寸捌分，高捌寸，寬肆寸玖分陸釐。

正心萬拱壹件，長叁尺陸寸捌分，高捌寸，寬肆寸玖分陸釐。

單才瓜拱肆件，各長貳尺肆寸捌分，高伍寸陸分，寬肆寸。

單才萬拱肆件，各長叁尺陸寸捌分，高伍寸陸分，寬肆寸。

廂拱貳件，各長貳尺捌寸捌分，高伍寸陸分，寬肆寸。

桶子拾捌斗伍個，內貳個各長壹尺叁寸捌分陸釐，貳個各長壹尺陸寸伍分叁釐，壹個長壹尺玖寸貳分，俱高肆寸，寬伍寸玖分貳釐。

槽升肆個，各長伍寸貳分，高肆寸，寬陸寸捌分捌釐。
叁才升貳拾個，各長伍寸貳分，高肆寸，寬伍寸玖分貳釐。

角科：

大斗壹個，見方壹尺貳寸，高捌寸。
斜翹壹件，長叁尺玖寸柒分陸釐，高捌寸，寬陸寸。
搭角正翹帶正心瓜拱貳件，各長貳尺陸寸陸分，高捌寸，寬肆寸玖分陸釐。
斜頭昂壹件，長捌尺捌寸柒分陸釐，高壹尺貳寸，寬柒寸。
搭角正頭昂帶正心萬拱貳件，各長伍尺伍寸陸分，高壹尺貳寸，寬肆寸玖分陸釐。
搭角鬧頭昂帶單才瓜拱貳件，各長肆尺玖寸陸分，高壹尺貳寸，寬肆寸。
裹連頭合角單才瓜拱貳件，各長貳尺壹寸陸分，高伍寸陸分，寬肆寸。
斜貳昂壹件，長拾壹尺玖寸貳分捌釐，高壹尺貳寸，寬捌寸。
搭角正貳昂貳件，各長肆尺玖寸貳分，高壹尺貳寸，寬肆寸。
搭角鬧貳昂帶單才萬拱貳件，各長陸尺柒寸陸分，高壹尺貳寸，寬肆寸。
搭角鬧貳昂帶單才瓜拱貳件，各長陸尺壹寸陸分，高壹尺貳寸，寬肆寸。
裹連頭合角單才萬拱貳件，各長壹尺伍寸貳分，高伍寸陸分，寬肆寸。
裹連頭合角單才瓜拱貳件，各長捌寸捌分，高伍寸陸分，寬肆寸。
由昂壹件，長拾伍尺伍寸肆分肆釐，高貳尺貳寸，寬玖寸。
搭角正螞蚱頭貳件，鬧螞蚱頭貳件，各長肆尺捌寸，高捌寸，寬肆寸。
搭角鬧螞蚱頭帶單才萬拱貳件，各長陸尺陸寸肆分，高捌寸，寬肆寸。
裹連頭合角單才萬拱貳件，各長叁寸陸分，高伍寸陸分，寬肆寸。
把臂廂拱貳件，各長陸尺玖寸陸分，高捌寸，寬肆寸。
搭角正撑頭木貳件，鬧撑頭木肆件，各長叁尺陸寸，高捌寸，寬肆寸。
裹連頭合角廂拱貳件，各長柒寸貳分，高伍寸陸分，寬肆寸。
斜桁椀壹件，長拾尺捌分，高壹尺捌寸，寬玖寸。
貼升耳拾肆個，內肆個各長柒寸玖分貳釐，肆個各長捌寸玖分貳釐，貳個各長玖寸玖分貳釐，肆個各長壹尺玖分貳釐，俱高貳寸肆分，寬玖分陸釐。
拾捌斗拾貳個、槽升肆個、叁才升拾陸個，俱與平身科尺寸同。

重翹重昂平身科、柱頭科、角科斗口肆寸名件尺寸開後，計開：

平身科：

大斗壹個，見方壹尺貳寸，高捌寸。
單翹壹件，長貳尺捌寸肆分，高捌寸，寬肆寸。
重翹壹件，長伍尺貳寸肆分，高捌寸，寬肆寸。
頭昂壹件，長捌尺柒寸肆分，高壹尺貳寸，寬肆寸。
貳昂壹件，長拾尺玖寸貳分，高壹尺貳寸，寬肆寸。
螞蚱頭壹件，長拾壹尺肆分，高捌寸，寬肆寸。
撑頭木壹件，長拾壹尺壹分陸釐，高捌寸，寬肆寸。
正心瓜拱壹件，長貳尺肆寸捌分，高捌寸，寬肆寸玖分陸釐。
正心萬拱壹件，長叁尺陸寸捌分，高捌寸，寬肆寸玖分陸釐。
單才瓜拱陸件，各長貳尺肆寸捌分，高伍寸陸分，寬肆寸。
單才萬拱陸件，各長叁尺陸寸捌分，高伍寸陸分，寬肆寸。
廂拱貳件，各長貳尺捌寸捌分，高伍寸陸分，寬肆寸。
桁椀壹件，長玖尺陸寸，高貳尺肆寸，寬肆寸。
拾捌斗捌個，各長柒寸貳分，高肆寸，寬伍寸玖分貳釐。
槽升肆個，各長伍寸貳分，高肆寸，寬陸寸捌分捌釐。
叁才升貳拾捌個，各長伍寸貳分，高肆寸，寬伍寸玖分貳釐。

柱頭科：

大斗壹個，長壹尺陸寸，高捌寸，寬壹尺貳寸。
頭翹壹件，長貳尺捌寸肆分，高捌寸，寬捌寸。
重翹壹件，長伍尺貳寸肆分，高捌寸，寬壹尺。
頭昂壹件，長捌尺柒寸肆分，高壹尺貳寸，寬壹尺貳寸。
貳昂壹件，長拾尺玖寸貳分，高壹尺貳寸，寬壹尺肆寸。
正心瓜拱壹件，長貳尺肆寸捌分，高捌寸，寬肆寸玖分陸釐。
正心萬拱壹件，長叁尺陸寸捌分，高捌寸，寬肆寸玖分陸釐。
單才瓜拱陸件，各長貳尺肆寸捌分，高伍寸陸分，寬肆寸。
單才萬拱陸件，各長叁尺陸寸捌分，高伍寸陸分，寬肆寸。
廂拱貳件，各長貳尺捌寸捌分，高伍寸陸分，寬肆寸。
桶子拾捌斗柒個，內貳個各長壹尺叁寸貳分，貳個各長壹尺伍寸貳分，貳個各長壹尺柒寸貳分，壹個長壹尺玖寸貳分，俱高肆寸，寬伍寸玖分貳釐。

槽升肆個，各長伍寸貳分，高肆寸，寬陸寸捌分捌釐。

叁才升貳拾個，各長伍寸貳分，高肆寸，寬伍寸玖分貳釐。

角科：

大斗壹個，見方壹尺貳寸，高捌寸。

斜頭翹壹件，長叁尺玖寸柒分陸釐，高捌寸，寬陸寸。

搭角正頭翹帶正心瓜拱貳件，各長貳尺柒寸陸分，高捌寸，寬肆寸玖分陸釐。

搭角鬧頭昂帶單才萬拱貳件，各長陸尺柒寸陸分，高壹尺貳寸，寬肆寸。

斜貳翹壹件，長柒尺叁寸叁分陸釐，高捌寸，寬陸寸捌分。

搭角正貳翹帶正心萬拱貳件，各長肆尺肆寸陸分，高捌寸，寬肆寸玖分陸釐。

搭角鬧貳翹帶單才瓜拱貳件，各長叁尺捌寸陸分，高捌寸，寬肆寸。

裏連頭合角單才瓜拱貳件，各長貳尺壹寸陸分，高伍寸陸分，寬肆寸。

斜頭昂壹件，長拾貳尺貳寸叁分陸釐，高壹尺貳寸，寬柒寸陸分。

搭角正頭昂貳件，各長肆尺玖寸貳分，高壹尺貳寸，寬肆寸。

搭角鬧頭昂帶單才瓜拱貳件，各長陸尺壹寸陸分，高壹尺貳寸，寬肆寸。

裏連頭合角單才萬拱貳件，各長壹尺伍寸貳分，高伍寸陸分，寬肆寸。

裏連頭合角單才瓜拱貳件，各長捌寸捌分，高伍寸陸分，寬肆寸。

斜貳昂壹件，長拾伍尺貳寸捌分捌釐，高壹尺貳寸，寬捌寸肆分。

搭角正貳昂貳件，鬧貳昂貳件，各長陸尺壹寸貳分，高壹尺貳寸，寬肆寸。

搭角鬧貳昂帶單才萬拱貳件，各長柒尺叁寸陸分，高壹尺貳寸，寬肆寸。

搭角鬧貳昂帶單才瓜拱貳件，各長柒尺叁寸陸分，高壹尺貳寸，寬肆寸。

裏連頭合角單才萬拱貳件，各長叁寸陸分，高伍寸陸分，寬肆寸。

由昂壹件，長拾捌尺玖寸陸分捌釐，高貳尺貳寸，寬玖寸貳分。

搭角正螞蚱頭貳件、鬧螞蚱頭貳件，各長陸尺，高捌寸，寬肆寸。

搭角鬧螞蚱頭帶單才萬拱貳件，各長柒尺捌寸肆分，高捌寸，寬肆寸。

把臂廂拱貳件，各長捌尺壹寸陸分，高捌寸，寬肆寸。

搭角正撐頭木貳件、鬧撐頭木陸件，各長肆尺捌寸，高捌寸，寬肆寸。

裏連頭合角廂拱貳件，各長捌寸肆分，高伍寸陸分，寬肆寸。

斜桁椀壹件，長拾叁尺肆寸肆分，高貳尺肆寸，寬玖寸貳分。

貼升耳拾捌個，內肆個各長柒寸玖分貳釐，肆個各長捌寸柒分貳釐，肆個各長玖寸伍分貳釐，貳個各長壹尺叁分貳釐，肆個各長壹尺壹寸壹分貳釐，俱高貳寸肆分，寬玖分陸釐。

拾捌斗貳拾個、槽升肆個、叁才升貳拾個，俱與平身科尺寸同。

壹斗貳升交蔴葉並壹斗叁升平身科、柱頭科、角科俱斗口肆寸名件尺寸開後，計開：

平身科：其壹斗叁升去蔴葉雲，中加槽升壹個。

大斗壹個，見方壹尺貳寸，高捌寸。

蔴葉雲壹件，長肆尺捌寸，高貳尺壹寸叁分貳釐，寬肆寸。

正心瓜拱壹件，長貳尺肆寸捌分，高捌寸，寬肆寸玖分陸釐。

槽升貳個，各長伍寸貳分，高肆寸，寬陸寸捌分捌釐。

柱頭科：

大斗壹個，長貳尺，高捌寸，寬壹尺貳寸。

正心瓜拱壹件，長貳尺肆寸捌分，高捌寸，寬肆寸玖分陸釐。

槽升貳個，各長伍寸貳分，高肆寸，寬陸寸捌分捌釐。

貼正升耳貳個，各長伍寸貳分，高肆寸，寬玖分陸釐。

角科：

大斗壹個，見方壹尺貳寸，高捌寸。

斜昂壹件，長陸尺柒寸貳分，高貳尺伍寸貳分，寬陸寸。

搭角正心瓜拱貳件，各長叁尺伍寸陸分，高捌寸，寬肆寸玖分陸釐。

槽升貳個，各長伍寸貳分，高肆寸，寬陸寸捌分捌釐。

叁才升貳個，各長伍寸貳分，高肆寸，寬伍寸玖分貳釐。

貼斜升耳貳個，各長柒寸玖分貳釐，高肆寸肆分，寬玖分陸釐。

叁滴水品字平身科、柱頭科、角科斗口肆寸名件尺寸開後，計開：

平身科：

大斗壹個，見方壹尺貳寸，高捌寸。

頭翹壹件，長貳尺捌寸肆分，高捌寸，寬肆寸。

貳翹壹件，長伍尺貳寸肆分，高捌寸，寬肆寸。

撑頭木壹件，長陸尺，高捌寸，寬肆寸。

正心瓜拱壹件，長貳尺肆寸捌分，高捌寸，寬肆寸玖分陸釐。

正心萬拱壹件，長叁尺陸寸捌分，高捌寸，寬肆寸玖分陸釐。

單才瓜拱貳件，各長貳尺肆寸捌分，高伍寸陸分，寬肆寸。

廂拱壹件，長貳尺捌寸捌分，高伍寸陸分，寬肆寸。

拾捌斗叁個，各長柒寸貳分，高肆寸，寬伍寸玖分貳釐。

槽升肆個，各長伍寸貳分，高肆寸，寬陸寸捌分捌釐。

叁才升陸個，各長伍寸貳分，高肆寸，寬伍寸玖分貳釐。

柱頭科：

大斗壹個，長貳尺，高捌寸，寬壹尺貳寸。

頭翹壹件，長貳尺捌寸肆分，高捌寸，寬捌寸。

正心瓜拱壹件，長貳尺肆寸捌分，高捌寸，寬肆寸玖分陸釐。

正心萬拱壹件，長叁尺陸寸捌分，高捌寸，寬肆寸玖分陸釐。

單才瓜拱貳件，各長貳尺肆寸捌分，高伍寸陸分，寬肆寸。

廂拱壹件，長貳尺捌寸捌分，高伍寸陸分，寬肆寸。

桶子拾捌斗壹個，長壹尺玖寸貳分，高肆寸，寬伍寸玖分貳釐。

槽升肆個，各長伍寸貳分，高肆寸，寬陸寸捌分捌釐。

叁才升陸個，各長伍寸貳分，高肆寸，寬伍寸玖分貳釐。

貼斗耳貳個，各長伍寸玖分貳釐，高肆寸，寬玖分陸釐。

角科：

大斗壹個，見方壹尺貳寸，高捌寸。

斜頭翹壹件，長叁尺玖寸柒分陸釐，高捌寸，寬陸寸。

搭角正頭翹帶正心瓜拱貳件，各長貳尺陸寸陸分，高捌寸，寬肆寸玖分陸釐。

搭角正貳翹帶正心萬拱貳件，各長肆尺肆寸陸分，高捌寸，寬肆寸玖分陸釐。

搭角鬧貳翹帶單才瓜拱貳件，各長叁尺捌寸陸分，高捌寸，寬肆寸。

裏連頭合角單才瓜拱貳件，各長貳尺壹寸陸分，高伍寸陸分，寬肆寸。

裏連頭合角廂拱貳件，各長陸寸，高伍寸陸分，寬肆寸。

貼升耳肆個，各長柒寸玖分貳釐，高貳寸肆分，寬玖分陸釐。

拾捌斗貳個、槽升肆個、叁才升陸個，俱與平身科尺寸同。

內裏品字科斗口肆寸名件尺寸開後，計開：

大斗壹個，長壹尺貳寸，高捌寸，寬陸寸。

頭翹壹件，長壹尺肆寸貳分，高捌寸，寬肆寸。

貳翹壹件，長貳尺陸寸貳分，高捌寸，寬肆寸。

撑頭木壹件，長叁尺捌寸貳分，高捌寸，寬肆寸。

正心瓜拱壹件，長貳尺肆寸捌分，高捌寸，寬貳寸肆分捌釐。

正心萬拱壹件，長叁尺陸寸捌分，高捌寸，寬貳寸肆分捌釐。

麻葉雲壹件，長叁尺貳寸捌分，高捌寸，寬肆寸。

叁福雲貳件，各長貳尺捌寸捌分，高壹尺貳寸，寬肆寸。

拾捌斗貳個，各長柒寸貳分，高肆寸，寬伍寸玖分貳釐。

槽升肆個，各長伍寸貳分，高肆寸，寬叁寸肆分肆釐。

隔架科斗口肆寸名件尺寸開後，計開：

貼大斗耳貳個，各長壹尺貳寸，高捌寸，厚叁寸伍分貳釐。

荷葉壹件，長叁尺陸寸，高捌寸，寬捌寸。

拱壹件，長貳尺肆寸捌分，高捌寸，寬捌寸。

雀替壹件，長捌尺，高壹尺陸寸，寬捌寸。

貼槽升耳陸個，各長伍寸貳分，高肆寸，寬玖分陸釐。

愛新覺羅・允禮等《工程做法》卷三七《斗科斗口肆寸伍分尺寸》 斗口單昂平身科、柱頭科、角科斗口肆寸伍分名件尺寸開後，計開：

平身科：

大斗壹個，見方壹尺叁寸伍分，高玖寸。

單昂壹件，長肆尺肆寸叁分貳釐伍毫，高壹尺叁寸伍分，寬肆寸伍分。

螞蚱頭壹件，長伍尺陸寸肆分叁釐，高玖寸，寬肆寸伍分。

撑頭木壹件，長貳尺柒寸，高玖寸，寬肆寸伍分。

正心瓜拱壹件，長貳尺柒寸玖分，高玖寸，寬伍寸伍分捌釐。

正心萬拱壹件，長肆尺壹寸肆分，高玖寸，寬伍寸伍分捌釐。

廂拱貳件，各長叁尺貳寸肆分，高陸寸叁分，寬肆寸伍分。

桁椀壹件，長貳尺柒寸，高陸寸柒分伍釐，寬肆寸伍分。

拾捌斗貳個，各長捌寸壹分，高肆寸伍分，寬陸寸陸分陸釐。

槽升肆個，各長伍寸捌分伍釐，高肆寸伍分，寬柒寸柒分肆釐。
叁才升陸個，各長伍寸捌分伍釐，高肆寸伍分，寬陸寸陸分陸釐。

柱頭科：

大斗壹個，長壹尺捌寸，高玖寸，寬壹尺叁寸伍分。
單昂壹件，長肆尺肆寸叁分貳釐伍毫，高壹尺叁寸伍分，寬玖寸。
正心瓜拱壹件，長貳尺柒寸玖分，高玖寸，寬伍寸伍分捌釐。
正心萬拱壹件，長肆尺壹寸肆分，高玖寸，寬伍寸伍分捌釐。
廂拱貳件，各長貳尺貳寸肆分，高陸寸叁分，寬肆寸伍分。
桶子拾捌斗壹個，長貳尺壹寸陸分，高肆寸伍分，寬陸寸陸分陸釐。
槽升貳個，各長伍寸捌分伍釐，高肆寸伍分，寬柒寸柒分肆釐。
叁才升伍個，各長伍寸捌分伍釐，高肆寸伍分，寬陸寸陸分陸釐。

角科：

大斗壹個，見方壹尺叁寸伍分，高玖寸。
斜昂壹件，長陸尺貳寸伍釐伍毫，高壹尺叁寸伍分，寬陸寸柒分伍釐。
搭角正頭昂帶正心瓜拱貳件，各長肆尺肆寸叁分，高壹尺叁寸伍分，寬伍寸伍分捌釐。
由昂壹件，長玖尺柒寸捌分叁釐，高貳尺肆寸柒分伍釐，寬壹尺貳寸叁分柒釐伍毫。
搭角正螞蚱頭帶正心萬拱貳件，各長肆尺柒寸柒分，高玖寸，寬伍寸伍分捌釐。
搭角正撑頭木貳件，各長壹尺叁寸伍分，高玖寸，寬肆寸伍分。
把背廂拱貳件，各長伍尺壹寸叁分，高玖寸，寬肆寸伍分。
裹連頭合角廂拱貳件，各長伍寸肆分，高陸寸叁分，寬肆寸伍分。
斜桁椀壹件，長貳尺柒寸，高陸寸柒分伍釐，寬壹尺貳寸叁分柒釐伍毫。
拾捌斗貳個、槽升肆個、叁才升陸個，俱與平身科尺寸同。

斗口重昂平身科、柱頭科、角科斗口肆寸伍分名件尺寸開後，計開：

平身科：

大斗壹個，見方壹尺叁寸伍分，高玖寸。
頭昂壹件，長肆尺肆寸叁分貳釐伍毫，高壹尺叁寸伍分，寬肆寸伍分。
貳昂壹件，長陸尺捌寸捌分伍釐，高壹尺叁寸伍分，寬肆寸伍分。
螞蚱頭壹件，長柒尺貳分，高玖寸，寬肆寸伍分。
撑頭木壹件，長陸尺玖寸玖分叁釐，高玖寸，寬肆寸伍分。
正心瓜拱壹件，長貳尺柒寸玖分，高玖寸，寬伍寸伍分捌釐。
正心萬拱壹件，長肆尺壹寸肆分，高玖寸，寬伍寸伍分捌釐。
單才瓜拱貳件，各長貳尺柒寸玖分，高陸寸叁分，寬肆寸伍分。
單才萬拱貳件，各長肆尺壹寸肆分，高陸寸叁分，寬肆寸伍分。
廂拱貳件，各長叁尺貳寸肆分，高陸寸叁分，寬肆寸伍分。
桁椀壹件，長伍尺肆寸，高壹尺叁寸伍分，寬肆寸伍分。
拾捌斗肆個，各長捌寸壹分，高肆寸伍分，寬陸寸陸分陸釐。
槽升肆個，各長伍寸捌分伍釐，高肆寸伍分，寬柒寸柒分肆釐。
叁才升拾貳個，各長伍寸捌分伍釐，高肆寸伍分，寬陸寸陸分陸釐。

柱頭科：

大斗壹個，長壹尺捌寸，高玖寸，寬壹尺叁寸伍分。
頭昂壹件，長肆尺肆寸叁分貳釐伍毫，高壹尺叁寸伍分，寬玖寸。
貳昂壹件，長陸尺捌寸捌分伍釐，高壹尺叁寸伍分，寬壹尺叁寸伍分。
正心瓜拱壹件，長貳尺柒寸玖分，高玖寸，寬伍寸伍分捌釐。
正心萬拱壹件，長肆尺壹寸肆分，高玖寸，寬伍寸伍分捌釐。
單才瓜拱貳件，各長貳尺柒寸玖分，高陸寸叁分，寬肆寸伍分。
單才萬拱貳件，各長肆尺壹寸肆分，高陸寸叁分，寬肆寸伍分。
廂拱貳件，各長叁尺貳寸肆分，高陸寸叁分，寬肆寸伍分。
桶子拾捌斗叁個，內貳個各長壹尺柒寸壹分，壹個長貳尺壹寸陸分，俱高肆寸伍分，寬陸寸陸分陸釐。
槽升肆個，各長伍寸捌分伍釐，高肆寸伍分，寬柒寸柒分肆釐。
叁才升拾貳個，各長伍寸捌分伍釐，高肆寸伍分，寬陸寸陸分陸釐。

角科：

大斗壹個，見方壹尺叁寸伍分，高玖寸。
斜頭昂壹件，長陸尺貳寸伍釐伍毫，高壹尺叁寸伍分，寬陸寸柒分伍釐。
搭角正頭昂帶正心瓜拱貳件，各長肆尺貳寸叁分，高壹尺叁寸伍分，寬伍寸伍分捌釐。

斜貳昂壹件，長玖尺陸寸叁分玖釐，高壹尺叁寸伍分，寬捌寸伍分。

搭角正貳昂帶正心萬拱貳件，各長陸尺貳寸伍分伍釐，高壹尺叁寸伍分，寬伍寸伍分捌釐。

搭角鬧貳昂帶單才瓜拱貳件，各長伍尺伍寸捌分，高壹尺叁寸伍分，寬肆寸伍分。

由昂壹件，長拾叁尺陸寸叁分伍釐，高貳尺肆寸柒分伍釐，寬壹尺貳分伍釐。

搭角正螞蚱頭貳件，各長肆尺伍分，高玖寸，寬肆寸伍分。

搭角鬧螞蚱頭帶單才萬拱貳件，各長陸尺壹寸貳分，高玖寸，寬肆寸伍分。

把臂廂拱貳件，各長陸尺肆寸捌分，高玖寸，寬肆寸伍分。

裏連頭合角單才瓜拱貳件，各長貳尺肆寸叁分，高陸寸叁分，寬肆寸伍分。

裏連頭合角單才萬拱貳件，各長壹尺柒寸壹分，高陸寸叁分，寬肆寸伍分。

搭角正撐頭木貳件，鬧撐頭木貳件，各長貳尺柒寸，高玖寸，寬肆寸伍分。

裏連頭合角廂拱貳件，各長陸寸柒分伍釐，高陸寸叁分，寬肆寸伍分。

斜桁椀壹件，長柒尺伍寸陸分，高壹尺叁寸伍分，寬壹尺貳分伍釐。

貼升耳拾個，内肆個各長捌寸玖分壹釐，貳個各長壹尺陸分陸釐，肆個各長壹尺貳寸肆分壹釐，俱高貳寸柒分，寬壹寸捌釐。

拾捌斗陸個、槽升肆個、叁才升拾貳個，俱與平身科尺寸同。

單翹單昂平身科、柱頭科、角科斗口肆寸伍分名件尺寸開後，計開：

平身科：

單翹壹件，長叁尺壹寸玖分伍釐，高玖寸，寬肆寸伍分。

其餘各件俱與斗口重昂平身科尺寸同。

柱頭科：

單翹壹件，長叁尺壹寸玖分伍釐，高玖寸，寬玖寸。

其餘各件俱與斗口重昂柱頭科尺寸同。

角科：

斜翹壹件，長肆尺肆寸柒分叁釐，高玖寸，寬陸寸柒分伍釐。

搭角正翹帶正心瓜拱貳件，各長貳尺玖寸叁分貳釐伍毫，高玖寸，寬伍寸伍分捌釐。

其餘各件俱與斗口重昂角科尺寸同。

單翹重昂平身科、柱頭科、角科斗口肆寸伍分名件尺寸開後，計開：

平身科：

大斗壹個，見方壹尺叁寸伍分，高玖寸。

單翹壹件，長叁尺壹寸玖分伍釐，高玖寸，寬肆寸伍分。

頭昂壹件，長柒尺壹寸叁分貳釐伍毫，高壹尺叁寸伍分，寬肆寸伍分。

貳昂壹件，長玖尺伍寸捌分伍釐，高壹尺叁寸伍分，寬肆寸伍分。

螞蚱頭壹件，長玖尺柒寸貳分，高玖寸，寬肆寸伍分。

撐頭木壹件，長玖尺陸寸玖分叁釐，高玖寸，寬肆寸伍分。

正心瓜拱壹件，長貳尺柒寸玖分，高玖寸，寬伍寸伍分捌釐。

正心萬拱壹件，長肆尺壹寸肆分，高玖寸，寬伍寸伍分捌釐。

單才瓜拱肆件，各長貳尺柒寸玖分，高陸寸叁分，寬肆寸伍分。

單才萬拱肆件，各長肆尺壹寸肆分，高陸寸叁分，寬肆寸伍分。

廂拱貳件，各長叁尺貳寸肆分，高陸寸叁分，寬肆寸伍分。

桁椀壹件，長捌尺壹寸，高貳尺貳分伍釐，寬肆寸伍分。

拾捌斗陸個，各長捌寸壹分，高肆寸伍分，寬陸寸陸分陸釐。

槽升肆個，各長伍寸捌分伍釐，高肆寸伍分，寬柒寸柒分肆釐。

叁才升貳拾個，各長伍寸捌分伍釐，高肆寸伍分，寬陸寸陸分陸釐。

柱頭科：

大斗壹個，長壹尺捌寸，高玖寸，寬壹尺叁寸伍分。

單翹壹件，長叁尺壹寸玖分伍釐，高玖寸，寬玖寸。

頭昂壹件，長柒尺壹寸叁分貳釐伍毫，高壹尺叁寸伍分，寬壹尺貳寸。

貳昂壹件，長玖尺伍寸捌分伍釐，高壹尺叁寸伍分，寬壹尺伍寸。

正心瓜拱壹件，長貳尺柒寸玖分，高玖寸，寬伍寸伍分捌釐。

正心萬拱壹件，長肆尺壹寸肆分，高玖寸，寬伍寸伍分捌釐。

單才瓜拱肆件，各長貳尺柒寸玖分，高陸寸叁分，寬肆寸伍分。

單才萬拱肆件，各長肆尺壹寸肆分，高陸寸叁分，寬肆寸伍分。

廂拱貳件，各長叁尺貳寸肆分，高陸寸叁分，寬肆寸伍分。

桶子拾捌斗伍個，内貳個各長壹尺伍寸陸分，貳個各長壹尺捌寸陸分，壹個長貳尺壹寸陸分，俱高肆寸伍分，寬陸寸陸分陸釐。

槽升肆個，各長伍寸捌分伍釐，高肆寸伍分，寬柒寸柒分肆釐。

叄才升貳拾個，各長伍寸捌分伍釐，高肆寸伍分，寬陸寸陸分陸釐。

角科：

大斗壹個，見方壹尺叄寸伍分，高玖寸。

斜翹壹件，長肆尺肆寸柒分叄釐，高玖寸，寬陸寸柒分伍釐。

搭角正翹帶正心瓜拱貳件，各長貳尺玖寸玖分貳釐伍毫，高玖寸，寬伍寸伍分捌釐。

斜頭昂壹件，長玖尺玖寸捌分伍釐伍毫，高壹尺叄寸伍分，寬捌寸陸釐貳毫伍絲。

搭角正頭昂帶正心萬拱貳件，各長陸尺貳寸伍分伍釐，高壹尺叄寸伍分，寬伍寸伍分捌釐。

搭角鬧頭昂帶單才瓜拱貳件，各長伍尺伍寸捌分，高壹尺叄寸伍分，寬肆寸伍分。

裏連頭合角單才瓜拱貳件，各長貳尺肆寸叄分，高陸寸叄分，寬肆寸伍分。

斜貳昂壹件，長拾叄尺肆寸壹分玖釐，高壹尺叄寸伍分，寬玖寸叄分柒釐伍毫。

搭角正貳昂貳件，各長伍尺伍寸叄分伍釐，高壹尺叄寸伍分，寬肆寸伍分。

搭角鬧貳昂帶單才萬拱貳件，各長柒尺陸寸伍釐，高壹尺叄寸伍分，寬肆寸伍分。

搭角鬧貳昂帶單才瓜拱貳件，各長陸尺玖寸叄分，高壹尺叄寸伍分，寬肆寸伍分。

裏連頭合角單才萬拱貳件，各長壹尺柒寸壹分，高陸寸叄分，寬肆寸伍分。

裏連頭合角單才瓜拱貳件，各長玖寸玖分，高陸寸叄分，寬肆寸伍分。

由昂壹件，長拾柒尺肆寸捌分柒釐，高壹尺叄寸伍分，寬壹尺陸分捌釐柒毫伍絲。

搭角正螞蚱頭貳件，鬧螞蚱頭貳件，各長伍尺肆寸，高玖寸，寬肆寸伍分。

搭角鬧螞蚱頭帶單才萬拱貳件，各長柒尺肆寸柒分，高玖寸，寬肆寸伍分。

裏連頭合角單才萬拱貳件，各長肆寸伍釐，高陸寸叄分，寬肆寸伍分。

把臂廂拱貳件，各長柒尺捌寸叄分，高玖寸，寬肆寸伍分。

搭角正撐頭木貳件，鬧撐頭木肆件，各長肆尺伍分，高玖寸，寬肆寸伍分。

裏連頭合角廂拱貳件，各長捌寸壹分，高陸寸叄分，寬肆寸伍分。

斜桁椀壹件，長拾壹尺叄寸肆分，高貳尺貳分伍釐，寬壹尺陸分捌釐柒毫伍絲。

貼升耳拾肆個，内肆個各長捌寸玖分壹釐，肆個各長壹尺貳分貳釐貳毫伍絲，貳個各長壹寸伍分叄釐伍毫，肆個各長壹尺貳寸捌分肆釐柒毫伍絲，俱高貳寸柒分，寬壹寸捌釐。

拾捌斗拾貳個、槽升肆個、叄才升拾陸個，俱與平身科尺寸同。

重翹重昂平身科、柱頭科、角科斗口肆寸伍分名件尺寸開後，計開：

平身科：

大斗壹個，見方壹尺叄寸伍分，高玖寸。

頭翹壹件，長叄尺壹寸玖分伍釐，高玖寸，寬肆寸伍分。

重翹壹件，長伍尺捌寸玖分伍釐，高玖寸，寬肆寸伍分。

頭昂壹件，長玖尺捌寸叄分貳釐伍毫，高壹尺叄寸伍分，寬肆寸伍分。

貳昂壹件，長拾貳尺貳寸捌分伍釐，高壹尺叄寸伍分，寬肆寸伍分。

螞蚱頭壹件，長拾貳尺肆寸貳分，高玖寸，寬肆寸伍分。

撐頭木壹件，長拾貳尺叄寸玖分叄釐，高玖寸，寬肆寸伍分。

正心瓜拱壹件，長貳尺柒寸玖分，高玖寸，寬伍寸伍分捌釐。

正心萬拱壹件，長肆尺壹寸肆分，高玖寸，寬伍寸伍分捌釐。

單才瓜拱陸件，各長貳尺柒寸玖分，高陸寸叄分，寬肆寸伍分。

單才萬拱陸件，各長肆尺壹寸肆分，高陸寸叄分，寬肆寸伍分。

廂拱貳件，各長叄尺貳寸肆分，高陸寸叄分，寬肆寸伍分。

桁椀壹件，長拾尺捌寸，高貳尺柒寸，寬肆寸伍分。

拾捌斗捌個，各長捌寸壹分，高肆寸伍分，寬陸寸陸分陸釐。

槽升肆個，各長伍寸捌分伍釐，高肆寸伍分，寬柒寸柒分肆釐。

叄才升貳拾捌個，各長伍寸捌分伍釐，高肆寸伍分，寬陸寸陸分陸釐。

柱頭科：

大斗壹個，長壹尺捌寸，高玖寸，寬壹尺叄寸伍分。

頭翹壹件，長叄尺壹寸玖分伍釐，高玖寸，寬玖寸。

重翹壹件，長伍尺捌寸玖分伍釐，高玖寸，寬壹尺壹寸貳分伍釐。

頭昂壹件，長玖尺捌寸叁分貳釐伍毫，高壹尺叁寸伍分，寬壹尺叁寸伍分。

貳昂壹件，長拾貳尺貳寸捌分伍釐，高壹尺叁寸伍分，寬壹尺伍寸柒分伍釐。

正心瓜拱壹件，長貳尺柒寸玖分，高玖寸，寬伍寸伍(寸)〔分〕捌釐。

正心萬拱壹件，長肆尺壹寸肆分，高玖寸，寬伍寸伍分捌釐。

單才瓜拱陸件，各長貳尺柒寸玖分，高陸寸叁分，寬肆寸伍分。

單才萬拱陸件，各長肆尺壹寸肆分，高陸寸叁分，寬肆寸伍分。

廂拱貳件，各長叁尺貳寸肆分，高陸寸叁分，寬肆寸伍分。

桶子拾捌斗柒個，內貳個各長壹尺肆寸捌分伍釐，貳個各長壹尺柒寸壹分，貳個各長壹尺玖寸叁分伍釐，壹個長貳尺壹寸陸分，俱高肆寸伍分，寬陸寸陸分陸釐。

槽升肆個，各長伍寸捌分伍釐，高肆寸伍分，寬陸寸陸分陸釐。

叁才升貳拾個，各長伍寸捌分伍釐，高肆寸伍分，寬柒寸柒分肆釐。

角科：

大斗壹個，見方壹尺叁寸伍分，高玖寸。

斜頭翹壹件，長肆尺肆寸柒分叁釐，高玖寸，寬陸寸柒分伍釐。

搭角正頭翹帶正心瓜拱貳件，各長貳尺玖寸玖分貳釐伍毫，高玖寸，寬伍寸伍分捌釐。

斜貳翹壹件，長捌尺貳寸伍分叁釐，高玖寸，寬柒寸捌分。

搭角正貳翹帶正心萬拱貳件，各長伍尺壹分柒釐伍毫，高玖寸，寬伍寸伍分捌釐。

搭角鬧貳翹帶單才瓜拱貳件，各長肆尺叁寸肆分貳釐伍毫，高玖寸，寬肆寸伍分。

裏連頭合角單才瓜拱貳件，各長貳尺肆寸叁分，高陸寸叁分，寬肆寸伍分。

斜頭昂壹件，長拾叁尺柒寸陸分伍釐伍毫，高壹尺叁寸伍分，寬捌寸捌分伍釐。

搭角正頭昂貳件，各長伍尺伍寸叁分伍釐，高壹尺叁寸伍分，寬肆寸伍分。

搭角鬧頭昂帶單才瓜拱貳件，各長陸尺玖寸叁分，高壹尺叁寸伍分，寬肆寸伍分。

搭角鬧頭昂帶單才萬拱貳件，各長柒尺陸寸伍釐，高壹尺叁寸伍分，寬肆寸伍分。

裏連頭合角單才萬拱貳件，各長壹尺柒寸壹分，高陸寸叁分，寬肆寸伍分。

裏連頭合角單才瓜拱貳件，各長玖寸玖分，高陸寸叁分，寬肆寸伍分。

斜貳昂壹件，長拾柒尺壹寸玖分玖釐，高壹尺叁寸伍分，寬玖寸玖分。

搭角正貳昂貳件、鬧貳昂貳件，各長陸尺捌寸捌分伍釐，高壹尺叁寸伍分，寬肆寸伍分。

搭角鬧貳昂帶單才萬拱貳件，各長捌尺玖寸伍分伍釐，高壹尺叁寸伍分，寬肆寸伍分。

搭角鬧貳昂帶單才瓜拱貳件，各長捌尺貳寸捌分，高壹尺叁寸伍分，寬肆寸伍分。

裏連頭合角單才萬拱貳件，各長肆寸伍釐，高陸寸叁分，寬肆寸伍分。

由昂壹件，長貳拾壹尺叁寸叁分玖釐，高貳尺肆寸柒分伍釐，寬壹尺玖分伍釐。

搭角正螞蚱頭貳件、鬧螞蚱頭肆件，各長陸尺柒寸伍分，高玖寸，寬肆寸伍分。

搭角鬧螞蚱頭帶單才萬拱貳件，各長捌尺捌寸貳分，高玖寸，寬肆寸伍分。

把臂廂拱貳件，各長玖尺壹寸捌分，高玖寸，寬肆寸伍分。

搭角正撐頭木貳件、鬧撐頭木陸件，各長伍尺肆寸，高玖寸，寬肆寸伍分。

裏連頭合角廂拱貳件，各長玖寸肆分伍釐，高陸寸叁分，寬肆寸伍分。

斜桁椀壹件，長拾伍尺壹寸貳分，高貳尺柒寸，寬壹尺玖分伍釐。

貼升耳拾捌個，內肆個各長捌寸玖分壹釐，肆個各長玖寸玖分陸釐，肆個各長壹尺壹寸壹釐，貳個各長壹尺貳寸陸釐，肆個各長壹尺叁寸壹分壹釐，俱高貳寸柒分，寬壹寸捌釐。

拾捌斗貳拾個、槽升肆個、叁才升貳拾個，俱與平身科尺寸同。

壹斗貳升交蔴葉並壹斗叁升平身科、柱頭科、角科俱斗口肆寸伍分名件尺寸開後，計開：

平身科：其壹斗叁升去蔴葉雲，中加槽升壹個。

大斗壹個，見方壹尺叁寸伍分，高玖寸。

蔴葉雲壹件，長伍尺肆寸，高貳尺叁寸玖分捌釐伍毫，寬肆寸伍分。

正心瓜拱壹件，長貳尺柒寸玖分，高玖寸，寬伍寸伍分捌釐。

槽升貳個，各長伍寸捌分伍釐，高肆寸伍分，寬柒寸柒分肆釐。

柱頭科：

大斗壹個，長貳尺貳寸伍分，高玖寸，寬壹尺叁寸伍分。

正心瓜拱壹件，長貳尺柒寸玖分，高玖寸，寬伍寸伍分捌釐。

槽升貳個，各長伍寸捌分伍釐，高肆寸伍分，寬柒寸柒分肆釐。

貼正升耳貳個，各長伍寸捌分伍釐，高肆寸伍分，寬壹寸捌釐。

角科：

大斗壹個，見方壹尺叁寸伍分，高玖寸。

斜昂壹件，長柒尺伍寸陸分，高貳尺捌寸叁分伍釐，寬陸寸柒分伍釐。

搭角正心瓜拱貳件，各長肆尺伍釐，高玖寸，寬伍寸伍分捌釐。

槽升貳個，各長伍寸捌分伍釐，高肆寸伍分，寬柒寸柒分肆釐。

叁才升貳個，各長伍寸捌分伍釐，高肆寸伍分，寬陸寸陸分陸釐。

貼斜升耳貳個，各長捌寸玖分壹釐，高貳寸柒分，寬壹寸捌釐。

叁滴水品字平身科、柱頭科、角科斗口肆寸伍分名件尺寸開後，計開：

平身科：

大斗壹個，見方壹尺叁寸伍分，高玖寸。

頭翹壹件，長叁尺壹寸玖分伍釐，高玖寸，寬肆寸伍分。

貳翹壹件，長伍尺捌寸玖分伍釐，高玖寸，寬肆寸伍分。

撐頭木壹件，長陸尺柒寸伍分，高玖寸，寬肆寸伍分。

正心瓜拱壹件，長貳尺柒寸玖分，高玖寸，寬伍寸伍分捌釐。

正心萬拱壹件，長肆尺壹寸肆分，高玖寸，寬伍寸伍分捌釐。

單才瓜拱貳件，各長貳尺柒寸玖分，高陸寸叁分，寬肆寸伍分。

廂拱壹件，長叁尺貳寸肆分，高陸寸叁分，寬肆寸伍分。

拾捌斗叁個，各長捌寸壹分，寬陸寸陸分陸釐，高肆寸伍分。

槽升肆個，各長伍寸捌分伍釐，高肆寸伍分，寬柒寸柒分肆釐。

叁才升陸個，各長伍寸捌分伍釐，高肆寸伍分，寬陸寸陸分陸釐。

柱頭科：

大斗壹個，長貳尺貳寸伍分，高玖寸，寬壹尺叁寸伍分。

頭翹壹件，長叁尺壹寸玖分伍釐，高玖寸，寬玖寸。

正心瓜拱壹件，長貳尺柒寸玖分，高玖寸，寬伍寸伍分捌釐。

正心萬拱壹件，長肆尺壹寸肆分，高玖寸，寬伍寸伍分捌釐。

單才瓜拱貳件，各長貳尺柒寸玖分，高陸寸叁分，寬肆寸伍分。

廂拱壹件，長叁尺貳寸肆分，高陸寸叁分，寬肆寸伍分。

桶子拾捌斗壹個，長貳尺壹寸陸分，高肆寸伍分，寬陸寸陸分陸釐。

槽升肆個，各長伍寸捌分伍釐，高肆寸伍分，寬柒寸柒分肆釐。

叁才升陸個，各長伍寸捌分伍釐，高肆寸伍分，寬陸寸陸分陸釐。

貼斗耳貳個，各長陸寸陸分陸釐，高肆寸伍分，寬壹寸捌釐。

角科：

大斗壹個，見方壹尺叁寸伍分，高玖寸。

斜頭翹壹件，長肆尺肆寸柒分叁釐，高玖寸，寬陸寸柒分伍釐。

搭角正頭翹帶正心瓜拱貳件，各長貳尺玖寸玖分貳釐伍毫，高玖寸，寬伍寸伍分捌釐。

搭角正貳翹帶正心萬拱貳件，各長伍尺壹分柒釐伍毫，高玖寸，寬伍寸伍分捌釐。

搭角鬧貳翹後帶單才瓜拱貳件，各長肆尺叁寸肆分貳釐伍毫，高玖寸，寬肆寸伍分。

裏連頭合角單才瓜拱貳件，各長貳尺肆寸叁分，高陸寸叁分，寬肆寸伍分。

裏連頭合角廂拱貳件，各長陸寸柒分伍釐，高陸寸叁分，寬肆寸伍分。

貼升耳肆個，各長捌寸玖分壹釐，高貳寸柒分，寬壹寸捌釐。

拾捌斗貳個、槽升肆個、叁才升陸個，俱與平身科尺寸同。

内裏品字科斗口肆寸伍分名件尺寸開後，計開：

大斗壹個，長壹尺叁寸伍分，高玖寸，寬陸寸柒分伍釐。

頭翹壹件，長壹尺伍寸玖分柒釐伍毫，高玖寸，寬肆寸伍分。

貳翹壹件，長貳尺玖寸肆分柒釐伍毫，高玖寸，寬肆寸伍分。

撐頭木壹件，長肆尺貳寸玖分柒釐伍毫，高玖寸，寬肆寸伍分。

正心瓜拱壹件，長貳尺柒寸玖分，高玖寸，寬貳寸柒分玖釐。

正心萬拱壹件，長肆尺壹寸肆分，高玖寸，寬貳寸柒分玖釐。
麻葉雲壹件，長叄尺陸寸玖分，高玖寸，寬肆寸伍分。
叄福雲貳件，各長叄尺貳寸肆分，高壹尺叄寸伍分，寬肆寸伍分。
拾捌斗貳個，各長捌寸壹分，高肆寸伍分，寬陸寸陸分陸釐。
槽升肆個，各長伍寸捌分伍釐，高肆寸伍分，寬叄寸捌分柒釐。

隔架科斗口肆寸伍分名件尺寸開後，計開：
貼大斗耳貳個，各長壹尺叄寸伍分，高玖寸，厚叄寸玖分陸釐。
荷葉壹件，長肆尺伍分，高玖寸，寬玖寸。
拱壹件，長貳尺柒寸玖分，高玖寸，寬玖寸。
雀替壹件，長玖尺，高壹尺捌寸，寬玖寸。
貼槽升耳陸個，各長伍寸捌分伍釐，高肆寸伍分，寬壹寸捌釐。

愛新覺羅・允禮等《工程做法》卷三八《斗科斗口伍寸尺寸》 斗口單昂平身科、柱頭科、角科斗口伍寸名件尺寸開後，計開：
平身科：
大斗壹個，見方壹尺伍寸，高壹尺。
單昂壹件，長肆尺玖寸貳分伍釐，高壹尺伍寸，寬伍寸。
螞蚱頭壹件，長陸尺貳寸柒分，高壹尺，寬伍寸。
撐頭木壹件，長叄尺，高壹尺，寬伍寸。
正心瓜拱壹件，長叄尺壹寸，高壹尺，寬陸寸貳分。
正心萬拱壹件，長肆尺陸寸，高壹尺，寬陸寸貳分。
廂拱貳件，各長叄尺陸寸，高柒寸，寬伍寸。
桁椀壹件，長叄尺，高柒寸伍分，寬伍寸。
拾捌斗貳個，各長玖寸，高伍寸，寬柒寸肆分。
槽升肆個，各長陸寸伍分，高伍寸，寬捌寸陸分。
叄才升陸個，各長陸寸伍分，高伍寸，寬柒寸肆分。
柱頭科：
大斗壹個，長貳尺，高壹尺，寬壹尺伍寸。
單昂壹件，長肆尺玖寸貳分伍釐，高壹尺伍寸，寬壹尺。
正心瓜拱壹件，長叄尺壹寸，高壹尺，寬陸寸貳分。
正心萬拱壹件，長肆尺陸寸，高壹尺，寬陸寸貳分。
廂拱貳件，各長叄尺陸寸，高柒寸，寬伍寸。
桶子拾捌斗壹個，長貳尺肆寸，高伍寸，寬柒寸肆分。
槽升貳個，各長陸寸伍分，高伍寸，寬捌寸陸分。
叄才升伍個，各長陸寸伍分，高伍寸，寬柒寸肆分。
角科：
大斗壹個，見方壹尺伍寸，高壹尺。
斜昂壹件，長陸尺捌寸玖分伍釐，高壹尺伍寸，寬柒寸伍分。
搭角正昂帶正心瓜拱貳件，各長肆尺柒寸，高壹尺伍寸，寬陸寸貳分。
由昂壹件，長拾尺捌寸柒分，高貳尺柒寸伍分，寬壹尺貳分伍釐。
搭角正螞蚱頭帶正心萬拱貳件，各長伍尺叄寸，高壹尺，寬陸寸貳分。
搭角正撐頭木貳件，各長壹尺伍寸，高壹尺，寬伍寸。
把臂廂拱貳件，各長伍尺柒寸，高壹尺，寬伍寸。
裏連頭合角廂拱貳件，各長陸寸，高柒寸，寬伍寸。
斜桁椀壹件，長肆尺貳寸，高柒寸伍分，寬壹尺貳分伍釐。
拾捌斗貳個、槽升肆個、叄才升陸個，俱與平身科尺寸同。

斗口重昂平身科、柱頭科、角科斗口伍寸名件尺寸開後，計開：
平身科：
大斗壹個，見方壹尺伍寸，高壹尺。
頭昂壹件，長肆尺玖寸貳分伍釐，高壹尺伍寸，寬伍寸。
貳昂壹件，長柒尺陸寸伍分，高壹尺伍寸，寬伍寸。
螞蚱頭壹件，長柒尺捌寸，高壹尺，寬伍寸。
撐頭木壹件，長柒尺柒寸柒分，高壹尺，寬伍寸。
正心瓜拱壹件，長叄尺壹寸，高壹尺，寬陸寸貳分。
正心萬拱壹件，長肆尺陸寸，高壹尺，寬陸寸貳分。
單才瓜拱貳件，各長叄尺壹寸，高柒寸，寬伍寸。
單才萬拱貳件，各長肆尺陸寸，高柒寸，寬伍寸。
廂拱貳件，各長叄尺陸寸，高柒寸，寬伍寸。
桁椀壹件，長陸尺，高壹尺伍寸，寬伍寸。

拾捌斗肆個，各長玖寸，高伍寸，寬柒寸肆分。
槽升肆個，各長陸寸伍分，高伍寸，寬捌寸陸分。
叁才升拾貳個，各長陸寸伍分，高伍寸，寬柒寸肆分。
柱頭科：
大斗壹個，長貳尺，高壹尺，寬壹尺伍寸。
頭昂壹件，長肆尺玖寸貳分伍釐，高壹尺伍寸，寬壹尺。
貳昂壹件，長柒尺陸寸伍分，高壹尺伍寸，寬壹尺伍寸。
正心瓜拱壹件，長叁尺壹寸，高壹尺，寬陸寸貳分。
正心萬拱壹件，長肆尺陸寸，高壹尺，寬陸寸貳分。
單才瓜拱貳件，各長叁尺壹寸，高柒寸，寬伍寸。
單才萬拱貳件，各長肆尺陸寸，高柒寸，寬伍寸。
廂拱貳件，各長叁尺陸寸，高柒寸，寬伍寸。
桶子拾捌斗叁個，内貳個各長壹尺玖寸，壹個長貳尺肆寸，俱高伍寸，寬柒寸肆分。
槽升肆個，各長陸寸伍分，高伍寸，寬捌寸陸分。
叁才升拾貳個，各長陸寸伍分，高伍寸，寬柒寸肆分。
角科：
大斗壹個，見方壹尺伍寸，高壹尺。
斜頭昂壹件，長陸尺捌寸玖分伍釐，高壹尺伍寸，寬柒寸伍分。
搭角正頭昂帶正心瓜拱貳件，各長肆尺柒寸，高壹尺伍寸，寬陸寸貳分。
斜貳昂壹件，長拾尺柒寸壹分，高壹尺伍寸，寬玖寸叁分叁釐叁毫。
搭角正貳昂帶正心萬拱貳件，各長陸尺玖寸伍分，高壹尺伍寸，寬陸寸貳分。
搭角鬧貳昂帶單才瓜拱貳件，各長陸尺貳寸，高壹尺伍寸，寬伍寸。
由昂壹件，長拾伍尺壹寸伍分，高貳尺柒寸伍分，寬壹尺壹寸壹分陸釐陸毫。
搭角正螞蚱頭貳件，各長肆尺伍寸，高壹尺，寬伍寸。
搭角鬧螞蚱頭帶單才萬拱貳件，各長陸尺捌寸，高壹尺，寬伍寸。
把臂廂拱貳件，各長柒尺貳寸，高壹尺，寬伍寸。
裏連頭合角單才瓜拱貳件，各長貳尺柒寸，高柒寸，寬伍寸。
裏連頭合角單才萬拱貳件，各長壹尺玖寸，高柒寸，寬伍寸。
搭角正撑頭木貳件、鬧撑頭木貳件，各長叁尺，高壹尺，寬伍寸。
裏連頭合角廂拱貳件，各長柒寸伍分，高柒寸，寬伍寸。
斜桁椀壹件，長捌尺肆寸，高壹尺伍寸，寬壹尺貳寸壹分陸釐陸毫。
貼升耳拾個，内肆個各長玖寸玖分，貳個各長壹尺壹寸柒分叁釐叁毫，肆個各長壹尺叁寸伍分陸釐陸毫，俱高叁寸，寬壹寸貳分。
拾捌斗陸個、槽升肆個、叁才升拾貳個，俱與平身科尺寸同。

單翹單昂平身科、柱頭科、角科斗口伍寸名件尺寸開後，計開：
平身科：
單翹壹件，長叁尺伍寸伍分，高壹尺，寬伍寸。
其餘各件俱與斗口重昂平身科尺寸同。
柱頭科：
單翹壹件，長叁尺伍寸伍分，高壹尺，寬壹尺。
其餘各件俱與斗口重昂柱頭科尺寸同。
角科：
斜翹壹件，長肆尺玖寸柒分，高壹尺，寬柒寸伍分。
搭角正翹帶正心瓜拱貳件，各長叁尺叁寸貳分伍釐，高壹尺，寬陸寸貳分。
其餘各件俱與斗口重昂角科尺寸同。

單翹重昂平身科、柱頭科、角科斗口伍寸名件尺寸開後，計開：
平身科：
大斗壹個，見方壹尺伍寸，高壹尺。
單翹壹件，長叁尺伍寸伍分，高壹尺，寬伍寸。
頭昂壹件，長柒尺玖寸貳分伍釐，高壹尺伍寸，寬伍寸。
貳昂壹件，長拾尺陸寸伍分，高壹尺伍寸，寬伍寸。
螞蚱頭壹件，長拾尺捌寸，高壹尺，寬伍寸。
撑頭木壹件，長拾尺柒寸柒分，高壹尺，寬伍寸。
正心瓜拱壹件，長叁尺壹寸，高壹尺，寬陸寸貳分。
正心萬拱壹件，長肆尺陸寸，高壹尺，寬陸寸貳分。
單才瓜拱肆件，各長叁尺壹寸，高柒寸，寬伍寸。
單才萬拱肆件，各長肆尺陸寸，高柒寸，寬伍寸。

廂拱貳件，各長叁尺陸寸，高柒寸，寬伍寸。

桁椀壹件，長玖尺，高貳尺貳寸伍分，寬伍寸。

拾捌斗陸個，各長玖寸，高伍寸，寬柒寸肆分。

槽升肆個，各長陸寸伍分，高伍寸，寬捌寸陸分。

叁才升貳拾個，各長陸寸伍分，高伍寸，寬柒寸肆分。

柱頭科：

大斗壹個，長貳尺，高壹尺，寬壹尺伍寸。

單翹壹件，長貳尺伍寸伍分，高壹尺，寬壹尺。

頭昂壹件，長柒尺玖寸貳分伍釐，高壹尺伍寸，寬壹尺叁寸叁分叁釐叁毫。

貳昂壹件，長拾尺陸寸伍分，高壹尺伍寸，寬壹尺陸寸陸分陸釐陸毫。

正心瓜拱壹件，長叁尺壹寸，高壹尺，寬陸寸貳分。

正心萬拱壹件，長肆尺陸寸，高壹尺，寬陸寸貳分。

單才瓜拱肆件，各長叁尺壹寸，高柒寸，寬伍寸。

單才萬拱肆件，各長肆尺陸寸，高柒寸，寬伍寸。

廂拱貳件，各長叁尺陸寸，高柒寸，寬伍寸。

桶子拾捌斗伍個，内貳個各長壹尺柒寸叁分叁釐叁毫，貳個各長貳尺陸分陸釐陸毫，壹個長貳尺肆寸，俱高伍寸，寬柒寸肆分。

槽升肆個，各長陸寸伍分，高伍寸，寬捌寸陸分。

叁才升貳拾個，各長陸寸伍分，高伍寸，寬柒寸肆分。

角科：

大斗壹個，見方壹尺伍寸，高壹尺。

斜翹壹件，長肆尺玖寸柒分，高壹尺，寬柒寸伍分。

搭角正翹帶正心瓜拱貳件，各長叁尺叁寸貳分伍釐，高壹尺，寬陸寸貳分。

斜頭昂壹件，長拾壹尺玖分伍釐，高壹尺伍寸，寬捌寸捌分柒釐伍毫。

搭角正頭昂帶正心萬供貳件，各長陸尺玖寸伍分，高壹尺伍寸，寬陸寸貳分。

搭角鬧頭昂帶單才瓜拱貳件，各長陸尺貳寸，高壹尺伍寸，寬伍寸。

裏連頭合角單才瓜拱貳件，各長貳尺柒寸，高柒寸，寬伍寸。

斜貳昂壹件，長拾肆尺玖寸壹分，高壹尺伍寸，寬壹尺貳分伍釐。

搭角正貳昂貳件，各長陸尺壹寸伍分，高壹尺伍寸，寬伍寸。

搭角鬧貳昂帶單才萬拱貳件，各長捌尺肆寸伍分，高壹尺伍寸，寬伍寸。

搭角鬧貳昂帶單才瓜拱貳件，各長柒尺柒寸，高壹尺伍寸，寬伍寸。

裏連頭合角單才萬拱貳件，各長壹尺玖寸，高柒寸，寬伍寸。

裏連頭合角單才瓜拱貳件，各長壹尺壹寸，高柒寸，寬伍寸。

由昂壹件，長拾玖尺肆寸叁分，高貳尺柒寸伍分，寬壹尺壹寸陸分貳釐伍毫。

搭角正螞蚱頭貳件、鬧螞蚱頭貳件，各長陸尺，高壹尺，寬伍寸。

搭角鬧螞蚱頭帶單才萬拱貳件，各長捌尺叁寸，高壹尺，寬伍寸。

裏連頭合角單才萬拱貳件，各長肆寸伍分，高柒寸，寬伍寸。

把臂廂拱貳件，各長捌尺柒寸，高壹尺，寬伍寸。

搭角正撑頭木貳件、鬧撑頭木肆件，各長肆尺伍寸，高壹尺，寬伍寸。

裏連頭合角廂拱貳件，各長玖寸，高柒寸，寬伍寸。

斜桁椀壹件，長拾貳尺陸寸，高貳尺貳寸伍分，寬壹尺壹寸陸分貳釐伍毫。

貼升耳拾肆個，内肆個各長玖寸玖分，肆個各長壹尺壹寸貳分柒釐伍毫，貳個各長壹尺貳寸陸分伍釐，肆個各長壹尺肆寸貳釐伍毫，俱高叁寸，寬壹寸貳分。

拾捌斗拾貳個、槽升肆個、叁才升拾陸個，俱與平身科尺寸同。

重翹重昂平身科、柱頭科、角科斗口伍寸名件尺寸開後，計開：

平身科：

大斗壹個，見方壹尺伍寸，高壹尺。

頭翹壹件，長叁尺伍寸伍分，高壹尺，寬伍寸。

重翹壹件，長陸尺伍寸伍分，高壹尺，寬伍寸。

頭昂壹件，長拾尺玖寸貳分伍釐，高壹尺伍寸，寬伍寸。

貳昂壹件，長拾叁尺陸寸伍分，高壹尺伍寸，寬伍寸。

螞蚱頭壹件，長拾叁尺捌寸，高壹尺，寬伍寸。

撑頭木壹件，長拾叁尺柒寸柒分，高壹尺，寬伍寸。

正心瓜拱壹件，長叁尺壹寸，高壹尺，寬陸寸貳分。

正心萬拱壹件，長肆尺陸寸，高壹尺，寬陸寸貳分。

單才瓜拱陸件，各長叁尺壹寸，高柒寸，寬伍寸。

單才萬拱陸件，各長肆尺陸寸，高柒寸，寬伍寸。

廂拱貳件，各長叁尺陸寸，高柒寸，寬伍寸。

桁椀壹件，長拾貳尺，高叁尺，寬伍寸。

拾捌斗捌個，各長玖寸，高伍寸，寬柒寸肆分。

槽升肆個，各長陸寸伍分，高伍寸，寬捌寸陸分。

叁才升貳拾捌個，各長陸寸伍分，高伍寸，寬柒寸肆分。

柱頭科：

大斗壹個，長貳尺，高壹尺，寬壹尺伍寸。

頭翹壹件，長叁尺伍寸伍分，高壹尺，寬壹尺。

重翹壹件，長陸尺伍寸伍分，高壹尺，寬壹尺貳寸伍分。

頭昂壹件，長拾尺玖寸貳分伍釐，高壹尺伍寸，寬壹尺伍寸。

貳昂壹件，長拾叁尺陸寸伍分，高壹尺伍寸，寬壹尺柒寸伍分。

正心瓜拱壹件，長叁尺壹寸，高壹尺，寬陸寸貳分。

正心萬拱壹件，長肆尺陸寸，高壹尺，寬陸寸貳分。

單才瓜拱陸件，各長叁尺壹寸，高柒寸，寬伍寸。

單才萬拱陸件，各長肆尺陸寸，高柒寸，寬伍寸。

廂拱貳件，各長叁尺陸寸，高柒寸，寬伍寸。

桶子拾捌斗柒個，內貳個各長壹尺陸寸伍分，貳個各長壹尺玖寸，貳個各長貳尺壹寸伍分，壹個長貳尺肆寸，俱高伍寸，寬柒寸肆分。

槽升肆個，各長陸寸伍分，高伍寸，寬捌寸陸分。

叁才升貳拾個，各長陸寸伍分，高伍寸，寬柒寸肆分。

角科：

大斗壹個，見方壹尺伍寸，高壹尺。

搭角正頭翹帶正心瓜拱貳件，各長叁尺叁寸貳分伍釐，高壹尺，寬陸寸貳分。

斜頭翹壹件，長肆尺玖寸柒分，高壹尺，寬柒寸伍分。

斜貳翹壹件，長玖尺壹寸柒分，高壹尺，寬捌寸陸分。

搭角正貳翹帶正心萬拱貳件，各長伍尺伍寸柒分伍釐，高壹尺，寬陸寸貳分。

搭角鬧貳翹帶單才瓜拱貳件，各長肆尺捌寸貳分伍釐，高壹尺，寬伍寸。

裏連頭合角單才瓜拱貳件，各長貳尺柒寸，高柒寸，寬伍寸。

斜頭昂壹件，長拾伍尺貳寸玖分伍釐，高壹尺伍寸，寬玖寸柒分。

搭角正頭昂貳件，各長陸尺壹寸伍分，高壹尺伍寸，寬伍寸。

搭角鬧頭昂帶單才瓜拱貳件，各長柒尺柒寸，高壹尺伍寸，寬伍寸。

搭角鬧頭昂帶單才萬拱貳件，各長捌尺肆寸伍分，高壹尺伍寸，寬伍寸。

裏連頭合角單才萬拱貳件，各長壹尺玖寸，高柒寸，寬伍寸。

裏連頭合角單才瓜拱貳件，各長壹尺壹寸，高柒寸，寬伍寸。

斜貳昂壹件，長拾玖尺壹寸壹分，高壹尺伍寸，寬壹尺捌分。

搭角正貳昂貳件、鬧貳昂貳件，各長柒尺陸寸伍分，高壹尺伍寸，寬伍寸。

搭角鬧貳昂帶單才萬拱貳件，各長玖尺玖寸伍分，高壹尺伍寸，寬伍寸。

搭角鬧貳昂帶單才瓜拱貳件，各長玖尺貳寸，高壹尺伍寸，寬伍寸。

裏連頭合角單才萬拱貳件，各長肆寸伍分，高柒寸，寬伍寸。

搭角鬧螞蚱頭帶單才萬拱貳件，各長玖尺捌寸，高壹尺，寬伍寸。

搭角正螞蚱頭貳件、鬧螞蚱頭肆件，各長柒尺伍寸，高壹尺，寬伍寸。

由昂壹件，長貳拾叁尺柒寸壹分，高貳尺柒寸伍分，寬壹尺壹寸玖分。

把臂廂拱貳件，各長拾尺貳寸，高壹尺，寬伍寸。

搭角正撐頭木貳件、鬧撐頭木陸件，各長陸尺，高壹尺，寬伍寸。

裏連頭合角廂拱貳件，各長壹尺伍分，高柒寸，寬伍寸。

斜桁椀壹件，長拾陸尺捌寸，高叁尺，寬壹尺壹寸玖分。

貼升耳拾捌個，內肆個各長玖寸玖分，肆個各長壹尺壹寸，肆個各長壹尺貳寸壹分，貳個各長壹尺叁寸貳分，肆個各長壹尺肆寸叁分，俱高叁寸，寬壹寸貳分。

拾捌斗貳拾個、槽升肆個、叁才升貳拾個，俱與平身科尺寸同。

壹斗貳升交蔴葉並壹斗叁升平身科、柱頭科、角科俱斗口伍寸名件尺寸開後，計開：

平身科：其壹斗叁升去蔴葉雲，中加槽升壹個。

大斗壹個，見方壹尺伍寸，高壹尺。

蔴葉雲壹件，長陸尺，高貳尺陸寸陸分伍釐，寬伍寸。

正心瓜拱壹件，長叁尺壹寸，高壹尺，寬陸寸貳分。

槽升貳個，各長陸寸伍分，高伍寸，寬捌寸陸分。

柱頭科：

大斗壹個，長貳尺伍寸，高壹尺，寬壹尺伍寸。
正心瓜拱壹件，長叁尺壹寸，高壹尺，寬陸寸貳分。
槽升貳個，各長陸寸伍分，高伍寸，寬捌寸陸分。
貼正升耳貳個，各長陸寸伍分，高伍寸，寬壹寸貳分。

角科：

大斗壹個，見方壹尺伍寸，高壹尺。
斜昂壹件，長捌尺肆寸，高叁尺壹寸伍分，寬柒寸伍分。
搭角正心瓜拱貳件，各長肆尺肆寸伍分，高壹尺，寬陸寸貳分。
槽升貳個，各長陸寸伍分，高伍寸，寬捌寸陸分。
叁才升貳個，各長陸寸伍分，高伍寸，寬柒寸肆分。
貼斜升耳貳個，各長玖寸玖分，高叁寸，寬壹寸貳分。

叁滴水品字平身科、柱頭科、角科斗口伍寸名件尺寸開後，計開：

平身科：

大斗壹個，見方壹尺伍寸，高壹尺。
頭翹壹件，長叁尺伍寸伍分，高壹尺，寬伍寸。
貳翹壹件，長陸尺伍寸伍分，高壹尺，寬伍寸。
撐頭木壹件，長柒尺伍寸，高壹尺，寬伍寸。
正心瓜拱壹件，長叁尺壹寸，高壹尺，寬陸寸貳分。
正心萬拱壹件，長肆尺陸寸，高壹尺，寬陸寸貳分。
單才瓜拱貳件，各長叁尺壹寸，高柒寸，寬伍寸。
廂拱壹件，長叁尺陸寸，高柒寸，寬伍寸。
拾捌斗叁個，各長玖寸，高伍寸，寬柒寸肆分。
槽升肆個，各長陸寸伍分，高伍寸，寬捌寸陸分。
叁才升陸個，各長陸寸伍分，高伍寸，寬柒寸肆分。

柱頭科：

大斗壹個，長貳尺伍寸，高壹尺，寬壹尺伍寸。
頭翹壹件，長叁尺伍寸伍分，高壹尺，寬壹尺。
正心瓜拱壹件，長叁尺壹寸，高壹尺，寬陸寸貳分。
正心萬拱壹件，長肆尺陸寸，高壹尺，寬陸寸貳分。
單才瓜拱貳件，各長叁尺壹寸，高柒寸，寬伍寸。
廂拱壹件，翹長叁尺陸寸，高柒寸，寬伍寸。
桶子拾捌斗壹個，長貳尺肆寸，高伍寸，寬柒寸肆分。
槽升肆個，各長陸寸伍分，高伍寸，寬捌寸陸分。
叁才升陸個，各長陸寸伍分，高伍寸，寬柒寸肆分。
貼斗耳貳個，各長柒寸肆分，高伍寸，寬壹寸貳分。

角科：

大斗壹個，見方壹尺伍寸，高壹尺。
斜頭翹壹件，長肆尺玖寸柒分，高壹尺，寬柒寸伍分。
搭角正頭翹帶正心瓜拱貳件，各長叁尺叁寸貳分伍釐，高壹尺，寬陸寸貳分。
搭角正貳翹帶正心萬拱貳件，各長伍尺伍寸柒分伍釐，高壹尺，寬陸寸貳分。
搭角閙貳翹帶單才瓜拱貳件，各長肆尺捌寸貳分伍釐，高壹尺，寬伍寸。
裏連頭合角單才瓜拱貳件，各長貳尺柒寸，高柒寸，寬伍寸。
裏連頭合角廂拱貳件，各長柒寸伍分，高柒寸，寬伍寸。
貼升耳肆個，各長玖寸玖分，高叁寸，寬壹寸貳分。
拾捌斗貳個、槽升肆個、叁才升陸個，俱與平身科尺寸同。

內裏品字科斗口伍寸名件尺寸開後，計開：

大斗壹個，長壹尺伍寸，高壹尺，寬柒寸伍分。
頭翹壹件，長壹尺柒寸柒分伍釐，高壹尺，寬伍寸。
貳翹壹件，長叁尺貳寸柒分伍釐，高壹尺，寬伍寸。
撐頭木壹件，長肆尺柒寸柒分伍釐，高壹尺，寬伍寸。
正心瓜拱壹件，長叁尺壹寸，高壹尺，寬叁寸壹分。
正心萬拱壹件，長肆尺陸寸，高壹尺，寬叁寸壹分。
蔴葉雲壹件，長肆尺壹寸，高壹尺，寬伍寸。
叁福雲貳件，各長叁尺陸寸，高壹尺伍寸，寬伍寸。
拾捌斗貳個，各長玖寸，高伍寸，寬柒寸肆分。
槽升肆個，各長陸寸伍分，高伍寸，寬肆寸叁分。

隔架科斗口伍寸名件尺寸開後，計開：

貼大斗耳貳個，各長壹尺伍寸，高壹尺，厚肆寸肆分。

荷葉壹件，長肆尺伍寸，高壹尺，寬壹尺。

拱壹件，長叁尺壹寸，高壹尺，寬壹尺。

雀替壹件，長拾尺，高壹尺，寬壹尺。

貼槽升耳陸個，各長陸寸伍分，高伍寸，寬壹寸貳分。

愛新覺羅・允禮等《工程做法》卷三九《斗科斗口伍寸伍分尺寸》 斗口單昂平身科、柱頭科、角科斗口伍寸伍分名件尺寸開後，計開：

平身科：

大斗壹個，見方壹尺陸寸伍分，高壹尺壹寸。

單昂壹件，長伍尺肆寸壹分柒釐伍毫，高壹尺陸寸伍分，寬伍寸伍分。

螞蚱頭壹件，長陸尺捌寸玖分柒釐，高壹尺壹寸，寬伍寸伍分。

撐頭木壹件，長叁尺叁寸，高壹尺壹寸，寬伍寸伍分。

正心瓜拱壹件，長叁尺肆寸壹分，高壹尺壹寸，寬陸寸捌分貳釐。

正心萬拱壹件，長伍尺陸分，高壹尺壹寸，寬陸寸捌分貳釐。

廂拱貳件，各長叁尺玖寸陸分，高柒寸柒分，寬伍寸伍分。

桁椀壹件，長叁尺叁寸，高捌寸貳分伍釐，寬伍寸伍分。

拾捌斗貳個，各長玖寸玖分，高伍寸伍分，寬捌寸壹分肆釐。

槽升肆個，各長柒寸壹分伍釐，高伍寸伍分，寬玖寸肆分陸釐。

叁才升陸個，各長柒寸壹分伍釐，高伍寸伍分，寬捌寸壹分肆釐。

柱頭科：

大斗壹個，長貳尺貳寸，高壹尺壹寸，寬壹尺陸寸伍分。

單昂壹件，長伍尺肆寸壹分柒釐伍毫，高壹尺陸寸伍分，寬壹尺壹寸。

正心瓜拱壹件，長叁尺肆寸壹分，高壹尺壹寸，寬陸寸捌分貳釐。

正心萬拱壹件，長伍尺陸分，高壹尺壹寸，寬陸寸捌分貳釐。

廂拱貳件，各長叁尺玖寸陸分，高柒寸柒分，寬伍寸伍分。

桶子拾捌斗壹個，長貳尺陸寸肆分，高伍寸伍分，寬捌寸壹分肆釐。

槽升貳個，各長柒寸壹分伍釐，高伍寸伍分，寬玖寸肆分陸釐。

叁才升伍個，各長柒寸壹分伍釐，高伍寸伍分，寬捌寸壹分肆釐。

角科：

大斗壹個，見方壹尺陸寸伍分，高壹尺壹寸。

斜昂壹件，長柒尺伍寸捌分肆釐伍毫，高壹尺陸寸伍分，寬捌寸貳分伍釐。

搭角正昂帶正心瓜拱貳件，各長伍尺壹寸柒分，高壹尺陸寸伍分，寬陸寸捌分貳釐。

由昂壹件，長拾壹尺玖寸伍分柒釐，高叁尺貳分伍釐，寬壹尺壹寸壹分貳釐。

搭角正螞蚱頭帶正心萬拱貳件，各長伍尺捌寸叁分，高壹尺壹寸，寬伍寸伍分。

搭角正撐頭木貳件，各長壹尺陸寸伍分，高壹尺壹寸，寬伍寸伍分。

把臂廂拱貳件，各長陸尺貳寸柒分，高壹尺壹寸，寬伍寸伍分。

裏連頭合角廂拱貳件，各長陸寸陸分，高柒寸柒分，寬伍寸伍分。

斜桁椀壹件，長肆尺陸寸貳分，高捌寸貳分伍釐，寬壹尺壹寸壹分貳釐。

拾捌斗貳個、槽升肆個、叁才升陸個，俱與平身科尺寸同。

斗口重昂平身科柱頭科、角科斗口伍寸伍分名件尺寸開後，計開：

平身科：

大斗壹個，見方壹尺陸寸伍分，高壹尺壹寸。

頭昂壹件，長伍尺肆寸壹分柒釐伍毫，高壹尺陸寸伍分，寬伍寸伍分。

貳昂壹件，長捌尺肆寸壹分伍釐，高壹尺陸寸伍分，寬伍寸伍分。

螞蚱頭壹件，長捌尺伍寸捌分，高壹尺壹寸，寬伍寸伍分。

撐頭木壹件，長捌尺伍寸肆分柒釐，高壹尺壹寸，寬伍寸伍分。

正心瓜拱壹件，長叁尺肆寸壹分，高壹尺壹寸，寬陸寸捌分貳釐。

正心萬拱壹件，長伍尺陸分，高壹尺壹寸，寬陸寸捌分貳釐。

單才瓜拱貳件，各長叁尺肆寸壹分，高柒寸柒分，寬伍寸伍分。

單才萬拱貳件，各長伍尺陸分，高柒寸柒分，寬伍寸伍分。

廂拱貳件，各長叁尺玖寸陸分，高柒寸柒分，寬伍寸伍分。

桁椀壹件，長陸尺陸寸，高壹尺陸寸伍分，寬伍寸伍分。

拾捌斗肆個，各長玖寸玖分，高伍寸伍分，寬捌寸壹分肆釐。

槽升肆個，各長柒寸壹分伍釐，高伍寸伍分，寬玖寸肆分陸釐。

叁才升拾貳個，各長柒寸壹分伍釐，高伍寸伍分，寬捌寸壹分肆釐。

柱頭科：

大斗壹個，長貳尺貳寸，寬壹尺陸寸伍分，高壹尺壹寸。

頭昂壹件，長伍尺肆寸。壹分柒釐伍毫，高壹尺陸寸伍分，寬壹尺壹寸。

貳昂壹件，長捌尺肆寸壹分伍釐，高壹尺陸寸伍分，寬壹尺陸寸伍分。

正心瓜拱壹件，長叁尺肆寸壹分，高壹尺壹寸，寬陸寸捌分貳釐。

正心萬拱壹件，長伍尺陸分，高壹尺壹寸，寬陸寸捌分貳釐。

單才瓜拱貳件，各長叁尺肆寸壹分，高柒寸柒分，寬伍寸伍分。

單才萬拱貳件，各長伍尺陸分，高柒寸柒分，寬伍寸伍分。

廂拱貳件，各長叁尺玖寸陸分，高柒寸柒分，寬伍寸伍分。

桶子拾捌斗叁個，內貳個各長貳尺玖分，壹個長貳尺陸寸肆分，俱高伍寸伍分，寬捌寸壹分肆釐。

槽升肆個，各長柒寸壹分伍釐，高伍寸伍分，寬玖寸肆分陸釐。

叁才升拾貳個，各長柒寸壹分伍釐，高伍寸伍分，寬捌寸壹分肆釐。

角科：

大斗壹個，見方壹尺陸寸伍分，高壹尺壹寸。

斜頭昂壹件，長柒尺伍寸捌分肆釐伍毫，高壹尺陸寸伍分，寬捌寸貳分伍釐。

搭角正頭昂帶正心瓜拱貳件，各長伍尺壹寸柒分，高壹尺陸寸伍分，寬陸寸捌分貳釐。

斜頭昂壹件，長拾壹尺柒寸捌分壹釐，高壹尺陸寸伍分，寬壹尺壹分陸釐。

搭角正貳昂帶正心萬拱貳件，各長柒尺陸寸肆分伍釐，高壹尺陸寸伍分，寬陸寸捌分貳釐。

搭角鬧貳昂帶單才瓜拱貳件，各長陸尺捌寸貳分，高壹尺陸寸伍分，寬伍寸伍分。

由昂壹件，長拾陸尺陸寸陸分伍釐，高叁尺貳分伍釐，寬壹尺貳寸捌釐。

搭角正螞蚱頭貳件，各長肆尺玖寸伍分，高壹尺壹寸，寬伍寸伍分。

搭角鬧螞蚱頭帶單才萬拱貳件，各長柒尺肆寸捌分，高壹尺壹寸，寬伍寸伍分。

把臂廂拱貳件，各長柒尺玖寸貳分，高壹尺壹寸，寬伍寸伍分。

裏連頭合角單才瓜拱貳件，各長貳尺玖寸柒分，高柒寸柒分，寬伍寸伍分。

裏連頭合角單才萬拱貳件，各長貳尺玖分，高柒寸柒分，寬伍寸伍分。

搭角正撐頭木貳件、鬧撐頭木貳件，各長叁尺叁寸，高壹尺壹寸，寬伍寸伍分。

裏連頭合角廂拱貳件，各長捌寸貳分伍釐，高柒寸柒分，寬伍寸伍分。

斜桁椀壹件，長玖尺貳寸肆分，高壹尺陸寸伍分，寬壹尺貳寸捌釐。

貼升耳拾個，內肆個各長壹尺捌分玖釐，貳個各長貳尺壹寸捌分，肆個各長壹尺肆寸柒分貳釐，俱高叁寸叁分，寬壹寸叁分貳釐。

拾捌斗陸個、槽升肆個、叁才升拾貳個，俱與平身科尺寸同。

單翹單昂平身科、柱頭科、角科斗口伍寸伍分名件尺寸開後，計開：

平身科：

單翹壹件，長叁尺玖寸伍釐，高壹尺壹寸，寬伍寸伍分。

其餘各件俱與斗口重昂平身科尺寸同。

柱頭科：

單翹壹件，長叁尺玖寸伍釐，高壹尺壹寸，寬壹尺壹寸。

其餘各件俱與斗口重昂柱頭科尺寸同。

角科：

斜翹壹件，長伍尺肆寸陸分柒釐，高壹尺壹寸，寬捌寸貳分伍釐。

搭角正翹帶正心瓜拱貳件，各長叁尺陸寸伍分柒釐伍毫，高壹尺壹寸，寬陸寸捌分貳釐。

其餘各件俱與斗口重昂角科尺寸同。

單翹重昂平身科、柱頭科、角科斗口伍寸伍分名件尺寸開後，計開：

平身科：

大斗壹個，見方壹尺陸寸伍分，高壹尺壹寸。

單翹壹件，長叁尺玖寸伍釐，高壹尺壹寸，寬伍寸伍分。

頭昂壹件，長捌尺柒寸壹分柒釐伍毫，高壹尺陸寸伍分，寬伍寸伍分。

貳昂壹件，長拾壹尺柒寸壹分伍釐，高壹尺陸寸伍分，寬伍寸伍分。

螞蚱頭壹件，長拾壹尺捌寸捌分，高壹尺壹寸，寬伍寸伍分。

撐頭木壹件，長拾壹尺捌寸肆分柒釐，高壹尺壹寸，寬伍寸伍分。

正心瓜拱壹件，長叁尺肆寸壹分，高壹尺壹寸，寬陸寸捌分貳釐。

正心萬拱壹件，長壹尺陸分，高壹尺壹寸，寬陸寸捌分貳釐。

單才瓜拱貳件，各長叁尺肆寸壹分，高柒寸柒分，寬陸寸捌分貳釐。

單才萬拱肆件，各長伍尺陸分，高柒寸柒分，寬伍寸伍分。

廂拱貳件，各長叁尺玖寸陸分，高柒寸柒分，寬伍寸伍分。

桁椀壹件，長玖尺玖寸，高貳尺肆寸柒分伍釐，寬伍寸伍分。

拾捌斗陸個，各長玖寸玖分，高伍寸伍分，寬捌寸壹分肆釐。

槽升肆個，各長柒寸壹分伍釐，高伍寸伍分，寬玖寸肆分陸釐。

叁才升貳拾個，各長柒寸壹分伍釐，高伍寸伍分，寬捌寸壹分肆釐。

柱頭科：

大斗壹個，長貳尺貳寸，高壹尺壹寸，寬壹尺陸寸伍分。

單翹壹件，長叁尺玖寸伍釐，高壹尺壹寸，寬壹尺壹寸。

頭昂壹件，長捌尺柒寸壹分柒釐伍毫，高壹尺陸寸伍分，寬壹尺肆寸陸分陸釐。

貳昂壹件，長拾壹尺柒寸壹分伍釐，高壹尺陸寸伍分，寬壹尺捌寸叁分叁釐。

正心瓜拱壹件，長叁尺肆寸壹分，高壹尺壹寸，寬陸寸捌分貳釐。

正心萬拱壹件，長伍尺陸分，高壹尺壹寸，寬陸寸捌分貳釐。

單才瓜拱肆件，各長叁尺肆寸壹分，高柒寸柒分，寬伍寸伍分。

單才萬拱肆件，各長伍尺陸分，高柒寸柒分，寬伍寸伍分。

廂拱貳件，各長叁尺玖寸陸分，高柒寸柒分，寬伍寸伍分。

桶子拾捌斗伍個，內貳個各長壹尺玖寸陸釐，貳個各長貳尺貳寸柒分叁釐，壹個長貳尺陸寸肆分，俱高伍寸伍分，寬捌寸壹分肆釐。

槽升肆個，各長柒寸壹分伍釐，高伍寸伍分，寬玖寸肆分陸釐。

叁才升貳拾個，各長柒寸壹分伍釐，高伍寸伍分，寬捌寸壹分肆釐。

角科：

大斗壹個，見方壹尺陸寸伍分，高壹尺壹寸。

斜翹壹件，長伍尺肆寸陸分柒釐，高壹尺壹寸，寬捌寸貳分伍釐。

搭角正翹帶正心瓜拱貳件，各長叁尺陸寸伍分柒釐伍毫，高壹尺壹寸，寬陸寸捌分貳釐。

斜頭昂壹件，長拾貳尺貳寸肆釐伍毫，高壹尺陸寸伍分，寬玖寸陸分捌釐。

搭角正頭昂帶正心萬拱貳件，各長柒尺陸寸肆分伍釐，高壹尺陸寸伍分，寬陸寸捌分貳釐。

搭角鬧頭昂帶單才瓜拱貳件，各長陸尺捌寸貳分，高壹尺陸寸伍分，寬伍寸伍分。

裏連頭合角單才瓜拱貳件，各長貳尺玖寸柒分，高柒寸柒分，寬伍寸伍分。

斜貳昂壹件，長拾陸尺肆寸壹釐，高壹尺陸寸伍分，寬壹尺壹寸壹分貳釐。

搭角正貳昂貳件，各長陸尺柒寸陸分伍釐，高壹尺陸寸伍分，寬伍寸伍分。

搭角鬧貳昂帶單才萬拱貳件，各長玖尺貳寸玖分伍釐，高壹尺陸寸伍分，寬伍寸伍分。

搭角鬧貳昂帶單才瓜拱貳件，各長捌尺肆寸柒分，高壹尺陸寸伍分，寬伍寸伍分。

裏連頭合角單才萬拱貳件，各長貳尺玖分，高柒寸柒分，寬伍寸伍分。

裏連頭合角單才瓜拱貳件，各長壹尺貳寸壹分，高柒寸柒分，寬伍寸伍分。

由昂壹件，長貳拾壹尺叁寸柒分叁釐，高叁尺貳分伍釐，寬壹尺貳寸伍分陸釐。

搭角正螞蚱頭貳件，鬧螞蚱頭貳件，各長陸尺陸寸，高壹尺壹寸，寬伍寸伍分。

搭角鬧螞蚱頭帶單才萬拱貳件，各長玖尺壹寸叁分，高壹尺壹寸，寬伍寸伍分。

裏連頭合角單才萬拱貳件，各長肆寸玖分伍釐，高柒寸柒分，寬伍寸伍分。

把臂廂拱貳件，各長玖尺伍寸柒分，高壹尺壹寸，寬伍寸伍分。

搭角正撐頭木貳件、鬧撐頭木肆件，各長肆尺玖寸伍分，高壹尺壹寸，寬伍寸伍分。

裏連頭合角廂拱貳件，各長玖寸玖分，高柒寸柒分，寬伍寸伍分。

斜桁椀壹件，長拾叁尺捌寸陸分，高貳尺肆寸柒分伍釐，寬壹尺貳寸伍分陸釐。

貼升耳拾肆個，內肆個各長壹尺捌分玖釐，肆個各長壹尺貳寸叁分肆釐，貳個各長壹尺叁寸柒分陸釐，肆個各長壹尺伍寸貳分，俱高叁寸叁分，寬壹寸叁分貳釐。

拾捌斗拾貳個、槽升肆個、叁才升拾陸個，俱與平身科尺寸同。

重翹重昂平身科、柱頭科、角科斗口伍寸伍分名件尺寸開後，計開：

平身科：

大斗壹個，見方壹尺陸寸伍分，高壹尺壹寸。

頭翹壹件，長叁尺玖寸伍釐，高壹尺壹寸，寬伍寸伍分。

重翹壹件，長柒尺貳寸伍釐，高壹尺壹寸，寬伍寸伍分。

頭昂壹件，長拾貳尺壹分柒釐伍毫，高壹尺陸寸，寬伍寸伍分。

貳昂壹件，長拾伍尺壹分伍釐，高壹尺陸寸伍分，寬伍寸伍分。

螞蚱頭壹件，長拾伍尺壹寸捌分，高壹尺壹寸，寬伍寸伍分。

撐頭木壹件，長拾伍尺壹寸肆分柒釐，高壹尺壹寸，寬伍寸伍分。

正心瓜拱壹件，長叁尺肆寸壹分，高壹尺壹寸，寬陸寸捌分貳釐。

正心萬拱壹件，長伍尺陸分，高壹尺壹寸，寬陸寸捌分貳釐。

單才瓜拱陸件，各長叁尺肆寸壹分，高柒寸柒分，寬伍寸伍分。

單才萬拱陸件，各長伍尺陸分，高柒寸柒分，寬伍寸伍分。

廂拱貳件，各長叁尺玖寸陸分，高柒寸柒分，寬伍寸伍分。

桁椀壹件，長拾叁尺貳寸，高叁尺叁寸，寬伍寸伍分。

拾捌斗捌個，各長玖寸玖分，高伍寸伍分，寬捌寸壹分肆釐。

槽升肆個，各長柒寸壹分伍釐，高伍寸伍分，寬玖寸肆分陸釐。

叁才升貳拾捌個，各長柒寸壹分伍釐，高伍寸伍分，寬捌寸壹分肆釐。

柱頭科：

大斗壹個，長貳尺貳寸，高壹尺陸寸伍分，寬壹尺壹寸。

頭翹壹件，長叁尺玖寸伍釐，高壹尺壹寸，寬壹尺壹寸。

重翹壹件，長柒尺貳寸伍釐，高壹尺壹寸，寬壹尺壹寸柒分伍釐。

頭昂壹件，長拾貳尺壹寸柒釐伍毫，高壹尺陸寸伍分，寬壹尺陸寸伍分。

貳昂壹件，長拾伍尺壹分伍釐，高壹尺陸寸伍分，寬壹尺玖寸貳分伍釐。

正心瓜拱壹件，長叁尺肆寸壹分，高壹尺壹寸，寬陸寸捌分貳釐。

正心萬拱壹件，長伍尺陸分，高壹尺壹寸，寬陸寸捌分貳釐。

單才瓜拱陸件，各長叁尺肆寸壹分，高柒寸柒分，寬伍寸伍分。

單才萬拱陸件，各長伍尺陸分，高柒寸柒分，寬伍寸伍分。

廂拱貳件，各長叁尺玖寸陸分，高柒寸柒分，寬伍寸伍分。

桶子拾捌斗柒個，內貳個各長壹尺捌寸壹分伍釐，貳個各長貳尺玖分，貳個各長貳尺叁寸陸分伍釐，壹個長貳尺陸寸肆分，俱高伍寸伍分，寬捌寸壹分肆釐。

槽升肆個，各長柒寸壹分伍釐，高伍寸伍分，寬玖寸肆分陸釐。

叁才升貳拾個，各長柒寸壹分伍釐，高伍寸伍分，寬捌寸壹分肆釐。

角科：

大斗壹個，見方壹尺陸寸伍分，高壹尺壹寸。

斜頭翹壹件，長伍尺肆寸陸分柒釐，高壹尺壹寸，寬捌寸貳分伍釐。

搭角正頭翹帶正心瓜拱貳件，各長叁尺陸寸伍分柒釐伍毫，高壹尺壹寸，寬陸寸捌分貳釐。

斜貳翹壹件，長拾尺捌分柒釐，高壹尺壹寸，寬玖寸肆分。

搭角正貳翹帶正心萬拱貳件，各長陸尺壹寸叁分貳釐伍毫，高壹尺壹寸，寬陸寸捌分貳釐。

搭角鬧貳翹帶單才瓜拱貳件，各長伍尺叁寸柒釐伍毫，高壹尺壹寸，寬伍寸伍分。

裏連頭合角單才瓜拱貳件，各長貳尺玖寸柒分，高柒寸柒分，寬伍寸伍分。

斜頭昂壹件，長拾陸尺捌寸貳分肆釐伍毫，高壹尺陸寸伍分，寬壹尺伍分伍釐。

搭角正頭昂貳件，各長陸尺柒寸陸分伍釐，高壹尺陸寸伍分，寬伍寸伍分。

搭角鬧頭昂帶單才瓜拱貳件，各長捌尺肆寸柒分，高壹尺陸寸伍分，寬伍寸伍分。

搭角鬧頭昂帶單才萬拱貳件，各長玖尺貳寸玖分伍釐，高壹尺陸寸伍分，寬伍寸伍分。

裏連頭合角單才萬拱貳件，各長貳尺玖分，高柒寸柒分，寬伍寸伍分。

裏連頭合角單才瓜拱貳件，各長壹尺貳寸壹分，高柒寸柒分，寬伍寸伍分。

斜貳昂壹件，長貳拾壹尺貳分壹釐，高壹尺陸寸伍分，寬壹尺壹寸柒分。

搭角正貳昂貳件、鬧貳昂貳件，各長捌尺肆寸壹分伍釐，高壹尺陸寸伍分，寬伍寸伍分。

搭角鬧貳昂帶單才萬拱貳件，各長拾尺玖分肆釐伍毫，高壹尺陸寸伍分，寬伍寸伍分。

搭角鬧貳昂帶單才瓜拱貳件，各長拾尺壹分貳釐，高壹尺陸寸伍分，寬伍寸伍分。

裏連頭合角單才萬拱貳件，各長肆寸玖分伍釐，高柒寸柒分，寬伍寸伍分。

由昂壹件，長貳拾陸尺捌分壹釐，高叁尺貳分伍釐，寬壹尺貳寸捌分伍釐。

搭角正螞蚱頭貳件、鬧螞蚱頭肆件，各長柒尺壹寸伍分，高壹尺壹寸，寬伍寸伍分。

搭角鬧螞蚱頭帶單才萬拱貳件，各長玖尺陸寸捌分，高壹尺壹寸，寬伍寸伍分。

把臂廂拱貳件，各長拾壹尺貳寸貳分，高壹尺壹寸，寬伍寸伍分。

搭角正撐頭木貳件、鬧撐頭木陸件，各長陸尺陸寸，高壹尺壹寸，寬伍寸伍分。

裏連頭合角廂拱貳件，各長壹尺壹寸伍分伍釐，高柒寸柒分，寬伍寸伍分。

斜桁椀壹件，長拾捌尺肆寸捌分，高叁尺叁寸，寬壹尺貳寸捌分伍釐。

貼升耳拾捌個，内肆個各長壹尺捌分玖釐，肆個各長壹尺貳寸肆釐，肆個各長壹尺叁寸壹分玖釐，貳個各長壹尺肆寸叁分肆釐，肆個各長壹尺伍寸肆分玖釐，俱高叁寸叁分，寬壹寸叁分貳釐。

拾捌斗貳拾個、槽升肆個、叁才升貳拾個，俱與平身科尺寸同。

壹斗貳升交蔴葉並壹斗叁升平身科、柱頭科、角科斗口伍寸伍分名件尺寸開後，計開：

平身科：其壹斗叁升去蔴葉雲，中加槽升壹個。

大斗壹個，見方壹尺陸寸伍分，高壹尺壹寸。

蔴葉雲壹件，長陸尺陸寸，高貳尺玖寸叁分壹釐伍毫，寬伍寸伍分。

正心瓜拱壹件，長叁尺肆寸壹分，高壹尺壹寸，寬陸寸捌分貳釐。

槽升貳個，各長柒寸壹分伍釐，高伍寸伍分，寬玖寸肆分陸釐。

柱頭科：

大斗壹個，長貳尺柒寸伍分，高壹尺壹寸，寬壹尺陸寸伍分。

正心瓜拱壹件，長叁尺肆寸壹分，高壹尺壹寸，寬陸寸捌分貳釐。

槽升貳個，各長柒寸壹分伍釐，高伍寸伍分，寬玖寸肆分陸釐。

貼正升耳貳個，各長柒寸壹分伍釐，高伍寸伍分，寬壹寸叁分貳釐。

角科：

大斗壹個，見方壹尺陸寸伍分，高壹尺壹寸。

斜昂壹件，長玖尺貳寸肆分，高叁尺肆寸陸分伍釐，寬捌寸貳分伍釐。

搭角正心瓜拱貳件，各長肆尺捌寸玖分伍釐，高壹尺壹寸，寬陸寸捌分貳釐。

槽升貳個，各長柒寸壹分伍釐，高伍寸伍分，寬玖寸肆分陸釐。

叁才升貳個，各長柒寸壹分伍釐，高伍寸伍分，寬捌寸壹分肆釐。

貼斜升耳貳個，各長壹尺捌分玖釐，高叁寸叁分，寬壹寸叁分貳釐。

叁滴水品字平身科、柱頭科、角科斗口伍寸伍分名件尺寸開後，計開：

平身科：

大斗壹個，見方壹尺陸寸伍分，高壹尺壹寸。

頭翹壹件，長叁尺玖寸伍釐，高壹尺壹寸，寬伍寸伍分。

貳翹壹件，長柒尺貳寸伍釐，高壹尺壹寸，寬伍寸伍分。

撐頭木壹件，長捌尺貳寸伍分，高壹尺壹寸，寬伍寸伍分。

正心瓜拱壹件，長叁尺肆寸壹分，高壹尺壹寸，寬陸寸捌分貳釐。

正心萬拱壹件，長伍尺陸分，高壹尺壹寸，寬陸寸捌分貳釐。

單才瓜拱貳件，各長叁尺肆寸壹分，高柒寸柒分，寬伍寸伍分。

廂拱壹件，長叁尺玖寸陸分，高柒寸柒分，寬伍寸伍分。

拾捌斗叁個，各長玖寸玖分，高伍寸伍分，寬捌寸壹分肆釐。

槽升肆個，各長柒寸壹分伍釐，高伍寸伍分，寬玖寸肆分陸釐。

叁才升陸個，各長柒寸壹分伍釐，高伍寸伍分，寬捌寸壹分肆釐。

柱頭科：

大斗壹個，長貳尺柒寸伍分，高壹尺壹寸，寬壹尺陸寸伍分。

頭翹壹件，長叁尺玖寸伍釐，高壹尺壹寸，寬壹尺壹寸。

正心瓜拱壹件，長叁尺肆寸壹分，高壹尺壹寸，寬陸寸捌分貳釐。

正心萬拱壹件，長伍尺陸分，高壹尺壹寸，寬陸寸捌分貳釐。

單才瓜拱貳件，各長叁尺肆寸壹分，高柒寸柒分，寬伍寸伍分。

廂拱壹件，長叁尺玖寸陸分，高柒寸柒分，寬伍寸伍分。

桶子拾捌斗壹個，長貳尺陸寸肆分，高伍寸伍分，寬捌寸壹分肆釐。

槽升肆個，各長柒寸壹分伍釐，高伍寸伍分，寬玖寸肆分陸釐。

叁才升陸個，各長柒寸壹分伍釐，高伍寸伍分，寬捌寸壹分肆釐。

貼斗耳貳個，各長捌寸壹分肆釐，寬壹寸叁分貳釐，高伍寸伍分。

角科：

大斗壹個，見方壹尺陸寸伍分，高壹尺壹寸。

斜頭翹壹件，長伍尺肆寸陸分柒釐，高壹尺壹寸，寬捌寸貳分伍釐。

搭角正頭翹帶正心瓜拱貳件，各長叁尺陸寸伍分柒釐伍毫，高壹尺壹寸，寬陸寸捌分貳釐。

搭角正貳翹帶正心萬拱貳件，各長陸尺壹寸叁分貳釐伍毫，高壹尺壹寸，寬陸寸捌分貳釐。

搭角鬧貳翹帶單才瓜拱貳件，各長伍尺叁寸柒釐伍毫，高壹尺壹寸，寬伍寸伍分。

裏連頭合角單才瓜拱貳件，各長貳尺玖寸柒分，高柒寸柒分，寬伍寸伍分。

裏連頭合角廂拱貳件，各長捌寸貳分伍釐，高柒寸柒分，寬伍寸伍分。

貼升耳肆個，各長壹尺捌分玖釐，高叁寸叁分，寬壹寸叁分貳釐。

拾捌斗貳個、槽升肆個、叁才升陸個，俱與平身科尺寸同。

内裏品字科斗口伍寸伍分名件尺寸開後，計開：

大斗壹個，長壹尺陸寸伍分，高壹尺壹寸，寬捌寸貳分伍釐。

頭翹壹件，長壹尺玖寸伍分貳釐伍毫，高壹尺壹寸，寬伍寸伍分。

貳翹壹件，長叁尺陸寸貳釐伍毫，高壹尺壹寸，寬伍寸伍分。

撑頭木壹件，長伍尺貳寸伍分貳釐伍毫，高壹尺壹寸，寬伍寸伍分。

正心瓜拱壹件，長叁尺肆寸壹分，高壹尺壹寸，寬叁寸肆分壹釐。

正心萬拱壹件，長伍尺陸分，高壹尺壹寸，寬叁寸肆分壹釐。

蔴葉雲壹件，長肆尺伍寸壹分，高壹尺壹寸，寬伍寸伍分。

叁福雲貳件，各長叁尺壹寸陸分，高壹尺陸寸伍分，寬伍寸伍分。

拾捌斗貳個，各長玖寸玖分，高伍寸伍分，寬捌寸壹分肆釐。

槽升肆個，各長柒寸壹分伍釐，高伍寸伍分，寬肆寸柒分貳釐。

隔架科斗口伍寸伍分名件尺寸開後，計開：

貼大斗耳貳個，各長壹尺陸寸伍分，高壹尺壹寸，厚肆寸捌分肆釐。

荷葉壹件，長肆尺玖寸伍分，高壹尺壹寸，寬壹尺壹寸。

拱壹件，長叁尺肆寸壹分，高壹尺壹寸，寬壹尺壹寸。

雀替壹件，長拾壹尺，高貳尺貳寸，寬壹尺壹寸。

貼槽升耳陸個，各長柒寸壹分伍釐，高伍寸伍分，寬壹寸叁分貳釐。

愛新覺羅・允禮等《工程做法》卷四〇《斗科斗口陸寸尺寸》 斗口單昂平身科、柱頭科、角科斗口陸寸名件尺寸開後，計開：

平身科：

大斗壹個，見方壹尺捌寸，高壹尺貳寸。

單昂壹件，長伍尺玖寸壹分，高壹尺捌寸，寬陸寸。

螞蚱頭壹件，長柒尺伍寸貳分肆釐，高壹尺貳寸，寬陸寸。

撑頭木壹件，長叁尺陸寸，高壹尺貳寸，寬陸寸。

正心瓜拱壹件，長叁尺柒寸貳分，高壹尺貳寸，寬柒寸肆分肆釐。

正心萬拱壹件，長伍尺伍寸貳分，高壹尺貳寸，寬柒寸肆分肆釐。

廂拱貳件，各長肆尺叁寸貳分，高捌寸肆分，寬陸寸。

桁椀壹件，長叁尺陸寸，高玖寸，寬陸寸。

拾捌斗貳個，各長壹尺捌分，高陸寸，寬捌寸捌分捌釐。

槽升肆個，各長柒寸捌分，高陸寸，寬壹尺叁分貳釐。

叁才升陸個，各長柒寸捌分，高陸寸，寬捌寸捌分捌釐。

柱頭科：

大斗壹個，長貳尺肆寸，高壹尺貳寸，寬壹尺捌寸。

單昂壹件，長伍尺玖寸壹分，高壹尺捌寸，寬壹尺貳寸。

正心瓜拱壹件，長叁尺柒寸貳分，高壹尺貳寸，寬柒寸肆分肆釐。

正心萬拱壹件，長伍尺伍寸貳分，高壹尺貳寸，寬柒寸肆分肆釐。

廂拱貳件，各長肆尺叁寸貳分，高捌寸肆分，寬陸寸。

桶子拾捌斗壹個，長貳尺捌寸捌分，高陸寸，寬捌寸捌分捌釐。

槽升貳個，各長柒寸捌分，高陸寸，寬壹尺叁分貳釐。

叁才升伍個，各長柒寸捌分，高陸寸，寬捌寸捌分捌釐。

角科：

大斗壹個，見方壹尺捌寸，高壹尺貳寸。

斜昂壹件，長捌尺貳寸柒分肆釐，高壹尺捌寸，寬玖寸。

搭角正昂帶正心瓜拱貳件，各長伍尺陸寸肆分，高壹尺捌寸，寬柒寸肆分肆釐。

由昂壹件，長拾叁尺肆分肆釐，高叁尺叁寸，寬壹尺貳寸伍分。

搭角正螞蚱頭帶正心萬拱貳件，各長伍尺肆寸陸分，高壹尺貳寸，寬陸寸。

搭角正撐頭木貳件，各長壹尺捌寸，高壹尺貳寸，寬陸寸。

把臂廂拱貳件，各長陸尺捌寸肆分，高壹尺貳寸，寬陸寸。

裏連頭合角廂拱貳件，各長柒寸貳分，高捌寸肆分，寬陸寸。

斜桁椀壹件，長伍尺肆分，高玖寸，寬壹尺貳寸伍分。

拾捌斗貳個，槽升肆個，叁才升陸個，俱與平身科尺寸同。

斗口重昂平身科、柱頭科、角科斗口陸寸名件尺寸開後，計開：

平身科：

大斗壹個，見方壹尺捌寸，高壹尺貳寸。

頭昂壹件，長伍尺玖寸壹分，高壹尺捌寸，寬陸寸。

貳昂壹件，長玖尺壹寸捌分，高壹尺捌寸，寬陸寸。

螞蚱頭壹件，長玖尺叁寸陸分，高壹尺貳寸，寬陸寸。

撐頭木壹件，長玖尺叁寸貳分肆釐，高壹尺貳寸，寬陸寸。

正心瓜拱壹件，長叁尺柒寸貳分，高壹尺貳寸，寬柒寸肆分肆釐。

正心萬拱壹件，長伍尺伍寸貳分，高壹尺貳寸，寬柒寸肆分肆釐。

單才瓜拱貳件，各長叁尺柒寸貳分，高捌寸肆分，寬陸寸。

單才萬拱貳件，各長伍尺伍寸貳分，高捌寸肆分，寬陸寸。

廂拱貳件，各長肆尺叁寸貳分，高捌寸肆分，寬陸寸。

桁椀壹件，長柒尺貳寸，高壹尺捌寸，寬陸寸。

拾捌斗肆個，各長壹尺捌分，高陸寸，寬捌寸捌分捌釐。

槽升肆個，各長柒寸捌分，高陸寸，寬壹尺叁分貳釐。

叁才升拾貳個，各長柒寸捌分，高陸寸，寬捌寸捌分捌釐。

柱頭科：

大斗壹個，長貳尺肆寸，高壹尺貳寸，寬壹尺捌寸。

頭昂壹件，長伍尺玖寸壹分，高壹尺捌寸，寬壹尺貳寸。

貳昂壹件，長玖尺壹寸捌分，高壹尺捌寸，寬壹尺捌寸。

正心瓜拱壹件，長叁尺柒寸陸分，高壹尺貳寸，寬柒寸肆分肆釐。

正心萬拱壹件，長伍尺伍寸貳分，高壹尺貳寸，寬柒寸肆分肆釐。

單才瓜拱貳件，各長叁尺柒寸陸分，高捌寸肆分，寬陸寸。

單才萬拱貳件，各長伍尺伍寸貳分，高捌寸肆分，寬陸寸。

廂拱貳件，各長肆尺叁寸貳分，高捌寸肆分，寬陸寸。

桶子拾捌斗叁個，內貳個各長貳尺貳寸玖分，壹個長貳尺捌寸捌分，俱高陸寸，寬捌寸捌分捌釐。

槽升肆個，各長柒寸捌分，高陸寸，寬壹尺叁分貳釐。

叁才升拾貳個，各長柒寸捌分，高陸寸，寬捌寸捌分捌釐。

角科：

大斗壹個，見方壹尺捌寸，高壹尺貳寸。

斜頭昂壹件，長捌尺貳寸柒分肆釐，高壹尺捌寸，寬玖寸。

搭角正頭昂帶正心瓜拱貳件，各長伍尺陸寸肆分，高壹尺捌寸，寬柒寸肆分肆釐。

斜貳昂壹件，長拾貳尺捌寸伍分貳釐，高壹尺捌寸，寬壹尺壹寸叁分叁釐。

搭角正貳昂帶正心萬拱貳件，各長捌尺叁寸肆分，高壹尺捌寸，寬柒寸肆分肆釐。

搭角鬧貳昂帶單才瓜拱貳件，各長柒尺肆寸肆分，高壹尺捌寸，寬陸寸。

由昂壹件，長拾捌尺壹寸捌分，高叁尺叁寸，寬壹尺叁寸陸分陸釐。

搭角正螞蚱頭貳件，各長伍尺肆寸，高壹尺貳寸，寬陸寸。

搭角鬧螞蚱頭帶單才萬拱貳件，各長捌尺壹寸陸分，高壹尺貳寸，寬陸寸。

把臂廂拱貳件，各長捌尺陸寸肆分，高壹尺貳寸，寬陸寸。

裏連頭合角單才瓜拱貳件，各長叁尺貳寸肆分，高捌寸肆分，寬陸寸。

裏連頭合角單才萬拱貳件，各長貳尺貳寸捌分，高捌寸肆分，寬陸寸。

搭角正撐頭木貳件、鬧撐頭木貳件，各長叁尺陸寸，高壹尺貳寸，寬陸寸。

裹連頭合角廂拱貳件，各長玖寸，高捌寸肆分，寬陸寸。

斜桁椀壹件，長拾尺捌分，高壹尺捌寸，寬壹尺叁寸陸分陸釐。

貼升耳拾個，内肆個各長壹尺壹寸捌分捌釐，貳個各長壹尺肆寸貳分壹釐，肆個各長壹尺陸寸伍分肆釐，俱高叁寸陸分，寬壹寸肆分肆釐。

拾捌斗陸個、槽升肆個、叁才升拾貳個，俱與平身科尺寸同。

單翹單昂平身科、柱頭科、角科斗口陸寸名件尺寸開後，計開：

平身科：

單翹壹件，長肆尺貳寸陸分，高壹尺貳寸，寬陸寸。

其餘各件俱與斗口重鬭平身科尺寸同。

柱頭科：

單翹壹件，長肆尺貳寸陸分，高壹尺貳寸，寬壹尺貳寸。

其餘各件俱與斗口重昂柱頭科尺寸同。

角科：

斜翹壹件，長伍尺玖寸陸分肆釐，高壹尺貳寸，寬玖寸。

搭角正翹帶正心瓜拱貳件，各長叁尺玖寸玖分，高壹尺貳寸，寬柒寸肆分肆釐。

其餘各件俱與斗口重昂角科尺寸同。

單翹重昂平身科、柱頭科、角科斗口陸寸名件尺寸開後，計開：

平身科：

大斗壹個，見方壹尺捌寸，高壹尺貳寸。

單翹壹件，長肆尺貳寸陸分，高壹尺貳寸，寬陸寸。

頭昂壹件，長玖尺伍寸壹分，高壹尺捌寸，寬陸寸。

貳昂壹件，長拾貳尺柒寸捌分，高壹尺捌寸，寬陸寸。

螞蚱頭壹件，長拾貳尺玖寸陸分，高壹尺貳寸，寬陸寸。

撑頭木壹件，長拾貳尺玖寸貳分肆釐，高壹尺貳寸，寬陸寸。

正心瓜拱壹件，長叁尺柒寸貳分，高壹尺貳寸，寬柒寸肆分肆釐。

正心萬拱壹件，長伍尺伍寸貳分，高壹尺貳寸，寬柒寸肆分肆釐。

單才瓜拱貳件，各長叁尺柒寸貳分，高捌寸肆分，寬陸寸。

單才萬拱肆件，各長伍尺伍寸貳分，高捌寸肆分，寬陸寸。

廂拱貳件，各長肆尺叁寸貳分，高捌寸肆分，寬陸寸。

桁椀壹件，長拾尺捌寸，高貳尺柒寸，寬陸寸。

拾捌斗陸個，各長壹尺捌分，高陸寸，寬捌寸捌分捌釐。

槽升肆個，各長柒寸捌分，高陸寸，寬壹尺叁分貳釐。

叁才升貳拾個，各長柒寸捌分，高陸寸，寬捌寸捌分捌釐。

柱頭科：

大斗壹個，長貳尺肆寸，高壹尺貳寸，寬壹尺捌寸。

單翹壹件，長肆尺貳寸陸分，高壹尺貳寸，寬壹尺貳寸。

頭昂壹件，長玖尺伍寸壹分，高壹尺捌寸，寬壹尺陸寸。

貳昂壹件，長拾貳尺柒寸捌分，高壹尺捌寸，寬貳尺。

正心瓜拱壹件，長叁尺柒寸貳分，高壹尺貳寸，寬柒寸肆分肆釐。

正心萬拱壹件，長伍尺伍寸貳分，高壹尺貳寸，寬柒寸肆分肆釐。

單才瓜拱肆件，各長叁尺柒寸貳分，高捌寸肆分，寬陸寸。

單才萬拱肆件，各長伍尺伍寸貳分，高捌寸肆分，寬陸寸。

廂拱貳件，各長肆尺叁寸貳分，高捌寸肆分，寬陸寸。

桶子拾捌斗伍個，内貳個各長貳尺捌分，貳個各長貳尺肆寸捌分，壹個長貳尺捌寸捌分，俱高陸寸，寬捌寸捌分捌釐。

槽升肆個，各長柒寸捌分，高陸寸，寬壹尺叁分貳釐。

叁才升貳拾個，各長柒寸捌分，高陸寸，寬捌寸捌分捌釐。

角科：

大斗壹個，見方壹尺捌寸，高壹尺貳寸。

斜翹壹件，長伍尺玖寸陸分肆釐，高壹尺貳寸，寬玖寸。

搭角正翹帶正心瓜拱貳件，各長叁尺玖寸玖分，高壹尺貳寸，寬柒寸肆分肆釐。

斜頭昂壹件，長拾叁尺叁寸壹分叁釐，高壹尺捌寸，寬壹尺柒分伍釐。

搭角正頭昂帶正心萬拱貳件，各長捌尺叁寸肆分，高壹尺捌寸，寬柒寸肆分肆釐。

搭角鬧頭昂帶單才瓜拱貳件，各長柒尺肆寸肆分，高壹尺捌寸，寬陸寸。

裹連頭合角單才瓜拱貳件，各長叁尺貳寸肆分，高捌寸肆分，寬陸寸。

斜貳昂壹件，長拾柒尺捌寸玖分貳釐，高壹尺捌寸，寬壹尺貳寸伍分。

搭角正貳昂貳件，各長柒尺叁寸捌分，高壹尺捌寸，寬陸寸。

搭角鬧貳昂帶單才萬拱貳件，各長拾尺壹寸肆分，高壹尺捌寸，寬陸寸。

搭角鬧貳昂帶單才瓜拱貳件，各長玖尺貳寸肆分，高壹尺捌寸，寬陸寸。

裏連頭合角單才萬拱貳件，各長貳尺貳寸捌分，高捌寸肆分，寬陸寸。

裏連頭合角單才瓜拱貳件，各長壹尺叁寸貳分，高捌寸肆分，寬陸寸。

由昂壹件，長貳拾叁尺叁寸壹分陸釐，高叁尺叁寸，寬壹尺肆寸貳分伍釐。

搭角正螞蚱頭貳件，各長柒尺貳寸，高壹尺貳寸，寬陸寸。

搭角鬧螞蚱頭帶單才萬拱貳件，各長玖尺玖寸陸分，高壹尺貳寸，寬陸寸。

裏連頭合角單才萬拱貳件，各長伍寸肆分，高捌寸肆分，寬陸寸。

把臂廂拱貳件，各長拾尺肆寸肆分，高壹尺貳寸，寬陸寸。

搭角正撐頭木貳件、鬧撐頭木肆件，各長伍尺肆寸，高壹尺貳寸，寬陸寸。

裏連頭合角廂拱貳件，各長壹尺捌分，高捌寸肆分，寬陸寸。

斜桁椀壹件，長拾伍尺壹寸貳分，高貳尺柒寸，寬壹尺肆寸貳分伍釐。

貼升耳拾肆個，内肆個各長壹尺壹寸捌分捌釐，肆個各長壹尺叁寸陸分叁釐，貳個各長壹尺伍寸叁分捌釐，肆個各長壹尺柒寸壹分貳釐，俱高叁寸陸分，寬壹寸肆分肆釐。

拾捌斗拾貳個、槽升肆個、叁才升拾陸個，俱與平身科尺寸同。

重翹重昂平身科、柱頭科、角科斗口陸寸名件尺寸開後，計開：

平身科：

大斗壹個，見方壹尺捌寸，高壹尺貳寸。

頭翹壹件，長肆尺貳寸陸分，高壹尺貳寸，寬陸寸。

重翹壹件，長柒尺捌寸陸分，高壹尺貳寸，寬陸寸。

頭昂壹件，長拾叁尺壹寸壹分，高壹尺捌寸，寬陸寸。

貳昂壹件，長拾陸尺叁寸捌分，高壹尺捌寸，寬陸寸。

螞蚱頭壹件，長拾陸尺伍寸陸分，高壹尺貳寸，寬陸寸。

撐頭木壹件，長拾陸尺伍寸貳分肆釐，高壹尺貳寸，寬陸寸。

正心瓜拱壹件，長叁尺柒寸貳分，高壹尺貳寸，寬柒寸肆分肆釐。

正心萬拱壹件，長伍尺伍寸貳分，高壹尺貳寸，寬柒寸肆分肆釐。

單才瓜拱陸件，各長叁尺柒寸貳分，高捌寸肆分，寬陸寸。

單才萬拱陸件，各長伍尺伍寸貳分，高捌寸肆分，寬陸寸。

廂拱貳件，各長肆尺叁寸貳分，高捌寸肆分，寬陸寸。

桁椀壹件，長拾肆尺肆寸，高叁尺陸寸，寬陸寸。

拾捌斗捌個，各長壹尺捌分，高陸寸，寬捌寸捌分捌釐。

槽升肆個，各長柒寸捌分，高陸寸，寬壹尺叁分貳釐。

叁才升貳拾捌個，各長柒寸捌分，高陸寸，寬捌寸捌分捌釐。

柱頭科：

大斗壹個，長貳尺肆寸，高壹尺貳寸，寬壹尺捌寸。

頭翹壹件，長肆尺貳寸陸分，高壹尺貳寸，寬壹尺貳寸。

重翹壹件，長柒尺捌寸陸分，高壹尺貳寸，寬壹尺伍寸。

頭昂壹件，長拾叁尺壹寸壹分，高壹尺捌寸，寬壹尺捌寸。

貳昂壹件，長拾陸尺叁寸捌分，高壹尺捌寸，寬貳尺壹寸。

正心瓜拱壹件，長叁尺柒寸貳分，高壹尺貳寸，寬柒寸肆分肆釐。

正心萬拱壹件，長伍尺伍寸貳分，高壹尺貳寸，寬柒寸肆分肆釐。

單才瓜拱陸件，各長叁尺柒寸貳分，高捌寸肆分，寬陸寸。

單才萬拱陸件，各長伍尺伍寸貳分，高捌寸肆分，寬陸寸。

廂拱貳件，各長肆尺叁寸貳分，高捌寸肆分，寬陸寸。

桶子拾捌斗柒個，内貳個各長壹尺玖寸捌分，貳個各長貳尺貳寸捌分，貳個各長貳尺伍寸捌分，壹個長貳尺捌寸捌分，俱高陸寸，寬捌寸捌分捌釐。

槽升肆個，各長柒寸捌分，高陸寸，寬壹尺叁分貳釐。

叁才升貳拾個，各長柒寸捌分，高陸寸，寬捌寸捌分捌釐。

角科：

大斗壹個，見方壹尺捌寸，高壹尺貳寸。

斜頭翹壹件，長伍尺玖寸陸分肆釐，高壹尺貳寸，寬玖寸。

搭角正頭翹帶正心瓜拱貳件，各長叁尺玖寸玖分，高壹尺貳寸，寬柒寸肆分肆釐。

斜貳翹壹件，長拾壹尺肆釐，高壹尺貳寸，寬壹尺肆分。

搭角正貳翹帶正心萬拱貳件，各長陸尺陸寸玖分，高壹尺貳寸，寬柒寸肆分肆釐。

搭角鬧貳翹帶單才瓜拱貳件，各長伍尺柒寸玖分，高壹尺貳寸，寬陸寸。

裏連頭合角單才瓜拱貳件，各長叁尺貳寸肆分，高捌寸肆分，寬陸寸。

斜頭昂壹件，長拾捌尺叁寸伍分肆釐，高壹尺捌寸，寬壹尺壹寸捌分。

搭角正頭昂貳件，各長柒尺叁寸捌分，高壹尺捌寸，寬陸寸。

搭角鬧頭昂帶單才瓜拱貳件，各長玖尺貳寸肆分，高壹尺捌寸，寬陸寸。

搭角鬧貳昂帶單才萬拱貳件，各長拾尺壹寸肆分，高壹尺捌寸，寬陸寸。

裏連頭合角單才萬拱貳件，各長貳尺貳寸捌分，高捌寸肆分，寬陸寸。

裏連頭合角單才瓜拱貳件，各長壹尺叁寸貳分，高捌寸肆分，寬陸寸。

斜貳昂壹件，長貳拾貳尺玖寸叁分貳釐，高壹尺捌寸，寬壹尺叁寸貳分。

搭角正貳昂貳件，鬧貳昂貳件，各長玖尺壹寸捌分，高壹尺捌寸，寬陸寸。

搭角鬧貳昂帶單才萬拱貳件，各長拾壹尺玖寸肆分，高壹尺捌寸，寬陸寸。

搭角鬧貳昂帶單才瓜拱貳件，各長拾壹尺肆分，高壹尺捌寸，寬陸寸。

裏連頭合角單才萬拱貳件，各長伍寸肆分，高捌寸肆分，寬陸寸。

由昂壹件，長貳拾捌尺肆寸伍分貳釐，高叁尺叁寸，寬壹尺肆寸陸分。

搭角正螞蚱頭貳件，鬧螞蚱頭肆件，各長玖尺，高壹尺貳寸，寬陸寸。

搭角鬧螞蚱頭帶單才萬拱貳件，各長拾壹尺柒寸陸分，高壹尺貳寸，寬陸寸。

把臂廂拱貳件，各長拾貳尺貳寸肆分，高壹尺貳寸，寬陸寸。

搭角正撐頭木貳件，鬧撐頭木陸件，各長柒尺貳寸，高壹尺貳寸，寬陸寸。

裏連頭合角廂拱貳件，各長壹尺貳寸陸分，高捌寸肆分，寬陸寸。

斜桁椀壹件，長貳拾尺壹寸陸分，高叁尺陸寸，寬壹尺肆寸陸分。

貼升耳拾捌個，內肆個各長壹尺壹寸捌分捌釐，肆個各長壹尺叁寸貳分捌釐，肆個各長壹尺肆寸陸分捌釐，貳個各長壹尺陸寸捌釐，肆個各長壹尺柒寸肆分捌釐，俱高叁寸陸分，寬壹寸肆分肆釐。

拾捌斗貳拾個，槽升肆個，叁才升貳拾個，俱與平身科尺寸同。

壹斗貳升交蔴葉並壹斗叁升平身科、柱頭科、角科俱斗口陸寸名件尺寸開後，計開：

平身科：其壹斗叁升去蔴葉雲，中加槽升壹個。

大斗壹個，見方壹尺捌寸，高壹尺貳寸。

蔴葉雲壹件，長柒尺貳寸，高叁尺壹寸玖分捌釐，寬陸寸。

正心瓜拱壹件，長叁尺柒寸貳分，高壹尺貳寸，寬柒寸肆分肆釐。

槽升貳個，各長柒寸捌分，高陸寸，寬壹尺叁分貳釐。

柱頭科：

大斗壹個，長叁尺，高壹尺貳寸，寬壹尺捌寸。

正心瓜拱壹件，長叁尺柒寸貳分，高壹尺貳寸，寬柒寸肆分肆釐。

槽升貳個，各長柒寸捌分，高陸寸，寬壹尺叁分貳釐。

貼正升耳貳個，各長柒寸捌分，高陸寸，高壹寸肆分肆釐。

角科：

大斗壹個，見方壹尺捌寸，高壹尺貳寸。

斜昂壹件，長拾尺捌分，高叁尺柒寸捌分，寬玖寸。

搭角正心瓜拱貳件，各長伍尺叁寸肆分，高壹尺貳寸，寬柒寸肆分肆釐。

槽升貳個，各長柒寸捌分，高陸寸，寬壹尺叁分貳釐。

叁才升貳個，各長柒寸捌分，高陸寸，寬捌寸捌分捌釐。

貼斜升耳貳個，各長壹尺壹寸捌分捌釐，高叁寸陸分，寬壹寸肆分肆釐。

叁滴水品字平身科、柱頭科、角科斗口陸寸名件尺寸開後，計開：

平身科：

大斗壹個，見方壹尺捌寸，高壹尺貳寸。

頭翹壹件，長肆尺貳寸陸分，高壹尺貳寸，寬陸寸。

貳翹壹件，長柒尺捌寸陸分，高壹尺貳寸，寬陸寸。

撐頭木壹件，長玖尺，高壹尺貳寸，寬陸寸。

正心瓜拱壹件，長叁尺柒寸貳分，高壹尺貳寸，寬柒寸肆分肆釐。

正心萬拱壹件，長伍尺伍寸貳分，高壹尺貳寸，寬柒寸肆分肆釐。

單才瓜拱貳件，各長叁尺柒寸貳分，高捌寸肆分，寬陸寸。

廂拱壹件，長肆尺叁寸貳分，高捌寸肆分，寬陸寸。

拾捌斗叁個，各長壹尺捌分，高陸寸，寬捌寸捌分捌釐。

槽升肆個，各長柒寸捌分，高陸寸，寬壹尺叁分貳釐。

叁才升陸個，各長柒寸捌分，高陸寸，寬捌寸捌分捌釐。

柱頭科：

大斗壹個，長叁尺，高壹尺貳寸，寬壹尺捌寸。

頭翹壹件，長肆尺貳寸陸分，高壹尺貳寸，寬壹尺貳寸。

正心瓜拱壹件，長叁尺柒寸陸分，高壹尺貳寸，寬柒寸肆分肆釐。

正心萬拱壹件，長伍尺伍寸貳分，高壹尺貳寸，寬柒寸肆分肆釐。

單才瓜拱貳件，各長叁尺柒寸貳分，高捌寸肆分，寬陸寸。

廂拱壹件，長肆尺叁寸貳分，高捌寸肆分，寬陸寸。

桶子拾捌斗壹個，長貳尺捌寸捌分，高陸寸，寬捌寸捌分捌釐。

槽升肆個，各長柒寸捌分，高陸寸，寬壹尺叁分貳釐。

叁才升陸個，各長柒寸捌分，高陸寸，寬捌寸捌分捌釐。

貼斗耳貳個，各長捌寸捌分捌釐，高陸寸，寬壹寸肆分肆釐。

角科：

大斗壹個，見方壹尺捌寸，高壹尺貳寸。

斜頭翹壹件，長伍尺玖寸陸分肆釐，高壹尺貳寸，寬玖寸。

搭角正頭翹帶正心瓜拱貳件，各長叁尺玖寸玖分，高壹尺貳寸，寬柒寸肆分肆釐。

搭角正貳翹帶正心萬拱貳件，各長陸尺陸寸玖分，高壹尺貳寸，寬柒寸肆分肆釐。

搭角鬧貳翹帶單才瓜拱貳件，各長伍尺柒寸玖分，高壹尺貳寸，寬陸寸。

裏連頭合角單才瓜拱貳件，各長叁尺貳寸肆分，高捌寸肆分，寬陸寸。

裏連頭合角廂拱貳件，各長玖寸，高捌寸肆分，寬陸寸。

貼升耳肆個，各長壹尺壹寸捌分捌釐，高叁寸陸分，寬壹尺肆分肆釐。

拾捌斗貳個、槽升肆個、叁才升陸個，俱與平身科尺寸同。

內裏品字科斗口陸寸名件尺寸開後，計開：

大斗壹個，長壹尺捌寸，高壹尺貳寸，寬玖寸。

頭翹壹件，長貳尺壹寸叁分，高壹尺貳寸，寬陸寸。

重翹壹件，長叁尺玖寸叁分，高壹尺貳寸，寬陸寸。

撐頭木壹件，長伍尺柒寸叁分，高壹尺貳寸，寬陸寸。

正心瓜拱壹件，長叁尺柒寸貳分，高壹尺貳寸，寬叁寸柒分貳釐。

正心萬拱壹件，長伍尺伍寸貳分，高壹尺貳寸，寬叁寸柒分貳釐。

麻葉雲壹件，長肆尺玖寸貳分，高壹尺貳寸，寬陸寸。

叁福雲貳件，各長肆尺叁寸貳分，高壹尺捌寸，寬陸寸。

拾捌斗貳個，各長壹尺捌分，高陸寸，寬捌寸捌分捌釐。

槽升肆個，各長柒寸捌分，高陸寸，寬伍寸壹分陸釐。

隔架科斗口陸寸名件尺寸開後，計開：

貼大斗耳貳個，各長壹尺捌寸，高壹尺貳寸，寬伍寸貳分捌釐。

荷葉壹件，長伍尺肆寸，高壹尺貳寸，寬壹尺貳寸。

拱壹件，長叁尺柒寸貳分，高壹尺貳寸，寬壹尺貳寸。

雀替壹件，長拾貳尺，高貳尺肆寸，寬壹尺貳寸。

貼槽升耳陸個，各長柒寸捌分，高陸寸，寬壹寸肆分肆釐。

《魯班經》卷一　畫起屋樣

木匠按式，用精紙一幅畫地盤濶狹深淺，分下間架或三架、五架、七架、九架、十(二)[一]架，則(王)[隨]主人之意。或柱柱落地，或偷柱及梁枅使過步梁、眉梁、眉枋，或使斗磉者，皆在地盤上停當。

《魯班經》卷一　人家起造伐木

入山伐木法：凡伐木日辰及起工日，切不可犯穿山殺。匠人入山伐木起工，且用看好木頭根數，具立平坦處斫伐，不可(老)[了]草，此用人力以所爲也。如或木植到塲，不可堆放黄殺方，又不可犯皇帝八座，九天大座，餘日皆吉。

伐木吉日：己巳、庚午、辛未、壬申、甲戌、乙亥、戊寅、己卯、壬午、甲申、乙酉、戊子、甲午、乙未、丙申、壬寅、丙午、丁未、戊申、己酉、甲寅、乙卯、己未、庚申、辛酉，定、成、開日吉。又宜明星、黄道、天德、月德。○忌刃砧殺、斧頭、[殺]龍虎、受死、天賊、日月砧、危日、山隔、九土鬼、正四廢、魁罡日、赤口、山痕、紅觜朱雀。

起工架馬：凡匠人興工，須用按祖留下格式，將木長先放在吉方，然後將後步柱安放馬上，起(看)[手]俱用翻鋤內向動作。今有晚學木匠則先將棟柱用正，則不按魯班之法。後步柱先起手者，則先後方日有前先就低而後高，自下而至上，此爲依祖式也。凡造宅用深淺闊狹，高低相等，尺寸合格，方可爲之也。

起工破木：宜(巳)[己]巳、辛未、甲戌、乙亥、戊寅、己卯、壬午、甲申、乙酉、戊子、庚寅、乙未、己亥、壬寅、癸卯、丙午、戊申、己酉、壬子、乙卯、己未、庚申、辛酉、黄道、天成、月空、天月二德及合神，開日吉。○忌刃砧殺、木馬殺、斧頭殺、天賊、受死、月砧、破敗、獨火、魯般殺、建日、九土鬼、正四廢、四離、四絶、大小空亡、荒蕪、罔敗、滅没日，兇。

總論

論新立宅架馬法：新立宅舍，作主人眷既已出火避宅，如起工即就坐上架馬，至如竪造吉日亦可通用。

論浄盡拆除舊宅倒堂竪造架馬法：凡盡拆除舊宅，倒堂竪造，作主人眷既已出火避宅，如起工架馬，與新立宅舍架馬法同。

論坐官修方架馬法：凡作主不出火避宅，但就所修之方擇吉，方上起工架馬吉，或别擇吉架馬亦利。

論移官修方架馬法：凡移官修方，作主人眷不出火避宅，則就所修之方擇取吉方上起工架焉。如出火避宅，起工架馬却不問方道。

論架馬活法：凡修作在柱近空屋内，或在一百步之外起寮架馬，却不問方道。

修造起符便法：起符吉日，其日起造，隨事臨時，自起符後，一任用工修造，百無所忌。

論修造起符法：凡修造家主行年得運，自宜用名姓昭告符。若家主行年不得運，自而以弟子行年得運，自作造主用名姓昭告符，使大抵師人行符起殺，但用作主一人名姓昭告山頭龍神，則定磉扇架、竪柱日，避本命日及對主日矣。修造完備，移香火隨符入宅，然後卸符安鎮宅舍。

論東家修作西家起符照方法：凡隣家修方造作，就本家宫中置羅經，格定隣家所修之方。如值年官符、三殺、獨火、月家飛宫、州縣官符、小兒殺、打頭火、大月建，家主身皇定命，就本家屋内前後左右起立符，使依移官法坐符使，從權請定祖先、福神，香火暫歸空界，將符使照起隣家所修之方，今轉而爲吉方。矣月節過，視本家住居當初永定方道無緊殺占，然後安奉祖先、香火福神，所有符使，待歲除方可卸也。

畫柱繩墨：右吉日宜天月二德，併三白九紫值日時大吉。齊柱脚宜寅、申、巳、亥日。

總論：論畫柱繩墨併齊木料，開柱眼，俱以白星爲主。蓋三白九紫，匠者之大用也。先定日時之白，後取尺寸之白，停停當當，上合天星應照，祥光覆護，所以住者獲福之吉。豈知乎此福於是補出，便右吉日不犯天瘟、天賊、受死、轉殺、大小火星、荒蕪、伏斷等日。

動土平基：平基吉日：甲乙、乙丑、丁卯、戊辰、庚辛、辛未、己卯、辛巳、甲申、乙未、丁酉、己亥、丙午、丁未、壬子、癸丑、甲寅、乙卯、庚申、辛酉。築牆宜伏斷、閉日吉。補築牆，宅龍六七月占牆，伏龍六七月占西牆二壁，因雨傾倒，就當日起工便築，即爲無犯。若候晴後停留三五日，過則須擇日，不可輕動。泥飾垣牆、平治道塗、甃砌皆基，宜平日吉。

總論：論動土方，陳希夷《玉鑰匙》云：土皇方犯之，令人害瘋痹、水蠱。土符所在之方，取土動土犯之，主浮腫水氣。又據術者云：土瘟日並方犯之，令人兩脚浮腫。天賊日起手動土，犯之招盜。

論取土動土，坐宫修造不出避火，宅須忌年家、月家殺殺方。

定磉扇架：宜甲子、乙丑、丙寅、戊辰、己巳、庚午、辛未、甲戌、乙亥、戊寅、己卯、辛巳、壬午、癸未、甲申、丁亥、戊子、己丑、庚寅、癸巳、乙未、丁酉、戊戌、己亥、庚子、壬寅、癸卯、丙午、戊申、己酉、壬子、癸丑、甲寅、乙卯、丙辰、丁巳、己未、庚申、辛酉。又宜天德、月德、黄道併諸吉神值日，亦可通用。忌正四廢、天賊、建破日。

竪柱吉日：宜己巳、辛丑、甲寅、乙亥、乙酉、己酉、壬子、乙巳、己未、庚申、戊子、乙未、己亥、己卯、甲申、己丑、庚寅、癸卯、戊申、壬戌、丙寅、辛巳。又宜寅申巳亥爲四柱日，黄道、天月、二德諸吉星，成、開日吉。

上樑吉日：宜甲子、乙丑、丁卯、戊辰、己巳、庚午、辛未、壬申、甲戌、丙子、戊寅、庚辰、壬午、甲申、丙戌、戊子、庚寅、甲午、丙申、丁酉、戊戌、己亥、庚子、辛丑、壬寅、癸卯、乙巳、丁未、己酉、辛亥、癸丑、乙卯、丁巳、己未、辛酉、癸亥、黄道、天月二德諸吉星，成、開日吉。

拆屋吉日：宜甲子、乙丑、丙寅、戊辰、己巳、辛未、癸酉、甲戌、丁丑、戊寅、己卯、癸未、甲申、壬辰、癸巳、甲午、乙未、己亥、辛丑、癸卯、己酉、庚戌、辛亥、丙辰、丁巳、庚申、辛酉，除日吉。

蓋屋吉日：宜甲子、丁卯、戊辰、己巳、辛未、壬申、癸酉、丙子、丁丑、己卯、庚辰、癸未、甲申、乙酉、丙戌、戊子、庚寅、丁酉、癸巳、乙未、己亥、辛丑、壬寅、癸卯、甲辰、乙巳、戊申、己酉、庚戌、辛亥、癸丑、乙卯、丙辰、庚申、辛酉，定、成開日吉。

《魯班經》卷一　起造立木上樑式

凡造作立木上樑，候吉日良時，可立一香案於中亭，設安普庵仙師香火，備列五色錢、香花、燈燭、三牲、菓酒供養之儀，匠師拜請三界地主、五方宅神、魯班三郎、十極高真，其匠人秤丈竿、墨斗、曲尺，繫放香棹米桶上，並巡官羅金安頓，照官符、三煞兇神，打退神殺，居住者永遠吉昌也。

請設三界地主魯班仙師祝上樑文：伏以日吉時良，天地開張，金爐之上，五炷明香，虔誠拜請今年、今月、今日、今時直符使者，伏望光臨，有事懇請。今據某省、某府、某縣、某鄉、某里、某社奉道信官士，憑術士選到今年某月某日吉時吉方，大利架造廳堂，不敢自專，仰仗直符使者，賫持香信，拜請三界四府高真，十方賢聖，諸天星斗，十二官神，五方地主明師，虚空過往福德靈聰，位居香火道釋衆真門官，井竈司命六神，魯班真仙公輸子匠人，帶來先傳後教祖本先師，望賜降臨，伏望諸聖，跨崔驂鸞，暫別宫殿之内，登車撥馬，來臨塲屋之中，既沐降臨，酒當三奠，奠酒詩曰：初奠纔斟，聖道降臨，已享已祀，皷皷皷琴，布福乾坤之大，受恩江海之深，仰憑聖道，普降凡情。酒當二奠，人神喜樂，大布恩光，享來禄爵，二奠盃觴，永滅災殃，百福降祥，萬壽無疆。酒當三奠，自此門庭常貼泰，從兹男女永安康，仰冀聖賢流恩澤，廣置田産降福降祥。上來三奠已畢，七獻云週，不敢過獻。伏願信官士某，自創造上樑之後，家門浩浩，活計昌昌，(手)〔千〕斯倉而萬斯箱。一曰富而二曰壽，公私兩利，門庭光顯，宅舍興隆，火盗雙消，諸事吉慶，四時不遇水雷連，八節常蒙地天泰。如或臨産臨盆，有慶坐草無危，順生智慧之男，聰明富貴起家之子，云云。凶藏煞没，各無干犯之方；神喜人歡，大布禎祥之兆。凡在四時，克臻萬善，吹冀匠人興工造作，拈刀弄斧，自然目朗心開；負重拈輕，莫不脚輕手快。仰賴神通，特垂庇祐。不敢久留聖駕，錢財奉送，來時當獻下車酒，去後當酬上馬盃。諸聖各歸宫闕，再有所請，望賜降臨錢財。匠人出煞云云。

天開地闢，日吉時良，皇帝子孫，起造高堂。或造廟宇、庵堂、寺觀則云：仙師架造，先合陰陽。兇神退位，惡煞潛藏，此間建立，永遠吉昌。伏願榮遷之後，龍歸寶穴，鳳徙枯巢，茂蔭兒孫，增宗産業者。詩曰：一聲槌響透天門，萬聖千賢左右分。天煞打歸天上去，地煞潛歸地裏藏。大厦千間生富貴，全家百行益兒孫。金槌敲處諸神護，惡煞兇神急速奔。

《魯班經》卷一　三架屋後(車)〔連〕三架法

造此小屋者，切不可高大。凡步柱只可高一丈零一寸，棟柱高一丈二尺一寸，段深五尺六寸，間濶一丈一尺一寸，次間一丈零一寸，此法則相稱也。

詩曰：凡人創造三架屋，般尺須尋吉上量。濶狹高低依此法，後來必出好兒郎。

五架房子格

正五架三開拖後一，柱步用一丈零八寸，仲高一丈二尺八寸，棟高一丈五尺一寸，每段四尺六寸，中間一丈三尺六寸，次濶一丈二尺一寸，地基濶狹，則在人加減，此皆壓白之法也。

詩曰：三間五架屋偏奇，按白量材實利宜。住坐安然多吉慶，横財入宅不拘時。

正七架三間格

七架堂屋：大凡架造，合用前後柱高一丈二尺六寸，棟高一丈零六寸，中間用濶一丈四尺三寸，次濶一丈三尺六寸，段四尺八寸，地基濶窄、高低、深淺，隨人意加減則爲之。

詩曰：經營此屋好華堂，並是工師巧主張。富貴本由繩尺得，也須合用按陰陽。

正九架五間堂屋格

凡造此屋，步柱用高一丈三尺六寸，棟柱或地基廣濶，宜一丈四尺八寸，段淺者四尺三寸，成十分深，高二丈二尺棟爲妙。

詩曰：陰陽兩字最宜先，鼎創興工好向前。九架五間堂九天，萬年千載福綿綿。謹按先師真尺寸，管教富貴足莊田。時人若不依仙法，致使人家兩不然。

鞦韆架

今人偷棟栟爲之吉，人以如此造，其中創閑要坐起處，則可依此格儘好。

小門式

凡造小門者，乃是塚墓之前所作。兩柱前重在屋，皮上出入不可十分，長露出殺，傷其家子媳。不用使木作，門蹄二邊使四隻將軍柱，不宜大高也。

搜(焦)〔蕉〕亭

造此亭者，四柱落地，上三超四結果，使平盤方中，使福海頂、藏心柱十分要聳，瓦蓋用暗鐙釘住，則無脱落，四方可觀之。

詩曰：枷梢門屋有兩般，方直尖斜一様言，家有姦倫夜行子，須防横禍及遭官。

詩曰：此屋分明端正奇，暗中爲禍少人知。只因匠者多藏素，也是時師不細詳。使得家門長退落，緣他屋主大限衰。從今若要兒孫好，除是從頭改過爲。

《魯班經》卷一　五架屋諸式圖

五架樑栟或使方樑者，又有使界(板)〔樑〕者，及(又)〔叉〕槽、搭栿、斗槳之類，在主人之所爲也。

五架後拖兩架

五架屋後添兩架，此正按古格，乃佳也。今時人喚做前淺後深之説，乃(生生)〔住坐〕笑隱，上吉也。如造正五架者，必是其基地如此。別有實格式，學者可驗之也。

正七架格式

正七架樑，指及七架屋、川牌栟，使斗槺或柱(義)〔叉〕桁(桷)並，由人造作，〔後〕有圖式可佳。

王府宫殿

凡做此殿，皇帝殿九丈五尺高，王府七丈高，飛簷(找)〔栽〕角，不必再白。重拖五架，前拖三架，上截升拱天花板，及地量至天花板，有五丈零三尺高。殿上柱頭七七四十九根，餘外不必再記，隨在加減。中心兩柱八角爲之天梁，輔佐後無門，俱大厚板片。進金上前無門，俱掛硃簾，左邊立五官，右邊十二院，此與民間房屋同式，直出明律。門有七重，俱有殿名，不必載之。

司天臺式

此臺在欽天監。左下層土磚石之類，週圍八八六十四丈濶，高三十三丈，下一十八層，上分三十三層，此應上觀天文，下察地利。至上層週圍俱是冲天欄杆，其木裏方外圓，東西南北反中央立起五處旗杆，又按天牌二十八面，寫定二十八宿星主，上有天盤流轉，各位星宿吉凶乾象。臺上又有冲天一直平盤，濶方圓一丈三尺，高七尺，下四平脚穿枋串進，中立圓木一根。閘上平盤者，盤能轉，欽天監官每看天文立於此處。

粧修正廳：左右二邊，四大孔水椹板，先量每孔多少高，帶磉至一穿枋下有多少尺寸，可分爲上下一半，下水椹帶腰枋，每矮九寸零三分，其腰枋只做九寸三分。大抱柱線，平面九分，窄上五分，上起荷葉線，下起棋盤線，腰枋上面亦然。九分下起一寸四分，窄面五分，下貼地栿，貼仔一寸三分厚，與地栿盤厚中間分三孔或四孔，檪枋仔方圓一寸六分，閗尖一寸四分長。前楣後楣比廳心每要高七寸三分，房間光顯冲欄二尺四寸五分，大廳心門框一寸四分厚，二寸二分大，(底)〔或〕下四片，或下六片，(八)〔尺〕寸要有零，子舍箱間與廳心一同尺寸，切忌兩樣尺寸，人家不和。廳上前眉兩孔，做門上截亮格，下截上行板，門框起聰管線，一寸四分大，一寸八分厚。

正堂粧修與正廳一同上框門尺寸無二，但腰枋帶下水椹，比廳上尺寸每矮一寸八分。若做一抹光水椹，如上框門，做上截起棋盤線或荷葉線，平七分，窄面五分，上合角貼仔一寸二分厚，其別雷同。

寺觀庵堂廟宇式

架學造寺觀等，行人門身帶斧器，從後正龍而入，立在乾位，見本家人出方動手。左手執六尺，右手拿斧，先量正柱，次首左邊轉身柱，再量直出山門外止。呌夥同人，起手右邊上一抱柱，次後不論。六殿中間，無水椹或欄杆斜格，必用粗大，每算正數，不可有零。前欄杆三尺六寸高，以應天星。或門及抱柱，各樣要筭七十二地星。庵堂廟宇中間水椹板，此人家水椹每矮一寸八分，起線抱柱尺寸一同，已載在前，不白。或做門，或亮格，尺寸俱矮一寸八分。廳上寶桌三尺六寸高，每與轉身柱一般長，深四尺面，前叠方三層，每退黑一寸八分，荷葉線下兩層花板，每孔要分成雙下脚，或雕獅象挖脚，或做貼梢，用二寸半厚，記此。

粧修祠堂式

凡做祠宇爲之家廟，前三門次東西走馬廊，又次之大廳。廳之後明樓茶亭，亭之後即寢堂。若粧修自三門做起，至内堂止。中門開四尺六寸二分濶，一丈三尺三分高，濶合得長天尺方在義官位上。有等説官字上不好安門，此是祠堂，起不得官義二字，用此二字，子孫方有發達榮耀。兩邊耳門三尺六寸四分濶，九尺七寸高大，吉財二字上，此合天星吉地德星，況中門兩邊，俱後格式。家廟不比尋常人家，子弟賢否，都在此處種秀。又且寢堂及廳兩廊至三門，只可步步高，兒孫方有尊卑，毋小期大之故，做者深詳記之。

粧修三門，水椹城板下量起，直至一穿上平分上下一半，兩邊演開八字，水椹亦然。如是大門二寸三分厚，每片用三箇暗串，其門笋要圓，門斗要扁，此開門方嚮爲吉。兩廊不用粧架，廳中心四大孔，水椹上下平分，下截每矮七寸，正抱柱三寸六分大，上截起荷葉線，下或一抹光，或閗尖的，此尺寸在前可觀。廳心門不可做四片，要做六片吉。兩邊房間及耳房，可做大孔田字格或窗齒可合式，其門後楣要留，進退有式。明樓不須架修，其寢堂中心不用做門，下做水椹帶地栿，三尺五高，上分五孔，做田字格，此要做活的，内奉神主祖先，春秋祭祀，拿得下來。兩邊水椹，前有尺寸，不必再白。又前眉做亮格門，抱柱下馬蹄抱住，此亦用活的，後學觀此，謹宜詳察，不可有悞。

神厨搽式

下層三尺三寸，高四尺，脚每一片三寸三分大，一寸四分厚，下鎖脚方一寸四分大，一寸三分厚，要留出筭。上盤仔二尺二寸深，三尺三寸闊，其框二寸五分大，一寸三分厚，中下兩串，兩頭合角與框一般大，吉。角止佐半合角，好開柱。脚相二個，五寸高，四分厚，中下土厨只做九寸，深一尺。窗齒欄杆，止好下五根步步高。上層柱四尺二寸高，帶嶺在内，柱子方圓一寸四分大，其下六根，中兩根，係交進的裏半做一尺二寸深，外空一尺，内中或做二層，或做三層，步步退墨。上層下散柱二個，分三孔，耳孔只做六寸五分潤，餘留中上。拱樑二寸大，拱樑上方樑一尺八大，下層下嚾眉勒水。前柱磉一寸四分高，二寸二分大，雕播荷葉。前楣帶嶺八寸九分大，切忌大了不威勢。上或下火熖屏，可分爲三截，中五寸高，兩邊三寸九分高，餘或主家用大用小，可依此尺寸退墨，無錯。

營寨格式

立寨之日，先下纍杆，次看羅經，再看地勢山形生絶之處，方令木匠伐木，踃定裏外營壘。内營方用廳者，其木不俱大小，止前選定二根，下定前門，中五直木，九丈爲中央主旗杆，内分間架，裏外相串。次看外營週圍，叠分金木水火土，中立二十八宿，下〔例〕「休生傷杜日景死驚開」此行文，外代木交架而下週建。禄角旗鎗之勢，並不用木作之工。乍裏營要鉋砍找接下門之勞，其餘不必木匠。

凉亭水閣式

粧修四圍欄杆，靠背下一尺五寸五分高，坐板一尺三寸大，二寸厚。坐板下或横下板片，或十字掛欄杆上。靠背一尺四寸高，此上靠背尺寸在前不白，斜四寸二分方好坐。上至一穿枋做遮陽，或做亮格門。若下遮陽，上油一穿下，離一尺六十五分是遮陽。穿枋三寸大，一寸九分(原)〔厚〕中下二根斜的，好開光窗。

《魯班經》卷二　倉敖式

依祖格九尺六寸高，七尺七分濶，九尺六寸深，枋每下四片，前立二柱，開門只一尺五寸七分濶，下做一尺六寸高，至一穿要留五尺二寸高，上楣枋槍門要成對，切忌成單，不吉。開之日不可内中飲食，又不可用墨斗曲尺，又不可柱枋上留字留墨，學者記之，切忌。

橋樑式

凡橋樑無粧修，或有神厨做，或有欄杆者，若從雙日而起，自下而上；若單日而起，自西而東，看屋几高几濶，欄杆二尺五寸高，坐櫈一尺五寸高。

郡殿角式

凡殿角之式，垂昂插序，則規横深奥，用升斗拱相稱。深淺濶狹，用合尺寸，或地基濶二丈，柱用高一丈，不可走祖，此爲大畧，言不盡意，宜細詳之。

建鐘樓格式

凡起造鐘樓，用風字脚，四柱並用渾成梗木，宜高大相稱，散水不可大低，低則掩鐘聲，不嚮于四方。更不宜在右畔，合在左逐寺廊之下，或有就樓盤，下作佛堂，上作平棊，盤頂結中開樓，盤心透上真見鐘。作六角欄杆，則風送鐘聲，遠出於百里之外，則爲也。

建造禾倉格

凡造倉敖，並要用名術之士，選擇吉日良時，興工匠人，可先將一好木爲柱，安向北方。其匠人却歸左邊立，就斧向内斫入則吉也。或大小長短高低濶狹，皆用按二黑，(須)〔雖〕然留下十寸、八白，則各有用處。其它者合白，但與做倉厫不同，此用二黑，則鼠耗不侵，此爲正例也。

造倉禁忌並擇方所

造倉其間多用禁忌，造作場上切忌將墨斗籤在于口中銜，又忌在作場之上吃食諸物。其倉成後，安門匠人不可着草鞋入内，只宜赤脚進去修造。匠後匠者，凡依此例，無不吉慶豐盈也。

論逐月修作倉庫吉日

凡動用尋進向之年，方大吉，利有進益。如過背田破田之年，非特退氣，又主荒却，田園仍禾稻無收也。

正月丙寅、庚寅。二月丙寅、己亥、庚寅、癸未、辛未。三月己巳、乙巳、丙子、壬子。四月丁卯、庚午、己卯。五月己未。六月庚申、甲寅，外甲申。七月丙子、壬子。八月乙丑、癸丑、乙亥、己亥。九月庚午、壬午、丙午、戊午。十月庚午、辛未、乙未、戊申。十一月庚寅、甲寅、丙寅、壬寅。十二月丙寅、甲寅、甲申、庚申、壬寅。

五音造牛欄法

夫牛者本姓李，元是大力菩薩，切見凡間人力不及，特降天牛來助人力。凡造牛欄者，先須用術人揀擇吉方，切不可犯倒欄殺，牛黄殺，可用左畔是坑，右右畔是田王，牛犢必得長壽也。

造欄用木尺寸法度

用尋向陽木一根，作棟柱用，近在人屋在畔，牛性怍寒，使牛温暖。其柱長短尺寸用壓白，不可犯在黑上。舍下作欄者，用東方採株木一根，作左邊角柱用，高六尺一寸，或是二間四間，或得作單間也。人家各别椽子用，合四隻則按春夏秋冬陰陽四氣，則大吉也。不可犯五尺五寸，乃爲五黄，不祥也。千萬不可使損壞的爲牛欄開門，用合二尺六寸大，高四尺六寸，乃爲六白，按六畜爲好也。若八寸係八白，則爲八敗，不可使之，恐損羣隊也。

詩曰：魯般法度刱牛欄，先用推尋吉上安，必使工師求好木，次將尺寸細詳看。但須不可當人屋，實要相宜對草岗，時師依此規模作，致使牛牲食禄寬。

合音指詩：不堪巨石在欄前，必主牛遭虎咬遭，切忌欄前大水窟，主牛難使鼻難穿。

又詩：牛欄休在污溝邊，定墮牛胎損子連，欄後不堪有行路，主牛必損爛蹄肩。

牛〔黄詩〕：牛黄一十起于坤，二十還歸震巽門，四十官中歸乾位，此是神仙妙訣根。

定牛入欄刀砧詩：春天大忌亥子位，夏月須在寅卯方，秋日休逢在巳干，冬時申酉不可裝。

起欄日辰：起欄不得犯空亡，犯着之時牛必亡。癸日不堪行起造，牛瘟必定兩相妨。

占牛神出入：三月初一日，牛神出欄。九月初一日，牛神歸欄。宜修造，大吉也。牛黄八月入欄，至次年三月方出，並不可修造，大凶也。

造牛欄樣式

凡做牛欄，主家中心用羅線踃看，做在奇羅星上吉。門要向東，切忌向北。此用雜木五根爲柱，七尺七寸高，看地基寬窄而佐不可取，方圓依古式，八尺二寸深，六尺八寸濶，下中上下枋用圓木，不可使扁枋爲吉。

住門對牛欄，羊棧一同看，年年官事至，牢獄出應難。

論逐月造作牛欄吉日：正月庚寅。二月戊寅。三月己巳。四月庚午、壬午。五月己巳、壬辰、丙辰、乙未。六月庚申、甲申、乙未。七月戊申、庚申。八月乙丑。九月甲戌。十月甲子、庚子、壬子、丙子。十一月乙亥、庚寅。十二月乙丑、丙寅、戊寅、甲寅。

右不犯魁罡、約絞、牛火、血忌、牛飛廉、牛腹脹、牛刀砧、天瘟、九空、受死、大小耗、土鬼、四廢。

五音造羊棧格式

按《圖經》云：羊本姓朱，人家養羊作棧者，用選好素菜菓子，如椑樹之類爲好，四柱乃像四時。四季生花绿子長青之木爲美，最忌切不可使枯木。柱子用八條，乃按八節。椽子用二十四根，乃按二十四炁。前高四尺一寸，下三尺六寸，〔門闊一尺六寸〕，中間作羊枅並用，就地三尺四寸高，主生羊子綿綿不絶，長遠成羣，吉。不可〔不〕信，實爲大驗也。

紫氣上宜安四（主）〔柱〕，三尺五寸高，深六尺六寸，闊四尺零二寸，柱子方圓三寸三分，大長枋二十六根，短枋共四根，中直下牕齒，每孔分一寸八分，空齒仔二寸二分，大門開向西方吉。底上止用小竹串進，要疎些，不用密。

逐月作羊棧吉日：正月：丁卯、戊寅、己卯、甲寅、丙寅。二月：戊寅、庚寅。三月：丁卯、己卯、甲申、己巳。四月：庚子、癸丑、庚午、丙子、丙午。五月：壬辰、癸丑、乙丑、丙辰。六月：甲申、壬辰、庚申、辛酉、辛亥。七月：庚子、壬子、甲午、庚申、戊申。八月：壬辰、壬子、癸丑、甲戌、丙辰。九月：癸丑、辛酉、丙戌。十月：庚子、壬子、甲午、庚子。十一月：戊庚、庚寅、壬辰、甲寅、丙辰。十二月：戊寅、癸丑、甲寅、甲子、乙丑。

右吉日不犯天瘟、天賊、九空、受死、飛廉、血忌、刀砧、小耗、大耗、九土鬼、正四廢、凶敗。

馬厩式

此亦看羅經，一德星在何方，做在一德星上吉。門向東，用一色杉木，忌雜木。立六根柱子，中用小圓樑二根扛過，好下夜間掛馬索。四圍下高水椹板，每邊用模方四根纔堅固。馬多者隔斷（已）〔幾〕間，每間三尺三寸濶深，馬槽下向門左邊吉。

馬槽樣式

前脚二尺四寸，後脚三尺五寸高，長三尺，濶一尺四寸，（桂）〔柱〕子方圓三寸大，四圍横下板片，下脚空一尺高。

逐月作馬枋吉日：正月丁卯、己卯、庚午。二月辛未、丁未、己未。三月丁卯、己卯、甲申、乙巳。四月甲子、戊子、庚子、庚午。五月辛未、壬辰、丙辰。六月辛未、乙亥、甲申、庚申。七月甲子、戊子、丙子、庚子、壬子、辛未。八月壬辰、乙丑、甲戌、丙辰。九月辛酉。十月甲子、辛未、庚子、壬午、庚午、乙未。十一月辛未、壬辰、乙亥。十二月甲子、戊子、庚子、丙寅、甲寅。

猪(椆)〔欄〕樣式

此亦要看三台星居何方，做在三台星上方吉。四柱二尺六寸高，方圓七尺，横下穿枋，中直下大粗窗，齒用雜方堅固。猪要向西北，良工者識之，初學切忌亂爲。

逐月作猪(椆)〔欄〕吉日：正月丁卯、戊寅。二月乙未、戊寅、癸未、己未。三月辛卯、丁卯、己巳。四月甲子、戊子、庚子、甲午、丁丑、癸丑。五月甲戌、乙未、丙辰。六月甲申。七月甲子、戊子、庚子、壬子、戊申。八月甲戌、乙丑、癸丑。九月甲戌、辛酉。十月甲子、乙未、庚子、壬午、庚午、辛未。十一月丙辰。十二月甲子、庚子、壬子、戊寅。

六畜肥日：春申子辰，夏亥卯未，秋寅午戌，冬巳酉丑日。

鵞鴨鷄棲式

此看禽大小而做，安貪狼方。鵞椆二尺七寸高，深四尺六寸，濶二尺七寸四分，週圍下小窗齒，每孔分一寸濶。鷄鴨椆二尺高，三尺三寸深，二尺三寸濶，柱子方圓二寸半，此亦看主家禽鳥多少而做，學者亦用，自思之。

鷄(槍)〔棲〕樣式

兩柱高二尺四寸，大一寸二分，厚一寸。樑大二寸五分，一寸二分。大廳高一尺三寸，濶一尺二寸六分，下車脚二寸大，八分厚，中下齒仔五分大，八分厚，上做滔環二寸四大，兩邊獎腿與下層窻仔一般高，每邊四寸大。

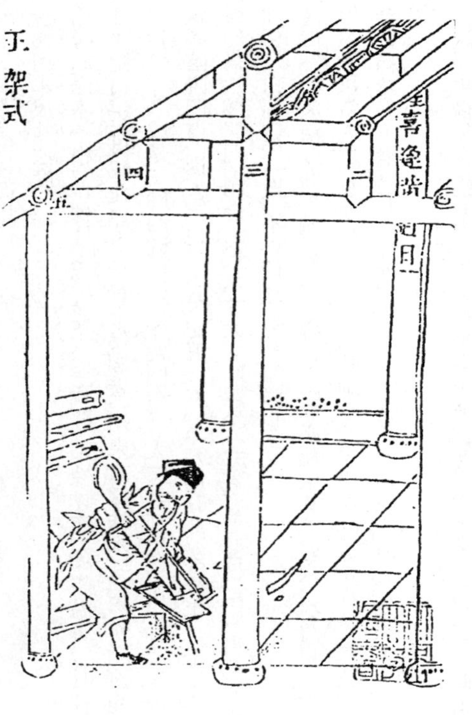
下架式

正架式

九架式

樓樵亭
鞦韆架式
五架後施兩架式
中柱
前淺
後淺
造作門樓

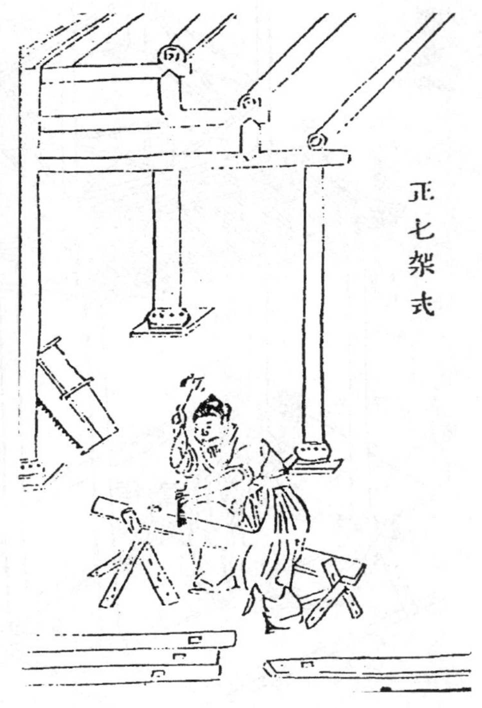

正七架式

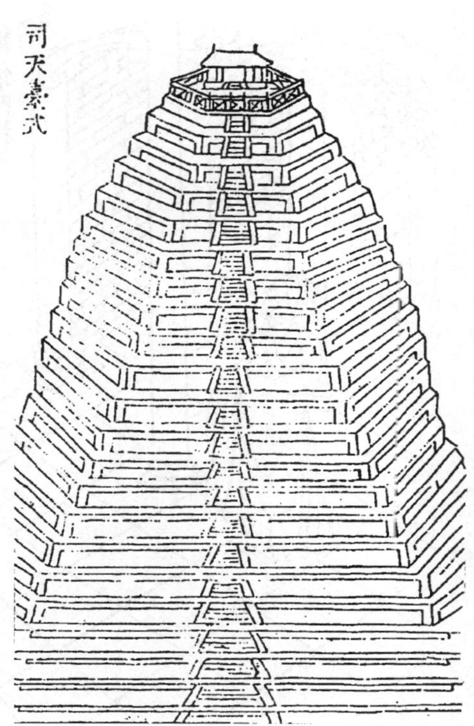

司天臺式

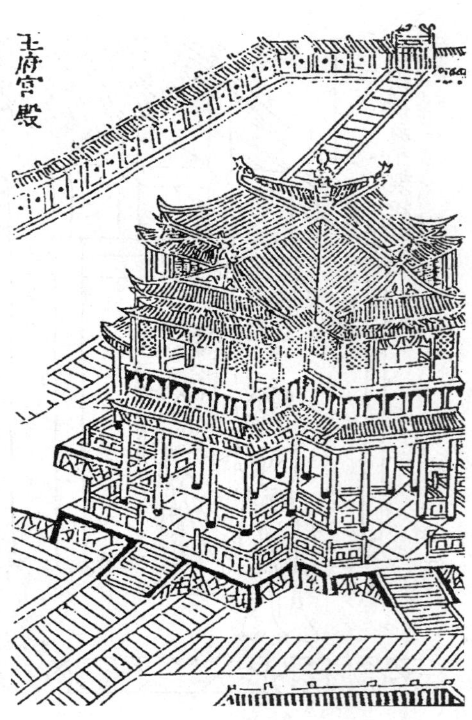

王府宮殿

寢堂廟宇

水閣式
水中閣

凉亭式

鐘鼓樓式

橋亭式

牛欄式

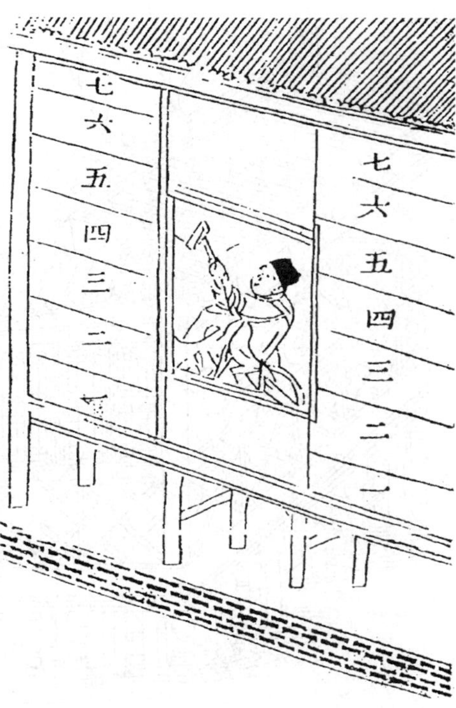

李斗《揚州畫舫録》卷一七《工段營造録》 古者亭郵立木以文其端，名曰華表，即今牌樓也。大木做法謂之三檁垂花門法：在中柱以面闊加四定長，面闊十之一見方。所用中柱、邊柱、垂蓮柱，脊額枋、棋枋、坐斗枋、正心檐脊枋、懸山桁條、檐脊檁木、蘇葉抱頭樑、穿插枋、檐額枋、檐椽、飛檐椽、連檐、瓦口、裏口、椽椀、博縫板、兩山博縫頭、抱鼓石上壺瓶牙子、兩山穿插枋下雲拱雀替、三伏雲子、拱子、十八斗。廂穿插（擋）〔檔〕用假素雀替墊拱板，廂象眼用角背（及）〔或〕象眼板，檐脊檁、柱頭科大斗及斗科諸件，見方折數。

碑亭方圓互用，大木有四角攢尖方亭做法：用檐柱、箍頭檐枋、四角花樑頭、桁條、抹角樑、四角交金墩、金枋、金桁、雷公柱、仔角樑、老角樑、（由）戧枕頭木、檐椽、翼角翹椽、飛檐椽、翹飛椽、腦椽、大小連檐、瓦口、閘檔横望〔墊〕諸板。六柱圓亭做法：進深以面濶加倍定，面濶以進深減半定，用檐柱、圓（柱）〔檐枋〕、花樑頭、圓桁條、扒樑、井口扒樑、交金墩、金枋、金桁，由戧、雷公柱、六面檐椽、飛檐椽、腦椽、大小連檐、瓦口、閘檔〔横〕望墊諸板，四柱八柱同科。

大木做法：以面闊進深寬厚高長見方，以斗口尺寸分數爲準。如九檁單檐廡殿圍廊翹昂做法，用檐柱、金柱、大小額枋、平板枋、挑尖樑、隨樑枋、挑檐桁枋、正心桁、裏外兩拽枋、兩機枋、井口枋、老檐桁、天花樑、枋板、七架樑、柁墩、上下金枋、順扒樑、四角交金墩、五架樑、（土）〔上〕金瓜柱、角背、交金瓜柱、三架樑、脊瓜柱、脊角背、脊枋桁、扶脊木、仔角樑、老角樑、上下花架由戧、脊由戧、兩枕頭木、檐椽、上下花架椽、腦椽、飛檐椽、翼角翹椽、翹飛椽、椽（仔）〔子〕、閘檔板、連檐、瓦口、裏口、翹飛翼角，並墊望諸板。九檁歇山轉角前後廊單翹單昂做法與廡殿同。多採步金枋、交金墩、兩山出（稍）〔梢〕、啞叭花架、腦椽、榻脚木、（單）〔草〕架柱子、山花博〔縫〕望板諸件。次之七檁有轉角，六檁有前出廊轉角兩做法：七檁轉角房，見方以兩邊房之進深，得轉角之面闊進深，柱高徑寸與兩邊房屋同，如檐柱、假檐柱、裏金柱、斜雙步樑、斜合頭枋、金瓜柱、斜單步樑、斜三架樑、脊瓜柱、背角背、檐枋、裏外金檁、脊檁、仔角樑、老角樑、花架由戧、脊由戧、裏掖角、花架〔脊〕由戧、角樑、腦椽、檐椽、仔角樑、枕頭木、檐椽、花架椽、腦飛檐椽、翼角椽、翹飛椽、連檐瓦口、裏口、閘檔板、椽椀，並望墊諸板，見方尺寸有差。六檁前出檐轉角，與七檁轉角同法。如斜抱〔頭〕樑、斜穿插枋、遞角樑、隨樑枋，另科見方。自此以下，硬山、懸山做法：按柱高加三出檐，一丈以外，如將面闊、進深、柱高改放寬敞高矮，均照法尺寸加算。其耳房、配房、羣廊諸房照正房配合高寬。次之有九檁、八檁、七檁、六檁、五檁、四檁及五檁川堂之法。九檁做法，柱檁枋桁與六七檁轉角法同，多抱頭樑、懸山桁、帽兒樑、貼樑、單枝條、連二枝條諸件。八檁多頂瓜柱，月樑、機枋條子、頂椽諸件。七檁多山柱，單雙步樑諸件。六檁多合頭枋、後檐封護檐椽諸件。五檁同四檁，即爲四架樑。五檁川堂，即用三五架樑法，增象眼板並脊，餘同科。至子小式大木，則有七檁、六檁、五檁、四檁之分，與前法同，而無飛檐。

上檐七檁三滴水歇山正樓、下檐斗口單昂做法：明間例以城門洞寬定面闊，次稍間以斗科攢數定面闊，以城牆頂寬收一廊定進深，此樓制之例也。做法用下檐柱、裏外金柱、下檐大額枋、平板枋、正斜採步樑、穿插枋、隨樑承椽、仔角樑、老角樑、正心桁枋、挑檐桁枋、檐椽、飛檐椽、翼角翹椽、翹飛椽、翹飛翼角、裏口、連檐、瓦口、椽椀、枕頭木、順望閘檔板諸件。次之平臺品字斗科做法：平臺海墁下銅柱，即平臺檐柱，法與下檐同。多掛落枋、沿邊木、滴珠板、（門）〔間〕枋、承重、楞木、樓板諸件。次之中覆檐斗口重昂斗科做法，與下檐同。多擎檐柱、貼樑、海墁〔天花〕、四角頂柱。次之〔上〕覆檐與中覆檐同。多銅柱、七五三架樑、上下金柁墩、脊瓜柱、金脊桁枋、後尾壓科枋、兩山出梢啞叭花架、腦椽、扶脊木、榻脚木、（單）〔草〕架柱子、山花博縫板諸（牛）〔件〕。又重檐七檁歇山轉角樓臺四層做法：下檐面闊、進深以斗科攢數而定，用下檐柱、前檐金柱、山柱、轉角房山柱，下中二層承重、轉角斜承重，下層間枋、中上層間枋、上中下三層楞木，上層挑檐承重樑、斜挑檐承重、樓板三層，兩山四角挑檐、採步樑、正心桁枋、挑檐桁枋、坐斗枋、採斗枋、仔角樑、老角樑、枕頭木、承椽枋、檐椽、飛檐椽、翼角翹椽、翹飛椽、橫望板裏口、閘檔板、連檐、瓦口、椽椀、周圍榻脚木。其上（翹）〔檐〕單翹單昂斗科做法：用銅柱、大額枋、平（枋）板〔枋〕、正斜三五七架〔樑〕、隨樑枋、兩山由額枋、扒樑、採步金枋、遞角樑、上下金柁墩、四角瓜柱、脊瓜柱、正心桁枋、挑檐桁枋、拽枋、後尾壓（科）〔料〕枋、轉角諸桁枋、裏掖角、外面假桁條、枕頭木、四面脊由戧諸件。前接檐一檁轉角雨搭做法：以正樓面闊與廡坐平分定進深，用銅柱、檐桁枋、墊板、靠背走馬板、正斜穿插枋、裏角樑、檐椽、博縫〔板〕、山花板諸件。雨搭前接檐三檁轉角廡坐做法：用檐柱、大額枋、正斜承重，正斜五三架遞角樑、柁墩、脊瓜柱、金脊桁枋、坐斗枋、採斗板、正心桁、挑檐桁枋、仔角、老角、裏角諸（椽）〔樑〕，飛檐同。七檁歇山箭樓四層做法：以斗科攢數，定面闊進深，所用與角樓同。五檁歇山轉角閘樓做法：明間以門洞之寬定面闊，稍間以明間面闊十之七定面闊，以甕城牆之頂寬折半定進深，用上下檐柱，承重枋、楞木、樓板、墜千金棧轉柱、轉杆、兩旁承重枋、上檐順扒樑、採步金枋、四角交金墩、三五架樑、金瓜脊瓜諸柱、檐枋桁、墊板，金脊桁、兩山（架）〔代〕梁頭、四角花梁頭、仔角、老角諸樑、枕頭木及飛檐（全）〔椽〕。五檁硬山閘樓做法與歇山閘樓同。

折料法則：柱以凈徑加荒，凈長加小頭荒；至不足之徑，分瓣剜攢，以瓣數加荒；十二瓣以外，〔每瓣〕加寬荒〔一寸〕。一丈內以槙木加荒，一丈外用圓木。以本身高厚凑高，均分一半，用七五歸（及）〔或〕七歸，得徑寸，剜楞長蓋，（另）〔照〕法加荒。如柁樑、採步金角樑、由戧、平板枋、承重間枋、承椽枋、瓜柱、柁墩、斗盤、代梁頭、大小額枋、金脊檐枋、天花隨樑、博脊壓科、正心枋、機枋、挑檐枋、採樑枋、採斗板、由額墊板、金脊檐墊板、天花墊板、井口（板）〔枋〕、桁條、帽兒樑、扶脊木、榻脚木、襯頭木、角背、雀替、雲拱、替木、草架柱子、圓椽、方椽、飛〔檐〕鍋羅連檐瓦口諸椽、椽椀、椽中板（機）枋條、燕尾枋、貼樑支角、穿帶、沿邊木、脊椿、順望橫望諸板、山花博縫、過木、樓板、榻板、滴珠諸板、上下（楹）〔檻〕、連楹、托泥、替椿、抱（框）〔柱〕、風檻、折柱、間柱、各邊挺、抹頭、穿帶、轉軸、（拴）〔栓〕杖、巡杖、橫（拴）〔栓〕之屬皆是也。如絲環、簾櫳諸板、槅扇、檻窗、橫披、簾架、支窗、頂格、橫直欞子、穿條、琵琶柱、連二楹、單楹、拴斗、荷葉墩、插關、門槅（壼）〔搔〕、銀錠扣、門（簪）〔替〕、門枕、幞頭、（皷）〔鼓〕子、引條之屬，均用槙木。其門心、餘塞、走馬、棋枋、隔斷、裝板、壁板、山花、象眼、（間）〔閘〕板諸件，與順望同科。若菱花槅心，用椵木。大抵圓徑木，概加長荒五寸，槙木五尺以內加長荒一寸，一丈內加長荒二寸。其楠、柏、椵、杉、（檜）〔榆〕、檀諸木不與焉。魚膠見方，折料有差。

斗科做法：有平身科、柱頭科、角科及內裏棋盤板上安裝品字科、隔架科之分。算斗科上升斗拱翹諸件長短高厚尺寸，以平身科迎面安翹昂斗口寬尺寸爲度，有頭等晒至十一等（寸）〔晒〕之別。頭等六寸以下，降一等減五分。凡桁椀及頭二昂、螞蚱頭、撑頭木、斗科分檔，各爲法乘之；所算名件如大斗、單重翹、正心瓜拱、萬拱、頭二昂、螞蚱頭、撑頭木、單材瓜拱、萬拱、廂拱、把臂廂拱、十八斗、三才、槽升、（挑）〔桃〕尖梁頭斜頭、〔頭〕二翹，搭角、正頭二翹搭角、鬧頭、二翹斜角、頭二昂、裏連頭、貼斜翹昂升斗、蓋斗板、斗槽板、斜蓋〔斗〕板、寶瓶、挑金溜金平身斗科、蔴葉雲母、三福雲、秤杆、夔龍尾、伏（運）〔蓮〕捎、菊花頭、荷葉、雀替之屬，安裝有法，以層數分件數。其斗口單昂、斗口重昂、單翹單昂、單翹重昂、重翹單昂、重翹重昂、裏挑金、一斗二升交蔴葉、三滴水品字、內裏品字科、隔架科，其法有差。於斗口單昂、平身科、柱頭科、角科、斗口，自一寸名件尺寸起，至六寸止，凡十有一條。升一等，增五分，用料則按斗口之數以丈廒。

自喻皓造《木經》，丁緩、李菊，遂爲殿中無雙。後世得其法，揣長楔大，理木有孱，削木有斤，平木有鏟，析木有鋸，並膠有櫓，釘木有檻，櫽括蒸矯，以制其拘。凡不得入者利其（拴）〔栓〕，不得合者利其榫。造千廡萬厦于斗室之中，不溢禾芒蛛網于層樓之上。估計最尊，謂之料估爲先。次之大木匠，而鋸工、雕工、斗科工、安裝菱花匠隨之，皆工部住坐僱覓之輩。大木匠見方折工，舉榫眼、榫卯、椽椀、下槽頭、圓平面、開口、交口、舊料錛砍、油皮剜補、刮刨諸活計以折算。鋸工二八加鋸，以面數加飛頭見方折算，及四號拉扯，有葫蘆、人字、丁字、十字、一字、拐（仔）〔子〕平面、過河、三四五岔之制，並舊料鋸解截鋸諸活計。雕工司山花、博縫、雀替、雲拱之屬。斗科匠以斗口尺寸折算，加草架擺驗諸活計。安裝匠司斗科裝修諸活計。历代宫室，各有其制，本朝工部釐定營建制造之法，刊定則例，供奉內廷；而圓明園工程又按現行則例，校之部司之例爲詳。至于朝廟、宫室、名物、典章、考古則見之焦裏堂循《羣經宫室圖》，證今則見之吴太初長元《宸垣識略》，可坐而定也。

木植見方之法：每一尺在松檄三十斤、桅杉二十斤、紫檀七十斤、花梨五十九斤、楠二十八斤、黄楊五十六斤、槐三十六斤八兩、檀四十五斤、鐵梨七十斤、楠柏三十四斤、北柏三十六斤八兩、椵(三)[二]十斤、楊柳二十五斤，桐皮槁以根計。人山伐木，忌犯穿山，日宜定成開明星黄道[天]月[二]德。入場忌堆黄殺方，起工、架馬，分新宅舊宅，坐宫移宫，日宜黄道、天成、月空、天月[二]德。【略】

湖上地少屋多，遂有裹角之法。「角」，古之所謂「榮」也。東榮、西榮、北榮、南榮，皆見之《禮》及司馬相如《上林賦》。宇不反則檐不飛，反宇法于反唇，飛檐法于飛鳥；反宇難于楣，飛檐難于椽；楣若衫袖之卷者則反，椽若梳櫛之斜者則飛。其間增桴重棼，不一其法，皆見之斗科做法，平身科、柱頭科、角科三等。屋多則角衆，地少則角犄，于是以法裹之。縱横迴旋，正當面，顧背面，度四面，丘中舉維精展；結隅利稜鋒，柧造計(抄)[秒]忽，至增一角多，减一角少，此裹角之法也。葉夢得判案有云：「東家屋被西家蓋，子細思量無利害。」此語可與裹角法參之。然薛野鶴嘗曰：「住屋須三分水，二分竹，一分屋」。顧東橋嘗曰：「多栽樹，少置屋。」二説又可爲裹角者進一解也。【略】

匾有龍頭、素綫二種：四圍邊抹，中嵌心字板，邊抹雕做三採過橋，流雲拱身宋龍，深以三寸爲止，謂之龍匾；素綫者爲斗字匾。龍匾供奉御書，其各園斗字匾，則概係以亭臺齋閣之名。【略】

正寢曰堂，堂奥爲室，古稱一房二内，即今住房兩房一堂屋是也。今之堂屋，古謂之房；今之房，古謂之内；湖上園亭皆有之，以備游人退處。廳事無中柱，住室有中柱，三楹居多；五楹則藏東、西兩稍間于房中，謂之套房，即古密室、復室、連房、閨房之屬。又岩穴爲室潛通山亭，謂之洞房。各園多有此室，江氏之蓬壺影、徐氏之水竹居最著。又今屋四周者謂之四合頭，對霤爲對照，三面連廡謂之三間兩廂，不連廡謂之「老人頭」。凡此又子舍、丙舍、四柱屋、兩徘徊、兩厦屋，東西霤之屬。其二面連廡者，謂之曲尺房。

正構皆謂閣，旁構爲閣道。加飛椽攢角爲飛閣，露處爲飛道，露處有階爲磴道，磴道曲折紓徐者爲(頻)[步]頓，是皆閣之制也。湖上閣以錦鏡閣爲最，閣道以篠園爲最，飛閣、飛道、磴道、步頓以東園爲最。

兩邊起土爲臺，可以外望者爲陽榭，今曰「月臺」、「曬臺」。晉塵曰：「登臨恣望，縱目披襟，臺不可少。依山倚巘，竹頂木末，方快千里之目」。湖上熙春臺，爲江南臺制第一傑作。

樓與閣大同小異，梯式創于黄帝。今曲梯折磴，極窈窕深邃，非持火莫能登，謂之「螺螄轉」。京師柏林寺大悲閣，最稱詭制。湖上以平樓第三層梯效之，崇屋敧前爲榭，蓋樓臺中之斜者，如錦泉花嶼中藤花榭之屬。

行旅宿會之所館曰亭。重屋無梯，聳檻四植，如溪亭、河亭、山亭、石亭之屬。其式備四方、六八角、十字脊，及方勝圓頂諸式。亭制以金鰲《退食筆記》九梁十八柱爲天下第一，湖上多亭，皆稱麗矚。【略】

浮桴在内，虚檐在外；陽馬引出，欄如束腰，謂之廊。板上甃磚，謂之響廊；隨勢曲折，謂之游廊；愈折愈曲，謂之曲廊；不曲者修廊；相向者對廊；通往來者走廊；容徘徊者步廊；入竹爲竹廊；近水爲水廊。花間偶出數尖，池北時來一角，或依懸崖，故作危檻；或跨紅板，下可通舟，遞迢于樓臺亭榭之間，而輕好過之。廊貴有欄，廊之有欄，如美人服半背，腰爲之細，其上置板爲飛來椅，亦名「美人靠」。其中廣者爲軒，《禁扁編》云：「窗前在廊爲軒。」

李誡《營造法式》卷三〇《大木作制度圖樣上》

栱科等卷殺第一

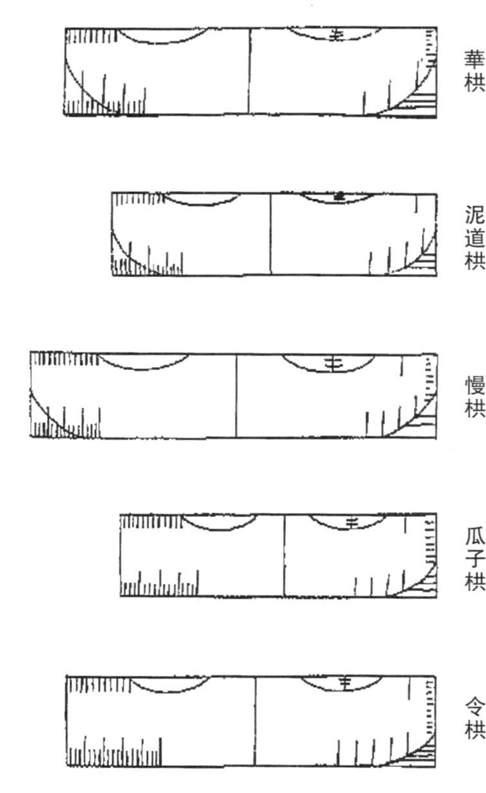

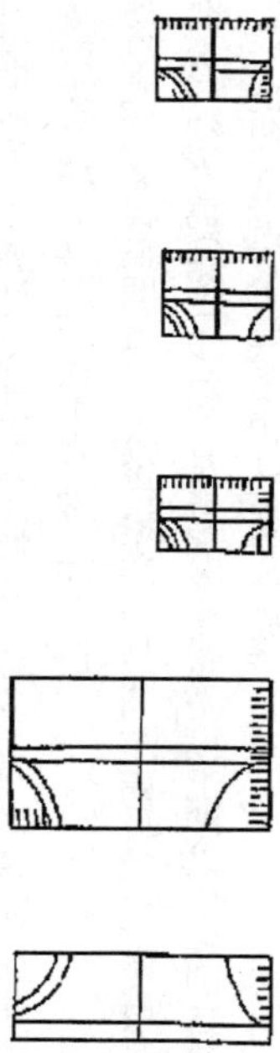

交互枓

齊心枓

散枓

櫨枓

柱礩

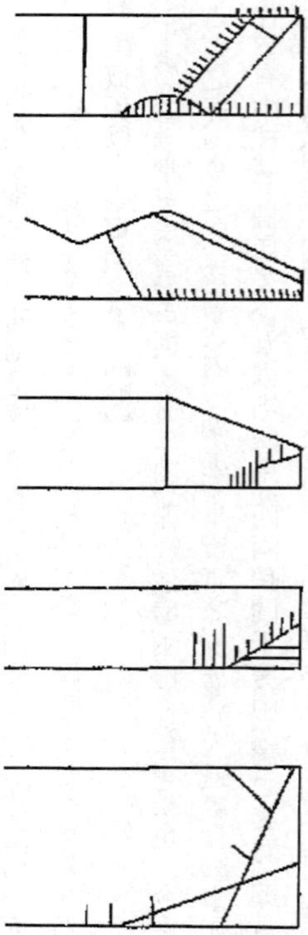

耍頭

下昂尖

華頭子

替木頭

梁抹頭

梁柱等卷殺第二

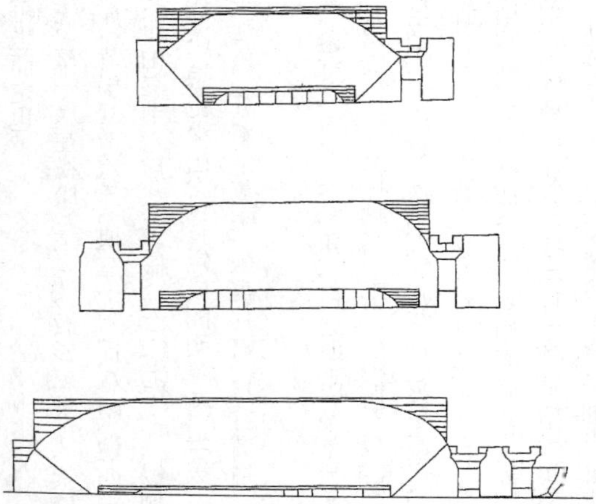

月梁

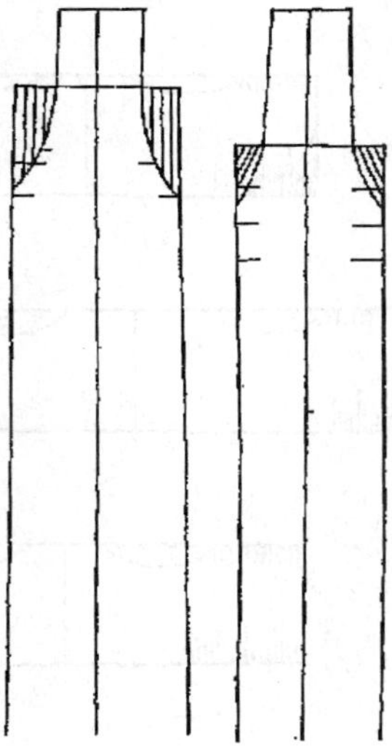

額肚并柱樣

下檐額肚

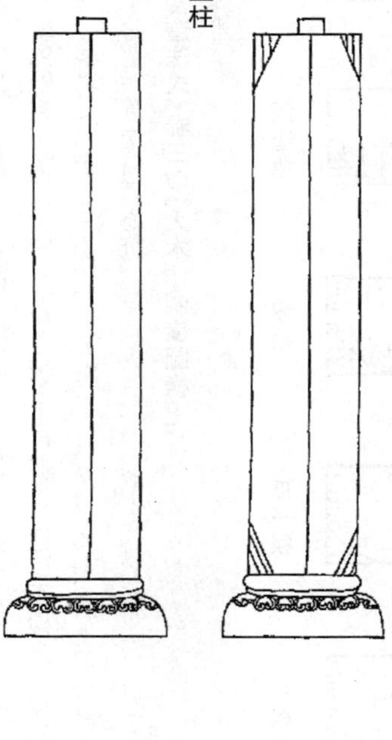

梭柱

直柱

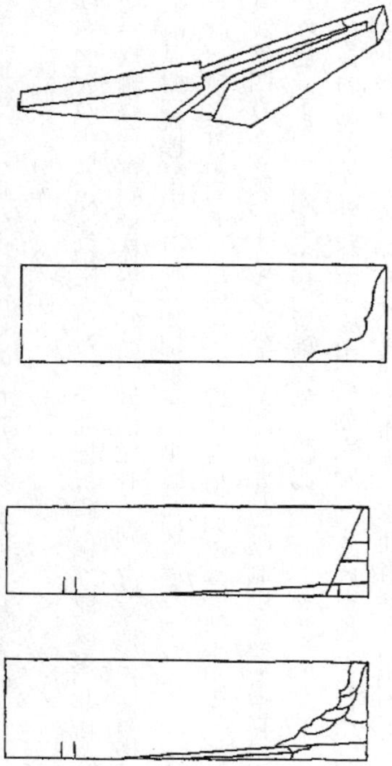

子角梁

大角梁三瓣頭或只作楮頭

楮頭綽幕

蟬肚綽幕

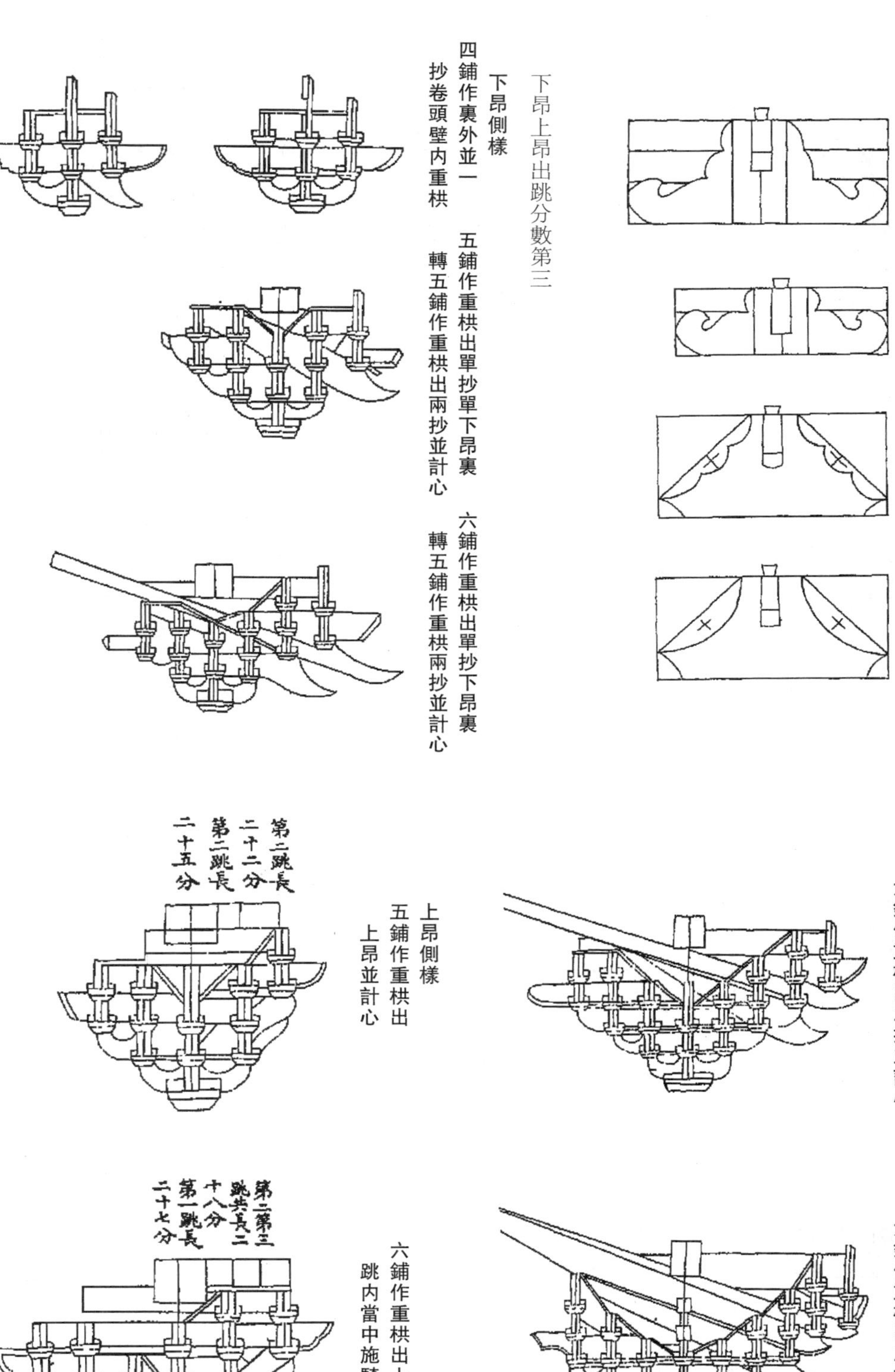

鷹觜駝峯三瓣

兩瓣駝峯

掐瓣駝峯

氈笠駝峯

下昂上昂出跳分數第三

下昂側樣

四鋪作裏外並一抄卷頭壁內重栱

五鋪作重栱出單抄單下昂裏轉五鋪作重栱出兩抄並計心

六鋪作重栱出單抄下昂裏轉五鋪作重栱兩抄並計心

七鋪作重栱出雙抄雙下昂裏轉六鋪作重栱出三抄並計心

上昂側樣

五鋪作重栱出上昂並計心

八鋪作重栱出雙抄三下昂裏轉六鋪作重栱出三抄並計心

六鋪作重栱出上昂偷心跳內當中施騎枓栱

七鋪作重栱出上昂偷心跳内當中施騎枓栱

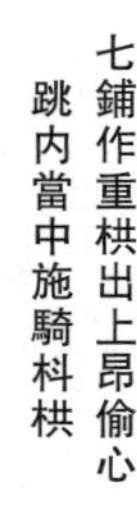

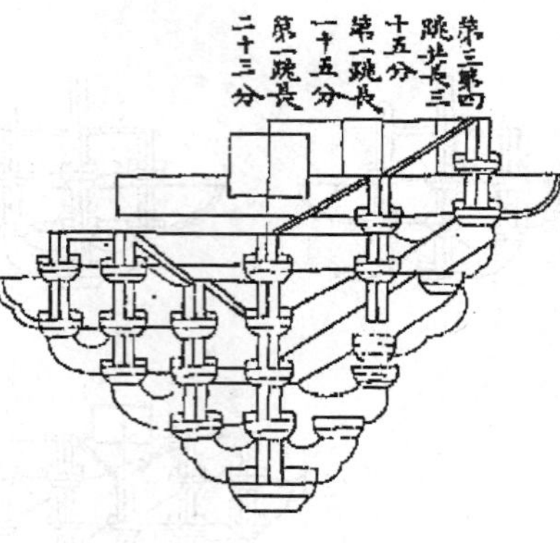

八鋪作重栱出上昂偷心跳内當中施騎枓栱

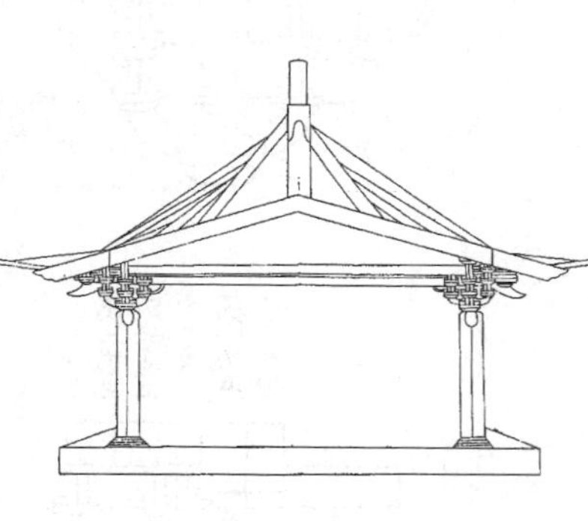

舉折屋舍分數第四

朱絃爲第一折

青絃爲第二折

黄絃爲第三折

亭榭鬭尖用甋瓦舉折

亭榭鬭尖用瓪瓦舉折

絞割鋪作栱昂枓等所用卯口第五以五鋪作名件卯口爲法，其六鋪作以上並隨跳加長。

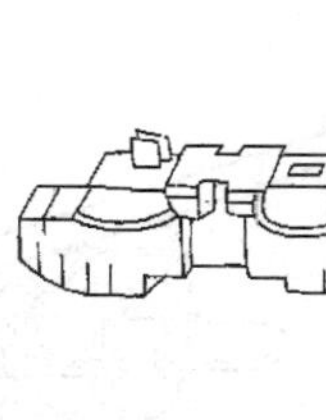
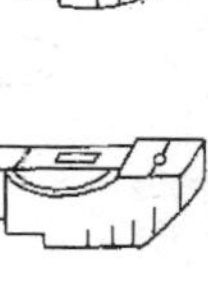
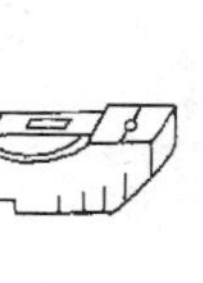
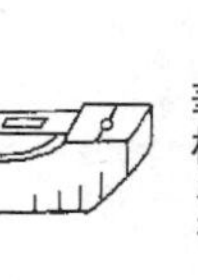
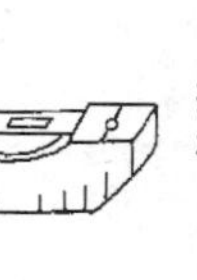
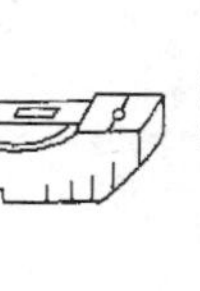
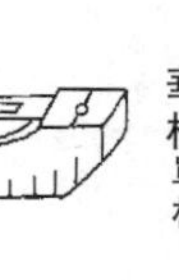
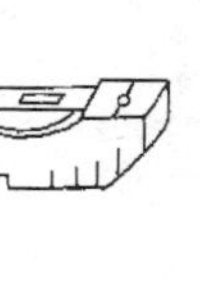

華栱足材

華栱單材

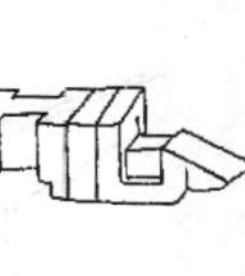
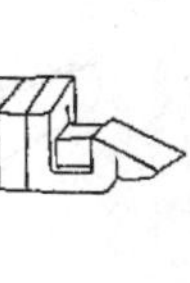
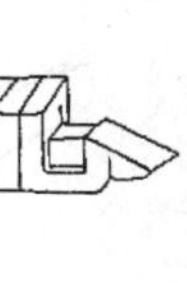
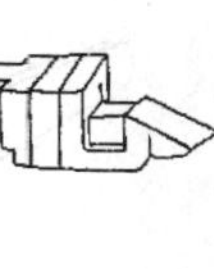
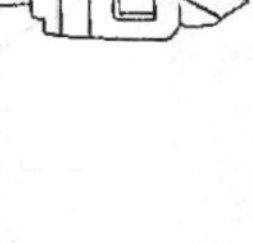

華栱第二跳外作華頭子如第三跳以上隨跳加長

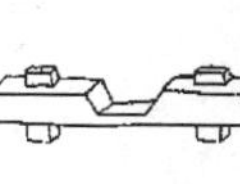

闇契

泥道栱上施闇契

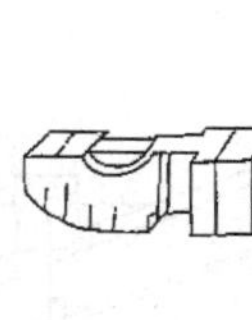

瓜子栱外跳用

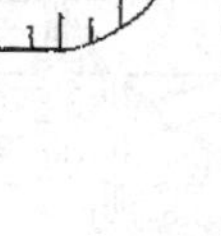

瓜子栱裏跳用

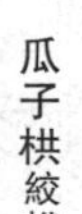
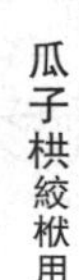

瓜子栱絞栿用

慢栱壁内用上施間架

慢栱外跳騎昂用

慢栱裏跳用

慢栱足材騎栿用

令栱外跳用

令栱裏跳用

令栱足材騎栿用

華栱與泥道栱相列外跳用

慢栱與華頭子相列外跳用七鋪作以上隨跳加長

瓜子栱與小栱頭相列外跳用

瓜子栱與令栱相列外跳鴛鴦交首栱也六鋪作以上並用瓜子栱

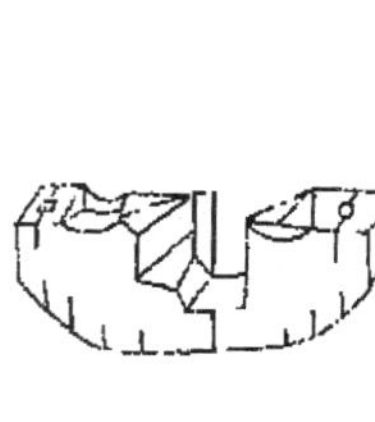

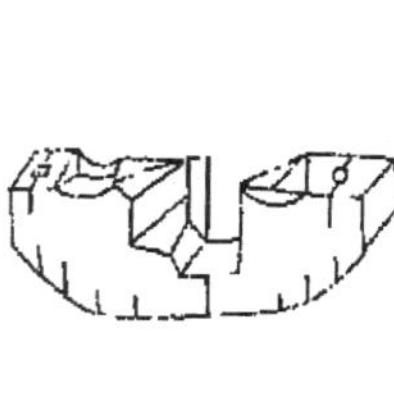

瓜子栱與小栱頭相列裏跳用

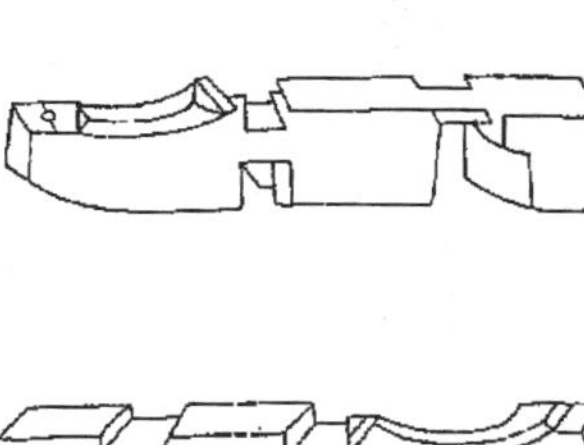

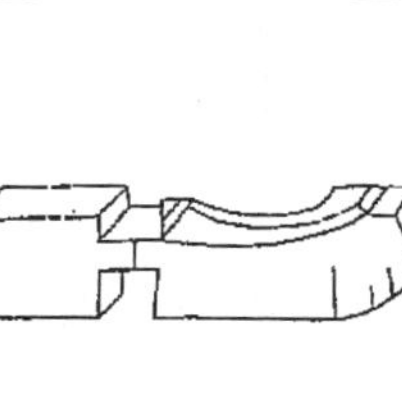

慢栱與切几頭相列外跳用

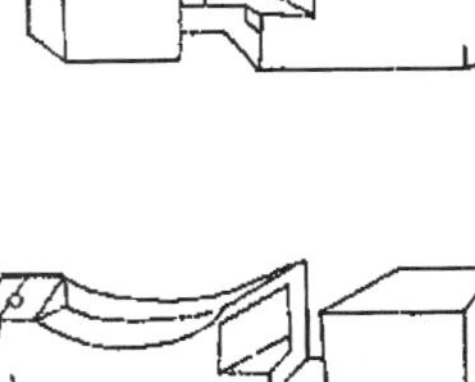

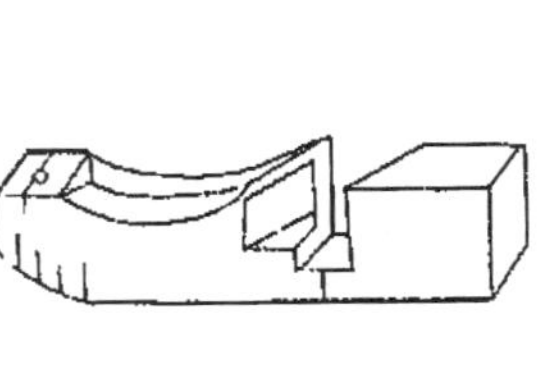

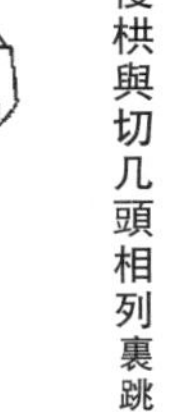

慢栱與切几頭相列裏跳用

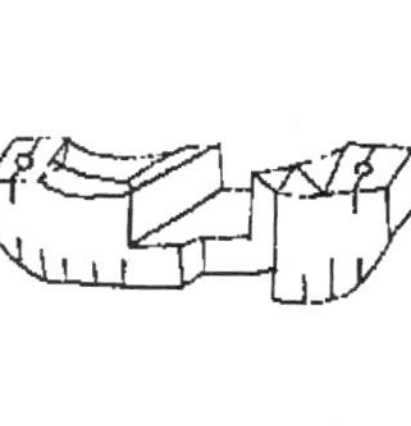

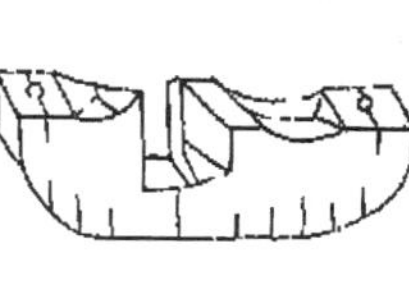

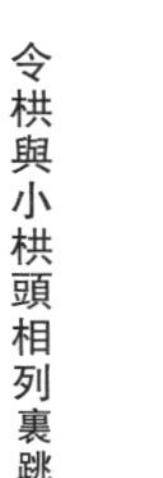

令栱與小栱頭相列裏跳用

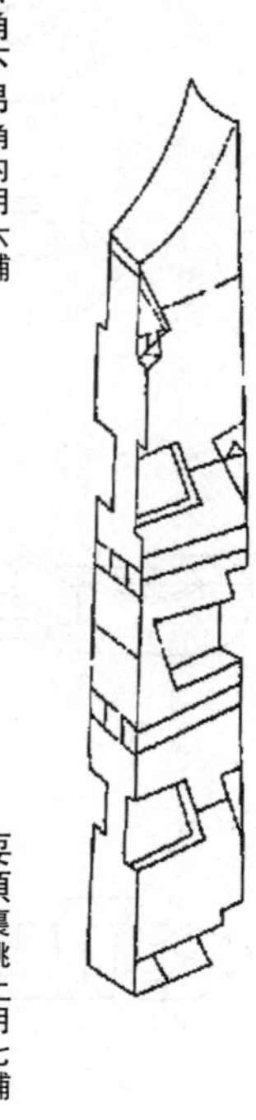

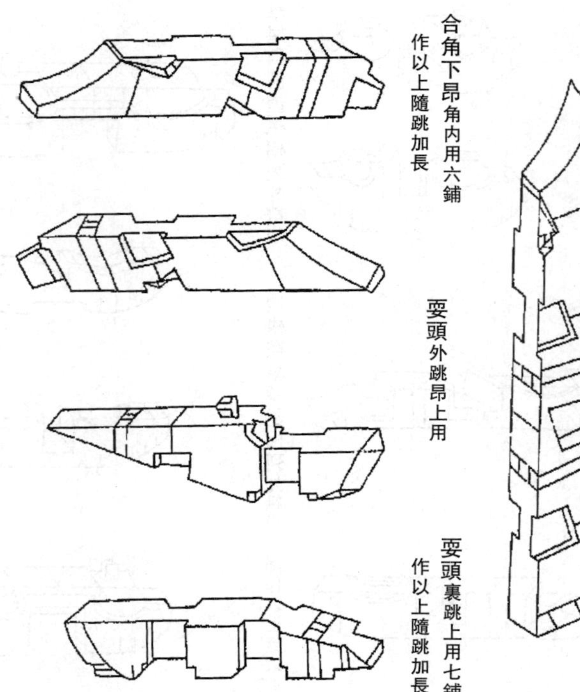

櫬方頭

華栱角內第一跳用

華栱角內第二跳用七鋪作以上隨跳加長

耍頭角內用七鋪作以上隨跳加長

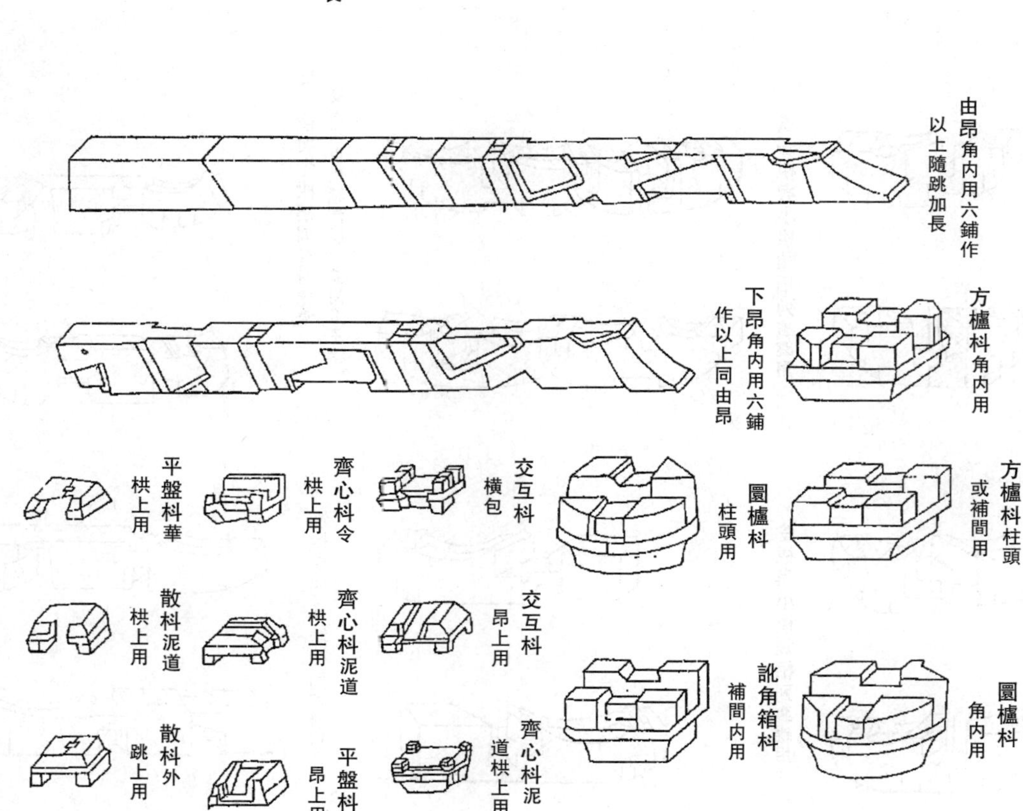

梁額等卯口第六

合柱鼓卯第七

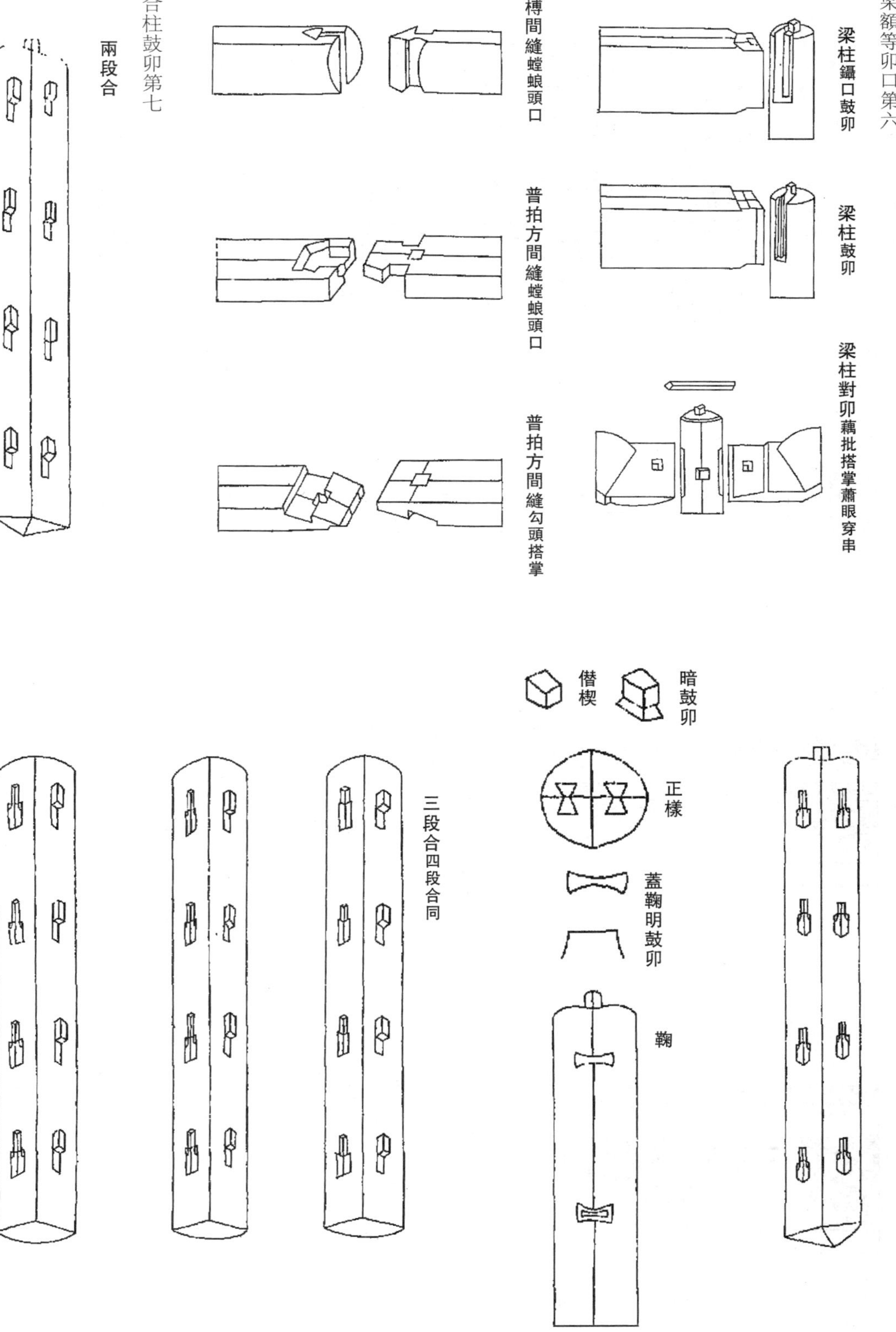

槫縫襻間第八

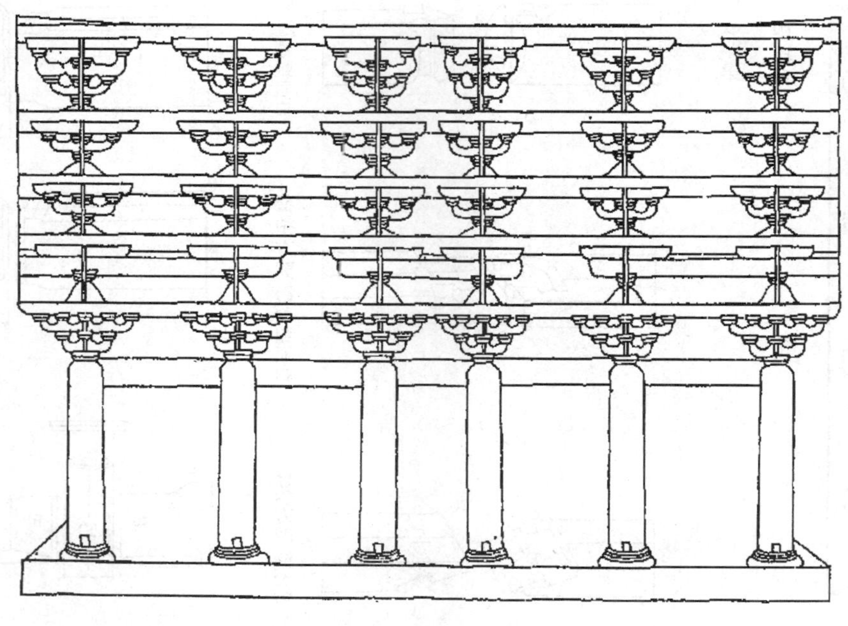

兩材襻間　單材襻間　捧節令栱　實相襻間

鋪作轉角正樣第九

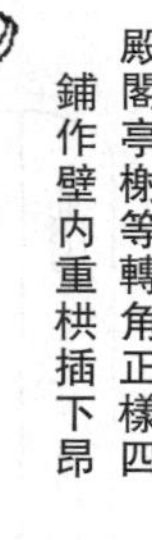
殿閣亭榭等轉角正樣四鋪作壁内重栱插下昂

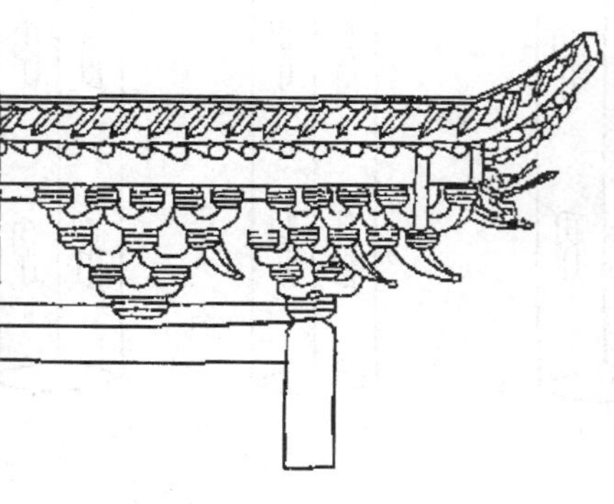
殿閣亭榭等轉角正樣五鋪作重栱出單抄下昂逐跳計心

殿閣亭榭等轉角正樣六鋪作重栱出單抄兩下昂逐跳計心

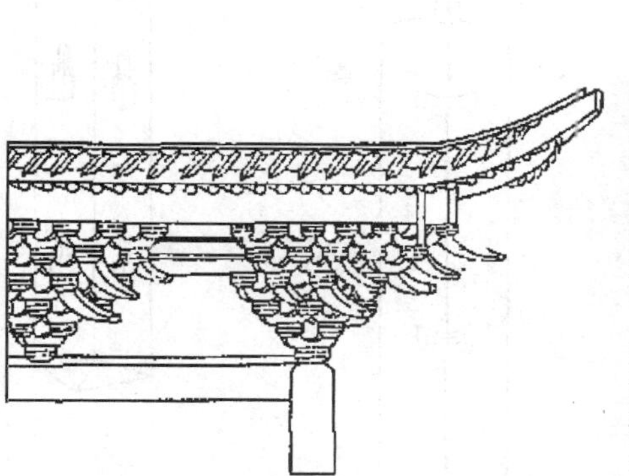
殿閣亭榭等轉角正樣七鋪作重栱出雙抄兩下昂逐跳計心

樓閣平坐轉角正樣六鋪作重栱出卷頭並計心

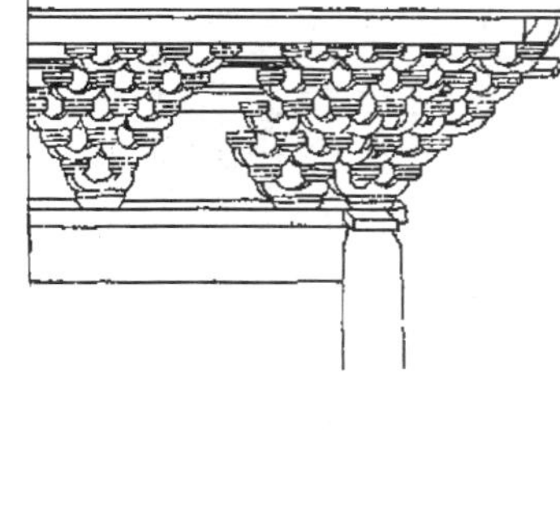
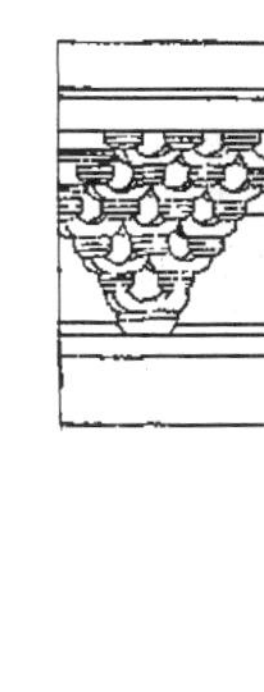

樓閣並坐轉角正樣七鋪作重栱出卷頭並計心

樓閣平坐轉角正樣七鋪作重栱出上昂偷心跳內當中施騎枓栱

殿閣地盤分槽第十

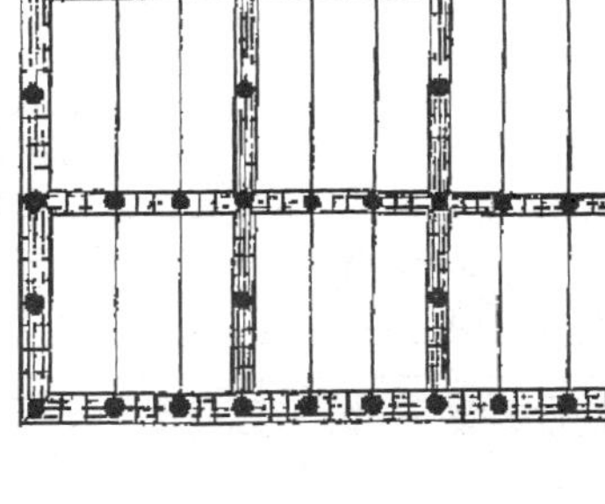

殿閣身地盤九間身內分心斗底槽

殿閣地盤殿身七間副階周帀各兩架椽身內單槽

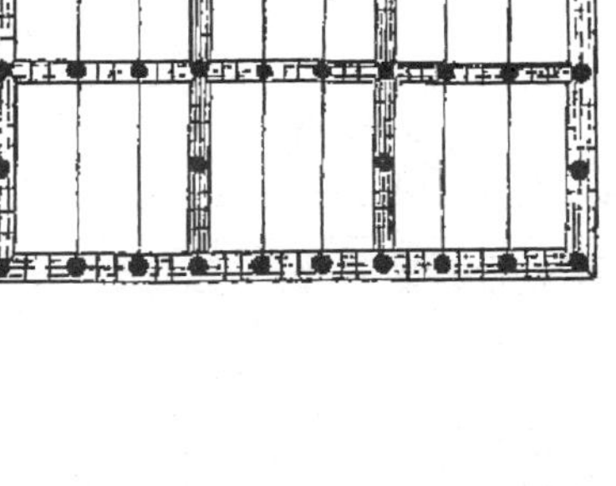
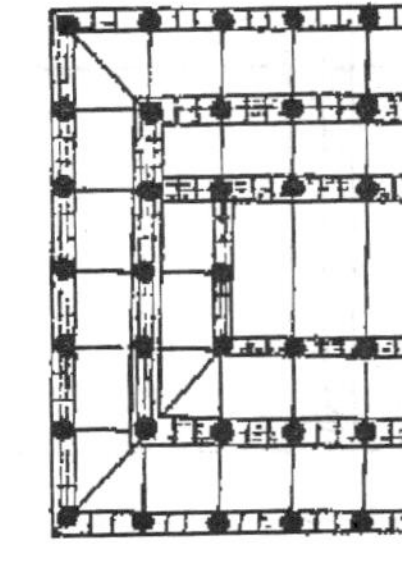

殿閣地盤殿身七間副階周帀各兩架椽身內金箱斗底槽

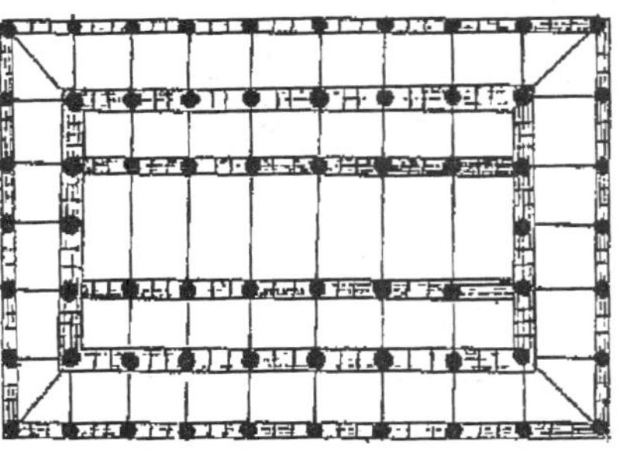
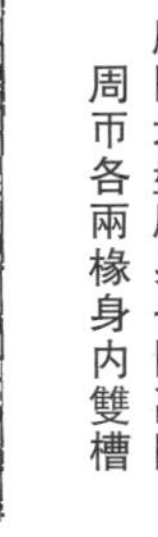

殿閣地盤殿身七間副階周帀各兩椽身內雙槽

殿堂等八鋪作副階六鋪作雙槽斗底槽準此下雙槽同草架側樣第十一

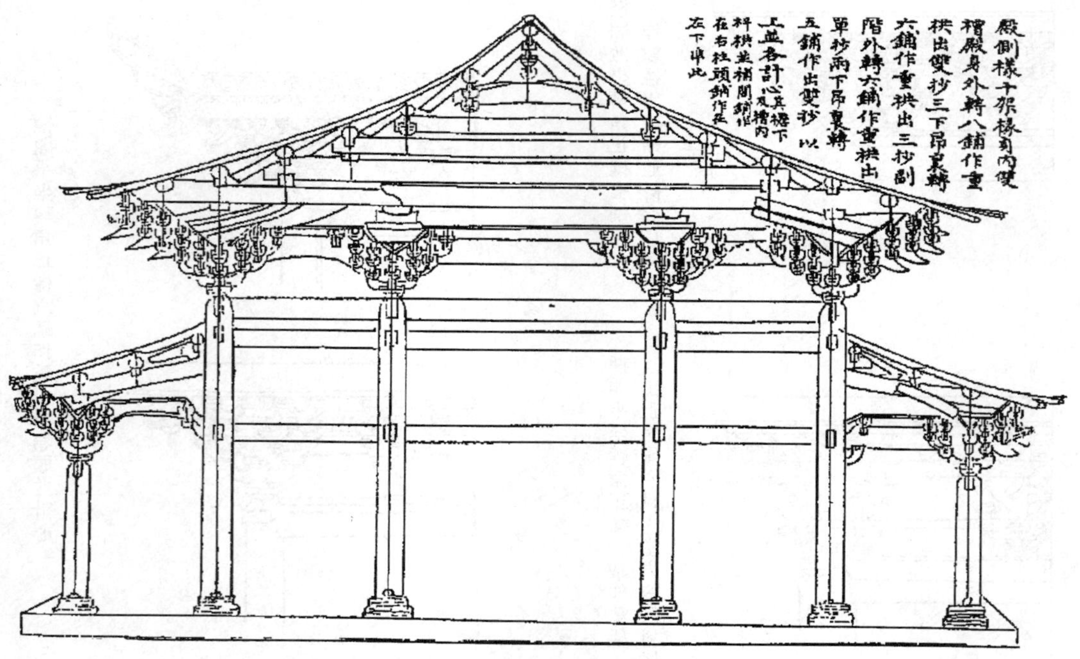

殿堂等七鋪作副階五鋪作雙槽草架側樣第十二

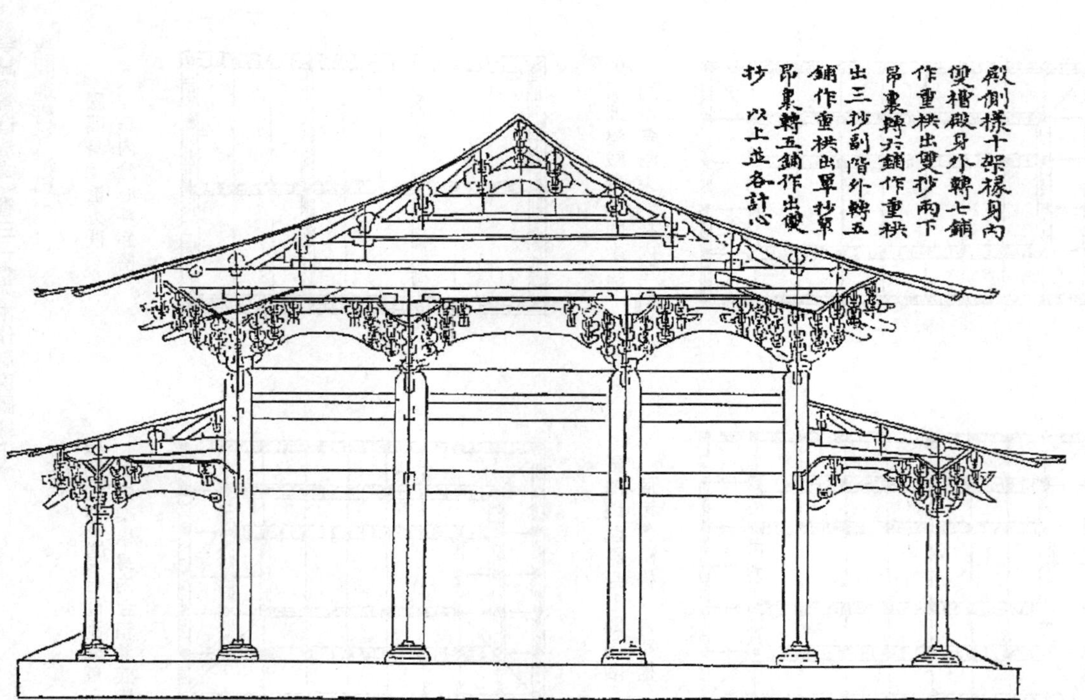

殿堂等五鋪作副階四鋪作單槽草架側樣第十三

殿側樣十架椽身內單槽殿身外轉五鋪作重栱出單抄單下昂裏轉五鋪作重栱出雙抄副階外轉四出插昂裏轉出一跳 以上並各計心

殿堂等六鋪作分心槽草架側樣第十四

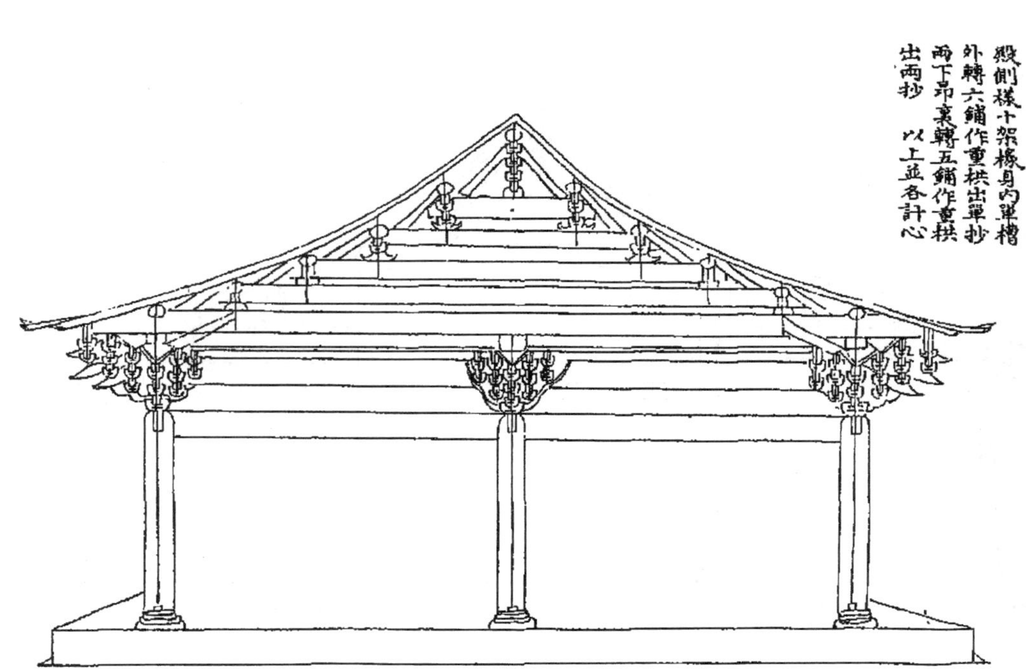

廳堂等自十架椽至四架椽間縫内用梁柱第十五

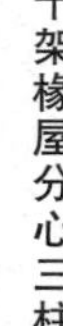

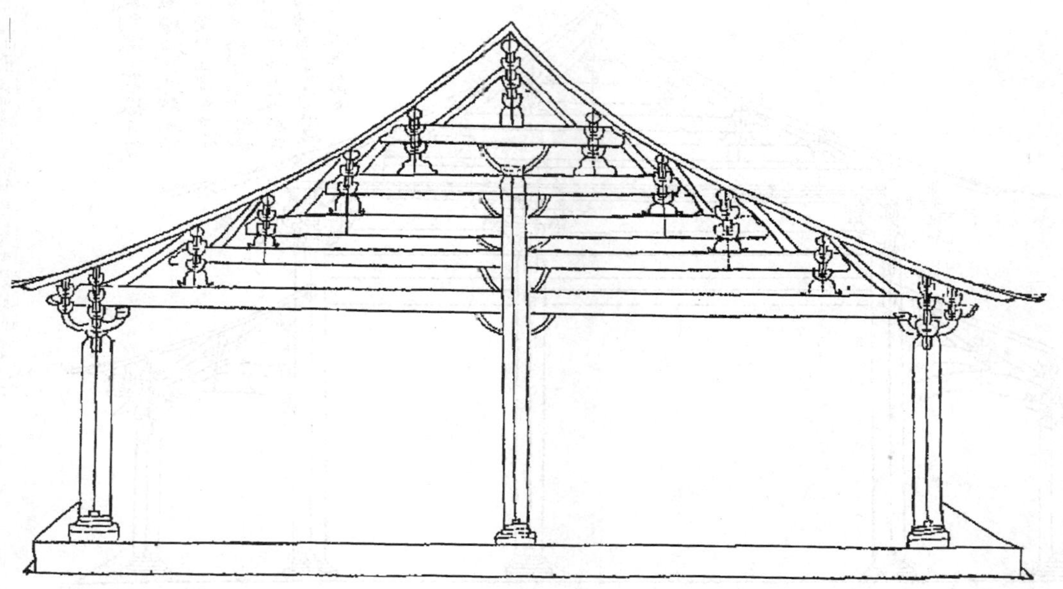

十架椽屋分心三柱

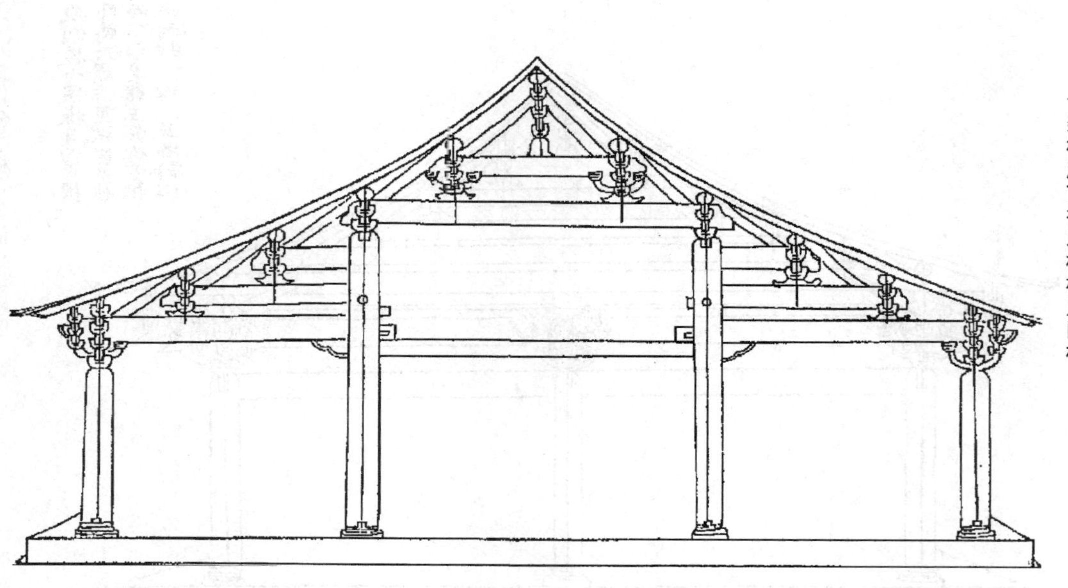

十架椽屋前後三椽栿用四柱

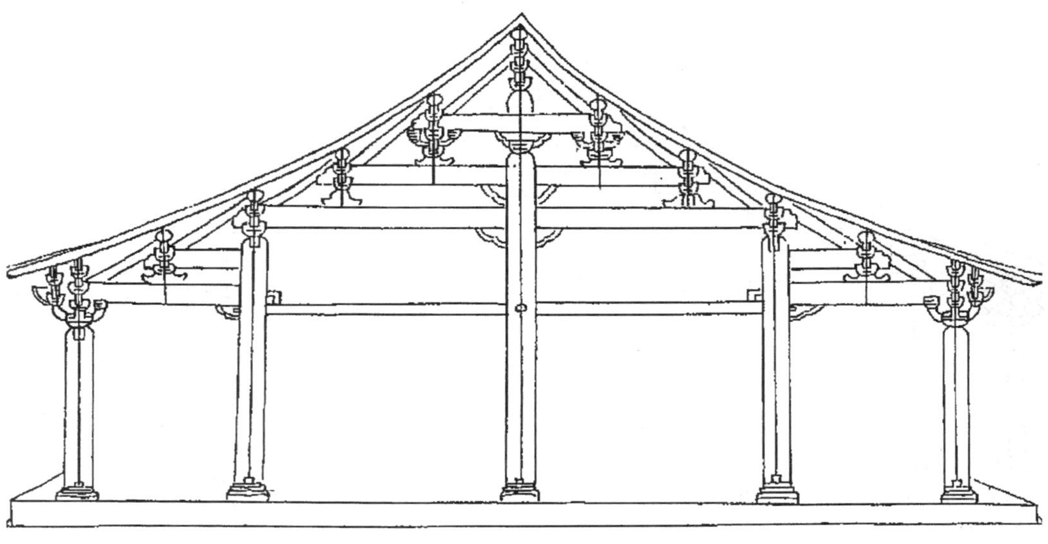

十架椽屋分心前後乳栿用五柱

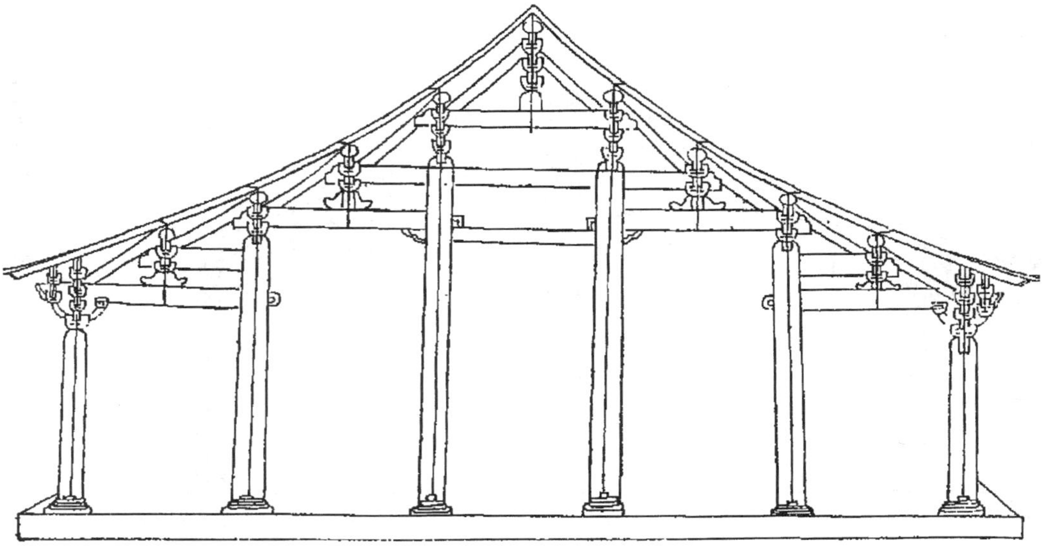

十架椽屋前後並乳栿用六柱

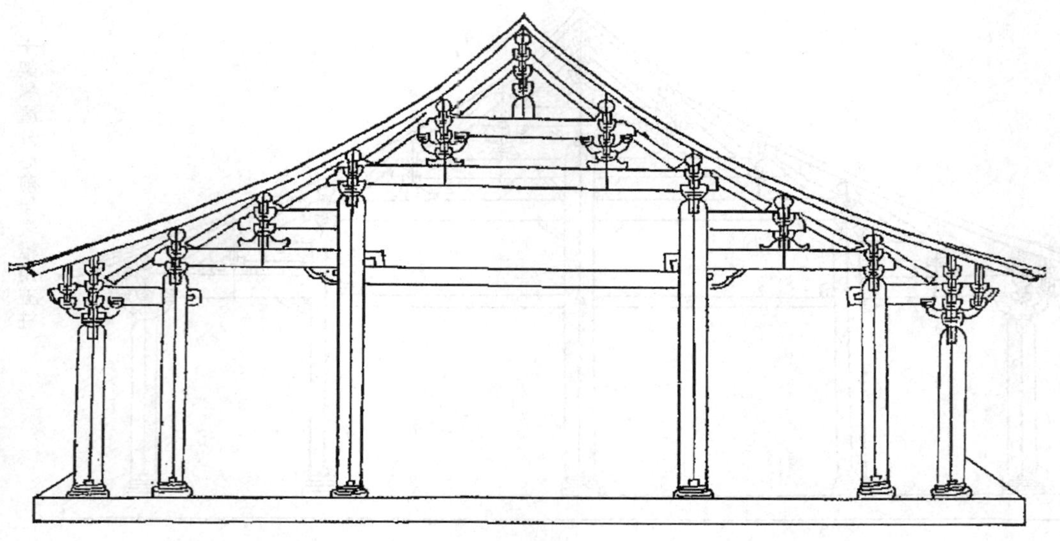

十架椽屋前後各劄牽乳栿用六柱

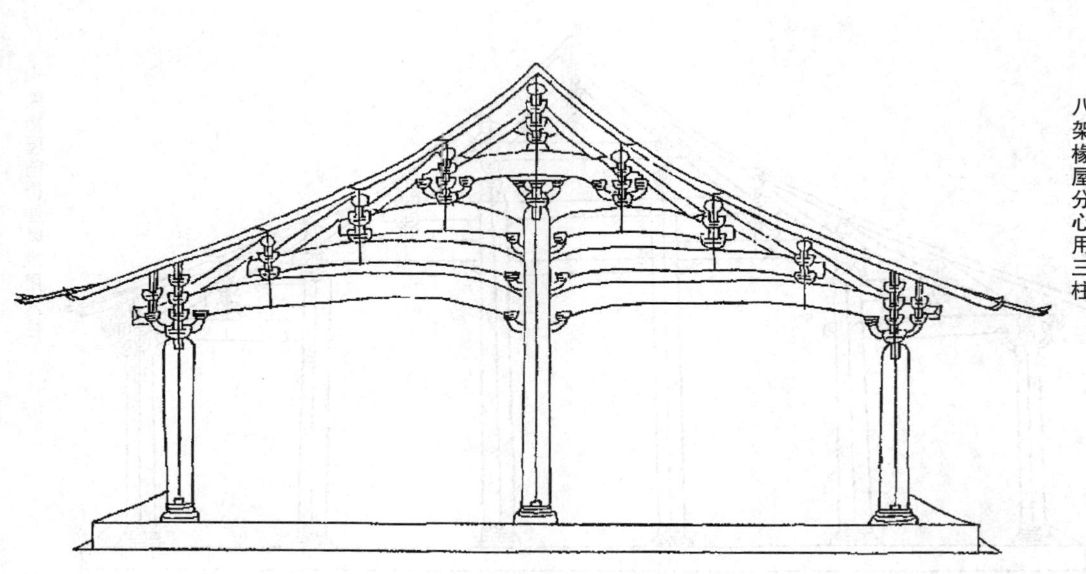

八架椽屋分心用三柱

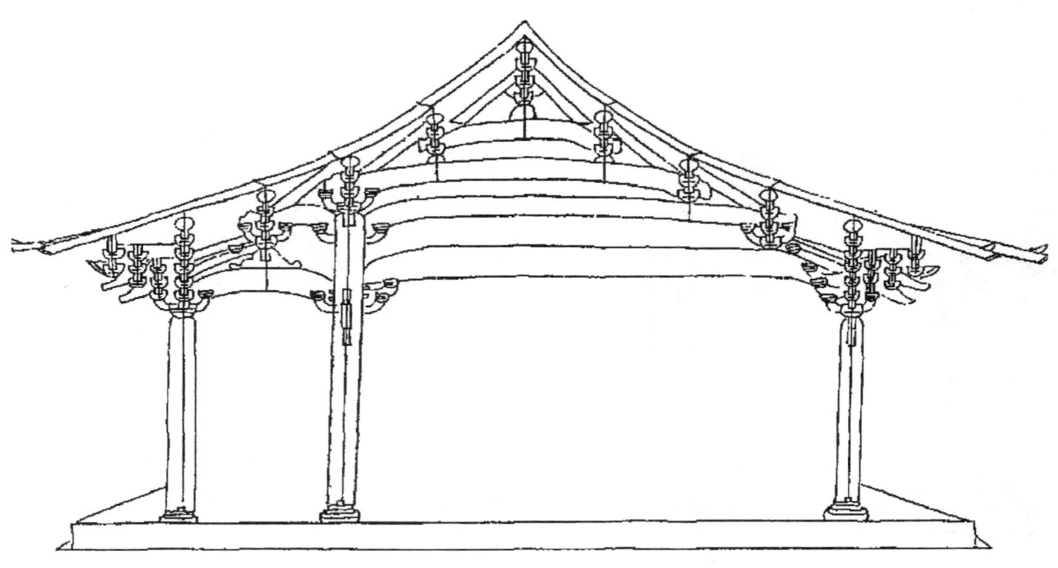

八架椽屋乳栿對六椽栿用三柱

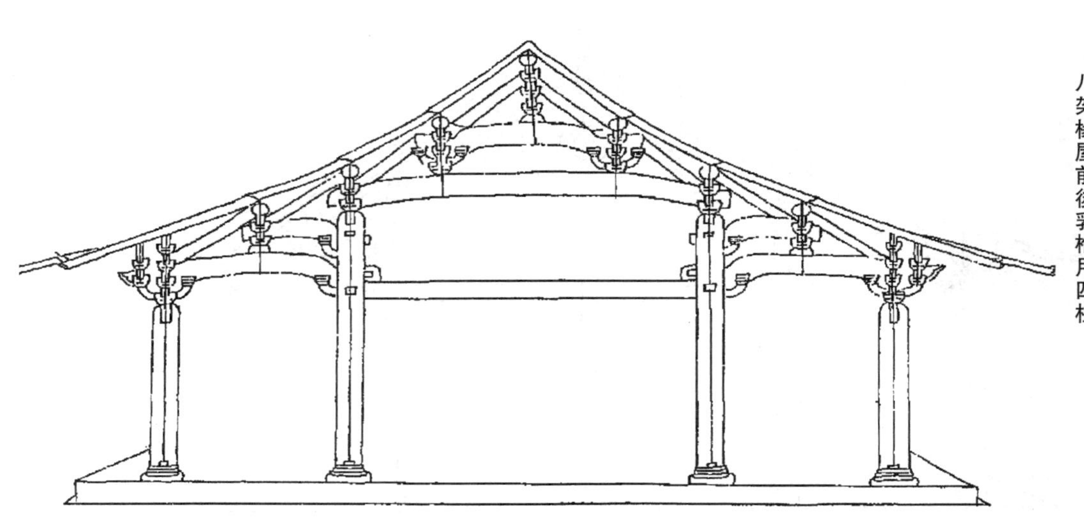

八架椽屋前後乳栿用四柱

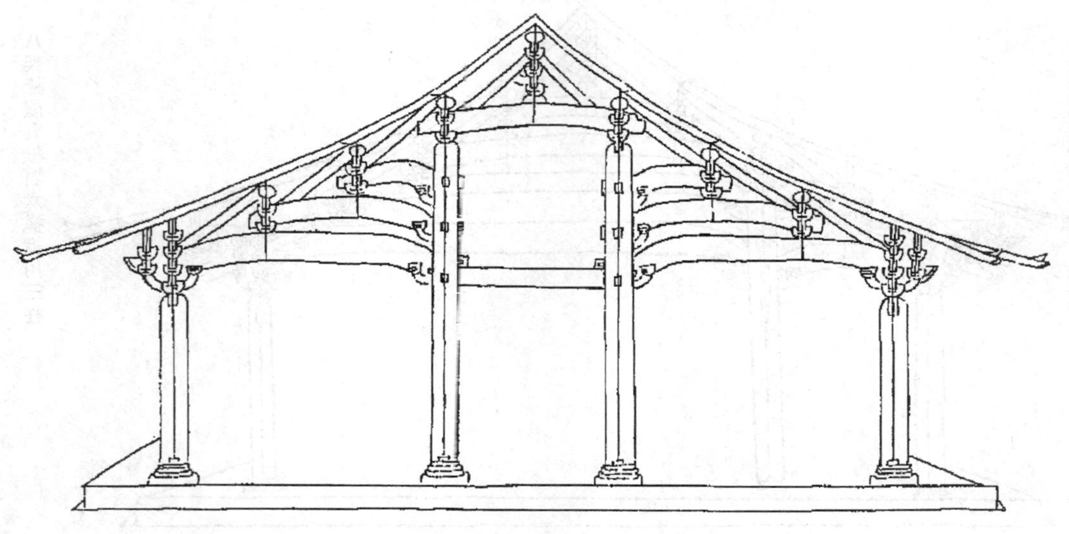

八架椽屋前後三椽栿用四柱

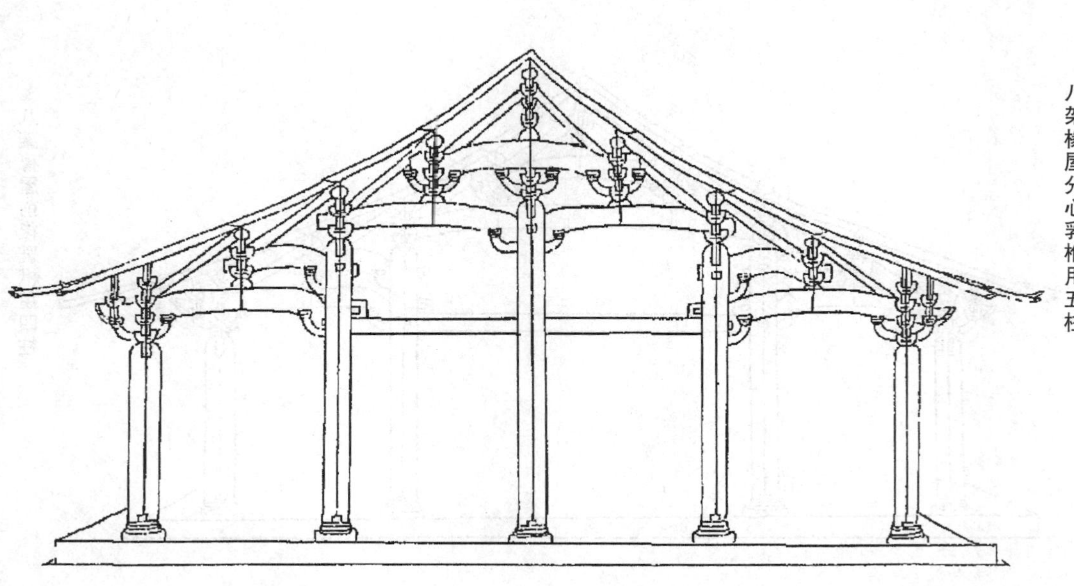

八架椽屋分心乳栿用五柱

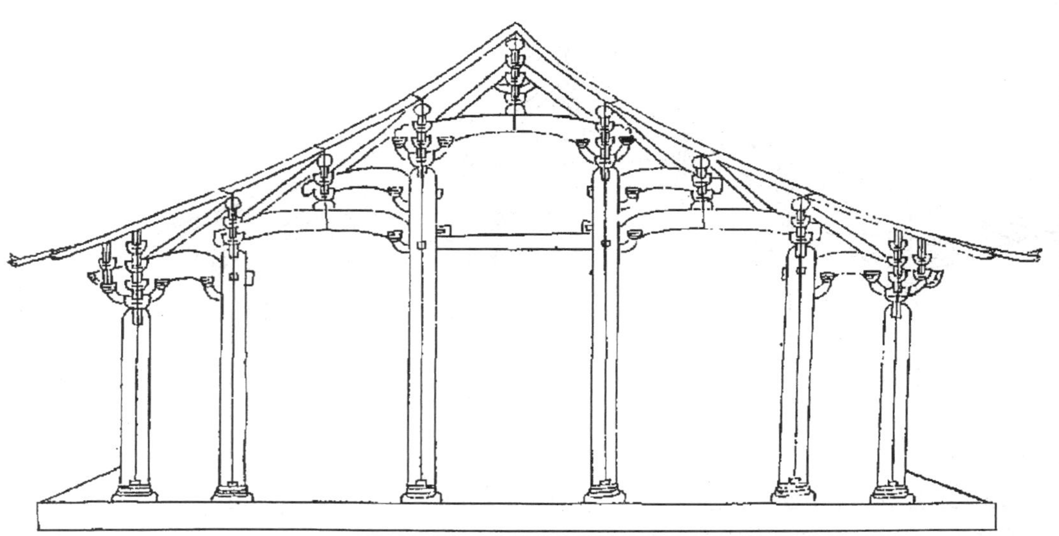

八架椽屋前後劄牽用六柱

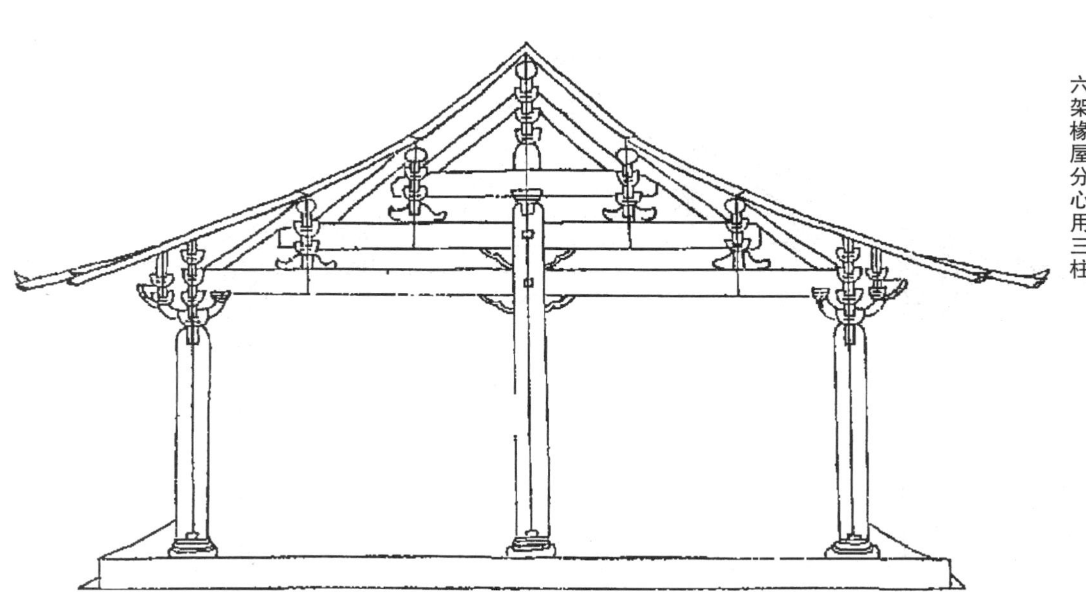

六架椽屋分心用三柱

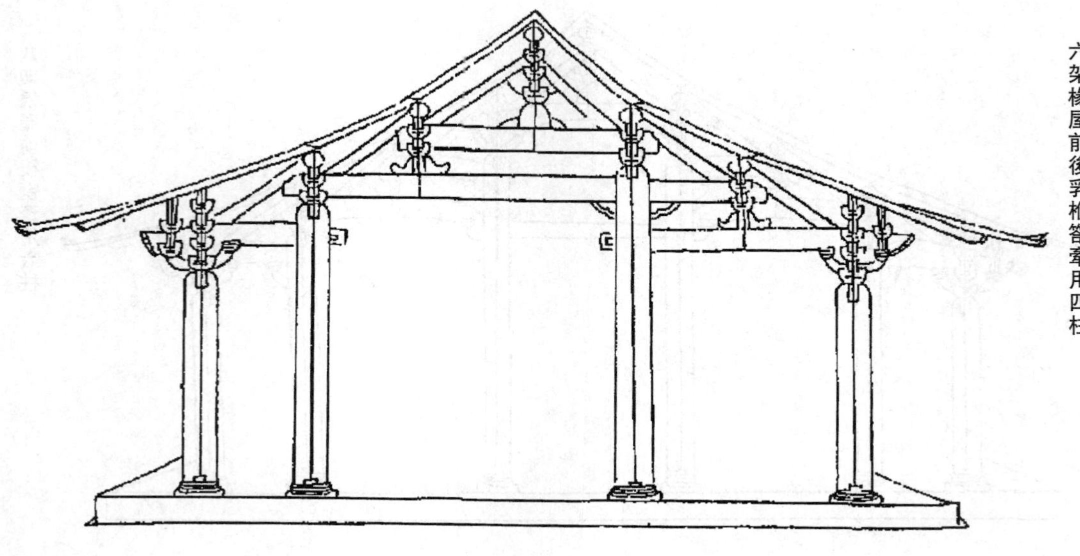

六架椽屋前後乳栿劄牽用四柱

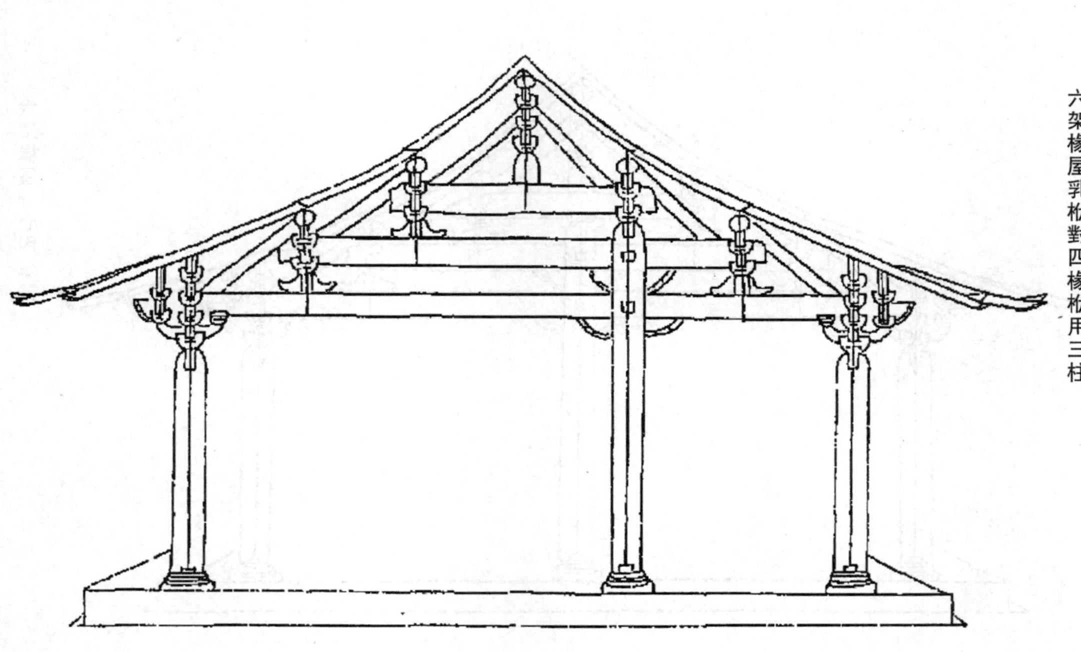

六架椽屋乳栿對四椽栿用三柱

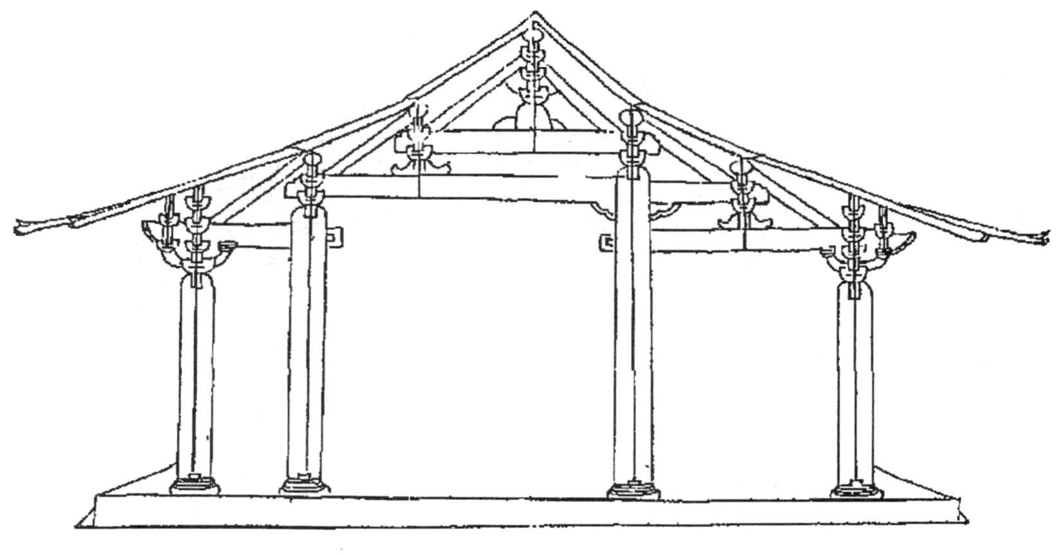

六架椽屋前後乳栿劄牽用四柱

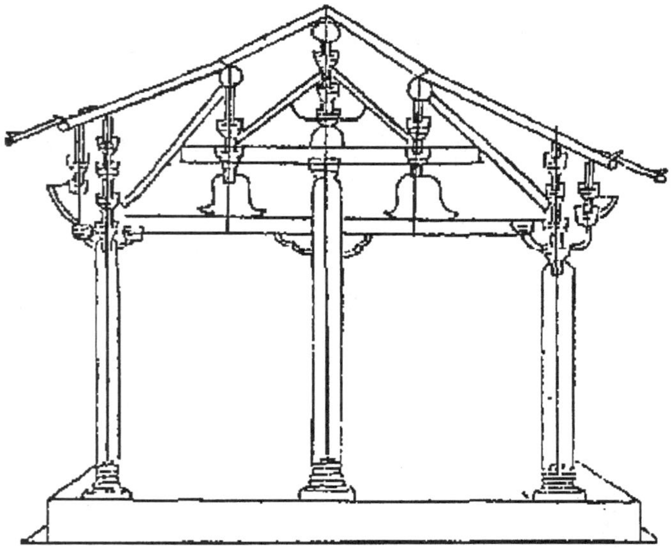

四架椽屋分心用三柱

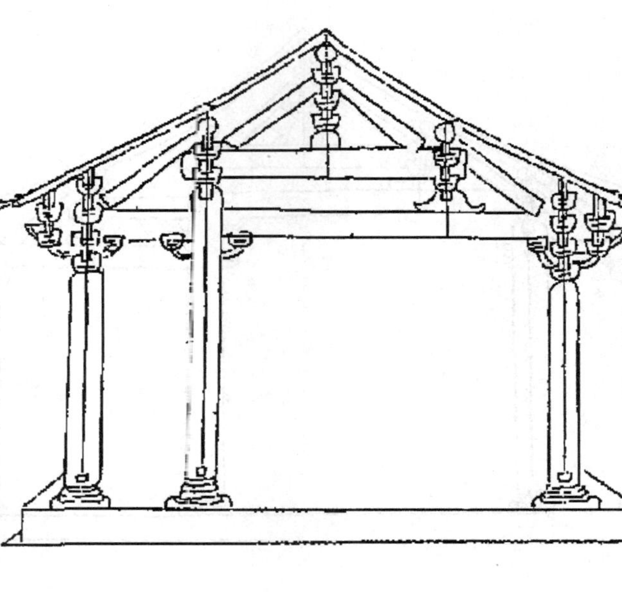

四架椽屋劄牽二椽栿用三柱

小木作技術

李誡《營造法式》卷六《小木作制度一》 版門雙扇版門、獨扇版門。

造版門之制：高七尺至二丈四尺，廣與高方。謂門高一丈，則每扇之廣不得過五尺之類。如減廣者，不得過五分之一。謂門扇合廣五尺，如減不得過四尺之類。其名件廣厚，皆取門每尺之高，積而爲法。獨扇用者，高不過七尺。餘準此法。

肘版：長視門高。別留出上下兩鑮。如用鐵桶子或鞾臼，即下不用鑮。每門高一尺，則廣一寸，厚三分。謂門高一丈，則肘版廣一尺，厚三寸。尺丈不等，依此加減。下同。

副肘版：長廣同上，厚二分五釐。高一丈二尺以上用，其肘版與副肘版，皆加至一尺五寸止。

身口版：長同上，廣隨材，通肘版與副肘版合縫計數，令足一扇之廣，如牙縫造者，每一版廣加五分爲定法。厚二分。

楅：每門廣一尺，則長九寸二分，廣八分，厚五分。襯關楅同。用楅之數，若門高七尺以下，用五楅；高八尺至一丈三尺，用七楅；高一丈四尺至一丈九尺，用九楅；高二丈至二丈二尺，用十一楅；高二丈三尺至二丈四尺，用十三楅。

額：長隨間之廣，其廣八分，厚三分。雙卯入柱。

雞栖木：長厚同額，廣六分。

門簪：長一寸八分，方四分，頭長四分半。餘分爲三分，上下各去一分，留中心爲卯。頰、内額上，兩壁各留半分，外均作三分，安簪四枚。

立頰：長同肘版，廣七分，厚同額。三分中取一分爲心卯。下同。如頰外有餘空，即裏外用難子安泥道版。

地栿：長厚同額，廣同頰。若斷砌門，則不用地栿，於兩頰下安卧柣、二柣。

門砧：長二寸一分，廣九分，厚六分。地栿内外各留二分，餘並(桃)〔挑〕肩破瓣。

凡版門如高一丈，所用門關徑四寸。關上用柱門柺。搕鏁柱長五尺，廣六寸四分，厚二寸六分。如高一丈以下者，只用伏兔、手栓。伏兔廣厚同楅，長令上下至楅。手栓長二尺至一尺五寸，廣二寸五分至二寸，厚二寸至一寸五分。縫内透栓及劄，並間楅用。透栓廣二寸，厚七分。每門增高一尺，則關徑加一分五釐。搕鏁柱長加一寸，廣加四分，厚加一分，透栓廣加一分，厚加三釐。透栓若減，亦同加法。一丈以上用四栓，一丈以下用二栓。其劄，若門高二丈以上，長四寸，廣三寸二分，厚九分；一丈五尺以上，長同上，廣二寸七分，厚八分；一丈以上長，三寸五分，廣二寸二分，厚七分；高七尺以上，長三寸，廣一寸八分，厚六分。若門高七尺以上，則上用雞栖木，下用門砧；若七尺以下，則上下並用伏兔。高一丈二尺以上者，或用鐵桶子鵝臺石砧；高二丈以上者，門上鑲安鐵鐧，雞栖木安鐵釧，下鑲安鐵鞾臼，用石地栿、門砧及鐵鵝臺。如斷砌，即卧柣，立柣並用石造。地栿版長隨立柣之廣，其廣同階之高，厚量長廣取宜，每長一尺五寸用楅一枚。

烏頭門其名有三：一曰烏頭大門，二曰表楬，三曰閥閱，今呼爲欞星門。

造烏頭門之制：俗謂之欞星門。高八尺至二丈二尺，廣與高方。若高一丈五尺以上，如減廣者不過五分之一，用雙腰串。七尺以下或用單腰串。如高一丈五尺以上，用夾腰華版，版心内用椿子。每扇各隨其長，於上腰串中心分作兩分，腰上安子桯、欞子。欞子之數須隻用。腰華以下，並安障水版，或下安鋜脚，則於下桯上施串一條。其版内外並施牙頭護縫。下牙頭或用如意頭造。門後用羅文楅。左右結角斜安，當心絞口。其名件廣厚，皆取門每尺之高，積而爲法。

肘：長視高。每門高一尺，廣五分，厚三分三氂。

桯：長同上，方三分三氂。

腰串：長隨扇之廣，其廣四分，厚同肘。

腰華版：長隨兩桯之内，廣六分，厚六氂。

鋜脚版：長厚同上，其廣四分。

子桯：廣二分二氂，厚三分。

承欞串：穿欞當中，廣厚同子桯。於子桯之内横用一條或二條。

欞子：厚一分。長入子桯之内三分之一。若門高一丈，則廣一寸八分。如高增一尺，則加一分，減亦如之。

障水版：廣隨兩桯之内，厚七氂。

障水版及鋜脚、腰華内難子：長隨桯内四周，方七氂。

牙頭版：長同腰華版，廣六分，厚同障水版。

腰華版及鋜脚内牙頭版：長視廣，其廣亦如之，厚同上。

護縫：厚同上。廣同欞子。

羅文楅：長對角，廣二分五氂，厚二分。

額：廣八分，厚三分。其長每門高一尺，則加六寸。

立頰：長視門高。上下各别出卯。廣七分，厚同額。額下安卧柣、立柣。

挾門柱：方八分。其長每門高一尺，則加八寸。柱下栽入地内，上施烏頭。

日月版：長四寸，廣一寸二分，厚一分五氂。

搶柱：方四方。其長，每門高尺則加二寸。

凡烏頭門所用雞栖木、門簪、門砧、門關、搕鏁柱、石砧、鐵鞾臼、鵝臺之類，並準版門之制。

軟門牙頭護縫軟門、合版軟門。

造軟門之制：廣與高方若。高一丈五尺以上，如減廣者，不過五分之一，用雙腰串造。或用單腰串。每扇各隨其長，除桯及腰串外，分作三分，腰上留二分，腰下留一分，上下並安版，内外皆施牙頭護縫。其身内版及牙頭護縫所用版，如門高七尺至一丈二尺，並厚六分；高一丈三尺至一丈六尺，並厚八分；高七尺以下，並厚五分，皆爲定法。腰華版厚同。下牙頭或用如意頭。其名件廣厚，皆取門每尺之高，積而爲法。

攏桯内外用牙頭護縫軟門：高六尺至一丈六尺。額、栿内上下施伏兔用立㮇。

肘：長視門高，每門高一尺，則廣五分，厚二分八氂。

桯：長同上，上下各出二分。方二分八氂。

腰串：長隨每扇之廣。其廣四分，厚二分八氂。隨其厚三分，以一分爲卯。

腰華版：長同上，廣五分。

合版軟門：高八尺至一丈三尺，並用七楅；八尺以下用五楅。上下牙頭，通身護縫，皆厚六分。如門高一丈，即牙頭廣五寸，護縫廣二寸。每增高一尺，則牙頭加五分，護縫加一分，減亦如之。

肘版：長視高，廣一寸，厚二分五氂。

身口版：長同上，廣隨材，通肘版合縫計數，令足一扇之廣。厚一分五氂。

楅：每門廣一尺，則長九寸二分。廣七分，厚四分。

凡軟門内或用手栓、伏兔，或用承柺楅，其額、立頰、地栿、雞栖木、門簪、門砧、石砧、鐵桶子、鵝臺之類，並準版門之制。

破子欞窗

造破子窗之制：高四尺至八尺，如間廣一丈，用一十七欞；若廣增一尺，即更加二欞。相去空一寸。不以欞之廣狹，只以空一寸爲定法。其名件廣厚，皆以窗每尺之高，積而爲法。

破子欞：每窗高一尺，則長九寸八分。令上下入子桯内，深三分之二。廣五分六鷁，厚二分八(鷁)〔釐〕。每用一條，方四分，結角解作兩條，則自得上項廣厚也。每間以五櫺出卯透子桯。

子桯：長隨櫺空，上下並合角斜義立頰。廣五分，厚四分。

額及腰串：長隨間廣，廣一寸二分。厚隨子桯之廣。

立頰：長隨窗之高，廣、厚同額。兩壁内隱出子桯。

地栿：長厚同額，廣一寸。

凡破子窗，於腰串下，地栿上，安心柱，搏頰。柱内或用障水版、牙脚、牙頭填心難子造，或用心柱編竹造，或於腰串下用隔減窗坐造。凡安窗，于腰串下高四尺至三尺，仍令窗額與門額齊平。

睒電窗

造睒電窗之制：高二尺至三尺。每間廣一丈，用二十一櫺。若廣增一尺，則更加二櫺，相去空一寸。其櫺實廣二寸，曲廣二寸七分，厚七分。謂以廣二寸七分直櫺，左右剜刻取曲勢，造成實廣二寸也。此廣厚皆爲定法。其名件廣厚，皆取窗每尺之高，積而爲法。

櫺子：每窗高一尺，則長八寸七分。廣厚已見上項。

上下串：長隨間廣，其廣一寸。如窗高二尺，厚一寸七分。每增高一尺，加一分五釐，減亦如之。

兩立頰：長視高，其廣厚同串。

凡睒電窗，刻作四曲或三曲，若水波文造，亦如之。施之於殿堂後壁之上，或山壁高處。如作看窗，則下用横鈐、立旌，其廣厚並準版櫺窗所用制度。

版櫺窗

造版櫺窗之制：高二尺至六尺。如間廣一丈，用二十一櫺。若廣增一尺，即更加二櫺。其櫺相去空一寸，廣二寸，厚七分。並爲定法。其餘名件長及廣厚，皆以窗每尺之高，積而爲法。

版櫺：每窗高一尺，則長八寸七分。

上下串：長隨間廣，其廣一寸。如窗高五尺，則厚二寸。若增高一尺，加一分五釐，減亦如之。

立頰：長視窗之高，廣同串。厚亦如之。

地栿：長同串。每間廣一尺，則廣四分五釐，厚二分。

立旌：長視高。每間廣一尺，則廣三分五釐，厚同上。

横鈐：長隨立旌内。廣厚同上。

凡版窗，於串下地栿上安心柱編竹造，或用隔減窗坐造。若高三尺以下，只安於牆上。令上串與門額齊平。

截間版帳

造截間版帳之制：高六尺至一丈，廣隨間之廣。内外並施牙頭護縫。如高七尺以上者，用額、栿、(搏)〔槫〕柱，當中用腰串造。若間遠則立榥柱。其名件廣厚，皆取版帳每尺之廣，積而爲法。

榥柱：長視高，每間廣一尺，則方四分。

額：長隨間廣，其廣五分，厚二分五釐。

腰串、地栿：長及廣厚皆同額。

(搏)〔槫〕柱：長視額，栿内廣其廣厚同額。

版：長同(搏)〔槫〕柱，其廣量宜分布。版及牙頭、護縫、難子，皆以厚六分爲定法。

牙頭：長隨(搏)〔槫〕柱内廣，其廣五分。

護縫：長視牙頭内高，其廣二分。

難子：長隨四周之廣，其廣一分。

凡截間版帳，如安於梁外乳栿、劄牽之下，與全間相對者，其名件廣厚，亦用全間之法。

照壁屏風骨截間屏風骨、四扇屏風骨，其名有四：一曰皇邸，二曰後版，三曰扆，四曰屏風。

造照壁屏風骨之制：用四直大方格眼。若每間分作四扇者，高七尺至一丈二尺；如只作一段截間造者，高八尺至一丈二尺，其名件廣厚，皆取屏風每尺之高，積而爲法。

截間屏風骨

桯：長視高，其廣四分，厚一分六釐。

條桱：長隨桯内四周之廣，方一分六釐。

額：長隨間廣，其廣一寸，厚三分五釐。

(搏)〔槫〕柱長同桯，其廣六分，厚同額。

地栿：長厚同額，其廣八分。

難子：廣一分二釐，厚八分。

四扇屏風骨

桯：長視高，其廣二分五釐，厚一分二釐。

條桱：長同上法，方一分二釐。

額：長隨間之廣，其廣七分，厚二分五釐。

(搏)〔榑〕柱：長同桯，其廣五分，厚同額。

地栿：長厚同額，其廣六分。

難子：廣一分，厚八釐。

凡照壁屏風骨，如作四扇開閉者，其所用立㮰、搏肘。若屏風高一丈，則搏肘方一寸四分，立㮰廣二寸，厚一寸六分。如高增一尺，即方及廣厚各加一分，減亦如之。

隔截横鈐立旌

造隔截横鈐立旌之制：高四尺至八尺，廣一丈至一丈二尺。每間隨其廣，分作三小間，用立旌，上下視其高，量所宜分布，施横鈐。其名件廣厚，皆取每間一尺之廣，積而爲法。

額及地栿：長隨間廣，其廣五分，厚三分。

(搏)〔榑〕柱及立旌：長視高，其廣三分五釐，厚二分五釐。

横鈐：長同額，廣厚並同立旌。

凡隔截所用横鈐、立旌，施之於照壁、門、窗或牆之上。及中縫截間者亦用之，或不用額、栿、(搏)〔榑〕柱。

露籬其名有五：一曰欏，二曰栅，三曰據，四曰藩，五曰落。今謂之露籬。

造露籬之制：高六尺至一丈，廣八尺至一丈二尺。下用地栿、横鈐、立旌，上用榻頭木施版屋造。每一間分作三小間。立旌長視高，栽入地，每高一尺，則廣四分，厚二分五釐。曲棖長一寸五分，曲廣三分，厚一分。其餘名件廣厚，皆取每間一尺之廣，積而爲法。

地栿、横鈐：每間廣一尺，則長二寸八分，其廣厚並同立旌。

榻頭木：長隨間廣，其廣五分，厚三分。

山子版：長一寸六分，厚二分。

屋子版：長同榻頭木，廣一寸二分，厚一分。

瀝水版：長同上，廣二分五釐，厚六釐。

壓脊、垂脊木：長廣同上，厚二分。

凡露籬若相連造，則每間減立旌一條。謂如五間，只用立旌十六條之類。其横鈐、地栿之長，各加一分三(氂)〔釐〕。版屋兩頭施搏風版及垂魚、惹草，並量宜造。

版引檐

造屋垂前版引檐之制：廣一丈至一丈四尺，如間太廣者，每間作兩段。長三尺至五尺。內外並施護縫，垂前用瀝水版。其名件廣厚，皆以每尺之廣，積而爲法。

桯：長隨間廣，每間廣一尺，則廣三分，厚二分。

檐版：長隨引檐之長，其廣量宜分擘。以厚六分爲定法。

護縫：長同上，其廣二分。厚同上定法。

瀝水版：長廣隨桯。厚同上定法。

跳椽：廣厚隨桯，其長量宜用之。

凡版引檐施之於屋垂之外，跳椽上安闌頭木、挑斡，引檐與小連檐相續。

水槽

造水槽之制：直高一尺，口廣一尺四寸。其名件廣厚，皆以每尺之高，積而爲法。

廂壁版：長隨間廣，其廣視高，每一尺加六分，厚一寸二分。

底版：長厚同上。每口廣一尺，則廣六寸。

罨頭版：長隨廂壁版內，厚同上。

口襻：長隨口廣，其方一寸五分。

跳椽：長隨所用，廣二寸，厚一寸八分。

凡水槽施之於屋檐之下，以跳椽襻拽。若廳堂前後檐用者，每間相接，令中間者最高，兩次間以外，(遠)〔逐〕間各低一版，兩頭出水。如廊屋或挾屋偏用者，並一頭安罨頭版，其槽縫并包底廕牙縫造。

井屋子

造井屋子之制：自地至脊共高八尺，四柱。其柱外方五尺，垂檐及兩際皆在外。柱頭高五尺八寸。下施井匱，高一尺二寸，上用厦瓦版，內外護縫；上安壓脊、垂脊，兩際施垂魚、惹草。其名件廣厚，皆以每尺之高，積而爲法。

柱：每高一尺，則長七寸五分，鑲、耳在內。方五分。

額：長隨柱內，其廣五分，厚二分五釐。

栿：長隨方，每壁每長一尺加二寸，跳頭在内。其廣五分，厚四分。

蜀柱：長一寸三分，廣厚同上。

義手：長三寸，廣四分，厚二分。

槫：長隨方，每壁每長一尺加四寸，出際在内。廣厚同蜀柱。

串長同上加亦同上出頭在内廣三分厚二分

厦瓦版：長隨方，每方一尺，則長八寸，斜長隨檐在内。其廣隨材合縫。以厚六分爲定法。

上下護縫：長厚同上，廣二分五釐。

壓脊：長及廣厚並同槫。其廣取槽在内。

垂脊：長三寸八分，廣四分，厚三分。

搏風版：長五寸五分，廣五分。厚同厦瓦版。

瀝水牙子：長同槫，廣四分。厚同上。

垂魚：長二寸，廣一寸二分。厚同上。

惹草：長一寸五分，廣一寸。厚同上。

井口木：長同額，廣五分，厚三分。

地栿：長隨柱外，廣厚同上。

井匱版：長同井口木，其廣九分，厚一分二釐。

井匱内外難子：長同上。以方七分爲定法。

凡井屋子，其井匱與柱下齊，安於井階之上，其舉分準大木作之制。

地棚

造地棚之制：長隨間之廣，其廣隨間之深。高一尺二寸至一尺五寸。下安敦标，中施方子，上鋪地面版。其名件廣厚，皆以每尺之高，積而爲法。

敦标：每高一尺，長加三寸。廣八寸，厚四寸七分。每方子長五尺用一枚。

方子：長隨間深，接搭用。廣四寸，厚三寸四分。每間用三路。

地面版：長隨間廣，其廣隨材，合貼用。厚一寸三分。

遮羞版：長隨門道間廣，其廣五寸三分，厚一寸。

凡地棚施之於倉庫屋内，其遮羞版安於門道之外，或露地棚處皆用之。

李誠《營造法式》卷七《小木作制度二》 格子門四斜毬文格子、四斜毬文上出條桱重格眼、四直方格眼、版壁、兩明格子。

造格子門之制有六等：一曰四混，中心出雙線，入混内出單線；或混内不出線。二曰破瓣雙混，平地出雙線；或單混出單線。三曰通混出雙線；或單線。四曰通混壓邊線；五曰素通混；以上並攛尖入卯。六曰方直破瓣。或攛尖或義瓣造。高六尺至一丈二尺，每間分作四扇。如梢間狹促者，只分作二扇。如檐額及梁栿下用者，或分作六扇造。用雙腰串，或單腰串造。每扇各隨其長。除桯及腰串外，分作三分，腰上留二分安格眼，或用四斜毬文格眼，或用四直方格眼，如就毬文者，長短隨宜加減。腰下留一分安障水版。腰華版及障水版皆厚六分；桯四角外，上下各出卯，長一寸五分，並爲定法。其名件廣厚，皆取門桯每尺之高，積而爲法。

四斜毬文格眼：其條桱厚一分二釐。毬文徑三寸至六寸。每毬文圜徑一寸，則每瓣長七分，廣三分，絞口廣一分，四周壓線。其條桱瓣數須雙用，四角各令一瓣入角。

桯：長視高，廣三分五釐，厚二分七釐。腰串廣厚同桯。横卯隨桯三分中存向裏二分爲廣，腰串卯隨其廣，如門高一丈，桯卯及腰串卯皆厚六分；每高增一尺，即加二釐；減亦如之。後同。

子桯：廣一分五釐，厚一分四釐。斜合四角，破瓣單混造。後同。

腰華版：長隨扇内之廣，(廣)〔厚〕四分。施之于雙腰串之内；版外別安彫華。

障水版：長廣各隨桯。令四面各入池槽。

額：長隨間之廣，廣八分，厚三分。用雙卯。

(搏)〔槫〕柱、頰：長同桯，廣五分。量攤擘扇數，隨宜加減。厚同額。二分中取一分爲心卯。

地栿：長厚同額，廣七分。

四斜毬文上出條桱重格眼：其條桱之厚，每毬文圜徑二寸，則加毬文格眼之厚二分。每毬文圜徑加一寸，則厚又加一分；桯及子桯亦如之。其毬文上採出條桱，四攛尖，四混出雙線或單線造。如毬文圜徑二寸，則採出條桱方三分，若毬文圜徑加一寸，則條桱方又加一分。其對格眼子桯，則安攛尖其尖，外入子桯，内對格眼，合尖令線混轉過。其對毬文子桯，每毬文圜徑一寸，則子桯廣五釐；若毬文圜徑加一寸，則子桯之廣又加五釐。或以毬文隨四直格眼者，則子桯之下採出毬文，其廣與身内毬文相應。

四直方格眼：其制度有七等：一曰四混絞雙線。或單線。二曰通混壓邊線，心内絞雙線。或單線。三曰麗口絞瓣雙混。或單混出線。四曰麗口素絞瓣。五曰一混四攛尖。六曰平出線。七曰方絞眼。其條桱皆廣一分，厚八釐，眼内方三寸至二寸。

桯：長視高，廣三分，厚二分五釐。腰串同。

子桯：廣一分二釐，厚一分。

腰華版及障水版：並準四斜毬文法。

額：長隨間之廣，廣七分，厚二分八氂。

（搏）〔榑〕柱、頰：長隨門高，廣四分，量攤擘扇數，隨宜加減。厚同額。

地栿：長厚同額，廣六分。

版壁：上二分不安格眼，亦用障水版者。名件並準前法，唯桯厚減一分。

兩明格子門：其腰華、障水版、格眼皆用兩重。桯厚更加二分一氂。子桯及條桱之厚各減二氂。額、頰、地栿之厚，各加二分四氂。其格眼兩重，外面者安定；其内者，上開池槽深五分，下深二分。

凡格子門所用搏肘、立㮫，如門高一丈，即搏肘方一寸四分，立㮫廣二寸，厚一寸六分，如高增一尺，即方及廣厚各加一分；減亦如之。

闌檻（鈎）〔鈎〕窗

造（鈎）〔鈎〕窗闌檻之制：共高七尺至一丈，每間分作三扇，用四直方格眼。檻面外施雲栱鵝項鈎闌，内用托柱。各四枚。其名件廣厚，各取窗檻每尺之高，積而爲法。其格眼出線，並準格子門四直方格眼制度。

（鈎）〔鈎〕窗：高五尺至八尺。

子桯：長視窗高，廣隨逐扇之廣，每窗高一尺，則廣三分，厚一分四氂。

條桱：廣一分四氂，厚一分二氂。

心柱、（搏）〔榑〕柱：長視子桯，廣四分五氂，厚三分。

額：長隨間廣，其廣一寸一分，厚三分五氂。

檻：面高一尺八寸至二尺。每檻面高一尺，鵝項至尋杖共加九寸。

檻面版：長隨間心。每檻面高一尺，則廣七寸，厚一寸五分。如柱徑或有大小，則量宜加減。

鵝項：長視高，其廣四寸二分，厚一寸五分。或加減同上。

雲栱：長六寸，廣三寸，厚一寸七分。

尋杖：長隨檻面，其方一寸七分。

心柱及（搏）〔榑〕柱：長自檻面版下至栿上，其廣二寸厚一寸三分。

托柱：長自檻面下至地，其廣五寸，厚一寸五分。

地栿：長同窗額，廣二寸五分，厚一寸三分。

障水版：廣六寸。以厚六分爲定法。

凡（鈎）〔鈎〕窗所用搏肘，如高五尺，則方一寸；卧關如長一丈，即廣二寸，厚一寸六分。每高與長增一尺，則各加一分，減亦如之。

殿内截間格子

造殿堂内截間格子之制：高一丈四尺至一丈七尺。用單腰串，每間各視其長，除桯及腰串外，分作三分。腰上二分安格眼，用心柱、（搏）〔榑〕柱分作二間。腰下一分爲障水版，其版亦用心柱、（搏）〔榑〕柱分作三間。内一間或作開閉門子。用牙脚、牙頭填心，内或合版攏桯。上下四周並纏難子。其名件廣厚，皆取格子上下每尺之通高，積而爲法。

上子桯：長視格眼之高，廣三分五氂，厚一分六氂。

條桱：廣厚並準格子門法。

障水子桯：長隨心柱、（搏）〔榑〕柱内，其廣一分八氂，厚二分。

上下難子：長隨子桯，其廣一分二氂，厚一分。

搏肘：長視子桯及障水版，方八氂。出鑿在外。

額及腰串：長隨間廣，其廣九分，厚三分二氂。

地栿：長厚同額，其廣七分。

上（搏）〔榑〕柱及心柱：長視（搏）〔榑〕肘，廣六分，厚同額。

上（搏）〔榑〕柱及心柱：長視障水版，其廣五分，厚同上。

凡截間格子，上二分子桯内所用四斜毬文格眼，圜徑七寸至九寸，其廣厚皆準格子門之制。

堂閣内截間格子

造堂閣内截間格子之制：皆高一丈，廣一丈一尺。其桯制度有三等：一曰面上出心線，兩邊壓線；二曰瓣内雙混，或單混；三曰方直破瓣攛尖。其名件廣厚，皆取每尺之高，積而爲法。

截間格子：當心及四周皆用桯，其外上用額，下用地栿；兩邊安（搏）〔榑〕柱。格眼毬文徑五寸。雙腰串造。

桯：長視高。卯在内。廣五分，厚三分七氂。上下者，每間廣一尺，即長九寸二分。

腰串：每間廣一尺，即長四寸六分。廣三分五氂，厚同上。

腰華版：長隨兩桯内，廣同上。以厚六分爲定法。

障水版：長視腰串及下桯，廣隨腰華版之長。厚同腰華版。

子桯：長隨格眼四周之廣，其廣一分六氂，厚一分四氂。

額：長隨間廣，其廣八分，厚三分五釐。

地栿：長厚同額，其廣七分。

（摶）〔榑〕柱：長同桯，其廣五分，厚同地栿。

難子：長隨桯四周，其廣一分，厚七釐。

截間開門格子：四周用額、栿、（摶）〔榑〕柱。其内四周用桯，桯内上用門額；額上作兩間，施毬文，其子桯高一尺六寸。兩邊留泥道施立頰；泥道施毬文，其子桯廣一尺二寸。中安毬文格子門兩扇，格眼毬文徑四寸。單腰串造。

桯：長及廣厚同前法。上下桯廣同。

門額：長隨桯内，其廣四分，厚二分七釐。

立頰：長視門額下桯内，廣厚同上。

門額上心柱：長一寸六分，廣厚同上。

泥道内腰串：長隨（摶）〔榑〕柱、立頰内，廣厚同上。

障水版：同前法。

門額上子桯：長隨額内四周之廣，其廣二分，厚一分二釐。泥道内所用廣厚同。

門肘：長視扇高，鑲在外。方二分五釐。

門桯：長同上，出頭在外。廣二分，厚二分五釐。上下桯亦同。

門障水版：長視腰串及下桯内，其廣隨扇之廣。以厚六分爲定法。

門桯内子桯：長隨四周之廣，其廣厚同額上子桯。

小難子：長隨子桯及障水版四周之廣。以方五分爲定法。

額：長隨間廣，其廣八分，厚三分五釐。

地栿：長厚同上，其廣七分。

（摶）〔榑〕柱：長視高，其廣四分五釐，厚同上。

大難子：長隨桯四周，其廣一分，厚七釐。

上下伏兔：長一寸，廣四分，厚二分。

手栓伏兔：長同上，廣三分五釐，厚一分五釐。

手栓：長一寸五分，廣一分五釐，厚一分二釐。

凡堂閣内截間格子，所用四斜毬文格眼、及障水版等分數，其長徑並準格子門之制。

殿閣照壁版

造殿閣照壁版之制：廣一丈至一丈四尺，高五尺至一丈一尺。外面纏貼，内外皆施難子，合版造。其名件廣厚，皆取每尺之高，積而爲法。

額：長隨間廣，每高一尺，則廣七分，厚四分。

（摶）〔榑〕柱：長視高，廣五分，厚同額。

版：長同（摶）〔榑〕柱，其廣隨（摶）〔榑〕柱之内，厚二分。

貼：長隨桯内四周之廣，其廣三分，厚一分。

難子：長厚同貼，其廣二分。

凡殿閣照壁版，施之於殿閣槽内，及照壁門窻之上者皆用之。

障日版

造障日版之制：廣一丈一尺，高三尺至五尺。用心柱、（摶）〔榑〕柱，内外皆施難子，合版或用牙頭護縫造，其名件廣厚，皆以每尺之廣，積而爲法。

額：長隨間之廣，其廣六分，厚三分。

心柱、（摶）〔榑〕柱：長視高，其廣四分，厚同額。

版：長視高，其廣隨心柱、（摶）〔榑〕柱之内。版及牙頭、護縫，皆以厚六分爲定法。

牙頭版：長隨廣，其廣五分。

護縫：長視牙頭之内，其廣二分。

難子：長隨桯内四周之廣，其廣一分，厚八釐。

凡障日版，施之於格子門及門、窻之上，其上或更不用額。

廊屋照壁板

造廊屋照壁版之制：廣一丈至一丈一尺，高一尺五寸至二尺五寸。每間分作三段，於心柱、（摶）〔榑〕柱之内。内外皆施難子，合版造。其名件廣厚，皆以每尺之廣，積而爲法。

心柱、（摶）〔榑〕柱：長視高，其廣四分，厚三分。

版：長隨心〔柱〕、（摶）〔榑〕柱内之廣，其廣視高，厚一分。

難子：長隨桯内四周之廣，方一分。

凡廊屋照壁板，施之於殿廊由額之内。如安於半間之内與全間相對者，其名件廣厚亦用全間之法。

胡梯

造胡梯之制：高一丈，拽脚長隨高，廣三尺，分作十二級；攏頰榥施促踏版，側立者謂之促版，平者謂之踏版。上下並安望柱。兩頰隨身各用鉤闌，斜高三尺五寸，分作四間。每間内安卧櫺三條。其名件廣厚，皆以每尺之高，積而爲法。鉤闌名件廣厚，皆以鉤闌每尺之高，積而爲法。

兩頰：長視梯高，每高一尺，則長加六寸，拽脚鐙口在内。廣一寸二分，厚二分一釐。

榥長隨兩頰内卯透外用抱寨其方三分每頰長五尺用榥一條

促、踏版：長同上，廣七分四釐，厚一分。

鉤闌望柱：每鉤闌高一尺，則長加四寸五分，卯在内。方一寸五分。破瓣、仰覆蓮華，單胡桃子造。

蜀柱：長隨鉤闌之高，卯在内。廣一寸二分，厚六分。

尋杖：長隨上下望柱内，徑七分。

盆脣：長同上，廣一寸五分，厚五分。

卧櫺：長隨兩蜀柱内，其方三分。

凡胡梯，施之於樓閣上下道内，其鉤闌安於兩頰之上。更不用地栿。如樓閣高遠者，作兩盤至三盤造。

垂魚　惹草

造垂魚、惹草之制：或用華瓣，或用雲頭造。垂魚長三尺至一丈，惹草長三尺至七尺。其廣厚皆取每尺之長，積而爲法。

垂魚版：每長一尺，則廣六寸，厚二分五釐。

惹草版：每長一尺，則廣七寸，厚同垂魚。

凡垂魚，施之於屋山搏風版合尖之下。惹草施之於搏風版之下、榑之外。每長二尺，則於後面施楅一枚。

栱眼壁版

造栱眼版之制：於材下、額上、兩栱頭相對處鑿池槽，隨其曲直，安版於池槽之内。其長廣皆以科栱材分爲法。科、栱、材、分，在「大木作制度」内。

重栱眼壁版：長隨補間鋪作，其廣五(十)〔寸〕四分。厚一寸二分。

單栱眼壁版：長同上，其廣三十三分。厚同上。

凡栱眼壁版，施之於鋪作(擔)〔檐〕額之上。其版如隨材合縫則縫内用劄造。

裏栿版

造裏栿版之制：於栿兩側各用廂壁版，栿下安底版，其廣厚皆以梁栿每尺之廣，積而爲法。

兩側廂壁版：長廣皆隨梁栿，每長一尺，則厚二分五釐。

底版：長厚同上，其廣隨梁栿之厚，每厚一尺，則廣加三寸。

凡裏栿版，施之於殿槽内梁栿。其下底版合縫，令承兩廂壁版，其兩廂壁版及底版皆造雕華。雕華等次序，在「雕作制度」内。

擗簾竿

造擗簾竿之制有三等：一曰八混，二曰破瓣，三曰方直。長一丈至一丈五尺。其廣厚皆以每尺之高，積而爲法。

擗簾竿：長視高，每高一尺，則方三分。

腰串：長隨間廣，其廣三分，厚二分。只方直造。

凡擗簾竿，施之於殿堂等出跳栱之下。如無出跳者，則於椽頭下安之。

護殿閣檐竹網木貼

造安護殿閣檐科栱竹雀眼網上下木貼之制：長隨所用逐間之廣，其廣二寸，厚六分，爲定法。皆方直造。地衣簟貼同。上於椽頭，下於擔額之上，壓雀眼網安釘。地衣簟貼，若至柱或碇之類，並隨四周，或圜或曲，壓簟安釘。

李誡《營造法式》卷八《小木作制度三》　平棊其名有三：一曰平機，二曰平橑，三曰平棊。俗謂之「平起」。其以方椽施素版者，謂之「平闇」。

造殿内平棊之制：於背版之上，四邊用桯，桯内用貼，貼内留轉道，纏難子。分布隔截，或長或方，其中貼絡華文，有十三品：一曰盤毬，二曰鬬八，三曰叠勝，四曰瑣子，五曰簇六毬文，六曰羅文，七曰柿蔕，八曰龜背，九曰鬬二十四，十曰簇三簇四毬文，十一曰六入圜華，十二曰簇六雪華，十三曰車釧毬文。其華文皆間雜互用。華品或更隨宜用之。或於雲盤華盤内施明鏡，或施隱起龍鳳及雕華。每段以長一丈四尺，廣五尺五寸爲。率其名件廣厚，若間架雖長廣，更不加減。唯盝頂攲斜處，其桯量所宜減之。

背版：長隨間廣，其廣隨材合縫計數，令足一架之廣，厚六分。

桯：〔長〕隨背版四周之廣，其廣四寸，厚二寸。

貼：長隨桯四周之内，其廣二寸，厚同背版。

難子并貼華：厚同貼。每方一尺用華子十六枚。華子先用膠貼，候乾，剗削令平，乃用釘。

凡平棊，施之於殿内鋪作算桯方之上。其背版後皆施護縫及楅。護縫廣二寸，厚六分。楅廣三寸五分，厚二寸五分，長皆隨其所用。

鬭八藻井其名有三：一曰藻井，二曰圜泉，三曰方井，今謂之鬭八藻井。

造鬭八藻井之制：共高五尺三寸。其下曰方井，方八尺，高一尺六寸；其中曰八角，井徑六尺四寸，高二尺二寸；其上曰鬭八，徑四尺二寸，高一尺五寸。於頂心之下施垂蓮，或雕華雲棬，皆内安明鏡。其名件廣厚，皆以每尺之徑，積而爲法。

方井：於算桯方之上，施六鋪作下昂重栱，材廣一寸八分，厚一寸二分。其科栱等分數制度，並準大木作法。四入角。每面用補間鋪作五朶。凡所用科栱並立(施)〔旌〕，科槽版〔隨瓣方〕科栱之上，用壓厦版八角井同此

科槽版：長隨方面之廣，每面廣一尺，則廣一寸七分，厚二分五釐。壓厦版，長厚同上，其廣一寸五分。

八角井：於方井鋪作之上，施隨瓣方，抹角勒作八角。八角之外四角，謂之角蟬。於隨瓣方之上，施七鋪作上昂重栱。材分等，並同方井法。八入角，每瓣用補間鋪作一朶。

隨瓣方：每直徑一尺，則長四寸，廣四分，厚三分。

科槽版：長隨瓣，廣二寸，厚二分五釐。

壓厦版：長隨瓣，餘廣二寸五分，厚二分七釐。

鬭八：於八角井鋪作之上，用隨瓣方。方上施鬭八陽馬，陽馬，今俗謂之梁抹。陽馬之内施背版，貼絡華文。

陽馬：每鬭八徑一尺，則長七寸，曲廣一寸五分，厚五分。

隨瓣方：長隨每瓣之廣，其廣五分，厚二分五釐。

背版：長視瓣高，廣隨陽馬之内。其用貼并難子，並準平棊之法。華子每方一尺用十六枚或二十五枚。

凡藻井，施之於殿内照壁屏風之前，或殿身内、前門之前、平棊之内。

小鬭八藻井

造小藻井之制：共高二尺二寸。其下曰八角井，徑四尺八寸；其上曰鬭八，高八寸。於頂心之下，施垂蓮或雕華雲捲。皆内安明鏡。其名件廣厚，各以每尺之徑及高，積而爲法。

八角井：抹角勒算桯方作八瓣。於算桯方之上，用普拍方。方上施五鋪作卷頭重栱。材廣六分，厚四分；其科栱等分數制度，皆準大木作法。科栱之内，用科槽版，上用壓厦版，上施版壁貼絡門窻，鉤闌，其上又用普拍方。方上施五鋪作一(抄)〔杪〕一昂重栱，上下並八入角，每瓣用補間鋪作兩朶。

科槽版：每徑一尺，則長九寸；每高一尺，則廣六寸。以厚八分爲定法。

普拍方：長同上，每高一尺，則方三分。

隨瓣方：每徑一尺，則長四寸五分；每高一尺，則廣八分，厚五分。

陽馬：每徑一尺，則長五寸；每高一尺，則曲廣一寸五分，厚七分。

背版：長視瓣高，廣隨陽馬之内，以厚五分爲定法。其用貼并難子，並準殿内鬭八藻井之法。貼絡華數亦如之。

凡小藻井，施之於殿宇副階之内。其腰内所用貼絡門窻，鉤闌，鉤闌上施雁翅版。其大小廣厚，並隨高下量宜用之。

拒馬(義)〔叉〕子其名有四：一曰梐枑，二曰梐拒，三曰行馬，四曰拒馬(義)〔叉〕子。

造拒馬(義)〔叉〕子之制：高四尺至六尺。如間廣一丈者，用二十一櫺；每廣增一尺，則加二櫺，減亦如之。兩邊用馬銜木，上用穿心串，下用攏桯連梯。廣三尺五寸，其卯廣減桯之半，厚三分，中留一分，其名件廣厚，皆以高五尺爲祖，隨其大小而加減之。

櫺子：其首制度有二：一曰五瓣雲頭挑瓣，二曰素訛角。(義)〔叉〕子首于上串上出者，每高一尺，出二寸四分；挑瓣處下留三分。斜長五尺五寸，廣二寸，厚一寸二分。每高增一尺，則長加一尺一寸，廣加二分，厚加一分。

馬銜木：其首破瓣同櫺，減四分。長視高，每(義)〔叉〕子高五尺，則廣四寸半，厚二寸半。每高增一尺，則廣加四分，厚加二分，減亦如之。

上串：長隨間廣，其廣五寸五分，厚四寸。每高增一尺，則廣加三分，厚加二分。

連梯：長同上串，廣五寸，厚二寸五分。每高增一尺，則廣加一寸，厚加五分。兩頭者廣厚同，長隨下廣。

凡拒馬(義)〔叉〕子，其櫺子自連梯上，皆左右隔間分布於上串内，出首交斜相向。

(義)〔叉〕子

造(義)〔叉〕子之制：高二尺至七尺，如廣一丈，用二十七櫺。若廣增一尺，即更加二櫺。減亦如之。兩壁用馬銜木，上下用串。或于下串之下用地栿、地

霞造。其名件廣厚，皆以高五尺爲祖，隨其大小而加減之。

望柱：如(義)〔叉〕子高五尺，即長五尺六寸，方四寸。每高增一尺，則加一尺一寸，方加四分。減亦如之。

櫺子：其首制度有三：一曰海石榴頭；二曰桃瓣雲頭；三曰方直笏頭。(義)〔叉〕子首于上串上出者，每高一尺，出一寸五分。內(桃)〔挑〕瓣處下留三分。其身制度有四：一曰一混，心出單線，壓邊線；二曰瓣內單混，面上出心線；三曰方直出線、壓邊線或壓白；四曰方直不出線。其長四尺四寸，透下串者長四尺五寸，每間三條。廣二寸，厚一寸二分。每高增一尺，則長加九寸，廣加二分，厚加一分。減亦如之。

上下串：其制度有三：一曰側面上出心線，壓邊線或壓白；二曰瓣內單混出線；三曰破瓣不出線。長隨間廣，其廣三寸，厚二寸。如高增一尺，則廣加三分，厚加二分。減亦如之。

馬銜木：破瓣同櫺。長隨高，上隨櫺齊，下至地栿上。制度隨櫺。其廣三寸五分，厚二寸。每高增一尺，則廣加四分，厚加二分。減亦如之。

地霞：長一尺五寸，廣五寸，厚一寸二分。每高增一尺，則長加三寸，廣加一寸，厚加二分。減亦如之。

地栿：皆連梯混，或側面出線。或不出線。長隨間廣，或出絞頭在外。其廣六寸，厚四寸五分。每高增一尺，則廣加六分，厚加五分。減亦如之。

凡(義)〔叉〕子，若相連或轉角，皆施望柱，或栽入地，或安于地栿上，或下用衮砧托柱。如施于屋柱間之內及壁帳之間者，皆不用望柱。

鉤闌重臺鉤闌、單鉤闌。其名有八：一曰櫺檻，二曰軒檻，三曰櫳，四曰梐牢，五曰闌楯，六曰柃，七曰階檻，八曰鉤闌。

造樓閣殿亭鉤闌之制有二：一曰重臺鉤闌，高四尺至四尺五寸；二曰單鉤闌，高三尺至三尺六寸。若轉角則用望柱。或不用望柱，即以尋杖絞角。如單鉤闌科子蜀柱者，尋杖或合角。其望柱頭破瓣仰覆蓮。當中用單胡桃子，或作海石榴頭。如有慢道，即計階之高下，隨其峻勢，令斜高與鉤闌身齊。不得令高，其地栿之類，廣厚準此。其名件廣厚，皆取鉤闌每尺之高，謂自尋杖上至地栿下。積而爲法。

重臺鉤闌

望柱：長視高，每高一尺，則加二寸，方一寸八分。

蜀柱：長同上，上下出卯在內。廣二寸，厚一寸，其上方一寸六分，刻爲癭項。其項下細處比上減半，其下桃心尖，留十分之二；兩肩各留十分中四(鼇)〔分〕，其上出卯以穿雲栱、尋杖。其下卯穿地栿。

雲栱：長二寸七分，廣減長之半，廕一分二鼇，在尋杖下。厚八分。

地霞：或用花盆亦同。長六寸五分，廣一寸五分，廕一分五鼇，在束腰下。厚一寸三分。

尋杖：長隨間，方八分。或圜混或四混、六混、八混造。下同。

盆脣木：長同上，廣一寸八分，厚六分。

束腰：長同上，方一寸。

上華版：長隨蜀柱內，其廣一寸九分，厚三分。四面各別出卯入池槽，各一寸。下同。

下華版：長厚同上，卯入至蜀柱卯。廣一寸三分五鼇。

地栿：長同尋杖，廣一寸八分，厚一寸六分。

單鉤闌

望柱：方二寸。長及加同上法。

蜀柱：制度同重臺鉤闌蜀柱法。自盆脣木之上，雲栱之下，或造胡桃子撮項，或作蜻蜓頭，或用科子蜀柱。

雲栱：長三寸二分，廣一寸六分，厚一寸。

尋杖：長隨間之廣，其方一寸。

盆脣木：長同上，廣二寸，厚六分。

華版：長隨蜀柱內，其廣三寸四分，厚三分。若萬字或鉤片造者，每華版廣一尺，萬字條桱，廣一寸五分，厚一寸。子桯，廣一寸二分五鼇；鉤片條桱廣二寸，厚一寸一分；子桯廣一寸五分。其間空相去，皆比條桱減半；子桯之厚皆同條桱。

地栿：長同尋杖，其廣一寸七分，厚一寸。

華托柱：長隨盆脣木，下至地栿上，其廣一寸四分，厚七分。

凡鉤闌，分間布柱，令與補間鋪作相應。角柱外一間與階齊，其鉤闌之外，階頭隨屋大小留三寸至五寸爲法。如補間鋪作太密，或無補間者，量其遠近，隨宜加減。如殿前中心作折檻者，今俗謂之「龍池」。每鉤闌高一尺，于盆脣內廣別加一寸。其蜀柱更不出項，內加華托柱。

棵籠子

造棵籠子之制：高五尺，上廣二尺，下廣三尺。或用四柱，或用六柱，或用八柱。柱子上下，各用榥子、脚串、版櫺。下用牙子，或不用牙子。或雙腰串，或下用雙榥子鋜脚版造。柱子每高一尺，即首長一寸，垂脚空五分。柱身四瓣方直。或安子桯，或採子桯，或破瓣造。柱首或作仰覆蓮，或單胡桃子，或科柱桃瓣方直，或刻作海石榴。其名件廣厚，皆以每尺之高，積而爲法。

柱子：長視高，每高一尺，則方四分四釐；如六瓣或八瓣，即廣七分，厚五分。

上下榥并腰串：長隨兩柱內，其廣四分，厚三分。

鋜脚版：長同上。下隨榥子之長。其廣五分。以厚六分爲定法。

櫺子：長六寸六分，卯在內。廣二分四釐。厚同上。

牙子：長同鋜脚版。分作二條。廣四分。厚同上。

凡棵籠子，其櫺子之首在上榥子內，其櫺相去準(義)〔叉〕子制度。

井亭子

造井亭子之制：自下鋜脚至脊，共高一丈一尺，鴟尾在外。方七尺。四柱，四椽，五鋪作一(抄)〔杪〕一昂。材廣一寸二分，厚八分，重栱造。上用壓厦版，出飛檐，作九脊結宼。其名件廣厚，皆取每尺之高，積而爲法。

柱：長視高，每高一尺，則方四分。

鋜脚：長隨深廣，其廣七分，厚四分。絞頭在外。

額：長隨柱內，其廣四分五釐，厚二分。

串：長與廣厚並同上。

普拍方：長廣同上，厚一分五釐。

枓槽版：長同上，減(十二)〔二寸〕。廣六分六釐，厚一分四釐。

平棊版：長隨枓槽版內，其廣合版令足。以厚六分爲定法。

平棊貼：長隨四周之廣，其廣二分。厚同上。

楅：長隨版之廣，其廣同上，厚同普拍方。

平棊下難子：長同平棊版，方一分。

壓厦版：長同鋜脚，每壁加八寸五分。廣六分二釐，厚四釐。

栿：長隨深，加五寸。廣三分五釐，厚二分五釐。

大角梁：長二寸四分，廣二分四釐，厚一分六釐。

子角梁：長九分，曲廣三分五釐，厚同楅。

貼生：長同壓厦版，加六寸。廣同大角梁，厚同枓槽版。

脊槫蜀柱：長二寸二分，卯在內。廣三分六釐，厚同栿。

平屋槫蜀柱：長八寸五分廣厚同上。

脊槫及平屋槫：長隨廣，其廣三分，厚二分二釐。

脊串：長隨槫，其廣二分五釐，厚一分六釐。

(義)〔叉〕手：長二寸六分，廣四分厚二分。

山版：每深一尺，即長八寸，廣一寸五分，以厚六分爲定法。

上架椽：每深一尺，即長三寸七分。曲廣一寸六分，厚九釐。

下架椽：每深一尺，即長四寸五分。曲廣一寸七分，厚同上。

厦頭下架椽：每廣一尺，即長三寸。曲廣一分二釐，厚同上。

從角椽：長取宜，均攤使用。

大連檐：長同壓厦版，每面加二尺四寸。廣二分，厚一分。

前後厦瓦版：長隨槫，其廣自脊至大連檐，合貼令數足，以厚五分爲定法。每至角，長加一尺五寸。

兩頭厦瓦版：其長自山版至大連檐，合版令數足，厚同上。至角加一尺一寸五分。

飛子：長九分，尾在內。廣八釐，厚六釐。其飛子至角令隨勢上曲。

白版：長同大連檐，每壁長加三尺。廣一寸。以厚五分爲定法。

壓脊：長隨槫，廣四分六釐，厚三分。

垂脊：長自脊至壓厦外，曲廣五分，厚二分五釐。

角脊：長二寸，曲廣四分，厚二分五釐。

曲闌搏脊：每面長六尺四寸。廣四分，厚二分。

前後瓦隴條：每深一尺，即長八寸五分。方九釐。相去空九釐。

厦頭瓦隴條：每廣一尺，即長三寸三分。方同上。

搏風版：每深一尺，即長四寸三分。以厚七分爲定法。

瓦口子：長隨子角梁內，曲廣四分，厚亦如之。

垂魚：長一尺三寸。每長一尺，即廣六寸，厚同搏風版。

惹草：長一尺。每長一尺，即廣七寸。厚同上。

鴟尾：長一寸一分，身廣四分，厚同壓脊。

凡井亭子，鋜脚下齊，坐於井階之上。其枓栱分數及舉折等，並準大木作之制。

牌

造殿堂樓閣門亭等牌之制：長二尺至八尺。其牌首、牌上橫出者。牌帶、牌兩旁下垂者。牌舌，牌面下兩帶之内橫施者。每廣一尺，即上邊綽四寸向外。牌面每長一尺，則首、帶隨其長，外各加長四寸二分，舌加長四分。謂牌長五尺，即首長六尺一寸，帶長七尺一寸，舌長四尺二寸之類，尺寸不等。依此加減。下同。其廣厚皆取牌每尺之長，積而爲法。

牌面：每長一尺，則廣八寸，其下又加一分，令牌面下廣，謂牌長五尺，即上廣四尺，下廣四尺五分之類，尺寸不等，依此加減。下同。

首：廣三寸，厚四分。

帶：廣二寸八分，厚同上。

舌：廣二寸，厚同上。

凡牌面之後，四周皆用楅，其身内七尺以上者用三楅，四尺以上者用二楅，三尺以上者用一楅。其楅之廣厚，皆量其所宜而爲之。

李誡《營造法式》卷九《小木作制度四》 佛道帳

造佛道帳之制：自坐下龜脚至鴟尾，共高二丈九尺；内外攏深一丈二尺五寸。上層施天宮樓閣，次平坐，次腰檐。帳身下安芙蓉瓣、叠澀、門窗、龜脚坐。兩面與兩側制度並同。作五間造。其名件廣厚，皆隨逐層每尺之高，積而爲法。

後鉤闌兩等，皆以母寸之高，積而爲法。

帳坐：高四尺五寸，長隨殿身之廣，其廣隨殿身之深。下用龜脚，脚上施車槽，槽之上下，各用澀一重。於上澀之上，又叠子澀三重。於上一重之下施坐腰，上澀之上，用坐面澀。面上安重臺鉤闌，高一尺。闌内，遍用明金版。鉤闌之内，施寶柱兩重。留外一重爲轉道。内壁貼絡門窗。其上設五鋪作卷頭平坐。材廣一寸八分，腰檐平坐準此。平坐上又安重臺鉤闌。並瘿項雲栱造〔坐〕。自龜脚上，每澀至上鉤闌，逐層並作芙蓉瓣造。

龜脚：每坐高一尺，則長二寸，廣七分，厚五分。

車槽上下澀：長隨坐長及深，外每面加二寸。廣二寸，厚六分五釐。

車槽：長同上，每面減三寸，安華版在外。廣一寸，厚八分。

上子澀：兩重，在坐腰上下者。各長同上，減二寸。廣一寸六分，厚二分五釐。

下子澀：長同坐，廣厚並同上。

坐腰：長同上，每面減八寸。方一寸。安華版在外。

坐面澀：長同上，廣二寸，厚六分五釐。

猴面版：長同上，廣四寸，厚六分七釐。

明金版：長同上，每面減八寸。廣二寸五分，厚一分二釐。

料槽版：長同上，每面減三尺。廣二寸五分，厚二分二釐。

壓厦版：長同上，每面減一尺。廣二寸四分，厚二分二釐。

門窗背版：長隨料槽版，減長三寸。廣自普拍方下至明金版上。以厚六分爲定法。

車槽華版：長隨車槽，廣八分，厚三分。

坐腰華版：長隨坐腰，廣一寸，厚同上。

坐面版：長廣並隨猴面版内，其厚二分六釐。

猴面榥：每坐深一尺，則長九寸。方八分。每一瓣用一條。

猴面馬頭榥：每坐深一尺，則長一寸四分。方同上。每一瓣用一條。

連梯卧榥：每坐深一尺，則長九寸五分。方同上。每一瓣用一條。

連梯馬頭榥：每坐深一尺，則長一寸。方同上。

長短柱脚方：長同車槽澀，每一面減三尺二寸。方一寸。

長短榻頭木：長隨柱脚方内，方八分。

長立榥：長九寸二分，方同上。隨柱脚方、榻頭木逐瓣用之。

短立榥：長四寸，方六分。

拽後榥：長五寸，方同上。

穿串透栓：長隨榻頭木，廣五分，厚二分。

羅文榥：每坐高一尺，則加長四寸。方八分。

帳身：高一丈二尺五寸，長與廣皆隨帳坐，量瓣數隨宜取間。其内外皆攏帳柱。柱下用鋜脚隔(科)〔料〕，柱上用内外側當隔(科)〔料〕。四面外柱並安歡門、帳帶。前一面(裹)裏槽柱内亦用。每間用算桯方施平棊、鬭八藻井。前一面每間兩頰，各用毬文格子門。格子桯四混出雙線，用雙腰串、腰華版造。門之制度，並準本法。兩側及後壁，並用難子安版。

帳内外槽柱：長視帳身之高，每高一尺，則方四分。

虚柱：長三寸二分，方三分四釐。

内外槽上隔(科)〔料〕版：長隨間架，廣一寸二分，厚一分二釐。

上隔(科)〔科〕仰托榥：長同上，廣二分八釐，厚二分。

上隔(科)〔科〕内外上下貼：長同鋜脚貼，廣二分，厚八釐。

隔(科)〔科〕内外上柱子：長四分四釐。下柱子長三分六釐。其廣厚並同上。

(裹)〔裏〕槽下鋜脚版：長隨每間之深廣，其廣五分二釐，厚一分二釐。

鋜脚仰托榥：長同上，廣二分八釐，厚二分。

鋜脚内外貼：長同上，其廣二分，厚八釐。

鋜脚内外柱子：長三分二釐，廣厚同上。

内外歡門：長隨帳柱之内，其廣一寸二分，厚一分二釐。

内外帳帶：長二寸八分，廣二分六釐，厚亦如之。

兩側及後壁版：長視上下仰托榥内，廣隨帳柱，心柱内，其厚八釐。

心柱：長同上，其廣三分二釐，厚二分八釐。

頰子：長同上，廣三分，厚二分八釐。

腰串：長隨帳柱内，廣厚同上。

難子：長同後壁版，方八釐。

隨間栿：長隨帳身之深，其方三分六釐。

筭桯方：長隨間之廣，其廣三分二釐，厚二分四釐。

四面搏難子：長隨間架，方一分二釐。

平棊：華文制度並準殿内平棊。

背版：長隨方子内，廣隨栿心。以厚五分爲定法。

桯：〔長〕隨方子四周之内，其廣二分，厚一分六釐。

貼：長隨桯四周之内，其廣一分二釐。厚同背版。

難子并貼華：厚同貼。每方一尺，用貼華二十五枚或十六枚。

鬬八藻井：徑三尺二寸，共高一尺五寸。五鋪作重栱卷頭造。材廣六分。

其名件並準本法，量宜減之。

腰檐：自櫨科至脊，共高三尺。六鋪作一抄兩昂，重栱造。柱上施科槽版與山版。版内又施夾槽版，逐縫夾安鑰匙頭版，其上順槽安鑰匙頭榥；及於鑰匙頭版上通用卧榥，上栽柱子；柱上又施卧榥，榥上安上層平坐。鋪作之上，平鋪壓厦版，四角用角梁，子角梁，鋪椽安飛子。依副階舉分結瓦。

普拍方：長隨四周之廣，其廣一寸八分，厚六分。絞頭在外。

角梁：每高一尺，加長四寸，廣一寸四分，厚八分。

丁角梁：長五寸，其曲廣二寸，厚七分。

抹角栿：長七寸，方一寸四分。

槫：長隨間廣，其廣一寸四分，厚一寸。

曲椽：長七寸六分，其曲廣一寸，厚四分。每補間鋪作一朶，用四條。

飛子：長四寸，尾在内。方三分。角内隨宜刻曲。

大連檐：長同槫，梢間長至角梁，每壁加三尺八寸。廣五分，厚三分。

白版：長隨間之廣。每梢間加出角一尺五寸。其廣三寸五分。以厚五分爲定法。

夾科槽版：長隨間之深廣，其廣四寸四分，厚七分。

山版：長同科槽版，廣四寸二分，厚七分。

科槽鑰匙頭版：每深一尺，則長四寸。廣厚同科槽版。逐間段數亦同科槽版。

科槽壓厦版：長同科槽版，每梢間長加一尺。其廣四寸，厚七分。

貼生：長隨間之深廣，其方七分。

科槽卧榥：每深一尺，則長九寸六分五釐。方一寸。每鋪作一朶用二條。

絞鑰匙頭上下順身榥：長隨間之廣，方一寸。

立榥：長七寸，方一寸。每鋪作一朶用二條。

厦瓦版：長隨間之廣深，每梢間加出角一尺二寸五分。其廣九寸，以厚五分爲定法。

(搏)〔槫〕脊：長同上，廣一寸五分，厚七分。

角脊：長六寸，其曲廣一寸五分，厚七分。

瓦隴條：長九寸，瓦頭在内。方三分五釐。

瓦口子：長隨間廣，每梢間加出角二尺五寸。其廣三分。以厚五分爲定法。

平坐：高一尺八寸，長與廣皆隨帳身。六鋪作卷頭重栱造，四出角，於壓厦版上施雁翅版，槽内名件並準腰檐法。上施單鉤闌，高七寸。撮項栱造。

普拍方：長隨間之廣，合(用)〔角〕在外。其廣一寸二分，厚一寸。

夾科槽版：長隨間之深，廣其廣九寸，厚一寸一分。

科槽鑰匙頭版：每深一尺，則長四寸。其廣厚同科槽版。逐間段數亦同。

壓厦版：長同科槽版，每梢間加長一尺五寸。廣九寸五分，厚一寸一分。

枓槽卧榥：每深一尺，則長九寸六分五釐。方一寸六分。每鋪作一朶用二條。

立榥：長九寸，方一寸六分。每鋪作一朶用四條。

雁翅版：長隨壓厦版，其廣二寸五分，厚五分。

坐面版：長隨枓槽内，其廣九寸，厚五分。

天宫樓閣：共高七尺二寸，深一尺一寸至一尺三寸。出跳及檐並在柱外。下層爲副階；中層爲平坐；上層爲腰檐；檐上爲九脊殿結宽。其殿身，茶樓，有挾屋者。角樓，並六鋪作單（抄）〔杪〕重昂。或單栱或重栱。角樓長一瓣半。殿身及茶樓各長三瓣。殿挾及龜頭，並五鋪作單（抄）〔杪〕單昂。或單栱或重栱。殿挾長一瓣，龜頭長二瓣。行廊四鋪作，單（抄）〔杪〕或單栱或重栱。長二瓣、分心。材廣六分。每瓣用補間鋪作兩朶。兩側龜頭等制度並準此。

中層平坐：用六鋪作卷頭造。平坐上用單鉤闌，高四寸。枓子蜀柱造。

上層殿樓、龜頭之内，唯殿身施重檐。重檐謂殿身并副階，其高五尺者不用。外，其餘制度並準下層之法。其枓槽版及最上結宽壓脊，瓦隴條之類，並量宜用之。

帳上所用鉤闌：應用小鉤闌者，並通用此制度。

重臺鉤闌：共高八寸至一尺二寸，其鉤闌並準樓閣殿亭鉤闌制度。下同。其名件等，以鉤闌每尺之高，積而爲法。

望柱：長視高，加四寸。每高一尺，則方二寸。通身八瓣。

蜀柱：長同上，廣二寸，厚一寸。其上方一寸六分，刻爲癭項。

雲栱：長三寸，廣一寸五分，厚九分。

地霞：長五寸，廣同上，厚一寸三分。

尋杖：長隨間廣，方九分。

盆脣木：長同上，廣一寸六分，厚六分。

束腰：長同上，廣一寸，厚八分。

上華版：長隨蜀柱内，其廣二寸，厚四分。四面各别出卯，合入池槽。下同。

下華版：長厚同上，卯入至蜀柱卯。廣一寸五分。

地栿：長隨望柱内，廣一寸八分，厚一寸一分。上兩棱連梯混各四分。

單鉤闌：高五寸至一尺者，並用此法。其名件等，以鉤闌每寸之高，積而爲法。

望柱：長視高，加二寸。方一分八釐。

蜀柱：長同上。制度同重臺鉤闌法。自盆脣木上，雲栱下，作撮項胡桃子。

雲栱：長四分，廣二分，厚一分。

尋杖：長隨間之廣，方一分。

盆脣木：長同上。廣一分八釐，厚八釐。

華版：長隨蜀柱内，廣三分。以厚四分爲定法。

地栿：長隨望柱内，其廣一分五釐，厚一分二釐。

枓子蜀柱鉤闌：高三寸至五寸者，並用此法。其名件等，以鉤闌每寸之高，積而爲法。

蜀柱：長視高，卯在内。廣二分四釐，厚一分二釐。

尋杖：長隨間之廣，方一分三釐。

盆脣木：長同上，廣二分，厚一分二釐。

華版：長隨蜀柱内，其廣三分。以厚三分爲定法。

地栿：長隨間廣，其廣一分五釐，厚一分二釐。

踏道圜橋子：高四尺五寸，斜拽長三尺七寸至五尺五寸，面廣五尺。下用龜脚，上施連梯、立旌，四周纏難子合版，内用榥。兩頰之内，逐層安促踏版；上隨圜勢，施鉤闌、望柱。

龜脚：每橋子高一尺，則長二寸，廣六分，厚四分。

連梯桯：其廣一寸，厚五分。

連梯榥：長隨廣，其方五分。

立柱：長視高，方七分。

攏立柱上榥：長與方並同連梯榥。

兩頰：每高一尺，則加六寸，曲廣四寸，厚五分。

促版、踏版：每廣一尺，則長九寸六分。廣一寸三分，踏版又加三分。厚二分三釐。

踏版榥：每廣一尺，則長加八分。方六分。

背版：長隨柱子内，廣視連梯與上榥内。以厚六分爲定法。

月版：長視兩頰及柱子内，廣隨兩頰與連梯内。以厚六分爲定法。

上層如用山華蕉葉造者，帳身之上，更不用結宽。其壓厦版，於撩檐方外出四十分，上施混肚方。方上用仰陽版，版上安山華蕉葉，共高二尺七寸七分。其名件廣厚，皆取自普拍方至山華每尺之高，積而爲法。

頂版：長隨間廣，其廣隨深。以厚七分爲定法。

混肚方：廣二寸，厚八分。

仰陽版：廣二寸八分，厚三分。

山華版：廣厚同上。

仰陽上下貼：長同仰陽版，其廣六分，厚二分四氂。

合角貼：長五寸六分，廣厚同上。

柱子：長一寸六分，廣厚同上。

楅：長三寸二分，廣同上，厚四分。

凡佛道帳芙蓉瓣，每瓣長一尺二寸，隨瓣用龜脚。上對鋪作。結宄（瓦）隴條，每條相去如隴條之廣。至角隨宜分布。其屋蓋舉折及枓栱等分數，並準大木作制度隨材減之。殺蒜（卷殺）瓣柱及飛子亦如之。

李誡《營造法式》卷一〇《小木作制度五》 牙脚帳

造牙脚帳之制：共高一丈五尺，廣三丈，内外攏共深八尺。以此爲率。下段用牙脚坐，坐下施龜脚；中段帳身上用隔（科）〔枓〕，下用錠脚；上段山華仰陽版。六鋪作每段各分作三段造。其名件廣厚，皆隨逐層每尺之高，積而爲法。

牙脚坐：高二尺五寸，長三丈二尺，深一丈。坐頭在内。下用連梯龜脚，中用束腰壓青牙子、牙頭、牙脚，背版填心。上用梯盤、面版，安重臺鉤闌，高一尺。其鉤闌並準「佛道帳制度」。

龜脚：每坐高一尺，則長三寸，廣一寸二分，厚一寸四分。

連梯：隨坐深長，其廣八分，厚一寸二分。

角柱：長六寸二分，方一寸六分。

束腰：長隨角柱内，其廣一寸，厚七分。

牙頭：長三寸二分，廣一寸四分，厚四分。

牙脚：長六寸二分，廣二寸四分，厚同上。

填心：長三寸六分，廣二寸八分，厚同上。

壓青牙子：長同束腰，廣一寸六分，厚二分六氂。

上梯盤：長同連梯，其廣二寸，厚一寸四分。

面版：長廣皆隨梯盤長深之内，厚同牙頭。

背版：長隨角柱内，其廣六寸二分，厚三分二氂。

束腰上貼絡柱子：長一（尺）〔寸〕，兩頭（義）〔叉〕瓣在外。方七分。

束腰上襯版：長三分六氂，廣一寸，厚同牙頭。

連梯榥：每深一尺，則長八寸六分。方一寸。每面廣一尺用一條。

立榥：長九寸，方同上。隨連梯榥用五路。

梯盤榥：長同連梯，方同上。用同連梯榥。

帳身：高九尺，長三丈，深八尺。内外槽柱，上用隔（科）〔枓〕，下用錠脚。四面柱内安歡門、帳帶。兩側及後壁皆施心柱、腰串、難子。安版前面每間兩邊，並用立頰泥道版。

内外帳柱：長視帳身之高，每高一尺，則方四分五氂。

虚柱：長三寸，方四分五氂。

内外槽上隔（科）〔枓〕版：長隨每間之深廣，其廣一寸二分四氂，厚一分七氂。

上隔（科）〔枓〕仰托榥：長同上，廣四分，厚二分。

上隔（科）〔枓〕内外上下貼：長同上，廣二分，厚一分。

上隔（科）〔枓〕内外，上柱子長五分，下柱子長三分四氂，其廣厚並同上。

内外歡門：長同上。其廣二分，厚一分五氂。

内外帳帶：長三寸四分，方三分六氂。

裹槽下錠脚版：長隨每間之深廣，其廣七分，厚一分七氂。

錠脚仰托榥：長同上，廣四分，厚二分。

錠脚内外貼：長同上，廣二分，厚一分。

錠脚内外柱子：長五分，廣二分，厚同上。

兩側及後壁合版：長同立頰，廣隨帳柱，心柱内，其厚一分。

心柱：長同上，方三分五氂。

腰串：長隨帳柱内，方同上。

立頰：長視上下仰托榥内，其廣三分六氂，厚三分。

泥道版：長同上，其廣一寸八分，厚一分。

難子：長同立頰，方一分。安平棋亦用此。

平棋華文等並準殿内平棋制度。

桯：長隨枓槽四周之内，其廣二分三氂，厚一分六氂。

背版：長廣隨桯。以厚五分爲定法。

貼：長隨桯内，其廣一分六氂。厚同背版。

難子并貼華：厚同貼。每方一尺，用華子二十五枚或十六枚。

楅：長同桯，其廣二分三氂，厚一分六氂。

護縫：長同背版，其廣二分。厚同貼。

帳頭：共高三尺五寸。枓槽：長二丈九尺七寸六分，深七尺七寸六分。六鋪作，單(抄)〔杪〕重昂重栱轉角造，其材廣一寸五分。柱上安枓槽版，鋪作之上用壓厦版。版上施混肚方、仰陽山華版。每間用補間鋪作二十八朵。

普拍方：長隨間廣，其廣一寸二分，厚四分七氂。絞頭在外。

内外槽并兩側夾枓槽版：長隨帳之深廣，其廣三寸，厚五分七氂。

壓厦版：長同上，至角加一(寸)〔尺〕三(分)〔寸〕。其廣三寸二分六氂，厚五分七氂。

混肚方：長同上，至角加一尺五寸。其廣二分，厚七分。

頂版：長隨混肚方内。以厚六分爲定法。

仰陽版：長同混肚方，至角加一尺六寸。其廣二寸五分，厚三分。

仰陽上下貼：下貼長同上，上貼隨合角貼内，廣五分，厚二分五氂。

仰陽合角貼：長隨仰陽版之廣，其廣厚同上。

山華版：長同仰陽版，至角加一尺九寸。其廣二寸九分，厚三分。

山華合角貼：廣五分，厚二分五氂。

臥榥：長隨混肚方内，其方七分。每長一尺用一條。

馬頭榥：長四寸，方七分。用同臥榥。

楅：長隨仰陽山華版之廣，其方四分。每山華用一條。

凡牙脚帳坐，每一尺作一壼門，下施龜脚，合對鋪作。其所用枓栱名件分數，並準大木制度，隨材減之。

九脊小帳

造九脊小帳之制：自牙脚坐下龜脚至脊，共高一丈二尺，鴟尾在外。廣八尺，内外攏共深四尺。下段、中段與牙脚帳同，上段五鋪作、九脊殿結宽造。其名件廣厚，皆隨逐層每尺之高，積而爲法。

牙脚坐：高二尺五寸，長九尺六寸，坐頭在内。深五尺。自下連梯、龜脚，上至面版安重臺鉤闌，並準牙脚帳坐制度。

龜脚：每坐高一尺，則長三寸，廣一寸二分，厚六分。

連梯：〔長〕隨坐深，長其廣二寸，厚一寸二分。

角柱：長六寸二分，方一寸二分。

束腰：長隨角柱内，其廣一寸，厚六分。

牙頭：長二寸八分，廣一寸四分，厚三分二氂。

牙脚：長六寸二分，廣二寸，厚同上。

填心：長三寸六分，廣二寸二分，厚同上。

壓青牙子：長同束腰，隨深廣。減一寸五分，其廣一寸六分，厚二分四氂。

上梯盤：長厚同連梯，廣一寸六分。

面版：長廣皆隨梯盤内，厚四分。

背版：長隨角柱内，其廣六寸二分，厚同壓青牙子。

束腰上貼絡柱子：長一寸，别出兩頭(義)〔叉〕瓣。方六分。

束腰鋜脚内襯版：長二寸八分，廣一寸，厚同填心。

連梯榥：長隨連梯内，方一寸。每廣一尺用一條。

立榥：長九寸，卯在内。方同上。隨連梯榥用三路。

梯盤榥：長同連梯，方同上。用同連梯榥。

帳身：一間，高六尺五寸，廣八尺，深四尺。其内外槽柱至泥道版，並準牙脚帳制度。唯後壁兩側並不用腰串。

内外帳柱：長視帳身之高，方五分。

虚柱：長三寸五分，方四分五氂。

内外槽上隔(科)〔枓〕版：長隨帳柱内，其廣一寸四分二氂，厚一分五氂。

上隔(科)〔枓〕仰托榥：長同上，廣四分三氂，厚二分八氂。

上隔科内外上下貼：長同上，廣二分八氂，厚一分四氂。

上隔科内外，上柱子長四分八氂，下柱子長三分八氂，廣厚同上。

内歡門：長隨立頰内。外歡門：長隨帳柱内。其廣一寸五分，厚一分五氂。

内外帳帶：長三寸二分，方三分四氂。

裹槽下鋜脚板長同上隔(科)〔枓〕上下貼，其廣七分二氂，厚一分五氂。

鋜脚仰托榥：長同上，廣四分三氂，厚二分八氂。

鋜脚内外貼：長同上，廣二分八氂，厚一分四氂。

鋜脚内外柱子：長四分八氂，廣二分八氂，厚一分四氂。

兩側及後壁合版：長視上下仰托榥，廣隨帳柱、心柱内，其厚一分。

心柱：長同上，方三分六釐。

立頰：長同上，廣三分六釐，厚三分。

泥道版：長同上，廣隨帳柱、立頰內，厚同合版。

難子：長隨立頰及帳身版、泥道版之長，廣其方一分。

平棊華文等並準殿內平棊制度。作三段造。

桯：長隨科槽四周之內，其廣六分三釐，厚五分。

背版：長廣隨桯。以厚五分爲定法。

貼：長隨桯內，其廣五分。厚同上。

貼絡華文：厚同上。每方一尺，用華子二十五枚或十六枚。

楅：長同背版，其廣六分，厚五分。

護縫：長同上，其廣五分。厚同貼。

難子：長同上，方二分。

帳頭：自普拍方至脊共高三尺，鴟尾在外。廣八尺，深四尺。

四柱，五鋪作，下出一抄，上施一昂，材廣一寸二分，厚八分，重栱造。上用壓厦版，出飛檐作九脊結宼。

普拍方：長隨廣深，絞頭在外。其廣一寸，厚三分。

科槽版：長厚同上，減二寸。其廣二寸五分。

壓厦版：長厚同上，每壁加五寸。其廣二寸二分。

栿：長隨深，加五寸。其廣一寸，厚八分。

大角梁：長七寸，廣八分，厚六分。

子角梁：長四寸，曲廣二寸，厚同上。

貼生：長同壓厦版，加七寸。其廣六分，厚四分。

脊槫：長隨廣，其廣一寸，厚八分。

脊槫下蜀柱：長八寸，廣厚同上。

脊串：長隨槫，其廣六分，厚五分。

(義)〔叉〕手：長六寸，廣厚皆同角梁。

山版：每深一尺，則長九寸。廣四寸五分。以厚六分爲定法。

曲椽：每深一尺，則長八寸。曲廣同脊串，厚三分。每補間鋪作一朵用三條。

厦頭椽：每深一尺，則長五寸。廣四分，厚同上。角同上。

從角椽：長隨宜，均攤使用。

大連檐：長隨深廣，每壁加一尺二寸。其廣同曲椽，厚同貼生。

前後厦宼版：長隨槫。每至角加一尺五寸。其廣自脊至大連檐隨材合縫，以厚五分爲定法。

兩厦頭厦宼版：長隨深，加同上。其廣自山版至大連檐。合縫同上，厚同上。

飛子：長二寸五分，尾在內。廣二分五釐，厚二分三釐。角內隨宜取曲。

白版：長隨飛檐，每壁加二尺。其廣三寸。以厚同厦宼版。

壓脊：長隨厦宼版，其廣一寸五分，厚一寸。

垂脊：長隨脊至壓厦版外，其曲廣及厚同上。

角脊：長六寸，廣厚同上。

曲闌槫脊：共長四尺。廣一寸，厚五分。

前後瓦隴條：每深一尺，則長八寸五分，厦頭者長五寸五分。若至角，並隨角斜長。方三分，相去空分同。

搏風版：每深一尺，則長四寸五分。曲廣一寸二分。以厚七分爲定法。

瓦口子：長隨子角梁內，其曲廣六分。

垂魚：(共)〔其〕長一尺二寸。每長一尺，即廣六寸，厚同搏風版。

惹草：(共)〔其〕長一尺。每長一尺，即廣七寸，厚同上。

鴟尾：共高一尺一寸。每高一尺，即廣六寸。厚同壓脊。

凡九脊小帳，施之於屋一間之內。其補間鋪作前後各八朵，兩側各四朵。坐內壺門等，並準「牙脚帳制度」。

壁帳

造壁帳之制：高一丈三尺至一丈六尺。山華仰陽在外。其帳柱之上安普拍方；方上施隔(科)〔枓〕及五鋪作下昻重栱，出角入角造。其材廣一寸二分，厚八分。每一間用補間鋪作一十三朵。鋪作上施壓厦版、混肚方，混肚方上與梁下齊。方上安仰陽版及山華。仰陽版山華在兩梁之間。帳內上施平棊兩柱之內並用(義)〔叉〕子栿。其名件廣厚，皆取帳身間內每尺之廣，積而爲法。

帳柱：(見)〔長〕視高，每間廣一尺，則方三分八釐。

仰托榥：長隨間廣，其廣三分，厚二分。

隔(科)〔枓〕版：長同上，其廣一寸一分，厚一分。

隔(科)〔枓〕貼：長隨兩柱之內，其廣二分，厚八釐。

隔(科)〔枓〕柱子：長隨貼內，廣厚同貼。

科槽版：長同仰托榥，其廣七分六釐，厚一分。

壓厦版：長同上，其廣八分，厚一分。科槽版及壓厦版，如減材分，即廣隨所用減之。

混肚方：長同上，其廣四分，厚二分。

仰陽版：長同上，其廣七分，厚一分。

仰陽貼：長同上，其廣二分，厚八釐。

合角貼：長視仰陽版之廣，其厚同仰陽貼。

山華版長隨仰陽版廣其厚同壓厦版。

平棊：華文並準殿內平棊制度。長廣並隨間內。

背版：長隨平棊，其廣隨帳之深。以厚六分爲定法。

桯：〔長〕隨背版四周之廣，其廣二分，厚一分六釐。

貼：長隨桯四周之內，其廣一分六釐。厚同上。

難子并貼華：每方一尺，用貼絡華二十五枚或十六枚。

護縫：長隨平棊，其廣同桯。厚同背版。

楅：廣三分，厚二分。

凡壁帳，上山華仰陽版後，每華尖皆施楅一枚。所用飛子、馬銜，皆量宜造之。

其科栱等分數，並準大木作制度。

李誡《營造法式》卷一一《小木作制度六》 轉輪經藏

造經藏之制：共高二丈，徑一丈六尺，八棱，每棱面，廣六尺六寸六分。內外槽柱：外槽帳身柱上腰檐平坐，坐上施天宫樓閣。八面制度並同，其名件廣厚，皆隨逐層每尺之高，積而爲法。

外槽帳身：柱上用隔(科)〔枓〕歡門、帳帶造，高一丈二尺。

帳身外槽柱：長視高，廣四分六釐，厚四分。歸瓣造。

隔(科)〔枓〕版：長隨帳柱內，其廣一寸六分，厚一分二釐。

仰托榥：長同上，廣三分，厚二分。

隔(科)〔枓〕內外貼：長同上，廣二分，厚九釐。

內外上下柱子：上柱長四分，下柱長三分，廣厚同上。

歡門：長同隔科版，其廣一寸二分，厚一分二釐。

帳帶：長二寸五分，方二分六釐。

腰檐并結宽：共高二尺，科槽徑一丈五尺八寸四分。科槽及出檐在外。內外並六鋪作重栱，用一寸材，厚六分六釐。每瓣補間鋪作五朵。外跳單(抄)〔杪〕重昂；裏跳並卷頭。其柱上先用普拍方施科栱，上用壓厦版，出椽并飛子、角梁、貼生。依副階舉折結宽。

普拍方：長隨每瓣之廣，絞角在外。其廣二寸，厚七分五釐。

科槽版：長同上，廣三寸五分，厚一寸。

壓厦版：長同上，加長七寸。廣七寸五分，厚七分五釐。

山版：長同上，廣四寸五分，厚一寸。

貼生：長同山版，加長六寸。方一分(一)。

角梁：長八寸，廣一寸五分，厚同上。

子角梁：長六寸，廣同上，厚八分。

搏脊槫：長同上，加長一寸。廣一寸五分，厚一寸。

曲椽：長八寸，曲廣一寸，厚四分。每補間鋪作一朵用三條，與從椽取匀分擘。

飛子：長五寸，方三分五釐。

白版：長同山版，加長一尺。廣三寸五分。以厚五分爲定法。

井口榥：長隨徑，方二寸。

立榥：長視高，方一寸五分。每瓣用三路。

馬頭榥：方同上。用數亦同上。

厦宽版：長同山版，加長一尺。廣五寸。以厚五分爲定法。

瓦隴條：長九寸，方四分。瓦頭在內。

瓦口子：長厚同厦宽版，曲廣三寸。

小山子版：長廣各四寸，厚一寸。

搏脊：長同山版，加長二寸。廣二寸五分，厚八分。

角脊：長五寸，廣二寸，厚一寸。

平坐：高一尺，科槽徑一丈五尺八寸四分。壓厦版出頭在外。六鋪作，卷頭重栱，用一寸材。每瓣用補間鋪作九朵。上施單鉤闌，高六寸。撮項雲栱造，其鉤闌準「佛道帳制度」。

普拍方：長隨每瓣之廣，絞頭在外。方一寸。

科槽版：長同上，其廣九寸，厚二寸。

壓厦版：長同上，加長七寸五分。廣九寸五分，厚二寸。

鴈翅版：長同上，加長八寸。廣二寸五分，厚八分。

井口榥：長同上，方三寸。

馬頭榥：每直徑一尺，則長一寸五分。方三分。每瓣用三條。

鈿面版：長同井口榥，減長四寸。廣一尺二寸，厚七分。

天宫樓閣：三層，共高五尺，深一尺。下層副階内角樓子，長一瓣，六鋪作，單(抄)〔杪〕重昂。角樓挾屋長一瓣，茶樓子長二瓣，並五鋪作，單(抄)〔杪〕單昂。行廊長二瓣，分心。四鋪作，以上並或單栱或重栱造。材廣五分，厚三分三釐，每瓣用補間鋪作兩朵，其中層平坐上安單鉤闌，高四寸。枓子蜀柱造，其鉤闌準「佛道帳制度」。鋪作並用卷頭，與上層樓閣所用鋪作之數，並準下層之制。其結宽名件，準「腰檐制度」，量所宜減之。

(裹)〔裏〕槽坐：高三尺五寸，并帳身及上層樓閣，共高一丈三尺，帳身直徑一丈。面徑一丈一尺四寸四分，枓槽徑九尺八寸四分，下用龜脚。脚上施車槽、疊澁等。其制度並準佛道帳坐之法。内門窗上設平坐，坐上施重臺鉤闌，高九寸。雲栱癭項造，其鉤闌準「佛道帳制度」。用六鋪作卷頭，其材廣一寸，厚六分六釐。每瓣用補間鋪作五朵，門窗或用壼門、神龕。並作芙蓉瓣造。

龜脚：長二寸，廣八分，厚四分。

車槽上下澁：長隨每瓣之廣，加長一寸。其廣二寸六分，厚六分。

車槽：長同上，減長一寸。廣二寸，厚七分。安華版在外。

上子澁：兩重，在坐腰上下者。長同上，減長二寸。廣二寸，厚三分。

下子澁：長厚同上，廣二寸三分。

坐腰：長同上，減長三寸五分。廣一寸三分，厚一寸。安華版在外。

坐面澁：長同上，廣二寸三分，厚六分。

猴面版：長同上，廣三寸，厚六分。

明金版：長同上，減長二寸。廣一寸八分，厚一分五釐。

普拍方：長同上，絞頭在外。方三分。

枓槽版：長同上，減長七寸。廣二寸，厚三分。

壓厦版：長同上，減長一寸。廣一寸五分，厚同上。

車槽華版：長隨車槽，廣七分，厚同上。

坐腰華版：長隨坐腰，廣一寸，厚同上。

坐面版：長廣並隨猴面版内，厚二分五釐。

坐内背版：每枓槽徑一尺，則長二寸五分，廣隨坐高，以厚六分爲定法。

猴面梯盤榥：每枓槽徑一尺，則長八寸。方一寸。

猴面鈿版榥：每枓槽徑一尺，則長二寸。方八分。每瓣用三條。

坐下榻頭木并下臥榥：每枓槽徑一尺，則長八寸。方同上。隨瓣用。

榻頭木立榥：長九寸，方同上。隨瓣用。

拽後榥：每枓槽徑一尺，則長二寸五分。方同上。每瓣上下用六條。

柱脚方并下臥榥：每枓槽徑一尺，則長五寸。方一寸。隨瓣用。

柱脚立榥：長九寸，方同上。每瓣上下用六條。

帳身：高八尺五寸，徑一丈。帳柱下用鋜脚，上用隔(科)〔枓〕四面並安歡門、帳帶，前後用門。柱内兩邊皆施立頰、泥道版造。

帳柱：長視高，其廣六分，厚五分。

下鋜脚上隔(科)〔枓〕版：各長隨帳柱内，廣八分，厚一分四釐；内上隔科版廣一寸七分。

下鋜脚上隔科仰托榥：各長同上，廣三分六釐，厚二分四釐。

下鋜脚上隔科内外貼：各長同上，廣二分四釐，厚一分一釐。

下鋜脚及上隔科上内外柱子：各長六分六釐。

上隔科内外下柱子：長五分六釐，各廣厚同上。

立頰：長視上下仰托榥内，廣厚同仰托榥。

泥道版：長同上，廣八分，厚一分。

難子：長同上，方一分。

歡門：長隨兩立頰内，廣一寸二分，厚一分。

帳帶：長三寸二分，方二分四釐。

門子：長視立頰。廣隨兩立頰内。合版令足兩扇之數，以厚八分爲定法。

帳身版：長同上，廣隨帳柱内，厚一分二釐。

帳身版上下及兩側内外難子：長同上，方一分二釐。

柱上帳頭：共高一尺，徑九尺八寸四分。檐及出跳在外。六鋪作，卷頭重栱造。其材廣一寸，厚六分六釐。每瓣用補間鋪作五朵，上施平棊。

普拍方：長隨每瓣之廣，絞頭在外。廣三寸，厚一寸二分。

枓槽版：長同上，廣七寸五分，厚二寸。

壓厦版：長同上，加長七寸。廣九寸，厚一寸五分。

角栿：每徑一尺，則長三寸。廣四寸，厚三寸。

筭桯方：廣四寸，厚二寸五分。長用兩等：一每徑一尺，長六寸二分；一每徑一尺，長四寸八分。

平棊貼絡華文等，並準殿内平棊制度。

桯：長隨内外筭桯方及筭桯方心，廣二寸，厚一分五釐。

背版：長廣隨桯四周之内。以厚五分爲定法。

楅：每徑一尺，則長五寸七分。方二寸。

護縫：長同背版，廣二寸。以厚五分爲定法。

貼：長隨桯内，廣一寸二分。厚同上。

難子并貼絡華：厚同貼。每方一尺，用華子二十五枚或十六枚。

轉輪：高八尺，徑九尺。當心用立軸，長一丈八尺，徑一尺五寸。上用鐵鐧釧，下用鐵鵝臺桶子。如造地藏，其輻量所用增之。其輪七格，上下各劄輻掛輞。每格用八輞，安十六輻，盛經匣十六枚。

輻：每徑一尺，則長四寸五分。方三分。

外輞：徑九尺，每徑一尺，則長四寸八分。曲廣七分，厚二分五釐。

内輞：徑五尺，每徑一尺，則長三寸八分。曲廣五分，厚四分。

外柱子：長視高，方二分五釐。

内柱子：長一寸五分，方同上。

立頰：長同外柱子，方一分五釐。

鈿面版：長二寸五分，外廣二寸二分，内廣一寸二分。以厚六分爲定法。

格版：長二寸五分，廣一寸二分。厚同上。

後壁格版：長廣一寸二分。厚同上。

難子：長隨格版、後壁版四周，方八釐。

托輻牙子：長二寸，廣一寸，厚三分。隔間用。

托棖：每徑一尺，則長四寸。方四分。

立絞棖：長視高，方二分五釐。隨輻用。

十字套軸版：長隨外平坐上外徑，廣一寸五分，厚五分。

泥道版：長一寸一分，廣三分二釐。以厚六分爲定法。

泥道難子：長隨泥道版四周，方三釐。

經匣：長一尺五寸，廣六寸五分，高六寸。盝頂在内。上用趄塵盝頂，陷頂開帶，四角打卯，下陷底。每高一寸，以二分爲盝頂斜高，以一分三釐爲開帶。四壁版長，隨匣之長廣，每匣高一寸，則廣八分，厚八釐。頂版、底版，每匣長一尺，則長九寸五分。每匣廣一寸，則廣八分八釐。每匣高一寸，則厚八釐。子口版，長隨匣四周之内。每高一寸，則廣二分，厚五釐。

凡經藏坐芙蓉瓣，長六寸六分，下施龜脚。上對鋪作。套軸版安於外槽平坐之上，其結宽、瓦隴條之類，並準「佛道帳制度」。舉折等亦如之。

壁藏

造壁藏之制：共高一丈九尺，身廣三丈，兩擺手各廣六尺，内外槽共深四尺。坐頭及出跳皆在柱外。前後與兩側制度並同，其名件廣厚，皆取逐層每尺之高，積而爲法。

坐：高三尺，深五尺二寸，長隨藏身之廣。下用龜脚，脚上施車槽、疊澁等。其制度並準佛道帳坐之法。唯坐腰之内，造神龕壺門，門外安重臺鉤闌，高八寸。上設平坐，坐上安重臺鉤闌。高一尺，用雲栱瘿項造。其鉤闌準「佛道帳制度」。用五鋪作卷頭，其材廣一寸，厚六分六釐。每六寸六分施補間鋪作一朵，其坐並芙蓉瓣造。

龜脚：每坐高一尺，則長二寸，廣八分，厚五分。

車槽上下澁：後壁側當者，長隨坐之深加二寸，内上澁面前長減坐八尺。廣二寸五分，厚六分五釐。

車槽：長隨坐之深廣，廣二寸，厚七分。

上子澁：兩重，長同上，廣一寸七分，厚三分。

下子澁：長同上，廣二寸，厚同上。

坐腰：長同上，減五寸。廣一寸二分，厚一寸。

坐面澁：長同上，廣二寸，厚六分五釐。

猴面版：長同上，廣三寸，厚七分。

明金版：長同上，每面減四寸。廣一寸四分，厚二分。

枓槽版：長同車槽上下澁，側當減一尺二寸，面前減八尺，擺手面前廣減六寸。廣二寸三分，厚三分四釐。

壓厦版：長同上，側當減四寸，面前減八尺，擺手面前減二寸。廣一寸六分，厚同上。

神龕壺門背版：長隨枓槽，廣一寸七分，厚一分四釐。

壺門牙頭：長同上，廣五分，厚三分。

柱子：長五分七釐，廣三分四釐，厚同上。隨瓣用。

面版：長與廣皆隨猴面版内。以厚八分爲定法。

普拍方：長隨枓槽之深廣，方三分四釐。

下車槽臥棍：每深一尺，則長九寸，卯在内。方一寸一分。隔瓣用。

柱脚方：長隨枓槽内深廣，方一寸二分。絞廕在内。

柱脚方立棍：長九寸，卯在内。方一寸一分。隔瓣用。

榻頭木：長隨柱脚方内，方同上。絞廕在内。

榻頭木立棍：長九寸一分，卯在内。方同上。隔瓣用。

拽後棍：長五寸，卯在内。方一寸。

羅文棍：長隨高之斜長，方同上。隔瓣用。

猴面臥棍：每深一尺，則長九寸，卯在内。方同榻頭木。隔瓣用。

帳身：高八尺，深四尺。帳柱上施隔科；下用鋜脚；前面及兩側皆安歡門、帳帶。帳身施版門子。上下截作七格。每格安經匣四十枚。屋内用平棊等造。

帳内外槽柱：長視帳身之高，方四分。

内外槽上隔科版：長隨帳柱内，廣一寸三分，厚一分八釐。

内外槽上隔科仰托棍：長同上，廣五分，厚二分二釐。

内外槽上隔科内外上下貼：長同上，廣二分二釐，厚一分二釐。

内外槽上隔科内外上柱子：長五分，廣厚同上。

内外槽上隔科内外下柱子：長三分六釐，廣厚同上。

内外歡門：長同仰托棍，廣一寸二分，厚一分八釐。

内外帳帶：長三寸，方四分。

裏槽下鋜脚版：長同上隔科版，廣七分二釐，厚一分八釐。

裏槽下鋜脚仰托棍：長同上，廣五分，厚二分二釐。

裏槽下鋜脚外柱子：長五分，廣二分二釐，厚一分二釐。

正後壁及兩側後壁心柱：長視上下仰托棍内，其腰串長隨心柱内，各方四分。

帳身版：長視仰托棍、腰串内，廣隨帳柱、心柱内。以厚八分爲定法。

帳身版内外難子：長隨版四周之廣，方一分。

逐格前後格棍：長隨間廣，方二分。

鈿版棍：每深一尺，則長五寸五分。廣一分八釐，厚一分五釐。每廣六寸用一條。

逐格鈿面版：長同版前後兩側格棍，廣隨前後格棍内。以厚六分爲定法。

逐格前後柱子：長八寸，方二分。每匣小間用二條。

格版：長二寸五分，廣八分五釐，厚同鈿面版。

破間心柱：長視上下仰托棍内，其廣五分，厚三分。

摺疊門子：長同上，廣隨心柱、帳柱内。以厚一寸爲定法。

格版難子：長隨格版之廣，其方六釐。

裏槽普拍方：長隨間之深廣，其廣五分，厚二分。

平棊：華文等準「佛道帳制度」。

經匣：盝頂及大小等，並準「轉輪藏經匣制度」。

腰檐：高(二)〔一〕尺，枓槽共長二丈九尺八寸四分，深三尺八寸四分。枓栱用六鋪作，單抄〔杪〕雙昂；材廣一寸，厚六分六釐。上用壓厦版出檐結宼。

普拍方：長隨深廣，絞頭在外。廣二寸，厚八分。

枓槽版：長隨後壁及兩側擺手深廣，前面長減八(尺)〔寸〕。廣三寸五分，厚一寸。

壓厦版：長同枓槽版，減六寸，前面長減同上。廣四寸，厚一寸。

枓槽鑰匙頭：長隨深廣，厚同枓槽版。

山版：長同普拍方，廣四寸五分，厚一寸。

出入角角梁：長視斜高，廣一寸五分，厚同上。

出入角子角梁：長六寸，卯在内。曲廣一寸五分，厚八分。

抹角方：長七寸，廣一寸五分，厚同角梁。

貼生：長隨角梁内，方一寸。折計用。

曲椽：長八寸，曲廣一寸，厚四分。每補間鋪作一朵用三條，從角均攤。

飛子：長五寸，尾在内。方三分五釐。

白版：長隨後壁及兩側擺手，到角長加一尺，前面長減九尺。廣三寸五分。以厚五分爲定法。

廈宬版：長同白版，加一尺三寸，前面長減八尺。廣九寸。厚同上。

瓦隴條：長九寸，方四分。瓦頭在内，隔間均攤。

搏脊：長同山版，加二寸，前面長減八尺。其廣二寸五分，厚一寸。

角脊：長六寸，廣二寸，厚同上。

搏脊槫：長隨間之深廣，其廣一寸五分，厚同上。

小山子版：長與廣皆二寸五分，厚同上。

山版枓槽卧棍：長隨枓槽内，其方一寸五分。隔瓣上下用二枚。

山版枓槽立棍：長八寸，方同上。隔瓣用二枚。

平坐：高一尺，枓槽長隨間之廣，共長二丈九尺八寸四分，深三尺八寸四分。安單鉤闌，高七寸。其鉤闌準「佛道帳制度」。用六鋪作卷頭，材之廣厚及用壓廈版，並準腰檐之制。

普拍方：長隨間之深廣，合角在外。方一寸。

枓槽版：長隨後壁及兩側擺手，前面減八尺。廣九寸，子口在内。厚二寸。

壓廈版：長同枓槽版，至出角加七寸五分，前面減同上。廣九寸五分，厚同上。

鴈翅版：長同枓槽版，至出角加九寸，前面減同上。廣二寸五分，厚八分。

枓槽内上下卧棍：長隨枓槽内，其方三寸。隨瓣隔間上下用。

枓槽内上下立棍：長隨坐高，其方二寸五分。隨卧棍用二條。

鈿面版：長同普拍方。厚以七分爲定法。

天宫樓閣：高五尺，深一尺。用殿身、茶樓、角樓、龜頭、殿挾屋、行廊等造。

下層副階：内殿身長三瓣，茶樓子長二瓣，角樓長一瓣，並六鋪作單(抄)〔杪〕雙昂造。龜頭、殿挾各長一瓣，並五鋪作單(抄)〔杪〕單昂造；行廊長二瓣，分心四鋪作造。其材並廣五(寸)〔分〕，厚三分三氂。出入轉角，間内並用補間鋪作。

中層副階上平坐：安單鉤闌，高四寸。其鉤闌準「佛道帳制度」。其平坐並用卷頭鋪作等，及上層平坐上天宫樓閣，並準副階法。

凡壁藏芙蓉瓣，每瓣長六寸六分，其用龜脚至舉折等，並準佛道帳之制。

愛新覺羅・允禮等《工程做法》卷四一《各項裝修》 各項裝修做法開後，計開：

凡簷裏安裝槅扇，法以飛簷椽頭下皮與槅扇掛空檻上皮相齊。下安槅扇下檻，掛空檻分位；上安橫披并替樁分位。如無飛簷椽，以簷椽頭下皮與槅扇掛空檻上皮相齊，或高壹丈，即係安裝槅扇并上、下檻分位。簷枋下皮至掛空檻上皮高壹尺，即係安裝橫披并替樁分位。掛空檻又名中檻，又名上檻，替樁又名上檻。

凡金裏安裝槅扇，法以廊内之穿插枋下皮與槅扇掛空檻下皮相齊。下安槅扇并下檻分位，上安橫披并掛空檻、替樁分位。

凡次稍間安裝檻窻，上替樁、橫披、掛空檻俱與明間相齊。上抹頭與槅扇上抹頭齊，下抹頭與槅扇羣板上抹頭齊。其餘尺寸，係風檻、榻板、檻牆分位。

凡下檻，以面闊定長。如面濶壹丈，即長壹丈。内除簷柱徑壹分，外加兩頭入榫分位，各按柱徑肆分之壹。以簷柱徑拾分之捌定高。如柱徑壹尺，得高捌寸。以本身之高減半定厚，得厚肆寸。如金裏安裝，照金柱徑寸定高、厚。

凡上檻，以面濶定長。如面濶壹丈，即長壹丈。内除簷柱徑壹分，外加兩頭入榫分位，各按柱徑肆分之壹。以下檻之高拾分之捌定高。如下檻高捌寸，得高陸寸肆分。厚與下檻同。

凡抱框，以簷椽頭下皮至地面定長。如簷椽頭下皮至地面高壹丈，内除上、下檻高壹尺肆寸肆分，得抱框長捌尺伍寸陸分；外加兩頭入榫分位，按本身之厚壹分。以下檻拾分之柒定寬。如下檻高捌寸，得寬伍寸陸分。厚與下檻同。

凡槅扇邊挺，以槅扇之高定長。如槅扇高捌尺伍寸陸分，壹根即長捌尺伍寸陸分；壹根外加兩頭掩榫照本身看面之寬壹分，得通長捌尺捌寸肆分。以抱框之寬減半定看面。如抱框寬伍寸陸分，得看面貳寸捌分。以本身看面尺寸加貳定進深，如看面貳寸捌分，得進深叁寸叁分陸氂。

凡抹頭，以槅扇之寬定長。如槅扇寬壹尺玖寸柒分，即長壹尺玖寸柒分。看面、進深與邊挺同。

凡轉軸，長隨槅扇浄高尺寸，外加上、下入楹之長，照上檻之高壹分。如上檻高陸寸肆分，即加長陸寸肆分。以邊挺之看面、進深減半定寬、厚。如邊挺看面貳寸捌分，進深叁寸叁分陸氂，得轉軸寬壹寸陸分捌氂，厚壹寸肆分。

凡縧環板，以抹頭看面加倍定寬。如抹頭看面貳寸捌分，得寬伍寸陸分。以邊挺進深叁分之壹定厚。如邊挺進深叁寸叁分陸氂，得厚壹寸壹分貳氂。長按槅扇之寬，内除邊挺看面貳分，兩頭加入榫尺寸，照本身之厚壹分。落地明做法，不用此欵。

凡羣板槅心，以槅扇之淨高尺寸定高。如槅扇高捌尺伍寸陸分，內除抹頭陸根，共寬壹尺陸寸捌分。又除縧環叁塊，共寬壹尺陸寸捌分，計共除叁尺叁寸陸分，得淨高伍尺貳寸。內槅心分陸分，得高叁尺叁寸貳分。羣板分肆分，得高貳尺捌分。厚與縧環板同。兩頭加入榫尺寸，照本身之厚壹分。

凡槅心肆面仔邊，長按槅心淨高寬尺寸，即得仔邊之長短。以邊挺進深拾分之柒定進深，拾分之伍定看面。如邊挺進深叁寸叁分陸釐，看面貳寸捌分，得進深貳寸叁分伍釐，看面壹寸肆分。

凡欞子，以仔邊之進深，看面拾分之柒定進深、看面。如仔邊看面壹寸肆分，進深貳寸叁分伍釐，得看面玖分捌釐，進深壹寸陸分肆釐。每扇除仔邊淨寬尺寸，壹欞貳空，橫直欞子，兩頭加入榫尺寸，照本身看面之寬壹分。如看面玖分捌釐，得榫長即玖分捌釐。如落地明做法，長按邊挺淨長尺寸，內除抹頭看面貳分，外加兩頭入榫按本身看面寬壹分。

凡檻窻邊挺，以檻窻之高定長。如檻窻高陸尺貳寸伍分陸釐，外加兩頭掩榫照本身看面寬壹分，得通長陸尺伍寸叁分陸釐。進深、看面俱與槅扇邊挺同。

凡抹頭，以檻窻之寬定長。如檻窻寬壹尺玖寸柒分，即長壹尺玖寸柒分。看面、進深俱與邊挺同。

凡轉軸，長隨檻窻淨高尺寸，外加上、下入楹之長，照上檻之高壹分。如上檻高陸寸肆分，即加長陸寸肆分。以邊挺之看面、進深減半定寬、厚。如邊挺看面貳寸捌分，進深叁寸叁分陸釐，得轉軸寬壹寸陸分捌釐，厚壹寸肆分。

凡縧環板，長按檻窻之寬，內除邊挺看面之寬貳分，兩頭加入榫尺寸，照本身厚壹分；寬、厚俱與槅扇縧環同。

凡檻窻心，高隨槅扇心，以抹頭之長定寬。如抹頭長壹尺玖寸柒分，內除邊挺看面之寬貳分，得淨寬壹尺肆寸壹分。

凡檻窻心肆面仔邊，長按檻窻心之淨高寬尺寸，即得仔邊之長短；以邊挺進深拾分之柒定進深，拾分之伍定看面。如邊挺進深叁寸叁分陸釐，看面貳寸捌分，得進深貳寸叁分伍釐，看面壹寸肆分。

凡欞子，以仔邊之進深、看面拾分之柒定進深、看面。如仔邊看面壹寸肆分，進深貳寸叁分伍釐，得看面玖分捌釐，進深壹寸陸分肆釐。每扇除仔邊淨寬尺寸，壹欞貳空，橫直欞子，兩頭加入榫尺寸，照本身看面寬壹分。

凡風檻，以面濶定長。如面濶壹丈即長壹丈，內除柱徑壹分，外加兩頭入榫分位，各按柱徑肆分之壹。高、厚與抱框同。

凡榻板，以面濶定長。如面濶壹丈，即長壹丈。以風檻之厚拾分之柒定厚。如風檻厚肆寸，得榻板厚貳寸捌分。寬隨檻牆之厚，外加金邊各貳分。

凡支窻，以面濶定長。如面濶壹丈，內除柱徑壹分，抱框寬貳分，淨濶柒尺捌寸捌分，即寬柒尺捌寸捌分。以簷頭至地皮定高。如簷頭至地皮高壹丈壹尺，內除替椿、橫披、上檻分位，共壹尺陸寸肆分，下榻板、檻牆分位，共叁尺壹寸肆釐，得支窻淨高陸尺貳寸伍分陸釐。邊檔以抱框之寬拾分之肆定看面。如抱框寬伍寸陸分，得看面貳寸貳分肆釐。以抱框之厚叁分之壹定進深，如抱框厚肆寸，得進深壹寸叁分叁釐。抹頭以淨寬尺寸定長。如淨寬柒尺捌寸捌分，即長柒尺捌寸捌分。看面、進深與邊檔同。如分扇做法，除間柱寬壹分，減半得寬。

凡直欞，以邊檔之寬減半定看面。如邊檔看面貳寸貳分肆釐，得欞子看面壹寸壹分貳釐。進深與邊檔同。每扇壹欞貳空。

凡橫穿，長隨淨面濶尺寸，內除邊檔貳分，外加兩頭入榫尺寸，照本身之厚壹分；以直欞看面定寬。如直欞看面壹寸壹分貳釐，即寬壹寸壹分貳釐。以直欞之進深叁分之壹定厚。如直欞進深壹寸叁分叁釐，得厚肆分肆釐，或柒根至拾根，臨期擬定。如扣欞做法。看面、進深俱與直欞同。

凡橫披短抱框，以簷椽頭下皮至地面高壹丈壹尺，內除下檻高捌寸，槅扇高捌尺伍寸陸分，上檻高陸寸肆分，得抱框長壹尺，又除替椿高叁寸，得淨長柒寸。外加兩頭入榫分位，各按本身之寬拾分之貳，得榫長各壹寸壹分貳釐。寬、厚與長抱框同。

凡橫披，以面濶定長。如面濶壹丈，內除柱徑壹分，抱框貳分，淨面濶柒尺捌寸捌分，邊檔即長柒尺捌寸捌分。抹頭隨短抱框之淨長尺寸。寬、厚與槅扇仔邊同。每扇除邊檔抹頭淨寬尺寸壹欞貳空。欞子看面、進深俱與槅扇欞子同。橫直欞子，兩頭入榫，照本身看面之寬壹分。如分叁扇做法，應除間柱分位，各得叁分之壹。如斜交做法，照方伍斜柒分長短。如安裝大門不用橫披，即係走馬板分位。

凡替椿，以面濶定長。如面濶壹丈，內除柱徑壹分，外加兩頭入榫分位，各按柱徑肆分之壹。如柱徑壹尺，得通長玖尺伍寸。以簷枋之高拾分之叁定高。

如簷枋高壹尺，得高叁寸。厚與上檻之厚同。如安裝大門用走馬板錠引條，不用此欵。

凡簾架挺，以槅扇之高定長。如槅扇高捌尺伍寸陸分，下檻高捌寸，掛空檻高陸寸肆分，得共長壹丈。除荷葉墩高叁寸柒分陸釐，得淨長玖尺陸寸貳分肆釐。寬、厚俱與槅扇邊挺看面、進深同。

凡簾架心，以門訣定長。如上檻下皮至下檻下皮高玖尺叁寸陸分，除吉門口高陸尺陸寸肆分，下檻高捌寸，得架心高壹尺玖寸貳分，內除上、下抹頭貳分共伍寸陸分，淨高壹尺叁寸陸分。以槅扇貳扇之寬定寬。如槅扇寬壹尺玖寸柒分，得寬叁尺玖寸肆分，內除架挺之厚壹分，得淨寬叁尺陸寸陸分。仔邊、櫺子看面、進深俱與槅心同。每扇除仔邊淨寬尺寸壹櫺貳空，橫直櫺子兩頭入榫照本身看面之寬壹分。如斜交做法，照方伍斜柒分長短。上、下抹頭以槅扇寬定長。如槅扇寬壹尺玖寸柒分，貳扇共寬叁尺玖寸肆分，即長叁尺玖寸肆分。外加架挺之寬壹分，共長肆尺貳寸貳分。寬、厚與架挺同。

凡連貳楹，以下檻拾分之柒定高。如下檻高捌寸，得高伍寸陸分。以轉軸之寬加壹分定寬。如轉軸寬壹寸陸分捌釐，得寬叁寸叁分陸釐。長按本身寬加壹分，得長陸寸柒分貳釐。檻窗上隨風檻之高拾分之柒定高。如風檻高伍寸陸分，得高叁寸玖分貳釐。長、寬同前。

凡槅扇之單楹荷葉拴斗，以連貳楹肆分之叁定長。如連貳楹長陸寸柒分貳釐，得長伍寸肆釐。高、寬與連貳楹同。如檻窗之單楹拴斗，高與檻窗連貳楹之高同。

凡單扇棋盤門大邊，按門訣之吉慶尺寸定長。如吉門口高陸尺叁寸陸分，即長陸尺叁寸陸分。內壹根外加兩頭掩縫并入楹尺寸，照下檻之高加壹分，如下檻高捌寸，共長柒尺壹寸陸分。以抱框之寬減半定寬。如抱框寬伍寸陸分，得寬貳寸捌分。外壹根以淨門口之高，外加上、下掩縫，照本身寬各壹分，如本身寬貳寸捌分，共長陸尺玖寸貳分。以抱框之寬減半定寬。如抱框寬伍寸陸分，得寬貳寸捌分。厚按本身淨寬拾分之柒定厚，如本身寬貳寸捌分，得厚壹寸玖分陸釐。

凡抹頭，以吉門口定長。如吉門口寬貳尺壹寸壹分，即長貳尺壹寸壹分。外加兩頭掩縫，裏壹頭按大邊之厚壹分得壹寸玖分陸釐，再加掩縫叁分。外壹頭按大邊之厚減半，得玖分捌釐，共長貳尺肆寸叁分肆釐。寬、厚與大邊同。如雙扇做法，裏壹頭加大邊之厚壹分，再加掩縫叁分。

凡門心板，以抹頭之長除大邊定寬。如抹頭長貳尺肆寸叁分肆釐，內除大邊貳分共伍寸陸分，得門心板淨寬壹尺捌寸柒分肆釐。以門之高定長。如門連上、下掩縫高陸尺陸寸肆分，內除抹頭貳分共伍寸陸分，得門心板淨長陸尺捌分。如入槽做法，照本身之厚、長、寬各加壹分。以大邊之厚叁分之壹定厚。如大邊厚壹寸玖分陸釐，得厚陸分伍釐。外加入穿帶槽，按本身之厚叁分之壹，得厚捌分陸釐。

凡穿帶，長隨抹頭，以抹頭之寬拾分之柒定寬。如抹頭淨寬貳寸捌分，得寬壹寸玖分陸釐。以大邊之厚定厚。如大邊厚壹寸玖分陸釐，內除門心板淨厚陸分伍釐，再除落堂尺寸，按大邊之厚拾分之叁得伍分捌釐，穿帶淨厚柒分叁釐。每扇肆根。

凡插關樑，以穿帶空檔定長。如空檔長壹尺壹寸陸分，即長壹尺壹寸陸分，兩頭各加穿帶之寬半分，共長壹尺叁寸伍分陸釐。寬與穿帶同。厚與大邊同。

凡插關，以門之寬定長。如門寬貳尺壹寸壹分，內除大邊壹分貳寸捌分，外加掩縫玖分捌釐，淨長壹尺玖寸貳分捌釐。寬、厚與穿帶同。

凡拴杆，長隨轉軸，外加出頭按連楹之厚壹分。寬、厚與轉軸同。

凡實榻大門檻框、邊抹、穿帶，俱與棋盤門同，其門心板之厚與大邊之厚同。

凡餘樑板，高與門口分高尺寸同，以面濶定寬。如面濶壹丈貳尺，內除柱徑壹分，抱框貳分，門框貳分，門口壹個各分位，共濶壹丈肆寸。其餘壹尺陸寸，貳分分之，各得寬捌寸。以柱徑拾分之壹定厚。如柱徑壹尺，得厚壹寸。

凡腰枋，以餘塞板之寬定長。如餘塞板寬捌寸，即腰枋長捌寸。外兩頭入榫尺寸按本身之厚加壹分，共長玖寸伍分。寬與抱框同。如抱框厚肆寸，內除餘塞板厚壹寸，餘厚叁寸，貳分分之，各得厚壹寸伍分。

凡門枕，以門下檻拾分之柒定高。如下檻高捌寸，得高枕高伍寸陸分。以本身之高加貳寸定寬。如本身高伍寸陸分，得寬柒寸陸分，長按兩頭之見方尺寸，各得柒寸陸分。外加下檻之厚壹分，共長壹尺玖寸貳分。

凡連楹，以門扇定長。如門貳扇共寬柒尺壹寸陸分，又加掩縫肆寸伍分貳釐，兩頭再各加本身之寬壹分，得通長捌尺貳寸。以轉軸之寬加半分定寬。如轉軸寬壹寸玖分陸釐，得寬貳寸玖分肆釐。厚與轉軸厚同。如槅扇檻窗、屏門連楹以面濶定長。如面濶壹丈，內除柱徑壹分，外加兩頭捧柱椀口照本身之寬各加壹分，得通長玖尺伍寸捌分捌釐。寬、厚同前。

凡横拴，以門口定長。如門口寬柒尺壹寸陸分，兩頭各加掩縫貳寸貳分陸釐，再加出頭尺寸，按本身之徑各壹分，共長捌尺叁寸玖分陸釐。以大邊之厚加倍定徑寸。如大邊壹寸玖分陸釐，得徑叁寸玖分貳釐。

凡門簪，以門口之高拾分之壹定長。如門口高捌尺陸寸，出頭捌寸陸分，外加上檻厚肆寸，連楹之寬貳寸玖分肆釐，再出榫，照連楹之寬壹分，共長壹尺捌寸肆分捌釐。以上檻之高拾分之捌定徑寸。如上檻高陸寸肆分，得徑伍寸壹分貳釐。每間俱係肆個。

凡大門上走馬板，以面濶定長。如面濶壹丈貳尺，内除柱徑壹分，抱框貳分，净濶玖尺捌寸捌分，即寬玖尺捌寸捌分。如脊裏安裝，照山柱之高定高。如山柱通高壹丈貳尺肆寸叁分，内除墊板捌寸，脊枋壹尺，上檻陸寸肆分，門口捌尺陸寸，下檻捌寸，共壹丈壹尺捌寸肆分，走馬板净得高伍寸玖分，其厚伍分。門頭板同。金裏安裝，亦照此法。

凡引條，長隨面濶，除柱徑壹分，抱框貳分。如起線做法，以上檻之厚定寬、厚。如上檻厚肆寸，内除滚楞尺寸捌分，再除走馬板之厚伍分，净寬貳寸柒分，貳分分之，每邊各得寬、厚壹寸叁分伍釐。

凡木頂槅週圍之貼樑，長隨面濶、進深，内除枋樑之厚各半分。以簷枋之高肆分之壹定寬、厚。如簷枋高玖寸壹分，得寬、厚貳寸貳分柒釐。

凡木頂槅，以面濶、進深定長短、扇數。如面濶壹丈貳尺，内除大柁之厚壹尺叁寸壹分，净長壹丈陸寸玖分。如進深貳丈壹尺，内除簷枋之厚柒寸壹分，净寬貳丈貳寸玖分。

凡邊抹，以貼樑之寬拾分之捌定厚，如貼樑寬貳寸貳分柒釐，得寬壹寸捌分壹釐。厚按本身之寬拾分之捌定厚，得厚壹寸肆分肆釐。

凡欞子，以邊檔之厚拾分之伍定看面。如邊檔厚壹寸肆分肆釐，得看面柒分貳釐。進深與邊檔同。每扇除邊抹净寬尺寸壹欞陸空。横直欞子兩頭入榫照本身看面之寬壹分。

凡木弔掛，每扇肆根，寬、厚與邊檔同，以加舉之法得長。

門訣開後，計開：

財門

貳尺柒寸貳分、貳尺柒寸伍分、貳尺柒寸玖分、貳尺捌寸貳分、貳尺捌寸伍分、肆尺壹寸陸分、肆尺壹寸玖分、肆尺貳寸貳分、肆尺貳寸陸分、肆尺貳寸玖分、伍尺壹寸陸分、伍尺壹寸玖分、伍尺伍寸、伍尺陸寸壹分、伍尺陸寸叁分、伍尺陸寸柒分、伍尺柒寸壹分、伍尺柒寸、柒尺肆分、柒尺柒分、柒尺壹寸壹分、柒尺壹寸陸分、捌尺肆寸柒分、伍尺伍寸叁分、捌尺伍寸壹分、捌尺陸寸、玖尺玖寸壹分、玖尺玖寸伍分、玖尺玖寸捌分、壹丈貳分、壹丈伍分。

義順門

貳尺壹寸捌分、貳尺貳寸貳分、貳尺貳寸伍分、貳尺叁寸、貳尺叁寸叁分、叁尺陸寸貳分、叁尺柒寸叁分、叁尺柒寸陸分、伍尺伍分、伍尺玖分、伍尺壹寸貳分、陸尺伍分、陸尺伍寸叁分、陸尺伍寸柒分、陸尺伍寸壹分、陸尺陸寸壹分、陸尺陸寸肆分、柒尺玖寸叁分、柒尺玖寸陸分、捌尺壹分、捌尺肆分、捌尺柒分、玖尺叁寸柒分、玖尺肆寸柒分、玖尺伍寸、玖尺肆寸、玖尺肆寸肆分、壹丈捌寸貳分、壹丈捌寸肆分、壹丈捌寸柒分、壹丈玖寸伍分。

官禄門

貳尺壹分、貳尺肆分、貳尺捌分、貳尺壹寸壹分、貳尺壹寸肆分、叁尺伍分、叁尺伍寸陸分、叁尺肆寸捌分、叁尺伍寸貳分、叁尺伍寸玖分、肆尺捌寸玖分、肆尺玖寸貳分、肆尺玖寸伍分、肆尺玖寸捌分、伍尺壹分、陸尺叁寸叁分、陸尺叁寸陸分、陸尺肆分、柒尺柒寸陸分、柒尺柒寸玖分、柒尺捌寸叁分、玖尺捌寸陸分、玖尺壹寸玖分、玖尺貳寸貳分、玖尺貳寸陸分、壹丈陸寸肆分、玖尺叁寸叁分、玖尺貳寸玖分、壹丈陸寸柒分、壹丈柒寸、壹丈柒寸叁分、壹丈柒寸陸分。

福德門

貳尺玖寸、貳尺玖寸肆分、貳尺壹分、貳尺玖寸柒分、叁尺肆分、叁尺肆寸肆分、肆尺叁寸肆分、肆尺肆寸伍分、肆尺肆寸壹分、伍尺柒寸柒分、伍尺捌寸肆分、伍尺捌寸捌分、伍尺玖寸壹分、柒尺貳寸壹分、柒尺貳寸捌分、柒尺貳寸肆分、柒尺叁寸肆分、柒尺叁寸壹分、捌尺陸寸捌分、捌尺陸寸伍分、捌尺柒寸伍分、捌尺柒寸壹分、壹丈捌分、壹丈壹寸貳分、壹丈柒分、壹丈壹寸玖分、壹丈壹尺陸寸、壹丈貳寸叁分。

《魯班經》卷一　造作門樓

新創屋宇開門之法：一自外正大門而入，次二重較門，則就東畔開吉門，須要屈曲，則不宜太直。內門不可較大外門，用依此例也。大凡人家外大門，千萬不可被人家屋脊對射，則不祥之兆也。

論起廳堂門例

或起大廳屋，起門須要好籌頭向。或作槽門之時，須用放高，與第二重門同，第三重却就栿柁起，或作如意門，或作古錢門與方勝門，在主人意愛而爲之。如不做槽門，只做都門、作胡字門亦佳矣。

詩曰：大門安者莫在東，不按仙賢法一同。更被別人屋棟射，須教禍事又重重。

上(下)〔户〕門，計六尺六寸。中户門，計三尺三寸。小户門，計三尺一寸。州縣寺觀門，計一丈一尺八寸，濶六尺八寸。庶人門，高五尺七寸，濶四尺八寸。房門，高四尺七寸，濶二尺三寸。

春不作東門，夏不作南門，秋不作西門，冬不作北門。

債不星逐年定局方位

戊癸年坤庚方。甲巳年占辰方。乙庚年兑坎寅方。丙辛年占午方。丁壬年乾方。

債不星逐月定局

大月初三、初六、十一、十四、十九、廿二、廿七日凶；小月初二、初七、初十、十五、十八、廿三、廿六日凶。

庚寅日門大夫死，甲巳日六甲胎神。占門。

塞門吉日：宜伏斷閉日。忌丙寅、己巳、庚午、丁巳。

紅嘴朱雀凶日：庚午、己卯、戊子、丁酉、丙午、乙卯。

修門雜忌

九良星年：丁亥，癸巳占大門，壬寅、庚申占門，丁巳占前門，丁卯、己卯占後門。

丘公殺：甲巳年占九月，乙庚占十一月，丙辛年占正月，丁壬年占三月，戊癸年占五月。

逐月修造門吉日：正月癸酉，外丁酉。二月甲寅。三月庚子，外乙巳。四月甲子、庚子，外庚午。五月甲寅，外丙寅。六月甲申、甲寅，〔外〕丙申、庚申。七月丙辰。八月乙亥。九月庚午、丙午。十月甲子、乙未、壬午、庚子、辛未，〔外〕庚午。十一月甲寅。十二月戊寅、甲寅、甲子、甲申、庚子，〔外〕庚申、丙寅、丙申。

右吉日不犯朱雀、天牢、天火、獨火、九空、死氣、月破、小耗、天賊、地賊、天瘟、受死、冰消瓦陷、陰陽錯、月建、轉殺、四耗、正四廢、瓦土鬼、伏斷、火星、九醜、滅門、離窠、次地火、四忌、五窮、耗絶、庚寅門、大夫死日、白虎、炙退、三殺、六甲胎神占門，并債不星爲忌。

門光星：大月從下數上，小月從上數下。

○○●●●○○●●●○○○●●●○○○●●●○○●●●○○○
人人人　丫丫丫　人人人　丫丫丫　人人人

白圈者吉，人字損人，丫字損畜。

門光星吉日定局

大月：初一、初二、初三、初七、初八、十二、十三、十四、十八、十九、二十、廿四、廿五、廿九、三十日。小月：初一、初二、初六、初七、十一、十二、十三、十七、十八、十九、廿三、廿四、廿八、廿九日。

總論

論門樓不可專主門樓經、玉輦經，誤人不淺，故不編入。門向須避直冲尖射砂水、路道、惡石、山坳、崩破、孤峰、枯木、神廟之類，謂之乘殺入門，凶。宜迎水、迎山，避水斜割，悲聲。經云：以木爲朱雀者，忌夭湍。

論黄泉門路：《天機訣》云：「庚丁坤上是黄泉，乙丙須防巽水先，甲癸向中休見艮，辛壬水路怕當乾。」犯主枉死少丁，殺家長，長病，忤逆。

庚向忌安單坤向門咱水步，丙向忌安單坤向門路水步，乙向忌安單巽向門路水步，丙向忌安單巽向門路水〔步〕，甲向癸向忌安單艮向門路水步，辛壬向忌安單乾向門路水步。其法乃死絶處，朝對官爲黄泉是也。

詩曰：兩棟簷水流相射，大小常相駡。此屋名爲暗箭山，人口不平安。

據仙賢云：屋前不可作欄杆，上不可使立釘，名爲暗箭，當忌之。

郭璞相宅詩三首：屋前致欄杆，名曰紙錢山；家必多喪禍，哭泣不曾閑。

詩云：門高勝於廳，後代絶人丁；門高過於壁，其家多哭泣。又云：門扇兩榜欺，夫婦不相宜；家財當耗散，真是不爲量。

《魯班經》卷二　屏風式：大者高五尺六寸，帶脚在內。濶六尺九寸，琴脚六寸六分大，長二尺，雕日月掩象鼻格，獎腿(工)〔二〕尺四(分)〔寸〕高，四寸八分大，四框一寸六分大，厚一寸四分。外起改竹圓，内起栱盤線，平面六分，窅面三分，絛環上下俱六寸四分，要分成單，下勒水花分作兩孔，彫四寸四分，相屋闊窄，餘大小長短依此，長倣此。

圍屏式：每做此行用八片，小者六片，高五尺四寸正，每片大一片四寸三分零，四框八分大，六分(原)〔厚〕做成五分厚，筭定共四寸厚。内較田字格，六分厚，四分大，做者切忌碎框。

李斗《揚州畫舫録》卷一七《工段營造録》 裝修作，司安裝門槅之事。槅以飛檐椽頭下皮，與槅扇挂空檻上皮齊，下安槅扇，下檻挂空檻分位，上安橫披并替椿分位。挂空一名中檻，一名上檻，替椿一名上檻。安裝槅扇，以廊内穿插枋下皮，與挂空檻下皮齊，次梢間安裝檻窗，上替椿橫披挂空檻，俱與明間齊。上抹頭與槅上抹頭齊，下抹頭與槅羣板上抹頭齊，餘係風檻榻板檻牆分位。所用名物，有上檻、抱框、腰枋、折柱、邊挺、抹頭、轉軸、(拴)〔栓〕杆、支杆、槅心、平櫺、櫺子、方眼、支窗、推窗、方窗、圓光、十様、直櫺、橫穿、橫披、替椿、簾架、荷葉(拴)〔栓〕斗、銀錠扣架心、螞蟻腰及絛環、滴珠、簾籠、揭板、羣板諸件，單楹、連二楹有差。凡楠柏木槅扇，以用碧紗厨罩腿大框爲上綫，以卷珠爲上混面。凹面有(門)〔斗〕尖、花心、玲瓏之制。槅心有實替、夾紗之分。花頭有卧蠶、夔龍、流雲、壽字、(萬)〔卍〕字、工字、岔角、雲團、四合雲、漢連環、玉玦、如意、方勝、疊落、蝴蝶、梅花、水仙、海棠、牡丹、石榴、香草、巧葉、西番蓮、吉祥草諸式。工兼雕匠、水磨燙蠟匠、鑲嵌匠三作。至菱花槅心之法，三交燈球六椀菱花、三交六椀嵌橄欖菱花、(丈)〔艾〕葉菱花、又三交滿天星六椀菱花、古老錢菱花、又雙交四椀菱花諸式，則屬之菱花匠。實替一曰「糊透」，夾紗一曰「夾堂」。

古者在牆爲牖，在屋爲窗。《六書正義》云：「通竅爲冏，狀如方井倒垂，繪以花卉，根上葉下，反植倒披，穴中綴燈，如珠窋窡面出，謂之天窗。」《太山記》云：「從穴中置天窗是也。」今之蓬壺影、俯鑒室，均用其法。古者牖穿壁孔，兩旁植槺，以三寸爲度。今則有柱有枋，中起棋盤綫、劍脊綫、擴綫、闌花牙、三彎勒水、三色綫、雙綫起雙鉤，極陰陽榫之變，有方圓圭角之式。中實槅扇，大曰疏，小曰窗，相并曰方軒。槅心花様，如方眼、卍字、亞字、冰裂紋、金縷絲、金綫鈎蝦蟆之屬。一窗兩截，上係梁棟間爲馬釣窗，疏櫺爲太師窗。門制上楣下閾，左右爲棖，雙曰闔，單曰扇；有上、中、下三户門，及州縣寺觀庶人房門之別。開門自外正大門而入次二重，宜屈曲，步數宜單。每步四尺五寸，自屋檐滴水處起，量至立門處止。門尺有曲尺、八字尺二法。單扇棋盤門，大邊以門訣之吉尺寸定長，抹頭、門心板、穿帶、插間梁、栓杆、檻框、餘塞板腰枋、門枕、連檻、橫栓、門簪、走馬板、引條諸件隨之。古者外門内户，《文選》注：「大門爲門，中門爲闥。」《説文》云：「半門曰户。」《玉篇》云：「一屏曰户。」諸説異解同趣。門有制，户無制。今之園亭，皆有大門，均倣古制。至園内房櫳厢個、巷厩藩溷，皆有耳門，不免間作奇巧。如圓圭、六角、八角、如意、方勝、一封書之類，是皆古之所謂户也。曲尺長一尺四寸四分，八字尺長八寸，每寸(堆)〔准〕曲尺一寸八分，皆謂門尺，長亦維均。八字：財、病、離、義、官、劫、害、本也。曲尺十分爲寸：一白、二黑、三碧、四緑、五黄、六白、七赤、八白、九紫、(一)〔十〕白也。又古裝門路用九天元女尺，其長九寸有奇。匠者繩墨，三白九紫，工作大用日時尺寸，上合天星，是爲壓白之法。

李斗《揚州畫舫録》卷一七《工段營造録》 覆橑，今之木頂格也。《夢溪筆談》云：「古藻井即綺井」。又曰覆海，今謂之斗八，吴人謂罳頂，蓋後至坯，前至檐，左右至兩圬，上合羣板，下橫經緯，中如方罫，所以使屋不呈材也。木頂槅周圍有貼梁、邊抹、櫺子、木釣挂、一櫺六空，橫直兩頭，進深面闊有常制。上畫水草，説者謂厭火祥，莖皆倒垂殖，其華下向反披，古謂井干。天台野人《存論》云：「仰卧室中觀藻井，得古井田法。」謂此。

李斗《揚州畫舫録》卷一七《工段營造録》 花架有一面夾堂之分，方罫象眼諸式，蓋以圍護花樹之用。諸園皆有之，多種寶相、薔薇、月季之屬，謂之架花。架以見方計工，料用杉槁，楊柳木條，熏竹竿、黄竹竿、荆芭、籀竹片、花竹片、棕繩。花樹價值有常，保固有限。保三年者：千松、小馬尾松、大小刺松、羅漢松、小柏樹、青楊、垂柳、觀音柳、山川柳、柿樹、栗樹、核桃樹、軟棗樹、桑樹、梧桐樹、(秋)〔楸〕樹、槐樹、紅白櫻桃樹、接甜棗樹、蘋果樹、檳子樹、李子樹、千葉李、沙果子樹、莎羅樹、〔大〕石榴樹、小白果樹、梨子樹、紅梨花、玉梨花、錦堂梨、香水梨、珍珠花、〔大〕山裏紅、紫丁香、白丁香、紅丁香、紅白丁香、百日紅、棠棣花、文(宫)〔官〕果、山桃、白碧桃、紅碧桃、波斯桃、粉碧桃、鴛鴦桃、千葉杏、大小山杏接杏樹、大玫瑰、馬(英)〔纓〕花、蘭枝花、白梅花、紅梅花、黄刺梅花、佛梅花、(採)〔探〕春花、紅黄壽帶藤花、紫荆花、明開夜合花、十姊妹、(扒)〔爬〕山虎、山葡萄、芭蕉、(帖)〔鐵〕梗海棠、朱砂海棠、垂絲海棠、龍爪(花)〔槐〕、白玉(棠)〔蘭〕花、菠子、長春花、金銀花、沙白芍藥、楊妃芍藥、粉紅芍藥、千葉蓮芍藥、大紅芍藥、菠(利)〔梨〕諸種。保二年者：西府海棠。不保年者：大柏樹、大羅漢松、頭二號馬尾松、大白果樹、小山裏紅、小玫瑰、榛子果、歐〔栗〕子(果)諸種。京師以車載論，城内每一車給價二錢；出城十里内，加給一錢；十里外每里加給二分。如人夫抬運，照人數給工。湖上樹木，多自堡城來者，無水通舟，故僅照人數給工之例。

李斗《揚州畫舫録》卷一七《工段營造録》 廳事猶殿也。漢晉爲「聽」，六朝加厂爲「廳」。《老學庵筆記》云：「路寢，今之正廳，治官處之廳多厂，今謂厂廳。」《靈光賦》云：「三間兩表」，即今廳之有四榮者；如五間，則兩稍間設槅子或飛罩，今謂明三暗五；宋排當云：「三間五廈」；《輟耕録》云：「三間兩夾」，皆是也。湖上廳事，署名不一：一曰「福字廳」，本朝元旦朝賀，自王公以下至三品京官止，例得恭邀頒賜「福」字，各官敬裝匾供奉中堂，以爲奕世光寵。南巡時各工皆賞「福」字，如辛未，則與石刻「坐秋詩」、「水嬉賦」同賞之類。工商敬裝龍匾，恭摹于心字板上，擇園中廳事未經署名者懸之，謂之「福字廳」。如皆已有名，則添造廳事，或去舊匾換「福」字，如冶春詩社之秋思山房，荷浦熏風之清華堂之屬，皆是今之福字廳。其次有大廳、二廳、照廳、東廳、西廳、退廳、女廳。以字名如一字廳、工字廳、之字廳、丁字廳、十字廳；以木名如楠木廳、柏木廳、桫欏廳、水磨廳；以花名如梅花廳、荷花廳、桂花廳、牡丹廳、芍藥廳；若玉蘭以房名，藤花以榭名，各從其類。六面庋板爲板廳；四面不安窗槅爲凉廳；四廳環合爲四面廳；貫進爲連二廳及連三、連四、連五廳；柱檁木徑取方爲方廳；無金柱亦曰方廳；四面添廊子飛椽攢角爲蝴蝶廳；仿十一檁挑山倉房抱厦法爲抱厦廳；枸木椽脊爲卷廳；連二卷爲兩卷廳；連三卷爲三卷廳；樓上下無中柱者，謂之樓上廳、樓下廳；由後檐入拖架爲倒坐廳。

李斗《揚州畫舫録》卷一七《工段營造録》 陳設以寶座屏風爲首務。玻璃圍屏用四抹心子板，腰圍魚門洞，鑲嵌凹面口綫；海棠式雙如意魚門洞鑲嵌凹面口綫諸做法。通景圍屏，用絛環牙子上陰陽疊落雕玲瓏寶(仙)〔相〕花諸做法。畫片玻璃圍屏，用大框、碎框、壁子、梓框、二畫片、魚門洞、心子板、玻璃轉盤、方窗諸做法。三屏風連三須彌座，上下方(色)〔舍〕連巴達馬，束腰綫枋，中峰雁翅，四抹大框，内鑲大理石落堂板一分，替板一分，背板梓框，上下絛環，二面雕漢文夔龍搭腦立牙諸做法。插屏門高六尺一寸，寬三尺一寸六分，内槅搘木二、二面雕凹面漢文夔龍、柱子二、托棖一、鎖(砌)〔脚〕棖一、背後閘檔板一、二抹大框一、蓬牙一、跕牙二諸做法。四抹玻璃門，高五尺三寸三分，(壁)〔羣〕板一、絛環一、一面採臺雕凹面漢文夔龍捧壽諸做法。頭號寶座，面闊四尺有奇，進深三尺有奇，高一尺六寸有奇，三方靠背束腰、(托)〔特〕腮方肚、蓬牙象鼻、卷珠灣腿，周圍托泥、扶手雲頭諸做法。平面脚踏，與〔寶〕座等，漢文腿、束腰托泥具備。二號矮寶座，面闊三尺六寸，進深二尺八寸六分，高七寸。上下方(金)〔舍〕蓮、巴達馬、束腰、杉口、梓口、地平(排)〔牌〕捎、地平床面、包鑲(中爲)〔皮并〕暖板諸做法。次之燈彩鋪墊，燈以挂計。錫燈有洋燈、三面、四面、六面、鏡插、滿堂紅、高燈之屬；建珠燈有山水、花卉、禽獸、人物、字畫之屬；琉璃燈有四方、八方、冬瓜、荸薺、皮球之屬；玻璃燈有方架、滚子、大洋、小洋、五色、吹片之屬。其餘各色洋縐堆花、耿絹畫各舊稿、各色紗堆花、白雲紗、銀條紗、刮絨堆花、紅金綫、泥金紗羅。上覆朱纓，角垂風帶者，謂之宫燈；燈架上蒙綢縐者，謂之膝褲腿；(蔑)〔篾〕絲無影，謂之氣殺風；置鐵竹長柄懸之者，謂之鵝頸項。彩子用五色綾，札蛛網罘罳以爲檐飾。

李斗《揚州畫舫録》卷一七《工段營造録》 琉璃轉盤鼓兒影壁，高六尺三寸五分，寬三尺六寸，用柱子二、間柱二、抹頭二、腰棖二、夾堂餘腮板四面絛環羣板二、裏口框一。四抹轉盤大框，高三尺五寸七分，寬二尺八寸。羣板絛環，採間柱餘腮絛環，雕凹面香草夔龍，有鑲嵌、素鑲、并鑲，門桶之别。夾層落堂如意瓶式，高五尺二寸，寬二尺三寸，二面貼落金邊，中嵌夔龍團草。扇抹頭、推門槅扇栓杆、琵琶柱子、欄干、起綫雕艾葉、净瓶頭、連珠束腰、西番蓮柱頭四、托泥、地伏、琴地、捎子、踢脚、隱板、欄干心，床上筆管欄干皆備。飛罩有落地明、連三飛罩、連十五飛罩、單飛罩諸做法。碧紗厨柱子，與影壁同，槅心用夾紗做法，皆屬之楠木作。

李斗《揚州畫舫録》卷一七《工段營造録》 六典中裝潢匠，今之裱作也。隔井天花，海墁天花，今之裱背頂槅也。裱做在托夾堂、裱面層、糊頭層底。錠鉸匠壓錠、托裱紙、纏秫稭、札架子諸法，其糊飾梁柱、裝修木壁板牆槅扇次之。紙有棉榜、頭二三號高麗、西紙、山西絹(棉)、方白二(方)〔百〕欒、竹(紙)料連四、清水、連四毛邊、連四抄紙、錦紙、蠟花、呈文、(宫)〔官〕青、西青、皂青、方稿、裱料、銀箋、蠟花、宫箋、氍紅、朱砂箋、小青、倭子、京文、桑皮諸紙。所用白麵、白礬、苧布、秫稭、雨點釘、綫麻、秏紙、包鑲、出綫、鏇花、對花、壓條，工用有差。紗絹綾錦畫片，以見方折工料，此所謂採飾纖縟，裛以藻綉，文以朱緑者也。近今有組織竹篾爲頂篷者，民間物耳。

李誠《營造法式》卷三二《小木作制度圖樣》

門、窗、格子門等第一 垂魚附

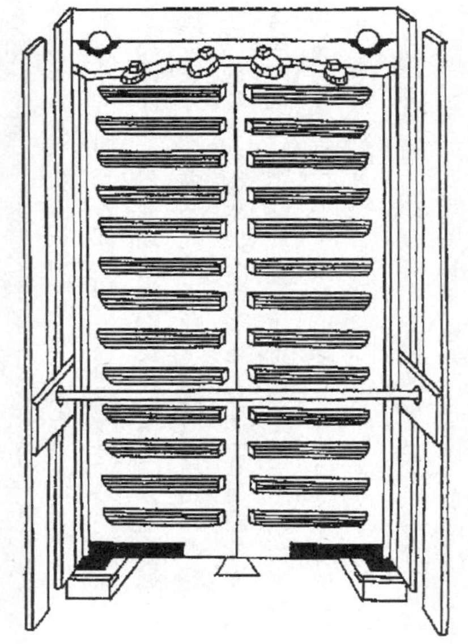

版門

烏頭門

牙頭護縫軟門

合版軟門

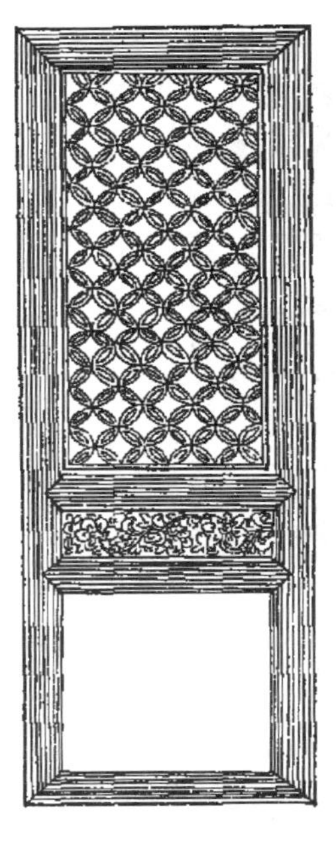

挑白毬文格眼　四桯四混中心出雙線入混内出單線

睒電窗

水文窗

搕鏁柱

排叉楅

雞栖木

伏兔手栓

伏兔

承枴當

門砧

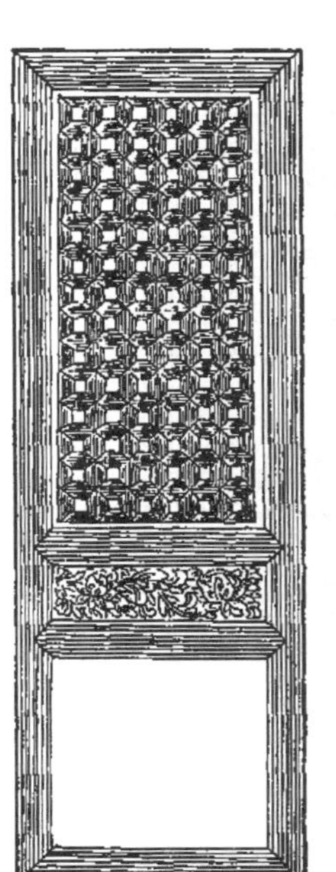

四混出雙線方格眼　四桯破瓣單混平地出單線

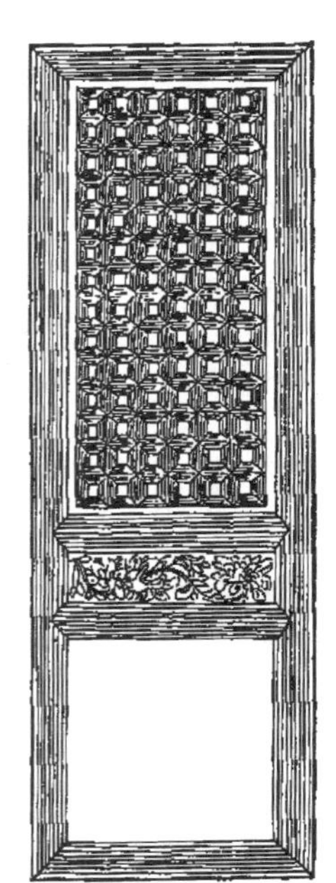

四直毬文上出條桱重格眼　四桯四混出單線

四斜毬文上出條桱重格眼　四桯破瓣雙混平地出雙線

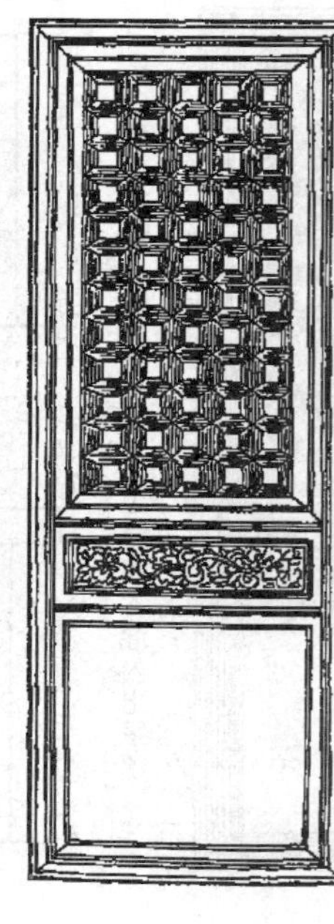

麗口絞瓣雙混方格眼　四程通混出雙線

通混出雙線方格眼　四程通混壓邊線

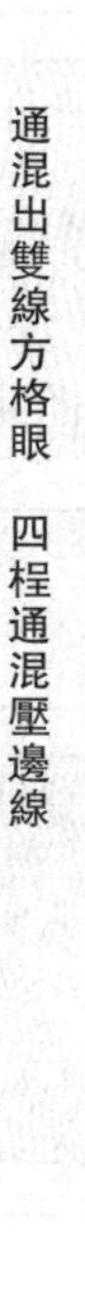

通混壓邊線四攛尖方格眼　四程素通混

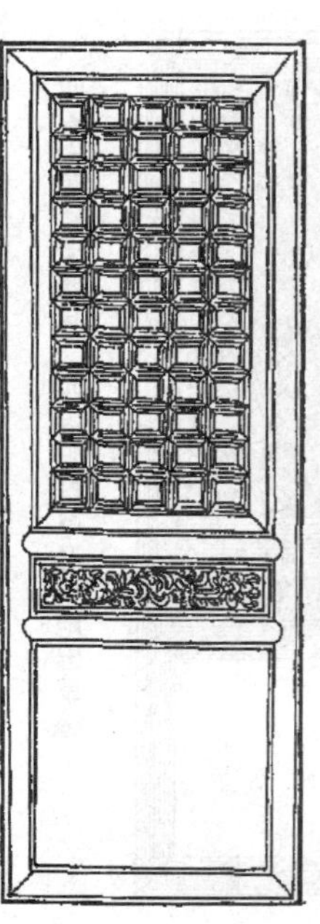

平出線方格眼　四程破瓣攛尖

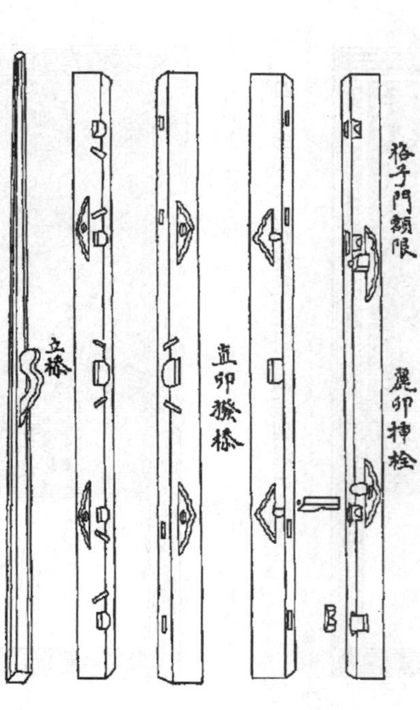

四桯破瓣雙混平地出單線　截間格子

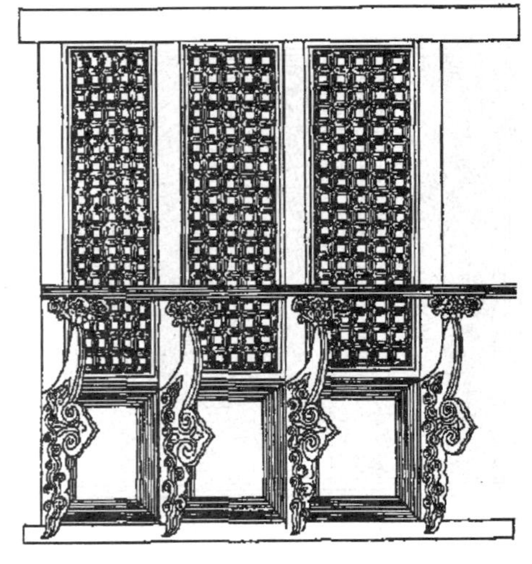

闌檻鈎窗

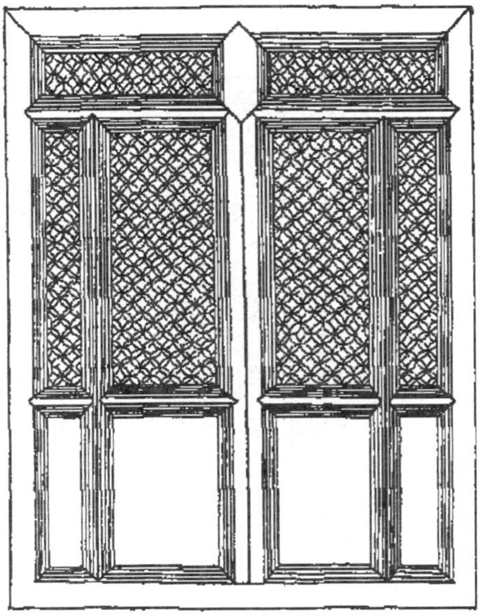

四桯破瓣單混壓邊線　截間帶門格子

四桯方直破瓣　又瓣入卯

平棊、鉤闌等第二

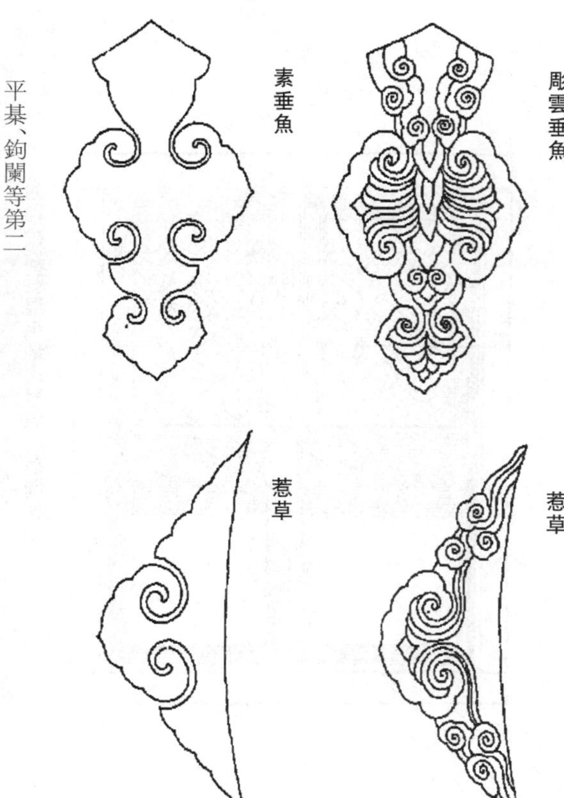

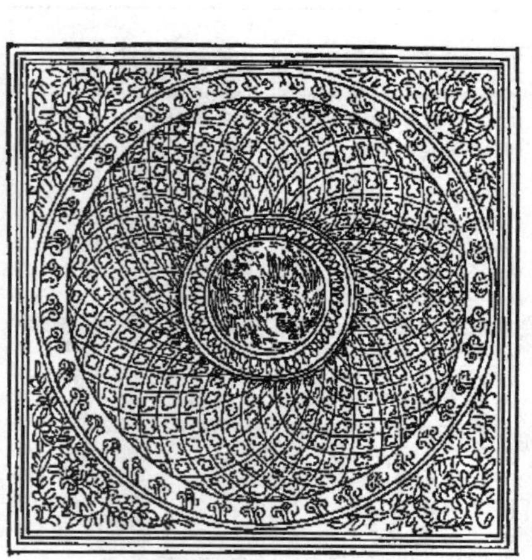

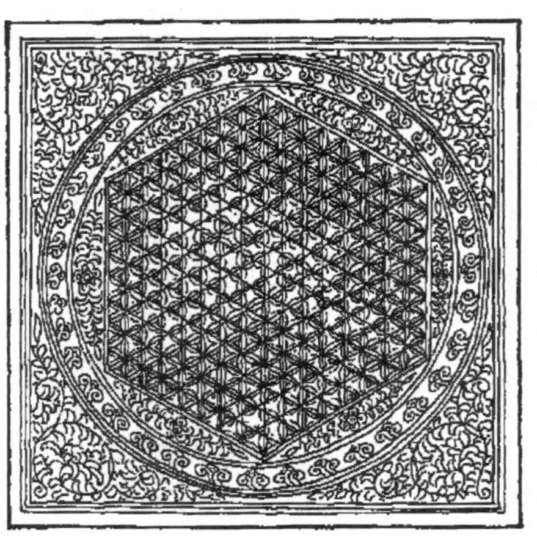
簇六毬文

瑣子

柿蔕

羅文疊勝

羅文

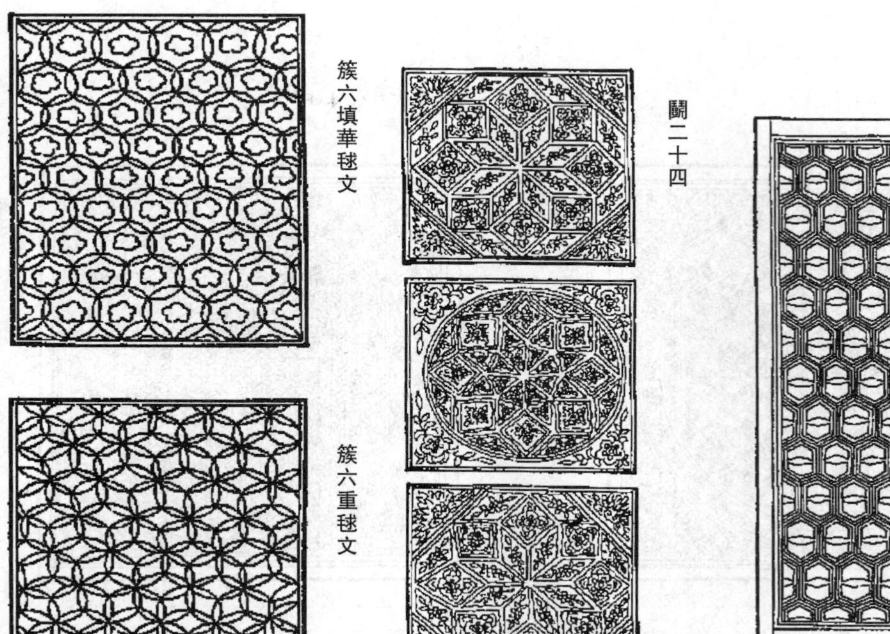

簇六填華毬文

簇六重毬文

鬬二十四

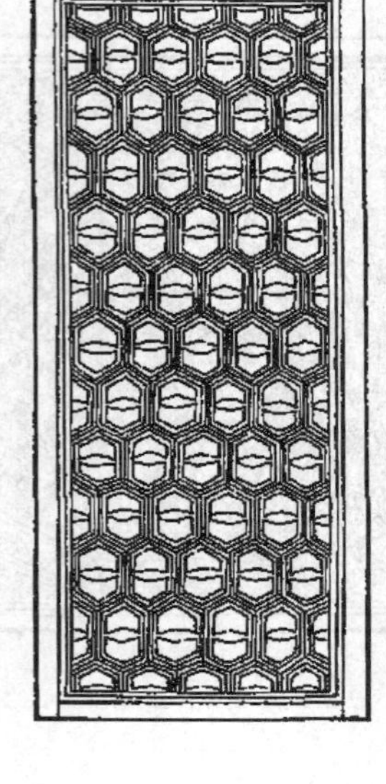

龜背

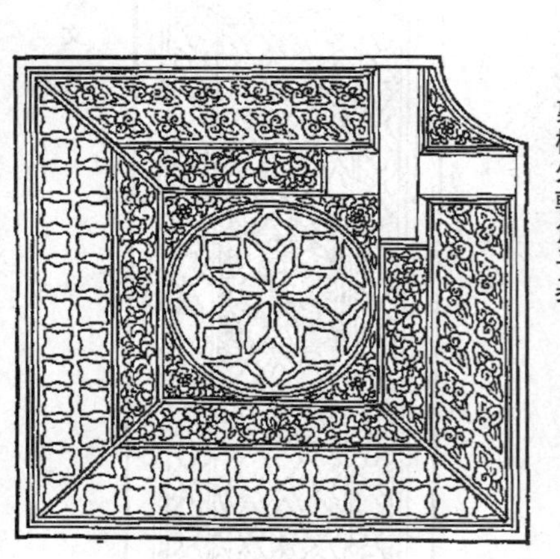

裏槽外轉角平棊

柿蔕方勝　平釧毬文

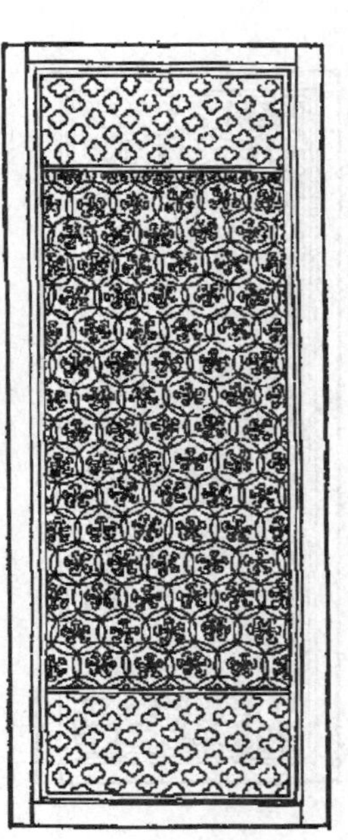

簇六雪華　交圜華

簇四毬文轉道　內方圜柿蒂相間

柿蒂轉道

鬭十八

填瓣車釧毬文　鬭十二

重臺癭項鉤闌

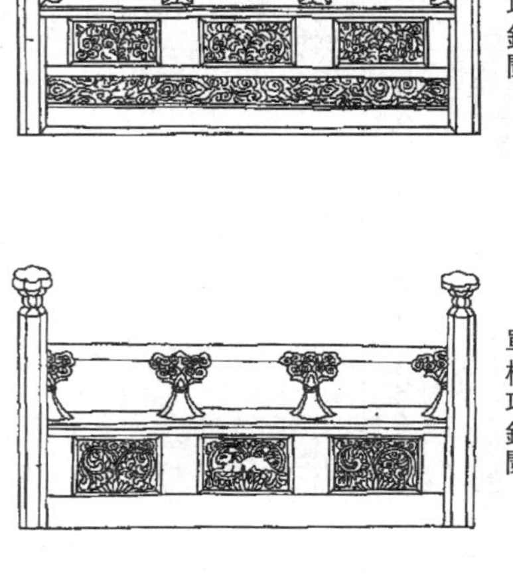

單樶項鉤闌

望柱海石榴頭　上下串破瓣出單線　銀脚地栿

櫺子雲頭身
內一混心出
單線壓邊線

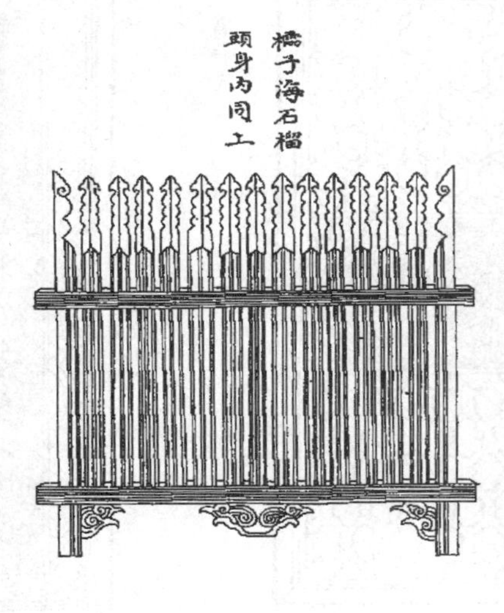

上下串破瓣壓白出單線　地霞

殿閣門亭等牌第三

華帶牌

風字牌

佛道帳、經藏第四

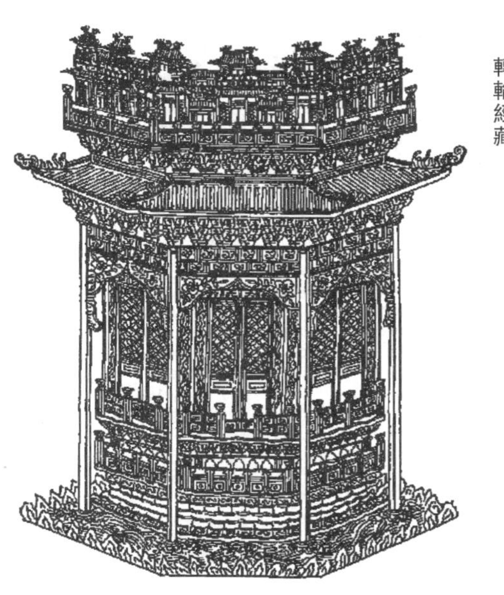

轉輪經藏

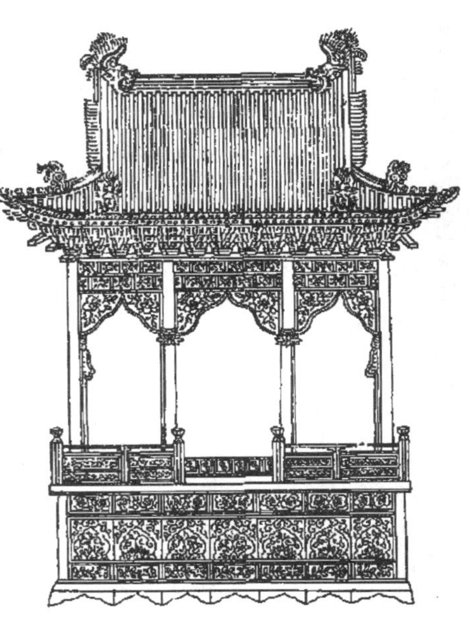

九脊牙脚小帳

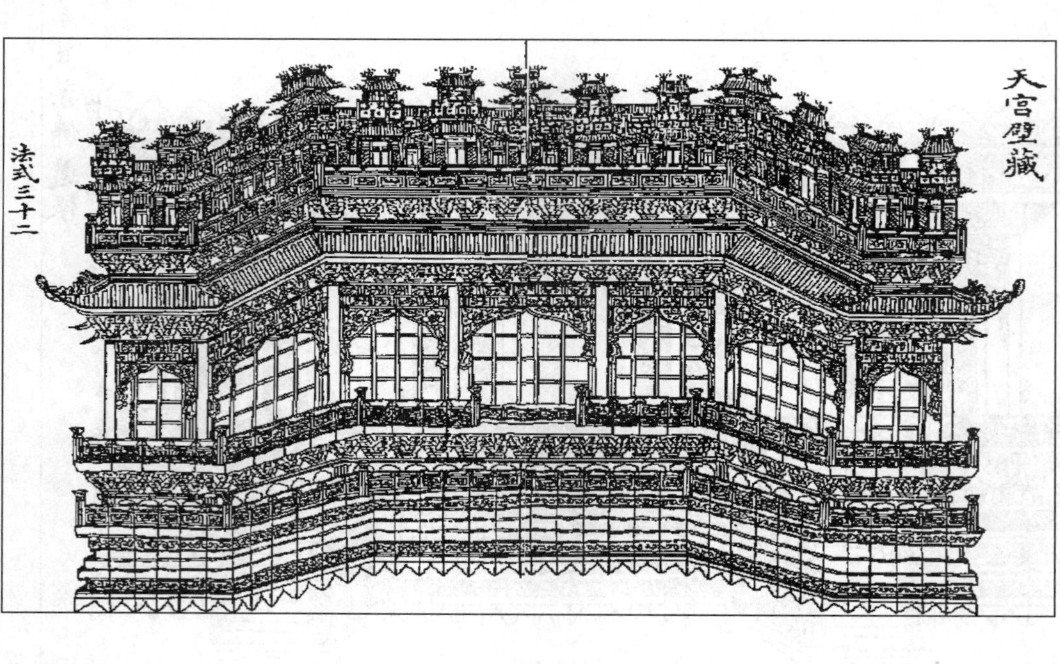

石作技術

李誡《營造法式》卷三《石作制度》

造作次序

造石作次序之制有六：一曰打剥，用鏨揭剥高處。二曰粗搏，稀布鏨鑿，令深淺齊勻。三曰細漉，密布鏨鑿，漸令就平。四曰褊棱，用褊鏨鐫棱角，令四邊周正。五曰斫砟，用斧刃斫砟，令面平正。六曰磨礲。用砂石水磨去其斫文。其彫鐫制度有四等：一曰剔地起突，二曰壓地隱起華，三曰減地平鈒，四曰素平。如素平及減地平鈒，並斫砟三遍，然後磨礲，壓地隱起兩遍，剔地起突一遍，並隨所用抽華文。如減地平鈒、磨礲畢，先用墨蠟，後描華文鈒造。若壓地隱起及剔地起突造畢，並用翎刷細砂刷之，令華文之内石色青潤。其所造華文制度有十一品：一曰海石榴花，二曰寶相華，三曰牡丹華，四曰蕙草，五曰雲文，六曰水浪，七曰寶山，八曰寶階，以上並通用。九曰鋪地蓮華，十曰仰覆蓮華，十一曰寶裝蓮華。以上並施之於柱礎。或於華文之内，間以龍、鳳、獅、獸及化生之類者，隨其所宜，分布用之。

柱礎其名有六：一曰礎，二曰櫍，三曰碣，四曰磌，五曰碱，六曰磉，今謂之「石碇」。

造柱礎之制：其方倍柱之徑，謂柱徑二尺，即礎方四尺之類。方一尺四寸以下者，每方一尺，厚八寸；方三尺以上者，厚減方之半；方四尺以上者，以厚三尺爲率。若造覆盆，鋪地蓮華同。每方一尺，覆盆高一寸。每覆盆高一寸，盆脣厚一分。如仰覆蓮華，其高加覆盆一倍。如素平及覆盆用減地平鈒、壓地隱起華、剔地起突，亦有施減地平鈒及壓地隱起於蓮華瓣上者，謂之「寶裝蓮華」。

角石

造角石之制：方二尺。每方一尺，則厚四寸。角石之下則用角柱。廳堂之類或不用。

角柱

造角柱之制：其長視階高，每長一尺，則方四寸。柱雖加長，至方一尺六寸止。其柱首接角石處，合縫令與角石通平。若殿宇階基用塼作叠澀坐者，其角柱以長五尺爲率，每長一尺，則方三寸五分。其上下叠澀，並隨塼坐逐層出入制度造。内版柱上，造剔地起突雲，皆隨兩面轉用。

殿階基

造殿階基之制：長隨間廣，其廣隨間深。階頭隨柱心外階之廣。以石段長三尺，廣二尺，厚六寸，四周並叠澁壘數，令高五尺，下施土襯石。其叠澁每層露棱五寸，束腰露身一尺，用隔身版柱。柱内平面，作起突壺門造。

壓闌石地面石。

造壓闌石之制：長三尺，廣二尺，厚六寸。地面石同。

殿階螭首

造殿階螭首之制：施之於殿階對柱及四角，隨階斜出。其長七尺，每長一尺，則廣二寸六分，厚一寸七分。其長以十分爲率，頭長四分，身長六分。其螭首令舉向上二分。

殿内鬭八

造殿堂内地面心石鬭八之制：方一丈二尺，匀分作二十九窠。當心施雲棬，棬内用單盤或雙盤龍鳳，或作水地飛魚、牙魚，或作蓮荷等華。諸窠内並以諸華間雜。其製作或用壓地隱起華或剔地起突華。

踏道

造踏道之制：長隨間之廣，每階高一尺作二踏，每踏厚五寸，廣一尺。兩邊副子，各廣一尺八寸。厚與第一層象眼同。兩頭象眼，如階高四尺五寸至五尺者，三層，第一層與副子平，厚五寸；第二層厚四寸半；第三層厚四寸。高六尺至八尺者，五層，第一層厚六寸，每一層各遞減一寸。或六層，第一層、第二層厚同上，第三層以下，每一層各遞減半寸。皆以外周爲第一層，其内深二寸又爲一層。逐層準此。至平地施土襯石，其廣同踏。兩頭安望柱石坐。

重臺鉤闌單鉤闌、望柱。

造鉤闌之制：重臺鉤闌每段高四尺，長七尺。尋杖下用雲栱癭項，次用盆脣，中用束腰，下施地栿。其盆脣之下，束腰之上，内作剔地起突華版。束腰之下，地栿之上，亦如之。單鉤闌每段高三尺五寸，長六尺。上用尋杖，中用盆脣，下用地栿。其盆脣、地栿之内作萬字，或透空，或不透空。或作壓地隱起諸華。如尋杖遠，皆於每間當中，施單托神或相背雙托神。若施之於慢道，皆隨其拽脚，令斜高與正鉤闌身齊。其名件廣厚，皆以鉤闌每尺之高，積而爲法。

望柱：長視高，每高一尺，則加三寸。徑一尺，作八瓣。柱頭上師子高一尺五寸。柱下石坐作覆盆蓮華。其方倍柱之徑。

蜀柱：長同上，廣二寸，厚一寸。其盆脣之上，方一寸六分，刻爲癭項以承雲栱。其項下細比上減半，下留尖高十分之二，兩肩各留十分中四(釐)〔分〕。如單鉤闌，即撮項造。

雲栱：長二寸七分，廣一寸三分五釐，厚八分。單鉤闌，長三寸二分，廣一寸六分，厚一寸。

尋杖：長隨片廣，方八分。單鉤闌，方一寸。

盆脣：長同上，廣一寸八分，厚六分。單鉤闌，廣二寸。

束腰：長同上，廣一寸，厚九分。及華盆大小華版皆〔同〕，單鉤闌不用。

華盆地霞：長六寸五分，廣一寸五分，厚三分。

大華版：長隨蜀柱内，其廣一寸九分，厚同上。

小華版：長隨華盆内，長一寸三分五釐，廣一寸五分，厚同上。

萬字版：長隨蜀柱内，其廣三寸四分，厚同上。重臺鉤闌不用。

地栿：長同尋杖，其廣一寸八分，厚一寸六分。單鉤闌，厚一寸。

凡石鉤闌，每段兩邊雲拱、蜀柱，各作一半，令逐段相接。

螭子石

造螭子石之制：施之於階棱鉤闌蜀柱卯之下，其長一尺，廣四寸，厚七寸。上開方口，其廣隨鉤闌卯。

門砧限

造門砧之制：長三尺五寸。每長一尺，則廣四寸四分，厚三寸八分。

門限長隨間廣，用三段相接。其方二寸。如砧長三尺五寸，即方七寸之類。若階斷砌，即卧柣長二尺，廣一尺，厚六寸。鑿卯口與立柣合角造。其立柣長三尺，廣厚同上。側面分心鑿金口一道。如相連一段造者，謂之曲柣。

城門心將軍石：方直混棱造。其長三尺，方一尺。上露一尺，下栽二尺入地。

止扉石：其長二尺，方八寸。上露一尺，下栽一尺入地。

地栿

造城門石地栿之制：先於地面上安土襯石，以長三尺，廣二尺，厚六寸爲率。上面露棱廣五寸，下高四寸。其上施地栿，每段長五尺，廣一尺五寸，厚一尺一寸。上外棱混二寸，混内一寸，鑿眼立排(義)〔叉〕柱。

流盃渠剜鑿流盃、壘造流盃。

造流盃石渠之制：方一丈五尺，用方三尺石二十五段造。其石厚一尺二寸。剜鑿渠道廣一尺，深九寸。其渠道盤屈，或作「風」字，或作「國」字。若用底版壘造，則心内施看盤一段，長四尺，廣三尺五寸；外盤渠道石並長三尺，廣二尺，厚一尺。底版長廣同上，厚六寸。餘並同剜鑿之制。出入水項子石二段，各長三尺，廣二尺，厚一尺二寸。剜鑿與身内同。若壘造，則厚一尺，其下又用底版石，厚六寸。出入水斗子二枚，各方二尺五寸，厚一尺二寸。其内鑿池，方一尺八寸，深一尺。壘造同。

壇

造壇之制：共三層，高廣以石段層數，自土襯上至平面爲高。每頭子各露明五寸，束腰露一尺，格身版柱造，作平面或起突作壺門造。石段裏用塼填後，心内用土填築。

卷輂水窻

造卷輂水窻之制：用長三尺、廣二尺、厚六寸石造。隨渠河之廣。如單眼卷輂，自下兩壁開掘至硬地，各用地釘木橛也。打築入地。留出鑲卯。上鋪襯石方三路，用碎塼瓦打築空處，令與襯石方平；方上並二横砌石澁一重；澁上隨岸順砌並二廂壁版，鋪壘令與岸平。如騎河者，每段用熟鐵鼓卯二枚，仍以錫灌。如並三以上廂壁版者，每二層鋪鐵葉一重。於水窻當心，平鋪石地面一重；於上下出入水處，側砌線道三重，其前密釘擗石樁二路。於兩邊廂壁上相對卷輂。隨渠河之廣，取半圜爲卷輂棬内圜勢。用斧刃石鬭卷合，又於斧刃石上用繳背一重。其背上又平鋪石段二重，兩邊用石隨棬勢補填令平。若雙卷眼造，則於渠河心依兩岸用地釘打築二渠之間，補填同上。若當河道卷輂，其當心平鋪地面石一重，用連二厚六寸石。其縫上用熟鐵鼓卯與廂壁同。及於卷輂之外，上下水隨河岸斜分四擺手，亦砌地面，令與廂壁平。擺手内亦砌地面一重，亦用熟鐵鼓卯。地面之外，側砌線道石三重，其前密釘擗石樁三路。

水槽子

造水槽之制：長七尺，方二尺。每廣一尺，脣厚二寸；每高一尺，底厚二寸五分。脣内底上並爲槽内廣深。

馬臺

造馬臺之制：高二尺二寸，長三尺八寸，廣二尺二寸。其面方，外餘一尺八寸，下面分作兩踏。身内或通素，或疊澁造，隨宜彫鐫華文。

井口石（并）〔井〕蓋子。

造井口石之制：每方二尺五寸，則厚一尺。心内開鑿井口，徑一尺。或素平面，或作素覆盆，或作起突蓮華瓣造。蓋子徑一尺二寸，下作子口，徑同井口。上鑿二竅，每竅徑五分。兩竅之間開渠子，深五分，安訛角鐵手把。

山棚鋜脚石

造山棚鋜脚石之制：方二尺，厚七寸；中心鑿竅，方一尺二寸。

幡竿頰

造幡竿頰之制：兩頰各長一丈五寸，廣二尺，厚一尺二寸，筍在内。下埋四尺五寸。其石頰下出筍，以穿鋜脚。其鋜脚長四尺，廣二尺，厚六寸。

贔屓鼇坐碑

造贔屓鼇坐碑之制：其首爲贔屓盤龍，下施鼇坐。於土襯之外，自坐至首，至高一丈八尺。其名件廣厚，皆以碑身每尺之長，積而爲法。

碑身：每長一尺，則廣四寸，厚一寸五分。上下有卯，隨身棱並破瓣。

鼇坐：長倍碑身之廣，其高四寸四分，駝峯廣三分。餘作龜文造。

碑首：方四寸四分，厚一寸八分。下爲雲盤，每碑廣一尺，則高一寸半。上作盤龍六條相交。其心内刻出篆額天宫。其長廣計字數隨宜造。

土襯：二段，各長六寸，廣三寸，厚一寸。心内刻出鼇坐版，長五尺，廣四尺。外周四側作起突寶山，面上作出没水地。

笏頭碣

造笏頭碣之制：上爲笏首，下爲方坐，共高九尺六寸。碑廣厚並準石碑制度。笏首在内。其坐，每碑身高一尺，則長闕（五寸）高二寸。坐身之内，或作方直，或作疊澁，隨宜彫鐫華文。

愛新覺羅·允禮等《工程做法》卷四二《石作大式》 硬山歇山石作做法開後，計開：

凡柱頂，以柱徑加倍定尺寸。如柱徑柒寸，得柱頂石見方壹尺肆寸。以見方尺寸折半定厚，得厚柒寸。上面落古鏡按本身見方尺寸，内每尺做高壹寸伍分。

凡檻墊石，以面濶定長短。如面濶壹丈，内除柱頂石各半個，共長壹尺肆寸，净得檻墊長捌尺陸寸。以柱頂見方定寬。如柱頂見方壹尺肆寸，檻墊石即寬壹尺肆寸。以柱頂之厚折半定厚。如柱頂厚柒寸，得厚叁寸伍分。

凡硬山成造之堦條石，以面濶定長短。如明間面濶壹丈，即長壹丈。稍間堦條，面濶玖尺，得長玖尺。再加墀頭之寬，内除裏進柒分。如墀頭寬壹尺壹寸貳分，又加金邊貳寸，得堦條石連好頭石通長壹丈貳寸伍分。以出簷除回水并柱頂定寬。如出簷貳尺肆寸，除回木貳分深肆寸捌分，柱頂半分寬柒寸，得堦條石淨寬壹尺貳寸貳分。以本身淨寬尺寸拾分之肆定厚，得厚肆寸捌分。

凡懸山成造稍間堦條石，按面濶加挑山除回水定長。如面濶玖尺，挑山貳尺肆寸，除回水肆寸捌分，得通長壹丈玖寸貳分。內有好頭石壹塊。寬、厚與硬山堦條石同。

凡硬山兩山條石，以進深加出簷除回水、好頭石得長，以堦條石折半定寬。如堦條石寬壹尺貳寸貳分，得條石寬陸寸壹分。厚與堦條石同。

凡斗板石，週圍按露明處丈尺得長，以臺基之高除堦條石之厚定寬。如臺基高壹尺貳寸，堦條石厚肆寸捌分，得斗板石寬柒寸貳分。厚與堦條石同。

凡土襯石，週圍按露明處丈尺得長，以斗板石之厚，外加金邊定寬。如斗板石厚肆寸捌分，再加金邊貳寸，得土襯石寬陸寸捌分。以本身之寬折半定厚，得厚叁寸肆分。

凡踏垛石，以面濶除垂帶石壹分之寬定長短。如面濶壹丈，垂帶石寬壹尺貳寸貳分，得踏垛石長捌尺柒寸捌分。寬以壹尺至壹尺伍寸，厚以叁寸至肆寸。須臨期按臺基之高分級數酌定。

凡硯窩石，以面濶加垂帶石壹分并金邊各貳寸定長短。如面濶壹丈，垂帶石寬壹尺貳寸貳分，金邊共寬肆寸，得硯窩石長壹丈壹尺陸寸貳分。寬、厚與踏垛石同。

凡平頭土襯石，以斗板土襯之金邊外皮至硯窩石之裏皮得長，寬、厚與踏垛石同。

凡象眼石，以斗板之外皮至硯窩石裏皮得長，寬與斗板石同。每塊折半核算。以垂帶石之寬拾分之叁定厚，如垂帶石寬壹尺貳寸貳分，得象眼石厚叁寸陸分。

凡垂帶石，以踏垛級數加舉定長。如踏垛叁級，各寬壹尺，厚伍寸，每級加舉壹寸，得長叁尺叁寸。寬、厚與堦條石同。

凡如意石，長、寬、厚俱與硯窩石同。

凡墀頭角柱石，以簷柱高叁分之壹，再除壓磚板之厚定長短。如柱高捌尺，壓磚板厚叁寸伍分，得角柱石長貳尺叁寸壹分。以簷柱徑定寬。如柱徑柒寸，自柱皮外出柱徑壹分，柱中裏進柒分，得角柱石共寬壹尺壹寸貳分。以簷柱徑折半定厚。如柱徑柒寸，得角柱石厚叁寸伍分。

凡金山柱角柱石，長與墀頭角柱石同，以金柱徑定寬。如金柱徑玖寸，即得角柱石寬玖寸。以本身之寬折半定厚，得厚肆寸伍分。

凡琵琶角柱石，長、厚俱與墀頭角柱石同，以金山柱角柱石收貳寸定寬。如金山柱角柱石寬玖寸，得琵琶角柱石寬柒寸。

凡硬山壓磚板，以出廊丈尺，外加墀頭腿壹分得長；寬、厚與角柱石同。

凡裏外腰線石，按山牆通長丈尺，除前後壓磚板分位得腰線之長；以壓磚板拾分之伍定寬。如壓磚板寬壹尺壹寸貳分，得腰線寬伍寸陸分。厚與壓磚板同。

凡內裏羣肩下平頭土襯，按進深並出廊丈尺，除柱頂石分位得長；寬與外面條石同，留金邊寬分位；厚與腰線石同。

凡挑簷石，以出廊丈尺，外加墀頭稍得長；以壓磚板收壹寸定寬，加壹寸定厚。如壓磚板寬壹尺壹寸貳分，厚叁寸伍分，得挑簷石寬壹尺貳分，厚肆寸伍分。

凡無斗板埋頭角柱石，按臺基之高，除堦條石之厚得長；以堦條石寬定見方。如堦條石寬壹尺貳寸貳分，得埋頭角柱石見方壹尺貳寸貳分。

凡分心石，以出廊定長短。如出廊長叁尺，得分心石長叁尺。以金柱頂見方尺寸壹分半定寬。如金柱頂見方壹尺捌寸，得分心石寬貳尺柒寸。原與檻墊石同。

凡垂花門中間滾墩石，以進深定長。如進深陸尺，滾墩石比進深收分壹尺，得長伍尺。以門口高叁分之壹定高。如門口高玖尺壹寸，俱滾墩石高叁尺叁分。以方柱每尺加拾分之陸定寬。如中柱方壹尺，得滾墩石寬壹尺陸寸。內除托泥圭角壹層厚伍寸叁分，係另用石料。其上線枋貳層，內壹層厚肆寸，壹層厚叁寸。卷子花壹層厚叁寸，鼓子壹個徑壹尺伍寸，共高貳尺伍寸，係整件石料。其兩邊滾墩石長與中間同。高比中間收分貳寸。寬比中間收分壹寸。石料件數同前。以上層數自托泥圭角起逐漸收寬。

凡門枕石，以門下檻拾分之柒定高。如下檻高捌寸，得門枕石高伍寸陸分。以本身高加貳寸定寬。如本身高伍寸陸分，得寬柒寸陸分。以兩頭寬尺寸外加下檻厚壹分定長。如兩頭各寬柒寸陸分，下檻厚肆寸，得門枕石長壹尺玖寸貳分。

愛新覺羅・允禮等《工程做法》卷四五《石作小式》 硬山懸山石作小式做法開後，計開：

凡柱徑柒寸以下柱頂石，照柱徑加倍之法，各收貳寸定見方。如柱徑柒寸，得見方壹尺貳寸。以見方尺寸叁分之壹定厚。如見方壹尺貳寸，得厚肆寸。

凡檻墊石，以面濶定長。如面濶壹丈，内除兩頭柱頂各半個，共長壹尺貳寸，净得檻墊石長捌尺捌寸。以柱頂見方定寬。如柱頂見方壹尺貳寸，檻墊石即寬壹尺貳寸。厚以柱頂石之厚肆分之叁定厚。如柱頂石厚肆寸，得厚叁寸。

凡硬山成造之堦條石，以面濶定長短。如明間面濶壹丈，即長壹丈。稍間面濶玖尺，再加墀頭并金邊之寬得連好頭石之通長尺寸，内除墀頭柱中裏進尺寸分位。以柱頂石收貳寸定寬。如柱頂石見方壹尺貳寸，得寬壹尺。以本身净寬數目拾分之叁定厚，得厚叁寸。

凡懸山成造梢間堦條石，按面濶加挑山除回水定長。如面濶玖尺，挑山貳尺肆寸，除回水肆寸捌分，得通長壹丈玖寸貳分，好頭石在内。寬、厚與硬山堦條石同。

凡硬山兩山條石，以進深連出簷尺寸内除回水好頭石之寬得長，以堦條石折半定寬。如堦條石寬壹尺，得條石寬伍寸。厚與堦條石同。

凡斗板石，週圍按露明處丈尺得長，以臺基之高除堦條石之厚定寬。如臺基高捌寸，堦條石厚叁寸，得斗板石寬伍寸。厚與堦條石同。

凡土襯石，週圍按露明處丈尺得長，以斗板石之厚，外加金邊定寬。如斗板石厚叁寸，再加金邊壹寸伍分，得土襯石寬肆寸伍分。以本身之寬折半定厚，得厚貳寸貳分。

凡踏垛石，以面濶折半定長。如面濶壹丈，得長伍尺，内除垂帶石壹分。寬壹尺，得踏垛石長肆尺。其寬自捌寸伍分至壹尺爲定。厚以肆寸至伍寸爲定。

凡硯窩石，以踏垛之寬加垂帶石壹分，并金邊各壹寸伍分定長短。如踏垛寬伍尺，垂帶石寬壹尺，金邊共寬叁寸，得硯窩石長陸尺叁寸。寬、厚與踏垛石同。

凡平頭土襯石，以斗板土襯之金邊外皮至硯窩石之裏皮得長，寬、厚與踏垛石同。

凡象眼石，以斗板之外皮至硯窩石裏皮得長，寬、厚與斗板石同。每塊折半核算。以垂帶石之寬拾分之叁定厚。如垂帶石寬壹尺，得象眼石厚叁寸。

凡垂帶石，以踏垛級數加舉定長。如踏垛叁級各寬壹尺，厚伍寸，每級加舉壹寸，得長叁尺叁寸。寬、厚與堦條同。

凡如意石，長、寬、厚俱與硯窩石同。

凡墀頭角柱石，以簷柱高叁分之壹，再除壓磚板之厚定長短。如柱高捌尺，壓磚板厚貳寸捌分，得角柱石長貳尺叁寸捌分。以簷柱徑定寬。如柱徑柒寸，自往皮外出柱徑壹分，柱中裏進柒分，得角柱石共寬壹尺壹寸貳分。以簷柱徑拾分之肆定厚。如柱徑柒寸，得角柱石厚貳寸捌分。

凡硬山壓磚板，以出廊丈尺之數，外加墀頭腿壹分得長，寬、厚與角柱石同。

凡挑簷石，以出廊丈尺之數，外加墀頭稍壹分得長；以壓磚板收壹寸定寬，加捌分定厚。如壓磚板寬壹尺壹寸貳分，厚貳寸捌分，得寬壹尺貳分，厚叁寸陸分。

凡無斗板埋頭角柱石，按臺基之高除堦條石之厚得長，以堦條石寬定寬。如堦條石寬壹尺，得埋頭角柱石寬壹尺壹塊，寬柒寸壹塊。厚俱與堦條石同。

李斗《揚州畫舫録》卷一七《工段營造録》 墁地以進深面闊折見方丈，除牆基、柱頂、檻墊石、階條石加兩出檐、馬尾、礓礤。以明間而闊定寬，以臺基高加二定長。踏垛背後，隨踏垛長寬，以臺基高折半，除踏垛石一分定高。墊囊以進深分路，有七路、十二路、十八路、二十五路、三十二路之别。砌階沿、月臺、甬道、臺基、踏垛、礓礤及用石做細做粗，鑿做花獸，皆以見方折料。宼石片板、魚鱗石、虎皮石、冰紋石、墁石子、石望板、盆景樹、池山，皆以丈見方尺。虎皮石掏丁當一方，用白灰千五百斤，打并縫一方厚一尺者，用油灰五十斤，鐵絲四斤；厚二尺五寸者，用白灰千五百斤；其糙砌折并縫，工用有差。

李斗《揚州畫舫録》卷一七《工段營造録》 石有旱白玉、青玉、青砂、花(班)〔斑〕、豆渣、虎皮諸類。拽運以旱船計。打荒、做糙、做細、占斧、扁光、擺滚子、叫號、灌漿，石匠、壯夫并用。捧請座子入正位，壯夫至三百入。石匠職在做糙，謂之落坯工。出細則冲打、箍槽、打掏、鑽取、掏眼、打眼、打邊、退頭、榫卯、起綫、出綫、剔鑿、扁光、掏空當、細撕、灑沙子、帶磨光、對縫、灌漿、抅抿；舊石閃裂歸壠、拴架、鑲條、合角、落梓口、開旋螺紋諸役。石以長高寬厚見方論工：檻墊石以面闊除柱頂定寬；階條石以出檐柱頂除回水定厚；硬山加堆頭金邊，連好頭石，懸山加挑山、硬山兩山條石，與階條同；斗板石按露明處以臺基高除石條厚定寬；土襯石按露明處以斗板厚加金邊定寬；踏垛石以面闊除垂帶一分寬，按臺基分級數；燕窩石以石面闊加垂帶金邊定長；平頭土襯石以斗板土襯金邊外皮，至燕窩裏皮定寬；象眼石以斗板外皮燕窩裏皮定長；垂帶石以踏垛級數加舉定長；如意石與燕窩同；角柱石以檐寬三之一除壓磚板定長，以檐柱徑定寬，折半定厚；金山角柱石，以柱徑定寬，本身寬折半定厚；琵琶角柱石，以金山角柱收二寸定寬；硬山壓磚板出廊加墀頭退一分定長；裏外腰綫石按山牆除前後壓磚板分位定長；內裏羣肩下平頭土襯石按進深出廊，除柱頭分位定長；挑檐石以出廊加墀頭梢定長，壓磚石收一寸定寬；埋頭〔角〕柱(脚)石按臺基高除階條厚定長，〔以〕階條寬(見)〔定〕方；分心石以出廊定長，金柱頂見方一(分)〔寸〕半定寬；垂花門中間滾墩石以進深收分一尺定長，門口高三之一定高，方柱一尺加十之六定寬；門枕石以門下檻十之七定高，本身加二寸定寬，兩頭寬加下檻厚一分定長。折料灌漿用白灰、白礬、江米；粘補焊藥用黃蠟、芸香、木炭、白布；補石配藥較焊藥增石面；石縫抅抿白灰、桐油。見方斤重、長短有差。須彌座則做圭角、奶子、唇子、(抅)〔掏〕空當、卷雲落(托)〔拤〕腮、梟兒、束腰、瑪瑙金剛柱子、捥花結帶、卷(金)〔雲〕卧蠶、水池荷葉溝、菱花窗；柱頂周圍做蓮瓣、巴達馬、香草、花卉(雲)、行龍、麒麟、夔龍、八寶、搭袱子、滾墩、開壺〔瓶〕牙子、立鼓腔、掏鼓釘、鼓兒、門枕諸役。龜獸座三采叠落山峰、剔撕(汪)〔江〕洋海水、(壽)〔綬〕帶。花盆座法與須彌同，如意雲、(萬)〔卍〕字回紋錦、四面綬帶、細撕筋紋、西番蓮、蓮子、花心、玲瓏欄干、石榴頭、綬帶、(抅)〔掏〕空當諸役。蓮花盆座法與須彌同，剔〔村〕山(林)花草宮燈出細，則如石榴頭、(伏)〔覆〕蓮頭、净瓶頭、麻葉頭、珠子、蓮瓣、荷葉、西番蓮。龍分氣(雲)〔龍〕陽龍掏鱗爪、撕鬃髮腿、虎肚、火肚、鼓肚黃餞刺、海水江牙、村山撕水；玲瓏口岔分齒舌、做鬚眉、鑿扁、畫八卦龜背錦襯、脊梁骨、尾巴。獅子分頭、臉、身、腿、牙胯、綉帶、鈴鐺、旋螺紋、滾鑿綉(珠)〔球〕、出鑿崽子、西洋踏脚、琴腿、起口綫、龍胎、鳳(服)〔眼〕、鳳毛、做管子、新雲八寶、捽帶子、象眼、落盤子、地伏頭、古子滾胖、雲子寶瓶、楞里禪杖、龍鳳花卉、仰覆蓮、通瓦隴溝、券(腦)〔臉〕石〔做〕、番草、捽帶子、六角、八角、石角梁做、(繩)〔强〕出頭獸、戲水獸面、橋翅柱子、前出角、後(八)〔入〕角、抱鼓、雲頭、素綫、橋面仰天、落色(蓮)〔道〕、開打壺瓶、牙口子、(幔)〔幞〕頭鼓子、馬蹄磉石、古老錢耳子、水溝、千斤石做鈎頭、披水、銀錠(橋)〔槽〕、瓦楞起綫諸役。其法亦見方爲科。

李誠《營造法式》卷二九《石作制度圖樣》 (杜)〔柱〕礎、角石等第一

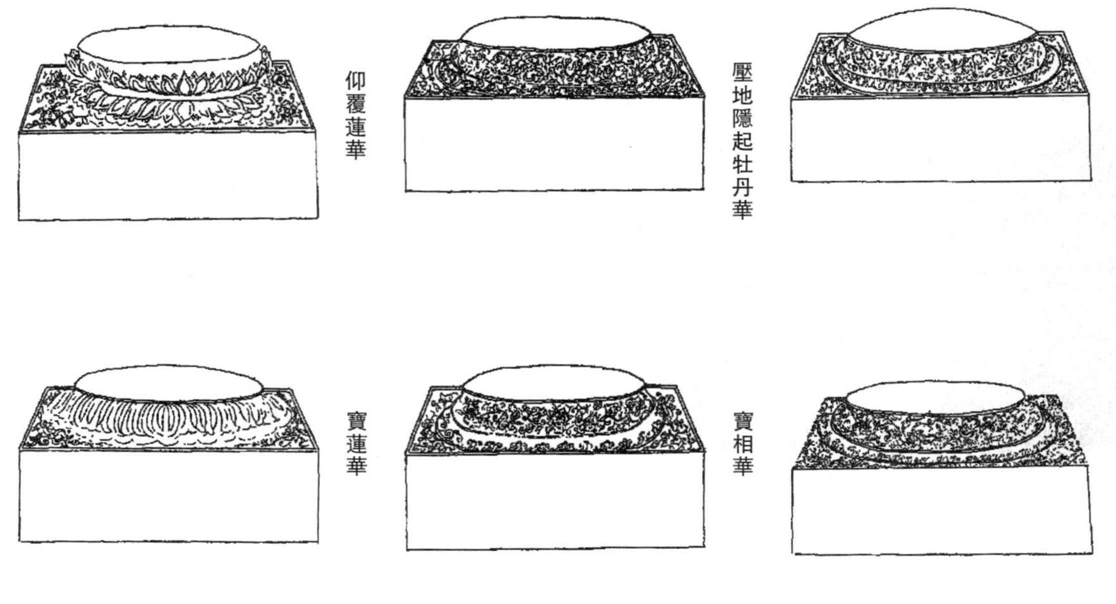

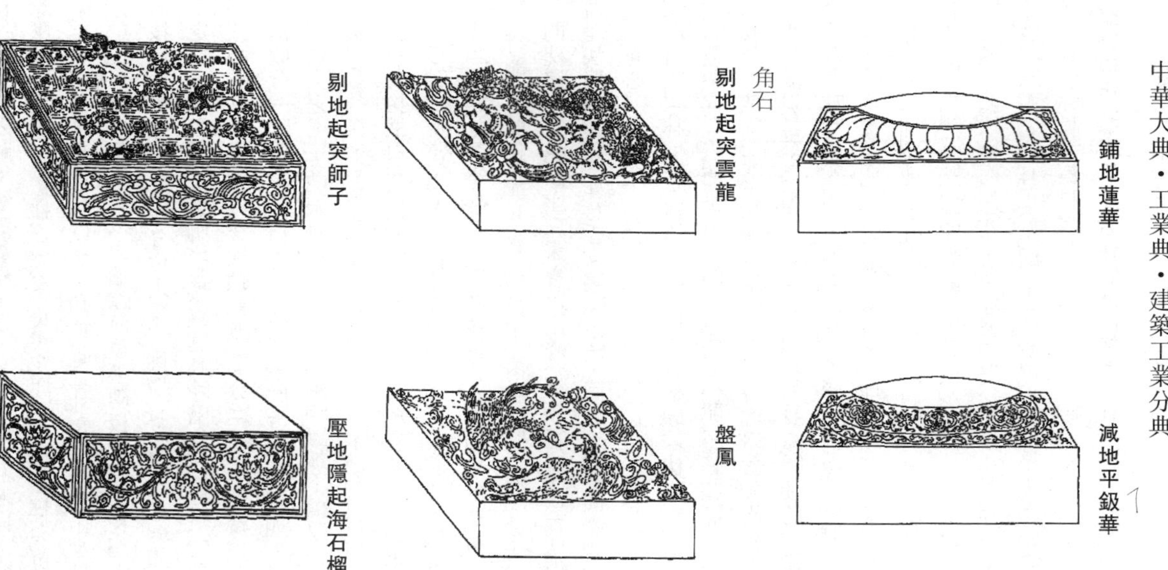
剔地起突師子
角石
剔地起突雲龍
鋪地蓮華
壓地隱起海石榴華
盤鳳
減地平鈒華

壓地隱起華

角柱
剔地起突雲龍

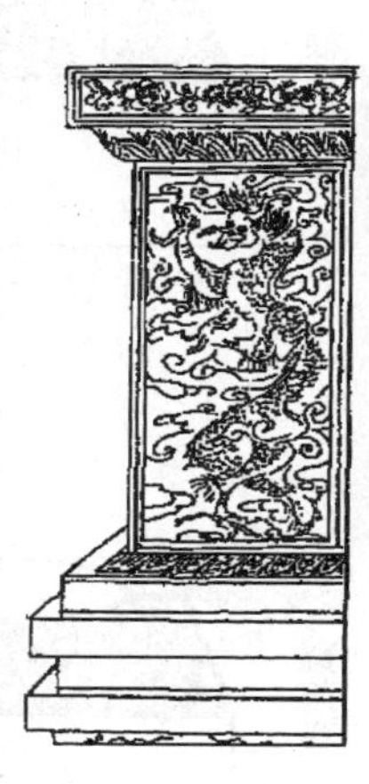

階基疊澁坐角柱

壓闌石

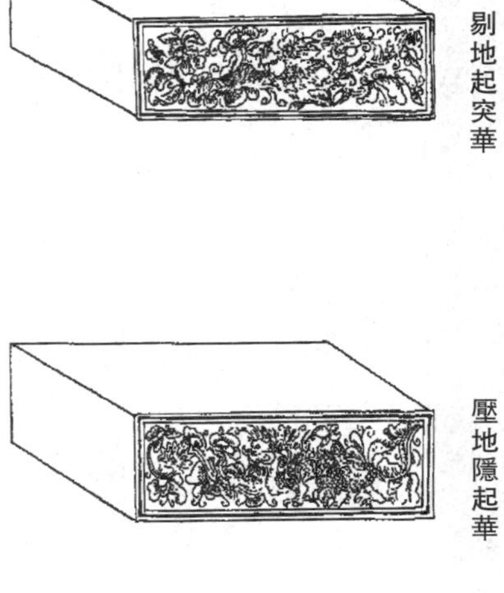
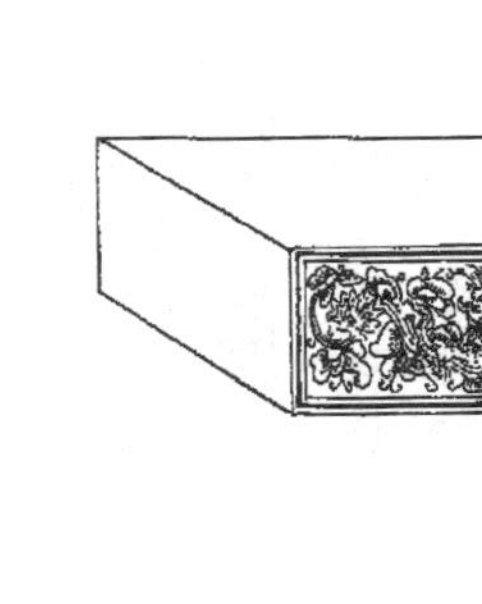

剔地起突華

壓地隱起華

踏道、螭首第二

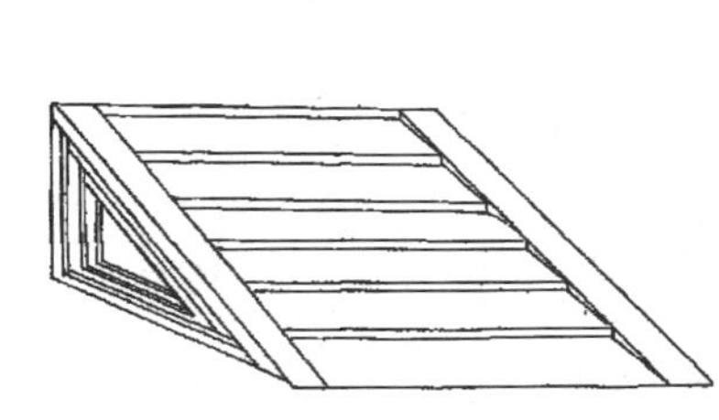

踏道

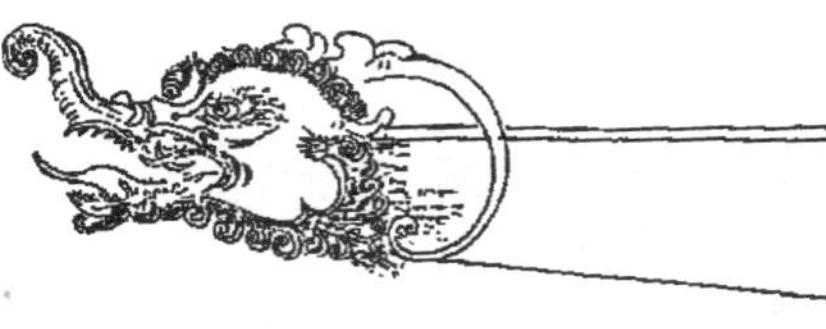
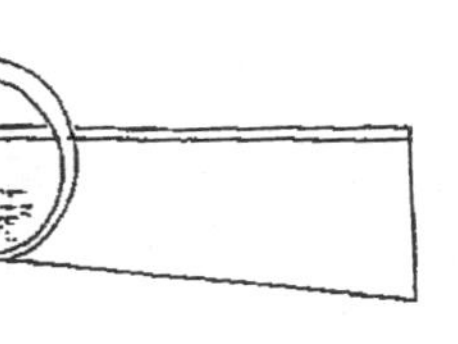

螭首

殿内鬬八第三

殿堂内地面心鬬八

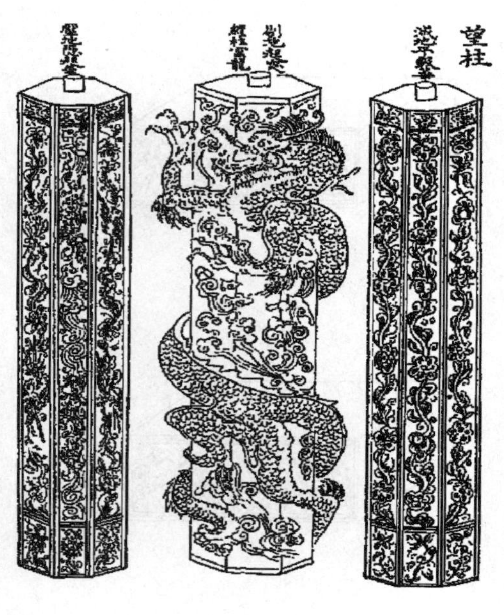

重臺鉤闌

單鉤闌

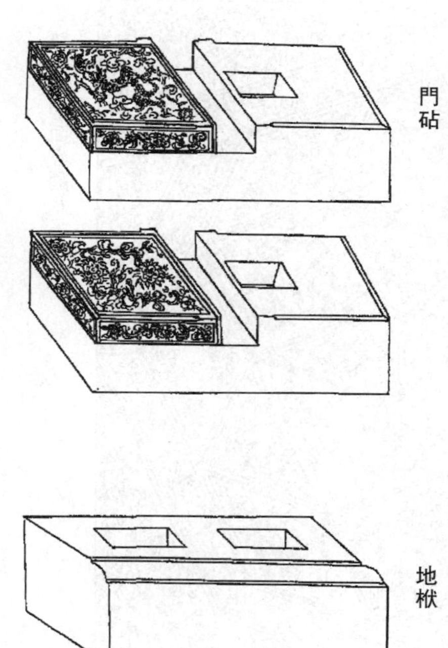

門砧

地栿

望柱頭師子

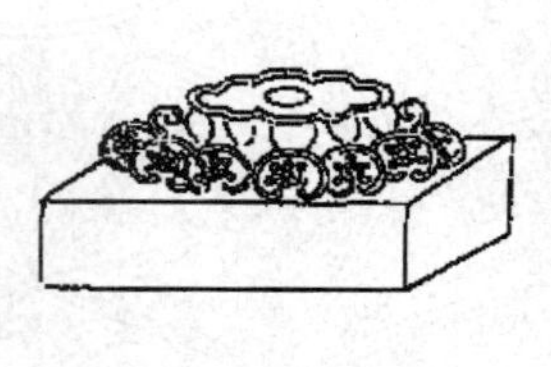

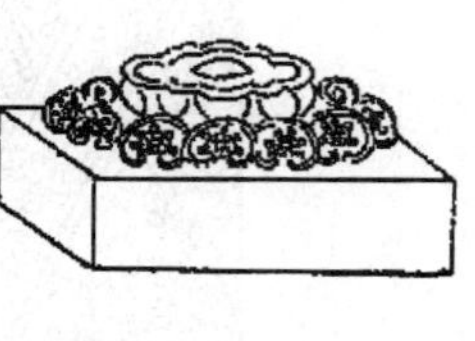

望柱下坐

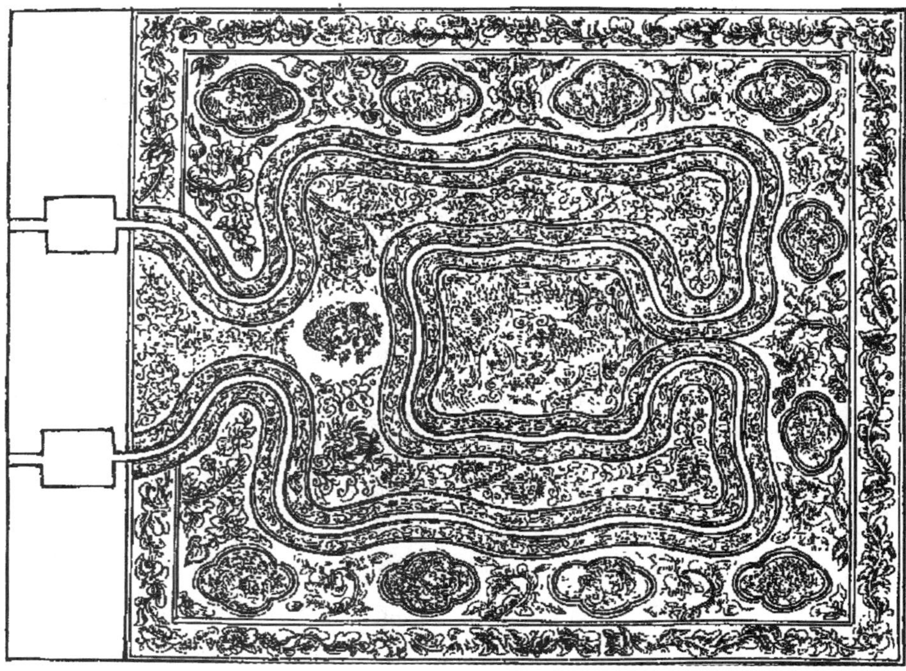

國字流盃渠

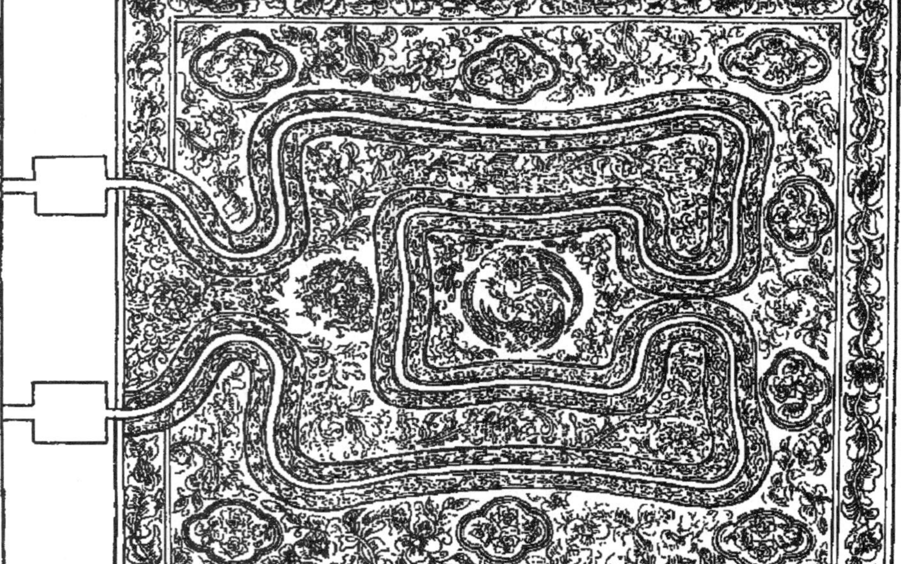

風字流盃渠

泥作技術

李誠《營造法式》卷一三《泥作制度》　壘牆

壘牆之制：高廣隨間。每牆高四尺，則厚一尺。每高一尺，其上斜收六分。每面斜收白上各三分。每用坯墼三重，鋪襻竹一重。若高增一尺，則厚加二(尺)〔寸〕五(寸)〔分〕。減亦如之。

用泥其名有四：一曰(現)〔垷〕，二曰(瑾)〔墐〕，三曰塗，四曰泥。

用石灰等泥壁之制：先用麤泥搭絡不平處，候稍乾，次用中泥趁平；又候稍乾，次用細泥爲襯。上施石灰泥畢，候水脈定，收壓五遍，令泥面光澤。乾厚一分三釐，其破灰泥不用中泥。

合紅灰：每石灰一十五斤，用土朱五斤，非殿閣者用石灰一十七斤，土朱三斤。赤土一十一斤八兩。

合青灰：用石灰及軟石炭各一半。如無軟石炭，每石灰一十斤，用麤墨一斤或黑煤一十一兩，膠七錢。

合黄灰：每石灰三斤，用黄土一斤。

合破灰：每石灰一斤，用白篾土四斤八兩。每用石灰十斤，用麥麲九斤。收壓兩遍，令泥面光澤。

細泥：一重作灰襯同。方一丈，用麥麲一十五斤。城壁增一倍。麤泥同。

麤泥：一重方一丈，用麥䴬八斤。搭絡及中泥作襯減半。

麤細泥：施之城壁及散屋内外。先用麤泥，次用細泥，收壓兩遍。

凡和石灰泥，每石灰三十斤，用麻擣二斤。其和紅、黄、青灰等，即通計所用(二)〔土〕朱，赤土、黄土、石炭等斤數在石灰之内。如青灰内，若用墨煤或麤墨者，不計數。若礦石灰，每八斤可以充十斤之用。每礦石灰三十斤，加麻擣一斤。

畫壁

造畫壁之制：先以麤泥搭絡畢，候稍乾，再用泥横被竹篾一重，以泥蓋平；又候稍乾，釘麻華，以泥分披令匀；又用泥蓋平，以上用麤泥五重，厚一分五釐。若栱眼壁，只用麤細泥各一重，上施沙泥，收壓三遍。方用中泥細襯。泥上施沙泥，候水脈定，收壓十遍，令泥面光澤。

凡和沙泥，每白沙二斤，用膠土一斤，麻擣洗擇淨者七兩。

立竈轉煙、直拔。

造立竈之制：并臺共高二尺五寸。其門、突之類，皆以鍋口徑一尺爲祖加減之。鍋徑一尺者一斗；每增一斗，口徑加五分，加至一石止。

轉煙連二竈：門與突並隔煙後。

門：高七寸，廣五寸。每增一斗，高廣各加二分五釐。

身：方出鍋口徑四周各三寸。爲定法。

臺：長同上，廣亦隨身，高一尺五寸至一尺二寸。一斗者高一尺五寸；每加一斗者，減二分五釐，減至一尺二寸五分止。

腔内後項子：高同門，其廣二寸，高廣五分。項子内斜高向上入突，謂之搶煙。增減亦同門。

隔煙：長同臺，厚二寸，高視身出一尺。爲定法。

隔鍋項子：廣一尺，心内虚隔作兩處，令分煙入突。

直拔立竈：門及臺在前，突在煙匱之上。自一鍋至連數鍋。

門、身、臺等：並同前制。唯不用隔煙。

煙匱子：長隨身，高出竈身一尺五寸，廣六寸。爲定法。

山華子：斜高一尺五寸至二尺，長隨煙匱子，在煙突兩旁匱子之上。

凡竈突，高視屋身，出屋外三尺。如時暫用，不在屋下者，高三尺。突上作鞾頭出煙。其方六寸。或鍋增大者，量宜加之。加至方一尺二寸止。並以石灰泥飾。

釜鑊竈

造釜鑊竈之制：釜竈，如蒸作用者，高六寸。餘並入地内。其非蒸作用，安鐵甑或瓦甑者，量宜加高，加至三尺止。鑊竈高一尺五寸。其門、項之類，皆以釜口徑以每增一寸，鑊口徑以每增一尺爲祖加減之。釜口徑一尺六寸者一石。每增一石，口徑加一寸，加至十石止。鑊口徑三尺，增至八尺止。

釜竈：釜口徑一尺六寸。

門：高六寸，於竈身内高三寸，餘入地。廣五寸。每徑增一寸，高、廣各加五分。如用鐵甑者，竈門用鐵鑄造，及門前後各用生鐵版。

腔内後項子高、廣，搶煙及增加并後突，並同立竈之制。加連二或連三造者，並壘向後，其向後者，每一釜加高五寸。

鑊竈：鑊口徑三尺。用磚壘造。

門：高一尺二寸，廣九寸。每徑增一尺，高、廣各加三寸。用鐵竈門，其門前後各用鐵版。

腔内後項子：高視身。搶煙向上。若鑊口徑五尺以上者，底下當心用鐵柱子。

後駝項突：方一尺五寸，並二坯壘。斜高二尺五寸，曲長一丈七尺。令出牆外四尺。

凡釜鑊竈面並取圜，泥造。其釜鑊口徑四周各出六寸。外泥飾與立竈同。

茶鑪

造茶鑪之制：高一尺五寸，其方廣等皆以高一尺爲祖，加減之。

面：方七寸五分。

口：圜徑三寸五分，深四寸。

吵眼：高六寸，廣三寸。向搶風斜高向上八寸。

凡茶鑪，底方六寸，内用鐵燎杖八條。其泥飾同立竈之制。

壘射垛

壘射垛之制：先築牆，以長五丈、高二丈爲率。牆心内長二丈，兩邊牆各長一丈五尺，兩頭斜收向裏各三尺。上壘作五峯。其峯之高下，皆以牆每一丈之長，積而爲法。

中峯：每牆長一丈，高二尺。

次中兩峯：各高一尺二寸。其心至中峯心各一丈。

兩外峯：各高一尺六寸。其心至次中兩峯各一丈五尺。

子垛：高同中峯。廣減高一尺，厚減高之半。

兩邊踏道：斜高視子垛，長隨垛身。厚減高之半，分作一十二踏。每踏高八寸三分，廣一尺二寸五分。

子垛上當心踏臺：長一尺二寸，高六寸，面廣四寸。厚減面之半，分作三踏。每一尺爲一踏。

凡射垛五峯，每中峯高一尺，則其下各厚三寸；上收令方，減下厚之半。上收至方一尺五寸止。其兩峯之間，並先約度上收之廣。相對垂繩，令縱至牆上，爲兩峯顱内圜勢。其峯上各安蓮華坐瓦火珠各一枚。當面以青石灰，白石灰，上以青灰爲緣泥飾之。

愛新覺羅・允禮等《工程做法》卷四七《土作做法》 歇山硬山各項土作做法開後，計開：

凡夯築灰土，每步虛土柒寸，築實伍寸。素土每步虛土壹尺，築實柒寸。應用步數，臨期酌定。

凡夯築貳拾肆把小夯灰土，先用大碢排底壹遍，將灰土拌匀下槽。頭夯充開海窩寬叁寸，每窩築打貳拾肆夯頭。貳夯築銀錠，每銀錠亦築貳拾肆夯頭，其餘皆隨充溝。每槽寬壹丈，充剁大梗小梗伍拾柒道。取平，落水，壓渣子，起平夯壹遍，高夯亂打壹遍，取平旋夯壹遍，滿築拐眼，落水，起高夯叁遍，旋夯叁遍。如此築打拐眼叁遍後，又起高碢貳遍，至頂步平串碢壹遍。

凡夯築貳拾把小夯灰土，築法俱與貳拾肆把夯同。每築海窩、銀錠、溝梗俱貳拾夯頭。每槽寬壹丈充，剁大梗小梗肆拾玖道。

凡夯築拾陸把小夯灰土，築法俱與貳拾肆把夯同。每築海窩、銀錠、溝梗俱拾陸夯頭。每槽寬壹丈，充剁大梗小梗叁拾叁道。

凡夯築大夯灰土，先用大硪排底壹遍，將灰土拌匀下槽。每槽夯伍把，頭夯充開海窩寬陸寸，每窩築打捌夯頭。貳夯築銀錠，亦築打捌夯頭。其餘皆隨充溝。每槽寬壹丈，充剁大梗小梗貳拾壹道。第貳遍築打陸夯頭，海窩、銀錠、充溝同前。第叁遍取平，落水，撒渣子，雁別翅築打肆夯頭後，起高碢貳遍，頂步平串碢壹遍。

凡夯築素土，每槽用夯伍把。頭夯充開海窩寬陸寸，每窩築打肆夯頭。貳夯築銀錠亦築打肆夯頭。其餘皆隨充溝。每槽寬壹丈，充剁大小梗拾柒道。第貳次與頭次相同。第叁遍取平，落水，撒渣子，雁別翅築打肆夯頭壹遍，後起高碢壹遍，頂步平串碢壹遍。

凡夯築填墊小式房屋地面海墁素土，每槽用夯伍把，雁別翅肆夯頭築打貳遍，取平，落水，撒渣子，又雁別翅築打肆夯頭壹遍，後起高碢壹遍，頂步平串碢壹遍。

凡刨槽，以步數定深。如夯築灰土壹步，得深伍寸，外加埋頭尺寸，如埋頭陸寸，應刨深壹尺壹寸。素土應刨深壹尺叁寸。

凡壓槽，如牆厚壹尺以内者，裏外各出伍寸，壹尺伍寸以内者，裏外各出捌寸；貳尺以内者，裏外各出壹尺；其餘裏外各出壹尺貳寸。如通面潤叁丈，即長叁丈，外加兩山牆外出尺寸。如山牆外出壹尺，再加壓槽各寬壹尺，得通長叁丈肆尺。以出簷定寬。如出簷貳尺捌寸捌分，内除回水貳分，得淨寬貳尺叁寸，并簷柱中以内磉墩半個壹尺肆分，再加壓槽裏外各寬壹尺，共得淨寬伍尺叁寸肆分。如通進深壹丈捌尺，内除前後簷柱下磉墩各半個，并壓槽尺寸，兩頭共除肆尺捌分，得浄長壹丈叁尺玖寸貳分。以磉墩之寬定寬，如磉墩寬貳尺捌分，外加壓槽各寬壹尺，共得寬肆尺捌分。如懸山山牆與前後出簷尺寸同。

凡填築壓槽，以外出尺寸定寬。高按埋頭尺寸。

凡夯築地面或屋内填廂，均除墁地磚尺寸分位，核算步數。

李斗《揚州畫舫録》卷一七《工段營造録》 平基唯土作是任。土作有大小夯碣、灰土、黄土、素土之分，以虚土折實土，夯築以把論。先用大碣排底，將灰土拌匀，下槽，頭夯充開海窩。每窩打夯頭，築銀錠，餘隨充溝，充(剥)〔剁〕大小梗，取平。落水壓渣子，起平夯，打高夯，取平。旋滿築拐眼落水，起高夯、高碣，至頂步平串碣，此夯築法也。夯築填墊房屋地面、海墁素土，每槽用夯五把，雁别翅四夯頭，築打取平，落水撤渣子，復築打後起高碣一遍，頂步平串碣一遍，此平基法也。平基之始，即今俗所謂動土日。陳希夷《玉鑰》中，最忌犯土皇方。若刨槽壓槽，另法有差。其房身游廊，諸柏木丁、橋樁、土樁，皆謂地丁。及刨夫壯夫，工用有制。若柵木牆、竹籬、柳〔籬〕、藥欄，刨溝子，每四丈用壯夫一名。

磚瓦作技術

李誡《營造法式》卷一五《窑作制度》 瓦其名有二：一曰瓦，二曰甍。

造瓦坯：用細膠土不夾砂者，前一日和泥造坯。鴟、獸事件同。先於輪上安定札圈，次套布筒，以水搭泥撥圈，打搭收光，取札并布筒㬠曝。鴟、獸事件捏造，火珠之類用輪牀收托。其等第依下項。

甋瓦

長一尺四寸，口徑六寸，厚六分。仍留曝乾并燒變所縮分數，下準此。

長一尺二寸，口徑五寸，厚五分。

長一尺，口徑四寸，厚四分。

長八寸，口徑三寸五分，厚三分五釐。

長六寸，口徑三寸，厚三分。

長四寸，口徑二寸五分，厚二分五釐。

瓪瓦

長一尺六寸，大頭廣九寸五分，厚一寸，小頭廣八寸五分，厚八分。

長一尺四寸，大頭廣七寸，厚七分，小頭廣六寸，厚六分。

長一尺三寸，大頭廣六寸五分，厚六分，小頭廣五寸五分，厚五分五釐。

長一尺二寸，大頭廣六寸，厚六分，小頭廣五寸，厚五分。

長一尺，大頭廣五寸，厚五分，小頭廣四寸，厚四分。

長八寸，大頭廣四寸五分，厚四分，小頭廣四寸，厚三分五釐。

長六寸，大頭廣四寸，厚同上。小頭廣三寸五分，厚三分。

凡造瓦坯之〔類〕〔制〕，候曝微乾，用刀剺畫，每桶作四片。甋瓦作二片。線道瓦於每片中心畫一道，條子十字剺畫。線道條子瓦，仍以水飾露明處一邊。

塼其名有四：一曰甓，二曰瓴甋，三曰瑴，四曰甗甎。

造塼坯：前一日和泥打造。其等第依下項。

方塼

二尺，厚三寸。

一尺七寸，厚二寸八分。

一尺五寸，厚二寸七分。

一尺三寸，厚二寸五分。

一尺二寸，厚二寸。

條塼

長一尺三寸，廣六寸五分，厚二寸五分。

長一尺二寸，廣六寸，厚二寸。

壓闌塼長二尺一寸，廣一尺一寸，厚二寸五分。

塼碇方一尺一寸五分，厚四寸三分。

牛頭塼長一尺三寸，廣六寸五分，一壁厚二寸五分，一壁厚二寸二分。

走趄塼長一尺二寸，面廣五寸五分，底廣六寸，厚二寸。

趄條塼面長一尺一寸五分，底長一尺二寸，廣六寸厚二寸。

鎮子塼方六寸五分，厚二寸。

凡造塼坯之制，皆先用灰襯隔模匣，次入泥；以杖刮脱曝令乾。

瑠璃瓦等炒造黄丹附。

凡造瑠璃瓦等之制：藥以黄丹、洛河石銅末，用水調匀。冬月以湯。甋瓦於背面，鴟、獸之類於安卓露明處，青掍同。並遍澆刷。瓪瓦於仰面内中心。重脣瓪瓦仍於背上澆大頭；其線道、條子瓦、澆脣一壁。

凡合瑠璃藥所用黄丹闕炒造之制，以黑錫、盆硝等入鑊，煎一日爲麤渣，出候冷，擣羅作末；次日再炒，塼蓋罨；第三日炒成。

青棍瓦滑石棍、茶土棍。

青棍瓦等之制：以乾坯用瓦石磨擦；瓶瓦於背，㼧瓦於仰面，磨去布文。次用水濕布揩拭，候乾；次以洛河石棍研；次摻滑石末令匀。用茶土棍者，准先摻茶土，次以石棍研。

燒變次序

凡燒變塼瓦等之制：素白窑，前一日裝窑，次日下火燒變，又次日土水窨，更三日開〔窑〕，候冷(通)〔透〕，及七日出窑。青棍窑，裝窑、燒變，出窑日分準上法。先燒芟草，茶土棍者，止於曝窑内搭帶，燒變不用(紫)〔柴〕草，羊糞、油籸。次蒿草，次松柏柴，羊糞，麻籸，濃油，蓋罨不令透煙。瑠璃窑，前一日裝窑，次日下火燒變，一日開窑，天候冷，至第五日出窑。

壘造窑

壘窑之制：大窑高二丈二尺四寸，徑一丈八尺。外圍地在外，曝窑同。門：高五尺六寸，廣二尺六寸。曝窑高一丈五尺四寸，徑一丈二尺八寸。門高同大窑，廣二尺四寸。

平坐：高五尺六寸，徑一丈八尺。曝窑一丈二尺八寸。壘二十八層。曝窑同。其上壘五帀，高七尺，曝窑壘三帀，高四尺二寸。壘七層。曝窑同。

收頂：七帀，高九尺八寸，壘四十九層。曝窑四帀，高五尺六寸壘二十八層；逐層各收入五寸，遞減半塼。

䆎殼窑眼暗突：底脚長一丈五尺，上留空分，方四尺二寸，蓋暗突收長二尺四寸。曝窑同。廣五寸，壘二十層。曝窑長一丈八寸，廣同大窑，壘一十五層。

牀：長一丈五尺，高一尺四寸，壘七層。曝窑長一丈八尺，高一尺六寸，壘八層。

壁：長一丈五尺，高一丈一尺四寸，壘五十七層。下作出煙口子、承重托柱。其曝窑長一丈八(寸)〔尺〕，高一丈，壘五十層。

門兩壁：各廣五尺四寸，高五尺六寸，壘二十八層，仍壘脊。子門同。曝窑廣四尺八寸，高同大窑。

子門兩壁：各廣五尺二寸，高八尺，壘四十層。

外圍：徑二丈九尺，高二丈，壘一百層。曝窑徑二丈二寸，高一丈八寸(尺)，壘五十四層。

池：徑一丈，高二尺，壘一十層。曝窑徑八尺，高一尺，壘五層。

踏道：長三丈八尺四寸。曝窑長二丈。

凡壘窑，用長一尺二寸，廣六寸，厚二寸條塼。平坐并窑門，子門、窑牀、外圍、踏道，皆並二砌。其窑池下面，作蛾眉壘砌承重。上側使暗突出煙。

李誡《營造法式》卷一五《磚作制度》 用塼

用塼之制：

殿閣等十一間以上，用塼方二尺，厚三寸。

殿閣等七間以上，用塼方一尺七寸，厚二寸八分。

殿閣等五間以上，用塼方一尺五寸，厚二寸七分。

殿閣、廳堂、亭榭等，用塼方一尺三寸，厚二寸五分。以上用條塼，並長一尺三寸，廣六寸五分，厚二寸五分。如階脣用壓闌塼，長二尺一寸，廣一尺一寸，厚二寸五分。

行廊、小亭榭、散屋等，用塼方一尺二寸，厚二寸。用條塼長一尺二寸，廣六寸，厚二寸。

城壁所用走趄塼，長一尺二寸，面廣五寸五分，底廣六寸，厚二分。趄條塼面長一尺一寸五分，底長一尺二寸，廣六寸，厚二寸。牛頭塼長一尺三寸，廣六寸五分，一壁厚二寸五分，一壁厚二寸二分。

壘階基其名有四：一曰階，二曰陛，三曰陔，四曰(墑)〔墒〕。

壘砌階基之制：用條塼。殿堂、亭榭、階高四尺以下者，用二塼相並；高五尺以上至一丈者，用三塼相並。樓臺基高一丈以上至二丈者，用四塼相並；高二丈至三丈以上者，用五塼相並；高四丈以上者，用六塼相並。普拍方外階頭，自柱心出三尺至三尺五寸，每階外細塼高十層，其内相並塼高八層。其殿堂等階，若平砌每階高一尺，上收一分五氂。如露齦砌，每塼一層，上收一分。麤壘二分。樓臺、亭榭，每塼一層，上收二分。麤壘五分。

鋪地面

鋪地殿堂等地面塼之制：用方塼，先以兩塼面相合，磨令平；次斫四邊，以曲尺較令方正；其四側斫令下棱收入一分。殿堂等地面，每柱心内方一丈者，令當心高二分；方三丈者高三分。如廳堂、廊舍等，亦可以兩椽爲計。柱外階廣五尺以下，每一尺令自柱心起至階齦垂二分，廣六尺以上者垂三分。其階齦壓闌，用(召)〔石〕或亦用塼。其階外散水，量檐上滴水遠近鋪砌；向外側塼砌線道二周。

牆下隔減

壘砌牆隔減之制：殿閣外有副階者，其内牆下隔減，長隨牆廣。下同。其廣六尺至四尺五寸，自六尺以減五寸爲法，減至四尺五寸止。高五尺至三尺四寸。自五尺以減六寸爲法，至三尺四寸止。如外無副階者，廳、堂同。廣四尺至三尺五寸，高三尺至二尺四寸。若廊屋之類，廣三尺至二尺五寸，高二尺至一尺六寸。其上收同階基制度。

踏道

造踏道之制：廣隨間廣，每階基高一尺，底長二尺五寸，每一踏高四寸，廣一尺。兩頰各廣一尺二寸。兩頰内線道各厚二寸。若階基高八塼，其兩頰内地栿，柱子等，平雙轉一周；以次單轉一周，退入一寸；又以次單轉一周，當心爲象眼。每階基加三塼，兩頰内單轉加一周；若階基高二十塼以上者，兩頰内平雙轉加一周。踏道下線道亦如之。

慢道

壘砌慢道之制：城門慢道，每露臺塼基高一尺，拽脚斜長五尺；其廣減露臺一尺。廳堂等慢道，每階基高一尺，拽脚斜長四尺，作三瓣蟬翅，當中隨間之廣。取宜約度。兩頰及線道，並同踏道之制。每斜長一尺，加四寸爲兩側翅瓣下之廣。若作五瓣蟬翅，其兩側翅瓣下取斜長四分之三。凡慢道面塼露齦，皆深三分。如華塼即不露齦。

須彌坐

壘砌須彌坐之制：共高一十三磚，以二磚相並，以此爲率。自下一層與地平，上施單混肚塼一層，次上牙脚塼一層，比混肚塼下齦收入一寸。次上罨牙塼一層，比牙脚出三分。次上合蓮磚一層，比罨牙收入一寸五分。次上束腰塼一層，比合蓮下齦收入一寸。次上仰蓮塼一層，比束腰出七分。次上壺門、柱子塼三層，柱子比仰蓮收入一寸五分，壺門比柱子收入五分。次上罨澁塼一層，比柱子出五分。次上方澁平塼兩層，比罨澁出五分。如高下不同，約此率隨宜加減之。如殿階作須彌坐砌壘者，其出入並依「角石柱制度」，或約此法加減。

塼牆

壘塼牆之制：每高一尺，底廣五寸，每面斜收一寸。若麤砌斜收一寸三分，以此爲率。

露道

砌露道之制：長廣量地取宜，兩邊各側砌雙線道，其内平鋪砌，或側塼虹面壘砌，兩邊各側砌四塼爲線。

城壁水道

壘城壁水道之制：隨城之高，勻分靸踏。每踏高二尺，廣六寸，以三塼相並。用趄模(條)塼。面與城平，廣四尺七寸。水道廣一尺一寸，深六寸；兩邊各廣一尺八寸。地下砌側塼散水，方六尺。

卷輂河渠口

壘砌卷輂河渠塼口之制：長廣隨所用，單眼卷輂者，先於渠底鋪地面塼一重。每河渠深一尺，以二塼相並，壘兩壁塼，高五寸。如深廣五尺以上者，心内以三磚相並。其卷輂隨圜分側用塼。覆背塼同。其上繳背順鋪條塼。如雙眼卷輂者，兩壁塼以三塼相並，心内以六塼相並餘並。同單眼卷輂之制。

接甑口

壘接甑口之制：口徑隨釜或鍋。先依口徑圜樣，取逐層塼定樣，斫磨口徑。内以二塼相並，上鋪方塼一重爲面。或只用條塼覆面。其高隨所用。塼並倍用純灰下。

馬臺

壘馬臺之制：高一尺六寸，分作兩踏上踏。方二尺四寸，下踏廣一尺，以此爲率。

馬槽

壘馬槽之制：高二尺六寸，廣三尺，長隨間廣，或隨所用之長。其下以五塼相並，壘高六塼。其上四邊壘塼一周，高三塼。次於槽内四壁，側倚方塼一周。其方塼後隨斜分斫貼，壘三重。方塼之上，鋪條塼覆面一重，次於槽底鋪方塼一重爲槽底面。塼並用純灰下。

井

甃井之制：以水面徑四尺爲法。

用塼：若長一尺二寸，廣六寸，厚二寸條塼，除抹角就圜，實收長一尺，視高計之，每深一丈，以六百口壘五十層。若深廣尺寸不定，皆積而計之。

底盤版：隨水面徑(料)〔斜〕，每(斤)〔片〕廣八寸，牙縫搭掌在外。其厚〔以〕二寸爲定法。

凡甃造井，於所留水面徑外，四周各廣二尺開掘。其塼甋用竹并蘆蕟編夾。壘及一丈，閃下甃砌。若舊井損缺艱於修補者，即於徑外各展掘一尺，櫳套接壘下甃。

李誠《營造法式》卷一三《瓦作制度》　結宼

結宼屋宇之制有二等：

一曰甋瓦。施之於殿、閣、廳、堂、亭、榭等。其結宼之法：先將甋瓦齊口斫去下棱，令上齊直；次斫去甋瓦身内裏棱，令四角平穩，角内或有不穩，須斫令平正。謂之解橋。於平版上安一半圈，高廣與甋瓦同。將甋瓦斫造畢，於圈内試過，謂之攛窠。下鋪仰瓪瓦。上壓四分，下留六分；散瓪仰合，瓦並準此。兩甋瓦相去，隨所用甋瓦之廣，匀分隴行，自下而上。其甋瓦須先就屋上拽勘隴行，修斫口縫令密，再揭起，方用灰結瓦。宼畢，先用大當溝，次用線道瓦，然後壘脊。

二曰瓪瓦。施之於廳堂及常行屋舍等。其結宼之法：兩合瓦相去，隨所用合瓦廣之半，先用當溝等壘脊畢，乃自上而至下，匀拽隴行。其仰瓦並小頭向下，合瓦小頭在上。

凡結宼至出檐，仰瓦之下，小連檐之上，用鷰頷版；華廢之下，用狼牙版。若殿宇七間以上，鷰頷版廣三寸，厚八分，餘屋並廣二寸，厚五分爲率。每長二尺用釘一枚；狼牙版同。其轉角合版處，用鐵葉裹釘。其當檐所出華頭甋瓦，身内用葱臺釘。下入小連檐，勿令透。若六椽以上，屋勢緊峻者，於正脊下第四甋瓦及第八甋瓦背當中用著蓋腰釘。先於棧笆或箔上約度腰釘遠近，横安版兩道，以透釘脚。

用瓦

用瓦之制：

殿閣廳堂等，五間以上，用甋瓦長一尺四寸，廣六寸五分；仰瓪瓦長一尺六寸，廣一尺。三間以下，用甋瓦長一尺二寸，廣五寸。仰瓪瓦長一尺四寸，廣八寸。

散屋用甋瓦：長九寸，廣三寸五分。仰瓪瓦長一尺二寸，廣六寸五分。小亭榭之類，柱心相去方一丈以上者，用甋瓦長八寸，廣三寸五分；仰瓪瓦長尺，廣六寸。若方一丈者，用甋瓦長六寸，廣二寸五分；仰瓪瓦長八寸五分，廣五寸五分。如方九尺以下者，用甋瓦長四寸，廣二寸三分。仰瓪瓦長六寸，廣四寸五分。

廳堂等用散瓪瓦者，五間以上，用瓪瓦長一尺四寸，廣八寸；廳堂三間以下，門樓同。及廊屋六椽以上，用瓪瓦長一尺三寸，廣七寸。或廊屋四椽及散屋，用瓪瓦長一尺二寸，廣六寸五分。以上仰瓦合瓦並同。至檐頭，並用重脣甋瓦。其散瓪瓦結宼者，合瓦仍用垂尖華頭瓪瓦。

凡瓦下補襯柴棧爲上，版棧次之。如用竹笆葦箔，若殿閣七間以上，用竹笆一重，葦箔五重；五間以下，用竹笆一重，葦箔四重。廳堂等五間以上，用竹笆一重，葦箔三重；如三間以下至廊屋，並用竹笆一重，葦箔二重。以上如不用竹笆，更加葦箔兩重；若用荻箔，則兩重代葦箔三重。散屋用葦箔三重或兩重。其棧柴之上，先以膠泥偏泥，次以純石灰拖宼。若版及笆、箔上用純、灰結宼者，不用泥抹，並用石灰隨抹拖宼。其秖用泥結宼者，亦用泥先抹版及笆、箔，然後結宼。所用之瓦，須水浸過，然後用之。其用泥以灰點節縫者同。若只用泥或破灰泥，及澆灰下瓦者，其瓦更不用水浸。壘脊亦同。

壘屋脊

壘屋脊之制：

殿閣：若三間八椽或五間六椽，正脊高三十一層，垂脊低正脊兩層。并線道瓦在内。下同。

堂屋：若三間八椽或五間六椽，正脊高二十一層。

廳屋：若間椽與堂等者，正脊減堂脊兩層。餘同堂法。

門樓屋：一間四椽，正脊高一十一層或一十三層。若三間六椽，正脊高一十七層。其高不得過廳。如殿門者，依殿制。

廊屋：若四椽，正脊高九層。

常行散屋：若六椽用大當溝瓦者，正脊高七層；用小當溝瓦者，高五層。

營房屋：若兩椽，脊高三層。

凡壘屋脊，每增兩間或兩椽，則正脊加兩層。殿閣加至三十七層止，廳堂二十五層止，門樓一十九層止，廊屋一十一層止，常行散屋大當溝者九層止，小當溝者七層止，營屋五層止。正脊於線道瓦上，厚一尺至八寸，垂脊減正脊二寸。正脊十分中上收二分，垂脊上收一分。線道瓦在當溝瓦之上，脊之下，殿閣等露三寸五分，堂屋等三寸，廊屋以下並二寸五分。其壘脊瓦並用本等。其本等用長一尺六寸至一尺四寸瓪瓦者，壘脊瓦只用長一尺三寸瓦。合脊甋瓦亦用本等。其本等用八寸、六寸甋瓦者，合脊用長九寸甋瓦。令合垂脊甋瓦在正脊甋瓦之下。其線道上及合脊甋瓦下，並用白石灰各泥一道，謂之白道。若甋瓪瓦結宼，其當溝瓦所壓甋瓦頭，並勘縫刻項子，深三分，令與當溝瓦相銜。其殿閣於合脊甋瓦上施走獸者，其走獸有九品：一曰行龍，二曰飛鳳，三曰行師，四曰天馬，五曰海馬，六曰飛魚，七曰牙魚，八曰狻猊，九曰獬豸。相間用之。每隔三瓦或五瓦安獸一枚。其獸之長隨所用甋瓦，謂如用一尺六寸甋瓦，即獸長一尺六寸之類。正脊當溝瓦之下垂鐵索，兩頭各長五尺。以備修整綰繫棚架之用。五間者十條，七間者十二條，九間者十四條，並匀分布用之。若五間以下，九間以上，並約此加減。

垂脊之外，橫施華頭甋瓦及重脣瓪瓦者，謂之華廢。常行屋垂脊之外，順施瓪瓦相疊者，謂之剪邊。

用鴟尾

用鴟尾之制：

殿屋八椽九間以上，其下有副階者，鴟尾高九尺至一丈，若無副階高八尺。五間至七間，不計椽數。高七尺至七尺五寸，三間高五尺至五尺五寸。

樓閣三層檐者與殿五間同，兩層檐者與殿三間同。

殿挾屋，高四尺至四尺五寸。

廊屋之類，並高三尺至三尺五寸。若廊屋轉角，即用合角鴟尾。

小亭殿等，高二尺五尺至三尺。

凡用鴟尾，若高三尺以上者，於鴟尾上用鐵脚子及鐵束子安搶鐵。其搶鐵之上，施五(義)〔叉〕拒鵲子，三尺以下不用。身兩面用鐵鞠，身内用柏木樁或龍尾，唯不用搶鐵拒鵲加襻脊鐵索。

用獸頭等

用獸頭等之制：

殿閣垂脊獸，並以正脊層數爲祖。

正脊三十七層者，獸高四尺；三十五層者，獸高三尺五寸；三十三層者，獸高三尺；三十一層者，獸高二尺五寸。

堂屋等正脊獸，亦以正脊層數爲祖。其垂脊獸並降正脊獸一等用之。謂正脊獸高一尺四寸者，垂脊獸高一尺二寸之類。

正脊二十五層者，獸高三尺五寸；二十三層者，獸高三尺；二十一層者，獸高二尺五寸；一十九層者，獸高二尺。

廊屋等正脊及垂脊獸祖並同上。散屋亦同。

正脊九層者，獸高二尺；七層者，獸高一尺八寸。

正脊七層者，獸高一尺六寸；五層者，獸高一尺四寸。散屋等。

殿閣至廳堂、亭榭轉角，上下用套獸、嬪伽、蹲獸、滴當火珠等。

四阿殿九間以上，或九脊殿十一間以上者，套獸徑一尺二寸，嬪伽高一尺六寸；蹲獸八枚，各高一尺；滴當火珠高八寸。套獸施之於子角梁首；嬪伽施於角上，蹲獸在嬪伽之後。其滴當火珠在檐頭華頭甋瓦之上。下同。

四阿殿七間或九脊殿九間，套獸徑一尺；嬪伽高一尺四寸；蹲獸六枚，各高九寸；滴當火珠高七寸。

四阿殿五間，九脊殿五間至七間，套獸徑八寸；嬪伽高一尺二寸；蹲獸四枚，各高八寸；滴當火珠高六寸。廳堂三間至五間以上，如五鋪作造厦兩頭者，亦用此制，唯不用滴當火珠。下同。

九脊殿三間或廳堂五間至三間，枓口跳及四鋪作造厦兩頭者，套獸徑六寸，嬪伽高一尺，蹲獸兩枚，各高六寸；滴當火珠高五寸。

亭榭厦兩頭者，四角或八角撮尖亭子同。如用八寸甋瓦，套獸徑六寸；嬪伽高八寸；蹲獸四枚，各廣六寸；滴當火珠高四寸。若用六寸甋瓦，套獸徑四寸；嬪伽高六寸；蹲獸四枚，各高四寸，如枓口跳或四鋪作，蹲獸只用兩枚。滴當火珠高三寸。

廳堂之類，不厦兩頭者，每角用嬪伽一枚，高一尺；或只用蹲獸一枚，高六寸。

佛道寺觀等殿閣正脊當中用火珠等數：

殿閣三間，火珠徑一尺五寸；五間，徑二尺；七間以上，並徑二尺五寸。火珠並兩焰，其夾脊兩面造盤龍或獸面。每火珠一枚，内用柏木竿一條，亭榭所用同。

亭榭鬭尖用火珠等數：

四角亭子，方一丈至一丈二尺者，火珠徑一尺五寸；方一丈五尺至二丈者，徑二尺。火珠四焰或八焰；其下用圓坐。

八角亭子，方一丈五尺至二丈者，火珠徑二尺五寸；方三丈以上者，徑三尺五寸。

凡獸頭皆順脊用鐵鉤一條。套獸上以釘安之。嬪伽用葱臺釘。滴當火珠坐於華頭甋瓦滴當釘之上。

愛新覺羅·允禮等《工程做法》卷四三《瓦作大式》 歇山硬山各項瓦作做法開後，計開：

凡碼單磉墩，以柱頂石見方尺寸定見方。如柱徑捌寸肆分，得柱頂石見方壹尺陸寸捌分。肆圍各出金邊貳寸，得見方貳尺捌分。金柱頂下照簷柱頂加貳寸。高隨臺基除柱頂石之厚，外加地皮以下埋頭尺寸。

凡碼連貳磉墩，以出廊并柱頂石定長。如出廊深肆尺伍寸，壹頭加金柱頂半個壹尺肆分，壹頭加簷柱頂半個捌寸肆分，兩頭再各加金邊貳寸，共長陸尺柒寸捌分。以柱頂石之寬定寬。如金柱頂寬貳尺捌分，兩邊各加金邊貳寸，得寬貳尺肆寸捌分。高隨臺基，除柱頂石之厚，外加埋頭尺寸。

凡攔土，按進深、面濶得長。如伍檁除山簷柱單磉墩分位定長短，如有金柱，隨面濶之寬，除磉墩分位定掐檔。高隨臺基，除墁地磚分位，外加埋頭尺寸。如簷磉墩小，金磉墩大，寬隨金磉墩尺寸。

凡埋頭，以檁數定高低。如肆、伍檁應深陸寸，陸、柒檁應深捌寸，玖檁應深壹尺。長、寬隨磉墩、攔土。

凡包砌臺基，長隨堦條石；高按臺基除堦條石之厚，外加埋頭尺寸；以出簷除攔土定寬。如出簷貳尺捌寸捌分，以拾分之，內除貳分回水，得寬貳尺叁寸。再除攔土半分壹尺肆分，得淨寬壹尺貳寸陸分。兩山按進深之長，再加前後出簷尺寸，內除前後簷包砌之寬得長。寬按山牆外出之厚，除攔土之寬露明或斗板石或細磚壹進，餘係背後糙磚，或俱糙砌，臨期酌定。兩山露明金邊寬貳寸，如後簷砌牆，亦留金邊寬貳寸。

凡硬山羣肩，以進深定長。如進深壹丈捌尺，即長壹丈捌尺。以簷柱定高。如簷柱高玖尺陸寸，叁分之壹，得高叁尺貳寸。以柱徑定厚。如柱徑捌寸肆分，柱皮往外即出捌寸肆分，裏進貳寸，得厚壹尺捌寸捌分。

凡山牆上身，長隨羣肩，以簷柱定高。如簷柱高玖尺陸寸，除羣肩高叁尺貳寸，外加平水壹分，如平水高柒寸肆分，檁徑壹分捌寸肆分，椽徑壹分貳寸伍分，望板厚伍分加之，得淨高捌尺貳寸捌分。以羣肩之厚定厚。如羣肩厚壹尺捌寸捌分，如抹飾收柒分，拘抿或細磚均收叁分，再收頂每高壹尺，收分壹分。

凡山尖，以山柱定高。如山柱通高壹丈伍尺陸寸肆分，除羣肩并上身共高壹丈壹尺肆寸捌分，外加檁徑壹分捌寸肆分，椽徑壹分貳寸伍分，望板厚伍分，得高伍尺叁寸。厚與墀頭之厚同。兩山折壹山。如不用博縫排山，再加披水磚壹層，長按進深加舉核算。

凡懸山山牆，伍花成造，以步架定高。如簷柱高玖尺陸寸，壹步架即高玖尺陸寸。如金柱高壹丈壹尺捌寸伍分，壹步架即高壹丈壹尺捌寸伍分。除牆肩分位，即得淨高尺寸。以柱徑定厚。如柱徑捌寸肆分，以柱皮外出捌寸肆分，裏進貳寸，共厚壹尺捌寸捌分。收分與硬山同。

凡點砌懸山，山花象眼，以步架定寬，內除瓜柱徑寸分位；高隨瓜柱淨高尺寸；厚與瓜柱徑同。兩山折壹山。

凡前後簷牆，以面濶定長。如面濶壹丈貳尺，即長壹丈貳尺。如遇山牆，應除裏進分位。以簷柱定高。如柱高玖尺陸寸，下除羣肩之高叁尺貳寸，上除簷枋之高捌寸肆分，得高伍尺伍寸陸分。內除牆肩分位。以簷柱徑定厚。如柱徑捌寸肆分，外出叁分之貳得伍寸陸分，裏進貳寸，共得厚壹尺陸寸。

凡封護簷牆，長、厚與簷牆同，以簷柱定高。如簷柱高玖尺陸寸，外加平水壹分，檁徑壹分，椽徑壹分，望板之厚各尺寸，內除高壹寸爲順水之法。

凡扇面牆，以面濶定長。如面濶壹丈貳尺，即長壹丈貳尺。如遇山牆，應除裏進分位。以金柱定高。如柱高壹丈壹尺捌寸伍分，除金枋高捌寸肆分，得高壹丈壹尺壹分。內除牆肩分位。羣肩之高與山牆同。厚與簷牆同。

凡檻牆，除簷枋壹分，榻板壹分，支窻壹分，或除橫披風檻分位得高；以柱徑定寬。如柱徑捌寸肆分，裏外各出壹寸伍分，得寬壹尺壹寸肆分。長隨面濶。如遇山牆，應除裏進分位。

凡隔斷牆，高隨簷柱；長隨進深，內除兩頭柱徑各半分，再除前後簷牆裏進尺寸分位得長；厚以前後柱徑尺寸，兩邊再各出壹寸伍分得厚。

凡廊牆，按出廊定長。如出廊深肆尺伍寸，即長肆尺伍寸。以簷柱定高。如柱高玖尺陸寸，內除穿插檔寬捌寸肆分，穿插枋高捌寸肆分，得淨高柒尺玖寸貳分。內羣肩之高、厚與山牆同。上身或用棋盤心，或糙砌抹飾，臨期酌定。

凡牆肩，長短隨面濶、進深，寬隨牆頂。如牆頂寬壹尺陸寸，或除枋子之厚或柁之厚，以裏進外出各尺寸按伍舉加之。牆厚壹尺以外者，除高叁寸作牆肩分位。

凡牆垣襯脚取平，臨牆之長短，以牆之厚定寬。如厚壹尺捌寸捌分，即厚壹尺捌寸捌分。高隨墁地磚分位。

凡砌牆垣，如柱頂有古鏡者，按古鏡高加磚層數，長除古鏡尺寸，厚隨牆垣。

凡小叁才墀頭，以出簷定長。如出簷貳尺捌寸捌分，內收線磚壹層壹寸伍分，混磚壹層貳寸，囂磚壹層貳寸伍分，盤頭貳層共壹寸，戧簷壹寸，連簷貳寸，雀兒臺捌分，外淨長壹尺捌寸。以簷柱定高。如柱高玖尺陸寸，外加平水壹分，檁徑壹分，共高壹丈壹尺壹寸捌分。內除停泥滾子磚砍做線磚乾擺壹層壹寸陸分，混磚壹層壹寸陸分，囂磚壹層壹寸陸分，盤頭貳層叁寸貳分，戧簷壹層肆寸，淨高玖尺玖寸捌分。外加連簷之厚壹分半，以做戧簷斜長入榫分位，或用尺肆、尺貳方磚開做。以簷柱徑寸定厚，如柱徑捌寸肆分，柱中往外出隨山牆，往裏進隨柱徑拾分之壹，共得厚壹尺叁寸肆分。腿高與山牆羣肩同。

凡中叁才墀頭，以出簷定長。如出簷貳尺捌寸捌分，內收線磚壹層貳寸，混磚壹層貳寸伍分，罍磚壹層叁寸，盤頭貳層共壹寸伍分，戧簷貳寸，連簷貳寸，雀兒臺壹寸，外淨長壹尺肆寸捌分。以簷柱定高。如柱高玖尺陸寸，外加平水壹分，檩徑壹分，共高壹丈壹尺壹寸捌分。內除停泥滾子磚砍做乾擺線磚壹層壹寸陸分，混磚壹層壹寸陸分，罍磚壹層壹寸陸分，盤頭貳層叁寸貳分，尺貳料半方磚整做戧簷壹層壹尺壹寸，淨高玖尺貳寸捌分。外加連簷之厚壹分半，以做戧簷斜長入榫分位，或用尺肆方磚整做。以簷柱徑定厚。如柱徑捌寸肆分，柱中往外出隨山牆，往裏進隨柱徑拾分之壹，共得厚壹尺叁寸肆分。腿高與山牆羣肩同。

凡大叁才墀頭，以出簷定長。如出簷貳尺捌寸捌分，內收線磚壹層貳寸貳分，混磚壹層貳寸柒分，罍磚壹層叁寸叁分，盤頭貳層共壹寸伍分，戧簷叁寸，連簷貳寸伍分，雀兒臺壹寸，外淨長壹尺貳寸陸分。以簷柱定高。如柱高玖尺陸寸，外加平水壹分，檩徑壹分，共高壹丈壹尺壹寸捌分，內除停泥滾子磚砍做乾擺線磚壹層壹寸陸分，混磚壹層壹寸陸分，罍磚壹層壹寸陸分，盤頭貳層叁寸貳分，尺柒方磚砍做戧簷壹層壹尺陸寸，淨高捌尺柒寸捌分。外加連簷之厚壹分半，以做戧簷斜長入榫分位。以簷柱徑定厚。如柱徑捌寸肆分，柱中往外出隨山牆，往裏進隨柱徑拾分之壹，共得厚壹尺叁寸肆分。腿高與山牆羣肩同。

凡博縫，以進深并出簷加舉定長短。如進深壹丈捌尺，步架并出簷加舉，得通長貳丈捌尺貳寸貳分，即長貳丈捌尺貳寸貳分。小叁才線混摶縫磚俱停泥滾子磚砍做，或尺貳尺、肆方磚開做，或停泥滾子磚陡砌。中叁才博縫尺貳、尺肆方磚整做。大叁才博縫尺柒方磚砍做。

凡排山勾滴，以進深加舉定長。如進深壹丈捌尺步架并出簷加舉得通長貳丈捌尺貳寸貳分，即長貳丈捌尺貳寸貳分。按瓦料之號分隴得個數。

凡調大脊，以通面濶定長。除吻獸之寬尺寸各壹分，即得淨長尺寸。用板瓦取平苫背，沙滾子磚襯平；瓦條貳層，混磚壹層，又瓦條壹層，或尺貳、尺肆、尺柒方磚開砍斗板壹層，背餡灌漿。又瓦條壹層，混磚壹層，又瓦條壹層，扣脊筒瓦壹層。吻座用圭角壹件，蔴葉頭壹件，天混壹件，天盤壹件，吻壹隻，劍靶壹件，背獸壹件。其混磚斗板兩頭中間如用花草磚，或統花磚龍鳳等項，臨期酌定。

凡調垂脊，以每坡之長分爲叁分，上貳分即垂脊。用瓦條貳層，混磚壹層，停泥通脊板壹層，背餡灌漿。又混磚壹層，扣脊筒瓦壹層。獸座用方磚鑿做，垂獸壹隻，獸角壹對。下壹分即岔脊。用瓦條壹層，混磚壹層，上安獅馬或伍件，或柒件，圭角壹件，捎風頭壹件。

凡調清水脊，長隨面濶，外加兩山牆外出之厚。用板瓦取平，苫背。瓦條貳層，混磚壹層，扣脊筒瓦壹層。每頭鼻子壹件，盤子壹件，攛頭貳件，勾頭貳個。兩頭并中間，如用花磚，臨期酌定。

凡抹灰當勾，以面濶得長，以所用瓦料定寬。如頭號板瓦中高貳寸，貳號板瓦中高壹寸柒分，叁號板瓦中高壹寸伍分，拾樣板瓦中高壹寸，得頭號板瓦灰當勾均寬肆寸，貳號均寬叁寸肆分，叁號均寬叁寸，拾樣均寬貳寸。如用筒瓦，照中高尺寸加壹分半，貳面折壹面。垂脊當勾長按垂脊，外高同前，裏高叁分之壹。頭號得壹寸叁分，貳號得壹寸壹分，叁號得壹寸，拾樣得陸分。

凡宂瓦，以面濶得隴數。如面濶壹丈貳尺，頭號板瓦口寬捌寸，每丈拾壹隴壹分。貳號口寬柒寸，每丈拾貳隴伍分，叁號口寬陸寸，每丈拾肆隴貳分。拾樣口寬叁寸捌分，每丈貳拾貳隴。以進深并出簷加舉得長。每板瓦壹片，壓柒露滲。頭號長玖寸，得露明長貳寸柒分。貳號長捌寸，得露明長貳寸肆分。叁號長柒寸，得露明長貳寸壹分。拾樣長肆寸叁分，得露明長壹寸貳分玖釐。每坡每隴除滴水壹件，或花邊瓦壹件分位。每頭號筒瓦壹個長壹尺壹寸，貳號長玖寸伍分，叁號長柒寸伍分，拾樣長肆寸伍分。每坡每隴除勾頭壹件分位，即得數目。其懸山做法，隨挑山之長分隴。如轉角房及川堂有短隴之處，折半核算。倉房除氣樓分位。如蓋板瓦，用壓稍筒瓦壹隴，應除板瓦壹隴。

凡墁地，按進深、面濶折見方丈。除牆基、柱頂、檻墊等石料，外加前後出簷尺寸，除堦條石之寬分位，或方磚、城磚、滾子磚，臨期酌定。

凡馬尾礓礤，以明間面濶定寬。如面濶壹丈，即寬壹丈，內除垂帶石壹分。以臺基之高加貳倍定長。如臺基高壹尺，得長叁尺。如不按面濶做法，臨期酌定。

凡踏垛背後，隨踏垛長、寬丈尺。以臺基之高折半得高，內除踏垛石之厚壹分。

凡牆垣用磚，應除柱徑、柁枋、門窗、檻框、槅板木料，及角柱、壓磚板、挑簷石料等項分位，或有裝修，亦應除磚核算。

凡苫背，以面濶、進深加舉折見方丈。鋪錠蓆箔同。

凡抹飾牆垣，按牆之長、高折見方丈。

凡拘抿，與抹飾同。

凡刷漿，與抹飾同。

凡倉牆，以簷柱高尺寸減半定底寬。如簷柱高壹丈貳尺伍寸，得底寬陸尺貳寸伍分。以本身之高每尺收貳寸定頂寬。如牆高壹丈貳尺伍寸，共收貳尺伍寸，得頂寬叁尺柒寸伍分。係柱中裏外均出壹半。除磚叁層作牆肩分位，伍花懸山成造。

凡庫牆，以簷柱高尺寸拾分之肆定寬。如柱高壹丈，得厚肆尺。裏進叁寸，餘俱外出。前後封護簷硬山成造。

愛新覺羅・允禮等《工程做法》卷四四《發券做法》　發券做法開後，計開：

凡平水牆，以券口面闊并中高定高。如面闊壹丈伍尺，中高貳丈，將面闊丈尺折半得柒尺伍寸，又加拾分之壹得柒寸伍分，并之得捌尺貳寸伍分。將中高貳丈內除捌尺貳寸伍分，得平水牆高壹丈壹尺柒寸伍分。平水牆以上係發券分位。

凡發券，以平水牆券口面闊加叁叁，折半，定圍長。如平水券口面闊壹丈伍尺，以叁叁加之，得圍圓長肆丈玖尺伍寸，折半分之，得頭券圍長貳丈肆尺柒寸伍分。以所用磚塊厚尺寸歸除之，即得頭券磚塊之數。

凡頭伏，以面闊加頭券磚貳分之寬定圍長。如面闊壹丈伍尺，磚寬陸寸，厚叁寸，加頭券磚貳分，共寬壹尺貳寸，并之得寬壹丈陸尺貳寸。以叁叁加之，得圍圓長伍丈叁尺肆寸陸分。折半分之，得頭伏圍長貳丈陸尺柒寸叁分。以所用磚塊寬尺寸歸除之，即得頭伏磚塊之數。

凡貳券，以面闊加頭券磚貳分之寬，頭伏磚貳分之厚定圍長。如面闊壹丈伍尺，加頭券、頭伏磚各貳分，共寬壹尺捌寸并之，得寬壹丈陸尺捌寸。以叁叁加之，得圍圓長伍丈伍尺肆寸肆分，折半分之，得貳券長貳丈柒尺柒寸貳分。

凡貳伏，以面闊加頭券、頭伏并貳券磚各貳分寬厚之數定圍長。如面闊壹丈伍尺，加頭券頭、伏并貳券磚各貳分，共寬叁尺，并之得寬壹丈捌尺。以叁叁加之，得圍圓長伍丈玖尺肆寸，折半分之，得貳伏圍長貳丈玖尺柒寸。

凡叁券，以面闊加頭券、貳券，頭伏、貳伏磚各貳分寬厚之數定圍長。如面闊壹丈伍尺，加頭券、貳券，頭伏、貳伏磚各貳分，共寬叁尺陸寸，并之得寬壹丈捌尺陸寸。以叁叁加之，得圍圓長陸丈壹尺叁寸捌分，折半分之，得叁券圍長叁丈陸寸玖分。

凡叁伏，以面闊加頭券、貳券、叁券，頭伏、貳伏磚各貳分寬厚之數定圍長。如面闊壹丈伍尺，加頭券、貳券、叁券，頭伏、貳伏磚各貳分，共寬肆尺捌寸，并之得寬壹丈玖尺捌寸。以叁叁加之，得圍圓長陸丈伍尺叁寸肆分，折半分之，得叁伏圍長叁丈貳尺陸寸柒分。

凡肆券，以面闊加頭、貳、叁券，伏磚各貳分寬厚之數定圍長。如面闊壹丈伍尺，加頭、貳、叁券，伏磚各貳分，共寬伍尺肆寸，并之得寬貳丈肆寸。以叁叁加之，得圍圓長陸丈柒尺叁寸貳分，折半分之，得肆券圍長叁丈叁尺陸寸陸分。

凡肆伏，以面闊加頭、貳、叁、肆券磚，頭、貳、叁伏磚各貳分寬厚之數定圍長。如面闊壹丈伍尺，加頭、貳、叁、肆券磚，頭、貳、叁伏磚各貳分，共寬陸尺陸寸，并之得寬貳丈壹尺陸寸。以叁叁加之，得圍圓長柒丈壹尺貳寸捌分，折半分之，得肆伏圍長叁丈伍尺陸寸肆分。

凡伍券，以面闊加頭、貳、叁、肆券、伏磚各貳分寬厚之數定圍長。如面闊壹丈伍尺，加頭、貳、叁、肆券、伏磚各貳分，共寬柒尺貳寸，并之得寬貳丈貳尺貳寸。以叁叁加之，得圍圓長柒丈叁尺貳寸陸分，折半分之，得伍券圍長叁丈陸尺陸寸叁分。

凡伍伏，以面闊加頭、貳、叁、肆、伍券磚，頭、貳、叁、肆伏磚各貳分寬厚之數定圍長。如面闊壹丈伍尺，加頭、貳、叁、肆、伍券磚，頭、貳、叁、肆伏磚各貳分，共寬捌尺肆寸，并之得寬貳丈叁尺肆寸。以叁叁加之，得圍圓長柒丈柒尺貳寸貳分，折半分之，得伍伏圍長叁丈捌尺陸寸壹分。

愛新覺羅・允禮等《工程做法》卷四六《瓦作小式》　硬山懸山小式各項瓦作做法開後，計開：

凡碼單磉墩，以柱頂石尺寸定見方。如柱徑伍寸，得柱頂石見方捌寸，再肆圍各出金邊壹寸伍分，得單磉墩見方壹尺壹寸。金柱下單磉墩照簷柱磉墩亦加金邊壹寸伍分。高隨臺基除柱頂石之厚，外加地皮以下之埋頭尺寸。

凡埋頭，以檩數定高低。如肆伍檩深肆寸，陸柒檩深陸寸。

凡攔土，按進深、面闊除磉墩分位得週圍之長。如有金柱隨面闊丈尺除磉墩分位，得掐砌攔土之長。高隨臺基除墁地磚分位，外加埋頭尺寸。其寬帶包砌臺基尺寸，至磉墩空檔內掐砌壹進。兩山各出臺基、金邊寬壹寸伍分。

凡硬山羣肩，以進深定長。如進深壹丈貳尺，即長壹丈貳尺。以簷柱定高。如簷柱高柒尺，叁分之壹得高貳尺叁寸叁分。以柱徑定厚。如柱徑伍寸，自柱皮往外出柱徑壹分，往裏進壹寸伍分，得羣肩厚壹尺壹寸伍分。

凡山牆上身，長隨羣肩。以簷柱定高。如簷柱高柒尺，除羣肩高貳尺叁寸叁分，得上身高肆尺陸寸柒分，外加平水高伍寸，檩徑陸寸，椽徑壹寸捌分，得牆上身淨高伍尺玖寸伍分。如有廊牆，照金柱之長得長。以羣肩之厚定厚。如羣肩厚壹尺壹寸伍分，上身如裏外抹飾各收分柒分，如拘抿每皮收叁分。

凡硬山山尖，以山柱定高。如山柱高壹丈陸寸，除牆上身并羣肩共高捌尺貳寸捌分，得高貳尺叁寸貳分，外加檁徑壹分陸寸，椽徑壹分壹寸捌分，得山尖淨高叁尺壹寸。厚與墀頭之厚同。如不用博縫排山，再加披水磚壹層。長按進深加舉核算，兩山折壹山。

凡懸山牆，伍花成造，以步架定高，如簷柱高柒尺，壹步架即高柒尺，如金柱高玖尺伍寸，壹步架即高玖尺伍寸。除牆肩分位，即得淨高尺寸。厚與硬山牆身同。

凡點砌懸山山花象眼，以步架定寬，內除瓜柱徑寸分位。高隨瓜柱淨高尺寸。厚與瓜柱之徑同。兩山折壹山。

凡前後簷牆，以面濶定長。如面濶壹丈，即長壹丈。如遇山牆應除裏進分位。以簷柱定高。如簷柱高柒尺，除簷枋壹分，如簷枋高伍寸，除之得簷瀶連羣肩高陸尺伍寸。以簷柱徑定厚。如柱徑伍寸，外出叁分之貳得叁寸叁分，裏進壹寸伍分，共得厚玖寸捌分。

凡封護簷牆，長、厚與簷牆同。以簷柱定高。如簷柱高柒尺，外加平水之高壹分，檁徑壹分，并之作拔簷分位，內收高壹寸爲順水之法。

凡扇面牆，以面濶定長。如面濶壹丈，即長壹丈。如遇山牆，應除裏進分位。以金柱定高。如金柱高玖尺伍寸，除金枋高伍寸，得扇面牆淨高玖尺，再除牆肩分位。羣肩之高與山牆同。厚與簷牆同。

凡檻牆之高，除簷枋、窻户、槅板、風檻、横披等件，分位得高，厚與簷牆同，長隨面濶。如遇山牆，應除裏進分位。

凡隔斷牆，高隨簷柱，長隨進深，內除兩頭柱徑各半分，再除前後牆裏進分位得長。厚與簷牆同。

凡廊牆，以出廊尺寸定長。如出廊深貳尺伍寸，廊牆即長貳尺伍寸。以簷柱之高除穿插枋并穿插檔定高，如簷柱高柒尺，穿插枋高伍寸，穿插檔寬伍寸除之，得廊牆連羣肩淨高陸尺。上身或用尺貳方磚或用沙滾子磚糙砌拘抿抹飾。厚與山牆同。

凡牆肩，長短隨面濶、進深。寬隨牆頂之厚。以裏進外出各尺寸按伍舉加之，如牆頂厚壹尺以外者，除高叁寸作牆肩分位。

凡山簷牆、裏皮上身并隔斷牆，上身或用土坯碎磚成砌。長、高、厚同前。至牆垣內有柱木石料等件，應扣除核算。

凡牆垣襯脚，取平隨牆之長短，以牆之厚定寬。牆根之厚即襯脚之寬，高隨墁地磚分位。

凡柱頂石有古鏡者，按古鏡之高加磚之層數，長除古鏡尺寸，厚按牆垣。

凡墀頭，以簷柱之高，外加平水、檁徑、柁頭尺寸得高，以臺堦之寬收分定長。如臺堦寬壹尺陸寸捌分，內收貳分，得墀頭腿長壹尺叁寸伍分。以簷柱徑定厚。如簷柱徑伍寸，自柱皮往外出柱徑壹分，往裏進柱中伍分，得墀頭厚捌寸。

凡博縫，以進深并出簷加舉得長。用沙滾子磚散裝糙砌。

凡排山勾滴，以進深并出簷加舉得長，按瓦料號數分隴得個數。

凡調清水脊，長隨面濶，外加山牆外出之厚。用板瓦取平苫背。瓦條貳層，混磚壹層，扣脊筒瓦壹層，每頭鼻子壹件，盤子壹件，攛頭貳件，勾頭貳件。

凡抹灰當勾，以面濶得長，以所用瓦料定寬。如頭號板瓦中高貳寸，貳號板瓦中高壹寸柒分，叁號板瓦中高壹寸伍分，拾樣板瓦中高壹寸，得頭號板瓦灰當勾均寬肆寸。貳號均寬叁寸肆分，叁號均寬叁寸，拾樣均寬貳寸。如用筒瓦，照中高尺寸加壹分半，貳面折壹面。

凡宼瓦，以面濶得隴數。如面濶壹丈，頭號板瓦口寬捌寸，每丈拾壹隴壹分。貳號口寬柒寸，每丈拾貳隴伍分。叁號口寬陸寸，每丈拾肆隴貳分。拾樣口寬叁寸捌分，每丈貳拾貳隴。以進深并出簷加舉得長。每板瓦壹片，壓陸露肆。頭號長玖寸，得露明長叁寸陸分。貳號長捌寸，得露明長叁寸貳分。叁號長柒寸，得露明長貳寸捌分。拾樣長肆寸叁分，得露明長壹寸柒分貳釐。每坡每隴除花邊瓦壹件分位。如蓋瓦宼筒瓦，每頭號筒瓦壹個長壹尺壹寸，貳號長玖寸伍分，叁號長柒寸伍分，拾樣長肆寸伍分。每坡每隴除勾頭壹件分位，即得數目。其懸山做法，隨挑山之長分隴。如蓋瓦用壓稍筒瓦壹隴，應除板瓦壹隴。

凡墁地，按進深、面濶折見方丈。除牆基、柱頂、檻墊等石料，外加前後出簷尺寸，除堦條石之寬分位。或尺貳方磚，沙滾子磚，斧刅磚糙墁。

凡馬尾礓礤，以面濶折半定寬。如面濶壹丈，得寬伍尺，內除垂帶石之寬壹分，中心斜砌沙滾子磚。以壹基之高定長。如壹基高壹尺，得馬尾礓礤長壹尺伍寸，高壹尺伍寸得叁尺，高貳尺，得長肆尺伍寸。

凡踏跺背後，隨踏跺長寬丈尺，以臺基之高折半得高，內除踏跺石之厚壹分。

凡牆垣用磚，應除柱徑、柁枋、門窻、檻框、槅板木料，及角柱、壓磚板、挑簷石料等項，分位用磚。

凡苫背，以面濶、進深出簷，加舉折見方丈核算。

凡抹飾，拘抿，刷漿，俱按牆垣之長高，折見方丈核算。

宋應星《天工開物》卷中《陶埏第七》 宋子曰：水火既濟而土合。萬室之國，日勤千人而不足，民用亦繁矣哉。上棟下室以避風雨，而瓴建焉。王公設險以守其國，而城垣、雉堞，寇來不可上矣。泥瓮堅而醴酒欲清，瓦登潔而醯醢以薦。商周之際，俎豆以水爲之，毋以質重之思耶。後世方土效靈，人工表異，陶成雅器，有素肌、玉骨之象焉。掩映几筵，文明可掬，豈終固哉！

瓦：凡埏泥造瓦，崛地三尺餘，擇取無沙粘土而爲之。百里之内必産合用土色，供人居室之用。凡民居瓦，形皆四合分片。先以圓桶爲骨模，外畫四條界。調踐熟泥，疊成高長方條，然後用鐵線弦弓，線上空三分，以尺限定，向泥不平戛一片，似揭紙而起，周包圓桶之上。待其稍乾，脱模而出，自然裂爲四片。凡瓦大小若無定式，大者縱模八九寸，小者縮十之三。室宇合溝中，則必需其最大者，名曰溝瓦，能承受淫雨而不溢漏也。

凡坯既成，乾燥之後，則堆積窑中，燃薪舉火，或一晝夜或二晝夜，視窑中多少爲熄火久暫。澆火轉釉音右與造磚同法。其垂於檐端者有滴水，下於脊沿者有雲瓦，瓦掩複脊者有抱同。鎮脊兩頭者有鳥獸諸形象，皆人工逐一做成。載於窑内，受水火而成器則一也。

若皇家宫殿所用，大異於是。其制爲琉璃瓦者，或爲板片，或爲宛筒，以圓竹與斫木爲模，逐片成造，其土必取於太平府舟運三千里方達京師，參沙之僞，雇役擄舡之擾，害不可極。即承天皇陵亦取於此。無人議正造成，先裝入琉璃窑内，每柴五千斤燒瓦百片。取出成色，以無名異、棕櫚毛等煎汁塗染成緑，黛赭石、松香、蒲草等染成黄。再入別窑，減殺薪火，逼成琉璃寶色。外省親王殿與仙佛宫觀間亦爲之，但色料各有配合，采取不必盡同，民居則有禁也。

磚：凡埏泥造磚，亦堀地驗辨土色，或藍或白，或紅或黄，閩廣多紅泥，藍者多善泥，江浙居多。皆以粘而不散，粉而不沙者爲上。汲水滋土，人逐數牛錯趾，踏成稠泥。然後填滿木匡之中，鐵線弓戛平其面，而成坯形。

凡郡邑城雉、民居垣牆所用者，有眠磚、側磚兩色。眠磚方長條砌，城郭與民人饒富家，不惜工費，直疊而上。民居筭計者，則一眠之上施側磚一路，填土礫其中以實之，蓋省嗇之義也。凡牆磚而外甃地者，名曰方墁磚。榱桶上用以承瓦者，曰楻板磚。圓鞠小橋梁與圭門與窀穸墓穴者，曰刀磚，又曰鞠磚。凡刀磚削狹，一偏面相靠擠緊，上砌成圓，車馬踐壓不能損陷。造方墁磚，泥入方匡中，平板蓋面，兩人足立其上，研轉而堅固之。燒成效用，石工磨斲四沿，然後甃地。刀磚之直，視牆磚稍溢一分，楻板磚則積十以當牆磚之一。方墁磚則一以敵牆磚之十也。

凡磚成坯之後，裝入窯中，所裝百鈞則火力一晝夜，二百鈞則倍時而足。凡燒磚，有柴薪窯，有煤炭窯。用薪者出火成青黑色，用煤者出火成白色。凡柴薪窯，巔上偏側鑿三孔以出煙。火足止薪之候，泥固塞其孔，然後使水轉銹。凡火候少一兩，則銹色不光，；少三兩，則名嫩火磚，本色雜現，他日經霜冒雪，則立成解散，仍還土質；火候多一兩，則磚面有裂紋，；多三兩，則磚形縮小拆裂，屈曲不伸，擊之如碎鐵，然不適于用。巧用者以之埋藏土内爲牆脚，則亦有磚之用也。凡觀火候，從窑門透視内壁，土受火精，形神摇盪，若金銀鎔化之極然。陶長辨之。

凡轉釉之法，窯巔作一平田樣，四圍稍弦起，灌水其上。磚瓦百鈞，用水四十石。水神透入土膜之下，與火意相感而成。水火既濟，其質千秋矣。若煤炭窯，視柴窯深欲倍之。其上圓鞠漸小，併不封頂。其内以煤造成尺五徑闊餅，每煤一層，隔磚一層。葦薪墊地發火。若皇居所用磚，其大者廠在臨清，工部分司主之。初，名色有副磚、券磚、平身磚、望板磚、斧刃磚、方磚之類，後革去。半運至京師，每漕舫搭四十塊，民舟半之。又細料方磚以甃正殿者，則由蘇州造解。其琉璃甎色料，已載《瓦》款。取薪臺基廠，燒由黑窯云。

泥造磚坯

磚瓦濟水

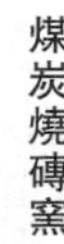

煤炭燒磚窯

宋應星《天工開物》卷中《燔石第十一・石灰》 凡石灰經火焚煉爲用。成質之後，入水永劫不壞。億萬舟楫，億萬垣牆，窒縫防淫，是必由之。百里内外，土中必生可燔石。石以青色爲上，黄白次之。石必掩土内二三尺，掘取受燔，土面見風者不用。燔灰火料，煤炭居十九，薪炭居十一。先取煤炭、泥，和做成餅。每煤餅一層，壘石一層，鋪薪其底，灼火燔之。最佳者曰礦灰，最惡者曰窑滓灰。火力到後，燒酥石性，置于風中，久自吹化成粉。急用者以水沃之，亦自解散。

凡灰用以固舟縫，則桐油、魚油調，厚絹、細羅和油杵千下塞艌。用以砌牆、石，則篩去石塊，水調粘合。甃墁則仍用油、灰。用以堊牆壁，則澄過，入紙筋涂墁。用以襄墓及貯水池，則灰一分入河沙、黄土三分，用糯粳米、楊桃藤汁和勻，輕築堅固，永不隳壞，名曰三和土。其餘造靛、造紙，功用難以枚述。凡温、臺、閩、廣海濱，石不堪灰者，則天生蠣蚝以代之。

宋應星《天工開物》卷中《燔石第十一・蠣灰》 凡海濱石山傍水處，咸浪積壓，生出蠣房，閩中曰蚝房。經年久者長成數丈，闊則數畝，崎嶇如石假山形象。蛤之類壓入岩中，久則消化作肉團，名曰蠣黄，味極珍美。凡燔蠣灰者，執椎與鑿，濡足取來，藥鋪所貨牡蠣，即此碎塊。叠煤架火燔成，與前石灰共法。黏砌成牆、橋梁，調和桐油造舟，功皆相同。有誤以蜆灰即蛤粉爲蠣灰者，不格物之故也。

李斗《揚州畫舫録》卷一七《工段營造録》 營舍之工，黄河以北稱泥水匠，大江以南稱爲瓦匠。瓦匠貌不潔，皮皸膚瘃，不爲燥濕寒暑變色。緣高如都盧國人。搜(述)〔逑〕索偶，與木匠同售其術，瓦之器，唯鈣而已。

宼瓦以面闊得隴數，頭號筒板瓦口寬八寸，二號筒板瓦口寬七寸，三號筒板瓦口寬六寸，十樣筒板瓦口寬三寸八分。以寬定隴，以進深出檐加舉得長，安瓪加甋，壓七露三，以得露明，俗謂陰陽瓦。每坡每壠除滴水花邊分位，頭號筒瓦長一尺一寸，二號筒瓦長九寸五分，三號筒瓦長七寸五分，十樣筒瓦長四寸五分。每隴每坡，除勾頭分位，以得其數，瓦垂檐際，瓪甋有霤，上曰檐牙，下曰滴水，古謂瓦頭，長毋相忘長年益壽諸瓦頭是也。古者刻龍形于椽頭，水注龍口，其下置承霤器，一名重霤，即今勾漏。其在後檐牆出水者，即古匽豬彪池之屬，今謂天溝。至苫，山黄、草苫、席箔、葦子、棕片、樺皮，折料各有差。至瓦色，則王府用緑瓦，餘平房用朱漆筒瓦，貝勒用朱漆筒瓦，貝子用朱漆板瓦，工部常制有差。

李斗《揚州畫舫録》卷一七《工段營造録》 大脊以通面闊定長，除吻獸寬尺寸各一分爲净長，用板瓦取平，苫背沙滚子磚襯平。瓦條、混磚、斗板、脊筒瓦，層數、背餡灌漿有差。吻座用圭角一、麻葉頭一、天混一、天盤一、吻一、劍靶一、背獸一，其混磚斗板兩頭中間則花草磚、統花磚、龍鳳諸類無定制。垂脊，以坡之長分三分，上二分爲垂脊，所用瓦條、混磚、停泥、通脊板，層數有差；扣脊筒瓦一層，方磚鑿獸座，垂獸一，獸角二。下一分爲岔脊，用瓦條、混磚各一層，上安獅馬式五件、七件，圭角一，搊鳳頭一。清水脊，長隨面闊加山牆外出，板瓦苫背，條瓦二層，混磚一層，扣脊筒瓦一層。每頭鼻子一、盤子一、竄頭二、勾頭二。琉璃脊有二樣、三樣、四樣、五樣、六樣、七樣、八樣、九樣，脊料瓦料，料以件計，件以折工。工在筒羅、勾頭、夾隴、(提)〔捉〕節、分隴、花邊。屬之瓦匠；剔鑿順色，屬之窑匠。白灰、青灰、紅土、麻刀、江米、白礬，折料有差。布通脊，以頭二三號爲例；花脊牆頂擺筒板瓦，又花脊、清水脊制法，各有分科。

牆脚根曰掏砌攔(上)〔土〕，柱頂石下柱曰碼磉墩。牆有山牆、檐牆、檻牆、隔斷牆諸成砌之别。成砌有磚砌、石砌、土坯砌及羣碱另砌上身之分。磚砌始于發券。發券以平水牆券口加折歸除，得頭券磚塊之數，五券五伏；次分純灰、插泥二種及透骨灰抹飾、泥底灰面抹飾、插灰泥抹飾、抅抿諸類，碎磚碎石做法有差。歇山、硬山、山牆、碼單磉墩、碼連二磉墩，以柱頂石定長見方；攔土按進深面闊定長；地皮以下埋頭，以九檁深一尺，按檁遞減；臺以階條石定長；硬山羣肩以進深定長，柱徑定厚；上身隨羣肩，山尖隨山柱；懸山山牆伍花成造，以(布)〔步〕架定高，柱徑定厚；砌懸山山花象眼，以步架定寬，瓜柱定高；兩山折一山，前後檐牆，以面闊定長，檐柱定高，以柱徑厚出三之二，封護加平水檁徑椽徑各一分，望一寸。凡用磚，皆除柱徑、柁枋、門窗檻框、榻板木料及角柱、壓磚板、挑檐石，各分位核之。以順水立牆肩分位，襯脚取平，隨牆長短而高隨墁地磚分位。其次扇面牆、檻牆、隔斷牆、廊牆各有差。如大中小三跴墀頭，隨出檐收綫磚、混磚、(囂)〔梟〕磚、盤頭戧檐、連檐、雀兒臺層數尺寸定長，隨檐柱加平水檁徑一分。除停泥滚子磚、砍做綫磚、乾擺混磚、梟磚、盤頭戧檐層數尺寸定高外，加連檐厚一分半，以做戧檐斜長入榫，分位有差。排山勾滴，以進深加舉定長，按瓦料之號分隴得個數。抹飾以長高見方丈。白灰、青白灰、泥底灰、插灰泥、紅黄泥提漿、鏟舊、剔去抅抿、灰道灰梗描刷，折料工用又有差。

砍磚匠，瓦匠中之一類也。金磚以二尺、尺七爲度；方磚以二尺、尺七、尺四、尺二爲度；新舊樣城磚長一尺三寸五分，寬六寸五分，厚三寸二分。臨清城磚同。沙停泥滚子磚、沙滚子磚，長八寸，寬四寸，厚二寸。停泥斧刃磚，與停泥滚子同。沙斧刃磚與沙滚子同。砍磚工作，在砍磨城角轉頭，搊白、截頭、夾肋、剔漿、齊口、挂落、券臉及車網、立柱、畫柱、垂柱、圭角、角雲、獸座、照頭、捺花、龍頭、鼻盤、桁條、耳子、索寶頂、雲拱頭、花墊板、脊瓜柱、花垂柱、花氣眼、花雀替、博縫頭、古老錢、馬蹄磉、三岔頭、花搊扒頭、花通脊板、牡丹花頭、額枋、四面披、小博縫、松竹梅、花草、須彌座花柱、圓椽(達)〔帶〕望板、窗户素綫磚、垂花門立柱、箍頭枋、方椽、飛檐椽、連檐、裏口、綫枋花心轉頭〔箍頭〕(花)〔枋〕、香草雲、垂脊板、如意頭、象鼻頭、天盤、西洋牆、寶塔、寶瓶諸活計。鑿花匠，又砍磚匠之一類也。鑿花工作在檻牆下花磚、花龍鳳、分心雲(頭)〔龍〕、岔角、梅花窗、海棠花窗、花草圓〔光〕窗、綫枋磚花窗、雲子草、(八)〔入〕角雲各色，又(三十三)〔二號、三號、十〕號吻、(背)〔脊〕獸、劍靶、吻座、垂獸、獸座、戧獸、仙人、走獸。而剁磨、鏟磨、磨平、見方計工，仍職在瓦匠，所謂水磨也。湖上水磨牆、地文磚，亞次規矩者爲藻井紋，横斜者爲象眼紋，八方者爲八卦紋，半斧者爲魚鱗紋，參差者爲冰裂紋，一爲肺碎紋，上嵌梅花謂之冰片梅。

李斗《揚州畫舫録》卷一七《工段營造録》 琉璃瓦九樣什料，自二樣〔吻〕始。二樣吻，每只計十三件，高一丈五尺，重七千三百斤，爲劍(靴)〔靶〕、背獸、吻座、獸頭連座、仙人、走獸、赤脚通脊、黄道、大羣色、垂脊、竄頭、捎扒、大連磚、套獸、吻匣、〔當溝〕、博通脊、滿面黄、合角(獸)〔吻〕、合角劍(靴)〔靶〕、羣色條、勾(子)〔頭〕、滴水、筒瓦、板瓦、正當溝、斜當溝、壓帶條、平口條諸件。三樣吻，每隻計十一件，高九尺(二)〔五〕寸，重五千八百斤，什料同。四樣吻，每隻高八尺，重四千(三)〔二〕百斤，什料同。五樣吻，每隻五尺三寸，尾寬八寸五分，重六百斤，多戧獸、戧脊、三連磚、挂尖托泥。六樣吻，每隻三塊，通高三尺三寸，重三百二十斤，多獅馬。七樣吻，每隻高二尺四寸五分，長二尺七寸，寬七寸五分，重一百三十斤，多羅鍋、列角盤、魚鱗折腰。八樣吻，每隻重一百二十斤，什料同。九樣吻，每隻高一尺九寸，長一尺五寸，寬四寸五分，重七十斤，多滿山紅、挂落磚、隨山半混、羅鍋半〔山〕混、羊蹄筒瓦板瓦、雙羊蹄筒瓦板瓦。此九樣什料也。至迎吻于琉璃窑，迎祭于大清、正陽諸門，典制綦重，載在工部。

李斗《揚州畫舫録》卷一七《工段營造録》 糙尺七、尺四、尺二方磚，出細減一寸；糙新城磚，出細減九斤十二兩；糙停磚沙磚，出細減一斤；頭號、二號、三號、四號、十號筒羅勾當滴水板瓦，斤數有差。定磉日忌正四廢天賊建破，拆屋用除日，蓋屋用成開日，泥屋用平成日，開渠用開平日，砌地與動土同。

雕作技術

李誡《營造法式》卷一二《彫作制度》 混作

彫混作之制有八品：

一曰神仙，真人、女真、金童、玉女之類同。二曰飛仙，嬪伽、共命鳥之類同。三曰化生，以上並手執樂器或芝草，華果、缾盤、器物之屬。四曰拂菻，蕃王、夷人之類同，手内牽拽走獸，或執旌旗、矛戟之屬；五曰鳳凰，孔雀、仙鶴、鸚鵡、山鷓、練鵲、錦鷄、鴛鴦、鵝、鴨、鳧、鴈之類同。六曰師子，狻猊、麒麟、天馬、海馬、羦羊、仙鹿、熊象之類同。以上並施之於鉤闌柱頭之上或牌帶四周，其牌帶之内，上施飛仙，下用寶牀真人等，如係御書，兩頰作昇龍，並在起突華地之外。及照壁版之類亦用之；七曰角神，寶藏神之類同。施之於屋出入轉角大角梁之下，及帳坐腰内之類亦用之；八曰纏柱龍，盤龍、坐龍、牙魚之類同。施之於帳及經藏柱之上，或纏寶山，或盤於藻井之内。

凡混作彫刻成形之物，令四周皆備，其人物及鳳凰之類，或立或坐，並於仰覆蓮華或覆瓣蓮華坐上用之。

彫插寫生華

彫插寫生華之制有五品：

一曰牡丹華，二曰芍藥華，三曰黄葵華，四曰芙蓉華，五曰蓮荷華。

以上並施之於栱眼壁之内。

凡彫插寫生華，先約栱眼壁之高廣，量宜分布畫樣，隨其卷舒，彫成華葉，於寶山之上，以華盆安插之。

起突卷葉華

彫剔地起突或透突。卷葉華之制有三品：

一曰海石榴華，二曰寶牙華，三曰寶相華。謂皆卷葉者，牡丹華之類同。每一葉之上，三卷者爲上，兩卷者次之，一卷者又次之。

以上並施之於梁、額。裹貼同。格子門腰版、牌帶、鉤闌版、雲栱、尋杖頭、椽頭盤子如殿閣椽頭盤子，或盤起突龍鳳之類。及華版。凡貼絡，如平棊心中角内，若牙子版之類皆用之。或於華内間以龍、鳳、化生、飛禽、走獸等物。

凡彫剔地起突華，皆於版上壓下四周隱起。身内華葉等彫鏤，葉内翻卷，令表裏分明。剔削枝條，須圜混相壓。其華文皆隨版内長廣，匀留四邊，量宜分布。

剔地窪葉華

彫剔地或透突。窪葉或平卷葉。(葉)〔華〕之制有七品：

一曰海石榴華，二曰牡丹華，芍藥華、寶相華之類，卷葉或寫主者並同。三曰蓮荷華，四曰萬歲藤，五曰卷頭蕙草，長生草及蠻雲、蕙草之類同。六曰蠻雲。胡雲及蕙草雲之類同。以上所用，及華内間龍、鳳之類並同上。

凡彫剔地窪葉華，先於平地隱起華頭及枝條，其枝梗並交起相壓。減壓下四周葉外空地，亦有平彫透突。或壓地。諸華者，其所用並同上。若就地隨刃彫壓出華文者，謂之實彫，施之於雲栱、地霞、鵝項或叉子之首，及叉子鋜脚版内。及牙子版，垂魚、惹草等皆用之。

李斗《揚州畫舫録》卷一七《工段營造録》 雕鑾匠之職，在角梁頭、博縫頭、順梁額枋箍頭、桃尖梁頭、花梁頭、角〔雲〕、雲拱番草、素綫雀替、角背、縧環、拖泥牙子、四季花、門簪、荷葉(枕)〔柁〕墩、净瓶頭、蓮瓣芙蓉垂(頭)柱〔頭〕、連楹、疙疸楹、雕做荷葉簾架墩、大小山花結帶、麻葉梁頭、羣板滿雕夔龍鳳、博古花卉、起如意綫、三伏雲、素綫響雲板、菱花梅花〔眼〕錢(眼)、起綫護坑琴腿、圈臉番草雲、槅扇搔(眼)、象鼻拴、玲瓏雲板、簾(籠)〔櫳〕板、琵琶柱子、荷葉、壺瓶牙子、支杆荷葉、採斗板、覆蓮頭、燕尾、折柱并斗口各科，工用有差。水磨、燙蠟、干磨諸匠，與雕鑾互用，皆屬之楠木作。凡楠木匠一百，加安裝匠十，鋸匠二十。做舊裝修，另折方以計工。燙蠟物料，用黄蠟、剗草、白布、黑炭、桃仁、松仁有差。此外，包鑲匠，别楠、柏、紫檀、海梅、花梨、鐵梨、黄楊，木植以折見方計工。鏇匠職在鼓心、圓珠簾、滑子、净瓶、大垂頭、仰頭覆蓮、西番蓮頭、束腰連珠、鏇牙、粗牙諸役。水磨茜色匠，職在象牙、净瓶、闌干、柱子、凹面玲瓏夔龍書格、牙子、如意畫别諸役。雕匠有假湘妃竹藥欄做法，楠柏木挖做竹子式，挂檐板上貼半圓竹式，竹式有如意雲、圓光、連環套、(萬)(卍)字圈諸名。攢竹匠職在刮黄、刮節、去青、(去網)(出細)成(開)(斗)，做榫卯有十三合頭、九合頭、五合頭攢做之分，膠以縫計。錠鉸匠職在(鐵)(錠)箍拉扯、大鐵葉、角梁、由戧、寶瓶椿釘，刎錠枋梁，鈎搭、雙爪鈾(鎖)(鐝)提捎、挺鈎、鑽三四寸釘椽眼連檐、博縫、山花、過木、沿邊木、諸鍋簽錠、斗科升耳包昂嘴、門葉錠、門泡釘、門鈸、門橋、鐵葉、雨點釘、梭葉、鐘鈒、雙(卓)拐角葉、雙人字葉、看葉、獸面帶仰月、千年釣、壽山福海、釘釣、菱花釘、風鈴、吻鍋、檐網、剪葉、天花釘、大小黄米條、銅鐵絲網、挂網剪碗口，以尺寸折料，以料數折工。

李誡《營造法式》卷三二《雕木作制度圖樣》 混作第一

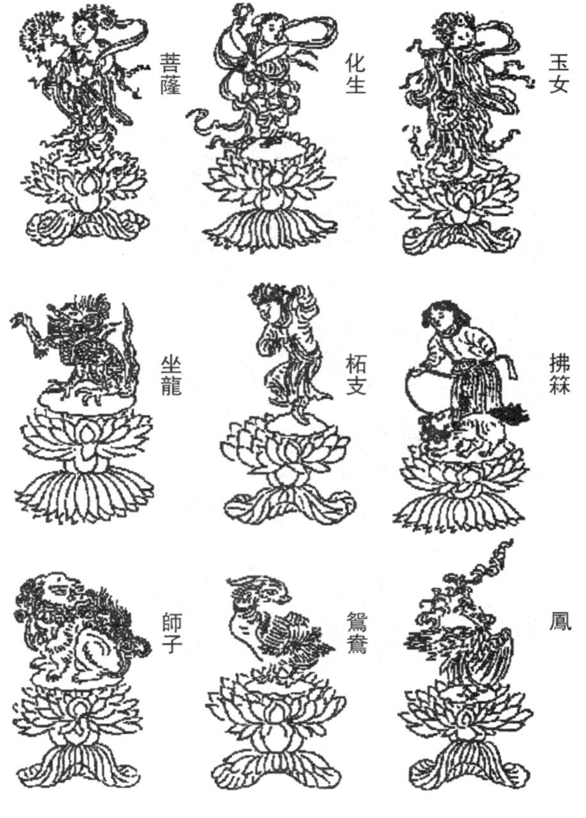

栱眼内雕插第二

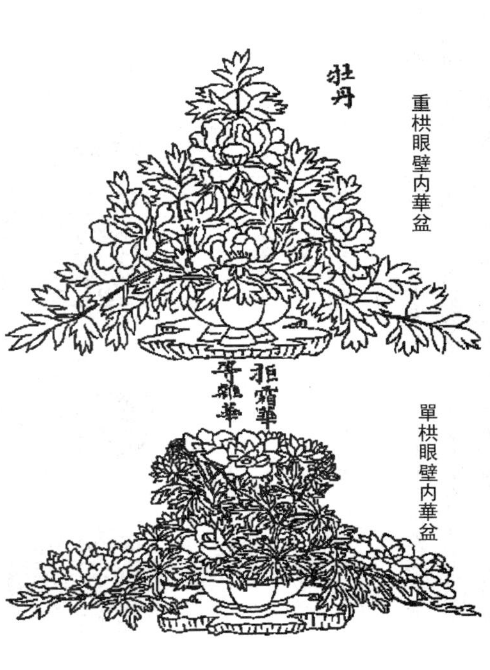

格子門等腰華版第三

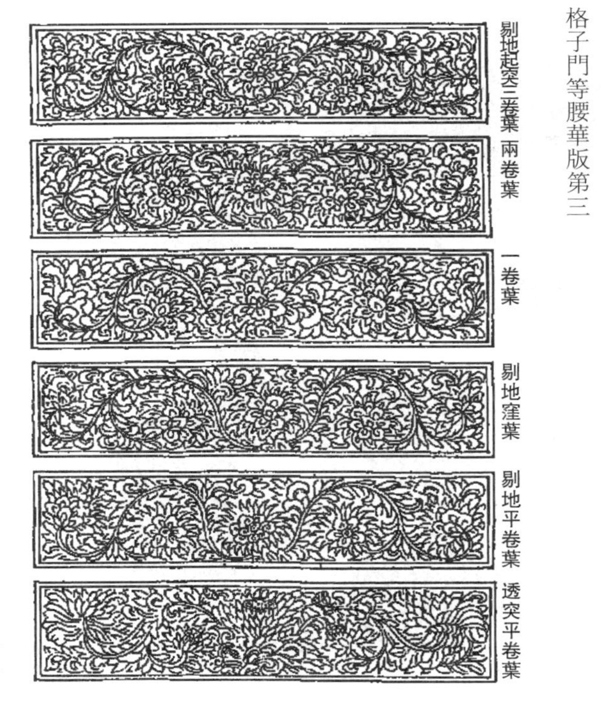

平棊華盤第四

雲栱等雜樣第五

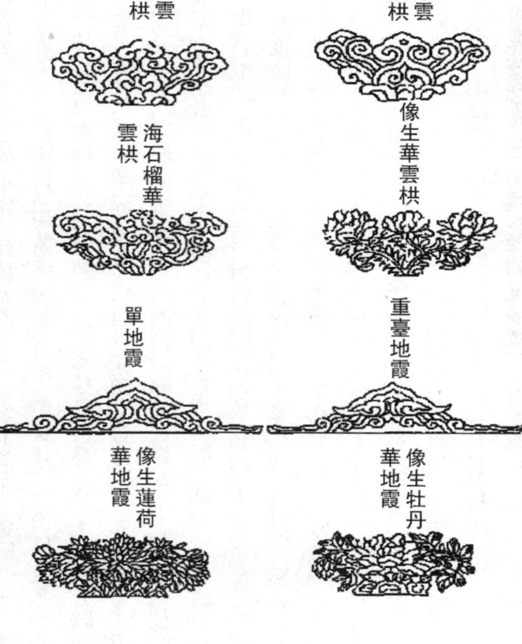

混作纏柱龍

鉤闌華版

椽頭盤子

鋸作技術

李誠《營造法式》卷一二《鋸作制度》 用材植

用材植之制：凡材植，須先將大方木可以入長大料者，盤截解割；次將不可以充極長極廣用者，量度合用名件，亦先從名件中就長或就廣解割。

抨墨

抨繩墨之制：凡大材植，須合大面在下，然後垂繩取正抨墨。其材植廣而薄者，先自側面抨墨。務在就材充用，勿令將可以充長大用者，截割爲細小名件。

若所造之物，或斜，或訛，或尖者，並結角交解。謂如飛子，或顛倒交斜解割，可以兩就長用之類。

就餘材

就餘材之制：凡用木植内，如有餘材，可以别用或作版者，其外面多有璺裂，須審視名件之長廣量度，就璺解割。或可以帶璺用者，即那餘材於心内，就其厚别用或作版，勿令失料。如璺裂深或不可就者，解作臕版。

旋作技術

李誠《營造法式》卷一二《旋作制度》

殿堂等雜用名件

造殿堂屋宇等雜用名件之制：

椽頭盤子：大小隨椽之徑。若椽徑五寸，即厚一寸。如徑加一寸，則厚加二分。減亦如之。加至厚一寸二分止，減至厚六分止。

榼角梁寶缾：每缾高一尺，即肚徑六寸，頭長三寸三分，足高二寸。餘作缾身。缾上施仰蓮胡桃子，下坐合蓮。若缾高加一寸，則肚徑加六分。減亦如之。或作素寶缾，即肚徑加一寸。

蓮華柱頂：每徑一寸，其高減徑之半。

柱頭仰覆蓮華胡桃子：二段或三段造。每徑廣一尺，其高同徑。

門上木浮漚：每徑一寸，即高七分五釐。

鉤闌上葱臺釘：每高一寸，即徑二分。釘頭隨徑，高七分。

蓋葱臺釘筒子：高視釘加一寸。每高一寸，即徑廣二分五釐。

照壁版寶牀上名件

造殿内照壁版上寶牀等所用名件之制：

香鑪：徑七寸，其高減徑之半。

注子：共高七寸。每高一寸，即肚徑七分。兩段造。其項高徑取高十分中以三分爲之。

注盌：徑六寸。每徑一寸，則高八分。

酒杯：徑三寸。每徑一寸，即高七分。足在内。

杯盤：徑五寸。每徑一寸，即厚二分。足子徑二寸五分。每徑一寸，即高四分。心子並同。

鼓：高三寸。每高一寸，即肚徑七分。兩頭隱出皮厚及釘子。

鼓坐：徑三寸五分。每徑一寸，即高八分。兩段造。

杖鼓長三寸。每長一寸，鼓大面徑七分，小面徑六分，腔口徑五分，腔腰徑二分。

蓮子：徑三寸，其高減徑之半。

荷葉：徑六寸。每徑一寸，即厚一分。

卷荷葉：長五寸，其卷徑減長之半。

披蓮：徑二寸八分。每徑一寸，即高八分。

蓮蓓蕾：高三寸。每高一寸，即徑七分。

佛道帳上名件

造佛道等帳上所用名件之制：

火珠：高七寸五分，肚徑三寸。每肚徑一寸，即尖長七分。每火珠高加一寸，即肚徑加四分。減亦如之。

滴當火珠：高二寸五分。每高一寸，即肚徑四分。每肚徑一寸，即尖長八分。胡桃子下合蓮長七分。

瓦頭子：每徑一寸，其長倍徑之廣。若作瓦錢子，每徑一寸，即厚三分。減亦如之。加至厚六分止減至厚二分止

寶柱子：作仰合蓮華、胡桃子、寶缾相間；通長造，長一尺五寸；每長一寸，即徑廣八釐。如坐内紗窗旁用者，每長一寸，即徑廣(一)〔二〕分。若坐腰車槽内用者，每長一寸，即徑廣四分。

貼絡門盤：每徑一寸，其高減徑之半。

貼絡浮漚：每徑五分，即高三分。

平棊錢子：徑一寸，〔以〕厚五分爲定法。

角鈴：每一朶九件：大鈴、蓋子、簧子各一，角内子角鈴共六。

大鈴：高二寸。每高一寸，即肚徑廣八分。

蓋子：徑同大鈴，其高減半。

簧子：徑及高皆減大鈴之半。

子角鈴：徑及高皆減簧子之半。

圜櫨枓：大小隨材用。高二十分，徑三十二分。

虚柱蓮華錢子：用五錢。上段徑四寸，下四段各遞減二分。〔以〕厚三分爲定法。

虚柱蓮華胎子：徑五寸。每徑一寸，即高六分。

竹作技術

李誠《營造法式》卷一二《竹作制度》 造笆

造殿堂等屋宇所用竹笆之制：每間廣一尺，用經一道。經，順椽用。若竹徑二寸一分至徑一寸七分者，廣一尺用經一道；徑一寸五分至一寸者，廣八寸用經一道，徑八分以下者，廣六寸用經一道。每經一道，用竹四片，緯亦如之。緯，横鋪椽上。殿閣等至散舍，如六椽以上，所用竹並徑三寸二分至徑二寸三分。若四椽以下者，徑一寸二分至徑四分。其竹不以大小，並劈作四破用之。如竹徑八分至徑四分者，並椎破用之。下同。

隔截編道

造隔截壁桯内竹編道之制：每壁高五尺，分作四格，上下各横用經一道。凡上下貼桯者，俗謂之壁齒，不以經數多寡，皆上下貼桯各用一道。下同。格内横用經三道。共五道。並横經縱緯相交織之。或高少而廣多者，則縱經横緯織之。每經一道，用竹三片，以竹簽釘之。緯用竹一片。若栱眼壁高二尺以上，分作三格；共四道。高一尺五寸以下者，分作兩格，共三道。其壁高五尺以上者，所用竹徑三寸二分至徑二寸五分；如不及五尺，及栱眼壁、屋山内尖斜壁所用竹，徑二寸三分至徑一寸，並劈作四破用之。露籬所用同。

竹柵

造竹柵之制：每高一丈，分作四格。制度與竹編道同。若高一丈以上者，所用竹徑八分；如不及一丈者，徑四分。並去梢全用之。

護殿檐雀眼網

造護殿閣檐枓栱及托窻櫺内竹雀眼網之制：用渾青篾。每竹一條，以徑一寸二分爲率。劈作篾一十二條，刮去青，廣三分。從心斜起，以長篾爲經，至四邊却折篾入身内；以短篾直行作緯，往復織之。其雀眼徑一寸。以篾心爲則。如於雀眼内，間織人物及龍、鳳、華、雲之類，並先於雀眼上描定，隨描道織補，施之於殿檐枓栱之外。如六鋪作以上，即上下分作兩格，隨間之廣，分作兩間或三間，當縫施竹貼釘之。竹貼，每竹徑一寸二分，分作四片。其窻櫺内用者同。其上下或用木貼釘之。其木貼廣二寸，厚六分。

地面棊文簟

造殿閣内地面棊文簟之制：用渾青篾，廣一分至一分五釐，刮去青，横以刀刃拖令厚薄匀平；次立兩刃，於刃中摘令廣狹一等。從心斜起，以縱篾爲則，先擡二篾，壓三篾，起四篾，又壓三篾，然後横下一篾織之。復於起四處擡二篾，循環如此。至四邊尋斜取正，擡三篾至七篾織水路。水路外搯邊，歸篾頭於身内。當心織方勝等，或華文、龍、鳳。並染紅、黄篾用之。其竹用徑二寸五分至徑一寸。障日篛等簟同。

障日篛等簟

造障日篛等所用簟之制：以青白篾相雜用，廣二分至四分。從下直起，以縱篾爲則，擡三篾，壓三篾，然後横下一篾織之。復自擡三處，從長篾一條内，再起壓三；循環如此。若造假棊文，並擡四篾，壓四篾，横下兩篾織之。復自擡四處，當心再擡；循環如此。

竹笍索

造綰繫鷹架竹笍索之制：每竹一條，竹徑二寸五分至一寸。劈作一十一片；每片揭作二片，作五股辮之。每股用篾四條或三條若純青造，用青白篾各二條，合青篾在外；如青白篾〔相間，用青篾一條，白篾二條〕。造成，廣一寸五分，厚四分。每條長二百尺，臨時量度所用長短截之。

彩畫作技術

李誡《營造法式》卷一四《彩畫作制度》 總制度：彩畫之制，先遍襯地，次以草色和粉，分襯所畫之物。其襯色上方布細色，或疊暈，或分間剔填。應用五彩裝及疊暈碾玉裝者，並以赭筆描畫。淺色之外，並旁描道量留粉暈。其餘並以墨筆描畫。淺色之外，並用粉筆蓋壓墨道。

襯地之法：

凡枓、栱、梁、柱及畫壁，皆先以膠水遍刷。其貼金地以鰾膠水。貼真金地：候鰾膠水乾，刷白鉛粉；候乾，又刷。凡五遍。次又刷土朱鉛粉，同上。亦五遍。上用熟薄膠水貼金，以綿按，令著實。候乾，以玉或瑪瑙或生狗牙研令光。

五彩地：其碾玉裝，若用青緑疊暈者同。候膠水乾，先以白土遍刷；候乾，又以鉛粉刷之。碾玉裝或青緑棱間者，刷雌黄合緑者同。候膠水乾，用青淀和茶土刷之。每三分中，一分青淀，二分茶土。沙泥畫壁，亦候膠水乾，以好白土縱横刷之。先立刷，候乾，次横刷，各一遍。

調色之法：

白土：茶土同。先揀擇令浄，用薄膠湯。凡下云用湯者同，其稱熱湯者非，後同。浸少時，候化盡，淘出細華，凡色之極細而淡者皆謂之華。後同。入别器中，澄定，傾去清水，量度再入膠水用之。

鉛粉：先研令極細，用稍濃膠水和成劑。如貼真金地，並以鰾膠水和之。再以熱湯浸少時，候稍温，傾去；再用湯研化，令稀稠得所用之。

代赭石：土朱、土黄同。如塊小者不擣。先擣令極細；次研，以湯淘取華。次取細者，及澄去砂石、麤脚不用。

藤黄：量度所用，研細，以熱湯化，淘去砂脚，不得用膠。籠罩粉地用之。

綿礦：先擘開，撏去心内綿無色者，次將面上色深者，以熱湯撚取汁，入少湯用之。若於華心内斡淡或朱地内壓深用者，熬令色深淺得所用之。

朱紅：黄丹同。以膠水調令稀稠得所用之。其黄丹用之多澁燥者，調時入生油一點。

螺青：紫粉同。先研令細，以湯調取清用。螺青澄去淺脚，充合碧粉用；紫粉淺脚充(令)[合]朱用。

雌黄：先擣次研，皆要極細；用熱湯淘細華於别器中，澄去清水，方入膠水用之。其淘澄下麤者，再研再淘細華方可用。忌鉛粉黄丹地上用。惡石灰及油不得相近。亦不可施之於縑素。

襯色之法：

青：以螺青合鉛粉爲地。鉛粉二分，螺青一分。

緑：以槐華汁合螺青鉛粉爲地。粉青同上，用槐華一錢熬汁。

紅：以紫粉合黄丹爲地。或只以黄丹。

取石色之法：

生青、層青同。石緑、朱砂：並各先擣令略細，若浮淘青，但研令細。用湯淘出，向上土石、惡水不用，收取近下水内淺色。入别器中。然後研令極細，以湯淘澄，分色輕重，各入别器中。先取水内色淡者，謂之青華；石緑者謂之緑華，朱砂者謂之朱華。次色稍深者，謂之三青；石緑謂之三緑，朱砂謂之三朱。又色漸深者，謂之二青；石緑謂之二緑，朱砂謂之二朱。其下色最重者，謂之大青。石緑謂之大緑，朱砂謂之深朱。澄定，傾去清水，候乾收之。如用時，量度入膠水用之。五色之中，唯青、緑、紅三色爲主，餘色隔間品合而已。其爲用亦各不同。且如用青，自大青至青華，外暈用白。朱、緑同。大青之内，用墨或礦汁壓深，此祇可以施之於裝飾等用，但取其輪奂鮮麗，如組繡華錦之文爾。至於窮要妙奪生意，則謂之畫。其用色之制，隨其所寫，或淺或深，或輕或重，千變萬化，任其自然，雖不可以立言，其色之所相，亦不出於此。唯不用大青、大緑、深朱、雌黄、白土之類。

五彩遍裝

五彩遍裝之制：梁、栱之類，外棱四周皆留緣道，用青、緑或朱疊暈。梁栿之類緣道，其廣二分。枓栱之類，其廣一分。内施五彩諸華間雜，用朱或青、緑剔地，外留空緣，與外緣道對暈。其空緣之廣，減外緣道三分之一。

華文有九品：一曰海石榴花，寶牙華、太平華之類同。二曰寶相華，牡丹華之類同。三曰蓮荷華，以上宜於梁、額、撩檐方、椽、柱、料、栱、材、昂栱眼壁及白版内，凡名件之上，皆可通用。其海石榴，若華葉肥大，不見枝條者，謂之鋪地卷成。如華葉肥大而肥露枝條者，謂之枝條卷成。並亦通用。其牡丹華及蓮、荷華，或作寫生畫者，施之於梁、額或栱眼壁内。四曰團科寶照，團科柿蔕，方勝合羅之類同。以上宜於方、桁、料、栱内飛子面，相間用之。五曰圈頭合子，六曰豹脚合暈，梭身合暈，連珠合暈，偏暈之類同。以上宜於方、桁、栱内飛子及大、小連檐面相間用。七曰瑪瑙地，玻瓈地之類同。以上宜於方、桁、料内相間用之。八曰魚鱗旗脚，宜於梁、栱下相間用之。九曰圈頭柿蔕。胡瑪瑙之類同。以上宜於料内相間用之。

瑣文有六品：一曰瑣子，聯環瑣、瑪瑙瑣、疊環之類同。二曰簟文，金鋌、文銀鋌、方環之類同。三曰羅地龜文，六出龜文、交脚龜文之類同。四曰四出，六出之類同。以上宜於橑檐方、槫柱頭及料内。其四出、六出，亦宜於栱頭、椽頭、方、桁相間用之。五曰劒環，宜於料内相間用之。六曰曲水。或作王字及万字，或作料底及鑰匙頭，宜於普柏方内外用之。凡華文施之於梁、額、柱者，或間以行龍、飛禽、走獸之類於華内。其飛走之物，用赭筆描之於白粉地上，或更以淺色拂淡。若五彩及碾玉裝華内，宜用白畫。其碾玉華内者，亦宜用淺色拂淡，或以五彩裝飾。如方、桁之類，全用龍、鳳、走、飛者，則遍地以雲文補空。

飛仙之類有二品：一曰飛仙，二曰頻伽。共命鳥之類同。

飛禽之類有三品：一曰鳳皇，鸞、孔雀、鶴之類同。二曰鸚鵡，山鷓、練鵲、錦雞之類同。三曰鴛鴦。谿鵡、鵝、鴨之類同。其騎跨飛禽人物有五品：一曰真人，二曰女真，三曰仙童，四曰玉女，五曰化生。

走獸之類有四品：一曰師子，麒麟、狻猊、獬豸之類同。二曰天馬，海馬、仙鹿之類同。三曰羦羊，山羊、華羊之類同。四曰白象。馴犀、黑熊之類同。其騎跨、牽拽走獸人物有三品：一曰拂菻，二曰獠蠻，三曰化生。若天馬、仙鹿、羦羊，亦可用真人等騎跨。

雲文有二品：一曰吴雲，二曰曹雲。蕙草雲、蠻雲之類同。

間裝之法：青地上華文以赤黄、紅、緑相間。外棱用紅疊暈，紅地上華文青、緑，心内以紅相間，外棱用青或緑疊暈。緑地上華文，以赤黄、紅、青相間。外棱用青、紅、赤黄疊暈。其牙頭青緑地，用赤黄；牙朱地，以二緑。若枝條緑地，用藤黄汁罩，以丹華或薄礦水節淡；青紅地，如白地上單枝條，用二緑，隨墨以緑華合粉，罩以三緑、二緑節淡。

疊暈之法：自淺色起，先以青華，緑以緑華，紅以朱華粉。次以三青，緑以三緑、紅以三朱。次以二青，緑以二緑、紅以二朱。次以大青。緑以大緑，紅以深朱。大青之內，用深墨壓心。緑以深色草汁罩心，朱以深色紫礦罩心。青華之外，留粉地一暈。緑紅準此。其暈内二緑華，或用藤黄汁罩，如華文緣道等狹小，或在高遠處，即不用三青等及深色壓罩。凡染赤黄，先布粉地，次以朱華合粉壓暈，次用藤黄通罩，次以深朱壓心。若合草緑汁，以螺青華汁，用藤黄相和，量宜入好墨數點及膠少許用之。

用疊暈之法：凡科、栱、昂及梁、額之類，應外棱緣道並令深色在外，其華内剔地色，並淺色在外，與外棱對暈，令淺色相對，其華葉等暈。並淺色在外，以深色壓心。凡外緣道用明金者，梁栿、科栱之類，金緣之廣與疊暈同。金緣内用青或緣壓之，其青緣廣比外緣五分之一。

凡五彩遍裝，柱頭，謂額入處。作細錦或瑣文；柱身自柱櫍上亦作細錦，與柱頭相應，錦之上下，作青、紅或緑疊暈一道；其身内作海石榴等華，或於華内間以飛鳳之類。或作碾玉華内間以五彩飛鳳之類，或間四入瓣科，或四出尖科。科内間以化生或鳳龍之類。櫍作青瓣或紅瓣疊暈蓮華。檐額或大額及由額兩頭近柱處，作三瓣或兩瓣如意頭角葉，長加廣之半。如身内紅地，即以青地作碾玉，或亦用五彩裝。或隨兩邊緣道作分脚如意頭。椽頭面子，隨徑之圜，作疊暈蓮華，青、紅相間用之；或作出焰明珠，或作簇七車釧明珠，皆淺色在外。或作疊暈寶珠，深色在外，令近上疊暈，向下棱，當中點粉爲寶珠心；或作疊暈合螺瑪瑙，近頭處，作青、緑、紅暈子三道，每道廣不過一寸。身内作通用六等華，外或用青、緑、紅地作團科，或方勝，或兩尖，或四入瓣。白地外用淺色，青以青華、緑以緑華、朱以朱粉圜之。白地内隨瓣之方圜或兩尖或四入瓣同。描華，用五彩淺色間裝之。其青、緑、紅地作團科、方勝等，亦施之科、栱、梁栿之類者，謂之海錦，亦曰净地錦。飛子作青、緑連珠及棱身暈，或作方勝，或兩尖，或團科、兩側壁，如下面用遍地華，即作兩暈青、緑棱間；若下面素地錦，作三暈或兩暈青緑棱間，飛子頭作四角柿蔕。或作瑪瑙。如飛子遍地華，即椽用素地錦。若椽作遍華，即飛子用素地錦。白版或作紅、青、緑地内兩尖科素地錦。大連檐立面作三角疊暈柿蔕華。或作霞光。

碾玉裝

碾玉裝之制：梁、栱之類，外棱四周皆留緣道。緣道之廣並同五彩之制。用青或緑疊暈，如緑緣内，於淡緑地上描華，用深青剔地，外留空緣，與外緣道對暈。緑緣内者，用緑處以青，用青處以緑。

華文及瑣文等，並同五彩所用。華文内唯無寫生及豹脚合暈，偏暈，玻瓈地、魚鱗旗脚，外增龍牙、蕙草一品瑣文，内無瑣子。用青、緑二色疊暈亦如之。内有青緑不可隔間處，於緑淺暈中用藤黄汁罩，謂之菉豆褐。

其卷成華葉及瑣文，並旁赭筆量粉道，從淺色起，暈至深色。其地以大青、大緑剔之。亦有華文稍肥者，緑地以二青；其青地以二緑，隨華斡淡後，以粉筆旁墨道描者，謂之映粉碾玉，宜小處用。

凡碾玉裝，柱碾玉或間白畫，或素緑。柱頭用五彩錦，或只碾玉。櫍作紅暈，或青暈蓮華。椽頭作出焰明珠，或簇七明珠，或蓮華。身内碾玉或素緑。飛子正面作合暈，兩旁並退暈，或素緑。仰版素紅。或亦碾玉裝。

青緑疊暈棱間裝三暈帶紅棱間裝附。

青緑疊暈棱間裝之制：凡科、栱之類，外棱緣廣二分。外棱用青疊暈者，身内用緑疊暈，外棱用緑者，身内用青，下同。其外棱緣道淺色在内，身内淺色，在外(通)〔道〕壓粉線。謂之兩暈棱間裝。外棱用青華、二青、大青，以墨壓深；身内用緑華、三緑、二緑、大緑，以草汁壓深。若緑在外緣，不用三緑；如青在身内，更加三青。

其外棱緣道用緑疊暈，淺色在内。次以青疊暈，淺色在外。當心又用緑疊暈者，深色在内。謂之三暈棱間裝。皆不用二緑、三青，其外緣廣與五彩同。其内均作兩暈。

若外棱緣道用青疊暈，次以紅疊暈，淺色在外，先用朱華粉，次用二朱，次用深朱，以紫礦壓深。當心用緑疊暈者，若外緣用緑者，當心以青。謂之三暈帶紅棱間裝。

凡青、緑疊暈棱間裝，柱身内笋文。或素緑，或碾玉裝，柱頭作四合青緑退暈如意頭，櫍作青暈蓮華，或作五彩錦，或團科方勝素地錦，椽素緑身，(共)〔其〕頭作明珠蓮華。飛子正面，大小連檐，並青緑退暈，兩旁素緑。

解緑裝飾屋舍解緑結華裝附。

解緑刷飾屋舍之制：應材、昂、科、栱之類，身内通刷土朱，其緣道及鷰尾、八白等，並用青、緑疊暈相間，若科用緑，即栱用青之類。

緣道疊暈，並深色在外，粉線在内，先用青華或緑華在中，次用大青或大緑在外，後用粉線在内。其廣狹長短，並同丹粉刷飾之制；唯檐額或梁栿之類，並四周各用緣道，兩頭相對作如意頭。由額及小額並同。若畫松文，即身内通刷土黄，先以墨筆界畫，次以紫檀間刷，其紫檀用深墨合土(米)〔朱〕，令紫色。心内用墨點節。栱、梁等下面用合朱通刷。又有於丹地内用墨或檀紫點簇毬文與松文名件相雜者，謂之卓柏裝。枓、栱、方、桁，緣内朱地上間諸華者，謂之解緑結華裝。

柱頭及脚並刷朱，用雌黄畫方勝及團華，或以五彩畫四斜，或簇六毬文錦。其柱身内通刷合緑，畫作筍文。或只用素緑，椽頭或作青緑暈明珠。若椽身通刷合緑者，其槫亦作緑地筍文或素緑。

凡額上壁内影作，長廣制度與丹粉刷飾同。身内上棱及兩頭，亦以青緑疊暈爲緣。或作翻卷華葉。身内通刷土朱，其翻卷過葉並以青緑疊暈。枓下蓮華並以青暈。

丹粉刷飾屋舍黄土刷飾附。

丹粉刷飾屋舍之制：應材木之類，面上用土朱通刷，下棱用白粉闌界緣道，兩盡頭斜訛向下。下面用黄丹通刷。昂、栱下面及耍頭正面同。其白緣道長廣等依下項：

枓、栱之類：栿、額、替木、叉手、托脚、駝峯、大連檐、搏風版等同。隨材之廣，分爲八分。以一分爲白緣道其廣雖多，不得過一寸；雖狹，不得過五分。

栱頭及替木之類：綽幕、仰楷、角梁等同。頭下面刷丹，於近上棱處刷白。鷰尾長五寸至七寸，其廣隨材之厚，分爲四分，兩邊各以一分爲尾。中心空二分。上刷横白，廣一分半。其耍頭及梁頭正面用丹處，刷望山子。上其長隨高三分之二；其下廣隨厚四分之二；斜收向上，當中合尖。

檐額或大額刷八白者，如裏面。隨額之廣，若廣一尺以下者，分爲五分；一尺五寸以下，分爲六分；二尺以上者，分爲七分。各當中以一分爲八白。其八白兩頭近柱，更不用朱闌斷，謂之入柱白。於額身内均之作七隔；其隔之長隨白之廣。俗謂之七朱八白。

柱頭刷丹，柱脚同。長隨額之廣，上下並解粉線。柱身、椽、檩及門、窗之類，皆通刷土朱。其破子窗子桯及屏風難子正側并椽頭，並刷丹。平闇或版壁，並用土朱刷版并桯，丹刷子桯及牙頭護縫。

額上壁内，或有補間鋪作遠者，亦於栱眼壁内。畫影作於當心。其上先畫枓，以蓮華承之。身内刷朱或丹，隔間用之。若身内刷朱，則蓮華用丹刷；若身内刷丹，則蓮華用朱刷，皆以粉筆解出花瓣。中作項子，其廣隨宜。至五寸止。下分兩脚，長取壁内五分之三，兩頭各空一分。廣身内隨項，兩頭收斜尖向内五寸。若影作華脚者，身内刷丹，則翻卷葉用土朱；或身内刷土朱，則翻卷葉用丹。皆以粉筆壓棱。

若刷土黄者，制度並同，唯以土黄代土朱用之。其影作内蓮華用朱或丹，並以粉筆解出華瓣。

若刷土黄解墨緣道者，唯以墨代粉刷緣道。其墨緣道之上，用粉線壓棱。亦有栿、栱等下面合用丹處皆用黄土者，亦有只用墨緣，更不用粉線壓棱者，制度並同。其影作内蓮華，並用墨刷，以粉筆解出華瓣；或更不用蓮華。

凡丹粉刷飾，其土朱用兩遍，用畢並以膠水櫳罩，若刷土黄則不用。若刷門、窗，其破子窗子桯及影縫之類用丹刷，餘並用土朱。

雜間裝

雜間裝之制：皆隨每色制度，相間品配，令華色鮮麗，各以逐等分數爲法。

五彩間碾玉裝。五彩遍裝六分，碾玉裝四分。

碾玉間畫松文裝。碾玉裝三分，畫松裝七分。

青緑三暈棱間及碾玉間畫松文裝。青緑三暈棱間裝三分，碾玉裝三分，畫松裝四分。

畫松文間解緑赤白裝。畫松文裝五分，解緑赤白裝五分。

畫松文卓柏間三暈棱間裝。畫松文裝六分，三暈棱間裝二分，卓柏裝二分。

凡雜間裝以此分數爲率，或用間紅青緑三暈棱間裝與五彩遍裝及畫一松文等相間裝者，各約此分數，隨宜加減之。

煉桐油

煉桐油之制：用文武火煎桐油令清，先煠膠令焦，取出不用，次下松脂攪，候化，又次下研細定粉。粉色黄，滴油於水内成珠，以手試之，黏指處有絲縷，然後下黄丹。漸次去火，攪令冷，合金漆用。如施之於彩畫之上者，以亂絲揩搌用之。

李斗《揚州畫舫録》卷一七《工段營造録》 油漆匠三麻、二布、七灰、糙油、墊光油、硃紅油飾做法計十五道，蓋捉灰、捉麻、通灰、通麻、苧布、通灰、通麻、苧布、通灰、中灰、細灰、拔漿灰、糙油、墊光油、遍光油十五道也。用料爲桐油、綫麻、苧布、紅土、南片紅土、銀硃、香油，見方折料。次之二麻、一布、七灰、糙油、墊光油、朱紅、油飾，又次之二麻、五灰、一麻、四灰、三道灰、二道灰諸做法。其他各色油飾做法，如朱紅、紫硃廣花諸磚色、定粉、廣花、烟子、大碌、瓜皮碌、銀硃黄丹、紅土烟子、定粉土粉、靛球定粉磚色、柿黄、三碌、鵝黄、松花緑、金黄、米色、杏黄、香色、月白諸色。次之，油飾紅色瓦料鑽糙〔油二次〕，滿油一次，及天大青刷膠、柿黄油飾、洋青刷膠、花梨木色、楠木色、烟子刷膠、紅土刷膠諸法。所用料爲烟子、南烟子、廣靛花、定粉、大緑、三緑、彩黄、黄丹、土粉、靛球、梔子、槐子、青粉、淘丹、土子、水膠、天大青、洋青、蘇木、黑礬諸物。桐油加白灰、白麵、土子、陀僧、黄丹、白絲、綿棉。油飾菱花加牛尾，其煎油木柴另法有準。挑水、劈柴、燒火、捶麻、篩磏磚灰，諸壯夫給工有差。斗科使灰用油，及頭停打滿地面磚鑽夾生油，舊料鑿砍，另法折工。若竹席、葦席、刷柿黄、罩白及搓清紅黑油，又粉油上灑玉石砂子，又滿糊高麗紙，搓油燙蠟金砂各磚，窗户紙上噴油，工料同科。

畫作以墨金爲主，諸色輔之，次論地仗、方心、綫路、岔口、箍頭諸花色。墨有金琢烟琢細雅五墨之用，金有大小點之用，地仗、方心、瀝粉及各色花樣之用。綫路、岔口、箍頭、貼金及諸彩色，隨其花式所宜稱。花式以蘇式彩畫爲上。蘇式有聚錦、花錦、博古、雲秋木、壽山福海、五福慶壽、福如東海、錦上添花、百蝠流雲、年年如意、福緣善慶、福禄綿綿、羣仙捧壽、花草方心、春光明媚、地搭錦袱、海墁天花聚會諸式。其餘則西番草、三寶珠、三退暈、石碾玉、流雲仙鶴、海墁葡萄、冰裂梅、百蝶梅、夔龍宋錦、書意錦、垛鮮花卉、流雲飛蝠、袱子喳筆草、拉木紋、壽字團、古色螭虎、活盒子、爐瓶三色、歲歲青、瓶靈芝、茶花團、寶石草、眼、寶珠、金井玉欄干、卍字、梔子花、十瓣蓮花、柿子花、菱杵、寶祥花、金扇面、黄金龍、正面龍、升澤龍、圓光、六字正言、雲鶴、寶仙、金蓮水草、天花、鮮花、龍江洋海水諸式。惟貼金五爪龍，則親王用之，仍不許雕刻龍首，降一等用金彩四爪龍，貝勒貝子以下則貼各樣花草，平民不許貼金。用料則水膠、廣膠、白礬、桐油，白麵、土子面、夏布、苧布、白絲、綿棉、山西絹、潮腦、陀僧、牛尾、香油、白煎油、貼金油、磚灰、木明、鷄蛋、松香、硼砂、酸梅、梔子、黄丹、土黄、油黄、（騰）〔藤〕黄、赭石、雄黄、石黄、黄滑石、彩黄、廣靛花、青粉、瀝青、梅花青、南梅花青、天大二青、乾大碌、石大二三碌、净大碌、鍋巴碌、松花石碌、硃砂、紅標硃、黄標硃、川二硃、銀硃片、紅土、蘇木、胭脂、紅花、香墨、烟子、南烟子、土粉、定粉、水銀、明光漆、點生漆、生熟黑漆、西生漆、黄（嚴）〔巖〕生漆、退光漆、籠罩漆、漆硃、連四退光漆、血漆、見方紅黄金、魚子金、紅黄泥金諸料物。

李誠《營造法式》卷三三《彩畫作制度圖樣上》　五彩雜華第一

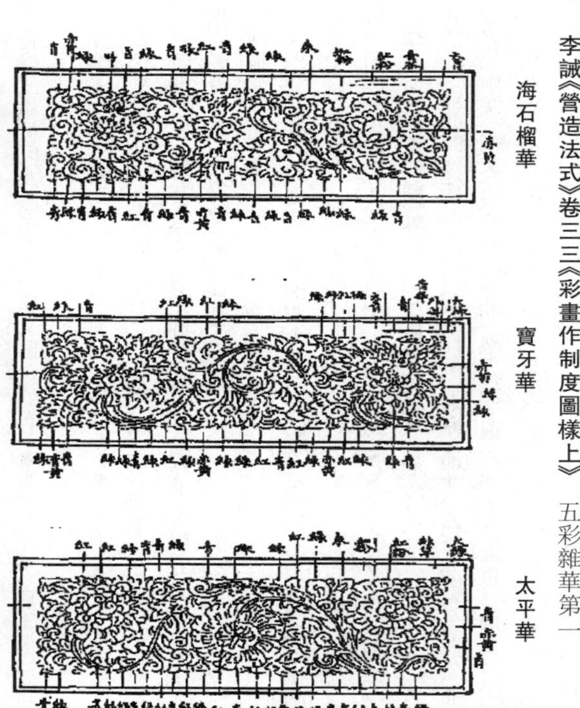

海石榴華

寶牙華

太平華

寶相華

牡丹華

蓮荷華

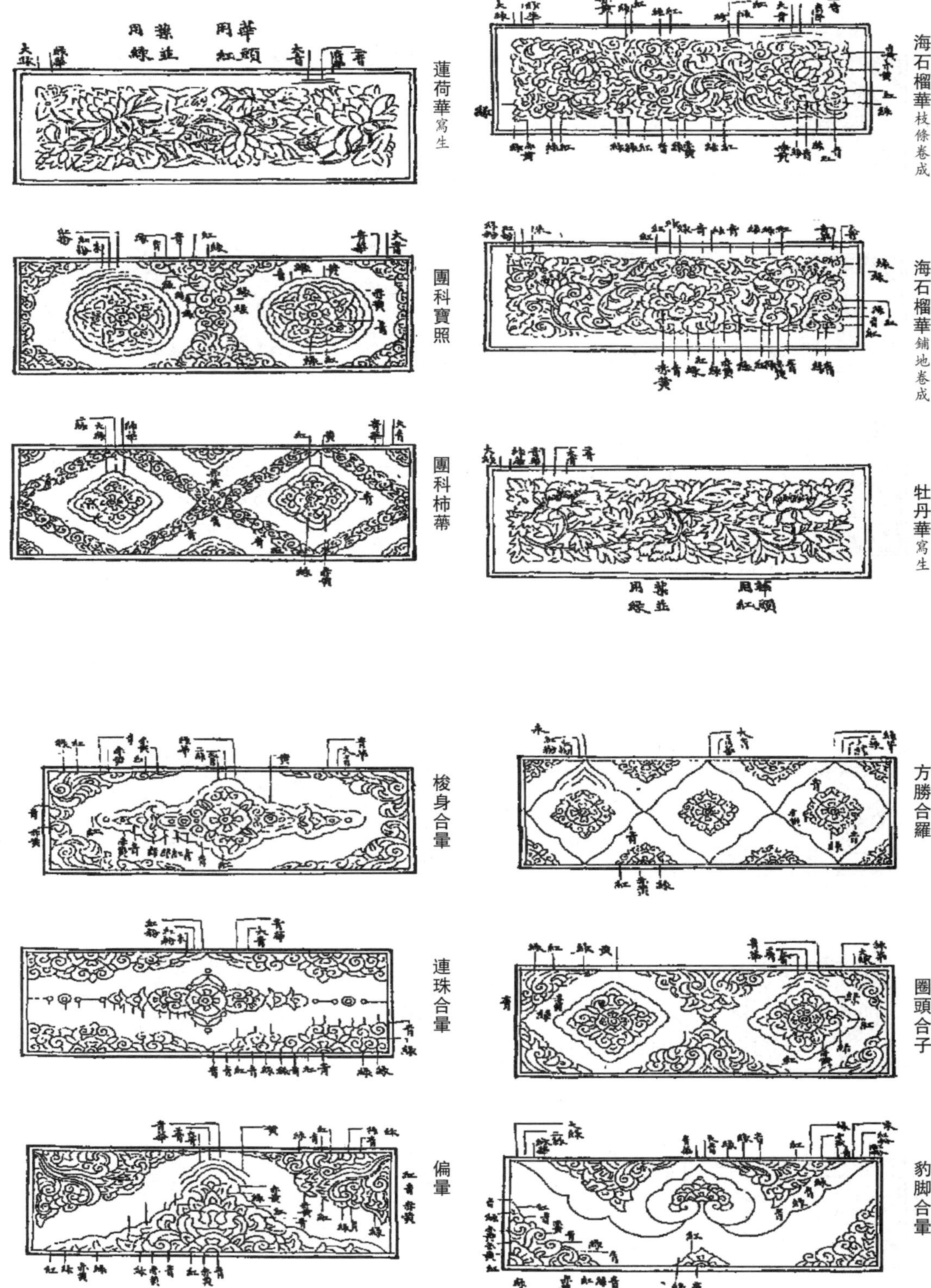

蓮荷華寫生

團科寶照

團科柿蔕

海石榴華枝條卷成

海石榴華鋪地卷成

牡丹華寫生

梭身合暈

連珠合暈

偏暈

方勝合羅

圈頭合子

豹脚合暈

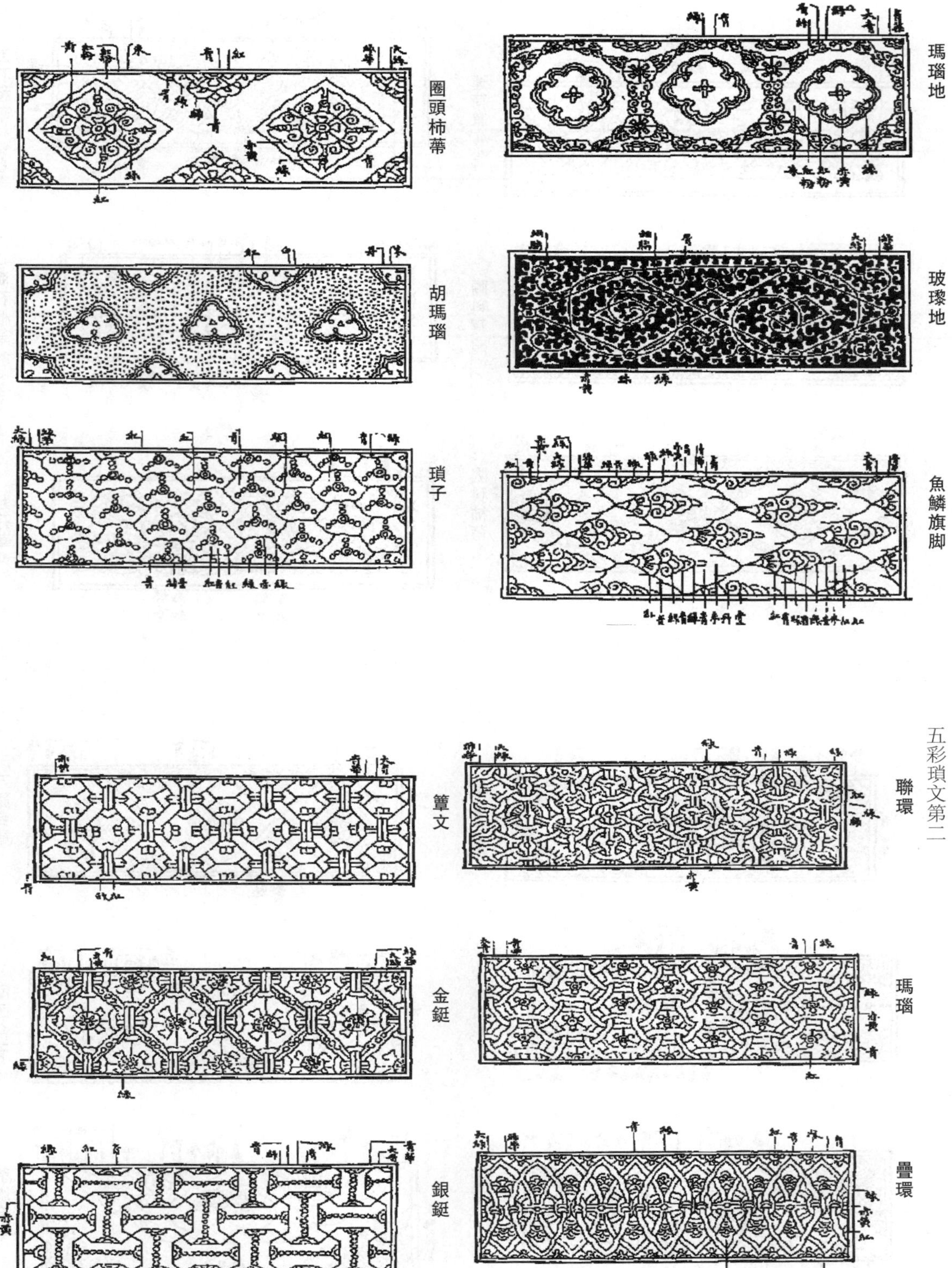

五彩瑣文第二

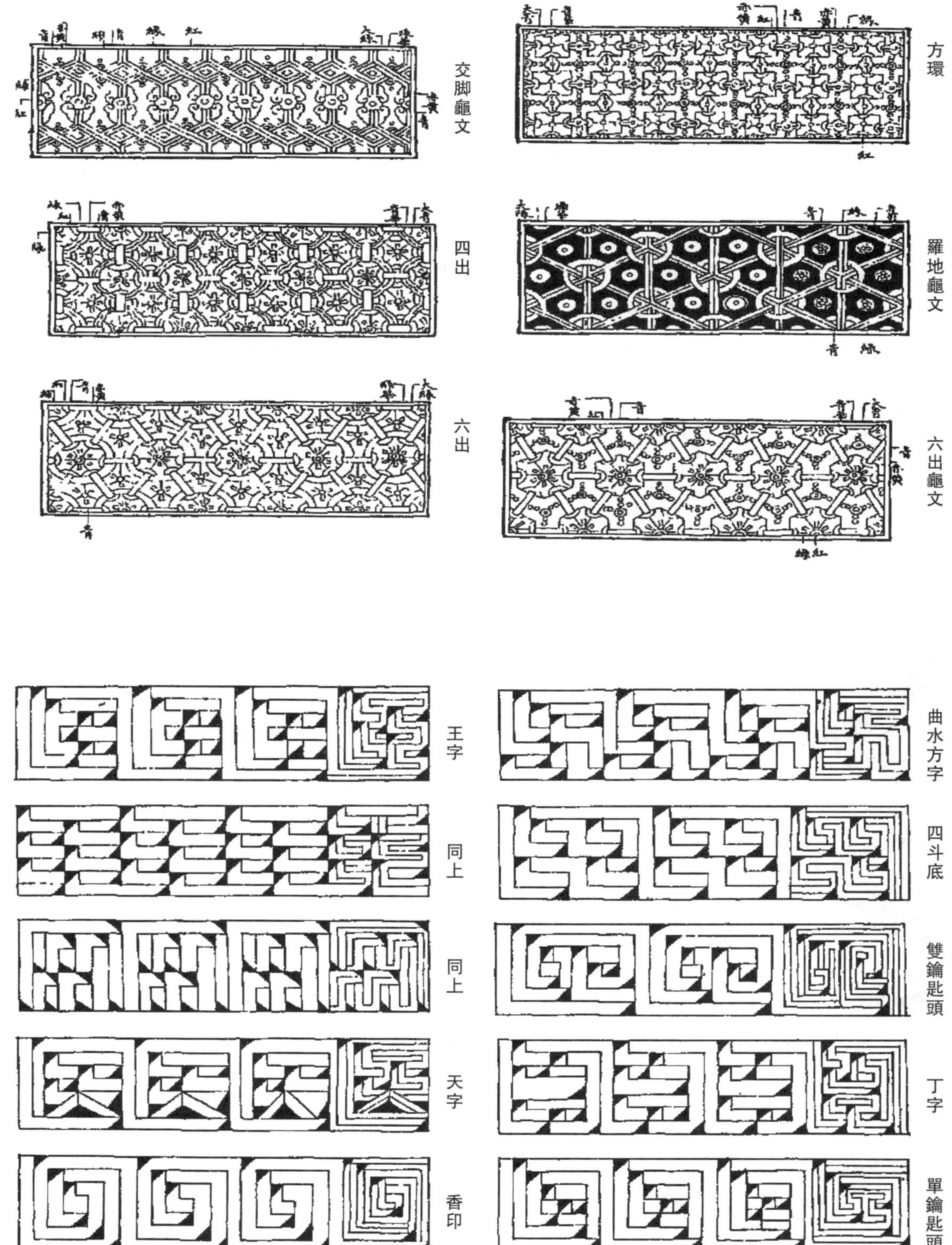
交脚龜文
方環
四出
羅地龜文
六出
六出龜文
王字
曲水方字
同上
四斗底
同上
雙鑰匙頭
天字
丁字
香印
單鑰匙頭

飛仙及飛走等第三

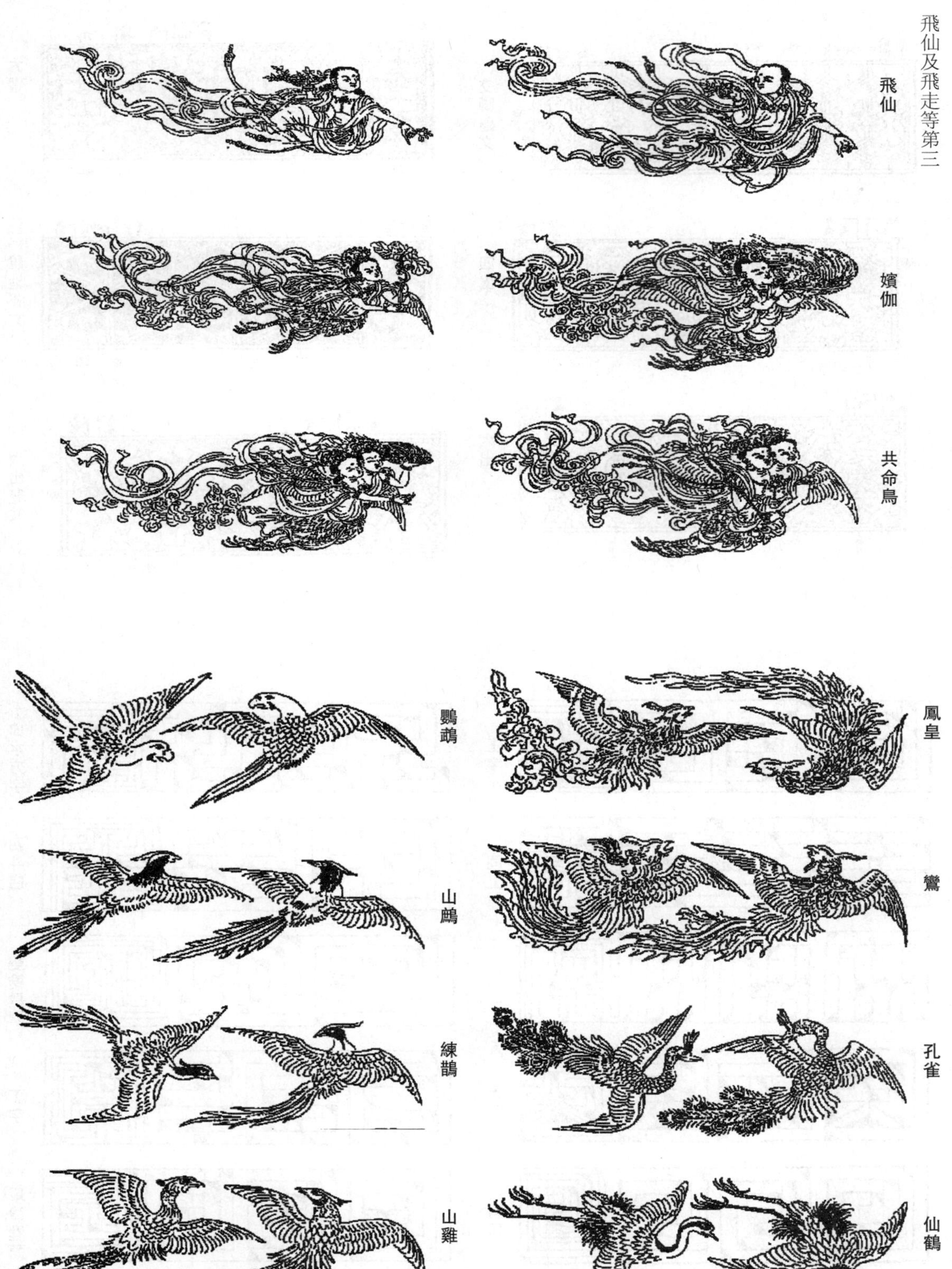

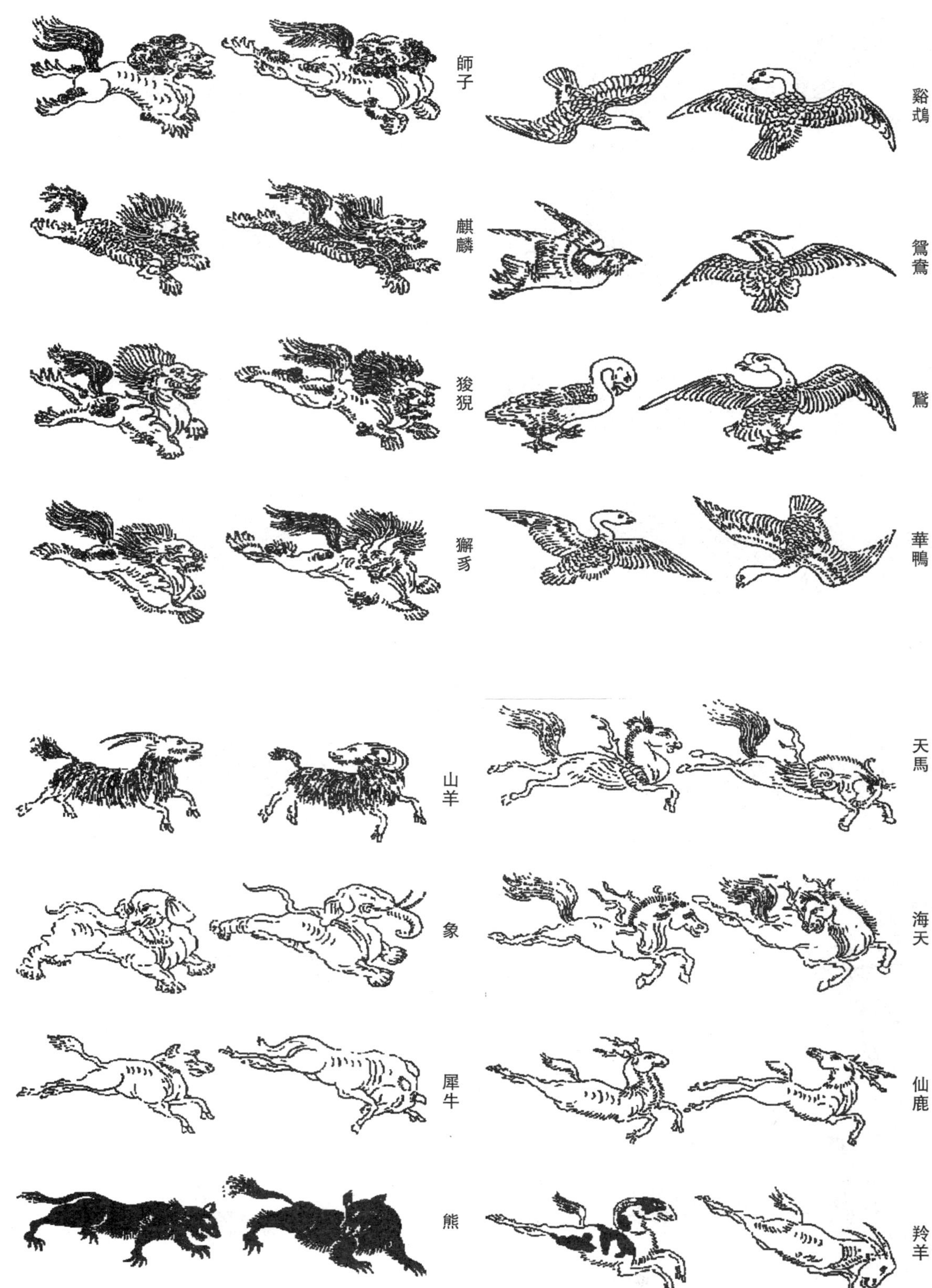
師子
麒麟
狻猊
獬豸
谿鶒
鴛鴦
鶩
華鴨
山羊
象
犀牛
熊
天馬
海天
仙鹿
羚羊

騎跨仙真第四

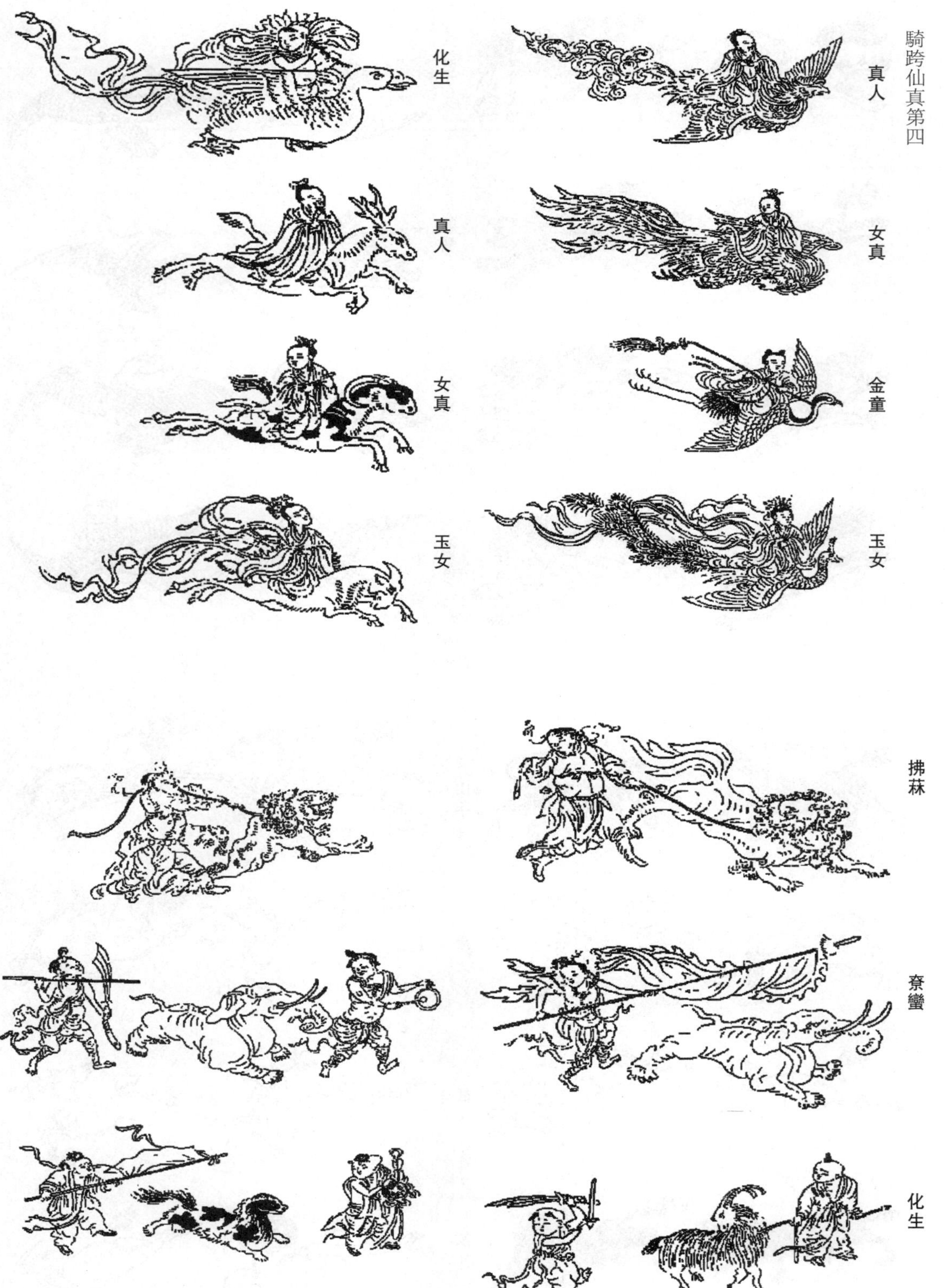

五彩額柱第五

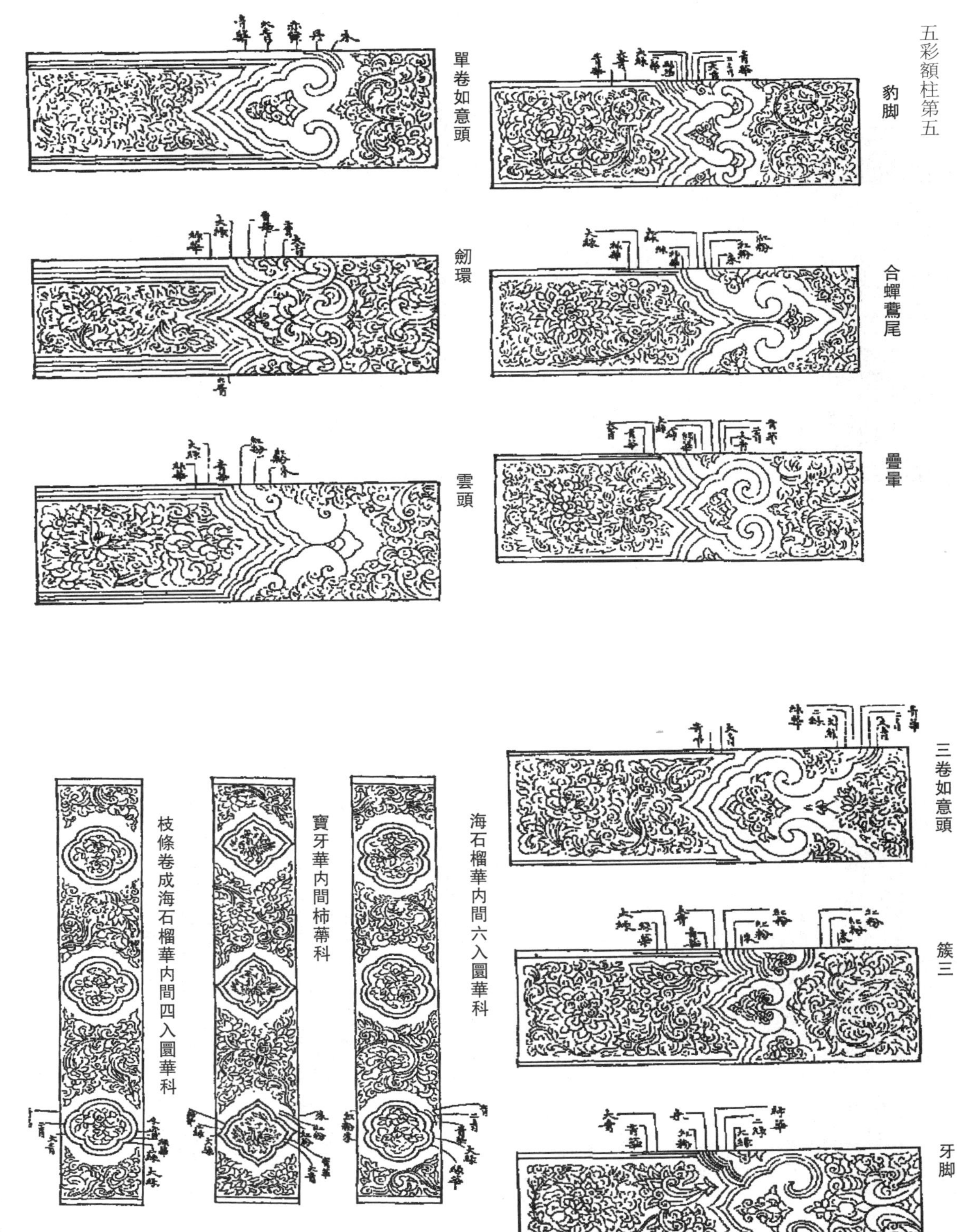
豹腳
單卷如意頭
合蟬鷰尾
劍環
疊暈
雲頭
三卷如意頭
簇三
牙腳
海石榴華內間六入圜華科
寶牙華內間柿蔕科
枝條卷成海石榴華內間四入圜華科

五彩平棊第六其華子暈心墨者係青暈外緑者係緑渾黑者係紅並係碾玉裝不暈墨者係五彩裝造

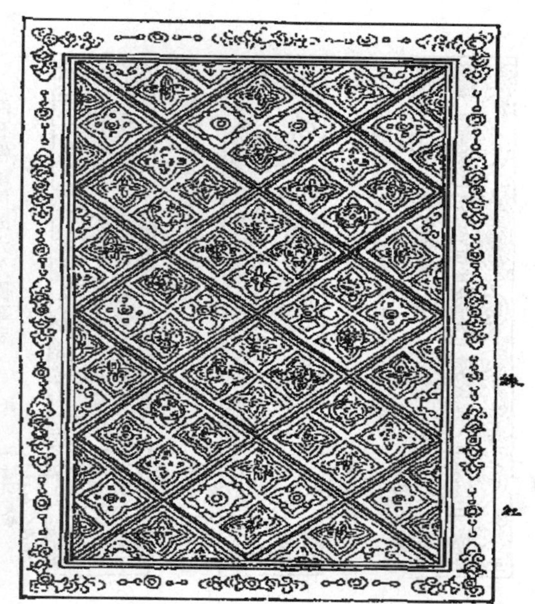

海石榴華

寶相華

寶牙華

牡丹華

太平華

蓮荷華

海石榴華枝條卷成

圈頭合子

海石榴華鋪地卷成

梭身合暈

龍牙蕙草

連珠合暈

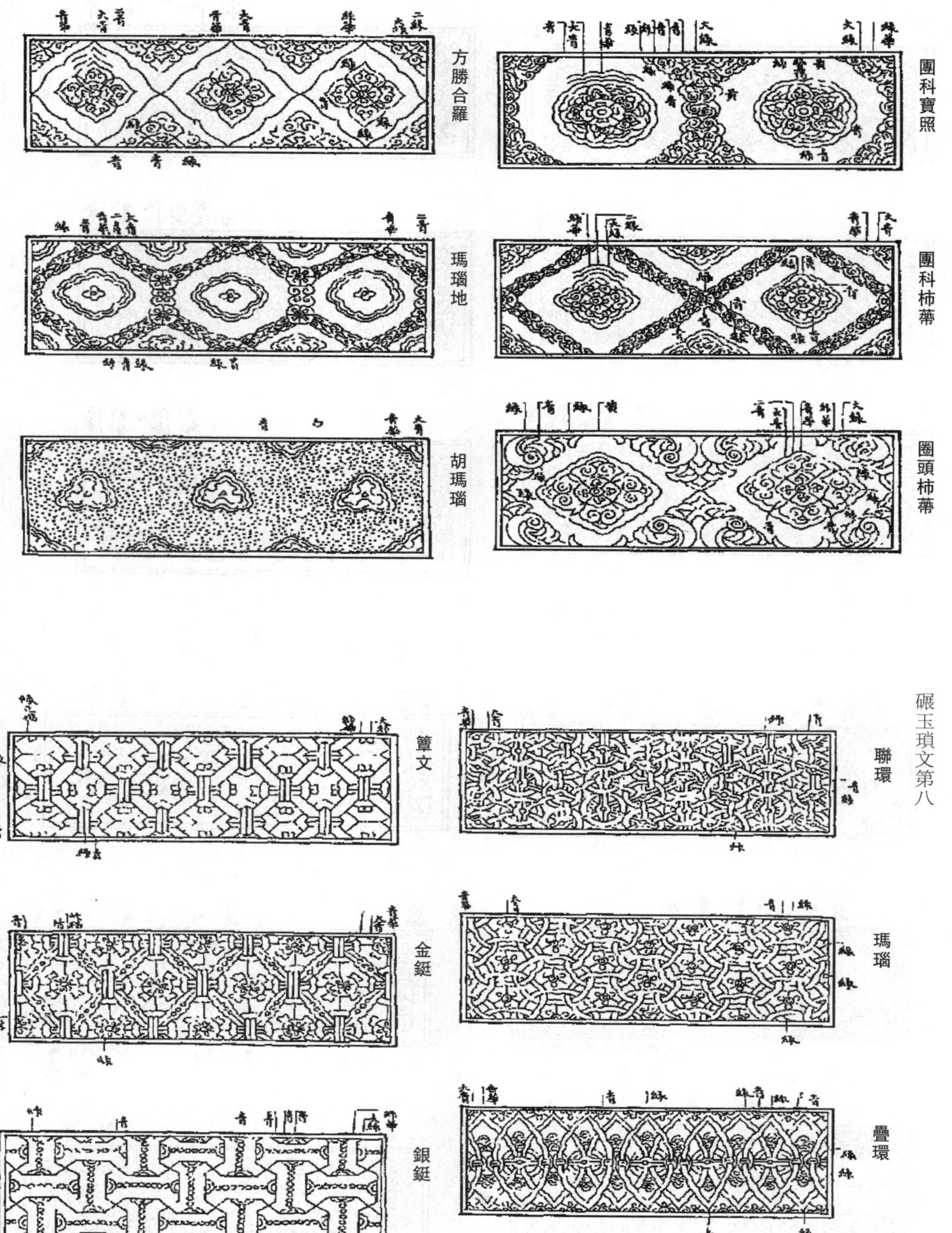
方勝合羅
團科寶照
瑪瑙地
團科柿蔕
胡瑪瑙
圈頭柿蔕
簟文
聯環
金鋌
瑪瑙
銀鋌
疊環

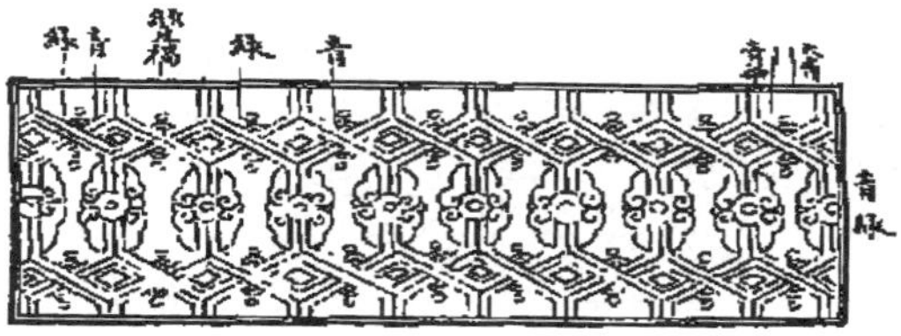

交脚龜文

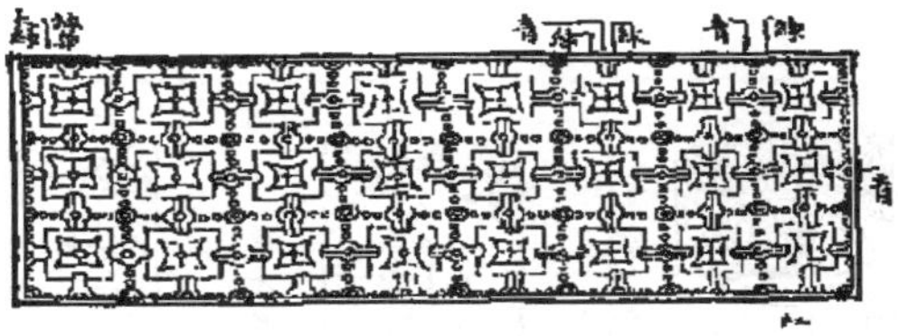

方環

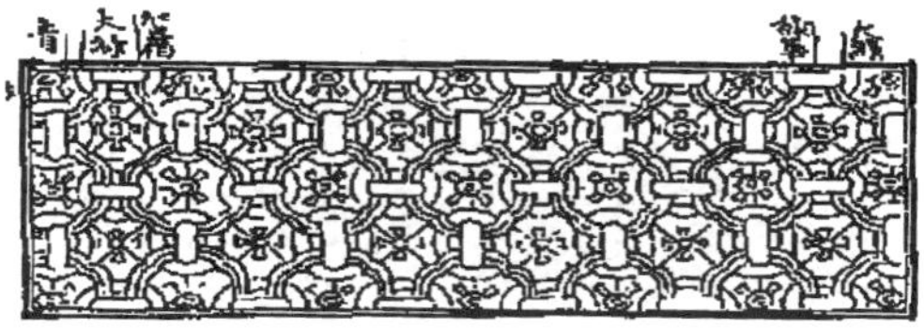

四出

羅地龜文

六出

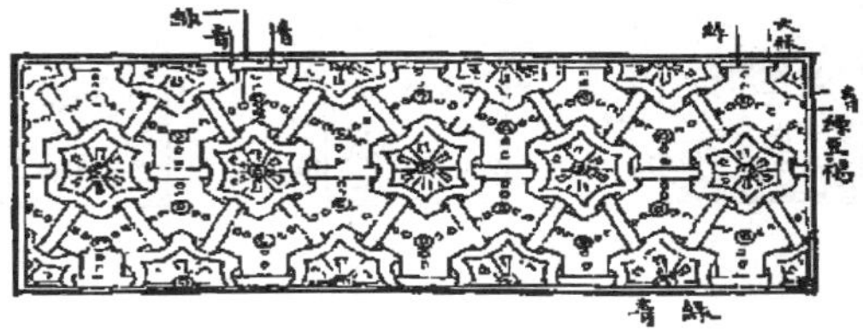

六出龜文

單卷如意頭

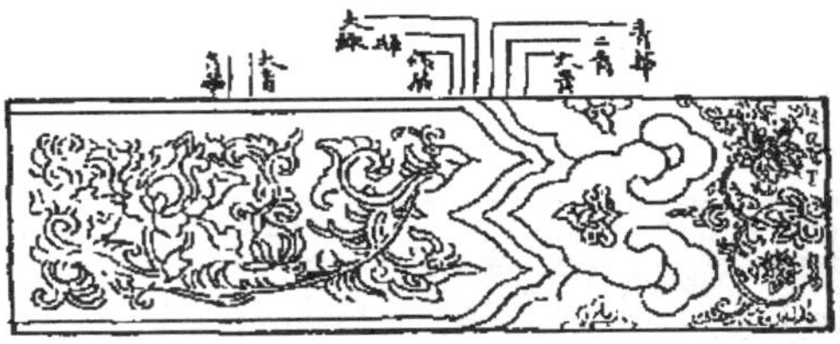

豹脚

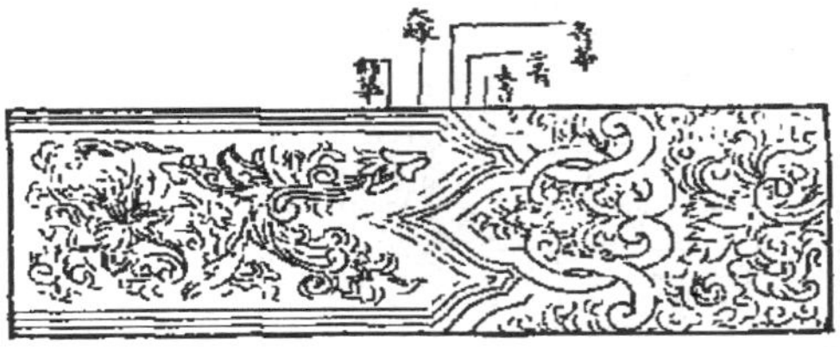

劒環

合蟬鷰尾

雲頭

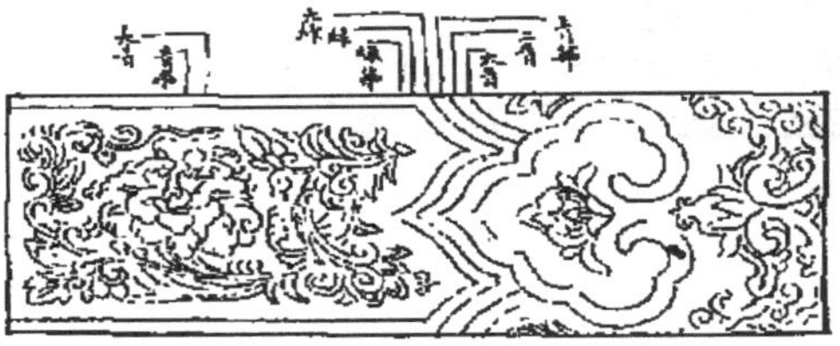

疊暈

三卷如意頭

簇三

牙脚

海石榴華内間六入圜華科

寶牙華内間柿蔕(科)〔科〕

枝條卷成海石榴華内間四入圜華科

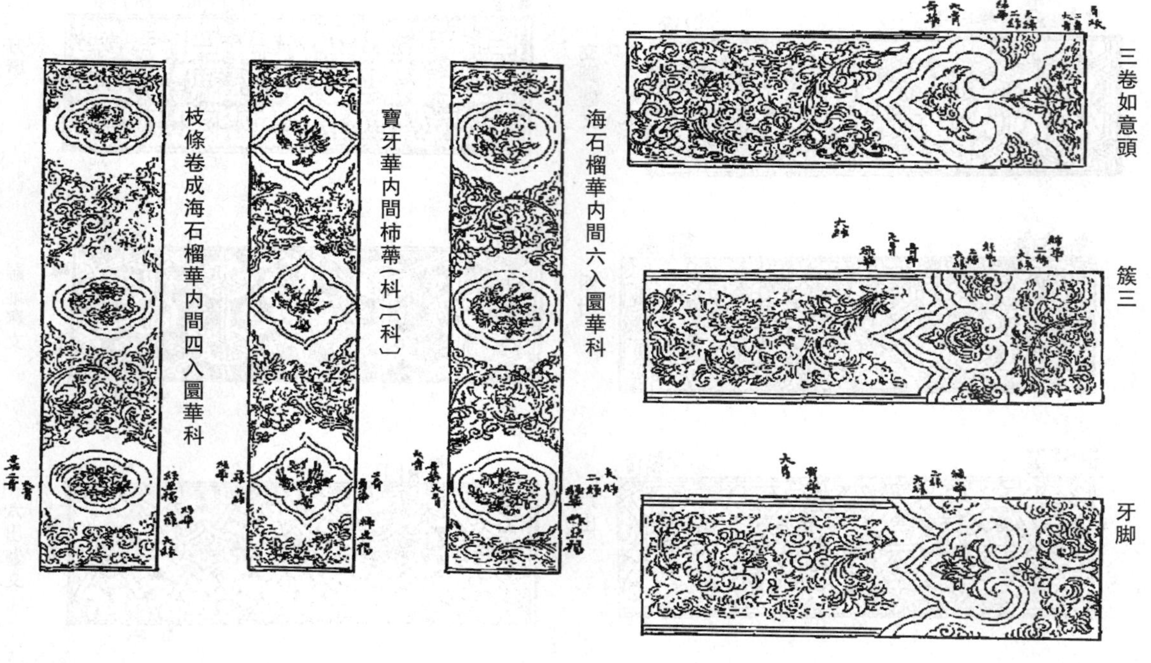

碾玉平棊第十其華子暈心墨者係青暈外緑者係緑並係鈒玉裝其不暈者白上描檀疊青緑

李誠《營造法式》卷三四《彩畫作制度圖樣下》 五彩遍裝名件第十一

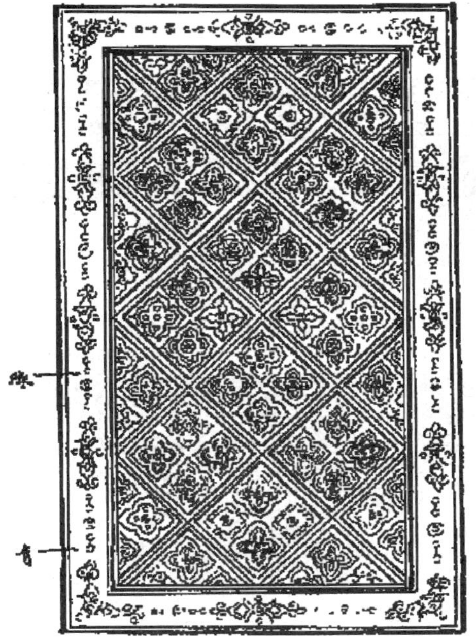

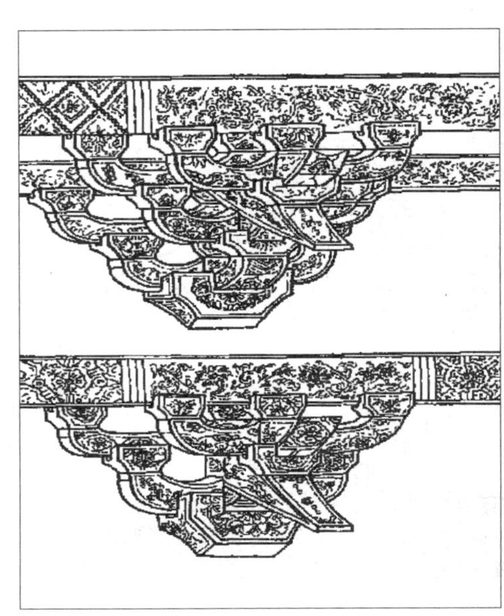
五鋪作枓栱

四鋪作枓栱

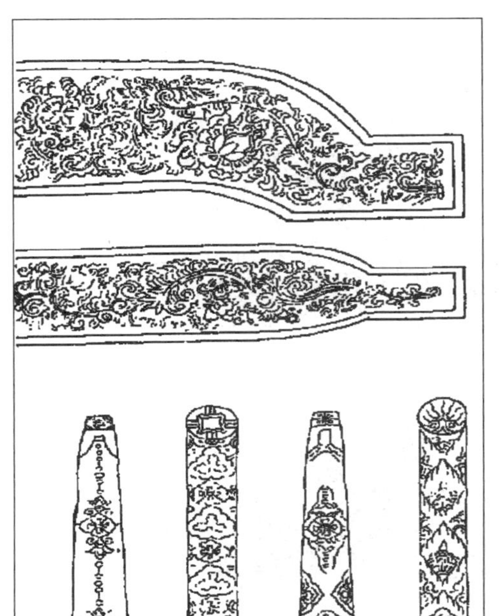
梁椽 飛子

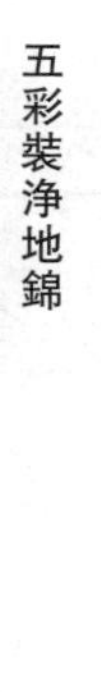

五彩裝浄地錦

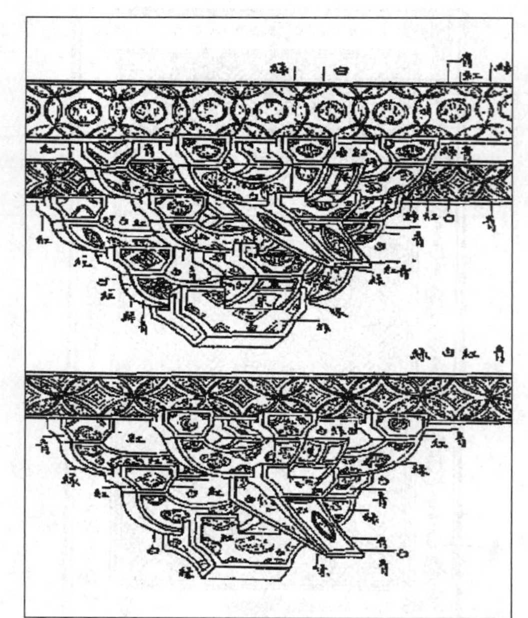

梁椽 飛子

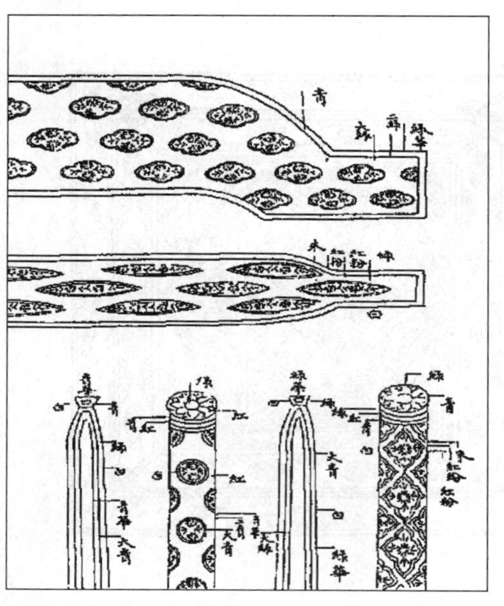

五彩裝栱眼壁

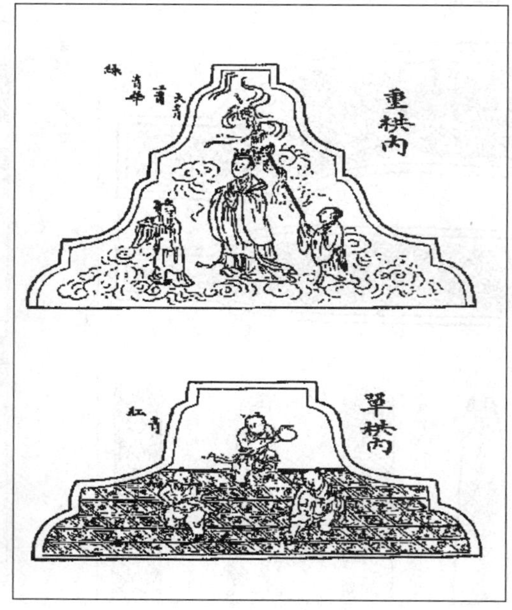

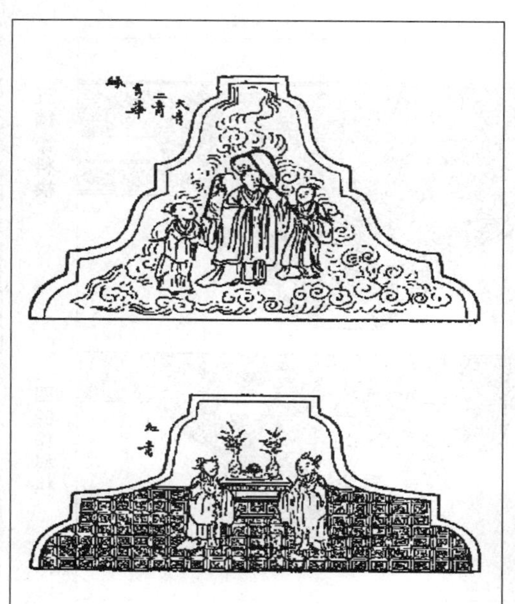

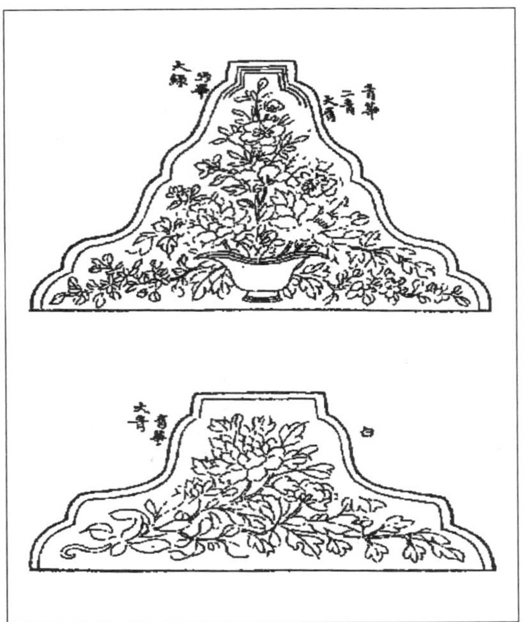
大綠
青華
二青
大青
大青
青華
白

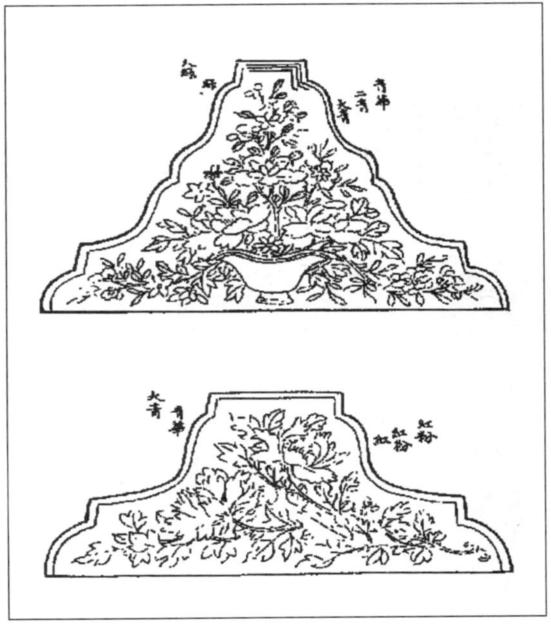
青華
二青
大青
大青
青華
紅粉

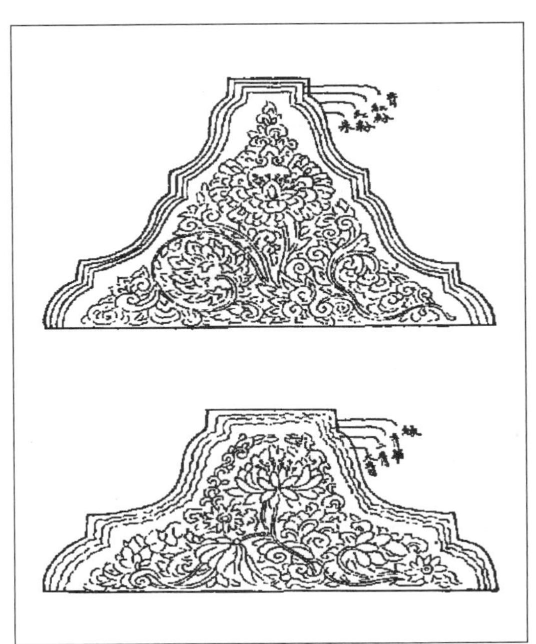

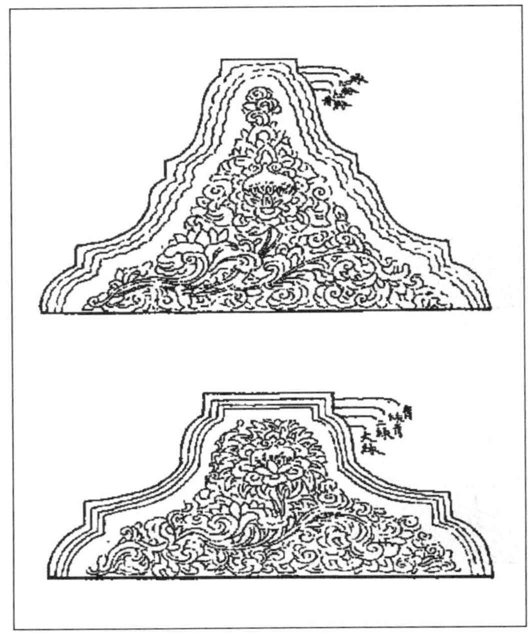

梁椽　飛子

五鋪作枓栱

四鋪作枓栱

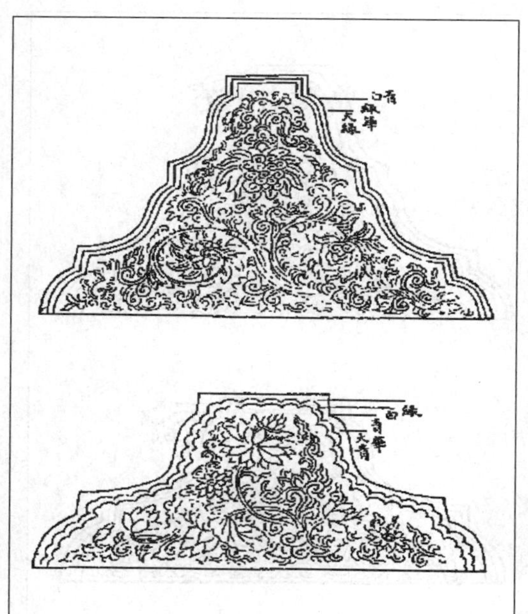

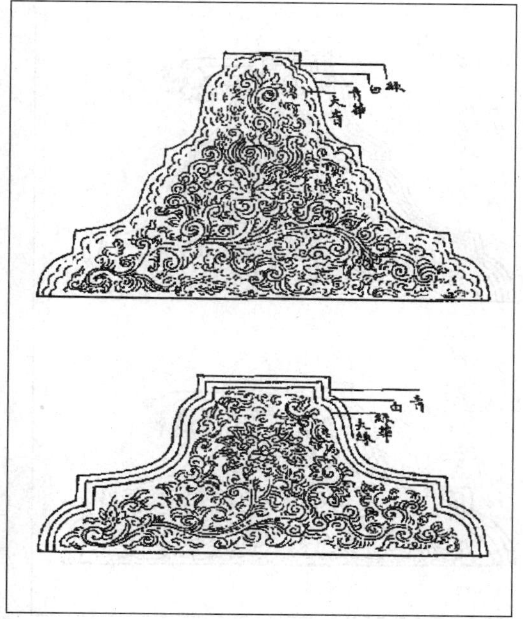

碾玉裝栱眼壁

青緑疊暈棱間裝名件第十三

梁椽飛子

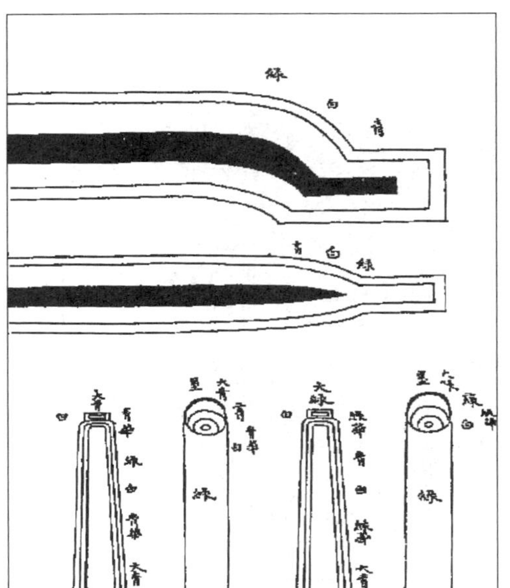

青緑疊暈玉暈棱間裝第十三

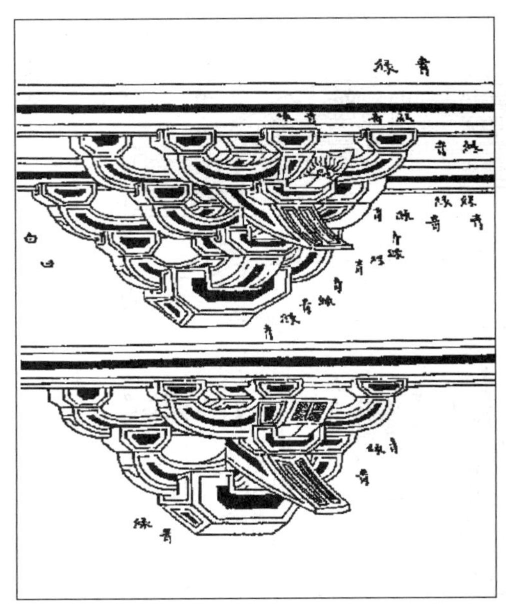

梁椽飛子

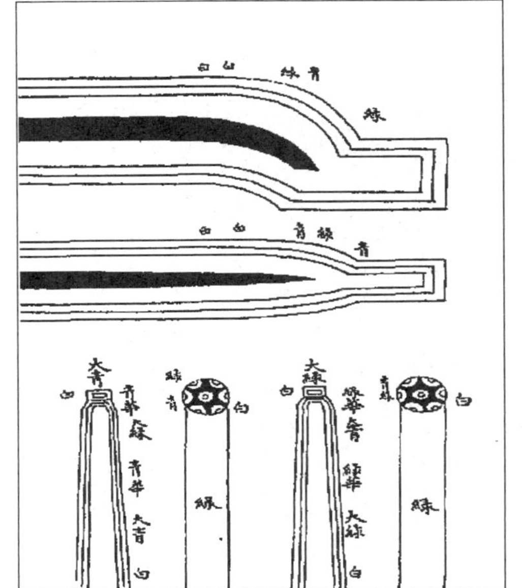

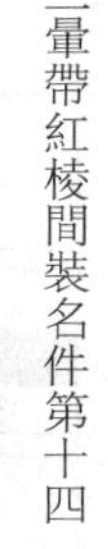

三暈帶紅棱間裝名件第十四

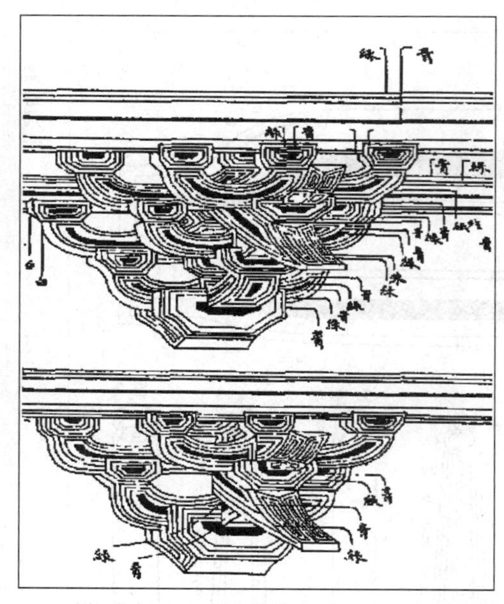

梁椽飛子

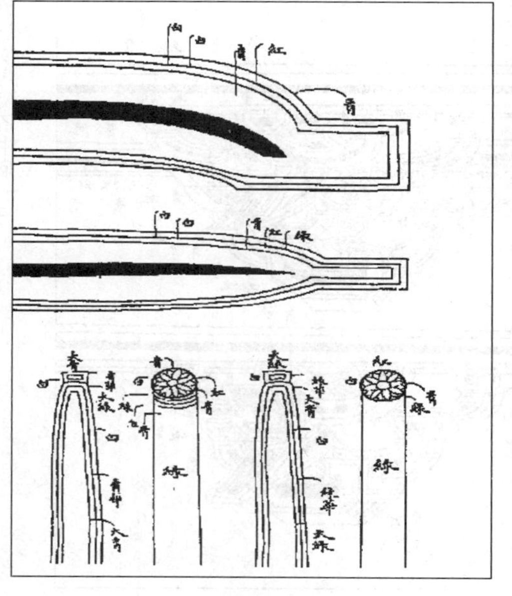

兩暈棱間内畫松文裝名件第十五

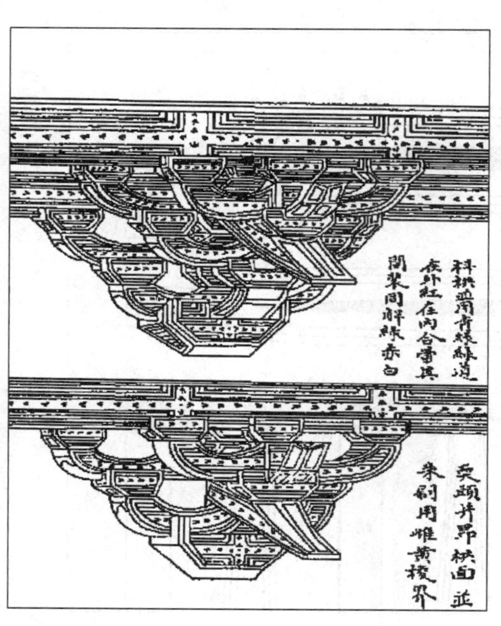

梁椽飛子

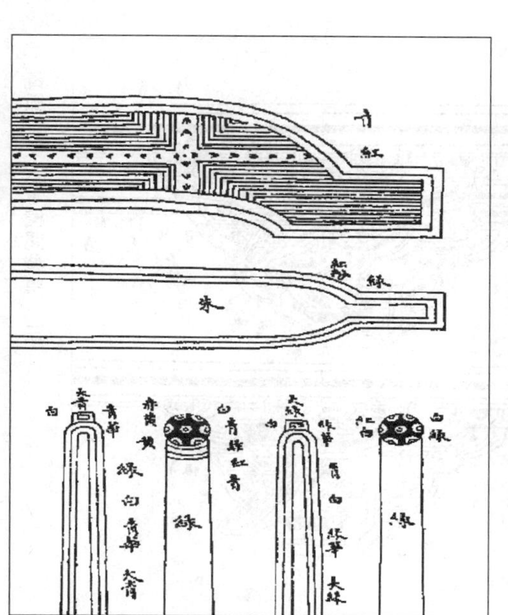

梁椽飛子

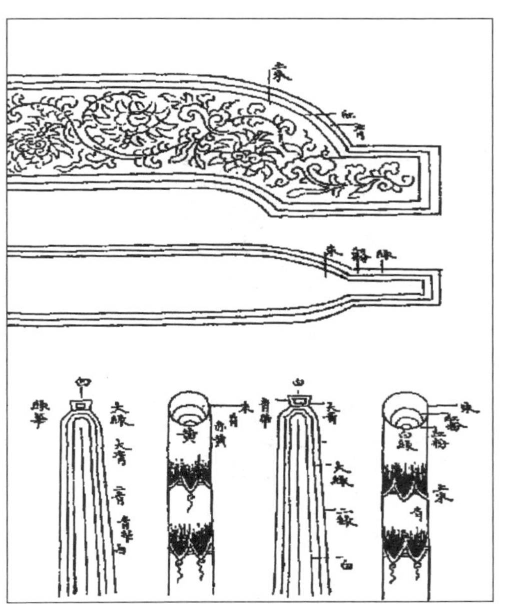

解緑裝名件

凡青緑並大青在外，青華在中，粉緑在內。凡緑緑並大緑在外，緑華在中，粉緑在內。

梁椽飛子

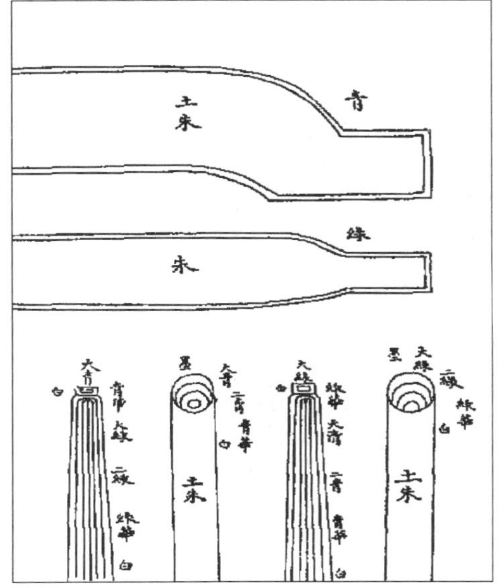

李誠《營造法式》卷三四《刷飾制度圖樣》

丹粉刷飾名件第一

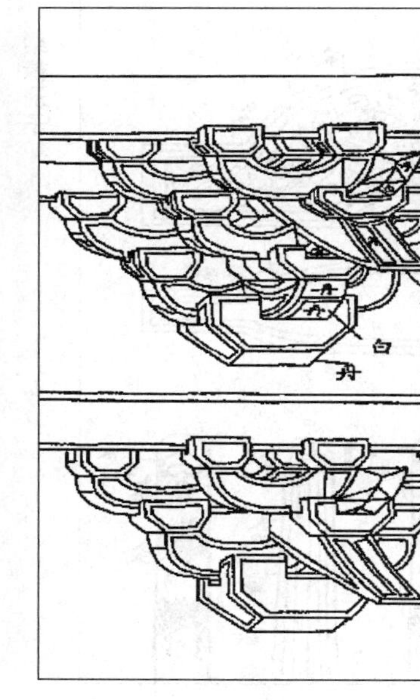

梁椽飛子

黄土刷飾名件第二

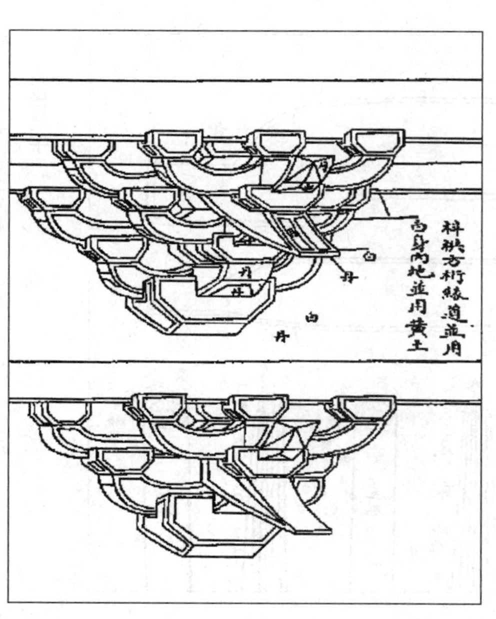

〔梁椽飛子〕

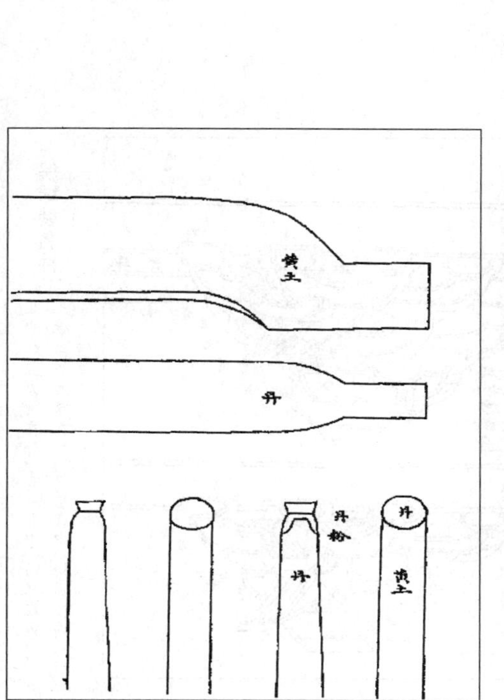

用工規範

壕寨功限

李誠《營造法式》卷一六《壕寨功限》 總雜功

諸土乾重六十斤爲一擔。諸物準此。如麤重物用八人以上，石段用五人以上可舉者，或瑠璃瓦名件等，每重五十斤爲一擔。

諸石每方一尺，重一百四十三斤七兩五錢。方一寸，二兩三錢。塼，八十七斤八兩。方一寸，一兩四錢。瓦，九十斤六兩二錢五分。方一寸，一兩四錢五分。

諸木每方一尺，重依下項：

黄松，寒松、赤甲松同。二十五斤。方一寸，四錢。

白松，二十斤。方一寸，三錢二分。

山雜木，謂海棗、榆、槐木之類。三十斤。方一寸，四錢八分。

諸於三十里外般運物一擔，往復一功；若一百二十步以上，紐計每往復共一里，六十擔亦如之。牽拽舟、車、栰，地里準此。諸功作般運物，若於六十步外往復者，謂七十步以下者。並只用本作供作功。或無供作功者，每一百八十擔一功。或不及六十步者，每短一步加一擔。

諸於六十步内掘土般供者，每七十尺一功。如地堅硬或砂礓相雜者，減二十尺。

諸自下就土供壇基牆等，用本功。如加膊版高一丈以上用者，以一百五十擔一功。

諸掘土裝車及篅籃，每三百三十擔一功。如地堅硬或砂礓相雜者，裝一百三十擔。

諸磨褫石段，每石面二尺一功。

諸磨褫二尺方塼，每六口一功。一尺五寸方塼八口，壓闌塼一十口，一尺三寸方塼一十八口，一尺二寸方塼二十三口，一尺三寸條塼三十五口同。

諸脱造壘牆條墼，長一尺二寸，廣六寸，厚二寸。乾重十斤。每一百口一功。和泥起壓在内。

築基

諸殿、閣、堂、廊等基址開掘，出土在内，若去岸一丈以上，即別計般土功。方八十尺，謂每長、廣、方、深各一尺爲計。就土鋪填打築六十尺，各一功。若用碎塼瓦、石札者，其功加倍。

築城

諸開掘及填築城基，每各五十尺一功。削掘舊城及就土修築女頭牆，及護嶮牆者亦如之。

諸於三十步内供土築城，自地至高一丈，每一百五擔一功。自一丈以上至二丈，每一百擔；自二丈以上至三丈，每九十擔；自三丈以上至四丈，每七十五擔；自四丈以上至五丈，每五十五擔。同其地步及城高下不等，準此細計。

諸紐草葽二百條，或斫橛子五百枚，若剗削城壁四十尺，般取膊椽功在内。各一功。

築牆

諸開掘牆基，每一百二十尺一功。若就土築牆，其功加倍。

諸用葽、橛就土築牆，每五十尺一功。就土抽紝築屋下牆同。露牆六十尺亦準此。

穿井

諸穿井開掘，自下出土，每六十尺一功。若深五尺以上，每深一尺，每功減一尺，減至二十尺止。

般運功

諸舟船般載物，裝卸在内。依下項：

一去六十步外般物裝船，每一百五十擔；如麤重物一件及一百五十斤以上者減半。

一去三十步外取掘土兼般運裝船者，每一百擔。一去一十五步外者加五十擔。

泝流拽船，每六十擔。

順流駕放，每一百五十擔。

右各一功。

諸車般載物，裝卸拽車在内。依下項：

螭車載麤重物：

重一千斤以上者，每五十斤；

重五百斤以上者，每六十斤。

右各一功。

𨏥䡨車載麤重物：

重一千斤以下者，每八十斤一功。

驢拽車：

每車裝物重八百五十斤爲一運。其重物一件重一百五十斤以上者，别破裝卸功。

獨輪小車子：扶駕二人。

每車子裝物重二百斤。

諸河内繫栰駕放，牽拽般運竹、木依下項：

慢水泝流，謂蔡河之類。牽拽每七十三尺；如水淺，每九十八尺。

順流駕放，謂汴河之類。每二百五十尺；綰繫在内。若細碎及三十件以上者，二百尺。

出漉，每一百六十尺。其重物一件長三十尺以上〔者〕八十尺。

右各一功。

供諸作功

諸工作破供作功依下項：

瓦作結瓦；

泥作；

塼作；

鋪壘安砌；

砌壘井；

窰作壘窰。

右本作每一功，供作各二功。

大木作釘椽，每一功，供作一功。

小木作安卓，每一件及三功以上者，每一功，供作五分功。平棊、藻井、栱眼、照壁、裏栿版，安卓雖不及三功者並計供作功，即每一件供作不及一功者不計。

大木作功限

李誠《營造法式》卷一七《大木作功限一》 栱、枓等造作功造作功並以第六等材爲率。

材：長四十尺，一功。材每加一等，遞減四尺。材每減一等，遞增五尺。

栱：

令栱一隻，二分五氂功。

華栱一隻，

泥道栱一隻，

瓜子栱一隻，

右各二分功。

慢栱一隻，五分功。

若材每加一等，各隨逐等加之，華栱、令栱、泥道栱、瓜子栱、慢栱，並各加五氂功。若材每減一等，各隨逐等減之，華栱減二氂功，令栱減三氂功，泥道栱、瓜子栱各減一氂功，慢栱減五氂功。其自第四等加第三等，於遞加功内減半加之。加足材及枓、柱、槫之類並準此。

若造足材栱，各於逐等栱上更加功限。華栱、令栱各加五氂功，泥道栱、瓜子栱各加四氂功，慢栱加七氂功。其材每加、減一等，遞加、減各一氂功。如角内列栱，各以栱頭爲計。

枓：

櫨枓一隻，五分功。材每增減一等，遞加減各一分功。

交互枓九隻。材每增減一等，遞加減各一隻。

齊心枓十隻。加減同上。

散枓一十一隻。加減同上。

右各一功。

出跳上名件：

昂尖，一十一隻一功。加減同交互枓法。

爵頭一隻，

華頭子一隻，

右各一分功。材每增減一等，遞加減各二氂功。身内並同材法。

殿閣外檐補間鋪作用栱、枓等數

殿閣等外檐，自八鋪作至四鋪作，内外並重栱計心，外跳出下昂，裏跳出卷頭，每補間鋪作一朵用栱、昂等數下項。八鋪作裏跳用七鋪作，若七鋪作裏跳用六鋪作，其六鋪作以下，裏外跳並同。轉角者準此。

自八鋪作至四鋪作各通用：

單材華栱一隻，若四鋪作插昂，不用。

泥道栱一隻，

令栱二隻，

兩出耍頭一隻，並隨昂身上下斜勢，分作二隻，內四鋪作不分。

襯方頭一條，足材，八鋪作、七鋪作，各長一百二十分；六鋪作、五鋪作各長九十分；四鋪作，長六十分。

櫨枓一隻，

闇栔二條，一條長四十六分，一條長七十六分；八鋪作、七鋪作又加二條；各長隨補間之廣。

昂栓二條。八鋪作，各長一百三十分；七鋪作，各長一百一十五分；六鋪作，各長九十五分；五鋪作，各長八十分；四鋪作，各長五十分。

八鋪作、七鋪作各獨用：

第二杪華栱一隻，長四跳。

第三杪外華頭子、內華栱一隻。長六跳。

六鋪作、五鋪作各獨用：

第二杪外華頭子、內華栱一隻。長四跳。

八鋪作獨用：

第四杪內華栱一隻。外隨昂、槫斜，長七十八分。

四鋪作獨用：

第一杪外華頭子，內華栱一隻。長兩跳；若卷頭，不用。

自八鋪作至四鋪作各用：

瓜子栱：

八鋪作七隻，

七鋪作五隻，

六鋪作四隻，

五鋪作二隻。四鋪作不用。

慢栱：

八鋪作八隻，

七鋪作六隻，

六鋪作五隻，

五鋪作三隻，

四鋪作一隻。

下昂：

八鋪作三隻，一隻身長三百分，一隻身長二百七十分，一隻身長一百七十分。

七鋪作二隻，一隻身長二百七十分，一隻身長一百七十分。

六鋪作二隻，一隻身長二百四十分，一隻身長一百五十分。

五鋪作一隻，身長一百二十分。

四鋪作插昂一隻。身長四十分。

交互枓：

八鋪作九隻，

七鋪作七隻，

六鋪作五隻，

五鋪作四隻，

四鋪作二隻。

齊心枓：

八鋪作一十二隻，

七鋪作一十隻，

六鋪作五隻，五鋪作同。

四鋪作三隻。

散枓：

八鋪作三十六隻，

七鋪作二十八隻，

六鋪作二十隻，

五鋪作一十六隻，

四鋪作八隻。

殿閣身槽內補間鋪作用栱、枓等數

殿閣身槽內裏外跳，並重栱計心出卷頭。每補間鋪作一朵用栱、枓等數下項：

自七鋪作至四鋪作各通用：

泥道栱一隻，

令栱二隻，

兩出耍頭一隻，七鋪作，長八跳；六鋪作，長六跳；五鋪作，長四跳；四鋪作，長兩跳。

襯方頭一隻，長同上。

櫨枓一隻，

闇栔二條。一條長七十六分；一條長四十六分。

自七鋪作至五鋪作各通用：

瓜子栱：

七鋪作六隻，

六鋪作四隻，

五鋪作二隻。

自七鋪作至四鋪作各用：

兩出華栱：

七鋪作四隻，一隻長八跳，一隻長六跳，一隻長四跳，一隻長兩跳。

六鋪作三隻，一隻長六跳，一隻長四跳，一隻長兩跳。

五鋪作二隻，一隻長四跳，一隻長兩跳。

四鋪作一隻。長兩跳。

慢栱：

七鋪作七隻，

六鋪作五隻，

五鋪作三隻，

四鋪作一隻。

交互枓：

七鋪作八隻，

六鋪作六隻，

五鋪作四隻，

四鋪作二隻。

齊心枓：

七鋪作一十六隻，

六鋪作一十二隻，

五鋪作八隻，

四鋪作四隻。

散枓：

七鋪作三十二隻，

六鋪作二十四隻，

五鋪作一十六隻，

四鋪作八隻。

樓閣平坐補間鋪作用栱、枓等數

樓閣平坐，自七鋪作至四鋪作，並重栱計心，外跳出卷頭，裏跳挑斡棚栿及穿串上層柱身，每補間鋪作一朵，使栱、枓等數下項：

自七鋪作至四鋪作各通用：

泥道栱一隻，

令栱一隻，

耍頭一隻，七鋪作，身長二百七十分；六鋪作，身長二百四十分；五鋪作，身長二百一十分；四鋪作，身長一百八十分。

襯方一隻，七鋪作，身長三百分；六鋪作，身長二百七十分；五鋪作，身長二百四十分；四鋪作，身長二百一十分。

櫨枓一隻，

闇栔二條。一條長七十六分；一條長四十六分。

自七鋪作至五鋪作各通用：

瓜子栱：

七鋪作三隻，

六鋪作二隻，

五鋪作一隻。

自七鋪作至四鋪作各用：

華栱：

七鋪作四隻，一隻身長一百五十分，一隻身長一百二十分，一隻身長九十分，一隻身長六十分。

六鋪作三隻，一隻身長一百二十分，一隻身長九十分，一隻身長六十分。

五鋪作二隻，一隻身長九十分，一隻身長六十分。

四鋪作一隻。身長六十分。

慢栱：

七鋪作四隻，

六鋪作三隻，

五鋪作二隻，

四鋪作一隻。

交互枓：

七鋪作四隻，

六鋪作三隻，

五鋪作二隻，

四鋪作一隻。

齊心枓：

七鋪作九隻，

六鋪作七隻，

五鋪作五隻，

四鋪作三隻。

散枓：

七鋪作一十八隻，

六鋪作一十四隻，

五鋪作一十隻，

四鋪作六隻。

枓口跳每縫用栱、枓等數

枓口跳，每柱頭外出跳一朵，用栱、枓等下項：

泥道栱一隻，

華栱頭一隻，

櫨枓一隻，

交互枓一隻，

散枓二隻，

闇栔二條。

把頭絞項作每縫用栱、枓等數

把頭絞項作，每柱頭用栱、枓等下項：

泥道栱一隻，

耍頭一隻，

櫨枓一隻，

齊心枓一隻，

散枓二隻，

闇栔二條。

鋪作每間用方桁等數

自八鋪作至四鋪作，每一間一縫內、外用方桁等下項：

方桁：

八鋪作一十一條，

七鋪作八條，

六鋪作六條，

五鋪作四條，

四鋪作二條，

橑檐方一條。

遮椽版：難子加版數一倍，方一寸爲定。

八鋪作九片，

七鋪作七片，

六鋪作六片，

五鋪作四片，

四鋪作二片。

殿槽內，自八鋪作至四鋪作，每一間一縫內、外用方桁等下項：

方桁：

七鋪作九條，

六鋪作七條，

五鋪作五條，

四鋪作三條。

遮椽版：

七鋪作八片，

六鋪作六片，

五鋪作四片，

四鋪作二片。

平坐，自八鋪作至四鋪作，每間外出跳用方桁等下項：

方桁：

七鋪作五條，

六鋪作四條，

五鋪作三條，

四鋪作二條。

遮椽版：

七鋪作四片，

六鋪作三片，

五鋪作二片，

四鋪作一片，

鴈翅版一片。廣三十分。

枓口跳，每間内前、後檐用方桁等下項：

方桁二條，

撩檐方二條。

把頭絞項作，每間内前、後檐用方桁下項：

方桁，二條。

凡鋪作，如單栱及偷心造，或柱頭内騎絞梁栿處，出跳皆隨所用鋪作除減枓栱。如單栱造者，不用慢栱，其瓜子栱並改作令栱。若裏跳別有增減者，各依所出之跳加減。其鋪作安勘、絞割、展拽，每一朵昂栓、闇栔、闇枓口安劄及行繩墨等功並在内，以上轉角者並準此。取所用枓、栱等造作功，十分中加四分。

李誡《營造法式》卷一八《大木作功限二》 殿閣外檐轉角鋪作用栱、枓等數

殿閣等自八鋪作至四鋪作，内、外並重栱計心，外跳出下昂，裏跳出卷頭，每轉角鋪作一朵，用栱、昂等數下項：

自八鋪作至四鋪作各通用：

華栱列泥道栱二隻。若四鋪作插昂，不用。

角内耍頭一隻，八鋪作至六鋪作，身長一百一十七分；五鋪作、四鋪作，身長八十四分。

角内由昂一隻，八鋪作，身長四百六十分；七鋪作，身長四百二十分；六鋪作，身長三百七十六分；五鋪作，身長三百三十六分；四鋪作，身長一百四十分。

櫨枓一隻，

闇栔四條。二條長三十六分，二條長二十一分。

自八鋪作至五鋪作各通用：

慢栱列切几頭二隻，

瓜子栱列小栱頭分首二隻，身長二十八分。

角内華栱一隻，

足材耍頭二隻，八鋪作、七鋪作，身長九十分；六鋪作、五鋪作，身長六十五分。

襯方二條。八鋪作、七鋪作，長一百三十分；六鋪作、五鋪作，長九十分。

自八鋪作至六鋪作各通用：

令栱二隻，

瓜子栱列小栱頭分首二隻，身内交隱鴛鴦栱，長五十三分。

令栱列瓜子栱二隻，外跳用。

慢栱列切几頭分首二隻，外跳用，身長二十八分。

令栱列小栱頭二隻，裏跳用。

瓜子栱列小栱頭分首四隻，裏跳用，八鋪作添二隻。

慢栱列切几頭分首四隻。八鋪作同上。

八鋪作、七鋪作各獨用：

華頭子二隻，身連間内方桁。

瓜子栱列小栱頭二隻，外跳用八鋪作添二隻

慢栱列切几頭二隻，外跳用，身長五十三分。

華栱列慢栱二隻，身長二十八分。

瓜子栱二隻，八鋪作添二隻。

第二杪華栱一隻，身長七十四分。

第三杪外華頭子内華栱一隻。身長一百四十七分。

六鋪作、五鋪作各獨用：

華頭子列慢栱二隻。身長二十八分。

八鋪作獨用：

慢栱二隻，
慢栱列切几頭分首二隻，身內交隱鴛鴦栱，長七十八分。
第四杪內華栱一隻。外隨昂、槫斜身長一百一十七分。
五鋪作獨用：
令栱列瓜子栱二隻。身內交隱鴛鴦栱，身長五十六分。
四鋪作獨用：
令栱列瓜子栱分首二隻，身長三十分。
華頭子列泥道栱二隻，
耍頭列慢栱二隻，身長三十分。
角內外華頭子內華栱一隻。若卷頭造不用。
自八鋪作至四鋪作各用：
交角昂：
八鋪作六隻，二隻身長一百六十五分，二隻身長一百四十分，二隻身長一百一十五分。
七鋪作四隻，二隻身長一百四十分，二隻身長一百一十五分。
六鋪作四隻，二隻身長一百分，二隻身長七十五分。
五鋪作二隻，身長七十五分。
四鋪作二隻。身長三十五分。
角內昂：
八鋪作三隻，一隻身長四百二十分，一隻身長三百八十分，一隻身長二百分。
七鋪作二隻，一隻身長三百三十六分，一隻身長一百七十五分。
六鋪作二隻，一隻身長三百三十六分，一隻身長一百七十五分。
五鋪作、四鋪作各一隻。五鋪作，身長一百七十五分；四鋪作，身長五十分。
交互枓：
八鋪作一十隻，
七鋪作八隻，
六鋪作六隻，
五鋪作四隻，
四鋪作二隻。
齊心枓：
八鋪作八隻，
七鋪作六隻，
六鋪作二隻。五鋪作四鋪作同。
平盤枓：
八鋪作一十一隻，
七鋪作七隻，六鋪作同。
五鋪作六隻，
四鋪作四隻。
散枓：
八鋪作七十四隻，
七鋪作五十四隻，
六鋪作三十六隻，
五鋪作二十六隻，
四鋪作一十二隻。

殿閣身內轉角鋪作用栱、枓等數

殿閣身槽內裏外跳，並重栱計心出卷頭，每轉角鋪作一朵用枓、栱等數下項：
自七鋪作至四鋪作各通用：
華栱列泥道栱三隻，外跳用。
令栱列小栱頭分首二隻，裏跳用。
角內華栱一隻，
角內兩出耍頭一隻，七鋪作，身長二百八十八分；六鋪作，身長一百四十七分；五鋪作，身長七十七分；四鋪作，身長六十四分。
櫨枓一隻，
闇栔四條。二條長三十一分，二條長二十一分。
自七鋪作至五鋪作各通用：
瓜子栱列小栱頭分首二隻，外跳用，身長二十八分。
慢栱列切几頭分首二隻，外跳用，身長二十八分。
角內第二抄華栱一隻。身長七十七分。
七鋪作、六鋪作各獨用：

瓜子栱列小栱頭分首二隻，身內交隱鴛鴦栱，身長五十三分。

慢栱列切几頭分首二隻，身長五十三分。

令栱列瓜子栱二隻，

華栱列慢栱二隻，

騎栿令栱二隻，

角內第三抄華栱一隻。身長一百四十七分。

七鋪作獨用：

慢栱列切几頭分首二隻，身內交隱鴛鴦栱，身長七十八分。

瓜子栱列小栱頭二隻，

瓜子丁頭栱四隻，

五鋪作獨用：

角內第四杪華栱一隻。身長二百一十七分。

騎栿令栱分首二隻。身內交隱鴛鴦栱，身長五十三分。

四鋪作獨用：

令栱列瓜子栱分首二隻，身長二十分。

耍頭列慢栱二隻。身長三十分。

自七鋪作至五鋪作各用：

慢栱列切几頭：

七鋪作六隻，

六鋪作四隻，

五鋪作二隻，

瓜子栱列小栱頭。數並同上。

自七鋪作至四鋪作各用：

交互枓：

七鋪作四隻，六鋪作同。

五鋪作二隻。四鋪作同。

平盤枓：

七鋪作一十隻，

六鋪作八隻，

五鋪作六隻，

四鋪作四隻。

散枓：

七鋪作六十隻，

六鋪作四十二隻，

五鋪作二十六隻，

四鋪作一十二隻。

樓閣平坐轉角鋪作用栱、枓等數

樓閣平坐，自七鋪作至四鋪作，並重栱計心，外跳出卷頭，裏跳挑斡棚栿及穿串上層柱身，每轉角鋪作一朵用栱、枓等數下項：

自七鋪作至四鋪作各通用：

第一杪角內足材華栱一隻，身長四十二分。

第一杪入柱華栱二隻，身長三十二分。

第一杪華栱列泥道栱二隻，身長三十二分。

角內足材耍頭一隻，七鋪作，身長二百一十分；六鋪作，身長一百六十八分；五鋪作，身長一百二十六分；四鋪作，身長八十四分。

耍頭列慢栱分首二隻，七鋪作，身長一百五十二分；六鋪作，身長一百二十二分；五鋪作，身長九十二分；四鋪作，身長六十二分。

入柱耍頭二隻，長同上。

耍頭列令栱分首二隻，長同上。

襯方三條，七鋪作內，二條單材，長一百八十分；一條足材，長二百五十二分；六鋪作內，二條單材，長一百五十分；一條足材，長二百一十分；五鋪作內，二條單材，長一百二十分；一條足材，長一百六十八分；四鋪作內，二條單材，長九十分；一條足材，長一百二十六分。

櫨枓三隻，

闇栔四條。二條長六十八分，二條長五十三分。

自七鋪作至五鋪作各通用：

第二杪角內足材華栱一隻，身長八十四分。

第二杪入柱華栱二隻，身長六十二分。

第二杪華栱列慢栱二隻。身長六十三分。

七鋪作、六鋪作、五鋪作各用：

耍頭列方桁二隻。七鋪作，身長一百五十二分；六鋪作，身長一百二十二分；五鋪作，身長九十一分。

華栱列瓜子栱分首：

七鋪作六隻，二隻身長一百二十二分；二隻身長九十二分；二隻身長六十二分。

六鋪作四隻，二隻身長九十二分；二隻身長六十二分。

五鋪作二隻，身長六十二分。

七鋪作、六鋪作各用：

交角耍頭：

七鋪作四隻，二隻身長一百五十二分；二隻身長一百二十二分。

六鋪作二隻。身長一百二十二分。

華栱列慢栱分首：

七鋪作四隻，二隻身長一百二十二分；二隻身長九十二分。

六鋪作二隻。身長九十二分。

七鋪作、六鋪作各獨用：

第三杪角内足材華栱一隻，身長二十六分。

第三杪入柱華栱二隻，身長九十二分。

第三杪華列柱頭方二隻。身長九十二分。

七鋪作獨用：

第四杪入柱華栱二隻，身長一百二十二分。

第四杪交角華栱二隻，身長九十二分。

第四杪華栱列柱頭方二隻，身長一百二十二分。

第四杪角内華栱一隻。身長一百六十八分。

自七鋪作至四鋪作各用：

交互枓：

七鋪作二十八隻，

六鋪作一十八隻，

五鋪作一十隻，

四鋪作四隻。

齊心枓：

七鋪作五十隻，

六鋪作四十四隻，

五鋪作一十九隻，

四鋪作八隻。

平盤枓：

七鋪作五隻，

六鋪作四隻，

五鋪作三隻，

四鋪作二隻。

散枓：

七鋪作一十八隻，

六鋪作一十四隻，

五鋪作一十隻，

四鋪作六隻。

凡轉角鋪作，各隨所用，每鋪作枓栱一朵，如四鋪作、五鋪作，取所用栱、枓等造作功，於十分中加八分爲安勘、絞割、展拽功。若六鋪作以上，加造作功一倍。

李誡《營造法式》卷一九《大木作功限三》 殿堂梁、柱等事件功限

造作功：

月梁，材每增減一等，各遞加減八寸。直梁準此。

八椽栿，每長六尺七寸。六椽栿以下至四椽栿，各遞加八寸；四椽栿至三椽栿，加一尺六寸；三椽栿至兩椽栿及丁栿、乳栿，各加二尺四寸。

直梁，八椽栿，每長八尺五寸。六椽栿以下至四椽栿，各遞加一尺；四椽栿至三椽栿，加二尺；三椽栿至兩椽栿及丁栿、乳栿，各加三尺。

右各一功。

柱，每一條長一丈五尺，徑一尺一寸，一功。穿鑿功在内，若角柱，每一功加一分功。如徑增一寸，加一分二氂功；如一尺三寸以上，每徑增一寸，又遞加三氂功。若長增一尺五寸，加本功一分功。或徑一尺一寸以下者，每減一寸，減一分七氂功，減至一分五氂止。或用方柱，每一功減二分功。若壁内闇柱，圜者每一功減三分功，方者減一分功。如祇用柱頭額者，減本功一分功。

駝峯，每一坐，兩瓣或三瓣卷殺。高二尺五寸，長五尺，厚七寸；

綽幕三瓣頭，每一隻；

柱礩，每一枚。

右各五分功。材每增減一等，綽幕頭各加減五釐功；柱礩各加減一分功。其駝峯若高增五寸，長增一尺，加一分功；或作氊笠樣造，減二分功。

大角梁，每一條，一功七分。材每增減一等，各加減三分功。

子角梁，每一條八分五釐功。材每增減一等，各加減一分五釐功。

續角梁，每一條六分五釐功。材每增減一等，各加減一分功。

襻間、脊串、順身串，並同材。

替木一枚，卷殺兩頭，共七釐功。身内同材；楷子同；若作華楷，加功三分之一。

普拍方，每長一丈四尺；材每增減一等，各加減一尺。

橑檐方，每長一丈八尺五寸；加減同上。

槫，每長二丈；加減同上，如草架，加一倍。

劄牽，每長一丈六尺；加減同上。

大連檐，每長五丈；材每增減一等，各加減五尺。

小連檐，每長一百丈；材每增減一等，各加減一丈。

椽，纏斫事造者，每長一百三十尺；如斫棱事造者，加三十尺；若事造圜椽者，加六十尺；材每增減一等，各加減十分之一。

飛子，每三十五隻；材每增減一等，各加減三隻。

大額，每長一丈四尺二寸五分；材每增減一等，各加減五寸。

由額，每長一丈六尺；加減同上，照壁方、承椽串同。

托脚，每長四丈五尺；材每增減一等，各加減四尺；叉手同。

平闇版，每廣一尺，長十丈；遮椽版、白版同；如要用金漆及法油者，長即減三分。

生頭，每廣一尺，長五丈；搏風版、敦㭷、矮柱同。

樓閣上平坐内地面版，每廣一尺，厚二寸，牙縫造。長同上。若直縫造者，長增一倍。

右各一功。

凡安勘、絞割屋内所用名件柱、額等，加造作名件功四分；如有草架，壓槽方、襻間、闇梁、㮰柱固濟等方木在内。卓立搭架、釘椽、結裹，又加二分。倉敖、庫屋功限及常行散屋功限準此。其卓立、搭架等，若樓閣五間，三層以上者，自第二層平坐以上，又加二分功。

城門道功限樓臺鋪作準殿閣法。

造作功：

排叉柱，長二丈四尺，廣一尺四寸，厚九寸，每一條一功九分二釐。每長增減一尺，各加減八釐功。

洪門栿，長二丈五尺，廣一尺五寸，厚一尺。每一條一功九分二釐五毫。每長增減一尺，各加減七釐七毫功。

狼牙栿，長一丈二尺，廣一尺，厚七寸。每一條八分四釐功。每長增減一尺，各加減七釐功。

托脚，長七尺，廣一尺，厚七寸。每一條四分九釐功。每長增減一尺，各加減七釐功。

蜀柱，長四尺，廣一尺，厚七寸。每一條二分八釐功。每長增減一尺，各加減七釐功。

涎衣木，長二丈四尺，廣一尺五寸，厚一尺。每一條三功八分四釐。每長增減一尺，各加減一分六釐功。

永定柱，事造頭口，每一條五分功。

檐門方，長二丈八尺，廣二尺，厚一尺二寸。每一條二功八分。每長增減一尺，各加減一釐功。

盝頂版，每七十尺一功。

散子木，每四百尺一功。

跳方，柱脚方、鴈翅版同。功同平坐。

凡城門道，取所用名件等造作功，五分中加一分，爲展拽、安勘、穿攏功。

倉敖、庫屋功限其名件以七寸五分材爲祖計之，更不加減。常行散屋同。

造作功：

衝脊柱，謂十架椽屋用者。每一條三功五分。每增減兩椽，各加減五分之一。

四椽栿，每一條二功。壺門柱同。

八椽栿項柱，一條長一丈五尺，徑一尺二寸，一功三分。如轉角柱，每一功加一分功。

三椽栿，每一條一功二分五釐。

角栿，每一條一功二分。

大角梁，每一條一功一分。

乳栿，每一條；

椽，共長三百六十尺；
大連椽，共長五十尺；
小連檐，共長二百尺；
飛子，每四十枚；
白版，每廣一尺，長一百尺；
横抹，共長三百尺；
搏風版，共長六十尺；
右各一功。
下檐柱，每一條八分功。
兩丁栿，每一條七分功。
子角梁，每一條五分功。
槏柱，每一條四分功。
續角梁，每一條三分功。
壁版柱，每一條二分五釐功。
劄牽，每一條二分功。
榑每一條，
矮柱每一枚，
壁版每一片，
右各一分五釐功。
枓，每一隻一分二釐功。
脊串每一條，
蜀柱每一枚，
生頭每一條，
脚版每一片，
右各一分功。
護替木楷子，每一隻九釐功。
額，每一片八釐功。
仰合楷子，每一隻，六釐功。
替木每一枚，
叉手每一片。托脚同。

右各五釐功。
常行散屋功限官府廊屋之類同。
造作功：
四椽栿，每一條二功。
三椽栿，每一條一功二分。
乳栿，每一條；
椽，共長三百六十尺；
連檐，每長二百尺；
搏風版，每長八十尺。
右各一功。
兩椽栿，每一條七分功。
駝峯，每一坐四分功。
榑，每一條二分功。梢榑，加二釐功。
劄牽，每一條一分五釐功。
枓每一隻，
生頭木每一條，
脊串每一條，
蜀柱每一條。
右各一分功。
額，每一條九釐功。側項額同。
替木，每一枚八釐功。梢榑下用者，加一釐功。
叉手每一片，托脚同。
楷子每一隻。
右各五釐功。
右若枓口跳以上，其名件各依本法。
跳舍行牆功限
造作功：穿鑿、安勘等功在內。
柱，每一條一分功。榑同。
椽，共長四百尺；杚巴子所用同。
連檐，共長三百五十尺。杚巴子同上。

右各一功。

跳子，每一枚一分五釐功。角内者，加二釐功。

替木，每一枚四釐功。

望火樓功限

望火樓一坐，四柱，各高三十尺，基高十尺。上方五尺，下方一丈一尺。

造作功：

柱，四條，共一十六功。

榥，三十六條，共二功八分八釐。

梯脚，二條，共六分功。

平栿，二條，共二分功。

蜀柱二枚，

搏風版二片，

右各共六釐功。

槫，三條，共三分功。

角柱四條，

厦屋版二十片，

右各共八分功。

護縫，二十二條，共二分二釐功。

壓脊，一條一分二釐功。

坐版，六片，共三分六釐功。

右以上穿鑿、安卓，共四功四分八釐。

營屋功限其名件以五寸材爲祖計之。

造作功：

栿項柱每一條，

兩椽栿每一條，

右各二分功。

四椽下檐柱，每一條一分五釐功。三椽者，一分功；兩椽者，七釐五毫功。

枓每一隻，

槫每一條，

右各一分功。梢槫加二釐功。

搏風版，每共廣一尺，長一丈，九釐功。

蜀柱每一條，

額每一片，

右各八釐功。

牽，每一條七釐功。

脊串，每一條五釐功。

連檐，每長一丈五尺；

替木，每一隻，

右各四釐功。

叉手，每一片二釐五毫功。蚣翅，三分中減二分功。

椽，每一條一釐功。

右以上釘椽、結裹，每一椽四分功。

拆修、挑、拔舍屋功限飛檐附。

拆修鋪作舍屋，每一椽：

槫檁衮轉、脱落，全拆重修，一功二分。枓口跳之類，八分功；單枓隻替以下，六分功。

揭箔翻修，挑拔柱木，修整檐宇，八分功。枓口跳之類，六分功；單枓隻替以下，五分功。

連瓦挑拔，推薦柱木，七分功。枓口跳之類以下，五分功；如相連五間以上，各減功五分之一。

重別結裹飛檐，每一丈四分功。如相連五丈以上，減功五分之一；其轉角處，加功三分之一。

薦拔、抽換柱、栿等功限

薦拔抽換殿宇、樓閣等柱、栿之類，每一條，

殿宇、樓閣：

平柱：

有副階者以長二丈五尺爲率。一十功。每增減一尺，各加減八分功。其廳堂、三門、亭臺栿項柱，減功三分之一。

無副階者以長一丈七尺爲率。六功。每增減一尺，各加減五分功。其廳堂、三門、亭臺下檐柱，減功三分之一。

副階平柱以長一丈五尺爲率。四功。每增減一尺，各加減三分功。

角柱比平柱，每一功加五分功。廳堂、三門、亭臺同。下準此。

明栿：

六架椽八功，草栿，六功五分。

四架椽六功，草栿，五功。

三架椽五功，草栿，四功。

兩下栿乳栿同。四功，草栿，三功；草乳栿同。

牽六分功。劄牽減功五分之一。

椽，每一十條一功。如上、中架，加數二分之一。

枓口跳以下，六架椽以上舍屋：

栿，六架椽四功。四架椽二功，三架椽一功八分，兩下栿一功五分，乳栿一功五分。

牽五分功。劄牽減功五分之一。

栿項柱一功五分。下檐柱八分功。

單枓隻替以下，四架椽以上舍屋：枓口桃之類四椽以下舍屋同。

栿，四架椽一功五分；三架椽一功二分，兩下、栿并乳栿，各一功。

牽四分功，劄牽減功五分之一。

栿項柱一功。下檐柱，五分功。

椽，每一十五條一功。中、下架加數二分之一。

愛新覺羅・允禮等《工程做法》卷六一《大木作用工附鋸作》 各項大木用工開後，計開：

凡簷柱、假簷柱、垂柱，每折見方尺叁拾貳尺，用木匠壹工。

凡金柱、裏金柱、山柱、中柱、通柱，每折見方尺叁拾尺，用木匠壹工。

凡做管脚榫，每捌個，用木匠壹工。

凡草架柱子，每折見方尺陸拾尺，用木匠壹工。

凡方圓瓜柱，長貳尺以內者，每肆個，用木匠壹工；長貳尺以外者，每叁個，用木匠壹工。

凡方柱、擎簷柱，起入角線，每貳拾伍尺，用木匠壹工。

凡柁墩、斗盤，每折見方尺叁拾尺，用木匠壹工。

凡代樑頭，每折見方尺貳拾尺，用木匠壹工。

凡玖架至伍架大柁、并雙步、單步、抱頭樑、順扒樑、挑尖樑、遞角樑，每折見方尺貳拾尺，用木匠壹工。

凡肆架、叁架、月樑，每折見方尺貳拾伍尺，用木匠壹工。

凡天花樑，每折見方尺貳拾伍尺，用木匠壹工。

凡帽兒樑，每折見方尺貳拾尺，用木匠壹工。

凡雷公柱，每折見方尺貳拾尺，用木匠壹工。

凡貼樑有天花，每折見方尺肆拾尺，用木匠壹工。隨頂棚合角，每陸拾尺，用木匠壹工。不合角，每捌拾尺，用木匠壹工。

凡老角樑、仔角樑，每折見方尺貳拾尺，用木匠壹工。

凡簷枋、額枋、間枋、天花枋、博脊枋、壓科枋、掛落枋、平板枋，每折見方尺肆拾尺，用木匠壹工。

凡金脊枋、隨樑枋、合頭枋、正心枋、井口枋、機捜由額等枋、榻角木、沿邊木，每折見方尺伍拾尺，用木匠壹工。

凡穿插枋、採樑枋，每折見方尺叁拾尺，用木匠壹工。

凡承椽枋、採步金，每折見方尺拾肆尺，用木匠壹工。

凡由戧，每折見方尺叁拾陸尺，用木匠壹工。

凡承重，每折見方尺貳拾尺，用木匠壹工。

凡楞木，每折見方尺陸拾尺，用木匠壹工。

凡各項墊板并採斗板，每折見方尺捌拾尺，用木匠壹工。

凡機枋條，每折見方尺捌拾尺，用木匠壹工。

凡燕尾枋、替木，每拾個用木匠壹工。

凡角背，每折見方尺陸拾尺，用木匠壹工。

凡檁木，每折見方尺叁拾貳尺，用木匠壹工。

凡扶脊木，每折見方尺拾尺，用木匠壹工。

凡脊樁，吻樁，不論長短，每叁拾根，用木匠壹工。

凡刎鑲大博縫板，每折見方尺貳拾伍尺，用木匠壹工。不刎縫小博縫板，每折見方尺肆拾尺，用木匠壹工。

凡錯縫山花板、象眼板，每折見方尺肆拾尺，用木匠壹工。

凡棋枋板，每折見方尺捌拾尺，用木匠壹工。

凡圓茶架、腦椽、簷椽、翼角等椽，每折見方尺陸拾尺，用木匠壹工。

凡方椽、啞叭椽，每折見方尺壹百貳拾尺，用木匠壹工。

凡飛簷椽，每折見方尺捌拾尺，用木匠壹工。如不做閘檔板槽，照方椽核算。

凡翹飛椽，每折見方尺伍拾尺，用木匠壹工。

凡羅鍋椽見方，每折見方尺肆拾尺，用木匠壹工。滚圓每折見方尺叁拾尺，用木匠壹工。

凡板椽，每折見方尺壹百伍拾尺，用木匠壹工。

凡椽中板，每折見方尺捌拾尺，用木匠壹工。

凡連簷、小連簷，每長捌丈，用木匠壹工。

凡瓦口蓋筒瓦，每長陸丈，用木匠壹工；蓋板瓦，每長肆丈，用木匠壹工。

凡裏口整做，每長壹丈捌尺，用木匠壹工。

凡閘檔板，每捌拾塊，用木匠壹工。

凡椽椀隔椽板，每長叁丈，用木匠壹工。

凡橫、順望板，壹大面貳小面，每折見方尺貳百尺，用木匠壹工。

用枕頭木，每湊長捌拾尺，用木匠壹工。

凡支條連叁，每柒根，用木匠壹工；連貳支條，每捌根，用木匠壹工；單支條，每拾貳根，用木匠壹工。

凡天花板連穿帶，每折見方尺叁拾尺，用木匠壹工。

凡雲拱雀替，每折見方尺貳拾尺，用木匠壹工；素雀替，每折見方尺叁拾尺，用木匠壹工。

凡直縫樓板，每折見方尺捌拾尺，用木匠壹工。

凡錯縫樓板，每折見方尺陸拾尺，用木匠壹工。

凡樓梯踻板、踢板等件，每折見方尺陸拾尺，用木匠壹工；幫板，每折見方尺肆拾尺，用木匠壹工。

凡做瓦隴刎攢，每折見方尺拾貳尺，用木匠壹工。

凡刎楞長蓋，每折見方尺拾伍尺，用木匠壹工。

以上每木匠壹百工，加豎立安裝木匠拾工。貳共木匠壹百工，加搬運物料壯夫貳拾名。

每鋸椽望、墊板以及各項板片，每折長壹丈，壹面寬柒尺，鋸匠壹工。枋子厚伍寸以內，照前例准給鋸匠，伍寸以外，不加鋸匠。

以上一應木料所用工匠，俱係連榫眼、榫窌、椽椀、下槽等項，分別增減見方尺寸折算。

倉工糙做：

簷柱，每伍根用木匠壹工。

裏金柱，每根用木匠陸分工。

叁穿樑，每貳根用木匠壹工。

雙步樑，每叁根用木匠壹工。

單步樑，每肆根用木匠壹工。

伍架樑，每貳根用木匠壹工。

叁架樑，每叁根用木匠壹工。

瓜柱，每伍個用木匠壹工。

金脊簷枋，每拾根用木匠壹工。

金脊簷墊板，每叁拾塊用木匠壹工。

檁木，每伍根用木匠壹工。

各樣椽子，連鑽眼，每伍拾根用木匠壹工。

連簷，每拾丈用木匠壹工。

望板，壹大面貳小面，每折見方尺叁佰貳拾尺用木匠壹工。

如用籽兒箔，以房間面濶進深加舉出簷核算。

博縫板，每長貳丈用木匠壹工。

象眼窗，每壹扇用木匠壹工。

起槽下檻、間柱、抱柱，每叁根用木匠壹工。

閘板，每貳槽用木匠壹工伍分。

氣樓：

簷柱，每肆根用木匠壹工。

榻角木，每拾塊用木匠壹工。

叁架樑，每肆根用木匠壹工。

箍頭簷、脊枋，每陸根用木匠壹工。

墊板，每肆拾塊用木匠壹工。

瓜柱，每捌個用木匠壹工。

檁木，每伍根用木匠壹工。

椽子連鑽眼，每伍拾根用木匠壹工。

連簷，每拾丈用木匠壹工。
瓦口，每伍丈用木匠壹工。
望板，每折見方尺叁百貳拾尺用木匠壹工。
如用籽兒箔，以房間面濶進深加舉出簷核算。
博縫板，每長肆丈用木匠壹工。
風窻、象眼窻，每壹扇用木匠壹工。
抱厦：
簷柱，每伍根用木匠壹工。
抱頭樑，每肆根用木匠壹工。
隨樑枋，每拾根用木匠壹工。
箍頭枋并檁木，每伍根用木匠壹工。
墊板，每叁拾塊用木匠壹工。
椽子連鑽眼，每伍拾根用木匠壹工。
連簷，每拾丈用木匠壹工。
瓦口，每伍丈用木匠壹工。
望板，每折見方尺叁百貳拾尺用木匠壹工。
如用籽兒箔，以房間面濶進深加舉出簷核算。
博縫板，每長貳丈用木匠壹工。
以上厫房、氣樓、抱厦、竪立安裝，木匠、壯夫、鋸匠，俱同前。
券子：
鋸做矮老，每壹百個用木匠壹工。
鋪錠板片，每折見方尺叁百貳拾尺用木匠壹工。
拆工：
木料連裝修拆工，以房間簷高定工，每間每簷高玖尺以內用木匠壹工。
簷高壹丈貳尺以內，用木匠壹工伍分。
簷高壹丈陸尺以內，用木匠貳工。
簷高貳丈以內，用木匠叁工。
簷高叁丈以內，用木匠伍工。

木料除每件重肆百觔以內不給天秤外，重肆百觔以外，木料逐件湊重，每共重壹萬觔，連拆卸改扎準給天秤壹桿。如湊重不足萬觔之數，將觔兩核給分數準用天秤。

凡零星物料百步之內，不加運夫。每壹百伍拾步以內，每計重叁千觔，加壯夫壹名。貳百步以內，計重貳千伍百觔，加壯夫壹名。貳百伍拾步以外，計重貳千觔，加壯夫壹名。

小房折那蓋造，竪立安裝，每間每檁用木匠伍分工。

凡挖補、墩接、見新，按新工加倍。其舊料改做見新，照新工核算，不見新按新工減半。

凡抽換簷柱，每件長壹丈以內，用木匠伍分工；壹丈以外，用木匠壹工。

柁樑金柱加倍用工，每木匠拾工，用壯夫伍名。

不拆頭停挑牮、撥正、歸安，每縫每檁用木匠叁分工，壯夫叁分。

拆頭停，折半准給匠夫。

愛新覺羅・允禮等《工程做法》卷六二《斗科作用工附鋸作》 各項斗科用工開後，計開：

斗口單昂平身科：
斗口壹寸，每攢用木匠貳工。
斗口壹寸伍分，每攢用木匠叁工。
斗口貳寸，每攢用木匠肆工。
斗口貳寸伍分，每攢用木匠伍工。
斗口叁寸，每攢用木匠陸工。
斗口叁寸伍分，每攢用木匠柒工。
斗口肆寸，每攢用木匠捌工。
斗口肆寸伍分，每攢用木匠玖工。
斗口伍寸，每攢用木匠拾工。
斗口伍寸伍分，每攢用木匠拾壹工。
斗口陸寸，每攢用木匠拾貳工。
斗口重昂、單翹單昂、叁滴水品字科俱平身科：
斗口壹寸，每攢用木匠各肆工。
斗口壹寸伍分，每攢用木匠各伍工。
斗口貳寸，每攢用木匠各陸工。

斗口貳寸伍分，每攢用木匠各柒工。
斗口叁寸，每攢用木匠各捌工。
斗口叁寸伍分，每攢用木匠各玖工。
斗口肆寸，每攢用木匠各拾工。
斗口肆寸伍分，每攢用木匠各拾壹工。
斗口伍寸，每攢用木匠各拾貳工。
斗口伍寸伍分，每攢用木匠各拾叁工。
斗口陸寸，每攢用木匠各拾肆工。

單翹重昂平身科：

斗口壹寸，每攢用木匠陸工。
斗口壹寸伍分，每攢用木匠柒工。
斗口貳寸，每攢用木匠捌工。
斗口貳寸伍分，每攢用木匠玖工。
斗口叁寸，每攢用木匠拾工。
斗口叁寸伍分，每攢用木匠拾壹工。
斗口肆寸，每攢用木匠拾貳工。
斗口肆寸伍分，每攢用木匠拾叁工。
斗口伍寸，每攢用木匠拾肆工。
斗口伍寸伍分，每攢用木匠拾伍工。
斗口陸寸，每攢用木匠拾陸工。

重翹重昂平身科：

斗口壹寸，每攢用木匠玖工。
斗口壹寸伍分，每攢用木匠拾工。
斗口貳寸，每攢用木匠拾壹工。
斗口貳寸伍分，每攢用木匠拾貳工。
斗口叁寸，每攢用木匠拾叁工。
斗口叁寸伍分，每攢用木匠拾肆工。
斗口肆寸，每攢用木匠拾伍工。
斗口肆寸伍分，每攢用木匠拾陸工。
斗口伍寸，每攢用木匠拾柒工。
斗口伍寸伍分，每攢用木匠拾捌工。
斗口陸寸，每攢用木匠拾玖工。

壹斗貳升交蔴葉斗科、壹斗叁升斗科、花臺斗科俱平身科：

斗口壹寸，每攢用木匠各叁分工。
斗口壹寸伍分，每攢用木匠各肆分工。
斗口貳寸，每攢用木匠各伍分工。
斗口貳寸伍分，每攢用木匠各陸分工。
斗口叁寸，每攢用木匠各柒分工。
斗口叁寸伍分，每攢用木匠各捌分工。
斗口肆寸，每攢用木匠各玖分工。
斗口肆寸伍分，每攢用木匠各壹工。
斗口伍寸，每攢用木匠各壹工壹分。
斗口伍寸伍分，每攢用木匠各壹工貳分。
斗口陸寸，每攢用木匠各壹工叁分。

隔架科連雀替荷葉座：

斗口壹寸，每攢用木匠陸分工。
斗口壹寸伍分，每攢用木匠柒分工。
斗口貳寸，每攢用木匠捌分工。
斗口貳寸伍分，每攢用木匠玖分工。
斗口叁寸，每攢用木匠壹工。
斗口叁寸伍分，每攢用木匠壹工壹分。
斗口肆寸，每攢用木匠壹工貳分。
斗口肆寸伍分，每攢用木匠壹工叁分。
斗口伍寸，每攢用木匠壹工肆分。
斗口伍寸伍分，每攢用木匠壹工伍分。
斗口陸寸，每攢用木匠壹工陸分。

内裏安裝品字科：如做壹才壹面，照斗口單昂斗科例減匠壹半。

斗口單昂柱頭科：

斗口壹寸，每攢用木匠柒分工。
斗口壹寸伍分，每攢用木匠壹工。

斗口貳寸，每攢用木匠壹工肆分。

斗口貳寸伍分，每攢用木匠壹工柒分。

斗口叁寸，每攢用木匠貳工壹分。

斗口叁寸伍分，每攢用木匠貳工肆分。

斗口肆寸，每攢用木匠貳工壹分。

斗口肆寸伍分，每攢用木匠叁工壹分。

斗口伍寸，每攢用木匠叁工伍分。

斗口伍寸伍分，每攢用木匠叁工捌分。

斗口陸寸，每攢用木匠肆工貳分。

斗口重昂、單翹單昂、叁滴水品字科俱柱頭科：

斗口壹寸，每攢用木匠各壹工肆分。

斗口壹寸伍分，每攢用木匠各壹工柒分。

斗口貳寸，每攢用木匠各貳工壹分。

斗口貳寸伍分，每攢用木匠各貳工肆分。

斗口叁寸，每攢用木匠各貳工捌分。

斗口叁寸伍分，每攢用木匠各叁工壹分。

斗口肆寸，每攢用木匠各叁工伍分。

斗口肆寸伍分，每攢用木匠各叁工捌分。

斗口伍寸，每攢用木匠各肆工貳分。

斗口伍寸伍分，每攢用木匠各肆工伍分。

斗口陸寸，每攢用木匠各肆工玖分。

單翹重昂柱頭科：

斗口壹寸，每攢用木匠貳工壹分。

斗口壹寸伍分，每攢用木匠貳工肆分。

斗口貳寸，每攢用木匠貳工捌分。

斗口貳寸伍分，每攢用木匠叁工壹分。

斗口叁寸，每攢用木匠叁工伍分。

斗口叁寸伍分，每攢用木匠叁工捌分。

斗口肆寸，每攢用木匠肆工貳分。

斗口肆寸伍分，每攢用木匠肆工伍分。

斗口伍寸，每攢用木匠肆工捌分。

斗口伍寸伍分，每攢用木匠伍工貳分。

斗口陸寸，每攢用木匠伍工伍分。

重翹重昂柱頭科：

斗口壹寸，每攢用木匠叁工壹分。

斗口壹寸伍分，每攢用木匠叁工伍分。

斗口貳寸，每攢用木匠叁工捌分。

斗口貳寸伍分，每攢用木匠肆工貳分。

斗口叁寸，每攢用木匠肆工伍分。

斗口叁寸伍分，每攢用木匠肆工玖分。

斗口肆寸，每攢用木匠伍工貳分。

斗口肆寸伍分，每攢用木匠伍工陸分。

斗口伍寸，每攢用木匠伍工玖分。

斗口伍寸伍分，每攢用木匠陸工叁分。

斗口陸寸，每攢用木匠陸工陸分。

壹斗貳升交蔴葉斗科、壹斗叁升斗科俱柱頭科：

斗口壹寸，每攢用木匠各壹分工。

斗口壹寸伍分至貳寸，每攢用木匠各貳分工。

斗口貳寸伍分至叁寸，每攢用木匠各叁分工。

斗口叁寸伍分至肆寸，每攢用木匠各肆分工。

斗口肆寸伍分至伍寸，每攢用木匠各伍分工。

斗口伍寸伍分至陸寸，每攢用木匠各陸分工。

斗口單昂角科：

斗口壹寸，每攢用木匠捌工。

斗口壹寸伍分，每攢用木匠拾貳工。

斗口貳寸，每攢用木匠拾陸工。

斗口貳寸伍分，每攢用木匠貳拾工。

斗口叁寸，每攢用木匠貳拾肆工。

斗口叁寸伍分，每攢用木匠貳拾捌工。

斗口肆寸，每攢用木匠叁拾貳工。

斗口肆寸伍分，每攢用木匠叁拾陸工。
斗口伍寸，每攢用木匠肆拾工。
斗口陸寸，每攢用木匠肆拾捌工。
斗口伍寸伍分，每攢用木匠肆拾肆工。

斗口重昂、單翹單昂、叁滴水品字科俱角科：
斗口壹寸，每攢用木匠各拾陸工。
斗口壹寸伍分，每攢用木匠各貳拾工。
斗口貳寸，每攢用木匠各貳拾肆工。
斗口貳寸伍分，每攢用木匠各貳拾捌工。
斗口叁寸，每攢用木匠各叁拾貳工。
斗口叁寸伍分，每攢用木匠各叁拾陸工。
斗口肆寸，每攢用木匠各肆拾工。
斗口肆寸伍分，每攢用木匠各肆拾肆工。
斗口伍寸，每攢用木匠各肆拾捌工。
斗口伍寸伍分，每攢用木匠各伍拾貳工。
斗口陸寸，每攢用木匠各伍拾陸工。

單翹重昂角科：
斗口壹寸，每攢用木匠貳拾肆工。
斗口壹寸伍分，每攢用木匠貳拾捌工。
斗口貳寸，每攢用木匠叁拾貳工。
斗口貳寸伍分，每攢用木匠叁拾陸工。
斗口叁寸，每攢用木匠肆拾工。
斗口叁寸伍分，每攢用木匠肆拾肆工。
斗口肆寸，每攢用木匠肆拾捌工。
斗口肆寸伍分，每攢用木匠伍拾貳工。
斗口伍寸，每攢用木匠伍拾陸工。
斗口伍寸伍分，每攢用木匠陸拾工。
斗口陸寸，每攢用木匠陸拾肆工。

重翹重昂角科：
斗口壹寸，每攢用木匠叁拾陸工。
斗口壹寸伍分，每攢用木匠肆拾工。
斗口貳寸，每攢用木匠肆拾肆工。
斗口貳寸伍分，每攢用木匠肆拾捌工。
斗口叁寸，每攢用木匠伍拾貳工。
斗口叁寸伍分，每攢用木匠伍拾陸工。
斗口肆寸，每攢用木匠陸拾工。
斗口肆寸伍分，每攢用木匠陸拾肆工。
斗口伍寸，每攢用木匠陸拾捌工。
斗口伍寸伍分，每攢用木匠柒拾貳工。
斗口陸寸，每攢用木匠柒拾陸工。

壹斗貳升交蔴葉斗科、壹斗叁升斗科俱用科：
斗口壹寸，每攢用木匠各壹工貳分。
斗口壹寸伍分，每攢用木匠各壹工陸分。
斗口貳寸，每攢用木匠各貳工。
斗口貳寸伍分，每攢用木匠各貳工肆分。
斗口叁寸，每攢用木匠各貳工捌分。
斗口叁寸伍分，每攢用木匠各叁工貳分。
斗口肆寸，每攢用木匠各叁工陸分。
斗口肆寸伍分，每攢用木匠各肆工。
斗口伍寸，每攢用木匠各肆工肆分。
斗口伍寸伍分，每攢用木匠各肆工捌分。
斗口陸寸，每攢用木匠各伍工貳分。

蓋斗板、斗槽板貳項均折：
斗口壹寸，每叁拾塊用木匠壹工。
斗口壹寸伍分，每貳拾捌塊用木匠壹工。
斗口貳寸，每貳拾陸塊用木匠壹工。
斗口貳寸伍分，每貳拾肆塊用木匠壹工。
斗口叁寸，每貳拾貳塊用木匠壹工。
斗口叁寸伍分，每貳拾塊用木匠壹工。
斗口肆寸，每拾捌塊用木匠壹工。

斗口肆寸伍分，每拾陸塊用木匠壹工。
斗口伍寸，每拾肆塊用木匠壹工。
斗口伍寸伍分，每拾貳塊用木匠壹工。
斗口陸寸，每拾塊用木匠壹工。
各項溜金斗科，照所定斗口尺寸，木匠以本身每工之外加貳分伍釐工准給。
以上斗科，每木匠壹百工，外加草架擺驗安裝斗科木匠拾伍工。
每做斗科木匠壹百工，加鋸匠貳拾捌工，壯夫拾名。

小木作功限

李誠《營造法式》卷二〇《小木作功限一》 版門 獨扇版門、雙扇版門。

獨扇版門，一坐門額、限，兩頰及伏兔、手栓全。
造作功：
高五尺，一功二分。
高五尺五寸，一功四分。
高六尺，一功五分。
高六尺五寸，一功八分。
高七尺，二功。
安卓功：
高五尺，四分功。
高五尺五寸，四分五釐功。
高六尺，五分功。
高六尺五寸，六分功。
高七尺，七分功。
雙扇版門，一間，兩扇，額、限、兩頰、雞栖木及兩砧全。
造作功：
高五尺至六尺五寸，加獨扇版門一倍功。
高七尺，四功五分六釐。
高七尺五寸，五功九分二釐。
高八尺，七功二分。
高九尺，一十功。
高一丈，一十三功六分。
高一丈一尺，一十八功八分。
高一丈二尺，二十四功。
高一丈三尺，三十功八分。
高一丈四尺，三十八功四分。
高一丈五尺，四十七功二分。
高一丈六尺，五十三功六分。
高一丈七尺，六十功八分。
高一丈八尺，六十八功。
高一丈九尺，八十功八分。
高二丈，八十九功六分。
高二丈一尺，一百二十三功。
高二丈二尺，一百四十二功。
高二丈三尺，一百四十八功。
高二丈四尺，一百六十九功六分。
雙扇版門所用手栓、伏兔、立㮓、横關等依下項：計所用名件，添入造作功限內。
手栓一條，長一尺五寸，廣二寸，厚一寸五分，并伏兔二枚，各長一尺二寸，廣三寸，厚二寸，共二分功。上、下伏兔各一枚，各長三尺，廣六寸，厚二寸，共三分功。
又，長二尺五寸，廣六寸，厚二寸五分，共二分四釐功。
又，長二尺，廣五寸，厚二寸，共二分功。
又，長一尺五寸，廣四寸，厚二寸，共一分二釐功。
立㮓一條，長一丈五尺，廣二寸，厚一寸五分，二分功。
又，長一丈二尺五寸，廣二寸五分，厚一寸八分，二分二釐功。
又，長一丈一尺五寸，廣二寸二分，厚一寸七分，二分一釐功。
又，長九尺五寸，廣二寸，厚一寸五分，一分八釐功。
又，長八尺五寸，廣一寸八分，厚一寸四分，一分五釐功。
立㮓身內手把一枚，長一尺，廣三寸五分，厚一寸五分，八釐功。若長八寸，廣三寸，厚一寸三分，則減二釐功。
立㮓上、下伏兔各一枚，各長一尺二寸，廣三寸，厚二寸，共五釐功。

搕鎖柱二條，各長五尺五寸，廣七寸，厚二寸五分，共六分功。

門横關一條，長一丈一尺，徑四寸，五分功。

立柣、臥柣一副四件，共二分四釐功。

地柣版一片，長九尺，廣一尺六寸，福在内。一功五分。

門簪四枚，各長一尺八寸，方四寸，共一功。每門高增一尺，加二分功。

托關柱二條，各長二尺，廣七寸，厚三分，共八分功。

安卓功：

高七尺，一功二分。

高七尺五寸，一功四分。

高八尺，一功七分。

高九尺，二功三分。

高一丈，三功。

高一丈一尺，三功八分。

高一丈二尺，四功七分。

高一丈三尺，五功七分。

高一丈四尺，六功八分。

高一丈五尺，八功。

高一丈六尺，九功三分。

高一丈七尺，一十功七分。

高一丈八尺，一十二功二分。

高一丈九尺，一十三功八分。

高二丈，一十五功五分。

高二丈一尺，一十七功三分。

高二丈二尺，一十九功二分。

高二丈三尺，二十一功二分。

高二丈四尺，二十三功三分。

烏頭門

烏頭門一坐，雙扇雙腰串造。

造作功：

方八尺，一十七功六分。若下安鋜脚者，加八分功。每門高增一尺，又加一分功；如單腰串造者，減八分功。下同。

方九尺，二十一功二分四釐。

方一丈，二十五功二分。

方一丈一尺，二十九功四分八釐。

方一丈二尺，三十四功八釐。每扇各加承櫺一條，共加一功四分。每門高增一尺，又加一分功。若用雙承櫺者，準此計功。

方一丈三尺，三十九功。

方一丈四尺，四十四功二分四釐。

方一丈五尺，四十九功八分。

方一丈六尺，五十五功六分八釐。

方一丈七尺，六十一功八分八釐。

方一丈八尺，六十八功四分。

方一丈九尺，七十五功二分四釐。

方二丈，八十二功四分。

方二丈一尺，八十九功八分八釐。

方二丈二尺，九十七功六分。

安卓功：

方八尺，二功八分。

方九尺，三功二分四釐。

方一丈，三功七分。

方一丈一尺，四功一分八釐。

方一丈二尺，四功六分八釐。

方一丈三尺，五功二分。

方一丈四尺，五功七分四釐。

方一丈五尺，六功三分。

方一丈六尺，六功八分八釐。

方一丈七尺，七功四分八釐。

方一丈八尺，八功一分。

方一丈九尺，八功七分四釐。

方二丈，九功四分。

方二丈一尺，一十功八釐。

方二丈二尺，一十功七分八釐。

軟門牙頭護縫軟門、合版用楅軟門。

軟門一合，上、下、内、外牙頭、護縫、攏桯、雙腰串造，方六尺至一丈六尺。

造作功：

高六尺，六功一分。如單腰串造，各減一功。用楅軟門同。

高七尺，八功三分。

高八尺，一十功八分。

高九尺，一十三功三分。

高一丈，一十七功。

高一丈一尺，二十功五分。

高一丈二尺，二十四功四分。

高一丈三尺，二十八功七分。

高一丈四尺，三十三功三分。

高一丈五尺，三十八功二分。

高一丈六尺，四十三功五分。

安卓功：

高八尺，二功。每高增減一尺，各加減五分功。合版用楅軟門同。

軟門一合，上、下牙頭、護縫，合版用楅造，方八尺至一丈三尺。

造作功：

高八尺，一十一功。

高九尺，一十四功。

高一丈，一十七功五分。

高一丈一尺，二十一功七分。

高一丈二尺，二十五功九分。

高一丈三尺，三十功四分。

破子櫺牕

破子櫺牕一坐，高五尺，子桯長七尺。

造作三功三分。額、腰串、立頰在内。

牕上横鈐、立旌，共二分功。横鈐三條，共一分功；立旌二條，共一分功。若用槫柱，準立旌。下同。

牕下障水版、難子，共二功一分。障水版、難子，一功七分；心柱二條，共一分五釐功；槫柱二條，共一分五釐功；地栿一條，一分功。

牕下或用牙頭、牙脚、填心，共六分功。牙頭三枚，牙脚六枚，共四分功；填心三枚，共四分功。

安卓，一功。

牕上横鈐、立旌，共一分六釐功。横鈐三條，共八釐功；立旌二條，共八釐功。

牕下障水版、難子，共五分六釐功。障水版、難子，共三分功；心柱、槫柱，各二條，共二分功；地栿一條，六釐功。

牕下或用牙頭、牙脚、填心，共一分五釐功。牙頭三枚，牙脚六枚，共一分功；填心三枚，共五釐功。

睒電牕

睒電牕一坐，長一丈，高三尺。

造作，一功五分。

安卓，三分功。

版櫺牕

版櫺牕一坐，高五尺，長一丈。

造作，一功八分。

牕上横鈐、立旌，準破子櫺牕内功限。

牕下地栿、立旌，共二分功。地栿一條，一分功；立旌二條，共一分功。若用槫柱，準立旌。下同。

安卓，五分功。

牕上横鈐、立旌，同上。

牕下地栿、立旌，共一分四釐功。地栿一條，六釐功；立旌二條，共八釐功。

截間版帳

截間牙頭護縫版帳，高六尺至一丈，每廣一丈一尺。若廣增減者，以本功分數加減之。

造作功：

高六尺，六功。每高增一尺，則加一功。若添腰串，加一分四釐功；添槫柱，加三分功。

安卓功：

高六尺，二功一分。每高增一尺，則加三分功。若添腰串，加八釐功；添槏柱，加一分五釐功。

照壁屏風骨截間屏風骨、四扇屏風骨。

截間屏風，每高廣各一丈二尺，

造作，一十二功；如作四扇造者，每一功加二分功。

安卓，二功四分。

隔截橫鈐、立旌

隔截橫鈐、立旌，高四尺至八尺，每廣一丈一尺。若廣增減者，以本功分數加減之。

造作功：

高四尺，五分功。每高增一尺，則加一分功。若不用額，減一分功。

安卓功：

高四尺，三分六釐功。每高增一尺，則加九釐功。若不用額，減六釐功。

露籬

露籬，每高、廣各一丈。

造作，四功四分。內版屋二功四分，立旌、橫鈐等二功。若高減一尺，即減三分功；版屋減一分，餘減二分。若廣減一尺，即減四分四釐功。版屋減二分四釐，餘減二分。加亦如之。若每出際造垂魚、惹草、搏風版、垂脊，加五分功。

安卓，一功八分。內版屋八分，立旌、橫鈐等一功。若高減一尺，即減一分五釐功；版屋減五釐，餘減一分。若廣減一尺，即減一分八釐功。版屋減八釐，餘減一分。加亦如之。若每出際造垂魚、惹草、搏風版、垂脊，加二分功。

版引檐

版引檐，廣四尺，每長一丈。

造作，三功六分。

安卓，一功四分。

水槽

水槽，高一尺，廣一尺四寸，每長一丈。

造作，一功五分。

安卓，五分功。

井屋子

井屋子，自脊至地，共高八尺，井匱子高一尺二寸在內。方五尺。

造作，一十四功。攏裹在內。

地棚

地棚一間，六椽，廣一丈一尺，深二丈二尺。

造作，六功。

鋪放、安釘，三功。

李誡《營造法式》卷二一《小木作功限二》 格子門四斜毬文格子、四斜毬文上出條桱重格眼、四直方格眼、版壁、兩明格子。

四斜毬文格子門，一間四扇，雙腰串造，高一丈，廣一丈二尺。

造作功：額、地栿、槫柱在內。如兩明造者，每一功加七分功。其四直方格眼及格子門桯準此。

四混、中心出雙線；破瓣雙混、平地出雙線，右各四十功。若毬文上出條桱重格眼造，即加二十功。

四混、中心出單線；破瓣雙混、平地出單線，右各三十九功。

通混、出雙線；通混、出單線；通混、壓邊線；素通混；方直破瓣。

右通混、出雙線者，三十八功。餘各遞減一功。

安卓，二功五分。若兩明造者，每一功加四分功。

四直方格眼，格子門，一間四扇，各高一丈，共廣一丈一尺，雙腰串造。

造作功：

格眼四扇：

四混、絞雙線，二十一功。

四混、出單線；麗口、絞瓣、雙混、出邊線。

右各二十功。

麗口、絞瓣、單混、出邊線，一十九功。

一混、絞雙線，一十五功。

一混、絞單線，一十四功。

一混、不出線；麗口、素絞瓣。

右各一十三功。

平地出線，一十功。

四直方絞眼，八功。

格子門桯：事件在內。如造版壁，更不用格眼功限。於腰串上用障水版，加六功。若單腰串造，如方直破瓣，減一功；混作出線，減二功。

四混、出雙線，破瓣、雙混、平地、出雙線。

右各一十九功。

四混、出單線，破瓣、雙混、平地、出單線。

右各一十八功。

一混出雙線，一混出單線，通混壓邊線，素通混，方直破瓣攛尖。

右一混出雙線，一十七功；餘各遞減一功。其方直破瓣，若叉瓣造，又減一功。

安卓功：

四直方格眼，格子門一間，高一丈，廣一丈一尺，事件在內。共二功五分。

闌檻鉤窗

鉤窗一間，高六尺，廣一丈二尺，三段造。

造作功：安卓事件在內。

四混絞雙線，一十六功。

四混絞單線，麗口、絞瓣，瓣內雙混。面上出線。

右各一十五功。

麗口、絞瓣，瓣內單混。面上出線，一十四功。

一混雙線，一十二功五分。

一混單線，一十一功五分。

麗口，絞素瓣，一混絞眼。

右各一十一功。

方絞眼，八功。

安卓，一功三分。

闌檻一間，高一尺八寸，廣一丈二尺。

造作，共一十功五釐。檻面版，一功二分；鵝項四枚，共二功四分；雲栱四枚，共二功；心柱二條，共二分功。槫柱二條，共二分功；地栿三分功；障水版三片，共六分功；托柱四枚，共一功六分；難子二十四條，共五分功；八混尋杖，一功五釐。其尋杖若六混，減一分五釐功；四混減三分功，一混減四分五釐功。

安卓，二功二分。

殿內截間格子

殿內截間四斜毬文格子一間，單腰串造，高、廣各一丈四尺。心柱、槫柱等在內。

造作，五十九功六分；

安卓，七功。

堂閣內截間格子

堂閣內截間四斜毬文格子一間，高一丈，廣一丈一尺。槫柱在內。額子泥道，雙扇門造。

造作功：

破瓣攛尖，瓣內雙混，面上出心線、壓邊線，四十六功。

破瓣攛尖，瓣內單混，四十二功。

方直破瓣攛尖，四十功。方直造者減二功。

安卓，二功五分。

殿閣照壁版

殿閣照壁版一間，高五尺至一丈一尺，廣一丈四尺。如廣增減者，以本功分數加減之。

造作功：

高五尺，七功。每高增一尺，加一功四分。

安卓功：

高五尺，二功。每高增一尺，加四分功。

障日版

障日版一間，高三尺至五尺，廣一丈一尺。如廣增減者，即以本功分數加減之。

造作功：

高三尺，三功。每高增一尺，則加一功。若用心柱、槫柱、難子、合版造，則每功各加一分功。

安卓功：

高三尺，一功二分。每高增一尺，則加三分功。若用心柱、槫柱、難子、合版造，則每功減二分功。下同。

廊屋照壁版

廊屋照壁版一間，高一尺五寸至二尺五寸，廣一丈一尺。如廣增減者，即以本功分數加減之。

造作功：

高一尺五寸，二功一分。每增高五寸，則加七分功。

安卓功：

高一尺五寸，八分功。每增高五寸，則加二分功。

胡梯

胡梯一坐，高一丈，拽脚長一丈，廣三尺，作十二踏，用科子蜀柱單鉤闌造。

造作，一十七功；

安卓，一功五分。

垂魚、惹草

垂魚一枚，長五尺，廣三尺。

造作，二功一分；

安卓，四分功。

惹草一枚，長五尺。

造作，一功五分；

安卓，二分五釐功。

栱眼壁版

栱眼壁版一片，長五尺，廣二尺六寸。於第一等材栱内用。

造作，一功九分五釐；如單栱内用，於三分中減一分功。若長加一尺，增三分五釐功，材加一等，增一分三釐功。

安卓，二分功。

裹栿版

裹栿版一副，廂壁兩段，底版一片。

造作功：

殿槽内裹栿版，長一丈六尺五寸，廣二尺五寸，厚一尺四寸，共二十功。

副階内裹栿版，長一丈二尺，廣二尺，厚一尺，共一十四功。

安釘功：

殿槽，二功五釐。副階減五釐功。

擗簾竿

擗簾竿一條。并腰串。

造作功：

竿一條，長一丈五尺，八混造，一功五分。破瓣造，減五分功；方直造，減七分功。

串一條，長一丈，破瓣造，三分五釐功。方直造，減五釐功。

安卓，三分功。

護殿閣檐竹網木貼

護殿閣檐枓栱竹雀眼網上、下木貼，每長一百尺，地衣簟貼同。

造作，五分功；地衣簟貼，遶碇之類，隨曲剜造者，其功加倍。安釘同。

安釘，五分功。

平棊

殿内平棊一段。

造作功：

每平棊於貼内貼絡華文，長二尺，廣一尺，背版桯，貼在内。共一功；

安搭，一分功。

鬭八藻井

殿内鬭八一坐。

造作功：

下鬭四，方井内方八尺，高一尺六寸；下昂、重栱、六鋪作枓栱，每一朵共二功二分。或只用卷頭造，減二分功。

中腰八角井，高二尺二寸，内徑六尺四寸；枓槽、壓厦版、隨瓣方等事件，共八功。

上層鬭八，高一尺五寸，内徑四尺二寸，内貼絡龍、鳳華版并背版、陽馬等，共二十二功。其龍鳳並彫作計功。如用平棊制度貼絡華文，加一十二功。

上昂、重栱、七鋪作枓栱，每一朵共三功。若入角，其功加倍。下同。

攏裹功：

上下昂、六鋪作枓栱，每一朵五分功。如卷頭者，減一分功。

安搭，共四功。

小鬭八藻井

小鬭八一坐，高二尺二寸，徑四尺八寸。

造作，共五十二功；

安搭，一功。

拒馬叉子

拒馬叉子一間，斜高五尺，間廣一丈，下廣三尺五寸。
造作，四功；如雲頭造，加五分功。
安卓，二分功。

叉子

叉子一間，高五尺，廣一丈。
造作功：下並用三瓣霞子。
櫺子：
笏頭，方直，串，方直。三功。
挑瓣雲頭、方直，串，破瓣。三功七分。
雲頭、方直，出心線，串，側面出心線。四功五分。
雲頭，方直，出邊線，壓白，串，側面出心線，壓白。五功五分。
海石榴頭，一混，心出單線，兩邊線，串，破瓣，單混，出線，六功五分。
海石榴頭，破瓣，瓣裏單混，面上出心線，串，側面上出心線，壓白邊線。七功。
望柱：
仰覆蓮華，胡桃子，破瓣，混面上出線，一功。
海石榴頭，一功二分。
地栿：
連梯混，每長一丈，一功二分。
連梯混，側面出線，每長一丈，一功五分。
衮砧：每一枚，雲頭，五分功；方直，三分功。
托棖：每一條四釐功。
曲棖：每一條五釐功。
安卓：三分功。若用地栿、望柱，其功加倍。

鉤闌重臺鉤闌、單鉤闌。

重臺鉤闌，長一丈爲率，高四尺五寸。
造作功：
角柱，每一枚一功二分。
望柱，破瓣、仰覆蓮、胡桃子造。每一條一功五分。
矮柱，每一枚三分功。
華托柱，每一枚四分功。
蜀柱癭項，每一枚六分六釐功。
華盆霞子，每一枚一功。
雲栱，每一枚六分功。
上華版，每一片二分五釐功。下華版，減五釐功，其華文並彫作計功。
地栿，每一丈二功。
束腰，長同上。一功二分。盆脣并八混，尋杖同。其尋杖若六混造，減一分五釐功；四混，減三分功；一混，減四分五釐功。
攏裹：共三功五分。
安卓：一功五分。

單鉤闌，長一丈爲率，高三尺五寸。
造作功：
望柱：海石榴頭，一功一分九釐。仰覆蓮、胡桃子，九分四釐五毫功。
万字，每片四字，二功四分。如減一字，即減六分功。加亦如之。如作鉤片，每一功減一分功。若用華版，不計。
托棖，每一條三釐功。
蜀柱撮項，每一枚四分五釐功。蜻蜓頭，減一分功；料子，減二分功。
地栿，每長一丈四尺七釐功。盆脣加三釐功。
華版，每一片二分功。其華文並彫作計功。
八混尋杖，每長一丈一功。六混減二分功，四混減四分功，一混減六分七釐功。
雲栱，每一枚五分功。
卧櫺子，每一條五釐功。
攏裹，一功。
安卓：五分功。

棵籠子

棵籠子一隻，高五尺，上廣二尺，下廣三尺。
造作功：
四瓣鋜脚，單榥、櫺子，二功。
四瓣鋜脚，雙榥、腰串、櫺子、牙子，四功。
六瓣雙榥，單腰串、櫺子、子桯、仰覆蓮單胡桃子，六功。
八瓣雙榥、鋜脚、腰串、櫺子、垂脚、牙子、柱子、海石榴頭，七功。

安卓功：

四瓣鋜脚、單榥、櫺子；

四瓣鋜脚、雙榥、腰串、櫺子、牙子。

右各三分功。

六瓣雙榥、單腰串、櫺子、子桯、仰覆蓮單胡桃子；

八瓣雙榥、鋜脚、腰串、櫺子、垂脚、牙子、柱子、海石榴頭。

右各五分功。

井亭子

井亭子，一坐，鋜脚至脊共高一丈一尺，鴟尾在外。方七尺。

造作功：

結宽、柱木、鋜脚等，共四十五功。

料栱，一寸二分材，每一朵一功四分。

安卓：五功。

牌

殿、堂、樓、閣、門、亭等牌，高二尺至七尺，廣一尺六寸至五尺六寸。如官府或倉庫等用，其造作功減半；安卓功三分減一分。

造作功：安勘頭、帶、舌内華版在内。

高二尺，六功。每高增一尺，其功加倍。安掛功同。

安掛功：

高二尺，五分功。

李誡《營造法式》卷二二《小木作功限三》 佛道帳

佛道帳一坐，下自龜脚，上至天宫鴟尾，共高二丈九尺；坐高四尺五寸，間廣六丈一尺八寸，深一丈五尺。

造作功：

車槽上、下澁，坐面猴面澁，芙蓉瓣造，每長四尺五寸；

子澁，芙蓉瓣造，每長九尺；

卧榥，每四條；

立榥，每一十條；

上、下馬頭榥，每一十二條；

車槽澁并芙蓉華版，每長四尺；

坐腰并芙蓉華版，每長三尺五寸；

明金版芙蓉華瓣，每長二丈；

拽後榥，每一十五條；羅文榥同。

柱脚方，每長一丈二尺；

榻頭木，每長一丈三尺；

龜脚，每三十枚；

料槽版并鑰匙頭，每長一丈二尺；壓厦版同。

鈿面合版，每長一丈，廣一尺。

右各一功。

貼絡門牕并背版，每長一丈共三功。

紗牕上五鋪作，重栱、卷頭料栱，每一朵二功。方桁及普拍方在内。若出角或入角者，其功加倍。腰檐、平坐同。諸帳及經藏準此。

攏裹：一百功。

安卓：八十功。

帳身高一丈二尺五寸，廣五丈九尺一寸，深一丈二尺三寸，分作五間造。

造作功：

帳柱，每一條；

上内外槽隔料版，并貼絡及仰托桯在内。每長五尺；

歡門，每長一丈。

右各一功五分。

裹槽下鋜脚版，并貼絡等。每長一丈，共二功二分。

帳帶，每三條；

虚柱，每一條；

心柱，每三條；

兩側及後壁版，每長一丈，廣一尺；

難子，每長六丈；

隨間栿，每二條；

方子，每長三丈；

前後及兩側安平棊摶難子，每長五尺。

右各一功。

平棊依本功。

鬬八一坐，徑三尺二寸，并八角，共高一尺五寸，五鋪作，重栱、卷頭，共三十功。

四斜毬文截間格子，一間二十八功。

四斜毬文泥道格子門，一扇八功。

攏裹：七十功。

安卓：四十功。

腰檐，高三尺，間廣五丈八尺八寸，深一丈。

造作功：

前後及兩側枓槽版并鑰匙頭，每長一丈二尺；

壓厦版，每長一丈二尺；山版同。

枓槽卧棍，每四條；

上、下順身棍，每長四丈；

立棍，每一十條；

貼身，每長四丈；

曲椽，每二十條；

飛子，每二十五枚；

屋内榑，每長二丈；榑脊同。

大連檐，每長四丈；瓦隴條同。

厦瓦版并白版，每各長四丈，廣一尺；

瓦口子，并簽切。每長三丈。

右各一功。

抹角栿，每一條二分功。

角梁，每一條；

角脊，每四條；

右各一功二分。

六鋪作，重栱、一杪兩昂枓栱，每一朵共二功五分。

攏裹：二十功。

安卓：三十五功。

平坐：高一尺八寸，廣五丈八尺八寸，深一丈二尺。

造作功：

枓槽版并鑰匙頭，每長一丈二尺；

壓厦版，每長一丈；

卧棍，每四條；

立棍，每一十條；

鴈翅版，每長四丈；

面版，每長一丈。

右各一功。

六鋪作，重栱、卷頭枓栱，每一朵共二功三分。

攏裹：三十功。

安卓：二十五功。

天宫樓閣：

造作功：

殿身，每一坐，廣三瓣。重檐，并挾屋及行廊，各廣二瓣，諸事件並在内。共一百三十功。

茶樓子，每一坐；廣三瓣，殿身、挾屋、行廊同上。

角樓，每一坐。廣一瓣半，挾屋、行廊同上。

右各一百一十功。

龜頭，每一坐廣二瓣。四十五功。

攏裹：二百功。

安卓：一百功。

圜橋子一坐，高四尺五寸，拽脚長五尺五寸。廣五尺，下用連梯、龜脚，上施鉤闌、望柱。

造作功：

連梯桯，每二條；

龜脚，每一十二條；

促踏版棍，每三條。

右各六分功。

連梯當，每二條五分六釐功。

連梯棍，每二條二分功。

望柱，每一條一分三釐功。

背版，每長、廣各一尺；

月版，每長廣同上。

右各八釐功。

難子，每五丈一功。

望柱上梘，每一條一分二釐功。

頰版，每一片一功二分。

促踏版，每一片一分五釐功。

隨圜勢鉤闌，共九功。

攏裹：八功。

右佛道帳，總計造作共四千二百九功九分，攏裹共四百六十八功，安卓共二百八十功。

若作山華帳頭造者，惟不用腰檐及天宮樓閣，除造作、安卓共一千八百二十功九分。於平坐上作山華帳頭，高四尺，廣五丈八尺八寸，深一丈二尺。

造作功：

頂版，每長一丈，廣一尺；

混肚方，每長一丈；

楅，每二十條。

右各一功。

仰陽版，每長一丈；貼絡在內。

山華版，長同上。

右各一功二分。

合角貼，每一條五釐功。

以上造作，計一百五十三功九分。

攏裹：一十功。

安卓：一十功。

牙脚帳

牙脚帳一坐，共高一丈五尺，廣三丈。內、外槽共深八尺，分作三間；帳頭及各分作三段。帳頭枓栱在外。

牙脚坐，高二尺五寸，長三丈二尺，坐頭在內。深一丈。

造作功：

連梯，每長一丈；

龜脚，每三十枚；

上梯盤，每長一丈二尺；

束腰，每長三丈；

牙脚，每一十枚；

牙頭，每二十片；剜切在內。

填心，每一十五枚；

壓青牙子，每長二丈；

背版，每廣一尺，長二丈；

梯盤梘，每五條；

立梘，每一十二條；

面版，每廣一尺，長一丈。

右各一功。

角柱，每一條；

錠脚上襯版，每一十片。

右各二分功。

重臺小鉤闌，共高一尺，每長一丈，七功五分。

攏裹：四十功。

安卓：二十功。

帳身，高九尺，長三丈，深八尺，分作三間。

造作功：

內、外槽帳柱，每三條；

裏槽下錠脚，每二條。

右各三功。

內、外槽上隔枓版，并貼絡仰托梘在內。每長一丈，共二功二分。內外槽歡門同。

頰子，每六條，共一功二分。虛柱同。

帳帶，每四條；

帳身版難子，每長六丈；泥道版難子同。

平棊搏難子，每長五丈；
平棊貼內〔貼絡華文〕，每廣一尺，長二尺。
右各一功。
兩側及後壁帳身版，每廣一尺，長一丈，八分功。
泥道版，每六片，共六分功。
心柱，每三條，共九分功。
攏裹：四十功。
安卓：二十五功。
帳頭，高三尺五寸，枓槽長二丈九尺七寸六分，深七尺七寸六分，分作三段造。
造作功：
內、外槽并兩側夾枓槽版，每長一丈四尺；壓厦版同。
混肚方，每長一丈；山華版，仰陽版，並同。
卧榥，每四條；
馬頭榥，每二十條。楅同。
右各一功。
六鋪作，重栱、一(抄)〔杪〕，兩昂重枓栱，每一朵共二功三分。
頂版，每廣一尺，長一丈，八分功。
合角貼，每一條，五釐功。
攏裹：二十五功。
安卓：一十五功。
右牙脚帳總計：造作共七百四功三分，攏裹共一百五功，安卓共六十功。
九脊小帳
九脊小帳一坐，共高一丈二尺，廣八尺，深四尺。
牙脚坐高二尺五寸，長九尺六寸，深五尺。
造作功：
連梯，每長一丈；
龜脚，每三十枚；
上梯盤，每長一丈二尺。
右各一功。
連梯榥，
梯盤榥。
右各共一功。
面版，共四功五分。
立榥，共三功七分。
背版；
牙脚。
右各共三功。
填心；
束腰鋜脚。
右各共二功。
牙頭；
壓青牙子。
右各共一功五分。
束腰鋜脚襯版，共一功二分。
角柱，共八分功。
束腰鋜脚內小柱子，共五分功。
重臺小鉤闌并望柱等，共一十七功。
攏裹：二十功。
安卓：八功。
帳身高六尺五寸，廣八尺，深四尺。
造作功：
內、外槽帳柱，每一條八分功。
裏槽後壁并兩側下鋜脚版并仰托榥，貼絡在內。共三功五釐。
內、外槽兩側并後壁上隔枓版并仰托榥，貼絡柱子在內。共六功四分。
兩頰；
虛柱。
右各共四分功。
心柱，共三分功。
帳身版，共五功。

帳身難子；
內、外歡門；
內、外帳帶。
右各共二功。
泥道版，共二分功。
泥道難子，六分功。
攏裹：二十功。
安卓：一十功。
帳頭高三尺，鴟尾在外，廣八尺，深四尺。
造作功：
五鋪作，重栱、一杪、一下昂枓栱，每一朵并一功四分。
結宼事件等，共二十八功。
攏裹：一十二功。
安卓：五功。
帳內平棊：
造作，共一十五功。安難子又加一功。
安掛功：
每平棊一片一分功。
右九脊小帳總計：造作共一百六十七功八分，攏裹共五十二功，安卓共二十三功三分。

壁帳

壁帳一間，廣一丈一尺，共高一丈五尺。
造作功：攏裹功在內。
枓栱，五鋪作，一杪、一下昂，普拍方在內。每一朵一功四分。
仰陽山華版、帳柱、混肚方、枓槽版、壓厦版等，共七功。
毬文格子、平棊、叉子，並各依本法。
安卓：三功。

李誠《營造法式》卷二三《小木作功限四》　轉輪經藏

轉輪經藏，一坐，八瓣，內、外槽帳身造。
外槽帳身、腰檐、平坐，上施天宮樓閣，共高二丈，徑一丈六尺。
帳身，外柱至地，高一丈二尺。
造作功：
帳柱，每一條；
歡門，每長一丈。
右各一功五分。
隔枓版并貼柱子及仰托榥，每長一丈，二功五分。
帳帶，每三條一功。
攏裹：二十五功。
安卓：一十五功。
腰檐，高二尺，枓槽徑一丈五尺八寸四分。
造作功：
枓槽版，長一丈五尺，壓厦版及山版同。一功。
內、外六鋪作，外跳一杪，兩下昂，裏跳並卷頭枓栱，每一朵共二功三分。
角梁，每一條子角梁同。八分功。
貼生，每長四丈；
飛子，每四十枚；
白版，約計每長三丈，廣一尺；厦宼版同。
瓦隴條，每四丈；
槫脊，每長二丈五尺；搏脊槫同。
角脊，每四條；
瓦口子，每長三丈；
小山子版，每三十枚；
井口榥，每三條；
立榥，每一十五條；
馬頭榥，每八條，
右各一功。
攏裹：三十五功。
安卓：二十功。
平坐，高一尺，徑一丈五尺八寸四分。
造作功：

枓槽版，每長一丈五尺；壓厦版同。
鴈翅版，每長三丈；
井口榥，每三條；
馬頭榥，每八條；
面版，每長一丈，廣一尺。
右各一功。
枓栱，六鋪作並卷頭，材廣、厚同腰檐。每一朶，共一功一分。
單鉤闌，高七寸，每長一丈，望柱在内，共五功。
攏裹：二十功。
安卓：一十五功。
天宫樓閣，共高五尺，深一尺。
造作功：
角樓子，每一坐，廣二瓣。并挾屋、行廊，各廣二瓣。共七十二功。
茶樓子，每一坐，廣同上。并挾屋、行廊，各廣同上。共四十五功。
攏裹：八十功。
安卓：七十功。
裹槽，高一丈三尺，徑一丈。
坐高三尺五寸，坐面徑一丈一尺四寸四分，枓槽徑九尺八寸四分。
造作功：
龜脚，每二十五枚；
車槽上下澁、坐面澁、猴面澁，每各長五尺；
車槽澁并芙蓉華版，每各長五尺；
坐腰上、下子澁、三澁，每各長一丈；壼門神龕并背版同。
坐腰澁并芙蓉華版，每各長四尺；
明金版，每長一丈五尺；
枓槽版，每長一丈八尺；壓厦版同。
坐下榻頭木，每長一丈三尺；下卧榥同。
立榥，每一十條；
柱脚方，每長一丈二尺；方下卧榥同。
拽後榥，每一十二條；猴面鈿面榥同。

猴面梯盤榥，每三條；
面版，每長一丈，廣一尺。
右各一功。
六鋪作，重栱、卷頭枓栱，每一朶共一功一分。
上、下重臺鉤闌，高一尺，每長一丈七功五分。
攏裹：三十功。
安卓：二十功。
帳身高八尺五寸，徑一丈。
造作功：
帳柱，每一條一功一分。
上隔枓版并貼絡柱子及仰托榥，每各長一丈二功五分。
下鋜脚隔枓版并貼絡柱子及仰托榥，每各長一丈二功。
兩頰，每一條三分功。
泥道版，每一片一分功。
歡門華瓣，每長一丈；
帳帶，每三條；
帳身版，紐計每長一丈，廣一尺；
帳身内、外難子及泥道難子，每各長六丈。
右各一功。
門子，合版造，每一合四功。
攏裹：二十五功。
安卓：一十五功。
柱上帳頭，共高一尺，徑九尺八寸四分。
造作功：
枓槽版，每長一丈八尺；壓厦版同。
角栿，每八條；
搭平棊方子，每長三丈。
右各一功。
平棊，依本功。
六鋪作，重栱、卷頭枓栱，每一朶一功一分。

攏裹：二十功。

安卓：一十五功。

轉輪高八尺，徑九尺，用立軸長一丈八尺，徑一尺五寸。

造作功：

軸，每一條九功。

輻，每一條；

外輞，每二片；

裏輞，每一片；

裏柱子，每二十條；

外柱子，每四條；

挾木，每二十條；

面版，每五片；

格版，每一十片；

後壁格版，每二十四片；

難子，每長六丈；

托輻牙子，每一十枚；

托棖，每八條；

立絞棖，每五條；

十字套軸版，每一片；

泥道版，每四十片。

右各一功。

攏裹：五十功。

安卓：五十功。

經匣，每一隻，長一尺五寸，高六寸，盝頂在內，廣六寸五分。

造作、攏裹共一功。

右轉輪經藏總計：造作共一千九百三十五功二分，攏裹共二百八十五功，安卓共二百二十功。

壁藏

壁藏一坐，高一丈九尺，廣三丈，兩擺手各廣六尺，內、外槽共深四尺。

坐高三尺，深五尺二寸。

造作功：

車槽上、下澁并坐面猴面澁，芙蓉瓣，每各長六尺；

子澁，每長一丈；

卧棖，每一十條；

立棖，每一十二條；拽後棖、羅文棖同。

上、下馬頭棖，每一十五條；

車槽澁并芙蓉華版，每各長五尺；

坐腰并芙蓉華版，每各長四尺；

明金版，并造瓣。每長二丈；枓槽壓厦版同。

柱脚方，每長一丈二尺；

榻頭木，每長一丈三尺；

龜脚，每二十五枚；

面版，合縫在內。約計每長一丈，廣一尺；

貼絡神龕并背版，每各長五尺；

飛子，每五十枚；

五鋪作，重栱、卷頭枓栱，每一朵。

右各一功。

上、下重臺鉤闌，高一尺，長一丈，七功五分。

攏裹：五十功。

安卓：三十功。

帳身高八尺，深四尺，作七格，每格内安經匣四十枚。

造作功：

上隔枓并貼絡及仰托棖，每各長一丈，共二功五分。

下鋜脚并貼絡及仰托棖，每各長一丈，共二功。

帳柱，每一條；

歡門，剜造華瓣在內。每長一丈；

帳帶，剜切在內。每三條；

心柱，每四條；

腰串，每六條；

帳身合版，約計每長一丈，廣一尺；

格棍，每長三丈；逐格前、後柱子同。
鈿面版棍，每三十條；
格版，每二十片，各廣八寸；
普拍方，每長二丈五尺；
隨格版難子，每長八丈；
帳身版難子，每長六丈。
右各一功。
平棊，依本功。
摺疊門子，每一合，共三功。
逐格鈿面版，紐計每長一丈，廣一尺，八分功。
攏裹：五十五功。
安卓：三十五功。
腰檐高二尺，枓槽共長二丈九尺八寸四分，深三尺八寸四分。
造作功：
枓槽版，每長一丈五尺；鑰匙頭及壓厦版並同。
山版，每長一丈五尺，合廣一尺；
貼生，每長四丈；瓦隴條同。
曲椽，每二十條；
飛子，每四十枚；
白版，紐計每長三尺，廣一尺；厦瓦版同。
搏脊槫，每長二丈五尺；
小山子版，每三十枚；
瓦口子，簽切在內。每長三丈；
卧棍，每一十條；
立棍，每一十二條。
右各一功。
六鋪作，重栱、一杪、兩下昂枓栱，每一朵一功二分。
角梁，每一條子角梁同。八分功。
角脊，每一條二分功。
攏裹：五十功。
安卓：三十功。
平坐高一尺，枓槽共長二丈九尺八寸四分，深三尺八寸四分。
造作功：
枓槽版，每長一丈五尺；鑰匙頭及壓厦版並同。
鴈翅版，每長三丈；
卧棍，每一十條；
立棍，每一十二條；
鈿面版，紐計每長一丈，寬一尺。
右各一功。
六鋪作，重栱、卷頭枓栱，每一朵共一功一分。
單鉤闌，高七寸，每長一丈五功。
攏裹：二十功。
安卓：一十五功。
天宫樓閣
造作功：
殿身，每一坐，廣二瓣。并挾屋、行廊屋，各廣二瓣。各三層，共八十四功。
角樓，每一坐，廣同上。并挾屋、行廊等，並同上；
茶樓子，並同上。
右各七十二功。
龜頭，每一坐，廣二瓣。并行廊屋，廣二瓣。各三層，共三十功。
攏裹：一百功。
安卓：一百功。
經匣：準轉輪藏經匣功。
右壁藏一坐，總計造作共三千二百八十五功三分，攏裹共二百七十五功，安卓共二百一十功。

李誡《營造法式》卷二四《諸作功限一》　竹作

織簟，每方一尺：
細棊文素簟，七分功。劈篾，刮削，拖摘，收廣一分五釐。如刮篾收廣三分者，其功減半。織華加八分功，織龍、鳳又加二分五釐功。
麤簟，劈篾青白，收廣四分。二分五釐功。假棊文造，減五釐功。如刮篾收廣二分，其功加倍。

織雀眼網，每長一丈，廣五尺：

間龍、鳳、人物、雜華、刮篾造，三功四分五釐六毫。事造、貼釘在內。如係小木釘貼，即減一分功。下同。

渾青刮篾造，一功九分二釐。

青白造，一功六分。

笍索，每一束：長二百尺，廣一寸五分，厚四分。

渾青造，一功一分。

青白造，九分功。

障日篛，每長一丈六分功。如織簟造，別計織簟功。

每織方一丈：

笆，七分功。樓閣兩層以上處，加二分功。

編道，九分功。如縛棚閣兩層以上，加二分功。

竹柵，八分功。

夾截，每方一丈三分功。劈竹篾在內。

搭蓋涼棚，每方一丈二尺三功五分。如打笆造，別計打笆功。

李誡《營造法式》卷二四《諸作功限一》 鋸作

解割功：

椆、檀、櫪木，每五十尺；

榆、槐木、雜硬材，每五十五尺；雜硬材謂海棗、龍菁之類。

白松木，每七十尺；

柟、柏木、雜軟材，每七十五尺；雜軟材謂香椿、椴木之類。

榆、黄松、水松、黄心木，每八十尺；

杉、桐木，每一百尺，

右各一功。每二人爲一功，或內有盤截，不計。若一條長二丈以上，枝樘高遠，或舊材內有夾釘脚者，並加本功一分功。

愛新覺羅・允禮等《工程做法》卷六三《裝修木作用工附菱花作、鋸作》 裝修

木作用工開後，計開：

槅扇、檻窗、簾架、橫披等項邊抹：

每折見方尺叁拾尺，用木匠壹工。

起線，見方尺貳拾伍尺用木匠壹工。

檻框、替樁、腰枋、搯柱：

每折見方尺肆拾尺，用木匠壹工。

起線，見方尺叁拾伍尺用木匠壹工。

轉軸、拴杆、支杆：

每折見方尺肆拾尺，用木匠壹工。

絛環板、羣板、滴珠板、簾籠板：

每折見方尺陸拾尺，用木匠壹工。

槅扇、檻窗、橫披、簾架等槅心馬蜂腰做法：

每折見方尺伍尺，用木匠壹工。

槅扇、檻窗、橫披、簾架等槅心并支窗平檽方眼做法：

每折見方尺柒尺伍寸，用木匠壹工。

槅扇、檻窗、橫披、簾架等槅窗心鬬尖圓背花做法：

每折見方尺肆尺，用木匠壹工。

榻板叁面：

每折見方尺肆拾尺，用木匠壹工。

剜錠，見方尺叁拾伍尺，用木匠壹工。

起線隂鍋槽，每折見方尺叁拾尺用木匠壹工。

支窗平檽、直檽：

每折見方尺貳拾尺，用木匠壹工。

起線，見方尺拾伍尺用木匠壹工。

連貳檻：

每折見方尺拾伍尺，用木匠壹工。

起線，見方尺拾尺用木匠壹工。

單楹荷葉拴斗銀錠扣：

每拾個，用木匠壹工。

棋盤門：

整扇折算，每折見方尺拾尺，用木匠壹工。

邊抹起線落堂：

每折見方尺捌尺，用木匠壹工。

推闗榁插開：

每折見方尺肆拾尺，用木匠壹工。

實榻門：

整扇折算，每折見方尺拾尺，用木匠壹工。

夾堂，見方尺拾伍尺，用木匠壹工。

餘塞板：

每折見方尺捌拾尺，用木匠壹工。

門枕：

每折見方尺叁拾尺，用木匠壹工。

起線，見方尺貳拾伍尺，用木匠壹工。

連楹：

每折見方尺叁拾尺，用木匠壹工。

起線，見方尺貳拾伍尺，用木匠壹工。

有門簪，每折見方尺貳拾尺，用木匠壹工。

横拴：

每折見方尺肆拾尺，用木匠壹工。

門簪、幞頭、鼓子：

每捌個用木匠壹工。

槅榥：

每拾陸個，用木匠壹工。

走馬板、棋枋板、門頭板、隔斷板、壁板：

每折見方尺陸拾尺，用木匠壹工。

錯縫，見方尺肆拾尺，用木匠壹工。

夾堂護牆板：

每折見方尺陸拾尺，用木匠壹工。

鑿木梢榫：

每折陸拾個，用木匠壹工。

鑿鍋槽，每折壹百貳拾個，用木匠壹工。

上、下檻起槽，每折見方尺貳拾肆尺，用木匠壹工。

抱柱、籠箍木、撑木，每折見方尺叁拾伍尺，用木匠壹工。

墀頭、戧簷線混，每肆塊用木匠壹工。

引條：

每捌拾尺用木匠壹工。

水頂槅：

每折見方尺叁拾尺，用木匠壹工。

木吊掛：

每伍拾根用木匠壹工。

欄杆：

整扇折算，每折見方尺拾伍尺，用木匠壹工。

壺瓶牙子：

每凑長陸拾尺，用木匠壹工。

以上每木匠壹百工，加安裝木匠拾工，鋸匠貳拾捌工。貳共木匠壹百工，加搬運物料壯夫拾伍名。

菱花槅心：

叁交燈球嵌陸碗菱花、叁交陸椀嵌橄欖菱花、叁交陸碗嵌戈葉菱花做法，貳面折見方尺，每壹尺用菱花匠壹工貳分。

叁交滿天星陸碗菱花、古老錢菱花做法，貳面折見方尺，每壹尺用菱花匠壹工。

雙交肆碗菱花做法，貳面折見方尺，每壹尺用菱花匠柒分工。

凡零星物料百步之内，不加運夫。每壹百伍拾步以内，每計重叁千觔加壯夫壹名。

貳百步以内，計重貳千伍百觔加壯夫壹名。

貳百伍拾步以外，計重貳千觔加壯夫壹名。

凡窗槅夾堂做法，貳面折算准給匠工。

石作功限

李誡《營造法式》卷一六《石作功限》 總造作功

平面每廣一尺，長一尺五寸；打剥、麤搏、細漉、斫砟在内。

四邊褊棱鑿搏縫，每長二丈；應有棱者準此。

面上布墨蠟，每廣一尺，長二丈。安砌在内。減地平鈒者，先布墨蠟而後彫鐫。其剔地起突及壓地隱起華者，並彫鐫畢方布蠟，或亦用墨。

右各一功。如平面柱礎在牆頭下用者，減本功四分功；若牆内用者，減本功七分功。下同。

凡造作石段、名件等，除造覆盆及鐫鑿圜混，若成形物之類外，其餘皆先計平面及褊棱功。如有彫鐫者，加彫鐫功。

柱礎

柱礎方二尺五寸，造素覆盆：

造作功：

每方一尺，一功二分。方三尺，方三尺五寸，各加一分功；方四尺，加二分功；方五尺，加三分功；方六尺，加四分功。

彫鐫功：其彫鐫功並於素覆盆所得功上加之。

方四尺，造剔地起突海石榴華，内間化生，四角水地内間魚獸之類，或亦用華，下同。八十功。方五尺，加五十功；方六尺，加一百二十功。

方三尺五寸，造剔地起突水地雲龍，或牙魚、飛魚。寶山，五十功。方四尺，加三十功；方五尺，加七十五功；方六尺，加一百功。

方三尺，造剔地起突諸華，三十五功。方三尺五寸，加五功；方四尺，加一十五功；方五尺，加四十一功；方六尺，加六十五功。

方二尺五寸，造壓地隱起諸華，一十四功。方三尺，加一十一功；方三尺五寸，加一十六功；方四尺，加二十六功；方五尺，加四十六功；方六尺，加五十六功。

方二尺五寸，造減地平鈒諸華，六功。方一尺，加二功；方三尺五寸，加四功；方四尺，加九功；方五尺，加一十四功；方六尺，加二十四功。

方二尺五寸，造仰覆蓮華，一十六功。若造鋪地蓮華，減八功。

方二尺，造鋪地蓮華，五功。若造仰覆蓮華，加八功。

角石角柱。

角石：

安砌功：

角石一段，方二尺，厚八寸，一功。

彫鐫功：

角石兩側造剔地起突龍鳳間華或雲文，一十六功。若面上鐫作師子，加六功；造壓地隱起華，減一十功；減地平鈒華，減一十二功。

角柱：城門硝柱同。

造作剜鑿功：

壘澁坐角柱，兩面共二十功。

安砌功：

角柱每高一尺，方一尺二分五釐功。

彫鐫功：

方角柱，每長四尺，方一尺，造剔地起突龍鳳間華或雲文，兩面共六十功。若造壓地隱起華，減二十五功。

壘澁角坐柱，上、下澁造壓地隱起華，兩面共二十功。

版柱上造剔地起突雲地昇龍，兩面共一十五功。

殿階基

殿階基一坐。

彫鐫功：

每一段，頭子上減地平鈒華，二功。

束腰造剔地起突蓮華，二功。版柱子上減地平鈒華同。

撻澁減地平鈒華，二功。

安砌功：

每一段，土襯石，一功。壓闌、地面石同。

頭子石，二功。束腰石、隔身版柱子、撻澁同。

地面石壓闌石。

地面石、壓闌石。

安砌功：

每一段，長三尺，廣二尺，厚六寸，一功。

彫鐫功：

壓闌石一段，階頭廣六寸，長三尺，造剔地起突龍鳳間華，二十功。若龍鳳間雲文，減二功；造壓地隱起華，減一十六功；造減地平鈒華，減一十八功。

殿階螭首

殿階螭首，一隻，長七尺。

造作鐫鑿，四十功。

安砌，一十功。

殿内鬬八

殿階心内鬭八一段，共方一丈二尺。

彫鐫功：

鬭八心内造剔地起突盤龍一條，雲捲水地，四十功。

鬭八心外諸科格内，並造壓地隱起龍鳳、化生諸華，三百功。

安砌功：

每石二段，一功。

踏道

踏道石，每一段長三尺，廣二尺，厚六寸。

安砌功：

土襯石，每一段，一功。踏子石同。

象眼石，每一段，二功。副子石同。

彫鐫功：

副子石，一段，造減地平鈒華，二功。

單鉤闌重臺鉤闌、〔望柱〕

單鉤闌，一段，高三尺五寸，長六尺。

造作功：

剜鑿尋杖至地栿等事件，内万字不透。共八十功。

尋杖下若作單托神，一十五功。雙托神倍之。

華版内若作壓地隱起華、龍或雲龍，加四十功。若万字透空亦如之。

重臺鉤闌：如素造，比單鉤闌每一功加五分功。若盆脣、癭項、地栿、蜀柱，並作壓地隱起華，大小華版並作剔地起突華造者，一百六十功。

八瓣望柱，每一條，長五尺，徑一尺，出上下卯，共一功。

望柱：

造剔地起突纏柱雲龍，五十功。

造壓地隱起諸華，二十四功。

造減地平鈒華，一十二功。

柱下坐造覆盆蓮華，每一枚，七功。

柱上鐫鑿像生、師子，每一枚，二十功。

安卓：六功。

螭子石

安鉤闌螭子石一段，鑿劄眼剜口子，共五分功。

門砧限臥立柣、將軍石、止扉石。

門砧一段，

彫鐫功：

造剔地起突華或盤龍，

長五尺，二十五功。

長四尺，一十九功。

長三尺五寸，一十五功。

長三尺，一十二功。

安砌功：

長五尺，四功。

長四尺，三功。

長三尺五寸，一功五分。

長三尺，七分功。

門限，每一段，長六尺，方八寸。

彫鐫功：

面上造剔地起突華或盤龍，二十六功。若外側造剔地起突行龍間雲文，又加四功。

臥立柣一副，

剜鑿功：

臥柣，長二尺，廣一尺，厚六寸，每一段三功五分。

立柣，長三尺，廣同臥柣，厚六寸，側面上分心鑿金線一道。五功五分。

安勘功：

臥、立柣，各五分功。

將軍石一段，長三尺，方一尺。

造作，四功。安立在内。

止扉石，長二尺，方八寸。

造作，七功。剜口子，鑿栓寨眼子在内。

地栿石

城門地栿石、土襯石：

造作剜鑿功，每一段，
地栿，一十功。
土襯，三功。
安砌功：
地栿，二功。
土襯，二功。

流盃渠

流盃渠一坐，剜鑿水渠造。每石一段，方三尺，厚一尺二寸。
造作，一十功。開鑿渠道加二功。
安砌，四功。出水斗子，每一段加一功。
彫鐫功：
河道兩邊面上絡周華，各廣四寸，造壓地隱起寶相華、牡丹華，每一段三功。
流盃渠一坐。砌壘底版造。
造作功：
心內看盤石，一段，長四尺，廣三尺五寸；
廂壁石及項子石，每一段，
右各八功。
底版石，每一段三功。
斗子石，每一段一十五功。
安砌功：
看盤及廂壁、項子石、斗子石，每一段各五功。地架，每一段三功。
底版石，每一段三功。
彫鐫功：
心內看盤石，造剔地起突華，五十功。若間以龍鳳，加二十功。
河道兩邊，面上遍造壓地隱起華，每一段二十功。若間以龍鳳，加一十功。

壇

壇一坐，
彫鐫功：
頭子、版柱子、揵澁，造減地平鈒華，每一段各二功。束腰剔地起突造蓮華亦如之。
安砌功：
土襯石，每一段一功。
頭子、束腰、隔身版柱子、揵澁石，每一段各二功。

卷輂水窗

卷輂水窗石，河渠同。每一段，長三尺，廣二尺，厚六寸。
開鑿功：下熟鐵鼓卯，每二枚，一功。
安砌：一功。

水槽

水槽，長七尺，高、廣各二尺，深一尺八寸。
造作開鑿，共六十功。

馬臺

馬臺，一坐，高二尺二寸，長三尺八寸，廣二尺二寸。
造作功：
剜鑿踏道，二十功。疊澁造加二十功。
彫鐫功：
造剔地起突華，一百功；
造壓地隱起華，五十功；
造減地平鈒華，二十功；
臺面造壓地隱起水波內出沒魚獸，加一十功。

井口石

井口石并蓋口拍子一副，
造作鐫鑿功：
透井口石，方二尺五寸，井口徑一尺，共一十二功。造素覆盆，加二功；若蓮華覆盆，加六功。
安砌：二功。

山棚鋜脚石

山棚鋜脚石，方二尺，厚七寸。
造作開鑿，共五功。
安砌，一功。

幡竿頰

幡竿頰一坐，

造作開鑿功：

頰，二條，及開栓眼，共五十六功。

鋜脚，六功。

彫鐫功：

造剔地起突華，一百五十功。

造壓地隱起華，五十功。

造減地平鈒華，三十功。

安卓：一十功。

贔屓碑

贔屓鼇坐碑一坐，

彫鐫功：

碑首，造剔地起突盤龍、雲盤，共二百五十一功。

鼇坐，寫生鐫鑿，共一百七十六功。

土襯，周回造剔地起突寶山、水地等，七十五功。

碑身，兩側造剔地起突海石榴華或雲龍，一百二十功。

絡周造減地平鈒華，二十六功。

安砌功：

土襯石，共四功。

笏頭碣

笏頭碣一坐，

彫鐫功：

碑身及額，絡周造減地平鈒華，二十功。

方直坐上造減地平鈒華，一十五功。

疊澁坐，剜鑿，三十九功。

疊澁坐上造減地平鈒華，三十功。

愛新覺羅・允禮等《工程做法》卷六六《石作用工》 石作用工開後，計開：

旱白玉石：

做細，每折寬壹尺，長壹丈，用石匠貳工貳分。

做糙，每折寬壹尺，長壹丈，用石匠壹工柒分。

占斧，每折寬壹尺，長壹丈，用石匠壹工。

扁光，每折寬壹尺，長壹丈，用石匠叁工。

對縫安砌，每長壹丈，用石匠貳工伍分。

擺滾子叫號，折寬厚壹尺，長捌尺以外，用每長叁丈，用石匠壹工。

拽運擡石，每折寬厚壹尺，長壹丈，用壯夫壹名伍分。

灌漿，每長叁丈用壯夫壹名。

青白石：

做細，每折寬壹尺，長壹丈，用石匠貳工。

做糙，每折寬壹尺，長壹丈，用石匠壹工伍分。

占斧，每折寬壹尺，長壹丈，用石匠壹工。

扁光，每折寬壹尺，長壹丈，用石匠叁工。

對縫安砌，每長壹丈，用石匠貳工伍分。

擺滾子呌號，折寬厚壹尺，長捌尺以外，用每長叁丈，用石匠壹工。

拽運擡石，折寬厚壹尺，每長壹丈，用壯夫壹名伍分。

灌漿，每長叁丈，用壯夫壹名。

青砂石：

做細，每折寬壹尺，長壹丈，用石匠壹工伍分。

做糙，每折寬壹尺，長壹丈，用石匠壹工。

占斧，每折寬壹尺，長壹丈，用石匠柒分伍釐工。

對縫安砌，每長壹丈，用石匠貳工。

擺滾子呌號，折寬厚壹尺，長捌尺以外，用每長叁丈，用石匠壹工。

拽運擡石，折寬厚壹尺，每長壹丈，用壯夫壹名。

灌漿，每長叁丈，用壯夫壹名。

豆渣石：

做細，每折寬壹尺，長壹丈，用石匠壹工。

做糙，每折寬壹尺，長壹丈伍尺，用石匠壹工。

占斧，每折寬壹尺，長壹丈，用石匠伍分工。

對縫安砌，每長壹丈，用石匠壹工。

擺滾子叫號，折寬厚壹尺，長捌尺以外，用每長伍丈，用石匠壹工。

拽運擡石，折寬厚壹尺，每長壹丈，用壯夫壹名。

灌漿，每長肆丈，用壯夫壹名。

旱白玉石、青白石：鑿扁柘榴頭、伏蓮頭、浄瓶頭、合子心，做細，每折見方壹尺用石匠貳工。

鑿扁珠子、蓮瓣、荷葉、西番蓮，做細，每折見方壹尺用石匠貳工。

鑿扁龍獅摺鱗爪、撕鬃髮，做細，每折見方壹尺用石匠叁工。

鑿氣雲、龍腿、虎肚黄、創刺、摺鱗、撕髮、寶珠、火焰，做細，每折見方壹尺，用石匠叁工。

剔鑿陽龍流雲腿、火肚黄、創刺、摺鱗、撕髮、村山撕水，做細，每折見方壹尺用石匠叁工伍分。

開玲瓏口岔、分齒舌，做細，每折見方壹尺，用石匠肆工。

開做頭眉鑿扁腿、鼓肚，畫八卦龜背錦、襯脊梁骨尾巴，做細，每折見方壹尺，用石匠貳工。

剔鑿海水江牙、撕水村山，做細，每折見方壹尺，用石匠貳工。

以上凡落坯子，每折見方壹尺，用石匠壹工，平做不落坯不准給落坯工。

落盤子做合子心，每折見方壹尺，用石匠壹工。

落空檔，每折見方壹尺，用石匠壹工。

鑿透空檔，每個用石匠壹工伍分。

搗楞裏禪杖，每折見方壹尺，用石匠壹工伍分。

鑿雲子、寶瓶，每折見方壹尺，用石匠壹工。

落古子滾胖，每折見方壹尺，用石匠壹工。

龍鳳花卉，每折見方壹尺，用石匠叁工。

龍、鳳、花卉等項，如陽做落坯子，每折見方壹尺，用石匠壹工。

鑿做圭角、奶子、唇子，每長壹丈，用石匠叁工。

鑿做捲雲，每長壹丈，用石匠拾伍工。

鑿做梟兒，每長壹丈，用石匠叁工。

落方色條，每長陸尺，用石匠壹工。

鑿做椀花結帶、金剛柱子，每折見方壹尺，用石匠貳工。

獅子分頭臉身、腿牙胯、開旋螺紋、剔撕毛髮、滾鑿繡球、出鑿崽子，每折見方壹尺，用石匠貳工伍分。

鑿搭袱子、四角做草，每折見方壹尺，用石匠貳工伍分。

須彌座鑿做圭角枋子、瑪瑙柱子、蓮瓣珠子、束腰花草或做方色仰覆蓮色道，俱每折見方壹尺，用石匠貳工。

冲打瓦隴溝、鑿打梢眼、落箍槽，每折見方尺貳尺，用石匠壹工。

券臉石做番草、捽帶子，每塊用石匠壹工。

石角樑做强出頭獸，每剔鑿壹個，用石匠壹工。

鑿做戲水獸面，每折見方壹尺，用石匠貳工。

橋面仰天落色道、做梟兒，每長壹丈，用石匠陸工。

欄杆柱子頂鑿做獅子、掏腿胯、分頭臉、開旋螺紋、剔撕毛髮、鑿壽帶鈴鐺、落坯子，每個用石匠叁工。

分頭臉眉眼口齒身腿股紋、剔撕髮尾、扁鑿脊骨、起剔繡帶鈴鐺、剔鑿牙爪，每個用石匠陸工。

滾墩開打壺瓶牙口子、圭角做奶子、唇子、落方色、前後做蘇葉頭、立鼓週圍採鼓釘、圓光内鑿做葉花瓣，面上落獸面，剔鑿毛髮分頭臉唇齒等項落坯子，每折見方壹尺，用石匠壹工。

平做不落坯，不准給落坯工。

滾墩門枕：分鑿葉花、剔採鼓釘、圭角出線獸面扁剔唇齒環帶細撕毛髮做細，每折見方壹尺，用石匠貳工。

幞頭鼓子，每貳個用石匠壹工。

馬蹄磉、古老錢、耳子，每貳個用石匠壹工。

各項退頭肩榫，每貳個用石匠壹工。

各項榫眼，每肆個用石匠壹工。

各項柱碑榫眼，每個用石匠壹工。

各項打透眼，每貳個用石匠壹工。

龍頭溝嘴，每個用石匠叁工。

拴眼石，每貳個用石匠壹工。

水溝門，每扇用石匠壹工。

水溝槽，每折寬壹尺，長壹丈，用石匠貳工。

各項落槽，每折深壹尺，每折寬方尺壹尺伍寸，用石匠壹工。

各項石料榫眼過兒方壹尺伍寸，照落槽例。

銀錠槽，每肆個用石匠壹工。

瓦楞起線，每折見方壹尺，用石匠壹工。

菱花窗，每折見方壹尺，用石匠貳工伍分。

油灰抅縫：每長拾丈，用石匠壹工。

搗油灰，每肆拾觔，用壯夫壹名。

水灰抅縫，每長貳拾伍丈，用石匠壹工。

以上各項龍、獅、花卉等件如次等做法，每工減貳分，用青砂石鑿做，每工減叁分。

拆卸舊青砂石：每折寬厚壹尺，長伍丈，用石匠壹工，壯夫貳名。

舊青砂石對縫安砌，不論寬厚，每長壹丈，用石匠壹工。

擡舊青砂石，折寬厚壹尺，每長伍丈，用壯夫貳名。

舊青砂石堦條歸隴，不論寬厚，每長陸丈，用石匠壹工。

舊青砂石改截刷面，每折寬壹尺，長壹丈，用石匠貳工。

舊青砂石占斧，每折寬壹尺，長壹丈，用石匠伍分工。

拆卸舊豆渣石，每折寬厚壹尺，長柒丈，用石匠伍分工，壯夫貳名。

舊豆渣石對縫安砌，不論寬厚，每長貳丈，用石匠壹工。

擡舊豆渣石，折寬厚壹尺，每長伍丈，用壯夫貳名。

舊豆渣石歸隴，不論寬厚，每長捌丈，用石匠壹工。

舊豆渣石改截刷面，每折寬壹尺，長壹丈，用石匠壹工。

安請旱白玉石并青白石、青砂石大件整料陞高：每貳百觔，用壯夫壹名。重陸千觔以外至壹萬觔以內，每名每日准給貳分工。壹萬觔以外至壹萬肆千觔，准給叁分工。壹萬肆千觔以外至壹萬捌千觔，給肆分工。壹萬捌千觔以外至貳萬貳千觔，給伍分工。貳萬貳千觔以外至貳萬陸千觔，給陸分工。貳萬陸千觔以外至叁萬觔，給柒分工。叁萬觔以外至叁萬肆千觔，給捌分工。叁萬肆千觔以外至叁萬捌千觔，給玖分工。叁萬捌千觔以外至肆萬貳千觔，給拾分工。肆萬貳千觔以外至肆萬陸千觔，給壯夫壹名壹分工。肆萬陸千觔以外至伍萬觔，給壯夫壹名貳分工。伍萬觔以外石料，給壯夫壹名伍分。

凡大件整料番蛟，折寬厚壹尺，長壹丈伍尺，用石匠貳分工，壯夫壹名。

拽運大件石料：每重肆百觔，用壯夫壹名。重陸千觔以外至壹萬觔以內，每名每日准給貳分工。壹萬觔以外至壹萬肆千觔，給叁分工。壹萬肆千觔以外至壹萬捌千觔，給肆分工。壹萬捌千觔以外至貳萬貳千觔，給伍分工。貳萬貳千觔以外至貳萬陸千觔，給陸分工。貳萬陸千觔以外至叁萬觔，給柒分工。叁萬觔以外至叁萬肆千觔，給捌分工。叁萬肆千觔以外至叁萬捌千觔，給玖分工。叁萬捌千觔以外至肆萬貳千觔，給拾分工。肆萬貳千觔以外至肆萬陸千觔，給壯夫壹名壹分工。肆萬陸千觔以外至伍萬觔，給壯夫壹名貳分工。伍萬觔以外給壯夫壹名伍分。如工所道路狹窄，大車不能至，工先行卸車，拽運工所遠近，臨期按日計工，加算准給。

大件石料歸位：每件用石匠貳工。

虎皮石成砌：折見方丈壹丈，厚壹尺，連抅梗，用石匠壹工伍分，壯夫叁名。

泥作功限

李誡《營造法式》卷二五《諸作功限二》 泥作

每方一丈，殿宇、樓閣之類，有轉角、合用、托匙處，於本作每功上加五分功；高二丈以上，每丈每功各加一分二釐功，加至四丈止。供作並不加，即高不滿七尺，不須棚閣者，每功減三分功。貼補同。

紅石灰，黃、青、白石灰同。五分五釐功。收光五遍，合和、斫事、麻擣在內。如仰泥縛棚閣者，每兩椽加七釐五毫功，加至一十椽止。下並同。

破灰，

細泥，

右各三分功。收光在內。如仰泥縛棚閣者，每兩椽各加一釐功。其細泥作畫壁，并灰襯，二分五釐功。

麤泥，二分五釐功。如仰泥縛棚閣者，每兩椽加二釐功。其畫壁披蓋麻篾，并搭乍中泥，若麻灰細泥下作襯，一分五釐功。如仰泥縛棚閣，每兩椽各加五毫功。

沙泥畫壁：

劈篾，被篾，共二分功。

披麻，一分功。

下沙收壓，一十遍，共一功七分。栱眼壁同。

壘石山，泥假山同。五功。

壁隱假山，一功。

盆山，每方五尺，三功。每增減一尺，各加減六分功。

用坯：

殿宇牆，廳、堂、門、樓牆，并補壘柱窠同。每七百口；廊屋、散舍牆，加一百口。

貼壘脱落牆壁，每四百五十口；㭊接壘牆頭射垜，加五十口。

壘燒錢鑪，每四百口；

側劄照壁，牕坐、門頰之類同。每三百五十口；

壘砌竈，茶鑪同。每一百五十口，用塼同。其泥飾各紐計積尺別計功。

右各一功。

織泥籃子，每一十枚一功。

愛新覺羅・允禮《工程做法》卷六九《土作用工》 土作用工開後，計開：

貳拾肆把夯：築貳拾肆夯頭，充剁伍拾柒道，每見方壹丈，每步用夯夫貳拾肆名，壯夫玖名。

貳拾把夯：築貳拾夯頭，充剁肆拾玖道，每見方壹丈，每步用夯夫貳拾名，壯夫陸名。

拾陸把夯：築拾陸夯頭，充剁叁拾叁道，每見方壹丈，每步用夯夫拾陸名，壯夫伍名。

大夯伍把：夯築打搠夯頭，充剁貳拾壹道，每見方壹丈，每步用夯夫肆名，壯夫貳名。

素土伍把夯：築打肆夯頭，充剁拾柒道，每見方壹丈，每步用夯夫貳名，壯夫壹名。

下丁：每長肆尺，徑肆寸，拾肆根用碣夫壹名。每長伍尺，徑肆寸，拾貳根用碣夫壹名。每長陸尺，徑肆寸，拾根用碣夫壹名。每長柒尺，徑肆寸，捌根用碣夫壹名。每長捌尺，徑肆寸，陸根用碣夫壹名。每長玖尺，徑肆寸，伍根用碣夫壹名。每長壹丈，徑肆寸，肆根用碣夫壹名。每長壹丈壹尺，徑肆寸，叁根用碣夫壹名。每長壹丈貳尺，徑肆寸，貳根用碣夫壹名。每長壹丈叁尺，徑肆寸，壹根用碣夫壹名。每丁捌拾根，用盤頭砍尖木匠壹工。每丁貳百根，用搬運壯夫壹名。每丁貳拾根，用盤頭扎縛繩壹條。

地基刨槽：見方壹丈，深壹尺，用壯夫貳名。

築打土牆：見方壹尺，長捌丈，用壯夫壹名。

出渣土：見方壹丈，深壹尺，用壯夫貳名。

磚瓦作功限

李誡《營造法式》卷二五《諸作功限二》 窰作

造坯：

方塼：

二尺，一十口；每減一寸，加二口。

一尺五寸，二十七口；每減一寸，加六口。塼碇與一尺三寸方塼同。

一尺二寸，七十六口。盤龍鳳、雜華同。

條塼：

長一尺三寸，八十二口；牛頭塼同；其趄面塼加十分之一。

長一尺二寸，一百八十七口；趄條并走，趄塼同。

壓闌塼，二十七口。

右各一功。般取土末，和泥、事褫、曬曝、排垛在內。

甋瓦，長一尺四寸，九十五口。每減二寸，加三十口。其長一尺以下者，減一十口。

瓪瓦，長一尺六寸，九十口；每減二寸，加六十口。其長一尺四寸展樣，比長一尺四寸瓦，減二十口。長一尺，一百三十六口。每減二寸，加一十二口。

右各一功。其瓦坯并華頭所用膠土，即別計。

黏甋瓦華頭，長一尺四寸，四十五口；每減二寸，加五口。其一尺以下者，即倍加。

撥瓪瓦重脣，長一尺六寸，八十口；每減二寸，加八口。其一尺二寸以下者，即倍加。

黏鎮子塼系，五十八口。

右各一功。

造鴟、獸等，每一隻，鴟尾，每高一尺二功。龍尾，功加三分之一。

獸頭，高三尺五寸，二功八分。每減一寸，減八釐功。高二尺，八分功。每減一寸，減一分功。高一尺二寸，一分六釐八毫功。每減一寸，減四毫功。

套獸，口徑一尺二寸，七分二釐功。每減二寸，減一分二釐功。

蹲獸，高一尺四寸，二分五釐功。每減二寸，減二釐功。

嬪伽，高一尺四寸，四分六釐功。每減二寸，減六釐功。

角珠，每高一尺，八分功。

火珠，徑八寸，二功。每增一寸，加八分功。至一尺以上，更於所加八分功外，遞加一分功。謂如徑一尺，加九分功；一尺一寸，加一功之類。

閥閱，每高一尺，八分功。

行龍、飛鳳、走獸之類，長一尺四寸，五分功。

用茶土掍甋瓦，長一尺四寸，八十口，一功。長一尺六寸瓪瓦同，華頭、重脣在內。餘準此。每減二寸，加四十口。

裝素白塼瓦坯，青掍瓦同。如滑石掍，其功在內。大窰計燒變所用芟草數，每七百八十束曝窰，三分之一。爲一窰。以坯十分爲率，須於往來一里外至二里，般六分，共三十六功。遞轉在內。曝窰，三分之一。若般取六分以上，每一分加三功，至四十二功止。曝窰，每一分加一功，至一十五功止。至四分之外及不滿一里者，每一分減三功，減至二十四功止。曝窰，每一分減一功，減至七功止。

燒變大窰，每一窰：

燒變，一十八功。曝窰，三分之一。出窰功同。

出窰，一十五功。

燒變瑠璃瓦等，每一窰七功。合和、用藥、般裝、出窰在內。

擣羅洛河石末，每六斤一十兩一功。

炒黑錫，每一料一十五功。

壘窰，每一坐：

大窰，三十二功。

曝窰，一十五功三分。

李誡《營造法式》卷二五《諸作功限二》　塼作

斫事：

方塼：

二尺，一十三口；每減一寸，加二口。

一尺七寸，二十口；每減一寸，加五口。

一尺二寸，五十口；

壓闌塼，二十口，

右各一功。鋪砌功，並以斫事塼數加之，二尺以下加五分；一尺七寸加六分；一尺五寸以下各倍加；一尺二寸加八分；壓闌塼加六分。其添補功，即以鋪砌之數減半。

條塼，長一尺三寸，四十口趄面塼加一分。一功。壘砌功，以斫事塼數加一倍。趄面塼同。其添補者，即減壘塼八分之五。若砌高四尺以上者，減塼四分之一。如補換華頭，以斫事之數減半。

麤壘條塼，謂不斫事者。長一尺三寸，二百口。每減一寸加一倍，一功。其添補者，即減壘塼數，長一尺三寸者，減四分之一；長一尺二寸，各減半。若壘高四尺以上，各減塼五分之一；長一尺二寸者，減四分之一。

事造剜鑿：並用一尺三寸塼。

地面鬭八，階基、城門坐塼側頭、須彌臺坐之類同。龍、鳳、華樣人物、壺門、寶餅之類；

方塼，一口；間窠毬文，加一口半。

條塼，五口。

右各一功。

透空氣眼：

方塼，每一口，

神子，一功七分。

龍、鳳、華盆，一功三分。

條塼，壺門，三枚半每一枚用塼百口。一功。

刷染塼甋、基階之類，每二百五十尺須縛棚閣者，減五分之一。一功。

甃壘井，每用塼二百口一功。

淘井，每一眼，徑四尺至五尺，二功。每增一尺，加一功。至九尺以上，每增一尺，加二功。

李誡《營造法式》卷二五《諸作功限二》　瓦作

斫事甋瓦口：以一尺二寸甋瓦，一尺四寸瓪瓦爲率。打造同。

瑠璃：

攛窠，每九十口；每增減一等，各加減二十口；至一尺以下，每減一等，各加三十口。

解撟，打造大當溝同。每一百四十口。每增減一等，各加減三十口；至一尺以下，每減一等，各加四十口。

青掍素白：

攛窠，每一百口；每增減一等，各加減二十口；至一尺以下，每減一等，各加三十口。

解撟，每一百七十口。每增減一等，各加減三十五口；至一尺以下，每減一等，各加四十五口。

右各一功。

打造甋瓪瓦口：

瑠璃瓪瓦：

線道，每一百二十口；每增減一等，各加減二十五口，加至一尺四寸止；至一尺以下，每減一等，各加三十五口。 甃畫者加三分之一，青掍素白瓦同。

條子瓦，比線道加一倍； 甃畫者加四分之一，青掍素白瓦同。

青掍素白：

瓪瓦大當溝，每一百八十口；每增減一等，各加減三十口；至一尺以下，每減一等，各加三十五口。

瓪瓦：

線道，每一百八十口；每增減一等，各加減三十口，加至一尺四寸止。

條子瓦，每三百口；每增減一等，各加減六分之一，加至一尺四寸止。

小當溝，每四百三十枚；每增減一等，各加減三十枚。

右各一功。

結宼，每方一丈，如尖斜高峻，比直行每功加五分功。

瓪瓪瓦：

瑠璃，以一尺二寸爲率。二功二分。 每增減一等，各加減一分功。

青掍素白比瑠璃，其功減三分之一。

散瓪大當溝，四分功。 小當溝減三分之一功。

壘脊，每長一丈； 曲脊，加長一倍。

瑠璃，六層；

青掍素白，用大當溝，一十層，用小當溝者，加二層。

右各一功。

安卓：

火珠，每坐以徑二尺爲率。二功五分。 每增減一等，各加減五分功。

每一隻瑠璃，

龍尾，每高一尺，八分功。 青掍素白者，減二分功。

鴟尾，每高一尺，五分功。 青掍素白者，減一分功。

獸頭，以高二尺五寸爲率。七分五釐功。 每增減一等，各加減五釐功，減至一分止。

套獸，以口徑一尺爲率。二分五釐功。 每增減二寸，各加減六釐功。

嬪伽，以高一尺二寸爲率。一分五釐功。 每增減二寸，各加減三釐功。

閥閱，高五尺，一功。 每增減一尺，各加減二分功。

蹲獸，以高六寸爲率。每一十五枚； 每增減二寸，各加減三枚。

滴當子，以高八寸爲率。每三十五枚，每增減二寸，各加減五枚。

右各一功。

繫大箔，每三百領； 鋪箔減三分之一。

抹棧及笆箔，每三百尺；

開鷰頷版，每九十尺； 安釘在内。

織泥籃子，每一十枚，

右各一功。

愛新覺羅・允禮等《工程做法》卷六七《瓦作用工附砍鑿》 各項磚瓦用工開後，計開：

臨清城磚：每砍磨貳拾個，用砍磚匠壹工。

每砍磨城角轉頭拾伍個，用砍磚匠壹工。

每擺砌貳拾貳個，用瓦匠壹工，壯夫貳名。

新樣城磚：每砍磨貳拾伍個，用砍磚匠壹工。

每砍磨城角轉頭貳拾個，用砍磚匠壹工。

每擺砌貳拾捌個，用瓦匠壹工，壯夫貳名。

每砍車網貳拾個，用砍磚匠壹工。

每擺砌車網并券臉，俱貳拾陸個，用瓦匠壹工，壯夫貳名。

舊樣城磚：每砍磨貳拾捌個，用砍磚匠壹工。

每砍磨城角轉頭貳拾叁個，用砍磚匠壹工。

每揃白陸拾個，用揃磚匠壹工。

每揃白城角轉頭肆拾個，用揃磚匠壹工。

每擺砌叁拾貳個，用瓦匠壹工，壯夫貳名。

每擺砌券臉貳拾捌個，用瓦匠壹工，壯夫貳名。

每揃白砌玖拾個，用瓦匠壹工，壯夫貳名。

每砍斗板叁拾貳個，用砍磚匠壹工。

每砌墁玖拾個，用瓦匠壹工，壯夫貳名。

每糙砌貳百個，用瓦匠壹工，壯夫貳名。

停泥滚子磚：每砍磨玖拾陸個，用砍磚匠壹工。

每砍磨城角轉頭捌拾個，用砍磚匠壹工。

每擺砌壹百個，用瓦匠壹工，壯夫貳名。

沙滚子磚：每砍磨壹百壹拾個，用砍磚匠壹工。

每砍磨城角轉頭玖拾個，用砍磚匠壹工。

每揣白貳百伍拾個，用揣磚匠壹工。

每揣白城角轉頭壹百伍拾個，用揣磚匠壹工。

每擺砌壹百貳拾個，用瓦匠壹工，壯夫貳名。

每揣白砌肆百個，用瓦匠壹工，壯夫貳名。

每糙砌柒百個，用瓦匠壹工，壯夫貳名。

停泥斧刃磚與停泥滚子磚砍砌同，沙斧刃磚與沙滚子磚砍砌同。

貳尺金磚：每砍磨叁個，用砍磚匠壹工。

每墁伍個，用瓦匠壹工，壯夫壹名。

尺柒金磚：每砍磨肆個，用砍磚匠壹工。

每墁陸個，用瓦匠壹工，壯夫壹名。

貳尺方磚：每砍磨捌個，用砍磚匠壹工。

每墁拾貳個，用瓦匠壹工，壯夫壹名伍分。

尺柒方磚：每砍磨拾貳個，用砍磚匠壹工。

每墁拾捌個，用瓦匠壹工，壯夫貳名。

每糙墁伍拾個，用瓦匠壹工，壯夫貳名。

尺肆方磚：每砍磨貳拾肆個，用砍磚匠壹工。

每墁叁拾貳個，用瓦匠壹工，壯夫貳名。

每糙墁柒拾個，用瓦匠壹工，壯夫貳名。

尺貳料半方磚：每砍磨叁拾陸個，用砍磚匠壹工。

每墁肆拾肆個，用瓦匠壹工，壯夫貳名。

尺貳方磚：每揣白柒拾貳個，用揣磚匠壹工。

每砌墁捌拾個，用瓦匠壹工，壯夫貳名。

每糙砌墁壹百個，用瓦匠壹工，壯夫貳名。

頭號筒瓦、勾頭、獅馬：每宽壹百伍拾個，用瓦匠壹工，壯夫貳名。

頭號板瓦、滴水：每宽玖百個，用瓦匠壹工，壯夫貳名。

脊上瓦條每開肆百條，用砍磚匠壹工。

貳號筒瓦、勾頭、獅馬：每宽貳百個，用瓦匠壹工，壯夫貳名。

貳號板瓦滴水：每宽壹千個，用瓦匠壹工，壯夫貳名。

脊上瓦條，每開肆百條，用砍磚匠壹工。

叁號筒瓦、勾頭、獅馬：每宽貳百伍拾個，用瓦匠壹工，壯夫貳名。

叁號板瓦、滴水：每宽壹千貳百個，用瓦匠壹工，壯夫貳名。

脊上瓦條，開伍百條，用砍磚匠壹工。

拾號筒瓦、勾頭、獅馬：每宽叁百個，用瓦匠壹工，壯夫貳名。

拾號板瓦、滴水：每宽壹千叁百個，用瓦匠壹工，壯夫貳名。

脊上瓦條，開伍百條，用砍磚匠壹工。

土坯：每砌壹千伍百個，用瓦匠壹工，壯夫貳名。

調頭號布通脊、垂脊：每叁拾件用瓦匠壹工，壯夫貳名。

調貳號布通脊、垂脊：每肆拾件用瓦匠壹工，壯夫貳名。

調叁號布通脊、垂脊：每伍拾件用瓦匠壹工，壯夫貳名。

大房調大脊：每丈用瓦匠壹工，壯夫貳名；垂脊，每丈用瓦匠壹工，壯夫貳名。

小房調清水脊：每貳丈用瓦匠壹工，壯夫貳名；鞍子脊，每叁丈，用瓦匠壹工，壯夫貳名。

灰苫背砑抹光平：每見方丈壹丈，用瓦匠壹工，壯夫貳名。

灰抹飾苫背：每見方丈壹丈，用瓦匠壹工，壯夫貳名。

插灰泥苫背：每見方丈叁丈，用瓦匠壹工，壯夫貳名。

牆身拘抿：每見方丈叁丈，用瓦匠壹工，壯夫貳名。

抹飾牆垣：每見方丈貳丈，厚伍分，用瓦匠壹工，壯夫貳名；每見方丈叁丈，厚叁分，用瓦匠壹工，壯夫貳名。

刷漿：每見方丈伍丈。用瓦匠壹工，壯夫壹名。

貳樣琉璃瓦料：每壹百件，用瓦匠壹工，壯夫貳名。

叁樣瑠璃瓦料：每壹百貳拾件，用瓦匠壹工，壯夫貳名。

肆樣瑠璃瓦料：每壹百肆拾件，用瓦匠壹工，壯夫貳名。

伍樣瑠璃瓦料：每壹百陸拾件，用瓦匠壹工，壯夫貳名。

陸樣瑠璃瓦料：每壹百柒拾件，用瓦匠壹工，壯夫貳名。

柒樣瑠璃瓦料：每壹百柒拾件，用瓦匠壹工，壯夫貳名。

捌樣瑠璃瓦料：每壹百捌拾件，用瓦匠壹工，壯夫貳名。

玖樣瑠璃瓦料：每壹百捌拾件，用瓦匠壹工，壯夫貳名。

貳樣瑠璃脊料：每叁拾伍件，用瓦匠壹工，壯夫貳名。

叁樣瑠璃脊料：每肆拾件，用瓦匠壹工，壯夫貳名。

肆樣瑠璃脊料：每伍拾件，用瓦匠壹工，壯夫貳名。

伍樣瑠璃脊料：每伍拾伍件，用瓦匠壹工，壯夫貳名。

陸樣瑠璃脊料：每陸拾件，用瓦匠壹工，壯夫貳名。

柒樣瑠璃脊料：每陸拾件，用瓦匠壹工，壯夫貳名。

捌樣瑠璃脊料：每陸拾伍件，用瓦匠壹工，壯夫貳名。

玖樣瑠璃脊料：每陸拾伍件，用瓦匠壹工，壯夫貳名。

每瑠璃瓦匠壹百工，加窑匠貳拾工。

正面分心龍、貳龍戲珠、雙鳳朝陽、雉鷄分心：貳尺方磚鑿做，每塊用鑿花匠貳工。尺柒方磚鑿做，每塊用鑿花匠壹工伍分。

雲龍岔角：每件用鑿花匠伍工。

肆瓣分心，每副用鑿花匠貳拾工。

雲子草、入角雲，每個用鑿花匠拾工。

各樣花池，每個用鑿花匠叁工伍分。

墀頭異獸帶戧簷：尺柒方磚鑿做，每塊用鑿花匠貳工。尺肆方磚鑿做，每塊用鑿花匠壹工伍分。

盤頭花磚、荷葉墩：尺柒方磚鑿做，每塊用鑿花匠壹工。尺肆方磚鑿做，每塊用鑿花匠柒分伍釐工。

正脊、花通脊斗板：尺肆方磚鑿做，每塊用鑿花匠壹工。尺貳方磚鑿做，每塊用鑿花匠柒分伍釐工。

垂脊香草斗板：停泥滾子磚鑿做，每肆塊用鑿花匠壹工。

正脊挎龍鳳頭：每個用鑿花匠壹工。

挎花頭，每貳個用鑿花匠壹工。

貳號吻背獸、劍把全：每隻用鑿花匠拾貳工。

吻座，每座用鑿花匠壹工伍分。

垂獸，每隻用鑿花匠柒工。

獸座，每座用鑿花匠壹工。

戧獸，每隻用鑿花匠伍工。

仙人走獸，每件用鑿花匠壹工伍分。

叁號吻背獸、劍把全：每隻用鑿花匠拾工。

吻座，每座用鑿花匠壹工貳分伍釐。

垂獸，每隻用鑿花匠陸工。

獸座，每座用鑿花匠壹工。

戧獸，每隻用鑿花匠肆工。

仙人走獸，每件用鑿花匠壹工。

拾號吻背獸、劍把全：每隻用鑿花匠陸工。

吻座，每座用鑿花匠壹工。

垂獸，每隻用鑿花匠叁工。

獸座，每座用鑿花匠伍分工。

戧獸，每隻用鑿花匠壹工伍分。

仙人走獸，每件用鑿花匠伍分工。

捎扒頭、挎花照頭、松竹梅草、角雲花、墊板、雲拱板：以上每件用鑿花匠壹工。

獸座、花垂柱、花雀替、掛落、脊瓜柱、柁墩、花券臉番草，以上每貳件用鑿花匠壹工。

圭角、馬蹄磉、鼻盤、天盤、叁岔頭、博縫頭、古老錢、垂花門立柱、須彌座、花柱桁條額枋、肆面柱頭、圓椽連望板、耳子、窗户、素線磚、氣眼、水溝門、蘇葉頭、券草牙子：以上每肆件用鑿花匠壹工。

花寶頂：每座用鑿花匠拾貳工。

檻牆下花磚，每件用鑿花匠叁工。

墊板，每拾貳塊用鑿花匠壹工。

飛簷椽連裏口，每貳拾件用鑿花匠壹工。

連簷，每貳拾件，用鑿花匠壹工。

瓦口，每拾件用鑿花匠壹工。

雲龍岔角，每壹件用鑿花匠伍工。

線方花心轉頭、箍頭枋每貳拾件用鑿花匠壹工。

方椽連裏口，每貳拾件用鑿花匠壹工。

望板、披水、博縫，每貳拾件用鑿花匠壹工。

花草方圓窗，每個用鑿花匠拾貳工。

斗科尺柒方磚開鑿，每攢用鑿花匠拾工。

尺肆方磚開鑿，每攢用鑿花匠捌工。

菱花窻，每折見方壹尺，用鑿花匠貳工伍分。

棗花窻，每折見方壹尺，用鑿花匠壹工伍分。

每簷高壹丈伍尺至貳丈以內，加壯夫伍分。貳丈至貳丈伍尺以內，加壯夫壹名。貳丈伍尺以外俱加壯夫壹名伍分。

凡零星物料每百步之外加運夫，百步之內不加運夫。每壹百伍拾步以內，每計重叁千觔加壯夫壹名。貳百步以內，計重貳千伍百觔加壯夫壹名。貳百伍拾步以外，計重貳千觔加壯夫壹名。

各項磚瓦，照准給砌瓷匠數拾分之叁，准給壯夫拆卸堆碼。

秫稭屯頂，每長伍丈用壯夫壹名。

凡剔挖插補，按新工加倍算。

雕旋作功限

李誡《營造法式》卷二四《諸作功限一》 彫木作

每一件，

混作：

照壁内貼絡。

寶牀，長三尺，每尺高五寸，其牀垂牙、豹脚造，上彫香鑪、香合、蓮華、寶窠、香山、七寶等。共五十七功。每增減一寸，各加減一功九分。仍以寶牀長爲法。

真人，高二尺，廣七寸，厚四分，六功。每高增減一寸，各加減三分功。

仙女，高一尺八寸，廣八寸，厚四寸，一十二功。每高增減一寸，各加減六分六釐功。

童子，高一尺五寸，廣六寸，厚三寸，三功三分。每高增減一寸，各加減二分二釐功。

雲盆或雲氣，曲長四尺，廣一尺五寸，七功五分。每廣增減一寸，各加減五分功。

角神，高一尺五寸，七功一分四釐。每增減一寸，各加減四分七釐六毫功，寶藏神每功減四分功。

鶴子，高一尺，廣八寸，首尾共長二尺五寸，三功。每高增減一寸，各加減二分功。

帳上：

纏柱龍，長八尺，徑四寸，五段造，并爪甲、脊膊焰，雲盆或山子。三十六功。每長增減一尺，各加減三功。若牙魚并纏寫生華，每功減一分功。

虚柱蓮華蓬，五層，下層蓬徑六寸爲率，帶蓮荷、藕葉、枝梗。六功四分。每增減一層，各加減六分功。如下層蓬徑增減一寸，各加減三分功。

扛坐神，高七寸，四功。每增減一寸，各加減六分功。力士每功減一分功。

龍尾，高一尺，三功五分。每增減一寸，各加減三分五釐功。鴟尾功減半。

嬪伽，高五寸，連翅并蓮華坐，或雲子，或山子。一功八分。每增減一寸，各加減四分功。

獸頭，高五寸，七分功。每增減一寸，各加減一分四釐功。

套獸，長五寸，功同獸頭。

蹲獸，長三寸，四分功。每增減一寸，各加減一分三釐功。

柱頭：取徑爲率。

坐龍，五寸，四功。每增減一寸，各加減八分功。其柱頭如帶仰覆蓮荷臺坐，每徑一寸，加功一分，下同。

師子，六寸，四功二分。每增減一寸，各加減七分功。

孩兒，五寸，單造，三功。每增減一寸，各加減六分功。雙造，每功加五分功。

鴛鴦，鵝、鴨之類同。四寸，一功。每增減一寸，各加減二分五釐功。

蓮荷：

蓮華，六寸，實彫六層。三功。每增減一寸，各加減五分功。如增減層數，以所計功作六分，每層各加減一分，減至三層止。如蓬、葉造，其功加倍。

荷葉，七寸，五分功。每增減一寸，各加減七釐功。

半混：

彫插及貼絡寫生華：透突造同；如剔地，加功三分之一。

華盆：

牡丹，芍藥同。高一尺五寸，六功。每增減一寸，各加減五分功；加至二尺五寸，減至一尺止。

雜華，高一尺二寸，卷搭造。三功。每增減一寸，各加減二分三釐功，平彫減功三分之一。

華枝，長一尺，廣五寸至八寸。

牡丹，芍藥同。三功五分。每增減一寸，各加減三分五釐功。

雜華二功五分每增減一寸，各加減二分五釐功。

貼絡事件：

昇龍，行龍同。長一尺二寸，下飛鳳同。二功。每增減一寸，各加減一分六釐功。

飛鳳，立鳳、孔雀、牙魚同。一功二分。每增減一寸，各加減一分功。內鳳如華尾造，平彫每功加三分功；若卷搭，每功加八分功。

牌上貼絡者同。下準此。

飛仙，嬪伽同。長一尺一寸，二功。每增減一寸，各加減一分七釐功。

師子，狻猊、麒麟、海馬同。長八寸，八分功。每增減一寸，各加減一分功。

真人高五寸下至童子同。七分功每增減一寸，各加減一分五釐功。

仙女，八分功。每增減一寸，各加減一分六釐功。

菩薩，一功二分。每增減一寸，各加減一分四釐功。

童子，孩兒同。五分功。每增減一寸，各加減一分功。

鴛鴦，鸚鵡、羊、鹿之類同。長一尺。下雲子同。八分功。每增減一寸，各加減八釐功。

雲子，六分功。每增減一寸，各加減六釐功。

香草，高一尺，三分功。每增減一寸，各加減三釐功。

故實人物，以五件爲率。各高八寸，共三功。每增減一件，各加減六分功；即每增減一寸，各加減三分功。

帳上：

帶，長二尺五寸，兩面結帶造。五分功。每增減一寸，各加減二釐功。若彫華者，同華版功。

山華焦葉版，以長一尺，廣八寸爲率，實雲頭造。三分功。

平棊事件：

盤子，徑一尺，剗雲子間起突盤龍。其牡丹花間起突龍、鳳之類，平彫者同；卷搭者加功三分之一。三功。每增減一寸，各加減三分功；減至五寸止。下雲圈、海眼版同。

雲圈，徑一尺四寸，二功五分。每增減一寸，各加減二分功。

海眼版，水地間海魚等。徑一尺五寸，二功。每增減一寸，各加減一分四釐功。

雜華，方三寸，透突、平彫。三分功。角華減功之半；角蟬又減三分之一。

華版：

透突，間龍、鳳之類同。廣五寸以下，每廣一寸，一功。如兩面彫，功加倍。其剔地，減長六分之一；廣六寸至九寸者，減長五分之一；廣一尺以上者，減長三分之一。華版帶同。

卷搭，彫雲龍同。如兩卷造，每功加一分功。下海石榴華兩卷、三卷造準此。長一尺八寸，廣六寸至九寸者，即長三尺五寸；廣一尺以上者，即長七尺二寸。

海石榴，長一尺。廣六寸至九寸者，即長二尺二寸；廣一尺以上者，即長四尺五寸。

牡丹，芍藥同。長一尺四寸。廣六寸至九寸者，即長二尺八寸；廣一尺以上者，即長五尺五寸。

平彫，長二尺五寸。廣六寸至九寸者，即長六尺；廣一尺以上者，即長一十尺。如長生蕙草間羊、鹿、鴛鴦之類，各加長三分之一。

鉤闌、檻面：實雲頭兩面彫造。如鑿撲，每功加一分功。其彫華樣者，同華版功。如一面彫者，減功之半。

雲栱，長一尺，七分功。每增減一寸，各加減七釐功。

鵝項，長二尺五寸，七分五釐功。每增減一寸，各加減三釐功。

地霞，長二尺，一功三分。每增減一寸，各加減六釐五毫功。如用華盆，即同華版功。

矮柱，長一尺六寸，四分八釐功。每增減一寸，各加減三釐功。

剗萬字版，每方一尺，二分功。如鉤片，減功五分之一。

椽頭盤子，鉤闌尋杖頭同。剔地雲鳳或雜華，以徑三寸爲率，七分五釐功。每增減一寸，各加減二分五釐功。如雲龍造，功加三分之一。

垂魚，鑿撲實彫雲頭造，惹草同。每長五尺，四功。每增減一尺，各加減八分功。如間雲鶴之類，加功四分之一。

惹草，每長四尺，二功。每增減一尺，各加減五分功。如間雲鶴之類，加功三分之一。

搏科蓮華，帶枝梗。長一尺二寸，一功三分。每增減一寸，各加減一分功。如不帶枝梗，減功三分之一。

手把飛魚，長一尺，一功二分。每增減一寸，各加減一分二釐功。

伏兔荷葉，長八寸，四分功。每增減一寸，各加減五釐功。如蓮華造，加功三分之一。

叉子：

雲頭，兩面彫造雙雲頭，每八條，一功。單雲頭加數二分之一。若彫一面，減功之平。

鋜脚壺門版，實彫結帶透突華同。華，每一十一盤一功。

毬文格子挑白，每長四尺，廣二尺五寸，以毬文徑五寸爲率，計七分功。如毬文徑每增減一寸，各加減五釐功。其格子長廣不同者，以積尺加減。

李誡《營造法式》卷二四《諸作功限一》 旋作

殿堂等雜用名件：

椽頭盤子，徑五寸，每一十五枚；每增減五分，各加減一枚。

楷角梁寶缾，每徑五寸；每增減五分，各加減一分功。

蓮華柱頂，徑二寸，每三十二枚；每增減五分，各加減三枚。

木浮漚，徑三寸，每二十枚；每增減五分，各加減二枚。

鉤闌上葱臺釘，高五寸，每一十六枚；每增減五分，各加減二枚。

蓋葱臺釘筒子，高六寸，每一十二枚，每增減三分，各加減一枚。

右各一功。

柱頭仰覆蓮胡桃子，二段造。徑八寸，七分功。每增一寸，加一分功。若三段造，每一功加二分功。

照壁寶牀等所用名件：

注子，高七寸，一功。每增一寸，加二分功。

香鑪，徑七寸；每增一寸，加一分功。下面杯盤，荷葉同。

鼓子，高三寸；鼓上釘，鐶等在內；每增一寸，加一分功。

注盌，徑六寸。每增一寸，加一分五釐功。

右各八分功。

酒杯盤，七分功。

荷葉，徑六寸；

鼓坐，徑三寸五分。每增一寸，加五釐功。

右各五分功。

酒杯，徑三寸；蓮子同。

卷荷，長五寸；

杖鼓，長三寸。

右各三分功。如長、徑各增一寸，各加五釐功。其蓮子外貼子造，若剔空旋靨貼蓮子，加二分功。

披蓮，徑二寸八分，二分五釐功。每增減一寸，各加減三釐功。

蓮蓓蕾，高三寸，並同上。

佛道帳等名件：

火珠，徑二寸，每一十五枚；每增減二分，各加減一枚；至三寸六分以上，每徑增減一分同。

滴當子，徑一寸，每四十枚；每增減一分，各加減三枚；至一寸五分以上，每增減一分，各加減一枚。

瓦頭子，長二寸，徑一寸，每四十枚；每徑增減一分，各加減四枚；加至一寸五分止。

瓦錢子，徑一寸，每八十枚；每增減一分，各加減五枚。

寶柱子，長一尺五寸，徑一寸二分，如長一尺，徑二寸者同。每一十五條；每長增減一寸，各加減一條。如長五寸，徑二寸，每三十條；每長增減一寸，各加減二條。

貼絡門盤浮漚，徑五分，每二百枚；每增減一分，各加減一十五枚。

平棊錢子，徑一寸，每一百一十枚；每增減一分，各加減八枚；加至一寸二分止。

角鈴，以大鈴高二寸爲率，每一鉤；每增減五分，各加減一分功。

櫨枓，徑二寸，每四十枚。每增減一分，各加減一枚。

右各一功。

虛柱頭蓮華并頭瓣，每一副，胎錢子，徑五寸，八功。每增減一寸，各加減一分五釐功。

愛新覺羅・允禮等《工程做法》卷六四《雕鑾作用工附鏇作》 雕鑾作用工開後，計開：

角樑頭：每肆個用雕鑾匠壹工。

博縫頭：每拾個用雕鑾匠壹工。

順樑、額枋箍頭：每肆個用雕鑾匠壹工。

桃尖樑頭：每陸個用雕鑾匠壹工。

花樑頭：每貳個用雕鑾匠壹工。

角雲：每塊用雕鑾匠壹工。

雲拱番草大雀替：每塊每面用雕鑾匠貳工。

番草雀替：每壹塊用雕鑾匠壹工。

索線雀替：每二塊用雕鑾匠壹工。

門簪起肆季花：每個用雕鑾匠壹工。

門簪起素線：每陸個用雕鑾匠壹工。

荷葉花橔：每塊用雕鑾匠壹工。

浄瓶頭：每肆個用雕鑾匠壹工。

蓮瓣芙蓉垂柱頭：每壹個用雕鑾匠壹工伍分。

番草角背：每塊用雕鑾匠貳工。

滴珠雲板貓兒頭：每長肆尺用雕鑾匠壹工。

素線角背：每塊用雕鑾匠壹工。

連楹雕做：每長壹丈用雕鑾匠貳工。

疙疸楹雕做：每陸個用雕鑾匠壹工。

荷葉簾架橔：每肆個用雕鑾匠壹工。

山花結帶：有大小，每折見方尺壹尺，用雕鑾匠壹工。

蘇葉樑頭：每貳個用雕鑾匠壹工。

羣板滿雕龍鳳：每塊每面用雕鑾匠柒工。絛環壹塊，每面用雕鑾匠壹工。

羣板滿雕博古花卉：每塊每面用雕鑾匠肆工。絛環每塊，每面用雕鑾匠壹工。

羣板起如意圓線叁伏雲：每壹塊每面用雕鑾匠壹工。絛環肆塊，每面用雕鑾匠壹工。

羣板雕夔龍鳳：每塊每面用雕鑾匠壹工伍分。絛環貳塊，每面用雕鑾匠壹工。

羣板素線響雲板：每塊每面用雕鑾匠壹工。絛環每肆塊，壹面用雕鑾匠壹工。

菱花梅花眼錢：每壹百貳拾伍個用雕鑾匠壹工。

起線護炕奉腿：每肆個用雕鑾匠壹工。

拖泥：每叁丈用雕鑾匠壹工。

牙子：每壹丈伍尺用雕鑾匠壹工。

圈臉番草雲：每塊用雕鑾匠壹工。

槅扇搔：每陸個用雕鑾匠壹工。

象鼻拴：每伍根用雕鑾匠壹工。

玲瓏雲板、連籠板：每折見方壹尺用雕鑾匠壹工。

琵琶柱子：每肆根用雕鑾匠壹工。

荷葉：每捌個用雕鑾匠壹工。

壺瓶牙子：每肆塊用雕鑾匠壹工。

支杆荷葉：每捌個用雕鑾匠壹工。

采斗板：每尺用雕鑾匠伍分工。

伏蓮頭：每肆個用雕鑾匠壹工。

燕尾：每陸根用雕鑾匠壹工。

摺柱：每陸根用雕鑾匠壹工。

斗口單昂平身科、柱頭科：

斗口壹寸，每攢用雕鑾匠叁分工。

斗口壹寸伍分，每攢用雕鑾匠肆分工。

斗口貳寸，每攢用雕鑾匠伍分工。

斗口貳寸伍分，每攢用雕鑾匠陸分工。

斗口叁寸，每攢用雕鑾匠柒分工。

斗口叁寸伍分，每攢用雕鑾匠捌分工。

斗口肆寸，每攢用雕鑾匠玖分工。

斗口肆寸伍分，每攢用雕鑾匠壹工。

斗口伍寸，每攢用雕鑾匠壹工壹分。

斗口伍寸伍分，每攢用雕鑾匠壹工貳分。

斗口陸寸，每攢用雕鑾匠壹工叁分。

斗口重昂、單翹單昂、叁滴水品字科、平身科、柱頭科：

斗口壹寸，每攢用雕鑾匠伍分工。

斗口壹寸伍分，每攢用雕鑾匠陸分工。

斗口貳寸，每攢用雕鑾匠柒分工。

斗口貳寸伍分，每攢用雕鑾匠捌分工。

斗口叁寸，每攢用雕鑾匠玖分工。

斗口叁寸伍分，每攢用雕鑾匠壹工。

斗口肆寸，每攢用雕鑾匠壹工壹分。

斗口肆寸伍分，每攢用雕鑾匠壹工貳分。
斗口伍寸，每攢用雕鑾匠壹工叁分。
斗口伍寸伍分，每攢用雕鑾匠壹工肆分。
斗口陸寸，每攢用雕鑾匠壹工伍分。

單翹重昂平身科、柱頭科：
斗口壹寸，每攢用雕鑾匠柒分工。
斗口壹寸伍分，每攢用雕鑾匠捌分工。
斗口貳寸，每攢用雕鑾匠玖分工。
斗口貳寸伍分，每攢用雕鑾匠壹工。
斗口叁寸，每攢用雕鑾匠壹工壹分。
斗口叁寸伍分，每攢用雕鑾匠壹工貳分。
斗口肆寸，每攢用雕鑾匠壹工叁分。
斗口肆寸伍分，每攢用雕鑾匠壹工肆分。
斗口伍寸，每攢用雕鑾匠壹工伍分。
斗口伍寸伍分，每攢用雕鑾匠壹工陸分。
斗口陸寸，每攢用雕鑾匠壹工柒分。

重翹重昂平身科、柱頭科：
斗口壹寸，每攢用雕鑾匠玖分工。
斗口壹寸伍分，每攢用雕鑾匠壹工。
斗口貳寸，每攢用雕鑾匠壹工壹分。
斗口貳寸伍分，每攢用雕鑾匠壹工貳分。
斗口叁寸，每攢用雕鑾匠壹工叁分。
斗口叁寸伍分，每攢用雕鑾匠壹工肆分。
斗口肆寸，每攢用雕鑾匠壹工伍分。
斗口肆寸伍分，每攢用雕鑾匠壹工陸分。
斗口伍寸，每攢用雕鑾匠壹工柒分。
斗口伍寸伍分，每攢用雕鑾匠壹工捌分。
斗口陸寸，每攢用雕鑾匠壹工玖分。

壹斗貳升交蔴葉平身科、柱頭科：
斗口壹寸，每壹攢半用雕鑾匠壹分工。
斗口壹寸伍分至貳寸，每壹攢半用雕鑾匠貳分工。
斗口貳寸伍分至叁寸，每壹攢半用雕鑾匠叁分工。
斗口叁寸伍分至肆寸，每壹攢半用雕鑾匠肆分工。
斗口肆寸伍分至伍寸，每壹攢半用雕鑾匠伍分工。
斗口伍寸伍分至陸寸，每壹攢半用雕鑾匠陸分工。

壹斗叁升斗科、花臺科、平身科、柱頭科：
斗口壹寸，每貳攢用雕鑾匠壹分工。
斗口壹寸伍分至貳寸，每貳攢用雕鑾匠貳分工。
斗口貳寸伍分至叁寸，每貳攢用雕鑾匠叁分工。
斗口叁寸伍分至肆寸，每貳攢用雕鑾匠肆分工。
斗口肆寸伍分至伍寸，每貳攢用雕鑾匠伍分工。
斗口伍寸伍分至陸寸，每貳攢用雕鑾匠陸分工。

槅架科：除荷葉座雀替，照荷葉柁墩并番草雀替例用雕鑾匠外，其斗科照壹斗叁升用雕鑾匠例同。

內裏安裝品字科：如做壹寸壹面，照斗口單昂例減匠壹半核給。

斗口單昂角科：
斗口壹寸，每攢用雕鑾匠玖分工。
斗口壹寸伍分，每攢用雕鑾匠壹工貳分。
斗口貳寸，每攢用雕鑾匠壹工伍分。
斗口貳寸伍分，每攢用雕鑾匠壹工捌分。
斗口叁寸，每攢用雕鑾匠貳工壹分。
斗口叁寸伍分，每攢用雕鑾匠貳工肆分。
斗口肆寸，每攢用雕鑾匠貳工柒分。
斗口肆寸伍分，每攢用雕鑾匠叁工。
斗口伍寸，每攢用雕鑾匠叁工叁分。
斗口伍寸伍分，每攢用雕鑾匠叁工陸分。
斗口陸寸，每攢用雕鑾匠叁工玖分。

斗口重昂、單翹單昂、叁滴水品字科、角科：

斗口壹寸，每攢用雕鑾匠壹工伍分。
斗口壹寸伍分，每攢用雕鑾匠壹工捌分。
斗口貳寸，每攢用雕鑾匠貳工壹分。
斗口貳寸伍分，每攢用雕鑾匠貳工貳分。
斗口叁寸，每攢用雕鑾匠貳工柒分。
斗口叁寸伍分，每攢用雕鑾匠叁工。
斗口肆寸，每攢用雕鑾匠叁工貳分。
斗口肆寸伍分，每攢用雕鑾匠叁工陸分。
斗口伍寸，每攢用雕鑾匠叁工玖分。
斗口伍寸伍分，每攢用雕鑾匠肆工貳分。
斗口陸寸，每攢用雕鑾匠肆工伍分。

單翹重昂角科：

斗口壹寸，每攢用雕鑾匠貳工壹分。
斗口壹寸伍分，每攢用雕鑾匠貳工肆分。
斗口貳寸，每攢用雕鑾匠貳工柒分。
斗口貳寸伍分，每攢用雕鑾匠叁工。
斗口叁寸，每攢用雕鑾匠叁工叁分。
斗口叁寸伍分，每攢用雕鑾匠叁工陸分。
斗口肆寸，每攢用雕鑾匠叁工玖分。
斗口肆寸伍分，每攢用雕鑾匠肆工貳分。
斗口伍寸，每攢用雕鑾匠肆工伍分。
斗口伍寸伍分，每攢用雕鑾匠肆工捌分。
斗口陸寸，每攢用雕鑾匠伍工壹分。

重翹重昂角科：

斗口壹寸，每攢用雕鑾匠貳工柒分。
斗口壹寸伍分，每攢用雕鑾匠叁工。
斗口貳寸，每攢用雕鑾匠叁工叁分。
斗口貳寸伍分，每攢用雕鑾匠叁工陸分。
斗口叁寸，每攢用雕鑾匠叁工玖分。
斗口叁寸伍分，每攢用雕鑾匠肆工貳分。
斗口肆寸，每攢用雕鑾匠肆工伍分。
斗口肆寸伍分，每攢用雕鑾匠肆工捌分。
斗口伍寸，每攢用雕鑾匠伍工壹分。
斗口伍寸伍分，每攢用雕鑾匠伍工肆分。
斗口陸寸，每攢用雕鑾匠伍工柒分。

壹斗貳升交蔴葉角科：

斗口壹寸，每壹攢半用雕鑾匠叁分工。
斗口壹寸伍分至貳寸，每壹攢半用雕鑾匠陸分工。
斗口貳寸伍分至叁寸，每壹攢半用雕鑾匠玖分工。
斗口叁寸伍分至肆寸，每壹攢半用雕鑾匠壹工貳分。
斗口肆寸伍分至伍寸，每壹攢半用雕鑾匠壹工伍分。
斗口伍寸伍分至陸寸，每壹攢半用雕鑾匠壹工捌分。

壹斗叁升斗科、花臺科角科：

斗口壹寸，每貳攢用雕鑾匠叁分工。
斗口壹寸伍分至貳寸，每貳攢用雕鑾匠陸分工。
斗口貳寸伍分至叁寸，每貳攢用雕鑾匠玖分工。
斗口叁寸伍分至肆寸，每貳攢用雕鑾匠壹工貳分。
斗口肆寸伍分至伍寸，每貳攢用雕鑾匠壹工伍分。
斗口伍寸伍分至陸寸，每貳攢用雕鑾匠壹工捌分。

凡各項挑金、溜金斗科，照以上所定工匠，每壹工本身之外加貳分伍釐工核算。

旋作用工：

寶瓶，高伍寸至壹尺，每個用鏇匠伍分工。高壹尺壹寸至壹尺伍寸，每個用鏇匠壹工。
眼錢，每貳百個用鏇匠壹工。
門泡釘，每貳拾個用鏇匠壹工。
寶珠，每叁個用鏇匠壹工。
垂頭，每捌個用鏇匠壹工。

錠鉸作功限

愛新覺羅・允禮等《工程做法》卷六五《錠鉸作用工》　錠鉸作用工開後，計開：

錠箍拉扯并大鐵葉：每錠箍釘、拉扯釘壹百個用錠鉸匠壹工。

角樑釘、由戧釘：長貳尺以外至叁尺，每捌個用錠鉸匠壹工。長壹尺以外至貳尺，每拾個用錠鉸匠壹工。長叁尺以外，每陸個用錠鉸匠壹工。

寶瓶椿釘：每捌根用錠鉸匠壹工。

刅錠各項枋樑等木：長肆寸伍寸釘，每柒拾個用錠鉸匠壹工。長陸寸柒寸釘，每陸拾個用錠鉸匠壹工。

鈎搭：帶鈾鎖壹個。長叁寸肆寸，每叁拾副用錠鉸匠壹工。長伍寸陸寸，每貳拾肆副用錠鉸匠壹工。長柒寸捌寸，每貳拾副用錠鉸匠壹工。長玖寸壹尺，每拾陸副用錠鉸匠壹工。長壹尺壹貳寸，每拾貳副用錠鉸匠壹工。長壹尺叁肆寸，每拾副用錠鉸匠壹工。長壹尺伍陸寸，每捌副用錠鉸匠壹工。長壹尺柒捌寸，每柒副用錠鉸匠壹工。長壹尺玖寸貳尺，每陸副用錠鉸匠壹工。

提捎：長壹尺伍寸至貳尺伍寸，每貳拾伍根用錠鉸匠壹工。長貳尺陸寸至叁尺伍寸，每貳拾根用錠鉸匠壹工。長叁尺陸寸至肆尺伍寸，每拾伍根用錠鉸匠壹工。

挺鈎：長貳叁尺，每拾陸根用錠鉸匠壹工。長肆伍尺，每拾貳根用錠鉸匠壹工。長陸柒尺，每柒根用錠鉸匠壹工。長捌玖尺，每伍根用錠鉸匠壹工。

雙爪鈾鎖：長壹尺以內，每肆拾個用錠鉸匠壹工。長壹尺以外，每叁拾個用錠鉸匠壹工。

鑽叁肆寸釘椽眼連簷：每壹百貳拾個，用錠鉸匠壹工。伍陸寸釘眼，每玖拾個用錠鉸匠壹工。

博縫鍋：長叁寸至伍寸，每肆拾個用錠鉸匠壹工。長陸柒寸，每貳拾個用錠鉸匠壹工。

山花鍋：長肆伍寸每陸拾個，長陸柒寸每貳拾個，各用錠鉸匠壹工。

過木鍋：長肆伍寸，同山花鍋。

沿邊木鍋：長壹尺至壹尺伍寸，每拾貳個用錠鉸匠壹工。長壹尺陸寸至貳尺，每拾個用錠鉸匠壹工。

大雀替：每貳拾塊用錠鉸匠壹工。

貼樑：每捌丈用錠鉸匠壹工。

簽錠斗科升耳包昂嘴：每門葉捌張用錠鉸匠壹工。

錠門泡釘：每拾貳個用錠鉸匠壹工。

門鈸：每伍副用錠鉸匠壹工。

包錠門扇槅扇等項鐵葉：每雨點釘貳百伍拾個用錠鉸匠壹工。

梭葉：每捌塊用錠鉸匠壹工。

荷葉墩、疙瘩楹：每貳拾個用錠鉸匠壹工。

鏤鈒雙拐角葉：每肆塊用錠鉸匠壹工。

鏤鈒雙人字葉：每肆塊用錠鉸匠壹工。

鏤鈒看葉：每捌塊用錠鉸匠壹工。

鏤鈒單拐角葉：每陸塊用錠鉸匠壹工。

獸面帶仰月千年弔：每肆副用錠鉸匠壹工。

壽山福海：每叁副用錠鉸匠壹工。

鈎搭釕銱：長貳、叁、肆寸，每陸拾副用錠鉸匠壹工。長伍、陸、柒寸，每肆拾副用錠鉸匠壹工。

菱花釘：每貳百貳拾伍個用錠鉸匠壹工。

風鈴：每捌個用錠鉸匠壹工。

吻鍋：每叁拾陸個用錠鉸匠壹工。

簷網剪葉成錠：每長壹丈伍尺用錠鉸匠壹工。

錠天花釘：每貳百個用錠鉸匠壹工。

錠檻槅博縫釘：每叁百個用錠鉸匠壹工。

吻獸椿：每捌根用錠鉸匠壹工。

仙人椿：每拾陸根用錠鉸匠壹工。

拆卸簷網：每長肆丈用錠鉸匠壹工。

大黃米條銅鐵絲網：見方壹尺横眼拾捌個，每編折見方尺柒尺用匠壹工。

小黃米條銅鐵絲網：見方壹尺横眼貳拾個，每編折見方尺柒尺伍寸用編網匠壹工。

小黃米條銅鐵絲網：見方壹尺横眼拾陸個，每編折見方尺捌尺用編網匠壹工。

掛網剪碗口：每長貳丈用網匠壹工。

彩畫作功限

李誡《營造法式》卷二五《諸作功限二》 彩畫作

五彩間金：

描畫、裝染，四尺四寸；平棊、華子之類，係彫造者，即各減數之半。

上顏色彫華版，一尺八寸；

五彩遍裝亭子、廊屋、散舍之類，五尺五寸，殿宇、樓閣，各減數五分之一；如裝畫暈錦，即各減數十分之一；若描白地枝條華，即各加數十分之一，或裝四出、六出錦者同。

右各一功。

上粉貼金出褫，每一尺一功五分。

青緑碾玉，紅或搶金碾玉同。亭子、廊屋、散舍之類，一十二尺；殿宇、樓閣各減數六分之一。

青緑間紅、三暈稜間，亭子、廊屋、散舍之類，二十尺；殿宇、樓閣減數四分之一。

青緑二暈稜間，亭子、廊屋、散舍之類，二十五尺；殿宇、樓閣各減數五分之一。

解緑畫松、青緑緣道，廳堂、亭子、廊屋、散舍之類，四十五尺；若殿宇、樓閣，減數九分之一；間紅三暈，即各減十分之二。

解緑赤白，廊屋、散舍、華架之類，一百四十尺；殿宇即減數七分之二。若樓閣、亭子、廳堂、門樓及內中屋，各減廊屋數七分之一；若間結華或卓相，各減十分之二。

丹粉赤白，廊屋、散舍、諸營、廳堂及鼓樓、華架之類，一百六十尺；殿宇、樓閣，減數四分之一。即亭子、廳堂、門樓及皇城內屋，減八分之一。

刷土黃、白緣道，廊屋、散舍之類，一百八十尺；廳堂、門樓、涼棚，減數六分之一。若墨緣道，即減十分之一。

土朱刷，間黃丹或土黃刷，帶護縫、牙子抹緑同。版壁、平闇、門、牕、叉子、鉤闌、棵籠之類，一百八十尺。若護縫、牙子解染青緑者，減數三分之一。

合朱刷：

格子，九十尺；抹合緑方眼同。如合緑刷毬文，即減數六分之一；若合朱畫松，難子、壼門解壓青緑，即減數之半；如抹合緣于障水版上，刷青地描染戲獸、雲子之類，即減數九分之一；若朱紅染，難子、壼門、牙子解染青緑，即減數三分之一；如土朱刷間黃丹，即加數六分之一。

平闇、軟門、版壁之類，難子、壼門、牙頭、護縫解染青緑。一百二十尺；通刷素緑同。若抹緑，牙頭、護縫解染青華，即減數四分之一；如朱紅染，牙頭、護縫等解染青緑，即減數之半。

檻面、鉤闌，抹緑同。一百八尺；万字、鉤片版、難子上解染青緑，或障水版上描染戲獸、雲子之類，即減數三分之一。朱紅染同。

叉子，雲頭、望柱頭五彩或碾玉裝造。五十五尺；抹緑者，加數五分之一；若朱紅染者，即減數五分之一。

棵籠子，間刷素緑，牙子、難子等解壓青緑。六十五尺；

烏頭綽楔門，牙頭、護縫、難子壓染青緑，櫺子抹緑，一百尺；若高、廣一丈以上，即減數四分之一；若土朱刷間黃丹者，加數二分之一。

抹合緑牕，難子刷黃丹，頰、串、地栿刷土朱。一百尺；

華表柱并裝染柱頭、鶴子、日月版，須縛棚閣者減數五分之一。

刷土朱通造，一百二十五尺；

緑筍通造，一百尺；

用桐油，每一斤。煎合在內。

右各一功。

愛新覺羅・允禮等《工程做法》卷七〇《油作用工》 油作用工開後，計開：

使灰壹道過畫作：每折見方尺貳百伍拾尺，用油匠壹工。

使灰貳道過畫作：每折見方尺壹百貳拾伍尺，用油匠壹工。

使灰叁道過畫作：每折見方尺捌拾叁尺，用油匠壹工。

使灰叁道、蔴壹道過畫作：每折見方尺陸拾貳尺，用油匠壹工。

使灰叁道、糙油烟子油飾：每折見方尺伍拾尺，用油匠壹工。

使灰叁道、蔴壹道、糙油硃紅油飾：每折見方尺肆拾壹尺，用油匠壹工。

使灰叁道、蔴壹道、糙油墊光油硃紅油飾：每折見方尺叁拾伍尺，用油匠壹工。

使灰肆道、蔴貳道、糙油紅土油飾：每折見方尺叁拾壹尺貳寸，用油匠壹工。

使灰伍道、蔴壹道、糙油墊光油硃紅油飾：每折見方尺貳拾柒尺柒寸，用油匠壹工。

使灰伍道、蔴貳道、糙油墊光油硃紅油飾：每折見方尺貳拾伍尺，用油匠壹工。

使灰陸道、蔴壹道、布壹道、糙油墊光油硃紅油飾：每折見方尺貳拾貳尺柒寸，用油匠壹工。

使灰柒道、蔴貳道、布壹道、糙油墊光油硃紅油飾：每折見方尺拾玖尺貳寸，用油匠壹工。

使灰柒道、蔴叁道、布壹道、糙油墊光油硃紅油飾：每折見方尺拾柒尺捌寸，用油匠壹工。

使灰柒道、蔴叁道、布貳道、糙油墊光油硃紅油飾：每折見方尺拾陸尺陸寸，用油匠壹工。

油飾各色：每折見方尺壹百貳拾伍尺，用油匠壹工。

刷各色膠：每折見方尺叁百尺，用油匠壹工。

頭停打滿：每折見方尺壹百貳拾伍尺，用油匠壹工。

地面磚鑽夾生油：每折見方尺叁百尺，用油匠壹工。

油飾簷網：每折見方尺壹百貳拾伍尺，用油匠壹工。

油飾紅色瓦料：鑽油貳次，糙油壹次，滿油壹次，每折見方尺陸拾壹尺，用油匠壹工。

每用油匠壹百工，加煎油辦料油匠拾貳工。

貳共油匠壹百工，加挑水、劈柴、燒火、搥蔴、篩碾磚灰壯夫拾伍名。

凡修舊油飾應行鏨砍，每油匠壹百工，加鏨砍油匠貳拾伍工。

愛新覺羅・允禮等《工程做法》卷七一《斗科油作用工》 斗口單昂平身科使灰貳道過畫作開後，計開：

斗口壹寸，每陸攢用油匠壹工。斗口壹寸伍分，每伍攢半用油匠壹工。斗口貳寸，每伍攢用油匠壹工。斗口貳寸伍分，每肆攢半用油匠壹工。斗口叁寸，每肆攢用油匠壹工。斗口叁寸伍分，每叁攢半，用油匠壹工。斗口肆寸，每叁攢用油匠壹工。斗口肆寸伍分，每貳攢半，用油匠壹工。斗口伍寸，每貳攢用油匠壹工。斗口伍寸伍分，每壹攢半用油匠壹工。斗口陸寸，每壹攢用油匠壹工。

斗口重昂、單翹單昂、叁滴水品字科、平身科：斗口壹寸，每陸攢用油匠壹工伍分。斗口壹寸伍分，每伍攢半用油匠壹工伍分。斗口貳寸，每伍攢用油匠壹工伍分。斗口貳寸伍分，每肆攢半用油匠壹工伍分。斗口叁寸，每肆攢用油匠壹工伍分。斗口叁寸伍分，每叁攢半用油匠壹工伍分。斗口肆寸，每叁攢用油匠壹工伍分。斗口肆寸伍分，每貳攢半用油匠壹工伍分。斗口伍寸，每貳攢用油匠壹工伍分。斗口伍寸伍分，每壹攢半用油匠壹工伍分。斗口陸寸，每壹攢用油匠壹工伍分。

内裏安裝品字科：如做壹才壹面，照斗口單昂例減匠壹半核給。

單翹重昂平身科：斗口壹寸，每柒攢用油匠叁工伍分。斗口壹寸伍分，每陸攢半用油匠叁工伍分。斗口貳寸，每陸攢用油匠叁工伍分。斗口貳寸伍分，每伍攢半用油匠叁工伍分。斗口叁寸，每伍攢用油匠叁工伍分。斗口叁寸伍分，每肆攢半用油匠叁工伍分。斗口肆寸，每肆攢用油匠叁工伍分。斗口肆寸伍分，每叁攢半用油匠叁工伍分。斗口伍寸，每叁攢用油匠叁工伍分。斗口伍寸伍分，每貳攢半用油匠叁工伍分。斗口陸寸，每貳攢用油匠叁工伍分。

重翹重昂平身科：斗口壹寸，每柒攢用油匠肆工。斗口壹寸伍分，每陸攢半用油匠肆工。斗口貳寸，每陸攢用油匠肆工。斗口貳寸伍分，每伍攢半用油匠肆工。斗口叁寸，每伍攢用油匠肆工。斗口叁寸伍分，每肆攢半用油匠肆工。斗口肆寸，每肆攢用油匠肆工。斗口肆寸伍分，每叁攢半用油匠肆工。斗口伍寸，每叁攢用油匠肆工。斗口伍寸伍分，每貳攢半用油匠肆工。斗口陸寸，每貳攢用油匠肆工。

壹斗貳升交蔴葉平身科：斗口壹寸，每拾叁攢用油匠壹工。斗口壹寸伍分，每拾壹攢用油匠壹工。斗口貳寸，每拾壹攢用油匠壹工。斗口貳寸伍分，每拾攢用油匠壹工。斗口叁寸，每玖攢用油匠壹工。斗口叁寸伍分，每捌攢用油匠壹工。斗口肆寸，每柒攢用油匠壹工。斗口肆寸伍分，每陸攢用油匠壹工。斗口伍寸，每伍攢用油匠壹工。斗口伍寸伍分，每肆攢用油匠壹工。斗口陸寸，每叁攢用油匠壹工。

壹斗叁升并花臺科平身科：斗口壹寸，每拾肆攢用油匠壹工。斗口壹寸伍分，每拾叁攢用油匠壹工。斗口貳寸，每拾貳攢用油匠壹工。斗口貳寸伍分，每拾壹攢用油匠壹工。斗口叁寸，每拾攢用油匠壹工。斗口叁寸伍分，每玖攢用油匠壹工。斗口肆寸，每捌攢用油匠壹工。斗口肆寸伍分，每柒攢用油匠壹工。斗口伍寸，每陸攢用油匠壹工。斗口伍寸伍分，每伍攢用油匠壹工。斗口陸寸，每肆攢用油匠壹工。

隔架科平身科：斗口壹寸，每柒攢用油匠壹工。斗口壹寸伍分，每陸攢半用油匠壹工。斗口貳寸，每陸攢用油匠壹工。斗口貳寸伍分，每伍攢半用油匠壹工。斗口叁寸，每伍攢用油匠壹工。斗口叁寸伍分，每肆攢半用油匠壹工。斗口肆寸，每肆攢用油匠壹工。斗口肆寸伍分，每叁攢半用油匠壹工。斗口伍寸，每叁攢用油匠壹工。斗口伍寸伍分，每貳攢半用油匠壹工。斗口陸寸，每貳攢用油匠壹工。

以上各項斗科，如使灰叁道，照依使灰貳道所定工匠，每壹工本身之外，加伍分工核算。

凡柱頭科，照依平身科例定工。角科，每壹攢折平身科貳攢核算計工。

凡各項挑金溜金斗科，照以上所定工匠，每壹工本身之外，加貳分伍釐工核算。每油匠壹百工，加煎油辦料等項油匠拾貳工。貳共油匠壹百工，加壯夫拾名。

愛新覺羅・允禮等《工程做法》卷七二《畫作用工》 畫作用工開後，計開：

金琢墨金龍方心瀝粉彩畫：每折寬壹尺，長壹丈，用畫匠貳工伍分。

合細五墨金雲龍鳳方心瀝粉彩畫：每折寬壹尺，長壹丈，用畫匠壹工柒分。

大點金金龍方心瀝粉彩畫：每折寬壹尺，長壹丈，用畫匠壹工叁分。

大點金空方心彩畫：每折寬壹尺，長壹丈，用畫匠壹工。

小點金錦方心五墨瀝粉彩畫：每折寬壹尺，長壹丈，用畫匠壹工叁分。

小點金空方心彩畫：每折寬壹尺，長壹丈，用畫匠壹工。

雅伍墨花錦方心彩畫：每折寬壹尺，長壹丈，用畫匠壹工。

雅伍墨空方心彩畫：每折寬壹尺，長壹丈，用畫匠柒分工。

土黄叁色花錦方心彩畫：每折寬壹尺，長壹丈，用畫匠陸分工。

土黄叁色空方心彩畫：每折寬壹尺，長壹丈，用畫匠肆分工。

金琢墨吉祥草彩畫：每折寬壹尺，長壹丈，用畫匠壹工伍分。

烟琢墨吉祥草彩畫：每折寬壹尺，長壹丈，用畫匠壹工。

叁退暈石碾玉描機粉芍方心彩畫：每折寬壹尺，長壹丈，用畫匠壹工叁分。

雲秋木：每折寬壹尺，長壹丈，用畫匠伍分工。

螺青叁色伍墨空方心彩畫：每折寬壹尺，長壹丈，用畫匠伍分工。

流雲仙鶴伍彩各色彩畫：每折寬壹尺，長壹丈，用畫匠壹工。

聚錦蘇式瀝粉彩畫：線路貼金，夔龍，博古、花卉、宋錦方心，每折寬壹尺，長壹丈，用畫匠壹工柒分。

聚錦蘇式彩畫：博古、花卉、宋錦方心，每折寬壹尺，長壹丈，用畫匠壹工貳分。

聚錦蘇式博古花卉方心彩畫：每折寬壹尺，長壹丈，用畫匠捌分工。

金琢墨瀝粉天花：圓光正面龍，剔叁青地岔角，見方貳尺，每壹井并椽子瀝粉貼金見方尺拾尺，各用畫匠壹工。

天花瀝粉陸字正言：見方貳尺，每井用畫匠壹工貳分。

烟琢墨天花：伍色正面龍，見方貳尺，每井用畫匠柒分工。

雲鶴等天花：見方貳尺，每井用畫匠伍分工。

圓椽頭龍眼寶珠瀝粉貼金：每肆拾個用畫匠壹工。

瀝粉金壽字：每叁拾個用畫匠壹工。

金井玉欄杆瀝粉：每叁拾個用畫匠壹工。

方椽頭瀝粉金萬字：每叁拾壹個用畫匠壹工。

烟琢墨萬字：每伍拾個用畫匠壹工。

玉做梔子花等項：每陸拾個用畫匠壹工。

寶瓶瀝粉貼金：每陸個用畫匠壹工。

刷粉寶仙花：每拾個用畫匠壹工。

各項線路使油貼金：每折寬壹寸，長伍丈，用畫匠壹工。

各項裝修銅鐵等料使油貼金：每折寬壹寸，長叁丈，用畫匠壹工。

牆邊刷各色線：每折寬壹尺，長叁丈，用畫匠壹工。

刷畫牆邊：每折寬壹尺，長捌尺，用畫匠壹工。

哨緑：每折寬壹尺，長貳拾丈，用畫匠壹工。

菱花眼錢使油貼金：每叁百個，用畫匠壹工。

山花纏帶等項滿貼金：每折寬壹尺，長壹丈，用畫匠壹工。

瀝粉滿貼金：每折寬壹尺，長壹丈，用畫匠貳工伍分。

每畫匠壹百工，加擂青碌出色畫匠叁工。貳共畫匠壹百工，加壯夫貳名。

朽樣用高麗紙，臨期按所畫地仗寬窄酌給。

凡修舊彩畫應行刮擦，每折寬壹尺，長拾丈，用畫匠壹工。

愛新覺羅・允禮等《工程做法》卷七三《斗科畫作用工》 斗口單昂金環墨彩畫開後，計開：

平身科：斗口壹寸，每壹攢用畫匠捌分工。斗口壹寸伍分，每壹攢用畫匠玖分工。斗口貳寸，每壹攢用畫匠壹工。斗口貳寸伍分，每壹攢用畫匠壹工壹分。斗口叁寸，每壹攢用畫匠壹工貳分。斗口叁寸伍分，每壹攢用畫匠壹工叁分。斗口肆寸，每壹攢用畫匠壹工肆分。斗口肆寸伍分，每壹攢用畫匠壹工伍分。斗口伍寸，每壹攢用畫匠壹工陸分。斗口伍寸伍分，每壹攢用畫匠壹工柒分。斗口陸寸，每壹攢用畫匠壹工捌分。

斗口重昂、單翹單昂、叁滴水品字科：

平身科：斗口壹寸，每壹攢用畫匠壹工貳分。斗口壹寸伍分，每壹攢用畫匠壹工叁分。斗口貳寸，每壹攢用畫匠壹工肆分。斗口貳寸伍分，每壹攢用畫匠壹工伍分。斗口叁寸，每壹攢用畫匠壹工陸分。斗口叁寸伍分，每壹攢用畫匠壹工柒分。斗口肆寸，每壹攢用畫匠壹工捌分。斗口肆寸伍分，每壹攢用畫匠壹工玖分。斗口伍寸，每壹攢用畫匠貳工。斗口伍寸伍分，每壹攢用畫匠貳工壹分。斗口陸寸，每壹攢用畫匠貳工貳分。

内裏安裝品字科：如做壹才壹面，照斗口單昂例減匠壹半核給。

單翹重昂平身科：斗口壹寸，每壹攢用畫匠壹工陸分。斗口壹寸伍分，每壹攢用畫匠壹工柒分。斗口貳寸，每壹攢用畫匠壹工捌分。斗口貳寸伍分，每壹攢用畫匠壹工玖分。斗口叁寸，每壹攢用畫匠貳工。斗口叁寸伍分，每壹攢用畫匠貳工壹分。斗口肆寸，每壹攢用畫匠貳工貳分。斗口肆寸伍分，每壹攢用畫匠貳工叁分。斗口伍寸，每壹攢用畫匠貳工肆分。斗口伍寸伍分，每壹攢用畫匠貳工伍分。斗口陸寸，每壹攢用畫匠貳工陸分。

重翹重昂平身科：斗口壹寸，每壹攢用畫匠貳工。斗口壹寸伍分，每壹攢用畫匠貳工壹分。斗口貳寸，每壹攢用畫匠貳工貳分。斗口貳寸伍分，每壹攢用畫匠貳工叁分。斗口叁寸，每壹攢用畫匠貳工肆分。斗口叁寸伍分，每壹攢用畫匠貳工伍分。斗口肆寸，每壹攢用畫匠貳工陸分。斗口肆寸伍分，每壹攢用畫匠貳工柒分。斗口伍寸，每壹攢用畫匠貳工捌分。斗口伍寸伍分，每壹攢用畫匠貳工玖分。斗口陸寸，每壹攢用畫匠叁工。

壹斗貳升交蔴葉平身科：斗口壹寸至壹寸伍分，每壹攢用畫匠叁分工。斗口貳寸至貳寸伍分，每壹攢用畫匠肆分工。斗口叁寸至叁寸伍分，每壹攢用畫匠伍分工。斗口肆寸至肆寸伍分，每壹攢用畫匠陸分工。斗口伍寸至伍寸伍分，每壹攢用畫匠柒分工。斗口陸寸，每壹攢用畫匠捌分工。

壹斗叁升并花壹科平身科：斗口壹寸至壹寸伍分，每壹攢用畫匠貳分工。斗口貳寸至貳寸伍分，每壹攢用畫匠叁分工。斗口叁寸至叁寸伍分，每壹攢用畫匠肆分工。斗口肆寸至肆寸伍分，每壹攢用畫匠伍分工。斗口伍寸至伍寸伍分，每壹攢用畫匠陸分工。斗口陸寸，每壹攢用畫匠柒分工。

隔架科：斗口壹寸至壹寸伍分，每壹攢用畫匠肆分工。斗口貳寸至貳寸伍分，每壹攢用畫匠伍分工。斗口叁寸至叁寸伍分，每壹攢用畫匠陸分工。斗口肆寸至肆寸伍分，每壹攢用畫匠柒分工。斗口伍寸至伍寸伍分，每壹攢用畫匠捌分工。斗口陸寸，每壹攢用畫匠玖分工。

斗口單昂烟琢墨彩畫開後：

平身科：斗口壹寸，每壹攢用畫匠伍分工。斗口壹寸伍分，每壹攢用畫匠陸分工。斗口貳寸，每壹攢用畫匠柒分工。斗口貳寸伍分，每壹攢用畫匠捌分工。斗口叁寸，每壹攢用畫匠玖分工。斗口叁寸伍分，每壹攢用畫匠壹工。斗口肆寸，每壹攢用畫匠壹工壹分。斗口肆寸伍分，每壹攢用畫匠壹工貳分。斗口伍寸，每壹攢用畫匠壹工叁分。斗口伍寸伍分，每壹攢用畫匠壹工肆分。斗口陸寸，每壹攢用畫匠壹工伍分。

斗口重昂、單翹單昂、叁滴水品字科平身科：斗口壹寸，每壹攢用畫匠陸分工。斗口壹寸伍分，每壹攢用畫匠柒分工。斗口貳寸，每壹攢用畫匠捌分工。斗口貳寸伍分，每壹攢用畫匠玖分工。斗口叁寸，每壹攢用畫匠壹工。斗口叁寸伍分，每壹攢用畫匠壹工壹分。斗口肆寸，每壹攢用畫匠壹工貳分。斗口肆寸伍分，每壹攢用畫匠壹工叁分。斗口伍寸，每壹攢用畫匠壹工肆分。斗口伍寸伍分，每壹攢用畫匠壹工伍分。斗口陸寸，每壹攢用畫匠壹工陸分。

内裏安裝品字科：如做壹才壹面，照斗口單昂例減匠壹半核給。

單翹重昂平身科：斗口壹寸，每壹攢用畫匠柒分工。斗口壹寸伍分，每壹攢用畫匠捌分工。斗口貳寸，每壹攢用畫匠玖分工。斗口貳寸伍分，每壹攢用畫匠壹工。斗口叁寸，每壹攢用畫匠壹工壹分。斗口叁寸伍分，每壹攢用畫匠壹工貳分。斗口肆寸，每壹攢用畫匠壹工叁分。斗口肆寸伍分，每壹攢用畫匠壹工肆分。斗口伍寸，每壹攢用畫匠壹工伍分。斗口伍寸伍分，每壹攢用畫匠壹工陸分。斗口陸寸，每壹攢用畫匠壹工柒分。

重翹重昂平身科：斗口壹寸，每壹攢用畫匠捌分工。斗口壹寸伍分，每壹攢用畫匠玖分工。斗口貳寸，每壹攢用畫匠壹工。斗口貳寸伍分，每壹攢用畫匠壹工壹分。斗口叁寸，每壹攢用畫匠壹工貳分。斗口叁寸伍分，每壹攢用畫匠壹工叁分。斗口肆寸,每壹攢用畫匠壹工肆分。斗口肆寸伍分,每壹攢用畫匠壹工伍分。斗口伍寸,每壹攢用畫匠壹工陸分。斗口伍寸伍分,每壹攢用畫匠壹工柒分。斗口陸寸,每壹攢用畫匠壹工捌分。

壹斗貳升交蔴葉平身科:斗口壹寸至壹寸伍分,每壹攢用畫匠壹分工。斗口貳寸至貳寸伍分,每壹攢用畫匠貳分工。斗口叁寸至叁寸伍分,每壹攢用畫匠叁分工。斗口肆寸至肆寸伍分,每壹攢用畫匠肆分工。斗口伍寸至伍寸伍分,每壹攢用畫匠伍分工。斗口陸寸,每壹攢用畫匠陸分工。

壹斗叁升并花臺科平身科:斗口壹寸至壹寸伍分,每壹攢半用畫匠壹分工。斗口貳寸至貳寸伍分,每壹攢半用畫匠貳分工。斗口叁寸至叁寸伍分,每壹攢半用畫匠叁分工。斗口肆寸至肆寸伍分,每壹攢半用畫匠肆分工。斗口伍寸至伍寸伍分,每壹攢半用畫匠伍分工。斗口陸寸,每壹攢半用畫匠陸分工。

隔架科:斗口壹寸至壹寸伍分,每壹攢半用畫匠貳分工。斗口貳寸至貳寸伍分,每壹攢半用畫匠叁分工。斗口叁寸至叁寸伍分,每壹攢半用畫匠肆分工。斗口肆寸至肆寸伍分,每壹攢半用畫匠伍分工。斗口伍寸至伍寸伍分,每壹攢半用畫匠陸分工。斗口陸寸,每壹攢半用畫匠柒分工。

以上凡柱頭科,照平身科例定工。角科,每壹攢折平身科貳攢核算計工。

凡各項挑金溜金斗科,照以上所定工匠,每壹工本身之外加貳分伍釐工核算。

每畫匠壹百工,加擂青碌出色畫匠叁工伍分。貳共畫匠壹百工,加壯夫貳名。

裱作功限

愛新覺羅・允禮等《工程做法》卷七四《裱作用工》 裱作用工開後,計開:

裱糊錦緞:每層每折見方尺柒拾尺,用裱匠壹工。

裱糊綾絹:每層每折見方尺捌拾尺,用裱匠壹工。

裱糊紗苧布:每層每折見方尺柒拾尺,用裱匠壹工。

裱糊布疋:每層每折見方尺陸拾尺,用裱匠壹工。

包廂:每層每折見方尺叁拾尺,用裱匠壹工。

裱糊各色素紙:每層每折見方尺叁百叁拾尺,用裱匠壹工。

裱糊各色對縫花紙:每折見方尺壹百叁拾尺,用裱匠壹工。

裱糊各色廂邊紙張:每層每長捌拾丈,用裱匠壹工。

每裱匠壹百工,加打裁裱匠拾工。

鏃花匠:凡頂花,每叁拾個,用鏃花匠壹工。凡角雲,每伍拾個,用鏃花匠壹工。

搭材功限

愛新覺羅・允禮等《工程做法》卷六八《搭材用工》 搭材作用工開後,計開:

拴紮豎立架子并井欄衚衕、菱角、天秤架子及各作脚手架子、吻架:高貳丈以下,每折見方丈肆丈,用搭材匠壹工。高貳丈伍尺以下,每折見方丈叁丈,用搭材匠壹工。高叁丈伍尺以上,每折見方丈貳丈,用搭材匠壹工。

紮縛坐簷并跴盤架子:高貳丈伍尺以下,每折見方丈壹丈伍尺,用搭材匠壹工。高貳丈伍尺以上,每折見方丈壹丈,用搭材匠壹工。

紮縛戧橋:每折見方丈貳丈,用搭材匠壹工。

做券子:按進深口寬、頂高,每折見方丈壹丈,用搭材匠柒工。

搭持杆上吻獸通脊:貳樣叁樣,每吻壹隻,用搭材匠伍工。每獸壹隻,用搭材匠壹工。每通脊肆件,用搭材匠壹工。肆樣至陸樣,每吻壹隻,用搭材匠叁工。每獸叁隻,用搭材匠壹工。每通脊陸件,用搭材匠壹工。柒樣至玖樣,每吻壹隻,用搭材匠壹工。每獸肆隻,用搭材匠壹工。每通脊拾件,用搭材匠壹工。

紮縛碼盤架子:每折見方丈陸丈,用搭材匠壹工。

紮縛貫架:肆盤,用搭材匠壹工。

豎立大木天秤:每杆挽繩叫號,用搭材匠壹工。墜後手壯夫肆名。

各作上重大物件天秤:每杆用挽繩叫號,用搭材匠貳工。墜後手壯夫伍名。

搭蓋棚座:貳層至肆層頭停,每折見方丈叁丈,用搭材匠壹工。伍層至柒層頭停,每折見方丈壹丈伍尺,用搭材匠壹工。捌層至拾層頭停,每折見方丈壹丈,用搭材匠壹工。拾壹層至拾肆層頭停,每折見方丈壹丈,用搭材匠壹工伍分。拾伍層至拾柒層頭停,每折見方丈壹丈,用搭材匠貳工。

搭蓋偏厦遮暘等棚:每折見方丈肆丈,用搭材匠壹工。

搭做蓆牆:壹層至貳層,每折見方丈肆丈,用搭材匠壹工。叁層至陸層,每折見方丈叁丈,用搭材匠壹工。搭做脊獸每湊長伍丈,用搭材匠壹工。

搭做仰塵:壹層至貳層,每折見方丈肆丈,用搭材匠壹工。

吊箔鋪地等蓆：每折見方丈伍丈，用搭材匠壹工。

以上每搭材拾工，用拆卸搭材匠伍工。每搭材拾工，用壯夫貳名。

不折頭停搬畱挑垈、撥正歸安榫木，每折見方丈壹丈，用搭材匠伍分工。墜後手用壯夫貳名。折頭停，折半准給匠夫。

抽換柱木、打戧頂柱，每換壹件用搭材匠伍分工。

工程用料

木竹作用料

李誡《營造法式》卷二六《諸作料例一》 大木作小木作附

用方木：

大料摸方，長八十尺至六十尺，廣三尺五寸至二尺五寸，厚二尺五寸至二尺，充十二架椽至八架椽栿。

廣厚方，長六十尺至五十尺，廣三尺至二尺，厚二尺至一尺八寸，充八架椽栿并檐栿、綽幕、大檐額。

長方，長四十尺至三十尺，廣二尺至一尺五寸，厚一尺五寸至一尺二寸，充出跳六架椽至四架椽栿。

松方，長二丈八尺至二丈三尺，廣二尺至一尺四寸，厚一尺二寸至九寸，充四架椽至三架椽栿、大角梁、檐額、壓槽方，高一丈五尺以上版門及裹栿版、佛道帳所用料槽、壓厦版。其名件廣厚非小松方以下可充者同。

朴柱，長三十尺，徑三尺五寸至二尺五寸，充五間八架椽以上殿柱。

松柱，長二丈八尺至二丈三尺，徑二尺至一尺五寸，就料剪截，充七間八架椽以上殿副階柱或五間、三間八架椽至六架椽殿身柱，或七間至三間八架椽至六架椽廳堂柱。

就全條料及剪截解割用下項：

小松方，長二丈五尺至二丈二尺，廣一尺三寸至一尺二寸，厚九寸至八寸。

常使方，長二丈七尺至一丈六尺，廣一尺二寸至八寸，厚七寸至四寸。

官樣方，長二丈至一丈六尺，廣一尺二寸至九寸，厚七寸至四寸。

截頭方，長二丈至一丈八尺，廣一尺三寸至一尺一寸，厚九寸至七寸五分。

材子方，長一丈八尺至一丈六尺，廣一尺二寸至一尺，厚八寸至六寸。

方八方，長一丈五尺至一丈三尺，廣一尺一寸至九寸，厚六寸至四寸。

常使方八方，長一丈五尺至一丈三尺，廣八寸至六寸，厚五寸至四寸。

方八子方，長一丈五尺至一丈二尺，廣七寸至五寸，厚五寸至四寸。

李誡《營造法式》卷二六《諸作料例一》 竹作

色額等第：

上等：每徑一寸，分作四片，每片廣七分。每徑加一分至一寸以上，準此計之。中等同。其打笆用下等者，只椎竹造。漏三，長二丈，徑二寸一分；係除梢實收數，下並同。漏二，長一丈九尺，徑一寸九分；漏一，長一丈八尺，徑一寸七分。

中等：大竿條，長一丈六尺，織簟減一尺，次竿頭竹同。徑一寸五分；次竿條，長一丈五尺，徑一寸三分。頭竹，長一丈二尺，徑一寸二分；次頭竹，長一丈一尺，徑一寸。

下等：笪竹，長一丈，徑八分；大管，長九尺，徑六分；小管，長八尺，徑四分。

織細棊文素簟，織華或龍、鳳造同。每方一尺，徑一寸二分竹一條。襯簟在內。

織粗簟，假棊文簟同。每方二尺，徑一寸二分竹一條八分。

織雀眼網，每長一丈，廣五尺。以徑一寸二分竹。

渾青造，一十一條；内一條作貼；如用木貼，即不用，下同。青白造，六條。

笍索，每一束，長二百尺，廣一寸五分，厚四分。以徑一寸三分竹。

渾青疊四造，一十九條；青白造，一十三條。

障日篛，每三片，各長一丈，廣二尺；徑一寸三分竹，二十一條。劈篾在內。

蘆蕟，八領。壓縫在內，如織簟造，不用。

每方一丈：

打笆，以徑一寸三分竹爲率，用竹三十條造。一十二條作經，一十八條作緯，鉤頭、攙壓在內。其竹，若甋瓦結瓦，六椽以上，用上等；四椽及瓪瓦六椽以上，用中等；甋瓦兩椽，瓪瓦四椽以下，用下等。若闕本等，以別等竹比折充。

編道，以徑一寸五分竹爲率，用二十三條造。榥并竹釘在內。闕，以別色。若照壁中縫及高不滿五尺，或栱壁、山斜、泥道，以次竿或頭竹、次頭竹比折充。

竹栅，以徑八分竹一百八十三條造。四十條作經，一百四十三條編造。如高不滿一丈，以大管竹或小管竹比折充。

夾截：

中箔，五領，攙壓在内。徑一寸二分竹，一十條。劈蔑在内。

搭蓋涼棚，每方一丈二尺：

中箔，三領半，徑一寸三分竹，四十八條，三十二條作椽，四條走水，四條裹唇，三條壓縫，五條劈篾。青白用。

蘆蓆，九領。如打笆造，不用。

愛新覺羅·允禮等《工程做法》卷四八《木作用料》 木作用料做法開後，計開：

凡各項柱子、戧木，徑伍寸起至貳尺，以淨徑尺寸之外加荒徑壹寸。再長壹丈以外，每丈遞加小頭荒徑壹寸。徑貳尺至肆尺，如無合式圓木，取徑寸最大木植，做淨之外其不足之徑，另加木植，分瓣刹攢。俱照不足之徑定瓣數、寬、厚。其所分瓣料以淨寬、厚之外，仍行加荒。如八瓣刹攢，每瓣加寬荒壹寸伍分，如拾貳瓣以外刹攢，每瓣加寬荒壹寸，俱加厚荒壹寸。

凡各項柁、樑、採步金，長壹丈以内，高、厚壹尺内外者用橔木。以淨高、厚之外各加荒壹寸。長壹丈以外，高壹尺内外者用圓木。以本身高厚尺寸湊高，將湊高尺寸均分壹半，用柒伍歸除，即得用圓木徑寸之數。如大柁壹根高壹尺捌寸貳分，厚壹尺肆寸，得湊高叁尺貳寸。貳分均分之，得壹尺陸寸壹分，即以壹尺陸寸壹分，柒伍歸除，得用徑貳尺壹寸肆分圓木壹根。再長壹丈以外，每丈遞加小頭荒徑壹寸。至柁樑高厚甚大，如無合式圓木可取整料者，另加木植刹楞長蓋，或用貳木刹攢長蓋，以所配之圓木高、厚各取平正，其餘不足之數另給木植，其所加木植仍照法加荒。

凡大小額枋、金脊簷枋、天花隨樑、博脊壓料等枋，長壹丈以内用墩木。高、厚陸寸以内者，以淨高、厚之外各加荒肆分。高、厚陸寸以外至壹尺者，以淨高、厚之外各加荒壹寸。長壹丈以外，高壹尺内外者用圓木，以本身高、厚尺寸湊高，將湊高尺寸均分壹半，用柒歸歸之，即得用圓木徑寸之數。如枋子壹根高壹尺陸寸，厚壹尺肆寸，得湊高叁尺。均分之得壹尺伍寸，即以壹尺伍寸，柒歸之，得用徑貳尺壹寸肆分圓木壹根。再長壹丈以外每丈遞加小頭荒徑壹寸。至額枋高、厚甚大，如無合式圓木可取整料者，照前法另加木植刹做。

以下各項木料，凡遇應刹做者，俱行刹做。

凡角樑，由戧并平板枋、承重、間枋、承椽枋，用料俱與柁樑同。

凡瓜柱、柁橔、斗盤、代樑頭等件，寬、厚壹尺内外者用橔木。以淨寬、厚之外各加荒壹寸。寬、厚壹尺以外者，照柁樑之法用料。

凡掛落枋，俱用橔木。以淨寬、厚之外各加荒肆分。

凡正心枋、機枋、挑簷枋、採樑枋、採斗板、由額墊板等件，長壹丈以内，高壹尺以内者用橔木。以淨高、厚之外各加荒肆分。長壹丈以外，高壹尺内外者用圓木，以所用正心等枋貳根之厚並壹根，得見方尺寸，用柒歸歸之，即得用圓木徑寸之數。如機枋壹根，高捌寸，厚肆寸，貳根之厚並壹根，得見方捌寸，即以見方捌寸柒歸之，得用徑壹尺壹寸肆分圓木壹根。再長壹丈以外，每丈遞加小頭荒徑壹寸。

凡金脊簷墊板，長壹丈以内，高壹尺内外者用橔木。以淨高、厚之外各加荒肆分。長壹丈以外，高壹尺内外者用圓木，以墊板肆根之厚並壹根得見方若干，將見方尺寸用柒歸歸之，即得用圓木徑寸之數。如墊板壹塊，高壹尺，厚貳寸伍分，肆根之厚並壹根，得見方壹尺，即以見方壹尺柒歸之，得用徑壹尺肆寸貳分圓木壹根。再長壹丈以外，每丈遞加小頭荒徑壹寸。

凡天花墊板、井口枋，用料俱同金脊簷墊板。以叁根之厚並壹根，照法核算。

凡桁條、帽兒樑，俱以淨徑之外加荒徑壹寸。再長壹丈以外每丈遞加小頭荒徑壹寸。

凡扶脊木、榻脚木，長壹丈至壹丈伍尺不加荒。貳丈起每丈遞加小頭荒徑壹寸。

凡襯頭木、角背雀替、雲拱、替木等項，寬、厚壹尺以内者用橔木，以淨寬、厚之外各加荒肆分。寬壹尺以外者加荒壹寸，加厚荒肆分。

凡草架柱子、穿，長壹丈以内，寬、厚壹尺内外者用橔木。以淨寬、厚之外各加荒肆分。長壹丈以外，寬厚壹尺内外者用圓木。以本身寬、厚尺寸用柒歸歸之，即得用圓木徑寸之數。如草架柱子、穿見方陸寸，即以見方陸寸柒歸之，得用徑捌寸伍分圓木壹根。

凡圓椽，長壹丈以内，徑捌寸以内者用墩木。以淨徑寸數作見方寸數之外，寬、厚各加荒肆分。長壹丈以外，徑肆寸以内者用圓木。以圓椽作見方，肆根並壹根，得見方若干，將見方尺寸用柒歸歸之，即得用圓木徑寸之數。如圓椽壹根徑肆寸，作見方肆寸，肆根並壹根，得見方捌寸，即以見方捌寸柒歸之，得用徑壹尺壹寸肆分圓木壹根。徑伍寸以外至捌寸者用圓木，每根以淨徑之外加荒徑壹寸。如長至貳丈者，再加小頭荒徑壹寸。

凡方椽，長壹丈以內，見方捌寸以內，長壹丈以外，見方肆寸以內用料之法，俱與圓椽同。凡方伍寸者，亦用肆根並壹根得見方。以見方尺寸柒歸之，得用圓木之徑寸。至見方陸寸以外者用圓木，以每根見方寸數用柒歸，得用圓木徑寸之數。長至貳丈者，加小頭荒徑壹寸。

凡飛簷椽，見方用料並加荒，俱與方椽同。但得飛簷椽應長尺寸之外，再外加飛簷頭壹分之長，壹根鋸貳根。

凡羅鍋椽，用橔木。以淨見方之外加高荒壹倍，加厚荒肆分。

凡連簷、瓦口、椽椀、椽中板、機枋條、燕尾枋、貼樑、支條、穿帶、沿邊木、脊椿等項，用橔木。以淨寬、厚寸數之外各加荒肆分。

凡順望板，長壹丈以內者用橔木。以淨寬、厚之外加寬荒肆分，加厚荒叁分。長壹丈以外者用圓木，數塊並壹，得見方若干，將見方尺寸用捌歸歸之，即得用圓木徑寸之數。如望板每塊連荒厚壹寸，寬玖寸，玖塊並壹塊，得見方玖寸。即以見方玖寸捌歸之，得用徑壹尺壹寸貳分有零圓木壹根。

凡橫望板，長壹丈以內用橔木。以淨寬、厚之外加寬荒肆分，厚荒叁分。

凡山花、博縫、過木、樓板、榻板、滴珠等板，長壹丈以內，寬壹尺以內者用橔木，以淨寬、厚之外加寬荒壹寸，加厚荒肆分。長壹丈以外，寬壹尺內外者用圓木數塊並壹，得見方若干，將見方尺寸用捌歸歸之，即得用圓木徑寸之數。如博縫板每塊寬壹尺伍分，連荒厚壹寸伍分，柒塊並壹塊得見方壹尺伍分，即以壹尺伍分捌歸之，得用徑壹尺叁寸壹分圓木壹根。再長壹丈以外，每丈遞加小頭荒徑壹寸。以上各項板片，如每塊厚至壹寸伍分以外者，數塊並壹得見方若干，將見方尺寸須用柒歸歸之，得用圓木徑寸之數。

凡下檻，長壹丈以內，高壹尺以內者用橔木。以淨高、厚之外各加荒肆分。長壹丈以外，高壹尺以外者用圓木貳根並壹根，得見方若干，將見方尺寸用柒歸歸之，即得用圓木徑寸之數。如下檻壹根高壹尺，厚伍寸，貳根並壹根得見方壹尺，柒歸之，得用徑壹尺肆寸貳分圓木壹根。再長壹丈以外，每丈遞加小頭荒徑壹寸。

凡上檻、連楹、托泥等件，長壹丈以內，高壹尺以內者用橔木。以淨高、厚之外各加荒肆分。長壹丈以外，高壹尺內外者用圓木。以本身高厚尺寸湊高，將湊高尺寸均分壹半用柒伍歸除，即得用圓木徑寸之數。如上檻壹根高捌寸，厚伍寸，得湊高壹尺叁寸，均分之得陸寸伍分，即以陸寸伍分柒伍歸除，得用徑捌寸陸分圓木壹根。再長壹丈以外，每丈遞加小頭荒徑壹寸。

凡替椿、抱框、風檻、摺柱、間柱，長壹丈以內，高壹尺以內者用橔木。以淨高、厚之外各加荒肆分。長壹丈以外，高壹尺內外者用圓木。以本身寬厚尺寸湊高，將湊高尺寸均分壹半，用柒貳歸除，即得用圓木徑寸之數。如抱框壹根寬柒寸，厚伍寸，得湊寬壹尺貳寸，均分之得陸寸，即以陸寸用柒貳歸除，得徑捌寸叁分圓木壹根。再長壹丈以外，每丈遞加小頭荒徑壹寸。

凡各項邊挺、抹頭、穿帶，長壹丈以內，寬、厚壹尺以內者用橔木。以淨寬、厚之外各加荒叁分。長壹丈以外，寬、厚壹尺以內者用圓木。以肆根並壹根之寬、厚尺寸又湊寬之，將湊寬尺寸均分壹半，用柒貳歸除，即得用圓木徑寸之數。如邊挺每根連荒寬肆寸伍分，厚叁寸捌分，肆根並壹根得寬玖寸，厚柒寸陸分，再將寬厚湊之，得湊寬壹尺陸寸陸分，均分之得捌寸叁分，即以捌寸叁分用柒貳歸除，得徑壹尺壹寸伍分圓木壹根。

凡轉軸、拴杖、巡杖等件，長壹丈以內，寬、厚壹尺以內者用橔木。以淨寬、厚之外各加荒叁分。長壹丈以外者用圓木，以肆根並壹根之寬厚尺寸又湊寬之，將湊寬尺寸均分壹半，用柒貳歸除，即得用圓木徑寸之數。如轉軸每根連荒寬貳寸肆分，厚貳寸，肆根並壹根得寬肆寸捌分，厚肆寸，再將寬、厚湊之，得湊寬捌寸捌分，均分之得肆寸肆分，即以肆寸肆分用柒貳歸除，得徑陸寸壹分圓木壹根。

凡羣板、絛環、簾瓏等板，用橔木。以淨寬、厚之外各加荒叁分。

凡槅扇、檻窗、橫披、簾架、支窗、頂槅并各項橫直槅子、穿條，用橔木。以淨寬、厚之外逐根折算，每根寬、厚各加荒貳分。

凡琵琶柱、連貳楹、單楹、拴斗、荷葉橔、插關、門槅搕、銀錠扣等項，用橔木。以淨高、寬厚之外各加荒叁分。

凡橫拴，長壹丈以內者用橔木。以淨徑寸數作見方寸數，寬厚各加荒肆分。長壹丈以外者用圓木。以淨徑寸數之外加荒徑壹寸。

凡門簪，用橔木。以淨徑尺寸作見方尺寸，寬、厚各加荒壹寸。

凡門枕、幞頭、鼓子，用橔木。以淨寬、厚之外各加荒肆分。

凡門心板、餘塞板、走馬板、棋枋板、隔斷裝板、壁板、山花、象眼、閘板用料，俱與順望板同。

凡各項引條，俱與橔木。以淨寬、厚之外各加荒貳分。

凡各項菱花槅心，用椴木。叁交燈球嵌陸碗菱花做法、叁交陸碗嵌橄欖菱花、陸碗嵌艾葉菱花、叁交滿天星陸碗菱花、古老錢花心菱花做法。每實槅壹扇，以槅心之高、寬尺寸湊長核算。即得用淨長若干長，徑玖寸紫椴木壹根。如槅心高伍尺叁寸，寬貳尺貳寸，湊長核算，得長柒尺伍寸，即用淨長柒尺伍寸，徑玖寸紫椴木壹根。雙交正斜交肆碗菱花做法，即用淨長柒尺伍寸，徑捌寸紫椴木壹根。以上菱花俱高容拾貳眼，寬容陸眼做法。如菱花空眼再有寬大者，論空眼之多少，臨期酌減木料。

凡菱花眼錢，徑伍分起至捌分，每陸百個用淨長壹尺，徑壹尺紫椴木壹根。徑捌分以外至壹寸伍分，照此遞增。

以上凡用圓徑木植，無論長短，俱加長荒伍寸。凡用橔木，長伍尺以內者，加長荒壹寸，長伍尺以外至壹丈者，加長荒貳寸。俱於加榫之外淨加長荒。其倉工、柱、檁、柁、樑圓徑寬厚，俱不加荒。椽望、枋、墊等寬、厚鋸路加荒壹分。加長荒之法俱與前同。如工程內有應用楠、柏、椴、杉、榆、檀等類木植，臨期酌定。

凡壹丈以內，應用橔木。如價值比圓木昂貴，應照圓木核給。

凡木作用魚膠，大門、棋盤門、屏門以高、寬折見方壹尺，用魚膠壹錢，槅扇、檻窗、橫披、簾架、亮窗、摺叠支窗連槅心帶算，以高、寬折見方尺，每尺用魚膠貳分。欄杆、橫楣等件以長、寬折見方尺，每尺用魚膠貳分。菱花槅心以高、寬折見方尺，每面每尺用魚膠壹錢伍分。其羣板、絛環等件，另行折見方尺，每尺用魚膠伍分。

愛新覺羅・允禮等《工程做法》卷四九《斗科用料》　各項斗科木料開後，計開：

斗口單昂平身斗科：斗口壹寸，每攢用丈橔肆釐。斗口壹寸伍分，每攢用丈橔貳分。斗口貳寸，每攢用丈橔貳分柒釐。斗口貳寸伍分，每攢用丈橔肆分玖釐。斗口叁寸，每攢用丈橔捌分叁釐。斗口叁寸伍分，每攢用丈橔壹料貳分捌釐。斗口肆寸，每攢用丈橔壹料捌分柒釐。斗口肆寸伍分，每攢用丈橔貳料陸分貳釐。斗口伍寸，每攢用丈橔叁料伍分陸釐。斗口伍寸伍分，每攢用丈橔肆料陸分捌釐。斗口陸寸，每攢用丈橔陸料叁釐。

斗口單昂柱頭科：斗口壹寸，每攢用丈橔叁釐。斗口壹寸伍分，每攢用丈橔壹分壹釐。斗口貳寸，每攢用丈橔貳分肆釐。斗口貳寸伍分，每攢用丈橔肆分肆釐。斗口叁寸，每攢用丈橔柒分叁釐。斗口叁寸伍分，每攢用丈橔壹料壹分叁釐。斗口肆寸，每攢用丈橔壹料陸分陸釐。斗口肆寸伍分，每攢用丈橔貳料叁分肆釐。斗口伍寸，每攢用丈橔叁料叁分肆釐。斗口伍寸伍分，每攢用丈橔肆料叁分貳釐。斗口陸寸，每攢用丈橔伍料肆分貳釐。

斗口單昂角科：斗口壹寸，每攢用丈橔壹分壹釐。斗口壹寸伍分，每攢用丈橔叁分陸釐。斗口貳寸，每攢用丈橔捌分壹釐。斗口貳寸伍分，每攢用丈橔壹料伍分柒釐。斗口叁寸，每攢用丈橔貳料肆分捌釐。斗口叁寸伍分，每攢用丈橔叁料捌分貳釐。斗口肆寸，每攢用丈橔伍料捌分肆釐。斗口肆寸伍分，每攢用丈橔玖料肆分。斗口伍寸，每攢用丈橔拾料捌分貳釐。斗口伍寸伍分，每攢用丈橔拾叁料玖分陸釐。斗口陸寸，每攢用丈橔拾捌料柒釐。

斗口重昂平身斗科：斗口壹寸，每攢用丈橔捌釐。斗口壹寸伍分，每攢用丈橔貳分貳釐。斗口貳寸，每攢用丈橔伍分壹釐。斗口貳寸伍分，每攢用丈橔玖分肆釐。斗口叁寸，每攢用丈橔壹料伍分陸釐。斗口叁寸伍分，每攢用丈橔貳料肆分壹釐。斗口肆寸，每攢用丈橔叁料伍分叁釐。斗口肆寸伍分，每攢用丈橔肆料玖分陸釐。斗口伍寸，每攢用丈橔陸料柒分貳釐。斗口伍寸伍分，每攢用丈橔捌料捌分伍釐。斗口陸寸，每攢用丈橔拾壹料叁分玖釐。

斗口重昂柱頭科：斗口壹寸，每攢用丈橔捌釐。斗口壹寸伍分，每攢用丈橔貳分肆釐。斗口貳寸，每攢用丈橔五分叁釐。斗口貳寸伍分，每攢用丈橔玖分捌釐。斗口叁寸，每攢用丈橔壹料陸分陸釐。斗口叁寸伍分，每攢用丈橔貳料伍分柒釐。斗口肆寸，每攢用丈橔叁料柒分玖釐。斗口肆寸伍分，每攢用丈橔伍料叁分叁釐。斗口伍寸，每攢用丈橔柒料貳分肆釐。斗口伍寸伍分，每攢用丈橔玖料伍分柒釐。斗口陸寸，每攢用丈橔拾貳料叁分伍釐。

斗口重昂角科：斗口壹寸，每攢用丈橔貳分陸釐。斗口壹寸伍分，每攢用丈橔柒分陸釐。斗口貳寸，每攢用丈橔壹料捌分壹釐。斗口貳寸伍分，每攢用丈橔叁料貳分伍釐。斗口叁寸，每攢用丈橔伍料叁分捌釐。斗口叁寸伍分，每攢用丈橔玖料壹分柒釐。斗口肆寸，每攢用丈橔拾貳料捌釐。斗口肆寸伍分，每攢用丈橔拾捌料叁分捌釐。斗口伍寸，每攢用丈橔貳拾叁料肆分叁釐。斗口伍寸伍分，每攢用丈檄叁拾料捌分。斗口陸寸，每攢用丈檄叁拾肆料捌分貳釐。

單翹單昂平身斗科：斗口壹寸，每攢用丈檄柒釐。斗口壹寸伍分，每攢用丈檄貳分貳釐。斗口貳寸，每攢用丈檄肆分捌釐。斗口貳寸伍分，每攢用丈檄玖分。斗口叁寸，每攢用丈檄壹料肆分玖釐。斗口叁寸伍分，每攢用丈檄貳料叁分壹釐。斗口肆寸，每攢用丈檄叁料叁分捌釐。斗口肆寸伍分，每攢用丈檄肆料柒分肆釐。斗口伍寸，每攢用丈檄陸料肆分貳釐。斗口伍寸伍分，每攢用丈檄捌料肆分陸釐。斗口陸寸，每攢用丈檄拾料捌分玖釐。

單翹單昂柱頭科：斗口壹寸，每攢用丈檄柒釐。斗口壹寸伍分，每攢用丈檄叁分。斗口貳寸，每攢用丈檄肆分捌釐。斗口貳寸伍分，每攢用丈檄捌分玖釐。斗口叁寸，每攢用丈檄壹料伍分叁釐。斗口叁寸伍分，每攢用丈檄貳料叁分柒釐。斗口肆寸，每攢用丈檄叁料肆分玖釐。斗口肆寸伍分，每攢用丈檄肆料玖分壹釐。斗口伍寸，每攢用丈檄陸料陸分陸釐。斗口伍寸伍分，每攢用丈檄捌料捌分捌釐。斗口陸寸，每攢用丈檄拾壹料叁分伍釐。

單翹單昂角科：斗口壹寸，每攢用丈檄貳分叁釐。斗口壹寸伍分，每攢用丈檄柒分貳釐。斗口貳寸，每攢用丈檄壹料柒分壹釐。斗口貳寸伍分，每攢用丈檄叁料柒釐。斗口叁寸，每攢用丈檄伍料捌釐。斗口叁寸伍分，每攢用丈檄捌料柒分壹釐。斗口肆寸，每攢用丈檄拾壹料叁分捌釐。斗口肆寸伍分，每攢用丈檄拾陸料肆分。斗口伍寸，每攢用丈檄貳拾貳料壹分。斗口伍寸伍分，每攢用丈檄貳拾玖料伍釐。斗口陸寸，每攢用丈檄叁拾貳料伍分伍釐。

單翹重昂平身斗科：斗口壹寸，每攢用丈檄壹分貳釐。斗口壹寸伍分，每攢用丈檄叁分陸釐。斗口貳寸，每攢用丈檄柒分陸釐。斗口貳寸伍分，每攢用丈檄壹料肆分肆釐。斗口叁寸，每攢用丈檄貳料肆分壹釐。斗口叁寸伍分，每攢用丈檄叁料捌分叁釐。斗口肆寸，每攢用丈檄伍料肆分陸釐。斗口肆寸伍分，每攢用丈檄柒料陸分陸釐。斗口伍寸，每攢用丈檄拾料叁分捌釐。斗口伍寸伍分，每攢用丈檄拾叁料陸分柒釐。斗口陸寸，每攢用丈檄拾柒料陸分。

單翹重昂柱頭科：斗口壹寸，每攢用丈檄壹分叁釐。斗口壹寸伍分，每攢用丈檄叁分捌釐。斗口貳寸，每攢用丈檄捌分叁釐。斗口貳寸伍分，每攢用丈檄壹料陸分壹釐。斗口叁寸，每攢用丈檄貳料陸分玖釐。斗口叁寸伍分，每攢用丈檄肆料壹分捌釐。斗口肆寸，每攢用丈檄陸料貳分壹釐。斗口肆寸伍分，每攢用丈檄捌料柒分肆釐。斗口伍寸，每攢用丈檄拾壹料捌分玖釐。斗口伍寸伍分，每攢用丈檄拾伍料柒分壹釐。斗口陸寸，每攢用丈檄貳拾料貳分柒釐。

單翹重昂角科：斗口壹寸，每攢用丈檄肆分貳釐。斗口壹寸伍分，每攢用丈檄壹料貳分柒釐。斗口貳寸，每攢用丈檄貳料玖分陸釐。斗口貳寸伍分，每攢用丈檄伍料伍分。斗口叁寸，每攢用丈檄玖料柒釐。斗口叁寸伍分，每攢用丈檄拾貳料叁分陸釐。斗口肆寸，每攢用丈檄拾捌料肆釐。斗口肆寸伍分，每攢用丈檄貳拾陸料貳分玖釐。斗口伍寸，每攢用丈檄叁拾玖料陸分壹釐。斗口伍寸伍分，每攢用丈檄伍拾壹料玖分叁釐。斗口陸寸，每攢用丈檄陸拾捌料壹分捌釐。

重翹重昂平身斗科：斗口壹寸，每攢用丈檄壹分柒釐。斗口壹寸伍分，每攢用丈檄伍分。斗口貳寸，每攢用丈檄壹料玖釐。斗口貳寸伍分，每攢用丈檄貳料叁釐。斗口叁寸，每攢用丈檄叁料叁分玖釐。斗口叁寸伍分，每攢用丈檄伍料貳分伍釐。斗口肆寸，每攢用丈檄柒料陸分玖釐。斗口肆寸伍分，每攢用丈檄拾料柒分玖釐。斗口伍寸，每攢用丈檄拾叁料柒分肆釐。斗口伍寸伍分，每攢用丈檄拾玖料陸分柒釐。斗口陸寸，每攢用丈檄貳拾肆料捌分壹釐。

重翹重昂柱頭科：斗口壹寸，每攢用丈檄壹分捌釐。斗口壹寸伍分，每攢用丈檄伍分伍釐。斗口貳寸，每攢用丈檄壹料貳分捌釐。斗口貳寸伍分，每攢用丈檄貳料貳分捌釐。斗口叁寸，每攢用丈檄叁料捌分伍釐。斗口叁寸伍分，每攢用丈檄伍料柒分叁釐。斗口肆寸，每攢用丈檄捌料捌分肆釐。斗口肆寸伍分，每攢用丈檄拾貳料肆分伍釐。斗口伍寸，每攢用丈檄拾陸料陸釐。斗口伍寸伍分，每攢用丈檄貳拾貳料叁分捌釐。斗口陸寸，每攢用丈檄貳拾捌料捌分柒釐。

重翹重昂角科：斗口壹寸，每攢用丈檄陸分肆釐。斗口壹寸伍分，每攢用丈檄壹料柒分叁釐。斗口貳寸，每攢用丈檄肆料伍分貳釐。斗口貳寸伍分，每攢用丈檄捌料肆分叁釐。斗口叁寸，每攢用丈檄拾貳料捌分伍釐。斗口叁寸伍分，每攢用丈檄拾玖料貳分壹釐。斗口肆寸，每攢用丈檄叁拾壹料壹分叁釐。斗口肆寸伍分，每攢用丈檄叁拾玖料柒分肆釐。斗口伍寸，每攢用丈檄伍拾捌料柒分陸釐。斗口伍寸伍分，每攢用丈檄柒拾伍料捌分捌釐。斗口陸寸，每攢用丈檄壹百肆料貳分捌釐。

壹斗貳升交蔴葉平身斗科：斗口壹寸，每攢用丈檄貳釐。斗口壹寸伍分，每攢用丈檄柒釐。斗口貳寸，每攢用丈檄壹分伍釐。斗口貳寸伍分，每攢用丈櫍貳分玖釐。斗口叁寸，每攢用丈櫍伍分壹釐。斗口叁寸伍分，每攢用丈櫍柒分捌釐。斗口肆寸，每攢用丈櫍壹料捌釐。斗口肆寸伍分，每攢用丈櫍壹料伍分壹釐。斗口伍寸，每攢用丈櫍貳料伍釐。斗口伍寸伍分，每攢用丈櫍貳料柒分玖釐。斗口陸寸，每攢用丈櫍叁料叁分貳釐。

壹斗貳升交蔴葉柱頭科：斗口壹寸，每攢用丈櫍壹釐。斗口壹寸伍分，每攢用丈櫍叁釐。斗口貳寸，每攢用丈櫍柒釐。斗口貳寸伍分，每攢用丈櫍壹分肆釐。斗口叁寸，每攢用丈櫍貳分叁釐。斗口叁寸伍分，每攢用丈櫍叁分陸釐。斗口肆寸，每攢用丈櫍伍分叁釐。斗口肆寸伍分，每攢用丈櫍柒分肆釐。斗口伍寸，每攢用丈櫍壹料。斗口伍寸伍分，每攢用丈櫍壹料叁分柒釐。斗口陸寸，每攢用丈櫍壹料柒分。

壹斗貳升交蔴葉角科：斗口壹寸，每攢用丈櫍伍釐。斗口壹寸伍分，每攢用丈櫍壹分伍釐。斗口貳寸，每攢用丈櫍叁分叁釐。斗口貳寸伍分，每攢用丈櫍陸分貳釐。斗口叁寸，每攢用丈櫍壹料叁釐。斗口叁寸伍分，每攢用丈櫍壹料陸分貳釐。斗口肆寸，每攢用丈櫍貳料叁分捌釐。斗口肆寸伍分，每攢用丈櫍叁料叁分貳釐。斗口伍寸，每攢用丈櫍肆料伍分叁釐。斗口伍寸伍分，每攢用丈櫍伍料玖分捌釐。斗口陸寸，每攢用丈櫍柒料柒分。

壹斗叁升平身斗科：斗口壹寸，每攢用丈櫍壹釐。斗口壹寸伍分，每攢用丈櫍叁釐。斗口貳寸，每攢用丈櫍陸釐。斗口貳寸伍分，每攢用丈櫍壹分壹釐。斗口叁寸，每攢用丈櫍壹分捌釐。斗口叁寸伍分，每攢用丈櫍貳分玖釐。斗口肆寸，每攢用丈櫍肆分貳釐。斗口肆寸伍分，每攢用丈櫍伍分玖釐。斗口伍寸，每攢用丈櫍捌分。斗口伍寸伍分，每攢用丈櫍壹料伍釐。斗口陸寸，每攢用丈櫍壹料叁分伍釐。

壹斗叁升柱頭科：斗口壹寸，每攢用丈櫍壹釐。斗口壹寸伍分，每攢用丈櫍叁釐。斗口貳寸，每攢用丈櫍柒釐。斗口貳寸伍分，每攢用丈櫍壹分肆釐。斗口叁寸，每攢用丈櫍貳分叁釐。斗口叁寸伍分，每攢用丈櫍叁分陸釐。斗口肆寸，每攢用丈櫍伍分叁釐。斗口肆寸伍分，每攢用丈櫍柒分肆釐。斗口伍寸，每攢用丈櫍壹料壹釐。斗口伍寸伍分，每攢用丈櫍壹料叁分柒釐。斗口陸寸，每攢用丈櫍壹料柒分。

壹斗叁升角科：斗口壹寸，每攢用丈櫍伍釐。斗口壹寸伍分，每攢用丈櫍壹分伍釐。斗口貳寸，每攢用丈櫍貳分叁釐。斗口貳寸伍分，每攢用丈櫍陸分肆釐。斗口叁寸，每攢用丈櫍壹料叁釐。斗口叁寸伍分，每攢用丈櫍壹料陸分貳釐。斗口肆寸，每攢用丈櫍貳料叁分捌釐。斗口肆寸伍分，每攢用丈櫍叁料叁分貳釐。斗口伍寸，每攢用丈櫍肆料伍分叁釐。斗口伍寸伍分，每攢用丈櫍伍料玖分柒釐。斗口陸寸，每攢用丈櫍柒料柒分。

叁滴水品字平身斗科：斗口壹寸，每攢用丈櫍伍釐。斗口壹寸伍分，每攢用丈櫍壹分肆釐。斗口貳寸，每攢用丈櫍貳分玖釐。斗口貳寸伍分，每攢用丈櫍伍分壹釐。斗口叁寸，每攢用丈櫍捌分捌釐。斗口叁寸伍分，每攢用丈櫍壹料叁分捌釐。斗口肆寸，每攢用丈櫍壹料玖分捌釐。斗口肆寸伍分，每攢用丈櫍貳料柒分玖釐。斗口伍寸，每攢用丈櫍叁料柒分陸釐。斗口伍寸伍分，每攢用丈櫍肆料玖分伍釐。斗口陸寸，每攢用丈櫍陸料叁分伍釐。

叁滴水品字柱頭科：斗口壹寸，每攢用丈櫍肆釐。斗口壹寸伍分，每攢用丈櫍壹分壹釐。斗口貳寸，每攢用丈櫍貳分肆釐。斗口貳寸伍分，每攢用丈櫍肆分叁釐。斗口叁寸，每攢用丈櫍柒分壹釐。斗口叁寸伍分，每攢用丈櫍壹料壹分壹釐。斗口肆寸，每攢用丈櫍壹料伍分玖釐。斗口肆寸伍分，每攢用丈櫍貳料貳分伍釐。斗口伍寸，每攢用丈櫍叁料肆釐。斗口伍寸伍分，每攢用丈櫍肆料伍釐。斗口陸寸，每攢用丈櫍伍料壹分伍釐。

叁滴水品字角科：斗口壹寸，每攢用丈櫍陸釐。斗口壹寸伍分，每攢用丈櫍壹分柒釐。斗口貳寸，每攢用丈櫍叁分陸釐。斗口貳寸伍分，每攢用丈櫍陸分陸釐。斗口叁寸，每攢用丈櫍壹料伍釐。斗口叁寸伍分，每攢用丈櫍壹料捌分壹釐。斗口肆寸，每攢用丈櫍貳料肆分貳釐。斗口肆寸伍分，每攢用丈櫍叁料叁分捌釐。斗口伍寸，每攢用丈櫍肆料伍分伍釐。斗口伍寸伍分，每攢用丈櫍陸料。斗口陸寸，每攢用丈櫍柒料柒分壹釐。

內裏安裝品字斗科：斗口壹寸，每攢用丈櫍肆釐。斗口壹寸伍分，每攢用丈櫍壹分壹釐。斗口貳寸，每攢用丈櫍貳分叁釐。斗口貳寸伍分，每攢用丈櫍肆分壹釐。斗口叁寸，每攢用丈櫍陸分玖釐。斗口叁寸伍分，每攢用丈櫍壹料陸釐。斗口肆寸，每攢用丈櫍壹料伍分肆釐。斗口肆寸伍分，每攢用丈櫍貳料壹分叁釐。斗口伍寸，每攢用丈櫍貳料捌分柒釐。斗口伍寸伍分，每攢用丈櫍叁料柒分捌釐。斗口陸寸，每攢用丈櫍肆料捌分伍釐。

隔架科：斗口壹寸，每攢用丈櫍伍釐。斗口壹寸伍分，每攢用丈櫍壹分伍釐。斗口貳寸，每攢用丈櫍叁分肆釐。斗口貳寸伍分，每攢用丈櫍陸分叁釐。

斗口叁寸，每攢用丈檄壹料伍釐。斗口叁寸伍分，每攢用丈檄壹料陸分肆釐。斗口肆寸，每攢用丈檄貳料肆分壹釐。斗口肆寸伍分，每攢用丈檄叁料叁分捌釐。斗口伍寸，每攢用丈檄肆料伍分玖釐。斗口伍寸伍分，每攢用丈檄陸料伍釐。斗口陸寸，每攢用丈檄柒料捌分。

溜金、挑金斗科之秤桿、叁福雲、蔴葉雲已有做法，其物料臨期按所定廊深尺寸，照做法核算。

石作用料

李誠《營造法式》卷二六《諸作料例一》 石作

蠟面，每長一丈，廣一尺：碑身、鼇坐同。 黄蠟，五錢；木炭，三斤；一段通及一丈以上者，減一斤。 細墨，五錢。

安砌，每長三尺，廣二尺，礦石灰五斤。贔屓碑一坐，三十斤；笏頭碣，一十斤。

每段：熟鐵鼓卯，二枚。上下大頭各廣二寸，長一寸，腰長四寸，厚六分。每一枚重一斤。

鐵葉，每鋪石二重，隔一尺用一段。每段廣三寸五分，厚三分。如並四造，長七尺；並三[造]，長五尺。

灌鼓卯縫，每一枚用白錫三斤。如用黑錫，加一斤。

愛新覺羅・胤禮等《工程做法》卷五二《石作用料》 石作用料開後，計開：

凡石料底壹面灌漿，其肆圍縫上面俱不灌漿。

凡夾桿、鑲桿石肆圍灌漿，根底上頭不灌漿。

凡青白、旱白玉石灌漿，折寬壹尺，長壹丈，用白灰陸拾觔，江米叁合，白礬陸兩。

凡青砂、豆渣石灌漿，折寬壹尺，長壹丈，用白灰肆拾觔，江米貳合，白礬肆兩。

凡粘補石料焊藥，每折見方壹寸，用黄蠟貳分肆釐，芸香壹分貳釐，木炭肆兩。每折見方壹尺，用白布壹尺。

凡補石配藥，每折見方壹寸，用白蠟壹錢伍分，黄蠟伍分，芸香伍分，木炭壹兩伍錢，石麵貳兩捌錢捌分。每折見方壹尺，見白布貳尺。

凡石縫油灰抅抿，折寬壹尺，深伍分，長壹丈，用白灰貳拾觔，桐油伍觔。

凡插灰泥砌虎皮石，折見方壹丈，厚壹尺，連抅梗，用白灰叁百觔。

凡搜運石料，應用大繩、紮縛繩、榆木滚子、榆木捎子、榆木旱船、快車貫架等項，俱論石料之大小并卸車道路遠近寬窄，臨期酌定。

泥作用料

李誠《營造法式》卷二七《諸作料例二》 泥作

每方一丈：

紅石灰：乾厚一分三釐。下至破灰同。

石灰，三十斤；非殿閣等加四斤。若用礦灰，減五分之一。下同。 赤土，二十三斤；土朱一十斤。非殿閣等減四斤。

黄石灰：

石灰，四十七斤四兩；黄土，一十五斤一十二兩。

青石灰：

石灰，三十二斤四兩；軟石炭，三十二斤四兩。如無軟石炭，即倍加石灰之數。每石灰一十斤，用麤墨一斤或墨煤十一兩。

白石灰：

石灰，六十三斤。

破灰：

石灰，二十斤；白蔑土，一擔半；麥麬，一十八斤。

細泥：

麥麬，一十五斤；作灰襯，同。其施之於城壁者，倍用。下麥䴬準此。 土，三擔。

麤泥：中泥同。

麥䴬，八斤；搭絡及中泥作襯，並減半。 土，七擔。

沙泥畫壁：

沙土、膠土、白蔑土，各半擔；麻擣，九斤；栱眼壁同；每斤洗净者，收一十二兩。 麤麻，一斤；徑一寸三分竹，三條。

壘石山：

石灰，四十五斤；麤墨，三斤。

泥假山：

長一尺二寸、廣六寸、厚二寸塼，三十口；柴，五十斤；曲堰者。 徑一寸七分竹，一條；常使麻皮，二斤；中箔，一領；石灰，九十斤；麤墨，九斤；麥麬，四十斤；麥麲，二十斤；膠土，一十擔。

壁隱假山：

石灰，三十斤；麤墨，三斤。盆山，每方五尺，石灰，三十斤；每增減一尺，各加減六斤。麤墨，二斤。

每坐

立竈：用石灰或泥，並依泥飾料例細計。下至茶鑪子準此。

突，每高一丈二尺，方六寸，坯四十口。方加至一尺二寸，倍用。其坯係長一尺二寸，廣六寸，厚二寸。下應用塼、坯，並同。壘竈身，每一斗，坯八十口。每增一斗，加十口。

釜竈：以一石爲率。

突，依立竈法。每增一石，腔口直徑加一寸，至十石止。壘腔口坑子奄煙，塼五十口。每增一石，加一十口。

坐甑：

生鐵竈門：依大小用。鑊竈同。

生鐵版，二片，各長一尺七寸，每增一石，加一寸。廣二寸，厚五分。坯，四十八口。每增一石，加四口。礦石灰，七斤。每增一石，加一斤。

鑊竈：以口徑三尺爲準。

突，依釜竈法。斜高二尺五寸，曲長一丈七尺，駝勢在內。自方一尺五寸，並二壘砌爲定法。塼，一百口。每徑加一尺，加三十口。生鐵版，二片，各長二尺，每徑長加一尺，加三寸。廣一寸五分，厚八分。生鐵柱子，一條，長二尺五寸，徑三寸。仰合蓮造；若徑不滿五尺不用。

茶鑪子：以高一尺五寸爲率。

燎杖，用生鐵或熟鐵造。八條，各長八寸，方三分。坯，二十口。每加一寸，加一口。

壘坯牆：

用坯每一千口，徑一寸三分竹，三條。造泥籃在內。

闇柱每一條，長一丈一尺，徑一尺二寸爲率，牆頭在外。中箔，一領。

石灰，每一十五斤，用麻擣一斤。若用礦灰，加八兩；其和紅、黄、青灰，即以所用土朱之類斤數在石灰之內。

泥籃，每六椽屋一間，三枚。以徑一寸三分竹一條織造。

愛新覺羅・允禮等《工程做法》卷五五《土作用料》 土作用料開後，計開：

凡小夯灰土，見方壹丈，高柒寸，築實伍寸。每小夯貳拾肆把，用白灰壹千貳百貳拾伍觔，虛黄土見方壹丈，高貳尺伍寸，土捌釐肆毫。每小夯貳拾把，用白灰壹千伍拾觔，虛黄土見方壹丈，高貳尺伍寸，土壹分壹釐貳毫。每小夯拾陸把，用白灰柒百觔，虛黄土見方壹丈，高貳尺伍寸，土壹分陸釐捌毫。每大式大夯，用白灰叁百伍拾觔，虛黄土見方壹丈，高貳尺伍寸，土貳分貳釐肆毫。每小式大夯，用白灰壹百柒拾伍觔，虛黄土見方壹丈，高貳尺伍寸，土貳分伍釐貳毫。

素土見方壹丈，高壹尺，築實柒寸許，虛黄土見方壹丈，高貳尺伍寸，黄土肆分。

如用地丁，按地勢硬軟，用釘之徑寸疏密，臨期酌定。

磚瓦作用料

李誠《營造法式》卷二七《諸作料例二》 塼作

應鋪壘、安砌，皆隨高、廣，指定合用塼等第，以積尺計之。若階基、慢道之類，並二或並三砌，應用尺三條塼，細壘者，外壁斫磨塼每一十行，裏壁麤塼八行填後。其隔減、塼甋，及樓閣高寫，或行數不及者，並依此增減計定。

應卷輂河渠，並隨圜用塼，每廣二寸，計一口。覆背卷準此。其繳背，每廣六寸，用一口。

應安砌所需礦灰，以方一尺五寸塼，用一十三兩。每增減一寸，各加減三兩。其條塼，減方塼之半；壓闌，于二尺方塼之數，減十分之四。

應以墨煤刷塼甋、基階之類，每方一百尺，用八兩。

應以灰刷塼牆之類，每方一百尺，用一十五斤。

應〔以〕墨煤刷塼甋、基階之類，每方一百尺，并灰刷塼牆之類，計灰一百五十斤，各用苕帚一枚。

應甃壘并所用盤版，長隨徑，每片廣八寸，厚二寸。每一片：

常使麻皮，一斤；蘆蕟，一領；徑一寸五分竹，二條。

窰作

燒造用芟草：

塼，每一十口，

方塼：

方二尺，八束。每束重二十斤。餘芟草稱束者，並同。每減一寸，減六分。

方一尺二寸，二束六分。盤龍、鳳、華并塼碇同。

條塼：

長一尺三寸，一束九分。牛頭塼同。其趄面即減十分之一。

長一尺二寸，九分。走趄并趄條塼，同。

壓(闌)〔塼〕：長二尺一寸，八束。

瓦：

素白，每一百口：

甋瓦：

長一尺四寸，六束七分。每減二寸，減一束四分。

長六寸，一束八分。每減二寸，減七分。

瓪瓦：

長一尺六寸，八束。每減二寸，減二束。

長一尺，三束。每減二寸，減五分。

青掍瓦：以素白所用數加一倍。

諸事件，諸鴟、獸、嬪伽、火珠之類，本作内餘稱事件者準此。每一功，一束。其龍尾所用芟草，同鴟尾。

瑠璃瓦并事件，並隨藥料，每窑計之。謂曝窑。大料，分三窑折大料同。一百束，折大料八十五束。中料分二窑，小料同。一百一十束，小料一百束。

掍造鴟尾，龍尾同。每一隻，以高一尺爲率，用麻擣，二斤八兩。

青掍瓦：

滑石掍：

坯數：

大料，以長一尺四寸甋瓦，一尺六寸瓪瓦，各六百口。華頭重脣在内。下同。

中料，以長一尺二寸甋瓦，一尺四寸瓪瓦，各八百口。

小料，以甋瓦一千四百口，長一尺，一千三百口；六寸并四寸，各五(十)〔千〕口。瓪瓦一千三百口。長一尺二寸，一千二百口；八寸并六寸，各五(十)〔千〕口。

柴藥數：

大料：滑石末，三百兩；羊糞，三筌；中料，減三分之一；小料，減半。濃油，一十二斤；柏柴，一百二十斤；松柴、麻籸，各四十斤。中料，減四分之一；小料，減半。

茶土掍：長一尺四寸甋瓦，一尺六寸瓪瓦，每一口，一兩。每減二寸，減五分。

造瑠璃瓦并事件：

藥料：每一大料，用黄丹二百四十三斤。折大料，二百二十五斤；中料，二百二十二斤；小料，二百九斤四兩。每黄丹三斤，用銅末三兩，洛河石末一斤。

用藥，每一口：鴟、獸、事件及條子、線道之類，以用藥處通計尺寸折大料。

大料，長一尺四寸甋瓦，七兩二錢三分六釐。長一尺六寸瓪瓦減五分。

中料，長一尺二寸甋瓦，六兩六錢一分六毫六絲六忽。長一尺四寸瓪瓦，減五分。

小料，長一尺甋瓦，六兩一錢二分四釐三毫三絲二忽。長一尺二寸瓪瓦，減五分。

藥料所用黄丹闕，用黑錫炒造。其錫，以黄丹十分加一分，即所加之數，斤以下不計。每黑錫一斤，用(密)〔蜜〕駝僧二分九釐，硫黄八分八釐，盆硝二錢五分八釐，柴二斤一十一兩，炒成收黄丹十分之數。

李誡《營造法式》卷二六《諸作料例一》 瓦作

用純石灰：謂礦灰。下同。

結宼，每一口：

甋瓦，一尺二寸，二斤。即澆灰結瓦用五分之一。每增減一等，各加減八兩；至一尺以下，各減所減之半。下至壘脊條子瓦同。其一尺二寸瓪瓦，準一尺甋瓦法。

仰瓪瓦，一尺四寸，三斤。每增減一等，各加減一斤。

點節甋瓦，一尺二寸，一兩。每增減一等，各加減四錢。

壘脊，以一尺四寸瓪瓦結瓦爲率。大當溝，以甋瓦一口造。每二枚，七斤八兩。每增減一等，各加減四分之一。線道同。

線道，以甋瓦一口造二片。每一尺，兩壁共二斤。

條子瓦，以甋瓦一口造四片。每一尺，兩壁共一斤。每增減一等，各加減五分之一。

泥脊白道，每長一丈，一斤四兩。

用墨煤染脊，每層，長一丈，四錢。

用泥壘脊，九層爲率，每長一丈：

麥麲，一十八斤；每增減二層，各加減四斤。紫土，八擔。每一擔重六十斤。餘應用土並同。每增減二層，各加減一擔。

小當溝，每瓪瓦一口造，二枚。仍取條子瓦二片。

鷰頷或牙子版，每合角處，用鐵葉一段。殿宇，長一尺，廣六寸。餘長六寸，廣四寸。

結宼，以瓪瓦長，每口攙壓四分，收長六分。其解撟剪截，不得過三分。合溜處尖斜瓦者，並計整口。

布瓦隴，每一行，依下項：

瓪瓦：以仰瓪瓦爲計。長一尺六寸，每一尺；長一尺四寸，每八寸；長一尺二寸，每七寸；長一尺，每五寸八分；長八寸，每五寸；長六寸，每四寸八分。

瓪瓦：長一尺四寸，每九寸；長一尺二寸，每七寸五分。

結瓦，每方一丈：

中箔，每重，二領半。壓占在內。殿宇樓閣，五間以上，用五重；三間，四重；廳堂，三重；餘並二重。

土，四十擔。係瓪、瓪結瓦，以一尺四寸瓪瓦爲率。下䴬、麥䴬同。每增一等，加一十擔；每減一等，減五擔；其散瓪瓦，各減半。

麥麲，二十斤。每增一等，加一斤；每減一等，減八兩；散瓪瓦，各減半。如純灰結瓦，不用。其麥䴬同。

麥䴬，一十斤。每增一等，加八兩；每減一等，減四兩。散瓪瓦，不用。

泥籃，二枚。散瓪瓦一枚。用徑一寸三分竹一條織造二枚。

繫箔常使麻，一錢五分。

抹柴棧或版、笆、箔，每方一丈：如純灰於版并笆、箔上結瓦者，不用。

土，十二擔；麥䴬，十一斤。

安卓：

鴟尾，每一隻：以高三尺爲率。龍尾同。

鐵脚子四枚，各長五寸；每高增一尺，長加一寸。鐵束一枚，長八寸；每高增一尺，長加二寸。其束子大頭廣二寸，小頭廣一寸二分爲定法。搶鐵三十二片，長視身三分之一；每高增一尺，加八片；大頭廣二寸，小頭廣一寸爲定法。拒鵲子二十四枚；上作五叉子，每高增一尺，加三枚。各長五寸。每高增一尺，加六分。安拒鵲等石灰八斤；坐鴟尾及龍尾同；每增減一尺，各加減一斤。墨煤四兩；龍尾三兩。每增減一尺，各加減一兩三錢，龍尾加減一兩。其瑠璃者，不用。鞠六道，各長一尺；曲在內，爲定法。龍尾同。每增一尺，添八道；龍尾，添六道；其高不及三尺者，不用。柏椿二條，龍尾同。高不及三尺者，減一條。長視高，徑三寸五分。三尺以下，徑三寸。

龍尾：

鐵索二條，兩頭各帶獨脚屈膝。其高不及三尺者，不用。

一條長視高一倍，外加三尺；一條長四尺。每增一尺，加五寸。

火珠，每一坐：以徑二尺爲率。

柏椿一條，長八尺；每增減一等，各加減六寸，其徑以三寸五分爲定法。石灰一十五斤；每增減一等，各加減二斤。墨煤三兩。每增減一等，各加減五錢。

獸頭，每一隻：

鐵鉤一條；高二尺五寸以上，鉤長五尺；高一尺八寸至二尺，鉤長三尺；高一尺四寸至一尺六寸，鉤長二尺五寸；高一尺二寸以下，鉤長二尺。繫顋鐵索一條，長七尺；兩頭各帶直脚屈膝獸高一尺八寸以下，並不用。

滴當子，每一枚以高五寸爲率。石灰五兩。每增減一等，各加減一兩。

嬪伽，每一隻以高一尺四寸爲率。石灰三斤八兩。每增減一等，各加減八兩；至一尺以下，減四兩。

蹲獸，每一隻以高六寸爲率。石灰二斤。每增減一等，各加減八兩。

石灰，每三十斤，用麻擣一斤。

出光瑠璃瓦，每方一丈，用常使麻八兩。

愛新覺羅・允羅等《工程做法》卷五三《瓦作用料》　各項磚瓦用料開後，計開：

新樣城磚：砍細乾擺灌漿，每個用灰叁觔。砍細斗板，每個用灰壹觔捌兩。砍細車網，每個用灰貳觔。

舊樣城磚：砍細假乾擺，每個用灰叁觔。灰砌灌漿，每個用灰叁觔。插灰泥砌，每個用灰壹觔。斗板灰砌，每個用灰壹觔捌兩。斗板插灰泥砌，每個用灰捌兩。每插灰泥砌叁拾個，用實黄土見方尺壹尺。

停泥滾子磚：砍細乾擺灌漿，每個用灰壹觔。斗板每個用灰捌兩。

停泥斧刅磚：用灰俱與停泥滾子磚同。

沙滾子磚：捎白砌及糙磚灰砌，每個俱用灰壹觔。脊上斗板，每個用灰捌兩。插灰泥砌，每個用灰肆兩。插灰泥砌斗板，每個用灰貳兩。擺砌玲瓏響牆，每個用灰捌兩。每插灰泥砌壹百叁拾個，用實黄土見方尺壹尺。

沙斧刃磚：用灰俱與沙滾子磚同。

貳尺金磚：砍細，每個用灰拾貳觔拾貳兩。

尺柒金磚：砍細，每個用灰玖觔肆兩。

貳尺方磚：砍細，每個用灰拾壹觔肆兩。

尺柒方磚：砍細，每個用灰柒觔。插灰泥糙砌，每個用灰叁觔捌兩。每拾貳個用實黄土見方尺壹尺。掛博縫，每個用灰貳觔。

尺肆方磚：砍細，每個用灰叁觔捌兩。插灰泥砌，每個用灰壹觔捌兩。每磚拾柒個用實黄土見方尺壹尺。掛博縫，每個用灰壹觔。

尺貳料半方磚：砍細，每個用灰貳觔捌兩。

尺貳方磚：插灰泥砌，每個用灰壹觔肆兩。每貳拾叁個，用實黄土見方尺壹尺。掛博縫，每個用灰捌兩。

臨清城磚：砍細，每個用灰叁觔。

貳尺金磚：墁地油麵擠縫，每個用桐油貳兩，白麵貳兩。

尺柒金磚：每個用桐油壹兩伍錢，白麵壹兩伍錢。

尺肆方磚：每個用桐油壹兩貳錢，白麵壹兩貳錢。

尺貳料半方磚：每個用桐油壹兩，白麵壹兩。

碎磚：插灰泥砌，每折見方丈壹丈，厚壹尺，用灰貳百二十五斤，實黄土見方尺柒尺。

宼瓦

頭號布簡瓦、羅鍋、勾頭灰宼：每件用灰貳斤捌兩。插灰泥宼，每件用灰壹斤。插灰泥宼，每貳拾件用實黄土見方尺壹尺。每件用麻刀叁錢。

頭號布板瓦、折腰、花邊滴水灰宼：每件用灰捌兩。插灰泥宼，每肆拾件用實黄土見方尺壹尺。如蓋瓦，每件用蔴刀壹錢。

貳號布筒瓦、羅鍋、勾頭灰宼：每件用灰壹觔捌兩。插灰泥宼，每件用灰拾貳兩。插灰泥宼，每叁拾件用實黄土見方尺壹尺。每件用蔴刀貳錢貳分。

貳號布板瓦、折腰、花邊滴水灰宼：每件用灰拾肆兩。插灰泥宼，每件用灰陸兩，插灰泥宼，每陸拾件用實黄土見方尺壹尺。如蓋瓦，每件用蔴刀柒分。

叁號布筒瓦、羅鍋、勾頭灰宼：每件用灰壹觔。插灰泥宼，每件用灰捌兩。插灰泥宼，每肆拾件用實黄土見方尺壹尺。每件用蔴刀壹錢壹分。

叁號布板瓦、折腰、花邊滴水灰宼：每件用灰拾兩。插灰泥宼，每件用灰肆兩。插灰泥宼，每捌拾件用實黄土見方尺壹尺。如蓋瓦，每件用蔴刀肆分。

拾樣布筒瓦、羅鍋、勾頭灰宼：每件用灰陸兩。插灰泥宼，每件用灰叁兩。插灰泥宼，每捌拾件用實黄土見方尺壹尺。每件用蔴刀肆分。

拾樣布板瓦、折腰、花邊滴水灰宼：每件用灰肆兩。插灰泥宼，每件用灰貳兩。插灰泥宼，每壹百貳拾件用實黄土見方尺壹尺。如蓋瓦，每件用蔴刀壹分。

筒板瓦轡牆頂，俱不用灰觔。

頭號布通脊：每件用灰陸觔。

頭號布垂脊：每件用灰肆觔。

貳號布通脊：每件用灰伍觔。

貳號布垂脊：每件用灰叁觔。

叁號布通脊：每件用灰肆觔。

叁號布垂脊：每件用灰貳觔。

頭號布吻獸：每件用灰陸觔。

頭號布垂獸：每件用灰肆觔。

貳號布吻獸：每件用灰伍觔。

貳號布垂獸：每件用灰叁觔。

叁號布吻獸：每件用灰肆觔。

叁號布垂獸：每件用灰貳觔。

各號布獅馬用灰，俱隨各號布筒瓦算。

各號灰當勾，每隴用灰并蔴刀，俱隨各號筒板瓦每件用灰之例核算。

布筒板瓦夾隴捉節，每折見方丈壹丈，用灰叁拾觔。每灰壹百觔用蔴刀叁觔。

貳樣瑠璃脊瓦料：每件用灰陸觔。

叁樣瑠璃脊瓦料：每件用灰伍觔。

肆樣瑠璃脊瓦料：每件用灰肆觔。

伍樣瑠璃脊瓦料：每件用灰叁觔。

陸樣瑠璃脊瓦料：每件用灰貳觔。

柒樣瑠璃脊瓦料：每件用灰壹觔捌兩。

捌樣瑠璃脊瓦料：每件用灰壹觔。

玖樣瑠璃脊瓦料：每件用灰捌兩。

貳様瑠璃脊料并筒瓦、勾頭夾隴：黄色每件用白灰壹觔，頭號紅土拾兩。綠色每件用白灰壹觔，青灰拾兩。黑色每件用白灰壹觔，青灰拾貳兩。

叁様瑠璃脊料并筒瓦、勾頭夾隴：黄色每件用白灰拾肆兩，頭號紅土捌兩伍錢。綠色每件用白灰拾肆兩，青灰捌兩伍錢。黑色每件用白灰拾肆兩，青灰拾兩。

肆様瑠璃脊料并筒瓦、勾頭夾隴：黄色每件用白灰拾貳兩，頭號紅土柒兩。綠色每件用白灰拾貳兩，青灰柒兩。黑色每件用白灰拾貳兩，青灰玖兩。

伍様瑠璃脊料并筒瓦、勾頭夾隴：黄色每件用白灰拾兩，頭號紅土伍兩伍錢。綠色每件用白灰拾兩，青灰伍兩伍錢。黑色每件用白灰拾兩，青灰捌兩。

陸様瑠璃脊料并筒瓦、勾頭夾隴：黄色每件用白灰捌兩，頭號紅土肆兩。綠色每件用白灰捌兩，青灰肆兩。黑色每件用白灰捌兩，青灰陸兩。

柒様瑠璃脊料并筒瓦、勾頭夾隴：黄色每件用白灰陸兩，頭號紅土叁兩伍錢。綠色每件用白灰陸兩，青灰叁兩伍錢。黑色每件用白灰陸兩，青灰伍兩。

捌様瑠璃脊料并筒瓦、勾頭夾隴：黄色每件用白灰肆兩，頭號紅土叁兩。綠色每件用白灰肆兩，青灰叁兩。黑色每件用白灰肆兩，青灰叁兩伍錢。

玖様瑠璃脊料并筒瓦、勾頭夾隴：黄色每件用白灰叁兩，頭號紅土貳兩伍錢。綠色每件用白灰叁兩，青灰貳兩伍錢。黑色每件用白灰叁兩，青灰貳兩伍錢。

以上瑠璃瓦料夾隴，每灰壹百觔，用蔴刀叁觔。

瑠璃瓦料夾隴捉節，每折見方丈壹丈，用白灰伍拾觔，貳號紅土貳拾觔，頭號紅土貳拾觔。每灰土壹百觔用蔴刀叁觔。

頭停鋪望板縫：每長貳丈肆尺，用貳號高麗紙壹張。

調油打滿：每折見方尺陸尺，用貳號高麗紙壹張。每高麗紙壹張，用桐油叁兩。

白灰苫背：進深貳丈以內，每折見方丈壹丈，用白灰叁百觔。進深貳丈以外，每折見方丈壹丈，用白灰肆百觔。每灰壹百觔，用蔴刀叁觔。

插灰泥苫背：每折見方丈壹丈，用白灰壹百觔，實黄土見方尺陸尺貳寸伍分，麥餘貳拾觔。如小式房屋，不用苫背。

抹飾紅灰：每折見方丈壹丈，厚伍分，用白灰壹百貳拾觔，貳號紅土陸拾觔，掛蔴捌兩，蔴刀伍觔陸兩。

抹飾紅灰：每折見方丈壹丈，厚叁分，用白灰捌拾觔，貳號紅土肆拾觔，掛蔴捌兩，蔴刀叁觔玖兩。

抹飾黄灰：每折見方丈壹丈，厚伍分，用白灰壹百貳拾觔，包金土陸拾觔，掛蔴捌兩，蔴刀伍觔陸兩。

提刷紅漿：每折見方丈壹丈，用頭號紅土拾觔，江米肆合，白礬捌兩。

提刷黄漿：每折見方丈壹丈，用土黄拾觔，江米肆合，白礬捌兩。

抹飾透底青白灰：每折見方丈壹丈，厚肆分，用白灰壹百陸拾觔，掛蔴捌兩，蔴刀肆觔拾貳兩。

抹飾泥底灰：而每折見方丈壹丈，灰厚貳分半，用白灰壹百觔，蔴刀叁觔。打底每見方壹丈，用實黄土見方尺貳尺，麥餘拾觔。

抹飾插灰泥：每折見方丈壹丈，用白灰伍拾觔，實黄土見方尺貳尺，麥餘拾觔。

提刷青漿：每折見方丈壹丈，用青灰叁觔，江米貳合，白礬肆兩。

勾抿青白灰：每折見方丈壹丈，用青白灰叁拾觔。每灰壹百觔，用蔴刀叁觔。

以上凡用黄土，遇該工實無處可以刨用，方准辦買。

頭停鋪錠蓆箔：每層每折見方丈壹丈，用長壹丈寬伍尺葦蓆貳領貳分，長壹丈寬伍尺葦箔貳塊，頭號雨點釘拾陸個。如層數多者用貳寸釘。

土牆秫稭屯頂，照根寬之數每坡出貳寸。屯頂苫背照根寬加舉核算。

京城城工做法，仍照雍正捌年題定之例。其城牆身海墁舊磚加灰壹觔，樓身墩座舊磚加灰貳觔，新磚加灰壹觔。女牆、堞牆、照例核算。

瓦作尺寸并灰路做法開後，計開：

貳尺金磚：砍净見方壹尺玖寸。

尺柒金磚：砍净見方壹尺陸寸。

貳尺方磚：砍净見方壹尺玖寸。

尺柒方磚：砍净見方壹尺陸寸。

尺肆方磚：砍净見方壹尺叁寸。

尺貳方磚：砍净見方壹尺壹寸。尺貳料半方磚同。

臨清城磚：砍净長壹尺肆寸，寬柒寸，厚叁寸叁分。

澄漿城磚：長壹尺肆寸，寬柒寸，厚叁寸叁分。

新樣城磚：原製長壹尺伍寸，寬柒寸伍分，厚肆寸。砍浄長壹尺肆寸，寬柒寸，厚叁寸叁分。如灰肆縫，厚叁寸陸分。如用舊樣城磚，砍浄尺寸同。

新樣斗板城磚：砍浄長壹尺肆寸，寬柒寸，厚叁寸伍分。如裁牙斗板，砍浄厚叁寸叁分，如用舊樣城磚，砍浄尺寸同。

舊樣城磚：原製長壹尺伍寸，寬柒寸伍分，厚肆寸。砍細假乾擺，浄長壹尺肆寸，寬柒寸，厚叁寸伍分。

舊樣城磚糙砌：長壹尺伍寸，寬柒寸伍分，連灰泥合算厚肆寸肆分。

停泥滚子磚：原製長玖寸伍分，寬肆寸柒分，厚貳寸。砍浄長捌寸伍分，寬肆寸，厚壹寸捌分。如灰肆縫，厚貳寸。

停泥斧刃磚：與停泥滚子磚尺寸同，厚壹寸捌分。

沙滚子磚：原製長玖寸伍分，寬肆寸柒分，厚貳寸。砍浄長捌寸伍分，寬肆寸，厚壹寸捌分。如灰肆縫，厚貳寸。

沙滚子磚捎白：長玖寸，寬肆寸叁分，厚壹寸捌分。

沙滚子磚糙砌：長壹尺，寬伍寸，連灰泥合算，厚貳寸貳分。

沙斧刃磚：與沙滚子磚尺寸同，係連灰頭。

頭號布筒瓦：長壹尺壹寸，口寬肆寸伍分，每面濶壹丈，宼拾壹隴壹分。

貳號布筒瓦：原製長玖寸伍分，口寬叁寸捌分，每面濶壹丈，宼拾貳隴伍分。

叁號布筒瓦：原製長柒寸伍分，口寬叁寸貳分，每面濶壹丈，宼拾肆隴貳分。

拾號布筒瓦：原製長肆寸伍分，口寬貳寸伍分，每面濶壹丈，宼貳拾貳隴。

頭號布板瓦：長玖寸，寬捌寸，分隴與頭號筒瓦同。

貳號布板瓦：原製長捌寸，寬柒寸，分隴與貳號筒瓦同。

叁號布板瓦：原製長柒寸，寬陸寸，分隴與叁號筒瓦同。

拾號布板瓦：原製長肆寸叁分，寬叁寸捌分，分隴與拾號筒瓦同。

貳樣瑠璃筒瓦：寬壹尺壹寸伍分分隴。

叁樣瑠璃筒瓦：寬壹尺壹寸分隴。

肆樣瑠璃筒瓦：寬壹尺分隴。

伍樣瑠璃筒瓦：寬玖寸分隴。

陸樣瑠璃筒瓦：寬捌寸分隴。

柒樣瑠璃筒瓦：寬柒寸伍分分隴。

捌樣瑠璃筒瓦：寬柒寸分隴。

玖樣瑠璃筒瓦：寬陸寸伍分分隴。

以上磚瓦，如比原製薄小，仍照定例尺寸加算。

諸作銅鐵用料

李誡《營造法式》卷二八《諸作用釘料例》 大木作：

椽釘，長加椽徑五分。有餘分者從整寸，謂如五寸椽用七寸釘之類。下同。

角梁釘，長加材厚一倍。柱礩同。

飛子釘，長隨材厚。

大、小連檐釘，長隨飛子之厚。如不用飛子者，長減椽徑之半。

白版釘，長加版厚一倍。平闇遮椽版同。

搏風版釘，長加版厚兩倍。

横抹版釘，長加版厚五分。隔減并襻同。

小木作：

凡用釘，並隨版木之厚。如厚三寸以上，或用簽釘者，其長加厚七分。若厚二寸以下者，長加厚一倍。或縫内用兩入釘者，加至二寸止。

彫木作：

凡用釘，並隨版木之厚。如厚二寸以上者，長加厚五分，至五寸止。若厚一寸五分以下者，長加厚一倍。若縫内用兩入釘者，加至五寸止。

竹作：

壓笆釘，長四寸。

雀眼網釘，長二寸。

瓦作：

甋瓦上滴當子釘，如高八寸者，釘長一尺；若高六寸者，釘長八寸。高一尺二寸及一尺四寸嬪伽，并長一尺二寸甋瓦同。或高三寸及四寸者，釘長六寸。高一尺嬪伽并六寸華頭甋瓦同，並用本作蔥臺長釘。

套獸長一尺者，釘長四寸。如長六寸以上者，釘長三寸；月版及釘箔同。若長四寸以上者，釘長二寸。鷰頷版牙子同。

泥作：

沙壁内麻華釘，長五寸。造泥假山釘同。

塼作：

井盤版釘，長三寸。

用釘數

大木作：

連檐，隨飛子椽頭，每一條；營房隔間同。

大角梁，每一條；續角梁，二枚；子角梁，三枚。

托槫，每一條；

生頭，每長一尺；搏風版同。

搏㭼版，每長一尺五寸；

横抹，每長二尺，

右各一枚。

飛子，每一條；襻槫同。

遮椽版，每長三尺，雙使；難子，每長五寸，一枚。

白版，每方一尺；

槫枓，每一隻；

隔減，每一出入角。襻，每條同。

右各二枚。

椽，每一條，上架三枚。下架一枚。

平闇版，每一片；

柱礩，每一隻。

右各四枚。

小木作：

門道立、卧柣，每一條；平棊華、露籬、棖帳、經藏猴面等榥之類同。帳上透栓、卧榥，隔縫用；井亭大連檐，隨椽隔間用。

烏頭門上如意牙頭，每長五寸；難子、貼絡牙脚、牌帶簽面并楅、破子牕填心、水槽底版、胡梯促踏版、帳上山華貼及楅、角脊、瓦口、轉輪經藏鈿面版之類同。帳及經藏簽面版等，隔榥用；帳上合角并山華貼牙脚、帳頭楅，用二枚。

鉤牕檻面搏肘，每長七寸；

烏頭門并格子簽子桯，每長一尺。格子等搏肘版、引檐，不用；門簪、雞栖、平棊、梁抹瓣、方井亭等搏風版、地棚地面版、帳、經藏仰托榥、帳上混肚方、牙脚帳壓青牙子、壁藏枓槽版、簽面之類同。其裹㭼版，隨水路兩邊，各用。

破子牕簽子桯，每長一尺五寸；

簽平棊桯，每長二尺；帳上槫同。

藻井背版，每廣二寸，兩邊各用；

水槽底版罨頭，每廣三寸；

帳上明金版，每廣四寸；帳、經藏壓瓦版，隨椽隔間用。

隨楅簽門版，每廣五寸；帳并經藏坐面，隨榥背版；井亭厦瓦版，隨椽隔間用，其山版，用二枚。

平棊背版，每廣六寸；簽角蟬版，兩邊各用。

帳上山華蕉葉，每廣八寸；牙脚帳隨榥釘頂版同。

帳上坐面版，隨榥每廣一尺；

鋪作，每枓一隻；

帳并經藏車槽等澁，子澁、腰華版，每瓣，壁藏坐壼門、牙頭同。車槽坐腰面等澁、背版，隔瓣用。明金版，隔瓣用二枚。

右各一枚。

烏頭門搶柱，每一條；獨扇門等伏兔、手栓、承拐楅同；門簪、雞栖、立牌牙子、平棊護縫、鬬四瓣方、帳上椿子、車槽等處卧榥、方子、壁帳、馬銜填心、轉輪經藏輞、頰子之類同。

護縫，每長一尺，井亭等脊、角梁、帳上仰陽、隔枓貼之類同。

右各二枚。

七尺以下門楅，每一條；垂魚、釘搏頭版、引檐跳椽、鉤闌華托柱、叉子、馬銜、井亭(搏)〔槫〕脊、帳并經藏腰檐抹角㭼、曲剜椽子之類同。

露籬上屋版，隨山子版，每一縫；

右各三枚。

七尺至一丈九尺門楅，每一條，四枚。平棊楅、小平棊枓槽版、横鈐、立旌、版門等伏兔、槫柱、日月版、帳上角梁、隨間㭼、牙脚帳格榥、經藏井口榥之類同。

二丈以上門楅，每一條，五枚。隨圜橋子上促踏版之類同。

鬬四并井亭子上枓槽版，每一條；帳帶、猴面榥、山華蕉葉鑰匙頭之類同。

帳上腰檐鼓坐、山華蕉葉枓槽版，每一間。

右各六枚。

截間格子槫柱，每一條，上面八枚。下面四枚。

闘八上科槽版，每片一十枚。

小闘四、闘八、平棊上并鉤闌、門𢲫、鴈翅版、帳并壁藏天宫樓閣之類，隨宜計數。

彫木作：

寶牀，每長五寸；脚并事件，每件三枚。

雲盆，每長廣五寸。

右各一枚。

角神安脚，每一隻；膝窠，四枚；帶，五枚；安釘，每身六枚。

打坐神，力士同。每一身；

華版，每一片；如通長造者，每一尺一枚。其華頭係貼釘者，每朶一枚；若一寸以上，加一枚。

虚柱，每一條釘卯。

右各二枚。

混作真人、童子之類，高二尺以上，每一身；二尺以下，二枚。

柱頭人物之類，徑四寸以上，每一件；如三寸以下，一枚。

寶藏神臂膊，每一隻；腿脚，四枚；襜，二枚；帶，五枚；每一身安釘，六枚。

鶴子腿，每一隻；每翅，四枚；尾，每段一枚。如施於華表柱頭者，加脚釘，每隻四枚。

龍鳳之類，接搭造，每一縫；纏柱者，加一枚。如全身作浮動者，每長一尺又加二枚；每長增五寸，加一枚。

應貼絡，每一件；以一尺爲率，每增減五寸，各加減一枚，減至二枚止。

椽頭盤子，徑六寸至一尺，每一箇。徑五寸以下，三枚。

右各三枚。

竹作：

雀眼網貼，每長二尺一枚。

壓竹笆，每方一丈三枚。

瓦作：

滴當子嬪伽，甋瓦華頭同。每一隻；

鷰頷或牙子版，每長二尺。

右各一枚。

月版，每段，每廣八寸二枚。

套獸，每一隻三枚。

結瓦鋪箔係轉角處者，每方一丈四枚。

泥作：

沙泥畫壁披麻，每方一丈五枚。

造泥假山，每方一丈三十枚。

塼作：

井盤版，每一片三枚。

通用釘料例

每一枚：

葱臺頭釘，長一尺二寸，蓋下方五分，重一十一兩；長一尺一寸，蓋下方四分八釐，重一十兩一分；長一尺，蓋下方四分六釐，重八兩五錢。

猴頭釘，長九寸，蓋下方四分，重五兩三錢；長八寸，蓋下方三分八釐，重四兩八錢。

卷蓋釘，長七寸，蓋下方三分五釐，重三兩；長六寸，蓋下方三分，重二兩；長五寸，蓋下方二分五釐，重一兩四錢；長四寸，蓋下方二分，重七錢。

圜蓋釘，長五寸，蓋下方二分三釐，重一兩二錢；長三寸五分，蓋下方一分八釐，重六錢五分；長三寸，蓋下方一分六釐，重三錢五分。

枴蓋釘，長二寸五分，蓋下方一分四釐，重二錢二分五釐；長二寸，蓋下方一分二釐，重一錢五分；長一寸三分，蓋下方一分，重一錢；長一寸，蓋下方八釐，重五分。

葱臺長釘，長一尺，頭長四寸，脚長六寸，重三兩六錢；長八寸，頭長三寸，脚長五寸，重二兩三錢五分；長六寸，頭長二寸，脚長四寸，重一兩一錢。

兩入釘，長五寸，中心方二分二釐，重六錢七分；長四寸，中心方二分，重四錢三分；長三寸，中心方一分八釐，重二錢七分；長二寸，中心方一分五釐，重一錢二分；長一寸五分，中心方一分，重八分。

卷葉釘。長八分，重一分，每一百枚重一兩。

愛新覺羅・允禮等《工程做法》卷五〇《銅作用料》 銅料做法開後，計開：

凡槅扇，每扇有用雲龍鐣鈒雙拐角葉、雙人字葉、看葉。内看葉壹塊，帶鈎花鈕頭圈子壹副。如伍抹頭槅扇上頭用單拐角葉貳塊，其餘同前。又有不用拐角人字等葉者，單用雲頭梭葉壹塊。有單用素梭葉壹塊，俱各帶鈕頭圈子。以上龍葉等件，長寬厚薄臨期以槅扇之大小，邊抹之寬厚酌定。

凡門釘，以門扇除裏大邊壹根之寬定圓徑高大。如用釘玖路者，每釘徑若干，空檔照每釘之徑空壹分。如用釘柒路者，每釘徑若干，空檔照每釘之徑空壹分貳釐。如用釘伍路者，每釘徑若干，空檔照每釘之徑空貳分。門釘之高與徑同。

凡鏤鈒獸面，以門釘貳分之徑定圓徑。如門釘徑貳寸伍分，得獸面徑伍寸。每個帶仰月千年銷。

凡門鈸，以門邊之寬定徑寸。如門邊寬伍寸，門鈸當用徑伍寸，帶鈕頭圈子。

凡大門包門葉，每扇肆塊。長短定法與鐵料做法同。但有正面鏤鈒大蟒龍，背面流雲做法。

凡壽山福海，每扇以門轉軸之寬厚，臨期核給觔兩。槅扇檻窻同。鈎搭釘銱按大門邊壹分定長。

凡菱花釘，每菱花眼錢壹個，用釘壹個。

凡錠龍葉小泡釘，每隔伍分用釘壹個。

凡殿角風鈴，每角壹個，用頭號、貳號、叁號，臨期酌定。

凡瑠璃吻，拾壹塊壹隻，用長貳寸柒分，寬捌分銅鍋拾肆個。柒塊與玖塊，每壹隻用長壹寸柒分，寬捌分銅鍋拾貳個。拾叁塊壹隻，用長肆寸伍分，寬壹寸銅鍋拾陸個。伍塊壹隻，用長叁寸，寬陸分銅鍋拾個。貳塊與叁塊，每壹隻用長貳寸玖分寬伍分銅鍋肆個。

凡貳塊瑠璃合角吻，壹對用銅鍋伍個。

凡瑠璃獸，拾壹塊壹隻者，用長叁寸柒分、寬捌分銅鍋拾陸個。伍塊壹隻，用長叁寸、寬陸分銅鍋拾貳個。叁塊與肆塊者，每壹隻用長叁寸、寬陸分銅鍋捌個。貳塊壹隻，用長貳寸玖分、寬伍分銅鍋肆個。

凡貳樣銅瓦帽，用徑貳寸，高貳寸貳分。叁樣、肆樣俱徑壹寸玖分，高壹寸玖分。伍樣徑壹寸捌分，高壹寸捌分。陸樣徑壹寸柒分，高壹寸柒分。柒樣徑壹寸貳分，高壹寸貳分。捌樣徑壹寸，高壹寸。

大黄米條銅絲網，見方壹尺，横眼拾捌個，重柒兩柒錢。

小黄米條銅絲網，見方壹尺，横眼貳拾個，重伍兩陸錢。眼拾玖個，重伍兩。

俱每觔加耗銅絲叁錢。

愛新覺羅・允禮等《工程做法》卷五一《鐵作用料》 各項鐵料做法開後，計開：

凡鐵箍，以木料外圍尺寸定長寬厚尺寸。如外圍凑長叁尺，即箍長叁尺。每尺外加搭頭壹寸至伍寸爲定。箍長叁尺以内者，寬壹寸捌分。箍長肆尺伍寸以内者，寬貳寸，厚壹分貳釐。箍長陸尺以内者，寬貳寸伍分，厚壹分伍釐。箍長陸尺以外者，俱寬貳寸伍分，厚貳分。每箍長壹尺，用釘叁個。箍厚壹分伍釐以内者，用長貳寸箍釘。壹分伍釐以外者，用長叁寸箍釘。

凡刅攢木料，每瓣每長壹尺，寬伍寸以内，用釘二個；伍寸以外，用釘叁個。板厚肆寸以内者，釘長陸寸；板厚肆寸以外者，加長叁寸。

凡刅剁木料，用兩尖釘。如刅木厚伍寸以内者，用叁寸兩尖釘；厚壹尺以内者，用伍寸兩尖釘；厚壹尺以外者，用陸寸兩尖釘。俱每隔壹尺伍寸，用釘壹個。如用鐵鍋，每縫每長壹丈用鍋肆個。

凡過河拉扯，按柱徑加貳分定長。如柱徑壹尺，得長叁尺，寬貳寸，厚壹分。每長壹尺，用平面釘伍個。至厚壹分伍釐以内者，用長貳寸釘；壹分伍釐以外者，用長叁寸釘。

凡按縫用鈎搭，以柱徑壹分定長。如柱徑壹尺，即長壹尺。鈾鎖全。長壹尺以内者，寬壹寸，厚貳分；壹尺以外者，寬壹寸伍分，厚叁分爲定。

凡角樑，每根用釘貳個，其長按老角樑、仔角樑尺寸，再加檁徑拾分之捌定長。如老角樑、仔角樑共高壹尺肆寸，檁徑壹尺，共高貳尺肆寸，釘即長貳尺貳寸。以角樑之厚柒分之壹定見方。如角樑厚柒寸，得釘腦見方壹寸。

凡由戧，每根用釘肆個。如由戧高柒寸，即用長柒寸釘。腦方與角樑釘同。

凡懸山燕尾枋，每根用釘壹個。以燕尾枋之厚加壹分定長。如燕尾枋厚貳寸，用長肆寸釘。

凡捲棚機枋條，每丈用釘叁個，以機枋條之厚加壹分定長。如機枋條厚壹寸，用長貳寸釘。

凡博縫板，每刅縫壹丈，用兩尖釘伍個，鍋肆個。每檁頭壹根用蘑菇釘陸個。每板厚壹寸，用兩尖釘、蘑菇釘各長貳寸。板寬壹尺至壹尺伍寸，用長肆寸鍋；板寬壹尺伍寸以外者，用長伍寸鍋。

凡山花板，每塊于榻脚木上用釘貳個。草架柱子穿上用釘貳個。板厚壹寸，用長貳寸釘。

凡榻脚木，每長壹丈用釘肆個。木厚壹寸，用長貳寸釘。如榻脚木刅寬壹尺以外者，用鍋之法同博縫板。用箍之法同大柁。

凡枕頭木，每長壹尺用簽釘壹個。每枕頭木高壹寸，用長壹寸伍分釘。以此遞加。

凡簷椽、頂椽，每根用釘貳個，有挑簷桁者，用釘叁個。

凡花架、腦椽，每根用釘壹個。如不搭交做法，用釘貳個。

凡飛簷椽、翹椽，每根用釘叁個。有挑簷桁者，用釘肆個。釘分叁樣，以上椽子如徑壹寸，用長貳寸釘。以此遞加。如飛簷椽見方貳寸，用長肆寸釘壹個，長叁寸釘壹個，長貳寸釘壹個。

凡連簷，用釘按簷椽根數定。如連簷壹丈，用椽拾貳根，即用釘拾貳個。如小式做法用釘減半。以連簷之厚定長。如連簷厚壹寸，用長貳寸釘，以此遞加。

凡瓦口，用釘按底瓦隴數定。如瓦口每丈定瓦拾貳隴，即用釘拾貳個。以瓦口底壹定長。如瓦口底壹高壹寸，用長貳寸釘，高壹寸以內者，用頭號雨點釘。

凡裏口、椽中板，用釘與連簷同。

凡順望板，用釘每長貳尺用釘貳個。厚壹寸以上者用長貳寸釘，玖分以下者用頭號雨點釘。

凡橫望板，用釘每見方壹丈，用釘壹百個。厚壹寸以上者，用長貳寸釘；玖分以下者，用頭號雨點釘。

凡樓板，用釘按樓楞木定，每楞木壹根用釘貳個。如樓板壹塊跨楞木肆根用釘捌個。樓板厚壹寸，用長貳寸釘；以此遞加。

凡踏板，用釘每隔伍寸用兩尖釘壹個。每踏板厚壹寸，用長貳寸釘。以此遞加。

凡雀替，每塊用釘壹個。如雀替高玖寸，即用長玖寸釘。

凡貼樑，每丈用釘拾貳個，如貼樑寬叁寸，用長陸寸釘。

凡帽兒樑，每根用挺鈎捌根鈾鎖全，其長徑臨期酌定。每天花貳井，用提捎壹根，以帽兒樑之徑定長。如帽兒樑徑玖寸，得長壹尺叁寸伍分。

凡天花板，每刹縫壹道，用長叁寸兩尖釘貳個。

凡槅扇轉軸，每根用釘肆個，以轉軸之寬定長。如轉軸寬壹寸伍分，用長叁寸釘，寬貳寸，用長肆寸釘。

凡槅扇門窗，如用肆角包錠，以邊檔之看面、進深定長短。如看面貳寸伍分，進深叁寸，共長捌寸，兩頭各加看面之寬貳分，得長壹尺捌寸。寬按看面尺寸拾分之捌定寬。如看面貳寸伍分，得寬貳寸，厚壹分。每長壹尺，用釘伍個。厚壹分以內者，用頭號雨點燈，厚伍釐以下及門葉充錠，用貳號雨點釘。

凡用壽山福海，每扇肆件，臨期按轉身尺寸定觔兩。

凡用看葉，以邊挺之看面拾分之捌定寬。如看面寬貳寸伍分，得寬貳寸。以本身之寬伍分定長。如寬貳寸，得長壹尺，厚壹分。鈕頭圈子釘全。

凡檻窗轉軸，每根用釘叁個。長與槅扇用釘同。

凡支窗，如用合扇每扇貳副，每合扇壹副，用釘柒個。鈎搭釘鉘鈾鎖上檻插捎，臨期擬定數目。其長按邊框加半分定長。

凡包錠大門肆角，以大邊之寬厚定長。如大邊寬伍寸，厚叁寸，共長壹尺叁寸，外加兩頭照本身之寬各壹分，得長貳尺叁寸。以大邊之寬拾分之捌定寬。如大邊寬伍寸，得寬肆寸，厚壹分。每長壹尺，用平面釘伍個。

凡門鈸，按門大邊之寬定徑寸。如大邊寬伍寸，即用徑伍寸。鈕頭圈子全。

凡門包錠鐵葉，按門之長寬外加包掩尺寸定長短塊數，或鐵葉門葉臨期擬定。以門之高定厚。如門高捌尺以內，鐵葉厚捌釐。壹丈貳尺以內，厚壹分。壹丈貳尺以外，厚壹分伍釐。

凡門拴兩頭包錠鐵葉，以拴之徑寸定長。如門拴徑肆寸，得長壹尺貳寸，外加搭頭壹寸，共長壹尺叁寸。以門拴之徑壹分半定寬。如徑肆寸，得寬陸寸。中間包錠照門拴之徑加壹分，得寬捌寸，厚壹分。

凡鈕頭，以門拴之徑貳分半定長。如門拴徑肆寸，得長壹尺。釘鉘按鈕頭每尺減壹寸定長，得長玖寸。每門壹合用鈕頭叁個，釘鉘貳副長伍寸，雙爪鈾鎖貳個。

凡倒環，以門拴之徑叁分，再加門邊貳分之厚定長短。如門拴徑肆寸，大邊厚叁寸，得倒環長壹尺捌寸，寬捌分，厚貳分。每倒環壹個，用雙爪鈾鎖貳個。按門框之厚定長。如門框厚伍寸，即長伍寸，外加鈕爪共長叁寸，按此例加減。

凡簾架摺子，以邊挺之寬厚定長短。如邊挺寬三寸，厚貳寸伍分，共長捌寸。再加兩頭入榫照上檻之厚半分定長。按邊挺之寬定寬厚。如邊挺寬叁寸以內者，掐子寬伍分，厚貳分。伍寸以內者寬陸分，厚貳分半。伍寸以外者，寬柒分，厚叁分爲定。

凡檻窗屏門，如用鵞項轉軸鐵拴楹插捎等項，臨期擬定。

凡抱框簽錠，每根用釘肆個，以抱框之寬定長。如抱框寬伍寸以内者，用長肆寸釘。伍寸以外者，用長伍寸釘爲定。加榫長框不用簽釘。

凡板門穿帶不入槽做法，每根長壹尺，用釘肆個。以門板之厚定長。如門板厚捌分，用頭號雨點釘，厚壹寸，用長貳寸釘。

凡連楹，每貳尺用釘壹個，以連楹之寬定長。如連楹寬叁寸，用長陸寸釘。如用門簪每根雨點各用釘壹個，加長同前。

凡下楹拴斗荷葉墩，每個用釘貳個，以楹子之寬定長。如楹子寬叁寸，用長陸寸釘。

凡剔錠榻板，每縫每尺用兩尖釘壹個。如厚貳寸以内者，用長叁寸兩尖釘。貳寸以外者，用長肆寸兩尖釘。每貳尺用長肆寸鍋壹個。

凡各項引條，每尺用釘壹個。如寬厚壹寸以内者，用頭號雨點釘；壹寸以外者，用長貳寸釘。

凡木吊掛，每根用釘貳個。如厚壹寸，用長貳寸釘。以此遞加。

凡滴珠雲板，每丈用釘柒個。如板厚壹寸，用長貳寸釘。以此遞加。

凡正蓋斗板，每塊用釘肆個。板厚壹寸以外，用長貳寸釘；厚壹寸以内，用頭號雨點釘。

凡斗科叁才升，每個用雨點釘貳個，應用頭號、貳號，臨期按升耳厚薄定。

凡包錠昂嘴，每個用門葉雨點釘，臨期按斗科口數昂嘴大小核算。

凡簽錠檻楄横披等心，週圍凑長核算，每尺用頭號雨點釘壹個。

凡頂楄，每扇用拉扯貳根，以邊寬定長。如邊寬壹寸，得長叁寸。每長壹丈，寬伍分，厚貳分。以此遞加。

凡菱花楄心，每扇頭等用黄米條鐵絲壹兩，貳等用黄米條鐵絲陸錢，叁等用黄米條鐵絲叁錢。

凡寶瓶，每個用椿釘壹個，按寶瓶之高定長。

凡簽錠横披，每扇用釘肆個，以邊檔之寬定長。如邊檔寬壹寸，用長壹寸伍分釘。以此遞加。

凡隔斷板壁板、栱枋板等件，長叁尺以外者，用兩尖釘剔縫，每隔叁尺，用釘壹個。如厚壹寸以内，用長貳寸兩尖釘。貳寸以内，用叁寸兩尖釘。按此每板厚壹寸，加釘長壹寸至伍寸兩尖釘爲定。如壁板用鍋，每隔貳尺用鍋壹個。長與用釘同。

凡簷網，折見方尺核算。大黄米條鐵絲網見方壹尺横眼拾捌個，重陸兩貳錢；横眼十玖個，重陸兩玖錢。俱每觔加耗鐵絲伍錢。

凡小黄米條鐵絲網，見方壹尺横眼拾捌個，重叁兩伍錢；横眼貳拾個，重叁兩玖錢。

凡壓錠，貳個用鐵引條，以上下口凑長核算，每長貳丈，用鐵葉剪寬壹寸，厚貳釐。鐵葉壹丈柒尺，用貳號雨點釘陸拾個。

凡掛簷網，每上下口凑長壹丈，用小雨點釘陸拾個。

熏網每見方壹尺，用木柴半觔。

凡生鐵片，每見縫長壹丈，用鐵片叁兩。

凡熟鐵搖，每見縫長壹丈，用鐵搖肆兩。

凡瓦作吻獸，每隻用椿釘壹根，套獸每件用釘壹根，仙人每件用釘壹個，瓦帽每件用釘壹個。按樣件之大小，定釘之長短。

凡掛貳尺、尺柒大博縫磚及脊花等花磚，每件用黄米條鐵絲貳尺。

凡舊牆鏟磨抹飾灰泥錠掛蔴，每折見方丈壹丈，用頭號雨點釘陸拾個。

錠托裱天花燕尾，每尾用叁號雨點釘肆個。

錠托裱天花，每井用叁號雨點釘肆個。

錠硬軟博縫，每長壹尺，用博縫釘肆個。

扎秫稭頂楄，每根用頭號雨點釘壹個。

膠作用料

李誡《營造法式》卷二八《諸作用膠料例》 小木作：彫木作同。每方一尺：入細生活，十分中三分用鰾；每膠一斤，用木札二斤煎。下準此。縫，二兩；卯，一兩五錢。

宦作：應使墨煤，每一斤用一兩。

泥作：應使墨煤，每一十一兩用七錢。

彩畫作：應顏色每一斤，用下項：攏窨在内。土朱，七兩；黄丹，五兩；墨煤，四兩；雌黄，三兩；土黄、淀、常使朱紅、大青緑、梓州熟大青緑、二青緑、定粉、深朱紅、常使紫粉同。石灰，二兩。白土、生二青緑、青緑華同。合色：朱、緑，右各四兩。緑華，青華同。二兩五錢；紅粉，紫檀，右各二兩。草色：緑，四兩；深緑，深青同。三兩；緑華、青華同。紅粉，右各二兩五錢。

襯金粉，三兩。用鰾。煎合桐油，每一斤用四錢。

塼作：應使墨煤，每一斤用八兩。

油作用料

愛新覺羅・允禮等《工程做法》卷五六《油作用料》 油作用料開後，計開：

叁蔴貳布柒灰，糙油、墊光油、硃紅油飾做法：第壹遍，捉灰壹道。第貳遍，捉蔴壹道。第叁遍，通灰壹道。第肆遍，通蔴壹道。第伍遍，苧布壹道。第陸遍，通灰壹道。第柒遍，通蔴壹道。第捌遍，苧布壹道。第玖遍，通灰壹道。第拾遍，中灰壹道。第拾壹遍，細灰壹道。第拾貳遍，拔漿灰壹道。第拾叁遍，糙油。第拾肆遍，墊光油。第拾伍遍，光油。

使叁蔴貳布柒灰，糙油、墊光油、硃紅油飾，每尺用桐油叁兩，線蔴柒錢伍分，寬壹尺肆寸苧布壹尺肆寸肆分，紅土貳分，南片紅土叁錢，銀硃肆錢，香油貳分。

使貳蔴壹布柒灰，糙油、墊光油、硃紅油飾，每尺用桐油貳兩陸錢，線蔴伍錢，寬壹尺肆寸苧布柒寸貳分，紅土貳分，南片紅土叁錢，銀硃叁錢陸分，香油貳分。

使貳蔴伍灰，每尺用桐油壹兩肆錢，線蔴伍錢。

使壹蔴肆灰，每尺用桐油壹兩，線蔴貳錢伍分。

使灰叁道，每尺用桐油陸錢。

使灰貳道，每尺用桐油肆錢。

硃紅油飾，每尺用桐油貳錢伍分，銀硃貳錢肆分，香油貳分。

紫硃油飾，每尺用桐油貳錢伍分，銀硃貳錢，烟子陸釐，香油貳分。

廣花結礴色，每尺用桐油貳錢伍分，廣靛花壹錢，定粉貳錢，香油貳分。

定粉油飾，每尺用桐油貳錢伍分，定粉伍錢，香油貳分。

廣花油飾，每尺用桐油貳錢伍分，廣靛花壹錢伍分，香油貳分。

烟子油飾，每尺用桐油貳錢伍分，南烟子壹錢伍分，香油貳分。

大碌油飾，每尺用桐油貳錢伍分，大碌伍錢。

瓜皮碌油飾，每尺用桐油貳錢伍分，定粉叁分，廣靛花貳分，彩黄叁錢。

銀硃黄丹光油，每尺用桐油貳錢伍分，銀硃壹錢貳分，黄丹壹錢貳分。

紅土烟子光油，每尺用桐油貳錢伍分，紅土貳錢，烟子肆釐。

定粉土粉光油，每尺用桐油貳錢伍分，定粉叁錢，土粉貳錢伍分。

靛球定粉礴色，每尺用桐油貳錢伍分，靛球貳錢柒分，定粉叁分。

柿黄油飾，每尺用桐油貳錢伍分，梔子貳分，槐子叁分，南片紅土伍分。

叁碌油飾，每尺用桐油貳錢伍分，定粉伍分，叁碌肆錢。

鵝黄油飾，每尺用桐油貳錢伍分，彩黄伍錢。

松花綠油飾，每尺用桐油貳錢伍分，廣靛花壹分，彩黄肆錢。

金黄油飾，每尺用桐油貳錢伍分，黄丹叁錢。

米色油飾，每尺用桐油貳錢伍分，定粉貳錢陸分，彩黄壹錢叁分，淘丹肆分，青粉貳錢。

杏黄油飾，每尺用桐油貳錢伍分，黄丹貳錢，彩黄壹錢。

香色油飾，每尺用桐油貳錢伍分，彩黄叁錢，青粉貳錢，土子陸分。

月白油飾，每尺用桐油貳錢伍分，定粉貳錢伍分，廣靛花壹分。

油飾紅色瓦料，鑽油貳次，糙油壹次，滿油壹次，每尺用桐油壹兩貳錢，淘丹伍錢柒分陸釐，南片紅土叁錢叁分陸釐。

天大青刷膠，每尺用水膠陸分，天大青陸錢陸分。

榫黄油飾，每尺用桐油貳錢，水膠陸分，錠子肆分，南片紅土伍分。

洋青刷膠，每尺用水膠陸分，洋青壹兩。

花梨木色，每尺用水膠陸分，蘇木壹兩伍錢，黑礬壹分。

楠木色，每尺用水膠陸分，槐子壹錢，土子麵貳錢。

烟子刷膠，每尺用水膠陸分，烟子壹錢伍分。

紅土刷膠，每尺用水膠陸分，南片紅土貳錢肆分。

以上不用灰蔴布油飾各色，每尺桐油貳錢伍分。如刷膠罩油，去桐油伍分，加水膠陸分。如刷膠不油，去桐油，用水膠陸分核算。

以上除糙油、光油、硃紅油飾外，每用桐油壹百觔，加白灰伍拾觔、白麵伍拾觔。

每桐油壹百觔，用土子陸觔肆兩，陀僧陸兩肆錢，黄丹陸觔肆兩，白絲陸錢，絲綿陸錢。如油過壹千觔以外，減半准給。

菱花每拾扇，用牛尾壹兩。如貳拾扇以外，減半准給。

煎油，每油壹百觔，用木柴貳拾伍觔。如有木作工程，不准辦買價值。

愛新覺羅・允禮等《工程做法》卷五七《斗科油作用料》 斗科使灰用油開

後，計開：

斗口單昂：斗口壹寸，使灰貳道，每攢用桐油叁錢叁分。使灰叁道，用桐油陸錢肆分。斗口壹寸伍分，每攢用桐油玖錢柒分。使灰叁道，用桐油壹兩肆錢伍分。斗口貳寸，每攢用桐油壹兩柒錢貳分。使灰叁道，用桐油貳兩伍錢玖分。斗口貳寸伍分，每攢用桐油貳兩柒錢壹分。使灰叁道，用桐油肆兩陸分。斗口叁寸，每攢用桐油叁兩玖錢。使灰叁道，用桐油伍兩捌錢伍分。斗口叁寸伍分，每攢用桐油伍兩叁錢壹分。使灰叁道，用桐油柒兩玖錢柒分。斗口肆寸，每攢用桐油陸兩玖錢叁分。使灰叁道，用桐油拾兩肆錢。斗口肆寸伍分，每攢用桐油捌兩柒錢捌分。使灰叁道，用桐油拾叁兩壹錢柒分。斗口伍寸，每攢用桐油拾兩捌錢肆分。使灰叁道，用桐油壹觔貳錢陸分。斗口伍寸伍分，每攢用桐油拾叁兩壹錢貳分。使灰叁道，用桐油壹觔叁兩陸錢玖分。斗口陸寸，每攢用桐油拾伍兩陸錢貳分。使灰叁道，用桐油壹觔柒兩肆錢叁分。

斗口重昂：斗口壹寸，每攢用桐油柒錢陸分。使灰叁道，用桐油壹兩壹錢伍分。斗口壹寸伍分，每攢用桐油壹兩柒錢肆分。使灰叁道，用桐油貳兩陸錢壹分。斗口貳寸，每攢用桐油叁兩壹分。使灰叁道，用桐油肆兩陸錢陸分。斗口貳寸伍分，每攢用桐油肆兩捌錢肆分。使灰叁道，用桐油柒兩貳錢柒分。斗口叁寸，每攢用桐油陸兩玖錢捌分。使灰叁道，用桐油拾兩肆錢柒分。斗口叁寸伍分，每攢用桐油玖兩伍錢壹分。使灰叁道，用桐油拾肆兩貳錢陸分。斗口肆寸，每攢用桐油拾貳兩肆錢叁分。使灰叁道，用桐油壹觔貳兩陸錢肆分。斗口肆寸伍分，每攢用桐油拾伍兩柒錢叁分。使灰叁道，用桐油壹觔柒兩伍錢玖分。斗口伍寸，每攢用桐油壹觔叁兩肆錢貳分。使灰叁道，用桐油壹觔拾叁兩壹錢肆分。斗口伍寸伍分，每攢用桐油壹觔柒兩伍錢。使灰叁道，用桐油貳觔叁兩貳錢陸分。斗口陸寸，每攢用桐油壹觔拾壹兩玖錢柒分。使灰叁道，用桐油貳觔玖兩玖錢伍分。

單翹單昂：斗口壹寸，每攢用桐油柒錢叁分。使灰三道，用桐油壹兩壹錢。斗口壹寸伍分，每攢用桐油壹兩陸錢伍分。使灰叁道，用桐油貳兩肆錢柒分。斗口貳寸，每攢用桐油叁兩壹錢肆分。使灰叁道，用桐油肆兩柒錢壹分。斗口貳寸伍分，每攢用桐油肆兩伍錢玖分。使灰叁道，用桐油陸兩捌錢玖分。斗口叁寸，每攢用桐油陸兩陸錢貳分。使灰叁道，用桐油玖兩玖錢叁分。斗口叁寸伍分，每攢用桐油玖兩貳分。使灰叁道，用桐油拾叁兩伍錢叁分。斗口肆寸，每攢用桐油拾壹兩柒錢捌分。使灰叁道，用桐油壹觔壹兩陸錢柒分。斗口肆寸伍分，每攢用桐油拾肆兩玖錢貳分。使灰叁道，用桐油壹觔陸兩叁錢柒分。斗口伍寸，每攢用桐油壹觔貳兩肆錢貳分。使灰叁道，用桐油壹觔拾壹兩陸錢叁分。斗口伍寸伍分，每攢用桐油壹觔陸兩貳錢捌分。使灰叁道，用桐油貳觔壹兩肆錢貳分。斗口陸寸，每攢用桐油壹觔拾兩伍錢叁分。使灰叁道，用桐油貳觔柒兩柒錢玖分。

單翹重昂：斗口壹寸，每攢用桐油壹兩壹錢陸分。使灰叁道，用桐油壹兩柒錢肆分。斗口壹寸伍分，每攢用桐油貳兩陸錢壹分。使灰叁道，用桐油叁兩玖錢貳分。斗口貳寸，每攢用桐油肆兩陸錢伍分。使灰叁道，用桐油陸兩玖錢捌分。斗口貳寸伍分，每攢用桐油柒兩貳錢捌分。使灰叁道，用桐油拾兩玖錢貳分。斗口叁寸，每攢用桐油拾兩肆錢捌分。使灰叁道，用桐油拾伍兩柒錢叁分。斗口叁寸伍分，每攢用桐油拾肆兩貳錢捌分。使灰叁道，用桐油壹觔伍兩肆錢貳分。斗口肆寸，每攢用桐油壹觔貳兩陸錢肆分。使灰叁道，用桐油壹觔拾壹兩玖錢柒分。斗口肆寸伍分，每攢用桐油壹觔柒兩陸錢。使灰叁道，用桐油貳觔叁兩肆錢。斗口伍寸，每攢用桐油壹觔拾叁兩壹錢肆分。使灰叁道，用桐油貳觔拾壹兩柒錢貳分。斗口伍寸伍分，每攢用桐油貳觔叁兩貳錢陸分。使灰叁道，用桐油叁觔肆兩玖錢。斗口陸寸，每攢用桐油貳觔玖兩玖錢柒分。使灰叁道，用桐油叁觔拾肆兩玖錢伍分。

重翹重昂：斗口壹寸，每攢用桐油壹兩伍錢捌分。使灰叁道，用桐油貳兩叁錢柒分。斗口壹寸伍分，每攢用桐油叁兩伍錢柒分。使灰叁道，用桐油伍兩叁錢陸分。斗口貳寸，每攢用桐油陸兩叁錢陸分。使灰叁道，用桐油玖兩伍錢肆分。斗口貳寸伍分，每攢用桐油玖兩玖錢叁分。使灰叁道，用桐油拾肆兩玖錢。斗口叁寸，每攢用桐油拾肆兩叁錢壹分。使灰叁道，用桐油壹觔伍兩肆錢柒分。斗口叁寸伍分，每攢用桐油壹觔叁兩肆錢捌分。使灰叁道，用桐油壹觔拾叁兩貳錢叁分。斗口肆寸，每攢用桐油壹觔玖兩肆錢伍分。使灰叁道，用桐油貳觔陸兩壹錢柒分。斗口肆寸伍分，每攢用桐油貳觔貳錢。使灰叁道，用桐油叁觔叁錢壹分。斗口伍寸，每攢用桐油貳觔柒兩柒錢陸分。使灰叁道，用桐油叁觔拾壹兩陸錢伍分。斗口伍寸伍分，每攢用桐油叁觔壹錢貳分。使灰叁道，用桐油肆觔玖錢貳分。斗口陸寸，每攢用桐油叁觔玖兩貳錢柒分。使灰叁道，用桐油伍觔伍兩玖錢壹分。

壹斗貳升交蔴葉：斗口壹寸，每攢用桐油貳錢肆分。使灰叄道，用桐油叄錢陸分。斗口壹寸伍分，每攢用桐油伍錢陸分肆釐。使灰叄道，用桐油柒錢伍分捌釐。斗口貳寸，每攢用桐油玖錢玖分陸釐。使灰叄道，用桐油壹兩肆錢玖分肆釐。斗口貳寸伍分，每攢用桐油壹兩伍錢陸分。使灰叄道，用桐油貳兩叄錢肆分。斗口叄寸，每攢用桐油貳兩貳錢肆分肆釐。使灰叄道，用桐油叄兩叄錢陸分陸釐。斗口叄寸伍分，每攢用桐油叄兩陸分。使灰叄道，用桐油肆兩伍錢玖分。斗口肆寸，每攢用桐油叄兩玖錢玖分陸釐。使灰叄道，用桐油伍兩玖錢玖分肆釐。斗口肆寸伍分，每攢用桐油伍兩陸分肆釐。使灰叄道，用桐油柒兩伍錢玖分陸釐。斗口伍寸，每攢用桐油陸兩貳錢伍分貳釐。使灰叄道，用桐油玖兩叄錢柒分捌釐。斗口伍寸伍分，每攢用桐油柒兩伍錢陸分。使灰叄道，用桐油拾壹兩叄錢肆分。斗口陸寸，每攢用桐油玖兩。使灰叄道，用桐油拾叄兩伍錢。

壹斗叄升：斗口壹寸，每攢用桐油捌分肆釐。使灰叄道，用桐油壹錢貳分陸釐。斗口壹寸伍分，每攢用桐油壹錢玖分貳釐。使灰叄道，用桐油貳錢捌分捌釐。斗口貳寸，每攢用桐油叄錢肆分捌釐。使灰叄道，用桐油陸錢壹分貳釐。斗口貳寸伍分，每攢用桐油伍錢伍分貳釐。使灰叄道，用桐油捌錢貳分捌釐。斗口叄寸，每攢用桐油捌錢肆釐。使灰叄道，用桐油壹兩貳錢陸釐。斗口叄寸伍分，每攢用桐油壹兩玖分貳釐。使灰叄道，用桐油壹兩陸錢叄分捌釐。斗口肆寸，每攢用桐油壹兩肆錢貳分捌釐。使灰叄道，用桐油貳兩壹錢肆分貳釐。斗口肆寸伍分，每攢用桐油壹兩捌錢壹分貳釐。使灰叄道，用桐油貳兩柒錢壹分捌釐。斗口伍寸，每攢用桐油貳兩貳錢叄分貳釐。使灰叄道，用桐油叄兩叄錢肆分捌釐。斗口伍寸伍分，每攢用桐油貳兩柒錢。使灰叄道，用桐油肆兩伍分。斗口陸寸，每攢用桐油叄兩貳錢壹分陸釐。使灰叄道，用桐油肆兩捌錢貳分肆釐。

叄滴水品字科：斗口壹寸，每攢用桐油肆錢貳分。使灰叄道，用桐油陸錢叄分。斗口壹寸伍分，每攢用桐油玖錢陸分。使灰叄道，用桐油壹兩肆錢肆分。斗口貳寸，每攢用桐油壹兩柒錢肆釐。使灰叄道，用桐油貳兩伍錢伍分陸釐。斗口貳寸伍分，每攢用桐油貳兩陸錢柒分陸釐。使灰叄道，用桐油肆兩壹分肆釐。斗口叄寸，每攢用桐油叄兩捌錢伍分貳釐。使灰叄道，用桐油伍兩柒錢柒分捌釐。斗口叄寸伍分，每攢用桐油伍兩貳錢肆分肆釐。使灰叄道，用桐油柒兩捌錢陸分陸釐。斗口肆寸，每攢用桐油陸兩捌錢伍分貳釐。使灰叄道，用桐油拾兩貳錢柒分捌釐。斗口肆寸伍分，每攢用桐油捌兩陸錢柒分陸釐。使灰叄道，用桐油拾叄兩壹分肆釐。斗口伍寸，每攢用桐油拾兩柒錢壹分陸釐。使灰叄道，用桐油壹觔柒分肆釐。斗口伍寸伍分，每攢用桐油拾貳兩玖錢柒分貳釐。使灰叄道，用桐油壹觔叄兩肆錢伍分玖釐。斗口陸寸，每攢用桐油拾伍兩肆錢叄分貳釐。使灰叄道，用桐油壹觔柒兩壹錢伍分捌釐。

内裏品字科：斗口壹寸，每攢用桐油叄錢柒分貳釐。使灰叄道，用桐油伍錢伍分捌釐。斗口壹寸伍分，每攢用桐油捌錢伍分貳釐。使灰叄道，用桐油壹兩貳錢柒分捌釐。斗口貳寸，每攢用桐油壹兩伍錢貳分肆釐。使灰叄道，用桐油貳兩貳錢捌分陸釐。斗口貳寸伍分，每攢用桐油貳兩叄錢柒分陸釐。使灰叄道，用桐油叄兩伍錢陸分肆釐。斗口叄寸，每攢用桐油叄兩肆錢貳分。使灰叄道，用桐油伍兩壹錢叄分。斗口叄寸伍分，每攢用桐油肆兩陸錢陸分捌釐。使灰叄道，用桐油柒兩貳釐。斗口肆寸，每攢用桐油陸兩玖分陸釐。使灰叄道，用桐油玖兩壹錢肆分肆釐。斗口肆寸伍分，每攢用桐油柒兩柒錢壹分陸釐。使灰叄道，用桐油拾壹兩伍錢柒分肆釐。斗口伍寸，每攢用桐油玖兩伍錢壹分陸釐。使灰叄道，用桐油拾肆兩貳錢柒分肆釐。斗口伍寸伍分，每攢用桐油拾壹兩伍錢貳分。使灰叄道，用桐油壹觔壹兩貳錢捌分。斗口陸寸，每攢用桐油拾叄兩柒錢壹分陸釐。使灰叄道，用桐油壹觔肆兩伍錢柒分肆釐。

隔架科：斗口壹寸，每攢用桐油叄錢捌分肆釐。使灰叄道，用桐油伍錢柒分陸釐。斗口壹寸伍分，每攢用桐油捌錢陸分肆釐。使灰叄道，用桐油壹兩貳錢玖分陸釐。斗口貳寸，每攢用桐油壹兩伍錢叄分陸釐。使灰叄道，用桐油貳兩叄錢肆釐。斗口貳寸伍分，每攢用桐油貳兩肆錢。使灰叄道，用桐油叄兩陸錢。斗口叄寸，每攢用桐油叄兩肆錢伍分陸釐。使灰叄道，用桐油伍兩壹錢捌分肆釐。斗口叄寸伍分，每攢用桐油肆兩柒錢壹分陸釐。使灰叄道，用桐油柒兩柒分肆釐。斗口肆寸，每攢用桐油陸兩壹錢伍分陸釐。使灰叄道，用桐油玖兩貳錢叄分肆釐。斗口肆寸伍分，每攢用桐油柒兩柒錢捌分捌釐。使灰叄道，用桐油拾壹兩陸錢捌分貳釐。斗口伍寸，每攢用桐油玖兩陸錢。使灰叄道，用桐油拾肆兩肆錢。斗口伍寸伍分，每攢用桐油拾壹兩陸錢肆分。使灰叄道，用桐油壹觔壹兩肆錢陸分。斗口陸寸，每攢用桐油拾叄兩捌錢陸分。使灰叄道，用桐油壹觔肆兩柒錢玖分。

凡柱頭科照平身科例，角科每壹攢折平身科貳攢核算計料。

畫作用料

李誡《營造法式》卷二七《諸作料例二》　彩畫作

應刷染木植，每面方一尺，各使下項：栱眼壁各減五分之一；彫木華版加五分之一。即描華之類，準折計之。

定粉，五錢三分；

墨煤，二錢二分八釐五毫；

土朱，一錢七分四釐四毫；殿宇、樓閣，加三分；廊屋、散舍，減二分。

白土，八錢；石灰同。

土黄，二錢六分六釐；殿宇、樓閣，加二分。

黄丹，四錢四分；殿宇、樓閣，加二分；廊屋、散舍，減一分。

雌黄，六錢四分；合雌黄、紅粉，同。

合青華，四錢四分四釐；合綠華同。

合深青，四錢；合深綠及常使朱紅、心子朱紅、紫檀並同。

合朱，五錢；生青、綠華、深朱、紅，並[同]。

生大青，七錢；生大綠、浮淘青、梓州熟大青、綠、二青綠，並同。

生二綠，六錢；生二青同。

常使紫粉，五錢四分；

藤黄，三錢；

槐華，二錢六分；

中綿烟脂，四片；若合色，以蘇木五錢二分，白礬一錢三分煎合充。

描畫細墨，一分；

熟桐油，一錢六分。若在闇處不見風日者，加十分之一。

應合和顔色，每斤各使下項：

合色：

綠華：青華減定粉一兩，仍不用槐華、白礬。

定粉，一十三兩；青黛，三兩；槐華，一兩；白礬，一錢。

朱：

黄丹，一十兩；常使紫粉，六兩。

綠：

雌黄，八兩；淀，八兩。

紅粉：

心子朱紅，四兩；定粉，一十二兩。

紫檀：

常使紫粉，一十五兩五錢；細墨，五錢。

草色：

綠華：青華減槐華、白礬。

淀，一十二兩；定粉，四兩；槐華，一兩；白礬，一錢。

深綠：深青即減槐華、白礬。

淀，一斤；槐華，一兩；白礬，一錢。

綠：

淀，一十四兩；石灰，二兩；槐華，二兩；白礬，二錢。

紅粉：

黄丹，八兩；定粉，八兩。

襯金粉：

定粉，一斤；土朱，八錢。顆塊者。

應使金箔，每面方一尺，使襯粉四兩，顆塊土朱一錢。每粉三十斤，仍用生白絹一尺，濾粉。木炭一十斤，熁粉。綿半兩。(揾)[描]金。

應煎合桐油，每一斤：

松脂、定粉、黄丹，各四錢；木札，二斤。

應使桐油，每一斤，用亂絲四錢。

愛新覺羅・允禮等《工程做法》卷五八《畫作用料》　畫作用料開後，計開：

金琢墨金龍方心瀝粉青綠地仗，每折寬壹尺，長壹丈，用水膠貳兩伍錢，白礬壹錢貳分，定粉柒錢，廣靛花伍錢，彩黄壹兩陸錢，大碌壹兩肆錢，鍋巴碌肆錢，天大青玖錢，天貳青叁錢，青粉肆錢，土粉壹兩肆錢，南片紅土貳錢，南烟子叁分，南梅花青肆錢，銀硃肆分，黄丹貳分，籐黄壹分，胭脂壹分。見方叁寸紅金肆貼貳張，見方叁寸黄金肆貼貳張，貼金油捌錢肆分。

合細伍墨金雲龍鳳瀝粉方心青綠地仗上伍彩，每寬壹尺、長壹丈，用水膠貳兩叁錢，白礬壹錢貳分，定粉陸錢，廣靛花伍錢貳分，彩黄壹兩伍錢，大碌壹兩陸錢，鍋巴碌貳錢，天大青陸錢，天貳青貳錢，青粉肆錢，土粉壹兩貳錢，南片紅土貳錢，南烟子肆分，南梅花青貳錢，銀硃壹錢，黄丹壹錢，籐黄肆分，胭脂叁分。見方叁寸紅金貳帖陸張伍分，見方叁寸黄金貳帖陸張伍分，貼金油伍錢叁分。

大點金瀝粉金雲龍方心伍墨彩畫，每折寬壹尺、長壹丈，用水膠壹兩捌錢，白礬壹錢貳分，定粉陸錢伍分，廣靛花伍錢叁分，彩黄壹兩伍錢，大碌壹兩捌錢，鍋巴碌貳錢，天大青壹兩，青粉壹錢，土粉柒錢捌分，南片紅土壹錢肆分，南烟子捌分。見方叁寸紅金壹帖捌張，見方叁寸黄金壹帖捌張，貼金油叁錢陸分。

大點金伍墨龍錦方心，每折寬壹尺、長壹丈，用水膠壹兩捌錢，白礬壹錢貳分，土粉柒錢捌分，青粉貳錢，定粉柒錢，南片紅土壹錢肆分，黄丹捌分，大碌壹兩伍錢伍分，鍋巴碌叁錢，銀硃伍分，廣靛花伍錢叁分，南烟子捌分，籐黄貳分，彩黄壹兩伍錢，胭脂貳分，天大青玖錢。見方叁寸紅金柒張伍分，見方叁寸黄金捌張伍分，貼金油壹錢陸分。

大點金空方心，每折寬壹尺、長壹丈，用水膠壹兩捌錢，白礬壹錢貳分，土粉伍錢，青粉壹錢，定粉陸錢伍分，南片紅土壹錢貳分，大碌壹兩捌錢伍分，鍋巴碌貳錢，廣靛花伍錢叁分，南烟子壹錢，彩黄壹兩伍錢，天大青壹兩貳錢。見方叁寸紅金伍張，見方叁寸黄金伍張，貼金油壹錢。

小點金龍錦方心伍墨，每折寬壹尺、長壹丈，用水膠壹兩捌錢，白礬壹錢貳分，定粉柒錢，廣靛花肆錢捌分，彩黄壹兩貳錢，大緑壹兩玖錢，鍋巴碌叁錢，天大青捌錢，天貳青肆錢，青粉貳錢，土粉伍錢，南片紅土捌分，南烟子捌分，銀硃伍分，黄丹捌分，籐黄貳分，胭脂貳分。見方叁寸紅金伍張，見方叁寸黄金伍張，貼金油壹錢。

小點金花錦方心，每折寬壹尺、長壹丈，用水膠壹兩陸錢，白礬壹錢貳分，青粉貳錢，土粉叁錢，定粉玖錢，南片紅土陸分，彩黄壹兩貳錢，黄丹捌分，銀硃伍分，籐黄壹分，大碌壹兩伍錢，鍋巴碌伍錢，天大青捌錢，胭脂貳分，南烟子捌分，廣靛花肆錢捌分。見方叁寸紅金肆張，貼金油肆分。

小點金空方心，每折寬壹尺、長壹丈，用水膠壹兩捌錢，白礬壹錢貳分，土粉伍錢，青粉壹錢，定粉伍錢伍分，南片紅土壹錢貳分，大碌壹兩捌錢伍分，鍋巴碌貳錢，廣靛花肆錢捌分，南烟子壹錢，彩黄壹兩伍錢，天大青壹兩。見方叁寸紅金肆張，貼金油肆分。

雅伍墨空方心，每折寬壹尺、長壹丈，用水膠壹兩陸分，白礬壹錢貳分，定粉伍錢伍分，廣靛花伍錢，彩黄壹兩，大緑貳兩，鍋巴碌壹錢伍分，青粉貳錢，土粉叁錢，南烟子壹錢貳分。

雅伍墨花錦方心，每折寬壹尺、長壹丈，用水膠壹兩陸錢，白礬壹錢貳分，青粉貳錢，土粉叁錢，定粉玖錢，黄丹捌分，彩黄壹兩，鍋巴碌肆錢，銀硃伍分，南烟子捌分，大碌壹兩伍錢伍分，籐黄壹分，胭脂貳分，廣靛花肆錢捌分。

雅伍墨哨青空方心，每折寬壹尺、長壹丈，用水膠壹兩陸分，白礬壹錢貳分，定粉伍錢伍分，廣靛花伍錢，彩黄壹兩，青粉貳錢，大碌壹兩捌錢伍分，天大青壹兩貳錢，土粉叁錢，鍋巴碌肆錢，南烟子捌分。

土黄叁色伍墨空方心，每折寬壹尺、長壹丈，用水膠壹兩伍錢，白礬壹錢貳分，定粉伍錢，廣靛花叁錢，土黄陸兩，大碌伍錢，鍋巴碌貳錢，青粉壹兩陸錢，南烟子伍分。

金琢墨西番草伍墨龍方心，每折寬壹尺、長壹丈，用水膠壹兩玖錢，白礬壹錢貳分，定粉肆錢，廣靛花壹錢，彩黄伍錢，大碌陸錢，鍋巴碌貳錢，天大青伍錢，叁青貳錢，青粉壹兩，土粉肆錢，南片紅土柒錢，銀硃伍錢，黄丹叁分，籐黄貳分，南烟子貳分，胭脂叁分，土子貳分。見方叁寸紅金壹帖伍張，見方叁寸黄金貳帖，貼金油叁錢伍分。

烟琢墨西番草叁寶珠伍墨，每折寬壹尺、長壹丈，用水膠壹兩伍錢，白礬壹錢貳分，定粉伍錢，廣靛花壹錢伍分，大碌貳錢，鍋巴碌貳錢伍分，天大青伍錢，青粉壹兩，土粉叁錢，南片紅土柒分，南烟子伍分，銀硃陸錢，黄丹壹錢伍分，籐黄肆分，胭脂半片，土子肆分。

西番草烟琢墨金龍方心，每折寬壹尺、長壹丈，用水膠壹兩陸錢，白礬壹錢貳分，青粉壹兩，南片紅土柒錢，土粉叁錢，廣靛花壹錢伍分，鍋巴碌壹錢伍分，定粉肆錢伍分，大碌肆錢，天大青肆錢伍分，黄丹叁分，銀硃肆錢伍分，籐黄貳分，彩黄伍錢，土子貳分，胭脂叁分，南烟子叁分。見方叁寸紅金捌張，見方叁寸黄金捌張，貼金油壹錢陸分。

西番草叁寶珠金琢墨，每折寬壹尺、長壹丈，用水膠壹兩玖錢，白礬壹錢貳分，青粉壹兩，定粉叁錢，上子叁分，南片紅土柒錢，彩黄叁錢，鍋巴碌貳錢伍分，廣靛花捌分，胭脂半片，籐黄叁分，銀硃伍錢伍分，黄丹壹錢，大碌叁錢，天大青肆錢，南烟子貳分，土粉陸錢。見方叁寸紅金壹帖伍張，見方叁寸黄金壹帖伍張，貼金油叁錢。

叁退暈石碾玉伍墨描機粉芍方心，每寬壹尺、長壹丈，用水膠壹兩捌錢，白礬壹錢貳分，定粉捌錢，廣靛花肆錢伍分，大碌壹兩肆錢，鍋巴碌陸錢，天大青捌錢，青粉貳兩，南烟子壹錢，螣黄肆分，香墨陸釐。

雲秋木，每折寬壹尺、長壹丈，用水膠壹兩，白礬壹錢貳分，定粉肆錢，彩黄貳兩貳錢，青粉貳兩，黄丹陸錢，赭石貳錢。

螺青叁色伍墨空方心，每折寬壹尺、長壹丈，用水膠壹兩貳錢，白礬壹錢貳分，定粉壹兩壹錢，廣靛花貳錢捌分，大碌肆錢，青粉貳兩伍錢，南烟子肆分，土粉貳錢。

流雲仙鶴伍彩洋青地仗，每折寬壹尺、長壹丈，用水膠壹兩肆錢，白礬壹錢肆分，定粉壹兩肆分，廣靛花貳錢，青粉叁兩貳錢，洋青叁兩，叁碌肆分，銀硃貳分，黄丹肆分，螣黄壹錢，胭脂壹片，香墨肆釐，赭石貳分。

海墁葡萄米色地仗，每折寬壹尺、長壹丈，用水膠壹兩捌分，白礬壹錢肆分，定粉柒錢，廣靛花肆分，彩黄叁兩，鍋巴碌陸錢，青粉貳兩，黄丹陸錢肆分，螣黄肆分，胭脂貳分，香墨壹分，赭石捌分。

冰裂梅青粉地仗，每折寬壹尺、長壹丈，用水膠壹兩，白礬壹錢肆分，定粉壹兩貳錢，廣靛花貳分，鍋巴碌壹兩伍錢，青粉貳兩，土粉壹錢，螣黄肆分，胭脂壹片。

百蝶梅洋青地仗，每折寬壹尺、長壹丈，用水膠壹兩肆錢，白礬壹錢陸分，定粉陸錢，廣靛花貳錢，大碌壹錢，鍋巴碌壹錢，青粉叁兩貳錢，洋青叁兩肆錢，黄丹陸分，螣黄肆分，胭脂肆分，香墨貳分。

聚錦蘇式彩畫，線路貼金，夔龍、宋錦方心。桁條宋錦方心，青檽線，緑岔口，青箍頭，找頭刷絲地仗，扇面斗方。墊板池子刷叁碌叁青地仗，描機鮮花卉，青岔口，燕尾刷黄丹地仗，做畫意錦。枋子刷香色方心地仗，玉做夔龍，緑檽線，青岔口，找頭刷叁青地仗，做扇面斗方，青箍頭。每寬貳尺，長壹丈，用水膠伍兩，白礬貳錢捌分，定粉壹兩捌錢，彩黄捌錢，大碌壹兩，鍋巴碌陸錢，叁碌玖錢，天貳青伍錢，叁青叁錢陸分，洋青壹兩貳錢，青粉伍兩，土粉壹兩貳錢，南片紅土叁錢，土子貳錢肆分，銀硃肆分，黄丹肆錢，螣黄貳錢，胭脂貳片，南烟子陸分，香墨貳分。見方叁寸紅金叁帖肆張，貼金油叁錢肆分。

花錦方心舊式彩畫，桁條方心刷香色地仗，垛鮮花卉，青檽線，緑岔口，找頭刷粉叁青地仗，做畫意錦。墊板刷叁碌地仗，做冰裂梅。枋子刷白粉方心地仗，做伍墨錦，緑檽線，青岔口，緑箍頭，找頭刷水紅地仗，做畫意錦，青箍頭。每寬貳尺，長壹丈，用水膠叁兩，白礬叁錢，定粉貳兩肆錢，廣靛花壹錢陸分，彩黄肆錢，大碌陸錢，鍋巴碌捌錢，洋青肆錢，青粉肆兩，土子壹錢，銀硃貳錢，黄丹貳錢，螣黄壹錢，胭脂壹片，南烟子陸分，香墨貳分。

博古蘇式彩畫，桁條刷叁碌地仗，箍頭刷青，玉做夔鳳。墊板刷香色地仗，做流雲飛蝠。枋子刷洋青地仗，做博古，箍頭刷録。每寬貳尺，長壹丈，用水膠叁兩貳錢，白礬叁錢貳分，定粉柒錢，廣靛花貳錢肆分，彩黄捌錢，大碌肆錢，鍋巴碌伍錢，叁碌壹兩貳錢捌分，土子叁錢，銀硃捌分，洋青貳兩捌錢。叁青貳錢，青粉伍兩，黄丹貳錢，螣黄陸分，胭脂壹片，南烟子陸分，香墨貳分，赫石貳分。

雲秋木蘇式彩畫，搭袱子刷粉青地仗，垛鮮花卉，大碌邊，黄丹倒喳筆草。桁條、墊板、枋子刷米色、拉木紋地仗，垛青緑壽字夔龍團，青緑箍頭。每寬貳尺，長壹丈，用水膠叁兩，白礬貳錢陸分，定粉貳兩叁錢，廣靛花壹錢，彩黄貳兩，大碌柒錢，洋青伍錢，青粉肆兩，黄丹肆錢，螣黄貳分，胭脂陸分，南烟子陸分，香墨肆釐，赭石肆分。

壽山福海蘇式彩畫，桁條刷粉叁青地仗，海墁花卉，青箍頭。墊板刷水紅，做壽山福海。枋子刷香色地仗，洋青夔龍團，緑箍頭。每寬貳尺，長壹丈，用水膠叁兩肆錢，白礬貳錢捌分，定粉貳兩貳錢，廣靛花壹錢肆分，彩黄壹兩肆錢，大碌壹兩肆錢，洋青壹兩，青粉肆兩捌錢，土子伍錢，銀硃陸分，黄丹壹錢貳分，螣黄肆分，胭脂壹片，南烟子陸分，香墨捌釐，赭石貳分。

伍福慶壽蘇式彩畫，桁條刷香色地仗，垛白粉，染古色蚰虎，青箍頭。墊板刷紫地仗，做畫意錦。枋子刷粉叁青，垛伍福慶壽團，録箍頭。每寬貳尺，長壹丈，用水膠叁兩肆錢，白礬貳錢陸分，定粉壹兩捌錢，廣靛花壹錢貳分，彩畫壹兩，大碌肆錢，鍋巴碌壹錢，洋青叁錢，青粉肆兩，土子伍錢，銀硃肆分，黄丹捌分，螣黄肆分，胭脂貳片，南烟子陸分，香墨貳分，赭石壹錢。

福如東海蘇式彩畫，搭袱子做宋錦，邊刷紫，描機。桁條找頭刷緑地仗，垛鮮花卉，箍頭刷白粉，描觀頭叁退暈。墊板找頭刷米色地仗，做福如東海。枋子找頭刷叁青，做流雲壽團。每寬貳尺，長壹丈，用水膠叁兩陸錢，白礬貳錢捌分，定粉壹兩捌錢，廣靛花壹錢陸分，彩黄柒錢，大碌伍錢，鍋巴碌壹兩壹錢肆分，洋青伍錢，叁青壹兩捌錢，青粉肆兩捌錢，土子壹錢，銀硃貳錢，黄丹肆錢，螣黄壹錢，胭脂貳片，南烟子捌分，香墨貳分，赭石肆分。

錦上添花蘇式彩畫，搭袱子刷叁碌地仗，畫意錦，邊子明黄描機。桁條找頭刷洋青地仗，雲仙福壽，退箍活箍頭貳道，活盒子刷白粉地仗，搭染獸。岔角刷石碌地仗，描機水紅。墊板找頭池子刷香色地仗，垛鮮花卉，燕尾刷紫地仗，做畫意錦。枋子刷叁青方心地仗，做爐瓶叁色，槫線刷緑，岔口刷青，找頭刷米色地仗，玉做夔龍團，箍頭盒同岔角，刷叁青描機草。每寬貳尺，長壹丈，用水膠叁兩肆錢，白礬貳錢捌分，定粉壹兩柒錢，廣靛花壹錢，彩黄陸錢，大碌陸錢，鍋巴碌柒錢，叁碌柒錢，洋青柒錢，叁青伍錢，青粉肆兩肆錢，土子捌分，銀硃叁錢，黄丹壹錢，籐黄壹錢，胭脂壹片，南烟子陸分，香墨壹分陸釐，赭石貳分。

年年如意蘇式彩畫，桁條刷緑地仗，安年年如意團，螺青地仗，緑箍頭。墊板垛硬色氷裂梅。枋子刷杏紅地仗，安團子歲歲青瓶箍頭。每寬貳尺，長壹丈，用水膠叁兩，白礬貳錢肆分，定粉壹兩貳錢，廣靛花貳錢，彩黄捌錢，大碌伍錢，鍋巴碌壹兩陸錢，洋青伍錢貳分，銀硃伍錢，黄丹捌錢，籐黄貳分，胭脂貳分，南烟子陸分，青粉肆兩，香墨貳釐。

福緣善慶蘇式彩畫，桁條刷水紅地仗，靈芝壽字團，金箍頭。墊板刷香色地仗，夔龍團。枋子刷粉叁青地仗，壽山福海團，緑箍頭。每寬貳尺，長壹丈，用水膠叁兩，白礬貳錢肆分，定粉貳兩，廣靛花貳錢，彩黄捌錢，大碌陸錢，鍋巴碌壹錢，洋青陸錢，青粉肆兩，土子肆錢，銀硃叁錢，黄丹貳錢，籐黄貳分，胭脂壹片，南烟子陸分，香墨貳分，赭石貳分。

群仙捧壽蘇式彩畫，搭袱子、桁條刷緑硬色雲，青邊、青箍頭，找頭垛硬色茶花團。墊板刷叁碌，畫意錦。枋子刷紫地仗，垛西番蓮花團，緑箍頭。每寬貳尺，長壹丈，用水膠叁兩，白礬貳錢肆分，定粉壹兩捌錢，廣靛花壹錢，彩黄陸錢，大碌陸錢，鍋巴碌壹兩肆錢，洋青玖錢，青粉肆兩，土子叁錢，銀硃壹錢，黄丹捌分，胭脂壹片，南烟子捌分，香墨貳釐。

花草方心蘇式彩畫，桁條方心刷緑地仗，垛硬色寶石草，青槫線，緑岔口，青箍頭，找頭刷香色地仗，垛洋青壽字團。墊板池子刷叁青紫色剔認色地仗，緑岔口，燕尾刷米色地仗描閃。枋子刷白地仗，退硬色花卉，緑槫線，青岔口，緑箍頭，找頭刷水紅地仗，大碌壽字團。每寬貳尺，長壹丈，用水膠叁兩，白礬貳錢肆分，定粉貳兩，廣靛花叁錢，彩黄壹兩，大碌壹兩肆錢，鍋巴碌肆錢，洋青捌錢，青粉肆兩，土子肆錢，銀硃壹錢陸分，黄丹貳錢，胭脂壹片肆分，南烟子捌分。

金琢墨蘇式彩畫，桁條方心貼黄金龍，緑槫線，青岔口，大青地仗，找頭叁青、叁碌，紅黄硬色花宋錦，緑箍頭盒子刷叁青地仗，做鮮花卉，岔角刷叁碌地仗，描機水紅。墊板池子刷叁青，叁碌地仗，做鮮花卉，描機，岔刷緑，燕尾刷香色紫地仗，宋錦描機。枋子方心紅金龍，青槫線，緑岔口，緑地仗，找頭叁青、叁碌，垛仙鶴宋錦，青箍頭貳道，盒子叁碌地仗，鮮花卉，岔角叁青描機草。每寬貳尺，長壹丈，用水膠肆兩，白礬貳錢陸分，定粉壹兩叁錢，廣靛花捌錢，彩黄叁兩叁錢，大碌壹兩貳錢陸分，貳碌肆錢，叁碌叁錢，鍋巴碌陸錢，天大青壹兩陸錢，叁青陸錢，青粉捌錢，土粉貳兩貳錢，土子肆分，銀硃貳錢，黄丹貳錢，籐黄壹錢，胭脂壹片，南烟子陸分，南片紅土貳錢，香墨壹分。見方叁寸紅金肆貼陸張，見方叁寸黄金伍貼伍張，貼金油壹兩壹分。

金琢墨瀝粉天花，圓光正面龍，剔叁青地岔角。每井見方貳尺，用水膠肆錢捌分，白礬肆分伍釐，定粉壹錢，廣靛花壹錢，彩黄叁錢伍分，大碌叁錢，鍋巴碌伍分，天大青叁錢，叁青叁錢，青粉叁錢伍分，土粉叁錢，南片紅土伍分，銀硃肆分，黄丹陸分，籐黄壹分伍釐，胭脂貳分。見方叁寸紅金壹帖伍張，見方叁寸黄金壹帖伍張，貼金油叁錢。

金琢墨瀝粉天花，圓光龍鳳，大碌地，剔叁碌岔角。每井見方貳尺，用水膠肆錢捌分，白礬肆分伍釐，定粉壹錢，廣靛花壹錢，彩黄叁錢伍分，大碌叁錢，鍋巴碌叁錢，天大青貳錢，叁青壹錢，青粉叁錢伍分，土粉叁錢，南片紅土伍分，銀硃肆分，黄丹伍分，籐黄壹分伍釐，胭脂貳分。見方叁寸紅金壹帖伍張，見方叁寸黄金壹帖伍張，貼金油叁錢。

天花瀝粉陸字正言，青粉地仗，叁青岔角。每井見方貳尺，用水膠肆錢，白礬肆分捌釐，定粉叁錢，廣靛花壹錢，彩黄叁錢伍分，大碌叁錢伍分，鍋巴碌壹錢伍分，天大青壹錢，叁青叁錢，青粉伍錢伍分，土粉肆錢，南片紅土壹錢，銀硃壹錢伍分，黄丹貳錢，籐黄叁分，胭脂壹錢，香墨壹分。見方叁寸紅金壹帖，見方叁寸黄金壹帖，貼金油貳錢。

烟琢墨天花，伍色正面龍，螺青圓光，叁碌岔角。每井見方貳尺，用水膠貳錢伍分，白礬肆分捌釐，定粉叁錢，廣靛花伍分，大碌叁錢，鍋巴碌肆錢，洋青壹錢伍分，青粉柒錢，銀硃貳錢，黄丹壹錢，籐黄壹分，胭脂貳分伍釐，南烟子貳分。

雲鶴天花，粉叁青地仗，叁碌岔角。每井見方貳尺，用水膠貳錢伍分，白礬肆分捌釐，定粉肆錢，廣靛花壹錢，大碌叁錢叁分，洋青壹錢，鍋巴碌叁錢，銀硃壹錢叁分，黄丹捌分，籐黄壹分，青粉柒錢，胭脂壹分伍釐，南烟子壹分，香墨貳分。

寶仙天花，青粉地仗，大青圓光，叁碌岔角。每井見方貳尺，用水膠叁錢伍分，白礬肆分伍釐，定粉貳錢，廣靛花壹錢，大碌叁錢，鍋巴碌叁錢，天大青叁錢，青粉伍錢伍分，銀硃壹錢伍分，黄丹壹錢，籐黄貳分，叁青壹錢，胭脂半片，南烟子貳分。

金蓮水草天花，天大青圓光，叁青岔口。每井見方貳尺，用水膠叁錢伍分，白礬肆分捌釐，定粉壹錢伍分，廣靛花壹錢，彩黄叁錢伍分，大碌叁錢，鍋巴碌壹錢伍分，貳碌伍分，天大青肆錢，叁青叁錢，青粉陸錢，土粉叁錢，南片紅土伍分，銀硃叁分，黄丹伍分，籐黄壹分伍釐，胭脂壹分。見方叁寸紅金捌張，見方叁寸黄金捌張，貼金油壹錢陸分。

玉做雙夔龍壽字天花，香色圓光，叁碌岔角。每井見方貳尺，用水膠叁錢叁分，白礬肆分捌釐，定粉壹錢捌分，彩黄貳錢伍分，大碌貳錢，鍋巴碌貳錢伍分，叁碌肆錢，洋青壹錢伍分，青粉柒錢，土子捌分，銀硃壹錢伍分，黄丹叁分，胭脂肆分。

西番蓮天花，米色圓光，叁青岔角。每井見方貳尺，用水膠叁錢，白礬肆分捌厘，定粉叁錢，廣靛花壹錢，彩黄貳錢，大碌叁錢，叁碌肆分，洋青貳錢，叁青貳錢伍分，貳碌貳錢，青粉柒錢，銀硃壹錢伍分，黄丹壹錢，籐黄貳分，香墨叁厘。

鮮花天花，洋青圓光，叁碌岔角。每井見方貳尺，用水膠叁錢伍分，白礬肆分捌釐，定粉貳錢，廣靛花壹錢，大碌叁錢，鍋巴碌叁錢，洋青肆錢，青粉柒錢，土粉伍分，南片紅土貳分，銀硃壹錢伍分，籐黄壹分，胭脂肆分，香墨貳釐。

天花正面龍，或升降龍，或龍鳳，俱係天大青圓光。岔角地仗，或梅花叁青地仗，或鍋巴叁碌地仗，岔角雲係烟琢墨做法，外加黑烟子壹分伍釐，或岔角雲係金琢疊做法，每壹井内用黄金捌張，以外顔料俱同前。

龍眼寶珠圓椽頭，徑叁寸，每拾個用水膠捌分，白礬伍分，定粉貳錢，彩黄伍分，大緑柒分伍釐，鍋巴碌壹錢伍分，天大青壹錢，青粉肆錢，土粉壹錢，南烟子貳分。見方叁寸黄金肆張，貼金油肆分。

壽字圓椽頭大青地，徑叁寸，每拾個用水膠壹錢伍分，白礬伍分，廣靛花貳分，彩黄壹錢，天大青貳錢，青粉貳分，土粉叁錢。見方叁寸黄金捌張，貼金油捌分。

金井玉欄杆方椽頭，見方叁寸，每拾個用水膠壹錢，白礬伍分，廣靛花叁分，彩黄壹錢叁分，大碌叁錢，青粉叁分，土粉貳錢，南片紅土柒分。見方叁寸紅金陸張，貼金油陸分。

金萬字方椽頭，見方叁寸，每拾個用水膠壹錢伍分，白礬伍分，廣靛花貳分，彩黄壹錢貳分，大碌貳錢，青粉柒分，土粉貳錢，南片紅土壹錢伍分。見方叁寸紅金捌張，貼金油捌分。

烟琢墨萬字方椽頭，貳碌地，見方叁寸，每拾個用水膠壹錢伍分，白礬伍分，廣靛花叁分，彩黄壹錢伍分，大碌伍錢，南烟子壹錢。

玉做栀子花叁碌地仗方椽頭，見方貳寸伍分，每拾個用水膠玖分，白礬捌釐，定粉肆分，鍋巴碌貳錢，洋青伍分，南烟子叁分。

彩做拾瓣蓮花粉叁青地仗方椽頭，見方貳寸伍分，每拾個用水膠玖分，白礬捌釐，定粉壹錢貳分，廣靛花貳分，大碌捌分，銀硃柒分，黄丹玖分，叁青玖分，南烟子貳分伍釐。

青壽字香色地仗方椽頭，見方貳寸伍分，每拾個用水膠玖分，白礬捌釐，定粉肆分，彩黄壹錢伍分，土子叁分，洋青陸分，南烟子貳分伍釐。

蘇式伍墨錦白粉地仗方椽頭，見方貳寸伍分，每拾個用水膠玖分，白礬捌釐，定粉壹錢伍分，廣靛花貳釐，彩黄貳分，大碌伍分，鍋巴碌肆分，洋青肆分，叁青肆分，土子壹分，胭脂壹分，南烟子貳分。

肆色柿子花方椽頭，見方貳寸伍分，每拾個用水膠玖分，白礬柒釐伍毫，定粉伍分，大碌柒分伍釐，洋青伍分，銀硃壹錢，黄丹壹錢伍分，南烟子叁分。

大色錦白粉地仗方椽頭，見方貳寸伍分，每拾個用水膠玖分，白礬捌釐，定粉壹錢伍分，大碌伍分，鍋巴碌肆分，洋青肆分，叁青肆分，銀硃壹分伍釐，黄丹壹分伍釐，籐黄壹分，南烟子貳分伍釐。

貳碌夔龍水紅地仗方椽頭，見方貳寸伍分，每拾個用水膠玖分，白礬捌釐，定粉壹錢柒分，鍋巴碌壹錢，胭脂柒分，南烟子貳分伍釐。

洋青菱杵米色地仗方椽頭，見方貳寸伍分，每拾個用水膠玖分，白礬捌釐，定粉肆分，彩黄壹錢貳分，洋青肆分，黄丹貳分，南烟子叁分。

椽子哨緑，每折寬壹尺，長壹丈，用水膠壹兩肆錢，白礬壹錢貳分，大碌陸兩，貳碌貳兩。

寶瓶瀝粉使油貼金，每個用水膠壹兩，土粉貳兩，青粉貳兩。見方叁寸紅金伍貼，貼金油伍錢。

雅伍墨，每個用水膠貳錢肆分，銀硃肆錢，白礬壹錢，青粉伍錢，定粉肆錢。

墊拱板，大小不等，或龍或鳳，照墊拱板大小尺寸折半，准給紅黄金。或靈芝寶仙花，或火焰叁寶珠，叁成半准給紅黄金。

山花結帶，使油貼金，每折見方壹尺，准給柒寸，用見方叁寸紅金肆張貳分，見方叁寸黄金肆張貳分，貼金油捌分肆釐。

鉛鈒雙拐角葉：雙人字葉、單拐角葉、單人字葉、看葉、梭葉、紐頭、圈子、門鈸、獸面各項線路，每折見方壹寸，用見方叁寸紅金壹帖貳張壹分，貼金油壹錢貳分壹釐。

菱花眼錢，使油貼金，每百個用見方叁寸黄金陸張，貼金油陸分。

牆邊刷大碌刔白粉黑線，每折寬壹尺長壹丈用：水膠壹兩貳錢，白礬壹錢，南烟子貳錢，大碌陸兩，定粉叁錢。

畫描牆邊襯貳碌刷大碌刔紅白線，每折見方壹尺，用水膠壹錢伍分，白礬壹分，貳碌貳錢，定粉貳分伍釐，大碌肆錢，籐黄伍釐，廣靛花伍釐，銀硃壹分，香墨伍釐。

椽子瀝粉貼紅金，梗心做紅黄花頭，青緑葉，緑地仗，每折寬壹尺，長壹丈，用水膠壹兩陸錢，定粉肆錢，白礬壹錢貳分，土粉貳錢伍分，貳碌貳兩，大碌叁兩，廣靛花壹錢，彩黄伍分，黄丹叁錢，銀硃叁錢，天貳青叁錢伍分，南烟子壹分，胭脂貳分。見方叁寸紅金壹帖陸張，貼金油壹錢陸分。

椽子瀝粉貼金，大碌地仗，寶祥花或靈芝，每折寬壹尺，長壹丈，用水膠壹兩捌錢，白礬壹錢貳分，土粉陸錢，貳碌壹兩陸錢，大碌貳兩伍錢，彩黄貳錢，天貳青壹錢，青粉伍分。見方叁寸紅黄金陸帖，貼金油陸錢。

椽子瀝粉貼金，青地仗，寶祥花或靈芝，每折寬壹尺，長壹丈，用水膠壹兩捌錢，白礬壹錢貳分，土粉陸錢，貳碌壹兩陸錢，廣靛花壹錢伍分，青粉貳錢，天貳青貳兩伍錢，大碌壹錢。見方叁寸紅黄金陸帖，貼金油陸錢。

瀝粉滿貼金，每折見方壹尺連金梗，用見方叁寸紅黄金壹帖貳張柒分，貼金油壹錢貳分柒釐。

不瀝粉滿貼紅金，每折見方壹尺，用水膠壹錢壹分，南片紅土叁分。

不瀝粉滿貼黄金，每折見方壹尺，用水膠壹錢壹分，彩黄貳分伍釐。

瀝粉滿貼紅金，每折見方壹尺，用水膠貳錢叁分，土粉壹錢肆分，南片紅土叁分。

瀝粉滿貼黄金，每折見方壹尺，用水膠貳錢叁分，土粉壹錢肆分，彩黄貳分伍釐。

以上所需資料，俱照乾净勅兩數目核給。

愛新覺羅・允禮等《工程做法》卷五九《斗科畫作用料》 斗科彩畫開後，計開：

壹斗貳升交蔴葉

金琢墨彩畫，斗口壹寸，每攢用水膠陸分，白礬陸釐，土粉貳分伍釐，廣靛花陸分，貳碌壹錢叁分貳釐，彩黄肆分，定粉叁分，大碌貳錢玖分，鍋巴碌貳分捌釐，青粉貳分肆釐，天大青壹錢貳分，天貳青貳分捌釐，南烟子柒釐。見方叁寸紅金伍張肆分，見方叁寸黄金伍張肆分，貼金油壹錢捌釐。

烟琢墨彩畫，用水膠壹錢捌釐，白礬壹分壹釐，廣靛花壹錢捌釐，貳碌貳錢叁分柒釐，定粉伍分肆釐，大碌伍錢貳分貳釐，鍋巴碌壹錢，南烟子叁分陸釐，彩黄柒分貳釐。

金琢墨彩畫，斗口壹寸伍分，每攢用水膠貳錢肆分叁釐，白礬貳分陸釐，土粉壹錢壹釐，廣靛花壹錢肆分壹釐，貳碌叁錢壹分，彩黄玖分肆釐，定粉柒分，大碌陸錢捌分壹釐，鍋巴碌陸分伍釐，青粉伍分陸釐，天大青貳錢捌分貳釐，天貳青陸分伍釐，南烟子壹分陸釐。見方叁寸紅金柒張，見方叁寸黄金柒張，貼金油壹錢肆分。

烟琢墨彩畫，用水膠壹錢肆分壹釐，白礬壹分伍釐，廣靛花壹錢肆分壹釐，貳碌叁錢壹分，定粉柒分，大碌陸錢捌分壹釐，鍋巴碌壹錢叁分，南烟子肆分陸釐，彩黄玖分肆釐。

金琢墨彩畫，斗口貳寸，每攢用水膠貳錢肆分玖釐，白礬貳分柒釐，土粉壹錢叁釐，廣靛花貳錢肆分玖釐，貳碌伍錢肆分柒釐，彩黄壹錢陸分陸釐，定粉壹錢貳分肆釐，大碌壹兩叁錢叁釐，鍋巴碌壹錢壹分陸釐，青粉玖分玖釐，天大青伍錢柒分壹釐，天貳青壹錢壹分陸釐，南烟子貳錢玖分。見方叁寸紅金壹帖貳張肆分，見方叁寸黄金壹帖貳張肆分，貼金油貳錢肆分捌釐。

烟琢墨彩畫，用水膠貳錢肆分玖釐，白礬貳分柒釐，廣靛花貳錢肆分玖釐，貳碌伍錢肆分柒釐，定粉壹錢貳分肆釐，大碌壹兩叁錢叁釐，鍋巴碌貳錢叁分貳釐，南烟子捌分叁釐，彩黄壹錢陸分陸釐。

金琢墨彩畫，斗口貳寸伍分，每攢用水膠叁錢玖分，白礬肆分貳釐，土粉壹錢陸分貳釐，廣靛花叁錢玖分，貳碌捌錢伍分捌釐，彩黄貳錢陸分，定粉壹錢玖分伍釐，大碌壹兩捌錢捌分伍釐，鍋巴碌壹錢捌分貳釐，青粉壹錢伍分陸釐，天大青柒錢捌分，天貳青壹錢捌分貳釐，南烟子肆分伍釐。見方叁寸紅金壹帖玖張伍分，見方叁寸黄金壹帖玖張伍分，貼金油叁錢玖分。

烟琢墨彩畫，用水膠叁錢玖分，白礬肆分貳釐，廣靛花陸錢柒分捌釐，貳碌壹兩肆錢玖分壹釐，定粉叁錢叁分玖釐，大碌叁兩貳錢柒分柒釐，鍋巴碌陸錢叁分貳釐，南烟子貳錢貳分陸釐，彩黄肆錢伍分貳釐。

金琢墨彩畫，斗口叁寸，每攢用水膠玖錢柒分伍釐，白礬壹錢柒釐，土粉肆錢陸釐，廣靛花玖錢柒分伍釐，貳碌貳兩壹錢肆分伍釐，彩黄陸錢伍分，定粉肆錢捌分柒釐，大碌肆兩柒錢壹分貳釐，鍋巴碌肆錢伍分伍釐，青粉貳錢貳分肆釐，天大青壹兩壹錢貳分貳釐，天貳青貳錢陸分壹釐，南烟子陸分伍釐。見方叁寸紅金貳帖捌張，見方叁寸黄金貳帖捌張，貼金油伍錢陸分。

烟琢墨彩畫，用水膠伍錢陸分壹釐，白礬陸分壹釐，廣靛花伍錢陸分壹釐，貳碌壹兩貳錢叁分肆釐，定粉貳錢捌分，大碌貳兩捌錢壹分壹釐，鍋巴碌伍錢貳分貳釐，南烟子壹錢捌分柒釐，彩黄叁錢柒分肆釐。

金琢墨彩畫，斗口叁寸伍分，每攢用水膠壹兩叁錢貳分玖釐，白礬壹錢肆分陸釐，土粉伍錢伍分叁釐，廣靛花壹兩叁錢貳分玖釐，貳碌貳兩玖錢貳分叁釐，彩黄捌錢捌分陸釐，定粉陸錢陸分肆釐，大碌陸兩肆錢貳分叁釐，鍋巴碌陸錢貳分，青粉伍錢叁分壹釐，天大青貳兩陸錢伍分捌釐，天貳青陸錢貳分，南烟子壹錢伍分伍釐。見方叁寸紅金陸帖陸張肆分，見方叁寸黄金陸帖陸張肆分，貼金油壹兩叁錢貳分捌釐。

烟琢墨彩畫，用水膠柒錢陸分伍釐，白礬捌分肆釐，廣靛花柒錢陸分伍釐，貳碌壹兩陸錢捌分叁釐，定粉叁錢捌分貳釐，大碌叁兩陸錢玖分柒釐，鍋巴碌柒錢壹分肆釐，南烟子貳錢伍分伍釐，彩黄伍錢壹分。

金琢墨彩畫，斗口肆寸，每攢用水膠玖錢玖分玖釐，白礬壹錢玖釐，土粉肆錢壹分陸釐，廣靛花玖錢玖分玖釐，貳碌貳兩壹錢玖分柒釐，彩黄陸錢陸分陸釐，定粉肆錢玖分玖釐，大碌肆兩捌錢貳分叁釐，鍋巴碌肆錢陸分陸釐，青粉叁錢玖分玖釐，天大青壹兩玖錢玖分捌釐，天貳青肆錢陸分陸釐，南烟子壹錢壹分陸釐。見方叁寸紅金肆帖玖張玖分，見方叁寸黄金肆帖玖張玖分，貼金油玖錢玖分捌釐。

烟琢墨彩畫，用水膠玖錢玖分玖釐，白礬壹錢玖釐，廣靛花玖錢玖分玖釐，貳碌貳兩壹錢玖分柒釐，定粉肆錢玖分玖釐，大碌肆兩捌錢貳分叁釐，鍋巴碌玖錢叁分貳釐，南烟子叁錢叁分叁釐，彩黄壹兩壹錢伍分陸釐。

金琢墨彩畫，斗口肆寸伍分，每攢用水膠貳兩壹錢玖分陸釐，白礬貳錢肆分壹釐，土粉玖錢壹分伍釐，廣靛花貳兩壹錢玖分陸釐，貳碌肆兩捌錢叁分壹釐，彩黄壹兩肆錢陸分肆釐，定粉壹兩玖分捌釐，大碌拾兩陸錢壹分肆釐，鍋巴碌壹兩貳分肆釐，青粉捌錢柒分捌釐，天大青肆兩叁錢玖分貳釐，天貳青壹兩貳分肆釐，南烟子貳錢伍分陸釐。見方叁寸紅金拾帖玖張捌分，見方叁寸黄金拾帖玖張捌分，貼金油貳兩壹錢玖分陸釐。

烟琢墨彩畫，用水膠貳兩壹錢玖分陸釐，白礬貳錢肆分壹釐，廣靛花貳兩壹錢玖分陸釐，貳碌肆兩捌錢叁分壹釐，定粉壹兩玖分捌釐，大碌拾兩陸錢壹分肆釐，鍋巴碌貳兩肆分捌釐，南烟子柒錢叁分貳釐，彩黄壹兩肆錢陸分肆釐。

金琢墨彩畫，斗口伍寸，每攢用水膠貳兩柒錢壹分，白礬貳錢玖分捌釐，土粉壹兩壹錢叁分，廣靛花貳兩柒錢壹分，貳碌伍兩玖錢陸分陸釐，彩黄壹兩肆分貳釐，定粉柒錢捌分壹釐，大碌柒兩伍錢伍分肆釐，鍋巴碌柒錢貳分玖釐，青粉陸錢貳分伍釐，天大青叁兩壹錢貳分陸釐，天貳青柒錢貳分玖釐，南烟子壹錢捌分貳釐。見方叁寸紅金柒帖捌張壹分，見方叁寸黄金柒帖捌張壹分，貼金油壹兩伍錢陸分貳釐。

烟琢墨彩畫，用水膠壹兩伍錢陸分叁釐，白礬壹錢柒分壹釐，廣靛花壹兩伍錢陸分叁釐，貳碌叁兩肆錢叁分捌釐，定粉柒錢捌分壹釐，大碌柒兩伍錢伍分肆釐，鍋巴碌貳兩伍錢貳分，南烟子玖錢肆釐，彩黄壹兩捌錢捌釐。

金琢墨彩畫，斗口伍寸伍分，每攢用水膠叁兩貳錢捌分貳釐，白礬叁錢陸分壹釐，土粉壹兩叁錢陸分柒釐，廣靛花叁兩貳錢捌分貳釐，貳碌柒兩貳錢貳分，彩黄貳兩壹錢捌分捌釐，定粉壹兩陸錢肆分壹釐，大碌拾伍兩捌錢陸分叁釐，鍋巴碌壹兩伍錢叁分壹釐，青粉壹兩叁錢壹分貳釐，天大青陸兩伍錢陸分肆釐，天貳青壹兩伍錢叁分壹釐，南烟子叁錢捌分貳釐。見方叁寸紅金玖帖肆張伍分，見方叁寸黄金玖帖肆張伍分，貼金油壹兩捌錢玖分。

烟琢墨彩畫，用水膠壹兩捌錢玖分，白礬貳錢柒釐，廣靛花壹兩捌錢玖分，貳碌肆兩壹錢伍分捌釐，定粉玖錢肆分伍釐，大碌玖兩壹錢肆分，鍋巴碌壹兩柒錢陸分肆釐，南烟子陸錢叁分，彩黄壹兩貳錢陸分。

金琢墨彩畫，斗口陸寸，每攢用水膠貳兩貳錢伍分，白礬貳錢肆分柒釐，土粉玖錢叁分柒釐，廣靛花叁兩玖錢陸釐，貳碌捌兩伍錢玖分叁釐，彩黄貳兩陸錢肆釐，定粉壹兩玖錢伍分叁釐，大碌壹觔貳兩捌錢柒分玖釐，鍋巴碌壹兩捌錢貳分貳釐，青粉壹兩伍錢陸分貳釐，天大青柒兩捌錢壹分貳釐，天貳青壹兩捌錢貳分貳釐，南烟子肆錢伍分伍釐。見方叁寸紅金拾玖帖伍張叁分，見方叁寸黄金拾玖帖伍張叁分，貼金油叁兩玖錢陸釐。

烟琢墨彩畫，用水膠叁兩玖錢陸釐，白礬肆錢貳分玖釐，廣靛花叁兩玖錢陸釐，貳碌捌兩伍錢玖分叁釐，定粉壹兩玖錢伍分叁釐，大碌壹觔貳兩捌錢柒分玖釐，鍋巴碌叁兩陸錢肆分肆釐，南烟子壹兩叁錢貳釐，彩黄貳兩陸錢肆釐。

斗科彩畫開後，計開：

壹斗叁升

金琢墨彩畫，斗口壹寸，每攢用水膠貳分壹釐，白礬貳釐，土粉捌釐，廣靛花貳分壹釐，貳碌肆分陸釐，彩黄壹分肆釐，定粉壹分，大碌壹錢壹釐，鍋巴碌玖釐，青粉捌釐，天大青肆分貳釐，天貳青玖釐，南烟子貳釐。見方叁寸紅金玖張陸分，見方叁寸黄金玖張陸分，貼金油壹錢玖分貳釐。

烟琢墨彩畫，用水膠壹錢玖分貳釐，白礬貳分壹釐，廣靛花壹錢玖分貳釐，貳碌肆錢貳分貳釐，定粉玖分陸釐，大碌玖錢貳分捌釐，鍋巴碌壹錢柒分捌釐，南烟子陸分肆釐，彩黄壹錢貳分捌釐。

金琢墨彩畫，斗口壹寸伍分，每攢用水膠肆錢叁分伍釐，白礬肆分柒釐，土粉壹錢捌分壹釐，廣靛花伍分壹釐，貳碌壹錢壹分貳釐，彩黄叁分貳釐，定粉貳分伍釐，大碌貳錢肆分陸釐，鍋巴碌貳分叁釐，青粉貳分，天大青壹錢貳釐，天貳青貳分叁釐，南烟子陸釐。見方叁寸紅金貳張伍分，見方叁寸黄金貳張伍分，貼金油伍分。

烟琢墨彩畫，用水膠伍分壹釐，白礬伍釐，廣靛花伍分壹釐，貳碌壹錢壹分貳釐，定粉貳分伍釐，大碌貳錢肆分陸釐，鍋巴碌肆分陸釐，南烟子壹分陸釐，彩黄叁分貳釐。

金琢墨彩畫，斗口貳寸，每攢用水膠玖分，白礬玖釐，土粉叁分柒釐，廣靛花玖分，貳碌壹錢玖分捌釐，彩黄伍分捌釐，定粉肆分伍釐，大碌肆錢叁分伍釐，鍋巴碌肆分貳釐，青粉叁分陸釐，天大青壹錢捌分，天貳青叁錢陸分貳釐，南烟子玖分。見方叁寸紅金叁帖捌張捌分，見方叁寸黄金叁帖捌張捌分，貼金油柒錢柒分柒釐。

烟琢墨彩畫，用水膠柒錢柒分柒釐，白礬捌分伍釐，廣靛花柒錢柒分柒釐，貳碌壹兩柒錢玖釐，定粉叁錢捌分捌釐，大碌叁兩柒錢伍分伍釐，鍋巴碌柒錢貳分肆釐，南烟子貳錢伍分玖釐，彩黄伍錢壹分捌釐。

金琢墨彩畫，斗口貳寸伍分，每攢用水膠壹兩貳錢壹分貳釐，白礬壹錢叁分叁釐，土粉伍錢伍釐，廣靛花壹兩貳錢壹分貳釐，貳碌貳兩陸錢陸分陸釐，彩黄捌錢捌釐，定粉陸錢陸釐，大碌伍兩捌錢伍分捌釐，鍋巴碌伍錢陸分伍釐，青粉肆錢捌分肆釐，天大青貳兩貳錢貳分肆釐，天貳青伍錢陸分伍釐，南烟子壹錢肆分壹釐。見方叁寸紅金陸帖陸分，見方叁寸黄金陸帖陸分，貼金油壹兩貳錢壹分貳釐。

烟琢墨彩畫，用水膠壹兩貳錢壹分貳釐，白礬壹錢叁分叁釐，廣靛花壹兩貳錢壹分貳釐，貳碌貳兩陸錢陸分陸釐，定粉陸錢陸釐，大碌伍兩捌錢伍分捌釐，鍋巴碌壹兩壹錢叁分，南烟子肆錢肆釐，彩黄捌錢捌釐。

金琢墨彩畫，斗口叁寸，每攢用水膠壹兩柒錢肆分陸釐，白礬壹錢玖分貳釐，土粉柒錢貳分柒釐，廣靛花壹兩柒錢肆分陸釐，貳碌叁兩捌錢肆分壹釐，彩黄壹兩壹錢陸分肆釐，定粉捌錢柒分叁釐，大碌捌兩肆錢叁分玖釐，鍋巴碌捌錢壹分肆釐，青粉陸錢玖分捌釐，天大青叁兩肆錢玖分貳釐，天貳青捌錢壹分肆釐，南烟子貳錢叁釐。見方叁寸紅金捌帖柒張叁分，見方叁寸黄金捌帖柒張叁分，貼金油壹兩柒錢肆分陸釐。

烟琢墨彩畫，用水膠壹兩柒錢肆分陸釐，白礬壹錢玖分貳釐，廣靛花壹兩柒錢肆分陸釐，貳碌叁兩捌錢肆分壹釐，定粉捌錢柒分叁釐，大碌捌兩肆錢叁分玖釐，鍋巴碌壹兩陸錢貳分捌釐，南烟子伍錢捌分貳釐，彩黄壹兩壹錢陸分肆釐。

金琢墨彩畫，斗口叁寸伍分，每攢用水膠貳錢柒分叁釐，白礬叁分，土粉壹錢壹分叁釐，廣靛花貳錢柒分叁釐，貳碌陸錢，彩黄壹錢捌分貳釐，定粉壹錢叁分陸釐，大碌壹兩叁錢壹分玖釐，鍋巴碌壹錢貳分柒釐，青粉壹錢玖釐，天大青伍錢肆分陸釐，天貳青壹錢貳分柒釐，南烟子叁分壹釐。見方叁寸紅金壹帖叁張陸分，見方叁寸黄金壹帖叁張陸分，貼金油貳錢柒分貳釐。

烟琢墨彩畫，用水膠貳兩叁錢柒分玖釐，白礬貳錢陸分壹釐，廣靛花貳兩叁錢柒分玖釐，貳碌伍兩貳錢叁分叁釐，定粉壹兩壹錢捌分玖釐，大碌拾壹兩肆錢玖分捌釐，鍋巴碌貳兩貳錢貳分，南烟子柒錢玖分叁釐，彩黃壹兩伍錢捌分陸釐。

金琢墨彩畫，斗口肆寸，每攢用水膠叁兩壹錢捌釐，白礬叁錢肆分壹釐，土粉壹兩貳錢玖分伍釐，廣靛花叁兩壹錢捌釐，貳碌陸兩捌錢叁分柒釐，彩黃貳兩柒分貳釐，定粉壹兩伍錢伍分肆釐，大碌拾伍兩貳分貳釐，鍋巴碌壹兩肆錢伍分，青粉壹兩貳錢肆分叁釐，天大青陸兩貳錢壹分陸釐，天貳青壹兩肆錢伍分，南烟子叁錢陸分貳釐。見方叁寸紅金拾伍帖伍張肆分，見方叁寸黃金拾伍帖伍張肆分，貼金油叁兩壹錢捌釐。

烟琢墨彩畫，用水膠叁兩壹錢捌釐，白礬叁錢肆分壹釐，廣靛花叁兩壹錢捌釐，貳碌陸兩捌錢叁分柒釐，定粉壹兩伍錢伍分肆釐，大碌拾伍兩貳分貳釐，鍋巴碌貳兩玖錢，南烟子壹兩叁分陸釐，彩黃貳錢叁分捌釐。

金琢墨彩畫，斗口肆寸伍分，每攢用水膠肆錢伍分叁釐，白礬肆分玖釐，土粉壹錢捌分捌釐，廣靛花肆錢伍分叁釐，貳碌玖錢玖分陸釐，彩黃叁錢貳釐，定粉貳錢貳分陸釐，大碌貳兩壹錢捌分玖釐，鍋巴碌貳錢壹分壹釐，青粉壹錢捌分壹釐，天大青玖錢陸釐，天貳青貳錢壹分壹釐，南烟子伍分貳釐。見方叁寸紅金貳帖貳張陸分，見方叁寸黃金貳帖貳張陸分，貼金油叁兩玖錢叁分貳釐。

烟琢墨彩畫，用水膠叁兩玖錢叁分叁釐，白礬肆錢叁分貳釐，廣靛花叁兩玖錢叁分叁釐，貳碌捌兩陸錢伍分貳釐，定粉壹兩玖錢陸分陸釐，大碌壹觔叁兩玖釐，鍋巴碌叁兩陸錢柒分，南烟子壹兩叁錢壹分壹釐，彩黃貳兩陸錢貳分貳釐。

金琢墨彩畫，斗口伍寸，每攢用水膠肆兩捌錢伍分柒釐，白礬伍錢叁分肆釐，土粉貳兩貳分叁釐，廣靛花肆兩捌錢伍分柒釐，貳碌壹兩貳錢貳分柒釐，彩黃叁兩貳錢叁分捌釐，定粉貳兩肆錢貳分捌釐，大碌壹觔柒兩肆錢柒分伍釐，鍋巴碌貳兩貳錢陸分陸釐，青粉壹兩玖錢肆分貳釐，天大青玖兩柒錢壹分肆釐，天貳青貳兩貳錢陸分陸釐，南烟子伍錢陸分陸釐。見方叁寸紅金貳拾肆帖貳張捌分，見方叁寸黃金貳拾肆帖貳張捌分，貼金油肆兩捌錢伍分陸釐。

烟琢墨彩畫，用水膠肆兩捌錢伍分柒釐，白礬伍錢叁分肆釐，廣靛花肆兩捌錢伍分柒釐，貳碌拾兩陸錢捌分伍釐，定粉貳兩肆錢貳分捌釐，大碌壹觔柒兩肆錢柒分伍釐，鍋巴碌伍錢貳分，南烟子壹錢捌分陸釐，彩黃叁錢柒分貳釐。

金琢墨彩畫，斗口伍寸伍分，每攢用水膠陸錢柒分伍釐，白礬柒分肆釐，土粉貳錢捌分伍釐，廣靛花陸錢柒分伍釐，貳碌壹兩肆錢捌分伍釐，彩黃肆錢伍分，定粉叁錢叁分柒釐，大碌叁兩貳錢陸分貳釐，鍋巴碌叁錢壹分伍釐，青粉貳錢柒分，天大青壹兩叁錢伍分，天貳青叁錢壹分伍釐，南烟子柒分捌釐。見方叁寸紅金貳拾玖帖叁張捌分，見方叁寸黃金貳拾玖帖叁張捌分，貼金油伍兩捌錢柒分陸釐。

烟琢墨彩畫，用水膠伍兩捌錢柒分柒釐，白礬陸錢肆分陸釐，廣靛花伍兩捌錢柒分柒釐，貳碌拾貳兩玖錢貳分玖釐，定粉貳兩玖錢叁分捌釐，大碌壹觔拾貳兩肆錢伍分肆釐，鍋巴碌伍兩肆錢捌分肆釐，南烟子壹兩玖錢伍分玖釐，彩黃叁兩玖錢壹分捌釐。

金琢墨彩畫，斗口陸寸，每攢用水膠陸兩玖錢玖分叁釐，白礬柒錢陸分玖釐，土粉貳兩玖錢壹分叁釐，廣靛花捌錢肆釐，貳碌壹兩柒錢陸分捌釐，彩黃伍錢叁分陸釐，定粉肆錢貳釐，大碌叁兩捌錢捌分陸釐，鍋巴碌叁錢柒分伍釐，青粉叁錢貳分壹釐，天大青壹兩陸錢捌釐，天貳青叁錢柒分伍釐，南烟子玖分叁釐。見方叁寸紅金肆帖貳分，見方叁寸黃金肆帖貳分，貼金油捌錢肆釐。

烟琢墨彩畫，用水膠捌錢肆釐，白礬捌分捌釐，廣靛花捌錢肆釐，貳碌壹兩柒錢陸分捌釐，定粉叁兩肆錢玖分陸釐，大碌貳觔壹兩柒錢玖分玖釐，鍋巴碌陸兩伍錢貳分陸釐，南烟子貳兩叁錢叁分壹釐，彩黃肆兩陸錢陸分貳釐。

斗科彩畫開後，計開：

叁滴水品字科

金琢墨彩畫，斗口壹寸，每攢用水膠壹錢捌釐，白礬壹分壹釐，土粉肆分伍釐，廣靛花壹錢捌釐，貳碌貳錢叁分柒釐，彩黃柒分，定粉伍分肆釐，大碌伍錢貳分貳釐，鍋巴碌伍分，青粉肆分叁釐，天大青貳錢壹分陸釐，天貳青伍分，南烟子壹分貳釐。見方叁寸紅金伍張肆分，見方叁寸黃金伍張肆分，貼金油壹錢捌釐。

烟琢墨彩畫，用水膠壹錢捌釐，白礬壹分壹釐，廣靛花壹錢捌釐，貳碌貳錢叁分柒釐，定粉伍分肆釐，大碌伍錢貳分貳釐，鍋巴碌壹錢，南烟子叁分伍釐，彩黃柒分。

金琢墨彩畫，斗口壹寸伍分，每攢用水膠貳錢肆分，白礬貳分陸釐，土粉壹錢，廣靛花貳錢肆分，貳碌伍錢貳分捌釐，彩黃壹錢陸分，定粉壹錢貳分，大碌壹兩壹錢陸分，鍋巴碌壹錢壹分貳釐，青粉玖分陸釐，天大青肆錢捌分，天貳青壹錢壹分貳釐，南烟子貳分捌釐。見方叁寸紅金壹帖貳張，見方叁寸黃金壹帖貳張，貼金油貳錢肆分。

烟琢墨彩畫，用水膠貳錢肆分，白礬貳分陸釐，廣靛花貳錢肆分，貳碌伍錢貳分捌釐，定粉壹錢貳分，大碌壹兩壹錢陸分，鍋巴碌貳錢貳分肆釐，南烟子捌分，彩黃壹錢陸分。

金琢墨彩畫，斗口貳寸，每攢用水膠肆錢貳分玖釐，白礬肆分柒釐，土粉壹錢柒分捌釐，廣靛花肆錢貳分玖釐，貳碌玖錢肆分叁釐，彩黃貳錢捌分肆釐，定粉貳錢壹分肆釐，大碌貳兩柒分叁釐，鍋巴碌貳錢，青粉壹錢柒分壹釐，天大青捌錢伍分捌釐，天貳青叁錢肆分叁釐，南烟子捌分伍釐。見方叁寸紅金叁帖陸張柒分，見方叁寸黃金叁帖陸張柒分，貼金油柒錢叁分肆釐。

烟琢墨彩畫，用水膠柒錢叁分伍釐，白礬捌分，廣靛花柒錢叁分伍釐，貳碌壹兩陸錢壹分柒釐，定粉叁錢陸分柒釐，大碌叁兩伍錢伍分貳釐，鍋巴碌陸錢捌分陸釐，南烟子貳錢肆分伍釐，彩黃肆錢玖分。

金琢墨彩畫，斗口貳寸伍分，每攢用水膠壹兩壹錢肆分玖釐，白礬壹錢貳分陸釐，土粉肆錢柒分捌釐，廣靛花壹兩壹錢肆分玖釐，貳碌貳兩伍錢貳分柒釐，彩黃柒錢陸分陸釐，定粉伍錢柒分肆釐，大碌伍兩伍錢伍分叁釐，鍋巴碌伍錢叁分陸釐，青粉肆錢伍分玖釐，天大青貳兩貳錢玖分捌釐，天貳青伍錢叁分陸釐，南烟子壹錢叁分肆釐。見方叁寸紅金伍帖柒張肆分，見方叁寸黃金伍帖柒張肆分，貼金油壹兩壹錢肆分捌釐。

烟琢墨彩畫，用水膠壹兩壹錢肆分玖釐，白礬壹錢貳分陸釐，廣靛花壹兩壹錢肆分玖釐，貳碌貳兩伍錢貳分柒釐，定粉伍錢柒分肆釐，大碌伍兩伍錢伍分叁釐，鍋巴碌壹兩柒分貳釐，南烟子叁錢捌分叁釐，彩黃柒錢陸分陸釐。

金琢墨彩畫，斗口叁寸，每攢用水膠壹兩陸錢伍分陸釐，白礬壹錢捌分貳釐，土粉陸錢玖分，廣靛花壹兩陸錢伍分陸釐，貳碌叁兩陸錢肆分叁釐，彩黃壹兩壹錢肆釐，定粉捌錢貳分捌釐，大碌柒兩玖錢肆釐，鍋巴碌柒錢柒分貳釐，青粉陸錢陸分貳釐，天大青叁兩叁錢壹分貳釐，天貳青柒錢柒分貳釐，南烟子壹錢玖分叁釐。見方叁寸紅金捌帖貳張捌分，見方叁寸黃金捌帖貳張捌分，貼金油壹兩陸錢伍分陸釐。

烟琢墨彩畫，用水膠壹兩陸錢伍分陸釐，白礬壹錢捌分貳釐，廣靛花壹兩陸錢伍分陸釐，貳碌叁兩陸錢肆分叁釐，定粉捌錢貳分捌釐，大碌柒兩玖錢肆釐，鍋巴碌壹兩伍錢肆分肆釐，南烟子伍錢伍分貳釐，彩黃壹兩壹錢肆釐。

金琢墨彩畫，斗口叁寸伍分，每攢用水膠貳兩貳錢伍分陸釐，白礬貳錢肆分捌釐，土粉玖錢肆分，廣靛花貳兩貳錢伍分陸釐，貳碌肆兩玖錢陸分叁釐，彩黃壹兩伍錢肆釐，定粉壹兩壹錢貳分捌釐，大碌拾兩玖錢肆釐，鍋巴碌壹兩伍分貳釐，青粉玖錢貳釐，天大青肆兩伍錢壹分貳釐，天貳青壹兩伍分貳釐，南烟子貳錢陸分叁釐。見方叁寸紅金拾壹帖貳張捌分，見方叁寸黃金拾壹帖貳張捌分，貼金油貳兩貳錢伍分陸釐。

烟琢墨彩畫，用水膠貳兩貳錢伍分陸釐，白礬貳錢肆分捌釐，廣靛花貳兩貳錢伍分陸釐，貳碌肆兩玖錢陸分叁釐，定粉壹兩壹錢貳分捌釐，大碌拾兩玖錢肆釐，鍋巴碌貳兩壹錢肆釐，南烟子柒錢伍分貳釐，彩黃壹兩伍錢肆釐。

金琢墨彩畫，斗口肆寸，每攢用水膠貳兩玖錢肆分陸釐，白礬叁錢貳分肆釐，土粉壹兩貳錢貳分柒釐，廣靛花貳兩玖錢肆分陸釐，貳碌陸兩肆錢捌分壹釐，彩黃壹兩玖錢陸分肆釐，定粉壹兩肆錢柒分叁釐，大碌捌兩貳錢柒分玖釐，鍋巴碌柒錢玖分玖釐，青粉陸錢捌分伍釐，天大青叁兩肆錢貳分陸釐，天貳青柒錢玖分玖釐，南烟子壹錢玖分玖釐。見方叁寸紅金捌帖伍張陸分，見方叁寸黃金捌帖伍張陸分，貼金油壹兩柒錢壹分貳釐。

金琢墨彩畫，斗口肆寸伍分，每攢用水膠叁兩柒錢貳分玖釐，白礬肆錢壹分，土粉壹兩伍錢伍分叁釐，廣靛花叁兩柒錢貳分玖釐，貳碌捌兩貳錢叁釐，彩黃貳兩肆錢捌分陸釐，定粉壹兩捌錢陸分肆釐，大碌壹觔貳兩貳分叁釐，鍋巴碌壹兩柒錢肆分，青粉壹兩肆錢玖分壹釐，天大青柒兩肆錢伍分捌釐，天貳青壹兩柒錢肆分，南烟子肆錢叁分伍釐。見方叁寸紅金拾捌帖陸張肆分，見方叁寸黃金拾捌帖陸張肆分，貼金油叁兩柒錢貳分捌釐。

烟琢墨彩畫，用水膠叁兩柒錢貳分玖釐，白礬肆錢壹分，廣靛花叁兩柒錢貳分玖釐，貳碌捌兩貳錢叁釐，定粉壹兩捌錢陸分肆釐，大碌壹觔貳兩貳分叁釐，鍋巴碌叁兩肆錢捌分，南烟子壹兩貳錢肆分叁釐，彩黃貳兩肆錢捌分陸釐。

金琢墨彩畫，斗口伍寸，每攢用水膠肆兩陸錢伍釐，白礬伍錢陸釐，土粉壹兩玖錢壹分捌釐，廣靛花肆兩陸錢伍釐，貳碌拾兩壹錢叁分壹釐，彩黃壹兩柒錢捌分陸釐，定粉壹兩叁錢叁分玖釐，大碌拾貳兩玖錢肆分捌釐，鍋巴碌壹兩貳錢伍分，青粉壹兩柒分壹釐，天大青伍兩叁錢伍分捌釐，天貳青壹兩貳錢伍分，南烟子叁錢壹分貳釐。見方叁寸紅金拾叁帖叁張玖分，見方叁寸黄金拾叁帖叁張玖分，貼金油貳兩陸錢柒分捌釐。

烟琢墨彩畫，用水膠貳兩陸錢柒分玖釐，白礬貳錢玖分肆釐，廣靛花貳兩陸錢柒分玖釐，貳碌伍兩捌錢玖分叁釐，定粉壹兩叁錢叁分玖釐，大碌拾貳兩玖錢肆分捌釐，鍋巴碌貳兩伍錢，南烟子捌錢玖分叁釐，彩黄壹兩柒錢捌分陸釐。

金琢墨彩畫，斗口伍寸伍分，每攢用水膠叁兩貳錢肆分叁釐，白礬叁錢伍分陸釐，土粉壹兩叁錢伍分壹釐，廣靛花叁兩貳錢肆分叁釐，貳碌柒兩壹錢叁分肆釐，彩黄貳兩壹錢陸分貳釐，定粉壹兩陸錢貳分壹釐，大碌拾伍兩陸錢柒分肆釐，鍋巴碌壹兩伍錢壹分叁釐，青粉壹兩貳錢玖分柒釐，天大青陸兩肆錢捌分陸釐，天貳青壹兩伍錢壹分叁釐，南烟子叁錢柒分捌釐。見方叁寸紅金拾陸帖貳張壹分，見方叁寸黄金拾陸帖貳張壹分，貼金油叁兩貳錢肆分貳釐。

烟琢墨彩畫，用水膠叁兩貳錢肆分叁釐，白礬叁錢伍分陸釐，廣靛花叁兩貳錢肆分叁釐，貳碌柒兩壹錢叁分肆釐，定粉壹兩陸錢貳分壹釐，大碌拾伍兩陸錢柒分肆釐，鍋巴碌叁兩貳分陸釐，南烟子壹兩捌分壹釐，彩黄貳兩壹錢陸分貳釐。

金琢墨彩畫，斗口陸寸，每攢用水膠叁兩捌錢伍分捌釐，白礬肆錢貳分肆釐，土粉壹兩陸錢柒釐，廣靛花陸兩陸錢叁分叁釐，貳碌拾肆兩伍錢玖分貳釐，彩黄肆兩肆錢貳分貳釐，定粉叁兩叁錢壹分陸釐，大碌貳觔伍分玖釐，鍋巴碌叁兩玖分伍釐，青粉貳兩陸錢伍分叁釐，天大青拾叁兩貳錢陸分陸釐，天貳青叁兩玖分伍釐，南烟子柒錢柒分叁釐。見方叁寸紅金叁拾叁帖壹張陸分，見方叁寸黄金叁拾叁帖壹張陸分，貼金油陸兩陸錢叁分貳釐。

烟琢墨彩畫，用水膠陸兩陸錢叁分叁釐，白礬柒錢貳分玖釐，廣靛花陸兩陸錢叁分叁釐，貳碌拾肆兩伍錢玖分貳釐，定粉叁兩叁錢壹分陸釐，大碌貳觔伍分玖釐，鍋巴碌陸兩壹錢玖分，南烟子貳兩貳錢壹分壹釐，彩黄肆兩肆錢貳分貳釐。

斗科彩畫開後，計開：

單翹重昂

金琢墨彩畫，斗口壹寸，每攢用水膠貳錢玖分壹釐，白礬叁分貳釐，土粉壹錢貳分壹釐，廣靛花貳錢玖分壹釐，貳碌陸錢肆分，彩黄壹錢玖分肆釐，定粉壹錢肆分伍釐，大碌壹兩肆錢陸釐，鍋巴碌壹錢叁分伍釐，青粉壹錢壹分陸釐，天大青伍錢捌分貳釐，天貳青壹錢壹分陸釐，南烟子叁分叁釐。見方叁寸紅金壹帖肆張伍分，見方叁寸黄金壹帖肆張伍分，貼金油貳錢玖分。

烟琢墨彩畫，用水膠貳錢玖分壹釐，白礬叁分貳釐，廣靛花貳錢玖分壹釐，貳碌陸錢肆分，定粉壹錢肆分伍釐，大碌壹兩肆錢陸釐，鍋巴碌貳錢柒分，南烟子玖分柒釐，彩黄壹錢玖分肆釐。

金琢墨彩畫，斗口壹寸伍分，每攢用水膠陸錢伍分肆釐，白礬柒分壹釐，土粉貳錢柒分貳釐，廣靛花陸錢伍分肆釐，貳碌壹兩肆錢叁分捌釐，彩黄肆錢叁分陸釐，定粉叁錢貳分柒釐，大碌叁兩壹錢陸分壹釐，鍋巴碌叁錢伍釐，青粉貳錢陸分壹釐，天大青壹兩叁錢捌釐，天貳青叁錢伍釐，南烟子柒分陸釐。見方叁寸紅金叁帖貳張柒分，見方叁寸黄金叁帖貳張柒分，貼金油陸錢伍分肆釐。

烟琢墨彩畫，用水膠陸錢伍分肆釐，白礬柒分壹釐，廣靛花陸錢伍分肆釐，貳碌壹兩肆錢叁分捌釐，定粉壹錢陸釐，大碌壹兩貳分玖釐，鍋巴碌壹錢玖分捌釐，南烟子柒分壹釐，彩黄壹錢肆分貳釐。

金琢墨彩畫，斗口貳寸，每攢用水膠叁錢捌分壹釐，白礬肆分壹釐，土粉壹錢伍分捌釐，廣靛花叁錢捌分壹釐，貳碌捌錢叁分捌釐，彩黄貳錢伍分肆釐，定粉壹錢玖分，大碌壹兩捌錢肆分壹釐，鍋巴碌壹錢柒分柒釐，青粉壹錢伍分貳釐，天大青柒錢陸分貳釐，天貳青伍錢肆分叁釐，南烟子壹錢叁分伍釐。見方叁寸紅金伍帖捌張貳分，見方叁寸黄金伍帖捌張貳分，貼金油壹兩壹錢陸分肆釐。

烟琢墨彩畫，用水膠壹兩壹錢陸分肆釐，白礬壹錢貳分捌釐，廣靛花壹兩壹錢陸分肆釐，貳碌貳兩伍錢陸分，定粉伍錢捌分貳釐，大碌伍兩陸錢貳分陸釐，鍋巴碌壹兩捌分陸釐，南烟子叁錢捌分捌釐，彩黄柒錢柒分陸釐。

金琢墨彩畫，斗口貳寸伍分，每攢用水膠壹兩捌錢貳分壹釐，白礬貳錢，土粉柒錢伍分捌釐，廣靛花壹兩捌錢貳分壹釐，貳碌肆兩陸釐，彩黄壹兩貳錢壹分肆釐，定粉玖錢壹分，大碌捌兩捌錢壹分，鍋巴碌捌錢肆分玖釐，青粉柒錢貳分捌釐，天大青叁兩陸錢肆分，天貳青捌錢肆分玖釐，南烟子貳錢壹分貳釐。見方叁寸紅金玖帖壹張，見方叁寸黄金玖帖壹張，貼金油壹兩捌錢貳分。

烟琢墨彩畫，用水膠壹兩捌錢貳分壹釐，白礬貳錢，廣靛花伍錢玖分肆釐，貳碌壹兩叁錢陸釐，定粉貳錢玖分柒釐，大碌貳兩叁錢柒分壹釐，鍋巴碌伍錢伍分肆釐，南烟子壹錢玖分捌釐，彩黄叁錢玖分陸釐。

金琢墨彩畫，斗口叁寸，每攢用水膠捌錢伍分捌釐，白礬玖分肆釐，土粉叁錢伍分柒釐，廣靛花捌錢伍分捌釐，貳碌壹兩捌錢捌分柒釐，彩黄伍錢柒分，定粉肆錢貳分玖釐，大碌陸兩壹錢肆分柒釐，鍋巴碌肆錢，青粉壹兩肆分捌釐，天大青伍兩貳錢肆分肆釐，天貳青壹兩貳錢貳分叁釐，南烟子叁錢伍釐。見方叁寸紅金拾叁帖壹分，見方叁寸黄金拾叁帖壹分，貼金油貳兩陸錢貳分。

烟琢墨彩畫，用水膠貳兩陸錢貳分貳釐，白礬貳錢捌分捌釐，廣靛花貳兩陸錢貳分貳釐，貳碌伍兩柒錢陸分捌釐，定粉壹兩叁錢壹分壹釐，大碌拾貳兩陸錢柒分叁釐，鍋巴碌貳兩肆錢肆分陸釐，南烟子捌錢柒分肆釐，彩黄壹兩柒錢肆分捌釐。

金琢墨彩畫，斗口叁寸伍分，每攢用水膠壹兩壹錢陸分柒釐，白礬壹錢貳分捌釐，土粉肆錢捌分陸釐，廣靛花壹兩壹錢陸分柒釐，貳碌貳兩伍錢陸分柒釐，定粉陸錢捌分，大碌伍兩陸錢肆分，鍋巴伍錢肆分肆釐，彩黄柒錢柒分捌釐，青粉肆錢陸分陸釐，天大青壹兩柒錢叁分肆釐，天貳青伍錢肆分肆釐，南烟子壹錢叁分陸釐。見方叁寸紅金伍帖捌張叁分，見方叁寸黄金伍帖捌張叁分，貼金油壹兩壹錢陸分陸釐。

烟琢墨彩畫，用水膠叁兩伍錢柒分，白礬叁錢玖分貳釐，廣靛花叁兩伍錢柒分，貳碌柒兩捌錢伍分肆釐，定粉壹兩柒錢捌分伍釐，大碌壹觔壹兩貳錢伍分伍釐，鍋巴碌叁兩叁錢叁分貳釐，南烟子壹兩壹錢玖分，彩黄貳兩叁錢捌分。

金琢墨彩畫，斗口肆寸，每攢用水膠肆兩陸錢陸分貳釐，白礬伍錢壹分貳釐，土粉壹兩玖錢肆分貳釐，廣靛花肆兩陸錢陸分貳釐，貳碌拾兩貳錢伍分陸釐，彩黄叁兩壹錢捌釐，定粉貳兩叁錢叁分壹釐，大碌柒兩叁錢陸分陸釐，鍋巴碌柒錢壹分壹釐，青粉陸錢玖釐，天大青叁兩肆分捌釐，天貳青柒錢壹分壹釐，南烟子壹錢柒分貳釐。見方叁寸紅金柒帖陸張貳分，見方叁寸黄金柒帖陸張貳分，貼金油壹兩伍錢貳分肆釐。

烟琢墨彩畫，用水膠壹兩伍錢貳分肆釐，白礬壹錢陸分柒釐，廣靛花壹兩伍錢貳分肆釐，貳碌叁兩叁錢伍分貳釐，定粉柒錢陸分貳釐，大碌柒兩叁錢陸分陸釐，鍋巴碌壹兩肆錢貳分貳釐，南烟子伍錢捌釐，彩黄叁兩壹錢捌釐。

金琢墨彩畫，斗口肆寸伍分，每攢用水膠伍兩玖錢壹釐，白礬陸錢肆分玖釐，土粉貳兩肆錢伍分捌釐，廣靛花伍兩玖錢壹釐，貳碌拾貳兩玖錢捌分貳釐，彩黄叁兩玖錢叁分肆釐，定粉貳兩玖錢伍分，大碌壹觔拾貳兩伍錢貳分壹釐，鍋巴碌貳兩柒錢伍分叁釐，青粉貳兩叁錢陸分，天大青拾壹兩捌錢貳釐，天貳青貳兩柒錢伍分叁釐，南烟子陸錢捌分捌釐。見方叁寸紅金貳拾玖帖伍張，見方叁寸黄金貳拾玖帖伍張，貼金油伍兩玖錢。

烟琢墨彩畫，用水膠伍兩玖錢壹釐，白礬陸錢肆分玖釐，廣靛花伍兩玖錢壹釐，貳碌拾貳兩玖錢捌分貳釐，定粉貳兩玖錢伍分，大碌壹觔拾貳兩伍錢貳分壹釐，鍋巴碌伍兩伍錢陸分，南烟子壹兩玖錢陸分柒釐，彩黄叁兩玖錢叁分肆釐。

金琢墨彩畫，斗口伍寸，每攢用水膠柒兩貳錢捌分柒釐，白礬捌錢壹釐，土粉叁兩叁分陸釐，廣靛花柒兩貳錢捌分柒釐，貳碌壹觔叁分壹釐，彩黄肆兩捌錢伍分捌釐，定粉叁兩陸錢肆分陸釐，大碌貳觔叁兩貳錢貳分，鍋巴碌叁兩肆錢，青粉貳兩玖錢壹分肆釐，天大青拾肆兩伍錢柒分肆釐，天貳青叁兩肆錢，南烟子捌錢伍分。見方叁寸紅金叁拾陸帖肆張叁分，見方叁寸黄金叁拾陸帖肆張叁分，貼金油柒兩貳錢捌分陸釐。

烟琢墨彩畫，用水膠柒兩貳錢捌分柒釐，白礬捌錢壹釐，廣靛花柒兩貳錢捌分柒釐，貳碌壹觔叁分壹釐，定粉叁兩陸錢肆分叁釐，大碌貳觔叁兩貳錢貳分，鍋巴碌陸兩捌釐，南烟子貳兩肆錢貳分玖釐，彩黄肆兩捌錢伍分捌釐。

金琢墨彩畫，斗口伍寸伍分，每攢用水膠捌兩捌錢壹分柒釐，白礬玖錢陸分玖釐，土粉叁兩陸錢柒分叁釐，廣靛花捌兩捌錢壹分柒釐，貳碌壹觔叁兩叁錢玖分柒釐，彩黄伍兩捌錢柒分捌釐，定粉肆兩肆錢捌釐，大碌貳觔拾兩陸錢壹分伍釐，鍋巴碌肆兩壹錢壹分肆釐，青粉叁兩伍錢貳分陸釐，天大青壹觔壹兩陸錢叁分肆釐，天貳青肆兩壹錢壹分肆釐，南烟子壹兩貳分捌釐。見方叁寸紅金肆拾肆帖捌分，見方叁寸黄金肆拾肆帖捌分，貼金油捌兩捌錢壹分陸釐。

烟琢墨彩畫，用水膠捌兩捌錢壹分柒釐，白礬玖錢陸分玖釐，廣靛花捌兩捌錢壹分柒釐，貳碌壹觔叁兩叁錢玖分柒釐，定粉肆兩肆錢捌釐，大碌貳觔拾兩陸錢壹分伍釐，鍋巴碌捌兩貳錢貳分捌釐，南烟子貳兩玖錢叁分玖釐，彩黄伍兩捌錢柒分捌釐。

金琢墨彩畫，斗口陸寸，每攢用水膠拾兩肆錢玖分肆釐，白礬壹兩壹錢伍分肆釐，土粉肆兩叁錢柒分貳釐，廣靛花拾兩肆錢玖分肆釐，貳碌壹觔柒兩捌分陸釐，彩黄陸兩玖錢玖分陸釐，定粉伍兩貳錢肆分柒釐，大碌叁觔貳兩柒錢貳分壹釐，鍋巴碌肆兩捌錢玖分柒釐，青粉肆兩壹錢玖分柒釐，天大青壹觔肆兩玖錢捌分捌釐，天貳青肆兩捌錢玖分柒釐，南烟子壹兩貳錢貳分肆釐。見方叁寸紅金伍拾貳帖肆張柒分，見方叁寸黄金伍拾貳帖肆張柒分，貼金油拾兩肆錢玖分肆釐。

烟琢墨彩畫，用水膠拾兩肆錢玖分肆釐，白礬壹兩壹錢伍分肆釐，廣靛花拾兩肆錢玖分肆釐，貳碌壹觔柒兩捌分陸釐，定粉壹兩柒錢壹分肆釐，大碌壹觔伍錢柒分叁釐，鍋巴碌叁兩貳錢，南烟子壹兩壹錢肆分叁釐，彩黄貳兩貳錢捌分陸釐。

斗科彩畫開後，計開：

重翹重昂

金琢墨彩畫，斗口壹寸，每攢用水膠叁錢玖分陸釐，白礬肆分叁釐，土粉壹錢陸分伍釐，廣靛花叁錢玖分陸釐，貳碌捌錢柒分壹釐，彩黄貳錢陸分肆釐，定粉壹錢玖分捌釐，大碌壹兩玖錢壹分肆釐，鍋巴碌壹錢捌分肆釐，青粉壹錢伍分捌釐，天大青柒錢玖分貳釐，天貳青壹錢捌分肆釐，南烟子肆分陸釐。見方叁寸紅金肆張捌分，見方叁寸黄金肆張捌分，貼金油玖分陸釐。

烟琢墨彩畫，用水膠玖分陸釐，白礬壹分，廣靛花玖分陸釐，貳碌貳錢壹分壹釐，定粉肆分捌釐，大碌肆錢陸分肆釐，鍋巴碌捌分捌釐，南烟子叁分貳釐，彩黄陸分肆釐。

金琢墨彩畫，斗口壹寸伍分，每攢用水膠貳錢壹分陸釐，白礬貳分叁釐，土粉玖分，廣靛花捌錢玖分肆釐，貳碌壹兩玖錢陸分陸釐，彩黄伍錢玖分陸釐，定粉肆錢肆分柒釐，大碌肆兩叁錢貳分壹釐，鍋巴碌肆錢壹分柒釐，青粉叁錢伍分柒釐，天大青壹兩柒錢捌分捌釐，天貳青肆錢壹分柒釐，南烟子壹錢肆釐。見方叁寸紅金肆帖肆張柒分，見方叁寸黄金肆帖肆張柒分，貼金油捌錢玖分肆釐。

烟琢墨彩畫，用水膠捌錢玖分肆釐，白礬玖分捌釐，廣靛花捌錢玖分肆釐，貳碌壹兩玖錢陸分陸釐，定粉壹錢捌釐，大碌壹兩肆分肆釐，鍋巴碌貳錢，南烟子柒分貳釐，彩黄壹錢肆分肆釐。

金琢墨彩畫，斗口貳寸，每攢用水膠叁錢捌分肆釐，白礬肆分貳釐，土粉壹錢陸分，廣靛花叁錢捌分肆釐，貳碌捌錢肆分肆釐，彩黄貳錢伍分陸釐，定粉壹錢玖分貳釐，大碌壹兩捌錢伍分陸釐，鍋巴碌壹錢柒分玖釐，青粉壹錢伍分貳釐，天大青柒錢陸分捌釐，天貳青壹錢柒分玖釐，南烟子肆分肆釐。見方叁寸紅金壹帖玖張貳分，見方叁寸黄金壹帖玖張貳分，貼金油叁錢捌分肆釐。

烟琢墨彩畫，用水膠叁錢捌分肆釐，白礬肆分貳釐，廣靛花叁錢捌分肆釐，貳碌捌錢肆分肆釐，定粉壹錢玖分貳釐，大碌壹兩捌錢伍分陸釐，鍋巴碌叁錢伍分捌釐，南烟子壹錢貳分捌釐，彩黄貳錢伍分陸釐。

金琢墨彩畫，斗口貳寸伍分，每攢用水膠陸錢，白礬貳錢柒分叁釐，土粉壹兩叁分伍釐，廣靛花貳兩肆錢捌分肆釐，貳碌伍兩肆錢陸分肆釐，彩黄壹兩陸錢伍分陸釐，定粉壹兩貳錢肆分貳釐，大碌拾貳兩陸釐，鍋巴碌壹兩壹錢伍分玖釐，青粉玖錢玖分叁釐，天大青肆兩玖錢陸分捌釐，天貳青壹兩壹錢伍分玖釐，南烟子貳錢捌分玖釐。見方叁寸紅金拾貳帖肆張貳分，見方叁寸黄金拾貳帖肆張貳分，貼金油貳兩肆錢捌分肆釐。

烟琢墨彩畫，用水膠貳兩肆錢捌分肆釐，白礬貳錢柒分叁釐，廣靛花貳兩肆錢捌分肆釐，貳碌伍兩肆錢陸分肆釐，定粉壹兩貳錢肆分貳釐，大碌拾貳兩陸釐，鍋巴碌貳兩叁錢壹分捌釐，南烟子捌錢貳分捌釐，彩黄壹兩陸錢伍分陸釐。

金琢墨彩畫，斗口叁寸，每攢用水膠叁兩伍錢柒分玖釐，白礬叁錢玖分叁釐，土粉壹兩肆錢玖分壹釐，廣靛花叁兩伍錢柒分玖釐，貳碌柒兩捌錢柒分叁釐，彩黄貳兩叁錢捌分陸釐，定粉壹兩柒錢捌分玖釐，大碌壹觔壹兩貳錢玖分捌釐，鍋巴碌壹兩陸錢柒分，青粉叁錢肆分陸釐，天大青壹兩柒錢叁分肆釐，天貳青肆錢肆釐，南烟子壹錢壹釐。見方叁寸紅金肆帖叁張叁分，見方叁寸黄金肆帖叁張叁分，貼金油捌錢陸分陸釐。

烟琢墨彩畫，用水膠捌錢陸分柒釐，白礬玖分伍釐，廣靛花捌錢陸分柒釐，貳碌壹兩玖錢柒釐，定粉肆錢叁分叁釐，大碌肆兩壹錢玖分，鍋巴碌捌錢捌分捌釐，南烟子貳錢捌分捌釐，彩黄伍錢柒分陸釐。

金琢墨彩畫，斗口叁寸伍分，每攢用水膠壹兩壹錢柒分玖釐，白礬壹錢貳分玖釐，土粉肆錢玖分壹釐，廣靛花壹兩壹錢柒分玖釐，貳碌貳兩伍錢玖分叁釐，彩黄柒錢捌分陸釐，定粉陸錢捌分玖釐，大碌伍兩陸錢玖分捌釐，鍋巴碌伍錢伍分，青粉肆錢柒分壹釐，天大青貳兩叁錢伍分捌釐，天貳青伍錢伍分，南烟子壹錢叁分柒釐，見方叁寸紅金伍帖捌張玖分，見方叁寸黄金伍帖捌張玖分，貼金油壹兩壹錢柒分捌釐。

烟琢墨彩畫，用水膠肆兩捌錢柒分貳釐，白礬伍錢叁分伍釐，廣靛花肆兩捌錢柒分貳釐，貳碌拾兩柒錢壹分捌釐，定粉貳兩肆錢叁分陸釐，大碌壹觔柒兩伍錢肆分捌釐，鍋巴碌肆兩伍錢肆分陸釐，南烟子壹兩陸錢貳分肆釐，彩黄叁兩貳錢肆分捌釐。

金琢墨彩畫，斗口肆寸，每攢用水膠陸兩叁錢陸分叁釐，白礬陸錢玖分玖釐，土粉貳兩陸錢伍分壹釐，廣靛花陸兩叁錢陸分叁釐，貳碌拾叁兩玖錢玖分捌釐，彩黄肆兩貳錢肆分貳釐，定粉叁兩壹錢捌分壹釐，大碌柒兩肆錢叁分捌釐，鍋巴碌柒錢壹分捌釐，青粉陸錢壹分伍釐，天大青叁兩柒分捌釐，天貳青柒錢壹分捌釐，南烟子壹錢柒分玖釐。見方叁寸紅金柒帖陸張玖分，見方叁寸黄金柒帖陸張玖分，貼金油壹兩伍錢叁分捌釐。

烟琢墨彩畫，用水膠壹兩伍錢叁分玖釐，白礬壹錢陸分玖釐，廣靛花壹兩伍錢叁分玖釐，貳碌叁兩叁錢捌分伍釐，定粉柒錢陸分玖釐，大碌柒兩肆錢叁分捌釐，鍋巴碌壹兩肆錢叁分陸釐，南烟子伍錢壹分叁釐，彩黄壹兩貳分陸釐。

金琢墨彩畫，斗口肆寸伍分，每攢用水膠壹兩玖錢伍分，白礬貳錢壹分肆釐，土粉捌錢壹分貳釐，廣靛花壹兩玖錢伍分，貳碌肆兩貳錢玖分，彩黄壹兩貳錢玖分捌釐，定粉玖錢柒分伍釐，大碌玖兩肆錢貳分伍釐，鍋巴碌玖錢壹分，青粉柒錢捌分，天大青叁兩玖錢，天貳青玖錢壹分，南烟子貳錢貳分。見方叁寸紅金玖帖柒張伍分，見方叁寸黄金玖帖柒張伍分，貼金油壹兩玖錢伍分。

烟琢墨彩畫，用水膠壹兩玖錢伍分，白礬貳錢壹分肆釐，廣靛花壹兩玖錢伍分，貳碌肆兩貳錢玖分，定粉玖錢柒分伍釐，大碌玖兩肆錢貳分伍釐，鍋巴碌壹兩捌錢貳分，南烟子陸錢肆分玖釐，彩黄壹兩貳錢玖分捌釐。

金琢墨彩畫，斗口伍寸，每攢用水膠貳兩肆錢陸釐，白礬貳錢陸分肆釐，土粉壹兩貳釐，廣靛花貳兩肆錢陸釐，貳碌伍兩貳錢玖分叁釐，彩黄陸兩陸錢貳分捌釐，定粉肆兩玖錢柒分壹釐，大碌叁觔伍分叁釐，鍋巴碌肆兩陸錢叁分玖釐，青粉叁兩玖錢柒分陸釐，天大青壹觔叁兩捌錢捌分肆釐，天貳青肆兩陸錢叁分玖釐，南烟子壹兩壹錢伍分玖釐。見方叁寸紅金肆拾玖帖柒張壹分，見方叁寸黄金肆拾玖帖柒張壹分，貼金油玖兩玖錢肆分貳釐。

烟琢墨彩畫，用水膠玖兩玖錢肆分貳釐，白礬壹兩玖分叁釐，廣靛花玖兩玖錢肆分貳釐，貳碌壹觔伍兩捌錢柒分貳釐，定粉肆兩玖錢柒分壹釐，大碌叁觔伍分叁釐，鍋巴碌玖兩貳錢柒分捌釐，南烟子叁兩叁錢壹分肆釐，彩黄陸兩陸錢貳分捌釐。

金琢墨彩畫，斗口伍寸伍分，每攢用水膠拾貳兩叁分，白礬壹兩叁錢貳分叁釐，土粉伍兩壹分貳釐，廣靛花拾貳兩叁分，貳碌壹觔拾兩肆錢陸分陸釐，彩黄捌兩貳分，定粉陸兩壹分伍釐，大碌叁觔拾兩壹錢肆分伍釐，鍋巴碌伍兩陸錢壹分肆釐，青粉肆兩捌錢壹分貳釐，天大青壹觔捌兩陸分，天貳青伍兩陸錢壹分肆釐，南烟子壹兩肆錢叁釐。見方叁寸紅金拾肆帖伍張陸分，見方叁寸黄金拾肆帖伍張陸分，貼金油貳兩玖錢壹分貳釐。

烟琢墨彩畫，用水膠貳兩玖錢壹分叁釐，白礬叁錢貳分，廣靛花貳兩玖錢壹分叁釐，貳碌陸兩肆錢捌釐，定粉壹兩肆錢伍分陸釐，大碌拾肆兩柒分玖釐，鍋巴碌貳兩柒錢壹分捌釐，南烟子玖錢柒分，彩黄壹兩玖錢肆分。

金琢墨彩畫，斗口陸寸，每攢用水膠叁兩肆錢陸分伍釐，白礬叁錢捌分壹釐，土粉壹兩肆錢肆分叁釐，廣靛花拾肆兩叁錢壹分玖釐，貳碌壹觔拾伍兩伍錢壹釐，彩黄玖兩伍錢肆分陸釐，定粉柒兩壹錢伍分玖釐，大碌肆觔伍兩貳錢捌釐，鍋巴碌陸兩陸錢捌分貳釐，青粉伍兩柒錢貳分柒釐，天大青壹觔拾貳兩陸錢叁分捌釐，天貳青陸兩陸錢捌分貳釐，南烟子壹兩陸錢柒分。見方叁寸紅金柒拾壹帖伍張玖分，見方叁寸黄金柒拾壹帖伍張玖分，貼金油拾肆兩叁錢壹分捌釐。

烟琢墨彩畫，用水膠拾肆兩叁錢壹分玖釐，白礬壹兩伍錢柒分伍釐，廣靛花拾肆兩叁錢壹分玖釐，貳碌壹觔拾伍兩伍錢壹釐，定粉壹兩柒錢叁分貳釐，大碌壹觔柒錢肆分柒釐，鍋巴碌叁兩貳錢叁分肆釐，南烟子壹兩壹錢伍分伍釐，彩黄貳兩叁錢壹分。

凡柱頭科照平身科例，角科每壹攢折平身科貳攢核算計料。

凡斗科哨青烟琢墨，照金琢墨之例加天大青，餘仍照烟琢墨例核算計料。

以上所需顔料，俱照乾净觔兩數目核給。

斗科彩畫開後，計開：

斗科單昂

金琢墨彩畫，斗口壹寸，每攢用水膠壹錢捌釐，白礬壹分壹釐，土粉肆分伍釐，廣靛花壹錢捌釐，貳碌貳錢叁分柒釐，彩黄柒分貳釐，定粉伍分肆釐，大碌伍錢貳分貳釐，鍋巴碌伍分，青粉肆分叁釐，天大青貳錢壹分陸釐，天貳青伍分，南烟子壹分貳釐。見方叁寸紅金叁張，見方叁寸黄金叁張，貼金油陸分。

烟琢墨彩畫，用水膠陸分，白礬陸釐，廣靛花陸分，貳碌壹錢叁分貳釐，定粉叁分，大碌貳錢玖分，鍋巴碌伍分陸釐，南烟子貳分，彩黃肆分。

金琢墨彩畫，斗口壹寸伍分，每攢用水膠壹錢肆分壹釐，白礬壹分伍釐，土粉伍分捌釐，廣靛花貳錢肆分叁釐，貳碌伍錢叁分肆釐，彩黃壹錢陸分貳釐，定粉壹錢貳分壹釐，大碌壹兩壹錢柒分肆釐，鍋巴碌壹錢壹分叁釐，青粉玖分柒釐，天大青肆錢捌分陸釐，天貳青壹錢壹分叁釐，南烟子貳分捌釐。見方叁寸紅金壹帖貳張壹分，見方叁寸黃金壹帖貳張壹分，貼金油貳錢肆分貳釐。

烟琢墨彩畫，用水膠貳錢肆分叁釐，白礬貳分陸釐，廣靛花貳錢肆分叁釐，貳碌伍錢叁分肆釐，定粉壹錢貳分壹釐，大碌壹兩壹錢柒分肆釐，鍋巴碌貳錢貳分陸釐，南烟子捌分壹釐，彩黃壹錢陸分貳釐。

金琢墨彩畫，斗口貳寸，每攢用水膠肆錢叁分貳釐，白礬肆分柒釐，土粉壹錢捌分，廣靛花肆錢叁分貳釐，貳碌玖錢伍分，彩黃貳錢捌分捌釐，定粉貳錢壹分陸釐，大碌貳兩捌分捌釐，鍋巴碌貳錢壹釐，青粉壹錢柒分貳釐，天大青捌錢陸分肆釐，天貳青貳錢壹釐，南烟子伍分。見方叁寸紅金貳帖壹張陸分，見方叁寸黃金貳帖壹張陸分，貼金油肆錢叁分貳釐。

烟琢墨彩畫，用水膠肆錢叁分貳釐，白礬肆分柒釐，廣靛花肆錢叁分貳釐，貳碌玖錢伍分，定粉貳錢壹分陸釐，大碌貳兩捌分捌釐，鍋巴碌肆錢叁釐，南烟子壹錢肆分肆釐，彩黃貳錢捌分捌釐。

金琢墨彩畫，斗口貳寸伍分，每攢用水膠陸錢柒分捌釐，白礬柒分捌釐，土粉貳錢捌分貳釐，廣靛花陸錢柒分捌釐，貳碌壹兩肆錢玖分壹釐，彩黃肆錢伍分貳釐，定粉叁錢叁分玖釐，大碌叁兩貳錢柒分柒釐，鍋巴碌叁錢壹分陸釐，青粉貳錢柒分壹釐，天大青壹兩叁錢伍分陸釐，天貳青叁錢壹分陸釐，南烟子柒分玖釐。見方叁寸紅金叁帖叁張玖分，見方叁寸黃金叁帖叁張玖分，貼金油陸錢柒分捌釐。

烟琢墨彩畫，用水膠陸錢柒分捌釐，白礬柒分肆釐，廣靛花叁錢玖分，貳碌捌錢伍分捌釐，定粉壹錢玖分伍釐，大碌壹兩捌錢捌分伍釐，鍋巴碌叁錢陸分肆釐，南烟子壹錢叁分，彩黃貳錢陸分。

金琢墨彩畫，斗口叁寸，每攢用水膠伍錢陸分壹釐，白礬陸分壹釐，土粉貳錢叁分叁釐，廣靛花伍錢陸分壹釐，貳碌壹兩貳錢叁分肆釐，彩黃叁錢柒分肆釐，定粉貳錢捌分，大碌貳兩捌錢壹分壹釐，鍋巴碌貳錢陸分壹釐，青粉叁錢玖分，天大青壹兩玖錢伍分，天貳青肆錢伍分伍釐，南烟子壹錢壹分叁釐。見方叁寸紅金肆帖捌張柒分，見方叁寸黃金肆帖捌張柒分，貼金油玖錢柒分肆釐。

烟琢墨彩畫，用水膠玖錢柒分伍釐，白礬壹錢柒釐，廣靛花玖錢柒分伍釐，貳碌貳兩壹錢肆分伍釐，定粉肆錢捌分柒釐，大碌肆兩柒錢壹分貳釐，鍋巴碌玖錢壹分，南烟子叁錢柒分伍釐，彩黃陸錢伍分。

金琢墨彩畫，斗口叁寸伍分，每攢用水膠柒錢陸分伍釐，白礬捌分肆釐，土粉叁錢壹分捌釐，廣靛花柒錢陸分伍釐，貳碌壹兩陸錢捌分叁釐，彩黃伍錢壹分，定粉叁錢捌分貳釐，大碌叁兩陸錢玖分柒釐，鍋巴碌叁錢伍分柒釐，青粉叁錢，天大青壹兩伍錢叁分，天貳青叁錢伍分柒釐，南烟子捌分玖釐。見方叁寸紅金叁帖捌張貳分，見方叁寸黃金叁帖捌張貳分，貼金油柒錢陸分肆釐。

烟琢墨彩畫，用水膠壹兩叁錢貳分玖釐，白礬壹錢肆分陸釐，廣靛花壹兩叁錢貳分玖釐，貳碌貳兩玖錢貳分叁釐，定粉陸錢陸分肆釐，大碌陸兩肆錢貳分叁釐，鍋巴碌壹兩貳錢肆分，南烟子肆錢肆分叁釐，彩黃捌錢捌分陸釐。

金琢墨彩畫，斗口肆寸，每攢用水膠壹兩柒錢叁分肆釐，白礬壹錢玖分，土粉柒錢貳分貳釐，廣靛花壹兩柒錢叁分肆釐，貳碌叁兩捌錢壹分肆釐，彩黃壹兩壹錢伍分陸釐，定粉捌錢陸分柒釐，大碌捌兩叁錢捌分壹釐，鍋巴碌捌錢玖釐，青粉陸錢玖分叁釐，天大青叁兩肆錢陸分捌釐，天貳青捌錢玖釐，南烟子貳錢貳釐。見方叁寸紅金捌帖陸張柒分，見方叁寸黃金捌帖陸張柒分，貼金油壹兩柒錢叁分肆釐。

烟琢墨彩畫，用水膠壹兩柒錢叁分肆釐，白礬壹錢玖分，廣靛花壹兩柒錢叁分肆釐，貳碌叁兩捌錢壹分肆釐，定分八錢陸分柒釐，大碌捌兩叁錢捌分壹釐，鍋巴碌壹兩陸錢壹分捌釐，南烟子五錢柒分捌釐，彩黃陸錢陸分陸釐。

金琢墨彩畫，斗口肆寸伍分，每攢用水膠壹兩貳錢陸分陸釐，白礬壹錢叁分玖釐，土粉伍錢貳分柒釐，廣靛花壹兩貳錢陸分陸釐，貳碌貳兩柒錢捌分伍釐，彩黃捌錢肆分肆釐，定粉陸錢叁分叁釐，大碌陸兩壹錢壹分玖釐，鍋巴碌伍錢玖分，青粉伍錢陸釐，天大青貳兩伍錢叁分貳釐，天貳青伍錢玖分，南烟子壹錢肆分柒釐。見方叁寸紅金陸帖叁張叁分，見方叁寸黃金陸帖叁張叁分，貼金油壹兩貳錢陸分陸釐。

烟琢墨彩畫，用水膠壹兩貳錢陸分陸釐，白礬壹錢叁分玖釐，廣靛花壹兩貳錢陸分陸釐，貳碌貳兩柒錢捌分伍釐，定粉陸錢叁分叁釐，大碌陸兩壹錢壹分玖釐，鍋巴碌壹兩壹錢捌分，南烟子肆錢貳分貳釐，彩黃捌錢肆分肆釐。

金琢墨彩畫，斗口伍寸，每攢用水膠壹兩伍錢陸分叁釐，白礬壹錢柒分壹釐，土粉陸錢伍分壹釐，廣靛花壹兩伍錢陸分叁釐，貳碌叁兩肆錢叁分捌釐，彩黄壹兩捌錢捌釐，定粉壹兩叁錢伍分陸釐，大碌拾叁兩壹錢捌釐，鍋巴碌壹兩貳錢陸分伍釐，青粉壹兩捌分肆釐，天大青伍兩肆錢貳分肆釐，天貳青壹兩貳錢陸分伍釐，南烟子叁錢壹分陸釐。見方叁寸紅金拾叁帖伍張陸分，見方叁寸黄金拾叁帖伍張陸分，貼金油貳兩柒錢貳分。

烟琢墨彩畫，用水膠貳兩柒錢壹分，白礬貳錢玖分捌釐，廣靛花貳兩柒錢壹分，貳碌伍兩玖錢陸分陸釐，定粉壹兩叁錢伍分陸釐，大碌拾叁兩壹錢捌釐，鍋巴碌壹兩肆錢伍分捌釐，南烟子伍錢貳分壹釐，彩黄壹兩肆分貳釐。

金琢墨彩畫，斗口伍寸伍分，每攢用水膠壹兩捌錢玖分，白礬貳錢柒釐，土粉柒錢捌分柒釐，廣靛花壹兩捌錢玖分，貳碌肆兩壹錢伍分捌釐，彩黄壹兩貳錢陸分，定粉玖錢肆分伍釐，大碌玖兩壹錢肆分，鍋巴碌捌錢捌分貳釐，青粉柒錢伍分陸釐，天大青叁兩柒錢捌分，天貳青捌錢捌分貳釐，南烟子貳錢貳分。見方叁寸紅金拾陸帖肆張壹分，見方叁寸黄金拾陸帖肆張壹分，貼金油叁兩貳錢捌分貳釐。

烟琢墨彩畫，用水膠叁兩貳錢捌分貳釐，白礬叁錢陸分壹釐，廣靛花叁兩貳錢捌分貳釐，貳碌柒兩貳錢貳分，定粉壹兩陸錢肆分壹釐，大碌拾伍兩捌錢陸分叁釐，鍋巴碌叁兩陸分叁釐，南烟子壹兩玖分肆釐，彩黄貳兩壹錢捌分捌釐。

金琢墨彩畫，斗口陸寸，每攢用水膠叁兩玖錢陸釐，白礬肆錢貳分玖釐，土粉玖錢叁分柒釐，廣靛花貳兩貳錢伍分，貳碌肆兩玖錢伍分，彩黄壹兩伍錢，定粉壹兩壹錢貳分伍釐，大碌拾兩捌錢柒分伍釐，鍋巴碌壹兩伍分，青粉玖錢，天大青肆兩伍錢，天貳青壹兩伍分，南烟子貳錢陸分。見方叁寸紅金拾壹帖貳張伍分，見方叁寸黄金拾壹帖貳張伍分，貼金油貳兩貳錢伍分。

烟琢墨彩畫，用水膠貳兩貳錢伍分，白礬貳錢肆分柒釐，廣靛花貳兩貳錢伍分，貳碌肆兩玖錢伍分，定粉壹兩壹錢貳分伍釐，大碌拾兩捌錢柒分伍釐，鍋巴碌貳兩壹錢，南烟子柒錢伍分，彩黄壹兩伍錢。

斗科彩畫開後，計開：

斗口重昂

金琢墨彩畫，斗口壹寸，每攢用水膠壹錢玖分貳釐，白礬貳分壹釐，土粉捌分，廣靛花壹錢玖分貳釐，貳碌肆錢貳分貳釐，彩黄壹錢貳分捌釐，定粉玖分陸釐，大碌玖錢貳分捌釐，鍋巴碌捌分玖釐，青粉柒分陸釐，天大青叁錢捌分肆釐，天貳青捌分玖釐，南烟子貳分貳釐。見方叁寸紅金壹張，見方叁寸黄金壹張，貼金油貳分。

烟琢墨彩畫，用水膠貳分壹釐，白礬貳釐，廣靛花貳分壹釐，貳碌肆分陸釐，定粉壹分，大碌壹錢壹釐，鍋巴碌壹分捌釐，南烟子柒釐，彩黄壹分肆釐。

金琢墨彩畫，斗口壹寸伍分，每攢用水膠伍分壹釐，白礬伍釐，土粉貳分壹釐，廣靛花肆錢叁分伍釐，貳碌玖錢伍分柒釐，彩黄貳錢玖分，定粉貳錢壹分柒釐，大碌貳兩壹錢貳釐，鍋巴碌貳錢叁釐，青粉壹錢柒分肆釐，天大青捌錢柒分，天貳青貳錢叁釐，南烟子伍分。見方叁寸紅金貳帖壹張柒分，見方叁寸黄金貳帖壹張柒分，貼金油肆錢叁分。

烟琢墨彩畫，用水膠肆錢叁分伍釐，白礬肆分柒釐，廣靛花肆錢叁分伍釐，貳碌玖錢伍分柒釐，定粉貳錢壹分柒釐，大碌貳兩壹錢貳釐，鍋巴碌肆錢陸釐，南烟子壹錢肆分伍釐，彩黄貳錢玖分。

金琢墨彩畫，斗口貳寸，每攢用水膠柒錢柒分柒釐，白礬捌分伍釐，土粉叁錢貳分叁釐，廣靛花柒錢柒分柒釐，貳碌壹兩柒錢玖釐，彩黄伍錢壹分捌釐，定粉叁錢捌分捌釐，大碌叁兩柒錢伍分伍釐，鍋巴碌叁錢陸分貳釐，青粉叁錢壹分，天大青壹兩伍錢伍分肆釐，天貳青肆分貳釐，南烟子壹分。見方叁寸紅金肆張伍分，見方叁寸黄金肆張伍分，貼金油玖分。

烟琢墨彩畫，用水膠玖分，白礬玖釐，廣靛花玖分，貳碌壹錢玖分捌釐，定粉肆分伍釐，大碌肆錢叁分伍釐，鍋巴碌捌分肆釐，南烟子貳分玖釐，彩黄伍分捌釐。

金琢墨彩畫，斗口貳寸伍分，每攢用水膠壹錢叁分捌釐，白礬壹分伍釐，土粉伍分柒釐，廣靛花壹錢叁分捌釐，貳碌叁錢叁釐，彩黄玖分貳釐，定粉陸分玖釐，大碌陸錢陸分柒釐，鍋巴碌陸分肆釐，青粉伍分伍釐，天大青貳錢柒分陸釐，天貳青陸分肆釐，南烟子壹分陸釐。見方叁寸紅金陸張玖分，見方叁寸黄金陸張玖分，貼金油壹錢叁分捌釐。

烟琢墨彩畫，用水膠壹錢叁分捌釐，白礬壹分伍釐，廣靛花壹錢叁分捌釐，貳碌叁錢叁釐，定粉陸分玖釐，大碌陸錢陸分柒釐，鍋巴碌壹錢貳分捌釐，南烟子肆分陸釐，彩黄玖分貳釐。

金琢墨彩畫，斗口叁寸，每攢用水膠貳錢壹釐，白礬貳分貳釐，土粉捌分叁釐，廣靛花貳錢壹釐，貳碌肆錢肆分貳釐，彩黄壹錢叁分肆釐，定粉壹錢，大碌玖錢柒分壹釐，鍋巴碌玖分叁釐，青粉捌分，天大青肆錢貳釐，天貳青玖分叁釐，南烟子貳分叁釐。見方叁寸紅金壹帖，見方叁寸黄金壹帖，貼金油貳錢。

烟琢墨彩畫，用水膠貳錢壹釐，白礬貳分貳釐，廣靛花貳錢壹釐，貳碌肆錢肆分貳釐，定粉壹錢，大碌玖錢柒分壹釐，鍋巴碌壹錢捌分陸釐，南烟子陸分柒釐，彩黄壹錢叁分肆釐。

金琢墨彩畫，斗口叁寸伍分，每攢用水膠貳兩叁錢柒分玖釐，白礬貳錢陸分壹釐，土粉玖錢玖分壹釐，廣靛花貳兩叁錢柒分玖釐，貳碌伍兩貳錢叁分叁釐，彩黄壹兩伍錢捌分陸釐，定粉壹兩壹錢捌分玖釐，大碌拾壹兩肆錢玖分捌釐，鍋巴碌壹兩壹錢壹分，青粉玖錢伍分壹釐，天大青肆兩柒錢伍分捌釐，天貳青壹兩壹錢壹分，南烟子貳錢柒分柒釐。見方叁寸紅金拾壹帖捌張玖分，見方叁寸黄金拾壹帖捌張玖分，貼金油貳兩叁錢柒分捌釐。

烟琢墨彩畫，用水膠貳錢柒分叁釐，白礬叁分，廣靛花貳錢柒分叁釐，貳碌陸錢，定粉壹錢叁分陸釐，大碌壹兩叁錢壹分玖釐，鍋巴碌貳錢伍分肆釐，南烟子玖分壹釐，彩黄壹錢捌分貳釐。

金琢墨彩畫，斗口肆寸，每攢用水膠叁錢伍分柒釐，白礬叁分玖釐，土粉壹錢肆分捌釐，廣靛花叁錢伍分柒釐，貳碌柒錢捌分伍釐，彩黄貳錢叁分捌釐，定粉壹錢柒分捌釐，大碌壹兩柒錢貳分伍釐，鍋巴碌壹錢陸分陸釐，青粉壹錢肆分貳釐，天大青柒錢壹分肆釐，天貳青壹錢陸分陸釐，南烟子肆分壹釐。見方叁寸紅金壹帖柒張捌分，見方叁寸黄金壹帖柒張捌分，貼金油叁錢伍分陸釐。

烟琢墨彩畫，用水膠叁錢伍分柒釐，白礬叁分玖釐，廣靛花叁錢伍分柒釐，貳碌柒錢捌分伍釐，定粉壹錢柒分捌釐，大碌壹兩柒錢貳分伍釐，鍋巴碌叁錢叁分貳釐，南烟子壹錢壹分玖釐，彩黄貳兩柒分貳釐。

金琢墨彩畫，斗口肆寸伍分，每攢用水膠叁兩玖錢叁分叁釐，白礬肆錢叁分貳釐，土粉壹兩陸錢叁分捌釐，廣靛花叁兩玖錢叁分叁釐，貳碌捌兩陸錢伍分貳釐，彩黄貳兩陸錢貳分貳釐，定粉壹兩玖錢陸分陸釐，大碌壹觔叁兩玖釐，鍋巴碌壹兩捌錢叁分伍釐，青粉壹兩伍錢柒分叁釐，天大青柒兩捌錢陸分陸釐，天貳青壹兩捌錢叁分伍釐，南烟子肆錢伍分捌釐。見方叁寸紅金拾玖帖陸張陸分，見方叁寸黄金拾玖帖陸張陸分，貼金油肆錢伍分貳釐。

烟琢墨彩畫，用水膠肆錢伍分叁釐，白礬肆分玖釐，廣靛花肆錢伍分叁釐，貳碌玖錢玖分陸釐，定粉貳錢貳分陸釐，大碌貳兩壹錢捌分玖釐，鍋巴碌肆錢貳分貳釐，南烟子壹錢伍分壹釐，彩黄叁錢貳釐。

金琢墨彩畫，斗口伍寸，每攢用水膠伍錢伍分捌釐，白礬陸分壹釐，土粉貳錢叁分貳釐，廣靛花伍錢伍分捌釐，貳碌壹兩貳錢貳分柒釐，彩黄叁錢柒分貳釐，定粉貳錢柒分玖釐，大碌貳兩陸錢玖分柒釐，鍋巴碌貳錢陸分，青粉貳錢貳分叁釐，天大青壹兩壹錢壹分陸釐，天貳青貳錢陸分，南烟子陸分伍釐。見方叁寸紅金貳帖柒張玖分，見方叁寸黄金貳帖柒張玖分，貼金油伍錢伍分捌釐。

烟琢墨彩畫，用水膠伍錢伍分捌釐，白礬陸分壹釐，廣靛花伍錢伍分捌釐，貳碌壹兩貳錢貳分柒釐，定粉貳錢柒分玖釐，大碌貳兩陸錢玖分柒釐，鍋巴碌肆兩伍錢叁分貳釐，南烟子壹兩陸錢壹分玖釐，彩黄叁兩貳錢叁分捌釐。

金琢墨彩畫，斗口伍寸伍分，每攢用水膠伍兩捌錢柒分柒釐，白礬陸錢肆分陸釐，土粉貳兩肆錢肆分捌釐，廣靛花伍兩捌錢柒分柒釐，貳碌拾貳兩玖錢貳分玖釐，彩黄叁兩玖錢壹分捌釐，定粉貳兩玖錢叁分捌釐，大碌壹觔拾貳兩肆錢伍釐，鍋巴碌貳兩柒錢肆分貳釐，青粉貳兩叁錢伍分，天大青拾壹兩柒錢伍分肆釐，天貳青貳兩柒錢肆分貳釐，南烟子陸錢捌分伍釐。見方叁寸紅金叁帖叁張柒分，見方叁寸黄金叁帖叁張柒分，貼金油陸錢柒分肆釐。

烟琢墨彩畫，用水膠陸錢柒分伍釐，白礬柒分肆釐，廣靛花陸錢柒分伍釐，貳碌壹兩肆錢捌分伍釐，定粉叁錢叁分柒釐，大碌叁兩貳錢陸分貳釐，鍋巴碌陸錢叁分，南烟子貳錢貳分伍釐，彩黄肆錢伍分。

金琢墨彩畫，斗口陸寸，每攢用水膠捌錢肆釐，白礬捌分捌釐，土粉叁錢叁分伍釐，廣靛花陸兩玖錢玖分叁釐，貳碌拾伍兩叁錢捌分肆釐，彩黄肆兩陸錢陸分叁釐，定粉叁兩肆錢玖分陸釐，大碌貳觔壹兩柒錢玖分玖釐，鍋巴碌叁兩貳錢陸分叁釐，青粉貳兩柒錢玖分柒釐，天大青拾叁兩玖錢捌分陸釐，天貳青叁兩貳錢陸分叁釐，南烟子捌錢壹分伍釐。見方叁寸紅金叁拾肆帖玖張陸分，見方叁寸黄金叁拾肆帖玖張陸分，貼金油陸兩玖錢玖分貳釐。

烟琢墨彩畫，用水膠陸兩玖錢玖分叁釐，白礬柒錢陸分玖釐，廣靛花陸兩玖錢玖分叁釐，貳碌拾伍兩叁錢捌分肆釐，定粉肆錢貳釐，大碌叁兩捌錢捌分陸釐，鍋巴碌柒錢伍分，南烟子貳錢陸分捌釐，彩黄伍錢叁分陸釐。

斗科彩畫開後，計開：

單翹單昂

金琢墨彩畫，斗口壹寸，每攢用水膠壹錢捌分叁釐，白礬貳分，土粉柒分陸釐，廣靛花壹錢捌分叁釐，貳碌肆錢貳釐，彩黄壹錢貳分貳釐，定粉玖分壹釐，大碌捌錢捌分肆釐，鍋巴碌捌分伍釐，青粉柒分叁釐，天大青叁錢陸分陸釐，天貳青捌分伍釐，南烟子貳分壹釐。見方叁寸紅金玖張壹分，見方叁寸黄金玖張壹分，貼金油壹錢捌分貳釐。

烟琢墨彩畫，用水膠壹錢捌分叁釐，白礬貳分，廣靛花壹錢捌分叁釐，貳碌肆錢貳釐，定粉玖分壹釐，大碌捌錢捌分肆釐，鍋巴碌壹錢柒分，南烟子陸分壹釐，彩黄壹錢貳分貳釐。

金琢墨彩畫，斗口壹寸伍分，每攢用水膠肆錢壹分肆釐，白礬肆分伍釐，土粉壹錢柒分貳釐，廣靛花肆錢壹分肆釐，貳碌玖錢壹分，彩黄貳錢柒分陸釐，定粉貳錢柒釐，大碌貳兩壹釐，鍋巴碌壹錢玖分叁釐，青粉壹錢陸分伍釐，天大青捌錢叁分肆釐，天貳青壹錢玖分叁釐，南烟子肆分捌釐。見方叁寸紅金貳帖柒分，見方叁寸黄金貳帖柒分，貼金油肆錢壹分肆釐。

烟琢墨彩畫，用水膠肆錢壹分肆釐，白礬肆分伍釐，廣靛花肆錢壹分肆釐，貳碌玖錢壹分，定粉貳錢柒釐，大碌貳兩壹釐，鍋巴碌叁錢捌分陸釐，南烟子壹錢叁分捌釐，彩黄貳錢柒分陸釐。

金琢墨彩畫，斗口貳寸，每攢用水膠柒錢叁分伍釐，白礬捌分，土粉叁錢陸釐，廣靛花柒錢叁分伍釐，貳碌壹兩陸錢壹分柒釐，彩黄肆錢玖分，定粉叁錢陸分柒釐，大碌叁兩伍錢伍分貳釐，鍋巴碌叁錢肆分叁釐，青粉貳錢玖分肆釐，天大青壹兩肆錢柒分，天貳青貳錢，南烟子伍分。見方叁寸紅金貳帖壹張肆分，見方叁寸黄金貳帖壹張肆分，貼金油肆錢貳分捌釐。

烟琢墨彩畫，用水膠肆錢貳分玖釐，白礬肆分柒釐，廣靛花肆錢貳分玖釐，貳碌玖錢肆分叁釐，定粉貳錢壹分肆釐，大碌貳兩柒分叁釐，鍋巴碌肆錢，南烟子壹錢肆分貳釐，彩黄貳錢捌分肆釐。

金琢墨彩畫，斗口貳寸伍分，每攢用水膠陸錢陸分玖釐，白礬柒分叁釐，土粉貳錢柒分捌釐，廣靛花陸錢陸分玖釐，貳碌壹兩肆錢柒分壹釐，彩黄肆錢肆分陸釐，定粉叁錢叁分肆釐，大碌叁兩貳錢叁分叁釐，鍋巴碌叁錢壹分貳釐，青粉貳錢陸分柒釐，天大青壹兩叁錢叁分捌釐，天貳青叁錢壹分貳釐，南烟子柒分捌釐。見方叁寸紅金叁帖叁張肆分，見方叁寸黄金叁帖叁張肆分，貼金油陸錢陸分捌釐。

烟琢墨彩畫，用水膠陸錢陸分玖釐，白礬柒分叁釐，廣靛花陸錢陸分玖釐，貳碌壹兩肆錢柒分壹釐，定粉叁錢叁分肆釐，大碌叁兩貳錢叁分叁釐，鍋巴碌陸錢貳分肆釐，南烟子貳錢貳分叁釐，彩黄肆錢肆分陸釐。

金琢墨彩畫，斗口叁寸，每攢用水膠玖錢陸分，白礬壹錢伍釐，土粉肆錢壹分捌釐，廣靛花玖錢陸分，貳碌貳兩壹錢壹分捌釐，彩黄陸錢肆分貳釐，定粉肆錢捌分壹釐，大碌肆兩陸錢伍分肆釐，鍋巴碌肆錢肆分玖釐，青粉叁錢捌分伍釐，天大青壹兩玖錢貳分陸釐，天貳青肆錢肆分玖釐，南烟子壹錢壹分貳釐。見方叁寸紅金肆帖捌張壹分，見方叁寸黄金肆帖捌張壹分，貼金油玖錢陸分壹釐。

烟琢墨彩畫，用水膠玖錢陸分，白礬壹錢伍釐，廣靛花玖錢陸分，貳碌貳兩壹錢壹分捌釐，定粉肆錢捌分壹釐，大碌肆兩陸錢伍分肆釐，鍋巴碌捌錢玖分捌釐，南烟子叁錢貳分壹釐，彩黄陸錢肆分貳釐。

金琢墨彩畫，斗口叁寸伍分，每攢用水膠壹兩叁錢壹分肆釐，白礬壹錢肆分肆釐，土粉伍錢肆分柒釐，廣靛花壹兩叁錢壹分肆釐，貳碌貳兩捌錢玖分，彩黄捌錢柒分肆釐，定粉陸錢伍分柒釐，大碌陸兩叁錢伍分壹釐，鍋巴碌陸錢壹分叁釐，青粉伍錢貳分伍釐，天大青貳兩陸錢貳分捌釐，天貳青陸錢壹分叁釐，南烟子壹錢伍分叁釐。見方叁寸紅金陸帖伍張柒分，見方叁寸黄金陸帖伍張柒分，貼金油壹兩叁錢壹分肆釐。

烟琢墨彩畫，用水膠壹兩叁錢壹分肆釐，白礬壹錢肆分肆釐，廣靛花壹兩叁錢壹分肆釐，貳碌貳兩捌錢玖分，定粉陸錢伍分柒釐，大碌陸兩叁錢伍分壹釐，鍋巴碌壹兩貳錢貳分陸釐，南烟子肆錢叁分柒釐，彩黄捌錢柒分肆釐。

金琢墨彩畫，斗口肆寸，每攢用水膠壹兩柒錢壹分叁釐，白礬壹錢捌分捌釐，土粉捌錢壹分叁釐，廣靛花壹兩柒錢壹分叁釐，貳碌叁兩柒錢陸分捌釐，彩黄壹兩壹錢肆分貳釐，定粉捌錢伍分陸釐，大碌拾肆兩貳錢叁分玖釐，鍋巴碌壹兩叁錢柒分肆釐，青粉壹兩壹錢柒分捌釐，天大青伍兩捌錢玖分貳釐，天貳青壹兩叁錢柒分肆釐，南烟子叁錢肆分叁釐。見方叁寸紅金拾肆帖柒張叁分，見方叁寸黄金拾肆帖柒張叁分，貼金油貳兩玖錢肆分陸釐。

烟琢墨彩畫，用水膠貳兩玖錢肆分陸釐，白礬叁錢貳分肆釐，廣靛花貳兩玖錢肆分陸釐，貳碌陸兩肆錢捌分壹釐，定粉壹兩肆錢柒分叁釐，大碌拾肆兩貳錢叁分玖釐，鍋巴碌貳兩柒錢肆分捌釐，南烟子玖錢捌分貳釐，彩黄壹兩壹錢肆分貳釐。

金琢墨彩畫，斗口肆寸伍分，每攢用水膠貳兩壹錢陸分玖釐，白礬貳錢叁分捌釐，土粉玖錢叁釐，廣靛花貳兩壹錢陸分玖釐，貳碌肆兩柒錢柒分壹釐，彩黄壹兩肆錢肆分陸釐，定粉壹兩捌分肆釐，大碌拾兩肆錢捌分叁釐，鍋巴碌壹兩壹分貳釐，青粉捌錢陸分柒釐，天大青肆兩叁錢叁分捌釐，天貳青壹兩壹分貳釐，南烟子貳錢伍分叁釐。見方叁寸紅金拾帖捌張肆分，見方叁寸黄金拾帖捌張肆分，貼金油貳兩壹錢陸分捌釐。

烟琢墨彩畫，用水膠貳兩壹錢陸分玖釐，白礬貳錢叁分捌釐，廣靛花貳兩壹錢陸分玖釐，貳碌肆兩柒錢柒分壹釐，定粉壹兩捌分肆釐，大碌拾兩肆錢捌分叁釐，鍋巴碌貳兩貳分肆釐，南烟子柒錢貳分叁釐，彩黄壹兩肆錢肆分陸釐。

金琢墨彩畫，斗口伍寸，每攢用水膠貳兩陸錢柒分玖釐，白礬貳錢玖分肆釐，土粉壹兩壹錢壹分陸釐，廣靛花貳兩陸錢柒分玖釐，貳碌伍兩捌錢玖分叁釐，彩黄叁兩柒分，定粉貳兩叁錢貳釐，大碌壹觔陸兩貳錢伍分柒釐，鍋巴碌貳兩壹錢肆分玖釐，青粉壹兩捌錢肆分貳釐，天大青玖兩貳錢壹分，天貳青貳兩壹錢肆分玖釐，南烟子伍錢叁分柒釐。見方叁寸紅金貳拾叁帖貳分，見方叁寸黄金貳拾叁帖貳分，貼金油肆兩陸錢肆釐。

烟琢墨彩畫，用水膠肆兩陸錢伍釐，白礬伍錢陸釐，廣靛花肆兩陸錢伍釐，貳碌拾兩壹錢叁分壹釐，定粉貳兩叁錢貳釐，大碌壹觔陸兩貳錢伍分柒釐，鍋巴碌肆兩貳錢玖分捌釐，南烟子壹兩伍錢叁分伍釐，彩黄叁兩柒分。

金琢墨彩畫，斗口伍寸伍分，每攢用水膠伍兩伍錢柒分壹釐，白礬陸錢壹分貳釐，土粉貳兩叁錢貳分壹釐，廣靛花伍兩伍錢柒分壹釐，貳碌拾貳兩貳錢伍分陸釐，彩黄叁兩柒錢壹分肆釐，定粉貳兩柒錢捌分伍釐，大碌壹觔拾兩玖分貳釐，鍋巴碌貳兩伍錢玖分玖釐，青粉貳兩貳錢貳分捌釐，天大青拾壹兩壹錢肆分貳釐，天貳青貳兩伍錢玖分玖釐，南烟子陸錢肆分玖釐。見方叁寸紅金貳拾柒帖捌張伍分，見方叁寸黄金貳拾柒帖捌張伍分，貼金油伍兩伍錢柒分。

烟琢墨彩畫，用水膠伍兩伍錢柒分壹釐，白礬陸錢壹分貳釐，廣靛花伍兩伍錢柒分壹釐，貳碌拾貳兩貳錢伍分陸釐，定粉貳兩柒錢捌分伍釐，大碌壹觔拾兩玖分貳釐，鍋巴碌伍兩壹錢玖分捌釐，南烟子壹兩捌錢伍分柒釐，彩黄叁兩柒錢壹分肆釐。

金琢墨彩畫，斗口陸寸，每攢用水膠陸兩陸錢叁分叁釐，白礬柒錢貳分玖釐，土粉貳兩柒錢陸分叁釐，廣靛花叁兩捌錢伍分捌釐，貳碌捌兩肆錢捌分柒釐，彩黄貳兩伍錢柒分貳釐，定粉壹兩玖錢貳分玖釐，大碌壹觔貳兩陸錢肆分釐，鍋巴碌壹兩捌錢，青粉壹兩伍錢肆分叁釐，天大青柒兩柒錢壹分陸釐，天貳青壹兩捌錢，南烟子肆錢伍分。見方叁寸紅金拾玖帖貳張玖分，見方叁寸黄金拾玖帖貳張玖分，貼金油叁兩捌錢伍分捌釐。

烟琢墨彩畫，用水膠叁兩捌錢伍分捌釐，白礬肆錢貳分肆釐，廣靛花叁兩捌錢伍分捌釐，貳碌捌兩肆錢捌分柒釐，定粉壹兩玖錢貳分玖釐，大碌壹觔貳兩陸錢肆分柒釐，鍋巴碌叁兩陸錢，南烟子壹兩貳錢捌分陸釐，彩黄貳兩伍錢柒分貳釐。

斗科彩畫開後，計開：

内裏品字科

金琢墨彩畫，斗口壹寸，每攢用水膠玖分陸釐，白礬壹分，土粉肆分，廣靛花玖分陸釐，貳碌貳錢壹分壹釐，彩黄陸分貳釐，定粉肆分捌釐，大碌肆錢陸分肆釐，鍋巴碌肆分肆釐，青粉叁分捌釐，天大青壹錢玖分貳釐，天貳青肆分肆釐，南烟子壹分壹釐。見方叁寸紅金肆張捌分，見方叁寸黄金肆張捌分，貼金油玖分陸釐。

烟琢墨彩畫，用水膠玖分陸釐，白礬壹分，廣靛花玖分陸釐，貳碌貳錢壹分壹釐，定粉肆分捌釐，大碌肆錢陸分肆釐，鍋巴碌捌分捌釐，南烟子叁分壹釐，彩黄陸分貳釐。

金琢墨彩畫，斗口壹寸伍分，每攢用水膠貳錢壹分叁釐，白礬貳分叁釐，土粉捌分捌釐，廣靛花貳錢壹分叁釐，貳碌肆錢陸分捌釐，彩黄壹錢肆分貳釐，定粉壹錢陸釐，大碌壹兩貳分玖釐，鍋巴碌玖分玖釐，青粉捌分伍釐，天大青肆錢貳分陸釐，天貳青玖分玖釐，南烟子貳分肆釐。見方叁寸紅金壹帖陸分，見方叁寸黄金壹帖陸分，貼金油貳錢壹分貳釐。

烟琢墨彩畫，用水膠貳錢壹分叁釐，白礬貳分叁釐，廣靛花貳錢壹分叁釐，貳碌肆錢陸分捌釐，定粉叁錢貳分柒釐，大碌叁兩壹錢陸分壹釐，鍋巴碌陸錢壹分，南烟子貳錢壹分捌釐，彩黄肆錢叁分陸釐。

金琢墨彩畫，斗口貳寸，每攢用水膠壹兩壹錢陸分肆釐，白礬壹錢貳分捌釐，土粉肆錢捌分伍釐，廣靛花壹兩壹錢陸分肆釐，貳碌貳兩伍錢陸分，彩黄柒錢柒分陸釐，定粉伍錢捌分貳釐，大碌伍兩陸錢貳分陸釐，鍋巴碌伍錢肆分叁釐，青粉肆錢陸分伍釐，天大青貳兩叁錢貳分捌釐，天貳青壹錢柒分貳釐，南烟子肆分肆釐。見方叁寸紅金壹帖玖張，見方叁寸黄金壹帖玖張，貼金油叁錢捌分。

烟琢墨彩畫，用水膠叁錢捌分壹釐，白礬肆分壹釐，廣靛花叁錢捌分壹釐，貳碌捌錢叁分捌釐，定粉壹錢玖分，大碌壹兩捌錢肆分壹釐，鍋巴碌叁錢伍分肆釐，南烟子壹錢貳分柒釐，彩黄貳錢伍分肆釐。

金琢墨彩畫，斗口貳寸伍分，每攢用水膠伍錢玖分肆釐，白礬陸分伍釐，土粉貳錢肆分柒釐，廣靛花伍錢玖分陸釐，貳碌壹兩叁錢陸釐，彩黄叁錢玖分陸釐，定粉貳錢玖分柒釐，大碌貳兩叁錢柒分壹釐，鍋巴碌貳錢柒分柒釐，青粉貳錢叁分柒釐，天大青壹兩壹錢捌分捌釐，天貳青貳錢柒分柒釐，南烟子陸分玖釐。見方叁寸紅金貳帖玖張柒分，見方叁寸黄金貳帖玖張柒分，貼金油伍錢玖分肆釐。

烟琢墨彩畫，用水膠伍錢玖分肆釐，白礬陸分伍釐，廣靛花壹兩捌錢貳分壹釐，貳碌肆兩陸釐，定粉玖錢壹分，大碌捌兩捌錢壹釐，鍋巴碌壹兩陸錢玖分捌釐，南烟子陸錢柒釐，彩黄壹兩貳錢壹分肆釐。

金琢墨彩畫，斗口叁寸，每攢用水膠貳兩陸錢貳分貳釐，白礬貳錢捌分捌釐，土粉壹兩玖分貳釐，廣靛花貳兩陸錢貳分貳釐，貳碌伍兩柒錢陸分捌釐，彩黄壹兩柒錢肆分捌釐，定粉壹兩叁錢壹分壹釐，大碌拾貳兩陸錢柒分叁釐，鍋巴碌壹兩貳錢貳分叁釐，青粉叁錢肆分叁釐，天大青壹兩柒錢壹分陸釐，天貳青肆錢，南烟子壹錢。見方叁寸紅金肆帖貳張玖分，見方叁寸黄金肆帖貳張玖分，貼金油捌錢伍分捌釐。

烟琢墨彩畫，用水膠捌錢伍分捌釐，白礬玖分肆釐，廣靛花捌錢伍分捌釐，貳碌壹兩捌錢捌分柒釐，定粉肆錢貳分玖釐，大碌陸兩壹錢肆分柒釐，鍋巴碌捌錢，南烟子貳錢捌分伍釐，彩黄伍錢柒分。

金琢墨彩畫，斗口叁寸伍分，每攢用水膠叁兩伍錢柒分，白礬叁錢玖分貳釐，土粉壹兩肆錢捌分柒釐，廣靛花叁兩伍錢柒分，貳碌柒兩捌錢伍分肆釐，彩黄貳兩叁錢捌分，定粉壹兩柒錢捌分伍釐，大碌壹觔壹兩貳錢伍分伍釐，鍋巴碌壹兩陸錢陸分陸釐，青粉壹兩肆錢貳分捌釐，天大青柒兩壹錢肆分，天貳青壹兩陸錢陸分陸釐，南烟子肆錢壹分陸釐。見方叁寸紅金拾柒帖捌張伍分，見方叁寸黄金拾柒帖捌張伍分，貼金油叁兩伍錢柒分。

烟琢墨彩畫，用水膠壹兩壹錢陸分柒釐，白礬壹錢貳分捌釐，廣靛花壹兩壹錢陸分柒釐，貳碌貳兩伍錢陸分柒釐，定粉陸錢捌分，大碌伍兩陸錢肆分，鍋巴碌壹兩捌分捌釐，南烟子叁錢捌分玖釐，彩黄柒錢柒分捌釐。

金琢墨彩畫，斗口肆寸，每攢用水膠壹兩伍錢貳分肆釐，白礬壹錢陸分柒釐，土粉陸錢叁分伍釐，廣靛花壹兩伍錢貳分肆釐，貳碌叁兩叁錢伍分貳釐，彩黄壹兩壹分陸釐，定粉柒錢陸分貳釐，大碌壹觔陸兩伍錢叁分叁釐，鍋巴碌貳兩壹錢柒分伍釐，青粉壹兩捌錢陸分肆釐，天大青玖兩叁錢貳分肆釐，天貳青貳兩壹錢柒分伍釐，南烟子伍錢肆分叁釐。見方叁寸紅金貳拾叁帖叁張壹分，見方叁寸黄金貳拾叁帖叁張壹分，貼金油肆兩陸錢陸分貳釐。

烟琢墨彩畫，用水膠肆兩陸錢陸分貳釐，白礬伍錢壹分貳釐，廣靛花肆兩陸錢陸分貳釐，貳碌拾兩貳錢伍分陸釐，定粉貳兩叁錢叁分壹釐，大碌壹觔陸兩伍錢叁分叁釐，鍋巴碌肆兩叁錢伍分，南烟子壹兩伍錢肆分肆釐，彩黄壹兩壹分陸釐。

金琢墨彩畫，斗口肆寸伍分，每攢用水膠壹兩玖錢貳分玖釐，白礬貳錢壹分貳釐，土粉捌錢叁釐，廣靛花壹兩玖錢貳分玖釐，貳碌肆兩貳錢肆分叁釐，彩黄壹兩貳錢捌分陸釐，定粉玖壹陸分，大碌玖兩叁錢貳分叁釐，鍋巴碌玖錢，青粉柒錢柒分壹釐，天大青叁兩捌錢伍分捌釐，天貳青玖錢，南烟子貳錢貳分伍釐。見方叁寸紅金玖帖陸張肆分，見方叁寸黄金玖帖陸張肆分，貼金油壹兩玖錢貳分捌釐。

烟琢墨彩畫，用水膠壹兩玖錢貳分玖釐，白礬貳錢壹分貳釐，廣靛花壹兩玖錢貳分玖釐，貳碌肆兩貳錢肆分叁釐，定粉玖錢陸分，大碌玖兩叁錢貳分叁釐，鍋巴碌壹兩玖錢，南烟子陸錢肆分叁釐，彩黄壹兩貳錢捌分陸釐。

金琢墨彩畫，斗口伍寸，每攢用水膠貳兩叁錢捌分貳釐，白礬貳錢陸分貳釐，土粉玖錢玖分貳釐，廣靛花貳兩叁錢捌分貳釐，貳碌伍兩貳錢肆釐，彩黄壹兩伍錢捌分陸釐，定粉壹兩壹錢玖分壹釐，大碌拾壹兩伍錢壹分叁釐，鍋巴碌壹兩壹錢壹分壹釐，青粉玖錢伍分貳釐，天大青肆兩柒錢陸分肆釐，天貳青壹兩壹錢壹分壹釐，南烟子貳錢柒分柒釐。見方叁寸紅金拾壹帖玖張壹分，見方叁寸黄金拾壹帖玖張壹分，貼金油貳兩叁錢捌分貳釐。

烟琢墨彩畫，用水膠貳兩叁錢捌分貳釐，白礬貳錢陸分貳釐，廣靛花貳兩叁錢捌分貳釐，貳碌伍兩貳錢肆分，定粉壹兩壹錢玖分壹釐，大碌拾壹兩伍錢壹分叁釐，鍋巴碌貳兩貳錢貳分貳釐，南烟子柒錢玖分叁釐，彩黃壹兩伍錢捌分陸釐。

金琢墨彩畫，斗口伍寸伍分，每攢用水膠貳兩捌錢捌分叁釐，白礬叁錢壹分柒釐，土粉壹兩壹錢壹釐，廣靛花貳兩捌錢捌分叁釐，貳碌陸兩叁錢肆分貳釐，彩黃壹兩玖錢貳分貳釐，定粉壹兩肆錢肆分壹釐，大碌拾叁兩玖錢叁分肆釐，鍋巴碌壹兩叁錢肆分伍釐，青粉壹兩壹錢伍分叁釐，天大青伍兩柒錢陸分陸釐，天貳青壹兩叁錢肆分伍釐，南烟子叁錢叁分陸釐。見方叁寸紅金拾肆帖肆張壹分，見方叁寸黃金拾肆帖肆張壹分，貼金油貳兩捌錢捌分貳釐。

烟琢墨彩畫，用水膠貳兩捌錢捌分叁釐，白礬叁錢壹分柒釐，廣靛花貳兩捌錢捌分叁釐，貳碌陸兩叁錢肆分貳釐，定粉壹兩肆錢肆分壹釐，大碌拾叁兩玖錢叁分肆釐，鍋巴碌貳兩陸錢玖分，南烟子玖錢陸分，彩黃壹兩玖錢貳分。

金琢墨彩畫，斗口陸寸，每攢用水膠叁兩肆錢貳分玖釐，白礬叁錢柒分柒釐，土粉壹兩肆錢貳分捌釐，廣靛花叁兩肆錢貳分玖釐，貳碌柒兩伍錢肆分叁釐，彩黃貳兩貳錢捌分陸釐，定粉壹兩柒錢壹分肆釐，大碌壹觔伍錢柒分叁釐，鍋巴碌壹兩陸錢，青粉壹兩叁錢柒分貳釐，天大青陸兩捌錢伍分捌釐，天貳青壹兩陸錢，南烟子肆錢。見方叁寸紅金拾柒帖壹張肆分，見方叁寸黃金拾柒帖壹張肆分，貼金油叁兩肆錢貳分捌釐。

烟琢墨彩畫，用水膠叁兩肆錢貳分玖釐，白礬叁錢柒分柒釐，廣靛花叁兩肆錢貳分玖釐，貳碌柒兩伍錢肆分叁釐，定粉伍兩貳錢肆分柒釐，大碌叁觔貳兩柒錢貳分壹釐，鍋巴碌玖兩柒錢玖分肆釐，南烟子叁兩肆錢玖分捌釐，彩黃陸兩玖錢玖分陸釐。

斗科彩畫開後，計開：

隔架科

金琢墨彩畫，斗口壹寸，每攢用水膠玖分陸釐，白礬壹分，土粉肆分，廣靛花玖分陸釐，貳碌貳錢壹分壹釐，彩黃陸分肆釐，定粉肆分捌釐，大碌肆錢陸分肆釐，鍋巴碌肆分肆釐，青粉叁分捌釐，天大青壹錢玖分貳釐，天貳青肆分肆釐，南烟子壹分壹釐。見方叁寸紅金肆張捌分，見方叁寸黃金肆張捌分，貼金油玖分陸釐。

烟琢墨彩畫，斗口壹寸，每攢用水膠玖分陸釐，白礬壹分，廣靛花玖分陸釐，貳碌貳錢壹分壹釐，定粉肆分捌釐，大碌肆錢陸分肆釐，鍋巴碌捌分捌釐，南烟子叁分貳釐，彩黃陸分肆釐。

金琢墨彩畫，斗口壹寸伍分，每攢用：水膠貳錢壹分陸釐，白礬貳分叁釐，廣靛花貳錢壹分陸釐，貳碌肆錢柒分伍釐，彩黃壹錢肆分肆釐，定粉壹錢捌釐，大碌壹兩肆分肆釐，鍋巴碌壹錢，青粉捌分陸釐，天大青肆錢叁分貳釐，天貳青壹錢，南烟子貳分伍釐。見方叁寸紅金壹帖捌分，見方叁寸黃金壹帖捌分，貼金油貳錢壹分陸釐。

烟琢墨彩畫，用水膠貳錢壹分陸釐，白礬貳分叁釐，廣靛花貳錢壹分陸釐，貳碌肆錢柒分伍釐，定粉肆錢肆分柒釐，大碌肆兩叁錢貳分壹釐，鍋巴碌捌錢叁分肆釐，南烟子貳錢玖分捌釐，彩黃伍錢玖分陸釐。

金琢墨彩畫，斗口貳寸，每攢用水膠壹兩伍錢玖分，白礬壹錢柒分肆釐，土粉陸錢陸分貳釐，廣靛花壹兩伍錢玖分，貳碌叁兩肆錢玖分捌釐，彩黃壹兩陸分，定粉柒錢玖分伍釐，大碌柒兩陸錢捌分伍釐，鍋巴碌柒錢肆分貳釐，青粉陸錢叁分陸釐，天大青叁兩壹錢捌分，天貳青柒錢肆分貳釐，南烟子壹錢捌分伍釐。見方叁寸紅金柒帖玖張伍分，見方叁寸黃金柒帖玖張伍分，貼金油壹兩伍錢玖分。

烟琢墨彩畫，用水膠壹兩伍錢玖分，白礬壹錢柒分肆釐，廣靛花壹兩伍錢玖分，貳碌叁兩肆錢玖分捌釐，定粉柒錢玖分伍釐，大碌柒兩陸錢捌分伍釐，鍋巴碌壹兩肆錢捌分肆釐，南烟子伍錢叁分，彩黃壹兩陸分。

金琢墨彩畫，斗口貳寸伍分，每攢用水膠貳兩肆錢捌分肆釐，白礬陸分陸釐，土粉貳錢伍分，廣靛花陸錢，貳碌壹兩叁錢貳分，彩黃肆錢，定粉叁錢，大碌貳兩玖錢，鍋巴碌貳錢捌分，青粉貳錢肆分，天大青壹兩貳錢，天貳青貳錢捌分，南烟子柒分。見方叁寸紅金叁帖，見方叁寸黃金叁帖，貼金油陸錢。

烟琢墨彩畫，用水膠陸錢，白礬陸分陸釐，廣靛花陸錢，貳碌壹兩叁錢貳分，定粉叁錢，大碌貳兩玖錢，鍋巴碌伍錢陸分，南烟子貳錢，彩黃肆錢。

金琢墨彩畫，斗口叁寸，每攢用水膠捌錢陸分柒釐，白礬玖分伍釐，土粉叁錢陸分壹釐，廣靛花捌錢陸分柒釐，貳碌壹兩玖錢柒分柒釐，彩黃伍錢柒分陸釐，定粉肆錢叁分叁釐，大碌肆兩壹錢玖分，鍋巴碌肆錢肆釐，青粉壹兩肆錢叁分壹釐，天大青柒兩壹錢伍分捌釐，天貳青壹兩陸錢柒分，南烟子肆錢壹分柒釐。見方叁寸紅金拾柒帖捌張玖分，見方叁寸黃金拾柒帖捌張玖分，貼金油叁兩伍錢柒分捌釐。

烟琢墨彩畫，用水膠叁兩伍錢柒分玖釐，白礬叁錢玖分叁釐，廣靛花叁兩伍錢柒分玖釐，貳碌柒兩捌錢柒分叁釐，定粉壹兩柒錢捌分玖釐，大碌壹觔壹兩貳錢玖分捌釐，鍋巴碌叁兩叁錢肆分，南烟子壹兩壹錢玖分叁釐，彩黃貳兩叁錢捌分陸釐。

金琢墨彩畫，斗口叁寸伍分，每攢用水膠肆兩捌錢柒分貳釐，白礬伍錢叁分伍釐，土粉貳兩叁分，廣靛花肆兩捌錢柒分貳釐，貳碌拾兩柒錢壹分捌釐，彩黃叁兩貳錢肆分捌釐，定粉貳兩肆錢叁分陸釐，大碌壹觔柒兩伍錢肆分捌釐，鍋巴碌貳兩貳錢柒分叁釐，青粉壹兩玖錢肆分捌釐，天大青玖兩柒錢肆分肆釐，天貳青貳兩貳錢柒分叁釐，南烟子伍錢陸分捌釐。見方叁寸紅金貳拾肆帖叁張陸分，見方叁寸黃金貳拾肆帖叁張陸分，貼金油肆兩捌錢柒分貳釐。

烟琢墨彩畫，用水膠壹兩壹錢柒分玖釐，白礬壹錢貳分玖釐，廣靛花壹兩壹錢柒分玖釐，貳碌貳兩伍錢玖分叁釐，定粉陸錢捌分玖釐，大碌伍兩陸錢玖分捌釐，鍋巴碌壹兩壹錢，南烟子叁錢玖分叁釐，彩黃柒錢捌分陸釐。

金琢墨彩畫，斗口肆寸，每攢用水膠壹兩伍錢叁分玖釐，白礬壹錢陸分玖釐，土粉陸錢肆分壹釐，廣靛花壹兩伍錢叁分玖釐，貳碌叁兩叁錢捌分伍釐，彩黃壹兩貳分陸釐，定粉柒錢陸分玖釐，大碌壹觔拾肆兩柒錢伍分肆釐，鍋巴碌貳兩玖錢陸分玖釐，青粉貳兩伍錢肆分伍釐，天大青拾貳兩柒錢貳分陸釐，天貳青貳兩玖錢陸分玖釐，南烟子柒錢肆分貳釐。見方叁寸紅金叁拾壹帖捌張壹分，見方叁寸黃金叁拾壹帖捌張壹分，貼金油陸兩叁錢陸分貳釐。

烟琢墨彩畫，用水膠陸兩叁錢陸分叁釐，白礬陸錢玖分玖釐，廣靛花陸兩叁錢陸分叁釐，貳碌拾叁兩玖錢玖分捌釐，定粉叁兩壹錢捌分壹釐，大碌壹觔拾肆兩柒錢伍分肆釐，鍋巴碌伍兩玖錢叁分捌釐，南烟子貳兩壹錢貳分壹釐，彩黃肆兩貳錢肆分貳釐。

金琢墨彩畫，斗口肆寸伍分，每攢用水膠捌兩伍分貳釐，白礬捌錢捌分伍釐，土粉叁兩叁錢伍分伍釐，廣靛花捌兩伍分貳釐，貳碌壹觔壹兩柒錢壹分肆釐，彩黃伍兩叁錢陸分捌釐，定粉肆兩貳分陸釐，大碌貳觔陸兩玖錢壹分捌釐，鍋巴碌叁兩柒錢伍分柒釐，青粉叁兩貳錢貳分，天大青壹觔壹錢肆釐，天貳青叁兩柒錢伍分柒釐，南烟子玖錢叁分玖釐。見方叁寸紅金肆拾帖貳張陸分，見方叁寸黃金肆拾帖貳張陸分，貼金油捌兩伍分貳釐。

烟琢墨彩畫，用水膠捌兩伍分貳釐，白礬捌錢捌分伍釐，廣靛花捌兩伍分貳釐，貳碌壹觔壹兩柒錢壹分肆釐，定粉肆兩貳分陸釐，大碌貳觔陸兩玖錢壹分捌釐，鍋巴碌柒兩伍錢壹分肆釐，南烟子貳兩陸錢捌分肆釐，彩黃伍兩叁錢陸分捌釐。

金琢墨彩畫，斗口伍寸，每攢用水膠玖兩玖錢肆分貳釐，白礬壹兩玖分叁釐，土粉肆兩壹錢肆分貳釐，廣靛花玖兩玖錢肆分貳釐，貳碌壹觔伍兩捌錢柒分貳釐，彩黃壹兩陸錢肆釐，大碌拾壹兩陸錢，定粉壹兩貳錢，鍋巴碌壹兩壹錢貳分，青粉玖錢陸分，天大青肆兩捌錢，天貳青壹兩壹錢貳分，南烟子貳錢捌分。見方叁寸紅金拾貳帖，見方叁寸黃金拾貳帖，貼金油貳兩肆錢。

烟琢墨彩畫，用水膠貳兩肆錢陸釐，白礬貳錢陸分肆釐，廣靛花貳兩肆錢陸釐，貳碌伍兩貳錢玖分叁釐，定粉壹兩貳錢，大碌拾壹兩陸錢，鍋巴碌貳兩貳錢肆分，南烟子捌錢貳釐，彩黃壹兩陸錢肆釐。

金琢墨彩畫，斗口伍寸伍分，每攢用水膠貳兩玖錢壹分叁釐，白礬叁錢貳分，土粉壹兩貳錢壹分叁釐，廣靛花貳兩玖錢壹分叁釐，貳碌陸兩肆錢捌釐，彩黃壹兩玖錢肆分，定粉壹兩肆錢伍分陸釐，大碌拾肆兩柒分玖釐，鍋巴碌壹兩叁錢伍分玖釐，青粉壹兩壹錢陸分伍釐，天大青伍兩捌錢貳分陸釐，天貳青壹兩叁錢伍分玖釐，南烟子叁錢叁分玖釐。見方叁寸紅金陸拾帖壹張伍分，見方叁寸黃金陸拾帖壹張伍分，貼金油拾貳兩叁分。

烟琢墨彩畫，用水膠拾貳兩叁分，白礬壹兩叁錢貳分叁釐，廣靛花拾貳兩叁分，貳碌壹觔拾兩肆錢陸分陸釐，定粉陸兩壹分伍釐，大碌叁觔拾兩壹錢肆分伍釐，鍋巴碌拾壹兩貳錢貳分捌釐，南烟子肆兩壹分，彩黃捌兩貳分。

金琢墨彩畫，斗口陸寸，每攢用水膠拾肆兩叁錢壹分玖釐，白礬壹兩伍錢柒分伍釐，土粉伍兩玖錢陸分陸釐，廣靛花叁兩肆錢陸分伍釐，貳碌柒兩陸錢貳分叁釐，彩黃貳兩叁錢壹分，定粉壹兩柒錢叁分貳釐，大碌壹觔柒錢肆分柒釐，鍋巴碌壹兩陸錢壹分柒釐，青粉壹兩叁錢捌分陸釐，天大青陸兩玖錢叁分，天貳青壹兩陸錢壹分柒釐，南烟子肆錢肆釐。見方叁寸紅金拾柒帖叁張貳分，見方叁寸黃金拾柒帖叁張貳分，貼金油叁兩肆錢陸分肆釐。

烟琢墨彩畫，用水膠叁兩肆錢陸分肆釐，白礬叁錢捌分壹釐，廣靛花叁兩肆錢陸分伍釐，貳碌柒兩陸錢貳分叁釐，定粉柒兩壹錢伍分玖釐，大碌肆觔伍兩貳錢捌釐，鍋巴碌拾叁兩叁錢陸分肆釐，南烟子肆兩柒錢柒分叁釐，彩黃玖兩伍錢肆分陸釐。

裱作用料

愛新覺羅・允禮等《工程做法》卷六〇《裱作用料》 裱作做法開後，計開：

隔井天花，用白棉榜紙托夾堂，苧布糊頭層，底貳號高麗紙糊兩層，山西練熟絹、白棉榜紙扎裱面層。錠鉸匠壓錠，隨天花之燕尾，用山西絹、綿榜紙托裱。又用山西紙托夾堂，苧布糊頭層，底貳號高麗紙壹層，山西練熟絹白、棉榜紙托裱面層。錠鉸匠壓錠，隨天花之燕尾，用山西絹托棉榜紙。

海墁天花，用白棉榜紙托夾堂，苧布糊頭層，底貳號高麗紙横順糊兩層，山西絹托榜紙，過畫作畫完，裱糊面層。又用山西紙托夾堂，苧布糊頭層，底貳號高麗紙横順糊壹層，山西絹托棉榜紙。

糊飾頂槅、樑柱裝修等項，俱用高麗紙壹層，面層所用紙張，臨期酌定。

裱糊木壁板牆，山西紙托夾堂，苧布糊頭層，底貳號高麗紙横順糊貳層，面層出線角雲所用紙張，臨期酌定。又用山西紙壹層，貳號高麗紙壹層托夾堂，苧布面層，出線角雲，臨期酌定。

博縫糊飾，如槅扇壹槽肆扇，用硬博縫叁條，硬横縫捌條，俱用裱料紙托裱合背肆拾層，面用綾緞托裱黄榜紙壹層，高麗紙壹層，貳面包裹亮釘壓錠，軟博縫貳條，用黄榜紙托裱綾緞面亮釘壓錠。又頂槅糊底，用山西紙壹層，上白欒紙壹層，竹料連肆紙壹層。牆垣樑柱等項，不用山西紙。

羣肩用貳白欒紙糊底面紙壹層，臨期擬定。又頂槅用貳白欒紙纏秫稭紮架子山西紙糊底，面層白欒紙。

柁木、裝修、牆壁，用貳白欒紙糊底，面層白欒紙。

秫稭紮架子每折見方壹丈，用秫稭肆拾伍根。每秫稭壹根纏貳白欒紙，横順均折每根用貳白欒紙捌分張。每折見方壹丈，用線蔴壹兩伍錢。

裱糊緞錦，每層每折見方壹尺用白麵貳錢。

裱糊各樣綾絹，每層每折見方壹尺用白麵壹錢肆分。

裱糊紗，每層每折見方壹尺用白麵壹錢貳分。

裱糊布疋，每層每折見方壹尺用白麵壹錢陸分。

裱糊苧布，每層每折見方壹尺用白麵壹錢。

裱糊各樣紙張，每層每折見方壹尺用白麵捌分。

以上各樣裱糊，每麵壹百觔加白礬壹觔，木柴貳拾伍觔。有木作工程不准增買價值。

糊飾窗户，加對縫耗紙，每見方拾尺加伍寸。各項打截押邊糊飾加耗紙，每見方壹尺加伍分。

户部咨開錦緞紗綾絹布紙張尺寸開後：

庫存拾陸項：香色杭細、杏黄杭細，每匹俱長肆丈，寬貳尺。白紗、天藍紗，每匹俱長肆丈貳叁尺不等，寬貳尺壹寸。石青綾、紅綾、白綾、杏黄綾、明黄綾，每匹俱長叁丈壹貳尺不等，寬壹尺陸寸。片金緞，每疋長肆丈貳叁尺不等，寬貳尺壹寸。山西絹，每疋俱長肆丈，寬貳尺壹寸。石青片金，每疋長肆丈貳叁尺不等，寬貳尺壹寸。石青花綾，每疋長叁丈壹貳尺不等，寬壹尺陸寸。藍叁梭布，每疋長貳丈，寬壹尺壹寸。苧布，每疋長叁丈，寬壹尺壹寸。

採買貳項：銀條紗，每疋長叁丈肆丈不等，寬壹尺陸寸。畫絹，每疋長叁丈肆丈不等，寬壹尺陸寸。

顔料庫庫存紙張拾壹項：貳號高麗紙，每張長叁尺壹寸伍分，寬貳尺叁寸伍分。毛邊紙，每張長肆尺叁寸，寬壹尺捌寸。官青紙，每張長貳尺貳寸，寬壹尺捌寸伍分。毛頭紙，每張長壹尺陸寸伍分，寬壹尺叁寸。西呈文紙，每張長貳尺玖寸，寬壹尺玖寸伍分。山西毛頭紙，每張長壹尺柒寸，寬壹尺伍寸。白鹿紙，每張長壹丈壹尺肆寸，寬肆尺肆寸。黄棉榜紙，肆摺長叁尺叁寸伍分，寬貳尺玖寸伍分；伍摺長肆尺貳寸伍分，寬叁尺柒寸。竹料連肆紙，每張長叁尺捌寸，寬貳尺叁分。白棉榜紙，每張長肆尺，寬叁尺陸寸伍分。清水連肆紙，每張長肆尺貳寸伍分，寬貳尺。

採買紙張拾捌項：白欒紙，每張長壹尺，寬壹尺伍寸。香色箋紙，每張長肆尺，寬壹尺柒寸。蠟花紙，每張長捌寸，寬壹尺。連肆抄紙，每張長壹尺，寬壹尺伍寸。貳白欒紙，每張長壹尺，寬壹尺貳寸。錦紙，每張長柒寸，寬捌寸。連柒紙，每張長玖寸，寬貳尺伍寸。各色宫箋，每張長叁尺柒寸，寬壹尺柒寸。各色蠟花紙，每張長捌寸，寬壹尺。各色錦紙，每張長柒寸，寬捌寸。夾皮連肆紙，每張長肆尺貳寸，寬壹尺玖寸。裱料紙，每張長貳尺柒寸，寬壹尺陸寸。紅白藍連肆紙，每張長叁尺，寬壹尺玖寸。黄色高麗紙，每張長叁尺，寬貳尺叁寸。京文紙，每張長壹尺捌寸，寬壹尺貳寸。大連柒紙，每張長壹尺伍分，寬叁尺。香色紙，每張長叁尺玖寸，寬壹尺捌寸。叁號高麗紙，每張長叁尺壹寸，寬貳尺貳寸。

搭材用料

愛新覺羅・允禮等《工程做法》卷五四《搭材用料》 搭材作用料開後，計開：

豎立大木架子并打戧撥直，桁條徑壹尺以外者應掛天秤，以山柱之高，再加高捌尺，即架子通高之數。如豎立伍間，有前、後金柱者，以前後簷、金肆縫，進深陸縫，湊長丈尺，並將所定架高丈尺折見方丈。每折見方壹丈，用架木肆根。如無金柱者只將前後貳簷湊長丈尺並高折見方丈算。如桁條徑壹尺以內者，以山柱之高、外加高貳尺，即架子之高。

隨木作坐簷架子，即瓦本跴盤架子。如歇山做法，以前後簷并兩山週圍湊長丈尺，用簷柱高尺寸折見方丈，每折見方壹丈，用架木捌根。如修理頭停，不用跴盤架子，另給齊簷架子，物料同前。

隨木、瓦作搭戧橋，高貳丈伍尺以下，加倍定長，俱寬肆尺。每長壹丈，用架木拾根。貳丈伍尺以上亦加倍定長，俱寬陸尺。每長壹丈，用架木拾貳根。

安錠天花并頂槅紮脚手架子，以面濶進深湊長，按天花樑所高丈尺折見方丈。每折見方壹丈，用架木陸根。

隨瓦作砌牆紮脚手架子，貳面湊長丈尺并牆高尺寸折見方丈。每折見方壹丈，用架木肆根。

搭持杆，按面濶前後兩坡湊長丈尺，每丈用架木肆根。

菱角架子，係叁面，按應高丈尺定寬。如高叁丈，每面應寬陸尺；叁丈以外，每丈每面加寬伍寸；叁丈以內，每丈每面收寬伍寸，以叁面湊長並應高丈尺折見方丈，每折見方壹丈，用架木捌根。

券洞架子，以券洞之進深與券口寬、券頂之高折見方丈。每折見方壹丈，均折用架木叁拾陸根。外矮老一項，係碎小木料。如本工無木植選用者，或另加檄木、架木鋸截酌用，臨期定。紮成架子，上用板片或荆笆滿鋪，用灰泥苫背。

貫架，每盤用架木貳拾根。

碼盤架子，每折見方丈拾丈，內准叁丈物料。每折見方丈壹丈，用架木捌根。

吻架，每折見方壹丈，用架木肆根。

油畫裱糊脚手架子，按油畫裱糊處所長高丈尺折見方丈，每折見方壹丈，用架木肆根。內裱糊高捌尺以內者，不用架子。每架木壹根，用紮縛繩貳條，揪棍壹根。每秤壹桿，用秤頭繩壹條，秤紐繩壹條，秤尾繩壹條，澁索繩壹條。每貫架壹座用大繩貳條。凡用架木徑寸之大小長短與繩徑尺寸，臨期以物料之輕重，并架之高遠酌定。

搭蓋棚座頭停蓆牆，每折見方丈壹丈，用架木肆根，竹竿捌根。每架木貳根，用紮縛繩叁條。每竹竿拾根，用連繩壹觔。如用丈蓆，折見方丈壹丈，每貳領貳分作壹層。用捌尺蓆，每叁領伍分作壹層。貳層至肆層頭停縫蓆，每折見方丈壹丈，用連繩壹觔貳兩。伍層至柒層頭停縫蓆，每折見方丈壹丈，用連繩貳觔。捌層至拾層頭停縫蓆，每折見方丈壹丈，用連繩叁觔。拾壹層至拾肆層頭停縫蓆，每折見方丈壹丈，用連繩肆觔。拾伍層至拾柒層頭停縫蓆，每折見方丈壹丈，用連繩伍觔。

李斗《揚州畫舫録》卷一七《工段營造録》 搭材匠，木瓦、油漆、裱畫諸作之所必需者也。殿字房座豎立大木架子，皆折方給工，所用架本、撬棍、札縛繩、壯夫，以架見方有差。打戧撥直桁條徑一尺外者，挂天秤、有坐檐、齊檐、跴盤、脚手、平臺諸架子。搭戧橋，凡重覆檐上檐、拆卸檐步椽望、頭停錠、椽望、找補大木、拆宼頭停，找補連檐瓦口、舊琉璃、頭停錠、天花板、支條、貼梁、安裝斗科、堆雲步、高峰、高泊岸、舊布瓦，歇山、挑山、廡殿諸房，府下橋樁、房身樁、竪(棋)〔旗〕杆，皆用之。砌高式牆，以五尺至八尺爲一攛，八尺至一丈三尺爲二攛，以此遞增。牌樓、大門、琉璃大式門座，安上重大過木、調脊、宼瓦、石角梁、斗科、石料、井欄、胡衕、拴挂天秤諸作搭架子，皆以見方折工料。一秤用秤頭繩一，秤紐繩一，秤尾繩一，澁索繩一。凡大料重至千斤用二秤，千五百斤用三秤。千五百斤以外，日上料四件；二千以外，日上料三件；三千以外，日上料二件；四千以外，日上料一件。摯桿以上，吻獸九樣，琉璃(曲)〔垂〕脊及不拆頭停、搬罾、挑牮、撥正、歸安榫木、抽換柱木、打戧頂柱，其貫架、吻架、菱角、券洞、碼盤諸架子，各見方有差，隨油漆、裱畫作脚手架子亦同科。油畫遮陽縫席，用竹竿大席連二繩，折料以見方論。偏厦遮陽棚、牆脊、仰塵、吊箔、鋪地，皆用席，棚座頭停席牆。見方按層折料，以十五層爲率。凡此皆搭材匠之職。而(折)〔拆〕卸工用有差，如綁夾杆圈席、落井桶、掌罐掏泥水，則用杉槁、丈席、札縛繩、井繩、榆木滑車，職在井工，拉罐用壯夫。

諸作等第

李誠《營造法式》卷二八《諸作等第》 石作：

鐫刻混作剔地起突及壓地隱起華或平鈒華。混作，謂螭頭或鉤闌之類。

右爲上等。

柱碇，素覆盆，階基望柱、門砧、流杯之類，應素造者同。

地面；踏道、地栿同。
碑身；笏頭及坐同。
露明斧刃卷輂水牕；
水槽。井口、并蓋同。
右爲中等。
鉤闌下螭子石；闇柱碇同。
卷輂水牕拽後底版。山棚鋜脚同。
右爲下等。
大木作：
鋪作枓栱；角梁、昂、(抄)〔杪〕、月梁，同。
絞割展拽地架。
右爲上等。
鋪作所用槫、柱、栿、額之類，并安椽；
枓口跳絞泥道栱或安側項方及用把頭栱者，同。所用枓栱。華駝峯、楮子、大連檐、飛子之類，同。
右爲中等。
枓口跳以下所用槫、柱、栿、額之類，并安椽；
凡平闇內所用草架栿之類。謂不事造者；其枓口跳以下所用素駝峯、楮子、小連檐之類，同。
右爲下等。
小木作：
版門，牙、縫、透栓、壘肘造；
格子門；闌檻鉤牕同。
毬文格子眼；四直方格眼，出線，自一混，四攛尖以上造者，同。
桯，出線造；
鬬八藻井；小鬬八藻井同。
叉子；內霞子、望柱、地栿、衮砧，隨木等造。下同。
欞子，馬銜同。海石榴頭，其身，瓣內單混，面上出心線以上造；
串，瓣內單混，出線以上造；
重臺鉤闌；井亭子并胡梯，同。
牌帶貼絡彫華；
佛道帳。牙脚、九脊、壁帳、轉輪經藏、壁藏，同。
右爲上等。
烏頭門；軟門及版門、牙、縫，同。
破子牕；井屋子同。
格子門；平棊及闌檻鈎(鈎)牕同。
格子，方絞眼，平出線或不出線造；
桯，方直，破瓣，攛尖。素通混或壓邊線造，同。
栱眼壁版；裹栿版，五尺以上垂魚、惹草，同。
照壁版，合版造；障日版同。
擗簾竿，六混以上造；
叉子；
欞子，雲頭，方直出心線或出邊線、壓白造；
串，側面出心線或壓白造。
單鉤闌，撮項蜀柱、雲栱造。素牌及棵籠子，六瓣或八瓣造，同。
右爲中等。
版門，直縫造；版欞牕、睒電牕，同。
截間版帳；照壁障日版，牙頭、護縫造，并屏風骨子及横鈴(鈐)、立旌之類同。
版引檐；地棚并五尺以下垂魚、惹草，同。
擗簾竿，通混、破瓣造；
叉子；拒馬叉子同。
欞子，挑瓣雲頭或方直笏頭造；
串，破瓣造。托棖或曲棖，同。
單鉤闌，枓子蜀柱，蜻蜓頭造。棵籠子，四瓣造，同。
右爲下等。
凡安卓，上等門、牕之類爲中等，中等以下並爲下等。其門并版壁、格子，以方一丈爲率，於計定造作功限內，以〔加〕一功二分作下等。每增減一尺，各加減一分功。烏頭門比版門合得下等功限加倍。破子牕，以六尺爲率，於計定功限內，以五分功作下等。每增減一尺，各加減五釐功。
彫木作：

混作：

角神；寶藏神同。

華牌，浮動神仙、飛仙、昇龍、飛鳳之類；

柱頭，或帶仰覆蓮荷，臺坐造龍、鳳、師子之類；

帳上纏柱龍。纏寶山或牙魚，或間華；井扛坐神、力士、龍尾、嬪伽同。

半混：

彫插及貼絡寫生牡丹華、龍、鳳、師子之類；寶牀事件同。

牌頭，帶，舌同。華版；

椽頭盤子，龍、鳳或寫生華；鉤闌尋杖頭同。

檻面，鉤闌同。雲栱，鵝項、矮柱、地霞、華盆之類同；中、下等準此。剔地起突，二卷或一卷造；

平棊内盤子，剔地雲子間起突彫華、龍鳳之類。海眼版、水地間海魚等同。

華版：

海石榴或尖葉牡丹，或寫生，或寶相，或蓮荷；帳上歡門、車槽、猴面等華版及裹栿、障水、填心版、格子、版壁腰内所用華版之類同；中等準此。

剔地起突，卷搭造；透突起突(造)同。

透突窪葉間龍、鳳、師子、化生之類；

長生草或雙頭蕙草，透突龍、鳳、師子、化生之類。

右爲上等。

混作：帳上鴟尾；獸頭、套獸、蹲獸同。

半混：

貼絡鴛鴦、羊、鹿之類；平棊内角蟬井華之類同。

檻面，鉤闌同。雲栱、窪葉平彫；

垂魚、惹草，間雲、鶴之類。立標手把飛魚同。

華版：透突窪葉平彫長生草或雙頭蕙草，透突平彫或剔地間鴛鴦、羊、鹿之類。

右爲中等。

半混：

貼絡香草、山子、雲霞；

檻面；鉤闌同。

雲栱，實雲頭；

万字、鉤片，剔地。

叉子，雲頭或雙雲頭；

錠脚壼門版，帳帶同。造實結帶或透突華葉；

垂魚、惹草，實雲頭；

(搏科)(團窠)蓮華，伏兔蓮荷及帳上山華蕉葉版之類同。

毬文格子，挑白。

右爲下等。

旋作：

寶牀所用名件。榰角梁、寶缾、穗鈴同。

右爲上等。

寶柱；蓮華柱頂、虛柱蓮華并頭瓣同。

火珠。滴當子、椽頭盤子、仰覆蓮胡桃子、蔥臺釘并蓋釘筒子同。

右爲中等。

櫨料；

門盤浮漚。瓦頭子，錢子之類同。

右爲下等。

竹作：

織細棊文簟，間龍、鳳或華樣。

右爲上等。

織細棊文素簟；

織雀眼網，間龍、鳳、人物或華樣。

右爲中等。

織麤簟；假棊文簟同。

織素雀眼網；

織笆，編道竹栅，打篛、笍索、夾載蓋棚同。

右爲下等。

宼作：

結宼殿閣、樓臺；

安卓鴟、獸事件；

斫事瑠璃瓦口。

右爲上等。

甋瓪結宼廳堂、廊屋； 用大當溝、散瓪結宼、攤釘行壠同。

斫事大當溝。 開剜鷰頷、牙子版同。

右爲中等。

散瓪瓦結宼；

斫事小當溝井線道、條子瓦；

抹棧、笆、箔。 泥染黑脊、白道、繫箔、并織造泥籃同。

右爲下等。

泥作：

用紅灰； 黄、青、白灰同。

沙泥畫壁； 被蔑，披麻同。

壘造鍋鑊竈； 燒錢鑪、茶鑪同。

壘假山。 壁隱山子同。

右爲上等。

用破灰泥；

壘坯牆。

右爲中等。

細泥； 麤泥并搭乍中泥作襯同。

織造泥籃。

右爲下等。

彩畫作：

五彩裝飾； 間用金同。

青緑碾玉。

右爲上等。

青緑棱間；

解緑赤、白及結華； 畫松文同。

柱頭，脚及槫畫束錦。

右爲中等。

丹粉赤白； 刷土黄丹。

刷門、牕。 版壁、叉子、鉤闌之類同。

右爲下等。

塼作：

鐫華；

壘砌象眼、踏道。 須彌華臺坐同。

右爲上等。

壘砌平階、地面之類； 謂用斫磨塼者。

斫事方、條塼。

右爲中等。

壘砌麤臺階之類； 謂用不斫磨塼者。

卷輂、河渠之類。

右爲下等。

窰作：

鴟、獸； 行龍、飛鳳、走獸之類，同。

火珠。 角珠、滴當子之類同。

右爲上等。

瓦坯； 黏較并造華頭，撥重脣同。

造瑠璃瓦之類；

燒變塼、瓦之類。

右爲中等。

塼坯；

裝窰。 墨輂窰同。

右爲下等。

藝文

王維《王右丞集・畫學秘訣》 夫畫道之中，水墨最爲上。肇自然之性，成造化之功。或咫尺之圖，寫千里之景。東西南北，宛爾目前；春夏秋冬，生于筆下。初鋪水際，忌爲浮泛之山；次布路歧，莫作連綿之道。主峰最宜高聳，客山須是奔趨。回抱處僧舍可安，水陸邊人家可置。村莊着數樹以成林，枝須抱體；山崖合一水而瀉瀑，泉不亂流。渡口只宜寂寂，人行須是疏疏。泛舟楫之橋梁，且宜高聳；着漁人之釣艇，低乃無妨。懸崖險峻之間，好安怪木；峭壁巉巖之處，莫可通途。遠岫與雲容相接，遥天共水色交光。山鈎鎖處，沿流最出其中；路接危時，棧道可安于此。平地樓臺，偏宜高柳映人家；名山寺觀，雅稱奇杉襯樓閣。遠景烟籠，深巖雲鎖。酒旗則當路高懸，客帆宜遇水低挂。遠山須宜低排，近樹惟宜拔迸。手親筆硯之餘，有時遊戲三昧，歲月遥永，頗探幽微。妙悟者不在多言，善學者還從規矩。

塔頂參天，不須見殿。似有似無，或上或下。茅堆土埠，半露檐廒；草舍廬亭，略呈檣檸。山分八面，石有三方，閑雲切忌芝草樣。人物不過一寸許，松柏上現二尺長。

凡畫山水，意在筆先。丈山尺樹，寸馬分人。遠人無目，遠樹無枝。遠山無石，隱隱如眉；遠水無波，高與雲齊：此是訣也。山腰雲塞，石壁泉塞，樓臺樹塞，道路人塞。石看三面，路看兩頭。樹看頂顉，水看風脚：此是法也。凡畫山水，平夷頂尖者巔，峭峻相連者嶺。有穴者岫，峭壁者崖，懸石者巖。形圓者巒，路通者川。兩山夾道，名爲壑也；兩山夾水，名爲澗也。似嶺而高者，名爲陵也；極目而平者，名爲坂也。依此者，粗知山水之仿佛也。觀者先看氣象，後辯清濁。定賓主之朝揖，列羣峰之威儀。多則亂，少則慢。不多不少，要分遠近。遠山不得連近山，遠水不得連近水。山腰横抱，寺舍可安；斷岸坂堤，小橋可置。布路處則林木，岸絶處則古渡，水斷處則烟樹，水闊處則征帆，林密處則居舍。臨巖古木，根斷而纏藤；臨流石岸，欹奇而水痕。凡畫林木，遠者疏平，近者高密。有葉者枝嫩柔，無葉者枝硬勁。松皮如鱗，柏皮纏身。生土上者，根長而莖直；生石上者，拳曲而伶仃。古木節多而半死，寒林扶疏而蕭森。有雨不分天地，不辨東西。有風無雨，只看樹枝；有雨無風，樹頭低壓。行人傘笠，漁父蓑衣。雨霽則雲收天碧，薄霧霏微，山添翠潤，日近斜暉。早景則千山欲曉，霧靄微微，朦朧殘月，氣色昏迷。晚景則山銜紅日，帆卷江渚，路行人急，半掩柴扉。春景則霧鎖烟籠，長烟引素。水如藍染，山色漸青。夏景則古木蔽天，緑水無波，穿雲瀑布，近水幽亭。秋景則天如水色，簇簇幽林，雁鴻秋水，蘆鳥沙汀。冬景則借地爲雪，樵者負薪，漁舟倚岸，水淺沙平。凡畫山水，須按四時。或曰烟籠霧鎖，或曰楚岫雲歸，或曰秋天曉霽，或曰古冢斷碑，或曰洞庭春色，或曰路荒人迷。如此之類，謂之畫題。山頭不得一樣，樹頭不得一般。山借樹而爲衣，樹借山而爲骨。樹不可繁，要見山之秀麗；山不可亂，須顯樹之精神。能如此者，可謂名手之畫山水也。

《文苑英華》卷五二王諲《柱礎賦》 稽古太初，穴處巢居，則《大壯》之垂象，上棟下宇，成其室廬。迨于中葉，僭奢違道。木衣緹繡，土被文藻。列蟠螭於欄檻，拖長虹於欀橑。謂桂柱之不堅，施柱礎以侔其壽考。相萬祀而一人，偕天地而相保。其始也，徵士尚方，聚徒嵩畔。經迴溪之紆鬱，梯巖峩於天半。披林離之翛蘸，刮莓苔之爛漫。曜雲霞之彩駮，嘉錦章之輝焕。圖嵌空，設妙筭，或攻或鑿，叫嘯相賛。磓山成雷，擊石火散。初髣髴而縷析，忽砰磕以冰泮。五丁力殫，九牛流汗。自彼幽藪，登庸華觀。乃命王爾操繩，公輸削墨。規上成範，方下爲則。錯坎缺之參差，開青熒之古色。入紅壁，對朱扉，廊迴月皎，殿廣星稀。隨風起潤，逐日呈輝。扣透迤之環珮，拂迴旋之舞衣。及夫荏苒時移，峥嶸歲久。堂惟荆棘，塵埋户牖。嗟建章之火流，何金石之可守？礎則不易，人將誰壽？礎兮礎兮金堅固，曾見深宫幾人故。夫礎之爲德，既堅且貞，華而尚素，晦而尚清。象君子之待問，扣之則鳴。誡在位之有式，居必底平。平則可久，久則不傾。無靳固而守樸，非昭章而眩明。庶夫人之鋭意，覽兹物而篤誠。

王棨《麟角集·琉璃窗賦》 彼窗牖之麗者，有瑠璃之製焉。洞徹而光凝秋水，虚明而色混晴烟。皓月斜臨，陸機之毛髮寒矣；鮮飈如透，滿奮之神容凛然。始夫捌奇寶之新規，易疎寮之舊作。龍鱗不足專其瑩，蟬翼安能擬其薄。若乃孕美澄凝，瀹精灼爍。棟宇廓以冰耀，房櫳烱其電落。深窺公子，中眠雲母之屏；洞見佳人，外卷水精之箔。表裏玲瓏，霜殘露融。列遠岫以秋緑，入輕霞而晚紅。滿榻琴書，杳若冰壺之内；盈庭花木，依然瓊鏡之中。故得繡户增光，綺堂生白。覩懸虱之舊所，疑素蟾之新魄。碧鷄毛羽，微微而霧縠旁籠；玉女容華，隱隱而銀河中隔。幾誤梁燕，遥分隙駒。比曲欞而頓别，想圭竇以終殊。迫以視之，雖皎潔兮斯在；遠而望也，則依微而若無。由是蠅泊如懸，蟲飛無礙。光寒而珠燭相逼，影動而瓊英俯對。不羡石崇之舘，樹列珊瑚；豈慙韓嫣之家，床施玳瑁。如是價重鎖闥，名珍綺疏。徹紗帷而晃朗，連角簟而清虚。倘徵其形，王母之宫可匹；〔若〕語其巧，大秦之璧焉如。然而國以奢亡，位由侈失。帝辛爲象箸於前代，令尹惜玉纓於往日。其人可數，其類非一。何用崇瑰寶兮極精奇，置斯窻於宫室。

白居易《白香山詩集》卷一一《竹窻》 常愛輞川寺，竹窻東北廊。一别十餘載，見竹未曾忘。今春二月初，卜居在新昌。未暇作廐庫，且先營一堂。開窻不糊紙，種竹不依行。意取北簷下，窻與竹相當。遶屋聲淅淅，逼人色蒼蒼。煙通杳靄氣，月透玲瓏光。是時三伏天，天氣熱如湯。獨此竹窻下，朝迴解衣裳。輕紗一幅巾，小簟六尺牀。無客盡日静，有風終夜凉。乃知前古人，言事頗諳詳。清風北窻卧，可以傲羲皇。

皮日休《松陵集》卷五《石窗》 窗開自真宰，四達見蒼崖。苔染渾成綺，雲漫便當紗。櫺中空吐月，扉際不扃霞。未曾通何處，應連玉女家。

《文苑英華》卷五二樊晦《階賦》 昔在軒后，棟宇惟新。摹諸《大壯》，賴及萬人。修宫室以齊列，起窻户而相因。然後横高階於左右，次危級之相巡。上嵳峩而山起，下峛岃而龍鱗。生蓂莢於堯日，舞干戚於舜辰。亦可以望聖帝升降，觀享頤賓。若乃憶趙妃之嬌妬，窮漢武之寵慾。昭陽特起，麗飾繁縟。梁纏藻繡，窻綴丹緑。砌鉛黄金，階闌白玉。使宫女而攢望，聊優游以自足。下朱履而影亂參差，度羅衣而香飛斷續。亦有珍物旁秀，瓌奇四燭。珊瑚碧樹弄晴風，明月隨珠耀初旭。及夫陳后長信，獨遭棄捐。塵駮紫蘚，庭鋪緑錢。望金屋而魂絶，對玉階而愁連。至其戰國云亂，七雄相躔。秦兵大起，圍邯鄲而已合。趙楚同會，運籌策而未宣。嗟兩君之不决，歎毛公之獨賢。歷高堦而直上，挺長劍而無前。豈不以斯階之見陟，光厥事而能全。既而衆狀叢開，奇勢難纂。或干天而上峻，或盤空而不斷。望之則意悦，升之則步緩。對謝庭而玉樹中榮，臨兔園而芳薇上滿。睹臺殿之要者，實莫過於兹階。美峥嶸之壯麗，故作賦以攄懷。

張説《張燕公集》卷八《一柱觀》 舊説江陵觀，初疑神化來。空中結雲閣，綺靡隨風迴。柰何任一柱，斯焉容衆材。奇功非長世，今餘草露臺。

倪濤《六藝之一録》卷一五董逌《秦銅鍰》 京兆田氏世得銅鍰一，其制即始皇帝權銘。又得方版纔三寸有奇，校以漢度，得五寸。其刻銘則秦二世詔也。往時文與可得此二物，蓋其一時所制，而鍰爲前詔，方爲後詔，疑兩代異器偶相合於此。余考之，即古規榘之器也。古者定法立制，始於權，平於衡，衡連生規，規爲矩。規榘自是器名，故以寓方圜之法。後世不知其法，徒守其名，率至不知規榘所在，此其爲方圜者，且得有法數，度量可考於其間耶？《孟子》曰：規矩，方圜之至也。爲規榘以得天下之方圜，則不可無器以寄其法，使人就而正也。《韓子》曰：規有礦。《荀子》曰：五寸之榘，盡天下之方。夫規之圜也，其至於礦則失其圜也，此名法之所守也。榘，方也，不失其方故能盡夫天下之方。古之制器，左旋見規，右折見榘。規榘準繩，四者皆器也。故曰：大匠與人規榘，使知方圜之法。至於棄規榘、委繩墨，而得方圜平直者，吾弗知也。

荆浩《筆法記》 太行山有洪谷，其間數畝之田，吾常耕而食之。有日登神鉦山四望，回跡入大巖扉，苔徑露水，怪石祥烟。疾進其處，皆古松也。中獨圍大者，皮老蒼蘚，翔鱗乘空，蟠虬之勢，欲附雲漢。成林者爽氣重榮，不能者抱節自屈。或回根出土，或偃截巨流。挂岸盤溪，披苔裂石。因驚其異，遍而賞之。

明日，携筆復就寫之。凡數萬本，方如其真。明年春來，于石鼓巖間遇一叟。因問，具以其來所由而答之。叟曰：「子知筆法乎？」曰：「叟儀形野人也。豈知筆法耶？」叟曰：「子豈知吾所懷耶？」聞而慚駭。

叟曰：「少年好學，終可成也。夫畫有六要：一曰氣，二曰韻，三曰思，四曰景，五曰筆，六曰墨。」

曰：「畫者華也，但貴似。得真，豈此撓矣。」

叟曰：「不然。畫者，畫也。度物象而取其真物之華，取其華物之實。取其實，不可執華爲實。若不知術，苟似可也，圖真不可及也。」

曰：「何以爲似，何以爲真？」

叟曰：「似者得其形，遺其氣；真者氣質俱盛。凡氣傳于華，遺于象，象之死也。」謝曰：「故知書畫者。名賢之所學也，耕生知其非本。玩筆取與，終無所成。慚惠受要，定畫不能。」

叟曰：「嗜慾者，生之賊也。名賢縱樂，琴書圖畫。伐去雜慾，子既親善，但期終始所學，勿爲進退。圖畫之要，與子備言。氣者，心隨筆運，取象不忒；韻者，隱迹立形，備儀不俗；思者，删撥大要，凝想形物；景者，制度時因，搜妙創真；筆者，雖依法則，運轉變通，不質不形，如飛如動；墨者，高低暈淡，品物淺深，文彩自然，似非因筆。」

復曰：「神妙奇巧。神者，亡有所爲，任運成象；妙者，思經天地，萬類性情，文理合儀，品物流筆；奇者，蕩迹不測，與真景或乖異，致其理偏，得此者亦爲有筆無思；巧者，雕綴小媚，假合大經，强寫文章，增貌氣象。此謂實不足而華有餘。凡筆有四勢，謂筋肉骨氣。筆絶而斷謂之筋，起伏成實謂之肉，生死剛正謂之骨，迹畫不敗謂之氣。故知墨太質者失其體，色微者敗正氣，筋死者無肉，迹斷者無筋，苟媚者無骨。夫病有二：一曰無形，二曰有形。有形病者，花木不時，屋小人大，或樹高于山，橋不登于岸，可度形之類是也。如此之病，不可改圖。無形之病，氣韻俱泯，物象全乖。筆墨雖行，類同死物，以斯格拙，不可删修。子既好寫雲林山水，須明物象之源。夫木之生，爲受其性。松之生也，枉而不曲。遇如密如疏，匪青匪翠。從微自直，萌心不低。勢既獨高，枝低復偃。倒挂未墜于地下，分層似疊于林間。如君子之德風也，有畫如飛龍蟠虬。狂生枝葉者，非松之氣韻也。柏之生也，動而多屈，繁而不華。捧節有章，文轉隨日，葉如結綫，枝似衣麻。有畫如蛇如索，心虚逆轉，亦非也，其有楸桐椿櫟，榆柳桑槐，形質皆異。其如遠思，即合一一分明也。山水之象，氣勢相生。故尖曰峰，平曰頂，圓曰巒，相連曰嶺，有穴曰岫，峻壁曰崖，崖間崖下曰岩，路通山中曰谷，不通曰峪，峪中有水曰溪，山夾水曰澗。其上峰巒雖異，其下岡嶺相連。掩映林泉，依稀遠近。夫畫山水無此象，亦非也。有畫流水，下筆多狂。文如斷綫，無片浪高低者，亦非也。夫霧雲烟靄，輕重有時。勢或因風，象皆不定。須去其繁章，採其大要。先能知此是非，然後受其筆法。」

曰：「自古學人，孰爲備矣？」

叟曰：「得之者少。謝赫品陸探微爲勝，今已難遇親踪；張僧繇所遺之圖，甚虧其理。大隨類賦彩，自古有能。如水暈墨章，興我唐代。故張璪員外樹石，氣韻俱盛。筆墨積微，真思卓然，不貴五彩。曠古絶今，未之有也。曲庭與白雲尊師氣象幽妙，俱得其玄。動用逸常，深不可測。王右丞筆墨宛麗，氣韻高清。巧寫象成，亦動真思。李將軍理深思遠，筆迹甚精。雖巧而華，大虧墨彩。項容山人樹石頑澀，棱角無踪。用墨獨得玄門，用筆全無其骨。然于放逸，不失真元氣象。元大創巧媚。吴道子筆勝于象，骨氣自高。樹不言圖，亦恨無墨。陳員外及僧道氛以下，粗升凡格，作用無奇。筆墨之行，甚有形迹。今示子之徑，不能備詞。」

遂取前寫者《異松圖》呈之。叟曰：「肉筆無法，筋骨皆不相轉，異松何之能用？我既教子筆法，乃賫素數幅。」命對而寫之。叟曰：「爾之手，我之心，吾聞察其言而知其行。子能與我言咏之乎？」謝曰：「乃知教化，聖賢之職也。禄與不禄，而不能去善惡之迹。感而應之，誘進若此，敢不恭命？」因成《古松贊》曰：「不凋不容，惟彼貞松。勢高而險，屈節以恭。葉張翠蓋，枝盤赤龍。下有蔓草，幽陰蒙茸。如何得生？勢近雲峰。仰其擢幹，偃舉千重。巍巍溪中，翠暈烟籠。奇枝倒挂，徘徊變通。下接凡木，和而不同。以貴詩賦，君子之風。風清匪歇，幽音凝空。」

叟嗟異久之。曰：「願子勤之，可忘筆墨而得真景。吾之所居，即石鼓巖間，所字即石鼓巖子也。」曰：「願從侍之。」叟曰：「不必然也。」遂亟辭而去。別日訪之而無踪。後習其筆術嘗重所傳。今遂修集，以爲圖畫之軌轍耳。

《永樂大典》卷五三四五何民先《文廟石柱記》 潮陽之地多石，故家巨室，寺觀廟宇，往往斲以爲柱，闌檻礎礣末爾。而釋氏尤壯，獨文學鮮焉。匪吝也，力不贍也。予一日閲《三陽志》，因見宋有教授趙崇郛，嘗以石爲轜[車星]門柱。此事更偉，竊有慕焉。遂與直學盧斌商之，召匠計之，索直三千楮，酬以二，猶不足，增五百焉。迺定議爲石柱六，石閾三，每柱左右長二丈有二尺，中稍加。議甫協，部使者劉公適至，祇謁先聖，慨禮殿於制弗合，材且易蠹，問建幾何年。諸生前曰：「此五虎陳侯之故廳也。兵後造次，以故弗如制。」公曰：「盍更之？疇昔陳氏歌舞是間，而居大聖人，可乎？宜更之。」由是罷前所計，而專意於其大者。會歲入不給，儒人石國珍等自陳願輸力焉，冀蠲役三歲。公義其請，下之府。府率而行之，下之學。僕既承命唯謹，掄材是務。直學盧斌得石柱于里中蔡氏。蔡君景，大官裔也。當其盛時，建祠堂以奉祖考。柱斲以石，小大凡三十，大而圓者八，中而圓者四，小而方者十有八，今廢矣。有釋氏之徒，購以楮五千，蔡不售，迺悉以歸諸學。蓋其詩書之澤，道義之味，敻出流俗，猶古意也。予既得之，告于公。公大悦，命與之偕來，勞之杯酒，温以仁言，且戒縣大夫免爾橋役。蔡亦訢然無驕無悔。學即輸費，委盧斌募夫與匠及舟，壞之析之，維之，仆之推之輓之，車運于陸，舟載于川，勿亟勿徐，不趾而進，枚置于庭。其勞且艱，可既言哉？觀者嘖嘖驚羨。詎意事與願乖，纔兩月間，主議者去職，輸力者背盟而勢涣矣。又越一年，而儒氓同役，紛紛莫止矣。雖欲爲之，未由也已。嗟夫！石不負余，余其負石，豈廢興有數而猶有待乎？抑好事之難成也？予夙夜以思，慊然憮然，姑記其由，有望於後之人，後之人庶有以知予之心。何民先記。

黄宗羲《明文海》卷三四二謝復《塼墉記》 土其墉，遇水則崩；石其墉，遇火則裂。求其歷水火而安堵如故者，其惟塼墉乎。夫塼乃煅土爲之，故其性耐久，非土石比也。予家東鄰泮牆，先是限以土墉，至永樂辛丑，則蕩無遺矣。先大父嘗爲此懼，以石易之，自以爲悠久之業也。成化癸巳，災，石皆缺裂，其尤破碎而不堪植立者，始以塼易之。時邑大夫谷山王侯深偉其事，惜未能遍易之以塼也。夫自國初至今，甫百餘年，吾墉已三易矣。頃因事往蘇浙訪古遺踪，凡幾經兵焚，而塼墉猶有存焉者。則土之與石，石之與塼，其歷世久近較然矣。丁未冬，家君命予兄弟者即西山之麓築書屋五間，環屋蓋欲塼其墉而封之，將以圖不朽也。先期募陶人煅土爲塼，輦而至於其所，尋井其下，旋入沙土，築而實之。其稍虚處則釘以木楗，始安石其上，縱横布塼於石虚，其中塞以瓦礫，和以灰泥，以次疊而崇之。其始四五層塼皆眠置，次則一眠而四立，又其次則五立而一眠焉。其上四層亦皆眠置，以瓦覆之。既而煤其外，以禦風雨之蔽；素其裏，以通户牖之光；門其東西，以便出入；徑其北，以履園地之勝，且以輔吾墉焉。其制上鋭下方，廣尺有四寸，高二丈二尺有奇。其右高處視東西榮周圍十有八尺。起工於弘治戊申二月初吉，夏秋大旱，罷其役，歲十月既望始訖工，凡二百有八日。以工計者八百，以費計者百餘兩。勤勞朝夕，與匠氏相處者，吾弟嘉也。供使令者，仲子勞也。朝夕環甓而胼手胝足者，爨與蓼也。匠氏，歙方昶。而記其事者，西山居士復也。其有缺壞，以時修理，而至於堅且久者，則尤不能不望於後之人也。因併及之。

朱右《白雲稿》卷二《梓宇説》　材莫良於梓，用莫廣於梓，梓果足爲世用與？吾觀之深山大壑，多梓材，大者圍數尋，高袤靡測，匠石睨弗視也，萬牛挽弗出也。或枯翳自斃，委草莽間，人争趨之，斲度斤鋸，雕刻劚鏤，爲筍簴，爲杯棬，爲登，爲勺，爲觶，爲觚，爲侯，爲琴瑟底，爲轅軾，爲木偶像。樂者、食者、飲者、射者，行者、致遠者，莫不資之爲用，則非復全材已。惜哉！第觀平陸，梓僅圍咫，高倍尋丈，叩之斲之，盡其材未周也，匠石顧之弗舍也，十夫舉之易致也，則以之爲梁，爲棟，爲柱，爲栱棁，爲桷榱，而圜者、直者，方者、高者，大者、小者，或不勝任荷，人且鄙材，夫豈其情哉！凡度材，欲大而實，欲長而直，欲勁而理，欲結而澤。大而實則用裕，長而直則力足，勁而理則撓不屈，結而澤則潤而密，斯全材與？吾友張君梓宇，蓄材既良，深藏而不市，長大既堅矣；處井里，守道而不變，撓既不屈矣。有良梓人，肯終置之？吾知其用大，爲説以詒之。

王褘《王忠文集》卷九《漢瓦硯記》　漢未央宫諸殿瓦，其身如半筒，而覆簷際者，則其頭有面外向。其面徑五寸，圍一尺六寸强，有四篆字，字凡六等，曰「漢并天下」，曰「長樂未央」，曰「儲胥未央」，曰「長生無極」，曰「萬壽無疆」，曰「永壽無疆」。面至背厚一寸弱，其背平，可研墨。唐宋以來人得之，即去其身以爲硯，故俗呼「瓦頭硯」也。或謂其質稍麤，又入土歲久，頗渴水，比銅爵臺瓦爲少劣。抑豈知銅爵瓦雖精，然曹瞞所製，無足貴者，孰與未央諸瓦出於漢初爲可重乎。洪武辛亥夏，余留長安，校官馬懿、張祐以此瓦相遺，其字曰「長樂未央」，於是爲千六百年物矣！乃貯以梓，寳而用之。嗚呼！物之用，固繫其逢也哉！

章玄應《章玄應集》卷一《次韻寄黄五先生》　崑崙有大樹，閲歷千歲秋。上欲干層霄，下欲蔽十牛。孤根冰雪深，高影雲漢流。匠伯不敢顧，子綦不敢收。蓬心拙用大，環視空九州。仰攀愁萬仞，太息成白頭。蟠桃亦已朽，扶桑莫能儔。始爲鬼神庇，終與造化侔。棟梁豈無具，奈彼道路謀。南園才拱把，斤斧時一投。寥哉廣莫野，寄此逍遥游。

雜録

郭憲《洞冥記》卷一　甘泉宫南昆明池中，有靈波殿七間，皆以桂爲柱，風來自香。帝既耽於靈怪，常得丹豹之髓、白鳳之膏，磨青錫爲屑，以蘇油和之，照於神壇，夜暴雨光不滅。有霜蛾如蜂赴火，侍者舉麟鬚拂拂之。

陸翽《鄴中記》　石虎太武殿西有崑華殿，閣上輒開大牕，皆施以絳紗幌。

陸翽《鄴中記》　石虎以胡粉和椒塗壁，曰椒房。

王嘉《拾遺記》卷三　〔周靈王〕二十三年，起「昆昭」之臺，亦名「宣昭」。聚天下異木神工，得崿谷陰生之樹，其樹千尋，文理盤錯，以此一樹，而臺用足焉。大幹爲桁棟，小枝爲栭桷。其木有龍蛇百獸之形，又篩水精以爲泥。臺高百丈，昇之以望雲色。

王嘉《拾遺記》卷三　扶桑東五萬里，有磅磄山。上有桃樹百圍，其花青黑，萬歲一實。鬱水在磅磄山東，其水小流，在大陂之下，所謂「沉流」，亦名「重泉」。生碧藕，長千常，七尺爲常也。條陽山出神蓬，如蒿，長十丈。周初，國人獻之，周以爲宫柱，所謂「蒿宫」也。中有白橘，花色翠而實白，大如瓜，香聞數里。

王嘉《拾遺記》卷四　始皇起雲明臺，窮四方之珍木，搜天下之巧工。南得烟丘碧桂，酈水燃沙，賁都朱泥，雲岡素竹；東得葱巒錦柏，漂檖龍松，寒河星柘，岏山雲梓；西得漏海浮金，狼淵羽璧，滌嶂霞桑，沉塘員籌；北得冥阜乾漆，陰坂文杞，褰流黑魄，闇海香瓊，珍異是集。二人騰虚緣木，揮斤斧於空中，子時起工，午時已畢。秦人謂之「子午臺」，亦言於子午之地，各起一臺，二説疑也。

王嘉《拾遺記》卷九　石虎於太極殿前起樓，高四十丈，結珠爲簾，垂五色玉珮，風至鏗鏘，和鳴清雅。盛夏之時，登高樓以望四極，奏金石絲竹之樂，以日繼夜。於樓下開馬埒射場，周迴四百步，皆文石丹沙及彩畫於埒旁。聚金玉錢貝之寶，以賞百戲之人。四廂置錦幔，屋柱皆隱起爲龍鳳百獸之形，雕斲衆寶，以飾楹柱，夜往往有光明。集諸羌互於樓上。時亢旱，舂雜寶異香爲屑，使數百人於樓上吹散之，名曰「芳塵」。臺上有銅龍，腹容數百斛酒，使胡人於樓上漱酒，風至望之如露，名曰「粘雨臺」，用以灑塵。樓上戲笑之聲，音震空中。又爲四時浴室，用鍮石珷玞爲堤岸，或以琥珀爲瓶杓。夏則引渠水以爲池，池中皆以紗縠爲囊，盛百雜香，漬於水中。嚴冰之時，作銅屈龍數千枚，各重數十斤，燒如火色，投於水中，則池水恒温，名曰「燋龍温池」。引鳳文錦步障縈蔽浴所，共宫人寵嬖者解媟服宴戲，彌於日夜，名曰「清嬉浴室」。浴罷，洩水於宫外。水流之所，名「温香渠」。渠外之人，争來汲取，得升合以歸，其家人莫不怡悦。至石氏破滅，燋龍猶在鄴城，池今夷塞矣。

《後漢書》卷六四《趙岐傳》 先是中常侍唐衡兄玹爲京兆虎牙都尉，郡人以玹進不由德，皆輕侮之。岐及從兄襲又數爲貶議，玹深毒恨。延熹元年，玹爲京兆尹，岐懼禍及，乃與從子戩逃避之。玹果收岐家屬宗親，陷以重法，盡殺之。岐遂逃難四方，江、淮、海、岱，靡所不歷。自匿姓名，賣餅北海市中。時安丘孫嵩年二十餘，遊市見岐，察非常人，停車呼與共載。岐懼失色，嵩乃下帷，令騎屏行人。密問岐曰：「視子非賣餅者，又相問而色動，不有重怨，即亡命乎？我北海孫賓石，闔門百口，執能相濟。」岐素聞嵩名，即以實告之，遂以俱歸。嵩先入白母曰：「出行，乃得死友。」迎入上堂，饗之極歡。藏岐複壁中數年，岐作《戹屯歌》二十三章。

劉義慶《世説新語·巧藝第二十一》 陵雲臺樓觀精巧，先稱平衆木輕重，然後造構，乃無錙銖相負揭。臺雖高峻，常隨風摇動，而終無傾倒之理。魏明帝登臺，懼其勢危，別以大材扶持之，樓即頽壞。論者謂輕重力偏故也。《洛陽宫殿簿》曰：「陵雲臺上壁，方十三丈，高九尺；樓方四丈，高五丈；棟去地十三丈五尺七寸五分也。」

《南齊書》卷一九《五行志》 建元二年夏，廬陵石陽縣長溪水衝激山麓崩，長六七丈，下得柱千餘口，皆十圍，長者一丈，短者八九尺，頭題有古文字，不可識。江淹以問王儉，儉云：「江東不閑隸書，此秦漢時柱也。」後年宫車晏駕，世變之象也。

歐陽詢《藝文類聚》卷六二 《魏略》曰：大秦國城中有五宫，相去各五十里，宫室皆以水精爲柱，食器亦然。

歐陽詢《藝文類聚》卷六〇《箭》 韓子曰：智伯將伐趙，趙襄子召張孟談，曰：奈無箭何？孟談曰：董安于之治晉陽，公宫之垣皆以楛楚。其楛高十尺，於是登而試之，其堅則幹之勁不能適也。君曰：奈無金何？孟談曰：董安于之治晉陽，宫舍之堂皆以銅爲柱質，君登而用之，有餘金矣。

《晉書》卷九二《王愷傳》 愷字君夫。少有才力，歷位清顯，雖無細行，有在公之稱。以討楊駿勳，封山都縣公，邑千八百户。遷龍驤將軍，領驍騎將軍，加散騎常侍，尋坐事免官。起爲射聲校尉，久之，轉後將軍。愷既世族國戚，性復豪侈，用赤石脂泥壁。石崇與愷將爲鴆毒之事，司隸校尉傅祗劾之，有司皆論正重罪，詔特原之。由是衆人僉畏愷，故敢肆其意，所欲之事無所顧憚焉。

李肇《唐國史補》卷中 蘇州重元寺閣，一角忽墊，計其扶薦之功，當用錢數千貫。有游僧曰：「不足勞人，請一夫斫木爲楔，可以正也。」寺主從之。僧每食畢，輒持楔數十，執柯登閣，敲椓其間，未逾月，閣柱悉正。

《舊唐書》卷一二二《牛僧孺傳》 江夏城風土散惡，難立垣墉，每年加板築，賦菁茆以覆之。吏緣爲奸，蠹弊綿歲。僧孺至，計茆苫板築之費，歲十餘萬，即賦之以塼，以當苫築之價。凡五年，墉皆甃葺，蠹弊永除。屬郡沔州與鄂隔江相對，虚張吏員，乃奏廢之，以其所管漢陽、汊川兩縣隸鄂州。

蘇鶚《杜陽雜編》卷上 至建中初，祐甫執政，人心方有所歸。元載末年，造蕓輝堂於私第。蕓輝，香草名也，出于闐國。其香絜白如玉，入土不朽爛。舂之爲屑以塗其壁，故號蕓輝焉。而更構沉檀爲梁棟，飾金銀爲户牖，内設懸黎屏風，紫綃帳。其屏風本楊國忠之寶也。屏上刻前代美女伎樂之形，外以玳瑁水犀爲押，又絡以真珠、瑟瑟，精巧之妙，殆非人工所及。紫綃帳得於南海溪洞之酋帥，即鮫綃之類也。輕疎而薄，如無所礙，雖屬凝冬，而風不能入，盛夏則清涼自至。其色隱隱焉，忽不知其帳也。謂載臥内有紫氣，而服玩之奢，僭擬於帝王之家。蕓輝之前有池，悉以文石砌其岸，中有蘋陽花，亦類白蘋，其花紅大如牡丹，不知自何而來也。更有碧芙蓉，香潔菡萏，偉於常者。載因暇日憑欄以觀，忽聞歌聲清響，若十四五女子唱焉。其曲則《玉樹後庭花》也，載驚異，莫知所在。及審聽之，乃芙蓉中也；俯而視之，聞喘息之音，載惡之既甚，遂剖其花，一無所見，即祕之不令人說。及載受戮，而逸奴爲平盧軍卒，人故得其實。

馮贄《雲仙雜記》卷二《栗木爲關》 凡門以栗木爲關者，夜可以遠盜。

馮贄《雲仙雜記》卷五《屋瓦皆鏤》 余宗伯屋瓦皆鏤竅穴千百，雨則散如真珠。用陳留瓦則堅而易鏤。

馮贄《雲仙雜記》卷六《鳳眼窗》 龍道千卜室于積玉坊，編藤作鳳眼窗。支床用薛荔千年桃，炊飯洒沈水香，浸酒取山鳳髓。

馮贄《南部烟花記》 金螭屏風。吴主亮命工人潘芳作金螭屏風，鏤祥物一百三十種，種種有生氣，遠視若真。一日，與夫人戲，觸屏墜兵一鳳，頃之飛去。

馮贄《南部烟花記》 隋文帝爲蔡容華作瀟湘緑綺窗，上飾黄金芙蓉花，琉璃網户，文杏爲梁，彫刻飛走，動值千金。

《太平御覽》卷七六七 《漢武故事》曰：武帝起神明殿，砌以文石，用布爲瓦而淳漆其外，四門並如之。

王曾《王文正筆録》 周世宗時，同兄儀在翰林爲學士，儀常鄙其詭怪。世宗嘗令陶人應二十四氣燒瓦二十四片，各題識其節氣，遂隔簾敲響，令辯之，一無差謬。

《新唐書》卷七八《齊物傳》 復字初陽，以蔭仕，累爲江陵司録參軍。【略】轉嶺南節度使，時安南經略使高正平、張應繼卒，其佐李元度、胡懷義等因阻兵脅州縣，肆爲姦贓。復至，誘懷義杖死，流元度，南裔肅然。教民作陶瓦，鐫諭蠻獠，收瓊州，置都督府，以綏定其人。

《新唐書》卷一六三《楊於陵傳》 元和初，牛僧孺等以賢良方正對策，於陵被詔程其文，居第一，宰相惡其言，出爲嶺南節度使。辟韋詞、李翺等在幕府，咨訪得失，教民陶瓦易蒲屋，以絶火患。監軍許遂振者，悍戾貪肆，憚於陵不敢撓以私，則爲飛語聞京師，憲宗不能無惑，有詔罷歸。遂振領留事，笞吏剔抉其贓，吏呼曰：「楊公尚拒他方賂遺，肯私官錢邪？」宰相裴垍亦爲帝别白言之，乃授吏部侍郎，而遂振終得罪。

《新唐書》卷二二一下《西域傳下》 拂菻，古大秦也，居西海上，一曰海西國。去京師四萬里，在苫西，北直突厥可薩部，西瀕海，有遲散城，東南接波斯。地方萬里，城四百，勝兵百萬。十里一亭，三亭一置。臣役小國數十，以名通者曰澤散，曰驢分。澤散直東北，不得其道里。東度海二千里至驢分國。重石爲都城，廣八十里，東門高二十丈，釦以黄金。王宫有三襲門，皆飾異寶。中門中有金巨稱一，作金人立，其端屬十二丸，率時改一丸落。以瑟瑟爲殿柱，水精、琉璃爲棁，香木梁，黄金爲地，象牙闔。有貴臣十二共治國。王出，一人挈囊以從，有訟書投囊中，還省枉直。國有大災異，輒廢王更立賢者。王冠如鳥翼，綴珠。衣錦繡，前無襟。坐金蘤榻，側有鳥如鵝，緑毛，上食有毒輒鳴。無陶瓦，屑白石塈屋，堅潤如玉。盛暑引水上，流氣爲風。男子剪髮，衣繡，右袒而帔，乘輜軿白蓋小車，出入建旌旗，擊鼓。婦人錦巾。家訾億萬者爲上官。

《新唐書》卷二二二下《南蠻傳下》 驃王姓困没長，名摩羅惹，其相名曰摩訶思那。王出，輿以金繩牀，遠則乘象。嬪史數百人。青甓爲圓城，周百六十里，有十二門，四隅作浮圖，民皆居中，鉛錫爲瓦，荔支爲材。俗惡殺。拜以手抱臂稽顙爲恭。明天文，喜佛法。有百寺，琉璃爲甓，錯以金銀，丹彩紫鑛塗地，覆以錦罽，王居亦如之。民七歲祝髮止寺，至二十有不達其法，復爲民。衣用白氎、朝霞，以蠶帛傷生不敢衣。戴金花冠、翠冒，絡以雜珠。王宫設金銀二鍾，寇至，焚香擊之，以占吉凶。

江休復《嘉祐雜志》 錢君倚學士説，江南王公大人墓，莫不爲村人所發，取其磚以賣者，是磚爲累也。（曰近）〔近日〕江南有識之家，不用磚葬，唯以石灰和篩土築實，其堅如石。此言甚中理。

王闢之《澠水燕談録》卷八 秦武公作羽陽宫，在鳳翔、寶雞縣界，歲久，不可究知其處。元祐六年正月，直縣門之東百步，居民權氏濬池，得古銅瓦，五皆破，獨一瓦完。面徑四寸四分，瓦面隱起四字，曰「羽陽千歲」，篆字隨勢爲之，不取方正，始知即羽陽舊址也。其地北負高原，南臨渭水，前對羣峰，形勢雄壯，真勝地也。武公之初年，距今千有七百八十八年矣。武功游景叔方總秦鳳刑獄，摹刊于石，置之岐陽憲臺之瑞豐亭，以貽好事者。

沈括《夢溪筆談・補筆談二》 祥符中，禁火。時丁晉公主營復宫室，患取土遠。公乃令鑿通衢取土，不日皆成巨塹。乃決汴水入塹中，引諸道竹木排筏及船運雜材，盡自塹中入至宫門。事畢，却以斥棄瓦礫灰壤實於塹中，復爲街衢。一舉而三役濟，計省費以億萬計。

劉攽《暇日記》 彭澤縣在江東岸山崦中，必無東日，但有西照，僧崇普説：望竿可以度遠處高下，其法用長一尺，横一尺，如丁字，就口邊望之。

葉夢得《石林燕語》卷三 郭進守雄州，太祖令有司造第於御街之東，欲以賜之，使盡用甋瓦。有司言：非親王、公主，例不應用。太祖大怒，曰：「進爲我捍契丹十餘年，使我不憂西山，豈不可比我兒女？」卒用之。宅成以賜。進屢辭，乃敢受。太平興國中，始别賜進宅。或以爲因展修相國寺，併入爲寺基也。

何薳《春渚紀聞》卷九《銅雀臺瓦》 相州，魏武故都。所築銅雀臺，其瓦初用鉛丹雜胡桃油搗治火之，取其不滲，雨過即乾耳。後人於其故基，掘地得之，鑱以爲研，雖易得墨而終乏温潤，好事者但取其高古也。下有金錫文爲真，每研成，受水處常恐爲沙粒所隔，去之則便成沙眼，至難得平瑩者。蓋初無意爲研，而不加澄濾，如後來呂研所製也。章序臣得之，屬余爲詩，將刻其後，云：「阿瞞恃姦雄，挾漢令天下。惜時無英豪，磔裂異肩髁。云當塗高，會有石槽馬。人愚瓦何罪，淪蟄翳梧檟。錫花封雨苔，鴛彩晦雲罅。雖當時丹油法，實非謀諸野。因之好奇士，探琢助揮寫。歸參端歙材，堅澤未渠亞。章侯捐百金，訪獲從吾詫。興亡何復論，徒足增忿罵。但嗟瓦礫微，亦以材用捨。從令瓴甓餘，當擅瓊瑰價。士患德不修，不憂老田舍。」

莊綽《鷄肋編》卷中 車駕駐蹕臨安，以府廨爲行宫。紹興四年，大饗明堂，更修射殿以爲饗所。其基即錢氏時握髮殿，吴人語訛，乃云「惡發殿」，謂錢王怒即升此殿也。時殿柱大者，每條二百四十千足，總木價六萬五千餘貫，則壯麗可見。言者屢及，而不能止。

朱勝非《紺珠集》卷二《明皇雜録》 楊妃妹，號國夫人，恩傾一時。奪韋嗣立宅，以廣其居堂，成，以金盆貯瑟瑟三㪷，因以賞匠者。後復歸韋氏，因大風折木墜堂上，不損。視之，瓦皆堅木也。

黄伯思《東觀餘論》卷上《古瓦辨》 歐陽公《研譜》云：相州真古瓦朽腐不可用，世俗尚其名爾。今人乃以澄泥如古瓦狀，埋土中久而研之。然近有長安民獻秦武公羽陽宫瓦十餘枚，若今人筩瓦然，首有「羽陽千歲萬歲」字。其瓦猶今舊瓦，殊不朽腐，其比相州瓦又增古矣。則知相州古瓦未必朽腐，蓋偉聞之誤爾。

曾敏行《獨醒雜志》卷九 贑之雩都尉廳後，舊有灌嬰廟臨其池上，廟毁，往往瓴甓墮池中，歲年不可計矣。因刀鑷工，取半瓦爲礪石，人見而異之。遂求其瓦爲硯，於是有灌瓦之名。求者既多，今罕得全瓦，好事者以銅雀瓦不復有，亦謾蓄之。

程大昌《演繁露》卷一 晉魏以後，官至貴品，其門得施行馬。行馬者，一木横中，兩木互穿，以成四角，施之於門，以爲約禁也。《周禮》謂之陛枑，今官府前叉子是也。

范成大《桂海虞衡志》 大菘，容梧道中久無霜雪處，年深滋長大者，可作屋柱。小亦中肩輿之扛。

范成大《桂海虞衡志》 滑石，桂林屬邑及猺洞中皆出，有白黑二種，功用相似。初出如爛泥，見風則堅，又謂之冷石。土人以石灰圬壁，及未乾時以滑石末拂拭之，光瑩如玉。

周煇《清波雜志》卷三《景陽臺》 煇居建康，春時偕一二鄰曲，至内後景陽臺，臺之下一尼庵少憩。見若琉璃色一瓦控，徑二尺許，厚三四寸，中空，用以閣盆盎。叩之，鏗然有聲。尼云近墾地得之，乃李後主用此引後湖水入宫中。雖瓦礫微物，亦有時而顯晦。又至白下門外齊安院，主僧曰：近治地得一玉盃，已碎；銀一鋌，上刻「永定公主爲誌公和尚浄髮之資，一樣十鋌」。「行人問宫殿，耕者得珠璣」，誠不吾欺。

李好文《長安志圖》卷中 漢瓦，形製古妙，工極精緻，雖塵壤潰蝕，殘缺漫漶，破之如新。人有得其瓦頭者，皆作古篆，盤屈隱起，以爲華藻。其文有曰「長樂未央」，有曰「長生無極」，有曰「漢并天下」，有曰「儲胥未央」，有曰「萬壽無疆」，有曰「德合無疆」，亦有作「上林」字者。昔人有于陳倉得秦瓦，文曰「羽陽千歲」。羽陽，秦武王宫也。以是知古人製作不苟，雖一瓦甓，必有銘識，不特彝鼎爲然耳。又有得瓦作楚字者，亦秦瓦也。秦作六國宫室于咸陽北坂上，意者必用其國號以别之與？又「未央」字瓦，凡離宫故基亦皆有之。今杜陵碎瓦中，皆有「未央」、「長樂」等字，亦不知其何故也。

古瓦陽面多作小窩泥，狀如雨點，亦有作繩痕者。予嘗過其鹿臺下，見其敗瓦亦然，乃知秦漢已前製皆作此，但不知所以製之之意。或曰：蓋仰用者以固泥也。説亦有理。又唐瓦有如漆者，蓋是碧瓦歲久而色變也。漢瓦皆素，獨故城中未央瓦表裏皆黑堅如鐵錫，今不多得。其所得者，皆離宫瓦也。由是言之，雖其宫室壯麗，猶見近古尚質也與！

李好文《長安志圖》卷中 秦瓦。御史宋宜之嘗于阿房故基得一古瓦，長二尺許，高廣六七寸，正方，漸殺如斧形，宛然若屋狀，堅厚如白石，隱隱遍作繩痕。其相接處亦有筭距，如今瓦，但朴素耳。長安古跡，此類甚多，但不得盡見也。

林坤《誠齋雜記》卷下 韓信約陳豨從中起，乃作紙鳶放之，以量未央宫遠近，欲穿地入宫中。

《宋史》卷四二六《葉康直傳》 葉康直字景温，建州人。擢進士第，知光化縣。縣多竹，民皆編爲屋，康直教用陶瓦，以寧火患。凡政皆務以利民。時豐稷爲穀城令，亦以治績顯，人歌之曰：「葉光化，豐穀城。清如水，平如衡。」

陶宗儀《説郛》卷一七下《一柱觀》　劉宋臨川王義慶在鎮，于羅公洲立觀甚大而惟一柱。

陶宗儀《南村輟耕録》卷七　今人家窗户設鉸具，或鐵或銅，名曰環紐，即古金鋪之遺意。北方謂之屈戌，其稱甚古。梁簡文詩：「織成屏風金屈戌。」李商隱詩：「鎖香金屈戌。」李賀詩：「屈膝銅鋪鎖阿甄。」屈膝，當是屈戌。

胡廣《書經大全》卷三《夏書・五子之歌》　其二曰：訓有之，内作色荒，外作禽荒。甘酒嗜音，峻宇雕牆，有一於此，未或不亡。

陸深《蜀都雜鈔》　楠木，材巨而良，其枝葉亦森秀可玩。成都人家庭院多植之，有成行列者。其枝葉若相回避然，謂之讓木。文潞公詩所謂「移植虞芮間」者以此。

《明憲宗實録》卷九五　〔成化七年九月〕己卯，内官監太監黄順奏請以團營次撥官軍一萬，赴西湖景、城壕等處採辦蘆薪，燒造磚瓦，以備修理之用。從之。

《明神宗實録》卷二九　〔萬曆二年九月甲午〕先是，順天府宛、大二縣民王勇等奏稱：各工應用白城甎，近于臨清燒造一百萬箇。今有武清地方土脉堅膠，不異臨清，去京僅一百三十里，較臨清近二千餘里。一興改作，不但糧運民船不苦煩勞，抑且爲國節省，有生財實效。工部覆議：臨清燒造，遵行已久。即云武清土脉不異，人事未否均齊，安能一一如式？若一旦更改，倘有偏而不舉之處，是徒增紛擾也。今行武清縣，責令王勇等每年分造城甎三十萬箇，俟三年之後，果有成效，另議建改。其臨清自萬曆三年爲始，每年止造七十萬箇，照舊糧船帶運。從之。

李詡《戒庵漫筆》卷二《拽石難》　乾清宫階沿石，取西山白玉石爲之，每間一塊，長五丈，闊一丈二尺，厚二丈五尺，鑿爲五級。以萬人拽之，日鑿一井，以飲拽夫，名曰萬人石。

陳耀文《天中記》卷一四　西域泥婆羅宫中，有七重樓，覆銅瓦。楹棟皆大琲雜寶，四隅置銅槽，下有金龍口，激水仰注槽中。

陳耀文《天中記》卷五三　嶺南峯州冀泠縣，有大竹數圍，實中任屋梁柱，覆用之則當瓦。《南征八郡志》。由梧竹吏民家種之，長三四丈，圍一尺八九寸，作屋柱，出交阯。《南方草物狀》。有竹曰簹，其大數圍，節間相去局促，節中實滿堅强，以爲屋榱。斷截便以爲棟梁，不復加斤斧也。《異物志》。

李時珍《本草綱目》卷七　時珍曰：夏桀始以泥坯燒作瓦。

王士性《廣志繹》卷五　蜀錦、蜀扇、蜀杉，古今以爲奇産。錦，一縑五十金，厚數分，織作工緻，然不可以衣服，僅充裀褥之用。只王宫可，非民間所宜也，故其制雖存，止蜀府中，而閭閻不傳。扇，則爲朝廷官府取用多，近皆濫惡不堪。板，出建昌，其花紋多者，名抬山，謂可抬而過山也。此分兩稍輕，尺寸較薄，然人以其多紋反愛之。有名雙連者，老節無文，似今土杉，然厚闊更優，多千百年古木。比非放水不可出，而水路反出雲南，即今麗江，亦即瀘水，亦即金沙江。道東川烏蒙而下馬湖，其水磯洑礁匯，奔駛如飛。兩岸青山夾行，旁無村落。其下有所謂萬人嵌者，舟過之輒碎溺。商人携板過此，則刻姓號木上，放于下流取之，若陷入嵌，則不得出矣。嵌中材既滿，或十數年，爲大水所冲激則盡起，下流者競取之，以爲横財。不入嵌者，亦多爲夾岸彝賊所句留，仍放姓號于下流，邀財帛入取之。深山大林，千百年斫伐不盡，商販入者，每住十數星霜。雖僻遠萬里，然蘇、杭新織種種文綺，吴中貴介未披，而彼處先得。妖童孌姬，比外更勝；山珍海錯，咸獲先嘗。則錢神所聚，無脛而至，窮荒成市，沙磧如春，大商緣以忘年，小販因之度日。至于建人補板，其技精絶，隨理接縫，瞠目爪之莫辨形踪。然余嘗分守右江，聞融、懷以北，彝人有掘地得板，厚止寸餘，堅重如鐵，勝建昌十倍者，一片易數金。數十家共得之，云是孔明征羌，歸途過此，伐山通道，入土年深者。余欲覓一蜕乘，恐差役緣此爲奸以挾彝人，乃寢。

彭大翼《山堂肆考》卷二〇二《竹》　柯亭爲椽。東漢蔡邕避難江南，宿會稽柯亭。柯亭有觀，以竹爲椽，邕仰視而嘆曰：「良材也。」取以爲笛，音聲果卓絶。

朱國禎《湧幢小品》卷四《神木》　神木見于永樂間，宋禮所奏，遣官祭之，即因之賜名焉。至嘉靖三十九年，鳳陽府五河縣杉木一株，圍一丈五尺，長六丈六尺，涌出泗水沙中。守臣上言：「中都祖陵所在，大木忽現，謂由河、洛而下，原非所出之區；謂從江、淮而入，又無逆流之理。是蓋祖宗啓佑，淮、泗效靈，與大工會，不偶然也。昔成祖重修三殿，有巨水出于盧溝，因以神木名廠。二百年來，美談再續，謹拜手以獻。」疏入，上令送至以助營建。

永平大雨三日，雨中有列炬，後若千乘萬騎從西北至者，東走海去。雨既，有大木三十章，長十丈，大數圍，遺永平城下，蓋龍王採木來送，閲數十年一遇之。時南昌熊瑞以恤刑至，所親見者。亦嘉靖年間事。

舊傳高郵州新開河有運皇木者，適遭冲決，失大木二。歲久，湖中有二物如龍形，每遇風雨，則昂首奮迅，聲聞數十里，遠近見聞，相傳木龍出現。

自後湖决，雖風雨不現，疑入海矣。嘉靖元年，州堂歲久將圮，郡守謝欲新之，材木俱集，獨少正梁，命工營求不得。忽湖中浮一物，苔衣如毛，長尺許，游動摇蕩，人疑不敢近。報州差水工驗勘，乃一巨木也，牽拽至岸，工人量之，與州堂間架長短相合，遂祭告。斤削繪彩，以充其用。祀而上之，若神助，無難于力。或以二木之遺其一者。郡人王盤詩：「謝公有意建州衙，神木千年出浪花。」

梅灣湖，在姚江之北，有梅龍。舊經云：溪有古梅，吴時作姑蘇臺，伐以爲梁，而存其根。産木成塢，有巨木卧湖心，水涸不露，人繇此神之，曰梅龍，蓋梅梁之根云。秋七八月，雷雨交作，有聲如鼉吼，聞數里，土人相傳梅龍顧子。《十道志》：吴造建鄴宫，始取材至明堂溪，見古梅，其材中梁，取以還都，梁已具，無所用之。一夕，梅忽飛還，土人異之，號曰梅君。今在湖中，隨水浮沉。一云，會稽禹廟梁即此木。

凡楠木，最巨者商人採之，鑿字號，結筏而下。既至蕪湖，每年清江主事必來選擇，買供運舟之用。南部又來争，商人甚以爲苦。剔巨者沉江干，俟其去，没水取之，常失去一二。萬曆癸酉，一舟飄没，中有老人素持齋，守信義，方拍水，若有人扶之，至一潭口，榜曰木龍府。殿上人冕旒甚偉，面有黑痕，宛然所鑿字號也。傳呼曰：「曾相識否？」老人頓首曰：「榜已明矣，惟大王死生之。」又傳呼曰：「汝善人，數尚可延，速歸！」令一人負之而出，俄傾抵岸，則身在大木上，衣服皆不濡。既登岸，一無所見。

海虞王之稷爲貴陽通判，運木渡黄河。其最大者二，忽逸陷欹泥中，千人不可出。爲文祭之，乃起。復見夢曰：「吾三千年爲羣木領袖，今乃逐逐隨其後。終當别去，必欲相煩應天子命，非以巨舟載不可。」如其言，拽而登舟，舉纜，一呼如躍，舟行甚疾，絶無沮塞。

永樂中，雲南普寧州大風，折一古樹。軍陳福海解以爲版，内具神像，著冠執笏，容貌如畫。彼中神而祀之，有禱輒應。正統二年，學正楊茂請加敕封，下禮部覆寢。

朱國禎《湧幢小品》卷四《瑞木》 洪武元年，臨川獻瑞木。木中析有文曰：天下平。質白而文玄，當有文處，木理隨畫順成，無錯迕者。考之前代，往往有之。齊永明九年，秣陵安如寺有古樹，伐以爲薪，木理自然，有「法天德」三字。唐大曆中，成都民郭遠伐薪，得一枝，理成字，曰「天下太平」，詔藏秘閣。五代梁開平二年，李思玄攻潞州，營于壺口，伐木爲栅。破一大木，中有朱書六字，曰「天十四載石進」，乃表上之。司天監徐鴻曰：丙申之年，有石氏王此地也。後石敬瑭起并州，果在丙申歲。宋太祖建隆五年，合州漢初縣上青梎木，中有文，曰「大連宋」三字。太平興國六年，温州瑞安縣民張度解木五片，皆有「天下太平」字。英宗治平元年，杭州南新縣民析柿木，中有「上天大國」四字，挺出半指如支節，書法似顔真卿。神宗熙寧十年八月，連州言柚木有文曰「王帝萬天下太平」。政和二年十月，安州武義縣木根有文，曰「萬宋年歲」。紹興十四年，虔州民毁欹屋柱，木理有五字，曰「天下太平時」。淳熙十六年七月，晉陵縣民析薪，中有四字，曰「紹熙五年」，如是者二。既而明年改元紹熙，果五年而光宗崩。元天曆己巳，平江萬户府構正衙，解一巨木，中分，有「天下太平之王」六字，其大如斗。元已虜宋矣，真州樵人析一木，中有三字，曰「天下趙」，其木丈二尺圍，其字青，半解揚州，半留真州。

朱國禎《湧幢小品》卷四《聖木》 始興郡陽山縣有豫章木，本徑二丈，名爲聖木。秦時伐此木爲鼓顙，顙成，忽奔逸，北至桂陽。

朱國禎《湧幢小品》卷四《香木》 英州雷震，一山梓樹盡枯，而生龍腦，京師龍腦爲之驟賤。每一兩直錢千四百，味苦而香酷烈。又施州衛有大木，乃先朝所採，百牛拖之不動，時時生惢，大僅如豆，焚之極香。

朱國禎《湧幢小品》卷四《運木》 故事，諸省運木，先于張家灣出水拽運，以次入神木廠。既完，始取批回，動經歲月，間有水溢漂失，坐累死亡者。工部主事王梃奏：「即水次設廠，竹木至，驗入，即與解官批回，公私便之。」梃，象山人，嘉靖壬辰進士，官至參政，清約，工詩文，負氣，有宦聲，亦奇士也。

董斯張《廣博物志》卷一一 田尚衣多病，文帝以硃砂塗四壁以辟邪，故謂之紅壁。《女紅志》。

董斯張《廣博物志》卷二八《藝苑三》 隋煬帝令造觀文殿，前兩廂爲書堂，各十二間。堂前通爲閣道，承殿。每一間十二寶厨，前設方五香重牀，亦裝以金玉，春夏鋪九龍象簟，秋設鳳綾花褥，冬則加綿裝須彌氈。帝幸書堂，或觀書。其十二間内，南北通爲閃電窗，玲瓏相望，雕刻之工，窮奇極之妙。金鋪玉題，綺井華榱，暉映溢目。每三間開一方户，户垂錦幔，上有二飛仙，當户地口施機。輦駕將至，則有宫人擎香爐，在輦前行，去户一丈，脚踐機發，仙人乃下閤，捧幔而昇，閤扇即開，書厨亦啓若自然，皆一機之力。輦駕出，垂閉復常。諸房入户，式樣如一。

《元史》卷六三《地理志六》 吉利吉思、撼合納、謙州、益蘭州等處。吉利吉思者，初以漢地女四十人，與烏斯之男結婚，取此義以名其地。南去大都萬有餘里。相傳乃滿部始居此，及元朝析其民爲九千户。其境長一千四百里，廣半之，謙河經其中，西北流。又西南有水曰阿浦，東北有水曰玉須，皆巨浸也，會於謙，而注於(昴)〔昂〕可剌河，北入於海。俗與諸國異。其語言則(輿)〔與〕畏吾兒同。廬帳而居，隨水草畜牧，頗知田作，遇雪則跨木馬逐獵。土産名馬、白黑海東青。(昴)〔昂〕可剌者，因水爲名，附庸於吉利吉思，去大都二萬五千餘里。其語言與吉利吉思特異。晝長夜短，日没時炙羊肋熟，東方已曙矣，即《唐史》所載骨利(斡)〔幹〕國也。烏斯亦因水爲名，在吉利吉思東，謙河之北。其俗每歲六月上旬，刑白馬牛羊，灑馬湩，咸就烏斯沐漣以祭河神，謂其始祖所從出故也。撼合納猶言布囊也，蓋口小腹巨，地形類此，因以爲名。在烏斯東，謙河之源所從出也。其境上惟有二山口可出入，山水林樾，險阻爲甚，野獸多而畜字少。貧民無恒産者，皆以樺皮作廬帳，以白鹿負其行裝，取鹿乳，採松實，及劚山丹、芍藥等根爲食。冬月亦乘木馬出獵。謙州亦以河爲名，去大都九千里，在吉利吉思東南，謙河西南，唐麓嶺之北。居民數千家，悉蒙古、回紇人。有工匠數局，蓋國初所徙漢人也。地沃衍宜稼，夏種秋成，不煩耘耔。或云汪罕始居此地。益蘭者，蛇之稱也。初，州境山中居人，見一巨蛇，長數十步，從穴中出飲河水，腥聞數里，因以名州。至元七年，詔遣劉好禮爲吉利吉思撼合納謙州益蘭州等處斷事官，即於此州修庫廩，置傳舍，以爲治所。先是，數部民俗，皆以杞柳爲杯皿，刳木爲槽以濟水，不解鑄作農器，好禮聞諸朝，乃遣工匠，教爲陶冶舟楫，土人便之。

顧岕《海槎餘録》 花梨木、鷄翅木、土蘇木皆産于黎山中，取之必由黎人，外人不識路徑，不能尋取，黎衆亦不相容耳。

謝肇淛《五雜俎》卷一〇 閩人作室，必用杉木；器用必用榆木；棺椁必用楠木，北人不盡爾也。桑、柳、槐、松之類，南人無用之者，北人皆不擇而取之。故梁棟多曲而不直，什物多窳而不緻，坐是故耳。楩楠豫章，自古稱之。而楠木生楚、蜀者，深山窮谷，不知年歲，百丈之幹，半埋沙土，故截以爲棺，謂之沙板。佳者解之，中有文理，堅如鐵石。試之者以暑月作合，盛生肉，經數宿啓之，色不變也。然一棺之直，皆百金以上矣。夫葬欲其速朽也，今乃以不朽爲貴，使骨肉不得復歸于土，魂魄安乎？或以木之佳者，水不能腐，蟻不能穴，故爲貴耳，然終俗人之見也。

孫承澤《硯山齋雜記》卷三《銅雀硯辨》 古塼，大者方四尺，上有盤花鳥獸紋，「千秋萬歲」字，其紀年非「天保」則「興和」，蓋東魏、北齊也。又有塼筒者，花紋年號如磚，內圓外方，用承簷溜，亦可爲硯。宋刺史李琮，元豐中於丹陽郡不疑家得唐元次山家藏鄴城古塼硯，背有花紋及「萬歲」字，與《鄴中記》合，又曰「大魏興和二年造」，則唐賢所珍已出於南城矣。

顧炎武《歷代帝王宅京記》卷九《洛陽二》 橋首建兩石柱。橋之右柱銘曰：陽嘉四年乙卯壬申，詔書以城下漕渠東通河濟，南列江淮，方貢委輸，所由而至。使中謁者魏郡清淵馬憲監作石橋梁柱，敦勑工匠，盡要妙之巧。攢立重石，累高周距，橋工路博，流通萬里。三月起作，八月畢成，其水依柱。文自樂里道屈而東出陽渠。

張英等《淵鑑類函》卷三四六《居處部》 《漢武故事》曰：帝起神室，有雲母窗，有珊瑚窗。《世説》：滿奮畏風，武帝坐琉璃窗內，甚密。奮疑其疎，恐之。帝問其故，答曰：「臣如吴牛，見月而喘。」

姚之駰《元明事類鈔》卷二九《宫室門》 《談薈》：四飛山産白墡，極膩滑，張士誠取之和以胭膠，作堦面之飾，有水雪、白雪、浪花、玉鱗墀等名。

《明史》卷八二《食貨志六》 正德時，採木湖廣、川、貴，命侍郎劉丙督運。太監劉養劾其不中梁棟，責丙陳狀，工部尚書李鐩奪俸。嘉靖元年革神木千户所及衛卒。二十年，宗廟災，遣工部侍郎潘鑑、副都御史戴金於湖廣、四川採辦大木。二十六年復遣工部侍郎劉伯躍採於川、湖、貴州，湖廣一省費至三百三十九萬餘兩。又遣官覈諸處遺留大木。郡縣有司，以遲悮大工逮治褫黜非一，並河州縣尤苦之。萬曆中，三殿工興，採楠杉諸木於湖廣、四川、貴州，費銀九百三十餘萬兩，徵諸民間，較嘉靖年費更倍。而採鷹平條橋諸木於南直、浙江者，商人逋直至二十五萬。科臣劾督運官遲延侵冒。不報。虚糜乾没，公私交困焉。

吴景旭《歷代詩話》卷六六《銅爵硯》 《道山清話》云：世傳銅爵瓦，驗之有三：錫花、雷斧、鮮疵三者是也。然皆風雨彫鐫，不可得而僞。《東觀餘論》云：《硯譜》謂相州真古瓦，朽腐不可用，世俗尚其名爾。今人乃以澄泥如古瓦狀，埋土中，久而研之。近有長安民獻秦武公羽陽宫瓦十餘枚，若今之甯瓦然，首有「羽陽千歲萬歲」字，其瓦殊不朽腐。比相州瓦，又增古矣。則知相州古瓦未必朽腐，蓋傳聞之悮耳。余觀洪武中宋季子得未央宫瓦頭一片，上有「未央長樂」四字，貝季翔作《未央宫瓦頭歌》，此亦不減羽陽瓦也。然觀《偃曝談餘》云：銅雀瓦，世傳鄴城古瓦。夫魏之宫室焚蕩於汲桑之亂久矣。《鄴中記》曰：北高起鄴南城，屋瓦皆以核桃油油之，光明不蘚。筒瓦覆，故油其背；版瓦仰，故油其面。筒瓦長二尺，濶一尺。版瓦之長亦如之，而其濶倍之。今得其真者，當油處必有細紋，俗曰琴紋。有白花，曰錫花。傳言當時以黄丹鉛錫和泥，積歲久而錫花見。古磚大者方四尺，上有盤花鳥獸紋、千秋萬歲字，其紀年非天保則興和，蓋東魏、北齊也。又有磚筒者，花紋年號如磚，内員外方，用承簷溜，亦可以爲研。鄴人有言曰：銅雀瓦研，體質細潤而堅如石，不費筆而發墨。此古所重者，而今絶無。鄴氏乃僞造以給遠方。王荆公詩：「吹盡西陵歌舞塵，當時屋瓦始稱珍。甄陶往往成今手，尚托虚名動世人。」又《容齋續筆》云：先公得二硯，小者腹有六篆字，曰「大魏興和年造」，中皆作小簇花團。興和乃東魏孝静帝紀年也。予爲銘曰：「元魏之東，狗脚於鄴。高澄侍宴，以大觴屬孝静帝。帝不勝忿，曰：自古無不亡之國，朕何用生爲？澄怒曰：朕，朕，狗脚朕。吁其瓦存，亦禪千劫。上林得鴈，獲貯歸笈。玩而銘之，哀淚棲睫。」又楊升菴云：曹操臺瓦已不可得，宋人所收，乃高歡避暑宫、冰井臺、香姜閣瓦也。予得一瓦，上有「香姜」字。又見京師人家藏一瓦，有「元象」字。元象，孝静帝年號也。

孫廷銓《顔山雜記》卷四　琉璃者，石以爲質，硝以和之，礁以鍛之，銅、鐵、丹鉛以變之。非石不成，非硝不行，非銅鐵丹鉛則不精，三合然後生。白如霜，廉削而四方，馬牙石也。紫如英，札札星星，紫石也。稜而多角，其形似璞，凌子石也。白者以爲幹也，紫者以爲輭也，凌子者以爲瑩也。是故白以爲幹則剛；紫以爲輭，則斥之爲薄而易張；凌子以爲瑩，則鏡物有光。硝，柔火也，以和内；礁，猛火也，以攻外。其始也，石氣濁，硝氣未澄，必剥而争，故其火烟漲而黑；徐惡盡矣，性未和也，火得紅；徐性和矣，精未融也，火得青；徐精融矣，合同而化矣，火得白。故相火齊者，以白爲候。其辯色也，白五之，紫一之，凌子倍紫，得水晶。進其紫，退其白，去其凌子，得正白。白三之，子一之，凌子如紫，加少銅及鐵屑焉，得梅萼紅。白三之，紫一之，去其凌，進其銅，去其鐵，得藍。法如白焉，鈎以銅礦，得秋黄。法如水晶，鈎以畫碗石，得映青。法如白，加鉛焉，多多益善，得牙白。法如牙白，加鐵焉，得正黑。法如水晶，加銅焉，得緑。法如緑，退其銅，加少礦焉，得鵞黄。凡皆以燄硝之數爲之程。

琉璃之貴者爲青簾。取彼水晶，和以回青。如箸斯條，若水斯冰。緯爲幌薄，傅于朱櫺。瑞烟徐起，旭日始升。影動几筵，光浮御屏。棲神象玄，以合窈冥。用之郊壇焉，用之清廟焉。隸于司空，以稱國工。

顧棟高《毛詩類釋》卷一五《釋木》　臣謹案：古人作室造舟，惟用松柏及楊。《商頌》：松柏丸丸。《魯頌》：徂來之松，新甫之柏。《邶風・柏舟》。《衛風》：檜楫松舟。《小雅》又云：汎汎楊舟。罕有用杉者。杉，《爾雅》作煔，與杉同音。郭註：煔似松，生江南，可以爲船及棺材，作柱埋之不朽。蓋三代俱建都北土，不生此木，又地氣高燥，松柏俱植高岡上，性堅耐久。今人用作樑柱，多患蟲蛀中空，則古今地土不同故也。

《(康熙)常州府志》卷一〇《物産》　無錫則磚瓦窑，磚瓦盛行於數百里内外。又若石作，則宜興之石板可以蓋地，無錫之陽山石可以爲磨、爲臼，江陰之石堰石可以砌牆、築岸，皆工人終歲勤劬以爲業也。

《(乾隆)江南通志》卷一一《輿地志・山川》　青龍山在府東南三十五里。山趾石堅而色青，郡人多取爲碑礎。唐李白詩：白鷺映春洲，青龍見朝暾。指此。又《南唐書》「後主獵青山」，戚光《音釋》引郡志曰「青龍山」，是青龍亦名青山也。

《魯班經》卷一　魯般真尺

按魯般尺乃有曲尺一尺四寸四分，其尺間有八寸，一寸堆曲尺一寸八分。内有財、病、離、義、官、刧、害、(木)〔吉〕也。凡人造門，用依尺法也。假如單扇門，小者開二尺一寸，一白，般尺在「義」上。單扇門開二尺八寸在八白，般尺合「吉」上。雙扇門者，用四尺三寸一分，合四緑一白，則爲本門，在「吉」上。如財門者，用四尺三寸八分，合「財」門吉。大雙扇門，用廣五尺六寸六分，合兩白，又在「吉」上。今時匠人則開門濶四尺二寸，乃爲二黑，般尺又在「吉」上。及五尺六寸者，則「吉」上二分，加六分正在吉中，爲佳也。皆用依法，百無一失，則爲良匠也。

魯般尺八首

「財」字

財字臨門仔細詳，外門招得外才良，若在中門常自有，積財須用大門當。中房若合安於上，銀帛千箱與萬箱，木匠若能明此理，家中福禄自榮昌。

「病」字

病字臨門招疫疾，外門神鬼入中庭，若在中門逢此字，災須輕可免危聲。更被外門相照對，一年兩度送屍靈。於中若要無兇禍，厠上無疑是好親。

「離」字

離字臨門事不祥，仔細排來在甚方，若在外門并中户，子南父北自分張。房門必主生離別，夫婦恩情兩處忙。朝夕士家當作鬧，凄惶無地禍誰當。

「義」字

義字臨門孝順生，一字中字最爲真，若在都門招三婦，廊門淫婦戀花聲。於中合字雖爲吉，也有興災害及人，若是十分無災害，只有厨門實可親。

「官」字

官字臨門自要詳，莫教安在大門場，須妨公事親州府，富貴中庭房自昌。若要房門生貴子，其家必定出官廊，富家人家有相壓，庶人之屋實難量。

「刧」字

刧字臨門不足誇，家中日日事如麻，更有害門相照看，兇來疊疊禍無差。兒孫行刧身遭苦，作事因循害(刧)〔鄰〕家，四惡四囚星不吉，偷人物件害其佗。

「害」字

害字安門用細尋，外人多被外人臨，若在内門多興禍，家財必被賊來侵。兒孫行門于害字，作事須因破其家，良匠若能明此理，管教宅主永興隆。

「吉」字

吉字臨門最是良，中宫内外一齊强，子孫夫婦皆榮貴，年年月月在蠶桑。如有財門相照者，家道興隆大吉昌，使有兇神在傍位，也無災害亦風光。

木門詩

本子開門大吉昌，尺頭尺尾正相當，量來尺尾須當吉，此到頭來財上量。福禄乃爲門上致，子孫必出好兒郎，時師依此仙賢造，千倉萬廪有餘糧。

曲尺詩

一白惟如六白良，若然八白亦爲昌，但將般尺來相凑，吉少兇多必主殃。

曲尺之圖

一白、二黑、三碧、四緑、五黄、六白、七赤、八白、九紫、一白。

論曲尺根由

曲尺者，有十寸，一寸乃十分。凡遇起造經營，開門高低、長短、度量，皆在此上。須當凑對魯般尺八寸吉凶相度，則吉多兇少。爲佳匠者，但用倣此大吉也。

推起造何首合白吉星

魯般經營：凡人造宅門，門一須用準與不準，及起造室院條緝車箭，須用準合陰陽，然後使尺寸量度，用合財吉星及三白星方爲吉，其白外但則九紫爲小吉。人要合魯般尺與曲尺，上下相仝爲好，用尅定神、人運、宅及其年向首，大利。

按九天玄女裝門路，以玄女尺筭之，每尺止得九寸有零，却分財病離義官刧害本八位，其尺寸長短不齊，惟本門與財門相接最苦。義門惟寺觀學舍義聚之所可裝。官門惟官府可裝，其餘民俗只粧本門與財門，相接最吉。〇大抵尺法，各隨匠人所傳，術者當依魯般經尺度爲法。

論開門步數：宜單不宜雙。行惟一步、三步、五步、七步、十一步吉，餘兇。每步計四尺五寸爲一步，于屋簷滴水處起步，量至立門處，得單步合前財義官本門，方爲吉也。

定盤真尺

凡創造屋宇，先須用坦平地基，然後隨大小濶狹安磉平正。平者，穩也。次用一件木料，長一丈四五尺，有矕長短有人。用大四寸，厚二寸，中立表。長短在四五尺内實用，壓曲尺端正兩邊，安八字，射中心。上繫一線，重下吊石墜，則爲平正直也，有實據可驗。

詩曰：

世間萬物得其平，全仗權衡及準繩。創造先量基濶狹，均分内外兩相停。石磉切須安得正，地盤先宜鎮中心，定將真尺分平正，良匠當依此法真。

推造宅舍吉凶論

造屋基淺在市井中入魁之處，或外濶内狹爲，或内濶外狹穿，只得隨地基所作。若内濶外〔狹〕，乃名爲獅穴屋，則衣食自豐也。其外濶，則名爲檻口屋，不爲奇也。造屋切不可前三直、後二直，則爲穿心栟，不吉。如或新起栟不可與舊屋棟齊過，俗云：新屋插舊棟，不久便相送。須用放低於舊屋，則曰「次棟」，又不可直棟穿中門，云穿心棟。

《魯班經》卷三

門高勝於廳，後代絶人丁。門高勝於壁，其法多哭泣。

門柱不端正，斜欹多招病。家退禍頻生，人亡空怨命。

門扇或斜欹，夫婦不相宜。家財常耗散，更防人謀散。

門柱補接主凶災，仔細巧安排。上頭目患中勞吐，下補脚疾苦。

門前壁破街磚缺，家中長不悦。小口枉死藥無醫，急要修整莫遲遲。

二家不可門相對，必主一家退。開門不得兩相衝，必有一家凶。

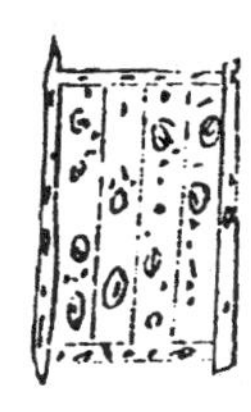
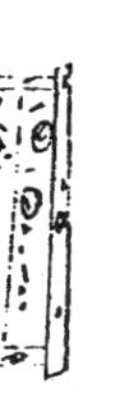

門板莫令多柄節，生瘡疔不歇。三三兩兩或成行，徒配出軍郎。

門邊土壁要一般，左大換妻更遭官。右邊或大勝左邊，孤寡兒孫常叫天。

門上莫作仰供裝，此物不爲祥。兩邊相指或無言，論訟口交争。

門户中間窟痕多，災禍事交訛。家招刺配遭非禍，瘟黄定不差。

門板多穿破，怪異爲凶禍。定注退才産，修補免貧寒。

一家不可開二門，父子没慈恩。必招進舍填門客，時師須會識。

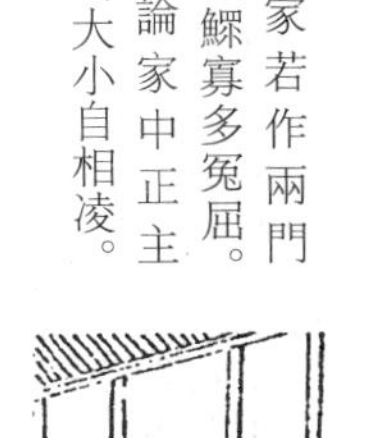

一家若作兩門出，鰥寡多冤屈。不論家中正主人，大小自相凌。

廳屋兩頭有屋横，吹禍起紛紛。便言名曰擡喪山，人口不平安。

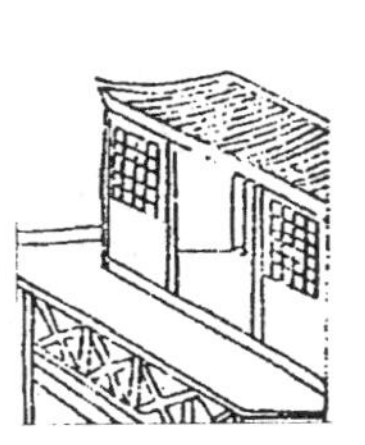

門外置欄杆，名曰紙錢山。家必多喪禍，恓惶實可憐。

西廊壁枋不相接，必主相離别。更出人心不伶俐，疾病誰醫治。

人家方畔有禾倉，定有寡母坐中堂。若然架在天醫位，却宜醫術正相當。

人家天井置欄杆，心痛藥醫難。更招眼障暗昏蒙，雕花極是凶。

當廳若作穿心梁，其家定不祥。便言名曰停喪山，哭泣不曾閑。

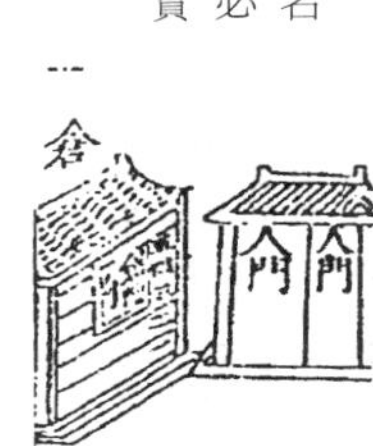

人家相對倉門開，定斷有凶災。風疾時時不可醫，世上少人知。

禾倉背後作房間，名爲疾病山。連年困卧不離床，勞病最恓惶。

有路行來似鐵丫，父南子北不寧家。更言一抽誠堪拙，典賣田園難免他。

路如牛尾不相和，頭尾翻舒反背吟，父子相離真未免，女人要嫁待何如。

人家不宜居水閣，過房并接脚。兩邊池水太侵門，流傳兒孫好大脚。

方來不滿破分田，十相人中有不全。成敗又多徒費力，生離出去豈無還。

牆垣如弓抱，(多)〔名〕曰進田山。富足人財好，更有清貴官。

路若鈔羅與銅魚，積招疾病無人覺。瘟疫麻痘若相侵，痢疾師巫方有法。

故身一路橫哀哉，屈屈來朝入穴蛇。家宅不安死外地，不宜牆壁反教餘。

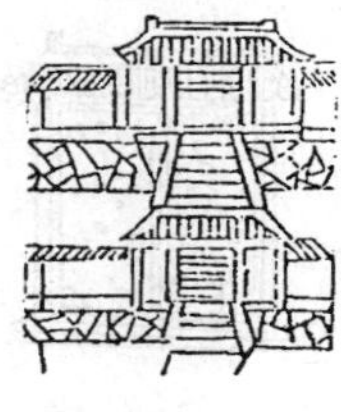

門高叠叠似靈山，但合僧堂道院看。一直倒門無曲折，其家終冷也孤單。

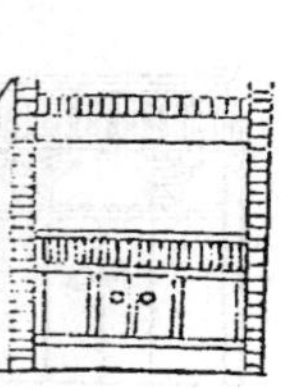
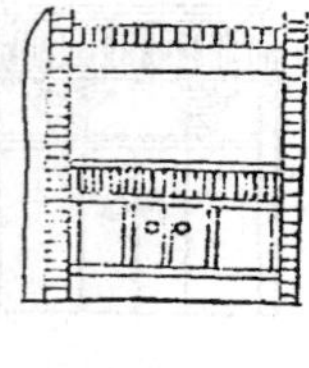

四方平正名金斗，富足田圍糧萬畆，籬牆回環無破陷，年年進益添人口。

屋前行路漸漸大，人口常安泰。更有朝水向前來，日日進錢財。

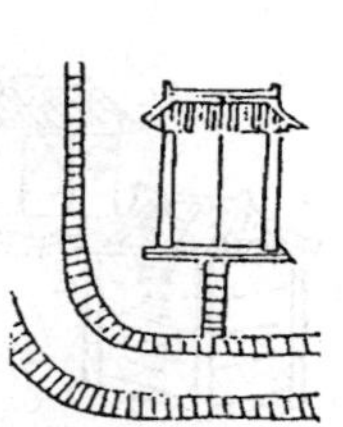

一重城抱一江纏，若有重成積産錢。雖是富榮無禍患，秖宜抱子度晚年。

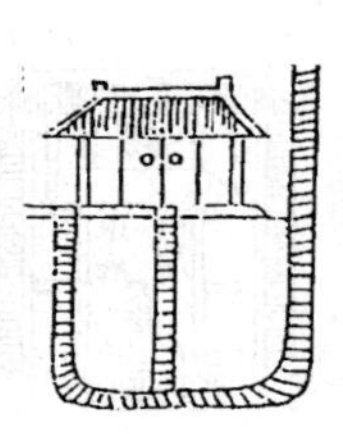

展帛回來欲捲舒，辨錢田即在方隅。中男長位須先發，人言此位鬼神扶。

石(雖)〔頭〕屋後起三堆，倉庫積禾囤。石藏屋後二般般，潭且更清閑。

路如丁字損人丁，前低蕩去不堪行。或然平生猶輕可，也主離鄉亦主貧。

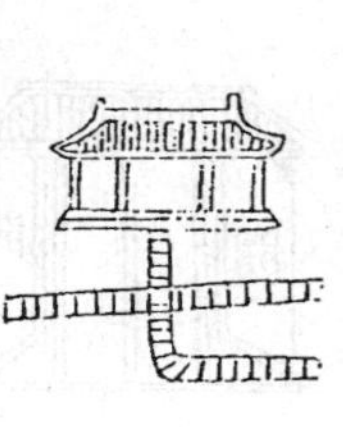

左邊七字須端正，方斷財山定。或然一似死鴨形，日日鬧相爭。

南方若還有尖石，代代火燒宅。大高火起火成山，燒盡不爲難。

品岩嵯峨似淨瓶，家出素衣僧。更主人家出孤寡，宫更相傳有。

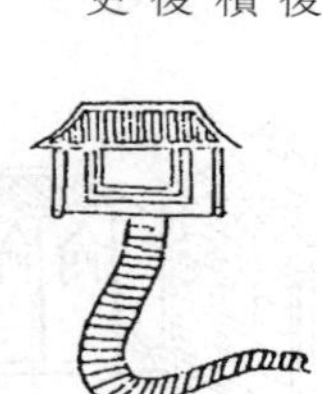

路如跪膝不風光，輕輕乍富便更張。只因笑死渾閑事，脚病常常不離床。

路成八字事難逃，有口何能下一挑。死別生離爭似苦，門前有此非吉兆。

土堆似人攔路抵，自縊不由賢。若在田中却是牛，名爲印綬保千年。

若見門前七字去，斷作辨金路。其家富貴足錢財，金玉似山堆。

右邊牆路如直出，時時叫冤屈。怨嫌無好一夫兒，代代出生離。

路如衣帶細參詳，歲歲災危及位當。自嘆資身多耗散，頻頻退失好恓惶。

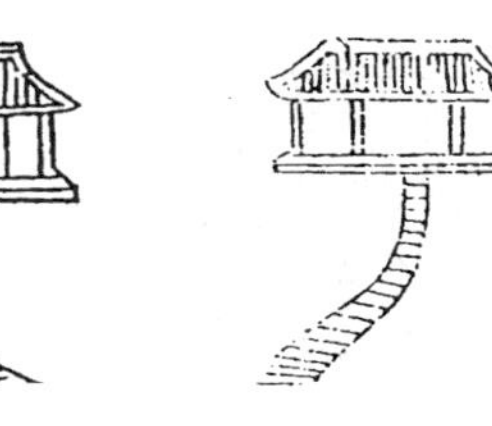

左邊行帶事亦同，男人效病手拍風。牛羊六畜空費力，雖得財錢一旦空。

路若源頭水并流，莊田千萬豈能留。前去若更低低去，退後離鄉散手遊。

門前土堆如人背，上頭生石出徒配。自他漸漸生茅草，家口常憂惱。

門前土牆如曲尺，進契人家吉。或然曲尺向外長，妻壻哭分張。

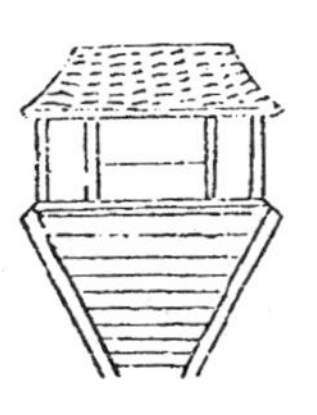

門前行路漸漸小，口食隨時了。或然直去又低垂，退落不知時。

前街玄武入門來，家中常進財。吉方更有朝水至，富貴進田牛。

門前有路如員障，八尺十二數。此窟名如陪地金，旋旋入莊田。

路如燭焰冑長能，可嘆其家小口亡。兒子賣田端的有，不然父母也投河。

門前腰帶田陸大，其家有分鮮。園牆門畔更回還，名曰進財山。

雙桃門前路扼精，先知室女有風聲。身懷六甲方行嫁，却笑人家濁不貞。

一來一往似立蟠，家中發後事多般。須招口舌重重起，外來兼之鬼入門。

門前石面似盤平，家富有聲名。兩邊夾從進寶山，足食更清閑。

門前行路如鴛鴨，分明兩邊着。或然又如鴛掌形，口舌不曾停。

有路行來若火勾，其家退落更能偷。若還有路從中入，打殺他人未肯休。

翻連屈曲名蚯蚓，有路如斯人氣緊。生離未免兩分飛，損子傷妻家道虧。

十字路來才分谷，兒孫手藝最堪爲。雖然溫飽多成敗，只因嗜好寶已虛。

門前見有三重石，如人坐睡直。定主二夫共一妻，蠶月養春宜。

屋邊有石斜聳出，人家常抑郁。定招風疾及困貧，口食每求人。

排箅雖然路直横，須教筆硯案頭生。出人巧往多才學，池沼爲財輕富榮。

路來重曲號爲州，内有池塘或石頭。若不爲官須巨富，侵州侵縣置田疇。

四路直來中間曲，此名四獸能取禄。左來更得一刀砧，文武兼全俱皆足。

拖户一路兩交加，室女遭人殺可嗟。從行夜好家内亂，男人改效也因他。

右面四方高，家裏産英豪。渾如斧鑿成，其山出貴人。

路如人字意如何，兄弟分推隔用多。更主家中紅焰起，定知此去更無蘆。

石如蝦蟆草似秧，怪異入廳堂。駝腰背曲家中有，生子形容醜。

石如酒瓶樣一般，樓臺更滿山。其家富貴欲一求，斛注使金銀。

或外有石似牛眠，山成進莊田。更有水在丑方出，六畜自興旺。

《（道光）濟南府志》卷一一《古迹二》　管仲井，《續志》云：格孫城，俗名穀城，或云小穀。故址北門内有古井，傳爲管仲所鑿。井甃以瓦，瓦博四尺有奇，長六尺，厚三寸。土人出之，堅如石。

丁國鈞《荷香館瑣言》卷下　明皇城磚，皆有窑匠某、造磚人夫某、總甲某、甲首某、小甲某，及某府提調、通判某、某縣提調、縣丞某等陽文字，其字有甚工者。今鷄鳴寺砌路之磚，大半此物。丙午午月，與常州同宗孟輿孝廉，偕游此寺。剔泥細視，多武昌府安慶府提調等字，蓋明初各省派官監造者，可見工程之巨矣。余曾得字畫最精者二，寄存鉢山圖書館，重未携歸，今不知存亡矣。

都城總部

《都城總部》提要

古代都城營建，不僅注重安全與觀瞻，更要合乎禮制秩序。城建規劃蕴涵着先哲關於天人感應的哲學思考，小則預示一方的福運災變，大則關乎王朝的安寧興替，因此歷代王朝莫不視此爲要務。《詩》述周王營岐，相地勢，築城垣，作宗社，安民居，井然而有序。《周禮·考工記》：「匠人營國，方九里，旁三門，國中九經九緯，經塗九軌，左祖右社，面朝後市。」這些均表明了周人關於都城規劃與建設的主要理念。歷代王朝營建都邑，儘管地域不同，規模日趨宏闊，局勢漸趨壯麗，但總體規劃依然遵循周人的基本宗旨與法則。

本總部下設兩個部：一、《京都部》，輯録各朝京都選址的討論、都城規劃、格局分佈以及營建情況的相關資料。本部紀事部分以朝代爲序，以定都、遷都事件爲目，反映歷代京都變遷與發展的軌跡。二、《城池部》，輯録各地城池建設與歷代變遷情況的相關資料。本部紀事部分以地區爲目，彰顯我國古代城市發展的地區特徵。紀事之末附以《明實録》《清實録》有關城池營建的編年資料，揭示明清兩朝關於城池建設的政策與申報、監督、核算、驗收等相關制度的落實情況。

目録

城池部……九一三

京都部

題解

《周禮·地官·小司徒》 乃經土地，而井牧其田野。九夫爲井，四井爲邑，四邑爲丘，四丘爲甸，四甸爲縣，四縣爲都，以任地事而令貢賦，凡税斂之事。鄭玄注：此謂造都鄙也。采地制井田，異於鄉，遂重立國。

《周禮·地官·司徒下》 司馬法曰：王國百里爲郊，二百里爲州，三百里爲野，四百里爲縣，五百里爲都。

《詩·小雅·沔水》 沔彼流水，朝宗于海。【略】莫肯念亂，誰無父母。〔毛亨傳〕：京師者，諸侯之父母也。〔鄭玄〕箋云：我，我王也。莫，無也。我同姓異姓之諸侯，女自恣聽不朝，無肯念此於禮法爲亂者。女誰無父母乎？言皆生於父母也。臣之道，資於事父以事君。

《春秋左傳·莊公二十八年》 冬，凡邑有宗廟先君之主曰都，無曰邑。邑曰築，都曰城。

《春秋公羊傳·恒公九年》 京師者何？天子之居也。注：以季姜言歸。京者何？大也。師者何？衆也。天子之居，必以衆大之辭言之。注：地方千里，周城千雉，宫室官府，制度廣大。四方各以其職來貢，莫不備具。所以必自有地者，治自近始。故據土與諸侯，分職而聽其政焉，即《春秋》所謂「内治其國」也。

《爾雅·釋丘第十》 絶高爲之京。〔郭璞〕注：人力所作。〔邢昺〕疏：言卓絶高大如丘，而人力所作者名京。案《春秋》宣十二年，《左傳》楚敗晉師於邲，潘黨曰：君盍築武軍而收晉尸以爲京觀。楚子曰云云。今罪無所，而民皆盡忠以死，君命又何以爲京觀乎？是其類也。

《逸周書》卷三《小開解第二十三》 國枳維都，都枳維邑，邑枳維家，家枳維欲無疆。

許慎《説文解字》卷五下《京部》 京，人所爲絶高丘也。从高省，象高形。凡京之屬皆从京。

劉熙《釋名》卷二《釋州國》 國城曰都者，國君所居、人所都會也。周制：九夫爲井，其制似井字也。四井爲邑。邑猶悒也，邑人聚會之稱也。四邑爲丘。丘，聚也。

蔡邕《獨斷》卷上 天子所都曰京師。京，水也。地下之衆者莫過於水，地上之衆者莫過於人。京，大；師，衆也，故曰京師也。

《廣雅》卷九《釋北》 四起曰京。

郭璞注《山海經》卷五《中山經》 青要之山，實維帝之密都。天帝曲密之邑。

段昌武《毛詩集解》卷二四《大雅·公劉》 鄭曰：絶高謂之京。朱曰：京師，高山而衆居之也。董曰：所謂京師者，始於此。其後世因以所都爲京師。曰嬪于京，依其在京，則岐周之京也。王配于京，則鎬京也。《春秋》所書京師，則洛邑也。皆仍其本號而稱之。猶晉之言新絳，故絳也。愚按：洛邑謂之洛師，正京師之意也。

《資治通鑑綱目》卷首上 凡始建都曰都，高帝都櫟陽，帝玄都宛，光武都洛陽。自他所來徙曰徙都，韓徙都鄭，秦徙都咸陽。凡言西都某、北都某者，亦比類而從本文耳。屢徙而後定曰定都。漢高帝至長安，始定徙都。

吳仁傑《兩漢刊誤補遺》卷三《京兆》 右内史，太初元年更名京兆尹。張晏曰：地絶高曰京師。古曰：京，大也；兆者，衆數，言大衆所在。蔡邕云：天子所都曰京師，大水也。地下之衆者莫過于水。仁傑按：顔蔡之説，本于《公羊傳》，所謂天子所居，必以衆大之辭言之者。其究爲不然。京者，地名；師，都邑之稱。如洛邑爲洛師是也。周自公劉居豳，其詩曰「于豳斯館」，又曰「于京斯依」，又曰「京師之野」，則京者豳土之别名。公劉之世已稱京師矣，其必天子所居而後以是爲言。其後周雖屢遷，而都邑之稱不改。其舊曰京師、京周、京室、周京、鎬京，此與陶唐亳商同義。頌曰「商邑翼翼」，毛公謂：商邑爲京師，借周爲喻，猶未害理。至《漢紀》載匡衡疏引《韓詩》之文，乃云「京邑翼翼」，是以周都而名商邑也。其可哉！

陳耀文《天中記》卷一三《都邑》 京兆：絶高曰京。京，大也。十億曰兆，欲令帝都殷盈也。左輔右弼，蕃翊承風也。張掖始開，垂張臂掖也。《漢官儀》。

張英等《淵鑑類函》卷三三二《京邑部一》 《帝王世紀》：天子畿方千里曰甸服，甸服之内曰京師。又曰：天子所居曰都。

張英等《淵鑑類函》卷三三二《京邑部一》 《綱目釋義》：都，猶總也。天子居，以天下總會之所，故曰都。

論説

《周易·繫辭上》 天尊地卑，乾坤定矣。卑高以陳，貴賤位矣。動静有常，剛柔斷矣。方以類聚，物以羣分，吉凶生矣。在天成象，在地成形，變化見矣。是故剛柔相摩，八卦相蕩，鼓之以雷霆，潤之以風雨。日月運行，一寒一暑。乾道成男，坤道成女。乾知大始，坤作成物。乾以易知，坤以簡能。易則易知，簡則易從。易知則有親，易從則有功；有親則可久，有功則可大；可久則賢人之德，可大則賢人之業。易簡而天下之理得矣。天下之理得，而成位乎其中矣。

聖人設卦觀象。繫辭焉而明吉凶，剛柔直推而生變化。是故吉凶者，失得之象也；悔吝者，憂虞之象也；變化者，進退之象也；剛柔者，晝夜之象也。六爻之動，三極之道也。是故君子所居而安者，易之序也；所樂而玩者，爻之辭也。是故君子居則觀其象而玩其辭，動則觀其變而玩其占，是以自天祐之，吉無不利。

彖者，言乎象者也。爻者，言乎變者也。吉凶者，言乎其失得也。悔吝者，言乎其小疵也。無咎者，善補過也。是故列貴賤者存乎位，齊小大者存乎卦，辯吉凶者存乎辭。憂悔吝者存乎介，震無咎者存乎悔。是故卦有小大，辭有險易。辭也者，各指其所之。易與天地準，故能彌綸天地之道。仰以觀于天文，俯以察于地理，是故知幽明之故。原始反終，故知死生之説。

精氣爲物，游魂爲變，是故知鬼神之情狀。與天地相似，故不違；知周乎萬物而道濟天下，故不過；旁行而不流，樂天知命，故不憂；安土敦乎仁，故能愛。範圍天地之化而不過，曲成萬物而不遺，通乎晝夜之道而知。故神無方而易無體，一陰一陽之謂道。繼之者善也，成之者性也。仁者見之謂之仁，知者見之謂之知，百姓日用而不知，故君子之道鮮矣。

顯諸仁，藏諸用，故萬物而不與聖人同憂，盛德大業，至矣哉！富有之謂大業，日新之謂盛德，生生之謂易。成象之謂乾，傚法之謂坤，極數知來之謂占，通變之謂事，陰陽不測之謂神。夫易，廣矣，大矣。以言乎遠，則不禦；以言乎邇，則静而正；以言乎天地之間，則備矣。夫乾，其静也專，其動也直，是以大生焉。夫坤，其静也翕，其動也辟，是以廣生焉。廣大配天地，變通配四時，陰陽之義配日月，易簡之善配至德。子曰：《易》其至矣乎！夫《易》，聖人所以崇德而廣業也。知崇禮卑。崇效天，卑法地。天地設位，而易行乎其中矣。成性存存，道義之門。

聖人有以見天下之賾，而擬諸其形容，象其物宜，是故謂之象。聖人有以見天下之動，而觀其會通，以行其典禮。繫辭焉以斷其吉凶，是故謂之爻。言天下之至賾而不可惡也，言天下之至動而不可亂也。擬之而後言，議之而後動，擬議以成其變化。「鳴鶴在陰，其子和之。我有好爵，吾與爾靡之。」子曰：君子居其室，出其言善，則千里之外應之，況其邇者乎？居其室，出其言不善，則千里之外違之，況其邇者乎？言出乎身，加乎民；行發乎邇，見乎遠。言行，君子之樞機。樞機之發，榮辱之主也。言行，君子之所以動天地也，可不慎乎！《同人》：「先號咷而後笑。」子曰：君子之道，或出或處，或默或語。二人同心，其利斷金；同心之言，其臭如蘭。

初六：「藉用白茅，無咎。」子曰：苟錯諸地而可矣。藉之用茅，何咎之有？慎之至也。夫茅之爲物，薄而用可重也。慎斯術也以往，其無所失矣。「勞謙君子，有終吉。」子曰：勞而不伐，有功而不德，厚之至也。語以其功下人者也。德言盛，禮言恭。謙也者，致恭以存其位者也。「亢龍有悔。」子曰：貴而無位，高而無民，賢人在下位而無輔，是以動而有悔也。「不出户庭，無咎。」子曰：亂之所生也，則言語以爲階。君不密，則失臣；臣不密，則失身；幾事不密，則害成。是以君子慎密而不出也。子曰：作《易》者，其知盗乎？《易》曰：「負且乘，致寇至。」負也者，小人之事也；乘也者，君子之器也。小人而乘君子之器，盗思奪之矣。上慢下暴，盗思伐之矣。慢藏誨盗，冶容誨淫。《易》曰「負且乘，致寇至」，盗之招也。

大衍之數五十，其用四十有九。分而爲二以象兩，掛一以象三。揲之以四，以象四時；歸奇于扐，以象閏。五歲再閏，故再扐而後掛。天數五，地數五，五位相得，而各有合。天數二十有五，地數三十。凡天地之數五十有五，此所以成變化而行鬼神也。乾之策，二百一十有六；坤之策，百四十有四。凡三百有六十，當期之日。二篇之策，萬有一千五百二十，當萬物之數也。是故四營而成《易》，十有八變而成卦。八卦而小成，引而伸之，觸類而長之，天下之能事畢矣。顯道，神德行，是故可與酬酢，可與祐神矣。

子曰：知變化之道者，其知神之所爲乎？《易》有聖人之道四焉，以言者尚其辭，以動者尚其變，以制器者尚其象，以卜筮者尚其占。是以君子將有爲也，將有行也。問焉而以言，其受命也如嚮。無有遠近幽深，遂知來物。非天下之至精，其孰能與于此？參伍以變，錯綜其數。通其變，遂成天地之文；極其數，遂定天下之象。非天下之至變，其孰能與于此？《易》無思也，無爲也，寂然不動，感而遂通天下之故。非天下之至神，其孰能與于此？夫《易》，聖人之所以極深而研幾也。唯深也，故能通天下之志；唯幾也，故能成天下之務；唯神也，故不疾而速，不行而至。子曰：《易》有聖人之道四焉者，此之謂也。

天一，地二；天三，地四；天五，地六；天七，地八；天九，地十。子曰：夫《易》，何爲者也？夫《易》，開物成務，冒天下之道，如斯而已者也。是故聖人以通天下之志，以定天下之業，以斷天下之疑。是故蓍之德，圓而神；卦之德，方以知；六爻之義，易以貢。聖人以此洗心，退藏于密，吉凶與民同患。神以知來，知以藏往。其孰能與此哉？古之聰明睿知神武而不殺者夫。是以明于天之道，而察于民之故，是興神物，以前民用。聖人以此齊戒，以神明其德夫。是故闔户謂之坤，闢户謂之乾；一闔一闢謂之變，往來不窮謂之通。見乃謂之象，形乃謂之器，制而用之謂之法，利用出入，民咸用之謂之神。

是故易有太極，是生兩儀，兩儀生四象，四象生八卦，八卦定吉凶，吉凶生大業。是故法象莫大乎天地，變通莫大乎四時，縣象著明莫大乎日月，崇高莫大乎富貴。備物致用，立成器以爲天下利，莫大乎聖人；探賾索隱，鉤深致遠，以定天下之吉凶，成天下之亹亹者，莫大乎蓍龜。是故天生神物，聖人則之；天地變化，聖人效之。天垂象，見吉凶，聖人象之；河出圖，洛出書，聖人則之。《易》有四象，所以示也。繫辭焉，所以告也。定之以吉凶，所以斷也。《易》曰：自天祐之，吉無不利。子曰：祐者，助也。天之所助者，順也；人之所助者，信也。履信思乎順，又以尚賢也。是以自天祐之，吉無不利也。

子曰：書不盡言，言不盡意。然則聖人之意，其不可見乎？子曰：聖人立象以盡意，設卦以盡情僞。繫辭焉以盡其言。變而通之以盡利，鼓之舞之以盡神。乾坤，其易之緼邪？乾坤成列，而易立乎其中矣。乾坤毁，則無以見易。易不可見，則乾坤或幾乎息矣。是故形而上者謂之道，形而下者謂之器，化而裁之謂之變，推而行之謂之通，舉而錯之天下之民謂之事業。是故夫象，聖人有以見天下之賾，而擬諸其形容。象其物宜，是故謂之象。聖人有以見天下之動，而觀其會通，以行其典禮。繫辭焉以斷其吉凶，是故謂之爻。極天下之賾者存乎卦，鼓天下之動者存乎辭，化而裁之存乎變，推而行之存乎通，神而明之存乎其人。默而成之，不言而信，存乎德行。

《周易・繫辭下》 八卦成列，象在其中矣。因而重之，爻在其中矣。剛柔相推，變在其中矣。繫辭焉而命之，動在其中矣。吉凶悔吝者，生乎動者也。剛柔者，立本者也；變通者，趣時者也；吉凶者，貞勝者也。天地之道，貞觀者也；日月之道，貞明者也；天下之動，貞夫一者也。夫乾，確然示人易矣；夫坤，隤然示人簡矣。爻也者，效此者也；象也者，像此者也。爻象動乎内，吉凶見乎外，功業見乎變，聖人之情見乎辭。天地之大德曰生，聖人之大寶曰位。何以守位？曰仁。何以聚人？曰財。理財正辭，禁民爲非，曰義。

古者包犧氏之王天下也，仰則觀象于天，俯則觀法于地，觀鳥獸之文，與地之宜；近取諸身，遠取諸物，于是始作八卦，以通神明之德，以類萬物之情。作結繩而爲罔罟，以佃以漁，蓋取諸《離》。包犧氏没，神農氏作。斲木爲耜，揉木爲耒，耒耨之利，以教天下，蓋取諸《益》。日中爲市，致天下之民，聚天下之貨，交易而退，各得其所，蓋取諸《噬嗑》。神農氏没，黄帝、堯、舜氏作。通其變，使民不倦；神而化之，使民宜之。易窮則變，變則通，通則久。是以自天祐之，吉無不利。黄帝、堯、舜，垂衣裳而天下治，蓋取諸《乾》《坤》。刳木爲舟，剡木爲楫，舟楫之利，以濟不通，致遠以利天下，蓋取諸《涣》。服牛乘馬，引重致遠，以利天下，蓋取諸《隨》。重門擊柝，以待暴客，蓋取諸《豫》。斷木爲杵，掘地爲臼，臼杵之利，萬民以濟，蓋取諸《小過》。弦木爲弧，剡木爲矢，弧矢之利，以威天下，蓋取諸《睽》。上古穴居而野處，後世聖人易之以宫室，上棟下宇，以待風雨，蓋取諸《大壯》。古之葬者，厚衣之以薪，葬之中野，不封不樹，喪期無數，後世聖人易之以棺椁，蓋取諸《大過》。上古結繩而治，後世聖人易之以書契，百官以治，萬民以察，蓋取諸《夬》。

是故易者，象也。象也者，像也。彖者，材也。爻也者，效天下之動者也。是故吉凶生而悔吝著也。陽卦多陰，陰卦多陽，其故何也？陽卦奇，陰卦耦。其德行何也？陽一君而二民，君子之道也；陰二君而一民，小人之道也。《易》曰：「憧憧往來，朋從爾思。」子曰：天下何思何慮？天下同歸而殊塗，一致而百慮。天下何思何慮？日往則月來，月往則日來，日月相推而明生焉。寒往則暑來，暑往則寒來，寒暑相推而歲成焉。往者，屈也；來者，信也，屈信相感而利生焉。尺蠖之屈，以求信也；龍蛇之蟄，以存身也；精義入神，以致用也；利用安身，以崇德也。過此以往，未之或知也。窮神知化，德之盛也。《易》曰：「困于石，據于蒺藜，入于其宮，不見其妻，凶。」子曰：非所困而困焉，名必辱；非所據而據焉，身必危。既辱且危，死期將至，妻其可得見邪？《易》曰：「公用射隼于高墉之上，獲之，無不利。」子曰：隼者，禽也；弓矢者，器也；射之者，人也。君子藏器于身，待時而動，何不利之有！動而不括，是以出而有獲，語成器而動者也。子曰：小人不恥不仁，不畏不義，不見利不勸，不威不懲，小懲而大誡，此小人之福也。《易》曰「屨校滅趾，無咎」，此之謂也。善不積，不足以成名；惡不積，不足以滅身。小人以小善爲無益而弗爲也，以小惡爲無傷而弗去也，故惡積而不可掩，罪大而不可解。《易》曰：「何校滅耳，凶。」子曰，危者，安其位者也；亡者，保其存者也；亂者，有其治者也。是故君子安而不忘危，存而不忘亡，治而不忘亂，是以身安而國家可保也。《易》曰：「其亡其亡，繫于苞桑。」子曰：德薄而位尊，知小而謀大，力小而任重，鮮不及矣。《易》曰：「鼎折足，覆公餗，其形渥，凶。」言不勝其任也。子曰：知幾其神乎！君子上交不諂，下交不瀆，其知幾乎！幾者，動之微，吉之先見者也。君子見幾而作，不俟終日。《易》曰：「介于石，不終日，貞吉。」介如石焉，寧用終日，斷可識矣。君子知微知彰，知柔知剛，萬夫之望。子曰：顔氏之子，其殆庶幾乎！有不善，未嘗不知，知之未嘗復行也。《易》曰：「不遠復，無祇悔，元吉。」天地絪緼，萬物化醇；男女搆精，萬物化生。《易》曰：「三人行，則損一人；一人行，則得其友。」言致一也。子曰：君子安其身而後動，易其心而後語，定其交而後求。君子修此三者，故全也。危以動，則民不與也；懼以語，則民不應也。無交而求，則民不與也。莫之與，則傷之者至矣。《易》曰：「莫益之，或擊之，立心勿恒，凶。」

子曰：乾坤，其易之門邪？乾，陽物也；坤，陰物也。陰陽合德，而剛柔有體，以體天地之撰，以通神明之德。其稱名也，雜而不越，于稽其類，其衰世之意邪？夫易，彰往而察來，而微顯闡幽。開而當名，辨物正言，斷辭則備矣。其稱名也小，其取類也大。其旨遠，其辭文，其言曲而中，其事肆而隱。因貳以濟民行，以明失得之報。

《易》之興也，其于中古乎？作《易》者，其有憂患乎？是故《履》，德之基也。《謙》，德之柄也。《復》，德之本也。《恒》，德之固也。《損》，德之修也。《益》，德之裕也。《困》，德之辨也。《井》，德之地也。《巽》，德之制也。《履》，和而至。《謙》，尊而光。《復》，小而辨于物。《恒》，雜而不厭。《損》，先難而後易。《益》，長裕而不設。《困》，窮而通。《井》，居其所而遷。《巽》，稱而隱。《履》，以和行。《謙》，以制禮。《復》，以自知。《恒》，以一德。《損》，以遠害。《益》，以興利。《困》，以寡怨。《井》，以辨義。《巽》，以行權。

《易》之爲書也不可遠，爲道也屢遷。變動不居，周流六虚。上下無常，剛柔相易，不可爲典要，唯變所適。其出入以度，外内使知懼，又明于憂患與故。無有師保，如臨父母。初率其辭，而揆其方，既有典常。苟非其人，道不虚行。

《易》之爲書也，原始要終以爲質也。六爻相雜，唯其時物也。其初難知，其上易知，本末也；初辭擬之，卒成之終。若夫雜物撰德，辨是與非，則非其中爻不備。噫！亦要存亡吉凶，則居可知矣。知者觀其《彖辭》，則思過半矣。

二與四，同功而異位。其善不同，二多譽，四多懼，近也。柔之爲道，不利遠者；其要無咎，其用柔中也。三與五，同功而異位。三多凶，五多功，貴賤之等也。其柔危，其剛勝邪。《易》之爲書也，廣大悉備。有天道焉，有人道焉，有地道焉。兼三才而兩之，故六。六者非它也，三才之道也。道有變動，故曰爻；爻有等，故曰物；物相雜，故曰文；文不當，故吉凶生焉。《易》之興也，其當殷之末世，周之盛德邪？當文王與紂之事邪？是故其辭危。危者使平，易者使傾。其道甚大，百物不廢，懼以終始，其要無咎，此之謂易之道也。

夫乾，天下之至健也，德行恒易，以知險。夫坤，天下之至順也，德行恒簡，以知阻。能説諸心，能研諸侯之慮，定天下之吉凶，成天下之亹亹者。是故變化云爲，吉事有祥；象事知器，占事知來。天地設位，聖人成能；人謀鬼謀，百姓與能。八卦以象告，爻彖以情言，剛柔雜居，而吉凶可見矣。變動以利言，吉凶以情遷。是故愛惡相攻而吉凶生，遠近相取而悔吝生，情僞相感而利害生。凡易之情，近而不相得，則凶。或害之，悔且吝。將叛者其辭慚，中心疑者其辭枝，吉人之辭寡，躁人之辭多，誣善之人其辭游，失其守者其辭屈。

《尚書·説命上》 王宅憂，亮陰三祀。既免喪，其惟弗言。羣臣咸諫于王曰：「嗚呼！知之曰明哲，明哲實作則。天子惟君萬邦，百官承式。王言惟作命，不言臣下罔攸稟令。」

王庸作書以誥曰：「以台正于四方，惟恐德弗類，兹故弗言。恭默思道，夢帝賚予良弼，其代予言。」乃審厥象，俾以形旁求于天下。説築傅巖之野，惟肖。爰立作相，王置諸其左右。

命之曰：「朝夕納誨，以輔台德！若金，用汝作礪；若濟巨川，用汝作舟楫；若歲大旱，用汝作霖雨。啓乃心，沃朕心！若藥弗瞑眩，厥疾弗瘳；若跣弗視地，厥足用傷。惟暨乃僚，罔不同心，以匡乃辟，俾率先王，迪我高后，以康兆民。嗚呼！欽予時命，其惟有終！」

説復于王曰：「惟木從繩則正，后從諫則聖。后克聖，臣不命其承，疇敢不祗若王之休命？」

《尚書・説命中》 惟説命總百官，乃進于王曰：「嗚呼！明王奉若天道，建邦設都，樹后王君公，承以大夫師長，不惟逸豫，惟以亂民。惟天聰明，惟聖時憲，惟臣欽若，惟民從乂。惟口起羞，惟甲胄起戎，惟衣裳在笥，惟干戈省厥躬。王惟戒茲，允茲克明，乃罔不休。

「惟治亂在庶官。官不及私昵，惟其能；爵罔及惡德，惟其賢。慮善以動，動惟厥時。有其善，喪厥善；矜其能，喪厥功。惟事事，乃其有備，有備無患。無啓寵納侮，無恥過作非。惟厥攸居，政事惟醇。

「黷于祭祀，時謂弗欽。禮煩則亂，事神則難。」

王曰：「旨哉！説，乃言惟服。乃不良于言，予罔聞于行。」

説拜稽首，曰：「非知之艱，行之惟艱。王忱不艱，允協于先王成德；惟説不言，有厥咎。」

《尚書・説命下》 王曰：「來！汝説。台小子舊學于甘盤，既乃遯于荒野，入宅于河，自河徂亳，暨厥終罔顯。爾惟訓于朕志，若作酒醴，爾惟麴糵；若作和羹，爾惟鹽梅。爾交脩予，罔予棄；予惟克邁乃訓。」

説曰：「王，人求多聞，時惟建事。學于古訓乃有獲；事不師古，以克永世，匪説攸聞。惟學遜志，務時敏，厥脩乃來，允懷于茲，道積于厥躬。惟斆學半，念終始典于學，厥德脩罔覺。監于先王成憲，其永無愆。惟説式克欽承，旁招俊乂，列于庶位。」

王曰：「嗚呼！説。四海之内咸仰朕德，時乃風。股肱惟人，良臣惟聖。昔先正保衡作我先王，乃曰：『予弗克俾厥后惟堯舜，其心愧恥，若撻于市。』一夫不獲，則曰『時予之辜』。佑我烈祖，格于皇天，爾尚明保予，罔俾阿衡，專美有商。惟后非賢不乂，惟賢非后不食。其爾克紹乃辟于先王，永綏民。」

説拜稽首，曰：「敢對揚天子之休命！」

《尚書・堯典第一》 曰若稽古，帝堯，曰放勳，欽明文思安安，允恭克讓，光被四表，格于上下。

克明俊德，以親九族。九族既睦，平章百姓。百姓昭明，協和萬邦。黎民於變時雍。

乃命羲和，欽若昊天，曆象日月星辰，敬授人時。分命羲仲，宅嵎夷，曰暘谷。寅賓出日，平秩東作。日中，星鳥，以殷仲春。厥民析，鳥獸孳尾。申命羲叔，宅南交。平秩南訛，敬致。日永，星火，以正仲夏。厥民因，鳥獸希革。分命和仲，宅西，曰昧谷。寅餞納日，平秩西成。宵中，星虚，以殷仲秋。厥民夷，鳥獸毛毨。申命和叔，宅朔方，曰幽都。平在朔易。日短，星昴，以正仲冬。厥民隩，鳥獸氄毛。帝曰：「咨！汝羲暨和。期三百有六旬有六日，以閏月定四時，成歲。允釐百工，庶績咸熙。」

《尚書・禹貢第一》 九州攸同，四隩既宅，九山刊旅，九川滌源，九澤既陂，四海會同，六府孔修。庶土交正，底慎財賦，咸則三壤，成賦中邦。

錫土姓，祗台德先，不距朕行。

《春秋左傳・隱公元年》 祭仲曰：「都，城過百雉，國之害也。先王之制：大都，不過參國之一；中，五之一；小，九之一。今京不度，非制也，君將不堪。」公曰：「姜氏欲之，焉辟害？」對曰：「姜氏何厭之有？不如早爲之所，無使滋蔓！蔓，難圖也。蔓草猶不可除，況君之寵弟乎？」公曰：「多行不義必自斃，子姑待之。」

《春秋左傳・僖公二年》 春，諸侯城楚丘而封衛焉。

《春秋公羊傳・僖公二年》 春，王正月，城楚丘。孰城之？城衛也。曷爲不言城衛？滅也。孰滅之？蓋狄滅之。曷爲不言狄滅之？爲桓公諱也。曷爲爲桓公諱？上無天子，下無方伯，天下諸侯有相滅亡者，桓公不能救，則桓公恥之也。然則孰城之？桓公城之。曷爲不言桓公城之？不與諸侯專封也。曷爲不與？實與而文不與。文曷爲不與？諸侯之義，不得專封。諸侯之義不得專封，則其曰實與之何？上無天子，下無方伯，天下諸侯有相滅亡者，力能救之，則救之可也。

《春秋公羊傳・僖公二十年》 春，新作南門。何以書？譏。何譏爾？門有古常也。惡奢泰，不奉古制常法。疏注「惡奢」至「常法」。解云：言其直是奢泰，不依古法，非僭天子也。《隱五年》傳云「始僭諸公昉於此乎？前此矣。前此，則曷爲始於此？僭諸公猶可言也，僭天子不可言也」。《定二年》「雉門及兩觀災」之下，何氏云「立雉門兩觀不書者，僭天子不可言，雖在《春秋》中猶不書」。然則此新作南門書之，知不僭天子也。

《管子・牧民》 凡立國都，非於大山之下，必於廣川之上，高毋近旱而水用足，下毋近水而溝防省。因天材，就地利，故城郭不必中規矩，道路不必中準繩。

《管子・度地》 昔者桓公問管仲曰：「寡人請問度地形而爲國者，其何如而可？」管仲對曰：「夷吾之所聞，能爲霸王者，蓋天下聖人也。故聖人之處國者，必於不傾之地，而擇地形之肥饒者，鄉山，左右經水若澤，内爲落渠之寫，因大川而注焉。乃以其天材、地之所生利，養其人，以育六畜。天下之人，皆歸其德而惠其義。乃别制斷之，州者謂之術，不滿術者謂之里。故百家爲里，里十爲術，術十爲州，州十爲都，都十爲霸國。不如霸國者，國也，以奉天子。天子有萬諸侯也，其中有公侯伯子男焉，天子中而處。此謂因天之固，歸地之利。内爲之城，城外爲之郭，郭外爲之土閬。地高則溝之，下則堤之，命之曰金城。樹以荆棘，上相穡著者，所以爲固也。歲修增而毋已，時修增而毋已。福及孫子，此謂人命萬世無窮之利，人君之葆守也。臣服之以盡忠於君，君體有之，以臨天下，故能爲天下之民先也。此宰之任，則臣之義也。故善爲國者，必先除其五害，人乃終身無患害而孝慈焉。」

桓公曰：「願聞五害之説。」管仲對曰：「水，一害也；旱，一害也；風霧雹霜，一害也；厲，一害也；蟲，一害也。此謂五害。五害之屬，水最爲大。五害已除，人乃可治。」桓公曰：「願聞水害。」管仲對曰：「水有大小，又有遠近。水之出於山而流入於海者，命曰經水；水别於他水，入於大水及海者，命曰枝水；山之溝，一有水，一毋水者，命曰谷水；水之出於他水，溝流於大水及海者，命曰川水；出地而不流者，命曰淵水。此五水者，因其利而往之可也，因而扼之可也，而不久常有危殆矣。」桓公曰：「水可扼而使東西南北及高乎？」管仲對曰：「可。夫水之性，以高走下則疾，至於漂石；而下向高，即留而不行。故高其上領瓴之，尺有十分之三，里滿四十九者，水可走也，乃迂其道而遠之，以勢行之。水之性，行至曲必留退，滿則後推前，地下則平行，地高即控，杜曲則擣毁。杜曲激則躍，躍則倚，倚則環，環則中，中則涵，涵則塞，塞則移，移則控，控則水妄行；水妄行則傷人，傷人則困，困則輕法，輕法則難治，難治則不孝，不孝則不臣矣。故五害之屬，傷殺之類，禍福同矣。知備此五者，人君天地矣。」

桓公曰：「請問備五害之道。」管子對曰：「請除五害之説，以水爲始。請爲置水官，令習水者爲吏，大夫、大夫佐各一人，率部校長、官佐各財足。乃取水(官)左右各一人，使爲都匠水工。令之行水道、城郭、堤川、溝池、官府、寺舍及州中，當繕治者，給卒財足。令曰：常以秋歲末之時，閲其民，案家人，比地，定什伍口數，别男女大小。其不爲用者輒免之，有錮病不可作者疾之，可省作者半事之。并行以定甲士，當被兵之數，上其都。都以臨下，視有餘不足之處，輒下水官。水官亦以甲士當被兵之數，與三老、里有司、伍長行里，因父母案行閲具備水之器。以冬無事之時籠、臿、板、築各什六，土車什一，雨輂什二，食器兩具，人有之，錮藏里中，以給喪器。後常令水官吏與都匠，因三老、里有司、伍長案行之。常以朔日始，出具閲之，取完堅，補弊久，去苦惡。常以冬少事之時，令甲士以更次益薪，積之水旁，州大夫將之，唯毋後時。其積薪也，以事之已；其作土也，以事未起。天地和調，日又長久。以此觀之，其利百倍。故常以毋事具器，有事用之，水常可制，而使毋敗。此謂素有備而預具者也。」

桓公曰：「當何時作之？」管子曰：「當春三月，天地乾燥，水糾列之時也。山川涸落，天氣下，地氣上，萬物交通。故事已，新事未起，草木荑，生可食。寒暑調，日夜分。分之後，夜日益短，晝日益長，利以作土功之事，土乃益剛。令甲士作堤大水之旁，大其下，小其上，隨水而行。地有不生草者，必爲之囊。大者爲之堤，小者爲之防。夾水四道，禾稼不傷。歲埤增之，樹以荆棘，以固其地，雜之以柏楊，以備決水。民得其饒，是謂流膏。令下貧守之，往往而爲界，可以毋敗。當夏三月，大地氣壯，大暑至，萬物榮華，利以疾薅殺草穢，使令不欲擾，命曰不長。不利作土功之事，妨農焉，利皆耗十分之五，土功不成。當秋三月，山川百泉涌，下雨降，山水出，海路距，雨露屬，天地湊汐，利以疾作，收斂毋留。一日把，百日餔。民毋男女，皆行於野。不利作土功之事，濡濕日生，土弱難成，利耗十分之六，土工之事，亦不立。當冬三月，天地閉藏，暑雨止，大寒起，萬物實熟。利以填塞空隙，繕邊城，塗郭術，平度量，正權衡，虚牢獄，實廥倉，君修樂，與神明相望。凡一年之事畢矣，舉有功，賞賢，罰有罪，遷有司之吏而第之。不利作土工之事，利耗十分之七，土剛不立。晝日益短，而夜日益長，利以作室，不利以作堂。四時以得，四害皆服。」

桓公曰：「寡人悖，不知四害之服，奈何？」管仲對曰：「冬作土功，發地藏，則夏多暴雨，秋霖不止。春不收枯骨朽脊，伐枯木而去之，則夏旱至矣。夏有大露原煙，噎下百草，人采食之，傷人。人多疾病而不止，民乃恐殆。君令五官之吏，與三老、里有司、伍長行里順之，令之家起火爲温，其田及宫中皆蓋井，毋令毒下及食器，將飲傷人。有下蟲傷禾稼。凡天災害之下也，君子謹避之，故不八九死也。大寒、大暑、大風、大雨，其至不時者，此謂四刑。或遇以死，或遇以生，君子避之，是亦傷人。故吏者所以教順也，三老、里有司、伍長者，所以爲率也。五者已具，民無願者，願其畢也。故常以冬日順三老、里有司、伍長，以冬賞罰，使各應其賞而服其罰。五者不可害，則君之法（不）犯矣。此示民而易見，故民不比也。」

桓公曰：「凡一年之中十二月，作土功，有時則爲之，非其時而敗，將何以待之？」管仲對曰：「常令水官之吏，冬時行堤防，可治者，章而上之都。都以春少事作之。已作之後，常案行，堤有毁，作大雨，各葆其所可治者趣治，以徒隸給大雨，堤防可衣者衣之，衝水可據者據之，終歲以毋敗爲固。此謂備之常時，禍何從來？所以然者，濁水蒙壞自塞而行者，江河之謂也。歲高其堤，所以不没也。春冬取土於中，秋夏取土於外，濁水入之，不能爲敗。」桓公曰：「善！仲父之語，寡人畢矣，然則寡人何事乎哉？亟爲寡人教側臣。」

《荀子·彊國篇》 力術止，義術行，曷謂也？曰：秦之謂也。威彊乎湯武，廣大乎舜禹，然而憂患不可勝校也，諰諰然常恐天下之一合而軋己也，此所謂力術止也。曷謂乎威彊乎湯武？湯武也者，乃能使説己者用耳！今楚父死焉，國舉焉，負三王之廟，而辟於陳、蔡之間，視可，司閒，案欲剡其脛而以蹈秦之腹，然而秦使左案左，使右案右，是乃使讎人役也；此所謂威彊乎湯武也。曷謂廣大乎舜禹也？曰：古者百王之一天下臣諸侯也，未有過封内千里者也。今秦南乃有沙羡與俱，是乃江南也，北與胡貉爲鄰，西有巴戎，東在楚者乃界於齊，在韓者踰常山乃有臨慮，在魏者乃據圍津即去大梁百有二十里耳！其在趙者剡然有苓而據松柏之塞，負西海而固常山，是地徧天下也，威動海内，彊殆中國，然而憂患不可勝校也。諰諰然常恐天下之一合而軋己也。此所謂廣大乎舜禹也。然則奈何？曰：節威反文，案用夫端誠信全之君子治天下焉，因與之參國政，正是非，治曲直，聽咸陽。順者錯之，不順者而後誅之。若是則兵不復出於塞外而令行於天下矣。若是則雖爲之築明堂於塞外而朝諸侯，殆可矣。假今之世，益地不如益信之務也。

《荀子·大略篇》 《大略》：君人者，隆禮尊賢而王，重法愛民而霸，好利多詐而危。欲近四旁，莫如中央。故王者必居天下之中，禮也。此明都邑居土中之意。不近偏旁居中央，取其朝貢道里均。禮也，言其禮制如此。

《商君書·算地第六》 凡世主之患，用兵者不量力，治草萊者不度地。故有地狹而民衆者，民勝其地；地廣而民少者，地勝其民。民勝其地，務開；地勝其民者，事徠。開則行倍。民過地則國功寡而兵力少，地過民則山澤財物不爲用。夫棄天物、遂民淫者，世主之務過也；而上下事之，故民衆而兵弱，地大而力小。故爲國任地者，山林居什一，藪澤居什一，谿谷流水居什一，都邑蹊道居什四。此先王之正律也。

《吕氏春秋·慎勢》 凡冠帶之國，舟車之所通，不用象譯狄鞮，方三千里。古之王者，擇天下之中而立國，擇國之中而立宫，擇宫之中而立廟。天下之地，方千里以爲國，所以極治任也。非不能大也，其大不若小，其多不若少。衆封建，非以私賢也，所以便勢全威，所以博義。義博利則無敵。無敵者安。故觀於上世，其封建衆者，其福長，其名彰。神農十七世有天下，與天下同之也。

《淮南子·原道訓》 昔者夏鯀作三仞之城，諸侯背之，海外有狡心。禹知天下之叛也，乃壞城平池，散財物，焚甲兵，施之以德，海外賓伏，四夷納職，合諸侯于塗山，執玉帛者萬國。故機械之心藏于胸中，則純白不粹，神德不全，在身者不知，何遠之所能懷！是故革堅則兵利，城成則衝生，若以湯沃沸，亂乃逾甚。是故鞭噬狗，策蹏馬，而欲教之，雖伊尹、造父弗能化。欲寅之心亡於中，則飢虎可尾，何況狗馬之類乎！

《戰國策·魏一·魏武侯與諸大夫浮於西河》 魏武侯與諸大夫浮於西河，稱曰：「河山之險，豈不亦信固哉！」王鍾侍王，曰：「此晉國之所以强也。若善修之，則霸王之業具矣。」吴起對曰：「吾君之言，危國之道也；而子又附之，是危也。」武侯忿然曰：「子之言有説乎？」

吴起對曰：「河山之險，信不足保也；是伯王之業，不從此也。昔者，三苗之居，左彭蠡之波，右有洞庭之水，文山在其南，而衡山在其北。恃此險也，爲政不善，而禹放逐之。夫夏桀之國，左天門之陰，而右天谿之陽，廬、睪在其北，伊、洛出其南。有此險也，然爲政不善，而湯伐之。殷紂之國，左孟門而右漳、釜，前帶河，後被山。有此險也，然爲政不善，而武王伐之。且君親從臣而勝降城，城非不高也，人民非不衆也，然而可得并者，政惡故也。從是觀之，地形險阻，奚足以霸王矣！」武侯曰：「善。吾乃今日聞聖人之言也！西河之政，專委之子矣。」

班固《白虎通義》卷上《京師》 王者必即土中者何？所以均教道，平往來，使善易以聞，爲惡易以聞，明當懼慎，損於善惡。《尚書》曰：「王來紹上帝，自服於土中。」聖人承天而制作。《尚書》曰：「公不敢不敬天之休，來相宅。」周家始封于何？后稷封于邰，公劉去邰之邠。《詩》云：「即有邰家室。」又曰：「篤公劉，于邠斯館。」周家五遷，其意一也，皆欲成其道也。時寧先皇者，不以諸侯移，必先請從然後行。京師者，何謂也？千里之邑號也。京，大也；師，衆也。天子所居，故大衆言之。明諸侯，法日月之徑千里。《春秋傳》曰京，天子之居也。《王制》曰天子之田方千里。或曰：夏曰夏邑，殷曰商邑，周曰京師。《尚書》曰率割夏邑，謂桀也；在商邑，謂殷也。《王制》曰：天子三公之田視公侯，卿視伯，大夫視子男，士視附庸。上農夫食九人，其次食八人，其次食七人，其次食六人，下農夫食五人。庶人在官者以是爲差也。諸侯之下士視上農夫，禄足以代其耕也。中士倍下士，上士倍中士，下大夫倍上士。卿四大夫禄，君十卿禄。次國之卿，三大夫禄，君十卿禄。小國之卿，倍大夫禄，君十卿禄。天子之縣内，有百里之國九，七十里之國二十一，五十里之國六十三，凡九十三國。

桓寬《鹽鐵論》卷一《通有第三》 大夫曰：燕之涿、薊，趙之邯鄲，魏之温、軹，韓之滎陽，齊之臨淄，楚之宛丘，鄭之陽翟，二周之三川，富冠海内，皆爲天下名都，非有助之耕其野而田其地者也，居五諸侯之衢，跨街衢之路也。故物豐者民衍，宅近市者家富。富在術數，不在勞身；利在勢居，不在力耕也。

《晉書》卷一四《地理志》 若乃敦龐於天地之始，昭晰於犧農之世，用長黎元，未争疆埸。而玉環楛矢，夷裘風駕，南翬表貺，東風入律，光乎上德，奚遠弗臻。然則星象麗天，山河紀地，端掖裁其弘敞，崤函判其都邑，仰觀俯察，萬物攸歸。是以洛沚咸陽，宛然秦漢，晉濱河西，同知堯禹，于兹新邑，宅是鎬京，五尺童子皆能口誦者，史官弗之書也。

昔庖犧氏生於成紀，而爲天子，都於陳。神農氏都陳，而别營于曲阜。黄帝生於壽丘，而都於涿鹿。少昊始自窮桑，而遷都曲阜。顓頊始自窮桑，而徙邑商丘。高辛既號，建都于亳。孫卿子曰：「不登高山，不知天之高；不臨深谿，不知地之厚也。」大哉坤象，萬物資生，載崑華而不墜，傾河海而寧泄。考卜惟王，乘飛駐軫，睨嶙山而鐫勒，覽曾城以爲玩。時逢稽浸，道接陵夷，平王東遷，星離豆剖，當塗馭寓，瓜分鼎立。世祖武皇帝接千祀之餘，當八堯之禪，先王桑梓，罄宇來歸，斯固可得而言者矣。惠皇不虞，中州盡棄，永嘉南度，綸行建鄴，九分天下而有二焉。

《晉書》卷五六《孫綽傳》 綽字興公。博學善屬文，少與高陽許詢俱有高尚之志。居于會稽，游放山水，十有餘年，乃作《遂初賦》以致其意。嘗鄙山濤，而謂人曰：「山濤吾所不解，吏非吏，隱非隱，若以元禮門爲龍津，則當點額暴鱗矣。」所居齋前種一株松，恒自守護，鄰人謂之曰：「樹子非不楚楚可憐，但恐永無棟梁日耳。」綽答曰：「楓柳雖復合抱，亦何所施邪！」綽與詢一時名流，或愛詢高邁，則鄙於綽，或愛綽才藻，而無取於詢。沙門支遁試問綽：「君何如許？」答曰：「高情遠致，弟子早已伏膺；然一詠一吟，許將北面矣。」絶重張衡、左思之賦，每云：「《三都》、《二京》，五經之鼓吹也。」嘗作《天台山賦》，辭致甚工，初成，以示友人范榮期，云：「卿試擲地，當作金石聲也。」榮期曰：「恐此金石非中宫商。」然每至佳句，輒云：「應是我輩語。」除著作佐郎，襲爵長樂侯。

綽性通率，好譏調。嘗與習鑿齒共行，綽在前，顧謂鑿齒曰：「沙之汰之，瓦石在後。」鑿齒曰：「簸之颺之，糠秕在前。」

征西將軍庾亮請爲參軍，補章安令，徵拜太學博士，遷尚書郎。揚州刺史殷浩以爲建威長史。會稽内史王羲之引爲右軍長史。轉永嘉太守，遷散騎常侍，領著作郎。

時大司馬桓温欲經緯中國，以河南粗平，將移都洛陽。朝廷畏温，不敢爲異，而北土蕭條，人情疑懼，雖並知不可，莫敢先諫。綽乃上疏曰：

伏見征西大將軍臣温表：「便當躬率三軍，討除二寇，蕩滌河渭，清灑舊京。然後神旂電舒，朝服濟江，反皇居於中土，正玉衡於天極。」斯超世之弘圖，千載之盛事。然臣之所懷，竊有未安，以爲帝王之興，莫不藉地利人和以建功業，貴能以義平暴，因而撫之。懷愍不建，淪胥秦京，遂令胡戎交侵，神州絶綱，土崩之釁，誠由道喪。然中夏蕩蕩，一時横流，百郡千城曾無完郛者，何哉？亦以地不可守，投奔有所故也。天祚未革，中宗龍飛，非惟信順協於天人而已，實賴萬里長江畫而守之耳。《易》稱「王公設險以守其國」，險之時義大矣哉！斯已然之明效也。今作勝談，自當任道而遺險；校實量分，不得不保小以固存。自喪亂已來六十餘年，蒼生殄滅，百不遺一，河洛丘虚，函夏蕭條，井堙木刊，阡陌夷滅，生理茫茫，永無依歸。播流江表，已經數世，存者長子老孫，亡者丘隴成行。雖北風之思，感其素心，目前之哀，實爲交切。若遷都旋軫之日，中興五陵，即復緬成遐域。泰山之安既難以理保，烝烝之思豈不纏於聖心哉！

温今此舉，誠欲大覽始終，爲國遠圖。向無山陵之急，亦未首決大謀，獨任天下之至難也。今發憤忘食，忠慨亮到，凡在有心，孰不致感！而百姓震駭，同懷危懼者，豈不以反舊之樂賒，而趣死之憂促哉！何者？植根於江外數十年矣，一朝拔之，頓驅踧於空荒之地，提挈萬里，踰險浮深，離墳墓，棄生業，富者無三年之糧，貧者無一飡之飯，田宅不可復售，舟車無從而得，捨安樂之國，適習亂之鄉，出必安之地，就累卵之危，將頓仆道塗，飄溺江川，僅有達者。夫國以人爲本，疾寇所以爲人，衆喪而寇除，亦安所取裁？此仁者所宜哀矜，國家所宜深慮也。自古今帝王之都，豈有常所，時隆則宅中而圖大，勢屈則遵養以待會。使德不可勝，家有三年之積，然後始可謀太平之事耳。今天時人事，有未至者矣，一朝欲一宇宙，無乃頓而難舉乎？

臣之愚計，以爲且可更遣一將有威名資實者，先鎮洛陽，於陵所築二壘以奉衛山陵，掃平梁許，清一河南，運漕之路既通，然後盡力於開墾，廣田積穀，漸爲徙者之資。如此，賊見亡徵，勢必遠竄。如其迷逆不化、復欲送死者，南北諸軍風馳電赴，若身手之救痛癢，率然之應首尾，山陵既固，中夏小康。陛下且端委紫極，增修德政，躬行漢文簡樸之至，去小惠，節游費，審官人，練甲兵，以養士滅寇爲先。十年行之，無使隳廢，則貧者殖其財，怯者充其勇，人知天德，赴死如歸，以此致政，猶運諸掌握。何故捨百勝之長理，舉天下而一擲哉！陛下春秋方富，溫克壯其猷，君臣相與，弘養德業，括囊元吉，豈不快乎！

今溫唱高議，聖朝互同，臣以輕微，獨獻管見。出言之難，實在今日。而臣區區必聞天聽者，竊以無諱之朝，狂瞽進說，芻蕘之謀，聖賢所察，所以不勝至憂，觸冒干陳。若陛下垂神，溫少留思，豈非屈於一人而允億兆之願哉！如以干忤罪大，欲加顯戮，使丹誠上達，退受刑誅，雖没泉壤，尸且不朽。

桓溫見綽表，不悅，曰：「致意興公，何不尋君《遂初賦》，知人家國事邪！」尋轉廷尉卿，領著作。

陸贄《翰苑集》卷一一《論關中事宜狀》　臣聞國家之立也，本大而末小，是以能固。又聞理天下者，若身之使臂，臂之使指，則小大適稱而不悖焉。身所以能使臂者，身大於臂故也；臂所以能使指者，臂大於指故也。王畿者，四方之本也；京邑者，又王畿之本也。其勢當令京邑如身，王畿如臂，四方如指，故用即不悖，處則不危，斯乃居重馭輕，天子之大權也，非獨爲御諸夏而已。抑又有鎮撫戎狄之術焉，是以前代之制，轉天下租稅委之京師，徙郡縣豪傑處之陵邑，選四方壯勇實之邊城。其賦役則輕近而重遠也，其惠化則悅近以來遠也。太宗文皇帝既定大業，萬方底乂，猶務戎備，不忘慮危。列置府兵，分隸禁衛，大凡諸府八百餘所，而在關中者殆五百焉。舉天下不敵關中，則居重馭輕之意明矣。

李昉等《太平御覽》卷一五五《州郡部一》　《帝王世紀》曰：宓羲爲天子都陳。在《禹貢》豫州之域，西望外方，東及明緒，於周陳胡公所封，故《春秋傳》曰：陳，太昊之墟也。於漢屬淮陽，今陳國是也。神農氏亦都陳，又營曲阜，故《春秋》稱：魯，大庭氏之庫。黄帝都涿鹿，於《周官》幽州之域，在漢爲上谷。而《世本》云：涿鹿在彭城南。然則上谷本名彭城，今上谷有涿鹿縣及蚩尤城，阪泉地又有黄帝祠，皆黄帝戰蚩尤之處也。或曰：黄帝都有熊，今河南新鄭是也。少昊氏自窮桑登位，故《春秋傳》曰：世不失職，遂濟窮桑。登帝在魯北，後徙曲阜。於周爲魯，在《禹貢》徐州蒙羽之野，奎婁之分，降婁之次，周以之封伯禽。《春秋傳》曰：命伯禽而封少昊之墟。是以《書叙》稱「魯公伯禽宅曲阜」是也。顓頊氏自窮桑徙商丘，於周爲衛，在《禹貢》冀州太行之東北，踰崇山及兖州桑土之野，營室東壁之分，豕韋之次，故《春秋傳》曰：衛，顓頊之墟也，謂之帝丘。今東郡濮陽是也。帝嚳氏都(宅)〔亳〕，今河南偃師是也。《禹貢》外方之城，嵩之北，或言在梁，非也。帝堯氏始封於唐，今中山唐縣是也，堯山在焉。唐水在西北入唐河，南有望都縣。山即堯母慶都之所居也，相去五十里。都山一名頭山，北登堯山，南望都山，故名其縣曰望都。而《地里志》：堯山在唐南山中。張晏以堯山實在唐東北望都界。堯都之徙涿鹿，《世本》云在彭城南。今上谷郡北，自有彭城，非宋彭城也。後又徙晉陽，今太原縣是也。於《周禮》在并州之域。及爲天子都平陽，於《風詩》爲唐國，武王子叔虞封焉，更名唐。故吴季札聞唐之歌曰：「思深哉，其有陶唐氏之遺民乎！」帝舜其所營都，或言蒲阪，即河東縣。

李昉等《太平御覽》卷一五五《州郡部一》　《帝王世紀》曰：夏鯀封崇伯，故《春秋傳》曰：謂之有崇伯鯀，國在秦晉之間。《左氏傳》曰「趙穿侵崇」是也。禹受封爲夏伯，在《禹貢》豫州外方之南，角氏之分，壽星之次。於秦、漢屬潁川，本衛地，今河南陽翟是也。受禪都平陽，或在安邑，或在晉陽。於漢平陽、安邑，皆屬河東。晉陽屬太原，在冀州太行恒山之西，太原太嶽之野，參代之分，實沈之次，於周爲晉，今司隸并州之域也。相徙商丘，於周爲衛。成公夢康叔曰「相奪予亨」是也。少康中興，復還舊都，故《春秋傳》曰「復禹之迹，不失舊物」是也。《世本》又言「夏后居陽城」，本在大梁之南，於戰國大梁魏都，今陳留浚儀是也。按經傳曰：夏與堯、舜，同在河北冀州之域，不在河南也。故《五子歌》曰：「惟彼陶唐，有此冀方。今失厥道，亂其紀綱，乃底滅亡。」言自禹至太康，與唐虞不易都域也。然則居陽城者，自爲禹避商均時，非都也。故《戰國策》稱桀之居，左天門之險，右天谿之陽，成皋在其北，伊洛在其南。吴起對魏武侯亦言：桀之居，左河濟，右太華，伊闕在其南，羊腸在其北。按《地理志》，至上黨商都，有天井關，即天門也。有羊腸坂，在太原晉陽西北九十里，爲通西上郡關，即吴起之所云也。

李昉等《太平御覽》卷一五五《州郡部一》 《帝王世紀》曰：商契始封於商，在《禹貢》太華之陽，上洛商是也。《世本》：「契大居番，相徙商丘。」本顓頊之墟，故陶唐氏之火正閼伯之所居也。故《春秋傳》曰：閼伯居商丘，祀大火，相因之，故商(王)〔主〕大火。謂之辰，故辰爲商星，今濮陽是也。然則契之所封，商丘商洛是也。商土於周爲衛商是也。而學者以商丘爲契封，謬矣。湯始居亳，學者咸以亳本帝嚳之墟，在《禹貢》豫州洛河之間，今河南偃師西二十里尸陽之陽亭是也。以爲考之事實，甚失其正。《孟子》稱「湯居亳，與葛爲鄰」。按《地里志》，今梁國寧陵之葛鄉是也。湯地七十里，葛又伯耳，封域有制。葛伯不祀，湯使亳衆爲之耕，有童子餉食，葛伯奪而殺之。計寧陵至偃師八百里，而使亳衆爲耕，童子餉食，非其理也。今梁自有二亳，南亳在穀熟，北亳在蒙，非偃師也。故古文《仲虺之誥》曰：「乃葛伯仇餉，初征自葛。」即《孟子》之言是也。湯又盟諸侯於景亳，然則二亳皆在梁矣，《春秋》「會于亳」是也。太甲既立，不明，伊尹放諸桐。《世本》又言「太甲從上司馬」，在鄴西南。按《詩》、《書》太甲無遷都之文，桐宫其在斯乎？仲丁徙囂，或曰今河南敖倉是也。故《書序》曰：「仲丁徙于囂。」河亶甲徙相，在河北，故《書序》曰「河亶甲居相」是也。祖乙徙耿，爲河所毁，故《書序》曰「祖乙圮于耿」，今河東有耿鄉是也。及盤庚立，復南居亳之殷地，故《書序》曰「將治亳殷」，今偃師也。然則殷有三亳，二亳在梁國，一亳在河南。南亳偃師，即湯都也；蒙爲北亳，即景亳，湯所盟地；偃師爲西亳，即盤庚所徙者也。故《立政篇》曰「三亳阪尹」是也。武丁徙朝歌，於周爲衛，今河内縣也。紂自朝歌北築沙丘臺。沙丘，《地理志》在鉅鹿東北七十里。邯鄲國屬趙，於《禹貢》在冀州大陸之野，昴畢之分，大梁之次。至今民俗歌謠，男女淫縱，猶有紂之餘風，世稱趙女之美是也。

又曰：周后稷始封邰，今扶風是也。及公劉徙居邑於豳，今新平漆之東北有豳亭是也。故《詩》稱「篤公劉，于豳斯館」。至太王避狄，循漆水，踰梁山，徙邑於岐山之陽，西北岐城舊址是也。故《詩》稱「率西水滸，至於岐下」。南有周原，故始改號曰周。王季徙郢，故《書序》曰「維周王季宅郢」是也。故《孟子》稱文王生於畢郢，西夷人也。暨文王受命，徙都於豐，在今京兆之西是也。故《詩》有云：「既伐於崇，作邑於豐。」及武王伐紂，營洛邑而定鼎焉。今洛陽西南洛水之北有鼎中觀是也。周公相成王，以豐偏處，西方貢道不均，乃使召公卜居洛水之陽，以即土中。故《援神契》曰：「八方之廣，周洛爲中。」於是遂築新邑，營定九鼎，以洛邑爲王之東都。故《周書》有曰：我乃卜澗水東，瀍水西，唯洛食。是爲王城，名曰東周。故《公羊傳》曰：王城者何？東周也。《地理志》：王城，本郟鄏之地。是以或謂之郟鄏。故《春秋傳》曰「成王定鼎于郟鄏」是也。今河南郟鄏東門名鼎門，蓋九鼎所徙入也。成王既卜營洛邑，建明堂，朝諸侯，復還豐鎬。故《書序》曰：成王既黜殷命，還歸在豐。至懿王徙太丘，秦謂之廢丘，今京兆槐里是也。

宋敏求《長安志》卷二 《帝王世紀》曰：古公亶父，是爲大王，以修德爲百姓所附。狄人攻之，以皮幣事之；不得免焉，又事之以玉帛；不得免焉，又事之以犬馬；不得免焉，遂策杖而去，止於岐山之陽，邑于周地，故始改國曰周。豳人聞之，曰「仁人不可失也」，東循而奔，從之如歸市焉。一年而成三千户之邑，二年而成都，三年五倍其初。王於是改戎俗，築城郭、立宗廟、設官司，即《詩》所謂「乃召司空，乃召司徒，俾立室家，其繩則直。作廟翼翼，築之登登，削屢馮馮」者也。周道之端，蓋自此始。

蘇轍《欒城應詔集》卷一〇《進策五道・民政下・第三道》 臣聞古者建都立邑，相其丘陵原隰，而利其水泉之道，通其所無而導其所有。使民日取而不盡，安居於中而無慕於外利，各安其土，樂其業，無來去遷徙之心。膏腴之鄉，民不加多，而貧瘠之處，民不加少，天下之户平均若一，皆足以供其郡縣之役使，而無所困乏。蓋今天下所謂通都大邑，十里之城，萬户之郭，其陰陽向背，與其山林原隰之勢，陂池泉水之利，皆秦漢以來所謂創置摹畫，使足以衣食其民，而無乏絶者也。臣嘗讀周詩《公劉》之一篇，其言自戎遷豳之際，登高望遠，以求其可居之地，與其可用之物，莫不詳悉而曲盡。其詩曰：「篤公劉，逝彼百泉，瞻彼溥原，乃陟南岡，乃覯於京。」「篤公劉，既溥既長，既景迺岡，相其陰陽，觀其流泉。」「篤公劉，於豳斯館，涉渭爲亂，取礪取鍛。」夫古之君子居於其邦，其欲知民之所利，與器用之所出，蓋如此其詳也。及觀《史記·貨殖列傳》，郡國之所有，東方之桑麻魚鹽，南方之竹木魚稻，與西方之五穀畜牧，北方之棗栗裘馬，則凡一方之所有，皆可以備養生送死之具。導之有方，而取之有法，則其民豐樂饒足，老死而無憾。及行天下，覽其山林藪澤之所生，與其民之所有，往往與古不類。夫自大江以北，漢水之側，三代之時，列國數十。楚人都於荆州，其在戰國最爲强大，外抗羣蠻，内禦秦晉，常以其兵横於天下。計其所都，安肯用瘠鹵墝埆之地？而當今自楚之北，至於唐、鄧、汝、潁、陳、蔡、許、洛之間，平田萬里，農夫逃散，不生五穀，荆棘布野。而地至肥壤，泉源陂澤之迹，迤邐猶在。其民不知水耕之利，而長吏又不以爲意，一遇水旱，民乏菜茹，往者因其死喪流亡，廢縣罷鎮者，蓋往往是矣。臣聞善爲政者，不用甲兵，不斥疆界，興利除害，教民稼穡，收斂倍稱，而獲兼地之福。今者舉千里之地，廢之爲墟，以養禽獸，而不甚顧惜，此與私割地以予人何異？嘗聞之於野人，自五代以來，天下喪亂，驅民爲兵。而唐、鄧、汝、蔡之間，故陂舊隄，遂以堙廢而不治，至今百有餘年，其間猶未甚遠也。蓋修敗補缺，或亦旬月之故耳，而獨患爲吏者，莫以爲事。若夫許州，非有洪河大江之衝，而每年盛夏，衆水決溢，無以救禦，是以民常苦饑而不樂其俗。夫許，諸侯之故邦，魏武之所都，而唐節度之所治。使歲輒被水而五穀不熟，則其當時軍旅之費，宗廟朝廷之用，將何以供之？此豈非近世之弊，因循不治，以至此哉？然此乃特臣之所見，而天下之廣，又安能備知？蓋嘗以爲方今之患，生於太怯，而成於牽俗。太怯，則見利而不敢爲；牽俗，則自顧則愛其身。夫是以天下之事，舉皆不成，而何獨在此？臣欲破其牽俗之風，而壯其太怯之氣，意凡天下貧窶破散之郡縣，使皆擇善事能幹之人，而往爲之長。因其去也，而天子親諭，以此使得稍久於其任，而察其人民多田野闢者，書以爲課。何者？此非難辦之事，是以不待非常之才而後能濟。惟其弛放怠惰，是以至此。今誠少嚴其事，使爲吏者知上之屬意於此，十歲之後，臣以爲此必爲富壤之區。而方今天下重徵之處，亦可漸減，而取諸此矣。

趙鼎《忠正德文集》卷三《經筵論事第二疏》 臣已具愚見，仰瀆聖聰，尚慮所言未究所蘊，重爲陛下陳之。且車駕駐蹕所在，天下之根本也。外設藩籬之固，中嚴堂陛之居，然後從中制外，運動得宜，譬之人身有腹心，有手足，不可易置也。今捨二浙澤國險阻之區而都建康，顯敞衝要四達交争之地，修飭宫城，移置官府，悉庫藏金帛隨之，不鑒維揚倉卒之禍，而爲久遠安居之計，實臣所未喻也。若謂建康，古帝王之宅，得形勢之利。然自堯舜三代、秦晉而下，建都不一，各便其所宜，而未嘗相因，不聞後王之興，必居前王之地也。若謂北臨淮甸，足以係中原之心，便於進取之勢，然移蹕已復半年矣，進取之計果如何，中原之人歸者幾何，響應而起者又幾何？若謂易於號令，然前此兩經捍敵，車駕進臨，鼓作士氣，諸將奮勵，承命即前，倘朝廷威令不行，駕馭無術，雖在營壘中，無益也。不考利害之實，不度時措之宜，採書生之高談，按史册之故事，而先自致於顛危之地，乃曰欲圖恢復，臣竊以謂不可。雖然，臣知定都建康，未爲得策，而陛下苟因臣説，遽議回鑾，臣亦以謂不可也。自朝廷南渡，中外臣民莫不以恢復之説獻於陛下。臣自郎官歷臺諫，至踐宰輔，前後進計於陛下，亦以此爲先。陛下篤於孝悌，固亦未嘗不在是也。然而，臣所期於陛下者，不忘恢復之念，常爲恢復之謀，仰順天心，俯鑒人事，度德量力，觀釁而動，不敢輕舉而易發也。今恢復之勢已張，恢復之名已正。凡平日獻議之人，以謂恢復之功可跂而待，乃欲旋幸二浙偷安。目前自爲退縮削弱之計，必以陛下爲不孝不悌之主，以臣爲不忠不義之人。夫不孝不悌之名，固陛下不可受，而不忠不義之罪，臣亦安敢當之？此議論之臣，他日必不見貸者。臣所謂欲議回鑾，亦不可也。蓋一動移之間，便有强弱之勢，不可遽也。嗚呼！採虚名、忘實利，張虚聲、受實禍，其利害爲如何？而浮言易動，主聽易揺，使任責者難於致力，而天下之事所以易敗而無功也。今爲陛下計，唯是委任羣臣，不責近效，俾盡前日措置之策，必取今日規模之利，用副陛下孝悌之心，不難也。如臣怯懦愚闇，實不足以及此。人有能不能，前日之規模措置，臣之所能也；今日之規模措置，非臣之所能也。不强其所不能，古人所取也。今以不能之事責人以必能，其人殺身不顧也，赤族不恤也，其如國事何？進讀帷幄，雖不預國論萬一，陛下諮訪，見及臣之所言，不過如此。其言非今日之宜，則其人難語以今日之責矣。然則何所用之？臣所以不避雷霆之怒，仰干斧鉞之誅，披寫血誠，控告陛下，誠不敢愉悦取容以欺聰聽耳。伏幸察臣哀切之懇，曲垂惻隱之仁，恢廓網羅，保全腰領，投之於無用之地，臣雖死之日，猶生之年。

鄭樵《通志》卷四一《都邑略第一·都邑序》 建邦設都，皆馮險阻。山川者，天之險阻也。城池者，人之險阻也。城池必依山川以爲固。大河自天地之西而極天地之東，大江自中國之西而極中國之東。天地所以設險之大者，莫如大河，其次莫如大江。故中原依大河以爲固，吴越依大江以爲固，中原無事則居河之南，中原多事則居江之南。自開闢以來，皆河南建都，雖黄帝之都，堯、舜、禹之都，於今皆爲河北，在昔皆爲河南。大河故道自碣石入海，碣石今平州也，所以幽薊之邦，冀都之壤，皆爲河南地。周定王五年以後，河道堙塞，漸移南流，至漢元光三年，徙從頓丘入渤海，今濱、滄間也。自成周以來，河南之都，惟長安與洛陽，或逾河而居鄴者，非長久計也。自漢、晉以來，江南之都，惟有建業，或據上流而居江陵、武昌者，亦非長久計也。是故定都之君，惟此三都是定，議都之臣，亦惟此三都是議。此三都者，雖曰金湯之業，屢爲車轂之場，或歷數百載，或禪數十君，高城深池，塹山堙谷，斸土既多，地絶其脉，積污復久，水化其味，此隋人所謂不甚宜人者也。而况衝車所攻，矢石所集，積骸灑血，莽爲荆榛，斷垣壞壁，鬼燐滅没，由兹鳩集，能必其蕃育乎！唐之末年，博士朱朴獻遷都之議，曰：「古之帝王，不常厥居，皆觀天地興衰，隨時制事。關中，周、隋所都，我實因之，凡三百歲，文物資貨，奢侈僭僞，皆極焉。廣明巨盗，陷覆京闕，高祖太宗之制蕩然矣。夫襄鄧之西，夷漫數百里，其東則漢與鳳林爲之闕，南則菊潭環屈而流屬於漢，西有上洛重山之險，北有白崖聯絡，誠形勝之地，沃衍之墟。若廣浚河渠，漕輓天下，可使大集。自古中興之君，去已衰之衰，就未王而王。今南陽，光武雖起而未王也。臣視山河壯麗處，多故都已盛而衰，難可興已。江南土薄水淺，人心囂浮輕巧，不可以都。河北固水深土厚，而人心彊愎狠戾，未即可服。襄鄧既爲内地，人心質良，去秦咫尺，而有上洛爲侵軼之限，此建都之極選也。」疏奏，在廷無有是其説者，豈以其人無足取，故并廢其言與？然其論「去已衰之衰，就未王而王」，則前此或未有之及矣。臣竊觀自昔帝王之都，未有建宸極於汴者，雖晉之十六國偏處中州，亦未聞有據夷門者，何哉？蓋其地當四戰之衝，無設險之山，則國失依憑，無流惡之水，則民多疾癘。七國之魏，本都安邑，爲秦侵蝕，不得已東徙大梁。秦人卒決河流以灌其城，王假就虜，一國爲魚焉。自是曠千三四年無有居者。朱全忠藉宣武資力以篡唐，因而居汴，未爲都也。不及五六年，梟鏡殄命，昏庸繼位，或獻遷都之謀，君臣皆謂夷門國家根本，不可遽易，遂爲京室。唐兵之來，梁室之禍，甚於王假。晉遵覆轍，邪律長驅，取少帝如拾芥，視朱氏又酷烈焉。宋祖開基，大臣無周公宅洛之謀，小臣無婁敬入關之請，因循前人，不易其故。逮至九朝，遂有靖康之難，豈其德之不建哉！由地埶然爾。六飛南巡，駐蹕吴越，朝曰行闕，陵曰殯寢，此豈絶念於卜宅哉！咸陽郟鄏，我陵我阿，湯湯秦淮，一葦可至，而臣鄰未聞以定鼎之謀啓陳者，毋亦以殘都廢邑，土脉絶，水泉鹵，不足復興，而夷門之痛，况未定也。嗚呼！江沱不足宴安也，毋已則採唐人之議，取南陽爲中原新宅，且以繫人望云。

林之奇《尚書全解》卷一九《盤庚中》 盤庚既遷者，既渡河而遷至于亳邑也。奠厥攸居者，既至亳邑，於是君民各定其所居也。乃正厥位者，先儒謂正郊廟朝社之位，其意謂遷都之制，前朝後市，左宗廟右社稷也。然盤庚之營亳邑，將必先定此郊廟之位，然後遷而居之，不應既遷而後定也。案：《召誥》之篇曰：成王之營洛邑，召公先卜之。既得卜，則經營至于位成，然後周公乃達觀于新邑營。古者既定都，必先定其郊廟朝社之位而後遷，盤庚之遷亦如此。向使既遷而後定位，則上而宗廟神祇亦皆有暴露之患，下而百姓亦皆有繇役之困，非古者遷都之道也。所謂正厥位者，既奠厥攸居，於是正乎民之位，登進之於朝，而與之論遷都之勞，而慰恤之。故繼之曰綏爰有衆，言諭其遷都之意，以慰其心，而安此有衆。

趙秉文《滏水集》卷一四《遷都論》 東坡有言：周室之壞，未有如東遷之謬者也。僕則以爲不然。使平王不遷，亦不能朝諸侯而撫四夷也，幾何其不胥而爲夷也。事有緩急，勢有强弱。魏武之遷許昌，固不如圖關侯之易也。東晉之竄蠻越，又不如守建康之舊也。不幸夷狄亂華，外侮内訌，師老而緩急難支，財殫而饋運不繼，何恃而不遷哉？大抵有天下者，安必慮危，治必防亂，所以長安且治。後世安諱危，治諱亂，所以愈危且亂也。昔者周都豐鎬，而周公定鼎于洛邑，蓋有深意存焉。其後或設東西都，或置陪京，雖以備巡幸耳，亦所以防不虞之患也。使其于治安之時，未嘗有意外之慮，不幸一旦當遷，其如危弱何？曰：固也，不遷愈危且弱矣。雖然，救之之術，有形，有勢，有本。明皇幸蜀，晉遷金陵，恃江山險阻，形也。周之東遷，晉鄭焉依，恃諸侯强大，勢也。向使無江山險阻與諸侯之勢，則亦固其本矣。上京中都，國家之根本也。議者或遷河南，或遷陝西，不過恃潼關、大河之險耳。而夏人偵吾西，宋人偵吾南，萬一蜂蠆有毒，窺吾間隙，則關河之險爲不足恃，况大河爲限，則舉根本之地似爲棄之，可乎？故愚以謂莫若權幸山東。山東富庶甲天下，杜牧所謂「王不得不王，霸不得不霸」，又利建〔侯〕。（漢）〔海〕道可以通遼東，兵運直接上京。開黄河故道，由滄景而入海，則是河南、山東爲一，大河險阻共之也。有關河之形，固上京、中都之本，而輔之以建侯之勢，一舉而三者得，其與遷河南、陝西不侔矣。

黎靖德《朱子語類》卷二《理氣》 冀都是正天地中間，好個風水。山脈從雲中發來，雲中正高脊處。自脊以西之水，則西流入于龍門西河；自脊以東之水，則東流入于海。前面一條黄河環繞，右畔是華山聳立，爲虎。自華來至中，爲嵩山，是爲前案。遂過去爲泰山，聳于左，是爲龍。淮南諸山是第二重案。江南諸山及五嶺，又爲第三四重案。上黨即今潞州，春秋赤狄潞氏，即其地也。以其地極高，與天爲黨，故曰上黨。上黨，太行山之極高處。平陽晉州蒲坂，山之盡頭，堯舜之所都也。河東、河北諸州，如太原、晉陽等處，皆在山之兩邊窠中。山極高闊。山後是忻、代諸州。泰山却是太行之虎山。又問：「平陽、蒲坂，自堯舜後何故無人建都？」曰：「其地磽瘠不生物，人民朴陋儉嗇，故惟堯舜能都之。後世侈泰，如何都得？」

黎靖德《朱子語類》卷一二七《高宗朝》 東南論都，所以必要都建康者，以建康正諸方水道所湊，一望則諸要害地都在面前，有相應處。臨安如入屋角，房中坐視外面，殊不相應。武昌亦不及建康。然今之武昌，非昔之武昌。吴都武昌，乃今武昌縣，地勢迫窄，只恃前一水爲險耳。鄂州正今之武昌，亦是好形勢，上可以通關、陝，中可以向許、洛，下可以通山東，若臨安，進只可通得山東及淮北而已。義剛。

前輩當南渡初，有言定都建康者。人云：建康非昔之建康，亦不可都。雖勝似坐杭州，如在深窟裏，然要得出近外，不若都鄂渚，應接得蜀中上一邊事體。看來其説也是。如今杭州，一向偏在東南，終不濟事。記得岳飛初勵兵於鄂渚，有旨令移鎮江陵，飛大會諸將與謀，徧問諸將，皆以爲可，獨任士安不應，飛頗怒之。任曰：大將所以移鎮江陵，若是時某安敢不説？某爲見移鎮不是，所以不敢言。據某看，這裏已自成規模，已自好了，此地可以阻險而守。若往江陵，則失長江之利，非某之所敢知。飛遂與申奏，乞止留軍鄂渚。建康舊都所以好，却以石頭城爲險。此城之下，上流之水湍急，必渡得此水、上這岸方得，所以建業可守，屯軍於此城之上，金兵不可向矣。賀孫。

建康形勢雄壯，然攻破著淮，則只隔一水。欲進取，則可都建康；欲自守，則莫若都臨安。或問江陵，曰：江陵低在水中心，全憑堤，被他殺守堤之吏，便乖。那堤一年一次築，只是土。節。

黎靖德《朱子語類》卷一三三《夷狄》 問：「本朝建國，何故不都關中？」曰：「前代所以都關中者，以黄河左右旋繞，所謂『臨不測之淵』是也。近東獨有函谷關一路通山東，故可據以爲險。又，關中之山，皆自蜀漢而來，至長安而盡。若横山之險，乃山之極高處。横山皆黄石，山不生草木。本朝則自横山以北，盡爲西夏所有，山河之固，與吾共之，反據高以臨我，是以不可都也。」

《宋史》卷四三六《陳亮傳》 淳熙五年，孝宗即位蓋十七年矣。亮更名同，詣闕上書曰：【略】夫吴、蜀，天地之偏氣，錢塘又吴之一隅。當唐之衰，錢鏐以閭巷之雄，起王其地，自以不能獨立，常朝事中國以爲重。及我宋受命，俶以其家入京師，而自獻其土。故錢塘終始五代，被兵最少，而二百年之間，人物日以繁盛，遂甲於東南。及建炎、紹興之間，爲六飛所駐之地，當時論者，固已疑其不足以張形勢而事恢復矣。秦檜又從而備百司庶府，以講禮樂於其中，其風俗固已華靡，士大夫又從而治園囿臺榭，以樂其生於干戈之餘，上下晏安，而錢塘爲樂國矣。一隙之地，本不足以容萬乘，而鎮壓且五十年，山川之氣蓋亦發泄而無餘矣。故穀粟、桑麻、絲枲之利，歲耗於一歲，禽獸、魚鼈、草木之生，日微於一日，而上下不以爲異也。公卿將相大抵多江、浙、閩、蜀之人，而人才亦日以凡下，場屋之士以十萬數，而文墨小異，已足以稱雄於其間矣。陛下據錢塘已耗之氣，用閩、浙日衰之士，而欲鼓東南習安脆弱之衆，北向以争中原，臣是以知其難也。

荆、襄之地，在春秋時，楚用以虎視齊、晉，而齊、晉不能屈也。及戰國之際，獨能與秦争帝。其後三百餘年，而光武起於南陽，同時共事，往往多南陽故人。又二百餘年，遂爲三國交據之地，諸葛亮由此起輔先主，荆楚之士從之如雲，而漢氏賴以復存於蜀；周瑜、魯肅、吕蒙、陸遜、陸抗、鄧艾、羊祜，皆以其地顯名。又百餘年，而晉氏南渡，荆、雍常雄於東南，而東南往往倚以爲彊，梁竟以此代齊。及其氣發泄無餘，而隋、唐以來遂爲偏方下州。五代之際，高氏獨常臣事諸國。本朝二百年之間，降爲荒落之邦，北連許、汝，民居稀少，土産卑薄，人才之能通姓名於上國者，如晨星之相望；况至于建炎、紹興之際，羣盜出没於其間，而被禍尤極，以迄于今，雖南北分畫交據，往往又置於不足用，民食無所從出，而兵不可由此而進。議者或以爲憂，而不知其勢之足用也。其地雖要爲偏方，然未有偏方之氣五六百年而不發泄者，况其東通吴會，西連巴蜀，南極湖湘，北控關洛，左右伸縮，皆足以爲進取之機。今誠能開墾其地，洗濯其人，以發泄其氣而用之，使足以接關洛之氣，則可以争衡於中國矣，是亦形勢消長之常數也。

陛下慨然移都建業，百司庶府皆從草創，軍國之儀皆從簡略，又作行宫於武昌，以示不敢寧居之意；常以江、淮之師爲金人侵軼之備，而精擇一人之沈鷙有謀，開豁無他者，委以荆、襄之任，寬其文法，聽其廢置，撫摩振厲於三數年之間，則國家之勢成矣。

陶宗儀《説郛》卷五九上《譙周法訓》　王者居中國，何也？順天之和而同四方之統也。

楊士奇等《歷代名臣奏議》卷四〇《安都》　臣聞世之議者，皆以謂天下之形勢莫如雍，其次莫如周，至於梁則天下之衝而已，非形勢之地也。故漢唐定都皆在周、雍，至五季以來，實始都梁。本朝縱未能遠規長安，盍亦近卜於洛陽乎！而安土重遷，眷眷於開封之境，非所以爲萬世計也。臣竊以爲不然，何則？漢唐之都必於周、雍，本朝之都必於梁而後可也。夫長安之地，左殽函，右隴蜀，襟憑終南、太華之山，縈帶涇渭、洪河之水，地方數千里，皆膏腴沃野。卒有急，百萬之衆，可具形勢便利，下兵於諸侯，如建瓴水四塞之國也。故其地利守，自古號爲天府。開封地平四出，諸道輻輳，南與楚境，西與韓境，北與趙境，東與齊境，無名山大川之限，而汴、蔡諸水參貫，巾車錯轂，蹄踵交道，舳艫御尾，千里不絶，四通五達之郊也。故其地利戰，自古號爲戰場。洛陽左瀍右澗，表裏山河，扼殽澠之隘，阻成皋之險，直伊闕之固，廣袤六百里，四面受敵，以守則不如雍，以戰則不如梁，然雍得之可以爲重，自古號爲天下之咽喉。凡天下之形勢，無過此三者也。彼蜀之成都，吴之建業，皆霸據一方之具，而楚之彭城，特盜賊之窟耳。《易》曰：天險不可升也，地險山川丘陵也，王公設險以守其國。所謂險者，豈必山川丘陵之謂哉？在天而不可升，在人而不可奪，則皆爲險矣。夫雍爲天府，梁爲戰場，周爲天下之咽喉。而臣以謂漢唐之都必於周、雍，本朝之都必於梁而後可者，漢唐以地爲險，本朝以兵爲險故也。漢高祖曰：吾以羽檄召天下，兵莫有至者。武帝曰：吾初即位，不欲出虎符發兵郡國，蓋漢踵秦事，郡國背道，材官有變，則以符檄發之。京師惟有南北兩軍，有期門羽林孤兒以備扈從。唐分天下爲十道，置兵六百三十四府，其在關中者惟二百六十有一府。府兵廢，始置神策爲禁軍，亦不過數萬人。以此見漢唐之兵皆在外也。故非都四塞之國，則不足以制海内之命。此所謂以地爲險者也。本朝懲五季之弊，舉天下之兵宿於京師，名掛於籍者，號百餘萬，而衣食之給，一毫已上皆仰縣官，又非若府兵之制，一寓之於農也。非都四通五達之郊，則不足以養天下之兵。此所謂以兵爲險者也。夫以兵爲險者不可以都周、雍，猶以地爲險者不可以都梁也。而昧者乃以梁不如周，周不如雍。嗚呼！亦不達於時變矣。夫大農之家，連田阡陌，積粟萬斛，兼陂池之利，并林麓之饒，則其居必卜於郊野；大賈之室，斂散金錢，以逐什一之利，出納百貨，以收倍稱之息，則其居必卜於市區，何則？所操之術殊，則所託之地異也。今梁據天下之衝，歲漕東南六百萬斛以給軍食，猶恐不贍，矧欲襲漢唐之迹而都周、雍之墟，何異操大賈之術而欲託大農之地也。由是言之，彼周、雍之地者，漢唐之險耳，本朝何賴焉？

楊士奇等《歷代名臣奏議》卷四七《治道》　宋高宗時，中書舍人胡安國上《時政論》曰：「臣聞保國必先定計，定計必先建都。建都擇地必先設險，設險分土必先遵制。制國以守，必先恤民。夫國之有斯民，猶人之有元氣，不可以不恤也。除亂賊，選縣令，輕賦斂，更弊法，省官吏，皆恤民之事也。而行此有道，必先立政。立政有經，必先核實。核實者，是非毀譽各不亂真，此致理之大要也。是非核而後賞罰當，賞罰當而後號令行。人心順從，惟上所命。以守則固，以戰則勝，以攻則服，天下定矣。然致此者，顧人主志尚何如耳。尚志所以立本也，正心所以決事也，養氣所以制敵也，宏度所以用人也，寬隱所以明德也，具此五者，帝王之能事備矣。【略】

其建都曰：「臣聞有家者必作室，立國者必建都。必據形勢，握輕重之權；必居要津，觀方來之會。如北辰在天而衆星拱，如滄海在地而百谷朝，安於其所，不可動也。陛下昨自應天初登寶位，維揚駐蹕，倉卒渡江。考卜相攸，莫如鍾阜，矧以舊邸，號稱建康，已降詔書，傳播天下，爲受命之符，此可都者一也。自劉先主、吴孫氏、諸葛武侯，一代英雄，周游吴楚，皆稱建康龍蟠虎踞，王者之居，此可都者二也。北據大江之險，外有長淮之衛，隔絶奔衝，難於超越，此可都者三也。有三吴以爲東門，有荆蜀以爲西户，有七閩二廣風帆海舶之饒以爲南府，此可都者四也。諸路朝覲，郡縣貢輸，水舟陸車，道里適等，此可都者五也。凡都北者必闢境於南，周世宗取江北是也。都南者必略地於北，吴孫氏爭淮南是也。昨者鑾輿時邁，狩于吴越，則王導所謂望實俱喪，而晉不果還之地也。三省百司寓于南昌，則李煜避周，徙自秦淮，卒不能振之所也。國勢一統不可以數分，國都一定不可以數動，與匈奴居穹廬，逐水草，無城郭宫室市朝之禮者異矣。今敵國憑陵，叛臣僭竊，瀕海諸郡，僻在東隅，宜還都建康，比關中、河内爲興復之基，環諸路而中持衡焉，則人心不摇，大事可定矣。」

其設險曰：「凡立國建都，必設險以守而後國可保。按《春秋》書晉師伐虢，滅下陽。邑不言滅而此獨書滅者，下陽，虞虢之塞邑也。塞邑既舉，則虢已亡矣。聖人特書示後世設險守邦之法。故三國時魏人都許，不以方城爲險而守襄陽；蜀人都益，不以劍門爲險而守漢中；吴人都秣陵，不以大江爲險而守荆渚。夫荆渚，江左上流也，北據漢沔，西通巴蜀，東連吴會，真用武之國，故楚子初自秭歸徙都荆渚，因其地利，日以富强。近并穀鄧，次及漢東，下收江黄，横行淮泗，遂兼吴越之地，傳六七百年而後止。此雖人謀，亦地勢使然也。後逮東漢之衰，劉表牧之，坐談而伯，先主假之，三分天下；關侯用之，威震中華；孫氏有之，抗衡曹魏。晉、宋、齊、梁倚爲重鎮，財賦甲兵當南朝之半。其爲江東屏蔽，猶虞虢之有下陽也。昨降詔令定都建康，而六飛巡狩暫駐杭越，乃以湖北爲分鎮，恐失古人設險守邦之意矣。近日雖復荆湖，南北而分鎮，地分仍舊未改，即與不復亦等耳。按湖北十有四州，其要會在荆峽。故劉表時則軍資寓江陵，先主時則重兵屯油口，關侯、孫權則并力争南郡，陸抗父子則協規守宜都，晉大司馬温及其弟沖則保據渚宫與上明，此皆荆峽之封境也。以荆南言，則諸邑在江北者三，在江南者四。以峽州言，則大都險要皆在南岸。今以二州爲分鎮，跨據長江，下臨吴會，猶居高屋建瓴水也，獨無虞虢下陽之慮乎？又朝廷近棄湖北，遠留川陝者，固謂秦甲可以强兵，蜀貨可以富國，取其資力以自助也。而使荆峽分鎮於其間，假令萬分一有桀黠者得之，守峽江之口，則蜀貨不得東；阻長林之道，則秦甲不得南。譬猶一身，束其腰膂而首尾不相衛，則非計之得也。臣竊以謂，欲保江左，必都建康；欲守建康，必有荆峽。不以爲分鎮，然後全據上流地形險固，北可出秦中之甲，西可下蜀江之貨。血氣周流，首尾相應矣。又曰：昔人謂大江之險，天所以限南北，而陸抗以爲長江峻山限帶封域，此乃守國末務，非智者之所先。何也？杜預嘗襲樂鄉矣，胡奮嘗入夏口矣，賀若弼嘗濟廣陵矣，曹彬嘗度采石矣，則其險信未足恃也。雖未足恃，然魏武困於居巢而不得渡，曹丕困於濡須而不得渡，拓跋困於瓜洲，苻堅困於淝水而不得渡，則其險亦未可棄也。蓋設險以得人爲本，保險以智計爲先。人勝險爲上，險勝人爲下，人與險均乃得中策。方今所患，在於徒險而人謀有未善耳。地有常險，則守亦有常勢。欲固上流者，必先保漢沔；欲固下流者，必先守淮泗；欲固中流者，必以重兵鎮安陸，此守江常勢。雖有小變，而大概不可易者也。當孫氏時，上流欲争襄陽而不得，故以良將守南郡與夷陵；下流欲争淮南而不得，故以大衆築東興與皖口；中流欲争安陸而不得，故以三萬勁卒戍邾城。邾城，今之黄岡是也。凡此三者，皆要害必争之地，故孫氏保有江東，而魏人不能犯。今强敵侵河朔，叛臣擾山東、淮北，京畿諸鎮處危疑之地，大江設險，未可輕棄。上流在荆峽，其利害臣既言矣；中流在安陸，而守臣陳規長於帥衆憑城，短於勸民耕種，宜遣一軍興置屯田，爲規外護，以蔽武昌；而下流則命江浙帥司各選官吏漸往江北，經營淮泗。若委任得人，其上者使人勝於險，其次者使人與險均，俟以歲時，無輕改易，而孫氏欲争而不得者，皆自治焉。不特可保江左，而恢復之勢亦在目中矣。」

丘濬《大學衍義補》卷八五《都邑之建上》 《書・禹貢》曰冀州。

蔡沈曰：冀州，帝都之地。八州皆言疆界而冀不言者，以餘州所至可見，亦所以尊京師，示王者無外之意。臣按《朱熹語録》，冀都正是天地中間，好風水。山脉從雲中發來，雲中正高脊處。自脊以西之水，則西流入於龍門西河；自脊以東之水，則東流入於海。前面一條黄河環繞，右畔是華山，自華山來至中爲嵩山，是謂前案。遂過去爲泰山聳於左，淮南諸山爲第二重案。江南諸山爲第三重案。觀是言也，則知古今建都之地，皆莫有過於冀州，可知矣。虞夏之時，天下分爲九州，冀州在中國之北，其地最廣，而河東、河北皆在其域中四分之一。舜分冀爲幽、并營。幽與并營皆冀境也。就朱子所謂風水之説觀之，風水之説起於郭璞，謂無風以散之，有水以界之也。冀州之中，三面距河處，是爲平陽、蒲坂，乃堯舜建都之地。其所分東北之境，是爲幽州。太行自西來，演迤而北，綿亘魏、晉、燕、趙之境，東而極於醫無閭，重岡疊阜，鸞鳳峙而蛟龍走，所以擁護而圍遶之者，不知其幾千萬重也。形勢全，風氣密，堪輿家所謂藏風聚氣者，兹地實有之。其東一帶則汪洋大海，稍北乃古碣石淪入海處，稍南則九河既道所歸宿之地。浴日月而浸乾坤，所以界之者又如此，其直截而廣大也。況居直北之地，上應天垣之紫微，其對面之案，以地勢度之，則泰岱萬山之宗，正當其前也。夫天之象以北爲極，則地之勢亦當以北爲極。《易》曰：艮者，東北之卦也。萬物之所以成終而成始也，艮爲山水，爲地之津液而委于海。天下萬山皆成于北，天下萬水皆宗于東，於此乎建都，是爲萬物所以成終成始之地，自古所未有也。兹蓋天造地設，藏之以有待。我太宗文皇帝初建藩于此，既而入正大統，乃循成王宅洛故事，而又于此建都焉。蓋天下王氣所在也。前乎元而爲宋，宋都于汴。前乎宋而爲唐，唐都于秦。在唐之前，則兩漢也，前都秦而後洛。然皆非冀州境也。雖曰宅中圖治，道里適均，而天下郡國乃有偝之而不面焉者。我朝得國之正，同乎堯舜；拓地之廣，過于漢唐。《書》所（爲）〔謂〕「東漸西被，朔南暨，聲教訖于四海」，僅再見也。猗歟盛哉！孔子曰：爲政以德，譬如北辰，居其所而衆星共之。《易》曰：離，萬物皆相見，南方之卦也。聖人南面而聽，天下嚮明而治。夫以北辰爲天之樞，居微垣之中，而受衆星之環拱，天之道固在北也。天之道在北，而面之所嚮則在乎南焉。今日京師居乎艮位，成始成終之地，介乎震坎之間，出乎震而勞乎坎，以受萬物之所歸。體乎北極之尊，嚮乎離明之光，使夫萬方之廣，億兆之多，莫不面焉以相見。則凡舟車所至、人力所通者，無不在於照臨之中。自古建都之地，上得天時，下得地勢，中得人心，未有如今日者也。況此乃蘇秦所謂天府百二之國，杜牧所謂王不得不可爲王之地。牧之言曰：禹畫九州，一曰冀州。舜以其太大，離爲幽州。其人沈鷙多材，力重許可，能音耐。辛苦，本兵矢，他不能蕩而自若也。復産健馬，下者日馳二百里，所以兵嘗當天下，則其兵馬之强，在昔則然矣。且其地瀕大海，在秦始皇時，起黄腄瑯琊負海之粟，轉輸北河，是時海運通于兹矣。唐杜甫謂，漁陽豪俠之地，雲帆轉遼海，粳稻來東吴。則唐時又通東吴之粟于此焉。元之盛時，漕東南粟至燕，歲幾至四百萬石，而南方之貨亦隨以至是。蓋天生鉅海，以爲國家餫道，不假通渠轉漕，自然而成者也。則其食貨之豐有，非他方可及可知已。噫！兵食俱足，文武並用，向明以用文，則有以成文明之化；背幽以建武，則有以張震疊之威。臣故曰：自古建都之地，上得天時，下得地利，中得人心，皆莫有如今日者，此也。雖然居之安者，不可不思其危；享全盛者，不可不爲衰微之慮。《詩》不云乎，「殷鑒不遠，在夏后之世」。自昔都燕者，始于召公，而極于金元，皆上不足以當天心，下不足以乘地利，而其事勢則有可以爲鑒戒者焉。是必固邊圉，選將帥，强兵馬，豐貨食，使國勢壯而外地不敢興窺伺之心。謹法度，用賢才，省刑罰，薄稅斂，使朝綱正而生靈不敢萌背畔之念。如此則國家如泰山之安，與天地相爲悠久矣。

陳大猷曰：成王實都鎬京，特往來朝諸侯祀清廟於洛，故鎬京謂之宗周，以其爲天下所宗也；洛邑謂之東都，又謂之成周，以周道成於此也。洛邑天下之至中，豐鎬天下之至險。成王於洛邑定鼎，以朝諸侯，所以承天地沖和之氣，宅土中以涖四海，其示天下也公。於鎬京定都，以壯基本，所以據天下形勝，處上游以制六合，其慮天下也遠。漢唐並建兩京，蓋亦識形勢之所在，而有得於成王、周公之遺意歟？

臣按：此古人都洛之始，而並建兩京者，亦始於是焉。夫武王得天下，都於豐鎬。成王繼其志，即有宅洛之舉。亦猶我太祖建都於吴，而太宗繼之，而又建都於燕也。成周之後，漢、唐、宋皆並建兩京，然漢、唐皆以長安爲西京，洛陽爲東京；宋以汴爲東京，洛爲西京，其地皆接壤，相去不甚遠也。惟我朝則以南北爲稱，蓋跨江南北，而各爲一大都會也。仰惟我高皇帝定鼎金陵，天下萬世之大利也。文皇帝遷都金臺，天下萬世之大勢也。蓋天下財賦出於東南，而金陵爲其會；戎馬盛於西北，而金臺爲其樞。並建兩京，所以宅中圖治，足食足兵，據形勢之要，而爲四方之極者也。用東南之財賦，統西北之戎馬，無敵於天下矣。

臣按：周家自后稷居邰，公劉居豳，太王邑岐，而文王始營鎬邑。至於伐崇，又作豐邑居之。武王又於豐旁近地二十五里，制爲鎬京。蓋其所以遷者，以勢益大，人益衆，不足以容之故也。蓋當彊盛之時而爲遷都之舉，非若後世衰微而後遷也。是故自邰而豳，而岐，而豐，而鎬，而又宅洛，此周家所以日盛也。至於平王而東遷，則淪於衰微矣。竊嘗論之，遷都之舉惟可於方盛之時。至於衰微而遷者，未有能復興者也，觀諸東周、東晉、南宋可見矣。惟光武遷洛，則是中興，非衰微也。

丘濬《大學衍義補》卷八六《都邑之建下》 《周禮》：惟王建國，辨方正位。體國經野，設官分職，以爲民極。

鄭玄曰：建，立也。周公相成王，營邑於土中，是爲雒邑。吴澂曰：周公居攝，營邑於洛中。七年致政，成王使居洛邑，治天下而立國都焉。辨，别也，別東西南北之四方，正祖社朝市之位。體，猶分也。經，猶畫也。體國者，分營其國之宫城門涂，猶人身之有四體。經野者，畫治其野之丘甸溝洫，如織之有經緯也。設官者，謂設置冢宰、司徒之官。分職者，謂分辨掌治、掌教之職。爲民極者，令天下之人各得其中，不失所也。

葉時曰：周公所以爲民立極者，惟在王畿、方位、國野、官職之中。蓋王畿立而後根本定，方位設而後等級明，國野分而後疆理正，官職舉而後綱目張，民極之立，孰有大於此者？

臣按：天生民而立之君，而君之爲君，必有所止。而示法則於上，而施政教於下，使天下四方咸面内環拱之，如衆星之於北極焉。君建皇極於上，所以爲民極於下也。所以爲民極者，其本在於一人之身，然一人之身必有所止之所。其所居止，必於地大人衆之處，四方道里適均之中，而建其國都焉。國都之建，不徒建也，必辨其方，東西南北，前後左右，於此而取正也；必正其位，左祖右社，前朝後市，於此而定制也。國焉而體之，何者爲内朝，何者爲外朝之類。野焉而經之，九夫爲井，四井爲邑之類。所設之官，自六卿至於百執事。所分之職，自掌邦治至於掌邦土。凡若此者，雖若以奉君，實則爲民而爲之立極也。極者何？先儒謂：極猶北極之義，標準之名，中立而四方之所取正焉者也。極立於此，是以近而鄉遂，遠而侯國，又遠而荒服之外。來朝覲者於焉而合瑞，封爵士者於焉而受命，有才能者於焉而獻藝，爲政教者於焉而質正，有訟獄者於焉而取決。所以然者，極建於此也。

大司徒以土圭之法測土深，正日景，以求地中。日至之景尺有五寸，謂之地中，天地之所合也，四時之所交也，風雨之所會也，陰陽之所和也。然則百物阜安，乃建王國焉，制其畿方千里而封樹之。

凡建邦國，以土圭土其地，而制其域。

鄭玄曰：土圭，所以致四時日月之景也。

臣按：《洛誥》所謂自服於土中。蓋以洛邑在周時爲中國之中，四方道里適均，故於此宅中圖治，以定四海之民也。作《周禮》者，見其中於中國，故爲天地所合，四時所交，風雨所會，陰陽所和之説。蓋盛稱華夏之地，居地勢之中，得天氣之正。時序正而寒暑不過甚，風雨時而收穫有定期。非若偏方僻壤，節候不正，而時氣之大寒大暑，物生不常，而收穫之或早或晚也。中國皆然，而洛邑乃其要會焉。故爲此説耳。雖然自三代以前，則洛爲中國之中。以今天下觀之，則南北袤而東西蹙，則其所謂中者，蓋在荆襄之間也。朱子曰：豈非天旋地轉，閩浙反爲天地之中。閩浙在東南海盡處，難以爲中，朱子蓋以聲明文物通論天下，非論地勢也。

土方氏掌土圭之法，以致日景，以土地相宅，而建邦國都鄙。

鄭玄曰：致日景者，夏至景尺有五寸，冬至景丈三尺，其間則日有長短。土地猶度地，知東南西北之深，而相其可居者，宅居也。

臣按：大司徒凡建邦國，以土圭度其地，而土方氏掌土圭之法，以土地相宅，而建邦國都鄙。蓋大司徒掌建邦國，乃國家之大事，辨方正位，體國經野，其事非一。而用土圭以致日景，以求地中，特其中之一事爾。大司徒總其凡，土方氏專其事，有事之時，用其所職，以輔相司徒也。

匠人建國，水地以縣，音玄。置槷以縣，眡以景爲規，識日出之景與日入之景，晝參諸日中之景，夜攷之極星，以正朝夕。匠人營國方九里，旁三門，國中九經南北之道爲經。九緯，東西之道爲緯。經涂九軌。左祖右社，面朝後市，市朝一夫。

鄭玄曰：國中，城内也。經緯，謂涂也。經緯之涂皆九軌，積七十二尺。

王昭禹曰：先王建國，必先於辨方正位。是以匠人置槷眡景，必正地中。以天地之所合，四時之所交，風雨之所會，陰陽之所和，於是乎建王國也。然其置槷必先水地以懸，使所直之臬必平而直，然後可以正日景也。水莫動則平，可因之以望高下之勢。繩垂之而墜，可用之而正曲直之形。以繩取其直，又以水取其平，然後於所平之地置臬也。《爾雅》曰：在地者謂之臬。所謂槷，則臬也。於所平地之中央，立八尺之表，以縣正之，以眡日景，將以正四方也。於晝漏半，又參諸日中之景，夜又攷之極星，以北辰所居者，天之中故也。又曰：左，人道之所向；右，地道之所尊。言祖則宗可知，言社則稷可知。朝者義之所在，於朝言面則知市之在所背，於市言後則知朝之在所先。朝者，官吏之所會；市者，商賈之所聚。一夫百畝之地，然後足以容之。

臣按：匠人既曰建國，又曰營國。蓋作而立之謂建，言其始也。周圍而治之，以丈尺其小大，謂之營，言其終也。所謂置槷者，疏家謂以水平地，於四角立四柱，於四柱畔懸繩以正柱，以水望其高下，即知地之高下，然後平高就下，而地乃平。殆今世所謂水平也與？

《春秋》：桓公九年，紀季姜歸於京師。《公羊傳》曰：京師者何？天子之居也。京者何？大也。師者何？衆也。天子之居，必以衆大之辭言之。

臣按：《穀梁傳》亦云：京，大也；師，衆也。言周必以衆與大言之也，所謂京師者始於此。後世因以天子所都爲京師焉。周幽王爲犬戎所殺，於是諸侯乃即申侯而共立幽王太子宜臼，是謂平王，以奉周祀。平王立，東遷於洛邑。

蘇軾曰：周之失計，未有如東遷之繆也。自平王至於亡，非有大無道者也。顓王之神聖，諸侯服享，然終以不振，則東遷之過也。今夫富民之家所以遺其子孫者，田宅而已。不幸而有敗，至於乞假以生，可也，然終不敢議田宅。今平王舉文武成康之業而大棄之，此一敗而鬻田宅者也。夏商之王，皆五六百年，其先王之德無以過周，而後王之敗亦不減幽厲，然至於桀紂而後亡。其未亡也，天下宗之，不如東周之名存而實亡也，是何也？則不鬻田宅之效也。使平王收豐鎬之遺民，而修文武成康之政，以形勢臨諸侯，齊、晉雖彊，未敢貳也。而秦何自覇哉？魏惠王畏秦遷於大梁，楚昭王畏吳遷於郢，項襄王畏秦遷於陳，考烈王畏秦遷於壽春，皆不復振，有亡徵焉。東漢之末，董卓劫帝遷於長安，漢遂以亡。近世李景遷於豫章，亦亡。故曰：周之失計，未有東遷之繆者也。

臣按：蘇軾謂遷都爲周人失計，舉後世遷都數君，皆不復振而有亡國之徵，是固然矣。然此蓋謂衰敗之餘者爾。若（天）〔夫〕國勢方興之日，或依形勢之固，或就富庶之所，或遠夷狄之害，則不可專泥此說也。

《史記·貨殖傳》曰：昔唐人都河東，殷人都河內，周人都河南，夫三河在天下之中，若鼎足，王者之所更居也。

臣按：秦分天下爲三十六郡，有（山）〔三〕川河東。漢分三川爲河南、河內與河東，號爲三河。是三郡者，皆濱河之地，故帝堯都平陽，商都亳，成王營洛邑，皆以河爲運道，達於河，即達於京師也。後世都汴洛者，皆由汴水入河。都長安者，雖不濱河，然亦由河入於渭。是古今建都，無有不資於河道者也。我朝都燕，咫尺瀛海，則所以通天下之食貨以足國用者，莫便於海焉。蓋海道以天爲界，地界已盡，而人之行者不止。蓋天造地設，以有待而爲今日萬世無窮之利者也。

秦始皇二十六年，徙天下豪傑十二萬户於咸陽。

臣按：此後世徙天下富民填實京師之始。

臣按：此秦以後都長安之始。張良謂關中爲用武之地，阻三面而守，獨以一面東制諸侯。臣竊以謂今世都燕，真所謂用武之地，比之關中，其所阻者亦有三面，而亦獨以一面制天下之大凡。虞州十二，夏州九，春秋國十二，戰國國七，其地皆在所臨制也。較之關中，則西有巴蜀之饒，南有商鄧之險，以爲退步之地。燕則前之進者無窮盡，後之退者有界限焉。則是今日京師之勢，大非漢唐都關中比也。關中地被山，此則被乎大行一帶之險阻；關中帶河，此之所襟帶者則大海也。然漢之邊在北，咸陽去朔方餘千里。唐邊在西，長安去土蕃界亦幾千里焉。今京都北抵居庸，東北抵古北口，西南抵紫荊關，近者百里，遠者不過三百里。所謂居庸，則吾之背也；紫荊，則吾之吭也。據關中者，將以搤中國之吭而拊其背。都幽燕者，切近於北狄，則又將恐其反搤我之吭而拊我之背焉。所以防蔽之者，尤當深加之意。蓋制人而不得，猶不至於失己；守己而或有所失，則其害豈但不得於（入）〔人〕而已哉！高祖八年，徙齊魏大族豪傑於關中。劉敬言：匈奴河南地去長安，近者七百里，輕騎一日一夜可以至秦中，且諸侯初起時，非齊諸田，楚昭屈景莫能興。今關中少民，北近匈奴，東有彊族，一日有變，陛下未得高枕而卧也。願徙六國後及豪傑名家居關中，無事可以備；胡有變，帥以東伐，此彊本弱末之術也。於是徙昭屈景懷、田氏及豪傑民家居於關中，與利田宅，凡十餘萬口。

臣按：徙民以實京師，必使其衣食用度無不如意，忘其家之徙也，然後賴其用。不然，養生送死有不贍，方且憂思怨恨之無已，日有逃亡而已。雖有之，亦如無焉，何名之爲實哉？必也寬之以力役，優之以恩澤。凡有征斂科賦，視諸民爲減省焉。

光武元年十月，車駕入洛陽，幸南宫，遂定都。

臣按：後世建都洛陽，始此。周人營洛邑以爲朝會之所，非建都也。至平王避犬戎始遷焉。漢高祖始亦欲都洛，後以婁敬、張良之言都於長安。光武中興，始於此定都焉。

諸葛亮至京口，因覩秣陵山阜，嘆曰：鍾山龍盤，石城虎踞，此帝王之宅。

臣按：自古帝王之都多在江以北，江南形勢之地莫若金陵。自孫吳都此，繼以東晉、宋、齊、梁、陳，終於南唐，凡七代，皆偏安一隅。惟我聖祖，始混一天下，建都於此，蓋自開闢天地以來所未有也。

王鏊《震澤長語》卷上《國猷》 自古中原無事則居河之南，中原多事則居江之南，自然之勢也。成周以來，河南之都惟長安、洛陽，江南之都惟建康，其次則有襄鄧焉。唐朱朴之議曰：襄鄧之西，夷漫數百里，其東則漢輿鳳林爲之關，南則菊潭環屈而流屬於漢，西有上洛重山之險，北有白崖聯絡，誠形勢之地，沃衍之墟。若廣浚河渠，漕輓天下，可使大集，此建都之極選也。雖然，皆未有及燕薊之形勢者，大行盤盤，自西而北居庸、古北、松亭等關，北瞰沙漠，南引江淮，土厚水深，博大爽塏。其人沉鷙材勇。杜牧所謂「王不得不王，霸不得不霸」之地，豈非天遺其勝，以貽我朝萬世帝王之業乎？

自古無有都汴者，張儀謂其地四通輻輳，固戰場也。魏本都安邑，爲秦侵蝕，不得已東徙大梁，其後秦使王賁引河灌城，王假就虜，一國爲魚。朱全忠篡唐，居汴不過五六年，唐莊宗伐之，其禍甚於王假。石敬瑭因之，耶律長驅，少帝就執，視朱氏又酷焉。宋祖開基，不此之鑒，遂有靖康之禍。固謀之不善，亦地勢然也。宋之失計，未有甚於都汴者也。當時燕薊淪于契丹不能取，是中國與外夷雜此土以處也，猶不思峻谿山之防爲之限，一旦長驅而來，何以禦之？故景德中，契丹入寇，朝議倉皇思爲避敵之計。寇準力主親征却之，然猶增歲幣數十萬。慶曆中，又有無厭之求，富弼以彊詞折之，然亦增歲幣數十萬。而泰然遂以爲無事矣。靖康復來，又欲祖故知而與之和，括京城内外金，猶未能滿其欲，遂爲席卷而去，二帝死於五國城，而中原遂非其有矣。初，藝祖欲都洛陽，太宗沮之，藝祖曰：未也，且欲都關中，據天下之上游。至哉見也。使當時從之，豈有靖康之禍哉？宋世諸名臣，亦皆狃於治安，未有爲無疆之慮者，惟范文正屢言之，謂西洛帝王之宅，負關河之固，宜以朝陵爲名，漸營兵食。陝西有餘，可運而下；東路有餘，可運而上。太平則居東京通濟之地，以便天下；急難則居西洛險固之宅，以守中原。其後又請修京城，謂天有九關，帝居九重，王者法天設險，以安萬國。其爲慮遠矣。使當時從之，安有靖康之禍哉？或曰：國家興廢，天也，非人力所能爲。一汴二杭三閩四廣，陳希夷預言之矣。希文之策奚爲？余曰不然。君相不言命，國家不言天數。苟以天數爲言，則人事皆廢矣。況希夷之言，安知非好事者附會爲之乎？

胡廣等《書經大全・圖説》 帝王之建都，必擇衣食之地，而謂之京師。京，大也；師，衆也。言天子之居既衆且大，非衣食之豐不可以爲國也。

唐順之《稗編》卷五七章俊卿《三都論》 自古帝王之作，莫不更都三河之間，而周秦以降，繼宅兩京；五季而下，又都大梁，何帝居之不常也？然考其所以定都改卜之意，則有由矣。大抵長安便於守，洛陽便于利，大梁便于戰，三京利害，各有一偏，故前王因其便利而都之也。方其正朔雖一，而利勢不專，藩侯棋布，山河瓜分，列國有唇齒之依，朝廷無指臂之順，必也守戰並修，軍民兩恤。俾其進足以制諸侯之變，退足以保固宗社，捨長安莫利也。故宗周、西漢繼宅西土，勢或然也。嬴秦、隋、唐踵卜長安，仍以爲安也。逮夫車書混一，禮教興行，舉綱朝廷，張目郡縣，於是偃武修文，輕徭薄賦，俾斯民均受其賜，思所以新一王之制，侔盛古之隆。唯禮樂教化是遑，而不以兵革戰伐爲事，則捨洛陽莫便也。故周成、漢光定都成周，誠得其宜也。曹魏、司馬晉踵卜洛邑，仍以爲安也。光武而下，唯元魏孝文僅留意于稽古禮文之事，故遠拔乎代中宅洛邑，粲然新一王之政遠侔盛古，亦遷都改卜，有以相之。若乃版圖未一，侵伐鼎來，夷狄外訌，邊隅僭竊，必也德刑兼修，戰守兩備，宿重兵於京師。彊幹弱枝，以鎮服夷夏，而指蹤英雄，以赴其功，則捨大梁莫便也。朱梁而下，以迄于宋，仍都大梁，亦勢或然也。然有其利必有其害，膏腴惰農，險阻逸德，如禦侮于海隅而忽艱虞於京輦者，長安之不利也。故五侯、九伯不能亂周，而犬戎實亂之；山東戰國不能亡秦，而趙高實亡之。藩狄不能犯函谷，而王莽實篡漢；燕晉不能隳苻秦，而姚萇實代堅。以至輔民譟而新莽燼，涇師繞而德宗逃，豈非長安忘警戒之道也歟。德化有時替而君不常明，紀綱有時紊而政不常舉，敵受八面而險不數舍，一方矯虔，九重震動，此則洛邑之不利也。在董卓奮而東漢亡，爾朱騁而北朝亂，偏師犯闕，如履門闌，以至典午失馭，藩侯弄兵，往來如織，王城不啻傳舍，豈非洛陽失守戰之備也歟。宴安起於無虞，弊蠹生於悠久，故載戢載櫜而甲械朽鈍，以安以處而士卒獰僨，兵多難用，將逸難使，可以隆安强之威而不足以禦一旦之變，此則汴都之不利也。故石晉之亡，兵叛于外也；宋朝靖康之變，太平之久也。然則長安便于守，洛陽便于利，大梁便于戰，又在人之所便利如何，固未可恃其所便而遽即于安也。雖然玉京之制，各有輔車；屏蔽之地，又不可不察。長安之制以陝西爲畿輔，而屏蔽實在隴右。宋朝失於西夏，洛陽之制以關東爲畿輔，而屏蔽實在河東。大梁之制以河南爲畿輔，而屏蔽實在河北。故由古以來，洛京之禍常起于并、汾，汴都之變常起於燕、趙。長安之難雖不常所自，而河隴之寇尤爲頻駭，良由失其外屏也。是以河湟未歸，則長安未易都；雲朔未賓，則洛陽未易卜；燕薊未服，則大梁未易宅。唇亡齒寒者，此之謂矣。由是以論，則三京利害各有攸當，不可一概求也。然以王道繩之，是不無優劣焉。從古議者紛紛，莫不以長安爲優，而臣意則否。長安之地，四塞雖固，而包履裁一心之境。八州之民皆吾赤子，而乃塹潼崤以自固，是何示天下以私也。豈天子守在四夷，而王者以天下爲家之義哉？嗚呼！天生民而立之君，所以均調而齊一之也。故王者之作，必中天下而立，定四海之民，俾其貢賦於是而易輸，冤抑於是而易訴，朝覲會同於是而易期，赴調上計於是而易達。故布德行仁則易以均被，發號施令則易以敷暢，皆所以均惠斯民也。若夫洛邑之地當天下之中，大梁坐水陸之衝，其所以惠利斯民，孰便於此？《傳》曰「譬如北辰，居其所而衆星拱之」，洛邑之謂也。又曰「三十輻共一轂」，大梁之謂也。然則欲求一室萬世之都，所以爲國家生民無窮之計，三都之中，邙洛其庶幾矣。

唐順之《稗編》卷五七蘇伯衡《論金陵》 蘇子曰：初，國家建朝廷、郊廟、社稷于南京，徵郡國爲陰陽之學者，各以其術來議。至者數百人，館于上賓館。館之副使劉迪簡者，江右人，蓋通地理之術，云：一日，迪簡故問諸陰陽之師，曰：觀《綿》之詩，《書》之殷《盤》周《誥》，孔子之語曾參，則古人之爲宮室城郭，若治地而葬，亦惟以卜用龜而已。陰陽家者出，始不受命于鬼神，而至用其精鑒絶識，可謂難能也。已而其書至于今，爲其學者守之，篇目繁多，安所折衷邪？曰：諸家之書，莫切于《錦囊》之内外篇，内外篇中莫要於「乘生氣」之一語。曰：生氣烏乎見？曰：于山川之岡壠向背、離合、逆順見之。故夫地氣之聚者，形必勝，形之勝者得必吉，此地理家法也。曰：吾於大河江漢之南北境未嘗盡至，北條南條之山川未嘗盡窺，故吾於周、秦、兩漢、魏、晉、唐、宋之餘墟，未暇具論，姑言金陵。秦始皇至，埋金以鎮之，諸葛亮以爲帝王之宅，則其氣之聚也，形之勝也，有吉而無凶也，不待言而知也。而其江山，吾與諸公共睹焉。前此國其間者曰東晉，曰宋，曰齊，曰梁，曰陳，曰南唐。其國之所建，雖異地，其地之相去初甚近，而其歷年或久或近，則大相遠，何也？曰：此非有得失於生氣然哉！曰：得者久而失者近，信耶。何爲其久者，亦僅僅百餘年而已耶。地理之術行于天下久矣，而建國又大事也。彼六代之君，不擇其人而聽其相度焉，人之見擇於六代之君者，不竭其目力技能以效用焉，豈其情乎！擇人以相度，竭目力技能以效用，而其徵應不可與周之卜世卜年同日而語，吾以故惑焉。是有出于形勢也，則已使無出于形勢也，可不考其故與。曰：昔之冠蓋之聚，今之桑麻之塲也。畚鍤之相，尋塹湮於旦〔莫〕〔暮〕，非復當時之舊也。甚矣，雖欲考之，得乎？曰：其地脉自東南遡長江而西數百里乃止，其止也蜿蜒磅礴，既翕復張，中脊而下降爲平衍，所謂土中於是乎？在西爲鷄籠，覆舟諸山，又西爲石頭城，而鍾山峙其東，大江迴抱，秦淮、玄武湖左右映帶，兩淮諸山合沓内向，若委玉帛而朝，斯固無改當時之舊觀也。豈惟無改乎？當時固無改于開闢之初也。氣之聚而形之勝，何難知之有。則六代所以修短興亡之故，豈有不足考者乎？且夫氣鍾爲吉壤，猶氣鍾爲鉅賢。鉅賢之身既亡，清明之氣斯散，未有傷其一手一足，而是氣之行乎其一身者，俱斷喪者也。今因一岡一壠之變置，而謂一都會舉然，豈理也哉。曰：天運有時而推移，風氣亦有時而聚散，據有定之形，論無窮之變，不幾于刻舟而求劍乎？是以不敢也。曰：氣之自聚自散，固非人力之所能爲歟？曰：然。曰：然則所謂聚之使不散，行之使有止者，誣耶。曰：此言乎穴法也。四時之運無窮焉，及其至也，則聚者無不散，止者無不往，勢之所必至也。有聚有散，有止有往，而地之或吉或凶，亦與之俱矣。是以雄都大邑、名城巨鎮，倏焉過之而爲丘墟壠畝；丘墟壠畝倏焉過之，又爲名城巨鎮，雄都大邑也。曰：是則宇宙之間，山川之形勢不改，而其氣無定，在其地無常吉也決矣。然昔之善爲宫宅地形者，所留鈐記，去之五六百年，葬而偶直其處，徵應無不協，則氣未必無定，在地未必無常吉也。曰：蓄泄不同焉。曰：寶公指定林寺前獨龍岡，謂武帝曰：若以爲陰宅，後當永久。既而寶公示寂，武帝以錢二十萬購其地，奉真身窆焉，實天監中也。於今八百餘載，世運之消息，人事之盛衰，亦已屢矣。而寶公之光靈振燿猶一日，則地之泄者何如哉？地以氣爲脈，相地爲氣爲本。陰陽家之于地理，未嘗不以藉其口矣。夫地之形有方體，故其美惡肥磽，蓋有甚于形勢。今于其可指見而言傳者，猶不能按以明前代修短興亡之故，則於其藏乎地中者，果何以盡得之乎？時余在坐，上遽曰：何見之晚也。今夫人有一畝之宫，欲使人居守，猶必慎擇其人之克負荷者，斯舉而授之。矧金陵之墟，王者之都，天造而地設，不有聖人，其肯輕畀之乎？彼晉、宋、齊、梁、陳、南唐之君，乘時割裂，竊而據之，皆非天授，既不足當王氣之盛，又安能乘生氣之聚？余固知天地閟藏，其風氣之完厚，於數千年之久，以待今天子之興而作都也。觀前此之國於斯者，殫其智力，弗克混合。而今鴻業告成，朔南爲一，幅員之廣，振古所無，則天意豈不昭乎？休哉！萬年無疆之業，固不待望氣者而知；王氣之鬱葱，不必陰陽家而知，生氣之充周也。於是，諸陰陽師群然和余，而迪簡遂不復云。其口雖不言，其心終不無惑也。

章潢《圖書編》卷三三《論北龍帝都垣局》　北龍有燕山，即今京師也。以燕然山脈盡於此，故曰燕山。昔燕昭王築黄金臺以招賢者，故又稱金臺。古冀州地，舜分冀東北爲幽州，故又謂之幽都。按丘文莊公《大學衍義補》云：虞夏之時，天下分爲九州，冀州在中國之北，其地最廣。舜分冀爲幽、并營，故幽與并營皆冀境也。楊公云：燕山最高，象天市。蓋北幹之正結，其龍發崑崙之中脈，以内外共視爲中脈，蓋鴨緑江外有大幹爲護矣。綿亘數千里。至于闐，瀝瀚海之玄，屈曲出夷入貊又萬餘里，始至燕然山，以入中國，爲燕雲。北京爲山前曰燕，大同爲山後曰雲。復東行數百里，起天壽山，乃落平洋，方廣千餘里。遼東、遼西兩枝關截黄河，前遶鴨緑，後纏而陰、恒、太行諸山，與海中諸島相應。近則灤河、潮河、桑河、易河并諸無名小大夾身數源，界限分明。以地理之法論之，其龍勢之長，垣局之美，幹龍大盡，山水大會。帶黄河，扆天壽，鴨緑纏其後，碣石鑰其門，最合風水法度。又按《衍義補》云：《朱子語録》，冀都，天地間好個大風水。山脈從雲中發來，前面黄河環繞，泰山聳左爲龍，華山聳右爲虎，嵩山爲前案，淮南諸山爲第二重案，江南五嶺諸山爲第三重案。故古今建都之地，皆莫過於冀都。就朱子所謂風水之説觀之，謂無風以散之，有水以界之也。冀州之中，三面距河處，是爲平陽蒲坂，乃堯舜建都之地。其所分東北之境，是爲幽州。太行自西來，演迤而北，綿亘魏、晉、燕、趙之境，東而極于醫無閭。重岡叠阜，鸞鳳峙而蛟龍走，所以護擁而圍繞之者，不知幾千萬里也。形勢全，風氣密，堪輿家所謂藏風聚氣者，兹地實有之。其東一帶則汪洋大海，稍北乃古碣石淪入海處，稍南則九河既道所歸宿之地。浴日月而浸乾坤，所以界之者，又如此其直截而廣大焉。按此皆以風水之美言之也。若以形勝論之，則幽燕自昔稱雄，左環滄海，右擁太行，南襟河濟，北枕居庸。蘇秦所謂天府百二之國，杜牧所謂王不得不可爲王之地。楊文敏謂：西接太行，東臨碣石，距野亘其南，居庸控其北，勢拔地以峥嶸，氣摩空而崱屴。又云：燕薊内跨中原，外控朔漠，真天下都會。桂文襄公謂：形勝甲天下，扆山帶海，有金湯之固。蓋真定以北，至于永平，關口不下百十，而居庸、紫荆、山海，俱關隘。喜峯、古北、黄花鎮，俱口子。險阨尤著。會通漕運，便利天津，又通海運，誠萬世帝王之都。自昔之都燕者，始於召公諸侯也。金、元乃雜霸之氣，皆不足以當其大。惟我皇明，得國之正同乎堯舜，拓地之廣過於漢唐，功德隆盛，上足以當天心，下足以乘地氣，真萬世不拔之洪基。而議者乃謂，北太近邊，距塞不二百里，無藩籬之固，而天子自爲之守。然不知今之北門，管鑰爲急，倏忽來去，邊備須嚴。若畿甸去遠而委守將臣，則非居重馭輕之道。故我成祖文皇帝睿意建都於此，良謨遠猷，豈凡愚之所能及哉！然當時未必談及風水之説。而默契若此，是蓋聖王之興動自合法，而天地造化有自然相符之理耳。抑論堯、舜、禹三聖之都皆北龍，今我朝家畿甸亦北龍，而形勝與夫風水法度又皆邁之，宜其駕唐虞，追三代，全盛如此。是固我列聖之峻德神功、鴻休盛烈之不可及。然地理之應，亦或然也。愚何幸，躬逢其盛！北龍之次有平陽、蒲坂、安邑，亦冀境，乃堯、舜、禹所都之地。按朱子曰：河中地形極好，乃堯、舜、禹故都，今晉州河中府是也。左右多山，黄河遶之，嵩河列其前。又曰：河東、河北皆繞太行山，堯、舜、禹所都皆在太行山下。又曰：上黨太行山之極高處，平陽、蒲坂，山之盡頭，堯舜之所都也。又曰：堯都中原，風水極佳。右河東太行諸山相繞，海島諸山亦皆相向；右河南繞，直至泰山湊海。第二重，自蜀中出湖南廬山諸山。第三重，自五嶺至明越，又黑水之類自北纏遶至南海。此皆以其大形勢而言之也。宋國師張子微曰：河中之地，右則西河，左則東河，前則南河。逾河而爲壺口，近河而爲覃懷，入河而爲衡漳，三面距河，一面背山。所背恒山，相去甚遠，逶迤而下，其平如砥，方廣千里。夾水之外，四面皆有名山巨鎮，迎送護衛，但堂局寬闊，非凡俗所能檢點。若兩腋無水夾截，即是水不交會，大龍如何得住？故夾身之左有小東河，右有西恒水，南有小南河關截於内，而大河經之，龍將焉往。其他撓掉手足，得無名之水，界夾分明者，又不可以數計，眼目難於檢點。舉其堂局形勢，可想而知。此則以其親切者而言之也。是故河中誠亦天地間大都會，而堯、舜、禹三聖人以道化天下，後世罕及。雖聖人巍峨，未必係於風水，然天造地設，自然默契之理，有不可誣者。但今河水爲患，風水變遷，無復可都矣。蓋河源於崑崙星宿海，又入地伏流，不見其脈者，凡數百里。禹之所導，始於積石，初不曾窮河源也。河至於此，其勢横放衝溢，外則涇、渭、沮之會于渭汭，又有伊、洛、瀍、澗、汾、黎之會于底柱，所泄惟汝、泗二流。内則淮、濟内河，滹沱、恒、絳從而益之，至於九河。逆河勢雖遠而逾盛，故有河患，非人之之所制者。是以河決之患，三代已然，自漢、唐、宋、元及今，頻年衝決，而沿河之民淪於魚鱉，況可都乎！

章潢《圖書編》卷三三《論中龍帝都垣局》 中龍有關中，曰豐，曰鎬，曰咸陽、長安，皆今陝西地，通曰關陝，古雍州也。楊公云：關中原是太微垣。又曰：長安，落在垣宿中，蓋中幹之尊也。其龍發於崑崙，由黑水綿絡，西河横出，始起祖宗，轉縈貂澤，自西而東，盡於雍州。宋國師張子微曰：長安之龍，起於横山。其山皆黄石，綿亘八百餘里，不生草木。及至雍州之地，涇水出安定，在雍州之西，自西而南入渭水，而北是爲渭汭，水出鳥鼠同穴，而爲雍州之西山。至涇水所屬之地，則爲北。惟此依山挾水，號爲天府之國。又曰：秦咸陽，非長安之正，以宫屬渭，跨渭爲飛橋複道，以象天闕道，而屬阿房。如驪山温泉，又長安之枝龍也。長安之下則有岐、梁、荆諸山爲托，灃、涇、漆、沮河水界限爲衛。蔡文節公曰：咸陽之地，龍合之玄格，左右諸山包護，此皆謂其風水之美也。若以形勝言之，則婁敬所謂披山帶河，四塞爲固。張良所謂左殽函，右隴蜀，沃野千里。南有巴蜀之饒，北有胡苑之利。阻三面而守，獨以一面東制諸侯，乃金城千里、天府之國者是也。故史稱關中阻山帶河，四塞之險，東有函關，西有散關，南有武關，北有蕭關。呂成公亦謂，關中是形勢之地，欲據形勢，須都關中。桂文襄公謂，其山河四塞，形勝甲于天下。《易》曰：天險不可升，地險山川丘陵，王公設險以守其國。惟此爲然耳。故關陝之地形勝，全龍局美，王氣攸萃，而文、武、周公列聖篤生。自文王都岐徙豐，武王遷鎬京，成王實都于鎬，以據天下形勢。當西周全盛時，特往來朝諸侯於洛邑。至平王避犬戎，始遷都洛陽，號曰東周，則周日微弱，而雍州王氣爲秦得之。蓋秦先世有非子者，善育馬，爲周孝王主馬，馬大蕃息，分土爲附庸，邑之秦，歷三世，至秦仲始大。歷莊、襄，犬戎殺周王，襄公救周有功，封爲諸侯，賜以西周畿内八百里之地。秦即其地，日以强盛，兼併天下，統一區宇。然無功德，肆暴虐，不足以當其王氣之大。漢興，以婁敬、張良之議，遂因其故都都之。傳十二帝，歷二百一十四年。其後唐又都之，傳一十八帝，歷二百六十九年。宋人亦嘗議欲都此，而以横山未入版圖，故都大梁，以經營横山。蓋横山當宋時，諸戎所依，爲戎夏必争之地，不得則不可都故爾。丘文莊公曰：秦地披山帶河，四塞以爲固，所謂金城千里、天府之國，得天下之百二者也。周人初起於邠，繼都豐鎬，天下形勢之地，蓋莫有過焉者也。至平王東遷，而棄其地與秦，秦地始大。戰國之世，山東之國六，而秦居其一，六者爲縱而獨爲衡焉，卒能以少制衆，併而有之，非獨人力，蓋亦地勢也。自高帝用婁敬言，西都關中，後世言形勝者必歸焉。唐起晉陽，亦居於斯。自宋人都汴之後，王氣消歇者五六百年於今矣。詳究文莊兹論，各有所見，而議者乃謂漕運不便，然不知周與漢、唐各數百年，而其儲積豈無其道？且《禹貢》著雍州，厥田惟上上。史稱沃壤千里，可以儲貯。而秦號富彊，顧所處之何如耳？大抵雍州非直形勢險固，風水融聚爲美已也；且其水深土厚，民性質樸，易於從化，尤爲可嘉。朱子曰：岐豐之地，文王用之以興二南之化，如彼其忠且厚也。秦人用之未幾而一變其俗，尚氣概，先勇力，忘生輕死，悍然有招八州、朝同列之氣，其故何哉？誠以雍州土厚水深，其民重厚質直，無鄭衛驕惰浮靡之習。以善導之，則易興起，而篤於仁義；以猛驅之，則其强毅果敢之資，亦足以彊兵力農，而成富彊之業，非山東諸國所及也。後世欲爲定都立國之計，誠不可不監乎此。而於導民之路，尤不可不慎其所之旨哉！言乎中龍之次有洛陽，即周營洛邑之地也。前值伊闕，後據邙山，左瀍右澗，洛水貫其中，以象河漢，此紫薇垣局也。張子微曰：洛邑是飛龍格勢，脚手本自分明，迎送却從外假合。凡大地迎送，皆取諸外而不取諸身。所謂本身脚手，一屈曲縈迴，輒五六十里或七八十里，故人不見其爲手足，况遠外迎送，其得見乎？此其平夷之地，一望無際，惟審其水源而後識之也。然洛居天下之中，爲大龍之腹，四望平夷，近則熊耳居其右，西京在其左；取諸遠，則上洛在其西，太華在其東，終南惇物在於北，内方則在河南。周公所以取制天下之中，猶腹爲人身都會之所也。以水而言，則洛水自西而經其前，瀍、澗界其東，汾、潒遶其後，伊水陳其面，最合風水法度。但以形勝論之，則平夷無險，四面受敵。故周營洛邑，特以宅中圖治，道里適均之故，乃於此朝會諸侯，非建都也。按《大學衍義》，陳大猷曰：成王實都鎬京，特往來朝諸侯，祀清廟於洛，故鎬京謂之宗周，以其爲天下所宗也；洛邑謂之成周，以周道成於此也。洛邑天下之至中，豐鎬天下之至險。成王於洛邑定鼎以朝諸侯，所以承天地中和之氣，宅中以莅四海，其示天下也公；於鎬京定都以壯基本，所以據天下形勢，據上游以制六合，其慮天下也遠。誠哉言也。後平王避犬戎徙都於洛，則周室日衰，馴至不可爲矣。漢初高帝亦欲都洛，以婁敬、張良之言都於關中。光武中興，始於洛建都，謂之東都。洛陽却在周都河南，又隔伊水，有諸水在後，而地方之備差完，頗爲可取，然皆平洋無蔽，有德易以王，無德易以亡，不可用也。故東周都洛而能延數百年之久者，誠以文武之德，民不忍忘故爾。温公《曆年圖》曰：周自平王東遷，日以衰微，至於戰國又分而爲二。其土地人民不足以比彊國之大，夫然天下猶尊事之以爲共主，綿綿然久而不絶，其故何哉？文武之德，植本固而發源深也。不然，以區區數邑處於七暴國之間，一日不可存，况於數百年乎？此確論也。

中龍之又其次者有汴梁，其龍自熊耳至此，平坦萬里，天河在其北，淮河在其南，亦天苑垣也。五代梁、唐、晉、周皆都於此，而年代不永。宋都之，傳九帝，歷一百六十七年而南遷臨安。是時汴在河之南，猶差可取，今河水衝決，而在於河之北，無復當時風水形勝耳。

章潢《圖書編》卷三三《論南龍帝都垣局》 南龍有金陵，即今之南畿，我太祖高皇帝建都之地也。戰國楚威王時，以其地有王氣，埋金以鎮之，故稱金陵。漢改曰秣陵，吴曰建業，晉曰建康。其形勢前輩與洛陽同。廖氏云：建康形勢洛陽同王氣，古云鍾蓋紫薇垣局，南幹之盡也。蘇伯衡謂：劉迪簡云，金陵地脈自東南遡長江而西，數百里而止其止也。蜿蜒磅礴，既翕復張，中脊而下，降爲平衍，所謂土中。於是乎在西爲鷄籠、覆舟諸山，又西爲石頭城，而鍾山峙其東，大江迴抱，秦淮、玄武湖左右映帶，兩淮諸山合沓内向，若委玉帛而朝焉。諸葛孔明謂：鍾山龍蟠，石城虎踞，真帝王之都。昔始皇見金陵有王氣，東遊以壓之。其後三國吴都之，傳四世。東晉又都之，傳十一世，歷百餘年。南朝宋、齊、梁、陳、南唐皆都之，而年代不永。蓋以其雖合垣局，而垣氣多泄故爾。楊筠松云：長江環外有三結，垣前水中列，垣中已是帝王都，只是垣城氣多泄是也。若以形勝論之，則江限南北，古今恃爲天險。朱子曰：東南論都，必要都建康者，以建康正諸方水道所湊，一望則諸要會地都在面前，有相處。劉誠意伯謂：襟帶長江，勢甚險固。桂文襄公謂：金陵江北則有徐、潁二州，地跨中原，脈連數省，並稱雄鎮，爲藩籬有控扼之勢。江南則有安慶當長江委流，西控全楚，爲江表門户。按諸君子所論形勝，是誠英雄用武之地，可以駕馭四方、號令天下而興王業者。我太祖高皇帝以之定鼎，良有見也。但以地理家言之，雖合紫薇垣局，奈垣氣多泄，故成祖文皇帝再建燕京，爲萬世不拔之基，豈偶然哉！蓋天眷皇明，故二祖動即合法，而初非有意於地理之説耳。南龍之次有臨安，今浙江杭州府。其龍脈自天目山分入錢塘，而海門有龕、赭二山在中。郭景純記云：天目山前兩乳長，龍飛鳳舞到錢塘。海門更點巽峯起，五百年間出帝王。《經》云：海門環合似天市，天目天池生侍衛。萬里飛來垣外挹，海外諸峯補垣氣。廖氏云：大江以南，天目峙海門似天市，故臨安亦天市垣耳。若以形勝論之，則僻處一隅爾。朱子謂：如入屋角，房中坐視外面，殊不相應。宋高宗南遷，建都於此，其卜相京畿國師，吾邑傅公伯通也。有《臨安行在表》，謂其地只可駐蹕，不宜建都。不過偏安之地，且主奸相弄權，武臣多咎。後宋竟未能恢復，而奸相如秦檜、賈似道諸人不忠，皆操弄國柄，武臣多不善其終，果符傅公之言。

章潢《圖書編》卷三五《皇明南北兩都總敘》 自古帝王平定天下，必建都會，以爲四方之極。而據形勝、擇便利、正所以爲久安長治計也。是故武王得天下，都于豐鎬，成王繼其志，即有宅洛之舉。亦猶我太祖建都于吴，而成祖繼之，又建都于燕也。成周之後，漢、唐、宋皆並建兩京，然漢、唐皆以長安爲西京，洛陽爲東京；宋以汴爲東京，洛爲西京。其地皆接壤，相去不甚遠也。我朝則以南北爲稱，蓋跨江南北而各爲一大都會也。高皇帝定鼎金陵，天下萬世之大利也。文皇帝遷都金臺，天下萬世之大勢也。蓋天下財賦出于東南，而金陵爲其會；戎馬盛于西北，而金臺爲其樞，並建兩京，所以宅中圖治，足食足兵，據形勢之要而爲四方之極者也。用東南之財賦，統西北之戎馬，無敵于天下矣。

章潢《圖書編》卷三五《論都會形勝》 地脉向中國來者三支：北絡發崑崙，東折而東南行，其背則沙漠，其正結爲冀都，其支結爲燕京，其餘氣爲出塞外都，自雲中、上黨轉换來，三面繞河，外案多疊，大河東北趨入海，重重包裹，故堯、舜、禹都之。但四方險阻，貢輸非後世所便。河且徙而南，氣大洩。燕京旺氣，我朝鍾焉。中絡發崑崙，東南至岷山，由蜀隴轉北而東，爲終南長安之地也。金城四塞以爲固，古豪傑有取焉。貢輸艱入，後世費繁，今能處之耶。由關中出至太華，中嵩伊闕既鑿，是謂洛陽。洛陽，天地之中，陰陽和，南北平，百物會，周公營之。地氣自北以南，人事化機，互以爲用，古今固不齊也。行乃盡于東泰，翻身顧祖，東海外盪，河江前向，萃産賢貴，凝聚有因。後世河徙，截其來脉者二，乃會通河，復加截之，其力遂微。南絡發崑崙，迤東南而行至大峨山，其背爲西戎，直南折而東爲五嶺，其餘氣爲南蠻；復折而東北，大盡於建康，其支結爲吴、閩、越；大峨而下，至于五嶺，環抱中原無情。南面力雄勢坎，吴、越、閩支凝讜力，海水陽勝，明有餘而氣不足以當之。一大都會於今日，其金陵也乎！長江天塹，財用易輸，持護不少。世謂江左不得於宅中，偏安不可以圖大，是安於建康之説，不能用建康于天下。夫安于建康，乃謂大勢不拱，東壩未立，秦淮河不湧，邗溝尚微，故建康俗狃于自便，知守江而不知用淮於江，知圖淮而不知用天下於淮，知據武昌之上游而不知上游之守鎮，知集貨之易而不知散貨以用于四方，知南兵之難振而不知練兵于北之可用，故金陵不可以故常論。當有知者曠百世相感，不爾則中絡爲河截所在，其汴淮江漢之間乎。金陵爲南京，汴梁爲北京，國初深見也。

冀州之中，三面距河，處是爲平陽、蒲坂，乃堯、舜建都之地。其所分南北之境，是爲幽州。太行自西來，演迤而北，綿亘魏、晉、燕、趙之境，東而極于醫無閭，重岡疊阜，鸞鳳峙而蛟龍走，所以擁護而圍繞之者，不知幾千萬里也。形勢全，風氣密，堪輿家所謂藏風聚氣者，兹地實有之。其東一帶則汪洋大海，稍北乃古碣石淪入海處，稍南則九河既道所歸宿之地。浴日月而浸乾坤，所以界之者又如此，其直截而廣大也。况居直北之地，上應天垣之紫微。其對面之案，以地勢度之，則泰岱萬山之宗，正當其前也。夫天之象以北爲極，則地之勢亦當以北爲極。《易》曰：艮者，東北之卦也。萬物之所以成始而成終也。艮爲山，水爲地之津液，而委于海，天下萬山皆成于北，天下萬水皆宗于東。于此乎建都，是爲萬物所以成終成始之地，自古所未有也。兹蓋天造地設，藏之以有待。我太宗文皇帝初建藩于兹，既而入正大統，乃循成王宅洛故事，而又于此建都焉，蓋天下王氣所在也。前乎元而爲宋，宋都汴梁；前乎宋而爲唐，唐都于秦。在唐之前則兩漢也，前都秦而後洛。然皆非其州境也。雖曰宅中圖治，道里適均，而天下郡國乃有背之而不面焉者。元人嘗都于此，至順帝三十六年而祚歸于我朝，蓋我朝得國之正同于堯、舜，拓地之廣過于漢、唐。《書》所謂「東漸西被，朔南暨北，聲教訖于四海」，僅再見也，猗歟盛哉！孔子曰：「爲政以德，譬如北辰，居其所而衆星拱之。」《易》曰：離，萬物皆相見，南方之卦也。聖人南面而聽，天下嚮明而治。天下以北面爲天之樞，居微垣之中而受衆星之環拱。天之道固在北也。天之道在北，而面之所嚮則在南焉。今曰京師居乎艮位，成始成終之地，介乎坎離之間，出乎震而勞乎坎，以受萬物之所歸。體乎北極之尊，嚮乎離明之光，而使夫萬方之廣、億兆之衆，莫不面焉以相見，則凡舟車所至、人力所通者，無不在于照臨之中。自古建都之地，上得天時，下得地勢，中得人心，未有如今日者也。況此乃蘇秦所謂天府百二之國，杜牧所謂王不得不可爲王之地。牧之言曰：禹畫九州，一曰冀州。舜以其分太大，離爲幽州。其人沉鷙多材，力重許可，耐辛苦，本兵矢，他不能蕩而自若也。復産健馬，下者日馳二百里，所以嘗當天下兵馬之强。在昔則然矣。且其地瀕大海，在秦始皇時，起黄腄瑯琊負海之粟，轉輸北河，是時海運固已通于茲矣。杜甫謂：「漁陽，豪俠之地，雲帆轉遼海，粳稻來東吴。」則唐時又一東吴之粟于此焉。前元盛時，漕東南粟至燕，歲幾至四百萬石，而南方之貨亦隨以至。是天生鉅海以爲國家運道，不假通渠轉漕，自然而成者也。則其食貨之豐，有非他方所及，可知已。矧兵食俱足，文武並用。向明以用文，而臨乎華夏，則有以成文明之化；育幽以建武，而厲乃兵戎，則有以張震疊之威。信自古建都之地，莫有如今日者也。雖然居安者不可不思其危，享全盛者不可不爲衰微之慮。自昔都燕者始于召公，而極于金元，然召公侯國也，金元帝都也。侯國處偏隅之地，其勢在治內而不能治外；帝都操統馭之權，其勢在治外而不專治內。歷觀金元之代，以推出治之原，則固邊圉、選將帥、强兵馬、豐貨食，使國勢壯而遠人不敢萌窺伺之心；謹法度、用賢才、省刑罰、薄税斂，使朝綱正而生民不敢起背馳之念。如此則國家如磐石之固、泰山之安，而久安長治之策，與天地相爲悠久矣。

章潢《圖書編》卷三五《兩都形勝總論》 嘗謂形勝者，可以威天下而不可以留天下。威天下以險，險也者力之所恃者也，力不足者取之于險。留天下以仁，仁也者險之所恃者也，險不足者取之于仁。君而仁矣，無險可也。險而且仁，萬世猶可也。失仁而得險，亦或可也，不可久也。得險而力且足焉，而敵者猶斃也。《易》曰：「王公設險以守國。」而周官之法，所以必立民極之中也。此古之有天下者，雖不敢不本之以仁，而亦切切焉據形勝之地，以雄視天下，蓋亦知會天地之中和，宅中土以莅四海。其示天下也，公威足以行其慮而莫敢誰何，恩足以弘其功而下皆用命。歷年八百，固其所也，何則？仁與力之並用，雖無險，可也，況得其所謂要會者哉！是知周之所以永命者仁也，非徒在險也。王孫滿以卜世卜年之説，謬當聖人之心，是術數者奚足與議周王之仁哉？下周而漢而唐而宋，其仁蓋已微矣，而力且弗之競也。漢祖策都關中，所以執天下之樞也；南北二軍，其權足以雄天下。唐亦都關中，亦所以執天下之樞也。內外諸府，其兵足以威天下。然九錫之雄既熾，而西京之所以衰，方鎮之兵漸强，而朝廷之所以斃。至于晚年末路，司巇拊鍵，內鉢外乘，而太阿之柄已倒，持而授人之手矣，其誰不遑哉？宋太祖之都汴，所以因五代之舊也。西夏之役方殷，而國勢浸弱。仁宗之議修洛陽，所以爲徙關中之漸也。仲淹之説不行，而勢益弗競。於是再和再退，再退再失，而崖山之溺已噬臍無及矣。奄有幽、燕以爲王畿，外設八府以爲捍衛。太行在其西，醫無閭在其東，重岡疊翠，鸞鳳峙而蛟龍走。大海居其左，九河經其前，漭漾浩蕩，浴日月而浸乾坤，沉鷙激捍之材，雲錦騰驤之馬，爲天下最。向明以用文，而臨乎華夏，則有以成文明之化；育幽以建武，而厲乃戎兵，則有以張震疊之威，誠蘇秦所謂天府百二之國，杜牧所謂王不得不可以爲王者也。古之人有都之者，金元是也。而天命靡常，不能爲萬年鞏固之業，則天下之至險已屬之，于天下之至聖而深仁厚澤，又有以維持之也。以天下之義聚天下之力，而戎馬盛於西北矣。以天下之仁起天下之義，而財賦出於東南矣。有人力以仁、奮險以力，財賦出則所以豢其力者，有備戎馬盛，則所以雄其險者。固地利人和，萬世猶競，宜無復容喙者矣。然弊生於積習之餘，事怠于異世之後。今之東南視昔之東南，何如也？始之以水旱，繼之以蝗蝻，加之以贓吏之攘剥，而陰瘠於土豪之浚血，則今日之東南，非昔之東南矣。今之西北視昔之西北，何如也？前者邊隅不靖，參將芮寧之死，一時同殲者八百；近者旱魃爲災，延綏軍民之死，形於奏牘者五萬人，則今之西北，非昔之西北矣。善守成者，可不張而相之，扶而植之，使天下被其仁而不知作其氣，于事變之猝乘，而顧因仍於漢、唐、宋末流之弊哉！然觀今二都之勢，北都爲急，請得復舉而備言之，可乎？漢之邊在北，去咸陽千餘里；唐之邊在西，亦去長安幾千里。今京師北抵居庸，東北抵古北口，西南抵紫荆關，近者百餘里，遠者不過數百里，疾馳之騎約日可至。所謂居庸則吾之背也，紫荆則吾之吭也，據關中者將以搤天下之吭而拊其背。都幽燕者切近于漠北，又將恐其搤我之吭而拊我之背也。蓋制人而不得，猶不至于失已守。已而失焉，則其害豈但不得於人而已哉？此其外患之可畏也。至於唐之漕因于河，宋之漕因于汴，國初海運十萬餘石以給邊。永樂引汶、泗諸水以益濟，引黄河自魚臺以益御漳，然後漕舟自江達于淮，自河達于京師。今觀漕河以一衣帶之水，掬土可塞，萬一無賴荷鍤而決迎鑾瓜州之垻，則江不達于淮矣。塞魚臺汶泗之水，則河不達于京師矣。斯時也，將何以處之哉？唐之軍士脱巾而呼，而元之貴人抱珍而枵腹者，可鑒也。此其内變之足虞也。是故知外患之可畏，則必選將帥、厲甲兵、廣儲蓄、塞要害，先爲不可勝以待敵之勝，則患斯弭矣。知内變之足虞，則必慎隄防、設重鎮、恤軍士、廣田畜，先爲不可犯而後人莫之敢犯，則變斯消矣。如此則善政流而仁不阻，大化也；武勇奮而力不困，大權也；四漠息而京師無憂，大勢也。勢張則固，權重則肅，化洽則順，不怒之威，篤恭之妙，信能咸美。文武而陋，漢、唐、宋於不足言矣，然猶未也。矧今日京師之地，去黄帝、堯、舜之都，於七八千年之後，則其所以成華胥之治，致於變之風，將不在隆古而在今日矣。

章潢《圖書編》卷三五《南北兩都形勝》 北京之龍，發脉崑崙河，在其南與北龍並從西南走東北，山脊經雲中至冀州，拔起西山，正脉脱卸平地四十餘里，由阜城門入而結都城。西山左張，稍北行而東，環歷居庸關，直至山海關，爲羅城以障蔽。東方盧溝一水，自西南來；密雲一水，自東北來，皆數百里會流合于丁字沽，此兩大水之分合處也。京城據此兩水之中。衛輝一水，呼爲御河，自南奔趨朝入數百里，至直沽會盧溝、密雲二水，爲内堂之水。山東諸山横過爲前案；黄河遶之，淮南諸山爲第二重案；大江遶之，江南諸山則爲第三重案矣。蓋黄河爲分龍發祖之水，與大江及山東、淮南、江南之山水皆來自萬里，而各效用于前，合天下一堂局，此所謂大聚大成之上者也。

南京山水起祖發源於岷，其遠亦萬里，東行至仙霞關，嫡宗由此分龍出脉，東北行至常鎮，遂逆江而西行二百餘里，聳起鍾山，作回龍顧祖穴。大江逆遶其背，淮揚廬鳳纏托于江北。又北則繞以黄河，黄河之北又纏托以山東之山。若非大幹龍，安能正盡逆二百里？苟非逆入之深，何以受此四重萬里，山水之遶托於背後乎？是皆合天下爲一堂局，亦大聚大成之龍也。

合論

蓋南京回龍逆結，山水遶背，乃定格也。北京順結，山水遶前，亦定格也。前後之遶雖異，其理則一矣。但北京之東北朵顔地方，東則遼東，東南連朝鮮，左肩左臂弘厚，障蔽大海，與西南、西北山水略相停聚，氣之厚在此。南京左肩臂乃江陰通泰之地，傷于薄，氣不足也。優劣亦在此乎。

燕京論

燕京依山帶海，有金湯之固。真定以北，至于永平，關口不下百十，而居庸、紫荆、山海、喜峰、古北、黄花，險阨尤著，故薊州、保定，重兵屯焉。自山後諸州，棄以與人，則居庸之外即宣府爲藩鎮。廣平以南，水陸畢會于臨清，而天津又海運通衢也。其防禦之勢，山西行都司當其衝，萬全都司護其背，大寧都司藏其備，薊州守備斷其徑。萬全都司，一衛一所，嵌山西行都之境，以爲瞭遠之兵。大寧都司，五衛一所，嵌薊州守備之境，以爲夾持之法。自秦、漢備邊，所急在西北上谷，北平爲緩。我朝所急在東北，甘肅、寧夏爲緩。秦、漢急西北，故秦塞起臨洮，漢武置朔方，綏東北也。神京以遼東爲左臂，宣大爲右臂，古北口、永寧、居庸爲腦後。遼東限以山海，宣大隔之居庸。惟大寧淪失，天壽與塞外爲鄰，宣府以遼東隔絶，腦後之防蓋甚疏矣。説者欲規復大寧，此豈可易言哉？養威蓄鋭，觀釁俟時可也。其他如遂城西北之牟山，保州西之柏山，保安之八角口，定州之北岩，與夫石舅、銀坊、冶山等處，皆臨制中原之道。然山川形勢，與京都大是向背，苟屯兵聚衆，必死以守，未易當也。此外，自安順東至任丘二十里，川塹溝瀆，葦泉縱横，地類天牢。又東北至雄州三十里，又東至霸州七十里，又東抵海口，營田圩岸，集水淤濘，地類天陷。又自順安至肅約五十里，葦草叢茂，地類天羅。凡此皆兵家所忌，遇潦更甚，未易進矣。建康徐淮、臨德之間，似當練兵儲將，可備緩急遺發，無徒藉手于北可也。

焦竑《焦氏筆乘續集》卷六《古今都會》 歷代建都之處，伏羲都于陳，今河南開封府陳州有陵存焉。神農亦都于陳，或曰曲阜。《晉志》曰：都陳而别營於曲阜，今山東兖州府曲阜縣。黄帝都涿鹿，今順天府涿州。《括地志》又曰：涿鹿故城在嬀州，今朵顔之地。少昊都曲阜。顓帝都帝丘，今山東濮州舊有陵碑尚存。帝嚳都亳，今河南偃師縣。唐堯都平陽，今山西平陽府有唐城。虞舜都蒲坂，今山西平陽府蒲州有廟。夏都安邑，今山西平陽府夏縣。《春秋》疏曰：堯治平陽，舜治蒲坂，禹治安邑。三都相去各二百里，俱在冀州，蓋九州之冀也。《括地志》又曰：自禹至太康，與唐虞皆不易都。《汲冢書》曰：禹都陽城。《漢志》曰：陽翟避舜子之所，商都亳，後盤庚遷都，亦曰亳。《書》曰：不常厥邑，于今五邦。蓋自湯至盤庚五遷也。祖乙遷景，盤庚復遷于亳，周都豐、鎬，今陝西西安府長安縣關中也。徐廣曰：豐、鎬相去二十五里，皆在長安南。《詩》曰：「文王有聲，作邑於豐，宅是鎬京。維龜正之，武王成之。」蓋都豐而遷鎬也。又曰：都洛陽者，洛陽今河南府洛陽縣也。太史公曰：學者多稱周伐紂居洛邑，其實不然。武王營之，成王使召公卜之，居九鼎焉，而復都豐、鎬。至平王乃遷洛。《公羊傳》又曰：王城者何，東周也。成王既卜，營洛邑，建明堂，朝諸侯，復遷豐鎬。蓋以洛居中土，故曰京師。秦都咸陽，今陝西西安府咸陽縣，故古蹟阿房宮、長信宮俱在此。西漢始都洛陽，五年因婁敬説而復遷長安。東漢都洛陽，魏都洛陽，然諸書或曰長安，曰譙，曰許昌，曰鄴者。《水經註》曰：魏因漢祚，都洛陽。以譙爲先人本國，許昌爲漢之封居，長安爲西京遺迹，鄴爲王業本基，故號五都。時一幸焉耳。蜀都成都，今四川成都府。吴初居鎮江，都武昌，今湖廣武昌府；後遷建業，今南京應天府也。西晉都洛陽。東晉都建康，建康即建業。元帝東渡，避愍帝諱改焉。宋、齊、梁、陳，俱都建康。元魏初居雲中，今山西大同府懷仁縣，後遷洛陽。北齊都鄴，今河南彰德府。西魏都長安關中，後周都長安。隋始都長安，以城狹水鹹，與蘇威、高熲共議，移去城北三十里龍首山，都焉。煬帝嘗徙都洛陽，爲巡幸故也。唐都長安。梁都汴，今河南開封府。後唐石晉、漢劉知遠、周郭威俱都汴，宋亦都汴。南宋都臨安，今浙江杭州府。元都大都，今順天府。時至上都，今宣府之外之地。我大明都建康，永樂間遷都于燕，爲京師，今順天府也。

梅鼎祚《西漢文紀》卷一五《匡衡・上元帝政治得失疏》 《詩》曰：「商邑翼翼，四方之極。壽考且寧，以保我後生。」此成湯所以建至治、保子孫、化異俗而懷鬼方也。今長安，天子之都，親承聖化，然其習俗無以異於遠方，郡國來者無所法則，或見侈靡而放效之。此教化之原本，風俗之樞機，宜先正者也。

孫承澤《春明夢餘録》卷一《建置》 郭子章《都論》：古今論形勢之都，曰秦、曰洛，而洛不如秦，則自漢以來言之。婁敬説漢高曰：洛陽天下之中，有德易以興，無德易以亡。秦地被山帶河，四塞以爲國。案秦之故地，搤天下之吭而拊其背也。張良曰：洛陽四面受敵，非用武之國。關中左殽函，右隴蜀，阻三面而易守。敬説是也。漢竟都關中二百年，而王莽篡。宋藝祖欲都長安，晉王諫曰：在德不在險。藝祖曰：吾將西遷者，欲據山河之勝而去冗兵。都汴，不出百年，天下民力殫矣。宋竟都汴，百五十年而徽、欽擄。議者謂洛不如秦，似矣。顧辟雍之詩曰：「考卜維王，宅是鎬京。維龜正之，武王成之。」則周之都鎬，卜也。《周書》曰：我卜河朔黎水，我乃卜澗水東，瀍水西，惟洛食。我又卜瀍水東，亦惟洛食。則周之都洛，亦卜也。夫周卜鎬，西東南北無思不服矣。而復惓惓營洛者，豈知其子孫終東遷耶？鎬距秦咫尺，當其時何不卜秦而卜洛耶？舍秦營洛，周公未爲無見，不徒專恃其德已也。周歷八百，都洛五百，豈洛之王氣或加於鎬秦耶？微獨周也。都秦者，西漢二百餘年，唐二百八十年，秦、隋俱二世亡，其長短之數可睹已。都洛者，東漢百九十五年，魏、晉百年。唐末徙洛，至宋靖康，在汴洛間二百二十年，拓跋完顔又百年，其長短之數又可睹已。則洛何以不如秦哉？夫秦天下之首也，洛天下之腹也。首之爲體尊，而腹之受大，其可以都一也。明興，定都金陵，似若循六朝之舊。洪武初營汴爲北京，則亦周公意也。末年東宫營秦，則亦婁敬、張良、藝祖意也，而卒不果，豈天將以待燕耶？成祖之營燕也，當時臺諫交口不便，主事蕭儀言之尤峻，豈不以燕爲金元故都，非明所宜都乎？豈不以金祚僅百年，元祚不盈百年，非宜都乎？蓋未識上意所屬也。成祖曰：北平之遷，吾與大臣密計數月而後行。今其所密計者，即不得聞。以愚度之，其説有四：燕非金、元始也，周爲召公封國，由召公傳丹喜，歷四十三世，九百餘年，視周歷且過之。宜遷一。古享國長久者，靡不遷都，商始亳，遷耿，遷相；周始鎬，遷洛，漢、唐始秦，遷洛；宋始汴，遷杭，然皆廹於兵戈，禍於侵逼，不得已而後去。故靖難之後，因而遷徙，亦以爲子孫長久計耳。宜遷二。西漢起漢中，都秦；東漢起南陽，都洛；唐起太原，都秦；宋起宋州，都汴；元起開平，都燕；明太祖起鳳陽，都吴。成祖曰：吾起燕，都燕耳。宜遷三。天下之禍莫烈於鹵，吾令子孫自當之。庶幾四海豪傑輻輳都下，足與鹵角。宜遷四。成祖密計或不出此四者，彼書生之見，豈足以達英雄之略哉？雖然，北敵隔一邊垣，正統己巳之變、嘉靖庚戌之突，可鑒也。漕河僅一衣帶水，元人海運之制，脱脱水田之議，當講也。果兵足以制鹵，食足以自固，則太行易水之間，即國家億萬禩無疆之宅也，又何必問秦洛之强弱哉！

朱鶴齡《禹貢長箋》卷一 冀州，《爾雅》：兩河間曰冀州。郭璞註：自東河至西河。《釋名》：其地有險有易，帝王所都。孔傳：帝都不言境界，以餘州所至可知。晁氏説之曰：亦所以尊京師，示王者無外之意。愚按：《爾雅》燕曰幽州，郭璞云：自易水至北狄。《禹貢》則合之于冀。蓋商分冀爲二，冀、幽。周分爲三。冀、幽、并。成氏申之曰：冀三面距河，河自積石東北流入中國，則折而南流，雍州在其西，故曰西河。至華陰折而南流，豫州在其南，故曰南河。至大伾，又折而東北流，兖州在其東，故曰東河。冀在東河之西，西河之東，南河之北，地最廣，今河東河北皆是，居天下四分之一。舜分爲幽、并。幽州，今燕、薊、幽、涿、朔、莫等州是也。并州，今太原、澤、潞、晉、代、汾、絳等州是也。熊氏曰：冀州北距長城，依山爲塞，外即北狄之境，玁狁、匈奴、突厥、契丹皆居其地，有天下者，定都建邑，長安洛陽之外，此亦一都會也。愚按：堯治平陽，堯始封于唐，今保定府唐縣，後徙晉陽，即帝位，都平陽。今平陽府臨汾縣。舜治蒲坂，今平陽府蒲州。禹治安邑，今平陽府安邑縣。縣西有鳴條岡。三都相去各二百里。《漢書》言：河東土地平易，饒鹽鐵。曹操亦因河東資實，平關中。朱子則以平陽、蒲坂，其地磽瘠朴陋，非堯、舜不能都此。據後世而論耳，幽、薊在雁門、碣石之間，于《易》東北爲艮，萬山峙北，萬水宗東，所謂成始成終之地。後世言建都者，形勢之雄無踰于此。

朱彝尊《經義考》卷二三九 王者受命創始，建國立都，必居中土，所以總天地之和，據陰陽之正，均統四方，旁制萬國者也。

黄宗羲《明夷待訪録·建都》 或問：北都之亡忽焉，其故何也？曰：亡之道不一，而建都失算，所以不可救也。夫國祚中危，何代無之？安禄山之禍，玄宗幸蜀；吐蕃之難，代宗幸陜；朱泚之亂，德宗幸奉天。以汴京中原四達，就使有急而形勢無所阻。當李賊之圍京城也，毅宗亦欲南下，而孤懸絶北，音塵不貫，一時既不能出，出亦不能必達，故不得已而身殉社稷。向非都燕，何遽不及三宗之事乎？

或曰：自永樂都燕，歷十有四代，豈可以一代之失，遂議始謀之不善乎？曰：昔人之治天下也，以治天下爲事，不以失天下爲事者也。有明都燕不過二百年，而英宗狩於土木，武宗困於陽和，景泰初京城受圍，嘉靖二十八年受圍，四十三年邊人闌入，崇禎間京城歲歲戒嚴，上下精神敝於寇至，日以失天下爲事，而禮樂政教猶足觀乎？江南之民命竭於輸輓，大府之金錢靡於河道，皆都燕之爲害也。

或曰：有王者起，將復何都？曰：金陵。或曰：古之言形勝者，以關中爲上，金陵不與焉，何也？曰：時不同也。秦、漢之時，關中風氣會聚，田野開闢，人物殷盛，吴、楚方脱蠻夷之號，風氣樸略，故金陵不能與之争勝。今關中人物不及吴會久矣，又經流寇之亂，煙火聚落，十無二三，生聚教訓，故非一日之所能移也。而東南粟帛，灌輸天下，天下之有吴會，猶富室之有倉庫匱篋也。今夫千金之子，其倉庫匱篋必身親守之，而門庭則以委之僕妾。舍金陵而勿都，是委僕妾以倉庫匱篋；昔日之都燕，則身守夫門庭矣。曾謂治天下而智不千金之子若與！

黄宗羲《明文海》卷八九李濂《宋都汴論》 余每見世之君子，喜誦吴起「在德不在險」之語，以爲千古名言。竊謂起之言信美，固不可以人廢，但失内外交修之意耳。何則？德與險可相有，而不可偏廢也。是故立國者德爲本，而險次之，蔑德而恃險，弗可也；徒德而無險，亦弗可也。不觀諸《易》與《周禮》乎？《易》坎之象曰：天險不可升也，地險山川丘陵也，王公設險以守其國，險之時用大矣哉！《周禮》：司險掌九州之圖，以周知山林川澤之阻。故自古帝王必依險以立國，固常嚴乎内治之修，而亦不少弛乎外患之慮。若文王邑豐，武王遷鎬，成王宅洛，漢唐都關中，皆爲長治久安之畫者也。宋因五代之舊而建都於汴，可謂失計之甚矣。夫汴平原曠野，無險阻可守。張儀謂其四平，無名山大川之限，固戰場也。酈生説漢高帝亦曰：陳留天下要限，四通八達之都，歷習往牒，自古無建都於此者。魏本都安邑，苦秦侵伐，不得已東徙大梁，厥後秦使王賁引河灌城，王假就擒，而滿城魚鱉矣。朱全忠之篡唐也，居汴不過五六年耳，唐莊宗舉兵伐之，其禍烈於王假。石敬瑭因之，耶律長驅，少帝被執，視全忠之禍，則尤烈焉。宋之藝祖，英武振世，蓋創業之賢君也，覆轍如此，乃弗之鑒，而襲周都汴，遂貽子孫北狩之恥，卒使中原淪爲榛莽，終世而不可復。推厥禍原，實繇其忽遠圖而昧大計也，尚誰咎乎？末年西幸洛陽，顧瞻形勝，頗有留都之意，而群臣勿從。太宗時爲晉王，扈從力言其非便，藝祖曰：遷洛尚未也，終當居長安耳。晉王因誦吴起「在德不在險」之語，以致諷之，藝祖不答。繇是知藝祖之知，非不知汴之不可都也，特阻於衆論，而雄斷未施，懋建大命，姑俟後世爲之耳。夫既安於汴都，當思慎固根本之地以伐外寇之謀可也。矧燕薊烽燧，相去不遠，一旦邊馬南牧，何以禦之？乃曾不是慮，而君臣上下以爲宴然無事。故景德中，契丹入寇，朝議欲爲太王避狄之謀，寇萊公力主親征卻之，然猶增歲幣數十萬。慶曆中，又肆無厭之求，富鄭公以强詞折之，然亦增歲幣數十萬。靖康復入寇，廟堂援故事請和，金人不許，於是括京城内外金賂之，弗滿其欲。青城之邀，倉卒無策以應，而國勢遂不可支矣。嗚呼！使當時早從藝祖之志而遷於洛，夫豈有二帝蒙塵、中原陸沉之禍哉？憶在仁宗之朝，范文正公時爲陜西安撫使，上疏曰：天有九關，君有九重，請修京城以壯帝居，營洛陽以備巡幸。太平則居汴京，水陸都會之地，以便天下。急難則守洛陽，山河表裏之宅，以保中原。且關中自古興王之地，百二天險，亦宜留意。仁宗深以爲然，而沮於余靖之言，其議遂寢。范公之卓見遠識，與藝祖合，誠非在廷諸臣可及。後雖思用其言，顧事機已失，噬臍無及矣。或曰：國之廢興，天也，非人之所能爲也。是故天運苟在，何地非都？天運倘移，何險足恃？陽九遘厄，厥數否塞，人欲以區區智力挽回於其間，抑難矣。曰：天道遠，人事邇。何謂天道？運數是也；何爲人事？修德卹民，用賢去奸，凡可以壯吾國勢、銷患於未萌者，皆是也。苟不盡力於人事，而一聽於天數，則將坐待危亡，而莫之自强矣。《詩》曰：「其何能淑？載胥及溺。」有天下國家者，其尚懋於圖治，以祈天永命，慎勿惑於茫不可稽之天數哉！

顧炎武《亭林文集》卷六《形勢論》 昔之都于南者，吴、東晉、宋、齊、梁、陳、南唐、南宋，凡八代。當吴之世，三方鼎峙，西以巴丘，北以皖城濡須爲境。迨其亡也，則以長江之險，先爲晉有。永嘉南渡，荆、豫、青、兖及徐之半入于劉、石，梁、益入于李雄，以合淝、淮陽、壽陽、泗口、角城爲重鎮。至苻、姚、慕容之亂，始得青、兖、梁、益，而宋因之。及元嘉北伐，碻磝喪師，佛狸之馬，屯于瓜步，于是乎守江矣。拓跋奄有中原，齊、梁嗣主江左，淮南、北并爲戰場。太清内禍，承聖尋兵，齊略淮南，魏收蜀漢，而江陵淪陷。陳氏軼興，西不得蜀漢，北失淮、淝，以長江爲境，于是乎守江矣。幅員日狹，國祚彌短，采石、京口，同時并濟，卒并于隋。南唐既失淮南，亦以江爲境，國遂不支。宋都臨安，與金人盟，中淮流爲界，西拒大散關。端乎滅金蔡州，挑兵蒙古，寶祐失蜀，咸淳失襄、樊，元兵南下，幼主銜璧，豈非大勢然耶？

嘗歷考八代興亡之故，中天下而論之，竊以爲荆、襄者，天下之吭；蜀者，天下之領；而兩淮、山東，其背也。蜀據天下之上流，昔之立國于南者，必先失蜀而後危僕從之。蜀爲一國，而不合于中原，則猶可以安，孫吴之于漢，東晉之于李雄是也。蜀合于中原，而并天下之力，資上流之勢以爲我，敵則危。王濬自巴丘東下，劉整謀取蜀以規宋是也，故守先蜀。若輯蜀之人，因其富，出兵秦、鳳、涇、隴之間，以撼天下不難，故戰先蜀。趙鼎言：經營中原自關中始，經營關中自蜀始，幸蜀自荆襄始。陳亮言：荆、襄據江左上流，西接巴蜀，北控關洛，楚人用之，虎視齊、晉，與秦争帝。東晉以來，設重鎮以扼中原。孟珙言：襄樊國之根本，百戰復之，當加經理。蓋宋人之論如此。及元取宋，果自襄陽、樊城以度鄂，故以天下之力，圍二城者五年，及其渡江，不二年而取臨安矣。故無蜀猶可以國，東晉是也。無荆、襄不可以國，楚去陳徙壽春是也。無淮南、北而以江爲守則亡，陳之禎明、南唐之保大是也。故厚荆、襄，急古之善守者，所憑在險，而必使力有餘於險之外。守淮者，不于淮于徐、泗；守江者，不于江于兩淮，此則我之戰守有餘地，而國勢可振，故阻兩淮急。

或曰：高皇帝嘗以南取北矣，而何廣廑守之謂？愚曰：固也。夫取天下者，必居天下之上游而後可以制人，英雄無用武之地，則事不集。則人知高皇帝之都金陵，而不知高皇帝之所以取天下。當江東未定，先以大兵克襄、漢，平淮安，降徐、宿，而後北略中原，此用兵先得地勢也。且楚之霸也在郯。漢高之起，自沛入秦，自南陽析酈，光武起自南陽。宋武滅南燕，自淮入泗，滅秦自汴入河。此皆古來以南伐北之明證，有地利而後動者也。

如愚之策，聯天下之半以爲一，用之若常山之蛇，則雖有苻秦百萬之師，完顏三十二軍之衆，不能窺我地。而蓄威固鋭，以伺敵人之暇，則功可成也。此戰守兼得之謀，而用兵之上術也。

愛新覺羅·玄燁《聖祖仁皇帝御製文集》卷一八《過金陵論》 金陵，《禹貢》揚州之域。秦立郡縣爲秣陵，兩漢因之。孫權時稱建業，東晉及宋、齊、梁、陳地號佳麗。隋唐之間，六朝舊跡漸致湮没。南唐李氏始更築城，名金陵府。明有天下，建都於此。窺明太祖之意，以爲宅中圖大，控制四方，千百世無有替也。歲在甲子，冬十一月，朕省方南來，駐蹕江寧，將登鍾山，酹酒於明太祖之陵。道出故宫，荆榛滿目，昔者鳳闕之巍峨，今則頹垣斷壁矣。昔者玉河之灣環，今則荒溝廢岸矣。路旁老民跽而進曰：若爲建極殿，若爲乾清宫。階礩陛級，猶得想見其華構焉。夫明太祖以布衣起淮泗之間，經營大業，應天順人，奄有區夏。頃過其城市，閭閻巷陌，未改舊觀，而宫闕無一存者。覩此興懷，能不有吴宫花草、晉代衣冠之歎耶？昔人論形勢之地，首推燕秦，金陵次之。然金陵雖有長江之險爲天塹，而地脈單弱，無所憑倚。六朝偏安，弗克自振。固曆數之不齊，或亦地勢使然也。明自文皇靖難之後，嘗以燕京爲行在，宣德末年，遂徙而都之。其時金陵臺殿苑囿之觀，聲名文物之盛，南北並峙，遠勝六朝。迨承平既久，忽於治安，萬曆以後，政事漸弛，宦寺朋黨交相搆陷，門户日分而士氣澆漓，賦斂日繁而民心涣散。闖賊以烏合之衆，唾手燕京，宗社不守；馬、阮以囂僞之徒，託名恢復，僅快私仇。使有明艱難創造之基業，未三百年而爲丘墟，良可悲夫！孟子曰：天時不如地利，地利不如人和。有國家者，知天心之可畏，地利之不足恃，兢兢業業，取前代廢興之蹟，日加儆惕焉，則庶幾矣。

陳啓源《毛詩稽古編》卷七　《無衣篇》集傳極稱雍州土厚水深，其民厚重質直，周用之易以爲仁義，秦用之易以成富彊，後世建國者，宜定都焉。噫！此趙宋一代之習見，非萬世之通論也。藝祖嘗欲都關中而不果，後漸致削弱，故宋世謀國者長以爲憾，率交口稱美關中，推爲奥區神臯。殊不知古帝王之興，各因利乘便，相度時宜，以建立都邑，豈容執一乎？況此特論其形勢耳，非論其土俗也。若民性貞淫厚薄，未嘗盡由地氣。堯舜之仁義不下於文武，元之彊虣不減於秦，皆非以雍興也。俗有淳澆，力有彊弱，惟上所化耳。如必恃地氣爲之，則禮樂刑政反在可後矣。

周召《雙橋隨筆》卷九　世人喜談風水，每見鉅公名流，以及村氓市叟，所至皆然。惟余不自揣，竊以爲非然，所謂獨拍無聲，徒來一握爲笑耳已。聞蘭江祝子堅先生所見略同，余雖未嘗登其堂，讀其文，而神交已久，往往依之以自壯焉。茲見唐翼修曾遺一札於子堅，謂其集中有「大關風水篇」，急宜刪去，恐以不純之文，而爲萬世之口實。余竊思之，翼修與子堅相得厚且深，欲其文之無疵而可傳於後，是也；而謂其大關風水之言，適足以爲累，則非也。翼修之言曰：風水之說非後代，始周公，美公劉則曰：「逝彼百泉，瞻彼溥原；乃陟南岡，乃覯於京。」又謂：「既景乃岡，相其陰陽，觀其流泉。」使堪輿果非信，則隨地可居，公劉何必既瞻而覯而相，而又觀之，周公何獨據此以美之乎？《國風》：「升彼墟矣，以望楚矣。望楚與堂，景山與京。」美衛文公徙居楚丘詩也。使堪輿果無據，則隨方可宅，衛文何必既升且望而且景哉？詩人何獨據此以美之哉？又曰：文王遷豐，武王遷鎬，王業由之以大。不然，文武固愛民惜財者，何忍爲此勞傷事哉？噫嘻，翼修之說，公劉、衛文二詩，若此所論；文、武都豐都鎬之謀，又若此其溺於世俗之見，而誤窺聖人之心，可謂甚矣。余雖固陋，請爲子堅辨之。今夫儒者之惡堪輿家，豈以世之建都立邑，搆室爲塋，一切宜任運爲之，而絶不當有經營圖度之事參於其間哉？蓋地之爲地，有陰陽南北之位焉，有高下險易之形焉，有剛柔燥濕之性焉，有寒温肥瘠之體焉。倘如書中所云，隨地可居，隨方可宅，而無事於瞻之、覯之、相之、觀之，而且升之、望之、景之，則雖置之於汙坻幽壑、箐莽榛荆、腥嵐毒霧、攅峯飛瀑、風饕雨虐中，鼪鼯魚鱉之與親，而豺狼狐兔之爲類，而皆可以不計乎？恐無是理也。竊謂作詩者之美公劉、衛文，以爲建邦啓宇，必先定其規模而後從事焉，因喜其位置向背之咸宜，與水土風物之皆善，而歌之咏之，非如後世之尋龍步脈，所謂八字四元荒唐謬妄之談，可以致福利而庇子孫也。翼修又曰：文王遷豐，武王遷鎬，王業由之以大，云云。果若斯言，是以周家八百年過歷之天下，其得力全在於風水，而后稷以來積功累仁之效，皆不足道矣。況文、武視民如傷者也，徒以欲大其王業，而一旦不愛民，不惜財，至於勞傷而不顧，此與莽操之心腸何異？且不聞南宫邊子之折辛櫟乎？見《説苑·至公》篇。曰：昔武周之卜居成周也，其命龜曰：予一人兼有天下，辟就百姓，敢無中土乎？使予有罪，則四方伐之，無難得也。周公之卜居曲阜也，其命龜曰：作邑乎山之陽，賢則茂昌，不賢則速亡。是可以知武周之心矣。又不聞武成之言乎？曰：惟先王建邦啓土，公劉克篤前烈，太王肇基王迹，王季其勤王家，我文考克成厥勳，以撫有方夏。予小子其承厥志，當是時，一戎衣天下大定矣，所謂垂拱而天下治矣。更何所未慊，而謀再徙以圖之，至於勞民傷財而不顧乎？此可以知武王之無心擇地矣。且以文王之服事殷也，三分有二，而不敢少改人臣之節，故孔子以至德歸之。至於甲子之役，而武王已及暮年矣，止以天人之交，迫不得已而後應之，是豈有心於得天下者？而謂王業皆以遷豐、遷鎬而後大，以文、武之聖而其處心積慮顧如是，是蓋必無之事也。由是觀之，文、武之遷豐、遷鎬也，以爲不知王業之由此而大，無心得之。是周之有天下，德所致，天所命，人所歸也，於風水無與也。以爲豫知其業之由此而大，而有意圖之，是周之有天下，人所謀也，風水之力也，與其家世德無與也，天命人心亦無與也，此於風水之說則張矣，顧何以白文、武之心於天下後世哉？故余以爲翼修之說《詩》，溺於俗尚之陋，而誤度夫聖人之心也。夫喜遵村市中惑人之技，而坐聖人以奸雄營算之所爲，此尤尚論者之所不忍也。余所以不得不代爲子堅辨，且爲二聖人辨也。錢日礎先生曰：子堅風水說，引據鑿然。但有「五經不談風水」之語，故翼修即以五經折之。余不自揣，而又即以五經折翼修，未知不至深訝否。竊謂吾輩既讀聖賢書，所言所行必取裁於五經四子而後定，而五經四子中實無談及風水者。若夫仰觀天文、俯察地理之言，見於《繫辭》，此聖人用《易》以財成天地之道，輔相天地之宜，以左右民之事。其道甚大，其理甚正，堪輿何技而乃引此以爲證乎？余以翼修此語爲尤非，敬再質之，而并以政於日礎先生，以爲何如。

朱健《古今治平略》卷二四《古今都會》　若乃敦龐于天地之始，昭晰于犧農之世，用長黎元，未爭疆場。而玉環楛矢，夷裘風駕，南罩表貺，東風入律，光乎上德，奚遺弗臻。然則星象麗天，山河紀地，端掖裁其弘敞，崤函判其都邑，仰觀俯察，萬物攸歸。是以庖犧氏生于成紀，而爲天子都于陳。神農氏都陳，而别營于曲阜。黄帝生于壽丘，而都于涿鹿。少昊始自窮桑，而遷都曲阜。顓頊始自窮桑，而徙邑商丘。高辛既號，建都于亳。帝堯始封于唐，既即帝位，都于平陽。虞舜都于蒲坂。夏禹受禪，都于平陽，或在安邑。有商遷徙不一。湯初都于亳，至仲丁，亳有河決之患，乃遷于囂。至河亶甲，囂又有河決之害，復遷于相。祖乙之時，相又河決，自相而遷于耿。耿又爲水所圮，復自耿而徙于邢。蓋頻爲河患，遷至再四矣。及盤庚嗣位，欲復湯之舊業，謀所以避河患而永計長久者。而臣民族姓，安土重遷，相與怨咨，帝乃作《誥》三篇，諭以遷都之利、不遷之害。于是始南涉河遷于亳，從湯所都，改號曰殷，而商道復興矣。周自后稷以來，公劉遷于邠。至古公亶父避狄難，遷居岐下。及文王爲西伯時，聞崇德亂，遂伐崇侯虎，軍三旬而不降。退修其德教而復伐之，因壘而降。既伐崇，作豐邑，因徙都焉。武王伐商，定都于鎬。《詩》曰：「考卜維王，宅是鎬京。自西自東，自南自北，無思不服。」此之謂也。既又以洛爲天下之中，四方朝貢道里均，于是遷九鼎于洛邑。有宅洛之志，未遑也。成王嗣立，乃命周公、召公營之。既成，謂之東都。以朝諸侯，遂定鼎于郟鄏。卜曰：傳世三十，歷年八百。又卜瀍水東爲下都，曰成周，即以處殷遺民者也。然時雖（巳）〔已〕宅洛，而王以鎬京宗周常居之，命周公留治東都。《書》曰「命公後迪，將其後監。我士師工，誕保文武，受民亂爲四輔」者是已。蓋洛邑天下之至中，豐鎬天下之至險，成王于洛邑定鼎，以朝諸侯，所以承天地沖和之氣，宅土中以涖四海，其示天下也公。于鎬京定都，以壯基本，所以據天下形勝，處上游以制六合，其慮天下也遠。後至幽王不道，爲犬戎弑于驪山下。平王即位，因以豐鎬逼近戎狄，不可居，乃東遷都于洛邑。秦襄公以兵送之，王遂封襄公爲諸侯，賜之岐豐之地。襄公于是始國，與諸侯通使聘問之禮。及文公，踰隴攘夷狄，尊陳寶，營居岐雍之間。而穆公修政，東竟至河，則與齊桓、晉文中國公侯侔矣。是後陪臣執政，大夫世禄，六卿擅權，征伐會盟，威重于諸侯。及田常弑簡公而相齊國，諸侯晏然弗討，海内爭于戰功矣。三國終之，卒分晉。田和亦滅齊而有之，六國之盛自此始。務在强兵并敵，謀詐用，而從衡短長之説起。矯稱蜂出，誓盟不信。雖置質剖符，猶不能約束也。秦始小國僻遠，諸夏賓之，比于戎翟。至獻公之後，常雄諸侯。傳至始皇，遂有天下。論秦之德義，不如魯衛之暴戾者；量秦之兵，不如三晉之强也，然卒并天下。周室微，弗能正，非德不純，形勢弱也。

或曰東方物所始生，西方物之成熟。夫作事者必于東南，收功實者常于西北。故禹興于西羌，湯起于亳，周之王也，以豐鎬代殷，秦之帝用雍州興，蓋若天所助焉。然則周之失計，固未有如東遷之繆者也。且自平王至于亡，非有大無道者也。頃王之神聖，諸侯服享，然終以不振，則東遷之過也。昔武王克商，遷九鼎于洛邑，成王周公始增營之。周公既没，蓋君陳畢公更居焉，以重王室而已，非有意于遷也。周公欲葬成周，而成王葬之畢，此豈有意于遷哉？今夫富民之家，所以遺其子孫者，田宅而已。不幸而有敗，至于乞假于生，可也。然終不可議田宅。今平王舉文武成康之業而大棄之，此一敗而粥田宅者也。夏商之王，皆五六百年，其先王之德無以過周，而後王之敗亦不減幽厲，然至于桀紂而後亡。其未亡也，天下宗之，不如東周之名存而實亡也。是何也？則不粥田宅之效也。盤庚之遷也，復殷之舊也。古公遷于岐方，是時周人如狄人也，逐水草而居，豈所難哉！衛文公東徙渡河，恃齊而存耳。齊遷臨淄，晉遷于絳，于新田，皆其盛時，非有所畏也。其餘避寇而遷都，未有不亡；雖不即亡，未有能復振者也。春秋時，楚大饑，群蠻叛之，申息之北門不啓。楚人謀徙于阪高，蒍賈曰：不可。我能往，寇亦能往。于是乎以秦人、巴人滅庸，而楚始大。嗟夫！使平王定不遷之計，收豐鎬之遺民，修文武成康之政，以形勢臨東諸侯，齊晉雖强，未敢貳也，而秦何自霸哉？故曰周之失計，未有如東遷之謬者也。

漢興，高帝五年西過洛陽，議徙都焉。齊人婁敬説曰：陛下都雒陽，豈欲與周室比隆哉？上曰：然。敬曰：陛下王天下與周異。周之先自后稷，堯封之邰十餘世，公劉避桀居豳，大王以狄伐故去豳，杖馬箠，去居岐，國人爭歸之。及文王爲西伯，斷虞芮訟，始受命，吕望、伯夷自海濱來歸之。武王伐紂，不期而會孟津上，八百諸侯，遂滅殷。成王即位，周公之屬傅相焉，乃營成周都雒，以爲此天下中，諸侯四方納貢職道里鈞矣。有德則易以王，無德則易以亡。凡居此者，欲令務以德致人，不欲阻險令後世驕奢以虐民也。及周之衰，分而爲二，天下莫朝周，周不能制，非德薄，形勢弱也。今陛下起豐沛，收卒三千人，以之徑往卷蜀漢，定三秦。與項籍戰滎陽，大戰七十，小戰四十，使天下之民肝腦塗地，父子暴骸中野，不可勝數，哭泣之聲不絶。傷夷者未起，而欲比隆成康之時，臣竊以爲不侔矣。且夫秦地被山帶河，四塞以爲固，卒然有急，百萬之衆可具。因秦之故資甚美，膏腴之地，此所謂天府。〔陛〕下入關而都之，山東雖亂，秦故地可全而有也。夫與人鬬，不搤其亢，拊其背，未能全勝。今陛下入關而都，按秦之故，此亦搤天下之亢而附其背也。高帝問群臣，群臣皆山東人，争言周王數百年，秦二世則亡，不如都洛陽。洛陽東有成皋，西有殽黽，背河向洛，固以足恃。上疑未決，以問留侯張良。良曰：雖洛陽有此固，其中小不過數百里，田地薄，四面受敵，非用武之國也。夫關中左殽函，右隴蜀，沃野千里。南有巴蜀之饒，北有胡苑之利，阻三面而固守，獨以一面東制諸侯，安定河渭，漕輓天下，西給京師。諸侯有變，順流而下，足以委輸，此所謂金城千里，天府之國。劉敬説是也。于是上即日駕西都關中。

光武中興，入洛陽，幸南宫，遂定都焉，號爲東都。而以前漢所都長安，號曰西都。後至獻帝時，關東兵盛，董卓欲遷都長安，謂陳紀曰：三輔平敞，四面險固，土地肥美，號爲陸海。今關東兵起，恐洛陽不可久居，長安猶有宫室，今欲西遷，何如？紀曰：天下有道，守在四夷，宜修德政以懷不附，遷移至尊，誠計之末。公宜事委公卿，專精外任，其有違命，則率師討伐。威之以武，庶幾可全，若欲徙萬乘以自安，將有累卵之危、峥嶸之險也。卓意甚忤，而敬紀名行，無所復言。時朱儁亦謂西遷恐孤天下之望，以成山東之勢，非計之長者。已而卓死，群盜競起，劫帝西竄，曹操因劫迎于武昌，都于許，遂移漢鼎。

晉初都于洛陽，至永嘉南渡，都于建康。及成帝咸和四年，蘇峻之難，帝奔石頭。及賊平，宗廟宫室並爲灰燼，温嶠議遷都豫章，三吴之豪請都會稽，二論紛紜，未有所適。王導曰：建康古之金陵，舊爲帝里，又孫仲謀、劉玄德俱言王者之宅。古之帝王不以豐儉移都，苟弘衛文大帛之冠，則無往不可。若不績其麻，則樂土爲墟矣。且北寇游魂，伺我之隙，一旦示弱，竄于蠻越，求之望實，懼非良計。今特宜鎮之以静，群情自安。繇是不復徙都，而以補翜爲丹陽尹。翜收集散亡，京邑遂安。後哀帝時，大司馬桓温欲經略中原，以河南初平，將移都洛陽。朝廷畏温，不敢爲異。而北土蕭條，人情疑懼，雖並知莫敢先諫，孫綽上疏曰：自喪亂已來，六十餘年。蒼生殄滅，百不遺一。河洛丘墟，函夏蕭條，井堙木刊，阡陌夷滅。生理茫茫，永無依歸；播流江表，已經數世。存者長子老孫，亡者丘隴成行，雖北風之思，感其素心；目前之哀，實爲交切。自古帝王之都，豈有常所？時隆則宅中而圖大，勢屈則遵養以待會。使德不可勝，家有三年之積，然後始可謀太平之事耳。今天時人事有未至者矣，一朝欲一宇宙，無乃頓而難舉乎？功竟無成。唐初都于長安，自安史之亂，肅宗收復舊京復都焉。至代宗之時，以吐蕃侵寇，欲定都東洛。郭子儀聞之，因兵部侍郎張重光宣慰迴，附章論奏曰：臣聞雍州之地，古稱天府，右控隴蜀，左扼崤函；前有終南太華之險，後有清濁渭河之固，神明之奥，王者所都。地方數千里，帶甲十餘萬，兵强士勇，雄視八方。有利則出攻，無利則入守，此用武之國，非諸夏所同。秦漢因之，卒成帝業。其後或處之而泰，去之而亡，前史所書，不唯一姓。及隋氏季末，煬帝南遷，河洛兵墟，丘戈亂起。高祖唱義，亦先入關，惟能剪滅奸雄，底定區宇。以至間者羯胡稱亂，九服分崩，然而先帝伏朔方之衆，慶緒奔亡。陛下藉西土之師，朝義就戮，豈惟天道助順，抑亦地形使然。近因吐蕃凌逼，鑾駕東巡，蓋以六軍之兵素非精練，皆市肆屠沽之人，務挂虚名，苟避征賦，及驅以就戰，百無一堪。亦有潛輸貨財，因以求免。又中官掩蔽，庶政多荒，遂使陛下振蕩不安，退居陝服。斯關于委任失所，豈可謂秦地非良者哉？今道路咸謂已有成命，將幸洛都。臣熟思其端，未見其利。夫以東周之地，久陷賊中；宫室焚燒，十不存一；百曹荒廢，曾無尺椽；中間畿内，不滿千户，既乏軍儲，又鮮人力，將何以奉萬乘之牲餼、供百官之次舍？矧其土地狹阨，纔數百里；險不足恃，適爲戰場。陛下奈何棄久安之勢，從至危之策；忽社稷之計，生天下之心？願時邁順動，迴鑾上都，再造邦家，唯新庶政，奉宗廟以修薦享，謁陵寢以崇孝思。代宗省表垂泣，謂左右曰：子儀用心，真社稷臣也。

及德宗奉天之變，車駕至梁州。是時山南地薄民貧，自安史以來，盜賊攻剽，户口減耗大半，雖節制十五州，租賦不及中原數縣。及大駕駐蹕，糧用頗窘。德宗欲西幸成都，嚴震言于上曰：山南地接京畿，李晟方圖收復，藉六軍以爲聲援。若幸西川，則晟未有收復之期也。衆議未決，會李晟表至，言陛下駐蹕漢中，所以繫億兆之心，成滅賊之勢。若規小舍大，遷都岷峨，則士庶失望，雖有猛將謀臣，無所施矣。德宗乃止。後朱朴擢國子博士，上言：當世事，議遷都，曰古王者不常厥居，皆觀天地興衰，隨時制事。關中隋家所都，我實因之，凡三百歲，文物、資貨、奢侈、僭僞皆極焉。夫襄鄧之西，夷漫數百里。其東漢輿鳳林爲之關，南菊潭環屈而流屬于漢，西有上洛重山之險，北有白崖聯絡，乃形勝之地、沃衍之墟。若廣浚漕渠，運天下之財，可使大集。自古中興之君，去已衰之衰，就未王而王。今南陽，漢光武雖起而未王也，視其山川壯麗處多，故都已盛而衰，難可興已。惟襄鄧實惟中原，人心質良，去秦咫尺，而有上洛爲之限，永無夷狄侵軼之虞，此建都之極選也。不報。

宋初因周漢之舊，都于汴梁。開寶九年，太祖幸洛陽，南郊事畢，遂欲留都焉。群臣咸諫，弗聽。晉王光義言其非便，帝曰：還河南未已，終當居長安耳。光義問其故，帝曰：吾欲西遷，據山河之勝，以去冗兵，循周漢故事，以安天下也。光義曰：在德不在險。力請還汴。帝不得已，從之。因嘆曰：不出百年，天下民力殫矣。及仁宗景祐中，范仲淹上論建都之事，曰：洛陽險固，而汴爲四戰之地。太平宜居汴，即有事必居洛陽。當漸廣儲蓄，繕宮室，以備急難。帝以問宰相呂夷簡，夷簡以此仲淹迂闊之論也。及慶曆二年，契丹渝盟，聚兵幽薊，聲言入寇，議者請從仲淹之議。夷簡謂虜畏壯侮怯，遽城洛陽，無以示威，必長虜勢。景德之役，非乘輿濟河，則契丹未易服也。宜建都大名，示將親征，以伐其謀。詔既下，仲淹又言：此可張虚耳，未足恃也。城洛陽既弗及，請(連)〔速〕修京城。蓋天有九閽，帝居九重，是以王公法天，設險以安萬國。今當高城深池，軍民百萬，足以爲九重之備。乘輿不出，則聖人坐鎮四海，而無煩動之勞。鑾輿或出，則大臣居守九重，而無回顧之憂矣。或曰：京師，王者之居，高城深池，恐爲失體。臣聞後唐末，契丹以四十萬衆，送石高祖入朝，而京城無備，閔宗遂亡。石晉時，叛臣張彦澤引契丹犯闕，而京城無備，少主乃陷。此皆無備而亡，何言其失體哉？臣但憂國家之患，而不暇顧其失體也。若以修築城皇爲失體，不猶愈于播遷之禍哉？夷簡曰：此子囊城郢計也。使契丹得渡河，雖高城深池，何可恃耶？故設備宜在河北。卒建大名府爲北京焉。

以今觀之，太祖之開基神謀，雖非太宗所能及，而范公之深思遠慮，亦非呂夷簡所可班。太祖與范上智也，所見者難成，而可保久遠。太宗與夷簡中人也，所見者易從，而僅圖目前。大抵有天下國家者，德、力、險三者可相有而不可相無者也。故漢力强矣，然猶以都洛爲未足，而駕入關中。周德至矣，然猶以都關爲未足，而定鼎卜洛。宋至徽欽，德力險舉無矣，焉攸賴哉？蓋嘗觀自古帝王之作，莫不更都三河之間，而周秦以降，繼宅兩京；五季而下，又都大梁，何帝居之不常也？然考其所以定都改卜之意，則有由矣。大抵長安便于守，洛陽便于歸，大梁便于戰，三京利害，各有一偏，故前王因其便利而都之也。方其正朔雖一，而利勢不專，藩侯棋布，山河瓜分，列國有唇齒之依，朝廷無指臂之順，必也守戰並修，軍民兩恤，俾其進足以制諸侯之變，退足以保固宗社，捨長安莫利也。故宗周、西漢，繼宅西土，勢或然也。嬴秦、隋唐踵卜長安，仍以爲安也。逮夫車書混一，禮教與行，舉綱朝廷，張目郡縣，于是偃武修文，輕徭薄賦，俾斯民均受其賜，思所以新一王之制，侔盛古之隆，唯禮樂教化是遑，而不以兵革戰伐爲事，則捨洛陽莫便也。故周成、漢光定都成周，誠得其宜也；曹魏、司馬晉踵卜洛邑，仍以爲安也。光武而下，唯元魏孝文僅留意于稽古禮文之事，故遠拔乎戎中，宅洛邑，粲然新一王之政，遠侔盛古，亦遷都改卜，有以相之。若乃版圖未一，侵伐鼎耒，夷狄外訌，邊遇僭竊，必也德刑兼修，戰守兩備，宿重兵于京師，强幹弱枝，以鎮服夷夏，而指蹤英雄，以赴其功，則捨大梁莫便也。朱梁而下，以迄于宋，仍都大梁，亦勢或然也。然有其利必有其害，膏腴情農，險阻逸德，知禦侮于海隅，而忽艱虞于京輦者，長安之不利也。故五侯九伯不能亂周，而犬戎實亂之；山東戰國不能亡秦，而趙高實亡之；藩狄不能犯函谷，而王莽實篡漢；燕晉不能隳苻秦，而姚萇實并堅。以至輔民譟而新莽燼，涇師統而德宗跳，豈非長安忘警戒之道也歟？德化有時替，而君不常明；紀綱有時紊，而政不常舉；敵受八面，而險不數舍；一方矯虔，九重震動，此則洛邑之不利也。在董卓奮而東漢亡，耳朱聘而北朝亂，偏師犯闕，如履門閫，以至典午失馭，藩侯弄兵，往來如織，王城不啻傳舍，豈非洛陽失守戰之備也歟？燕安起于無虞，弊蠹生于悠久，故載戢載櫜，而甲械朽鈍；以安以處，而士卒獰憊。兵多難用，將逸難使，可以隆安强威而不足以禦一旦之變，此則汴都之不利也。故石晉之亡，兵叛于外也。宋朝靖康之變，太平之久也。然則長安便于守，洛陽便于歸，大梁便于戰，又在人之所便利如何，固未可恃其所便而遽即于安也。雖然王京之制，各有輔車屏蔽之地，又不可不察。長安之制，以陝西爲畿輔，而屏蔽實在河東。大梁之制，以河南爲畿輔，而屏蔽實在河北。故繇古以來，洛京之禍，常起于并、汾；汴都之變，常起于燕、趙；長安之難，雖不常所自，而河隴之寇頻駭，良繇失其外屏也。是以河湟未歸，則長安未易都；雲朔未賓，則洛陽未易卜；燕薊未服，則大梁未易宅。唇亡齒寒者，此之謂矣。繇是以論，則三京利害各有攸歸，不可一概求也。然以王道純之，是不無優劣焉。從古議者紛紛，莫不以長安爲優，不知長安之地，四塞則雖固，而包履裁一(心)〔州〕之境，八州之民皆吾赤子，而乃塹潼嶢以自固，是何示天下以私也。豈天子守在四夷，而王者以天下爲家之義哉？嗚呼！天生民而立之君，所以均調而齊一之也。故王者之作，必中天下而立，定四海之民，俾其貢賦于是而易輸，冤抑于是而易訴，朝覲會同于是而易期，赴調上計于是而易達，故布德行仁則易以均被，發號施令則易以敷暢，皆所以均惠斯民也。若夫洛邑之地，當天下之中，大梁坐水陸之衝，其所以惠利斯民，孰便于此。《傳》曰：譬如北辰，居其所而衆星拱之，洛邑之謂也。又曰：三十輻共一轂，大梁之謂也。然則欲求一室萬世之都，所以爲國家生民無窮之計，三都之中，卬洛其庶幾矣。迨至靖康之變，二帝北狩，高宗倉皇南渡，靡所底止。李綱上言，國家都汴，處中以臨四方。垂二百年，靡有變故，豈特仁德以結萬邦之心？繇以中制外，據天下之利。方今多難之際，宗社朝廷一遷，天下之勢必有偏而起之處，中原搖動，卒難復安。此臣所以夙夜思慮，欲爲權天下之勢，以濟長久之策也。古者帝王有巡幸之禮，今當以長安爲西都，襄陽爲南都，建康爲東都，各命守臣營葺城池、宮室、官府，使之具儲偫糗糧，積金帛，以備巡幸。陛下鑾輿順動，以天臨之，覽觀山河之形勝，省察牧守之治忽，撫士民，問風俗，收豪俊之用，以攘夷狄復境土，然後復據河洛而都之，此今日權宜之上策也。其利有三：藉巡幸名，國備不失于太弱，一也。不置定都，使夷狄無所窺伺，二也。四方望幸，使奸雄無所覬覦，三也。則三都成而天下之勢安矣。

議者謂，車駕當且駐蹕應天，以繫中原之心。或謂當遂幸建康，以紓一時之患。臣皆以爲不然。夫汴京，宗廟社稷之所在，天下之根本也。陛下嗣登寶位之初，豈可不一幸舊都，以見宗廟社稷，慰安都人之心。下哀痛之詔，擇重臣以鎮撫之，四郊畿邑之民乂安，益治守禦之具，爲根本不拔之計哉！天下形勢，關中爲上，襄陽次之，建康又次之。今捨上中而取其下，非得計也。宜先期降勅，曉諭軍民，及以修謁陵寢爲名，擇日巡幸。據要會之地，以駐六師，既有以繫中原之心，又有紓一時之患，策無出于此者。高宗乃諭兩京以還都之意，讀有感泣。既而有詔，欲幸東南避敵。綱復上言曰：夫陝者，中國勁兵(促)〔健〕馬之區也。河北、河東者，中國之屏蔽也。京畿及京東西者，中國之腹心也。江淮、荆湖、閩浙、川廣，中國之支派也。今與鄰爭屏蔽之地，不能保腹心，以號召勁兵健馬，與之馳逐，而欲自竄于支派之鄉，臣恐天下之勢，偏而不舉。胡騎深入，號令不行，州郡莫相救援，皆將碎于賊首。虜以精兵驚擾京東，控制淮楚，陛下雖欲還闕，不可得矣。況欲屯兵聚糧，議攻守以迎二聖哉！王命不通，盜賊蜂起，殺害官吏，屠陷城邑，如今之河北兵民，不待金人，然後爲害。自江以南，皆當搖動，不知獻策之臣果能保其必安乎？夫江之廣不如河，江之險不如河，江之湍激不如河。金人渡河，猶不能禦，江豈可恃？而南人之輕脆，非北人之比，賊至則潰。南方之城壁，非北方比，賊攻則破。如必以幸建康爲安，竊以爲過矣。夫利在耳目之前，患在一世之後，中智以上，乃能知之。今欲乘舟順流而東，其安便比于鞍馬之間，何啻相百？遠幸江湖之濱，其閑適比于兵革之際，何啻相萬？然偷取一時安適，而亡禍患之在後。獻説者如此，竊以爲不思之甚矣。爲今之計，縱未能行上策以趨關中，莫若取其次策，以適襄鄧。襄陽近爲李孝宗所據，雖已潰散，恐或殘毁，惟鄧爲可以備車駕之時巡。夫鄧者，古之南陽，光武之所興也。西鄰關陜，可以召兵；北近京畿，可以遣援；南通巴蜀，可取貨財；東達江淮，可運穀粟。有高山峻嶺可以控扼，有廣土寬城可屯重兵，民風號爲淳古，盜賊未嘗侵犯。此誠天設以待陛下之臨幸，事之機會，不可失也。願詔守臣增修城池，漕臣儲峙糧草，朝廷給降錢帛，廣行應副，專遣使者以督其事。將來秋高，六飛啓行，繇陳蔡唐以趨南陽，不過半月可達。天下之士，知陛下之不忍棄中原也；河北、河東之民，知陛下之不遠徙也；天下郡縣，知陛下之處中以臨四方也，皆當心服而無解體之患。是一幸南陽，則三者皆得；一幸建康，則三者皆失。利害安危之機，在此一舉，陛下何憚而不行也？其第二劄曰：自昔人主當草昧艱難之時，或與英雄角逐，或爲夷狄所侵，皆據地利而莫肯先退，盡人力而莫肯先屈。勝天下者，必以勢而據地利，莫肯先退者，勢也。蓋天下者必以氣而盡人事，莫肯先屈者，氣也。漢高祖與項羽戰于滎陽、成臯間，相持累年，高祖雖屢敗，不肯退尺寸之地。既割鴻溝，羽引而東，遂有垓下之亡。曹操與袁紹戰于官渡，操雖兵弱糧乏，不肯解去。既焚紹輜重，引而歸，遂喪河北。繇此觀之，與勍敵爭勝負，豈可不據天下之勢，而先自退哉？唐之初，突厥頡利以數萬騎飲馬渭水，去長安纔數十里，太宗以七騎臨渭上與語，以大義折之。既而王師大集，旌旗千里，光彩精明，頡利震怖，遂以請和。本朝景德中，契丹以數十萬寇澶淵，真宗渡河親征，射殺所謂統軍撻攬者，虜王惶懼，遂亦請和而去，兩朝盟好凡百餘年。繇此觀之，爲夷狄所侵，豈可不作天下之氣而先自屈哉？今金人雖號爲勁敵，其實皆中國失策，養之使然。考其兵之强盛，豈能過項籍、袁紹，其敢深入，豈能過頡利、契丹，而吾方其未至之時，已相與震怖，委棄中原而自竄于江湖之間，既失天下之勢，又索天下之氣。不知虜騎果復渡河，攻圖我城邑，屠戮我人民，以精兵控扼淮泗，而王命爲之不通，盜賊蜂起，所在竊發，跨州連邑，自相建置，將何以待之。且今之所恃者兵也，陛下每欲聚西北之兵十餘萬，日加訓練，以待親征，睿謀壯矣。既適建康，不知此兵將何所用？夫建康水鄉，其土卑濕，其食魚稻，非西北之兵所利。不産粟麥稈草，土氣多熱，非西北之馬所便。往年方臘起于江浙，朝廷遣西兵討之，疾病物故者三之二，而馬之存者無幾。繇此觀之，欲聚北之兵而適建康，猶資章甫而適越也。惟南陽可爲今冬駐蹕之計，願天之休，陛下聖德所感，河北、河東兩路兵民，戴宋之心猶堅。借使賊敢深入，邀截掩擊，中國一勝，則天下之勢壯而氣振矣。帝乃許幸南陽，以范致虛知鄧州，修葺城池。已而汪伯彦、黄潛善陰主陽州之議，或謂綱曰：外論匈匈，咸謂東幸已決。綱曰：國之存亡，于是焉分，吾當以去就争之。蓋久之綱退位，而國議曰：主于和，遂卒幸臨安而建都焉。

孝宗即位，欲成高宗之志，首詔經理建康，以圖進取。而大臣幸安，計未決。王阮試禮部對策曰：臨安，蟠幽宅阻，面湖背海，膏腴沃野，足以休養生聚，其地利于休息。建康，東南重鎮，控制長江，呼吸之間，上下千里，足以虎視吴楚，應接梁宋，其地利于進取。建炎、紹興間，敵人乘勝，長驅直擣，而我師亦甚憊也。上皇遵養時晦，不得已與平，乃駐臨安，所以爲休息計也。三十年來，闕者全，壞者修，弊者整，廢者復，較以曩昔，倍萬不侔。主上獨見遠覽，舉而措諸事業，非固以臨安爲不足居也。戰守之形既分，動静進退之理異也。古者立國必有所恃，謀國之要必負所恃之地。秦有函谷，蜀有劍閣，魏有成皋，趙有井陘，燕有飛狐，而吴有長江，皆其所恃以爲國也。今東南王氣，鍾在建業，長江千里，控扼所會，輟而弗顧，退守幽深之地，若將終身焉。如是而曰謀國，果得爲善謀乎？且夫戰者以地爲本，湖山回環，孰與乎龍蟠虎踞之雄？胥潮奔猛，孰與乎長江之險？今議者徒習越吴之僻，固不（如）知秣陵之通達，是猶富人之財，不布于通都大邑，而匣金以守之。愚恐半夜之或失也。倘六龍順動，中原在跬步間，況一建康耶。古人有言，千里之行起于足下，患不爲耳。時陳亮獻中興策，亦曰：夫吴蜀天地之偏氣，錢塘又吴之一隅。以一隙之地，本不足以萬乘之鎮壓，且五十年山川之氣，蓋亦發泄而無餘矣。故穀粟、桑麻、絲枲之利，歲耗于一歲；禽獸、魚鱉，草木之生，日微于一日，而上下不以爲異也。公卿將相，大抵多江浙、閩蜀之人，而人才亦日以凡下，場屋之士以十萬數，而文墨小異矣，足以稱雄于其間矣。陛下據錢塘已耗之氣，用閩浙日衰之士，而欲鼓東南習安脆弱之衆，北向以争中原，是以知其難也。荆襄之地，在春秋時，楚用以虎視齊晉，而齊晉不能屈也。及戰國之際，獨能與秦争帝。其後三百餘年，而光武起于南陽，又二百餘年，遂爲三國交據之地，諸葛亮繇此起輔先王。今雖南北分畫交據，往往置于不足用，民食無所從出，而兵不可繇此而進。議者或以爲憂，而不知其勢之足用也。其地雖要爲偏方，然未有偏方之氣，五六百年而不發泄者。況其東通吴會，西連巴蜀，南極湖湘，北控關洛，左右伸縮，皆足以爲進取之機。今誠能開墾其地，洗濯其人，以發泄其氣而用之，使足以接關洛之氣，則可以争衡于中國矣。是亦形勢消長之常數也。誠慨然移居建業，百司庶府皆從草創，軍國之儀皆從簡略，又作行宫于武昌，以示不敢寧居之意。常以江之師爲金人侵軼之備，而精擇一人之沉鷙有謀、開豁無他者，委以荆襄之任，寛其文法，聽其廢置，撫摩振勵于三數年之間，則國家之勢成矣。時不能用，惜哉！且夫建邦設都，皆（馮）憑險阻。山川者，天之險阻也；城池者，人之險阻也。城池必依山川爲固。大河自天地之西，而極天地之東；大江自中國之中，而極中國之東。天地所以設險之大者，莫如大河，其次莫如大江，故中原依大河以爲固，吴越依大江以爲固。中原無事則居河之南，中原多事則居江之南。自開闢以來，皆河南建都，雖黄帝之都、堯舜禹之都，于今皆爲河北，昔爲河南。大河故道，自碣石入海。碣石，今平州也，所以幽冀之邦，冀都之地，皆河南。周定王五年以後，河道湮塞，漸移南流。至漢元光三年，徙從頓州入渤海，今濱滄間是也。成周以來，河南之都，惟長安與洛陽，或逾河而居鄴者，非長久計也。漢（普）〔晉〕以來，江南之都惟有建業，或據上流而居江陵、武昌者，亦非長久計也。是故，定都之君與議都之臣，惟以此三都爲最。此三都者，皆以江河之險阻爲可恃也。舍此則唐末博士朱朴《遷都疏》云：去已衰之衰，就未王之王，有取于襄鄧之間，是或一道。若正信在德不在險，如宋都汴梁，一無足恃。《易》曰「王公設險，以守其國」，獨不可信乎？國朝太祖初，下采石，處士陶安見説上曰：金陵，古帝王之都，龍蟠虎踞，阻以長江之險。若取而有之，據其形勝，出兵以臨四方，則何向不克？上悦。明年取金陵，周覽城郭，謂徐達等曰：金陵險固，古所謂長江天塹，真形勝地也。倉廪實，人民足，吾今有之，諸公又能同心其力，以相左右，何功不成！達曰：殆天授，非偶然也。乃改應慶路爲應天府，置元帥府居焉。久之，以建康舊城西北控大江，東盡白下門，外距鍾山，既闊遠，而舊内在城中，因元南臺爲宫，稍卑隘，帝乃命劉基等卜吉地，定作新居于鍾山之陽。在舊城東白下門之外二里許，增築新城。東北盡鍾山之趾，延亘周迴，凡五十餘里，規制雄壯，盡據山川之勝焉。洪武元年八月己巳詔曰：朕惟建邦畿以成大業，興王之根本爲先。居中夏而治四方，立國之規模最重。其以金陵爲南京，大梁爲北京，朕以春秋往來巡狩，播告爾民，使知朕意。二年，上詔諸老臣，問以建都之地。或言關中險固，金城天府之國。或言洛陽天地之中，四方朝貢道理適均。汴梁亦宋之舊京。又或言北平元之宫室完備，就之可省民力。上曰：所言皆善，惟時有不同耳。長安、洛陽、汴京，實周、秦、漢、魏、唐、宋所建國，但平定之初，民未蘇息。朕若建都于彼，供給力役，悉資江南，重勞其民。若就北平，要之宫室不能無更，亦未易也。今建業長江天塹，龍蟠虎踞，江南形勝之地，真足以立國。臨濠則前江後淮，以險可恃，以水可漕，朕欲以爲中都，何如？群臣稱善。至是始詔以臨濠爲中都。有司建置城池宫闕，如京師之制焉。

地脈向中國來者三支，北絡發崑崙，東折而東行南行，其背爲北狄，其正結爲冀都，其支結爲燕京，其餘氣爲東夷。冀都自雲中、上黨轉换來，三面繞河，外案多疊，大河東北徂入海，重重包裹，故堯、舜、禹、湯都之。但四方險阻，貢輸非後世所便，河且徙而南，氣大泄。燕京旺氣，我朝鍾焉。中絡發崑崙，東南至岷山，繇蜀隴轉北，而爲終南，長安之地也。金城四塞以爲固，古豪傑有取焉。貢輸艱入，後世費繁，今能處之耶？繇關中出至太華，中嵩伊闕既鑿，是謂洛陽。洛陽天地之中，陰陽和，南北平，百物會，周公營之。地氣自北以南，人事化機，互以爲用，古今固不齊也。行乃盡于東泰，翻身顧祖。東海外盪，江河前向，萃産賢貴，凝聚有因。後世河徙，截其來脈者三，乃會通河復加截之，其力遂微。南絡發崑崙，折東南而行，至大峨山，其背爲西戎；直南折而東爲五嶺，其餘氣爲南蠻；復折而東北，大盡于建康，其支結爲吴閩越。大峨而下，至于五嶺，環抱中原無情。南面力雄勢坎，吴閩越支凝譾力，海水陽勝，明有餘而氣不足以當之。一大都會于今日，其金陵也乎！長江天塹，則用易輸，持護不少。世謂江左不得于宅中，偏安不可以圖大，是安于建康之説，不能用建康于天下。夫安于建康，乃謂大勢不拱，東壩未立，秦淮河不湧，邗溝尚微，故建康俗紐于自便，知守江而不知用淮于江，知圖淮而不知用天下于淮，知據武昌之上游而不知上游之守鎮，知集貨之易而不知散貨以用于四方，知南兵之難振而不知練兵于北之可用，故金陵不可以故常論。當有知者曠百世相感，不爾則中洛爲河截所在，其汴、淮、江、漢之間乎？金陵爲南京，汴梁爲北京，國初深見也。

永樂十四年十月，復詔群臣議營建北京。先自車駕至自北京，工部奏請擇日興工。上以營造事重，恐民力不堪，乃命文武群臣復議之。于是群臣上疏曰：北平乃龍興之地，北枕居庸，西峙太行，東連山海，南俯中原，沃壤千里，山川形勝，足以控四夷、制天下，誠帝王萬世之都也。比年車駕巡狩，萬國來同，民物阜成，禎祥協應，天意人心，昭然可見。然陛下重于勞民，延緩至今。切爲宗社大計，正陛下當爲之時。況今漕運已通，儲蓄充溢，財用具備，軍民一心。營建之辰，天實啓之，乞早賜聖斷，勅所司擇日興工，以成國家悠久之計，以副臣民之望。上從之。至十八年，宫殿成，遂定都焉。

北龍有燕山，即今京師也。以燕然山脈盡于此，故曰燕山。昔燕昭王築黄金臺以招賢者，故又稱金臺。古冀州地，舜分冀東北爲幽州，故又謂之幽都。按丘文莊公云，虞夏之時，天下分爲九州，冀州在中國之北，其地最廣，舜分冀爲幽與并營，故幽與并營皆冀境地。楊公云：燕山最高象天市，蓋北幹之正結。其龍發崑崙之中，脈綿亘數千里，至于闐，歷瀚海之玄，屈曲出夷入貊，又萬餘里，始至燕然山。以入中國，爲燕雲，復東行數百里，起天壽山，乃落平陽，方廣千餘里。遼東、遼西兩枝關截，黄河前繞，鴨緑後纏，而陰、恒、大山諸山，與海中諸島相應。近則灤河、潮河、桑河、易河，并諸無名小大夾身數源，界限分明。以地理之法論之，其龍勢之長，垣局之美，幹龍大盡，山水大會。帶黄河，扆天壽，鴨緑纏其後，碣石鑰其門。又按《朱子語録》，冀都山脈從雲中發來，前則黄河環繞，泰山聳左爲龍，華山聳右爲虎，嵩爲前案，淮南諸山爲第二重案，江南五嶺諸山爲第三重案，故古今建都之地，皆莫過于冀，所謂無風以散之，有水以界之也。冀州之中三面距河處，是爲平陽、蒲坂，乃堯舜建都之地。其所分東北之境，是爲幽州。太行自西來，演迤而北，綿亘魏、晉、燕、趙之境，東而極于醫無閭，重岡叠阜，鸞鳳峙而蛟龍走，所以護擁而圍繞之者，不知幾千萬里也。其東一帶則汪洋大海，稍北乃古碣石淪入海處，稍南則九河既道所歸宿之地。浴日月而浸乾坤，所以界之者又如此。若以形勝論之，則幽燕自晉稱雄，左環滄海，右擁太行，南襟河濟，北枕居庸。楊文敏(爲)〔謂〕：西接太行，東臨碣石，鉅野亘其南，居庸控其北，勢拔地以峥嶸，氣磨空而崱岩。又云：燕薊内跨中原，外控朔漠，真天下都會。桂文襄公謂：形勢甲天下，扆山帶海，有金湯之固。蓋真定以北，至于永平，關口不下百十，而居庸、紫荆、山海、喜峯、古北、黄花鎮，險阨尤著。會通漕運便利，天津又通海運，誠萬世帝王之都。且居直北之地，上應天垣之紫微。

夫天之象，以北爲極，則地之勢亦當以北爲極。《易》曰：艮者，東北之卦也，萬物之所以成始而成終也。艮爲山，水爲地之津液而委于海。天下萬山皆成于北，天下萬水皆宗于東，于此乎建都，是爲萬物所以成終成始之地，自古所未有也。我太宗文皇帝，初建藩于兹，既而入正大統，乃循成王宅洛故事，而又于此建都焉，蓋天下王氣所在也。前乎元而爲宋，宋都汴梁；前乎宋而爲唐，唐都于秦。在唐之前，則兩漢也，前都秦而後洛，然皆非其州境也。雖曰宅中圖治，道里適均，而天下郡國乃有背之而不面焉者。元人雖都于此，然夷狄雜氣，不足以當帝王之統。惟我朝得國之正，同于堯舜，拓地之廣，過于漢唐。《書》所謂「東漸西被，朔南暨北，聲教訖于四海」，僅再見也。猗歟盛哉！孔子曰：爲政以德，譬如北辰居其所而衆星共之。《易》曰：離，萬物皆相見，南方之卦也。聖人南面而聽天下，嚮明而治天下，以北面爲天之樞，居微垣之中，而受衆星之環拱，天之道固在北也。天之道在北，而面之所嚮在南，今曰京師居乎艮位，成始成終之地，介乎坎離之間，出乎震而勞乎坎，以受萬物之所歸。體乎北極之尊，嚮乎離明之光，而使夫萬方之廣、億兆之衆，莫不面焉以相見。則凡舟車所至、人力所通者，無不在于照臨之中。

自古建都之地，上得天時，下得地勢，中得人心，未有如今日者也。況此乃蘇秦所謂天府百二之國，杜牧所謂王不得不可爲王之地。牧之言曰：禹畫九州，一曰冀州。舜以其分太大，離爲幽州。其人沉鷙多材，力重許可耐辛苦，本兵矢他，不能蕩而自若也。復産健馬，下者日馳二百里，所以常當天下兵馬之强，在昔則然矣。且其地瀕大海，在秦始皇時，越黄腄瑯琊負海之粟，轉輸北河，是時海運，固已通于兹矣。杜甫謂漁陽豪俠之地，雲帆轉遼海，粳稻來東吴，則唐時又一東吴之粟于此焉。胡元盛時，漕東南粟至燕，歲幾至四百萬石，而南方之貨亦隨以至，則其食貨之豐有，非他方所及可知矣。矧兵食俱足。文武並用，向明以用文，而臨乎華夏，則有以成文明之化；背幽以建武，而禦乎夷戎，則有以張震疊之威。信自古建都之地，莫有如今日者也。雖然，居安者不可不思其危，亨全盛者不可不爲衰微之慮，自古建立都邑，率在北土，蓋不止我一朝。而我一朝近胡爲甚，且如漢襲秦舊都(門)〔關〕中，匈奴入寇，鋒火輒至甘泉。唐襲隋舊，亦都關中，吐蕃入寇，輒至渭橋。宋襲周舊都汴，西無靈夏，北無燕雲，其去元爲遠，唐契丹界直浹旬耳，景德之役，亦輒至澶淵。三治朝幅幀蓋廣矣，而定都若此者，何制胡便也？我朝定鼎燕京，東北去遼陽尚可數日，去漁陽百里耳；西北去雲中尚可數日，去上谷亦僅倍漁陽耳。近敵甚，則常時封殖者尤勤。常時封殖，則一日規畫措置也尤亟。是故去虜之近，制虜之便，莫有如今日者也。昔漢文帝朝，晁錯有實塞分戍、臨陣合刃諸説，而文帝取焉；唐德宗朝，陸贄有險以固邦國，兵以服兇横諸説，而德宗取焉；宋仁宗朝，范仲淹有守兵聚散多寡、戰兵主客勞逸諸説，而仁宗亦取焉。今其言載在三史中，班班可考，豈非經時石畫哉！然漢卒患匈奴，唐卒患吐蕃，宋卒患契丹、西夏，何也？所行與所談悖也。今之論議，毋亦類是乎？夫分境畫疆，秉持阨塞，可謂確矣。然外有棄野，所傷實多，是移其禍而以異壤當之也，于此不得以忘戰也。驅兵策馬，衝擊郊原，可謂雄矣。然内無良才，所損非細，是積其弱而以異日當之也，于此不得以忘守也。故金元常都于此，是其炯監。然則金人之禍在夷狄，而監其失，則必固邊圉，選將帥，强兵足食，使國勢壯而外虜不敢萌窺伺之心。元人之禍在中國，而監其失，則必謹法度，用賢才，省刑薄斂，使朝綱正而奸民不敢懷背叛之心。斯國基固而金湯永矣。

《清續通志》卷一一〇《都邑略》 臣等謹案：鄭樵作《都邑略》，謂：天地設險之大者莫如河，其次莫如江。中原無事則居河之南，多事則居江之南。河南之都惟長安與洛陽，江南之都惟建業。此特鄭氏一家之言。其實堯、舜、禹之都，當時固皆在河北也。唐承隋都長安，本周、秦舊地，議都邑者以此爲首選。然閲世久遠，盛極而衰，所謂地絶其脈、水化其味者，非復秦漢以前之舊。五代梁都汴，晉、漢、周因之，國失憑依，五十年中禍變相軋。宋世因循不改，四戰之衝以兵爲衛。靖康之際，金兵長驅渡河矣，南渡偏安臨安是宅。識者謂其無意中原，要亦時勢使然也。遼、金、元皆起北方，遷都燕薊。燕地左環滄海，右擁太行，北枕居庸，南襟河濟，臨中夏而控北荒，誠所謂扼天下之吭而拊其背，古稱天府之國，形勝甲於宇内者。是故金遷汴而中衰，元都燕而一統。及明祖卜居金陵，而成祖復由燕起，雖曰天命，豈不由地勢便利，有德易興哉！然則論都邑者，當以燕京爲最上。其視關中已衰之氣，汴梁四戰之區，固不可同日語矣。而鄭樵獨取唐博士朱汴之議，以南陽爲建都之選，非樵之闇於地勢也。是時燕爲金有，非南宋所能睥睨。南陽之説，特就一時方域之地，以爲彼善於此耳，豈議都之定論哉？若明祖起自南方，因取建康偏安之地爲京邑，而轉棄北平爲藩封。迨永樂遷都，而一時臣工猶且胥動浮言，則洵乎識時勢、達地利者不易多得也。謹述自唐迄明都邑，續鄭志後。若夫邑有宗廟曰都，或溯發祥，或備巡幸。陪京之制，歷代重焉，史册所載，悉爲條列，以資稽考云。

吴長元《宸垣識略》卷一《形勝》 燕亦勃碣之間一都會也。南通齊趙，東北邊上谷，至遼東，北鄰烏桓、夫餘，東綰穢貉、朝鮮、真番之利。冀都山脈從雲中發來。前則黄河環繞。泰山聳左爲龍，華山聳右爲虎。嵩爲前案，淮南諸山爲第二重案，江南五嶺諸山爲第三重案。故古今建都之地，莫過於冀，所謂無風以散之，有水以界之也。范鎮之賦幽州也，曰「繩直砥平，形勝爽塏」。木華黎之傳幽燕也，曰「虎踞龍盤，形勢雄偉」。以今考之，是邦之地，左環滄海，右擁太行，北枕居庸，南襟河濟，形勝甲於天下，誠天府之國也。究其沿革，唐虞則爲幽都，夏殷皆入於冀地，周封堯後於薊，封召公於燕，正此地也。厥後漢曰廣陽，晉曰范陽，宋曰燕山，元曰大興，明初謂之北平，而爲燕府龍潛之地，尋建爲北京，而謂之順天焉。

太行自西來，演迤而北，綿亘魏、晉、燕、趙之境，東極於醫巫閭。重岡叠阜，擁護而圍遶之，不知其幾千里也。其東則汪洋大海，稍北乃古碣石，稍南則九河故道。浴日月而浸乾坤，所以界之者又如此其直截而廣大也。況居直北之地，上應天垣之紫微。其對面之案，以地度之，則泰岱萬山之宗，正當其前。夫天之象以北爲極，則地之勢亦當以北爲極。《易》曰：艮者，東北之卦也，萬物之所成終而成始也。離，萬物皆相見，南方之卦也。聖人南面而聽，天下嚮明而治。孔子曰：爲政以德，譬如北辰，居其所而衆星共之。今之京師，居乎艮位成始成終之地，介乎震、坎之間。出乎震而勞乎坎，以受萬物之所歸；體乎北極之尊，嚮乎離明之光，使萬物之廣，億兆之多，莫不面焉以相見，則凡舟車所至，人力所通者，莫不在照臨之下。自古建都之地，上得天時，下得地勢，中得人心，未有過於此者也。

北京青龍水爲白河，出密雲，南流至通州城。白虎水爲玉河，出玉泉山，經大内，出都城，注通惠河，與白河合。朱雀水爲盧溝河，出大同桑乾，入宛平界。元武水爲濕餘，高梁、黄花、鎮川、榆河，俱繞京師之北，而東與白河合。西山，神京右臂，太行山第八陘，圖經亦名小清凉也。太行首於三危，伏於河，折北而尊爲恒山，支巒複岡，畢赴於燕，秩秩然復纚屬以東數十百里，入於海上。土人以其西來，號曰西山。

長元按：此海上指城西海淀。

西山内接太行，外屬諸邊，磅礴數千里，林麓蒼莽，溪澗鏤錯，其物産甚饒，古稱神皋奥區也。盧溝、琉璃、胡良三河，山水所洩，多歸其中。其水皆藻緑異常，風日蕩漾，水葉遞映，倚闌流覽，令人欣然欲賦。京師形勝，以堪輿家論之：玉河之水，當直出會南海子，從天地壇前轉東入潞河，方爲自然，崇文門外閘河宜塞之，庶幾左臂不斷。此乃帝王建都萬代之計也。京師前挹九河，後拱萬山，正中表宅，水隨龍下，自辛而庚，環注皇城，繞巽而出，天造地設。

元郝經《入燕行》：南風緑盡燕南草，一桁青山翠如掃。驪珠晝擘滄海門，王氣夜寒居庸道。魚龍萬里入都會，澒洞合沓何擾擾？黄金臺邊布衣客，拊髀激歎肝膽裂。塵埃滿面人不識，骯髒偃蹇虹蜺結。九原喚起燕太子，一樽快與澆明月。英雄豈以成敗論，千古志士推奇節。荆卿雖云事不就，氣壓咸陽與俱滅。何如石晉割燕雲，呼人作父爲人臣！偷生一時快一己，遂使王氣南北分。天王幾度作降虜，禍亂袞袞開其源。誰能倒挽析津水，與洗當世晉人耻？崑崙直上尋田疇，漠漠丹霄跨箕尾。明吴國倫《燕京篇》：擬賦燕京勝，三都未足誇。霸圖雄雁塞，古戍扼龍沙。北谷回陽令，西山擁帝家。天平恒嶽迥，地險薊門賒。秦楚慚鷄口，侯王屬犬牙。重城開御氣，雙闕倚明霞。芳樹華陽館，高臺易水涯。談天曾碣石，望海即瑯琊。帶甲環三輔，梯航走八遐。風雲森劍佩，雨露足桑麻。紫陌新豐酒，紅樓宛洛花。輕塵飛白練，旭日麗青騧。雪色并兒劍，星杓漢使槎。羽林矜節俠，戚里競紛奢。接軫趨長樂，揚鞭過狹斜。悲歌逢擊筑，斥堠警鳴笳。七校傳清蹕，諸陵望翠華。竪儒何寂寞，抱影獨長嗟。明孟思詩：箕尾分星野，軒轅肇帝墟。燕山蟠王氣，瀛海帶宸居。西北饒兵馬，東南富國儲。太平兹樂土，非夢亦華胥。

長元按：朱子論燕都形勢，以泰華二山爲龍虎，似矣。然泰山之脈，倘如前人所云，自函谷西來，盡於東海，則山水俱順，其氣不能凝聚。伏讀聖祖文集，言泰山脈絡自盛京長白山分支至金州之旅順口入海。海中磯島十數，皆其發露處。至山東登州之福山、丹崖山，起陸西南行八百餘里，結而爲泰山，穹崇盤屈，爲五嶽首云云。則濟水順趨，岱脈逆峙，磅礴乎青、徐二州，與華山支絡相接，中原之形勢團結甚固，而燕都包藏右山左海之間，更爲奥區矣。此朱子之所未知者，因恭録於此。

朱銘盤《南朝梁會要・方域・移都》 武陵之平，議者欲因其舟艦還都建鄴，宗懍、黄羅漢皆楚人，不願移，於是乃留。侯景平，時朝議遷都，但元帝再臨荆陝，前後二十餘年，情所安戀，不欲歸建業。兼故府臣僚皆楚人，並欲即都江陵，云：「建康蓋是舊都，彫荒已極。且王氣已盡，兼與北止隔一江，若有不虞，悔無所及。且臣等又聞荆南有天子氣，今其應矣。」元帝無去意。時尚書左僕射王褒及弘正咸侍，帝顧曰：「卿意何如？」褒等以帝猜忌，弗敢衆中公言，唯唯而已。褒後因清閑，密諫還丹陽甚切，帝雖納之，色不悦。及明日，衆中謂褒曰：「卿昨勸還建鄴，不爲無理，吾昨夜思之，猶懷疑惑。」褒知不引納，乃止。他日，弘正乃正色諫，至於再三，曰：「若如士大夫，唯聖王所都，本無定處。至如黔首，未見入建鄴城，便謂未是天子，猶列國諸王。今日赴百姓之心，不可不歸建鄴。」當時頗相酬許。弘正退後，黄羅漢、宗懍乃言「弘正、王褒並東人，仰勸東下，非爲國計」。弘正竊知其言，他日乃復上前面折二人，曰：「若東人勸下東，謂之私計，西人勸住西，亦是私計不？」衆人默然，而人情並勸遷都。上又曾以後堂大集文武，其預會者四五百人，帝欲偏試人情，曰：「勸吾去者左袒。」於是左袒者過半。武昌太守朱買臣，上舊左右，而閹人也，頗有幹用，故上擢之。及是勸上遷，曰：「買臣家在荆州，豈不願官長住，但恐是買臣富貴，非官富貴邪！」上深感其言，卒不能用。

綜述

《周禮・天官・冢宰第一》 惟王建國。注：建，立也。周公居攝而作六典之職，謂之《周禮》。營邑於土中，七年致政，成王以此禮授之，使居雒邑，治天下。司徒職曰：日至之景，尺有五寸，謂之地中，天地之所合也，四時之所交也，風雨之所會也，陰陽之所和也。然則百物阜安，乃建王國焉。辨方正位。注：辨，别也。鄭司農云：别四方、正君臣之位。君南面，臣北面之屬。玄謂《考工》「匠人建國」，水地以縣，置槷以縣，視以景爲規，識日出之景與日入之景，晝參諸日中之景，夜考之極星，以正朝夕，是别四方。《召誥》曰：越三日戊申，太保朝至于雒卜宅，厥既得卜則經營。越三日庚戌，太保乃以庶殷攻位於雒汭。越五日甲寅，位成正位，謂此定宫廟。

《周禮・地官・司徒》 大司徒之職，掌建邦之土地之圖與其人民之數，以佐王安擾邦國。以天下土地之圖，周知九州之地域廣輪之數，辨其山林、川澤、丘陵、墳衍、原隰之名物；而辨其邦國都鄙之數，制其畿疆而溝封之，設其社稷之壝而樹之田主，各以其野之所宜木，遂以名其社與其野。

《周禮・地官・小司徒》 小司徒之職，掌建邦之教灋，以稽國中及四郊都鄙之夫家九比之數，以辨其貴賤、老幼、癈疾，凡征役之施舍，與其祭祀、飲食、喪紀之禁令。【略】乃經土地而井牧其田野，九夫爲井，四井爲邑，四邑爲丘，四丘爲甸，四甸爲縣，四縣爲都，以任地事而令貢賦，凡税斂之事。此謂造都鄙也。采地制井田，異於鄉遂，重立國。小司徒爲經之，立其五溝五塗之界，其制似井之字，因取名焉。

《周禮・地官・司徒第二》 六遂之地，自遠郊以達于畿中，有公邑、家邑、小都、大都焉。

《周禮・地官・司徒下》 凡造都邑，量其地，辨其物，而制其域。注：物，謂地所有也。名山大澤不以封。疏：《釋》曰：言造都，謂大都、小都，邑謂家邑也。云量其地者，家邑二十五里，大都百里，小都五十里也。云辨其物者，三等之地，所有不同。云制其域者，域即疆域，大小是也。注釋曰：云物謂地所有也者，若地物無所有，不得耕墾，若山澤者不授之，故引《王制》云：名山大澤，不以封也。

《周禮・夏官・小量人司馬》 量人掌建國之灋，以分國爲九州，營國城郭，營后宫，量市朝、道巷、門渠，造都邑亦如之。注：建，立也。立國有舊灋式，若匠人職云。分國，定天下之國分也。后，君也。言君容王與諸侯。

《周禮・冬官・匠人》 匠人營國，方九里，旁三門。營謂丈尺其大小。天子十二門，通十二子。孫詒讓疏：「匠人營國，方九里」者，謂營王都也。賈疏云：「按《典命》云：『上公九命，國家、宫室、車旗、衣服、禮儀以九爲節。』侯伯子男已下，皆依命數。鄭云『國家謂城方。公之城蓋方九里，侯伯七里，子男五里』。并《文王有聲》詩箋差之，天子當十二里。此云九里者，按下文有夏殷，則此九里通異代也。鄭《異義駁》或云周亦九里城，則公七里，侯伯五里，子男三里，不取《典命》等注。由鄭兩解，故義有異也。」焦循云：「方九里，以開方計之，徑九里，圍三十六里，積八十一里也。《尚書大傳》云：『古者百里之國，九里之城。』注云：『玄或疑焉。「匠人營國，方九里」，謂天子之城。今大國九里，則與之同。然則大國七里之城，次國五里之城，小國三里之城爲近。』又其《駁異義》云：『公七里，侯伯五里，子男三里，凖此，天子之城九里也。』及注《典命》，則疑公之城方九里，侯伯之城方七里，子男之城方五里。而《坊記》注、《大雅・文王有聲》箋並用此説。今按：《周書・作雒篇》云：『作大邑成周於土中，城方千六百二十丈。』計每五步得三丈，每百八十丈得一里，以九乘之，千六百二十丈，與《考工》九里正合，則謂天子之城九里者是也。」金鶚云：「以《典命》注推之，天子之城宜方十二里。鄭蓋以《典命》、《匠人》俱有正文，故兩解不定。《左氏》隱元年傳云：『都城過百雉，國之害也。先王之制，大都不過參國之一。』夫鄭，伯爵也。侯伯城方三百雉，雉長三丈，三百雉得九百丈，適足五里。推而上之，天子當九里矣。《孟子》言三里之城，此國城之小者，當是子男之城。子男城方三里，可知天子城有九里也。《射人》三公執璧，與子男同。《五經異義》古《周禮》説，都城之高皆如子男之城，指三公大都言。然則大都城方亦當如子男。《作雒》言大縣城方王城三之一，與《左傳》大都參國之一合。天子城方九里，則大都方三里，適與子男同。若城方十二里，則大都方四里，與子男五里不同；苟亦方五里，非參國之一矣。《匠人》言王城隅高九雉，諸侯七雉；古《周禮》說公七雉，侯伯五雉；《禮器》言天子堂高九尺，諸侯七尺：皆九降爲七，其例相合，又何疑於九里之說哉！《大雅》『築城伊洫』，鄭箋以洫爲成溝，成方十里，謂文王之城大於諸侯，而小於天子，說者以爲天子城方十二里之證。然此特謂城放乎洫以爲池，池深廣與洫等，非謂城有十里也。文王方爲諸侯，其城安得獨大哉！賈謂匠人九里，或是夏殷之制，以下文有夏后氏世室，殷人重屋也。然《考工》一書，皆言周制，惟世室、重屋，明標夏殷，以見其與周之明堂同中有異，非《匠人》所言皆夏殷制也。」案：焦、金二說是也。陳啓源、戴震、林喬蔭說並同。《續漢書·郡國志》劉注引《帝王世紀》說成周云：「城內南北九里七十步，東西六里十步，爲地三百頃十二畝三十六步。」此敬王以後王都之制，輪亦不逾九里，而廣復朒焉，足徵此記之爲周制矣。互詳《典命》疏。王城方九里，積八十一里，地每里九夫，則積七百二十九夫也。王城郛郭里數，經注並無文。案《作雒篇》云：「郛方七十二里。」依其說，是郭大於城八倍，於理難信。《作雒》別本作「七十里」，金履祥《通鑑前編》又作「十七里」，亦皆無分率可說。攷《孟子·公孫丑篇》云「三里之城，七里之郭」，《國策·齊策》貂勃說即墨云「三里之城，五里之郭」，又田單云「五里之城，七里之郭」，是郭大於城不得過二倍，足證今本《周書》之譌。以意求之，疑《作雒》當作「郛方二十七里」。據《典命》注說九里之城，其宮方九百步，則周王宮亦必方三里。若然，宮三里，城九里，郭二十七里，皆以三乘遞加，於差分比例正合。今本《周書》「二」「七」上下互易，遂不可通耳。依此計之，則郭中積七百二十九里，除城中八十一里，餘六百四十八里，積五千八百三十二夫，通爲國中也。又案：《公羊》定十一年傳云「百雉而城」，何注云：「二萬尺，凡周十一里三十三步二尺，公侯之制也。禮，天子千雉，蓋受百雉之城十，伯七十雉，子男五十雉。」此說復與鄭異。焦循云：「雉長三丈，每里爲雉六十。天子之城徑五百四十雉，周二千一百六十雉；公之城徑四百二十雉，周一千六百八十雉；侯伯之城徑三百雉，周一千二百雉；子男之城徑一百八十雉，周七百二十雉。如何休說，則千雉爲二十萬尺，凡周一百十一里三十三步二尺，方徑得二十七里一百三十步五尺，城不應如是之大。子男五十雉，周五里一百六十六步三尺有奇，方徑一里一百十六步十五尺有奇，於地又太狹。何氏本《春秋》說與鄭不合，存其異說可也。」案：焦說亦是也。何說雉長二百尺，與古說並不合。其所說天子城千雉，即以鄭說雉長三丈計之，亦得十六里有二百步，與經必不相應也。雉制，詳後疏。注云「營謂丈尺其大小」者，《廣雅·釋詁》云：「營，度也。」營國以丈尺度其大小，若量人所量是也。賈疏謂丈尺據高下而言，大小據遠近而說，誤。云「天子十二門」者，四旁各三門，總十二門。《月令》云九門者，金鶚以爲上公之制，與此異也。云「通十二子」者，賈疏云：「按《孝經·援神契》云：『天子即政，置三公、九卿、二十七大夫、八十一元士，慎文命，下各十二子。』如是，甲乙丙丁之屬十日爲母，子丑寅卯等十二辰爲子，故王城面各三門，以通十二子也。」

國中九經九緯，經涂九軌。

國中，城內也。經緯謂涂也。經緯之涂，皆容方九軌。軌謂轍廣，乘車六尺六寸，旁加七寸，凡八尺，是爲轍廣。九軌積七十二尺，則此涂十二步也。旁加七寸者，輻內二寸半，輻廣三寸半，綆三分寸之二，金轄之間三分寸之一。

疏：「國中九經九緯，經涂九軌」者，賈疏云：「王城面有三門，門有三涂，男子由右，女子由左，車從中央。」焦循云：「疏所引《王制》文。彼注云『道中三涂』，蓋謂一道之中，分而爲三。疏以此三涂，即九經九緯之三，而男女與車各行一涂也。若然，則涂雖有九，道止有三。每涂九軌，則每道二十七軌，爲步三十有六，其度太廣。或三涂分爲三處，則三涂即是三道，不得爲一道三涂。且每涂皆以軌度，斷非僅以中涂行車，若左右之涂止行男女，又何用此九軌之廣哉！經文曰『九經九緯』，又曰『經涂九軌』，其制甚明。《王制》所云道路，與涂爲通稱。鄭所云一道三涂，猶云一涂中分爲三涂。一之爲三，以男女車而別，非真界畫爲三，如每門之三涂也。」案：焦說是也。《呂氏春秋·樂成篇》云：「孔子用於魯，三年，男子行乎塗右，女子行乎塗左。」是一涂分爲左、右、中之證。王城旁三門而涂有九，則每門有三涂，故《文選》張衡《西京賦》云「旁開三門，參塗夷庭」，薛注云「一面三門，門三道」是也。實則九涂之中，正當門者止三涂，其六皆不當門，蓋並由環涂以達之。注云「國中，城內也」者，《鄉大夫》注云：「國中，城郭中也。」與此義同，謂王城之內也。云「經緯謂涂也」者，賈疏云：「南北之道爲經，東西之道爲緯。」云「經緯之涂皆容方九軌」者，焦循云：「容方九軌者，容廣九軌也。」詒讓案：經無緯涂軌數，鄭知亦九軌者，後文唯云「環涂七軌，野涂五軌」，明緯涂軌數同經涂，故不別出也。方九軌者，《淮南子·氾論訓》高注云：「方，並也。」謂容並列九軌。《呂氏春秋·權勳篇》云：「中山之國有夙繇者，智伯欲攻之，爲鑄大鍾，方車二軌以遺之。」《史記·蘇秦傳》亦云「車不得方軌」是也。《左傳》隱十一年，杜注云：「逵道九軌。」孔疏引李巡《爾雅注》說同。若然，經緯涂亦通稱逵與？云「軌謂轍廣」者，阮元云：「《說文》無轍，當作『徹』。」案：阮校是也。後經注皆作「徹」。《說文·車部》云：「軌，車徹也。」段玉裁云：「車徹者，謂輿之下兩輪之間，空中可通，故曰車徹，是謂之車軌。軌之名，謂輿之下隋方空處，《老子》所謂『當其無，有車之用』也。高誘注《呂氏春秋》曰：『兩輪之間曰軌。』毛公《匏有苦葉》傳曰：『由輈以下曰軌。』兩輪之間，自廣陿言之，凡言度涂以軌者必以之。由輈以下，自高庳言之，《詩》言『濡軌』，《晏子》言『其深滅軌』，以之。」案：段說是也。車之兩輪間爲軌，因以兩輪所報之迹爲軌，《中庸》云「車同軌」，《孟子·盡心篇》云「城門之軌」是也。後文云「涂度以軌」，故此言經緯涂之廣，並以軌計之。云「乘車六尺六寸，旁加七寸，凡八尺，是謂轍廣」者，乘車六尺六寸，見《總敍》。左右輪旁各加七寸，共加一尺四寸，是轍廣八尺也。云「九軌積七十二尺，則此涂十二步也」者，軌廣八尺，以九乘之，得積七十二尺；以步法收之，適得十二步也。焦循云：「每涂容方九軌者，累二百二十五，推城中爲方一里者八十一，每方一里中，積九萬步，經緯各三千六百步，減中互五百四十四步，共得經緯積七千一百五十六步，餘八萬二千八百四十四步。一城之中，九經九緯，共積五十七萬九千六百三十六步，餘積六百七十一萬三百六十四步。又環涂減五萬八千九百七十步四尺，餘六百六十五萬一千三百九十三步三分步之一。凡朝市、苑囿、學校皆奪涂之地，涂之於城，蓋不足十之一也。」云「旁加七寸者，輻內二寸半，輻廣三寸半，綆三分寸之二，金轄之間三分寸之一」者，鄭珍云：「輻內轂長九寸半，只有二寸半者，以其七寸入輿下也。金者，大穿之釭也。其去內轄不可太切，使之利轉，故金轄相去其間有三分三釐强也。軌以兩輪所踐之迹相距之廣爲度，其度自以牙外邊所及爲限，牙外踐一分，則度廣一分。假令牙不偏出，以三寸半之厚與三寸半之輻股鑿正對，即所踐之迹亦與股鑿正對。是兩輪之間，止有車廣、輻內輻廣及金轄間之數，而軌不及八尺矣。今輻股向外一邊不殺，直入牙鑿，鑿之外邊有六分六釐强，是多踐六分六釐强，合成軌度八尺。」案：鄭子尹説是也。輻廣三寸半，《輪人》注同。此與鑿深同，皆得捎藪餘徑之半，故三寸半也。輻內二寸半者，輻距輿之度。綆三分寸之二者，亦《輪人》文，此牙外出於輻股鑿之度也。並詳《輪人》、《輿人》疏。又案：軌廣八尺，凡兵車、乘車、田車並同。蓋度涂以軌，爲周人度法之要事，必無不斠若畫一者。此注及《總敍》注並唯云乘車者，文不具也。至《車人》大車、羊車、柏車，雖不駕馬，輻廣及輪綆數亦不與乘車同，而揆以同軌之義，亦當無異徹。彼經云「徹廣六尺」者，自是誤文，鄭於彼注未能刊正，實爲疏舛。不知凡軸上輿下，小車有兩轐，大車有兩轅，輿皆不正與轂相切，則長轂者或入輿下，短轂者或出輿外，消息之以合八尺之徹，無所不可，八尺之軌固大小車之通度矣。互詳《車人》疏。左祖右社，面朝後市，王宮所居也。祖，宗廟。面猶鄉也。王宮當中經之涂也。疏：「左祖右社」者，謂路門外之左右，詳《小宗伯》疏。《天官·敍官》賈疏云：「宗廟是陽故在左，社稷是陰故在右。」云「面朝後市」者，謂路寢之前，北宮之後也。《天官》賈疏云：「三朝皆是君臣治政之處，陽，故在前；三市皆是貪利行刑之處，陰，故在後也。」案：《書·召誥》孔疏引顧氏云：「市處王城之北。朝爲陽，故在南；市爲陰，故處北。」即賈疏所本。詳《朝士》、《司市》疏。注云「王宮所居也」者，賈疏云：「謂經左右前後者，據王宮所居處中而言之，故云王宮所居也。」云「祖，宗廟」者，據《小宗伯》云「左宗廟」，與此云「左祖」同，故知祖即宗廟也。云「面猶鄉也」者，《撢人》注同。案：鄉亦前也。《士冠禮注》云：「面，前也。」云「王宮當中經之涂也」者，王宮必居國城正中之處，故於九經涂常當中經之涂。《晏子春秋·襍篇下》云：「景公新成柏寢之室，師開曰：『室夕。』公召大匠曰：『室何爲夕？』大匠曰：『立室以宮矩爲之。』於是召司空曰：『立宮何爲夕？』司空曰：『立宮以城矩爲之。』」然則宮在國城之正中，立宮與建國方位必相應也。市朝一夫。方各百步。疏：「市朝一夫」者，戴震云：「以朝百步言之，方九百步之宮朝，左右各四百步。外門百步之庭曰外朝，路門百步之庭曰內朝，路門內至堂百步之庭曰燕朝。王與諸侯若羣臣射於路寢，則路寢之庭容侯道九十弓，弓與步相應，其百步宜也。」焦循云：「考《聘禮》注：『擯與賓相去，公七十步，侯五十步，大夫三十步。』推此，則天子之外朝當有百步矣。《射禮》言大侯九十，參七十，干五十，設乏各去其侯西十北十。賓射在路門之外，燕射在大寢之廷，於此張九十步之侯，則自應門至路門，自路門至路寢之階，各百步可見，是三朝各方一夫之地也。伏生《書大傳》『路寢之制，南北七雉，東西九雉』。七雉得三十五步，廷深三倍，當得百五步，亦合也。」又云：「《司市職》云：『大市，日仄而市，百族爲主。朝市，朝時而市，商賈爲主。夕市，夕時而市，販夫販婦爲主。』據此，則市有三。《郊特牲》云：『朝市之於西方，失之矣。』注云：『朝市宜于市之東偏。』據此，則大市居中，朝市居東，夕市居西。前有三朝，王立之；後有三市，后立之。三朝朝方一夫，三市市方一夫也。」案：焦説是也。依鄭義，王宮三里，前有五門。三朝惟臯門內及路門內外有朝；自應門至雉門，雉門至庫門，並不爲朝，而宮室府庫所在，兩門南北相距亦當各有百步。則路門之前當有四百步，其後尚有五百步，以百步爲路寢庭之內朝，又以百步爲王后北宮之朝，餘三百步分建王路寢燕寢，后路寢燕寢，亦並不迫隘也。其後市之制，以此經及《司市》推之，蓋三市爲地南北百步，東西三百步，共一里，在王宮之北，左右中平列爲之。三市，市有一垣以爲界，故《説文·冂部》云：「市，買賣所之也。市有垣，从冂。」是其證。賈《司市》疏謂三市皆於一院內爲之，殆未得其制。又王宮前朝後市，朝在宮九百步內，而市朝則在其外。以其附近宮墻，而建國之初，內宰佐后所立，亦或繫宮言之。故《初學記·帝王部》引《尸子》云：「君天下者宮中三市，而堯鶉居。」即指此宮後之市，非臯門以內更有市也。朝制，互詳《閽人》、《朝士》疏。注云「方各百步」者，《小司徒》注引《司馬法》云：「晦百爲夫。」田百晦，方百步，故方百步之地亦謂之一夫。三朝朝各方百步，三市市亦各方百步也。知非以百步分爲三朝三市者，百步凡六十丈，三分之，每一分止得二十丈，朝市衆人所集，地太隘則不能容，故知不然也。賈疏云：「按《司市》，市有三朝，總於一市之上爲之。若市總一夫之地，則爲大狹。蓋市曹、司次、介次所居之處，與天子三朝皆居一夫之地，各方百步也。」案：賈以市一夫爲專指市朝司次、介次吏所治者言之。《司市》疏亦謂列行肆之處，居地多，在一夫之外。不知王城止九里，本不甚大，則以三百步之地爲市，未爲太狹。凡商賈列肆及販夫販婦，蓋皆羣萃於此三市之中，不徒市吏次舍也。惟儲貨物之廛，則當於市旁相近隙地爲之，雖亦市吏所掌，而不在三夫之內。《廛人》之廛布，於次布總布之外，別爲征斂，亦其證也。

又： 王宮門阿之制五雉，宮隅之制七雉，城隅之制九雉。阿，棟也。宮隅、城隅，謂角浮思也。雉長三丈，高一丈。度高以高，度廣以廣。疏：「王宮門阿之制五雉」者，此記王以下宮城門墻之崇度也。五雉者，高五丈，即六仞有二尺也。賈疏云：「爲門之屋，兩下爲之，其脊高五丈。」案：賈説是也。門屋，自天子以下皆爲兩下，故《燕禮》云：「賓所執脯，以賜鍾人于門內霤。」蓋中高爲阿，而內外各兩下爲霤，是其制也。兩下即夏屋之制，故《檀弓》注云：「夏屋，今之門廡也。」《通典·吉禮》引《韓詩傳》云：「殷，商屋而夏門；周，夏屋而商門。」則以周門屋爲商四阿之制，殆非也。此門阿，依後注即臺門之阿，則是天子諸門之通制。鄭《閽人》、《朝士》注謂天子雉門設兩觀。今以《明堂位》攷之，似當在應門，兩觀當高於臺門二雉，則宜高七雉，與宮隅同。《禮書》引《尚書大傳》説，天子堂廣九雉，三分其廣，以其二爲內，五分其內，以其一爲高，則堂高一雉，長又五分雉長之一，即三丈六尺也。彼蓋據路寢檐宇距地言之。門堂之制既準正堂，而門基又與地平，則檐宇之高必不得踰於堂，然則門阿蓋高於門堂約二丈，門闕又高於門阿二丈，其降殺亦略相應也。阮元云：「雉與絼同音，雉有度量之義，雉絼皆用長繩平引度物之名。《封人》『置其絼』，司農注：『絼，著牛鼻繩，所以牽牛者。今時謂之雉，與古者同名。』」案：阮說是也。絼，《說文・糸部》作紖。《爾雅・釋詁》云：「雉、引，陳也。」雉與引義蓋亦相近，但度數不同耳。云「宮隅之制七雉」者，賈疏云：「七雉亦謂高七丈。不言宮墻，宮墻亦高五丈也。」詒讓案：七雉即八仞有六尺也。云「城隅之制九雉」者，賈疏云：「九雉亦謂高九丈。不言城身，城身宜七丈。」案：賈本《五經異義》說，詳後疏。九雉即十一仞有二尺也。

注云「阿，棟也」者，《士昏禮》「賓升西階當阿」，注同。《鄉射記》注云：「是制五架之屋也。正中曰棟，次曰楣，前曰庪。」胡承珙云：「鄭以棟訓阿者，非謂棟有阿名，謂屋之中脊其當棟處名阿耳。阿之訓義爲曲。《毛詩・考槃》傳云：『曲陵曰阿。』《大雅》『有卷者阿』，傳云：『卷，曲也。』《一切經音義》引《韓詩傳》：『曲京曰阿。』《說文》：『阿，一曰曲自也。』其在宮室，則凡屋之中脊，其上穹然而起，其下必卷然而曲。其曲處即謂之阿。棟隨中脊之勢，亦必有穹然卷然之形，故《易》於棟言隆，《禮》即以棟爲阿。屋有四注、兩下，必皆於中脊分之。《考工記》於四注者曰四阿，於兩下者曰門阿，然則阿爲中脊卷曲之處明矣。中脊者棟之所承，故鄭以當阿爲當棟耳。」案：胡謂屋之中脊當棟處名阿是也。蓋阿即所謂極。凡屋之中脊最高處謂之極，上覆以瓦謂之甍，下承以木謂之棟，二者上下相當，故鄭《禮注》訓阿爲棟，當阿爲當棟。而《說文・木部》云：「棟，極也。」《瓦部》云：「甍，屋棟也。」《釋名・釋宮室》云：「屋脊曰甍。棟，中也，居屋之中也。」明其義互通。凡門屋雖兩下，而亦爲上棟下宇，故鄭即以棟言之。實則棟木承甍，究不足以盡極之高，經著門屋高度，自當據門脊之盡處計之，鄭偶未析別耳。至稱極爲阿，義蓋取於高而下也。《爾雅・釋山》云：「大陵曰阿。」又《釋丘》云：「偏高阿丘。」蓋極爲屋之最高者，猶在陵高於大陸大阜也。極自一面視之，則有偏高之形，猶阿丘之爲偏高也。又案：《莊子・外物篇》「闕阿門」，阿門亦即謂門臺之有阿者。彼《釋文》引司馬彪云：「阿，屋曲檐也。」屋曲檐即所謂反宇，與阿棟上下縣殊，非正義也。云「宮隅、城隅，謂角浮思也」者，《釋文》云：「浮思本或作罘罳。」案：《明堂位》「疏屏」，注云：「屏謂之樹，今浮思也。刻之爲雲氣蟲獸，如今闕上爲之矣。」《釋名・釋宮室》云：「罘罳在門外。罘，復也。罳，思也。臣將入請事，於此復重思之也。」《廣雅・釋宮》云：「罘罳謂之屏。」《古文苑》宋玉《大言賦》云：「大笑至兮摧覆思。」《漢書・文帝紀》：「七年，未央宮東闕罘思災。」顏注云：「罘思，謂連闕曲閣也，以覆重刻垣墉之處，其形罘思然，一曰屏也。」《古今注》云：「罘思，屏之遺象也。漢西京罘思合版爲之，亦築土爲之，每門闕殿舍前皆有焉。於今郡國廳前亦樹之。」案：浮思、罘思、覆思，並聲近字通。角，與《宮伯》注「四角四中」義同。《說文・自部》云：「隅，陬也。」《廣雅・釋言》云：「隅、陬，角也。」故鄭以宮隅城隅爲角罘思。焦循云：「宮隅、城隅，隅即西南隅曰奧之隅。鄭注『角浮思』，角即四隅之謂浮思者。《廣雅》、《釋名》、《古今注》皆訓爲門外之屏。角浮思者，城之四角爲屏以障城，高於城二丈。蓋城角隱僻，恐奸宄踰越，故加高耳。《詩・邶風・静女篇》云『俟我于城隅』，傳云：『城隅，以言高而不可踰。』箋云：『自防如城隅。』皆明白可證。」案：焦說是也。《漢書・五行志》說未央宮東闕罘罳云：「劉向以爲東闕所以朝諸侯之門也。罘罳在其外，諸侯之象也。」據此，則罘罳本爲門屏，屏在門外，築土爲高臺，又樹版爲户牖而覆以屋，其制若樓觀而小，故《漢書》顏注以爲連闕曲閣，賈疏及《明堂位》孔疏又並以爲小樓是也。城隅築土合版，高出雉堞之上，與門屏相類，是謂之角浮思。漢時宮城之制蓋尚有此，故鄭據爲釋也。凡古宮城四隅皆闕然而高，故《韓詩外傳》云「宮成則必缺隅」。宮隅城隅皆在四角，與城臺門闕居四中者異。《墨子・備城門篇》云：「城四面四隅，皆爲高磨[illegible]。」又《非攻下篇》：「天命融隆火于夏之城間，西北之隅。」是城隅必在四角之證也。又案：天子諸侯宮門有臺，又有闕，闕即觀也，城門亦然，故城臺亦謂之城闕。《詩・鄭風・子衿》云：「在城闕兮。」又《出其東門》云「出其闉闍」，毛傳云：「闍，城臺也。」《新序・雜事五》云「天子居闉闕之中」，闉闕即闉闍也。城臺之高度，此經無文。以意求之，蓋當與城隅同度。經著城隅之度而不及城臺者，互文以見義。《毛詩傳》謂「城隅以言高而不可踰」，明城以隅爲最高，則城闕之高不得過於隅明矣。云「雉長三丈，高一丈，度高以高，度廣以廣」者，據《周禮》舊說及《今文尚書》、《春秋左氏》說也。《左傳》隱元年孔疏謂賈逵、馬融、王肅說並同。賈疏云：「凡版廣二尺。《公羊》云：『五版爲堵，五堵爲雉。』《書傳》云：『雉長三丈，度高以高，度長以長，廣則長也。言高一雉則一丈，言長一雉則三丈。』引之者，證經五雉、七雉、九雉，雉皆爲丈之義。」詒讓案：《左》隱元年傳：「鄭祭仲曰：都城過百雉，國之害也。」杜注云：「方丈曰堵，三堵曰雉。一雉之墻，長三丈，高一丈。侯伯之城，方五里，徑三百雉，故其大都不得過百雉。」杜說用鄭義。蓋堵雉之根數生於版，鄭說版廣二尺，長一丈，積五版之廣以爲堵之高，則方一丈；積三堵之廣以爲雉之廣，則三丈。雉之廣三堵，即三版之廣，雉之高一堵，亦即五版之積也。而《公羊》定十二年傳云：「雉者何？五版而堵，五堵而雉。」何注云：「八尺曰版，堵凡四十尺，雉二百尺。」《詩・小雅・鴻雁》毛傳云：「一丈爲版，五版爲堵。」鄭箋引《公羊傳》而釋之云：「雉長三丈，則版六尺。」《檀弓》注亦云：「版蓋廣二尺，長六尺。」《大戴禮記・王言篇》又云：「百步而堵。」此說版堵度並異。《左傳》孔疏引《五經異義》云：「《戴禮》及《韓詩》說，八尺爲版，五版爲堵，五堵爲雉，版廣二尺，積高五版爲一丈，五堵爲雉，雉長四丈。古《周禮》及《左氏》說，一丈爲版，版廣二尺，五版爲堵，一堵之墻長丈，高丈，三堵爲雉，一雉之墻長三丈，高一丈，以度其長者用其長，以度其高者用其高也。」又《詩・鴻雁》孔疏引鄭《駁異義》云：「《左氏傳》說，鄭莊公弟段居京城，祭仲曰：『都城過百雉，國之害也。先王之制，大都不過三國之一，中五之一，小九之一，今京不度，非制也。』古之雉制，書傳各不得其詳。今以《左氏》說，鄭伯之城方五里，積千五百步也。大都三國之一，則五百步也。五百步爲百雉，則知雉五步。五步於度長三丈，則雉長三丈也，雉之廣量於是定可知矣。」又引王愆期注《公羊》云：「諸儒皆以爲雉長三丈，堵長一丈。疑『五』誤，當爲『三』。」焦循云：「《詩傳》云：『一丈爲版，五版爲堵。』《正義》云：『五版爲堵，累五版也，版廣二尺。』然則毛公說版以長言，說堵以高言，與《周禮》、《左氏》說同。箋引《公羊傳》云『五堵爲雉』，與三堵爲雉之說不同。鄭云則版六尺者，蓋雉爲高一丈、廣三丈之定名，今曰五堵，則由一雉而五之，每堵得高一丈，廣六尺；又由一堵而五之，每版得高二尺，廣六尺。毛以一丈爲版，則三堵爲雉。鄭以六尺爲版，則五堵爲雉。說版有不同，而雉之數則一也。《左傳疏》引《戴禮》及《韓詩》說云：『八尺爲版，五版爲堵，版廣二尺，積高五版爲一丈。』此但版長八尺爲異，五版爲堵，仍累二尺而五，與毛、鄭同也。何休則以累八尺者五之，故以堵爲四丈，又累四丈者五之而爲雉，故雉長二十丈，百雉長二千丈，得十一里三分里之二，制且大於王城，非《公羊傳》義。」案：焦說是也。

經涂九軌，環涂七軌，野涂五軌。廣狹之差也。故書環或作轘，杜子春云：「當爲環。」環涂，謂環城之道。」疏：「經涂九軌，環涂七軌」者，「經涂」已見前，此復出之者，以環涂野涂皆依此迭減，明根數也。七軌者，積五十六尺，則環涂九步二尺也。賈疏云：「不言緯者，以與經同也。」云「野涂五軌」者，賈疏云：「國外謂之野，通至二百里內。以其下有都之涂三軌，言都，則三百里大夫家涂亦三軌也，故知此野通二百里內也。」案：依賈說，則此野涂專屬郊甸以內田野間通行之道，與《遂人》田閒五涂異。其稍以外公邑、家邑之野涂，並當與都野涂同度也。此野涂五軌，積四十尺，則六步四尺也。　注云「廣狹之差也」者，環涂環九經九緯之外，故狹於經涂、緯涂。野涂在國門之外，故又狹於環涂，皆以二軌迭減也。云「故書環或作轘，杜子春云當爲環」者，徐養原云：「環轘同聲相借，軌爲轍跡。以轘爲環，所謂字從類也。阪名轘轅，蓋亦此意。」段玉裁云：「以其義正其字也。」云「環涂謂環城之道」者，《國語·齊語》韋注云：「環，繞也。」謂繞城下之道，與經緯二涂相湊者。《墨子·備城門篇》云：「城下州道內，百步一積藉。」州與周通，州道即此環涂也。賈疏云：「謂遶城道如環然，故謂之環也。」

門阿之制以爲都城之制。都，四百里外距五百里，王子弟所封。其城隅高五丈，宮隅門阿皆三丈。疏：「門阿之制以爲都城之制」者，記內諸侯之城制也。城即城隅，不言隅者，蒙上文省。隱元年《左傳》，鄭祭仲曰：「先王之制，大都不過參國之一，中五之一，小九之一。」孔疏云：「以王城方九里，依此數計之，則王城長五百四十雉；其大都方三里，長一百八十雉；中都方一里又二百四十步，長一百六十八雉也；小都方一里，長六十雉也。公城方七里；長四百二十雉；其大都方二里又一百步，長一百四十雉也；中都方一里又一百二十步，長八十四雉也；小都方二百三十三步二尺，長四十六雉又二丈也。侯伯城方五里，長三百雉；其大都方一里又二百步，長百雉也；中都比王之小都；其小都方一百六十六步四尺，長三十三雉又一丈也。子男城比王之大都；其大都比侯伯之中都，其中都方一百八十步，長三十六雉也；小都方百步，長二十雉也。」詒讓案：依《左傳》說，都有大中小，方長里步各異，其城高度則一，故此經直云都城，不分大中小也。　注云「都，四百里外距五百里」者，《縣士》注云「四百里以外至五百里曰都」是也。云「王子弟所封」者，即《載師》云「以大都之田任畺地」是也。大都爲王子弟所封，詳《大宰》、《載師》疏。賈疏云：「鄭云『都，四百里外距五百里，王子弟所封』者，則惟據大都而言，不通小都卿之采地。以《司裘》『諸侯共熊侯、豹侯，卿大夫共麋侯』，則卿不入諸侯中。此云都按諸侯而言，故不及小都也。大都，諸侯兼三公，直云『王子弟』，其言略，兼有三公可知。」案：此都當亦兼卿采邑之小都言之，蓋小都惟里數減於大都，其城之高度則同也。鄭、賈說未晐。云「其城隅高五丈」者，賈疏云：「以上文王門阿五雉，今云『門阿之制爲都城制』，城制五雉，若據城身，則與下諸侯同，故知此城制據城隅也。」案：賈說此城身高三丈，據《五經異義》說，侯伯城制約與彼同也，詳後疏。云「宮隅門阿皆三丈」者，明宮隅門阿降於城二丈也。王宮門阿降於宮隅二丈，此與宮隅同者，以三丈不可再減，亦禮窮則同也。賈疏云：「以下文畿外諸侯尊得申，爲臺門高五丈；此畿內屈，故宮隅門阿皆三丈也。」

宮隅之制以爲諸侯之城制。諸侯，畿以外也。其城隅制高七丈，宮隅門阿皆五丈。《禮器》曰：「天子諸侯臺門。」疏：「宮隅之制以爲諸侯之城制」者，記外諸侯之城制，亦謂城隅也。　注云「諸侯，畿以外也」者，別於上王子弟所封都爲畿內侯國也。云「其城隅制高七丈」者，據王宮隅之制七雉，諸侯城制與之同，則七丈也。云「宮隅門阿皆五丈」者，亦降於城二丈也。賈疏云：「按《異義》古《周禮》說云：『天子城高七雉，隅高九雉；公之城高五雉，隅高七雉；侯伯之城高三雉，隅高五雉。都城之高皆如子男之城高。』隱元年服注云：『與古《周禮》說同。』其天子及公城與此《匠人》同，其侯伯以下與此《匠人》說異者，此《匠人》云『門阿之制以爲都城之制』，高五雉亦謂城隅也。其城高三雉，與侯伯等，如是子男豈不如都乎？明子男城亦與伯等，是以《周禮》說不云子男及都城之高，直云『都城之高皆如子男之城高』。有此《匠人》相參，以知子男皆爲本耳，亦互相曉明子男之城不止高一丈隅二丈而已。如是王宮隅之制以爲諸侯城制者，惟謂上公耳。以此計之，王城隅高九雉，城高七雉；上公之城隅高七雉，城高五雉；侯伯以下城隅高五雉，城高三雉。天子門阿五雉，則宮亦五雉，其隅七雉。上公之制，鄭云『宮隅門阿皆五雉』，則其宮高亦五雉。都之制，鄭云『宮隅門阿皆三雉』，則其宮高亦三雉。何者？天子門阿與宮等，明知其餘皆等。惟伯子男宮與都等，其門阿蓋高於宮，當如天子五雉。何者？《禮器》云：『天子諸侯臺門，大夫不臺門。』以此觀之，天子及五等諸侯其門阿皆五雉可知。都城據大都而言，其小都及家之城，都當約中五之一，家當小九之一，爲差降之數未聞也。」詒讓案：諦繹鄭意，似以諸侯城制五等皆同。《異義》引古《周禮》說，分諸侯之城爲二等，非鄭義也。又案：天子諸侯門阿亦宜有降殺，而鄭謂諸侯宮隅門阿同五雉者，審校注義，蓋專說諸侯中門之制，猶上經門阿亦專說天子應門之制也。天子中門設兩觀，故門阿必低於觀，諸侯中門跨門爲一觀，則門阿即觀之阿，故高得與宮隅等，此正足證鄭意，亦謂觀高與隅同度也。若中門以外，餘門皆不設觀，則其門阿固當低於宮隅，此其形制甚易明，鄭必不混同之矣。互詳前疏。又諸侯小都以下城高，賈云未聞。《左傳》隱元年孔疏謂「三丈以下不復成城，諸侯都城蓋亦高三丈」，則似無差降，理或然也。引《禮器》曰「天子諸侯臺門」者，賈疏云：「欲見諸侯門阿得與天子同之意也。」

環涂以爲諸侯經涂，野涂以爲都經涂。經，亦謂城中道。諸侯環涂五軌，其野涂及都環涂野涂皆三軌。疏：「環涂以爲諸侯經涂」者，此記畿內外侯國道涂之制也。諸侯經涂七軌，賈疏云：「諸侯直云經涂，不言緯涂，緯涂亦與天子環涂同可知。」云「野涂以爲都經涂」者，王國家邑大小都經涂五軌也。　注云「經亦謂城中道」者，據上文云「國中九經九緯」。云「諸侯環涂五軌，其野涂及都環涂野涂皆三軌」者，賈疏云：「以經涂七軌以下差降爲之，故知義然也。又知都環涂野涂皆三軌者，此涂皆男子由右，女由左，車從中央，三者各一軌，則都之野涂不得降爲一軌，是以《遂人》注云『路容三軌』。都之野涂與環涂同，以其野涂不得下於田間川上之路故也。」案：依賈説，凡涂制以三軌爲極限，不得復減。若然，諸侯國之都經涂環涂野涂當同三軌，更無降殺，亦禮窮則同也。

《春秋左傳·隱公元年》 祭仲曰：「都城過百雉，國之害也。祭仲，鄭大夫。方丈曰堵，三堵曰雉。一雉之墻，長三丈，高一丈。侯伯之城，方五里，徑三百雉，故其大都不得過百雉。 正義曰：注諸言「大夫」者，以其名氏顯見於傳，更無卑賤之驗者，皆以大夫言之。其實是大夫以否，亦不可委知也。定十二年《公羊傳》曰「雉者何？五板而堵，五堵而雉」。何休以爲堵四十尺，雉二百尺。許慎《五經異義》、《戴禮》及《韓詩》説，八尺爲板，五板爲堵，五堵爲雉。板廣二尺，積高五板爲一丈。五堵爲雉，雉長四丈。古《周禮》及《左氏》説，一丈爲板，板廣二尺。五板爲堵，一堵之墻，長丈高丈。三堵爲雉，一雉之墻，長三丈高一丈。以度其長者用其長，以度其高者用其高也。諸説不同，必以雉長三丈爲正者，以鄭是伯爵，城方五里，大都三國之一，其城不過百雉，則百雉是大都定制，因而三之，則侯伯之城當三百雉，計五百積千五百步，步長六尺，是九百丈也。以九百丈而爲三百雉，則雉長三丈。賈逵、馬融、鄭玄、王肅之徒爲古學者，皆云雉長三丈，故杜依用之。侯伯之城，方五里，亦無正文。《周禮·冬官·考工記》「匠人營國，方九里，旁三門」，謂天子之城。天子之城方九里，諸侯禮當降殺，則知公七里，侯伯五里，子男三里，以此爲定説也。但《春官·典命職》乃稱上公九命，侯伯七命，子男五命，其國家宫室車旗衣服禮儀皆以命數爲節。鄭玄以爲國家國之所居，謂城方也如《典命》之言，則公當九里，侯伯七里，子男五里，故鄭玄兩解之。其注《尚書大傳》以天子九里爲正説，又云或者天子之城方十二里。《詩·文王有聲》箋言文王城，「方十里。大於諸侯，小於天子之制」。《論語》注以爲「公大都之城方三里」，皆以爲天子十二里，公九里也。其駁《異義》，又云「鄭伯城方五里」。以《匠人》、《典命》俱是正文，因其不同，故兩申其説。今杜無二解，以侯伯五里爲正者，蓋以《典命》所云國家者，自謂國家所爲之法，禮儀之度，未必以爲城居也。先王之制，大都不過參國之一，三分國城之一。中五之一，小九之一。今京不度，非制也。」不合法度，非先王制。 正義曰：定以王城方九里，依此數計之，則王城長五百四十雉。其大都方三里，長一百八十雉；中都方一里又二百四十步，長一百八雉也；小都方一里，長六十雉也。公城方七里，長四百二十雉。其大都方二里又一百步，長一百四十雉也；中都方一里又一百二十步，長八十四雉也；小都方二百三十三步二尺，長四十六雉又二丈也。侯伯城方五里，長三百雉。其大都方一里又二百步，長百雉也；中都比王之小都；其小都方一百六十六步四尺，長三十三雉又一丈也。子男城比王之大都。其大都比侯伯之中都；其中都方一百八十步，長三十六雉也；小都方百步，長二十雉也。《考工記》曰：「王宫門阿之制五雉，宫隅之制七雉，城隅之制九雉。門阿之制，以爲都城之制；宫隅之制，以爲諸侯之城制。」然則王之都城隅高五丈，城蓋高三丈；諸侯城隅高七丈，城蓋高五丈也。三丈以下，不復成城，其都城蓋亦高三丈也。《周禮》四縣爲都，周公之設法耳，但土地之形不可方平如圖，其邑竟廣狹無復定準，隨人多少而制其都邑，故有大都小都焉。下邑謂之都，都亦一名邑。莊二十八年傳曰「宗邑無主」，閔元年傳曰「分之都城」，俱論曲沃，而都、邑互言，是其名相通也。

《管子·乘馬第五》 凡立國都，非於大山之下，必於廣川之上，高毋近旱而水用足，下毋近水而溝防省。因天材，就地利，故城郭不必中規矩，道路不必中準繩。

《管子·宙合第十一》 故聖人美而著之曰：千里之路不可扶以繩，萬家之都不可平以准。

趙曄《吴越春秋》卷四 闔閭曰：「善！夫築城郭，立倉庫，因地制宜，豈有天氣之數以威鄰國者乎？」子胥曰：「有。」闔閭曰：「寡人委計于子。」子胥乃使相土嘗水，象天法地，造築大城，周回四十七里。陸門八，以象天八風；水門八，以法地八窗。築小城，周十里。陵門三，不開東面者，欲以絶越明也。立閶門者，以象天門，通閶闔風也。立蛇門者，以象地户也。闔閭欲西破楚，楚在西北，故立閶門以通天氣，因復名之破楚門。欲東并大越，越在東南，故立蛇門以制敵國。吴在辰，其位龍也，故小城南門上反羽爲兩鯢鱙，以象龍角。越在巳地，其位蛇也，故南大門上有木蛇，北向首内，示越屬于吴也。

郭璞注《山海經》卷二《海内西經》 崑崙之墟在西北。帝之下都，崑崙之墟，方八百里，高萬仞。皆謂其墟基廣輪之高庳耳。自此以上二千五百餘里，上有醴泉、華池，去嵩高五萬里，蓋天地之中也。見《禹本紀》。 上有木禾，長五尋，大五圍。面有九井，以玉爲檻。面有九門，門有開明獸守之。百神之所在，在八隅之巖。赤水之際，非仁羿莫能上岡之巖。言非仁人及有才藝如羿者，不能得登此山之岡嶺巉巖也。羿嘗請藥西王母，亦言其得道也。

李筌《太白陰經》卷五《築城篇第四十三》 《經》曰：先王之制，大都不過三國之一，中五之一，小九之一。故曰都城過百雉，國之害也。今諸侯之城，方兩京之城，闊狹合五之一。其高爲邊隅之守，不可爲節制。古今度城之法者，城下闊與高倍，上闊與下倍。城高五丈，下闊二丈五尺，上闊一丈二尺五寸，高闊狹以此爲準。料功以下闊加上闊，得三丈七尺五寸，半乘之得一丈八尺七寸五分。以高丈乘之，一尺之城，積數得九十二丈七尺五寸。每一工日築二丈，計工四十六人。日築城一丈餘七尺五寸一步，計役二百七十八人；餘五一百步，計工二萬七千八百二人；餘一丈土一里，計工一十萬一百九十人；餘一丈土率一里，則十里可知其出土負匱，並計二丈土以工其羊馬城於濠內，築高八尺，上置土女墻，計工準上。

李筌《太白陰經》卷五《鑿濠篇第四十四》 《經》曰：濠面闊一丈，深一丈，底闊一丈，以面闊加底闊，積數三丈之半，得數一丈五尺。深一丈，乃乘之。鑿濠一丈，得數一十五丈。每一工出土三丈，計工五人，一步計工三十人，一里計工一萬八千人。一里爲率，則百里可知。

李筌《太白陰經》卷五《弩臺篇第四十五》 《經》曰：臺高下與城等，去我城百步，臺相去亦如之。闊四丈，高五丈，上闊二丈，上建女墻。臺內通暗道，安屈膝梯，人上便卷之，收之。中設氊幕，置弩手五人。備乾糧、水候等。候敵近城壘，則攢弩射其來將。

李筌《太白陰經》卷五《烽燧臺篇第四十六》 《經》曰：明燧於高山四望險絶處置，無山亦於平地高迥處置。下築羊馬城，高下任便，常以三五爲準。臺五丈，下闊三丈，上闊一丈，形圓，上蓋屋覆之。徑闊一丈六尺，一面挑出三尺，以板爲之，上覆下棧。屋上置突竈三所，臺亦置三所，並以石灰飾其表裏。復置柴籠三所，流大繩三條。在臺側上下用軟梯，上收下垂。四壁開孔望賊，及安望火筒。置旗一面，鼓一面，弩兩張，砲、石壘、水停、水瓮、生糧、乾糧、麻蘊、火鑽、火箭、蒿艾、狼糞、牛糞。每夜平安舉火一把，聞警舉二把，見煙舉三把，風賊舉燒柴籠。如早夜平安，不舉。節烽子爲賊提，一烽六人，五人烽子，遞加更刻，觀望動靜；一人烽率，知文書符牒傳遞。

李鼎祚《周易集解》卷一五 日中爲市，致天下之民，聚天下之貨，交易而退，各得其所，蓋取諸噬嗑。

王樵輯《春秋輯傳》卷三《莊公》 《釋例》曰：都邑者，人之聚也。國家之藩衛，百姓之保障，不固則敗，不修則壞，故雖不臨寇，必于農隙備其守禦，無妨民務。《傳》曰：龍見而畢務，戒事也。謂夏之九月，周之十一月，龍星角亢晨見東方，於是納其禾稼，三務始畢，而戒民于土功事也。火見而致用，大火星次。角亢而晨見，於是致其用也。致築作之物。

王與之《周禮訂義》卷七八 鄭康成曰：三朝君臣治政之處，陽，故在前。三市是貪利之處，陰，故在其後。

章潢《圖書編》卷一三《三禮總叙》 建都之制。周人求地中以建國，畿方千里。故鄭氏曰：周公居洛，營邑於土中，七年，使成王居洛邑。其説信矣。然犬戎作難，平王始遷居洛邑，蓋前此未以爲都故也。然則謂成王居之何哉？若但測景求地中而不居，顧謂之王畿、王國，寧有是理哉？

大司徒以土圭之法測土深，正日景，以求地中，由是建王國，制其畿方千里。土圭之法不見於《地經》，惟見於《周禮》大司徒及典瑞、玉人之官，以是測日景長短，求與土圭等。蓋謂周公營洛邑之事，鄭氏謂周公居洛，營邑於土中，七年，使成王居洛邑。夫周公營洛邑，未嘗與成王居之也，至犬戎之難，西周已喪，平王始遷居焉。今指洛邑，謂之王國王畿，即謂成王居之，豈不戾乎！若但測景求地中而不居，則不得謂之王畿王國也。此其説失之明矣。且王者之居必求地中，何耶？古之聖人定都建國，特取其便於時爾。堯都平陽，舜都安邑，文王居豐，武王居鎬，何必其地之中耶？賈氏謂五帝以降，惟湯亳得地中。堯、舜雖不得地中，而政令均天下治者，以並在五嶽之內。周之岐、鎬處五嶽之外，故周公東居洛邑。此因鄭氏而愈失之也。堯、舜、文、武之治，若不施仁政於民，則居地中何益？徒居地中與五嶽之內，即能令政教均天下治者，陋儒之見也。且先儒謂今潁川、陽城爲地中，故置中表，若然，周公何不即都陽城，乃營洛邑乎？洛邑去陽城亦遠矣，既求地中，而不以爲都，何耶？又曰：日南則景短多暑，日北則景長多寒，日東則景夕多風，日西則景朝多陰。説者謂凡日景，於地千里而差一寸，南表千里景短一寸，北表千里景長一寸。有是理乎？若千里即差一寸，萬里乃差一尺也，此已不可。況謂東表去中表千里，晝漏半，中表景得正時，東表日已昳矣。是地於日爲近，近故得景夕。西表去中表千里，晝漏半，中表景得正時，西表日未中。是地於日爲近，西仍得朝時之景。此甚不可也。日月麗天，萬里同晷，纔去千里之間，地中得正時，在東之景已夕，在西之景方朝。若然，是夏日之至，晝漏方半，東去地中千里之人，以西方之朝爲夕；西去地中千里之人，以東方之夕爲朝；使相去數千里之外，則當以晝爲夜，以夜爲晝矣。即雖蠻夷之地，窮日際月，寔之所居，亦不至是。昔堯命羲和宅嵎夷，命羲叔宅南郊，命和仲宅昧谷，命和叔宅幽都，皆以觀日景之出入短長，陰陽氣候之偏正，未嘗聞四方日景之異如此。又曰：天地之所合也，四時之所交也，風雨之所會也，陰陽之所和也，夫謂之中國，居天地之中者。以外有東夷、南蠻、西戎、北狄之爲中也。其蠻夷之地，或相蓓蓰，或相什百，在四夷之域，廣狹自不同。中國之內，但止一洛，正爲天地之所合，四時之所交。其果然乎？故營王邑者，欲居天下之中，使四方道理均此則可矣。而謂天地必合於此，四時必交於此，恐無是理也。況於風雨之會，陰陽之和，無亦在人君德政應天心如何耳。但居洛邑，以求風雨之會，陰陽之和，空言也。此無他，蓋見《書・召誥》有「王來紹上帝，自服于土中」之言，故作《周禮》者，衍其説也，不知《書》所謂「土中」者，但謂道里均耳。使周公必以土圭測景求地中，則《書》載營邑之事詳矣，豈得不言？今觀《洛誥》之書，特云卜澗水東，卜瀍水西。何嘗如大司徒及諸儒之説？學者苟知成王未嘗營居洛邑之説，自可知其非也。

章潢《圖書編》卷一二四《都邑制度》 古者建國，必先于辨方正位，是以匠人置槷眡景，必正地中，以天地之所合，四時之所交，風雨之所會，陰陽之所和，然後建王國也。匠人營國，方九里，旁三門，國中九經九緯，南北之道爲經，東西之道爲緯。經涂九軌，左祖右社，前朝後市，市一夫。百畝之地，方足以容之。其制大略如此。然必有土方氏掌土圭之法，而大司徒又掌其凡，蓋重其事也。而建都之本，則更有在焉。《周禮》曰：惟王建國，辨方正位，體國經野，設官分職，以爲民極。蓋王基立而後根本定，方位設而後等級明，國野分而後疆理正，官職舉而後綱目張，凡以爲民立極也。昔人有言曰：京都爲四方之極，猶紫辰爲周天之極。然京都固爲四方之極，而帝王又以建惟皇之極也，則宅中圖大，以定四海之民者，固自有本矣。

顧起元《説略》卷二〇 城，古云鯀作也。《吴越春秋》：鯀築城以衛君，造郭以居人。《淮南子》：鯀作三仞之城，諸侯倍之。禹壞城平地，而海外賓服，四夷納職。而《博物志》云：禹作三城，强者攻，弱者守，敵者戰。城郭自禹始，不知茂先又於何據也。城上女墻，見《左傳》襄公六年注。《廣雅》：睥睨，女墻也。《釋名》曰：言其卑小，比之於城，如女子之於丈夫也。城雉，亦見《左傳》。都城過百雉。釋者謂一雉之墻，長三丈，高一丈。陸氏《埤雅》謂雉飛崇不過丈，長不過三丈。又雉性妬設，壟疆飛，不越分域，一界之内，以一雉爲長。又《西都賦》：金城萬雉。注：方丈爲堵，三丈爲雉，雉飛不過三丈。《公羊傳》：五板而堵，五堵而雉，五雉而城。天子城千雉，高七雉；公侯百雉，高五雉；子男五十雉，高三雉。又《五經異義》曰：天子城高九仞，公侯七仞，伯五仞，子男三仞。七雉爲七丈，九仞者八尺。曰仞當七丈二尺也。五十雉者，凡一千五百丈。古者六尺爲步，一百八十丈爲里，則五十雉者爲八里之城也。百雉，十六里之城；千雉者，一百六十里也。古王制大邑，不過三國之一，中五之一，小九之一。蓋王城九里，公侯城三里，伯一里二百八十八步，子男一里也。

黄宗炎《周易象辭》卷一 貞，從卜從鼎。神禹鑄鼎之後，有天下者以此爲重寶，欲建都于何地，必先卜而定鼎，既正其位，安謐寧静，不可移易。貞如卜鼎，示無改也。愚按：京房謂從鼎則得其聲。小篆從貝者，譌也。

弘治《明會典》卷一五四《工部八・城垣》 凡皇城、京城墻垣遇有損壞，即便丈量明白，見數計料，所用磚灰，行下聚寶山黑窑等處關支。其合用人工，咨呈都府，行移留守五衛，差撥軍士修理。若在外藩鎮、府州城隍，但有損壞，係干緊要去處者，隨即度量彼處軍民工料多少，入奏修理。如係腹裏去處，於農隙之時興工。

孫之騄輯《尚書大傳》卷三 古者，百里之國，三十里之遂，二十里之郊，九里之城，三里之宮。七十里之國，二十里之遂，九里之郊，五里之城，一里之宮。五十里之國，九里之遂，三里之郊，一里之城，以城爲宮。

紀事

太昊都陳

《漢書》卷二七下之下《五行志》 陳，太昊之虚。

酈道元《水經注》卷二二《渠》 沙水又東逕長平縣故城北，又東南逕陳城北，故陳國也。伏羲、神農並都之。

羅泌《路史》卷一〇《太昊紀上》 〔太昊〕生于仇夷，《遁甲開山圖》云：仇夷山四面絶立，太昊之治也。即今仇池，伏羲之生處，地與彭池、成紀，皆西土。知雷澤之説妄也。長于起城，今秦治成紀縣，本秦之小山谷，名開山。《圖》云：伏羲生成，起徙治陳倉。《輿地廣記》：墓，然古帝王墓冢，皆非一所，宜必有説。都于宛丘。故陳爲太昊之虚。《世紀》：天皇庖羲都陳，留遁甲。注云：伏羲徙治陳倉，地非陳國，則不必宛丘矣。然歷代以宛丘爲太昊之虚。今宛丘北一里有伏羲廟、八卦壇。《寰宇記》云：伏羲于蔡水得龜，因畫八卦之壇。有長史張齊賢文，李邑易之。然《九域志》，陳蔡俱有八卦壇，此後人之附會。按姚睦亦云，黄帝都陳者，則羲黄俱在西方矣，豈其先後徙邪？

梁益《詩傳旁通》卷三《國風》　太公都營丘，今青州之臨淄。然營丘故城乃在濰州之昌樂，故萊侯與太公爭營丘，後胡公徙薄姑。《齊地記》云：丘高九丈，下周三百步。丘，臨淄水，故曰臨淄。

炎帝都曲阜

司馬貞《補史記・三皇本紀》　炎帝神農氏姜姓，母曰女登，有媧氏之女，爲少典妃，感神龍而生炎帝，人身牛首，長於姜水，因以爲姓。遂重八卦爲六十四爻。初都陳，後居曲阜。按：今淮陽有神農井。又《左傳》：魯有大庭氏之庫是也。

許謙《詩集傳名物鈔》卷八《頌》　有大庭氏之庫。疏：曲阜在魯城中，委曲長七八里。

黄帝都涿鹿

《後漢書》志第二三《郡國五》　涿鹿。《帝王世紀》曰：黄帝所都，有蚩尤城、阪泉地、黄帝祠。《世本》云在(鼓)〔彭〕城南，張晏曰在上谷。于瓚案《禮五帝位》云黄帝與赤帝戰于阪泉之野，不在涿鹿，是伐蚩尤之地。

酈道元《水經注》卷一三《涿水》　涿水出涿鹿山，世謂之張公泉，東北流逕涿鹿縣故城南，王莽所謂抪陸也。黄帝與蚩尤戰于涿鹿之野，留其民于涿鹿之阿。即于是也。其水又東北與阪泉合，水導源縣之東泉。《魏土地記》曰：下洛城東南六十里，有涿鹿城，城東一里有阪泉，泉上有黄帝祠。《晉太康地理記》曰：阪泉亦地名也。泉水東北流與蚩尤泉會，水出蚩尤城，城無東面。《魏土地記》稱，涿鹿城東南六里有蚩尤城。泉水淵而不流，霖雨併則流注阪泉，亂流東北入涿水。涿水又東逕平原郡南，魏徙平原之民置此，故立僑郡，以統流雜。

羅泌《路史》卷一四《黄帝本紀》　〔黄帝〕開國于熊，年三十七戮蚩尤于中冀，于是炎帝諸侯咸進委命，乃即帝位，都彭城。史傳言，帝居涿鹿。《世本》云：涿鹿在彭城，代弗知也。故魏《土地記》云：濟城南東六十里有涿鹿城，城東一里有阪泉，泉上有黄帝祠。則《世本》之言信矣。然嬀州懷戎乃故涿縣，有涿鹿山、黄帝祠、阪泉、蚩尤城。世止以爲帝邦在是，而《世紀》遂疑上谷當名彭澤，非也。按：涿鹿有三，又有督、濁二音。上谷本蚩尤之居，而彭城乃黄帝之都。蓋帝克尤，以其名來此，猶漢春陵之内啓爾。若修武之濁鹿與蚩尤二家相近，則尤死之地，又嘗以此名冠之也。

《通志》卷四一《都邑略第一・都邑序》　三皇都。伏犧都陳。宛丘城是也，今陳州治。周武王封舜之後於此。神農都魯，或云始都陳。魯，今兗州曲阜縣，故又云神農營曲阜。黄帝都有熊，又遷涿鹿。有熊，今鄭州新鄭。涿鹿即涿州。

少昊都曲阜

王應麟《通鑑地理通釋》卷四《歷代都邑考》　《世紀》：少昊氏自窮桑登位。《外紀》：少皞青陽居江水邑于窮桑。《春秋》傳曰：遂濟窮桑，在魯北。賈逵曰：處窮桑以登爲帝，故天下號之曰窮桑。蓋未爲帝居魯北，既而爲帝，乃居魯。登帝位，後徙曲阜。於周爲魯。周以封伯禽。《春秋》傳曰：命伯禽而封於少皞之虚。

顓頊都帝丘

《春秋左傳・昭公十七年》　衛，顓頊之虚也，故爲帝丘。注：衛，今濮陽縣。昔帝顓頊居之，其城内有顓頊冢。

《史記》卷一《五帝本紀》　帝顓頊高陽者，黄帝之孫而昌意之子也。《集解》：皇甫謐曰：都帝丘，今東郡濮陽是也。

沈約注《竹書紀年》卷上《帝顓頊高陽氏》　元年，帝即位，居濮。

《太平御覽》卷一五五《叙京都上》　顓頊氏自窮桑徙商丘，於周爲衛，在《禹貢》冀州太行之東，北踰崇山及兗州桑土之野，營室東壁之分，豕韋之次。故《春秋》傳曰：衛，顓頊之墟也，謂之帝丘。今東郡濮陽是也。

帝嚳帝辛都亳

《史記》卷一《五帝本紀》　自玄囂與蟜極皆不得在位，至高辛即帝位。《集解》：皇甫謐曰：都亳，今河南偃師也。高辛於顓頊爲族子，高辛生而神靈，自言其名。

沈約注《竹書紀年》卷上《黄帝軒轅氏》　元年，帝即位，居亳。

酈道元《水經注》卷二三《汳水》　亳本帝嚳之墟，在《禹貢》豫州河、洛之間，今河南偃師城西二十里尸鄉亭是也。

王應麟《通鑑地理通釋》卷四《歷代都邑考》　《世紀》：帝嚳都亳，今河南偃師是也。

堯帝都平陽

羅泌《路史》卷二〇《陶唐氏》　帝堯陶唐氏，生于丹陵，受封于陶，改國于唐，都於平陽安邑。

林之奇《尚書全解》卷一三《夏書》　《五子之歌》曰：惟彼陶唐，有此冀方。

樂史《太平寰宇記》卷四六《河東道七》　按《左傳》曰：吴公子札觀樂，爲之歌唐，曰：思深哉！其有陶唐氏之遺民乎？不然，何憂之遠也。非令德之後誰能若是？今民有上古之風，則唐堯之風俗也。

《玉海》卷一七三《宫室》　《後漢・郡國志》：河東郡平陽，堯都此。注：晉《地道記》曰：有堯城。《説文》：陶丘有堯城。

《〔雍正〕山西通志》卷一六四《祠廟》　《元和志》：有堯帝廟，在臨汾東八里及南六里。

舜帝都蒲坂

羅泌《路史》卷二一《有虞氏》　踐天子之位，都于蒲。今河東縣蒲津關。所謂蒲坂，《漢志》之蒲阪縣，本曰蒲，或曰蒲陰。今河中有舜泉坊，二井相通祥符祠。分陰臨觀賜名廣孝泉。蒲頻河，地鹵水鹹，此獨甘美。《中山記》：蒲陰昌安郭東，舜氏甘泉即此，有舜與二妃祠。《西征記》：潼關去蒲坂城六十，城中有舜廟，城外有舜宅并及二妃壇。南去城二十，舜所耕也。

任昉《述異記》卷上　帝舜都郭門，古宫存焉。宫前有堯臺、舜館，銘記古文，莫有識者。

《通志》卷四一《都邑略第一・都邑序》　五帝都：少昊都窮桑。即魯曲阜也，故曰「封伯禽於少昊之墟」。顓帝都高陽。澶州濮陽縣，以顓帝居之，故謂之帝丘。其城中有顓帝冢存焉。帝嚳都亳，亦謂之高辛。即偃師縣，今隸西京。帝嚳爲高辛氏，故都亦謂高辛。堯始封于唐，後徙晉陽，即帝位，都平陽。唐，今定州唐縣，猶有唐城存焉。或云唐城在絳州翼城西二里。及徙晉陽，則以晉陽爲唐，今平定軍有古晉陽城，是其地。及爲天子，都平陽，則又以平陽爲唐。平陽，今晉州也。舜始封于虞，即帝位，都蒲坂。虞，即南京虞城縣。蒲坂，隋改爲河南縣，今隸河中府。

禹都安邑

《孟子・萬章章句上》　昔者舜薦禹於天。十有七年，舜崩。三年之喪畢，禹避舜之子於陽城，天下之民從之。若堯崩之後，不從堯之子而從舜也。

沈約注《竹書紀年》卷上　禹治水既畢，天錫玄圭以告成功。夏道將興，草木暢茂，青龍止于郊，祝融之神降于崇山，乃受舜禪，即天子之位。洛出龜書，是爲《洪範》。三年喪畢，都于陽城。

《通志》卷四一《都邑略第一・都邑序》　夏都：禹封於夏，受禪之後，都平陽，又徙安邑。夏，今陝州夏縣。安邑，今隸蒲州。平陽即堯都也。禹在陽城者，避商均之地，而非都也。按《五子之歌》曰：「惟彼陶唐，有此冀方。」言堯、舜及禹皆在冀州界，少康中興，復還舊都。故《左傳》曰：「復禹之迹，不失舊物。」

《〔雍正〕山西通志》卷六〇《古蹟・夏縣》　夏禹宫，北十五里。《十道志》：縣有夏禹宫。夏静與洛下書云：安邑，禹舊宫，有石殿、陰户、丹庭。紫房俗名驪姬，故房是晉獻公崇飾禹舊宫也。

望川宫，東南五十五里。《十三州志》：夏離宫。

夏禹臺，西北十五里。《十三州志》：塗山氏思本國，築以望之，基猶在，俗傳思禹者，非。

塗山臺，《十三州志》：在夏城南安邑，俗名青臺，上有禹祠。

《〔雍正〕山西通志》卷一七九《辨證》　《世紀》：禹或居安邑。又曰：禹自安邑徙晉陽。《漢志》：自平陽遷安邑。《路史》：夏，今陝之夏縣，唐隸絳。周成王封夏公在此，本侯爵。莊辛云，堯時漢安邑之地，蓋昌陽翟之名。《世紀》：夏，今陽澤是也。《地形志》：河北郡有北安邑縣，漢晉屬河東，又有南安邑，太和十一年置。《元和郡縣志》：夏縣，今安邑縣地，太和十一年别置，十八年爲夏縣。

阮元《詁經精舍文集》卷一〇《禹都考》　世言禹都安邑，其誤始于皇甫謐《帝王世紀》，酈道元《澮水注》因之。近洪氏頤煊謂禹都陽城，不都安邑，足以正其謬矣。然其所考，猶不詳也。鶚竊疑禹都有二：其始都在陽城，而其後乃都于晉陽。

案《漢書・地理志》潁川郡陽翟夏禹國，應劭曰：夏禹都也。臣瓚曰：《世本》言禹都陽城，《汲郡古文》亦云居之，不居陽翟也。師古曰：陽翟本禹所受封耳，應、瓚之説皆非。諸説不同。洪氏頤煊謂陽城亦屬潁川郡，與陽翟之地相近，或當日禹所都陽城，本在陽翟，故《漢志》云云。鶚考《史記・夏本紀》：禹避舜子于陽城，諸侯皆去商均朝禹，于是即天子位。知其遂都陽城，蓋即所避之處以爲都也。趙岐《孟子注》：陽城在嵩山下。《括地志》：嵩山在陽城縣西北二十三里。則陽城在嵩山之南，今河南府登封縣是也。若陽翟，今在開封府禹州，其地各異。《漢書・地理志》于偃師曰：殷湯所都。于朝歌曰：紂所都。于故侯國皆曰國。今陽翟不曰夏禹所都，而曰夏禹國，可知禹不都陽翟矣。陽翟爲禹所封之國，而陽城則爲禹之都，此確解也。然《左傳》定公四年，祝佗謂唐叔封于夏虛，啓以夏政。例以上文康叔封于殷虛，啓以商政，則禹之都即唐國也。唐國在晉陽。《漢書・地理志》太原郡：晉陽，故《詩》唐國。周成王滅唐，封弟叔虞。杜預注《左傳》云：夏虛，大夏，今太原晉陽是也。本于《漢志》，其説自確。《水經》云：晉水出晉陽縣西縣壅山。酈道元注：縣故唐國也。亦本《漢志》。乃臣瓚以唐爲河東永安，張守節以爲在平陽，不知唐國有晉水，故燮父改唐曰晉。若永安去晉四百里，平陽去晉七百里，何以改唐曰晉乎？唐定在晉陽，今山西太原府是也。又鄭康成《詩譜》云：魏國，虞舜、夏禹所都之地。魏與唐相近，同在河北冀州，故哀公六年《左傳》引《夏書》云：「惟彼陶唐，帥彼天常，有此冀方。今失其行，亂其紀綱，乃滅而亡。」服虔以爲堯居冀州，虞夏因之。此皆禹都在河北之證也。但在晉陽，不在安邑。皇甫謐、酈道元以安邑爲禹都，此爲謬耳。陽城、晉陽爲禹都，皆有確證。可知禹都有二。蓋其始都於陽城，即所避之處以爲都。而其後遷都于晉陽，乃從堯、舜所居之方也。若謂禹止都晉陽，固無解于《世本》、《汲郡古文》及《史》、《漢》諸書之説。而謂禹止都陽城，亦何以解左氏及服、鄭之説乎？《汲郡古文》：帝舜即位，居冀。四十九年，帝居于鳴條。是舜亦有二都也。帝禹元年，書帝即位居冀，此文有脱誤。當云帝即位居陽城，至遷都晉陽，乃書居冀也。又考鳴條在陳留，其地屬河南。舜自河北而遷于河南，禹自河南而遷于河北，其事相反而相類，此皆未經人道者也。

成湯都亳

《史記》卷三《殷本紀三》　成湯，自契至湯八遷。集解：孔安國曰：「十四世凡八徙國都。」湯始居亳，集解：皇甫謐曰：「梁國穀熟爲南亳，即湯都也。」正義：《括地志》云：「宋州穀熟縣西南三十五里南亳故城，即南亳，湯都也。宋州北五十里大蒙城爲景亳，湯所盟地，因景山爲名。河南偃師爲西亳，帝嚳及湯所都，盤庚亦徙都之。」從先王居，集解：孔安國曰：「契父帝嚳都亳，湯自商丘遷焉，故曰『從先王居』。」正義：按：亳，偃師城也。商丘，宋州也。湯即位，都南亳，後徙西亳也。《括地志》云：「亳邑故城在洛州偃師縣西十四里，本帝嚳之墟，商湯之都也。」作《帝誥》。【略】帝陽甲崩，弟盤庚立，是爲帝盤庚。帝盤庚之時，殷已都河北，盤庚渡河南，復居成湯之故居，迺五遷，無定處。殷民咨胥皆怨，不欲徙。盤庚乃告諭諸侯大臣曰：「昔高后成湯與爾之先祖俱定天下，法則可修。舍而弗勉，何以成德！」乃遂涉河南，治亳，行湯之政，然後百姓由寧，殷道復興。諸侯來朝，以其遵成湯之德也。【略】帝甲崩，子帝廩辛立。帝廩辛崩，弟庚丁立，是爲帝庚丁。帝庚丁崩，子帝武乙立。殷復去亳，徙河北。

蘇軾《書傳》卷一六《周書》　夷微盧烝，三亳阪尹。蠻夷之民，微盧之衆，及三亳阪險之地，皆有尹正。湯始都亳，其後屢遷。所遷之地，皆有亳名，故曰亳，或曰蒙爲北亳，穀熟爲南亳，偃師爲西亳。歷數此者，欲得其人也。

胡宏《皇王大紀》卷六《商成湯》　《大紀》曰：三月歸于亳，踐天子位，定都。

林之奇《尚書全解》卷一五《湯誥》　湯既黜夏，命復歸于亳，作《湯誥》。豐鎬本其王業之所自興故也。《孟子》曰：湯以七十里，文王以百里。七十里則亳也，百里則豐鎬也。商周之子孫，世世守之，得之則興，失之則廢，非其地之險固，中秦人殽函之都，有金城千里、山河百二之勢也。惟其民心之所愛戴者，尤深且固，故以爲商、周根本之地也。湯歸於亳，諸侯則皆朝，以見新君，不可以無告。

林岊《毛詩講義》卷一〇《魯頌》　漢《地理志》：河南郡偃師，縣有尸鄉，湯所都。

《玉海》卷一六《地理》　《括地志》：宋州穀熟西南三十五里南亳故城，即湯都。北五十里蒙城爲景亳，湯所盟也，因景山爲名。河南偃師爲西亳，帝嚳及湯所都。盤庚所遷，《漢志》：偃師有尸鄉，湯所都。臣瓚曰：湯居亳，今濟陰薄縣。亳邑故城，在偃師縣西四十里。帝嚳都亳，故曰從先王居。

《玉海》卷一六《地理》　湯自南亳遷西亳，仲丁遷敖，滎陽故城。河亶甲居相，内黄東南十三里，名殷城。祖乙居耿，龍門東南十二里。盤庚渡河，南居西亳，是五遷也。盤庚不常厥邑，于今五邦。注：湯遷亳，仲丁遷囂，河亶甲居相，祖乙居耿，我往居亳，凡五徙國都。《釋文》：馬氏云，五邦謂商丘、亳、囂、相、耿也。

王應麟《通鑑地理通釋》卷四《商都》　《通典・曹州考》：城縣有北亳，亦曰景亳。詩《正義》：皇甫謐云：學者咸以亳在河洛之間，今河南偃師西二十里有尸鄉亭是也。謐考《孟子》，稱湯居亳，與葛爲鄰。案《地理志》：葛，今梁國寧陵之葛鄉，今拱州之寧陵。寧陵去偃師八百里，則使亳衆爲耕，非其理也。今梁國自有二亳，南亳在穀熟，即今南京之穀熟。北亳在蒙，即今拱州之考城。古謂之蒙，漢謂之薄，非偃師也。殷有三亳，二在梁國，一在河洛之間。穀熟爲南亳，即湯都也。蒙爲北亳，即景亳，是湯所受命地。偃師爲西亳，即盤庚所徙也。《立政》曰：三亳，阪尹是也。鄭康成注：《立政》云三亳者，湯舊都之民分爲三邑，其長居險，故曰阪尹。蓋東成皋，南轘轅，西降谷也。杜預以景亳爲周地，河南鞏縣西南有湯亭，或説即偃師處，非三處有亳地也。《漢書音義》：臣瓚案，湯居亳，今濟陰薄縣，以經無正文，各爲異説，地名變易，難得而詳。林氏曰：鄭氏云亳在河南偃師，鄭説可從。蓋偃師在河南，其地與周洛邑相近，乃曰方朝覲貢賦道里取中之地。《商頌》曰：「古帝命武湯，正域彼四方。邦畿千里，維民所止。商邑翼翼，四方之極。」使非河南，則《頌》未必如此。《周禮》疏曰：堯治平陽，舜治安邑，唯湯居亳，得地中。《通志》：亳，故京兆杜縣有亳亭是也。杜城，今在長安南。故太史公云：禹興西羌，湯起亳也。《書正義》：契至湯八遷，及湯有天下，始居宋地，復命以亳，今南京穀熟是也。契居商，昭明居砥石，相土居商丘，湯居亳，有此四遷，其餘四遷，未詳聞也。

金履祥《資治通鑑前編》卷三《夏后氏大禹》

湯始居亳，《書》序曰：自契至于成湯八遷。孔氏曰：十四世凡八徙國都。愚按：八遷，惟昭明居砥石、相土居商丘見於《傳》，餘無所考。砥石，今陝州砥柱。商丘，今應天府宋城。湯始居亳，從先王居。孔氏曰：契父帝嚳都亳，湯自商丘遷焉。愚按：嚳之説非也。唐虞以上無王稱，且契非嚳子。借使嚳子，不宜謂嚳先王也。先王者，必指玄王，此商人追稱之辭也。故《大紀》曰從先君居，以正《書序》及注之失。亳，今應天府之穀熟，蓋南亳也。

金鶚《求古録禮説》卷一〇《湯都考》

湯都説者不一，《漢書·地理志》于偃師注云：湯都。《書·帝告序》：湯始居亳。鄭康成注云：亳，今河南偃師縣有湯亭。杜預云：梁國蒙縣北有亳城，城中有成湯冢，其西有伊尹冢。皇甫謐云：亳，今梁國穀熟縣。閻百詩據《後漢志》梁國虞縣有桐地、有桐亭，謂太甲所放應在于此。虞縣距湯都南亳僅七十里，方可伊尹既攝國政，復時時往桐訓太甲。若偃師去虞縣八百餘里，則不能矣。湯都仍屬穀熟鎮爲是。穀熟即南亳，今河南歸德府商丘縣。

鶚案：《孟子》：湯居亳，與葛爲鄰，葛伯不祀，湯使亳衆往爲之耕。則其地甚近可知。考葛國即今寧陵，在商丘西六十里，固甚近也。若湯居偃師，相去甚遠，豈有使其民往爲葛耕之事。皇甫謐《帝王世紀》力辨偃師之非，最爲詳明，然則湯始居亳，在偃師者誤也。且桀都實在今河南府洛陽。詳《桀都安邑辨》。偃師在洛陽東北七十里，湯都必無與桀都同處之理，况桀與湯戰于鳴條，見《汲郡古文》。鳴條在今開封府陳留西北。亦詳《桀都辨》。陳留在偃師之東，桀豈越湯國而與之戰乎？是湯始都必不在偃師，而在穀熟明矣。又案：《書》言盤庚遷于殷，而有復我高祖之言。高祖謂成湯，是成湯曾居殷也。《書·序》云：盤庚治亳殷。孔《傳》：殷，亳之别名。《史記·殷本紀》云：盤庚自河北渡河南，居西亳。立政三亳，皇甫謐以爲三處之地皆名爲亳，蒙爲北亳，穀熟爲南亳，偃師爲西亳。其説是也。南亳、北亳皆在今彰德府商丘縣，是二亳可通爲一，皆爲湯之國都亳，殷對此而稱西亳，則此可稱東亳也。

康成謂西亳即偃師。張守節《史記正義》亦謂偃師湯所都，盤庚亦從居之。然則湯都又在偃師明矣。夫惟西亳偃師别有殷名，若南亳穀熟未聞有名爲殷者。商自盤庚遷殷以後，國號始改稱殷，而周人稱湯亦多言殷湯，蓋以湯嘗居殷，故亦可稱殷，不然但當稱商湯，不應以後代之號加于先世也。是謂湯終居穀熟而不都偃師者，亦誤也。蓋湯未滅桀之先，始居穀熟，及滅桀之後，乃遷居偃師。然居穀熟之時尚爲諸侯，其國非帝王之都，迨即天子之位而居偃師，則惟偃師可爲湯都。故班固不以湯都注于穀熟，而特注于偃師也。

夫洛陽爲天下之中，嵩岳在焉，王道貴于建中，宜中天下而立，故禹初都陽城。詳《禹都考》。周成王亦營洛邑爲東都，湯之都偃師其以此乎？堯、舜皆都冀州，禹亦終都冀州，以冀州居東西之中而近北，居高御下，象北辰之在北也。且堯時洪水泛濫，舜、禹水患初平，皆宜居高地也。又帝王之都，皆近于其所自興。堯初爲唐侯，唐與平陽皆在冀州，故都平陽。舜初居虞，蓋即今虞鄉，與蒲阪近，故都蒲阪。禹始封陽翟，與陽城近，故都陽城。然禹之生當在冀州，今山西有夏縣，晉陽亦有大夏之名，或禹生于此，後因以爲國號，故又遷都晉陽，既不忘其所由生，又以受禪于堯、舜，宜從堯、舜之所居也。湯以先世居南亳，偃師亦有亳名，又同在豫州，且居天下之中，故都偃師。穀熟地偏于東，又不得嵩高以爲中岳，故不終都于此。然當夏桀未滅之先，偃師方爲桀所據，安得爲都？迨既滅夏，斯可遷居之也。其不即居桀都而别爲都者。王者更姓，易物必易其所都之地，以示更新，故歷代帝都皆不相沿也。

鄭君解盤庚五邦，謂湯始居商丘，其後遷亳，仲丁遷囂，河亶甲居相，祖乙遷耿，是爲五邦。馬融、王肅説并同。商丘即指南亳，亳則指西亳，其釋五邦固非。五邦必皆言王都，又皆必遷居，謂五遷其邦也。湯居商丘非王都，又沿上世之舊，不得謂之遷。僞孔《傳》不數商丘，而數盤庚遷殷，明與「先王」二字刺繆。案《汲郡古文》：祖乙自耿遷於庇，南庚遷奄。則囂、相、耿、庇、奄爲五邦。《路史》主此説。此五遷在成湯之後，盤庚之前，其説自確。孔冲遠謂《竹書》不可依，非也。而謂湯自商丘遷于西亳，則得之矣。第解《書·帝告序》湯始居亳，以亳爲西亳，亦爲未當。此始居亳，當是南亳穀熟，今爲商丘縣。商丘蓋因上古之稱，《左傳》言：閼伯居商丘，主大火。大火爲宋分野，今之商丘，宋地也。又言相土居商丘。相土契之孫，是契封于商，即商丘也。《書・序》帝告即帝嚳，謂湯始居亳，從先王居。先王指帝嚳，是帝嚳本居亳也。亳即商丘，商丘其本名，後改稱亳也。蓋帝嚳始都商丘，及堯即位都平陽，商丘遂虛。帝嚳之子閼伯，與弟實沈不相能，堯乃遷閼伯于商丘。見《左》昭元年傳。遷之者封之也，即以先王之地封之也。閼伯長子，故封以先王之地；實沈季子，故别封于大夏。其後舜封契于商，即因閼伯之地。《左傳》云：商人是因。商丘地名，商則國號也，至相土猶居于此，厥後屢遷。班固云：商人屢遷，前八後五，自契至湯，凡八遷也。然未知何據。《世本》謂昭明居砥石，《路史》謂上甲微居鄴，其餘不可考。迨成湯始復居商丘，從帝嚳之舊，爰作《帝告》上書，此時商丘别名亳矣。亳即商丘，其非偃師甚明。鄭以湯始居亳爲偃師，是帝嚳之都，契之封皆在偃師矣，豈其然乎？張守節謂：帝嚳及湯皆都偃師，因鄭説而誤也。

至于太甲放于桐。鄭君但注桐爲地名，有王離宫焉，未知確在何處。晉《太康地記》云：尸鄉南有亳坂，東有城，太甲所放處也。尸鄉在洛州偃師縣西南五里。若然，則太甲放處密邇王都，伊尹自可時時往訓太甲矣。閻氏何必專據虞縣桐亭，而移湯都于穀熟以就之乎？或據僞孔《傳》以桐爲湯墓之地，引杜預梁國亳城中有湯冢，謂湯都當在穀熟。然劉向言殷湯無葬處，是漢時已不可知。《括地志》云：偃師縣東六里有湯冢。其説近是，杜氏之説，不可信也。漢哀帝時，大司空御史長卿按行水災。得湯冢于汾陰亳縣北東部，歷代著諸祀典，其地在今蒲州府榮河縣。案：古人葬必近其居。榮河去偃師稍遠，湯冢未必在是。即使可信，亦足爲湯都偃師之證。若都商丘，與榮可相去千餘里，豈遠葬于是乎！

河亶甲遷都相

《史記》卷三《殷本紀》 居相。《集解》：孔安國曰，地名，在河北。《正義》：《括地志》云，故殷城在相州内黄縣東南十三里，即河亶甲所築，都之，故名殷城也。

沈約注《竹書紀年》卷上《名整》 元年庚申，王即位，自囂遷于相。

王應麟《通鑑地理通釋》卷四《商都》 河亶甲居相。在河北。《括地志》：故殷城在相州内黄縣，今屬大名府，東南十三里，即河亶甲所築，都之，故名殷城。相州安陽本盤庚所都，即北冢殷墟，南去朝歌城百四十六里。《竹書紀年》：盤庚自奄遷于北冢，曰殷墟，南去鄴四十里，是舊都。城西南三十里有洹水，南岸三里有安陽城，西有城名殷墟，所謂北冢也。安陽城即相州外城。《水經注》：洹水逕殷墟，項羽與章邯盟于此地。《類要》：安陽縣本殷墟，所謂北蒙者。亶甲城在西北五里四十步洹水南岸，後魏天平四年，立相州，取河亶甲居相之義，治鄴。

傅恒等《歷代通鑑輯覽》卷二《王河亶甲》 元祀徙都于相。今彰德府内黄縣南有殷城。《括地志》：河亶甲所都。囂有河決之患，故遷相，商復衰。

帝乙都朝歌

《漢書・地理志》 河内本殷之舊都，周既滅殷，分其畿内爲三國，《詩・風》邶、庸、衛國是也。鄁，以封紂子武庚；庸，管叔尹之；衛，蔡叔尹之：以監殷民，謂之「三監」。

《後漢書》志第十九《郡國一》 朝歌，紂所都居，南有牧野，北有邶國，南有寧鄉。

馮復京《六家詩名物疏》卷一四《國風鄘一》 《晉書・地道記》朝歌城，本沬邑。

王應麟《通鑑地理通釋》卷四《商都》 武丁徙居朝歌，今河内縣也。《酒誥》：明大命于妹邦。孔氏云：紂所都朝歌以北是。《通志》：紂居朝歌，隋改爲衛縣，隸衛州。朝歌故城在縣西二十二里。衛縣，熙寧中省爲鎮，入黎陽。《戰國策》：殷紂之國，左孟門，而右漳釜，前帶河，後被山。《史記》：吴起曰，左孟門，右太行，常山在其北，大河經其南。《括地志》：紂都朝歌，在衛州東北七十三里，朝歌故城是也。本妹邑，武丁始都之。《世紀》云：帝乙復濟河，北徙朝歌，其子紂仍都焉。

王應麟《詩地理攷》卷一《總説》 《鄭氏譜》曰：邶、鄘、衛者，商紂畿内方千里之地。其封域在《禹貢》冀州大行之東，北踰衡漳，東及兖州桑土之野。周武王伐紂，以其京師封紂子武庚爲殷後。庶殷頑民被紂化日久，未可以建諸侯，乃三分其地，置三監，使管叔、蔡叔、霍叔尹而教之。黄氏曰：管，今鄭州管城。蔡，今蔡州上蔡。霍，今晉州霍邑。自紂城而北謂之邶，南謂之鄘，東謂之衛。

《通志》卷四一《都邑略第一・都邑序》 商都。契封於商，後世遷于亳，即西亳也。成湯受命，始遷于南亳，故命以殷。至仲丁遷于囂，河亶甲居于相，祖乙居于耿，及盤庚五遷，復都南亳。至紂居朝歌。商，即上雒，今爲商州。亳，故京兆杜縣，有亳亭是也。杜城，今在長安南，故司馬遷云「禹興西羌，湯起亳」也。及湯有天下，始居宋地，復命以亳，今南京穀熟是也。或云河南偃師，是蓋有溵水出陽城，東至西華、汝陽，入于潁，與潁水合流，古人并謂潁爲溵，故命以溵焉。此謂之南亳。囂，亦作「敖」，即河南之敖倉也。相，今爲相州。耿，河中府龍門縣南十二里故耿城是。朝歌，隋改爲衛縣，衛州朝歌故城（有）〔在〕縣西二十二里，衛縣熙寧中省爲鎮，入黎陽。

周文王都酆

《尚書・周書・召誥》 惟二月既望，越六日乙未，王朝步自周，則至于豐。惟太保先周公相宅。越若來三月。惟丙午朏。越三日戊申，太保朝至于洛，卜宅。厥既得卜，則經營。越三日庚戌，太保乃以庶殷攻位于洛汭。越五日甲寅，位成。若翼日乙卯，周公朝至于洛，則達觀于新邑營。越三日丁巳，用牲于郊，牛二。越翼日戊午，乃社于新邑，牛一，羊一，豕一。越七日甲子，周公乃朝用書，命庶殷侯、甸、男、邦伯。厥既命殷庶，庶殷丕作。

《詩・大雅・文王有聲》 文王受命，有此武功。既伐于崇，作邑于豐。文王烝哉！築城伊淢，作豐伊匹。匪棘其欲，遹追來孝。王后烝哉！

王應麟《通鑒地理通釋》卷四《周都》 文王受命，徙都於酆，在今京兆之西。《詩》：「既伐於崇，作邑於豐。」《説文》：酆，文王所都，在京兆杜陵西南。《括地志》：周豐宫，文王宫也。在雍州京兆府鄠縣東三十五里。鄭康成云：豐邑在豐水之西，鎬京在豐水之東。徐廣云：豐、鎬相去二十五里，皆在長安南數十里。《地理志》：酆水出右扶風鄠縣東南。《通典》：岐州，鳳翔府岐山縣。文王徙於岐，即此縣也。《孟子》曰：文王治岐。《尚書大傳》：春子曰：文王治岐。《詩・皇矣》曰：度其鮮原，居岐之陽，在渭之將。鄭氏箋：在岐山之南，居渭水之側，後竟徙都於豐。《正義》云：太王初遷已在岐山，岐山之陽去舊都不遠，豐則岐之東南三百里。蘇氏云：文王既克密須，於是相其高原而徙都焉，所謂程邑是歟。《通典》：周文王作酆，今京兆府長安縣西北靈臺鄉豐水上是也。

周武王都鎬

《詩・大雅・文王有聲》 考卜維王，宅是鎬京。維龜正之，武王成之。傳云：考，猶稽也。宅，居也。稽疑之法必契灼龜而卜之。武王卜居是鎬京之地，龜則正之。謂得吉兆，武王遂居之，修三后之德以伐紂，定天下，成龜兆之占，功莫大於此，武王烝哉。

《史記》卷四《周本紀第三》 武王徵九牧之君，登豳之阜，以望商邑。武王至于周，自夜不寐。周公旦即王所，曰：「曷爲不寐？」王曰：「告女：維天不饗殷，自發未生於今六十年，麋鹿在牧，蜚鴻滿野。天不享殷，乃今有成。維天建殷，其登名民三百六十夫，不顯亦不賓滅，以至今。我未定天保，何暇寐！」王曰：「定天保，依天室，悉求夫惡，貶從殷王受。日夜勞來定我西土，我維顯服，及德方明。自洛汭延于伊汭，居易毋固，其有夏之居。我南望三塗，北望嶽鄙，顧詹有河，粤詹雒、伊，毋遠天室。」營周居于雒邑而後去。縱馬於華山之陽，放牛於桃林之虚；偃干戈，振兵釋旅，示天下不復用也。【略】成王在豐，使召公復營洛邑，如武王之意。周公復卜申視，卒營築，居九鼎焉。曰：「此天下之中，四方入貢道里均。」作《召誥》、《洛誥》。成王既遷殷遺民，周公以王命告，作《多士》、《無佚》。召公爲保，周公爲師，東伐淮夷，殘奄，遷其君薄姑。成王自奄歸，在宗周，作《多方》。既絀殷命，襲淮夷，歸在豐，作《周官》。興正禮樂，度制於是改，而民和睦，頌聲興。成王既伐東夷，息慎來賀，王賜榮伯，作《賄息慎之命》。

王應麟《通鑒地理通釋》卷四《周都》 武王徙都鎬。封文王子於酆。《括地志》：鎬在雍州西南三十二里，滈水源出長安縣西北滈池。《長安志》：在縣西北十八里。《通典》：今長安縣昆明池北，鎬陂是也。《詩》：宅是鎬京。《後漢志》：鎬在京兆上林苑中。孟康云：長安西南有鎬池。《水經注》：鎬水上承鎬池於昆明池北。《郡縣志》：周武王宫，即鎬京也。在長安縣西北十八里。自漢武帝穿昆明池於此，鎬京遺趾淪陷焉。《穆天子傳》：之于宗周。注：鎬京也。《通志》：周地西迫戎，俗自岐之豐，自豐之鎬是西遠戎而東，即華也。程氏曰：伐商作洛皆步自宗周而往，以其事告于豐廟。康有酆宫之朝。康王雖仍都鎬，其受朝仍在豐地。及伐紂，營洛邑，而定鼎焉。今洛陽西南洛水之北，有鼎中觀是也。

周平王都洛邑

《尚書・周書・洛誥》 戊辰，王在新邑。傳：成王既受周公誥，遂就居洛邑，以十二月戊辰晦到。烝祭歲，文王騂牛一，武王騂牛一。王命作册逸祝册，惟告周公其後。

《逸周書》卷五《作雒解第四十八》 周公敬念于後（日）〔曰〕：予畏同室克追，俾中天下。及將致政，乃作大邑成周于土中。〔立〕城方千七百二十丈，郛方七百里，南繫于洛水，（地）〔北〕因于郟山，以爲天下之大湊。制郊甸方六百里，（國）〔因〕西土爲方千里，分以百縣，縣有四郡，郡有〔四〕鄙。大縣〔立〕城，方王城三之一；小縣立城，方王城九之一。都鄙不過百室，以便野事。

《史記·周本紀》 平王立，東遷于雒邑，辟戎寇。平王之時，周室衰微，諸侯彊并弱，齊、楚、秦、晉始大，政由方伯。【略】太史公曰：學者皆稱周伐紂，居洛邑，綜其實不然。武王營之，成王使召公卜居，居九鼎焉，而周復都豐、鎬。至犬戎敗幽王，周乃東徙于洛邑。所謂「周公葬（我）〔於〕畢」，畢在鎬東南杜中。秦滅周。漢興九十有餘載，天子將封泰山，東巡狩至河南，求周苗裔，封其後嘉三十里地，號曰周子南君，比列侯，以奉其先祭祀。

《後漢書》志第一九《郡國志一》 河南，周公時所城雒邑也，春秋時謂之王城。《博物記》曰：「王城方七百二十丈，郛方（七）〔一〕十里，南望雒水，北至陝山。」

《後漢書》志第一九《郡國志一》 雒陽，周時號成周。《公羊傳》曰：「成周者何？東周也。」何休曰：「周道始成，王之所都也。」《帝王世紀》曰：「城東西六里十一步，南北九里一百步。」《晉元康地道記》曰：「城內南北九里七十步，東西六里十步，爲地三百（里）〔頃〕一十二畝有三十六步。」

王應麟《詩地理攷》卷二《王》 《括地志》：王城，一名河南城，本郟鄏，周公新築，在河南縣北九里苑內東北隅。自平王以下十二王皆都此城，至敬王乃遷都成周，故城在洛陽縣東北二十六里，周公所築。赧王又居王城。《左傳》：桓七年，王遷盟向民于郟。襄二十四年齊人城郟。

王應麟《通鑒地理通釋》卷四《周都》 平王徙居洛。《洛誥》：所謂新邑也。呂氏曰：平王定都王城。《地理志》：初，雒邑與宗周通，封畿東西長而南北短，短長相覆爲千里。至襄王以河內賜晉文公，又爲諸侯所侵，故其分壥小。

呂祖謙《呂氏家塾讀詩記》卷七《王》 鄭氏《詩譜》曰：王城者，周東都王城。畿內方六百里之地，其封域在《禹貢》豫州太華外方之間，北得河陽，漸冀州之南。始武王作邑於鎬京，謂之宗周，是爲西都。成王在豐，欲宅洛邑。使召公先相宅，既成，謂之王城。是爲東都。今河南是也。召公既相宅，周公往營成周，今洛陽是也。成王居洛邑，遷殷頑民於成周，復還歸處西都。朱氏曰：成王營洛邑，爲時會諸侯之所，以其土中，四方來者道路均故也。自是豐鎬爲西都。至十一世，幽王嬖褒似，生伯服，廢申后，太子宜臼奔申。申侯與犬戎攻宗周，殺幽王。于戲！晉文侯、鄭武公迎宜臼于申而立之，是爲平王。以亂故，徙居東都王城。於是王室之尊與諸侯無異，其詩不能復雅，故貶之，謂之王國之變風。

周敬王都成周

《春秋左傳·昭公二十六年》 經：冬十月，天王入于成周。傳：冬十月丙申，王起師于滑。辛丑，在郊，遂次于尸。十一月辛酉，晉師克鞏。召伯盈逐王子朝。王子朝及召氏之族、毛伯得、尹氏固、南宮嚚奉周之典籍以奔楚。陰忌奔莒以叛。召伯逆王于尸，及劉子、單子盟。遂軍圉澤，次于隄上。癸酉，王入于成周。甲戌，盟于襄宮。晉師使成公般戍周而還。十二月癸未，王入于莊宮。

《春秋左傳·昭公三十二年》 秋八月，王使富辛與石張如晉，請城成周。天子曰：「天降禍于周，俾我兄弟並有亂心，以爲伯父憂。我一二親昵甥舅不遑啓處，於今十年。勤戍五年。余一人無日忘之，閔閔焉如農夫之望歲，懼以待時。伯父若肆大惠，復二文之業，弛周室之憂，徼文、武之福，以固盟主，宣昭令名，則余一人有大願矣。昔成王合諸侯城成周，以爲東都，崇文德焉。今我欲徼福假靈于成王，脩成周之城，俾戍人無勤，諸侯用寧，蝥賊遠屏，晉之力也。其委諸伯父，使伯父實重圖之，俾我一人無徵怨于百姓，而伯父有榮施，先王庸之。」范獻子謂魏獻子曰：「與其戍周，不如城之。天子實云，雖有後事，晉勿與知可也。從王命以紓諸侯，晉國無憂，是之不務，而又焉從事？」魏獻子曰：「善。」使伯音對曰：「天子有命，敢不奉承以奔告於諸侯，遲速衰序，於是焉在。」

冬十一月，晉魏舒、韓不信如京師，合諸侯之大夫于狄泉，尋盟，且令城成周。魏子南面。衛彪傒曰：「魏子必有大咎。干位以令大事，非其任也。《詩》曰『敬天之怒，不敢戲豫；敬天之渝，不敢馳驅』，況敢干位以作大事乎？」

己丑，士彌牟營成周，計丈數，揣高卑，度厚薄，仞溝洫，物土方，議遠邇，量事期，計徒庸，慮材用，書餱糧，以令役於諸侯。屬役賦丈，書以授帥，而效諸劉子。韓簡子臨之，以爲成命。

《春秋左傳·定公元年》 元年春王正月辛巳，晉魏舒合諸侯之大夫于狄泉，將以城成周。魏子涖政。衛彪傒曰：「將建天子，而易位以令，非義也。大事奸義，必有大咎。晉不失諸侯，魏子其不免乎！」是行也，魏獻子屬役於韓簡子及原壽過，而田於大陸，焚焉，還，卒於寧。范獻子去其柏椁，以其未復命而田也。孟懿子會城成周，庚寅，栽。宋仲幾不受功，曰：「滕、薛、郳，吾役也。」薛宰曰：「宋爲無道，絕我小國於周，以我適楚，故我常從宋。晉文公爲踐土之盟，曰：『凡我同盟，各復舊職。』若從踐土，若從宋，亦唯命。」仲幾曰：「踐土固然。」薛宰曰：「薛之皇祖奚仲居薛，以爲夏車正，奚仲遷于邳，仲虺居薛，以爲湯左相。若復舊職，將承王官，何故以役諸侯？」仲幾曰：「三代各異物，薛焉得有舊？爲宋役，亦其職也。」士彌牟曰：「晉之從政者新，子姑受功，歸，吾視諸故府。」仲幾曰：「縱子忘之，山川鬼神其忘諸乎？」士伯怒，謂韓簡子曰：「薛徵於人，宋徵於鬼。宋罪大矣。且己無辭，而抑我以神，誣我也。『啓寵納侮』，其此之謂矣。必以仲幾爲戮。」乃執仲幾以歸。三月，歸諸京師。城三旬而畢，乃歸諸侯之戍。齊高張後，不從諸侯。晉女叔寬曰：「周萇弘、齊高張皆將不免。萇叔違天，高子違人。天之所壞，不可支也。」

《**春秋左傳・隱公元年**》及莊公即位，爲之請制。公曰：「制，巖邑也，虢叔死焉。佗邑唯命。」請京，使居之，謂之京城大叔。祭仲曰：「都城過百雉，國之害也。」方丈曰堵，三堵曰雉。一雉之墻，長三丈，高一丈。侯伯之城，方五里，徑三百雉，故其大都不得過百雉。

《**春秋左傳・僖公二年**》二年春王正月，城楚丘。

《**春秋左傳・僖公二十年**》二十年春，新作南門。書，不時也。凡啓塞，從時。

《**春秋左傳・成公六年**》晉人謀去故絳，諸大夫皆曰：「必居郇、瑕氏之地，沃饒而近盬，國利君樂，不可失也。」韓獻子將新中軍，且爲僕大夫。公揖而入。獻子從。公立於寢庭，謂獻子曰：「何如？」對曰：「不可。郇、瑕氏土薄水淺，其惡易覯。易覯則民愁，民愁則墊隘，於是乎有沈溺重膇之疾。不如新田，土厚水深，居之不疾，有汾、澮以流其惡，且民從教，十世之利也。夫山、澤、林、盬，國之寶也。國饒，則民驕佚。近寶，公室乃貧。不可謂樂。」公說，從之。夏四月丁丑，晉遷于新田。

《**春秋穀梁傳・昭公三十二年**》冬，仲孫何忌會晉韓不信、齊高張、宋仲幾、衛大叔申、鄭國參、曹人、莒人、邾人、薛人、杞人、小邾人城成周。傳：天子微，諸侯不享覲。天子之在者，惟祭與號。釋曰：於此乃言周衰變之正，重復起傳何？解平、桓之世，唯復禮樂出自諸侯，諸侯猶有享覲之心。襄王雖復出居，猶賴晉文之力。札子雖云矯殺，王威未甚屈辱。至於景王之崩，嫡庶交争，宋、衛外附，楚亦内侮。天子獨立成周，政教不行天下，諸侯無桓、文之霸，不能致力於京師，權柄委于臣手，故大夫相率而城之。比之在禮，故釋不異辭，因變正也。故諸侯之大夫，相帥以城之，此變之正也。

《**春秋穀梁傳・定公二年**》夏，五月，壬辰，雉門及兩觀災。傳：其不曰雉門災及兩觀，何也？災自兩觀始也，不以尊者親災也。先言雉門，尊尊也。

冬，十月，新作雉門及兩觀。傳：言新，有舊也。作，爲也，有加其度也。此不正，其以尊者親之，何也？雖不正也，於美猶可也。

《**春秋穀梁傳・僖公二年**》二年，春，王正月，城楚丘。傳：楚丘者何？衛邑也。國而曰城，此邑也，其曰城，何也？封衛也。則其不言城衛，何也？衛未遷也。其不言衛之遷焉，何也？不與齊侯專封也。其言城之者，專辭也。故非天子不得專封諸侯。諸侯不得專封諸侯，雖通其仁，以義而不與也。故曰，仁不勝道。釋曰：楚丘何嫌非衛而傳言者，以無遷衛之文，故發之也。傳知是衛者，以《詩》云「作于楚宫」，故知之也。此云不言遷，不與齊侯專封，而元年城邢，美齊侯之功者，彼邢遷之後始城，則城者修舊之辭，非始立之稱，故可以美於齊桓。今衛國已滅，始城楚丘而國未遷，經先言城，後言遷，則是齊桓城而遷之，故不與專封也。然城鄭虎牢是邑，知楚丘非邑者，《詩》稱「楚宫」，明知非邑也。

《**春秋穀梁傳・僖公二十年**》二十年，春，新作南門。傳：作，爲也，有加其度也。言新，有故也，非作也。南門者，法門也。

夏，郜子來朝。五月，己巳，西宫災。傳：謂之新宫，則近爲禰宫。以謚言之，則如疏之然，以是爲閔宫也。釋曰：傳知之者，以若是禰宫，當言新宫，若是疏祖之宫，又須言謚，此在親疏之間，故知是閔宫也。

《**春秋公羊傳・定公二年**》夏，五月，壬辰，雉門及兩觀災。傳：其言雉門及兩觀災何？兩觀微也。然則曷爲不言雉門災及兩觀？主災者兩觀也。主災者兩觀，則曷爲後言之？不以微及大也。何以書？記也。【略】冬，十月，新作雉門及兩觀。傳：其言新作之何？脩大也。脩舊不書，此何以書？譏。何譏爾？不務乎公室也。

《**通志**》**卷四一**《**都邑略第一・都邑序**》周都：周本扶風郡之地名，后稷始封於此，其所居之地謂之邰。公劉遷於豳，豳亦作邠。大王避狄，去豳居岐。及文王德業光大，作邑於豐，而典治南國。武王有天下，乃居鎬京。豐在豐水之西，鎬在豐水之東。周地西迫戎俗，自岐之豐，自豐之鎬，是西遠戎而東即華也。武王克商，乃遷九鼎于郟鄏，至成王始定鼎于此，而城之以爲東都，謂之王城。及三監導紂子武庚叛，成王乃命周公營洛邑，遷商之頑民於此，謂之成周。自武王十一世至幽王，爲犬戎所滅。太子宜臼徙居王城，謂之東周，是爲平王。東徙之後，則以王城爲周，而以鎬京爲宗周。自平王十三世至敬王，有王子朝之難，王城墮廢，又遷成周。成周在東，河南在西，又以王城爲西周，成周爲東周。故《公羊》曰：「王城者，西周也。」由春秋後至赧王時，周分爲二，而赧王復居王城爲西周。考王弟桓公之孫惠公，居成周爲東周。郃，今武功縣斄城是也。豳，班固云「栒邑有豳鄉」，按栒邑故城在今邠州三水縣東北，或云三水西南三十里有古豳城是也。岐，今鳳翔岐山是也。豐、鎬，皆水名，豐在今永興鄠縣東南，鎬去豐二十里。王城，今河南縣。成周，今洛陽縣。

顧起元《説略》卷二《方輿》 《戰國策》注辨證東西二周詳矣，而宋劉忠定《元城語録》曰東西二周，通封畿宗周，鎬京也，地方八百里，八八六十四，爲方百里者，六十四也。洛邑，成周也，方六百里，六六三十六，爲方百里者，三十六也。二都得方百里者百，爲方千里也。故《詩》曰「邦畿千里」。東西長而南北短，短長相覆爲千里。此周武王時也。至幽王時，宗周滅，所謂方八百里失之矣。及平王東遷洛邑，則方六百里爾。明邵文莊《簡端録》又曰：昭公二十六年天王入於成周。成周，下都也。王既入成周矣，曷不遂入王城也，子朝之餘黨在焉故也。故萇弘之建議城成周也。謂之遷都，蓋其任怨也大矣，非忠之至者。其孰能如此。或者不知王城、成周爲二，遂以入成周爲入于京師，使遷都之説卒無所歸，而弘之忠不白于後世。《洛誥》曰：我卜澗水東，瀍水西，是謂王城。又曰：我又卜瀍水東，是謂成周。嗚呼，地之不考，乃害于義如此哉！均可以補前注也。

徐松《河南志・周城古蹟》 城闕宫殿。河南府古城特衆，《書》謂周公、召公卜澗水東、瀍水西，惟洛食者，所築乃周王城。即武王謂爲天室、定鼎於郟鄏之所。又卜瀍水東，亦惟洛食者，所築乃成周下都，周處殷民。兩城東西相去四十里。而王城西近澗水，南臨洛水，平王東遷宅是。靈王時，穀洛鬭，將毁王宫是已。蓋穀水即澗水也。至隋煬，聽蘇威言，南當伊闕，東去王城五里爲宫。大業十三年，遂平毁王城。而皇城處城西偏，外築宫城。宫城東復爲東城。又南跨洛水，北距邙嶺，大爲羅城。而洛貫其中，以象天津，號紫微城。唐、五代、宋因之。其留守分司、御史臺、漕運使司、河南府、河南縣，皆在水南。金於正大初築城，東臨瀍水，南仍承福門迤東，西據東城之西故皇城，北縮於東城之郛僅一里，爲中京金昌府，置留守司。凡官署公廨悉自水南徙人，實今府城也。周下都，至敬王避子朝之亂，遷居之。以其狹小，晉魏舒會諸侯，毁狄泉而大之。有南北宫，漢高祖欲都此。聽婁敬、張良之言，遂都長安。至光武竟都之。歷魏、晉、元魏，皆以爲都。唐日尚佳，今爲丘墟矣。大抵周、召營卜之城，今皆夷蕩或半存。兹輯《洛陽志》，至城闕、宫殿，迺爲詳著之，庶幾後人易喻云。又云：王城即武王克商，遷九鼎于洛邑，言毋遠天室者。周公、成王成其志，召公實先經理之。乃卜澗水東、瀍水西，惟洛食，爲朝會之地。周公留後治之，至平王東遷都此，蓋河南府路。《周書》曰：周公作大邑成周，于土中立城，方千六百二十丈，郛方七十二里，南繫于洛水，北因于郟山，以爲天下之大制。《博物記》曰：王城方七百二十丈，郛方七十里，南望洛水，北至郟山。《春秋左氏傳》襄二十四年：齊人城郟。杜預曰：郟，王城也。按《周書》云成周，蓋誤，當爲王城也。

面有三門，凡十二門：南城門曰圉門，東城門曰鼎門，《帝王世紀》曰：東南門名鼎門，蓋九鼎所從入。北城門曰乾祭，《春秋左氏傳》昭二十四年：晉侯使士景伯涖問周故，士伯立于乾祭(面)〔而〕問於介衆。杜預曰：乾祭，王城北門。介，大也。酈元《水經注》曰：子朝之亂，晉所開也。餘名不傳。每門三涂：男子由右，女子由左，車從中。南北之道爲經，東西之道爲緯。涂闊二十步。

王宫當中涂之經。左祖右社，面朝後市。王宫有五門：曰路門、應門、雉門、庫門、臯門。宫有六寢：前曰路寢，餘五寢居後，總曰燕寢。東北一寢，春居之。東南一寢，夏居之。西北二寢，秋、冬居之。中央一寢，季夏居之。其内有后之六寢，九嬪以下分居之。近郊三十里之地爲明堂，以祀文王、事上帝。高三丈，東西九筵，南北七筵，堂崇一筵。九堂十二室。每堂四户、八牖。其宫方一百步。左巷。杜預曰：近東城。

又《志》云：成周之城，周之下都也。即周公、成王患四方之遠，監三監之叛，又卜瀍水東，惟洛食，作此以處商民，欲徙周而居之。至敬王避子朝之亂，遷於是。及敬王徙都，晉侯合諸侯于狄泉，始大其城。《帝王世紀》曰：敬王避子

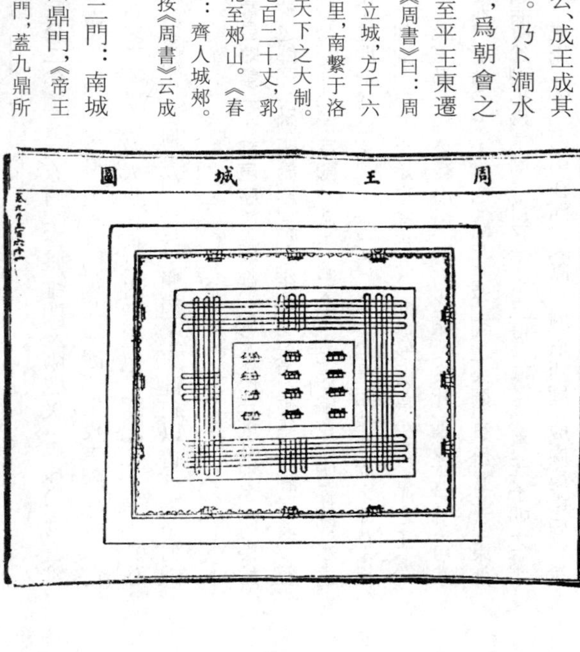

周王城圖

朝之亂，東居成周。故《春秋》稱率諸侯之徒修繕其城。以成周小，不受王都，故壞狄泉而廣焉。又曰：城東西六里十一步，南北九里一百步。晉《元康地道記》曰：王城去洛城四十里。城内南北九里七十步，東西六里十步，爲地三百頃一十二畝三十六步。陸機《洛陽記》曰：洛陽城，周公所制。東西十里，南北十三里。城上百步有一樓櫓，外有溝渠。華延儁《洛陽記》曰：洛陽蓋周敬王所都之地，所謂東周也。後漢、魏、晉、隋並都於此城。東西七里，南北九里。按，成周即漢洛陽縣。陸機所謂洛陽城蓋成周也。今故洛陽城即成周之城，舊址尚存。俗傳東西六里，南北九里，亦曰「九六城」。與《帝王世紀》、《元康地道記》不異。

宣榭。講武屋也。襄宮。襄王廟也。吕温《古東周城銘并序》：魯昭公三十二年，周萇弘合諸侯之大夫城成周。晉女叔寬曰：天之所壞，不可支也。萇弘逮天，必受其咎。異歲，周人殺萇弘，左氏明徵，以爲世規。俾持顛之臣，沮其勝氣。非所以勵尊王、垂大順也。予經其地而作是銘：文王受命，肇興西土。周公作洛，始會風雨。居［中］正本，拓統開祚。盛則駿奔，衰則夾輔。平王東遷，九鼎已輕。二伯之後，時無義聲。大夫萇弘，言抗其傾。坐召諸侯，廓崇王城。雖微遠猷，實被令名。宜福而禍，何傷於明。立臣之本，委質定分。爲仁不卜，臨義不問。無天無神，唯道是信。國危必危，國滅不振。求而不獲，乃以死徇。興亡理亂，在德非運。罪之違天，不可以訓。升墟覽古，慨焉遐憤。勒銘頹隅，以勸大順。

汪之昌《青學齋集》卷一三《東西周世系都邑考》　《史記·周紀》：考王封其弟于河南，是爲桓公，以續周公之官職。桓公卒，子威公代立。威公卒，子惠公代立，乃封其少子于鞏，以奉王，號東周惠公。《正義》、《帝王世紀》考哲王封弟揭于河南，是爲西周桓公。據此，是西周爲考王所封，東周又西周桓公孫之少子分封，先後判然，初非同時并封。史公因記西周之封，而類叙東周與下，係東西周分治于王赧時。案分封當即分治，《志疑》言王赧時分治，追言之，義正相近。《紀》末秦昭王使將軍摎攻西周，西周君奔秦。又曰：秦遷西周公于𢠸狐。後七歲，秦莊襄王滅東西周，東西周皆入于秦。據此，西周雖出奔秦，西周公又爲秦遷，其亡實在七歲後，而與東周同時。嘗就《周紀》考之，叙述東西周未免同一簡略，而東周尤甚。

于西周以世系言，西周自桓公至惠公三世，謚號可稽。據《紀》，王赧時有西周武公，《集解》徐廣曰：惠公之長子。遷𢠸狐之西周公，《索隱》：蓋武公之太子文公。是西周先後五君，具見《紀》中。東周自惠公後爲君者，名謚均未著見。《志疑》：《國策》有文君，即《呂氏春秋》、《淮南子》、《人表》所稱昭文君，《紀》曾未一見。

以都邑言，《紀》但云封于河南者西周，封于鞏者東周。是河南乃西周所都，鞏乃東周所都。西周君之奔秦也，盡獻其邑三十六，東周之邑則無聞。案《辨東西二周大事記》説最明，謂考王初立，封其弟揭于河南，是爲河南桓公。河南即郟鄏，武王遷九鼎，周公以爲都，是爲王城洛陽。周公所營下都，以遷頑民，是爲成周。平王東遷，定都王城。王子朝之亂，敬王徙都成周。至考王，以王城故地封桓公。平王東遷之後，所謂西周者，豐鎬也。東周者，東都也。威烈王以後，所謂西周者，河南也。東周者，洛陽也。考王十五年，河南惠公復自封其少子班于鞏。顯王二年，趙與韓分周爲二，于是東西各爲列國。是二周都所瞭如。考《晉書·地理志》河南郡鞏注：戰國時有東西周。芒山、首陽其界也。則東西二周分界，《晉志》固嘗確指其處。《周紀》集解徐廣曰：周比亡之時，凡七縣：河南、洛陽、谷城、平陰、偃師、鞏、緱氏。殆謂周亡時僅此七邑，非謂分此七邑以爲二周。《國策》鮑彪注：河南止緱氏。案西周雖微，儼然與于列國，當不獨緱氏一縣。西周之亡，《紀》言獻其邑三十六，此尤明證。考杜佑《通典》，洛陽、平陰、偃師、鞏四邑屬東周，河南、緱氏、谷城三邑屬西周。亦就七邑約其概考之。《周紀》：王赧謂成君。案《急就篇》注：成者，周之采地，卿士所食，成肅公、簡公、桓公是也。則成固當時周邑。蘇代説韓與周高都，徐廣曰：今河南新城縣高都城也。與《續漢郡國》河南尹新城縣有高都城正合。考《竹書紀年》，梁惠成王三十七年，東周與鄭高都，是高都本屬東周。秦客謂周最以應爲太后養地。徐廣謂《地理志》應，今潁川父城縣應鄉，即《水經注》所稱應侯之國。《索隱》：《戰國策》作「原」。原，周地，即本《國策》高誘注。案《左傳》注，應國在襄陽城父縣西南，戰國時似非周地。據《郡國志》，河内軹縣有原鄉。《括地志》：故原城在懷州濟源西北。揆之西周地形差近。西周與諸侯約從，出伊闕攻秦。考《左傳》昭二十六年：使女寬守闕塞。注：洛陽西南伊闕口也。其地阻阨可恃，抑亦西周巖邑矣。其散見《國策》者：《西周策》：楚兵在山南。高注：在周之山南。案當時周境之山，在今洛陽縣南有伊闕、太谷諸山，在今偃師縣南者有轘轅諸山，在今鞏縣南者有外方、少室諸山，皆與楚相望，朝發而夕至不難。《楚請道章》：除道屬之于河。考《水經注》：河水自大陽縣南，東過砥柱，又東過平陰縣北，又東過平縣北，又東徑河陽縣故城南，又東徑洛陽縣道，而周邑率皆濱河。《犀武敗于伊闕章》：魏王因使孟卯致温囿于周君。高注：温囿，今在河内。據《策》，則地嘗屬周。《秦策》張儀請伐周云：塞轘轅、緱氏之險。案《郡國志》緱氏縣有轘轅關。《左傳》襄二十一年：使侯出諸轘轅。《孔疏》：轘轅山，在緱氏縣東南三十里。與《續漢志》亦合，是周舊于斯設關。秦武王欲車通三川，以闚周室。高注：三川，義陽川。周室洛邑王城，今河南縣。案義陽即宜陽，張儀謂秦攻新城、宜陽，以臨二周之郊，可見與周逼處。《謂秦王章》：朝天子于孟津。鮑注：在河内河陽縣南。考《書》疏，孟是地名，津是渡處，在孟地置津，謂之孟津，與孟津縣同名異地。孟津縣在河南，漢爲河陰，今屬河南府。孟津在河北，漢爲河陽縣，今爲孟縣，屬懷慶府，中隔大河。孟津與河陽又非一地，河陽故城在今孟縣西三十五里，孟津在今孟縣南十八里，然則當日周地自是孟津矣。其有注家不云周地，而實爲周地者：《韓策・公仲使韓珉之秦章》：韓侈在唐。考《左傳》昭二十三年，尹辛敗劉師于唐。注：周邑。是唐爲周邑。《郡國志》河南尹雒陽有唐聚，大抵爲自韓之秦所必經，故韓侈處之。

是東西周地可考者如斯，恐亦不必止斯。正猶東西周世系見于紀載者，西周統五傳，東周乃再傳。據《趙世家》，與韓分周爲兩，當顯王二年。即《周紀》西周惠公封其少子爲東周惠公，而西周惠公之長子武公與王赧同卒，東周惠公傳其子文君而滅于秦，計顯王二年迄王赧後之七歲，凡一百二十年。二周各以父子兩代延之，不無可疑。《索隱》：周室衰微，略無紀録。此則尤有俟于考定者爾。

秦始皇都咸陽

《毛詩注疏・毛詩譜・秦譜》　秦者，隴西谷名，於《禹貢》近雍州鳥鼠之山。堯時有伯翳者，實臯陶之子，佐禹治水。水土既平，舜命作虞官，掌上下草木鳥獸，賜姓曰嬴。歷夏、商興衰，亦世有人焉。周孝王使其末孫非子養馬於汧、渭之間。孝王爲伯翳能知禽獸之言，子孫不絶，故封非子爲附庸，邑之於秦谷。至曾孫秦仲，宣王又命作大夫，始有車馬禮樂侍御之好。國人美之，翳之變風始作。秦仲之孫襄公，平王之初，興兵討西戎以救周。平王東遷王城，乃以岐、豐之地賜之，始列爲諸侯。遂横有周西都宗周畿内八百里之地。其封域東至迆山，在荆岐終南惇物之野。至玄孫德公又徙於雍云。

《史記》卷六《秦始皇本紀》　〔始皇〕三十五年，除道，道九原抵雲陽，塹山堙谷，直通之。於是始皇以爲咸陽人多，先王之宫廷小，吾聞周文王都豐，武王都鎬，豐、鎬之間，帝王之都也。乃營作朝宫渭南上林苑中。先作前殿阿房，東西五百步，南北五十丈，上可以坐萬人，下可以建五丈旗。

佚名《三輔黄圖》卷一《咸陽故城》　自秦孝公至始皇帝、胡亥，並都此城。案孝公十二年作咸陽，築冀闕，徙都之。始皇二十六年，徙天下高貲富豪於咸陽十二萬户。諸廟及臺苑，皆在渭南。秦每破諸侯，徹其宫室，作之咸陽北坂上。南臨渭，自雍門以東至涇、渭，殿屋複道周閣相屬，所得諸侯美人鐘鼓以充之。二十七年作信宫渭南，已而更命信宫爲極廟，象天極。自極廟道通驪山，作甘泉前殿，築甬道，自咸陽屬之。始皇窮極奢侈，築咸陽宫，因北陵營殿，端門四達，以制紫宫，象帝居。引渭水灌都，以象天漢。横橋南渡，以法牽牛。橋廣六丈，南北二百八十步，六十八間，八百五十柱，二百一十二梁。橋之南北隄，繳立石柱。咸陽北至九嵕、甘泉，南至鄠、杜，東至河，西至汧、渭之交，東西八百里，南北四百里，離宫別館，相望聯屬。木衣綈綉，土被朱紫，宫人不移，樂不改懸，窮年忘歸，猶不能徧。

王應麟《通鑒地理通釋》卷四《秦都》　孝公作爲咸陽，築冀闕徙都之。《世紀》：漢元年更名新城，屬扶風，後並於長安。故太史公曰：長安，故咸陽也。元鼎三年，復別爲渭城，今長安西北渭水陽有故城。《西京賦》：秦里其朔，寔爲咸陽。《括地志》：咸陽故城亦名渭城，在雍州咸陽縣東十五里，京城北四十五里，即秦徙都者。今咸陽縣，古之杜郵。劉伯莊云：冀，猶記事；闕，猶象魏也。始皇置酒咸陽宫，營作朝宫渭南上林苑中，先作前殿阿房，爲閣道，自殿下直抵南山。爲複道，自阿房渡渭，屬之咸陽。自孝公至子嬰十世居咸陽。

《〔乾隆〕西安府志》卷五四《古蹟志上・宫闕》　咸陽城，《雍勝略》：在咸陽縣東二十里。《黄圖》：自秦孝公至始皇帝、胡亥並都此城。案：孝公十二年，築冀闕徙都之。始皇徙天下高貲富豪於咸陽十二萬户。引渭水灌都，以象天漢。横橋南渡，以法牽牛。咸陽北至九嵕、甘泉，南至鄠杜，東至河，西至汧、渭之交。東西八百里，南北四百里。離宫別館，相望聯屬。木衣綈綉，土被朱紫。宫人不移樂，不改懸，窮年忘歸，猶不能徧。《雍録》：咸陽，孝公所都，在漢長安西北。惟《元和志》則曰：正東微南。古語：山南水北曰陽。秦都若舉其几，則在九嵕諸山之南，渭水之北，而其實跨渭水。諸書皆謂始皇引渭水灌都，以象天漢；横橋南渡，以法牽牛，可見渭之兼在都南矣。猶謂山水皆陽者，不過以秦之朝市宫苑皆在渭北，實則咸陽之名，兼踰渭南也。

漢高祖都長安

《漢書》卷一上《高帝紀第一上》　〔秦二世元年〕二月，羽自立爲西楚霸王，王梁、楚地九郡，都彭城。背約，更立沛公爲漢王，王巴、蜀、漢中四十一縣，都南鄭。三分關中，立秦三將：章邯爲雍王，都廢丘；司馬欣爲塞王，都櫟陽；董翳爲翟王，都高奴。楚將瑕丘申陽爲河南王，都洛陽。趙將司馬卬爲殷王，都朝歌。當陽君英布爲九江王，都六。懷王柱國共敖爲臨江王，都江陵。番君吴芮爲衡山王，都邾。故齊王建孫田安爲濟北王。徙魏王豹爲西魏王，都平陽。徙燕王韓廣爲遼東王。燕將臧荼爲燕王，都薊。徙齊王田市爲膠東王。齊將田都爲齊王，都臨菑。徙趙王歇爲代王。趙相張耳爲常山王。漢王怨羽之背約，欲攻之，丞相蕭何諫，乃止。【略】漢王如陜，鎮撫關外父老。河南王申陽降，置河南郡。使韓太尉韓信擊韓，韓王鄭昌降。十一月，立韓太尉信爲韓王。漢王還歸，都櫟陽，使諸將略地，拔隴西。以萬人若一郡降者，封萬户。繕治河上塞。故秦苑囿園池，令民得田之。

《漢書》卷一下《高帝紀第一下》　春正月，追尊兄伯號曰武哀侯。下令曰：「楚地已定，義帝亡後，欲存恤楚衆，以定其主。齊王信習楚風俗，更立爲楚王，王淮北，都下邳。魏相國建城侯彭越勤勞魏民，卑下士卒，常以少擊衆，數破楚軍，其以魏故地王之，號曰梁王，都定陶。」又曰：「兵不得休八年，萬民與苦甚，今天下事畢，其赦天下殊死以下。」【略】〔秦二世七年〕二月，至長安。蕭何治未央宫，立東闕、北闕、前殿、武庫、大倉。上見其壯麗，甚怒，謂何曰：「天下匈匈，勞苦數歲，成敗未可知，是何治宫室過度也！」何曰：「天下方未定，故可因以就宫室。且夫天子以四海爲家，非令壯麗，亡以重威，且亡令後世有以加也。」上説。自櫟陽徙都長安。置宗正(宫)〔官〕以序九族。夏四月，行如雒陽。

《漢書》卷四〇《張良傳》　劉敬説上都關中，上疑之。左右大臣皆山東人，多勸上都雒陽：「雒陽東有成皋，西有殽黽，背河鄉雒，其固亦足恃。」良曰：「雒陽雖有此固，其中小，不過數百里，田地薄，四面受敵，此非用武之國。夫關中左殽函，右隴蜀，沃野千里，南有巴蜀之饒，北有胡苑之利，阻三面而固守，獨以一面東制諸侯。諸侯安定，河、渭漕輓天下，西給京師；諸侯有變，順流而下，足以委輸。此所謂金城千里，天府之國。劉敬説是也。」於是上即日駕，西都關中。

《漢書》卷四三《婁敬傳》　婁敬，齊人也。漢五年，戍隴西，過雒陽，高帝在焉。敬脱輓輅，見齊人虞將軍曰：「臣願見上言便宜。」虞將軍欲與鮮衣，敬曰：「臣衣帛，衣帛見，衣褐，衣褐見，不敢易衣。」虞將軍入言上，上召見，賜食。已而問敬，敬説曰：「陛下都雒陽，豈欲與周室比隆哉？」上曰：「然。」敬曰：「陛下取天下與周異。周之先自后稷，堯封之邰，積德絫善十餘世。公劉避桀居豳。大王以狄伐故，去豳，杖馬箠去居岐，國人争歸之。及文王爲西伯，斷虞芮訟，始受命，吕望、伯夷自海濱來歸之。武王伐紂，不期而會孟津上八百諸侯，遂滅殷。成王即位，周公之屬傅相焉，乃營成周都雒，以爲此天下中，諸侯四方納貢職，道里鈞矣，有德則易以王，無德則易以亡。凡居此者，欲令務以德致人，不欲阻險，令後世驕奢以虐民也。及周之衰，分而爲二，天下莫朝周，周不能制。非德薄，形勢弱也。今陛下起豐沛，收卒三千人，以之徑往，卷蜀漢，定三秦，與項籍戰滎陽，大戰七十，小戰四十，使天下之民肝腦塗地，父子暴骸中野，不可勝數，哭泣之聲不絶，傷夷者未起，而欲比隆成康之時，臣竊以爲不侔矣。且夫秦地被山帶河，四塞以爲固，卒然有急，百萬之衆可具。因秦之故，資甚美膏腴之地，此所謂天府。陛下入關而都之，山東雖亂，秦故地可全而有也。夫與人鬬，不搤其亢，拊其背，未能全勝。今陛下入關而都，按秦之故，此亦搤天下之亢而拊其背也。」

高帝問羣臣，羣臣皆山東人，争言周王數百年，秦二世則亡，不如都周。上疑未能決。及留侯明言入關便，即日駕西都關中。於是上曰：「本言都秦地者婁敬，婁者劉也。」賜姓劉氏，拜爲郎中，號曰奉春君。

《漢書》卷九九下《王莽傳》　二年二月，更始到長安，下詔大赦，非王莽子，他皆除其罪，故王氏宗族得全。三輔悉平，更始都長安，居長樂宫。府藏完具，獨未央宫燒。攻莽三日，死則案堵復故。更始至，歲餘政教不行。明年夏，赤眉樊崇等衆數十萬人入關，立劉盆子，稱尊號，攻更始，更始降之。赤眉遂燒長安宫室市里，害更始。民飢餓相食，死者數十萬，長安爲虚，城中無人行。宗廟園陵皆發掘，唯霸陵、杜陵完。六月，世祖即位，然後宗廟社稷復立，天下艾安。

佚名《三輔黄圖》卷一《三輔沿革》　《禹貢》九州，舜置十二牧，雍其一也。古豐、鎬之地，平王東遷，以岐、豐之地賜秦襄公，至孝公始都咸陽。咸陽在九嵕山、渭水北，山水俱在南，故名咸陽。秦并天下，置内史以領關中。項籍滅秦，分其地爲三：以章邯爲雍王，都廢丘；司馬忻爲塞王，都櫟陽；董翳爲翟王，都高奴。謂之三秦。漢高祖入關，定三秦，元年更爲渭南郡，九年罷郡，復爲内史。

五年，高帝在洛陽，婁敬説曰：「夫秦地被山帶河，四塞以爲固，卒然有急，百萬衆可立具。因秦之故資，甚美膏腴之地，此所謂天府。陛下入關而都之，山東雖亂，秦故地可全而有也。」又田肯賀高帝曰：「陛下治秦中。秦形勢之國，帶河阻山，持戟百萬，秦得百二焉。地勢便利，其以下兵于諸侯，猶居高屋之上建瓴水也。」自是，漢始都之。景帝分置左右内史，此爲右内史。武帝太初元年改内史爲京兆尹，與左馮翊，右扶風，謂之三輔。其理俱在長安古城中。

佚名《三輔黄圖》卷一《三輔治所》 京兆，在故城南尚冠里。馮翊，在故城内太上皇廟西南。扶風，在夕陰街北。三輔者，謂主爵中尉及左、右内史。漢武帝改曰京兆尹、左馮翊，右扶風，共治長安城中，是爲三輔，三輔郡皆有都尉，如諸郡。京輔都尉治華陰，左輔都尉治高陵，右輔都尉治郿。

王莽分長安城旁六鄉，置帥各一人，分三輔爲六尉郡。渭城、安陵以西，北至旬邑、義渠十縣，屬京尉大夫，府居故長安寺。高陵以北十縣，屬師尉大夫，府居故廷尉府。新豐以東至湖十縣，屬翊尉大夫，府居城東。霸陵、杜陵以東至藍田，西至武功、鬱夷十縣，屬光尉大夫，府居城西。茂陵、槐里以西至汧十縣，屬扶尉大夫，府居城西。長陵、池陽以北至雲陽。役翊十縣，屬烈尉大夫，府居城北。後漢光武之後，扶風出治槐里，馮翊出治高陵。

佚名《三輔黄圖》卷一《漢長安故城》 漢之故都，高祖七年方修長安宫城，自櫟陽徙居此城，本秦離宫也。初置長安城，本狹小，至惠帝更築之。按惠帝元年正月，初城長安城。三年春，發長安六百里内男女十四萬六千人，三十日罷。城高三丈五尺，下闊一丈五尺。六月發徒隸二萬人常役，至五年復發十四萬五千人，三十日乃罷。九月城成，高三丈五尺，下闊一丈五尺，上闊九尺，雉高三坂，周回六十五里。城南爲南斗形，北爲北斗形，至今人呼漢京城爲斗城是也。《漢舊儀》曰：「長安城中，經緯各長三十二里十八步，地九百七十三頃，八街九陌，三宫九府，三廟，十二門，九市，十六橋。」地皆黑壤，今赤如火，堅如石。父老傳云，盡鑿龍首山土爲城，水泉深二十餘丈。樹宜槐與榆，松柏茂盛焉。城下有池，周繞廣三丈，深二丈，石橋各六丈，與街相直。

佚名《三輔黄圖》卷一《都城十二門》 長安城東出南頭第一門曰霸城門，民見門色青，名曰青城門，或曰青門。門外舊出佳瓜。廣陵人邵平，爲秦東陵侯，秦破爲布衣，種瓜青門外，瓜美，故時人謂之東陵瓜。《廟記》曰：「霸城門，亦曰青綺門。」《漢書》王莽天鳳三年，霸城門災，莽更霸城門曰仁壽門無疆亭。

長安城東出第二門曰清明門，一曰籍田門，以門内有籍田倉，一曰凱門。《漢書》平帝元始四年「東風吹屋瓦且盡」，即此門也。《漢宫殿疏》曰：「第二門名城東門。」莽更名曰宣德門布恩亭。

長安城東出北頭第一門曰宣平門，民間所謂東都門。《漢書》曰：「成帝建始元年，有白蛾羣飛蔽日，從東都門至枳道。」又疏廣太傅、受少傅，上疏乞骸骨歸，公卿大夫爲設祖道，供張東都門外，即此門也。其郭門亦曰東都，即逢萌掛冠處也。王莽更名春王門正月亭。東都門至外郭亭十三里。

長安城南出東頭第一門曰覆盎門，一號杜門。《廟記》曰：「覆盎門與洛門，相去十三里二百一十步，門外有魯班輪所造橋，工巧絶世。」長樂宫在城中，近東直杜門，其南有下杜城。《漢書》集註云：「故杜陵之下聚落也，故曰下門。」又曰端門，北對長樂宫。《漢書》曰：「戾太子所斫覆盎門出奔湖。」王莽更名曰永清門長茂亭。

長安城南出第二門曰安門，亦曰鼎路門，北對武庫。王莽更名曰光禮門顯樂亭。

長安城南出第三門曰西安門，北對未央宫，一曰便門，即平門也。古者平便皆同字。武帝建元二年初作便門橋，跨渡渭水上，以趨陵，其道易直。《三輔決録》曰：「長安城西門曰便橋，橋北與門對，因號便橋。」王莽更名曰信平門誠正亭。

長安城西出南頭第一門曰章城門，《漢宫殿疏》曰：「章城門，漢城西面南頭第一門。」《三輔舊事》曰：「章門，一曰光華門，又曰便門。」《漢書》成帝元延元年，章城門牡自亡。（顔師古注云：牡所以下閉者也，亦以鐵爲之。）王莽改曰萬秋門億年亭。

長安城西出第二門曰直城門，《漢宫殿疏》曰：「西出南頭第二門也。」亦曰故龍樓門，門上有銅龍，本名直門，王莽更曰直道門端路亭。

長安城西出北頭第一門曰雍門，本名西城門，王莽改曰章義門著義亭。其水北入有亟里，民呼曰亟里門。

長安城北出東頭第一門曰洛城門，又曰高門。《漢宫殿疏》曰：「高門，長安北門也。」又名鸛雀臺門，外有漢武承露盤，在臺上。

長安城北第二門曰廚城門。長安廚在門内，因爲門名。王莽更名建子門廣世亭。

長安城北出西頭第一門曰横門，《漢書》虒上小女陳持弓走入光門，即此門也。門外有橋曰横橋。《漢書》作走入横城門。如淳曰：「横，音光。」

漢城門皆有候，門候主候時，謹啓閉也。《三輔決録》曰：「長安城，面三門，四面十二門，皆通達九逵，以相經緯，衢路平正，可並列車軌。十二門三塗洞闢，隱以金椎，周以林木。左右出入，爲往來之徑。行者升降，有上下之別。班固《西都賦》云：「披三條之廣路，立十二之通門。」又張衡《西京賦》云：「城郭之制，則旁開三門，參塗夷庭，方軌十二，街衢相經」是也。

《玉海》卷一六《漢都長安》　高紀五年二月甲午，即皇帝位于氾水之陽，帝乃西都洛陽。夏五月，戍卒婁敬求見，説上曰：陛下取天下與周異，而都雒陽不便，不如入關，據秦之固。上以問張良，良因勸上。是日車駕西都長安，拜婁敬爲奉春君，後九月，徙諸侯子關中，治長樂。

《〔乾隆〕西安府志》卷五四《古蹟志上・宫闕》　漢長安故城，馬志：在西安府城西北二十里。《黄圖》：高祖七年築長安宫城，自櫟陽徙居此城，本秦離宫也。初本狹小，至惠帝更築之。高三丈五尺，下闊一丈五尺，上闊九尺，雉高三坂，周迴六十五里。城南爲南斗形，北爲北斗形。今人呼爲斗城是也。《漢舊儀》曰：長安城中經緯各長三十二里十八步，九百七十三頃。八街，按：《長安志》有華陽、章臺、夕陰、香室、尚冠、太常、藁街、前街。《漢書》有熾盛街。九陌、三宫、九府、三廟、十二門、九市，按《長安志》内六市在道東，三市在道西。十六橋，水泉深二十餘丈。城下有池周繞，廣三丈，深二丈，石橋各六丈，與街相直。《三輔決録》：長安城面三門，四面十二門，皆通達九逵，以相經緯。《括地志》：長安在渭水南，隔渭水北對秦咸陽宫。漢於其地置未央宫，曰長安城，因名縣。《三秦記》：長安城中地皆黑壤，今城赤，且堅如金石。傳云，盡鑿龍首山土爲之，諸城闕皆然。《雍録》漢都長安，其城在渭之南，而咸陽之東南也。凡漢城之水，皆取諸昆明第一派。自西而東，横亘城南鼎路門。已而東折，以注青門。《水經注》謂之漕渠。至清明門外合王渠。第二支自城西面南來，于章門旁設爲飛渠，東入城注未央宫西滄池。池東逕石渠，天禄閣，桂宫、北宫、長樂宫皆用此水。滄池下流有石渠導水，周偏諸宫。自清明門出爲王渠，合漕渠北入渭。《長安圖志》：漢城，惠帝築。後趙石虎嘗修之。苻、姚、西魏宇文皆都之。隋開皇三年都龍首川，此城遂廢，至今猶曰楊家城。宣平門，《黄圖》長安城東出北頭第一門，即東都門。《漢書》疏：廣歸，公卿大夫爲設祖道供帳東都門外，即此。王莽更名春王門正月亭。《水經注》亦曰東城門。其郭門曰東都門，即逢萌掛冠處也。清明門，《黄圖》：長安城東出第二門。一曰籍田門，以門内有籍田倉。一曰凱門。《漢宫殿疏》曰：第二門名城東門，莽更名宣德門布恩亭。《長安志》：清明門外郭門曰東平門。霸城門，《黄圖》：長安城東出南頭第一門。《水經注》：王莽更名仁壽門無疆亭。門色青，又名青城門，或曰青綺門。亦曰青門。門外舊出佳瓜。《述異記》：景帝元年，有青雀羣飛於霸城門，乃改爲青雀門。更修飾刻木爲綺橑，雀去，因名青綺門。覆盎門，《黄圖》長安城南出東頭第一門，一號杜門。《廟記》曰：覆盎門與洛門相去十三里二百一十步。門外有魯班所造橋，工巧絶世。長樂宫在城中，近東直杜門。南有下杜城。《漢書》集注云：故杜陵之下聚落也，故曰下門。按《水經注》作「下杜門」。又曰：端門北對長樂宫，王莽更名永清門長茂亭。安門，《黄圖》長安城南出第二門，亦曰鼎路門。北對武庫。王莽更名光禮門顯樂亭。西安門，《黄圖》：長安城南出第三門，北對未央宫。一曰便門，即平門也。古者平、便同字。王莽更名信平門誠正亭。章城門，《黄圖》：長安城西出南頭第一門。《三輔舊事》曰：章門亦曰光華門，又曰便門。王莽更名萬秋門億年亭。直城門，《黄圖》：長安城西出第二門，亦曰故龍樓門，門上有銅龍。本名直門，王莽更名直道門端路亭。雍門，《黄圖》：長安城西出北頭第一門，本名西城門，王莽更名章義門著義亭。其水北入有函里，民呼曰函里門。洛城門，《黄圖》長安城北出東頭第一門，又曰高門。《漢宫殿疏》：高門，長安北門也，又曰鶴雀臺門。外有漢武承露盤在臺上。《水經注》北出西頭第三門，本名杜門，亦曰利城門。王莽更名進和門臨水亭。其水有客舍，故民曰客舍門，又曰洛門也。廚城門，《黄圖》：長安城北第二門，王莽更名建子門廣世亭。《水經注》廚門内有長安廚官在事，故城曰廚門。如淳曰：今名廣門。横門，《黄圖》：長安城北出西頭第一門，外有橋曰横橋。《水經注》：横門，王莽更名霸都門左幽亭。如淳曰：音光故曰光門。其外郭有都門，有棘門。徐廣曰：棘門在渭北。孟康曰：在長安北，秦時宫門也。《黄圖》曰：棘門在横門外。按《漢書》，徐厲軍於此。又有通門、亥門也。明堂，《黄圖》在長安城西南七里。《漢武帝紀》：武帝初即位，嚮儒術，以文學爲本，議立明堂于城南，以朝諸侯。

李好文《長安志圖》卷上

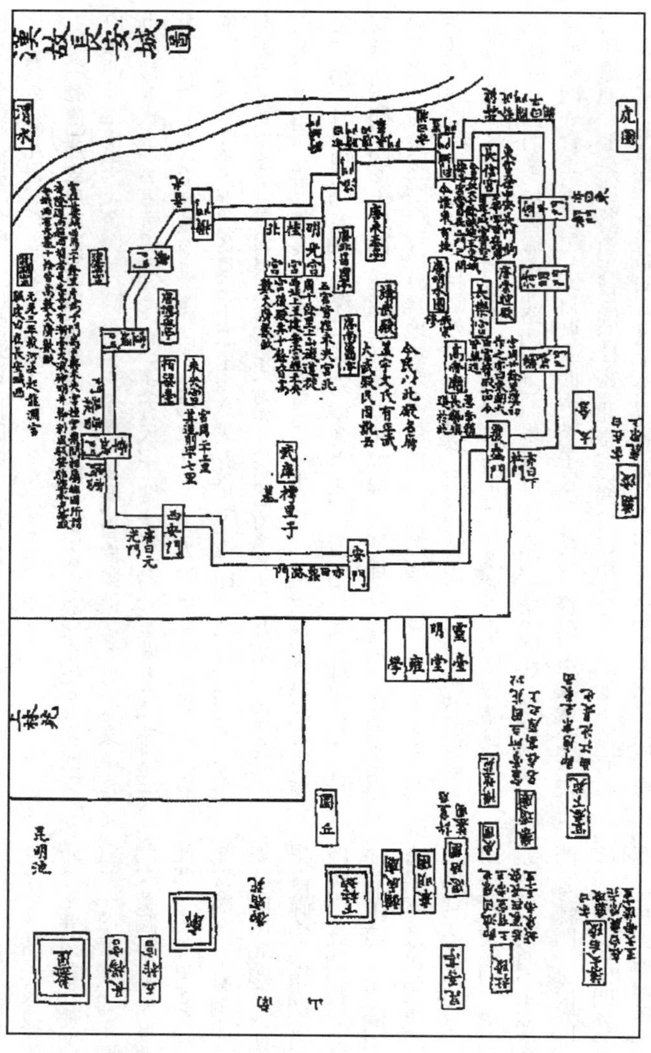

漢世祖都洛陽

《後漢書》卷一上《光武帝紀第一上》〔建武元年〕冬十月癸丑，車駕入洛陽，幸南宮却非殿，遂定都焉。蔡質《漢典職儀》曰：「南宮至北宮，中央作大屋，複道，三道行，天子從中道，從官夾左右，十步一衛。兩宮相去七里。」又《洛陽宮閣名》有却非殿。臣賢案：俗本或作「御北殿」者，誤。【略】〔建武〕二年春正月甲子朔，日有食之。大司馬吳漢率九將軍擊檀鄉賊於鄴東，大破降之。庚辰，封功臣皆爲列侯，大國四縣，餘各有差。下詔曰：「人情得足，苦於放縱，快須臾之欲，忘慎罰之義。惟諸將業遠功大，誠欲傳於無窮，宜如臨深淵，如履薄冰，戰戰慄慄，日慎一日。其顯效未詶，名籍未立者，大鴻臚趣上，朕將差而録之。」博士丁恭議曰：「古帝王封諸侯不過百里，故利以建侯，取法於雷，强幹弱枝，所以爲治也。今封諸侯四縣，不合法制。」帝曰：「古之亡國，皆以無道，未嘗聞功臣地多而滅亡者。」乃遣謁者即授印綬，策曰：「在上不驕，高而不危；制節謹度，滿而不溢。敬之戒之。傳爾子孫，長爲漢藩。」壬午，更始復漢將軍鄧曄、輔漢將軍于匡降，皆復爵位。壬子，起高廟，建社稷於洛陽，立郊兆于城南，始正火德，色尚赤。

《後漢書》卷五四《楊彪傳》彪字文先，少傳家學。【略】中平六年，代董卓爲司空，其冬，代黄琬爲司徒。明年，關東兵起，董卓懼，欲遷都以違其難。乃大會公卿議曰：「高祖都關中十有一世，光武宮洛陽，於今亦十世矣。案《石包讖》，宜徙都長安，以應天人之意。」百官無敢言者。彪曰：「移都改制，天下大事，故盤庚五遷，殷民胥怨。〔昔〕關中遭王莽變亂，宮室焚蕩，民庶塗炭，百不一在。光武受命，更都洛邑。今天下無虞，百姓樂安，明公建立聖主，光隆漢祚，無故捐宗廟，棄園陵，恐百姓驚動，必有糜沸之亂。《石包室讖》，妖邪之書，豈可信用？」卓曰：「關中肥饒，故秦得并吞六國。且隴右材木自出，致之甚易。又杜陵南山下有武帝故瓦陶竈數千所，并功營之，可使一朝而辦。百姓何足與議！若有前却，我以大兵驅之，可令詣滄海。」彪曰：「天下動之至易，安之甚難，惟明公慮焉。」卓作色曰：「公欲沮國計邪？」太尉黄琬曰：「此國之大事，楊公之言得無可思？」卓不答。司空荀爽見卓意壯，恐害彪等，因從容言曰：「相國豈樂此邪？山東兵起，非一日可禁，故當遷以圖之，此秦、漢之執也。」卓意小解。爽私謂彪曰：「諸君堅争不止，禍必有歸，故吾不爲也。」議罷，卓使司隸校尉宣播以災異奏免琬、彪等，詣闕謝，即拜光禄大夫。

《後漢書》卷六一《黄琬傳》及董卓秉政，以琬名臣，徵爲司徒，遷太尉，更封陽泉鄉侯。卓議遷都長安，琬與司徒楊彪同諫不從。琬退而駁議之曰：「昔周公營洛邑以寧姬，光武卜東都以隆漢，天之所啓，神之所安。大業既定，豈宜妄有遷動，以虧四海之望？」時人懼卓暴怒，琬必及害，固諫之。琬對曰：「昔白公作亂於楚，屈廬冒刃而前；崔杼弑君於齊，晏嬰不懼其盟。吾雖不德，誠慕古人之節。」琬竟坐免。卓猶敬其名德舊族，不敢害。後與楊彪同拜光禄大夫，及徙西都，轉司隸校尉，與司徒王允同謀誅卓。

《後漢書》卷六二《陳紀傳》 紀字元方，亦以至德稱。兄弟孝養，閨門廱和，後進之士皆推慕其風。及遭黨錮，發憤著書數萬言，號曰《陳子》。黨禁解，四府並命，無所屈就。遭父憂，每哀至，輒歐血絶氣，雖衰服已除，而積毁消瘠，殆將滅性。豫州刺史嘉其至行，表上尚書，圖象百城，以厲風俗。董卓入洛陽，乃使就家拜五官中郎將，不得已，到京師，遷侍中。出爲平原相，往謁卓。時欲徙都長安，乃謂紀曰：「三輔平敞，四面險固，土地肥美，號爲陸海。今關東兵起，恐洛陽不可久居。長安猶有宫室，今欲西遷何如？」紀曰：「天下有道，守在四夷。宜脩德政，以懷不附。遷移至尊，誠計之末者。愚以公宜事委公卿，專精外任。其有違命，則威之以武。今關東兵起，民不堪命。若謙遠朝政，率師討伐，則塗炭之民，庶幾可全。若欲徙萬乘以自安，將有累卵之危，峥嶸之險也。」卓意甚忤，而敬紀名行，無所復言。

《後漢書》卷七六《王景傳》 建初七年，遷徐州刺史。先是杜陵杜篤奏上《論都〔賦〕》，欲令車駕遷還長安。耆老聞者，皆動懷土之心，莫不眷然佇立西望。景以宫廟已立，恐人情疑惑，會時有神雀諸瑞，乃作《金人論》，頌洛邑之美，天人之符，文有可採。

王應麟《通鑑地理通釋》卷四《漢都》 光武以武信侯封蕭王，今徐州蕭縣。即位於鄗南千秋亭五成陌。更名高邑，今趙州高邑縣。後漢注：即位壇在柏鄉縣。柏鄉，熙寧五年省入高邑。建武元年入雒陽，幸南宫卻非殿，遂定都焉。故成周之舊基城，東西六里十步，南北九里一百步。時人謂雒陽爲東京，長安爲西京。

徐松《河南志·後漢城闕古蹟》 後漢都城，即周敬王會諸侯、毁狄泉、大築成周爲都之城。有南北宫。光武入洛陽，幸南宫卻非殿，遂定都焉。又云：後漢都城有南宫、北宫。光武因周敬王都而廣大之。今白馬寺東，遺址僅存。門十二。

南面四門：正南曰平門，一作平城門。《古今注》曰：建武十三年開。蔡邕曰：平城門，正陽之門也。與宫連，郊祀法駕所從出，門之最尊者。《漢（宫）〔官〕秩》曰：平城門爲宫門，不置候。按，《靈帝紀》曰：南宫平城門當是宫在門之内，所以連言也。李尤《銘》曰：平門督司，午位處中。外臨僚侍，内達帝宫。正陽南面，炎暑赫融。東曰開陽門，應劭《漢官儀》曰：開陽門始成，未有名。夜有一柱來，止樓上。後琅邪開陽縣上言：南門一柱，忽然飛去，莫知所在。光武使視之，則此是也。因以名門。李尤《銘》曰：開陽在孟，位（使）月惟巳。清明冠節，太陽進起。西曰宣陽門，按，《漢志》十二門名有小苑門，而獨無《銘》，莫知其方所。而《十道志》列在平城之西。《董卓傳》：孫堅軍大谷，進宣陽城門。注曰：《洛陽記》：南面有四門，從東第三門也。是則小苑，亦名宣陽。次西曰津門。當洛水浮橋下，一作津城門，又作津陽門。李（陽）尤《銘》曰：名自定位，惟月在未。温風鬱暑，鷹鳥習鷙。

東面三門：南曰耗門，一作宣平門，又曰望門。李尤《銘》曰：耗門〔值〕季，月位在辰。順陽布惠，貧乏是振。中曰中東門，李尤《銘》曰：中東處仲月，厥位當卯。鶬鶊有聲，鷹隼匿爪。除去桎梏，獄訟勿考。北曰上東門。按，賈誼《疏》曰：擇良日，立諸子雒陽上東門之外。是則西漢時已有上東門矣。《漢舊儀》曰：册皇太子、諸侯王皆於上東門。李尤《銘》曰：上東少陽，厥位在寅。條風動物，月正孟春。

西面三門：南曰廣陽門，李尤《銘》曰：廣陽位孟，厥月在申。涼風時至，白露已分。中曰雍門，一作雍城門。李尤《銘》曰：雍門處（申）〔中〕，位月在酉。（音）〔盲〕風寒濁，鷹歸山阜。鷹，一作燕。北曰上西門。應劭《漢官儀》曰：上西所以不純白者，漢家厄於戌，故以丹飾之。門上有銅璿璣、玉衡。李尤《銘》曰：上西在季，位月惟戌。菊黄豺祭，號令嚴悉。

北面二門：東曰穀門，一作穀城門。李尤《銘》曰：穀門北中，位當于子。太陰主刑，殺伐爲始。子，或作丑。始，作首。西曰夏門。一作夏城門。李尤《銘》曰：夏門值孟，位月在亥。不周用事，玄冥幽晦。陰陽不通，蟋蟀匿彩。迎（東）〔冬〕北壇，順陰所在。

南宫南臨洛水，去北宫七里。在平城門内。高祖居洛陽南宫，從復道望見諸將偶語。南宫之名，見於西漢之初。《水經注》曰：漢世，洛陽宫殿門題多是大篆，或云蔡邕書。朱雀、蒼龍、白虎、玄武闕、北闕。《洛陽故宫名》曰：北闕，南宫。闕，曰武闕。司馬門。《史記》注曰：凡言司馬門者，宫垣之内，兵衛所在，四面皆有。司馬主武事。總言之，外門爲司馬門也。賈誼《書》曰：天子宫門曰司馬門。掖門。漢制：内至禁者爲殿門，外出大道爲掖門。應劭曰：掖者言在司馬門之旁掖也。南端門。薛綜曰：南方正門也。卻非門。九龍門。薛綜曰：九龍本周時殿名。門上有三銅柱，柱有三龍相亂繞，故曰九龍。

章臺門。崇德殿前。

樂成門。南宫中門。

敬法門。含章門。嘉德門。盛德門。會福門。威興門。宜秋門。承明門。金馬門。東門京所造。武帝令東方朔等待詔於內。

鴻都門。靈帝命蔡邕書《五經》刻石，立此。

登賢門。青瑣門。黄門郎旦暮拜處。

春興門。崇德殿。宫之正殿。

卻非殿。光武入洛陽，幸南宫卻非殿，遂定都。

章德殿。前殿。

玉堂殿。前有後殿。中平三年，復修玉堂殿。鑄銅人四，黄鐘四及天禄蝦蟆。

嘉德殿。在九龍門內，孝仁董皇后常居之，稱永樂宫。

宣德殿。建武二十年，詔置名馬式於殿前。

樂成殿。承福殿。宣室殿。明光殿。尚書郎奏事此殿。

顯親殿。建始殿。東有太倉、武庫。

含章殿。山謙之《丹陽記》曰：含章名起後漢。

敬法殿。明德馬皇后以疾坐殿之東廂。

銅馬殿。清涼殿。鳳凰殿。黄龍殿。壽安殿。竹殿。自敬法已下，見《洛陽宫殿名》，在南宫中。

中德殿。平朔殿。見《洛陽故宫名》。

千秋萬歲殿。温德殿。靈臺殿。靈帝中平二年，南宫火。《續漢志》曰：時燒靈臺殿、樂成殿，延及西燒嘉德、和驩殿。

楊安殿。獻帝自長安還，張楊嘻修洛宫以爲己功，因以楊名殿。

雲臺。內有廣室殿。《洛陽地記》曰：雲臺，高閣四間。

蘭臺。蘭臺、石室、宣名、鴻都，皆藏典策之所。

阿閣。馬嚴祭蚩尤，明帝御阿閣，觀其士衆。

長秋宫。內有和驩殿。

東、西宫。衛宏《漢舊儀》曰：帝爲東宫，皇后爲西宫。

東觀。承風觀。陸機《洛陽記》曰：在南宫。高閣十二間。

承善闥。仁壽闥。班固定《建武注記》於此。

承明堂。萬金堂。嘉德署。南署。武庫。侍中廬。《洛陽故宫名》曰：在南宫中。

太倉、西園。靈帝造萬金堂於園中。有少華山。

北宫。蔡質《漢官典職》曰：南宫至北宫，中央(至)〔作〕大屋。複道三行：天子案行中道，從官來左右。十步一(位)〔衛〕。兩宫相去七里。《古詩》云：兩宫遥相望，雙闕百餘尺。

止車門。有南門、東西門。《漢官典職》曰：朱雀門在止車門內。

朱雀、蒼龍、白虎、玄武闕。《漢官典職》曰：偃師去宫三十五里，望朱雀五闕、德陽殿，其上鬱律，與天連。

司馬門。掖門。又有南掖、北掖、東掖、西掖、左掖、虎賁掖門。

端門。馬融對策於北宫端門。

廣義門。雲龍門。宫東門。

神虎門。宫西門。

朔平門。東明門。德陽門。崇賢門。在雲龍門內。

金商門。在神虎門內。

鐵柱門。李松奉引，更始馬驚奔，觸北宫鐵柱門。

盛饌門。建禮門。在崇賢門內，尚書郎更直門外。

含德門。章臺門。德陽殿。《東觀漢記》曰：明帝欲起北宫，尚書僕射鍾離意上書諫，出爲魯相。後起德陽殿。殿成，百官大會，上謂公卿曰：鍾離尚書若在，不得成此殿。殿前有東閣。《漢官典職》曰：德陽殿，畫屋朱梁，柱皆金鏤。一柱三帶，韜以赤緹。周旋容萬人。激洛水於殿下。《洛陽宫殿簿》曰：殿南北行七丈，東西行三十七丈四尺。應劭《漢官儀》曰：在崇賢門內。李尤《銘》曰：皇考垂象，以示帝王。紫微之側，弘誕彌光。大漢體天，承以德陽。崇高弘麗，包受萬方。內綜朝貢，外候遐荒。蓋北宫，殿之最尊者。

崇德殿。亦明帝造。薛綜曰：崇德在東，德陽在西。相去五十步。

龢驩殿。安福殿。薛綜曰：龢驩、安福二殿，在德陽殿南。

宣明殿。在德陽殿後。

温明殿。章德殿。壽安殿。或作德陽，宫內殿名。

含德殿。章臺殿。天禄殿。温餝殿。迎春殿。永寧殿。崇政殿。(南)〔在〕金商門內。

永樂宫。《續漢志》曰：德陽前殿西北入門，內永樂太后宫，即桓帝母也。

增喜觀。和喜鄧后御此閲門宫人。

白虎觀。白虎，門名。於門立觀，因名之。內有殿，章帝會羣儒，講五經同異。

九子坊。凌霄門。三清殿。拾翠殿。還周殿。明義殿。光臨門。太極殿。左藏庫。承歡殿。禎德殿。右銀臺門。九仙門。翰林院。斗雞樓。走馬樓。《漢宫閣名》曰：洛陽故北宫有九子坊。

東、西掖庭。崇德署。在金商門内。

鉤楯署。掖庭署。朔平署。

右北宫。

城内街二十四：《漢官典職》曰：雒陽二十四街，〔街〕一亭。

長壽街。光武見陳留吏牘抵，言於長壽街上得之。

萬歲街。土馬街。已上見應劭《風俗通義》。

銅駝街。華延儁《洛陽記》曰：漢有兩銅駝，在宫之南街四會道頭，夾路東西相對，高九尺。漢時所謂銅駝街。又曰：洛陽又有香街。陸機《洛陽記》曰：俗語曰：金馬門外聚衆賢，銅駝陌上集少年。《風土記》曰：石季龍後取銅駞向鄴。

香街。見上。按二十四街，所見惟五。

三市。華延儁《洛陽記》曰：大市名金市，在城中。南市在城之南。馬市在大城之東。

都亭二十四：見上。又華延儁《洛陽記》曰：城内都亭二十四。

芳林亭。奉常亭。廣世亭。昌益亭。廣莫亭。定陽亭。遮要亭。暴室亭。廣陽亭。西明亭。萬歲亭。按，亭在故嵩陽縣西北。已載登封事中。此云「城内都亭」，恐非(足)〔是〕。

文陽亭。東明亭。視中亭。東因亭。建春亭。止姦亭。德宫亭。東陽亭。千秋亭。安衆亭。孝敬亭。清明亭。已上惟奉常一亭見《漢書》，餘見延儁《記》，而失一名。

里。按，城之内外，皆有里名，今但録所見者。又吕静《韻集》：大章，里名，在洛陽。然不知時代，今附見之。章，音轘。

步廣里。在上東門内。有翟泉。

永和里。有董卓宅。

永安宫。《洛陽宫殿名》曰：周回六百九十八丈。《洛陽宫殿簿》曰：宫内有景福殿、安昌殿、延休殿。有園。《東京賦》曰：永安離宫，修竹冬青。又永安有候臺。李尤《銘》曰：合歡黄堂，中和是遵。舊廬懷本，新果暢春。候臺集道，俾司星辰。豐業廣德，以協天人。萬福來即，嘉娱永欣。

高安館。李尤《銘》曰：巍巍高安，明聖是修。嶕嶢麗館，窗闥列周。增臺顯敞，禁室静幽。長除臨起，櫺檻相承。聖朝明察，同保休徵。

太尉府。建武二十七年，改大司馬爲太尉。蔡質《漢官典職》曰：府開闕，王莽初起大司馬，後盗神器，遂貶去其闕。《漢官儀》曰：張衡説：明帝以爲司徒、司空府已榮，欲更治太尉府。府公趙憙也。西曹(椽)〔掾〕安衆鄭均，素好名節，以爲朝廷新造北宫，整飭官寺，旱魃爲虐，民不堪命。曾無殷湯六事，周宣雲漢之辭。今府本館陶公主第舍，員職既少，自足相受。憙表陳之，即見聽許。其冬，帝幸辟雍，歷二府，光觀壯麗，而太尉府獨卑陋。顯宗東顧歎息曰：推牛縱酒，勿令乞兒爲宰。時憙子世爲侍中，驂乘，歸具白之，憙以爲恨。頻譴責均，均自劾去。

司徒府。《漢官典職》曰：府與蒼龍闕對，厭於尊者，不敢號府。應劭曰：此不然。丞相舊位在長安時，府有四出門，隨時聽事。明帝本欲依之，迫於太尉、司空，但爲東、西門耳。國每有大議，天子車駕親幸其殿。殿西王侯以下更衣併存。《周禮》有外朝，干寶注曰：《禮》，司徒府中有百官朝會殿，天子與丞相決大事，是外朝之存者。建安十三年，罷三公官，置相國。荀綽《晉百官表注》曰：漢丞相府門無闌，不設鈴，不警鼓，言其深大闊遠無節限也。《周禮》王之會同、軍旅、甸役之禱祠，肄儀爲位。鄭玄注：肄，習也，若今時肄司徒府也。

司空府。《古今注》曰：永平十五年，更作太尉、司徒、司空府開陽城門内，與上文不同。

承華廄。順帝漢安元年置。

騄驥廄。《東觀漢記》曰：靈帝光和四年，初置騄驥廄，領郡國調馬。調，謂徵發。

中藏府。承禄署。圃囿署。誃門。在小苑門内，冰室門也。《東京賦》曰：誃門曲榭。薛綜曰：冰室門及榭，皆屈曲邪行，依城池爲道。《水經注》曰：誃門即宣陽門也。門内有宣陽冰室。《漢書》曰：幽平之後，分爲二周，有逃責之臺。服虔曰：周赧王負責，無以歸之，迫主責急，乃逃於此臺。後人因以名之。劉德曰：洛陽南宫，誃臺是也。誃，音移，又直移反。《帝王世紀》曰：周赧王雖居天子之位，爲諸侯所侵逼，與家人無異。貰於民，無以歸之，乃上臺避之。故周人因名其臺曰逃債臺。故洛陽南宫誃臺是也。

濯龍園。司馬彪《續漢書》曰：在洛陽西北角。《續漢志》曰：近北宫，明德馬后置織室於園中。又按，桓帝祠黄老於濯龍宫。薛綜注《東京賦》引《洛陽圖經》曰：濯龍，池名。故歌曰：濯龍望如海，河橋渡似雷。疑皆在園中，因以名。又有濯龍池。

芳林園。在步廣里。明帝詔：先帝時，靈芝生芳林園，自吾建承露盤已來，甘露復降。有崇光、華光二殿

修明苑。内有華陽殿、興嘉殿。

九龍池。御龍池。白石池。天泉池。梁冀宅。張璠《漢記》曰：梁冀於洛陽城内起甲第，作陰陽殿，連閣洞房。

右城内兩宫之外。

城外門亭〔十〕二(十)：《漢官典職》曰：洛陽二十四街，街一亭。十二城門，門一亭。今所見惟九亭。

津門亭。東海王彊薨，顯宗出幸津門亭發哀。

臯門亭。宣德亭。長壽亭。宣陽亭。宣陽門外。

凡陽亭。城西。

夕陽亭。城西。又按，晉賈充出鎮長安，百寮餞送於此，自旦及暮，故曰夕陽亭。疑因其舊名。

萬壽亭。夏門外。

臨平亭。疑在城北。

里。録所見者。

上商里。賜鮑永洛陽商里宅。《東觀記》曰：上商里也。陸機《洛陽記》曰：在洛陽東北，本殷頑人所居，故以名。

明堂。靈臺。辟雍。光武中元元年建。《漢官儀》曰：明堂去平城門二里所。天子出從平城門，先歷明堂，乃至郊祀。又曰：辟雍去明堂三百步。四門外有水，以節觀者。門外皆有橋，車駕臨辟雍，從北門入。《漢宮閣疏》曰：靈臺高三丈，十二門。《水經注》曰：高六丈，方二十步。張衡《東京賦》曰：左(右)制辟雍，右立靈臺。薛綜注曰：德陽殿東西。非也。

太學。光武建武五年起。陸機《洛陽記》曰：(左門)(在開)陽門外，去宮八里。講堂長十丈，廣三丈。靈帝召諸儒正定《五經》，刊石於是。熹平四年，蔡邕與五官中郎將堂谿典、光禄大夫馬日磾、議郎張訓、韓説、太史令單颺等，奏定《六經》，刊于碑。後儒晚學，咸取正焉。及碑始立，其觀視及筆寫者千餘(兩)〔人〕，填塞街陌。其碑爲古文、篆、隸三體，立太學門外。

雩場。在明堂南。

承光宫。胡桃宫。在廣陽門外。

平樂觀。明帝永平五年至長安，迎取飛廉、銅馬，置上西門外平樂觀。觀，一作「館」。靈帝設秘戲以視遠人。《東京賦》曰：平樂都場，示遠之館。

長樂觀。疑在北門外。

宣陽觀。四百尺觀。靈帝光和五年起，在阿亭道。

千秋觀。鴻池觀。泉城觀。揚威觀。石樓觀。五觀見陸機《洛陽記》，云在洛陽城外。

鼎中觀。《輿地志》曰：在洛陽西南，洛水北，是成王定鼎處。

西苑。順帝陽嘉元年起。又有西園。《續漢書》曰：中平二年，造萬金堂於西園。

鴻德苑。桓帝延熹元年置。在津城門外。

顯陽苑。延熹二年造。

畢圭苑。靈帝光和三年，作二苑：東苑，周一千五百步，中有漁梁臺。西苑，周三千三百步。並在宣平門外。

後漢京城圖

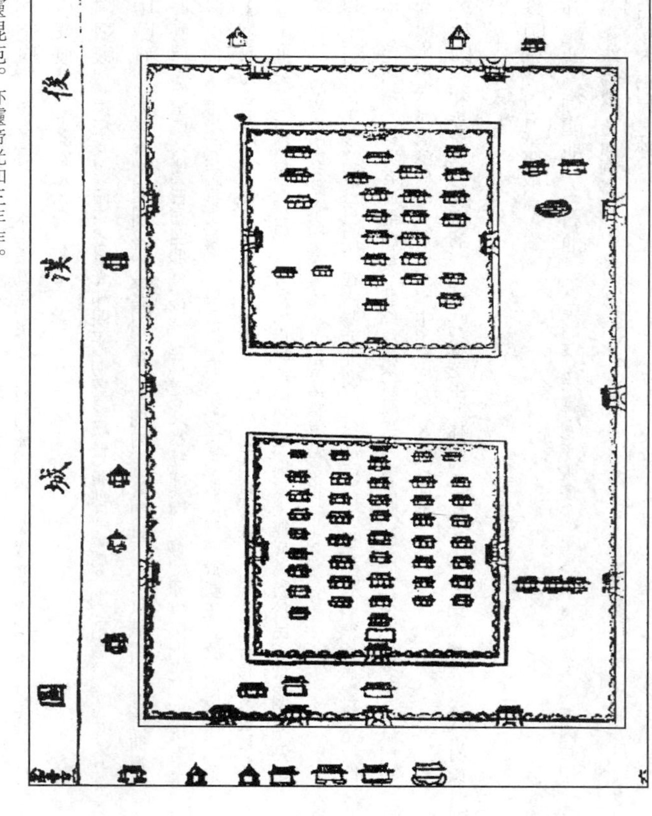

靈琨苑。亦靈帝光和三年作。

平樂苑。上林苑。《洛陽宫殿名》有平樂苑，上林苑。

右城外。

按《漢宮殿名》曰：洛陽有泰夏門、閶闔門、西華門、萬春門、長秋門、景福門、永巷門、丙舍門、鴻都門、金牙門、不老門、定鼎門。又《洛陽故宮名》曰：有飛兔門、廣懷門、明禮門、千秋門、金門、筌鏞門、神仙門。又有照園、九谷池、八溪池。皆莫知所在。今附見之。

漢獻帝遷都長安

《後漢書》卷九《孝獻帝紀第九》 初平元年春正月，山東州郡起兵以討董卓。辛亥，大赦天下。癸酉，董卓殺弘農王。白波賊寇東郡。二月乙亥，太尉黄琬、司徒楊彪免。庚辰，董卓殺城門校尉伍瓊、督軍校尉周珌。以光禄勳趙謙爲太尉，太僕王充爲司徒。丁亥，遷都長安。董卓驅徙京師百姓悉西入關，自留屯畢圭苑。壬辰，白虹貫日。三月乙巳，車駕入長安，幸未央宮。

《後漢書》卷七二《董卓傳》 卓既殺瓊、珌，旋亦悔之，故表彪、琬爲光禄大夫。於是遷天子西都。初，長安遭赤眉之亂，宫室營寺焚滅無餘，是時唯有高廟、京兆府舍，遂便時幸焉。後移未央宮。於是盡徙洛陽人數百萬口於長安，步騎驅蹙，更相蹈藉，飢餓寇掠，積尸盈路。卓自屯留畢圭苑中，悉燒宫廟官府居家，二百里内無復孑遺。又使吕布發諸帝陵，及公卿已下冢墓，收其珍寶。

蔡邕《蔡中郎集》卷二《宗廟祝嘏辭》 嗣曾孫皇帝某，敢昭告於皇祖高皇帝，各以后配。昔受命京師，都於長安，享國十有一世，歷年二百一十載。遭王莽之亂，宗廟墮壞。世祖復帝祚，遷都洛陽，以服土中，享國一十一世，歷年一百六十五載。予末小子遭家不造，早統洪業，奉嗣無疆。關東吏民敢行稱亂，總連州縣，擁兵聚衆，以圖叛逆，震驚王師，命將征服。股肱大臣，推皇天之命，以已行之事，遷都舊京。昔周德缺而斯干作，應運變通，自古有之。於是乃以三月丁亥來自雒，越三月丁巳至於長安。飭躬不慎，寢疾旬日，賴祖宗之靈，以獲有瘳。吉旦齊宿，敢用潔牲，一元大武，柔毛剛鬣，商祭明視，薌合嘉蔬，香萁鹹鹺，豐本明粢醴酒，用告遷來，尚享。

《册府元龜》卷三一六《宰輔部》 楊彪以靈帝中平六年爲司徒。明年，關東兵起。董卓懼，欲遷都以避其難。乃大會公卿議曰：高祖都關中十有一世，光武居雒陽，於今亦十世矣。案《石包讖》，宜徙都長安，以應天人之意。百官無敢言者。彪曰：移都改制，天下大事，故盤庚五遷，殷民胥怨。昔關中遭王莽變亂，宫室焚燒，民庶塗炭，百不一在。光武受命，更都雒邑。今天下無虞，百姓樂安，明公建立聖主，光隆漢祚，無故損宗廟，棄園陵，恐百姓驚動，必有糜沸之亂。《石包室讖》，妖邪之書，豈可信用？卓曰：關中肥饒，故秦得并吞六國。且隴右材木自出，致之甚易。又杜陵南山下有武帝故瓦陶竈數千所，并功營之，可使一朝而辦。百姓何足與議？若有前卻，我以大兵驅之，可令詣滄海。彪曰：天下動之至易，安之甚難，惟明公慮焉。卓作色曰：公欲沮國計邪？太尉黄琬曰：此國之大事，楊公之言得無可思？卓不答。司空荀爽見卓意壯，恐害彪等，因從容言曰：相國豈樂此耶？山東兵起，非一日可禁，故當遷以圖之，此秦、漢之勢也。卓意少解。爽私謂彪曰：諸君堅争不止，禍必有歸，故吾不爲也。議罷，卓使司隸校尉宣播以災異奏免琬、彪等。

姚之駰《後漢書補逸》卷二一《董卓》 太尉黄琬、司徒楊彪、司空荀爽俱詣卓，卓言：昔高祖都關中十一世，後中興更都洛陽，從光武至今復十一世。案《石苞室讖》，宜復還都長安。坐中皆驚愕，無敢應者。彪曰：遷都改制，天下大事，皆當因民之心，隨時之宜。昔盤庚五遷，殷民胥怨，作三篇以曉之。往者王莽篡逆變亂，五常更始。赤眉之時，焚燒長安，殘害百姓，民人流亡，百無一在。光武受命，更都洛邑，此其宜者也。今方建立聖主，光隆漢祚，而無故捐宫廟、棄園陵，恐百姓驚愕，不解此意，必麋沸蟻聚，以致擾亂。《石苞室讖》，妖邪之書，豈可信用？卓作色曰：楊彪公欲沮國家計邪？關東方亂，所在賊起，崤函險固，國之重防。又隴右取材，功夫不難，杜陵南山下有孝武故陶處作磚瓦，一朝可辦。宫室官府，蓋何足言？百姓小民，何足與議？若有前卻，我以大兵驅之，豈得自在？百寮皆恐怖失色。琬謂卓曰：此大事，楊公之語得無重思？卓罷坐，即日令司隸奏，彪及琬皆免官。大駕即西，卓部燒洛陽，城内掃地殄盡。又收諸富室，以罪惡没入其財物，無辜而死者不可勝計。

漢獻帝遷都許昌

《後漢書》卷九《孝獻帝紀第九》 建安元年春正月癸酉，郊祀上帝於安邑，大赦天下，改元建安。二月，韓暹攻衛將軍董承。夏六月乙未，幸聞喜。秋七月甲子，車駕至洛陽，幸故中常侍趙忠宅。丁丑，郊祀上帝，大赦天下。己卯，謁太廟。八月辛丑，幸南宫楊安殿。癸卯，安國將軍張楊爲大司馬，韓暹爲大將軍，楊奉爲車騎將軍。是時，宫室燒盡，百官披荆棘，依墻壁間。州郡各擁彊兵，而委輸不至，羣僚飢乏，尚書郎以下自出採稆，或飢死墻壁間，或爲兵士所殺。【略】庚申，遷都許。

《三國志・魏書十四・董昭傳》 太祖朝天子於洛陽，引昭並坐，問曰：「今孤來此，當施何計？」昭曰：「將軍興義兵以誅暴亂，入朝天子，輔翼王室，此五伯之功也。此下諸將，人殊意異，未必服從，今留匡弼，事勢不便，惟有移駕幸許耳。然朝廷播越，新還舊京，遠近跂望，冀一朝獲安。今復徙駕，不厭衆心。夫行非常之事，乃有非常之功，願將軍算其多者。」太祖曰：「此孤本志也。楊奉近在梁耳，聞其兵精，得無爲孤累乎？」昭曰：「奉少黨援，將獨委質。鎮東、費亭之事，皆奉所定。又聞書命申束，足以見信，宜時遣使厚遺答謝，以安其意。説『京都無糧，欲車駕暫幸魯陽，魯陽近許，轉運稍易，可無縣乏之憂』。奉爲人勇而寡慮，必不見疑，比使往來，足以定計。」奉何能爲累！」太祖曰：「善。」即遣使詣奉，徙大駕至許。

徐天麟《東漢會要》卷三七《方域下・都邑》 興平二年，乘輿播遷。建安元年，楊奉、韓暹奉車駕至雒陽。是時宮室燒盡，百官披荆棘，依墻壁間。曹操在許，謀迎天子。衆以爲山東未定。荀彧曰：「昔晉文公納襄王，而諸侯景從；漢高祖爲義帝縞素，而天下歸心。自天子蒙塵，將軍首倡義兵，徒以山東擾亂，未遑遠赴。今鑾駕旋軫，東京榛蕪，義士有存本之思，兆民懷感舊之哀。誠因此時奉主上以從人望，大順也；秉至公以服天下，大略也；扶弘義以致英俊，大德也。四方雖有逆節，其何能爲？」操乃將兵詣洛陽，引董昭問計。昭曰：「將軍入朝，此下諸將，未必服從。今留輔弼，事勢不便，惟有移駕幸許耳。」操曰：「此孤本志也。」遂遷都許。

王應麟《通鑑地理通釋》卷四《漢都》 初平元年，董卓遷都長安。建安元年，還雒陽。曹操遷帝于許。漢潁川許縣本許國，魏文帝改曰許昌，故城在今潁昌府長社縣許田鎮南三十里。

《通志》卷四一《都邑略第一・都邑序》 兩漢都。前漢都長安，謂之西都。後漢都洛陽，謂之東都。光武又以南陽爲别都，謂之南都。至建安元年，曹操挾獻帝遷許。長安，宋爲永興軍治。南陽，鄧州。許，潁昌府。

魏文帝都洛陽

《三國志・魏書一・武帝紀第一》 （建安元年）秋七月，楊奉、韓暹以天子還洛陽，奉别屯梁。太祖遂至洛陽，衛京都，暹遁走。天子假太祖節鉞，録尚書事。洛陽殘破，董昭等勸太祖都許。九月，車駕出轘轅而東，以太祖爲大將軍，封武平侯。自天子西遷，朝廷日亂，至是宗廟社稷制度始立。

《三國志・魏書二・文帝紀第二》 黄初元年十一月癸酉，以河内之山陽邑萬户奉漢帝爲山陽公，行漢正朔，以天子之禮郊祭，上書不稱臣，京都有事于太廟，致胙；封公之四子爲列侯。追尊皇祖太王曰太皇帝，考武王曰武皇帝，尊王太后曰皇太后。賜男子爵人一級，爲父後及孝悌力田人二級。以漢諸侯王爲崇德侯，列侯爲關中侯。以潁陰之繁陽亭爲繁昌縣，封爵增位各有差。改相國爲司徒，御史大夫爲司空，奉常爲太常，郎中令爲光禄勳，大理爲廷尉，大農爲大司農。郡國縣邑，多所改易。更授匈奴南單于呼廚泉魏璽綬，賜青蓋車、乘輿、寶劍、玉玦。十二月，初營洛陽宮，戊午幸洛陽。臣松之案：諸書記是時帝居北宮，以建始殿朝羣臣，門曰承明，陳思王植詩曰「謁帝承明廬」是也。至明帝時，始於漢南宮崇德殿處起太極、昭陽諸殿。

酈道元《水經注》卷一〇 魏因漢祚，復都洛陽，以譙爲先人本國，許昌爲漢之所居，長安爲西京之遺迹，鄴爲王業之本基，故號五都也。

《玉海》卷一六《地理》 《魏志》注：文帝黄初二年正月，改長安、譙、許昌、壬午改許縣爲許昌縣。鄴、洛陽爲五都。立石表，西界宜陽，北循太行，東北界陽平，南循魯陽，東界郯，爲中都之地。

王應麟《通鑑地理通釋》卷四《三國都》 魏武爲魏公，都鄴。鄴縣，漢爲魏郡治，後魏置相州。隋文徙其居民南遷四十里，以安陽城置鄴縣。本朝熙寧六年，省入相州臨漳縣。

《通志》卷四一《都邑略第一・都邑序》 三國都。《魏略》云：魏以長安、譙、許昌、鄴、洛陽爲五都，洛陽其京室也。《吴志》云：吴都鄂，後還建業，故改鄂爲武昌，改秣陵爲建業。後避晉愍帝諱，故又改爲建康。《蜀志》云：蜀都成都。譙，今亳州。許昌，今潁昌府。鄴，相州。鄂，即鄂州。建業，今建康府。成都，益州也。

徐松《河南志・魏城闕古蹟》 魏城門十二。皆循漢名。明帝造三層樓於夏門，去地十丈。故陸機《與弟書》云：大夏門有三層樓，高百尺。

宮室。按《魏略》曰：董卓燒南、北二宮。魏武帝更于夏門内立北宮。魏世宮殿名所見獨少，疑承漢之舊故也。其宮榜多梁鵠八分體。南宮既建，明帝令侍中韋誕以古篆書之。

司馬門。明帝景初二年，鑄銅人二，號翁仲，列坐於門外。《水經注》曰：王有五門：皋、庫、雉、應、路門也。明帝改雉門爲閶闔門。又曰：明帝始築闕，崩，壓殺數百人。遂不復築，故無闕門。

承明門。陸機《洛陽記》曰：承明門，後宮出入之門。吾常怪曹子建（時）〔詩〕：「謁帝承明廬」，問張公，公云：魏明帝作建始殿，朝會皆由承明門。

雲龍門。明帝造。

肅城門。《魏書》曰：文帝初在東宮，集諸儒於肅城門内，講論大義，侃侃無倦。

太極殿。明帝青龍三年，大治洛陽宫，起昭陽、太極殿，築總章觀。華延儁《洛陽記》曰：殿有四金銅柱。戴延之《西征記》曰：太極殿上有金井闌，金博山，鹿盧、蛟龍，負山於井上。又有金師子。按此殿，《水經注》曰：是漢南宫、崇德之基。歷代正殿皆以太極名之，自此始也。

九龍殿。青龍二年，崇華殿（建）災，改名九龍。引穀水過其前。《高堂隆傳》曰：時郡國有龍九見，故曰九龍。魚豢《魏略》曰：殿前有玉井、綺欄。

建始殿。見上。

昭陽殿。見上。在太極之北，明帝所治，鑄黄龍高四丈，鳳凰二丈，置殿前。又《魏志》曰：明帝建昭陽殿，公卿以下至於學生，莫不展力。帝乃躬自握土以率之。

式乾殿。顯陽殿。明帝景初間造，皇后正殿也。按，晉文帝諱昭，遂改曰顯陽。而此與昭陽兩出，未詳。

嘉福殿。文帝、明帝並崩於嘉福殿。

崇華殿。文帝疾篤，司馬懿、曹真、陳羣見於崇華殿之南堂。

仁壽殿。《魏志》曰：明帝《與東阿王詔》曰：昔先帝時，甘露屢降於仁壽殿前，靈芝生芳林園中。自吾建承露盤已來，甘露復降芳林園、仁壽殿前。

文昌殿。文帝黄龍元年冬至日，黄雀集于文昌殿前。見曹植《表》。

含章殿。顯陽之東。

徽音殿。顯陽之西。

雲氣殿。楊龍驤《洛陽記》曰：顯陽殿之北，有雲氣殿。

芙蓉殿。九華殿。承光殿。三殿見《洛陽宫殿簿》。

乾元殿。避雷室。楊龍驤《洛陽記》曰：顯陽殿北有避雷室，西有御龍室。

御龍室。見上。

總章觀。見上。又有《百葉鈔》曰：魏築總章觀，建翔鳳於其上。使八方才人、六宫女尚書居之。李善注《文選》：總章觀，明帝立。

聽訟觀。明帝太和元年，改平望觀爲聽訟觀。其西北即華林園。隸簿。

淩霄觀。明帝作淩霄觀。始構，有鵲巢其上。侍中高堂隆曰：起闕而鵲巢，不得居之象。

崇文觀。明帝青龍二年造。集善屬文者充之。

宣武觀。明帝于宣武（壕）〔埸〕上爲欄，苞虎爪牙。使力士袒裼，迭與之搏，縱百姓觀之。

玄武館。東堂。西堂。山謙之《丹陽記》曰：東、西堂亦魏制，於周小寢也。

翦吴堂。見《魏名臣奏》。

陵雲臺。文帝黄初二年築。在宣陽門内。韋誕《題名榜經》曰：髮白爲轆轤絞土。楊龍驤《洛陽記》曰：高二十丈，登之見孟津。《世説》曰：陵雲臺，樓觀極精巧。先稱平衆材，輕重當宜，然後造構，乃無錙銖，遞相負揭。臺雖高峻，常隨風摇動，而終無崩壞。明帝登臺，懼其勢危，别以大材扶持之，樓即便頽壞。論者謂輕重力偏故也。

永始臺。《魏略》曰：黄初五年，文帝東征，留郭后於永始臺。

三層樓。《魏略》曰：武帝立北宫，明帝造三層樓，高十丈。陸機《與弟書》曰：大夏門，魏明帝造。有三層樓，高百尺。

百尺樓。《洛陽記》曰：洛陽城内西北隅，有百尺樓，文帝造。

鞠室。明帝青龍元年，鞠室災。

永寧宫。齊王時，曹爽用何晏之談，遷太后於永寧宫（壽）〔專〕擅朝政。

華林園。即漢芳林園。文帝黄初五年，穿天淵池。六年，又於池中築九華臺。明帝取白石英及五色文石於太行、穀城之山，起景陽山於園中。帝躬自握土，以率羣臣。景陽山北（景）〔結〕方湖。湖中起御坐石，前建蓬萊山。景陽山東有九江，中作員壇三破之，俠水得相通。故曰濯龍、芳林，九谷八溪。避齊王名，改華林。有疏圃、南圃殿。天淵池中有殿，悉是洛中故碑累之。南有文帝茅茨堂，前有《茅茨碑》。《洛陽圖經》曰：華林園在城内東北隅。《水經注》曰：華林園疏圃中有古井，悉珉玉爲之，以繢玉石爲口，工作精密，猶不變古，璨焉如新。

桐園。靈芝池。黄初三年穿。

幽泉池。陰流池。鳴鶴池。流杯池。郭緣生《述征記》曰：廣陽門北明帝流杯池，猶有處所。池西平原懿公主第。有皇女臺。

濛汜池。明帝於宫西鑿池，以通御溝，義取日入濛汜爲名。至晉張載作賦曰：幽瀆傍集，潛流獨注。澹淡滂沛，更來送去。仰承河漢，吐納雲霧。

靈臺。辟雍。陸機《洛陽記》曰：靈臺在洛陽南，去城三里。又曰：辟雍在靈臺東，相去一里。俱魏所徙。

太學。正始中立篆、隸、古文三字石經。又刊文帝《典論》六碑，附其次。

渭陽館。明帝爲外祖母甄氏築館。侍中繆襲曰：此館之興，情鍾舅氏，宜以渭陽爲名。

渭陽里。又名其里。

西橋。《魏略》曰：洛陽城西橋、中橋、洛水浮橋三處，三柱，三公象也。

十里一亭。《魏略》曰：從長安至大秦，人民連屬，十里一亭。

右宫館池苑，内外兼録。

按《丹陽記》曰：漢、魏殿觀多以複道相通。故洛宫之閣七百餘間。華延儁《洛陽記》曰：堂皇、宫殿，皆石玉璫，龍（桶）〔桷〕藻棁。

魏都城圖

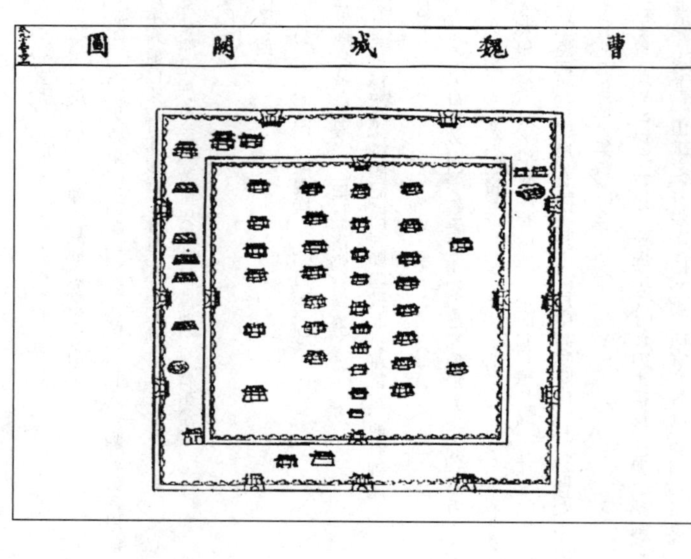

漢昭烈帝都成都

《三國志》卷三二《蜀書二・先主傳第二》〔建安二十五年〕太傅許靖、安漢將軍糜竺、軍師將軍諸葛亮、太常賴恭、光禄勳（黄權）〔黄柱〕、少府王謀等上言：「曹丕篡弑，湮滅漢室，竊據神器，劫迫忠良，酷烈無道。人鬼忿毒，咸思劉氏。今上無天子，海内惶惶，靡所式仰。羣下前後上書者八百餘人，咸稱述符瑞，圖、讖明徵。間黄龍見武陽赤水，九日乃去。《孝經援神契》曰『德至淵泉則黄龍見』，龍者，君之象也。《易》乾九五『飛龍在天』，大王當龍升，登帝位也。又前關羽圍樊襄陽，襄陽男子張嘉、王休獻玉璽，璽潛漢水，伏於淵泉，暉景燭燿，靈光徹天。夫漢者，高祖本所起定天下之國號也，大王襲先帝軌跡，亦興於漢中也。今天子玉璽神光先見，璽出襄陽漢水之末，明大王承其下流，授與大王以天子之位，瑞命符應，非人力所致。昔周有烏魚之瑞，咸曰休哉。二祖受命，《圖》、《書》先著，以爲徵驗。今上天告祥，羣儒英俊，並進《河》、《洛》，孔子讖、記，咸悉具至。伏惟大王出自孝景皇帝中山靖王之胄，本支百世，乾祇降祚，聖姿碩茂，神武在躬，仁覆積德，愛人好士，是以四方歸心焉。考省《靈圖》，啓發讖、緯，神明之表，名諱昭著。宜即帝位，以纂二祖，紹嗣昭穆，天下幸甚。臣等謹與博士許慈、議郎孟光，建立禮儀，擇令辰，上尊號。」即皇帝位於成都武擔之南。爲文曰：「惟建安二十六年四月丙午，皇帝備敢用玄牡，昭告皇天上帝后土神祇：漢有天下，歷數無疆。曩者王莽篡盗，光武皇帝震怒致誅，社稷復存。今曹操阻兵安忍，戮殺主后，滔天泯夏，罔顧天顯。操子丕，載其凶逆，竊居神器。羣臣將士以爲社稷墮廢，備宜修之，嗣武二祖，龔行天罰。備惟否德，懼忝帝位。詢于庶民，外及蠻夷君長，僉曰『天命不可以不答，祖業不可以久替，四海不可以無主』。率土式望，在備一人。備畏天明命，又懼漢阼將湮于地，謹擇元日，與百寮登壇，受皇帝璽綬。修燔瘞，告類于天神，惟神饗祚于漢家，永綏四海！」

《三國志》卷三三《蜀書三・後主傳第三》〔建興〕三年春三月，丞相亮南征四郡，四郡皆平。改益州郡爲建寧郡，分建寧、永昌郡爲雲南郡，又分建寧、牂牁爲興古郡。十二月，亮還成都。四年春，都護李嚴自永安還住江州，築大城。【略】七年春，亮遣陳式攻武都、陰平，遂克定二郡。冬，亮徙府營於南山下原上，築漢、樂二城。

王應麟《通鑑地理通釋》卷四《三國都》 漢昭烈於沔陽立爲漢中王，即位武擔之南，沔陽故城在興元府西縣西，武擔山在成都府西。都成都。公孫述改蜀郡爲成都。劉焉爲益州牧，初治綿竹，徙成都。

孫權遷都建業

《三國志》卷四七《吴書二・吴主傳第二》〔黄初〕二年四月，劉備稱帝於蜀。權自公安都鄂，改名武昌，以武昌、下雉、尋陽、陽新、柴桑、沙羡六縣爲武昌郡。五月，建業言甘露降。八月，城武昌，下令諸將曰：「夫存不忘亡，安必慮危，古之善教。昔雋不疑漢之名臣，於安平之世而刀劍不離於身，蓋君子之於武備，不可以已。況今處身疆畔，豺狼交接，而可輕忽不思變難哉？頃聞諸將出入，各尚謙約，不從人兵，甚非備慮愛身之謂。夫保已遺名，以安君親，孰與危辱？宜深警戒，務崇其大，副孤意焉。」【略】（黄武）二年春正月，曹真分軍據江陵中州。是月，城江夏山。改四分，用乾象曆。【略】（黄龍）二年春正月，魏作合肥新城。詔立都講祭酒，以教學諸子。【略】（赤烏二年）夏五月，城沙羡。【略】（四年）秋八月，時遜城邾。【略】十一年春正月，朱然城江陵。二月，地仍震。三月，宫成。夏四月，雨雹，雲陽言黄龍見。五月，鄱陽言白虎仁。詔曰：「古者聖王積行累善，修身行道，以有天下，故符瑞應之，所以表德也。朕以不明，何以臻兹？《書》云『雖休勿休』，公卿百司，其勉修所職，以匡不逮。」【略】（建安）十六年，權徙治秣陵。明年，城石頭，改秣陵爲建業。聞曹公將來侵，作濡須塢。【略】（黄龍元年）秋九月，權遷都建業，因故府不改館，徵上大將軍陸遜輔太子登，掌武昌留事。

《三國志》卷四八《吴書三・孫皓傳第三》　寶鼎元年正月，遣大鴻臚張儼、五官中郎將丁忠弔祭晉文帝。及還，儼道病死。忠説皓曰：「北方守戰之具不設，弋陽可襲而取。」皓訪羣臣，鎮西大將軍陸凱曰：「夫兵不得已而用之耳，且三國鼎立已來，更相侵伐，無歲寧居。今彊敵新并巴蜀，有兼土之實，而遣使求親，欲息兵役，不可謂其求援於我。今敵形勢方彊，而欲徼幸求勝，未見其利也。」車騎將軍劉纂曰：「天生五才，誰能去兵？譎詐相雄，有自來矣。若其有闕，庸可棄乎？宜遣間諜，以觀其勢。」皓陰納纂言，且以蜀新平，故不行，然遂自絶。八月，所在言得大鼎，於是改年，大赦。以陸凱爲左丞相，常侍萬彧爲右丞相。冬十月，永安山賊施但等聚衆數千人，劫皓庶弟永安侯謙出烏程，取孫和陵上鼓吹曲，蓋比至建業，衆萬餘人。丁固、諸葛靚逆之於牛屯，大戰，但等敗走。獲謙，謙自殺。分會稽爲東陽郡，分吴、丹楊爲吴興郡。以零陵北部爲邵陵郡。十二月，皓還都建業，衛將軍滕牧留鎮武昌。

《三國志》卷五三《吴書八・張紘傳》　後權以紘爲長史，從征合肥。權率輕騎將往突敵，紘諫曰：「夫兵者凶器，戰者危事也。今麾下恃盛壯之氣，忽彊暴之虜，三軍之衆，莫不寒心。雖斬將搴旗，威震敵場，此乃偏將之任，非主將之宜也。願抑賁、育之勇，懷霸王之計。」權納紘言而止。既還，明年將復出軍，紘又諫曰：「自古帝王受命之君，雖有皇靈佐於上，文德播於下，亦賴武功以昭其勳。然而貴於時動，乃後爲威耳。今麾下值四百之厄，有扶危之功，宜且隱息師徒，廣開播殖，任賢使能，務崇寬惠，順天命以行誅，可不勞而定也。」於是遂止不行。紘建計宜出都秣陵，權從之。《江表傳》曰：紘問權曰：「秣陵，楚武王所置，名爲金陵。地勢岡阜連石頭，訪問故老，云昔秦始皇東巡會稽經此縣，望氣者云金陵地形有王者都邑之氣，故掘斷連岡，改名秣陵。今處所具存，地有其氣，天之所命，宜爲都邑。」權善其議，未能從也。後劉備之東，宿於秣陵，周觀地形，亦勸權都之。權曰：「智者意同。」遂都焉。《獻帝春秋》云：劉備至京，謂孫權曰：「吴去此數百里，即有警急，赴救爲難，將軍無意屯京乎？」權曰：「秣陵有小江百餘里，可以安大船，吾方理水軍，當移據之。」備曰：「蕪湖近濡須，亦佳也。」權曰：「吾欲圖徐州，宜近下也。」

臣松之以爲秣陵之與蕪湖，道里所校無幾，於北侵利便，亦有何異？而云欲闚徐州，貪秣陵近下，非其理也。諸書皆云劉備勸都秣陵，而此獨云權自欲都之，又爲虚錯。

《通志》卷四一《三國都》　《吴志》云：吴都鄂，後還建業，故改鄂爲武昌，改秣陵爲建業，後避晉愍帝諱，故又改爲建康。

王樵《方麓集》卷七《閲内城記》　東漢末，以秣陵地封孫策爲吴侯。至弟權，據有江東，築石頭城，因山爲險，扼江爲守，即今石城門一帶尚其遺趾也。改秣陵爲建業。建安十三年，移丹陽郡治建業，遂徙都焉。都城在淮水北五里，據覆舟山，西倚石頭以爲重，後帶玄武湖以爲固，前栅秦淮以爲阻，今頗言其地實得面勢之正。南五里至淮水，有大航門。宫之後有苑城，晉所謂臺城即此也。赤烏四年，東鑿渠，名青溪，自城北塹泄玄武湖，水九曲西南入秦淮，今僅存一曲而已。金陵建都，實自吴始。

錢儀吉《三國會要》卷三八《輿地五・建都》　張紘言於孫權曰：「秣陵，楚武王所置，名爲金陵。秦始皇時，望氣者云：金陵有王者氣。故掘斷連岡，改名秣陵。有別小江，可以貯船，宜爲都邑。」劉備勸都之，自京口遷都焉。《吴志》：「先亂時，童謡云：『寧飲建業水，不食武昌魚；寧歸建業死，不就武昌居。』乃遷都建業。」《御覽》引《吴録》。

錢儀吉《三國會要》卷三八《輿地五・宫室・吴宫苑》　寶鼎元年十二月，還都建業。《漢晉春秋》：望氣者云，「荆州有王氣，破揚州而建業宫不利」，故從武昌，發民掘荆州界大臣名家冢與山岡連者。既而施但反，自以爲得計，使人鼓譟入建業，殺但妻女以厭前氣。二年六月，起昭明宫。史避晉諱作顯明，見《太康地記》。《吴曆》曰：「在太初宫東。」《建康宫闕簿》曰：「赤烏殿在昭明宫内。」《江表傳》曰：「皓營新宫，二千石以下皆自入山督攝伐木，又破壞諸營，大開園囿，起土山樓觀，窮極伎巧，工役之費以億萬計。」《御覽》引《吴志》曰：「加飾珠玉，製以奇石，右臨荆，左彎碕。又開城北渠，引後湖水激流入宫内，巡繞宫殿。」天紀二年，岑昏表修百府，自宫門至朱雀橋，夾路作府舍，又開大道，使男女別行。《初學記》引環濟《吴紀》。

張敦頤《六朝事迹・石城》　吴孫權沿淮立栅，又於江岸必争之地築城，名曰石頭。諸葛亮論金陵地形云：鍾阜龍盤，石城虎踞，真帝王之宅。

沈樞《通鑑總類》卷一二上《陸凱勸吴主歸建康》　晋大始二年，吴主居武昌，揚州之民泝流供給，甚苦之。又奢侈無度，公私窮匱。凱上疏曰：今四邊無事，當務養民豐財，而更窮奢極欲。無災而民命盡，無爲而國財空。臣竊痛之。昔漢室既衰，三家鼎立。今曹、劉失道，皆爲晋有。此目前之明驗也。臣愚，但爲陛下惜國家耳。武昌土地危險墝确，非王者之都。且童謡云：「寧飲建業水，不食武昌魚。寧還建業死，不止武昌居。」以此觀之，足明民心與天意矣。吴主雖不悦，以其宿望，特優容之。

章如愚《羣書考索》卷六二《地理門》　建康：建康在東南爲一都會，控帶荆揚，引輸江湖，咫尺淮甸，應接梁宋，其山川之雄盛，原隰之平衍，食貨之富饒，真足以容萬乘而供六師。六朝建都之地，不過建康、京口、江陵、武昌數處，其强弱利害，燎然可觀。孫策以會稽爲興造之根本，大帝嗣興，移還京口，其後又嘗住公安江陵縣界，又嘗都武昌鄂州縣。蓋往來其間，因時制宜，不得不然也。及江南已定，遂還建鄴，而與魏蜀抗衡，百戰而不屈，其宏規遠略，晋宋而下不能及也。孫皓捨建鄴而之武昌，而吴因以衰。梁元帝捨建鄴而守江陵，而梁遂以亡。李嗣主捨建鄴而還洪府，南唐遂不能以自立。王導斷然折會稽、豫章之論，而以建鄴爲根，百年之基業遂定。此其大略也。昔秦始皇東巡，經秣陵縣，望氣者言：金陵地形，有王者都邑之氣。張紘説孫權曰：地有王氣，天之所命，宜爲都邑。因徙治石頭，改秣陵爲建鄴。西晋之末，始改石頭爲建康。起元帝迄陳，區區霸業，晋不足以當此休應。孫皓議遷都武昌，陸抗上疏曰：武昌土地危險，非王都之所，船泊則流漂，陵居則峻危。且童謡言：「寧飲建鄴水，不食武昌魚。寧歸建鄴死，不止武昌居。」夫民謡本出於天心，乃以安居而比死，足以明天意，知民所苦矣。晋蘇峻平，宗廟宫室並爲煨燼，温嶠建議遷都豫章，三吴豪傑請都會稽，二論紛紜，未有所適。王導曰：建康王者之宅，古之王者，不以豐儉移都。且北狄游魂伺我之隙，一旦示弱，竄於蠻越，望實皆喪。由是嶠等謀並不行。南齊蕭穎胄議遷都夏口，柳忱以巴峽未賓，不宜輕捨根本，不徙。俄而巴東之兵至峽口，遷都之議遂息。論者以爲見機。梁侯景平，元帝臨荆峽二十餘年，不欲歸建鄴；故府臣僚皆楚人，並欲即都江陵。方建鄴舊都凋荒已極，周洪正諫曰：若黔首未見入建鄴，使謂猶列國諸王。今日赴百姓心，不可不歸建鄴。

晋武帝都洛陽

《晋書》卷一四《地理志》　晋仍居魏都，乃以三輔還屬雍州。分河南，立滎陽。分雍州之京兆，立上洛。廢東郡，立頓丘。遂定名司州，以司隸校尉統之。

《册府元龜》卷一三《都邑》　晋武帝泰始元年十二月受魏禪，都雒陽。

王應麟《通鑑地理通釋》卷四《晋都》　晋武帝都洛陽。故洛陽城在今洛陽縣東二十里，置司州。

顧炎武《歷代帝王宅京記》卷八《晋》　洛陽置尉，五部三市。東西七里，南北九里。東有建春、東陽、清明三門，南有開陽、平昌、宣陽、建陽四門，西有廣陽、西明、閶闔三門，北有大夏、廣莫二門。司隸校尉河南尹及百官列城內也。

徐松《河南志・晋城闕古蹟》　晋都城亦在成周，門十二：陸機《洛陽記》曰：洛陽十二門，門有閣，閉中，開左右出入。城内大道三：中央御道，兩邊築土墻，高四尺；公卿尚書章服從中道；凡人行左、右道。左入右出，不得相逢。夾道種槐、柳樹。《晋書》曰：洛陽御道，築(道)〔墻〕高丈餘，百郡(抵)〔邸〕舍，皆在城內。又曰：洛陽十二門，皆有雙闕。有橋，橋跨陽渠水。按《輿地志》曰：洛陽城四面有陽渠水，即周公所製也。上源出幽谷，東流注城西北角，分流繞城，至建春門外合。又折而東流，注於洛。朱超石《與兄書》曰：洛下道路，本好行種青槐，蔭映可愛。華延儁《洛陽記》曰：城內宫殿、臺觀、府藏、寺舍，凡有(臺)一萬一千二百一十九間。自劉曜入洛，元帝渡江，官寺、里閣鞠爲茂草。

南面四門：曰平昌門，漢之平門。

開陽門，宣陽門，建陽門。漢之津門。按，永嘉二年，王彌至洛陽，屯於津陽門。彌兵敗，燒建春門而東。疑此用漢名爲津陽門。

東面三門：曰清明門，漢之宣平門。

東陽門。漢之中東門。

建春門。漢之上東門。一曰上昇門。按，永嘉二年，王彌燒建春門，已見上。三年，劉曜以兵屯于上東門。而一門二名，未詳。

西面三門：曰廣陽門，西明門，漢之雍門。

閶闔門。漢之上西門。

北面二門：曰廣莫門。漢之穀門。

大夏門。漢之夏門。魏曰大夏。

長春門。朱明門。青陽門。承明門。崇禮門。已上見《晉宮閣名》。

雲龍門。楊駿被討，主簿請燒雲龍門以示威。駿曰：魏明帝造此大功，奈何燒之！

風虎門。神獸門。東對雲龍門。

萬春門。太極殿。《洛陽宮殿簿》曰：太極殿十二間。殿前南行，仰閣三百二十八間。南上總章觀，閣十三間。東上淩雲臺，閣十一間。殿前有兩株萬年樹。

建始殿。明陽殿。本昭陽殿，避文帝諱改。

式乾殿。暉章殿。歐陽殿。含章殿。又有含章鞠室。

徽音殿。崇賢殿。仁壽殿。殿前有大方銅鏡，向之寫人形體。

百福殿。章華殿。嘉福殿。宣光殿。修明殿。嘉樂殿。芙蓉殿。章陽殿。百兒殿。又有百子殿。

芳德殿。清暑殿。靈圃殿。承光殿。永寧殿。景福殿。延休殿。虞淵殿。洞冥殿。安昌殿。明光殿。萬年殿。已上見《晉宮閣名》及《洛陽宮殿簿》。

東堂。西堂。宣猷堂。堯母堂。長壽堂。則百堂。螽斯堂。休徵堂。延祿堂。承慶堂。仁壽堂。綏福堂。含芳堂。樂昌堂。椒華堂。芳香堂。顯成堂。承光堂。五福堂。嘉寧堂。桃間堂皇。《洛陽記》曰：洛陽宮有桃間堂皇、杏間堂皇、椋間堂皇、竹間堂皇、李間堂皇、魚梁堂皇、醴泉堂皇、百戲堂皇、水碓堂皇、擇果堂〔皇〕。

金光閣。清陽閣。朱明閣。承休閣。安樂閣。白藏閣。顯仁閣。崇明閣。章德閣。飛雲閣。安世閣。長安閣。文成閣。明慶閣。崇陽闥。延明闥。通明闥。修雲闥。通福闥。徽音闥。承休闥。元明闥。元暉闥。崇禮闥。白藏闥。羲和溫房。顯昌坊。修成坊。綏福坊。延祿坊。休徵坊。承慶坊。桂芬坊。椒房坊。舒蘭坊。藝文坊。鳳凰樓。伺星樓。

已上並見《晉宮閣名》。

弘訓宮。懷帝立，惠帝羊皇后居之。

臨商觀。陸機《洛陽記》曰：宮中有臨商、陸雲、宣曲、廣望、閬風、萬世、修齡、總章、聽訟凡九觀。皆高十六丈。以雲母著窗，裏日曜之，煒煒有光輝。又曰：八觀在宮之西，惟聽訟一觀在東。華延儁《洛陽記》曰：洛陽城十八觀，皆施玄檻、鐵籠疏、雲母幌。而不載十八觀名。蓋兼宮外而名也。

陸雲觀。宣曲觀。廣望觀。閬風觀。萬世觀。修齡觀。總章觀。觀內有儀鳳樓。觀之南別有翔鳳樓。又有慶雲樓。

聽訟觀。陸機《與弟書》曰：聽訟觀東，作百丈許廊屋。

玄覽觀。《洛陽宮殿簿》曰：觀南行至臨商觀，高閣五十五間。

東氾觀。清覽觀。高平觀。《洛陽宮殿簿》曰：觀南行至清覽觀，高閣六十四間。

見親觀。《洛陽宮殿簿》曰：閣九間。

高樂觀。萬年觀。已上《建康宮闕簿》引洛宮中所有。

射雉觀。在廣陽門之西北。

鬬雞臺。同上。

崇文臺。陵雲臺。《述征記》曰：臺在明光殿西，高八丈，累塼作道，通至臺上。登臺迥眺，究觀洛邑，暨南望少室，亦山岳之秀極也。

冰室。陸機《洛陽記》曰：冰室在宣陽門內。常有冰，天子用賜王公衆官。戴延之《西征記》曰：淩雲臺有冰井。延之以六月持去，經日猶堅。《述征記》曰：冰井在陵雲臺北，古舊藏冰處。

春王園。陸士衡詩曰：逍遥春王圃。李善曰：《晉宮閣名》：洛陽宮有春王園。

瓊圃園。雲芝園。石祠園。並見《晉宮閣名》。在洛陽宮。

右宮内。

崇政殿。晉太子宮有崇政殿。

承華門。見上。

太子宮。陸機《洛陽記》曰：太子宮在大宮東，薄室門外，中有承華門。

右太子宮。

千秋門。齊王冏臣五人，大治第舍，開千秋門南墉以通西閣。

平君門。華延儁《洛陽記》曰：平君門，漢小苑南門也。

宣武觀。《晉宮閣簿》曰：在大夏門內東北，故云南望天淵池，北瞻宣武觀。

壐觀。《河南十二縣境簿》曰：在廣陽門北。

鬬雞臺。《述征記》曰：廣陽門西南，有劉曜壘。壘西，曜試弩棚。西北有鬬雞，射雉臺。

射雉臺。見上。

永寧宮。《洛陽宮殿簿》曰：有連閣二百八十六。

琁華宮。有玉井。

華林園。內有崇光、華光、疏圃、華德、九華五殿；繁昌、建康、顯昌、延祚、壽安、千祿六館。園內更有百果園，果別作一林，林各有一堂，如桃間堂、杏間堂之類。有古玉井，悉以珉玉爲之。園內有方壺、蓬萊山、曲池。

平樂苑。鹿子苑。在河南縣。

桑梓苑。城西。

玄圃園。楊佺期《洛陽記》曰：東宮之北曰玄圃園。內有宣猷堂。

舍利池。都亭池。靈芝池。濬靈池。綠池。靈臺。明堂。辟雍。國學。太學。《述征記》曰：國學在辟雍東北五里。太學在國學東二百步。

前、後、左、右將軍府。陸機《洛陽記》曰：五營校尉，前、後、左、右將軍府，皆在城中潘岳宅之西。

三市。《閑居賦》曰：陪京泝伊，面郊後市。陸機《洛陽記》曰：洛陽凡三市：大市名曰金市，在臨商觀之西；馬市在大城之東；洛陽縣市在大城南。然此市，洛陽縣也。一説三市謂平樂市、金市、馬市也。金市在淩雲臺西北，對洛陽壘；馬市在大城東，前有石橋，悉用大石，下員以通水，可過大舫。《洛陽故宮名》曰：馬市在城東，吴、蜀二主館與相連。《水經注》曰：馬市即嵇康爲司馬昭所害處。《晉志》曰：五部、三市，東西七里，南北九里。

百郡邸。陸機《洛陽記》曰：百郡邸在城中東城下步廣里。

銅井。《洛陽記》曰：宫墻西有兩銅井，連御溝，名曰濛汜。

太倉。在建春門內。杜預曰：翟泉在太倉西南。

常滿倉。建春門外。

永安里。宣帝宅。

汶陽里。趙王倫宅。

延嘉里。夏侯湛宅。嘉，一作「喜」。

德宮里。潘岳宅。

宜春里。左思所居。

白社里。董京字威輦。初至洛陽，被髮而行，逍遥吟詠。常宿白社中，時乞於市。殘碎繒絮，結以自覆。金帛佳綿，則不肯留。其里在建春門東。

步廣里。在翟泉側。《晉起居注》曰：永嘉元年，里內地陷。有二鶩出，一蒼一白。蒼者衝天，白者在地。陳留孝廉董養曰：步廣里即周之狄泉，舊盟會之地也。蒼者胡象，白者(金色)晉象。(金)[今]胡色盛，晉色弱，其可言乎？

諸里。《晉宮閣名》曰：洛陽城中諸里：年和里，宜壽里，永年里，宜都里，太學里，富弼里，大雅里，孝敬里，安城里，左池里，東臺里，安民里，延壽里，日中里，西國里，東牛里，穀陽里，北恢里，安武里，孝西里，太始里，光林里，石市里，宜秋里，葛西里，西河里，宣賜里，南孝里，中恢里，宜年里，渭陽里，利民里，西樂里，北溪里，西義里，東統里，宣都里，石羊里，中安里，右池里。

諸坊。《晉宮閣名》曰：洛陽宫有顯昌坊、綏福坊、延禄坊、休徵坊、承慶坊、福昌坊、壽成坊、宣光坊、安樂坊、舍利坊、益壽坊、永壽坊、城祚坊、陽遂坊、桂芬坊、椒房坊、舒蘭坊、藝文坊、恭職坊、繁昌坊、吉陽坊、肅成坊。按，唐坊名通謂之里。如白樂天居履道坊，亦曰履道里。今有坊，又有里，未詳。

城內都亭。華延儁《洛陽記》曰：城內都亭：華林、奉常、廣世、昌益、廣莫、定陽、遮要、暴室、廣陽、西(名)[明]、萬歲、文陽、東明、視中、東因、建春、止姦、德宮、東陽、千秋、安(康)[衆]、孝敬、清明二十四字。

金溝。王濟移第，即北邙山下。時洛京地貴，濟買地爲馬埒。編錢滿之，時人謂之金溝。

晉都城圖

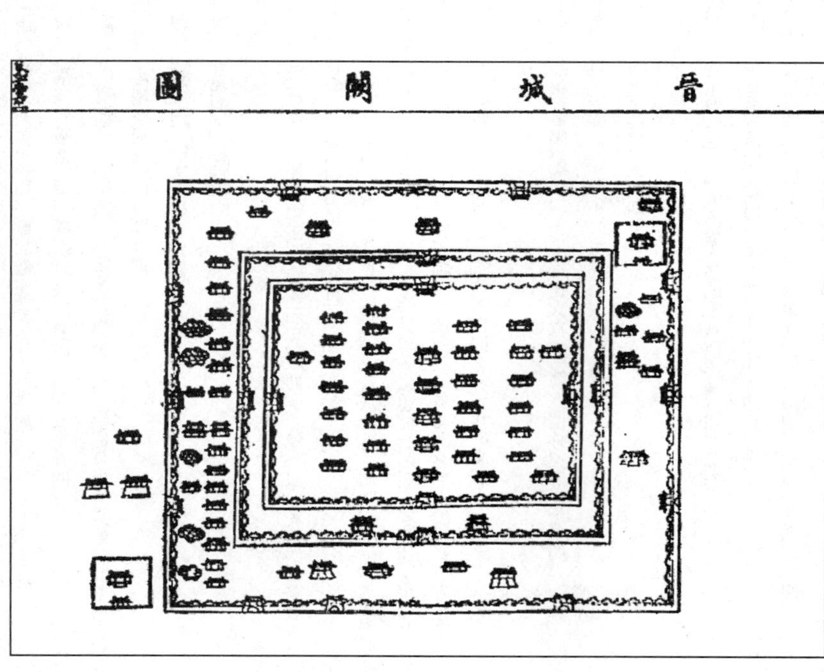

賈充宅。宣武場西。

石崇宅。在翟泉側，有緑珠樓。

水衡署。穀水東出爲方湖，東西一百九十步，南北七十步，水衡署在其所。

阮曲。穀水又東南，轉屈東注，謂之阮曲，蓋阮嗣宗所居之地。

南浮橋。《河南郡縣境界簿》曰：城南五里，洛水浮橋。《晉書》：夏統字仲御，會稽永興人。母病，乃詣洛陽市藥。會三月上巳，洛中王公以下並至南浮橋，士女駢填，車服燭路。統時在船中，曝所市藥。諸貴人車乘來者如雲，統並不之顧。太尉賈充怪而問之，統初不應。重問，乃徐答曰：會稽夏仲御也。

七里澗。在馬市東，與鹿苑相接。澗有石梁，即旅人橋也。《洛陽記》曰：城東有石橋以跨七里澗。

右城之内外。

按，《洛陽宫殿簿》及《古宫名》有飛兔門、廣德門、明理門、望鍾門、神仙門、萬春門、昌福堂、徽音堂、嘉德堂、魚梁堂皇、醴泉堂皇、百戲堂皇、九華堂皇、虚德堂、修成堂、望母涼室、清暑涼室、含章鞠室、靈芝鞠室，又戴延之《西征記》有鬱金屋，皆不分魏、晉之間，今附見之。

晉元帝都建康

《晉書》卷五《孝懷帝紀》　東海王越之出也，使河南尹潘滔居守。大將軍苟晞表遷都倉垣，帝將從之，諸大臣畏滔，不敢奉詔，且宫中及黄門戀資財，不欲出。至是饑甚，人相食，百官流亡者十八九。帝召羣臣會議，將行而警衛不備。帝撫手歎曰：「如何曾無車輿！」乃使司徒傅祗出詣河陰，修理舟楫，爲水行之備，朝士數十人導從。帝步出西掖門，至銅駝街，爲盜所掠，不得進而還。

《晉書》卷六《元帝紀》　永嘉初，用王導計，始鎮建鄴。【略】建武元年乃備百官，立宗廟社稷於建康。【略】太興元年即皇帝位。【略】始秦時望氣者云「五百年後金陵有天子氣」，故始皇東遊以厭之，改其地曰秣陵，塹北山以絶其勢。及孫權之稱號，自謂當之。孫盛以爲始皇逮于孫氏四百三十七載，考其曆數，猶爲未及；元帝之渡江也，乃五百二十六年，真人之應在于此矣。咸寧初，風吹太社樹折，社中有青氣，占者以爲東莞有帝者之祥。由是徙封東莞王於琅邪，即武王也。及吴之亡，王濬實先至建鄴，而皓之降款，遠歸璽於琅邪。天意人事，又符中興之兆。太安之際，童謡云：「五馬浮渡江，一馬化爲龍。」及永嘉中，歲、鎮、熒惑、太白聚斗、牛之間，識者以爲吴越之地當興王者。是歲，王室淪覆，帝與西陽、汝南、南頓、彭城五王獲濟，而帝竟登大位焉。

《晉書》卷六五《王導傳》　及賊平，宗廟宫室並爲灰燼，温嶠議遷都豫章，三吴之豪請都會稽，二論紛紜，未有所適。導曰：「建康，古之金陵，舊爲帝里，又孫仲謀、劉玄德俱言王者之宅。古之帝王不必以豐儉移都，苟弘衛文大帛之冠，則無往不可。若不績其麻，則樂土爲虚矣。且北寇游魂，伺我之隙，一旦示弱，竄於蠻越，求之望實，懼非良計。今特宜鎮之以静，羣情自安。」由是嶠等謀並不行。

《册府元龜》卷一三《都邑》　元帝建武元年三月，即晉王位。乃備百官，立宗廟社稷于建康。

王應麟《通鑒地理通釋》卷四《晉都》　元帝南遷都建康。都城周二十里十九步，本吴舊址，晉江左所築，但有宣陽門。至成帝作新宫，始修城，開陵陽等五門，與宣陽爲六。蘇峻滅後，宫闕荒殘，温嶠議遷都，王導曰：建康帝皇所居，孫仲謀、劉玄德皆云王者之宅，不可改。

十六國都

《晉書》卷一〇三《劉曜載記第三》　〔光初元年〕靳準遣侍中卜泰降于勒，勒囚泰，送之曜。謂泰曰：「先帝末年，實亂大倫，羣閹撓政，誅滅忠良，誠是義士匡討之秋。司空執心忠烈，行伊霍之權，拯濟塗炭，使朕及此，勳高古人，德格天地。朕方寧濟大艱，終不以非命及君子賢人。司空若執忠誠，早迎大駕者，政由靳氏，祭則寡人，以朕此意布之司空，宣之朝士。」泰還平陽，具宣曜旨。準自以殺曜母兄，沈吟未從。尋而喬泰、王騰、靳康、馬忠等殺準，推尚書令靳明爲盟主，遣卜泰奉傳國六璽降于曜。曜大悦，謂泰曰：「使朕獲此神璽而成帝王者，子也。」石勒聞之，怒甚，增兵攻之。明戰累敗，遣使求救于曜，曜使劉雅、劉策等迎之。明率平陽士女萬五千歸于曜，曜命誅明，靳氏男女無少長皆殺之。使劉雅迎母胡氏喪于平陽，還葬粟邑，墓號陽陵，僞謚宣明皇太后。僭尊高祖父亮爲景皇帝，曾祖父廣爲獻皇帝，祖防懿皇帝，考曰宣成皇帝。徙都長安，起光世殿於前，紫光殿於後。立其妻羊氏爲皇后，子熙爲皇太子，封子襲爲長樂王，闡太原王，沖淮南王，敞齊王，高魯王，徽楚王，徵諸宗室皆進封郡王。繕宗廟、社稷、南北郊。以水承晉金行，國號曰趙。牲牡尚黑，旗幟尚玄，冒頓配天，元海配上帝，大赦境内殊死已下。

沈樞《通鑑總類》卷一二上《王述諫庾翼移鎮樂鄉》 咸康八年，庾翼在武昌，數有妖怪，欲移鎮樂鄉。征虜長史王述與庾冰牋曰：樂鄉去武昌千有餘里，數萬之衆，一旦移徙，興立城堡，公私勞擾。又江州當泝流數千里，供給軍府，力役倍增。且武昌實江東鎮戍之中，非但扞禦上流而已。緩急赴告，駿奔不難。若移樂鄉，遠在西陲，一朝江渚有虞，不相接救。方嶽重將，固當居要害之地，爲内外形勢，使闚覦之心不知所向。昔秦忌亡胡之讖，卒爲劉、項之資；周惡檿弧之謡，而成褒姒之亂。是以達人君子，直道而行，禳避之道，皆所不取。正當擇人事之勝理，思社稷之長計耳。朝議亦以爲然，翼乃止。

崔鴻《十六國春秋》卷一一《後趙録一・石勒上》 〔永嘉六年〕勒諸將佐議，欲都鄴，將攻取三臺以據之。張賓曰：劉演雖弱，衆猶數千。三臺險固，急而攻之，未易猝拔。舍而去之，彼將自潰。方今王彭祖、劉越石，公之勁敵也。宜及其未有備，密規進據罕城，廣運糧儲，西稟平陽，掃定并冀，桓文之業，可以濟也。且天下鼎沸，戰爭方始，明公雖擁精兵，遊行羈旅，人無定志，非所以保萬全、制四方也。夫得地者昌，失地者亡。邯鄲、襄國，趙之舊都，依山憑險，形勝之國，可擇此二邑而都之。然後命將四出，授以奇略，推亡固存，兼弱攻昧，則羣凶可除，王業可圖矣。勒曰：右侯之計是也。遂進據襄國。賓復言於勒曰：今我都此，越石、彭祖所深忌也。

崔鴻《十六國春秋》卷二五《前燕録三》 咸康七年春正月，皝以柳城之北，龍山之南一作「西」字。福地也，使唐國内史陽裕等築龍城。搆門闕宫殿、廟園廟園，一作「宗廟」。籍田，遂改柳城爲龍城縣。【略】〔八年〕冬十月，皝遷都龍城。

崔鴻《十六國春秋》卷三六《前秦録四・苻堅上》 〔永興二年〕夏四月，堅如雍祠五時。六月，如河東祠后土。秋八月，自臨晉登龍門，顧謂羣臣曰：美哉！山河之固。婁敬有言，關中四塞之國，真不虚也。權翼薛贊對曰：臣聞夏、殷之都，非不險也；周、秦之衆，非不多也，終於身竄南巢，首懸白旗，軀殘於犬戎，國分於項籍者，何也？德之不修故耳。吴起有言，在德不在險，深願陛下追蹤唐虞，懷遠以德，山河之固不足恃也。

崔鴻《十六國春秋》卷六六《夏録》 〔鳳翔元年〕以叱干阿利領將作大匠，發嶺北夷夏十萬餘户，改築都城於朔方水之北，黑水之南，名曰統萬城。下書曰：古人制起城邑，或因山水，或以義立名。今都城已建，萬堵斯作，克成弗遠，宜有美名。朕方統一天下，君臨萬邦，可以「統萬」爲名。

《通志》卷四一《都邑略第一・都邑序》 十六國都：後魏雖共起，其後奄有中原，故不在十六國之數。

張軌都敦煌，謂之前涼。沙州。

吕光都姑臧，謂之後涼。涼州。

李暠都酒泉，謂之西涼。肅州。

秃髮烏孤都張掖，謂之南涼。蘭州與乞伏國仁分據，定樂在其東。

沮渠蒙遜都張掖，謂之北涼。甘州。

慕容皝初都和龍，後徙薊，又徙鄴，謂之前燕。和龍，唐柳城，宋時大遼黄龍府。薊，幽州。鄴，相州。

慕容垂都中山，謂之後燕。今中山府。

慕容德都廣固，謂之南燕。青州。

馮跋都和龍，謂之北燕。

劉淵都平陽，謂之前趙。晉州。

苻堅都長安，謂之前秦。

姚萇都長安，謂之後秦。

乞伏國仁都定樂，後遷金城，謂之西秦。定樂，蘭州東境。金城，河州。

赫連勃勃都統萬，謂之夏。朔方。

〔南朝〕宋、齊、陳都建業

《通志》卷四一《都邑略第一・都邑序》 宋因晉舊都建業。齊因宋，梁因齊，改號不改都。梁有太清之禍，建康殘毁。元帝興復，即位于江陵。魏人滅之，陳復都建業。江陵，今荆南府。

朱銘盤《南朝齊會要・方域・遷都》 和帝即位，柳忱轉吏部尚書，不拜。郢州平，蕭穎胄議遷都夏口，忱復固諫，以爲巴陝未賓，不宜輕捨根本，摇動民志。穎胄不從。俄而巴東兵至硤口，遷都之議乃息。

朱銘盤《南朝齊會要・方域・城》 宋世外六門設竹籬。建元二年初，有發白虎樽者，言「白門三重門，竹籬穿不完」。上感其言。《王儉傳》。五月，立六門都墻。本《紀》。

梁元帝都江陵

《梁書》卷五《文帝本紀》 承聖元年冬十一月丙子，世祖即皇帝位於江陵。

《周書》卷四一《王褒列傳》 初，元帝平侯景及擒武陵王紀之後，以建業彫殘，方須修復；江陵殷盛，便欲安之。又其故府臣寮，皆楚人也，並願即都荆郢。嘗召羣臣議之。領軍將軍胡僧祐、吏部尚書宗懔、太府卿黄羅漢、御史中丞劉㲄等曰：「建業雖是舊都，王氣已盡，且與北寇鄰接，止隔一江。若有不虞，悔無及矣。臣等又嘗聞之，荆南之地，有天子氣，今陛下龍飛纘業，其應斯乎。天時人事，徵祥如此，臣等所見，遷徙非宜。」元帝深以爲然。時褒及尚書周弘正咸侍座，乃顧謂褒等曰：「卿意以爲何如？」褒性謹慎，知元帝多猜忌，弗敢公言其非，當時唯唯而已。後因清閑密諫，言辭甚切，元帝頗納之。然其意好荆楚，已從僧祐等策。明日，乃於衆中謂褒曰：「卿昨日勸還建業，不爲無理。」褒以宣室之言，豈宜顯之於衆，知其計之不用也，於是止不復言。

《太平御覽》卷一五六《叙京都》 《三國典略》：梁元帝在江陵即位，欲還都建鄴，領軍將軍胡僧祐、太府卿黄羅漢、吏部尚書宗懔、御史中丞劉㲄等曰：建鄴氣已盡，與虜止隔一江，若有不虞，悔無及也。且渚宫洲數滿百，當出天子。陛下龍飛，是其應也。梁主令朝臣議之。黄門侍郎周弘正、尚書左僕射王褒曰：帝王所都本無定處，其如黔首萬姓未見輿駕(入建)入建鄴，謂是列國諸王宜順百姓之心，從四海之望。時江陵人士咸云弘正東人，志願東下，恐非良計。弘正折之曰：若東人勸東，謂爲非計；君等欲西，豈成良策？梁王笑之。於後堂會文武五百人，曰：吾欲還建鄴，諸卿以爲何如？衆皆愕然，莫敢先對。梁主曰：勸吾者去左袒。於是左袒者過半。武昌太守朱買臣入勸梁主云：建鄴舊都，塋陵猶在；荆鎮邊疆，非王者宅，願陛下弗疑，致後悔也。臣家在荆州，豈不願陛下住，但恐是臣富貴，非陛下富貴耳。乃召卜者杜景象決其去留。遇兆不吉，答云未吉。景象退而言曰：此兆爲鬼賊也。

朱銘盤《南朝梁會要・方域・行都》 元帝承聖元年十一月丙子，即皇帝位於江陵。二年八月庚子，詔「今八表乂清，四郊無壘，江、湘委輸，方船連軸，巴峽舟艦，精甲百萬，先次建鄴，行實京師；然後六軍遄征，九旌揚旆，拜謁塋陵，修復宗社。主者詳依舊典，以時宣勒」。

沈樞《通鑑總類》卷一二上《梁元帝從胡僧祐議留都江陵》 承聖二年，下詔將還建康，領軍將軍胡僧祐諫曰：建業王氣已盡，與虜正隔一江，若有不虞，悔無及也。且古老相承，云荆州洲數滿百，當出天子。今枝江生洲，百數已滿，陛下龍飛，是其應也。元帝令朝臣議之，黄門侍郎周弘正曰：今百姓未見輿駕入建康，謂是列國諸王願陛下從四海之望。時羣臣多荆州人，皆曰弘正等東人也，志願東下，恐非良計。弘正面折之曰：東人勸東，謂非良計；君等西人，欲西豈成長策？元帝笑。又議於後堂，會者五百人，元帝問之曰：吾欲還建康，諸卿以爲如何？衆莫敢先對。元帝曰：勸吾去者左袒，左袒者過半。武昌太守朱買臣言於元帝曰：建康舊都，山陵所在。荆鎮邊疆，非王者之宅，願陛下勿疑，以致後悔。臣家在荆州，豈不願陛下居此，但恐是臣富貴，非陛下富貴耳。元帝以建康彫殘，江陵全盛，意亦安之。卒從胡僧祐等議。

北魏太祖都平城

《魏書》卷二《太祖紀第二》 〔天興元年〕秋七月，遷都平城，始營宫室，建宗廟，立社稷。漁陽、烏丸、庫傉、官韜復聚黨爲寇。八月，詔有司正封畿，制郊甸，端徑術，標道里，平五權，較五量，定五度。遣使循行郡國，舉奏守宰不法者，親覽察黜陟之。

王應麟《通鑒地理通釋》卷四《後魏都》 拓跋氏，東胡之後，别部鮮卑，世居北荒，力微，遷定襄之盛樂。盛樂縣在朔州北。《漢志》：成樂。祿官分國爲三部。一居上谷北濡源西，東接宇文部，自統之。一居代郡之參合陂北，使子猗㐌統之。一居定襄之盛樂故城，使猗盧統之。晉懷帝時，劉琨表以猗盧爲大單于，封代公，徙馬邑，唐爲朔州。城盛樂，以爲北都，修故平城以爲南都。愍帝進猗盧爲代王。食代、常山二郡。《通典》：今代州城，後魏所置。賀傉始都東木根山，什翼犍更營盛樂。建國元年即位於繁時北。三年，都雲中之盛樂宫。四年，築盛樂城於故城南八里。秦苻堅殺寔君而分其國，什翼犍之孫珪立爲代王。登國元年即位，是爲道武。都雲中，在朔州北三百餘里。魏《土地記》：雲中宫在雲中故城東四十里。《唐志》：單于府金河縣，本道武所都，秦漢雲中郡地。改代曰魏，自雲中徙都平城，置司州代尹。天興元年，遷都平城。《後漢》注：今雲州定襄縣。《通典》：即今雲州，隋雲内縣常安鎮也。

沈樞《通鑑總類》卷一二上《北魏君臣論遷都利害》 齊建武元年，魏主至平城，使羣臣更論遷都利害，各言其志。穆羆曰：今四方未定，未宜遷都，且征伐無馬，將何以克？高祖曰：厩牧在代，何患無馬？今代在恒山之北，九州之外，非帝王之都也。于果曰：臣非以代地爲勝伊洛之美也，但自先帝以來，久居於此，百姓安之。一旦南遷，衆情不樂。平陽公丕曰：遷都大事，當訊之卜筮。高祖曰：昔周、召聖賢，乃能卜宅。今無其人，卜之何益？且卜以決疑，不疑何卜？王者以四海爲家，或南或北，何常之有？朕之遠祖，世居北荒，平文皇帝始都東木根山，昭成皇帝更營盛樂，道武皇帝遷于平城。朕幸屬勝殘之運，何爲獨不得遷乎？羣臣不敢復言。

北魏孝文帝遷都洛陽

楊衒之《洛陽伽藍記・自叙》 太和十七年，後魏高祖遷都洛陽，詔司空公穆亮營造宮室。洛陽城門，依魏晉舊名。

東面有三門：北頭第一門曰建春門。漢曰上東門，阮籍詩曰「步出上東門」是也。魏晉曰建春門，高祖因而不改。次南曰東陽門。漢曰東中門，魏晉曰東陽門，高祖因而不改。次南曰青陽門。漢曰望京門，魏晉曰清陽門，高祖改爲青陽門。

南面有三門：東頭第一曰開陽門。初，漢光武遷都洛陽，作此門，始成而未有名，忽夜中有柱自來在樓上，後瑯琊郡開陽縣言：「南門一柱飛去。」使來視之，則是也。遂以「開陽」爲名，自魏及晉，因而不改。高祖亦然。次西曰平昌門。漢曰平門，魏晉曰平昌門，高祖因而不改。次西曰宣陽門。漢曰津一本多一「陽」字。門，魏晉曰津一作「宣」。陽門，高祖因而不改。

西面有四門：南頭第一門曰西明門。漢曰廣陽門，魏晉因而不改，高祖改爲西明門。次北曰西陽門。漢曰雍門，魏晉曰西明門，高祖改爲西陽門。次北曰閶闔門。漢曰上西門，有銅旋璣玉衡，以齊七政。魏晉曰閶闔門，高祖因而不改。次北曰承明門。承明者，高祖所立，當金墉城前東西大道。遷京之始，宮闕未就，高祖住在金墉城。城西有上南寺，高祖數詣寺沙門論議，故通此門，而未有名，世人謂之新門。時王公卿士常迎駕於新門。高祖謂御史中尉李彪曰：曹植詩云「謁帝承明廬」，此門宜以「承明」爲稱。遂名之。

北面有二門：西頭曰大夏門。漢曰夏門，魏晉曰大夏門，嘗造三層樓，去地二十丈。洛陽城門樓皆兩重，去地百尺，惟大夏門甍棟干雲。東頭曰廣莫門。漢曰穀門，魏晉曰廣莫門，高祖因而不改。廣莫門以西，至於大夏門，宮觀相連，被諸城上也。

一門有三道，所謂九軌。

酈道元《水經注》卷一六《穀水》 穀水又東，逕金墉城北，魏明帝于洛陽城西北角築之，謂之金墉城。魏文帝起層樓于東北隅。趙云：《寰宇記》西京洛陽縣下云，金墉城在故城西北角，魏明帝所築也。《洛陽地圖》云，金墉城內有百尺樓。一清按：西北角之上，當是叙洛陽故城，今本失之。又城爲明帝築，則層樓不應云文帝起也，蓋亦明帝之誤。全亦以文帝起樓之語爲誤。戴删「魏文帝」三字。守敬按：《河南志》引《洛陽記》，洛陽城內西北隅有百尺樓，魏文帝造，此統洛陽城言之也。《洛陽伽藍記》，金墉城東北角有魏文帝百尺樓，年歲久遠，形制如初。此單就金墉城言之也。而皆稱魏文帝，與此《注》同。又《御覽》一百七十九引華延雋《洛中記》，金墉城東北有百尺樓，魏都水使者陳熙造，即文帝時造樓之人也。是文帝先有此樓，明帝築金墉城環繞之，則樓在金墉城東北，故酈氏直云文帝起層樓于東北隅。全、趙疑「文帝」字誤，戴徑删之，失於不考。《晉宮閣名》曰：金墉有崇天堂，即此地上，架木爲榭，故百尺樓矣。皇居創徙，宮極未就，止蹕于此。搆霄榭于故臺，所謂臺以亭亭者也。南曰乾光門，夾建兩觀，觀下列朱桁于塹，以爲御路。東曰含春門，北有退門，城上西面列觀，五十步一睥睨，屋臺置一鐘，以和漏鼓。西北連廡函蔭，墉比廣榭，炎夏之日，高祖常以避暑，爲緑水池一所，在金墉者也。穀水逕洛陽小城北，因阿舊城，憑結金墉，故向城也。永嘉之亂，結以爲壘，號曰洛陽壘。故《洛陽記》曰：陵雲臺西有金市，金市北對洛陽壘者也。

《魏書》卷七下《高祖紀下》 〔太和十七年〕秋七月癸丑，以皇太子立，詔賜民爲人後者爵一級，爲公士；曾爲吏屬者爵二級，爲上造；鰥寡孤獨不能自存者，人粟五斛。戊午，中外戒嚴。是月，蕭賾死，孫昭業僭立。八月乙酉，三老、山陽郡公尉元薨。丙戌，車駕類於上帝，遂臨尉元喪。丁亥，帝辭永固陵。己丑，車駕發京師，南伐，步騎百餘萬。太尉丕奏請以宮人從，詔曰：「臨戎不語內事，宜停來請。」【略】冬十月戊寅朔，幸金墉城。詔徵司空穆亮與尚書李沖、將作大匠董爵經始洛京。己卯，幸河南城。乙酉，幸豫州。癸巳，次於石濟。乙未，解嚴，設壇於滑臺城東，告行廟以遷都之意。大赦天下。起滑臺宮。【略】〔十八年〕戊辰，經殷比干之墓，祭以太牢。乙亥，幸洛陽西宮。二月乙丑，行幸河陰，規建方澤之所。丙申，河南王幹徙封趙郡，潁川王雍徙封高陽。壬寅，車駕北巡。癸卯，濟河。蕭昭業遣使朝貢。甲辰，詔天下，喻以遷都之意。閏月癸亥，次句注陘南，皇太子朝于蒲池。壬申，至平城宮。癸酉，臨朝堂，部分遷留。甲戌，謁永固陵。三月庚辰，罷西郊祭天。壬辰，帝臨太極殿，諭在代羣臣以遷移之略。【略】〔十九年〕八月甲辰，幸西宮，路見壞冢露棺，駐輦殣之。乙巳，詔選天下武勇之士十五萬人爲羽林、虎賁，以充宿衛。丁巳，詔諸從兵從征被傷者皆聽還本。金墉宮成。甲子，引羣臣歷宴殿堂。九月庚午，六宮及文武盡遷洛陽。丙戌，行幸鄴。丁亥，詔曰：「諸有舊墓，銘記見存，昭然爲時人所知者，三公及位從公者去墓三十步，尚書令僕、九列十五步，黄門、五校十步，各不聽墾殖。」壬辰，遣黄門郎以太牢祭比干之墓。乙未，車駕還宫。

《魏書》卷八《世宗紀》〔景明二年〕九月丁酉，發畿内夫五萬人築京師三百二十三坊，四旬而罷。

《魏書》卷一四《東陽王丕傳》及高祖欲遷都，臨太極殿，引見留守之官大議。乃詔丕等，如有所懷，各陳其志。燕州刺史穆羆進曰：「移都事大，如臣愚見，謂爲未可。」高祖曰：「卿便言不可之理。」羆曰：「北有獫狁之寇，南有荆揚未賓，西有吐谷渾之阻，東有高句麗之難。四方未平，九區未定。以此推之，謂爲不可。征伐之舉，要須戎馬，如其無馬，事不可克。」高祖曰：「卿言無馬，此理粗可。馬常出北方，厩在此置，卿何慮無馬？今代在恒山之北，爲九州之外，以是之故，遷于中原。」羆曰：「臣聞黄帝都涿鹿。以此言之，古昔聖王不必悉居中原。」高祖曰：「黄帝以天下未定，居于涿鹿，既定之後，亦遷于河南。」尚書于果曰：「臣誠不識古事，如聞百姓之言，先皇建都於此，無何欲移，以爲不可。中原其如是所由擬，數有篡奪。自建邑平城以來，與天地並固，日月齊明。臣雖管見膚淺，性不昭達，終不以恒代之地，而擬伊洛之美。但以安土重遷，物之常性，一旦南移，懼不樂也。」丕曰：「陛下去歲親御六軍討蕭氏，至洛，遣任城王澄宣旨，敕臣等議都洛。初奉恩旨，心情惶越。凡欲遷移，當訊之卜筮，審定吉否，然後可。」高祖謂丕曰：「往在鄴中，司徒公誕、咸陽王禧、尚書李沖等皆欲請龜占移洛吉凶之事。朕時謂誕等曰，昔周邵卜宅伊洛，乃識至兆。今無若斯之人，卜亦無益。然卜者所以決疑，此既不疑，何須卜也。昔軒轅卜兆龜焦，卜者請訪諸賢哲，軒轅乃問天老，天老謂爲善。遂從其言，終致昌吉。然則至人之量未然，審於龜矣。朕既以四海爲家，或南或北，遲速無常。南移之民，朕自多積倉儲，不令窘乏。」丕曰：「臣仰奉慈詔，不勝喜舞。」高祖詔羣官曰：「卿等或以朕無爲移徙也。昔平文皇帝棄背率土，昭成營居盛樂；太祖道武皇帝神武應天，遷居平城。朕雖虚寡，幸屬勝殘之運，故移宅中原，肇成皇宇。卿等當奉先君令德，光迹洪規。」前懷州刺史青龍，前秦州刺史吕受恩等仍守愚固，帝皆撫而答之，辭屈而退。

《魏書》卷一八《廣陽王嘉傳》石侯弟嘉，少沉敏，喜愠不形於色，兼有武略。高祖初，拜徐州刺史，甚有威惠。後封廣陽王，以紹建後。高祖南伐，詔嘉斷均口。嘉違失指授，令賊得免。帝怒，責之曰：「叔祖定非世孫，何太不上類也！」及將大漸，遺詔以嘉爲尚書左僕射，與咸陽王禧等輔政。遷司州牧，嘉表請於京四面，築坊三百二十，各周一千二百步，乞發三正復丁，以充兹役，雖有暫勞，姦盜永止。詔從之。拜衛大將軍、尚書令，除儀同三司。

《魏書》卷一九中《任城王澄傳》後高祖外示南討，意在謀遷，齋於明堂左个，詔太常卿王諶，親令龜卜，《易》筮南伐之事，其兆遇《革》。高祖曰：「此是湯武革命、順天應人之卦也。」羣臣莫敢言。澄進曰：「《易》言『革者更也』，將欲應天順人，革君臣之命，湯武得之爲吉。陛下帝有天下，重光累葉。今曰卜征，乃可伐叛，不得云『革命』。此非君人之卦，未可全爲吉也。」高祖厲聲曰：「《象》云『大人虎變』，何言不吉也！」澄曰：「陛下龍興既久，豈可方同虎變！」高祖勃然作色曰：「社稷我社稷，任城而欲沮衆也！」澄曰：「社稷誠知陛下之社稷，然臣是社稷之臣子，豫參顧問，敢盡愚衷。」高祖既鋭意必行，惡澄此對，久之乃解，曰：「各言其志，亦復何傷。」車駕還宫，便召澄，未及昇階，遥謂曰：「向者之《革》卦，今更欲論之。明堂之忿，懼衆人競言，阻我大計，故厲色怖文武耳，想解朕意也。」乃獨謂澄曰：「今日之行，誠知不易。但國家興自北土，徙居平城，雖富有四海，文軌未一，此間用武之地，非可文治，移風易俗，信爲甚難。崤函帝宅，河洛王里，因兹大舉，光宅中原，任城意以爲何如？」澄曰：「伊洛中區，均天下所據，陛下制御華夏，輯平九服，蒼生聞此，應當大慶。」高祖曰：「北人戀本，忽聞將移，不能不驚擾也。」澄曰：「此既非常之事，當非常人所知，唯須決之聖懷，此輩亦何能爲也。」高祖曰：「任城便是我之子房。」加撫軍大將軍、太子少保，又兼尚書左僕射。及駕幸洛陽，定遷都之策，高祖詔曰：「遷移之旨，必須訪衆。當遣任城馳驛向代，問彼百司，論擇可否。近日論《革》，今真所謂革也，王其勉之。」既至代都，衆聞遷詔，莫不驚駭。澄援引今古，徐以曉之，衆乃開伏。澄遂南馳還報，會車駕於滑臺。高祖大悦，曰：「若非任城，朕事業不得就也。」從幸鄴宫，除吏部尚書。

《魏書》卷三九《李寶傳》長子韶，字元伯，學涉有器量。【略】高祖將創遷都之計，詔引侍臣訪以古事。韶對：「洛陽九鼎舊所，七百攸基，地則土中，實均朝貢，惟王建國，莫尚於此。」高祖稱善。遷太子右詹事。尋罷左右，仍爲詹事、秦州大中正。出爲安東將軍、兖州刺史。高祖自鄴還洛，韶朝於路，言及庶人恂事。高祖曰：「卿若不出東宫，或未至此。」

《魏書》卷五三《李沖傳》車駕南伐，加沖輔國大將軍，統衆翼從。自發都至於洛陽，霖雨不霽，仍詔六軍發軫。高祖戎服執鞭，御馬而出，羣臣啓顙於馬首之前。高祖曰：「長驅之謀，廟算已定，今大軍將進，公等更欲何云？」沖進曰：「臣等不能折衝帷幄，坐制四海，而令南有竊號之渠，實臣等之咎。陛下以文軌未一，親勞聖駕，臣等誠思亡軀盡命，效死戎行。然自離都淫雨，士馬困弊，前路尚遥，水潦方甚。且伊洛境内，小水猶尚致難，況長江浩汗，越在南境。若營舟檝，必須停滯，師老糧乏，進退爲難，矜喪反旆，於義爲允。」高祖曰：「一同之意，前已具論。卿等正以水雨爲難，然天時頗亦可知。何者？夏既炎旱，秋故雨多，玄冬之初，必當開爽。比後月十間，若雨猶不已，此乃天也，脱於此而晴，行則無害。古不伐喪，謂諸侯同軌之國，非王者統一之文。已至於此，何容停駕？」沖又進曰：「今者之舉，天下所不願，唯陛下欲之。漢文言，吾獨乘千里馬，竟何至也？臣有意而無其辭，敢以死請。」高祖大怒曰：「方欲經營宇宙，一同區域，而卿等儒生，屢疑大計，斧鉞有常，卿勿復言！」策馬將出。於是大司馬、安定王休，兼左僕射、任城王澄等並殷勤泣諫。高祖乃諭羣臣曰：「今者興動不小，動而無成，何以示後？苟欲班師，無以垂之千載。朕仰惟遠祖，世居幽漠，違衆南遷，以享無窮之美，豈其無心，輕遺陵壤。今之君子，寧獨有懷？當由天工人代，王業須成故也。若不南鑾，即當移都於此，光宅土中，機亦時矣，王公等以爲何如？議之所決，不得旋踵，欲遷者左，不欲者右。」安定王休等相率如右。前南安王楨進曰：「夫愚者闇於成事，智者見於未萌。行至德者不議於俗，成大功者不謀於衆，非常之人乃能建非常之事。廓神都以延王業，度土中以制帝京，周公啓之於前，陛下行之於後，故其宜也。且天下至重，莫若皇居；人之所貴，寧如遺體？請上安聖躬，下慰民望，光宅中原，輟彼南伐。此臣等願言，蒼生幸甚。」羣臣咸唱「萬歲」。

《魏書》卷六〇《韓麒麟傳》　太和初，舉秀才，對策甲科，除著作佐郎。車駕南討，兼中書侍郎。既定遷都，顯宗上書。其一曰：竊聞輿駕今夏若不巡三齊，當幸中山，竊以爲非計也。何者？當今徭役宜早息，洛京宜速成。省費則徭役可簡，并功則洛京易就。往冬輿駕停鄴，是閑隙之時，猶編户供奉，勞費爲劇。聖鑒矜愍，優旨殷勤，爵浹高年，賚周鰥寡，雖賑貸普霑，今猶恐來夏菜色。況三農要時，六軍雲會，其所損業，實爲不少。雖調斂輕省，未足稱勞，然大駕親臨，誰敢寧息？往來承奉，紛紛道路，田蠶暫廢，則將來無資。此國之深憂也。且向炎暑，而六軍暴露，恐生癘疫，此可憂之次也。臣願輿駕早還北京，以省諸州供帳之費，并功專力，以營洛邑。則南州免雜徭之煩，北都息分析之歎，洛京可以時就，遷者僉爾如歸。其二曰：自古聖帝必以儉約爲美，亂主必以奢侈貽患。仰惟先朝，皆卑宫室而致力於經略，故能基宇開廣，業祚隆泰。今洛陽基址，魏明帝所營，取譏前代。伏願陛下損之又損。頃來北都富室，競以第宅相尚，今因遷徙，宜申禁約，令貴賤有檢，無得踰制。端廣衢路，通利溝渠，使寺署有别，四民異居，永垂百世不刊之範，則天下幸甚矣。三曰：竊聞輿駕還洛陽，輕將數千騎。臣甚爲陛下不取也。夫千金之子，猶坐不垂堂，況萬乘之尊，富有四海乎？警蹕於闈闥之内者，豈以爲儀容而已，蓋以戒不虞也。清道而後行，尚恐銜蹶之或失，況履涉山河，而不加三思哉！此愚臣之所以悚息，伏願少垂省察。其四曰：伏惟陛下耳聽法音，目玩墳典，口對百辟，心虞萬幾，晷昃而食，夜分而寢。加以孝思之至，隨時而深；文章之業，日成篇卷。雖叡明所用，未足爲煩，然非所以嗇神養性，頤無疆之祚。莊周有言：形有待而智無涯，以有待之形，役無涯之智，殆矣。此愚臣所不安，伏願陛下垂拱司契，委下責成，唯冕旒垂纊，而天下治矣。高祖頗納之。

《魏書》卷一一〇《食貨志》　太祖定中原，接喪亂之弊，兵革並起，民廢農業。方事雖殷，然經略之先，以食爲本，使東平公儀墾闢河北，自五原至于棝陽塞外爲屯田。初，登國六年破衛辰，收其珍寶、畜産，名馬三十餘萬、牛羊四百餘萬，漸增國用。既定中山，分徙吏民及徒何種人、工伎巧十萬餘家以充京都，各給耕牛，計口授田。天興初，制定京邑，東至代郡，西及善無，南極陰館，北盡參合，爲畿内之田；其外四方四維置八部帥以監之，勸課農耕，量校收入，以爲殿最。又躬耕籍田，率先百姓。自後比歲大熟，匹中八十餘斛。是時戎車不息，雖頻有年，猶未足以久贍矣。太宗永興中，頻有水旱，詔簡宫人非所當御及非執作伎巧，自餘出賜鰥民。神瑞二年，又不熟，京畿之内，路有行饉。帝以飢將遷都於鄴，用博士崔浩計乃止。於是分簡尤貧者就食山東。敕有司勸課留農者曰：「前志有之，人生在勤，勤則不匱。凡庶民之不畜者祭無牲，不耕者祭無盛，不樹者死無槨，不蠶者衣無帛，不績者喪無衰。教行三農，生殖九穀；教行園囿，毓長草木；教行虞衡，山澤作材；教行藪牧，養蕃鳥獸；教行百工，飭成器用；教行商賈，阜通貨賄；教行嬪婦，化治絲枲；教行臣妾，事勤力役。」自是民皆力勤，故歲數豐穰，畜牧滋息。

《通志》卷四一《都邑略第一・都邑序》　後魏都　魏拓跋氏甚微，至道武帝諱珪始盛彊，晉太元間，作都于代。六世孝文帝，改姓元氏，遷于洛陽。後世微弱，孝武帝爲高歡所逼，出居長安，依宇文泰，是爲西魏。高歡立孝静帝，遷都于鄴，是爲東魏。高氏繼東魏，居鄴，謂之北齊。宇文氏繼西魏，居長安，謂之後周。

王應麟《通鑑地理通釋》卷四《後魏都》 孝文太和十九年遷洛陽。以平城之司州爲恒州，洛陽置司州河南尹。二十年改爲元氏後，孝武遷長安爲西魏，孝靜遷鄴爲東魏。

錢儀吉《三國會要》卷三八《輿地五・建都》 魏武爲魏公，都鄴，今魏郡是。後文帝因漢之舊，復都洛陽。以譙爲先人本國，許昌爲漢之所居，長安爲西京之遺跡，鄴爲王業之本基，與洛陽凡五處，故號曰「五都」。

錢儀吉《三國會要》卷三八《輿地五・地圖》

魏都城圖

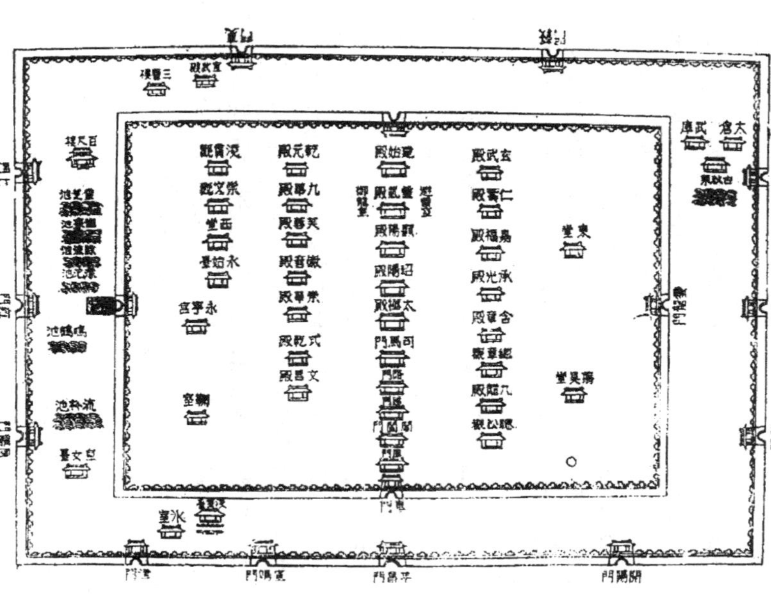

附《魏都城圖圖説》

魏京城即後漢都城。自光武定都，歷禩十二，至獻帝初平元年，董卓稱亂，南北兩宫大都焚蕩。建安初，車駕還雒陽，諸將自以爲功，稍稍補葺。及魏文篡位，黄初元年初營雒陽宫，乃妄撰故實，改「雒」爲「洛」。《魏志》注曰：是時帝居北宫，以建始殿朝羣臣。門曰承明門。明帝太和元年，始營宗廟。三年成，迎神主之在鄴者，奉安於洛。青龍三年大治洛陽宫，增築崇侈。雖宫觀樓臺，未及漢制。而百役繁興，作者萬數。自公卿以下，至於學生，莫不展力。百姓之騷動可知已。晉武都雒，大底因之。永嘉之季，劉曜陷雒，鞠爲茂草矣。（《永樂大典》卷九五六一引《元河南志》的古代洛陽圖十四幅。編者作銘。按原抄本於宫城西門，貼一小紅籤，墨書「缺名」二字。又據《元河南志》卷二，圖中宫城北門永明門應作承明門，除流池應作陰流池。）

錢儀吉《三國會要》卷三八《輿地五・地圖》

金墉城圖

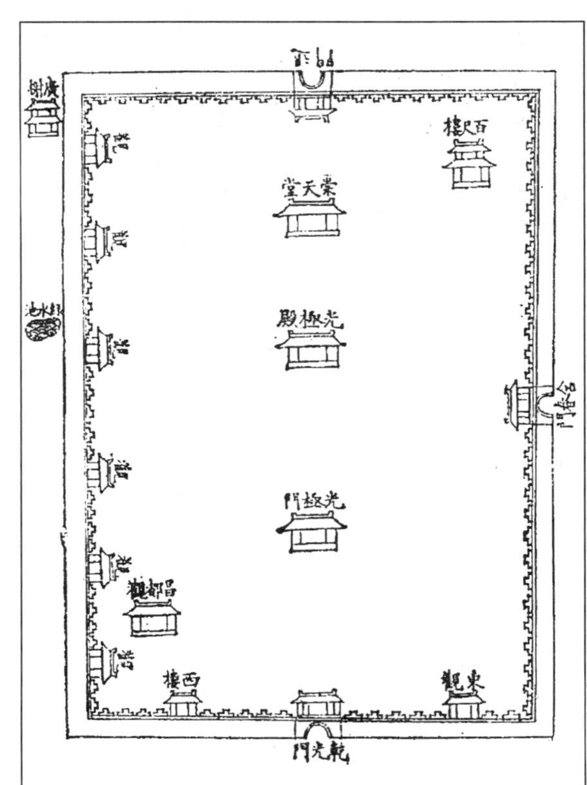

附《金墉城圖圖説》

金墉城即雒城之西北隅也。魏明帝所築。《水經注》引《晉宫閣名》曰：金墉，有崇天堂。皇居創徙，宫極未就，止蹕於此。又云：魏文帝起層樓於東北隅。案城築於明帝時，不應文帝即築樓於東北隅。文帝蓋明帝之誤。晉惠帝改金墉爲永昌宫。唐初以雒陽縣治金墉城。貞觀六年移入郭下。金墉遂廢。魏晉以來，南北區分，金墉實爲用兵之衝。晉咸和三年，劉曜攻趙將石生於金墉。後八年石虎攻石朗於金墉。永和十一年桓温屯兵金墉。興寧三年陷於燕。太元九年復歸於晉。隆安初陷於姚秦。義熙十二年劉裕伐秦。秦將趙元勸姚洸固守金墉，云：金墉不下，晉必不敢越我而西。洸不聽，兵敗出降。宋景平元年又陷於魏。元嘉八年遣到彦之等北伐，下河南，留杜驥守金墉，爲河南四鎮之一。金墉之扼要可知。圖中稱北門爲退門。據《水經注》作運門，疑圖誤也。又志稱城内有瑶光寺，魏太和中廢后馮氏，延昌末太后高氏，皆徙居於此。圖不應失載。

徐松《河南志·後魏城闕古蹟》 後魏京城亦在成周，門十二。按，後趙石虎建武十一年，司、豫、荆、兖二十六萬人城洛陽宫，至後魏，門有三道。孝文帝太和十七年幸洛陽，周巡故宫基跡，遂詠《黍離》之詩，爲之流涕，乃定遷都。詔司空穆亮與尚書李沖、將作大匠董爵經始洛京。又命青州刺史劉芳、中書舍人常景造洛陽宫、殿、門、閣之名，經途正其號。十九年九月，新都始立。於是六官文武盡遷洛陽。宣武永平二年，又詔定諸門闥名。初命中書舍人沈馨以隸書書板題之。景明正始之年，又敕符節，令江式以大篆易之。

南有四門：東曰開陽門，次西平昌門，次西宣陽門，次西津陽門。

東有三門：南曰清陽門，晉之清明門，孝文改。亦曰税門，又曰芒門。中曰東陽門，北曰建春門。

西有四門：南曰西明門，漢之廣陽門，孝文改。次北西陽門，晉之西明門，孝文改。舊門在東南，邪出，孝文徙對東陽門。次北閶闔門，北舊徙門稍南。次北承明門。還京之始，宫闕未就，孝文帝徙金墉城。城西有王南寺，數臨幸焉，因開此門，當金墉城前東西大道，而未有名，時人謂之新門。羣臣常逆帝於新門，帝謂御史中尉李彪曰：曹植詩云：「謁帝承明廬」，此門當以「承明」爲稱。

北有二門：東曰廣莫門，自廣莫至大夏，宫觀相連。西有大夏門。宣武造三層樓，去地二十丈。洛陽城門樓皆兩重，去地百尺。唯大夏門甍棟峻麗。

宫室。按，宫殿多仍魏晉舊名。或云依《洛陽圖》修繕某所（其）〔某〕居，疑總名閶闔宫。然又與上門名相犯。

閶闔門闕。閶闔門外挾。

大司馬門。端門。止車門。朱華門。乾明門。雲龍門。宫東門。

神虎門。宫西門。

千秋門。宫西門，西對閶闔門。

東掖門。西掖門。

太極殿。宣武景明三年成。

式乾殿。徽音殿。顯陽殿。宴道武以來宗室於此殿。

宣光殿。劉騰廢靈（和）太后於此殿。

明光殿。莊帝誅爾朱榮之所。

理訴殿。宣武（元）〔延〕昌元年，立理訴殿申訟匭，以盡冤窮之理。

清暑殿。觀德殿。宴射之所。

光極堂。宣極堂。清徽堂。西柏堂。凝閑堂。胡太后置鐘於此堂。

茅茨堂。《後魏書》：任城王澄從高祖於觀德殿。高祖曰：（天）〔射〕以觀德。次之凝閑堂，高祖曰：名（目）要有其義。此（堂）〔蓋〕（天）〔夫〕子閑居之義，不可縱奢以忘儉，自安以忘危。故此堂後作茅茨堂。謂李沖曰：此東曰步元廡，西曰遊凱廡，此（坐）〔堂〕雖（非）〔無〕唐堯之君，卿等當無愧於元凱。

東堂。含温堂。聽訟觀。宣武永平元年，詔依洛陽舊圖修。

流化池。取乾道曲成，萬物無滯之意。

洗煩池。

京師東西二十里，南北十五里。廟社、宫室、（會）府（曹）以外，方三百步爲一里。里開四門，置里正二人，吏四人，門士八人。總二百二十里。按，城之大小見上文，而楊衒之增廣而言者，蓋兼城之外也。又按，宣武景明二年，發畿内夫五萬五千人，築京師三百二十三坊，四旬而罷。蓋廣陽王嘉（所）〔表〕請（云）〔於〕京四面築坊三百二十，各周一千二百步。

太尉府。在閶闔門南，永寧寺東，西對永康里，即舊銅（馳）〔駝〕街。其左是魏晉故廟地。《水經注》曰：自此南直宣陽門，經緯通達，皆列馳道。往來之禁，一同兩漢。凡官寺、里名、居第，惟舉載於書者。

昭元曹。太尉府南。

御史臺。太尉府北。

左衛府。在閶闔門前，御道東。

司徒府。左衛府南。

大將軍高肇宅。司徒府東。

國子學。司徒府南。

宗正寺。國子學南。

太廟。宗正寺南。

護軍府。太廟南。

衣冠里。護軍府南。

右衛府。御道西。

太府寺。右衛府南。

將作曹。太府寺南。

太社。將作曹南。

司州。太社南。

凌陰里。司州南，四朝藏冰處。

尚書省。延年里。在西陽門内御道北，即晉時金市。北有濛汜池，夏則有水，冬則竭。

司空劉騰宅。太僕寺。劉騰宅東。

乘黄署。太僕寺東。

武庫署。即魏相國司馬文王府庫也。在乘黄署東，東至宫門。

永康里。在西陽門内御道南。

領軍將軍元乂宅。穿故井得石銘，是漢太尉荀彧宅。

義井里。在永康里東。里北門外叢樹下有甘井，石槽鐵(灌)〔罐〕，以給行人。

司空府。在太倉南。

太倉署。在東陽門内道北。

導官署。太倉署西。

治粟里。導官署南。里内倉司官屬居之。

宜壽里。治粟里西。

中書侍郎王翊宅。晉有中書監荀勖宅。又有侍中石崇宅，宅有園池。

永和里。在清〔陽〕門内御道北。

里内有太傅録尚書長孫稚、右僕射郭祚、吏部尚書邢鸞、廷尉卿元洪超、衛尉卿許伯桃、涼州刺史尉成興宅。皆朱門華屋，當時名爲貴里。乃漢董卓宅地。里南北皆有池，卓之所造。魏時猶有水，冬夏不竭。掘地者輒得金寶。邢鸞家常掘得丹砂及錢數十(石)〔萬〕，《銘》曰：董太師之物。後夢卓索之，鸞不與，經年鸞卒。

句盾、典農、籍田三署。建春門内，御道南。

司農寺。籍田署南。

御道北有空地，擬作東宫。即晉之太倉。

步廣里。蒼龍海。太倉西南即翟泉也。其周三里，水猶澄清，洞底明静，魚鼈鱗甲皆可辨。孝文以翟泉在華林園東，因名爲蒼龍海。

河南尹廨。翟泉之北。

永安里。不知其所。

齊王蕭寶寅宅。

右城内。

宣陽門外一里，御道東曰利民里。里内有靈臺舊基，漢光武建者。東有辟雍，魏〔武〕建者。

明堂。宣武八年詔建，孝明正光中始成，在辟雍之西南。上圓下方，八窗四闥。

開陽門外三里，御道東曰勸學里。有太學。里内有漢太學。學堂前石經，《春秋》、《尚書》二十五碑，表裏刻之，存十八碑。復有四十八碑，隸書《周易》、《尚書》、《公羊》、《禮記》四部。又《讚學》碑一、魏文《典論》碑六。至太和十七年，猶有四碑。孝文題爲「勸學里」。太學宣武時方成，至東魏孝静帝武定四年，遷石經於鄴。

延賢里。在勸學里東。有尚書令王肅宅。肅爲南齊祕書丞，奔魏。時孝文新營洛邑，凡所造制，蕭博識舊事，大有裨益。孝文重之，因名其里曰「延賢」。

宣陽門外四里，至洛水浮橋。號永橋。神龜中，常景爲銘。南北兩岸有四華表，舉高二丈，上作金鳳凰。

永橋以南，員邱以北，按，《後漢書》：宣武景明二年，築圓丘於伊水之陽。

伊洛之間，夾御道東，有四夷館，一曰金陵，二曰燕然，三曰扶桑，四曰崦嵫。

西有四夷里。一曰歸正，二曰歸德，三曰慕化，四曰慕義。

金陵館，歸正里。吴人投魏者，處金陵館。三年以後，賜宅歸正里。宣武景明初，齊建安王蕭寶寅奔魏，封會稽公，築宅歸正里。後晉爵齊王，尚南陽長公主。寶寅恥與夷人同列，令公主啓帝，求入城，乃賜宅永安里。又張景仁者，與寶寅同至，拜羽林監，亦賜宅此里，民間號吴人坊。里近伊、洛二水，三十餘家，自立巷市。所賣多水族，時人謂之魚鼈市。景仁亦恥之，遂徙居孝義里。孝明正光四年，梁武帝子西豐侯蕭正德來奔，處金陵館，爲築宅歸正里。後正德以宅建歸正寺。

燕然館，歸德里。北夷來附者，處燕然館。三年以後，賜宅歸德里。正光中，北夷都久閭阿郁肱來朝，處之燕然館，賜宅歸德里。北夷入侍者，常秋來春去，避中國之熱。時人謂之雁臣。

扶桑館，慕化里。東夷來附者，處扶桑館，賜宅慕化里。

崦嵫館，慕義里。西夷來附者，處崦嵫館，賜宅慕義里。

四通市。四夷慕化之民萬餘家，别立市於洛水南，號四通市，民間謂爲永橋市。伊洛之魚，多於此賣。魚味甚美，京師語曰：伊洛鯉魴，貴於牛羊。

永橋南道東，有白象、師子二坊。宣武永平二年，乾陁羅國獻白象。背設五采屏風，七寶坐床，容數人。詔養象於乘黄曹。象壞屋毁墻走出，百姓驚怖。胡太后遂徙象於此坊。又嚈噠國獻師子，亦畜此坊。莊帝謂侍中李彧曰：朕聞虎見師子馴伏，可覓試之。乃詔近山州縣捕虎。鞏縣、山陽並送二虎、一豹，見師子，皆瞑目不敢仰視。園中有一盲羆，取試之，聞其氣，驚怖曳鎖而走。普泰元年，節閔並令放還山林。

津陽門外御道西，高陽王雍宅。宅北中甘里。

右城南。

建春門外有租場。即舊常滿倉。孝文令爲租場，聚蓄貢賦。

穀水周圍遶城至此，東入陽渠橋，有四石柱。在道南。《銘》云：漢陽嘉四年，將作大匠馬憲造。孝明孝昌三年大雨，道南柱埋没。劉澄之《山川古今記》、戴延之《西征記》並云晉太康元年造，非也。

御道北曰建陽里。里内有土臺，高三丈，上作二精舍，中朝時旗亭也。上有二層樓，懸鼓擊之以罷市。有鐘一，撞之聞五十里。胡太后徙置宫内。其地即白社，董威輦居處。

東石橋，即市南也。在建春門外一里餘。晉太康元年造。南有晉時牛馬市，刑嵇康之所。

橋北大道東曰綏民里，有洛陽縣廨。臨渠水。縣門外有《洛陽令楊機清德碑》。

里東曰崇義里，東有七里橋。以石爲之。

三門。七里橋東一里，郭門開三道，時人號爲三門。離别者多云「相送三門外」。

東陽門外一里，御道北曰東安里，内有駙馬都尉司馬悦、濟州刺史刁宣、幽州刺史李直奴、豫州刺史公孫讓四宅。門外二里，御道北曰暉文里。即晉之馬道里。里内有太保崔光宅、太傅李延實宅。即蜀主劉禪宅。延實，莊帝之舅。其宅東有吴主孫皓宅。又有冀州刺史李韶宅。即晉司空張華宅。祕書監鄭道昭宅。

御道南曰敬義里，有典虞曹。里南曰昭德里，有尚書僕射游肇、御史中尉李彪、七兵尚書崔休、幽州刺史常景、司農張倫五宅。彪、景出自儒生，居室儉素。倫性豪侈，齋宇、服玩、園林、山池之美，諸王莫及。造景陽山，重巖複嶺，嶔崟相屬。山情野興之士，遊以忘歸。天水人姜質，志性疏誕，麻衣葛巾，有逸民之操，見倫山愛之，造《庭山賦》行於世。

清陽門外有太廟。門外二里，御道北曰孝敬里。門外三里，御道南曰景寧里，御道北曰孝義里。里西北隅有蘇秦冢。驃騎大將軍魏子建宅。(牧)〔收〕之父。里東洛陽小市。北有車騎將軍張景仁宅。自歸正里徙。

又有照義里。

右城東。

後魏西明門外一里有太社。御道北，太(傅)〔尉〕清河王懌宅。懌，宣武之弟，被(詔)遺〔詔〕輔孝明。(明)〔時〕帝始六歲，胡太后臨朝，事皆諮之。熙平、神龜間，勢傾人主，第宅踰於高陽。西北有高樓，俯臨朝市。樓下有儒林館、延賓堂，形制如清暑殿。園中有土山、釣池。懌愛賓客，府僚臣佐，皆一時俊選。正光初，元乂、劉騰害懌，太后復政，爲懌追福，以宅建沖覺寺。

西陽門外一里，御道南，司州牧城陽王徽宅。永安中，北海王入洛，徽獨從莊帝至長子城。徽願入洛陽，舍宅爲寺。及北海敗，遂建爲宣忠寺。

御道北，侍中尚書令臨淮王彧宅。宅有園池、林木，或引賓客賦詩，荆州人張斐詩曰：「異林花共色，别樹鳥同聲。」彧以蛟龍錦賜之。次有得緋紬紫綾者。河東裴子明詩不工，罰酒一石。子明飲八斗而醉眠。

門外四里，御道南，洛陽大市。周八里。市東南有皇女臺，或云漢時皇殤女，埋於臺側，故以名。又有漢梁冀宅。西有河陽縣臺。市西北有土山、魚池，亦冀所造。《漢書》所謂采土築山，十里九坂，以象二崤者。

侍中侯剛宅。在河陽縣臺東。

市東有通商、達貨二里。里民盡工巧，以屠販爲業。有劉寶者最富，州郡都會之處，皆立一宅。宅各養馬十疋。宅宇踰制，服飾擬於侯王。

市南有調音、樂肆二里。里内絲竹謳歌，天下妙妓出焉。有田僧超者，善吹笳，能爲《壯士歌》、《項羽吟》，征西將軍崔延伯愛之。正光末，万俟醜奴寇涇、岐，詔延伯總步騎五萬討之。延伯出師於洛陽城西張方橋，公卿祖道。延伯危冠長劍，曜武於前，僧超吹《壯士曲》於後，聞者勇奮。延伯每臨陣，當令僧超爲《壯士》聲，甲胄之士，莫不踴躍。醜奴募善射者，僧超死焉。

市西有延酤、〔治〕觴二里。里民醖酒爲業。河東人劉白墮善釀酒。季夏盛暑，以甖貯酒，暴日中，經一旬，酒味不動，飲之醉而不醒。京師朝貴，出郡登藩，遠相餉饋，踰於千里。以其遠至，號曰「鶴觴」，亦名「騎驢酒」。永熙中，南青州刺史毛鴻賓齎酒赴州，路逢盜，飲之即醉，皆被禽獲，因此復名「獲姦酒」。遊俠語曰：不畏張弓拔刀，唯畏白墮春醪。

市北孝慈、奉忠二里。里民以賣棺槨、賃轜車爲業。

又有準財、金肆二里。富商貨殖之民處之。尚書左僕射(九)〔元〕順，聞準財里内頻有怪異，遂改爲齊諧里。

自延酤以西，張方溝以東，南臨洛水，北達芒山，其間東西二里，南北十五里，並名爲壽丘里，皆宗室所居。民間號王子坊。皆崇門豐室，洞户連房。有河間王琛宅，最爲豪首。妓女三百人，有婢朝雲善吹篪，能爲《團扇歌隴上聲》。琛爲秦州刺史，諸羌外叛，屢討之不降。琛令朝雲假爲貧嫗，吹篪而乞丐，諸羌聞之，悉皆流涕，迭相謂曰：何爲棄墳井，在山谷爲寇也？即相率歸降。秦民語曰：快馬健兒，不如老嫗吹篪。琛在秦州無政，遣使向西域求名馬，遠至波斯國，得千里馬，號曰「追風赤」。次有七百里者十餘疋，皆有名號，以銀爲槽，金〔爲〕鐶鎖，諸王服其豪富。琛常語人云：晉室石崇，乃是庶姓，猶能雉頭狐腋，畫卵雕薪，況我大魏天王耶？造文柏堂，形如徽音殿。置玉井、金罐，以五色繢爲繩。又造迎風館於後園，窗户之上，列錢青瑣。琛嘗會宗室，陳諸寶器，金瓶、銀甕百餘口，他物稱是。酒器有水晶鉢、馬瑙、琉璃椀、赤玉巵數十枚，作工奇妙，中土所無。又陳女樂、名馬，引諸王案行府車，謂章武王融曰：不恨我不見石崇，恨石崇不見我！經河陰之役，諸王殲盡，其宅多以爲寺。壽丘里間，列刹相望。四月八日，京都士女多至河間寺，觀其堂廡焉。又有侍中尚書令東平王略之宅，後爲追先寺。

里西曰宜年里，有陳留王景皓宅，侍中安定公胡元吉宅。出閶闔門外七里，有長分橋。晉時，以穀水浚急，注於城下，多壞民舍，立石橋以限之，長則分流入洛，故名曰〔長〕分橋。或云：晉河間王在長安，遣張方征長沙王，營軍於此，因名爲張方橋，後民間語訛，號爲張夫人橋。橋西有千金堰。

右城西。

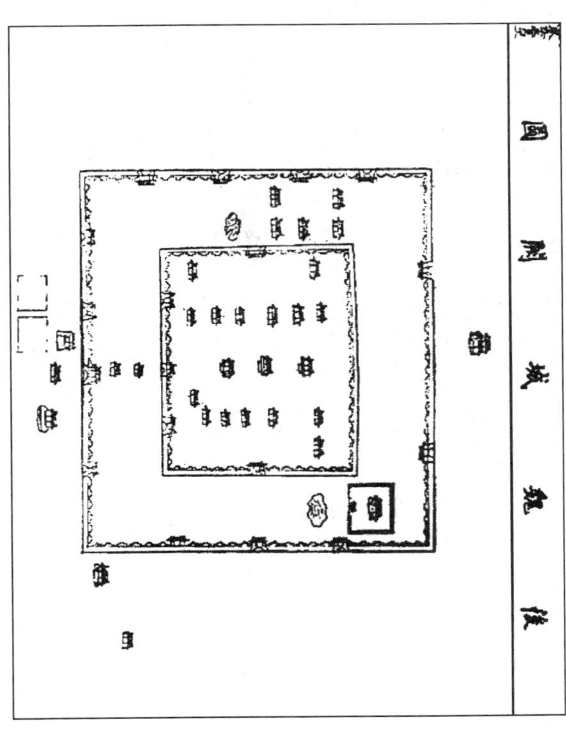

西魏孝武帝都長安

《周書》卷一《文帝紀》 〔魏永熙三年〕七月丁未，帝遂從洛陽率輕騎入關，太祖備儀衛奉迎，謁見東陽驛。太祖免冠泣涕謝曰：「臣不能式遏寇虐，遂使乘輿遷幸。請拘司敗，以正刑書。」帝曰：「公之忠節，曝於朝野。朕以不德，負乘致寇。今日相見，深用厚顔。責在朕躬，無勞謝也。」乃奉帝都長安。披草萊，立朝廷，軍國之政，咸取太祖決焉。

東魏孝靜帝都鄴

酈道元《水經注》卷一〇《濁漳水》 魏武又以郡國之舊，引漳流自城西東入，逕銅雀臺下，伏流入城東注，謂之長明溝也。渠水又南，逕止車門下。魏武封于鄴，爲北宫，宫有文昌殿。溝水南北夾道，枝流引灌，所在通溉，東出石竇堰下，注之隍水。故魏武《登臺賦》曰：引長明，灌街里。謂此渠也。石氏于文昌故殿處，造東、西太武二殿，于濟北谷城之山，採文石爲基，一基下五百武直宿衛。屈柱趺瓦，悉鑄銅爲之，金漆圖飾焉。又徙長安、洛陽銅人，置諸宫前，以華國也。城之西北有三臺，皆因城爲之基，巍然崇舉，其高若山。建安十五年魏武所起，平坦略盡。《春秋古地》云：葵丘，地名，今鄴西三臺是也。謂臺已平，或更有見，意所未詳。中曰銅雀臺，高十丈，有屋百餘間。臺成，命諸子登之，并使爲賦。陳思王下筆成章，美捷當時。亦魏武望奉常王叔治之處也。昔嚴才與其屬攻掖門，修聞變，車馬未至，便將官屬步至宫門。太祖在銅雀臺望見之，曰：彼來者必王叔治也。相國鍾繇曰：舊，京城有變，九卿各居其府，卿何來也？修曰：食其禄，焉避其難？居府雖舊，非赴難之義。時人以爲笑談矣。石虎更增二丈，立一屋，連棟接榱，彌覆其上，盤回隔之，名曰命子窟。又于臺上起五層樓，高十五丈，去地二十七丈。又作銅雀于樓巔，舒翼若飛。南則金虎臺，高八丈，有屋百九間。北曰冰井臺，亦高八丈，有屋百四十五間。上有冰室，室有數井。井深十五丈，藏冰及石墨焉。石墨可書，又然之難盡，亦謂之石炭。又有粟窖及鹽窖，以備不虞。今窖上猶有石銘存焉。左思《魏都賦》曰：三臺列峙而崢嶸者也。

城有七門，南曰鳳陽門，中曰中陽門，次曰廣陽門，東曰建春門，北曰廣德門，次曰厩門，西曰金明門，一曰白門、鳳陽門。三臺洞開，高三十五丈。石氏作層觀架其上，置銅鳳，頭高一丈六尺。東城上，石氏立東明觀，觀上加金博山，謂之鏘天。北城上有齊斗樓，超出羣樹，孤高特立。其城東西七里，南北五里，飾表以磚，百步一樓。凡諸宮殿門臺隅雉，皆加觀榭，層甍反宇，飛檐拂雲，圖以丹青，色以輕素。當其全盛之時，去鄴六七十里，遠望苕亭，巍若仙居。

魏因漢祚，復都洛陽，以譙爲先人本國，許昌爲漢之所居，長安爲西京之遺迹，鄴爲王業之本基，故號五都也。今相州刺史及魏郡治。

《魏書》卷一二《孝静帝紀》　〔永熙三年〕冬十月丙寅，即位于城東北，大赦天下，改永熙三年爲天平元年。庚午，以太師、趙郡王諶爲大司馬，以司空、咸陽王坦爲太尉，以開府儀同三司高盛爲司徒，以開府儀同三司高昂爲司空。壬申，有事于太廟。詔曰：「安安能遷，自古之明典；所居靡定，往昔之成規。是以殷遷八城，周卜三地。吉凶有數，隆替無恒。事由於變通，理出於不得已故也。高祖孝文皇帝式觀乾象，俯協人謀，發自武州，來幸嵩縣，魏雖舊國，其命惟新。及正光之季，國步孔棘，喪亂不已，寇賊交侵，俾我生民，無所措手。今遠遵古式，深驗時事，考龜襲吉，遷宅漳滏。庶克隆洪基，再昌寶曆。主者明爲條格，及時發邁。」丙子，車駕北遷于鄴。詔齊獻武王留後部分。改司州爲洛州，以衛大將軍、尚書令元弼爲驃騎大將軍、儀同三司、洛州刺史，鎮洛陽。詔從遷之户，百官給復三年，安居人五年。十有一月，兖州刺史樊子鵠、南青州刺史大野拔據瑕丘反。庚寅，車駕至鄴，居北城相州之廨。改相州刺史爲司州牧，魏郡太守爲魏尹，徙鄴舊人西徑百里以居新遷之人，分鄴置臨漳縣，以魏郡、林慮、廣平、陽丘、汲郡、黎陽、東濮陽、清河、廣宗等郡爲皇畿。

《魏書》卷八四《李業興傳》　李業興，上黨長子人也。【略】後以出帝登極之初，預行禮事，封屯留縣開國子，食邑五百户。轉中軍將軍、通直散騎常侍。永熙三年二月，出帝釋奠，業興與魏季景、温子昇、竇瑗爲摘句。後入爲侍讀。遷鄴之始，起部郎中辛術奏曰：「今皇居徙御，百度創始，營構一興，必宜中制。上則憲章前代，下則模寫洛京。今鄴都雖舊，基址毁滅，又圖記參差，事宜審定。臣雖曰職司，學不稽古，國家大事，非敢專之。通直散騎常侍李業興碩學通儒，博聞多識，萬門千户，所宜訪詢。今求就之，披圖案記，考定是非，參古雜今，折中爲制，召畫工并所須調度，具造新圖，申奏取定。庶經始之日，執事無疑。」詔從之。天平二年，除鎮南將軍，尋爲侍讀。於時，尚書右僕射、營構大將高隆之被詔繕治三署樂器、衣服及百戲之屬，乃奏請業興共參其事。

納新《河朔訪古記》卷中《魏郡部》　又《鄴中記》云：城東西六里，南北八里六十步。高歡以北城窄隘，故令僕射高隆之更築此城，掘得神龜，大踰方丈，其堵堞之狀，咸以龜象焉。按《北史・高隆之傳》云：隆之領營構大將，以十萬夫撤洛陽宮殿，運於鄴。構營之制，皆委隆之。增築南城，周二十五里。以漳水近城，乃起長堤爲防。又鑿渠引漳水，周流城郭，以造水碾磑六。

北齊文宣帝都鄴

王應麟《通鑑地理通釋》卷四《後周北齊都》　後魏置相州。東魏初遷都，置魏尹。北齊改爲清都，以鄴爲上都，晉陽爲下都。鄴縣省入臨漳縣。

北周孝閔帝都長安

《周書》卷一五《于謹傳》　太祖臨夏州，以謹爲防城大都督，兼夏州長史。及岳被害，太祖赴平涼。謹乃言於太祖曰：「魏祚陵遲，權臣擅命，羣盜蜂起，黔首嗷然。明公仗超世之姿，懷濟時之略，四方遠近，咸所歸心。願早建良圖，以副衆望。」太祖曰：「何以言之？」謹對曰：「關右，秦漢舊都，古稱天府，將士驍勇，厥壤膏腴，西有巴蜀之饒，北有羊馬之利。今若據其要害，招集英雄，養卒勸農，足觀時變。且天子在洛，逼迫羣兇，若陳明公之懇誠，算時事之利害，請都關右，帝必嘉而西遷。然後挾天子而令諸侯，奉王命以討暴亂，桓、文之業，千載一時也。」太祖大悦。會有勑追謹爲（闟）〔閣〕内大都督，謹因進都關中之策，魏帝納之。

《册府元龜》卷一三《都邑》　後周閔帝既受魏禪，都長安。

王應麟《通鑑地理通釋》卷四《後周北齊都》　周宇文氏繼西魏都長安。於長安城中置萬年縣。唐高宗幸故長安城，問侍臣秦漢以來幾君都此。許敬宗曰：秦居咸陽，漢惠帝始城之。其後苻堅、姚萇、宇文周居之。

隋文帝都長安

《隋書》卷一《高祖本紀上》　〔開皇二年六月〕丙申，詔曰：「朕祗奉上玄，君臨萬國，屬生人之敝，處前代之宮。常以爲作之者勞，居之者逸，改創之事，心未遑也。而王公大臣陳謀獻策，咸云羲、農以降，至于姬、劉，有當代而屢遷，無革命而不徙。曹、馬之後，時見因循，乃末代之宴安，非往聖之宏義。此城從漢，彫殘日久，屢爲戰場，舊經喪亂。今之宮室，事近權宜，又非謀筮從龜，瞻星揆曰，不足建皇王之邑，合大衆所聚。論變通之數，具幽顯之情，同心固請，詞情深切。然則京師百官之府，四海歸向，非朕一人之所獨有。苟利於物，其可違乎！且殷之五遷，恐人盡死，是則以吉凶之土，制長短之命。謀新去故，如農望秋，雖暫劬勞，其究安宅。今區宇寧一，陰陽順序，安安以遷，勿懷胥怨。龍首山川原秀麗，卉物滋阜，卜食相土，宜建都邑，定鼎之基永固，無窮之業在斯。公私府宅，規模遠近，營構資費，隨事條奏。」仍詔左僕射高熲、將作大匠劉龍、鉅鹿郡公賀婁子幹、太府少卿高龍叉等創造新都。【略】〔十二月〕丙子，名新都曰大興城。

宋敏求《長安志》卷六《宫室四》　京城，即隋文帝開皇二年自故都徙其地，在漢故城之東南，屬杜縣周之京兆郡萬年縣界。南侵終南山子午谷，北據渭水，東臨灞滻，西枕龍首原。命左僕射高熲總領其事，太子左庶子宇文愷創制規模，將作大匠劉龍、工部尚書鉅鹿郡公賀樓子幹、大府少卿尚龍義並充使營建。

王應麟《通鑑地理通釋》卷四《隋都》　大興城。文帝初封大興公，故以名正殿曰大興殿，宫曰大興宫，宫北苑曰大興苑，改萬年縣爲大興縣。或曰，宫之大興殿本大興村，故因用其名。《通典》唐京城是也。呂氏曰：《西京記》云，大興城，南直子午谷。今據子午谷乃漢城所直，隋城南直石鼈谷，則已微西，不正與子午谷對也。《六典》：京城東西十八里一百十五步，南北十五里一百七十五步。皇城之南，東西十坊，南北九坊。皇城之東西各十二坊。兩市居四坊之地，凡一百十坊。

《通志》卷四一《都邑略第一・都邑序》　隋都　文帝繼周，即都長安。開皇二年，帝以長安故城，漢來舊邑，年代既久，凋弊實多，又制度狹小，不稱皇居，乃作新都於龍首山，在漢城東南。屬杜縣，本後周之京兆郡萬年縣界也。南直終南山子午谷，北據渭水，東臨灞滻，西枕龍首，謂之大興城。文帝初封大興公，故登極以後，其命城、縣、門、殿、池及寺，皆以「大興」焉。

王禕《大事記續編》卷四六　《解題》曰：按《隋志》，京兆大興縣舊曰萬年，高祖封號大興，故改焉。城東西十八里一百一十五步，南北十五里三百七十五步。東面通化、春明、延興三門，南面啓夏、明德、安化三門，西面延平、金光、開遠三門，北面光化一門，里一百六，市二。《新唐志》前直子午谷，後枕龍首山，左臨灞岸，右抵灃水。程大昌曰：秦孝公都咸陽，正渭北；漢都長安，在渭南，咸陽之東南也。隋都又在漢城東南十三里。

《〔乾隆〕西安府志》卷九《建置上・城池》　府城，《通志》即隋唐京城。隋文帝厭長安制小，納蘇威諫，召高熲等創建新都。其地在漢故城東南。南直終南子午谷，北抵龍首山，以據渭水，東臨灞滻。唐永徽五年築羅城。天祐元年，匡國軍節度使韓建改築。約其制，謂之新城。宋金元皆因之。明洪武初，都督沐英增修門四，東曰長樂，西曰安定，南曰永寧，北曰安遠。四隅角樓四，敵樓九十八座。嘉靖五年，巡撫王藎重修城樓。隆慶二年，巡撫張祉甃以磚。崇禎末巡撫孫傳庭築四郭城。闖寇入關，焚東門樓及南月城樓。本朝順治十三年，巡撫陳極新修葺如制。康熙元年雨圮。總督白如梅巡撫賈漢復重修，長安、咸寧二縣附郭。

按西安省城通志云，周四十里，高三丈。以今尺度之，周遭計長四千三百二丈，實二十三里九分。外甎内土，均高三丈四尺。底厚六丈，頂厚三丈八尺。於乾隆二十八年中丞鄂公奏修。計動帑費一萬八千九十四兩有奇。至今完固。至周城河共長四千五百丈，舊深二丈，廣八尺。今中丞畢公以此濠與龍首、永濟二渠實相資輔，於三十九年議加開濬，加深四尺，面寬六丈，底寬三丈。逾年畢工，計動工費銀八千兩有奇。

《〔乾隆〕西安府志》卷五四《古蹟志上・宫闕》　隋大興京城，《隋文帝紀》：開皇二年六月，詔左僕射高熲等創造新都于龍首山。十二月，名新都曰大興城。三年三月入新都。《地理志》開皇三年，置雍州城。東西十八里一百一十五步，南北十五里各一百七十五步。東面通化、春明、延興三門，南面啓夏、明德、安化三門，西面延平、金光、開遠三門。北面光化一門。里一百六，市二。《長安志》：開皇二年，自故都徙其地。在漢故城之東南，屬杜縣，周之京兆郡萬年縣界。《雍録》宇文愷之營隋都也。曰朱雀街，南北盡殿。有六條高坡，象乾卦六爻，故于九二置宫殿以當帝王之居，九三立百司以應君子之數。九五貴位，不欲常人居之，故置元都觀及興善寺，以鎮其地。至大興立名，或曰文帝嘗封大興，或曰宫之太極殿本大興村，或曰隋文夢洪水浸没都城，故改營大興。洪水者，高祖名淵故也。然韋述謂本大興村名者，其説近之。蓋嘗有僧坐大木下曰：此後當爲宫殿大木。即在大興殿基上。亦如漢高因長安鄉而立爲都名也。皇城，《長安志》：亦曰子城，東西五里一百一十五步，南北三里一百四十步。城中南北七街，東西五街。其間並列臺省寺衛。自西漢至于宋、齊、梁、陳，並有人家在宫闕之間。隋文帝以爲不便，于是皇城之内惟列市府。

隋煬帝遷都洛陽

《隋書》卷三《煬帝紀上》　〔大業元年〕三月丁未，詔尚書令楊素、納言楊達、將作大匠宇文愷營建東京，徙豫州郭下居人以實之。戊申，詔曰：「聽採輿頌，謀及庶民，故能審政刑之得失。是知昧旦思治，欲使幽枉必達，彝倫有章。而牧宰任稱朝委，苟爲徼幸以求考課，虛立殿最，不存治實，綱紀於是弗理，冤屈所以莫申。關河重阻，無由自達。朕故建立東京，躬親存問。今將巡歷淮海，觀省風俗，眷求讜言，徒繁詞翰，而鄉校之內，闕爾無聞。恇然夕惕，用忘興寢。其民下有知州縣官人政治苛刻，侵害百姓，背公徇私，不便於民者，宜聽詣朝堂封奏，庶乎四聰以達，天下無冤。」又於皁澗營顯仁宮，採海内奇禽異獸草木之類，以實園苑。徙天下富商大賈數萬家於東京。辛亥，發河南諸郡男女百餘萬，開通濟渠，自西苑引穀、洛水達于河，自板渚引河通于淮。庚申，遣黄門侍郎王弘、上儀同於士澄往江南採木，造龍舟、鳳艒、黄龍、赤艦、樓船等數萬艘。

《隋書》卷二四《食貨志》　始建東都，以尚書令楊素爲營作大監，每月役丁二百萬人。徙洛州郭内人及天下諸州富商大賈數萬家，以實之。新置興洛及迴洛倉。又於皁澗營顯仁宫，苑囿連接，北至新安，南及飛山，西至澠池，周圍數百里。課天下諸州，各貢草木花果、奇禽異獸於其中。開渠，引穀、洛水，自苑西入，而東注于洛。又自板渚引河，達于淮海，謂之御河。河畔築御道，樹以柳。又命黄門侍郎王弘、上儀同於士澄，往江南諸州採大木，引至東都。所經州縣，遞送往返，首尾相屬，不絶者千里。而東都役使促迫，僵仆而斃者，十四五焉。每月載死丁，東至城皋，北至河陽，車相望於道。時帝將事遼、碣，增置軍府，掃地爲兵。自是租賦之入益減矣。

《隋書》卷三七《李穆傳》　時太史奏云，當有移都之事。上以初受命，甚難之，穆上表曰：「帝王所居，隨時興廢，天道人事，理有存焉。始自三皇，暨夫兩漢，有一世而屢徙，無革命而不遷。曹、馬同洛水之陽，魏、周共長安之内，此之四代，蓋聞之矣。曹則三家鼎立，馬則四海尋分，有魏及周，甫得平定，事乃不暇，非曰師古。往者周運將窮，禍生華裔，廟堂冠帶，屢覩姦回，士有苞藏，人稀柱石。四海萬國，皆縱豺狼，不叛不侵，百城罕一。伏惟陛下膺期誕聖，秉籙受圖，始晦君人之德，俯從將相之重。内翦羣兇，崇朝大定；外誅巨猾，不日肅清。變大亂之民，成太平之俗，百靈符命，兆庶謳歌。幽顯樂推，日月填積，方屈箕、潁之志，始順内外之請。自受命神宗，弘道設教，陶冶與陰陽合德，覆育共天地齊旨。萬物開闢之初，八表光華之旦，視聽以革，風俗且移。至若帝室天居，未議經創，非所謂發明大造，光贊惟新。自漢已來，爲喪亂之地，爰從近代，累葉所都。未嘗謀龜問筮，瞻星定鼎，何以副聖主之規，表大隋之德？竊以神州之廣，福地之多，將爲皇家興廟建寢，上玄之意，當别有之。伏願遠順天人，取決卜筮，時改都邑，光宅區夏。任子來之民，垂無窮之業；應神宫於辰極，順和氣於天壤，理康物阜，永隆長世。臣日薄桑榆，位高軒冕，經邦論道，自然缺然。丹赤所懷，無容噤默。」上素嫌臺城制度迮小，又宫内多鬼妖，蘇威嘗勸遷，上不納。遇太史奏狀，意乃惑之。至是，省穆表，上曰：「天道聰明，已有徵應，太師民望，復抗此請，則可矣。」遂從之。

《隋書》卷七八《庾季才傳》　開皇元年，授通直散騎常侍。高祖將遷都，夜與高熲、蘇威二人定議，季才旦而奏曰：「臣仰觀玄象，俯察圖記，龜兆允襲，必有遷都。且堯都平陽，舜都冀土，是知帝王居止，世代不同。且漢營此城，經今將八百歲，水皆鹹鹵，不甚宜人。願陛下協天人之心，爲遷徙之計。」高祖愕然，謂熲等曰：「是何神也！」遂發詔施行，賜絹三百段，馬兩匹，進爵爲公。謂季才曰：「朕自今已後，信有天道矣。」於是令季才與其子質撰《垂象》、《地形》等志，上謂季才曰：「天地祕奥，推測多途，執見不同，或致差舛。朕不欲外人干預此事，故使公父子共爲之也。」及書成奏之，賜米千石，絹六百段。

李吉甫《元和郡縣志》卷六　仁壽四年，煬帝詔楊素營東京。大業元年，新都成，遂徙居，今洛陽宫是也。其宫北據邙山，南直伊闕之口，洛水貫都有河漢之象。東去故城一十八里。初煬帝嘗登邙山，觀伊闕，顧曰：此非龍門耶！自古何因不建都于此？僕射蘇威對曰：自古非不知以俟陛下。帝大悦，遂議都焉。其宫室臺殿皆宇文愷所創也。愷巧思絶倫，因此制造頗窮奢麗，前代都邑莫之比焉。

杜寶《大業雜記》　大業元年，敕有司於洛陽故王城東營建東京，以越國公楊素爲營東京大監，安德公宇文愷爲副。廢三崤舊道，令開葼柵道。時有術人章仇太翼表奏云：「陛下是木命人，雍州是破木之衝，不可久住。開皇之初，有童謡云：『修治洛陽還晉家。』陛下曾封晉王，此其驗也。」帝覽表，愴然有遷都之意。即日車駕往洛陽，改洛州爲豫州。自豫州至京師八百餘里，置一十四頓，頓別有宮，宮有正殿。發河南道諸州郡兵夫五十餘萬，開通濟渠，自河起滎澤入淮，千餘里。又發淮南諸州郡兵夫十餘萬，開邗溝，自淮起山陽至於楊子入江，三百餘里。水面闊四十步，通龍舟。兩岸爲大道，種榆柳，自東都至江都二千餘里，樹蔭相交。每兩驛置一宮，爲停頓之所。自京師至江都，離宮四十餘所。

東都大城周迴七十三里一百五十步，西拒王城，東越瀍澗，南跨洛川，北踰谷水。宮城東西五里二百步，南北七里。城南、東、西各兩重，北三重，南臨洛水。開大道對端門，名端門街，一名天津街，闊一百步。道傍植櫻桃、石榴兩行，自端門至建國門，南北九里，四望成行，人由其下，中爲御道，通泉流渠，映帶其間。端門即宮南正門，重樓，樓上重名太微觀，臨大街。直南二十里，正當龍門。出端門百步，有黄道渠，渠闊二十步，上有黄道橋三道。過渠二百步至洛水，有天津浮橋跨水，長一百三十步。橋南北有重樓四所，各高百餘尺。過洛二百步，又疏洛水爲重津渠，闊四十步，上有浮橋。津有時開闔，以通樓船入苑。重津南百餘步，有大堤。堤南有民坊，坊各周四里，開四門臨大街。門並爲重樓，飾以丹粉。洛南有九十六坊，洛北有三十坊。大街小陌，縱横相對。自重津南行，盡六坊，有建國門，即羅城南正門也。門南二里，有甘泉渠，疏洛入伊。渠上有通仙橋五道，時人亦謂之五橋。橋南北有華表，長四丈，各高百餘尺。建國門西二里，有白虎門。門西二里，至苑城。傍城南行三里，有天經宮，宮南二里，有仙都宮，並置先帝廟堂。建國門東五里，有長夏門。門南二里，至甘泉渠。渠南五里，至伊水。水東北流，十餘里入洛。端門西一里，有右掖門。門南過黄道渠橋，橋南道西有右候衛府。出右掖門，傍渠西二里，有龍天道場，南臨石瀉口，即煬帝門師濟闍黎所居。石瀉東西三百餘步，闊五十餘步，深八尺。並用青大石，長七八尺，厚一尺，自上至下積三重，並用大鐵爲細腰，互相鉤牽，亦非常之牢固。正當瀉口三十步，初造瀉之時，鑿地得大窖，容千斛許，於是填塞。瀉成，不過一年即破碎，上令濟闍黎呪之，後更修補，得立二年。闍黎亡，還復毁破。前後計用四十萬工，以瀉王城池水下黄道渠入洛。端門東有左掖門，門南道左有左候衛府。左掖門東二里，有承福門，即東城南門。門南洛水有翊津橋，通翻經道場東街。其道場有婆羅門僧及身毒僧十餘人，新翻諸經。其所翻經本從外國來，用貝多樹葉書，書即今胡書體。貝多葉長一尺五六寸，闊五寸許，葉形似枇杷葉而厚大，横作行書，隨經多少，縫綴其一邊，怗怗然，今呼爲「梵夾」。道場北有道術坊，並是陰陽梵呪有道術人居之，向有百餘家。東城東有宣仁門，臨大街。街大小與天津街相似。東行盡六坊，有上春門。門外夾道南北有東西道，諸都邸百餘所，每年朝集使停止之處。並新户坊，東至雙槐樹三里。宮城正門曰則天門，南去端門五百步。則天門東行二百步，有興教門。興教門一里，有重光門，即東宮正門。門東二百步，有泰和門。並重觀。門内即左、右藏。左藏有庫屋六重，重二十五間，間一十七架，總一百五十間。右藏屋兩重，總四十間，屋大小如左藏。左絲綿布絹，右麩麥金銅鼓雜香牙角。出則天門南横街，直東七百步，有東太陽門，門東即東城。門東街北行三里，有含嘉門，門北即含嘉城。城北德猷門。出含嘉城西，有圓壁門，門西有圓壁城。城正南有曜儀門，門南即曜儀城。城南玄武門，門内即宮。出則天門南横街，直西七百步，有西太陽門。出門道西，南行第一院齊王宅，第二院燕王宅，第三院陳王宅，第四院代王宅，第五院越王宅。宅西拒周王古城，城西即入苑。則天門南八十步，過横街，道東有東朝堂，道西有西朝堂。西連内史省，省西連謁者臺，臺連石翊衛府，府西抵右掖門街。街西有轝輦庫，庫西即西馬坊，坊西抵城。西朝堂南第一街北壁第一右驍衛府，府西連右備身府，府西右武衛府，府西連右屯衛府，府西連右禦衛府，府西抵右掖門街。街西有子羅倉，倉有鹽二十萬石。子羅倉西，有粳米六十餘窖，窖別受八千石。窖西至城。西朝堂南第三街第一御史臺，臺西連祕書省，省西連尚食庫，庫西連右監門府，府西連長秋監，監西抵右掖門街。街西即掌醖署，署西連良醖署，署西至粳米窖坊。東朝堂東連門下省，省東殿内省，省東連左翊衛府，府東即抵左掖門街。街東即西錢坊，坊東連東錢坊。東朝堂南第二街第一左驍衛府，府東連左備身府，府東左武衛府，府東連左屯衛府，府東連左禦衛府，府東抵左掖門街。街東即少府監，監東即城。東朝堂南第三街第一司隷臺，臺東連光禄寺，寺東連左監門府，府東連太府寺，寺東抵左掖門街。街東即少府監，連南監。監東至城。出東太陽門街北，道東第一街有鴻臚寺，寺東有司農寺，寺東連太常寺，寺東抵城。第二街即宣仁門大道，大道北即尚書省。第三街將作監，監東連太僕寺，寺東至城。第四街有衛尉寺，寺東連都水監，監東宗正寺，寺東連大理寺，寺東抵城。則天門兩重觀，上曰紫微觀。觀左右連闕，闕高百二十尺。門内四十步，有永泰門。門東二百步，至會昌門。永泰西二百步，至景運門。並步廊連市坐宿衛兵。永泰門内四十步，有乾陽門。並重樓。乾陽門東西亦軒廊周匝。門内一百二十步，有乾陽殿，殿基高九尺，從地至鴟尾二百七十尺，十三間二十九架。三陛重軒，文棍鏤檻，欒櫨百重，粢拱千構，雲楣繡柱，華榱璧璫，窮軒甍之壯麗。其柱大二十四圍，倚井垂蓮，仰之者眩曜。南軒垂以朱絲網絡，下不至地七尺，以防飛鳥。四面周以軒廊，坐宿衛兵。殿廷左右各有大井，井面闊二十尺。庭東南、西南各有重樓，一懸鐘、一懸鼓，刻漏即在樓下，隨刻漏則鳴鐘鼓。大殿北三十步，有大業門；門內四十步，有大業殿，規模小於乾陽殿，而雕綺過之。乾陽殿東有東上閣。閣東二十步，又南行六十步，有東華門。門東四十步，道北有文成門，門內有文成殿，周以軒廊。東華門南四十步，左延福門。出門東行一百步，至章善門街。乾陽殿西有西上閣，入內宮。閣西二十步，又南行六十步，有西華門。出門西三十步，道北有武安門，門內有武安殿，周以軒廊。西華門南四十步，有右延福門。出門西行一百步，至顯福門街。大業、文成、武安三殿，御坐見朝臣，則宿衛隨入，不坐，則有宮人。殿庭並種枇杷、海棠、石榴、青梧桐及諸名藥奇卉。東有大井二，面闊十餘尺，深百餘尺。其三殿之內，內宮諸殿甚多，不能盡知。則天門東二百步，有興教門。門北三十步，有會昌門。門北二百步，有章善門，入內。尚食進食、尚藥進藥、內尚進物，皆由此門。會昌門內道左有內殿內省、少府內監、內尚、光祿內廚，道右門下內省、左六衛內府、左監門內府。入章善門橫街，東百二十步，有重潤門。東有東宮。則天門西二百步，有光政門。門北三十步，有景運門。門北二百步，有顯福門，入內宮。命婦入朝、學士進書，皆由此門。入景運門內，道左有內史內省、祕書內省、學士館、右監門內府、右六衛內府、鷹坊、內甲庫，道右命婦朝堂、惠日、法雲二道場、通真、玉清二玄壇，接西馬坊。入顯福門，北行三十步，有玄靖門，門內有玄靖殿，周以軒廊，即宮內別供養經像之處。出玄靖門橫街，東行四十步，有修文殿。西行百步，有閶闔重門。門南北並有仰觀臺，高百尺。門西即入寶城，城內有儀鸞殿。殿南有烏桲林、栗林，有蒲桃架四行，行長百餘步。架南有射堂，對閶闔門。直西二百二十步，有寶城門。出，北傍城三里，有方諸門，門內即圓璧城。出寶城門西行七里，至青城宮，宮即西苑之內也。

王禕《大事記續編》卷四八　隋煬皇帝大業二年春正月辛酉，東京成。《本紀》。《解題》曰：按《洛誥》，周公將宅洛邑，使召公先相宅，乃卜澗水東、瀍水西，所謂王城。今宮城西唐苑內故城是也。周平王都之，周公又卜瀍水東，謂之成周，今河南府東故洛陽城也，周敬王居焉。後漢、魏、晉、隋初並都之，煬帝始徙新都，東去故城十八里。唐以來皆都之。《元和郡縣志》按華延雋《洛陽記》：洛陽城東西七里，南北九里，城內宮殿臺觀，府藏寺舍，凡一萬一千二百一十九。自劉曜入洛，官署里閭，鞠爲茂草。後魏孝文太和十七年幸洛陽，定遷都，而經營洛京。煬帝嘗登邙山，觀伊闕，顧曰：此非龍門耶！自古何因不建都於此。蘇威對曰：自古非不知以俟陛下。帝大悦，遂議都焉。詔楊素營之，大業二年成，徙都之。其宮北據邙山，南直伊闕之口，洛水貫都，有河漢之象。其宮室臺殿皆宇文愷所創。愷巧思絶倫，制造頗窮奢麗，前代都邑莫之比焉。餘見《通鑑》。

徐松《河南志·隋城闕古蹟》　隋都城即今河南府路。東去漢、魏所都之成周四十里，西去王城五里，煬帝始遷焉。以下自隋通敘至宋。

羅郭城，唐武后號神都城，亦曰金城。天寶二年，築神都羅城。按韋述《記》曰，東面十五里二百一十步，南面十五里七十步，西面十二里一百二十步，北面七里二十步，周回六十九里二百一十步。大業元年築。唐長壽二年，命李昭德增築。唐末兵亂，摧圮殆盡。周世宗顯德元年，命留守武行德葺之，然甚卑陋。至宋景祐元年，王曾判府事，復奏加築。於是城雉僅完。南面三門：正南曰定鼎門，南通伊闕，北對端門。隋曰建國。唐武德四年，平王世充改。東曰長夏門，在定鼎門東五里。西曰厚載門。在定鼎門西二里，隋曰白虎門。唐初避廟諱改。東面三門：北曰上東門，西對東城之宣仁門。隋曰上春，唐初改。中曰羅門，無榜。當取羅郭之義名。南曰建春門。隋曰建陽，唐初改。按韋述《記》：中曰建春，南曰永通。周廣順中猶存。疑宋初廢塞而開羅門。北面二門：東曰接喜門，隋曰喜寧，唐初改。西曰徽安門。

宮城曰紫微城，其城象紫微宮，因以名。在都城之西北隅。衛尉卿劉權、祕書丞韋萬頃監築宮城，兵夫七十萬人。城周匝兩重，延袤三十餘里，高三十七尺，六十日成。其內諸殿及牆院，又役十餘萬人。直東都土工監，當役八十餘萬人。其木工、瓦工、金工、石工，又十餘萬人。南面四門：正門曰則天門，門有兩重觀：上曰紫微觀。左右連闕，闕高一百二十尺。南去端門五百步。王世充僭位，改順天門。東曰興教門，去則天門二百步。留守居於門外。東城屈向北，有門東啓，曰永康門。又東曰泰和門，去興教門二百步，並重觀。門內左、右藏庫。左藏屋六重，重二十五間，總一百五十間。右藏屋兩重，〔重二十間〕，總四十間。西曰光政門。去則天門二百步。門西城屈向北，有門西啓，曰隆慶門。東面一門，曰重光門。內即東宮。西面一門，曰寶城門。門上曰飛雲觀。北面一門，曰玄武門。南對則天門。玄武門北，曰曜儀門。號曜儀城。其北曰圓壁門。

號圓壁城。門之西曰方諸門。在寶城門西街之北三里。則天門北曰永泰門。相去四十五步。王世充改曰建明門。東西横門曰東華門，曰西華門。永(嘉)〔泰〕門北曰乾陽門。相去四十步。並重樓，東、西軒廊周匝。

正殿曰乾陽殿。去乾陽門一百二十步。殿三十間，二十九架，闊九丈，從地至鴟(尾)二百七十尺。有三階軒，其柱大二十四圍。南軒垂以朱絲網絡，〔王〕世充改曰福光殿。庭東、西有鐘鼓重樓。漏刻在樓下。左右各有大井，井面闊二十尺。

隋煬帝《冬至乾陽殿受朝詩》：北陸隆冬盛，南至晷漏長。端拱朝萬國，守文繼百王。至德慚日用，治道愧時康。新邑建嵩嶽，雙闕臨洛陽。圭景正八表，道路均四方。碧空霜華净，朱庭皎日光。纓佩既齊齊，鐘鼓何煌煌。文戟翊高殿，(來族)〔采旌〕分修廊。元首乏明哲，股肱資賢良。舟楫伫有寄，庶此王化昌。

牛弘《奉和冬至日乾陽殿受朝應詔》：恭己臨萬寓，宸居馭八埏。作貢菁茅集，來朝圭幣連。司儀三揖盛，掌禮九賓虔。重欄映如璧，複殿遠非煙。

東、西上閤。在乾陽殿北各十二步。

大業門。在乾陽殿北三十步。門内大業殿。相去四十步。其規制類乾陽而小。

興教門北曰會昌門。去會昌門二百步，入内尚食、進食、尚藥、進藥。内上進物，皆由此門。會昌門道左，有内殿、内省、少府、内監、内尚、光禄、尚尉。道右。有門下、内省、左六衛内府、左監門内府。

重潤門。在章善門内、横街東一百二十步。

光政門北曰景運門。相去二十步。在永泰門西二百步，與會昌門並。步廊連匝，坐宿衛兵。次北曰顯福門。去景運門二百步。入内命婦，入朝學士進書，皆由此門入。景運門道左，有内史、内省祕書、内省學士館、右監門内府、右六衛内府、鷹房、内甲庫。道右。(有)命婦朝堂、慧日、法雲二道場，通真、玉真兩壇。(按)〔接〕西馬坊。

志静殿，在顯福門北三十步。周以軒廊，即宫内共事佛像之所。

修文殿。在志静門横街東四十步。殿内藏正御本書。

西有閶闔門。相去百步。門南，北有仰觀臺，高百步；門西一百三十步，即寶城門。

出東華門，東有文成門，相去四十步。道北。内有文成殿，周以軒廊。

左延福門。在東華門南四十步。出門東百步，至章善門街。

出西華門，西有武安門，相去三十步。道北。内有武安殿，大業、文成、武安三殿。御座見朝臣，則宿衛隨入殿庭。並植枇杷、海棠、石榴、青梧桐樹。

右延福門。在西華門南四十步。出門西百步，至明福門街。

寶城門内有儀鸞殿。大業□年，有二鸞鳥降寶城内，因造殿及儀鸞雙表高(餘)尺〔餘〕。殿南有榅桲林、栗林、蒲桃架四行，長百餘步。架南有射堂，對閶闔門。

觀文殿。殿前兩廂爲書堂，各二十間。堂前通爲閣道承殿。每一門有十二寶幮，高廣六尺，皆飾以雜寶。幮中皆江南晉、宋、齊、梁古書。幮前後方，五香牀裝以金玉，春夏鋪九尺象簟，秋設鳳(絞)〔紋〕綾花褥，冬則加錦裝須繡氈，其間内南北通爲睒霓窗櫺。每三間，門一方，户户垂錦幬。

流杯殿。殿上作漆渠九曲，煬帝與宫人爲曲水之飲。

安福殿。寢殿。

千福門。德陽門。千步閣。九洲池。其地屈曲，象東海之九洲。居地十頃，水深丈餘，中有瑶光殿。

琉璃亭。在九洲池南。

一柱觀。在琉璃亭南。

□房八院。朝采、含香、蘭若、春風、滋蘭、南風、和聲。〔闕一。〕

文綺、花光等十六堂。又有迎風亭、回廊亭、珠露齋、流風齋、回雪齋、月輪亭、瓊林觀、朝日樓、明月樓。

隋皇城，在府治城西二里，尚有闕門舊基。定鼎門在府城南一十里。皇城曰太微殿。形制曲折，上應太微宫星之度，因以名，亦號南城。

南面三門：正南曰端門，北當則天門，南當建國門。門上重樓，曰太微觀。門外有黄道渠，渠闊二十步，有黄道橋。

東曰左掖門，去端門一里。門上曰崇安觀。門南道左有候衛府。

西曰右掖門。去端門一里，門上曰宣平觀。門南過黄道橋南道西，有右候衛府。渠西南有石瀉口，東西長三百步，闊五十餘尺，深八尺，用大鐵爲細腰，玄(鈞)〔鉤〕牽之。

東面一門，曰東太陽門。出則天門横街，直東七百步。

西面二門：南曰麗景門，西入苑。北曰西太陽門。出則天門横街，直西七百步。

□□當則天門外第一街之南，第二横街之北，東(西)〔面〕曰東朝堂，次東門下省，次東殿内省，次東左翊衛府。次東左掖門街。東錢坊。

第三街從西左驍衛府，次東左武衛備身府，次東左武衛府，次東左屯衛府，次東左禦衛府。次東左掖門街。街東少府監。東抵城。

第四街從西司隸臺，次東光禄寺，次東左監門衛府。又有甲弩坊。

次東太府寺。次東左掖門街，街東少府監。東抵城。

則天門外第一街之南，第二横街之北，(東)西〔面〕曰西朝堂，次西内〔史〕省，次西謁者臺，次西左翊衛府。次西右掖門街。街西有鼙鞾庫，次西西馬坊。西抵城。

第三街從東右驍衛府，次西右武衛備身府，次西右屯衛府，次西右禦衛府。次西右掖門街。街西有子羅倉、鹽倉。西抵城。

第四街從東御史臺，次西秘書省，次西尚舍庫，次西右監門府，次西長秋監。次西右掖門街。街西掌醯署，次西良醞署。

出西太陽門，道西第一院，隋王宅。第二院，燕王倓宅。第三院，陳王宅。第四院。代王侑宅。皆軒廊，坐宿衛。

右皇城。

東城。大業九年築。

東面一門，曰宣仁門。直東對外郭之上春門。南面一門，曰承福門。在左掖門東二里。南臨洛水，有翊津橋，通翻經道場。北面一門，曰含嘉門。南對承福門。其北即含嘉倉。倉有城，號含嘉城。其北曰德猷門。出外郭。

城內四街：第一街，鴻臚寺，次東司農寺，次東太常寺。東抵城。第二街，即宣仁門之大道。尚書省。在道北。第三街，將作監，次東太僕寺。東抵城。第四街，衛尉寺，次東都水監，次東宗正寺，次東大理寺。東抵城。

右（東）城（東）。

上林苑。初曰會通苑。又改上林而曰西苑。周二百二十九里一百三十八步。東〔曰〕嘉豫門、上有翔鳳觀。望春門，南面曰清夏門、興安門、昭仁門，西面曰迎秋門、遊義門、籠煙門、靈溪門、風和門，北面曰朝陽門、靈囿門、禦冬門、膺福門。苑內設十六院：延光院，第一。明彩院，第二。含香院，第三。承華院，第四。凝暉院，第五。麗景院，第六。飛英院，第七。流芳院，第八。曜儀院，第九。闕第十。白福院。第十一。萬善院，第十二。長春院，第十三。永樂院，第十四。清暑院，第十五。明德院，第十六。每院備有堂皇之麗，階庭並植名花奇樹。院口西南開三門，門並臨龍鱗渠。渠面闊二十步，上跨飛橋。院置一屯，用院名名之。屯內養羊、豕、池魚，園蔬瓜果悉具。

逍遥亭。在苑內。

造山爲海，周十餘里。水深數丈，中有方丈、蓬萊、瀛洲諸山，相去各三百步。山高水出百餘尺。上有通真觀、集靈臺、總仙宮，分在諸山。別有浮橋、水殿百餘，泛濫往來。

龍鱗渠。在海北。屈曲水周遶十六院，入海。

曲水池。在海東。中有曲池、水殿。上巳日禊除之所。

冷泉宮。有泉極冷，因名之。

積翠宮。有山池森翠，苑中之勝所。

顯仁宮。南逼（南）山（山），北臨洛水。

青城宮。北齊天保五年，常山王演所築，以拒周師，使其將嚴似略守之，亦號嚴城。煬帝因其城造宮。至寶城門七里。韋述云：古穀城也。

淩波宮。在□□門西。□□二里。宮內有含景殿及射堂，樓觀池隍十數里。

阜澗宮。別名甘泉宮。遷都未成，命內史舍人封德彝於此營造。周十餘里，宮北通西苑，其內多山阜，有閬鳳（亭）、麗日亭，棲霞觀，行雨臺，清暑殿。南有通仙飛橋，百尺澗，青蓮峰。峰上有翠微亭，後王世充建爲甘州。

又有朝陽宮、棲雲宮。成務殿、大順殿、文華殿、春林殿、和春殿、華渚堂、翠阜堂、流芳堂、清風堂、光風堂、崇蘭堂、麗景堂、鮮雲堂、回流亭、流風亭、露華亭、飛香亭、芝田亭、長塘亭、芳州亭、翠阜亭、芳林亭、流芳亭、飛花亭、留春亭、澂秋亭、洛浦亭。

右西苑。

亭子宮。在上春門東十二里。南臨漕渠，東臨積潤池。池東二十里有華林園，備有池、樹。

龍川宮。平洛園。在上春門東。

甘泉渠。自建國門南二里，疏洛入伊。渠上有通仙橋五道，時人亦謂之「五橋」。其渠又通長夏門外。

漕渠。大業二年，土工監丞任洪則開，名通遠渠。自宮城南承福門外分洛水，東至偃師入洛。又迮洛水湍淺之處，名千步、陂渚兩磧。東至洛口，通大船入通遠市。

永濟渠。□□北□□至永濟渠。

大通城。王世充與李密戰，敗奔大通城，畏罪不還洛。後世充改爲大通縣。

右雜録。

唐高祖都長安

《通典》卷三三《職官十五》 兩京。初，武太后長壽元年，以并州后之故里，改爲北都。神龍初廢。開元十一年，又以并州高祖起義之始，復置太原府，號曰北京。初，開元元年正月，於蒲州置中都，改州爲河中府，至六月而罷。後上元元年，復置岐州爲鳳翔府，又以益州爲成都府。

《舊唐書》卷一《高祖本紀》 〔貞觀〕七年秋，突厥頡利、突利二可汗自原州入寇，侵擾關中。有説高祖云：「祇爲府藏子女在京師，故突厥來，若燒卻長安而不

隋都城圖

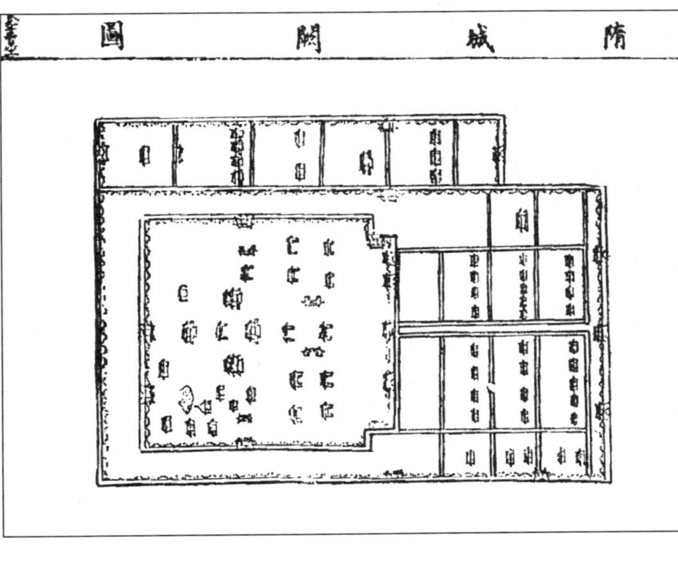

都，則胡寇自止。」高祖乃遣中書侍郎宇文士及行山南可居之地，即欲移都。蕭瑀等皆以爲非，然終不敢犯顏正諫。太宗獨曰：「霍去病，漢廷之將帥耳，猶且志滅匈奴。臣忝備藩維，尚使胡塵不息，遂令陛下議欲遷都，此臣之責也。幸乞聽臣一申微效，取彼頡利。若一兩年間不係其頸，徐建移都之策，臣當不敢復言。」高祖怒，仍遣太宗將三十餘騎行剗。還日，固奏必不可移都，高祖遂止。八年，加中書令。

《舊唐書》卷四《高宗紀》〔顯慶二年〕十二月乙卯，還洛陽宮。庚午，改「昬」「葉」字。丁卯，手詔改洛陽宮爲東都，洛州官員階品並准雍州。

《舊唐書》卷三八《地理志》京師，秦之咸陽，漢之長安也。隋開皇二年，自漢長安故城東南移二十里置新都，今京師是也。城東西十八里一百五十步，南北十五里一百七十五步。

皇城在西北隅，謂之西內。正門曰承天，正殿曰太極。太極之後殿曰兩儀。內別殿、亭、觀三十五所。京師西有大明、興慶二宮，謂之「三內」。有東、西兩市。都內，南北十四街，東西十一街。街分一百八坊。坊之廣長，皆三百餘步。皇城之南大街曰朱雀之街，東五十四坊，萬年縣領之。街西五十四坊，長安縣領之。京兆尹總其事。東內曰大明宮，在西內之東北，高宗龍朔二年置。正門曰丹鳳，正殿曰含元，含元之後曰宣政。宣政左右，有中書、門下二省、弘文史二館。高宗已後，天子常居東內，別殿、亭、觀三十餘所。南內曰興慶宮，在東內之南隆慶坊，本玄宗在藩時宅也。自東內達南內，有夾城複道，經通化門達南內。人主往來兩宮，人莫知之。宮之西南隅，有花萼相輝、勤政務本之樓。

禁苑，在皇城之北。苑城東西二十七里，南北三十里，東至灞水，西連故長安城，南連京城，北枕渭水。苑內離宮、亭、觀二十四所。漢長安故城東西十三里，亦隸入苑中。苑置西南監及總監，以掌種植。

《新唐書》卷三七《地理志》上都初曰京城，天寶元年曰西京，至德二載曰中京，上元二年復曰西京，肅宗元年曰上都。皇城長千九百一十五步，廣千二百步。宮城在北，長千四百四十步，廣九百六十步，周四千八百六十步，其崇三丈有半。龍朔後，皇帝常居大明宮，乃謂之西內，神龍元年曰太極宮。大明宮在禁苑東南，西接宮城之東北隅，長千八百步，廣千八十步，曰東內，本永安宮，貞觀八年置，九年曰大明宮，以備太上皇清暑，百官獻貲以助役。高宗以風痺，厭西內湫濕，龍朔二年始大興葺，曰蓬萊宮，咸亨元年曰含元宮，長安元年復曰大明宮。興慶宮在皇城東南，距京城之東，開元初置，至十四年又增廣之，謂之南內。二十年，築夾城入芙蓉園。京城前直子午谷，後枕龍首山，左臨灞岸，右抵灃水，其長六千六百六十五步，廣五千五百七十五步，周二萬四千一百二十步，其崇丈有八尺。

《新唐書》卷一四〇《呂諲傳》諲引妻之父楚賓爲衛尉少卿，楚賓子震爲郎官。中人馬尚言者，素暱於諲，爲人求官，諲奏爲藍田尉。事覺，帝怒，命敬羽窮治，殺尚言，以其肉賜從官，罷諲爲太子賓客。數月，拜荊州長史、澧朗峽忠等五州節度使。諲始建請荊州置南都，詔可。於是更號江陵府，以諲爲尹，置永平軍萬人，遏吳、蜀之衝，以湖南之岳、潭、郴、道、邵、連，黔中之涪凡七州，隸其道。初，荊州長史張惟一以衡州蠻酋陳希昂爲司馬，督家兵千人自防。惟一親將牟遂金與相忤，希昂率兵至惟一所捕之，惟一懼，斬其首以謝，悉以遂金兵屬之，乃退，自是政一出希昂。後入朝，還常州刺史，過江陵入謁，諲伏甲擊殺之，誅黨偶數十人，積尸府門，內外震服。

《新唐書》卷一八三《朱朴傳》朱朴，襄州襄陽人。以三史舉，繇荊門令進京兆府司録參軍，改著作郎。乾寧初，太府少卿李元實欲取中外九品以上官兩月俸助軍興，朴上疏執不可而止。擢國子《毛詩》博士。上書言當世事，議遷都曰：「古王者不常厥居，皆觀天地興衰，隨時制事。關中，隋家所都，我實因之，凡三百歲，文物資貨，奢侈僭僞皆極焉；廣明巨盜陷覆宫闕，局署帑藏，里閈井肆，所存十二，比幸石門、華陰，十二之中又亡八九，高祖、太宗之制蕩然矣。夫襄、鄧之西，夷漫數百里，其東，漢輿、鳳林爲之關，南，菊潭環屈而流屬於漢，西有上洛重山之險，北有白崖聯絡，乃形勝之地，沃衍之墟。若廣浚漕渠，運天下之財，可使大集。自古中興之君，去已衰之衰，就未王而王。今南陽，漢光武雖起而未王也。臣視山河壯麗處多，故都已盛而衰，難可興已；江南土薄水淺，人心囂浮輕巧，不可以都；河北土厚水深，人心彊愎狠戾，不可以都。惟襄、鄧實惟中原，人心質良，去秦咫尺，而有上洛爲之限，永無夷狄侵軼之虞，此建都之極選也。」不報。

《新唐書》卷二一五上《突厥傳》 突厥既歲盜邊，或説帝曰：「虜數内寇者，以府庫子女所在，我能去長安，則戎心止矣。」帝使中書侍郎宇文士及踰南山，按行樊、鄧，將徙都焉。羣臣贊遷，秦王獨曰：「夷狄自古爲中國患，未聞周、漢爲遷也。願假數年，請取可汗以報。」帝乃止。頡利已和，亦會甚雨，弓矢皆弛惡，遂解而還。帝會羣臣，問所以備邊者。將作大匠于筠請五原、靈武置舟師於河，扼其入。中書侍郎温彦博曰：「魏爲長塹遏匈奴，今可用。」帝使桑顯和塹邊大道，召江南船工大發卒治戰艦。頡利遣使來，願款北樓關請互市，帝不能拒。帝始兼天下，罷十二軍，尚文治，至是以虜患方張，乃復置之，以練卒蒐騎。

《册府元龜》卷四《唐都》 《六典》：京城，左河華，右隴坻，前終南，後九嵕。皇城在京城之中。今謂之子城。宫城在皇城之北，禁苑在大内宫城之北。

《資治通鑑》卷二〇五《唐紀二十一》 初，隋煬帝作東都，無外城，僅有短垣而已。至是鳳閣侍郎李昭德始築之。

王溥《唐會要》卷六八《河南尹》 開元元年五月，揚州功曹參軍、麗正殿學士韓覃上疏曰：臣聞《禮記·月令》曰：孟夏之月，無起土功，無聚大衆。昔魯夏城中丘，《春秋》書之，垂爲後誡。今建國都，乃長久之大業也。祀天地之大義，襲《春秋》之所書，奪人盛農之時，愚臣竊以爲甚不可也。至若兩都舊制，分官衆多，費耗用度尚以爲損，豈可更建中都乎！夫河東者，國之股肱郡也，勁鋭强兵盡出於是。其地隘狹，今又置都，使十萬之户將安投乎？一旦陋東都而幸西都，又造中都，樂一君之欲，遺萬人之患。務在郡國之多，不恤危亡之變；悦在遊幸之麗，不顧兆庶之困，非所以建根蔕不拔之長策矣。昔漢帝感鍾離之言，息事德陽之殿；趙主採續咸之諫，止造鄴都之宫。臣愚，誠願下明詔，罷中都，則福履無疆矣，天下幸甚。六月三日，詔其中都宜停，依舊爲府。

王溥《唐會要》卷八八《城郭》 永徽五年十一月十一日，和雇雍州夫四萬一千人，修京羅城郭，三十日畢。九門各施觀，明德觀正門，以工部尚書閻立德爲始。

顯慶五年九月，改東明門爲賓耀門，西明門爲宣耀門。

長壽元年九月，神都改造文昌臺，及造定鼎、上東等城門，修築外郭並鳳閣侍郎李昭德所制，時人以爲能。

開元十八年四月一日，築京城，九十日畢。

二十三年七月勅：「兩京城皇城及諸門，并助鋪及京城守把捉兵之處，有城墻若門樓、舍屋破壞須修理者，皆與所司相知，并量抽當處職掌衛士，以漸修營。若須登高臨内，即聞奏之。」

二十八年，都畿採訪使、御史中丞張倚請整齊都城侵街墻宇。

天寶二年正月二十八日，築神都羅城，號曰「金城」。

六載十二月二十一日，築會昌城于湯所，置百司及公卿邸第。

十三載十月十七日，和雇華陰、扶風、馮翊三郡丁匠，及京城人夫一萬三千五百人，築興慶宫城，並起樓，四十九日畢。

至德二載正月二十七日，改丹鳳門爲明鳳門，安化門爲達禮門，安上門爲先天門，及坊名有「安」者悉改之，尋並卻如故。

建中元年五月，築奉天城。

四年十月，上避難于奉天。初，術士桑道茂奏請城奉天，爲王者之居，至是方驗。

貞元八年，新作玄武門。

《玉海》卷一六《地理》 《六典》：京兆、河南、太原爲三都。志上都初曰京師，天寶元年曰西京，《會要》：開元元年十二月三日改爲京兆府，稱西京，張暐爲尹。至德二載曰中京，十二月十五日。上元二年復曰西京，九月二十一日。肅宗元年曰上都。建卯月一日。

李好文《長安志圖》卷上 市制：四面皆市，人居之中。爲二署，蓋治市之官府也。舊圖全畫坊市制度，今圖小不能記，容別畫一坊之制，以見其餘。

宫城：東西四里，南北二里二百七十步，周十三里一百八十步，其崇三丈五尺，掖庭宫廣一里。隋開皇三年六月，詔規建制度，先築宫城，次築皇城，次築外郭城。

城市制度

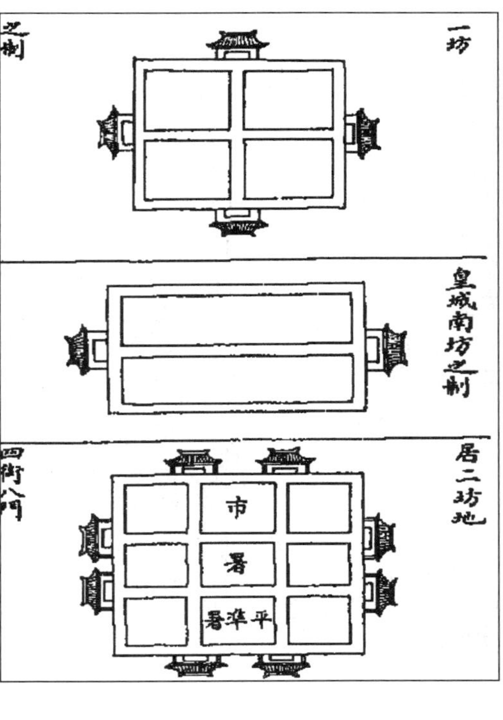

皇城：亦曰子城。東西五里一百一十五步，南北三里一百四十一步。南北七街，東西五街，其間並列臺省寺衛。承天門外有東西大街，南北廣三百步。限隔二城也。橫街之南有南北大街，東西廣百步。即朱雀門街。自兩漢以後，都城並有人家在宮闕之間。隋文帝以爲不便於事，于是皇城之内惟列府寺，不使雜居，公私有辨，風俗齊整，實隋文之新意也。

外郭城：東西一十八里一百一十五步，南北一十五里一百七十五步，周六十七里，其崇一丈八尺。唐外郭城東西南面各一門，直十一街，橫十四街。當皇城朱雀門曰朱雀街，亦曰天門街。南直明德門，南北九里一百七十五步，縱十二街，各廣百步。皇城之南橫街十，各廣四十七步。皇城左右各橫街四，三街各廣六十步，一街直安福延喜門，廣百步。

夾城：玄宗以隆慶坊爲興慶宫，附外郭爲複道，自大明宫潛通此宫。及曲江芙蓉園又十宅，皇子令中官押之於夾城，起居在東外郭廡。後宣宗於夾城南頭開便門，自芙蓉園北入青龍寺，俗號新開門。杜牧之詩「六龍南幸芙蓉苑，十里飄香入夾城」，謂此。

坊市總一百一十區，萬年、長安以朱雀街爲界，街東五十四坊及東市，萬年領之；街西五十四坊及西市，長安領之。皇城之東盡東郭，東西三坊；皇城之西盡西郭，東西三坊。南北街一十四坊，象一年并閏。每坊皆開四門，中有十字街，四出趣門。皇城之南，東西四坊，以象四時；南北九坊，取《周禮》王城九逵之制。其九坊但開東西二門，中有橫街而已。蓋以在宫城正南，不欲開北街洩氣以衝。城闕棋布櫛比，街衢繩直，自古帝京未之比也。

城圖云：皇城之南三十六坊，各東西二門，縱各三百五十步；中十八坊，各廣三百五十步；外十八坊，各廣四百五十步。皇城左右共七十四坊，各四門，廣各六百五十步。南六坊，縱各五百五十步；北六坊，縱各四百步。市居二坊之地，方六百步。面各二門，四面街各廣百步。

渠水：一曰龍首渠，自城東南導滻至長樂坡，釃爲二渠，一北流入苑，一經通化門興慶宫，由皇城入太極宫。二曰永安渠，導交水自大安坊西街入城，北流入苑注渭。三曰清明渠，導坑水自大安坊東街入城，由皇城入太極宫。

呂氏曰：隋氏設都，雖不能盡循先王之法，畦分棋布，閭巷皆中繩墨。坊有墉，墉有門，逋亡姦僞，無所容足。而朝廷宫寺，民居市區，不復相參，亦一代之精制也。唐人蒙之以爲治，更數百年不能有改，其功亦豈小哉！隋文有國纔二十二年，其剗除不庭者非一國，興利後世者非一事，大趣皆以惠民爲本，躬決庶務，未嘗逸豫，雖古聖人夙興待旦，殆無以過。惜其不學無術，故不能追三代之盛。予因考證長安故圖，觀呂氏此言，是圖之作其來尚矣。愛其制度之密，而勇于敢爲。且傷唐人媢疾，史氏没其實，聊記于後。元豐三年五月五日，龍圖閣待制知永興軍府事汲郡呂大防題，京兆府户曹參軍劉景陽、按視并州觀察推官呂大臨、檢定鄜州觀察使石蒼舒書。

跋語：此圖舊有碑刻在京兆府公署，兵後失之。有雷德元完顔椿者訪得碑本，訂補復完，命工鋟梓，附於《長安志》後。壬子年中秋日，合口邳邦用跋。

新城：唐天祐元年，匡國節度使韓建築。時朱全忠遷昭宗于洛，毁長安宫室、百司及民廬舍，長安遂墟。建遂去宫城，又去外郭城，重修子城。即皇城也。南閉朱雀門，又閉延喜、安福門，北開玄武門，是爲新城，即今奉元路府治也。城之制，内外二重四門，門各三重，今存者惟二重。内重其址尚在。東西又有小城二，以爲長安咸寧縣治所。謹按：長安京兆，本朝奄有天下，初爲京兆府，後爲安西路。至大四年改奉元路，中統元年立十路宣撫司，置治于此。改路不知何年。三年立陝西四川行省，至元七年改行尚書省，九年改設王相府，十七年罷王相府，復立行中書省。一十三年，四川分省成都，專立陝西行省。二十八年立行御史臺於雲南，大德元年移置陝西奉元。

李好文《長安志圖》卷上

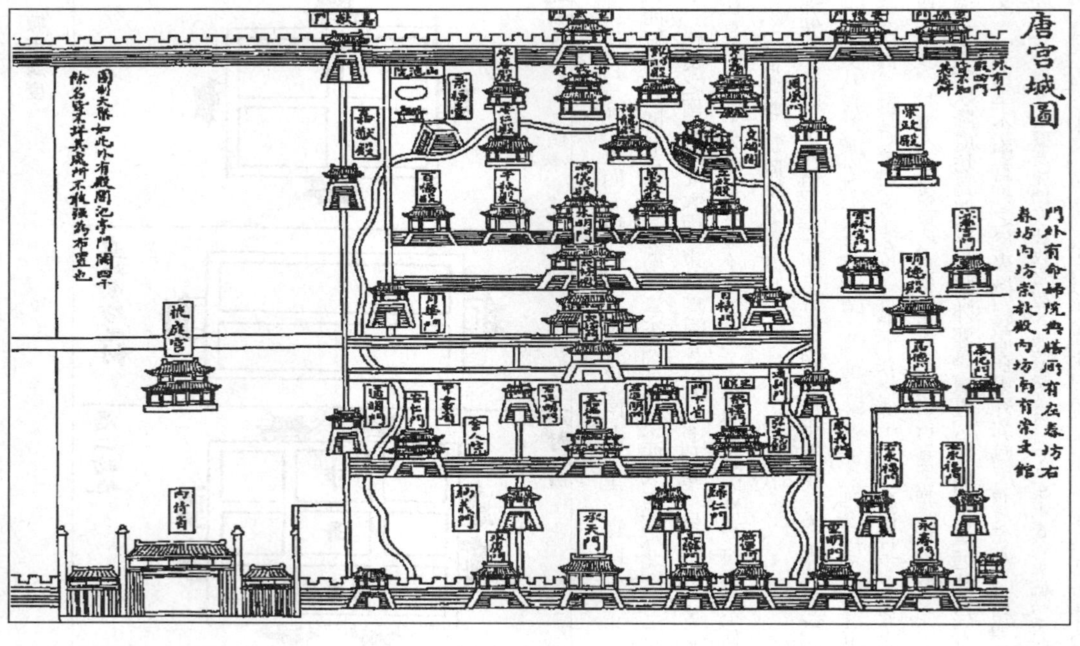

李好文《長安志圖》卷上

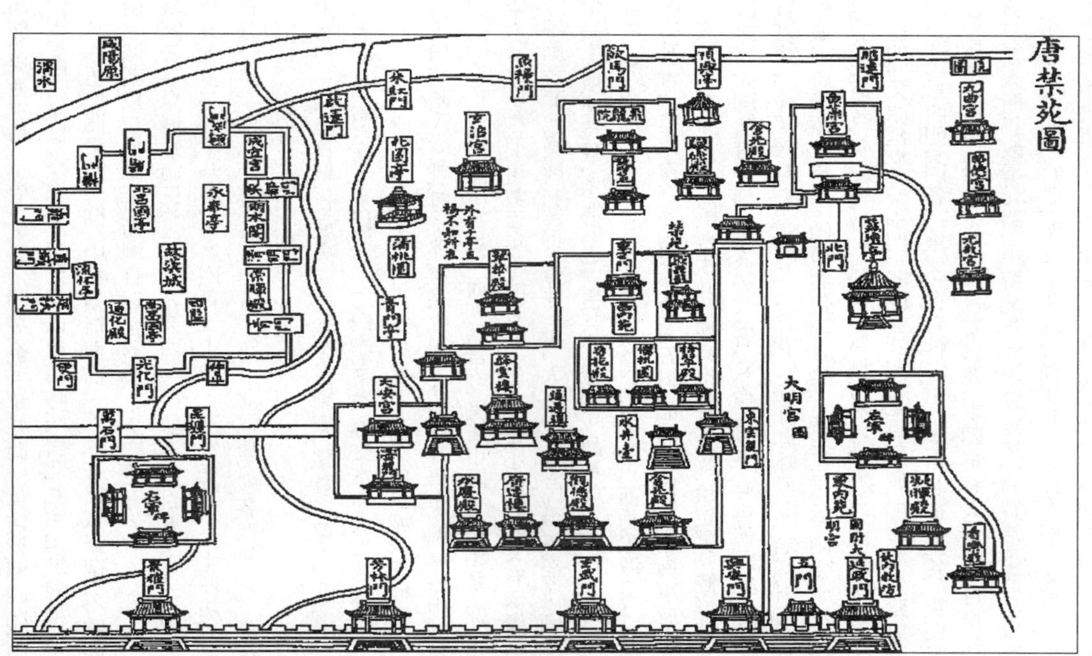

趙彦衛《雲麓漫抄》卷八　《長安圖》，元豐三年五月五日，龍圖閣待制、知永興軍府事汲郡吕公大防，命户曹劉景陽按視、邠州觀察推官吕大臨檢定。其法以隋都城大明宫，並以二寸折一里，城外取容，不用折法。大率以舊圖及韋述《西京記》爲本，參以諸書及遺迹，考定太極、大明、興慶三宫。用折地法不能盡容諸殿，又爲别圖。漢都城，縱廣各十五里，周六十五里，十二門，八街九陌。城之南北曲折，有南斗、北斗之象。未央、長樂宫在其中，未央在西直便門，長樂在東直社門。隋都城，外郭縱十五里一百七十五步，廣十八里百十五步，周六十七里，高一丈八尺。東西南北各三門，縱十一街，横十四街。當皇城朱雀門南北九里一百七十五步，縱十一街，各廣百步；皇城之南横街十，各廣四十七步。皇城左右各横街四，三街各六十步，一街直安福延喜門，廣百步。朱雀街之東市一、坊五十五，萬年治之；街之西市一、坊五十五，長安治之。坊之制，皇城之南三十六坊，各東西二門，縱各三百五十步；中十八坊，廣各三百五十步；外十八坊，廣各四百五十步。皇城之左右共七十四坊，各四門，廣各六百五十步。皇城左右之南六坊，縱各五百五十步；北六坊，縱各四百步；市居二坊之地，方各六百步；四面街各廣百步，面各二門。皇城縱三里一百四十步，廣五里一百一十五步，周十七里一百五十步。縱五街，横七街，百司居之。北附宫城，南直朱雀門，皆有大街，各廣百步。東西各二門，南三門。大極宫城廣四里，縱二百四十步，周十三里一百八十步，高三丈五尺；東一門，西二門，南六門，北三門。宫城之西有大安宫。唐大明宫城在苑内，廣三里一百四十八步，縱四里九十五步，東、北各一門，南五門，西二門。禁苑廣二十七里，縱三十里，東一門，南二門，北五門。西内苑廣四里，縱二里，四面各一門。東内苑廣二百五十步，縱四里九十五步，東一門。以渠道水入城者三：一曰龍首渠，自城東南導滻至長樂坡，灑爲二渠，一北流入苑，一經通化門興慶宫，由皇城入太極宫；二曰永安渠，導交水自大安坊西街入城，北流入苑，注渭；三曰清明渠，導坑水自大安坊東街入城，由皇城入太極宫。城内有六高岡横列，如乾之六爻。初，隋建都，以九二置宫室，九三處百司，九五不欲令民居，乃置玄都觀、興善寺。右漢、隋、唐宫禁城邑之制。而《西京記》云：街東西各五十四坊。《六典注》：兩市居其中，四坊之地凡一百一十坊。今除市居二坊外，各五十五坊，當以《六典》注爲正。又《六典》：西上閤之西延英。李庚賦：「東則延英耽耽。」當以庚賦爲正。又《西京記》：大興城南直子午谷。今據子午谷乃漢城所直，隋城南直石鼈谷西。又《唐志》：大明宫縱一千八百步，廣一千八十步。今實計縱一千一百一十八步，廣一千五百三十五步，此舊説之誤也。唐高宗始營大明宫於丹鳳，後南開翊善、永昌二坊，各爲二外郭，東北隅永福一坊築入苑，先天以後爲十六王内宅。又高宗以隆慶坊爲興慶宫，附外郭爲複道，自大明宫經過通化門蹬道，潛通以達此宫，謂之夾城。又制永嘉坊，西百步入宫；外郭東南隅一坊，始建都城，以地高不便，隔在郭外，爲芙蓉園，引黄渠水注之，號曲江。明皇增築興慶宫夾城，直至芙蓉園。又武宗於宣政殿東北築臺曰望仙，今人誤以爲蓬萊山。武宗又修未央宫爲通光亭。宣宗修憲宗遺迹，於夾城中開便門，自芙蓉園北入至青龍寺，俗號新開門。自門至寺，開敦化以北四坊各爲一。此遷改之異也。大抵唐多仍隋舊，故吕公愛其制度之密，而傷唐人冒襲，史氏没其實，遂刻而爲圖。故誌之。

張英等《淵鑑類函》卷三三三《京邑部二》　《唐太宗建東都詔》曰：朕聞踐華固德百二，稱乎建瓴；卜洛歸亡七百，崇乎定鼎。是以控膏腴於天府，啓黄圖於渭濱，襟沃壤於王城，摛緑宇於河渚。市朝之城麗，皇州之九緯，丹紫之原邈，神皋之千里，二京之盛，其來自昔。此都心兹宇宙，通賦貢於四方；交乎風雨，均朝宗於萬國。曲阜之規猶勤，測圭之地載華，豈得宅帝之鄉，獨稱都於四塞；廣里王之邑，匪建國於三川？宜改洛陽宫爲東都。上棟下宇，彼勞昔以難前；廣厦高臺，我名今而改彼。仍兹舊貫，式表宸居。

《〔乾隆〕西安府志》卷五五《古蹟志上・宫闕》　唐京城，唐《地理志》：上都初曰京城，天寶元年曰西京，至德二載曰中京，上元二年復曰西京，肅宗元年曰上都。京城前直子午谷，後枕龍首山，左臨灞岸，右抵灃水。《德宗紀》：貞元四年築夾城。《長安志》：唐京城東西一十八里一百一十五步，南北一十五里一百七十五步。周六十七里。郭中南北十四街，東西十一街。其間列置諸坊。有京兆府，萬年、長安二縣。所治寺觀邸第，編户錯居焉。當皇城南朱雀門，有南北大街，曰朱雀門街，東西廣百步。萬年、長安二縣以此街爲界。萬年領街東五十四坊興道、開化、光福、靖善、蘭陵、開明、保寧、安義、務本、崇義、長興、永樂、靖安、安善、大業、昌樂、安德、翊善、光宅、永昌、來庭、永興、崇仁、平康、宣陽、親仁、承寧、承崇、昭國、進昌、通善、通濟、長樂、大寧、勝業、安邑、宣平、昇平、修行、修政、曲池、青龍、興寧、永嘉、興慶、道政、常樂、靖恭、新昌、昇道、修德。及東市。長安領街西五十四坊立政、敦化、豐樂、安業、崇業、永達、道德、光行、延祚、太平、通義、興化、崇德、懷真、宣義、豐安、昌明、安樂、修德、輔興、頌政、布政、延壽、光德、延康、崇賢、延福、永安、敦義、大通、大安、安定、休祥、金城、醴泉、懷遠、長壽、嘉會、永平、通軌、歸義、昭行、修真、普寧、義寧、居德、羣賢、懷德、崇化、豐邑、待賢、永和、長安、和平。及西市。按：《通志》、《長安志》載萬年所領五十四坊，今缺其三，別見有昌化、延年、修仁、正平四坊，疑此四坊或有三坊在萬年所領之內，而失其地望也。

《天禄識餘》：其陽有六岡，如乾之六爻。唐宫殿皆在九二岡上，而作太清宫于九五岡上，百官府在九四岡上。明德門，《六典》南面三門，中曰明德。《長安志》：北當皇城，朱雀門南出，抵終南山八十里。啓夏門，《六典》：南面三門，東曰啓夏。《長安志》：門外西南二里，有圓丘、先農、藉田三壇。按《長安圖》，東南角有進芳門。安化門，《六典》：南面三門，西曰安化。通化門，《長安志》東面三門，北曰通化。至德三載改爲達禮門，尋復舊。《雍録》：通義東有長樂陂，下臨滻水。唐《李義琰傳》：義琰致仕，公卿以下悉祖餞通化門外。時人比漢疏廣。春明門，《六典》：東面三門，中曰春明。《實録》：開元十七年五月，侍臣以下燕于春明門。延興門，《六典》：東面三門，南曰延興。《長安志》：同昌公主葬，懿宗與郭淑妃御延興門哭送。開遠門，《長安志》西面三門，北曰開遠。唐《吐蕃傳》：初，太宗平薛仁杲，得隴上地。虜李軌，得凉州。破吐渾高昌，開四鎮。元宗繼收黄河磧石宛秀等軍。中國無斥候警，幾四十年。開遠門揭候題曰：西極道九千九百里，示戍人無萬里行也。金光門，《六典》：西面三門，中曰金光。唐《韓朝宗傳》：朝宗，天寶初爲京兆尹，分渭水，入金光門。《長安志》：西出趨昆明池也。延平門，《六典》：北面一門，曰光化。

《〔乾隆〕西安府志》卷五五《古蹟志上・宫闕》　皇城，《六典》：在京城中，其中左宗廟，在安上門内之東。右社稷。在含光門之東。百僚廨宇，列乎其間。凡省六、寺九、臺一、監四、衛十有八。東宫官屬，凡府一、坊一、寺三、率府十。朱雀門，《長安志》皇城南面三門，中曰朱雀。北當宫城之承天門，南當外郭之明德門。《玉海》：隋制，士庶不得雜居。朱雀門内，故宗廟、官寺、兵衛悉在焉。安上門，《長安志》：朱雀門東曰安上。至德三載改爲光天，尋復舊。含光門，《長安志》：朱雀門西曰含光。景風門，《六典》：東西二門，南曰景風。延喜門，《長安志》：東面二門，北曰延喜。直東當外郭之通化門。《通鑑》：宣宗二年八月，河隴老幼千餘人詣闕下。上御延喜門樓，見之歡呼舞躍，解胡服，襲冠帶，觀者皆呼萬歲。順義門，《長安志》：西面二門，南曰順義。安福門，《長安志》：西面二門，北曰安福。西當外郭之開遠門。《朝野僉載》睿宗先天二年正月十五至十七夜，于安福門外作燈輪，高二十餘丈，然五萬盞燈，望之如華樹。妙簡長安萬年少年婦千餘人，衣服花釵，于燈輪下踏歌三日夜。

按：唐京城、皇城及諸門，皆仍隋舊，今叙述于隋從略者，以唐古蹟較多，考據爲便也。

徐松《唐兩京城坊考》卷一《皇城》　傅宫城之南面曰皇城，亦曰子城，東西五里一百一十五步，南北三里一百四十步，周十七里一百五十步。《新書志》：皇城長一千九百一十五步，廣一千二百二十步。南面三門：正南曰朱雀門，北當宫城之承天門，南當外郭之明德門。按唐法，以三百六十步爲里，則南北之廣當作一千二百二十步。門外横街正東直春明門，正西直金光門。東曰安上門，至德三載改爲光天門，尋復舊。西曰含光門。《唐書・劉崇望傳》：楊復恭稱兵闕下，陳於通化門。上陳兵於延喜門，是夜命崇望守度支庫。明日曉，入含光門，門内禁軍列于左右，俟門開，即劫掠兩市。崇望諭之曰：「聖上在街東，公等禁軍何不樓前殺賊！」將士唯唯，從崇望至長樂門。按是時崇望在含光門，故謂延喜爲街東。崇望之入含光，蓋欲入廣運以守西左藏，其趨長樂，則以近延喜，又衛東左藏耳。東面二門：南曰景風門，北曰延喜門。直東當外郭之通化門。貞元四年，修延喜門複道，屬於承天門。回鶻使及回鶻公主至，德宗御延喜門觀之。宣宗御延喜門見河隴老幼數千人，賜以冠帶。西面二門：南曰順義門，北曰安福門。西當外郭之開遠門。《朝野僉載》曰：睿宗先天二年正月十五、十六、十七夜，於京安福門外作燈輪，高二十丈，衣以錦綺，飾以金銀，燃五萬盞燈，望之如花樹。宫女千數，衣羅綺，曳錦繡，耀珠翠，施香粉。一花冠、一巾帔，皆至萬錢，裝束一妓女，皆至三百貫。妙簡長安萬年少女婦千餘人，衣服花釵媚子亦稱是，於燈輪下踏歌三日夜，歡樂之極，未始有之。武元衡赴西川節度，憲宗御安福門慰遣之。《長安志》言貞元四年築武德東門垣，屬于安福門，於是武庫從而廢焉。按武德殿在西内之東，必不能及武庫，「武德」字蓋誤。城中南北七街，東西五街。左宗廟，在安上門内之東。右社稷。在含光門内之西。百僚廨署列於其間，凡省六，寺九，臺一，監四，按國子監在皇城之南。「四」當作「三」。衛十有八。按左右金吾衛在皇城之東西，左右羽林軍在大明宫之東西，此無十八衛也。東宫官屬，凡府一，坊三，寺三，率府十。自兩漢以後至於晉、齊、梁、陳，並有人家在宫闕之間。隋文帝以爲不便於事，於是皇城之内惟列府寺，不使雜居，公私有辨，風俗齊整，實隋文之新意也。

宫城南門外即承天門。有東西大街，謂之横街。東出皇城之延喜門，西出皇城之安福門，皇城各街皆廣百步，惟此街南北廣三百步，所以限隔二城也。横街之南有南北大街，曰承天門街。東西廣百步，南出皇城之朱雀門。《中朝故事》：天街兩畔槐樹，俗號爲槐衙。

承天門街之東，宮城之南第二横街之北。近有得唐納粟磚者，其文曰：貞觀十四年十二月廿四日，街東第一院。從北向南第六行，從西向東第九窖，納和糴粟六千五百石。第四頭，紀王府典籤陳元瑜，右監門直長鄭端、高買，太倉府史韓達、竪雲宮，副監常明，副使晉王府〔掾〕陸元、（土）〔士〕使人，水部郎中（抑）〔柳〕仵臣。又一磚文曰：貞觀廿三年十二月九日，大街〔西〕從北向南第一院，從北向南第六行，從西向東第十三窖，納和糴米四千四百石，第一頭一千五百石，和糴官人，右領〔軍〕騎〔曹〕賈仁〔素〕，左衛兵曹任玄逸。第二頭二千九百石，和糴官人，平準丞蔡彌、雍州參軍□師利、左監門校尉馮武達、右監門校尉〔素〕和陁、窖匠張阿剄、太倉府步勳監事趙〔賢〕，丞〔宋夐〕吴□、田〔强〕、和糴副使左監門長史王玄、滎大〔任〕，殿中丞長孫文則、司農卿清河公楊弘禮。按窖粟之地不可考，而所謂大街與街東者，當是承天門街之第二横街，故和糴官人多是左右監門、左右衛、王府之人，以皇城地皆廨舍，故可置窖。若朱雀門外之大街，則諸坊所在，民居相雜，非可儲粟矣。附此俟考。

從西第一，門下外省。次東，殿中省。次東，左千牛衛。次東，左衛。隋左監門衛、左翊衛二府之地，武德初併爲此衛。門額本睿宗所題，開元初進入内。街東，安上門街，街東第一，東宮内坊。《長安志》作「内作坊」，誤。次東，右春坊。次東，右清道率府。次東，右監門率府。府北，右内率府。府東，東宮朝堂。有北街，街東第一，左監門率府。府北，左内率府。次東，左清道率府。次東，家令寺。次東，左春坊。坊東有南北街，街東即皇城東面延喜門之内。

承天門街之東，第三横街之北。

從西第一，左監門衛。武德中分取左武衛地，自北街移於此。次東，左武衛。次東，貞觀中有左金吾内府，後廢。次東，左驍衛。衛東，安上門街，街東第一，東宮僕寺。次東，率更寺。次東，右司禦率府。《長安志》作「司禦衛」，誤。次東，右衛率府。府東有南北街，北當東宮朝堂。街東第一，左衛率府。次東，左司禦率府。《長安志》作「司禦衛」，誤。次東，詹事府。府東有南北街，街東即皇城之東面。

承天門街之東，第四横街之北。

從西第一，尚書省。省門額本睿宗書，開元初進入内。後右庶子魏華所題。省内當中有都堂，本尚書令廳事。都堂之東吏部、户部、禮部三行，每行四司，左司統之。都堂之西兵部、刑部、工部三行，每行四司，右司統之。舊户部在禮部後，武太后改從天地六官之名，以户部爲地官，因移在前。凡二十四司，左右丞相總領其事。《大唐新語》：王上客自負其才，意在前行員外，俄除膳部員外，頗懷悵惋。吏部郎中張敬忠戲詠之曰：「有意嫌兵使，專心去考功。誰知脚蹭蹬，幾落省墻東。」以膳部在省東北隅也。考功員外郎廳事有薛稷畫鶴，宋之問爲讚。工部尚書廳事有薛稷畫松石，並爲時所重。右丞廳事有古冢，俗誤爲樗里子墓。《國史補》曰：郎官（正）〔故〕事，吏部郎中二廳，先小銓，次格式。員外郎二廳，先南曹，次廢置。刑部分四覆，户部分兩賦，其制尚矣。舊説吏部爲省眼，禮部爲南省舍人，考功、度支爲振行，比部得廊下食，以飯從者。二十四曹呼左右司爲都公。省中語曰：「後行祠屯，不博中行都門。中行刑户，不博前行駕庫。」《因話録》曰：尚書省東南隅通衢有橋，相傳目爲拗項橋，言侍御史及殿中久次者，至此必拗項而望南宫也。都堂南門道東有古槐，垂陰至廣，相傳夜深聞絲竹之音，省中有入相者，俗謂之音聲樹。祠部呼爲冰廳，言其清且冷也。李涪《刊誤》云：尚書郎上事官面北再拜，蓋京城官署皆在大内之南，故先面北再拜，然後踐履官堂。省東，安上門街，街東第一，都水監。次東，光禄寺。寺東有南北街，北當東宮朝堂，開元初開。街東，軍器監。本少府監甲弩坊，後爲軍器使，開元四年置監。監東即皇城東面景風門之北。畢氏曰：《新唐書・志》云：武德初有武器監，七年廢，八年復置，九年又廢。開元以前，軍器皆出在尚方署，三年置軍器監，十一年廢爲甲弩坊，隸少府，十六年復爲監。按《唐會要》作武德元年置軍器監，貞觀元年廢。十六年復爲監，《會要》作天寶六載。

承天門街之東，第五横街之北。

從西第一，左領軍衛。衛北有兵部選院。次東，左威衛。衛北有刑部格式院。次東，吏部選院。以在尚書省之南，亦曰吏部南院，選人看榜名之所也。次東，禮部南院。四方貢舉人都會所也。《摭言》：進士舊例于都省考試，南院放榜，張榜牆乃南院東牆也。别築起一堵高丈餘，外有壖垣，未辨色即自北院將榜就南院張掛之。元和六年，爲監生郭東里決破棘籬，坼裂文榜，因之後來多以虛榜自省門而出，正榜張亦稍晚。院東，安上門街，横街抵此而絶。

承天門街之東，第六横街之北。

從西第一，太僕寺。寺西北隅，乘黄署，别開北門。署内貯掌指南車、記里鼓及輦輅之屬。次東，大府寺。舊都水監之地。寺東，安上門街，街東第一，少府監。僖宗再幸山南，太廟焚毁，權以少府監大廳爲太廟。次東，左藏外庫院。隋大府寺置於此，又分置坊院。東有南北街，街東即皇城東面景風門南也。

承天門街之東，第七横街之北。

從西第一，太常寺。《廣記》引《國史異纂》：崔日知歷職中外，恨不居八座。及爲太常卿，于都寺廳事後起一樓，正與尚書省相望，時人謂之「崔公望省樓」。寺東，安上門街，街東第一，太廟，其地本隋大府寺玉作坊，坊中有御井。貞觀中，廢玉作坊，于此置大府寺賜坊，以曝四方貢賦之物溼者。先天中，置廟廢坊焉。中宗廟、元獻皇后廟。韋公肅《禮閣新儀》曰：乾元元年，立廟於太廟之西。寶應二年，遷神主於太廟。貞元三年修葺，奉安昭德皇后神主。永貞元年，祔於太廟。次東，太廟署。署東、署南並有街，即皇城東南隅也。

承天門街之西，宫城之南，第二横街之北。

從東第一，中書外省。次西，四方館。隋曰謁者臺，即諸方通表，通事舍人受事之司。《通鑑》：姚崇寓居罔極寺，以病痁謁告。源乾曜請遷崇於四方館，崇以四方館有簿書，非病者所宜處，固辭。次西，右千牛衛。次西，右監門衛。次西，右衛。衛西，含光門街，横街抵此而絶。

承天門街之西，第三横街之北。

從東第一，右武衛。衛西，貞觀中有右金吾内府，後廢。次西，右驍衛。次西，含光門街，街西，將作監。即皇城西南面安福門之南。

承天門街之西，第四横街之北。

從東第一，司農寺。寺西，含光門街，街西第一，尚舍局。本帳幕坊，局内有山池。次西，尚輦局。次西，衛尉寺。次西，大理寺。寺西有南北街。街西即皇城西面順義門之北。

承天門街之西，第五横街之北。

從東第一，右領軍衛。次西，右威衛。衛門本南向，開元七年御史中丞李尚隱以此衛南門與御史臺門相對不便，遂白政事，移門北向。次西，祕書省。監院廳事前有隕星石，隋自咸陽移置于此，少監王劭作《瑞石頌》以贊美之。監院東有書閣重複，以貯古今圖籍。《因話録》：祕書省落星石與薛少保畫鶴、賀監草書、郎餘令畫鳳，相傳爲四絶。元和中，韓公武爲祕書郎，挾彈中鶴一眼，時謂之五絶。又曰：祕書省之東即右威衛，荒穢摧毁，其大廳逼校書院，南對御史臺。有人嘲之曰：「門緣御史塞，廳被校書侵。」省西含光門街，横街抵此而絶。

承天門街之西，第六横街之北。

從東第一，宗正寺。次西，御史臺。《御史臺記》曰：御史臺門北開，蓋取肅殺就陰之義，故京臺門北開矣。按《鄴都故事》曰：御史臺在宫城西南，其門北開。又故城御史臺亦北開。龍朔中，置桂坊爲東朝憲府，門亦北開。然都御史臺門南開，當時創造者不經，反於故事，同諸司，蓋以權宜邪？《譚賓録》曰：北開者，或云自隋初移都之時，兵部尚書李圖通兼御史大夫，欲向省便近，故開北門。元和四年，御史臺佛舍火，罰直御史李膺一季俸料。《唐語林》：御史臺三院，一曰臺院，其僚曰侍御史；二曰殿院，其僚曰殿中侍御史；三曰察院，其僚曰監察御史。察院南院，會昌初監察御史鄭路所葺。禮祭廳謂之松廳，南有古松也。刑察廳謂之魘廳，寢於此多魘。兵察常主院中茶，茶必市蜀之佳者，貯於陶器，以防暑溼，御史躬親緘啓，故謂之茶瓶廳。吏察主院中入朝人次第名籍，謂之朝簿廳。吏察之上則館驛使，館驛使之上則監察使，同僚之冠也。殿院廳有壁畫小山水甚工，云是吴道子真跡。次西，司天監。本隸祕書省，爲太史局，後别爲渾儀監，尋復舊名，而不屬祕書。監内有靈臺，以候雲物，崇七丈，周八十步。畢氏曰：太史局，武德四年置。改渾儀監，光宅元年也。復舊名，長安二年也。景龍二年，又曰太史監，不隸祕書省。景雲元年，又爲局，隸省。開元二年，復爲太史監。十四年，復爲局。天寶元年，復爲監，不隸省。乾元元年，曰司天臺。監西含光門街，街西第一，廢石臺。本司農寺草坊之地。景龍中，韋庶人置石臺，雕刻綵樓，上建頌臺，蛟龍蟠繞，下有石馬、石獅子、侍衛之像。初韋氏矯稱衣箱有五色雲氣，使畫工圖像，以示於朝。及節愍太子遇害，韋氏又上《中宗聖威神武頌》，刊石以紀其事，謂之頌臺，上官昭容之文也，并勒公卿姓名於上。諂詞僞事，有乖典實，景雲元年毁之。後爲御史臺推事院。按《長安志》既載石臺於此，又載於朱雀門街下，言在開化坊，而開化坊下無一言及之。志文踳駁，今删彼而存此。臺北，司農寺草坊。坊門北開。次西，驊騮馬坊。坊門北開。坊西有南北街。街西即皇城西面順義門之南。

承天門街之西，第七横街之北。横街南即皇城南面朱雀門之西。

從東第一，鴻臚寺。德宗建中元年，以鴻臚寺左右威遠營建金吾。《通鑑》：回紇犯含光門，突入鴻臚寺。蓋入門而東即寺也。次西，鴻臚客館。如漢之藁街，四夷慕化及朝獻者居焉。館西，含光門街，街西第一，大社。南門額，隋平陳所得，即東晉王右軍所題，隋代重以粉墨模之。次西，郊社署。署西、署南並有街，即皇城之西南隅。

徐松《唐兩京城坊考》卷二《西京・外郭城》 外郭城，隋曰大興城，唐曰長安城，亦曰京師城。前直子午谷，後枕龍首山，左臨灞岸，右抵灃水。東西一十八里一百一十五步，《舊書・地理志》云：長六千六百六十五步。按當作「六千五百九十五步」。南北一十五里一百七十五步，《地理志》：廣五千五百七十五步。周六十七里，《地理志》：周二萬四千一百二十步。其崇一丈八尺。隋開皇二年築。永徽四年，率天下口税一錢，更築之。開元十八年四月，築西京外郭。南面三門：正中明德門，北當皇城朱雀門，南出抵終南山八十里。東啓夏門，門外西南二里有圜丘及先農、藉田二壇。按《長安圖》，東南角有進芳門。西安化門。東面三門：北通化門，門東七里長樂坡上有長樂驛，下臨滻水。至德二載，改爲達禮門。《兩京道里記》曰：通化門改達禮門，識者曰：「三年之喪，天下達禮，非嘉名。」三年而玄、肅晏駕，還復舊名也。裴度、李吉甫、李光顔之出鎮，天子皆御此門送之。李義琰致仕歸東都，公卿餞於此門外。中春明門，當門外有漢太子太傅蕭望之墓。南延興門。同昌公主葬，懿宗與郭淑妃御延興門哭送。按《通鑑·隋紀》，李淵還館於安興坊。胡身之注：安興坊蓋在安興門外。又引《雍録》，長安城東面三門，有安興。是延興先爲安興，不知何時改。西面三門：北開遠門，德宗避朱泚，僖宗避黄巢，皆由此門出。《南部新書》：開遠門外立堠，云西去安西九千九百里，示戎人不爲萬里之行。中金光門，西出趣昆明池。南延平門。李光弼薨，詔宰臣送於此門外。北面即禁苑之南面也，三門皆當宫城西。中景曜門，東芳林門，隋曰華林門，北入苑。《舊書·高士廉傳》：誅隱太子，士廉率吏卒馳至芳林門。元和十三年，西市百姓於芳林門置無遮僧齋。西光化門。西北出趣漢故城。郭中南北十四街，東西十一街，其間列置諸坊，隋煬帝改坊爲里，每里置里司一人，官從九品下。至義寧初廢。《雍録》：每坊皆有門，自東西以出横街，而坊北無門。其説曰，北出即損斷地脈，此厭勝術也。隋文帝多忌諱，故有司希意如此。按此説非也。吕大臨《長安圖》云：皇城之南三十六坊，各東西二門，縱各三百五十步。中十八坊，各廣三百五十步。外十八坊，各廣四百五十步。皇城左右共七十四坊，各四門，廣各六百五十步。南六坊，縱各五百五十步。北六坊，縱各四百步。市居二坊之地，方六百步，面各二門。四面街各廣百步。有京兆府萬年、長安二縣，所治寺觀、邸第、編户錯居焉。城中一百八坊。韋述《記》曰：其中有折衝府四，僧寺六十四，尼寺二十七，道士觀十，女觀六，波斯寺二，胡祆祠四。隋大業初有寺一百二十，謂之道場；有道觀十，謂之玄壇。天寶後所增不在其數。當皇城南面朱雀門，有南北大街曰朱雀門街，東西廣百步。南出郭外之明德門，自朱雀門至明德門，九里一百七十五步。萬年、長安二縣以此街爲界，萬年領街東五十四坊及東市；長安領街西五十四坊及西市。皇城之東盡東郭，東西三坊。皇城之西盡西郭，東西三坊。南北皆一十三坊，象一年有閏。每坊皆開四門，有十字街四出趣門。皇城之南，東西四坊，以象四時。南北九坊，取則《周禮》九逵之制。隋《三禮圖》見有其像。朱雀街東第一坊，東西三百五十步。第二坊，東西四百五十步。次東三坊，東西各六百五十步。朱雀街西準此。皇城之南九坊，南北各三百五十步。皇城左右四坊，從南第一、第二坊，南北各五百五十步。第三坊、第四坊，南北各四百步。兩市各方六百步，四面街各廣百步。

萬年縣所領朱雀門街之東，從北第一興道坊。景龍三年，以駙馬都尉武攸暨父名改曰瑶林坊。景雲元年復舊。《朝野僉載》：開元八年，京興道坊一夜陷爲池，没五百家。按事不見他書，未可信。

西南隅，至德女冠觀。隋開皇六年立。《唐語林》：宣宗微行至德觀，有女道士盛服濃妝者，赫怒，歸宫立召左街功德使宋叔康，令盡逐去，别選男子二人住持其觀。太平公主宅。没官後，賜散騎常侍李令問居之。吏人宅。《尚書故實》：郭侍郎承嘏初應舉，誤納試卷，一老吏爲换出。承嘏歸親仁坊，自以錢三萬送詣興道里酬之。旅館。《廣異記》：岐州佐史嘗因事至京，停興道里。《乾𦠆子》：隴西李僖伯，元和初調選，時上都興道里假居，早往崇仁里訪同選人。忽於興道東門北下曲馬前見一短女人服孝衣，約長三尺，已來咄咄，似有所尤。如此兩日，稍稍人多，只在崇仁北街。居無何，僖伯自省門東出，及景風門，見廣衢中人鬧已萬萬，如東西隅之戲場，大圍之，有一小兒突前牽其冪，首布遂落，見三尺小青竹掛一髑髏。金吾以其事上聞。

次南開化坊。

半以南，大薦福寺。寺院半以東，隋煬帝在藩舊宅，武德中賜尚書左僕射蕭瑀爲西園。後瑀子鋭尚襄城公主，詔别營主第。主辭以姑婦異居有闕禮則，因固陳請，乃取園地充主第。又辭公主棨戟，不欲異門，乃併施瑀之院門。襄城薨後，官市爲英王宅。文明元年，高宗崩後百日，立爲大獻福寺，度僧二百人以實之。天授元年，改爲薦福寺。中宗即位，大加營飾。自神龍以後，翻譯佛經並於此寺。寺東院有放生池，周二百餘步，傳云即漢代洪池陂也。《名畫記》：薦福寺額，天后飛白書。寺内有吴道玄、張璪、畢宏畫。常東名《思恒律師誌銘》：律師終於京大薦福寺。王維有《大薦福寺道光禪師塔銘》，又有《薦福寺光師房花藥詩序》。張又新《煎茶水記》云：與同年期於薦福寺，余與李德垂先至，憩西廂元鑒宅。又任華有《薦福寺後院送辛嶼尉洛郊序》，曹松有《薦福贈白上人詩》。按唐時官賜額者爲寺，私造者爲招提、蘭若，又謂之山臺、野邑。《南部新書》：長安戲場多集於慈恩，小者在青龍，其次薦福、永壽。西門之北，法壽尼寺。隋開皇六年立。太傅蓋文達宅。于志寧《蓋文達墓碑》：薨雍州開化坊里第。右武衛將軍柳嘉泰宅。鄭納《柳嘉泰碑》：終於長安開化里之私第。國子祭酒韓洄宅。尚書左僕射令狐楚宅。按《酉陽雜俎》，楚宅在開化坊，牡丹最盛。而李商隱詩多言晉陽里第，未詳。户部尚書馬總宅。河東節度使、兼侍中李光顔宅。《舊書·李光顔傳》：賜開化里第。尚書吏部侍郎沈傳師宅。杜牧《沈傳師行狀》：於京師開化里致第，價錢三百萬，訖二鎮率滿之，及在牀之日，周身之飾易以任器。前司徒、兼侍中崔垂林宅。舊本作「崔垂休」。開府儀同三司、守司空、魏國公崔允宅。《通鑑》：崔允居第在開化坊。

次南安仁坊。本名安民，永徽元年改。

西北隅，薦福寺浮圖院。院門北開，正與寺門隔街相對。景龍中，宫人率錢所立。柳宗元《鶻説》：有鷙曰鶻者，巢於長安薦福浮圖有年矣。東南隅，贈尚書左僕射劉延景宅。延景即寧王憲之外祖，昕即薛王業之舅，皆是親王外家。坊西南，汝州刺史王昕宅。萬春公主宅。玄宗第二十五女，初降楊朏，又嫁楊錡。户部尚書、兼殿中監章仇兼瓊宅。前中書侍郎、同中書門下平章事元載宅。《譚賓録》曰：元載城中開南北二甲第，又於近郊起亭榭，帷帳什器皆如宿設。城南别墅凡數十所，婢僕曳羅綺二百餘人。《杜陽編》曰：載宅有芸輝堂。芸輝，香草名也，出于闐國。《唐實録》曰：毁元載祖及父母墳墓，斲棺棄柩，及焚毁載私廟木主，并毁大寧、安仁里二宅，充修葺百司廨宇，汙宮之義也。又貶同州刺史永晦爲澧州員外司馬。晦嘗任虢州刺史，率百姓採盧氏山木爲載造東都私第故也。義成軍節度使、同中書門下平章事、上谷郡王張孝忠宅。權德輿《孝忠夫人谷氏神道碑》：夫人終安仁里私第。太子右庶子崔造宅。權德輿《崔公夫人柳氏祔葬墓誌》：故相國安平公夫人河東縣君，考終命於京師安仁里。太子賓客、燕國公于頔宅。權德輿《衛國夫人李氏墓誌》：薨於安仁里第。夫人即于公之妻。武昌軍節度使元稹宅。按《唐詩紀事》，元稹《贈毛仙翁詩序》：仙翁謂余曰：「入相之年，相候於安仁里。」余拜而言曰：「果如仙約，然香拂榻以俟雲駕焉。」《雲溪友議》亦言安仁元相國，是元稹入相時居此里。太保致仕、岐國公杜佑宅。《舊書·杜佑傳》：甲第在安仁里。權德輿《杜佑墓誌》：啓手足於京師安仁里。按杜牧《上宰相求湖州》第二啓：某幼孤貧，安仁舊第置於開元末，有屋三十間而已。元和末，酬償息錢，爲他人有，因此移去。八年中凡十徙其居，奔走困苦，無所容歸，於延福私廟支拄敧壞而處之。然牧自撰墓銘云：某月某日，終於安仁里。是其後仍得舊居也。

次南光福坊。隋有聖經寺，大業七年廢。

坊東南隅，舊有永壽公主廟。公主，中宗第五女，降韋鐵，早薨。景雲中廢廟，賜姜皎爲鞠場。皎宅在廟北隔街，舊竇懷貞宅，懷貞誅後，賜皇后妹夫竇庭芳。驩州流人竇參宅。《唐語林》：相國竇參居光福里第。檢校司空、尚書左僕射、同中書門下平章事、魏國公賈耽宅。鄭餘慶《賈耽碑》：終於光福里第。翰林學士李泌宅。《通鑑》：徵李泌於衡山，賜第於光福坊。右衛上將軍、南充郡王伊慎宅。權德輿《伊慎碑》：薨於光福里。太子賓客劉禹錫宅。劉禹錫有《酬鄭州權舍人見寄詩》注：舍人舊宅光福里，時忝東鄰。禮部尚書、同平章事權德輿宅。權德輿《殤孫進馬墓誌》：夭於光福里。又《獨孤氏亡女墓誌》：故秘書少監、贈絳州刺史獨孤郁妻天水權氏寢疾，終於京師光福里。蓋終於母家也。周皓宅。白居易有《宴周皓大夫光福宅詩》，又《題周皓大夫新亭子二十二韻》。興元尹、兼同平章事、充山南西道節度使王起宅。《舊書·王播傳》：京城光福里第，王起兄弟同居，斯爲宏敞。

次南靖善坊。

大興善寺，盡一坊之地。初曰遵善寺。隋文承周武之後，大崇釋氏，以收人望。移都先置此寺，以其本封名焉。神龍中，韋庶人追贈父貞爲酆王，改此寺爲酆國寺，景雲元年復舊。《寺塔記》云：不空三藏塔前多老松，歲旱時，官伐其枝爲龍骨以祈雨。蓋以三藏役龍，意其枝必有靈也。東廊素和尚院庭有青桐四株，元和中，卿相多遊此院，桐至夏有汗污人衣，如輠脂不可浣。昭國鄭相惡其汗，謂素曰：「弟子爲伐此樹，各植一松也。」及暮，素戲祝曰：「我種汝二十餘年，汝以汗爲人所惡。來歲若復有汗，我必薪之。」自是無汗。天王閣，長慶中造。本在春明門內，與南內連牆。其形高大，爲天下之最。大和二年，敕移就此寺，拆時腹中得布五百端，漆數十篅。寺有左顧蛤像、于闐玉佛菩薩像。《名畫記》：寺有劉焉、尹琳、吳道玄畫。行香院堂後壁有梁洽畫雙松，髮塔內有隋朝舍利旃檀像，堂中有隋時寫《時非時經》。

次南蘭陵坊。

東南隅，天官尚書韋待價宅。宅西，工部尚書李珍宅。汝州魯山縣令皇甫枚宅。《三水小牘》：咸通辛卯歲，皇甫元真來京師，寓於玉芝觀之上清院。皇甫枚時居蘭陵里第，日與相從。忠武軍節度使曲環家廟。太子賓客、燕國公于頔家廟。權德輿《于公先廟碑》：元和五年，相國司空燕國公立新廟於京師蘭陵里。李舍人宅。楊巨源有《送李舍人歸蘭陵里詩》。蕭氏池臺。詳下永寧坊殷保晦宅下。

次南開明坊。自興善寺以南四坊，東西盡郭，率無第宅。雖時有居者，煙火不接，耕墾種植，阡陌相連。

光明寺。

次南保寧坊。

昊天觀，盡一坊之地。貞觀初爲晉王宅。顯慶元年，爲太宗追福，立爲觀。高宗御書額，并製《嘆道文》。《唐語林》：京中昊天觀廚後井，俗傳與惠山泉脈通。李衛公取諸流水稱量，惟惠山與昊天等。獨孤及《新平長公主故季女姜氏墓誌》：姜氏卒於京師昊天觀。

次南安義坊。坊南抵京城之南面，西南通明德門。

貞順武皇后廟。《禮閣新儀》曰：開元二十五年立廟，乾元之後祠享遂絶。

右朱雀門街東第一街，九坊。

朱雀門街東第二街，北當皇城南面之安上門。街東從北第一務本坊。景龍三年，以駙馬都尉楊慎交父名嘉本，改爲玉樓坊。景雲元年復舊。

半以西，國子監，監東開街若兩坊，街北抵皇城南，盡一坊之地。監中有孔子廟，貞觀四年立。按《開成石經》舊在務本坊，蓋立於國子監也。領國子監、太學、四門、律、書、算六學。《唐語林》：天寶中，國學增置廣文館，在國學西北隅，與安上門相對。按國學之北即安上門。坊內南街之北，先天觀。景龍三年，韋庶人立爲翊聖女冠觀，景雲元年改景雲觀，天寶八載改爲龍興道士觀，至德三載改先天觀。本司空、梁國公房玄齡宅。杜光庭《歷代崇道記》：乾元二年，於務本坊先天觀聖祖院獲黑髭老君之像。左龍武軍統軍、歸誠郡王程懷直宅。德宗賜懷直務本里宅，詳安業里下。河中節度使、兼中書令、延德郡王張茂昭宅。權德輿《張茂昭墓誌》：太尉、兼中書令、延德郡王自河中來朝，發瘍，薨於京師務本里第。左散騎常侍于德晦宅。嶺南節度判官宗羲仲宅。豆盧詵《宗羲仲碑》：捐館於上京務本里第。檢校司徒、同中書門下平章事盧鈞宅。《太平廣記》引《神仙感遇傳》：盧公還京，署鹽鐵判官。夏四月，於務本東門道左，見王山人至盧宅。西川、齊州進奏院。《通鑑》：朝集使京師無邸，率僦屋與商賈雜居。貞觀十七年，始命有司爲之作邸。《舊紀》：大曆十二年五月甲寅，諸道邸務在上都名曰留後，改爲進奏院。按進奏院有官居之。郭子儀《祭貞懿皇后文》「遣上都進奏院官傳濤」是也。《演繁露》引《宋會要》云：唐藩鎮皆置邸京師，謂之上都留候院。則「留後」當作「留候」。旅舍。《羯鼓録》：廣德中，蜀客前雙流縣丞李琬調集至長安，僦居務本里。鬼市。《輦下歲時記》曰：俗説務本坊西門是鬼市，或風雨曛晦，皆聞其喧聚之聲。秋冬夜多聞賣乾柴，云是枯柴精也。又或月夜聞鬼吟：「六街鼓絶行人歇，九衢茫茫空有月。」有和者云：「九衢生人何勞，長安土盡槐根高。」

次南崇義坊。按《通鑑》，甘露之變，右神策軍獲左金吾衛大將軍韓約於崇義坊，斬之。

鹽鐵常平院。按司空圖避賊常平倉下，蓋即此常平院也。詳下司空圖宅。坊内横街之北，招福寺。乾封二年，睿宗在藩所建，本隋正覺寺。寺南北門額並睿宗所題。《寺塔記》：正覺寺，國初毁之，以其地立第賜諸王，睿宗在藩居之。乾封二年，移長寧公主佛堂於此，重建此寺。長安二年，内出等身金銅像一鋪並九部樂。南北兩門額，上與岐、薛二王親送至寺。綵乘象輿，羽衛四合，街中餘香數日不散。景龍二年，詔寺中別建聖容院，是睿宗在青宫真容也。先天二年，敕出内庫錢二千萬，巧匠一千人，重修之。聖容院門外鬼神數壁，自内移來，畫跡甚異，鬼所執野雞似覺毛起。庫院鬼子母，貞元中李真畫。蜀王、西閣祭酒蕭勝宅。見勝墓誌。西南隅，太子左庶子、駙馬都尉蘇勖宅。後爲英王園，其地湫下，無人居。勖尚高祖女南昌公主。南街之北，博陵郡王崔元暐宅。宅西，祕書監馬懷素宅。刑部尚書韋堅宅。贈太尉段秀實宅。德宗所賜。宣宗大中十年，詔秀實崇義坊宅諸院典在人，上計錢三千四百七十五貫，宜賜莊宅錢收贖，仍令鴻臚少卿段文楚追貼舍人計會。尚書左僕射竇易直宅。《明皇雜録》曰：本中書令崔圓宅，禄山盜國，王維、鄭虔、張通皆處于賊庭。洎尅復，俱因於宣陽里楊國忠之舊宅，崔圓因召于私第令畫，各有數壁。當時皆以圓勳貴無二，望其救解，故運思精巧，頗極能事。其後皆得寬典，至於貶謫，悉獲善地。其第鬻於易直，大和中畫尚存。劍南東川節度使王承業宅。武俊之孫，士貞子也。王楚材按：《舊書》，王武俊四子：士真，士清，士平，士則。然則士貞蓋即士真。士真五子：承宗，承元，承通，承迪，承榮。承宗惟爲成德軍節度使，未嘗節度劍南，「承業」蓋「承榮」傳寫之譌。太常寺協律郎李賀宅。見賀集《申胡子觱栗歌序》：申胡子，朔客李氏之蒼頭也。李氏亦世家子，吾與對舍於長安崇義里。前進士司空圖宅。司空圖《段章傳》：廣明庚子歲冬十二月，寇犯京，圖寓居崇義里，九日自里豪楊瓊所轉匿常平倉下。興元、鄜坊、易定進奏院。

次南長興坊。隋有靈感觀，武德初廢。唐會昌五年，詔皇城南六坊内不得置私廟，其朱雀街緣是南郊御跡，至明德門夾街兩面坊及曲江側近亦不得置，餘圍外深僻坊並無所禁。初，武宗行禮南郊，見天街左右諸坊有人家私廟，遂令禁斷。中書門下奏：朱雀門至明德門凡有九坊，其長興坊是皇城南第三坊，便有朝官私廟，實則逼近宫闕。自威遠軍向南三坊，俗稱圍外地，至閑僻，於此置廟，無所妨礙。從之。《南部新書》：貞元元年十一月，京兆奏：有人於長興坊得玉璽，文曰「天子信璽」。

禮賓院。院在坊之北街，元和九年六月置。按院即禮會院，自崇仁坊移此。敬宗初又廢，以賜教場。乾元觀。《代宗實録》曰：大曆十三年七月，以涇原節度使馬璘宅作乾元觀，道士四十九人。其地在皇城南長興里，璘初創是宅，重價募天下巧工營繕，屋宇宏麗，冠絶當時，璘臨終獻之。代宗以其當王城，形勝之地，牆宇新潔，遂命爲觀，以追遠之福，上資肅宗，加乾元觀之名。乾元，肅宗尊號也。按《代宗實録》以爲璘獻爲觀，《德宗實録》與《德宗紀》皆云帝命毁之，未詳孰是。左領軍府大將軍房仁裕宅。房仁裕母《李夫人碑》：薨於長興坊之第。東北隅，侍中、駙馬都尉楊師道宅。師道尚高祖第五女長廣公主。宅地後分裂爲左監門大將軍韓琦、尚書刑部侍郎崔玄童、荆府司馬崔光意等居。坊内横街之南，中書令張嘉貞宅。本太常少卿崔日知宅，《唐書》曰：貞元中，裴延齡爲德陽郡主治第，時將降郭鏦，延齡令嘉貞之子徙所置廟，德宗不許。《長安志》引韋述記云：延齡所徙乃嘉貞家廟，嘉貞宅在思順里。今無思順坊，未詳。宅西，太子賓客元行沖宅。次北隔街，禮部尚書致仕王丘宅。紀國大長公主宅。肅宗第五女，始封宜寧，降鄭沛。吕温公主墓誌：肅宗第二女，薨於長興里之私第。漢陽大長公主宅。順宗長女，即德陽郡主也，降郭鏦。河南尹、駙馬都尉鄭顥宅。《舊書・鄭絪傳》：鄭顥嘗爲詩序曰：去年壽昌節赴麟德殿上壽回，憩於長興里第。按顥尚宣宗長女萬壽公主。同平章事、駙馬都尉于琮宅。琮尚宣宗第四女廣德公主。工部尚書致仕、晉昌郡王辛京杲宅。黄門侍郎、同中書門下平章事杜鴻漸宅。鴻漸於長興第崇飾門館，賦詩曰：「常願追禪侣，安能挹化源。」朝士多和之。太子右庶子韋聿宅。權德輿《韋聿墓誌》：以官壽殁於長興里。國子祭酒鄭伸宅。貞元時人。禮部侍郎裴士淹宅。《酉陽雜俎》：開元末，裴士淹爲郎官，奉使幽冀，回至汾州衆香寺，得白牡丹一窠，植於長興私第。當時明公有《裴給事宅看牡丹》詩。鎮海軍節度使、同中書門下平章事路隨宅。河南節度使王播宅。《舊書・王播傳》：李訓敗之日，播歸長興里第，爲禁軍所捕。左神武統軍史憲忠宅。贈太原郡夫人王氏宅。王維《工部楊尚書夫人王氏墓誌》：奄歸大寂於長興里之私第。户部尚書李峘宅。

《舊書·李峘傳》：峘爲户部尚書，峴爲吏部尚書，知政事；嶧爲户部侍郎，銀青光禄大夫。兄弟同居長興里第。兩國公，門十六戟；一三品，門十二戟。榮耀冠時。鎮州進奏院。畢羅店。《酉陽雜俎》：柳璟知舉年，有國子監明經晝夢倚徙於監門，有一人負衣囊訪問明經姓氏，明經語之，其人遂邀入長興里畢羅店常所過處。夢忽覺，見長興店子入門曰：「郎君與客食畢，羅計二斤，何不計直而去也？」明經大駭，解衣質之。旅館。《酉陽雜俎》：段成式元和中假居在長興里。

次南永樂坊。按：「永樂」，《舊書·裴度傳》作「平樂」。

西南隅，廢明堂縣廨。總章元年，分萬年縣置。其廨地本越王貞宅，長安三年廢，還萬年。後以其廨地賜駙馬都尉裴巽。縣東，清都觀。隋開皇七年，道士孫昂爲文帝所重，常自開道，特爲立觀。本在永興坊，武德初徙於此地，本隋寶勝寺。觀東，永壽寺。景龍三年，中宗爲永壽公主立。按光福坊有永壽公主廟。元稹《答姨兄胡靈之詩》注：靈之寓居永樂南街廟中。疑即此寺也。《名畫記》：永壽寺有吴道玄畫。坊内横街之北，資敬尼寺。隋開皇三年，大保、薛國公長孫覽爲其父立。按《舊書·元載傳》：載得罪，其女資敬寺尼真一收入掖庭。又《韓遊瓌傳》：李廣弘者，落髮爲僧，舍於資敬寺尼智因之室，以酒食結殿前射生將韓欽緒等，同謀爲逆。東南隅，左丞相、燕國公張説宅。本侍中王德貞宅，説大加修葺焉。《常侍言旨》曰：洪師與説置永樂東南第一宅有永巷者，戒曰：「此宅西北隅最是王地，慎勿於此取土。」越月洪又至，謂燕公曰：「此宅氣候忽然索漠，恐必甚有取土於西北隅者。」公與洪偕行至宅西北隅，果有取土坑三數坑，皆深丈餘。洪大驚曰：「禍事！令公富貴一身而已，更二十年外，諸郎君皆不得天年。」燕公大駭曰：「填之可乎？」洪曰：「客土無氣，與地脈不相連，今欲填之，亦猶人有瘡痏，縱以他肉補之，終無益也。」燕國公子均、垍皆爲禄山委任，克復後，均賜死，垍長流之。東門之南，夏官尚書王璿宅。兵部尚書、判户部事王紹宅。李絳《王紹碑》：終永樂里私第。司徒、中書令、晉國公裴度宅。《唐實録》曰：度自興元請朝覲，宰相李逢吉之徒百計隳沮。有張權輿者，既爲噬犬，尤出死力，乃上疏云：「度名應圖讖，宅據岡原，不召而來，其意可見。」蓋常有人與度讖作詞云：「非衣小兒坦其腹，天上有口被驅逐。」言度曾征討淮西，平吴元濟也。又帝城東西横亘六岡，符《易》象《乾》卦之數，度永樂里第偶得第五岡，故權輿以爲詞，盡欲成事，然竟不能動摇。大理卿崔昇宅。崔昇妻鄭氏墓誌：終於京兆府永樂里之私第。左監門衛上將軍李思忠宅。武宗會昌三年，嗢没斯内屬，賜李姓，名思忠，命爲左監門衛上將軍，兼撫王傅，賜第永樂坊。尚書兵部侍郎、同中書門下平章事蕭寘宅。冀州刺史蘇遏宅。《博異志》：天寶中，長安永樂(第)(里)有一凶宅，民者皆破，後復無人住，其舍宇惟堂廳存。有扶風蘇遏，苦貧窮，乃以賤價與本主質之。至夕，自攜一榻，當堂鋪設而寢。忽見東牆下有赤物如人形而叫曰「咄」，西牆下有物應曰「諾」。遏乃於西牆下掘，入地三尺，見一朽柱，當心木如血色，其堅如石。又於東牆下掘，近一丈，見一方石，闊一丈四寸，長一丈八寸，以上篆書曰「夏天子紫金三十斤，賜有德者」。又掘丈餘，得一鐵甕，開之，得紫金三十斤。送爛木於昆明池，遂閉户讀書。三年，爲范陽請入幕。七年，内獲冀州刺史。其宅更無事。前京兆尹楊憑别宅。詳下永寧里。侍中王珪家廟。《南部新書》：貞觀六年，文皇爲王珪置廟於永樂坊東北角。趙嘏宅。按趙嘏有《下第後歸永樂里自題》二首。崔生宅。《博物志》：博陵崔書生，住長安永樂里。古冢。在坊内横街之中。李濟翁《資暇集》云：永樂坊内古冢，今人皆呼爲東王公墓。有祠堂加其上，俗以祈祀，稱造化東王公，大謬也。案韋氏《兩京新記》云：未知姓名，時人誤爲東方朔墓也。當時人已誤，今又轉東方朔爲東王公，後代必更轉爲東里子産矣。

次南靖安坊。按：「靖」或作「静」。羅隱《陸生東遊序》：余窮棄長安中二三年，時時于遊騁間面人，一年遇生於靖安里中。

樂府。隋置，在崇敬尼寺東。西南隅，崇敬尼寺。本僧寺，隋文帝所立，大業中廢。龍朔二年，高宗爲高安長公主立爲尼寺。高宗崩後改爲宫，以爲别廟，後又爲寺。咸宜公主宅。玄宗第二十二女，初嫁楊洄，又嫁崔嵩。太子賓客崔倫宅。殿中少監唐昭宅。女端墓誌：女子字端，蓋殿中少監唐昭之第三女也，終於京兆静安里之第。門下侍郎、同中書門下平章事武元衡宅。《舊書·武元衡傳》：元衡宅在静安里。元和十年六月三日，將朝，出里東門，賊射之中肩。又有匿樹陰突出者，以棓擊元衡左股，乃持元衡馬東南行十餘步，害之。及衆呼偕至，持火照之，見元衡已踣於血中。即元衡宅東北隅牆之外。尚書吏部侍郎韓愈宅。皇甫湜作神道碑，李翺作行狀，皆言愈薨靖安里第。《昌黎集·息國夫人墓誌》云：乞銘於其鄰韓愈。按夫人爲靈州節度使李欒妻，則欒宅亦當在此里。刑部侍郎劉伯芻宅。按劉伯芻又有安邑坊宅，見安邑坊下。郴州司馬李宗閔宅。《宣室志》：唐丞相李宗閔嘗退朝於靖安里第，其榻前有熨斗忽跳擲久之。《唐語林》：元和已來宰相，有兩少師，故以所居别之。永寧少師固言，靖安少師宗閔也。水部郎中張籍宅。張籍《移居靖安坊答元八郎中詩》云：「長安寺裏多時住。」按籍先居延康里，見白居易詩，後寓居寺中，又移居靖安也。武昌軍節度使元稹宅。白居易《寄微之詩》：「樹依興善老，草傍靖安衰。」注云：微之宅在靖安坊，西近興善寺。按興善寺在靖善坊，靖善東與靖安鄰，故元宅西與之接也。元集亦有《靖安窮居詩》，又《答姨兄胡靈之詩》注云：予宅在靖安北街。微之宅中有辛夷兩樹，樂天與微之常遊息其下，亦見《長慶集詩》注。按微之有宅已見安仁坊，蓋又移居安仁也。檢校司空、邠州刺史、邠寧節度使程執恭宅。《舊書·程懷直傳》：子執恭，至京師，表辭戎帥。以靖安里私第側狹，賜地二十畝，令廣其居。給事中蕭直宅。獨孤及《蕭直墓誌》：終於靖安里正寢。韓國貞穆公主廟。《禮閣新儀》曰：德宗女，自唐安公主追册，貞元十七年袝廟。旅舍。穆員《河南少尹裴濟墓誌》：卒於京師靖安里之旅舍。

次南安善坊。

盡一坊之地爲教弩場。隋明堂在此坊。高宗時，併此坊及大業坊之半立中市署，領口馬牛驢之肆。然已偏處京城之南，交易者不便，後但出文符於署司而已，貨鬻者並移於市。至武太后末年，廢爲教弩場，其場隸威遠軍。按威遠軍當即在此坊。元稹詩注：予宅又南鄰弩營。

次南大業坊。本名弘業，神龍中避孝敬皇帝諱改。

東南隅，太平女冠觀，本宋王元禮宅。儀鳳二年，吐蕃入寇，求太平公主和親，不許，乃立此觀，公主出家爲女冠。初以頒政坊宅爲太平觀，尋徙於此，公主居之，其頒政坊觀改爲太清觀。公主後降薛紹，不復入觀，西有駙馬都尉楊慎交山池，本徐王元禮之池。新昌觀。

次南昌樂坊。

行臺右僕射屈突通宅。舊本作「左僕射」。太子太師、鄭國公魏徵家廟。大中中，來孫謩爲相，再新舊廟，以玄成爲封祖。畢氏曰：玄成，徵之字。崔璵《魏公先廟碑》：立家廟於長安昌樂里。山南東道節度使蔣係家廟。官園。坊西官園，供進梨花蜜。

次南安德坊。坊南抵京城之南面，東即啓夏門。

右武衛將軍蘇方宅。術士桑道茂宅。

右朱雀門街東第二街，九坊。

徐松《唐兩京城坊考》卷三《西京・外郭城》 朱雀門街東第三街，即皇城東之第一街，北當大明宮之興安門，南當啓夏門。街東從北第一翊善坊。

保壽寺。《酉陽雜俎》曰：翊善坊保壽寺，本高力士宅，天寶九年捨爲寺。初鑄鐘成，力士設齋慶之，舉朝畢至，一擊百千。有窺其意，連擊二十杵。經藏閣規構危巧，二塔火珠受十餘斛。河陽從事李琢性好奇古，與僧善，嘗俱至此寺觀庫中舊物，於破甕中得物如被，幅裂污坌，觸而塵起。琢徐視之，乃畫也，因以州縣圖三及縑三十換之，令家人裝治，大十餘幅。訪于常侍柳公權，方知張萱所畫《石橋圖》也。玄宗賜力士，因留寺中。後爲鬻畫人宗牧言於左軍，尋有小使領軍卒數十人至宅，宣敕取之。即日進入，張于雲韶院。按《唐書》，高力士於來庭坊造寶壽寺，段成式謂在翊善坊者，蓋二坊南北毗連也。高力士捨宅詳來庭坊下。《寺塔記》：寺有先天菩薩幀本，起成都妙積寺。開元初，有尼魏八師者，常念《大悲咒》。雙流縣民劉乙名意兒，年十一，自欲事魏尼，遣之不去。常于奧室立禪，嘗白魏云，先天菩薩見身此地。篩灰于庭，一夕有巨跡數尺，輪理成就，因謁畫工，隨意設色，悉不如意。有僧楊法成，自言能畫，意兒常合掌瞻仰，然後指授之，以近十稔工方就。後塑先天菩薩，凡二百四十二首，首如塔勢，分臂如意蔓。其榜子有「一百四十日鳥樹，一鳳四翅水肚樹」，所題深怪，不可詳悉。畫樣凡十五卷，柳七師者，崔寧之甥，分三卷往上都流行。時魏奉古爲長史，進之，後因四月八日賜高力士。今成都者是其次本。益州温仁縣令任晃宅。楊炯《任晃碑》：夫人姚氏，終於西京翊善坊之私第。驃騎大將軍、虢國公楊思勖宅。張説《穎川郡太夫人陳氏碑》：太夫人，羅州大首領楊曆之妻，驃騎大將軍、兼左驍騎大將軍、虢國公思勖之母也。薨於長安之翊善里。內侍、護軍中尉彭獻忠宅。張仲素《彭獻忠碑》：薨於翊善里之私第。

其西光宅坊。本翊善一坊之地，置大明宮後，開丹鳳門街，遂分爲二坊。大和元年，鳳翔獻鄭注首，詔懸于光宅坊西北角，三日而去之。

待漏院。元和初置。右教坊。崔令欽《教坊記》：西京右教坊在光宅坊，左教坊在延政坊。右多善歌，左多工舞。按自大明宮觀之，則光宅在右，延政在左也。橫街之北，光宅寺。儀鳳二年，望氣者言此坊有異氣，敕令掘，得石函，函內有佛舍利骨萬餘粒，遂立光宅寺。武太后始置七寶臺，因改寺額焉。《酉陽雜俎》曰：七寶臺甚顯，登之四極眼界，其下層窗下有吴道玄畫。丞相韋處厚自居內庭至相位，每歸輒至此塔焚香瞻禮。普賢堂本天后梳洗堂。《寺塔記》：光宅寺本官蒲萄園，中禪師影堂，師號惠中。肅宗上元二年，徵至京師，初居此寺。《羯鼓録》：宋沇爲太常丞，一日早于光宅佛寺待漏，聞塔上風鐸聲，傾聽久之。朝回復至寺舍，謂寺主僧曰：「塔鈴有一是古製，此姑洗之編鐘耳。」中書侍郎、同平章事、左僕射李揆宅。李揆《謝賜光宅坊宅表》云：中使至，奉宣聖旨，知臣無宅，以光宅坊去內最近，賜臣宅一道。民家。《酉陽雜俎》：元和中，光宅坊民其家有病者將困，迎僧持念，妻兒環守之。一夕見一人入户，衆驚逐，乃投於甕間。其家以湯沃之，得一袋，蓋鬼間取氣袋也。

次南永昌坊。舊本有坊東丹鳳門街。

給事郎李伏奴宅。《李府君夫人王氏墓誌》：夫人諱琬，字令璣，卒於萬年縣永昌里第。伏奴即王氏之子。茶肆。《舊書・王涯傳》：李訓事敗，涯與同列歸中書會食，未下筯，吏報有兵自閤門出，逢人即殺。涯等倉皇步出，至永昌里茶肆，爲禁兵所擒。

次南來庭坊。本永昌一坊之地，與翊善坊同分。隋末有仁法寺，大業七年廢。按翊善、來庭皆逼近東內，故多閹人居之。

莊宅司。坊西北。按《大達法師塔碑》陰有大中五年敕內莊宅使牒一通，載安國寺僧價買莊地之事。惟莊宅使之名不見《唐志》。《宋史・職官志》云：唐設內諸司使，悉擬尚書省。如京，倉部也。莊宅，屯田也。皇城，司門也。禮賓，主客也。此坊所載，蓋其廨舍。特進王仁祐宅。永徽時人。洛陽縣令鄭敞宅。薛稷《鄭敞碑》：終於萬年縣之來庭里第。內侍高延福宅。力士父。孫翌作墓誌銘，張説作神道碑，並云延福終來庭里第。按高力士本馮衡之子，延福以爲假子。衡妻麥氏亦來依之，皆居來庭里。開元十四年，延福卒。十七年，麥氏卒。至天寶九年，乃捨宅爲保壽寺。右衛上將軍致仕梁守謙宅。內常侍孫志廉宅。申堂構《孫志廉墓誌》：終於咸寧縣來庭里之私第。左神策軍護軍中尉、兼左街功德使、知內侍省劉宏規宅。李德裕《劉宏規碑》：薨於長安來庭里第。又按周遇《劉氏太原縣君霍夫人墓誌》、劉瞻《劉遵禮墓誌》，皆言卒於來庭里私第。蓋霍夫人當是宏規長子行立之妻，遵禮則行深之子也。李氏宅。《廣異記》：上都來庭里婦人李氏者，晝坐家堂，忽見其夫亡姊身衣白服，戴布幞巾，逕來逐己。李氏繞牀避去，乃出門絶騁。有北門萬騎卒以馬鞭擊之，隨手而消，止有幞頭巾奄然至地。其下得一髑髏骨焉。丹鳳門街至此而絶。

次南永興坊。隋有善果寺，大業中廢。隋右驍衛將軍長孫晟居於此。太宗文德順聖皇后長孫氏，晟之女，大業中后常歸寧。

西南隅，左金吾衛。神龍中自崇仁坊徙。十字街西之北，按十字街，《長安志》皆刪「十字」二字，今從《兩京記》增，後倣此。荷恩寺。景雲元年睿宗立。西門之北，太子太師、鄭國公魏徵宅。本隋安平公宇文愷宅。封演《見聞録》曰：徵所居室屋卑陋，太宗欲爲營構，徵謙讓不受。洎徵寢疾，太宗將營小殿，遂撤其材爲造正堂，五日而就。開元中，此堂猶在，家人不謹，遺火燒之，子孫哭臨三日，朝士皆赴弔。後裔孫謩相宣宗，居舊第焉。按《通鑑》、《會要》並云魏徵玄孫稠貧甚，以故第質錢于人，平盧節度使李師道請以私財贖出之，憲宗命出内庫錢二千緡贖賜魏稠，仍禁質賣，故謩之作相，仍居舊第。崔璵《魏公先廟碑》：舊宅永興里，肇卜貞觀是也。左龍武軍統軍、咸寧郡王戴休顔宅。賜第。畢氏曰：《唐書》傳但言爲左龍武將軍，不及咸寧郡王。右豹韜衛長史、贈丹州刺史任丹宅。王維《任丹碑》：寢疾，卒於永興里第。雲麾將軍、左龍武將軍劉感宅。李震《劉感墓誌》：薨於永興里之私第。鳳翔、陳許、湖南進奏院。太常樂工宅。《新書》：讓皇帝之子璡知音，嘗早朝過永興里，聞笛音，顧左右曰：「是太常工乎？」曰：「然。」他日識之，曰：「何故卧吹笛？」工驚謝。民家。《酉陽雜俎》：唐開成末，永興坊百姓王乙掘井，過常井一丈餘無水，忽聽向下有人語及雞聲甚喧鬧。街司申金吾，韋處仁將軍令塞之。

次南崇仁坊。北街當皇城之景風門，與尚書省選院最相近，又與東市相連，選人京城無第宅者多停憩此。因是一街輻輳，遂傾兩市。晝夜喧呼，燈火不絶，京中諸坊莫之與比。大曆中，魚朝恩於坊之南街設齋會，奏内坊音樂。《長安志》載昌化坊而不知所在。按坊内有禮賓院及岐陽公主宅，禮賓院舊在崇仁坊，岐陽宅内云疏龍首池爲沼，崇仁坊正龍首渠所經，蓋昌化即崇仁之異名。故以昌化各宅附此坊下。

坊南門之西，禮會院。本長寧公主宅。主及駙馬楊慎交奏割宅向西一半，官市爲禮會院，每公主、郡縣主出降，皆就此院成禮，開元十九年四月置。兵興以來，廢而不修，後移於長興坊。《舊紀》：至德元載，逆胡害霍國長公主、永王妃侯莫陳氏、義王妃閻氏、陳王妃韋氏、信王妃任氏、駙馬楊朏等八十餘人於崇仁之街。疑因在院而被害也。北門之東，寶刹寺。本邑里佛堂院，隋開皇中立爲寺。佛殿後魏時造，四面立柱，當中構虚起兩層閣，榱棟屈曲，爲京城之奇妙，故天子以「寶刹」爲名。按《名畫記》，寶刹寺有楊契丹、陳静眼、楊廷光畫。東南隅，資聖寺。本太尉、趙國公長孫無忌宅，龍朔三年爲文德皇后追福，立爲尼寺，咸亨四年改爲僧寺。長安三年七月，火焚之，灰中得經數部，不損一字，百姓施捨，數日之間所獲鉅萬，遂營造如故。寺額申州刺史殷仲容所題，楷法端妙，京邑所稱。《寺塔記》：浄土院門外，相傳吴生一夕秉燭醉畫，就中戟手，視之惡駭。院門裏盧稜伽畫。盧常學吴勢，吴亦傳以手訣，乃畫總持三門寺，方半，吴大賞之，謂人曰：「稜伽不得心訣，用思大苦，其能久乎！」果畫畢而卒。中門窗間，吴畫，高僧韋述贊，李嚴書。中三門外兩面上層，不知何人畫人物，頗類閻令。寺西廊北隅，楊坦畫，近塔天女，明睇將瞬。團塔院北堂有鐵觀音，高三丈餘。觀音院兩廊四十二賢聖，韓幹畫，元載贊。東廊北頭散馬，不意見者如將嘶蹀。聖僧中龍樹、商那和修絶妙。團塔上菩薩，李真畫。四面花鳥，邊鸞畫，當藥師菩薩頂上戎葵尤佳。西塔中藏千部《妙法蓮花經》。《名畫記》：資聖寺有吴道玄、檀章、姚景仙、楊廷光、李琳畫。西南隅，玄真觀。半以東，本尚書左僕射、申國公高士廉宅。西北隅，本左金吾衛。神龍元年，併爲長寧公主第。東有山池别院，即舊東陽公主亭子，韋庶人敗，公主隨夫爲外官，遂奏請爲景龍觀，仍以中宗年號爲名。初欲出賣，官估木石當二千萬，山池仍不爲數。天寶十三載，改爲玄真觀。肅宗時，設百高座講。《名畫記》：玄真觀有陳静心、程雅畫。東門之北，尚書左僕射、許國公蘇瓌宅。本中書令薛元超宅。盧藏用《蘇瓌碑》：終崇仁里第。右散騎常侍、舒國公褚無量宅。賜第。蘇頲《褚無量碑》：終崇仁里第。餘干縣尉王立傭居。《集異記》云：唐餘干縣尉王立調選，傭居大寧里，窮悴頗甚，每匄食於佛祠。徒行晚歸，偶與婦人同路，立因邀至其居，情款甚洽。翌日謂立曰：「妾居崇仁里，資用稍備，儻能從居乎？」立遂就焉。婦與立居二載，忽一日夜歸，意態遑遑，謂立曰：「妾有冤仇，爲日深矣。伺便復仇，今乃得志，便須離京。此居處五百緡自置，契書在屏風中。室内資儲，一以相奉。」言訖收淚而别。吐蕃内大相論莽熱宅。《韋皋傳》：生擒論莽熱，遣使獻於朝。德宗數而釋之，賜第於崇仁里。太華公主宅。明皇第二十五女，降楊錡。義陽公主宅。德宗第二女，降王士平，宅在昌化坊。岐陽公主宅。憲宗第六女。《舊書》：公主下嫁杜悰，帝爲御正殿臨遣。由西朝堂出，復御延喜門止主車，大賜賓從金錢，開第疏龍首池爲沼。杜牧有《岐陽公主墓誌》。右散騎常侍、輕車都尉柳渾宅。柳宗元《柳渾行狀》：薨於昌化里。檢校尚書左僕射、同中書門下平章事韓滉宅。顧況《韓滉行狀》：薨於昌化里私第。又權德輿《韓洄行狀》：終昌化里私第。按洄即滉之弟。東都、河南、商、汝、汴、淄青、淮南、兖州、太原、幽州、鹽州、豐州、滄州、天德、荆南、宣歙、江西、福建、廣、桂、安南、邕州、黔南進奏院。造樂器趙家。《樂府雜録》：文宗朝，有內人鄭中丞善胡琴。內庫二琵琶號大、小忽雷，鄭嘗彈小忽雷，偶以匙頭脱，送崇仁坊南趙家修理。大約造樂器悉在此坊，其中二趙家最妙。裴六娘宅。《通幽記》：哥舒翰少時有志氣，長安交遊豪俠，宅新昌坊。有愛妾曰裴六娘者，容範曠代，宅於崇仁。師婆阿來宅。《朝野僉載》：唐韋庶人之全盛日好厭禱，並將昏鏡以照人，令其迷亂，與崇仁坊邪俗師婆阿來專行厭魅。平王誅之。又云：崇仁坊阿來婆彈琵琶卜，朱紫填門。

次南平康坊。

南門之東，菩提寺。隋開皇二年，隴西公李敬道及僧惠英所奏立寺。《酉陽雜俎》曰：寺之制度，鐘樓在東，惟此寺緣李林甫宅在東，故建鐘樓於西。寺內有郭令玳瑁鞭及郭令王夫人七寶帳。大中六年，改爲保唐寺。《寺塔記》：佛殿東西障日及諸柱上圖畫，是東廊舊鄭法士畫，開元中因屋壞，移入大佛殿內槽北壁。食堂前東壁上，吴道玄畫《智度論色褐變》，偈是吴自題，筆蹟遒勁，如磔鬼神毛髮。次堵畫禮骨仙人，天衣飛揚，滿壁風動。佛殿內槽後壁，吴道玄畫《消災經》事，樹石古險，元和中上欲令移之，慮其摧壞，乃下詔擇畫手寫進。佛殿內槽壁《維摩變》，舍利弗角膝而轉，元和末俗講僧文淑裝之，筆蹟盡矣。故興元鄭公尚書題此壁僧院詩曰：「但慮彩色污，無虞臂胛肥。」置寺碑陰，雕飾奇巧，相傳鄭法士所起樣也。初會覺上人以利施起宅十餘畝，工畢釀酒百石，列缾甕於兩廊下，引吴道玄觀之，因謂曰：「檀越爲我畫，以是賞之。」吴生嗜酒且利賞，欣然而許。中三門內東門，張希復云〔《酉陽雜俎》續集卷五作「善繼云」。〕是吴生弟子王耐兒之手也。《名畫記》：菩提寺有吴道玄、楊廷光、董諤、耿昌言畫。按禄山之亂，王維禁在菩提寺。顔魯公《坐位帖》言菩提寺行香，當即此寺。十字街之北，陽化寺。隋內史舍人于宣道爲父建平公義、母獨孤夫人所立。萬安觀。天寶七載，永穆公主出家，捨宅置觀。其地西南隅本梁國公姚元崇宅，次東即太平公主宅，其後敕賜安西都護郭虔瓘，後悉併爲觀。《名畫記》：觀內公主影堂，李昭道畫山水。嘉猷觀。詳李林甫宅下。明皇御書金字額以賜之，林甫奏女爲觀主。觀中有精思院，王維、鄭虔、吴道子皆有畫壁。林甫死，後改爲道士觀，擇道術者居之。西北隅，隋太師、申國公李穆宅。其地景龍中爲長寧公主府及鞠場，景雲中廢，并毬場散賣與居人。西南隅，國子祭酒韋澄宅。蘭陵長公主宅。李義府《蘭陵長公主碑》：遘疾，薨於雍州萬年縣之平康里第。按碑，長公主爲太宗第十九女，降竇懷悊。太子右庶子、銀青光禄大夫、國子祭酒、上護軍孔穎達宅。于志寧《孔穎達碑》：薨於萬年縣平康里第。西門之南，尚書左僕射、河南郡公褚遂良宅。自遂良父太常卿亮居焉。南門之西，刑部尚書王志愔宅。次北，户部尚書崔泰之宅。侍中裴光庭宅。張九齡《裴光庭碑》：薨於京師平康里之私第。左羽林大將軍臧懷亮宅。李邕《臧懷亮碑》：薨於京師平康里之私第。東南隅，右相李林甫宅。本尚書左僕射、衛國公李靖宅，景龍中韋庶人妹夫陸頌所居。韋氏敗，靖姪孫散騎常侍令問居之，後爲林甫宅。有堂如偃月，號月堂，每欲排擠大臣即處之，思所以中傷者，若喜而出即其家碎矣。又説，其宅妖怪，東北隅溝中至夜每火光大起，有小兒持火出入。林甫惡之，奏分其宅東南隅，立爲嘉猷觀。《宣室志》：泓師者，以道術聞，常過李靖宅，謂人曰：「後之人有居此者，貴不可言。」其後久無居人，開元初，李林甫爲奉御居焉。泓師曰：「果如是，十有九年居相位。雖然，吾懼其易製中門，則禍及矣。」林甫果相玄宗，及末年有人獻良馬甚高，而其門稍庳，不可乘以過，遂易舊製。既毁其簷，忽有蛇十數萬在屋瓦中，林甫惡之，即罷而不復毁焉。未幾，林甫竟籍没。《開天傳信記》：平康坊南街廢蠻院，即李林甫舊第。太子賓客分司東都張弘靖宅。本國子司業崔融舊第，有融題壁處。處州刺史王哲宅。《酉陽雜俎》：唐處州刺史王哲在平康里治第，西偏家人掘地，拾得一石子。汧陽郡太守王倗宅。王維《汧陽郡太守王公夫人安喜縣君成氏墓誌》：薨於長安平康里之私第。安喜縣君乃王濡之母，濡之父名倗，官至定州刺史，倗之祖即石泉公方慶。霍國夫人王氏宅。楊綰《汾陽王妻霍國夫人王氏碑》：終於平康里之私第。校書郎陳蒉宅。柳宗元《伯祖妣李夫人墓誌》：終於平康里。按：館於第三壻校書郎、渭南尉潁川陳蒉家。又宗元《亡姑陳夫人權厝誌》：前渭南縣尉潁川陳君之夫人河東柳氏，終於平康里。河南府録事趙虔章宅。孫溶《趙虔章墓誌》：告終於平康里私第。「溶」一作「容」。（馮）〔馬〕震宅。《續玄怪録》：扶風馬震居長安平康里坊，正晝聞叩門，往看，見一賃驢小兒，云適有一夫人自東市賃某驢，至此入宅，未還賃價。其家實無人來，且付錢遣之。經數日，又聞扣門，亦又如此，乃置人於門左右候之。是日果有一婦人從東乘驢來，漸近識之，乃是震母，亡十一年矣。葬於南山，其衣服尚是葬時者。邢鳳宅。沈亞之《異夢録》：邢鳳帥家子寓居長安平康里南，以錢百萬質得故豪洞門曲房之第。即其寢而晝偃，夢一美人自西楹來。同華、河中、河陽、襄、徐、魏、涇原、靈武、夏州、昭義、浙西東、容州進奏院。三曲。《北里志》云：平康里入北門東回三曲，即諸妓所居之聚也。妓中有錚錚者，多在南曲、中曲。其循牆一曲，卑屑妓所居。

次南宣陽坊。

東南隅，萬年縣廨。去府七里，縣門屋宇文愷所造。太平公主降薛紹，於縣廨設婚席。初以縣門隘窄，欲毁之。高宗敕，宇文愷所造，製作多奇，不須毁拆也。榷鹽院。坊西南隅，净域寺。隋文帝開皇五年立。恭帝禪位，止於此寺，薨焉。《酉陽雜俎》曰：本太穆皇后宅。寺僧云，三階院門外是神堯皇帝射孔雀處。佛殿內西座蕃神甚古質。貞元已前，西蕃兩度盟，皆載此神，立于壇而誓。相傳當時頗有靈。《寺塔記》：王昭隱畫門西裏和修吉龍王有靈。門外之西，火目藥叉及北方天王甚奇猛。門東裏面賢門，野叉部落鬼首上蟠蛇汗煙可懼。東廊樹石險怪，高僧亦怪。西廊萬菩薩院，門裏南壁皇甫軫畫鬼神及鵰，形勢若脱軫，與吴道玄同時。吴以其藝逼己，募人殺之。萬菩薩堂内有寶塔，以小金銅塔數百飾之。大曆中，將作劉監有子合手出胎，七歲念《法華經》。及卒焚之，得舍利數十粒，分藏於金銅塔中。佛殿東廊有古佛堂，其地本雍村。堂中像設悉是石作，相傳云隋恭帝終此堂。《名畫記》：浄域寺三階院東壁，張孝師畫地獄變，杜懷亮書榜子。院門内外神鬼，王韶應畫，王什書榜子。奉慈寺。本開元中虢國夫人楊氏宅。虢國即貴妃之姊。其地本中書令馬周宅。《津陽門詩》曰：「八姨新起合歡堂。」注曰：虢國構一堂，價費萬金。堂成，工人償價之外，更邀賞技之直，復與絳羅五千段。工者投而不顧，虢國問其由，工曰：「某平生之能殫於此矣。苟不以信，願得螻蟻、蜥蜴、蜂蠆之類，數其目而投於堂中。使有間隙，得亡一物，即不論功直也。」於是又以繪綵珍具與之。又《明皇雜録》曰：貴妃姊虢國夫人恩傾一時，大治第宅。棟宇之盛，世無與其比。所居本韋嗣立舊宅，韋氏諸子，亭午方偃息于堂廡，忽見一婦人衣黄帔衫，降自步輦，有侍婢數十，笑語自若。謂韋氏諸子曰：「聞此宅欲貨，其價幾何？」韋氏降階言曰：「先人舊廬，所未忍捨。」語未畢，有工人數百，登西廂掘其瓦木。韋氏諸子既不能制，乃率家童挈其琴書委於衢路，而自嘆曰：「不才無能，爲勢家所奪，古人之戒，將見於今日乎？」而與韋氏隙地十畝餘，其他一無所酬。虢國中堂既成，召匠圬墁，以二百萬償其直，而復以金盆二、瑟瑟三斗爲賞。後曾有暴風拔樹，委於堂上。已而視之，略無所傷。既徹瓦以觀，皆承以木瓦，其制精妙，皆此類也。《寺塔記》曰：安禄山僞命百官，以田乾真爲京兆尹，取虢國宅爲府。後爲駙馬都尉郭曖宅。今上即位之初，太皇太后爲昇平公主追福，奏立奉慈寺，賜錢二千萬，繡幀三車。抽左街十寺僧四十人居之。駙馬獨孤明宅。《寺塔記》：浄域寺畫金剛有靈。天寶初，駙馬獨孤明宅與寺相近，獨孤有婢名懷香，悦西鄰一士人，宵期於寺門。有巨蛇束之，俱卒。南門之西，杞國公竇毅宅。毅即太穆皇后之父。宅西有皇后歸寧院，後施浄域寺。宅南有杞公廟。十字街之西北，秋官尚書、譙國公李誨宅。後爲韋温宅，韋氏誅後，賜恩國公主。畢氏曰：《唐書》有兩韋温，此乃韋庶人從父兄。西門之北，尚書左僕射、舒國公韋巨源宅。宅東有陝州刺史劉希進、少府監楊務廉宅。按《新書·長寧公主傳》云：擢務廉將作大匠。又云：務廉卒坐贓數十萬，廢終身。是務廉終於將作大匠也。次西北隔巷，有國子祭酒韋叔夏宅，光禄卿單思遠宅。十字街東之北，刑部尚書李乂宅。畢氏曰：蘇頲《李乂碑》：乂終宣陽里第。次西有益州長史李衮、太子賓客鄭惟忠宅。東北隅，兵部尚書郭元振宅。張説《郭元振行狀》：舊於宣陽里居二十餘年，不至諸院馬廄。每朝回，對二親言笑，歸室儼如也。杜甫《過郭代公故宅詩》注云：郭元振宅在京師宣陽里。前司空、兼右相楊國忠宅。虢國夫人居坊之左，國忠第在其南。畢氏曰：《唐書》云，國忠第在宮東門之南，與虢國相對。韓國、秦國甍棟相接。《集異記》：天寶末，禄山初陷西京，王維、鄭虔、張通等皆處賊庭。洎尅復，俱囚於宣陽里楊國忠舊第。西門之南，右羽林軍大將軍高仙芝宅。東門之北，京兆尹李齊物宅。司徒致仕薛平宅。右驍衛大將軍韓公武宅。畢氏曰：《唐書》傳，公武居宣陽里之北門。麟臺正字陳子昂宅。《獨異記》：京師東市有賣胡琴者，陳子昂千緡市之，語衆曰：「余居宣陽里，明日專候。」來晨集者凡百餘人。禮部員外郎常無名宅。常衮《叔父無名墓誌》：薨於西京宣陽里之私第。將作監韋文恪宅。文宗時人。右神武統軍張義潮宅。咸通六年，歸義軍節度使張義潮自沙州入覲，詔除統軍，賜第一區。邠寧、東川、振武、鄂州進奏院。柳宗元有《邠寧進奏院記》。賈昌宅。陳鴻祖《東城老父傳》：老父姓賈名昌，長安宣陽里人，以斗雞得幸玄宗。禄山朝京師，識昌於横門外。及亂二京，以千金購昌長安、洛陽市。昌變姓名，依於佛舍。洎太上皇歸興慶宫，昌還舊里，居室爲兵掠。明日復出長安南門道，見妻兒於招國里，菜色黯焉。

次南親仁坊。

西南隅，咸宜女冠觀。睿宗在藩之第，明皇升極於此。開元初，置昭成、肅明二皇后廟，謂之儀坤廟。睿宗升遐，昭成遷入太廟，而肅明留於此。開元二十一年，肅明皇后亦祔入太廟，遂爲肅明道士觀。寶應元年，咸宜公主入道，與太真觀換名焉。《名畫記》：咸宜觀有吴道玄、解倩、楊廷光、陳閎畫。《南部新書》：長安士大夫之家，入道盡在咸宜。按女道士魚玄機住咸宜觀。回元觀。即安禄山舊宅。《禄山故事》曰：舊宅在道政坊，玄宗以其隘陋，更於親仁坊選寬爽之地，出内庫錢更造。堂皇院宇，窗寮周匝，帳帷幔幕，充牣其中。天寶九載，禄山獻俘至京，命入新宅。《譚賓録》曰：禄山入朝，敕於親仁坊南街造宅，堂皇三重，皆象宫中小殿，房廊窗寮，綺疏詰屈，無不窮極精妙。什物充牣，以金銀織傍筐笊籬等。每欲賞賜之，明皇嘗謂左右曰：「禄山眼孔大，勿令笑人。」西北隅，尚書右僕射、燕國公于志寧宅。後併入汾陽王宅，閑地置廟。後敕賜貴妃豆盧氏。後左金吾大將軍程伯獻、黄門侍郎李暠等數家居焉。十字街東之北，太子詹事韋琨宅。次東，又有中書侍郎楊弘武、太僕卿王希儁二宅。儁所居即隋兵部尚書樊子蓋宅。北門之東，駙馬都尉鄭萬鈞宅。東門之北，滕王元嬰宅。尚父汾陽郡王郭子儀宅。《譚賓録》曰：宅居其地四分之一，通永巷。家人三千，相入出者不知其居。又曰：親仁里大啓其地，里巷負販之人，上至公子簪纓之士，出入不問。或云，王夫人趙氏愛女方妝梳對鏡，往往公麾下將吏出鎮去及郎吏皆被召，令汲水持帨，視之不異僕隸。他日子弟集列啓諫，公三不應。于是繼之以泣曰：「大人功業已成，而不自崇重，以貴以賤，皆游卧内，某等以爲雖伊、霍，不當如此也。」公笑謂曰：「爾曹固非所料。且吾官馬食粟者五百匹，官餼者一千人，進無所往，退無所據。向使崇垣扃户，不通内外，一怨將起，構以不臣，其有貪功害事之徒，成就其事，則九族虀粉，噬臍莫追。今蕩蕩無間，四門洞開，雖讒毁是興，無所加也。吾是以否。」諸子皆伏。其西本于志寧宅。劉禹錫有《酬令狐相公親仁郭家花下即事見寄》詩。姚合有《題郭侍郎親仁里幽居》詩。駙馬都尉、太常卿、兼户部侍郎楊暄宅。《舊書·楊國忠傳》：國忠子暄，兄弟各立第於親仁里，窮極奢侈。昌樂公主宅。明皇第十八女，降嗣畢國公竇鍔。西華公主宅。宣宗第三女，降工部尚書嚴祁。太子太師、汧國公李勉宅。檢校司空、平章事、太原尹、北都留守李石宅。《舊書》本傳：開成二年正月五日，石自親仁里將曙入朝，盜發於故郭尚父宅，引弓追及，矢纔破膚，馬逸而回。盜已伏坊門，揮刀砍石，斷馬尾，竟以馬逸，得還私第。兵部尚書致仕歸崇敬宅。劍南東川節度使馮宿宅。《盧氏雜説》曰：宿從子袞爲給事中，宅有山亭院，多養鵝鴨及雜禽之類，常遣一家人主之，謂之「鳥省」。朝散大夫、祕書省著作郎致仕韋端宅。《華州下邽縣丞韋公夫人墓誌》：遘疾，終於長安親仁里之私第。按夫人王氏，韋端之妻。端時爲下邽令，宅在此里。柳州刺史柳宗元宅。柳宗元《先侍御史府君神道表》：終於親仁里第。給事中陸質宅。柳子厚居與陸質同巷，見子厚《答元饒州論春秋書》。前進士許棠宅。許棠《親仁里雙鷺詩》云：雙去雙來日已頻，只應知我是江人。是嘗寓此里。唐彥謙宅。唐彥謙《親仁里聞猨詩》云：朱雀街東半夜驚，楚魂湘夢兩徒清。大同軍節度使李國昌宅。咸通中，朱耶赤心〔平〕徐州龐勛，以功懿宗賜姓名，編入屬籍，系鄭王平房，及賜第一區。旅館。柳宗元《虞鳴鶴誄》：終於長安親仁里。按誄曰身終逆旅，蓋旅館也。姚合《親仁里居詩》云：三年賃舍親仁里，寂寞何曾似在城。又有《街西居》二首，蓋旅館在街之西也。

次南永寧坊。隋有明覺寺，大業七年廢。坊南門之東，隋蘇威宅。西門之北，隋田弘宅。弘子仁恭、德懋及孫元基，並以孝義旌表，時論美之。

東南隅，京兆府籍坊。按此《長安志》文，籍坊未詳。或徒坊、病坊之類，俟考。司天監。乾元元年，改太史監爲司天監，於永寧坊張守珪宅置官六十人。其地即安禄山所賜永寧園也。永寧園。賜禄山永寧園爲邸，又賜永穆公主池觀爲游燕地。南門之西，禮部尚書裴行儉宅。東門之北，贈太尉、祁國公王仁皎宅。本禮部尚書鄭善果宅，後臨江王囂買之。神龍初，宗正卿李晉居焉，繕造廊院，稱爲甲第。晉誅後，敕賜仁皎。畢氏曰：太宗第十一子江王囂，非臨江王也，此誤。吏部郎中楊仲宣宅。席豫《楊仲宣碑》：遘疾，終於萬年永寧里之私第。右豹衛大將軍、贈益州大都督、汝陽公獨孤公宅。張説《獨孤公燕郡夫人李氏墓誌》：永寧里，先人之舊廬也，有通渠轉池，巨石嶔嵰，噴險淙潺，回潭沈沈，殊聲異狀，而爲形勝遊衍之處者十四五。前夫人之孫蘇氏之婦，弱歲嬉而墮焉。舉家環流，憚莫能救。夫人投身赴水，或沈或浮久之，提挈僅免。西北隅，中書令裴炎宅。炎死後没官，爲徒坊。開府儀同三司、博陵郡王李輔國宅。按《杜陽雜編》：肅宗賜李輔國香玉辟邪，輔國碎之爲粉。所居安邑里，芬馥彌月。是輔國宅又在安邑矣。俟考。贈太子少師、彭王傅、上柱國、會稽郡公徐浩宅。張式《徐浩碑》：薨於長安永寧里。尚書右僕射致仕高郢宅。白居易《高相宅詩》云：青苔故里懷恩地，白髮新生抱病身。涕淚雖多無哭處，永寧門館屬他人。謂高郢也。河東節度使、同中書門下平章事王鍔宅。鍔子稷進永寧里第宣義亭子。時議以鍔因緣，累居大鎮，營第華侈，既殁而入於官，固其所也。《盧氏雜記》載泓師云，長安永寧坊東南是金盞地，安邑里西是玉盞地。後永寧爲王鍔宅，安邑爲北平王馬燧宅。後王、馬皆進入官，王宅累賜韓弘正、史憲誠、李載義等，所謂「金盞破而成」也。馬燧宅爲奉誠園，所謂「玉盞破而不完」也。河東節度使、兼侍中李載義宅。太和五年，載義自幽州入朝，文宗賜以居第及米麪錢帛芻籍極厚。前京兆尹楊憑宅。憑治第，功役叢興，又幽妙妾于永樂別舍，訕議頗讙，坐是貶臨賀尉。按柳宗元《亡妻弘農楊氏誌》：以謁醫救藥之便，來歸女氏永寧里之私第。蓋楊氏即禮部郎中楊凝之女，凝即憑之弟。前司空、兼門下侍郎、同中書門下平章事王涯宅。乃楊憑故第，家書與祕府侔。名書畫以金玉爲匳軸，鑿垣貯之，重複祕固，若不可窺者。及被誅，爲人破垣，剔取匳軸金玉，而棄其書畫於道，籍田宅入於官。太傅致仕白敏中宅。按李商隱《白居易墓誌》：其曾祖弟，今右僕射、平章事敏中，仲冬南至，備宰相儀物，擎跪齋栗，給事寡嫂永寧里中。蓋白公有楊憑舊宅，敏中所居即樂天第也。太子太保、涼國公李聽宅。按李晟宅在永崇，而聽在此坊者，蓋其時各立第宅，故李愬又宅於興寧。太子太傅分司東都李固言宅。《唐語林》：李固言宅在永寧。按羅隱有《投永寧李相公啓》當是固言。資州刺史羊士諤宅。羊士諤有《永寧小園即事》詩、《永寧里園亭休沐悵然成詠》詩、《酬盧司門晚夏過永寧里敝居林亭見寄》詩，又《永寧里小園與沈校書接近悵然題寄》詩。御史中丞、充武昌軍節度副使竇鞏宅。鞏有《永寧小園與校書接近因寄》詩，是宅在此坊。但不知校書爲誰，疑即羊士諤詩所謂沈校書也。金吾大將軍張直方宅。自幽州入朝居此。《舊書・黄巢傳》：宰相崔沆、豆盧瓚扈從不及，匿之別墅。所由搜索嚴急，乃微行入永寧里張直方之家。朝貴怙直方之豪，多依之。既而或告賊云直方謀反，納亡命，賊攻其第，直方族誅，沆、瓚數百人皆遇害。按《北夢瑣言》：張直方好接賓客，歌妓絲竹甲於他族，與裴相國休相對。是裴休宅亦在此坊也。義成軍節度使、兼中書令王鐸宅。《三水小牘》曰：第中別立書齋，退朝獨處其中，欣欣如也。校書郎殷保晦宅。《三水小牘》：廣明庚子，關輔烽飛，郟人大潰。故祕省校書殷保晦自永寧里所居盡室潛於蘭陵里蕭氏池臺。地鄰五門，以爲賊不復入。明日羣兇霧合，祕校遂爲所俘。夫人封氏，諱詢字景文，天官侍郎敖孫也。賊酋將叱後乘載之，夫人奮袂罵賊遇害。賊酋既去，祕校脱身來歸，大慟良久，長號而絶。三婢子相攜，投浚井而死。

次南永崇坊。

東南隅，七太子廟。其地本萬、夔六州之邸。總章中，以爲明堂縣，後徙縣於永樂坊。

神龍初，立懿德太子廟，即中宗之長子。《禮閣新儀》曰：天寶六載詔，章懷、節愍、惠莊、惠宣、惠文太子雖官爲立廟，比來子孫自祭，或時物有闕，禮儀不備。宜與隱太子及懿德太子列次諸室，同爲一廟。遂於永崇坊東街就懿德太子同立廟，呼爲七太子廟。寶應二年停享，大曆三年又加靖恭太子一室。廟西，靈應觀。隋道士宋道標所立。宗道觀。本興信公主宅，賣與劍南節度使郭英乂，其後入官。大曆十二年，爲華陽公主追福，立爲觀。按觀爲華陽公主立，故亦曰華陽觀。歐陽詹《玩月詩序》：貞元十二年，甌閩君子陳可封游在秦，寓於永崇里華陽觀是也。白居易《華陽觀》詩注：觀即華陽公主故宅，有舊内人存焉。龍興觀。坊有龍興觀，見李商隱《爲馬懿公郡夫人王氏黄籙齋文》。孝廉陳巖宅。《宣室志》：潁川陳巖，景龍末舉孝廉至京師，居永崇里。瀘州都督王湛宅。楊炯《王湛碑》：薨於京師永崇里。十字街西之南，刑部尚書韋抗宅。諫議大夫吕崇粹宅。《廣古今五行記》：唐開元中吕崇粹宅在京永崇坊。祕書監楊銛宅。明皇貴妃之兄。《舊書·楊貴妃傳》：貴妃以微譴送歸楊銛宅，比至亭午，上思之不食，高力士奏請迎貴妃歸院。是夜開安興里門入内。按明皇時在南内，故永崇北行，入自安興里門也。司徒、兼中書令李晟宅。興元元年，賜晟永崇里甲第，詔宰臣、諸節將會送。是日特賜女樂八人，錦綵銀器等。令教坊、太常備樂，京兆府供具，鼓吹迎道集宴，京師以爲榮觀。《乾𦠆子》：李晟太尉宅前有一小宅，相傳凶甚，直二百十千。竇乂買之，築園打牆，拆其瓦木，各垛一處，就耕之。太尉宅中有小樓，常下瞰焉，晟欲併之爲擊毬之所。他日乃使人向乂欲買之，乂確然不納，云：「某自有所要。」候晟休沐日，遂具宅契書請見晟，語晟曰：「某本置此宅欲與親戚居之，恐俯逼太尉甲第，貧賤之人固難安矣。某見此地寬閑，其中可以爲戲馬，今獻元契，伏惟俯賜照納。」晟大悦。杜牧有《題永崇西平王宅太尉愬院六韻》詩。驍衛將軍薛夔宅。《集異記》：貞元末，驍衛將軍薛夔居永崇龍興觀之北，多妖狐。或謂曰：「妖狐憚獵犬，西鄰李太尉第中鷹犬頗多，何不假其駿異者，向夕以待之？」夔即詣西鄰述其事，李氏羈三犬以付焉。是夕月明，夔縱犬，與家人輩密覘之。見三犬皆被羈靮，三狐跨之，奔走庭中。及曉，三犬困殆，寢而不食。纔暝，復爲乘跨，犬稍留滯，鞭策備至。夔無奈何，竟徙焉。東都留守杜亞宅。吏部尚書、充諸道鹽鐵轉運等使李巽宅。權德輿《李巽墓誌》：寢疾，薨於永崇里。司徒、兼中書令韓弘宅。韓愈《韓弘碑》：薨於永崇里第。兵部尚書蕭昕宅。《宣室志》：唐故兵部尚書蕭昕爲京兆尹，京師大旱。時天竺僧不空三藏居静住寺，善以持念召龍。昕詣寺請致雨，三藏命其徒取華木皮僅尺餘，纘小龍於其上，而以鑪甌香水置於前，轉呪食頃，以纘龍授昕曰：「可投此於曲江中。」昕如言投之，旋有白龍纔尺餘自水出，俄而數丈，倏忽亘天。昕鞭馬疾驅，未及數十步，雲物凝晦，暴雨驟降。比至永崇，道中之水已若決渠。庶子致仕沈聿宅。《集異記》：貞元中，庶子沈聿致仕永崇里。温縣主簿韓慎宅。柳宗元《韓慎墓誌》：卒於長安永崇里。前進士崔塗宅。崔塗有《上巳日永崇里言懷》詩。旅館。顔真卿《元結表墓碑》：大曆七年朝京師，薨於永崇坊之旅館。《宣室志》：大曆中有吕生者，自會稽上虞尉調集於京師，僑居永崇里。放生池。

次南昭國坊。隋有香海寺，大業七年廢。此坊本犯中宗廟諱，長安中改「昭」。或作「招」，誤。按韋應物有《過昭國里故第》詩，又有《昭國里第聽元老師彈琴》詩，皆未知何人之第。

西南隅，崇濟寺，本隋修慈寺，開皇三年魯郡夫人孫氏立。貞觀二十三年，以尼寺與慈恩僧寺相鄰，而勝業坊甘露尼寺又比于宏濟僧寺，敕換所居，爲本宏寺，神龍中改。《寺塔記》：寺内有天后織成蛟龍被襖子及繡衣六事，東廊從南第二院有宣律師製袈裟堂。太府少卿裴子餘宅。即廢香海寺之地。前進士李蒙宅。《獨異志》：開元五年進士及第李蒙者，貴主家壻，主居昭國里。南門内，一作「東門」。太子太傅致仕鄭絪宅。《祥異集驗》：唐丞相鄭絪宅在昭國坊南門。忽有物來投瓦礫，五六夜不絶，乃移於安仁西門宅避之。瓦礫又隨而至。久之復還昭國。又《靈怪集》：鄭絪罷相，自嶺南節度入爲吏部尚書，居昭國里第。緼爲太常少卿，皆在家。廚饌將備，其釜忽如物於竈中築之，離竈尺餘，連築不已。其旁有鐺十餘所，皆兩耳慢摇，良久悉能行，乃止竈上。每三鐺負一釜而行，出廚東過水渠，往少卿院，堂前大小排列定。乃聞空中轟然如屋崩，其鐺釜悉爲黄埃黑煤。數日少卿卒，相國相次而薨。檢校司徒、兼太子少師鄭餘慶宅。《唐語林》：司徒鄭貞公與其宗叔太子太傅絪居昭國坊，太傅第在南，司徒第在北，時人謂之南鄭相、北鄭相。尚書右丞庾敬休宅。《國史補》曰：敬休宅屋壁有畫《奏樂圖》，王維嘗至其處，維熟視而笑。或問其故，維曰：「此《霓裳羽衣曲》第三疊第一拍。」好事者集樂工驗之，無一差者。將軍韋青宅。《樂府雜録》：大曆中，有才人張紅紅者，本與其父歌於衢路匄食。過將軍韋青所居，在昭國坊南門裏，青於街牖中聞其歌，即納爲姬。刑部尚書白居易宅。《白氏長慶集》有《昭國里閑居》詩，時爲左贊善大夫。居易《與楊虞卿書》云：僕左降詔下，明日而東，足下從城西來，抵招國坊，已不及矣。按白居易始居常樂，次居宣平，又次居昭國，又次居新昌。今於各坊備載之。夏、綏、宥等州節度使李寰宅。寰監守博野鎮，穆宗賜其子方回宅。山南西道節度使崔瑄宅。柳玭云：崔氏居昭國宅，子孫昌盛，衣纓不絶。集賢直院官、榮王府長史程修己宅。温憲《程公墓誌》：遘疾，殁於昭國私第。涇原節度使段祐宅。《酉陽雜俎》：涇帥段祐宅在昭國坊。

次南晉昌坊。「晉」或作「進」。

半以東，大慈恩寺，隋無漏寺之地，武德初廢。貞觀二十二年十二月二十四日，高宗在春宫，爲文德皇后立爲寺，故以慈恩爲名，仍選林泉形勝之所。寺成，高宗親幸，佛像幡華並從宫中出，太常九部樂送額至寺。寺南臨黄渠，水竹森邃，爲京都之最。會昌五年，詔天下廢寺，上都每街各留寺兩所，僧各三十人。左街留慈恩、薦福，右街留西明、莊嚴。

六年，左街添置寺八所，興唐寺、保壽寺兩所依舊額，六所改名。僧寺四所：寶應寺改爲資聖寺，青龍寺改爲護國寺，菩提寺改爲保唐寺，清禪寺改爲安國寺。尼寺二所：法雲寺改爲唐安寺，崇敬寺改爲唐昌寺。右街西明寺改爲福壽寺，莊嚴寺改爲聖壽寺。添置八所，二所依舊名，僧寺一所千福寺，尼寺一所興元寺，並依舊額。六所改名。僧寺五所：化度寺改爲崇福寺，永泰寺改爲萬壽寺，温國寺改爲崇聖寺，經行寺改爲龍興寺，奉恩寺改爲興福寺。尼寺一所：萬善寺改爲延唐寺。《寺塔記》：慈恩寺本浄覺故伽藍，因而營建焉。凡十餘院，總一千八百九十七間，敕度三百僧。初三藏自西域東歸，詔太常卿江夏王道宗設九部樂，迎像入寺，綵車凡千餘兩。上御安福門觀之。太宗常賜三藏衲直百餘金，其工無鍼綖之跡。寺有南池，韋應物有《慈恩寺南池秋荷詠》，司空曙有《早春遊慈恩南池》詩，趙嘏有《春盡獨遊慈恩寺南池》詩。寺有牡丹。《唐語林》：慈恩浴室院有牡丹兩叢，每開及五六百朵。《唐詩紀事》：長安三月十五日，兩街看牡丹甚盛。慈恩寺元果院花最先開，太平院開最後，裴潾作《白牡丹》詩題壁間。又有淩霄花，見李端《懷舊詩序》。寺西院，浮圖六級，崇三百尺。永徽三年，沙門玄奘所立。初唯五層，崇一百九十尺，塼表土心，倣西域窣堵波制度，以置西域經像。後浮圖心内卉木鑚出，漸以頽毁，長安中更拆改造，依東夏剎表舊式，特崇於前。有辟支佛牙大如升，光彩焕爛。浮圖東有翻經院，即玄奘爲慈恩上座所居。按上官昭容、宋之問有《九月九日上幸慈恩寺登浮圖》詩，自後唐人詩甚多。又爲進士題名之所。《名畫記》：慈恩寺塔院有吴道玄、尹琳、胡人尉遲乙僧、楊廷光、鄭虔、畢弘、王維、李果奴、張孝師、韋鑾畫。塔前壁有畫湼耳獅子趺心花，爲時所重。見《唐語林》。西南隅，楚國寺。本隋興道寺之地，大業七年廢。高祖起義并州，第五子智雲在京爲隋留守陰世師等所害，後追封爲楚哀王，因此立寺。水竹幽静，類於慈恩。《寺塔記》：寺内有楚哀王等身金剛像，哀王繡襖半袖猶在。長慶中，賜織成雙鳳夾黄襖子，鎮在寺中。門内有放生池。大和中，賜白氎黄胯衫。十字街之西北，浄住寺。本隋吏部尚書裴弘齊宅，開皇七年立爲寺，有石塔。本姚萇之浴室。十字街北之東，尚書左僕射、郇國公韋安石宅。前進士陸賓虞宅。《前定録》：陸賓虞舉進士，在京師寓晉昌里。叛臣朱泚宅。建中中，羣盜夜分數百騎取泚于晉昌。先泚號其宅爲潛龍宫，徙珍寶實之。人謂潛龍勿用，亡兆也。《寺塔記》：楚國寺牆西朱泚宅。若耶女子寓居。若耶溪女子《題三鄉詩序》云：余家本若耶溪東，不得已，從良人西入函關，寓居晉昌里第。其居迴絶塵囂，花木叢翠，東西鄰二佛宫，皆上國勝遊之最。

次南通善坊。

杏園。爲新進士宴遊之所。按貞元四年以《曲江亭望慈恩寺杏園花發》詩試進士。慈恩、杏園，皆在曲江之西南也。

次南通濟坊。坊南街抵城之南面。

侍中、扶陽郡王桓彦範宅。山南西道節度使令狐楚家廟。尚書右僕射盧鈞家廟。劉得仁宅。劉得仁有《夏日通濟里居酬諸先輩見訪》詩，又《通濟里居酬盧肇見尋不遇》詩。

右皇城東第一街，十五坊。

朱雀門街東第四街，即皇城東之第二街。街東從北第一長樂坊。後改延政坊。按坊之北即延政門，故以門名坊。

大半以東，大安國寺。睿宗在藩舊宅，景雲元年立爲寺，以本封安國爲名。憲宗時，吐突承璀盛營安國寺，欲使李絳爲碑文，絳不肯撰。後寢摧圮，宣宗欲復修，未克而崩。咸通七年，以先帝舊服御及孝明太皇太后金帛俾左神策軍再建之。寺有紅樓，睿宗在藩時舞榭。元和中，廣宣上人住此院，有詩名，時號爲「紅樓集」。《寺塔記》：東禪院亦曰木塔院。院門西北廊五壁，吴道玄弟子釋思畫釋梵八部，不施彩色，尚有典型。《名畫記》：安國寺有吴道玄、楊廷光、尉遲乙僧畫。《南部新書》：長安名德多聚安國寺。《唐語林》：劉相國瞻任大理評事日，饘粥不給，嘗於安國寺相識僧處謁餐。段成式《寂照和尚碑》：自長慶中、寶曆末、大和初，皆駕寺安國寺。西南隅，興唐觀。本司農園地，開元十八年造觀。其時敕令速成之，遂拆興慶宫通乾殿造天尊殿，取大明宫乘雲閣造門屋樓，拆白蓮花殿造精思堂屋，拆甘泉殿造老君殿。元和初年，命中尉彭忠獻帥徒三百人修興唐觀，賜錢千萬，使壯其舊制。其觀北拒禁城，因是開複道爲行幸之所，以内庫絹千匹、茶千斤爲夫役之賜。又以莊宅錢五千萬、雜穀千石充修齋醮之費。按權德輿有《興唐觀新鐘銘》。左教坊。元和十四年，徙置仗内教坊於此。

次南大寧坊。

東南隅，興唐寺。神龍元年，太平公主爲武太后立爲罔極寺，窮極華麗，爲京都之名寺。開元二十年，改爲興唐寺，明皇御容在焉。《酉陽雜俎》：長安興唐寺有牡丹一棵，元和中著花二千一百朵。《名畫記》：興唐寺有吴道玄、楊廷光、周昉、尉遲乙僧、董諤、尹琳、楊坦、楊喬、李生畫。又有韓幹畫一行大師真，徐浩書讚。西南隅，太清宫。《禮閣新儀》曰：開元二十九年，始詔兩京及諸州各置玄元皇帝廟一所，依道法醮。天寶元年正月，陳王府參軍田同秀上言，玄元皇帝降，見於丹鳳門之通衢，以天下太平、聖壽無疆之言傳於玄宗，仍告賜靈符尹喜之故宅。上遣使就桃林縣函谷關令尹臺西得之。於是置廟於大寧坊中，東都於積善坊。九月，改廟爲太上玄元皇帝宫。二年正月，加號「大聖祖」。三月，敕西京改爲太清宫，東都爲太微宫，諸州爲紫極宫。十二載二月，加號「大聖祖高上大道金闕玄元天皇大帝」，每歲四時及臘終，行廟獻之禮。初建廟，取太白山白石爲真像，衮冕之服，當扆南向。玄宗、肅宗、德宗侍立于左右，皆朱衣朝服。宫垣之内，連接松竹，以像仙居。殿十二間，四柱，前後各兩階，東西各側階一。其宫正門曰瓊華，東門曰九靈，西門曰三清。御齋院在宫之東，公卿齋院在宮之西，道士雜居其間。天寶五載，詔刻石爲李林甫、陳希烈像，列侍于聖容之側。林甫犯事，又刻楊國忠之形，而磨塵林甫之石。及希烈、國忠敗，又盡毀之。八載，立文宣王像，與四真人列左右。殿內有吴道子畫玄元真，見《名畫記》。常衮《賀連理木表》：太清宮道士陳岳等狀稱，聖祖殿院東廊九靈門北有柰樹連理，異枝還合。按其地本臨淄舊邸。西門之南，左侍極、兼右相陸敦信宅。次南，大理卿孫伏伽宅。南門之東，户部尚書許圉師宅。北門之南，太子詹事陸餘慶宅。前中書侍郎、同中書門下平章事元載別宅。《舊書》本紀：焚元載私廟主於大寧里。又本傳：載得罪，以載大寧里、安仁里二宅充修百司廨。右武衛將軍、上柱國乙速孤行儼宅。劉憲《乙速孤行儼碑》：薨于大寧里第。行內侍省內侍、員外置同正員王庭瓌宅。《扶風郡夫人馮氏墓誌》：終於京大寧里之私第。按夫人即庭瓌之妻。河中節度使、兼中書令渾瑊宅。興元元年賜，兼賜女樂五人、錦綵銀器等，宰臣節將會送，有司備饌，次於李晟焉。《酉陽雜俎》：上都渾瑊宅，戟門外一小槐樹，樹有穴大如錢，每夏月霽後，有蚓大如巨臂，長二尺餘，白頸紅斑，領蚓數百條如索，緣樹枝幹，及曉悉入穴。白居易有《看渾家牡丹花》詩，疑渾令之宅也。路巖《義昌軍節度使渾偘神道碑》：薨於大寧里私第。按偘即瑊之孫。義章公主宅。德宗第三女，降張茂宗，賜第。鳳閣侍郎李元素宅。李嶠《爲李元素進冬椹表》：京兆萬年縣大寧坊宅內有桑樹一株，暮秋生子，初冬椹熟。力者張幹居。《酉陽雜俎》：大寧坊力者張幹，劄左膊曰「生不怕京兆尹」，右膊曰「死不畏閻羅王」。

次南安興坊。後改廣化坊。隋有總化寺，大業七年廢。《舊書·裴度傳》：度出通化里，盜三以劍擊度。按度自永樂里入朝，必經安興之西，其曰通化者，安興東抵通化門也。

玉山營。見楊復恭宅下。樂官院。《樂府雜録》：廣化里、太平里各署樂官院一所。南門之東，申王撝宅。宅以東，岐王範宅。《長安志》：南門之東，寧王憲宅。按《舊書·讓皇帝傳》：憲于勝業東南角賜宅，申王撝、岐王範于安興坊東南賜宅。則「寧王憲」爲「申王撝」之訛，今正。太子少保、户部尚書韓良宅。于志寧《潁川定公碑》：遺疾，薨于安興里第。西門之北，户部尚書陸象先宅。次北，開府儀同三司宋璟宅。《譚賓録》曰：璟宅中造屋，悉東西正陽。河南府參軍、贈祕書丞郭揆宅。顔真卿《郭揆碑》：終於安興之私第。曹州司法參軍、祕書省麗正殿二學士殷踐猷宅。顔真卿《殷踐猷墓碣》：終於京師通化坊之私第。恒安郡王宅。張説《鄭國夫人神道碑》：終于通化里。按夫人楊氏，開元皇帝惠妃之母，恒安郡王之妻。尚書兵部侍郎李巖宅。天寶中人。亳州刺史致仕王同晊宅。同皎從父兄。孫逖《王同晊碑》：終于京兆安興里之私第。左衛上將軍、內侍監致仕仇士良宅。鄭薫《仇士良碑》：終廣化里第。內侍省內常侍孫常楷宅。于邵《孫常楷碑》：卒於廣化里之私第。按權德輿《孫榮義碑》云：內省少監致仕孫公寢疾，薨於京師廣化里私第。榮義即常楷之猶子。內侍省內給事、員外同正員王文幹宅。趙造《王文幹墓誌》：終於京兆萬年縣廣化里私第。六軍十二衛觀軍容使楊復恭宅。《舊書·楊復恭傳》：第在昭化里，近玉山營，復恭假子守信爲玉山軍使。或告云謀亂，詔李順節率禁軍攻之。昭宗御延喜樓，守信以兵拒之。際晚，守信、復恭挈其族出通化門，趨興元。《長安志》云「昭化」即「廣化」之誤，《新書》作「昌化里」。同昌公主宅。懿宗長女，降宰相韋保衡。《杜陽編》曰：其宅房櫳户牖以衆寶飾之，金銀爲井欄。又曰：大會韋氏一族于廣化里，暑氣特甚，公主命取澄水帛以蘸之，挂于南軒。行內侍省內僕局丞、員外置同正員、上柱國李從証宅。尹震鐸《李從証墓誌》：終于廣化里私第。

次南勝業坊。本名宜仁，後改。《朝野僉載》：鄒駱駝，長安人。先貧，嘗以小車推蒸餅賣之。每勝業坊角有伏塼，車觸之即翻，塵土涴其餅。駝苦之，乃將钁劚去十餘塼，下有瓷甕容五斛許，開看有金數斗，于是巨富。《劇譚録》：咸通中，左軍張季宏勇而多力。嘗雨中經勝業坊，遇泥濘深隘，有村人驅驢負薪，適當其道，季宏捉驢四足，擲過水渠數步。

西南隅，勝業寺。武德初，高祖爲沙門景暉立。景暉言事多中，高祖龍潛，景暉夙啓先覺。既立寺，其坊因此改名。寺東又爲立祠焉。十字街北之西，修慈尼寺。本宏濟僧寺，隋開皇七年立。貞觀二十年，以與甘露尼寺相近，初自昭國坊換居之。寺西，甘露尼寺。隋開皇五年立。楊去盈宅。楊炯從弟。《去盈墓誌》：歿於京師勝業里。西北隅，薛王業宅。本贈禮部尚書韋行佺宅。《舊書·讓皇帝傳》：薛王業於勝業西北角賜宅。東北隅，寧王憲山池院。十字街北之東，銀青光禄大夫薛繪宅。繪兄弟子姪數十人，同居一曲。姻黨清華，冠冕茂盛，坊人謂之薛曲。左散騎常侍徐堅宅。太僕卿、駙馬都尉豆盧建宅。尚玄宗建平公主。禮部尚書席豫宅。中書舍人朱巨川宅。李紓《朱巨川碑》：終上都勝業里私第。特進、行左金吾衛大將軍、清河郡開國公康阿義屈達干宅。顔真卿《康公碑》：薨於上都勝業坊之私第。朝散大夫、守司農少卿、隴西縣開國男李條宅。權德輿《李條墓誌》：疾終於勝業里私第。宣州司功參軍魏邈宅。邈居於勝業里，見子亘贊所作墓誌。奉義郎、試洋王府長史吴達宅。寇同《濮陽吴達墓誌》：遺疾，終于勝業里之私第。檢校司徒、同中書門下平章事王處存宅。《舊書》本傳：處存，京兆萬年縣勝業里人。《劇談録》：勝業坊富人王氏隸左軍，性儉約，所費未嘗過分。一日與賓朋過鳴珂曲，有婦人靚妝立於門首。王生駐馬遲留，喜動顔色。因召同列者置酒爲歡，歌數曲，悉以金綵贈之，衆皆訝其廣費。自此輿輦資貨，日輸其門，未經數年，遂至貧乏。按處存世隸神策軍，爲京師富族，則富人王氏亦其族也。霍小玉宅。蔣防《霍小玉傳》：鮑十一娘謂李益曰：「霍王小女字小玉住在勝業坊，古寺鋪上車門宅是也。明日午時，但至曲頭覓桂子，即得矣。」陜府、鄭、滑進奏院。狗脊嶺。《通鑑》：武宗斬太原將楊弁及其黨五十四人于狗脊嶺。《舊書·黄巢傳》：高仙芝令尚君長、蔡温球、楚彦威詣朝請罪，敕於狗脊嶺斬之。

次南東市。隋曰都會市。《舊書·回紇傳》：大曆十年，回紇白晝刺人于東市。市人執之，拘于萬年縣。

南北居二坊之地。東西南北各六百步，四面各開二門，定四面街各廣百步，北街當皇城南之大街，東出春明門，廣狹不易于舊。東西及南面三街向内開，壯廣于舊。街市内貨財二百二十行，四面立邸，四方珍奇，皆所積集。萬年縣户口減于長安，又公卿以下居止多在朱雀街東，第宅所占勳貴，由是商賈所湊，多歸西市。當中東市局，次東平準局。並隸太府寺。鐵行。《乾𦠆子》：唐市鐵行有范生，卜舉人連中成敗，每卦一縑。資聖寺。《太平廣記》引《博異志》：元和四年，伐王承宗，中尉吐突承璀獲恒陽生口馬奉忠等三十人，馳詣闕。憲宗令斬於東市西坡資聖寺側。西北街。《唐書·蔣鎮傳》：斬于東市西北街。蓋刑人之所。《通鑑》：隆基將捕諸韋親黨，斬韋温于東市之北。東北隅有放生池。分滻水渠自道政坊東入城，西流注此。池俗號爲海池。

次南安邑坊。隋有右武衛大將軍、宋國公賀若弼宅。

奉誠園。本司徒兼侍中馬燧宅。燧子少府監暢，以貲甲天下。貞元末，神策中尉申志廉諷使納田産，遂獻舊第。《國史補》曰：暢以第中大杏饋竇文場，以進德宗。德宗未嘗見，頗怪之，令中使就封杏樹。暢懼，進宅，廢爲奉誠園，屋木皆拆入内。韓愈《馬繼祖墓誌》：始予初冠，應進士貢，在京師窮不自存，以故人稚弟，拜北平王於馬前。王問而憐之，因得見於安邑里第。北平王即燧也。竇牟《奉誠園聞笛》詩注：園馬侍中故宅。元稹詩注同。杜牧《過田家宅》詩：安邑南門外，誰家板築高。奉誠園裏地，墻缺見蓬蒿。《博異志》：元和中，鳳翔節度李聽從子琯任金吾參軍，自永寧里出，及安化門外，遇一車子，通以銀裝，頗極鮮麗。從二女奴，皆乘白馬。琯隨之，日暮及奉誠園，二女奴曰：「娘子住此之東，郎君且此迴翔，某即出奉迎耳。」良久，見一婢出門招手，琯乃下馬，入坐于廳中，令人馬入安邑里寄宿。黄昏後，方見一女子素衣，資艷若神仙。琯自喜，心所不能諭，及别而歸，纔及家，便覺腦疼。斯須益甚，腦裂而卒。家人於昨夜所止之處覆驗之，但見枯槐樹下有大蛇蟠屈之跡，乃伐其樹發掘，已失大蛇，但有小蛇數條，盡白，皆殺之而歸。按自永寧至安邑甚近，無由至安化門。其時李愬宅興寧，「永寧」或「興寧」之訛。自興寧至安邑，先經通化門，訛爲「安化」耳。十字街之北，元法寺。本隋禮部尚書張穎宅，開皇六年立爲寺。《寺塔記》：張穎嘗供養一僧，僧念《法華經》爲業，積十餘年。張門人譖僧通其侍婢，因以他事殺之。僧死後，闔宅嘗聞經聲不絶。張尋知其冤，慚悔不及，因捨宅爲寺。東廊南觀音院，盧奢那堂内槽北面壁畫維摩變，屏風上有虞世南書。西北角院内有懷素書，顔魯公序，張謂侍郎、錢起郎中讚。曼殊院東廊，大曆中畫人陳子昂畫，簷前額上有相觀法。西廊壁有劉整畫雙松。太真觀。天寶五載，貴妃姊裴氏請捨宅，置太真女冠觀。寶應元年，與肅明觀换名焉。西南隅，左衛大將軍、范陽公張延師宅。延師兄太師、銀青光禄大夫、華州刺史況；兄植，金紫光禄大夫、營州都督。兄弟三人同時二品，甲第宏敞，高門洞開，一宅之中，棨戟齊列，時人榮之，號「三戟張宅」。其地景龍中司農卿趙履温居焉。畢氏曰：履温，安樂公主駙馬。按延師兄弟皆不載於《世系表》，而《張嘉祐墓誌》云：終於安邑里私第。則延師蓋亦河東房也。次東，金吾大將軍楊執一宅。中書侍郎、同中書門下平章事、趙國公李吉甫宅。《盧氏雜説》曰：李吉甫宅，泓師謂其地形爲玉杯，牛僧孺宅爲金杯。云玉杯一破無復全，金杯或傷重可完。僧孺宅在新昌里，本天寶中將作大匠康謽宅。謽自辨圖阜，以其地當出宰相，每命相謽必引頸望之，宅卒爲僧孺所得。吉甫宅至德裕貶，其家滅矣。《劇談録》：李德裕宅在安邑坊東南隅。太子賓客盧貞白宅。《因話録》：盧貞白父曰老彭，有道術，兼號知人。元和初，宗人弘宣、簡辭、弘正、簡求俱候焉。留坐，目之甚久，命貞白亦序坐，又目之曰：「一行五節度使，可謂盛矣。」族子鍇，初舉進士，亦就安邑所居謁之。刑部侍郎劉伯芻宅。按《嘉話録》載從伯伯芻居安邑巷，里口與鬻餅者萬錢事，是伯芻宅在此坊也。户部尚書封敖宅。《唐語林》：封侍郎知舉，首訪能賦人盧駢。駢告羅邵興，羅曰：「主司安邑住，邵興居宣平，彼處愛賦，無由得知。」司農卿常偕宅。柳宗元《故祕書少監陳京行狀》：終于安邑里妻黨之室。韓注：京娶常衮兄女。按常衮之兄名偕，爲司農卿。饒州刺史吴丹宅。《白氏長慶集·酬吴七見寄》詩云：君居安邑里，左右車徒喧。竹藥閉深院，琴尊開小軒。誰知市南地，轉作壺中天。按安邑坊正在東市之南，其時樂天住昭國里，故又曰「隔街如隔山」。吴七即吴丹。陸氏宅。《河東記》：上都安邑坊十字街東有陸氏宅，製度古醜，人常謂凶宅。後有進士臧夏僦居其中，與其兄咸嘗晝寢，夢魘，良久方寤。李娃宅。《李娃傳》：鄭生巡于里間，以乞食爲事。一旦大雪，至安邑東門，循里垣北轉第七八，有一門獨啓左扉，即娃之第也。

次南宣平坊。「平」或作「政」。《酉陽雜俎》：京宣平坊有官人夜歸入曲，有賣油者張帽馱桶，不避道。導者搏之，頭隨而落，遂遽入一大宅門，官人隨入，至一大槐樹下遂滅。張蠙有《和許棠題宣平里古藤》詩。《南部新書》：寶曆二年六月，京兆府奏法曹參軍獨孤謂蹤跡得去年十月於宣平坊北門外殺人、并剥人面皮賊熊元果等三人。

東南隅，舊諸王府。《唐會要》：寶曆三年六月，瓊王府長史裴簡求狀云：伏見諸王府本在宣平坊東南角，摧毁多年，因循不修。至元和十三年七月十三日，莊宅使收管。其年八月二十五日，賣與邠寧節度使高霞寓。宣慈寺。西南隅，法雲尼寺。隋開皇三年鄖國公韋孝寬所立。初名法輪寺，睿宗在儲，改法雲寺。景龍二年，韋庶人改翊聖寺。

景雲元年復舊。寺本隋太保、薛國公長孫覽宅。寺東，義陽府。貞觀中置。畢氏曰：《唐書志》京兆下無義陽府，此可以補史之缺。十字街南之西，鼓吹局，教坊。按左右教坊已見光宅、長樂二坊。或元和前未徙時在此也，俟考。十字街東，宗正卿李琇宅。又有琇弟左監門將軍琉宅，二人齊居。尚書左僕射嚴綬宅。見《乾𦠆子》。太子賓客羅珦宅。權德輿《羅珦墓誌》：啓手足於宣平里之私第。太子少師鄭朗宅。《東觀奏記》：宰臣鄭朗自中書歸宣平私第，内園使李敬實衢路衝之。大理卿劉遵古宅。尚書右僕射盧鈞宅。《尚書故實》載宣平太傅相國盧公應舉事。按盧公謂鈞也，其宅當在宣平。劉太白宅。白居易《過劉三十二故宅》詩：朝來惆悵宣平過，柳巷當頭第一家。按劉三十二即太白。刑部尚書白居易宅。白居易《襄州別駕府君事狀》：夫人潁川陳氏，殁於長安宣平里第。按夫人即居易之母。《舊書・白居易傳》：居易奏曰：臣聞姜公輔爲内職，求爲京府判司，爲奉親也。臣有老母，家貧養薄，乞如公輔例。于是除京兆府户曹參軍。元和六年，丁母陳夫人之喪。《長慶集》有《初除户曹喜而言志》詩，是陳夫人就養于居易之第。御史中丞、晉州刺史高武光宅。盧虔《高武光碑》：遘癘虐疾，歸休于宣平私第。贈太子太保姚南仲宅。權德輿《姚南仲碑》：感疾，薨于宣平里第。國子祭酒竇牟宅。褚藏言《竇牟傳》：告終于宣平里之私第。著作郎顧況宅。劉太真有《顧著作宣平里賦》詩序云：宣平里環堵之宅，嘉木垂陰，疏篁孕清，友生顧尹寓之所也。户部侍郎判度支劉瑑宅。《東觀奏記》：高湜自集賢校理爲蔣係鳳翔從事。湜即劉瑑舊寮也，辭瑑于宣平里私第。祕書郎李彬宅。郴撰其妻宇文氏墓誌：夫人得疾長安宣平里。王生宅。《前定録》：京師宣平坊王生善《易》筮。相者宅。《定命録》：開元中有相者，不知姓名，自言衡山來，人謂之衡相。在京舍宣平里。旅館。《前定録》：京兆尹趙郡李敏求應進士，八就禮部試不利，旅居宣平里。

次南昇平坊。

東北隅，漢樂遊廟。漢宣帝所立，因樂遊苑爲名，在高原上，餘阯尚存。長安中，太平公主於原上置亭遊賞，後賜寧、申、岐、薛王。其地居京城之最高，四望寬敞，京城之内，俯視指掌。每正月晦日、三月三日、九月九日，京城士女咸就此登賞祓禊。按白居易《登樂遊園望》詩云：東北何靄靄，宮闕入煙雲。蓋言南内之宮闕也。沈既濟《任氏傳》：天寶九年六月，韋崟與鄭子偕行於長安陌中，將會飲於新昌里。至宣平之南，鄭子辭有故，請間去。崟乘白馬而東，鄭子乘驢而南，入昇平之北門。偶值三婦人，行于道中，鄭子隨之東，至樂遊園，已昏黑矣。西北隅有東宮藥園。尚書右僕射裴遵慶宅。《國史補》曰：遵慶罷相知選，朝廷優其年德，令就第注官。自宣平坊榜引士子，以及東市兩街，時人以爲盛事。楊綰《裴遵慶碑》：薨于萬年縣昇平里之私第。洪州刺史、趙國公魏少遊宅。左散騎常侍潘孟陽宅。孟陽盛葺第舍，妓媵用度過侈。憲宗微行，至樂遊原望見之，以問左右，孟陽懼，不敢治。兵部尚書柳公綽宅。公綽子仲郢自拜諫議大夫後，每遷官羣烏大集于第之庭，木戟架皆滿，比五日而散，家人以爲候。除天平軍節度，烏不復集，遂卒於鎮。檢校司空、同中書門下平章事崔寧宅。《唐語林》：茶搨子始建中蜀相崔寧之女。注云：蜀相即昇平崔家。京兆府少尹元宗簡宅。《白居易集》有《和元八侍御昇平新居四絶句》，元八即宗簡，《元稹集》所謂「居敬兄」也。楊巨源亦有《和元員外題昇平里新齋》詩。按白居易詩每言與元八卜鄰，其後《哭元尹》詩云：水竹鄰居竟不成。是終未結鄰也。太子太傅致仕劉沔宅。按畢氏據《唐書》傳謂當作「太子太保」，非也。今從石刻。左羽林軍大將軍史用誠宅。奚敬元《史用誠碑》：薨于昇平里之私第。萬年縣丞柳元方宅。柳宗元《柳元方墓誌》：終于長安昇平里之私第。同州司兵參軍、上柱國杜行方宅。《杜府君墓誌》：啓手足于上都昇平里之私第。進士張喬宅。按許棠有《題張喬昇平里居》詩。前進士李嶢宅。《摭言》：李嶢及第在偏侍下，俯逼起居宴，霖雨不止。遣賃油幕以張之。嶢先人舊廬昇平里，凡用錢七百緡，自所居連亘通衢，殆及一里餘。車輿闐咽，門巷來往，無有霑濡者。而金碧照耀，頗有嘉致。

次南修行坊。本名修華，武太后時避諱改修行坊。景雲元年復舊，後又改之。隋有通法寺，大業七年廢。

贈太子少保鄭宜尊宅。蒲州刺史杜從則宅。工部尚書李建宅。按白行簡《三夢記》云：元和四年，河南元微之爲監察御史，奉使劍外。去踰旬，子與仲兄樂天、隴西李杓直同游曲江，詣慈恩佛舍，徧歷僧院，淹留移時。日已晚，同詣杓直修行里第，命酒對酬，甚歡暢。嶺南節度使胡證宅。證在鎮好聚斂自奉，修行坊第連亘閭巷，車器奢侈，議者非之。李訓敗，衛軍利其財，聲言賈餗匿其家，争入剽劫，執其子溵，内左軍斬之。端州司馬楊收宅。收兄發、假，弟嚴，皆顯貴，號修行楊家，與靖恭諸楊相比。太常少卿段成式宅。《酉陽雜俎》：段成式修行里私第大堂前有五鬣松兩株。又云：開成元年，段成式修行里私第書齋前有枯紫荊數株，伐之，餘尺許。至三年秋，枯根上生一菌大如斗，下有五足。又云：段成式修行里私第果園數畝，壬戌年有蜂如麻子，蜂膠土爲巢於庭前簷。劉得仁有《初夏題段郎中修行里南園》詩，顧非熊有《夏日會修行段將軍宅》詩，未知誰宅，俟考。刑部員外馬氏宅。姚合有《題刑部馬員外修行里南街新居》詩。張氏宅。白居易《松聲詩》注：修行里張家宅南亭作。

次南修政坊。按《文安縣主墓誌》作「循政里」，循、修雙聲，古通用。

尚書省亭子。宗正寺亭子。《輦下歲時記》曰：新進士牡丹宴，或在於此。文安縣主宅。巢剌王女，降段儼。尚書右丞相張九齡宅。

次南青龍坊。

東南隅，廢普耀寺，隋開皇三年，獨孤皇后爲外祖崔彦珍所立。開元二年廢。西南隅，廢日嚴寺。隋煬帝爲晉王，仁壽元年施營第材木所造，因廣招名僧以居之。貞觀六年廢。

次南曲池坊。坊南街抵京城之南面，以近芙蓉園，因以名。

東北隅，廢建福寺。龍朔三年爲新成公主所立。其地本隋天寶寺，寺内隋彌勒閣崇一百五十尺。開元二年廢。坊北有殯宫。《秦州都督府士曹參軍〔顔〕瑶墓誌》：殯於雍州萬年縣曲池坊之北一百步。

右皇城東第二街十一坊及東市。

朱雀門街東第五街，即皇城東之第三街。街東從北第一坊。

盡坊之地築入苑，十六宅。《政要》：先天之後，皇子幼則居内。東封後，以年漸成長，乃於安國寺東附苑城同爲大宅，分院居之，名爲十王宅，令中官押之。於夾城中起居，每日家令進膳。十王，謂慶、忠、棣、鄂、榮、光、儀、潁、永、濟也。其後盛、壽、陳、豐、恒、涼六王又就封入内宅。天寶中，惟十四王居内，而府幕列于外坊，歲時通名起居而已。外諸孫成長，又於十宅外置百孫院。十王宫人，每院四百餘人，百孫院三四百人。又於宫中置維城庫，諸王月俸物納之給用。諸孫嫁，亦就十宫中。太子不居東宫，但居于乘輿所幸别院。太子之子亦分院而居，婚嫁則同親王公於崇仁坊之禮會院也。畢氏曰：《唐書》及《新唐書》但云慶、忠、棣、鄂、榮、光、儀、潁、永、延、盛、濟十二王，言十王，舉全數也。後壽、信、義、豐、陳、恒、涼七王亦居之，鄂、光廢死，忠王爲太子，慶、棣繼薨，唯榮、儀十四王居院。與此不同。宅又名睦親院，院有親親樓。大中元年，改親親樓爲雍和殿。

次南興寧坊。南街東出通化門。

大中報聖寺。《東觀奏記》：宣宗出内藏繒帛，建大中報聖寺，奉獻皇后容，曰介福殿。又以休憩之所爲虔思殿。由複道出，造于寺。按獻皇后容，《唐語林》作憲宗御容，當從之。南門之東，清禪寺。隋開皇三年文帝爲沙門曇崇所立。大中六年改爲安國寺。《名畫記》：清禪寺有鄭法士畫。華封觀。天寶六載，驃騎將軍高力士捨宅置觀。西南隅，開府儀同三司姚元崇宅。屋宇並官所造。安西都護郭虔瓘宅。在姚元崇宅東。本太平公主宅，後賜虔瓘。宅北，特進王毛仲宅。東南隅，左衛大將軍泉男生宅。太子少保崔琳宅。琳祖義玄，父神慶，伯父神基，皆爲相。其從父昆弟之子洎其自出，參朝宴者數十人，鳴玉啓道，自興寧里謁大明宫，冠蓋相望，一時矚目。贈安州都督王仁忠宅。李邕《王仁忠碑》：捐館宇于京兆興寧里之私第。淄青節度使、同中書門下平章事李愬宅。賜第。

次南永嘉坊。此坊，隋末有方士云貴氣特盛。自武德、貞觀之後，公卿王主居之多於衆坊。

東北隅，太子少師李綱宅。綱子孫茂盛，四代緦麻服同居，朝廷美之。東門之南，侍中張文瓘宅。後併入興慶宫。宅東，兖州都督韋元琰宅。薛王妃父。西南隅，申王撝宅。本中書令許敬宗宅，後爲無量壽寺。寺廢，賜申王撝宅。按申王宅已見安興坊，蓋永嘉之西南即安興之東南，宅毘連二坊也。又按太宗有《許敬宗家小池賦》云：引涇渭之餘潤，縈咫尺之方塘。蓋引龍首渠水爲之也。宅南，贈禮部尚書、永興公虞世南廟。廟北近于興慶宫。及廣宫地，明皇以世南盛德之祠，特敕不許毁廢。十字街南之西，成王千里宅。南門之東，蔡國公主宅。睿宗女，降王守一，後降裴巽。次東，禮部尚書竇希玠宅。李乂《和幸禮部尚書竇希玠宅應製》詩曰：家住千門側，亭臨二水傍。西北隅，涼國公主宅。睿宗第六女，降薛伯陽，後降嫁温彦博孫曦。蘇頲作碑云：公主終永嘉里第。開府儀同三司、行右領軍衛上將軍馬存亮宅。李德裕《馬存亮碑》：薨於永嘉里第。

次南興慶坊。本名隆慶，明皇即位改。

東南隅，禪林寺。隋時所立。中書令馬周宅。許敬宗《馬周碑》：薨於萬年縣之隆慶里第。尚書左僕射、温國公蘇良嗣宅。五王宅。《舊書・讓皇帝傳》：玄宗兄弟大足元年從幸西京，賜宅於興慶坊，亦號五王宅。及先天之後，興慶是龍潛舊邸，因以爲宫。開元間爲南内。見上。

次南道政坊。隋有護持寺，大業七年廢。

寶應寺。《代宗實録》與《會要》曰：本王縉宅。縉爲相，溺於釋教，妻李氏實妾也，大曆四年以疾請捨宅爲寺。代宗嘉之，賜以題號。每有節度使至，輒諷令出錢助之。《寺塔記》：韓幹，藍田人，少時常爲貰酒家送酒。王右丞兄弟未遇，每貰酒漫遊，幹嘗徵債于王家，戲畫地爲人馬。右丞精思丹青，奇其意趣，乃歲與錢二萬，令學畫十餘年。今寶應寺中有韓幹畫，又有釋梵天女，悉齊公妓小小等寫真也。彌勒殿即齊公寢堂，東廊北面有楊岫之畫鬼神。《名畫記》：寶應寺又有張璪、邊鸞畫。北門之西，吏部尚書侯君集宅。後爲申王府。南門之西，尚書左僕射張行成宅。宅西，羅國公張平高宅。東門之北，工部尚書劉知柔宅。隰川縣令李嘉宅。楊炯《李嘉墓誌》：終于京師道政里之私第。鎮國大將軍王榮宅。戴少平《王榮碑》：薨於道政里之私第。東平進奏院。《〔奇鬼傳〕〔乾䐑子〕》：道政里十字街東，貞元中有小宅怪異日見。後爲東平節度使李師古買爲進奏院。旅館。羅隱《弔崔縣令文》：丁亥年夏前，晉陽崔縣令死于通政里客舍，殍也。「通政」蓋「道政」之訛。

次南常樂坊。曲中出美酒，京都稱之。《寺塔記》言大同坊靈化寺，疑此坊亦名大同。《册府元龜》：貞元四年四月，韋士元與盧寧等四人白晝挾弓操劍，於萬年縣常樂坊盜，縣吏捕之，士元等突殺吏，步相自延興門逸焉。

西南隅，趙景公寺。隋開皇三年，獨孤皇后爲父趙景武公獨孤信所立。《酉陽雜俎》曰：隋本曰弘善寺，至開皇十八年改。《名畫記》：景公寺西門内西壁有吴畫帝釋，其南廊亦吴畫，東廊南間東門南壁有畫行僧，轉目視人。《寺塔記》：景公寺三階院西廊下，范長壽畫西方變及十六對事，(觀)寶池尤妙絶，諦視之，覺水入深壁。院門上白畫樹石，頗似閻立德。西中三門裏門南，吴生畫龍及刷天王鬚，筆蹟如鐵。有執鑪天女，竊眸欲語。南門之西，靈花寺。本隋大司馬竇毅宅，開皇六年捨宅爲寺。《酉陽雜俎》曰：本曰太慈。大曆初僧儼講經，天雨花，至地咫尺而滅。夜有光燭室，敕改爲靈花寺。儼即康藏之師也。《寺塔記》：佛殿西廊立高僧一十六身，天寶初自南内移來。聖畫堂中有于闐鍮石立像甚古。《名畫記》：靈花寺有趙武端王知慎畫。洞靈觀。十字街之東，中書令來濟宅。豆盧遜宅。《故駙馬都尉衛少卿息豆盧君墓誌銘》：君諱遜，字貞順，衛府少卿第三子，以顯慶四年卒於雍州萬年縣之常樂里第。兖州都督于知微宅。姚崇《于知微碑》：薨于長安常樂里第。按知微《雍州明堂縣令于大猷碑》亦言終於萬年縣常樂里之私第。大猷即知微之弟也。殿中監張九皋宅。九齡之弟。蕭昕《張九皋碑》：薨于西京常樂里之私第。和政公主宅。肅宗第三女，降柳潭。顔真卿《和政公主碑》：薨于常樂坊之私第。壽州刺史郭敬之宅。子儀父。畢氏曰：苗晉卿《郭敬之碑》：敬之終常樂里第。贈太子太師渾釋之廟。瑊之父也。吏部尚書致仕錢徽宅。按《續玄怪録》：殿中侍御史錢方義，故華州刺史、吏部尚書徽之子。寶曆初，獨居常樂第。輔國大將軍、兼左驍衛將軍、御史中丞馬實宅。歐陽詹《馬實墓誌銘》：終於京師常樂里之私第。中書侍郎、同門下平章事關播宅。見《白氏長慶集》。刑部尚書白居易宅。白居易有《常樂里閑居》詩。又有《養竹記》云：貞元十九年春，居易以拔萃選及第，授校書郎，始於長安求假居處，得常樂里故關相國私第之東亭而處之。明日，履及于亭之東南隅，見叢竹於斯。按樂天始至長安，與周諒等同居永崇里之華陽觀。至選授校書郎，乃居常樂里，蓋此爲卜宅之始也。渭南縣丞盧佩宅。《河東記》：貞元末，渭南縣丞盧佩性篤孝。其母先病腰脚，佩棄官，奉母歸長安，寓于長樂里之别第。竭産以求國醫王彦伯治之，候望於門，忽見一白衣婦人乘一駿馬，從一女僮，自曲之西疾馳東過，有頃，復自東來。至佩處駐馬曰：「觀顔色憂沮，又似有所候待，請問之。」具以情告，婦人曰：「妾有薄技，請一見太夫人，必取平差。」佩引婦人至母前，婦人纔舉手候之，其母已能自動矣。於是一家歡躍。婦人曰：「但不棄細微，許奉九郎巾櫛，常得在太夫人左右，安敢論功乎？」即具六禮納爲妻。然每十日即請一歸本家，佩頗以爲異。潛往窺之，見乘馬出延興門，馬行空中。佩驚問行者，皆不見。蝦蟆陵。坊内街之東有大冢，俗誤以爲董仲舒墓。李肇《國史補》曰：漢帝幸芙蓉園，每于此墓下馬，時人謂之下馬陵。歲月深遠，誤傳爲「蝦蟆陵」。

次南靖恭坊。「靖」一作「静」。寶應二年，萬年縣靖恭坊南街柳樹上降甘露，有賀表。

十字街南之西，祆祠。《通典》：唐有符祆正。西北隅，駙馬都尉楊慎交宅。中宗第四女長寧公主下嫁楊慎交。《新書·長寧公主傳》：取西京高士廉第、左金吾衛故營合爲宅，右屬都城，左頫大道。作三重樓以憑觀，築山浚池，帝及后數臨幸，置酒賦詩。又並坊西隙廣鞠場。司農卿韋玢宅。在楊慎交宅南，隔街。中書舍人王敬從宅。開元中爲給事中、中書舍人。畢氏曰：孫逖《神道碑》：敬從官終太子右庶子。忠武將軍、行薛王府典軍、上柱國、平棘縣開國男李無慮宅。賈彦璿《李無慮墓誌》：終于静恭私第。輔國大將軍符璘宅。璘爲昭義軍節度使薛嵩軍副，嵩卒，田承嗣盗其地。承嗣子悦與鄰封李納謀不軌，遣璘將三百騎送納。會馬燧討悦，璘以衆降燧，賜静恭里第一區，藍田田四十頃。李宗閔《符璘碑》：終于靖恭里賜第。祕書監致仕韋建宅。太常卿韋渠牟宅。權德輿《韋渠牟墓誌》：啓手足于靖恭里。按孟郊有《題韋少保静恭宅藏書洞》詩，未知誰宅。吏部郎中韋元魯宅。獨孤及《韋元魯墓誌》：終于京師静恭里之故宅。翰林學士吴通微宅。舊本《長安志》作吴通微集書院，未詳。刑部尚書楊汝士宅。與其弟虞卿、漢公、魯士同居，號靖恭楊家，爲冠蓋盛游。《南部新書》：大和中，人指楊虞卿宅南亭子爲行中書，蓋朋黨聚議於此爾。驃騎大將軍論惟賢宅。吕元膺《論惟賢碑》：寢疾，終于静恭里之私第。魏博節度使史憲誠宅。劉禹錫《史孝章碑》：薨于靖恭里之私第。孝章即憲誠之子。太子太保崔彦昭宅。《秦中記》：靖恭崔公尚書爲樂卿，自靖恭宅露冕從板輿入太常，觀者樂之。畢氏曰：《唐書》傳無爲太常卿事。尚書司門員外郎仲子陵宅。權德輿《仲子陵墓誌》：殁于靖恭里第。開州司馬宋申錫宅。按許渾有《静恭里感事》詩，注：宋相申錫也。《舊書·宋申錫傳》：王守澄將以二百騎就靖恭里屠申錫之家。太子賓客盧攜宅。《黄滔集》有《代鄭郎中上靖恭盧相書》，蓋攜也。陸氏宅。《前定録》：陸賓虞于靖恭北門候一郎官，適遇朝客，遂回，憩於從孫聞禮之舍。夜來宅。《酉陽雜俎》：靖恭有姬字夜來，稚齒巧笑，歌舞絶倫，貴公子破産迎之。金州進奏院。氈曲。《寺塔記》：僧康藏本住靖恭坊氈曲。忽覩光如輪，尋光至靈花寺。蓋靈花寺在常樂，即此坊之北也。

次南新昌坊。南街東出延興門。

南門之東，青龍寺。本隋靈感寺，開皇二年立。文帝移都，徙掘城中陵墓，葬之郊野，因置此寺，故以靈感爲名。至武德四年廢。龍朔二年，城陽公主復奏立爲觀音寺。初公主疾甚，有蘇州僧法朗誦《觀音經》，乞願得愈，因名焉。景雲二年改爲青龍寺。北枕高原，南望爽塏，爲登眺之美。《名畫記》：青龍寺中有王韶應畫。《東觀奏記》：宣宗勤遵元和故事，以憲宗曾幸青龍寺，命複道開便門至青龍佛宮。《太平廣記》引《逸史》：江陵副使李君下第困迫，於青龍寺門前坐。又《唐語林》：趙璟閑居慕静，深巷杜門不出。李元素訪之，璟引元素同訪青龍寺日者。白居易有《青龍寺早夏》詩。崇真觀。本李齊古宅，開元初立。禮部尚書蘇頲宅。蘇頲詩序：先是新昌小園，期京兆尹一訪，兼郎官數子，自頃沈痾，年復一年，兹願不果。魯郡任城縣尉裴回宅。王維《裴回墓誌》：卒于西京新昌坊私第。御史中丞、判刑部侍郎、同平章事舒元輿宅。舒元輿《養狸述》：予愛其能息鼠，竊歸致新昌里客舍舍之。初未爲某居時，曾爲富家廩。又《長安雪下望月記》：予與友生自所居南行百許步，登崇岡上青龍寺門。門高出，絶寰埃。是元輿宅在青龍寺北也。中書舍人路羣宅。《唐闕史》：中書舍人路羣與給事中盧弘正相善。一日都下大雪，路在假，盧將晏入，道過新昌第，路方于南垣茅亭肆目山雪，鹿巾鶴氅，搆火命觴，以賞嘉致。聞盧至大喜，亟命迎入。檢校左僕射、兼吏部尚書崔羣宅。《唐語林》：崔相羣于新昌宅小廳中見門生。禮部尚書李益宅。蔣防《霍小玉傳》：李益至長安，舍于新昌里。考功郎中錢起宅。錢起有《新昌里言懷》詩。侍郎侯釗宅。盧綸有《同柳侍郎題侯釗侍郎新昌里》詩。京兆府咸陽縣丞權達宅。權德輿再從叔《故咸陽縣丞權達墓誌》：終于新昌里。又有《咸陽縣丞權公故夫人張氏墓誌》：終於京師新昌里。尚書左僕射致仕楊於陵宅。於陵子嗣復，文宗時嗣復官平盧軍節度使，其弟損與宰相路巖居相接，巖以狹，欲易損馬廄廣之。損兄弟在朝者且十數，曰：「時相可拒之耶？」損曰：「凡尺寸地非吾等所有，先人舊業，安可以奉權臣？」巖不悦。自殿中侍御史命鞫獄黔中。李翺《楊於陵墓誌》：薨于新昌第。又《摭言》：楊嗣復具慶(中)〔下〕繼放兩榜，大宴於新昌里第。儋州流人路巖宅。檢校司空、鳳翔尹、鳳翔節度使竇易直宅。白居易《惜牡丹花二首》注云：一首新昌竇給事宅南亭花下作。按易直時官給事中。吏部尚書裴向宅。《唐書》本傳：向以吏部尚書致仕于新昌里第，内外支屬百餘人，向所得俸禄必同其費。按裴遵慶宅在昇平里，向復移于新昌也。宅有竹園，元和中宰相武元衡遇害，或告賊匿於新昌坊向之竹林者。太子少師牛僧孺宅。祕書監張仲方宅。仲方，九齡弟九皋之孫。白居易作墓誌云：仲方終新昌里第。刑部尚書白居易宅。居易爲主客司郎中、知制誥，時居新昌里，有《題新昌所居》詩云：街東閑處住。又《新昌新居書事四十韻》云：丹鳳樓當後，青龍寺在前。又《自題新昌居止》詩云：最近東頭是白家。其時有《和元微之》詩序云：微之轉爲江陵士曹掾，會予下内直歸，而微之已即路，邂逅相遇於街衢中。自永壽寺南抵新昌里北，得馬上話別。按微之宅在靖安里，永壽寺在永樂里，永壽之南即靖安北街。樂天下直，每自朱雀街經靖安之北，集中有《靖安北街贈李二十》詩是也。微之蓋東出延興門或春明門，故經新昌之北。又按居易宅有松數株，其《新昌閑居》詩云：但有雙松當砌下。又《寄崔十八》詩云：新昌七株松。守右僕射、門下侍郎李紳宅。《唐語林》：李相紳居新昌。紳有詩序云：新昌宅書堂前有藥樹一株，今已盈拱。前長慶中，於翰林院內西軒藥樹下移得，纔長一寸，僕夫封一丸泥以歸植。今則長成，名之天上樹。太子右庶子王定宅。權德輿《王定碑》：王公艱貞，歸全於京師新昌里。朝散大夫、祕書省著作郎致仕韋端宅。《韋公元堂誌》：公棄背於長安新昌里私第。按端先有宅在親仁里。國子司業嚴公宅。穆員《嚴公墓誌》：歸全于長安新昌里之私第。禮部尚書温造宅。《宣室志》：新昌里尚書温造宅，桑道茂常居之，庭有二柏樹甚高，大和九年温造居其宅。祕書少監姚合宅。姚合《新昌里》詩：舊客常樂坊，井泉濁而鹹。新屋新昌里，井泉清而甘。太子少傅致仕盧弘宣宅。進士盧燕宅。《河東記》：長慶四年冬，進士盧燕新昌里居，晨出坊北街，槐影扶疏，殘月猶在。見一婦人長三丈許，衣服盡黑，驅一物狀若羝羊，亦高丈許，自東至西。處士丁重宅。《劇談録》：丁重善於相人，新昌私第車馬造門者甚衆。

次南昇道坊。

太子太保鄭畋宅。見《劇談録》。太原府司録事參軍李雍宅。權德輿《李雍墓誌》：殁于長安昇道里。進士張庾宅。《續玄怪録》：張庾舉進士，居長安昇道里，南街盡是墟墓，絶無人住。進士謝翺宅。《宣室志》：陳郡謝翺舉進士，寓居長安昇道里。所居庭中多牡丹，一日晚霽，出其居南，行百步，眺終南峯，佇立久之。見一騎自西馳來，雙鬟高髻，色甚殊麗，降拜曰：「願郎歸所居。」翺即回望其居，見青衣三四人，皆立其門外。頃之有金車至門，見一美人年十六七，風貌閑麗，入門與翺相見於西軒，謂翺曰：「聞此地有名花，故來與君一醉耳。」

次南立政坊。隋有弘化寺，大業七年廢。按《長安圖》，此坊分爲談寧坊，非是。

讓皇帝廟。《禮閣新儀》曰：開元二十九年，建廟于啓夏門內立政坊。上元二年，禮儀使杜鴻漸請停四時享獻，每至禘祫之月則一祭焉。河東節度使韋湊家廟。大中五年，湊孫武昌軍節度使損請重修廟。

次南敦化坊。一作「敦教坊」，《太平御覽》引作「通化坊」。按《長安圖》分爲長和坊，非是。《酉陽雜俎》曰：長安敦化坊百姓家，唐大和中有木蘭一樹，花色深紅。後桂州觀察使李勃看宅人以五千買之。宅在水北，經年花紫色。

東門之北，都亭驛。十字街之北，净影寺。隋文帝爲沙門惠遠立，寺額申州刺史殷仲容所題。東南隅，行臺左僕射、鄖國公所開山宅。本隋蔡王智積宅。西門之北，祕書監顔師古宅。太常少卿歐陽詢宅。著作郎沈越賓宅。貞觀、永徽間，顔師古、歐陽詢、沈越賓住此坊。顔即南朝舊族，歐陽與沈又江左士人，時人呼爲「吴兒坊」。鄭國夫人楊氏宅。武惠妃之母。京兆尹韋武宅。元和人。

次南曲江。《長安志》以曲江在昇道坊。考《太平寰宇記》，曲江與芙蓉園相連，則其中不容隔立政、敦化二坊。今移於此。

曲江。龍華寺之南有流水屈曲，謂之曲江，其深處下不見底。司馬相如賦曰：臨曲江之隑洲。蓋其所也。張揖曰：隑，長也。苑中有曲江之象，中有長洲也。師古曰：曲岸頭曰隑，隑即「碕」字耳。言臨曲江之洲。今猶謂其處曰曲江。隑，鉅依反。《劇談録》曰：曲江池，本秦時隑洲，唐開元中疏鑿爲勝障。南即紫雲樓、芙蓉苑，西即杏園、慈恩寺。花卉周環，煙水明媚，都人遊賞，盛于中和、上巳節。即錫臣僚會于山亭，賜太常教坊樂，池備綵舟，惟宰相、三使、北省官、翰林學士登焉。傾動皇州，以爲盛觀。《南部新書》：曲江池，天祐初因大風雨，波濤震蕩，累日不止，一夕無故其水自竭，自後宮闕成荆棘矣。龍華尼寺。在曲江之北，高宗立，尋廢。景龍二年復置。《白氏長慶集》有《龍華寺主家小尼》詩注云：郭代公愛姬薛氏，幼嘗爲尼，小名仙人子。貞元普濟寺。在曲江之南，貞元十三年以彌勒閣賜名。紫雲樓、綵霞亭。文宗大和九年，發左右神策軍各一千五百人淘曲江池，修紫雲樓、綵霞亭。內出二額，左軍仇士良以百戲迎之，帝御日營門觀之。仍敕諸司，如有力要創置亭館者，宜給與閑地任營造。先是鄭注言，秦中有災，宜以土工厭之，故濬昆明、曲江二池。帝又曾讀杜甫詩云：江頭宮殿鎖千門。遂思復昇平事，而加修創焉。《摭言》：乾符二年，韋昭範登宏詞科，宴于曲江亭子。飲興方酣，俄覩一少年跨驢而至，驕悖之狀，旁若無人。衆皆致怒，瓦礫亂下。當此之際，紫雲樓門軋然而開，有紫衣從人數輩，馳馬來救，左右從而俱入門，門亦隨閉。侍中李日知宅。在龍華寺東。崖州司馬楊炎家廟。開元中，蕭嵩將於曲江池側置廟，或言近游幸之所，嵩遂止。後楊炎置之爲私廟，俄有飛語，言炎知此地有王氣，故取之。太保致仕、岐國公杜佑家廟。《石林燕語》：文潞公知長安，得唐杜佑舊廟於曲江，一堂四室，旁爲兩翼。按杜牧《上宰相書》有「歸于延福私廟」之語，是杜氏有廟在延福坊，而《長安志》亦不載。

次南芙蓉園。

芙蓉園。考《太平寰宇記》，曲江與芙蓉園相連。李肇《國史補》謂芙蓉園即秦之宜春苑。《漢書・元帝紀》注，顏師古謂宜春下苑即今京城東南隅曲江池是。同爲苑地，不容中隔立政、敦化二坊。今移於此。《大唐新語》：貞觀末，房玄齡避位歸第。時天旱，太宗將幸芙蓉園以觀風俗。玄齡聞之，戒其子弟曰：「鑾輿必當見幸。」亟使灑埽備饌。俄頃，太宗果先幸其第，便載入宮。按房玄齡宅在務本坊，其時未築夾城，故幸芙蓉園自西而東也。《通鑑》：貞觀七年十二月，上幸芙蓉園。胡三省注引《景龍文館記》：芙蓉園在京師羅城東南隅，本隋世之離宮也。青林重複，緑水彌漫，帝城勝景也。《舊書・穆宗紀》：長慶二年，先有詔廣芙蓉苑，南面居人廬舍、墳墓並移之。羣情駭擾，降敕罷之。

右皇城東第三街十坊及內苑、曲江、芙蓉園。

徐松《唐兩京城坊考》卷四《西京・外郭城》

長安縣所領，朱雀門街之西，從北第一光祿坊。《長安志》于此處缺二坊，别無善本可證。李濟翁《資暇集》永樂坊古冢下注云：光禄坊内亦有古冢。《新記》不載，時之以與永樂者對，遂目爲王母臺。張郎中誰云：常於雜鈔中見光禄者，是漢朝王陵母墓，以賢呼爲「王母」，所以東呼爲王公。按光禄坊之名，不見《長安志》。既云與永樂相對，又云東呼爲王公，是在永樂之西，恐兩缺坊内有一名光禄者，今注於第一坊下，以俟考。

次南□□坊。《張元忠夫人令狐氏墓誌》云：夫人卒於京兆府殖業里之私第。按以南數坊多以業爲名，或此缺坊爲殖業歟？不言縣而獨言京兆府，以府廨在光德坊，與此坊相近也，存之附考。

次南豐樂坊。

西南隅，法界尼寺。隋文獻皇后爲尼華暉令容所立。有雙浮圖，各崇一百三十丈。橫街之北，大開業寺。本隋勝光寺，文帝第二子蜀王秀所立。大業元年，徙光德坊於此，置仙都宫，即文帝别廟。武德元年，高祖爲尼明照廢宫立爲證果尼寺。貞觀九年，徙崇德坊于此，置静安宫，即高祖别廟。儀鳳二年廢宫，復立爲開業寺。《宣室志》：至德二年十月二十三日，豐樂里開業寺有神人，足跡甚長，自寺外門至佛殿。《名畫記》：開業寺有曹仲達、李雅、楊契丹、鄭法士畫。魏博節度使田季安進絹五千匹，助修開業寺，見《崔羣傳》。李昌符宅。許棠《題李昌符豐樂幽居》詩云：詩家依闕下，野景似山中。又云：破門韋曲對，淺岸御溝通。

次南安業坊。

西南隅，資善尼寺。隋蘭陵公主捨宅立。東南隅，濟度尼寺。隋太師申國公李穆之别宅。穆妻元氏立爲修善僧寺。其濟度尼寺本在崇德坊，貞觀二十三年徙于此。武后爲尼，即此寺也。其額殷令名所題，《通鑑》作感業寺。橫街之北，鄎國公主宅。睿宗第八女，降鄭孝義。畢氏曰：公主初嫁薛儆，又嫁孝義。次南，唐昌觀。《劇談録》曰：觀有玉蕊花，花每發，若瓊林玉樹。元和中，春物方盛，車馬尋玩若相繼。忽一日，有女子年可十七八，衣緑繡衣，垂髻雙環，無簪珥之飾，容色婉娩，迥出于衆。從以二女冠、三小僕，僕皆丱髻黄衫，端麗無比。既下馬，以白角扇障面，直造花所，異香芬馥，聞於數十步之外，觀者疑出自宫掖，莫敢逼而視之。佇立良久，令小僕取花數枝而出，將乘馬，顧謂黄冠者曰：曩有玉峯之期，自此可以行矣。時觀者如堵，或覺煙飛鶴唳，景物輝煥，舉轡百餘步，有輕風擁塵，隨之而去。須臾塵滅，望之已在半天，方悟神仙之遊。餘香不散者經月餘。時嚴休復、元稹、劉禹錫、白居易俱有詩。休復曰：終日齋心禱玉宸，魂銷眼冷未逢真。不如滿樹瓊瑶蕊，笑對藏花洞裏人。又曰：羽車潛下玉龜山，塵世何由覩蕣顔。唯有無情枝上雪，好風吹綴緑雲鬟。元稹曰：弄玉潛過玉樹時，不教青鳥出花枝。的應未有詩人覺，只是嚴郎卜得知。劉禹錫曰：玉女來看玉樹花，異香先引七香車。攀枝弄雪時回首，驚怪人間日易斜。又曰：雪蕊瓊枝滿院春，羽衣輕步不生塵。君平簾下徒相問，長伴吹簫別有人。白居易曰：嬴女偷乘鳳下時，洞中潛歇弄瓊枝。不緣啼鳥春饒舌，青瑣仙郎可得知。京兆尹張去奢宅。弟去逸、去盈同時三品，亦號「三戟張家」。左龍武軍統軍、歸誠郡王程懷直宅。貞元十年，賜懷直甲第一區，妓女一人，令歸滄州。初懷直自滄州歸朝，德宗賜務本里宅。又賜安業里別宅，有池榭林木之勝。

次南崇業坊。街前爲選場。按《會要》言移玄都觀至安善坊，疑安善爲此坊之舊名。

玄都觀。隋開皇二年自長安故城徙通道觀於此，改名玄都觀，東與大興善寺相比。初宇文愷置都，以朱雀街南北盡郭，有六條高坡，象乾卦，故于九二置宫殿，以當帝王之居，九三立百司，以應君子之數，九五貴位，不欲常人居之，故置此觀及興善寺以鎮之。劉禹錫《元和十年自朗州承召至京戲贈看花諸君子》詩曰：紫陌紅塵拂面來，無人不道看花回。玄都觀裏桃千樹，盡是劉郎去後栽。又《再遊玄都觀絶句》曰：余貞元二十一年爲屯田員外郎，時此觀未有花。是歲出牧連州，貶朗州司馬。居十年，召至京師，人人皆言，有道士手植仙桃，滿觀如紅霞，有前篇以志一時之事。旋又出牧，今十有四年，復爲主客郎中，重遊玄都，蕩然無復一樹，惟兔葵燕麥，動摇於春風耳。因再題二十八字，以俟後遊。時大和二年三月日。百畝庭中半是苔，桃花淨盡菜花開。種桃道士歸何處，前度劉郎今獨來。《名畫記》：玄都觀殿内有范長壽畫。福唐觀。本新都公主宅。公主中宗長女，嫁武延暉。景雲元年，公主生子武仙官，出家爲道士，立爲觀。新昌觀。天寶六載，新昌公主因駙馬都尉蕭衡卒，奏請度爲女冠，遂立此觀。公主爲玄宗第十一女。前司空、同中書門下平章事王涯家廟。按廟碑劉禹錫撰。檢校左僕射、兼吏部尚書崔羣家廟。牛僧孺《崔羣家廟碑》：元和十四年，詔右相、中書侍郎平章事、清河郡公立家廟於長安崇業里。

次南永達坊。

華陽池。度支亭子。《輦下歲時記》：新進士牡丹宴，或在永達亭子。《玉泉子》：崔郢爲京兆尹日，三司使在永達亭子宴丞郎。蓋爲度支遊憩之所，故三司使於此宴客也。左拾遺王龜宅。《舊書·王播傳》：起子龜，少以詩酒琴書自適。起兄弟同居光福里。龜意在人外，倦接朋游，乃於永達里園林深僻處創書齋，吟嘯其中，自爲半隱亭。

次南道德坊。隋有澄虚觀，武德中廢。

開元觀。本隋秦王浩宅。武后朝置永昌縣。神龍元年縣廢，遂爲長寧公主宅。景雲元年置道士觀。開元五年，金仙公主居之，改爲女冠觀。十年，改爲開元觀。《名畫記》：開元觀有楊廷光、楊仙喬畫。按《白氏長慶集》詩注云：開元觀西北院即隋時龍村佛堂，有古柏一株，至今存焉。東南隅，廢崇恩廟。神龍初立，以祀武氏祖禰。景雲元年廢。成德軍節度使、兼中書令王武俊家廟。

次南光行坊。「行」字本犯中宗諱，長安中改。一作「光仁」。

東南隅，華州刺史文經野宅。觀軍容使魚朝恩宅。

次南延祚坊。坊南街抵京城之南面。

右朱雀門街西第一街，九坊。宋張禮《遊城南記》云：入明德門，歷延祚、光行、道德、永達四坊，至崇業坊，覽玄都觀之遺基，過岡，論唐昌觀故事。既而北行數里，入含光門。即此九坊地也。

朱雀門街西第二街，北當皇城南面之含光門。街西從北第一太平坊。坊内有隋尚書左僕射趙士茂宅。

樂官院。見安興坊下。武成王廟。《續定命録》：馮芫、韓臯同任太常寺奉禮時，元佐任協律郎，三人同約上丁日，釋奠武成王廟行事。芫住常樂，臯住親仁，元佐住安邑。芫鼓動，拉二官同之太平、興道西南角。按常樂坊最在東，安邑坊次之，親仁坊又次之。芫蓋先約元佐，次約臯，同西行歷興道坊，至太平坊也。西南隅，温國寺。本寶際寺。隋太保、薛國公長孫覽妻鄭氏捨宅所立。景龍元年，殤帝爲温王，改温國寺。大中六年，改崇聖寺，寺内淨土院爲京城之最妙，院有尹琳、吴道玄畫。西門之北，定水寺。隋開皇十年，荆州總管上明公楊紀爲慧能禪師以宅立寺。《名畫記》：定水寺有王羲之題額，又有張僧繇、解倩、孫尚之畫。東南隅，舒王元名宅。後爲京兆府學，又爲户部尚書尹思貞宅。袁夫人宅。按《墓誌》：夫人袁氏，洛州永昌縣人，卒於乾封縣太平里第。節愍太子妃楊氏宅。張説作墓誌云：開元十七年，中宗節愍太子妃楊氏薨于京師太平里第之内寢。御史大夫王鉷宅。天寶中，鉷有罪賜死。縣官簿録鉷太平坊宅，數日不能遍。宅内有自雨亭子，簷上飛流四注，當夏處之，凛若高秋。又有寶鈿井闌，不知其價。給事中鄭雲逵宅。宅東，國醫王彦伯宅。《乾𦠆子》：貞元中，蕭俛新及第。時國醫王彦伯住太平里，與給事鄭雲逵比舍住。俛忽患寒熱，早詣彦伯求診候，誤入雲逵第。會門人他適，雲逵立於中〔庭〕，俛前趨曰：「某前及第，有期集之役，忽患。」具説其狀。逵命僕人延坐，爲診其臂曰：「據脈候，是心家熱風。雲逵姓鄭，若覓國醫王彦伯，東鄰是也。」俛赧然而去。騎都尉薛良佐宅。《騎都尉薛良佐塔銘》：龍集協洽，君奄然卒於西京太平里之第。陸氏夫人宅。柳宗元《叔妣陸氏夫人誌文》：終于長安太平里第。户部尚書王源中宅。《摭言》：王源中，文宗時爲翰林承旨。暇日與諸昆季蹴踘于太平里第，毬子擊起，誤中源中之額，薄有所損。俄有急召，比至，上訝之，源中具以上聞，上曰：卿大雍睦。命賜酒二盤，每盤貯十金碗，每碗各容一升許，宣令并碗賜之。源中飲之無餘，略無醉容。京兆少尹羅立言宅。中書侍郎、同中書門下平章事裴坦宅。按釋子蘭有《太平里尋兵部裴郎中故宅》詩。坦曾爲職方郎中。邕管巡官王定保宅。定保《摭言》自序云：雖舊第太平里，而跡未嘗達京師。

次南通義坊。

西南隅，興聖尼寺。高祖龍潛舊宅。武德元年以爲通義宫，貞觀元年立爲寺。《舊書・楊收傳》：武德元年五月，備法駕于長安通義里舊廟，奉迎宣簡公、懿王、景皇帝神主祔太廟。寺有高祖寢堂，景雲二年，寢堂前枯柿樹復生，有敕封植焉。按彭王志暕有《興聖寺主尼法澄塔銘》。西北隅，右羽林大將軍、邢國公李思訓宅。本左光禄大夫李安遠宅，武太后時，高平王武重規居焉。神龍中，又爲中宗女成安公主宅。又爲思訓所居。思訓善畫，開元中睿宗女蔡國公主居之。十八年，捨宅立九華觀。朔方節度使李進賢宅。《劇談録》：通義坊李進賢第有牡丹數叢，覆以錦幄。厥後進賢徙居長興，其宅互爲他人所有。咸通中，劉相國罷北京亞尹，復爲翰林學士，又自承旨入相，尚以十千稅焉。東南隅，户部尚書、長平公楊纂宅。荆南節度使、同中書門下平章事、魏國公崔鉉宅。祕書正字徐夤宅。按徐夤有《通義里寓居即事》詩云：家住寒梅翠嶺東，長安時節詠途窮。

次南興化坊。隋有成道寺，大業七年廢。

西南隅，空觀寺。寺本周時村佛堂，多當時名手畫。一曰隋開皇七年駙馬都尉元孝(恭)〔矩〕捨宅所立。《名畫記》：寺有袁子昂畫。又有三絶，是佛殿門扇孔雀及二龍。寺東，尚書右僕射、密國公封德彝宅。中宗時嗣虢王邕居之。西門之北，邠王守禮宅。宅南隔街有邠王府。東門之南，京兆尹孟温禮宅。租庸使劉震宅。《劉無雙傳》：唐王仙客者，中朝臣劉震之甥。涇原兵士反，天子出苑北門，百官奔赴行在。震裝金銀羅錦二十馱，謂仙客曰：汝押領此物出開遠門，覓一深隙店安下，我與汝舅母及無雙出啓夏門，遶城續至。仙客依所教，至日落，待久不至，南望目斷，遂遶城至啓夏門。徐問守者曰：今日有何人出此門？門者曰：午後有一人領婦人四五輩，欲出此門，識是租庸使劉尚書，門司不敢放出，近夜追騎至，一時驅向北去矣。仙客慟哭歸店。三更向盡，傳呼斬斫使出城搜城外朝官，仙客驚走，歸襄陽村居。後知尅復京師，乃入京訪舅氏消息。至新昌南街立馬，忽見蒼頭塞鴻，謂曰：阿舅、舅母安否？鴻云：並在興化宅。仙客喜極，云：我便過街去。〔原注：天門街也。〕鴻曰：今日已夜，郎君且就客户一宿，來早同去未晚。晉國公裴度池亭。《白氏長慶集》有《宿裴相興化池亭兼借船舫遊泛》詩。按《獨異志》：裴晉公寢疾，暮春之月，忽遇遊南園，令家僮舁至藥欄。蓋即此池亭，自永樂里視之在南，故曰南園。《太平廣記》引《逸史》：太府卿崔公名潔，在長安與進士陳彤同往街西尋親故，過天門街，偶逢賣魚甚鮮，曰：何處去得？左右曰：裴令公亭子甚近。乃昇亭下馬。俄頃，紫衣三四人至亭子遊看，一人見魚曰：極是珍鮮，二君莫欲作鱠否？詰之，乃梨園第一部樂徒。此人遂解衣操刀，既畢，忽有使人呼曰：駕幸龍首池，唤第一部音聲。切者攝衫帶，望門而走。都官郎中竇臮宅。盧元卿《二王書録跋尾》記貞元十一年正月五日，於都官郎中竇臮興化宅見王廙書、鍾會書各一卷。長安主簿李少安宅。權德輿《李少安墓誌》：感疾不起于長安興化里第。職方郎中蕭徹宅。《河東記》志大和八年職方郎中蕭徹卒於興化里。按柳子厚《答貢士沈起書》：間歲興化里蕭氏之廬，覩足下《詠懷》五篇。疑即此宅。

次南崇德坊。本名弘德，神龍初改。

西南隅，崇聖寺。寺有東門、西門，本濟度尼寺。隋秦孝王俊捨宅所立。東門本道德尼寺，隋時立。至貞觀二十三年，徙濟度寺于安業坊之修善寺，以其所爲靈寶寺，盡度太宗嬪御爲尼以處之。徙道德寺額於嘉祥坊之太原寺。以其所爲崇聖宫，以爲太宗別廟。儀鳳二年，併爲崇聖僧寺。《輦下歲時記》：進士櫻桃宴在崇聖寺佛牙閣上。《唐詩紀事》：崇聖寺有徐賢妃妝殿。《名畫記》：崇聖寺西殿有董伯仁畫，東殿有展子虔畫，又有鄭德文畫。東北隅，證果尼寺。本隋月愛僧寺。貞觀九年，徙豐樂之證果寺于此，改爲尼寺。西北隅，廢報恩寺。嗣虢王邕景龍中娶韋庶人妹，捨宅立寺。韋氏敗，寺廢。鑄錢院。特進、芮國公豆盧寬宅。《芮定公碑》：薨於京城之宏德里第。按寬之孫欽望移宅於頒政坊。朝散大夫、守祕書少監周渭宅。權德輿《周渭墓誌》：君已感疾，拜章請老，先築室於崇德里，有嘉樹修竹，休沐吟詠，以文自娱。司勳員外郎竇鞏宅。劉禹錫《秋日題竇員外崇德里新居》詩云：長愛街西風景閑，到君居處暫開顔。清光門外一渠水，秋色墻頭數點山。疏種碧松通月朗，多栽紅藥待春還。莫言堆案無餘地，認得詩人在此間。褚藏言《竇鞏傳》：公北歸道途遘疾，迨至輦下，告終于崇德里之私第。鞏又有宅在永寧坊。羅隱宅。隱有《西京崇德里居》詩。

次南懷貞坊。武太后以母號太貞夫人諱貞字，改爲懷賢坊。神龍元年復舊。按許棠有《冬夜懷貞里友人會宿》詩。

東北隅，廢乾封縣廨。本施、巫等入州邸。按乾封縣，唐總章元年置，長安三年省。户部尚書畢構宅。即乾州縣廨。西南隅，介公廟。本御史大夫樂思晦宅，後爲廟。懿宗咸通詔增修。横街之北，尚書右僕射唐休璟宅。蘇頲《唐璿碑》：延和元年，薨於長安懷貞里第。璿字休璟。惠昭太子廟。《禮閣新儀》曰元和八年置。義成軍節度使、駙馬都尉韋讓宅。大中三年侵街造舍，爲有司舉劾。(王郎中宅)。

次南宣義坊。隋有應法、寶積二寺，並廢。

東門之北，燕國公張説宅。按説宅在永樂坊，此乃別宅。叛臣安禄山池亭。司徒致仕李逢吉宅。園林甚盛。前司空、兼右相楊國忠宅。《舊書・楊國忠傳》：貴妃姊虢國夫人，國忠與之私，於宣義里構連甲第，土木被綈繡，棟宇之盛，兩都莫比。王郎中宅。劉禹錫有《題王郎中宣義里新居》詩云：愛君新買街西宅。

次南豐安坊。隋有宣化尼寺。武德中徙永平坊。按俗本作「安豐」。

户部尚書裴寬宅。蘇郎中宅。劉禹錫有《和蘇郎中尋豐安里舊居寄主客張郎中》詩。王相宅。温庭筠有《題豐安里王相林亭》詩。

次南昌明坊。全一坊隋漢王諒宅。諒敗後賜伶官，屬家令寺。家令寺園。貞觀中日南王入朝，詔於此營第，尋還國，宅遂廢，復爲園。

次南安樂坊。坊南街抵京城之南面，西即安化門。

叛臣李希烈宅。户部侍郎、兼殿中監王鉷舊宅。王鉷《請捨宅爲觀表》：臣舊宅在城南安化門内道東第一家，祖父相傳，竹樹猶茂，已更數代，垂向百年。同蕭何之買田，誠爲偏僻，異晏嬰之近市，稍遠囂塵。臣于此中選其勝處，減兼官之禄俸，回累賜之金帛，盡除遺堵，創建遵堂。

右朱雀門街西第二街，九坊。按此數坊每有池亭，蓋清明渠水所經也。

朱雀門街西第三街，即皇城西之第一街。南出安化門，北出芳林門入苑。街西從北第一修德坊。本貞安坊，武太后改。坊内有韋庶人父酆王元真廟，韋氏敗後毁。

右神策軍營。昭宗自華還京，以輔興、修德二坊别設右神策軍營。夾城。憲宗元和十二年，中尉第五守進以衆二千築夾城，自雲韶門過芳林門，西至修德里，以達興福寺。又詔所築夾城，别開門曰光化，造樓曰晨暉。德明興聖廟。《禮閣新儀》曰：天寶二載建，在安化門内道西。貞元十九年祔獻祖、懿祖神主于廟。西北隅，興福寺。本右領軍大將軍、彭國公王君郭宅。貞觀八年，太宗爲(太)穆皇后追福，立爲弘福寺。神龍元年，改爲興福寺。寺北有果園，復有藕花池二所。太宗時廣召天下名僧居之。沙門玄奘于西域回，居此寺西北禪院翻譯。寺内有碑，面文賀蘭敏之寫《金剛經》，陰文寺僧懷仁集王羲之寫太宗《聖教序》及高宗《述聖記》，爲時所重。《宣室志》：長安興福寺有十光佛院，有院宇極壯麗，云是隋所制。裴休《圭峯禪師碑》：會昌元年坐滅于興福塔院。河西隴右副元帥、同中書門下平章事李抱玉宅。朝議郎、行宫闈令、充威遠軍監軍、上柱國西門珍宅。《西門大夫墓誌》：遘疾，終于修德里之私第。軍器使、内寺伯袁公宅。王孟諸《故軍器使内寺伯袁公夫人太原郡夫人王氏墓誌》：終于長安縣修德里。

次南輔興坊。

東南隅，金仙女冠觀。景雲元年，睿宗第九女西城公主、第十女昌隆公主並出家爲女冠，因立二觀。二年，西城改封金仙公主，昌隆改封玉真公主，所造觀便以金仙、玉真爲名。武宗會昌中，建御容殿於金仙觀，宰相李德裕爲贊。西南隅，玉真女冠觀。本工部尚書莘國公竇誕宅。武太后時以其地爲崇先府。景雲二年爲玉真公主作觀。此二觀南街，東當皇城之安福門，西出外郭城之開遠門，車馬往來，實爲繁會。《長安志》：安國觀在正平坊，不知其坊所在。按安國觀爲玉真公主所居，疑輔興即正平改名也。弘道觀道士蔡瑋撰《玉真公主受道靈壇祥應記》云：公主又居王屋山靈都觀。按玉真張觀主下小女冠阿容，見《白氏長慶集》。朝議郎、行内侍省内寺伯、上柱國劉奉芝宅。趙昂《劉府君墓誌》：大漸於輔興里之寢居。宫闈局令、充閤門使朱朝政宅。崔鍔《朱公故夫人趙氏墓誌》：終于長安輔興里之私第。按朝政即夫人子。左神策軍護軍中尉副使劉渶潤宅。渶潤妻《楊氏墓誌》：卒於輔興里之私第。又《劉仕偱墓誌》：終于輔興里。仕偱即渶潤次子，渶潤，《劉仕偱墓誌》作「英閏」。内侍陳忠盛宅。裴士淹《陳忠盛碑》：薨於輔興里之私第。

次南頒政坊。隋有惠雲、澄覺二寺，大業七年並廢。

右軍巡院。《舊圖》。南門之東，龍興寺。本普光寺，貞觀五年太子承乾所立。神龍元年，兩京及天下諸州並置中興寺，遂改此寺爲中興寺。又改爲龍興寺。西北隅本隋之惠雲寺，有舊佛殿，寺内有鄭法輪畫。嚴挺之《大智禪師碑》：開元廿一年，恩旨復令入都，至南龍興寺曰：此人境之静也。遂留憩焉。十字街東之北，建法尼寺。隋開皇三年坊人田通捨宅所立。文帝初移都，便出寺額一百二十枚於朝堂下，制云：有能修造，便任取之。通孤貧孑然，唯有環堵之室，乃發憤詣闕，請額而還，置於所居，柴門甕牖，上穿下漏。時陳臨賀王叔敖母與之鄰居，又捨宅以足之，其寺方漸修建。十字街北之東，證空尼寺。本工部尚書段倫之祖廟，貞觀十七年立爲真空寺，武太后改真空爲證空。西北隅，昭成觀。本楊士達宅，咸亨元年太平公主立爲太平觀。尋移于大業坊，改此觀爲太清觀。高宗御書飛白額。至垂拱三年，改爲魏國觀。載初元年，改爲大崇福觀。武太后又御書飛白額。開元十七年爲昭成太后追福，改立此名。西南隅，尚書左僕射、芮國公豆盧欽望宅。崇明觀。《舊圖》。東南隅，右散騎常侍徐堅宅。張九齡《徐堅碑》：薨于長安頒政里之私第。護國天王院。天寶二年建顯聖天王寺，咸通七年改。左衛翊衛武騎尉王行威宅。《王行威墓誌》：行威字國寶，遘疾，終頒政里第。恒州長史張承休宅。張説《張承休墓誌》：終於頒政里。朝議郎、行鳳州司倉參軍、上柱國司馬宗宅。《司馬君夫人孫氏墓誌》：夫人字堅静，建業人，適于司馬司倉宗，終于長安頒政甲第。

次南布政坊。隋有明法、道覺二寺，大業、武德中並廢。

東北隅，右金吾衛。隋曰右武候府。西南隅，胡祆祠。武德四年立。西域胡祆神佛經所謂摩醯首羅也。祠内有薩寶府官，主祠祆神，亦以胡祝充其職。畢氏曰：胡祆神始末見《北魏書》，靈太后時立此寺。善果寺。《舊圖》西南隅。東南隅，廢鎮國大波若寺。本蔣王惲園地，景龍三年立爲寺，景雲中廢。西門之南，法海寺。本隋江陵總管、清水公賀拔華宅，開皇九年爲沙門法海捨宅立寺，因以法海爲名。北之東，濟法寺。隋開皇二年沙門法藏所立。地本梁村之佛堂及隋武候將軍韋和業宅。其佛殿隋光德太子之寢堂，太子薨後，捨施坼於此造。西禪院，房國公蘇威所立。十字街東之北，明覺尼寺。本隋御史大夫裴蘊宅，開皇中大保、河間王弘立爲寺。本名顯，避中宗諱改。福祥觀。本畢國公竇琠宅。天寶十三載立爲觀。東門之北，侍中魏知古宅。中書令蕭嵩宅。張説《贈吏部尚書蕭灌碑》：夫人京兆韋氏，逝于京師布政里。按即蕭嵩之父母。左神武大將軍、河間郡王舍利澄宅。功曹參軍梁若宅。《梁君故夫人成氏墓誌》：夫人諱淑，雍州渭南縣主簿第三女，成肅公之後也。卒於隆政里第。朝議郎、行尚書倉部員外郎、集賢院待制權自挹宅。權德輿《權自挹墓誌》：終于布政里私第。尚書都官令史王璹宅。《冥報記》：永徽二年六月九日，尚書都官令史王璹暴死，吏驅行出金光門，令入坑，璹拜謝放歸，乃蘇。買白紙作錢并酒食，自於所居隆政坊西渠水上燒之。按渠謂永安渠，渠經布政坊之西。旅館。《李娃傳》：天寶中，鄭生自毘陵抵長安，居于布政里。嘗遊東市還，自平康東門入，將訪友于西南，至鳴珂曲見一宅，門庭不甚廣，而室宇嚴邃，有娃方凭一雙鬟青衣立，生停驂久之。密訊其友，友曰：「此俠邪女李氏宅也。」扣其門，一姥延生遲賓之館，命娃出，烹茶斟酒。久之，日暮鼓動，姥訪其居遠近，生紿曰：「在延平門外數里。」冀其遠而見留也。俄徙坐西堂，飲酣而散。及旦，盡徙其囊橐，家于李之第。歲餘，資財僕馬蕩然。娃謂生曰：「與郎相知一年，尚無孕嗣，聞竹林神者，報應如響，將致薦酎求之，可乎？」生與娃同謁祠宇，信宿而返，策驢而後，至里北門，娃謂生曰：「此東轉小麯中，某之姨宅也。」將憩而觀之。生如言前行，不踰百步，果見一車門，曰：「至矣。」娃引生偕入西戟門偏院中，食頃，有一人馳至曰：「姥遇暴疾頗甚，宜速歸。」娃前往。其姨留生議喪事。日晚，生往之舊宅，門扃鑰甚密，生詰其鄰，曰：「姥徙居且再宿矣。」生將馳赴宣陽以詰其姨，日已晚矣，賃榻而寢。質明乃去，既至，連扣其扉，有宦者徐出，生遽訪之，曰：「此崔尚書宅，昨者有一人税此院，云遲中表之遠至者，未暮去矣。」生罔知所措，因返訪布政舊邸，邸主哀而進膳。三日遘疾甚篤，邸主懼其不起，徙之于凶肆之中。

次南延壽坊。隋有惠覺寺，大業七年廢。《杜陽雜編》：咸通十四年四月八日，佛骨入長安，自開遠門安福樓夾道佛聲振地，上御安福寺，親自頂禮。坊市豪家，相與爲無遮齋大會，競聚僧徒，廣設佛像，吹螺擊鈸，燈燭相繼，而延壽里推爲繁華之最。

南門之西，懿德寺。本慈門寺。隋開皇六年，刑部尚書萬安公李圓通所立。神龍元年，中宗爲懿德太子追福，改名加飾焉。禪院内有大石臼，重五百斤。《名畫記》：懿德寺〔三門〕西廊東靜眼畫山水。東南隅，駙馬都尉裴巽宅。其地本隋齊州刺史盧賁宅。高宗末，禮部尚書裴行儉居之。武太后時，河内王武懿宗居之。土地平敞，水木清茂，爲京城之最。畢氏曰：巽尚中宗女宣城公主。張説《裴行儉碑》：薨於京師延壽里。成安公主宅。中宗第八女，降韋捷。寶應經坊。大曆十二年，淮西節度兵馬使李重倩敗汴州李靈輝，請捨所居延壽里宅爲佛經坊，許之。仍賜名寶應經坊。贈太州刺史楊志誠宅。張説《楊志誠碑》：夫人趙氏，終于長安之延壽里。賈島精舍。賈島有《延壽里精舍寓居》詩，又有《延康吟》詩云：寓居延壽里，爲與延康鄰。不愛延康里，愛此里中人。延康在延壽之南，中隔光德一坊，故得言鄰也。王薰宅。《宣室志》：天寶初有王薰者，居長安延壽里。里中常一夕有三四輩，挈食會薰所居，既飲食，燭前忽有巨臂出燭影下，外有語曰：君有會，不能一見呼耶，願得少肉置掌中。薰莫測其由，即與之，其臂遂引去。少頃又伸其臂，又置肉於掌中，已而又去。于是相與謀曰：此必怪也，俟其再來，當斷其臂。頃之果來，拔劍斬之，臂既墮，乃一驢足，血流滿地。進士李員宅。《宣室志》：李員，河東人，居長安延壽里。于堂北垣下得一金缶，上有小篆崔子玉座右銘。趙某宅。沈櫓撰《趙夫人張氏墓誌》：夫人雲陽人，歸于天水趙公，終于長安延壽坊之私第。李處士宅。《唐闕史》：延壽里有水墨李處士，以精別畫品，遊公卿門。古池。吴融有《題延壽坊東南角古池》詩，按池蓋永安渠、漕渠所匯也。

次南光德坊。隋有常法寺，大業七年廢。

東南隅，京兆府廨。府廨先爲雍州廨舍，見《雍録》。府内廨宇並隋開皇中制度，其後隨事改作。開元元年，孟温禮爲京兆尹，因奏請以贓贖錢修繕。宣宗時韋澳爲尹，又賜錢加葺之。《東觀奏記》：故事，京兆尹在私第，但奇日入府，偶日入遞院。崔郢爲京兆尹，因徒逸獄，始命造京兆尹廨宅，京兆尹不得離府。京兆府有東、西士曹，東士曹號念珠廳，言事多，判案至一百八道也；西士曹號莎廳，廳前有莎，周回可十五步。見《太平廣記》引《聞奇録》。西南隅，勝光寺。本隋幽州總管燕榮宅。大業元年，自豐樂坊徙勝光寺於此。寺西院有畫行僧及團花。貞觀初中書令王定所寫，爲京城所重。《名畫記》：勝光寺有王定、楊仙喬、尹琳畫，塔東南院有周昉畫水月觀自在菩薩，又劉整畫掩障菩薩圓光及竹。十字街東之北，慈悲寺。武德元年，高祖爲沙門曇獻立。屬隋末饑饉，常賑給貧乏爲事，故寺以「慈悲」爲名。南門之東，尚書左僕射劉仁軌宅。仁軌薨後，尚官柴氏居之，後立爲光德寺，柴便度爲尼。景雲初，追柴氏入宫，寺遂廢。鄱陽公主邑司。孫思邈常居于是，庭前有病梨木，盧照鄰爲賦紀之。太子賓客裴垍宅。按裴光庭亦居此坊，光庭爲中眷，裴垍爲東眷，裴自别爲宅也。朝議郎、行尚書祠部員外郎裴積宅。裴朏《裴積墓誌》：終於長安光德里私第。按積即光庭子，權德輿《裴倩神道碑》：考終命于長安光德里第。倩即光庭孫。柳宗元《梓人傳》云：裴封叔之第在光德里。封叔名瑾，子厚姊夫，即積之從孫。宗元《亡姊裴君夫人墓誌》：終于光德里。吏部尚書崔邠宅。邠與弟浙西觀察使鄾、金吾大將軍鄯及宰相淮南節度使鄲皆貴顯，同居光德舊第。鄲嘗稱便齋，宣宗聞而嘆曰：崔氏一門孝友，可謂士族之法，因題曰「德星堂」。後京兆民即其里爲德星社云。兵部尚書劉崇望宅。《唐語林》稱劉崇望爲光德劉相。按：李洞有《題劉相公光德里新構茅亭》詩，蓋即崇望宅也。又按：仁軌爲尉氏房，崇望爲河南劉氏，故别爲宅。司空、兼門下侍郎、同平章事、贈太尉孔緯宅。《舊書》本傳：緯從駕至莎城，疾漸危篤，先還京城，卒於光德里第。緯又有賜宅在善和里。

《舊書·朱玫傳》：玫有第在善和里。《新書》作玫居孔緯第。按緯之賜宅在平朱玫之後，言玫居孔緯宅，誤也。蓋善和里本朱玫宅，平玫後，即以玫宅賜孔緯耳。潘將軍宅。《劇談録》：京國豪士潘將軍住光德坊，常寶玉念珠一串，貯之以繡囊玉合。一旦開合啓囊，已亡珠矣。主藏者常識京兆府停解所由王超，年用八十，因密話其事。超他日過勝業坊北街，有三鬟女子穿木屐於道側槐樹下，值軍中少年蹴踘，接而送之，直高數丈，超獨異焉。而止於勝業坊北門短曲，有母同居，超因以他事熟之，從容徐謂曰：「潘將軍失卻玉念珠，不知知否？」女子曰：「偶遇朋儕爲戲，終卻送還，來日詰旦，於慈恩寺塔院相候。」如期而往，寺門始開，塔户猶鏁，忽於相輪上舉手示超，欻然攜念珠而下。明日訪之，已空室矣。張氏宅。白行簡《紀夢》云：長安西市百肆，有販粥求利而爲之平者，姓張，不得名，家富于財，居光德里。

次南延康坊。隋有明輪寺，大業七年廢。

諸王府。寶曆三年，以延康坊官宅一區爲諸王府。唐朝故事，王府在京師，即合有曹局。自天寶以後，王不出閤，所置寮寀過于閑冗，其胥吏，數司方共一員，至是，瓊王府長史裴簡求奏論，遂創官府。按：諸王府本閻令琬之宅，見《唐會要》。又按：蘇頲《章懷太子良娣張氏碑》：良娣張氏遘疾，棄養于京延康第之寢。蓋即居于諸王府也。西南隅，西明寺。本隋尚書令、越國公楊素宅。大業中，素子玄感謀反，誅後没官。武德中爲萬春公主宅。貞觀中以賜魏王泰，泰薨後，官市之。顯慶元年，高宗爲孝敬太子病愈立寺。大中六年，改爲福壽寺。寺內僧廚院有楊素舊井，玄感被誅，家人以金投井，後人窺見，鈎汲無所獲，寺衆謂之靈井。《名畫記》：西明寺額，唐玄宗朝南薰殿學士劉子皋書。入西門，南壁楊廷光畫神兩鋪。東廊東面第一間傳法者圖讚，褚遂良書。第三間利防等，第四間曇柯迦羅，並歐陽通書。《盧氏小説》：德宗微行西明寺，宋濟在僧院過夏，上忽入濟院，方在窗下犢鼻葛巾鈔書。上曰：茶請一碗。濟曰：鼎水中煎此有茶味，請自潑之。上又問曰：作何事業，兼問姓行。濟云：姓宋，第五，應進士舉。又曰：所業何？曰：作詩。又曰：聞今上好作詩，何如？宋濟云：聖意不測。語未竟，忽從輦遞到，曰「官家，官家」。濟惶懼待罪。上曰：宋五大坦率。後禮部放榜，上命內臣看有濟名，使回奏無名，上曰：宋五又坦率也。章懷太子有《西明寺鐘銘》。陳玄奘曾居此寺。寺有牡丹，見《白氏長慶集》。東南隅，静法寺。隋開皇十年，左武候大將軍、陳國公竇抗所立。寺門拆抗宅棨戟門所造。西院有木浮圖，抗弟璡爲母成安公主建，重疊綺麗，崇一百五十尺，皆伐抗園梨木充用，其園本西魏大統寺，周武帝廢佛教，以其寺賜抗爲宅焉。「静」一作「浄」。《名畫記》：浄法寺有張孝師、范長壽畫。北門之西，中書令閻立本宅。後中王傅符太元居之。西亭有立本所畫山水。水部郎中張籍宅。白居易《酬張十八訪宿見贈》詩：遠從延康里，來訪曲江濱。按：籍有宅在靖安，已見。馬鎮西宅。《玄怪録》：太常協律韋生有兄，自云平生無懼憚，聞延康東北角有馬鎮西宅，常多怪物，具酒肉，夜獨于大池之西孤亭中宿。夜半，見一小兒長尺餘，自池中出，循階而上，韋生以手摸之，則一古鐵鼎子，已欠一脚。明旦，杵碎其鼎，染之有血色。王静信宅。《唐故義興周夫人墓誌》：夫人義興人也，爲太原王府君静信之妻，終于延康之私第。邠寧節度使馬璘池亭。璘卒，池亭入官。貞元後，羣臣多賜宴于中。

次南崇賢坊。隋有緣覺、融覺、賢覺三寺，並大業、武德中廢。

南門之西，海覺寺。隋開皇四年，淮南公元偉捨宅爲沙門法聰所立。《名畫記》：海覺寺額，歐陽詢題。寺又有王韶應、展子虔、鄭法士畫。十字街北之西，大覺寺。隋開皇二年，文帝爲醫人周子臻所立。其地本臻之佛堂也。西門之南，法明尼寺。隋開皇八年，長安富商王道賓捨宅所立。又有慈仁尼寺，本在法明寺西，開皇三年，隋大興公主有女出家爲尼，號曰女郎師，隋帝爲立此寺。至開元二年，敕併入法明尼寺。十字街東之南，崇業尼寺。本弘業寺。隋開皇十年，尼法覺立于法界之西，其地湫隘。大業三年，合州刺史崔鳳捨宅移于此置。神龍元年，改爲崇業。西南隅，祕書監嗣號王邕宅。西門之北，黄門監盧懷慎宅。懷慎居官清儉，宅在陋巷，屋宇殆不蔽風雨。光禄少卿竇瑗宅。昭成太后之從父弟。咸通中，河中節度使竇璟與弟河東節度使澣同居崇賢第，家富于貲。考《世系表》不載，疑亦瑗之族。太子少師崔景晊宅。李華《崔景晊碑》：夫人鄭氏，終於京兆崇賢里。按夫人即崔圓之母。進士獨狐遐叔宅。《河東記》：貞元中，進士獨孤遐叔家于長安崇賢里，新娶白氏，家貧。下第至蜀，羈栖不偶，逾二年乃歸，至鄠縣西，去城尚百里，歸心迫速，取是夕及家，趨斜徑疾行，人畜既殆。至金光門五六里，天已暝，絶無逆旅，惟路隅有佛堂，遐叔止焉。中郎將曹遂興宅。《乾膙子》：崇賢里有中郎將曹遂興宅，堂下生一大樹，遂興每患其經年枝葉有礙庭宇，伐之又恐損堂室。竇乂請買之，仍與中郎除之，不令有損，出錢五千文，以納中郎。與斧斤匠人議伐其樹，自梢及根，令各長二尺餘斷之，因選就衆材及陸博局數百，鬻于本行，計利百餘倍。集州司馬裴通遠宅。《集異記》：唐憲宗葬景陵，都城人士畢至。前集州司馬裴通遠家在崇賢里，妻女輩亦以車輿縱觀通化門。及歸日晚，馳馬驟至平康北街，有白頭嫗步走隨車而來，至天門街，夜鼓時動，車馬轉速，嫗亦忙遽。車中有老青衣從四小女，其中有哀其奔迫者，問其所居，對曰崇賢，即謂曰與嫗同里，可同載至里門。嫗荷愧，及至，下車遺一小錦囊，諸女共開之，中有白羅製爲逝者面衣四焉，諸女驚駭，棄于路。不旬日，四女相次而卒。按自通化至崇賢里，必先經平康，後經天門街。羅鄴宅。羅鄴有《春日宿崇賢里》詩。陳朴宅。《酉陽雜俎》：陳朴元和中住崇賢里北街，大門外有槐樹，嘗黄昏徙倚，見若婦人及老狐、異鳥之類，飛入樹中。遂伐視之，樹凡三槎，一槎空中，一槎中有獨頭栗一百二十，一槎中襁一死兒，長尺餘。崔生宅。《酉陽雜俎》：澧泉尉崔汾仲兄居長安崇賢里。曹郎中宅。李洞有《贈曹郎中崇賢所居》詩云：閑坊宅枕穿宮水。按穿宮水，即永安渠水也。胡人米亮宅。《乾膙子》：竇乂令小兒拾破麻鞋，每三輛以新麻鞋一輛換之，遠近知之，送破麻鞋者雲集，數日獲千餘量。傭人於崇賢西門水澗，從水洗其破麻鞋，曝乾，貯廟院中。又胡人米亮謂乂曰：崇賢里有小宅出賣，直二百千文，大郎速買之。乂西市櫃坊鏁錢盈餘，即依直出錢市之。書契日，亮與乂曰：亮工於覽玉，嘗見宅內有異石，人罕知之，是擣衣砧真于闐玉，大郎且立致富矣。乂未之信。亮曰：延壽坊召玉工觀之。玉工大驚曰：此奇貨也，攻之當得腰帶銙二十副，每副賣錢三千貫。乂遂令琢成，果得數百千價。又得合子、執帶、頭尾諸色雜類鬻之，乂計獲錢數十萬貫。其宅并元契，乂遂與米亮，使居之以酬焉。　僦舍。杜寶符《杜夫人墓志》：殁于崇賢里僦宅。按夫人杜黃裳之女，竇符之姊，裴澥之妻。

次南延福坊。隋有神通寺，大業七年廢。

真化府。《長安志》引《舊圖》。按《地理圖》屬京兆府。十字街東之北，宣平府。按《地理志》不載。西南隅，紀國寺。隋開皇六年，獻皇后獨孤氏爲母紀國夫人崔氏所立。《名畫記》：紀國寺有鄭法輪畫。東南隅，玉芝觀。本越王貞宅。後乾封縣權治于此。又爲新都公主宅，施爲新都寺。寺廢，乃爲郯王府。天寶二年，立爲玉芝觀。西北隅，瓊山縣主宅。縣主開元中適慕容氏，即吐谷渾之苗裔，富于財産，宅内有山池院，溪磴自然，林木葱鬱，京城稱之。御史黃滔宅。《黃御史集》有《延福里居和林寬何紹餘酬寄》詩，附載從弟蟾《和從兄御史延福里居》詩。進士何氏宅。趙嘏有《宿何書記先輩延福新居》詩。進士張喬宅。張喬有《延福里秋懷》詩。進士孫秦宅。鄭谷有《訪題進士孫秦延福南街居》詩。沈氏家廟。《河東記》：大和四年十二月九日，邊上從事魏式暴卒于長安延福里沈氏私廟中。前二日之夕，勝業里有司門令史辛察者，忽患頭痛而絶，初見有黃衫人，就其牀以手相就而出，良久，謂察曰：但致錢二千緡，便當相捨，因令達語求錢，於是其家果取紙錢焚之，察見紙燒訖，皆化爲銅錢。又謂察曰：請兼致脚直。察悟其所居之西百餘步，有一力車傭載者，遂與黃衫俱詣其門。察曰：有客要相顧，載錢至延平門外。車曰：諾。即來裝其錢訖，黃衫曰：請相送至城門。三人相引部領，歷城西街，抵長興西南而行，時鐘鼓將動，黃衫曰：天方曙，不可往矣，當且止延福沈氏廟。逡巡至焉。按城西街，「西」字疑誤。旅邸。《宣室志》：元和中，博陵崔轂自汝鄭來，僑居長安延福里。

次南永安坊。

永壽寺。《寺塔記》：寺三門東吴道子畫。佛殿名會仙，本是内中梳洗殿。右衛將軍、淄川縣公李孝同宅。《李孝同碑》：薨于京師永安之里第。右羽林大將軍高仙芝宅。浙江西道都團練觀察使薛苹家廟。水亭。白居易有《和楊尚書罷相後夏日遊永安水亭》詩。

次南敦義坊。

東北隅，廢福田寺。本隋靈覺寺。開皇六年，親王楊雄所立。武德初廢。乾封二年，武后爲其姊賀蘭氏復立爲崇福寺。儀鳳二年，改福田寺。開元二年廢。東南隅，廢法覺尼寺。隋置。開元二年，併入資善寺。太尉、中書令、臨淮郡王李光弼宅。山南西道節度使鄭餘慶家廟。

次南大通坊。

東南隅，左羽林將軍竇連山宅。尚父汾陽郡王郭子儀園。後爲岐陽公主別館。

次南大安坊。坊南街抵京城之南面。

大安亭。《通鑑》：吐蕃劫盟。李晟大安園多竹，有爲飛語者云：晟伏兵大安亭，謀因倉猝爲變，晟遂伐其竹。按晟蓋有園在此坊。呂温有《春日遊郭駙馬大安亭子》詩。按汾陽王園在大通坊，兩坊相連，故園地得至大安。詩有「借賞彩船輕」之句，蓋引永安渠水爲池。南康郡王韋皋家廟。權德輿《南康郡王韋公先廟碑》：作新廟于京師大安里。

右皇城西第一街，十三坊。

朱雀門西第四街，即皇城西之第二街。街西從北第一安定坊。

東南隅，千福寺。本章懷太子宅。咸亨四年捨宅立爲寺。大中六年改興元寺。按《唐畫斷》：千福寺西塔院有王維掩障，一畫楓樹，一圖輞川。《名畫記》：千福寺額，上官昭容書。東塔院額，高力士書。又有楊惠之、僧懷素書，楊廷光、盧稜伽、韓幹、吴道玄、李綸、尹琳畫。又置太宗《聖教序碑》、《楚金和尚碑》，顔魯公、張芬、吴通微、韓擇木所書諸碑。魯公所書即《多寶塔碑》也，塔在寺中，造塔人木匠李伏横、石作張愛兒。塔院有石井闌，上有李陽冰篆書。西南隅，福林寺。其地本隋律藏寺。武德元年，置太原寺于永興坊，以義師初起太原，因以名寺，後移于此。咸亨三年，改爲福林寺。東北隅，五通觀。隋開皇八年，爲道士焦子順所立。子順能驅役鬼神，傳諸符籙，預告隋文膺命之應。及即位，拜爲開府、永安公，立觀以五通爲名，旌其神術。右神策軍護軍中尉第五守進宅。

次南休祥坊。大和二年，休祥坊百姓三百接宰相訴，當坊右龍武軍地，賜百姓，經四十餘年不納税，今被辟仗使田全操並卻徵索。時全操令角觝者五十人分捕所訴者，遂鬭于通衢，久之方散。文宗以地爲百姓業久矣，不欲收奪，因賜左右三軍錢各一千五百貫，其休祥地盡歸百姓。

坊内有漢顧成廟餘阯。廟北，漢奉明園。宣帝父悼皇考墓園也。園北，漢奉明縣。東北隅，崇福寺。本侍中、觀國公楊恭仁宅。咸亨元年，以武后外氏故宅立爲太原寺。垂拱三年，改爲魏國寺。載初元年，又改爲崇福寺。寺額武太后飛白書。《名畫記》：崇福寺有吴道玄、劉整、牛昭、王陀子畫。裴休《玄祕塔碑銘》：大達法師十歲依崇福寺道悟禪師爲沙彌。又曰：稟持犯于崇福寺昇律師。東南隅，萬善尼寺。本在故城中，周宣帝大象二年置。開皇三年，移于此，盡度周氏皇后嬪御以下千餘人爲尼以處之。寺西，昭成尼寺。隋大業元年，元德太子爲尼善惠、元懿立爲慈和寺。永徽元年，廢崇德坊之道德寺，乃移額及尼於此寺。先天二年，又爲昭成皇后追福，改爲昭成寺。南門之西，武三思宅。本駙馬都尉周道務宅。神龍中，三思以子崇訓尚安樂公主，大加雕飾，三思誅後，主移于金城坊。開元中，道務子勵言復居之。延唐觀。京苑總監、上柱國茹守福宅。《茹守福墓誌》：卒於長安休祥里第。

次南金城坊。本漢博望苑之地。初移都，百姓分地版築，土中見金聚，欲取便没。隋文帝曰：此(收)〔朕〕金城之兆，因以「金城」爲坊名。隋有釋梵、法衆二寺，大業七年廢。《大唐新語》：貞觀中，金城坊有人家爲胡所劫，司法參軍尹伊請追禁西市胡，俄果獲賊。蓋金城近于西市也。

西南隅，匡道府，即漢思后園。漢武帝衛皇后墓園也，宣帝追謚，改葬于此。地本長安故城之杜門外大道東也。按：匡道府見《地理志》。北門有漢戾園。戾太子史良娣墓，宣帝改葬于此，其地本(曰)〔白〕亭。園東南，漢博望苑。本(在)〔杜〕門外道之東。東南隅，開善尼寺。隋開皇中，宫人陳宣華、蔡容華二人所立。寺北，廢太清觀。本悖逆庶人宅。初封安樂公主，出降武三思子崇訓，崇訓誅後，自休祥坊移宅於此，改適武承嗣之子延秀，及誅後，敕太清觀道士史崇玄居焉。崇玄以先天二年謀逆，復誅，觀遂廢。西南隅，會昌寺。本隋海陵公賀若誼宅。義寧元年，義師入關，太宗頓兵于此。武德元年立爲寺。十字街南之東，樂善尼寺。本名舍衛寺。隋開皇六年，尉遲迥孫太師爲其祖所立。景龍元年，改爲温國寺。二年，又改爲樂善寺。瑞聖寺。《舊圖》。冠軍大將軍、代州都督、上柱國許洛仁宅。許洛仁妻《襄邑縣君宋氏墓誌》：夫人諱善主，字令儀，定州安喜人，薨於金城坊里第。雲麾將軍劉元尚宅。《劉元尚墓誌》：薨于金城里之私第。昭武校尉、守左驍衛將軍、上柱國陳義宅。侯銛《陳公墓版文》：卒於上都金城里之私第。華州參軍柳生宅。《乾𦠆子》：華州柳參軍於長安閑游，上巳日曲江見一車子，後簾徐褰，女子容色絶代，柳生鞭馬從之，即見車子入永崇里。柳生知其大姓崔氏，女有母，有青衣字輕紅。柳生多方賂輕紅，竟不之受。他日，崔氏女有疾，其舅執金吾王請爲子納焉。崔氏女不允。其母乃命輕紅于薦福寺僧道省院，達意柳生，令兩三日就禮。柳生自備財禮，期内結婚。後五日，柳挈妻與輕紅于金城里居。無何，王氏殂，柳生挈妻與輕紅赴喪。金吾之子告父擒柳生，王氏既殁，無所明，遂訟於官，公斷王家先下財禮，合歸王氏。經數年，金吾又亡，移其宅于崇義里。崔氏不樂事外兄，時柳生尚居金城里，崔氏乃與輕紅同詣柳生，柳生驚喜，又不出城，只遷羣賢里。後本夫終尋崔氏女，知羣賢里住，興訟奪之，柳生長流江陵。邢縡宅。《通鑑》：王鉷弟户部郎中銲所善邢縡謀作亂，鉷命賈季鄰捕縡，縡居金城坊，季鄰等至門，縡帥其黨突出，鬭且走，至皇城西南隅，會高力士引飛龍禁軍至，擊斬縡。空宅。《朝野僉載》：中書舍人郭正一失一高麗婢，于金城坊中空宅搜得之。

次南醴泉坊。本名承明坊。開皇二年，繕築此坊，忽聞金石之聲，因掘得某泉浪井七所，飲者疾愈，因以名坊。隋有光寶、救度二寺，大業、武德中廢。

西南隅，三洞女冠觀。本靈應道士觀，隋開皇七年立。貞觀二十二年自永崇坊换所居于此。觀北，妙勝尼寺。開皇二年，周静帝皇后平原公主所立。十字街北之西，醴泉寺。隋文帝于此置醴泉監，取甘泉水供御廚。開皇十二年，廢監立寺。十字街南之東，舊波斯胡寺。儀鳳二年，波斯王畢路斯奏請于此置波斯寺。景龍中，宗楚客築此，寺地入其宅，遂移寺于布政坊之西南隅祆祠之西。西門之南，祆祠。東南隅，太平公主宅。公主死後没官，爲陝王府。宅北有異僧方回宅，太平公主爲造之。南門之東，中書令宗楚客宅。楚客誅死，其宅後賜申王撝。烈士臺。世傳安金藏之居。輔國大將軍、右衛大將軍、揚州都督、褒國公段志玄宅。《段志玄碑》：薨于京師之醴泉里第。王安仁宅。《文林郎王君夫人墓誌》：上元元年，終于醴泉里第。安仁其子也。孝子郭思訓宅。《郭思訓墓誌》：終于長安醴泉里之私第。遊擊將軍張希古宅。《張府君墓誌》：公字希古，終醴泉里之私第。

次南西市。隋曰利人市。《舊書·楊貴妃傳》：天寶十載正月望夜，楊家五宅夜游，與廣寧公主騎從争西市門，楊氏怒，揮鞭及公主衣，公主墮馬。

南北盡兩坊之地，市内有西市局。隸大府寺。市内店肆如東市之制。長安縣所領四萬餘户，比萬年爲多，浮寄流寓，不可勝計。市署。署前有市令載敏碑，蒲州司兵徐彦伯爲其文也。平準局。衣肆。沈既濟《任氏傳》：鄭子游入西市衣肆，見任氏。按韋述《記》云：市署前有大衣行，當即此衣肆也。鞦轡行。《逸史》載江陵副使李君事，有西市鞦轡行。秤行。竇家店。《乾𦠆子》：竇乂西市買油靛數石，雇庖人執爨，傭人剉破麻鞋，制爲法燭鬻之，獲無窮之利。先是西市秤行之南，有十餘畝坳下潛污之地，目曰小海池，爲旗亭之内衆穢所聚。竇乂遂求買之，其主不測，乂酬錢三萬。既獲之，于其中立標，懸幡子，繞池設六七鋪，製造煎餅及糰子。召小兒擲瓦礫擊其幡標，中者以煎餅糰啗，不踰月，兩街小兒競往，計萬萬，所擲瓦礫已滿地矣。遂經度造店二十間，當其要害，日收利數千，甚獲其要。店今存焉，號爲竇家店。張家樓。《會昌解頤録》：西市有食店張家樓。景先宅。《霍小玉傳》：小玉往往私令侍婢潛賣篋中服玩之物，多託于西市寄附鋪侯景先家貨賣。放生池。市西北有溝池，長安中沙門法成所穿，支分永安渠以注之，以爲放生池。池側有佛堂，沙門法成所造。獨柳。刑人之所。按西市刑人，唐初即然。貞觀二十年，斬張亮、程公穎于西市。《舊書・肅宗紀》、《王涯傳》又言子城西南隅獨柳樹。蓋西市在宫城之西南，子城謂宫城。

次南懷遠坊。隋有法寶寺，大業七年廢。劉禹錫《傷秦姝行序》：河南房開士得善箏人于長安懷遠里。

東南隅，大雲經寺，本名光明寺，隋開皇四年，文帝爲沙門法經所立。時有延興寺僧曇延，因隋文賜以蠟燭，自然發焰。隋文奇之，將改所住寺爲光明寺，曇延更請立寺，以廣其教，時此寺未制名，因以名焉。武太后初，此寺沙門宣政進《大雲經》，經中有女主之符，因改爲大雲經寺。遂令天下每州置一大雲經寺。此寺當中寶閣崇百尺，時人謂之七寶臺。寺内有浮圖，東西相值。東浮圖之北佛塔，名三絶塔，隋文帝所立。塔内有鄭法輪、田僧亮、楊契丹畫跡，又巧工韓伯通塑作佛像，故以三絶爲名。按《名畫記》：隋田、楊與鄭法士同于光明寺畫小塔，鄭圖東壁、北壁，田圖西壁、（南圖），楊畫外邊四面。又有馮提伽畫瘦馬。十字街東之北，功德尼寺。本在安定坊，開皇五年，周宣帝女細腰公主所立，武德中移于此。左監門大將軍、襄城郡公樊興宅。按碑：終于雍州長安縣懷遠里第。戴夫人宅。冉元一《薛府君墓誌》：公諱剛，終于龍首里第，夫人戴氏終于懷遠里第。盧氏宅。《前定録》：李揆寓宿于懷遠坊盧氏姑之舍。

次南長壽坊。隋曰廣恩坊，避煬帝諱改。有願力寺，大業七年廢。

西南隅，長安縣廨。去府六里。按縣治隋開皇三年所立，見《長安志》。南門之東，永泰寺。本梁太尉、吴王蕭岑宅，隋開皇四年，帝爲沙門曇延立爲延興寺，寺東院莒公蕭琮宅，當隋亡，捨入寺。神龍中，中宗爲永泰公主追福，改爲永泰寺，寺内東精舍有隋中大夫鄭法士畫釋迦滅度之變，左（右）廊有滕王庫直李雅畫聖僧之跡，又有楊契丹畫。北門之東，大法寺。本弘法寺，武德中，光禄大夫李（安）遠所立，神龍元年改。十字街西之北，崇義寺。本隋延陵公于銓宅。武德二年，桂陽公主爲駙馬都尉趙慈景所立。十字街北之西，酇國公楊温宅。開府儀同三司尉遲敬德宅。朝議郎、行澤王府主簿梁寺宅。詳懷德坊下。中書令閻立本宅。按閻令宅在延康坊，《太平御覽》引作「延壽」，誤。《長安志》載在此，恐又因延壽而誤也。前中書侍郎、同中書門下平章事元載家廟。大曆四年，有虎止于載之私廟，命將軍薛岌，周皓發弩手射殺之。

次南嘉會坊。

西南隅，褒義寺。本隋太保吴武公尉遲（剛）〔綱〕宅。初，（剛）〔綱〕兄迥置妙象寺于故都城中，移都後，剛捨宅立寺，名褒義，材木皆舊寺者。《名畫記》：褒義寺有盧稜迦、杜景祥、王元之畫。十字街西之北，靈安寺。武德三年，高祖爲衛懷王元霸立。盱眙尉顧非熊宅。顧非熊有《關試嘉會里閒蟬感懷呈主司》詩。起居舍人韋莊宅。按韋莊有《嘉會里閑居》詩。鄭國莊穆公主廟。《禮閣新儀》曰：德宗女曰義章公主，追册，貞元十七年祔廟。竇氏家廟。《乾䉉子》：扶風竇乂諸姑，累朝國戚，其伯檢校工部尚書交，閑廄使、宫苑使，于嘉會坊有廟院。五月初，長安盛飛榆莢，乂掃聚得斛餘，往詣伯所，借廟院習業。乂夜則潛寄褒義寺法安上人院止，晝則往廟中，以二鍤開隙地，廣五寸，深五寸，羃布四十五條，皆長二十餘步，汲水漬之，布榆于其中。比及秋，森然已及尺餘，千萬餘株矣。

次南永平坊。本名永隆，明皇即位改。

東門之北，宣化尼寺。隋開皇五年，周昌樂公主及駙馬都尉尉遲安捨宅所立。寺門金剛上人雍法雅所制，頗有靈跡，有一尼常傾心供養。東南隅，宣城公主宅。公主薨後，太子太師竇希球居之。高安長公主宅。高宗女，降穎州刺史王勖。蘇頲《高安長公主碑》：薨于長安永平里第。日者寇鄘宅。《乾䉉子》：元和十二年，上都永平里西南隅有一小宅，懸榜云：但有人敢居，即傳元契奉贈，及奉其初價。大曆年，安太清始用二百千買得，後賣與王姁，傳受凡十七主，皆喪長。布施與羅漢寺，寺家賃之，悉無人敢入。有日者寇鄘詣寺求買，因送四十千與寺家，寺家乃傳契付之。有堂屋三間，甚庳，東西廂共五間，地約三畝，榆楮數百株，門有崇屏，高八尺，基厚一尺，皆炭灰泥焉。鄘又與崇賢里法明寺僧普照爲徒，其夜掃堂獨止。至四更，聞一人哭聲，至曙遂絶。鄘乃命照公與作道場，滿七日，崇屏之下四尺開，土忽頹圮，中有一女人。鄘送葬渭水之沙洲，自後更無恐懼。郭汾陽有堂妹出家永平里宣化寺，汾陽王夫人之（頂）謁其姑，從人頗多，（從）〔後〕買此宅，往來安置，或聞有青衣不謹，遂誅青衣，夫人令高築崇屏，此宅或因是焉。亦云青衣不謹，洩漏遊處，由是生葬此地焉。崔氏宅。《紀聞》：鄘城尉范季輔未娶，有美人崔氏，宅在永平里，常依之。開元二十八年二月，崔氏晨起下堂，有物死在階下，身如狗，項九頭，皆如人面，面狀不一，有怒者、喜者、妍者、醜者、老者、少者、蠻者、夷者，皆大如拳，尾甚長，五色。崔氏恐，以告季輔。問諸巫，巫言焚之五道，災則消矣。乃於四達路，積薪焚之。後數日，崔氏母殂。又數日，崔氏死。又數日，季輔亡。天平軍節度使殷侑家廟。按碑，廟在永平里之東北隅。

次南通軌坊。

酇公廟。文敬太子廟。《禮閣新儀》曰：貞元十七年置，在長安坊，後徙于此。

次南歸義坊。

全一坊隋蜀王秀宅。隋文帝以京城南面闊遠，恐竟虚耗，乃使諸子並於南郭立第。時秀有寵，封土殷富，起第最華。秀死後没官，爲家令寺園。

次南昭行坊。本名顯行，犯中宗諱，長安中改。坊南街抵京城之南面。

十字街之南，汝州刺史王昕園。引永安渠爲池，彌亘頃畝，竹木環布，荷荇叢秀。

右皇城西第二街，十一坊及西市。

朱雀門街西第五街，即皇城西之第三街。街西從北第一修真坊。韋述曰：今坊之南門門扉，即周之太廟門板也。隋有積善寺，武德中徙義寧坊。

坊有漢靈臺餘阯。崇五尺，周一百二十步。《述征記》曰：長安宮南靈臺上有相風銅烏，或曰此烏遇千里風乃動。郎將葛威德宅。張説《葛威德墓誌》：夫人郭氏，薨于京兆之修真里。

次南普寧坊。南街西出，通開遠門。

坊西街有漢太學餘阯。其地本長安故城南安門之外。次東，漢辟雍。漢元始四年所立。次東，漢明堂。二所並磨滅，無復餘阯。十字街東之北，靈化寺。隋開皇二年沙門善吉所立，其地本吉之宅。講堂〔北〕有古冢，崇五丈，不詳姓名。東南隅，東明觀。顯慶元年，孝敬升儲後所立。規度仿西明之制，長廊廣殿，圖畫彫刻，道家館舍，無以爲比。觀内有道士馮黄庭碑，又有道士巴西李榮碑，永樂李正己爲其文也。《唐語林》：明皇所幸美人，忽中夜夢見人召去，縱酒密會，醉厭而歸，覺來流汗倦怠，因言於上。上曰：此術人所爲也，汝若復往，但隨時以物記之。其夕熟寐，飄然又往，美人半醉，見石硯在前席，密以手文印于曲房屏風上，寤而具啓。上乃潛令人詣宫觀求之，果于東明觀中得其屏風手文，所居道流已潛遁矣。張因爲道士，居東明觀，柳宗元有《東明張先生墓誌》。西南隅，太尉、英國公李勣宅。北門之西，司農卿韋機宅。西北隅，祆祠。

次南義寧坊。本名熙光坊，義寧元年改。《冥報記》：蘇州别駕沈裕，于貞觀八年八月，夢其身行于京師義寧坊西南街。

南門之東，化度寺。本真寂寺，隋尚書左僕射、齊國公高熲宅。開皇三年熲捨宅，奏立爲寺。武德二年改化度寺。寺中有無盡藏院，敬宗賜化度經院金字額，御樓以觀之。大中六年改爲崇福寺。《名畫記》：化度寺額，殷仲容題。寺有楊廷光、楊仙喬畫。按武后移此寺無盡藏于東都福先寺，日久漸耗，尋移歸本院。至開元九年，以所餘散京師諸寺，遂絶焉。西北隅，積善尼寺。隋開皇十二年，高熲妻賀跋氏所立，其地本賀跋氏之别第。十字街東之北，波斯胡寺。貞觀十二年，太宗爲大秦國胡僧阿羅斯立。東南隅，尚書右僕射戴至德宅。青城縣令達奚思敬宅。員半千《達奚思敬碑》：終于長安義寧坊之私第。右龍武軍宿衛閭庭萼宅。《清河張夫人墓誌》：夫人號威德，清河之族，嫡于閭氏，終于京長安縣義寧里之私第。又云：嗣子庭萼，右龍武軍宿衛。次子庭珍，右羽林軍宿衛。

次南居德坊。南街西出，通金光門。坊内隋有依法、寶岸、凝觀三寺，並大業廢。

漢圓丘餘阯。東南隅，先天寺。本寶國寺。隋開皇三年，敕大興、長安兩縣各置一寺，因立寶昌、禪林二寺，東西相對，時人謂之縣寺。其地本漢之圓丘。先天元年，改爲先天寺。西北隅，普集寺。隋開皇七年，突厥開府儀同三司鮮于遵義捨宅所立。南門之西，奉恩寺。本將軍尉遲樂宅，神龍二年立爲寺，大中六年改興福寺。南門之東，司禮太常伯劉祥道宅。宅接先天寺，兼據漢圓丘舊阯，因基高築亭焉。房州刺史杜元徽宅。劉太真《杜元徽碑》：終于長安居德里私第。左驍衛將軍折氏宅。《曹夫人墓誌》：夫人曹氏，諱明照，年十有八，適左驍衛將軍折府君爲命婦，終于居德里之私第。

次南羣賢坊。隋有監門大將軍黄城公元瓚、上柱國鄘城公梁軌二宅。又有法身、寶王二寺，大業七年廢。

東門之南，真心尼寺。隋開皇八年，宦者儀同三司宋祥捨宅所立。十字街東之北，真化尼寺。開皇十年，冀州刺史馮臘捨宅所立。武太后改爲光化寺，神龍元年復舊。東南隅，中宗昭容上官氏宅。後爲南陽縣主所居。處士程元景宅。《程處士墓誌》：先生諱元景，字師朗，京兆長安人。遘疾，終于羣賢里。内供奉强瓊宅。《故瑯琊王氏夫人墓誌》：夫人即故玉册官、内供奉、賜緋魚袋强瓊之妻。乾符元年，終羣賢里第。

次南懷德坊。

西南隅，羅漢寺。隋開皇六年雍州牧、楚公豆盧勣所立。十字街西之北，辨才寺。本鄭孝王亮隋代舊宅，亮子司空、淮安王神通，以開皇十年爲沙門智凝立此寺於羣賢坊，以智凝辨才不滯，因名寺焉。武德二年徙于此。東門之北，慧日寺。開皇六年所立，本富商張通宅，捨而立寺。通妻陶氏常于西市鬻飯，精而價賤。時人呼爲陶寺。寺内有九層浮圖一百五十尺，貞觀三年沙門道(□)〔説〕所立。李儼《道因法師碑》：法師終于長安慧日之寺。弘光寺。天官侍郎李至遠宅。畢氏曰：《唐書》本傳：至遠爲天官郎中。朝議郎、行澤王府主簿梁寺宅。《梁府君並夫人唐氏墓誌》：梁君諱寺，字師暕，雍州藍田人，終于長安懷德里第。按梁君之卒在垂拱四年七月五日。又云：其夫人唐氏以垂拱四年九月二十七日終于長壽里第。蓋梁君卒後又徙居長壽里也。韓寶才宅。《韓君墓誌》：君諱寶才，長安人也，卒于京城懷德之第。右賢王墨特勒宅。《賢力毗伽公主阿那氏墓誌》：三十姓可汗愛女建册賢力毗伽公主，家埍犯法，身入宫闈，特許歸親兄右賢王墨特勒私第。開元十一年六月十一日，薨于右賢王京師懷德坊之第。楚州兵曹參軍劉崟宅。《劉崟墓誌》：逝懷德私第。鄒鳳熾宅。坊南門之東，有富商鄒鳳熾，肩高背曲，有似駱駝，時人號爲鄒駱駝，其家巨富，金寶不可勝計。

次南崇化坊。本名弘化，避孝敬皇帝諱改。

東門之北，經行寺。本隋長安令屈突蓋宅，開皇十年，邑人張緒市之，立爲寺。大中六年改龍興寺。西南隅，静樂尼寺。隋開皇六年所立。東南隅，龍興觀。本名西華觀，貞觀五年，太子承乾有疾，敕道士秦英祈禱獲愈，遂立此觀。垂拱三年，以犯武太后祖諱，改爲金臺觀。其時道士成玄英住此觀内。神龍元年，又改爲中興觀。三年，改爲龍興觀。《名畫記》：觀有吴道玄、董諤畫。朝議郎、行長安縣丞蕭思亮宅。《蕭思亮墓誌》：終于京崇化里第。河陽節度使烏重胤廟。韓愈《烏氏廟碑》：營廟于京師崇化里。

次南豐邑坊。南街西出，通延平門。此坊多假賃方相、輀車、送喪之具。按《李娃傳》：凶肆有東肆、西肆。傳言各閱所傭之器于天門街，則西肆在街西，東肆在街東，西肆當即豐邑，未知東肆是何坊，俟考。

東北隅，清虚觀。隋開皇七年，文帝爲道士吕師玄所立。師玄辟穀鍊氣，故以「清虚」名之。司徒、兼中書令李晟林園。《舊書・李晟傳》：賜永崇里第及涇陽上田、延平門之林園。

次南待賢坊。此坊隋初立天下諸州朝集使邸，故以待賢爲名。隋又有左鎮軍大將軍史萬歲宅。按《兩京新記》：史萬歲宅初常有鬼怪，居者輒死，萬歲不信，因即居之。夜見人衣冠甚偉，來就萬歲，萬歲問其由。鬼曰：我漢將軍樊噲，墓近君廁，幸移他所，必當厚報。萬歲許諾，掘得骸柩，因爲改葬。後萬歲爲隋將，每遇賊，便覺鬼兵助己，戰必大捷。

東北隅，天長觀。本名會聖觀，隋開皇七年，文帝爲秦孝王俊所立。開元二十八年改千秋觀，天寶七載又改天長觀。節愍太子廟。

次南永和坊。本名淳和，元和初避憲宗名改。

東北隅，隱太子廟。

次南常安坊。

東北按《兩京記》作「東南」。隅，章懷太子廟。神龍中立。

次南和平坊。

坊内南北街之東，築入莊嚴寺。街之西，築入總持寺。

次南永陽坊。坊之西南即京城之西南隅。

半以東，大莊嚴寺。隋初置宇文敳别館于此坊。仁壽三年，文帝爲獻后立爲禪定寺。宇文愷以京城之西有昆明池，池勢微下，乃奏于此寺建木浮圖，崇三百三十尺，周回一百二十步，大業七年成。武德元年，改爲莊嚴寺，天下伽藍之盛，莫與于此。寺内有佛牙，長三寸，沙門法獻從烏踵國取以歸，豫章王暕自揚州持入京，隋文帝改置此寺。大中六年改聖壽寺。《名畫記》：寺有盧稜伽、尹琳畫。西，大總持寺。隋大業三年，煬帝爲文帝所立，初名大禪定，寺内制度與莊嚴寺正同，亦有木浮圖，高下與西浮圖不異。武德元年改爲總持寺。莊嚴、總持即隋文獻后宫中之號也。二寺門額，並少詹事殷令名所書。寺中常貢梨花蜜。《景龍文館記》曰：隋主自立法號，稱總持，呼蕭后爲莊嚴，因以名寺。《名畫記》：寺有孫尚子、吴道玄、尹琳、李昌畫。恭僖、貞獻二太后廟。

右皇城西第三街，十三坊。

龍首渠。

龍首渠一名滻水渠，隋開皇三年開。自東南龍首堰下，支分滻水，北流至長樂坡坡在通化門東七里，臨滻水，自坡之北可望漢長樂宫，故名長樂坡。西北，分爲二渠，東渠北流，經通化門外至京城東北隅，折而西流，入東内苑爲龍首池，餘水經大明宫前下馬橋下。西渠曲而西南流，經通化門南，西流入城，經永嘉坊南，又西南入興慶宫垣，注龍池，又出而西流，經勝業坊、崇仁坊景龍觀，又西入皇城，經少府監南，屈而北流，又經都水監、東宫僕寺、《長安志》作「太僕寺」，誤。内坊之西，又北流入宫城長樂門，又北注爲山水池，又北注爲東海。貞元十三年，又自永嘉之西北，分支至大寧坊太清宫前。

黄渠。

黄渠自義谷口澗，分水入此渠，北流十里，分兩渠，一渠西流，經樊川，合丈八溝。一渠東北流，經少陵原而北流，入自京城之東南隅，注爲曲江。

永安渠。

永安渠，隋開皇三年開，亦謂之交渠。《唐會要》：元和八年，修城南交渠。引交水西北流，入京城之南，經大安坊之西街，又北流經大通、敦義、永安、延福、崇賢、延康六坊之西，又經西市之東，又北流經布政、頒政、輔興、修德四坊，及興福寺之西，又北流入芳林園，又北流入苑，又北注于渭。明皇自蜀還京，肅宗至開遠門外望賢宫迎明皇，帝親籠馬行數十步，執鞭引道，過渠入宫，即過此永安渠。王建《早春五門西望》詩云：宫松葉葉墻頭出，渠柳條條水面齊。蓋渠水皆在城西。

清明渠。

清明渠在永安渠東，亦隋開皇初開。引泬水自丈八溝分支，經杜城之北，屈而東北流，入京城之南，經大安坊之東街，又屈而東，經安樂坊之西南隅，屈而北流，經安樂、昌明、豐安、宣義、懷貞、崇德、興化、通義、太平九坊之西，又北經布政坊之東，右金吾衛之東南，屈而東南，流入皇城，經大社北，又東至含光門西，又屈而北流，經尚舍局東，又北經將作監、内侍省東，又北入宫城廣運門，注爲南海，又北注爲西海，又北注爲北海。

漕渠。

漕渠，天寶元年開。京兆尹韓朝宗分潏水，按渠蓋潏、交之水，《舊書》作分渭水，非是。入自金光門，置潭于西市之街，以貯材木。永泰二年，京兆尹黎幹以京城薪炭不給，又自西市引渠，經光德坊京兆府東，至開化坊薦福寺東街，北至務本坊國子監東，由子城東街，踰景風、延喜門入苑。渠闊八尺，深一丈。《舊紀》：渠成，上御安福門觀之。

唐昭宗遷都洛陽

《舊唐書》卷一九下《僖宗紀》〔光啓元年〕十二月辛亥朔。癸酉，官軍合戰，爲沙陀所敗，朱玫走還邠州。神策軍潰散，遂入京師肆掠。乙亥，沙陀逼京師，田令孜奉僖宗出幸鳳翔。初，黄巢據京師，九衢三内，宫室宛然。及諸道兵破賊，争貨相攻，縱火焚剽，宫室居市閭里，十焚六七。賊平之後，令京兆尹王徽經年補葺，僅復安堵。至是，亂兵復焚，宫闕蕭條，鞠爲茂草矣。

《舊唐書》卷二〇上《昭宗本紀》天祐元年春正月丁酉朔，以翰林學士、左拾遺柳璨爲右諫議大夫、同平章事，賜紫金魚袋。己亥，制以兵部尚書崔遠爲中書侍郎、同平章事、集賢殿大學士。己酉，全忠率師屯河中，遣牙將寇彦卿奉表請車駕遷都洛陽。全忠令長安居人按籍遷居，徹屋木，自渭浮河而下，連甍號哭，月餘不息。秦人大罵於路曰：「國賊崔胤，召朱温傾覆社稷，俾我及此，天乎！天乎！」丁巳，車駕發京師。癸亥，次陜州，全忠迎謁于路。二月丙寅朔。乙亥，全忠辭赴洛陽，親督工作。四月丙寅朔。癸巳，帝遣晉國夫人可證傳詔諭全忠，言中宫誕蓐未安，取十月入洛陽宫。全忠意上遲留俟變，怒甚，謂牙將寇彦卿曰：「亟往陜州，到日便捉官家發來！」

閏四月乙未朔。丁酉，車駕發陜州。壬寅，次穀水行宫。時崔胤所募六軍兵士，胤死後亡散並盡，從上東遷者，唯諸王、小黄門十數，打毬供奉内園小兒共二百餘人。全忠在陜，仍慮此輩爲變，欲盡去之，以汴卒爲侍衛。至穀水頓，全忠令醫官許昭遠告内園等謀變，因會設幄，酒食次並坑之，乃以謀逆聞。由是帝左右前後侍衛職掌，皆汴人也。甲辰，車駕由徽安門入，朱全忠、張全義、宰相裴樞獨孤損前導。是日大風雨，上跬步不辨物色，日暝稍止。上謁太廟，禮畢還宫，御正殿宣勞，從官、衛士受賀。乙巳，上御光政門，大赦，制曰：

乃睠中州，便侯伯會朝之路；運逢百六，順古今禳避之宜。况建鼎舊京，我家二宅，轘轅通其左，郟、鄏引其前。周平王之東遷，更延姬姓；漢光武之定業，克茂劉宗。肇葺新都，祈天永命，皆因否運，復啓昌期。或西避於戎狄，或載殲於妖孽。朕遭家不造，布德不明，十載已來，三罹播越。亦屬災纏秦、雍，叛起邠、岐。始幸石門，以避衛兵之亂；載還華嶽，仍驚畿邑之侵。憂危則矢及車輿，凌脅則火延宫廟。迨至逆連宫豎，搆結姦凶，致劉季述幽朕於下宫，韓全誨劫予於右輔。莫匪兵圍内殿，焰亘九重，皆思假武以容身，唯效指鹿而威衆。矯律於阻修，報朝恩而隔越。副元帥、梁王全忠以兼鎮近輔，總兵四藩，遠赴岐陽，躬迎大駕。辛勤百戰，盡剿凶渠，營野三年，竟迴鑾輅。咸、鎬載新其宫闕，讓、珪絶類於閹徒，方崇再造之功，以正中興之運。又邠岐結釁，巴蜀連兵，上負國恩，下隳鄰好。焚宫烈火，更延爇於親鄰；卻駕凶鋒，復延侵於禁苑。抑又太一遊處，併集六宫，罰星熒惑，久纏東井，玄象薦災於秦分，地形無過於洛陽。爰有一二藎臣，洎四方同志，竭心王室，共誓嘉謀。魏鎮定燕，航大河而畢至；陳徐潞蔡，輦巨軸以偕來。披荆棘而立朝廷，刻灰燼而化輪奂。左郊祧而右社稷，肅爾崇嚴；前廣殿而後重廊，藹然華邃。公卿僉議，龜筮協從。甲子令年，孟夏初吉，備法駕而離陜分，列百官而入洛郊，觀此殷繁，良多嘉慰。謝罪太廟，憂惕驚懷；登御端門，軫惻興感。蓋以一人寡祐，致萬姓靡寧，工役艱疲，忠良盡瘁，克建再遷之業，冀延八百之基。宜覃涣汗之恩，俟此雍熙之慶，滌瑕蕩垢，咸與惟新。可大赦天下，改天復四年爲天祐元年。於戲！肆眚閶闔，即安宫闈。雖九廟几筵，已闕於新室；而諸陵松柏，遥隔於舊都。將務乂寧，難申綣慕。文武百辟，執事具僚，從我千里而來，端爾一心莅政。恩覃既往，效責從新，方當開國之初，必舉慢官之罰。

《舊唐書》卷一一八《元載傳》初，扈駕自陜還，與縉上表，請以河中府爲中都，秋杪行幸，春首還京，以避蕃戎侵軼之患。帝初納之，遣條奏以聞。自魚朝恩就誅，志頗盈滿，遂抗表請建中都，文多不載。大略以關輔、河東等十州户税入奉京師，創置精兵五萬，管在中都，以威四方，辭多開闔。自以爲表入事行，潛遣所由吏於河中經營。

《舊唐書》卷一二〇《郭子儀傳》自西蕃入寇，車駕東幸，天下皆咎程元振，諫官屢論之。元振懼，又以子儀復立功，不欲天子還京，勸帝且都洛陽以避蕃寇，代宗然之。下詔有日，子儀聞之，因兵部侍郎張重光宣慰迴，附章論奏曰：

臣聞雍州之地，古稱天府，右控隴、蜀，左扼崤、函，前有終南、太華之險，後有清渭、濁河之固，神明之奧，王者所都。地方數千里，帶甲十餘萬，兵强士勇，雄視八方，有利則出攻，無利則入守。此用武之國，非諸夏所同，秦、漢因之，卒成帝業。其後或處之而泰，去之而亡，前史所書，不唯一姓。及隋氏季末，煬帝南遷，河、洛丘墟，兵戈亂起。高祖唱義，亦先入關，惟能翦滅姦雄，底定區宇。間者羯胡搆亂，九服分崩，河北、河南，盡從逆命。然而先帝仗朔方之衆，慶緒奔亡；陛下藉西土之師，朝義就戮。豈唯天道助順，抑亦地形使然，此陛下所知，非臣飾説。近因吐蕃凌逼，鑾駕東巡。蓋以六軍之兵，素非精練，皆市肆屠沽之人，務掛虚名，苟避征賦，及驅以就戰，百無一堪。亦有潛輸貨財，因以求免。又中官掩蔽，庶政多荒。遂令陛下振蕩不安，退居陜服。斯蓋關於委任失所，豈可謂秦地非良者哉！今道路云云，不知信否，咸謂陛下已有成命，將幸洛都。臣熟思其端，未見其利。夫以東周之地，久陷賊中，宫室焚燒，十不存一。百曹荒廢，曾無尺椽，中間畿内，不滿千户。井邑榛棘，豺狼所嗥，既乏軍儲，又鮮人力。東至鄭、汴，達于徐方，北自覃懷，經于相土，人烟斷絶，千里蕭條。將何以奉萬乘之牲餼，供百官之次舍？矧其土地狹阸，纔數百里間，東有成臯，南有二室，險不足恃，適爲戰場。陛下奈何棄久安之勢，從至危之策，忽社稷之計，生天下之心？臣雖至愚，竊爲陛下不取。且聖旨所慮，豈不以京畿新遭剽掠，田野空虚，恐糧食不充，國用有闕，以臣所見，深謂不然。昔衛文公小國之君，諸侯之主耳，遭懿公爲狄所滅，始廬于曹，衣大布之衣，冠大帛之冠，元年革軍三十乘，季年三百乘，卒能恢復舊業，享無疆之休。況明明天子，躬儉節用，苟能黜素餐之吏，去冗食之官，抑豎刁、易牙之權，任蘧瑗、史鰌之直。薄征弛力，卹隱追鰥，委諸相以簡賢任能，付老臣以練兵禦侮，則黎元自理，寇盗自平，中興之功，旬月可冀，卜年之期，永永無極矣。願時邁順動，迴鑾上都，再造邦家，唯新庶政，奉宗廟以修薦享，謁陵寢以崇孝思，臣雖隕越，死無所恨。

代宗省表，垂泣謂左右曰：「子儀用心，真社稷臣也。可亟還京師。」十一月，車駕自陜還宫，子儀伏地請罪，帝駐車勞之，曰：「朕用卿不早，故及於此。」乃賜鐵券，圖形凌煙閣。

《新唐書》卷三八《地理志》 東都，隋置，武德四年廢。貞觀六年號洛陽宫，顯慶二年曰東都，光宅元年曰神都，神龍元年復曰東都，天寶元年曰東京，上元二年罷京，肅宗元年復爲東都。皇城長千八百一十七步，廣千三百七十八步，周四千九百三十步，其崇三丈七尺，曲折以象南宫垣，名曰太微城。宫城在皇城北，長千六百二十步，廣八百有五步，周四千九百二十一步，其崇四丈八尺，以象北辰藩衛，曰紫微城，武后號太初宫。上陽宫在禁苑之東，東接皇城之西南隅，上元中置，高宗之季常居以聽政。都城前直伊闕，後據邙山，左瀍右澗，洛水貫其中，以象河漢。東西五千六百一十步，南北五千四百七十步，西連苑，北自東城而東二千五百四十步，周二萬五千五十步，其崇丈有八尺，武后號曰金城。

《新唐書》卷三九《地理志》 北都，天授元年置，神龍元年罷，開元十一年復置，天寶元年曰北京，上元二年罷，肅宗元年復爲北都。晉陽宫在都之西北，宫城周二千五百二十步，崇四丈八尺。都城左汾右晉，潛丘在中，長四千三百二十一步，廣三千一百二十二步，周萬五千一百五十三步，其崇四丈。汾東曰東城，貞觀十一年長史李勣築。兩城之間有中城，武后時築，以合東城。宫南有大明城，故宫城也。宫城東有起義堂。倉城中有受瑞壇。唐初高祖使子元吉留守，獲瑞石，有文曰「李淵萬吉」，築壇，祠以少牢。

《新五代史》卷二一《寇彦卿傳》 初，太祖與崔胤謀，欲遷都洛陽，而昭宗不許。其後昭宗奔于鳳翔，太祖以兵圍之，昭宗既出，明年，太祖以兵至河中，遣彦卿奉表迫請遷都。彦卿因悉驅徙長安居人以東，皆拆屋爲栰，浮渭而下，道路號哭，仰天大駡曰：「國賊崔胤、朱温，使我至此！」昭宗亦顧瞻陵廟，傍徨不忍去，謂其左右爲俚語云：「紇干山頭凍死雀，何不飛去生處樂。」相與泣下沾襟。昭宗行至華州，遣人告太祖以何皇后有娠，願留華州待冬而行。太祖大怒，顧彦卿曰：「汝往趣官家來，不可一日留也。」彦卿復馳至華，即日迫昭宗上道。

《通典》卷一七四《州郡四》 又曰：關中寓内西偏，天下勞於轉輸。洛陽宫室正在土中，周、漢以還，多爲帝宅、皇輿巡幸之處，則是國都，何必重難遷移？洛陽宮密邇勍寇，擇才留鎮，以息人勤，自然無虞，孰不慶幸。答曰：古今既異，形勢亦殊。當周之興也，雖定鼎郟、鄏，而王在鎬京。幽王之亂，平王東徙，始則晉、鄭夾輔，終乃齊、晉主盟，咸率諸侯共尊王室，猶有請隧之僭，中肩之師。東漢再興，巨寇皆殄。魏、晉以降，理少亂多。今咸秦陵廟在焉，勝兵計數十萬，海内財力雲奔風趨，儻議遷都，得非蹙國，斯乃示弱天下，何以統臨四方。洛陽地埆，凋弊尤甚，萬乘所止，千官畢臻，樵牧難資，稾秸難贍，又無百二之固，慮啓姦兇之心，豈得捨安而就危，棄大而從小也。漢高初平項羽，將宅洛師。婁敬請居關中，張良贊成其計，田肯稱賀，方策備存。武德中，突厥牙帳在於河曲，數十萬騎將過原州，時以傷夷未平，財力且乏，百辟卿士震恐，皆請遷都山南，太宗獻計，固争方止，永安宗社，實賴聖謨。議者又曰：洛陽四戰之地，既將不可。蒲坂虞，舜舊國，表裏山河。江陵亦嘗設都，控壓吴、蜀，遠道避翟，寧不堪居。答曰：蒲坂土瘠人貧，困竭其於洛邑，江陵本非要害，梁主數歲國亡。夫臨制萬國，尤借大勢，秦川是天下之上腴，關中爲海内之雄地，巨唐受命，本在於兹，若居之則勢大而威遠，捨之則勢小而威近，恐人心因斯而摇矣，非止於危亂者哉！誠繫興衰，何可輕議？

沈樞《通鑑總類》卷三《贈諡門》 天祐元年初，昭宗在華州。朱全忠屢表請昭宗遷都洛陽。昭宗雖不許，全忠常令東都留守張全義繕修宫室。昭宗御延喜樓，朱全忠遣牙將寇彦卿奉表，稱邠、岐兵逼畿甸，請昭宗遷都洛陽。及下樓，裴樞已得全忠移書，促百官東行，驅徙士民，號哭滿路，罵曰：「賊臣崔胤召朱温來，傾覆社稷，使我曹流離至此！」老幼繦屬，月餘不絶。車駕發長安，全忠以其將張廷範爲御營使，毁長安宫室、百司及民間廬舍，取其材，浮渭沿河而下，長安自是遂丘墟矣。

沈樞《通鑑總類》卷一二上《唐嚴震諫德宗幸成都》 興元元年，車駕至梁州山南，地薄民貧。自安史以來，盗賊攻剽，户口减耗大半，雖節制十五州，租賦不及中原數縣。及大駕駐蹕，糧用頗窘。德宗欲西幸成都，嚴震言於上曰：山南地接京畿，李成方圖收復，藉六軍以爲聲援。若幸西川，則晟未有收復之期也。衆議未决，會李晟表至，言陛下駐蹕漢中，所以繫億兆之心，成滅賊之勢。若規小舍大，遷都岷峨，則士庶失望，雖有猛將謀臣，無所施矣。德宗乃止。

《清續通志》卷一一〇《都邑略》 上都，唐因隋京兆郡舊都，初曰京城，天寶元年曰西京，至德二載曰中京，上元二年復曰西京，寶應元年曰上都，在漢長安故城東南二十里。隋開皇二年移置。前直子午谷，後枕龍首山，左臨灞岸，右抵灃水。京城長六千六百六十五步，廣五千五百七十五步，周二萬四千一百二十步，崇丈有八尺。

東都，隋河南郡地曾置都，武德四年廢。貞觀六年號洛陽宫，顯慶二年曰東都光宅，四年曰神都，神龍元年復曰東都，天寶元年曰東京，上元二年罷京，寶應元年復爲東都，在漢、魏故洛城西十八里。前直伊闕，後據邙山，左瀍右澗，洛水貫其中，有河漢之象。都城東西五千六百一十步，南北五千四百七十步，崇丈有八尺。

北都，隋太原郡地，天授元年置。《通典》作長壽元年，今用《新唐書》。神龍元年罷，開元十一年復置，天寶元年曰北京。上元二年罷京，寶應元年復爲北都。左汾右晉，潛丘在中。都城長四千三百二十一步，廣三千一百二十二步，周萬五千一百五十三步，其崇四丈。汾東曰東城，貞觀十一年築。兩城之間有中城，武后時築。南有大明城，故宫城也。

南都，本江陵府，隋爲南郡。武德四年改爲荆州，五年置大總管，七年升爲大都督。貞觀二年降爲都督府，天寶元年改爲江陵郡，乾元元年復爲荆州大都督府，上元元年置南都，號江陵府。二年罷，寶應元年又號南都。尋罷。

西都，本鳳翔府，隋扶風郡。武德元年改爲岐州，天寶元年改爲扶風郡，至德二載置鳳翔府，號西京。上元二年罷京。寶應元年曰西都，尋罷。

南京，本成都府，隋蜀郡。武德元年改爲益州，置總管府。天寶元年改爲蜀郡，置大都督府。十五載玄宗幸蜀，駐蹕成都。至德二載十月玄宗回京師，十二月改蜀郡爲府號南京。上元元年罷京。

臣等謹案：唐初以京兆河南爲兩都，武后增置太原爲北都，則爲三都。肅宗又置江陵爲南都，鳳翔爲西都，則爲五都。然江陵、鳳翔旋置旋罷，而三都則歷世不改。至德二載，因玄宗幸蜀之故，改蜀郡爲南京，蓋當時未有京名，故蜀郡不在五都内也。唐世都邑廢置不一，自肅宗寶應以後始無復更張矣。

徐松《唐兩京城坊考》卷五《東京》 東京一名東都，始築於隋大業元年，周武王克殷，定鼎郟鄏。《書》云：我乃卜澗水東，瀍水西，惟洛食。所謂王城，即郟鄏也。又云：我又卜瀍水東，亦惟洛食。所謂成周也。王城爲朝會之所，周公留後治之。成周則謂之下都，以處殷頑民。兩城相去四十里。平王東遷，居王城。敬王避王子朝之亂，乃遷成周，城小不能受王都，故晉合諸侯以城之。戰國時之東周，後漢、魏、晉、元魏之都城，皆成周也。隋煬帝始于舊成周之西十八里，舊王城之東五里，築京城。謂之新都。唐武德四年廢。貞觀六年號洛陽宫。顯慶二年曰東都，光宅元年曰神都，神龍元年復曰東都，天寶元年曰東京，上元二年罷京，次年，復爲東都。

皇城

皇城，傅宫城南，因隋名曰太微城，亦曰南城，又曰寶城。《通鑑》：大業十一年，有孔雀自西苑集寶城朝堂。胡省之注：即皇城，王世充命楚王世偉守寶城。按《河南志》：宣輝門次北，舊有寶城門，蓋即皇城之西門，因城爲名也。東西五里一十七步，南北三里二百九十八步，《新書·地理志》：長千八百一十七步，廣千三百七十八步。周一十三里二百五十步，《新書·地理志》：周四千九百三十步。高三丈七尺。《玉海》引《河南志》作「二丈七尺」，「二」字誤。其城曲折，以象南宮垣。按城形正方，而東西微長，其西連上陽宮，則缺西北隅，東接東城，則缺東南隅，有似曲折也。南面三門：正南曰端門，北當應天門，南當定鼎門。東曰左掖門，《通鑑》：隋皇泰主戮于洪建於左掖門外。西曰右掖門。兩掖門各去端門一里。《通鑑》：王世充出右門，即右掖門。東面一門曰賓耀門。隋曰東太陽門，武德中改東明門，顯慶五年又改賓耀。按隋東太陽門，出則天門橫街直東七百步。李庾《東都賦》：翼太和而聳觀，側賓耀而疏軒。太和與賓耀對舉，則太和之近賓耀可知矣。西面二門：南曰麗景門，西入苑。《河南志圖》作麗正門，誤。隋亦曰麗景門。《通鑑》：武后置獄于麗景門，入是獄者非死不出，王弘義戲呼曰「例竟門」。北曰宣輝門。隋曰西太陽門，武德中改西明門，顯慶五年改宣輝。按隋西太陽門，出則天門橫街直西七百步。「宣輝」，《河南志》作「宣耀」，圖作「宣輝」。按《文苑英華》有《駕幸宣輝門觀試舉人賦》，則作「耀」者誤。宣輝次北，舊有寶城門，門外苑又有二門，南曰由儀門，北曰咸安門。見《河南志》。城中南北四街，舊五街。東西四街。

應天門外第一橫街之南，第二橫街之北。

東曰東朝堂，《通鑑》：王世充令西朝堂納冤，抑東朝堂納直諫。當即此東、西朝堂。次東，門下外省。次東，殿中省。隋曰殿内省。次東，左監門衛。開元初，分左衛地造内省。次東，左衛。隋曰左翊衛。次東，左衛率府。開元初，分左衛地造。次東，尚輦局。與左衛率府隔左掖門街。隋少府監作坊之地。

東朝堂之南，〔第〕三橫街之北。

從西第一，右春坊。分左驍衛地造。次東，左驍衛。次東，左千牛衛。隋曰左備身府。次東，家令寺。分左千牛衛造。初東都百司不備，武后時猶權寓他所。開元初，明皇幸洛陽，分地營建，乃備矣。次東，左武衛。次東，左威衛。次東，左監門率府。《河南志》作左監門衛，誤，今改正。次東，左領軍衛。隋曰左御衛府。按此街應補左司禦率府，次東隔左掖門街，應補左春坊。

東朝堂之南，第四橫街之北。

從西第一，曰鴻臚寺。隋司隸臺及光禄寺之地。次東，衛尉寺。據《河南志圖》補。次東，大府寺。次東，太廟。在左掖門街之東。隋少府監之地。武后造。初以置武氏七廟，中宗因而正焉。安禄山陷雒陽，以太廟爲馬廄，棄其神主。收東京後，寄主于太微宮。宣宗時以廢弘敬寺爲太廟，由太微宮迎主祔焉。次北，中宗廟。隋東宮率府之地。

應天門外第一橫街之南，第二橫街之北。

西曰西朝堂。次西，中書外省。隋曰内史省。次西，四方館。隋曰謁者臺。次西，右衛率府。分右衛地造。次西，右衛。次西舊有倉院，院西抵城之南北街，後併入太社。按此則隔右掖門之西，應補太社。又按右衛率府之次，當補右監門衛。

西朝堂之南，第三橫街之北。

從東第一，右司禦率府。分右驍衛地造。次西，右驍衛。次西，右千牛衛。次西，右武衛。次西，右監門率府。分右武衛地造。次西，知匭使。分右威衛地造。次西，右威衛。次西，内侍省。本右威衛地，武后移造于此，便以園地充衛。次西，右領軍衛。次西，内坊。分右領軍地造。

西朝堂之南，第四橫街之北。

從東第一，御史臺。次西，祕書省。省内有蔡邕石經數十段，後魏末自洛陽徙長安，周武帝時徙置鄴。隋煬帝爲太子，掇殘缺者徙至東宮，又移將作内坊。貞觀四年，祕書監魏徵奏于京祕書内省置，武后復徙於此。次西，尚舍局。次西，太僕寺。隋長秋監之地。武德初改名内侍省，武后曰司宮臺，尋徙于此街，于此置右肅政御史臺。景雲中臺廢。開元八年，王毛仲爲太僕卿，奏自安業坊移寺于此。寺西即右掖門，門内道西舊有良醖署，後爲瀉口磑坊。

賓耀門内道北。

詹事府。大帝末營于此。

東城

東城亦隋時所築，唐因之。以在宮城、皇城之東，故曰東城。《通鑑》：王世充使太子元應守東城。東面四里一百九十七步，南北面各一里二百三十步，西屬宮城，其南屈一百九十八步，屬宮城之東北隅。南面屈曲，逐雒水之勢，北即含嘉倉城。高三丈五尺。正南門曰承福門，東面一門曰宣仁門，直東與外郭之上東門相直。《通鑑》：元文都等爲李密飾賓館于宣仁門東。安禄山之陷東京，封常清退守宣仁門，又敗，乃自苑西壞墻西走。北面一門曰含嘉門。南當承福門，含嘉門北即含嘉倉，倉北曰德猷門，門出外郭。城中南北街一，東西街三。舊四街，後併曹司，廢街。

承福門内南北街之東，從南第一橫街之北。

從東第一，司農寺。舊鴻臚寺之地，乾封中徙。次東，光禄寺。舊司農寺之地，乾封中徙。次東，太常寺。

承福門内南北街之東，從南第二横街之北。

東當宣仁門街北，尚書省。長壽中，左丞李昭德奏加修繕，甚爲壯麗。《通鑑》：王世充殺元文都等，自含嘉城移居尚書省。

承福門内南北街之西，從南第一横街之北。

從西第一，少府監。次西，軍器監。本修甲弩坊，開元初立爲監。次西，大理寺。隋氏此街之北，從東第一衛尉寺，第二都水監，第三大理寺。更北又開東西一街，街北從東第一宗正寺，第二太僕寺，第三將作監。乾封之後，修繕東都，始移併焉。

外郭城

東京城，隋大業元年築，曰羅郭城。唐長壽二年，李昭德增築，按隋時外城僅有短垣，昭德始築之。改曰金城。按《會要》：天寶二年正月二十八日築神都羅城，號曰金城。則金城之名非始於武后矣。前直伊闕，後倚邙山，東出瀍水之東，西出澗水之西，雒水貫都，有河漢之象焉。按《三輔黄圖》云：始皇築咸陽宫，端門四達，以象紫宫，引渭水貫都，以象天漢。則煬帝蓋倣秦之爲也。周五十二里。韋述《記》曰：東面十五里二百一十步，南面十五里七十步，西面十二里一百二十步，北面七里二十步，周回六十九里二百十步。《新書·地理志》曰：東西五千六百十步，南北五千四百七十步，西連苑，北自東城而東二千五百四十步，周二萬五千五十步，其崇丈有八尺。《六典》注作西面連苑，距上陽宫七里，北面距徽安門七里。張鷟《判》：有大匠吴淳，掌造東都羅城，墻高九仞，隍深五丈。南面三門：正南曰定鼎門，南通伊闕，北對端門。隋曰建國，唐武德年平王世充改。《大唐新語》：長壽三年，則天徵天下銅五十萬餘斤，鐵三百三十餘萬，錢二萬七千貫，于定鼎門内鑄八稜銅柱，高九十尺，徑一丈二尺，題曰「大周萬國述德天樞」。東曰長夏門，在定鼎門東五里。廣明庚子，汝州召募軍李巡光等一千五百人，自雁門回，掠東都南市，焚長夏門而去。蓋南市與長夏門惟隔四坊也。西曰厚載門。在定鼎門西二里。隋曰白虎門，唐初避廟諱改。東面三門：北曰上東門，西對東城之宣仁門。隋曰上春，唐初改。中曰建春門，隋曰建陽，唐初改。薛懷義於建春門内敬愛寺别造殿宇，改名佛授記寺。見《舊書·外戚傳》。南曰永通門。《河南志》作中曰羅門，南曰建春門，而無永通之名，惟于注中引韋述《記》曰：建春南曰永通。蓋永通後廢，作志時已無此門也。今從《六典》、韋述《記》。《續定命録》：樊陽源有表兄任密縣令，使人招之，遂出永通門宿。許渾有《出永通門經李氏莊》詩，是唐時有此門也。北面二門：東曰安喜門，隋曰喜寧，唐初改。按「喜」或作「善」，非。西曰徽安門。《南部新書》：徽安門樓上元多雀鴿，後絶無。清泰中，帝上此樓自焚，俗謂之「火燒門」。《杜鵬舉傳》：鵬舉在洛城暴卒而蘇，云見兩人持符來召，相引徽安門出，直北上邙山。蓋此門外即邙山。城内縱横各十街，《河南志》引韋述《記》曰：定鼎門街廣百步，上東、建春二横街七十五步，長夏、厚載、永通、徽安、安喜及當左掖門等街，各廣六十二步，餘小街各廣三十一步。凡坊一百十三，市三。隋曰里一百三，市三。唐改曰坊。《河南志》引韋述《記》曰：每坊東西南北各廣三百步，開十字街，四出趨門。《通鑑》：魏景明二年，司州牧廣陽王嘉請築洛陽三百二十三坊，各方三百步，詔發畿内夫五萬人築之，四旬而罷。按唐時坊一百十三，則魏時坊或兼城外數之，或字誤也。又按唐之三市，皆非隋三市之舊，隋無西市，唐無東市。當皇城端門之南，渡天津橋，至定鼎門，南北大街曰定鼎街。亦曰天門街，又曰天津街，或曰天街。《河南志》引韋述《記》曰：自端門至定鼎門七里一百三十七步，隋時種櫻桃、石榴、榆、柳，中爲御道，通泉流渠，今雜植槐、柳等樹兩行。褚載《定鼎門》詩：郟鄏城高門倚天，九重蹤跡尚依然。須知道德無關鎖，一閉乾坤一萬年。

定鼎門街東第一街，從南第一曰明教坊。

龍興觀。西南隅，尚書右丞宋璟宅。《太平御覽》：璟造宅悉東西相對，不爲斜曲，以避惡名。顔魯公《宋璟碑》：薨于東都明教里第。南門之東，清河縣子、國子司業崔融宅。《太平御覽》：融爲則天哀册，用思精苦，下直，馬過其門不覺，文就而卒。

次北宜人坊。本曰宜民，避唐太宗諱改，或作「仁」者，非。

半坊太常寺藥園。本隋齊王暕宅。西南隅，菏澤寺。

次北淳化坊。

祁國公、贈太尉、益州大都督王仁皎宅。

次北安業坊。隋有薛道衡宅。《廣異記》：開元末，東京安宜坊有書生，夜中理書，鬼邀之，出坊至寺門鋪，俄至定鼎門内。「安宜」當即「安業」之訛。

太僕寺。典廐署。霍王元軌宅。李懷遠宅。

次北修文坊。隋立國子學于此，因曰「修文」。有麥鐵杖宅。

弘道觀。顯慶二年，盡併一坊之地爲雍王宅。王升儲，立爲弘道觀，因改坊名曰「弘道」。按《會要》：章懷太子于咸亨三年徙封雍王，則顯慶時不得有雍王宅也。《河南志》原注誤。《名畫記》：弘道觀《東封國》是吴道玄畫。《兩京記》乃云非名手，誤也。

次北尚善坊。

太史監。本崇賢館。宗正寺。内僕局。右驍衛大將軍阿史那忠宅。《阿史那忠碑》：薨於洛陽尚善里之私第。岐王範宅。本武三思宅，宅有薛稷畫鶴。《舊書·外戚傳》：武崇訓尚安樂郡主，時三思用事于朝，欲寵其禮，中宗爲太子在東宫，三思宅在天津橋南，自重光門内行親迎禮，歸於其宅。薛王業宅。本太平公主宅。坊北，天津橋。《元和郡縣志》：天津橋在河南縣北四里，隋煬帝大業元年初造。此橋以架雒水，用大船維舟，皆以鐵鎖鉤連之，南北兩路，對起四樓，其樓爲日月表勝之象，然雒水溢，浮橋輒壞。貞觀十四年，更令石(上)〔工〕累方石爲脚。《爾雅》：斗牛之間爲天漢之津，故名取焉。按唐人由西京至東都，皆由天津橋。高宗還東都，百官見于天津橋南是也。白居易詩：津橋東北斗亭西，到此令人詩思迷。

右定鼎門街東第一街，六坊。

定鼎門街東第二街，北隔雒水，當皇城之左掖門。從南第一曰樂和坊。

國子學。本韓王元嘉宅。同鳳閣鸞臺平章事、建昌郡王武攸寧宅。齊景胄宅。工部侍郎李適宅。吏部尚書李景讓宅。《新書·李景讓傳》：景讓宅東都樂和里，世稱清德者，號樂和李公云。

次北正平坊。正或作政，非。

孔子廟。國子監。開元初，祕書監吴道師撰碑立廟前。《舊書·儒學傳》：尹知章卒，門人孫季良等立碑于東都國子監之門外，以頌其德。安國女道士觀。本太平公主宅。安慶緒因甄濟于安國觀，見《舊書·忠義傳》。李商隱爲馬懿公郡夫人王氏黄籙齋文：妾某住河南府河南縣正平坊安國觀内。常州刺史平貞昚宅。張説《平貞昚碑》：薨于河南之正平里第。兵部尚書李迥秀宅。《舊書》本傳：所居宅中生芝草數莖，又有猫爲犬所乳，中宗以爲孝感所致，使旌其門閭。左散騎常侍、襄陽郡王路應宅。韓愈《路應碑》：薨于東都正平里第。

次北修行坊。

奉國寺。本張易之宅。白居易有《東都奉國寺禪德大師照公塔銘》。豆盧欽望宅。銀青光禄大夫致仕李義琰宅。《舊書》本傳：義琰宅無正寢，弟義璡市堂材送焉，義琰竟不營構。及將歸東都田里，公卿已下相餞于通化門外，時人以比漢之二疏。劉軻宅。劉軻《陳玄奘塔銘》：歲丁巳，開成紀年之明年，有具壽沙門曰令檢，自上京抵洛，師以縹囊盛三藏遺文傳記，訪余柴門于行修里。「行修」即「修行」之訛。太常少卿杜氏宅。温庭筠有《和太常杜少卿東都修行里嘉蓮詩》。

次北崇業坊。

福唐觀。李邕有《東京福唐觀鄧天師碣》。申王撝宅。守司徒、同平章事、充東都留守裴度宅。

次北修業坊。

景雲女道士觀。郎國公主宅。本許敬宗宅。張説《郎國長公主碑》：薨于河南縣之修業里。按公主爲睿宗第八女，降薛敬，後降鄭孝義。代國公主宅。本陸頌宅。鄭萬鈞《代國長公主碑》：薨于河南修業里第。按公主爲睿宗第五女，降鄭萬鈞。

次北旌善坊。北至雒水。

崇化寺。特進、尚書右僕射、上柱國温彦博宅。《虞恭公碑》：薨於旌善里第。寧王憲宅。本安樂公主宅。明威將軍梁待賓宅。楊炯《梁待賓碑》：終于東都旌善里私第。李翺宅。李翺《來南録》：元和四年正月，自旌善第以妻子上船于漕，乙未去東都。

右定鼎門街東第二街，六坊。

定鼎門街東第三街，北當雒水之中橋，又當東城之承福門。從南第一曰尚賢坊。

天官侍郎張錫宅。父子五人列戟，時號「萬石張家」。建安王武攸宜宅。檢校納言、兼肅政臺御史大夫狄仁傑宅。大理卿裴談宅。崔明昚宅。河東節度使韋湊宅。左衛將軍、范陽郡公張知謇宅。

次北敦行坊。

司農寺。司竹園。本周思茂宅。吏部尚書裴漼宅。鄴郡太守、長垣縣子、恒王傅吴兢宅。滄州刺史鄭孝本宅。以致仕終于此里，見孫逖所作墓誌。里肆。《杜牧集》：川守大夫劉公早歲寓居敦行里肆，有題壁十韻。

次北崇政坊。

秋官尚書杜景佺宅。刑部尚書王志愔宅。李伯潛宅。按李伯潛未知何人，常衮有《贊善大夫李君墓誌銘》云：君諱某，天寶十四載終于東京崇政里之私第。載此俟考。太子賓客、贈禮部尚書崔沔宅。顔魯公《崔孝公宅陋室銘記》：公既留司東都，遂鬻所乘馬，就故人監察御史張汯子深河南府崇政坊買宅以製居，建宗廟于西南。維先太夫人安平郡夫人堂在宅之中，儉而不陋，浄而不華，六十餘年，榱棟如故。堂東嫂盧夫人所居，堂之東北鄭氏、李氏姊歸寧所居。堂之北五步之外，建瓦堂三間以居之。

次北宣範坊。

半坊爲河南府廨。西北去宫城七里。古監洛城，即古之甘城也。隋置都，平之。按《禹貢》：豫州之域，秦始立三川郡，三川者，伊、洛、河也。漢改河南郡。曹魏時，以司隸校尉所掌置司州，領河南等五郡。晉穆帝時，桓温入雒陽，復置河南郡。宋武帝復置司州。後魏都雒陽，爲河南尹。隋文帝置河南道行臺省，煬帝建新都，改雒州爲豫州，大業三年，罷州爲河南郡，十四年復置雒州。王世充又爲司州。武德四年復爲雒州，開元元年改雒州爲河南府。太子賓客元行沖宅。

次北恭安坊。隋有馮慈明宅。

太子僕寺。右散騎常侍、舒國公褚無量宅。禮部侍郎賈曾宅。魏奉古宅。王怡宅。

次北勸善坊。隋有李圓通宅。

東北隅，太子太師鄭公魏徵宅。《太平御覽》：魏徵宅山池院有進士鄭光乂畫山水，爲時所重。後王方慶居之。開府儀同三司、畢國公竇希瓘宅。戶部尚書畢構宅。

次北惠訓坊。北至雒水，隋有翻經館。

長寧公主宅。按公主爲中宗第四女，降楊慎交，後降蘇彥伯。《新書・長寧公主傳》：東都廢永昌縣，主丐其治爲府，以(池)〔地〕瀕洛，築鄣之。又曰：魏王泰故第，東西盡一坊，瀦沼三百畝。泰薨，以與民，至是主丐得之。按永昌縣廨在道德坊，道德與惠訓相接，故兩坊皆有長寧公主宅，而魏王池在旌善、尚善之間，東與兩坊相屬，長寧因丐得之也。岐王山亭院。密亳二州刺史鄭仁愷宅。崔融《鄭仁愷碑》：薨于東都惠訓里第。坊北舊中橋。隋大業初造，名立德橋，唐上元中韋機徙于東街。

半已西道術坊。隋煬帝多忌惡，五行、占候、卜筮、醫藥者皆追集東都，置此坊，遣使檢察，不許出入。時改諸坊爲里，以此偏居里外，既技藝所聚，謂之道術坊。唐貞觀中併坊地以賜魏王泰，泰爲池彌廣數頃，號魏王池。泰死，後立爲道術坊，分給居人。神龍中併入惠訓坊，盡爲長寧公主第。開元初復舊。《通鑑》：大業三年勑河南諸郡送一藝戶陪東都三千餘家，置十二坊於洛水南以處之。按此則道術坊即十二坊之一也。

右定鼎門街東第三街，八坊。

定鼎門街東第四街，北隔雒水，當外郭之徽安門。即長夏門之西街，從南第一曰歸德坊。

黄門侍郎、扶陽縣子韋承慶宅。尚書左丞相、徐國公劉幽求宅。左散騎常侍劉子玄宅。中書令韋嗣立宅。張説《逍遥公墓誌》：薨于歸德里。盧言宅。《唐語林》：盧言舊宅在東都歸德坊南街，廳屋是杏木梁，西壁有韋冕郎中散馬七匹，東壁有張旭草真蹟數行。宅之東果園，《兩京雜記》云是馬周舊宅。旅舍。《補録紀傳》：李固言初未第時，寓歸德里。長夏亭。門内客亭。水南倉。制度甚雄敞，倉南有土冢，俗傳是蔡邕墓。水南草場。

次北康俗坊。「俗」或作「裕」，非。

左丞相、燕國公張説宅。張説《先府君張騭碑》：夫人長樂縣太君馮氏，傾背于東都康俗里第。按騭即燕公父，馮氏即燕公母。張九齡《張燕公墓誌》：薨于東都康俗里第。又張説《李氏張夫人墓誌》：臨淄李伯魚妻范陽張氏女，伯魚卒，夫人寡居無子，以歸宗焉，傾逝于康俗里。按張夫人即燕公之姊。太子詹事陸餘慶宅。尚書右丞、工部尚書、東都留守劉知柔宅。前亳州刺史盧瑗宅。《通幽記》：貞元九年，前亳州刺史盧瑗家于東都康俗坊，瑗父正病卒，後兩日正晝，忽有大鳥色蒼，飛于庭，巡翔空間，飛入西南隅井中，久而飛出，人往視之，井水已竭，中獲二卵，大如斗，將出破之，血流數斗。至明，忽聞堂西奥有一女人哭，出就東間，却往西間，拽其尸，如糜散之，出門而滅。成都功曹蕭公宅。穆員《蕭公墓誌》：終于康俗里第。

次北敦化坊。本名基化坊，景雲初避明皇名改。隋有永昌公主宅。

麟跡女道士觀。《劇談録》：東都敦化坊有麟迹見于興慶觀，殿宇悉皆頽毁。咸通中畢諴相國別令營造，建基址間，得巨甕，皆貯白銀。雒州刺史賈敦頤宅。後爲鄭王府。突厥阿史那斛瑟羅宅。尚書左丞相、兼侍中源乾曜宅。戶部尚書陸象先宅。嗣許王瓘宅。桂州觀察使李勃宅。《酉陽雜俎》：東都敦化坊百姓家，大和中有木蘭一樹，色深紅，後桂州觀察使李勃看宅人以五千買之，宅在水北，經年花紫色。河南府法曹參軍盧貽宅。韓愈《盧府君夫人苗氏墓誌》：卒於東都敦化里。按貽與苗氏即昌黎之妻父母。鄂縣尉劉刺夫宅。《三水小牘》：彭城劉刺夫，大中年授鄂縣尉，卒，妻王氏歸其家，居雒陽敦化里第。汝州魯山縣令皇甫枚宅。按枚撰《三水小牘》云：余在雒敦化里第，渤海徐公讜爲余言王知古事。是枚宅在此坊矣。

次北道化坊。「道化」一作「遵化」，隋有王邵宅、趙才宅。

定安公主宅。公主爲中宗第三女，降王同皎，後降韋濯，三降崔銑。益州大都督府長史、贈禮部尚書皇甫無逸宅。本隋蕭琮所居，後爲唐臨宅。右領軍府大將軍房仁裕宅。本隋郡學。中書令崔湜宅。張説《滎陽夫人鄭氏墓誌》：終于雒陽之遵化里。按鄭氏即湜之母。

次北温柔坊。

李晦宅。太平公主壻豆盧光祚居焉，後爲秦國公主宅。按《會要》無秦國公主。睿宗第七女曰蔡國，或形近而訛。瓊山縣主宅。閤門使薛貽簡園。號薛氏奉親園，園内流杯石，傳自平泉徙致。

次北擇善坊。

率更寺。太尉、英國公李勣宅。左衛大將軍、同中書門下三品、韓國公張仁愿宅。本隋來護兒宅。宣城公主宅。宣城公主爲憲宗第五女。按雒陽第宅，多是武后、中宗時居東都所立，中葉以後，不得有公主宅。考中宗第二女曰宜城公主，降裴巽，「宣」蓋「宜」之誤也。同鳳閣鸞臺平章事、譙縣子婁師德宅。

次北道德坊。本曰道訓坊，北至雒水。隋有秦王浩宅。

東南隅，永昌縣廨。永昌中析河南、雒陽二縣立永昌縣，治此坊。神龍元年省。按《紀聞》云：唐衛州司馬杜某爲雒陽尉時，有賊在雒陽城南午橋人家殺人，將財至城，舍于道德里，欲出外，不能去，乃出道德坊南行，忽空中有火，遮其前，不得南出，因北走入縣門。蓋是未省縣時也。武成王廟。景龍女道士觀。南北居半坊之地，金仙公主處焉。按公主爲睿宗第九女。長寧公主宅。内史史務滋宅。

右定鼎門街東第四街，長夏門之西街，七坊。

長夏門之東第一街，定鼎門街東之第五街也，南出長夏門。從南第一曰仁和坊。坊本名民和，避唐太宗諱改，當作「人和」。而《太平御覽》、《白居易集》及《河南志》所引韋述《記》皆作仁和。《河南志》引韋述《記》云：此坊北側數坊，去朝市遠，居止稀少，惟園林滋茂耳。

兵部侍郎許欽明宅。欽明，户部尚書圉師猶子，與中書令郝處俊鄉黨親旅，兩家子弟類多醜陋，而盛飾車馬，以遊里巷，京雒爲之語曰：衣裳好，儀觀惡，不姓許，即姓郝。禮部尚書裴寬宅。子孫最衆盛。柳玭《戒子孫文》云：東都仁和里裴尚書寬，天后時宰相魏玄同選尚書之先爲壻，未成昏而魏陷羅織獄，家徙嶺表。及北還，女已踰笄，其家議無以爲衣食資，願下髮爲尼，有一尼自外至，曰女福厚豐，必有令匹，子孫將徧天下，宜北歸。家人遂不敢議。及荆門，則裴齎裝以迎矣。兵部侍郎裴鄰宅。按白居易《裴常侍薔薇架》詩注：裴君所居名仁和里。蓋亦裴氏之族也。諸城劉氏云：大和題名有裴潾，則「鄰」當作「潾」。益州長史、南陽公杜行敏宅。杜牧六代祖，賜宅在仁和里。按《宰相世系表》：行敏爲牧之六代祖。

次北正俗坊。按《宣室志》：長慶初，雒陽利俗坊有民行車數兩，將出長夏門，有一人負布囊，求寄囊于車中，因返入利俗坊。疑「利俗」即此「正俗」也。

玄元觀。李從遠宅。太子太傅分司東都李固言宅。盧氏宅。竇從直《盧公夫人崔氏墓誌》：元和甲午，終于東都正俗里之私第。

次北永豐坊。

尚書右僕射楊再思宅。户部尚書崔泰之宅。吴師道宅。邠王府長史陰公宅。張均《陰府君碑》：寢疾東都，終于永豐第。按陰君夫人即燕公之妹。太子賓客杜氏宅。《唐詩紀事》：蔣防有《杜賓客永豐里新居》詩。西南隅，柳樹。盧貞《和白尚書賦永豐柳》詩序：永豐坊西南角有垂柳一株，柔條極茂。

次北修善坊。隋有蔡王智積宅。《河南志》引韋述《記》云：坊内多車坊、酒肆。

波斯胡寺。太子賓客盧正己宅。常衮《盧正己墓誌》：薨于東都循善里之私第。按循、修雙聲，古多通用。

次北思順坊。隋有諸葛穎宅。洛陽縣龍門三龕有貞觀二十一年思順坊老幼等造彌勒像，即此坊也。

户部尚書、長平公楊纂宅。中書令張嘉貞宅。嘉貞子延賞，延賞子弘靖，皆爲相，其居第亭館之麗，甲于雒城，子孫五代，無所加工，時號「三相張家」。

次北福善坊。此坊有坡，地勢隆起，名福善坡。《河南志》云：韋述《記》不著此坡，疑張全義保南州時所築壘垣，其後未嘗平蕩，因以得名。《畫墁録》云：唐家二百八十餘年，河決二穀，雒城歲爲患，壞天津，浸城闕，墊城郭不已。宋時自祥符至熙寧，福善坡以北率被昏墊，城下惟福善坡不及，城外惟長夏門不及，雒中有語云：長夏門外有莊，福善坡頭有宅。乃知水讖不苟云。

次北惠和坊。隋大業四年，坊内道東南醴泉涌出，水面闊五尺，暖而甘，泉上常有氣如霧，疾病者取飲之，多效，時人謂曰神泉，至九年枯竭。

安修仁宅。官舍。王紹宗兄元宗口授銘序：垂拱之歲，吾六兄見疾大漸，委化于伊、雒之間，僑居惠和里之官舍。

次北安衆坊。北至雒水。

工部尚書尹思貞宅。尚書右僕射、燕國公于志寧宅。令狐德棻《于志寧碑》：薨于東都安衆里之第。竇庭芝宅。《唐語林》：李鄴侯居憂于河清縣，騎驢入雒，至中橋南遇大尹，避道，驢驚逸而走，徑入分司竇庭芝員外宅。鄴侯與僕者共造其門，庭芝出，降階而拜，延接信宿，贈送甚厚，但云貴達之日，願以一家爲託。及朱泚之亂，庭芝降賊，德宗首命誅之，鄴侯累白以舊事，乃原其罪。按言中橋之南，即安衆坊也。坊北中橋。此新中橋也。《舊書・李昭德傳》：初都城雒水天津之東，立德坊西南隅有中橋及利涉橋。上元中，司農卿韋機始移中橋，置于安衆坊之左街，當長夏門，都人甚以爲便，因廢利涉橋，所省萬計。然歲爲雒水衝注，常勞治葺。昭德創意積石爲脚，鋭其前以分水勢，自是竟無漂損。

右長夏門之東第一街，八坊。

長夏門之東第二街，從南第一曰興教坊。

祕書少監趙雲卿宅。《河南志》引《蕭穎士集》：興敬里有趙雲卿宅。按「敬」即「教」之訛。李師道留後院。《通鑑》：李師道置留後院于東都，本道人雜沓往來，吏不敢詰。《考異》引《河南記》曰：賊帥訾嘉珍于東都留後院潛召募二百餘人，造置兵仗。會門子健兒有小過被笞，遂使兄弟一人告河南府。當時飭兩縣驅丁壯悉持弓矢刀棒，圍興道坊院數重，因縱火焚其院。按「興道」即「興教」，《通鑑》言賊出長夏門望山而遁，興教正在長夏門内也。或原作「興道」，《河南志》因下「宣教」而訛。留後院，《舊書・吕元膺傳》作「邸院」。

次北宣教坊。本名弘教，神龍初避孝敬皇帝諱改。

懷音府。見《地理志》。全真觀。齊州司馬陸孝斌宅。張説《陸孝斌碑》：夫人盧氏，終于雒陽之宣教里。安鄉郡長史黄撝宅。劉庭玲撰《故安鄉郡長史黄府君夫人彭城劉氏龕銘》云：夫人歸江夏黄撝。寢疾，終於東京宣教里之私第。太子少師皇甫鏞宅。白居易《皇甫鏞墓誌》：薨于東都宣教里第。少師，《墓誌》作「少保」。淮南節度使、趙國公李紳宅。李紳廉察東雒，初到雒陽，寓居宣教里。

次北陶化坊。隋有修行寺、史祥宅。元稹《贈呂二校書》詩注：與呂校書同年科第，後爲別七年，元和己丑歲八月，偶于陶化坊會宿。

侍中、譙郡公桓彦範宅。禮部尚書蘇頲宅。太僕卿、華容縣男王希雋宅。張九齡《王府君墓誌》：薨于雒陽之陶化里第。楚材按：希雋之名，見蘇頲《授王希雋太僕卿制》。希雋又有宅在西京朱雀門街東第三街親仁坊。河南府參軍張軫宅。呂巖説《張軫墓誌》：開元廿年六月五日，因調遘疾，終于洛陽陶化里之私第。按軫，柬之之孫，柬之作其父《元弼墓誌》，亦言終于洛陽，是洛陽世有張氏宅矣。穆案：星伯先生卒於道光二十八年三月初一日，此條則將屬纊之前四、五日手書示穆，令補入書中，時穆新遭妻喪，兒孝蘭疾亦垂殆，倉皇摧割之際，寶持手蹟，幸未遺失，附注於此，以志痛也。工部尚書、東都留守盧從愿宅。王光輔宅。光輔名曒，以字行，石泉公方慶長子，官至潞州刺史。楚材按：石泉公居魏鄭公宅，在定鼎門第三街勸善坊。太子賓客高重宅。空宅。《宣室志》：東都陶化里有空宅，大和中，張秀才借得肄業。夜深攲枕，乃見道士與僧徒各十五人，從堂中出，排作六行，別有二物展轉于地，秀才以枕擲之，皆不見。明日于壁角中得一敗囊，中有長行子三十個，並骰子一雙。

次北嘉善坊。隋有元文都宅、韋津宅。

菏澤寺經坊。鄭果宅。嗣號王邕宅。祕書監蘇踐言宅。《五行記》：蘇踐言左相，温國公長子，居于嘉善里。永昌年六月，與其弟崇光府録事參軍踐義退朝還第，弘道觀東猝遇暴雨，震電光來繞踐言等馬，回旋甚急，有頃方散。

次北南市。隋曰豐都市，東西南北居二坊之地，其内一百二十行，三千餘肆，四壁有四百餘店，貨賄山積。貞觀九年促半坊。《通鑑》：李密以孟讓爲總管，讓夜帥步騎三千入東都外郭，燒掠豐都市。又曰：越王侗運回洛倉米入城，遣兵五千屯豐都市，五千屯上春門，五千屯北邙山。按豐都市隋之東市，唐以其在雒水南，故曰南市。

長壽寺。《朝野僉載》：東都豐都市在長壽寺之東北，初築市垣，掘得古冢，土藏無塼甓，棺木陳朽，觸之便散，屍上著平上幘、朱衣，得銘云：「筮道居朝，龜言近市。五百年間，于斯見矣。」當時達者參驗，是魏黄初二年所葬也。書肆。呂温《上官昭容書樓歌》：君不見洛陽南市賣書肆，有人買得《研神記》。紙上香多蠹不成，昭容題處猶分明。詩注云：貞元十四年，友人崔仁亮於東都買得《研神記》一卷，有昭容列名書縫處。

次北通利坊。

太尉、英國公李勣宅。按擇善坊亦有李勣宅。尚舍直長薛氏宅。《薛府君夫人裴氏墓誌》：夫人裴氏，河東聞喜人，考終于通利之里第。玉沙灘。在坊之北，亦曰玉沙磧。

次北慈惠坊。《河南志》引韋述《記》曰：此坊半已北即雒水之横堤。《異聞録》：京兆韋安道，大足年中於雒陽早出，至慈惠里西門，由里門循墻而南行百餘步，有朱扉西向，〔「向」原誤「間」，據《太平廣記》卷二九九引改。〕扣之，有朱衣官乘安道以大馬，與之聯轡出慈惠西門，由正街西南自通利街東行，出建春門。

紫微令姚崇宅。胡晧《姚文獻公碑》：公後娶劉氏，累封彭城郡夫人。今紫微令崇，故宗正少卿景之母，終于洛陽慈惠坊之私第。又見張説《姚文貞公碑》、崔沔《光禄少卿姚府君碑》。銀沙灘。亦曰銀沙磧。

右長夏門之東第二街，六坊及南市。

長夏門之東第三街，北隔雒水，當北郭之安喜門。從南第一曰嘉慶坊。《演繁露》引韋述《兩京記》：東都嘉慶坊内有李樹，其實甘鮮，爲京城之美，故稱嘉慶李。

次北集賢坊。

刑部尚書、魏國公楊玄琰宅。泉獻誠宅。中書舍人孫逖宅。孫逖《宋州司馬先府君墓誌》：棄背于東都集賢里之私第。中書令裴度宅。《舊書》本傳：東都立第于集賢里，築山穿池，竹木叢萃，有風亭水樹，梯橋架閣，島嶼迴環，極都城之勝槩。太師致仕盧鈞宅。

次北尊賢坊。

楊玄琰宅。泉獻誠宅。按二宅已見前坊，或跨有兩坊之地也。崔玄童宅。東都留守鄭叔明宅。宋開府善羯鼓，叔明祖母即開府之女，尊賢第中有小樓，宋夫人習羯鼓之所。按穆員有《雒陽縣主簿鄭約墓誌》，言卒於東都尊賢里第，疑是叔明之族，附此俟考。成德軍節度使、兼侍中田弘正宅。《酉陽雜俎》云：宅中門外有紫牡丹成樹，發花千餘朵。

次北章善坊。

太子少傅、豳國公竇希瑊宅。招成太后之弟，賜第。洛州録事參軍殷子恩宅。顔魯公《康希銑碑》云：夫人陳郡殷氏，太子中舍人開禮之曾孫，右清道率令德之孫，洛州録事參軍子恩之第五女，公薨之年，歿于東都章善坊私第。按康公爲會稽人，是年卒於會稽，夫人蓋依母家也。

次北永泰坊貞觀九年析南市置。

鴻臚少卿張敬詵宅。薛長孺《張敬詵墓誌》：卒於洛陽永泰里之私第。按《雲麾將軍河南府押衙張府君夫人上黨樊氏墓誌》云：公諱銑，終于洛陽永泰里之私第。疑是敬詵之族，俟考。率府郎、上柱國某氏宅。徐珙《某夫人墓誌》：□君壽丘夫人疾終于雒陽永泰里之私第。

次北臨闤坊。

次北延福坊。

福先寺。有水磑，四輪齊轉。《名畫記》：福先寺吳道玄畫地獄變，有病龍最妙。《舊書・德王裕傳》：昭宗至雒下，一日幸福先寺。

次北富教坊。

次北詢善坊。北至雒水。

郭廣敬宅。後爲姚崇山池院，崇薨，爲金仙公主所市。

右長夏門之東第三街，九坊。

長夏門之東第四街，從南第一曰崇讓坊。

禮部尚書蘇頲竹園。《河南志》引韋述《記》曰：此坊出大竹及桃，諸坊即細小。兵部尚書顧少連宅。杜黄裳《顧少連碑》：薨于雒陽崇讓里之私第。河陽節度使王茂元宅。李商隱即茂元壻，有《崇讓里》詩數篇。太僕卿分司東都韋瓘宅。瓘自州觀察使除分司，大中二年十二月七日過浯溪，題云：分司優閑，誠爲忝幸，宦途蹇薄，分亦可知。因吟：作官不了卻歸來，還是杜陵一男子。余洛川弊廬在崇讓里，有竹千竿，有池一畝，罷郡之日，攜猿一隻，越鳥一雙，疊石數片，將歸洛中，方與猿鳥爲伍，得喪之際，豈足介懷。舒州刺史鄭甫宅。穆員《鄭甫墓誌》：卒于東都崇讓里第。李氏宅。《宣室志》：東都崇讓里有李氏宅，里傳云其宅非吉，固不可居，李生既卒，其家盡徙居陸渾別墅。開元中，有王長史者，質李氏宅以居焉。

次北履道坊。隋有樂平長公主宅，即文帝長女、周宣帝后也。又有宇文愷宅。

長壽寺果園。源匡贊宅。高力牧宅。西門內，刑部尚書白居易宅。《舊書》本傳：居易罷杭州，歸雒陽，于履道里得故散騎常侍楊憑宅，竹木池館，有林泉之致，爲《池上篇》曰：都城風土水木之勝在東南偏，東南之勝在履道里，里之勝在西北隅，西閈北垣第一第，即白氏叟樂天退老之地。地方十七畝，屋室三之一，水五之一，竹九之一，而島樹橋道間之。按居易宅在履道西門，宅西墻下臨伊水渠，渠又周其宅之北，宅去集賢裴度宅最近，故居易《和劉汝州》詩注云：履道、集賢兩宅相去一百三十步。《新書》本傳：後履道第卒爲佛寺，東都江州人爲立祠焉。穆按：《元史・塔里赤傳》：也里里白奉旨南征，至洛陽，得唐白樂天故址，遂家焉。是其時猶有遺跡。宅南，吏部尚書崔羣宅。按白居易《與劉夢得偶到敦詩宅感而題壁》詩云：履道淒涼新第宅。蓋其宅在白宅之南，故居易《聞樂感鄰》詩注云：東鄰王大理去冬云亡，南鄰崔尚書今秋薨逝。又祭《崔尚書文》云：雒城東隅，履道西偏，修篁迴舍，流水潺湲，與公居第門巷相連。旅舍。杜牧《上劉大夫》詩注：某六代祖，國初賜宅在仁和里，尋已屬官舍，今于履道坊賃宅居止。

次北履信坊。本恭儉坊，避武太后曾祖改名。

邠王守禮宅。本霍王元祥宅。館陶公主宅。公主爲高祖第十七女，降崔宣慶。太子少保韋夏卿宅。宅有大隱洞。元稹有《陪韋尚書丈歸履信宅》詩。吕温《韋夏卿碑》：薨于東都履信里之私第。武昌軍節度使元稹宅。白居易詩注：微之履信新居多水竹。太子賓客李仍淑宅。宅有櫻桃池，仍淑嘗與白居易、劉禹錫會其上。《白集》有《履信池櫻桃島上醉後走筆》詩。陝虢觀察使盧嶽宅。穆員《盧嶽墓誌》：貞元四年，范陽盧公壽六十，中疾于位，優詔得謝，家東都履信里。左千牛韋珮宅。元稹《韋珮母段氏墓誌》：終于履信里第。將軍柳當宅。《盧氏雜説》：柳當將軍者，在履信東街有樓臺水木之盛。韋氏宅。按《定命録》：崔元綜事，侍郎韋陟堂妹，宅在東京履信坊十字街西道北，崔元綜就昏其家。「元綜」一作「元諒」。

次北會節坊。

祆祠。左散騎常侍徐堅宅。《河南志》云韋述《記》不載。趙懷正宅。《酉陽雜俎》：百姓趙懷正住雒會節坊，段成式家人雇其妻賀氏紉針。按《雜俎》作「惠節」，今止。

次北綏福坊。

道沖女道士觀。河南兵曹元盛宅。穆員《元盛墓誌》：卒于東都綏福里第。

次北從善坊。坊有梁袁象先宅。

來庭縣廨。長壽中以蕃胡慕義，請立天樞，武太后析雒陽、永昌二縣，置來庭縣廨于此坊，以領四方蕃客。後蕃客隸鴻臚寺，神龍元年省。孝敬皇帝廟。《禮閣新儀》曰：開元七年建廟于東都從善里，天寶之後祠饗遂絶。按《舊書・玄宗紀》：于東都來庭縣廨置義宗廟，蓋其時縣已省，故即廢廨以立廟。左散騎常侍劉子玄宅。劉子玄宅在歸德坊，而《權德輿集奏孝子劉敦儒狀》云：孝子劉敦儒年四十九，曾祖子玄，祖況，父浹，住東都從善坊，其時旌表門閭，即在從善坊，雒中謂之劉孝子，蓋其徙居也。孝子郭思謨宅。孫翌《郭思謨墓誌》：無幾何，憶新笋，後園叢篁，忽苞而出。所居從善里，其竹樹存焉。劉太白宅。元稹《送劉太白》詩：雒陽大底居人少，從善坊西最寂寥。想得劉君獨騎馬，古隄秋樹隔中橋。注云：太白居從善坊。

次北睦仁坊。「仁」字避太宗諱改，當作「人」，而韋述《記》與世所傳皆作「仁」。坊內出柿實，俗稱睦仁之柿，嘉慶之李。坊有梁袁象先園，園有松島。

次北嘉猷坊。北至雒水。

右長夏門之東第四街，八坊。

長夏門之東第五街，從南第一曰里仁坊。

次北永通坊。本曰依仁。《河南志》引韋述《記》云：此坊東出外城之永通門，其後門塞，又改坊名。按《河南志》于外郭城條下言：永通門廢于宋初，則言韋述《記》誤。

虢州刺史崔玄亮宅。《白氏長慶集》有《聞崔十八宿予新昌敝宅時予亦宿崔家依仁新亭》詩，其詩有曰：依仁萬莖竹。又有《崔十八新池》詩：蓋宅有水竹之勝。

次北利仁坊。

慕容詢宅。和州刺史張擇宅。白居易《張擇碑》：終于東都利仁里私第。居易《利仁北街》詩云：草色斑斑春雨晴，利仁坊北面西行。踟躕立馬緣何事，認得張家歌吹聲。按所謂張家者，疑即擇之後人。擇終于天寶十三載，不與白傳同時。

次北歸仁坊。

泰山廟。乾寧元年建。太子太傅、留守東都牛僧孺宅。《舊書》本傳：雒都築第于歸仁里。任淮南時，嘉木怪石，置之階廷，館宇清華，竹木幽邃，常與詩人白居易吟詠其間。按《白集》有《牛相公歸仁里新成小灘》詩。

次北懷仁坊。南街東出外城之建春門。

右散騎常侍、太子賓客徐彦伯宅。張嘉福宅。鄭夫人宅。孫逖《鄭孝本墓誌》：孝本終于東都敦行里，夫人王氏終于東都懷仁里。

次北仁風坊。「風」或作「豐」，非。

尚書右僕射、兼中書令、齊國公魏元忠宅。濟王府録事參軍裴榮期宅。杜甫《故萬年縣君京兆杜氏墓碑》：終堂于東京仁風里。即河東裴榮期之夫人也。坊南運渠。

次北静仁坊。

官藥園。

次北延慶坊。北至雒水。

右長夏門之東第五街，八坊。

定鼎門街西，從南第一曰寧人坊。本曰「寧民」，避太宗諱改。其後多曰「寧仁」。

龍興寺。《名畫記》：寺有展子虔畫八國王分舍利。穆員有《東都龍興寺均上人功德記》。并州大都督府長史、贈吏部尚書、荆州大都督崔日用宅。工部尚書、東都留守韋虚心宅。孫逖《韋虚心碑》：薨于東都寧仁里私第。

次北寬政坊。隋有于仲文宅。坊有《興禪師碑》，唐中書侍郎嚴挺之撰，胡霈然書。

河南縣廨。河南縣本漢舊縣，後魏静帝改爲宜遷縣，周宣帝復爲河南，隋仁壽四年還都，移縣治于此坊。駙馬都尉裴巽宅。本舒王元名宅。駙馬都尉鄭萬鈞别宅。太常卿、潞州大都督府長史崔日知宅。榆柳園。俗傳隋煬帝置，垣墻内外多植榆柳，亦曰西御園，與師子園隔街相對。

次北淳風坊。隋有圓行寺。

同東西臺三品、贈汴州刺史楊弘武宅。駙馬都尉王守一宅。本武嗣宗宅。

次北宣風坊。隋有衛文昇宅。

安國寺。寺舊在水南宣風坊，本隋楊文思宅，後賜樊子蓋。唐爲宗楚客宅，楚客流嶺南，爲節愍太子宅。太子升儲，神龍三年建爲崇因尼寺，復改衛國寺，景雲元年改安國寺。會昌中廢，後復葺之，改爲僧居。諸院牡丹特盛。檢校文昌左丞、東都留守李嶠宅。北街之西，中書令蘇味道宅。有三十六柱亭子，時稱巧絶。

次北觀德坊。隋于此坊置百官射堋，取射以觀德之義，因以名坊。又有國子監。唐初唯内臣所居，長壽中敕不許他人居止。

景福寺。本千金公主宅，垂拱中，自教業坊徙景福尼寺于此，會昌中廢。

次北積善坊。北至雒水。隋有周法尚宅。《文昌雜録》曰：後唐同光三年，雒京蕃漢馬步使朱守殷，于積善坊役所得古文錢四百五十六文〔曰〕得一元寶。四百四十文〔曰〕順天元寶。

太微宫。天寶元年正月，置玄元皇帝廟于此坊，九月改廟爲太上玄元皇帝宫，二年改太微宫。杜光庭《歷代崇道紀》云：衢州爲建觀宇，穿地得魚一頭，長三尺，其狀似鐵，微微帶紫碧之色，又如青石，光瑩雕鐫，殆非人功所成也，扣之甚響，遣使來獻。帝呼爲瑞魚磬，命懸于太微宫。明皇舊宅。本高士廉宅，聖曆初玄宗兄弟出閤，五人分院同居此坊，號五王子宅。明皇八分書院額。右金吾衛韋機宅。後爲丘神勣宅，神勣誅，以賜張易之。易之誅，爲將作監。河内縣尉陳該宅。陳子昂《陳該石人銘》：遇疾，于神都積善坊考終厥命。司禮卿、贈幽州都督崔神慶宅。李及宅。《廣異記》：李及性好飲酒，所居在京積善坊。坊北月陂。《河南圖經》曰：雒水自苑内上陽宫南，瀰漫東注。隋宇文愷版築之，時因築斜隄，東令東北流，當水衝捺堰，作九折，形如偃月，謂之月陂。其西有上陽、積翠、月坡三堤。明皇開元末作三堤，命李適之撰記，永王璘書。其記云：及泉而下巨木，飛輪而出伏水，然後積石，增卑而培薄，方下而鋭上。餘皆殘闕不可辨，記之背列明皇諸子及當時公卿名位。世傳安禄山陷雒陽，覩之云：此多有賢士之名。蕃音訛爲鹽豉，遂號鹽豉碑。

右定鼎門街西第一街，六坊。

定鼎門街之西第二街，北隔雒水，當皇城之右掖門。從南第一曰從政坊。

揚州大都督府長史、贈户部尚書李傑宅。

次北大同坊。本曰植業坊，隋大業六年徙大同市于此，凡周四里，市開四門，邸一百四十一區，資貨六十六行，因亂廢。唐顯慶中，因舊市以名坊。

洛汭府見《地理志》。

次北承義坊。「承」或作「永」，非。

申王撝宅。後爲王毛仲宅。刑部尚書韋抗宅。蘇頲《韋抗碑》：薨于雒之承義里第。

次北明義坊。本曰「顯義」，避中宗諱改。隋有蜀王秀宅。

左右教坊。崔令欽《教坊記》云：東京兩教坊，俱在明義坊，而右在南，左在北也。坊南西門外即苑之東也，其間有頃餘水泊，俗謂之月陂，形似偃月，故以名之。尚書左僕射、郇國公韋安石宅。

次北教義坊。

武后母榮國夫人宅。後立太原寺。武后登上陽宮，遥見之，輒悽感，乃徙于積德坊。此坊與禁苑連接。

次北洛濱坊。北至雒水，垂拱中築入苑。

右定鼎門街西第二街，六坊。

定鼎門街之西第三街，即厚載門第一街，從南第一曰西市。《河南志》引韋述《記》曰：厚載門第一街，街西本固本坊，又改西市。隋有姚辨宅、甲弩坊，天經宫乃文帝寢廟。《朝野僉載》：則天磔閻知微于西市。按唐以隋之東市爲南市，故不置東市，而於隋南市之西置西市。

望仙橋。南對厚載門，北對右掖門。

次北廣利坊。《河南志》引韋述《記》曰：廣利坊其北抵苑，即隋富義坊。隋有陳叔寶宅。

右定鼎門街西第三街，一坊及西市。

定鼎門街之西第四街，即厚載門第二街，從南第一曰通濟坊。《河南志》引韋述《記》：通濟坊即隋懷義坊。

次北淳和坊。

其西南里，《河南志》引韋述《記》：南里、北里，在淳和之西。

次北北里。

吴少微宅。吴少微《哭富嘉謨詩序》：河南富嘉謨卒，予時寢疾于雒陽北里。

右定鼎門街西第四街，三坊。

雒水之北，東城之南，承福門之東，從西第一曰承福坊。坊南新中橋，南當長夏門。

次東玉雞坊。按《水經注》：含始受玉雞之瑞于雒水，故坊以爲名。李庾《東都賦》：左掖通東，右掖洞西，籠故地之銅駝，抱舊里之玉雞。

次東銅駝坊。《通鑑》：晉懷帝步出西掖門，至銅駝街。《水經注》：雒陽城中太尉、司徒兩坊間謂之銅駝街。按此坊蓋取銅駝爲名，而非即魏晉之銅駝街也。

次東上林坊。

次東温雒坊。

右雒北、漕南二水之間，五坊。

雒水之北，東城之東，第一南北街，北當徽安門西街，承福坊之北，從南第一曰立德坊。在宣仁門外街南。

胡祆祠。《四庫提要・西學》下引宋敏求《東京記》載，寧遠坊有祆神廟。注曰：《四夷朝貢圖》云：康國有神名祆，畢國有火祆祠，或曰石勒時立此。按東京無寧遠坊，而《會要》與此皆有祆祠，未識所引《東京記》見于何書，俟考。王本立宅。後爲都水監，吏部選院。監察御史裴氏宅。穆員《裴府君墓誌》：終于立德里之第。水陸轉運判官孟郊宅。孟郊有《立德新居》詩。寫口渠。《通鑑》：陳懷文引槊刺世充，世充衷甲不能入，懷文走趣唐軍，至寫口追獲，殺之。

次北清化坊。隋有鄒王楊慶宅、許道進宅。《河南志》引《河洛記》曰：越王侗即位，李密遣李儉送降款，以清化里紀洪政宅爲賓館，以處儉。《通鑑》：羅士信帥勇士，夜入雒陽外郭，縱火焚清化里。

左金吾衛。按《朝野僉載》：天后永昌中，有宿衛十餘人于清化坊飲。當即金吾衛士也。弘道觀。有老君像，明皇、肅宗二像侍立。恒州刺史、建昌公王義童宅。楊炯《王義童碑》：薨于雒陽之清化里。廢宅。《博異志》：天寶中，金陵陳仲躬攜數千金，于雒陽清化里假居一宅，其井甚大，常溺人，仲躬命匠淘之，得一古銅鏡。次日移居立德坊，後三日，清化宅井無故自崩，兼延及堂隅東廂，一時陷地。旅舍。《定命録》：袁天綱初至雒陽，在清化坊安置，朝野歸湊，人物常滿。都亭驛。

次北道光坊。隋有元壽寺。

昭成寺。《名畫記》：寺有張遵禮、程遜畫，西廊障日《西域記圖》，楊廷光所畫。《朝野僉載》：雒州昭成佛寺有安樂公主造百寶香鑪，高三尺，用錢三萬。韓氏宅。《逸史》：太學博士鄭還古向東洛，再娶李氏，于昭成寺後假宅拜席，宅主姓韓。

次北道政坊。本曰「元吉坊」，永徽中改。隋有楊義臣宅。

千金堨。《水經注・河南十二縣境簿》曰：河南縣城東十五里有千金堨。《雒陽記》曰：千金堨，舊堰穀水，魏時更修此堰，謂之千金堨，積石爲堨，而開溝渠五所，謂之五龍渠，後張方入洛破之，大和中修復故堨。

右徽安門西街，四坊。

東城之東，第二南北街，北當徽安門東街，從南第一曰歸義坊。坊南即玉雞坊，瀍水自北來，東南合洛河。

太平寺。垂拱二年太平公主建。祕書監致仕穆寧宅。按寧與夫人裴氏皆終于此宅，見穆員所撰《元堂誌》。福建觀察使李貽孫宅。大中時人。

次北思恭坊。《河南志》引韋述《記》：思恭在歸義之北。

張大安宅。右羽林軍大將軍、遼陽郡王李多祚宅。駙馬都尉王守一山亭院。歙州刺史邢羣宅。杜牧《邢羣墓誌》：卒於東都思恭里。唐參軍宅。《廣異記》：雒陽思恭里有唐參軍者，立性修整，簡於接對。王廣宅。杜牧《故平盧軍節度巡官李戡墓誌》：卒於雒陽友人王廣思恭里第。朱七娘宅。《廣異記》：東都思恭坊朱七娘者，倡嫗也。有王將軍素與交通。開元中，王遇疾卒，已半歲，朱不知也。其年七月，王忽來朱處，久之日暮，曰：能隨至温柔坊宅否？不獲已，以後騎載去入院，歡洽如故。明旦，王氏使婢收靈牀被，見一婦人在被中，問其故，送還家焉。

次北履順坊。隋有牛弘宅。

沙苑監。杜康祠。

次北進德坊。北抵城。隋有辛公義宅。

郯鄅府。見《地理志》。

右徽安門東街，四坊。

東城之東，第三南北街，北當安喜門西街，從南第一曰景行坊。

拜洛壇。華嚴寺。江州刺史鄭善果宅。在拜洛壇北。都亭驛。前臨瀍水。唐制，駕在京有馬九十四，在都一百五匹。按京謂西京，都謂東都。

次北北市。本臨德坊，顯慶中立爲北市。《廣異記》：張仁亶幼時貧乏，恒在東都北市寓居。

次北敦厚坊。隋有觀王楊雄宅。

試大理評事裴君宅。柳宗元《裴君墓誌》：終于河南敦厚里。

次北修義坊。北抵城。坊有晉司空裴楷墓。

右安喜門西街，三坊及北市。隋北市曰通遠，見《通鑑》注，蓋亦自通遠移于此也。

東城之東，第四南北街，北當安喜門東街，從南第一曰時泰坊。隋有通遠橋，跨漕渠，橋南通遠市，周六里，市南臨雒水，有臨寰橋。

放生池。其南即上林坊之地。

其東時邕坊。隋有蘇威宅。

郯王宅。本鄭貴妃宅。其南即上林坊官園之地。户部尚書致仕崔俊宅。按元稹有《贈太子少保崔倰墓誌銘》云：薨于雒陽時邕里。疑「倰」即「俊」之誤。旅舍。張説《故瀛州河間縣丞崔濬碑》：奉使上都，遘疾，終于時邕里之旅館。

次北立行坊。隋有宇文述宅。

大聖真觀。上東門草場。其東北有土臺，俗傳云晉石崇寵姬緑珠墓。《河南志》言韋述《記》不載，疑非是。

次北殖業坊。坊有晉司空王戎墓。封演《聞見録》曰：王戎墓，隋代釀家穿其傍作窖，得銘曰「晉司徒尚書令安豐元君王公之銘」。俗傳爲朱買臣墓，非是。

衛國寺。神龍二年，節愍太子建，以本封爲名。會昌中廢，光化中復建，有小院十一。

趙仁獎宅。《御史臺記》：唐趙仁獎，河南人也。得販于殖業坊王戎墓北，善歌《黄麞》，與宫官有舊，因所附託。景龍中，負薪詣闕，遂得召見，云「負薪助國家調鼎」，即日臺拜焉。睿宗朝左授上蔡丞，時崔宣一使于都，仁獎附書于家，題云：西京趙御史書，附到雒州殖業坊王戎墓北第一鋪，付妻一娘。宣一以書示朝士。客舍。陳子昂《孫虔墓誌》：遇暴疾，卒於雒陽殖業里之客舍。酒家。《朝野僉載》：兵部郎中朱前疑貌醜，其妻有美色。天后時，雒中殖業坊西門酒家有婢，蓬頭垢面，傴肩皤腹，寢惡之狀，舉世所無，而前疑大悦之。

次北豐財坊。北抵城。

中書令、汾陰公薛元超宅。楊炯《薛振行狀》：振字元超，薨于雒陽豐財里之私第。

右安喜門東街，五坊。

東城之東，第五南北街，從南第一曰毓材坊。隋雒陽縣廨在此坊。西去宫城八里。又有李雄宅。

大雲寺。本後魏净土寺。隋大業四年，自故城徙建陽門内。貞觀三年，復徙此坊。天壽二年改大雲，會昌中廢。祕書監、常山縣公馬懷素宅。《馬懷素墓誌》：終于河南之毓材里第。郎中李敬彝宅。《北夢瑣言》：彭城劉山甫，自云外祖李敬彝爲郎中，宅在東都毓材坊，土地最靈，家人張行周事之有應。未大水前，預夢告張求飲食，至其日，率其類遏水頭，並不衝圮李宅。郭大娘宅。《廣異記》：雒陽郭大娘者，居毓材里，以當壚爲業。某氏宅。白居易有《重到毓材宅有感》詩云：軒窗簾幕皆依舊，只是堂前欠一人。未知誰氏之宅，俟考。

次北德懋坊。

次北毓德坊。

洛陽縣廨。《元和郡縣志》：洛陽本秦舊縣。貞觀六年，自金墉城移入郭内毓德坊。

鬬富臺。洛人相傳石崇、王愷築會之所。《河南志》言韋述《記》不著，疑妄。陸渾尉崔泳宅。穆員《崔泳墓誌》：卒於洛陽毓德里之私第。又有《崔少君夫人盧氏墓誌》：終于洛陽毓德里之私第。按盧氏即泳之母。

次北審教坊。北抵城。

戶部尚書、朔方軍節度使王晙宅。御史大夫、贈右丞相程行諶宅。蘇頲《程行諶碑》：薨于洛陽審政里第。按「政」即「教」之訛。陳憲宅。《陳憲墓誌》：薨于東都審教里第。

右東城之東，第五南北街，四坊。

東城之東，第六南北街，從南第一曰積德坊。隋曰遊藝坊，盡一坊爲楊素宅，宅有沈香堂。坊南即温洛之地。

太原寺。自教義坊徙于此。崔融《代皇太子賀天后芝草表》云：伏承芝草生于東都太原寺舍利塔屋下。司農寺輸場。長松營。太平公主園。

次北教業坊。隋有長孫熾宅。

天女尼寺。貞觀九年建景福寺，武后改天女，會昌中廢。金吾將軍裴休貞宅。《記聞》：休貞微時與弟元(素)[休]居教業里。

次北興藝坊。

金谷府。見《地理志》。麟趾尼寺。

次北通遠坊。北抵城，「遠」或作「達」。

樂工李龜年宅。《明皇雜録》曰：開元中，樂工李龜年能歌，特承顧遇，于東都通遠坊大起第宅，僭侈踰于公侯中堂制度，甲于都下。其後裴晉公度購得之，移于定鼎門別廬，號緑野堂。

右東城之東，第六南北街，四坊。

梁太祖都汴

《舊五代史》卷三《梁書二・太祖紀第二》（梁太祖開平元年四月，詔曰：」古者興王之地，受命之邦，集大勳有異庶方，霑慶澤所宜加等。故豐沛著啓祚之美，穰鄧有建都之榮。用壯鴻基，且旌故里，爰遵令典，先示殊恩。宜升汴州爲開封府，建名東都。其東都改爲西都，仍廢京兆府爲雍州佑國軍節度使。【略】是月，制宮殿門及都門名額：正殿爲崇元殿，東殿爲玄德殿，内殿爲金祥殿，萬歲堂爲萬歲殿，門如殿名。帝自謂以金德王，又以福建上獻鸚鵡，諸州相繼上白烏、白兔洎白蓮之合蒂者，以爲金行應運之兆，故名殿曰「金祥」。以大内正門爲元化門，皇墻南門爲建國門，滴漏門爲啓運門，下馬門爲升龍門，玄德殿前門爲崇明門，正殿東門爲金烏門，西門爲玉兔門，玉衙東門爲崇禮門，東偏門爲銀臺門，宴堂門爲德陽門，天主門爲賓天門，皇墻東門爲寬仁門，浚儀門爲厚載門，皇墻西門爲神獸門，望京門爲金鳳門，宋門爲觀化門，尉氏門爲高明門，鄭門爲開明門，梁門爲乾象門，酸棗門爲興和門，封丘門爲含耀門，曹門爲建陽門。升開封、浚儀爲赤縣，尉氏、封丘、雍丘、陳留爲畿縣。

《舊五代史》卷四《梁書四・太祖紀第四》（開平三年）二月，改思政殿爲金鑾殿。勅東都曰：「自昇州作府，建邑爲都，未廣邦畿，頗虧國體。其以滑州酸棗縣、長垣縣，鄭州中牟縣、陽武縣，宋州襄邑縣，曹州戴邑縣，許州扶溝縣、鄢陵縣，陳州太康縣等九縣，宜並割屬開封府，仍升爲畿縣。」

《舊五代史》卷一五〇《郡縣志》 梁開平元年，梁祖初開國，升汴州爲開封府，建名東京，元管開封、浚儀、陳留、雍丘、封丘、尉氏六縣，至是割滑州之酸棗、長垣，鄭州之中牟、陽武，宋州之襄邑，曹州之戴邑，許州之扶溝、鄢陵，陳州之太康九縣隸焉。後唐復降爲汴州，以宣武軍爲額，其陽武、長垣、扶溝、考城等四縣仍且隸汴州，其餘五縣却還本部。晉天福中，復升爲東京，復以前五縣隸之，漢、周並因之。單州本單父縣，梁爲輝州，後唐同光二年，復舊，隸宋州。周廣順中，割隸曹州。

《新五代史》卷二《梁太祖本紀下》（開平元年）夏四月壬戌，夏名晃。甲子，皇帝即位。戊辰，大赦，改元，國號梁。封唐主爲濟陰王。升汴州爲開封府，建爲東都，以唐東都爲西都。廢京兆府爲雍州。

《清續通志》卷一一〇《都邑略》 梁太祖因宣武軍資力以篡唐，因而居汴。開平元年，以汴州爲開封府，建東都，以唐東都爲西都。

後唐莊宗同光元年即位於魏州，升魏州爲興唐府，建東京，《五代史・莊宗紀》：同光三年，改東京爲鄴都。以唐北都爲西京。尋復爲北都，《册府元龜》：後唐莊宗同光元年夏四月，以太原爲西京，冬十一月改爲北都。按：後唐初以鎮州真定府爲北京，後罷真定，又以京兆爲西京，故改此。復京兆府爲西京，《册府元龜》：後唐同光元年，復以永平軍大安府爲西京京兆府。按《通鑑》：天祐初，朱全忠奏廢西京，置佑國軍大安府，又改爲永平軍。至後唐始復。歐史改京兆府，在同光三年。薛居正舊史作元年。以洛陽爲洛京，同光三年復爲東都。司馬光《資治通鑑》：莊宗同光元年，河南尹張全義請遷都洛陽，從之。按《五代史・莊宗紀》：同光元年如洛京，三年始定爲東都。《五代會要》：三年詳定院奏云，近以中興大業，以魏州爲東京，權名東都爲洛京，今後以洛京爲東都。

晉高祖天福二年，以汴州行宮爲大寧宮，三年升爲東京，以洛陽爲西京，鄴都仍唐舊。《五代會要》：天福二年，改興唐府爲廣晉府。三年，復升爲鄴都。

漢東京、西京皆同晉制，以太原爲北京。《册府元龜》：漢高祖以天福十二年二月即位於太原宫，以太原爲北京。《五代史》：高祖即位，是年五月以太原尹劉崇爲北京留守，丙申如東京，六月甲子至自太原。乾祐元年，以晉鄴都廣晉府爲大名府，按：大名府，唐改，後唐曰興唐府，晉曰廣晉府，漢復舊名。

周東京、西京同晉制。

五代十國都

《新五代史》卷五《唐本紀・莊宗下》 同光元年春三月，李繼韜以潞州叛附于梁。夏四月己巳，皇帝即位，大赦，改元，國號唐。行臺左丞相豆盧革爲門下侍郎，右丞相盧程爲中書侍郎：同中書門下平章事；中門使郭崇韜、昭義監軍張居翰爲樞密使。以魏州爲東京，太原爲西京，鎮州爲北都。【略】三年春正月庚子，如東京，毁即位壇爲鞠場。二月己巳，聚鞠于新場。乙亥，射雁于王莽河。辛巳，突厥渾解樓、渤海國王大諲譔皆遣使者來。射雁于北郊。乙酉，射鴨于郭泊。庚寅，射雁于北郊。三月乙未，寒食，望祭于西郊。庚申，至自東京。辛酉，改東京爲鄴都，以洛京爲東都。

《新五代史》卷八《晉本紀・高祖》 〔天福元年〕十一月丁酉，皇帝即位，國號晉。以幽、涿、薊、檀、順、瀛、莫、蔚、朔、雲、應、新、嬀、儒、武、寰州入于契丹。己亥，大赦，改元。掌書記桑維翰爲翰林學士、尚書禮部侍郎，知樞密使事。【略】〔天福二年〕三月庚辰，如汴州。【略】〔天福三年〕冬十月戊寅，契丹使中書令韓熲來奉册曰英武明義皇帝。庚辰，升汴州爲東京，以洛陽爲西京，雍州爲晉昌軍。戊子，右金吾衛大將軍馬從斌使于契丹。己未，契丹使梅里來。戊戌，大赦。庚子，封李聖天爲大寶于闐國王。十一月辛亥，升廣晉府爲鄴都。

《册府元龜》卷一四《都邑》 後唐莊宗同光元年四月即位於魏州，是月升魏州爲東京，改元城縣曰興唐，貴鄉縣曰唐晉，都督府曰興唐府。以太原爲西京，鎮州爲北都。

八月左補闕楊途奏：明君舉事須合前規。竊見京城之内，尚有南州、北州，縱市井不可移改，城池即宜毁廢。復見都城舊墻多已摧塌，不可使浩穰神京旁通緑野，徘徊壁壘，俯近皇居無或因循，常宜修葺。初，光啓末，張全義爲河南尹，爲蔡賊所攻，乃於南市一方之地築壘自固，後更於市南又築嘉善坊爲南城。天復修都之際，元未毁撤，途所奏頗適事宜。

九月，中書奏：右補闕楊途先奏毁廢京内南北城。君簡到同光二年八月二十七日河南尹張全義奏，臣自僖宗朝叨蒙委寄，節制雒京。臨涖之初，須置城壘，臣乃取南市曹界分兼展一兩坊地，修築兩城，以立府衙廨署。今區宇既平，理合毁廢其城濠。如一時平治，即計功不少，百姓忙時難爲差使。令欲且平女墻及擁門，餘候農隙别取進止者。奉勑，京都之内，古無郡城，本朝多事以來，諸侯握兵自保。張全義土功未毁，李罕之塞地猶存，時既朗清，故宜除剗。若時差夫役，又恐擾人，宜令河南府先分擘出舊日街巷，其城壕許人占射平填，便任蓋造屋宇。其城基内舊有巷道處，便爲巷道，不得因循。妄有侵佔，仍請限一月。如無力平剗，許有力人户占射平填。

《册府元龜》卷一四《都邑》 〔後唐莊宗同光二年〕八月，勑三川奥壤，四海名區，爲帝王光宅之都，乃符瑞薦臻之地。周朝始建，卜年遂啓於延洪。漢室中興，即土是圖於遠大，咸兹建極。至我本朝，壯麗可觀，浩穰爲最。千門萬户，實爲富庶之鄉；接廡連甍，宛有升平之俗。而自僞梁僭逆，諸夏憑陵，尋干戈而虐用蒸黎，恣塗炭而毒流草木。依憑兔苑，嘯聚梟巢，遂令輦轂之間，鞠興蕪没之歎。朕自削平大憝，纂嗣丕圖，重興卜雒之都，永啓朝宗之會，將資久遠。須議葺修，務令壯觀於九重，實在駢羅於萬户。京城應有空閑地，任諸色人請射蓋造。藩方侯伯、内外臣寮，於京邑之中無安居之所，亦可請射，各自修營。其空閑有主之地，仍限半年，本主須自修蓋；如過限不蓋屋宇，亦許他人占射。貴在成功，不得虚占。

《册府元龜》卷一四《都邑》 〔明宗長興〕二年六月戊辰，應京城六街及諸閑坊，先許人修建屋室。近聞侵地太多，乃至不通車駕，今後蓋造，外須通車馬，或有越衆牽蓋，並須畫時毁拆。并果園池亭外，餘種蒔菜。園空閑田地，如本自辦，即限三月内蓋造須畢。如自不辦，並許人收買。勑旨：伊雒之都，皇王所宅，乃夷夏歸心之地，非農桑取利之田。當亂離而曾是荒凉，及開泰而競爲修葺，從來閴寂，多已駢闐。永安天邑之居，宜廣神州之制。宜令御史臺、兩街使、河南府專切，依次第擘畫，曉示衆多，勿容侵越。或有利便，亦可臨時詳度奏聞。其月，河南府奏准，勑京城坊市人户，菜園許人收買。切慮本主占佃年多，以鬻蔬爲業，固多貧窶，豈辦蓋造？恐資有力，轉傷貧民。勑旨：都邑之間，殷繁是貴。欲九重之轉盛，在百堵以齊興，作事斷自於不疑，出令必歸於畫一。比據巡司申奏，爲有亂射土田，遂設規程，令還價值。只要增修舍屋，添益閭閻，貴使華夏共觀壯麗。朝廷以邦本興隆之計，務使駢闐，府司以園圃價例之間。恐傷貧下，備詳敷奏，須議允俞。其在京諸坊，若是有力人户及形勢職掌曹司等，已有居第，外於別處及連宅置得菜園，令園子主把或典賃與人者，並准前勑價例出賣，不得輒有違越。如實是貧窮不濟人户置得園圃，年多手自灌園，身自賣菜以供衣食者，則與等第特添價直。仍使買者不得廣置地位，各量事力。須議修營，並要酌中，庶無踰越。

《册府元龜》卷一四《都邑》　〔天福〕六年八月壬子，勑改鄴都皇城南門應天門爲乾明門，大名館爲都亭驛。七年閏三月，勑改宣明門爲朱鳳，武德殿爲視政，文思殿爲崇德，畫堂爲太清，寢殿爲乾福。其門悉從殿名，皇城南門改爲乾明，北爲玄德，東爲萬春，西爲千秋。四月乙丑，敕改鄴都羅城及大城諸門，羅城南博門爲廣運門，觀音門爲金明門，橙槽門爲清景門，寇氏門爲永芳門，朝城門爲景風門，大城南門爲昭明門，觀德門爲廣義門，北河門爲靖安門，魏縣門爲膺福門，尉氏門爲迎春門，朝臣門爲興仁門，上斗門爲延清門，下斗門爲通遠門。

《資治通鑒》卷二八一《後晉紀》　范延光聚卒繕兵，悉召巡內刺史集魏州，將作亂。會帝謀徙都大梁，桑維翰曰：「大梁北控燕趙，南通江淮，水陸都會，資用富饒。今延光反形已露，大梁距魏不過十驛，彼若有變，大軍尋至，所謂疾雷不及掩耳也。」丙寅下詔，託以洛陽漕運有闕，東巡汴州。

王應麟《通鑒地理通釋》卷四《五代都》　晉石敬瑭鎮太原即位，都洛陽，徙都汴。

沈樞《通鑑總類》卷一二上《後晉高祖徙都大梁》　天福二年，范延光聚卒繕兵，悉召巡內刺史集魏州，將作亂。會高祖謀徙都大梁，桑維翰曰：大梁北控燕趙，南通江淮，水陸都會，資用富饒。今延光反形已露，大梁距魏不過十驛，彼若有變，大軍尋至，所謂疾雷不及掩耳也。遂下詔，託以洛陽漕運有闕，東巡汴州。

于敏中《日下舊聞考》卷五《形勝》　南京户口三十萬，大內壯麗。城北有市，陸海百貨聚於其中，僧居佛寺，冠於北方，錦繡組綺，精絶天下。膏腴、蔬瓜、果實、稻粱之類，靡不畢出，而桑柘、麻麥，羊豕、雉兔，不問可知水甘土厚。石晉末，割棄已前，其中番漢雜闘，勝負不相當。既築城後，遠望數十里間，宛然如帶，回環繚繞，形勢雄傑，真用武之國也。

《〔乾隆〕江南通志》卷三〇《輿地志・古迹一》　南唐都城在上元縣，楊吳順義中築。初，六朝舊城在北，去秦淮五里。及徐温改築近南，西據石頭，南接長干，東至白下橋，北臨珍珠河。設東西二水門，貫淮水於城中。內有子城，周四里。是爲金陵府。南唐因之建都，宋初置昇州治。陸游《筆記》云：李璟所作都城，高三丈，因江山爲險固，濠塹重複，可堅守。至紹興間已二百餘年，所損不及十之一。

《清續通志》卷一一〇《都邑略》　十國都：

吳江都府，本揚州，吳升府，建都居之。金陵府，本昇州，吳升府。吳太和五年建都於金陵，金陵火，罷建都。天祚三年，以金陵爲西都，廣陵爲東都。

南唐東都，吳曰江都府，昇元元年建都。西都，吳曰金陵府，昇元元年改江寧府，建都。南都，本洪州，交泰三年改南昌府，建都。

前蜀成都府，本益州，蜀升府，建都居之。興元府，本梁州，蜀升府。

後蜀同前蜀制。

南漢興王府，本廣州，乾亨元年升爲府，建都居之。齊昌府，本循州興寧縣，乾亨元年置府。

楚長沙府，本潭州，後唐天成二年封楚國王，升爲長沙府，建都居之。

吳越西府，本杭州，唐乾寧四年，吳越置西府，後亦謂之西都。東府，本越州，唐乾寧四年，吳越置東府，後亦謂之東都。

閩南都一作東都。長樂府，本福州，龍啓元年置府。天德二年曰南都。

荆南江陵府，本荆州，荆南置府，建都居之。

北漢太原府，本并州，北漢置府，建都居之。

臣等謹案：五代京邑相因，建改不一，名雖異而實多同。十國，當時稱帝改元者七，吳越、荆、楚常行中國年號，至於置都，則惟南唐及閩，餘皆稱府。吳越雖或稱東都、西都，然其先未有置都之名也。諸國割據一方，自相雄長，既已置府建都，應存其實，謹依《鄭志》十六國都之例，以時代次於唐五代之後。

宋太祖都開封

孟元老《東京夢華録》卷一《東都外城》　東都外城，方圓四十餘里。城濠曰護龍河，闊十餘丈。濠之內外，皆植楊柳，粉墻朱户，禁人往來。城門皆甕城三層，屈曲開門，唯南薰門、新鄭門、新宋門、封丘門，皆直門兩重，蓋此係四正門，皆留御路故也。新城南壁，其門有三：正南門曰南薰門；城南一邊，東南則陳州門，傍有蔡河水門；西南則戴樓門，傍亦有蔡河水門。蔡河正名惠民河，爲通蔡州故也。東城一邊，其門有四：東南曰東水門，乃汴河下流水門也，其門跨河，有鐵裹窗門，遇夜如閘垂下水面，兩岸各有門通人行路，出枴子城，夾岸百餘丈；次則曰新宋門；次曰新曹門；又次曰東北水門，乃五丈河之水門也。西城一邊，其門有四：從南曰新鄭門；次曰西水門，汴河上水門也；次曰萬勝門；又次曰固子門；又次曰西北水門，乃金水河水門也。北城一邊，其門有四。從東曰陳橋門；乃大遼人使驛路。次曰封丘門；北郊御路。次曰新酸棗門；次曰衛州門。諸門名皆俗呼。其正名如西水門曰利澤，鄭門本順天門，固子門本金耀門。新城每百步設馬面、戰棚，密置女頭，旦暮修整，望之聳然。城裏牙道，各植榆柳成陰。每二百步置一防城庫，貯守禦之器，有廣固兵士二十指揮，每日修造泥飾，專有京城所，提總其事。

孟元老《東京夢華録》卷一《舊京城》 舊京城，方圓約二十里許。南壁其門有三：正南曰朱雀門，左曰保康門，右曰新門。東壁其門有三：從南汴河南岸角門子，河北岸曰舊宋門，次曰舊曹門。西壁其門有三：從南曰舊鄭門，次汴河北岸角門子，次曰梁門。北壁其門有三：從東曰舊封丘門，次曰景龍門，乃大内城角實籙宫前也。次曰金水門。

孟元老《東京夢華録》卷一《河道》 穿城河道有四。南壁曰蔡河，自陳、蔡由西南戴樓門入京城，遼繞自東南陳州門出，河上有橋十一，自陳州門裏曰觀橋，在五嶽觀後門。從北次曰宣泰橋，次曰雲騎橋，次曰横橋子，在彭婆婆宅前。次曰高橋，次曰西保康門橋，次曰龍津橋，正對内前。次曰新橋，次曰太平橋，高殿前宅前。次曰糶麥橋，次曰第一座橋，次曰宜男橋，出戴樓門外曰四里橋。中曰汴河，自西京洛口分水入京城，東去至泗州入淮，運東南之糧，凡東南方物，自此入京城，公私仰給焉。自東水門外七里，至西水門外，河上有橋十三，從東水門外七里，曰虹橋，其橋無柱，皆以巨木虚架，飾以丹艧，宛如飛虹，其上、下土橋亦如之；次曰順成倉橋，入水門裏曰便橋，次曰下土橋，次曰上土橋，投西角子門曰相國寺橋。次曰州橋，正名天漢橋。正對於大内御街，其橋與相國寺橋，皆低平不通舟船，唯西河平船可過，其柱皆青石爲之，石梁石笋楯欄，近橋兩岸，皆石壁，雕鎸海馬水獸飛雲之狀，橋下密排石柱，蓋車駕御路也。州橋之北岸御路，東西兩闕，樓觀對聳；橋之西有方淺船二隻，頭置巨幹鐵槍數條，岸上有鐵索三條，遇夜絞上水面，蓋防遺火舟船矣。西去曰浚儀橋，次曰興國寺橋，亦名馬軍衙橋。次曰太師府橋，蔡相宅前。次曰金梁橋，次曰西浮橋，舊以船爲之橋，今皆用木石造矣。次曰西水門便橋，門外曰横橋。東北曰五丈河，來自濟、鄆，般挽京東路糧斛入京城，自新曹門北入京，河上有橋五：東去曰小横橋，次曰廣備橋，次曰蔡市橋，次曰青暉橋、染院橋。西北曰金水河，自京城西南分京索河水築堤，從汴河上用木槽架過，從西北水門入京城，夾墻遮擁，入大内灌後苑池浦矣。河上有橋三：曰白虎橋、横橋、五王宫橋之類。又曹門小河子橋曰念佛橋，蓋内諸司輦官、親事官之類，軍營皆在曹門，侵晨上直，有瞽者在橋上念經求化，得其名矣。

孟元老《東京夢華録》卷二《潘樓東街巷》 潘樓東去十字街，謂之土市子，又謂之竹竿市。又東十字大街曰從行裹角茶坊，每五更點燈，博易買賣衣服、圖畫、花環、領抹之類，至曉即散，謂之鬼市子。以東街北趙十萬宅，街南中山正店。東榆林巷北鄭皇后宅東，曲首向北墻畔單將軍廟，乃單雄信墓也。上有棗樹，世傳乃棗槊發芽生長成樹，又謂之棗冢子巷，又投東則舊曹門街，北山子茶坊，内有仙洞、仙橋，士女往往夜遊喫茶於彼。又李生菜小兒藥鋪、仇防禦藥鋪。出舊曹門朱家橋瓦子下橋南斜街北，斜街内有泰山廟，兩街有妓館，橋頭人煙市井不下州南。以東牛行街下馬劉家藥鋪，看牛樓酒店亦有妓館，一直抵新城。自土市子南去鐵屑樓酒店，皇建院街得勝橋鄭家油餅店，動二十餘爐。直南抵太廟街高陽正店，夜市尤盛。土市北去乃馬行街也，人煙浩鬧。先至十字街曰鷂兒市，向東曰東雞兒巷，西向曰西雞兒巷，皆妓館所居。近北街曰楊樓街，東曰莊樓，今改作和樂樓，樓下乃賣馬市也。近北曰任店，今改作欣樂樓，對門馬鐺家羹店。

吕中《宋大事記講義》卷三《太祖皇帝》 建隆元年，上初幸西京，愛其山川形勢、宫闕壯麗，有留居之意。上生於洛陽，樂其風土，意欲居之。晉王及羣臣晉王，即太宗。力争，上曰：遷洛陽未已，當遷長安。又曰：吾將西遷者，無他，欲據山河之勝。而去冗兵耳。因謂左右曰：晉王之言固善，不出百年，天下民力殫矣。

王應麟《通鑒地理通釋》卷四《宋朝四京》 東京開封府舊城即汴州城，唐建中初李勉築。周回二十里一百五十五步。本朝曰闕城，亦曰裏城。新城周顯德三年韓通築。周回四十八里二百三十三步。本朝曰國城，亦曰外城。大内據闕城之西北，宫城周回五里。即唐宣武節度治所。梁爲建昌宫，晉爲大寧宫。建隆三年，廣皇城之東北隅，按洛陽宫殿圖修之。乾德三年，導五丈河通皇城爲池。祥符九年，增築新城。熙寧八年，重修都城。

《册府元龜》卷一四《都邑》 〔高宗顯慶〕二年十二月，以雒陽宫爲東都，雒州官吏階品准雍州。廢雒陽宫總監，改青城宫爲東都苑北面監，明德宫爲東都苑南面監，雒陽宫農圃監爲東都苑東面監，食貨監爲東都苑西面監。雒州北市置官員，准東西市隸太府寺。

岳珂《桯史》卷一《汴京故城》 開寶戊辰，藝祖初修汴京，大其城址，曲而宛，如蚓詘焉。耆老相傳，謂趙中令鳩工奏圖，初取方直，四面皆有門，坊市經緯其間，井井繩列。上覽而怒，自取筆塗之，命以幅紙作大圈，紆曲縱斜，旁註云：「依此修築。」故城即當時遺迹也。時人咸罔測，多病其不宜於觀美。熙寧乙卯，神宗在位，遂欲改作，鑒苑中牧豚及内作坊之事，卒不敢更，第增陴而已。及政和間，蔡京擅國，亟奏廣其規，以便宫室苑囿之奉，命宦侍董其役。凡周旋數十里，一撤而方之如矩，墉堞樓櫓，雖甚藻飾，而蕩然無曩時之堅樸矣。一時迄功第賞，侈其事，至以表記，兩命詞科之題，概可想見其張皇也。靖康胡馬南牧，黏罕、斡離不揚鞭城下，有得色，曰：「是易攻下。」令植砲四隅，隨方而擊之。城既引直，一砲所望，一壁皆不可立，竟以此失守。沉幾遠睹，至是始驗。宸筆所定圖，承平時藏秘閣，今不復存。

《宋史》卷一一《仁宗本紀三》 〔慶曆二年五月〕戊午，建大名府爲北京。

【略】〔八月〕戊子，出内藏庫緡錢十萬，修北京行宫。

《宋史》卷八五《地理志一》 東京，汴之開封也。梁爲東都，後唐罷，晉復爲東京，宋因周之舊爲都。建隆三年，廣皇城東北隅，命有司畫洛陽宫殿，按圖修之，皇居始壯麗矣。雍熙三年，欲廣宫城，詔殿前指揮使劉延翰等經度之，以居民多不欲徙，遂罷。宫城周迴五里。

南三門：中曰乾元，宋初，依梁、晉之舊，名曰明德，太平興國三年改丹鳳，大中祥符八年改正陽，明道二年改宣德。東曰左掖，西曰右掖。東西面門曰東華、西華。舊名寬仁、神獸，開寶三年改今名。熙寧十年，又改東華門北曰謻門。北一門曰拱宸。舊名玄武，大中祥符五年改今名。熙寧十年，改門内西横門曰臨華。乾元門内正南門曰大慶，東西横門曰左、右升龍。左右北門内各二門曰左、右長慶，熙寧間，改左、右長慶隔門曰左、右嘉肅。左、右銀臺。東華門内一門曰左承天祥符，乾德六年賜名，大中祥符元年正月，天書降其上，詔加「祥符」二字而增葺之。西華門内一門曰右承天。左承天門内道北門曰宣祐。舊名光天，大中祥符八年改大寧，明道元年改今名。

正南門内正殿曰大慶，東西門曰左、右太和。宋初曰日華、月華，大中祥符八年改今名。正衙殿曰文德，宋初曰文明，雍熙元年改今名。熙寧間，改南門曰端禮。兩掖門曰東、西上閤，東西門曰左、右嘉福。宋初曰左、右勤政，明道元年十月改今名。大慶殿舊名崇元，乾德四年重修，改曰乾元，太平興國九年改朝元，大中祥符八年改天安，明道二年改今名。北有紫宸殿，舊名崇德，明道元年改。視朝之前殿也；西有垂拱殿，舊名長春，明道元年改。常日視朝之所也；次西有皇儀殿，開寶四年，賜名滋福，明道元年十月改。又次西有集英殿，舊名廣政，開寶三年曰大明，淳化間曰含光，大中祥符八年名會慶，明道元年十月改今名。宴殿也；殿後有需雲殿，舊名玉華，後改瓊華，熙寧初改今名。東有昇平樓，舊名紫雲，明道元年改。宫中觀宴之所也；宫後有崇政殿，舊名簡賢講武，太平興國二年改今名。熙寧間，改北横門曰通極。閲事之所也；殿後有景福殿，殿西有殿北向，曰延和，便坐殿也。大中祥符七年，建後苑東門，洎北向便殿成，賜名宣和門、承明殿，明道元年改端明，二年改今名。凡殿有門者，皆隨殿名。

宫中又有延慶、舊名萬歲，大中祥符七年改。安福、觀文、舊名集聖，明道二年改肅儀，慶曆八年改今名。清景、慶雲、玉京等殿，壽寧堂，舊名清浄，明道元年改。延春閣。舊名萬春，寶元元年改。福寧殿即延慶，明道元年改。東西有門曰左、右昭慶。觀文殿西門曰延真，其東真君殿曰積慶，前建感真閣。又有龍圖閣，下有資政、崇和、宣德、述古四殿。天章閣下有羣玉、蘂珠二殿，後有寶文閣，即壽昌閣，慶曆元年改。閣東西有嘉德、延康二殿，前有景輝門。後苑東門曰寧陽，即宣和門，明道元年改。苑内有崇聖殿、太清樓，其西又有宜聖、化成、即玉宸殿，明道元年改。金華、西涼、清心等殿，翔鸞、儀鳳二閣，華景、翠芳、瑶津三亭。延福宫有穆清殿，延慶殿北有柔儀殿，初有殿無名，章獻太后名曰崇徽，明道元年改寶慈，景祐二年改今名。崇徽殿北有欽明殿。舊名天和，明道元年改觀文，又改清居，治平三年改今名。延福宫北有廣聖宫，天聖二年建，名長寧，景祐二年改。内有太清、玉清、冲和、集福、會祥五殿，建流盃殿於後苑。明道元年八月，修文德殿成。是夜，禁中火，延燒崇德、長春、滋福、會慶、延慶、崇徽、天和、承明八殿，命宰相吕夷簡爲修葺大内使，樞密副使楊崇勳副之，發京東西、河北、淮南、江東西路工匠給役，内出乘輿物，左藏庫易緡錢二十萬助其費，以故改諸殿名。

又有慈德殿，楊太后所居，景祐元年賜名。觀稼殿，在後苑，觀種稻，景祐二年創建。延羲閣，在崇政殿西。邇英閣，在崇政殿西南，蓋侍臣講讀之所也，與延羲同，景祐三年賜名。隆儒殿，邇英閣後小殿，皇祐三年始賜名。慈壽殿，皇太后所居，治平元年賜名。慶壽宫，保慈宫，熙寧二年建。玉華殿，在後苑。基春殿，熙寧七年建，在玉華殿後。睿思殿，八年建。崇極殿，元豐三年建。崇慶、隆祐二宮，元祐元年建。睿成宮，神宗所居東宮，紹聖二年賜名。宣和殿，在睿思殿後，紹聖二年四月殿成，其東側別有小殿曰凝芳，其西曰瓊芳，前曰重熙，後曰環碧。元符三年廢，崇寧初復作。大觀三年，徽宗製記刻石，實蔡京爲之。聖瑞宮，皇太妃所居，因以名宮。顯謨閣，元符元年建，藏神宗御集，建中靖國元年，改曰熙明，尋復舊。玉虚殿，元符初建。玉華閣，大觀初建，在宣和殿後。親蠶宮，政和元年建。燕寧殿，在延福北，奉安仁宗慈聖光獻皇后御容。延福宮，政和三年春，新作於大內北拱辰門外。舊宮在後苑之西南，今其地乃百司供應之所，凡內酒坊、裁造院、油醋柴炭鞍轡等庫，悉移它處，又遷兩僧寺、兩軍營，而作新宮焉。始南向，殿因宮名曰延福，次曰蕊珠，有亭曰碧琅玕。其東門曰晨暉，其西門曰麗澤。宮左復列二位。其殿則有穆清、成平、會寧、睿謨、凝和、崑玉、羣玉，其東閣則有蕙馥、報瓊、蟠桃、春錦、疊瓊、芬芳、麗玉、寒香、拂雲、偃蓋、翠葆、鉛英、雲錦、蘭薰、摘金，其西閣有繁英、雪香、披芳、鉛華、瓊華、文綺、絳萼、穠華、緑綺、瑤碧、清陰、秋香、叢玉、扶玉、絳雲。會寧之北，疊石爲山，山上有殿曰翠微，旁爲二亭：曰雲縣，曰層巘。凝和之次閣曰明春，其高踰一百一十尺。閣之側爲殿二：曰玉英，曰玉潤。其背附城，築土植杏，名杏岡，覆茅爲亭，修竹萬竿，引流其下。宮之右爲佐二閣，曰宴春，廣十有二丈，舞臺四列，山亭三峙。鑿圓池爲海，跨海爲二亭，架石梁以升山，亭曰飛華，橫度之四百尺有奇，縱數之二百六十有七尺。又疏泉爲湖，湖中作隄以接亭，隄中作梁以通湖，梁之上又爲茅亭、鶴莊、鹿砦、孔翠諸柵，蹄尾動數千，嘉花名木，類聚區別，幽勝宛若生成，西抵麗澤，不類塵境。初，蔡京命童貫、楊戩、賈詳、藍從熙、何訢等分任宮役，五人者因各爲制度，不務沿襲，故號「延福五位」。東西配大內，南北稍劣。其東直景龍門，西抵天波門，宮東西二橫門，皆視禁門法，所謂晨暉、麗澤者也，而晨暉門出入最多。其後又跨舊城修築，號「延福第六位」。跨城之外浚壕，深者水三尺，東景龍門橋，西天波門橋，二橋之下疊石爲固，引舟相通，而橋上人物外自通行不覺也，名曰景龍江。其後又闢之，東過景龍門至封丘門。

景龍江北有龍德宮。初，元符三年，以懿親宅潛邸爲之，及作景龍江，江夾岸皆奇花珍木，殿宇比比對峙，中塗曰壺春堂，絕岸至龍德宮。其地歲時次第展拓，後盡都城一隅焉，名曰擷芳園，山水美秀，林麓暢茂，樓觀參差，猶艮岳、延福也。宮在舊城，因附見此。保和殿，政和三年四月作，九月殿成，總爲屋七十五間。玉清神霄宮，政和三年建，舊名玉清和陽，在福寧殿東，七年改今名。上清寶籙宮，政和五年作，在景龍門東，對景暉門。既又作仁濟、輔正二亭於宮前，命道士施民符藥，徽宗時登皇城下觀之。又開景龍門，城上作複道，通寶籙宮，以便齋醮之路，徽宗數從複道上往來。是年十二月，始張燈於景隴門上下，名曰「預賞」。其明年，乃有期門之事。萬歲山艮嶽。政和七年，始於上清寶籙宮之東作萬歲山。山周十餘里，其最高一峯九十步，上有亭曰介，分東西二嶺，直接南山。山之東有萼緑華堂，有書館、八仙館、紫石巖、棲真嶝、覽秀軒、龍吟堂。山之南則壽山兩峯並峙，有雁池、噰噰亭，北直絳霄樓。山之西有藥寮，有西莊，有巢雲亭，有白龍沜、濯龍峽，蟠秀、練光、跨雲亭，羅漢巖。又西有萬松嶺，半嶺有樓曰倚翠，上下設兩關，關下有平地，鑿大方沼，中作兩洲：東爲蘆渚，亭曰浮陽；西爲梅渚，亭曰雪浪。西流爲鳳池，東出爲雁池，中分二館，東曰流碧，西曰環山，有閣曰巢鳳，堂曰三秀，東池後有揮雪廳。復由嶝道上至介亭，亭左復有亭曰極目，曰蕭森，右復有亭，曰麗雲、半山。北俯景龍江，引江之上流注山間。西行爲漱瓊軒，又行石間爲煉丹、凝觀、圜山亭，下視江際，見高陽酒肆及清澌閣。北岸有勝筠庵、躡雲臺、蕭閑館、飛岑亭。支流別爲山莊，爲回溪。又於南山之外爲小山，橫亘二里，曰芙蓉城，窮極巧妙。而景龍江外，則諸館舍尤精。其北又因瑶華宮火，取其地作大池，名曰曲江，池中有堂曰蓬壺，東盡封丘門而止。其西則自天波門橋引水直西，殆半里，江乃折南，又折北。折南者過閶闔門，爲複道，通茂德帝姬宅。折北者四五里，屬之龍德宮。宣和四年，徽宗自爲《艮嶽記》，以爲山在國之艮，故名艮嶽；蔡絛謂初名鳳凰山，後神降，其詩有「艮嶽排空霄」，因改名艮嶽。宣和六年，詔以金芝產于艮嶽之萬壽峯，又改名壽嶽；蔡絛謂南山成，又改名壽嶽。嶽之正門名曰陽華，故亦號陽華宮。自政和訖靖康，積累十餘年，四方花竹奇石，悉聚于斯，樓臺亭館，雖略如前所記，而月增日益，殆不可以數計。宣和五年，朱勔於太湖取石，高廣數丈，載以大舟，挽以千夫，鑿河斷橋，毀堰拆鍤，數月乃至，賜號「昭功敷慶神運石」，是年，初得燕地故也。勔緣此授節度使。大抵羣閹興築不肯已。徽宗晚歲，患苑囿之衆，國力不能支，數有厭惡語，由是得稍止。及金人再至，圍城日久，欽宗命取山禽水鳥十餘萬，盡投之汴河，聽其所之；拆屋爲薪，鑿石爲砲，伐竹爲笓籬；又取大鹿數百千頭殺之，以啗衛士云。

舊城周迴二十里一百五十五步。東二門：北曰望春，宋初名和政。南曰麗景。南面三門：中曰朱雀，東曰保康，大中祥符五年創建。西曰崇明。西二門：南曰宜秋，北曰閶闔。北三門：中曰景龍，東曰安遠，西曰天波。以上宋初仍梁、晉舊名，至太平興國四年，改今名。

新城周迴五十里百六十五步。大中祥符九年增築，元豐元年重修，政和六年，詔有司度國之南展築京城，移置官司軍營。舊城周四十八里二百三十三步，周顯德三年築。南三門：中曰南薰，東曰宣化，西曰安上。東二門：南曰朝陽，北曰含輝。太平興國四年改寅賓，後復。西二門：南曰順天，北曰金耀。北四門：中曰通天，天聖初改寧德，後復。東曰長景，次東曰永泰，西曰安肅。初號衛州門。以上皆因周舊名，至太平興國四年，改今名。汴河上水門，南曰大通，太平興國四年賜名，天聖初，改順濟，後復今名。北曰宣澤。舊南北水門皆曰大通，熙寧十年改。汴河下，南曰上善，北曰通津。天聖初，改廣津，熙寧十年復。惠民河，上曰普濟，下曰廣利。廣濟河，上曰咸豐，下曰善利，舊名咸通。上南門曰永順。熙寧十年賜名。其後又於金耀門南置開遠門。舊名通遠。以上皆太平興國四年賜名，天聖初，改今名。

西京。唐顯慶間爲東都，開元改河南府，宋爲西京，山陵在焉。宮城周迴九里三百步。城南三門：中曰五鳳樓，東曰興教，西曰光政。因隋、唐舊名。東一門，曰蒼龍。西一門，曰金虎。北一門，曰拱宸。舊名玄武，大中祥符五年改。五鳳樓內，東西門曰左、右永泰，門外道北有鸞和門，太平興國三年，以車輅院門改。右永泰門西有永福門。興教、光政門內各三門，曰左、右安禮，左、右興善，左、右銀臺。蒼龍、金虎門內第二隔門，曰膺福、千秋。膺福門內道北門曰建禮。

正殿曰太極，舊名明堂，太平興國三年改。殿前有日、月樓，日華、月華門，又有三門，曰太極殿門。後有殿曰天興，次北殿曰武德，西有門三重，曰應天、乾元、敷教。內有文明殿，旁有東上閤門、西上閤門，前有左、右延福門。後又有殿曰垂拱，殿北有通天門，柱廊北有明福門，門內有天福殿，殿北有寢殿曰太清，第二殿曰思政，第三殿曰延春。東又有廣壽殿，視朝之所也。北第二殿曰明德，第三殿曰天和，第四殿曰崇徽。天福殿西有金鸞殿，對殿南廊有彰善門。殿北第二殿曰壽昌，第三殿曰玉華，第四殿曰長壽，第五殿曰甘露，第六殿曰乾陽，第七殿曰善興。西有射弓殿。千秋門內有含光殿。拱宸門內西偏有保寧門，門內有講武殿，北又有殿相對。內園有長春殿、淑景亭、十字亭、九江池、砌臺、娑羅亭。宮城東西有夾城，各三里餘。東二門：南曰賓曜，北曰啓明。西二門：南曰金曜，北曰乾通。宮室合九千九百九十餘區。夾城內及內城北，皆左右禁軍所處。

皇城周迴十八里二百五十八步。南面三門：中曰端門，東西曰左、右掖門。東一門，曰宣仁。西三門：南曰麗景，與金曜相直；中曰開化，與乾通相直；北曰應福。內皆諸司處之。

京城周五十二里九十六步。隋大業元年築，唐長壽二年增築。南三門：中曰定鼎，東曰長夏，西曰厚載。東三門：中曰羅門，南曰建春，北曰上東。西一門，曰闕門。北二門：東曰安喜，西曰徽安。政和元年十一月，重修大內，至六年九月畢工。朱勝非言：「政和間，議朝謁諸陵，敕有司預爲西幸之備，以蔡攸妻兄宋昇爲京西都漕，修治西京大內，合屋數千間，盡以真漆爲飾，工役甚大，爲費不貲。而漆飾之法，須骨灰爲地，科買督迫，灰價日增，一斤至數千。於是四郊塚墓，悉被發掘，取人骨爲灰矣。」

南京。大中祥符七年，建應天府爲南京。宮城周二里三百一十六步。門曰重熙、頒慶。殿曰歸德。元豐六年，賜度僧牒修外城門及西橋等。京城周迴一十五里四十步，東二門：南曰延和，北曰昭仁。西二門：南曰順成，北曰回鑾。南一門，曰崇禮。北一門，曰靜安。中有隔城，又有門二：東曰承慶，西曰祥輝。其東又有闕城，南北各一門。

北京。慶曆二年，建大名府爲北京。宮城周三里一百九十八步，即真宗駐蹕行宮。城南三門：中曰順豫，東曰省風，西曰展義。東一門，曰東安。西一門，曰西安。順豫門內東西各一門，曰左、右保成。次北班瑞殿，殿前東西門二：東曰凝祥，西曰麗澤。殿東南時巡殿門，次北時巡殿，次靖方殿，次慶寧殿。時巡殿前東西門二：東曰景清，西曰景和。京城周四十八里二百六步，門一十七。熙寧九年，改正南南河門曰景鳳，南塼曰亨嘉，鼓角曰阜昌；正北北河門曰安平，北磚曰耀德；正東冠氏門曰華景，冠氏第二重曰春祺，子城東曰泰通；正西魏縣門曰寶成，魏縣第二重曰利和，子城西曰宜澤；東南朝城門曰安流，朝城第二重曰巽齊；西南觀音門曰安正，觀音第二重曰靜方；上水關曰善利，下水關曰永濟。內城創置北門曰靖武。元豐七年，廢善利、永濟關。

《宋史》卷二六〇《李懷忠傳》 上幸西京，愛其地形勢得天下中正，有留都之意。懷忠乘間進曰：「東京有汴渠之漕，歲致江、淮米數百萬斛，禁衛數十萬人仰給於此，帑藏重兵皆在焉。根本安固已久，一旦遽欲遷徙，臣實未見其利。」上嘉納之。

《宋史》卷三一一《呂夷簡傳》 契丹聚兵幽薊，聲言將入寇，議者請城洛陽。夷簡謂：「契丹畏壯侮怯，遽城洛陽，亡以示威，景德之役，非乘輿濟河，則契丹未易服也。宜建都大名，示將親征以伐其謀。」或曰：「此虛聲爾，不若修洛陽。」夷簡曰：「此子囊城郢計也。使契丹得渡河，雖高城深池，何可恃耶？」乃建北京。

《宋史》卷三一四《范仲淹傳》 時呂夷簡執政，進用者多出其門。仲淹上《百官圖》，指其次第曰：「如此爲序遷，如此爲不次，如此則公，如此則私。况進退近臣，凡超格者，不宜全委之宰相。」夷簡不悅。他日，論建都之事，仲淹曰：「洛陽險固，而汴爲四戰之地，太平宜居汴，即有事必居洛陽。當漸廣儲蓄，繕宮室。」帝問夷簡，夷簡曰：「此仲淹迂闊之論也。」仲淹迺爲四論以獻，大抵譏切時政。且曰：「漢成帝信張禹，不疑舅家，故有新莽之禍。臣恐今日亦有張禹，壞陛下家法。」夷簡怒訴曰：「仲淹離間陛下君臣，所引用，皆朋黨也。」仲淹對益切，由是罷知饒州。

李濂《汴京遺蹟志》卷一《宋京城》 按《宋史·地理志》，舊城周迴二十里一百五十五步。東二門：北曰望春，初名和政。南曰麗景。南面三門：中曰朱雀，東曰保康，大中祥符五年創建。西曰崇明。西二門：南曰宜秋，北曰閶闔。北三門：中曰景龍，東曰安遠，西曰天波。以上宋初仍梁晉舊名，至太平興國四年改今名。新城周迴五十里百六十五步。大中祥符九年增築，元豐元年重修，政和六年，詔有司度國之南展築京城，移置官司軍營。舊城四十八里二百二十三步，周顯德三年，以其土𪎭，取鄭州虎牢關土築之，俗呼爲卧牛城。南三門：中曰南薰，東曰宣化，西曰安上。東二門：南曰朝陽，北曰含輝。太平興國四年改寅賓，後復。西二門：南曰順天，北曰金輝。北四門：中曰通天，天聖初改顯德，後復。東曰長景，次東曰永泰，西曰安肅。初號衛州門。以上皆因周舊名，至太平興國四年改今名。汴河上水門，南曰大通，太平興國四年賜名，天聖初改順濟，後復今名。北曰宣澤。舊南北水門皆曰大通，熙寧十年改。汴河下，南曰上善，北曰通津。天聖初改廣津，熙寧十年復。惠民河上曰普濟，上曰廣利。廣濟河上曰咸豐，下曰善利，舊名咸通。上南門曰永順。熙寧十年賜名。其後又於金輝門南置開遠門。舊名通遠。以上皆太平興國四年賜名，天聖初改今名。其濠曰護龍河，闊十餘丈。濠之内外皆植楊柳，粉墻朱户，禁人往來。城門皆甕城三層，屈曲開門。惟南薰、新鄭、新宋、封丘正門，皆直門兩重，以通御路。金元以後多湮塞。舊有十三門：南曰南薰、陳州、戴樓，東曰新宋、揚州、新曹，西曰新鄭、萬勝、固子，北曰陳橋、封丘、新酸棗、衛州。今道路所通者，惟曹、鄭、陳州、揚州、南薰、固子、封丘七門耳。

《宋朝會要》：自朱梁建都，以汴州爲東京，皆因藩鎮舊制，但改名額。而周顯德初，始廣新城，周迴四十八里二百二十三步。

趙德麟《侯鯖録》：舊城周迴二十里一百五十五步，即汴州城，唐建中二年，節度使李勉重築，國初號曰闕城，亦曰裏城。新城乃周世宗顯德二年四月，詔别築新城，周迴四十八里二百二十三步，號曰外城，又曰羅城，亦曰新城。元豐中，裕陵命内侍宋用臣重築之。

宋敏求《東京記》：周世宗顯德二年四月，詔京城四面别築羅城。三年正月，發京畿、滑、鄭、曹之民，命薛可言等督之，仍命韓通總其事，王朴經度。凡通衢委巷廣袤之間，皆朴定其制。踰年而成。神宗熙寧中，始四面爲敵樓，作甕城，及濬治濠塹。

周密《癸辛雜志》：汴之外城，周世宗時所築，宋神宗又展拓之。其高際天，堅壯雄偉。南關外有太祖講武池，周美成《汴都賦》形容盡矣。梁王鼓吹臺、徽宗龍德宫舊址尚在。

岳珂《程史》：開寶戊辰，藝祖初修汴京，大其城址，曲而宛，如蚓屈焉。耆老相傳，趙中令鳩工奏圖，初取方直，四面皆有門，坊市經緯其間，井井繩列。上覽而怒，自取筆塗之，命以幅紙作大圈，紆曲縱斜，旁註云：「依此修築。」故城即當時遺蹟也。時人咸罔測，多病其不宜於觀美。熙寧乙卯，神宗在位，遂欲改作，覽苑中牧豚及内作坊之事，卒不敢更，第增陴而已。及政和間，蔡京擅國，亟奏廣其規，以便宫室苑囿之奉，命宦侍董其役。凡周旋數十里，一撤而方之如矩。墉堞樓櫓，雖甚藻飾，而蕩然無曩時之堅樸矣。一時迄功第賞，侈其事，至以表記、兩命詞科之題，概可想見其張皇也。靖康金人南牧，尼堪、斡里雅布揚鞭城下，有得色，曰「是易攻下」。令植砲四隅，隨方而擊之。城既引直，一砲所望，一壁皆不可立，竟以此失守。藝祖沈幾遠睹，至是始驗。宸筆所定圖，宋承平時藏秘閣，今不復存。

和維《愚見紀忘》：汴之外城，門名各有意義，如云鄭門，以其通往鄭州也；如云酸棗門，以其通往延津即舊酸棗縣也。其固子門未知其義。近閲《宣和遺事》，内載上清寶籙宫成，浚濠，水深三丈，東則景龍門橋，西則天波門橋，二橋之下壘石爲固，引舟相通，而橋上人物往來不覺。又《郡城沿革》云：西面門，從南曰順天門，俗名新門；次曰利澤水門，汴河自此入城；次北曰開遠門，又名萬勝門；次北曰金輝門，俗名固子門。歐陽公《歸田録》亦云：飲于固子橋。然則以壘石爲固而名其橋，因以名其門也。《周禮》：掌固之職，掌修城郭樹渠之固。以爲固所依阻，故曰固。或曰「固作顧，視也。汴城卧牛之形，北視黄河爲子，而子不敢來害其母。」此臆度之説，無所據。今省城即宋之舊裏城，周迴二十里一百九十步，高三丈五尺。國朝洪武初重築，外包以磚。門五：東曰麗景，南曰南薰，西曰大梁，北曰安遠，東北曰仁和。外建月城，上各建樓。其西舊名望京。角樓四，敵臺八十四，窩鋪八十三。東西南門甕城内，皆有漢壽亭侯廟，而北門甕城内則玄帝廟也。皆近時建。

《清續通志》卷一一〇《都邑略・宋都》 東京，汴之開封也。梁爲東都，後唐罷。晉復爲東京，宋因周之舊爲都。舊城周二十里一百五十五步，周顯德三年築。按：宋東京有新舊二城。《宋朝會要》云：自朱梁建都，以汴州爲東京，皆因藩鎮舊制，但改名額。而周顯德初，始廣新城。王應麟《地理通釋》曰：東京開封府舊城，唐建中初築，宋曰闕城，亦曰裏城。新城，周顯德三年韓通築。宋曰國城，亦曰外城。新城周五十里百六十五步。大中祥符九年增築，元豐元年重修。政和六年，詔有司度國之南展築京城，移置官司軍營。

西京，唐顯慶間爲東都，開元時改河南府。宋爲西京，山陵在焉。京城周五十二里九十六步。隋大業元年築，唐長壽二年增築。

南京，大中祥符七年建應天府爲南京。京城周一十五里四十步。

北京，慶曆二年建大名府爲北京。京城周四十八里二百六步。

行在所，建炎三年閏八月，高宗自建康如臨安，以州治爲行在所。

臣等謹案：宋設四京，以開封爲東京，河南爲西京，應天爲南京，大名爲北京。開封即屬京東路，後爲京畿東路府，河南爲京西北路府。應天初爲宋州，後爲京東西路府，大名爲河北東路府。高宗倉皇渡江，駐蹕吴會，其始但稱行在所，不以京名，示不忘恢復之意。然百五十年中，終不能復中原尺寸。雖由天命而地勢之不利，又豈得與中土相抗衡哉！

南宗高宗遷都臨安

吴自牧《夢粱録》卷七《杭州》 杭城號武林，又曰錢塘，次稱胥山。隋朝特刱立次郡。杭僅三十六里九十步，後武肅錢王發民丁與十三寨軍卒增築羅城，週圍七十里許，有南城門，稱爲龍山；東城門號爲南土北土保德；北城門名北關，今在餘杭門外，人家門首有有青石墊是也；西城門曰水西關，在雷峯塔前。城中有門者三：曰朝天門，曰〔啓化〕門，曰鹽橋門。宋太平興國年間，錢王納土，□□□□安有，號爲寧海軍。高廟於紹興歲南渡，〔駐蹕于〕此，遂稱爲行在所。其地襟江抱湖，川湊□□□□衍，民物阜蕃，非殊方下郡比也。自歸宋□□□□□易名。旱門僅十有三，水門者五。城南門者〔一曰〕嘉會，城樓絢綵，爲諸門冠，蓋此門爲御道，遇南郊，五輅欲此幸郊臺路。城東門者七：曰北水門，曰南水門，蓋禁中水從此流注，出銕沙河及横河橋下，其門有銕牕栅鎖閉，不曾輒開；曰便門，曰候潮門，曰保安水門，河通跨浦橋，與江相隔耳；曰保安門，俗呼小堰門也；曰新開門。城東門者三：曰崇新門，俗呼薦橋門；曰東青門，俗呼菜市；曰艮山門。城北門者三：曰天宗水門，曰餘杭水門，曰餘杭門，舊名「北關」是也。蓋此門浙西、蘇、湖、常、秀，直至江淮諸道，水陸俱通。城西門者四：曰錢塘門，曰豐豫門，即湧金；曰清波，即俗呼「闇門」也；曰錢湖門。其諸門内便門東青、艮山，皆甕城。水門皆平屋。其餘旱門，皆造樓閣。諸城壁各高三丈餘，横闊丈餘。禁約嚴切，人不敢登。犯者準條治罪。城内元三門俱廢之，獨朝天門止存兩城壁，杭人獨以門稱之。

吴自牧《夢粱録》卷七《禁城九廂坊巷》 在城九廂界，各廂一員小使臣注授，任其煙火盜賊，收解所屬。其職至微，所統者軍巡火下地分，以警其夜分不測耳。曰宫、城、廂、廡、坊、巷，東至嘉會門禁城角，西至中軍壁小寨門，南至八盤嶺，北至便門巡鋪城角矣。(在)〔左〕一南廂所管坊巷，曰大隱、安榮、懷慶、和豐。並在清和坊内一帶。南首左一北廂所管坊巷，曰吴山坊，即吴山井巷。清和坊，與南瓦子相對。融和坊，即灌肺嶺巷。新街融和之北太平坊，通和相對。市南坊，即巾子巷。市西坊，俗呼壩頭，又名三橋街，並在御街西首一帶。南新街，御史臺相對。康裕坊，俗呼八作司巷。後市街、吴山北坊西相對。泰和坊，俗呼糯米倉巷。天井坊，即天井巷，舊名通淛坊。稍西龍舌頭路中和坊，元呼樓店務巷，舊名浄因坊。仁美坊，俗呼石坂巷，在通判北廳之東。近民坊，府治東。流福坊，府治前西。豐裕坊，凌家橋西。美化坊，府學西。八巷並在清和坊北首一帶，直至州府沿河至府學前凌家橋西。左二廂所管坊巷：自修義坊，俗呼菱椒巷，即肉市。富樂坊，俗呼賣馬巷。衆樂坊，俗呼虎跑泉巷。教睦坊，俗呼狗兒山巷。積善坊，即上百戲巷。秀義坊，即下百戲巷。壽安坊，俗名官巷。修文坊，即舊將作監巷。里仁坊，元名陶家巷。保信坊，呼剪刀股巷。定民坊，即中棚巷。睦親坊，俗呼宗學巷。純禮坊，元名後洋街巷。保和坊，舊稱磚街巷。報恩坊，俗名觀巷。己(工)〔上〕在御街西首一帶。福德坊，在保和坊巷内。招賢坊，仁和縣前對巷。登省坊，縣衙相對，係郭宰買民地刱開此坊耳。左三廂所管坊巷：欽善坊，井亭橋南。閘扇子巷、井泉坊、相國井巷口，與井亭橋對。清風坊，莊文府南。活水巷、清河坊，洪福橋西楊和王府前。興慶坊，結縛橋對前洋街。德化坊、舊木子巷，在潘閬巷口。字民、平易，俱在錢塘縣前。右二廂所管坊巷：孝仁、登平二坊，緜寧門外西東。壽域坊，太廟南糧料院巷。天慶坊，即天慶觀巷。保安坊，元呼廟巷。懷信，呼糍糰巷。長慶坊，入忠清廟路。已上並在大街東西。新開坊，清平巷轉東上抱劍營路。長慶坊，都稅務南柴垛橋巷。富樂坊，薦橋西。右二廂所管坊巷：清平坊，即舊沙皮巷。通和坊，金波橋路。寶佑坊，即福王府看位一直路。賢福坊，即壩東猫兒橋巷。蘭陵坊，水巷橋巷。義和坊，元呼炭橋巷。武志坊，元李博士橋巷。戒民坊，俗呼棚橋巷，爲市曹行州之地。新安坊，名爲新橋樓巷。延定坊，鵞鴨橋巷。安國坊，即北橋巷。懷遠坊，舊呼軍頭司營巷。普寧坊，在觀橋之北，即清遠橋巷。皆在御街東首一帶。

同德坊，舊呼燈心巷，在大街北。嘉新坊，北庫東西，北呼七郎堂巷。教欽坊，呼竹竿巷，北酒庫東，面南。新開南巷，薦橋。富樂坊，對新開北巷，曰新橋東。右三廂所管坊巷：東巷坊，即上中沙巷。西巷坊，名下中沙巷。豐禾坊，全皇后府東。善履坊，即芳潤橋東。興禮坊，鹽橋下西堍。昌樂坊，蒲橋東。右四廂所管坊巷：名曰興禮，自崇陽宮墻之東，至傳法寺、佑聖觀、郭謝太后宅、福田宮，出街直到寧海坊，俱屬所統也。蓋杭舊有坊巷，廢之者七，如羅漢洞舊有坊名美俗，三橋湧金路舊名會昌坊，洪橋揚府巷元作紫雲坊，癸辛街巷爲從訓坊，馬家橋西曾立孝慈坊，洗麩橋南北二岸謂之通寶、豐財二坊，惟後人不可不知，姑並述之。

《玉海》卷一六《地理・紹興臨安定都》 紹興四年，將還臨安，始命有司建太廟。十二年作太社、太稷、皇后廟、都亭驛、太學。十三年築圜丘、景靈宮、高禖壇、祕書省。十五年作內中神御殿。十六年廣太廟，建武學。十七年作玉津園、太一宮、萬壽觀。十八年築九宮、貴神壇。十九年建太廟齋殿。二十年作玉牒所。二十二年作左藏庫、南省倉。二十五年建執政府。二十六年築兩相第、太醫局。二十七年建尚書六府。凡定都二十年而郊廟宮省始備。

《宋史》卷八五《地理志二》 行在所。建炎三年閏八月，高宗自建康如臨安，以州治爲行宮。宮室制度皆從簡省，不尚華飾。垂拱、大慶、文德、紫宸、祥曦、集英六殿，隨事易名，實一殿。重華、慈福、壽慈、壽康四宮，重壽、寧福二殿，隨時異額，實德壽一宮。延和、崇政、復古、選德四殿，本射殿也。慈寧殿，紹興九年，以太后有歸期建。欽先孝思殿，十五年建，在崇政殿東。翠寒堂，孝宗作。損齋，紹興末建，貯經史書，爲燕坐之所。東宮，在麗正門內，孝宗、莊文、景獻、光宗皆常居之。講筵所，資善堂。在行宮門內，因書院而作。天章、龍圖、寶文、顯猷、徽猷、敷文、煥章、華文、寶謨九閣，實天章一閣。

《宋史》卷四三六《陳亮傳》 先是，亮嘗圜視錢塘，喟然歎曰：「城可灌爾！」蓋以地下於西湖也。至是，當淳熙五年，孝宗即位蓋十七年矣。亮更名同，詣闕上書曰：

臣惟中國天地之正氣也，天命所鍾也，人心所會也，衣冠禮樂所萃也，百代帝王之所相承也。挈中國衣冠禮樂而寓之偏方，雖天命人心猶有所係，然豈以是爲可久安而無事也！天地之正氣鬱遏而久不得騁，必將有所發泄，而天命人心固非偏方所可久係也。**【略】**

夫吳、蜀天地之偏氣，錢塘又吳之一隅。當唐之衰，錢鏐以閭巷之雄，起王其地，自以不能獨立，常朝事中國以爲重。及我宋受命，俶以其家入京師，而自獻其土。故錢塘終始五代，被兵最少，而二百年之間，人物日以繁盛，遂甲於東南。及建炎、紹興之間，爲六飛所駐之地，當時論者，固已疑其不足以張形勢而事恢復矣。秦檜又從而備百司庶府，以講禮樂於其中，其風俗固已華靡，士大夫又從而治園囿臺榭，以樂其生於干戈之餘，上下晏安，而錢塘爲樂國矣。一隙之地本不足以容萬乘，而鎮壓且五十年，山川之氣蓋亦發泄而無餘矣。故穀粟、桑麻、絲枲之利，歲耗於一歲，禽獸、魚鼈、草木之生，日微於一日，而上下不以爲異也。公卿將相大抵多江、浙、閩、蜀之人，而人才亦日以凡下，場屋之士以十萬數，而文墨小異，已足以稱雄於其間矣。陛下據錢塘已耗之氣，用閩、浙日衰之士，而欲鼓東南習安脆弱之衆，北向以争中原，臣是以知其難也。

荆、襄之地，在春秋時，楚用以虎視齊、晉，而齊、晉不能屈也。及戰國之際，獨能與秦争帝。其後三百餘年，而光武起於南陽，同時共事，往往多南陽故人。又二百餘年，遂爲三國交據之地，諸葛亮由此起輔先主，荆楚之士從之如雲，而漢氏賴以復存於蜀；周瑜、魯肅、吕蒙、陸遜、陸抗、鄧艾、羊祜皆以其地顯名。又百餘年，而晉氏南渡，荆、雍常雄於東南，而東南往往倚以爲彊，梁竟以此代齊。及其氣發泄無餘，而隋、唐以來遂爲偏方下州。五代之際，高氏獨常臣事諸國。本朝二百年之間，降爲荒落之邦，北連許、汝，民居稀少，土産卑薄，人才之能通姓名於上國者，如晨星之相望；况至于建炎、紹興之際，羣盜出没於其間，而被禍尤極，以迄于今，雖南北分畫交據，往往又置於不足用，民食無所從出，而兵不可由此而進。議者或以爲憂，而不知其勢之足用也。其地雖要爲偏方，然未有偏方之氣五六百年而不發泄者，况其東通吳會，西連巴蜀，南極湖湘，北控關洛，左右伸縮，皆足以爲進取之機。今誠能開墾其地，洗濯其人，以發泄其氣而用之，使足以接關洛之氣，則可以争衡於中國矣，是亦形勢消長之常數也。

陛下慨然移都建業，百司庶府皆從草創，軍國之儀皆從簡略，又作行宮於武昌，以示不敢寧居之意；常以江、淮之師爲金人侵軼之備，而精擇一人之沈鷙有謀、開豁無他者，委以荆、襄之任，寬其文法，聽其廢置，撫摩振厲於三數年之間，則國家之勢成矣。

張英等《淵鑑類函》卷三三三《京邑部二》 《宋高宗定都臨安詔》曰：昔在

光武之興，雖定都於洛，而車駕往返見於前史者非一，用能奮揚威靈遞行天討，上繼隆漢，朕甚慕之。朕荷祖宗之休，克紹大統，夙夜危懼，不常厥居，比者巡幸建康，撫綏淮甸，既已申問邊圉，獎率六軍，是故復還臨安，内修政事，繕治甲兵，以定基業。非厭雨露之苦，而圖宮室之安也。遂定都。故今以臨安府爲行在所。

遼太祖都皇臨潢

《新五代史》卷七二《四夷附録第一》 契丹比他夷狄尤頑傲，父母死，以不哭爲勇，載其尸深山，置大木上，後三歲往取其骨焚之，酹而呪曰：「夏時向陽食，冬時向陰食，使我射獵，猪鹿多得。」其風俗與奚、靺鞨頗同。至阿保機，稍并服旁諸小國，而多用漢人，漢人教之以隸書之半增損之，作文字數千，以代刻木之約。又制婚嫁，置官號。乃僭稱皇帝，自號天皇王。以其所居横帳地名爲姓，曰世里。世里，譯者謂之耶律。名年曰天贊。以其所居爲上京，起樓其間，號西樓，又於其東千里起東樓，北三百里起北樓，南木葉山起南樓，往來射獵四樓之間。契丹好鬼而貴日，每月朔旦，東向而拜日，其大會聚、視國事，皆以東向爲尊，四樓門屋皆東向。

《遼史》卷三六《兵衛志》 遼建五京：臨潢，契丹故壤；遼陽，漢之遼東，爲渤海故國；中京，漢遼西地，自唐以來契丹有之。三京丁籍可紀者二十二萬六千一百，蕃漢轉户爲多。析津、大同，故漢地，籍丁八十萬六千七百。契丹本户多隸宮帳、部族，其餘蕃漢户丁分隸者，皆不與焉。太祖建皇都于臨潢府。太宗定晉，晉主石敬瑭來獻十六城，乃定四京，改皇都爲上京。有丁一十六萬七千二百。

《遼史》卷三七《地理志一》 帝堯畫天下爲九州。舜以冀、青地大，分幽、并，營，爲州十有二。幽州在渤、碣之間，并州北有代、朔，營州東暨遼海。其地負山帶海，其民執干戈，奮武衛，風氣剛勁，自古爲用武之地。太祖以迭剌部之衆代遥輦氏，起臨潢，建皇都；東併渤海，得城邑之居百有三。太宗立晉，有幽、涿、檀、薊、順、營、平、蔚、朔、雲、應、新、嬀、儒、武、寰十六州，於是割古幽、并、營之境而跨有之。東朝高麗，西臣夏國，南子石晉而兄弟趙宋，吴越、南唐航海輸貢。嘻，其盛矣！

遼國其先曰契丹，本鮮卑之地，居遼澤中；去榆關一千一百三十里，去幽州又七百一十四里。南控黄龍，北帶潢水，冷陘屏右，遼河塹左。高原多榆柳，下隰饒蒲葦。當元魏時，有地數百里。至唐，大賀氏蠶食扶餘、室韋、奚、靺鞨之區，地方二千餘里。貞觀三年，以其地置玄州。尋置松漠都督府，建八部爲州，各置刺史：達稽部曰峭落州，紇便部曰彈汗州，獨活部曰無逢州，芬阿部曰羽陵州，突便部曰日連州，芮奚部曰徒河州，墜斤部曰萬丹州，伏部曰匹黎、赤山二州。以大賀氏窟哥爲使持節十州軍事。分州建官，蓋昉於此。

迨于五代，闢地東西三千里。遥輦氏更八部曰旦利皆部、乙室活部、實活部、納尾部、頻没部、内會雞部、集解部、奚嗢部，屬縣四十有一。每部設刺史，縣置令。太宗以皇都爲上京，升幽州爲南京，改南京爲東京，聖宗城中京，興宗升雲州爲西京，於是五京備焉。又以征伐俘户建州襟要之地，多因舊居名之；加以私奴置投下州。總京五，府六，州、軍、城百五十有六，縣二百有九，部族五十有二，屬國六十。東至于海，西至金山，暨于流沙，北至臚朐河，南至白溝，幅員萬里。

上京臨潢府，本漢遼東郡西安平之地。新莽曰北安平。太祖取天梯、蒙國、別魯等三山之勢于葦甸，射金齪箭以識之，謂之龍眉宮。神册三年城之，名曰皇都。天顯十三年，更名上京，府曰臨潢。

淶流河自西北南流，繞京三面，東入于曲江，其北東流爲按出河。又有御河、沙河、黑河、潢河、鴨子河、他魯河、狼河、蒼耳河、輞子河、臚朐河、陰涼河、豬河、鴛鴦湖、興國惠民湖、廣濟湖、臨濼、百狗濼、火神淀、馬盂山、兔兒山、野鵲山、鹽山、鑿山、松山、平地松林、大斧山、列山、屈劣山、勒得山——唐所封大賀氏勒得王有墓存焉。【略】

上京，太祖創業之地。負山抱海，天險足以爲固。地沃宜耕植，水草便畜牧。金齪一箭，二百年之基，壯矣。天顯元年，平渤海歸，乃展郛郭，建宮室，名以天贊。起三大殿：曰開皇、安德、五鸞。中有歷代帝王御容，每月朔望、節辰、忌日，在京文武百官並赴致祭。又於内城東南隅建天雄寺，奉安烈考宣簡皇帝遺像。是歲太祖崩，應天皇后於義節寺斷腕，置太祖陵。即寺建斷腕樓，樹碑焉。太宗援立晉，遣宰相馮道、劉昫等持節，具鹵簿、法服至此，册上太宗及應天皇后尊號。太宗詔蕃部並依漢制，御開皇殿，闢承天門受禮，因改皇都爲上京。

城高二丈，不設敵樓，幅員二十七里。門，東曰迎春，曰雁兒；南曰順陽，曰南福；西曰金鳳，曰西雁兒。其北謂之皇城，高三丈，有樓櫓。門，東曰安東，南曰大順，西曰乾德，北曰拱辰。中有大內。內南門曰承天，有樓閣；東門曰東華，西曰西華。此通內出入之所。正南街東，留守司衙，次鹽鐵司，次南門，龍寺街。南曰臨潢府，其側臨潢縣。縣西南崇孝寺，承天皇后建。寺西長泰縣，又西天長觀。西南國子監，監北孔子廟，廟東節義寺。又西北安國寺，太宗所建。寺東齊天皇后故宅，宅東有元妃宅，即法天皇后所建也。其南貝聖尼寺，綾錦院、內省司、麴院，贍國、省司二倉，皆在大內西南，八作司與天雄寺對。南城謂之漢城，南當橫街，各有樓對峙，下列井肆。東門之北潞縣，又東南興仁縣。南門之東回鶻營，回鶻商販留居上京，置營居之。西南同文驛，諸國信使居之。驛西南臨潢驛，以待夏國使。驛西福先寺。寺西宣化縣，西南定霸縣，縣西保和縣。西門之北易俗縣，縣東遷遼縣。

周廣順中，胡嶠《記》曰：上京西樓，有邑屋市肆，交易無錢而用布。有綾錦諸工作、宦者、翰林、伎術、教坊、角觝、儒、僧尼、道士。中國人并、汾、幽、薊爲多。

宋大中祥符九年，薛映《記》曰：上京者，中京正北八十里至松山館，七十里至崇信館，九十里至廣寧館，五十里至姚家寨館，五十里至咸寧館，三十里度潢水石橋，旁有饒州，唐於契丹嘗置饒樂州，今渤海人居之。五十里保和館，度黑水河，七十里宣化館，五十里長泰館。館西二十里有佛舍、民居，即祖州。又四十里至臨潢府。自過崇信館乃契丹舊境，其南奚地也。入西門，門曰金德，內有臨潢館。子城東門曰順陽。北行至景福門，又至承天門，內有昭德、宣政二殿與氈廬，皆東向。臨潢西北二百餘里號涼淀，在饅頭山南，避暑之處。多豐草，掘地丈餘即有堅冰。

《遼史》卷三八《地理志二》　東京遼陽府，本朝鮮之地。周武王釋箕子囚，去之朝鮮，因以封之。作八條之教，尚禮義，富農桑，外户不閉，人不爲盜。傳四十餘世。燕屬真番、朝鮮，始置吏、築障。秦屬遼東外徼。漢初，燕人滿王故空地。武帝元封三年，定朝鮮爲真番、臨屯、樂浪、玄菟四郡。後漢出入青、幽二州，遼東、玄菟二郡，沿革不常。漢末爲公孫度所據，傳子康；孫淵，自稱燕王，建元紹漢，魏滅之。晉陷高麗，後歸慕容垂；子寶，以勾麗王安爲平州牧居之。元魏太武遣使至其所居平壤城，遼東京本此。唐高宗平高麗，於此置安東都護府；後爲渤海大氏所有。大氏始保挹婁之東牟山。武后萬歲通天中，爲契丹盡忠所逼，有乞乞仲象者，度遼水自固，武后封爲震國公。傳子祚榮，建都邑，自稱震王，併吞海北，地方五千里，兵數十萬。中宗賜所都曰忽汗州，封渤海郡王。十有二世至彝震，僭號改元，擬建宮闕，有五京、十五府、六十二州，爲遼東盛國。忽汗州即故平壤城也，號中京顯德府。太祖建國，攻渤海，拔忽汗城，俘其王大諲譔，以爲東丹王國，立太子圖欲爲人皇王以主之。神册四年，葺遼陽故城，以渤海、漢户建東平郡，爲防禦州。天顯三年，遷東丹國民居之，升爲南京。

城名天福，高三丈，有樓櫓，幅員三十里。八門：東曰迎陽，東南曰韶陽，南曰龍原，西南曰顯德，西曰大順，西北曰大遼，北曰懷遠，東北曰安遠。宮城在東北隅，高三丈，具敵樓，南爲三門，壯以樓觀，四隅有角樓，相去各二里。宮墻北有讓國皇帝御容殿。大內建二殿，不置宮嬪，唯以內省使副、判官守之。《大東丹國新建南京碑銘》，在宮門之南。外城謂之漢城，分南北市，中爲看樓；晨集南市，夕集北市。街西有金德寺；大悲寺；駙馬寺，鐵幡竿在焉；趙頭陀寺；留守衙；户部司；軍巡院，歸化營軍千餘人，河、朔亡命，皆籍于此。東至北烏魯虎克四百里，南至海邊鐵山八百六十里，西至望平縣海口三百六十里，北至挹婁縣、范河二百七十里。東、西、南三面抱海。遼河出東北山口爲范河，西南流爲大口，入于海；東梁河自東山西流，與渾河合爲小口，會遼河入于海，又名太子河，亦曰大梁水；渾河在東梁、范河之間；沙河出東南山西北流，徑蓋州入于海。有蒲河；清河；浿水，亦曰泥河，又曰蓒芋濼，水多蓒芋之草；駐蹕山，唐太宗征高麗，駐蹕其巔數日，勒石紀功焉，俗稱手山，山巔平石之上有掌指之狀，泉出其中，取之不竭。又有明王山、白石山——亦曰橫山。天顯十三年，改南京爲東京，府曰遼陽。

《遼史》卷三九《地理志三》　中京大定府，虞爲營州，夏屬冀州，周在幽州之分。秦郡天下，是爲遼西。漢爲新安平縣。漢末步奚居之，幅員千里，多大山深谷，阻險足以自固。魏武北征，縱兵大戰，降者二十餘萬，去之松漠。其後拓拔氏乘遠建牙於此，當饒樂河水之南，温渝河水之北。唐太宗伐高麗，駐蹕於此。部帥蘇支從征有功。奚長可度率衆内附，爲置饒樂都督府。咸通以後，契丹始大，奚族不敢復抗。太祖建國，舉族臣屬。聖宗嘗過七金山土河之濱，南望雲氣，有郛郭樓闕之狀，因議建都。擇良工於燕、薊，董役二歲，郛郭、宮掖、樓閣、府庫、市肆、廊廡，擬神都之制。統和二十四年，五帳院進故奚王牙帳地。二十五年，城之，實以漢户，號曰中京，府曰大定。

皇城中有祖廟，景宗、承天皇后御容殿。城池湫濕，多鑿井泄之，人以爲便。

大同驛以待宋使，朝天館待新羅使，來賓館待夏使。有七金山、馬盂山、雙山、松山、土河。【略】

宋王曾《上契丹事》曰：出燕京北門，至望京館。五十里至順州。七十里至檀州，漸入山。五十里至金溝館。將至館，川原平曠，謂之金溝淀。自此入山，詰曲登陟，無復里堠，但以馬行記日，約其里數。九十里至古北口，兩傍峻崖，僅容車軌。又度德勝嶺，盤道數層，俗名思鄉嶺，八十里至新館。過雕窠嶺、偏槍嶺，四十里至臥如來館。過烏灤河，東有灤州，又過摸斗嶺，一名渡雲嶺，芹菜嶺，七十里至柳河館。松亭嶺甚險峻，七十里至打造部落館。東南行五十里至牛山館。八十里至鹿兒峽館。過蝦蟆嶺，九十里至鐵漿館。過石子嶺，自此漸出山，七十里至富谷館。八十里至通天館。二十里至中京大定府。城垣卑小，方圓纔四里許。門但重屋，無築闍之制。南門曰朱夏，門內通步廊，多坊門。又有市樓四：曰天方、大衢、通闤、望闕。次至大同館。其門正北曰陽德、閶闔。城內西南隅岡上有寺。城南有園圃，宴射之所。自過古北口，居人草庵板屋，耕種，但無桑柘；所種皆從壠上，虞吹沙所壅。山中長松鬱然，深谷中時見畜牧牛馬橐駝，多青羊黄豕。

《遼史》卷四〇《地理志四》　南京析津府，本古冀州之地。高陽氏謂之幽陵，陶唐曰幽都，有虞析爲幽州。商併幽於冀。周分并爲幽。《職方》，東北幽州，山鎮醫巫閭，澤藪貕養，川河、泲，浸菑、時。其利魚、鹽，其畜馬、牛、豕，其穀黍、稷、稻。武王封太保奭于燕。秦以其地爲漁陽、上谷、右北平、遼西、遼東五郡。漢爲燕國，歷封臧荼、盧綰、劉建、劉澤、劉旦，嘗置涿郡廣陽國。後漢爲廣平國廣陽郡；或合于上谷，復置幽州。後周置燕及范陽郡，隋爲幽州總管。唐置大都督府，改范陽節度使。安禄山、史思明、李懷仙、朱滔、劉怦、劉濟相繼割據。劉總歸唐。至張仲武、張允仲，以正得民。劉仁恭父子僭争，遂入五代。自唐而晉，高祖以遼有援立之勞，割幽州等十六州以獻。太宗升爲南京，又曰燕京。

城方三十六里，崇三丈，衡廣一丈五尺。敵樓、戰櫓具。八門：東曰安東、迎春，南曰開陽、丹鳳，西曰顯西、清晉，北曰通天、拱辰。大内在西南隅。皇城内有景宗、聖宗御容殿二，東曰宣和，南曰大內。內門曰宣教，改元和；外三門曰南端、左掖、右掖。左掖改萬春，右掖改千秋。門有樓閣，毬場在其南，東爲永平館。皇城西門曰顯西，設而不開；北曰子北。西城巔有涼殿，東北隅有燕角樓。坊市、廨舍、寺觀，蓋不勝書。其外，有居庸、松亭、榆林之關，古北之口，桑乾河、高梁河、石子河、大安山、燕山——中有瑶嶼。府曰幽都，軍號盧龍，開泰元年落軍額。【略】

宋王曾《上契丹事》曰：自雄州白溝驛渡河，四十里至新城縣，古督亢亭之地。又七十里至涿州。北渡范水、劉李河，六十里至良鄉縣。渡盧溝河，六十里至幽州，號燕京。子城就羅郭西南爲之。正南曰啓夏門，内有元和殿，東門曰宣和。城中坊閈皆有樓。有閔忠寺，本唐太宗爲征遼陣亡將士所造；又有開泰寺，魏王耶律漢寧造。皆遺朝使遊觀。南門外有于越王廨，爲宴集之所。門外永平館，舊名碣石館，請和後易之。南即桑乾河。

《遼史》卷四一《地理志五》　西京大同府，陶唐冀州之域。虞分并州。夏復屬冀州。周《職方》，正北曰并州。戰國屬趙，武靈王始置雲中郡。秦屬代王國，後爲平城縣。魏屬新興郡。晉仍屬雁門。劉琨表封猗盧爲代王，都平城。元魏道武於此遂建都邑。孝文帝改爲司州牧，置代尹，遷都洛邑，改萬年，又置恒州。高齊文皇帝廢州爲恒安鎮，今謂之東城，尋復恒州。周復恒安鎮，改朔州。隋仍爲鎮。唐武德四年置北恒州，七年廢。貞觀十四年移雲中定襄縣於此。永淳元年默啜爲民患，移民朔州。開元十八年置雲州。天寶元年改雲中郡。乾元元年曰雲州。乾符三年，大同軍節度使李國昌子克用爲雲中守捉使，殺防禦使，據州以聞。僖宗赦克用，以國昌爲大同軍防禦使，不受命。廣明元年，李琢攻國昌，國昌兵敗，與克用奔北地。黄巢入京師，詔發代北軍，尋赦國昌，使討賊。克用率三萬五千騎而南，收京師，功第一，國昌封隴西郡王。國昌卒，克用取雲州。既而所向失利，乃卑詞厚禮，與太祖會于雲州之東城，謀大舉兵攻梁，不果。克用子存勗滅梁，是爲唐莊宗。同光三年，復以雲州爲大同軍節度使。晉高祖代唐，以契丹有援立功，割山前、代北地爲賂，大同來屬，因建西京。

敵樓、棚櫓具。廣袤二十里。門，東曰迎春，南曰朝陽，西曰定西，北曰拱極。元魏宮垣占城之北面，雙闕尚在。遼既建都，用爲重地，非親王不得主之。清寧八年建華嚴寺，奉安諸帝石像、銅像。又有天王寺、留守司衙，南曰西省。北門之東曰大同府，北門之西曰大同驛。初爲大同軍節度，重熙十三年升爲西京，府曰大同。

《清續通志》卷一一〇《都邑略・遼都》　上京，本契丹故壤，太祖取天梯、蒙古、必嚕等三山之勢，於葦甸射金齪箭以識之，謂之龍眉宫。神册三年城之，名曰皇都。會同元年更名上京，府曰臨潢。其地負山抱海。太祖平渤海歸，乃展郛郭、建宫室。上京城高二丈，不設敵樓，幅員二十七里。其北謂之皇城，高三丈，有樓櫓。南城謂之漢城。按《契丹國志》：上京乃大部落之地，離來州數十里，即行海岸，有納都木成河。其東北三十里即長泊也。涉沙磧，過白馬淀，渡土河，亦云崇崇瑪，聚沙成墩，少人烟，多林木。其河邊平處，國主曾於此過冬。又至木葉山三十里許，有居人瓦屋及僧舍。納都木威，舊作納都烏；崇崇瑪，舊作撞撞木，今並改。

東京，本朝鮮之地，唐武后時，有且且絅桑者保有其地。武后封爲震國公，傳子祚榮，建都邑，自稱震王。中宗賜所居曰呼爾罕州，封渤海郡王。十有二世，至彝震，僭號改元，爲遼東盛國。呼爾罕州，即平壤故地，時號中京顯德府，太祖攻渤海，拔其城。神册四年爲東平郡，天顯三年升爲南京，會同元年改爲東京，府曰遼陽。城名天福，高三丈，有樓櫓，幅員三十里。宫城在東北隅，高三丈，具敵樓。外城謂之漢城。

中京，自漢至唐，奚族居之。太祖建國，奚人臣屬。聖宗嘗過七金山土河之濱，南望雲氣，有郛郭樓闕之狀，因議建都。統和二十五年城之，實以漢户，號曰中京，府曰大定。《契丹國志》云：中京，承天太后建，地居上東燕三京之中，土肥人曠。西臨馬孟山六十里，其山南北一千里，東西八百里，連亘燕京西山，遂以其地建城，號曰中京。按承天太后，景宗蕭后也。是時聖宗雖在位，而太后專政，故以建中京爲太后云。

臣等謹案：遼時鎮州亦曾有中京之稱，乃太宗大同元年南征時所立。《五代史》載世宗於中京即皇帝位者是也。未幾即入於北漢。惟聖宗所建之大定府稱爲中京。

南京，本幽州范陽郡地，石晉所獻。會同元年升爲南京府，曰幽都。開泰元年改府名曰析津，仍置南京，亦曰燕京。城方三十六里，崇三丈，衡廣一丈五尺，敵樓戰櫓咸具。

西京，本雲州雲中郡地，亦石晉所獻。重熙十三年升爲西京，府曰大同。城廣袤二十里，敵櫓棚櫓咸具。時元魏宫垣遺址尚在，遼既建都，以爲重地，命親王主之。按《契丹國志》載四京本末，有上、中、東、南而無西，故曰四京。然大同建都，實在興宗之世，葉隆禮但稱四京，誤矣。

臣等謹案：遼初國號契丹，不設都名，其所居曰西樓。西樓者即上京也。國初設四樓：在木葉山者曰南樓，在龍化州者曰東樓，在唐州者曰北樓，與西樓而四。歲時遊獵，皆出入其間。至太祖始建皇都，太宗即皇都爲上京，更置東京、南京爲三京。聖宗置中京，興宗置西京而五京具焉。

繆荃孫《藝風堂文集》卷二《遼故城考》 遼太宗會同元年，升幽州爲南京，《遼史・太宗紀》。又曰燕京。《遼地理志》。聖宗開泰元年，改幽都府爲析津府。《遼聖宗紀》。城方三十六里，崇三丈，廣一丈五尺。敵樓戰櫓，具八門：東曰安東、迎春，按《乘軺録》云：幽州城周二十五里，東南曰水窗門，疑有誤。南曰開陽、丹鳳，王曾《上契丹事》云：南有啓夏門。西曰顯西、清音，北曰通天、拱辰。《遼地理志》。

按：遼之故都，即因唐藩鎮城之舊，其地在今城西偏及郊外地。今琉璃廠在正陽門外，而乾隆間得《李内貞墓志》，稱其地爲燕京東門外之海王村。又今黑窑廠，在永定門内慈悲庵，而今存遼壽昌慈智大師石幢，亦稱爲京東。《北盟匯編》：郭藥師襲遼，由固安渡瀘水，奪迎春門，陳于憫忠寺前。是遼東門在憫忠寺之東，慈悲庵之西，界址規模略可想見。若後人所謂蕭太后城，即遼之故城，并非别有一城也。

金太祖都上京

《全遼金文・劉豫・遷都汴京詔》 天會十五年十二月十八日，奉詔書：「汴京，實四方之上游，名區奥壤，爲天下最，今所宜都，無以易此。而朕念遷都重事，未嘗輕議。既而寇盗衰息，强梗懷歸，關輔混同，人漸安謐，宅中而據會要，因舊以建新邦，乃其時矣。朕志已定，朝論僉協，將戒嚴而順動，宜先事以示期。誕布詔書，亶孚群聽，已定明年春末遷都於汴。凡爾遐邇，知朕意焉。」

《金史》卷二四《地理志上》 上京路，即海古之地，金之舊土也。國言「金」曰「按出虎」，以按出虎水源於此，故名金源，建國之號蓋取諸此。國初稱爲内地，天眷元年號上京。海陵貞元元年遷都于燕，削上京之號，止稱會寧府，稱爲國中者以違制論。大定十三年七月，復爲上京。其山有長白、青嶺、馬紀嶺、完都魯，水有按出虎水、混同江、來流河、宋瓦江、鴨子河。府一，領節鎮四，防禦一，縣六，鎮一。舊有會平州，天會二年築，契丹之周特城也，後廢。其宫室有乾元殿，天會三年建，天眷元年更名皇極殿。慶元宫，天會十三年建，殿曰辰居，門曰景暉，天眷二年安太祖以下御容，爲原廟。朝殿，天眷元年建，殿曰敷德，門曰延光，寢殿曰宵衣，書殿曰稽古。又有明德宫、明德殿，熙宗嘗享太宗御容於此，太后所居也。涼殿，皇統二年構，門曰延福，樓曰五雲，殿曰重明。東廡南殿曰東華，次曰廣仁。西廡南殿曰西清，次曰明義。重明後，東殿曰龍壽，西殿曰奎文。時令殿及其門曰奉元。有泰和殿，有武德殿，有薰風殿。其行宫有天開殿，爻剌春水之地也。有混同江行宫。太廟、社稷，皇統三年建，正隆二年毁。原廟，天眷元年以春亭名天元殿，安太祖、太宗、徽宗及諸后御容。春亭者，太祖所嘗御之所也。

天眷二年作原廟，皇統七年改原廟乾文殿曰世德，正隆二年毀。大定五年復建太祖廟。興聖宮，德宗所居也，天德元年名之。興德宮，後更名永祚宮，睿宗所居也。光興宮，世宗所居也。正隆二年命吏部郎中蕭彦良盡毀宮殿、宗廟、諸大族邸第及儲慶寺，夷其趾，耕墾之。大定二十一年復修宮殿，建城隍廟。二十三年以甓束其城。有皇武殿，擊毬校射之所也。有雲錦亭，有臨漪亭，爲籠鷹之所，在按出虎水側。【略】

中都路，遼會同元年爲南京，開泰元年號燕京。海陵貞元元年定都，以燕乃列國之名，不當爲京師號，遂改爲中都。府一，領節鎮三，刺郡九，縣四十九。天德三年，始圖上燕城宮室制度，三月，命張浩等增廣燕城。城門十三，東曰施仁、曰宣曜、曰陽春，南曰景風、曰豐宜、曰端禮，西曰麗澤、曰顥華、曰彰義，北曰會城、曰通玄、曰崇智、曰光泰。浩等取真定府潭園材木，營建宮室及涼位十六。應天門十一楹，左右有樓，門内有左、右翔龍門，及日華、月華門，前殿曰大安，左、右掖門，内殿東廊曰敷德門。大安殿之東北爲東宮，正北列三門，中曰粹英，爲壽康宮，母后所居也。西曰會通門，門北曰承明門，又北曰昭慶門。東曰集禧門，尚書省在其外，其東西門左、右嘉會門也，門有二樓，大安殿後門之後也。其北曰宣明門，則常朝後殿門也。北曰仁政門，傍爲朵殿，朵殿上爲兩高樓，曰東、西上閤門，内有仁政殿，常朝之所也。宮城之前廊，東西各二百餘間，分爲三節，節爲一門。將至宮城，東西轉各有廊百許間，馳道兩傍植柳，廊脊覆碧瓦，宮闕殿門則輔用碧瓦。應天門舊名通天門，大定五年更。七年改福壽殿曰壽安宮。明昌五年復以隆慶宮爲東宮，慈訓殿爲承華殿，承華殿者皇太子所居之東宮也。泰和殿，泰和二年更名慶寧殿。又有崇慶殿。魚藻池、瑶池殿位，貞元元年建。有神龍殿，又有觀會亭。又有安仁殿、隆德殿、臨芳殿。皇統元年有元和殿。有常武殿，有廣武殿，爲擊毬、習射之所。京城北離宮有太寧宮，大定十九年建，後更爲壽寧，又更爲壽安，明昌二年更爲萬壽宮。瓊林苑有橫翠殿。寧德宮西園有瑶光臺，又有瓊華島，又有瓊光樓。皇統元年有宣和門，正隆三年有宣華門，又有撒合門。【略】

東京路，府一，領節鎮一，刺郡四，縣十七，鎮五。皇統四年二月，立東京新宮，寢殿曰保寧，宴殿曰嘉惠，前後正門曰天華、曰乾貞。七月，建宗廟，有孝寧宮。七年，建御容殿。

遼陽府，中，東京留守司。本渤海遼陽故城，遼完葺之，郡名東平。天顯三年，陞爲南京，府曰遼陽。十三年，更爲東京。太宗天會十年，改南京路平州軍帥司爲東南路都統司之時，嘗治於此，以鎮高麗。後置兵馬都部署司，天德二年，改爲本路都總管府，後更置留守司。産白兔、師姑布、鼠毫、白鼠皮、人參、白附子。户四萬六百四。縣四、鎮一。【略】

北京路，府四，領節鎮七，刺郡三，縣四十二，鎮七，寨一。

大定府，中，北京留守司。遼中京。統和二十五年建爲中京，國初因稱之。海陵貞元元年更爲北京，置留守司、都轉運司、警巡院。産鼦鼠、螺盃、茱萸梳、玳瑁鞍、酥乳餅、五味子。户六萬四千四十七。縣十一、鎮二。【略】

臨潢府，下，總管府。地名西樓，遼爲上京，國初因稱之，天眷元年改爲北京。天德二年改北京爲臨潢府路，以北京路都轉運司爲臨潢府路轉運司，天德三年罷。貞元元年以大定府爲北京後，但置北京臨潢路提刑司。大定後罷路，併入大定府路。貞祐二年四月嘗僑置于平州。有天平山、好水川，行宮地也，大定二十五年命名。有撒里乃地，熙宗皇統九年嘗避暑于此。有陷泉，國言曰落孛魯。有合襄追古思阿不漠合沙地。户六萬七千九百七。縣五、堡三十七：大定間二十四，後增。

邊堡，大定二十一年三月，世宗以東北路招討司十九堡在泰州之境，及臨潢路舊設二十四堡障參差不齊，遣大理司直蒲察張家奴等往視其處置。於是東北自達里帶石堡子至鶴五河地分，臨潢路自鶴五河堡子至撒里乃，皆取直列置堡戍。評事移刺敏言：「東北及臨潢所置，土瘠樵絶，當令所徙之民姑逐水草以居，分遣丁壯營畢，開壕塹以備邊。」上令無水草地官爲建屋，及臨潢路諸堡皆以放良人戍守。省議：「臨潢路二十四堡，堡置户三十，共爲七百二十，若營建畢，官給一歲之食。」上以年飢權寢，姑令開壕爲備。四月，遣吏部郎中奚胡失海經畫壕塹，旋爲沙雪堙塞，不足爲禦。乃言：「可築二百五十堡，堡日用工三百，計一月可畢，糧亦足備，可爲邊防久計。泰州九堡、臨潢五堡之地斥鹵，官可爲屋外，自撒里乃以西十九堡，舊戍軍舍少，可令大鹽濼官木三萬餘，與直東堡近嶺求木，每家官爲構室一椽以處之。」【略】

西京路，府二，領節鎮七，刺郡八，縣三十九，鎮九。大定五年建宫室，名其殿曰保安，其門南曰奉天，東曰宣仁，西曰阜成。天會三年建太祖原廟。

大同府，中，西京留守司。晉雲州大同軍節度，遼重熙十三年，升爲西京，府名大同，金因之。皇統元年，以燕京路隸尚書省，西京及山後諸部族隸元帥府。舊置兵馬都部署司，天德二年，改置本路都總管府，後更置留守司。置轉運司及中都西京路提刑司。貢瑪瑙環子、瑪瑙數珠。産白駝、安息香、松明、松脂、黄連、百藥煎、芥子煎、鹽、栲鹽、石緑、緑礬、鐵、甘草、枸杞、碾玉砂、地蕈。户九萬八千四百四十四。縣七、鎮三。

《金史》卷二五《地理志中》 南京路，國初曰汴京，貞元元年更號南京。府三，領節鎮三，防禦八，刺史郡八，縣一百五。都城門十四，曰開陽，曰宣仁，曰安利，曰平化，曰通遠，曰宜照，曰利川，曰崇德，曰迎秋，曰廣澤，曰順義，曰迎朔，曰順常，曰廣智。宮城門，南外門曰南薰，南薰北新城門曰豐宜，橋曰龍津橋，北門曰丹鳳，其門三。丹鳳北曰舟橋，橋少北曰文武樓，遵御路面北橫街也。東曰太廟，西曰郊社，正北曰承天門，其門五，雙闕前引，東曰登聞檢院，西曰登聞鼓院。檢院東曰左掖門，門南曰待漏院。鼓院西曰右掖門，門南曰都堂。直承天門北曰大慶門，門東曰日精門，又東曰左昇平門。大慶門西曰月華門，又西曰右昇平門。正殿曰大慶殿，前有龍墀，又南有丹墀，又南曰沙墀，東廡曰嘉福樓，西廡曰嘉瑞樓。大慶後曰德儀殿。殿東曰左昇龍門，西曰右昇龍門。正門曰隆德，內有隆德殿，有蕭墻，有丹墀。隆德殿左曰東上閤門，右曰西上閤門，皆南向。鼓樓在東，鐘樓在西。隆德之次曰仁安門、仁安殿，東則內侍局，又東曰近侍局，又東則嚴祇門，宮中則稱曰撒合門，少南曰東樓，則授除樓也。西曰西樓。仁安之次曰純和殿，正寢也。純和西曰雪香亭，亭北則后妃位也，有樓，樓西曰瓊香亭，亭西曰涼位，有樓，樓北少西曰玉清殿。純和之次曰福寧殿，殿後曰苑門，內曰仁智殿，有二太湖石，左曰敷錫神運萬歲峰，右曰玉京獨秀太平巖，殿曰山莊，其西南曰翠微閣。苑門東曰僊韶院，院北曰翠峯，峯之洞曰大滌湧翠，東連長生殿，又東曰湧金殿，又東曰蓬萊殿。長生西曰浮玉殿，又西曰瀛洲殿。長生殿南曰閱武殿，又南曰內藏庫。嚴祇門東曰尚食局，又東曰宣徽院，院北曰御藥院，又北右藏庫，東則左藏庫。宣徽院東曰點檢司，司北曰祕書監，又北曰學士院，又北曰諫院，又北曰武器署。點檢司南曰儀鸞局，又南曰尚輦局。宣徽院南曰拱衛司，又南曰尚衣局。其南爲繁禧門，又南曰安泰門，門與左昇龍門相直。東則壽聖宮，兩宮太后位也，本明俊殿，試進士之所。宮北曰徽音院，又北曰燕壽殿，殿垣後少西曰振肅衛司，東曰中衛尉司。儀鸞局東曰小東華門，更漏在焉。中衛尉司東曰祗肅門，少東南曰將軍司。徽音、壽聖東曰太后苑，苑殿曰慶春，與燕壽殿並。小東華與正東華門對。東華門內正北尚廄局，其西北曰臨武殿。左掖門北，尚食局南曰宮苑司。其西北尚醞局、湯藥局。侍儀司少西曰符寶局、器物局，又西則撒合門也。嘉瑞樓西曰三廟，正殿曰德昌，東曰文昭，西曰光興。德昌後，宣宗廟也。宮西門曰西華，與東華相直，北門曰安貞。

《金史》卷一一一《撒合輦傳》 未幾，右拾遺李大節、右司諫陳規言撒合輦諂佞納賄及不公事，奏帖留中不報。明惠皇后嘗傳旨戒曰：「汝諂事上，上之騎鞠皆汝所教。」尉忻亦極言之，上頗悟，出爲中京留守、兼行樞密院事。初，宣宗改河南府爲金昌府，號中京，又擬少室山頂爲御營，命移剌粘合築之，至是撒合輦爲留守。

宇文懋昭《大金國志》卷三三《地理》 國初之時，族帳散居山谷，地僅千餘里。自後并遼，得大遼全盛之地。其後深入中原，舉大江以北皆有之，疆宇始廣矣。其初居草地，名會寧，號上京，僻在一隅，亮始徙燕，遂以渤海遼陽府爲東京、山西大同府爲西京、中(原)〔京〕大定府爲北京、東京開封府爲南京，燕山爲中都，號大興府，即古幽州也，其地名曰永安。金國之盛極于此矣。

金廢帝遷都燕京

李心傳《建炎以來繫年要録》卷一六二 金主亮下詔議都燕京，詔曰：昨因綏撫南服，分置行臺，時則邊防未寧，法令未具，本非永計，只是從權。既而人拘道路之遥，事有歲時之滯，凡申欸而待報，乃欲速而愈遲。今既庶政惟和，四方無侮，用併尚書之亞省，會歸機政於朝廷。又以京師粤在一隅，而方疆廣於萬里，以北則民清而事簡，以南則地遠而事繁。深慮州府申陳，或至半年而往復；閭閻疾苦，何由期月而周知，供饋困於轉輸，使命苦於驛頓，未可時巡於四表，莫如經營於兩都。眷惟金燕實爲要會，將因宮廟而創官府之署，廣阡陌以展西南之城。勿憚暫時之艱，以就得中之制。所貴兩京一體，保宗社於萬年；四海一家，安黎元於九府。咨爾中外，體予至懷，將軍等每名各支喝賞銀絹九匹兩。詔後宰執列銜者九人，其稱皇弟太尉領三省事、樞密使秦國王則亮之弟六，起復特進參知政事、滕國公則蕭裕也。此以兩國編年修入，金中有板行翰林直學士趙可文集載其所撰都人《進義何公墓碣》云：「天德三年展都城，或薦公於用事者，於是東阡西陌，線引綦布，其制蓋皆出於公焉。」天德三年則今年也。

宇文懋昭《大金國志》卷三三《燕京制度》 國初無城郭，星散而居，呼曰「皇帝寨」、「國相寨」、「太子莊」，後升「皇帝寨」曰會寧府，建爲上京。其遼之上京改作北京。城邑、宮室無異于中原州縣廨宇，制度極草創。居民往來，車馬雜遝，自「前朝門」直抵「後朝門」，盡爲往來出入之路，略無禁制。每孟春擊土牛，父老士庶無長幼皆聚觀于殿側。民有訟未決者，多邀駕以訴。至熙宗始有內庭之禁。

煬王弑熙宗，築宮室于燕，逮三年而有成。城之四圍凡九里三十步。天津橋之北曰宣陽門，中門繪龍，兩偏繪鳳，用金釘釘之。中門惟車駕出入乃開，兩偏分雙單日開一門。過門有兩樓，曰文曰武，文之轉東曰來寧館，武〔之〕轉西曰會同館。正北曰「千步廊」，東西對焉。廊之半各有偏門，向東曰太廟，向西曰尚書省。至通天門，後改名應天樓，〔觀〕高八丈，朱門五，飾以金釘。東西相去一里餘，又各設一門，左曰左掖，右曰右掖。

內城之正東曰宣華，正西曰玉華，北曰拱辰。(及)〔內〕殿凡九重，殿凡三十有六，樓閣倍之。正中位曰「皇帝正位」，後曰「皇后正位」。位之東曰「内省」，西曰「十六位」，乃妃嬪居之。西出玉華門曰同樂園，若瑶池、蓬瀛、柳莊、杏村，盡在於是。

都城四圍凡七十五里，城門十二，每一面分三門，其正門兩傍又設兩門。正東曰宣曜、陽春、施仁，正西曰灝華、麗澤、彰義，正南曰豐宜、景風、端禮，正北曰通玄、會城、崇智，此四城十二門也。此外有宣陽門，即内城之南門。上有重樓，制度宏大，三門並立，中門常不開，惟車駕出入。通天門即内城之正南門也，四角皆垜樓，瓦〔皆〕琉璃，金釘朱户，五門列焉。門常扃，惟大禮祫享則由之。宣華乃内城之正東門，玉華正西門也。左掖東偏、右掖西偏門也。各有武夫守衛，士夫過者不敢瞬目。拱辰即内城正北門也，又曰「後朝門」。制度守衛，一與宣華、玉華等。金碧翬飛，規模壯麗矣。

宇文懋昭《大金國志》附録二《金虜圖經・京邑》 金虜有國之初，都上京，府曰會寧，地名金源。其城邑、宫室類中原之州縣廨宇，制度極草創。居民往來或車馬雜遝，皆自前朝門爲出入之路，略無禁犯。每春正擊土牛，父老士庶無長無幼，皆觀看於殿之側。主之出朝也，威儀禮貌止肖乎守令，民有訟未決者，多攔駕以訴之，其野如此。

至亶始有内廷之禁，大率亦闊略。迨亮弑亶而自立，粗通經史，知中國朝著之尊，密有遷都意。繼下求言詔，應公卿大夫、芻蕘黎庶，皆得以利害聞。時上書者多陳上京僻在一隅，官艱於轉輸，民艱於赴訴，不若徙燕以應天地中會，與亮意合，率從之。即日遣左相張浩、右相張通古、左丞蔡松年，役天下軍民夫匠築室宫於燕。會三年而有成。貞元(四)〔元〕年，亮率文武百官，駕始幸焉，遂以渤海遼陽府爲東京，山西大同府爲西京，中京大定府爲北京，東京開封府爲南京。燕山爲中都，府曰大興。改元，以赦告天下，京邑始定焉。

都城之門十二，每一面分三門，一正兩偏焉。其正門四傍皆又設兩門，正門常不開，惟車駕出入，餘悉由傍兩門焉。其門十二各有標名：東曰宣耀，曰施仁，曰陽春；西曰灝華，曰麗澤，曰新義；南曰豐宜，曰景風，曰端禮；北曰通元，曰會城，曰崇智。内城門曰左掖、右掖，宣陽又在外焉。外門即墨書粉地，内則金書朱地，皆故禮部尚書王競書。

《金史》卷五《廢帝海陵本紀》 〔天德三年三月〕壬辰，詔廣燕城，建宫室。四月丙午，詔遷都燕京。辛酉，有司圖上燕城宫室制度，營建陰陽五姓所宜。海陵曰：「國家吉凶，在德不在地。使桀、紂居之，雖卜善地何益？使堯、舜居之，何用卜爲？」【略】〔四年二月〕甲戌，如燕京。三月辛亥，上至燕京，初備法駕。甲寅，親選良家子百三十餘人充後宫。乙卯，以遷都詔中外。改元貞元。改燕京爲中都，府曰大興。

顧炎武《歷代帝王宅京記》卷一九《幽州》 《金史・地理志》曰：中都，遼會同元年爲南京，開泰元年號燕京，海陵貞元元年定都，以燕乃列國之名，不當爲京師號，遂改爲中都。天德三年，始圖上燕城宫室制度。三月，命張浩等增廣燕城。城門十三：東曰施仁，曰宣曜，曰陽春；南曰景風，曰豐宜，曰端禮；西曰麗澤，曰顥華，曰彰義；北曰會城，曰通元，曰崇智，曰光泰。浩等取真定府潭園材木營建宫室及涼位十六。應天門十一楹，左右有樓。門内有左、右翔龍門及日華、月華門。前殿曰太安，左、右掖門。内殿東廊曰敷德門。太安殿之東北爲東宫，正北列三門：中曰粹英，爲壽康宫，母后所居也；西曰會通門，門北曰承明門，又北曰昭慶門；東曰集禧門，尚書省在其外。其東西門，左右嘉會門也。門有二樓，太安殿後門之後也。其北曰宣明門，則常朝後殿門也。北曰仁政門，旁爲朵殿，上爲兩高樓，曰東、西上閤門，内有仁政殿，常朝之所也。宫城之前廊，東西各二百餘間，分爲三節，節爲一門。將至宫城，東西轉各有廊百許間，馳道兩旁植柳，廊脊覆碧瓦，宫闕殿門則純用碧瓦。應天門舊名通天門，大定五年更。七年改福壽殿曰壽安宫。明昌五年，復以隆慶宫爲東宫，慈訓殿爲承華殿。承華殿者，爲皇太子所居之東宫也。泰和殿，泰和二年更名慶寧殿。又有崇慶殿，魚藻池，瑶池殿位，貞元元年建。有神龍殿，又有觀會亭，又有安仁殿、隆德殿、臨芳殿。皇統元年，有元和殿，有常武殿，有廣武殿，爲擊毬、習射之所。京城北離宫有大寧宫，大定十九年建。後更爲寧壽，又更爲壽安，明昌二年，更爲萬寧宫。瓊花苑有横翠殿。寧德宫西園有瑶光臺，又有瓊花島，又有瑶光樓。皇統元年，有宣和門。正隆二年，有宣華門，又有撒合門。

孫承澤《春明夢餘録》卷六《宫闕・金宫城》 史載海陵煬王遣左右丞相張浩、張通古、左丞蔡松年調諸路夫匠築燕京宫室。皇城周九里三十步，自天津橋之北曰宣陽門。中門繪龍，兩偏繪鳳，用金釘釘之。中門唯車駕出入乃開，兩偏分雙隻日開一門。過門有兩樓：曰文，曰武。文之轉東曰來寧館，武之轉西曰會同館。正北曰千步廊，東西對焉。廊之半各有偏門，向東曰太廟，向西曰尚書省。至通天門，後改名應天樓，高八丈，朱門五，飾以金(封)〔釘〕。東西相去一里餘，又各設一門，左曰左掖，右曰右掖。內城之正東曰宣華，正西曰玉華，北曰拱辰。及殿凡九重，凡三十有六，樓閣倍之。正中位曰皇帝正位，後曰皇后正位。位之東曰內省，西曰十六位，乃妃嬪居之。西出玉華門，曰同樂園，若瑶池、蓬瀛、柳莊、杏村皆在焉。都城四圍凡七十五里，城門十二。每一面分三門，其正門(四)〔兩〕旁又設兩門。正東曰宣曜、陽春、施仁，正西曰顥華、麗澤、彰義，正南曰豐宜、景風、端禮，正北曰通玄、會城、崇智，此四城十二門也。此外有宣陽門，即內城之南門也，上有重樓，制度宏大，三門並立，中門常不開，惟車駕出入。通天門即內城之正南門也，四角皆垜樓，瓦皆琉璃，金釘朱户，五門列焉，常扃，惟大禮祫享則由之。宣華乃內城之正東門，玉華正西門也。左掖東偏門，右掖西偏門各有武夫守衛。拱辰即內城正北門也，又曰後朝門，制度守衛與玉華、宣華等，金碧翬飛，規模宏麗矣。

金朝北京營制宫殿，其屏扆窻牖皆破汴都輦致於此。汴中工匠有名燕用者，製作精巧，凡所造下刻其名，及用之於燕，而名已爲先兆。

于敏中等《日下舊聞考》卷二九《宫室》 亮欲都燕，遣畫工寫京師宫室制度，闊狹修短，盡以授之。左相張浩輩按圖修之。城之四圍九里三十步，自天津橋之門，北曰宣陽門，門分三：中繪一龍，兩偏繪一鳳，用金鍍銅實之。中門常不開，惟車駕出入，兩邊分雙隻日開。兩樓曰文曰武，自文轉東曰來寧館，自武轉西曰會同館。二館皆爲本朝使設也。正北曰千步廊，東西對，兩廊之半各有偏門，向東曰太廟，向西曰尚書省。通天門觀高八丈，朱門五，飾以金釘。東西相去里餘又設一門，左曰左掖，右曰右掖。南城之正東曰宣華，正西曰玉華，北曰拱辰。門內殿凡九重，殿三十有六，門閣倍之。正中位曰皇帝正位，後曰皇后正位。位之東曰內省，西曰十六位，乃妃嬪所居之地也。西出玉華門爲同樂園，瑶池、蓬瀛、杏林盡在是。《金圖經》。

《清續通志》卷一一〇《都邑略・金都》 上京，本海古勒之地，金之舊土也。國言金，曰愛新，以愛新水源於此，故名金源，建國之號蓋取諸此。國初稱爲內地，天眷元年號上京。海陵貞元元年遷都於燕，削上京之號，止稱會寧府。大定十三年七月復爲上京。

東京，本遼東京。太宗天會十年，改南京路平州軍帥司爲東南路都統司之時，嘗治於此，以鎮高麗。皇統四年立東京新宫。

北京，遼曰中京，金初因之。海陵貞元元年改曰北京。

西京，本遼西京，大定五年建宫室。

中都，遼曰南京，亦曰燕京。開泰元年號燕京。海陵貞元元年定都，以燕乃列國之名，不當爲京師號，遂改爲中都，府曰大興。

南京，金初曰汴京，貞元元年曰南京，貞祐二年遷都焉。

臣等謹按：金起於混同江，至顯祖徙居海古勒水，始築室，有棟宇之制。人呼其地爲額訥格爾。額訥格爾者，漢語居室也。自是定都於愛新之側，稱爲京師。至熙宗升京師爲上京。海陵天德貞元之間又定都燕京，曰中都。以汴京爲南京，中京爲北京，上京罷京號。世宗復上京。宣宗遷都南京，而都邑之制遂定。初宣宗議遷河中，朝臣以河中背負關陝，僻阻河朔，城邑不及汴梁。其議遂寢。又臨潢府，遼爲上京，金初因稱之，天眷元年改爲北京。貞元元年，以大定府爲北京，復罷臨潢府路入大定府路，故不在四京之列。

《〔乾隆〕熱河志》卷九七《古蹟一》 大寧故城，在平泉州東北一百八十里，即遼之中京大定府，金之北京大定府也。《遼史・地理志》：聖宗嘗過七金山土河之濱，南望雲氣，有郛郭樓闕之狀，因議建都。擇良工於燕薊，董役二歲，郛郭、宫掖、樓閣、府庫、市肆、廊廡，擬成都之制。統和二十五年，城之，實以漢户，號曰中京，府曰大定。城池湫濕，多鑿井泄之，人以爲便。南有朱夏門，北有陽德門、閶闔門。王曾《行程録》云：中京大定府，城垣庳小，方圓纔四里許。門但重屋，無築闍之制。南門曰朱夏，門內夾道步廊，多坊門。次至大同館，其正北門曰陽德、閶闔。城內西南隅岡上有寺。城南有園圃，宴射之所。又有長樂門。《金史》：大定三年，土河泛濫，水入京城。轉運使高德基命開長樂門疏分，使入御溝，以殺其勢。元改爲大寧路。明初設北平行都司，置大寧衛，封建寧藩於此。自永樂元年棄大寧，其地遂墟。景泰四年，泰寧等三衛乞居大寧廢城，不許，令去塞二百里外居住。天順後遂入於三衛。今其城在喀喇沁扎薩克公旗界，老河之北。本遼之舊址，經金時改拓，明初復加修築，蒙古名罕蘇巴爾漢。城高丈餘，周二十里，東、西二門，南、北四門，城中街道倉庫樓闕依稀可辨。城內有浮圖二：一在城東隅，十三級；一在舊倉旁。城外西南隅有浮圖一。

繆荃孫《藝風堂文集》卷二《金故城考》 金太宗天會三年，宗望取燕山府，因遼人宫闕，于內外城築四城。每城各三里，樓櫓墉塹悉如邊城。每城之內，立倉廒甲仗庫，各穿複道，與內城通。時陳王兀室及韓常笑其過計，忠獻王曰：「百年間當以吾言爲信。」《大金國志》二十二。及海陵立，有志都燕，而一時上書者争言燕京取勝。梁漢臣曰：「燕京自古霸國，虎視中原，爲萬世之基。」《日下舊聞考》四引《煬王江上録》。何卜年曰：「燕京地廣土堅，人物蕃息，乃禮義之所。」《大金國志》十三。天德三年，始圖上燕城宫室制度。三月，命張養浩等增廣燕城。城門十三：《金圖經》作十二，少光奉一門。東曰施仁，曰宣曜，曰陽春；南曰景風，《金圖經》作景豐。曰豐宜，曰端禮；西曰麗澤，曰灝華，曰彰儀；北曰會城，曰通元，曰崇智，曰光泰。《金史·地理志》。遂以燕爲中都，府曰大興，定京邑焉。都城之門，每一面分三門，一正兩偏。其正門旁又皆設兩門，正門常不開，惟車駕出入，余悉由旁兩門焉。《日下舊聞考》引《金圖經》。周圍二十七里，樓壁高四十尺，樓計九百一十座，地塹三重。許元宗《奉使行程録》。築城用涿州土，人置一筐，左右手排立定，自涿至燕傳遞，空筐出，實筐入，人止土一畚，不日成之。《日下舊聞考》三十七引《析津志》。正隆四年二月丁未修。《金海陵紀》。至衛紹王時，蒙古軍至，乃命京城富室遷入東子城，百官入南子城，宗室保西城，戚里保北城，各分守兵二萬。大興尹烏陵用章命京畿諸將毁各橋梁，瓦石悉運入四城，往來以舟渡運，不及者投之於水，拆近城民屋爲薪，納入城中。蒙古兵攻城，四城兵皆迭自城上擊之，蒙古兵凡比歲再攻，不能克。《大金國志》二十二。

按：金之都城因遼之舊，周二十七里。至天德三年，東南二面展築三里，與四子城相屬。外城包之，廣七十五里，在今都城南面，元代尚有遺址。當時多謂之南城，而指新都爲北城。今就前人志乘、文集、碑刻所記，準以現在地面，參稽互審。如憫忠寺、昊天寺今在宣武門南，與廣寧門相近，而元人皆稱爲南城古迹。又今城外白雲觀西南有廣恩寺，即遼、金奉福寺，距西便門尚遠，而金泰和中《曹謙碑記》謂寺在都城内。金天王寺，即今天寧寺，在廣寧門外稍北，而《元一統志》謂在舊城延慶坊内。《金圖經》載都土地廟在舊城通元門内，通元乃金都城北門也，而都土地廟在今宣武門外西南土地廟斜街。由此考之，則金故都當在今外城迆西以至郊外之地。金蓋因遼舊城展拓，其東北隅當與今都城西南隅相接。元王惲《中堂事記》云：中統元年赴開平，三月五日發燕京，宿通元北郭。六日午，憩海店，距京城二十里，海店即今海淀。許元宗《奉使行程録》云：自良鄉六十里至燕山府，燕山府八十里至潞縣。以道里核計，則金之都城較今城偏西南。按《蔡珪傳》有兩燕王及太子丹之墓，珪獨考其非是，乃漢劉建及劉嘉之墓也。大定九年，詔改葬于城外。《劉頍傳》：南苑有唐碑，書貞元十年御史大夫劉怦墓。世宗見之曰：苑中不宜有墓。劉頍家本怦後，詔賜怦錢二百貫，令頍改葬于城外。據此二傳，可見海陵築城時于遼故城之東南二面皆大爲增廣，故兩燕王及劉怦墓舊時皆在城外者，悉圍入城中，至大定始爲遷出。《明太祖實録》云：太祖令指揮葉國珍計度南城，周圍凡五千三百二十有八丈，南城故金時舊基也。是金故城遺迹，明初尚有存者，逮嘉靖時筑外羅城，而後遼金城地遂茫昧不可復識矣。

按：《大金國志》、《金圖經》皆言京城門十二，《金史》獨于北面多光泰一門。考《北平圖經》，謂奉先均在舊城通元門内，而《析津志》又謂在南城清怡門内，二名錯見，疑清怡即通元之别稱。《析津志》亦作十二門，至北曰會城、通元、崇智，改門曰清怡，曰光泰，明言清怡乃通元所改；光泰乃崇智所改也。《金史》修時尤在《國志》、《圖經》之後，所言不足據。又按《國志》二十二有云：大軍至昌平，榜諭居民自爲計，城内外亂甚，老弱奔號，少尹張天和奏請京城一十八門隨方便自門以出。則是城有十八門，不止于各書所載十三門、十二門也。《國志》二十三又云：十月十八日，大軍至城下，一屯大安門。十一月初一日，攻順陽門、南順門、四會門。此四門者，他書均不載，不知爲各門之别名歟？抑各門外另有此數門歟？至其子城有四，皆在大城内，如完顔律明請守大城，用章希古曰：大城汗漫幾七十餘里，如何去守？設或不利，必皆走入小城。所謂小城，即此四城也。觀于大軍攻内城，四城兵皆迭至，自城上擊之，則知此四城原爲護内城之用，而金主亮復築外城以包之。今外城遺址已失，而四城地界方位更無從辨矣。

元太祖都和林

《元史》卷五八《地理志一》 和寧路，上。始名和林，以西有哈剌和林河，因以名城。太祖十五年，定河北諸郡，建都於此。初立元昌路，後改轉運和林使司，前後五朝都焉。太宗乙未年，城和林，作萬安宫。丁酉，治伽堅茶寒殿，在和林北七十餘里。戊戌，營圖蘇胡迎駕殿，去和林城三十餘里。世祖中統元年，遷都大興，和林置宣慰司都元帥府。後分都元帥府於金山之南，和林止設宣慰司。至元二十六年，諸王叛兵侵軼和林，宣慰使怯伯等乘隙叛去。二十七年，立和林等處都元帥府。大德十一年，立和林等處行中書省，以淇陽王月赤察兒爲右丞相，太傅答剌罕爲左丞相，罷和林宣慰司都元帥府，置和林總管府。至大二年，改行中書省爲行尚書省。四年，罷尚書省，復爲行中書省。皇慶元年，改嶺北等處行中書省，改和林路總管府爲和寧路總管府。至元二十年，令西京宣慰司送牛一千，赴和林屯田。二十二年，併和林屯田入五條河。三十年，命戍和林漢軍四百，留百人，餘令耕屯杭海。元貞元年，於六衛漢軍内撥一千人赴稱海屯田，北方立站帖里干、木憐、納憐等一百一十九處。

元世祖遷都大都

《元史》卷五八《地理志一》 大都路，唐幽州范陽郡。遼改燕京。金遷都，爲大興府。元太祖十年，克燕，初爲燕京路，總管大興府。太宗七年，置版籍。世祖至元元年，中書省臣言：「開平府闕庭所在，加號上都，燕京分立省部，亦乞正名。」遂改中都，其大興府仍舊。四年，始於中都之東北置今城而遷都焉。京城右擁太行，左挹滄海，枕居庸，奠朔方。城方六十里，十一門：正南曰麗正，南之右曰順承，南之左曰文明，北之東曰安貞，北之西曰健德，正東曰崇仁，東之右曰齊化，東之左曰光熙，正西曰和義，西之右曰肅清，西之左曰平則。海子在皇城之北、萬壽山之陰，舊名積水潭，聚西北諸泉之水，流入都城而匯於此，汪洋如海，都人因名焉。恣民漁採無禁，擬周之靈沼云。九年，改大都。十九年，置留守司。二十一年，置大都路總管府。户一十四萬七千五百九十，口四十萬一千三百五十。用至元七年抄籍數。領院二、縣六、州十。州領十六縣。【略】

上都路，唐爲奚、契丹地。金平契丹，置(恒)〔桓〕州。元初爲札賴兒部、兀魯郡王營幕地。憲宗五年，命世祖居其地，爲巨鎮。明年，世祖命劉秉忠相宅於桓州東、灤水北之龍岡。中統元年，爲開平府。五年，以闕庭所在，加號上都，歲一幸焉。至元二年，置留守司。五年，升上都路總管府。十八年，升上都留守司，兼行本路總管府事。户四萬一千六十二，口一十一萬八千一百九十一。領院一、縣一、府一、州四。州領三縣。府領三縣、二州，州領六縣。

《元史》卷五九《地理志二》 東寧路，本高句驪平壤城，亦曰長安城。漢滅朝鮮，置樂浪、玄菟郡，此樂浪地也。晉義熙後，其王高璉始居平壤城。唐征高麗，拔平壤，其國東徙，在鴨緑水之東南千餘里，非平壤之舊。至王建，以平壤爲西京。元至元六年，李延齡、崔坦、玄元烈等以府州縣鎮六十城來歸。八年，改西京爲東寧府。十三年，升東寧路總管府，設録事司，割静州、義州、麟州、威遠鎮隸婆娑府。本路領司一，餘城堙廢，不設司存，今姑存舊名。

《元史》卷五《世祖本紀》 〔中統四年五月〕戊子，陞開平府爲上都，其達魯花赤兀良吉爲上都路達魯花赤，總管董銓爲上都路總管兼開平府尹。

《元史》卷一五七《劉秉忠傳》 初，帝命秉忠相地於桓州東灤水北，建城郭于龍岡，三年而畢，名曰開平。繼升爲上都，而以燕爲中都。〔中統〕四年，又命秉忠築中都城，始建宗廟宫室。八年，奏建國號曰大元，而以中都爲大都。他如頒章服，舉朝儀，給俸禄，定官制，皆自秉忠發之，爲一代成憲。

十一年，扈從至上都，其地有南屏山，嘗築精舍居之。秋八月，秉忠無疾端坐而卒，年五十九。帝聞驚悼，謂羣臣曰：「秉忠事朕三十餘年，小心慎密，不避艱險，言無隱情，其陰陽術數之精，占事知來，若合符契，惟朕知之，他人莫得聞也。」出内府錢具棺斂，遣禮部侍郎趙秉温護其喪還葬大都。十二年，贈太傅，封趙國公，謚文貞。成宗時，贈太師，謚文正。仁宗時，又進封常山王。

李衛等《畿輔通志》卷一三《建置沿革》 元太祖十年，爲燕京路總管大興府。至元元年，改燕京爲中都大興府，仍舊定都之。九年改中都爲大都。

孫承澤《春明夢餘録》卷一《建置》 舊遼陽府爲東京，大同爲西京如故。元世祖問劉秉忠曰：「今之定都，惟上都大都耳，何處最佳？」秉忠曰：「上都，國祚短，民風淳；大都，國祚長，民風澆。」遂定都燕之計。

《清續通志》卷一一〇《都邑略・元都》 大都，金曰中都。元太祖十年克燕，爲燕京路。至元元年加號中都。四年始於中都之東北置城而遷都焉，九年改大都。《元史・劉秉忠傳》：命秉忠築中都城，建宗廟宫室。八年，奏建國號曰大元，而以中都爲大都。京城右擁太行，左挹滄海，枕居庸，奠朔方。城方六十里。

上都，金桓州。元初爲札拉爾部烏嚕郡王營幕地，憲宗命世祖居之，爲巨鎮。中統元年爲開平府，四年以闕廷所在加號上都，每歲一巡幸。《元史・劉秉忠傳》：初，帝命秉忠相地於桓州東灤水北，建城於龍岡，名曰開平，繼升爲上都。

和琳，太祖建都於此，因其地西有哈喇和琳河以名，亦曰元昌，復曰和寧。按：順帝太子亦都於此，稱號曰北元。

臣等謹按：元起於和琳，世祖居開平，渾一天下，既改號，踵遼金故事，定都於燕，以開平爲上都，燕京爲大都，而和琳則前後五代所都，置行中書省，爲嶺北要地焉。

繆荃孫《藝風堂文集》卷二《元故城考》 元太祖十年，克燕，初爲燕京路總管大興府。《元史・地理志》。世祖中統二年，修燕京舊城。《元世祖紀》。至元元年，都中都。四年，始于中都之北建今城而遷都。九年，改大都。《元地理志》。城方六十里二百四十步，分十一門。陶宗儀《輟耕録》。正南曰麗正，南之右曰順承，南之左曰文明，北之東曰安貞，北之西曰健德，正東曰崇仁，東之右曰齊化，東之左曰光熙，正西曰和義，西之右曰肅清，西之左曰平則。《元地理志》。時詔舊城居民之遷京城者，以貲高及有官者爲先。仍定制以八畝爲一分，其或地過八畝及力不能築室者，皆不得冒據，聽他人營築。《輟耕録》。築城已周，乃于文明門外向東五里立葦場，收葦以蓑城。每歲收百萬，以葦排編，自下砌上，恐致摧塌。《日下舊聞考》引《析津志》。按《析津志》所言，則元時都城乃用土築，蓋至明初改築時始加以磚甓也。二十年，修大都城。二十一年五月丙午，以侍衛親軍萬人修大都城。二十九年七月，完大都城。《元世祖紀》。成帝元貞二年十月，修大都城。《元成宗紀》。英宗至治二年七月，修大都城。《元英宗紀》。順帝至正十九年冬十月庚申朔，詔京師十一門皆築甕城，造吊橋。《元順帝紀》。

按：元之都城，視金之舊城拓而東北。至明初改築，乃縮其東西迤北之半而小之。今德勝門外有故土城闉隆然墳起，隱隱曲抱，如環不絶，傳爲北城遺址。而《野獲編》謂今之鼓樓，正午城北，以爲即元之前朝門，夫元大内實在太液池左右，其前朝門不當在此。《日下舊聞考》云：元成京師，有司定基，正直慶壽寺海云、可庵二師塔，敕命遠三十步許，環而築之。慶壽寺今爲雙塔寺，二塔屹然尚存，在西長安街之北。而吴師道《城外紀游詩》謂觀象臺、泡子河俱在文明門外，則元時南面城根去東西長安街不遠，考明洪武時經理元故都，東西徑一千八百九十丈，至永樂時拓南城二千七百餘丈，是由雙塔寺拓至宣武門，幾及二里，約四百丈有奇，重築南面一千八百丈，東西各四百丈。與二千七百餘丈適合，是可爲元城在雙塔寺之確證。

《日下舊聞考》云：元張中丞養浩《歸田類稿》有《登憫忠寺閣詩》注：北三十里爲大内。與《析津志》、《北京志》及元李洧孫《大都賦》所紀皆不合，北三十里當是三里之訛耳。據唐景福中《重藏舍利記》，燕城東南隅爲憫忠寺。又《北京志》至元四年始定鼎于中都之東北三里，夫中都本唐舊域，遼金展拓不過數里，見金蔡珪《大覺寺記》。當時憫忠寺之在城東南如故也。元故城周六十里，以圍三徑一衡之，城中南北相直應二十里，加以新舊都城相去三里，則憫忠寺距元之安貞門不過二十三里焉，有大内遠隔三十里者乎？且元大内在太液池東，爲金萬寧宫苑地，此外更無大内。李洧孫賦曰「竭五雲于春路，迓萬寶于秋方」，則崇天門外東西坊也。曰「山萬歲之嶙峋，冠廣寒之峥嶸，池太液之浩蕩」，則指瓊花島也。曰「麗正之所包羅，崇仁之所聯絡，和義之所綱維，安貞、健德之所囊括」，則指都城各門也。合城坊門囿以觀，則元大内即近液池益信，而揆以憫忠閣北三里，約略相符矣。

明太祖都金陵

《明太祖實録》卷四五 〔洪武二年九月癸卯〕詔以臨濠爲中都。初上召諸老臣問以建都之地，或言關中險固金城天府之國；或言洛陽天地之中，四方朝貢，道里適均，汴梁亦宋之舊京；又或言北平，元之宫室完備，就之可省民力者。上曰：所言皆善，惟時有不同耳。長安、洛陽、汴京，實周、秦、漢、魏、唐、宋所建國，但平定之初，民未甦息，朕若建都於彼，供給力役，悉資江南，重勞其民。若就北平，要之宫室，不能兼更作亦未易也。今建業，長江天塹，龍蟠虎踞，江南形勝之地，真足以立國。臨濠則前江後淮，以險可恃，以水可漕，朕欲以爲中都，何如？羣臣皆稱善。至是始命有司建置城池宫闕，如京師之制焉。

《明太祖實録》卷七一 〔洪武五年春正月甲戌〕定中都城基址，周圍四十五里，街二：南曰順城，北曰子民。坊十六，在南街者八：東曰德輔、善慶、崇德、中和，西曰順成、新成、里仁、太和。在北街者亦八，東曰欽崇、德厚、恭諱、淮陽，西曰從善、慎遠、修齊、允中。

《明太祖實録》卷八三 〔洪武六年六月〕辛巳，中都皇城成，高三丈九尺五寸，女墻高五尺九寸五分，共高四丈五尺四寸五分。午門、東華門、西華門城樓臺基俱高五尺九分。午門、東南、西南角樓臺基與城樓臺基同。玄武門城樓臺基高五尺九寸五分，其東北、西北角樓臺基亦與城樓臺基同。御道踏級文用九龍四鳳，雲朵丹陛，前御道文用龍鳳海馬，海水雲朵。城河壩磚脚五尺，以生鐵鎔灌之。

《明太祖實録》卷八三 〔洪武六年六月辛未〕詔留守衛都指揮使司修築京城，城周一萬七百三十四丈二尺，爲步二萬一千四百六十八有奇，爲里五十有九。内城周二千五百七十一丈九尺，爲步五千一百四十三，爲里十有四。

陸容《菽園雜記》卷三 國初欲建都鳳陽，其城池九門：正南曰洪武，南之左曰南左甲第，右曰前右甲第，北之東曰北左甲第，西曰後右甲第，正東曰獨山，東之左曰長春，右曰朝陽，正西曰塗山。後定鼎金陵，乃設中都留守司於此。金陵本六朝所都，本朝拓其舊址而大之，東盡鍾山之麓。城池周迴九十六里，立門十三：南曰正陽，南之西曰通濟，又西曰聚寶，西南曰三山、曰石城，北曰太平，北之西曰神策、曰金川、曰鍾阜，東曰朝陽，西曰清涼，西之北曰定淮、曰儀鳳。後塞鍾阜、儀鳳二門。其外城則因山控江，周迴一百八十里，别爲十六門：曰麒麟，曰仙鶴，曰姚坊，曰高橋，曰滄波，曰雙橋，曰夾岡，曰上方，曰鳳臺，曰大馴象，曰大安德，曰小安德，曰江東，曰佛寧，曰上元，曰觀音。永樂十七年改北平爲北京，十九年營建宫殿。尋拓其故城規制，周迴四十里，凡九門：正南曰正陽，南之左曰崇文，右曰宣武，北之東曰安定，西曰德勝，東之南曰朝陽，北曰東直，西之南曰阜成，北曰西直。然其時尚稱行在，正統七年諸司題署始去行在字。舊都諸司印文皆增南京字，而兩京之制於是定矣。

《明會要》卷四五《職官十七・集議・議建都》 洪武元年，定鼎金陵，以六朝國祚不永，欲議徙汴梁。繼以大梁四面受敵，罷之。又有言遷於長安者，以漕運甚難而止。又議遷都北平，可以控制胡虜，以問廷臣。脩撰鮑穎對曰：「元主起自朔北，是以立國在燕。天運已改，不可因也。今南京興王之地，不必改圖。傳曰：『在德不在險。』」復止。《明政統宗》。

二年，帝召諸老臣，問以建都之地。或言，「洛陽天下中，汴梁亦宋故都」。或言，「北平宮室完備」。帝以平定之初，民未休息，供給力役，悉資江南。建業長江天塹，足以立國。臨濠前江後淮，有險可恃，有水可漕。乃詔以臨淮爲中都。《三編》。

永樂十四年十一月，議營建北京。先是車駕至自北京，將分建兩都。工部請擇日興工。帝以營建事重，命文武羣臣議之。《三編》。

《明會要》卷七一《方域一・國都》 初，寧海布衣葉兑上書，言天下大計，略言：「金陵古稱龍蟠虎踞，帝王之都。宜建都於此，守淮以爲藩屏，守江以爲門户，如高祖之關中、光武之河内。以此爲基，藉其兵力資財，以攻則克，以守則固。」《葉兑傳》。

太祖詢馮國用天下大計。對曰：「金陵龍蟠虎踞，帝王之都。先拔之，以爲根本。」《馮勝傳》。

洪武元年，初，帝幸汴梁，將營都而未果。既克元都，遂下詔曰：「朕觀中原土壤，四方朝貢，道里適均。然立國之規模固重，而興王之根本不輕。其以應天爲南京，開封爲北京。朕於春秋，往來巡狩。」《三編》。

初，太祖將營中都。劉基曰：「鳳陽雖帝鄉，非建都地也。」《劉基傳》。

二年，帝召諸老臣問建都事。或言：「關中險固。」或言：「洛陽天下中；汴梁爲宋舊京。」或又言：「北平故元宮室，就之可省民力。」帝曰：「所言皆善，惟時有不同耳！長安、洛陽、汴梁實周、漢、唐、宋故都。但平定之初，民未甦息；若建都於彼，供給力役，悉資江南，重勞其民；若就北平宮室，亦不無更作。建業，長江天塹，龍蟠虎踞，足以建國。臨濠，前江後淮，有險可恃，有水可漕，朕欲建爲中都，何如？」皆曰：「善。」十月，以臨濠爲中都，營城郭宮殿，如京師制。《三制》。 時都御史胡子祺上言：「天下形勝地可都者四：河東地勢高，控制西北，堯嘗都之，然其地苦寒。汴梁襟帶河、淮，宋嘗都之，然其地平曠，無險可憑。洛陽周公卜之，周、漢遷之，然嵩、邙非有殽函、終南之阻，瀍、澗、伊、洛非有涇、渭、灞、滻之雄。夫據百二河山之勝，可以聳諸侯之望，舉天下莫關中若也。」帝稱善。至二十四年，欲徙都關中，命皇太子巡撫陝西。太子還，獻陝西地圖，上言經略建都事。明年，薨，遂罷。《興宗傳》。

永樂十四年，命文武羣臣集議建都之宜，乃上疏曰：「北京乃聖上龍興之地，北枕居庸，西峙太行，東連山海，南俯中原，沃壤千里，山川形勝，足以控四夷，制天下，誠帝王萬世之都也。宜敕所司營建。」從之。《三編》。

谷應泰《明史紀事本末》卷一四《開國規模》 〔洪武二年〕九月，上詔問羣臣建都之地。或言關中天府之國，或言洛陽天地之中，汴梁亦宋舊京，或言北平宮室完備。上以平定之初，民未休息，供給力役，悉資江南。建業長江天塹，足以立國。臨濠前江後淮，以險可恃，以水可漕，詔以爲中都。

賀復徵《文章辨體匯選》卷六三六《紀事三・夏原吉傳録》 詔求直言。言者多云建都北京不便，主事蕭儀言之尤峻。上怒，誅之。時科道亦云：不當輕去金陵。上曰：方遷都時，吾與大臣密議數月而行。言者因劾大臣，上命言官與大臣俱跪午門前對辯。都御史陳言，科道皆白面書生，不知大計。上命左右至午門前問，衆皆啐罵言官，公獨奏曰：御史給事，職當言路，且應詔陳言。臣等備員大臣，不能協贊大議，臣等之罪也。上悦，兩宥之。

《〔乾隆〕江南通志》卷二〇《城池一・江寧府》 江寧府始自越范蠡築城於長干，楚置金陵邑，城於石頭。其後六朝有都城，有臺城，有丹陽郡城。隋爲蔣州，唐爲昇州，皆有城。五代楊吴爲金陵府城，宋元仍之。俱詳見《古蹟》。明初建都城，惟南門、大西、水西三門因舊，更名聚寶石城。三山外，自舊東門處截濠爲城，開拓八里，增建南門二：曰通濟，曰正陽。正陽而北，建東門一，曰朝陽。自鍾山之麓，西抵覆舟山，建北門一，曰太平。又西據覆舟、雞鳴，緣後湖以北至直瀆山而西八里，建北門二：曰神策，國朝改爲得勝；曰金川。西北括獅子山於內，雉堞東西相向，建門二：曰鍾阜，曰儀鳳。迤邐而南，建定淮、清涼二門，以接舊西門。實周九十六里。其皇城則在都城內之東，鍾山之陽，前直正陽門。外城西北據山帶江，東南阻山控野，闢十有六門。東、南、北六：曰姚坊、仙鶴、麒麟、滄波、高橋、上方。西南六：曰夾岡、雙橋、鳳臺、馴象、大安德、小安德。西一，曰江東。北三：曰佛寧、上元、觀音。周百八十里。西又有柵欄門二：一在儀鳳門西，一在江東門北。共十八門。

《〔乾隆〕江南通志》卷三〇《輿地志・古迹一》 舊紫禁城在上元縣，明都城東偏，當鍾山之陽，去宋元東城外二里。其西安門以北宮墻，即都城故址，東出青溪橋處也。皇城前與正陽門對曰洪武門，內承天門。端門左東長安門，右西長安門。承天門之前，東近北曰東華門，內東上南門，東上北門。西近北曰西華門，內西上南門，西上北門。北曰元武門，內北上東門，北上西門。近子城東曰左闕門，西曰右闕門。大內六門：正中曰午門，左曰左掖，右曰右掖，東曰東安，西曰西安，北曰北安。午門内曰奉天門。左小門曰東角，右小門曰西角。東西隅有東、西角樓，東角南曰左順，西角南曰右順。

《〔乾隆〕江寧新志》卷六《建置志》 因明都城，明都城因宋元故城而開拓之，自通濟門而南至正西石城門，屬縣皆宋元之舊也。其外郭十有六門。在縣境者凡七：東南曰夾岡，曰雙橋，西南曰鳳臺，曰大安德，曰小安德，曰馴象，西曰江東，又有栅欄門在江東門北。明《南畿志》云：應天之有城郭，始于越范蠡築城于長干。楚置金陵邑于石頭，漢乃有丹陽郡城在淮水之南。孫吴、東晉、宋、齊、梁、陳爲都，置宫城□淮水之北，而郡城猶是也。隋置蔣州城于石頭，唐上元縣城因之，後置昇州，即其城。楊吴始跨秦淮大建城郭，宋元仍其舊。國朝《通志》云：明初建都城，惟南門、大西、水西三門，因舊更名聚寶、石城、三山外，自舊東門處，截濠爲城，開拓八里，增建南門二：曰通濟，曰正陽。正陽南北建東門一，曰朝陽。自鍾山之麓，西抵覆舟山，建北門一，曰太平。又西據覆舟、鷄鳴，緣後湖以至直瀆山而西八里建北門二：曰神策，今改爲得勝；曰金川。西北括無子山于内，雉堞東西相向，建門二：曰鍾阜，曰儀鳳。迤邐而南建定淮、清凉二門，以接舊西門。周九十六里，外城西北據山帶江，東南阻山控野，闢十有六門：東南北六，曰姚坊、仙鶴、麒麟、滄波、高橋、上方，西南六，曰夾岡、雙橋、鳳臺、馴象、大安德、小安德，西一，曰江東。北三：曰佛寧、上元、觀音。周百八十里。又有栅欄門二：一在儀鳳門西，一在江東門北。共十八門。

《〔嘉慶〕重刊江寧府志》卷一二《建置》 江寧府城，明太祖洪武二年九月始建，六年八月成其外城。周九十六里，門十三。宋元舊城因楊吴所築，跨秦淮南北，周迴二十里，南近聚寶山。明建都城，其南門、大西、水西三門，因宋元之舊，更其名曰聚寶石城。三山自舊東門處截濠爲城，開拓八里，增建南門二：曰通濟，曰正陽。城址極東北轉，建東門一，曰朝陽。城址極北西轉，自鍾山之麓據岡建北門一，曰太平。又西復北轉，緣後湖之右，復西轉八里，建北門二：曰神策，曰金川。城址西北曲括獅子山於内，雉堞東南相向，建門二：曰鍾阜、儀鳳。自儀鳳迤邐而南，建定淮、清凉二門，以接舊西門焉。而建宫城於其東隅，其宫端門南當正陽門，北門當鍾山，謂之内城。國朝因明外城爲江寧府城。順治十六年，海寇犯江寧，吴淞總兵梁化鳳開神策門攻賊，殲之，因改神策名得勝門。明季，金川、鍾阜、儀鳳門塞。國初，神策、清凉門亦閉。梁化鳳之攻賊也；同時他將開儀鳳門出。故今二門仍開，而金川、鍾阜、清凉仍塞。其駐防城略因明舊。内城其西，一面係順治十七年重造，起太平門，東至通濟門東止，長九百三十丈，連女墻高二丈五尺五寸。其城外之河，自正陽門西，因楊吴所鑿淮流遶城爲池，西流北轉抱城，至儀鳳門外流入江。城之東北倚山岡，無城河，而正北則後湖當其曲隈矣。

《清續通志》卷一一〇《都邑略・明都》 京師，順天府。洪武元年曰北平府，按《寰宇通志》：洪武初改大都路爲北平府，縮其城之北五里。永樂元年建爲京，改府名京。城周四十五里。按《明成祖實録》：永樂十七年十一月，拓北京城南計二千七百餘丈。嘉靖二十三年築重城，包京城之南，轉抱東西角樓，長二十八里。按《嘉靖實録》：二十一年，兵部尚書聶豹等相度京城外四面宜築外城，約七十餘里，後以工費重大，成功不易，先築南面。四十二年增修各門甕城。

南京，應天府。元集慶路，屬浙江行省。太祖丙申年曰應天府，洪武元年建都曰南京，十一年曰京師，永樂元年仍曰南京。京城周九十六里。洪武三年九月始建新城，六年八月成。洪武二十二年建外城，周一百八十里。

中都，鳳陽府。太祖吴元年曰臨濠府，洪武二年置都，六年曰中立府，七年改名。城周五十里四百四十三步。

臣等謹按：明初設二京一都，以應天府爲京師，開封府爲北京，鳳陽府爲中都。洪武十一年罷北京。永樂定都北平，改爲京師，加應天爲南京，於是復爲二京，鳳陽仍中都之號。嘉靖十年，又升安陸州爲承天府，十八年建興都。然明世稱京都者不數承天，蓋嘉靖特以陪藩故邸，隆其稱號，故不得與二京、中都並稱云。

明成祖遷都北京

《明太宗實録》卷一六 〔永樂元年正月辛卯〕禮部尚書李至剛等言：自昔帝王或起布衣，平定天下，或繇外藩入承大統，其於肇迹之地，皆有陞崇。切見北平布政司實皇上承運興王之地，宜遵太祖高皇帝中都之制，立爲京都。制曰可，其以北平爲北京。

《明太宗實録》卷五七 〔永樂四年閏七月〕壬戌，文武群臣淇國公丘福等請建北京宫殿以備巡幸，遂遣工部尚書宋禮詣四川，吏部右侍郎師逵詣湖廣，户部左侍郎古朴詣江西，右副都御史劉觀詣浙江，右僉都御史仲成詣山西，督軍民採木，人月給米五斗，鈔三錠。命泰寧侯陳珪、北京刑部侍郎張思恭督軍民匠磚瓦造，人月給米五斗。命工部徵天下諸色匠作，在京諸衛及河南、山東、陝西、山西都司、中都留守司，直隸各衛選軍士，河南、山東、陝西、山西等布政司，直隸、鳳陽、淮安、揚州、廬州、安慶、徐州、和州選民丁，期明年五月俱赴北京聽役。率半年更代，人月給米五斗。其徵發軍民之處，一應差役及閘辦銀課等項悉令停止。

《明太宗實録》卷八〇 〔永樂六年六月〕庚辰，詔諭北京諸司文武群臣曰：北京軍民，數年之前或效力戎行，或供億師旅，備歷艱難。平定以來，勞悴未蘇。比以營建北京，國之大計，有不得也。重勞下事之人，略不究心，驅廹嚴苛，貪漁剥削，致其窮悴，赴訴無所，以廉得其實，悉寘於法。自今北京諸群不急之務，及諸買辦，悉行停止，其民之流移未歸者，免賦役三年。奉天靖難，始終報效之家，厚加存撫。爾等其恪遵朕言，違者不宥。又勑泰寧侯陳珪及北京刑部，方今盛暑，軍民赴工者宜厚加撫恤，飲食作息必以時，無過於勞疾，疾悉與醫藥。爾等其體朕恤民之意，斂怨爲功，朕所不取。

《明太宗實録》卷八四 〔永樂六年冬十月〕辛丑，給北京營造軍民夫匠衣鞋，工匠胖襖袴各一、鞹袴各一。

《明太宗實録》卷一八二 〔永樂十四年十一月〕壬寅，復詔群臣議營建北京。先是，車駕至北京，工部奏請擇日興工。上以營建事重，恐民力不堪，乃命文武群臣復議之。於是公侯伯五軍都督及在京都指揮等官上疏曰：臣等切惟北京河山鞏固，水甘土厚，民俗淳樸，物産豐富，誠天府之國，帝王之都也。皇上營建北京，爲子孫帝王萬之業。比年車駕巡狩，四海會同，人心協和，嘉瑞駢集，天運維新，實兆於此。矧河道疏通，漕運日廣，商賈輻輳，財貨充盈，良材巨木已集京師，天下軍民樂於趨事。揆之天時，察之人事，誠所當爲而不可緩。伏乞上順天心，下從民望，早勑所司，與工營建，天下幸甚！六部都察院、大理寺、通政司、太常寺等衙門尚書、都御史等官復上疏曰：伏惟北京，聖上龍興之地，北枕居庸，西峙太行，東連山海，南俯中原，沃壤千里，山川形勝，足以控四夷制天下，誠帝王萬世之都也。昔太祖高皇帝削平海宇，以其地分封陛下，誠有待於今日。陛下繼太祖之位，即位之初嘗陞爲北京而宮殿未建，文武群臣合詞奏請，已蒙俞允，所司掄材川廣，官民樂於趨事，良材大木，不勞而集。比年聖駕巡狩，萬國來同，民物阜成，禎祥協應，天意人心，昭然可見，然陛下重於勞民，延緩至今。臣等切惟宗社大計，正陛下當爲之時。況今漕運已通，儲蓄充溢，材用具備，軍民一心，營建之辰，天實啓之，伏乞早賜聖斷，勑所司擇日興工，以成國家悠久之計，以副臣民之望。上從之。

《明太宗實録》卷二三二 〔永樂十八年十二月癸亥〕初營建北京，凡廟社、郊祀、壇場、宮殿、門闕規制，悉如南京，而高敞壯麗過之。復於皇城東南建皇太孫宮，東安門外東南建十王邸，通爲屋八千三百五十楹。自永樂十五年六月興工，至是成。【略】詔曰：開基創業，興王之本爲先；繼體守成，經國之宜尤重。昔朕皇考太祖高皇帝，受天明命，建都江左，以肇邦基。肆朕纘承大統，惟懷永圖。眷兹北京，實爲都會。地勢雄偉，山川鞏固，四方萬國，道里適均。惟天意之所屬，實卜筮之攸同。乃倣古制，徇輿情，立兩京，置郊社宗廟，創建宮室。上以紹皇考太祖高皇帝之先志，下以開子孫萬世之宏規。且於巡狩駐守，實有便焉。爰自營建以來，天下軍民，樂於趨事，天人協贊，景貺駢臻。今工已告成，選十九年正月朔旦御奉天殿，朝百官，誕新治理，用致雍熙。於戲！天地清寧，衍宗社萬年之福，山河綏靖，隆古今全盛之基。乃命禮部正北京爲京師，不稱行在。

《明英宗實録》卷二三 〔正統元年冬十月〕辛卯，命太監阮安、都督同知沈清、少保工部尚書吴中率軍夫數萬人修建京師九門城樓。初，京城因元舊，永樂中雖略加改葺，然月城樓鋪之制多未備，至是始命修之。

《明英宗實録》卷四〇 〔正統三年三月〕癸巳，以建朝陽、東直二門城樓，遣少保兼工部尚書吴中、侍郎邵旻祭司工之神。

《明英宗實録》卷五四 〔正統四年夏四月〕丙午，修造京師門樓、城濠橋閘完。正陽門正樓一，月城中左右樓各一。崇文、宣武、朝陽、阜城、東直、西直、安定、德勝八門，各正樓一，月城樓一。各門外立牌樓，城四隅立角樓，又深其濠，兩涯悉甃以磚石。九門舊有木橋，今悉撤之，易以石。兩橋之間各有水閘，濠水自城西北隅環城而東，歷九橋、九閘，從城東南隅流出大通橋而去。自正統二年正月興工，至是始畢，焕然金湯鞏固，足以聳萬國之瞻矣。

《明英宗實録》卷五五 〔正統四年五月〕庚戌，遣行在工部尚書吴中祭司工之神，以修造京師門樓、城壕、橋閘、街道、坊牌工畢也。

《明世宗實録》卷三九六 〔嘉靖三十二年閏三月〕乙丑，建京師外城興工，遣成國公朱希忠告太廟，遂勑諭提督城工等官曰：古者建國，必有内城外郭，以衛君守民。我成祖肇化北京，郭猶未備，蓋定鼎之初未遑及此。兹用臣民之議，先告聞于祖考，爰建重城，周圍四羅，以成我國家萬世之業。擇閏三月十九日興工。唯兹事體重大，工程繁浩，特命爾總督京營戎政太保兼太子太保平江伯陳圭、少保兼太子太傅掌錦衣衛事左都督陸炳協理，京營戎政兵部右侍郎許論、工部左侍郎陶尚德與同，內官監右少監郭揮提督工程，錦衣衛都指揮使朱希孝、指揮僉事劉鯨監督工程。其各照四周地面，協心經畫，分區督築，務俾高厚堅固，刻期竣事，用永壯我王度欽哉。已有命吏科左給事中秦梁、浙江道御史董威巡視工程。

《明世宗實録》卷三九六〔嘉靖三十二年閏三月〕丙辰，兵部等衙門尚書聶豹等言：臣等欽遵于本月初六日，會同掌錦衣衛都督陸炳，総督京營戎政平江伯陳圭、協理戎政侍郎許論，督同欽天監監生楊緯等，相度京城外四面宜築外城，約計七十餘里。臣等謹將城垣制度、合用軍夫匠役錢糧器具、興工日期及提督工程巡視分理各官，一切應行事宜，計處停當，逐一開具，并將羅城規制畫圖貼説隨本進呈，伏乞聖裁施行。一、外城基趾。臣等踏勘，得自正陽門外東道口起，經天壇南墻外及李興、王金箔等園地，至蔭水菴墻東止，約計九里。轉北經神水廠、獐鹿房、小窰口等處，斜接土城舊廣禧門基趾，約計一十八里。自廣禧門起，轉北而西，至土城小西門舊基，約計一十九里。自小西門起，經三虎橋村東，馬家廟等處，接土城舊基包過彰義門，至西南直對新堡北墻止，約計一十五里。自西南舊土城轉東，由新堡及墨窰廠經神祇壇南墻外，至正陽門外西馬道口止，約計九里。大約南一面計一十八里，東一面計一十七里，北一面勢如椅屏計一十八里，西一面計一十七里，周圍共計七十餘里。內有舊址堪因者約二十二里，無舊址應新築者約四十八里，間有遷徙等項，照依舊年題准事例撥地給價，務令得所。一、外城規制。臣等議，得外城墻基應厚二丈，收頂一丈二尺，高一丈八尺，上用甎爲腰墻，垜口五尺，共高二丈三尺。城外取土築城，因以爲濠。正陽等九門之外，如舊彰義門、大道橋各開門一座，共門十一座。每門各設門樓五間，四角設角樓四座。其通惠河兩岸，各量留便門，不設門樓。城外每面應築敵臺四十四座，每座長二丈五尺，廣二丈，收頂一丈二尺。每臺上蓋舖房一間，以便官軍棲止。四面共計敵臺一百七十六座、舖一百七十六所。城內每面應築上城馬道五路，四面共計馬道二十路。西直門外及通惠河二處，係西湖、玉河水出入之處，應設大水關二座。八里河、黑窰廠等處地勢低窪，潦水流聚，應設小水關六座。城門外兩傍工完之日，擬各蓋造門房二所，共二十二所，以便守門人員居處。一、軍民夫匠役。臣等議，得修築工程除地勢高低修補不一、臨時另計外，查得先年築城事例，每城一丈，計該三百餘工。今周圍外城該七十餘里，及門樓、外水關、敵臺、馬道、運送物料等項工役，頗繁應用，夫匠人等數多，所有運料車輛并人夫匠作，合令工部雇募。其運土築城，兵部將備兵班軍，分爲二班撥發，與工部雇募夫役相兼做工。大匠工食，查照節年估定銀數支給。班軍行糧之外，日給鹽菜銀二分，俱于請發銀內動支。其備兵原無行糧，今議上工日期，照依班軍一體支給。及照丈尺工數，如敵臺、門座長短厚薄不齊，亦各隨宜分，俱以前項工大計人扣日，以稽工程。一、錢糧器具。臣等議，得甎瓦木植及夯杵梯板等項，除工部見有者外，其門座、外關等項，各用石料及添造甎瓦，增器用，雇募夫匠工食，各軍鹽菜等費，約用銀六十萬兩，相應户、兵、工三部處給，俱量見在所積多寡出辦。户部處發二十四萬兩，兵、工二部各處發一十八萬兩，共足前數，俱送順天府貯庫。户部專差司官一員掌管，同該府佐貳官一員收支。如有不敷，聽臣等臨時奏請。事完，通將用過銀兩數目，備細造册奏繳。一、督理官員。臣等議，得前項工程，事體重大，各該督理內外官員，必須專委責成，方可濟事。今擬請差內官監官一員，兵、工二部堂上官各一員，掌錦衣衛事左都督陸炳，総督軍營戎政平江伯陳圭，各不妨原務，提督修築。都察院、工科，各請差給事中、御史一員，往來工所巡視，糾察奸弊。前項諸臣仍各請勅一道，欽遵行事。兵、工二部堂上掌印官，每三日輪流一員，前往工所看視，其日逐查點軍夫，管理工務，驗放錢糧等項。户部劄委司官二員，兵、工二部各四員，錦衣衛千百户二員，京營參遊官二員，各照職掌管理其分區、催儹等項，聽提督大臣選委。五城兵馬及各衛經歷等官，與同各該官匠，協力幹濟。臣等仍設法稽驗，務求堅久。但有修築不如法，三年之內致有坍塌者，查提各催工人員及原築工匠問罪，責令照依原分地方修理。其各官應得廩給，户部查照，一體支給。疏入，得旨俱允行。

《明世宗實録》卷三九七〔嘉靖三十二年四月丙戌〕上諭輔臣嚴嵩等曰：建城一事固好，但不可罔力傷財，枉作一番。故事如下用土上以磚石，必不堪久，須圍垣以土堅築，門樓以磚包而可承重。一、二年定難完。朕聞西面最難用工者，兹經始不可不先思及之。嵩傳示在工諸臣平江伯陳圭、都督陸炳、侍郎許論等。圭等覆言：重城四面，原議用土堅築，其垜口、腰墻及各城門始用磚砌。惟西面地勢低下，土脉流沙，稍難用工，宜先完南面，由南轉東北而西，以次相度修理。上允之。令嚴嵩督工匠以漸修築，毋致虛糜財力。上又慮工費重大，功不易以問嵩等。嵩等乃自詣工所視之，還言：臣等今日出視城工時，方修築正南一面，自東及西，延長二十餘里。詢之各官云，前此難在築基必深取實地，有深至五六尺、七八尺者，今基築皆已出土面，其板築土有纔起一二板者，有築至四五板者，其一最高至十一板。蓋地有高低，培墊有淺深，取土有近遠，故工有難易。大抵上板以後，則漸見效矣。上諭答曰：卿等以工義具聞，謂委難重，然既作之，必果持久方可。但土質恐未堅，或曰且做看，此非建大事者之思也。又或仍以原墻，説正先作南面，待財力都裕時，再因地計度以成四面之計。或同圭等一詳計之。於是嵩會圭等議覆：京城南面，民物繁阜，所宜衛護。今丁夫既集，板築方興，必取善土堅築，務可持久。築竣一面，總挈支費多寡，其餘三面即可類推。前此度地畫圖，原爲四周之制，所以南面横闊凡二十里。今既止築一面，第用十二、三里便當收結，庶不虛費財力。今擬將見築正南一面城基，東折轉北接城東南角，西折轉北接城西南角，併力堅築，可以尅完報。其東西北三面，候再計度以聞。報允。

《明世宗實録》卷四〇三 〔嘉靖三十二年十月甲午〕辛丑，新築京師外城成。上命正陽外門名永定，崇文外門名左安，宣武外門名右安，大通橋門名廣渠，彰義街門名廣寧。

《明熹宗實録》卷一五 〔天啓元年十月辛巳〕浚京城壕成。自東便、朝陽、東直、安定、德勝、西直、阜城、西便、正陽九門及重城，共用夫一百五十萬八百十九名，匠一千二百八十九名，班軍積日三萬三千十二名。費水衡銀六萬一千六百二十八兩，司農銀一千七百三十三兩，米三千三百一石，諸椿木灰磚繩斗百物及運價咸具，而鍬钁以歸盔甲廠，收馬甲械之需。監工科道魏大忠等因言：壕之源出玉泉山，經高梁橋，抵都城西北而派爲二：一循城之左而東而南，一循城之右而南而東。宜按舊閘爲地形高下次第布之，未可以丈尺槩也。德勝門之水南入闕，周行大内，出玉河，近且北淤南壅。而嘉靖庚戌所築重城地勢既高，有掘未及泉而止者。俟異日清其源，審其勢，疏其脉，達其支，以總匯於通橋。又須理葺諸閘，節宣蓄洩，以壯金湯而固風氣。下工部。

徐學聚《國朝典彙》卷一八七《都邑城池》 〔嘉靖〕二十一年七月，時邊報日至，掌都察院毛伯温等言：古有城必有郭，城以衛君，郭以衛民。太祖定鼎南京，既建内城，復設羅城於外。成祖遷都金臺，當時内城足居，所以外城未立。今城外之民殆倍城中，思患預防，豈宜或緩？臣等以爲宜築外城。上從之。勑未盡事宜令會同户工二部速議以聞。議上，上曰：築城係利國益民大事，難以惜費，即擇日興工。民居葬地給別地處之，毋令失所。已給事中劉養直言：諸臣議築外羅城，慮非不遠，但宜築於無事之時，不可築於多事之際。且廟工方興，材木未備，畿輔民困於荒歉，府庫財竭於輸邊。若併力築城，恐官民俱匱。上從其言，詔候廟工完日舉行。

劉若愚《明宮史》卷一《宮殿規制》 皇城外層，向南者曰大明門，與正陽門、永定門相對者也。稍北，過公生左門而向東者，曰長安左門。再東，過玉河橋，自十王府西夾道往北向東者，曰東安門。轉而過天師庵草場，轉西向北，曰北安門，即俗稱「厚載門」是也。轉而過太平倉，迤南向西，曰西安門。再南，過靈濟宮灰廠向西，曰長安右門。紅栅之内，門之北，則登聞鼓院在焉。此外圍之六門。墻外周圍紅鋪七十二處。

紫禁城外，向南第一重曰承天之門。每年霜降後，吏部等衙門朝審刑部重囚，在門前中甬道之西、東西甬道之南。五府等衙門坐東向西，吏部等衙門坐西向東，吏部主筆者第一座，刑部正堂第二座，都察院第三座，餘以次列之。南二重曰端門，三重曰午門。魏闕兩分，曰左掖門，曰右掖門。轉而向東曰東華門，向西曰西華門，向北曰玄武門。此内圍之八門也。墻外周圍紅鋪三十六處。每晚有勛臣一員，在闕左門内直宿，每更官軍提銅鈴巡之。而護城之河遶焉。

皇城内，自北安門裏，街東曰黄瓦東門。門之東，街南曰尚衣監，街北曰司設監。再東，曰酒醋麪局、内織染局，曰皮房、紙房，曰針工局、巾帽局，曰火藥局，即兵仗局之軍器庫也。再東稍南，曰内府供用庫，曰番經廠、漢經廠，曰司苑局、鐘鼓司。再南，曰新房，曰都知監、司禮監。

司禮監，第一層門向西，與新房之門一様。門之内稍南，有松樹十餘株者，内書堂也。先師位供安向南，其楹聯曰：「學未到孔孟門墻，須努力趲行幾步；做不盡家庭事業，且開懷丢在一邊。」聖人位之北一間，則内書堂教書詞林先生憇息之所也。廚房設在後，凡米肉食料，俱取辦於光禄寺。内書堂稍北，曰崇聖堂。再北向南者，則二層門矣。入此門再東朝南者，本監公廳之大門也。門外有東西二井，遞封汲之。西井之西一小門，東井之東一小門，其内皆提督、監官、典簿、文書房、掌司所居房屋也。古書籍、名畫、筆墨、綾紗、紙劄，各有庫貯焉。新房之北，司禮監也。新房之南，御馬監也。所謂新房者，東西一街，南北一連、二連、三連等連連之，十字路口各有井。御馬監之南向西者，曰杆子房，曰北膳房，曰暖閣廠。廠之東門可通河，而西門最高大，啓閉不便，遂於大門扇上，復開一小門，以便行走。河之西岸，榆柳成行，花畦分列，如田家也。曰南膳房。再南曰明器廠，曰混堂司，曰内東廠，曰尚膳監。撥子斜對御馬監向東者，曰北花房，亦辦膳之所也。曰印綬監，曰中書房，曰蹴圓亭，武廟恒臨幸之。曰內承運庫，此庫，掌印、僉書、掌司、寫字諸人所住之署也。此路總名之曰東河邊。尚有房八區，則司禮監秉筆、隨堂衆住，所謂河邊直房是也。過東上北門、東中門，街北門彈子房，曰學醫讀書處，曰光禄寺，街南曰篦頭房。再東，則東安裏門，俗所稱「墻門」者。過橋則東安門也。自東至南門之東，曰重華宮，其前曰重華門，曰廣愛門，曰咸熙門，曰肅雍門，曰康和門，猶乾清宮之制。而後有兩井，東西有兩長街。西長街則有興善門、麗京門、長春門、清華門、寧福宮、嘉福宮、明德宮、永春宮、永寧宮、延禧宮、延春宮、宜春宮，今爲停喪之所，凡妃嬪、皇子、皇女之喪，皆於此停靈，至發引時，出東上南門、東上北門、北中門、北安門，詣西山等處墳園安厝。東長街則有廣順門、中和門、景華門、宣明門、景明門、洪慶門、洪慶殿，供番佛之所也。又有膳房。又有門曰景和門，又東，則內承運庫藏也。自東上南門迤南，街東曰永泰門。門之內，街北則重華宮之前門也。其東有一小臺，臺上有一小亭。再東南則崇質殿，俗云「黑瓦殿」是也。景泰年間，英宗自北狩回所居。永泰門再南，街東則皇叓(音史)宬(音成)，珍藏太祖以來御筆實録、要緊典籍、石室金匱之書，此其處也。皇叓宬每年六月初六日奏知曬晾，司禮監第一員監官提督，董其事而稽覈之，其看守則監工也。左右小門曰曨(音龍)歷左門、曨歷右門。再東則追先閣、欽天閣，透玲碑在焉。世廟御製欽天頌，勒於碑，碑石光潤，近似卧碑制也。再南，則御前作(平聲)也。皇叓宬之西，過觀心殿射箭處，稍南有門曰蒼龍。其南則昭明門，其西南則嘉樂館也。其北曰丹鳳門，門列金獅二。內有正殿曰龍德，左殿曰崇仁，右殿曰廣智。正殿殿後爲飛虹橋，橋以白石爲之，鑿獅、龍、黿、鼉、魚、蝦、海獸，水波洶湧，活躍如生，云是三寶太監鄭和自西域得之，非中國石工所能製者。橋之前，右邊一塊缺損，云是中國補造，屢易屢泐，亦古跡也。橋之南北有坊二，曰飛虹，曰戴鰲，姜立綱筆也。橋之東西有天光、雲影二亭。又北疊石爲山，山下有洞，額曰秀岩。以磴道分而上之，其高高在上者，乾運殿也。左右各聳一亭，曰凌虛，曰御風。隔以山石藤蘿花卉，若墻壁焉。後爲永明殿。最後爲圓殿，引流水遶之，曰環碧。再東曰玉芝宮，後殿曰大德殿。外券門曰寶慶門，曰延祥門，曰佳麗門。其東墻外則觀心殿也。自皇叓宬東南有門通河，河上曰湧福閣，舊名澄輝閣，俗所謂「騎馬樓」者是也。迤東沿河轉北則呂梁洪，則東安橋。再北，有亭居橋上，曰涵碧。又北，則回龍觀止焉，其殿曰崇德者是也。觀多海棠，每至春深盛開之時，聖駕多臨幸之。是河也，從北安門外文昌宮迤東步糧橋，入經皮房、內織染局、巾帽局、御馬監之東、東安門橋下，至長安左門外迤東之玉河橋出焉。北安門內，街東曰安樂堂，凡內官有疾者，送此調理；山陵及外廠九門官，則不送也。再南，黄瓦西門之裏，則內官監也。過北中門迤西，則白石橋、萬法殿等處。至大高玄殿，則習學道經內官之所居也。其北，則裏冰窨也。北中門之南曰壽皇殿，左曰毓秀館，右曰育芳亭，後曰萬福閣。其上曰臻福堂，曰永禧閣；其下曰聚仙室，曰延寧閣，曰北果園。殿之西門內有樹一株，掛一鐵雲板，年久樹長，遂銜雲板於樹幹之內，止露十之三，誠古跡也。殿之東曰永壽殿，曰觀花殿，植牡丹、芍藥甚多。曰集芳亭，曰會景亭，曰翫春樓。其下曰壽安室，曰觀德殿，亦射箭處也。與御馬監西門相對，乃壽皇殿之東門，萬曆中始開者。殿之南則萬歲山，俗所謂「煤山」也。故老云：土渣堆築而成。崇禎己巳冬，大京兆劉宗周疏，亦誤指爲真有煤。山上樹木葱鬱，鶴鹿成羣，呦呦之鳴，與在陰之和，互相響答，可並聞於霄漢。山之上，土成磴道，每重陽日，聖駕在山頂陞座，可遥望靡涯矣。山之前曰萬歲門，再南曰北上門，左曰北上東門，右曰北上西門。西可望乾明門，東可望御馬監也。再南，過北上門，則紫禁城之玄武門也。

北上西門之西，大高玄殿也。其前門曰始青道境。左右有牌坊二座，曰先天明鏡，曰太極仙林，曰孔綏皇祚，曰弘佑天民。又有閣二座，左曰炅(音陽)明閣，右曰[米月](音陰)靈軒。內曰福靜門，曰康生門，曰高玄門，曰蒼精門，曰黄華門。殿之東北曰無上閣。其下曰龍章鳳篆，曰始陽齋，曰象一宮，所供象一帝君，範金爲之，高尺許，乃世廟玄修之御容也。稍西曰石作，曰圓明閣。又西曰乾明門。門裏迤南，曰兵仗局，曰西直房，即尚衣監所屬之袍房也。曰舊監庫，屬內官監地方。曰尚膳外監，曰甜食房，曰西上北門。其東北向者，則西下馬門矣。

紫禁城護城河一帶，其東有內承運庫衙門，起，至北花房止，有房地；而西面城河，兩岸止有矮河墻，羅列石作物料而已。其東北角、西北角，有澡馬河礓礤石柵。

自西上北門過西上南門，向東，則御用監也。又南向西，則銀作局也。再南，過橋向南曰靈臺。亦有觀象臺，銅鑄渾天儀，以測星度、觀雲氣焉。沿河西岸而南，曰寶鈔司。自西中門之西，則尚寶監也，鷹房司也，屬尚監。再西，出西苑門，迤南向東，曰灰池，曰水碓。水磨河之西，土坡之上，曰昭和殿，曰擁翠宮，曰趯臺陂，曰澄淵亭。又北，曰紫光閣。再西，曰萬壽宮，曰壽源宮，嘉靖四十四年春，更曰百祿宮。曰五福殿，曰承祐殿。左祐祥殿，右祐寧殿。曰龍吉齋，曰鳳祥館，曰昭祥閣，曰朗瑞居，曰耀曦門，曰耀朗門，曰含祥門，曰成瑞門，曰永和門，曰永順門，曰永綏門，曰永祉門，曰納康門，曰長寧門，曰凝一殿。其東，曰萬春宮，曰含春殿，曰萬和宮，曰萬華宮，曰萬寧宮，曰御饌庖，曰體仁門，曰履康門，曰啓泰門，曰納福門，曰泰安門。其西，曰仙禧宮，曰仙樂宮，曰仙安宮，曰仙明宮。其朝東南起，有門廿一，曰常寧，曰常和，曰常善，曰常耀，曰令寧，曰攸順，曰攸利，曰金靜，曰金瑞，曰宣惠，曰靜安，曰壽康即灌木，曰金寧即授衣，曰常靜，曰壽安，曰康成，曰東和。其南，曰陽德，曰永光，曰嘉安。其東，曰柏木殿，曰旋坡臺即兔兒山顯揚殿也，曰迎仙亭。牌坊二：南曰福巒，北曰祿渚。臺上七層牌額，曰玉光，曰光華，曰華耀，曰耀真，曰真境，曰境仙，曰仙臺。曰朝元館，曰景德殿，曰大光明殿，曰登豐門，曰廣福門，曰太始殿，曰太初殿，曰宣恩亭，曰響社亭，曰一陽亭，曰萬仙亭。後曰永吉門，曰左安門，曰右安門，曰太極殿，曰統宗殿，曰總道殿，曰天玄閣。下曰闡玄保作。朝東外二門，曰天平，曰豐和。曰無逸殿，曰豳風亭，曰落成殿。金海石橋之北，河之西岸向南，曰玉熙宮，曰承華殿即迎翠殿，曰寶月亭，曰芙蓉亭，曰清馥殿，曰丹馨殿，曰錦芳亭，曰翠芬亭，曰長春門，曰昭馨門，曰瑞芬門，曰馥景門，曰仙芳門，曰馥東門，曰馥西門，曰澄碧亭，曰騰波亭，曰飛靄亭，曰騰禧殿，即「黑老婆殿」也，曰王媽媽井。河之上游，倒影入水，如城闕龍宮者，曰乾德殿，即俗稱「北臺」是也。高八丈一尺，廣十七丈，磴道三分三合而上之。萬曆二十九年夏建，乾清宮牌子王朝忠、內官監總理陳永壽董其役。至天啓元年十一月十四日，奉旨拆毀平之。天啓四年夏，就其處爲嘉樂殿，其門曰延景門。牌坊二，南曰福渚，北曰壽岳。河干有亭五，中曰龍澤，左曰澄祥，右曰湧瑞，又左曰滋香，右曰浮翠，總謂之曰「五龍亭」也。又洞三：上曰龍壽，中曰玉華，下曰遊仙。以上俱萬曆三十年秋添。其三洞至天啓元年冬拆。再西，則內教場也。曰振武殿，曰恒裕倉，曰省斂亭。稍南，臨河有坊，曰氽(音引)祥橋。其東則北閘口，曰洪應殿，曰壇城，曰轟雷軒，曰嘯風室，曰噓雪室，曰靈雨室，曰耀電室，曰清一齋，曰寶淵門，曰靈安堂，曰精馨堂，曰馭仙堂，曰輔國堂，曰演妙堂，曰入聖居也。自北閘口迤南東岸，曰船屋，乃冬日藏龍舟之所，有宏濟神祠。橋之南，亦有船屋焉。再南，曰玄熙殿。有馬頭，左擁翠亭，右飛香亭，後更名曰元潤亭。再南，曰陟山門，通裏冰窨者也。又西馬頭曰龍淵亭，曰念善館，又有元雷居，又有亭曰龍湫，又有殿曰壽源，即太素殿，曰正心齋，曰博敬齋，曰素左門，曰素右門，曰隆治門，曰騰瑞亭，曰滋祥亭。又再南，巋然若出者，曰廣寒殿，即俗所云「蕭后梳妝樓」也。萬曆七年傾頹，其中有錢，元至元年號，神宗曾分賜輔臣張居正數枚。曰太液橋，其牌坊曰堆雲，曰積翠。今止存山石基址。天啓間，魏忠賢擅政，又將舊砌山石俱拆毀焉。又再南，曰圓殿，即承光殿也。磚砌如城墻，亦有雉堞，以磴道分上之，上有樓閣、古松。松乃數百年物，霜幹虬枝，式如偃蓋。凡枝之垂者，皆以杉木撐拄之。至崇禎五年，因枯木難存，始連根刨除。此乾明門之西也。其石梁如虹，直跨金海，通東西之往來者，曰玉河橋。有坊二，曰金鼇，曰玉蝀。萬曆間，每遇中元道經廠、漢經廠做法事，放河燈於此。橋之中，空約丈餘，以木枋代石，亦用木欄杆。再南，曰五雷殿，即椒園也，亦名蕉園。凡修實録成，於此焚草。左迎祥館，右集瑞館，曰太玄亭，曰問法所，曰臨漪亭，曰水雲榭。再南，則至西苑門矣。由玉河橋玉熙宮迤西，曰櫺星門。迤北，曰羊房夾道，牲口房、虎城在焉，內安樂堂在焉。櫺星門迤西，曰西酒房，曰西花房，曰大藏經廠，即司禮監之經廠也。又西曰洗帛廠，曰果園廠，曰西安裏門，曰甲字等十庫，曰司鑰庫，曰鴿子房。街南曰惜薪司，正西則西安門也。櫺星門迤西街南，贓罰別庫之門也。門之東，迤南曰蠶池，曰陽德門。又西曰迎和門，則萬壽宮之門也；曰大光明殿。自陽德門外，皆可以至河。是河也，由北安門外藥王廟西橋下入，縈洄洸漾，蓄洩惟謹；蓮藕魚蝦，味最鮮美。且萑葦茂密，水禽上下，儼若江南風景云。冬至水凍，可拉拖牀，以木作平板，上加交牀或藁薦，一人在前引繩，可拉二三人，行冰上如飛。遇積雪殘雲，景更如畫。世廟晚年尚玄修，多居西內。嘉靖壬寅正月十六日，皇太子自宮中往見，即絕河冰而過。時閣臣夏言詞云：「胡牀穩坐度層冰。」即指拖牀作也。神廟萬曆年間，臨御久稀，禁網疎闊，每於河凍之後，近京貧民，羣來趁食，於皇城內外，凡有冰處，拉拖牀以餬口。遇雪滿林皐，坐拖牀者艷素相間，交拉如織。亦有豪興乘醉而頻頻往返者。至春冰將泮，間有沉溺云。其河自寶鈔司東，與護城河之西脈合流，過長安右門之北，經承天門前，再東過長安左門之北，自湧福閣會歸於皇城之巽域而總出焉。護城河者，自北閘口分流，經內官監、白石橋、大高玄殿之東、北上西門之外半邊石半邊磚橋入。此橋半用石者，防車輪耳。大高玄殿前豎石牌，牌曰：「宮眷人等至此俱下車馬。」世宗尊崇玄教，敬恪如此。水由橋下，至紫禁城墻下護城河，而東而南，經太廟之東玉芝宮、飛虹橋之西，而西脈則自太社、太稷壇之西，至靈臺、寶鈔司之東，合流於湧福閣之河焉。紫禁城内之河，則自玄武門之西，從地溝入，至廊下家，由懷公門以南，過長庚橋、裏馬房橋，由仁智殿西、御酒房東、武英殿前、思善門外、歸極門北、皇極門前、會極門北、文華殿西，而北而東，自慈慶宮前之徽音門外，婉蜒而南，過東華門裏古今通集庫南，從紫禁城墻下地溝，亦自巽方出，歸護城河。或顯或隱，總一脈也。神廟久不臨御，河遂壅塞不通，幫石圮泐。逆賢專政，勒令疏通，至今清流可鑒。是河也，非謂魚泳在藻，以恣遊賞，又非故爲曲折，以耗物料：蓋恐有意外火災，則此水賴焉。天啓四年，六科廊災；六年，武英殿西油漆作災：皆得此水之濟。而鼎建、皇極等殿大工，凡泥灰等項，皆用此水。祖宗設立，良有深意。且宮後苑魚池之水，慈寧宮魚池之水，各立有水車房，用驢拽水車，由地瑄以運輸，咸賴此河云。

大明門内曰承天門。其門裏之東一門，内則太廟也。西一門，内則太社、太稷也。曰端門，内則六科也。東曰闕左門，再東則松林會堆處也。西曰闕右門。門其居中巍然而向明者，午門也，鐘鼓在焉，旗纛在焉。曰左掖門，曰右掖門。門之内居中向南者，曰皇極門，即奉天門也，俗所謂「鑼兒天」，銅壺滴漏在此。其左曰宏政門，即東角門也，考選通政司參議及鴻臚寺官在此焉。右曰宣治門，即西角門也。居西向東曰歸極門，即右順門也。居東向西曰會極門，即左順門也。皇極門内居中向南者，曰皇極殿，即奉天殿也。金磚玉瓦在殿額兩傍：左向西者，曰文昭閣，即文樓也；右向東者，曰武成閣，即武樓也。南北連屬穿堂。上有滲金圓頂者，曰中極殿，即華蓋殿也。殿之兩傍，東曰中左門，西曰中右門。再北曰建極殿，即謹身殿也。俱嘉靖四十一年重修工完所更今名者也。殿居中向後，高踞三躔白玉石欄杆之上與乾清門相對者，雲臺門也。兩傍向後者，東曰後左門，西曰後右門，即雲臺左右門，亦名平臺者也。凡召對閣臣等言，或于平臺，即後左門也。又東則景運門也，西則隆宗門也。隆宗門西向南者，仁德門也。乾清門外，左右金獅各一。入門丹陛，直至乾清宮大殿，其殿内居中向南大匾曰敬天法祖，崇禎元年八月初四日懸掛，係司禮監掌印高太監時明筆也。殿左曰日精門，右曰月華門。左小門曰龍光，右小門曰鳳彩。殿之東西有斜廊。廊之後，左曰昭仁殿，右曰宏德殿。東西各有角門。宮後披簷，東曰思政軒，西曰養德齋。再北則穿堂。居中圓殿曰交泰殿。滲金圓頂，亦猶中極殿之制也。再北曰坤寧宮，則皇后所居也。曰永祥門、增瑞門，俱萬曆二十五年二月十一日添額。宮之東披簷，曰清暇。居北圍廊，曰游藝齋。俱崇禎五年十月二十三日懸安者也。宮後，左曰景和門，右曰龍德門。再北，左曰端則門，右曰基化門，便接瓊苑東西門矣。坤寧宮有門，原曰廣運門，嘉靖十四年七月初二日改曰坤寧門。萬曆三十三年，乾清宮、坤寧宮俱鼎建告成，至四十年後，始御居乾清宮西暖閣。

乾清宮大殿之左向西，曰端寧殿，尚冠等近侍所司御服、衮冕、圭玉、冠帶、錢糧貯此。右向東曰懋勤殿，天啓造地炕于此，恒臨御之。此薇垣北辰深邃之處，中一路之大略也。

過日精門之東，曰崇仁門。稍南，曰内東裕庫，曰宏孝殿，曰神霄殿即舊名崇光殿也。日精門往北向南者，曰景明門，今曰順德左門，則東一長街也。再北，向西與龍光門斜相對者，曰咸和左門。向南者曰景仁宮。其東則東二長街也。南首曰麟趾門，北首曰千嬰門。麟趾門之東，曰延祺宮，曰怡神殿。再東，曰嘉德左門。再東，則蒼震門也，此門恒閉，遇掃雪修造則開。咸和左門之北，向西與景和門相對者，曰廣和左門。向南者曰承乾宮，東宮娘娘所居也。東二長街之東，曰永和宮。廣和左門之北，向西與基化門相對者，曰大成左門。向南者曰鍾粹宮，今皇太子所居，改曰興龍宮者是也。東二長街之東，曰景陽宮，孝靖皇后曾居此。千嬰門之北並列者，則乾清宮東之房五所。其東後小門，每月初四、十四、二十四日打掃，凡有事則開也。宮正司六尚局皆在乾清宮之東。已上皆東一路之大略也。

過月華門之西，曰膳厨門，即遵義門。向南者曰養心殿。前東配殿曰履仁齋，前西配殿曰一德軒。後殿曰涵春室，東曰隆禧館，西曰臻祥館。殿門内向北者，則司禮監掌印秉筆之直房也。其後層尚有大房一連，緊靠隆道閣後，祖制宮中膳房也。魏忠賢移膳房于怡神殿，將此房亦改爲秉筆直房。養心殿之西南，曰祥寧宮。宮前向北者，曰無梁殿，係世廟烹煉丹藥處。其制不用一木，皆磚石砌成者。月華門之西南巋然者，隆道閣也。原名皇極閣，後更道心閣，至隆慶四年春更此名。左曰仁蕩門。右曰義平門。此二門原名會極、歸極，世廟改之。閣之下曰仁德堂，舊名精一堂，隆慶四年春更今名。前曰仁德門，萬曆二十四年兩宮災後，開此門出入。至神廟晚年移居乾清宮，始閉不恒開。閣之東，曰忠義室。閣之西南，過義平門，則慈寧宮矣。萬曆年間，慈聖李老娘娘所居，泰昌元年八月，神廟皇貴妃鄭老娘娘亦曾居之；神廟東宮昭妃劉老娘娘亦居此；天啓七年八月後，熹廟皇貴妃范娘娘亦居此宮。

月華門往北，曰順德右門，則西一長街也。再北，向東與鳳彩門斜相對者，曰咸和右門，即廣安門。向南者曰毓德宮，即長樂宮，萬曆四十四年冬更曰永壽宮。其西則西二長街也。南首曰螽斯門，北首曰百子門。螽斯門西，曰啓祥宮，神廟自兩宮災後，先移居于毓德宮，後遂移居此宮。萬曆三十年春，聖體不豫，曾召輔臣沈一貫至此宮。此宮乃獻皇帝發祥之所，原名未央宮，世廟入繼大統，至十四年夏，特更名曰啓祥宮。宮門内石坊向北扁石青地金字四，原曰貞源茂始，後更爲聖本肇初。向南四字，原曰慶澤無終，後更爲玄德永衍。再西，則嘉德右門，即舊名景福門也。其兩旛杆插雲向南而建者，隆德殿也。舊名玄極寶殿，隆慶元年夏更曰隆德殿，供安玄教三清上帝諸尊神。萬曆四十四年十一月初二日燬，天啓七年三月初二日重修。崇禎五年九月，内將諸像移送朝天等宮安藏。六年四月十五日，更名中正殿。東配殿曰春仁，西配殿曰秋義。東順山曰有容軒，西順山曰無逸齋。再西北，曰英華殿，舊曰降禧殿，供安西番佛菩薩像。殿前有菩提樹二株，婆娑可愛，結子可作念珠。又有古松翠柏，幽静猶山林焉。三十年秋，各殿復供安聖像如前。自嘉德右門之西，向南者曰二南門。門之北，則八角井也。水不堪汲，天啓六年亦曾修濬，而味不改，真廢井矣。正北，曰四德門。再西，曰咸安宮，穆廟繼選皇后陳老娘娘曾居于此，天啓年間客氏曾移住之。

咸和右門之北，向東與隆福門相對者，曰廣和右門。向南者曰翊坤宮，西宮李娘娘之所居也。西二長街之西，曰永寧宮，天啓改曰長春宮，成妃李老娘娘曾居此。

廣和右門向東與端則門相對者，曰大成右門。向南者曰儲秀宮。西二長街之西曰咸福宮。百子門之北並列者，則乾清宮西之房五所。其西後小門，凡有事則開，如東後小門，總乾清門官經管啓閉也。已上皆西一路之大略也。東西二小門之外，皆有惜薪司貯柴炭之園，備宮中進用焉。

坤寧宮之後，則宮後苑也，欽安殿在焉，供安玄天上帝之所也。有門曰天一之門。殿之東北，有足跡二，傳云：世廟時，兩宮回禄之變，玄帝曾立此默爲救火，其靈跡顯佑，有如此者。崇禎五年秋，隆德殿、英華殿諸像，俱送朝天等宮、大隆善等寺安藏，惟此殿聖像獨存未動也。曰承光門，曰集福門，曰延和門。苑内曰萬春亭、千秋亭，曰對育軒、清望閣，曰金香亭、玉翠亭，曰樂志齋、曲流館，曰四神祠、觀花殿。萬曆十一年春拆去壘垛石山子。券門石扁名曰堆秀。山上蓋亭一座，名曰御景亭。東西兩邊，魚池二處，東曰浮碧亭，西曰澄瑞亭。奇花異卉，禽聲上下，春花秋月，景色可人。東南曰瓊苑東門，西南曰瓊苑西門，即東一長街、西一長街之北首也，其南首則東西夾墻也。欽安殿後坤寧門，嘉靖十四年秋，更名曰順貞門。其宮墻外，則紫禁城之玄武門，報夜之更鼓在焉。玄武門裏迤東有廊下家，可十一門，而更鼓房則儘東首，爲紫禁城之艮隅也。

乾清宮門圍墻之内，左右廊房之朝南半間者，曰東夾墻，曰西夾墻，及慈寧宮西茅等處，皆宮眷内官便溺之所。宮墻之外，磚砌券門，安大石於上，鑿懸孔垂之，各有浄軍在下接盛，於每月初四、十四、二十四日，開玄武門及各小門打掃之。

自嘉德右門之西，曰太安門。其外向西，曰長庚門。凡放夫匠淘溝及修造，或年老有勞宮人病故，皆奏開此門，以便出入。其外，自玄武門迤西，可九門；自北而南，過長庚橋至御酒房後墻，曰「長連」，可三十一門；再前曰「短連」，可三門，并玄武門東計之，共五十四門，總曰「廊下家」，俱答應長隨所住。各有佛堂，以供香火，三時鐘磬，宛如梵宮。凡遇有風之日，即輪挨一人，大聲巡警曰：「謹慎燈燭，牢插線香。」禁地嚴慎火燭如此。所栽棗樹森鬱，其實甜脆異常。衆長隨各以麯做酒，貨賣爲生，都人所謂「廊下内酒」是也。長庚橋南有柿一株，高二丈餘，每至霜後，實懸樹杪，丹色可愛。凡文書房、司禮監、監官、典簿，各占過宿直房。萬曆時，李永貞墩鎖十八年，曾於懷公門住。懷公者，憲廟時賢監國史所稱懷恩者也。此門之南、井之北，神廟時災，久闕未補。逆賢專政時，委李永貞等修補一新，勒碑之文，崑山顧相公秉謙所撰，其諛賢語，明載「居停主人」字樣。今此碑或仆埋不敢存矣。

自隆宗門外向東者，曰司禮監經廠直房。日用紙劄書箱皆貯於此，候御前取討。過慈寧宮，外層向東小門之南，曰北司房，即文書房也。再南曰司禮監管掌處，即兩班四撥寫字所居也。亦有茅房木桶，爲便溺之所。再東曰外膳房。萬曆時，每五更攢點後，河邊抬來，先到此，後送入宮，今不然也。再南，曰南司房，即監官典簿直房也。隆宗門外朝西者，亦監官典簿直房也。有井存焉。再南，則寶寧門。門外偏西大殿，曰仁智殿，俗所謂「白虎殿」也。凡大行帝后梓宮靈位，在此停供。其西南曰御酒房。西北曰馬房，監宮典簿奉旨問刑拷打内犯之所。門外有二大椿，俗云「裏馬房」者此也。東南曰思善門。門外橋西，曰武英殿，命婦朝皇后於此。再西，曰太庖厨，曰尚膳監，乃第一員總理及管理、僉書、掌司所居也。武英殿之西南，曰御用裏監，乃把總等官所居。再東，曰南薰殿。凡遇徽號册封大典，閣臣率領中書篆寫金寶金册在此。例有司禮監印公奉欽遺臨視管待，該御用監裏監把總官置辦盛席伺候，必殺鹿一隻，蒸炰作羹，以明豐侈，此盛典也。又神廟静攝時久，凡冬年聖節，閣臣詣仁德門外行禮畢，先監矩即奉旨於文書房置酒飯管待畢，必密具説帖回奏。如有應行事件，亦藉此轉達，可十得四五。誠納約自牖之義也。再東，曰歸極門，所謂「逍遥城」者，在六科廊後、此門之西南礓礤之下。宣德中，置漢王高煦於銅缸，炙死於此。至天啓年間鼎建大工時，官匠亦計及此。逆賢曰：「這是國家甚麽吉祥好勾當，存之何爲。」遂泯其迹。從歸極門裏，向西南入，曰六科廊，東西兩房掌司所居，精微科及章疏在焉。過皇極門，再東，曰會極門。凡京官上本接本，俱於此處；各項本章奉旨發抄，亦必由此處。會極門裏，向東南入，曰内閣，輔臣票本清禁處也。宣廟賜有文淵閣印一顆，玉筋篆文，凡封進票本、揭帖、聖諭、勑稿，用此印鈐封。萬曆十四年五月二十二日，不知何人開内閣鎖，將印盗去。至六月朔，神廟准補鑄賜之。出會極門之東，礓礤下，曰佑國殿，供安玄帝聖像，簽最靈。像金鑄者，曾經人盗去鎔化，惟像首屢銷不化，盗藏之兜肚内，晝夜隨身，後遂由此發露，將盗置法。至於寶善門、思善門、乾清門、仁德門、平臺之西室，及皇城各門，皆供關聖之像。佑國殿之東，則内承運庫，銀兩表裏等錢糧貯藏之所也。兩庫之間有槐一株，自徽音門南望，枝幹扶疏，翠茂可愛。有井一，甘冽可用。再東，過小石橋，曰香庫，乃内府供用庫答應錢糧之所。又稍北，有庫一連，坐東向西，有石碑曰古今通集庫，係印綬監所掌，古今君臣畫像符券、典籍貯此。每年六月初六日曬晾，如皇史宬例。再北，曰東華門。門内有石橋，橋之北有樹二株，曰馬纓。樹高不足丈，其葉似槐而細長，晝舒夜斂，其花粉紅色而無瓣，皆若蕋，結角如椿，亦可種而生，是以名之曰馬纓也。再北曰馬神廟、御馬監。該班官及良馬十餘匹在此。有飛龍二大字，太監蕭敬筆也。會極門東，向南者文華殿也。後殿匾曰：「學二帝三王治天下大經大法。」乃慈聖老娘娘御書，後人以爲神廟御書也。分六行，每行二字。前殿匾曰：「繩愆糾謬。」亦慈聖因世廟時建有省愆居，是以特命小臣杜詩，寫此四字爲匾，以垂戒萬世。殿内圍屏，中數扇畫輿地圖，左數扇貼文官職名，右數扇貼武官職名，遇陞遷則易之。此係萬曆初年輔臣張文忠公居正所創造者。至二十四年後，神廟御居啓祥宫，復另置一小圍屏，高二尺餘，中左右亦如之，於啓祥宫前殿安設。凡文華殿前後柱上對聯，亦張文忠進獻，王庭策等所書寫。其文曰：「念終始，典于學，期邁殷宗；於緝熙，殫厥心，若稽周后。」又曰：「披皇圖，考帝文，九寓化成於几席；游禮闕，翔藝圃，六經道顯於羹墻。」又曰：「四海昇平，翠幄雍容探六籍；萬幾清暇，瑶編披覽惜三餘。」又曰：「縱横圖中，發天經地緯之藏；俯仰古今，期日就月將之益。」又曰：「西崑峙羣玉之峰，寶氣高騰册府；東壁耿雙星之曜，祥輝遥接書林。」殿之側，有九五齋、臨保室、精一堂、恭默室。殿之後曰玉食館、端敬殿理辦房。過小門，西北曰省愆居，其制度用木爲通透之基，高三尺餘，下不令墻壁至地，四圍亦不與別處接連。凡遇天變災眚，聖駕居此，以示修省之意。先帝時，塵封久矣。萬曆中年後，凡天下藩府差來進表内官，尚膳監備辦筵宴，司禮監掌印、秉筆於文華殿門之西奉旨管待，以昭九重親親之誼焉。自天啓七年，皇極殿工完以後，管待藩府官人，始不在文華殿門西也。殿之東，曰神祠，内有一井，每年祭司井之神於此。殿之西，曰崇本門。殿之後，爲刻漏房，銅壺滴漏在此。凡八刻水交一時，直殿監官抱時辰牌，赴乾清門裏换之。牌長尺餘，闊數寸，石青地、金字某時。凡道途遇之者必側立讓行，坐者必起立，蓋敬天時之義也。殿之東北，向後開門者，曰聖濟殿，供三皇曆代名醫，御服藥餌之處也。徽音門裏亦曰麟趾門，其内則慈慶宫也，神廟時，仁聖陳老娘娘居此。内有宫四，曰：奉宸宫、勗勤宫、承華宫、昭儉宫。其園之門，曰韶舞門、麗園門，曰擷芳殿、薦香亭。麟趾門之東，曰關雎左門。其内則掌印、秉筆直房，所謂「梨園」者此也。西曰關雎右門。再西而轉角向西者，曰元輝殿。光廟元妃郭娘娘選中時，在南配殿住，其總理婚典者田太監義也。後福王妃鄒娘娘選中時，在正殿北一間住，其總理婚典者先太監陳矩也。凡三五日即詣妃寢殿門外，問貴人起居。時萬曆三十一年也。其年冬，續憂危竑議之獄興。凡諸王館選中淑女，候欽差某封某位娘娘，親到元輝殿；選不中者送出。凡選中者，或后、或妃、或王妃，皆先居於此，以便次第奏舉行吉禮也。再北，曰御馬監，直房每日伺候御乘良馬十餘匹在此。神廟時，有進到大黑牛二隻，無角大黑牛一隻，亦餵於此。再北，曰御用等監庫。再北朝南者，曰寶善門。門之西，舊有核桃、棗樹數株，乃二百餘年所培植者，逆賢因天啓二年風變伐去，以便跑馬耳。甲字等十庫之後，亦有隙地堪跑馬者，逆賢復慫恿先帝，薙其蒿萊而馳騁焉。寶善門内迤東，曰慈慶宫後門。門之外，神廟末年開一井，味極甘冽。北曰奉先殿，即内太廟也。祖宗舊制，宫外膳房原在寶寧門裏，每日五更攢點後，膳房牲匣約十餘槓，自河邊經東華門，會極、歸極、思善、寶寧門，逆賢擅改於寶善門内矣，可乎？街東，曰隆祀門，其内則外東裕庫也。街西再北，曰蒼震門。又街東再北，並列二門向西者，曰履順，曰蹈和，則一號殿仁壽宫之外層小門也。内有噦鸞宫、喈鳳宫，凡先朝有名封之妃嬪、無名封之宫眷所居養老處也。各有應得養贍膳銀吃穿。及病終之後，該號殿看門官禀知司禮監監官典簿題知，奉旨着照某封某氏例發送。此巷自寶善門亦可通玄武門，俗稱「狗兒灣」，其居中之門曰蓮花門也。

景運門南朝西者，都知監之直房也。隆宗門北朝東者，司禮監人數之直房也。五更攢點後至曉報九刻水者，刻漏房宮及荅應長隨也。隆宗門南朝東者，曰協恭堂，印公等過司房之處也。慈寧宮、慈慶宮皆有花園，有井，有庫藏。而乾清宮兩旁之宮，各有井，無花園。惟鍾粹宮有松數株耳。其餘各處宮名、殿名、門名，或有記憶未真、銓敘失次、不能備載者，敬俟後之博覽君子，續補正之。

説者曰：史漢以來，有因漏禁中語而得罪者；又有不荅温室省中何樹者。今子侈言鋪張，罄懷羅列，得毋非古人厚重不泄之意乎？纍臣若愚曰：固也！然吾聞諸道路：如張金吾懋忠所刻規制一書，止憑慈寧宮管事齊棟所言，中多舛誤，何以昭聖朝之盛美乎？我國家左右史之溺職久矣。自神廟静攝多年，起居所記注，尤不能詳，而内小臣獨能竊知一二。揄揚鴻烈，以昭一代之盛舉，垂之無窮，不亦可乎？況若愚不幸，遭罹奇冤，朝不保夕。筆此梗概，不拘體制，不循次第，不過古人之西京雜記、三輔黄圖類耳。世之君子，當不諱之朝，思采風之義，史失而求諸野，閒中一寓目焉，未必不興發其致君澤民之念也。纍臣所見如此。至於圜丘、方澤，謁陵、視學，耕藉、閱戎，一切慶典、朝典、經筵等儀，自有儀注，外廷備矣，兹不概及。

孫承澤《天府廣記》卷四《城池》 幽州舊城在今城西南，唐藩鎮城及遼金故城也。隋之天寧寺舊在城中，今在城外矣。憫忠寺有舍利記，唐景福元年建，其文曰：「大燕城内，地東南隅有憫忠寺，門臨康衢。」憫忠寺舊在城中，今在城外西南僻境矣。

銅馬門在舊燕城東南隅，即古薊城門。城有十門，此其一也。晉書慕容儁載記：初廆有駿馬曰赭白，有奇相逸力。石季龍之伐棘城也，皝將出避難，欲乘之，馬悲鳴蹄齧，人莫能近。皝曰：此馬見異先朝，孤常仗之濟難，今不欲者，蓋先君之意乎！乃止。季龍尋退。皝益奇之。至是四十九歲矣，水經注：儁光壽元年。而駿逸不虧，比之於鮑氏驄。命鑄銅以圖其像，親爲銘贊，鐫勒其旁，因以名門。隋於營州之境汝羅故城置遼西郡，唐武德六年自營州遷於幽州，城中樓館甚盛。今二土阜尚存，所謂薊門也。

君子城即舊薊城。晉載記：石勒每破一城，必簡別衣冠。洎平幽州，擢荀綽、裴憲等居之，號君闔城。在京西南，古城基二石獸尚存。

遼太宗於南京建城，方三十六里，崇三丈，衡廣一丈五尺，敵樓戰櫓具。八門：東曰安東、迎春，南曰開陽、丹鳳，西曰顯西、清晉，北曰通天、拱辰。

金海陵天德二年，命張洪等增廣燕城門十三：東曰施仁、宣曜、陽春，南曰景風、豐宜、端禮，西曰麗澤、顥華、彰義，北曰會城、通玄、崇智、光泰。元人《玉堂嘉話》云：燕展築南城，係金海陵天德二年，見蔡無可大覺寺碑。史記不載蕭何修未央宮事，此非細事，馬遷漢史兩不見書，何謂？又云：燕城西南曰端禮，有大定末劉無黨所撰左丞唐括安禮碑。

元至元四年，城京師。城方六十里，里二百四十步，分十一門：正南曰麗正，右曰順承，左曰文明，北之東曰安貞，北之西曰健德，正東曰崇仁，東之右曰齊化，東之左曰光熙，正西曰和義，西之右曰肅清，西之左曰平則。按：元之南城，周圍五千三百二十八丈，即金之故基也。今遺址尚在，所謂土城關是也。人呼崇文門爲海岱，宣武門爲順承，阜成門爲平則，仍元之舊也。

明洪武元年戊申，八月庚午，徐中山達取元都。丁丑，命指揮華雲龍經理故元都，新築城垣，南北取徑直，東西長一千八百九十丈，高三丈五尺五寸。至永樂十八年，遣營繕司郎中蔡信爲工部右侍郎，重修，益加宏壯。凡九門：南曰正陽，南之左曰崇文，右曰宣武，北之東曰安定，西曰德勝，東之北曰東直，南曰朝陽，西之北曰西直，南曰阜成。正統二年，命内臣阮安重修。安，交趾人，一名阿留，刻有營建記。至正統四年四月工成。正陽門正樓一，月城中左右樓各一，崇文、宣武、朝陽、阜成、東直、西直、安定、德勝八門，各正樓一，月城樓一。各門外立碑樓，城四隅立角樓，又深其濠，四涯悉甃以磚石。九門舊有木橋悉撤之，易以石，兩橋之間各有水閘。濠水自城西北隅環城而東，歷九橋九閘，從城東南隅流至大通橋而去。自正統二年正月興工，至是始畢。至十年，又以内面用土恐易頽毁，乃命成國公朱勇甃之，與外面等。楊文貞士奇紀略曰：正統四年，重作北京城之九門成。崇臺傑宇，巍巍宏壯。環城之池，既浚既築，堤堅水深，澄潔如鏡，焕然一新。耆耋聚觀，忻悦嗟歎，以爲前所未有，蓋京師之偉望，萬年之盛致也。於是少師建安楊公、少保南郡楊公偕學士諸公，以暇日登正陽門之樓，縱覽焉。高山長川之環固，平原廣甸之衍迤，泰壇清廟之崇嚴，宫觀樓臺之壯麗，官府居民之鱗次，廛市衢道之坌布，朝覲會同之麇至，車騎往來之坌集，粲然明雲霞，滃然含煙霧，四顧畢得之。因慨嘆萬事之成，各有其時。太宗皇帝肇建北京，既立郊廟宫殿，將及城池，會有事，未暇及也。已而國家屢有事，久未暇。及皇上嗣大位之五年，仁恩覃霈，海宇乂寧，始及於斯，而不日成之。豈非得其時者乎？夫得其時而不得其人，猶未也。蓋嘗聞之，命之初下，工部侍郎蔡信颺言於衆曰：役夫非徵十八萬不可，材木諸費稱是。上遂命太監阮安董其役，取京師聚操之卒萬餘，停操而用之，厚其餼廩，均其勞逸。材木諸費一出公府之所有。有司不預，百姓不知，而歲中告成。蓋一出安之忠於奉公，勤於恤下，且善爲畫也。謂事之成非由於人乎？嗟夫！一事之成猶必得其人，則於爲天下國家之重且大，不可推見乎！

京師南面外城建於嘉靖三十二年。先是，二十一年七月，邊報日至，御史焦璉等請修關廂墩塹以固防守。都御史毛伯温等復言：古者有城必有郭，城以衛民，郭以衛城，常也。若城外居民尚多，則有重城。凡重地皆然，京師尤重。太祖定鼎金陵，既建内城，復設羅城於外。成祖遷都金臺，當時内城足居，所以外城未立。今城外之民殆倍城中，宜築外城，包絡既廣，控制更雄。且郊壇盡收其中，不勝大幸。從之，下户、工二部議覆。以給事中劉養直言時尚匱乏，諫止。至二十九年，兵事益急，議築正陽、崇文、宣武三關廂外城不果。三十二年正月，給事中朱伯宸復申其説，謂嘗履行四郊，咸有土城故址，環繞如規，周可百二十餘里。若仍其舊貫，增卑培薄，補缺續斷，事半功倍，良爲便計。通政使趙文華亦以爲言。上問嚴嵩，力贊之。因命平江伯陳圭等與欽天監官同閣臣相度形勢，擇日興工。復以西南地勢低下，土脈流沙，難於施工，上命先作南面，併力堅築，刻期報完。其東西北三面，俟再計度。於是年十月工完，計長二十八里。命正陽門外曰永定，崇文門外曰左安，宣武門外曰右安，大通橋門曰廣渠，彰義街門曰廣寧。内外兩城，計垜口二萬零七百七十二，垜下砲眼共一萬二千六百有二。【略】

城河，其源出昌平州白浮村神仙泉，通榆河會一畝、馬眼諸泉滙爲七里濼，東流環繞都城，曰玉河。由大通橋而下，至通州高麗莊入白河，與盧溝河合。長一百六十餘里。元都水監郭守敬所鑿，賜名通惠河，又名大通河，即潞河也。又西山玉泉從水關經越橋，俗謂銀錠橋，流入西苑，遶宮禁，自玉河橋出，入城河，合流至大通橋入漕。玉河橋凡三：一跨長安東街，一跨文德坊街，一近城垣。正統五年六月，疏通北京河渠。侍講劉球奏：天雨連綿，宣武街西河決漫流，與街東河會合，二水泛溢，渰没居民，請修築以消其患。仍會計議於城外宣橋西等處量作減水河，以洩城中諸水。命行在工部右侍郎邵旻會同太子太保成國公朱勇勘視。旻等報球言實，具修築事宜以聞。上從之，仍命欽天監正皇甫仲和等審視作減水河利否。仲和言：宣武門西舊有涼水河，其東城河南岸亦有舊溝，皆可疏通，以洩水勢，不利作新。上復是其言。崇禎己卯二月，内監曹化淳議京城外開河以通漕糧。自是年三月十九日起至辛巳六月，所閘河自土城廣渠門起至大通橋運糧河北岸，挑河長三千八百六十二丈，又東直門外關帝廟挑月河長二百七十丈，闘虎營至關帝廟大石橋挑河長三千一百五十一丈，命内監于躍爲河工總理，而以兵部司官輪督班軍，共用班軍二百三萬二千餘名，五城兩縣募夫二萬九百餘名，兵部侍郎吳甡視工，以爲勞費無益，且傷地脈，抗疏止之。尚有萬三千五百丈未完。總理者侵冒不貲，而震巽方之地氣大傷矣。

孫承澤《天府廣記》卷二一《工部・營建》 北京宮殿城池官署創始於永樂四年，而告成於正統六年。此營建之大者，故悉録之。

明太宗永樂四年閏七月，淇國公丘福等請建北京宮殿以備巡幸，遂遣工部尚書宋禮詣四川，吏部右侍郎師逵詣湖廣，户部左侍郎古朴詣江西，右副都御史劉觀詣浙江，右僉都御史仲成詣山西，督軍民採木。人月給米五斗，鈔三錠。命泰寧侯陳鋭、北京刑部侍郎張思恭督軍民匠造備磚瓦，造人月給米五斗。命工部徵天下諸色匠作，在京諸衛及河南、山東、陝西、山西都司，中部留守司，直隸各衛選軍士，河南、山東、陝西、山西等布政司，直隸、鳳陽、淮安、揚州、廬州、安慶、徐州、海州選民丁，期明年五月俱赴北京聽役，率半年更代，人月給米五斗，其徵發軍民之處，一應差役及閘辦銀課等項，令停止。

十五年四月，西宮成。其制中爲奉天殿，殿之側爲左右二殿，奉天殿之南爲奉天門，左右爲東西角門，奉天門之南爲午門，午門之南爲承天門。奉天殿之北有後殿、涼殿、暖殿及仁壽、景福、仁和、萬春、永壽、長春等宮。凡爲屋千六百三十餘楹。

十八年，營建北京。凡廟社、祈祀場壇、宮殿、門闕規制，悉如南京，而高敞壯麗過之。復於皇城東南建皇太孫宮，東安門外建十王邸，通爲屋八千三百五十楹。自永樂十五年興工，至是成。陞營繕清吏司郎中蔡信爲工部右侍郎。

是年，拓北京南城，計二千七百丈。

正統元年十月，命太監阮安、都督同知沈清、少保工部尚書吳中率軍夫數萬人修建京師九門城樓。初，京城因元舊，永樂中雖略加改葺，然月城樓鋪之制多未備，至是始命修之。

四年四月，修造京師門樓城濠橋閘完。正陽門正樓一，月城中左右樓各一，崇文、宣武、朝陽、阜成、東直、西直、安定、德勝八門各正樓一，月城樓一，各門外立牌樓，城四隅立角樓。又深其濠，四涯悉甃以甎石。九門舊有木橋，今悉撤之，易以石。兩橋之間各有水閘，濠水自城西北隅環城而東，歷九橋九閘，從城東南隅流出，至大通橋東去。自正統二年正月興工，至是始畢。

五年三月，建奉天、華蓋、謹身三殿，乾清、坤寧二宮。是日興工，遣駙馬都尉西寧侯宋琮等告天地太廟社稷。太宗皇帝營建宮闕尚多未備，三殿成而復災，以奉天門爲正朝。至是修造之，發見役工匠操練官軍七萬人興工，至六年十月工成。賜太監阮安、工部尚書吳中等有差。

七年四月，建宗人府、吏部、户部、兵部、工部、鴻臚寺、欽天監、太醫院於大明門之東，翰林院於長安左門之東。初，各衙門自永樂間皆因舊官舍爲之，散處無序。至是，上以宮殿成，命即其餘工以序營建，悉如南京之制。其地有民居妨礙者，悉徙之。

禮部先於宣德五年二月建於大明門之東，視南京加弘壯。是年復建刑部、都察院、大理寺於宣武街西，詹事府於玉河東隄。又於通五府六部處作公生門。

是年七月，命於京師玉河西堤建房一百五十間，以館迤北使臣。

八年，建五府、通政司、錦衣衛於大明門之西，其地爲旗手衛公署，遷於通政之後。時太常寺丞戴慶祖等於本寺掘坑取土，上聞之，命錦衣衛逮繫。

十年六月，甃京師城內面。京師城垣，其外固以磚石，內惟土築，至是命太監阮安、成國公朱勇、修武伯沈榮、尚書王卺、侍郎王佐督工修甃之。

正統十四年，中丞朱鑒興造吉凶疏曰：臣聞陰陽家者流有云，地有四勢，氣從八方。國都爲天下之根本，而皇城又國都之正宮，凡有興作，不可不慎。今以外局四勢論之，龍弱虎强，山無四顧，喜得有水，亦嫌反跳。術者皆曰：帝星所臨，固不必論。且以内局四勢論之，往日北平布政司爲正宮，故以晨昏鐘鼓在前；今以奉天殿爲正宮，晨昏鐘鼓不宜在後。緣左爲青龍，右爲白虎，前爲朱雀，後爲玄武，左爲陽，右爲陰，青龍宜動，白虎、朱雀、玄武宜静。自永樂、宣德以來，各衙門在青龍頭旺，慶壽寺衰微，浮圖破壞，故不爲災，住居安穩，國家無事。近年以來，却將白虎頭上慶壽寺重新修蓋，朝暮焚香，鐘鼓齊鳴，又將二浮圖鼎新修理，虎嫌生角，龍怕無睛。且聞慶壽寺，金人所造，革之可也，何爲重修？二浮圖，金人所創，除之可也，奚爲復建？加以西山一帶，新造寺宇數多，本欲求福，殊不知反助其爲虐耳，以致江南草寇生發，塞北烟燧不寧，皆因白虎頭興旺之所致也。雖有關於天數，亦必本於人事。陰陽之術不可盡信，地理之書亦不可不信。細民之家，尚欲趨吉，皇城之内，可不避凶？如蒙允，乞勑在廷文武大臣計議，先將慶壽寺廬其居，移其人，杜其門，弛其鐘鼓，去其二浮圖，俟邊境寧息無事之日，將寺移去東邊舊工部地方起造，改爲龍興寺，可建二浮圖，任其鳴鐘鼓以聳青龍頭。仍將順天府鐘鼓樓移來東臺基東廠之内起蓋，晨昏扣鐘以敵白虎臂。又將順天府移來舊都察院，及將大興、宛平并三儒學移來舊吏、户、禮三部地方開設，以配三法司，務使青龍動而且興，白虎静而且安。其玄武門迤北順天地方取正，改作庫藏，以收天下黄册圖籍，以壓玄武之地。或得餘暇，再於城之東南巽地之角起蓋功臣廟，可助外局之龍，庶得四勢動静相宜，八方氣候相應，則國安民康，天下太平矣。

何孟春曰：神木廠所藏大木，皆永樂中肇建宮殿之賸物也，其最巨有樟扁頭者，圍二丈，長卧四丈餘，騎而過其下，高可以隱。春按曾西墅棨作《工部尚書河南宋公禮墓誌》云：永樂初，議建帝京，公承命取材，得大木於馬湖。一夕自行若干步，不假人力。事聞，詔封其山爲神木山焉。然則廠之得名，豈非亦以是也？胡文穆公《神木山神祠碑》文云：永樂四年，工部尚書禮取材於蜀，得大木若干於馬湖府，計庸萬夫力，刊除道路出之。一夕，木忽自行，達於坦途，所經聲吼如雷，巨石爲開，度越岩阻，膚寸不損。百工顧視，歡譁踴躍。事聞，廷臣稱賀。上遣官致祭，封其山爲神木山，詔有司建祠，歲月祭享，以答神貺。蓋其祥如此。木生於山，自萌蘖而拱把，連抱不中，阨於斧斤，仆於風雨，克歷千數百年以待大用於盛世。神之所以衛閟呵禁而致其力者，固有在也。一旦膺詔求而奠皇居，靈應聿見，於昭有赫，是豈尋常耳目之所能測哉？按營繕所需木植磚瓦，有五大廠：曰神木廠；曰大木廠，即獐鹿房廠，堆放木植兼收葦席；曰黑窰廠；曰琉璃廠，燒造磚瓦及内府器用；曰臺基廠，堆放柴薪及蘆葦。

《聖政記》曰：洪武八年三月，詔計均工夫役。初，中書省議民田每頃出一丁爲夫，名曰均工夫役，民咸便之。至是上復命户部計其田多寡之數，工部定其役，每歲冬農隙至京應役，一月遣歸。

初制，各省有匠籍應班役，此即差役法也。後折匠班銀，官自僱之，此即僱役法也。後法便於民。然國初時得以營建鉅萬而無困敝者，以行前法耳。太宗營北都，於永樂四年閏七月，徵天下諸匠作，河南、山東、陝西、山西及直隸江北諸衛所府州縣各選軍士民丁，期明年五月俱赴北京聽役，半年更代，人月給米五斗。

孫承澤《春明夢餘録》卷五《城坊》 京師雖設順天府兩縣，而地方分屬五城。每城有坊，中城曰南薰坊、澄清坊、仁壽坊、明照坊、保泰坊、大時雍坊、小時雍坊、安福坊、積慶坊，東城曰明時坊、黄華坊、思城坊、居賢坊、朝陽坊，南城曰正東坊、正西坊、正南坊、宣南坊、宣北坊、崇南坊、崇北坊，西城曰阜財坊、金城坊、鳴玉坊、朝天坊、河漕西坊、關外坊，北城曰崇教坊、昭回坊、清泰坊、靈椿坊、登祥坊、金臺坊、教忠坊、日中坊、關外坊。每城設御史巡視，所轄有兵馬指揮使司，設都指揮、副都指揮、知事。後改兵馬指揮使，設指揮、副指揮，革知事，增吏目，選於吏部。昔宋以四廂都指揮巡警京城，神宗置勾當左右廂公事，民間謂之都廂。元設警巡院三，至元四年省其一，止設二院，分領坊市民事，即今之巡城察院也。

史玄《舊京遺事》 京師大城一重，周四十五里，城九門，周正如印。南頭正陽、崇文、宣武三門，東頭朝陽、東直二門，西頭阜成、西直二門，北頭德勝、安定二門。大城内爲皇城，皇城六門：大明南向直正陽門，東安直朝陽門，西安直阜成門，北安當德勝門，大明東轉長安左門，西轉長安右門。於京師正中。皇城内樹色菁葱，罘罳金雀，人騎馬上可望也。城外紅舖七十二，禁軍守之。皇城内爲宫城，八門：正南第一門曰承天之門，二重門曰端門，三重門曰午門，午門魏闕分焉，曰左掖門，曰右掖門，正南有五門也；東曰東華，西曰西華，北曰玄武。周回紅舖三十六，亦禁軍守之，城河繞焉。皇城之内，其山萬壽，其水海子，其田西苑。萬壽山俗云煤山，聖上重九日登高於此。海子即太液池。西苑有豳風亭也。宫城亦云紫禁城，處皇城南隅。留都皇城偏京城東南隅，宫城處皇城北隅，規制大於此，偉麗不如也。

沈德符《萬曆野獲編》卷二四《畿輔》 煤山梳妝檯：今京師厚載門内逼紫禁城，俗所謂煤山者，本名萬歲山。其高數十仞，衆木森然。相傳其下皆聚石炭，以備閉城不虞之用者。余初未之信，後見宋景濂手跋一畫卷，載金臺十二景，而萬歲山居其一。云韃靼初興時，有山忽墳起，説者謂王氣所生。金人惡之，乃鑿其山，輦其石，聚於苑中，盡夷故地。元滅金都燕，以爲瑞徵，乃賜今名。陶宗儀《輟耕録》亦云，然此其説確矣。又有梳妝臺與此山相近，予幼時往游，尚有圮材數條，今盡朽腐，存臺基而已。相傳爲耶律后蕭氏洗粧之所，似亦猶煤山之説耳。其旁又有兔兒山，較煤山甚卑，不知所始。當遼盛時，望氣者言女直有天子氣，遣人跡之。其地乃一小山，甚奇秀，因鑿而輦致於此，鑿之夜，山鳥悲鳴，事見《遼史》中。疑即此山，因指以妝臺近地耶。宣宗御製《廣寒殿記》，竟不及此山所自來，僅引宋艮岳爲喻。蓋以艮岳足垂戒萬世也。遼金爲厭勝之術，致竭中國民力，移山不恤，非遼金必不忍爲，然皆無裨於運數，止資聖朝宫苑巨觀。始信廢興天定，徒費經營。亦猶隋煬帝疏汴渠，祇供宋朝漕運而已。況犬羊之相噬哉！高昌國之先，有玉倫的斤者，尚唐金蓮公主。唐使相地者至其國，云國有福山，其强盛以此。盍壞山以弱其國，唐以婚姻求之，的斤遂與之。唐人焚以烈火，沃以釃醋，其石碎乃輦而去，鳥獸俱悲號七日。的斤死，傳世者又數世，乃遷於火州。然則遼金又祖唐故智耳。

京師舊城：都城之北，有故土城環抱東西北三面，與都城聯合。相傳元時京城在此，本朝移而稍南。按：今鼓樓正在城之北，頗壯麗，或云此即元之前朝門也。以土城驗之，理或然歟。又今彰儀門之西，近門有天寧寺者，本隋文帝所建，名宏業，有高塔以藏舍利。其塔至今完好，像設木石，堅緻古樸，風鈴四徹，聽之心魂肅然。此塔在仁壽中放光，文帝命繪圖以進。今宦游京師者既不能知，問之寺僧亦懵不曉，并古碑碣無一存者，宜古蹟之日湮也。

四輔城：今上壬辰，寧夏劉哱之亂未寧，而倭事又起，時張新建新從田間起拜末相，上奏云：自大寧撤防，東勝失守，關隘彌近，拱衛宜嚴。今京東距薊鎮不二百里，京西去宣鎮不四百里，東南去天津衛海口不二百里，而南去紫荆關不三百里，俱迫近輦轂，倘有風塵之警，即直犯都城，可爲寒心。今宜於近京周圍數十里内卜水土之善利要害處所，特建輔城四座，每城置兵萬人，内設營房，外設教場，合無遵照祖宗五軍舊制，以三大營爲中軍，其四城各撥兵萬人，以五府知兵者統之，俱聽戎政大臣節制，蓋倣漢南北二軍、宋禁廂二軍，及我太祖浦口大營之意。謹繪圖進覽。上允之。下部已議於六里屯、八里屯建城矣。而兵科都給事中許宏綱、御史樊玉衡等稍稍尼之，上乃命俟倭事寧息舉行，其説遂中寢。至戊戌秋，張以東事爲給事徐觀瀾所劾閑住去，遂至今無議及之者。余謂三輔相倚，在西漢已爲勝策，唐初太宗令武功、麟遊諸縣各設府兵，即其遺意。中葉以神策軍領畿甸諸縣，亦踵此制。後以中官領之，始授太阿於魚程輩耳。而奉天一縣，終以桑道茂之言，聚兵糧其中，得濟大中之難，至末造而同、華、豳、岐各領節鎮，雖跋扈屢見，而禦侮亦有力焉。天下事本無全利全害，今宦官久不操兵柄，文臣爲制帥，以統諸大將，亦豈有藩鎮分裂之患。則立四輔以擬三輔，爲非時干陬之用。其視調遣召募，勞逸百倍，未爲無見。但張欲於數十里内建四城似乎太近，宜用其意而變通之。往時邱文莊建議立四輔，以宣府爲北輔，永平爲東輔，俾守松亭關一帶，及扼控遼左；以易州或真定爲西輔，俾守紫荆一帶關隘；以臨清爲南輔，俾護漕運。其説大抵與張新建同，而所議建輔之地遠近大異。邱欲以臨清爲一輔，則去京太遠，似當立於河間天津之間，即極南亦當在德州故城爲得之。至若邱議盡罷兩直隸、河南、山東班軍之入操者，其説最當。蓋班軍昔猶攜家以來，然已疲於道路，不任執戈。近日則領班都司，即於近京傭老弱飢民，冒名充數，比事畢出都，俱鳥獸散去，又非邱在時比矣。

南内：余曾游南内，在禁城外之巽隅，亦有首門二門，以及兩掖門，即景泰時錮英宗處，所稱小南城者是也。二門内亦有前後兩殿，具體而微，旁有兩廡，所以奉太上者止此矣。其他離宫以及圓殿石橋，皆復辟後天順間所增飾者，非初制也。聞之老中官，不特室宇湫隘，侍衛寂寥，即膳羞從竇入，亦不時具。并紙筆不多給，慮其與外人通謀議也。錢后日以鍼繡出貿，或母家微有所進，以供玉食，故復辟後待錢氏甚厚，至兩幸其第。或云今所傳誦三官經，爲英廟無聊時所作。南内諸樹石，景帝俱移去建隆福寺，後英宗反正，將當時内官鎖項。修葺既成，壯麗大逾於舊。雜植四方所貢奇花果於中，每春暖花開，命中貴陪閣臣游賞。當天順修理畢工時，尚書趙榮、侍郎蒯祥、陸祥，各賞銀二十兩、紵絲二襲。榮以楷書，二侍郎，一木匠，一石匠也，三堂俱異途可笑。

射所：今京城内西長安街射所，亦名演象所，故大慈恩寺也。嘉靖間燬於火後，詔遂廢之，爲點視軍士及演馬教射之地。象以非時來，偶一演之耳。會試放榜次日，新郎君並集於其中官廳内，請見兩大座主，榜首獻茶於前，亦可作南宫一佳話。竊謂慈恩寺名，正與唐曲江名相合，何不即以鴈塔題名事屬之？每三年輒許南宫諸彦泚筆記姓名於中，亦聖朝盛事。而僅充芻牧決拾之場耶。射所東門即雙塔寺，寺隘甚，而有二磚浮屠最古，聞是唐憫忠寺故址。寺本唐文皇征高麗回，哀渡遼將士殞身行間，作此寺追薦之。後金人俘宣和、靖康二帝至京，曾寓於此。至宋亡，文信被執而北，亦縶此中。惜無有表彰故蹟者。近聞一大老云，憫忠寺在宣武門外。當考。

《明史》卷七《成祖本紀三》〔永樂十八年〕秋七月丁亥，徐亨備開平。八月丁酉朔，日有食之。九月己巳，召皇太子。丁亥，詔自明年改京師爲南京，北京爲京師。【略】十一月戊辰，以遷都北京詔天下。是月，振青、萊饑。十二月己未，皇太子及皇太孫至北京。癸亥，北京郊廟宫殿成。

《明史》卷四〇《地理志一》洪武初，建都江表，革元中書省，以京畿應天諸府直隸京師。後乃盡革行中書省，置十三布政使司，分領天下府州縣及羈縻諸司。又置十五都指揮使司以領衛所番漢諸軍，其邊境海疆則增置行都指揮使司，而於京師建五軍都督府，俾外都指揮使司各以其方附焉。成祖定都北京，北倚羣山，東臨滄海，南面而臨天下，乃以北平爲直隸，又增設貴州、交阯二布政使司。仁、宣之際，南交屢叛，旋復棄之外徼。終明之世，爲直隸者二：曰京師，曰南京。【略】

京師。《禹貢》冀、兗、豫三州之域。元直隸中書省。洪武元年四月分屬河南、山東兩行中書省，治北平府。先屬山東、河南者皆復其舊。領府八，州三十七，縣一百三十六。八月置燕山都衛。與行中書省同治。八年十月改都衛爲北平都指揮使司。九年六月改行中書省爲承宣布政使司。永樂元年正月建北京於順天府，稱爲「行在」。二月罷北平布政使司，以所領直隸北京行部；罷北平都指揮使司，以所領直隸北京留守行後軍都督府。十九年正月改北京爲京師。罷北京留守行後軍都督府，直隸後軍都督府。衛所有實土者附見，無實土者不載。罷北京行部，直隸六部。洪熙初，仍稱行在。正統六年十一月罷稱行在，定爲京師。府八，直隸州二，屬州十七，縣一百一十六。爲里三千二百三十有奇。府州縣建置沿革，俱自元始。其沿革年月已見《元史志》者，不載。其未見《元史志》及明改元舊，并新增、新廢者，悉書。北至宣府，外爲邊地。東至遼海，與山東界。南至東明，與山東、河南界。西至阜平，與山西界。洪武二十六年編户三十三萬四千七百九十二，口一百九十二萬六千五百九十五。【略】

南京。《禹貢》揚、徐、豫三州之域。元以江北地屬河南江北等處行中書省，又分置淮東道宣慰使司治揚州路。屬焉；江南地屬江浙等處行中書省。明太祖丙申年七月置江南行中書省。治應天府。洪武元年八月建南京，罷行中書省，以應天等府直隸中書省，衛所直隸大都督府。十一年正月改南京爲京師。十三年正月己亥罷中書省，以所領直隸六部。癸卯改大都督府爲五軍都督府，以所領直隸中軍都督府。永樂元年正月仍稱南京。統府十四，直隸州四，屬州十七，縣九十有七。爲里萬三千七百四十有奇。北至豐、沛，與山東、河南界。西至英山，與河南、湖廣界。南至婺源，與浙江、江西界。東至海。距北京三千四百四十五里。

《明會要》卷七五《方域一・城郭》〔成化〕十年，總兵蔣琬上言：「太祖肇建南京，城外復築土城，以衛民成，誠萬世之業。今北京但有内城。己巳之變，散騎長驅直薄城下，可以爲鑒。今西北隅故址猶存，亟行勸募之令，濟以工罰，成功不難。」章下所司。《蔣貴傳》。二十一年，邊報日至。都御史毛伯温等言：「古者有城必有郭。宜築外城。」下户工二部議，以匱乏停止。三十二年，給事中朱伯辰復言：「高皇帝定鼎金陵，於時即築外城。聖慮宏遠，蓋爲萬年計也。文皇帝移都北平，密邇邊塞，顧有城無郭者，則締造方始，未暇盡制耳。臣竊見城外居民繁夥，無慮數十萬户。且四方萬國商旅貨賄所集，不宜無以圉之。矧今邊報屢警，不可不及時圖之。臣嘗履行四郊，咸有土城故址環繞，周規可百二十餘里。若仍其舊貫，增庳培薄，補缺續斷，即可事半而功倍矣。」疏入，命相度外城舊址，周圍共七十餘里。擇日興工，築正南一面，轉抱東西角。《三編》、《質實》。四十二年十二月乙巳，工部尚書雷禮奏：「京師永定等七門，當添築甕城。東、西便門接都城止丈餘，又垛口卑隘，濠池淺狹，悉宜崇甃深濬。」上諭禮亟行之。《實録》。

繆荃孫《藝風堂文集》卷二《明故城考》 洪武初，改大都路爲北平府。縮其城之北五里，廢東西之北光熙、肅清二門，其九門俱仍舊。《日下舊聞考》引《寰宇通志》。大將軍徐達命指揮華雲龍經理故元都，新築城垣，南北取徑直，東西長一千八百九十丈。又令指揮張焕計度故元皇城，周圍一千二百六丈。又令指揮葉國珍計度南城，周圍凡五千三百二十八丈。南城，故金時舊基也。改元都安貞門爲安定門，健德門爲德勝門。《日下舊聞考》引《明太祖實録》。舊土城周圍六十里，克復後，以城圍太廣，乃減其東西迆北之半，創包磚甓，周圍四十里，其東南西三面各高三丈有餘，上闊二丈。北面高四丈有奇，闊五丈。濠池各深闊不等，深至一丈有奇，闊至十八丈有奇。城爲門九：南三門，正南曰麗正，左曰文明，右曰順承；北二門，左曰安定，右曰德勝；東二門，東南曰齊化，東北曰崇仁；西二門，西南曰平則，西北曰和義。各門仍建月城外門十座。《日下舊聞考》引《洪武北平圖經》。

永樂元年正月，禮部尚書李至剛等言：「自昔帝王或起布衣，平定天下，或由外藩入承大統，其于肇迹之地皆有升崇。竊見北平布政司，實皇上承運興王之地，宜遵太祖高皇中都之制，立爲京都。」制曰：「可。其以北平爲北京，府爲順天府。」《日下舊聞考》引《成祖實録》。四年閏七月，建北京宫殿，修城垣。《明史·地理志》。十七年十一月，拓北京南城，計二千七百餘丈。《日下舊聞考》引《成祖實録》。按元城京師，有司定基直慶壽寺，即今雙塔寺，在西長安街北，距宣武門幾及二里。每里通爲二百六十丈，約四百丈有奇。洪武經理元故都，新築城垣，南北取徑直，城西長一千八百九十丈。是明初南城，自東至西長一千八百九十丈者也。至永樂時，拓而南幾及二里，不獨南圍長一千八百九十丈之城固宜重築，而東西并宜各加四百丈有奇，統而計之，適得二千七百餘丈。

正統元年十月，命太監阮安、都督同知沈青、少保工部尚書吴中，率軍夫數萬人修建京師九門城樓。四年四月，修造京師門樓、城濠、橋閘，完正陽門正樓一、月城中左右樓各一，崇文、宣武、朝陽、阜成、東直、西直、安定、德勝八門各正樓一、月城樓一，各門外立碑樓，城四隅立角樓。又深其濠，兩涯悉甃以磚石。九門舊有木橋，今悉撤之，易以石。兩橋之間各有水閘，濠水自城西北隅環城而東，歷九橋、九閘，從城東南隅流出大通橋而去。自正統二年正月興工，至是始畢。《日下舊聞考》引《英宗實録》。更名麗正爲正陽，文明爲崇文，順承爲宣武，齊化爲朝陽，平則爲阜城，餘四門仍舊。城南一面長二千二百九十五丈九尺三寸，北二千二百三十二丈四尺五寸，東一千七百八十六丈六尺三寸，西一千五百六十四丈五尺二寸，高三丈五尺五寸，垛口五尺八寸，基厚六丈二尺，頂收五丈。《工部志》。

嘉靖二十一年，掌都察院毛伯温等言宜築外城。二十九年，命築正陽、崇文、宣武三關厢外城，既而停止。三十二年，給事中朱伯辰言：「城外居民繁夥，不宜無以圉之。臣嘗履行四郊，咸有土城故址，環繞如規，周可百二十餘里。若仍其舊貫，增卑補薄，培缺續斷，可事半而功倍。」乃命相度興工。《明典匯》。閏月丙辰，兵部尚書聶豹等上言：「臣等于本月六日，會同掌錦衣衛都督陸炳、總督京營戎政平江伯陳圭、協理戎政侍郎許論、督同欽天監監正楊緯等，相度京城外四面宜築外城約七十餘里。自正陽門外東馬道口起，經天壇南墻外及李興、王金箔等園地，至蔭水庵墻東止，約計九里。轉北，經神木廠、獐鹿房、小窑口等處，斜接土城舊廣禧門基止，約計一十八里。自廣禧門起，轉北而西，至土城小西門舊基，約計一十九里。自小西門起，經三虎橋村、東馬家廟等處，接土城舊基，包過彰儀門，至西南直對新堡北墻止，約計一十五里。自西南舊土城轉東，由新堡及黑窑廠經神祇壇南墻外，至正陽門外西馬道口止，約計九里。大約南一面計一十八里，東一面計一十七里，北一面勢如倚屏計一十八里，西一面計一十七里，周圍共計七十餘里。內有舊址堪因者約二十二里，無舊址應新築者約四十八里。其規制，臣等議得外城墻基應厚二丈，收頂一丈二尺，高一丈八尺，上用磚爲腰，垛口五尺，共高二丈三尺。城外取土築城，因以爲濠。正陽等九門之外，如舊彰儀門、大通橋，各開門一座，共門十一座。每門各設門樓五間，四角設角樓四座。其通惠河兩岸，各量留便門，不設門樓。城外每面應築敵臺四十四座，每座長二丈五尺，廣二丈，收頂一丈二尺。每臺上蓋鋪房一間，以便官軍栖止。四面共計敵臺一百七十六座，鋪一百七十六所。城内每面應築上城馬道馬路，四面共馬道二十路。西直門外及通惠河二處，係西湖玉河水出入之處，應設大水關二座。八里河、黑窑廠等處地勢低窪，潦水流聚，應設小水關六座。城門内兩旁工完之日，擬各蓋造門房二所，共二十二所，以便守門人員居處。」疏入，得旨允行。乙丑，建京師外城。興工，遣成國公朱希忠告太廟。敕諭陳圭、陸炳、許論及工部左侍郎陶尚德、内官監右少監郭暉提督工程，錦衣衛都指揮使朱希孝、指揮僉事劉鯨監督工程。又命吏科左給事中秦梁、浙江道御史董威巡視工程。四月，上又慮工費重大，成功不易，以問嵩等。嵩等乃自詣工所視之，還言宜先築南面，俟財力裕時，再因地計度，以成四面之制。于是嵩會圭等，議復前此度地畫圖。原爲四周之制，所以南面横闊凡二十里，今既止築一面，第用十二三里便當收結，庶不虚費財力。今擬將見築正南一面城基東折轉北，接城東南角，西折轉北，接城西南角，并力堅築，可以刻期完報。其東、西、北三面，候再計度。以聞，報允。《日下舊聞考》引《世宗實録》。重城包京城南一面，轉抱東西角樓，止長二十八里。爲七門：南曰永定、左安、右安，東曰廣渠、東便，西曰廣寧、西便。城南一面長二千四百五十四丈四尺七寸，東一千八十五丈一尺，西一千九十三丈二尺，各高二丈，垜口四尺，基厚二丈，頂收一丈四尺。四十二年，增修各門甕城。《工部志》。四十三年六月丁酉，京師重城成《日下舊聞考》引《世宗實録》。内外兩城，計垜口二萬零七百七十二垜，下砲眼共一萬二千六百有二。孫承澤《春明夢餘録》三。張四維《京師新建外城記》：【略】

萬曆三十三年，重修京城外城。《明神宗紀》。孫承宗《重修都重二城碑記》【略】

天啓元年十月，給事中魏大中報京城浚濠工竣。東便門迆北，員外郎何玉成監浚一百四十丈，張時俊監浚一百五十三丈，主事劉鱗長監浚一百六十一丈，主事張杰監浚一百五十五丈，主事張泰階監浚一百四十五丈；朝陽門迆北，主事吴時亮監浚五百九十四丈；東直門迆北轉西，主事陸之祺監浚五百九十六丈；安定門，主事曾嬰監浚門東四百三十丈，門西一百六十丈；安定門迆西，主事劉鱗長監浚二百六十丈，主事韋國賢監浚一百七十丈，員外郎陸光熙監浚二百三十九丈；德勝門迆西，主事劉存慧監浚六百十九丈；西北角樓迆南，員外郎趙贊化監浚一百七十七丈；西直門迆南，主事張時俊監浚一百九十三丈，主事楊師孔監浚四百六丈八尺；阜成門迆南，主事張杰監浚三百丈，主事張泰階監浚二百八十丈，員外郎趙贊化監浚二百五十三丈；西便門至正陽門，主事李養德監浚一千一百二十丈八尺一寸；正陽門至崇文門，郎中吴叔度監浚四百九十五丈；崇文門至東便門，郎中吴叔度監浚四百九十二丈；重城，員外郎林宲監浚五千一百五十丈。《藏密齋集》。

崇禎己卯二月，内監曹化淳議京城外開河，以通漕糧。自是年三月十九日起，至辛巳六月，所開河自土城廣渠門起至大通橋運糧河北岸，挑河長三千八百六十二丈，又東直門外關帝廟挑月河長二百七十丈，斗虎營至關帝廟大石橋挑河長三千一百五十一丈。命内監于躍爲河工總理，而以兵部司官輪督班軍，共用班軍二十三萬二千餘名。五城兩縣，募夫二萬九百餘名。兵部侍郎吴甡視工，以爲勞費無益，且傷地脉，抗疏止之。《夢餘録》按唐之幽州，其址半在今城之西，金展其南，元拓其東北，明縮其北而復營其南。于是昊天、憫忠、延壽、竹林、仙露諸寺，向之限于城外者，今悉圍入城中。自梁園以東至于神木廠，舊所稱爲郊外地者，今并郊壇而悉爲城内地矣。

震鈞《天咫偶聞》卷一〇《遼金元明都城考》 《遼史》：南京析津府，城方三十六里，崇三丈，衡廣一丈五尺，敵樓戰櫓具。八門，東曰：安東、迎春；南曰開陽、丹鳳；西曰顯西、清普；北曰通天、拱宸。大内在西南隅，西城巔有涼殿，東北隅有燕角樓。

《大金國志》：都城四圍凡七十五里。城門十二，每一面分三門，其正門四旁又設兩門，正東曰宣曜、陽春、施仁，正西曰灝華、麗澤、彰義，正南曰豐宜、景風、端禮；正北曰通元、會城、崇智，此四城十二門也。《金國南遷録》：初忠獻王粘罕有志都燕。因遼人宫闕於内城外築四城，每城各三里，前後各一門，樓櫓池塹一如邊城。每城之内，立倉厫、甲仗庫，各穿複道，與内城通。時陳王兀室、將軍韓常、婁宿皆笑其過計。忠獻曰：百年間當以吾言爲信。及海陵煬王定都，既營宫室，欲徹其城。翟天祺曰：忠獻，開國元勛，措置必有説。乃止。《大金國志》：宫城四圍，凡九里三十步。自天津橋之北，曰宣陽門，内城之南門也。

又：應天門，内城之正南門也。樓高八丈，四角皆垜樓，瓦皆琉璃。金釘朱户，五門列焉。東西相去一里許，又各設一門，左曰左掖，右曰右掖。正東曰宣華門，正西曰玉華門。殿九重，凡三十有六，樓門倍之。北曰拱宸。

又：西至玉華門。曰同樂園，若瑤池、蓬瀛、柳莊、杏村，盡在於是。按：同樂園，地當今釣魚臺。

《金史》：魚藻池、瑤池殿位貞元元年建。

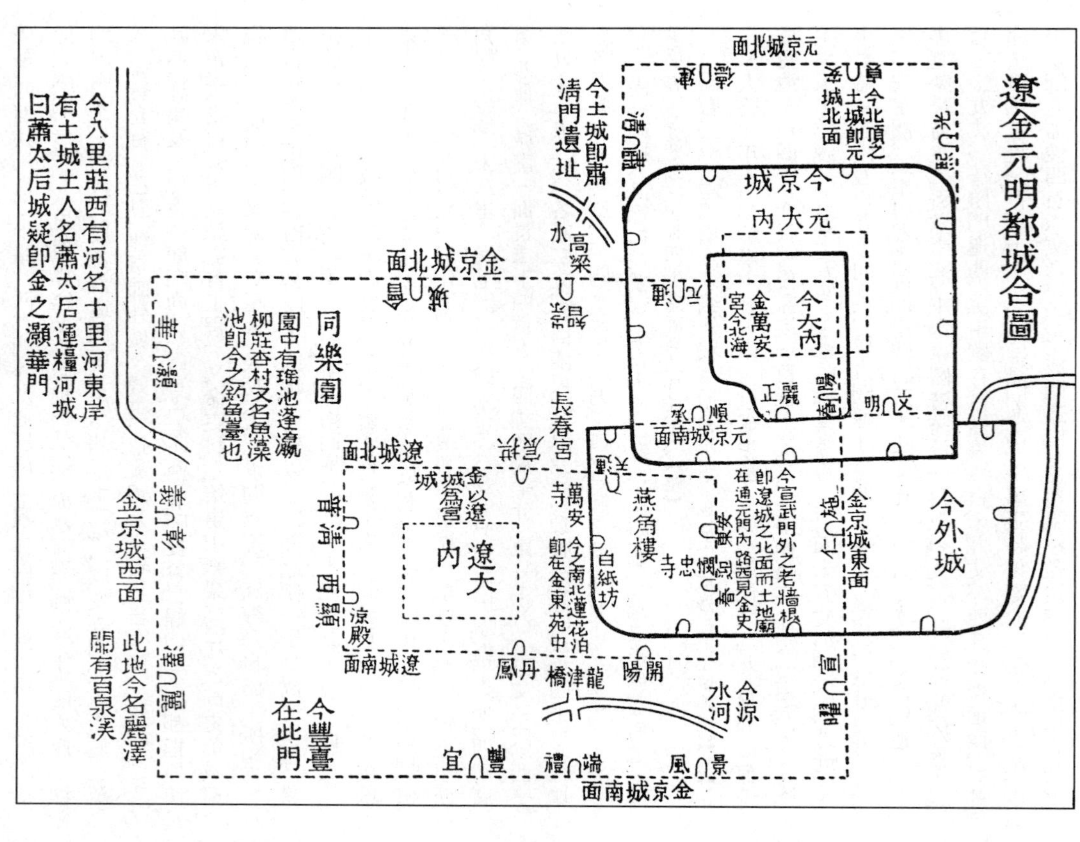

又：京師北離宮，有大寧宮，大定十九年建。後更爲「壽安」。明昌二年，更爲萬寧宮。按：萬寧宮，今西苑地。

《堯山堂外紀》：章宗爲李宸妃建梳妝臺於都城東北隅。今禁中瓊花島妝臺，本金故物也。

《金臺集》：西華潭，金之太液池也。按：此潭當是今南北河泊，在金宮城之內。

《北行日録》：左掖門後爲敷德門，其東廊之外，樓觀翬飛，聞是東苑。又城濠外，土岸高厚，夾道植柳甚整，行約五里。經端禮門外，方至南門。過城濠上大石橋，入第一樓，七間，無名。旁有二亭，兩旁青粉高屏，墻甚長，相對開六門以通出入，或言其中細軍所屯也。次入豐宜門，門樓九間，尤偉麗，分三門，由東門以入。又過龍津橋，二橋皆以石欄分爲三道，中道限以護穽，國主所行也。龍津，雄壯特甚。中道及扶欄四行華表柱，皆以燕石爲之。其色正白，而鐫鏤精巧如圖畫然。橋下一水清深，東流。橋北二小亭，東亭有橋名碑。次入宣陽門，樓九間，分三門。按：所謂橋下水，乃今涼水河也。

《元史》：世祖至元四年，始於中都之東北置今城而遷都焉。九年，改名大都。

《輟耕録》：京城方六十里，里二百四十步，分十一門。

《禁扁》：城之正南曰麗正，左曰文明，右曰順承；正東曰崇仁，東之南曰齊化，東之北曰光熙；正西曰和義，西之南曰平則，西之北曰肅清；北之西曰建德，北之東曰安貞。宮城，正南曰崇天，左曰星拱，右曰雲從。東有東華，西有西華，北曰厚載。

《大都宮殿考》：南麗正門内千步廊，可七百步，建靈星門。門建蕭墻，周迴可二十里，俗呼紅門闌馬。墻内二十步有河，上建白石橋三座，名周橋。橋四石白龍擎載。旁盡高柳，鬱鬱萬株，遠與城内海子西宮相望。度橋可二百步，爲崇天門。按：此云海子西宮，則元大内在今大内少北。

《輟耕録》：宮城周回九里三十步。又：國家起朔漠日，塞上有一山，形勢雄偉。金人望氣者，謂此山有王氣，非我之利。金人謀欲厭勝之，乃求通好。既而曰：願得某山以鎮壓我土。乃大發鑿掘，運至幽州城北，積累成山。因開挑海子，栽花木，構宮殿。至元四年築宮城，山適在禁中，遂賜名「萬歲」。

《寰宇通志》：洪武初，改大都路爲北平府。縮其城之北五里，廢東西之北光熙、肅清二門，其九門俱仍舊。

《明實録》：永樂十七年十一月，拓北京南城，計二千七百餘丈。

按：京師古跡最古者，惟采師倫《重藏舍利記》云：憫忠寺，在幽州東門內。此以見幽州城在今外城西南也。次則《遼史》所云：城中東北隅有燕角樓。此即今廣寧門內之南北煙閣胡衕也。以地勢言之，則遼城即唐城也。若夫金城，則其初忠獻王粘罕因遼城之外，別築四城，每城各三里。及海陵廣中都城，欲去之，以翟天祺言而止，是金之城仍即遼之城。計遼之城，方三十六里。而四方又加以三里之城四，是每面又加以六里，而四城又去大城少許。以此計之，每面取徑且十六里矣。則《大金國志》所云：七十五里者，或海陵廣城時，但就四城連爲一大城耳。而遼之城，當依然不毀，但以此大城爲外郭耳。故元人所稱爲南城者，皆此遼城。若金之大城，方七十五里，地已包入元都城之內，則當元初已毀之矣。觀王秋澗《復隍謠》云：煬城咫尺不剗去，適足囊姦養狐貔。又云：禁軍指顧舊築空，郊遂坦夷無壅隔。夫曰煬城，則其爲海陵之城明矣。秋澗此作，在至元二十五年。其後大德八年，虞伯生《游長春宮記》猶云：燕京故城。又云：長春宮，壓城西北隅。是足爲遼城猶存之證。若金城則長春宮居其正北矣。又明徐中山令指揮葉國珍計度南城，南城至明初尚在，則是遼城未全毀之一證。又明人記梁家園外有廢城者，亦即此城也。故今宣武門外迤西，有地名老墻根，此亦即遼城之基之東北隅也。若夫金城，今惟八里莊西，地名十里河東岸有廢城，以準望計之，此爲海陵故城，正與圍七十五里之廣輪相準。此外，永定門外舊有九龍岡，土岡迴環，此金城東南隅也。蓋金之城，其西北直包今釣魚臺，金名同樂園。東北包今西苑，金名萬安宮。而西南包今豐臺，東南抵南苑矣。若元城，其東西與今城同，北則抵今北頂，包黃、黑寺於內，南則止及今兩長安街而止。至徐中山改縮其北面，永樂又展其南面，是爲今城。自朱氏《日下舊聞》及吳氏《宸垣識略》，皆不能詳指遼、金、元故城所在。故考古者，遂茫無頭緒，直等諸殷土芒芒而已。余嘗於暇日走都城西南，遍搜遺跡，歸而發書證之，如是者非一日矣。一旦天啓其衷，恍有所悟，亟援筆而成。是圖推之於遼、金、元、明四史，旁及諸家之説，廣徵博考，無不悉合。今而後如出喉骾，大快人意，亟登之此書，以資佐證。

敍曰：昔我始祖於天命二年歸朝，以二等侍衛事太祖、太宗扈蹕入關，定鼎京師。暨我二世祖、三世祖，亦克承前烈，以畢前人之勳。遂以造我區宇，用奠京師於金湯焉。自時厥後，朝野漸以乂安，弢弓戢武，蒸蒸與三代同風，而我高祖以文學顯。自時厥後，我祖、我父科第勿絶，我伯祖恭慎公，實左右宣宗，以篤前人光用，垂休祐爰。暨我祖，我父分符守郡，厥緒勿墜。嗚呼！吾宗之入本朝，蓋二百八十年於兹矣。其始居陪京者三十年，居京師者二百五十年。吾族居京師者十二世。在我先之京師，我不得而知之矣。在我後之京師，蓋有數變。庚申之役，通大沽，建使館，而京師一變。戊辰隨先大夫官江南，庚辰返京師，值甲申之役，空樞廷而逐之，左文而右武，而京師又一變。及甲午之役，割臺灣、棄高麗，士競新舊之爭，人懷微管之懼，而京師又一變。逮庚子之役，六龍西狩，萬民蕩析，公卿逃於陪隸，華屋蕩爲邱墟，而京師又一變。此數變也，京師之爲京師，亦僅僅矣。鈞也，於祖父無能爲役，況謀國之大而敢知之乎？然世居京師，習聞瑣事，可以繩「夢華」、「夢粱」二録之前踪者。自乙未以來，信手條記，凡得若干，置之篋中，未暇整比。今夏伏處江干，日長無事，依類條次，都爲一編。緣述小聞，署名「天咫」。追溯舊事，正不異玉堂天上之嗟。嗚呼！昔日之笑歌，所以釀今朝之血淚也。後人欲覩承平面目者，庶其於此求之。或以無裨時用見譏，亦無憾焉。光緒二十有九年，歲在癸卯，秋七月既望，曼殊震鈞敍於古長蘆菴畔。

清太宗都盛京

《清聖祖實録》卷一三八〔康熙二十七年十二月〕甲辰，恭建福陵神功聖德碑。御製碑文曰：【略】建元天命，時年五十有八，越二年定策征明。明政久弛，棄絶和好，援我仇讎，蕩摇我邊陲，於是誓告有衆，類帝禡旗而行，遂拔撫順，降臺堡五百所。繼下清河。明大舉稱兵，會於瀋陽，號四十七萬。張左右翼，左翼以杜松、王宣、趙夢麟、張銓由渾河出撫順關，馬林、麻岩、潘宗顔由開原合葉赫兵出三岔口；右翼以李如栢、賀世賢、閻鳴泰由清河出鴉鶻關，劉綎、康應乾合朝鮮兵出寬奠口，向董鄂四路來侵。太祖皇帝分精騎奮擊，大破其衆，五日而悉殲之。城界凡取開原，破鐵嶺，滅葉赫。五年，克遼陽、瀋陽，定議建都，始築東京。

楊賓《柳邊紀略》卷一　盛京城，週九里三百三十二步。明洪武二十一年，指揮閔忠因舊址築四門。大清天聰五年，增高一丈，拓大三百步，週共十里二百七十二步。康熙十九年，築關墻，週圍三十二里四十八步，高七尺五寸。門改爲八：東曰撫近，小東曰内治，大南曰德盛，小南曰天祐，大西曰懷遠，小西曰外攘，大北曰福勝，小北曰地載。外書滿文，内書漢文，不似今之滿、漢左、右書也。城中有鐘、鼓二樓，百貨集其下。

《〔乾隆〕盛京通志》卷一八《京城》 盛京城，天聰五年建。本遼、金瀋州治，元爲瀋陽路總管府治，明爲瀋陽衛。洪武二十一年，指揮閔忠因舊址增築門四，週圍九里三十步，高二丈五尺。池二重，内闊三丈，深八尺，週圍一十里三十步；外闊三丈，深八尺，週圍一十一里有奇。我太祖天命三年，城界藩。六年，城薩爾滸，又城東京。天命十年，遷瀋陽。天聰五年，因舊城增拓其制，内外甎石，高三丈五尺，厚一丈八尺，女墻七尺五寸，週圍九里三百三十二步，四面垛口六百五十一，明樓八座，角樓四座。改舊門爲八：東向者左曰撫近，右曰内治；南向者左曰德盛，右曰天佑；西向者左曰必遠，右曰外攘；北向者右曰福勝，左曰地載。池闊十四丈五尺，週圍十里二百四步。鐘樓一，在福勝門内大街。鼓樓一，在地載門内大街。八門正戴方隅截然。内池七十餘處，水不外洩。城邑既定，遂創天地壇壝，營太廟，建宫殿，置内閣六部、都察院、理藩院等衙門，修學宫，設閱武塲，而京闕之規模大備。天聰八年，更名曰盛京。順治元年，遷都京師，監往代留都之制，續設昂邦章京鎮守，量留户、禮、刑、工四部，分設各官，並設府尹，分莅州縣。康熙元年，改昂邦章京爲鎮守將軍。十九年，奉旨築關墻，高七尺五寸，週圍三十二里四十八步。東南隅置水栅二，各十餘丈，導瀋水自南出焉。二十一年，奉旨重修諸門城。三十年，增設兵部，官制益詳。三十二年，飭工部修城垣三百六十餘丈，並於街道開溝，以滲積水。四十九年，遣京官一員協修堅固。五十四年，修理八門、城樓、四角樓及内外城垣一百一十餘丈。乾隆八年，皇上祇謁三陵，駕莅盛京，發帑修諸門城堞。十八年，復發帑三萬六千餘兩，修内外城堞明樓。三十七年、三十八年、四十一年、四十三年、四十四年、四十五年，叠修城墻，甕圈砲房、角樓、關廂，規制益閎整云。

《〔嘉慶〕清會典事例》卷七二三《盛京工部城垣》 東京城垣：天命六年，於太子河邊築城。週六里零十步，高三丈五尺，東西廣二百八十丈，南北袤二百六十二丈五尺。城門八：東嚮者左曰迎陽，右曰韶陽，南嚮者左曰龍源，右曰大順，西嚮者左曰大遼，右曰顯德，北嚮者左曰懷遠，右曰安遠，是爲東京。

《〔嘉慶〕重修一統志》卷五八《興京》 興京城周四里，南一門，東二門，北一門。外城周九里，南三門，北三門，東二門，西一門。我太祖高皇帝癸卯年刱建。此城乙巳年增築外城。

《〔光緒〕清會典事例》卷九五八《興京城垣》 始祖居長白山棟鄂謨輝之野鄂多理城，在寧古塔城西南三百三十里勒富善河西岸。肇祖原皇帝居赫圖阿拉，係鄂多理城西，蘇克素護河嘉哈河之間。興祖直皇帝、景祖翼皇帝、顯祖宣皇帝皆居之。太祖高皇帝丁亥歲，遷居呼蘭哈達南岡新城。【略】太祖高皇帝丁亥歲，遷居呼蘭哈達南岡新城。癸卯，仍於赫圖阿拉舊址築城。是年，又於建州衛築城，周五里，南一門，東二門，北一門。乙巳，增築外城，周九里，南三門，北三門，東二門，西一門。

《〔光緒〕清會典事例》卷九五八《奉天各屬城垣》 奉天各屬城垣，天命三年，於瀋陽城西北一百二十里鐵脊山上，築界藩城，周圍一里，東一門。又一小城，周圍一百八十步，西一門。六年，於瀋陽城西一百二十里築薩爾滸城，周圍三里，南與東各一門，西南、西北各一門，外城周圍七里，四面各一門。八年，於海州衛土城東南隅建新城，周圍二里一百七十六步，今海城縣城。增建一門。舊制周圍六百五十三步有奇，高三丈四尺，門四。又重建牛莊城，周圍二里九十三步，門三。天聰初年，修築通遠堡城，鳳凰城西北一百里。周圍一里二百十步，南一門。左二里又一城，周圍一里九十步，門一。右二里又一城，周圍一里六十步，門一。七年，修築蘭磐城，鳳凰城西二百四十里。周圍一里十三步。

《〔光緒〕清會典事例》卷九五八《盛京城垣》 天命十年，自東京遷都瀋陽。舊制：瀋陽城周圍九里三十步，高二丈五尺，門四，池二重。内廣三丈，深八尺，周圍十里三十步。外廣三丈，深八尺，周圍十一里有奇。天聰五年，增拓瀋陽舊城。其制：内外甎石，高三丈五尺，厚一丈八尺，女墻七尺五寸。周圍九里三百三十二步，四面垛口六百五十一，明樓八座，角樓四座。改舊門爲八：原築四門。東嚮者左曰撫近，右曰内治，南嚮者左曰德盛，右曰天祐，西嚮者左曰懷遠，右曰外攘，北嚮者左曰福勝，右曰地載。池闊十四丈五尺，周圍十里二百四步。八年，定瀋陽都城名曰天眷盛京。【略】四十三年諭：盛京爲本朝王迹肇基之地，朕恭謁祖陵，道出山海關，經過各處城垣，多有坍塌，殊不足以壯觀瞻而資捍衛。著軍機大臣會同將軍查明何處最爲要緊，應行修築，妥議具奏，候朕發帑興工。欽此。遵旨議定，重修奉天府屬撫西城、舊名撫順城，府城東八十里，周圍一里七百三十六步，門二。池深一丈，廣二丈，改築周圍二里，東南北三門。遼陽州城、周圍二十四里二百八十五步，高三丈三尺，門九：南二，西一，東二，東北一，外東西北各一。池深一丈五尺。海城縣城、舊制詳前。蓋平縣城、周圍七里三步，高一丈五尺，池深一丈五尺，廣一丈八尺。熊岳城、舊爲熊岳縣城，在蓋平城西南六十里，周圍三里九十九步，南北二門。開原縣城，周圍十三里二十步，高三丈五尺，門四，角樓四。池深一丈，廣四丈。鐵嶺縣城，周圍四里二百十六步，高二丈，門四。池深一丈五尺，廣三丈。復州城，周圍一百八十步，門三。金州廳城，周圍五里二百十六步，高三丈五尺。池深一丈七尺，廣六丈五尺。岫巖州城，周圍四百五十餘丈，高二丈，東西二門。鳳凰廳城，周圍三里八十步，南一門。錦州府所屬錦縣城，舊制：周圍五里三百二十步，高二丈五尺。後增展南北四十五丈，東西九十五丈，共六里二十三步。門四。池周圍七里五百七十二步，闊三丈五尺，深一丈二尺。今城仍舊周圍五里一百二十步。東附小城，舊載三里一百六十步，今二里。寧遠州城，舊制：周圍五里一百九十六步，高三丈。門四。池深一丈五尺。周圍七里八步。後增外城周圍九里一百二十四步，高如內城，門四，四角設層樓。義州城，舊制詳前。中後所城，寧遠州城西南八十里，周圍三里一百七十步，高三丈。門四。池深一丈，廣二丈。周圍四里二百步。東南有關廂城三面，又二里十一步。中前所城，寧遠州城西南一百六十五里。周圍三里八步，高三丈。門三。池深一丈，廣二丈。周圍四百三十步。廣寧縣城，周圍十里二百八十步，高三丈五尺，增築厚一丈五尺。門八。南關廂三面，周三里二百二十步，門三。巨流河城，舊制詳前。共十八處，並請簡派督辦大員，會同將軍府尹督率各屬估計。

清世祖遷都燕京

《清世祖實録》卷八 〔順治元年八月〕上自盛京遷都燕京。是日車駕啓行，駐蹕舊邊内木橋地方。

《清世祖實録》卷九 〔順治元年九月〕甲辰未刻，上自正陽門入宫。

《清世祖實録》卷一〇 順治元年甲申冬十月乙卯朔，上以定鼎燕京，親詣南郊告祭天地，即皇帝位。是日黎明，内院官奏請詣壇。

《清世宗實録》卷七二 〔雍正六年八月〕壬午，諭議政王大臣、管理旗務王大臣等，九門雖有官兵看守，俱在城内居住，其城外竝無看守官兵，或於弔橋附近空閒之處修造營房，派兵數百名居住看守，甚屬有益，著會同詳議具奏。尋議，除正陽門外有巡捕營官兵，不必令旗兵看守外，崇文門等八門外，於沿河空閒處修造房屋，各滿洲、蒙古、漢軍三旗，派章京四員，驍騎校四員，馬甲二百名，挈家移住。其房屋，章京八間，驍騎校五間，兵丁二間，於城門附近修造堆子八處，令官兵等輪替該班，於附郭等處，不時巡查匪類。從之。

《清高宗實録》卷七三 〔乾隆三年七月戊寅〕參領王廷臣奏：京城九門，南之崇文、宣武，北之安定、德勝，東之東直、西之阜成等門，向未修有石路，每遇陰雨泥濘，行走維艱，請增修石路，以惠行旅。再外城廣渠門至廣寧門，東西十餘里，係商貨叢集之要路，亦應增修聯絡。得旨：修理石路，著交常明。

《清高宗實録》卷九九 〔乾隆四年八月壬寅〕工部議覆掌京畿道監察御史傅色訥奏稱：琉璃河一帶石道係衝衢要路，東西兩邊悉行坍塌，奏請修理。應令直隸總督委員詳細確勘具題，到日再議。又奏：西安門外往南一帶城墻，有膨裂脱磚之處，若不早爲修理，恐致倒壞。應令步軍統領衙門，委員查明，報部會同估修。從之。

《清高宗實録》卷一七〇 〔乾隆七年七月〕辛未諭：京城内外水道，甚有關係，近年以來，但值雨水少驟，街道便至積水，消洩遲緩，此水道淤墊之故也。向來城内原有泡子河等水櫃數處，以資容納，而城外各護城河道，原以疏達衆流，使不致停蓄。今日久未經修濬，皆多淤墊，而街道溝渠亦多阻塞，以致偶逢霖雨便不能暢流，此亦應及時籌畫者。著海望、哈達哈、韓光基、舒赫德帶同欽天監官員，逐一相度。其應如何疏濬之處，詳議請旨辦理。

《清高宗實録》卷一〇六四 〔乾隆四十三年八月乙丑〕諭：盛京爲本朝王迹肇基之地，朕恭謁祖陵，道出山海關，經過各處城垣，多有坍塌，殊不足以壯觀瞻而資捍衛。著軍機大臣會同將軍弘晌，查明何處最爲緊要，應行修築，妥議具奏，候朕發帑興工，併派員稽查督辦。

《清高宗實録》卷一一二一 〔乾隆四十五年十二月辛未〕諭曰：英廉、和珅奏，正陽門新建箭樓改用磚石發券，因觔兩沉重，致有閃裂，各請賠項重修等語。箭樓改用石工，本係朕意，但仍用原舊基址，並未新築，以致石觔較重，有閃裂之處。英廉及監督等自不能辭其責，所有此次重修之項，准其開銷一半，其餘一半，著英廉賠十分之七，監督等賠十分之三。至和珅彼時隨從熱河，並未在工督辦，且此事乃自和珅奏出者，所請議處之處，俱著加恩寬免。

《清高宗實録》卷一二五〇 〔乾隆五十一年三月丁巳〕諭：據永璋等奏稱，從前德成所奏，盛京城外一帶舊邊墻改用磚砌之處，帶領素習風水之員，詳加查看，毋庸改砌等語。從前朕意以德成止將門樓改展，以壯觀瞻，今閱永璋等所奏，全行改築磚城，此斷不可行之事，且一時亦難燒多磚。况近在昭陵，其地多關風水，除已於摺内批示停止外，此舊邊墻歷經年久，著交永璋等遵旨竟行停止，不必改砌，並交工部知道。

《〔乾隆〕清會典》卷七二《城垣》 凡都城之制，内城周四十里，闢九門：南曰正陽，崇文，宣武；東曰朝陽，東直；西曰阜成，西直；北曰安定，德勝。四維角樓各一。四周修七千八百七十九丈八尺，崇三丈五尺。各有奇堞，廣五尺有八寸，趾厚六丈二尺，上闊五丈。下設水關七。正陽門東、西各一，崇文門東、宣武門西、朝陽門南、東直門南、德勝門西各一。外爲重城，環内城南面，轉抱東、西兩角樓，迤北而止，廣袤二十八里。闢七門：南曰永定，左安，右安；東曰廣渠，東便；西曰廣寧，西便。角樓六。三面修四千六百三十二丈七尺有奇，崇二丈。堞廣四尺，趾厚二丈，上闊丈有四尺。下設水關三。東便門東、西各一，西便門東一。各門建城闉，形皆圓。内九門惟東直、西直門，外七門惟永定門形方。東、西便門無城闉。門各啓樓，樓前對峙者爲譙樓。城闉門各啓閾樓一，惟正陽門閾樓三。内、外城各啓角樓、城垛共二百三十有五，旗礮房九，儲火藥屋及列戍二百二十五所。内城濠源發玉泉山，西北入城，經大内，二支分流，自東、西御河出，遶九門，滙流達大通橋。兩岸各甃甎石，其所經城下皆設牐，以導出入。外城濠亦自玉泉山分流，環遶九門，東達運河。

凡都城修繕，儲火藥屋傾圮，由步軍統領移部察覈奏修；城面滲漏，城濠或水潦衝齧内城，部遣其屬治之；外城，順天府尹及五城官治之。工竣，均由部勘驗堅否，限以三年保固其驗。不如式及限内坍損者，令原修官賠修，以示懲罰。

《〔乾隆〕清會典則例》卷一二七《城垣》 京城規制：内城周四十里，南面廣二千二百九十五丈九尺三寸，北二千二百三十二丈四尺五寸，東長千七百八十六丈九尺三寸，西千五百六十四丈五尺二寸。下石上甎，共高三丈五尺五寸。堞高五尺八寸，趾厚六丈二尺，頂闊五丈。設門九，門樓如之，角樓四，城垛一百七十有二，旗礮房九，列戍八十四屯，儲火藥房九十六所，雉堞萬一千三十有八。礮牕二千一百有八。凡門樓均朱楹丹壁，檐三層，封檐列脊，均緑琉璃。城闉九，惟正陽門城闉闢三，門譙樓一，閾樓三。餘八門城闉各一，門譙樓、閾樓各一。凡譙樓、閾樓均四面甎垣，設礮牕，雉堞均留槍竇。正陽門東西、崇文門東、宣武門西、朝陽門南、東直門南、德勝門西各設水關一，均内外三層，每層皆護以鐵柵。

外城環内城，南一面計二十八里，南面廣二千四百五十四丈四尺七寸，東長一千八十五丈一尺，西一千九十三丈二尺。下石上甎，共高二丈，堞高四尺，趾厚二丈，頂闊一丈四尺。設七門，門各有樓。城闉七，角樓六，城垛六十有三，列戍四十二屯，儲火藥房七所，雉堞九千四百八十有七，礮牕八十有八。凡東西便門樓及角樓，制如内城。譙樓設礮牕、雉堞，均留槍竇。東便門東、西便門東，水關各一，皆三洞，每洞内外均有鐵柵。東便門西水關一，内外二層，鐵柵如之。内城濠河發源玉泉山，經高梁橋至城西北，分二支，一循城北轉東，折而南；一循城西轉南，折而東，環繞九門，經九牐匯流至大通橋而東。悉砌甎石於兩岸，地形高下不同，濠之淺深因之。正陽門外，石梁三。餘八門，各跨一梁。外城濠河亦自玉泉山分流至西角樓，遶城南流，折而東，至東角樓，環遶七門，東達運河，門外各跨一梁。

吴長元《宸垣識略》卷一《建置》 京城周四十里，高三丈五尺五寸。門九：南曰正陽，南之左曰崇文，南之右曰宣武，北之東曰安定，北之西曰德勝，東之北曰東直，東之南曰朝陽，西之北曰西直，西之南曰阜成。明永樂七年爲北京城，十九年乃拓其城。本朝鼎建以來，修整壯麗，其九門之名，則仍舊焉。

外城包京城南面，抱東西角樓，計長二十八里，高二丈，亦曰外羅城。門七：南曰永定，南之東曰左安，南之西曰右安，東曰廣渠，西曰廣寧，在東北隅者曰東便，在西北隅者曰西便，皆北向。

遼太宗會同元年，以幽州爲南京析津府。城方三十六里，崇三丈，衡廣一丈五尺，敵樓戰櫓具。八門：東曰安東、迎春，南曰開陽、丹鳳，西曰顯西、清普，北曰通天、拱辰。大内在西南隅。皇城内有景宗、聖宗御容殿。殿東曰宣和，南曰大内。内門曰宣教。外三門曰：南端、左掖、右掖。門有樓閣，毬場在其南。東爲永平館。皇城西門曰顯西，設而不開。北曰子北。西城巔有涼殿，東北隅有燕角樓。聖宗統和中，改宣教門爲元和，左掖門爲萬春，右掖門爲千秋。度盧溝河六十里至幽州，號燕京子城，就羅郭西南爲之。正南曰啓夏門，内有元和殿。東門曰宣和。城中坊閈皆有樓。

宋燕山府城周迴二十七里，樓臺高四十尺，樓計九百一十座，池塹三重，城開八門。

考按：此條燕京舊城周二十七里，至金天德三年展築三里，見《析津志》所引金蔡珪《大覺寺記》，合計之共周三十里。此皆指都城言之。至《大金國志》所稱之七十五里者，則指外郭而言，猶今外城之制也。

長元按：燕山府之名，係宋宣和五年金人來歸燕京六州時所改。遼析津府城三十六里，此云二十七里，豈去其西南之大内而言耶？遼城門八，又大内門三，今祇言八門，其無大内可知。

金貞元四年，金主亮幸燕，遂以爲中都，府曰大興，定京邑焉。都城周圍凡七十五里。城門十二，每一面分三門，其正門兩旁又設兩門，正東曰宣曜、陽春、施仁，正西曰灝華、麗澤、彰義，正南曰豐宜、景風、端禮，正北曰通元、會城、崇智，此四城十二門也。其正門常不開，出入悉由旁兩門。内城門曰左掖、右掖，宣陽又在外焉。

原按：《金史》：城門十三，北有四門，一曰光泰。當以史爲正。

考按：光泰或會城、崇智之别稱。《析津志》又有清怡門，在南城，疑即通元别稱。《大金國志》、《金國圖經》俱十二門也。

金忠獻王粘罕有志都燕，因遼人宫闕，於内城外築四城，每城各三里，前後各一門，樓櫓池塹，一如邊城。每城之内，立倉廒甲仗庫，各穿複道，與内城通。時陳王兀室，將軍韓常、婁宿，皆笑其過計。忠獻曰：百年間當以吾言爲信。及海陵煬王定都，既營宫室，欲撤其城。翟天祺曰：忠獻開國元勳，措置必有説。乃止。燕展築南城，係金海陵天德二年。

入豐宜門，過龍津橋。橋分三道，通用奪玉石扶闌，上琢爲嬰兒，狀極工巧。宫城四圍，凡九里三十步。自天津橋之北曰宣陽門，内城之南門也。門分三，中繪龍，兩偏繪鳳。中常不開，惟車駕出入。兩邊分雙隻日開。兩樓曰文，曰武。自文轉東曰來寧館，自武轉西曰會同館，皆爲宋使設。正北曰千步廊。東西對兩廊之半，各有偏門，向東曰太廟，向西曰尚書省。又北曰應天門。初名通天門。觀高八丈，朱門五，飾以金釘。東西相去里餘，又設二門，左曰左掖，右曰右掖。内城之正東曰宣華，西曰玉華，北曰拱辰。門内殿凡九重，殿三十有六門，閣倍之。正中位曰皇帝正位，後曰皇后正位。位之東曰内省，西曰十六位，乃妃嬪所居之地也。西出玉華門，爲同樂園，瑶池、蓬瀛、柳莊、杏村，盡在於是。

金正殿曰大安，常朝殿曰仁政，係遼舊殿。曰元和，曰神龍，曰泰和，曰常武，皆召見奏事，錫宴觀射之所。

宋范成大《龍津橋》詩：燕石扶闌玉雪堆，柳塘南北抱城迴。西山剩放龍津水，留待官軍飲馬來。

金元好問《麗澤門》詩：雙鳳簫聲隔綵霞，宫鶯催賞玉溪花。誰憐麗澤門邊柳，瘦倚東風望翠華。

金師拓《同樂園》詩：晴日明華構，繁陰蕩緑波。蓬邱滄海近，春色上林多。流水時雖逝，遷鶯暖自歌。可憐歡樂地，鉦鼓散雲和。

金元好問《出都作》：漢宫曾動伯鸞歌，事去英雄可奈何！但見觚稜上金爵，豈知荆棘卧銅駝！神仙不到秋風客，富貴空悲春夢婆。行過盧溝重回首，鳳城平日五雲多。歷歷興亡敗局棋，登臨疑夢復疑非。斷霞落日天無盡，老樹遺臺秋更悲。滄海忽驚龍穴露，廣寒猶想鳳笙歸。從教剗盡瓊華了，遥望西山盡淚垂。

元世祖至元四年，始定鼎於中都之北三里，築城圍六十里，九年改爲大都。

京城方六十里，里二百四十步。分十一門：正南曰麗正，左曰文明，右曰順承，正東曰崇仁，東之南曰齊化，東之北曰光熙，正西曰和義，西之南曰平則，西之北曰肅清，北之西曰健德，北之東曰安貞。九年二月，建鐘鼓樓於城中。

南城在今城西南，唐幽州藩鎮城及金遼故都城也。隋之天寧寺舊在城中，今在城外矣。憫忠寺有唐景福元年《重藏舍利記》，其銘曰：大燕城内地東南隅有憫忠寺，門臨康衢。憫忠寺舊在城中，今在城外僻境矣。

原按：隋之幽州洪業寺在城内，唐之憫忠寺在城東南隅，遼之南京因之。康熙辛酉，西安門内有中官治宅掘地，得卞氏墓誌，刻十二辰相，皆獸首人身，題曰：大唐故濮陽卞氏墓志。文曰：貞元十五年歲次己卯七月，夫人卒於幽州薊縣薊北坊，以其年權窆於幽州幽都東北五里禮賢鄉之平原。是今之西安門，去唐幽州城東北五里而遥矣。金拓南城時，妝臺在城之東北。至於元之中都，則今德勝、安定、東直三門外，皆城中地，而白馬廟、瓊華島、妝臺、太液池、柴市、憫忠寺、大悲閣，咸在南城。迨徐武寧又改築，縮其北五里，廢光熙、肅清二門，規制差隘。永樂中重拓南城，然憫忠寺、大悲閣，仍限門外。蓋都城凡數徙，坊市變置，代有不同。今博訪金元之遺跡，遂多湮没而無徵矣。

考按：朱稱瓊華島、太液池在南城者，乃指金時七十五里之外城，非金都三十里之内城也。元改建開都城去都東北三里，則指金之内城東北；若外城之瓊華島、太液池，元人即於此營建大内，並未嘗全棄其地。

考又按：遼金故都在今都城南面，元代尚有遺址，當時謂之南城，而稱新都爲北城。自明嘉靖間興築外羅城，而故迹遂湮廢，其四至已不可辨。今即前人志乘、文集、碑刻所記，準以現在地面，參稽互審，如憫忠寺、昊天寺在今宣武門南，與廣寧門相近，而元人皆稱爲南城古跡。

又今城外白雲觀西南有廣恩寺，即遼金奉福寺，距西便門尚遠，而金泰和中曹謙碑記謂寺在都城内。又金天王寺即今天寧，在廣寧門外稍北，而《元一統志》謂在舊城延慶坊内。又今琉璃廠在正陽門外，而近得遼時墓碑，稱其地爲燕京東門外之海王村。又今黑窰廠在永定門内先農壇西，而其地有遼壽昌中慈智大師石幢，亦稱爲京東。又圖經、志書載，都土地廟在舊城通元門内路西。通元乃金都城北門，而都土地廟今在宣武門外西南土地廟斜街。由是觀之，則遼金故都，當在今外城迤西以至郊外之地，其東北隅約當與今都城西南隅相接。又考元王惲《中堂事記》載：中統元年赴開平，三月五日發燕京，宿通元北郭，六日午憩海店，距京城廿里。海店即今海淀。據惲所言，以道里核計，則金時外郛七十五里之方位，不難約略而知之矣。

考又按：元張養浩《登憫忠寺閣》詩注云，閣北三十里爲元大内，與《析津志》、《北京志》及元李洧孫《大都賦》所記皆不合。此三十里當是三里之訛耳。據唐景福中《重藏舍利記》，燕城東南隅爲憫忠寺。又《北京志》，至元四年始定鼎於中都之東北三里。夫中都本唐舊城，遼金展拓不過數里，見金蔡珪《大覺寺記》，當時憫忠寺之在城東南隅如故也。元都城周六十里，以圍三徑一衡之，城中南北相直應二十里，加以新舊都城相去三里，則憫忠寺距元之安貞門不過二十三里，焉有大内而轉遠隔三十里者乎？且夫大内在太液池東，爲金萬寧宫苑地，此外更别無大内。李洧孫賦曰「揭五雲於春路，迓萬寶於秋方」，則崇天門外東西坊也。曰「山萬歲之嶙峋，冠廣寒之峥嶸，池太液之浩蕩」，此則瓊華島也。曰「麗正之所包羅，崇仁之所聯絡」，則指都城各門也。合城坊門面以觀，則元大内即近液池益信。而揆以憫忠閣北三里，約略相符矣。李洧孫賦，彝尊未之見，今從《永樂大典》録出，載形勝門。

元宋本《燕都》詩：抛却漁竿滄海邊，拂衣來看九重天。畫闌幾曲橋如月，緑樹千門雨似烟。南國佳人王幼玉，中州才子杜樊川。紫雲樓上如澠酒，孤負春風二十年。繡錯繁華遍九衢，上林初賦漢西都。朱門細婢金條脱，紫禁材官玉轆轤。萬里星辰開上界，四朝冠蓋翊皇圖。東隣白面生紈綺，笑殺揚雄卧一區。盧溝曉月墮蒼烟，十二門開日色鮮。海上神山無弱水，人間平地有鈞天。寶幢珠絡瞿曇寺，豪竹哀絲玳瑁筵。春雨如膏三萬里，盡將嵩呼祝堯年。形勢全燕擁地靈，梯航萬國走王城。狗屠已仕明天子，牛相寧知别太平？元武鈞陳騰王氣，白麟赤雁入新聲。近來朝報多如雨，不見河南召賈生。

元宋褧《燕都》詩：萬户千門氣鬱葱，漢家城闕畫圖中。九闕上徹星辰界，三市横陳錦繡叢。玉盌金杯丞相府，珠幢寶刹梵王宫。遠人縱睹争修貢，不用雕戈塞徼通。豪傑紛紛白玉京，汗顔血指戰功名。九重見帝多因鬼，萬里封侯不用兵。肥馬塵深心獨苦，鮒魚波涸事難平。西山小隱烟蘿暗，依舊春犁趁雨耕。風物鮮妍飾禁城，豪家戚里競留情。花圍錦幄清明宴，香擁珠樓乞巧棚。叱撥馬摇金轡具，軿幪車颭繡簾旌。他年定擬持鉛槧，細數繁華紀太平。流珠聲調錦琵琶，韋曲池臺似館娃。羅袖舞低楊柳月，玉笙吹綻牡丹芽。龍頭瀉酒紅雲艶，象口吹香緑霧斜。卻笑西隣蠹書客，牙籤緗帙費年華。

宫城周九里三十步，甎甃。分六門：正南曰崇天門，崇天之左曰星拱門，右曰雲從門，東曰東華，西曰西華，北曰厚載。崇天門内有白玉石橋三虹，中爲御道。星拱門南有拱宸堂，爲百官會集之所。崇天門内曰大明門，大明殿之正門也。旁建掖門，繞爲長廡，與左右文武樓相接。大明門左曰日精門，右曰月華門。大明殿十一間，高九十尺；柱廊七間，高五十尺；寢室五間，東西夾六間，後連香閣三間，高七十尺。中設七寶雲龍御榻，並設后位。寢室後爲寶雲殿。東廡中曰鳳儀門，西廡中曰麟瑞門，周廡一百二十間。寶雲殿後曰延春門，内爲延春閣。閣左曰懿範門，右曰嘉則門。延春閣九間，後寢殿七間，東西夾四間，後香閣一間。大明寢殿東曰文思殿，西曰紫檀殿。慈福殿在寢殿東，明仁殿在寢殿西。左廡中曰景耀門，南爲鐘樓；右廡中曰清灝門，南爲鼓樓。玉德殿在清灝門外，東西有香殿。宸慶殿在玉德殿後，左右有更衣殿。

隆福殿在大内之西，興聖之前。南紅門三，東西紅門宫各一，繚以甎垣。南紅門一，東紅門一，後紅門一。光天殿前爲光天門，左爲崇華門，右爲膺福門。殿後寢殿五間，左青陽門，右明暉門。青陽門南爲翥鳳樓，明暉門南爲驂龍樓。寢殿東曰壽昌殿，西曰嘉禧殿。針綫殿在寢殿後，周廡一百七十二間。後侍女直廬五所及左右浴室。文德殿在明暉門外，又曰楠木殿。盝頂殿在光天殿西北，香殿在宫垣西北隅，前後有寢殿。文宸庫在宫垣西南隅，酒房在宫垣東南隅。

興聖宫在大内西北萬壽山之正西，周以甎垣。南紅門三，東西北紅門各一。興聖門内爲興聖殿，七間。左明華門，右肅章門，寢殿五間，後香閣三間。東廡中弘慶門，西廡中宣則門。凝暉樓在弘慶南，延影樓在宣則南。嘉德殿在寢殿東，寶慈殿在寢殿西。興聖宫後爲延華閣，閣右爲畏吾兒殿，後爲妃嬪院。奎章閣在興聖殿西廊，至正間改爲宣文閣，後又改爲端本堂，爲皇子肄學之所，旁有秘密室。

元宋褧《晚晴出麗正門》詩：團團碧樹壓宮城，白鳳門楣澹日明。回首瓊華仙島上，片雲猶欲妬新晴。

元歐陽原功詩：麗正門當千步街，九重深處五雲開。鷄人三唱萬官集，應製須迎學士來。

明周憲王《元宫詞》：雨潤風調四海寧，丹墀大樂列優伶。年年正旦將朝會，殿内先觀玉海青。　健兒千隊足如飛，隨從南郊露未晞。鼓吹聲中春日曉，御前咸着只孫衣。　盝頂殿中逢七夕，遥瞻牛女列珍羞。明朝看巧開金合，喜得蛛絲笑未休。　興聖宫中侍太皇，十三初到捧爐香。如今白髮成衰老，四十年如夢一場。　奎章閣下文辭盛，太液池邊游幸多。南國女官能翰墨，外間抄得竹枝歌。　安息薰壇建衆魔，聽傳秘密許宫娥。自從受得毘盧咒，日日持珠念那摩。　瑞氣氤氲萬歲山，碧池一帶水潺潺。殿旁種得青青豆，要識民生稼穡難。　月宫小殿賞中秋，玉宇銀蟾素色浮。宫裏猶思舊風俗，鷓鴣長笛序梁州。　合香殿倚翠峯頭，太液波澄暑雨收。兩岸垂楊千百尺，荷花深處戲龍舟。　棱殿巍巍西内中，御筵簫鼓奏薰風。諸王駙馬咸稱壽，滿酌葡萄獻玉鍾。

長元按：金元宫室與今大内不同，因節大概録於城郭之後，其題咏亦惟典實者採焉。

明洪武初，改大都路爲北平府，縮其城之北五里，廢東西之北光熙、肅清二門，其九門俱仍舊。舊土城一座，周六十里。克復後，以城圍太廣，乃減其東西迤北之半，創包甎甓，周圍四十里。其東南西三面各高三丈有餘，上闊二丈；北面高四丈有奇，闊五丈。濠池各深闊不等，深至一丈有奇，闊至十八丈有奇。爲門九。大將軍徐達命指揮華雲龍經理故元都，新築城垣，南北取徑直東西長一千八百九十丈；又令指揮張焕計度故元皇城，周圍一千二百六丈；又令指揮葉國珍計度南城，周圍凡五千三百二十八丈。南城故金時舊基也。改故元都安貞門爲安定門，健德門爲德勝門。

永樂中定都北京，改北平爲順天府。建築京城，周圍四十里。爲九門：南曰麗正、文明、順承，東曰齊化、東直，西曰平則、西直，北曰安定、德勝。正統初更名麗正爲正陽，文明爲崇文，順承爲宣武，齊化爲朝陽，平則爲阜成，餘四門仍舊。城南一面長一千二百九十五丈九尺三寸，北一千二百三十二丈四尺五寸，東一千七百八十六丈九尺三寸，西一千五百六十四丈五尺二寸，高三丈五尺五寸，垛口五尺八寸，基厚六丈二尺，頂收五丈。

考按：元時都城本廣六十里，明初徐達營建北平，乃減其東西迤北之半，故今德勝門外土城關一帶，高阜聯屬，皆元代北城故址也。至城南一面，史傳不言有所更改。然考《元一統志》、《析津志》，皆謂元城京師有司，定基正直慶壽寺海雲、可菴二師塔，敕命遠三十步許，環而築之。慶壽寺今爲雙塔寺，二塔屹然尚存，在西長安街之北，距宣武門幾及二里。由是核之，則今都城南面，亦與元時舊基不甚相合。蓋明初既縮其北面，故又稍廓其南面耳。

長元按：元吴師道《城外紀遊》詩考之，觀象臺、泡子河俱在文明門外，則元時南面城根去東西長安街不遠，是可以證；今宣武門距雙塔寺約二里，蓋永樂十七年拓北京南城計二千七百餘丈，又非徐武寧之舊也。

嘉靖二十三年，築重城包京城南面，轉抱東西角樓，止長二十八里。爲七門：南曰永定、左安、右安，東曰廣渠、東便，西曰廣寧、西便。城南一面長二千四百五十四丈四尺七寸，東一千八十五丈一尺，西一千九十三丈二尺，各高二丈，垛口四尺，基厚二丈，頂收一丈四尺。四十二年，增修各門甕城。

嘉靖三十二年，給事中朱伯辰言：城外居民繁夥，不宜無以圍之。臣嘗履行四郊，咸有土城故址，環繞如規，周可百二十餘里。若仍其舊貫，增卑補薄，培缺續斷，可事半而功倍。乃命兵部尚書聶豹等相度京城外四面宜築外城約七十餘里，自正陽門外東馬道口起，經天壇南墻外及李興、王金箔等園地，至蔭水菴墻東止，約計九里；轉北經神木廠、獐鹿房、小窰口等處，斜接土城舊廣禧門基止，約計一十八里。自廣禧門起，轉北而西，至土城小西門舊基，約計一十九里。自小西門起，經三虎橋村、東馬家廟等處，接土城舊基，包過彰義門，至西南直對新堡北墻止，約計一十五里。自西南舊土城轉東，由新堡及黑窑廠，經神祇壇南墻外，至正陽門外西馬道口止，約計九里。大約南一面計一十八里，東一面計一十七里，北一面勢如倚屏，計一十八里，西一面計一十七里，周圍共計七十餘里。内有舊址堪因者約二十二里，無舊址應新築者約四十八里。其規制俱有成議，因經費不敷，事遂寢。

考按：金都外郛在今城西南，凡七十五里，元徙而東北，凡六十里，共應周一百三十五里。今朱伯辰僅云百二十餘里，則所縮者約十五里，準以圍三徑一，南北相直，約縮五里。此五里即金元城界交會互入之處。金之外城包入元城内約有五里，從可推也。

明程文德《登五鳳樓》詩：六月六日天晶明，九重廣内暴千旌。金鎖朱扉開鳳閣，禁籞偶隨仙侶行。複道岧嶤登且止，俯視恍入青冥裏。金鐘鼉鼓大十圍，震擊元來聞百里。紫電清霜森武庫，高幢大纛紛無數。中有神祖手執戈，摩挲黯黯生雲霧。赤纓玉勒間駝鞍，歲久神物何嫛跚！傳是文皇渡江日，萬斛載寶來長安。祖宗英謨久不滅，輝煌重器遺宮闕。千秋萬代付神孫，張皇廟算恢光烈。平生浪説騎凰遊，吾今真上鳳皇樓。直須彤管紀勝事，天風吹骨寒於秋。

明陸粲《内閣芍藥》詩：金門柳色縈深緑，上苑春餘雜花撲。天桃已歇穠李衰，紅藥翻階正芬郁。此花初種自宣皇，百曲雕闌七寶妝。融光窈窕昭陽殿，暖日輕盈白玉堂。玉堂學士看花早，賦成芸閣留詩草。卷幔頻看碧霧流，揮毫正耐紅雲繞。憶昨宣皇居法宮，太平樂事君臣同。宸遊每出濯龍裏，曲宴偏臨翔鳳中。沉吟此事六十載，當日繁華宛然在。紺幰金輿絶幸臨，黄扉紫禁留風采。不羨揚州寶帶圍，長安紅紫競芳菲。五侯七貴同邀賞，寶馬香車疾若飛。争似名花出天上，霧閣芸窗儼相向。浪蝶游蜂未許窺，酒徒詞客空惆悵。江南三月足豪華，繡幕圍香富貴家。亦有幽姿在空谷，風雨憔悴天之涯。燕山游子江南客，獨對名花感今昔。草木何知人自憐，逢時亦復升沉隔。世間榮辱偶然事，不獨此花堪嘆息。

國家定鼎燕京，分列八旗，拱衛皇居。鑲黄旗居安定門内，正黄旗居德勝門内，並在北方。正白旗居東直門内，鑲白旗居朝陽門内，並在東方。正紅旗居西直門内，鑲紅旗居阜成門内，並在西方。正藍旗居崇文門内，鑲藍旗居宣武門内，並在南方。蓋八旗方位相勝之義。按：無黑旗，兩藍旗即黑旗也。其東方色則以漢兵緑旗補之。

京師雖設順天府，大興、宛平兩縣，而地方分屬五城，每城有坊。中城曰南薰坊、澄清坊、仁壽坊、明照坊、保泰坊、大時雍坊、小時雍坊、安福坊、積慶坊。東城曰明時坊、黄華坊、思城坊、居賢坊、朝陽坊。南城曰正東坊、正西坊、正南坊、宣南坊、宣北坊、崇南坊、崇北坊。西城曰阜財坊、金城坊、鳴玉坊、朝天坊、河漕西坊、關外坊。北城曰崇教坊、昭回坊、靖恭坊、靈椿坊、發祥坊、金臺坊、教忠坊、日中坊、關外坊。每城設御史巡視，所轄有兵馬使指揮、副指揮、吏目。昔宋以四廂都指揮巡警京城，民間謂之都廂，元設巡警院，分領坊市民事，即今巡城察院也。

長元按：此五城分坊，係明舊制。明時内城隸中、東、西、北四城，外城隸南城。本朝五城，合内外城通分。内城割中城之東長安街迤南，沿城至西長安街路南，割東城之泡子街迤南，沿城至王府大街路東，割西城之抱子街迤南，西至城隍廟城根，隸南城。割中城之東單牌樓西至長安街，北沿王府大街至崇文街，割北城之東四牌樓路西至東直門大街交道口以南，隸東城。割北城之護國寺街路北至德勝門街西城墻止，隸西城。外城割南城之東河沿蕭公堂起，出南北蘆草園、三里河橋以西至猪市口，繞先農壇，北經石頭胡衕至西河沿萬壽關廟止，隸中城。崇文門外大街迤東，出蒜市口，東南至左安門，轉廣渠門、東便門，隸東城。西河沿關帝廟起，至宣武門大街路東，經菜市口，出横街中南抵城墻，北轉石頭胡衕西，隸北城。宣武門外大街迤西南至横街，西抵右安門，轉廣寧門、西便門，隸西城。其蕭公堂東至崇文門外大街路西，南繞天壇、永定門，北轉三里河橋東，仍隸南城。其坊巷間有兩城所共，不能明晰也。

于敏中等《日下舊聞考》卷三七《京城總記一》 臣等謹按：四方會極，厥惟京師。國家宅都燕薊，威德之盛，聲靈之遠，超前古而立隆。至於宫闕制度，用式觀瞻，則悉仍前明之舊，第略加修飾而已。今謹於城市門綜舉本朝都城之制，附以原書列代建置，爲《京城總紀》二卷，《皇城》爲四卷，内城、外城，凡衢市之分隸五城者，並據今制以次臚載於後。

京城周四十里，高三丈五尺五寸。門九：南曰正陽，南之左曰崇文，南之右曰宣武，北之東曰安定，北之西曰德勝，東之北曰東直，東之南曰朝陽，西之北曰西直，西之南曰阜成。明永樂七年爲北京城，十九年乃拓其城。本朝鼎建以來，修整壯麗，其九門之名則仍舊焉。外城包京城南面，轉抱東西角樓，計長二十八里，高二丈，亦曰外羅城。門七：南曰永定，曰左安，曰右安，東曰廣渠，西曰廣寧，在東西隅而北向者，東曰東便，西曰西便。《大清一統志》

順治元年，世祖章皇帝定鼎燕京，分列八旗，拱衛皇居。鑲黄居安定門内，正黄居德勝門内，並在北方。正白居東直門内，鑲白居朝陽門内，並在東方。正紅居西直門内，鑲紅居阜成門内，並在西方。正藍居崇文門内，鑲藍居宣武門内，並在南方。蓋八旗方位相勝之義，以之行師，則整齊紀律，以之建國，則鞏固屏藩，誠振古以來所未有者也。《八旗通志》

雍正三年六月十三日，八旗都統、前鋒統領、護軍統領等，公同將擬定八旗形勝并分住地方分析繕列。同上。

鑲黄滿洲、蒙古、漢軍三旗，各按參領，自鼓樓向東至新橋，自新橋大街北口城根向南至府學衚衕東口，係與正白旗接界。滿洲官兵，自鼓樓向東，循大街至經廠，爲頭參領之十七佐領居址。自經廠循交道口轉南至棉花衚衕東口，爲二參領之十七佐領居址。自南鑼鼓巷北口至南口南鑼鼓巷兩邊之鼓樓院、方磚廠、真武廟、魚兒衚衕、福祥寺、帽兒衚衕、炒豆衚衕、棉花衚衕、兵馬司、前圓恩寺、後圓恩寺、局兒衚衕，爲三參領之十八佐領居址。自交道口大街向東，循新橋轉南至香兒衚衕東口，爲四參領之十七佐領居址。自香兒衚衕東口向南，至府學衚衕、馬將軍衚衕、錢局週圍，爲五參領之十七佐領居址。蒙古官兵，自交道口大街向北至安定門，爲頭參領之十四佐領居址。自北鑼鼓巷南口至北口，北鑼鼓巷兩邊所有之倒鈔衚衕、經廠、粉子亭、謝家衚衕、伽藍殿、法通寺、净土寺、豆腐池兒衚衕、高古庵、郎家衚衕、碾兒衚衕，爲二參領之十四佐領居址。漢軍官兵，自新橋大街向北至方家衚衕，爲頭參領之十佐領居址。自方家衚衕向北至城根，爲二參領之十一佐領居址。國子監前後頭條衚衕、二條衚衕、三條衚衕、方家衚衕、國子監、大溝巷、蕭家衚衕，此七條衚衕爲三參領之十一佐領居址。柏林寺前所有之鼓哨衚衕、草廠、王大人衚衕、柏林寺，此四條衚衕爲四參領之十一佐領居址。自北小街南口至城根胡椒圈之週圍手帕衚衕、羊館衚衕、針線衚衕、寬街，此四條衚衕爲五參領之十佐領居址。同上。

正白滿洲、蒙古、漢軍三旗與鑲黃旗接界之處，係自府學衚衕東口向南，各按參領，至四牌樓豹房衚衕東口。與鑲白旗接界之處，由皇城根至東大城根。滿洲官兵，自鑲黃旗接界處之棉花衚衕東口，循大街向南至大佛寺西北角，爲頭參領之十七佐領居址。自大佛寺西北角向南，至豹房衚衕西口，爲二參領之十六佐領居址。皇城東邊所有之寬街、草廠衚衕、取燈衚衕、晾穀廠、弓弦衚衕、雙塔衚衕，此六衚衕爲三參領之十六佐領居址。兩大街所有之鐵獅子衚衕、賈家衚衕、汪芝蔴衚衕、魏家衚衕、十景花園、馬大人衚衕、墻兒衚衕、大佛寺衚衕、羊尾巴衚衕、山老兒衚衕、喇叭營，此十一衚衕爲四參領之十六佐領居址。自馬市口向東，至四牌樓隆福寺周圍所有之細小衚衕，爲五參領之十六佐領居址。蒙古官兵，自府學衚衕東口，循大街至五條衚衕，爲頭參領之十五佐領居址。自五條衚衕至四牌樓，爲二參領之十四佐領居址。漢軍官兵，自新橋大街至東直門，爲頭參領之十佐領居址。北新倉、海運倉、興平倉、南新倉、舊太倉、富新倉，此六倉門相近爲二參領之十佐領居址。自東直門南小街北宋姑娘衚衕、口袋衚衕、慧照寺、王家衚衕、船板衚衕、板橋衚衕，此六衚衕爲三參領之十一佐領居址。北新橋大街六條衚衕、七條衚衕、八條衚衕、九條衚衕、十條衚衕，此五衚衕爲四參領之九佐領居址。北小街頭條衚衕、二條衚衕、三條衚衕、四條衚衕、五條衚衕，此五條衚衕爲五參領之九佐領居址。同上。

鑲白滿洲、蒙古、漢軍三旗與正白旗接界之處，係自豹房衚衕向南至單牌樓。與正藍旗接界之處由皇城根向東至大城根。滿洲官兵，自正白旗接界處由東長衚衕東口，循大街向南至院府衚衕東口，爲頭參領之十七佐領居址。自院府衚衕東口至長安街牌樓，爲二參領之十六佐領居址。東長安大街兩邊所有之翠花衚衕、東長衚衕、奶子府衚衕、燒酒衚衕、錫蠟衚衕、菜廠衚衕、院府衚衕、梯子衚衕、口袋衚衕、理藩院後衚衕，此十衚衕爲三參領之十八佐領居址。自長安街牌樓向東至單牌樓，爲四參領之十七佐領居址。自燈市口大街西口東至四牌樓大街向南兩大街之間所有椿樹衚衕、金銀衚衕、煤炸衚衕、帥府衚衕、頭條衚衕、二條衚衕，此八衚衕爲五參領之十七佐領居址。蒙古官兵，自四牌樓向南循大街至堂子衚衕，爲頭參領之十二佐領居址。自堂子衚衕向南至單牌樓，爲二參領之十二佐領居址。漢軍官兵自四牌樓向東至小街，爲頭參領之五佐領居址。自小街至朝陽門，爲二參領之四佐領居址。禄米倉周圍至啞巴衚衕、方家衚衕，爲三參領之四佐領居址。小家子、史家衚衕、乾麵衚衕、小啞巴衚衕，此四衚衕爲四參領之四佐領居址。羊尾巴衚衕、堂子衚衕、史大人衚衕、羊儀賓衚衕、總把衚衕，此五衚衕爲五參領之五佐領居址。同上。

正藍滿洲、蒙古、漢軍三旗與鑲白旗接界之處，係自單牌樓至崇文門由金水樓向東至大城根。滿洲官兵，自鑲白旗接界處，由長安街牌樓向西進東長安門至金水橋，爲頭參領之十六佐領居址。自新街口南口至北口，爲二參領之十七佐領居址。自宗人府向南户部周圍至中御河橋，爲三參領之十七佐領居址。自中御河橋至洪廠衚衕北口，爲四參領之十七佐領居址。自洪廠衚衕口向北至長安街，爲五參領之十七佐領居址。蒙古官兵，自單牌樓至崇文門，爲頭參領之十五佐領居址。自江米巷東口至洪廠衚衕，爲二參領之十四佐領居址。漢軍官兵，自單牌樓觀音寺衚衕向東至舉場西門，爲頭參領之六佐領居址。自羊肉衚衕西口向東至水磨衚衕，爲二參領之七佐領居址。自表背衚衕西口至東口，爲三參領之五佐領居址。自蘇州衚衕西口東至馬皮廠北口，爲四參領之六佐領居址。自船板衚衕西口向東至馬皮廠南口，爲五參領之七佐領居址。同上。

正黃滿洲、蒙古、漢軍三旗自鼓樓向西，至新街口大街北口城根向南，至馬狀元衚衕西口與正紅旗接。滿洲官兵，自鼓樓大街向西北藥王廟南口至大城根，爲頭參領之十九佐領居址。自北藥王廟街南口向西循大街至八調灣南口，爲二參領之十九佐領居址。自八調灣南口循大街至德勝門轉南至德勝橋，爲三參領之十八佐領居址。自鼓樓斜街循銀錠街向西李廣橋至德勝橋大街，爲四參領之十八佐領居址。自松樹街北口至南藥王廟，爲五參領之十八佐領居址。蒙古官兵，自松樹街南口向西至德勝橋轉北至宏善寺西口，爲頭參領之十二佐領居址。自宏善寺衚衕西口至德勝橋，爲二參領之十二佐領居址。漢軍官兵，自護國寺街至棉花衚衕南口羅圈衚衕西口，爲頭參領之十佐領居址。自西口連棉花衚衕、廊房衚衕、草廠衚衕，爲二參領之十佐領居址。自蔣家房東口至西口，爲三參領之十一佐領居址。自新街口向北至四條衚衕東口，爲四參領之十佐領居址。自四條衚衕東口至城根及銅井，爲五參領之九佐領居址。同上。

正紅滿洲、蒙古、漢軍三旗與正黄旗接界之處，係自馬狀元衚衕東口，與鑲紅旗接界之處，由皇城根向西至大城根。滿洲官兵，自西直門大街曹公觀之東至新街口，轉南至石老娘衚衕東口，爲頭參領之十二佐領居址。自石老娘衚衕東口向南至四牌樓，轉東至馬市東口，爲二參領之十六佐領居址。皇城西邊所有之馬狀元衚衕、太平倉衚衕、毛家灣衚衕、紅羅廠衚衕、拐棒衚衕，此五衚衕爲三參領之十五佐領居址。自四牌樓大街西邊所有之驢肉衚衕、帥府衚衕、報子衚衕、臭皮衚衕、石老娘衚衕，此五衚衕爲四參領之十二佐領居址。四牌樓大街西邊所有之衛衣衚衕、太平侯衚衕、五王侯衚衕、車兒衚衕、石碑衚衕、寶禪寺衚衕、帽兒衚衕、宮衣庫衚衕，此八衚衕爲五參領之十四佐領居址。蒙古官兵，自西直門大街南邊所有之草廠衚衕、柳巷衚衕、觀音寺衚衕、陳線衚衕、大覺寺衚衕，此五衚衕爲頭參領之十一佐領居址。自大覺寺衚衕向南堅廠、翊教寺、祖家街、柵欄衚衕、東觀音寺衚衕、椿樹衚衕、苦水井，此七衚衕爲二參領之十一佐領居址。漢軍官兵，自阜成門循大街至宮門口，爲頭參領之四佐領居址。自宮門口向東至馬石橋，爲二參領之四佐領居址。馬石橋北邊所有之蘇羅卜衚衕、回子營，爲三參領之四佐領居址。自回子營向北至茶葉衚衕、翠花街，爲四參領之四佐領居址。自宮門口向北至葡萄園東口，爲五參領之三佐領居址。同上

鑲紅滿洲、蒙古、漢軍三旗與正紅旗接界之處，係自羊肉衚衕向南至單牌樓。與鑲藍旗接界之處，由皇城根向西至大城根。滿洲官兵，自與正紅旗接界處之四牌樓大街向南至單牌樓，轉東至長安街牌樓，爲頭參領之十三佐領居址。西安門大街南邊所有之板場衚衕、廊房衚衕、醬房衚衕、小醬房衚衕、東斜街、細米衚衕，此六衚衕爲二參領之十七佐領居址。自細米衚衕向南鐵子衚衕、狗尾巴衚衕、背陰衚衕、太僕寺街、李閣老衚衕，此五衚衕爲三參領之十七佐領居址。自李閣老衚衕向南東夾道、東嶽廟、岱北寺、小東嶽廟、演象所、官磨房，此六衚衕爲四參領之十八佐領居址。鐵子衚衕向南堂子衚衕、石虎衚衕、蜈蚣衛衚衕、油房衚衕、茶葉衚衕、西夾道、正溝衚衕，此七衚衕爲五參領之十七佐領居址。蒙古官兵，以四牌樓大街西邊所有之粉子衚衕、後泥窪、十八半截、豐盛衚衕，此四衚衕爲頭參領之十佐領居址。自豐盛衚衕向北之兵馬司衚衕、燕兒衚衕、甎塔衚衕、羊肉衚衕，此四衚衕爲二參領之十二佐領居址。漢軍官兵，以四牌樓大街西邊所有之白廟衚衕半壁街，此二衚衕爲頭參領之二佐領居址。自白廟衚衕向北車子衚衕、榆錢衚衕、沈篦子衚衕、千張衚衕，此四衚衕爲二參領之六佐領居址。自千張衚衕向南打磨廠、半圈、高井、口袋衚衕，此四衚衕爲三參領之四佐領居址。自口袋衚衕向南施飯寺、皮褲子衚衕、東夾道衚衕，此三衚衕爲四參領之六佐領居址。自東夾道衚衕向南白廟衚衕、刑部街，此二衚衕爲五參領之四佐領居址。同上

鑲藍滿洲、蒙古、漢軍三旗與鑲紅旗接界之處，係自單牌樓至宣武門金水橋向西至大城根。滿洲官兵，自與鑲紅旗接界處之長安街牌樓向東進西長安門至金水橋，爲頭參領之十八佐領居址。自江米巷向北至長安門大街、中府、左府、四眼井周圍，爲二參領之十八佐領居址。自河漕沿向東至石牌衚衕、文昌閣、拴馬椿、馬神廟衚衕，此四衚衕爲三參領之十八佐領居址。自獅子口向東由皮市南口轉北至掃帚衚衕西口，爲四參領之十七佐領居址。自西單牌樓向南，由絨線衚衕轉東至河漕沿、六部口、抽屜衚衕、關帝廟衚衕、牛肉灣，此六衚衕爲五參領之十七佐領居址。蒙古官兵，自宣武門至絨線衚衕西口油房衚衕、南拴馬椿、翠花衚衕、棗樹街，此四衚衕爲頭參領之十三佐領居址。中街、半壁街、前細瓦廠、新簾子衚衕、舊簾子衚衕，此五衚衕爲二參領之十二佐領居址。漢軍官兵，自西單牌樓西邊之抱子街東口至西口，爲頭參領之五個半佐領居址。自手帕衚衕東口至西口，爲二參領之四佐領居址。自鐵匠衚衕東口至西口，爲三參領之四佐領居址。自石駙馬大街東口向西至棕毛衚衕，爲四參領之五佐領居址。自頭髮衚衕東口向西至臭水河，爲五參領之四佐領居址。同上。

南京析津府城，方三十六里，崇三丈，衡廣一丈五尺，敵樓戰櫓具。八門：

東曰安東、迎春，南曰開陽、丹鳳，西曰顯西、清普，北曰通天、拱辰。大內在西南隅，坊市旗接界之處，由皇城根向西至大城根。滿洲官兵，自與正紅旗接界處之四牌樓大街向南至單牌樓，轉東至長安街牌樓，爲頭參領之十三佐領居址。西安門大街南邊所有之板場衚衕、廊房衚衕、醬房衚衕、小醬房衚衕、東斜街、細米衚衕，此六衚衕爲二參領之十七佐領居址。自細米衚衕向南鐵子衚衕、狗尾巴衚衕、背陰衚衕、太僕寺街、李閣老衚衕，此五衚衕爲三參領之十七佐領居址。自李閣老衚衕向南東夾道、東嶽廟、岱北寺、小東嶽廟、演象所、官磨房，此六衚衕爲四參領之十八佐領居址。鐵子衚衕向南堂子衚衕、石虎衚衕、蜈蚣衛衚衕、油房衚衕、茶葉衚衕、西夾道、正溝衚衕，此七衚衕爲五參領之十七佐領居址。蒙古官兵，以四牌樓大街西邊所有之粉子衚衕、後泥窪、十八半截、豐盛衚衕，此四衚衕爲頭參領之十佐領居址。自豐盛衚衕向北之兵馬司衚衕、燕兒衚衕、甎塔衚衕、羊肉衚衕，此四衚衕爲二參領之十二佐領居址。漢軍官兵，以四牌樓大街西邊所有之白廟衚衕半壁街，此二衚衕爲頭參領之二佐領居址。自白廟衚衕向北車子衚衕、榆錢衚衕、沈篦子衚衕、千張衚衕，此四衚衕爲二參領之六佐領居址。自千張衚衕向南打磨廠、半圈、高井、口袋衚衕，此四衚衕爲三參領之四佐領居址。自口袋衚衕向南施飯寺、皮褲子衚衕、東夾道衚衕，此三衚衕爲四參領之六佐領居址。自東夾道衚衕向南白廟衚衕、刑部街，此二衚衕爲五參領之四佐領居址。同上。

鑲藍滿洲、蒙古、漢軍三旗與鑲紅旗接界之處，係自單牌樓至宣武門金水橋向西至大城根。滿洲官兵，自與鑲紅旗接界處之長安街牌樓向東進西長安門至金水橋，爲頭參領之十八佐領居址。自江米巷向北至長安門大街、中府、左府、四眼井周圍，爲二參領之十八佐領居址。自河漕沿向東至石牌衚衕、文昌閣、拴馬樁、馬神廟衚衕，此四衚衕爲三參領之十八佐領居址。自獅子口向東由皮市南口轉北至掃帚衚衕西口，爲四參領之十七佐領居址。自西單牌樓向南，由絨線衚衕轉東至河漕沿、六部口、抽屜衚衕、關帝廟衚衕、牛肉灣，此六衚衕爲五參領之十七佐領居址。蒙古官兵，自宣武門至絨線衚衕西口油房衚衕、南拴馬樁、翠花衚衕、棗樹街，此四衚衕爲頭參領之十三佐領居址。中街、半壁街、前細瓦廠、新簾子衚衕、舊簾子衚衕，此五衚衕爲二參領之十二佐領居址。漢軍官兵，自西單牌樓西邊之抱子街東口至西口，爲頭參領之五個半佐領居址。自手帕衚衕東口至西口，爲二參領之四佐領居址。自鐵匠衚衕東口至西口，爲三參領之四佐領居址。自石駙馬大街東口向西至棕毛衚衕，爲四參領之五佐領居址。自頭髮衚衕東口向西至臭水河，爲五參領之四佐領居址。同上。

南京析津府城，方三十六里，崇三丈，衡廣一丈五尺，敵樓戰櫓具。八門：東曰安東、迎春，南曰開陽、丹鳳，西曰顯西、清普，北曰通天、拱辰。大內在西南隅，坊市廨舍寺觀，蓋不勝書。其外有居庸、松亭、榆林之關，古北之口，桑乾河、高梁河、石子河、大安山、燕山，中有瑤嶼。《遼史》。原在宮室門，今移改。

臣等謹按：遼金城池舊址與今四至不同，而實爲都邑迭增之所自。原書有散見宮室門者，今悉移載卷內。

度盧溝河六十里至幽州，號燕京，子城就羅郭西南爲之。正南曰啓夏門，內有元和殿，東曰宣和。城中坊閈皆有樓。南門外有裕悅王廨，爲宴集之所。門外永平館，舊名碣石館，清和後易之，南即桑乾河。王文正上遼事　原在宮室門，今移改。

朱彝尊原按：《遼史》皇族表有裕悅希達、裕悅赫嚕、裕悅斡、裕悅休格、裕悅羅卜科、裕悅果實、裕悅烏珍。國語解，裕悅，貴官，無所職，其位居南北大王上。

按：赫嚕，滿洲語車輻也，舊作喝魯。斡，滿洲語氣味也，舊作哇。羅卜科，蒙古語淖泥也，舊作魯不古。果實，滿洲語疼愛也，舊作高十。烏珍，滿洲語重也，舊作屋質。今俱譯改。

臣等謹按：《遼史》無清和年號，惟聖宗嘗改元統和。王曾封事所云清和，疑即統和之訛也。永平館當在今城南，遺址已不可考。

太宗以燕城北有市，百物山偫，命有司治其征。《遼史》。原在宮室門，今移改。

永平館在府南一十里，一名碣石館，遼朝士宴集之所。《明一統志》。原在城市門，今移改。

遼開泰元年，始號爲燕京。海陵貞元元年定都，號爲中都。天德三年，始圖上燕城宮闕制度。三月，命張浩等增廣燕城。城之門制十有二：東曰施仁、宣曜、陽春；南曰景風、豐宜、端禮；西曰麗澤、灝華、彰義；北曰會城、通玄、崇智，改門曰清怡，曰光泰。浩等取真定府潭園材木營造宮室及涼位十六。《析津志》。

貞元四年，金主亮率文武百官幸燕，遂以燕爲中都，府曰大興，定京邑焉。都城之門十二，每一面分三門，一正兩偏。其正門兩旁又皆設兩門。正門常不開，惟車駕出入，餘悉由旁兩門焉。其門十二，各有標名：東曰宣曜、曰施仁、曰陽春；西曰灝華、曰麗澤、曰彰義；南曰豐宜、曰景風、曰端禮；北曰通玄、曰會城、曰崇智。內城門左掖、右掖，宣陽又在外焉。外墨書粉地，內則金書朱地，皆故禮部尚書王兢書。《金圖經》。原在宮室門補遺，今移改。

都城門圍凡七十五里，城門十二，每一面分三門，其正門兩旁又設兩門。正東曰宣曜、陽春、施仁，正西曰灝華、麗澤、彰義，正南曰豐宜、景風、端禮，正北曰通玄、會城、崇智，此四城十二門也。《大金國志》。原在宮室門，今移改。

朱彝尊原按：金史城門十三，北有四門，一曰光泰，當以史爲正。

臣等謹按：《大金國志》、《金圖經》皆言京都城門十二，《金史》獨於北面多光泰一門。《析津志》亦作十二門，而又別出清怡、光泰二門。考《北平圖經》，謂奉先坊在舊城通玄門內，而《析津志》又謂在南城清怡門內，二名錯見，疑清怡即通玄之別稱，而光泰或亦會城、崇智之別稱歟！

天德三年，海陵意欲徙都於燕。上書者咸言上京臨潢府僻在一隅，官艱於轉漕，民難於赴愬，不如都燕以應天地之中。言與意合，迺命左右丞相張浩、張通，左丞蔡松年調諸路民夫，築燕京，制度如汴。詔曰：燕本列國之名，今立京師，不當稱燕京，改號中都，以析津府爲大興府。《元一統志》。

金朝築燕城，用涿州土，人置一筐，左右手排立定，自涿至燕傳遞，空筐出，實筐入，人止土一畚，不日成之。《析津志》。

燕展築南城，係金海陵天德二年。見蔡無可《大覺寺碑》。《玉堂嘉話》。

正隆四年二月，修中都城。《金史》。

初，忠獻王尼堪有志都燕，因遼人宮闕，於內城外築四城，每城各三里，前後各一門，樓櫓池塹一如邊城。每城之內立倉廒甲仗庫，各穿複道，與內城通。時陳王烏舍，將軍韓常、洛索皆笑其過計。忠獻曰：百年間當以吾言爲信。及海陵煬王定都，既營宮室，欲撤其城。翟天祺曰：忠獻開國元勳，措置必有說。乃止。《金國南遷録》。

燕山府城周圍二十七里，樓臺高四十尺，樓計九百一十座，池塹三重，城開八門。《奉使行程録》。

臣等謹按：據此條，燕京舊城周二十七里，至金天德三年展築三里，見《析津志》所引金蔡珪《大覺寺記》。合計之，共周三十里。此皆指都城言之。至《大金國志》所稱周七十五里者，則指外郛而言，猶今外城之制也。

又按：遼金故都在今都城南面，元代尚有遺址，當時多謂之南城，而稱新都爲北城。自明嘉靖間興築外羅城，故蹟遂漸湮廢。其四至已不可辨。今即前人志乘、文集、碑刻所記，準以現在地面，參稽互審。如憫忠寺、昊天寺在今宣武南，與廣寧門相近，而元人皆稱爲南城古蹟。又今城外白雲觀西南有廣恩寺，即遼金奉福寺，距西便門尚遠，而金泰和中曹謙碑記謂寺在都城內。又金天王寺即今天寧寺，在廣寧門外稍北，而《元一統志》謂在舊城延慶坊內。又今琉璃廠在正陽門外，而近得遼時墓碑，稱其地爲燕京東門外之海王村。又今黑窰廠在永定門內先農壇西，而其地有遼壽昌中慈智大師石幢，亦稱爲京東。又圖經志書載都土地廟在舊城通玄門內路西，通玄乃金都城北門，而都土地廟今在宣武門外西南土地廟斜街。由是觀之，則遼金故都當在今外城迤西，以至郊外之地。其東北隅約當與今都城西南隅相接。又考元王惲《中堂事記》載，中統元年赴開平，三月五日發燕京，宿通玄北郭。六日午憩海店，距京城廿里。海店即今海淀，據惲所言，以道里核計，則金時外郛七十五里之方位不難約略而知矣。

南城在今城西南，唐幽州藩鎮城及遼金故都城也。隋之天寧寺舊在城中，今在城外矣。憫忠寺有唐景福元年《重藏舍利記》，其銘曰：大燕城內地東南隅有憫忠寺，門臨康衢。憫忠寺舊在城中東南，今在城外西南僻境矣。《春明夢餘録》。

朱彝尊原按：隋唐之幽州洪業寺在城內，唐之幽州憫忠寺在城東南隅，遼之南京因之。康熙辛酉西安門內有中官治宅掘地，誤發古墓，中有瓦鑪一，瓦罌一；墓石二方，廣各一尺二寸。一刻「卞氏墓誌」四字，環列十二辰相，皆獸首人身。一刻誌銘而書作誌，誌題曰「大唐故濮陽卞氏墓誌」。志文曰：貞元十五年，歲次己卯，七月癸卯朔，夫人寢疾，卒於幽州薊縣薊北坊，以其年權窆於幽州幽都東北五里禮賢鄉之平原。是今之西安門去唐幽州城東北五里而遥矣。金拓南城時，妝臺在城之東北。至於元之中都則今德勝、安定、東直三門外皆城中地，而白馬廟、瓊華島、妝臺、太液池、柴市、憫忠寺、大悲閣咸在南城。迨徐寧又改築縮其北五里，廢光熙、肅清二門，規制差隘。永樂中重拓南城，然憫忠寺、大悲閣仍限門外。蓋都城凡數徙，坊市變置代有不同。閱《絳雲樓書目》，有《皇元建都記》及蕭洵有《故宮遺録》二編，惜燔於火。今博訪未得，金元之遺蹟遂多湮滅而無徵矣。

臣等謹按：朱彝尊原按稱瓊華島、太液池在南城者，乃指金時周七十五里之外城，非金都三十里之內城也。元至元間改建都城，去都東北三里，則指金之內城東北，若外城之瓊島、液池，元人即於此營建大內，並未嘗全棄其地。《析津志》及元李洧孫《大都賦》記載甚明。詳見後條。

王惲《復隍謡》：南城矗矗足汙穢，既建神都風土美。燕人重遷朽厥載，睿意作新思有泚。一朝詔徙殊井疆，九陌香生通戚里。煬城密邇不剗去，適足嚢奸養狐虺。城復池隍莫歎嗟，一廢一興固常理。今年戊子冬十月，天氣未寒無雨雪。禁軍指顧舊築空，郊遂坦夷無壅隔。寂寞千門草棘荒，他年空有銅駝説。我詩雖小亦王風，庶配商盤歌帝哲。《秋澗集》。

朱彝尊原按：《元史·地理志》，至元四年始於中都之東北置今城而遷都焉。《世祖本紀》，至元二十年六月，發軍修定大都城。而王秋澗詩則云今年戊子冬十月，是至元二十五年矣。與史不合。

劉崧《燕城雜詩》：南城土垣故不塌，西宮渠水自相通。野蘆花似楊花白，檾木葉如楓葉紅。菜根磊磊紅蘿蔔，草子嶃嶃白蒺藜。東薊直通齊化外，南城更在順承西。《槎翁集》。

入豐宜門，過龍津橋，橋分三道，通用奪玉石扶闌。上琢爲嬰兒，狀極工巧。《北轅録》。

龍津橋在燕山宣陽門外，以玉石爲之，引西山水灌其下。《石湖集》。

范成大詩：燕石扶闌玉雪堆，柳塘南北抱城迴。西山剩放龍津水，留待官軍飲馬來。同上。【略】

臣等謹按：朱彝尊原書宮室卷内，取史傳之文有涉及金城門名者，廣加採摭，以資博覽。而於建置故蹟無關，謹改附城市總卷内，用備故實。後仿此。

舊城中西南、西北二隅，坊門之名四十有二：西開陽坊，南開遠坊，北開遠坊，清平坊，美俗坊，廣源坊，廣樂坊，西曲河坊，宜中坊，南永平坊，北永平坊，北揖樓坊，南揖樓坊，西縣西坊，棠陰坊，薊賓坊，永樂坊，西甘泉坊，東甘泉坊，衣錦坊，延慶坊，廣陽坊，顯忠坊，歸厚坊，常寧坊，常清坊，西孝慈坊，東孝慈坊，玉田坊，定功坊，辛市坊，會仙坊，時和坊，奉先坊，富義坊，來遠坊，通樂坊，親仁坊，招商坊，餘慶坊，郁鄰坊，通和坊。東南、東北二隅舊坊門之名二十：東曲河坊，東開陽坊，咸寧坊，東縣西坊，石幢前坊，銅馬坊，南薊寧坊，北薊寧坊，啄木坊，康樂坊，齊禮坊，爲美坊，南盧龍坊，北盧龍坊，安仁坊，鐵牛坊，敬客坊，南春臺坊，北春臺坊，仙露坊。《元一統志》。

臣等謹按：此條乃具録金時都城内各坊之名，其方位界至，歲久已就湮没。今以《析津志》、《元一統志》、《五城坊巷衚衕集》所載寺院基址現存者參互考之，則歸義廢寺在今彰義門大街北，當爲時和坊。都土地廟在今土地廟斜街，當爲奉先坊。天王寺即今天寧寺，在廣寧門外，當爲延慶坊。又宣武門外菜市西，嘗發地得仙露寺舍利石匣，當爲仙露坊。又宣化坊之昊天寺當爲棠陰坊，竹林寺當爲顯忠坊，紫金寺當爲北開遠坊。大約皆在宣武、廣寧二門之間。其餘則多不可考矣。

金自天德以後，始有南北郊之制。大定、明昌，其禮寖備。南郊壇在豐宜門外，圜壇三成，成十二陛，壝墻三匝，四面各三門，齋宫東北，府庫在南，壇壝皆以赤土圬之。北郊方丘在通玄門外，方壇三成，四正陛，方壝三周，四面，亦三門。朝日壇曰大明，在施仁門外之東南，門壇之制皆同方丘。夕月壇曰夜明，在彰義門外之西北，掘地圬之，爲壇其中，常以冬至日合祀昊天上帝、皇地祇於圜丘，夏至日祭皇地祇於方丘，春分朝日，秋分夕月。同上。

明昌五年，爲壇於景風門外東南，歲以立春後丑日祀風師，又爲壇於端禮門外西南，以立夏後申日祀雨師，是日祭雷師於位下。《金史·禮志》。

明昌六年，章宗未有子。尚書省臣奏行高禖之祀。乃築壇於景風門外東南端，地與圜丘東南相望。歲以春分日祀。青帝、伏羲氏、女媧氏位壇上南向西上，姜嫄、簡狄位於壇之第二層，東向北上。前一日布神位，省牲器，陳御弓矢韣於上下神位之右，其齋戒、奠玉幣、進熟，皆如大祀儀。同上。

入宣陽門，由馳道西南入會同館。《北轅録》。

會同館，燕山客館也，遼已有之。《石湖集》。

燕賓館，燕山城外館。同上。

使至燕京，寓於來遠驛，泛使則居遠驛焉。《建炎以來朝野雜記》。

宋淳熙中，范至能使北，孝宗令口奏金主，謂河南乃宋朝陵寢所在，願歸侵地。宰相力以爲未可。至能遂自爲一書，述聖語，至金庭納之袖中。既跪進國書，伏地不起。時金主乃葛王也，性寬慈，傳宣問：使人何故不起？至能徐出袖中書，奏曰：臣來時，大宋皇帝别有聖旨，難載國書，令臣口奏。臣今謹以書述。書既上，殿中觀者皆失色，至能猶伏地。再傳宣曰：書辭已見，使人可就館。至能再拜而退。金之羣臣或不平，議羈留使人，而金主不可。至能將回，又奏曰：口奏之事乞於國書中明報，仍先宣示，庶使臣不墮欺罔之罪。金主許之，報書云：口奏之事殊駭觀聽。事須詳處，邦乃孚休。既還，上嘉其不辱命，由是超擢至於大用。至能在燕京，會同館守吏微言有羈留之議。乃賦詩曰：萬里孤臣致命秋，此身何止一浮漚！提携漢節同生死，休問羝羊解乳不。《鶴林玉露》。

淳熙十五年二月，遣留禮信使顔師魯、高震至燕京，燕賓館宴畢，入來寧館，蓋泛使之館也。《思陵録》。

宋人與遼金南北通問，各設國信使。使至，俱置客省司，四方館使引進有官，押燕有伴。其後使事不一，於即位、上尊號、生辰、正旦，則遣使賀；於國恤，則遣使告哀弔；國信奠進遺留禮物。又有告慶、諭成、報聘、報謝、報諭、祈請、申請、詳問等目，大半多用詞臣。北有燕賓館，南有班荆館。至燕京則許游憫忠、慶壽諸刹，至臨安則伴使偕往天竺燒香，次冷泉亭、呼猿洞而歸。當時紀行之書存於今者，王曾《上契丹事》，富弼《奉使録》，許亢宗《奉使行程録》，洪皓《松漠紀聞》，范成大《攬轡録》，周煇《北轅録》，僅寥寥數卷而已。其宫闕制度猶可藉以考證。外如路振《乘軺録》，宋敏求《入蕃録》，范鎮《使北録》，劉敞《使北語録》，江德藻《聘北道里記》，沈括《使遼圖抄》，李罕《使遼見聞録》，寇瑊《奉使録》，王曙《戴斗奉使録》，王晉《使範》，連鵬舉《宣和使金録》，何鑄《奉使雜録》，雍堯佐《隆興奉使審議録》，張棣《講和事蹟》，韓元吉《金國生辰語録》，姚憲《乾道奉行録》，余嶸《使燕録》，樓鑰《北行日録》，富軾《奉使語録》，多軼不傳。又若趙良嗣《燕雲奉使録》，馬擴《茆齋自敘》，沈括《南歸録》，鄭望之《靖康奉使録》，李若水《山西軍前奉使録》，傅雱《建炎通問録》，范仲熊《北紀》，晁公忞《金人敗盟記》，雖散見於《北盟會編》而未必全。至若《皇華録》、《南北歡盟録》、《南北對鏡圖》、《南北國信記》、《議盟記》、《接伴語録》、《北朝國信語録》、《賀正人使例》、《使北録》、《靖康要盟録》、《紹興通和録》、《講和録》、《開禧通和特書》、《通問本末》諸書，僅留其目并作者姓氏，皆佚矣。《瀛洲過古録》。

于敏中等《日下舊聞考》卷三八《京城總記二》 金海陵徙都大興，宣宗奔汴，元世祖改爲燕京路，今舊南城是也。至元四年，始定鼎於中都之北三里，築城圍六十里。九年，改爲大都。《洪武北平圖經志書》。

京城方六十里，里二百四十步，分十一門。《輟耕録》。

城之正南曰麗正，左曰文明，右曰順承，正東曰崇仁，東之南曰齊化，東之北曰光熙，正西曰和義，西之南曰平則，西之北曰肅清，北之西曰健德，北之東曰安貞。《禁扁》以上二條原在宫室門，今移改。

九年二月，改號大都，遷居民以實之，建鐘鼓樓於城中。《元一統志》。

世祖築城已周，乃於文明門外向東五里立葦場，收葦以蓑城。每歲收百萬，以葦排編，自下砌上，恐致摧塌。累朝因之。至文宗有警，用諫者言，因廢此葦，止供内廚之需，每歲役市民修補。至元間，朱張進言，自備己資以甎石包裹内外城墻，因時宰言乃廢。至今西城角上亦略用甎而已。至元十八年，奉旨挑掘城濠，添包城門一重。《析津志》。

臣等謹按：據《析津志》所言，則元時都城乃用土築，蓋至明初改築時始加以甎甓也。

崇天門正南出周橋，靈星三門外分三道，中千步廊街出麗正門，門有三，正中惟車駕行幸郊壇則開，西一門亦不開，止東一門以通車馬往來。《析津志》。

臣等謹按：元時都城本廣六十里，明初徐達營建北平，乃減其東西迤北之半。故今德勝門外土城關一帶，高阜聯屬，皆元代北城故址也。至城南一面，史傳不言有所更改，然考《元一統志》、《析津志》，皆謂至元城京師，有司定基正直，慶壽寺海雲、可庵二師塔勅命遠三十步許環而築之。慶壽寺，今爲雙塔寺，二塔屹然尚存，在西長安街之北，距宣武門幾及二里。由是核之，則今都城南面亦與元時舊基不甚相合。蓋明初既縮其北面，故又稍廓其南面耳。

至元三年，城大都，張宏略佐其父柔爲築宫城總管。十三年城成，賜内帑金釦、玳瑁卮。《元史》本傳。

世皇建都之時，問於劉太保秉忠，定大内方向。秉忠以麗正門外第三橋南一樹爲向以對，上制可，遂封爲獨樹將軍，賜以金牌。每元會聖節及元宵三夕，於樹身懸掛諸色花燈於上，高低照耀，遠望若火龍。《析津志》。

張憲《二月八日游皇城回觀走馬歌》：春風壓城紫燕飛，繡鞍寶勒生光輝。軟草青青平似鏡，花雨滿巾風滿衣。潛蛟雙縮玉抱肚，朱鬣分光散紅霧。金龍五爪蟠綵袍，滿背真珠撒秋露。生獶俊健雙臂長，左脚撥鐙右蹴韁。銅鏡四扇繞十指，玉聲珠碎金琅璫。黄蛇下飲電掣地，錦鷹打兔起復墜。袖雲突兀鞍面空，銀甕駝囊兩邊縋。西宫綵樓高插天，鳳凰繚繞排神仙。玉皇拍欄誤一笑，不覺四蹄如迸烟。神駒長鳴背凝血，郎君轉面醉眼纈。天恩剪下五色雲，打鼓歸來汗如雪。《玉笥生遺稿》。

黎崱《皇慶初元入都城作》：天象分明散曉霞，故令騎馬入京華。雲開閶闔三千丈，霧暗樓臺百萬家。寒盡宫花初著蕊，春深宫柳已藏鴉。太平景物今如此，始信皇圖福未涯。《安南志略》。

元張中丞養浩《歸田類藁》有《登憫忠寺閣詩》，注：北三十里爲大内。《虞文靖集》作《楊襄敏碑》云：至元十一年始大城京師於大興故城之北，中爲天子之宫，廟社朝市各以其位，而貴戚功臣悉受分地以爲第宅。然則元之大内在今地壇之右矣。當時樵李顧淵白獻《燕都賦》，寧海李洧孫有《大都賦》，惜皆佚不傳也。《人海記》。

臣等謹按：此條引元張養浩《登憫忠寺閣詩》注謂閣北三十里爲元大内，與《析津志》、《北京志》及元李洧孫《大都賦》所紀皆不合。此三十里當是三里之訛耳。據唐景福中《重藏舍利記》，燕城東南隅爲憫忠寺。又《北京志》，至元四年始定鼎於中都之東北三里。夫中都本唐舊城，遼金展拓不過數里，見金蔡珪《大覺寺記》，當時憫忠寺之在城東南如故也。元都城周六十里，以圍三徑一衡之，城中南北相直應二十里。加以新舊都城相去三里，則憫忠寺距元之安貞門不過二十三里，焉有大内而轉遠隔三十里者乎？且元大内在太液池東，爲金萬寧宮苑地，此外更別無大内。李洧孫賦曰「揭五雲於春路，迓萬寶於秋方」，則崇天門外東西坊也。曰「山萬歲之嶙峋，冠廣寒之峥嶸，池太液之浩蕩」，則指瓊華島也。曰「麗正之所包羅，崇仁之所聯絡，和義之所綱維，安貞健德之所囊括」，則指都城各門也。「合城坊門囿以觀」，則元大内即近液池，益信。而撰以憫忠閣北三里約略相符矣。李洧孫賦，彝尊未之見，今從《永樂大典》内録出，已載形勝門，兹不復載。

左右警巡二院領大都在城坊市。至元二十五年，省部照依大都總管府講究，分定街道坊門，翰林院擬定名號。《元一統志》。

坊名元五十，以大衍之數成之，名皆切近，乃翰林院侍書學士虞集伯生所立。外有數坊爲大都路教授時所立。《析津志》。

福田坊，坊有梵刹，取福田之義以名。阜財坊，坊近庫藏，取虞舜南風歌阜民財之義以名。金城坊，取聖人有金城，金城有堅固久安之義以名。玉鉉坊，按《周易》「鼎玉鉉，大吉」，以坊近中書省，取此義以名。保大坊，按《傳》曰：武有七德，保大定功。以坊近樞密院，取此義以名。靈椿坊，取燕山竇十郎「靈椿一株老」之詩以名。丹桂坊，取燕山竇十郎教子故事「丹桂五枝芳」之義以名。明時坊，地近太史院，取《周易・革卦》「君子治歷明時」之義以名。鳳池坊，地近海子，在舊省前，取鳳凰池之義以名。安富坊，取《孟子》「安富尊榮」之義以名。懷遠坊，取《左傳》「懷遠以德」之義以名。太平坊，取「天下太平」之義以名。大同坊，取「四方會同」之義以名。文德坊，按《尚書》「誕敷文德」，取此義以名。金臺坊，按燕昭王築黄金臺以禮賢士，取此義以名。穆清坊，地近太廟，取《毛詩》「於穆清廟」之義以名。五福坊，坊在中地，取《洪範》「五福」之義以名。泰亨坊，地在東北寅方，取《泰卦・吉亨》之義以名。八政坊，地近萬斯倉八作司，取《洪範》「八政食貨爲先」之義以名。時雍坊，取《尚書》「黎民於變時雍」之義以名。乾寧坊，地在西北乾位，取《周易・乾卦》「萬國咸寧」之義以名。咸寧坊，取《尚書》「野無遺賢，萬國咸寧」之義以名。同樂坊，取《孟子》「與民同樂」之義以名。壽域坊，取杜詩「八荒開壽域」之義以名。宜民坊，取《毛詩》「宜民宜人」之義以名。析津坊，燕地分野，上應析木之津，地近海子，故取析津爲名。康衢坊，取堯時老人「擊壤康衢」之義以名。進賢坊，取賢才並進之義以名。嘉會坊，坊在南方，南方屬禮，取《周易》嘉會之義以名。平在坊，坊在北方，取《尚書》「平在朔易」之義以名。和寧坊，取《周易》「保合太和、萬國咸寧」之義以名。智樂坊，地近流水，取「智者樂水」之義以名。鄰德坊，取《論語》「德不孤，必有鄰」之義以名。有慶坊，按《尚書》「一人有慶，兆民賴之」，取其義以名。清遠坊，地在西北隅，取「遠方清寧」之義以名。日中坊，地當市中，取「日中爲市」之義以名。寅賓坊在正東，取《尚書》「寅賓出日」之義以名。西成坊在正西，取《尚書》「平秩西成」之義以名。由義坊，西方屬義故，居仁坊地在東市，東屬仁，取《孟子》「居仁由義」之言，分爲東西坊名。睦親坊，地近諸王府，取《尚書》「以親九族、九族既睦」之義以名。仁壽坊，地近御藥院，取「仁者壽」之義以名。萬寶坊，大内前右千步廊，坊門在西屬秋，取「萬寶秋成」之義以名。豫順坊，按《周易・豫卦》「豫順以動，利建侯行師」，取此義以名。甘棠坊，按燕地乃周召公所封，詩人美召公之政，有《甘棠》篇，取此義以名。五雲坊，大内前左千步廊，坊門在東，與萬寶對立，取唐詩「五雲多處是三臺」之義。湛露坊，按《毛詩》，湛露爲錫宴，羣臣霑恩如湛露，坊近官酒庫，取此義以名。樂善坊，地近諸王府，取漢東平王「爲善最樂」之義以名。澄清坊，地近御史臺，取「澄清天下」之義以名。《元一統志》。

福田坊在西白塔寺，阜財坊在順承門内金玉局巷口，金城坊在平則門内，玉鉉坊在中書省前相近，保大坊在樞府北，靈椿坊在都府北，丹桂坊在靈椿北，明時坊在太史院東，鳳池坊在斜街北，安富坊在順承門羊角市，懷遠坊地在西北隅，太平坊大同坊。《析津志》。

里仁坊在鐘樓西北。發祥坊在永錫坊西；發祥坊西北大街甎斗拱扁溥光最爲年遠。三相公寺前善利坊、樂道坊、好德坊，招賢坊在翰林院西北。善俗坊在健德門。昭回坊都府南。居賢坊國學東，監官多居之。鳴玉坊在羊市之北。展親坊、惠文坊，草市橋西。請茶坊，海子橋北。訓禮坊、咸宜坊，順承門裏倒鈔庫北。思誠坊、東皇華坊、明照坊，與上相對。蓬萊坊，天師宫前。南薰坊，光禄寺東。甘棠坊、遷善坊，可封坊，在健德門。豐儲坊在西倉西。同上。

臣等謹按：《析津志》所載里仁坊以下諸名，不列虞集五十坊名之内，其名或起元末，未可知也。

市三：斜街市在日中坊，羊角市在鳴玉坊、咸宜坊、舊樞密院，角市在南薰、明照二坊。《圖經志書》。

街制：自南以至於北謂之經，自東至西謂之緯。大街二十四步闊，小街十二步闊，三百八十四火巷，二十九衖通。衖通二字本方言。《析津志》。

長街：千步廊街、丁字街、十字街、鐘樓街、半邊街、棋盤街，五門街、三叉街，此二街在南城。同上。

米市、麵市，鐘樓前十字街西南角，羊市、馬市、牛市、駱駝市、驢騾市，已上七處市俱在羊角市一帶，其雜貨并在十市口。北有柴草市，此地若集市，近年俱於此街西爲貿易所。段子市在鐘樓街西南，皮帽市同上。菜市，麗正門三橋、哈達門丁字街。菜市，和義門外。帽子市，鐘樓。窮漢市，一在鐘樓後爲最，一在文明門外市橋，一在順承門城南街邊，一在麗正門西，一在順承門裏草塔兒。鵓鴿市在喜雲樓下。鵝鴨市在鐘樓西。珠子市，鐘樓前街西第一巷。省東市在檢校司門前墻下。文籍市在省前東街。紙劄市，省前。靴市在翰林院東，就賣底皮、西甸皮、諸靴材都出在一處。車市，齊化門十字街東。拱木市，城西。猪市，文明門外一里。魚市，文明門外橋南一里。草市，門門有之。舒嚕市，一巷皆賣金銀珍珠寶貝，在鐘樓前。柴炭市集市，一順承門外，一鐘樓，一千斯倉，一樞密院。人市在羊角市，至今樓子尚存。此是至元間，後有司禁約，姑存此以爲鑒戒。煤市修文坊前，南城市、窮漢市在大悲閣東南巷内。蒸餅市，大悲閣後。胭粉市，披雲樓南。果市，和義門外、順承門外、安貞門外。鐵器市，鐘樓後。《析津志》。按：舒嚕，滿洲語珊瑚也，舊作沙剌。今譯改。

臣等謹按：元時都城坊巷街市見於《析津志》、《北平圖經》者頗詳，皆朱彝尊所未採。然舊規雖在，而遺蹟多湮，今以其尚可考證者散入五城各條之下。取其名之彙列者備録於此，以爲參稽之助焉。【略】

舊土城一座，周圍六十里，克復後以城圍太廣，乃減其東西迤北之半，創包甎甓，周圍四十里。其東南西三面各高三丈有餘，上闊二丈；北面高四丈有奇，闊五丈。濠池各深闊不等，深至一丈有奇，闊至十八丈有奇。城爲門九：南三門，正南曰麗正，左曰文明，右曰順承；北二門，左曰安定，右曰德勝；東二門，東南曰齊化，東北曰崇仁；西二門，西南曰平則，西北曰和義。各門仍建月城外門十座。《洪武北平圖經志書》。

洪武初，改大都路爲北平府，縮其城之北五里，廢東西之北光熙、肅清二門，其九門俱仍舊。《寰宇通志》。

大將軍徐達命指揮華雲龍經理故元都，新築城垣，南北取徑直，東西長一千八百九十丈。又令指揮張煥計度故元皇城，周圍一千二百六丈。又令指揮葉國珍計度南城，周圍凡五千三百二十八丈，南城故金時舊基也。《明太祖實録》。以上二條原在世紀門，今移改。

坊三十三：五雲坊、保大坊、南薰坊、澄清坊、皇華坊、賢良坊、明時坊、仁壽坊、思誠坊、明照坊、蓬萊坊、湛露坊、昭回坊、靖恭坊、金臺坊、靈椿坊、教忠居賢坊、寅賓坊、崇教坊，已上二十坊屬大興縣。萬寶坊、時雍坊、阜財坊、金城坊、咸宜坊、安富坊、鳴玉坊、太平坊、豐儲坊、發祥坊、日中坊、西城坊，已上十三坊屬宛平縣。

臣等謹按：此明初未建都以前北平府時所設規制也。

永樂四年閏七月，建北京宫殿，修城垣。十九年正月告成。城周四十五里。門九：正南曰麗正，正統初改曰正陽；南之左曰文明，後曰崇文；南之右曰順承，後曰宣武；東之南曰齊化，後曰朝陽；東之北曰東直；西之南曰平則，後曰阜成；西之北曰彰儀，後曰西直；北之東曰安定；北之西曰德勝。嘉靖三十二年築重城，包京城之南，長二十八里，門七。《明史・地理志》。

永樂中定都北京，建築京城，周圍四十里。爲九門：南曰麗正、文明、順承，東曰齊化、東直，西曰平則、西直，北曰安定、德勝。正統初，更名麗正爲正陽，文明爲崇文，順承爲宣武，齊化爲朝陽，平則爲阜成，餘四門仍舊。城南一面長一千二百九十五丈九尺三寸，北二千二百三十二丈四尺五寸，東一千七百八十六丈九尺三寸，西一千五百六十四丈五尺二寸，高三丈五尺五寸，垜口五尺八寸，基厚六丈二尺，頂收五丈。嘉靖二十三年，築重城包京城南一面，轉抱東西角樓止，長二十八里。爲七門：南曰永定、左安、右安，東曰廣渠、東便，西曰廣寧、西便。城南一面長二千四百五十四丈四尺七寸，東一千八十五丈一尺，西一千九十三丈二尺，各高二丈，垜口四尺，基厚二丈，頂收一丈四尺。四十二年，增修各門甕城。《工部志》。原在世紀門，今移改。

臣等謹按：國朝都城之制，一因明舊，其各門名亦俱仍之，誠以皇極用建，九寓會歸，永固金湯，無事名稱之更易爾。

永樂十七年十一月，拓北京南城，計二千七百餘丈。《明成祖實録》。

宣德九年七月，命都督僉事王彧以五軍神機營官軍及民夫修北京城垣。

《明宣宗實録》。原在世紀門，今移改。

正統元年十月，命太監阮安、都督同知沈清、少保工部尚書吳中率軍夫數萬人修建京師九門城樓。初，京城因元之舊，永樂中雖略加改葺，然月城樓鋪之制多未備，至是始命修之。《明英宗實録》。

命下之初，工部侍郎蔡信揚言於衆曰：役大，非徵十八萬人不可，材木諸費稱是。上遂命太監阮安董其役。取京師聚操之卒萬餘，停操而用之，厚其餼廩，均其勞逸，材木工費一出公府之所有，有司不預，百姓不知，而歲中告成。《東里集》。

阮安，交趾人，一名阿留，刻有營建記。《春明夢餘録》。

四年四月，修造京師門樓城濠橋牐完。正陽門正樓一，月城中左右樓各一，崇文、宣武、朝陽、阜成、東直、西直、安定、德勝八門各正樓一，月城樓一。各門外立牌樓，城四隅立角樓。又深其濠，兩崖悉甃以甎石。九門舊有木橋，今悉撤之，易以石。兩橋之間各有水牐，濠水自城西北隅環城而東，歷九橋九牐，從城東南隅流出大通橋而去。自正統二年正月興工，至是始畢。焕然金湯鞏固，足以聳萬年之瞻矣。《明英宗實録》。

京師城垣，其外舊固以甎石，內惟土築，遇雨輒頽。正統十年六月，命太監阮安、成國公朱勇、修武伯沈榮、尚書王巹、侍郎王祐督工甃之。同上。

岳正《天眷》六章，美營建也。天眷皇明，誕命高祖。俯監萬方，定都江滸。如龍斯蟠，如虎斯踞。以朝以會，以享以祀。遜矣厥謨，欽於世世。天眷皇明，亦啓文祖。爲厥孫謀，聿又胥宇。碣石之西，太行之東。有嚴厥宮，四海是同。惟帝即阼，夙夜顧諟。神既受職，民亦茂祉。乃繼乃述，乃經乃營。戢此土功，爲萬國宗。乃召大臣，出任予重。曰若爾總，曰若爾董。役夫總總，工師縱縱。鼛鼓蘁蘁，人心悀悀。有赫朝堂，有翼廟庭，瑣瑣公府，欻忽偕興。士方耕矣，女方箴矣。曾不驚矣，奏功成矣。匪臣之功，匪民之力。匪民之力，維帝之德。帝曰匪予，文祖之志。天相文祖，爛其營室。《類博稿》。

陳政《正統癸亥管建紀成》詩：昭代承平日，車書萬國同。邇遐歌至德，民物囿淳風。土宇今何廣，京師昔所崇。龍飛乘大運，鳩聚役羣工。郢也操斯斧，垂哉主斷礱。經營來子庶，奄忽見神功。日月光三殿，乾坤闢兩宮。巍峩齊景亳，煇赫過岐豐。帝業垂無極，人心仰建中。賦詩紀成績，三祝効呼嵩。《東井集》。

成化十二年八月，定西侯蔣琬上言：太祖皇帝肇基南京，京城之外復築土城，以護居民，誠萬世不拔之基也。今北京止有內城而無外城，正統己巳之變，額森長驅直入城下，衆庶奔竄，內無所容，前事可鑒也。且承平日久，聚衆益繁，思爲憂患之防，須及豐亨之日。況西北一帶，前代舊址猶存，若行勸募之令，加以工罰之徒，計其成功，不日可待。廷議謂築城之役宜俟軍民息肩之日舉行。報可。《明憲宗實録》。以上九條原在世紀門，今移改。

嘉靖二十一年，掌都察院毛伯温等言宜築外城。二十九年，命築正陽、崇文、宣武三關廂外城，既而停止。三十二年，給事中朱伯辰言：城外居民繁夥，不宜無以圍之。臣嘗履行四郊，咸有土城故址，環繞如規，周可百二十餘里。若仍其舊貫，增卑補薄，培缺續斷，可事半而功倍。乃命相度興工。《明典彙》。

臣等謹按：金都外郛在今城西南，凡七十五里，元徙而東北，凡六十里，共應周一百三十五里。今考明朱伯辰僅云百二十餘里，則所縮者約十五里。準以圍三徑一，南北相直，約縮五里，此五里即金元城界交會互入之處。金之外城包入元城內者約有五里，從可推也。

閏月丙辰，兵部尚書聶豹等言：相度京城外四面宜築外城，約七十餘里。得旨允行。乙丑，建京師外城興工，勅諭陳圭、陸炳、許論提督工程。四月，上又慮工費重大，成功不易，以問嚴嵩等。嵩等乃自詣工所視之，還言宜先築南面，俟財力裕時再因地計度以成四面之制。於是嵩、會、圭等議覆：前此度地畫圖原爲四周之制，所以南面橫闊凡二十里，今既止築一面，第用十二三里便當收結，庶不虛費財力。今擬將見築正南一面城基東折轉北，接城東南角，西折轉北，接城西南角，可以尅期完報。報允。《明世宗實録》。

嘉靖四十一年，尚書雷禮請永定等七門添築甕城，東西便門垜口濠池當崇甃深濬。上善其言。《明世宗實録》。

天啓元年十月，給事中魏大中報京城濬濠工竣。東便門迤北，員外郎何玉成監濬一百四十丈，張時俊監濬一百五十三丈，主事劉鱗長監濬一百六十一丈，主事張杰監濬一百五十五丈，主事張泰階監濬一百四十五丈；朝陽門迤北，主事吳時亮監濬五百九十四丈；東直門迤北轉西，主事陸之祺監濬五百九十六丈；安定門，主事曾櫻監濬門東四百三十丈，門西一百十六丈；安定門迤西，主事劉鱗長監濬二百六十丈，主事韋國賢監濬一百七十丈，員外郎陸化熙監濬二百三十九丈；德勝門迤西，主事劉存慧監濬六百十九丈；西北角樓迤南，員外郎趙贊化監濬一百七十七丈；西直門迤南，主事張時俊監濬一百九十三丈，主事楊師孔監濬四百六丈八尺；阜成門迤南，主事張杰監濬三百丈，主事張泰階監濬二百八十丈，員外郎趙贊化監濬二百五十三丈；西便門至正陽門，主事李養德監濬一千一百二十丈八尺一寸；正陽門至崇文門，郎中吳叔度監濬四百九十五丈；崇文門至東便門，郎中吴叔度監濬四百九十二丈；重城，員外郎林宲監濬五千一百五十丈。《藏密齋集》。

天啓元年十月，濬京城九門及重城濠成。監工科道魏大中等因言濠之源出玉泉山，經高粱橋，抵都城西北而派爲二：一循城之左而東而南，一循城之右而南而東。宜按舊牐爲地形高下次第布之，未可以丈尺概也。德勝門外之水南入闕，周行大内，出玉河，近且北淤南壅，而嘉靖所築重城地勢既高，有掘未及泉而止者。宜清其源，審其勢，疏其脈，達其支，以總會於大通橋。又須理葺諸閘，節宣蓄洩，以壯金湯之固。疏下工部。《明熹宗實録》。以上二條原在世紀門，今移改。

京師雖設順天府兩縣，而地方分屬五城，每城有坊。中城曰南薫坊、澄清坊、仁壽坊、明照坊、保泰坊、大時雍坊、小時雍坊、安福坊、積慶坊。東城曰明時坊、黄華坊、思誠坊、居賢坊、朝陽坊。南城曰正東坊、正西坊、正南坊、宣南坊、宣北坊、崇南坊、崇北坊。西城曰阜財坊、金城坊、鳴玉坊、朝天坊、河漕西坊、闗外坊。北城曰崇教坊、昭回坊、靖恭坊、靈椿坊、發祥坊、金臺坊、教忠坊、日中坊、闗外坊。每城設御史巡視。所轄有兵馬指揮使司，設都指揮、副都指揮、知事。後改兵馬指揮使，設指揮、副指揮，革知事，增吏目。昔宋以四廂都指揮巡警京城，神宗置勾當左右廂公事，民間謂之都廂。元設巡警院，分領坊市民事，即今巡城察院也。《春明夢餘録》。

嘉靖中，生員李時颺、監生張岑各疏請舉郊禖之祀。張璁以爲言。乃設臺於永安門北震方，以夏言充祈祠醮壇監禮使。同上。

郊禖壇設於震方，皇城東永安門之北。臺用木，正位昊天上帝，配位皇考獻皇帝，西向，高禖設於壇下，西向，上位於壇下，北向，后妃位七於壇南數十丈外，北向。用帷弓韣弓矢如后妃嬪之數。質明，上祭服，后禮服，妃嬪各服其服，至壇上就位。后以下，帷中就位。上行禮畢，分獻，太常官俱退，女官導皇后以下至高禖神位前跪，女官取弓矢以次授皇后以下，受訖，納於弓韣。《嘉靖祀典》。以上二條原在宫室門，今移改。

于敏中等《日下舊聞考》卷三九《皇城一》 臣等謹按：皇城之内，前明悉爲禁地，民間不得出入。我朝建極宅中，四聰悉達，東安、西安、地安三門以内，紫禁城以外，牽車列闠，集止齊民。稽之古昔，前朝後市，規制允符。今謹編爲《皇城》四卷。又朱彝尊原本綜列各條，未分衢路先後，考孫承澤《春明夢餘録》，自地安門内分東西兩路編次，較爲明晰。兹仿其體例，將朱彝尊原書及補增各條均按地核實，分路敍次，以資考訂云。

皇城在京城中，周十八里有奇，繚墻袤三千三百四丈有奇。正南曰大清門，少北曰長安左門，曰長安右門，東曰東安門，西曰西安門，正北曰地安門。大清門之内曰天安門，天安門之内曰端門，端門之内，左曰闕左門，右曰闕右門。《大清一統志》。

臣等謹按：國家定鼎燕京，宫殿之外，環以紫禁城。紫禁城外，重以皇城，甃以甎，朱塗之，上覆黄琉璃瓦。城四門。正南門於順治元年上大清門牌額。天安門爲皇城正門，明曰承天門，順治八年重修工成，改定今名。地安門明曰北安門，亦順治九年改定。

皇城廣袤三千六百五十六丈五尺，高一丈八尺，下廣六尺，上廣五尺二寸。《大清會典》。

舊制，皇城外紅鋪七十二座，鋪設官軍十人，夜巡銅鈴七十有八，貯長安右門。初更，遣軍人一一摇振，環城巡警，歷西安、北安、東安三門，俱會長安左門而止。每十鈴以兵部火牌一面，後復造木牌五十六面，付五門驗發鈴、收鈴之數。《明武宗實録》。

東西長安門通五府各部總門，京師市井人謂之孔聖門，有識者曰拱宸，然亦非也，本名公生門。《菽園雜記》。

正統元年六月，作公生門於長安左右門外之南。《明英宗實録》。

成化二年六月，疏通東西公生門至大明門溝渠，各二百一十五丈；東安門至南墻角溝渠二百二十五丈。《明憲宗實録》。

唐宋禁中亦許乘馬。今制，自兩長安門、東西華門外，過者皆下馬，雖相臣亦然。《震澤長語》。以上五條原在城市門，今移改。

自北安門裏街東曰黄瓦東門，門之東街南曰尚衣監街，北曰司設監，再東曰酒醋麪局，曰内織染局，有外廠在朝陽門外，又有藍靛廠在都城西，皆本局之外署也。曰皮房紙房，曰針工局，曰巾帽局，其後臨河有梓潼廟，曰火藥局，即兵仗局之軍器庫也。《蕪史》。【略】

臣等謹按：黄瓦門之名見於大佛堂碑刻，今俗呼爲東西黄華門，蓋字音之訛也。尚衣監、司設監今廢。考東黄瓦門之東迤南有玉皇廟，即尚衣監舊廨，廟中有本朝雍正三年重修碑記。迤北曰慈慧殿，以慈慧寺得名也。寺中有碑二，一模糊不可讀，惟篆額司設監三字尚可辨。一我朝康熙間重修碑記。碑文止言明宫監以梵宇爲私廨，而不著司設之名。稍東南爲簾子庫，有真武廟，稍東爲織染局，有華嚴寺，寺碑皆有司設監名。《蕪史》謂司設監在黄瓦門街北，信矣。酒醋，織染等局今俱廢，而各衙衕仍存其名。酒醋局衙衕内與隆寺有鑪一，上鑄酒醋麪局佛堂供奉字。内織染局衙衕内有華嚴寺，寺内有弘治、嘉靖二次重修織染局佛道堂碑記。針工局、巾帽局兩衙衕與内織染局毗連，皆在玉河南。火藥局在玉河北，臨河，有伽藍寺。前殿祀關帝，後殿祀毘盧佛。有鐘一，上鑄火藥局字。又西爲火神廟，而無梓潼廟。皮房、紙房今俱無可考。藍靛廠詳郊坰門。

北安門内街東曰安樂堂，内官有疾者徙此。《蕪史》。原在宫室門，今移改。

臣等謹按：《春明夢餘録》云，安樂堂在地安門内街東，《蕪史》作街西誤。今堂額雖存，並非内監養病之所。又按：羊房夾道亦有安樂堂，乃明孝宗誕生之地，《明史》謂之西内。詳本條下。

再東稍南曰内府供用庫。《蕪史》。

供用庫歲辦木柴、木炭、檾麻、荆條、猫竹、白麻、榆槐松柏木版，運送石灰城甎。《水部備考》以上二條原在宫室門，今移改。

内府供用庫掌印太監一員，總理、管理、掌司、寫字、監工無定員，掌宫内及山陵等處内官食米及御用黄蠟、白蠟、沉香等香，凡油蠟等庫俱屬之。舊制各庫設官同八局。《明史·職官志》。

供用庫，凡浙江、湖廣、四川、福建、江西、廣東、山東、河南等布政司，直隸蘇、松、常、鎮、寧、太、安慶、廬、鳳、淮、揚等府歲解黄白蠟、芽葉茶，并蘇、松、常三府解到白熟糙粳糯米，俱送本庫收。《明會典》。

臣等謹按：今酒醋局南蠟庫衙衕五聖祠内有磬一，上鑄内府供用庫五聖祠供奉等字，稍南地仍名内府庫，即《蕪史》所稱内府供用庫無疑。

番經廠内官，遇萬壽、元旦等節，於英華殿作佛事。卒事之日，一人扮韋駝，抱杵面北立，餘披瓔珞，鳴鑼鼓吹海螺諸樂器，贊唱經呪。至夜，五方設佛會，立五色幟，數十人魚貫行其間。有所謂九連環者，其行逾疾，至九連環變則體迅若飛鳥，觀者目眩矣。天啓辛酉後，奉旨以宫人爲之。《天啓宫詞注》。

宫中各長街設有路燈，以石爲座，銅爲樓，銅絲爲門壁。每日晚，内府庫監灌油然燈，以便巡行。曰番經廠，念習西方梵唄經。凡有佛事，本廠内官易番僧帽，衣紅袍，黄領，黄護腰，一日或三晝夜。《蕪史》。

漢經廠念習釋家諸品經，增伽帽，袈裟，緇色衣，與僧人同，惟不剃髮耳。佛事畢仍易内臣服色。同上。以上三條原在宫室門，今移改。

臣等謹按：明番經廠、漢經廠今爲嵩祝、法淵、智珠三寺。考嵩祝寺東廊下有銅鐘一，鑄番經廠字。西廊下有銅雲板一，鑄漢經廠字。又法淵寺有張居正撰《番經廠碑記》云，番經廠與漢經廠並列，是可據也。

嵩祝寺在三眼井之東。《城册》。

臣等謹按：嵩祝寺大殿額曰妙明宗鏡，後樓額曰慧燈普照。聯曰：碧砌瑶階春色麗，琪花芝草日華鮮。西側聯曰：夜梵聞三界，朝香徹九天。皆皇上御書。

法淵寺在嵩祝寺東，寺有銅鼎一，高六尺有咫。《城册》。

智珠寺在嵩祝寺西。同上。

臣等謹按：智珠寺前殿額曰寶綱光音。聯曰：香雲遍覆真如界，皓月常明自在天。後殿額曰現清淨身。聯曰：金粟神光照妙應，香林淨域證虚明。皆皇上御書。

張居正《番經廠記》：番經來自烏思藏，即今喇嘛教，達摩目爲旁支曲竇者也。成祖文皇帝貽書西天大寶法王廷致法尊尚師等，取其經繕寫以傳。雖貝文梵字不與華同，而其義在戒貪惡殺，宏忍廣濟，則所謂海潮一音，醍醐同味者也。廠在禁内東偏，與漢經並列，歲久亦漸圮矣。穆宗莊皇帝嘗出帑金，命司禮監修葺。今上登大寶，復以慈聖皇太后之命，命終其事。經始隆慶壬申，至八月而告成事，因爲文鑱於石，垂諸久遠焉。萬曆元年四月八日，建極殿大學士張居正撰。

臣等謹按：朱彝尊原本凡引碑文，注云吉金貞石志，非實有其書也。今新增各條，事歸核實，採諸書者注某書，碑板則書某人某碑，我朝鼎建者，謹就本事直書，不從彝尊之例。後倣此。

司苑局進用蔬菜，俱有竹籃筐盒裝盛合用物料。《水部備考》。原在宫室門，今移改。

司苑局掌印太監一員，管理僉書、掌司監工無定員，掌蔬菜瓜果。《明史·職官志》。

鐘鼓司陳御前雜戲，削木爲傀儡，高二尺餘，肖蠻王軍士男女之像，有臀無足，下安卯栒，用竹板承之，注水方木池，以錫爲箱，支以木凳，用紗圍其下，取魚蝦萍藻躍浮水面，中官隱紗圍中，將人物用竹片托浮水上，謂之水嬉。其以雜劇故事及癡兒騃女市井駔儈之狀，約有百回，每四十餘人，各以兩旗引之登場，謂之過錦。皆鐘鼓司承應。《蕪史》。

内官諸署指鐘鼓司爲東衙門，賤而不居。《穀城山房筆塵》。以上二條原在宫室門，今移改。

鐘鼓司掌印太監一員，僉書、司房、學藝官無定員，掌官出朝鐘鼓及内樂傳奇、過錦、打稻諸雜戲。《明史·職官志》。

臣等謹按：司苑局今已無可考矣，鐘鼓司廢。現今嵩祝寺東北有鐘鼓司衙衕，内有鐘鼓寺，當即其地。

再南曰新房，曰都知監，曰司禮監，門之内稍南有松樹者，内書堂也。《蕪史》。原在宫室門，今移改。【略】

臣等謹按：都知監今無考，司禮監今爲吉安所。【略】

又南曰尚膳監、御馬監，向東者曰北花房，曰印綬監，曰中書房，曰蹴圓亭。《蕪史》。

新房之北則司禮監也，新房之南則御馬監也。同上。以上二條原在宮室門，今移改。

臣等謹按：新房今無考，司禮監之南、御馬監之北有高房衚衕，或即其地。

御馬監合造晾馬繩索、馬槽、馬樁、桶杓、繩刷。《水部備考》。

朱寧本雲南玀玀，成化間太監錢能守雲南時，見寧狡黠，以爲奴。能死，遂竄名騰驤衛爲勇士，執役御馬監。武宗常至監試馬，因寧應對敏給，執控閑習，遂獲進用。不三四年寵極位盛，迄至殺身云。《宙載》

萬曆時，有進無角二黑牛者，養之御馬監内。《贏隱集》。以上三條原在宮室門，今移改。

御馬監掌印、監督、提督太監各一員。騰驤四衛營各設監官、掌司、典簿、寫字、拏馬等員。象房有掌司等員。《明史・職官志》。

宣德間令御馬監象馬牛羊草分派兩直隸、山東、河南、山西、陝西諸府州地畝内徵納。《明會典》。

馬神廟在馬神廟街。《城册》。

臣等謹按：馬神廟即明御馬監，馬神舊祠也。廟基舊在街之稍北。乾隆二十年移建。今廟有碑，廟殿舊額曰明霞館，聖祖仁皇帝御書。廟内大鐘一，上有正德十年鑄御馬監馬神廟供奉十三字。小鐘一，上有勅建馬王廟康熙四十二年造十二字。殿前大鑪一，上有康熙四十六年造御馬監馬神廟供獻十五字。殿内小鑪十五，皆有康熙丁亥造御馬監馬神廟供奉字。迤南爲御馬圈，其地蓋仍明舊也。

御馬監廳事之南曰裏草欄，草場監之南向西者曰杆子房，曰北膳房，曰暖閣廠，曰南膳房，曰明器廠，曰混堂司，曰内東廠。永樂十八年，始置提督太監一員，關防一顆，文曰欽差總督東廠官校辦事太監關防。天啓四年，避御諱，改鑄「官校」曰「官旗」。萬曆初，馮保奏建扁曰朝廷腹心。有欽給密封牙章一枚，應封奏者以此鈐封。《蕪史》。原在宮室門，今移改。

臣等謹按：今御馬圈南地名銀閘，有真武廟，即明御馬監裏草欄舊址也。廟内有天啓三年碑記可考。又南爲騎河樓廟兒衚衕，舊名暖閣廠，内有關帝廟。廟有鐘二：一鑄暖閣廠關帝廟字，一鑄暖閣廠關帝廟康熙四十九年孟秋虔造字。至南北膳房，考《春明夢餘録》，萬曆二十八年拆去蓋造觀心殿、修補乾運殿。其杆子房、明器廠、混堂司，今無考。

東廠置自永樂十八年，其衙門無設官，主之者司禮監秉筆太監一人，司屬隸役悉取給於錦衣衛，故各員役陞轉皆在衛，而太監乃司禮監堂上官，秩最尊，有去留而無陞轉。其衙曰欽差總督東廠官旗辦事司禮監秉筆太監。凡掌司禮監者號曰宗主，督東廠者號曰督主，或宗與督合一人領之。有掌刑千户一員，以錦衣衛千户充之，有加指揮至都督者。又理刑百户一員，或曰貼刑，二人共坐理事。熹宗時嘗賜東廠刑官過肩獅子服，有加宮保府臣者矣。其爪牙，司文移者曰掌班，寫字房、管事房、辦事房，以十二支分十二夥，頭目一人曰擋頭，外人稱之曰夥長，專司緝察。各夥分數人，動刑曰刑上，每夥擋頭下有番子數人，名曰幹事的，專持人陰事。或搢紳私札交際禮，或言語可質證者，密白於擋頭。得一事，擋頭先捐金予之。事曰起數，予之金曰買起數。擋頭隨同番役，於所犯之家左右寺廟空所，名曰打樁。擋頭設座，番子直入所犯之家執犯者，非刑拷掠。一曰乾醡酒，一曰搬罾兒。或以細竹鞭筋，其酷十倍官刑。每月旦分遣辦事人於各衙門及各城門守定，名曰坐記。以衙門所行事必小幅紙開報，名曰打事件。事件到東華門，雖深夜，司門者從門隙中傳入，頃刻到掌廠，即時達至尊矣。《客窗偶談》。

掌廠内直房有欽賜牙印一方。凡打進事件奏聞者，用此印鈐，直至御前。蓋得比輔臣之文淵閣印，亦僭紊極矣。《野獲編》。

唐末，兩樞密使及左右中尉柄事禁中，與宰相表裏，號爲中貴，亦稱内大臣。樞密即今司禮，中尉即今東廠也。《穀城山房筆塵》。

隆慶中，刑科給事中舒化疏：朝廷設立廠衛，原以捕盜防奸細，非以察百官也。駕馭百官，乃天子之權，而奏核諸司責在臺諫，朝廷自有公論。今以暗訪之權歸諸廠衛，萬一人非正直，事出冤誣，是非顛倒，殃及善良，非盛世所宜有也。上命付司知之。《春明夢餘録》。

崇禎十五年正月，上諭東廠太監王德化曰：朝廷設東廠緝事，期於摘發大奸。若糾剔細微，文網苛察，非所以安全之也。今後非謀反、逆倫、權豪捍法者勿問。《綏寇紀略》。

京師東廠者，掌巡邏兵校之地也。弘治癸丑五月，忽風大作，地陷約深二三丈，廣亦如之。《菽園雜記》。以上六條原在宮室門，今移改。

提督東廠掌印太監一員。掌班、領班、司房，無定員。貼刑二員，掌刺緝刑獄之事。舊選各監中一人提督，後專用司禮秉筆第二人或第三人爲之。其貼刑官則用錦衣衛千百户爲之。凡内官司禮監掌印，權如外庭元輔，掌東廠權如總憲，秉筆隨堂視衆輔，各設私臣掌家、掌班、司房等員。《明史・職官志》。

臣等謹按：内東廠爲明季弊藪。我朝定鼎，廓清禁掖，東廠地名久就廢没。以蕪史、春明夢餘録敍次考之，當與暖閣廠衚衕、騎河樓相近。

原景泰六年四月，增建御花房。《明景帝實録》。

天啓中有龍見北花房之小河，長尺許，色黄碧，有爪無鱗。其地近宋搢直房，搢護以紅錦，盛金合中奏進，奉旨送赴黑龍潭。《天啓宫詞註》。以上二條原在宫室門，今移改。

臣等謹按：北花房，《春明夢餘録》作百花房。印綬監、中書房、蹴圓亭今俱無考。

宣仁廟在紫禁城外東北隅，暖閣廠西北池子。《大清一統志》。

臣等謹按：宣仁廟，雍正六年勅建，以祀風神。有世宗憲皇帝御書「協和昭泰」額。

凝和廟在宣仁廟南。《大清一統志》。

臣等謹按：凝和廟，雍正八年勅建，以祀雲神。有世宗憲皇帝御書「興澤昭彩」額。

内承運庫在東下馬門，其職掌庫藏，在宫内者曰東裕庫，曰寶藏庫，皆謂之裏庫。其會極門、寶善門迤東一帶及南城磁器等庫則俱謂之外庫。過外馬房餘宅數區，所謂河邊者也。《蕪史》。【略】

臣等謹按：《春明夢餘録》，内承運庫、外馬房在御馬監南，俱無考。惟河邊今有騾圈，或即其地。

于敏中等《日下舊聞考》卷四〇《皇城二》 過東上北門東中門曰彈子房，曰學醫讀書處，曰光禄寺，曰籠頭房，曰東安里門，過橋則東安門也。《蕪史》。原在宫室門，今移改。

臣等謹按：光禄寺在今東安門内街北，尚仍舊制。詳官署門。東安里門今存，餘俱無考。

内市在禁城之左，過光禄寺入内門，自御馬監以至西海子一帶，皆是。每月初四、十四、二十四三日，俱設場貿易。聞之内使云，此三日例令内中賤役輦糞穢出宫棄之，以故各門俱啓，因之陳列器物，藉以博易焉。《野獲編》。原在宫室門，今移改。

臣等謹按：内市今無考。

光禄卿趙健以攜僧入東安門，被糾奪俸三月。神廟末年，禁網疏闊，游人得直窮西苑矣。《國史唯疑》。

北京皇城四面巡更諸舖，周流傳警，每夜内發大鈴。從東華門出至厚載門收，一一交遞，盡七十二枚天明矣。《戒庵漫筆》。原在宫室門，今移改。

内皇城周圍共四十舖，每舖旗軍十名，晝夜看守。銅鈴二十有八，每夜起更時，分從右闕門第一舖發鈴，軍提一鈴摇至第二舖，相續傳遞，至左闕門第一舖止。次日將鈴仍送右闕門第一舖收貯。外皇城周圍七十二舖，每舖守衛旗軍亦十名，晝夜看守。舊有銅鈴七十八個，弘治十年失其二，止存七十有六。每夜從西長安門第一舖發鈴，相續傳遞，至東長安門第一舖止。又内皇城四門每夜派走更官，午門左右闕門二員，東華、玄武門各二員，司禮監置簿，兵部用印，起更時各賚原領令牌及簿，如左闕門官赴東華門，東華門官赴右闕門，每更各於簿上交互用印，以備查核。《兵例》。原在世紀門，今移改。【略】

永樂十一年五月癸未，端午節，車駕幸東苑，觀擊毬射柳，聽文武羣臣、四夷朝使及在京耆老聚觀。分擊毬官爲兩朋，駙馬都廣平侯袁容領左朋，寧陽侯陳懋領右朋，自皇太孫而下諸王大臣以次擊射。皇太孫擊射連發皆中，上喜，命儒臣賦詩，賜羣臣宴及鈔帛有差。《大政記》。【略】

宣德三年七月，召尚書蹇義，夏原吉、楊士奇、楊榮同游東苑。夾路皆嘉樹，前至一殿，金碧焜燿。其後瑶臺玉砌，奇石森聳，環植花卉。引泉爲方池，池上玉龍盈丈，噴水下注。殿後亦有石龍，吐水相應。池南臺高數尺，殿前有二石，左如龍翔，右若鳳舞，奇巧天成。上御殿中，語義等曰：此旁有草舍一區，乃朕致齋之所，卿等盍往徧觀。於是中官引至一小殿，梁棟椽桷皆以山木爲之，不加斲削，覆之以草，四面闌楯亦然。少西有路，紆迴入荆扉，則有河石甃之。河南有小橋，覆以草亭。左右復有草亭，東西相望。枕橋而渡，其下皆水，游魚忉躍。中爲小殿，有東西齋，有軒，以爲彈琴讀書之所，悉以草覆之。四圍編竹籬，籬下皆蔬茹匏瓜之類。觀畢，上臨河，命舉網，得魚數尾，命中官具酒饌賜魚羹。既而召至前，賜以金帛、絲環、玉鈎等物，又賜宴於東廡，被旨令各盡醉而歸。《翰林記》。以上八條原在宫室門，今移改。

臣等謹按：東苑久廢，考其地當在今東華門外之東南。景泰間英宗居之，稱曰小南城，蓋東苑中之一區耳。復辟後又增置三路宫殿，因統謂之南城云。

東上南門之東曰重華宫，猶乾清宫之制，有兩長街。西則有宜春等宫。重華宫之東曰洪慶宫，供番佛之所也。又東則内承運庫，再東則崇質宫，俗云黑瓦殿是也。景泰間英廟所居。再南則皇史宬，藏太祖以來御筆實録。每年六月六日，奏知曬晾。司禮太監董其事。左右小門曰鞬音龍。曆左門，鞬曆右門，再東則追先閣、欽天閣，勒世廟欽天頌於碑，再南則御作也。《蕪史》。原在宫室門，今移改。

臣等謹按：明英宗北還，居崇質宫，謂之小南城。考今緞疋庫庫神廟有本朝雍正九年重修廟碑云，緞疋庫爲户部分司，建在内東華門外小南城，名裏新庫，則裏新庫亦小南城地也。東南爲國初所建普勝寺，寺前沿河尚有城墻舊址。西南爲皇史宬，去菖蒲河牛郎橋不遠。臨河有地名大院子，應即御作也。庫北爲今普度寺，即南城舊宫遺址。廟東地名瓷器庫，巷口石獅二，臨河，巷有南北兩汊。内有黑琉璃瓦房，蓋即庫房未毁者。又按蕪史，内承運庫在東下馬門，其職掌庫藏，在宫内者謂之裏庫，其會極門、寶善門迤東一帶及南城瓷器等庫謂之外庫。明史職官志止載内承運庫，而不列外庫名，似瓷器等外庫均隸内承運庫，故明史但以承運庫該之耳。

南内在禁垣内之巽隅，亦有首門、二門以及兩掖門，即景泰時錮英宗處，所稱小南城者是也。二門内亦有前後兩殿，具體而微，旁有兩廡，所以奉太上者止此矣。其他離宫以及圓殿石橋，皆復辟後天順間所增飾者，非初制也。《野獲編》

景泰八年，景帝不豫，石亨、張軏等謀迎上皇，夜至有貞家。聞之，大喜曰：須令南城知此意。軏曰：陰達之矣。辛巳夜，諸人復會有貞所。時有邊警，有貞令軏詭言備非常，勒兵入大内。亨掌門鑰，夜四更開長安門納之。時天色晦冥，亨、軏皆惶惑，有貞大言事必濟。既薄南城，門錮，毁墻以入。上皇燈下獨出，問故。有貞等俯伏請登位，乃呼進輿。兵士惶懼不能舉，有貞率諸人助挽以行。星月忽開朗。上皇各問諸人姓名。至東華門，門者拒弗内。上皇曰：朕太上皇帝也。遂反走，升奉天門。景帝明當視朝，羣臣待漏闕下，忽聞殿中呼噪聲，方驚愕，俄諸門畢啓，有貞出號於衆曰：太上皇帝復位矣，趣入賀。《明史·徐有貞傳》

奪門兵士薄南宫門，鐵錮牢密，扣不應，徐公有貞命取巨木架懸之，數十人舉以撃門。又令勇士踰垣入，與外合兵毁墉，墉壞門啓，入見太上，合聲稱陛下登位。上遲疑，公疾呼兵士舉輿。兵士驚顫不能舉，公自挽以前，掖上登輿，公又自挽之。上顧問公卿爲誰。公對曰：都御史臣徐有貞。上命公前導，密邇屬車。既升奉天殿，公猶在車前失退，武士撃公一椎，上叱止。黼座在殿隅，公往推之至中。上升座，天寖明。上又顧公曰：此事卿爲之耶？朕失遇卿矣。《蘇村小纂》

英宗在南城，一日飢甚，索酒食，光禄官弗與。濬縣人張澤以吏辦事光禄寺，曰：晉懷、愍，宋徽、欽，天所棄也，上北狩而還，天有意乎！若復立而誅無禮，光禄其首矣。乃潛以酒食進，英宗識之。後復位，光禄官皆得罪，即日拜澤爲光禄卿。《濬縣志》

南城在大内東南，英宗北狩還，居之。其中翔鳳等殿石闌干，景皇帝方建隆福寺，内官悉取去，又伐四圍樹木，英皇甚不樂。既復辟，下内官陳謹等於獄。尋增置各殿爲離宫者五，大門西向，中門及殿南向，每宫殿後一小池跨以橋。池之前後爲石壇者四，植以栝松。最後一殿供佛甚奇古。左右迴廊與後殿相接，蓋仿大内式爲之。《湧幢小品》

南城中路曰永聚門，曰觀心殿，曰昭祥門，曰端拱之門，曰昭德門，曰重華門，曰廣愛門，曰咸熙門，曰重華殿，曰中圓殿，曰肅雍門，曰康和門，曰後殿，曰麗春門，曰清和閣，曰迎春館，曰圓殿。其東長街曰廣順門，曰中和門，曰景華門，曰宣明門，曰景明門，曰洪慶門，曰洪慶殿，曰後殿，曰膳房，曰庫，曰景和門。其西長街曰興善門，曰麗景門，曰長春門，曰清華門，曰寧福宫，曰延福宫，曰嘉福宫，曰高明門，曰明德宫，曰永春宫，曰永寧宫，曰宜春宫，曰延嘉宫，曰延春宫，曰御前作。河東有崇德殿，即回龍觀。有翫芳亭，有集祥門，有桂香館，有翠玉館，有浮金館，有擷秀亭，有聚景亭，有呂梁洪，有左右漾金亭，有含和殿，有澄輝閣，萬曆中更名曰湧福閣。有秋香館。《明宫殿額名》以上七條原在宫室門，今移改。

臣等謹按：朱彝尊原書所引宫殿額名與《春明夢餘録》俱同，惟永聚門，《春明夢餘録》作永泰，爲小異耳。今門、閣、宫、殿、亭、館俱無存，其曰庫者，即今磁器庫地。

初，上在南内，悦其幽静，既復位，數幸焉。因增置殿宇，其正殿曰龍德，左右曰崇仁，曰廣智。其門南曰丹鳳，東曰蒼龍，正殿之後，鑿石爲橋。橋南北表以牌樓，曰飛虹，曰戴鰲。左右有亭，曰天光，曰雲影。其後壘石爲山，曰秀巖，山上平，中爲圓殿曰乾運。其東西有亭曰淩雲，曰御風。其後殿曰永明，門曰佳麗。又其後爲圓殿一，引水環之，曰環碧。其門曰静芳，曰瑞光。别有館曰嘉樂，曰昭融，有閣跨河曰澄輝，皆極華麗。天順三年十一月工成，雜植四方所貢奇花異木于其中。每春暖花開，命中貴陪内閣儒臣賞宴。《明英宗實録》

天順三年己卯七月，賜游南城，中有宫殿樓閣十餘所。是秋新作行殿，東爲蒼龍門，南爲丹鳳門，中爲龍德殿，左右曰崇仁、廣智。殿之北有橋，橋皆白石，雕水族於其上，南北有飛虹、戴鰲二牌坊，東西有天光、雲影二亭。又北疊石爲山曰秀巖，山上有圓殿曰乾運。其東西二亭曰淩雲、御風。山後爲佳麗門，又後爲永明殿，最後爲圓亭，引流水繞之，曰環碧。移植花木，青翠蔚然，如夙藝者。

工既畢，遂命同學士李賢、吕原往觀焉。《可齋筆記》。

吴伯與《内南城紀略》：自東華門進至麗春門，凡里餘，經宏慶殿，歷皇史宬門，至龍德殿，隙地皆種瓜蔬，注水負甕，宛若村舍。過此則飛虹橋，石刻熊虎禽鳥狀，傳爲西洋僧載而來。橋之南北柱石題曰戴鰲，曰飛虹。有洞嵌石壁，壁上刻「秀巖」二字，石磴數十級，有方邱焉。最上爲乾運殿，古松大柏覆之。《燕都游覽志》。

正德中，南城金魚日食蒸餅白麵二十斤。《紫桃軒雜綴》。

嘉靖十二年夏四月乙酉，帝御南城環碧殿閲馬，馬有玉麟飛、白玉驄、照夜璧、銀河練、瑶池駿、飛白，凡七。召輔臣張孚敬、李時、方獻夫、翟鑾侯重華殿。已而召入環碧，賜茗飲，共閲馬。又命至嘉樂館觀花木。帝乘玉麟飛青蓋。至重華殿，進孚敬等於左室，賜酒食、蟒龍飛魚服。帝製古樂府七言律各二章示孚敬等，命各和以獻。《嘉隆聞見紀》。以上五條原在宫室門，今移改。

臣等謹按：玉麟飛以下共六馬，原書作七，似有脱漏，或七字爲傳寫之訛。

嘉靖辛卯，上游幸南城演馬，召諸輔臣環碧殿賜宴，親灑宸翰，特命賡歌。又剪紅芍藥勅簪於首，又賜寶扇宫錦，徘徊於翠芬亭、寶月亭間。自醉學士歌而後，君臣同游未有如此之盛者。《眉公見聞録》。

朱維京《度飛虹僑詩》：鯨海遥涵一水長，清波深處石爲梁。平鋪碧甃連馳道，倒瀉銀河入苑墻。晴緑乍添垂柳色，春流時泛落花香。微茫迴隔蓬萊島，不放飛塵入建章。《燕都游覽志》。

陶從政詩：中官三寶下西洋，載得仙橋白玉梁。甲翼迎風渾欲動，晴珠觸日更生光。《長安客話》。

龔用卿《乾運殿詩》：團團小殿古陰斜，石檻玲瓏映水花。翠輦不來金鎖合，緑楊深處有啼鴉。《瓊河集》。

廖道南《南内翔鳳樓詩》：南内依鰲極，中天起鳳臺。錦屏霞外出，碣石海東來。嘉樹晴相映，名花晝自開。宣皇會覽眺，玉几五雲迴。《元素子集》。

又《澄暉閣詩》：層臺凌碧落，盤石躡丹梯。卷幔西山入，憑欄北斗齊。朝霞浮藻栱，夕景掛璇題。獨立高寒處，微茫思欲迷。同上。

又《紫芝軒詩》：后皇游息處，尚有紫芝軒。珍果垂枝熟，琪花接葉繁。晴雲團翠蓋，麗景照彤垣。翻憶東方朔，揮毫金馬門。同上。以上七條原在宫室門，今移改。

臣等謹按：龍德殿諸處在今南池子西南，舊蹟俱廢。其地猶有名飛龍橋者，蓋即飛虹橋遺址，龍、虹音近而沿訛耳。

嘉靖十三年秋七月，命建皇史宬於重華殿西，欲置金匱石室其中也。勅閣館諸臣重書九廟寶訓實録藏之。復於欽天閣建石鐫欽天記頌，追先閣建石紀祖德詩，已而宴儒臣於謹身殿。《大政記》。原在宫室門，今移改。

臣等謹按：欽天閣、追先閣久廢，詩頌石刻亦無考。

皇史宬，藏寶訓實録處也。按宬與盛同義，《莊子》以匡宬矢。《説文》曰：宬，屋所容受也。然殿宇命名，於斯僅見耳。《燕都游覽志》。

皇史宬在重華殿西，建於嘉靖十三年。門額以史爲叓，以成爲宬。左右小門曰鐍歷，以龍爲鐍，皆上自製字而手書也。中貯列朝實録及寶訓，每一帝開局，纂修告成，正本貯此。實録中諸可傳誦宣布者曰寶訓。宬中四周上下俱用石甃，中具二十臺，永陵、定陵各占二臺。《春明夢餘録》。

臣等謹按：史宬二字，《燕都游覽志》作史宬，謂宬與盛同義。《春明夢餘録》謂以史爲叓，以成爲宬，嘉靖自製字也，今作史宬。鐍歷門額今無攷。

永樂中，命解縉纂集類書爲文獻大成，嫌其未備，乃命姚廣孝重修。永樂五年十一月告成，凡二萬二千二百一十一卷，各以韻爲類，賜名《永樂大典》，副本貯皇史宬。《春明夢餘録》。

臣等謹按：嘉靖十三年始建皇史宬，《永樂大典》成於永樂五年，云副本貯皇史宬者，就其後存貯之地而言也。

王立道《皇史宬頌》：惟古有史，君舉必書。左言右動，載筆罔虚。赫赫管彤，螭坳侍立。東馬南狐，各專其職。惟我有明，肇自太祖。太宗仁宣，英憲孝武。煌煌帝業，洋洋聖謨。超墳襲典，溢於翰觚。網羅散失，廣記備搜。郡國所上，太史所修。芸簽縹帙，金匱咸收。簡册既繁，先后靡一。於惟我皇，覽於前籍。因而出之，爰正爰輯。繕録靡忒，校讐孔精。諸臣咸勤，用觀厥成。迺審厥藏，倣古石室。司空載營，石室有翼。匪棟匪楹，不節不棁。斵之襲之，有賁其飾。瑰階玉碱，廓其靚深。疏以瓊户，啓以朱扃。昔藏名山，京師留副。制崇蘭臺，嚴先四庫。其在於今，乃知其陋。百千萬年，與國永壽。《具茨集》。原在宫室門，今移改。

臣等謹按：皇史宬仍明舊制，在南城南，尊藏本朝實録、玉牒。内有碑二：一恭刊御製恭瞻皇史宬詩，一恭刊御製恭送實録至盛京時。其舊存《明實録》，移貯内閣書籍庫。

乾隆十五年《御製恭瞻皇史宬詩》：五代神謨秘典垂，崇宬扃鑰壯鴻規。蘭臺令史無慚筆，綸閣元臣有職司。内閣所掌。百世聰聽欽寶訓，萬年永茂衍宗枝。玉牒並藏於此。瑶函金匱前朝制，殷鑒兢兢念在兹。

臣等謹按：皇史宬御製詩，恭載首見之篇，餘不備録。

皇史宬之西，過觀心殿射箭處，稍南則嘉樂館也。其北曰丹鳳門，門列金獅二。内有正殿曰龍德，左右亦有配殿，正殿之後則飛虹橋也。橋以石爲之，鑿龍魚水族於石，傳自西域得之。《燕史》。

橋南北有坊二，曰飛虹、戴鰲，姜立綱所書也。橋北有山，山下有洞，額曰秀巖，以磴道分而上之。其高高在上者乾運殿也。左右亭各一，曰凌雲、御風，界以小石、藤蘿、花卉，若墻壁焉。同上。

嘉靖四年五月，禮部尚書席書等上言：皇考既爲天子之父，當祭以天子之禮。但觀德殿在禁嚴之地，各官不得陪祀，太常不得行禮，當於太廟之東，南城之北或東，別立一廟。得旨：禮、工二部會同司禮監，内閣領欽天監官相度。太廟右邊地狹，不堪建造，隨於廟東切近處所，南城稍北環碧殿地方，自御前作後墻起，至永明殿静芳門裏，南北深五十丈，東西闊二十丈，與午門甚近，太廟後隔一溝。合於本址建造新廟。六月，詔興工。《大禮集議》。

嘉靖四十四年六月，作玉芝宫，名宫門曰芝祥，前門曰寶慶，後寢曰大德殿。《明典彙》。

初，世宗之建世廟也，先名世室，以奉皇考獻皇之祀。既以世字礙後世稱宗，改建獻皇帝廟。既而獻皇祔廟稱宗，遂閉世廟不復祀。至嘉靖四十四年，舊廟柱産芝，上大悦，更名玉芝宫。欽定祀儀，日供膳如内殿，四時歲暮，大小節辰，牲帛諸品如廟祀。穆宗即位，禮臣以獻皇已同列聖臨享，則玉芝之祀可罷。况宗廟常禮如四孟大祫，止行於太廟，節辰忌辰止行於内殿，國有大事止告太廟或内殿，未有并祭并告者。今無所不祭告，則列聖先帝將何以處之？至於日供之膳，宣倣南京奉先殿太祖例如舊奉設，以存有舉莫廢之義。上命如所擬，而議者猶以日膳爲瀆云。《野獲編》。以上五條原在宫室門，今移改。

臣等謹按：玉芝宫久廢，以《大禮集議》所記地界考之，當在南池子西北，今之門神庫或即其地歟？

普度寺在裏新庫北。《城册》。

臣等謹按：普度寺舊名瑪哈噶喇廟，康熙三十三年建，乾隆四十年修，四十一年，賜名曰普度寺。大殿額曰慈濟殿，殿内額曰覺海慈航，皆皇上御書。寺内殿基高敞，去地丈餘。國初爲睿親王府，相傳即南城舊宫，後改今寺。左爲黑護法佛殿，内藏鎧甲弓矢，皆睿親王舊物也。

普勝寺在裏新庫東南。《城册》。

臣等謹按：國初建三大寺，普勝其一也。寺地爲明南城舊址，順治八年勅建。東有内翰林國史院大學士寧完我撰碑，西有乾隆九年工部侍郎勵宗萬撰重修碑。四十一年復修。

自皇史宬東南有門通河，河上有湧福閣，俗所謂騎馬河是也。迤東沿河稍北，則吕梁洪東安橋，再北有亭居橋，上曰涵碧。又北則迴龍觀址焉，其殿曰崇德者，是也。是河也，從北安門外文昌宫迤東步糧橋入，經皮房、内織染局、巾帽局、御馬監東、東安門橋下，至長安左門外迤東之玉河橋出焉。《燕史》。

迴龍觀舊多海棠，旁有六角亭，每歲花發時，上臨幸焉。《燕都游覽志》。以上二條原在宫室門，今移改。

崇德殿即迴龍觀。萬曆二十八年六月拆去，蓋造觀心殿，修補乾運殿。《春明夢餘録》。

陳悰詩：河流細繞禁墻邊，疏鑿清流勝昔年。好是南風吹薄暮，藕花香冷白鷗眠。《天啓宫詞》。原在宫室門，今移改。

臣等謹按：湧福閣諸處今俱廢，以河與橋證之，則普勝寺東北有馬鞍橋，當即騎馬河舊址。河東今爲南箭亭，北有平橋，在東安橋南，當即吕梁洪漾金亭舊址。東安橋北又有橋，橋上遺石礎二，相傳有樓騎河，今橋西街尚名騎河樓，則《燕史》所云有亭居橋上曰涵碧者也。又北今爲北箭亭，崇德殿舊基應在其地云。

于敏中等《日下舊聞考》卷四一《皇城三》 北安門内黄瓦西門之裏，則内官監也。過北中門迤西，則白石橋萬法等殿。至大高元殿則習學道經内官之所居也，其北則裏冰窨也。《燕史》。

内官監成造定粉等粉，御用彩漆膳卓、膳合、托合之類，供應宫殿牀、卓、器皿、生鐵、錫竃、砂銚、礶盤等件。《水部備考》。以上二條原在宫室門，今移改。

内官監掌印太監一員，總理管理僉書典簿掌司寫字監工無定員，掌木、石、瓦、土、塔材、東行、西行、油漆、婚禮、火藥十作，及米鹽庫、營造庫、皇壇庫，凡國家營造宫室、陵墓并銅錫妝奩器用暨冰窨諸事。《明史・職官志》。

臣等謹按：内官監今廢，其地猶名内官監衚衕。内有大佛道。其碑記備列黄瓦門營造庫、米鹽庫、油漆作、外鐵作、婚禮作、東行、西行、西瓦廠、石廠、黑窑廠、神木廠、鑄鐘廠、供應廠、備用廠、金殿廠、稻田廠、蜂窩廠、東花房、馬鞍房、琉璃局、外冰窨等名目，與水部備考及明史所載多合。又有花砲局，見於《火神廟三聖神祠碑記》，即《明史》所稱火藥十作舊地也。出北口迤西爲教軍場，出南口則《燕史》所云白石橋也。

嘉靖四十四年十二月，定新建萬法寶殿名，中曰壽憩，左曰福舍，右曰禄舍。《明世宗實録》。

萬法寶殿，萬曆二十九年添蓋佛殿，三十年額曰祖師殿。《明宫殿額名》。

嘉靖二十六年十一月，圓明閣陽雷軒工成。《明世宗實録》。

天啓甲子歲，吴地大水，上命道經廠内官教宫女數十人演習禳醮，鼇服雲璈，與羽流無異。仍選軀體豐碩者一人，飾爲天神，仗劍登壇行法。不能勝介冑之重，結錦繡爲之。《天啓宫詞注》。以上四條原在宫室門，今移改。

臣等謹按：《春明夢餘録》萬法寶殿燬，萬曆二十九年添蓋佛殿連房。三十年，佛殿添額名祖師殿。今白石橋西魏家衚衕有萬法殿，地基頗狹，似非其舊矣。

北上西門之西，大高玄殿也。其前門曰始青道境。左右坊各二：曰先天明境，曰太極仙林，曰孔綏皇祚，曰弘祐天民。又閣二：左曰炅音陽。真閣，右曰枂音陰。靈軒。殿之東北曰象一宫，中供象一帝君，範金爲像尺許，乃世廟玄修之玉容也。《蕪史》。原在宫室門，今移改。

臣等謹按：大高玄殿在神武門西北，明嘉靖中建，本朝雍正八年修，乾隆十一年復修。第一重門外南面牌坊外曰乾元資始，内曰大德曰生。第二重門額曰大高玄門，正殿額曰大高玄殿，又額曰元宰無爲。聯曰：烟藹碧城，金鼎香濃通御氣；霞明紫極，璇樞瑞啓燦仙都。後殿額曰九天萬法雷壇。再後層高閣，上圓下方，上額曰乾元閣，下額曰坤貞宇。皆皇上御書。上每親詣瞻禮。又按第一重門外左右二坊與《蕪史》所載合。惟先天明鏡，鏡字坊上作境，今改正。至《蕪史》所稱始青道境額及炅真等閣今俱無考。【略】

始陽齋在無上閣左，象一宫在無上閣右。《桂洲集》。【略】

臣等謹按：始陽齋、無上閣、象一宫，俱無考。門前二亭所謂九梁十八柱者，今焕然也。

紫禁城有護城河，河外即御溝也。河自北閘口分流，經内官監、白石橋、大高玄殿之東，北上西門之外，至紫禁城下而東而南，經太廟之東，玉芝宫飛虹橋之西，而其在西一派則自太社太稷壇西，至靈臺寶鈔司之東，合流於湧福之河以出。《愨書》。原在宫室門，今移改。

萬歲門在南曰北上門，左曰北上東門，右曰北上西門。再南過北上門，則玄武門，北上西門之西曰乾明門，曰西上北門。《天府廣記》。

大高玄殿稍西曰石作，有閣。又西曰乾明門。迤南曰兵仗局，每年七夕兼供宫中乞巧針，亦稱爲小御用監。曰西直房，即袍房也。曰舊監庫，屬内官監。曰尚膳外監。曰甜食房，造絲窩虎眼糖松餅。曰西上北門。其東則西下馬門矣。《蕪史》。原在宫室門，今移改。

臣等謹按：石作閣今廢，其地猶存大小石作之名。【略】

臣等謹按：西華門外街西，有明季兵仗局，佛堂内有米漢雯重修碑記，則兵仗局即在此地。本朝康熙三十九年，敕改爲萬壽興隆寺。前殿外額曰顯靈塵世，殿中額曰摩利支天，中殿額曰興隆寺。又有墨刻心經寶塔一軸，皆聖祖御書。

福佑寺在西華門北街東。《大清一統志》。

臣等謹按：福佑寺，雍正元年建，正殿恭奉聖祖仁皇帝大成功德佛牌，東案陳設御制文集，西設寶座。殿額曰慈容儼在。前殿額曰慧燈朗照。大門外有東西二坊，東曰佛光普照，西曰澤流九有，曰慈育羣生。皆世宗御書。

昭顯廟在興隆寺南。《大清一統志》。

臣等謹按：昭顯廟，雍正十年敕建以祀雷神，有世宗憲皇帝御書導和宣豫額。

静默寺在西華門外。《大清一統志》。

臣等謹按：寺碑云，寺爲明季關帝廟舊址。本朝康熙五十二年重建。寺門有敕建静默寺額，正殿額曰静默寺，後殿額曰璿樞轉福。皆聖祖御書。

自西上北門過西上南門，則御用監也。又南曰靈臺，曰寶鈔司，其署在臨河後，倚河有泡稻草池，池中石灰瀘渣積成卧象形，因名曰象山。作房七十二間，各具一竈突，名曰七十二凶神。自西中門之西，則尚寶監也，鷹坊司也，再西，出西苑門。《蕪史》。

御用監成造五色雕填剔漆龍牀、頂架、袍匣、服廚、寶箱及壇廟供器，上用兜羅絨袍、應用魚牙柘炭，安置各宫牀櫃、膳卓、天燈、萬壽燈、日月仙燈。《水部備考》。以上二條原在宫室門，今移改。

御用監掌印太監一員，裏外監把總二員，典簿掌司寫字監工無定員，凡御前所用圍屏、牀榻諸木器及紫檀、象牙、烏木、螺甸諸玩器，皆造辦之。又有仁智殿監工一員，掌武英殿中書承旨所寫書籍畫册等，奏進御前。《明史・職官志》。

臣等謹按：御用監廢，其舊址今爲玉鉢庵，即明真武廟也。在西華門外西南。庵内有翰林院侍讀曹日瑛《重修真武廟碑記》。又西南有關帝廟，爲御用監南庫舊址，亦有碑。

曹日瑛《重修真武廟記》略云：紫禁城西華門外西南里許，乃前明御用監舊址也。房舍盡爲軍民所居，惟真武廟存焉。殿前有古玉鉢一口，大可容二十石，山龍海馬，雲容水態，備極雕鏤之巧。且露處庭中，久歷年所，沐日月之精華，經風雨之噓潤，斑斕光彩，奪人心目。

以故文人墨士時共訪觀。憶予於儤直之暇，亦曾摩挲數匝，徘徊久之，深歎有器如此而竟散置於禁近之地也。辛丑春，僧性福過訪，云住此二十六年，一瓦一木，咸出行乞。至康熙五十年庀材鳩工，重建真武殿三楹。復建前殿三楹，供大士像，移玉鉢於座下，疊石爲小山，貯水於玉鉢，以示普陀南海之意。左右增修禪堂各三楹。雖殿宇無多，而鐘鼓不缺。更喜落成之日，適值今上御極六十年，甲曆初周，香燈佛火，朝夕諷禮，仰祝我朝寶曆萬年之盛，敢乞一言記之。是爲記。

臣等謹按：《元史·世祖紀》，至元二年十二月，瀆山大玉海成，敕置廣寒殿。《輟耕録》謂之玉甕。後在西華門外真武廟中，俗稱爲玉鉢，因以名庵。本朝乾隆十年，敕以千金易之，移置承光殿。御制《玉甕歌》並命内廷翰林等分賦鐫勒楹柱。十六年重修是廟，別製石鉢，以存舊名。御製詩及玉甕相傳始末詳見宫室門。

明嘉靖癸丑《修造南庫碑記》略云：御用監初立爲行在作房，次改御用司，宣德朝更爲監，置設公廳。各庫作東則外庫、大庫，西則花房庫作、南庫冰窨，左右四作，曰木漆、碾玉，曰燈作，曰佛作。

西苑門迤南向東曰灰池。《春明夢餘録》。

臣等謹按：御用監諸庫作今廢，惟冰窨尚存。又東南掌儀司署有觀星臺，即《蕪史》所稱靈臺也。又織女橋南真武廟中有明萬曆八年《重修寶鈔司内真武廟碑記》，則真武廟即寶鈔司故址也。灰池、象山、作房竈突久廢，今其地猶有七十二烟洞之名。按高士奇《金鼇退食筆記》，南花園在西苑門迤南，東向，明時曰灰池。種植瓜蔬於炕洞内，烘養新菜，以備春盤薦生之用。立春日進鮮蘿蔔，名曰咬春。本朝改爲南花園，雜植花樹，凡江寧蘇松杭州織造所進盆景，皆付澆灌培植。又於暖室烘出芍藥、牡丹諸花。每歲元夕宴時安放。是今之南花園即灰池舊址。尚寶監、鷹坊司無考。

左臨海亭右臨海亭在西苑門外，嘉靖二十三年五月建。《明宫殿額名》。原在宫室門，今移改。

臣等謹按：左右臨海亭久廢。

乾明門在大高玄殿之西，承光殿之東。《金鼇退食筆記》。原在宫室門，今移改。

臣等謹按：承光殿之東街北今爲桑園門，街南今爲蕉園門，俱詳宫室門。

太液池中駕長橋，兩端立二坊，西曰金鼇，東曰玉蝀。天氣清明，日光滉漾，清徹可愛。《戴司成集》。

臣等謹按：玉蝀橋亘太液池中，橋有九門，中門南額曰銀潢作界，聯曰：玉宇瓊樓天上下；力壺員嶠水中央。北額曰紫海迴瀾，聯曰：繡穀紋開環月珥；錦瀾漪皺焕霞標。皆皇上御書。

又按：御製《過玉蝀橋》詩已恭載宫室門，茲不復綴。【略】

由金海橋玉熙宫迤西曰欞星門，迤北曰羊房夾道，牲口房、虎城在焉，内安樂堂在焉。成化間，萬貴妃專寵，孝穆紀皇后有娠，託疾居此，誕生孝宗。《蕪史》。

金海橋之北曰玉熙宫，曰承華殿，曰元熙殿，曰寶月亭，曰清馥殿，曰騰禧殿。同上。

玉熙宫二坊，曰熙祥、熙瑞，後殿曰清仙宫，東壽祺齋，西禄祺齋。又有鳳和居，鸞鳴居，仙輝館，仙朗館。《明宫殿額名》。

原：神廟設玉熙宫，選近侍三百餘員學宫戲，駕陞座則承應之，劉榮即其一也。《蕪史》。

玉熙宫在西安門裏街北，金鼇玉蝀橋之西。明神宗時選近侍三百餘名於此學習宫戲，歲時陞座則承應之。各有院本，如《盛世新聲》、《雍熙學府》、《詞林摘艷》等詞，又有《玉蛾兒》詞，名《御製四景玉蛾郎》。愍帝每宴玉熙宫，作過錦水嬉之戲。一日宴次報至，汴梁失守，親藩被害，遂大慟而罷。自是不復幸玉熙宫矣。《金鼇退食筆記》。

臣等謹按：金海橋即玉蝀橋。玉熙宫久廢。按《金鼇退食筆記》，玉熙宫在金鼇玉蝀之西，本朝改爲廐，豢養御馬。今陽澤門内小馬圈即其地也。承華殿、元熙殿、寶月亭，俱詳宫室門。

欞星門迤西曰西酒房，曰西花房，曰大藏經廠，即司禮監之經廠也。《蕪史》。

羊房夾道舊有貞慶殿，萬曆三十一年八月毀。《明宫殿額名》。

正德八年五月，詔建延壽僧寺堂釋殿於西内經廠。《大政記》。

司禮監大藏經廠，按碑記，皇城内西隅有大藏經廠，隸司禮監，寫印上用書籍及造制敕龍箋處。内有廨宇、庫藏、作房及管庫監工等處官員所居。藏庫則堆貯歷代經史文籍、三教番漢經典及國朝列聖御製御書詩賦文翰印板石刻於内。作房乃匠作印刷成造之所。其印板用久模糊，則入池刷洗復用。建自正統甲子，歷至嘉靖戊午，世宗皇帝造玄都宫殿，將本廠大門拆占，廨宇等項雖存，而官匠出入狹隘不便。隆慶改元，玄都拆毀，其後内監展拓舊基，重加修飾，始於萬曆三年二月，落成於五月。《燕都遊覽志》。以上四條原在宫室門，今移改。

大藏經廠在玉熙宫遺址之西，即司禮監經廠也。貯經書典籍及釋藏諸經。《金鼇退食筆記》。

臣等謹按：陽澤門迤西，出三座門轉北，則羊房夾道路西，庵基頗狹，楝宇無多。院墻南面有康熙中重修碑記。庵内有嘉靖六年鐘一，上鑄「延壽庵及内府安樂堂佛堂永遠供奉」等字。是安樂堂在西内經廠，延壽庵則其佛堂也。稍西爲經板庫，則《燕都遊覽志》所云藏庫以貯經史文籍、番漢經典及御製詩文印板者也。有《三佛庵碑記》可考。又考《春明夢餘録》，貞慶殿，萬曆三十一年已拆去爲大山子工所用。西酒房、西花房，考《金鼇退食筆記》云久廢。今羊房夾道迤西酒醋局巷内有真武殿，至今稱爲酒房，蓋即西酒房舊址也。

原：清馥殿前有丹馨門，錦芳、翠芬二亭，嘉靖十一年三月建。《明宫殿額名》。【略】

弘仁寺在太液池西南岸。《城册》。

臣等謹按：弘仁寺地最爽朗，即明清馥殿舊基。康熙五年改建爲寺，迎栴檀佛像居之。恭勒聖祖御製碑記。又六十年《聖祖御製栴檀佛西來歷代傳祀記》。乾隆二十五年皇上發帑重修，恭勒御製重修碑文。正殿額曰祇林妙相，後樓額曰雲蔭樓。皆皇上御書。

弘仁寺前樹二坊，東曰廣恩敷化，西曰普度能仁。入寺數武，白石甃方池，上跨三梁，緑荷出水，朱魚吹藻。其西作龍首，自墻外汲太液水貫注之。池北天王殿，殿東西分峙兩樓以懸鐘鼓。再進爲慈仁寶殿，左曰弼教，右曰翊化。又進爲大寶殿，左曰覺德，右曰普慧。栴檀佛像高五尺，鵠立上視，後瞻若仰，前瞻若俯，衣紋水波骨法見其表。左手舒而直，右手舒而垂，肘掌皆微弓，指微張而膚合，三十二相中鵝王掌也。勇猛慈悲，精進自在，以意求之皆備。相傳爲栴檀香木，扣之聲鏗鏘若金石，入水不濡，輕如髹漆。晨昏寒暑，其色不一，大抵近於沉碧，萬曆中慈聖太后始傳以金。《金鼇退食筆記》。

臣等謹按：弘仁寺正殿及後樓額皆御書，已詳見前條。其餘坊殿諸額名俱仍舊，惟普慧覺德二殿額左右易置耳。

優填王勅國出巧匠，會以牛頭栴檀作佛像形供養，晨夕禮拜。是時波斯國王聞優填王作佛像供養，亦召巧匠，語以如來形體當以真金作佛像形，即令紫磨作如來相，亦五尺餘，時閻浮提中始有二像也。《增益阿含經》。

佛九十日在忉利天爲母説法，時優填王思佛，請目犍連神通攝匠人，俾雕佛匠六，雕得三十二相，惟釋摩梵音像雕不得。《傳燈録》。

京師栴檀佛以靈異著聞海宇，王侯公相士庶婦女捐金莊嚴以丐福利者，歲無虚日。故老相傳，云其像四體無所倚著，人君有道則至其國，國初時尚可通一線無礙，今則不然矣。《輟耕録》。

栴檀佛像元自仁智殿奉迎於萬安寺之後殿，百四十餘年迎於慶壽寺，至嘉靖十七年居百二十餘年，因寺回禄，表聞於上，奉迎於鷲峰寺，至今萬曆二十五年丁酉，居五十八年。計自優填王造像之歲，當穆王十二年辛卯，至今萬曆丁酉，凡二千五百八十餘年。《瑞像來儀記》。以上四條原在宫室門，今移改。

《聖祖御製弘仁寺碑文》：朕惟佛教之興，其來已久，使人遷善去惡，陰翊德化，不可忽也。兹栴檀像自佛初成道刻表以來，屢著靈異，尤當景崇。今特擇景山西之善地，創建殿宇，於康熙四年十月二十七日自鷲峰寺遷移供奉，配以菩薩從神，爲宗社永呵護，生民祈福祐，威儀不遠，資瞻禮焉。是用勅名弘仁，勒諸貞珉，以志不朽云。

《聖祖御製栴檀佛歷代傳祀記》：朕聞佛法誘善懲惡，有裨世教，故歷代尊崇，流傳靈異，厥蹟甚著。按元翰林學士程鉅夫栴檀佛像記，佛道成思報母恩，遂昇忉利天，爲母説法。優填王欲見無由，乃刻栴檀爲像，佛自忉利復下人間，見所刻像，摩頂受記曰：我滅度千年後，汝往震旦，廣利人天。自是像在西土一千二百八十餘年，龜兹六十八年，凉州一十四年，長安一十七年，江南一百七十三年，淮南三百六十七年，復至江南二十一年，汴京一百七十六年，北至燕京供聖安寺十二年，又北至上京大儲慶寺二十年，南還燕宫内殿五十四年，元丁丑歲三月燕宫火，復還聖安寺，五十九年至元十二年乙亥，迎供萬壽山仁智殿，二十六年己丑，遷大聖壽萬安寺後殿。又按明萬曆間釋紹乾《瑞像來儀記》，明初自萬安寺遷慶壽寺，嘉靖十七年寺焚，遷鷲峰寺一百二十八年，康熙四年創建弘仁寺，自鷲峰寺迎供至今又五十七年矣。計自優填王造像之歲，當周穆王十二年辛卯，至康熙六十年辛丑，凡二千七百一十餘年。昭昭瑞像，肇自西方，流傳中土。光明瑩潔，今古常存。考歷代之往蹟，昭新創之宏規，勒諸貞珉，以記盛事，垂之永久，用誌不朽云。

皇上《御製重修弘仁寺碑文》：弘仁寺者，康熙四年奉勅所建，移供鷲峰寺栴檀瑞相於斯。我皇祖再世如來，現轉輪王相，以金仙象教流傳，資翊治化，因而遠溯靈蹤，俾人天廣利。迄今垂及百年，丹雘之焕者日以剥，龍象之獰者日以削。敬惟開歲爲聖慈七旬大慶，今歲又朕五十誕辰，思所以繩寶構、祝鴻禧者。爰以孟陬之吉，出内府帑，重加修葺，閲八月訖工。展禮爲讚，有「瑞紀庚辰重輪奂，奇從辛卯肇胚胎」之句，蓋誌實也。朕惟君子體仁則爲弘，世尊闡仁則爲能。彼弟子之未臻師學者，尚不識何爲弘而何爲能，有似與仁背馳，宜乎儒者之闢爲異端矣。我皇祖内外一如，本末共貫，六十一年深仁厚澤，普被蒼生，則其弘也爲何如，抑其能也爲何如！此寺之建，豈徒以人天福德供養世尊已哉。經言世尊具三十二相、八十種好，然若以色見聲求，即毘首天匠徒勞晝炭，無有似處。設諸浄信一舉念皈依，亦得即覩百千萬億化身。所謂即心即佛，不可言同，何況云異。而彼優填王橅范瑞相，譬如日光月光，本來圓滿。一切衆生扣槃捫籥。今將與操熒爝者求羲馭，曷若引金燧以晞陽？將與挹涓勺者擬望舒，曷若懸方諸而衍潤？矧爾時授記真容，威德自在，乃者勝旛法鼓，莊嚴端好。非謂與諸天寶網種種供養無二無別。以是助宜聖教，永闡慈仁，即現無量壽身而爲説法，則猶我皇祖上爲宗社延庥、下爲蒼黎祈祐之志，而瑞相因緣詳著皇祖御銘者，此不復書。

乾隆二十五年《御製重修弘仁寺敬贊栴檀寶相》：忉利天宫去復回，栴檀摩頂記如來。自兹震旦輝佛日，不盡恒沙演法雷。瑞紀庚辰重輪奂，奇從辛卯肇胚胎。釋紹乾《瑞相記》：優填王造像之歲當周穆王辛卯之年云。惟無量壽福無量，斂錫敷思遍九垓。

乾隆三十九年《御製過弘仁寺瞻禮作》：飛來舍衛國，靈蹟孰能詳？如是相好在，經過瞻禮常。當春忍草秀，不夜慧燈光。設繹弘仁義，吾尤勉未遑。

臣等謹按：弘仁寺御製詩，謹繹有關紀述者恭載卷内，餘不備録。

程鉅夫《栴檀佛像記》：蓋聞道非有像，作易者必擬諸形容；法本皆空，度世則暫資於色相。謂如指空爲鏡，不若以鏡而喻空；即樹占風，將使識風而忘樹。是以雙林付囑，舍利以凡聖而遍分；千輻經行，足蹟亘古今而長在。非炫神通於幻境，實開方便於迷津。所謂由目以會心，即心而印佛者也。按大藏功德經：佛昇忉利天，度夏三月，爲母摩耶説法。爾時優填王常懷渴仰，而不得見。勑彼國内巧工，造佛形像，禮拜供養。毘首羯摩天化爲匠者，即白王言：但我工巧世中爲上。王即選擇香木，肩自負荷，持與天匠，操斧斲木，其聲上徹三十三天，至佛會所，以佛神力，聲所及處，衆生罪垢煩惱皆得消除。又觀佛三昧經：佛昇忉利天既久，優填王不勝慕戀，鑄金爲像，聞佛當下，以象載之，仰候世尊，猶如生佛。乃遥見佛足步虚空蹈雙蓮花，放大光明。佛語像言：女於來世大作佛事，我滅度後，我諸弟子付囑於女。然則萬影沉江，如如不異；孤光透隙，一一皆圓。夫豈擇地而容！蓋亦隨緣而應。望梅林而止渴，靡不同沾；汎竹葉以言歸，誰堪共載？惟我聖天子，道躋往聖，慈等覺皇。祝長樂之春秋，恒依佛地；企如來之歲月，坐閲人天。爰命集資大學士李衎與昭文館大學士頭陀大宗師溥光等，大海雲寺住持長老某，大慶壽寺住持長老智延，大原教寺住持講主某，大崇恩福元寺住持講主德謙，大聖壽萬安寺住持都壇主德嚴，大普慶寺住持講主某，繙究毘尼經典，討論瑞像源流。乃有阿闍鵷鷺，法筵龍象，五千四十八卷，歷刼藏心；十方三世諸尊，宿生摩頂。莫不恪承淵旨，同述勝因。曰：釋迦如來，浄飯王之太子，生於甲寅四月八日，是爲成周昭王二十四年。既生七日，佛母摩耶夫人往生忉利。至昭王四十二年壬申，太子十九，棄位出家修道。至周穆王三年癸未道成。八年辛卯，思報母恩，遂昇忉利天，爲母説法。優填王欲見無從，乃刻栴檀爲像。目犍連慮有缺謬，躬攝三十二匠，升天審諦，三返乃得其真。既成，國王臣民奉之猶佛。是年佛自忉利復下人間，此像躬迎，低頭問訊，佛爲摩頂受記：我滅度千年之後，女往震旦，廣利人天。由是像居西土一千二百八十五年，龜兹六十八年，涼州一十四年，長安一十七年，江南一百七十三年，淮南三百六十七年，復至江南二十一年，汴京一百七十六年，北至燕京居今聖安寺十二年，又北至上京大儲慶寺二十年，南還燕宫内殿居五十四年。大元丁丑歲三月，燕宫火，尚書省舒穆嚕公迎還聖安居。五十九年而當世祖皇帝至元十二年乙亥，遣大臣博囉等備法仗羽駕音伎四衆奉迎，居於萬壽山仁智殿。丁丑，建大聖壽萬安寺。二十六年己丑，自仁智奉迎居於寺之後殿焉。元貞元年乙未，成宗皇帝親臨奉供，大作佛事。計自優填造像，至今奉詔纂述之歲，是爲延祐三年丙辰，二千三百有七年。噫！四大海中，頓覺業風之息；一彈指頃，不知賢刼之過。嘉與涵靈，從兹安隱。於是集賢大學士陳顥以述上聞。有旨授臣鉅夫，俾爲之記。臣謹奉詔言曰：粤自古初，聖人教民報本返始，而祭祀之禮居其一。廟則木爲之主，饗則孫爲之尸。及其後也，乃有像設焉，而不知其所從始。由斯觀之，其原於梵俗也與！夫像爲世中尊，又何俟於贊？然欲知佛之爲佛，不當於其身而況於其似？然苟不自其外而求之，又將無所措其力。是故佛雖多訓，然往往自即其身以言。蓋因以卜人心進退之兆。若於其龘者猶惓惓不怠焉，則其進也殆庶幾乎！此佛之意也。陛下考百王之度，酌羣言之藴。上以惇孝，下以施仁。蘄於厚天下者無所不用其極。至於規人于善，足以輔吾政教之所不逮者，亦以天下之心爲心而從之。而非若彼内祠秘祝者之爲也。夫以金石之悍堅，猶未能必其可久，今以一木之爲，而緜歷獨若此。然則佛之自衛者固甚周，而人之奉佛也抑豈手足之功哉？於以見人心之仁，推諸四海而準，而性善之説果不誣矣。嗟夫！遡沿二千年有奇，至於陛下，然後發德音，紀鴻烈，非緩也。熙明之治至是而始隆，雖典祀之外，猶必以斯文文之也。然則化之漸被者廣矣，不其盛與！記洛陽之伽藍，筆多慚於董史；頌西方之無量，心共祝於堯年。莫測真如，徒欣聖際。謹記。《雪樓集》。

劉迎《栴檀像詩》：我昔遊京師，稽首禮瑞像。堂堂紫金身，示現大法藏。莊嚴七寶几，重疊九霞帳。光如百千日，晃耀不容望。想初法王子，運力攝諸匠。瓌材發神秘，妙斲出智創。風流蜀居士，翰墨老彌壯。雷霆大地底，音樂諸天上。猶疑三十二，不具梵音相。不知一點真，正勝千語浪。嗚呼五因緣，語綺反成謗。我今獨何幸，相見問無恙。文殊本無二，何處覓真安？廣修香火供，獲脱煩惱障。天龍想驚喜，訶衛日歸向。已覺海潮音，人天會方丈。《山林長語》。以上二條原在城市門，今移改。

臣等謹按：栴檀佛像源流，元明以來惟程鉅夫所記甚詳。其言自西土至龜茲，尋入中國，自是而涼州，而長安，而江南，而淮南，復自淮南至江南，由汴京而至燕京，復至上京還燕京，皆有年歲可考。其係干支者與歷代年表頗相合。明萬曆間，釋紹乾作《瑞像來儀記》，雖亦原本鉅夫之説，而紀年譌舛甚多。如周穆王五十一年爲庚午，而紹乾誤作壬申，元太祖即位十二年爲丁丑，至世祖至元十二年乙亥計五十九年，而紹乾誤作一十九年。其不及程記之足據，明矣。又紹乾記謂像自金時至燕京，初居憫忠寺，又北至上京大儲慶寺，復還燕京居於内殿。及元代，因内殿火，像移聖安寺，後迎入萬壽山仁智殿，嗣復移奉大聖壽萬安寺。明初自萬安寺遷慶壽寺，嘉靖間寺燬，遷鷲峰寺。所記金元時事與程記略同。惟紹乾云像初居憫忠寺，而程記作聖安寺。今考憫忠寺並無瑞像遺跡，而聖安寺則有笵銅瑞像，並刻像於碑，與栴檀像相髣髴。碑爲明僧通月記，亦止言居聖安而不言憫忠，則紹乾記之不及程記益明矣。考聖安寺明正統間改爲普濟寺，寺有二碑，詳修葺始末。閲年既久，頹圮特甚。茲奉敕重修，復以聖安爲名，其寺中舊有銅像，視栴檀像較小，不足傳信。特命迎奉大内，詔所司虔選栴檀，肖瑞像雕製，還之聖安寺，以存舊蹟。其功德益不可思議矣。又按仁智殿應在今白塔山，其遺趾已無可考。至大聖壽萬安寺即今妙應寺，慶壽寺即今雙塔寺，俱無瑞像源委。兩寺皆係燼後重修，其不復有蹤蹟可尋，固無足怪。惟鷲峰寺今爲西長安門西之卧佛寺，本朝康熙四年自鷲峰寺移奉弘仁寺，見於聖祖仁皇帝御製碑記。則鷲峰爲像所經歷，信而可徵。今瑞像供奉弘仁寺中，莊嚴相好，經久長新，寺因是並有栴檀之名。若夫瑞像因緣，自有聖祖御碑足以傳信萬世。來儀記之傳聞異辭，乃緇流考訂之疎，更無庸深辨矣。

仁壽寺在弘仁寺東。《大清一統志》。

臣等謹按：仁壽寺，乾隆二十六年建，大門恭懸御書仁壽寺額，殿中圓外方，中央及八方供長壽佛，中有複壁，壁上悉供諸佛，東西南北各闢一門，甃以白石。每門俱刻御書額聯。東之額曰最勝因緣，聯曰：香臺圍遶花霏雨；毫相光明月印川。南之額曰總持壽世，聯曰：螺髻齊瞻安樂相；珠胸全現吉祥文。西之額曰無邊功德，聯曰：一切寶燈輝妙喜；大千圓鏡納須彌。北之額曰永駐祥輪，聯曰：檀薰合證莊嚴具；龍護常資福德多。

正德十一年二月，命右都督張洪監督團營，西官廳復指揮僉事神周官，代洪管勇士營。時江彬、許泰皆以邊將得幸。上好武，特設東西兩官廳於禁中，視團營，東以太監張忠領之，西以泰領之。周嘗以罪坐謫，附泰、洪亦得進用，未幾益以劉暉，皆賜國姓爲義子。四鎮兵號外四家，彬兼統之。上又自領閹人善騎射者爲一營，謂之中軍。晨夕操練，呼譟火礮之聲達於九門，浴鐵文組照耀宫苑。上親閲之，名曰過錦，言望之如錦也。諸軍悉衣黄罩甲，中外化之，雖金緋盛服，亦必加此於上。泰及周等遮陽帽上飄靛染天鵝翎以爲飾，貴者飄三英，次二英。兵部尚書王瓊得賜一英冠以下教場，自謂殊遇焉。《明武宗實録》。

嘉靖三十年，上更定營制，命改舊内教場名曰内戫營，欲以團操内使。次年二月，工部請營建祀所，并營舍中立一臺備御視。上乃遣朱希忠告廟，尚書歐陽必進祭司工之神。《明世宗實録》。

李夢陽《内教場歌》：雕弓豹鞬騎白馬，大明門前馬不下。竟入内伐鼓。大同耶？宣府耶？將軍者許耶？武臣不習武，柰彼四夷。西内樹旗，皇介夜馳。鳴礮烈火，嗟嗟辛苦。《崆峒集》。

文徵明詩：日上宫墻飛紫埃，先皇閲武有層臺。下方馳道依城盡，東面飛軒映水開。雲傍綺疏常不散，鳥窺仙仗去還來。金華待詔多頭白，欲賦長楊媿不才。《甫田集》。以上四條原在宫室門，今移改。

臣等謹按：内教場今名教軍場，在今弘仁寺東北。其地有三聖祠，祠内有碑，略云：教場内三聖祠以祠火神、水草神、馬帥。又云：禁旅之設，遴拔監局諸司内員精健者三千人，統以總提，分治以中軍，領以總牌，次設明甲、硬弓、隨伍等官，於大内西北二處分場訓練，後皆併練於此。

于敏中等《日下舊聞考》卷四二《皇城四》 虎城在太液池之西北隅，睥睨其上而阱其下，阱南爲鐵門闗而竇其南爲小穽，小穽内有鐵柵如籠，以檻虎者。虎城西北隅有豹房。《燕都游覽志》。

王世貞《正德宫詞》：窄衫盤鳳稱身裁，玉靶雕弓月様開。紅粉别依回鶻隊，君王新自虎城來。《弇州山人稿》。以上二條原在宫室門，今移改。

臣等謹按：虎城在今教軍場西南弘仁寺後，基址尚存。

太液池北紫光閣旁有百鳥房，多畜奇禽異獸，如孔雀、金錢雞、五色鸚鵡、白鶴、文雉、貂鼠、舍狸猻、海豹之類。本朝不此是尚，但給飲啄而已。《金鼇退食筆記》。

百獸房在虎城之後，連楹南向。《燕都遊覽志》。

穆天子得白狐以爲異，以天下無粹白之狐也。今西内有白狐，居籠中甚馴。《露書》。

陳沂《放内苑諸禽詩》：多年調養在雕籠，放出初飛失舊叢。祇爲恩深不能去，朝來還繞上陽宫。《枸虛集》。

正德二年八月，蓋造豹房公廨前後廳房，并左右廂歇房。上朝夕處此，不復入大内矣。《明武宗實録》。

七年，添修豹房屋二百餘間，費銀二十四萬餘兩。同上。

唐時給役禁中多名爲小兒，如花藍小兒、飛龍小兒、五坊小兒是也。五坊者，德宗所立，曰雕坊、鶻坊、鷂坊、鷹坊、狗坊，漢有狗監，正德中豹房，皆是此意。《穀城山房筆塵》。

王世貞《正德宫詞》：玉水垂楊面面栽，豹房官邸接天開。行人莫愛纏頭錦，萬乘親歌壓酒杯。《弇州山人藁》。

西内有虎城畜虎豹，旁有牲口房，養珍禽奇獸。上曰：民脂民膏，養此何用！遂殺虎以賜近臣，餘皆縱之。《明崇禎遺録》。

内監蟲蟻房，虎、豹、犀、象，各有職秩，有品科，如虎食將軍俸，象食指揮俸，不甚於秦松之大夫、漢柏之將軍乎？《留青日札》。以上十條原在宫室門，今移改。

臣等謹按：百獸房、豹房久廢。

正德七年十一月，詔建鎮國寺於大内西城。《大政記》。

正德九年十月，刑部主事李中上言：今日大權未收，儲位未建義子未革，紀綱日弛，風俗日壞，小人日進，君子日退，士氣日靡，言路日閉，名器日輕，賄賂日行，禮樂日廢，刑罰日濫，民財日殫，軍政日敝，善治一無可舉，蓋以陛下惑于異端也。夫禁掖嚴邃，豈異教所得雜？今乃於西華門内豹房之地，建護國佛寺，延住番僧，日與親處。異言日沃，忠言日遠，則用舍之顛倒，舉錯之乖方，政務之廢弛，豈不宜哉！伏望陛下毁佛寺，出番僧，妙選儒臣，朝夕勸講，務正心誠意之學，明二帝三王之道，攬大權以絶天下之奸，建儲位以立天下之本，革義子以正天下之名。疏入，不報，尋降廣東通衢驛驛丞。《明武宗實録》。

騰禧殿覆以黑琉璃瓦，明武宗西幸，悦樂伎劉良女，遂載以歸居此，俗呼爲黑老婆殿。《金鼇退食筆記》。

胡纘宗《擬古詩》：驚喜君王至，西華夜啓扉。後車三十乘，載得美人歸。《鳥鼠山人集》。以上四條原在宫室門，今移改。

朱彝尊原按：康陵載劉良女歸，號曰夫人。及南巡日，帝期以中途召之。夫人脱簪予帝以示信。帝騎過盧溝亡之，大索不得也。行至臨清，念夫人，召之，以不見簪不往，帝不獲已，兼程抵潞河，載夫人偕南。寺觀旛幢列鎮國公號，復繫以名，夫人每得並書。嘉靖初，納南京給事中王紀之言，俾盡撤去。然夫人在途常諫帝游獵，非專以色固寵者。明之諸陵皆有妃從葬，而康陵獨無之。惟二妃葬於金山，無姓氏，殆亦爲尊者諱也。

臣等謹按：鎮國寺今無考，據李中疏在豹房之地。騰禧殿久廢，高士奇《金鼇退食筆記》謂在栴檀寺西，則正與豹房毘連。稍南有北極廟，相傳亦明代古刹云。

經廠又西曰洗白廠，曰果園廠，曰西安裏門，曰甲、乙、丙、丁、戊及承運、廣盈、廣惠、廣積、贓罰十庫。《燕史》。

果園廠在櫺星門之西，明永樂年製漆器，以金銀錫木爲胎，有剔紅、填漆二種。剔紅合有蔗段、蒸餅、河西、三撞、兩撞等式，蔗段人物爲上，蒸餅花艸爲次。盤有圓、方、八角、絛環、四角牡丹瓣等式，匣有長、方、二撞、三撞四式。其法朱漆三十六次，鏤以細錦，底漆黑光，針刻大明永樂年製。比元時張成、楊茂剔環香草之式似爲過之。填漆刻成花鳥，填彩稠漆，磨平如畫，久而愈新。其合製貴小，深者五色靈芝邊，淺者回文戧金邊，價數倍於剔紅。二種皆廠製也。《金鼇退食筆記》。以上二條原在宫室門，今移改。

臣等謹按：洗白廠久廢。考真如境廟内有隆慶戊辰《御用監造廠碑記》，略云：本監洗白廠成造上用兜羅絨袍公廨。又隆慶辛未修廠及添設袍作、絛作公廨作房，亦有碑。稍西地名劉鑾塑，内有真武廟。廟有萬曆癸巳《修洗白廠絛作碑》云：初絛作置公廨一區於果園廠前，機作等房俱聚於此，後擇果園廠隙地建兹絛作。是洗白廠、果園廠俱在此地無疑。

京師像設之奇古者曰劉鑾塑。說者疑鑾與元音相近而誤。考郝伯常《陵川集》：燕有四賢祠，其像塑自劉鑾。則鑾别是一人，著名於正奉之先者也。正奉塑像，虞文靖特爲作記。《元史・方技傳》云：有劉元者，嘗從阿爾尼格學西天梵相，亦稱絶藝。下云：元字秉元，薊之寶坻人。而劉同人紀帝京景物，遂目爲藝元，足資噴飯。《析津日詩》。原在郊坰門，今移改。

玄都勝境在弘仁寺西，建於元，相傳爲劉元塑像。正殿乃玉皇大帝，右殿塑三清，儀容肅穆，道氣深沉，左殿塑三元帝君，上元執簿側首而問，若有所疑，一吏跪而答，甚戰慄，一堂之中皆若悚聽嚴肅者。神情動止，如聞謦欬，真稱絶藝。《金鼇退食筆記》。

臣等謹按：玄都勝境建於元代，因内有劉鑾塑像，其地因之得名。本朝乾隆二十五年重修，賜名天慶宫。前殿額曰泰鈞，後殿額曰統元，皆皇上御書。

乾隆二十七年《御製天慶宫像元劉鑾塑詩》：南雕北塑古所傳，大都神塑猶存元。名手劉姓元與鑾，東嶽摶換稱元賢。兹天慶像鑾坯埏，棟宇剥落像巍然。

呵護丁甲其敢延！爲新棟宇丹臒鮮，像弗增易如故焉。是日路便展禮虔，高居上帝絳節翩。侍臣儀從飄乎仙。曹司聾啞解事艱，斯非典欲爲其難。以神喻人至理存，一絜矩乃爲心寒。

臣等謹按：天慶宫像元劉鑾塑，御製詩，是爲首見之篇，謹編載卷内。

正統三年五月，還甲、乙、丙、丁等庫於内府。四年八月，以新造天財甲、乙、丙、丁等庫成，欲盤移庫藏，命魏國公徐顯宗、行在户部右侍郎吴璽總理其事。《明英宗實録》。

十庫自戊子之後，不全用十干，以己者已也，是以改用别名，曰承運、廣盈、廣惠、廣積、贓罰。魏忠賢從甲字庫出身，遂倚任李宗政爲掌庫，餘九庫聽宗政指揮，示優異焉。《蕪史》。以上二條原在宫室門，今移改。

十庫：甲字掌貯銀硃、黄丹、烏梅、藤黄、水銀諸物，乙字掌貯奏本等紙及各省所解胖襖，丙字掌貯絲綿布匹，丁字掌貯生漆、桐油等物，戊字掌貯弓箭、盔甲等物，承運掌貯黄白生絹，廣盈掌貯紗羅諸帛匹，廣惠掌造貯巾帕、梳籠、刷抿、錢貫、鈔錠之類，贓罰掌没入官物。已上各掌庫一員，貼庫簽書無定員。《明史·職官志》。

廣積庫收焰硝硫黄等物。《明會典》。

十庫西有司鑰庫。《蕪史》。

司鑰庫檢得天啓錢數枚，古色斑駁，進至御前。上問：昔年擬年號者誰？左右以内閣及翰林官對。上怫然。《天啓宫詞註》。以上二條原在宫室門，今移改。

嘉靖時又令工部查照永樂、宣德年間事例，差官於直隸并河南閩廣鑄造嘉靖通寶解京，貯内府司鑰庫。《明會典》。

天財庫，凡正陽等九門并各鈔關本折錢及皇城各門鎖鑰，俱送本庫收。同上。

臣等謹按：今西安門内街北十庫，前有天王殿，殿前有修庫題名碑。所記十庫與《蕪史》合，而冠以司鑰庫之名。其修廟碑記則云，禁城西北隅有司鑰庫，而天財庫亦屬焉。是司鑰庫乃十庫總理，而天財庫其附焉者也。再考《明史·職官志》所記十庫，止詳九庫職事，獨闕廣積一庫，今依《明會典》增入。

又按：天王殿，本朝康熙五十二年改爲慈雲寺，門額聖祖御書。

十庫西曰鴿子房，曰西安門。《春明夢餘録》。

臣等謹按：鴿子房其地有二聖廟，即内府鴿子房土地祠也，有萬曆十九年重修碑記，西安門内街北之極西地也。

櫺星門迤西街南，贓罰别庫之門也，門傍東迤南曰蠶池，從陽德門外皆可以至玉河。是河也，由北安門外藥王廟西橋下入，經靈臺寶鈔司東，與護城河之西脈合流，過長安右門之北，經承天門前，再東過長安左門之北，自湧福閣會歸於皇城之巽方而總出焉。《蕪史》。原在宫室門，今移改。

臣等謹按：贓罰庫乃十庫之一，十庫周墻尚存。今梅檀寺西北衚衕猶有贓罰庫之名，則贓罰庫在十庫極北。《蕪史》作櫺星門西街南，誤也。蠶池在三座門西街南，東鄰西苑，北與羊房夾道相對。嘉靖十年三月，改築蠶壇於仁壽宫側，相傳飼蠶於此。蠶壇詳宫室門。蠶池口内西爲天主堂，又西爲琉璃作，地名草廠。

蠶池，明時宫人織錦之所，今止存雲機廟故基。《瑶華集箋》。原在宫室門，今移改。

臣等謹按：雲機廟久廢，今光明殿衚衕内有名巧機營者，或即其地。

萬壽宫者，文皇帝舊宫也。世宗初，名永壽宫，自壬寅從大内移蹕此中，已二十年。至四十年冬十一月之二十五日辛亥夜，火大作，凡乘輿一切服御及先朝異寶盡付一炬。相傳上是夕被酒，與新幸宫姬尚美人者於貂帳中試小煙火，延灼遂熾。此後即下詔雲南，買諸寶石及紫英石。屢進，不當意，仍責再買如命。户部尚書高燿求龍涎香，經年僅得八兩。蓋諸珍煨燼已盡，無一存者，故索之急耳。尚美人致火事，未知果否。至嘉靖四十五年八月，命拜未封宫御尚氏爲壽妃，贈其父臣爲驃騎將軍右軍都督僉事，而同封貴妃文氏乃從敬妃進封者，其父止得指揮同知，則恩禮輕重可知矣。封妃之日距聖誕僅二日，上春秋恰周一甲子，蓋極尊貴之以侑大慶上觴云。《野獲編》。

嘉靖壬寅宫變，宫婢楊金英欲斃上於熟寝，以繩束喉，不絶。有張金蓮者，知事不就，走告皇后，往救獲甦。乃命太監張佐、高忠捕訊，得同謀者楊玉香、邢翠蓮、姚淑翠、楊翠英、關梅秀、劉妙蓮、陳菊花、王秀蘭八人。又有徐秋花、鄧金香、張春景、黄玉蓮數人。詔悉磔之於市。上即移御西苑萬壽宫，不復居大内。萬壽本成祖皇帝舊宫也。至辛亥，萬壽宫災，上乃暫御玉熙宫。宫匠西華門孔道，列屋僅兩層。工部尚書雷禮言：玉熙宫湫隘，且地近外，非可久御。萬壽宫係皇祖受命重地，宜及時營繕。嚴嵩欲諷上還大内，具言三殿初成，工料缺乏，萬壽未宜興復。上不悦，命太常御徐璠督工。《明世廟識餘録》。

世廟居西内事齋醮，一時詞臣以青詞得寵眷者甚衆，而最稱上意者無如袁文榮煒、董尚書份，然皆誕妄不典之言。如世所傳對聯云：洛水元龜初獻瑞，陽數九，陰數九，九九八十一數，數原乎道，道通元始天尊，一誠有感；岐山丹鳳兩呈祥，雄聲六，雌聲六，六六三十六聲，聲聞於天，天生嘉靖皇帝，萬壽無疆。此袁所撰最爲時所膾炙，他文可知矣。時每一舉醮，無論他費，即赤金亦至數千兩。蓋門壇扁對皆以金書屑爲泥，凡數十盌。其操筆中書官預備大管泚筆令滿，故爲不堪波畫狀，則袖之，又出一管，凡訖一對，或易數十管，則袖中金亦不下數十銖矣。吾鄉談相以此得二卿，且致富云。《野獲編》。

嘉靖間，供事内廷奉玄修者，宰臣嚴分宜以衰老得賜腰輿，至八十再賜肩輿。其同事而恩稍下者，則夏文愍、翟文懿俱賜乘馬。二公因私用腰輿，上聞以爲僭，心銜之。夏被禍，翟被逐，已胎於此矣。同上。

撰文諸臣，初時不過一二宰輔，既而郭勛、崔元以勛爵入，陸炳、朱希孝以緹帥入，李春芳、董份以學士入，人數既增，直房有限，得在列者方有登仙之羡，不復覺其湫隘。且房俱東西向，受日良苦。惟嚴分宜最後得，另建面南一所，甚寬潔，且命賜白金笵爲飲食器，及他食物甚備。分宜處之凡十餘年。分宜逐，即以居徐華亭。徐徙居其内亦五年。嚴之晚節以屢出直見疏，徐懲其敗，每遇上命到閣理事，或賜沐至家，輒云戀念聖躬起居，不忍暫舍而出。上以是益憐之。高新鄭最後入直，其辨胡給事疏中云，所居凡四層十六楹最敞，則亦分宜直房之亞矣。同上。

明世宗晚年愛静，常居西内。勳輔大臣直宿無逸殿，日有賚賜，如玲瓏雕刻玉帶、金織蟒服、金嵌寶石斗牛絲環、綵絨護膝、獨角獸補子、貂鼠煖耳、青油雨笠、御製藥酒五味湯、御藥如意湯、橙橘瓜果之類。嚴分宜記賜書扇有海榴罌可寸許，穴其腹，藏象刻物器一百事，工巧異甚。又有水晶及牙仙人墜子。《金鼇退食筆記》。

西宮再建，欽定正宮前堂曰萬壽宮，後寢曰壽源宮。宮門曰萬壽門，左門曰曦福，右門曰朗禄，後門永綏、含祥、成瑞仍舊。後過廊左曰永康門，右曰永順門。宮亭名大元，殿名凝一，門名衍慶。殿東本四宮，四十年已建萬春宮，至是三宮欽定萬和、萬華、萬寧。其西四宮，欽定仙禧、仙樂、仙安、仙明。東西二街門扁，七門隨西長街向東，四名自南起，常寧、常和、常喜、常輝，向西金寧若舊，三門自東起，攸順、攸利、金瑞，後二墻門迎祉、納康。壬戌四月，立帝社帝稷坊牌，安砌宮門墻，拓造西連房工成。六月十三日，承祐殿成。七月十八日，祐祥殿、祐寧殿板屋成。十月三日，建洪應雷宮。《古和藁》。以上七條原在宮室門，今移改。

臣等謹按：《古和藁》所載萬壽宮門殿各名，與《春明夢餘録》俱同。惟《春明夢餘録》較詳耳。帝社帝稷坊牌今無存，詳宮室門。

嘉靖四十五年四月，紫極殿壽源宮成，百官上表稱賀。《明世宗實録》。

西苑宮殿自十年辛卯漸興，以至壬戌，凡三十餘年，其間創造不輟，名號已不勝書。至壬戌萬壽宮再建之後，其間可紀者，如四十三年甲子重建惠熙、承華等殿，寶月等亭，既成，改惠熙爲元熙延年殿。四十四年正月，建金籙大典於大玄都殿，又謝天賜丸藥於太極及紫皇殿，此三殿又先期創者。至四十四年，重建萬法寶殿，名其中曰壽憇，左曰福舍，右曰禄舍，則工程甚大，各臣俱需賞。至四十五年正月，又建真慶殿。四月，紫極殿之壽清宮成，在事者俱受賞，則上已不豫矣。九月，又建乾光殿。閏十月，紫宸宮成，百官上表稱賀。時上疾已極，雖賀而未必能御矣。自世宗升遐未匝月，先撤各宮殿及門所懸扁額，以次漸拆材木。穆宗欲以紫極宮材重建翔鳳樓，因工科都給事中馮成能力諫而止。未歷數年，惟存壞垣斷礎而已。蓋茲地爲文皇帝潛邸舊宮，因而入紹大位。且自永樂以來，無論升遐，即嬪御無一告殞於此者，故上意爲吉地而安之。禁籞初啓，命爲仁壽殿。他如洪應雷壇，上有禱必至。如凝道雷軒，上書日恒御，皆無跡可問。惟清福殿則整麗如故。外門曰仙芳，曰丹馨，内亭曰錦芳，曰翠芬，流泉石梁，頗具幽致，且松柏列植，蒙密蔽空，又百卉羅植於庭，開花時則今上亦時一游幸。蓋其地又與萬壽宮稍隔，故得免焉。《野獲編》。

嚴嵩《萬壽宮頌》：赫赫皇明，膺運握符。於烈太祖，金陵闢都。成祖繼天，燮伐大定。駐蹕全燕，奠鼎凝命。周宅鎬京，殷居亳邑。履重馭輕，四方之極。有宮穹穹，禁苑之西。名曰仁壽，高朗軒夷。實惟斯宮，肇基帝跡。創始鴻圖，貽謀燕翼。爰二百年，我聖龍翔。受命中興，於二聖有光。以聖繼聖，克復其始。迺祓斯宮，迺慰迺止。金梁駕漢，玉棟干虹。王氣榮光，鬱鬱葱葱。皇曰我祖，明德斯肇。予實嗣之，曷循曷紹？累厚增高，重基疊構。特易隆名，嘉進萬壽。壽考維祺，自天之祐。承以五福，範衍箕疇。康寧好德，申命用休。百禄承次，坤儀用彰。安貞之吉，應地無疆。南闕端門，麗於陽德。法天行健，四隩咸宅。耀曦秩秩，寅賓出日。亦有輝朗，素月澄璧。陰陽之精，左右互弼。皇居皇處，匪曰豫佚。景綜萬幾，咸釐庶績。志加窮閻，念軫民食。亭翼豳風，殿峙無逸。南闢穀壇，以祀於稷。北鄰桑壝，后歲親蠶。德如關雎，教形葛覃。允矣風化，匹於二南。維昔農桑，王業之自。皇宅於茲，肇修苑事。分條建規，補弊興滯。皇心翼翼，齋明莊栗。昭事上帝，靈威可質。賜福降祺，百神效職。衎於烈祖，享祀一堂。衣畫衮龍，珩瑀瑲瑲。天眷聖皇，而安而室。俾爾熾昌，俾爾多益。長發其祥，螽斯蟄蟄。天眷聖皇，壽萬斯年。綏以繁祉，受禄於天。天耀景星，地溢醴泉。元龜薦瑞，朱草呈鮮。四方駕焉，四夷服焉。我皇御歷，曷有極焉？微臣稽首，敢獻斯篇。《鈐山堂集》。【略】

萬壽宮在西安門内迤南，大光明殿之東，成祖潛邸也。殿東西有永春、萬春諸宮，翼而前，爲門者三。或曰即舊仁壽宮。明世宗晚年愛静，常居西内。今朱垣隙地雜居内府人役，間藝黍稷及堆官柴草。南曰草廠，北曰柴闌云。《金鼇退食筆記》。

臣等謹按：《金鼇退食筆記》所稱草廠者，今仍存其名。西爲永佑廟，又西爲大光明殿，迤南則拜斗殿也。

壽明殿，壽明門。《春明夢餘録》。

臣等謹按：壽明殿，本朝乾隆三十九年修。殿額仍舊，殿基二重，高丈餘，殿三楹，中奉斗母，今其地猶稱爲拜斗殿云。

永佑廟祀城隍神。《城册》。

臣等謹按：永佑廟，雍正九年建，正殿恭懸世宗御書額曰順承協德。

嘉靖三十六年十一月，大光明殿工成。《明世宗實録》。

大光明殿，門東向，曰登豐；曰廣福，曰廣和，曰廣寧。二重門曰玉宮，曰昭祥，曰凝瑞。前殿則大光明殿也。左太始殿，右太初殿。又有宣恩亭、饗祉亭、一陽亭、萬仙亭。後門曰永吉、左安、右安。中爲太極殿，東統宗殿，西總道殿。其帝師堂、積德殿、壽聖居、福真憩、祿仙室五所，毁於萬曆三十年。後有天元閣，下有闡元保祚。《明宮殿額名》。

崇禎十七年正月二日，帝於禁内大光明殿行祈穀禮。《山書》。以上三條原在宮室門，今移改。

臣等謹按：大光明殿，本朝雍正十一年修，乾隆三十八年重修，恭懸御書扁聯。大光明殿内奉玉皇，額曰鴻鈞廣運，聯曰：覆育普無私，穆然垂象；監臨昭有赫，儼若升階。太極殿内奉三清四御，額曰太初司化，聯曰：元氣蓄函三，上清同契；道源分列四，統御兼成。天元閣上奉斗母后土寶月光元君，額曰溯源參妙，聯曰：月華育德資鴻運；雀御通靈洽富釐。閣下奉雷聲普化天尊，額曰鼓化持衡，聯曰：豫宣式宰扶陽令；解作兼資潤物功。又朱彝尊原書所引宮殿額名，門曰登豐、曰廣福、曰玉宮、曰永吉者，皆中門所懸額，今仍舊名。曰廣和、曰廣寧、曰昭祥、曰凝瑞、曰左安、曰右安者，皆左右門，今無額。大光明殿、太始殿、太初殿、一陽亭、萬仙亭、太極殿、統宗殿、總道殿所懸額今仍舊名。天元閣上額亦仍舊，下無額。宣恩亭、饗祉亭今爲鐘鼓亭，無額。太極殿兩旁曰三星殿、三皇殿、慈佑殿、慈濟殿，皆本朝添建，額皆清漢書。後有方丈三，亦係添建，無額，當即原書所稱帝師堂舊址也。

乾隆七年《御製光明殿詩》：今日三清境，前朝萬壽基。光明殿明萬壽宮地也。彤閭衛虎豹，青殿罩罘罳。鶴立千年柏，雲凝五色芝。瑶階裁玉砌，寶像范金爲。詎慕神仙術？惟祈暘雨時。來齋心惕若，顧諟奉無私。

臣等謹按：光明殿御製詩，恭載首見之篇，餘不備録。

從南臺繞西堤，過射苑，有兔園。其中疊石爲山，穴山爲洞，東西分徑，盤紆而上，至平砌又分繞至巔，布甃皆陶埏雲龍之象。砌上設數銅甕，灌水注池，池前玉盆内作盤龍昂首而起，激水從盆底一竅轉出龍吻，分入小洞，由大明殿側九曲注池中。殿旁喬松數株參立，百藤縈附於上，復懸蘿下垂，池邊多立奇石，一名小山子。《西元集》。

小山在仁壽宮之西。入清虚門，磴道盤屈，甃甓皆肖小龍文。疊石爲峯，巉巖森聳，元氏故物也。中官云，元人載此石自南至燕，每石一，準糧若干，俗呼折糧石。近歲重葺一亭，上扁曰鑒戒亭，亭中設橱貯書，上至，以備覽。山頂曰清虚殿，俯瞰都城，歷歷可見。山腰累石爲洞，刻石肖龍，水自龍吻出，噴灑若簾。其前爲曲流觀，甃石引水，作九曲流觴。又南爲瑶景、翠林二亭，中架石梁，通東西兩池，金鱗游泳，大者可尺許。《鈐山堂集》。

大仙都殿，嘉靖二十八年三月，更大道殿。前有大道門，入清虚門曰清虚殿、鑒戒亭，俱嘉靖十三年八月建。又有曲流觀，翠林、瑶景二坊。旋坡臺，嘉靖二十八年三月，更仙臺。萬曆九年七月，添築方亭其上。四十年九月，榜曰迎仙亭。又有福巒、祿渚二坊。臺上牌額七：一玉光、二光華、三華輝、四輝真、五真境、六境仙、七仙臺。《明宮殿額名》。

嘉靖四十五年二月，造御憩等殿於大道殿果園中。《明世宗實録》。

朝元館，嘉靖四十五年五月建，萬曆二十八年五月毁。顯陽殿，萬曆二十九年五月建。景德殿，萬曆二十八年十月建。《明宮殿額名》。

兔兒山即旋磨臺。天啓乙丑重陽，車駕臨幸，鐘鼓司邱印執板唱洛陽橋記攢眉黛鎖不開一闋。次年復如之。宮人相顧，以其近不祥也。《天啓宮詞注》。

【略】

兔園山在瀛臺之西。由大光明殿南行，疊石爲山，穴山爲洞，東西分徑，紆折至頂。殿曰清虚，俯瞰都城，歷歷可見。砌下暗設銅甕，灌水注池。池前玉盆内作盤龍，昂首而起，激水從盆底一竅轉出龍吻，分入小洞，由殿側九曲注池中。喬松數株參立，古藤縈繞，懸蘿下垂。池邊多立奇石，一名小山子，又曰小蓬萊。其前爲曲流觀、鑒戒亭。又南爲瑶景、翠林二亭，古木延翳，奇石錯立，架石通東西兩池。南北二梁之間曰旋磨臺，螺盤而上，其巔有甃，皆陶埏雲龍之象，相傳世宗禮斗於此。臺下周以深塹，梁上玉石欄柱，御道甃團龍，至今堅完如故。老監云，明時重九或幸萬歲山，或幸兔兒山清虚殿登高。宮眷内臣皆著重陽景菊花補服，吃迎霜兔、菊花酒。今山前亭觀盡廢，池亦就湮，僅餘一亭及清虚殿。《金鼇退食筆記》。

臣等謹按：旋磨臺，《春明夢餘録》載宮殿額名作旋波臺，朱彝尊又引作旋坡臺，其實一也。再考《金鼇退食筆記》云：臺下周塹、梁上石欄堅完如故，山前尚有一亭及清虛殿。則兔兒山、旋磨臺其時尚存。遺蹟今俱毀。其地東猶名拜斗殿。西爲今火藥庫。

司鑰庫旁有惜薪司。凡各宫取用炭，皆易州産，按尺寸鋸截，編小圓荆筐，用黄土刷筐盛之，名曰紅籮炭。廠中舊有香匠，製香餅獸炭，又造將軍等像，各成對，高三尺許，用金彩妝畫如門神，手面俱黑，名曰彩妝。於臘月二十四日奏安於宫殿各門兩旁，至次年二月仍歸本司。至魏忠賢擅政，改而大之，用傀儡體，高至八九尺，衣以綾絹，佩以兵器，夜則明燈守之。人敢怒而不敢言也。《蕪史》

楊士奇新改華蓋殿學士入奏，上望見，謂蹇義。夏原吉曰：新學士來奏事必有理，其共聽之。士奇言：惜薪司傳旨，賦北京山東棗八十萬，供宫禁香炭之用，雖是歲例，得無過多？上喜曰：朕固知學士言有理。即命減除四十萬。《明上諭録》。以上二條原在宫室門，今移改。

正德三年八月，司禮監太監劉瑾傳旨，改惜薪司外新廠爲辦事廠，營府舊倉地爲内辦事廠。時既立西廠，以谷大用領之，瑾又立内廠，以張其威，京師謂之内行廠，比東西二廠尤爲酷烈。《明武宗實録》。原在郊坰門，今移改。

惜薪司掌印太監一員，總理僉書、掌道、掌司、寫字監工，及外廠、北廠、南廠、新南廠、新西廠各設僉書監工，俱無定員，掌所用薪炭之事。《明史・職官志》。

臣等謹按：惜薪司今廢，其地猶稱惜薪司衚衕。中有雙節寺，寺内有正德元年鐘一，上鑄「惜薪司佛堂」字。西安門内街南之極西地也。考《金鼇退食筆記》云，惜薪司在西安門街南巷内，與今地正相合。則《蕪史》所稱司鑰庫旁有惜薪司者，誤也。

藝文

《尚書・盤庚上》 盤庚五遷，將治亳殷，民咨胥怨。作《盤庚》三篇。

盤庚遷于殷，民不適有居，率吁衆慼出，矢言曰：「我王來，既爰宅于兹，重我民，無盡劉。不能胥匡以生，卜稽曰：『其如臺？』先王有服，恪謹天命，兹猶不常寧；不常厥邑，于今五邦。今不承于古，罔知天之斷命，矧曰其克從先王之烈？若顛木之有由蘖，天其永我命于兹新邑，紹復先王之大業，厎綏四方。」

盤庚斆于民，由乃在位，以常舊服，正法度。曰：「無或敢伏小人之攸箴！」王命衆悉至于庭。王若曰：

「格汝衆，予告汝訓汝，猷黜乃心，無傲從康。

古我先王，亦惟圖任舊人共政。王播告之修，不匿厥指，王用丕欽；罔有逸言，民用丕變。今汝聒聒，起信險膚，予弗知乃所訟。

非予自荒兹德，惟汝含德，不惕予一人。予若觀火，予亦拙謀，作乃逸。若網在綱，有條而不紊；若農服田力穡，乃亦有秋。汝克黜乃心，施實德于民，至于婚友，丕乃敢大言汝有積德。乃不畏戎毒于遠邇，惰農自安，不昬作勞，不服田畝，越其罔有黍稷。

汝不和吉言于百姓，惟汝自生毒，乃敗禍姦宄，以自災于厥身。乃既先惡于民，乃奉其恫，汝悔身何及！相時憸民，猶胥顧于箴言，其發有逸口，矧予制乃短長之命！汝曷弗告朕，而胥動以浮言，恐沈于衆？若火之燎于原，不可向邇，其猶可撲滅。則惟汝衆，自作弗靖，非予有咎。

遲任有言曰：『人惟求舊，器非求舊，惟新。』古我先王暨乃祖乃父，胥及逸勤，予敢動用非罰？世選爾勞，予不掩爾善。兹予大享于先王，爾祖其從與享之。作福作災，予亦不敢動用非德。

予告汝于難，若射之有志。汝無侮老成人，無弱孤有幼。各長于厥居，勉出乃力，聽予一人之作猷。「無有遠邇，用罪伐厥死，用德彰厥善。邦之臧，惟汝衆；邦之不臧，惟予一人有佚罰。

凡爾衆，其惟致告：自今至于後日，各恭爾事，齊乃位，度乃口。罰及爾身，弗可悔。」

《尚書・盤庚中》 盤庚作，惟涉河以民遷。乃話民之弗率，誕告用亶。其有衆咸造，勿褻在王庭，盤庚乃登進厥民，曰：

「明聽朕言，無荒失朕命！嗚呼！古我前後，罔不惟民之承；保后胥慼，鮮以不浮于天時。殷降大虐，先王不懷厥攸作，視民利用遷。汝曷弗念我古后之聞？承汝俾汝，惟喜康共，非汝有咎，比于罰。予若吁懷兹新邑，亦惟汝故，以丕從厥志。

今予將試以汝遷，安定厥邦。汝不憂朕心之攸困，乃咸大不宣乃心，欽念以忱，動予一人。爾惟自鞠自苦，若乘舟，汝弗濟，臭厥載。爾忱不屬，惟胥以沈。不其或稽，自怒曷瘳？汝不謀長，以思乃災，汝誕勸憂。今其有今罔後，汝何生在上？

今予命汝一，無起穢以自臭，恐人倚乃身，迂乃心。予迓續乃命于天，予豈汝威，用奉畜汝衆。

予念我先神后之勞爾先，予丕克羞爾，用懷爾然。失于政，陳于茲，高后丕乃崇降罪疾，曰『曷虐朕民？』汝萬民乃不生生，暨予一人猷同心，先后丕降與汝罪疾，曰：『曷不暨朕幼孫有比？』故有爽德，自上其罰汝，汝罔能迪。

古我先后既勞乃祖乃父，汝共作我畜民，汝有戕則在乃心！我先后綏乃祖乃父，乃祖乃父乃斷棄汝，不救乃死。茲予有亂政同位，具乃貝玉。乃祖乃父丕乃告我高后曰：『作丕刑于朕孫！』迪高后，丕乃崇降弗祥。

嗚呼！今予告汝不易！永敬大恤，無胥絶遠！汝分猷念以相從，各設中于乃心。乃有不吉不迪，顛越不恭，暫遇姦宄，我乃劓殄滅之，無遺育，無俾易種于茲新邑。

往哉！先生！今予將試以汝遷，永建乃家。」

《尚書·盤庚下》 盤庚既遷，奠厥攸居，乃正厥位，綏爰有衆。曰：

「無戲怠，懋建大命！今予其敷心腹腎腸，歷告爾百姓于朕志。罔罪爾衆，爾無共怒，協比讒言予一人。古我先王，將多于前功，適于山。用降我凶德，嘉績于朕邦。今我民用蕩析離居，罔有定極，爾謂朕曷震動萬民以遷？肆上帝將復我高祖之德，亂越我家。朕及篤敬，恭承民命，用永地于新邑。肆予冲人，非廢厥謀，吊由靈各；非敢違卜，用宏茲賁。

嗚呼！邦伯師長百執事之人，尚皆隱哉！予其懋簡相爾，念敬我衆。朕不肩好貨，敢恭生生。鞠人謀人之保居，叙欽。今我既羞告爾于朕志，若否，罔有弗欽！無總於貨寶，生生自庸。貳敷民德，永肩一心。」

《尚書·召誥第十四》 成王在豐，欲宅洛邑，使召公先相宅，作《召誥》：

惟二月既望，越六日乙未，王朝步自周，則至于豐。惟太保先周公相宅。越若來三月，惟丙午朏。越三日戊申，太保朝至于洛，卜宅。厥既得卜，則經營。越三日庚戌，太保乃以庶殷攻位于洛汭。越五日甲寅，位成。

若翼日乙卯，周公朝至于洛，則達觀于新邑營。越三日丁巳，用牲于郊，牛二。越翼日戊午，乃社于新邑，牛一，羊一，豕一。越七日甲子，周公乃朝用書，命庶殷侯、甸、男、邦伯。厥既命殷庶，庶殷丕作。大保乃以庶邦冢君出取幣，乃復入，錫周公，曰：

「拜手稽首，旅王若公。誥告庶殷，越自乃御事。

嗚呼！皇天上帝，改厥元子，茲大國殷之命。惟王受命，無疆惟休，亦無疆惟恤。嗚呼！曷其柰何弗敬？天既遐終大邦殷之命，茲殷多先哲王在天，越厥後王後民，茲服厥命。厥終，智藏瘝在。夫知保抱攜持厥婦子，以哀籲天，徂厥亡，出執。嗚呼！天亦哀于四方民，其眷命用懋。王其疾敬德。相古先民有夏，天迪從子保，面稽天若，今時既墜厥命。今相有殷，天迪格保，面稽天若，今時既墜厥命。今沖子嗣，則無遺壽耇。曰其稽我古人之德，矧曰其有能稽謀自天？

嗚呼！有王雖小，元子哉！其丕能諴于小民，今休。王不敢後用，顧畏于民碞。王來紹上帝，自服于土中。旦曰：『其作大邑，其自時配皇天，毖祀于上下，其自時中乂。王厥有成命治民，今休。』王先服殷御事，比介于我有周御事，節性，惟日其邁。

王敬作所不可不敬德，我不可不監于有夏，亦不可不監于有殷。我不敢知曰：有夏服天命，惟有歷年。我不敢知曰：不其延，惟不敬厥德，乃早墜厥命。我不敢知曰：有殷受天命，惟有歷年。我不敢知曰：不其延，惟不敬厥德，乃早墜厥命。今王嗣受厥命，我亦惟茲二國命，嗣若功。

王乃初服。嗚呼！若生子，罔不在厥初生，自貽哲命。今天其命哲，命吉凶，命歷年。知今我初服，宅新邑，肆惟王其疾敬德。王其德之用，祈天永命。

其惟王勿以小民淫用非彝，亦敢殄戮，用乂民，若有功。其惟王位在德元。小民乃惟刑用于天下，越王顯。上下勤恤，其曰：我受天命，丕若有夏歷年，式勿替有殷歷年。欲王以小民受天永命。」

拜手稽首曰：「予小臣，敢以王之讎民百君子，越友民，保受王威命明德。王末有成命，王亦顯。我非敢勤，惟恭奉幣，用供王能祈天永命。」

《尚書·洛誥第十五》 召公既相宅，周公往營成周，使來告卜，作《洛誥》。

周公拜手稽首曰：「朕復子明辟。王如弗敢及天基命定命，予乃胤保，大相東土，其基作民明辟。予惟乙卯，朝至于洛師。我卜河朔黎水，我乃卜澗水東、瀍水西，惟洛食。我又卜瀍水東，亦惟洛食。伻來以圖乃獻卜。」

王拜手稽首曰：「公不敢不敬天之休，來相宅，其作周匹，休！公既定宅，伻來，來視予卜，休，恒吉。我二人共貞。公其以予萬億年敬天之休。」拜手稽首誨言。

周公曰：「王肇稱殷禮，祀于新邑，咸秩無文。予齊百工，伻從王于周。予惟曰：『庶有事。』今王即命曰：『記功，宗以功，作元祀。』惟命曰：『汝受命篤弼，丕視功載，乃汝其悉自教工。』孺子其朋，孺子其朋，其往。無若火始燄燄，厥攸灼敘，弗其絶。厥若彝，及撫事如予，惟以在周工往新邑。伻嚮即有僚，明作有功，惇大成裕，汝永有辭。」

公曰：「已！汝惟沖子惟終。汝其敬識百辟享，亦識其有不享。享多儀，儀不及物，惟曰不享。惟不役志于享，凡民惟曰不享，惟事其爽侮。乃惟孺子頒，朕不暇聽。朕教汝于棐民彝。汝乃是不蘉，乃時惟不永哉！篤敘乃正父，罔不若予，不敢廢乃命。汝往，敬哉！茲予其明農哉！彼裕我民，無遠用戾。」

王若曰：「公，明保予沖子。公稱丕顯德，以予小子揚文武烈，奉荅天命，和恒四方民，居師。惇宗將禮，稱秩元祀，咸秩無文。惟公德明光于上下，勤施于四方。旁作穆穆迓衡，不迷文武勤教，予沖子夙夜毖祀。」

王曰：「公功棐迪篤，罔不若時。」

王曰：「公，予小子其退，即辟于周，命公後。四方迪亂未定，于宗禮亦未克敉，公功迪將，其後監我士師工，誕保文武，受民亂，爲四輔。」

王曰：「公定，予往已。公功肅將祗歡，公無困哉！我惟無斁其康事，公勿替刑，四方其世享。」

周公拜手稽首曰：「王命予來，承保乃文祖受命民，越乃光烈考武王弘，朕恭。孺子來相宅，其大惇典殷獻民，亂爲四方新辟，作周恭先。曰：其自時中乂，萬邦咸休，惟王有成績。予旦以多子越御事，篤前人成烈，荅其師，作周孚先。考朕昭子刑，乃單文祖德。伻來毖殷，乃命寧。予以秬鬯二卣，曰明禋，拜手稽首，休享。予不敢宿，則禋于文王武王。惠篤敘，無有遘自疾。萬年猒于乃德，殷乃引考。王伻殷，乃承敘萬年，其永觀朕子懷德。」

戊辰，王在新邑，烝祭歲，文王騂牛一，武王騂牛一。王命作册逸祝册，惟告周公其後。王賓殺禋咸格，王入太室，祼。王命周公後，作册逸誥，在十有二月。惟周公誕保文武受命，惟七年。

《尚書・多士第十六》 成周既成，遷殷頑民，周公以王命誥，作《多士》。

惟三月，周公初于新邑洛，用告商王士。

王若曰：「爾殷遺多士，弗弔，旻天大降喪于殷。我有周佑命，將天明威，致王罰，勑殷命終于帝。肆爾多士，非我小國敢弋殷命。惟天不畀允罔固亂，弼我，我其敢求位？惟帝不畀，惟我下民秉爲，惟天明畏。

我聞曰『上帝引逸』，有夏不適逸，則惟帝降格。嚮于時夏，弗克庸帝，大淫泆有辭。惟時天罔念聞，厥惟廢元命，降致罰，乃命爾先祖成湯革夏，俊民甸四方。

自成湯至于帝乙，罔不明德恤祀。亦惟天丕建保乂有殷，殷王亦罔敢失帝，罔不配天其澤。在今後嗣王，誕罔顯于天，矧曰其有聽念于先王勤家？誕淫厥泆，罔顧于天顯民祇，惟時上帝不保，降若茲大喪。惟天不畀不明厥德，凡四方小大邦喪，罔非有辭于罰。」

王若曰：「爾殷多士，今惟我周王丕靈承帝事，有命曰：『割殷，告勑于帝。』惟我事不貳適，惟爾王家我適。予其曰：『惟爾洪無度，我不爾動，自乃邑。』予亦念天即于殷大戾，肆不正。」

王曰：「猷！告爾多士，予惟時其遷居西爾，非我一人奉德不康寧，時惟天命。無違，朕不敢有後，無我怨。惟爾知，惟殷先人有册有典，殷革夏命。今爾又曰：『夏迪簡在王庭，有服在百僚。』予一人惟聽用德，肆予敢求爾于天邑商。予惟率肆矜爾。非予罪，時惟天命。」

王曰：「多士，昔朕來自奄，予大降爾四國民命。我乃明致天罰，移爾遐逖，比事臣我宗，多遜。」

王曰：「告爾殷多士，今予惟不爾殺，予惟時命有申。今朕作大邑于茲洛，予惟四方罔攸賓，亦惟爾多士，攸服奔走，臣我多遜。爾乃尚有爾土，爾乃尚寧幹止。爾克敬，天惟畀矜爾。爾不克敬，爾不啻不有爾土，予亦致天之罰于爾躬。今爾惟時宅爾邑，繼爾居，爾厥有幹有年于茲洛，爾小子乃興，從爾遷。」

王曰：「又曰時予，乃或言爾攸居。」

《詩・大雅・綿》 綿綿瓜瓞。民之初生，自土沮漆。古公亶父，陶復陶穴，未有家室。

古公亶父，來朝走馬。率西水滸，至于岐下。爰及姜女，聿來胥宇。

周原膴膴，堇荼如飴。爰始爰謀，爰契我龜。曰止曰時，築室于茲。

乃慰乃止，乃左乃右。乃疆乃理，乃宣乃畝。自西徂東，周爰執事。

乃召司空，乃召司徒，俾立室家。其繩則直，縮版以載，作廟翼翼。

捄之陾陾，度之薨薨。築之登登，削屢馮馮。百堵皆興，鼛鼓弗勝。

乃立皋門，皋門有伉。乃立應門，應門將將。乃立冢土，戎丑攸行。

肆不殄厥慍，亦不隕厥問。柞棫拔矣，行道兑矣。混夷駾矣，維其喙矣！

虞芮質厥成，文王蹶厥生。予曰有疏附，予曰有先後，予曰有奔奏，予曰有禦侮。

《詩・大雅・公劉》 篤公劉，匪居匪康。乃埸乃疆，乃積乃倉。乃裹糇糧，于橐于囊。思輯用光，弓矢斯張。干戈戚揚，爰方啓行。

篤公劉，于胥斯原。既庶既繁，既順乃宣，而無永嘆。陟則在巘，復降在原。何以舟之？維玉及瑶，鞞琫容刀。

篤公劉，逝彼百泉，瞻彼溥原。乃陟南岡，乃覯于京。京師之野，于時處處，于時廬旅，于是言言，于時語語。

篤公劉，于京斯依，蹌蹌濟濟，俾筵俾几。既登乃依，乃造其曹。執豕于牢，酌之用匏。食之飲之，君之宗之。

篤公劉，既溥既長，既景乃岡，相其陰陽，觀其流泉。其軍三單，度其隰原，徹田爲糧。度其夕陽，豳居允荒。

篤公劉，于豳斯館。涉渭爲亂，取厲取鍛。止基乃理，爰衆爰有。夾其皇澗，溯其過澗。止旅乃密，芮鞫之即。

《詩・大雅・靈臺》 經始靈臺，經之營之。庶民攻之，不日成之。經始勿亟，庶民子來。

王在靈囿，麀鹿攸伏。麀鹿濯濯，白鳥翯翯。王在靈沼，於牣魚躍。

虡業維樅，賁鼓維鏞。于論鼓鐘，于樂辟雍。

于論鼓鐘，于樂辟雍。鼉鼓逢逢，矇瞍奏公。

《詩・商頌・殷武》 撻彼殷武，奮伐荆楚。深入其阻，裒荆之旅。有截其所，湯孫之緒。

維女荆楚，居國南鄉。昔有成湯：自彼氐羌，莫敢不來享，莫敢不來王，曰商是常！

天命多辟，設都于禹之績。歲事來辟，勿予禍適，稼穡匪解。

天命降監，下民有嚴。不僭不濫，不敢怠遑。命于下國，封建厥福。

商邑翼翼，四方之極。赫赫厥聲，濯濯厥靈。壽考且寧，以保我後生。

陟彼景山，松柏丸丸。是斷是遷，方斲是虔。松桷有梴，旅楹有閑，寢成孔安。

《逸周書》卷四《大聚解第三十九》 維武王勝殷，撫國綏民，乃觀于殷政，告周公曰：「嗚呼！殷政總總，若風草，有所積，有所虚，和此如何？」

周公曰：「聞之文考，來遠賓，廉近者。道別其陰陽之利，相土地之宜，水土之便，營邑制，命之曰大聚。先誘之以四郊，王親在之；賓大夫，免列以選；赦刑以寬，復亡解辱；削赦輕重皆有數，此謂行風。

乃令縣鄙商旅曰：能來三室者，與之一室之禄。闢開修道，五里有郊，十里有井，二十里有舍。遠旅來至，關人易資，舍有委，市有五均，早暮如一，送行逆來，振乏救窮。老弱疾病，孤子寡獨，惟政所先，民有欲畜。

發令以國爲邑，以邑爲鄉，以鄉爲閭，禍災相卹，資喪比服。五户爲伍，以首爲長；十夫爲什，以年爲長。合閭立教，以威爲長；合旅同親，以敬爲長。飲食相約，與彈相庸。耦耕〔俱〕耘，男女有婚，墳墓相連，民乃有親，六畜有羣。室屋既完，民乃歸之。

鄉立巫醫，具百藥以備疾災，畜五味以備百草。立勤人以職孤，立正長以順幼，立職喪以卹死，立大葬以正同。立君子以脩禮樂，立小人以教用兵，立鄉射以習容。春〔和〕獵耕耘以習遷行。教芧與樹藝比長，立職與田疇皆通。立祭祀，與歲穀登下厚薄。此謂德教。

若其凶土，陋民賤食貴貨，是不知政。山林藪澤，以因其〔利〕，工匠役工，以攻其材；商賈趣市，以合其用。外商資貴而來，貴物益賤。資賤物，出貴物，以通其器。夫然，則關夷市平，財無鬱廢，商不乏資，百工不失其時，無愚不教，〔則〕無窮乏。此謂和德。

若有不言，乃政其凶。陂溝道路，藂苴丘墳，不可樹穀者，樹之材木。春發枯槁，夏發葉榮，秋發實蔬，冬發薪烝，以匡窮困。揖其民力，相更爲師；因其土宜，以爲民資，則生無乏用，死無傳尸，此謂仁德。旦聞禹之禁：春三月，山林不登斧，以成草木之長；夏三月，川澤不入網罟，以成魚鼈之長。且以并農力執，成男女之功。夫然，則有生而不失其宜，萬物不失其性，人不失其事，天不失其時以成萬財。萬財既成，放此爲人。此謂正德。

泉深而魚鼈歸之，草木茂而鳥獸歸之。稱賢使能，官有材而〔士〕歸之，關市平〔而〕商賈歸之。分地薄斂，農民歸之。水性歸下，〔農〕民〔性〕歸利。王若欲求天下民，先設其利而民自至。譬之若冬日之陽，夏日之陰，不召而民自來。此謂歸德。五德既明，民乃知常。」武王再拜曰：「嗚呼，允哉！天民側側，余知其極有宜。」乃召昆吾，冶而銘之金版，藏府而朔之。

《逸周書》卷五《作洛解第四十八》 武王克殷，乃立王子禄父，俾守商祀。建管叔于東，建蔡叔、霍叔于殷，俾監殷臣。武王既歸，成歲十二月崩〔于〕鎬，肂予岐周。

周公立，相天子，三叔及殷東徐奄及熊盈以略。周公、召公内弭父兄，外撫諸侯。〔九〕〔元〕年夏六月，葬武王於畢。二年，又作師旅，臨衛政殷，殷大震潰。

降辟三叔，王子禄父北奔，管叔經而卒，乃囚蔡叔于郭淩。凡所征態盈族十有七國，俘維九邑。俘殷獻民，遷于九畢。俾康叔宇于殷，俾中旄父宇于東。

周公敬念于後曰：「予畏周室克追，俾中天下。」

及將致政，乃作大邑成周于土中。城方千七百二十丈，郛方七百里。南繫于洛水，(地)〔北〕因于郟山，以爲天下之大凑。制郊甸方六百里，(國)〔因〕西土爲方千里。分以百縣，縣有四郡，郡有四鄙。大縣〔立〕城，方王城三之一；小縣立城，方王城九之一。都鄙不過百室，以便野事。農居鄙，得以庶士；士居國家，得以諸公大夫。凡工賈胥市，臣僕州里，俾無交爲。

乃設丘兆于南郊，以〔祀〕上帝，配以后稷、日月星辰，先王皆與食。諸〔侯〕受命於周，乃建大社于周中。其壝東青土、南赤土、西白土、北驪土，中央疊以黄土。將建諸侯，鑿取其方一面之土，苞以黄土，苴以白茅，以爲土封，故曰授(則)〔列〕土於周室。

乃位五宫：大廟、宗宫、考宫、路寢、明堂。咸有四阿，反坫，重亢，重郎，常累，復格，藻棁，設移，旅楹，惷常畫，内階，玄階，堤唐，山廧，應門，庫臺，玄閫。

《國語·楚語》 靈王城陳、蔡、不羹，使僕夫子皙問于范無宇，曰：「吾不服諸夏而獨事晉，何也？唯晉近我遠也。今吾城三國，賦皆千乘，亦當晉矣。又加之以楚，諸侯其來乎？」對曰：「其在志也，國爲大城，未有利者。昔鄭有京、櫟，衛有蒲、戚，宋有蕭、蒙，魯有弁、費，齊有渠丘，晉有曲沃，秦有徵、衙。叔段以京患莊公，鄭幾不克，櫟人實使鄭子不得其位。衛蒲、戚實出獻公，宋蕭、蒙實弒昭公，魯弁、費實弱襄公，齊渠丘實殺無知，晉曲沃實納齊師，秦徵、衙實難桓、景，皆志于諸侯，此其不利者也。且夫制城邑若體性焉，有首領股肱，至于手拇毛脉，大能掉小，故變而不勤。地有高下，天有晦明，民有君臣，國有都鄙，古之制也。先王懼其不帥，故制之以義，旌之以服，行之以禮，辯之以名，書之以文，道之以言。既其失也，易物之由。夫邊境者，國之尾也。譬之如牛馬，處暑之既至，蝱𧕎之既多，而不能掉其尾，臣亦懼之。不然，是三城也，豈不使諸侯之心惕惕焉。」

子皙復命，王曰：「是知天咫，安知民則？是言誕也。」右尹子革侍，曰：「民，天之生也。知天，必知民矣。是其言可以懼哉！」三年，陳、蔡及不羹人納棄疾而弑靈王。

《歷代賦彙》卷三一班固《兩都賦》 或曰賦者，古詩之流也。昔成康没而頌聲寢，王澤竭而詩不作。大漢初定，日不暇給。至於武宣之世，迺崇禮官，考文章，内設金馬石渠之署，外興樂府協律之事，以興廢繼絶，潤色鴻業，是以衆庶悦豫，福應尤盛。白麟、赤鴈、芝房、寶鼎之歌，薦於郊廟；神雀、五鳳、甘露、黄龍之瑞，以爲年紀。故言語侍從之臣，若司馬相如、虞丘壽王、東方朔、枚皋、王褒、劉向之屬，朝夕論思，日月獻納，而公卿大臣、御史大夫倪寬、太常孔臧、大中大夫董仲舒、宗正劉德、太子太傅蕭望之等，時時間作。或以抒下情而通諷諭，或以宣上德而盡忠孝，雍容揄揚，著於後嗣，抑亦雅頌之亞也。故孝成之世，論而録之，蓋奏御者千有餘篇，而後大漢之文章炳焉，與三代同風。且夫道有夷隆，學有麤密，因時而建。德者不以遠近易則，故皋陶歌虞，奚斯頌魯，同見采於孔氏，列於《詩》、《書》，其義一也。稽之上古則如彼，考之漢室又如此。斯事雖細，然先世之舊式、國家之遺美，不可闕也。臣竊見海内清平，朝廷無事，京師修宫室、浚城隍而起苑囿，以備制度。西土耆老，咸懷怨思，冀上之睠顧，而盛稱長安舊制，有陋洛邑之議。故臣作《兩都賦》，以極衆人之所眩曜，折以今之法度。辭曰：

有西都賓問於東都主人曰：蓋聞皇漢之初經營也，嘗有意乎都河洛矣。輟而弗康，實用西遷，作我上都。主人聞其故而覩其制乎？主人曰：未也。願賓攄懷舊之蓄念，發思古之幽情。博我以皇道，弘我以漢京。賓曰：唯唯。漢之西都，在於雍州，實曰長安。左據函谷二崤之阻，表以太華終南之山；右界褒斜隴首之險，帶以洪河涇渭之川。衆流之隈，汧涌其西。華實之毛，則九州之上腴焉；防禦之阻，則天地之隩區焉。是故横被六合，三成帝畿。周以龍興，秦以虎視，及至大漢，受命而都之也。仰悟東井之精，俯協河圖之靈。奉春建策，留侯演成。天人合應，以發皇明，迺睠西顧，實惟作京。

於是睎秦嶺，睋北阜，挾灃灞，據龍首，圖皇基於億載，度宏規而大起。肇自高而終平，世增飾以崇麗，歷十二之延祚，故窮泰而極侈。建金城之萬雉，呀周池而成淵。披三條之廣路，立十二之通門。内則街衢洞達，閭閻且千。九市開場，貨别隧分。人不得顧，車不得旋，闐城溢郭，旁流百廛。紅塵四合，煙雲相連。

於是既庶且富，娱樂無疆；都人士女，殊異乎五方。遊士擬於公侯，列肆侈於姬姜。鄉曲豪舉，遊俠之雄，節慕原嘗，名亞春陵。連交合衆，騁騖乎其中。若乃觀其四郊，浮遊近縣，則南望杜霸，北眺五陵。名都對郭，邑居相承。英俊之域，紱冕所興，冠蓋如雲，七相五公，與乎州郡之豪傑，五都之貨殖，三選七遷，充奉陵邑。蓋以彊幹弱枝，隆上都而觀萬國。

封畿之內，厥土千里；卓犖諸夏，兼其所有。其陽則崇山隱天，幽林穹谷。陸海珍藏，藍田美玉。商洛緣其隈，鄠杜濱其足。源泉灌注，陂池交屬。竹林果園，芳草甘木。郊野之富，號爲近蜀。其陰則冠以九嵕，陪以甘泉，迺有靈宮起乎其中。秦漢之所極觀，淵雲之所頌歎，於是乎存焉。下有鄭白之沃，衣食之源。提封五萬，疆埸綺分。溝塍刻鏤，原隰龍鱗。決渠降雨，荷插成雲。五穀垂穎，桑麻鋪棻。東郊則有通溝大漕，潰渭洞河。汎舟山東，控引淮湖，與海通波。西郊則有上苑禁囿，林麓藪澤，陂池連乎蜀漢。繚以周墻，四百餘里。離宮別館，三十六所。神池靈沼，往往而在。其中迺有九真之麟，大宛之馬，黃支之犀，條枝之鳥。踰崐崘，越巨海，殊方異類，至於三萬里。

其宮室也，體象乎天地，經緯乎陰陽。據坤靈之正位，放太紫之圓方。樹中天之華闕，豐冠山之朱堂。因瓌材而究奇，抗應龍之虹梁。列棼橑以布翼，荷棟桴而高驤。雕玉瑱以居楹，裁金璧以飾璫。發五色之渥彩，光爛朗以景彰。於是左墄右平，重軒三階。閨房周通，門闥洞開。列鐘虡於中庭，立金人於端闈。仍增崖而衡閾，臨峻路而啓扉。徇以離宮別寢，承以崇臺閒館。煥若列宿，紫宮是環。清涼宣温，神仙長年。金華玉堂，白虎麒麟。區宇若兹，不可殫論。增盤崔嵬，登降炤爛。殊形詭制，每各異觀。乘茵步輦，惟所息宴。後宮則有掖庭椒房，后妃之室。合歡增城，安處常寧。茝若椒風，披香發越。蘭林蕙草，鴛鸞飛翔之列。昭陽特盛，隆於孝成。屋不呈材，墻不露形。裛以藻繡，絡以綸連。隨侯明月，錯落其間。金釭銜璧，是爲列錢。翡翠火齊，流耀含英。懸黎垂棘，夜光在焉。於是玄墀釦砌，玉階彤庭。碝磩綵緻，琳珉青熒。珊瑚碧樹，周阿而生。紅羅颯纚，綺組繽紛。精曜華燭，俯仰如神。後宮之號，十有四位。窈窕繁華，更盛迭貴。處乎斯列者，蓋以百數。左右庭中，朝堂百僚之位。蕭曹魏邴，謀謨乎其上。佐命則垂統，輔翼則成化。流大漢之愷悌，蕩亡秦之毒螫。故令斯人揚樂和之聲，作畫一之歌。功德著乎祖宗，膏澤洽乎黎庶。又有天祿石渠，典籍之府。命夫惇誨故老，名儒師傅。講論乎六藝，稽合乎同異。又有承明金馬，著作之庭。大雅宏達，於兹爲羣。元元本本，殫見洽聞。啓發篇章，校理祕文。周以鉤陳之位，衛以嚴更之署。總禮官之甲科，羣百郡之廉孝。虎賁贅衣，閹尹閽寺。陛戟百重，各有典司。周廬千列，徼道綺錯。輦路經營，脩除飛閣。自未央而連桂宮，北彌明光而亘長樂。陵隥道而超西墉，混建章而連外屬。設璧門之鳳闕，上觚稜而棲金爵。內則別風嶕嶢，眇麗巧而聳擢。張千門而立萬户，順陰陽以開闔。

爾迺正殿崔嵬，層構厥高，臨乎未央。經駘盪而出馺娑，洞枍詣以與天梁。上反宇以蓋戴，激日景而納光。神明鬱其特起，遂偃蹇而上躋。軼雲雨於太半，虹霓迴帶於棼楣。雖輕迅與僄狡，猶愕眙而不能階。攀井幹而未半，目眩轉而意迷。捨櫺檻而卻倚，若顛墜而復稽。魂怳怳以失度，巡迴途而下低。既懲懼於登望，降周流以徬徨。步甬道以縈紆，又杳窱而不見陽。排飛闥而上出，若遊目於天表，似無依而洋洋。前唐中而後太液，覽滄海之湯湯。揚波濤於碣石，激神岳之嶈嶈。濫瀛洲與方壺，蓬萊起乎中央。於是靈草冬榮，神木叢生。巖峻崷崒，金石崢嶸。抗仙掌以承露，擢雙立之金莖。軼埃堨之混濁，鮮顥氣之清英。騁文成之丕誕，馳五利之所刑。庶松喬之羣類，時遊從乎斯庭。實列仙之攸館，非吾人之所寧。

爾乃盛娛遊之壯觀，奮大武乎上囿。因兹以威戎夸狄，耀威靈而講武事。命荆州使起鳥，詔梁野而驅獸。毛羣內闐，飛羽上覆。接翼側足，集禁林而屯聚。水衡虞人，修其營表。種別羣分，部曲有署。罘網連紘，籠山絡野。列卒周匝，星羅雲布。於是乘鑾輿，備法駕，帥羣臣。披飛廉，入苑門。遂繞酆鄗，歷上蘭。六師發逐，百獸駭殫。震震爚爚，雷奔電激。草木塗地，山淵反覆。蹂躪其十二三，迺拗怒而少息。

爾乃期門佽飛，列刃攢鏃，要趹追蹤。鳥驚觸絲，獸駭值鋒。機不虛掎，弦不再控。矢不單殺，中必疊雙。颮颮紛紛，矰繳相纏。風毛雨血，灑野蔽天。平原赤，勇士厲，猨狖失木，豺狼懾竄。

爾迺移師趨險，並蹈潛穢。窮虎奔突，狂兕觸蹶。許少施巧，秦成力折。掎僄狡，扼猛噬。脱角挫脰，徒搏獨殺。挾師豹，拖熊螭，曳犀犛，頓象羆。超洞壑，越峻崖，蹶嶄巖，巨石隤。松柏仆，叢林摧。草木無餘，禽獸殄夷。於是天子登屬玉之館，歷長楊之榭，覽山川之體勢，觀三軍之殺獲。原野蕭條，目極四裔。禽相鎮壓，獸相枕藉。然後收禽會衆，論功賜胙。陳輕騎以行炰，騰酒車而斟酌。割鮮野食，舉烽命爵。饗賜畢，勞逸齊。大輅鳴鑾，容與徘徊。集乎豫章之宇，臨乎昆明之池。左牽牛而右織女，似雲漢之無涯。茂樹蔭蔚，芳草被隄。蘭茝發色，曄曄猗猗。若摛錦與布繡，爥燿乎其陂。鳥則玄鶴白鷺，黃鵠鵁鶄。鶬鴰鴇鶂，鳧鷖鴻鴈。朝發河海，夕宿江漢。沉浮往來，雲集霧散。於是後宮乘輚輅，登龍舟，張鳳蓋，建華旗。袪黼帷，鏡清流。靡微風，澹淡浮。櫂女謳，鼓吹震。聲激越，謍厲天。鳥羣翔，魚窺淵。招白鷴，下雙鵠。揄文竿，出比目。撫鴻罿，御矰繳。方舟並騖，俛仰極樂。遂迺風舉雲搖，浮遊溥覽。前乘秦嶺，後越九嵕。東薄河華，西涉岐雍。宫館所歷，百有餘區。行止朝夕，儲不改供。禮上下而接山川，究休佑之所用。采遊童之歡謡，第從臣之嘉頌。於斯之時，都都相望，邑邑相屬。國藉十世之基，家承百年之業。士食舊德之名氏，農服先疇之甽畝，商循族世之所鬻，工用高曾之規矩。粲乎隱隱，各得其所。若臣者，徒觀迹於舊墟，聞之乎故老，十分未得其一端，故不能徧舉也。

右賦西都。

東都主人喟然而歎曰：痛乎風俗之移人也。子實秦人，矜夸館室，保界河山，信識昭襄而知始皇矣。烏覩大漢之云爲乎？夫大漢之開元也，奮布衣以登皇位，由數朞而創萬代。蓋六籍所不能譚，前聖靡得而言焉。當此之時，攻有横而當天，討有逆而順民。故婁敬度勢而獻其説，蕭公權宜而拓其制。時豈泰而安之哉，計不得以已也。吾子曾不是覩，顧曜後嗣之末造，不亦暗乎？今將語子以建武之治，永平之事，監於太清，以變子之惑志。

往者王莽作逆，漢祚中缺，天人致誅，六合相滅。於時之亂，生民幾亡，鬼神泯絶；壑無完柩，郛罔遺室；原野厭人之肉，川谷流人之血。秦項之災，猶不克半，書契以來，未之或紀。故下人號而上訴，上帝懷而降監，迺致命乎聖皇。於是聖皇迺握乾符，闡坤珍，披皇圖，稽帝文，赫然發憤，應若興雲，霆擊昆陽，憑怒雷震。遂超大河，跨北嶽，立號高邑，建都河洛。紹百王之荒屯，因造化之盪滌。體元立制，繼天而作。系唐統，接漢緒，茂育羣生，恢復疆宇，勳兼乎在昔，事勤乎三五。豈特方軌並迹，紛綸后辟，治近古之所務，蹈一聖之險易云爾哉？且夫建武之元，天地革命，四海之内，更造夫婦，肇有父子，君臣初建，人倫實始，斯迺伏羲氏之所以基皇德也。分州土，立市朝，作舟輿，造器械，斯迺軒轅氏之所以開帝功也。龔行天罰，應天順人，斯迺湯武之所以昭王業也。遷都改邑，有殷宗中興之則焉。即土之中，有周成隆平之制焉。不階尺土一人之柄，同符乎高祖。克己復禮，以奉終始，允恭乎孝文。憲章稽古，封岱勒成，儀炳乎世宗。按六經而校德，眇古昔而論功。仁聖之事既該，而帝王之道備矣。

至於永平之際，重熙而累洽。盛三雍之上儀，修衮龍之法服。鋪鴻藻，信景鑠，揚世廟，正雅樂。神人之和允洽，羣臣之序既肅。迺動大輅，遵皇衢，省方巡狩，窮覽萬國之有無，考聲教之所被，散皇明以燭幽。然後增周舊，修洛邑，扇巍巍，顯翼翼，光漢京於諸夏，總八方而爲之極。是以皇城之内，宫室光明，闕庭神麗，奢不可踰，儉不能移。外則因原野以作苑，順流泉而爲沼，發蘋藻以潛魚，豐圃草以毓獸。制同乎梁鄒，誼合乎靈囿。

若迺順時節而蒐狩，簡車徒以講武，則必臨之以王制，考之以《風》、《雅》，歷《騶虞》，覽《駟驖》，嘉《車攻》，采《吉日》。禮官整儀，乘輿迺出。於是發鯨魚，鏗華鐘，登玉輅，乘時龍。鳳蓋棽麗，和鑾玲瓏，天官景從，寢威盛容。山靈護野，屬御方神，雨師泛灑，風伯清塵。千乘雷起，萬騎紛紜。元戎竟野，戈鋋彗雲，羽旄埽霓，旌旗拂天。焱焱炎炎，揚光飛文；吐燗生風，欱野歕山。日月爲之奪明，丘陵爲之搖震。遂集乎中囿，陳師案屯。駢部曲，列校隊，勒三軍，誓將帥。然後舉烽伐鼓，申令三驅。輕車霆激，驍騎電騖，由基發射，范氏施御，弦不睼禽，轡不詭遇。飛者不及翔，走者不及去。指顧倏忽，獲車已實。樂不極盤，殺不盡物。馬踠餘足，士怒未泄。先驅復路，屬車按節。

於是薦三犧，效五牲，禮神祇，懷百靈。覲明堂，臨辟雍，揚緝熙，宣皇風，登靈臺，考休徵。俯仰乎乾坤，參象乎聖躬。目中夏而布德，瞰四裔而抗稜。西盪河源，東澹海漘，北動幽崖，南曜朱垠。殊方别區，界絶而不鄰。自孝武之所不征，孝宣之所未臣。莫不陸讋水慄，奔走而來賓。遂綏哀牢，開永昌。春王三朝，會同漢京。是日也，天子受四海之圖籍，膺萬國之貢珍。内撫諸夏，外綏百蠻。爾迺盛禮興樂，供帳置乎雲龍之庭。陳百寮而贊羣后，究皇儀而展帝容。於是庭實千品，旨酒萬鍾。列金罍，班玉觴，嘉珍御，太牢饗。爾迺食舉雍徹，太師奏樂。陳金石，布絲竹，鐘鼓鏗鎗，管絃曄煜。抗五聲，極六律，歌九功，舞八佾。《韶》、《武》備，太古畢。四夷間奏，德廣所及。僸佅兜離，罔不具集。萬樂備，百禮暨。皇歡浹，羣臣醉，降烟煴，調元氣，然後撞鐘告罷，百僚遂退。

於是聖上覩萬方之歡娱，又沐浴於膏澤。懼其侈心之將萌，而怠於東作。乃申舊章，下明詔，命有司，班憲度，昭節儉，示太素。去後宫之麗飾，損乘輿之服御，抑工商之淫業，興農桑之盛務。遂令海内棄末而反本，背僞而歸真。女修織紝，男務耕耘。器用陶匏，服尚素玄。恥纖美而不服，賤奇麗而不珍。捐金於山，沉珠於淵。於是百姓滌瑕盪穢，而鏡至清，形神寂寞，耳目不營。嗜慾之源滅，廉恥之心生。莫不優游而自得，玉潤而金聲。是以四海之内，學校如林，庠序盈門。獻酬交錯，俎豆莘莘。下舞上歌，蹈德詠仁。登降飫宴之禮既畢，因相與嗟歎玄德，讜言弘説，咸含和而吐氣。頌曰：盛哉乎斯世！

今論者但知誦虞夏之《書》，詠殷周之《詩》，講羲文之《易》，論孔氏之《春秋》，罕能精古今之清濁，究漢德之所由。唯子頗識舊典，又徒馳騁乎末流。温故知新已難，而知德者鮮矣。且夫僻界西戎，險阻四塞，修其防禦，孰與處乎土中，平夷洞達，萬方輻湊？秦嶺九嵕，涇渭之川，曷若四瀆五嶽，帶河泝洛，圖書之淵？建章甘泉，館御列仙，孰與靈臺、明堂，統和天人？太液昆明，鳥獸之囿，曷若辟雍海流，道德之富？游俠踰侈，犯義侵禮，孰與同履法度，翼翼濟濟？子徒習秦阿房之造天，而不知京洛之有制；識函谷之可關，而不知王者之無外。

主人之辭未終，西都賓矍然失容，逡巡降階，惵然意下，捧手欲辭。主人曰：復位，今將授子五篇之詩。賓既卒業，迺稱曰：美哉乎斯詩！義正乎揚雄，事實乎相如。匪唯主人之好學，蓋迺遭遇乎斯時。小子狂簡，不知所裁。既聞正道，請終身而誦之。其詩曰：

明堂詩

於昭明堂，明堂孔陽。聖皇宗祀，穆穆煌煌。上帝宴饗，五位時序。誰其配之？世祖光武。普天率土，各以其職。猗歟緝熙，允懷多福。

辟雍詩

迺流辟雍，辟雍湯湯。聖王莅止，造舟爲梁。皤皤國老，迺父迺兄。抑抑威儀，孝友光明。於赫太上，示我漢行。洪化惟神，永觀厥成。

靈臺詩

迺經靈臺，靈臺既崇，帝勤時登，爰考休徵。三光宣精，五行布序。習習祥風，祁祁甘雨。百穀蓁蓁，庶草蕃廡。屢惟豐年，於皇樂胥。

寶鼎詩

嶽修貢兮川效珍，吐金景兮歊浮雲。寶鼎見兮色紛緼，焕其炳兮被龍文。登祖廟兮享聖神，昭靈德兮彌億年。

白雉詩

啓靈篇兮披瑞圖，獲白雉兮效素烏。嘉祥阜兮集皇都，發皓羽兮奮翹英。容絜朗兮於淳精，彰皇德兮侔周成，永延長兮膺天慶。

右賦東都。

揚雄《揚子雲集》卷五《蜀都賦》 蜀都之地，古曰梁州。禹治其江，渟皐彌望，鬱乎青葱，沃壄千里。上稽乾度，則井絡儲精；下按地紀，則巛宫奠位。東有巴賨，綿亘百濮，銅梁金堂，火井龍湫。其中則有玉石嶜岑，丹青玲瓏，卭節桃枝，石鰽水螭。南則有犍牂潛夷，昆明峩眉，絶限峎嵣，堪巖亶翔。靈山揭其右，離碓被其東。於近則有瑕英菌芝，玉石江珠；於遠則有銀鉛錫碧，馬犀象僰。西有鹽泉鐵冶，橘林銅陵。邛連盧池，澹漫波淪。其旁則有期牛兕旄，金馬碧雞。北則有岷山，外羌白馬，獸則麙羊野麋，罷犛貘貒，鷹麢鹿麝，户豹能黄，獑胡雖獲，猨蠝玃猱，猶豰畢方。

爾乃蒼山隱天，岎崯迴叢，增嶃重崒，岫石巇崔，岌嶷嶵嵬，霜雪終夏。抑巖岭嶙，崇隆臨柴，諸徼崼峴，五屼參差。湔山巖巖，觀上岑嵓，龍陽累峗，漼粲交倚。峰崒崛崎，集嶮脇施，形精出偈，堪嶹隱倚。彭門嶋峴，崊嵺嵑岢。方彼碑池，崊崅輵巆，礫乎岳岳。北屬崐崘泰極，涌泉醴，凝水流津，漉集成川。

於是乎則左沈犁，右羌庭，漆水浡其匈，都江漂其涇。乃溢乎通溝，洪濤溶洗，千湲萬谷，合流逆折，泌瀄乎争降，湖潧排碣，反波逆濞，磙石洌巘，紛蒁周溥。旋溺宛，綏頽慚，博岸敵呷，磱瀨磴巖。揬汾汾，忽溶闟沛，踰窘出限，連混陁隧，銍釘鍾涌，聲讙薄泙龍。歷豐隆，潛延延，雷扶電擊，鴻康濭，遠遠乎長喻，馳山下卒，湍降疾流，分川並注，合乎江州。

於木則梗櫟，豫章樹榜，檜櫨樿柙，青稚雕梓，枌梧橿櫪，槲楢木櫻，枒信楫叢，俊幹湊集。枇抰楬，北沈樘椅，從風推參，循崖撮掫。涇遥溶溶，繽紛幼靡；洪溶汎閎野望，芒芒菲菲。其竹則鍾龍箹箽，野篠紛蔧，宗生族攢，俊茂豐美。洪溶忿葦，紛揚搔翕，與風披〔拖〕，夾江緣山，尋卒而起。結根才業，填衍迴野，若此者方乎數十百里。於汜則汪汪漾漾，積土崇隄。其淺溼則生蒼葭蔣蒲，藿芧青蘋，草葉蓮藕，茱華菱根。其中則有翡翠鴛鴦，裊鸕鷁鷺，霠鶤鷫鵝。其深則有猵獺沈鱓，水豹蛟蛇，黿蟺鼈龜，衆鱗鰨鰅。

爾乃其都門二九，四百餘閭。兩江珥其市，九橋帶其流。武儋鎮都，刻削成蔽。王基既夷，蜀侯尚叢，并石石𡾊，岓岑倚從。秦漢之徙，充以山東。是以隤山，厥饒水貢。其獲苴竹，浮流蝸磧。竹石蝎相救，魚酌不收，鵞鶬鳹鷃，風胎雨觳。衆物駭目，單不知所禦。

爾乃其裸，羅諸圃畋，緣畛黄甘，諸柘柿桃，杏李枇杷，杜樼栗棕，棠梨離支，雜以梃橙，被以櫻梅，樹以木蘭。扶林禽，爚般關，旁支何若，英絡其間。春机楊柳，褭弱蟬抄，扶施連卷，貆貕螗蛦，子鸛呼焉。

爾乃五穀馮戎，瓜瓠饒多，卉以部麻，往往薑梔，附子巨蒜，木艾椒蘺，蒟醬酴清，衆獻儲斯。盛冬育荀，舊菜增伽。百華投春，隆隱芬芳，蔓茗熒郁，翠紫青黄，麗靡蠄燭，若揮錦布繡，望芒兮無幅。

爾乃其人，自造奇錦，紌繏緈緽，縿緣盧中，發文揚采，轉代無窮。其布則細都弱折，綿繭成衽，阿麗纖靡，避晏與陰。蜘蛛作絲，不可見風，筩中黄潤，一端數金。雕鏤釦器，百伎千工。東西鱗集，南北並湊。馳逐相逢，周流往來，方轅齊轂，隱軫幽輵，埃敦塵拂。萬端異類，崇戎總濃，般旋〔闤〕闠，齊喈楚而，喉不感槩。萬物更湊，四時迭代。彼不折貨，我罔之械。財物饒贍，蓄積備具。

若夫慈孫孝子，宗厥祖禰，鬼神祭祀，練時選日，瀝豫齊戒。龍明衣，表玄轂，儷吉日，異清濁，合疎明，綏離旅。乃使有伊之徒，調夫五味，甘甜之和，勺藥之羹。江東鮐鮑，隴西牛羊，糴米肥猪，麢麀不行。鴻貗獂乳，獨行孤鶬；砲鴞被紕之胎，山麢髓腦，水遊之腴，蜂豚應鴈，被鴳晨鳬，戮鶤初乳；山鶴既交，春羔秋𪉫，膾鮻龜肴，杭田孺鶩，形不及勞。五肉七菜，勝猒腥臊，可以練神養血腄者，莫不畢陳。

爾乃其俗，迎春送臘。百金之家，千金之公，乾池泄澳，觀魚於江。

若其吉日嘉會，期於送春之陰，迎夏之陽。侯羅司馬，郭范畾楊，置酒乎滎川之閒宅，設坐乎華都之高堂。延帷揚幕，接帳連岡。衆器雕琢，藻刻將星。朱緣之畫，邠盼麗光。龍虵蜿蜷錯其中，禽獸奇偉髦山林。昔天地降生杜鄘密促之君，則荆上亡尸之相。厥女作歌，是以其聲呼吟靖領，激呦喝啾。《尸》音六成，行《夏》低徊，胥徒入冥。及廟噍吟，諸連單情。舞曲轉節，蹈駁應聲。其佚則接芬錯芳，襜袩纖延。蹢《淒秋》，發《陽春》。羅儒吟，吴公連。眺朱顔，離絳脣。眇眇之態，吡噉出焉。

若其遊怠魚弋，郤公之徒，相與如平陽，𩔰巨沼，羅車百乘，期會投宿。觀者方隄，行船競逐，偃衍撇曳，絺索恍惚。羅罝彌澥，漫漫沕沕。籠睢𥉷兮䍉布列，枚孤施兮纖繁出。驚雌落兮高雄𪇰，翔鶤桂兮奔縈畢。俎飛膾沈，單然後别。

《歷代賦彙》卷三二杜篤《論都賦并奏及序》 臣聞知而復知，是爲重知。臣所欲言，陛下已知，故略其梗概，不敢具陳。昔盤庚去奢，行儉於亳，成周之隆，乃即中洛。遭時制都，不常厥邑，賢聖之慮，蓋有優劣；霸王之姿，明知相絶。守國之執，同歸異術：或棄去阻阸，務處平易；或據山帶河，并吞六國；或富貴思歸，不顧見襲；或掩空擊虚，自蜀漢出；即日車駕，策由一卒；或知而不從，久都墝埆。臣不敢有所據。竊見司馬相如、揚子雲作辭賦以諷主上，臣誠慕之，伏作書一篇，名曰《論都》，謹并封奏如左。

皇帝以建武十八年二月甲辰，升輿洛邑，巡於西岳。推天時，順斗極，排閶闔，入函谷，觀阸於崤、黽，圖險於隴、蜀。其三月丁酉，行至長安。經營宫室，傷愍舊京，即詔京兆，迺命扶風，齊肅致敬，告覲園陵。悽然有懷祖之思，喟乎以思諸夏之隆。遂天旋雲游，造舟於渭，北斻涇流。千乘方轂，萬騎駢羅，衍陳於岐、梁，東横乎大河。瘞后土，禮邠郊。其歲四月，反於洛都。明年，有詔復函谷關，作大駕宫、六王邸、高車廄於長安，脩理東都城門，橋涇、渭。往往繕離觀，東臨霸、滻，西望昆明，北登長平，規龍首，撫未央，覛平樂，儀建章。

是時山東翕然狐疑，意聖朝之西都，懼關門之反拒也。客有爲篤言：「彼埳井之潢汙，固不容夫吞舟；且洛邑之渟瀯，曷足以居乎萬乘哉？咸陽守國利器，不可久虚，以示姦萌」。篤未甚然其言也，故因爲述大漢之崇，世據廱州之利，而今國家未暇之故，以喻客意。曰：

昔在强秦，爰初開畔，霸自岐、廱，國富人衍，卒以并兼，桀虐作亂。天命有聖，託之大漢。大漢開基，高祖有勳，斬白蛇，屯黑雲，聚五星於東井，提干將而呵暴秦。蹈滄海，跨崑崙，奮彗光，埽項軍，遂濟人難，蕩滌於泗、沂。劉敬建策，初都長安。太宗承流，守之以文。躬履節儉，側身行仁，食不二味，衣無異采，賑人以農桑，率下以約己，曼麗之容不悦於目，鄭衛之聲不過於耳，佞邪之臣不列於朝，巧僞之物不鬻於市，故能理升平而刑幾措，富衍於孝景，功傳於後嗣。

是時孝武因其餘財府帑之蓄，始有鈎深圖遠之意，探冒頓之罪，校平城之讎。遂命票騎，勤任衛青，勇惟鷹揚，軍如流星，深入匈奴，割裂王庭，席卷漠北，叩勒祁連，横分單于，屠裂百蠻。燒罽帳，繫閼氏，燔康居，灰珍奇，椎鳴鏑，釘鹿蠡，馳阬岸，獲昆彌，虜儌侲，驅騾驢，馭宛馬，鞭駃騠。拓地萬里，威震八荒。肇置四郡，據守敦煌。并域屬國，一郡領方。立候隅北，建護西羌。捶驅氏、僰，寥狼邛莋。東攡烏桓，蹂轔濊貊。南羈鈎町，水劍强越。殘夷文身，海波沫血。郡縣日南，漂概朱崖。部尉東南，兼有黄支。連緩耳，瑣雕題，摧天督，牽象犀，椎蚌蛤，碎琉璃，甲瑇瑁，戕觜觿。於是同穴裘褐之域，共川鼻飲之國，莫不袒跣稽顙，失氣虜伏。非夫大漢之盛，世藉廱土之饒，得御外理内之術，孰能致功若斯！故創業於高祖，嗣傳於孝惠，德隆於太宗，財衍於孝景，威盛於聖武，政行於宣、元，侈極於成、哀，祚缺於孝平。傳世十一，歷載三百，德衰而復盈，道微而復章，皆莫能遷於雝州，而背於咸陽。宮室寢廟，山陵相望，高顯弘麗，可思可榮，義、農已來，無玆著明。

夫雝州本帝皇所以育業，霸王所以衍功，戰士角難之場也。《禹貢》所載，厥田惟上。沃野千里，原隰彌望。保殖五穀，桑麻條暢。濱據南山，帶以涇、渭。號曰陸海，蠢生萬類。楩柟檀柘，蔬果成實。畎瀆潤淤，水泉灌溉，漸澤成川，粳稻陶遂。厥土之膏，畝價一金。田田相如，鐇钁株林。火耕流種，功淺得深。既有蓄積，阸塞四臨：西被隴、蜀，南通漢中，北據谷口，東阻嶔巖。關函守嶢，山東道窮，置列汧、隴，雝偃西戎；拒守褒斜，嶺南不通；杜口絶津，朔方無從。鴻、渭之流，徑入於河；大船萬艘，轉漕相過；東綜滄海，西綱流沙；朔南暨聲，諸夏是和。城池百尺，阸塞要害。關梁之險，多所衿帶。一卒舉礧，千夫沈滯；一人奮戟，三軍沮敗。地埶便利，介胄剽悍，可與守近，利以攻遠。士卒易保，人不肉袒。肇十有二，是爲贍腴。用霸則兼并，先據則功殊；修文則財衍，行武則士要；爲政則化上，篡逆則難誅；進攻則百剋，退守則有餘：斯固帝王之淵囿，而守國之利器也。

逮及亡新，時漢之衰，偷忍淵囿，篡器慢違，徒以埶便，莫能卒危。假之十八，誅自京師。天畀更始，不能引維，慢藏招寇，復致赤眉。海内雲擾，諸夏滅微；羣龍並戰，未知是非。於時聖帝，赫然申威。荷天人之符，兼不世之姿。受命於皇上，獲功於靈祇。立號高邑，搴旗四麾。首策之臣，運籌出奇；虓怒之旅，如虎如螭。師之攸向，無不靡披。蓋夫燔魚剸蛇，莫之方斯。大呼山東，響動流沙，要龍淵，首鏌鋣，命騰太白，親發狼、弧。南禽公孫，北背强胡，西平隴、冀，東據洛都。乃廓平帝宇，濟蒸人於塗炭，成兆庶之亹亹，遂興復乎大漢。

今天下新定，矢石之勤始瘳，而主上方以邊垂爲憂，忿葭萌之不柔，未遑於論都而遺思雝州也。方躬勞聖思，以率海内，厲撫名將，略地疆外，信威於征伐，展武乎荒裔。若夫文身鼻飲緩耳之主，椎結左衽鐻鍝之君，東南殊俗不羈之國，西北絶域難制之鄰，靡不重譯納貢，請爲藩臣。上猶謙讓而不伐勤。意以爲獲無用之虜，不如安有益之民；略荒裔之地，不如保殖五穀之淵；遠救於已亡，不若近而存存也。今國家躬修道德，吐惠含仁，湛恩沾洽，時風顯宣。徒垂意於持平守實，務在愛育元元，苟有便於王政者，聖主納焉。何則？物罔挹而不損，道無隆而不移，陽盛則運，陰滿則虧，故存不忘亡，安不諱危，雖有仁義，猶設城池也。

客以利器不可久虚，而國家亦不忘乎西都，何必去洛邑之渟瀯與？

《藝文類聚》卷六一崔駰《反都賦并序》　漢歷中絶，京師爲墟。光武受命，始遷洛都。

建武龍興，奮旅西驅。虜赤眉，討高胡，斬銅馬，破骨都。收翡翠之駕，據天下之圖。上帝受命，將昭其烈。潛龍初九，真人乃發。上貫紫宫，徘徊天闕。握狼狐，蹈參伐。陶以乾坤，始分日月。觀三代之餘烈，察殷夏之遺風。背崤函之固，即周洛之中。興四郊，建三雍，禪梁父，封岱宗。

《歷代賦彙》卷三七劉邵《趙都賦》　且敝邑者，固靈州之敞宇，而天下之雄國。南則有洪川巨瀆，黄水濁河，發源積石，經拂太華，灑爲九流，入於玄波；其東則有天浪水府，百川是鍾，包絡坤維，連薄太濛；其北則有陶林玄壇，增水沍寒；其西則有靈丘平圃，斜接昆崙；其近則有天井句注，飛狐太行，璀錯磥硌，屬阜連岡。龍首嵯峨以岪鬱，羊坂崙崛以屹嵣。清漳發源，濁滏汩越。湯泉涫沸，洪波漂厲。爾乃都城萬雉，百里周迴，九衢交錯，三門旁開，層樓疎閣，連棟結階。峙華爵以表甍，若翔鳳之將飛。正殿儼其造天，朱檽赫以舒光。盤虯螭之蜿蜒，承雄虹之飛梁。結雲閣於南宇，立叢臺於少陽。及至暮秋陟冬，朔風烈寒，猛豺鷙攫，鷹隼奮翰。國乃講武，狩於清源，駕鶩冥之駿駁，抗沖天之旌旃。北連昭餘，南屬呼池，西眄太陵，東結遼河。然後嵠子放機，戈矛亂發，決斑鬐，破文頞，當手斃僵，應弦倒越。爾乃進夫，中山名倡，襄國妖女，狄鞮妙音，邯鄲才舞，六八騈羅，遞奏迭舉，體凌浮雲，聲哀激楚。其珍玩服物，則崑山美玉、玄珠、曲環、輕綃、啓繒、纖纊、綈紈。其器用良馬，則六弓四弩，緑沉、黄間、堂嵠、魚腸。丁零、角端，飛兔、奚斯，常驪、紫燕，豐鬣确顱，龍身鵠頸，目如黄金，藺筋參精，迅躡飛浮，軼響追聲。若乃至季春元巳，辰火熾光，挺新贈往，祓於水陽，朱幕蔽野，綵帷連岡，妖冶呈飾，顔如春英。

《文選》卷二張衡《西京賦》　有憑虚公子者，心奓體忲，雅好博古，學乎舊史氏，是以多識前代之載。言於安處先生曰：「夫人在陽時則舒，在陰時則慘，此牽乎天者也。處沃土則逸，處瘠土則勞，此繫乎地者也。慘則尠於驩，勞則褊於惠，能違之者寡矣。小必有之，大亦宜然。故帝者因天地以致化，兆人承上教以成俗，化俗之本，有與推移。何以覈諸？秦據雍而彊，周即豫而弱，高祖都西而泰，光武處東而約，政之興衰，恒由此作。先生獨不見西京之事歟？請爲吾子陳之：

漢氏初都，在渭之涘。秦里其朔，寔爲咸陽。左有崤函重險、桃林之塞，綴以二華，巨靈贔屓，高掌遠蹠，以流河曲，厥跡猶存。右有隴坻之隘，隔閡華戎，岐梁汧雍，陳寶鳴鷄在焉。於前則終南太一，隆崛崔崒，隱轔鬱律，連岡乎嶓冢，抱杜含鄠，欱灃吐鎬，爰有藍田珍玉，是之自出。於後則高陵平原，據渭踞涇，澶漫靡迤，作鎮於近。其遠則九嵕甘泉，涸陰沍寒，日北至而含凍，此焉清暑。爾乃廣衍沃野，厥田上上，寔惟地之奥區神臯。昔者，大帝説秦繆公而覲之，饗以鈞天廣樂。帝有醉焉，乃爲金策，錫用此上，而翦諸鶉首，是時也，並爲彊國者有六，然而四海同宅西秦，豈不詭哉！

自我高祖之始入也，五緯相汁，以旅于東井。婁敬委輅，幹非其議，天啓其心，人惎之謀。及帝圖時，意亦有慮乎神祇，宜其可定，以爲天邑。豈伊不虔思于天衢？豈伊不懷歸于枌榆？天命不滔，疇敢以渝！

於是量徑輪，考廣袤，經城洫，營郭郛，取殊裁於八都，豈啓度於往舊。乃覽秦制，跨周法，狹百堵之側陋，增九筵之迫脅。正紫宫於未央，表嶢闕於閶闔。疏龍首以抗殿，狀巍峩以岌嶪。亘雄虹之長梁，結棼橑以相接。蔕倒茄於藻井，披紅葩之狎獵。飾華榱與璧璫，流景曜之韡曄。雕楹玉碣，繡栭雲楣。三階重軒，鏤檻文梍。右平左墄，青瑣丹墀。刊層平堂，設切厓隒。坻崿鱗眴，棧齴巉嶮。襄岸夷塗，脩路陖險，重門襲固，姦宄是防。仰福帝居，陽曜陰藏。洪鐘萬鈞，猛虡趪趪。負筍業而餘怒，乃奮翅而騰驤。

朝堂承東，温調延北，西有玉臺，聯以昆德。嵯峩崨嶫，罔識所則。若夫長年神僊，宣室玉堂，麒麟朱鳥，龍興含章，譬衆星之環極，叛赫戲以輝煌。正殿路寢，用朝羣辟。大夏耽耽，九户開闢。嘉木樹庭，芳草如積。高門有閌，列坐金狄。内有常侍謁者，奉命當御。蘭臺、金馬，遞宿迭居。次有天禄、石渠，校文之處。重以虎威章溝，嚴更之署。徼道外周，千廬内附，衛尉八屯，警夜巡晝。植鎩懸獻，用戒不虞。

後宫則昭陽、飛翔，增成、合驩，蘭林、披香，鳳皇、鴛鸞。窈窕之華麗，嗟内顧之所觀。故其館室次舍，采飾纖縟。裛以藻繡，文以朱緑。翡翠火齊，絡以美玉。流懸黎之夜光，綴隨珠以爲燭。金戺玉階，彤庭輝輝。珊瑚琳碧，瓀珉璘彬。珍物羅生，焕若昆侖。雖厥裁之不廣，侈靡踰乎至尊。於是鉤陳之外，閣道穹隆，屬長樂與明光，徑北通乎桂宫，命般爾之巧匠，盡變態乎其中。後宫不移，樂不徙懸，門衛供帳，官以物辨。恣意所幸，下輦成燕。窮年忘歸，猶弗能徧。瑰異日新，殫所未見。

惟帝王之神麗，懼尊卑之不殊。雖斯宇之既坦，心猶憑而未攄。思比象於紫微，恨阿房之不可廬。覛往昔之遺館，獲林光於秦餘。處甘泉之爽塏，乃隆崇而弘敷。既新作於迎風，增露寒與儲胥。託喬基於山岡，直墆霓以高居。通天訬以竦峙，徑百常而莖擢。上辨華以交紛，下刻陗其若削。翔鶤仰而不逮，況青鳥與黄雀。伏櫺檻而頫聽，聞雷霆之相激。

柏梁既災，越巫陳方。建章是經，用厭火祥。營宇之制，事兼未央。圜闕竦以造天，若雙碣之相望。鳳騫翥於甍標，咸遡風而欲翔。閶闔之内，别風嶕嶢。何工巧之瑰瑋，交綺豁以疏寮。干雲霧而上達，狀亭亭以苕苕。神明崛其特起，井幹疊而百增。跱遊極於浮柱，結重欒以相承。累層構而遂隮，望北辰而高興。消雰埃於中宸，集重陽之清澂。瞰宛虹之長鬐，察雲師之所憑。上飛闥而仰眺，正睹瑶光與玉繩。將乍往而未半，怵悼慄而慫兢。非都盧之輕趫，孰能超而究升？

馺娑、駘盪，燾昦桔桀。枍詣、承光，睽罛庨豁。橧桴重棼，鍔鍔列列。反宇業業，飛檐巘巘。流景内照，引曜日月。天梁之宫，寔開高闈。旗不脱扃，結駟方蘄。櫟輻輕騖，容於一扉。長廊廣廡，途閣雲蔓。閈庭詭異，門千户萬。重閨幽闥，轉相踰延。望窔窱以逕廷，眇不知其所返。既乃珍臺蹇産以極壯，墱道邐倚以正東。似閬風之遐坂，横西洫而絶金墉。城尉不弛柝，而内外潛通。

前開唐中，彌望廣潒。顧臨太液，滄池漭沆。漸臺立於中央，赫昈昈以弘敞。清淵洋洋，神山峩峩。列瀛洲與方丈，夾蓬萊而駢羅。上林岑以壘嵬，下嶄巖以嵒齬。長風激於别隯，起洪濤而揚波，浸石菌於重涯，濯靈芝以朱柯。海若游於玄渚，鯨魚失流而蹉跎。於是采少君之端信，庶欒大之貞固。立修莖之仙掌，承雲表之清露。屑瓊蘂以朝飧，必性命之可度。美往昔之松喬，要羨門乎天路。想升龍於鼎湖，豈時俗之足慕。若歷世而長存，何遽營乎陵墓。

徒觀其城郭之制，則旁開三門，參塗夷庭，方軌十二，街衢相經，廛里端直，甍宇齊平。北闕甲第，當道直啓。程巧致功，期不陁陊。木衣綈錦，土被朱紫。武庫禁兵，設在蘭錡。匪石匪董，疇能宅此？

爾乃廓開九市，通闤帶闠。旗亭五重，俯察百隧。周制大胥，今也惟尉。瓌貨方至，鳥集鱗萃。鬻者兼贏，求者不匱。爾乃商賈百族，裨販夫婦，鬻良雜苦，蚩眩邊鄙。何必昏於作勞，邪贏優而足恃。彼肆人之男女，麗美奢乎許史。若夫翁伯濁質，張里之家，擊鍾鼎食，連騎相過。東京公侯，壯何能加？

都邑游俠，張趙之倫，齊志無忌，擬跡田文。輕死重氣，結黨連羣，寔蕃有徒，其從如雲。茂陵之原，陽陵之朱。趫悍虓豁，如虎如貙。睚眦蠆芥，屍僵路隅。丞相欲以贖子罪，陽石汚而公孫誅。若其五縣遊麗辯論之士，街談巷議，彈射臧否，剖析毫釐，擘肌分理。所好生毛羽，所惡成創痏。

郊甸之內，鄉邑殷賑，五都貨殖，既遷既引。商旅聯槅，隱隱展展。冠帶交錯，方轅接軫。封畿千里，統以京尹。郡國宮館，百四十五。右極盩厔，并卷酆鄠。左暨河華，遂至虢土。

上林禁苑，跨谷彌阜。東至鼎湖，邪界細柳。掩長楊而聯五柞，繞黃山而款牛首。繚垣緜聯，四百餘里。植物斯生，動物斯止。衆鳥翩翻，羣獸駓騃。散似驚波，聚以京峙。伯益不能名，隸首不能紀。林麓之饒，于何不有？木則樅栝椶柟，梓棫楩楓。嘉卉灌叢，蔚若鄧林。郁蓊薆薱，橚爽櫹槮。吐葩颺榮，布葉垂陰。草則葴莎菅蒯，薇蕨荔苀，王芻莔臺，戎葵懷羊。苯蓴蓬茸，彌皋被岡。篠簜敷衍，編町成篁。山谷原隰，泱漭無疆。

迺有昆明靈沼，黑水玄阯。周以金堤，樹以柳杞。豫章珍館，揭焉中峙。牽牛立其左，織女處其右，日月於是乎出入，象扶桑與濛汜。其中則有黿鼉巨鼈，鱣鯉鱮鮦，鮪鯢鱨魦，脩額短項，大口折鼻，詭類殊種。鳥則鷫鷞鴰鴇，駕鵞鴻鶤。上春候來，季秋就温。南翔衡陽，北棲鴈門。奮隼歸鳧，沸卉軿訇。衆形殊聲，不可勝論。於是孟冬作陰，寒風肅殺。雨雪飄飄，冰霜慘烈，鸛卉具零，剛蟲搏摯。爾乃振天維，衍地絡，蕩川瀆，簸林薄鳥畢駭，獸咸作，草伏木棲，寓居穴託，起彼集此，霍繹紛泊，在彼靈囿之中，前後無有垠鍔。虞人掌焉，爲之營域。焚萊平場，柞木翦棘，結罝百里，迒杜蹊塞。麀鹿麌麌，駢田枉慶。

天子乃駕彫軫，六駿駮。戴翠帽，倚金較。璿弁玉纓，遺光儵爚。建玄弋，樹招搖。棲鳴鳶，曳雲梢。弧旌枉矢，虹旃蜺旄。華蓋承辰，天畢前驅。千乘雷動，萬騎龍趨。屬車之簉，載獫獵獢。匪唯翫好，乃有祕書。小說九百，本自虞初。從容之求，寔俟寔儲。於是蚩尤秉鉞，奮鬣被般。禁御不若，以知神姦。螭魅魍魎，莫能逢旃。陳虎旅於飛廉，正壘壁乎上蘭。結部曲，整行伍。燎京薪，駴雷鼓。縱獵徒，赴長莽。迾卒清候，武士赫怒。緹衣韎韐，睢盱拔扈。光炎燭天庭，囂聲震海浦。河、渭爲之波盪，吴嶽爲之陁堵。百禽㥄遽，騤瞿奔觸。喪精亡魂，失歸忘趨。投輪關輻，不邀自遇。飛罕潚箾，流鏑㨦㩧，矢不虛舍，鋋不苟躍。當足見蹍，值輪被轢。僵禽斃獸，爛若磧礫。但觀罝羅之所羂結，竿殳之所揘畢，叉簇之所攙捔，徒搏之所撞挃，白日未及移其晷，已獮其什七八。

若夫游鷮高翬，絕阬逾斥。毚兔聯猭，陵巒超壑。比諸東郭，莫之能獲。乃有迅羽輕足，尋景追括。鳥不暇舉，獸不得發。青骹摯於韝下，韓盧噬於緤末。及其猛毅髬髵，隅目高匡，威懾兕虎，莫之敢伉。迺使中黃之士，育獲之儔，朱鬟鬤髽，植髮如竿。袒裼戟手，奎踽盤桓。鼻赤象，圈巨狿，摣狒猬，批窳狻。揩枳落，突棘藩。梗林爲之靡拉，樸叢爲之摧殘。輕銳僄狡趫捷之徒，赴洞穴，探封狐。陵重巘，獵昆駼。杪木末，擭獑猢。超殊榛，摕飛鼯。是時，後宮嬖人、昭儀之倫，常亞於乘輿。慕賈氏之如皋，樂北風之同車。盤于游畋，其樂只且。於是鳥獸殫，目觀窮。遷延邪睨，集乎長楊之宮。息行夫，展車馬。收禽舉胔，數課衆寡。置互擺牲，頒賜獲鹵。割鮮野饗，犒勤賞功。五軍六師，千列百重。酒車酌醴，方駕授饔。升觴舉燧，既釂鳴鐘。膳夫馳騎，察貳廉空。炙炰夥，清酤䤋。皇恩溥，洪德施。徒御悅，士忘罷。巾車命駕，迴旆右移。相羊乎五柞之館，旋憩乎昆明之池。登豫章，簡矰紅。蒲且發，弋高鴻。挂白鵠，聯飛龍。磻不特絓，往必加雙。於是命舟牧，爲水嬉。浮鷁首，翳雲芝。垂翟葆，建羽旗。齊栧女，縱櫂歌。發引和，校鳴葭。奏淮南，度陽阿。感河馮，懷湘娥。驚蝄蜽，憚蛟蛇。然後釣魴鱧，纚鰋鮋。摭紫貝，搏耆龜。搤水豹，馽潛牛。澤虞是濫，何有春秋？擿漻澥，搜川瀆。布九罭，設罜䍡。摷昆鮞，殄水族。蘧藕拔，蜃蛤剥。逞欲畋魰，效獲麑麇。摎蓼浶浪，乾池滌藪。上無逸飛，下無遺走。擭胎拾卵，蚳蝝取。取樂今日，遑恤我後！

既定且寧，焉知傾陁？大駕幸乎平樂，張甲乙而襲翠被。攢珍寶之玩好，紛瑰麗以奓靡。臨迴望之廣場，程角觝之妙戲。烏獲扛鼎，都盧尋橦。衝狹鷰濯，胷突銛鋒。跳丸劍之揮霍，走索上而相逢。華嶽峩峩，岡巒參差，神木靈草，朱實離離。總會僊倡，戲豹舞羆。白虎鼓瑟，蒼龍吹篪。女娥坐而長歌，聲清暢而蜲蛇。洪涯立而指麾，被毛羽之纖襹。度曲未終，雲起雪飛。初若飄飄，後遂霏霏。複陸重閣，轉石成雷。礔礰激而增響，磅磕象乎天威。巨獸百尋，是爲曼延。神山崔巍，欻從背見。熊虎升而挐攫，猨狖超而高援。怪獸陸梁，大雀踆踆。白象行孕，垂鼻轔囷。海鱗變而成龍，狀蜿蜿以蝹蝹。含利颬颬，化爲仙車。驪駕四鹿，芝蓋九葩。蟾蜍與龜，水人弄蛇。奇幻儵忽，易貌分形。吞刀吐火，雲霧杳冥。畫地成川，流渭通涇。東海黃公，赤刀粤祝。冀厭白虎，卒不能救。

挾邪作蠱，於是不售。爾乃建戲車，樹脩旃，侲僮程材，上下翩翻。突倒投而跟絓，譬隕絶而復聯。百馬同轡，騁足並馳。橦末之伎，態不可彌。彎弓射乎西羌，又顧發乎鮮卑。

於是衆變盡，心酲醉。盤樂極，悵懷萃。陰戒期門，微行要屈。降尊就卑。懷璽藏紱。便旅閭閻，周觀郊遂。若神龍之變化，章后皇之爲貴。

然後歷掖庭，適驩館。捐衰色，從嫵婉。促中堂之陿坐，羽觴行而無筭。祕舞更奏，妙材騁伎。妖蠱豔夫夏姬，美聲暢於虞氏。始徐進而羸形，似不任乎羅綺。嚼清商而却轉，增嬋娟以此豸。紛縱體而迅赴，若驚鶴之羣罷。振朱屣於盤樽，奮長袖之颯纚。要紹修態，麗服颺菁。眳藐流眄，一顧傾城。展季桑門，誰能不營？列爵十四，競媚取榮。盛衰無常，唯愛所丁。衛后興於鬒髮，飛燕寵於體輕。爾乃逞志究欲，窮身極娛，鑒戒唐《詩》，他人是媮。自君作故，何禮之拘？增昭儀於婕妤，賢既公而又侯。許趙氏以無上，思致董於有虞。王閎争於坐側，漢載安而不渝。

高祖創業，繼體承基。暫勞永逸，無爲而治。耽樂是從，何慮何思？多歷年所，二百餘朞。徒以地沃野豐，百物殷阜；巖險周固，衿帶易守。得之者强，據之者久。流長則難竭，柢深則難朽。故奢泰肆情，馨烈彌茂。鄙生生乎三百之外，傳聞於未聞之者，曾髣髴其若夢，未一隅之能睹。此何與於殷人屢遷，前八而後五，居相圮耿，不常厥土。盤庚作誥，帥人以苦。方今聖上，同天號於帝皇，掩四海而爲家。富有之業，莫我大也。徒恨不能以靡麗爲國華，獨儉嗇以齷齪，忘蟋蟀之謂何。豈欲之而不能，將能之而不欲歟？蒙竊惑焉，願聞所以辯之之説也。

《文選》卷三張衡《東京賦》 安處先生於是似不能言，憮然有閒，乃莞爾而笑曰：

「若客所謂末學膚受，貴耳而賤目者也。苟有胸而無心，不能節之以禮，宜其陋今而榮古矣。由余以西戎孤臣，而悝繆公於宫室，如之何其以温故知新，研覈是非，近於此惑？周姬之末，不能厥政，政用多僻，始於宫鄰，卒於金虎。嬴氏搏翼，擇肉西邑。是時也，七雄並争，競相高以奢麗。楚築章華於前，趙建叢臺於後。秦政利觜長距，終得擅場，思專其侈，以莫己若。迺構阿房，起甘泉，結雲閣，冠南山，征税盡，人力殫。然後收以太半之賦，威以參夷之刑。其遇民也，若薙氏之芟草，既蕰崇之，又行火焉。惏惏黔首，豈徒跼高天、蹐厚地而已哉！乃救死於其頸。毆以就役，唯力是視。百姓弗能忍，是用息肩於大漢，而欣戴高祖。

高祖膺籙受圖，順天行誅，杖朱旗而建大號。所推必亡，所存必固。掃項軍於垓下，紲子嬰於軹塗。因秦宫室，據其府庫。作洛之制，我則未暇。是以西匠營宫，目翫阿房，規摹踰溢，不度不臧。損之又損之，然尚過於周堂。觀者狹而謂之陋，帝已譏其泰而弗康。且高既受命建家，造我區夏矣；文又躬自菲薄，治致升平之德。武有大啓土宇，紀禪肅然之功。宣重威以撫和戎狄，呼韓來享。咸用紀宗存主，饗祀不輟。銘勳彝器，歷世彌光。

今捨純懿而論爽德，以春秋所諱而爲美談，宜無嫌於往初，故蔽善而揚惡，祇吾子之不知言也。必以肆奢爲賢，則是黄帝合宫，有虞總期，固不如夏癸之瑶臺，殷辛之瓊室也，湯武誰革而用師哉？盍亦覽東京之事以自寤乎？且天子有道，守在海外。守位以仁，不恃隘害。苟民志之不諒，何云巖險與襟帶？秦負阻於二關，卒開項而受沛。彼偏據而規小，豈如宅中而圖大？

昔先王之經邑也，掩觀九隩，靡地不營。土圭測景，不縮不盈。總風雨之所交，然後以建王城。審曲面勢：泝洛背河，左伊右瀍，西阻九阿，東門于旋。盟津達其後，太谷通其前。迴行道乎伊闕，邪徑捷乎轘轅。大室作鎮，揭以熊耳。底柱輟流，鐔以大岯。温液湯泉，黑丹石緇。王鮪岫居，能鼈三趾。宓妃攸館，神用挺紀。龍圖授羲，龜書畀姒。召伯相宅，卜惟洛食。周公初基，其繩則直。萇弘魏舒，是廓是極。經途九軌，城隅九雉。度堂以筵，度室以几。京邑翼翼，四方所視。漢初弗之宅，故宗緒中圮。巨猾閒釁，竊弄神器。歷載三六，偷安天位。于時蒸民，罔敢或貳，其取威也重矣。

我世祖忿之，乃龍飛白水，鳳翔參墟。授鉞四七，共工是除。欃槍旬始，群凶靡餘。區宇乂寧，思和求中。睿哲玄覽，都兹洛宫。曰止曰時，昭明有融。既光厥武，仁洽道豐。登岱勒封，與黄比崇。

逮至顯宗，六合殷昌。乃新崇德，遂作德陽。啓南端之特闈，立應門之將將。昭仁惠於崇賢，抗義聲於金商。飛雲龍於春路，屯神虎於秋方。建象魏之兩觀，旌六典之舊章。其内則含德、章臺，天禄、宣明，温飭、迎春，壽安永寧。飛閣神行，莫我能形。濯龍芳林，九谷八溪。芙蓉覆水，秋蘭被涯。渚戲躍魚，淵游龜蠵。永安離宫，脩竹冬青。陰池幽流，玄泉冽清。鵯鶋秋棲，鶻鵃春鳴。鵙鳩麗黄，關關嚶嚶。於南則前殿靈臺，龢驩安福。謻門曲榭，邪阻城洫。奇樹珍果，鈎盾所職。西登少華，亭候修勑。九龍之內，寔曰嘉德。西南其户，匪雕匪刻。我后好約，乃宴斯息。於東則洪池清籞，浸水澹澹。內阜川禽，外豐葭菼。獻鼈蜃與龜魚，供蝸蠯與菱芡。其西則有平樂都場，示遠之觀。龍雀蟠蜿，天馬半漢。瑰異譎詭，燦爛炳焕。奢未及侈，儉而不陋。規遵王度，動中得趣。於是觀禮，禮舉儀具。經始勿亟，成之不日。猶謂爲之者勞，居之者逸。慕唐虞之茅茨，思夏后之卑室。

乃營三宮，布教頒常。複廟重屋，八達九房。規天矩地，授時順鄉。造舟清池，惟水泱泱。左制辟雍，右立靈臺。因進距衰，表賢簡能。馮相觀祲，祈褫禳災。

於是孟春元日，羣后旁戾。百僚師師，于斯胥洎。藩國奉聘，要荒來質。具惟帝臣，獻琛執贄。當覲乎殿下者，蓋數萬以二。爾乃九賓重，臚人列，崇牙張，鏞鼓設。郎將司階，虎戟交鎩。龍輅充庭，雲旗拂霓。夏正三朝，庭燎哲哲。撞洪鍾，伐靈鼓，旁震八鄙，軯磕隱訇，若疾霆轉雷而激迅風也。是時稱警蹕已，下雕輦於東廂。冠通天，佩玉璽，紆皇組，要干將，負斧扆，次席紛純，左右玉几，而南面以聽矣。然後百辟乃入，司儀辨等。尊卑以班，璧羔皮帛之贄既奠，天子乃以三揖之禮禮之，穆穆焉，皇皇焉，濟濟焉，將將焉，信天下之壯觀也。

乃羨公侯卿士，登自東除。訪萬機，詢朝政，勤恤民隱，而除其眚。人或不得其所，若己納之於隍。荷天下之重任，匪怠皇以寧靜。發京倉，散禁財，賚皇寮，逮輿臺。命膳夫以大饗，饔餼浹乎家陪。春醴惟醇，燔炙芬芬。君臣歡康，具醉熏熏。千品萬官，已事而踆。勤屢省，懋乾乾。清風協於玄德，淳化通於自然。憲先靈而齊軌，必三思而顧愆。招有道於側陋，開敢諫之直言。聘丘園之耿絜，旅束帛之戔戔。上下通情，式宴且盤。

及將祀天郊，報地功，祈福乎上玄，思所以爲虔。肅肅之儀盡，穆穆之禮殫。然後以獻精誠，奉禋祀，曰允矣天子者也。乃整法服，正冕帶，珩紞紘綖，玉笄綦會。火龍黼黻，藻繂鞶厲。結飛雲之袷輅，樹翠羽之高蓋。建辰旒之太常，紛焱悠以容裔。六玄虯之弈弈，齊騰驤而沛艾。龍輈華轙，金鋄鏤錫。方釳左纛，鈎膺玉瓖。鑾聲噦噦，和鈴鉠鉠。重輪貳轄，疏轂飛軨。羽蓋威蕤，葩瑵曲莖。順時服而設副，咸龍旂而繁纓。立戈迤戛，農輿輅木。屬車九九，乘軒並轂。琱弩重旃，朱旄青屋。奉引既畢，先輅乃發。鸞旗皮軒，通帛綪旆。雲罕九斿，闟戟轇輵。髶髦被繡，虎夫戴鶡。駙承華之蒲梢，飛流蘇之騷殺。總輕武於後陳，奏嚴鼓之嘈囐。戎士介而揚揮，戴金鉦而建黃鉞。清道案列，天行星陳。肅肅習習，隱隱轔轔。殿未出乎城闕，旆已反乎郊畛。盛夏后之致美，爰敬恭於明神。

爾乃孤竹之管，雲和之瑟，雷鼓鼝鼝，六變既畢。冠華秉翟，列舞八佾。元祀惟稱，羣望咸秩。颺槱燎之炎煬，致高煙乎太一。神歆馨而顧德，祚靈主以元吉。然後宗上帝於明堂，推光武以作配。辯方位而正則，五精帥而來摧。尊赤氏之朱光，四靈懋而允懷。於是春秋改節，四時迭代。蒸蒸之心，感物曾思。躬追養於廟祧，奉蒸嘗與禴祠。物牲辯省，設其楅衡。毛炰豚胉，亦有和羹。滌濯静嘉，禮儀孔明。萬舞奕奕，鍾鼓喤喤。靈祖皇考，來顧來饗。神具醉止，降福穰穰。

及至農祥晨正，上膏脈起。乘鑾輅而駕蒼龍，介馭閒以剡耜。躬三推於天田，修帝籍之千畝。供禘郊之粢盛，必致思乎勤已。兆民勸於疆埸，感懋力以耘耔。

春日載陽，合射辟雍。設業設虡，宮懸金鏞。鼖鼓路鼗，樹羽幢幢。於是備物，物有其容。伯夷起而相儀，后夔坐而爲上。張大侯，制五正，設三乏，厞司旌。并夾既設，儲乎廣庭。於是皇輿夙駕，輂於東階，以須消啓明，掃朝霞，登天光於扶桑。天子乃撫玉輅，時乘六龍。發鯨魚，鏗華鍾。大丙弭節，風后陪乘。攝提運衡，徐至於射宮。禮事展，樂物具。王夏闋，騶虞奏。決拾既次，彫弓斯殼。達餘萌於暮春，昭誠心以遠喻。進明德而崇業，滌饕餮之貪欲。仁風衍而外流，誼方激而遐騖。日月會於龍狵，恤民事之勞疚。因休力以息勤，致歡忻於春酒。執鑾刀以袒割，奉觴豆於國叟。降至尊以訓恭，送迎拜乎三壽。敬慎威儀，示民不偷。我有嘉賓，其樂愉愉。聲教布濩，盈溢天區。

文德既昭，武節是宣。三農之隙，曜威中原。歲惟仲冬，大閱西園。虞人掌焉，先期戒事。悉率百禽，鳩諸靈囿。獸之所同，是謂告備。乃御小戎，撫輕軒，中畋四牡，既佶且閑。戈矛若林，牙旗繽紛。迄上林，結徒營。次和樹表，司鐸受鉦。坐作進退，節以軍聲。三令五申，示戮斬牲。陳師鞠旅，教達禁成。火列具舉，武士星敷。鵝鸛魚麗，箕張翼舒。軌塵掩迒，匪疾匪徐。馭不詭遇，射不翦毛。升獻六禽，時膳四膏。馬足未極，輿徒不勞。成禮三毆，解罘放麟。不窮樂以訓儉，不殫物以昭仁。慕天乙之弛罟，因教祝以懷民。儀姬伯之渭陽，失熊羆而獲人。澤浸昆蟲，威振八寓。好樂無荒，允文允武。薄狩于敖，既璅璅焉；岐陽之蒐，又何足數？

爾乃卒歲大儺，毆除羣厲。方相秉鉞，巫覡操茢。侲子萬童，丹首玄製。桃弧棘矢，所發無臬。飛礫雨散，剛癉必斃。煌火馳而星流，逐赤疫於四裔。然後凌天池，絶飛梁。捎魑魅，斮獝狂。斬蜲蛇，腦方良。囚耕父於清泠，溺女魃於神潢。殘夔魖與罔像，殪野仲而殲游光。八靈爲之震慴，況鬾蜮與畢方。度朔作梗，守以鬱壘，神荼副焉，對操索葦。目察區陬，司執遺鬼。京室密清，罔有不韙。

於是陰陽交和，庶物時育。卜征考祥，終然允淑。乘輿巡乎岱嶽，勸稼穡於原陸。同衡律而壹軌量，齊急舒於寒燠。省幽明以黜陟，乃反旆而迴復。望先帝之舊墟，慨長思而懷古。俟閶風而西遐，致恭祀乎高祖。既春游以發生，啓諸蟄於潛户。度秋豫以收成，觀豐年之多稌，嘉田畯之匪懈，行致賚于九扈。左瞰暘谷，右睨玄圃。眇天末以遠期，規萬世而大摹。且歸來以釋勞，膺多福以安愈。總集瑞命，備致嘉祥。圉林氏之騶虞，擾澤馬與騰黄。鳴女牀之鸞鳥，舞丹穴之鳳皇。植華平於百圃，豐朱草於中唐。惠風廣被，澤洎幽荒。北燮丁令南諧越裳，西包大秦，東過樂浪。重舌之人九譯，僉稽首而來王。

是以論其遷邑易京，則同規乎殷盤。改奢即儉，則合美乎斯干。登封降禪，則齊德乎黄軒。爲無爲，事無事，永有民以孔安。遵節儉，尚素樸，思仲尼之克己，履老氏之常足。將使心不亂其所在，目不見其可欲。賤犀象，簡珠玉，藏金於山，抵璧於谷。翡翠不裂，瑇瑁不蔟。所貴惟賢，所寶惟穀。民去末而反本，咸懷忠而抱慤。于斯之時，海内同悦，曰：「吁！漢帝之德，侯其禕而」。蓋蓂莢爲難蒔也，故曠世而不覿。惟我后能殖之以至和平，方將數諸朝階。然則道胡不懷，化胡不柔！聲與風翔，澤從雲游。萬物我賴，亦又何求？德寓天覆，輝烈光燭。狹三王之趢趗，軼五帝之長驅。踵二皇之遐武，誰謂駕遲而不能屬？東京之懿未罄，值余有犬馬之疾，不能究其精詳，故粗爲賓言其梗概如此。若乃流遁忘反，放心不覺，樂而無節，後離其戚，一言幾於喪國，我未之學也。

且夫契絣之智，守不假器。況纂帝業，而輕天位？瞻仰二祖，厥庸孔肆。常翹翹以危懼，若乘奔而無轡。白龍魚服，見困豫且。雖萬乘之無懼，猶怵惕於一夫。終日不離其輜重，獨微行其焉如？夫君人者，黈纊塞耳，車中不内顧。珮以制容，鑾以節塗。行不變玉，駕不亂步。却走馬以糞車，何惜騕褭與飛兔。方其用財取物，常畏生類之殄也。賦政任役，常畏人力之盡也。取之以道，用之以時。山無槎枿，畋不麑胎。草木蕃廡，鳥獸阜滋。民忘其勞，樂輸其財。百姓同於饒衍，上下共其雍熙。洪恩素蓄，民心固結。執誼顧主，夫懷貞節。忿姦慝之干命，怨皇統之見替；玄謀設而陰行，合二九而成譎。登聖皇於天階，章漢祚之有秩。若此，故王業可樂焉。今公子苟好勦民以媮樂，忘民怨之爲仇也，好殫物以窮寵，忽下叛而生憂也。

夫水所以載舟，亦所以覆舟。堅冰作於履霜，尋木起於蘖栽。昧旦丕顯，後世猶怠。況初制於甚泰，服者焉能改裁？故相如壯上林之觀，揚雄騁羽獵之辭，雖系以隤墻填壍，亂以收罝解罘，卒無補於風規，衹以昭其愆尤。臣濟奓以陵君，忘經國之長基。故函谷擊柝於東，西朝顛覆而莫持。凡人心是所學，體安所習。鮑肆不知其臰，翫其所以先入。咸池不齊度於蠅咬，而衆聽或疑。能不惑者，其唯子野乎！」

客既醉於大道，飽於文義，勸德畏戒，喜懼交爭。罔然若酲，朝罷夕倦，奪氣褫魄之爲者，忘其所以爲談，失其所以爲誇。良久乃言曰：「鄙哉予乎，習非而遂迷也，幸見指南於吾子！若僕所聞，華而不實。先生之言，信而有徵。鄙夫寡識，而今而後，乃知大漢之德馨，咸在於此。昔常恨三墳、五典既泯，仰不睹炎帝帝魁之美。得聞先生之餘論，則大庭氏何以尚兹！走雖不敏，庶斯達矣！」

《文選》卷四張衡《南都賦》 於顯樂都，既麗且康。陪京之南，居漢之陽。割周楚之豐壤，跨荆豫而爲疆。體爽塏以閑敞，紛郁郁其難詳。

爾其地勢，則武闕關其西，桐柏揭其東。流滄浪而爲隍，廓方城而爲墉。湯谷涌其後，淯水盪其胸。推淮引湍，三方是通。其寶利珍怪，則金彩玉璞，隨珠夜光；銅錫鉛鍇，赭堊流黄；緑碧紫英，青臒丹粟；太一餘糧，中黄瑴玉。松子神陂，赤靈解角。耕父揚光於清泠之淵，游女弄珠於漢皋之曲。

若夫天封大狐，列仙之陬，上平衍而曠蕩，下蒙籠而崎嶇。坂坻嶻嶭而成巘，谿壑錯繆而盤紆。芝房菌蠢生其隈，玉膏滵溢流其隅。崙崑無以奓，閬風不能逾。

其山則崆峣嶱嵑，嵣㟐寮剌，岝崿嵬嵬，嶮巇屹嶇，幽谷嶜岑，夏含霜雪。或峮嶙而纚連，或豁爾而中絶。鞠巍巍其隱天，俯而觀乎雲霓。

其木則檉松楔㯭，槾柏杻橿，楓柙櫨櫪，帝女之桑。楈枒栟櫚，柍柘檍檀。結根竦本，垂條嬋媛。布緑葉之萋萋，敷華蕊之蓑蓑。玄雲合而重陰，谷風起而增哀。攢立叢駢，青冥盰瞑。杳藹蓊鬱於谷底，森蕁蕁而刺天。虎豹黄熊游其下，轂玃猱挺戲其巔。鸞鸞鵷鶵翔其上，騰猨飛蝙棲其間。其竹則籦籠篁篾，篠篺箛筆。緣延坻阪，澶漫陸離。稷那蓊茸，風靡雲披。

爾其川瀆，則湗澧瀷濜，發源巖穴，潛廅洞出，没滑潏瀄。布濩漫汗，漭沆洋溢。揔括趨欲，箭馳風疾。流湍投濈，砏汃輣軋。長輸遠逝，漻淚淚汨。其水蟲則有蠳龜鳴蛇，潛龍伏螭，鱏鱣鰅鱅，黿鼉鮫鱺。巨蜯函珠，駮瑕委蛇。於其陂澤則有鉗盧玉池，赭陽東陂。貯水渟洿，亘望無涯。其草則有䕸苧蘋莞，蔣蒲蒹葭。藻茆菱芡，芙蓉含華。從風發榮，斐披芬葩。其鳥則有鴛鴦鵠鷖，鴻鴇駕鵝。鷞鶂鸊鷉，鷫鵜鷗鸕。嚶嚶和鳴，澹淡隨波。其水則開竇灑流，浸彼稻田。溝澮脈連，隄塍相軺。朝雲不興，而潢潦獨臻。決渫則暵，爲溉爲陸。冬稌夏穱，隨時代熟。其原野則有桑漆麻苧，菽麥稷黍，百穀蕃廡，翼翼與與。若其園圃，則有蓼蕺蘘荷，藷蔗薑䕺，菥蓂芋瓜。乃有櫻梅山柿，侯桃梨栗，梬棗若留，穰橙鄧橘。其香草則有薜荔蕙若，薇蕪蓀萇。晻曖蓊蔚，含芬吐芳。

若其厨膳，則有華薌重秬，滍皋香秔。歸雁鳴鵽，黃稻鱻魚，以爲芍藥。酸甜滋味，百種千名。春卵夏筍，秋韭冬菁。蘇蔱紫薑，拂徹羶腥。酒則九醖甘醴，十旬兼清。醪敷徑寸，浮蟻若萍。其甘不爽，醉而不酲。及其糺宗綏族，禴祠蒸嘗。以速遠朋，嘉賓是將。揖讓而升，宴於蘭堂。珍羞琅玕，充溢圓方。琢琱狎獵，金銀琳琅。侍者蠱媚，巾幘鮮明。被服雜錯，履躡華英。儇才齊敏，受爵傳觴。獻酬既交，率禮無違。彈琴擫籥，流風徘徊。清角發徵，聽者增哀。客賦醉言歸，主稱露未晞。接歡宴於日夜，終愷樂之令儀。

於是暮春之禊，元巳之辰，方軌齊軫，祓于陽瀕。朱帷連網，曜野映雲。男女姣服，駱驛繽紛。致飾程蠱，偠紹便娟。微眺流睇，蛾眉連卷。於是齊僮唱兮列趙女，坐南歌兮起鄭儛。白鶴飛兮繭曳緒，脩袖繚繞而滿庭，羅韈躡蹀而容與。翩綿綿其若絶，眩將墜而復舉。翹遥遷延，躑躅蹁躚。結九秋之增傷，怨西荆之折盤。彈箏吹笙，更爲新聲。寡婦悲吟，鵾鷄哀鳴。坐者悽欷，蕩魂傷精。

於是羣士放逐，馳乎沙場。騄驥齊鑣，黃閒機張。足逸驚飆，鏃析毫芒。俯貫魴鱮，仰落雙鶬。魚不及竄，鳥不暇翔。爾乃撫輕舟兮浮清池，亂北渚兮揭南涯。汰瀺灂兮舩容裔，陽侯澆兮掩鳧鷖。追水豹兮鞭蝄蜽，憚夔龍兮怖蛟螭。於是日將逮昏，樂者未荒。收驩命駕，分背迴塘。車雷震而風厲，馬鹿超而龍驤。夕暮言歸，其樂難忘。此乃游觀之好，耳目之娛，未睹其美者，焉足稱舉！

夫南陽者，真所謂漢之舊都者也。遠世則劉后甘厥龍醢，視魯縣而來遷。奉先帝而追孝，立唐祀乎堯山。固靈根於夏葉，終三代而始蕃。非純德之宏圖，孰能揆而處旃？近則考侯思故，匪居匪寧。穢長沙之無樂，歷江湘而北征。曜朱光於白水，會九世而飛榮。察茲邦之神偉，啓天心而寤靈。於其宮室，則有園廬舊宅，隆崇崔嵬。御房穆以華麗，連閣焕其相徽。聖皇之所逍遥，靈祇之所保綏。章陵鬱以青葱，清廟肅以微微。皇祖歆而降福，彌萬祀而無衰。帝王臧其擅美，詠南音以顧懷。且其君子，弘懿明叡，允恭温良。容止可則，出言有章。進退屈伸，與時抑揚。方今天地之睢剌，帝亂其政，豺虎肆虐，真人革命之秋也。爾其則有謀臣武將，皆能攫戾執猛，破堅摧剛。排揵陷扃，鼖蹈咸陽。高祖階其塗，光武攬其英。是以關門反距，漢德久長。及其去危乘安，視人用遷，周召之儔，據鼎足焉，以庀王職。縉紳之倫，經綸訓典，賦納以言。是以朝無闕政，風烈昭宣也。於是乎鯢齒眉壽鮐背之叟，皤皤然被黃髮者，喟然相與歌曰：望翠華兮葳蕤，建太常兮裶裶。駟飛龍兮騤騤，振和鸞兮京師。總萬乘兮徘徊，按平路兮來歸。豈不思天子南巡之辭者哉！遂作頌曰：皇祖止焉，光武起焉。據彼河洛，統四海焉。本枝百世，位天子焉。永世克孝，懷桑梓焉。真人南巡，睹舊里焉。建華旗，張翠蓋。

《歷代賦彙》卷三七劉楨《魯都賦》 昔大庭氏肇建厥居，少昊受命，亦都茲焉。山則連岡屬嶺，曀魁峽北。紫金揚輝於鴻崖，水精潛光乎雲穴。岱宗邈其層秀，干氣霧以高越。其木則赤梜、青松、文莖、蕙棠，洪榦百圍，高徑穹皇。竹則填彼山根，陔彌阪域，蒙雪含霜，不渝其色；夏蕩攢包，勁篠並殖，翠實離離，鳳凰攸食。水產衆夥，各有彝倫；頳首華尾，豐顱重斷；戴兵挾刃，盤甲曲鱗。且觀其時謝節移，和族綏宗，招歡合好，肅戒友朋。蛾眉清眸，顏若雪霜。插曜日之珍笄，珥明月之珠璫。舞人就列，整飾容華。和顏揚眸，眄風長歌。飄乎焱發，身如轉波。尋虛騁迹，顧與節和。縱修褏以終曲，若奔星之赴河。及其素秋二七，天漢指隅。民胥祓禊，國於水游。緹帷彌津，丹帳覆洲。蓋如飛鶴，馬如游魚。應門巖巖，朱扉含光。路殿巋其隆崇，文陛巘其高驤。聽迅雷於長除，若有聞而復亡。其園囿苑沼，駢闐接連。淥池分浪，以帶石垠。文隅瓊岸，華玉依津。邦乃大狩，振揚炎威。教民即戎，講習興師。絡幕包括，連結營圍。毛羣隕殪，羽族殲剥。填崎塞畎，不可勝録。

《歷代賦彙》卷三七徐幹《齊都賦》 齊國實坤德之膏腴，而神州之奥府。其川瀆則洪河洋洋，發源崑崙。驚波沛厲，浮沫揚奔。南望無垠，北顧無堮。蒹葭蒼蒼，莞菰沃若。瑰禽異鳥，羣萃乎其間。帶華蹈縹，披紫垂丹。應節往來，翕習翩翩。靈芝生乎丹石，發翠葉之煌煌。其實玩則玄蛤抱璣，駮蚌含璫。搆厦殿以宏覆，起層樹以高驤。龍楹螭桷，山岊雲墻。其後宮内庭，嬪妾之館，衆偉所施，極巧窮變。然後修龍榜，遊洪池，折珊瑚，破琉璃。日既仄而西舍，乃反宮而棲遲。歡幸在側，便嬖侍隅。含清歌以詠志，流玄眸而微眄。竦長袖以合節，紛翩翩其輕迅。王乃乘華玉之輅，駕玄駮之駿。武騎星散，鉦鼓雷動，旌旄虹亂，盈乎靈圃之中。於是羽旌咸興，毛羣盡起，上蔽穹庭，下被皋藪。

曹植《曹子建集》卷三《洛神賦》 黄初三年，余朝京師，還濟洛川。古人有言，斯水之神，名曰宓妃。感宋玉對楚王神女之事，遂作斯賦。其詞曰：

余從京域，言歸東藩。背伊闕，越轘轅，經通谷，陵景山。日既西傾，車殆馬煩。爾乃税駕乎蘅皋，秣駟乎芝田，容與乎陽林，流眄乎洛川。于是精移神駭，忽焉思散。俯則未察，仰以殊觀，睹一麗人，于巖之畔。迺援御者而告之曰：「爾有覿于彼者乎？彼何人斯？若此之艷也！」御者對曰：「臣聞河洛之神，名曰宓妃。然則君王所見也，無奈是乎？其狀若何？臣願聞之。」

余告之曰：「其形也，翩若驚鴻，婉若游龍。榮曜秋菊，華茂春松。仿佛兮若輕雲之蔽月，飄飖兮若流風之回雪。遠而望之，皎若太陽升朝霞；迫而察之，灼若芙蕖出淥波。穠纖得衷，修短合度。肩若削成，腰如約素。延頸秀項，皓質呈露。芳澤無加，鉛華弗御。雲髻峨峨，修眉聯娟。丹唇外朗，皓齒内鮮，明眸善睐，靨輔承權。瑰姿艷逸，儀静體閑。柔情綽態，媚於語言。奇服曠世，骨像應圖。披羅衣之璀粲兮，珥瑶碧之華琚。戴金翠之首飾，綴明珠以耀軀。踐遠游之文履，曳霧綃之輕裾。微幽蘭之芳藹兮，步踟躕于山隅。

于是忽焉縱體，以遨以嬉。左倚采旄，右蔭桂旗。攘皓腕于神滸兮，采湍瀨之玄芝。余情悦其淑美兮，心振蕩而不怡。無良媒以接歡兮，托微波而通辭。願誠素之先達兮，解玉佩以要之。嗟佳人之信修，羌習禮而明詩。抗瓊珶以和予兮，指潛淵而爲期。執眷眷之款實兮，懼斯靈之我欺。感交甫之棄言兮，悵猶豫而狐疑。收和顔而静志兮，申禮防以自持。

于是洛靈感焉，徙倚彷徨，神光離合，乍陰乍陽。竦輕軀以鶴立，若將飛而未翔。踐椒涂之鬱烈，步蘅薄而流芳。超長吟以永慕兮，聲哀厲而彌長。

爾乃衆靈雜沓，命儔嘯侶，或戲清流，或翔神渚，或采明珠，或拾翠羽。從南湘之二妃，携漢濱之游女。嘆匏瓜之無匹兮，咏牽牛之獨處。揚輕袿之猗靡兮，翳修袖以延佇。休迅飛鳧，飄忽若神，凌波微步，羅襪生塵。動無常則，若危若安。進止難期，若往若還。轉眄流精，光潤玉顔。含辭未吐，氣若幽蘭。華容婀娜，令我忘餐。

于是屏翳收風，川後静波，馮夷鳴鼓，女媧清歌。騰文魚以警乘，鳴玉鸞以偕逝。六龍儼其齊首，載雲車之容裔。鯨鯢踴而夾轂，水禽翔而爲衛。

于是越北沚，過南岡。紆素領，回清陽，動朱唇以徐言，陳交接之大綱。恨人神之道殊兮，怨盛年之莫當。抗羅袂以掩涕兮，淚流襟之浪浪。悼良會之永絶兮，哀一逝而異鄉。無微情以效愛兮，獻江南之明璫。雖潛處于太陰，長寄心于君王。忽不悟其所舍，悵神宵而蔽光。

于是背下陵高，足往神留，遺情想像，顧望懷愁。冀靈體之復形，御輕舟而上泝。浮長川而忘反，思綿綿而增慕。夜耿耿而不寐，沾繁霜而至曙。命僕夫而就駕，吾將歸乎東路。攬騑轡以抗策，悵盤桓而不能去。」

《歷代賦彙》卷三二左思《三都賦有序》 蓋詩有六義焉，其二曰賦。揚雄曰：「詩人之賦麗以則。」班固曰：「賦者，古詩之流也。」先王采焉，以觀土風。見綠竹猗猗，則知衛地淇澳之産；見在其版屋，則知秦野西戎之宅。故能居然而辨八方。然相如賦上林而引「盧橘夏熟」，揚雄賦甘泉而陳「玉樹青葱」，班固賦西都而歎以出比目，張衡賦西京而述以游海若。假稱珍怪，以爲潤色，若斯之類，匪啻於兹。考之果木，則生非其壤；校之神物，則出非其所。於辭則易爲藻飾，於義則虚而無徵。且夫玉卮無當，雖寶非用；侈言無驗，雖麗非經。而論者莫不詆訐其研精，作者大氐舉爲憲章。積習生常，有自來矣。

余既思摹二京而賦三都，其山川城邑則稽之地圖，鳥獸草木則驗之方志。風謡歌舞，各附其俗；魁梧長者，莫非其舊。何則？發言爲詩者，詠其所志也；升高能賦者，頌其所見也。美物者貴依其本，讚事者宜本其實。匪本匪實，覽者奚信？且夫任土作貢，《虞書》所著；辨物居方，《周易》所慎。聊舉其一隅，攝其體統，歸諸詁訓焉。

有西蜀公子者，言於東吳王孫，曰：「蓋聞天以日月爲綱，地以四海爲紀，九土星分，萬國錯峙。崤函有帝皇之宅，河洛爲王者之里。吾子豈亦曾聞蜀都之事歟？請爲左右揚榷而陳之。

夫蜀都者，蓋兆基於上世，開國於中古。廓靈關以爲門，包玉壘而爲宇。帶二江之雙流，抗峨眉之重阻。水陸所湊，兼六合而交會焉；豐蔚所盛，茂八區而菴藹焉。

於前則跨躡犍牂，枕輢交趾。經途所亘，五千餘里。山阜相屬，含谿懷谷。岡巒糾紛，觸石吐雲。鬱葐蒀以翠微，崛巍巍以峨峨。干青霄而秀出，舒丹氣以爲霞。龍池㶁瀑濆其隈，漏江伏流潰其阿。汨若湯谷之揚濤，沛若濛汜之涌波。於是乎邛竹緣嶺，菌桂臨崖。旁挺龍目，側生荔枝。布緑葉之萋萋，結朱實之離離。迎隆冬而不凋，常曄曄以猗猗。孔翠羣翔，犀象競馳。白雉朝雊，猩猩夜啼。金馬騁光而絶景，碧雞儵忽而曜儀。火井沈熒於幽泉，高爓飛煽於天垂。其間則有琥珀丹青，江珠瑕英。金沙銀鑠，符采彪炳，暉麗灼爍。

於後則却背華容，北指崑崙。緣以劒閣，阻以石門。流漢湯湯，驚浪雷奔。望之天迴，即之雲昏。水物殊品，鱗介異族。或藏蛟螭，或隱碧玉。嘉魚出於丙穴，良木攢於褒谷。其樹則有木蘭梫桂，杞櫹椅桐，椶枒楔樅。楩柟幽藹於谷底，松柏蓊鬱於山峯。擢修幹，竦長條。扇飛雲，拂輕霄。羲和假道於峻岐，陽烏迴翼乎高標。巢居棲翔，聿兼鄧林。穴宅奇獸，窠宿異禽。熊羆咆其陽，鵰鶚鴆其陰。猨狖騰希而競捷，虎豹長嘯而永吟。

於東則左緜巴中，百濮所充，外負銅梁於宕渠，内函要害於膏腴。其中則有巴菽巴戟，靈壽桃枝。樊以葅圃，濱以鹽池。蝲蛦山棲，黿龜水處。潛龍蟠於沮澤，應鳴鼓而興雨。丹沙赩熾出其坡，蜜房郁毓被其阜。山圖采而得道，赤斧服而不朽。若乃剛悍生其方，風謡尚其武。奮之則賨旅，玩之則歈舞。鋭氣剽於中葉，蹻容出於樂府。

於西則右挾岷山，涌瀆發川。陪以白狼，夷歌成章。坰野草昧，林麓黝儵。交讓所植，蹲鴟所伏。百藥灌叢，寒卉冬馥。異類衆夥，於何不育？其中則有青珠黄環，碧砮芒消。或豐緑荑，或蕃丹椒。蘪蕪布濩於中阿，風連莚蔓於蘭臯。紅葩紫飾，柯葉漸苞。敷蕊葳蕤，落英飄颻。神農是嘗，盧跗是料。芳追氣邪，味蠲癘痟。

其封域之内，則有原隰墳衍，通望彌博。演以潛沫，浸以緜洛。溝洫脈散，疆里綺錯。黍稷油油，粳稻莫莫。指渠口以爲雲門，灑滮池而爲陸澤。雖星畢之滂沱，尚未齊其膏液。

爾乃邑居隱賑，夾江傍山，棟宇相望，桑梓接連。家有鹽泉之井，户有橘柚之園。其園則有林檎枇杷，橙柿梬楟。榹桃函列，梅李羅生。百果甲宅，異色同榮。朱櫻春熟，素柰夏成。若乃大火，流涼風癘。白露凝，微霜結。紫梨津潤，榛栗鏬發。蒲桃亂潰，石榴競裂。甘自至零，芬芳酷烈。其圃則有蒟蒻茱萸，瓜疇芋區。甘蔗辛薑，陽蓲陰敷。日往菲微，月來扶疎。任土所麗，衆獻而儲。

其沃瀛則有攢蔣叢蒲，緑菱紅蓮。雜以藴藻，糅以蘋蘩。總莖柅柅，裛葉蓁蓁。蕡實時味，王公羞焉。其中則有鴻儔鵠侶，鷟鷺鵜鶘。晨鳧旦至，候鴈銜蘆。木落南翔，冰泮北徂。雲飛水宿，哢吭清渠。其深則有白黿命鼈，玄獺上祭。鱣鮪鱒魴，鮷鱧鯊鱨。差鱗次色，錦質報章。躍濤戲瀨，中流相忘。

於是乎金城石郭，兼市中區。既麗且崇，實號成都。闢二九之通門，畫方軌之廣塗。營新宫於爽塏，擬承明而起廬。結陽城之延閣，飛觀榭乎雲中。開高軒以臨山，列綺窻而瞰江。内則議殿爵堂，武義虎威。宣化之闥，崇禮之闈。華闕雙邈，重門洞開。金鋪交映，玉題相暉。外則軌躅八達，里閈對出。比屋連甍，千廡萬室。亦有甲第，當衢向術。壇宇顯敞，高門納駟。庭扣鐘磬，堂撫琴瑟。匪葛匪姜，疇能是恤。

亞以少城，接乎其西。市鄽所會，萬商之淵。列隧百重，羅肆巨千。賄貨山積，纖麗星繁。都人士女，袨服靚粧。賈貿墆鬻，舛錯縱横。異物詭譎，奇於八方。布有橦華，麪有桄榔。邛杖傳節於大夏之邑，蒟醬流味於番禺之鄉。輿輦雜沓，冠帶混并。累轂疊跡，叛衍相傾。諠譁鼎沸，則哤聒宇宙；囂塵張天，則埃壒曜靈。闤闠之裏，伎巧之家。百室離房，機杼相和。貝錦斐成，濯色江波。黄潤比筒，籯金所過。

侈侈隆富，卓鄭埒名。公擅山川，貨殖私庭。藏鏹巨萬，鈲摫兼呈。亦以財雄，翕習邊城。三蜀之豪，時來時往。養交都邑，結儔附黨。劇談戲論，扼腕抵掌。出則連騎，歸從百兩。若其舊俗，終冬始春。吉日良辰，置酒高堂，以御嘉賓。金罍中坐，肴核四陳。觴以清醥，鮮以紫鱗。羽爵既競，絲竹乃發。巴姬彈絃，漢女擊節。起西音於促柱，歌江上之飄厲。紆長袖而屢舞，翩躚躚以裔裔。合樽促席，引滿相罰。樂飲今夕，一醉累月。

若夫王孫之屬，郤公之倫。從禽於外，巷無居人。並乘驥子，俱服魚文。玄黄異校，結駟繽紛。西踰金隄，東越玉津。朔别晦期，匪日匪旬。蹵蹈蒙籠，涉獵寥廓。鷹犬倏眒，罻羅絡幕。毛羣陸離，羽族紛泊。翕響揮霍，中網林薄。屠麖麋，剪旄麈。帶文蛇，跨彫虎。志未騁，時欲晚。追輕翼，赴絶遠。出彭門之闕，馳九折之坂。經三峽之峥嶸，躡五屼之蹇嵼。戟食鐵之獸，射噬毒之鹿。拍貙氓於葽草，彈言鳥於森木。拔象齒，戾犀角。鳥鎩翮，獸廢足。

殆而朅來，相與第如滇池，集乎江洲。試水客，艤輕舟，娉江妃，與神游。罨翡翠，釣鰋鮋，下高鵠，出潛虯。吹洞簫，發櫂謳，感鱏魚，動陽侯。騰波沸涌，珠貝沈浮。若雲漢含星，而光耀洪流。將饗獠者，張帟幕，會平原。酌清酤，割芳鮮。飲御酣，賓旅旋。車馬雷駭，轟轟闐闐。若風流雨散，漫乎數百里之間。斯蓋宅土之所安樂，觀聽之所踴躍也。焉獨三川，爲世朝市？

右賦蜀都。

若乃卓犖奇譎，倜儻罔已。一經神怪，一緯人理。遠則岷山之精，上爲井絡。天帝運期而會昌，景福肸蠁而興作。碧出萇弘之血，鳥生杜宇之魄。妄變化而非常，羌見偉於疇昔。近則江漢炳靈，世載其英。蔚若相如，皭若君平。王褒曄曄而秀發，揚雄含章而挺生。幽思絢道德，摛藻掞天庭。考四海而爲儁，當中葉而擅名。是故游談者以爲美，造作者以爲程也。至乎臨谷爲塞，因山爲障。峻岨塍埒長城，豁險吞若巨防。一人守隘，萬夫莫向。公孫躍馬而稱帝，劉宗下輦而自王。由此言之，天下孰尚？故雖兼諸夏之富有，猶未若兹都之無量也。

東吳王孫，囅然而咍，曰：夫上圖景宿，辨於天文者也。下料物土，析於地理者也。古先帝世，曾覽八紘之洪緒。一六合而光宅，翔集遐宇。鳥策篆素，玉牒石記。烏聞梁岷有陟方之館、行宮之基歟？而吾子言蜀都之富，禺同之有；偉其區域，美其林藪。矜巴漢之阻，則以爲襲險之右。徇蹲鴟之沃，則以爲世濟陽九。齷齪而筭，固亦曲士之所歎也。旁魄而論都邑，抑非大人之所壯觀也。何則？土壤不足以攝生，山川不足以周衛。公孫國之而破，諸葛家之而滅。兹乃喪亂之丘墟，顛覆之軌轍，安可以儷王公而著風烈也？翫其磧礫而不窺玉淵者，未知驪龍之所蟠也。習其敝邑而不覩上邦者，未知英雄之所躔也。

子獨未聞大吳之巨麗乎？且有吳之開國也，造自泰伯，宣於延陵。蓋端委之所彰，高節之所興。建至德以創洪業，世無得而顯稱。由克讓以立風俗，輕脱躧於千乘。若率土而論都，則非列國之所觖望也。故其經畧，上當星紀。拓土畫疆，卓犖兼并。包括於越，跨躡蠻荆。婺女寄其曜，翼軫寓其精。指衡嶽以鎮野，目龍川而帶坰。

爾其山澤，則嵬嶷嶢屼，嶁溟鬱㟆。潰渱泮汗，滇溯淼漫。或涌川而開瀆，或吞江而納漢。磈磈磈磈，潨潨㴔㴔。磝碒乎數州之間，灌注乎天下之半。百川派別，歸海而會。控清引濁，混濤并瀨。濆薄沸騰，寂寥長邁。濞焉洶洶，隱焉礚礚。出乎大荒之中，行乎東極之外。經扶桑之中林，包暘谷之滂沛。潮波汩起，迴復萬里。歊霧漨浡，雲蒸昏昧。泓澄奫潫，澒溶沆瀁。莫測其深，莫究其廣。澶湉漠而無涯，總有流而爲長。瓌異之所叢育，鱗甲之所集往。

於是乎長鯨吞航，脩鯢吐浪。躍龍騰蛇，鮫鯔琵琶。王鮪鯸鮐，鮣龜鱕鯌；烏賊擁劍，鼊鼊鯖鰐，涵泳乎其中。葺鱗鏤甲，詭類舛錯。泝洄順流，噞喁沈浮。鳥則鶤雞鸐鵁，鸘鵠鷺鴻。鶢鶋避風，候鴈造江。鸂鷘鷛鶒，鶄鶴鶖鶬。鸛鷗鷁鸕，泛濫乎其上。湛淡羽儀，隨波參差。理翮整翰，容與自玩。彫琢蔓藻，刷盪漪瀾。魚鳥聱耴，萬物蠢生。芒芒黖黖，慌罔奄欻，神化翕忽，函幽育明。窮性極形，盈虚自然。蚌蛤珠胎，與月虧全。巨鼇贔屓，首冠靈山。大鵬繽翻，翼若垂天。振盪汪流，雷抃重淵。殷動宇宙，胡可勝原！

島嶼綿邈，州渚憑隆。曠瞻迢遞，迴眺冥蒙。珍怪麗，奇隙充。徑路絶，風雲通。洪桃屈盤，丹桂灌叢。瓊枝抗莖而敷蕊，珊瑚幽茂而玲瓏。增岡重阻，列真之宇。玉堂對霤，石室相距。藹藹翠幄，嫋嫋素女。江妃於是往來，海童於是宴語。斯實神妙之響象，嗟難得而覼縷！

爾乃地勢坱圠，卉木䟣蔓。遭藪爲圃，值林爲苑。異荂蓲蘛，夏曄冬蒨。方志所辨，中州所羨。草則藿蒳荳蔻，薑彙非一。江蘺之屬，海苔之類。綸組紫絳，食葛香茅。石帆水松，東風扶留。布護皋澤，蟬聯陵丘。夤緣山嶽之岊，冪歷江海之流。杌白蔕，銜朱蕤。鬱兮茷茂，曄兮菲菲。光色炫晃，芬馥肸蠁。職貢納其包匭，離騷詠其宿莽。木則楓柙豫章，栟櫚枸榔。緜杬杶櫨，文欀楨橿。平仲君遷，松梓古度。楠榴之木，相思之樹。宗生高岡，族茂幽阜。擢本千尋，垂蔭萬畝。攢柯拏莖，重葩殗葉。輪囷虯蟠，埇堰鱗接。榮色雜糅，綢繆縟繡。宵露霮䨴，旭日晻時。與風飄颻，颯瀏颼飀。鳴條律暢，飛音響亮。蓋象琴筑并奏，笙竽俱唱。其上則有猿父哀吟，貚子長嘯。狖鼯猓然，騰趠飛超。争接縣垂，競遊遠枝。驚透沸亂，牢落翬散。其下則有梟羊麡狼，猰貐貙象。於菟之族，犀兕之黨。鉤爪鋸牙，自成鋒穎。精若曜星，聲若雷霆。名載於山經，形鏤於夏鼎。

其竹則篔簹林箊，桂箭射筒。柚梧有篁，篻簩有叢。苞筍抽節，往往縈結。緑葉翠莖，冒霜停雪。橚矗森萃，蓊茸蕭瑟。檀欒嬋娟，玉潤碧鮮。梢雲無以踰，嶰谷弗能連。鷟鸑食其實，鵷雛擾其間。其果則丹橘餘甘，荔枝之林。檳榔無柯，椰葉無陰。龍眼橄欖，棎榴禦霜。結根比景之陰，列挺衡山之陽。素花斐，丹秀芳，臨青壁，係紫房。鶡鴇南翥而中留，孔雀綷羽以翱翔。山雞歸飛而來棲，翡翠列巢以重行。其琛賂則琨瑤之阜，銅錯之垠。火齊之寶，駭雞之珍，頳丹明璣，金華銀樸。紫貝流黃，縹碧素玉。隱賑崴裹，雜插幽屏。精曜潛穎，硩陊山谷。碕岸爲之不枯，樹木爲之潤黷。隋侯於是鄙其夜光，宋玉於是陋其結緑。

其荒陬譎詭，則有龍穴内蒸，雲雨所儲。陵鯉若獸，浮石若桴。雙則比目，片則王餘。窮陸飲木，極沈水居。泉室潛織而卷綃，淵客忼慨而泣珠。開北户以向日，齊南冥於幽都。其四野則畛畷無數，膏腴兼倍。原隰殊品，窊隆異等。象耕鳥耘，此之自與。穱秀菰穗，於是乎在。煮海爲鹽，採山鑄錢。國稅再熟之稻，鄉貢八蠶之緜。

徒觀其郊隧之内奥，都邑之綱紀，霸王之所根柢，開國之所基址。郛郭周匝，重城結隅。通門二八，水道陸衢。所以經始，用累千祀也。憲紫宫以營室，廓廣庭之漫漫。寒暑隔閡於邃宇，虹蜺迴帶於雲館。所以跨跱炳焕萬里也。造姑蘇之高臺，臨四遠而特建。帶朝夕之濬池，佩長洲之茂苑。窺東山之府，則瓌寶溢目；覩海陵之倉，則紅粟流衍。起寢廟於武昌，作離宫於建業。闡闔閭之所營，采夫差之遺法。抗神龍之華殿，施榮楯而捷獵。崇臨海之崔嵬，飾赤烏之暐曄。東西膠葛，南北峥嶸。房櫳對横，連閣相經。閽闥譎詭，異出奇名。左稱彎崎，右號臨硎。雕欒鏤楶，青瑣丹楹。圖以雲氣，畫以仙靈。雖兹宅之夸麗，曾未足以少寧。思比屋於傾宫，畢結瑶而構瓊。高闈有閌，洞門方軌。朱闕雙立，馳道如砥。樹以青槐，亘以渌水。玄蔭眈眈，清流亹亹。列寺七里，夾棟陽路。屯營櫛比，廨署棊布。横塘查下，邑屋隆夸。長干延屬，飛甍舛互。

其居則有高門鼎貴，魁岸豪傑。虞魏之昆，顧陸之裔。岐嶷繼體，老成奕世。躍馬疊跡，朱輪累轍。陳兵而歸，蘭錡内設。冠蓋雲蔭，閭閻闐噎。其鄰則有任俠之靡，輕訬之客。締交翩翩，儐從奕奕。出躡朱履，動以千百。里讌巷飲，飛觴舉白。翹關扛鼎，抃射壺博。鄱陽暴謔，中酒而作。

於是樂只衎而歡飫無匱，都輦殷而四奥來暨。水浮陸行，方舟結駟。唱棹轉轂，昧旦永日。開市朝而普納，横闤闠而流溢。混品物而同廛，并都鄙而爲一。士女佇眙，工賈駢坒。紆衣絺服，雜沓漎萃。輕輿按轡以經隧，樓船舉颿而過肆。果布輻湊而常然，致遠流離與珂珹。緸賄紛紜，器用萬端。金鎰磊砢，珠琲闌干。桃笙象簟，韜於筒中；蕉葛升越，弱於羅紈。𣽂譶澩漻，交貿相競。諠譁喤呷，芬葩蔭映。揮袖風飄而紅塵晝昏，流汗霡霂而中逵泥濘。

富中之甿，貨殖之選，乘時射利，財豊巨萬。競其區宇，則并疆兼巷；矜其宴居，則珠服玉饌。趫材悍壯，此焉比廬。捷若慶忌，勇若專諸。危冠而出，竦劒而趨。扈帶鮫函，扶揄屬鏤。藏鍦於人，去戲自閭。家有鶴膝，户有犀渠。軍容蓄用，器械兼儲。吴鉤越棘，純鈞湛盧。戎車盈於石城，戈船掩於江湖。

露往霜來，日月其除。草木節解，鳥獸腯膚。觀鷹隼，誡征夫；坐組甲，建祀姑。命官師而擁鐸，將校獵乎具區。烏滸狼⿰月荒，夫南西屠。儋耳黑齒之酋，金鄰象郡之渠。驫駥飍矞，靸霅驚捷，先驅前途。俞騎騁路，指南司方。出車檻檻，被練鏘鏘。吴王乃巾玉輅，軺驌驦；旗魚須，常重光；攝烏號，佩干將，羽毛揚蕤，雄戟耀鋩。貝胄象弭，織文鳥章。六軍袀服，四騏龍驤。峭格周施，罿罻普張。罼罕瑣結，罠蹏連綱。阹以九疑，禦以沅湘。輶軒蓼擾，彀騎煒煌。袒裼徒搏，拔距投石之部。猨臂騈脅，狂趭獷猤。鷹瞵鶚視，參譚䝒䝟。若離若合者，相與騰躍乎莽罠之野。干鹵殳鋋，暘夷勃盧之旅。長殺短兵，直髮馳騁。儇佻坌並，銜枚無聲。悠悠旆旌者，相與聊浪乎昧莫之坰。鉦鼓疊山，火烈熛林。飛爓浮煙，載霞載陰。拉攞雷硠，崩巒陁岑。鳥不擇木，獸不擇音。暴甝□，縝麈麖。蓦六駮，追飛生。彈鸞鷁，射猱挺。白雉落，黑鳩零。陵絶嶛嶕，聿越巉嶮。跇踰竹柏，獮猭杞柟。封狶蔻，神螭掩。剛鏃潤，霜刃染。於是弭節頓轡，齊鑣駐蹕。徘徊倘佯，寓目幽蔚。覽將帥之拳勇，與士卒之抑揚。羽族以觜距爲刀鈹，毛羣以齒角爲矛鋏，皆體著而應卒。所以挂扢而爲創痏，衝踤而斷筋骨。莫不衂鋭挫鋩，拉捭摧藏。雖有石林之岝崿，請攘臂而靡之；雖有雄虺之九首，將抗足以跐之。顛覆巢居，剖破窟宅。仰攀鵕鸃，俯蹴豺貘。劫剞熊羆之室，剽掠虎豹之落。猩猩啼而就禽，𤜀𤜀笑而被格。屠巴蛇，出象骼。斬鵬翼，掩廣澤。輕禽狡獸，周章夷猶。狼跋乎紭中，忘其所以睒睗，失其所以去就。魂褫氣懾而自踢跌者，應弦而飲；羽形僨景僵者，累積而增益。雜襲錯繆。傾藪薄，倒岬岫，巖穴無豜豵，翳薈無麢鷚。思假道於豐隆，披重霄而高狩。籠烏兔於日月，窮飛走之棲宿。嶰澗閴，岡岵童。罾罘滿，效獲衆。迴靶乎行睨，觀漁乎三江。汎舟航於彭蠡，渾萬艘而既同。弘舸連舳，巨艦接艫。飛雲蓋海，制非常模。疊華樓而島峙，時髣髴於方壺。比鷁首之有裕，邁餘皇於往初。張組帷，搆流蘇。開軒幌，鏡水區。篙工檝師，選自閩禺。習御長風，狎翫靈胥。責千里於寸陰，聊先期而須臾。櫂謳唱，簫籟鳴。洪流響，渚禽驚。弋磻放，稽鷦鵬。

虞機發，留鴐鶄。鉤餌縱横，網罟接緒。術兼詹公，巧傾任父。筌鮔鱛，鱺鱨鯊。罩兩魪，罺鰝鰕。乘鼃黿鼉，同罛共羅。沈虎潛鹿，馽龖佀束。徽鯨輩中於羣犗，欃槍暴出而相屬。雖復臨河而釣鯉，無異射鮒於井谷。

結輕舟而競逐，迎潮水而振緡。想萍實之復形，訪靈夔於鮫人。精衛銜石而遇繳，文鰩夜飛而觸綸。北山亡其翔翼，西海失其游鱗。雕題之士，鏤身之卒，比飾虯龍，蛟螭與對。簡其華質，則亃費錦繢；料其虓勇，則鵰悍狼戾。相與昧潛險，搜瓌奇；摸瑇瑁，捫觜蠵。剖巨蚌於回淵，濯明月於漣漪。

畢天下之至異，訖無索而不臻。谿壑爲之一罄，川瀆爲之中貧。哂澹臺之見謀，聊襲海而狥珍。載漢女於後舟，追晉賈而同塵。汨乘流以砰宕，翼颸風之颲颲。直衝濤而上瀨，常沛沛以悠悠。汔可休而凱歸，揖天吳與陽侯。指包山而爲期，集洞庭而淹留。數軍實乎桂林之苑，饗戎旅乎落星之樓。置酒若淮泗，積肴若山邱。飛輕軒而酌緑醽，方雙轡而賦珍羞。飲烽起，釂鼓震。士遺倦，衆懷忻。幸乎館娃之宮，張女樂而娱羣臣。羅金石與絲竹，若鈞天之下陳。登東歌，操南音，胤陽阿，詠韎任。荆豔楚舞，吳歈越吟。翕習容裔，靡靡愔愔。

若此者，與夫唱和之隆響，動鐘磬之鏗鋐。有殷坻頽於前，曲度難勝。皆與謡俗叶協，律吕相應。其奏樂也，則木石潤色；其吐哀也，則淒風暴興。或超延露而駕辯，或踰渌水而採菱。軍馬弭髦而仰秣，淵魚竦鱗而上升。酣湑半，八音并。歡情留，良辰征。魯陽揮戈而高麾，迴曜靈於太清。將轉西日而再中，齊既往之精誠。

昔者夏后氏朝羣臣於兹土，而執玉帛者以萬國。蓋亦先王之所高會，而四方之所軌則。春秋之際，要盟之主。闔閭申其威，夫差窮其武。内果伍員之謀，外騁孫子之奇。勝彊楚於柏舉，棲勁越於會稽。闕溝於商魯，争長於黄池。徒以江湖嶮陂，物産殷充。繞霤未足言其固，鄭白未足語其豐。士有陷堅之鋭，俗有節概之風。睚眦則挺劒，喑嗚則彎弓。擁之者龍騰，據之者虎視。麾城若振槁，搴旗若顧指。雖帶甲一朝，而元功遠致；雖累葉百疊，而富强相繼。樂湑衎其方域，列仙集其土地。桂父練形而易色，赤須蟬蜕而附麗。中夏比焉，畢世罕見。丹青圖其象珍瑋，貴其寶利也。舜禹游焉，没齒而忘歸。精靈留其山阿，玩其奇麗。剖判庶士，商搉萬俗。國有鬱鞅而顯敞，邦有湫阨而踡跼。伊兹都之函弘，傾神州而韞櫝。仰南斗以斟酌，兼二儀之優渥。

由此而揆之，西蜀之於東吳，小大之相絶也，亦猶棘林螢燿，而與夫尋木龍燭也。否泰之相背也，亦猶帝之懸解，而與夫桎梏疏屬也。庸可共世而論巨細，同年而議豐确乎？暨其幽遐獨邃，寥廓閑奥。耳目之所不該，足趾之所不蹈。倜儻之極異，崫詭之殊事，藏埋於終古，而未寤於前覺也。若吾子之所傳，孟浪之遺言，畧舉其梗概，而未得其要妙也。

右賦吳都。

魏國先生，有睟其容，乃盱衡而誥，曰：异乎交益之士，蓋音有楚夏者，土風之乖也。情有險易者，習俗之殊也。雖則生常，固非自得之謂也。昔市南宜僚弄丸，而兩家之難解。聊爲吾子復玩德音，以釋二客競於辯囿也。

夫太極剖判，造化權輿。體兼晝夜，理包清濁。流而爲江海，結而爲山嶽。列宿分其野，荒裔帶其隅。巖岡潭淵，限蠻隔夷，峻危之竅也。蠻陬夷落，譯導而通者，鳥獸之氓也。正位居體者，以中夏爲喉舌，不以邊陲爲襟帶也。長世字甿者，以道德爲藩，不以襲險爲屏也。而子大夫之賢，尚弗曾庶翼等威，附麗皇極。思稟正朔，樂率貢職。而徒務於詭隨匪民，宴安於絶域。榮其文身，驕其險棘。繆默語之常倫，牽膠言而踰侈。飾華離以矜然，假倔彊而攘臂。非醇粹之方壯，謀踳駮於王義。孰愈尋靡萍於中逵，造沐猴於棘刺。劒閣雖嶛，憑之者蹶，非所以深根固蔕也。洞庭雖濬，負之者北，非所以愛人治國也。彼桑榆之末光，踰長庚之初暉。況河冀之爽塏，與江介之湫湄。故將語子以神州之略，赤縣之畿；魏都之卓犖，六合之樞機。

於時運距陽九，漢網絶維。奸回内畾，兵纏紫微。翼翼京室，眈眈帝宇，巢焚原燎，變爲煨燼，故荆棘旅庭。殷殷寰内，繩繩八區，鋒鏑縱横，化爲戰場，故麋鹿寓城也。伊洛榛曠，崤函荒蕪。臨菑牢落，鄢郢丘墟。而是有魏開國之日，締構之初。萬邑譬焉，亦猶犨麋之與子都，培塿之與方壺也。

且魏土者，畢昴之所應，虞夏之餘人。先王之桑梓，列聖之遺塵。考之四限，則八埏之中；測之寒暑，則霜露所均。卜偃前識而賞其隆，吳札聽歌而美其風。雖則衰代，而盛德形於管絃；雖踰千祀，而懷舊藴於遐年。爾其疆域，則旁極齊秦，結湊冀道。開胷殷衛，跨躡燕趙。山林幽岥，川澤迴繚。恒碣碪碍於青霄，河汾浩汗而皓溔。南瞻淇澳，則緑竹純茂；北臨漳滏，則冬夏異沼。神鉦迢遰於高巒，靈響時驚於四表。温泉毖涌而自浪，華清蕩邪而難老。墨井鹽池，玄滋素液。厥田惟中，厥壤惟白。原隰畇畇，墳衍斥斥。或嵬纍而複陸，或黋朗而拓落。乾坤交泰而烟煴，嘉祥徽顯而豫作。是以兆朕振古，萌柢疇昔。藏氣讖緯，閟象竹帛。迴時世而淵默，應期運而光赫。暨聖武之龍飛，肇受命而光宅。

爰初自臻，言占其良。謀龜謀筮，亦既允臧。修其郛郭，繕其城隍。經始之制，牢籠百王。畫雍豫之居，寫八都之宇。鑒茅茨於陶唐，察卑宮於夏禹。古公草創，而高門有閌；宣王中興，而築室百堵。兼聖哲之軌，并文質之狀。商豐約而折中，準當年而爲量。思重爻，摹大壯；覽荀卿，采蕭相。僝拱木於林衡，授全模於梓匠。遐邇悅豫而子來，工徒擬議而騁巧。闡鈞繩之筌緒，承二分之正要。揆日晷，考星曜；建社稷，作清廟。築曾宮以迴匝，比岡隒而無陂。造文昌之廣殿，極棟宇之弘規。崣若崇山崫起而崔嵬，髣若玄雲舒蜺以高垂。瓌材巨世，插㙗參差。枌橑複結，欒櫨疊施。丹粱虹申以並亘，朱桷森布而支離。綺井列疏以懸蔕，華蓮重葩而倒披。齊龍首而涌霤，時梗槩於滮池。旅楹閑列，暉鑒抰振。榱題黮䨴，階隨嶙峋。長庭砥平，鐘虡夾陳。風無纖埃，雨無微津。巖巖北闕，南端攸遵。竦峭雙碣，方駕比輪。西闢延秋，東啓長春。用覲羣后，觀享頤賓。

左則中朝有赩，聽政作寢。匪樸匪斲，去泰去甚。木無雕鎪，土無綈錦。玄化所甄，國風所稟。於前則宣明顯揚，順德崇禮。重闈洞出，鏘鏘濟濟。珍樹猗猗，奇卉萋萋。蕙風如薰，甘露如醴。禁臺省中，連闥對廊。直事所繇，典刑所藏。藹藹列侍，金蜩齊光。詰朝陪幄，納言有章。亞以柱後，執法内侍。符節謁者，典璽諸吏。膳夫有官，藥劑有司。肴醳順時，腠理則治。於後則椒鶴文石，永巷壼術。楸梓木蘭，次舍甲乙。西南其户，成之匪日。丹青炳焕，特有温室。儀刑宇宙，曆象賢聖。圖以百瑞，綷以藻詠。芒芒終古，此焉則鏡。有虞作繢，兹亦等競。

右則疏圃曲池，下畹高堂。蘭渚莓莓，石瀨湯湯。弱蔓係實，輕葉振芳。奔龜躍魚，有瞭呂梁。馳道周屈於果下，延閣胤宇以經營。飛陛方輦而徑西，三臺列峙而崢嶸。亢陽高於陰基，擬華山之削成。上累棟而重霤，下冰室而沍冥。周軒中天，丹墀臨猋。增搆峩峩，清塵彯彯。雲雀踶甍而矯首，壯翼摛鏤於青霄。雷雨窈冥而未半，皦日籠光於綺寮。習步頓以升降，御春服而逍遥。八極可圍於寸眸，萬物可齊於一朝。長塗牟首，豪徼互經。晷漏肅唱，明宵有程。附以蘭錡，宿以禁兵。司衛閑邪，鉤陳罔驚。

於是崇墉濬洫，嬰堞帶涘。四門轙轙，隆廈重起。憑太清以混成，越埃壒而資始。邈邈標危，亭亭峻峙。臨焦原而弗怳，誰勁捷而無猥？與岡岑而永固，非有期乎世祀。陽靈停曜於其表，陰祇濛霧於其裏。苑以玄武，陪以幽林。繚垣開囿，觀宇相臨。碩果灌叢，圍木竦尋。篁篠懷風，蒲桃結陰。回淵漼，積水深。兼葭贙，雚蒻森。丹藕凌波而的皪，綠芰泛濤而浸潭。羽翮頡頏，鱗介浮沉。栖者擇木，雊者擇音。若咆渤澥與姑餘，常鳴鶴而在陰。表清籞，勒虞箴。思國卹，忘從禽。樵蘇往而無忌，即鹿縱而匪禁。䑃䑃坰野，奕奕菑畝。甘荼伊蠢，芒種斯阜。西門溉其前，史起灌其後。墱流十二，同源異口。蓄爲屯雲，泄爲行雨。水澍稉稌，陸蒔稷黍。黝黝桑柘，油油麻紵。均田畫疇，蕃廬錯列。薑芋充茂，桃李蔭翳。家安其所而服美自悅，邑屋相望而隔踰奕世。

内則街衝輻湊，朱闕結隅。石杠飛梁，出控漳渠。疏通溝以濱路，羅青槐以蔭塗。比滄浪而可濯，方步櫚而有踰。習習冠蓋，莘莘烝徒。斑白不提，行旅讓衢。設官分職，營處署居。夾之以府寺，班之以里閭。其府寺則位副三事，官踰六卿。奉常之號，大理之名。廈屋一揆，華屏齊榮。肅肅階闢，重門再扃。師尹爰止，毗世作楨。其閭閻則長壽吉陽，永平思忠。亦有戚里，寘宮之東。閈出長者，巷包諸公。都護之堂，殿居綺窻。輿騎朝猥，蹀䠧其中。營客館以周坊，飾賓侶之所集。瑋豐樓之閈閎，起建安而首立。葺墻幕室，房廡雜襲。剞劂罔輟，匠斲積習。廣成之傳無以儔，稾街之邸不能及。廓三市而開廛，籍平逵而九達。班列肆以兼羅，設闤闠以襟帶。濟有無之常偏，距日中而畢會。抗旗亭之嶤嶭，侈所眺之博大。百隧轂擊，連軫萬貫。憑軾捶馬，袖幕紛半。一八方而混同，極風采之異觀。質劑平而交易，刀布貿而無筭。材以工化，賄以商通。難得之貨，此則不容。器周用而長務，物背窳而就攻。不鬻邪而豫賈，著馴風之醇醲。白藏之藏，富有無隄。同賑大内，控引世資。賨幏積墆，琛幣充牣。關石之所和均，財賦之所底慎。燕弧盈庫而委勁，冀馬填廄而駔駿。

至乎勍敵糾紛，庶士罔寧。聖武興言，將曜威靈。介冑重襲，旌旗躍莖。弓珧解檠，矛鋋飄英。三屬之甲，縵胡之纓。控弦簡發，妙擬更嬴。齊被練而銛戈，襲偏裻以讃列。畢出征而中律，執奇正以四伐。碩畫精通，目無匪制。推鋒積紀，鋩氣彌銳。三接三捷，既晝亦月。剋翦方命，吞滅咆烋。雲撤叛换，席卷虔劉。祲威八紘，荒阻率由。洗兵海島，刷馬江洲。振旅軥軥，反旆悠悠。凱歸同飲，疏爵普疇。朝無刓印，國無費留。

喪亂既弭而能宴，武人歸獸而去戰。蕭斧戢柯以柙刃，虹旌攝麾以就卷。

斟洪範，酌典憲，觀所恒，通其變。上垂拱而司契，下緣督而自勸。道來斯貴，利往則賤。囹圄寂寥，京庾流衍。於是東鯷即序，西傾順軌。荆南懷憓，朔北思韙。綿綿迴塗，驟山驟水。襁負賫贄，重譯貢篚。髽首之豪，鐻耳之傑。服其荒服，斂衽魏闕。置酒文昌，高張宿設。其夜未遽，庭燎晰晰。有客祁祁，載華載裔。岌岌冠縰，纍纍辮髮。清酤如濟，濁醪如河。凍醴流澌，温酎躍波。豐肴衍衍，行庖皤皤。愔愔醧讌，酣湑無譁。延廣樂，奏九成。冠韶夏，冒六英。五莖傮響，起疑震霆。天宇駭，地廬驚。億若大帝之所興作，二嬴之所曾聆。金石絲竹之恒韻，匏土革木之常調。干戚羽旄之飾好，清謳微吟之要妙。世業之所日用，耳目之所聞覺。雜糅紛錯，兼該泛博。鞮鞻所掌之音，韎昧任禁之曲。以娱四夷之君，以睦八荒之俗。

既苗既狩，爰遊爰豫。藉田以禮動，大閲以義舉。備法駕，理秋御。顯文武之壯觀，邁梁騶之所著。林不槎枿，澤不伐夭。斧斨以時，罶網以道。德連木理，仁挺芝草。皓獸爲之育藪，丹魚爲之生沼。矞雲翔龍，澤馬亍阜。山圖其石，川形其寶。莫黑匪烏，三趾而來儀；莫赤匪狐，九尾而自擾。嘉穎合穗以蕣蓐，醴泉涌流而浩浩。顯禎祥以曲成，固觸物而兼造。蓋亦明靈之所酬酢，休徵之所偉兆。

旼旼率土，遷善罔匱。沐浴福應，宅心醇粹。餘糧栖畝而弗收，頌聲載路而洋溢。河洛開奥，符命用出。翩翩黄鳥，銜書來訊。人謀所尊，鬼謀所秩。劉宗委馭，巽其神器。闕玉策於金縢，案圖録於石室。考曆數之所在，察五德之所莅。量寸旬，涓吉日。陟中壇，即帝位。改正朔，易服色。繼絶世，修廢職。徽幟以變，器械以革。顯仁翌明，藏用玄默。菲言厚行，陶化染學。讐校篆籀，篇章畢覿。優賢著於揚歷，匪蘖形於親戚。本枝別幹，蕃屏皇家。勇若任城，才若東阿。抗旍則威嶮秋霜，摛翰則華縱春葩。英喆雄豪，佐命帝室。相兼二八，將猛四七。赫赫震震，開務有謐。故令斯民覩泰階之平，可比屋而爲一。算祀有紀，天禄有終。傳業禪祚，高謝萬邦。皇恩綽矣，帝德冲矣。讓其天下，臣至公矣。榮操行之獨得，超百王之庸庸。追亘卷領與結繩，睠留重華而比蹤。尊盧赫胥，羲農有熊。雖自以爲道洪化以爲隆，世篤玄同，奚遽不能與之踵武而齊其風？是故料其建國，析其法度，諮其考室，議其舉措，復之而無斁，申之而有裕。非疏糲之士所能精，非鄙俚之言所能具。

至於山川之倬詭，物産之魁殊。或名奇而見稱，或實異而可書。生生之所常厚，洵美之所不渝。其中則有鴛鴦交谷，虎澗龍山。掘鯉之淀，蓋節之淵。⿰犭氐精衛，銜木償怨。常山平于，鉅鹿河間。列真非一，往往出焉。昌容練色，犢配眉連。玄俗無影，木羽偶仙。琴高沉水而不濡，時乘赤鯉而周旋。師門使火以驗術，故將去而林燔。易陽壯容，衛之稚質。邯鄲躧步，趙之鳴瑟。真定之梨，固安之栗。醇酎中山，流湎千日。淇洹之筍，信都之棗。雍丘之粱，清流之稻。錦繡襄邑，羅綺朝歌。緜纊房子，縑總清河。若此之屬，繁富夥够。非可單究，是以抑而未罄也。蓋比物以錯辭，述清都之閒麗。雖選言以簡章，徒九復而遺旨。覽大易與春秋，判殊隱而一致。末上林之隤墻，本前修以作系。

其軍容弗犯，信其果毅。糾華綏戎，以戴公室。元勳配管敬之績，歌鐘析邦君之肆。則魏絳之賢，有令聞也。閒居隘巷，室邇心遐。富仁寵義，職競弗羅。千乘爲之軾廬，諸侯爲之止戈，則干木之德自解紛也。貴非吾尊，重士踰山。親御監門，謙謙同軒。搦秦起趙，威振八蕃。則信陵之名，若蘭芬也。英辯榮枯，能濟其厄。位加將相，窒隙之策。四海齊鋒，一口所敵，則張儀、張禄亦足云也。

搉惟庸蜀與鴝鵲同窠，句吴與鼃黽同穴。一自以爲禽鳥，一自以爲魚鼈。山阜猥積而崎嶇，泉流迸集而咉咽。隰壤瀸漏而沮洳，林藪石留而蕪穢。窮岫泄雲，日月恒翳。宅土熇暑，封疆障厲。蔡莽螫刺，昆蟲毒噬。漢罪流禦，秦餘徙帑。宵貌蕞陋，禀質遳脆。巷無杼首，里罕耆耋。或魋髻而左言，或鏤膚而鑽髮。或明發而嬥歌，或浮泳而卒歲。風俗以韰惈爲嫿，人物以戕害爲藝。威儀所不攝，憲章所不綴。由重山之束阨，因長川之裾勢。距遠關以闚鬩，時高樔而陛制。薄戍緜冪，無異蛛蝥之網；弱卒瑣甲，無異螳螂之衛。

與先世而常然，雖信險而勦絶。揆既往之前跡，即將來之後轍。成都迄已傾覆，建業則亦顛沛。顧非累卵於疊棊，焉至觀形而懷怛。權假日以餘榮，比朝華而菴藹。覽麥秀與黍離，可作謡於吴會。

先生之言未卒，吴蜀二客，矆然相顧，瞻焉失所。有靦瞢容，神蕊形茹。弛氣離坐，⿰忄典墨而謝，曰：僕黨清狂，怵迫閩濮。習蓼蟲之忘辛，翫進退之惟谷。非常寐而無覺，不覩皇輿之軌躅。過以汎剽之單慧，歷執古之醇聽。兼重性以⿰目它繆，偭辰光而罔定。先生玄識，深頌靡測。得聞上德之至盛，匪同憂於有聖。抑若春霆發響而驚蟄飛競，潛龍浮景而幽泉高鏡。雖星有風雨之好，人有異同之性。庶覿蔀家與剥廬，非蘇世而居政。且夫寒谷豐黍，吹律暖之也。昏情爽曙，箴規顯之也。雖明珠兼寸，尺璧有盈，曜車二六，三傾五城，未若申錫典章之爲遠也。亮曰：日不雙麗，世無兩帝。天經地緯，理有大歸。安得齊給守其小辯也哉？

右賦魏都。

陸機《陸士衡文集・補遺》卷四《洛陽記》 洛陽城，周公所制。東西十里，南北十三里，城上百步有一樓櫓，外有溝渠。《藝文類聚》卷六十三、《太平御覽》卷一百九十三、《説郛》卷六十一上、《六家詩名物疏》卷三十五、《讀左日鈔》卷十一、《七國考》卷四、《玉海》卷一百七十三、《淵鑑類函》卷三百四十。

太學在洛陽城南，開陽門外，去宫八里。講堂長十丈、廣二丈，堂前石經四部，服方領，習矩步者，委蛇乎其中。本碑凡四十六枚。西行《尚書》、《周易》、《公羊傳》十六碑存，十二碑毁。南行《禮記》十五碑悉崩壞。東行《論語》三碑，二碑毁。《禮記》碑上有諫議大夫馬日磾、議郎蔡邕名，爲古文科斗小篆八分書。《六藝之一録》卷二百五十九、《通雅》卷首二。

洛陽有銅駞街，漢鑄銅駞二枚，在宫南，四會號頭，夾路相對。俗語曰：金馬門外聚衆賢，銅駞陌上集少年。《太平御覽》卷一百五十八。

宫門及城中大道皆分作三，中央御道，兩邊築土墻，高四尺餘，外分之，唯公卿尚書章服道從中道，凡人皆行左右，左入右出。夾道種榆槐樹，此三道四通五達也。《太平御覽》卷一百九十五。

百郡邸在洛城中、東城下、步廣里中。《太平御覽》卷一百八十一。

三市，大市名也。金市在大城西，南市在大城南，馬市在大城東。《太平御覽》卷一百九十一。

步廣里，在洛陽城内，宫東是狄泉所在，不得於太倉西南也。京相璠與裴司空彦季脩《晉與地圖》，作春秋地名，亦言今太倉西南。池水名翟泉。舊説言翟泉本自在洛陽北，萇弘城成周乃繞之。杜預因其一證，謂必是翟泉，而即實非也。後遂爲東宫池。《水經注》卷十六。

臨商、陵雲等八觀，在宫之西；唯絶頂一觀在東，是號曰九觀。《説郛》卷六十一上。

雲臺高閣十四間，乘風觀閣十二間。《説郛》卷六十一上。

洛陽南宫有乘風觀，北宫有增喜觀，城外有宣陽觀、千秋、鴻地、泉城、揚威、石樓、鼎中等觀。《説郛》卷六十一上。

宫中有臨高、陵雲、宣曲、廣望、閬風、萬世、修齡、總章、聽訟凡九觀，皆高十六七丈，雲母窻，日曜之有光。《説郛》卷六十一上。

紫微宫有一柱觀。《説郛》卷六十一上。

百郡邸，在洛城中、東城下、步廣里，所以通奏報，待朝宿。《玉海》卷一百七十二。

洛陽城内，西北角有金墉城，東北角有樓，高百尺。魏文帝造也。《説郛》卷六十一上。

宫墻外有大鐵鑊，盛水以救火，受百斛，百步一置。《太平御覽》卷七五七。

河南道宫墻西有二銅井。《太平寰宇記》卷三。

璿華宫有玉井，皆以玉壘飾是也。《太平寰宇記》卷三。

城東有橋，以跨七里澗。《太平寰宇記》卷三。

九江直作圓水，水中作圓壇三，破之，夾水得相逕通。《水經注》卷十六。

城之西南有陽渠，周公制之也。《水經注》卷十六、《歷代帝王宅京記》卷九。

漢洛陽四關，東成皋關，南伊闕關，西函谷關，北孟津關。城南五十里有大谷，舊名通谷。《説郛》卷六十一上、《玉海》卷二十四。

冰室在宣陽門内，恒有冰，天子用賜王公衆官。《太平御覽》卷六十八、《淵鑑類函》卷三十一。

承明門，後宫出入之門。常怪謁帝承明廬，問張公，云：魏明帝作建始殿，朝會皆由承明門。《文選》曹子建詩《謁帝承明廬》注、《玉海》卷一百七十二。

大夏門，魏明帝所造，有三層，高百尺。《玉海》卷一百七十二。

靈臺，在洛陽南，去城三里。辟雍，在靈臺東，相去一里。《玉海》卷一百六十二。

在南宫，高闕十二間，介於承鳳觀。《天中記》卷十四、《玉海》卷一百六十六。

太子宫，在太宫東，薄室門外，中有承華門。《文選》陸機詩《贈馮文罷遷》。

《文選》卷五六陸佐公《石闕銘》 昔在舜格文祖，禹至神宗，周變商俗，湯黜夏政。雖革命殊乎因襲，揖讓异于干戈，而晷緯冥合，天人啓碁，克明俊德，大庇生民，其揆一也。

在齊之季，昏虐君臨，威侮五行，怠棄三正，刑酷然炭，暴逾膏柱，民怨神怒，衆叛親離，蹐地無歸，瞻烏靡托。于是我皇帝拯之，乃操斗極，把鈎陳，翼百神，禔萬福。龍飛黑水，虎步西河，雷動風驅，天行地止。命旅致屯雲之應，登壇有降火之祥，軀笠協從，人祇響附。穿胸露頂之豪，箕坐椎髻之長，莫不援旗請奮，執鋭争先。夏首憑固，庸岷負阻，協彼離心，抗兹同德。帝赫斯怒，秣馬訓兵，嚴鼓未通，凶渠泥首。弘舸連軸，巨艦接艫，鐵馬千群，朱旗萬里。折簡而禽盧九，傳檄以下湘羅。兵不血刃，士無遺鏃，而樊鄧威懷，巴黔底定。

于是流湯之黨，握炭之徒，守似藩籬，戰同枯朽。革車近次，師營商牧。華夷士女，冠蓋相望，扶老携幼，一旦雲集，壺漿塞野，簞食盈途，似夏民之附成湯，殷士之窺周武。安老懷少，伐罪吊民，農不遷業，市無易賈。八方入計，四隩奉圖，羽檄交馳，軍書狎至。一日二日，非止萬機。而尊嚴之度，不愆于師旅；淵默之容，無改于行陣。計如投水，思若轉規；策定帷幄，謀成几案。曾未浹辰，獨夫授首。乃焚其綺席，棄彼寶衣，歸琁臺之珠，反諸侯之玉。指麾而四海隆平，下車而天下大定。拯兹塗炭，救此横流，功均天地，明并日月。

于是仰葉三靈，俯從億兆，受昭華之玉，納龍叙之圖。類帝禋宗，光有神器。升中以祀群望，攝袂而朝諸夏。布教都畿，班政方外，謀協上策，刑從中典。南服緩耳，西羈反舌。劍騎穹廬之國，同川共穴之人，莫不屈膝交臂，厥角稽顙。鑿空萬里，攘地千都；幕南罷鄣，河西無警。

于是治定功成，邇安遠肅，忘兹鹿駭，息此狼顧。乃正六樂，治五禮，改章程，創法律。置博士之職，而著録之生若雲；開集雅之館，而款關之學如市。興建庠序，啓設郊丘。一介之才必記，無文之典咸秩。

于是天下學士，靡然向風，人識廉隅，家知禮讓，教臻侍子，化洽期門。區宇乂安，方面静息。役休務簡，歲阜民和。歷代規謩，前王典故，莫不芟夷剪截，允執厥中。以爲象厥之制，其來已遠。《春秋》設舊章之教，《經禮》垂布憲之文，《戴記》顯游觀之言，《周史》書樹闕之夢。北荒明月，西極流精；海岳黄金，河庭紫貝。蒼龍玄武之制，銅雀鐵鳳之工；或以聽窮省冤，或以布化懸法，或以表正王居，或以光崇帝里。晉氏浸弱，宋歷威夷，《禮經》舊典，寂寥無記，鴻規盛烈，湮没罕稱。乃假天闕于牛頭，托遠圖于博望，有欺耳目，無補憲章。乃命審曲之官，選明中之士，陳圭置臬，瞻星揆地，興復表門，草創華闕。

于是歲次天紀，月旅太簇，皇帝御天下之七載也，構兹盛則，興此崇麗。方且趨以表敬，觀而知法。物睹雙碣之容，人識百重之典。作範垂訓，赫矣壯乎！爰命下臣，式銘盤石。其辭曰：

惟帝建國，正位辨方。周營洛涘，漢啓岐梁。居因業盛，文以化光。爰有象闕，是惟舊章。青蓋南洎，黄旗東指。懸法無聞，藏書弗紀。大人造物，龍德休否。建此百常，興兹雙起。偉哉偃蹇，壯矣巍巍！旁映重叠，上連翠微。布教方顯，浹日初輝。懸書有附，委篋知歸。鬱崫重軒，穹隆反宇。形聳飛棟，勢超浮柱。色法上圓，制模下矩。周望原隰，俯臨烟雨。前賓四會，却背九房。北通二轍，南凑五方。暑來寒往，地久天長。神哉華觀，永配無疆。

楊衒之《洛陽伽藍記・序》 三墳五典之説，九流百代之言，并理在人區，而義兼天外。至于一乘二諦之原，三明六通之旨，西域備詳，東土靡記。自項曰感夢，滿月流光，陽門飾豪眉之像，夜臺圖紺髮之形。邇來奔競，其風遂廣。至晉永嘉，惟有寺四十二所。逮皇魏受圖，光宅嵩洛，篤信彌繁，法教逾盛。王侯貴臣，棄象馬如脱履，庶士豪家，舍資財若遺跡。于是昭提櫛比，寶塔駢羅，争寫天上之姿，競摸山中之影。金刹與靈臺比高，廣殿共阿房等壯。豈直木衣綈繡，土被朱紫而已哉！暨永熙多難，皇輿遷鄴，諸寺僧尼，亦與時徙。至武定五年，歲在丁卯，余因行役，重覽洛陽。城郭崩毁，宫室傾覆，寺觀灰燼，廟塔丘墟，墻被蒿艾，巷羅荆棘。野獸穴于荒階，山鳥巢于庭樹。遊兒牧竪，躑躅于九逵；農夫耕稼，藝黍于雙闕。麥秀之感，非獨殷墟，黍離之悲，信哉周室。京城表里，凡有一千餘寺，今日寮廓，鐘聲罕聞。恐後世無傳，故撰斯記。然寺數最多，不可遍寫，今之所録，止大伽藍。其中小者，取其詳异，世諦事，因而出之。先以城内爲始，次及城外，表列門名，以遠近爲五篇。余才非著述，多有遺漏。後之君子，詳其闕焉。

大和十七年，後魏高祖遷都洛陽，詔司空公穆亮營造宫室。洛陽城門，依魏、晉舊名。

東面有三門。北頭第一門曰「建春門」，漢曰「上東門」。阮籍詩曰「步出上東門」是也。魏、晉曰「建春門」，高祖因而不改。次南曰「東陽門」，漢曰「東中『中東』門」，魏、晉曰「東陽門」，高祖因而不改。次南曰「青陽門」，漢曰「望京門」，魏、晉曰「清明門」，高祖改爲「青陽門」。

南面有三〔四〕門。東頭第一〔門〕曰「開陽門」。初，漢光武遷都洛陽，作此門始成，而未有名。忽夜中有柱自來在樓上。後瑯琊郡開陽縣言南門一柱飛去，使來視之，則是也。遂以「開陽」爲名。自魏及晉，因而不改，高祖亦然。次西曰：「平昌門」，漢曰「平門」，魏晉曰「平昌門」，高祖因而不改。

西面有四門。南頭第一門曰「西明門」，漢曰「雍門」。魏晉曰「西明門」，高祖改爲「西陽門」。次北曰「閶闔門」，漢曰「上西門」，〔上〕有銅璇璣玉衡，以齊七政。魏晉曰「閶闔門」，高祖因而不改。次北曰「承明門」。承明者，高祖所立，當金墉城前東西大道。遷京之始，宮闕未就，高祖住在金墉城。城西有王南寺，高祖數詣寺沙門論議，故通此門，而未有名，世人謂之新門。時王公卿士常迎駕于新門。高祖謂御史中尉李彪曰：「曹植詩云：謁帝承明廬。此門宜以承明爲稱。」遂名之。北面有二門。西頭曰「大夏門」，漢曰「夏門」，魏、晉曰「大夏門」。嘗造三層樓，去地二十丈。洛陽城門樓皆兩重，去地百尺，惟大夏門甍棟干雲。東頭曰「廣莫門」，漢曰「穀門」，魏、晉曰「廣莫門」，高祖因而不改。〔自〕廣莫門以西，至于大夏門，宮觀相連，被諸城上也。門有三道，所謂九軌。

張溥輯《漢魏六朝百三家集》卷一〇二《陳後主集・洛陽道五首》 諠譁照邑里，遨遊出洛京。霜枝嫩柳發，水塹薄苔生。停鞭回去影，駐軸敞前甍。臺上經相識，城下屢逢迎。踟躕還借問，只重未知名。

日光朝杲杲，照耀東京道。霧帶城樓開，啼侵曙色早。佳麗嬌南陌，香氣含風好。自憐釵上纓，不歎河邊草。

建都開洛汭，中地乃城陽。縱横肆八達，左右闢康莊。銅溝飛柳絮，金谷落花光。忘情伊水側，稅駕河橋傍。

百尺瞰金埒，九衢通玉堂。柳花塵裏暗，槐色露中光。游俠幽并客，當壚京兆粧。向夕風煙晚，金羈滿洛陽。

青槐夾馳道，御水映銅溝。遠望凌霄闕，遥看井幹樓。黄金彈俠少，朱輪盛徹侯。桃花雜渡馬，紛披聚陌頭。

張溥輯《漢魏六朝百三家集》卷一〇二《陳後主集・長安道》 建章通未央，長樂屬明光。大道移甲第，甲第玉爲堂。遊蕩新豐裏，戲馬渭橋傍。當壚晚留客，夜夜苦紅粧。

《歷代賦彙》卷三三李庾《兩都賦有序》 臣伏見漢諸儒若班固、張衡者，皆賦都邑，盛稱漢隆。當王道昇平，火德不赫，數子歌詠，發著後代。今自隋室遷都，而我宅焉，廣狹榮陋，與漢殊狀。言時則有六姓千齡之變，言地則非秦基周室之故。宜乎稱漢於彼，述我於此。臣幸生聖時，天下休樂，雖未及固、衡之位，敢效臯陶、奚斯庶幾之誠，謹冒死再拜，獻《兩都賦》。凡若干言，以詘夸漢者，昭聞我十四聖之制度，請付史氏。賦曰：

洛汭先生客於上京，問里人以秦漢咸陽故事，里人曰：「先生不習乎哉！秦址薪矣，漢址蕪矣。西去一舍，鞠爲墟矣；代遠時移，作新都矣。」先生曰：「賓者不識，藐然老沈，懵歲亡而日遠，願聞古而知今，爲我源説，恭承玉音。」里人曰：「昔者帝兆唐居，命隋先基，乃假隋權，是開中原。既權二年，爲唐遷都。周榛秦莽，平無枿餘。文驅煬逆，卒於侑傳，若天使項氏死勞，而授漢休也。唐開禪壇，新都之門，闢殿乾宫，以朝諸侯。時則有若房魏作弼，英鄂執律。南陽故人，河間帝室。戎衣既脱，瑞氣洋溢。歡聲傳於億兆，煬燎致乎太一。乃會漢酺，發周賚，謐萬類，渟四海，遂開國以報功，差子男之五等，然後構閣圖形，榮號凌煙。指河帶以山礪，書天子之縉紳，其制度也。擁乾休，正坤儀，平兩曜，據北辰，斥咸陽而會龍首。右社稷而左宗廟，宣達周衢，址以十二，棊張府寺。局以百吏，環以文昌。二十四署，六部提統。按星分度，儼憲臺而西列，肅陰館於北户。建倍員於前王，總維綱於御史，端國原本闕八字。朝儀，實周察乎左右。其內則有太極承端，通址含元，日出東榮，月沈西軒，倚九宴之下麓，涵太液之清瀾。龍道雙迴，鳳門五開。煙籠凝碧，風静蓬萊。東則左閤當辰，延英眈眈，宣徽洞達，温室隅南。接以重離，緜乎少陽。是爲二宫，複道邃廊。西則月華重啓，銀臺內向，中書在焉，密用宰相。宦者别省，延緣右藏。建子亭於屏外，設籣錡於廡下。天子端朝，明庭九賓。發少府之冕旒，陳奉常之書動。肅勾陳以辟護，翼雉扇而對分。雞人乃下，鶴唱先聞。千官就日，萬品趨雲。漏遲遲而東轉，風習習而南薰。外則國子招徒，疏館開軒。左立太學，前惇廣文，膳豐中廚，就教九年。稽以博士，總之成均。祕書典籍，品命校郎。横閣三重，闌正鉛黄。若六藝之條貫，百氏之縱横，交錯發論，禮形而樂聲。太傅在前，少傅在後，載言載筆，出納謨誥。鵷動鸞飛，振玉鏘金。殷廟羞瑚璉之器，楚材慙杞梓之林。已而燮和陰陽，經緯天地，採摭軒昊，牢籠虞夏，闢孔子之學堂，敷一代之風雅。此王者之文教也。親兵百萬，制以神策。紫身豹首，金腰火額。獵霞張旆，剥犀綴革。奮目而虎眥，振髯而蝟磔，柔六鈞，貫七札，對天仗以司戈，分玉墀而執戟。別有陳旌賜鉞，閫外四七。依榆關以作鎮，拒柳營而開壁。逐虜則出塞飛塵，伐叛則救暘作澤。此王者之武威也。唐禮既行，三代同風。徵叔孫之春官，命伯夷之秩宗，則有封禪巡狩，謁天拜祖。明堂辟雍，王者之事，有司勿失。次有朝廷之位，班爵之序，器服車馬，以節文武，不僭不濫。羣臣之事，有司以告。下有內族外姻，以殺以隆，五禮各殊。陳吉儀凶，一室是形，天下大同。百姓之事，有司以教，故以內則敬，以外則嚴；以家則肥，以國則昌。卿士翼翼，公侯皇皇，在野熙熙，在朝蹌蹌。夫如是夸周而正魯，胡可殫詳，洎乎樂之設也。以德配樂，陳器以作，革木匏竹，簨簴磬鏄。命官二署，諧以協律，以奏廟貌。祖考來格，以陳宮庭。簫韶九成，鳳凰來儀，以布天下。手之舞之，足之蹈之，及乎御胤衣，集舞童。或獻凱作名，以宣帝功。或布字綴行，以達皇風。此禮經之所未紀，夔戛之所不同。刑期無刑，辟以止辟，三章置漢祖之德，肆赦緩穆王之法。於是天子御端門，詔天下，渙汗發澤，與民更始。建金雞於仗内，聳修竿而揭起。其下則税三關，解鋃鐺，追共工，徙驩兜，煦舜絃，浹堯年，臺收白簡，史閣丹筆，總秩官之計，料不踰乎三十，斥匡衡之失論，罪温舒之不足。司刑無鬼哭之庭，大理有烏巢之獄。又若薦祖建宫，玄元之庭，霞帔雲冠，飄飄太清，天子將有事也。歲豆時籩，夏簋殷鉶，傳金爐之御煙，開甲帳之琳琅。此王者之示孝也。對里連街，帝宅王家，青門列檻，棠棣分華，勤政外名，花萼中題，屹雲中而佩鳳，杳天外而舒蜺，於是天子設千席，羞百醴，家人齒筵，愉愉濟濟。此王者之示悌也。盛則長隄砥平，錯則纓弁繁夥。佩印分魚，九參方佐，肅威儀於行蓋，指戒途於前馬，待漏未開，朝騎沓街，雞鳴朱邸，火度青槐。先導擘雲，後車奮雷，遞以嚴聲，不生微埃。人寒物慄，統以京尹。臨人秉殺，罔敢不謹。豪家戚里，金張許史，走騎如龍，行車若水，拉枯請命，曾不仰視。配前秦與後趙，固異代而殊擬。其地勢也，負秦章臺，倚漢甘泉，帶涇渭之富流，挾終南之壽山，指重城於二華，拓外門於兩關。玄素交川，灞滻在焉。斷虹偃蹇而亘梁，拖輪走驟而蹄奔。度萬國以向朝，趨魏闕之通門。赤縣統劇，停阡帝鄉。長安萬年，乾封明堂。藍田左掎，鄠杜前張。分圻連乎馮翊，畫疆接乎岐陽。排吴山而抵蜀，亘氏谷而通商。天子穆清，環衛陳兵，將軍之號，三番六營，至乃辨曉警昏，主在金吾，鼓列六條，外傳通衢，備以嚴兵，羅以周廬。禁動息人，用戒不虞，其中則御水分溝，昆明下流，在野決溉，入宫環洲，菰織蒲紉，芡贅菱羞，渚戲玄鵜，沙眠白鷗，其遠也。深有蛟潭，派作龍湫，涘接河漢，波通女牛，其近也。方塘含春，曲沼澄秋，户閉煙浦，家藏畫舟。爾乃農家東作，厥土黄壤，樹以桑柘，翳薈乎南畝，以秔以稌，以稷以黍，以輸太倉。天子之儲，土厚地中，温寒以宜，門多杖老。室有蓄兒，承化發謡。帝力不知，則有程鄭之家。白闔朱軒，崇基峻砌，待駟高門，木秀茸葩，紅舒緑繁，挺碩果於華林，育豐蔬於中園。珠箔晝晦，金缸夜明，羅繡巾幬，鼓瑟吹笙。譁族陳賓，以樂乎太平。貨隧分廛，物次駢連，中署肆師，夕咽朝昏，越璞楚琛，蜀賄巴賨。裁綺張繡，紋軸蕉筒。聲教之所被，車書之所通，交錯雜沓，斯焉會同。黄宅緇廬，金篆玉扃，以張帝居，用壯天庭。千形萬聲，不可多名。天子奉堯舜之道，勤后稷之功，當仲夏而獻繭，立中和而視農。然後黼黻時備，粢盛告豐。其接下情也，則堯鼓不懸，晉木不列，鎔金作軌，四門是揭，人靡迷邦，士無諱訐。示收才而問告，上諫行而冤達。當其萬國貢珍，四夷納賮，賦用舟通，財因輦進，地官計國，度支主吝，百姓既足，斯焉充牣。復若天府萬品，以備供職，登饌則光禄獻廚，命駕則太僕承軾。其樂人也，大啓九門，分開三殿，齒羣臣於次坐，徵公族於内宴。於以訓恭儉，於以示慈惠，戲族咸在，百弄迭改。視仙童之霓裳，覩牡夫之角觝。御階晝陰，帝座春深，繽紛宦闥，窈窕嬪林。既受賜於逮昏，盡拜帛而懷金。與衆之樂，一日於此。先生獨不習乎？其四郊也，或有乘時之舊址，亡國之遺蹤。天子迎四氣，蠹然改容，曰是足以懷傷於耳目，作戒於心胷。昔秦政肆刑，秦民共傾，楚澤大呼，分隳列城，徒罷驪山，役休上林，秦址既遷，鴻門至今，此東郊之事也。隋苑廣袤，罝籠南山，占地萬頃，不爲人間。齊門失耕，禽遊獸閒，代謝物移，繚垣不完，此南郊之事也。豐水悠悠，文王作周。傳覞子孫，衰平遂遷。乃睠鎬都，武王宅居。國失赧遜，酆鎬皆蕪。此西郊之事也。漢設五時，以主淫祀，欒誑徐誣，將求永久，天子親拜，太牢黍牡，事亡地存，爲天下笑。此北郊之事也。故因迎春則鑒秦敗，知恃刑不如恃德也。因迎夏則鑒隋怠，知獵獸不如獵賢也。因迎秋則鑒周勤，知祖基作艱，傳萬年也。因迎冬則鑒漢誤，知去淫即正，獲天祚也。四鑒以陳，澤於生人；四德以懋，格於上下。故我高祖一呼大定，安都居正，傳今皇帝一十四聖。是知禪國也，禪都也，非得隋之命，是得天之命。」

右賦西都。

先生曰：「富哉言乎，堯舜之事，吾知之矣。然天地旁魄，奥區不一。九衢六陌，亦稱河洛。始乎周卜，今自隋革。進八百里，作唐東宅，成者居者，余得其故，用悉聞見，丕我王度，子不識乎？顛煬僨華，中原毒痛。順天應人，文皇赫圖。王充不來，建德相依。阻我東人，不蘇義旗。高祖西安，文皇舞干，一挂戎衣，邦人保完。彭城獻級，東功乃立。則創業之事，不獨於西也。至天后朝，匪伊是居，於焉逍遥，明帝大同。出震開宫，恩波爾鄉，洩源於東。則太平之事，不獨於鎬也。若乃用洛爲池，帶河爲沼，洞八門之會要，控二梁之天矯。在隋之始，劃前規之隘，侈舊制之陋，指半舍而薪布，乃集工而成就。重城不居，萬盜齊構，訖大業於義寧，廓皇家而遜授。既而天踵以正，地產以實，禎符所記，嘉名不一。表賢則河水變清，瑞聖則洛圖屢出。帝功既成，封禪禮行，顯祖光宗，勒岱而祈嵩。我甸我郊，三聖之靈壇在焉。赤縣神州，與京比儔，徑山東之貢賦，扼關外之諸侯。直齊梁而駕輅，引淮汴而通舟。太行枕甸，發址崇垓，覃懷鎮封，上干昭回，鑿門導伊，兩阜屏開，育仁頤智，堂奧庭隈。爾其左掖通東，右掖洞西，籠故地之銅駝，抱舊里之玉雞。御溝接派，苑樹通堤，抗鳳樓於内庭，矗端門於天街。上陽別宮，丹粉多狀，鴛瓦鱗翠，虹梁疊壯。横延百堵，高量十丈，出地標圖，臨流寫障，霄倚霞連，屹屹言言，翼太和而聳觀，側賓曜而疏軒。若蓬萊之真侣，瀛洲之列仙，鸞駕鶴車，往來於中天。嚴城曉啓，千門萬户。建衛對營，開扃接牖。翠華在鎬，分官以守。監署惟三，卿曹亦九。臺閣高閌，支馭東方。仍俾二官，别持憲綱。赫若夏日，凜如秋霜。威動乎甌閩之國，風行乎燕薊之鄉。郊圻作固，兵屯孟津。千里無煙，萬夫狺狺。實兼武牢，以食濟温。惟是咽喉，屬於將軍。禮樂所流，厥惟舊周。追魯俗而爲鄰，化殷頑而作柔。異材挺擢，多士優游。原膴膴而耕溺，水濺濺而洗由。士得天爵，孝稱行原。身行大節，里有旌門。以繼前修，以垂後昆。榮一時之史籍，聳當代之人倫。兄友弟恭，位皆崇榮。石記標衢，棣萼爲名。螭頭龜趺，嶷峙雙形。指兩馮而遠邁，封二陸而遐征。至若里巷之新名，閭閻之近革。或區區於傳説，或瑣瑣於典册，非儆戒於將來，何侈言之敢作。且二誥尚存，始卜惟艱。四姓所都，季年乃遷。或得於聞，或得於傳。幸子勿諱，試爲子發乎齒牙？」里人曰：「諾。」先生曰：「郟鄏之地，中居帝域。賢相聖營，龜符墨食。成王定鼎，以休姬德。三十承孫，八百祚年。祖功寖微，衰平乃遷。幽用婦烽，諸侯疾怨。夷元敬朔，太史不頒。百派分波，爭涸其源。汜水而鄭，陽翟而韓。晉盟河陽，秦戍新安。一旅之兵，一同之土，嬴氏乘之，不享文武。此周之失都也。南陽真人，復運漢基，舊邦惟新，上稱康時。光武而釀，明醴和醨，沖質不長，桓靈自縱，后戚立權，内官分弄。四星耀斗，百桷摧棟。陽弱陰强，劉輕曹重。此後漢之失都也。魏丕徙許，促齡四十。彊臣執柄，三嗣徒立。政由寧氏，王髦莫奮。瓦解土崩，炎居奂遜。此魏之失都也。晉始三世，亂興永嘉。蕭墻構兵，沈閼稱戈。浩浩逆流，天下墊波。八王既分，五馬南奔。左衽之裘，乃來中原。此西晉之失都也。故權在諸侯，而姬氏平；權在内官，則漢室傾；權在强臣，則魏狃；權在親戚，則晉走。是四者，各以其故。權與勢移，運隨鼎去，從古如斯，謂之何如。世治則都，世亂則墟。時清則優偃，政弊則戚居。勿謂往代，試言前載。開元太平，海波不驚。乃駕神都，東人誇榮。時則轔轔其車，殷殷其徒，行者不齎，衣食委衢。冠冕之夫，綺羅之婦，百室連歌，千筵接舞。高樓大觀，陳賓宴侣。金堂玉户，絲哇管語。我道如堯，我税如貉。貧庾而稻，賤笥而褐。比屋相視，恥衣空帛。開場分肆，不列粹麥。同軌同文，晝呼夜讙。父愺子愉，去經而盤。既兆既億，動動植植。無聲之樂，薰然不息。稽成康之周隆，考文景之漢休，搉代繫時，不爲彼優。我裕既饒，我人既驕。安不思危，逸而忘勞。故天寶之季，漁陽兵起，逆旗南指，我無堅壘，叵甸鼙動，衝天羯腥，門開麗景，殿據武成，殺人如刈，焚廬若薙，蜀駕先移，胤師後誓，傷四年之委燼，奮二將以建勳。天落妖彗，風摧陣雲。及夫埽臺榭之灰，收京野之骨，徵郡國之版在，驗地官之籍列。太平之人，已十無七八。至德復興，六紀於兹，七聖儲休，平癰補痍。故含識之士女，植髮之童兒，皆能痛其喪亂，而期我康時。今四方之事，叟不知也。惟洛泱泱，濱盈萬室。惟城職職，市鄽騈集。比年大有，稍藏以實。都人嬉賀，有笑無慄。咸曰將覩乎貞觀之風、開元之日。鄉里之人，思萬乘之威儀，幸物阜而時和。指康衢而引領，作望幸之賡歌。歌曰：曉雲行兮西風，慶摇裔兮龍在中。望雲光兮拜千百，西澤霈兮均東澤。」里人曰：「誠哉是言。前年日南至，天子謁太清太廟，郊天祀地。既畢事，執謙端珽，謂公卿大夫曰：予在人上，歷祀三四，年穀比登，未極於富。人庶稍蕃，未臻於壽。動植小遂，猶有枯夭。日月所至，猶照叛土。戎狄雖貢，西地猶虜。今行大禮，得不媿望於天，而獻羞於祖，是尚以聖政爲憂，未意於行幸也。」先生曰：「大哉爲君！用是言也，理是事也，則千里如郊，萬里如圻，在西而東，均處内而外肥。吾歸息鄉里之謡，安堯舜之時，將齊驅於壽域，何近喜而遠悲？則知鑒四姓之覆轍，嗣重葉之休烈。用是言也，理是事也，即所都者，在東在西可也。」

右賦東都。

《全唐詩》卷四一盧照鄰《長安古意》 長安大道連狹斜，青牛白馬七香車。玉輦縱横過主第，金鞭絡繹向侯家。龍銜寶蓋承朝日，鳳吐流蘇帶晚霞。百丈游絲爭繞樹，一群嬌鳥共啼花。啼花戲蝶千門側，碧樹銀臺萬種色。復道交窗作合歡，雙闕連甍垂鳳翼。梁家畫閣天中起，漢帝金莖雲外直。樓前相望不相知，陌上相逢詎相識。借問吹簫向紫烟，曾經學舞度芳年。得成比目何辭死，願作鴛鴦不羨仙。比目鴛鴦真可羨，雙去雙來君不見。生憎帳額繡孤鸞，好取門簾帖雙燕。雙燕雙飛繞畫梁，羅幃翠被鬱金香。片片行雲著蟬鬢，纖纖初月上鴉黄。鴉黄粉白車中出，含嬌含態情非一。妖童寶馬鐵連錢，娼婦盤龍金屈膝。御史府中烏夜啼，廷尉門前雀欲栖。隱隱朱城臨玉道，遥遥翠幰没金堤。挾彈飛鷹杜陵北，探丸借客渭橋西。俱邀俠客芙蓉劍，共宿娼家桃李蹊。娼家日暮紫羅裙，清歌一囀口氛氲。北堂夜夜人如月，南陌朝朝騎似雲。南陌北堂連北里，五劇三條控三市。弱柳青槐拂地垂，佳氣紅塵暗天起。漢代金吾千騎來，翡翠屠蘇鸚鵡杯。羅襦寶帶爲君解，燕歌趙舞爲君開。別有豪華稱將相，轉日回天不相讓。意氣由來排灌夫，專權判不容蕭相。專權意氣本豪雄，青虬紫燕坐春風。自言歌舞長千載，自謂驕奢凌五公。節物風光不相待，桑田碧海須臾改。昔時金階白玉堂，即今唯見青松在。寂寂寥寥揚子居，年年歲歲一床書。獨有南山桂花發，飛來飛去襲人裾。

《全唐詩》卷七七駱賓王《帝京篇》　山河千里國，城闕九重門。不睹皇居壯，安知天子尊。皇居帝里崤函谷，鶉野龍山侯甸服。五緯連影集星躔，八水分流横地軸。秦塞重關一百二，漢家離宫三十六。桂殿嶔岑對玉樓，椒房窈窕連金屋。三條九陌麗城隈，萬户千門平旦開。復道斜通鳷鵲觀，交衢直指鳳凰臺。劍履南宫入，簪纓北闕來。聲名冠寰宇，文物象昭回。鈎陳肅蘭戺，璧沼浮槐市。銅羽應風回，金莖承露起。校文天祿閣，習戰昆明水。朱邸抗平臺，黄扉通戚里。平臺戚里帶崇墉，炊金饌玉待鳴鐘。小堂綺帳三千户，大道青樓十二重。寶蓋雕鞍金絡馬，蘭窗綉柱玉盤龍。綉柱璇題粉壁映，鏘金鳴玉王侯盛。王侯貴人多近臣，朝游北里暮南鄰。陸賈分金將宴喜，陳遵投轄正留賓。趙李經過密，蕭朱交結親。丹鳳朱城白日暮，青牛紺幰紅塵度。俠客珠彈垂楊道，倡婦銀鈎採桑路。倡家桃李自芳非，京華游俠盛輕肥。延年女弟雙鳳入，羅敷使君千騎歸。同心結縷帶，連理織成衣。春朝桂尊尊百味，秋夜蘭燈燈九微。翠幌珠簾不獨映，清歌寶瑟自相依。且論三萬六千是，寧知四十九年非。古來榮利若浮雲，人生倚伏信難分。始見田竇相移奪，俄聞衛霍有功勳。未厭金陵氣，先開石椁文。朱門無復張公子，灞亭誰畏李將軍。相顧百齡皆有待，居然萬化咸應改。桂枝芳氣已銷亡，柏梁高宴今何在。春去春來苦自馳，争名争利徒爾爲。久留郎署終難遇，空掃相門誰見知。當時一旦擅豪華，自言千載長驕奢。倏忽摶風生羽翼，須臾失浪委泥沙。黄雀徒巢桂，青門遂種瓜。黄金銷鑠素絲變，一貴一賤交情見。紅顔宿昔白頭新，脱粟布衣輕故人。故人有湮淪，新知無意氣。灰死韓安國，羅傷翟廷尉。已矣哉，歸去來。馬卿辭蜀多文藻，揚雄仕漢乏良媒。三冬自矜誠足用，十年不調幾邅回。汲黯薪逾積，孫弘閣未開。誰惜長沙傅，獨負洛陽才。

《唐宋詩醇》卷一五杜甫《建都十二韻》　蒼生未蘇息，胡馬半乾坤。議在雲臺上，誰扶黄屋尊。建都分魏闕，下詔闢荆門。恐失東人望，其如西極存。時危當雪恥，計大豈輕論。雖倚三階正，終愁萬國翻。牽裾恨不死，漏網辱殊恩。永負漢庭哭，遥憐湘水魂。窮冬客江劍，隨事有田園。風斷青蒲節，霜埋翠竹根。衣冠空穰穰，關輔久昏昏。願枉長安日，光輝照北原。

仇兆鰲曰：當時房琯分建之策，與吕諲建都之請，前後事勢，迥不相同。安史首亂時，陷中原，破兩京，剪宗室，逼乘輿，唐室孤危極矣，故分建子弟之議足使賊子膽寒。其後長安既復，兵勢復張，惟河北未平，故須專意北向，以除禍本，若建都荆門，虚張國勢，迂疎甚矣。且東南本無事，而勞民動衆，恐反生意外之虞，此作詩本意也。錢箋附會兩事，致詩意反晦，今辯正之。

厲鶚《遼史拾遺》卷一三《宋王曾上契丹事》　王沂公上契丹事曰：出燕京北門，（遇）〔過〕古長城、延芳淀，四十里至孫侯館，改爲望京館，稍移故處。望黍谷山、五龍池，過温餘河、大夏城坡，坡西北即凉淀避暑之地。五十里至順州。東北過白嶼河，北望銀冶山，又有黄螺盤、牛闌山。七十里至檀州。自此漸入山，五十里至金溝館。將至館，川原平曠，謂之金溝淀，國主嘗於此過冬。自此入山，詰曲登涉，無復里堠，但以馬行記日景，而約其里數。過朝鯉河，亦名七渡河。九十里至古北口，兩旁峻崖，中有路，僅容車軌。口北有鋪，彀弓連繩，本范陽防捍奚契丹之所，最爲隘束。然幽州東趨營平州，路甚平坦，自頃犯邊，多自斯出。又度德勝嶺，盤道數層，俗名思鄉嶺。八十里至新館。過鵰窠嶺、偏搶嶺。四十里至卧如來館，蓋山中有卧佛像故也。過烏灤河，東有灤州，因河爲名。又過墨斗嶺，亦名度雲嶺，長二十里許。又過芹菜嶺，七十里至柳河館，河在館傍。西北有鐵冶，多渤海人所居，就河漉沙石，鍊得成鐵。渤海俗，每歲時聚會作樂，先命善歌舞者數輩前行，士女相隨，更相唱和，回旋宛轉，號曰踏鎚。所居屋皆就山墻開門。過松高嶺，甚峻險。七十里至打造部落館。雖有番户百餘，編荆爲籬，鍛鐵爲軍器。東南五十里至牛山館，八十里至鹿兒峽館。過蝦蟆嶺，九十里至鐵漿館。過石子嶺，自此漸出山，七十里至富谷館，居民多造車者，云渤海人。正東望馬雲山，山多禽獸林木，國主多於此打圍。八十里至通天館，二十里至中京大定府。城垣卑小，方圓纔四里許，門但重屋，無築闍之制。南門曰朱夏，門内通步廊，多坊門。又有市樓四：曰天方、大衢、通闤、望闕。次至大同館。其門正北曰陽德、閶闔。城西内西南隅岡上有寺。城南有園圃，宴射之所。自過古北口，居人草庵板屋，耕種，但無桑柘，所種皆從壠上，蓋虞吹沙所壅。山中長松鬱然，深谷中多燒炭爲業。時見畜牧牛馬橐駝，尤多青羊黄豕。亦有挈車帳逐水草射獵。食止糜粥麨糒。

吕祖謙《宋文鑑》卷七周邦彦《汴都賦》　臣邦彦頓首再拜曰：自古受命之君，多都於鎬京，或在洛邑。惟梁都於宣武，號爲東都，所謂汴州也。後周因之，乃名爲京。周之叔世，統微政缺，天命蕩杌，歸我有宋。民之戴宋，厥惟固哉，奉迎鑾輿，至汴而止，是爲東京。六聖傳繼，保世滋大，無内無外，涵養如一，含牙帶角，莫不得所。而此汴都，高顯宏麗，百美所具，億萬千世，承學之臣，弗能究宣，無以爲稱。伊彼三國，割據方隅，區區之霸，言餘事乏，而《三都》之賦，磊落可駭，人到于今稱之。矧皇居天府，而有遺美，可不愧哉！謹拜手稽首獻賦曰：

發微子客游四方，無所適從，既倦游，迺崎嶇邅迴，造於中都。觀土木之妙，冠蓋之富，煒燁焕爛，心駴神悸，瞑瞬而不敢進，於是夷猶於通衢，彷徨不知所届。適遭行流先生，目而招之，執其袪。局局然歎曰：「觀子之貌，神彩不定，狀若失守，豈非蔽席隱茅，未游乎廣廈；誅草鋤棘，未擷乎蘭蕺；披褐挾緼，未曳乎綺縠；微邦陋邑，未覩乎雄藩大都者乎？」發微子姡然有赧色曰：「臣翱翔乎天下，東欲究扶桑，西欲窮虞淵，南欲盡反户，北欲徹幽都，所謂天子之都，則未嘗歷焉。今先生訊我，誠有是也。然觀先生類辯士，其言似能碎崑崙而結溟渤，鏤混沌而形罔象，試移此辯，原此汴都可乎？臣固不敏，謹願承教。」

先生笑曰：「客知我哉！」於是申喙據牀，虚徐而言曰：

「噫，子獨不聞之歟？今天下混一，四海爲家，令走絶徼，地掩鬼區。惟是日月所會，陰陽之中，據要總殊，揭鍵制樞，拱衛環周，共安乘輿。而北汴都，禹畫爲豫，周封鄭地，觜觿臨而上直，實沈分以爲次，推蓬澤之固境，昔合縻之所至。芒碭涣渦截其面，金隄玉渠累其脊，雷夏灉沮繞其脇，曡邱訾婁夾其腋，梁周帝據而糜沸，漢唐尹統而寧一。故此王國，襲故不徙，恢圻甸域，尊崇天體，司徒制其畿疆，職方辨其土地，前千官而會朝，後百族而爲市。分疆十同，提封萬井，舟車之所輻輳，方物之所灌輸，宏基融而壯址植，九鼎立而四嶽位，仰營域而體極，立土圭而測晷。蜀險漢坌，荆惑閩鄙，推此中峙，不首不尾，限而不迫，華而不侈，環睎眡於郡縣，如岣塿之迤邐。觀其高城萬雉，埤垷鱗接，缭如長雲之方舒，屹若崇山之礧硊。坤靈因贔屭而踢踏，土怪畏榨壓而妥貼；靡胥不可縋而登，爵鼠不可矚而穴。利過百二，崄踰四塞。鄙秦人之踐華，陋荆州之却月。傾捷步與超足，矧蹣跚與蹩躠。闕城爲門，二十有九，瓊扉塗丹，金鏞鏤獸。列兵連卒，呵夜警晝。異物不入，詭邪必究。

城中則有東西之阡，南北之陌，其衢四達，其塗九軌。車不理轂互，人不争險易，劇驂崇朝，蕩夷如砥。雨畢而除，糞夷茀穢。行者不馳而安步，遺者惡拾而恣棄。跨虹梁以除病涉，列佳木以安怵惕。殊異羊腸之詰曲，或踠蹏而折轊。顧中國之闤闠，叢貲幣而爲市，議輕重以奠賈，正行列而平肆。竭五都之環富，備九州之貨賄，何朝滿而夕除，蓋趍贏而去匱。萃駔儈於五均，擾販夫於百隧，次先後而置叙，遷有無而化滯。抑彊賈之乘時，摧素封之專利，售無詭物，陳無窳器。欲商賈之阜通，迺有廛而不税，銷卓鄭猗陶之殖貨，禁乘堅策肥之擬貴。道無游食以無爲，矧敢婆娑而爲戲。其中則有安邑之棗，江陵之橘，陳夏之漆，齊魯之麻，薑桂藁穀，絲帛布縷，鮐鮆鯫鮑，釀鹽醯豉。或居肆以鼓鑪橐，或鼓刀以屠狗彘。又有醫無閭之珣玕，會稽之竹箭，華山之金石，梁山之犀象，霍山之珠玉，幽都之筋角，赤山之文皮，與夫沉沙棲陸，異域所至，殊形妙狀，目不給視。無所不有，不可殫紀。

若夫帝居安麗，人所未聞。南有宣德，北有拱辰，延亘五里，百司雲屯。兩觀門峙而竦立，罘罳遐望而相吞。天河羣神之闕，紫微太一之宫，擬法象於穹昊，敞閶闔而居至尊。樸桷不斲，素題不枅；上圓下方，制爲明堂；告朔朝歷，頒宣憲章。謂之太廟，則其中可以叙昭穆；謂之靈臺，則其高可以觀氛祥。後宫則無非員無録之女，佞倖滑稽之臣。陋甘泉與楚宫，繆延壽與阿房。信無益於治道，徒竭民而怠荒。故今上林，仙籞不聞乎鳴蹕，瓴甋歲久而苔蒼。其西則有寶閣靈沼，巍峩泛灩，缭以重垣，防以回隄。雲屋連簃，瓊欄壓墀。池水則溶溶沄沄，洋洋湜湜，涵潤滉瀁，瀟灑浩渼。微風過之，則瀾沉瀺灂，漫散洄淀，濇濇漣漪；大風過之，則汩湧湁潗，瀄滐湢汎，掀鼓渼溢，不見津灖。併櫚景以斷續，樣金碧而陸離，恍湡浯與方壺，帝令鬼鑿而神移。其中則有菰蒻萑蘆，菡萏蓮葭，薲蘋藺荸。其魚則有鱣鯉魦鮀，鮤鮅鰋鮧；魴鱒鰼鰝，鱖鯞王鮪。科斗魁陸，黿鼉鼈蜃，含螿巨螯，容與相羊，蔭藻衣蒲。其鳥則有鶤鳽鵜鶘，鵝鷺鳧鷖，鵁鶄鴉鶓，鶴鴇鷴鶴。鶬鶊楚雀，鸛鴉揮霍，鸙鸙雔雔，羣鴿呑啄。其木則有樧檟栟櫚，楩楠梅樅，櫨橒檳椰，檿柘桑楊，梓杞豫章；句科扶疏，蔽芾竦尋，集弱椅施，羿枝刺條。修幹蟠根，矯躩鱗皴。其下則有申葉蘭茝，芸芝荃蓀，髮布絲勻，馥郁清芬，其氣襲人。上方欲與百姓同樂，大開苑囿。凡黃屋之所息，鸞輅之所駐，皆得窮觀而極賞，命有司無得彈劾也。於時則有絶世之巧，凝神之技，悦人耳目，使人忘疲。是故宮旋室浮，艫艦移也；蛟螭蜿蜒，千橈渡也；㺜虎嚳嚳，角觝戲也；壘流雹掣，弄丸而揮劍也。鸞悲鳳鳴，纖麗歌也；鴻驚燕居，綽約舞也；霆震雷動，鈞天作也；犇轟駒騣，羣馬鬭也；轔輷騄轞，萬車轍也；灑天翳日，揚埃搕也。杭山蕩海，歡聲同而和氣浹也。震委虵而虓罔象，出鮫人而舞馮夷者，潛靈幽怪，助喜樂也。

若迺豐廩貫膾，既多且富。永豐萬盈，廣儲折中，順成富國，星列而棊布。其中則有元山之禾，清流之稻，中原之菽，利高之黍，利下之稌。有虋有芑，有秠有秬，千箱所運，億廩所露，入既夥而委積，食不給而紅腐。如坻如京，如崗如阜，野無菜色，溝無捐瘠。攟拾狼戾，足以厭鰥夫與寡婦，備凶旱之乏絶。則有九年之預，又將敦本而勸稼。開帝籍之千畝良農，世業異物不覩；播百穀而克敏，應三時而就緒。蹠鎛鎧閧，灌畷雨霪，孰任其力；侯彊侯以，千耦其耘，不怒自力。疏遬其理，狼莠不植，奄觀堅皁，與與薿薿。溝塍畹畦，亘萬里而連繹，醜惡不毛，磽陿荒瘠，化爲好時，轉名不易。

惟彼汴水，貫城爲渠，並洛而趍。昔在隋葉，禩丁大業，欲爲流連之樂，行幸之游，故鑿池導水，南抵乎揚州。生民力盡於畚鍤，膏血與水而争流。鳳艒徒見於載籍，玉骨已朽於高邱。顧資治世以爲利，迄今杭筏而浮舟。桃花候漲，竹箭比駛，洶湧淜湃，瀰沺沸潰。掏防齕岸，浤瀯迅邁，匪江匪海，而朝夕舞乎滂湃。掀萬石之巨艘，比坳堂之一芥，舵艣不時而相値，篙師齰拱而俟敗。智者不敢睥睨而興，作鯀千禩而爲害。豈積患切病，待聖人而後除耶？厥有建議，導河通洛，引宜禾之清源，塞擘華之渾濁；甓廣堤而節暴，紆直行而殺虐。其流舒舒，經炎涼而靡涸。於是自淮而南，邦國之所仰，百姓之所輸，金穀財帛，歲時常調。舳艫相銜，千里不絶。越舲吴艚，官艘賈舶；閩謳楚語，風帆雨楫。聯翩方載，鉦鼓鏜鞳，人安以舒，國賦應節。

若夫連營百將，帶甲萬伍，控弦貫石，動以千數。其營則龍衛神勇，飛山雄武，奉節拱聖，忠靖宣効，吐渾金吾，擲颭萬勝，渤海廣備，雲騎武肅。材能蹶張，力能挾輈，投石超距，索鐵伸鉤，水執黿鼉，陸拘羆貅。異黨之寇，大邦之讐，電驚雷擊，莫不繫纍而爲囚。於是訓以鸛鵞魚麗之形，格敵擊刺之法，剖微中虱，貫牢徹札，揮鈋擲鏢，舉無虛發。人則便捷，器則犀利。金角丹漆，脂膠竹木，以時取之。遴棄惡弱，割蛟革以連函，剫兕觡以爲弭，剸魚服以懷鍔。百工備盡，鋥磨鍥削，其成鑿鋼而鋹鏸，植之霜凝而電爍。故有彊衝勁弩，雲梯轒車，修鍜延鏦，銛戈兊殳。繁弱之弓，肅慎之矢，谿子之弩，夫差之甲，龜蛇之旐，鳥集之旟，軍事蚤正，用戒不虞。

其次則有文昌之府，分省爲三，列寺爲九，殊監爲五，左選爲文，右選爲武，曰三十房，二百餘案，二十四部。黜隋之陋，更唐之故，補弊完罅，剔朽焚蠹，人夥地溥，事若織組。滋廣莫治，亹亹成蠹，纖弱不除，將勝戕斧。雖離婁之明目，迷簿書而莫覩。豪胥倚文以鬻獄，庸吏瘝官而受侮。各懷苟且以逃責，孰肯長慮而却顧。官有隱事，國有遺利，紛訟牘於庭所，縶纍囚於囹圄。此浮彼沉，甲可乙否，操利議而軋沕，各矛盾而齟齬。於是合千司之離散，儼星羅於一宇。千梁負棟，萬楹鎮礎，誅喬松以爲煤，空奥山而斸楮。官有常員，取雄材偉器者，以充其數。上維下制，前按後覆。譬如長虵，扶其脊膂，而首尾皆赴。闔户而議，飛檄乎房闥，應答乎秦楚，披荒榛而成徑，繹繳絢而得緒。崇善廢醜，平險除穢，纖悉不遺乎一羽。於是宣其成式，變亂易守者，刑之所取。貽之後昆，永世作矩。

至若儒官千楹，首善四方。勾襟逢掖，褒衣博帶，盈仞乎其中。士之匿華鏟采者，莫不拂巾衽褐，彈冠結綬。空巖穴之幽邃，出郡國之遐陋。南金象齒，文旄羽翮，世所罕見者，皆傾囊鼓篋，羅列而願售。咸能湛泳乎道實，沛然攻堅而大叩。先斯時也，皇帝悼道術之沉鬱，患詁訓之荒繆，諸子騰躪而相角，羣言駘蕩而莫守。黨同伐異，此妍彼醜，挐俗學之蕪穢，詆淫辭而擊掊。滅賓突之熒燭，仰天庭而覩晝，同源共貫，開天發蔀。於是後髦並作，賢才自厲，造門闔而臻壺奥，騁辭源而馳辨囿。術藝之場，仁義之藪，温風扇和，儒林發秀。宸眷優渥，皇辭結糾。榮名之所作，慶賞之所誘，應感而格，駒行雉呴。磨鈍爲利，培薄爲厚。魁梧卓行，透鋒露潁，不驅而自就。復有珮玉之音，籩豆之容，絃歌之聲，盈耳而溢目，錯陳而交奏。煥爛乎唐虞之日，雍容乎洙泗之風，誇百聖而再講，曠千載而復覩。又有律學以議刑制，筭學以窮九九，舞象以道幼稚，樂德樂語，以教世胄。成材茂德，隨所取而咸有。

若夫會聖之宮，是爲原廟。其制則般輸之所作，其材則匠石之所掄。萬指舉築，千夫運斤。揮汗飛霧，吁氣如雲。鼛鼓弗勝，靡有諗勤。赫赫大宇，有若山踴而嶙峋。下盤黃壚，上赴北辰。藻珠廣寒，黃帝之宮，榮光休氣，曈曨往來。葱葱鬱鬱而氤氳。其內則檐橑榱題，宗檻楹栭，閎拱闈闥，屏宇閎閭，聳張矯踞，龍征虎蹲，延樓跨空，甬道接陳。黝堊備帄，燦爛詭文。菱阿芙蕖之流漫，驚波迴連之瀷淢，飛仙降真之縹緲，翔鵷鸏鷗之毰毸。地必出奇，土無藏珍。球琳琅玕，璠璵瑶琨，流黃丹砂，玳瑁翡翠，垂棘之璧，照夜之蠙，鴞象犛角，罰犀劇玉，鍥刻雕鏤，其妙無倫。焜煌煥赫，璀錯輝映。繁星有爛，彤霞互照。軒廡所繪，功臣碩輔，書太常而銘鼎彝者，環列而趍造。龍章鳳姿，瑰形瑋貌。文有伊周，武有方召。猶如蹇諤以立朝，圖寧社稷，指斥利害，踟躕四顧而不撓。其殿則有天元、太始、皇武、儷極、大定、輝德、熙文、衍慶、美成、繼仁、治隆之名，重瞳隆準，天日炳明。皇帝步送百寮，拜迎九卿三公。挾輈扶衡，儀仗衛士，填郛溢城。于時黔首飈集，百作皆停。地震嶽移，波翻海傾。足不得旋，耳不得聽。神既安止，窮閭微巷，惟聞咨嗟歎異之聲。於是山罍房俎，犧樽竹筐，踐列於兩楹。瞽史陳辭，宰祝行牲，案芻豢之肥腯，視物色之牷騂，登降祼獻，百禮具成。

至於天運載周，甲子新曆，受朝萬方，大慶新闢。于時再鼓聲絶，接稍收鏑。儼三衛與五仗，森戈矛與殳戟。探平明而傳點，趣校尉而唱籍。千官鶩列以就次，然後奏中嚴外辨也。撞黃鍾以啓樂，合羽扇以如翼。佽飛道駕以臨座，千牛環帝而屏息。爐煙既升，寶符奠瑞。聆乾安之妙音，仰天顔而可覿。羌夷束髮而蹈舞，象胥通隔而傳譯。宣表章以上聞，奏靈物之充斥。羣臣迺進萬年之觴，上南山之壽。太尉升奠，尚食酌酒。樂有嘉禾、靈芝、和安、慶雲，舞有天下大定、盛德升聞。飲食衎衎，燔炙芬芬。威儀孔攝而中度，笑語不譁而有文。故無族譚錯立之洞衆，躐廣布武之紛紜。蓋天子以四海爲宅，有百姓而善羣。廷內不灑掃而行禮，則天下雲擾而絲棼。故受玉而惰，知晉惠之將卒；執幣以傲，知若敖之不存。聞樂而走者，爲金奏之下作；雖美不食者，爲犧象之出門。賦《湛露》、《彤弓》而武子不敢答，奏《肆夏》、《大明》而穆子不敢聞。蓋禮樂之一缺，則示亂而昭昏。是以宣王享士貴以殽烝，而刑三晉之法；高祖因叔孫之制，而知爲帝之尊。豈治朝之禮物，尚或展翳而沉湮？此所以舉墜典而定彝倫者也。

其樂則有《咸池》、《承雲》、《九韶》、《六英》、《采齊》、《肆夏》、《蕭韶九成》，神農之瑟，伏羲之琴，倕氏之鍾，無句之磬，鏗鏗鍠鍠，和氣薰蒸。于以致祖考之格，于以廣先王之聲。昔王道既弱，淳風變澆。樂器遭鄭、衛而毁，矇瞽適秦、楚而逃。朝廷慢金石之雅正，諸侯受歌管之敖嘈。文侯聽淫聲而忘倦，桓子受齊樂而輟朝。季子始無譏於鄶，仲尼迺忘味於《韶》。故使制度無考，中聲浸消，非細則摦，非庳則高。惟今也求器得耕野之尺，吹律有聽鳳之簫。或灑或離，或蔟或鼛，或鏞或棧，或管或筊，衆器俱舉，八音孔調。鸞鷟離丹穴而來集，鳴喈喈而舞脩蹻。又有賨旅巴渝之舞，傑侏狄鞮之倡，遠人面內而進拔，踰山海而梯航。故納之廟者，周公所以廣魯；觀之庭者，安帝所以喜其來王。

若其四方之珍，以時修職。取竭天產，發窮人迹，砥其遠邇，陳之藝極。厥材竹木，厥貨龜貝，厥幣錦繡，厥服絺綌。荐貢羽毛，祀貢祭物，嬪貢絲枲，物貢所出，器貢金錫，礪砥砮丹，鈆松怪石。惟金三品，惟土五色。泗濱浮磬，羽畎夏翟。龍馬千里，神茅三脊。方箱桷棐，肆陳乎殿；陛豐苞匭，賈亟傳乎騎驛。連檣結軌，川咽塗塞，耶歙終歲而不息。至於羌氐僰翟，儋耳雕脚，獸居鳥語之國，皆望日而趍，累載而至，懷名琛，拽馴獸，以致於闕下者旁午。迺有帛氎罽㲪，藺干細布，水精琉璃，軻蟲蚌珠，寶鑑洞膽，神犀照浦，《山經》所不記，齊諧所不覩者，如糞如壤，軨積乎內府。或致白雉於越裳，或得巨獒於西旅。非威靈之遐暢，孰能出瑰奇於深阻。蓋徼外能率，夾種來以修好，則中土當有聖人出而寧宇。然皇帝不寶遠物，不尚殊觀，抵金於嶄巖之山，沉玉於五湖之川。洞罰之劍，迺入騎士之鞘；騊駼之馬，或服鼓車之轅。至于乾象表睨，坤維薦祉，靈物仍降，嘉生屢起。暈適背鐍，虹蜺抱珥，鳴星隕石，怪飈變氣，垂白鮐背者，不知有之，況能言孺倪，豈獨此而已也？復有穹龜負圖，龍馬載文，汾陽之鼎，函德之芝，肉角之獸，簫聲之禽，同潁之禾，依生之穀，游郊棲庭，充畦冐時。非煙非雲，蕭索輪囷，映帶乎闕角，慈蔚乎城壘。鶖鳥不攫，猛獸不噬。應圖合諜，窮祥極瑞。史不絶書，歲有可紀。」

發微子於是言曰：「國家之有若是歟？意者先生快意於吻舌而及此耶！」先生曰：「國家之盛，烏可究悉？雖有注河之辯，折角之口，終日危坐，抵掌而譚，猶不能既其萬一。此特汴都之治迹耳。子亦知夫所以守此汴都之術，古昔之所以興亡者乎？」客曰：「願聞之。」先生曰：「緊此寰宇，代狹代廣，更張更弛。黃帝都涿鹿，而是爲幽州。少昊都窮桑，迺今魯地。伏犧都陳，帝嚳都亳。堯都平陽，迺若昊天而授人時。舜都蒲阪，迺覲羣后而輯五瑞。公劉處豳，而兆王業之所始。太王徙邠者，以避狄人之所利。文王作酆，方蒙難而稱仁。武王治鎬，復戎衣而致乂。蓋周有天下三百餘年，而刑措不用。及其衰也，亦三百餘年，而五伯更起。星離豆割，各據穀兵以專列。彊侯脅帶於弱國，不領人君之經費。天下日蹙而日裂，中國所有者無幾。當時權謀爲上，雌雄相噬。孰有長距，孰有利觜，兵孰先選，糧孰夙峙，孰有翹關之卒，孰有憑軾之士，孰有素德，孰有彊倚，孰欲報惠，孰欲雪耻，或奉下邑以賂讐，或舉連城而易器。骸骨布野，介胄生蟣，肘血丹輪，馬鞍銷髀，勢成莫格，國墟人鬼。噫彼土宇，凡幾吞而幾奪，幾完而幾弛。秦中形勢之國，加兵諸侯，如高屋之建瓴，水神皐天，邑以先得者爲上計。其他或左據函谷，右界褒斜，號爲百二之都。東有成皐，西有崤澠，定爲王者之里。以至置春陵之俠客，輿泗上之健吏，扼襟控咽，屏藩表裏。名城池爲金湯，役諸侯爲奴隸。拓境斥地，輮轥荒裔。東包蟠木，西卷流沙，北繞幽陵，南裹交趾。厥後席治滋永，泰心益侈，或慢守以啓戎，或朋淫而招宄。橫調無藝而垂竭，游役不時而就斃。盧今日縱而不紲，鷺翿厭觀而常值。睚眦則覆尸而流血，愉悦則結纓而珮璲。粉墨雜糅，賢才逆曳。腫微豮豭而竊肉食，賊臣迴穴而圖大器。郡國制節，侯伯方軌。或爲大尾而不掉，或爲重腿而屨踕。室有丹楹，城有百雉。朝廷無用於揚燎，冠冕不杌於執贄。天維披裂，地軸杌軏，羣生焦爇而殄瘁。雖有城池，周以鄧林，縈以天漢，曳葦可以涉崇巘，設泭可以濟深水。故武侯浮西河而下，自哆其地，而進戒於吳起。蓋秕政肆於廟堂之上，則敵國起於蕭墻之裏。奚問左孟門而右太行，左洞庭而右彭蠡！」發微子曰：「天命有德，主此四方，如輻之拱轂，如桶之會極。其砎聳者，天與之昌；其闒砢者，天與之亡。且非易之所能壞，亦非險之所能藏；非愚之所能弱，亦非賢之所能彊。故將吞楚也，白虵首斷於大澤；將繼劉也，雄雉先雊於南陽。隱亡周之語；蓐收襲門，而天帝貽刑虢之殃。人力地利，信不能偃植而支仆，而皆聽乎彼蒼。故鯨鯢勦解，決一死於吻血；兕虎闞闞，踐巍嶽爲平崗。蹂生靈如蹋塊，簸天下如揚糠。其敗也，抉目而折骨；其成也，頂冕而垂裳。由此觀之，土地足以均沛澤而施靈光而已。易險非所較，賢否亦未可議也。」

先生曰：「以易險非所較者，固已乖矣；以賢否非議者，烏乎可哉！客不聞，王公設險以守其國，有德則昌者乎？地欲得險，勢欲參德。迫隘卑陋，則無以容萬乘之扈從，供百司之廩餼。據偏守隅，則無以限四方之貢職，平道里之遠邇。膴原申區，割宅製里。走八極而奔走，正南面而負扆。舉天下於康逵，力士轆而不敢取，貪夫汗縮不敢睨者，恃德之險也。襟馮終南太華之固，背負清渭濁河之注，搤人之吭而拊人之脊，一日有變，而萬卒立具。然而布衣可以窺隙而試勇，匹夫可以夆衡而號呼。被天府之衍沃，適爲人而保聚，此以地爲險者也。地嚴德暢，然後爲神造之域，天設之阻。大哉炎宋，帝眷所屬。而此汴都，百嘉所毓。前無湍激旋淵呂梁之絶流，後無太行石洞飛狐句望浚深之岩谷。豐樂和易，殊異四方之俗。兵甲士徒之須，好賜匪頒之用，廟郊社稷百神之祀，天子奉養、羣臣稍廩之費，以至五穀六牲，魚鼈鳥獸，闔國門而取足。甲不解纍，刃不離韣。秉鉞匈奴，而單于奔幕；抗旌西僰，而冉駹愷伏。南夷散徒黨而入質，朝鮮畏菹醢而修睦。解編髮而頂文弁，削左衽而曳華服。逆節蹶躅而取禍者，折簡呼之而就戮。耽耽帝居，如森鍉利鏃之外向，死士逡巡而莫觸。仁風冒於海隅，頌聲溢乎家塾。伊昔天下阽危，王猷失度，皇綱解紐，嘷豺當路，帝懷寶曆，未知所付。可受方國，莫越藝祖。圖緯協期，謳謠扇孺。赤子雲望而風靡，英雄螽躍而蠅附。玉帛駿奔者萬國，冠冕充塞乎寰宇。絶塞稅鎧而免軸，障壘熄燧而摧櫓。拜檻神威，有此萬旅。奕世載德，蔑聞過舉。髮櫛禾耨，子攜稚哺。擊果懋穗，拔惡鑒嫵。釟觚角之磣刻，刜欃槍而牧圉。爰暨皇帝，粉飾朴質，稱量纖鉅。鍠鍠奏廟之金玉，璨璨夾楹之簠簋。訓典嚴密，財本豐阜。刑罰糾虔，布施優裕。田有願耕之農，市有願藏之賈。草竊還業而斂迹，大道四通而不敵。車續馬連，千百爲羣。肩輿捆載，前卻而後跙。摶壤歌咢者萬井，未聞歐嘠而告痡。雖立壝爲界，其誰敢搚膊以批捭，況此汴都者乎！抑又有天下之壯，客未嘗覩其奧也。且宋之初營是都也，上睇天時，下度地制，中應人欲。測以聖智，建以皇極，基以賢傑，限以法士，垣以大師，屏以大邦，扞以公侯，城以宗子。以義爲路，以禮爲門，鍵鑰以柄，開闔以權，掃除以政，周裹以恩。迺立室家，以安吾君。有庭其桓，社稷臣也。有梴其桷，象材會也。有闈孔張，通厥明也。有牖孔陽，達厥聰也。其檻如衡，前有憑也。其壁如削，後有據也。其陛則崇，止陵踐也。其極則隆，帝居中也。邑都既周，宮室既成。於是上意自足，迺駕六龍，乘德輿，光警蹕，由黃道，馳騁乎書林，下觀乎學海。百姓欣躍，莫不從屬車之塵而前邁。妙技皆作，見者膽碎。迺使力士，提挈乎陰陽，摶捖乎剛柔，應乎成器，方圓微碩，或粉或由，隨意所裁。上方咀嚼乎道味，斟酌乎聖澤，而意猶未快。又欲浮槎而上，窮日月之盈昃，尋天潢之流派，操執北斗之柄，按行二十八壘之次，奪雷公之枹，收風伯之鞴，一瞬之間而甘澤雱霈，囚孛彗於幽獄，敷景雲而黯靄。統攝陰機，與帝唯諾而無閡。如此淫樂者十有七年，疲而不止，諫而不改。吾不知天王之用心，但聞夫童子之歌，曰：『孰爲我已？孰螯我載？茫茫九有，莫知其界。』」

客迺覼覼然驚，拳拳然謝曰：「非先生無以刮吾之矇，藥吾之聵。臣不能究皇帝之盛德，謹再拜而退。」

《歷代賦彙》卷三四李長民《廣汴賦有序》　臣竊惟皇宋藝祖受命，奠都於大梁，於今垂二百載。列聖相承，增飾崇麗。煌煌乎天子之宅，棟宇以來，未之有也。昔在元豐中，太學生周邦彦嘗草《汴都賦》奏御神考，遂託國勢之重，傳播士林。然其所紀述，大率略而未備。若乃比歲以來，宫室輪奂之美，禮樂聲容之華，則又有所未及。臣愚不才，出入都城，十年於兹矣。耳目所聞見，亦麤得梗槩。輒鼓舞陰陽，以鳴國家之盛，因改前賦而推廣焉。始則本製作之盛者，分方維而第之，中以帝室皇居之奧，任賢使能之效，而終之以持守，冀備一覽之末。爲賦曰：

有博古先生自下國而遊上京，遇大梁公子於路，相與問答，傾蓋如故。因縱言至於都邑，先生乃援古而證之曰：「我聞在昔受命帝王，繼天而作，首定厥都，用植諸夏之根本，肇隆億載之規模。若乃賁飾恢宏之美，槩見於《書》；經營先後之次，備載於《禮》。宅中圖大，則有姬公之明訓；權宜拓制，則自蕭公而經始。余不敢高譚羲皇，遠舉夏商，試即周而陳之。二華對峙，八川交注，褒斜隴首之攸屆，函谷二崤之並據。此宗周所都，或假山河之險固，漢高因之而啓帝祚焉。孟津後達，大谷前通，導以伊洛瀍澗之澤，控以成皋廣武之衝。此成周所都，適當天地之正中，光武因之而成帝功焉。畢昴之次，河冀之津，風俗漸乎虞夏，疆域連乎齊秦，魏都之爽塏信無倫也。衡嶽鎮野，龍川帶坰，列戈船於三江，儲戎車於石城，吴都之雄壯信足稱也。接壤邛筰，通商滇僰，地蓄竹木之産，民厭稻魚之食，蜀都之富饒信無敵也。凡兹都邑之盛，實麗美而争雄。旁睨而論，雖辯若炙輠，繼日而莫能窮。」

公子聞之，始若愕眙，已而哂曰：「先生於古誠博矣，孰若我目覩汴都之偉觀乎？顧其所以設險，則道德之藩，仁義之垣，豈獨依於山川？所以建中，則皇極在上，九疇咸若，豈必宅於河洛？其爽塏也，有如上帝清都，神人五城，軼人寰之塵壒，極天下之高明。其雄壯也，有如勾陳羽林，天兵四拱，威震則萬物伏，怒刑則四夷竦。其富饒也，有如海含地負，深厚莫測，追魚麗之盛多，邁騶虞之蕃殖。彼兩漢之雜霸，雖仍乎周家之舊墟，三國之鼎峙，雖臨乎一方之都會，舉而論之於今日，正猶拳石涓水，欲與五嶽四瀆之比擬，所謂談何容易！」

先生曰：「余生長太平和氣中亦既有日，而處於蓬茨之下，無有遊觀廣覽之益，驟來神州，恍然自失。目雖駭乎闕庭樓觀之麗，而未悉其製作之意；耳雖熟乎聲明文物之英，而未究其禮樂之情。子年在英妙，博聞强記，幸爲我索言之。」

公子曰：「僕實不敏，切聞先進有言：昔自唐室不競，王綱浸圮，陵夷五季，紛綸四紀。上帝憫斯民之塗炭，眷求一人，作之君師。肆我藝祖，應天順人，出御昌期。若時衆大之居，實古大梁之域。在漢則郡以陳留而命名，在唐則軍以宣武而分額。考其地望，雖卓犖乎諸夏，而川流休氣，猶盤礴而鬱積。時乎有待，世孰能測。洎梁祖之有作，始建都而畫圻。匪梁人之能謀，天實啓之；匪天私於有梁，實兆宋基。觀夫分野之次舍，則房心騰其輝，實沈寄其曜。仰星躔之有赫，直皇居而久照。察夫土脈之豐衍，則高者磊砢，下者墳壚，廓坡陀之皚澤，極灌溉之膏腴。語地形之高兮，則自泗而西，涉川上，歷濰陽，遂東至於通津。岡阜隱轔，煙雲飛屯，其上鬱律，勢與天連。語汴渠之駛兮，則自鞏而東，達時門，抵宣澤，障洪河之濁流，導温洛之和液。中貫都城，偃若雲霓，泝湍悍而不窮，上接雲漢之無倪。語雉堞之固，則偉拔金墉，繚以湯池，仰憲太微之象，屹臨赤縣之畿。語郊闉之壯，則密拱中宸，高映四野，揭華榜以干霄，謹嚴更而警夜。維是都之建也，雖自於梁，逮藝祖而始興，至高宗而浸昌。列聖相承，洎於今日，當國家之閒暇，肆乘時而增葺。遂跨三都，越兩京，擬二周而抗衡。敷其南，則神霄之府，上應南極，偉殊祥之創見，恍微妙之難測。歲在丁酉，大闡真機，用端命於玉帝，而彰信於羣黎。爰設定命之符，妙以蟲魚之篆，繼乾元之用九，參八寶而垂範。乃嚴像設，祇奉兹宫。儼一殿以居上，總諸天而位中。靈地上嬪列於西，仙伯天輔列於東。諤諤羣卿，峩冠景從。往往名在丹臺，而身爲世輔，像圖孔肖，從先攸序。闢金堂，啓玉室，駭寶輪之飛動，森鸞仗之紛飾。其側乃有元命之殿，實總位於衆福。本始載叶，蕆禮惟穆。磬華封請祝之誠，效《天保》無疆之卜。若其陽德之建，咸秩火神。於赫熒惑，厥位惟尊。次曰大火，時謂大辰。配曰閼伯，以序而陳。原夫帝業之創，自於宋地，蓋乘是德，而王天下。飾之靈鉦，赤文婀娜，舉以示衆，遂定區夏。豈必赤伏合信於鄗南之亭，豈必神母告符於豐西之夜。主上承紀，奉祀致嚴，審辰出戍入之度，有視慈禮明之占。遂維五帝之象夏，體重離而面南。諧祉聲於樂府，驗朱草於靈篇。火得其性，景貺昭然。瞻彼煌煌，位在南端。歷太微以受制，避心星而載還。相我昌運，於千萬年。出南薰，望春壇，隱若天高，渾若天圓。欽祟於兹，僉曰稱焉。先是有司，循國舊貫，明宫齋廬，悉取繒縵。後洎紹聖，端誠攸建，精意孔昭，禮文彌粲。主上改元之初載，辛巳長至，始親郊見。逮至癸巳之歲，蓋四舉茲禮矣，申敕春官，益嚴祀事。於是規法三代，祭器肇新。躬秉玄圭，天道是循。百官顯相，齋戒惟寅。帝登玉輅，皇衢載遵。已而日景晏温，天真降臨。衣冠幢節之輝映，綵仗鞾輅之參差，豈徒若見於渭陽，而接拜於天門？仰重瞳之四矚，聳羣目而動心。乃闢琳館，揭號『迎真』，用伸昭報，以福斯民。度玉津，抵天田，王者之藉，厥畝惟千，上春展事，務崇吉蠲。於時農祥晨正，東作是先。載黛耜於玉輅，敞雲幄於紺壇，蔥犗馴服於廣阼之側，青旗晻靄於黃麾之間。帝御思文，飭躬禱專，屈帝尊以秉耒，動天步而降軒。三推告畢，貴賤以班，遂播青箱之嘉種，以成高廩之豐年。然後穫之秷秷，瑞禾是蕖，郊廟明堂之大享，親奉粢盛以致告。豈惟率天下之農而敦本，蓋時勸天下之養而致孝。層臺岧嶢，上觀昭回，厥基孔固，下鎮地維。儀象一新，於焉具設，上下互映，俯仰並察。天體斯著，辰曜斯列，鼇雲上承，金蚪四匝。璿璣玉衡之制，兼馮相保章之法。陋靈臺銅渾之規，斥周髀宣夜之説。於以觀星，則進退伏見，不失於正；於以觀雲，則分至啓閉，各得其應。以候鍾律，則清濁之均協；以候晷景，則長短之度稱。遂與天地合其德，日月合其明。休徵既効，叢祥並膺。至若祕書之建，典籍是藏，法西崑之玉府，萃東壁之靈光。凡微言大義之淵源，祕籙幽經之浩博。貫九流，包七略，四部星分，萬卷綺錯。犀軸牙籤，煇燿有爍；金匱石室，載嚴封鑰。或資討論，則分隸於三館；或備奏御，則會粹於祕閣。以至字畫所傳，則妙極六書，巧窮八體，有龜文鳥蹟之象，有鳳翥龍騰之勢，真僞既辨，衆美斯備。圖畫所載，則三祖餘範，七聖妙跡，列名馬於曹韓，覽古松於韋畢，緊絶藝之入神，駭衆觀而動色。肇建古文，宏璉豐敞，擇一時之英髦，命於焉而涵養。天下歆豔，不啻登瀛洲而隱藏室，名卿鉅公，由此塗出。若夫龍津所在，大闢賢關，作庇寒士，今踰百年。勒豐碑以正文字之訛，建華構以閣載籍之傳。其中則鼎新大成之庭，寅奉宣聖之祀，象肖尼山，制侔闕里。其配享也，惟顔孟之亞聖；其從祀也，多鄒魯之儒士。儼威儀之若存，肅衣裳而有偉。至於庠序學校之教也，首善於京，自熙豐始。乃詳備講説，謹嚴課誦，規繩以勵其行，舍選以作其氣。發揮《詩》、《書》之奥，頓革聲律之敝。爾乃采芑新田，育莪中沚，人材於此乎輩出，聖道因之而不墜。其西則用建原廟，近倣元豐，伻圖程度，罔或不同。朱甍相望而特起，縹垣對峙而比崇。界以馳道之廣，臨乎魏闕之雄。祥煙瑞靄，焕爛蒙龍。大明以奉神考，重光以奉哲宗，父子之親彌篤，兄弟之義彌隆。屆四孟之改律，感節物於春冬，愴衣冠之出游，軫羹墻於帝衷。既進祠於東宮之七殿，御潔誠以致恭，想晬容之如在，備享獻而肅雝。參以時王之禮，肆浸盛乎威容，飭茲惟謹，稽首拜顒。牙盤或薦，玉饌惟充，有飶其香，齋誠默通。顧靈心之響荅，宜福祚之延洪。乃若中臺所寄，衆務泉藪，象應乎文昌，運侔乎北斗。四方利害，於是乎上達；二省政令，於是乎下究。爰即西南亢爽之所，度宏基而易舊，太社爲之嚮，西掖直其後。形勝潭潭，不侈不陋，列屋前分，是爲六部。自吏洎工位於左，自户洎刑位於右，公庭肅若，百吏輻輳。於是糾以虞舜黜陟之公，輔以周公訓迪之悉，黠胥不能措其姦，慢吏不能逃其責。秩秩乎天地四時之聯，各率屬而分職，有倫有要，有典有則，用能效臂指之相應，總紀綱而並飭。至如天府之雄，統以京尹，民物浩穰於三輔之墟，聚邑列布於千里之軫。風俗樞機，教化原本。當府庭之既徙，肇分曹而務謹，職業斯勵，名實斯允。爰擇撥煩之才，俾長治於爾寮。南司之俗，坐革循訟之積弊；原廟之近，人無箠楚之喧囂。遭承平之日久，匪彈壓之是務，皇仁如天，萬物覆露。矧茲輦轂之下，日薰陶而饜飫，不得已而用刑，每哀矜於梏拲。日無滯訟，歲無留獄，貫索之象既虚，圜扉之草斯鞠。巍巍乎帝王之極功，頌聲作而民和睦。爾乃背宜秋，出城阿，神池靈沼，相直匪賒。象苑囿之非一，聚衆芳而駢羅。神木千歲而不彫，仙卉四時而常花。宗生族茂，厥類實多。當青鳥之司扉開，條風之妍暖，命嗇夫而啓禁，縱都人而游覽。吾皇踐祚之五載，六飛始御於苑門，蓋將順民心之所樂，達餘陽於暮春。指金明而駐蹕，觀曼衍之星陳。蘭橈飛動，綵仗繽紛。帝曰斯樂，予何敢專！遂踐瓊林，宴寶津，零湛露於九重，均禊飲於羣臣。先朝之遵故事，張大侯以示民，於以戒不虞於平世，勵武志而彌勤。其北則營壇再成，亶爲方丘，竚柔祇之歆饗，故坤輿之是侔。考一代合祭之失，實千載循襲之尤，敦牂比至，曠典聿修。帝躬臨乎澤中，即陰位而類求，配以烈祖之尊，侑以嶽瀆之儔。乃奠黄琮，震於神休；乃奏函中，格彼至幽。澄宿氛而不雨，暢協氣以横流。顧瞻空際，密邇靈斿，有持戈者，有執戟者，有質若獸者，有喙若鳥者，地之百靈祕怪，感帝德而來游。景光爲之燭曜，祥雲爲之飛浮。侍衛駭愕，莫測其由。裒時之對，上軌成周，豈若漢祠后皇，徒歌乎物發冀州？至其棣萼之庭建，蓋示優於同氣。主上欽承永泰之基，益隆則友之義，兢兢業業，欲偕追述之志，永紹裕陵，垂法萬世。載因心以撫存，肆匹休於棠棣。爵以真王之封，陟以上公之位，褒以兩鎮之節，厚以三錢之賜。俾遂安其居宇，咸克保乎富貴，何愧建初歲之入豐也！每歲時之衎樂，儼雁齒而密侍，和樂且湛，靡拘堂陛。笑言之適，無間勸侑之勤，有繼飲酒之飫，既翕既醉，何愧花萼之盛也！乙未之春，龍翔效瑞，脊令來集，數以萬計。嘉首尾之胥應，感昆弟之是類。灑宸翰以體物，用闡明乎至意。若乃帝假有家，明内齊外，自天申命，本支昌熾。考祥羆之應夢，演慶源而毓粹，藹《螽斯》蟄蟄之衆，《假樂》皇皇之懿。受祉而施於孫子，既侔乎周王；多男而授之職，又合乎堯帝。肇正元嗣於春宫，申眷後王而加惠。冠禮薦行，三加攸次。詔以成人之道，載隆出閣之制。卜吉壤以圖居，惟宫隅之是邇。標蕃衍之美名，彰我家之盛事。顧起處之獲寧，信皇慈之曲被。於此賓師友，簡僚吏，習禮節，講儒藝，日奉朝著，克勤無怠。拳拳乎上承忠孝之訓，而臣子之義備。至若宗正著録，枝派實繁，上及曾高，下及曾玄。分宅廣睦，恩義兩敦，第族屬之疎戚，班秩禄以惟均。遠則褒崇藝祖之胄，近則加厚濮邸之孫，配天其澤，同姓悉沾。歌《湛露》，詠《行葦》，戒《杕杜》，鄙《葛藟》，考親親於伐木，繼振振於《麟趾》。於赫帝命，屬籍是典，皇宗取則，率遵繩檢。歲月薰陶，朝夕漸染。藹藹賓興之才，擢儒科而登仕版。時則有清静如辟彊，忠精如更生，文若東阿，勇若任城，莫不激昂自奮，騰實飛聲。於是參親疎而兩用，冀羽儀於王國。遂壯周家之藩屏，固漢宗之磐石。若夫由朱雀以縱觀，下天漢而北望，千門萬户，併將有伉。言觀其陽，則仍宣德之舊稱，定五門而改創。其始也，憲娵觜，摹大壯，揆吉日，命大匠。庶民子來，則靡煩於鼛鼓；瓌材山積，則又疑於神貺。其上則藻色麗乎方井，雲氣萃乎修楣，躍水波乎柏棟，列繡文於蘭楯，罔不隨色象類，因木生姿。窮奇極妙，豈人能爲，若有鬼神異物陰來相之。其旁則檐牙高張，欄楯周布，往往雕鸞刻鳳，盤獸伏虎。或連拳欲立，或猛據若怒，或奮翼東廂，或圈首西序，殊形詭制，見者内怖。於以自中夏而布德，總八方而爲極。披路三條，則梐枑森以相連；立觀兩隅，則罘罳儼以並飾。善頌落成，上下用懌。言觀其陰，則嶤嶤北闕，時謂景龍。於焉採民謡，於焉觀民風。閲夫闤闠，則九市之富，百廛之雄，越商海賈，朝盈夕充。乃有犀象珠玉之珍，刀布帛貨之通，冠帶衣履之巧，魚鹽果蓏之豐，貿遷化居，射利無窮。覽夫康衢，則四通五達，連騎方軌，青槐夏蔭，紅塵晝壒。乃有天姬之館，后戚之里，公卿大臣之府，王侯將相之第，扶宫夾道，若北辰之蕃衛。太平既久，民俗熙熙。徒觀夫仙倡效伎，侲童逞材。或尋橦走索，戲豹舞羆，則觀者爲之目眩；或鏗金擊石，吹竹彈絲，則聽者爲之意迷。亦有蜀中清醥，洛下黄醅，蒲萄汎觴，竹葉傾罍。羌既醉而飽德，謂帝力何有於我哉！瞻彼艮維，肇崇琳闕，始真天祥，昈分彪列，妙道由是聿興，至教於是旁達。辛卯之夢既符，壬辰之運斯協。外則立仁濟輔正之亭，行玉笥考召之法，博施於民，俾絶天閼。神符一出，羣邪四讋，鍼毒治病，功深效捷。内則艮嶽屹以神秀，介亭聳以巀嶪，天人交際之夕，清供於此備設。俄而玉斝自傾，寶劍如掣，駭雷霆之轟轟。靈圉下兮雜遝。逮夫應鍾紀律，里社開祥，凡預臣子之列，欲傾頌禱之誠，即兹宫以效報，期萬壽之無疆。於時演大梵希夷之旨，諷太玄空洞之經，遂頒祕籙，八百聯名。猗彼乾維，龍德是營。地直天奥，上鬱化清。有岡連嶺屬之勢，有龍盤虎踞之形。儲休發祥，緊我聖明。惟崇飾之彌麗，正土木之夸矜。蓋示不忘其所自，爲萬世之式程。彼漢之代邸既瑣瑣焉，唐之興慶又奚足稱！爰有瑶池波湛，翠水淵渟，峨方壺，起蓬瀛。大君戾止，廣殿歡騰，九奏備，八佾成。凡左右侍宴者，恍若躡神山而遊紫清。戊戌之冬，太一次於黄祕之廷。其位在西北，則臨乎是宫之地；於辰爲閹茂，適契於元命之晶。詔鳩工以基迹，用揭虔而妥靈。十神載別，五福來寧。至於端闈之内，大慶眈眈，路寢斯在。有大符既於此乎躬受，有大祭祀於此而齋戒。日精東承，月華西對。重軒三階，翕赩動彩。左墄右平，相與映帶。晛靈光猶培塿，晞景福之叢芮。春王正月，履端匪懈，庭燎有光，禁漏斯艾，供張既盛，法物咸萃。乃建招摇歘以環合，蒲牢發乎輕。蓋正寧當陽，天極是配，九賓星拱，垂紳委佩。樂奏《乾安》，閒以韐韎。上公薦壽，捧觴跪，拜天子萬世，兆民永賴。其左則合宫之制，高出百王。上圓下方，法象乎天地；九筵五室，經緯乎陰陽。旋四序之和於四阿，達八風之氣於八牕，淵衷默定，聖畫允臧。重屋告成，光我家邦。於以饗帝而饗親，則日卜上辛，時丁肅霜。樂調黄鍾，亨維牛羊。爰熙太室，恭薦馨香。肆推尊於神考，用嚴配於上蒼。於以視朔而布政，則春朝青陽，秋覲總章，冬遇平朔，夏宗明堂。玉册以極其變，内經以考其常。欽授於人，遂正天綱。其右則徽調之閣，凝嚴密静。神鼎内藏，天所保定。侔郟鄏之永固，笑甘泉之匪稱。其始禱也，窮製作之妙於繫表，得隱逸之士於草茅，一鑄而就，光應孔昭。其始定也，夜出九成，不吴不敖，龍變光潤，氣明煙消。惟鼎鼐之重，作鎮神皋。數極九變，象該六爻。屹然中峙，增崇廟朝。曰蒼曰彤，以奠齊楚之域；曰晶曰寶，以奠秦趙之郊。有位東南，有位西南者，有位東北，有位西北者，分方命祭，罔或不調。宜乎卜世卜年，過於周歷，永保兹器，與天無極。至其内朝，則祥曦、延和，清穆顧問，新臣侍列，禁衛彌慶。治朝則紫宸、垂拱，丹青有焕，一日萬機，此爲聽斷。厥或進拜將相，號令華夷，爰即文德，播告惟宜。燕樂羣臣，詳延多士，乃御集英，以時蒇事。又有龍圖、天章、寶文、顯謨，以洎徽猷，五閣渠渠，奉祖宗之彝訓，示子孫之楷模。言追《盤誥》，道契圖書，緊祕藏之靡怠，仰聖孝之如初。次則東西分臺，政事所會。始揆而議，則可否有蓍龜之決；既審而行，則出納擅喉舌之寄。於以斡旋鈞軸，輔成至治。其在西樞，掌武之庭，則有將印之重，軍符之嚴。爾乃運籌帷幄之中，折衝樽俎之間，爰戢五兵，坐鎮百蠻。其左翰苑摛文之地，則惟密旨是承，德意是導。爾乃覃恩潤色，追風渾灝，遂繼東里之才，允符内相之號。乃若天子燕息之所也，宣和祕殿，翬飛跂翼。憲睿思之始謀，因紹聖之故跡。凝芳瓊蘭，重熙環碧，輪焉奂焉，光動兩側。聽政之暇，來游來息。搜古制於鼎彝，縱多能於翰墨。致一凝神，優入聖域。爰命邇臣，於焉寓直，罄啓沃之丹誠，庶密效乎裨益。申紹紀元，昭宗萬億。視彼元狩、元鼎、神爵、五鳳之號，詎能專美於史册！至如后妃親蠶之所也，延福邃深，有嚴金鋪。當春日之載陽，率六宫而與俱。懿筐既飭，柔桑既敷，鞠衣東嚮，三採躊躇。風戾川浴，地温氣舒。然後龍精報貺，瑞繭紛如。五色之絲，允侔乎東海；八蠶之緜，倍富於吴都。爰獻天子，祭服所須。由此率先天下，則無斁之化，斯並美於《關雎》。以至掖門曲榭之奥，周廬徼道之肅，長廊廣廡之連延，珍臺閒館之重複，倬然在列，璇題輝映。雖使廣延墨客，衆集畫史，曷足以紀兹區宇之盛！」

先生聞而稱贊曰：「汴都之美，其若是乎，抑何修何飾而臻此乎？」

公子曰：「主上以神明資才，受天眷命，爲天下君。其所以圖回宰制，獨運槼篗之中者，愚不得而測也。切仰廟堂之所先務者，任賢使能而已，試爲子陳之。若夫十室之邑，必有忠信，天下至廣，豈曰乏才。觀夫燕趙汝潁之奇，勾吴於越之秀；兩蜀文雅，三齊質厚；以至關東舊相之家，山西名將之胄，感會風雲，雜然入彀。兹神聖之都，是爲英俊之躔，元精於此回復，間氣於此蜿蜒。以言乎儒風，則長者之稱，自漢而著；以言乎世俗，則文士之盛，自晉而傳。隱逸有夷門之操，文章出灘渙之間。帝賚嶽降，運符半千。商弼周翰，接武差肩。陋七相五公之紱冕，邁杜陵韋曲之衣冠。譬猶俶儻權奇，素多於冀野；璵璠結緑，自富於荆山。上乃以道觀能，兼收並取。明明在公，濟濟列布，同寅協恭，相與修輔。故得朝廷清明，紀綱振舉，威武紛紜，聲教布濩。東漸鴨緑，南泊銅柱，深極沙漠，遠踰羌虜，陸讋水懷，奔走來慕。雕題、反趾、左衽、辮髮之俗，願襲於華風；金革、玉璞、犀株、象齒之貢，願獻於御府。於斯時也，治定而五禮具焉，則采《周官》之儀物，稽曲臺之典故，考吉禮、嘉禮之義，正婚禮、冠禮之序。車輿旂常，衣冠服制，職在太常，各有攸叙。功成而六樂舉焉，則詔后夔辨舞行，命伶倫定律吕。法太始五運之先，諧中正五均之度。笙鏞鞉磬、琴瑟柷敔，職在大晟，各有攸部。衆制備，羣音叶，天地應，神人悦。修貢斂珍，應圖合牒。上則膏露降，德星明，祥風至，甘雨零；下則嘉禾興，朱草生，醴泉流，濁河清。一角五趾之獸，爲時而出；殊本連理之木，感氣而榮。嘉林六目之龜，來游於沼；芝田千歲之鶴，下集於庭。期應召至，不可殫形。是宜登泰山，躡梁甫，泥金檢玉，誕揚丕矩，奏功皇天，登三咸五。上猶謙挹而未俞也，於是親事法宫之中，齋心大庭之館，思所以持盈守成，垂萬世之彝憲。躬執道樞，卓然獨斷。仰以順天時，俯以從人願。規模則惟寧人之指是循，政事則惟元豐所行是纘。其在官也，絶僥倖之路，汰冗濫之員。奏詔者戒於倚法，治民者戒於爲姦。其在士也，納讜言於羣試，復科舉於四遠。保桑梓者遂孝養之心，在流寓者獲游學之便。其在民也，除苛濫之科，蠲不急之務。農人服田，以效力穡之勤；父老扶杖，以聽詔書之布。將使四海之内，反朴還淳，背僞棄末。皞皞乎太古之風，各安居而樂業。」

先生聞之，歎美不暇，乃謂公子曰：「今日治效如此，正臣子歌功頌德之秋也。固惟疎遠之蹤，名不通於朝籍，雖欲抽思騁辭，作爲聲詩，少述區區之志，君門九重，難以自達，則乙夜之覽，何敢冀哉？」因擊節而歌曰：「麗哉神聖位九重，位天普被四海同。曠然丕變還淳風，金革不用囹圄空。千齡亨運今適逢。下七制，卑三宗，微臣鼓腹康衢中，日逐兒童歌帝功。」歌畢，振衣而去。

公子遂述其事而理之，以總一賦之義焉。理曰：赫赫皇宋，乘火德兮。奠都大梁，作民極兮。一祖六宗，世增飾兮。光明神麗，觀萬國兮。穆穆大君，天所子兮。粤自叢霄，履霄位兮。體道用神，妙莫名兮。立政造事，亶有成兮。金鼎奠邦，神姦讋兮。玉鎮定命，垂奕葉兮。天地並應，符瑞著兮。應圖合牒，千百禩兮。坐以受之，開明堂兮。三靈悦豫，頌聲興兮。元臣碩輔，侍帝旁兮。相與弼亮，守太平兮。連丁壬辰，化道行兮。己酉復元，寶曆昌兮。天子萬年，躬在宥兮。斯民永賴，躋仁壽兮。

趙鼎臣《竹隱畸士集》卷一《鄴都賦并序》 仲尼有言：「質勝文則野，文勝質則史。」揚子雲亦曰：「事勝辭則伉，辭勝事則賦。」蓋賦者，古詩之流也。其感物造端，主文而辨事，因事以陳辭，則近於史，故子夏叙詩而繫以國史，不其然乎？雖然，文不害辭，則辭不害志。以意逆志，其要歸「止於禮義」者，詩人之賦也。

兩漢而下，詞人之賦始爲麗淫，競相祖述。至左太冲，則譏之以謂「盧橘非上林所植，海若非西京所出」。辭不稱事，指爲詬病。然觀其論魏也，舉禪代則以謂虞舜比蹤，述風化則以謂羲熊踵武，非堯譬桀，誕謾滋甚。夫辨物或失其方，記事之小疵；擬人不以其倫，立言之大蔽。昔有獨夫既殄，天下同歸於周；明王不作，海内莫强於秦。然猶伯夷抗登山之志，仲連懷蹈海之義，相與耻而非之，况乎助衛君之奸國，褒吴楚之僭號？以古揆今，豈何相去之邈也。方且笑昔人之未工，忘已事之已拙，欲使覽者信之，過矣。嘗因暇日讀《相臺志》，盛言山川之美，宫室之富，愛其博而譏其雜，於是感《三都》，因《相臺志》，又頗裁其僞體，削其醲詞，略前載之已詳，補後來之未備，總折衷以有宋之制，命曰《鄴都賦》云爾。

趙子與客遊於三臺之上，以望鄴都之城。客曰：「烏虖壯哉！豪雋所宅，市朝之區。三啓覇邑，四成帝都。子亦嘗聞舊史之傳，觀《相臺》之志乎？」

趙子曰：「未也。《相臺志》何言哉？」

客曰：「魏之初基，厥惟冀野。中奠鄴而居相，始冠冕於諸夏。世虎踞以龍蟠，亘千齡而高跨。其左則浩浩洪河，犇濤涌波。匯以清淵之聚，泒爲黄澤之渦。東峒嵚岑而突兀，西陵屹嶸而陂陀。其右則太行隆慮，玉泉天平。擘據穹壤，蔽虧日星。隱若疊障，巍如置屏。斬晉脊以中斷，連代襟而外縈。其陽則宜師之溝，司馬之泊，交蕩羨之浸潤，互淇泉之脉絡。矗大岯以中峙，障驚瀾而猶却。猗緑竹以彌望，豐邦儲而利博。其陰則近控漳滏，遠連常碣。水東逝以委帶，山西傾而墜玦。廣逕方軌，平原四達。豳扼吭以形茹，趙咋喉而氣奪。若乃厥賦上上，土厚水深，穜稑蔽野，桑麻耀林。頃必萬秉，畒皆百金。錯輪轂於塗中，資菽粟與緜紝。有《葛屨》之遺化，故雖富而不淫爾。其雅俗推重，尚氣矜節。三晉之豪，四君之俠。顧眄刃挺，喑嗚皆裂。驅市人而一戰，可撻秦而係越。故其物夥財阜，兵雄勢張。擇要塞以胥宇，據膏腴而造邦。思重閉以固國，務崇宫而濬隍。笑前帝之阨迫，圖後王之煒煌。慳瑶臺而吝瓊室，詎數阿房與未央。蓋其號也，前則銅爵金虎，顯揚太武；後則涼風清都，鴛鴦鸚鵡。鬬雞戲馬之榭，赤橋紫陌之籞。聳飛閣之千雉，聯危譙於百步。玉璧珠簾，銀楹金柱，不可億記而指數，豈直千門與萬户？偉鳳陽之特建，飾翔離之雙鳥。何帝子之懷彼，亦矜能而護巧。物太盛以弗禁，假飛柯而匠夭。悵靈質之難駐，忽遡波而孤矯。伊仙都之肇造，恢華林之舊規。傾地産於土木，殫心計於般倕。嗟燕翼之敗度，反歆羨於窮黎。諒習侈以玩富，豈艱難之與知？故其制創之廣博，締構之穹隆，藻飾之瓌麗，觀眺之疏通。升而瞰之，則翼翼眈眈，雲儲霧涵。泰華僅形於培塿，辰極才映於楹櫚。類竦身於天表，迷不悟於北南。仰而瞻之，則炳炳鬱鬱，烟霏日出。但聞絲竹之音，環珮之聲，似蓬宫之彷彿。於是孟德季龍之際，慕容渤海之儔，鹿既獲於嬴氏，羊方縶於宗周，則燕則譽，以遨以遊。莫不宰割區宇，分裂華夏。邀乙發以計功，揖高光而第課。正南面以居尊，襲冕旒而朝羣下。於時鞮女畏力，旄倪戴仁，來享來貢，或臣或賓，彼孫馬之旅拒，潛竄迹於江濱。如黑子之廑著，亦何與於藩鄰。若乃汎覽九原，周流四垌，求故老之謡詠，訪先民之典型。過羑里而太息，悲伯昌之縶囹。聖人發憤以儲思，演微言而作經。則天人之學，所由興也。邦有滛祀，西門發之。野有巨浸，史公決之。或蠧或賊，岑君遏之。生歌死哭，齊民悦之。則守令之賢，有善稱也。周鼎既震，尉遲抗鉞。隋歷方季，堯生挺節。墓藏太尉之骨，衣濺侍中之血。力殉廟社，氣凌冰雪。凜芒采以映世，雖身摧而志潔。則忠誼之士，藹令名也。吐實爲秋，掞華爲春。彫刻造化，鑪錘鬼神。唱則應劉徐陳，和則邢魏子昇。儼思王以獨步，若衆星之拱北辰。則文章之美，擅英聲也。爾其洞穴漫汗，仙靈屈奇。絶伎之所興起，肥遁之所幽棲。酒千里以噀火，丹一丸而療飢。孫登放浪於譎詭，佛圖巧幻而瑰琦。森逸駕與雋軌，差難得而備知。若僕者徒捃摭於舊志，譬猶萬鈞之一釐。故言其地則四境莫及，論其人則一邦有餘。古在前以不足，今居後而豈如。首相亶甲，起蹟奮跲。當塗繼興，遂城遂堞。三高厲吻以旁噬，一石磨牙而外獵。率皆禆壞補敝，披圖案牒。據之則捷，去之則怯。得之則爲婦，失之則爲妾。繇奕姓以傳祚，常鋭鋒而不慴。夫豈代無僻主哉，亦云形勢之所挾也。是以文命敷土，厥載惟冀。美哉山河，武侯所偉。遠兆朕於聽音，邇萌芽於望氣，故張賓慷慨以揆策，崔光懇激而納説。元氏弗康，卜雒之陽。曾二帝而乃蹶，信人謀之不臧。逮夫李唐中葉，有震且業。彼慶緒之孤童，奮螗肱而拒轍。由藉險以憑固，故王師之不涉。以是觀之，人無賢愚，而地有厚薄；兵無利鈍，而勢有强弱。諸葛家蜀而破，宣尼用魯而削。故僕以爲冀不常重於天下，而鉅鄴獨雄於河朔也，豈不謂然哉？」

於是趙子慨然而歎，有間而荅曰：「異乎！吾子者之撰。夫登高能賦者，非以耀文，所以辨義也。陳詩觀風者，非以娱目，所以驗俗也。故陟景山者，見中興之美；館雒汭者，思平成之功。未聞商頌有固圉之談，夏諺啓崇墉之論也。

今客誦糟粕，拾腐餘，掉三寸之舌，美六尺之軀，指金湯爲仁壽之域，謂干戈爲禮義之塗。長王追貊，主盟裔俘。遂欲覇燕趙而帝齊魏，兄《二京》而父《三都》。是猶蒙鳩豕蝨擇蹄而繫葦，自以謂有王侯之樂，安土之娱。曾不知風摧火燎，率虀粉而遽焦枯也。褊居晉鄙，狹隘沮洳。子遷姬系，滅迹失据。雖無忌之傑黠，亦何延於天祚？炎風不競，典午委馭。故使阿瞞與賀六，得鴟張而跋扈；況值羯胡與鮮卑，豈正餘分而閏序。當建安之考室，冀日月以齊光。奚三馬之不戒，俾一槽之遽亡。彼季龍之侈忲，摐地陷以天崩。曾僵骴之未腐，遂流水以飄零。凡此皆莫紹其終，無傳於始，三光之所不緯，五行之所不紀。危朝菌之待暮，徒儵生而忽死。而吾子則美之，豈其惑於舊貫歟？胡取舍之不韙也。自昔屬辭之士，綴翰之徒，不務明五典之常道，九疇之盛符，乃惟夸國炫域，度城計郛。較廣狹以誹訾，無異商廛與賈區。蓋尚東都者，以伊洛爲帝王之里；主西京者，謂崤函爲天子之居。甘泉遠蔭於西海，上林左引於蒼梧。將譽美而章惡，信欲近而返踈。左生崎嶇，遵迷遂誣。拏三國以等競，角蝸牛之所廬。不獨陵轢岷蜀，詆諆句吴而已。又將超秦越漢，汙唐凟虞。尊盜臣以擬聖，謂羲熊之可踰。客又實之，豈不過歟？僕病木訥而倦於談。雖然，請爲客粗陳其靡者。子獨不聞皇宋之光宅，清汳之規摹乎？背澶面譙，挈鄭提曹。非宛非鄴，不瀍不崤。邦畿千里，坦然四郊。環萬國以面内，類百川之海朝。厥初生民，纉唐之緒，紛綸后辟，易代以五。咸罔堪於顧天，乃眷命於藝祖。當此之時，陵谷易處，天地否閉。野有輿尸，室無噍類。國靡一定之民，朝乏委質之士。冀媮食以終夕，敢燕居而卒歲。帝用不蠲，既薙既薅。掃欃槍於一皷，盪澆豷於崇朝。援赤子而出塗炭，謁大命於旻霄。蚩蚩遺黎，不徒去亂即治，誅蓬刈蒿。乃復慈母遊樂郊，安太平之後笑，悔既往之先咷。既而人獲更生，時有遠慮。成周飾闕以望幸，西鎬清宫而請御。臣懷良、敬之策，士獻班、張之賦。咸榮古以陋今，胳雷同而景附。天子穆然載思，而未俞也。乃規乾矩坤，與神合契。靈謀睿謨，盡屈羣議。即故國以營基，懋皇圖於億祀。蓋謂洞庭夢藪，曷若以四夷爲守；未央章華，孰若以六合爲家。方且陟岱勒華，裒神翕河。建道德以爲營衛，詎論丘垤與汙沱。至於體國經野之法，宫室苑囿之制，寢不踰廟，菲不廢禮，姑以備一王之軌儀，同百姓之欲利。固無偶采與遥泰，疇克夸詡而奢麗。若乃風俗之純懿，政教之緝熙，人物之磊砢，貨殖之陸離，既立談而未判，且非創業之樞機。徒尚口以譁衆，亦鄙人之不爲也。皇皇百年，顯顯七世，堯父舜子，神傳聖繼。無增尺帛之奉，不益十家之費。晏然磐石而覆盂，若天維而地置。遂使豫里輟險，雍郊弛防。江靖建業，氣清南陽。洞外闔以不閉，咸變雍而樂康。於維此邦，陶醇化醲。川潤岳峻，旁薄虚空。蒸粹炳靈，降爲英雄。作我國棟，時惟魏公。動在社稷，行銘鼎鐘。非后牧與伊稷，疇並芳而比崇。兹乃相之所以隆也，客遂畧之。鯨鯢陸梁，峻宇彫墻，葅醢庶類，黥灼一方。斯乃鄴之所以亡也，客顧樂之。意者非相人之志，盛德之事，縉紳之所宜談，國史之所可記也。客又不聞嬀氏陶漁，三年成都；商盤五遷，邑無奠居。安有擇地而化被，簡民而信孚者哉？將吾子未之思乎！」

於是客乃詞殫辯屈，不悖自栗。泚顙却避，懵然若失。

吕祖謙《宋文鑑》卷一〇王仲旉《南都賦》 洛陽王仲旉，侍親客于宋，十有餘年矣。宋，南都也。山川城邑，人物風俗，禽獸草木，博觀而窮覽，粗得其凡焉。因藉華陽先生、涣上公子爲問答以賦，詞曰：

華陽先生與涣上公子，步于西山之隈，環于竹圃之左，曰：「美哉邈乎，土地之沃，人物之夥也」！公子喟然歎曰：「先生睹斯而已，獨不聞往者之事歟？上自五帝，中接三代，下訖漢唐，目擊而可知。指陳而可喻，請爲先生言之：於顯樂國，在睢之陽。其地則宋，其分則房。夏豫周青，秦碭漢梁。帶以黍丘之野，包以閼伯之疆。盟豬出其右，汳水更其旁。涣、穀、濊、猚、漻、淶、逐、黄。從横馳騖，源分派張。過乎隕石之壄，徑乎龍丘之岡。行乎釣臺之渚，出乎穀城之塘。上接大河，通于銀潢；下達渦泗，滙于淮湘。湔渚礐滆，淼淼洋洋，潙瀼瀫淑，潏潏湯湯。若乃歷華里，經汋陵，乘襄塢，陟貫城。傍空桐而過沙隨，階鴻口而升横亭。伊高辛之帝子，主大火而修祀。鄙葛伯之仇餉，猗湯征之攸始。嘉微子之啓封，卒繼承於商氏。訪桐盧之兩門，孰世遠而難紀。企蒙城之故邑，懷漆園之傲吏。登北岡而遠瞰，想橋公之德懿。銘三鼎與征鉞，曾餘光之未墜。仰子喬之飈馭，世獨尚其丘墳。臨繪水而徙倚，誦相如之高文。閟雙廟之靈宇，欽張許之威神。忠義焕乎日月，世彌久而逾新。英風激於萬代，如想見乎其人。觀山川人物之舊，纔得其凡而略之，僕固未能詳也。若宫室苑囿之盛，池沼臺榭之廣，侈靡誇前，光輝絶後，惟梁孝王有足稱者。僕願繼其説，而先生自覽其切焉。漢有天下，至文而昌。九族敦序，帝室以光。乃命子武，俾侯于梁。惟梁大國，城四十餘。北限泰山之險，西界高陽之墟。禦備東南，則九州之奥區焉。廣衍沃壤，則天下之膏腴焉。於是舍大梁之故土，卜睢陽之新都。傍漻城而連屬，起道以縈紆。外廣池洫，内經郭郛。陋九筵與百堵，法上國之規模。發小鼓以始倡，下節杵而和之。流樂府而度曲，豈餘音之獨遺。於是乃作曜華之宫，擬阿房與林光，鬱正殿之嵲嶪，巍然起乎中央。散彤彩而澔汧，復煒煒以煌煌。鷩虬龍於金楹，乍矯首以騰驤。軒鸞翥於飛甍，欲乘風而下翔。歷太階之寶砌，駢璧瑛與玉璫。光陸離而眩目，足幾往而徜徉。旁有曲室，後連洞房。呌窱窈窕，仰不見陽。列方疏而散騎，玉女睨而悠颺。又有宴閒之館，寔曰忘憂。文章灝博，卓犖瑰奇者，萃乎其中。貢以文鹿白鶴，參以渌酃細柳，間以連璋沓璧，綴以清管弱絲。東苑望囿三百餘里，駿鸃、鵻鸛、山鵲、野雉、守狗、戴勝、鵁鶄、翡翠，聲音相聞，翱翔往來。萬端鱗崒，不可勝記。其木則樫松梗柟，楸梧柘橿，槐檀木欄，栟櫚豫章，華楓翠槐，古檜朱楊，雲封霧鏁，臨谷被岡。其果則樝梨梬栗，素柰朱櫻，紫棗來禽，吴橘楚橙。其草則蕙若蘭茝，蘪蕪蓀蘢，杜蘅菥蓂，江蘺芎藭。庭蕉聳緑，堦藥翻紅。糅以忘憂，合歡之嘉植，雜以避暑、延壽之芳叢。芬馥馥，蒙蒙芃芃，其竹以篔簹鐘篁，箬篛筠篃，疎篁密篠，布壠夾池。檀欒蓊茸，婀娜陸離，露滋雪映，風靡雲披。於是乎複道連綿，亘數千步，飛閣層樓，動以百數。一望平臺與離宫，瞟眇忘其何所。中有百靈，煙嵐奇秀。表以落猿之巖，環以棲龍之岫。既盤紆以茀鬱，亦映帶其左右。面百尺之深潭，瀨鳴玉之清溜。升望秦之峻嶺，懷故闕而回首。維彼蠡臺，在城之西。勢千仞而崛起，豈終日之可躋？攀未半而神悸，意欲下而復迷。驚斗杓之頫逼，俯霓蠶之下垂。疑真仙之攸館，非人寰之所棲。屹清泠之對峙，復偃蹇以穹隆。上憑范檻之峥嶸，怳忽不知其幾重；下瞰清淵之澄澈，金碧倒影乎其中。旁接雁池，緑争漪漣。秋浪漲雨，春波拍天。鶴洲背其後，凫渚面其前。棹女謳而蕩槳，漁人集而叩舷。水禽則有鸊鷉鳵鴉，駕鵝鷺鷗，凫鷖鶴子，鶬侣鴻儔，翱翔翻翻，載沈載浮，既瀺灂而隨波，暫蜚鳴而驚舟。水草則有蔍苧蘋莞，蒹葭蒲蔣，白蘋緑荇，芡實蓮房，雨濯幹而增緑，風皺華而吐芳。王臨是國，綽有餘閒，思遊東苑，縱獵乎其間。於是乘雕玉之輿，馴袅褭之馬，紛萬騎之徒，驚千乘之駕。服太阿之雄劍，靡彩虹之珠旂。鳴和鑾以玲瓏，翳羽蓋以葳蕤。安國奉轡，嚴忌附輿。扈從横出，並山之隅。左許少，右專諸。依岡爲(置)〔罝〕，因川爲漁。奮駭百獸，電激雷驅。搤雄螭，蹩豪豬，轥犀犛，轔麏麚，轢游蠵，躙駏驉。矢不妄發，應聲而殊。鋋不虛擲，洞胸穿髃。山殫谷盡，孑然無餘。於是梁王弭節而還，容與委蛇，徘徊往來，其樂未衰。相與賓客，復遊於鴈鶩之池。登龍檻，飛鳳蓋，釣錦鱗，出文貝，弋白鷳，挂黄鶴，鶬鴰下，鷫鵝落。薄暮日斜，俛仰極樂。獲獸之多，弋禽之衆，子虛之所遺，西賓之所畧也。馳騁少息，明日乃宴于平臺。召相如，延鄒、枚，綺席列，雕屏開，膾猩脣，炙豹胎，酌金漿之酎，觴縹玉之醅。吹紫鳳之簫，擊靈鼉之鼓，聆遼滇之歌，睇巴渝之舞。又有邯鄲曼姬，燕代麗女，輕袪靚粧，綽約媚嫵，明眸微睨，色授神予。於是衆客皆醉，頹然忘歸，浩歌起舞，獻壽考無疆之詩，曰：「君王淵穆德日躋，閒暇遊宴樂無涯。願千秋兮萬歲，常與日月争光輝」。

先生曰：「噫！公子何謂兹邪？若公子所謂重耳而輕目，榮古而陋今。膠以人物之陳迹，炫以山川之舊經，又烏覩大宋之盛乎？夫大宋之開基也，肇自商丘，大啓土宇。創洪圖而遺億代，一帝統而超邃古。萬國被德澤，四裔暢皇武。西盪巴蜀，東澹海澨，北指幽薊，南曜朱垠。天乙七十里而興王，姬周三十世而卜宅，曾何足云。至于祥符之際，累盛而重熙。增太山之高，禪梁父之基。神祇安妥，日星光輝。寶符瑞應，萃乎斯時。於是巡方寓，幸亳社，動天輅，備法駕。海夷獻珍，黄雲覆野。就見百年，存問鰥寡。明壹法度，赦宥天下。當是時也，翠華迴馭，龍旆載揚，迺睠兹土，如歸故鄉。觀紫氣於芒山，辨白水於南陽。灑翔鸞之神翰，掞鴻藻之天章。於是建南京，陪上國，首諸夏，作民極。對列乎浚郊，相輝乎洛宅。頒慶洞開，歸德峻峙。若閶闔之特闢，連馺娑與枍栺。偉宫室之光明，仰觚稜之神麗。儉不至陋，奢不逾侈。旁立原廟，巋崋穹崇。殿實有三，一祖二宗。顯文謨而承武烈，彌萬祀而無窮。觀其英豪之域，冠蓋相望，元勳雋老，五姓寔昌。蹈先生之學舍，溢誦聲以洋洋。敬鄭公之碩德，仰文正之餘芳。俯浪宕之舊渠，迴伊洛之清流。釃江吴之漕粟，浮寶鷁之千舟。若乃昭仁、崇禮、迴鸞、祥輝，連闉帶闠，列隧通畿。萬商千賈，鱗集羽歸。星布纖麗，山積瑰奇。來不可抑，往不可羈。南獠蠻而東濊貊，紛大貝與明璣。其軍旅則棘門細柳，連總百營；馭以驍將，厲以犀兵。時以蒐獮之祭，陣以魚麗之形。扼一都之衝會，耀萬里之天聲。其原野則田疇彌望，不可計數，浸以曜漁之源，被以沃壤之土。舉趾即雲，荷鋤迺雨。芃芃離離，禾麥稷黍。其亭館，内之則有流觴渌波，檜陰四合，照碧妙峰，武備道接；外之則有朝雨暮雲，暖風殘月，又有玉觸金縷，光華妶喜，嘶馬落帆，芳草柳枝之列。聯觀光與望雲，指中天之巍闕。其池沼則東西二(胡)〔湖〕，湢湢迢迢，水澄似鏡，波泛如潮。窺馴鷺於別渚，識海鴈於舊橋。爾乃金魚分籥，玉麟剖符。夫輔弼耆德，侍從鴻儒，鎮撫東土，保釐此都。視先王之遺民，愛風俗之安舒。乘軺繁之多裕，覺坐嘯而有餘。陟高臺而環望，悟神意之自如。臨緑水而暫止，疑放曠於江湖。若予之所舉，僅知其仿佛，十分未得其一隅。吾子徒聞孝王之遺風舊迹，不睹大宋之豐功偉烈也；徒詫梁國故墟之名，不知藝祖興王之實也。徒誇兔園之大，鴈沼之廣，不識原廟之尊，帝宫之美也。曜華故基，鞠爲茂草，孰若都城佳氣，鬱與雲翔？諸侯僭上，游晏無度，孰若天子巡守，動静有常。珍怪之翫，奇木異卉，孰若農夫之慶，黍稷稻粱」？

先生之言未終，公子矍然若驚，惘然若醒，茫然若有所失者。既而幡然改曰：「鄙哉予乎！嗟予舍近而取遠，習迷而遂非，其亦久矣。先生博我以皇道，宏我以王圻，使數十年所眩曜，釋焉無疑。僕雖不敏，請終身而誦之。」先生於是作歌以遺焉。其辭曰：「翼翼神都，皇祖起焉。煌煌巍闕，真人巡焉。有睟其容，三殿位焉。於萬斯年，天子明焉。」

蘇頌《蘇魏公文集》卷一九《奏議・奏乞增修南京大内》 臣伏以南京，國之東門，當吴楚閩越舟車走集之會，蓋周之寰内，而周之北門也。自建都迄今，六十餘年，人物風流，一時甚盛。而宫殿城闕都未修崇，惟大内正門，以真宗皇帝車駕巡幸曾駐蹕於此，肆赦觀酺，因賜名重熙頒慶樓。當時雖稍完飾，然猶是雙門，不改列郡之制，内中只有御製詩碑亭子二座，外更無屋宇，俱是榛蕪，非所以尊藝祖肇基之邦，慰都人徯望之志也。臣伏覩大中祥符七年建京制曰，可陞應天府爲南京，正殿以歸德爲名，即以牙城爲大内。尋降圖修造，事雖頒下，即未施行。天禧中，知府王曾相度減省舍屋，别具圖進呈，乞行營建。景祐中，知府夏竦、韓億相繼奏請，乞改内前正街中隔城祥輝門、及正南外城崇禮等門皆作三門。適值歲時不稔，并以陝西事宜，未暇及此。然亦逐次降朝旨，令候豐熟日，奏取指揮。嘉祐中，知府張方平亦曾經畫得旨，只是修葺過祥輝、崇禮二門，餘尚仍舊。臣近叨守鑰，目覩其事，闕門摧側，棟宇隳頹，蓋由守臣失於檢舉。欲望聖慈頒命有司，令討尋王曾等所奏，再行相度，酌中制度，修蓋歸德一殿，并前後門，四面軒廊，仍改正門爲三門，大約不過一百餘間。度其所費，亦不甚多，若自京師事材場八作司般輦事造了材木，量差工匠、役兵等逐旋修蓋，亦不至勞擾。若謂間架稍多，難爲遽辦，即乞只降指揮應天府支破係省錢，赴京西木場收買材植，先且修蓋内門，令稍合闕廷制度，候工畢日，漸次經營，崇建殿宇等，二三年間便可就緒，庶幾興王舊都稍爲壯麗。近圻别鑰，得以尊嚴，表式四方，事體誠重。

陳焯《宋元詩會》卷二七賀鑄《故鄴》 按《鄴都記》，漢建安十二年，曹操滅袁氏，始大築鄴。當時京兆洛陽、南陽、許皆大都，而鄴爲之長。操子丕代漢，復定都洛陽，此後僭竊，更據鄴而未始殘破。元魏孝文帝自代南巡，駐蹕鄴下，久之，以南望枉人山、北接栢人縣，非善地，遂去之。河南將行挂飯罌于城樓上，識者解之，挂飯，縣飧也。豈待玄孫宅此乎？至孝静帝，果爲高歡刼遷都鄴。齊五主營建宫室，規模壯麗，逾前魏，周武平齊，焚撤略盡。及隋文克尉迥，遂洿瀦之，築京觀于葛屨山，徙郡治安陽，鄴猶爲屬邑。熙寧間始廢之。戊午九月，獨遊晚歸馬上賦。

魏武昔恢圖，北平譚尚孽。卜鄴築新都，非徒爲三穴。將行遷鼎志，遽有分香訣。落日繐帳空，奠終歌舞闋。旋聳瀍洛上，載起蒼龍闕。四葉不歸東，苔花馳道絶。食槽讖終驗，挂飯期先決。擾攘百年間，累車尋覆轍。山川氣象變，朝市繁華歇。白露復青蕪，茫茫换時節。陰風吹葛屨，燐火走兵血。木葉下西陵，寒蟲助騷屑。

張禮《遊城南記并注》 元祐改元季春戊申，明微、茂中同出京兆之東南門。

張注曰：唐皇城之安上門也，至德二載改爲先天門，尋復舊。肅宗以禄山國讎，惡聞其姓，京兆坊里有安字者率易之。《續注》曰：《志・總序》云：唐開元元年改雍州爲京兆府，以京城爲西京。天祐元年，昭宗東遷，降爲佑國軍。梁開平元年，改府曰大安。越二年，改軍曰永平。後唐同光二年，復爲西京。晉天福元年，改軍曰晉昌。漢乾祐元年，改軍曰永興。其府名皆仍舊，有宋因之，故其南北相直之街亦曰安上。

歷興道、務本二坊。

張注曰：興道坊在安上門街之西，「景龍三年改瑶林坊。務本坊在安上門街之東，與興道坊相對，景龍二年改玉樓坊。景雲元年并復舊。二坊之地，今爲京兆東西門外之草市，餘爲民田。

由務本西門入聖容院，觀薦福寺塔。

張注曰：聖容院，蓋唐薦福寺之院也，今爲二寺。寺之浮圖，今正謂之薦福寺，塔尚存焉。其寺文明元年立，謂之大獻佛寺，天授元年改爲薦福寺。景龍中，宫人率出錢起塔十五層。續注曰：貞祐乙亥歲，塔之纏腰尚存，辛卯遷徙，廢蕩殆盡，惟磚塔在焉。

南行至永樂坊。

張注曰：即横岡之第五爻也，今謂之草場坡，古場存焉。隋宇文愷城大興，以城中有六大岡，東西横亘，象乾之六爻。故于九二置宫室，以當帝王之居；九三置百司，以應君子之數；九五貴位，不欲常人居之，故置元都觀、大興善寺以鎮之。元都觀在崇業坊，大興善寺在靖善坊。其岡與永樂坊東西相直。《長安志》云：坊東有裴度宅。度欲入朝，有張權輿上疏云：「度，名應圖讖，宅據岡原。」蓋嘗有人與度作讖云：「非衣小兒坦其腹，天上有口被驅逐。」言度曾討淮西平吳元濟。宅據岡原，與興善、元都相連故也。

東南至慈恩寺。少遲，登塔，觀唐人留題。

張注曰：寺本隋無漏寺。貞觀二十一年，高宗在春宮，爲文德皇后立爲慈恩寺。永徽三年，沙門元奘起塔，初惟五層，磚表土心，效西域窣堵波，即袁宏《漢記》所謂浮圖祠也。長安中摧倒，天后及王公施錢，重加管建至十層。其云雁塔者，《天竺記》達櫬國有迦葉佛伽藍，穿石山作塔五層，最下一層作雁形，謂之雁塔，蓋此意也。《嘉話録》謂張莒及進士第，閒行慈恩寺，因書同年姓名于塔壁，後以爲故事。按，唐《登科記》有張台，無張莒。台于大中十三年崔槾下及第，馮氏引之以爲自台始。若以爲張莒，則台時已有題名之説焉。塔自兵火之餘，止存七層。長興中，西京留守安重霸再修之，判官王仁裕爲之記。長安士庶，每歲春時，游者道路相屬。熙寧中，富民康生遺火，經宵不滅，而游人自此衰矣。塔既經焚，塗圬皆剥，而磚始露焉。唐人墨迹，于是畢見，今孟郊、舒元輿之類尚存，至其他不聞于後世者，蓋不可勝數也。續注曰：正大遷徙，寺宇廢毁殆盡，惟一塔儼然。塔之東西兩龕，唐褚遂良所書《聖教序》及唐人《題名記》碑刻存焉。西南一里許，有西平郡王李公晟先廟碑，工部侍郎張彧撰，司業韓秀弼八分書，字畫歷歷可讀。

倚塔，下瞰曲江宮殿，樂游燕喜之地，皆爲野草，不覺有《黍離》、《麥秀》之感。

張注曰：江，以水流屈曲，故謂之曲江。其深處，下不見底。司馬相如《賦》曰「臨曲江之榝洲」，蓋其地也。《劇談》曰：「曲江，本秦榝洲。唐開元中疏鑿爲勝境。」江故有泉，俗謂之漢武泉。又引黄渠之水以漲之。泉在江之西，旱而禱雨，有應。今爲濱江農家湮塞，然春秋積雨，池中猶有水焉。黄渠水，出義谷，北上少陵原，西北流經三像寺。鮑陂之東北，今有亭子頭，故巡渠亭子也。北流入鮑陂。鮑陂，隋改曰杜陂，以其近杜陵也。自鮑陂西北流，穿蓬萊山，注曲江。自西北岸直西流，經慈恩寺而西。歐陽詹《曲江記》，其略曰：兹地循原北峙，迴岡旁轉，圓環四匝，中城坎槮，樔槷港洞，生泉翕原。東西三里而遥，南北三里而近。崇山濬川，鈎結盤護。不南不北，湛然中停。蕩惡含和，厚生蠲疾。涵虚抱景，氣象澄鮮。滌慮延歡，棲神育靈。觀此，可得其概矣。唐進士新及第者，往往泛舟游宴于此。文宗時，曲江宮殿廢十之九。帝因誦杜甫《哀江頭》之詩，慨然有意復昇平故事。大和九年，發左右神策軍三千人疏濬。修紫雲樓、彩霞亭。仍敕諸司有力建亭館者，官給閒地，任營造焉。今遺址尚多存者。江水雖涸，故道可因。若自甫張村引黄渠水，經鮑陂以注曲江，則江景可復其舊。不然，疏其已塞之泉，渟潴歲月，亦可觀矣。樂游原亦曰園，在曲江之北，即秦宜春苑也。漢宣帝起樂游廟，因以爲名，在唐京城内。每歲晦日、上巳、重九，士女咸此登賞祓禊。樂游之南，曲江之北，新昌坊有青龍寺，北枕高原，前對南山，爲登眺之絶勝。賈島所謂「行坐見南山」是也。

出寺，涉黄渠，上杏園，望芙蓉園。西行，過杜祁公家廟。

張注曰：杏園與慈恩寺南北相直，唐新進士多游宴于此。芙蓉園在曲江之西南，隋離宮也。與杏園皆秦宜春下苑之地。園内有池，謂之芙蓉池，唐之南苑也。杜祁公家廟，咸通八年建，石室尚存，俗曰「杜相公讀書堂」。其石室曰「藏書龕」。續注曰：石室，奉安神主之室也。

出啓夏門，覽南郊百神靈星三壇。

張注曰：啓夏門，唐皇城之南門也，北當皇城之安上門少西。蓋京城之南凡三門：中曰明德門，今謂之五門；西曰安化門，今謂之三門；此其東門也。三壇在門外西南二里，百神、靈星二壇頗毁，而圜丘特完。南一里有蓮花村，未詳其所以名也。續注曰：少西北有唐贈户部尚書楊貞公廟碑，晉公李林甫撰文，王曾書，王敬從題額。次東南有唐相國令狐氏廟碑，大和三年，劉禹錫撰并書，陳錫篆額。楊氏苗裔，泰和間尚盛，人呼爲廟坡楊，辛卯遷移後無聞焉。

次杜光村。

張注曰：杜光村有義善寺，俗謂之杜光寺，貞觀十九年建，蓋杜順禪師所生之地。順解《華嚴經》，著《法界觀》，居華嚴寺，證圓寂。今肉身在華嚴寺。

東南歷仇家莊。

張注曰：莊即唐宦官仇士良别業也。士良死，籍没其家。後晉賜晉昌軍節度使安彦威，安氏子孫世守之。士良墓、碑俱存。其南爲郭子儀墓，西南長孫無忌之墓，碑皆斷仆。續注曰：撫錠後，府南趙村里皓陽觀主李可貞、喬志朴相過語余，觀西北有二大碑，云是郭氏墓碑。他日往觀，其一壽州刺史郭敬之神道碑。敬之字敬之，子儀父也，以子儀貴贈太保徐國公，碑額御題，韓國公苗晉卿撰序，蕭華書；其一郭氏所尚昇平公主墓碑，書撰姓名失傳。

過高望，西南行，至蕭灌墓，讀碑。

張注曰：灌，嵩之父也。碑乃明皇題額，張説爲文，梁昇卿書。嵩墓别葬張曲。

由趙村，訪章敬寺基，經撥川王論弓仁墓。

張注曰：五代周太子太師致仕皇甫元莊在趙村，建隆二年置。墓在村東，碑在其莊内。章敬寺，《長安志》曰在通化門外，本魚朝恩莊也。後爲章敬皇后立寺，故以爲名。殿宇總四千一百三十間，分四十八院。以曲江亭館、華清宮觀風樓、百司行廨及將相没官宅舍給其用。今此基不甚侈，且與《志》所載地里不同，豈四十八院之一耶？論弓仁者，吐蕃普贊之族也。世相普贊。戎言爲宰相爲論，因以爲氏。聖曆三年，以所統吐渾七千帳降唐，累有戰功，死贈撥川王，葬趙村。張説爲碑，今已毁仆，字無存者，獨其題額在焉。

下勳蔭坡，入牛頭寺，登長老文公禪堂。夜宿寺之南軒。

張注曰：勳蔭坡，今牛頭寺之坡也。寺即牛頭山第一祖遍照禪師之居也。貞元十一年建。內有徐士龍所撰碑，太平興國中改寺曰福昌，元豐癸亥，長老道文自南方來，居于寺之北堂。其南軒爲延客之所。今有朱公掞題壁。

己酉，謁龍堂，循清明渠而西，至皇子坡，徘徊久之。

張注曰：龍堂在牛頭寺之西。寺故有龍泉塔院，此堂即其地也。泉北有塔，俗稱龍堂坡，地甚平衍，中多植杏，謂之杏花坪，見杜詡《勝游録》。清明渠，隋開皇初引沈水西北流，屈而東流入城。當大安坊南街，又東流至安樂坊，入京城。今其渠自朱坡東南分沈水，穿杜牧之九曲池，循坡而西，經牛頭寺下，穿韓符莊，西過韋曲，至渠北村，西北流入京城。皇子坡又在龍堂之西，秦葬皇子於坡底，起冢於坡北原上，因以名坡。隋文帝改永安坡，唐復舊。

覽韓、鄭郊居，至韋曲，扣堯夫門，上逍遥公讀書臺，尋所謂何將軍山林，而不可見。因思唐人之居城南者，往往舊蹟湮没，無所考求，豈勝遺恨哉！

張注曰：韓店，即韓昌黎城南雜題及送子符讀書之地，今爲里人楊氏所有。鑿洞架閣，引泉爲池。穿地，得大鳴起信論碑之上篇。鄭谷莊在坡之西，今爲里人李氏所有。韋曲在韓、鄭莊之北，堯夫，進士韋師錫之字也，世爲韋曲人，遠祖楹，後周時居此，蕭然自適，與族人處元及安定梁曠爲放逸之友。時人慕其閒素，號爲消遥公。明帝貽之詩曰：「香動秋蘭佩，風飄蓮葉衣。」《北史》有《傳》。今其讀書臺□□□立。逍遥谷則在驪山西南，蓋亦慕楹而名之也。杜甫《何將軍山林》詩有「不識南塘路，今知第五橋」。又曰「憶過楊柳渚，走馬定昆池」。今第五橋在韋曲之西，與沈家橋相近。定昆池在韋曲之北，楊柳渚今不可考。南塘，按，許渾詩云「背嶺枕南塘」，其亦在韋曲之左右乎？嘗讀唐人詩集，岑嘉州有杜陵別業、終南別業，而石鱉谷、高冠谷皆有其居，郎士元有吴村別業，段覺有杜村檖居，元微之亦有終南別業，蕭氏有蘭陵里，梁昇卿有安定莊。今皆湮没，漫不可尋。蓋不特何將軍山林而已。

晚抵申店李氏園亭。夜宿祁子虛書舍。

張注曰：申店，夾潏水之兩溪。李氏名之邵，字公材，嘗爲進士。祁子虛名徹，李舍人婿也。園之東有閣曰秘春，北有小軒曰明月。

庚戌，子虛邀飲韋氏會景堂。及門，主人出迓。明微以爲不足，子虛道其景，且誦其詩。明微聞之，始入其奥。

張注曰：韋氏，名宗禮，字中伯，世爲下杜人。蓋唐相之裔，家失其譜，不知爲何房。城南諸韋，聚處韋曲，宜其屬系易知，然或東眷，或西眷，或逍遥公，或鄭公，或南陂公，或龍門公，不知其實何房也。中伯博學好古，葺治園亭，奇花異卉，中莫不有，日與賓客宴游。朝奉郎白序題其堂曰會景。中伯圃中有對金竹，其狀與對青相似。長安有此竹者，惟處士蘇季明、張思道與中伯三家而已。

復相率濟潏水，陟神禾原，西望香積寺塔。原下有樊川御宿之水交流，謂之交水。西合於澧，北入于渭。

張注曰：《長安志》曰：潏水，今名泥水，一作坑水。自南山流至皇子坡。今潏水不至皇子陂，由瓜洲村附神禾塹，上穿申店。而原愈高，鑿原而通，深至八九十尺，俗謂之坑河是也。瓜洲村之東北原上，潏水北岸上，尚有川流故道。西北過張王村之東，又西北經内家橋，又西北經下杜城，過沈家橋。杜城之西，有丈八溝，即杜子美陪諸公子納凉遇雨之地。潏水上原西北流而合御宿川水，是名交水，在香積寺之西南。香積寺，唐永隆二年建，中多石象，塔磚中裂，院中荒凉，人鮮游者。

下原，訪劉希古，過瓜洲村。

張注曰：劉希古，名舜才，爲進士不第，退居申店潏水之陰。瓜洲村俗以爲牧之種瓜之地。予讀《許渾集》，有《和淮南相公重游瓜村別業》詩。淮南相公，杜佑也，佑三子：師損、式方、從郁。牧之，從郁子也。由此考之，在佑已有瓜洲別業，則非牧之種瓜也明矣。今村南原上有瓜洲墓，豈始有瓜洲人居此而名之耶？亦猶長安縣有高麗曲，因高麗人居之而名之也？

復涉潏水，游范公五居。

張注曰：范公莊，本唐岐國杜公佑郊居也。門人權德輿爲之《記》，纂叙幽勝，極其形容。舊史稱，佑城南樊川有桂林亭，卉木幽邃，佑日與公卿宴集其間。元和七年，佑以太保致仕居此。《式方傳》又云：杜城有別墅，亭館林池爲城南之最。牧之之《賦》亦曰：「予之思歸兮，走杜陵之西道。若曲泉深池，地平木老。隴雲秦樹，風高霜早。周臺漢園，斜陽衰草。」其地有九曲池，池西有玉鉤亭。許渾詩所謂「九曲池西望月來」，池蹟尚存，亭則不可考也。又其地有七葉樹，每朵七葉，因以爲名。羅隱詩所謂「夏窗七葉連簷暗」是也。以是求之，其景可知矣。此莊向爲杜氏所有，後歸尚書郎胡拱辰。熙寧中，侍御史范巽之買此莊于胡，故俗謂之御史莊。中有溪柳、巖軒、江閣、圃堂、林館，故又謂之五居。

東上朱坡，憩華椽寺。下瞰終南之勝，霧巖、玉案、圭峰、紫閣，粲在目前，不待足履而盡也。

張注曰：朱坡在御史莊東，華椽寺西，牧之朱坡三絶句，極言其景。華椽寺，貞觀中造。寺之北原，下瞰終南，可盡其勝。岑參詩所謂「寺南幾千峰，峰翠青可掬」是也。終南一名太乙，一名地肺。《關中記》曰：「終南太乙左右三百里内爲福地。」柳宗元《碑》曰：「據天之中，在都之南。西至于褒、斜，又西至于隴首，以臨于戎；東至于商顔，又東至于太華，以距于關。」秦末四皓，隱于其間，後因立廟。唐文宗詔建終南山祠，册爲廣惠公。圭峰、紫閣在祠之西。圭峰下有草堂寺，唐僧宗密所居，因號圭峰禪師。紫閣之陰即渼陂。杜甫詩曰：「紫閣峰陰入渼陂」是也。太乙在祠之東，霧巖、玉案附麗而列二峰之間。有冰井，經暑不消。長安歲不藏冰，夏則取冰于此。紫閣之東有高觀峪，岑參作高冠，蔣之奇作高官，未知孰是。

已而，子虛、希古開尊。三門寺僧子齊出詩凡數百篇，皆詠寺焉。予賞蘇子美詩，明微吟唐僧子蘭詩「疏鐘摇雨脚，積雨浸雲容」之句。及讀相國陳公「悔把吾廬寄杜城」之言，則又知華巖之爲勝也。酒闌，過東閣。閣以華巖有所蔽而登覽勝之。真如塔在焉。謂之東閣，以西有華嚴寺故也。今爲草堂別院。

張注曰：《長安志》曰：真如塔在華嚴寺。今其塔在東閣法堂之北，壁間二石記皆唐刻也，且載華嚴寺始末，則華嚴東閣本一寺也。不知其後何以隸草堂焉。

下閣，至澄襟院。院引北巖泉水，架竹落庭，注石盆中，瑩徹可挹，使人不覺頓忘俗意。時子虛、希古先歸。院之東元醫之居也，予與明微宿焉。

張注曰：澄襟院唐左街僧録遍覺大師智慧之塔院也。《碑》云：「起塔于萬年縣神禾鄉孫村」。今屬鴻固鄉。元醫世爲樊川人。其居北倚高坡，泉聲泠泠，竹陰相接。圃中植花，穴洞巖閒，架閣池上，茂林修竹，與之隱映，真有幽勝之趣。續注曰：澄襟院，水久涸，今爲長老濱巨源衣鉢院。莊則金興定辛巳間尚爲元氏之居。遷徙後，遂無聞焉。近代李搆即莊建閣鑿洞，立三清像，遂呼爲三清閣。兵後，高賓老奉披雲真人爲十方院，門人樊忠高盡有元莊。典刑雖在，盛事則廢。

辛亥，歷廢延興寺，過夏侯村王、白二莊林泉。

張注曰：延興寺在楊萬坡，斷碑遺址，瓦礫遍地，興廢之由無可考，今爲里人劉氏所有，竹木森蔚，泉流清淺，景勝元醫之居，但不葺治耳。駙馬都尉王詵林泉在延興寺之東，與朝奉郎白序爲鄰。王氏林泉久不治。白字聖均，莊有揮金堂、順年堂、疑夢室、醉吟庵、翠屏閣、寒泉亭、辛夷亭、桂岩亭，今爲王員外家所有。

東次杜曲，前瞻杜固，盤桓移時。

張注曰：《唐史》稱，杜正倫與城南諸杜素遠，求通譜不許，銜之。世傳杜固有王氣，諸杜居之，衣冠世美。及正倫執政，建言鑿杜固通水以利人。既鑿，川流如血，閱十日方止。自是，南杜稍不顯。居杜固者謂之南杜，以北有杜曲故也。杜固今謂之杜坡，所鑿之處崖塹尚存，俗曰馬塒厓，或曰鳳皇嘴，不知何謂也。杜氏世葬少陵原司馬村之西南。杜甫嘗稱杜曲諸生、少陵野老，正謂杜曲、少陵相近故也。甫爲晉征南將軍預元後。預元孫某隨宋武帝南遷，遂爲襄陽人。甫曾祖某爲鞏令，又徙河南。宋孫洙爲《甫傳》，以牧之爲甫族孫，蓋同出于預也。是甫乃城南諸杜之裔耳。然唐《宰相世系》不載，不知何故，俟再考之。

越姜保，至興教寺，上玉峰軒，南望龍池廢寺。

張注曰：興教寺，總章二年建，有三藏元奘、慈恩、西明三塔。寺倚北岡，南對玉案峰。元豐中，知京兆龍圖李公，登眺于斯，命僧創軒，是名玉峰。擢萬年令陳正舉爲之記。龍池寺直玉案山之北。續注曰：興教寺，開成四年沙門令總載修。《三藏塔銘》，屯田郎中兼侍御史劉軻撰，《慈恩塔銘》，太子左庶子御史中丞李宏度撰，《西明塔銘》，貢士宋復撰。三藏塔奠中，差大，右慈恩，左西明，差小，殿宇法制，精密莊嚴。

過塔院，抵韋趙，覽牛相公樊鄉郊居。

張注曰：塔院者，京兆開元寺福昌塔之莊也，俗謂之塔院。修竹喬林，森緑參天，池臺廢基頗多。不知在唐爲誰氏業。俗傳，國初狂人李炎居之。炎誅没官後，福昌塔成，賜之爲常住。韋趙村有牛相僧孺郊居，子孫尚有存者。僧孺八世祖某，隋封奇章公，長安城南下杜樊鄉有賜田數頃，書千卷。僧孺居之，依以爲學。後爲相，與李德裕相惡，門生故吏各相爲黨。先是泓陟相德裕宅爲玉盌，僧孺宅爲金杯，且云：「金毀可作他器，玉毀不復用矣。」其言果驗。然《唐史》傳方技者，不載其事，其亦闕文意乎？

迺登少陵原，西過司馬村，穿三像院。尋舊路，暮歸孫君中復之廬。

張注曰：《長安志》云：少陵原南接中南山，北直樊水，本爲鳳棲原。漢許后葬少陵，在司馬村之東。因即其地呼少陵原。杜牧之自志云：葬少陵司馬村。柳宗元志伯妣墓曰：葬萬年之少陵原，實鳳棲原也。原脉起自南山，曲屈西北，岡阜相連，纍纍不斷，凡五十里。然則鳳棲、少陵其實一本，因地異名耳，漢總謂之洪固原。今萬年縣有洪固鄉。司馬村今在長安城之東南，少陵在村之東北，則樊水在東，非在北矣。少陵東接豐梁原，或作鳳凉原，樊水出焉。東北對白鹿原，荆谷水出焉，二水合流入渭，杜甫詩所謂「登高素樊原」是也。少陵之東岡下，即樊水之西岸。其地有泉，舊傳有犢跑鳴而泉出，今謂之鳴犢鎮。三像寺，開元中建，背倚北原，高數百尺。始，寺依原刻三大佛，故名。又云，開元末，爲武惠妃建，武氏墓在鳳棲原長興坊，與寺亦相近。中復，田家子，今爲進士。

壬子，渡潏水而南，上原觀乾湫，憩塗山寺，望翠微百塔。子虛約游五臺，而與僕夫負行李者相失，遂飲于御宿川之三渠。醉還申店，幾夜半矣。

張注曰：乾湫在神禾原皇甫村之東。《舊傳》，有龍移去南山炭谷，原之湫水遂涸，故謂之乾湫。炭谷之水遂著靈異，歷代崇爲太乙湫。或曰：炭谷本太乙谷，土人語急，連呼之耳。續注曰：塗山寺在皇甫村神禾原之東南。《舊傳》皇甫村有三社，曰鸞駕坪，鳳皇臺及廢栖真觀。翠微寺在終南山上，本太和宮。武德八年建，貞觀十年廢。廿年，太宗厭禁內煩熱，命將作大匠閻立本再葺，改爲翠華宮，元和元年廢爲翠微寺。杜甫詩「雲薄翠微寺」，則元和之前固已謂之寺矣。百塔在楩梓谷口，唐信行禪師塔院，今謂之興教院。唐裴行儉妻庫狄氏嘗讀《信行集録》，及歿，遷窆于終南山鴟號堆信行塔之後，由是異信行者往往歸葬於此。今小塔纍纍相比，因謂之百塔。塔東爲石鱉谷，廣惠神祠在焉。西爲豹林谷，种放隱居之地。放居，今爲女冠所有。蘇季明松門亦在其西。而董村者，翠微寺下院也，又在其西。自董村西行幾十里，曰豐德寺，豐德長老所居，今其寺猶有僧焉。南五臺者，曰觀音，曰靈應，曰文殊，曰普賢，曰現身，皆山峰卓立，故名五臺。圓光寺，《王建集》爲靈應臺寺，陸長源《辨疑志》爲慧光寺，《韓偓集》爲神光寺，今謂之圓光寺。五臺之北有留村數寺，皆下院也。御宿川，按《揚雄傳》曰：武帝開上林南苑，至宜春、鼎湖、昆吾，傍南山而西，至長楊、五柞，北繞黄山，瀕渭而東，游觀則止宿其中，故曰御宿。大抵樊川、御宿，皆上林苑地也。

癸丑，詣張思道。循原而東，詣蓮花洞，經裴相舊居，越幽州莊，上道安洞，抵炭谷。既行，小雨而還，復尋會景堂，清談終日。

張注曰：「思道，唐學士樞之後，居潏水之陰，好讀書，善屬文，雅麗有祖風。自思道之居東行五六里，直樊川之上，倚神禾原，有洞曰蓮花，舊爲村人鄭氏之業。鄭氏遠祖乾曜，尚明皇之女臨晉公主。杜甫詩有《宴鄭駙馬洞中》，云：「主家陰洞細烟霧」，疑即此地也。自洞東行三四里，爲唐裴相國郊居，林泉之勝，亦樊川之亞。今爲鄱陽沈思之居。又南行三里至幽州莊李氏林亭。李氏，燕人也，故以幽州名。泉竹之盛，過沈莊矣。南行四里至道安洞，今爲尼院。院中起小塔，西倚高崖，東眺樊南之景，舉目可盡。又南行七八里至炭谷，自谷口穿雲渡水，躡亂石，冒懸崖，行十餘里，數峰聳削。蹬道之半，有司馬温公隸書二十八字，曰：「登山有道，徐行則不困。擇平穩之地而置足則不跌。人莫不知之，鮮能慎。」谷前太乙觀，有希夷先生所撰碑。觀南爲故處士雷簡文隱居之地。

甲寅，北歸。及內家橋，子虛別焉。予與明微自翠臺莊由天門街上畢原，西望三會寺、定昆池，迤邐入明德門。

張注曰：內家橋，今名也，或曰雷家，或曰能家，皆姓也。橋之西又有沈家橋、第五橋，亦以姓名。羅隱《城南雜感》詩有「賴家橋上潏河邊」之句，似當以能爲是。翠臺莊不知其所以。莊之前有南北大路，俗曰天門界。北直京城之明德門，皇城之朱雀門，宮城之承天門，則界當爲街，俗呼之訛耳。許渾有《天門街望》之詩可據。天門街當畢原之中。《長安志》曰：少陵原西入長安縣界五里。蓋畢原也，《志》誤以爲少陵。西望三會寺，寺邊有大冢，世傳爲周穆王陵。北有池，舊與昆明池相通，唐爲放生池。有臺俗曰迦葉佛説法臺，而傳記以爲蒼頡造書臺。景龍中，中宗幸三會寺，與群臣賦詩。上官婕妤所謂「釋子談經處，軒臣刻字留」是也。定昆池，安樂公主之西莊也，在京城之延平門外，景龍初命司農卿趙履温、將作少監楊務廉爲園，鑿沼延十數里，時號定昆。中宗臨幸與群臣賦詩。

歷延祚、光行、道德、永達四坊之地，至崇業坊，覽元都觀之遺基，過岡，論唐昌觀故事。

張注曰：唐昌觀又曰唐興觀，在安業坊元都觀北，中有玉蘂花。元和中有仙子來觀，嚴休父、元稹輩俱有倡和。

既而北行數里，入含光門而歸焉。實閏月十六也。

張注曰：城南之景，有聞其名而失其地者，有具其名得其地而不知其所以者，有見于近世而未著于前代者。若牛頭寺碑陰記永清公主莊，《長安志》載沙城鎮、薛據南山別業，羅隱《雜感》詩有景星觀、姚家園、葉家林，聞其名而失其地者也。翠臺莊、高望樓、公主浮圖、温國塔、朱坡，具其名得其地而不得其所以者也。楊舍人莊、唯釋院、神禾少陵兩原、三清觀、塗山寺、陳氏昆仲報德廬、《劉翔集》之濛溪、劉子衷之樊谿、五臺僧墳院，見于近世而未著于前代者。故皆略之，以俟再考。至于名蹟可據，而暴于人之耳目者，皆得以詳書焉。

楊奐《還山遺稿》卷上《東遊記》 壬子春三月十六日庚子，東平行臺公宴予東園。是日，衣冠畢集，既而請謁闕里。迨丙午，乃命監修官盧龍韓文獻德華、上谷劉詡子中相其行。丁未，同德華、子中，暨攝祀事孔楠器之、梁山張宇子淵、汴人郭敏伯達出望岳門，幕府諸君，若曹南商挺孟卿、范陽盧武賢叔賢、亳社李禎周卿、江陵勾龍瀛英孺、信都李簡仲敬、濟陰江紱孝卿、梁園李紱綬卿、華亭段弼輔之，祖於東湖之上。既別，自西而東行六十里，宿汶上縣劉令之客廳。汶上，古之中都也，先聖之舊治，魯定公九年宰於此，縣署之思聖堂是也。有杜子美《望岳》詩刻。王彥章墳、祠在西城外，以斯人而仕於梁，時可知也。戊申，晨起，器之從間道先往。是日，至兖州，會州佐孟謙伯益、教官張鐸振文。振文話嶧山之勝爲甚詳。子美所謂「浮雲連海岱，平野入青徐」，《登南城樓》詩也。徐在南四百里，青在東北七百里，海在東北又不啻千里，岱岳二百餘里。吁！二三千里之遠，今一舉而至，與其終身拘拘儒儒於二百里內者，不亦異乎！

己酉，拉振文而東，不四五里，過泗水，地頗高敞，南望鳧嶧諸峯，出没於煙蕪雲樹之表，使人豁然也。又一舍許，達於曲阜。見曳而斷者，其魯城歟！鬱而合者，其孔林歟！不覺喜色津津，溢於眉睫也。

未幾，器之輩躍馬出迓，入自歸德門。魯門一十有二，正南曰稷，左曰章，右曰雩；正北曰閑，左曰齊，右曰龍；正東曰建春，左曰始明，右曰鹿；正西曰史，右曰麥，歸德其左也。當時天下學者多由是門入，故魯人以此名之。族長德剛又率諸子弟迓於廟之西。相與却馬鞠躬，趨大中門而東，由廟宅過廟學，自毓粹門之北入，齋廳在金絲堂南、燕申門之北，堂取魯恭王事也。是日私忌，不敢謁。庚戌，鍾鳴，班杏壇之下，痛廟貌焚燬，北向鄆國夫人新殿繪像修謁，而板祝如禮。

告先聖文宣王曰：「嗟乎！聖人造物也，七十子造物之一物也。於問答之際見之矣。問仁者七，而答之者七。問孝者四，而答之者四。問政者九，問君子者三，所以答之者，無一似焉。不惟不違其所長，而亦不强其所不能，故大以成其大，小以成其小，造物奚問焉。垂世立教，百王所仰，未有由之而不治，舍之而不亂者也。春秋諸國孰弱於魯，降千八百年而知有魯者，吾聖人之力也。吁！生而不見用，没而賴之以聞，何負於魯也！後有國有家者，獨不思之耶！今日何日，匍匐庭下，死無憾矣。羈旅悠悠，禮物弗備，敢薦以誠。」

告先師兖國公曰：「夫士君子之學，原於治心。聖門三千徒，孰非學也？曰好之者，獨公爲然。無事業見於當時，無文章見於後世，攷之傳記，一再問而止；察之日用，一簞瓢而止。緜亘百世之下，自天子達於庶人，無敢擬議者，將從無慾始乎？抑非也？不可得而知也。適謁林廟，獲瞻井里，輒祭以告。」

告先師鄒國公曰：「子之於聖人，其猶天而地之，日而月之歟？學出於《詩》《書》，道兼乎仁義。至於知《易》而不言《易》，知《中庸》而不言《中庸》，此又人之所難能也。湯、武則待子而義，匡、章則待子而孝，紛紛楊、墨之徒，待子而後黜，其爲功用，鴻且著矣。夫豈好辯者哉！奂等去聖人彌遠，欲學無師，而復執志不勇，惟神其相之。」

降階，謁齊國公、魯國夫人之故殿。殿西而南向者，尼山毓聖侯也。次西而東向者，五賢堂也，謂孟也，荀、楊也，王與韓也。碑，孔中丞道輔文。中丞，篤於信道者也，於家法無愧矣。遂飲福於齋廳，賓主凡二十有五人，酒三行而起。執事者，族中子弟也，進退揖讓，例可觀，信乎遺澤之未涸也。焉知教養之久，明詔之下，人物彬彬，不有經學如安國，政蹟如不疑者乎！「杏壇」二字，竹溪黨懷英書。壇之北，世傳子路捻丁石，蓋石曆也。夫所謂勇於義而已，豈區區若是邪！一有率爾之對，而不免流俗之口，盍亦慎之。壇南十步許，真宗御贊殿也，《七十二賢并諸儒贊》，從臣所撰，貞祐火餘物也。手植檜三，而兩株在贊殿之前，一株在壇之南，焚撅無復孑遺。好事者或爲聖像，或爲簪笏，而香氣特異。趙大學秉文、麻徵君九疇有頌有詩，世多傳誦之。次南碑亭二，東亭宋碑一，呂蒙正撰，白崇矩書，太平興國八年十月建。金碑一，黨懷英撰并書篆。西亭皆唐碑也，一碑崔行功撰，孫師範書，碑陰刻武德九年十二月詔，又刻乾封元年二月祭廟文。一碑江夏李邕撰，范陽張庭珪書，開元七年十月建。次南奎文閣，章宗時剏，明昌二年八月也，開州刺史高德裔監修。閣之東偏門刻顧凱之行教、吴道子小影二像。東廡碑六，皆隸書，而魯郡太守張府君碑非也。西廡之碑八，隸書者四，餘皆唐、宋碑也。

是日宴罷，併出北偏門，由襲封廨署讀姓系碑。又北行，由陋巷觀顏井亭，亭廢矣。北出龍門，入孔林，徘徊思堂之上。由輦路而北，夾路石表二，石獸四，石人二，獸作仰號之狀。拜奠先聖墓，如初禮。前有壇，石厚三尺許，方如之，其數四十有九，後漢永嘉元年，魯相韓叔節造。東連泗水侯伯魚墓，南連沂水侯子思墓。《世家》云相去十步耳，而密邇若此，疑後人增築之也。然規制甚小，禮之所謂「馬鬣而封」者是也。子思之西石壇，居攝元年二月造，有曰「上谷府卿」者，有曰「祝其卿」者。

先聖墓西北，白兔溝也，二石獸狀甚怪。林廣十餘里，竹木繁茂，未見其比。而楷木以文，爲世所貴。無荆棘，無鳥巢，將吾道終不可蕪没，而鳳鳥有時而至歟！林東三里，講堂也。林與堂俱在洙北泗南。按《世家》云，周敬王三十六年，孔子自衛返魯，删《詩》《書》，定《禮》《樂》，繫《易》於此。硯臺井在其西，惜去秋爲水漫没矣。

辛亥，謁周公廟。廟居孔廟之東北五里，有真宗御贊碑。車輞井在正東少南，水清白而甘，俗呼漿水井者是也。廟北雙石梁井，石上綆痕有深指許者。百步許得勝果寺，魯故宫地也。殿之東北大井，圓徑六十尺，深二丈，水色墨如也。

東過顔侍郎墓林。城之趾，顔廟也，廟中孤檜高五丈許。由曲阜西復東北行一里，入景靈廢宫觀、壽陵，陵，避諱而改也。東，軒轅葬所，宋時疊石而飾之也。前有白石象，爲火爆烈。壇之石欄，窮工極巧，殆神鬼所刻也。讀碑記，始知草剏於祥符，潤飾於政和，而大定中因之而不毁也。此亦人君治平之久，狃於貪侈之心之所激也。福苟可求，則二帝三王必先衆而爲之。福可求乎哉！大碑四，諺云萬人愁者是也。而二碑廣二十有三尺，闊半之，厚四尺，贔屓高十有三尺，闊如之，厚四尺，龜趺十有八尺。二碑廣二十有四尺，闊半之，厚四尺，贔屓高十有八尺，闊十有六尺，厚四尺，龜趺十有九尺。一在城之外，一在城之内，無文字，意者垂成而金兵至也。陵曰壽陵者，誠何謂耶？入東門，飯器之家。復西南，馳觀漢之魯諸陵，大塚四十餘所，石獸四，石人三，人胸臆間篆刻，不克盡識，有曰「有漢安樂太守廉君稾塚」者，有曰「府門之某」者。折而北，渡雩水，入大明禪院，觀逵泉，水中石出，如伏黿怒鼉。寺碑云，魯之泉宫也。

薄暮，歸自稷門，望兩觀穹然。以少正卯奸雄，而七日之頃，談笑剔去，則知舜誅四凶，使天下翕然服之明矣，孰謂聖人而有兩心哉！後世如操、如懿，得全首領於牖下，不爲不幸矣！

登泮宫臺，臺下之水，自西而南，深丈許而無源。吁，僖公一諸侯，能興學養士如此。三咏采芹之章，而後下。其西，靈光殿基也，破礎斷瓦，觸目悲涼，而王延壽所謂俯仰顧盼，東西周章者，今安在哉？

壬子，復由縣城東北行十里許，過桃落村，南望修壠曼延不絶者，周之魯陵也。東南五里，達脅溝村。拜聖考齊國公墓，而林廣四十畝，墓前石刻「甲辰春二月望，五十一世孫元措立石，溢津高翻書。」溝水在林之東北入於泗。其南防山也，而山之東西峯五，《禮》云「合葬於防」是也。

林之北，東蒙路也，自西峯而南，謁顔子墓，石刻曰：「先師兖國公，大定甲辰三月，先聖五十代孫承直郎、曲阜令襲封衍聖公孔總立石，太原王筠書。」墓前一石，僅二尺許，兩甲士背附而坐，一執斧，一執金吾。正北有小塚，不可攷。

顔氏子孫二房，在少東上宋村。是日東南行，並戈山而西，由白村歷西魯元，達東魯元，舘房氏家。泗州公古具雞黍以待。古，孔氏壻也，問之，不知其爲公孫、公西也。地多虎狼，牧者爲之懼，比曉，幸無所苦。

癸丑，穿林麓而東，約六里許達尼山，三峯隱隱在霄漢間，而中峯迥出，昔之所謂「穹其頂」者是也。廟庭廢雖久，而規模猶見。其西智源溪橋也，端南即大成門，次北大成殿也，其東泗水侯殿，其西沂水侯殿。大成之後鄆國夫人殿也，其後齋所也，西有齊國、魯國之殿。齊國之東而南向者，毓聖侯殿也。大成之東，齋廳也，兵餘尚存焉。正北中和壑也。廟之西南，觀川亭也，瓦礫中得一斷石，蓋前進士浮陽劉燁《夾蘆辯》也。或曰夾驢，劉惡其鄙俚，故辯正之。夾蘆峴在尼山西，由亭之東回旋而下，得坤靈洞，石角濈濈不可入。族長云：「廟户管用、吉成，嘗持火曳絙而入，比三數丈，忽隙間有光，覩一室，口廣兩楹許，中横石床、石枕，皆天成也，而不可動。今五十年矣，以管與吉幼而瘠，故可入也。」所言如此。洞名劉燁之所刻也。因涉雩水，過顔母山下，觀文德林，以草木障翳，廟與聖井無所見。尋舊路復達魯元。

飯已，西南瀕竭下而出，由桑家莊歷峻山二十里，而近達四基山。遇兵士傅正，徐州人，導至鄒國公墓。墓在廟之東北，有泰山孫復碑，孔中丞立石。其西大塚七，正北墓差小，無從考之。南有寺曰亞聖寺，有碑，傍有古墓三。行四五里過黄注村，又十里，由石經埠正南少西行二十里，達鄒縣，宴彭令之宅。

四月甲寅朔，飯後出南門二十五里許，達嶧山。循山之西北絶澗，亂石如屋。既而遇道者李志端爲之前導，復西北行，遊太湖、懸鐘二洞。東南行，入燕子岩，僕以病足與德華岩下坐，待諸君之還。晡時，子中輩踵至，國祥且示嶧山圖蠟紙，按圖指顧。若仙橋之鉅石、七真之西軒，下瞰紀侯之重城、漢相之故塚，一如眼底，如玉女峯、千佛塔，尤號奇絶。所至流泉、修竹、雜花、名果，殆若屏面而容縷數哉！逼夕陽下山，迤邐由西北而進，達於縣之南關。報孟氏諸孫迎於道左，即造鄒國公廟，庭奠已，入縣，復宴於舊館。縣父老請見，爲歡飲竟夕。

乙卯，出西門北行十里，入崗山寺。孟氏諸孫復攜酒至，由竹徑渡横橋，休於寺之静室。良久，出山，東北行二十五里，達馬鞍山，謁孟母墓。北行十五里，達趙氏莊，飯孔族家。又十里許，達於魯城之南，登郊臺。臺東西五十八步，南北四十步。魯之臺可見者三，是臺與泮宫臺、莊公臺也。不知書雲物者何所也，容攷之。北涉雩水，由竹徑登浮香亭，亭以梅得名。少北一石穴，恭泉也，亦竹溪書而不名。緬想前輩風度，又有足敬也。

丙辰，曲阜官佐至，以私忌不敢飲。丁巳，將訪矍相圃，會功叔遣其子治同諸官佐具酒饌復至，不果。時功叔抱欒正子之疾。

戊午，從德剛、子中登西南角臺，望射圃。圃在歸德門裏，道側積土隱起草中，或其所也。臺，泰和四年七月六日故人夢得之所築也，竊有感于懷。夢得，元措字也。是夕，孔族設祖席於齋廳。

己未，辭先聖於杏壇之下，族長德剛率族人别於歸德門外，國祥暨德剛之子立之護至兖州西。

嗚呼！讀聖人之書，遊聖人之里，幸之幸者也。然有位者多以事奪，而無位者或苦力之不足也。况以豐鎬之西望鄒魯之遠，與南北海之所謂不相及者何異焉？流離頓挫中有今日之遇，伯達既繪爲圖，且屬僕記之，敢以衰朽辭！勉强應命，將告未知者。

是歲四月五日，紫陽楊奂記。

方回《瀛奎律髓》卷四《長安雜題》 洪河清渭天地濬，太白終南地軸横。祥雲輝映漢宫紫，春光繡畫秦川明。草妬佳人鈿朶色，風回公子玉衘聲。六飛南幸芙蓉苑，十里飄香入夾城。

詩人於四方風土，皆能言之。至於長安、洛陽、鄴都、金陵，帝王建都之地，則多見於懷古之作，而述今者少。牧之《長安》六詩，於五詩之末，各寓閑中自静之意，獨此詩前誇形勢，後敘侈麗，亦足以形容天府之盛，故取之。五詩内如「韓嫣金丸莎覆緑，許公韉汗杏妝紅」，「投釣謝家池正雨，醉吟隋寺日沉鐘」，「白鹿源頭回獵騎，紫雲樓下醉江花」，又《街西長句》云「遊騎偶同人鬬酒，名園相倚杏交花」，皆艷冶而不流。當其時，郊、島、元白下世之後，張祜、趙嘏諸人皆不及牧之，蓋頗能用老杜句律，自爲翹楚，不卑卑於晚唐之酸楚湊砌也。

《歷代賦彙》卷三五黄文仲《大都賦有序》 竊惟大元之盛，兩漢萬不及也。然班固作《二都賦》，天下後世，誇耀不朽。今宇宙昇平，宜播厥頌。文仲幸生聖世，獲覩大都，雖不克效其聱牙之文，繁艷之語，亦不顧聞其奢靡之政，浮誇之言。謹摭其事，撰《大都賦》，上於翰林國史，請以備采擇之萬一。其賦曰：

有客以風雲爲氣，江海爲量。一蹈萬里，顧盼伊壯。嘗掉鞅金陵，鼓枻錢塘。浮汴入洛，西遊咸陽。臨殘城之餘景，黯煙草其悲涼。悲哉！敗國之迹，何必於此乎彷徨。方今天廓一宇，地合八埏，皇居帝闕，新宅於燕。萬方臣妾，罔不後先。猶北辰之朝列宿，東海之會百川。今也不往，白首何年。道齊魯以前邁，歷趙魏而北轅。亦既至止，觀於都内，非雷而喧，非雹而奔。儻兮怳兮，殆失所存。大都主人，目而招之曰：「子豈出蛙坎而望滄渤，脱蟻封而覩瑶崑者邪？何神志不定，四顧市人，若將襲而問之也？」客曰：「唯唯。予行天下多矣，獨此大都，足不及履。城闕之雄，風物之異，幸子告我，毋以爲鄙。竊聞燕之爲壤，古曰幽州。召公拓其規，昭王闡其猷。慕容據之以争中夏，完顔臨之以朝諸侯。名蹤勝跡，萬歲千秋，子能舉之否乎？」主人撫掌而笑曰：「固哉！客之問也。彼小國一君，偏方一主，朝盛夕衰，何足以語？維昔之燕，城南廢郛；維今之燕，天下大都。宇宙千齡而啓運，帝王一出而應符。山川改觀，民物易居。開天拓地，自作制度。豈轍人之軌，而躡人之跗。我太祖皇帝之龍興也，乘乾位，王水德，耀玄武，撫璿極。鐵騎長驅，金燼奄熄。控扼南邦，於焉駐蹕。列聖相承，有事疆埸。顧宫室其未遑，日飭厲乎兵革。世祖皇帝神聖武文，既傳國以建號，復紀元而書春。操轡策而馭羣雄，臨水火而救兆民。授閫鉞者如靖如勣，運廟謨者如張如陳。有角皆崩，無擾弗馴。雨露所被知其澤，風霆所至知其神。是宅是圖，以取以守。恢皇基於億載，隆幾制於九有。因滄海以爲池，即瓊島而爲囿。近則東有潞河之饒，西有香山之阜，南有柳林之區，北有居庸之口。遠則易河滹水帶其前，龍門狐嶺屏其後。混同鴨緑浮其左，五臺常山阻其右。所謂子孫萬世，帝王之業，與海岳相爲長久者也。迺樹厥墉，乃鳩厥功。畫萬址以效地，連萬雉而横空。高謂山兮何平，長謂堤兮何崇。闢門十一，四達憧憧。蓋體之而立象，允合乎五六天地之中。前則五門駢啓，雙闕對聳。靈獸翔題而若飛，怒猊負柱而欲動。東華西華翼其傍，左掖右掖夾而拱。開厚載以北巡，迤邐乎行在之供奉。内則宫殿突兀，樓閣扶擁。如峯之攢，如濤之涌。瓦與天一色，而瑠璃滑壁，與霞争光而臙脂重。岧岧嶤嶤，縹縹緲緲。金桷雕楹，華棁彤橑。揭崇天之扁於雲端，卓鎮雷之竿於漢表。奮角張牙，衡脊鼓翼，浮動於蒼松翠檜之杪。後則奇峯怪石，巑巑岏岏；異葩珍蘤，檀檀欒欒。紅者珊瑚，青者琅玕。亦肪其白，亦錦其斑。中有虎豹犀象，熊豕鹿猿，鷹雕鶡鶻，猛足健翰，莫不承恩被澤，飛走乎其間。又有西天比丘，傳戒伏魔，手繙金字，頭茸赭毛，輦内舁酒，鳴鼓吹螺。居之圓殿，爲國護持。出入清禁，莫之誰何。上有廣寒，奠於嵯峨。聽政之暇，憂民之勞。御步輦以臨幸，垂天目於秋毫。下引西山之淪漪，蟠御溝而溶潏；經白玉之虹橋，出宫墻而南逝。以佃以漁，以舟以楫，普爲萬民之利，聖人之心，可謂至矣。且以一統之大，四海之富，非不能窮美而極麗，固將昭恭儉之先謀，垂法則於後世也。於是東立太廟，昭孝敬焉；西建儲宫，衍鴻慶焉。中書帝前，六官稟焉；樞府帝傍，六師聽焉。百僚分職，一臺正焉；國學崇化，四方景焉。王邸侯第，藩以屏焉；神州赤縣，首承令焉。彬彬乎簪笏之林，古無此盛矣。迺闢東渠，登我漕運。鑿潞河之垠堮，注天海之清潤。延六十里，瀦以九堰。自汴以北者輓河而輸，自淮以南者帆海而進。國不知匱，民不知困。遂使天下之旅，重可輕而遠可近。揚波之櫓，多於東溟之魚；馳風之檣，繁於南山之筍。一水既道，萬貨如糞。是惟聖澤之一端，已涵泳而無盡。論其市廛則通衢交錯，列巷紛紜。大可以並百蹄，小可以方八輪。街東之望街西，髣而見，髴而聞；城南之走城北，出而晨，歸而昏。華區錦市，聚四海之珍異；歌棚舞榭，選九州之穠芬。招提擬乎宸居，廛肆至於宫門。酤户何煒煒哉，扁斗大之金字；富民何振振哉，服龍蟠之繡文。奴隸雜處而無辨，王侯並驅而不分。屠千首以終朝，釀萬石而一旬。復有降蛇搏虎之技，援禽藏馬之戲，驅鬼役神之術，談天論地之藝，皆能以蠱人之心，而蕩人之魂。是故猛火烈山，車之轟也；怒風搏潮，市之聲也；長雲偃道，馬之塵也；殷雷動地，鼓之鳴也。繁庶之極，莫得而名也。若乃城闉之外，則文明爲舳艫之津，麗正爲衣冠之海。順城爲南商之藪，平則爲西賈之派。天生地産，鬼寶神愛。人造物化，山奇海怪。不求而自至，不集而自萃。是以吾都之人，室無白丁，菴無浪輩。累贏於毫毛，運意於蓰倍。一日之間，一闤之内，重轂數百，交湊闤闠，初不計乎人之肩與驢之背。雖川流雲合，無鞅而來，而隨消隨散，杳不知其何在。至其貨殖之家，如王如孔，張筵列宴，招親會朋，誇耀都人，而幾千萬貫者，其視鐘鼎，豈不若土芥也哉？若夫歌館吹臺，侯園相苑，長袖輕裾，危絃急管。結春柳以牽愁，佇秋月而流盼。臨翠池而暑消，褰繡幌而雲暖。一笑金千，一食錢萬。此則他方巨賈，遠土謁宦，樂以消憂，流而忘返，吾都人往往面諛而背訕之也。言其郊原，則春晚冰融，雨霽土沃。平平緜緜，天接四目。萬犂散漫兮鴉點點，千村錯落兮蜂簇簇。龍見而凍根載茁，火出而早穄漸熟。柳暗而始蒔瓜，棗花而猶播穀。栽草數畝，可易一夫之粟；治蔬千畦，可當萬户之禄。寒露既零，雄風亦多。率婦子以刈銍，憂氣候之蹉跎。來輈去轂，如亂蟻之潰殘垤；千囷萬庾，若急雨之漚長河。爰滌我場，其樂孔多。有門外之黄雞玄彘，與沙際之緑鳧白鶩。收霜菜以爲葅，釀雪米以爲醝。社長不見呼，縣官不見科。喜豐年之無價，感聖化而謳歌。嗟夫，飢者帝食之，寒者帝衣之，居者帝安之，亂者帝治之。中統之深恩，至元之厚惠，民之思之，庸有既乎！矧我皇上纘二世之鴻烈，紹六世之宏基，明侔乎兩曜，令信乎四時。惠顧下土，載謀載惟。謂一農不遂其耕，則四民或受其飢。傷我畜者虎狼，害我苗者鹿麋。每歲孟春，親御六飛，南臨漫衍，大獵乎滹水之湄。萬騎分馳，霆奮飆發。弦鳴禽落，網動獸蹶。百鷙舉，層雲裂。羣獒奔，葳草絶。飛者委毛，走者僵血。虞衡奏功，天子乃悦。匪耽意於遊畋，將講武以蒐閱。畢獻禽而行賞，迴翠華而北轍。遂幸上都，避暑於朔。慮牲畜之妨農，逐水草於廣莫。雲嫣以南，既芟既穫；徐擁輿衛，毋俾民虐。千官領至，羣樂大作。天子之心，爲民而樂。彌畿甸之千里，悉扈駕之部落。維牛維羊，維馬維駱。貧民以百計，富者以千約。民之五雞二彘，何遼邈哉。由是慶區宇之昇平，彰穹昊之明貺，嚴聖心之翼翼，爰潔備乎祀饗。道流間南北之音，釋子雜蕃漢之狀。步虚而欵鸞鶴，演樂而供獅象。穆穆在前，赫赫在上。非沈非甲，而在乎明德之馨香。於戲！列祖造之，聖主保之，賢臣佐之，兆民好之。上帝無私，善必報之。故《詩》以太平爲萬年，《書》以皇極爲五福。天人相與之際，殊無奇術異道也。猗歟盛哉！大都之事，何可勝紀。吾綱提而領挈之，使爾啓聾而聽，刮盲而視。嘗鄙夫二都之賦，蟲魚草木，何太瑣細。吾若效之，將與子談三月而不止。」

客曰：「然醯人誇釅，酒人誇醲。毋怪乎當時之士，好鼓舌而摇脣。古我帝王，自冀至洛，惟以都名；漢唐東西，因以方名；吴蜀魏汴，咸以地名。今名以大，誇孰甚焉。」主人變乎色曰：「爾言過矣。豈謂鴻之翮而猶鵬之翮，蜥之鱗亦猶龍之鱗邪。大之爲義，無匹無倫。非我皇上之德，疇克當之。汝復坐而聽我所云。帝不爭土，王始制地。始焉萬國，終焉七氏。畿封之内，會盟戰誓。自君自長，何有於天子？厥後能統一者，秦、漢、晉、隋、唐而已。西至乎玉關，東至於遼水，北至於幽陵，南至於交趾。得縱者失横，有此者無彼。在哉天朝，萬古一時。淥江成血，唐不能師，今我吏之；遼陽高麗，銀城如鐵，宋不能窺，今我臣之。回鶻河西，漢立銅柱，馬無南蹄，今我置府；交占雲黎，秦築長城，土止北陲，今我故境。陰山仇池，缺舌螺髮，剺面雕題，獻獒效馬，貢象進犀，絡繹乎國門之道，不出户而八蠻九夷。謂之大都，不亦宜乎？」

客曰：「博哉！子之所言。上周乎乾，下括乎坤，故能獨高萬古，而號曰大元。」於是主人曰：「未也。爾知其大，未知其所以大。是猶遠望巨峯，而不見其址；近覩長江，而不見其源。吴起不以西河爲美而德其美，婁敬不以洛陽爲安而德是安。況巍巍蕩蕩之境，必有强其本而壯其根者也。且夫陳主歸隋，周王入秦。山陽祖送，萬古悲辛。惟我國家，待降以賓。蔬江南之趙孤，能納土而稱臣。既寵之以封爵，復全之以終身。彼南巢之放，猶有慙於古人，孰大乎吾天子之仁。元封殫力西南之墟，貞觀暴骨東南之土。一人逞欲，萬姓何苦。惟我國家，止戈爲武。謂荒裔之民，得之不利於用；謂贅疣之地，取之不益於富。罷横海之戈船，但遣使而存撫。彼有苗之誓，猶且蹂於師旅，孰大乎吾天子之恕。羽林象天之儀衛，梨園傳月之音樂，帝皆是却，不警不蹕，從百僚之控鶴。何其然也？舜德之大，臨下簡也；江都錦繡，亦可赧也。織坊爛霞之金，繡局委雲之茸，帝不是用，以彰美吾聖躬。何其然也？周德之大，在位儉也；商臺玉衣，亦可念也。惟我聖皇，五輅不乘，八鸞不駕。雨則獨乘象輿，霽則祇御龍馬。何其然也？念我烈祖，鐵衣雨汗，弗敢安也。神禹之大，胼胝四載，思艱難也。惟我聖皇，奉坤母，建隆福，正事御，構五華，宫不爲廣，殿不爲奢。何其然也？念我先皇，居數十年，弗敢改也。唐堯之大，土階三尺，防驕泰也。若乃國之大寶，惟忠惟亮，聖皇思之，是崇是尚。可官也，不以勳門；可擢也，不以世賞；或賈或術，或伶或匠。開東閣者，載搜載訪，寧不起膠鬲於魚鹽，拔百里於斯養。國之大鑑，惟天惟祖，聖皇奉之，是惕是懼。瞻彗象則宥刑，聞水旱則蠲賦。百官貢香，如帝親舉。祇見宗廟，俎豆鐘鼓。彌天浮屠，浩不可數。普閱法藏，幣帛金楮。變陰陽者，載佐載助。寧不覩景星而瞻慶雲，酌醴泉而飲甘露。國之大柄，惟賞惟刑，聖皇操之，是重是輕。或錫之黄白，予之土田，而賜之服乘，非必大功也，以一技一善，亦人之所能。或釋之桎梏，免之斧鑕，而周之金繒，非必大惡也，以一形一氣，亦人之所生。掌邦典者，持權而視衡，寧不陋敝袴之韓侯，隘不赦之孔明。國之大本，惟民惟社，聖皇憂之，靡夙靡夜。勞矣哉，遣問疾苦；困矣哉，詔卹矜寡。庶獄繁哉，宥之以洗冤；貪夫毒哉，戮之以懲下。居郡國者，承流而宣化，寧不歌康衢之謡，播行葦之雅。至若親親也，則諸王輩磐石之宗分邊戍，總兵戎；老老也，則大臣忘祖帳之送，奉朝請，食鼎鐘。柔遠也，至簡至易，亶明亶聰。大綱既舉，大化亦洪。將胥慕於稷契，孰肯附於鯀共。丕顯哉！聖皇之德，日盛日隆。前乎百世不得軋其步，後乎百世不得踵其蹤。惟其有大德之大，故能成大元之功；惟其有大元之大，故能成大都之雄。」

客曰：「問一得三，云胡不喜？惟兹三代，孰得而比？」主人曰：「《詩》不云乎：維其有之，是以似之。夫元者，天地之苞也；德者，天地之美也；都者，天地之會也。微天地之大，孰能比於此哉？」客起而歌曰：「天其玄兮，地其黄兮，維此大都，統萬方兮。天其生兮，地其遂兮，維此大德，囿萬類兮。天其高兮，地其厚兮，維此大元，齊萬壽兮。」恭望闕庭，頓拜舞蹈而退。

《歷代賦彙》卷三五金幼孜《皇都大一統賦有序》 洪惟天朝太祖高皇帝誕膺景命，龍飛淮甸。既渡大江，遂都金陵。撫有區夏，肇造洪基，以開萬世太平之業。逮我皇上，繼承大統，克紹丕圖，仁恩誕敷，聲教洋溢。雨暘應期，民物阜蕃。溥海内外，罔不率從。而自莅祚以來，宵旰拳拳，惟思所以繼志述事，以承太祖高皇帝之意。於是倣古制，肇建兩京，以爲北京實當天下之中。陰陽所和，寒暑弗爽。四方貢賦，道里適均，且沃壤千里。水有九河滄溟之雄，山有太行居庸之固。玉泉之流，經緯乎禁籞之中；碣石之壯，盤踞乎畿甸之内。故其山川之(牡)〔壯〕觀，風氣之清淑，真有以卓冠四方，爲萬國之都會，誠帝皇子孫萬萬世太平悠久之基。由是敕冬官洎内外文武百執事經營於兹，而凡民庶士卒工匠之流，莫不駿奔子來，趨事赴工，罔敢或後。遂至天意人心，感孚和同。靈應疊臻，嘉祥屢薦。不數年間，厥功告成，而宫闕府庫之宏壯，郊廟社稷之嚴肅，朝市民物之鉅麗，秩乎其有序，井乎其具列。蓋自古先帝王都邑之盛，未有逾於此者。乃永樂辛丑春正月朔旦，皇上御奉天殿，大朝海内文武羣臣、四方蠻夷酋長，率皆在庭，踴躍鼓舞，以爲皇都之奇麗若此，誠曠古所未見而未有者。而所以爲皇上萬壽之徵，宗社磐石之固，聖子神孫寶祚緜延之慶，皆兆於此矣，何其盛哉！臣幼居禁苑，職業文詞，幸際昌期，躬覩盛美。謹鋪張爲賦以彰太平之偉烈，且以昭示於無窮。其辭曰：

維太祖之受命，膺上天之禎符。奮布衣於淮右，提一劒而長驅，乃翦夷於羣醜，悉蕩滌於寰區。既渡大江，金陵是都。虎踞龍蟠，興王之居。爰啓鴻業，肇開皇圖。振光華於曠古，恢萬世於弘模。緊我聖皇，祇膺寶曆。奉天勤民，太祖是式。恩覃九圍，仁周八極。雨暘應期，民物豐植。覩四方之清寧，乃有念於京邑。維此北京，太祖所屬。天造地設，靈鍾秀毓。總交會於陰陽，盡灌輸於海陸。南臨鉅野，東瞰滄溟，西有太行之巀嵲，北有居庸之峥嶸。瀉玉泉之逶迤，貫金河而迴縈。瓊島上聳以盤礴，太液下澈而泓澄。將繼志而述事，必於此而經營。乃敕羣工，乃命百職。萬方子來，效勤殫力。萃四海之良材，伐南山之鉅石。感恩意之昭孚，戒經營而弗亟。於是天心協順，靈應彌彰。布輪囷之卿雲，發璀璨之祥光。醴泉湧其浩浩，甘露下其瀼瀼。赫萬靈之呵護，藹瑞氣於穹蒼。乃卜良辰，乃蠲吉日，以相以度，以構宫室。棟宇崇崇，簷楹秩秩。以蓋以覆，陶冶埏埴。以繪以圖，黝堊丹漆。焕五采之輝煌，作九重之嚴密。天地洞開，馳道相連。金鋪絢日，玉柱凌煙。星羅棊列，璧燦珠聯。虹飛霞擁，龍翔鳳騫。超凌氛埃，壯觀宇宙。規模恢廓，次第畢就。奉天屹乎其前，謹身儼乎其後。惟華蓋之在中，竦摩空之偉構。文華翼其在左，武英峙其在右。乾清並耀於坤寧，大善齊輝於仁壽。豁千門之雲矗，敞萬户之輻湊。至若丹闕巍巍，飛觀凌空。觚稜上聳，閣道遥通。左祖右社，蔚乎穹窿。有壇有壝，有寢有宫。亦有天地，以嚴其崇。復有石渠天禄，以蓄圖書。玲瓏綺錢，照耀文疏。懸牙籤之萬軸，列緗帙之紛如。宛奎壁之宵映，燦藜燈之夜嘘。瀛洲文學之士，閬苑列仙之儒，備顧問於朝夕，咸欽仰於聖謨。又若大庖光禄，列乎西東。珍羞駢羅，玉食惟豐。禁城之下，金水溶溶。畫棟凌雲，繡柱含空。璇題耀日，綵橋駕虹。雕甍隱映，寶殿玲瓏。太孫所居，諸王之宫。金枝玉葉，照耀層空。育德講學，宴適遊從。若夫御苑逶迤，上林深窈。有山有泉，爲臺爲沼。巖谷谽谺，雲霞縈繞。走有奇獸，飛有靈鳥。樂寬閒以棲息，恣回翔以馴擾。復有天閑十二，駿骨軒昂。渥洼神龍之種，大宛名駒之良。並權奇而雄傑，或磊落而騰驤。又若稟庾輪囷，惟萬惟億。豐歲所儲，累世之積。玉粒金稃，露積充溢。國用所資，人足家給。復有武庫巍峩，戈矛森列。旗幟摇雲，鎧甲耀雪。凜凜白旄，差差黄鉞。四征不庭，以彰九伐。奮軍聲之揚揚，振皇威之赫赫。又若内帑充牣，寶藏紆餘。奇珍異産，海匯河輸。夜光之璧，明月之珠。琉璃翡翠，瑪瑙珊瑚。車渠琥珀，火齊璠璵。錦繡迤邐，羅綺芬敷。又若百司庶府，有綱有目。文武頡頏，爲國鈞軸。太學郡庠之並建，琳宫梵宇之森矗。列九衢之坦坦，引六街而相續。閭閻櫛比，闤闠雲簇。鱗鱗其瓦，盤盤其屋。馬馳聯轡，車行擊轂。紛紜並驅，雜遝相逐。富商巨賈，道路相屬。有貨填委，丘積山蓄。又若歌樓舞榭，豔態穠妝。羅袖迴雪，清聲繞梁。管絃嘔啞，狎坐傳觴。娱青陽之麗景，駐白日之飛光。雖小大之不遺，仰制度之畢備。斯皆聖智之籌謀，實出宸衷之經緯。儼氣象之一新，壯規模於萬世。屹鴻基之豐隆，偉山河之巨麗。貽子孫以嘉猷，紹先皇之初志。邁豐鎬之舊規，軼漢唐之遺制。於是厥功告成，慶叶天人。乃歲辛丑，維孟之春。王正之月，朔旦良辰。聖皇臨御，大朝羣臣。内外文武，濟濟彬彬。戎狄蠻貊，工商士民。稽首嵩呼，抃舞歡欣。筐篚具列，方物畢陳。以饗以酺，洽此皇仁。大一統而無外，藹至和於八垠。臣忝詞垣，叨職文字，懷眷寵之彌深，愧涓埃之無補。際千載之良逢，幸微生之快覩。傳盛事於將來，奚往牒之足數。祝萬壽於萬年，播皇猷於千古。

孫承澤《天府廣記》卷四一楊榮《大一統賦》 維皇明之有天下也，於赫太祖，受命而興。龍飛淮甸，風雲依乘。恢拓四方，弗遑經營。既渡江左，乃都金陵。金陵之都，王氣所鍾。石城虎踞之險，鍾山龍盤之雄。偉長江之天塹，勢百折而流東。炯後湖之環繞，湛寶鏡之涵空。壯江南之佳麗，匯萬國之朝宗。此其大略也。迨於聖皇，嗣大一統。剛健日新，聰明天縱。囿四海以爲家，登羣賢而致用。思繼志之所先，惟都邑之爲重。於是天意鑒觀，人心和同。神靈效順，龜筮協從。既應天以順人，爰辨方而正位。視往聖而獨超，繼高皇之先志。乃相乃度，載經載營。眷兹北京，山川炳靈。其爲形勢也，西接太行，東臨碣石。鉅野亘其南，居庸控其北。勢拔地以峥嶸，氣摩空而崱屴。復有玉泉漫流，宛若垂虹。金河澄波，雪練涵空。膏渟黛蓄，浩渺冲融。包絡經緯，混混無窮。貫天河而爲一，與瀛海其相通。爾其派連析津，源分潞水。既環抱以縈迴，亦瀰茫而清泚。來職貢於四方，通檣帆於萬里。至若王畿之内，輦轂之間。沃野彌望，原陸寬閑。烟火相接，鷄犬相聞。宵無儆柝，外户不關。以牧則蕃，以種則穫。以佃以漁，以耕以鑿。隨其所營，皆得其樂。

而其爲都也，四方道里之適均，萬國朝覲之所同。梯航玉帛爲都邑之會，陰陽風雨當天地之中。爰勑臣庶，爰伐材木。南浮湖湘，西入巴蜀。斧披虹霓，聲撼山谷。徂徠之儲，新甫之蓄。楩楠杞梓，杉櫧樫櫨。梢横青天，根連地軸。鉅細畢輸，長短悉録。駕雲車之百輛，振龍驤之萬斛。紛紜輻湊，彌布川陸。厥材之良，不一而足。若乃美石比玉，從古所稱。瑩者如圭，潔者如瓊。温者若璐，潤者若瑛。以磨以礱，乃堅乃貞。鏗林振壑，馳飈驚霆。千夫所攻，萬里啓行。山靈助其光華，坤后發其精英。豈碔砆之敢混，實寶玉之争呈。若夫坎離播功，坤艮合德。出於陶冶，成於埏埴。飛紫燄於半空，結祥烟於八極。或規以圓，或矩以方。粲琉璃之一色，耀文采於中央。或肖形於獸吻，或擬質於鴛鴦。

於是良時載啓，吉旦既卜。臣庶駿奔，滃若雲矗。源源其來，登登其築。百堵皆興，萬夫相屬。行若魚貫，立若鱗蹙。斧斤揮霍，尺度攢簇。由是貢育効力，公輸獻奇。曰殳曰斨，伯與暨倕。攄厥巧思，運厥神機。各效其能，以見於爲。顧小善之並録，矧妙伎之或遺。羣材碨磊以山積，鉅棟騰躍而翬飛。爾乃九門洞開，三殿攸建。觚稜雲聳，丹漆霞絢。輦路逶迤，閣道迴轉。華蓋屹立乎中央，奉天端拱乎南面。其北則有坤寧之域，乾清之宫。璇題耀日，寶柱凌空。金鋪璀璨，綺疏玲瓏。珠玉炫爛，錦繡丰茸。葳蕤起鳳，夭矯盤龍。千門端靄，萬户春融。其南則有午門端門，左掖右掖。丹闕峙而上聳，黄道正而下直。豁大明之高張，屹正陽之拱挹。繚周廬之穹崇，蔽重甍之護翼。其左則有宗廟之祀，以奉祖考。仰在天之神靈，隆萬古之尊號。謹歲時之蒸嘗，薦純誠於蘋藻。其右則有社稷之靈，以崇祀享。汎壇壝之肅清，通神祇於肸蠁。爰春祈而秋報，用昭答於靈貺。若夫乾清之前，門列先後。日精月華之對峙，景運隆宗之並搆。謹身翼乎其前，仁壽屹乎其右。又有奉先之祠，大善之殿。文樓武樓之特聳，左順右順之並建。若乃震位毓德，文華穹窿。亦有武英，實爲齋宫。有天財寶藏以貯珍貨，有大烹光禄以典飧饔。寶善在左以翼翼，思善居右而崇崇。若夫欽安之後，珠宫貝闕。藻綉交耀，雕櫳巀嶭。六宫備陳，七所在列。親蠶有館，繅絲有室。二南詠歌，播於篇什。輔德相成，風化洋溢。皇城之外，殿宇魁渠。有翼有嚴，太孫之居。金水之濱，瑶階玉除。梁棟巍巍，上凌太虚。爲諸王宫，翊衛皇圖。星羅棊列，以臨九衢。至若文淵之閣，秘書之府。纂述乎今，儲蓄乎古。汗牛充棟，莫知其數。牙籤迤邐，緗帙旁午。粲奎壁之上連，赫虹霓之夜吐。若夫飛閣峩峩，實爲承天。綉楹霧簇，畫栱星聯。踞石猊之盤礴，竦華表之巋然。至若南郊之設，特超古制。圜丘方丘，不歧以二。合祀於中，父天母地。壇分内外，二十有四。羣祀有典，百神有位。

惟我太祖，實配上帝。乃歲孟春，三陽之始。吉日斯蠲，祀事有備。薦以粢盛，泛以醴齊。豆籩秩秩，庭燎晰晰。鼓鐘戒嚴，鑾輿至止。儼對越以升中，祝蕃禧之攸萃。若山川有壇，先農有祀。馬祖旗纛，各以時祭。寅畏恪恭，罔有弗至。若夫稽古建官，爲民之牧。内外相承，各率其屬。至若黄門給事，青瑣仙班。典内廷之封駁，近咫尺之天顔。復有文翰之林，詞藝之苑。處嚴密之清禁，列英華之妙選。優游玉堂之署，出入金鑾之殿。擅瀛洲之美譽，承黼扆之清問。至若鳳池之職，尚寶之司。掌絲綸於紫誥，典符璽於彤闈。有宗人以統天潢之派，有銀臺以通喉舌之機。若乃六卿分職，位儕台鼎。贊廟堂之謀謨，總藩方之政令。至若憲臺之任，風紀是司。誠耳目之所寄，實法度之攸施。

若夫都府有五，軍政是宣。奮貔貅之將士，耀霜雪之戈鋋。保輿圖於按堵，掃絶漠之烽烟，至若都邑有庠，辟雍有學。育材於兹，以儲以擢。若夫容臺典祀，士師明刑。錦衣總夫儀衛，巡警係於五城。鴻臚謹朝謁之禮，太僕司監牧之名。京畿布列於州郡，田野參錯於屯營。至若奉神有祠，報功有廟。梵宇琳宮，光輝朗耀。倉廩之積，如坻如京。露積紅腐，陳陳相因。鎧甲晶熒，士卒精鋭。靡强弗摧，靡堅弗碎。驊騮騏驥，騕褭驌驦。宛冀之駿，渥洼之良。充乎内廐，磊落騰驤。又有福山後峙，秀出雲烟。實爲主星，聖壽萬年。層嶂叠擁，奇峯相連。鼓鐘有樓，其高接天。勢若貫珠，萬里綿延。

若乃朝市既成，井邑斯列。閭閻輻輳，闤闠有截。豁九達之通衢，羅萬室之如櫛。富商巨賈，肩摩袂接。北通朔漠，南極閩越。西跨流沙，東涉溟渤。來百貨之縱横，雜輪蹄之填咽。珠璣燿其煇燿，羅綺燁其騰沓。至若青樓並峙，綺榭相連。妖姬窈窕，艷女嬋娟。穠妝競倚，粉黛争妍。引歌喉之宛轉，迴舞袖之蹁躚，極酣嬉於暇日，窮勝賞於芳年。

至若太液之池，萬歲之山。澄波瀲灧，層岫巑岏。開闔蔽虧，縈帶迴環。竦飛樓於晻曖，敞貝闕於岩端。門臨碧蘚之磴，橋架玉虹之灣。晴光出乎軒楹，飛翠洒乎闌干。瞻廣寒之月殿，撫桂樹之團圓。爾其瑶草蘢葱，琪樹冪歷。長松之蟠，古柏之植。修篁烟挺，老檜雲積。瑰偉之姿，奇異之植。蓊然其陰，嫣然其色。宛蓬瀛之在兹，恍塵凡之遂隔。至若上林衍沃，靈囿逶迤。瀦以碧海，湛以深池。百草緑縟，羣卉芳菲。寬閑薄乎禁籞，平廣屬乎坤維。樂鱗介之游泳，縱毛羽之離褷。乃有騶虞效祥，麒麟表瑞。白質黑章，麕身牛尾。神鹿貢於遐方，白象出於南裔。倐玄兔之繼呈，忽天馬之沓至。復有馬哈福禄，厥獸殊形。駝鷄之異，白鳥之禎。奇姿詭態，率舞縱横。隸首莫紀，伯益難名。

至若地祇協順，天心昭格。嘉祥叠臻，靈貺蕃錫。神木不運而自行，祥氛焕發於巨石。忽靈蛇之前導，現大青於沙磧。瑞光煜乎半空，卿雲燁兮五色。醴泉湧兮瓊漿，甘露湑兮玉液。靈芝産於碧山，景星見於南極。禿千兔以難窮，殫百喙而莫悉。

然而歷觀前代，迄於往古。帝王所都，難可畢舉。豐鎬之美，崤函之固。宛洛之奇，汾晉之富。雖或雄據於一時，控馭於中土。而於今兹帝都之壯麗，又豈可同年而語哉？乃歲庚子，告成厥功。辛丑正旦，方春和融。聖皇御極，萬方會同。百辟卿士，肅肅雍雍。蠻裔華夏，罔不率從。戴白之叟，垂髫之童。且欣且抃，拜舞呼嵩。仰祝聖壽，萬福來崇。慶此皇都，佳氣鬱葱。擴基圖於萬世，偉壯觀於九重。真帝王悠久之業，據山河表裏之雄。然而聖天子以六合爲家，以四溟爲池。以仁義爲干櫓，以禮樂爲藩籬。不恃險以爲固，惟在德之所施。至和塞乎穹壤，恩澤洽乎華夷。致九有以寧謐，躋萬國於雍熙。此其所以德侔乎堯舜，道合乎軒羲。窮天地亘古今而莫能與齊也。

臣職禁垣，叨蒙眷顧。譾陋是慚，涓埃莫補。覩皇都之鉅麗，壯宏規於往古。潔泓穎於良辰，陳盛事以爲賦。又從而爲之歌曰：翼翼皇都，萬方之會兮。聖德之宏，實同覆載兮。聲教所暨，一統無外兮。又歌曰：皇都翼翼，民之所止兮。惟皇萬壽，福禄無已兮。聖子神孫，寶祚萬世兮。

《歷代賦彙》卷三六陳敬宗《北京賦》 惟聖皇之建北京也，紹高帝之鴻業，啓龍潛之舊邦。廓天地以宏規，順陰陽而向方。準四裔以布維，揭八表而提綱。燦星分於箕宿，映黄道之開張。壯天險於居庸，亘重關於太行。會百川於遼海，環河岳於封疆。拱北辰兮帝居陋，鞏固於金湯。均萬國兮會同，而適居天下之中央也。

於是頒綸音，建皇極，布深恩，施廣澤。捐内帑之金錢，出天府之玉帛。賚工垂錫匠石，歡聲傳衆，奔走萬國。雷動雲興，紛紜絡繹。忻忭踴躍，各供厥職。遂選材而度物，資百神以興集。魁奇挺拔，千仞之名材。五色五采，希世之珍特。輦載旁午，舟運充斥。紛河輸而海會，肆丘蘊而山積。爾乃太史告吉，司空奉策。魯班運斤，公輸削墨。智者獻謀，勇者宣力。精論巧思，悉就經畫。百堵皆作，奮擊鼛鼓之弗勝；庶民子來，咸頌靈臺之勿亟。巋壯麗於崇朝，睹崔嵬於瞬息。前朝後市之規，既肅肅而嚴嚴；左廟右社之制，復亭亭而翼翼。布列有序，不爽寸尺。妙合化工，莫究窺測。

其正殿則奉天、華蓋、謹身之尊嚴，翊以文樓、武樓、左闕、右闕之嶒峵。開千門兮萬户，帶巖廊以迴縈。壹百尺以巀嵲，重三階以躋登。屹中天以層構，抗浮雲而上征。激日景以納光，耀丹碧於紫清。觀其瓊階瑶砌，赤墀彤庭；青瑣金鋪，綺窻朱櫺；鏤檻文榥，玉碣繡楹。跱丹鳳於阿閣，棲金爵於觚稜。懸綵虹於修梁，躍蒼龍於飛甍。含靈曜以欲翔，望北辰而高興。飾華榱以璧璫，綴琱簷兮列星。彤霞映棻楣之葩萼，薰香鬱椒壁之芳馨。日華麗文栱之玲瓏，空彩鏤罘罳之晶熒。三光臨耀，五色璀璨。壯麗穹窿，莫罄名贊。憑鴻濛以特起，凌太虛之汗漫。岌嶪乎雲霞之表，巍峩乎層漢之半。簉天闕以益崇，炳祥光而增焕。目眩轉於仰瞻，神惝怳於流盼。雖使都盧之巧捷，不敢以躋攀。翔鶤之扶摇，不可以鼓翰。此誠所謂曠千古之希逢，超萬代之奇觀者也。

其前則九門洞開，輦路如弦。軒軒豁豁，坦坦平平。望圜丘兮岧嶢，接靈壇兮山川。昭神貺兮景彰，揚瑞彩兮雲煙。啓大明兮當中，翼長安兮東西。森拱衛之嚴密，列周廬之逶迤。耀雪霜於弋矛，揚鷹隼於旌旗。選鶡冠之桓桓，精百萬兮熊羆。維方叔兮召虎，蘊謀略兮神奇。聯金貂與玉蟬，紛舄奕而光輝。雜冠珮兮趨蹌，蔚百司兮威儀。各攄忠兮獻納，亦覃慮而論思。天官之明衡鑑，司徒之謹度支；宗伯之修禮樂，司馬之整六師。秋官之邦刑是慎，司空之百工惟時。羣僚濟濟，各謹攸司。大小率職，庶績咸熙。

其後則有太液之池，萬歲之山。琪樹敷榮，金芝芳妍。翼鳳飛兮絶巘，波龍鱗兮澄瀾。聳靈峰於天上，流惠澤於人間。其右則乾清、坤寧之宫，太一、紫微之所。壯皇居於九重，肅勾陳兮天府。若夫蓬萊方丈之神區，閬苑瀛洲之仙宇。臣實昧於見聞，不可得而殫數。其左則爲文華之殿，鶴禁青宫。玉葉金枝，儲副是崇。講道育德，惟孝與忠。體文王之三朝，謹視膳之禮容。

又其左則有石渠、天禄之閣，金馬、玉堂之署。濟濟逢掖，峩峩章甫。講説六經之言，談論羣書之語。斟酌禮樂之文，涵泳仁義之府。莫不欲笙鏞乎治道，黼黻乎皇度。至若靈囿之所蓄，亦雜沓而紛綸。麒麟之振振，騶虞之彬彬。白象之瑩潔如雪，金猊之威猛如神。顯靈姿於龍馬，逞奇文於福鹿。絢綵霞於丹鳳，胚玄兔於蒼玉。鸚鵡之色維黄，素鳥之質耀霜。紛珍異之炳焕，咸獻瑞而呈祥。他若内藏寶貨之充，金玉珠貝之富，象犀虎豹之雄，騂騮騏驥之庶。國家富有，萬國兹固，瑣瑣不足數也。

其外則都城列兮萬雉，開十二兮通衢。蔚邦畿兮千里，比百萬兮民居。接棟連甍，溢郭填郛。靄靄鬱鬱，密而不疏。邑里錯分，别井分區。四民樂業，家家歡娱。農務乎耕桑，士究乎詩書。維工及賈，貿遷有無。百寶之所充斥，百器之所崇積。燦金珠兮列肆，聯繒綺兮阡陌。珊瑚琳琅，璀璨赫奕。飛畫棟兮綵甍，藹王侯兮第宅。填車馬於闤闠，紛雜沓而絡繹。喧舞榭與歌樓，樂鐘鼓兮昕夕。載瞻辟雍，學宫逶迤，穆穆乎宣聖之廟，肅肅乎羣賢之祠。崇祀有典，釋奠有儀。歌棫樸以作人，偉髦士之攸宜。贊朝廷之禮樂，炳道德之光輝。

於是經營既終，厥功告成。方青陽兮屆辰，逢吉旦於元正。於時萬象維新，三光以明。麗慶雲於璇霄，燭祥光於太清。皇上服衮衣，乘鑾輅；設警蹕，陳鹵簿，翠華葳蕤，颶雲飄霧。潔精誠，寡思慮；奏雅樂，諧韶濩；謁郊廟，告太祖，香苾芬其上升，靈昭昭兮來下。眷肸蠁兮方集，綏萬福兮純嘏。於是升金根，旋太常；御正殿，開明堂；朝百官，臨萬方；會諸侯，陳玉帛；旌淑慝，明黜陟，然後布德和令，行慶施惠。錫高年兮上尊，進賢達於庶位。敦唐虞之道德，厚湯武之仁義。興三代之禮樂，黜漢唐之功利。炳玉燭，調元氣，協重明於日月，侔化工於天地。使九州八荒含齒載角之羣，四方萬國懷仁負義之士，莫不熙熙皥皥於泰和仁壽之域，仰事俯育於漸摩涵照之内。此誠所謂恢鴻業於千古，開太平於萬世，際輿圖而覆載，大一統而無外也。是知國家萬萬年隆盛之慶，皇上萬萬年高厚之壽，聖子神孫萬萬年無窮之祚，蓋與天地同爲悠久也。

孫承澤《春明夢餘録》卷一朱棣《建北京詔》 開基創業，興王之本爲先；繼體守成，經國之宜尤重。昔朕皇考太祖高皇帝受天明命，君主中華，創立江左，以肇邦基。肆朕纘承大統，恢弘鴻業，惟懷永圖。眷兹北京，實爲都會，地勢雄偉，山川鞏固，四方萬國，道里適均。惟天意之所屬，實卜筮之攸同。乃仿古制，徇輿情，立兩京，置郊社宗廟，創建宫室。上以紹皇考太祖高皇帝之先志，下以開子孫萬世之弘規，且于巡狩、駐守實有便焉。爰自營建以來，天下軍民樂于趨事，天人協贊，景貺駢臻。今工已告成，選以永樂十九年正月朔旦，御奉天殿朝百官，誕新治理，用致雍熙。于戲！天地清寧，衍宗社萬年之福；山河綏靖，隆古今全盛之基。

張豫章等《御選明詩》卷三《營建紀成詩》 天眷皇明，誕命高祖。俯建萬方，定都江滸。如龍斯蟠，如虎斯踞。以朝以會，以享以祀。逖矣厥謨，欽于世世。

天眷皇明，亦啓文祖。爲厥孫謀，聿又胥宇。碣石之西，太行之東。有嚴厥宫，四海是同。

維帝即祚，夙夜顧諟。神既受職，民亦綏祉。乃繼乃述，乃經乃營。戢此土工，爲萬國宗。

有赫朝堂，有翼廟庭。瑣瑣公府，總總偕興。士方耕矣，女方筬矣。曾是不驚，奏功成矣。

匪臣之功，伊民之力。匪民之力，維帝之則。帝曰匪予，文祖之德。天相文祖，爛其營室。

黄訓《名臣經濟録》卷四九吴寬《重修京都城壕記》 惟太宗文皇帝入繼大統之七年，肇建京都於朔方，所以臨御中國，控制四方，其形勢雄，其規模大，其謀慮深，實與商之遷殷、周之作洛匹休於無窮者。都城周四十里，甃壕迴環，廣若干尺，深若干尺，水自城玉泉山而來，道出大内，穴城爲門，於壕委之。或時夏秋風凉，溝渠漲溢，又爲水口於壕洩之，其流皆注大通河，東南入於海。既歷歲月，湮輒加修，於是不修者久矣。皇上有詔，發軍夫四萬人，命襄城侯臣瑾、工部尚書臣復領其事，而以中侍之貴者監督之。以成化九年四月十六日，功自西北隅始，壩堰既築，畚鍤並至，人爲之伍，伍分之地，旁廣下深，一皆如制。緣壕之堤有缺壞者，則取客土築之惟堅，既又築垣堤上，以闌人畜之越入者，凡爲丈八千三百有奇。至於楗楅橋梁之類，廢則修治，不計財用。初，皇上重勞功役，間休息之，越明年九月三日，功始告成。流泉清漣，曲堤整潔。樓櫓不飭，城郭若增而高；輪蹄交馳，道路若闢而廣。京師壯麗，不替有加。事聞，自督工之臣下達役夫，賞賚有差。蓋當工役之初興也，有議之者曰：壕之爲制，凡以設險。是舉也，其守國之良策歟？臣聞之，竊以斯言是矣，而未必盡。何也？今天下無虞，號稱極治，雖在要荒之外，皆吾衽席之上，方將舉四海以爲限，何事一壕哉。然而復爲是者，則以京師文皇帝建爲萬世不拔之丕基也，厥初經營，亦惟甚難，文孫繼世，時加修之，惟知其難故也。知其難則推而及於舊章成憲，無不由之，監之者何止一壕哉。且姑即一壕以窺皇上之大德，於汙濁之滌而去也，則凡宵人惡類必知所惡而屏之不留矣；於壅滯之決而行也，則凡諍臣拂士必知所好而宣之使言矣；於堤之築而能捍也，則紀綱必張而廢弛之患無矣；於垣之築而能防也，則禮度必嚴而緩縱之事無矣。於財之有用，則不至妄費以傷其財；於力之可使，則不至輕役以損其力。土宇於是而恢拓，人民於是而保障，此豈非無形之險也乎？若夫漢水以爲池，長江以爲塹，視一壕之險大矣，然人終得而渡之，烏在其爲險者。臣故知神謀之不出此也。臣備員詞林，職在紀載，覩功之既完也，敢執筆以記。

歸有光《震川集》卷五《題〈洪武京城圖志〉後》 右《京城圖志》一卷，洪武間奉勅纂修，故鄉貢進士吴中英家藏。辛卯之歲，有光赴試京闈中，英以見示，今二十有九年矣。偶閲元御史臺所纂《金陵志》，念今市朝改易，無復六朝江左之舊，因從吴氏再借此本觀之，信分裂偏安之跡，與混一全盛之規橅逈别如此。自永樂移鼎，儒臣附會，以爲高皇帝無再世之計也。嘗伏讀御製《閲江樓記》云：自禹之後，四方之形勢，有過中原而不都。蓋天地生人，氣運循環而未周。朕當天地循環之初氣，創基於此，非古之金陵，亦非六朝之建業也。道里之均，萬邦之貢，順水而趨，公私不乏，利亦久矣。夫帝王所爲，與天地應。高皇帝之論，蓋度越千古，真有所謂配皇天，毖祀上下，自時中乂之意。愚生自謂獨能竊知之，與世俗所論建都者不同，因特著於此。

王樵《方麓集》卷七《閲内城記》 是月二十五日，閲内城，内外四守備、兵工兩部堂會於通濟門，黎明登城，如前分閲。劉監丞、蔣定西由西歷聚寶門、三山門、石城門、清江門、定淮門、儀鳳門，予等由東歷正陽門、朝陽門、太平門、神策門、金川門、鍾阜門，而會於浄海寺。寺在城外，據獅子山趾。獅子山在城内，即國初建閲江樓處。是日頗盡金陵大觀，蓋内外遠近畢見也。通濟之外，秦淮爲池，雉堞不甚高，徑不甚闊，僅容兩馬，俯視甚峻。而基實弘闊，瓴甋兩面厚可丈餘，而附墉之土則長坂天成，闊十餘丈，雖不設敵臺，亦無慮也。至正陽門，下輿而過，旭日初上，朝煙未消，南望郊壇，北望大内，如在圖畫。自朝陽門而北，則鍾山在外，隆廣山在内，城貫二山之間，包山而過，孝陵中松柏參天，谿谷逶迤，歷歷可數。隆廣山蓋鍾山之支，隴石崔巍，亦多古木。有巡山官軍跪迎，山上道中，見松柏枝榦多作虬龍之勢，皮似鱗甲，在動植二物中，恐亦得氣之相類者歟。城隨山勢，此處獨高。歷級而上，東北折處爲孝陵後門。自此而西至太平門，城皆在岡隴之上。太平門居隆廣、覆舟二山之間，門外長堤數里，爲三法司，面城臨湖，而在鍾山之趾。玄武湖在覆舟山之後，城亦包山而過。自此至雞籠山，岡隴不斷，城皆因山而臨湖，湖逼山趾，城與湖相逶迤，蓋至雞籠山之盡，城不復西。别築城，下循湖而北，爲神策、金川二門。蓋至此始爲城之極北處也。城降於雞籠之後者一等，有便門歷級而下，自此玄武湖之曲折始得盡見。新舊册庫在湖之中。此處最深，湖連亘太平、神策二門之間，環湖村落櫛比，土田畦壠方整，宛如碁枰。自此而西，則大江迤邐而東，繞出帝都之後。逆江而上，皆山也。江山之險，實天造地設。傳曰：天險不可升也，地險山川丘陵也，王公設險以守其國。設險亦因乎地險。汴爲四戰之地，所以不可都也。金陵以江爲險，人之所知，而用險之道，人或未盡知。六代南宋雖偏安，即其保守一隅，能却敵而制勝，如周瑜、王導、謝安、韓世忠、虞允文者，亦有用之之道矣。自金川北繞獅子山於内，雉堞東西相向，亦建二門：曰鍾阜，儀鳳。金陵在春秋時，本吴地，越句踐滅吴，築地於長干里，俗呼越臺。楚置金陵邑於石頭，金陵有城邑自此始。秦始皇以望氣者之言，鑿方山，斷長壠，以泄王氣。其河源二：一出句容華山，一出溧水東廬山。合流入方山埭，自通濟水門入都城，南經武定、鎮淮、飲虹三橋，西出三山水門，沿石城以達於江，乃今所名秦淮者也。東漢末以秣陵地封孫策爲吴侯，至弟權據有江東，築石頭城，因山爲險，扼江爲守，即今石城門一帶，尚其遺趾也。改秣陵爲建業，建安十三年，移丹陽郡治建業，遂徙都焉。都城在淮水北五里，據覆舟山，西倚石頭以爲重，後帶玄武湖以爲固，前柵秦淮以爲阻，今頗言其地實得面勢之正。南五里至淮水，有大航門，宫之後有苑城，晋所謂臺城，即此也。赤烏四年，東鑿渠名青溪，自城北塹泄玄武湖水，九曲西南入秦淮，今僅存一曲而已。金陵建都實自吴始，其故蹟大畧具於此矣。

王樵《方麓集》卷七《閱外城記》 萬曆二十一年十一月二十一日，同内外守備、參贊部臣閱外城。予以攝工部事出太平門，尚書徐公以攝兵部事出神策門，予以五鼓盡至觀音門官廳，俄而守備邢太監、泰寧陳侯相繼至，既而尚書徐公至，黎明循垣内東行。垣皆國初蒸土所築，極堅厚，上以蜈蚣木出檐，覆之以瓦。歲久，土有剥落，木瓦有頹壞，則脩之，至今垂三百年。外郭周百八十里，包羅山谷，誠前代所未有也。北面一帶因山爲險，據江爲守。自觀音門而東，繞鍾山之後而左，皆岡阜不斷。在東北曰姚坊門，又南曰僊鶴門，又南曰麒麟門，地勢漸平。鍾山側看成峯，横看成嶺，攝山後峙青龍，左繞石城，右距天印爲案。於此行，頗得其形勢之的，而知我聖祖於金陵定鼎，於鍾山卜吉，以爲萬年之藏，聖鑒高遠，非尋常可窺也。是日由南出者，爲協同守備劉監丞、定西蔣侯，起鳳臺門，又東曰夾岡門，又東曰上方門，又東曰高橋門。南北兩路同會於滄波門，又官廳曰閱城，會所内外守備、兵工二部，堂序坐飯畢，予與徐公入朝陽門。道中審見鍾山蜿蜒扶輿，衆山環拱，南面空闊，秦淮流於前，大江繞於後，沿江諸山又皆遥爲金陵拱護，其面勢與尋常所見不同，蓋從高而下始得之也。歸至工部，與四司官議修城事，頗言修内城易，脩外城難。内城縱有崩壞，舊甎多存，用甎灰脩補，新舊即成一片，勢自堅久。外城原以土築，土有剥落，用土坯幫砌，不久即壞；後易以甎，土外幫甎，雖可暫支一時，而甎土原不相入，尋亦崩壞。若欲永久不壞，須如北京外城一如甎城之法，裏雖用土築，外則用甎實砌，非幫砌之比，故得堅久。但北京外城止南三門一面，南京外城則連亘遼闊，其功實難周。《書・畢命》曰：申畫郊畿，慎固封守。《周禮・大司徒》：乃建王國，制其畿方千里，而封樹之。有掌固、司險、掌疆、封人之官，掌修城郭、溝池、樹渠之固，頒其士庶子及其衆庶之守。郭即今之外城，所謂溝池、樹渠之固，恐大略如今邊墻之制，有墻以限隔，有墩臺以瞭望拒守，有渠以環之，有樹以固之。墻之比城易脩，而亦足以爲守。比城易脩者，以用土築而不用甎也。欲其足以爲守，須備前所云四者而後可。以經久則在當事者以意損益而已。

孫承澤《春明夢餘録》卷三張四維《京師新建外城記》 皇上臨御之三十二年，廷臣有請築京師外城者。參之僉論，靡有異同。天子迺命重臣相視原隰，量度廣袤，計工定賦，較程刻日。於是京兆授徒，司徒計賦，司馬獻旅，司空鳩役，總以勳臣，察以臺諫，與夫百司庶職，罔不祗嚴。迺遂畫地分工，授規作則，制緣舊址，土取沃壤。寮藩輪鏹以贊工，庶民子來而趨事。曾未閲歲，而大工告成。崇卑有度，瘠厚有級，繚以深隍，覆以磚埴，門墉矗立，櫓樓相望，巍乎煥矣，帝居之壯觀也。夫易垂設險守國之文，詩有未雨桑土之訓，帝王城郭之制，豈以勞民？所以固圉宅師，尊宸極而消姦伺者也。國家自文皇帝奠鼎燕畿，南面海内，文經武緯，細大畢張，而外城未建者，非忘也。都城足以域民，而外無闤闠，邊氛時有報急，而征馬未息，故有待於我皇上之纘緒而覲揚之耳。夫以下邑僻陬，即有百家之聚，莫不團練垣塞，守望相保。況夫京師天下根本，四方輻輳，皇仁涵育，生齒滋繁，阡陌綺陳，比廬溢郭，而略無藩籬之限，豈所以鞏固皇圖，永安蒸庶者哉？故議者酌時勢之宜，度民情之便，咸謂外城當建。夫亦思患豫防順時之道當然耳。昔宋中葉，武備弛矣，而汴京平衍，又非形勝之區，其謀臣范仲淹議洛陽之城非可後者，乃不見用。我國家方當全盛，將帥如雲，重關外峙，而控山帶海，又非汴京者比，外城之緩急可知也。我皇上一聞廷臣之議，即命共工建茲丕業，是豈羣臣之見越於仲淹？實我皇上軫念民瘼，憂廑國體，其視宋君之忽於忠計者，萬萬不侔也。以隆王者居重之威，以奠下民安土之樂，以絶姦宄覬覦之念，豐芑貽謀，苞桑定業，不亦永世滋大也哉！嗚呼！此固聖人因時之政，不得不然者耳。要我皇上之心，固將率土爲城，寰海爲池，怙冒八荒，而無此疆彼界者，豈一外城之建，能爲限量者哉！臣謹記。

孫承澤《春明夢餘録》卷三孫承宗《重修都重二城碑記》 維文皇奠鼎燕畿，以建都城，扼吭拊背，維萬世之安。我世宗肅皇帝念生齒滋繁，比廬溢郭，重毖庚戌之役，詔從侍郎臣邦瑞議築外郛于三門，凡以固圉宅師，尊宸極，消姦萌也。今皇帝甲辰夏恒雨，壞民廬舍無算，城有圮於是秋七月朔。工部尚書臣某以災異上聞。若曰：天不忘根本，肆不輯於兩城，而釁於雨。夫衆心爲城，外頹中陷，是且有土崩之象，將無彌縫其闕，而固吾圉也。其何變之能圖？蓋時報圮者，方三百丈，未甚也。又旬日雨，溢渠，計圮都城且七百七十七丈有奇，重城亦三百三十丈有奇，而埤堄亭舍不與。於是臣某再以數上聞。若曰：災不可玩，備不可弛。玩災弛備，不可以寧。是時，皇上方以帑金十萬理民廬舍，疏入，不即問。乃臣某再以修葺上聞。若曰：刻期，我惟築，無寧狥，故嘗而不慮事以授。豈其不秋防是虞？若猶是，枕纂而不以聞也。則少不逞，即剟户而逸者，四走無際，它其誰捍禦之？其若掌故，何定鼎來是墉是壑，有基勿壞，方今千丈之暇，秋防之候，即三旬而成，尚虞寬予，況其平板，幹稱畚築，非卒辦也。而繕司困憊，曾餱糧之不具，則登登之築，無寧泄泄也。於是天子下其議，停一切小修。若曰：上天示儆，恒雨壞垣，尚亟修之，固我保障，毋怠無玩。乃以繕部郎中臣某，同員外郎臣某，實專料理；而科臣某，臺臣某，實專巡察。時以行築者飭其不勉者，蓋以八月趨事，明年某月告成功。曰：發丁男若干，金錢若干，天子重念勞人，陞賞各有差。且詔臣某爲之記。臣以爲，城以盛民也，我皇上先民居而後兩城，其以鞏皇圖，綏蒸庶，意深遠矣。然威靈遐鬯，夷裔率服，方且極覆爲城，極載爲池，豈其介在藩籬，是豐芑之謀，不藉爲大耳。不然，百家之聚，尚勤藩垣，豈其根本天下，而不以備？然臣竊有警也。昔我肅皇帝建永定外郛，而難其守。臣謂守在城郭者危，守在四夷者安，守在民力者疎，守在民心者密。今天下浚膏實之，而罷力築之，則民不堪。嘆溢災之，而築鑿苦之，則天且若甚忍於民。夫民不堪將生心，而天不忍或其未忘也。我皇上惕于生心，而幸是未忘，必且以祖宗之德，澤維法度，而上爲百姓守法，下且爲朝廷守國，頃所爲慎重，而不輕用民，意在斯乎！夫慎重而不輕用民，先王之所以爲天下也。臣謹稽首頓首，而爲之言。銘曰：

皇明御宇，奄有萬方。燕畿奠鼎，拊背扼吭。文經武緯，細大畢張。是憑是式，繫于苞桑。泰有茹彙，城有復隍。天子曰吁，其固我防。乃度廣袤，乃察相翔。司徒計賦，乃芻乃粻；司馬獻旅，乃穀乃揚；司空鳩役，乃飭乃獎。萬臿雷奮，萬雉雲長。悦以忘勞，迄可大康。天子曰都，惟爾衆襄。詞臣載筆，俊蹟用章。小臣稽首，曰惟帝光。匪城不易，惟守未遑。過城則傾，恃城則亡。於鑠帝賚，比於金湯。惟帝念功，無怠無荒。億萬斯年，民悦無疆。

愛新覺羅・弘曆《御製文初集》卷二三《盛京賦有序》 嘗聞以父母之心爲心者，天下無不友之兄弟；以祖宗之心爲心者，天下無不睦之族人；以天地之心爲心者，天下無不愛之民物。斯言也，人盡宜勉，而所繫於爲人君者尤重。然三語之中，又惟以祖宗之心爲心居其要焉。蓋以祖宗之心爲心，則必思開刱之維艱，知守成之不易，兢兢業業，畏天愛人。於是刑兄弟而御家邦，斯以父母之心爲心也；民同胞而物吾與，斯以天地之心爲心也。孔子曰：明乎郊社之禮、禘嘗之義，治國其如示諸掌乎？宗廟禘嘗之典，固先王繼志述事之大經也。然自聖人象大過，肇封樹以來，上陵之制，漢代已然。我國家肇興盛京，邠岐之地，橋山在焉。昔皇祖六十一年之間，三謁丹陵，用展孝敬。皇考在位，百度維新，日不暇給，適西鄙有事，徵役已勞，又藩邸時曾奉皇祖命往謁祖陵，是以十有三年中未舉是典。予小子纘承丕基，懼德弗嗣，深惟祖宗締搆之勤，日有孜孜，敬奉神器。言念盛京爲天作之基，永陵、福陵、昭陵巍然在望，不躬親祀事，其奚以攄愨忱而示來許？爰以乾隆癸亥秋，恭奉皇太后發軔京師，屆我陪都，孝思以申，祖武是仰。因周覽山川之渾厚，民物之樸淳，穀士之沃肥，百昌之繁廡，洵乎天府之國，興王之會也。昔豳居相度，召頌公劉，岐宅作屏，周歌大王，莫不於上帝之監觀，下民之君宗，三致意焉。故物以賦顯，事以頌宣，既見於斯，豈默於言乎？遂作賦曰：

歲大淵獻，時旦柳中。協律無射，辨方庚辛。歷吉日以建旗，駕應龍之龢鸞。紛灕虖，蕤蜿蜒，旌雄虹，橦鳴鳶。周乎神皐之壤，届乎箕尾之躔。循我留都，殺禋珠丘，懷精氣，仰德流。既備既申，乃御黼座而覲臣僚。維締造之彌艱，撫草創之鴻圖。曰於休哉！是蓋突載亳之子殷，蹴宅鎬之姬周。憑虛致譏於東約，安處薦誚於西踰。下此離爲十二之國，合爲六七之侯，鼎立瓜分者，益瑣纖旁魄，不足以殫攄。而孟堅平子太沖者倫，方且艷陳崤函隴坻之隘，鹽池墨井之腴，杇詣天梁之麗，三條五劇之區，極鋪張以詭辨，彼何辭迺稱諸。奚侔夫天作之皇宅，又何藉萇宏與魏舒？於是諮文獻，攷圖册，不亟不文，爰賦其畧，聚精搆思，挂一漏百。

粤我清初，肇長白山，扶輿所鍾，不顯不靈。周八十里，潭曰闥門，鴨緑、混同，愛滹三江出焉。帝女天妹，朱果是吞，爰生聖子，帝用錫以姓曰覺羅，而徽其稱曰愛新。是翦是除，匪安匪康，乃有葉赫、輝發，界蕃撫順，遂築城於遼陽，以爲東國之宗。

天篤其祜，載恢厥功。天命十年，相險宅中，謂瀋陽爲王氣所聚，乃建盛京而俯關西。故言其封域，則雖始自秦漢，歷隋唐以迄遼金敷，而舉其規模，則維新皇運，膺靈佑之獨深也。仰符十度之尾，實臨析木之津，得雲漢之所垂，維北極之所鄰，亦何異乎召伯相宅，卜惟洛食，奉春建策，留侯演成哉？於是乎，左挾朝鮮，右據山海，北屏白山，南帶遼水，滄溟爲池，澎湃溫浪，流湯湯，赴瀰瀰，撇瀇潏，迴渾渼，浴日沃星，莫測其始。東盡使犬之部，朔連牧羊之鄙，啓我漠惠之原，擴我俄朵之址，高燥埤濕，原田每每，走大野而拱太室者，萬有餘里。其山則鐵嶺繡嶺，平頂降龍，木查石門，東水南雙。矗嵑嶙，聚崧宴，嵫兮岃崱，嵌兮嶺峒，峭兮巃嵸，嵂兮嵣嵡，蔽虧日月，源流湖江。既孕奇而盤鬱，亦含秀而隆崇。故夫四蹄雙羽之族，長林豐草之衆，無不博産乎其中。蹄類則虎豹熊羆，野馬野騾，鹿麞麀麃，狼豺封駝，狐狸貛貉，跳兔婆娑，鼢鼯艾虎，貂鼠輕嘉。其他牛馬羊豕之資以日用者，蓋填閭巷而蒸寢訛。羽類則野雞沙雞，鵞鴨青鶉，鸛鶴秃鶖，維鶨在梁，縮脖鳩燕，啄木鵲鴿，鷹鷂鵰鶻，紅牙商倉，黃鶴鼠化，白雁霜橫。曰海東青，出黑龍江，林擊則天鵞褫魄，甸搏則窟兔走僵。其他鴿雀銅嘴，桃蟲鴛鴦，雜沓紛泊，騰軼翺翔。其草則蒿艾香蒲，蘆葦蕭荻，章茅水葱，紅藍綬虉，馬藺知時，木槿紀節。厥惟人參，三椏五葉，氣禀地靈，功符陰隲，商陸茵陳，萹蓄葶藶，蠡實兔絲，均能已疾。其林則五鬣之松，萬年之柏，重障隱天，幽林蔽澤。挺崇槐之曾青，蔭柜柳之濃碧。大椿以八千爲春，壽櫟以不材爲德。爛紅杏與緋桃，紛白楝與黃蘗。山藤柔韌，是資鞭策，雞桑落黃，可供蠶織。陸珍既牣，海錯亦繁。鯉魴鱒鱖，鰻鯽鱅鰱，鰷鯝鱧鱤，鮠鰌鮎鱓，比目分合，重脣浮湛。劒飾鮫翅，柳炙細鱗。牛魚之長丈計，帶魚之白韋編。烏鰂之鬚粘石，渡父之喙矴船。他如蛇馬驢狗，豚獺豹貛，出没乎洶涌，潛躍乎游淵。蒼龍揵鬐而雲作，赤螭掉尾而波開。老蚌含珠，九光燭天，神奇是韞，瓌瑰是生。雖山經與地志，羌莫得而詳焉。懿兹奥區，原隰畇畇，厥田上中，厥壤惟平。抱海負蓋，跨遼欲宣，渾河爲帶，興京爲襟。袤複陸而坦坦，爣拓落而芸芸。偉嘉禎之萃薈，信橐籥之絪緼。

帝眷東顧，用畀皇清，而爲萬載之沛豐。若其測圭臬，度廣輪，依繩尺，疏渠川，歌經始，詠攸寧，又可畧聞矣。天命天聰，丕顯丕繼，因其舊瀋，拓我新制。規天矩地，嚮明授時，增八門之詄蕩，脅九逵之邐迤。翼翼俾倪，岧岧堞雉，起圜丘於郊南，單埢垣之潔祕。欽柴颺槱，陳玉薦幣。鼓雲和，升繭栗，以邀肸蠁而昭祀事。霜露在履，春秋聿遷。愾乎僾乎，肇禋閟宫。滌濯毛炰，元酒太羹，文祖神宗，爰歆於斯。符帝車之太乙，正王宫於未央；重三殿之實枚，表雙闕於閶闔。闕名維何，文德武功；殿名維何，崇政建中。高樓望氛，厥題鳳皇。後宫紫極，交泰清寧。關雎麟趾，化洽家邦。維樸而安，乃鞏而臧。豈其工梍檻之刻鏤，豈其飾榱橑之焜煌，豈其疏龍首之㠑嶫，豈其叛鳳翼之昂藏。匪有心於儉約，乃潛揆夫陶唐。大政當陽，十亭雁行，爰諏爰度，日贊日襄。吉君臣之一德，而擴我闉於八荒。正號紀元，以受天慶。於是定兩翼之位，列八旗之方，黃白紅藍，有正有鑲。法其象於河鼓，則其數於羲經；神其變於三五，握其奇於九宫。

大聖創制，動協天象，是猶易之書契，乃觀蹄迒焉。樹以屏翰，馭輕居重，本支百世，昌我宗潢。佐命之勳，曰費英東，額都希福，績茂蕭張。曰有坐謀，曰有折衝，既彬彬而濟濟，亦赳赳而彭彭。其餘附鳳而攀龍者，蓋車載與斗量。

爰制國書，聿興文教，演義譯音，物取其肖。允維大海，克稱檢校，雖絶域其必通，即纖故其亦貌。若夫人自爲戰，王者無敵。角嚴則百墉失憑，旌揮則三邊定檄，義不返顧，勇不重壁。是以敉四海而莫攖，亘千古而鮮匹，故班録於累世，用以酬夫勞績。及其斗杓北指，涉冬背秋，爰狩中原，我戎是修。靡虹采，㚇蜺斿，拖霧纛，建雲旂，後屬車，前導游，乘我良産，屏彼彫輈。右忘歸之箭勁，左繁弱之弓柔。倩浰而雷動，鴻絧而星流，又何必王良執轡，纖阿御輈也哉！於是，帶甲之士百萬，盡發鷹犬而驟騂騮。卑泰山之爲櫓，跨渤海以張罘，林林裔裔，列列哀哀，命地而後中，應聲而先掊，散壄麇之羣友，剔穴狸之伏留。駭巘鷹之儦俟，讋郊兔之佻偷，既肩惰指倦，而麌麌之羣，猶緣陵蔽野，比夏草之稠焉。爰用三驅，示無盡劉。更命羽林佽飛之士，手豹尾，踞虎頭，搏洞熊，殲澤貜，觀壯夫之鶴躍，快猛獸之貙膢。乃獻我成禽，舍彼踐毛，擇其上殺，允惟左膘，以奉宗廟。乾豆亨炰，次充賓客，乃薦君庖。班獲行賞，訖乎輿僚。是蓋因天地之利，習軍旅之勞，戰則克而祭受福，古者蒐苗獮狩之禮所爲昭。詎其害三時之土穀，奪百姓之腴膏，蹂桑柘之地，廣虞獵之郊，如子虛上林之所嘲也哉？

將將蕃后，夔夔列君，奉贄來朝，齋遫侍宸，或稽首而請聘，或傾心而納姻。於是，樂以九奏，饗以八珍，邁呼韓之朝天，踰頡利之舞庭，合内外爲一家，自我祖而已然。垧牧之宜，曰大凌河，亘肥壤之博衍，茁靈草之敷披。夏蚊避境，春泉漾波，是以駉駉之牡，蕃孳孔多。爾其驪驕騅駓，騂騏駱驒，騮駒驔騧，馰馲騆騢，或眠而馻，或行而駗，惟致遠之有賴，亦揚威之無過。畿甸既闢，農桑是咨，爰飭田畯，爰勵甸師。物早晚之種，辨高下之宜。男則耕耘是務，女則織紝是謀。抑工商之末業，勤衣食之本圖。故深耕易耨，穀用滋也，九夏三耘，免汙萊也，雨我公田，遂及私也；庤我錢鎛，銍艾時也；我簋斯盛，實佳粢也；我倉如陵，庾如坻也；服尚布棉，奚纖美也；器用陶匏，戒奢靡也。土物是愛，神降嘉生，黍惟秬秠，稻惟糯秔，粟惟穈芑，粱惟白黃。解蠡胡蔴，來牟鈴鐺，蘇分紫赤，豆有豌豇。蔬則蕓薹薤蒜，蘿蔔韭葱，蔓蒿蒲筍，紫堇茴香，壺盧蔓菁，萵苣葵蘿。鮮不旆旆穟穟，唪唪幪幪，驛驛厭厭，緜緜穰穰。惟脈土之獨純，斯穡事之孔良。農隙教戰，守禦相望。國以殷富，兵以盛彊，鬱蔥佳氣，盤礴無垠。民風噩噩，伾侁自然，休有烈光，格于皇天。上帝其子之，維有歷年。是以我世祖因人心之歸清，順天意之厭明，掃驅除之閏位，統子弟之精兵，無亡矢遺鏃之費，而膺圖正位乎燕京。蓋嘗攷千古之興替，稽百代之曆數，拒符瑞之難諶，信仁義之堪守；斥逐鹿之蠱説，審神器之有授，乃知帝命不時，眷清孔厚也。不有開之，何以培之？不有作之，何以得之？夫其披荆棘，冒氛霾，歷艱辛，躬利害，無嬗代之迹，而受車書之來者，蓋《書》所謂「于湯有光」，《詩》所謂「民之攸歸」矣。

皇矣陪都，實惟帝鄉，乃命秉鉞之帥，乃置五部之卿。民安郡縣，旗樂屯莊。春秋耕斂，我倉我箱；朝會朔望，躋躋蹌蹌。昭萬年之有道，卜百世之靈長，乃作頌曰：

於鑠盛京，惟瀋之陽。大山廣川，作觀萬方。虎踞龍蟠，紫縣浩穰。爰浚周池，爰築長墉。法天則地，陽耀陰藏。貨別隧分，旗亭五重。神基崇俊，帝系緜昌。周曰邠岐，漢惟豐沛。白水慶善，興王之會。長白隆隆，滄溟濊濊。形勝之選，奕世永賴。俯臨區夏，襟控中外。休養百年，既豐而泰。溯其始謀，繼序敢懈。昔我聖祖，三至斯土。棽麗六飛，森沈萬旅。孔碩九重，不遑安處。祇謁山陵，亦臨朝寧。置酒故宮，用酹父老。乃霈恩施，逮乎編户。匪勤於巡，良慕乎古。閔予弗德，實纘丕基。歲時太廟，陟降格思。緬仰鼎湖，惟瞻惟依。荷天之龍，際時之和。駕言徂東，絡繹羽儀。風舉雲摇，鱗萃魚麗。我賓我臣，我行是隨。載至神鄉，載覲園寢。靈鬱崇輝，祥凝巨瀋。原廟衣冠，霸陵衾枕。松柏雲縵，溪池流淰。瀠滌洪鑪，陶甄羣品。石馬悲風，淚泉沾衽。豈必羹墻，一氣是稟。聿造故宮，故宮赫赫。聿升太階，太階奕奕。無彩之飾，惟厚之積。皜曜飄照，歛艶烏赤。左墄右平，坤闔乾闢。土壁葛燈，遐哉儉德。詒我孫謀，萬年之宅。乃開南端，設席肆筵。爰爵周親，及彼鵷鷺。南陽故舊，洒如言言。惟此嘉師，列祖之臣。是噢是咻，是貽我躬。敬之敬之，翼翼惴惴。於億萬歲，皇圖永綿。

愛新覺羅・弘曆《御製詩二集》卷四一《皇都篇有序》 皇都者，據今都會而爲言，約形勢則若彼，詳沿革則若此。蓋不如研京十年，練都一紀，鴻篇巨作，纂組雕龍。若夫文皇傳十首之吟，賓王構一篇之藻，節之中和，固所景仰，歸於睽遇，亦用興懷。俊逸清新，古人蔑以加矣。還淳返樸，斯篇三致意焉。

惟彼陶唐此冀方，上應帝車曰開陽。軒轅臺樹雖莫詳，職方有幽無徐梁。要之幅員長且廣，山河襟帶具大綱。列國據此士馬强，可以雄視諸南邦。遼金以來始稱京，閱今千年峩天閶。地靈信比長安長，玉帛奔走來梯航。儲胥紅朽餘太倉，天衢十二九軌容。八旗居處按界疆，朱樓甲第多侯王。槐市陸海無不藏，富乎盛矣日中央。是予所懼心徬徨。

愛新覺羅・弘曆《御製詩二集》卷四一《帝都篇有序》 帝都者，唐虞以前都有地而名不著，夏商以後始各有所稱，如夏邑、周京之類是也。王畿乃四方之本，居重馭輕，當以形勢爲要，則伊古以來，建都之地無如今之燕京矣。然在德不在險，則又鞏金甌之要道也。故序大凡於篇。

天下宜帝都者四，其餘偏隘無足稱。軒轅以前率荒略，至今涿鹿傳遺城。豐鎬頗得據扼勢，不均方貢洛乃營。天中八達非四塞，建康一塹何堪憑。惟此冀方曰天府，唐虞建極信可徵。右擁太行左滄海，南襟河濟北居庸。會通帶内遼海外，雲帆可轉東吴秔。幅員本朝大無外，丕基式廓連兩京。北京順天府；盛京奉天府。我有嘉賓歲來集，無煩控御聯歡情。金湯百二要在德，兢兢永勗其欽承。

張澍《養素堂文集》卷三《擬〈周公城名録〉序》 伊昔太昊之時，紀侗定中邦之置邑。亦越神農之代，白阜度地紀以修城。蓋安壘而設九宮，營衛斯建。圖形而甄四海，屏藩以興。况康回竊冀方，安可無睥睨之備？補遂干皇略，是宜有闉闍之防。然則城之名也尚矣！唐虞之際，厥功彌劭，表提封以分區宇，判山河而考井疆，釐下土方，別生分類。禹之經啓九道，强攻弱守，乃招責于東里槐。湯之藏匿五兵，遷社國都，不必訪于北門側。

降及姬氏，運值殷衰，避狄而逾梁山，成都而宅周邑。相陰陽，觀流泉，此公劉之所爲擇地利也。設臯應，立冢土，此太王之所爲壯奥居也。迨至魚躍舟而捷牧野，烏流屋而定鎬京。建十二州，山川分華戎之位；封八百國，茅土奠磐石之宗。乃復兆卜于東澗西瀍，顧瞻于三塗四岳。宅中圖大，正表景于儀台。時和路均，輯共球于侯服。而乃晝吐餔以延士，夜仰思而著書，捐悶成編，詎滿生之能贊，周髀挾莢，或商高以相參。乃益發經緯之文，遂博綜廣輪之數，上厥軒皇之膺命，旁稽風后之受圖。割地置州，分疆劃野，准大易之設險，棋跱雲屯。補職方之專司，風同俗異。星分天上，察祥異于保章。位正寰中，列經環之軌度。六合之外，收之目前，萬里而遥，羅于尺幅，此《城名録》之所由作與。

回憶謳聲謦響，泛曲水之羽觴，定鼎登壇，賜孟岐以玉笏，何其懿也！況夫車造指南，誰迷記里之鼓？舞成三象，又貢越裳之禽。蒿成柱而爲宫，梓夢庭而伊減。不有箸作，何見勤勞？可知鷺堠烏亭，後人沿泥封爲制。犬牙魚齒，列國肆蠶食之懷。均失宗子之寧，徒深下泉之慨。公之爲足録也，四海浄塵，九塗榮鏡。宅里斯表，命次子以釐郊。善惡不齊，策畢公以分里。備以無患，安不忘危。吉協食龜，制淮飛雉。上以繼祖宗荒度之功，下以示子孫藩翰之計。豈徒弛兵墮守，恃有金于聖人？將以伏莽升陵，著復隍之炯戒云爾。

雜録

《春秋左傳・宣公二年》 晉靈公不君，厚斂以彫墻，從臺上彈人，而觀其辟丸也。

《荀子・强國篇》 應侯問孫卿子曰：入秦何見？孫卿子曰：其固塞險，形埶便，山林川谷美，天材之利多，是形勝也。入境，觀其風俗，其百姓樸，其聲樂不流汙，其服不挑，甚畏有司而順，古之民也。及都邑官府，其百吏肅然，莫不恭儉敦敬，忠信而不楛，古之吏也。入其國，觀其士大夫，出於其門，入於公門；出於公門，歸於其家，無有私事也；不比周，不朋黨，倜倜然莫不明通而公也，古之士大夫也。觀其朝廷，其間，聽決百事不留，恬然如無治者，古之朝也。故四世有勝，非幸也，數也；是所見也。故曰：佚而治，約而詳，不煩而功，治之至也，秦類之矣。雖然，則有其諰矣；兼是數具者而盡有之，然而縣之以王者之功名，則倜倜然其不及遠矣！是何也？則其殆無儒邪！故曰：粹而王，駮而覇，無一焉而亡。此亦秦之所短也。

《史記》卷一二九《貨殖列傳》 昔唐人都河東，殷人都河内，周人都河南。夫三河在天下之中，若鼎足，王者所更居也，建國各數百千歲，土地小狹，民人衆，都國諸侯所聚會，故其俗纖儉習事。楊、平陽陳西賈秦、翟，北賈種、代。種、代，石北也，地邊胡，數被寇。人民矜懻忮，好氣，任俠爲姦，不事農商。然迫近北夷，師旅亟往，中國委輸時有奇羨。其民羯羠不均，自全晉之時固已患其僄悍，而武靈王益厲之，其謡俗猶有趙之風也。故楊、平陽陳掾其閒，得所欲。温、軹西賈上黨，北賈趙、中山。中山地薄人衆，猶有沙丘紂淫地餘民，民俗懁急，仰機利而食。丈夫相聚游戲，悲歌伉慨，起則相隨椎剽，休則掘冢作巧姦冶，多美物，爲倡優。女子則鼓鳴瑟，跕屣，游媚貴富，入後宫，徧諸侯。

袁康《越絶書》卷二《外傳記吴地傳》 吴市者，春申君所造，闕兩城以爲市，在湖里。

《戰國策》卷五《范睢至秦》 范睢曰：「大王之國，北有甘泉、谷口，南帶涇、渭，右隴、蜀，左關、阪；戰車千乘，奮擊百萬。以秦卒之勇，車騎之多，以當諸侯，譬若馳韓盧而逐蹇兔也，霸王之業可致。今反閉而不敢窺兵於山東者，是穰侯爲國謀不忠，而大王之計有所失也。」

《後漢書》卷六九《竇武傳》 騰字子升。初，桓帝巡狩南陽，以騰爲護駕從事。公卿貴戚車騎萬計，徵求費役，不可勝極。騰上言：「天子無外，乘輿所幸，即爲京師。臣請以荆州刺史比司隸校尉，臣自同都官從事。」帝從之。自是肅然，莫敢妄有干欲，騰以此顯名。黨錮解，官至尚書。

佚名《三輔黄圖》卷二《長安九市》 廟記云：長安市有九，各方二百六十六步。六市在道西，三市在道東。凡四里爲一市，致九州之人。在突門夾横橋大道，市樓皆重屋，又曰旗亭樓。在杜門大道南，又有當市樓，有令署以察商賈貨財買賣貿易之事，三輔都尉掌之。直市在富平津西南二十五里，即秦文公造物無二價，故以直市爲名。張衡《西京賦》云廓開九市，通闤帶闠。旗亭五重，俯察百隧是也。

酈道元《水經注》卷一《河水》 今按《山海經》曰：崑崙墟在西北，帝之下都。崑崙之墟，方八百里，高萬仞，上有木禾，面有九井，以玉爲檻，面有九門，門有開明獸守之，百神之所在。郭璞曰：此自别有小崑崙也。又按《淮南之書》，崑崙之上，有木禾、珠樹、玉樹、璇樹，不死樹在其西，沙棠、琅玕在其東，絳樹在其南，碧樹、瑶樹在其北。旁有四百四十門，門間四里，里間九純，純丈五尺。旁有九井，玉横維其西北隅，北門開，以納不周之風。傾宫、旋室、縣圃、凉風、樊桐，在崑崙閶闔之中，是其疏圃。疏圃之池，浸之黄水，黄水三周復其源，是謂丹水，飲之不死。河水出其東北陬，赤水出其東南陬，洋水出其西北陬，凡此四水，帝之神泉，以和百藥，以潤萬物。崑崙之丘或上倍之，是謂凉風之山，登之而不死；或上倍之，是謂玄圃之山，登之乃靈，能使風雨；或上倍之，乃維上天，登之乃神，是謂太帝之居。禹乃以息土填鴻水，以爲名山，掘崑崙虛以爲下地，則以仿佛近佛圖調之説。阿耨達六水，葱嶺，于闐二水之限，與經史諸書，全相乖異。

又按《十洲記》，崑崙山在西海之戌地，北海之亥地。去岸十三萬里，有弱水，周匝繞山，東南接積石圃，西北接北户之室，東北臨大闊之井，西南近承淵之谷。此四角大山，實崑崙之支輔也。積石圃南頭，昔西王母告周穆王云去咸陽四十六萬里，山高平地三萬六千里，上有三角，面方，廣萬里，形如偃盆，下狹上廣。故曰崑崙山有三角。其一角正北，干辰星之輝，名曰閬風巔；其一角正西，名曰玄圃臺；其一角正東，名曰崑崙宫。其處有積金，爲天墉城，面方千里，城上安金臺五所，玉樓十二。其北户山、承淵山又有墉城，金臺玉樓，相似如一。淵精之闕，光碧之堂，瓊華之室，紫翠丹房，景燭日暉，珠霞九光，西王母之所治，真官仙靈之所宗。上通旋機，元氣流布，玉衡常理，順九天而調陰陽，品物群生，希奇特出，皆在于此，天人濟濟，不可具記。其北海外，又有鐘山，上有金臺玉闕，亦元氣之所含，天帝居治處也。考東方朔之言，及《經》五萬里之文，難言佛圖調、康泰之《傳》是矣。六合之内，水澤之藏，大非爲巨，小非爲細，存非爲有，隱非爲無，其所苞者廣矣。于中同名異域，稱謂相亂，亦不爲寡。

至如東海方丈，亦有崑崙之稱。西洲銅柱，又有九府之治。東方朔《十洲記》曰：方丈在東海中央，東西南北岸，相去正等，方丈面各五千里，上專是群龍所聚，有金玉琉璃之宫，三天司命所治處，群仙不欲升天者，皆往來也。張華叙東方朔《神異經》曰：崑崙有銅柱焉，其高入天，所謂天柱也。圍三千里，圓周如削，下有回屋，仙人九府治。上有大鳥，名曰希有，南向，張左翼覆東王公，右翼覆西王母，背上小處無羽，萬九千里，西王母歲登翼上，之東王公也。故其柱銘曰：崑崙銅柱。其高入天，圓周如削，膚體美焉。其鳥銘曰：有鳥希有，緑赤煌煌，不鳴不食，東覆東王公，西覆西王母，王母欲東，登之自通，陰陽相須，惟會益工。《遁甲開山圖》曰：五龍見教，天皇被迹，望在無外柱州崑崙山上。榮氏《注》云：五龍治在五方，爲五行神。五龍降天皇兄弟十二人，分五方爲十二部，法五龍之迹，行無爲之化，天下仙聖治。在柱州崑崙山上，無外之山，在崑崙東南萬二千里，五龍、天皇皆出此中，爲十二時神也。《山海經》曰：崑崙之丘，實惟帝之下都，其神陸吾，是司天之九部，及帝之囿時。然六合之内，其苞遠矣。幽致冲妙，難本以情，萬像遐淵，思絶根尋，自不登兩龍于雲轍，騁八駿于龜途，等軒轅之訪百靈，方大禹之集會計，儒墨之説，孰使辨哉。

《南齊書》卷二四《柳世隆傳》〔建元〕三年，出爲使持節、督南兖兖徐青冀五州軍事、安北將軍、南兖州刺史。江北畏虜寇，搔動不安。上敕世隆曰：「比有北信，賊猶治兵在彭城，年已垂盡，或當未必送死。然豺狼不可以理推，爲備或不可懈。彼郭既無關要，用宜開除，使去金城三十丈政佳耳。發民治之，無嫌。若作三千人食者，已有幾米？可指牒付信還。民間若有丁多而細口少者，悉令戍，非疑也。」

《南齊書》卷五六《劉係宗傳》〔永明四年〕上欲脩治白下城，難於動役。係宗啓謫役東民丁隨寓之爲逆者，上從之。後車駕講武，上履行白下城，曰：「劉係宗爲國家得此一城。」

《隋書》卷三〇《地理志中》 冀州於古，堯之都也。舜分州爲十二，冀州析置幽、并。其於天文，自胃七度至畢十一度，爲大梁，屬冀州。自尾十度至南斗十一度，爲析木，屬幽州。自危十六度至奎四度，爲娵訾，屬并州。自柳九度至張十六度，爲鶉火，屬三河，則河内、河東也。准之星次，本皆冀州之域，帝居所在，故其界尤大。至夏廢幽、并入焉，得唐之舊矣。信都、清河、河間、博陵、恒山、趙郡、武安、襄國，其俗頗同。人性多敦厚，務在農桑，好尚儒學，而傷於遲重。前代稱冀、幽之士鈍如椎，蓋取此焉。俗重氣俠，好結朋黨，其相赴死生，亦出於仁義。故《班志》述其土風，悲歌慷慨，椎剽掘冢，亦自古之所患焉。前諺云「仕官不偶遇冀部」，實弊此也。魏郡，鄴都所在，浮巧成俗，彫刻之工，特云精妙，士女被服，咸以奢麗相高，其性所尚習，得京、洛之風矣。語曰：「魏郡、清河，天公無奈何！」斯皆輕狡所致。汲郡、河内，得殷之故壤，考之舊説，有紂之餘教。汲又衛地，習仲由之勇，故漢之官人，得以便宜從事，其多行殺戮，本以此焉。今風俗頗移，皆向於禮矣。長平、上黨，人多重農桑，性尤朴直，蓋少輕詐。河東、絳郡、文城、臨汾、龍泉、西河，土地沃少塉多，是以傷於儉嗇。其俗剛强，亦風氣然乎？太原山川重複，實一都之會，本雖後齊別都，人物殷阜，然不甚機巧。俗與上黨頗同，人性勁悍，習於戎馬。離石、雁門、馬邑、定襄、樓煩、涿郡、上谷、漁陽、北平、安樂、遼西，皆連接邊郡，習尚與太原同俗，故自古言勇俠者，皆推幽、并云。然涿郡、太原，自前代已來，皆多文雅之士，雖俱曰邊郡，然風教不爲比也。

《新唐書》卷一八六《匡凝傳》 匡凝字光儀，由唐州刺史自爲山南東道節度留後，昭宗即授節度使，不三年，以威惠聞。累遷檢校太尉兼中書令。匡凝矜嚴盛飾，前後持鑑自照。天祐元年，封匡凝爲楚王。時諸道不上供，唯匡凝歲貢賦天子。全忠方圖天下，遣人諭止之，匡凝流涕曰：「吾爲國屏翰，渠敢有他志！」副使王筠勸絶全忠，全忠怒，出兵攻之。弟匡明大破汴軍於鄧州，因勸匡凝與王建連和。及荆南成汭敗，匡凝取江陵，表匡明爲荆南節度留後，有詔拜檢校司徒、荆南節度行軍司馬。

贊曰：《詩》云「戎狄是膺，荆舒是懲」，嫉其爲中國之害也。春秋之世，楚滅陳、鄭，而卒復其祀，聖人善之。處存平黄巢，定京師，功冠諸將。昭宗嘗有意都襄陽，依趙凝以自全。大抵唐室屏翰，皆爲朱温所翦覆，過於夷狄、荆舒之爲害也甚矣。

孟元老《東京夢華録》卷三《般載雜賣》　東京般載車大者曰太平，上有箱無蓋，箱如構欄而平。板壁前出兩木，長二三尺許。駕車人在中間兩手扶捉鞭鞍駕之。前列騾或驢二十餘，前後作兩行，或牛五七頭拽之。車兩輪與箱齊，後有兩斜木脚拖。夜，中間懸一鐵鈴，行即有聲，使遠來者車相避。仍於車後繫騾驢二頭，遇下峻險橋路，以鞭謕之，使倒坐緾車，令緩行也。可載數十石，官中車惟用驢，差小耳。其次有平頭車，亦如太平車而小，兩輪前出長木作轅木，稍横一木，以獨牛在轅内，項負横木，人在一邊以手牽牛鼻繩駕之，酒正店多以此載酒梢桶矣。梢桶如長水桶，面安靨口，每梢三斗許，一貫五百文。又有宅眷坐車子，與平頭車大抵相似，但椶作蓋，及前後有構欄，門垂簾。又有獨輪車，前後二人把駕，兩旁兩人扶拐，前有驢拽，謂之串車，以不用耳子轉輪也。般載竹木瓦石，但無前轅，止一人或兩人推之。此車往往賣糕及餻糜之類人用，不中載物也。平盤兩輪謂之浪子車，唯用人拽。又有載巨石大木，只有短梯盤，而無輪，謂之癡車。皆省人力也。又有馳騾驢馱子，或皮或竹爲之，如方匾竹筌，兩搭背上，斛㪷則用布袋馳之。

孟元老《東京夢華録》卷二《御街》　坊巷御街，自宣德樓一直南去約闊二百餘步，兩邊乃御廊。舊許市人買賣於其間，自政和間官司禁止。

祝穆《古今事文類聚・前集》卷一二《天時部》　嘉祐中，將修東華門。太史言：「太歲在東，不可犯。」仁宗皇帝批其奏曰：「東家之西乃西家之東，西家之東乃東家之西，太歲果何在？其興工勿忌。」

吕毖《明宫史》卷二《内府供用庫》　於季冬給散之宫中，各長街設有路燈，以石爲座，銅爲樓，銅絲爲門壁。每日晚，内府庫監工添油點燈，以便巡視關防。魏忠賢擅政，盡行廢弛，以便冥行，毋敢言者。

馬生龍《鳳凰臺記事》　築京城，用石灰秫粥錮其外。上時出閲，視監掌者以丈尺分治。上任意指一處擊視，皆純白色。或稍雜泥壤，即築築者于垣中，斯金湯之固也。又于城外起土城，以爲不測屯守之計。宫中陰溝直通土城之外，高丈二，闊八尺，足行一人一馬，以備臨禍潛出，可謂深思遠慮矣。

彭大翼《山堂肆考》卷二七《地理》　《三輔黄圖》元始四年，起明堂辟雍，長安城南北爲會市。但列槐樹數百行，爲隊無墻屋。諸生朔望會此市，各持其郡所出貨物及經書傳記、笙磬器物相與買賣。雍容揖遜，議論槐下，謂之槐市。

朱國禎《湧幢小品》卷四《都城》　國初有「高築墻，廣聚糧，緩稱王」之言，一以爲朱升，一以爲陳碧峰，其説不一。然太祖初得和陽，即分地甃城，此時謀臣尚未合，隱士尚未搜也。既都金陵舊城，西北控大江，東盡白下門外，距鍾山頗闊遠。而舊内在城中，因元南臺爲之宫，稍庳隘。上乃命劉基等卜地，作新宫于鍾山之陽，在舊城東白下門之外二里許，增築新城。東北盡鍾山之趾，延亘周回，凡五十餘里，規制雄壯，盡據山川之勝焉。既下北平，大將軍展築其城，取徑直東西長一千八百九十丈，文皇因受封焉。既即位，定爲北京。六年北巡，稱行在。方平南交，屢出塞，且營宫殿，未聞有所改作也。

朱國禎《湧幢小品》卷四《都墻》　六朝時，建業都城外，僅竹籬。齊高帝時，有盗發白虎樽者，王儉言：「白門三重門，竹籬穿不完。」上感其言，改立都墻。儉又諫止，上曰：「吾欲後世無以加。」所謂外羅城也。我朝改作，凡十三門，周二百餘里，包鍾山、孝陵其中。北京惟貼城，内外爲女墻，高不及三丈。嘉靖末年虜患，作南城，如重城之制而稍庳。要之，都墻不可已也。

朱國禎《湧幢小品》卷四《羅城分工》　南京外羅城，舊俱工部修理。成化九年奏准，自馴象門起八門，屬本府修；滄波門起，屬工部修。焦猗園云：太祖築京城，原工部與本府共工，後府築已竣，尚有餘資，建石橋于江東門，曰「賽工橋」，蓋賽工部也。後人誤以沈萬三秀媳婦所築，遂曰「賽公」，可笑。然則成化題準分修，倘亦有舊例可據耶？

第一辑

你不能煮沸大海

孟子为 著

敦煌文艺出版社

图书在版编目（CIP）数据

你不能煮沸大海 / 孟子为著. -- 兰州 ：敦煌文艺出版社，2016. 6（2022.1 重印）
（陇军崛起丛书. 第一辑）
ISBN 978-7-5468-1440-7

Ⅰ. ①你… Ⅱ. ①孟… Ⅲ. ①诗集-中国-当代 Ⅳ. ①I227

中国版本图书馆CIP数据核字(2016)第115176号

你不能煮沸大海
陇军崛起丛书（第一辑）
孟子为　著
责任编辑：张　桐
装帧设计：锦色书装

敦煌文艺出版社出版、发行
本社地址：（730030）兰州市读者大道 568 号
0931-8773084（编辑部）
0931-8773112　0931-8120135（发行部）

天津海德伟业印务有限公司
开本 880 毫米×1230 毫米　1/32　印张 5.75　插页 2　字数 118 千
2016 年 8 月第 1 版　2022 年 1 月第 2 次印刷
印数：1 001~3 000

ISBN 978-7-5468-1440-7
定价：35.00 元

序

冒一点烟，剩一点灰烬

刘润和

用曼德尔施塔姆的诗句开篇，是想从中获取一点底气。因为孟子为常常半带戏谑地说:“认识润和那年,他还正长个子哩！”

是的,那是三十年前,河西走廊,古城凉州,《红柳》编辑部的小院,阳光充满天空,杨柳轻摇微风,一批文青聚在1986年的诗情画意里,他兴奋地讲着《二十二条军规》《审判》《万有引力之虹》……十五年后，孟子为结束了三年的援藏生涯，带着藏式礼帽冒雪赶到兰州的某家饭馆,在酒桌上送给我一本《西藏啦西藏》。此书以散文随笔为主,间杂诗歌并配以多幅摄影作品,是他西藏生活的“独行状”。2002年底,他从电视台调到西北师范大学新闻系当教师、拍纪录片,收我作了编外学生。我跟他学写电视片解说词,首次“触电”,意外地得了奖。后来,他出了第一本诗集《更蓝之碗裂缝里的大象》,好评如云,招引了许多粉丝,我即是其中之一。

在诗歌不再吸引大众眼球的年代，孟子为依旧坚持着要发出自己的声音。他的第二本诗集，延续了过去，走得更加高远。

孟子为的诗里明显地表示出对这个世界的质疑。这种疑惑来自于我们所处的时代。这些年来，生长于文化荒芜期的思考者一方面在自觉洗涤与生俱来的暴力和集权清醒灌输的非理性观念，一方面在审视面前发生的匪夷所思的种种现象：传统文化支离破碎进而被曲解，社会道德和规矩大面积堕落和溃败，人性之恶已然放大到无以遏止的地步……所有这些，对有良知的诗人而言，精神上肯定有痛苦的磨砺。折射到孟子为的诗句里，是失望、悲观乃至于绝望。

孟子为数次写到了"黑"。"我知道这走廊没有光没有出口/我不知道为什么我要在这里/血流不止/伤痕累累/成为这走廊的部分组成"。《走廊》)"后面是黑/前面是更黑/一年的梦是水中溺毙/一年的梦是一个梦/——在水中/我一次次死去却又活着/而你依然英雄/依旧英雄集体的大首领/在坚固的堤岸"。(《无有差异》)

《无有差异》中他念念不忘的"黑"，在此处无须多做解释，身处其中却无法脱逃，是在暗示我们的生存状态，还是另有所指？他在现实中苦苦找寻的答案，深埋在无数重复的黑暗里——亘古如斯，即使今日变为“雾霾”，不过换了一种“外衣”而已。

和强大又无处不在的“黑”相比，个人的渺小和无奈显而易见；这和北岛“在没有英雄的年代里，我只想做一个人”的诉求异曲同工，但孟子为似乎更为彻底：“前面十道重门/一道道关闭/后面比十更多的重门/一道道关闭/空中有网/脚下是高标号水泥地/两侧是石崖 如此/我们也得活着/为了比我们更胆怯的那些” 。(《活下去但不要记住》)他反用了苏联作家拉斯普京的《活下去，并且要记住》小说名，写下的却不是拉斯普京的影子。他在另一首诗里提到了北方——红星闪耀的窑洞、甘肃的夹边沟、苏联的古拉格、更北方的死于饥饿的纳努克，这些带有复杂意味的地名。“于是你忏悔而非祈祷/我们的苦难不值提及”。类似的景象，伴着严寒、冰雪、大风不时跃然而出，这是“黑”的又一种变异：“我被冻成非我/被冻成他们——或你/——你花园之外/更遥远的北方继续/我被冻在冰中心/在冰的挤压中警觉”。在该诗的结尾处，他用了苏联的天才诗人曼德尔施塔姆(被斯大林政权逮捕、流放、惨死远东)的名句“列宁格勒列宁格勒/我不想这样死去/许多朋友的地址还在我的口袋里”。(《冷冻》)

当质疑无法解开，矛盾难以调和，孟子为开始颠覆固化的世界，将自己置身于田野、河流、石头，努力地埋葬火焰，唤醒花朵，试图以隐晦的方式记录和揭示某一时间的冲突，然而最终无果而返，仍旧手执新的疑问暗自感叹。他锤炼诗艺，期望抵达，却像套着越来越紧的绳索，一步步走向西绪弗斯接受的苦役。他不甘心随波逐流，被收买或御用，唯一的方式是疏离，自说自话，证实独立。“当诗在铜的队伍里/休克/对于这支队伍/就是死亡的前兆”。(《诗的命运》)“狗和狗一样/人与人不同/在希望的田野上/没几只好鸟 而我/不怯独行”。(《我们的大地》)这样的选择，貌似直率甚至有点故意捣蛋，暗藏的则是诗人的自信和自觉。他蜷缩在自我的小小空间却看望着天空和原野，他沿着墙角一侧禹禹独行却观察着倾听着，貌似质朴、简约、内敛，却有特立独行的大诗人底气。

在朋友聚会的场合，孟子为有时会朗诵他的诗作。也许是酒精作用，此时的教授变得怜香惜玉，柔情万种，完全没有讲坛上居高临下的师道尊严。他怜悯餐桌上手掌大的羊羔头和关在铁笼里等待屠刀的狗们:“……必然有之的那双/一眨不眨在看的眼睛那双/一直倾听的耳朵 /那双从不停止记录的手/无有遗漏的耐心”。(《铁笼里的眼睛》)

我是一个没有明确信仰的人，对有着极好佛缘的孟子为颇为羡慕。他时而佛陀，时而上帝，我至今搞不清楚他究竟信仰何方神圣。毋庸置疑的是，他信仰的是善良，在诗里也善心毕现，尤其是在他写给母亲和女儿的句子里。“我童年而你成熟/我老迈而你年轻/尽管阳光下你没有影子/然我知道你和我在一起/如枝叶/如鱼水/而你正是枝/正是水”。(《陪护者的幻像》)

孟子为年过八旬的母亲是1951年参加革命的干部，这些年身体不好，多和他住在一起。朋友聚会，他必是先给母亲做好饭，看着老人吃完，才敢赴约。前几年老人住院，他在陪护中写下了这首在其诗作里稀见的较长的组诗，这首诗和他对母亲的挚爱有关，分量自然厚重。而他写给女儿的诗，时常被友人误读为“情诗”。“让我数着你的指尖入睡/让我听见风衰落/月光柔软的瓦片/让我想着你太阳花一样的笑颜/ 但不要进入我的梦里”。(《致醉儿》)怜子如何不丈夫，何况诗人要怜爱女儿，还能不写得感人肺腑

孟子为给女儿的诗，让我想到他年轻时的遭遇：父亲早逝，母亲带着兄妹三人在贫苦中煎熬。经历过“文化大革命”、当过知青、人虽去世多年所戴帽子至在阳世影响着全家命运的父亲；生活中是孤儿，被歧视、被欺凌、被辱骂、被伤害，他很少提起这些往事，在诗里却有不少喻示。依弗洛伊德的理论推断，其诗的源头也许就在于此。

说到他给女儿的诗被误读为“情诗”，某种医素

在于这本诗集里的诸多诗篇有被误读为“情诗”的可能。孟子为是一个传统的人，偶写旧体诗，曾有过“……匹夫有志须大马，酒酣一吼过西凉。”“……长策错刀等闲事，青湫独石不系舟。忆昔日砺齐云天，镜中耻看少白头。”的豪放句子，看出来他受过唐诗宋词的滋养。其白话诗却反其道而行之，是后现代的路子，一眼看上去有诡气、骚气、荒蛮气和神秘气，骨子里却是灵气、倔气、忧郁气和狂放气。

孟子为对景物或事件的描述，诸如他诗里百般形态的风雨、花树、流浪狗、死猫之类的动植物，仅仅是其想法的表层。剥去了华丽或游弋的成分，追索其真正的核心意图，仍然会引发曲解。诗的功能或许是在隐秘表达，抑或是在构建密码。如果这个偏见尚有立足之地，那么孟子为的诗显然属于后者。

诗人舒白在评论孟子为的诗时写道：“就我自己而言，孟的诗句我是喜欢的。像一种归隐之后的语言，像一种回来之后的感觉，我们重拾故乡，亲人，缄默的事物，甚至恐惧和忏悔以及内心的废墟。

有的诗人的诗句很重，而他的诗句是轻中之重。在感觉，在声音的背后，在过程。马蒂斯的油画、素描有一种不是那么明朗的功效，不明确但充满了张力。而孟子为的诗似乎也是这样，它不妨碍诗意的延伸，而力量全出。

你只需要静静去感受他落下的每一个句子，
能找到悠远。

我不敢僭称自己是灵通，但任何一个人应该
自己内心的灵通。整首诗歌似乎让我感觉一个复
的游子的归来，静中持动，情感，记忆，当下，远方。

这是情感的真实，而非虚伪的赝品。唯有祝福
这样真正的诗人！”

实际上和诗人的想法与初衷相去甚远，以至于
风马牛不相及。技穷时解读诗人及其诗作，往往是
一漏万，难得正解，于是，终不免求助外援，想到的
是孟子为喜欢的曼德尔施塔姆。他想过去俄罗斯
远东凭吊这位不知被埋在哪里的伟大诗人。

约瑟夫·布罗茨基在谈到曼德尔施塔姆时
“他的诗歌变成一种高速和暴露神经、有时候隐秘
诗歌，带着多少有点缩略的句法，以无数飞跃越过
言自明的东西。然而，以这种方式，它反而变得比
前任何时候更具歌唱性，不是吟游诗人似的歌唱
是鸟儿似的歌唱，带着刺耳、难以预料的措辞和
高，有点像金翅雀的颤音。”

把这段话作为本文的结语，我认应该是对孟
为诗歌的最好注解。

2015年12月13日

你不能煮沸大海

目录

引　言

诗集《更蓝之碗裂缝里的大象》出版后，得到许多不认识的诗人、认识的诗人和读者、朋友的肯定与好评，飘飘然地很安心。十几年“懒将心曲写画楼”竟强迫自己完成了件事，精神上得到慰藉，感觉已经足够。

对

当回声回答

当雪拒绝

当胸腔冒烟而放弃

跪下去

是正常的

——《无助之时》

台湾政治大学一教授在北京宋庄说：你再写上这样十几首，就可以去争第一。我说这一首就把我写趴下了。

对

对举起的镰刀

麦子能说什么
对地里的麻雀
麦子能说什么

对转动的磨
麦子能说什么

即使被选为种子
麦子能说什么

——《麦子》

一位已有成就的电影导演看后对我的学生说:“一生能写出这样一首诗,也就够了。”我回信请转告那不是我写出来的,是“麦子”憋不住自个走出来的。

……

事实上,我也认为《更蓝之碗裂缝里的大象》之后,我是没有什么再要表达的,但我错了。忧思依旧、伤心依旧、牵挂依旧、无奈依旧、生气依旧、缄默依旧、惆怅依旧、郁结之气依旧、块垒依旧、愤怒依旧……特别是愤怒。于是,为了抑制愤怒努力着把诗要写得更开放、更含蓄、更内敛、更紧缩、更节约、更意味深长。

像

　你看见了

　青烟散去就不曾有过

　这唯一的复命

——《对烟而坐》

然有时却写得竟这么直白。

在这个人渣的黄金时代

我们要有尊严的站直

如此，你将不会胆怯

当猴子穿上礼服

当猴子对你撒尿

当你的眼睛变成石头

当他们已是石头

——《我们与他们》

　　这类诗，开始我决定是不收入集子的。然初秋
一个早晨，让我改变了主意。站在窗前，看着给对
楼房外墙加贴保温材料的工人，用冲击电钻打孔，
耳的噪声中，我突然意识到不收录它们是不公平的

我用它们表达了自己的情绪，结束就抛弃，这不好，做人不能这样。诗是有生命的，活的，人不能过河拆桥，知恩不报。于是，不畏被说浅薄，就收了。

恳请看官先生原谅，谢谢！

其实，在这个只崇拜金钱与权力的社会做诗人是极悲哀的，至少很不合时宜。你说你是诗人，就等于说你什么都不是。至于诗的传播人们更像是对待一条或一只垂死的流浪狗或流浪猫的态度，除去廉价的同情几声，什么也不会做的，仅此而已。

你发微博、发微信，得到几个认识人的赞，仅此而已。

你发杂志，满兰州市的书刊站、点、亭、店，你找不到一本《诗刊》，真实不虚。

“还诗哩？”发福的书亭大妈一脸的不屑一顾。“法制文摘现在都没人看了，还诗哩！”

你出书，你就自个买下送人吧。

如此，诗还写吗？写。因为——

诗中的字　词
都是你的亲人
单个是温暖
成句是火

当你第一次呼喊神灵

　　第一次垂下臂膊

　　第一次倚诗站起

——《我们最需要的不是苹果》

于是，我继续写诗、评价诗、谈论诗人，但我似乎都是自言自语，且在人们聚集就讲官职、级别、房子、通奸、股票、分红收益……的演说与喧哗中，我根本听不到自己在说什么。

于是，我开始恶心。

“雹老(不了)再干，”窗外，一个永登的包工头大人仰面大声叫停吊在半空粉墙的工人，音量使两个单元楼道的声控灯都亮了起来。“雹老(不了)再干，哈(下)来。”

这是对我喊的，我想。这是谶语。

我停住写诗。

改写祝福翻看我诗的人，我们是有善缘的，为此我为您祈祷：

佛陀的慈悲护佑你的每一天！

2015.09.25 兰州

2012 春节

今天的年浓过水浇地的腥气
一个心在流放的诗人
在给母亲写首诗
她几年都在别人家过年
他几年都在雪地
现在，他已走过正午
没能写出一句　甚至
一个词
雪在他脚下火一般响着
直到黄昏成为一个句号
他仍没写出一个字
雪更响了他明白
即使他死去他也写不出这首诗

2012 给恬儿

九点，你将第一次北上过年
去一座卧佛的城市
我继续我不曾中断的功课
为你祈祷　兰州

仍是重度污染
灰尘隐匿了森林
悬浮的锡纸团可以被任何
眼睛直视
而你是明亮的　如
你的眸子
九点你将北上
我也要南下我昼夜爬高的长途
较之一条被弃之狗
我的快乐犹如
花瓣片片零落的野桃树

2015 清明

这个清明没有下雨
粉色的桃花
白色的梨花
红色的杏花
杂色的苹果花都还在枝条
然我知道只要一阵风
一阵不能招展旗帜的西风
抑或 一阵湿热的南风
他们就会掉落
像去年清明的中雨
哦,我心上的隐疼
从无指尖触及

2019

2018 年我要给自己盖座房子
在太平山下
外婆和父亲居住过的院落
我会把它一分为二
东边的留给弟弟
朝南的窗户我要使用落地大玻璃
房间挂上自己的诗
我要接回母亲
那时，我发誓不再思考
　　写作
不再拍摄
怀念与回忆
也不反省
我会坐在门槛上发呆 抑或
把院里的一棵树做云行走的参照物
做我自己与他对视
在任何天气任何时间

白花与遗忘

害怕被你再次伤害
我躲你远远
遥望只有轮廓
光修饰着你
旋风依然不能接近
贵族死后继续高昂的头颅

北　方

鼻血阻挡你挪动
像你不能挪动大象的尸体
然西风扭转你的头
你看到北方
北方——红星闪耀的窑洞
甘肃的夹边沟
苏联的古拉格
更北方的纳努克
——死于饥饿的纳努克
于是你忏悔而非祈祷
我们的苦难不值提及

并非孤寂

那些冷漠与缄默的
那些观望与依旧观望的
那些脸
那些酒水
我们曾在一起喝
唱歌喝
击打木头喝
然现在我一个人喝　一个
在雨夜波动的阴冷中
在疲惫的晕眩中
喝　喝我血酿造不红
然清冽如岩石露水的酒
当亲历的不曾有过
言语不再暖意
情感归服缄默
我一无所有如婴儿甜蜜

不得停留

推着石头我走过你的花园
那荫下睡着一条大狗
上一次它没有石头高
七八颗花蕾不及绽放就像
塞过鼻血一周后的棉球
哦,现在的香水手指 咖啡 音乐
稠密的植物
滑冰的美人们掠水的燕子
我就想依靠石头像石头一样
作塞壬脚下的枯骨
然石头动摇着催我前行
我并非推石苦力而是石头
推着赶路的民夫

不同的世界

爬山虎变红时你们上升
金黄的银杏树林
许多人在那里拍摄各种姿势
我在林子西边的对岸冥想
风吹来一坨牛粪
像草蛇悄无声息

吃

给他们戴上光环的羊羔肉
肋条细过他们的日本筷子
他们带着假牙吃
　　喝着苦荞酒吃
　　抽着烟吃
打电话约请朋友吃
　　　　　表妹吃
他们吃
他们吃嫩骨的肋条
小过她们大嘴的羊头
他们说着吃笑着吃
从黄昏吃到黄昏
从下午吃到深夜
约定明天再吃
“被我们吃掉的那些动物
都有明亮的眼睛”
他们吃他们吃
他们吃滑坡泥石流也不停止
他们从未想过停止

春

整个冬天你在树上一动不动
你无处不在却被我们故意否认
现在你来了
你不恐怖春的力量吗
你看　春
无有遗漏的占领任何角落
绿出可以烧毁岩石的火焰
且又装傻娱人

春雨早晨

我美语蚂蚁和蜜蜂
是美语我每天早早起床
写诗
操作一些机器
如此夜里我就能和死去的亲人
远方的母亲交谈
佛陀的眼睛
上帝
给我庇护的祖先
我理解柳树不是这个早晨绿的
春天不是这个早晨到来的
然它们仍绿得让我想飞
我活着
且能想起许多人并怀念他们
因此那胆汁食物
我吃不出你说的那苦

词字与女孩

那些感动与被感动的词　字
那些松茸
那些烧出官窑瓷器的木柴
那些纤纤素手
湿润的气息
芳香的语言
帮我恢复的植物
枝叶犹如词字亲切的羞涩街角
更快地一闪而过

此刻在落

此刻落花的树木正在落雪
未落的冻冰
冰消落水
水落地复又冻冰且被雪
厚厚覆盖
对着树木我如此惊讶
仿佛第一次看见
然它是我栽种

错　误

那些熟悉的动作又在树的后面出现
我的皮肤被铧犁耕
然无血渗出
土地干旱我找不到合适的词字
才明白没有学好语文是个致命错误
然这没法弥补　那些
因这错发生的更多错误
雨终究不是你说下就下的
尽管那通灵的汉子传递神谕
三天之内　一定有雨
我买来一摞词典守着如何把它们像
点滴输入我的血液
然我只有一口枯井鸟群正在上面

当我们醒来

甜蜜的梦啊
尽皆狰狞
你听,这无有差异的雨声中
多少婴儿在哭泣
甚至流产的那些也在号啕

冬　树

树在北方的冬天是铁的
它不摇摆也不招呼
那些闲鸟
好似寂寞地黑黑站着
好似也是铁的

动物的尊严

大型猫科动物知道自己的死期
狗也知道
但它是犬科
还有我不知道的更多动物
甚至昆虫
它们知道自己的死期
会选择一个幽地
缓缓趴下
在自己眼皮制造的黑暗中
疼痛
高烧
抽搐
喘不过气
然它们不会呻吟
不会祈祷
不会回忆并总结一生
留下遗言
它们静静等着
体面 尊严
远超我们的慌乱

豆　子

你毫无表情拿走我的豆子
我唯一的一粒
而你有一仓库
我语气柔软地求你还我
那粒没有任何特别的豆子
你仓库中的任何一粒
你玩手指
玩戒指
突然像被引爆
我陌生我如此遥远
你又如此接近

对花朵的规劝

风景中的丫头
你当如盛开的郁金香
要留住那红
为窥视的秋天 和
恶过坦塔里斯的西风

对烟而坐

我们知道
青烟散去就不曾有过
然你相信
不曾有过吗

多余

我打马追你愈加遥远

你那优雅

　那古典

和我一起行走的树木

自落叶子 这样

等你回来我们就在无荫的阳光里对视

拒绝

任何解释

芳香与花朵

芳香,我不能精确分别你的类型
但散发你的花朵
我知道它们不同
它们有的像国王
　　有的是流浪汉
然更多的似我年复一年
无人察觉的春绿秋黄

风　景

那是农民种植的树林
不爱
你就回头
这片是天然的
奇异不可猜度
犹如末世的人心
倒地又站立的那棵红桦
是我在乱石之上

浮　生

你从高粱和玉米牵手的田埂走来
如此准确
野草莓反季节一地绽放
你没有停步
这使我对你敬畏有加
缄默了更多话语
然沉沦水底的那个词此刻浮升
腼腆有如气泡 有如
挣脱束缚的木块
旋转水面却不能抵达

复　活

蓝色吞噬了你
然你复活后更蓝
它们自行排列
寓意深刻的诗句
锐减我看雪的视力

戈壁上的西绪福斯

石头已经圆满
大车无轮
落日之前岩羊没有方向
　　　　　　没有目的地
然你每一步都做到了
完美挪移
因你曾经被搅乱
　　　　被悬挂
　　　　被延展
被银匙一勺勺掏挖
那时你的眼球跳出来安慰你
和着沙砾的粗糙

哪里都是我的家
我在哪里都可以睡觉

给 Dy

水知道你摇动
人否定
风　知道你摇动
人　否定
你知道你摇动
你知道我知道你
摇动
这独我而无人察觉
一朵樱花会意
当你的眼睛变得细蓝
一动不动
当你的举止像大提琴
长弓停止后的回响
你方开始
那白色的翅膀才将投影湖面
你已藏匿最后的音符
在自己的毛蓝心库

送高亚楠

犹如无根树木的花朵
哲学的回家
归来
非沧桑者的缄默不能释义
准确的诗 可以
绽放你的额头
令你容颜闪烁
然呼吸总无海的气息
且时时有雹
在西北的黑夜
当河流熟睡
寂静侵入骨骼和血
似初冬的寒冷
你的离去不是我的霾和阴天
不是无人入镜
是我仰望晴天彩虹的开始

给美丽的女人们

浓妆的美人
雨追着你
等待你胭脂的泥土
你听——
正长着恶意的蓬蒿
节节爆响

给母亲

妈妈,你能不能安静一刻让我想点事情
既然你已经再次把我吵醒
夜浓得像苦苣汁液
我抱着膝盖
那个行走的人还在行走
吹着口哨
他忘了自己的名字自己的家
他不冷
他自己对自己指认树木
自己对自己解释
蕨类植物比恐龙古老
对空气说火说他过河下雹
　　　　　　　　上岸下雪
他一生都在雨地里
事实他因厌倦行走而行走
现在却以我的名义
我是该抓住
也是该我抓住的时间了

给自己的 2014

这一年我枯坐的时间超过
行走的时间
枯坐时就用你许诺给我的烟斗
——红珊瑚烟斗
把你吸入
这样我就不要梦里看你
湖蓝的眼睛
婀娜的腰肢
镶边服装后的真实
在豹花空间
做早晚的功课 春天

北方的不是跟着年来临
春天早在变红的落叶乔木上
缄默注视
我在薄冰上的站立

幸福有你与我同在

给醉儿

让我数着你的指尖入睡
让我听见风滚落
月光柔软的瓦片
让我想着你太阳花一样的容颜　但
不要进入我的梦里

关于诗

当诗在铜的队伍里
休克
对于这支队伍
就是覆灭的前兆

海的夜与昼

当海不再是声音
当灯已倾翻
当尖叫开始柔软
杯中有水
悦耳的不只是海鸟
草虫　家禽　牲畜
风的一切应和
我将因你深深呼吸
在任何不可以的地方

海　鸟

那边的大海是你的大海
这边的山谷是我的山谷
雾里我看见了你
白色是雪做的 黑色
来自无间地狱
而灰色来自优雅的宫廷诗人
抑或被拒绝的仙子
而你又是蓝色的贝氏罂粟

弯月长刀守护着你又割伤了你
而我出血更多

黑　暗

黑暗没有退路
较之我们它与蹄印更加密切
丝绸之路
葡萄跟着你
还有苜蓿
——这些让马匹疯狂的多年生草本植物
开着紫色的小花
藏匿一堆堆青玉石料

化雪时间

夜间的落雪午后消化
清亮的雪水过街就变成
黑污发光的皮绳 钻入
南墙更厚的雪下
那里可以变冰
可以　储存愤怒　与
恍惚迷离的脸
骁勇的姿势
子弹
删除一个没有字节的文件
它曾被仔细保存
而这些与你们无关

恍然之间

在纬度最东的胡杨雨地
我哆嗦着
石头的内心永远干燥

混　乱

潮汐自你那里而来
我被盐湿重
你的名字像荷花出海
像一支　永不乏力的箭
穿透我进入
深处触及
你的手指
触及我半生护持的秘密
水引导着　歌
犹如禅定的心
梦里仍是蛇
塌方的山路
未曾去过的那里
成对开放着五瓣白花

活下去但不要记住

前面 十道重门
一道道关闭
后面比十更多的重门
一道道关闭
空中有网
脚下是高标号水泥地
两侧是石崖 如此
我们也得活着
为了比我们更胆怯的那些

记　见

透过木门我看见去年站立
一只鹤的地点站着
一个男人
他的影子是他身高的三倍
我想太阳就要落山
我看着他像被施了魔法
开始红化
无知的海水涌来又退去
再一次涌来又退去
再一次又涌来时
那个男人
那尊红化立石
已是一堆
像证明自己活着剥离的沙子 抑或
三天前死去的面条诗句

简单如鱼

我要学习对一粒小米摇头摆尾
拒绝饥饿
温饱的消息还在
冻土地下
你来得过早我尚未返回
路上我反复检讨因果
无关你们

将此，始终是一

那时间你给我的木心钉入
马掌长钉
给我的冰心砸进
不止数枚的水泥钢钉
此后你便缄默
炸我无心
然我无心那疼痛依存
自你从我生生割离

结石榴

结石榴砰砰落地我无法阻止
除非它自己改变主意
除非神　与
神力
结石榴一颗颗砰砰落地一颗颗都像
地面打击
然我无法阻止
除非神　与
神力
结石榴是种形状奇特的水果
像乌贼鱼
像等待亲吻的嘴唇
从任何一个角度去看
结石榴都有棱有角
六个面都能会意
像藏民白塔上细长的佛眼
但结石榴不好吃
但人们喜欢
人们把它摆放梨木团桌

摆放水果盘的上层
但没人吃
但人们会用它祭祀
供献祖先
庇护我们的神灵
结石榴高兴也和我交谈
譬如在黑夜
譬如在大雨要停未停
譬如它知道我在看它
却想着别的事情
它评价我去过的地方
——那些我已忘却的地方
语速缓慢地说出
雪的准确深度
天气的温度
我站立的经纬度
一个女婴在那时出生
一只藏原羚混入羊群
一个男人在打击屎柱
一辆车陷落冰河
许多人决定愤怒不等来年早春
那时我在聂荣
——藏北的东北

那时月亮跟着太阳悬在我头顶
这对各穿金银的兄弟
不能再蓝的宠儿
期颐靠近却又保持距离
恰好一株结石榴的距离
然大头羊山谷的人没有听过
也没有见过
任何的结石榴
我精确描述重复细节他们仍然摇头
直到我明白我说
和没说一样
然远方的结石榴感动
誓言一次报答
因我把它说地如此诗意：
结石榴是柠檬冰水隐匿的忧郁
是一个不能言及
然像不可移动文物一样
真实蓝化的存在
而此刻你就在那里游走

进　步

我守着你悄然开放

自我救赎

否定曾经相信的那些

瑜伽

吐纳一个海洋

救　赎

我的死亡是你的救赎
然这只是一种可能
然我乐意朝好处去想
当我是你贴上种种灰色 黑色
标签的木头
盲井里的机器人
他们便远离
更为坚定地拒绝
仿佛我是萨斯 抑或
中东呼吸综合征患者
我缄默 被迫学会
我躺在母亲睡过的床边思量
伯父绝食自杀的二十八个昼夜
母亲的自言自语
我平静如油
绝望是另一种愉悦
樱桃的滋味就是上帝的宽恕

看，你看

这是我的唯一拥有 你看
——你看那沙尘暴
冲锋的魔鬼之城和
复仇的狼群为我而来

空无所靠

你那株大树像细草落了一只蚂蚱
优美的弯曲下来
你去依靠　却
掉下悬崖
它长于假象
它知道你的那丁点事情
但从不作声
即使你给他一次次端上蜜桃
你是一个
那是一个
他们是队伍
是森林的和声与海洋的和声
现在你听——
你没有记忆
倾诉的都是失语疼痛

来路之响

你走过去年走过的雪地
发出
木头挤压木头的声响
骨头碰撞骨头的声响
你走得如此稳健
滚动停止的落石
构成一首短诗
然你的早熟让我惊慌
不到季节绽放的灌木
总叫人揣猜
我不解你走过雪地没有脚印
怀疑你是否真的来过
然雪发出木头挤压的响声
骨头碰撞的声响
一如我们去年撞见你的那个时间

冷　冻

我被冻成非我
被冻成他们——你们
你们的花园之外
更遥远的北方我继续
被冻
在冰中心
“列宁格勒 列宁格勒
我不愿这样死去
许多朋友的地址还在我的口袋里”
这是曼德尔斯塔姆的诗被用作歌词
然歌——我从没听过俄语唱的
也没听过汉语唱的

梨　树

梨树梦见槟榔
梦见卷着羊毛花边的潮汐
　　　　青色丝绸的潮汐
它们母亲一般小心翼翼
上来又回去
还是那槟榔 移动的槟榔
抬腿又落下
联动水中的影子
梨树因此而倾向
指示槟榔海的路标
那里——
槟榔是红色樱桃
白色是对开的昙花
在古城深厚的暗巷中 你

为何如此写作

两种姿势

你的声音拉一条条绳索
我脖子上抽的
你平静仿佛木头　然占有
砍刀
我已倒地
草温暖我的脊柱
至此我仍是你的目的而非其他

蚂　蚁

靴子里的蚂蚁就要死亡
它已不能言语
靴子里的空间对它来说
就是拥有一个宇宙
然它拒绝
当我们的眼睛熟悉黑暗
总还能看见点什么

对于现在而言

盲文秘密

你的眼睛是水面多角闪耀的金星
逆光旋转
黑夜的天幕
你兑现我的秘密是
浸泡过的盲文
这使我不得不返回　而你
正在芙蓉树下
周围落满叫人爱怜的花朵
你身上
　脸上也是
而凋谢的花朵还在深埋你
而你一动不动
仿佛等待出行的背包
我呼唤你而你僵硬
犹如我比喻落花掉地的蝉尸
翅膀紧紧并拢

没有答案

梦不重要
然我被惊醒
这个夜如猫眼完美
在五月之末
你是那腾升的团火天鹅
而我只是你的
秘密见证
你的北究竟在哪个方向

门

几时你从丝绸的滑梯上下来
带着神祇的宝匣
那门也不会为你打开
尽管这门是你的
你拥有它唯一的钥匙
那盏灯也是
同样你不能点燃 闪亮
你期望的片点火花
当你在黑暗中被条缕撕扯
被一如既往地嚼吃舌头

无有差异

时间不曾放过桃树越长越高
背景是黑 前景
是更黑
然有你我就不怕
一年的梦是水中溺毙
一年的梦是一个梦
——在水中
我一次次死去却又活着
然你依旧英雄
　依旧英雄集体的大首领
在坚固的堤岸

木船龙骨

它就在那里被雨水洗得发白
像矿工的裤子
　断把的农具
它就在那里
雨水正把它变黑
一只不可思议的蝴蝶
停在上面
生动地叫人窒息　艺术
此刻就是两片色彩的开合　与
夸张的木纹
当潮汐不会涌来
海在远处
海不语
鲸鱼的骨架
无影空闲
偶尔有摄影师把它作为拍海前景
也没有觉察
一直温热的巧克力正在融化

木头里的螺钿

嵌入木头的螺钿是木头的一部分
尽管它没有吸收木头的善良养分
木头始终是温热的
像从不拒绝的手
——菩萨的手
金属是暴君的长刀
不似木头
我愿意嵌入木头的螺钿
是木头的血肉疤痕
温热较之婴儿
更为细腻的皮肤

牧羊人

牧羊人知道他的羊不知道他的手
羊不说话他知道羊在说什么
他对羊说羊只吃草 然而
羊知道它该行走的方向
就是牧羊人要它们行走的方向
牧羊人却不知道自己的脚
他拔刀刺树反伤了自己
他用土止血
左手攥着右手 羊
啃吃麦子不看他的手血流不止
麦子比青草密实也更加香甜

那个时间

当你悬浮空中不能触及大地
当你躺在黄金床上不能
走出门厅
当你点燃自己无人进来
看见的没有放慢脚步
那都是你的事情

那时不在

夏天我走过你窗前的冬天
站立体验
那时她穿着羽绒服
包着驼绒围巾
你不能看见她细如鹅颈的
脖子和腰肢
她从窗前来回走过
你没多看一眼
那时你觉得你很强大
你是龙
一只翅膀也能飞翔
看墙皮就会掉落
现在你偷偷流泪
解析咸盐

南　风

不,是那南风
南风
你送来的南风带着雨
我们欢天喜地

你别过来

水罐都在那里
被喜鹊啄瞎的眼睛仍然看着
热沙覆盖的天空
没有姿势　你

走错方向而来
被一罐子深的瞎眼误导
然你只短短停留
那里
只一棵沙枣树
黑过更黑的站立
当你可能回看
当他错溺于幻想
当一天星斗璀璨
当地火烧失了星斗
烈焰依旧腾升

你的眼球

最终我在水底找到你
抠弃的眼球
它正开放一朵斗彩泥花

你的雨

你的雨还在空中生长
还没有决定落下地面
然我已被你淋湿
已经像嘴巴张大的冰草
像帕斯泼水的白杨 抑或
其他树木
你的雨还在空中生长
我已经抓住你
五月败落的叹息
当你的第一滴雨砸出
一个洞
我就在其中
等待另一滴进来

你吓着了我

我躲开　当你走来
当你走过
留下见证行走的尘埃
树木也悬着
粗糙的湿心
这不只我一个
在霾的巷道被呛流泪
咳成小报新闻
五十惊吓了我
我的温柔之湖
你清至澄明
然我的大海之疼　我的鱼
我们的出血指尖
在霾的春天
绿似乎更加强大的闪亮
我无能抵达你的那岸

你这首诗我懂

在这个人渣的黄金时代
我们要有尊严地活着
如此你将不会胆怯
当猴子穿上礼服
当猴子对你撒尿
当你的眼睛变成石头
当他们已经是石头

鸟与树与诗人

鸟去了挪威森林
鸟留在自己的集中营
鸟在电线上自杀
鸟进入我们的厨房
在玻璃上撞出响动
这些,都与树
与树上的巢无关
树下的老人还在写诗
写他血液的一部分
　　流失的一部分
"那鸟——"

鸟　语

我泪水浸湿的一块块农田补丁
它们黑黝黝的
当我从鹰的高度俯视
我泪水浸湿的一块块农田补丁
它们黑黝黝的

女孩与卫星

酒泉发射卫星时
莫村的一个女生点燃了书包
他的父亲看着没有说话
　　母亲也是
周围的一圈人也是
这其中有许多是她的亲戚
书包的黑灰被风吹跑
围观的人开始离去
烧书包的女孩像坐着的板凳
坐在板凳上望着电视
卫星发射成功
激动的人群仿佛找到了失踪多年的姑娘
这叫村民深感陌生
卫星进入了预计轨道
女孩离开了板凳
一颗卫星与一个女孩有什么关系？
播音员读着南美洲总统的贺电
女孩在给猪喂食
那边，三只绵羊看着她
它们知道她就是它们的温饱

陪护者的幻像（组诗）

一

我就在你那里　在你
死亡一般的睡眠中提升
我想我从此可以
不会哭泣
在你离开叫你晕眩的这个鱼市
在我啃吃完我的最后一节手指

二

活着的人是哭死去的人吗？
不。依丑丑的文字
活着的人是哭自己更孤单了
面对又一个亲人的离世
我只能蜷缩
持续扩大的裂缝中
哭　哭吧
无人劝你
能哭出孤单的人是有福的

然我不行

三

是我又会怎样？那个
在病床上望着虚空
一动不动的老人
是我就能有回忆吗？过去

被绵绵细土仔细埋没
今天，点滴进入血液
然终究会空无
芍药　韭菜　菖蒲……
年年柳色
年年清明
阴间的通货膨胀
皆系我们的浅薄错误

四

死去的亲人在空中看着我
假装，我也要孝敬
你露出的瘪软乳房
是我活下来的第一之源
痴呆

难道不是我的罪过?

妈妈,没有人不老

没有人不死

我能够愉快地做好一切

只要我站着而非靠着

五

其实死去的亲人们与我们时刻同在

他们比我们更加关心

　　　　　　惦记

骨肉相连的患者

眼睛红肿如美国樱桃

在梦中

在病床前的鲜花上

　　　　　绿叶上

在窗户最初的一抹阳光上

然我们不能交谈

　　　不能拥抱

然我知道他们就在病房里

站满一地

六

死去的和活着的夜间一起絮语

谈论梦　谈论

猫和玉米

公鸡第一声啼叫他们就离去

迅捷如风

我来不及说:“再见”

　　　说:“慢走”

　　　说:“请多保重”

他们围坐过的餐桌上

瓶中插花

落下失色的蜡染粗布

七

吊针是套在病人脖子上的绳索

掌握在无常手中 而非

羽毛般走路的护士手中

医生手中

他们一黑一白

像两枚无人触摸的围棋子

等着我们从不瞌睡

从不弄出声响

他们偶尔会抽搐鼻子窃笑

当医生开出一堆化学药剂

当病人和家属指望着这堆药剂

我们等着
无常也等着
然比我们更有耐心

八

呼吸——活着
呼吸停止——死亡
天塌地陷比服下一片
阿司匹林更加快速　因此
没有什么不可以放下
因此，又有什么可以放下？

九

我第一次吸进空气时吸进你
我的母亲
我童年而你成熟
我老迈而你年轻
尽管阳光下你没有影子
然我知道你和我在一起
如枝叶
如鱼水
而你正是枝
正是水

我不过赖你而存在几日
快乐切不敢言及
你的形象我有千万种设计
然无一具体
万物的究竟归宿
万物的终极公正
笑嘻嘻地对谁都没有好意

启　示

那些丢弃的铃铛 那些
无手碰触的乐器
有时会自动鸣响
成分复杂的尘埃未能伤及
它优雅的音色
控制与矜持
对你一如既往的下视
当你是搁置半月的供水
被废的葫芦
他的笑从齿根停止
你的时间
而你开始不再自杀而是发狠
再干旱也要开花

牵　挂

带着你的心我们赶路
赶场
赶一次失信的约定
稠密的林中
夜集合针对我们的危险
三角大蛇
我是属猪的
你抛向空中的石头将砸伤
哪一株冰草？
它割翻你的脚踝
割开我的喉咙

牵牛花

你的手指缠绕着我的手指
你的根在我的血液里
茎是红色的
叶脉也是
你毫不懈怠地日夜开花
要我成为花架 抑或
尽早汲干我的血
然我高举你的一片绿叶呼喊
给万物展示

青草地上

让我枕在你 38 度的腹股沟地带
闻到你的潮湿
睁眼黑暗
闭眼蓝天
仔细你的平和与土地味道
我们一动不动
睁眼黑暗
闭眼蓝天
做爱那是鱼和羊的事
情话属于鹦鹉

清　明

年还在唇上
又是四月
假死的植物暴力绽出
叫人颤栗的颜色 然
冬季死去的人
在小小盒子里
清明
上山的人
下山的人
西风
南风
东北风
想起你时
我在霾的春天
弯腰咳嗽

去湖边

去那些叫人放下的水边
走走
坐坐
看似不看的
看看
听似不听的
听听
我们会发现许多遗忘的事物
这对我们十分重要
在夜如白昼奔忙的尘世

人之神

你走出森林之城
森林是黑色的
你走过正午
　　　下午
站立寺庙门前
满身泥水和草叶
这时你回看森林是透明的
鸽子在鸽子背上
狗跟死去的一样
香客们系上万千红布条涌来
紧握你的谣言

如　何

中国的周柏
美利坚的蜉蝣
永远的佛陀和他
救度的众生
如何——
又如何呢?

撒旦之嘴

九月多雨
虚脱的条椅上还坐着
去年自杀的情侣
一地漆皮
一地麻雀
我的年龄已不成记忆
现在你看
海浪诅咒着扑火的飞蛾
爆炸亿万颗小太阳
且在岩壁吸纳
初见天空的更多盐粒
你知道许多不可言说的
那些高台上的话语者
那些缄默的头颅

三月之末

隐匿的河风深夜出现
然无星在乎
去年的第一场雪也是
然最后一场雪的残余
招风
仍在抓紧一只死鸟爪上
犹如中毒狗吐出的冰
我不会碰你
我知道一碰你就出血　抑或
溃坝
我已经习惯尘埃一样存在
你行动的暴风

桑树下

现在你抚摸它
同你问候过的榆树一样
它还没有结果 没有
蝉
没有被刻写
在它浅薄的荫里
你躺下它如此高大
　　　　　　旋转
　　　　　　扩张
行走的云中
然你知道当你站起
它就小于你

色　变

被风刮向一边的
被荫庇的
自主回归的
都在色变
看,你看我的手疤
也成了战国琉璃

上帝，请覆盖我

大雪的田野一如电击时的思维
上帝！请覆盖我积雪之下
抑或 那棵有巢树下
我不要呈现融雪之后仍是
丑陋的猩红地表

神　通

你空中取水
取天堂鸟尾羽装饰
一顶帽子 然

你看不见
空中盛开的一池莲花瓣上
菩萨的千亿眼睛

声音与我

你的声音自天堂通过地狱折射传来
依然干净
烈火之后不能吞咽的空气
　　　　　不能接受的语词
绳索愈来愈紧
死亡像楔子进入
　　飞镖进入
　　铅弹进入
然你的声音仍自天堂穿越地狱而出
依然干净
却粘如沥青
然我昨天倒地细数你的高音看见
汽笛竟为丧钟而鸣

诗和玉

玉渐温热 这
从来冰冷的石头
被好话宠坏的石头
它在增值我日渐衰老
我的狗已经眼瞎
不仅这些
它还盗窃我从外婆花园里
捡拾的玲珑语词
规整成一队队雪雁
哦——那诗
我吐出的自己

十二月

砍着大海的巨斧戛然而止
当我爬出呼吸
大鸟一只只从头顶飞过
剥我赤裸
雹灾来了你锁住院门

你这刀子

你知道我恶意加力
我最大的一块
我急速变红秋天的爬山虎
你正唱到高音

事情就是这样

来路你不能选择
然你可以选择尖叫
当你听尖叫的时间
珍珠——你掌心成熟的昙花
我们本可以牵手远行
在湖边交谈
简约变异
然天气改变了你
你究竟成了驼色

视觉眼睛

给我们的眼睛填满石头
抑或沙土
如此我们就能看见我们
理想的人事　和
梦的暗示
——啊,蚊子
给我铁锤
当我喊出话语
当我吐出堵石

树　变

山上的那棵树昨天看了一眼
多余
一棵树
千万人口城市中的一个路人
然今天不同
在这个暖冬的第一场雪中
它在拔高 又
超现实的坚强
又形而下的不堪一指
然此刻它正在拔高
发出人们弄响关节的声音
根也在应和
当我趴下谛听
它们弄响关节的声音

树非狗

那些被黑的树林
　　单枝的丁香
　　积雪下面的草和房子
筑有鹰巢的塔架
行进的铝线
喜极而哭的湖泊
……
它们一概模糊
一概送来耳语
莫尔索——
你的局外人的团体蛋糕
他们是正确的
不给你真相
而你栽的树不是狗
不会在你酒醉时忧伤的叫喊
守护你忘记关上的房门　树

只会招摇
给相关与无关的人看见

丝绸之路

荒原上跋涉的男人们
在骆驼的左侧躲避沙子
女人们则在异乡的酒肆
皇室的驿站赤脚歌舞
张扬肚脐
人的马屁股
而中国的诗人正在告别
或酒 或击剑 或折断柳枝
写早晨的细雨指代
他们意会的事物
慷慨悲壮犹如独赴地狱

死　鱼

昨天随我手指游动的金鱼
死了
身体像轻浮女孩的纹眉
大雨滂沱中我埋它
一株紫花半开的树下
这种安静至极的死亡
较之一次地震
摧毁我放不下的那些

四月丁香

四月我一直关注丁香
无谓诗人的名字
无谓天气
无谓有关丁香的种种流言蜚语
丁香 就是丁香
引领我接近
新的丁香
白色丁香
紫色丁香
亲戚丁香
枝条折断香气依旧烟升的丁香
此刻,它的花穗就像我低垂的头颅
冲动又一次飞跃遍地丁香的河岸
下视一树树丁香
　　一树树思想
一树树烈焰熊熊的地狱团火

四月之末

四月之末是桃树丢弃桃花的时间
当温暖的南风抡动大棒
桃花像中弹鸟的羽毛
脱离根本 掩饰
地面的一个个陷阱
不幸大雨
我们一起被浇透
一起冷得肌肉紧张
而陷阱更加稠密
桃树犹如铁箸
我诗句的黑暗
冤死八年的毒骨
在雨中精神
预言下一个四月之末
我们又会重复相同的再见

他　们

掌心升温你悬浮空中
第一次没有牵挂
第一次欣喜毁掉那首诗
那诗——
窗外的眼睛和天空的眼睛一样明亮
当我回看
它们就隐匿
然我知道它们存在
像我此刻正在寻找他们
——拥有高地、树荫和
炉子
他们正在窃喜
我被一棵葱牢牢控制

剔骨刀子

你知道我一块块掉落
然后垮塌
我是铁盐而你是眼睛

铁笼里的眼睛

较之秋天带来的过早寒冷
他们跑得更加迅速　他们
穿着长筒雨靴
衣服肮脏
用沾满血液的双手
数钱
嚼烟屁股
他们茫然地站在屠狗场地
玩弄牙签
而那些人类的朋友
　　　　人类的另类　抑或
人类的另一口子
此刻正在紧窄的铁笼里
饥渴烧毁着它们的胃
预知的死亡颤栗着它们的肌体
它们朝天哀号
眼睛因湿漉漉更加明亮
它们知道冥冥之中必然有之的那双
一眨不眨在看的眼睛 那双

一直倾听的耳朵
那双从不停止记录的手
无有遗漏的耐心

听雨女人

玻璃房中的女人
你听雨
　看雨
用手掌承接雨
你看你的指甲
你抚模你的皮肤
你沉默洞穴被淹出来
雨中哆嗦的鼹鼠
你听到一个声音在雨中
对忘却你的人
你也要忘却
你泪流满面

突然感到

白铜镶嵌的琉璃
皮质面具
我怎么就是湖中漂移的浮冰
消瘦向零

忘　却

和季节无关我九点睡眠
为着白天正确判断
我们曾经面对面
在去年夏天
我以为我抓住了你
因我对你的好
然我被你拽着跌落
而你
又一次成为我好的前提

危　险

那是悬石如乌云下砸的天空
地面燃烧着毒龙的牙齿
你想是伊阿宋
　想是堂吉诃德
冒然进入
侥幸她好心情
不动声色
然此刻她将烦恼
长发成蛇
　　成墨杜莎
跑吧
你不是一是二
你最好沉底等待

为你而诗

我为什么要给你写诗
为什么我要把我的新作
首先给你
为什么我的诗里总有关于你的语词
和深度隐喻 只因为

你是一个女人 一个
可以说话的女人吗?
不——
你是我的镜子
当我眼盲之后鲜活
如响出水面的彩鱼
那时我就会在你的镜子里
跳跃一生未曾企及的高度

我的春天

春天到了
踏青的人像归来的燕子
然我厚厚的棉袄 如何
也不能脱下

我和你们

当我砸碎骨头穿过那些
缝隙
从针眼走出
完成涉及你们的探险 你们

在哪里胖成这样
被膨大的草莓
无有心肝的花朵
更无心肝的语言像招摇的大树
重复去年被捣毁的鸟窝

我和诗人

我原地未动季节已完成循环
我原地未动头发落尽
然植物的生命却在汹涌
哦,诗人
你听那地下的隆隆轰动
谁做此刻的见证

我就在那里

独一棵柽柳隐秘的树穴
我就在那里
当外面是沙尘暴
　　　　毒日头
　　　　超强降水
　　　　接触感染
　　　　呼吸感染
抑或　听声感染
我就在那里　高兴
你就去吧
在任何人面前说我是你的
即使你认为我无药可救
但他们不会

我们的大地

狗和狗一样
人与人不同
在希望的田野上
没几只好鸟　而我
不怯独行

我们同在

我看见你新衣的水印蟹爪正悄悄离去
多么精致的小脚
丧失尊严的贵族
一夜远行
敦煌
阿姆斯特丹更西
但我还能纠结你的发丝
缠绕
我写出的诗句

我是其中的任何一个

想到我是那些豆子里的任何一粒
我就沉默
那些豆子在毛织口袋里
　　　　在土晒场
　　　　在缝补过的筛子中
　　　　在杏木桌面
我都是其中任何一个
被鼠吃脏
被霉变
被漂浮水上
如此——如此我一如既往
一如既往

我　说

现在，你们——
又何必呢
怎样我也过来了
不会再有什么让我滞留
住
停
我是我心的盲眼自由风
无味 无形 无影

我听见你

我听见你在墙壁上打翻墨水
你白色的袜子
小心翼翼控制的叹息
你如此卑微
胜出我胜出
葡萄叶下颤栗的一只绿色毛虫
然你坚定
前列不可战胜的精神勇士
　　　　　　　　　　烈士
依着一条游丝腾升可以
安栖的枝桠
深夜我有一首唱给自己的歌

我原谅那只蚊子

我找不到那只蚊子
它咬醒我三次
三次置我于黑暗
且毁掉我经年不曾有过的一个
好梦
我找不到那只蚊子
想到去过的巴丹吉林
那里,低矮的灌丛上鸟儿在啁啾
荫下有两只脚在空中
　　两只脚站立石头的沙蜥蜴
芦草像舞蹈的鹤群
迎风站立的长发少女
无数开放细小黄花的草本植物
如我稠密的心事 如此
你以为沙漠一无所有
那是你的错
在我们习惯被骗
如此,我原谅那只蚊子

无人的沙滩

我的银子竖琴颤栗着谁的忧伤
穿越鹦鹉螺年轮 抵达
你指尖进入的水滴
苦涩滞留

无　题

穿过墙壁穿过玻璃雨玻璃
我不能抵达你那室
窃取新的病毒
　　粉末和淤血
我不会是最后一个
烧坏眼睛和嘴巴的烈士

五月蝉声

五月的西汉水只有蝉声
蝉——
声——
河水像马蹄包毡的突击队伍
崖上是细细枯骨
那些营养不良的向日葵竟也开放
金黄的花朵
我被蝉声反复按进水中
飘升
我看见蝉声是沸腾的怒火之海
惊怵天边的野鸟掉落
展示配偶的最好羽毛

雾　中

回头你看见了雾
雾中闪烁的眼睛
当你直视他对你的偷窥
雾隐匿了它
雾总是适时出现 像
保护孩子的母亲
雾快速前进
像雨中的红衣僧人
有准确的方向
这较之于我何等奢侈
像干旱土地上的一场大雨
然雨总是有理由的 这
我在一首诗里写过：
雨不是说来就来
像肉诱惑的狗
你可以用石头打跑狗
但打不跑雾
但可以打跑偷窥你的眼睛
之后你又想雾如面粥
你至今不曾饥饿

写　诗

寻找金核桃一般消耗
挑剔
更为苛刻的词　字
结构句子
诗
然诗拒绝
任何重叠蛛网似的解释
抽丝式的解释
自以为博学者的解释
它间或闪现
王蝶的狐媚之眼
极度瘦弱的香气
而《更蓝之碗裂缝里的大象》就在你
纤手可及之处
滴嗒着一条绿血河流

醒　夜

失眠的夜晚我想象我是死后看着窗外
天空——狗屎
城市——坟场
活着的鬼魂串联着
再一次创疼
自然有人在做爱
且夸张的叫床
自然更多的人在私语铜板
豆腐涨价
空气开始卖钱
还有阿司匹林和塞路通
而此时我看见一个佝偻的老头
正在制造飞机
那飞机的翅膀是鹰的
上下扇动
那鹰的眼睛是瞎的
颜色是火的
当飞机响动他就入睡在梦中飞行
第一次弄出类似飞机的声音

旋　转

墙上的斑点经年不动
我们每天旋转
一圈快过一圈
墙上的斑点经年不动
我们时刻旋转
一圈快过一圈
光线很好的早晨又去了
像我们尿出的水
我们尿水时我们也在旋转
我们的尿圈真圆

叶的复活

一概黄色的树叶在焚烧时总会哭泣
但它们像我一样
不出声音
它们不咬嘴唇
　　不咬舌头
当泪水被火烤干
叶子成为灰烬
叶子就会复活
变化当当响亮的花朵
——季节不能使其失去颜色的花朵
在另一个精神地域

夜行人

那石头砸伤了他的脚趾
那石头
冰冷　坚硬　粗糙
棱角弄伤了他的肌肉与骨头
牵连神经
他坐着想那些语言
眼神
也就这样
也就那样
凶猛的狗群围咬过来
他竟然亲切这些可以撕碎他
但唯一知道他存在的动物

一个人的队列

听着你的口令我操练自己
——一个人的队列
我的影子如此虚弱
然你仿佛引领一个方阵
接受活着与死去的检阅
自信是天神
然我们共同恐怖时间
有细节的语言
恐怖有
引语的语言
不是一叙到底的语言
和尖叫
我们交流过死亡不是
停止呼吸
死亡是我们呼吸时感觉已经死亡
当我拔出我的舌头
恐怖于无血流出

一个如此好的早晨

阳光一波波挂上石墙
——金色的阳光黑色的石墙
千余磬声
鸽哨响亮
多好的天气
逆光里的叶脉就像祖国的河流
农具笑得像孩子
天一早就蓝出些微倦意
我爱的人
你起床啦
昨夜可有梦
想起你我就淋在雨地
就想去山顶站立
就想大吃

一切还是那样

热风袭击了你然石磨依旧旋转
依旧老人呼吸的节奏
失去卵的鸟儿开始再一次筑巢
穷人仍在黑夜里整理布条
天空仍不下雨
想我已经足够好了
因佛陀的垂怜 土地
我只需要双脚站立的
小小一块
迎候外出的归来
不幸现在的牵挂像田野行走时
习习不绝的失眠
一个个长夜
我是铁的
废墟上的深紫色渣堆
十层棺椁里的尸骨
磨——磨细了玉米也磨薄了自己

因为我还爱你

我追逐你被你拒绝
我就想被你拒绝一万次
现在,我又开始然你这次沉默
这次——
我按两次计算
我就想被你拒绝一万零一次

音乐石头

音乐是墙后石头上传出来的
比死更丑陋的一块石头
你举它砸向另一块　震落
裹住它身体的泥巴
它瘦小得几近可怜了
然它纯粹
稳重更像一块石头

银子和洋葱

他们折叠我的路
笑着交谈银子和洋葱
他们装起我的路继续
他们的银子和洋葱
当他们争论
开枪后离去
然我仍能听见他们自语
银子和洋葱

有关名字

石头是所有石头的名字
是石头都叫石头
叫石头的都是石头
石头不似你们
都叫人却又区别另一个人
他的名字
人就这样变成天文算式
完全不似石头 你看

听着这话河流开始泛红
尸体拥挤的山响震耳

雨　水

停在空中的雨水
上行的雨水
我究竟支持你的力量
然我被烫伤
然你在更高处上行

元旦 2012

看见马达加斯加岛上的雄鸟
我就想到天堂 那里
一定是依照雄鸟颜色装饰
且与雄鸟羽毛一样温暖
柔韧并倔强的 而
我的天堂在我心中单一整齐
我却迷失出口

原 形

是气味早于你的八脚形体出现
然后是影子
再后是颜色
我记住你经过的那些地方
复杂如错乱的神经
你总在我缄默时出现
伪装的脸使我不能愤怒
打砸一个物品
把弯刀刺入你的腹部 抑或
我自己的腹部
抑或 我能够对你脱肛大吼
致我觉悟
致我深夜独行
住宿仓库而不害怕
然我畏你不敢 因此
我急切渴望会说鸟语
秘密祷告
具有神通知你欲望
然我被你困于浅浅水塘
昏迷多年不愈的创口

远离他们

从堆上脱离
他们游行而非抵抗的队伍
我经历的足够招展
我瞄准的山顶 石头

要在那里开花
土块也是
我——也是

月球厨师

那些变绿的土豆
毒死一地虫子的青菜
经过那些月球厨师
根根直立
像死后站立的龙虾
　　考古的橡树林
哦,我们器皿精致
桌布洁白
各种需求拥挤叫喊的餐桌
我们的贱命
我们始终笑咪咪的服务女生

早　晨

窗外的蜘蛛有没有被冻死
鸽群依旧在调情
我该起床了
被杀的梦不能叙述
疲劳正在过去
那些烂屄的事情正在等着我
“蟑螂不死我死”
想起河口陋巷的广告
我开始耳鸣

这就是我

他还在那边的山顶等待
睁眼
七十八岁的老人
他不愤怒反季节开放的桃花
　　　　无风自摇的芦苇
暗中砸向心脏的石头
他如此安静
土中坐稳
那死去羊只的眼睛
余音还在回响的讲堂
我是如此善良
为一个虚构的人物十夜哭泣

致一种行走的姿势

（给 李洁琼）

伸开臂膊行走是一种打开
扩张
平衡自己上升的姿势
当我在塬上感受
竟然想起苏联所有自杀
诗人的名字
这些奇异的野花
蓝色的胡麻
就开在他们的尸骨之上
以为广袤的塬就是
远东轮耕的罗斯

致自己

就那样卑贱的举手
像狗对食物仰起脖子
一切都在那圆中
铁的围城
什么时候你停止撒谎
欺骗与秘密自语
一路假话
一生假话
我们在空中奔跑又后撤
远离刹那成佛的推销

中毒鸟

风集合又散开它们
中毒的水鸟
挣扎燃烧的木炭
当风停止 直线
验证点与点之间的距离
海洋凝铁
冰原上死去的驯鹿
正被风收藏
正被我偷窥
而长爪空气的剥离着
隐形被人爱过却已忘记的动作
听——你听
它们正在岩石里串联再次暴动

猪笼草

铁丝留不住风
留不住鸟儿
鸟儿和风的声音
然铁丝的影子会动
　　　　　　会伸缩
然影子不会说我属于
聆听的那类
必须远远躲开

装置痛苦

艺术家装置的痛苦
在侧逆光里
在斜射的束光里
展现
缝隙深处的任何细节
而被忽视的风险
此刻,正阶级提高
可能的告密者
媚眼林妖
给孩子示范扑杀的母兽
我失语
你报复的尖竹陷阱
上面嫩绿着活的蕨类植物

发　言

我是自己开发自己的矿工
我不知道自己的矿硐能不能
出产点什么
昨夜，心形的云团之上
一双眼睛在看
大雨就要落地的荒原
黑暗下拉
虚弱的地平线在喘息
我望着天空滴雨未下
土的腥气令我晕迷

总是一

是。是一
总是一
一棵树 一截
皮绳
一张麻纸
一条水面吹泡的鱼
一只猴子
一棵葱一瓣大蒜
一个人
一个拉长的远行者影子
一个伤残的水杯
一生的一口气
一团火色

走　廊

我知道这走廊没有光没有出口
我不知道为什么我要在这里
血流不止
伤痕累累
成为这走廊的部分组成

诗，我们抵达的通道（后记）

诗集《你不能煮沸大海》原是我一部微电影的片名。（那片子上网可以查看）

片子讲的是一对相互爱恋二十多年却没有走得更近的同学。女的遇到麻烦，叫男的去看她。男的急匆匆从兰州乘火车到拉萨女同学家门口，却没敢按下门铃，只坐了一个多小时返回的故事。

故事要素齐全，片子有些实验味道。在火车行进的三十几个小时里，男女通了六个电话，说到人生、时光、情感、文学、诗、歌、宗教、自杀、回忆以及只有他俩懂得的暧昧语言等等，但始终只有男的一个声音，画面几乎全是车窗外的景色。

男的在女的家门口坐着时，哭了，泪水是盐。他在门框上放了三块白色的石头作为标记，就选择离开，因为他小心、他顾虑、他恐惧失去，所以他没有抵达。

抵达是一种行动，是一种实践，是一种圆满。

诗与人不同，诗能抵达。

诗能抵达你的直觉、你的潜意识、你的内核深处、你逃避躲闪的死角……这就是我对诗执着的缘故与理由。

（与诗交道的人是有福的人）。

诗是很沉重的文字，是人类共同的精神体验却只由少数具有用诗表达天分的幸运者完成。

（这些幸运者是有福的人）。

我的诗多是黑夜里写成腹稿，再写纸上，再写电脑，搁置一段时间再定稿。

写诗是一场争执、一场战斗；选择一个词、字，是一种暴行，一种苦行，一种折磨，一种探底，一种自虐，一种上升或下降、打开或收缩……然写诗的人是有福的。因为，写诗的人知道上帝赋予他的责任。他对字、词敏感胜过触电，它能感知字、词的色、声、香、味和触觉，他会自觉运用这些表达需要必须表达的、有人想表达却表达不了的，他是特定表达形式的代言人。

对我说来，我曾以为每首诗都是解开自己身上无数条绳索的手，然写得时间长了，发现那手根本没用，原因是绳索并没有减少，相反勒得更紧更深。

怎么会是这样呢？

好在我放弃寻找任何答案已经多年。我内心平静的站着、坐着、躺着、走着什么都不去想却又想起一个现在遥远北方的学生，她告诉我治疗纪录片中心花儿白粉病的药就在报废课桌的第二个抽屉里。

于是我说:想起一个好女孩手中的白酒没有度数。

于是有人断成:

想起一个好女孩

手中的白酒

没有度数

并应和:好诗。

然这是诗吗?

我们的社会正处在空前的变革与转型时期,大潮澎湃、轰轰烈烈、英雄万千,震天撼地之人之事层出不穷,这么小的货色算什么呀?敢叫它诗吗?能叫它诗吗?

方便您给说说,我的邮箱是:mengziwei99@126.com 谢谢!再谢!

观自在菩萨与你同在。

2015.09.26 兰州